ספר
חזרהברורה

על הלכות איסור והיתר
שביורה דעה

הלכות שחיטה
הלכות מליחה
הלכות בשר בחלב
הלכות תערובות
הלכות נדה וטבילה

חזרה מקיפה כולל דברי
שו״ע ש״ך וט״ז
פתחי תשובה ורעק״א
והרבה מעיקרי דברי גדולי האחרונים
אשר מפיהם אנו חיים
רובו ככולו בלשונם
מסודר באופן המועיל לזכרון

כשנוגע למעשה צריך לעיין וללמוד במקור הדין

ספר זה
ספר חזרה ברורה על הלכות היום יומיים שביורה דעה
ספר חזרה ברורה על דיני חושן משפט ע"פ הסדר של הקשו"ע
ספרי חזרה ברורה על כל ו' חלקי משנה ברורה: ג' כרכים
ספר הלכתא ברורה על מסכת שבת
ספר הלכתא ברורה על מסכת פסחים
ספר הלכתא ברורה על מסכת סוכה
ספר הלכתא ברורה על מסכת ר"ה ויומא
ספר הלכתא ברורה על מסכת תענית מגילה וחנוכה
ספר הלכתא ברורה על מסכת תענית ביצה ומו"ק
ניתן להשיג ע"י www.chazarahmp3.com

©
כל הזכויות שמורות
אהרן זליקוביץ
תשע"ה/תשפ"ד
1139 East 12th St.
Brooklyn, NY 11230
718 - 646 - 1243
info@chazarahmp3.com

www.ingramcontent.com/pod-product-compliance
Lightning Source LLC
Chambersburg PA
CBHW050641150426
42813CB00054B/1145
* 9 7 8 1 9 5 1 9 4 8 0 7 8 *

הרה"ג רב יחזקאל רוטה שליט"א

RABBI Y. ROTH
1556-53RD STREET
BROOKLYN, N.Y. 11219
TEL:(718) 435-1502

יחזקאל רוטה

אבדק"ק קארלסבורג
בארא פארק ברוקלין, נ.י. יע"א

להי"ו

תפארת שבנצח למב"י לסדר כללותיה ופרטותיה ודיקדוקיה מסיני תשע"ד לפ"ק

בימי הספירה שמסוגלים מאד ללמוד הלכה ברורה, כמבואר בתשו' המפורסמת לכ"ק זקיני זי"ע בשו"ת מראה יחזקאל סי' קי"ד בשם רבו הרה"ק מרימנאב זי"ע, שכל ההלכות שנשתכחו בימי אבלו של משה והחזירן עתניאל בן קנז כדאיתא בתמורה ט"ז, היתה בימי העומר, וע"כ מסוגל מאד בימים הקדושים הללו לעשות חזרה על הלימוד שלא ישתכח, וע"ז רומז לשון והחזירן מלשון חזרה, וע"כ מתאים מאד כעת לחזק את ידי הרב המופלג צמ"ס כמוהר"ר **אהרן זליקוביץ** שליט"א שאיתמחי מכבר לערוך חיבור **חזרה ברורה** על המ"ב או"ח, ונתעטר בהמלצות והסכמות מגדולי הרבנים שיחי', ועל של עכשיו באתי מה שהוציא עתה חדש מן הישן על הלכות או"ה שביו"ד, ובוודאי יועיל להלומדים לחזור על לימודם, ודבר גדול עשה בזה שיהי' מוכן ומזומן לפני הלומד הלכות שירוץ בהם בלי גימגום וחיפוש, ובזה יתרבה יודעי דת ודין לזכור הלכה המביא לידי מעשה, והמחבר יהי' נמנה בין מזכי הרבים להגדיל תורה ולהאדירה, ויזכה להמשיך בעבוה"ק על מי מנוחות מתוך הרחבה וכט"יס עדי שיתרומם קה"ית וישראל ב"ב אמן.

הכו"ח לחיזוק תוה"ק ולומדיה

הק' יחזקאל רוטה

ביד"צ שע"י העדה החרדית שליט"א

בית דין צדק
לכל מקהלות האשכנזים
שע"י "העדה החרדית"
פעיה"ק ירושלם תובב"א
רח' שטראוס 26/א

BETH DIN TZEDEK
OF THE ORTHODOX
JEWISH COMMUNITY
26\A STRAUSS ST.
JERUSALEM

ת.ד. P.O.B 5006 טל. TEL 02-6236550 פאקס FAX 02-6221317

ב"ה

הסכמת הביד"צ שליט"א

נודע בשערים המצוינים בהלכה גודל ענין החזרה והשינון לדעת את הדרך ילכון בה ואת המעשה אשר יעשון בפרט בהלכתא רברבתא כהלכות שבת וכדו' אשר לפעמים נצרך להם ואין פנאי לחפש מקורו בספר, וע"כ באו ונחזיק טובה להאי גברא יקירא הרה"ג ר' אהרן זליקוביץ שליט"א מעיר נ"י, אשר ערך ספר "חזרה ברורה" לפי סדר המשנה ברורה לחזור ולשנן הלכות שבת תחומין ועירובין שבמשנ"ב חלק ג' וד'.

והנה עבר על הספר ידידינו הגאון רבי חיים יוסף בלויא שליט"א מו"צ פעיה"ק רב שכו' פאג"י ומרבני ועד השחיטה דעדתינו, ומעיד כי הספר בנוי לתלפיות לתועלת ללומדים לשינון וחזרה, ע"כ אף ידינו תכון עמו לחלקו ביעקב ולהפיצו בישראל, והרוצים לידע את המעשה אשר יעשון עליהם לעיין בפנים הספר משנה ברורה ובהלכה, וכידוע מפי הפוסקים שאין לסמוך על ספרי הקיצורים ללא לימוד מקור הדברים בעיון כדת של תורה.

מי יתן וחפץ ה' בידיו של המחבר יצליח להגדיל תורה ולהאדירה מתוך שמחה ונחת וברכת ה' מלא, עדי נזכה לביאת גוא"צ אשר אליו מייחלים עינינו בקרוב הימים בב"א.

וע"ז באעה"ח ביום ז"ך לחודש תמוז - בין המצרים יהיה לששון ולשמחה - תשע"ה לפ"ק הביד"צ דפעיה"ק ת"ו

נאם
יצחק טוביה ווייס – גאב"ד

נאם
משה שטרנבוך – ראב"ד

נאם
אברהם יצחק אולמאן

נאם
נפתלי ה' פרנקל

קיבלנו בעד ספר "חזרה ברורה" על משנה ברורה

הרה"ג רב עזריאל אוירבאך שליט"א

בס"ד

Rabbi Azriel Auerbach
Rabbi of "Chaniche Hayeshivot"
53 Hapisga St., Bayit Vegan, Jerusalem

הרב עזריאל אוירבאך
רב בית הכנסת "חניכי הישיבות", בית וגן
רח' הפסגה 53, בית וגן, ירושלים

בס"ד

ראיתי את הספר "חזרה ברורה" הנועד לאלו אשר כבר
עסקו בעיון בשו"ע ובס' משנה ברורה - לקיים ושננתם
ובפרט בדבר הלכה בעניני או"ח אשר יום יום ידרושון
לדעת את הדרך ילכו בה. והנה המחבר עשה עבודה
יפה ומתוקנת ערוך ומסודר במעשה אומן לשם שינון הלכה
בבחינת נר לרגלי דבריך ואור לנתיבתי.
וברכה להמשך זיכוי הרבים להחדרת ההלכה היום
יומית מתוך הרחבת הדעת.

עזריאל אוירבאך

בס"ד

ראיתי את הספר "חזרה ברורה" הנועד לאלו אשר כבר עסקו בעיון בשו"ע ובס' משנה ברורה - לקיים ושננתם ובפרט בדבר הלכה בעניני או"ח אשר יום יום ידרושון לדעת את הדרך ילכו בה, והנה המחבר עשה עבודה יפה ומתוקנת ערוך ומסודר במעשה אומן לשם שינון הלכה בבחינת נר לרגלי דבריך ואור לנתיבתי.

וברכה להמשך זיכוי הרבים להחדרת ההלכה היום יומית מתוך הרחבת הדעת.

עזריאל אוירבאך

קיבלנו בעד ספר "חזרה ברורה" על משנה ברורה

הרה"ג רב ישראל גנס שליט"א

הרב ישראל גנס
רח' פנים מאירות 2
קרית מטרסדורף, ירושלים 94423

בס"ד א' אלול תשע"ב

ראיתי את הספר "חזרה ברורה" אשר הפליא לעשות
האברך היקר הרב אהרן זליקוביץ שליט"א.
בספר הזה יש עמל רב, יגיעה רבה, סדר נפלא, ובעיקר תועלת
גדולה ללימוד המשנה ברורה שיוכלו לזכור את דבריו, הן המ"ב
הן הבה"ל והן השעה"צ.
ולא נצרכה אלא לברכה שיוסיף המחבר תת תנובה לזכות הרבים
בעוד ספרים מועילים.

הכו"ח לכבוד התורה ועמליה פה עיה"ק ירושלים תובב"א

ישראל גנס

בס"ד א' אלול תשע"ב
ראיתי את הספר "חזרה ברורה" אשר הפליא לעשות האברך היקר הרב אהרן זליקוביץ שליט"א. בספר הזה יש עמל רב, יגיעה רבה, סדר נפלא, ובעיקר תועלת גדולה ללימוד המשנה ברורה שיוכלו לזכור את דבריו, הן המ"ב הן הבה"ל והן השעה"צ. ולא נצרכה אלא לברכה שיוסיף המחבר תת תנובה לזכות הרבים בעוד ספרים מועילים.

הכו"ח לכבוד התורה ועמליה פה עיה"ק ירושלים תובב"א
ישראל גנס

הרה"ג רב שמואל פירסט שליט"א

Rabbi Shmuel Fuerst
6100 North Drake Avenue
Chicago, Illinois 60659
(773) 539-4241
Fax (773) 539-1208

בס"ד

הרב שמואל פירסט
דיין ומו"ץ אגודת ישראל
שיקאגא, אילינאי

ה' מנחם אב תשע"ב

ראיתי הספר "חזרה ברורה" שחיברו הר"ר אהרן זליקוביץ שליט"א
שכתוב בתוכו כל דברי המחבר והרמ"א וכמעט כל דברי המ"ב ושע"צ
וב"ה והכל ערוך בסדר נאה. והתועלת מהספר יהי' להלומדי המ"ב
שיוכלו לחזור על ספר מ"ב באופן קל להבין אותה על בורי'
ובודאי ספר הנ"ל יהי' תועלת גדולה להרבה לומדי משנה ברורה שיהא להם
קל לחזור על דבריו כדי שיהיו בקיאין בדבריו ועי"ז יזכו לשמור ולעשות
ולקיים את דבר הלכה.
יהי רצון שיזכה המחבר שיתקבל הספר "חזרה ברורה" לפני כל הלומדים
הלכות אלו ויזכה לסיים כל שאר חלקים של המ"ב, ויזכה לשבת באהלה של
תורה כל ימי חייו.

הכו"ח לכבוד התורה,
בידידות,
שמואל פירסט

ה' מנחם אב תשע"ב

ראיתי הספר "חזרה ברורה" שחיברו הר"ר אהרן זליקוביץ שליט"א שכתוב בתוכו כל דברי המחבר והרמ"א וכמעט כל דברי המ"ב ושע"צ וב"ה, והכל ערוך בסדר נאה. והתועלת מהספר יהיה להלומדי המ"ב שיוכלו לחזור על ספר מ"ב באופן קל להבין אותה על בוריה.

ובודאי ספר הנ"ל יהיה תועלת גדולה להרבה לומדי משנה ברורה שיהא להם קל לחזור על דבריו כדי שיהיו בקיאין בדבריו ועי"ז יזכו לשמור ולעשות ולקיים את דבר הלכה.

יהי רצון שיזכה המחבר שיתקבל הספר "חזרה ברורה" לפני כל הלומדים הלכות אלו ויזכה לסיים כל שאר חלקים של המ"ב, ויזכה לשבת באהלה של תורה כל ימי חייו.

הכו"ח לכבוד התורה,
בידידות, שמואל פירסט

הרה"ג רב שמואל פעלדער שליט"א

RABBI SHMUEL FELDER
BETH MEDRASH GOVOAH
LAKEWOOD N.J.08701

שמואל יצחק פעלדער
דיין ומו"ץ בית מדרש גבוה
לייקואוד נוי זשערזי

בעזהי"ת יום א' כ"א אייר תשע"ב לפ"ק

הן הובא לפני קונטרס שחיברו ר' אהרן זליקוביץ שליט"א על משנה ברורה
אשר בשם "חזרה ברורה" יקבנו המכיל בתוכו כל דברי המחבר והרמ"א ומ"ב.
וגם תמצית דברי הביאור הלכה ושער הציון, הכל עורך בצורה
מסודרת ומאירת עינים, באופן ששייך לחזור על ספר משנה ברורה עם
תמצית בה"ל ושעה"צ באופן קל ובהיר בלא בלבול ועירבוביא.
ובודאי שיש בחיבור זה תועלת גדולה ללומדי משנה ברורה לחזור
ולשנן הדברים בצורה מועילה ביותר למען תהיה תורתם בלבם
ערוכה ושמורה להיות בקיאין בדבר הלכה ללמוד וללמד לשמור
ולעשות ולקיים.
ועל כן אברך הרב המחבר שיזכה שיתקבלו הדברים באהבה ובשמחה
לפני הלומדים ויזכה לחבר עוד חיבורים כזה ואחרים בתורה
הקדושה ולשבת באהלה של תורה כל ימי חייו מתוך מנוחת הנפש
והרחבת הדעת.

הכו"ח לכבוד התורה
שמואל יצחק פעלדער

בעזהי"ת יום א' כ"א אייר תשע"ב לפ"ק

הן הובא לפני קונטרס שחיברו ר' אהרן זליקוביץ שליט"א על משנה ברורה אשר בשם "חזרה ברורה" יקבנו המכיל בתוכו כל דברי המחבר והרמ"א ומ"ב, וגם תמצית דברי הביאור הלכה ושער הציון, הכל עורך בצורה מסודרת ומאירת עינים, באופן ששייך לחזור על ספר משנה ברורה עם תמצית בה"ל ושעה"צ באופן קל ובהיר בלא בלבול ועירבוביא.

ובודאי שיש בחיבור זה תועלת גדולה ללומדי משנה ברורה לחזור ולשנן הדברים בצורה מועילה ביותר למען תהיה תורתם בלבם ערוכה ושמורה להיות בקיאין בדבר הלכה ללמוד וללמד לשמור ולעשות ולקיים.

ועל כן אברך הרב המחבר שיזכה שיתקבלו הדברים באהבה ובשמחה לפני הלומדים ויזכה לחבר עוד חיבורים כזה ואחרים בתורה הקדושה ולשבת באהלה של תורה כל ימי חייו מתוך מנוחת הנפש והרחבת הדעת.

הכו"ח לכבוד התורה
שמואל יצחק פעלדער

קיבלנו בעד ספר "חזרה ברורה" על משנה ברורה

הקדמה

בעזה"י, תנא דבי אליהו: "כל השונה הלכות בכל יום מובטח לו שהוא בן עולם הבא, שנאמר 'הליכות עולם לו', אל תקרי הליכות אלא הלכות". **וכתב** הדרישה (יו"ד סי' רמ"ו סק"ב, הובא בש"ך שם סק"ה ובט"ז שם סק"ב): "יש בעלי בתים נוהגין ללמוד בכל יום גפ"ת ולא שאר פוסקים, ומביאים ראיה מהא דאמרינן סוף פרק בתרא דנדה: 'תנא דבי אליהו כל השונה הלכות בכל יום מובטח לו שהוא בן העולם הבא'. אבל לי נראה כי לא זאת המרגוע ולא בזאת יתהלל המתהלל, כי אם בזאת יתהלל השכל וידוע בספרי פוסקים דיני תורה כגון האלפסי והמרדכי והרא"ש ודומיהם, דזהו שורש ועיקר לתורתנו, ואינם יוצאים כלל בלימוד גפ"ת, דהא דתנא דבי אליהו וכו', כבר כתב רש"י שם: כל השונה הלכות, פירוש הלכות פסוקות". **ואיתא** בש"ס בבא מציעא (לג א): "תלמוד אין לך מדה גדולה מזו", ופי' רבינו חננאל: "המתעסק בתלמוד ומורה ומבאר המצות כתקנן ומגיד הלכה למעשה, אין לך מדה גדולה מזו". **וכן** מצינו לדינא לענין להקדים ולקרוא לתורה, כתב הבאר היטב (או"ח סי' קל"ו סק"א בשם שכנה"ג): "כשיש לשני בעלי בתים שמחה איזה מהם קודם, ת"ח מורה הוראה קודם לת"ח מפולפל ואינו יודע עדיין להורות הלכה למעשה".

והנה ידיעת התורה שייך רק ע"י הרבה חזרה. וכדאיתא בגמ' עירובין דף נ"ד: "מאי דכתיב לוחות האבן, אם אדם משים עצמו את לחייו כאבן זו שאינה נמחית, תלמודו מתקיים בידו ואם לאו אין תלמודו מתקיים בידו". ופרש"י: "שלחייו אינן נלאין מלחזר על למודו וללמד לאחרים". וכ"ש הלכות איסור והיתר מחמת קושי החומר, ובפרט כשזה נוגע לידיעת ההלכה למעשה שיש בו הרבה פרטים ופרטי פרטים, דשייך רק אם משים עצמו את לחייו כאבן. **ועוד** מבואר מגמ' עירובין דף נ"ג מעלת הלימוד בבהירות בלא בילבול וערבוביא, וז"ל: "בני יהודה דגמרי מחד רבה נתקיימה תורתן בידם, בני גליל דלא גמרי מחד רבה לא נתקיימה תורתן בידם". ופירש"י: "דהיו שומעין מזה בלשון זה ומזה בלשון אחר, אע"פ ששניהם אחד, שינוי לשון מבלבלן ומשכחן", עכ"ל. מבואר מזה דבלבול קשור הוא עם השכחה, וככל שמתמעט הבלבול מתמעטת השכחה.

המטרה של הספר הזה הוא להקל על החוזר הלכות איסור והיתר, שיהא שייך לחזור על תוכן הענינים של השו"ע והנושאי כליו, והרבה מעיקרי דברי גדולי האחרונים אשר מפיהם אנו חיים, עם כל הפרטים והסברות והדיונים שבהם, באופן בהיר בלא שום בלבול וערבוביא, כל דבר ודבר על אופנו.

גם בספר זה סדרתי את דברי השו"ע והנושאי כלים משולבים זה בזה - כפי שעשיתי בס"ד בספר "חזרה ברורה" על משנה ברורה - כך שניתן לקרוא את כל הענין ברציפות, כדי להקל על הלומד. **ויש** ג' תועליות שאפשר להפיק מהסדר המיוחד זה: א'. מה שמסודר באופן שאין צריך להסתכל תוך השו"ע וחוץ לשו"ע בכל אות ואות, כדי לראות מה שהנושאי כלים אומרים, שדבר זה מצד עצמו מפריע מאד על ריכוז, וגם גורם לאיבוד זמן.

הקדמה

ב'. אופן סדר הנושאי כלים הוא, שלפעמים אי אפשר להבינם אלא א"כ תראה את המשך דברי השו"ע, וגם לפעמים הם מביאין ציור הדומה לענין בעוד שלא נגמר עדיין הנדון לפניהם לגמרי, וזה גורם בלבול לחוזר. ע"כ שיניתי את הסדר במקומות האלו, ולפעמים לקחתי קצת מדבריהם מה שנוגע להבנת דברי השו"ע, ושמתי אותם מיד אחר השו"ע, ושאר דבריהם נתתי בסוף הענין. וכל זה רק בכדי שיקל על החוזר ולא יתבלבל מפני סדר הדברים. **וגם** חלקתי סעיפים ארוכים הכוללים כמה ענינים לקטעים יותר קצרים, ובכל קטע חלקתי אותו לפרטים ע"י השחרת ראש הענין, כדי שלא יוטרד החוזר מחמת רבוי הדברים.

ג'. מה שבהרבה מקומות דברי הש"ך והט"ז הם חולקים זה על זה, או משלימין בדבריהם זה את זה, ורק שדבריהם אינם בחד מקום, פעמים שמאיזה טעם דברי האחד הוקבע בהשו"ע במקום אחר מהשני, או פעמים שדבריהם הם באמצע דברים ארוכים ולא נמצאים בקלות, ואם היו מסודרים זה מיד אחר זה, היה מסלק הרבה מהבלבול. ולכן לקטתי כל דבריהם המדברים בענין אחד, וסדרתי אותם על הסדר להקל על החוזר. ובמקומות שהם אומרים אותו הדבר, לא העתקתי את שניהם אלא רק מה שהם מוסיפים, בכדי לקצר להחוזר. **והגם** שקצרתי דברי הנושאי כלים כשהם מדברים על ענינים צדדיים, וכשהם מביאים ראיות ארוכות מהסוגיות, אבל לא כל כך כמו הבאר היטב, רק יותר בהרחבה כדי לכלול בתוכו עיקר הסברות והדיונים, וגם כללתי בתוכו דברי רעק"א והפתחי תשובה, והרבה מעיקרי דברי האחרונים אשר מפיהם אנו חיים.

וזאת למודעי שדברי השו"ע והרמ"א וסידורם לא שונו על ידי בשום אופן. גם דברי הנושאי כלים הובאו בדרך כלל כלשונם ממש ללא שום שינוי, מלבד במקומות מועטים בלבד, שבהם נאלצתי לשנות מעט מחמת מה שלקטתי דבריהם מאמצע הענין ולמען הסדר הטוב.

כדי שלא יצטרך ללומד, לבדוק בכל הלכה האם הוא מדברי מהשו"ע או הרמ"א או הש"ך או הט"ז, הבאתי את דבריהם בצורת "פונטים" שונים: דברי השו"ע המחבר הובאו באותיות גדולות ברורות ב"פונט" זה: **מחבר**. ודברי הרמ"א הובאו באותיות כתב רש"י גדולות וברורות ב"פונט" זה: **רמ"א**. הציטוטים מהש"ך והנקה"כ נעשו באותיות רגילות ב"פונט" זה: ש"ך. את דברי הט"ז הכנסתי לסוגריים מרובעים ב"פונט" זה: [ט"ז]. ואת הפתחי תשובה הצגתי בסוגריים עגולים וב"פונט" שונה: (פתחי תשובה). ורעק"א, ושאר אחרונים והוספות שהוספתי, הודפסו ‹באופן זה›.

ויה"ר שהספר הזה יהיה לתועלת הרבים, להיות בקיאין בדבר הלכה להגדיל תורה ולהאדירה, ללמוד וללמד לשמור ולעשות ולקיים, ושלא אכשל בדבר הלכה, ולהיות ממזכי הרבים, ולראות בבנין בית המקדש בב"א.

מפתח הלכות

הלכות שחיטה

סימן א – מי הם הכשרים לשחוט ..... א
סימן ב – אם שחיטת עובד כוכבים ומומר כשרה ..... טו
סימן ג – שחיטה אינה צריכה כוונה ..... כד
סימן ד – השוחט לשם עבודת כוכבים או לשם דבר אחר מה דינו ..... כה
סימן ה – השוחט לשם קדשים מה דינו ..... כח
סימן ו – במה שוחטין ..... לא
סימן ז – הקובע סכין בגלגל אם מותר לשחוט בו ..... לג
סימן ח – שעור סכין של שחיטה ..... לג
סימן ט – השוחט בסכין מלובנת ..... לג
סימן י – יתר דיני סכין ..... לד
סימן יא – באיזה זמן שוחטין, ודין השוחט בתוך המים ..... מ
סימן יב – שלא לשחוט בתוך גומא ..... מב
סימן יג – בעלי חיים שאינם צריכים שחיטה ..... מב
סימן יד – דין עובר במעי בהמה ..... מז
סימן טו – שלא לשחוט בהמה עד יום שמיני ללידתה ..... נא
סימן טז – דין אותו ואת בנו ..... נג
סימן יז – דין השוחט בהמה המסוכנת למות ..... נח
סימן יח – דין בדיקת הסכין ופגימותיו ..... ס
סימן יט – דיני ברכת השחיטה ..... סט
סימן כ – מקום השחיטה בצואר ..... עג
סימן כא – שיעור השחיטה בכמותה ..... עו
סימן כב – באיזו מין צריך לשחוט הורידן ..... עח
סימן כג – דיני שהייה בשחיטה ..... פא
סימן כד – דיני דרסה וחלדה והגרמה ועיקור ..... פו
סימן כה – שצריך לבדוק אחר השחיטה ..... צו
סימן כו – דין נקב בוושט או בבני מעים קודם גמר השחיטה ..... צח
סימן כז – שלא לחתוך אבר מהבהמה בעודה מפרכסת ..... צט
סימן כח – דיני כסוי הדם ..... קא

הלכות מליחה

סימן סט – דיני מליחה והדחה ..... קיא
סימן ע – דין מליחת הרבה בשר ביחד ..... קמג
סימן עא – דין מליחת הראש והטלפים והמוח ..... קנז
סימן עב – דין מליחת הלב והריאה ..... קנט
סימן עג – דין צליית כבד ..... קסד
סימן עד – הטחול דינו כשאר בשר ..... קעב
סימן עה – דין מליחת המעיים ..... קעב
סימן עו – דין בשר לצלי ..... קעו
סימן עז – דין עופות שנמלאו בשר שלא נמלח ..... קפא
סימן עח – שלא לדבק בצק בבשר שלא נמלח ..... קפג

הלכות בשר בחלב

סימן פז – באיזה בשר נוהג דין בשר בחלב, והאיך נקרא בישול ..... קפה
סימן פח – שלא להעלות בשר על שלחן שאוכלין גבינה ..... קצט
סימן פט – שלא לאכול גבינה אחרי בשר ..... רא
סימן צ – דיני כחל ..... רז
סימן צא – דין בשר וחלב שנתערבו ..... ריד
סימן צב – דיני אם נפל חלב לקדירה של בשר ..... רכה
סימן צג – קדירה שבשלו בה בשר לא יבשלו בה חלב ..... רמז
סימן צד – דין התוחב כף חולבת בקדרה של בשר ..... רנב
סימן צה – דגים וביצה שנתבשלו בקדירה של בשר, אם מותר לאוכלן עם גבינה ..... רסט
סימן צו – דין מאכל חריף שנחתך בסכין של בשר ..... רעה
סימן צז – שלא ללוש עיסה בחלב ..... רפז

הלכות תערובות

סימן צח – דין איסור שנתערב בהיתר ואופן ביטולו ..... רצג
סימן צט – דין העצמות אם מצטרפין לבטל איסור, ושלא לבטל איסור לכתחילה ..... שז
סימן ק – בריה אפילו באלף לא בטל ..... שיח
סימן קא – דין חתיכה הראויה להתכבד ..... שכא
סימן קב – דין דבר שיש לו מתירין ..... שכז
סימן קג – דין נותן טעם לפגם ..... שלה
סימן קד – דין עכבר שנמצא ביין או בשכר ..... שמא
סימן קה – דין איסור שנפל לתוך היתר ..... שמו
סימן קו – דין האיך מבטלין בששים ..... שסד
סימן קז – דין המבשל ביצים ודבר מיאוס הנמצא בתבשיל ..... שסח
סימן קח – שלא לאפות היתר ואיסור בתנור אחד ..... שעב
סימן קט – דין יבש ביבש שנתערב ..... שעח
סימן קי – דין ספק טריפות שאירע בבשר ..... שפא
כללי דיני ספק ספיקא בקצרה ..... שצט
סימן קיא – דין כלים טריפים שנתערבו בכשרים ..... תח

הלכות נדה

סימן קפג – אשה שרואה טיפת דם צריכה לישב ז׳ נקיים ..... תיז
סימן קפד – שצריך לפרוש מהאשה עונה קודם לוסתה ..... תיח
סימן קפה – דין אשה שאמרה טמאה אני ואח״כ אמרה טהורה אני ..... תכה
סימן קפו – דיני בדיקת אשה בין לפני תשמיש בין לאחר תשמיש ..... תכט

מפתח הלכות

סימן קפז – דיני האשה הרואה דם מחמת תשמיש .... תלה
סימן קפח – דיני מראות הדם .... תנא
סימן קפט – דיני אשה שיש לה וסת קבוע, ושאין לה וסת קבוע .... תנה
סימן קצ – דיני כתמים ובדיקת האשה .... תעו
סימן קצא – דין אשה שמצאה דם בהשתנה .... תקא
סימן קצב – דיני כלה הנכנסת לחופה .... תקה
סימן קצג – דין דם בתולים .... תקיא
סימן קצד – דיני יולדת ומפלת .... תקיא
סימן קצה – דברים האסורין בזמן נדותה .... תקטז
סימן קצו – דין לבישת הלבון ובדיקתה .... תקכא

הלכות טבילה

סימן קצז – שלא תטבול האשה ביום .... תקלג
סימן קצח – דיני טבילה וחציצה .... תקלח
סימן קצט – שצריכה האשה לבדוק בית הסתרים, ודיני חפיפה בשבת ובחול .... תקנט
סימן ר – אימתי תעשה ברכת הטבילה .... תקסו

א
סימן א – מי הם הכשרים לשחוט

§ סימן א – מי הם הכשרים לשחוט §

סעיף א- הכל שוחטין לכתחלה, אפילו נשים – [כן הוכיחו התוס׳, מדתנן כל הפסולים ששחטו שחיטתן כשרה, וחשיב שם נשים ועבדים וטמא במוקדשין, ואמרינן התם דאפי׳ לכתחילה שוחטין, וקאמר לשון דיעבד משום טמא במוקדשין, ולא אמר משום נשים, ש״מ דנשים אפי׳ לכתחילה].

הגה: י״א שאין להניח נשים לשחוט, שכבר נהגו שלא לשחוט - ‹עי' תוס' דקידושין ע"ו: "אפי' בעבודות הכשרות בזרים, כגון שחיטה או הפשט, אע"ג דשחיטה כשרה בנשים ובעבדים, היינו דיעבד, אבל לכתחילה לא עבדי כ"א כשרים מיוחסין", וה"ה בחולין משום פשיעותא - גר"א›, [ההוא דיעבד לאו לענין איסור קאמרי, דודאי מותר מן הדין אפי׳ לכתחילה, אלא דשם מיירי בהיפוך מה שסיימו התם, דלכתחילה נמנעים מעצמם כ״א מיוחסים, או משום חומרא יתירא אין מניחין לכתחילה כ״א מיוחסין], ‹ויש ב' טעמים שאין להניח לנשים לשחוט, א' דחשידי אלפני עור, או דרגילין להתעלף – פמ"ג›, **וכן המנהג שאין הנשים שוחטות** - כ"כ האגור, ‹וז"ל: שאע"פ שדעת הפוסקים כן, המנהג בכל גלות ישראל שלא ישחטו, ומעולם לא ראיתי נוהג לשחוט, ולכן אין להניחן לשחוט, כי המנהג מבטל הלכה, ומנהג אבותינו תורה היא, עכ"ל›, **והב"י** השיג עליו, ‹וז"ל: ואני אומר שאם היה אומר שהיו רוצות לשחוט ולא הניחון, היה אפשר לומר שהיא ראיה, אך ראיית› לא ראינו אינה ראיה, ע"כ, **ולפעד"נ** דדעת האגור כמ"ש מהרי"ק, דבמנהג וכה"ג הוי לא ראינו ראיה, וכמ"ש הרב בח"מ ס"ס ל"ז.

ועבדים וכל אדם - הטור כתב: ועבדים משוחררים כו', ונ"ל לבאר דעתו, דסבר ליה דסתם עבדים יש להן כל המדות הרעות יותר מן הריקים והפוחזים, כדאמרינן בש"ס בכמה דוכתי, ואינן בחזקת כשרות, וע"כ פי' המתניתין שהביאו התו' והרא"ש דעבדים שוחטין לכתחלה, היינו במשוחררים, דאל"כ אע"פ שמל וטבל אין להאמינו על השחיטה אלא במכירים אותו שהוא כשר, ‹**לפי"ז** יקשה דלמא הש"ס דנקט דיעבד, משום דעבדים מיירי אף באינן משוחררים - רעק"א›, **אבל** כשמכירים אותו הרי הוא בכלל רוב מצוים א"ש מומחים ומוחזקים הם, וכ"כ הרשב"א ומביאו ב"י, שדעת הרמב"ם דעבדים הם בכלל רוב מצויין א"ש מומחים הן, **וא"כ** המחבר שהשמיט תיבת משוחררים אזיל לטעמיה, שכתב בב"י קשיא, מאי איריא משוחררים אפי' אינן משוחררים נמי כו', וע"כ המחבר מיירי במכירין אותן שהן כשרים דסתם עבדים אינן כשרים, אלא דלא משמע ליה דהטור ידבר באין מכירין אותן דוקא, **והא** דלא הזכירו המחבר, משום דס"ל דגם בשאר בני אדם בעינן שיהא שוחט נאמן, וכדעת הרמב"ם ור"ח שהביא בב"י, ולכך לא הוצרך להזכירו, דפשיטא דלא עדיפי עבדים משאר בני אדם, **והב"ח** השיג על המחבר, שמהרמב"ם והסמ"ג משמע דבעבדים בעינן דוקא יודעים שהן מומחים, ולפעד"נ כמ"ש.

[בטור כתב עבדים משוחררים, ותמה ב״י, הא משוחרר הוא כישראל גמור, וכבר צווחי קמאי ובתראי בענין זה, ‹**הב"י** תמה רק דמה אירי' משוחררים אפי' אין משוחררים נמי - רעק"א. **ול"נ** דא"כ למה ליה להב"י לומר "זה פשוט", הא במשנה דכל הפסולים תנן עבדים, אלא להכניס כל זה בקושיא, כלומר זה פשוט ולא הוה למתני כלל, ועל כרחך באין משוחררים מיירי, ועל זה תירץ הט"ז... - פמ"ג›, **ולי נראה דאע״פ שהוא משוחרר אינו כישראל גמור מצד הסברא, שכן מצינו במדרש ילקוט אחרי מות וז״ל, בתוככם לרבות נשים ועבדים משוחררים, הרי לפניך דעבד משוחרר צריך ריבויא כמו אשה, א״כ אף במשנה דחשיב כאן נשים ועבדים, י״ל דבמשוחררים קמיירי, וילמוד סתום מן המפורש במקום אחר]**.

זהו שיבוש, דא"כ בכ"מ במשנה וש"ס בסתם עבדים היינו משוחררים, והא ודאי ליתא, וכמה סוגיות בש"ס לא מוכחי הכי, וכל הש"ס והפוסקים מלא מזה דסתם עבדים היינו שאינן משוחררים... **גם** אישתמיטתיה כמה סוגיות בש"ס, דלא הו"ל להביא מהילקוט, דידוע שספרי הילקוט מוחזקים בטעויות, ומדרש ילקוט זה מת"כ, ושם לא הוזכר משוחררים, **וטפי** הו"ל לאתויי ממאי דאיתא במנחות, גרים ועבדין משוחררים מנין, ת"ל המקריב, וכן בפרק הערל ובספ"ק דכריתות, גיורת ושפחה משוחררת מנין, ת"ל ואשה, וכה"ג טובא, **אלא** ודאי שאני התם כדאיתא בש"ס להדיא, בני ישראל כו', משוחררים מנין, והיינו דכיון דכתיב בני ישראל הוה ממעטינן משוחררים, דהוי אמרינן מדאיצטריך למיכתב בני ישראל, אלמא דוקא בנ"י, וכדאיתא בתוס' שם, **וה"נ** אפי' הוי גירסת הילקוט אמת, הא בעריות כתיב נמי בני ישראל - נקה"כ.

מחבר רמ"א ש"ד ונקה"כ

ב
הלכות שחיטה
סימן א – מי הם הכשרים לשחוט

‹ומ"מ אפשר לדינא מודה הט"ז דאף עבדים שאין משוחררים, וכסתימת המחבר, אלא שרצה ליישב קושית הב"י על הטור. **ולענין** דינא, אף שהרמ"א כתב אין לנשים לשחוט וכן המנהג, היינו מפני עילוף, ובעבדים לא שייך זה, **ואפשר** דלא שייך וכן המנהג בעבדים, דאין מצויין כלל בינינו – פמ"ג›.

אפילו אין מכירין אותו שמוחזק לשחוט שלא יתעלף, וגם אין יודעין בו שהוא מומחה ויודע הלכות שחיטה, מותר ליתן לו לכתחלה לשחוט - פי' על סמך שיבדקנו אחר השחיטה אם הוא מומחה, ‹ולא חיישינן דלמא משתלי ואכיל בלא בדיקה, משום דלרווחא דמלתא שיילינן ליה – באר היטב›, **ומותר לאכול משחיטתו, שרוב הרגילין לשחוט הם בחזקת מומחין ומוחזקין.**

עיין בח"מ סי' ש"ו ס"ז, גבי טבח אומן שקלקל, דצריך להביא ראיה שהוא מומחה, ולא אמרינן בכה"ג רוב מצויין אצל שחיטה מומחים הן. ‹**טעמא** לא ידענא, דאם נימא כיון דקלקל הוי ריעותא, ואזדא הרוב, א"כ נימא דכל מה ששחט עוד בלא אחרים רואים אותו דאסור, ולא יהיה רשאי למסור לו לשחוט, ולא מצינו חידוש דין זה, וצ"ע – רעק"א›. ‹**וכפי** הנראה הטעם, דאין הולכין בממון אחר הרוב – פמ"ג›.

במה דברים אמורים, בשאינו לפנינו, אז מותר לאכול משחיטתו וסומכים על החזקה. אבל אם הוא לפנינו, צריך לבדקו אם הוא מומחה ויודע הלכות שחיטה - ‹כיון דהוא מיעוט המצוי טובא, וכמו בטריפות הריאה – גר"א›, **אבל אין צריך לשאלו אם נתעלף** - ‹לשון גמר' רוב מצויין וכו', לעלופי לא חיישינן, ולא אמר ג"כ לשאין מומחין לא חיישינן, אלמא לאו כי הדדי נינהו, דשם אפי' איתא לא חיישינן – גר"א›.

ז"ל הב"ח, כתב ראב"ן דנ"ל דאף רבינא, ‹דסבר שלא סמכינן על רוב מצויין אצל שחיטה מומחין הם›, לא קאמר דאם שחט בודקים אותו, אלא כשישנו לפנינו ומצינן למיבדקיה כו', **ולפ"ז** לדידן כשאינו לפנינו אוכלים משחיטתו אפי' מצינן למירדף אבתריה, עכ"ל, **וק"ל** .. ויש ליישב... והוא דוחק, ומדברי שאר פוסקים לא נראה פי' זה, **ולפי** דברי הרב בהג"ה אין נפקותא בכל זה.

הגה: וי"א שאין לסמוך על החזקה אלא בדיעבד, אבל לכתחלה אין לסמוך על חזקה במקום דיכולין לבררו - ‹דלכתחלה אין נותנין לו לשחוט אדעתא לבדוק אותו אח"כ אם הוא מומחה – פרישה›.

[הוא דעת א"ז, וכן ס"ל לבעל העיטור בדברי הטור, דבעילוף לא חיישינן כלל לא בתחילה ולא בסוף, ולענין מומחה אין לסמוך אלא בדיעבד, ולדידהו הא דאמרינן בגמר' רוב מצויין אצל שחיטה מומחין הן, היינו דוקא בדיעבד, וס"ל דבדיעבד אפי' בדיקה לא בעי].

וכל זה מיירי באחרים, שאינן בקיאין ויודעין אם זה השוחט בקי או לא, אבל השוחט עצמו לא ישחוט, אע"פ שיודע הלכות שחיטה ומומחה, עד ששחט ג' פעמים בפני חכם ומומחה בהלכות שחיטה, שיודע שהוא רגיל וזריז שלא יתעלף –

[ברמב"ם וטור לא כתוב ומומחה, ונראה דרמ"א בא ללמדינו דתרתי בעינן, ולא סגי ליטול קבלה מן המומחה בשחיטות לחוד, רק מחכם בלא"ה ג"כ, כי הוא יודע לנסותו היטב, ואותן הנוטלים קבלה מן השוחטים שאינן חכמים בלא"ה, לא יפה הם עושים].

והמנהג להתחיל לשחוט בתרנגולים, ובתוך ג' יהיה תרנגול ‹זכר, מפני שהשחיטה קשה בו מחשש שמוטה – חכ"א›, ואסור ליקח שכר על זה, וגם התרנגולים אל יהנה הת"ח מהן, אלא יתנם לעניים, **ואפילו** מי שהוא בקי לשחוט תרנגולים, אינו יכול לשחוט העופות הקטנים, דהיינו הצפרים ותורים ובני יונה הקטנים, אלא מי ששחט אותם כבר ואתמחי, ומה שאין נותנים בתחלה לשחוט אותם לאתמחי בהו, היינו משום דלא שכיחי כו', **ומש"ה** ראיתי אפי' מומחים גדולים היו מדקדקים, שמתי שבא לידם עוף קטן שהיו שוחטי' אותו עם התרנגול, כדי להסתלק מן החשש ברכה לבטלה, כל זה מדברי מהרש"ל, **ואעפ"כ** ראיתי השוחטים נוהגים לשחוט שני צפרים או יונים קטנים יחד, ותו לא, משום דלכולי האי לא חיישינן שיתנבלו שניהם.

ולכן נוהגין שאין אדם שוחט אלא א"כ נטל קבלה לפני חכם, ואין החכם נותן לו קבלה עד שידע בו שהוא יודע הלכות שחיטה, ובקי ביד -

[ט"ז] ‹רעק"א או ש"א או הוספת הסבר› (פת"ש)

(עיין תשובת נו"ב שכתב, בשוחט שידיו מרתיתים, ואמנם הוא מרגיש בפגימה דקה, וגם אומר ברי לו שאינו נכשל בשום דבר, כי אין הרתיתות מזיק לו, **דודאי** יש להעביר השוחט ההוא לכתחלה, **אבל** אין אוסרין שחיטתו למפרע, דלא גרע ממי שדרכו להתעלף בסעיף ג', דאם אמר ברי לי כשר, **והש"ך** שם מקיל אף בשותק, אלא שהתב"ש אוסר בשותק, אבל באומר ברי לי לכ"ע כשר, ע"ש).

ולכן נוהגין שכל הבאין לשחוט, סומכין עליהם לכתחלה, ולא בדקינן אותם לא בתחלה ולא בסוף, דכל המצויין אצל שחיטה כבר נטלו קבלה לפני חכם – ‹דטעמא דאיתא קמן צריך לבודקו, משום דמיעוט המצוי הוא כנ"ל, משא"כ בכה"ג דהוי מיעוט שאינו מצוי, ד"מ – גר"א›.

ובקצת מקומות נוהגין להחמיר עוד, דהמקבל נוטל כתב מן החכם, לראייה שנתן לו קבלה – ‹כתב בית לחם יהודה, דאין ליתן קבלה על קלף, דאימא גנב ומחק שמו של השוחט, וכתב שמו שם – פמ"ג›.

(**עי'** בשמלה חדשה שכתב, במדינות אלו שאין שוחטין בלי קבלה, אם עבר ושחט בלא קבלה, אע"פ שהוא מומחה ומוחזק, מ"מ שחיטתו אסורה כו', ע"ש, **ועי'** בתשובת ברית אברהם שחולק עליו, והעלה דאין לאסור דיעבד, ע"ש).

(**ועי'** בתשובת חות יאיר, בכפר שדרים בו איזה בעלי בתים, ותמיד מחזיקים אצלם שוחט ובודק, וסמוך ליו"ט של פסח נפל למשכב, ואחד מן הבע"ב מומחה ויודע הלכות שחיטה, רק שמעולם לא שחט ולא בדק ולא נטל קבלה, אם רשאי לשחוט, **והשיב** שמצד הדין מותר לשחוט אחר שהוא שעת הדחק וכבוד יו"ט, ומ"מ לבי מהסס להתיר בדורות הללו שכבר גדלה המכשלה כו', **ומיהו** רשאי לשחוט עופות שאין צריך בדיקת הריאה אצל שוחט, ובודק החולה, שהרי בבהאי גוונא יש מתירין לכתחלה, ולכבוד יו"ט בודאי שרי, **ואפי'** אם יש להם בשר רק שהוא מלוח יותר משני ימים, מאחר שאין בו שמחה רשאי לשחוט, ואע"ג דקיי"ל דאין יוצא ידי שמחת החג בבשר עופות, מ"מ עדיף טפי מבשר מלוח ישן, **וה"ה** דשרי לשחוט בהמה, רק שאם יארע לו שום שינוי ושום ספק בבדיקת הריאה, וא"א להחולה להיטפל ולמעך, בזה יטריף, כי ודאי בבדיקה צריך אומן יד והרגל והרגשה, ויש להחמיר בו טפי מבשחיטה, ע"ש עוד. **ועי'** בתשובת שבות יעקב, דשוחט שלא שחט מעולם אין לשחוט לכתחלה בי"ט, ע"ש).

(**עבה"ט** מ"ש יוכל האב לסמוך את בנו בשחיטה, מאחר דע"א נאמן באיסורין כו', כן כתב גם אא"ז בתשובת פנים מאירות, **וגדולה** מזו דאפי' אם בדקוהו ומצאו שא"י הלכות שחיטה, אף שכתב רמ"א דאם לא נטל קבלה דאסרינן כל הכלים למפרע, מ"מ בנ"ד שאביו מעיד שהיה בקי, אמרינן השתא הוא דאיתרע ולמד ושכח ומותרים הכלים למפרע, ע"ש. **ועיין** בתשובת שבות יעקב שכ', דמ"מ לכתחלה יש ליטול קבלה מאחר שאינו קרובו).

וכל שוחט, אע"פ שנטל קבלה, יראה שיחזור לפרקים – ‹וזהו ל' יום – באר היטב›, **הלכות שחיטה, שיהיו שגורים בפיו ובלבו שלא ישכחם** – ‹אמר מהר"ש שקבלה בידו מאחיו הר"ר יונה ז"ל, שיש לכל שוחט ושוחט כשמתחיל לשחוט לחזור הל' שחיטה ובדיקות בכל יום פעם אחת, וכן יעשה לשלשים יום, ואח"כ יחזור בכל חדש פעם א', וכן יעשה שנה תמימה, ואח"כ לכל תקופה, וכן יעשה כל ימי חייו, ואם לא עשה כן שחיטתו פסולה, עכ"ל – באר הגולה›.

[**אע"פ** דבשאר הוראות אין צריך שידע המורה בעל פה כל ההוראות, מ"מ בשחיטה שהיא מסורה לכל החמירו בזה, **ונראה** ראיה מלשון התלמוד באוקימתא דרבינא בלשון זה, "שיודעין בו שיודע לומר הלכות שחיטה", האי "לומר" הוא לשון יתר לכאורה, **אלא** דקמ"ל דצריך לומר ההלכות בעל פה, **וראינו** רבים מתפרצים אין נותנים לב תמיד לחזור ההלכות, לכן נהגו גדולים לחקור אחר השוחטים אע"פ שנטלו קבלה, ולמוכיחם יונעם].

וכמו שהדין בהלכות שחיטה ובמי שבא לשחוט, כך הוא הדין בהלכות בדיקות הריאה ובמי שבא לבדוק, ודינם ומנהגם שוה בכל זה – ‹יש לעיין מנ"ל זה, הא אמרינן היכי דאפשר לברר מבררינן, אבל לענין בדיקת הריאה דליכא חזקת איסור, י"ל דא"צ לברר, **וגם** הא הוי ב' רובי, רוב בהמות כשרות, ורוב בודקים מומחים, דא"צ לברר – רעק"א›.

ויש לב"ד לחקור ולדרוש אחר הבודקים והשוחטים, ולראות שיהיו בקיאים ומומחים וכשרים, כי גדול איסור המכשלה בשחיטות ובדיקות המסורים לכל - ‹ובס' הירא מזהיר שלא ליתן קבלה לשום אדם שהוא קל בדעות, כ"א ליראי שמים, **ובפרט** הרגילים לשתות ביותר, ואף שאינם שכורים, כי הם אינם מרגישים אם הם שכורים או לא, וידיהם כבדות מרוב שתייתם, **וגם** להזהירם על בדיקת הסכין באימה ויראה – בה"ט›.

ואם בדקו איזה שוחט ובודק ונמצא שאינו יודע, אם נטל פעם אחת קבלה, אין מטריפין למפרע מה ששחט, דאמרינן השתא הוא דאתרע, אבל אם לא נטל קבלה מעולם, כל מה ששחט טריפה, גם כל הכלים שבשלו בהן מה ששחט, צריכין הכשר - כן למד הרב מתשובת הרשב"א, שכ' לאסור הכל למפרע, ובחידושי אגודה פסק דאוקי שוחט אחזקתו, ועד עתה ידע, **והשוה** אותם הרב בד"מ, דחדושי אגודה מיירי שנטל פעם אחת קבלה, דמוקמינן ליה אחזקתו עד השתא, וגם הרשב"א מודה לזה כדמוכח מדבריו ע"ש, **אבל** כשלא נטל קבלה מעולם, דאז לא היה לו חזקת ידיעה מעולם, מטריפין כל מה ששחט למפרע, **וזה** דלא כהלבוש עט"ז שהביא שתי דעות בזה, ע"ש.

‹**כתב** בתשובת בית יעקב, דמה דאסרינן שחיטתו למפרע, הוא ודאי איסור כיון דהוא תרתי לריעותא, השוחט איתרע, והבהמה בחזקת איסור, ע"ש›.

‹**משמע** דגם בבודק שבדקו אותו ואינו יודע הל' בדיקה, אוסרין למפרע, ולענ"ד צע"ג, דלו יהא דמחשבינן הבדיקות שלו לאין, מ"מ לא גרע מנאבדה הריאה דכשר – רעק"א›.

הקשה בד"מ, מ"ש מבהמה שנמצאת טרפה, שהגבינות שנעשו ממנה כשרים, אם נוכל לומר השתא הוא דנטרפה, מטעם דרוב בהמות כשרות הם, ואמרינן העמד בהמה על חזקתה, **ותירץ** דיש לחלק בין רוב בהמות כשרות, שהרוב הוא לכל הבהמות שבעולם, ולכן מקרי שפיר רוב, אבל הכא דוקא רוב מצויים א"ש מומחין הן, אבל רוב בני אדם אינן מומחין, ולכן לא מקרי חזקה זו מחמת רוב, **ועוד** אפשר דלא דמי, דהתם י"ל דלא יצאת מחיים, רק השתא סמוך לשחיטה נטרפה, משא"כ בשוחט, ‹בשכחה, על כרחך יצא זמן מה – פמ"ג›, עכ"ל, **ולפעד"נ** דלא דמי, דהתם י"ל משעה שנולדה כשרה היתה, והשתא הוא דנטרפה, אבל הכא ע"כ משנולד לא ידע כלום, וא"כ נצטרך לומר למד ושכח, וזה לא אמרינן, **ועוד** דכיון דהשתא אינו יודע, מוכחא מלתא דלא ידע מעולם, דאין דרך לשכוח הלכות שחיטה שצריך להיות רגיל בהן, אבל אם נטל קבלה, ע"כ צ"ל דשכח, ואפשר שגם זה הוא בכלל דברי הרב.

[... **וע"כ אומר אני, אף כי דבר זה נפתח בגדולים,** שבעל אגודה פסקו להיתר ורמ"א מביאו, נסתיים בקטנים כמוני מחמת הראיות שבירנו, להחמיר ולאסור הבשר שישנו עדיין משחיטתו של שוחט זה, **ולא יאכל**, והכלים הידועים שנתבשלו בו מהם יש לאוסרם, והרוצה להקל יראה בעיניו שיסתור בנין שזכרנו ואחר יאכל, כן נראה לענ"ד]. ‹ועיין בנקה"כ מה שחולק על ראיותיו›.

ולפי מ"ש מי שהיה בודק ואחר כך נמצא שיצא טרפה מתחת ידו בפשיעתו לא מחמת חסרון ידיעתו, הכלים כשרים מדינא, ואמרינן אוקמי' אחזקתיה ועד השתא כשר היה, **וכן** העתיק מהרש"ל תשובת מהר"מ כ"ץ, ועל הכלים שהגעילו בני עירו להחזיקו בחשוד למפרע, לא יפה כוונו, דלא מחזקי' ליה בחשוד למפרע כו', עד מיהו אם בדקוהו ולא גמיר, ודאי יש לאסור כל שחיטתו למפרע, ע"כ, וכן הביא הב"י, **כתב** א"ח בשם התוספתא, שאפי' מי שהמיר אינו חשוד למפרע, שאם שחט ונקר חלב ואח"כ המיר באותו יום, הכל כשר, ע"כ.

‹**תמוה** לי דכתב כן בפשיטות, הא הרשב"א אוסר בחשוד על מה ששחט למפרע – רעק"א›.

‹**עש"ך**, דשוחט שהמיר או הוציא טרפה מת"י בפשיעה, יש להתיר למפרע, **ועיין** ט"ז בסימן קי"ט, דאוסר למפרע, וכן דעת התב"ש, **ועיין** בשו"ת עבודת הגרשוני שהוכיח כדעת הפוסקים דבחשוד אין צריך לחוש למפרע ע"ש, וכ"כ בתשובת מים רבים, **וכן** העלה בתשובת ברית אברהם, דבחשוד א"צ לחוש למפרע›.

‹**ולפי** זה יש להחמיר בדאורייתא, ומכל מקום כלים שאינם בני יומם, יש להתיר בהפסד מרובה – פמ"ג›.

‹**אך** בסוף התשובה כתב בתשובת מים רבים לחלק בין חשוד במזיד, דאחזו היצר להעבירו על דת, לא נחשד למפרע, **מה** שאין כן באם עשה כן מחמת עצלות, גרע

[ט"ז] ‹רעק"א או ש"א או הוספת הסבר› (פת"ש)

טפי, ויש לחוש על למפרע, ע"ש, **ובתשובת** ברית אברהם כתב דיש לדון על החילוק הנ"ל).

‹**טבח** שמכר בשר שלא הודח, ולא נמלח יותר מג' ימים אחר השחיטה, ולא הגיד לקונים שלא יאכלו כי אם צלי אש, מצד הדין אין להעבירו, אם לא למגדר מלתא, עבודת הגרשוני – בה"ט›.

(**ועי'** בתשובת אא"ז פנים מאירות שפסק, בשוחט ששאלו אותו על הבהמה ששחט ובדק אם היא כשירה, ואמר לפני עדים שכשירה היא, ואח"כ מצאו סרכה גדולה שנטרפה ע"י סרכה זו, **שאין** להעבירו, מטעם שיכול לומר שוגג הייתי ומחמת מהירות כאשר מצוי הוא מכשול כזה, **ואף** דטבח שיצא טרפה מת"י אין לו התנצלות לומר שוגג הייתי, כמ"ש לקמן סימן קי"ט סעיף י"ז, **שאני** הכא דיש להשוחט הוכחה ואומדנא ע"ז, דאם היה רוצה להכשיל במזיד, היה לו לנתק הסרכה בענין שלא היו מרגישים כלל, והביא דברי מהרש"ל שכתב סברה זו. **וכתב** עוד, אך באשר שרב העיר העבירו מאומנתו למגדר מלתא, ומצינו שגדולי ראשונים העבירו השוחט על שלשים יום, והשוחט עשה שלא כהוגן שלא קיבל גזירת הרב, ראוי לאסור הכלים מה שבישלו משחיטתו אחר העברתו, ע"ש).

(**ועיין** בתשובת נו"ב, שכתב בשוחט שהעיז נגד הרב, ואסר הרב את שחיטתו, וקצת בעלי בתים זילזלו באיסור זה ואכלו משחיטתו, ואח"כ מת הרב ההוא, **יש** להסתפק אם הבשר שנשאר משחיטתו בחיי הרב מותר עכשיו, דאפשר שפקע האיסור למפרע, **ולענין** הכלים לאותן שלא קיבלו דברי הרב, מותרים, דכיון שמת פקע האיסור מהשוחט וגם מהכלים, **אך** לאותן שקיבלו דברי הרב, הוי זה כמו נדר, ויש ספק אם הקבלה הוי כמו בשר ויין זה, המבואר בסימן רי"ו סעיף ט', ואסור בנתינת טעם, **לכן** יניחו הכלים כ"ד שעות שלא יהיה ב"י, כדי לצאת כל הספיקות, ע"ש. **ועי'** בתשובת ברית אברהם שהעלה הרבה חידושי דינים בדין שוחט שיצא טרפה מת"י, ובכמה דברים חולק על תשובת אחרונים בענין, זה ולפי שדבר זה אינו שכיח כ"כ קצרתי).

(**ועיין** בתשובת גבעת שאול, שנשאל בשוחט שבא לפני בית דין, והודה שע"פ הרוב שחט בשכרות, ומחמת זה לא שחט כראוי, ועשה כמה פעמים דברים הפוסלים בשחיטה, שהייה דרסה כו', ובקש מהם להורות לו סדר תשובה על המעשים רעים שעשה, מה דינו של הבשר והשומן שיש עדיין משחיטת זה השוחט, **והשיב** להיתר, דאינו נאמן, משום דאין אדם משים עצמו רשע אף בכהאי גוונא, ע"ש באריכות. **ועי'** בשו"ת חות יאיר, באשה שאומרת דרך תשובה שזינתה, וכן בהתודה הבועל, מבואר שם דאם אומר דרך תשובה, לא שייך אין אדם מע"ר, אך לא הביא שם שום ראיה ע"ז, ובאמת מבואר כן בתוס' ב"מ, **ועיין** בתשובת חתם סופר שכתב, דמדברי התוס' שם אין ראיה, אך הביא שם ראיה אחרת, **ועל** מ"ש החו"י הנ"ל דה"ה בהתודה הבועל, חולק עליו, ע"ש, **ועי'** עוד בת' ח"ס, ויובא קצת לקמן סימן ב' ס"ק ח', דשם לא החליט הדבר לומר דנאמן בהודה דרך תשובה, ואף שהתודה בחליו, ע"ש עוד, **שוב** מצאתי בשו"ת שיבת ציון מהגאון מהר"ש לנדא נר"ו, שהאריך בענין כזה, ודעתו ג"כ דבכה"ג ל"ש א"א מע"ר, ויש לאסור כל הבשר שיש עדיין בעין, וגם כל כלי ראשון הבלוע מבשר זה, ע"ש, **ונראה** דאף לדברי הג"ש הנ"ל, דוקא אם אמר שעשה דברים הפוסלים בשחיטה מדאורייתא, אינו נאמן, אבל אם אמר שעשה דברים הפוסלים מדרבנן, יש לאסור, לפמ"ש התומים, דבדרבנן אדם מע"ר, ע"ש, **אמנם** ראיתי בתשובת ברית אברהם שהאריך לחלוק עליו, והעלה דאף בדרבנן אין אדם מע"ר, ע"ש, א"כ גם בזה יש להתיר, **מ"מ** אפשר דאם אמר שעשה שהיה משהו וכיוצא, שאין האיסור ברור, יש לאסור).

סעיף ב - אין צריך שידע כל חילוקי הדינים, אלא אם אומר על דבר זה - כלומר אילו בא לפני דין זה, **הייתי מסתפק ושואל, קרינן ביה שפיר יודע, עד שאומר על האסור מותר** – [במרדכי ביאר הטעם, דהא חכמים נמי מספקא להו כמה מילי בהל' שחיטה, **וכתוב** בהג' מיימוני, שעכ"פ צריך שידע ששהיות מצטרפות, שזהו רגיל].

‹**אמנם** בשמלה חדשה ובתבואות שור, דעכשיו שסדר השחיטות לפניו, אם אומר שמסתפק, והוא הדין על טהור טמא, אין למודו עולה יפה, ויש לאסור – פמ"ג›.

(**עבה"ט** בשם בי"ע, דאף באומר על מותר אסור, ג"כ יש להעבירו, **והנה** שם בבי"ע כתב הטעם, דיש לחוש שיבא קלקול אם יקדש בו אשה, וכיון שאסור לא יהי' שוה פרוטה כו', ‹**וא"כ** במקום שיש קונים על בשר טריפה, ל"ש חשש זה, **גם** י"ל הא חזו לכלבא, **גם** קשה אם מעבירים

השוחט, נעבר נמי לחכם שאמר על טהור טמא – ג' מהרש"א, **והפמ"ג** כתב הטעם, שיבא קלקול בב' קדרות דלקמן סימן קי"א ע"ש, **מבואר** מדבריהם דאף דהטעות אינו מפאת שכחה, רק מחמת שיקול דעתו, שכך נראה בדעתו המשובשת, ג"כ יש להעבירו עד שיחזור בו, **ונראה** דיש נ"מ בין אלו הב' טעמים, באם אומר על מותר שהוא אסור מדרבנן, להבי"ע יש חשש גם בזה, עי' פסחים דף ז', ובאה"ע סימן כ"ח סעיף כ"א, **ולהפמ"ג** אין חשש, דהא אין תולין במידי דאינו אסור אלא מדרבנן, כמ"ש המנ"י, **וכן** אם אומר על איסור מדרבנן שהוא מה"ת, הוא בהיפך, להבי"ע אין חשש, ולהפמ"ג יש חשש, **אמנם** כבר חלוקים עליו חביריו על המנ"י, והעלו דתולין אף בדבר האסור מדרבנן, **לפ"ז** באופן זה באומר על דרבנן שהוא מה"ת, אין חשש גם להבי"ע גם להפמ"ג, **אך** באופן הב' יש חשש לשניהם).

הגה: ובודקין אותו בדיני הלכות שחיטה שיתבאר לקמן ריש סימן כ"ג – ‹וכמש"ל ס"א דלכתחילה צריך לבודקו – גר"א›, **ובדין בדיקת הסכין** – שיתבאר לקמן סי' י"ח ע"ש, **ובדין בדיקת הסימנים לאחר שחיטה, כמו שיתבאר לקמן סימן כ"ה, ואם שחט, וליתיה קמן למבדקיה, מכל מקום יבדקו בסימנים אם נשחטו רובן, דכל מה דאפשר למבדק, בדקינן. וכל זה במקומות שלא נהגו ליטול קבלה, אבל במקומות שנוהגין ליטול קבלה, כגון בני אשכנז והנמשכין אחריהם, אין נוהגין לבדוק אחריו כלל, וכמו שנתבאר.**

סעיף ג - מי שיודעין בו שאינו יודע הלכות שחיטה, אפילו שחט לפנינו ד' או חמשה פעמים שחיטה הגונה וראויה, ושחט אח"כ בינו לבין עצמו, שחיטתו פסולה - דכיון דאינו יודע ה"ש, שמא פעמים שהה ודרס ולא ידע, פי' ואינו מרגיש, דכיון דאינו בקי בהלכותיה, אינו יודע אם נזדמן לידו, הרא"ש.

אפילו שאלו לו: עשית כך וכך, ומתוך תשובתו נראה ששחט כראוי, אין לסמוך עליו, ואפילו אמר: ברי לי ששחטתי יפה - פי' דכששואלים אותו, ומתוך תשובתו נראה לנו ששוחט כראוי, פשיטא שאינו כלום, **אלא** אפילו אמר ברי לי שעשיתי כל מה שאתם שואלים, מ"מ מאחר שבשעת שחיטה לא ידע, לאו אדעתיה וסובר שעשה מה ששואלים, **ובב"ח** פירש דה"ק, אפי' אחר שלמדוהו ה"ש אמר ברי לי כו', [והטעם, דכל מלתא דלא רמיא עליה דאינשי לאו אדעתיה], **וא"צ**, מיהו דינו אמת, שכ"כ הר"ן בשם התוס' והכ"מ רפ"ד בשם הפוסקים.

הגה: ומי שדרכו להתעלף, ואנו יודעים שאינו מוחזק, ושחט ואמר: ברי לי שלא נתעלפתי, נאמן, מאחר שיודע הלכות שחיטה - כיון שהוא יודע ה"ש, ודאי אלו שהה או דרס לא היה מאכילה לנו - ב"י, **ולפ"ז** ה"ה אפי' שותק ואינו אומר כלום, דמאחר שיודע ה"ש, ודאי אלו שהה או דרס לא היה שותק ולא היה מאכילה לנו, והיה אומר ששהה או דרס. ‹לענ"ד אין לסמוך ע"ז לדינא... אולם יש לדון להקל... וצ"ע – רעק"א›. (**והתב"ש** אוסר בשותק).

מי שיודעים בו שאינו יודע הלכות שחיטה, יכולים ליתן לו לשחוט, אם אחר עומד על גביו – [הוכחה לזה, מדתנן לשון דיעבד במתני' בחרש שוטה וקטן ואחרים רואין, ש"מ בגדול מותר אפי' לכתחילה באחרים רואין]. **לא** דק מכמה טעמים... נקה"כ.

ובלבד שיראה אותו מתחלת שחיטה עד סופה - פי' אפילו ראה ששחט סי' א' יפה, לא אמרינן כיון ששחט זה הסי' יפה, שחט הסימן הב' ג"כ יפה, אלא חיישי' שמא שהה או דרס בסימן הב'.

הגה: ויש מחמירין, ואוסרין ליתן לו לכתחלה לשחוט, מאחר שאינו יודע הלכות שחיטה, והכי נהוג – [ס"ל דלגופה אצטריך, דאפי' בחש"ו יש היתר בדיעבד באחרים רואין, וה"ה גדול דוקא בדיעבד, וטעם לזה משום גזירה]. **וכן** משמע בש"ס, גבי הא דמשני דליתיה קמן דליבדקיה, וכן דעת הב"ח.

מיהו מן הסתם שאינו ידוע אם יודע הלכות שחיטה או לאו, נראה דמותר ליתן לו לכתחלה כשאחרים עע"ג, וכ"פ מהרש"ל.

סעיף ד - אם אבדו גדייו ותרנגוליו, או שנגנבו, ומצאם שחוטים כראוי, במקום שרוב ישראל מצויים, ‹מותרים› - אפילו רוב העיר והשוק עובדי כוכבים, **וכן** אם רוב עובדי כוכבים מצויים שם, אפילו רוב העיר והשוק ישראל, אסור, דהכל תלוי במצויים, **ואם** עובדי כוכבים וישראל מצויים שוים, אזלינן בתר רוב השוק שנמצא שם, **ואם** שוים בשוק, אזלינן בתר רוב העיר, ואם שוים בעיר, אסור, כ"ז נראה ממשמעות הפוסקים וב"י.

וה"ה במקום שרוב עובדי כוכבים מצויים, אם רוב הטבחים שם ישראל, מותר, **ודוקא** בבהמות מהני רוב טבחי', אבל לא בפרגיות וכיוצא בהן, שדרכן לשחטן בבית, אלא בעינן דוקא שיהיו רוב ציידי עופות ישראל, ששוחטים מיד כשצדין.

(וגם רוב גנבי העיר ישראלים) - קאי אנגנבו, דבנגנבו בעינן דוקא רוב גנבי העיר ישראל, ולא אזלינן בתר רוב ישראל, דאם רוב גנבי העיר ישראל, אף שרובה עובדי כוכבים, מותר - דאע"פ שהוא חשוד על הגנבה אינו חשוד על השחיטה - וכן אם רוב גנבי העיר עכו"ם, אפילו רובה ישראל, אסור.

מותרים - ומיירי בגווני דליכא למיחש לבשר שנתעלם מן העין, וכמו שיתבאר בסי' ס"ג ע"ש, [דהא כתב שם ביש סימן מותר, והכא מיירי ג"כ מזה, וע"כ אמר גדייו ותרנגוליו, שמשמע שיודעים שהם שלו, רק שבא להתיר כאן מטעם שחיטה, והטור דנקט המוצא בהמה שחוטה כראוי, משמע אפי' בהמה של אחר שמותר מטעם יאוש, היינו שאזיל לטעמיה בסי' ס"ג, דאין איסור אלא ברוב עכו"ם].

בין שמצאם בשוק בין שמצאם באשפה שבבית, אבל אם מצאם באשפה שבשוק, אסורים - הטעם, דאדם עשוי להטיל נבילתו שם. **וכ'** הב"ח דכשהאשפה פחות מג"ט לא חשוב אשפה, [כההיא דחו"מ, מכר את האשפה מכר זבלה, ופרשב"ם בגמר', דאשפה הוא מקום עמוק ג' או גבוה ג', שרגיל ליתן שם זבל], **ואינו** מוכרח, [דדוקא התם לענין מכירה, שחייב ליתן לו כל הזבל תמיד, זה דוקא במקום חשוב תמיד לאשפה, משא"כ כאן לענין השלכת נבילה לפי שעה].

סעיף ה - חרש שאינו שומע ואינו מדבר - נראה דאפי' פקח ונתחרש במשמע, וכ"כ הב"ח.

ושוטה, דהיינו שהוא יוצא יחידי בלילה, או מקרע כסותו, או לן בבית הקברות, או מאבד מה שנותנים לו, אפילו באחת מאלו, אם עושה אותם דרך שטות - כלומר דבדעביד דרך שטות הוא דנקרא שוטה, אפי' בא' מאלו, אבל אי לא עביד דרך שטות, אפי' עביד כלהו לא מחזקינן ליה בשוטה, וכדאיתא בש"ס, לכך כפל בלשונו.

[**רבים** מקשים בטור, למה הוצרך לזה, הא כבר כתב "או" בכל חד מינייהו, ומתוך כך נכנסו לתירוצים דחוקים, ולי נראה דאין כאן קושיא כלל, דאי לא כתב הך אפי' כו', הו"א דהא דכתב "אם עושה אותו דרך שטות", לא קאי רק על הך דקודם לו, שהיינו שהוא מאבד מה שנותנים לו, דבזה בעינן שיעשנו דוקא דרך שטות, אבל בהנך דקדמו אפי' לא ידענו שעושה אותם דרך שטות, ע"כ כתב "אפי' באחת מאלו", להורות דאכל הנך קאי, **ואין** להקשות למה לא כתב "עושה אותן", לשון רבים, ולא היה צריך לכתוב "אפי' באחת מהן", דלא רצה לכתוב לשון כזה שהוא סותר מה שכתוב תחילה, "או בכל אחד", דלשון "אותן" משמעו כולן ביחד].

כתב הב"י שאין הכוונה שבפעם א' שעשה א' מאלו מיקרי שוטה, אלא כשדרכו בכך, ע"ש, ור"ל אף דקעביד דרך שטות, כיון דאין דרכו בכך לא מיקרי שוטה.

(**עיין** בתשובת חת"ס, אודות שוחט מומחה וירא ה' אשר לפרקים הוא נכפה, ר"ל בחולי הנופל, והרופאים שפטו שבא לו מחולשת לבו דלא טעים מידי בצפרא, אי כשר לשחיטה או לא, כמ"ש שמ"ח סעיף כ"ט, דכל השוטים הנזכרים בחו"מ סימן ל"ה פסולים גם לשחיטה, ונכפים בכלל, דאפילו בעת חלמותו יש לחוש בכל רגע שמא הוא סמוך לשעה שיכפהו החולי, והוא זמן סוף שפויו והתחלת שטותו, כמבואר ברמב"ם ושו"ע חו"מ סי' רל"ה ובסמ"ע שם, **והאריך** בזה ומסיק, דודאי לשחיטה צריך דקדוק היטב יותר מבעדות, ובפרט בבדיקת הסכין, **אך** מאחר שהמנהג שם בלא"ה ששני שוחטים הולכים לבית המטבחים, ואפילו בעופות ששוחט לבדו, מ"מ לא שכיח כלל שיאכלו מעוף הנשחט בפחות משיעור חצי שעה שרייה ומליחה כו', ואם בין כך לא יארע לו, נדע שלא היה

שעת השחיטה סמוכה לחולי שטיותו, ולא נחשד שיעלים חליו להאכיל נבילות חלילה, ובפרט אם יעמידו משגיח א' בביתו ע"ז אין כאן בית מיחוש כלל, **והיה** סגי אפילו אי לא היה לו וסת כלל, מכ"ש שהרופאים תולים החולי בחולשת ליבא ריקנא, א"כ הלא רובי השחיטה יהיו בתר דטעים מידי, ע"כ יפה הורה המורה שלא להעבירו, ע"ש, **ונראה** דלכתחילה ודאי אין למנות שוחט כזה).

וקטן שאינו יודע לאמן ידיו לשחוט, אין מוסרין להם לשחוט לכתחלה, אפילו אחרים עומדים על גביהם. ואם שחטו, שחיטתן כשרה אם אחרים עומדים על גביהם - דע דמדברי ב"י משמע, דקטן שיודע לאמן ידיו או מומחה, שוחט לכתחלה כשאחרים עע"ג, **והיכא** שאינו יודע לאמן ידיו וגם אינו מומחה, מותר בדיעבד כשאחרים עע"ג, **והיכא** שאין אחרים עע"ג, אפי' מומחה ויודע לאמן ידיו שחיטתו פסולה אף דיעבד, דאינו נאמן, וע"פ זה תפרש דבריו, דבכל הסעיף מיירי כשאינו מומחה, ודו"ק, **אבל** מהרש"ל והדרישה האריכו לפסוק, דאפי' ביודע לאמן ידיו לחוד או מומחה ואחרים עע"ג, אינו מותר אלא בדיעבד, **אבל** לכתחלה אסור עד שיודע לאמן ידיו וגם הוא מומחה וגם אחרים עע"ג, **והיכא** דאין אחרים עע"ג, או אינו יודע לאמן ידיו וגם אינו מומחה, אפי' אחרים עע"ג, אף דיעבד אסור, וכ"כ הב"ח.

ואין מוסרין להם לכתחלה לשחוט כשאין אחרים עומדים על גביהם, אפילו אם רוצים להאכיל לכלבים - הטעם דילמא אתי למיכל משחיטתייהו, שיטעו לומר כשרה היא מתוך שמוסרים להם לשחוט, **אבל** באחרים עע"ג י"ל דכו"ע מודו להט"ז, דמותר למסור לו להשליך לכלבים כשהוא מומחה או יודע לאמן ידיו, משום דאז בדיעבד שחיטתו כשרה, **וכ"ש** גדול שאינו יודע הל' שחיטה, שמותר למסור לו להשליכו לכלבים כשאחרים עע"ג.

ואם הקטן יודע לאמן ידיו, אם אחרים עומדים על גביו, שוחט לכתחלה ומותר לאכול משחיטתו. הגה: אבל אם שחט בינו לבין עצמו, שחיטתו פסולה, אע"פ שיודע הלכות שחיטה - כן הוא בא"ז ובהג"א, והטעם כתבו הרא"ה והג"א ומהרש"ל, משום דאין נאמנות לקטן, **דלא** כמו שדחק בעט"ז בטעם, דכיון שעדיין לא הגיע לחובת שחיטה מן התורה אין שחיטתו שחיטה, דכתיב וזבחת, שפירושו מי שהוא מצווה כו', כמו שיתבאר בסי' ב', עכ"ל, **דזהו** תימה, דבסי' ב' עובד כוכבים אינו מצווה על השחיטה כלל, אבל ודאי דקטן מצווה, שהרי אסור לו לאכול בלא שחיטה, וגם משכחת לפעמים דשחיטתו כשרה.

[בטור כתב דאם הוא מומחה ואומן ביד, כשר דיעבד בלא אחרים, וק"ל ולמה יהיה קטן נאמן על השחיטה, מאי שנא מההיא דסי' ק"כ סעיף י"ד, אין מאמינים קטן על טבילת כלים, **ונראה** לתרץ דאם לא נודע שנעשה ההכשר כלל אלא ע"פ דברי הקטן, אין מאמינים לו, אבל כאן שנודע שנשחט דהרי שחוט לפניך, אלא שיש לחוש שמא לא שחט שפיר, או שמא נתן לאחר שא"י לשחוט, הא לא חיישינן, כיון שהוא יודע ומומחה אמרינן מסתמא הוא שחט ושפיר שחט, כנ"ל לדעת הטור, **שוב** ראיתי כן במשמרת הבית וז"ל, אבל הקטנים החריפים שלוקחים על ידיהם בשר ויין, שפיר דמי, דאין עשויים לקלקל להביא מהאיסור, ואין זה מדרך עדות אלא חזקה היא, עכ"ל, **אבל** בשאר פוסקים לא איתא להאי היתירא דדיעבד אפי' במומחה ויודע לאמן].

[ומו"ח ז"ל החמיר על אותן ששולחין עופות לשחוט ע"י עכו"ם, ונותנין לו לסימן איזה דבר שיכתוב השוחט עליו שהוא שוחטו, ואמר שזה איסור, מאחר שאין החותם על גוף הדבר, כגון על הבשר או על השק, **ואני** אומר ודאי המחמיר תע"ב, אבל איני יודע איסור בדבר, דהא דבעינן חותם על גוף הבשר, הוא משום שמא נתחלף, ומה יועיל הסימן כשאינו על גוף הבשר, **וזה** אין שייך כאן, דהא מכיר העוף שלו, ויש ביד עכו"ם סימן ששחטו אדם כשר, א"כ מה איסור יש בדבר, **אבל** מ"מ לאותן שכותבין לסימן תיבת כשר, יש לחוש שמא העכו"ם צייר תיבה זאת אחריו באשר הוא מצוי, **אלא** צריך שיכתוב סימן אחר שאינו מצוי כ"כ לזייפו, וכן ראיתי נוהגים, ומ"מ המחמיר תע"ב, דשמא לא יהיה היכר יפה בעוף שלו].

ומקרי קטן לענין זה עד שנעשה בר מצוה, דהיינו בן י"ג שנים ויום אחד - (עיין במג"א סל"ט, דבדבר דקטן פסול מדאורייתא, בעינן שיהא גדול ממש, דהיינו שהביא ב' שערות אחר שהוא בן י"ג שנה, **ועיין**

[ט"ז] ‹רעק"א או ש"א או הוספת הסבר› (פת"ש)

ברמ"א שם סימן נ"ה ס"ה, דלמידי דרבנן סומכין על החזקה שהביא ב' שערות, ע"ש, **ומזה** נלמוד לנדון זה, דאף אחר י"ג שנה ויום א' אסור לשחוט לצורך אכילה, מאחר שהוא פסול מדאורייתא, או מטעמא דהלבוש שאינו בר זביחה, או מטעמא דהש"ך, שאינו בר עדות, אם אין אחר עומד על גביו, עד שיוודע שהביא ב' שערות, או שהוא בן ל"ה שנה ויום א', או שנתמלא זקנו, כמבואר בח"מ סל"ה, ובמ"א סימן קצ"ט, **אמנם** להאכיל לכלבים, או באחרים עוע"ג, ואינו מומחה ואינו יודע לאמן ידיו, מיד שהוא בן יג"ש ויום א' מותר לשחוט).

ויש מחמירין שלא ליתן קבלה למי שהוא פחות מבן י"ח שנה, דאז גברא בר דעת הוא, ויודע ליזהר – [זהו במרדכי בשם הלכות ר' אלדד הדני, וכתב **דלא קיי"ל כן, אלא דבד"מ כתב בשם הגהת אלפסי, שיש מורי הוראות חשו לזה**].

כתב מהרש"ל, דמה שנהגו שלא ליתן למי שהוא פחות מי"ח, הכל לפי מה שהוא נער, כי לפעמים ימצא הנער בעל תורה וחרד ביראת ה', רגילים אף בעלי הוראה להרשות אותו ולהחזיקו במומחה, ועל הסתם אני אומר, ע"כ. [**דהכל לפי חורפיה וידיעתו של הנער, וכן ראיתי נוהגים שלא להקפיד על יותר מי"ג שנה, כל שרואין בו שהוא בקי וזריז באימון ידים בכח גברא, ע"כ**].

‹**אמנם** עכשיו בעוונותינו הרבים רבו המתפרצים, וודאי יש לנהוג כרמ"א – פמ"ג›.

(**עבה"ט** בשם בי"ע מ"ש, האבל, ‹וזקן בן פ' שנים, והנער קודם י"ח שנה לא ישחטו, עכ"ל, ובי"י כתב, והכל לפי מה שהוא אדם, דאם הוא תש כח לא ישחוט אפי' מבן נ' שנים›, **וע"ש** שכתב דצע"ג מ"ט אבל לא ישחוט, ואינו נזכר בשום פוסק, ואפשר דס"ל דמשום צערא לא ישים אל לבו לשחוט בכוונה, עכ"ד, **וצ"ע** דלפי"ז אפילו טבעה ספינתו בים נמי לא ישחוט, דהרי בש"ס בברכות דף י"א מדמי לה לאבל, ע"ש, **אלא** ודאי להא לא חיישינן כלל, רק הטעם שאסור אבל לשחוט נראה לי, דהוא משום שאסור במלאכה, כמו שכתב לקמן סי' ש"פ, **ולפי"ז** בגוונא דשרי במלאכה כמבואר שם ס"ב וס"ה, באמת מותר האבל לשחוט, וזה ברור. **ומ"ש** עוד וזקן בן פ' שנים כו', עיין בתשו' מאיר נתיבים שכתב, דהאידנא בדורות הללו שנחלשו הכחות, ראוי ונכון לכל אשר בידו למחות לתקן למגדר מילתא, שעכ"פ מע' שנה ואילך לא ישחוט שום אדם, אף שמרגיש עדיין, משום לא פלוג, **גם** עד שבעים שנה צריך בדיקה גדולה, ומחוייבים הרבנים להשגיח ע"ז, שהשוחטים הבאים בימים יבואו לפניהם לפרקים לנסותם, כי קרוב הדבר להתקלקל, והם בעצמם אינם מרגישים בזה אם ידיהם רותתים, ע"ש).

סעיף ו - חרש המדבר ואינו שומע, לא ישחוט, מפני שאינו שומע הברכה. ואם שחט, אפילו בינו לבין עצמו, שחיטתו כשרה - דאין הברכה מעכבת בדיעבד, כדלקמן ר"ס י"ט, ועמ"ש שם.

סעיף ז - השומע ואינו מדבר, אם הוא מומחה, שוחט אפי' לכתחלה - הא דלא כתב גבי מדבר ואינו שומע, אם הוא מומחה, משום דהכא אשמועינן דשוחט אפי' לכתחילה, הוצרך לומר אם הוא מומחה, וזה פשוט לפע"ד, ‹**דלכתחלה** אם אין יודעים אם הוא מומחה, אין מוסרין לאלם לשחוט על סמך שיבדקנו אח"כ, כי הבדיקה קשה בו, שצ"ל ע"י כתיבה או ברמיזה, אבל בדיעבד בין באינו שומע ובין באלם, אם נודע שבקיאין בטוב העולם ככל שאר בני אדם, אמרינן בהו נמי רוב מצויין א"ש מומחין הן, היכא דליתנהו קמן למבדקינהו – שמ"ח›, **והב"ח** כתב בקונטרס אחרון, דכיון דאינו מדבר, אינו בכלל רוב מצוים א"ש מומחין הן, **ולא** ידעתי למה יגרע חזקתו משאר בני אדם, הא אמרינן ריש פ"ק דחגיגה, דהרי הוא כפקח לכל דבר, ונתבאר בחו"מ סי' רל"ה, **ותו** אמרינן התם דף ג' ע"א, למימרא דכי לא משתעי לא גמר, והא הני תרי אלמי כו', דאשתכח דהוי גמירי הלכתא וספרא וספרי וכולה ש"ס, ומסיק דגמר, **גם** מ"ש ממדבר ואינו שומע, גם מדברי הדרישה שבסמוך מבואר דהוא בכלל רוב מצויין א"ש מומחין הן, **ובדרישה** תירץ משום דחרש המדבר ואינו שומע אפילו מומחה אינו שוחט לכתחלה, ובדיעבד אפי' הוא לפנינו הוי כאינו לפנינו, שא"א לבדקו כיון שאינו שומע, ושחיטתו כשרה אפי' אינו מומחה, וא"כ לא נפקא לן התם במומחה מידי, עכ"ד, **ותימה** שהרי אפשר לבדקו ע"י כתב, וכדרך שבודקים אותו לגיטין ולמתנות, וכמ"ש הט"ו בחו"מ סי' רל"ה, ובאה"ע סי' קכ"א.

אם אחר מברך - ודוקא שהאחר שוחט ג"כ, הא לא"ה א"י לברך, הג"א ומביאו ב"י וד"מ, וכן משמע בשחיטת מהרי"ו וכ"פ הב"ח ושאר אחרונים, וכן משמע הלשון אם אחר מברך, ולא קאמר ואחר מברך, משמע שהאחר מברך בלא"ה, וע"ל סי' י"ט דבעינן שאותו אחר יכון להוציאו.

[בב״י בשם הרא״ש, דיליף מדבר ואינו שומע דלא ישחוט לכתחילה מתרומה, והקשה ב״י אמאי לא יליף גם נשתתק לאסור לכתחילה מתרומה, דאילם וערום לא יתרומו, ותירץ שתנא לא רצה לשנות תקנתא, ותמוה לי דאדרבה משמע במתני׳ דלא מהני תקנתא, דהא תנא דומיא דערום, ושם לא מהני אחר מברך, ומזה הטעם ס״ל באמת לא״ז שמביא ב״י בשם הג׳ אשר״י, שאילם לא ישחוט ואחר מברך, ונ״ל תחילה לישב מה שקשה על הא״ז, דמאי שנא מההיא דס״פ ראוהו ב״ד, כל הברכות אע״פ שיצא מוציא, פירש״י שהרי כל ישראל ערבים זה בזה למצות, חוץ מברכת הלחם כו׳, פי׳ ברכת הנהנין, דבזה אין ערבות, שאין חובה על האדם, דלא לתהני ולא לברוך, וא״כ קשה למה לא יברך אחר בתרומה ושחיטה, **ונראה** דמחלק בין כל המצות שאדם צריך לעשות בגופו דוקא לא ע״י אחר, מש״ה הכרח הוא באם אינו יכול לברך דיברך אחר, **משא״כ** בתרומה ושחיטה דאפשר לעשות ע״י אחר, א״כ אותו שיעשה המצוה יברך, ולא נחלק המצוה לזה והברכה לזה, **ולהרא״ש** נראה דגם הוא ס״ל דאילם לא יתרום ואחר מברך מטעם שזכרתי, אלא דבשחיטה נראה טעמו דאחר מברך שפיר, דברכת השחיטה אינה באה על שחיטה עצמה, דהא אין חיוב לשחיטה אם אינו רוצה לאכול, אלא עיקר הכוונה לתת שבח למקום ב״ה על שאסר לנו אכילת בשר בלא שחיטה, ובזה ודאי כל ישראל שייך באותו ברכה, שהרי על כולם יש איסור, אלא שאין מקום לברך שבח זה אלא בשעת שחיטת שום בהמה, **דוגמא** לדבר שזכר ב״י בסי׳ רס״ה בשם ר״ת, בברכת להכניסו בבריתו, שהיא שבח והודיה בכל שעה על קדושה זו, ע״ש, **ומש״ה** ניחא בברכת אירוסין שהחתן מארס והרב מברך על איסור עריות שאסר על כל ישראל, ‹**אם** באנו לדמותו לברכת אירוסין, א״כ גם במדבר ואינו שומע ישחוט לכתחילה, דהברכה אינה מוטלת דוקא עליו, וכמו בברכת אירוסין והחתן אינו שומע, דמ״מ הרב מברך, **ואולי** דהתם כיון דא״א בענין אחר, אבל הכא מחמירים ליתן לאחר לשחוט – רעק״א›, **אבל** בהפרשת תרומה הוה עיקר הברכה על מצות הפרשה, **לא** על איסור אכילת טבל, שהרי מצות ההפרשה חיוב עליו אפי׳ אם אינו רוצה לאכול מן התבואה עדיין, ‹לא מצאתי זה, דבפשוטו הוא רק כשרוצה לאכלו אסור עד שהפריש תרומה – רעק״א›, **א״כ** הוה מצוה זאת כשאר מצות, וכיון שאין הוא חיוב בגופו לעשות כן, דאפשר לתרום ע״י שליח, לא נחלק המצוה והברכה זה מזה, אלא התורם יברך, ומש״ה ניחא בההיא דאילם לא יתרום, דלית ליה באמת תקנתא לברך, ובזה שכתבתי נתיישב מה שהוקשה לבעל הדרישה, למה יברך אחר כאן, והלא ברכת הנהנין אם יצא אינו מוציא, ותירץ מה שתירץ, ומו״ח כתב ג״כ, דהך אם אחר מברך דגבי שחיטה, פי׳ אם אחר שוחט לעצמו ג״כ בהמה ומברך, וכמ״ש הג׳ אשר״י, ולי לא נראה בזה, דא״כ לא היה שותק מלפרש כן בהדיא, אם אחר מברך על שחיטה אחרת, אלא כמ״ש, דאין כאן ברכת הנהנין כלל, אלא שבח והודיה על האיסור כמו בברכת אירוסין].

אין להקשות לדעת הט״ו בס״ג, דמי שיודעים בו שא״י ה״ש מותר לשחוט לכתחלה אם אחר עע״ג, א״כ למה צריך הכא מומחה, **י״ל** דהכא מיירי שאותו אחר אינו מומחה, רק שיודע לברך, **א״נ** שאותו אחר מברך והולך לו, או עמד שם ולא ראה ששחט, רק השמיע ברכתו, וכה״ג.

סעיף ח - שכור שהגיע לשכרותו של לוט, דינו כשוטה - דלכתחלה לא ישחוט אפילו אחרים עומד על גביו, ובדיעבד שחיטתו כשרה כשאחרים עע״ג דוקא.

ואם לא הגיע לשכרותו של לוט, שוחט לכתחלה. הגה: ויש אומרים שהשכור לא ישחוט, שרגיל לבא לידי דרסה - כלומר עצה טובה לשיכור שלא ישחוט לכתחלה, מפני שרגיל לבא לידי דרסה, אבל ודאי מדינא הרי הוא כפקח לכל דבר, כמ״ש הט״ו בח״מ סי׳ רל״ה, ‹**ומ״מ** שוחט הממונה לציבור, ודאי אסור, וה״ה ליחיד נמי, בפרט בדור הזה, וכבר כ״כ האחרונים – פמ״ג, **ובעט״ז** השמיט הג״ה זו, ולא ידעתי למה.

‹**אבל** הט״ז חולק על הש״ך – באה״ט›, [**מטעם** שאיבריו כבדים עליו מחמת רבוי יין ששתה, **וכן** ראוי לנהוג כל שיינו חזק עליו, **אפי׳** לא הגיע לשכרותו של לוט, **ואע״ג** דאמרינן שכור הרי הוא כפקח לכל דבריו, **היינו** במידי דתלוי בדעת האדם, **אבל** לא בזה שתלוי בכבידות אבריו, **דודאי** אינו כפקח].

‹**ובבה״י** האריך והחמיר מאד על השוחטים הרגילים בכך להעבירן, מפני שאיבריהם כבידות מחמת רבוי שתייתן, וכן ראוי לנהוג אפי׳ לא הגיע לשכרותו של לוט – באה״ט›.

‹**כתב** סמ"ג, זקן ומי שידיו מרתתין, הן מכח חולשה, או מכח טבעו, שג"כ ידיהם כבדות, שחיטתן רובן דרסות המה, אע"פ שאמרו ברי להם שלא דרסו, אינן נאמנין מפני שהם עלולין לכך, עכ"ל – בה"ט›, (**לשון** זה הוא בספר לחם הפנים, וכבר השיג עליו בתשובת נו"ב, דשקר העיד בשם סמ"ג, **ולענין** דינא אף דלכתחלה יש להעבירו, מ"מ אין אוסרין שחיטתו למפרע).

סעיף ט - סומא, לא ישחוט לכתחלה, אלא א"כ אחרים רואין אותו - ובשלטי הגבורים כתב ע"ש ריא"ז, דאפילו אחרים רואים אותו לא ישחוט לכתחלה, ע"ש. ‹**דשמא** לא ישחוט הרוב, דאין רגילות לשחוט רוב, וכי יאמר לו אותו שרואה לשחוט, הוה שהיה, לדידן דשיעור שהיה משהו – פמ"ג›.

ואם שחט, שחיטתו כשרה - וכ' בסא"ז דסומא שלא ראה אורות מימיו, אפילו בדיעבד אסור לאכול משחיטתו, ומביאו הב"ח, ‹**והטעם**, דאין יודע לכוין מקום השחיטה, וגם לא אומן יד – פמ"ג›, **ובד"מ** כתב על הסא"ז: ושאר הפוסקים לא חילקו בזה.

‹**הנה** בדבר זה לא מצינו שום חולק, ולכאורה לשיטת רי"ו דחושש דהלכה כר' יהודה דסומא פטור ממצות, ממילא ראוי לומר דשחיטת סומא הוי נבילה, כיון דאינו מצווה על הזביחה, ומתמעט מקרא דזובחת ואכלת, מי שהוא בר זביחה אכול מזבחו, כמו דשחיטת עכו"ם פסול מה"ט, **וצ"ל** הא דס"ל לר"י דסומא פטור ממצות, היינו רק ממצות עשיות, אבל על הלאוין מצווה, ואסור לאכול בלא שחיטה, ומקרי בר זביחה – רעק"א›.

סעיף י - ערום, לא ישחוט לכתחלה, מפני שאינו יכול לברך - וגם אחר אינו רשאי לברך כנגדו, כמ"ש הט"ז בא"ח סי' ע"ה ס"ד, **ועוד** כיון שהוא ערום אינו רשאי לכוין בברכת חבירו, [**מה שיברך אחר, ויהפוך פניו לצד אחר, כיון דהערום צריך לכוין לשמוע הברכה, והוא אסור בכך לכתחילה**], וליכא למימר שומע כעונה, כ"כ בפרישה.

‹**כתב** ע"י, מי שאינו חגור בחגורה ולבו רואה ערותו, לא ישחוט לכתחילה, דכה"ג אינו רשאי לברך. **גם** אסור לשחוט בגלוי ראש, דכה"ג ג"כ אינו רשאי לברך – באה"ט›.

סעיף יא - אם הטילו הקהל חרם, שלא ישחוט אלא טבח ידוע, ושחט אחר, י"א ששחיטתו אסורה - משום דדמי לחשוד לאותו דבר, הרא"ש ור' ירוחם, ‹**כיון** שהקהל אסרו זולתו, הוי כאוכל בלא שחיטה, והוי כמומר לאותו דבר – גר"א›, [**ומש"ה אין איסור אם שגג בדבר, שלא ידע בחרם**].

ועוד משמע מדבריהם, דאפילו בלא חרם אסור, כיון דהקהל פסלו שחיטת הכל, ע"ש כי הב"י לא הביאם בשלימותן.

‹**ועיין** תב"ש ופמ"ג, דאם לא פסלו בפירוש שחיטת הכל, רק החרימו שלא ישחוט כו', ויש להתיר בשוגג, ובהפ"מ אף במזיד שרי, **אבל** אם פסלו בפירוש, אף שוגג אסור, דיש כח בקהל לזה, ע"ש. **והנה** בספר חות דעת המציא מדנפשיה, דטעם האוסר, מהא דאמר רבא תמורה דף ט', כל מידי דאמר רחמנא לא תעביד אי עביד לא מהני כו', דכאן יתוקן האיסור במאי דלא מהני, ע"ש, **ועיין** בספר בית יהודה מהגאון מהר"י לנדא ז"ל, שכתב עליו דלפי"ז אף בשוגג ואף בהפ"מ ראוי לאסור שחיטתו לתקן האיסור, **אבל** באמת טעמו ליתא, ונסתר מדברי תשו' הרא"ש שהביא הט"ז סי' רכ"ח, והש"ך סי' ר"ל).

הגה: ואם נתבטלה התקנה, כל השוחטים בחזקת כשרות כמו בראשונה.

(**כתב** בתשובת נו"ב, בעיר שעשו תקנה ע"י הרב והקהל, ששוחט א' לבדו לא ישחוט בלי חבירו, והוכרז שמה שישחוט אחד הוא טרפה, ועוד נעשה שם שהשוחטים תקעו כפיהם שלא יכשירו שום בהמה עד שיניחו חותם לסימן כשר, ושוחט אחד עבר על כל זה, **ופסק** דיש להכשיר שחיטתו לעיר אחרת, **ואפי'** לאותה העיר אם יתירו התיקון ההוא בב"ד של ג', דאף שעבר על הת"כ לא נעשה חשוד לאותו דבר, כיון שהת"כ לא היה שלא ישחטו אלא שלא יכשירו, וזה ענין אחר, ע"ש עוד. **ועיין** בתשובת ברית אברהם שהעיר על דברי נו"ב הנ"ל, במ"ש דאפי' לאותה העיר אם יתירו כו', וכתב כיון שצריך עקירת הנדר למפרע, לא כדין חרמי צבור, א"כ אי אפשר להתיר ע"פ ב"ד שבעירם, דהוי כמיפר נדרי עצמו).

(**ועיין** בתשו' חת"ס אודות קהלה אחת שנהגו מכבר להעמיד ב' שוחטים בבית המטבחיים לבדוק הסכין

והריאה על ידם, והרב אב"ד הוסיף עוד שגם בכל בהמה דקה יעמדו ב' שוחטים, והחזיקו בזה המנהג כמו ד' שנים, ועתה באו פריצים וחללוהו, אם אפשר לבטל מנהג זה אחר שהחלו לעשותו ולקיימו, **והשיב** גוף המנהג וודאי מנהג ותיקון הוא, אך בקהלות גדולות מנהגים שונים בזה, כי בק"ק פפד"מ תיקן מו"ר בעל הפלאה ז"ל, שאפי' שום עוף לא ישחטו בלי שנים בודקים הסכין לפני שחיטה, ופק"ק פ"ב החמירו רק בגסות ולא בדקות ולא בעופות, חוץ משחיטות כפרות שבין ר"ה ליוהכ"פ, והטעם נעלם ממני, דהא לענין בדיקת הסכין אין חילוק בין דקות לגסות, **וממילא** יובן שהרב דעיר הנ"ל שתיקן גם בדקות כן, יאושר חילו, ומאחר שפשט מנהגו שם, אפי' ב"ד אחר אינו יכול לבטלו, דהו"ל כדבר שפשט איסורו בכל ישראל, כיון שמתחלה לא תיקן אלא לעירו, ושם פשטה תקנה זו, כמ"ש התוס' בגיטין דף ל"ו ע"ב, **אמנם** ב"ד גדול בחכמה ובמנין יכול לבטלו, אם אינו נעשה לסייג ולגדר, **אך** אם נעשית לסייג ולגדר, ועדיין צריך לאותו סייג, אפי' ב"ד גדול אינו יכול לבטלו, כמ"ש הרמב"ם פ"ב מה' ממרים כו', **ומעתה** הרב אב"ד דמילי דבני מאתיה עליה רמיא, ומסתמא בקעה מצא וגדר בה גדר, כל זמן שלא בטל הטעם, לא הוא ולא אחר גדול ממנו יכול לבטל, וכל העובר על תקנתו אחר התראה, יש לדון אם לא יפסל משחיטה מכאן ולהבא כו', ע"ש).

סעיף יב - השוחט בפני עדים בהמה לעובד כוכבים, וכשבא ישראל לקנות ממנה, אמר: לא תקנה ממנה כי לא שחטתיה, אינו נאמן – **[ואף על פי שיש לו מיגו, שיכול לומר טריפה היא מחמת דבר אחר, מ"מ הוה מיגו במקום עדים, כיון שמה שטוען עכשיו לא שחטתיה, הוא מוכחש מעדים שראו ששחטה, אבל מ"מ אם יתרץ דיבורו ויאמר: לא שחטתיה כראוי אמרתי, מהני לאוסרה].**

היינו כשעומד בדבורו ואומר "שלא שחטה כלל", **אבל** אם לא אמר אלא "לא שחטתיה", נאמן בענין שיכול לתקן דבריו, דאפשר ששהה או דרס, שכל שנפסל בשחיטה אינה קרויה שחיטה.

‹**ויראה** מלשון הש"ך, כל שאומר סתם "לא שחטתיה", ולא "כלל", יש לתרץ דבריו ואסור, אף שאין מתרץ בעצמו, ואומרים שכוונתו ששהה ודרס, וכן נכון להורות, **ומט"ז** משמע דוקא שמתרץ – פמ"ג. **ועיין** בבאה"ט דלומד הש"ך כהט"ז.›

(**וכתב** התב"ש, דה"ה אם יש לתלות שאומר לא שחטתיה, שלא יקניט להעובד כוכבים וכדומה, יש לאסור אף שאומר לא שחטתי כלל, **והביא** הפמ"ג וכתב שיש להחמיר, **אכן** בשו"ת ברית אברהם השיג עליו והעלה דאין להחמיר בזה, ע"ש).

‹**לענ"ד** גם באמר תחילה לא שחטתי כלל, אם אומר עתה ששהה ודרס, מה בכך דבתחילה רצה להכחיש את הכל, שלא יהיה איתרע ששחט שלא כהוגן, ובפרט השוחט בשכר, דיצטרך לשלם, ועתה רואה שעדים מעידים ששחט, אומר האמת ששהה ודרס, ועיין בלשון הרשב"א שבב"י, דאפשר לכוון כן בדבריו לדינא – רעק"א›.

ומיהו לדידיה אסורה, דהא שויא אנפשיה חתיכה דאיסורא. (וע"ל סי' קכ"ז בדין עד אחד נאמן באיסורין).

(**עיין** בשער המלך שהביא דבתשובת מהר"י באסאן, נסתפק בכ"מ שאמרו שויא אנפשיה חד"א, אם מדין נדרי איסור נגעו בה, ואע"פ שאינו ממש כנדר, דליתא בשאלה, אולי החמירו בו חכמים כמו בנזיר שמשון, או אינו אלא מדין הודאת בע"ד, **והר"ב** מ"ץ ח"א פשיטא ליה מלתא דמדין נדרי איסור נגעו בה, **והוא** ז"ל תמה עליו, דמדברי תשובת הרשב"א הביאה הב"י באה"ע סימן מ"ה, במי שטוען שקידש את האשה, מבואר דאף היכא דלא שייך טעמא דנדרי איסור, אפילו הכי אמרינן שויא אנפשיה חד"א אפי' כנגד עדים, ע"ש, **ועיין** בנו"ב כתב להחכם השואל, שרצה לומר ג"כ דשויא אנפשיה חד"א הוא מטעם נדר וקונם, וכתב דזהו שטות, דאיזה לשון שבועה או קונם יש כאן, או במה מתפיס, **ולדבריו** אם יאמר אחד בשני בשבת שהיום שבת, יהיה אסור במלאכה מטעם נדר, **ואם** כדבריו איך אמר ר"ע לר' יהושע שילך אצל ר"ג ביוה"כ שחל להיות בחשבונו, ולמה לא נימא דר"י שויא אנפשיה חד"א מטעם נדר, {**ומיהו** י"ל כמו שחילקו הפוסקים לקמן סי' רי"ד לענין דברים המותרים כו', דאם נוהגים איסור מחמת שסוברים שאסור מן הדין, לא הוי כאילו קבלום עליהם בנדר}, **אלא** ודאי מה דאמרינן שויא אנפשיה חד"א, הוא מטעם דאדם נאמן על עצמו יותר משני עדים, ולכך בדבר שא"א, כגון שאומר על יום חול שהוא שבת או יו"כ, לא אמרינן שויא חד"א, עכ"ל).

[ט"ז] ‹רעק"א או ש"א או הוספת הסבר› (פת"ש)

(עיין במשנה למלך דאם חזר אח"כ ואמר שקר דברתי, הואיל והעד מסייעו מותר, וע"ש שנראה שחזר בו. **ועיין** בבכור שור שכתב, היכי דשויא אנפשיה חד"א, דאסור אף בינו לבין עצמו, אף שיודע בעצמו שהוא מותר, ע"ש - רעק"א).

סעיף יג - טבח שעשה סימן בראש הכבש השחוט, שיהא נראה שהוא טרפה, וגם היה אומר שהוא טרפה, ואח"כ אמר שכשר היה, ולא אמר כן אלא כדי שלא יקחו אותו וישאר לו ליקח ממנו בשר, כיון שנתן אמתלא לדבריו, נאמן – [בב"י מביא כן בשם הרשב"ץ, וראייתו מפ"ק דכתובות, מאשה שאמרה טמאה אני, דנאמנת אח"כ לומר טהורה אני, כשנותנת אמתלא לדבריה, שנזכר לקמן סי' קפ"ה, וק"ל דהא כתב שם בשם רמב"ן, אם הוחזקה נדה בשכינותיה, דהיינו שלבשה בגדים המיוחדים לנדותה, לא מהני אמתלא, וכתב ב"י הטעם בשם רשב"א, דמשום אונס מיקרי ואמרה, אבל לעשות מעשה כולי האי ללבוש בגדי נדה, אינה לובשת, עכ"ל, הרי דאין מחלק אלא בין דבור למעשה, דכל שהוא אינו דיבור אלא מעשה, לא מהני אמתלא, ומאי שנא הכא במעשה זה שעשה השוחט סימן בראש הכבש, ואין לחלק בין מעשה למעשה, ותו דגם לבישת בגדי נדה הוא מעשה כל דהוא, דהא סגי בלבישת סינר המיוחד לנדותה, והמעיין בתשו' מהרי"ק יראה, דלבישת בגדי נדה אינו סימן גמור, דאמר שם אימור לא נזדמנו לה בגדי טהרתה כו', הרי לפניך דאפ"ה לא מהני אמתלא, **אחר** שכתבתי מצאתי בד"מ שכתב אהך דרשב"ץ וז"ל, וצריך לדקדק בסי' קפ"ה מנדה דלבשה בגדי נדה, דלא מהני אמתלא, ואולי יש לחלק, וצ"ע, עכ"ל, ע"כ נראה שאין להקל בפסק דשו"ע בכאן בזה, מאחר שרמ"א הניחו בצ"ע].

קושיא זה כבר תירצה הב"ח וז"ל, דיש לחלק, גבי טבח לא היה באפשרי בענין אחר, משא"כ הכא גבי נדה, אפשר שתאמר טמאה אני, ולא היה לה ללבוש בגדי נדות, ע"ש - נקה"כ.

(**עיין** בתשובת מאיר נתיבים, בשוחט שהוציא ידו מריאה של גדי ואמר טריפה, ואח"ז בא שם מומחה גדול והכשיר אותה, ועתה מתנצל הראשון שמה שאמר טריפה הוא משום שאירע לו ספק בשחיטה, **וכתב** שאין להעביר השוחט ההוא, ע"ש).

(**בגליון** יו"ד של הגאון מהר"ר יאקב ברלין ז"ל כתב, ואם מתחלה אמר כשירה, ואח"כ אמר שהיא טריפה, אינו נאמן אף אם נתן אמתלא לדבריו, עיין בתשו' שבו"י, ע"כ, **ועיינתי** בשבו"י שם וראיתי שכתב להיפך, דאף אם מתחלה כשאמר כשירה לקח ממנה בשר ומכר לאחרים, אפ"ה יש לחוש לדבריו האחרונים, ולא אמרינן בזה אין אדם משים עצמו רשע, **אלא** שזה דוקא היכא שנותן אמתלא גמורה, אבל אם אין האמתלא ברורה כל כך, לא מהימן, כיון שעשה מעשה שלקח ממנה בשר, **ומיהו** אי מהימן ליה, אסור אף אם אינו אומר אמתלא כלל, **ואפשר** דאפילו אם אומר איני מאמינך, אלא שמאמין לו בלבו, ע"ש, **ועיין** בשו"ת דבר שמואל הובא בבה"ט, כתב ג"כ דאם מתחלה אמר כשירה ואח"כ אמר טרפה, נאמן אם נתן אמתלא, מק"ו מהיכא שאומר טריפה ואח"כ נותן אמתלא).

(ועיין לקמן סימן קכ"ז ס"א בהג"ה).

סעיף יד - שוחט, שהעיד עליו עד אחד ששחט שלא כהוגן, והוא מכחישו, עד אחד בהכחשה לאו כלום - פי' ואותה השחיטה עצמה מותרת לשאר בני אדם, [שם במהרי"ק טעם לזה, **דכ"מ שהאמינה תורה לעד א' הוה כשנים, וה"נ האמינה תורה להשוחט שיהיה נאמן כשנים**], (**ועיין** במהרי"ק שכתב עוד טעם, דמיד ששחט הוא בחזקת שחוט כדינו, וכמו דמתירים במומר מהאי טעמא, ואין ע"א נאמן לאסור – רעק"א), **אבל** לא להעד, דשויה אנפשיה חתיכה דאיסורא.

אבל בתשו' בן לב ומהרש"ל והב"ח, פסקו דאותה שחיטה עצמה אסורה לכל אדם, [**דדוקא בעדות אשה אמרינן שהוא כשנים, אבל בשאר איסורים הוה כחד לגבי חד בהכחשה, ובהמה בחייה בחזקת איסור עומדת, ע"כ בהמה זו שהעיד העד עליה אסורה לכל ישראל**].

(**ועיין** בדגמ"ר שכ', שגם הם לא נחלקו אלא אם לפי דברי המכחיש השחיטה אסורה מה"ת, **אבל** אם גם לפ"ד המכחיש היתה שלא כהוגן משום חומרא, כגון שהיה פחות מכשיעור, או במיעוט בתרא וכדומה לזה, שוחט נאמן. **עוד** נראה לו לחלק בין אם זה שמכחישו אומר שחטת שלא כהוגן, א"כ הוא מעיד על הבהמה זו שנשחטה שלא כד"ת, יש להחמיר, **אבל** אם השוחט אומר בשעה פלונית שחטתי בהמה זו, ועד אחד מכחישו ואומר לא שחטת בהמה זו, כי כל שעה פלונית לא זזה ידי מידך, הראשון נאמן, ע"ש).

(ועיין בשו"ת שיבת ציון, בשוחט שנפל למשכב, וכאשר הכביד חליו שלח לקרוא את הרב, ואמר לו שרוצה להתוודות על חטאיו, ואיש לא היה עמהם בחדר, ואמר השוחט דרך ווידוי שבנעוריו נכשל בביאות אסורות, וסמוך לחליו מצא ה' פעמים הסכין פגום אחר שחיטה והכשיר, וכאשר שמע הרב דבר זה בדק אותו אם הוא שפוי בדעת, וראה שדעתו מיושבת עליו, והלך הרב והטריף כל כלי ראשון של בעלי בתים, אשר לא ימלט שום אחד מהם שלא קנה מבהמות האלה, ובתוך יומים עמד השוחט מחליו ורוח אחרת עמו, ומכחיש את הרב ואומר לא פעלתי און ולא התוודה כלל, ומעולם לא מצא הסכין פגום אחר שחיטה, **והנה** יש בזה ב' בחינות, א' אם השוחט היה נאמן במה שהודה, ואפילו אם היה נאמן, אכתי כיון דליכא עדים בדבר רק הרב, והשוחט מכחישו, אם הרב נאמן, **וכתב** דלכאורה נראה דאין השוחט נאמן במה שהודה, כיון שהוציא הבהמות מתחת ידו בחזקת כשרות, והיה נאמן ע"ז כשנים, ושוב מה שחזר בעת חליו ואמר שמצא פגימות אח"ש, לא הוי רק ע"א דעלמא ואינו נאמן, **וי"ל** אפי' לדעת מהרש"ל ומהריב"ל ואחרונים שחלקו על מהרי"ק ושו"ע, וס"ל דלא אמרינן באיסור כל מקום שהאמינו עד אחד ה"ה כשנים, ושחיטה זו אסורה, היינו דווקא אם באים שניהם כאחד, או שהעד האוסר בא מקודם, אבל כשהשוחט המתיר בא מקודם ונתקבלו דבריו, לכו"ע אין ממש בדברי העד הבא אח"כ לומר שלא שחט כראוי, ואם כן בנידון דידן כיון שכבר נתקבלו דבריו הראשונים שנשחטו כראוי, שוב אינו נאמן, **אמנם** באמת הא ליתא, ואדרבה גרע טפי מנדון של מהרי"ק, דשם השוחט עומד בדבורו, ויש לנו עדיין עדותו הנחשב כשנים, ואין ביד אחד להכחיש אותו, משא"כ בנידון דידן שהשוחט בעצמו חוזר בו, ועוד דיש רגלים לדבר להאמין לדבריו האחרונים הואיל והתוודה זה בחליו ואמר דרך תשובה, וגם אין אדם משים עצמו רשע לא שייך בזה, ע"כ יפה עשה הרב שאסר כל כלי ראשון הבלוע מבשר זה, **ולענין** אם הרב נאמן נגד השוחט, העלה דנאמן אף לדעת השו"ע דע"א בהכחשה לאו כלום הוא, היינו דוקא בע"א דעלמא, אבל הרב שנתמנה מהקהל להשגיח על כל דבר איסור והיתר, וביחוד על השוחט, פשיטא דנאמן, ע"ש).

(**ועיין** בתשו' חת"ס שאלה כזו ממש, אלא דשם לא נזכר שהשוחט אחר שעמד מחליו רוח אחרת עמו, ורק נשאל אם להאמין את השוחט הואיל ואמר דרך ווידוי, אי לא נאמין, ומה יהיה דין הבשר והשומן וגם הכלים, **והעלה** דודאי השוחט נאמן כיון שאמרו דרך וידוי, ומכ"ש שאמר כן בשעת חליו שסבר שהולך למות, דאין אדם מכזב בשעת מיתה, **אמנם** בכל זאת לא נחשד אלא במה שאמר שהקיל בפגימה אחר שחיטה, אבל לא נחשד ששחט בתחלה בסכין פגום, וכיון שכן וכל הסכינים הן בחזקת בדוקים, א"כ אעפ"י שאמר שכמה פעמים מצא סכינו פגום אחר שחיטה, עכ"פ מיעוטא הוא שימצא סכין בדוק פגום אחר שחיטה, וא"כ יש להקל בבשר ושומן הנשאר ולומר מרובא פריש ודהיתרא הוא, **וכיון** דפגימה דלאחר שחיטה בלא"ה כעין ס"ס הוא, והכא איכא נמי רובא דהיתרא, ע"כ אי איכא הפ"מ למכור לעובד כוכבים, יש להקל, ומידו בעל נפש יחוש לעצמו, **אמנם** הכלים דבודאי נתבשל בהם איסור, דהרי כל בהמה נתחלקה לכמה בני אדם, וכמה פעמים נמצא סכינו פגום, ולא ימלט שנזדמן בבית כל א' פעם אחת חתיכה דאיסורא, ע"כ יש להטריף כל כלי ראשון, וגם כל כלי שני את שאפשר בהגעלה יגעילו, וכלי חרס דכלי שני ישהה מעל"ע, **ולענין** תשלומין יראה להקל מעל בעלי התשובה, ומ"מ מכאן ואילך לא ישחוט בלי עומד על גבו זמן רב, עד שיפורסם צדקתו בבירור גמור, ע"ש).

והעד עצמו מותר לאכול מכאן ולהבא - דלא שייך לומר דשויה אנפשיה חתיכה דאיסורא במכאן ולהבא, **דדוקא** גבי יין נסך, דאם נתנסך היין כדברי העד שוב אין לו תקנה, אמרינן דשויה אנפשיה חד"א, **אבל** הכא לא שייך למימר הכי, דהא אפילו אם יהיה כדברי העד, מ"מ אין מוחלט ליפסל עולמית בשביל כך, ולכל הפחות אם ילבש שחורים ויעשה תשובה המוטלת עליו, חוזר הוא לכשרותו, ונמצא דלא שויה אנפשיה חד"א בעדותו כלל, כיון דהדבר תלוי במחשבת השוחט אם להרע אם להיטיב במכאן ולהבא, עכ"ל מהרי"ק, והוא דעת המחבר. ‹**דאף** בודאי שחט שלא כהוגן, לא אמרינן אלא דמעבירין אותו, אבל שחיטתו אינה נפסלת, כמ"ש ס"ב בהג"ה, והוא מדברי מהרי"ק כאן, **ואף** שמהרי"ק לא כתב כן, אלא שמא עשה תשובה, אין נראין דבריו - גר"א›.

ומכל מקום, הכל לפי מה שהוא אדם - ‹שאם אותו שוחט כבר נכשל בדבר הבדיקה, אי לדידי הוו צייתי היו מעבירים אותו לגמרי, כיון שיש רגלים לדבר, עכ"ל מהרי"ק - בית יוסף›.

סימן ב – אם שחיטת עובד כוכבים ומומר כשרה

§ סימן ב – אם שחיטת עובד כוכבים ומומר כשרה §

סעיף א - שחיטת עובד כוכבים, נבלה, אפי' הוא קטן - די"ל דאין מחשבתו לעבודת כוכבים, ואפי' יודע לאמן ידיו והוא מומחה, דבכה"ג בקטן ישראל כשר, בעובד כוכבים הוי נבלה.

ואפי' אינו עובד עבודת כוכבים, (כגון גר תושב) - היינו שקבל עליו ז' מצות, **ואפילו אחרים רואין אותו.**

ואפי' אינו עובד עבודת כוכבים - נלפע"ד דשחיטתו נבלה מדאורייתא לכו"ע, וכדאיתא בתוספתא בהדיא, וכדמשמע נמי מדברי התוס' והרא"ש, **וכן** מוכח נמי להדיא מדברי הרמב"ם פ"ד מה"ש הנדפס עם הכ"מ, וז"ל עובד כוכבים ששחט כו' שחיטתו נבלה, ולוקה על אכילתו מן התורה, שנא' וקרא לך ואכלת מזבחו, מאחר שהזהירה תורה שמא יאכל מזבחו, אתה למד שזבחו אסור, וגדר גדול גדרו בדבר, שאפי' כותי שאינו עובד כוכבים, שחיטתו נבלה, עכ"ל, **משמע** להדיא דדוקא שחיטת כותי שאינו עובד כוכבים הוא דהוי מדרבנן, כדאיתא פ"ק דחולין, שחכמים גזרו על הכותים אפילו שאינן עובדי כוכבים, משום שפעם אחת מצאו להם דמות יונה שהיו עובדים אותה, **אבל** שחיטת עובד כוכבים אפי' אינו עובד עבודת כוכבים, אסור מדאורייתא, **ובב"י** וכ"מ כתב, דהרמב"ם סובר דעובד כוכבים ממש שאינו עובד עבודת כוכבים שחיטתו אינה אסורה אלא מדרבנן, ואחריו נמשכו הב"ח ול"ח, **ובאמת** כתבו כן לפי ספרי הרמב"ם שנדפסו בויניצאה שנת ש"י, והועתקה נוסחא זו בכל בו, אבל בספרי הוכחתי בכמה הוכחות שנוסחא מוטעת היא, והנוסחא האמתית היא הנוסחא הנזכרת, וכן נמצא בנוסחאות ספרי הרמב"ם הישינים, **גם** נלפע"ד מן הש"ס דף ה' ע"א, גבי מכם ולא כלכם להוציא את המומר, דאפילו ישראל מומר לכל התורה חוץ מעבודת כוכבים ושבת, שחיטתו אסורה מן התורה, ‹עיין ברעק"א דס"ל דהוא רק מדרבנן›, כ"ש עובד כוכבים שאינו עובד עבודת כוכבים.

[**הרמב"ם פי' הטעם, שנאמר וקרא לך ואכלת מזבחו, מאחר שהזהיר כשיקרא אותו שלא יאכל מזבחו, אתה למד שזבחו אסור, וכתב הרא"ש ע"ז, ואינם דברים** של טעם, שהזהיר כשיקרא אותו שלא יאכל ממה שזובח בתוך ביתו, ‹דלמא דווקא מה שזבח בתוך בית גוי אסור, הא מה שזבח בתוך בית ישראל שרי - פמ"ג›, **אלא הטעם דכתיב וזבחת ואכלת, אותו שהוא בר זביחה אכול מזבחו, ונראה לכאורה נ"מ בין הטעמים, לענין ישראל שאינו מומר להכעיס ולא לתיאבון, רק שאינו חושש בזביחה, שלהרמב"ם אין איסור בזה כשאחרים רואין ששחט שפיר, שלא הקפידה תורה אלא על זבח שזובח אחד מן העמים, דבזה לא מהני אחרים רואין, אבל הרא"ש כל שאינו בר זביחה, דהיינו שאינו חושש בהלכות שחיטה, לא מהני אפי' כשהוא ישראל, לא מהני אחרים רואין, אבל א"א לומר כן דהרי הרשב"א מביא פי' ר"י, שהוא כרא"ש כמ"ש ב"י, ואפ"ה מכשיר במומר להכעיס באחרים רואים, אלא ע"כ דגם הוא מקרי בר זביחה, כיון שעכ"פ נצטווה בזביחה,** ‹**אף** שהרא"ש סובר דמי שאינו חושש לזבוח אסור מן התורה, דזובחת בר זביחה, מי שהוא מאמין בזביחה, וכמ"ש רמ"א בהג"ה סעף ה', **הוה** להרא"ש לפרש זה מיד, כיון דאין זה בכח המאמר, דאפשר לומר בר זביחה שמצווה על השחיטה, ולמה המתין הרא"ש עד לקמן לומר מי שאינו חושש לזבוח, כיון שזה עיקר הנפקא מינה, **לכן** העלה הט"ז, דכאן בא הרא"ש לומר הנ"מ דגר תושב, ולקמן כתב עוד חידוש, דלר"י אף ישראל מומר שאין חושש לזבוח הוה פסול דאורייתא, כנ"ל - פמ"ג›, **ונראה דנ"מ בין פי' הרמב"ם לר"י ורא"ש, דלהרמב"ם הוה גר תושב מותר, כיון שיצא מכלל העמים, ואע"ג דכתב הטור בשם הרמב"ם אסור בגר תושב, היינו מדרבנן כמ"ש ב"י דגדר גדרו, אבל להרא"ש ור"י אסור בגר תושב אפי' מן התורה].**

סעיף ב - מומר אוכל נבלות לתיאבון – [כי לא משכח כשר], **ישראל בודק סכין ונותן לו, ומותר לאכול משחיטתו** - הטעם, דלא שביק היתירא ואכיל איסורא, [אלא דלא טרח להדורי בתר סכין יפה אם זו פגומה], ולכך כשבודק סכין ונותן לו, מותר אפילו לכתחלה, דכיון שיש סכין יפה בידו, ודאי ישחוט בזה, ומסתמא ישחוט יפה ולא ישהה ולא ידרוס.

ופסק ב"י דכשבדק הסכין קודם שחיטה, א"צ לבדקו אחר השחיטה אפילו לכתחלה, ואחריו נמשך העט"ז, וכ"פ מהרש"ל, ואפילו לפי דבריהם היינו טעמא,

דאמרי' שמסתמא בדקו ומצאו יפה, **אבל** אי ידעינן בודאי שלא בדקו לאחר שחיטה, צריך לבדוק לכתחלה, דלא עדיף מישראל כשר דצריך לבדוק לכתחל' גם לאחר שחיטה, כדלקמן סי' י"ח, **אבל** רבי' ירוחם כ' בשם הגאוני' והסכים כן, וכן משמע דעת הר"ן, דיש לבדוק הסכין לאחר שחיטה גם כן לכתחלה, דחיישינן שמא בעור נפגם, דכל מאי דאפשר למיבדק בדקינן, וכדלעיל סי' א' ס"ב בהג"ה, וכ"פ הב"ח, [וכן עיקר], **אבל** בדיעבד פשיטא דכשר אף אם לא בדק לאחר שחיטה, דלא גרע מנאבד הסכין לאחר שחיטה דכשר, כדלקמן סי' י"ח, דכיון דבדקו קודם שחיטה, מוקמינן ליה אחזקתיה.

[**ונראה** לי דכשהסכין לפנינו תכף אחר השחיטה, כו"ע לא פליגי דצריך בדיקה, דלא עדיף מישראל כשר דצריך בדיקה אחר שחיטה, וזה פשוט דבדיקת מומר זה לא מיקרי בדיקה, **אלא** כי פליגי באם נותן לו הסכין יפה והוא הולך ביחידות למקום אחר, ושם ישחוט באופן דלא יבא הסכין עוד לפנינו, דהמכשירים ס"ל דהא גם בישראל כשר ששחט ונאבד הסכין, כשר, דמוקמינן הסכין אחזקתו הראשונה שהיה בדוק, וכל כמה דלא הוה ריעותא לפנינו בסכין אחר השחיטה, אמרינן דלא אירע לו שום פסול, **ואע"פ** דכאן עושין כן לכתחילה, מ"מ הוה כדיעבד מאחר שהוא הולך לשחוט במקום אחר, וכן ראיתי במשמרת הבית לרשב"א, דא"צ להמתין עליו עד שיבא הסכין אחר השחיטה, **ומשמע** מדברי ב"י וכן כאן בשו"ע, דקי"ל להקל בזה]. **ובש"ך** לא כתבתי כן ע"ש - נקה"כ.

אפילו ישחוט בינו לבין עצמו - לשון הטור ואפילו לא יאכל הוא ממנו תחלה, ע"כ, כלו' דלא תימא אע"פ שנתנו לו הסכין בדוק עשאהו פגום, או עשה שאר מיני טריפות, כדי להכשיל, והוא לא יאכל, אלא אלפני עור לא תתן מכשול לא עבר, כמ"ש הפוסקים.

והוא שיודעין בו שיודע הלכות שחיטה - דאל"כ לא אמרי' ביה רוב מצויין אצל שחיטה מומחין הן, ואפילו דיעבד, כשאינו ידוע בבירור שהוא מומחה, [דבישראל כשר דוקא אמרינן כן], **ונראה** שצריך לבדקו תחלה קודם שחיטה אם הוא מומחה, ואין ליתן לו על סמך שיבדקנו אחר שחיטה, דומיא דסכין דבסמוך.

ואם לא בדק לו סכין תחלה, אסור לאכול משחיטתו - (עיין בתשובות רדב"ז שכתב, דמסתברא דה"מ שאין לפניו משחזת, אבל יש לפניו משחזת דליכא טירחא כולי האי, לא אכיל איסורא כו', ע"ש), **עד שיבדקנו בסוף** - ואז הוא נאמן לומר שבסכין זה שחט, ולא חיישינן שמא בסכין פגומה שחט, ולאחר שחיטה נזדמן לו זה, **ודוקא** בשעה או בשתים שלא היה לו פנאי ללכת לדרכו ולמצוא אחרת בשוק, אבל כשהי' לו פנאי יום או יומים, בזה אין סומכין עליו, **ואף** בשעה או בשתים יש להחמיר, **אבל** אם באנו בגמר שחיטה, או שהיו לפניו ב' וג' בהמות שחוטות, ועדיין הוא שוחט והולך, כיון שהוא מתעסק עדיין בשחיטה וסכינו בידו, אמרינן בודאי בזו שבידו שחט הכל, כל זה מחדושי הרשב"א ומביאו ב"י.

ואין ליתן לו לכתחלה לשחוט, אפילו כשר עומד על גביו - דישראל מומר לא מירתת, כי הוא סבור שלא יבדקנו אחריו לפי שמחזיק עצמו בישראל, **בלי שיבדוק לו כשר את הסכין תחלה, על סמך שיבדקנו בסוף** - הטעם דהא אלו שכח ולא בדק הסכין לא בתחלה ולא בסוף, איסורא קאכיל, [אפי' בדיעבד], חיישינן שמא ישכח ולא יבדוק אחר השחיטה ויאכל משחיטתו, **משא"כ** לעיל ר"ס א' דמותר ליתן לו לכתחלה לשחוט על סמך שיבדקנו בסוף אם הוא מומחה, דהתם אפי' אם לא יבדקנו בסוף, לאו איסורא קאכיל, [דבדיעבד כשר], דרוב מצויין אצל שחיטה מומחין הן, כ"כ הפוסקים.

והר"ן כתב דהכא חיישינן שמא יחשבו הרואים שאין אנו צריכין לבדיקתו, וימסרו לו ולא יבדקו אחריו, **וכתב** הב"ח ולפי דעתו יראה, דאפילו בדק הסכין בינו לבין עצמו, לא יתננו לו בפני הרואים, אא"כ יחזור ויבדקנו בפניהם, וראוי להחמיר כדבריו בזה, עכ"ל, **ונראה** דה"ה אם אומר בפני הרואים בדקתי סכין זה, מותר ליתן לו.

לקמן סי' י"ח כתב, דאפילו ישראל כשר כששוחט צריך לבדוק הסכין בתחילה קודם שחיטה, והוא מדברי הרשב"א בת"ה, וכתב הטעם דחיישינן שמא ישכח מלבדוק אחר השחיטה, **והא** דקמ"ל הט"ו הכא בישראל מומר, משום דבמומר ה"א דנסמוך אבדיקתיה שהוא יבדקנו, קמ"ל דחיישינן שמא ימצאנו פגום ואפ"ה ישחוט בו, דלא טרח לתקנו, וכ"כ הרשב"א וכ"כ הב"ח, **אלא**

שמ"ש הב"ח אח"כ עוד לתרץ, דבישראל כשר לא הוי טעמא שמא ישכח מלבדוק, אלא שמא יהיה פגום ויברך ברכה לבטלה, **ע"כ** דלפ"ז אם שמע כבר ברכת השחיטה מפי אחר ויצא, א"צ לבדוק, **אינו** מוכרח, גם בש"ס פ"ק דחולין, גבי הא דקאמר התם מנין לבדיקת סכין מן התורה כו', משמע דטעמא לא הוי משום חשש ברכה לבטלה, ע"ש.

[**ולפי"ז** (מה שאמר לעיל בסמוך), **מיושב נמי מה דקשה, למה הוצרכו לפסוק דלכתחילה לא יסמכו על הבדיקה דבסוף, הא גם בישראל כשר אסור לעשות כן, ולפי מ"ש ניחא, דהו"א דכאן הוה כדיעבד, היכא דאין לנו תחילה סכין בדוק ליתן לו קודם השחיטה, ואנו אומרים** לו זיל שחוט בסכין שלך, ותבא אותו אלינו, קמ"ל].

הגה: מי ששחט, והוציא טריפה פעם אחת מתחת ידו, אם לא הוחזק בכך, מותר לאכול אחר כך משחיטתו - משמע אפילו ידוע בודאי בפעם הזה שהוציא טרפה, אין מעבירין אותו, ודין זה למדו הרב ממהרי"ק, **ולענ"ד** דברי מהרי"ק מראין להדיא להפך, וכן משמעות כל הפוסקים וכמו שאבאר, והנה ז"ל ד"מ, כתב מהרי"ק עד א' שהעיד על השוחט ששחט טרפה, והוא מכחישו, אינו נאמן עליו, ואפי' הוא עצמו מותר אח"כ לאכול משחיטתו, שאפי' יהיה אמת שלא שחט עכשיו יפה כדברי העד, מ"מ לא הוחזק ליפסל עולמית בשביל כך, ומ"מ הכל לפי מה שהוא אדם, שאם אותו שוחט כבר נכשל ורגלים לדבר, מעבירין אותו, ע"כ, עכ"ל ד"מ, **ונראה** שלא עיין הרב רק בדברי מהרי"ק שהביא ב"י, שהעתיק כלשון הזה, ומתוך כך הוציא הרב כן, אבל אין הדבר כן, שבמהרי"ק גופיה כתב, דהא אפי' אם יהיה אמת כדברי העד, מ"מ אין מוחלט ליפסל עולמית בשביל כך, ולכל הפחות אם ילבש שחורים ויעשה תשובה המוטלת עליו, חוזר הוא לכשרותו, ונמצא דלא שויה אנפשיה חתיכה דאיסורא בעדותו כלל, כיון שהדבר תלוי במחשבת השוחט אם להרע אם להיטיב, ומ"מ הכל לפי מה שהוא אדם כו', **משמע** להדיא הא כל שלא עשה כן, פסול, אם יהיה אמת כדברי העד, אפילו בפעם אחת כהך עובדא דמהרי"ק, **אלא** שמהרי"ק בא לתת טעם ולומר, שבענין השאלה שעד א' מכחישו, העד עצמו מותר לאכול משחיטתו מכאן ולהבא, דל"ד לי"נ, דאם נתנסך היין כדברי העד שוב אין לו תקנה, מה שאין כן הכא שיש תקנה כשיעשה תשובה, ולכך העד עצמו מותר לאכול משחיטתו מכאן ולהבא, וע"ז כתב ג"כ דאם יש רגלים לדבר שנכשל כבר, אפילו בעד אחד היה מעבירו, **אבל** כשידוע לנו בודאי שהוציא טרפה מתחת ידו, פשיטא שאסור לאכול משחיטתו עד שיעשה תשובה הראוי לו, וכדמוכח בדברי מהרי"ק וכמ"ש, **וכן** משמע במהרש"ל, וגם הרמב"ם כתב ספ"י מה"ש, אם יצאת טרפה מתחת ידו היו מנדין אותו ומעבירין אותו כו', משמע אפילו בפעם אחת, וכן משמע מהטו"ו ס"ס ס"ה, דטבח שנמצא אחריו חלב אפי' בפעם אחת מעבירין אותו, וכן הוא בריב"ש, **וגם** דברי העט"ז נראין כסותרין ממ"ש כאן ובס"ס א', ונראה כמחלק דדוקא כשראו ב' עדים שהוציא טרפה מתחת ידו, אז אמרי' כיון שחציף כולי האי ולא נזהר בפני עדים, חשדינן ליה ומעבירין אותו, **אבל** שלא בפני עדים כגון שפיו הכשילו, ומתוך דבריו נודע שהוציא טרפה, אין מעבירין אותו, **ולא** נהירא וכמ"ש, **וצ"ל** דמ"ש הר"ב מי ששחט והוציא טרפה, היינו שאין הדבר ברור שהוציא טרפה, אלא שיש לחוש שהוציא טרפה, כגון שהעיד עד אחד וכה"ג, ודוחק, וצ"ע. **ועיין** בביאור הגר"א לעיל סוף סי' א', דס"ל להרמ"א בטעם דינו של מהרי"ק, דאף דבודאי שחט שלא כהוגן, לא אמרינן אלא דמעבירין אותו, אבל שחיטתו אינה נפסלת, **ואף** שמהרי"ק לא כתב כן, אלא שמא עשה תשובה, אין נראין דבריו.

מ"מ דנין בזה לפי ראות עיני הדיין באדם השוחט, אם כבר נכשל ורגלים לדבר, מעבירין אותו.

(**עיין** בתשובת חות יאיר, נסתפק במי שהעבירוהו מהיות שו"ב ע"י עד אחד עם קצת רגלים לדבר, ומ"מ יודע בעצמו ששקר ענה בו, אם רשאי לשחוט בביתו, או בבואו למקום אחר שאינם יודעים מה שנעשה לו, **ואפילו** אמת הוא שנכשל ויודע ששוגג היה, ואפילו העבירוהו ע"פ ב' עדים, י"ל דבאין רואים ויודעים שרי, עיין שם).

(**עיין** בתשו' נו"ב, בשוחט שבדק, ושאל אותו השוחט הזקן, וויא איזט, והשיב בייא מיר איז עס גוט כשר, ובאמת נמצא טריפה, ונראה שלא בדק הריאה כהוגן, **וכתב** דמה ששוחט עופות אח"כ אין חשש לאסור, דהחשוד לאיסור דרבנן אינו חשוד לאיסור תורה, וכיון שלא נחשד רק שאינו בודק הריאה בהוגן, אין כאן רק איסור דרבנן, דמה"ת נשחטה הותרה גם בבהמות, **והזקן** שעומד על גביו גם כן אין חשש, כיון שעל בדיקת הסכין לא נחשד דהוא איסור

תורה, ולענין בדיקת הריאה הרי השוחט הזקן לא איתרע, דחלישת כחו גורם שאין מרגיש פגימות הסכין, לא לבדיקת הריאה, **וגם** על השוחט שנכשל יש להקל עליו שלא לדחותו לגמרי, מאחר שהשיב בייא מיר וכו', נראה כוונתו שלדעתו הוא טובה כשירה, אבל אינו רוצה לסמוך על דעתו, דאל"כ היה לו להשיב בקיצור, ואין להעבירו רק על חודש או ב"ח, ואח"כ יתוודה על פשעו ויקבל עליו שיזהר היטב בבדיקת הריאה, **ועכ"פ** שנה תמימה לא יסמוך על בדיקת משמוש היד בפנים, רק יוציא הריאה לחוץ עד שירגיל היטב, ואז יהיה הנהגתו כשאר השוחטים, ע"ש, **ועיין** בשו"ת בית אפרים שפקפק על דבריו, דאטו בשחיטת עופות לא משכחת איסורא דרבנן, כגון שהייה במיעוט בתרא וכיוצא בו, וגם בבדיקת סכין איכא חומרי דרבנן ויראת שמים ומתון, וזה חשוד לאותו דבר באיסורא דרבנן).

(**ועיין** בתשובת ח"ס מ"ש בביאור דין המוזכר בח"מ ר"ס ל"ד, עד היודע בחבירו שהוא גזלן, אסור לצרף עמו, דשם מיירי שיודע בו שהוא כבר נעשה גזלן בשני עדים בב"ד אחר, אבל אם לא ראוהו שנים ולא הועד עליו בב"ד, אע"פ שהוא יודע בו שהוא גזלן, שבפניו גזל, מ"מ כיון שעכ"פ זה העדות הוא אמת, מחויב להצטרף עמו כו', **ועפ"ז** העלה ע"ד השוחט אשר רבים מרננים עליו שהוציא כמה טריפות מת"י, ואינם רוצים להעיד בפני ב"ד, ואח"כ המה בעצמם אוכלים מבדיקתו מכאן ואילך, אין צריך למחות בידם ולא לעורר אותם כלל שלא לאכול, אפילו אם היו בפסול שחיטה, ומכ"ש בפסול בדיקה דקיל טובא, **אמנם** אם אפשר לכופם שיבואו לפני ב"ד ויעידו, מה טוב, ובלבד שלא יהיו אנשים שאינם מהוגנים, ע"ש).

‹**ונלענ"ד** אם בעוד שלא הוציא הבהמה מתחילה בחזקת כשרות, באו עדים ששחט שלא כהוגן, והוא מכחיש אותם דשחט כהוגן, בזה לא נפסל, די"ל דאינו רוצה להאכיל טריפות, אלא כיון דיודע דאין מתירין ע"פ דבורו, כיון דעדים מכחישים אותו, מש"ה הכחיש אותם להחזיק עצמו לאומן שלא קלקל בשחיטתו, ואלו לא באו העדים, באמת לא היה אומר על הבהמה שהיא כשרה, **ובפרט** באם בתחילה בא עד א' ששחט שלא כהוגן, והכחיש אותו דשחט כהוגן, ואח"כ בא עוד ע"א ומצטרף עם הראשון שמעיד שלא שחט כהוגן, לשיטת המהרש"ל דבע"א בהכחשה הבהמה אסורה, י"ל דהא דהכחישו, כיון דידע דאין מתירין עפ"י דבורו, כיון דיש ע"א המכחישו, מש"ה הכחיש אותו שלא יצטרך לשלם אם הוא בשכר, דלגבי ממון הוא נאמן נגד העד - רעק"א›.

סעיף ג - מומר לתיאבון ששחט, אפילו נשבע ששחט בסכין יפה, אינו נאמן - שהרי הוא חשוד על השבועה לגבי אותו דבר, מפני שהוא מושבע ועומד מהר סיני.

[**ותימה לי** ממ"ש בחו"מ סי' ל"ד, דאין פסול לעדות אלא בעובר עבירה שיש בה מלקות, ובעובר על השבועה אמרינן שם דפסול, ואפי' בעובר על החרם, ולפי מש"כ הכא, דבכל עבירה אמרינן דעובר על מה שמושבע מהר סיני, היה לנו לפסול כל העובר עבירה ואפי' אין בה מלקות, כיון דכאן לא מהני מה שנשבע].

לא קשה מידי, דכיון דהוא חשוד לאותו דבר, גרע טפי, ועוד דממונא מאיסורא לא ילפינן - נקה"כ.

סעיף ד - מומר לתיאבון ששחט בינו לבין עצמו, ויש עמו סכין יפה ושאינו יפה, ואומר שביפה שחט, נאמן - היינו בשידעינן שאלו הסכינים היו עמו בשעת שחיטה, אז הוא נאמן שביפה שחט, דלא שביק היתירא ואכל איסורא, **אבל** אם אחר השחיטה מצאו אלו הסכינים אצלו, דינו כמו שנתבאר בסעיף ב' ס"ק ז' ע"ש ודו"ק.

והא דבעינן הכא ואומר, וכן מ"ש אח"כ נאמן לומר מומחה כו', כתב בפרישה דאה"נ דמהימנינן ליה בסתם אפילו אינו אומר כלום, אלא משום דכל היכא דאיכא לעמוד על הדבר ולברר טפי, מבררינן, ע"כ, **ולמ"ש** לקמן, דבמומחה צ"ל מומחה פלוני, אם כן אמר דוקא, וק"ל. ‹ר"ל ומתורץ הקושיה על מש"כ בשו"ע נאמן לומר מומחה כו', אבל עדיין צריכים אנו לדברי הפרישה לתרץ הא דבעינן הכא ואומר שביפה שחט כו' - מחה"ש›.

ואפילו אם נמצא בשר בידו, אם יש מומחין בעיר, נאמן לומר: מומחה שחט לי - דוקא באומר מומחה פלוני, וכן מבואר בהרשב"א בהדי', וכ"כ הב"ח, ודלא כהפרישה.

[**קשה, אמירתו למה לי, הא מותר מכח לא שביק היתירא** כו', ונראה דכאן מיירי דלא ידעינן אי היו בידו שני הסכינים בשעת השחיטה, אלא עכשיו מצאנום, ואפשר שבשעת שחיטה לא היה היפה אצלו, בזה סמכינן על אמירתו, דהרי עכשיו יש חזקה דהיתירא לפנינו, וע"כ כשר להעיד ע"ז, אבל בלא אמירתו לא סגי בזה, וכן בסיפא

לענין מומחין בעיר, סגי בזה במה שמצינו עכשיו מומחין בעיר, כשאומר מומחה שחט לי, ולא חיישינן שמא היה הבשר הזה קודם שהיו מומחין בעיר, **אלא** דאכתי קשה מה מהני אמירתו, דהא אין לו נאמנות, וראיתי בבדק הבית שהקשה כן על הרשב"א, דכללא הוא דכל היכא דאי לא אמר אסור, כי אמר נמי אסור, ולא מהימן, **והרשב"א** עצמו השיב ע"ז, דיש ט"ס, וצ"ל פלוני מומחה, דהיינו שמזכיר שמו, ואז מרתת לשקר שמא ישאלוהו ויתפס בשקרו, אבל סתם מומחא לא, ולא מהני בזה לא שביק היתירא כו', דמומחה לא שכיח כ"כ, ע"כ דבריו, **ותימה** לי דא"כ אפי' בעכו"ם נמי, דהא אשכחן בסי' פ"ו דעכו"ם נאמן אם אמר משל עוף פלוני הם, ומ"מ קשה על הטור דהעתיק דברי רשב"א, וכתב בלשון זה, נאמן לומר ישראל מומחה וכשר שחטה לי, דמשמע דאינו מזכיר שם הישראל, וכ"ש בנוסח של השו"ע כאן, שכתב מומחה שחט לי, וזהו אסור אפי' להרשב"א עצמו שהוא המקור דין זה כמו שזכרנו, **ועל** מש"כ הרשב"א תחילה ואומר שביפה שחטתי, גם ע"ז תמה בדק הבית, דאין אמירתו מועלת כלל, אלא שהעיקר תלוי באם ידוע לנו שהיתה סכין זו היפה ידוע לו, דאל"כ יש לחוש שמא בשעת שחיטה לא ידע ממנו, **והשיב** ע"ז הרשב"א דאין זה נאמנות גמורה, אלא אנו אומרים כאן נמצא כאן היה, וע"כ אנו סומכין עליו במקצת ענינים, שהרי נאמן לומר בדקתי הסימנים אחר השחיטה שנשחטו כראוי, שרוב השוחטים שוחטים יפה כדינא כו', ע"כ גם בזה יש לסמוך עליו, כיון דסכין בדוקה אצלו לפנינו כו', ואינו אומר אחר יום או יומים אלא לשעתו, ואפי' לאחר שעה כל שסכין יפה בידו סמוך לשחיטתו, עכ"ל בקיצור, **גם** זה נראה תמוה, דודאי לא מצד נאמנות אנו מתירים כלל, אלא כיון שהרוב הוא כן, וכמ"ש הרב עצמו בזה, וא"כ אפי' לא אמר כלום נאמן, כיון שיש לו סכין בדוק לפנינו, **ואיך** שיהיה יש עכ"פ מכשול לפני המעיין בזה בטור ושו"ע, שלא הצריכו רק שיאמר סתם מומחה שחט לי, ובאמת אין עליהם קושיא כיון דלא ראו ספר משמרת הבית לרשב"א, אבל אנו זכינו לראותו, ע"כ אין לנו היתר אלא באומר פלוני מומחה, ומזכיר שמו דוקא, ודבר זה חידוש הוא].

‹**עיין** בט"ז וש"ך דבעינן פלוני מומחה, וקי"ל דבפלוני שחט לי סתם תסגי, כיון דמאמינים לו דפלוני שחט, שוב דנין על אותו פלוני דהוא מהרוב מצויין אצל שחיטה מומחים הם. **ודע** דלענ"ד דאינו מותר זה רק בבהמה שחוטה בידו, ואמר פלוני מומחה שחט לי, בזה שייך לומר דמרתת, ולא אמרינן שמא בהמה אחרת שחט לו אותו מומחה אבל לא בהמה זו, דמ"מ מרתת אולי ישאלו לפלוני ויראה לו אותה בהמה ויכיר בטביעות עין שאינה זו ששחט, **אבל** בחתיכת בשר בידו, ואמר שזהו מבהמה ששחט לו פלוני מומחה, לא מהני, דשמא באמת שחט לו אותו מומחה איזו בהמה, אבל זה הבשר לאו ממנה, ולא שייך דמרתת כיון דא"א להתברר - רעק"א›.

משמע דעת המחבר דאין חילוק בין בשר עוף לבהמה, ולעולם אם יש מומחה בעיר, נאמן לומר מומחה שחט לו, וכן משמע דעת הפרישה, וכן מפורש במשמרת הבית להרשב"א בהדיא, **והב"ח** בקונטרס אחרון כתב על שם הרשב"א להפך, ולכך פסק דבבהמה לא מהני מומחה, **וזה** אינו אלא כמ"ש.

וגבי בהמה אם יש מקולין ישראל, נאמן לומר מן המקולין שחוטה לקחתיה, כמבואר בטור על שם הרשב"א, **וכתב** רבינו ירוחם, ודוקא שהיה מצוי באותו יום בשר שחוטה כ"כ בזול כמו נבלה, ע"כ, ומביאו בס' ב"ה והב"ח.

סעיף ה - מומר להכעיס, אפי' לדבר אחד,

‹דינו כעובד כוכבים› - כ' מהרש"ל, דאפילו בפעם אחת הוי כעובד כוכבים.

[**פי' אפי'** נמצאת סכינו יפה, דמועד לנבל בידים, רש"י, **והרא"ש** פי' הטעם, כיון שאינו חושש לזבוח, לא קרינן ביה וזבחת ואכלת, **וזהו** הטעם ג"כ על מ"ש רמ"א, מי שאינו חושש לזבוח כו'].

‹**עיין** פמ"ג, אם אפילו במצות עשה הדין כן, או דוקא שעובר להכעיס בקום ועשה, ע"ש›.

ומשמע דעת המחבר שהוא כעובד כוכבים ממש, ושחיטתו נבילה מדינא, וכן משמע בר"ן וכן בשאר אחרונים ובפרישה סט"ז, **והכי** משמע נמי מדברי התוס' והרא"ש, שכתבו מדכתיב וזבחת ואכלת, ילפינן מה שאתה זובח אתה אוכל, כלומר אותו שהוא בר זביחה, לאפוקי עובד כוכבים ואוכל נבלות להכעיס, עכ"ל, משמע דמומר להכעיס מימעט מקרא כמו עובד כוכבים, **דלא** כהב"ח שכתב דשחיטתו אינה אסורה אלא מדרבנן ואינה נבילה כו', בלא ראיה, ‹ועיין בתשובת חתם סופר, שדעתו כהב"ח, ע"ש›. **וע"ל** סימן קנ"ח ס"ב, דמומר להכעיס הוי אפיקורוס, ובאפיקורוס כתב רמב"ם פ"ד דהרי הוא כעובד כוכבים ושחיטתו נבילה.

או שהוא מומר לעבודת כוכבים - דע שיש מחלוקת בין בפוסקים בזה, והעיקר כהאומרים דעבודת כוכבים אפילו בצנעה, אפילו רק פעם אחת, הוי מומר לכל התורה, ודינו כעובד כוכבים, וכן אפי' חילל שבת פעם א' בפרהסיא, **מיהו** באותה שחיטה לא נעשה בה מומר, כגון בשוחט לעבודת כוכבים או השוחט בשבת, אין שחיטה זו אסורה משום שחיטת מומר, ‹שאינו נעשה מומר אלא עד גמר השחיטה - רעק"א›, אלא משום שוחט לעבודת כוכבים, כדלקמן בסימן ד', וכן משום שוחט בשבת בסי' י"א, וכן נראה דעת מהרש"ל.

או לחלל שבת בפרהסיא - (עבה"ט בשם בה"י, דפרהסיא היינו בעשרה מישראל, **ומ"ש** עוד דאפי' עובר על איסור דרבנן, הפר"ח חולק, ועיין בספר משנת חכמים שחולק ג"כ, מטעם דהא קיי"ל דהחשוד על קל אינו חשוד לאיסור חמור, ואם כן כל שכן דאינו נעשה מומר מדבר קל לחמור, **וא"כ** שם בשבת דאיירי לענין ביטול רשות, דהוצאה בלי ביטול רשות אסור מדרבנן, שפיר דאמרינן דאם הוא מוחזק לחלל שבת אף באיסורי דרבנן, הוא כעובד כוכבים לענין שאינו מועיל ביטול רשות, **אבל** שיהיה מומר לכה"ת לא הוי עד שיחלל באיסור דאורייתא, **וע"ש** עוד שהביא ראיה דאף אם עבר על לאוין דשבת וע"ז, לא הוי מומר לכה"ת עד שיעבור על מיתות ב"ד).

או שהוא מומר לכל התורה, אפילו חוץ משתים אלו, דינו כעובד כוכבים.

הגה: ומי שאינו חושש בשחיטה ואוכל נבלות בלא תיאבון, אף על פי שאינו עושה להכעיס, דינו כמומר להכעיס, (כך העלה הב"י מדברי הרא"ש) - ‹והוא כשיטתו דיליף מוזבחות, אבל לדעת הרמב"ם דוקא להכעיס שנקרא מין - גר"א›.

סעיף ו - מומר לאחד משאר עבירות, א"צ לבדוק לו סכין - [דגבי שחיטה הוא כישראל], **ולהרמב"ם צריך** - [ודעת הרמב"ם פי' הרא"ש, כיון דחזינן דפוקר בשביל תאותו באחד משאר עבירות, חיישינן שמא פוקר שלא לקיים שום מצוה כהלכה, **והא** דנקט התלמוד מומר לנבילות, היינו לרבותא, דאפי' בזה דדש ביה, מהני בודק סכין ונותן לו].

משמע דאפילו לעכוב, דהיכא דלא בדקו לו הסכין לא בתחילה ולא בסוף שחיטתו אסורה, (**ועיין** בתשובת בית יעקב שחולק עליו, ודעתו דדוקא לכתחלה הצריך הרמב"ם בדיקת סכין, אבל בדיעבד שחיטתו כשרה, ע"ש).

והא דלעיל סי' א' ס"ד באבדו גדייו או שנגנבו כו' מותרים, תירץ בדרישה דהתם אינו מוחזק בגנב, אלא שגנב בפעם הזאת, והוי פסול לעדות דא"צ בדיקת סכין אף להרמב"ם, [**אא"כ עשאו בפרהסיא או כמה פעמים, משא"כ זה שעשה בצינעא, ואין ידוע שגנב כמה פעמים**], **ומלשון** הטור שם אע"פ שחשוד על הגניבה כו', משמע שמוחזק בגנב, **ועוד** דהא ע"כ ברוב גנבי ישראל שמוחזקים בגנבים מיירי, מדתלי' בגנבי ישראל, **ומ"ש** הב"ח בזה בקונ' אחרון, כבר צוה הוא ז"ל בעצמו למחקו, **והגאון** אמ"ו ז"ל הכ"מ תירץ, דשאני בסימן א' דלא ידעינן בודאי ששחט, ואפשר דאף על גב שחשוד על הגנבה נתן לאחר לשחוט, [**והוה ס"ס, ספק אם נתן לאחר לשחוט, ואת"ל הוא שחט שמא בדק הסכין יפה תחילה,** אלא דבחד ספק מחמיר הרמב"ם כנ"ל].

ודוקא במומר לעבירה - היינו שהוא מועד, **אבל מי שהוא פסול לעדות בעבירה מעבירות של תורה** - היינו שלא עבר אלא פעם אחת, ואינו מועד, **אין צריך לבדוק לו סכין, אפילו להרמב"ם. הגה: מיהו אם הוא פסול לעדות משום שאכל נבילות, אעפ"י שאינו מומר לכך, כיון שהוא חשוד לאכול נבלות, דינו כמומר לכך, (סברת ב"י והרמב"ם)** - ובס' תורת חיים כתב, דנ"ל מדנקט רבא כו', דדוקא כשהוא מומר ורגיל בכך אז צריך בדיקת סכין, אבל לא בפסול לעדות, וכן משמע מדברי הרמב"ם כו', ע"כ, **וכ"כ** בכ"מ, דטעמא דהרמב"ם דע"כ לא קאמר רבא ישראל בודק ונותן לו, אלא בישראל מומר, ולא בפסול לעדות כו', **ונ"ל** דדין זה תלוי במאי דאמרי' לקמן סי' קי"ט ס"ז, דהחשוד בדבר מותר להעיד בשל אחרים אבל לא בשל עצמו, **והשתא** א"ש דדבריו שבכ"מ אינם סותרים למ"ש בב"י, דבכ"מ איירי בשל אחרים, ובב"י מיירי בשל עצמו, והיינו שכתב בב"י כיון שחשוד לאותו דבר צריך לבדוק לו סכין כו',

דמשמע דתלוי בדין חשוד לאותו דבר, **ולישנא** דהרב שכ' דינו כמומר לכך, אינו מדוקדק כ"כ לפ"ז.

(**ועיין** בספר תפארת ישראל על משניות, מהגאון אב"ד מדעסא נר"ו, דמאי פ"ד משנה א', שתמה על הש"ך, שכתב דאף בשחיטה בשל אחרים נאמן, דליתא, דהא דחשוד נאמן בשל אחרים, דווקא אם אינו מתנגד לחזקה, אבל לא בשחיטה דאיכא חזקת אמ"ה, אינו נאמן אף בשל אחרים, ומה"ט אמרו במתני' שם, אמר לו אחר שאינו נאמן כו', חשכה לא יאכל, ע"ש, **ועיין** בתשובת חתם סופר, נראה שדעתו מסכמת עם הש"ך, וכתב דבנו"ב סימן א' תמה עליו מאי טעמא, אבל הטעם פשוט, דאינו נחשד אלא דחייש להפסד ממון עצמו לכשיתנבל בידו לא יפרוש מאיסורא, אבל לטרחת גופו לא נחשד, ע"כ נאמן לשחוט של אחרים בלי בדיקת סכין).

(**ושם** נשאל ע"ד שוחט שהתודה בחליו, שזה כמו ד' שנים שהוא שוחט שם כשהיו עומדים ואצים עליו למהר לשחוט בין בעופות בין בבהמות, פעמים הרבה הרגיש בפגימה שבסכין קודם שחיטה ושחט בו כי מיהרו עליו, ולא אימץ לבו נגד יצרו לעכב האנשים, והנה בכמה מקומות לקחו שומן מהמקום ההוא, מה יהיה דין השומן והכלים, **והשיב** הא ודאי אם היה נודע זאת עפ"י עדים, הוה כל מה ששחט בחזקת איסור שאינו זבוח, אע"ג די"ל דאינו אלא עובר עבירות לתיאבון שלא להתבייש בפני העומדים ומלעיגים עליו שמאריך בהשחזת הסכין, אבל לעולם רובא דרובא השחיז סכינו יפה בינו לבין עצמו כדי שלא יבא לידי כך, **מ"מ** מאחר שעשה כן כמה פעמים והוא רגיל לכך בזה, אפי' אם רק עובר לעצמו לאכול נבלות, שחיטתו פסולה אפי' בדיעבד לאחרים, דכיון דדש ביה שוב לא טרח, מכ"ש הכא שהוא מועד להאכיל נבילות לאחרים משום בושת, שוב לא טרח, וכל מה שכבר שחט בחזקת איסור, **אך** בנ"ד שאין שום עדות, רק הוא מעיד על עצמו, אף אם נניח כקצת אחרונים שבהודה דרך ווידוי נאמן, מ"מ הפה שאסר, אותן ששחט בסכין פגום, הוא הפה שהתיר, אותן שלא עמדו עליו אנשים ולחצוהו ושהיה הסכין מתוקן בביתו כדרך רוב השוחטים, ואילו היינו בודקים לו סכין היינו אוכלים משחיטתו, ה"נ הוי הני כאילו בדקנו לו סכין, שהרי אמר בווידוי דוקא כשלחצוהו היה סכינו פגום הזיד ושחט בו מחמת הלוחצים ולא זולת, נמצא עכ"פ הרוב נשחט כהוגן, וכל דפריש מר"פ, ואין לאסור השומן והכלים למפרע - **נראה** לי דר"ל הכלים של מקומות אחרים שלא לקחו מאותו המקום רק שומן באקראי, אבל הכלים של אותו המקום, ודאי דאסורים כל כ"ר אם נחליט שנאמן, וכמ"ש הוא ז"ל בסימן ד' הבאתיו לעיל ס"ס א' - אפילו אם נחליט שנאמן הואיל ואמר דרך תשובה, ובפרט שגם זה אינו ברור אם נאמן, ע"ש, ועמש"ל סימן א').

(**ועי'** בתשו' חתם סופר, אודות ש"ץ ושוחט בעיר אחת שבאה אחות אשתו כריסה בין שיניה ואמרה שממנו נתעברה, ואח"כ בא החזן עצמו ואמר במותב הקהל והרב אב"ד שאמת הדבר הזה שבא על אחות אשתו, ואמנם ביום שאחריו רוח אחרת עמו שלא אמר כן אלא לפטור מקהלתו כו', **וכתב** אף אם נניח שדבריו האחרונים אמת, מ"מ איש בזוי ומבוזה הוא שהחציף לומר על עצמו בפני קהל אלופי ישראל ובפני הרב אב"ד שעבר אאיסור כרת דעריות, שאפילו אם דרך תשובה אמר הו"ל חצוף, מכ"ש שאינו רק ע"ד ההודאה, ואיך יהיה נאמנות לאדם אשר בשביל אמתלא קטנה כזו מבזה ומחציף עצמו כ"כ, מה יעשה אם יארע לו הפסד בממונו או בכבודו, הכלל שבזוי כזה פסול לעדות, כמ"ש בח"מ סימן ל"ד סעיף י"ח, ואיך יעיד על שחיטה ובדיקה, ואין הדעת סובל להעמיד בזוי כזה לפני התיבה, ומכ"ש להאמינו על שו"ב, ע"ש עוד).

סעיף ז - מומר לערלות, דינו כמומר לעבירה אחת. ואם אינו ערל אלא מפני שמתו אחיו מחמת מילה – [פי' התוס', שנימולו כשהם גדולים, או ביום השמיני וראו שנבלע בהן דמן, דאל"כ אמרינן שמא עדיין לא נבלע דמן ולכך מתו], **הרי הוא כשאר ישראל כשר** - והיינו בשגם עכשיו שהוא גדול, אינו מניח למול מיראתו פן ימות גם הוא כאחיו, אבל אם אין שם יראה ואפ"ה אינו מל, ה"ל מומר לערלות.

סעיף ח - כותי, האידנא – [פי' לאחר שגזרו בזמן התלמוד עליהם], **דינו כעובד כוכבים** – ‹הכי אסיקנא בפ"ק דחולין, לא זזו משם עד שעשאום כגוים גמורים – ב"י›.

סעיף ט - צדוקי ובייתוסי, (הם הנמשכים אחר צדוק ובייתוס, מתלמידי אנטיגנוס איש סוכו, שיצאו לתרבות רעה ואינם מאמינים בתורה

שבע"פ), שחיטתן אסורה - וכ' הרשב"א בת"ה, דאפי' חותך כזית בשר ונותן לו, לא מהני כששחט בינו לבין עצמו, משום דהא שחיטה לא כתיבי, וכל דלא כתיבי אע"ג דאחזוק לא סמכינן עליה, כדאמר בש"ס גבי כותים, ע"כ, דקי"ל כת"ק דרשב"ג, וצדוקי ובייתוסי הם ככותים קודם גזירה, **אבל** הרמב"ם כתב, צדוקי ובייתוסי שחיטתן אסורה, ואם שחט בפנינו מותרת, שאינם כעובדי כוכבים אלא שאין נאמנים לומר לא קלקלנו, משמע דחותך כזית בשר ונותן לו מהני כשיאכל הוא עצמו, וכן משמע בטור שזהו דעת הרמב"ם, כמ"ש הפרישה והב"ח, **ונ"ל** שטעמו, כיון דאביי ורבא אמרי גבי כותים קודם גזירה דחותך כזית בשר מהני, וכן משמע כולה סוגיא דריש חולין, וגם מדקאמר סתמא דש"ס התם, רב אשי לא אמר כתרוייהו קסבר כותים גרי אריות הן, ולא קאמר קסבר כת"ק דרשב"ג, אלמא הלכה פסוקה היא כרשב"ג, ‹דסבר גבי כותים כיון דאחזוק אחזוק›.

אלא א"כ שחטו ואחרים עומדים על גביהם -

הרשב"א הצריך שיהא ג"כ מומחה, **והב"י** תמה עליו, כיון שישראל עע"ג ל"ל מומחה, ולכך לא הזכיר כאן מומחה, **אבל** נראה דגם דעת הרשב"א דבישראל עע"ג א"צ שיהא מומחה, דלא גרע מקטן שיודע לאמן ידיו לעיל סי' א', **רק** כשישראל יוצא ונכנס הצריך מומחה, דדלמא לאו אדעתיה דישראל, ואיהו לא ידע שזהו אסור לישראל דלירתת מיניה, וכ"כ מהרש"ל והב"ח, וכן משמע בד"מ.

וגם בדקו להם סכין - צ"ע מנ"ל הא, דהא אפי' הרשב"א דמחמיר, כתב דדין צדוקי ובייתוסי כדין כותי' קודם גזירה, וכ"כ הכ"מ גופיה, וכ"כ הרמב"ם, והמחבר לקמן סי' רס"ז, דצדוקי ובייתוסי הם ככותים קודם גזירה, ובכותים קודם גזירה כתבו התוס' והרא"ש, דא"צ בדיקת סכין, **דל"ד** לישראל מומר, לפי שיודע שאין ישראל סומך עליו, ויירא שמא יבדוק הסכין אחריו, הלכך נזהר מלשחוט בסכין פגום, **אבל** ישראל מומר לא מירתת שלא יבדקו אחריו, לפי שמחזיקים אותו בישראל, עכ"ל, וצ"ע, שוב מצאתי בס' ל"ח שתמה ג"כ על המחבר בזה ע"ש. ‹והר"ן כתב די"ל דבאמת דכותי בעי בדיקת סכין – רעק"א›.

[**ואין להקשות והא לאו בר זביחה הם, דהא הוחזקו במצות שחיטה**].

מיהו כל זה מדינא, אבל בתשובות ר' בצלאל סי' ג' כתב,

דהיינו דוקא בצדוקים ובייתוסים שבזמן הקודם, שהיו להן כמה מדות טובות, **אבל** באלו הקראים שבזמן הזה שקלקלו מעשיהם, וגם אין אוכלים משחיטת ישראל, שחיטתן אסורה אפי' ישראל עע"ג, וראה ששחט יפה, ע"ש.

הגה: מסור דינו כמומר ושחיטתו פסולה (הגהות אלפסי) - דינו כמומר לכל התורה כולה - הגהות אלפסי ומביאו ד"מ. [**נ"ל** דהיינו כמומר לתיאבון דלעיל]. **ומדברי** הג"ה ‹אלפסי› שהבאתי בש"ך, דממנו מקור דין זה, לא משמע כן, ודוק, וכן משמע מפשט דברי רמ"א - נקה"כ. **ויש מכשירין, וע"ל סימן קי"ט** - ר"ל כי שם ס"י פסק המחבר דשחיטתו כשרה, וכ"פ מהרש"ל.

סעיף י - התחיל פסול לשחוט וגמר הכשר, או שהתחיל הכשר וגמר הפסול, פסולה

- משמע הא אם שחט הכשר הרוב, ושחט אח"כ הפסול, כשר, והכי משמע בש"ס פ"ק דחולין וברש"י שם, ע"ש, **והקשה** בדרישה דהא רש"י פוסל שהיי' במיעוט בתרא, ותירץ דהכא שאני, כיון שאחר גומר השחיטה, ‹כששחט הישראל הרוב אז הוי שחיטה גמורה, ומה ששחט הפסול אחר כך, כאילו חתך ברגל, שאין זה מצטרף לשחיטה, הואיל ולא הוא שחטה – דרישה›, **והב"ח** הבין בקונטרס אחרון, דקושיתו היא אמאי לא פסלינן הכא משום שהייה, ע"כ השיג עליו, דהכא בעובד כוכבים י"ל דשאני דאין שהייה, אבל בישראל חברו פוסלת, **ותימא** דהא אפשר דהכא מיירי בדלא שהה שעור שהייה, וגם י"ל דליכא שהייה אפילו משהו, אלא קושיתו דכי היכי דשהייה פוסל במיעוט בתרא, ה"נ שחיטה הפסולה תפסול במיעוט בתרא, ע"ש שכן משמע בדבריו להדיא, אבל אה"נ דבשהייה אין חילוק בין הוא לאחר, וכדמשמע בש"ס וכל הפוסקים, **ואפשר** נמי דהיכא ששחט העובד כוכבים המעוט בתרא אחר שעור שהייה, פסולה, **ומ"מ** נ"ל לתרץ, דהכא שאני דהא אין העובד כוכבים פוסל אלא כשעושה מעשה טרפה, וכדאיתא בש"ס וכל הפוסקים, והלכך אחר שנשחט הרוב תו לא מיטרפא, **אבל** בשהייה לא נפקא לן מידי במעשה טרפה, אלא כיון דשחיטה שייך במעוט בתרא ושהה וחזר ושחט, ה"ל שהייה.

[ט"ז] ‹רעק"א או ש"א או הוספת הסבר› (פת"ש)

[ברשב"א כתוב, כגון עובד כוכבים או מין או כותי כו',
והקשה מו"ח ז"ל אמאי דנקט מין, הלא בפ"ק דחולין אמרינן, דסתם מחשבת מין לעבודת כוכבים, ובמעשה כל דהו נמי אסורה אפי' בהנאה, אפי' התחיל בדבר שאין עושה נבילה כו', ולא אשכח פירוקא בדבר, **ולא** ידענא שום קושיא בזה, דהרי פסק הרמב"ם דאפי' בשוחט לעכו"ם, לא נאסרה אלא בשוחט סי' א', והיינו מעשה כל דהו... ע"כ לא שנא סי' א' כולו או מקצתו, אבל מידי שאינו עושה נבילה אפי' כל דהו לא מקרי... כנ"ל ברור].

וכל דבריו תמוהין, ודברי הב"ח ברורים, דהא בהדיא מוכח בש"ס דאפי' בכל דהו דקנה פסול בשחיטת עכו"ם... **גם** מה שהביא ראיה מן הרמב"ם, ודאי לפי מה שהעתיק הוא יש להוציא משמעות זה, אבל באמת אינו כן ברמב"ם וטור... **גם** מ"ש דהב"ח לא אשכח פירוקא בדבר, ליתא, דאשכח פירוקא מעליא, דהאי מין דקאמר הרשב"א, לאו מין האדוק לעבודת כוכבים קאמר ע"ש, **ובע"כ** מוכח לומר כן, דאי במין שסתם מחשבתו לעכו"ם, ודאי דאפי' במעשה כל דהו אסור כדפרישית, וכל זה ברור - נקה"כ.

בד"א, שהתחיל הפסול בדבר שעושה אותו נבלה, כגון בוושט או ברוב הקנה - לא מיבעי אם שחט הפסול רוב הקנה, אלא אפילו שחט הכשר חצי הקנה, והשלימו הפסול לרובו, נמי פסול.

אבל אם התחיל הפסול בחצי קנה וגמר הכשר, כשרה - ואע"ג דקי"ל דשהייה אפי' כל שהוא טרפה, בין בקנה בין בושט, **מ"מ** משכחת לה להאי דינא נמי לדידן היכא דתפס הקנה לבדו בידו, דכשר אפילו לדידן (דלא בקיאינן בבדיקת הוושט), וכמ"ש בס"ס כ"א, (דהא דפסלינן שהייה במיעוט קמא דקנה, היינו משום דחיישינן לנקובת הוושט, משא"כ הכא דתפס הקנה לבדו בידו, ואמר ברי לי שלא נגעתי בוושט), וע"כ סתם הרב כאן כדברי המחבר.

סעיף יא - היו ישראל ופסול אוחזין בסכין ושוחטין, פסולה - ובא"ז והג"ה רפ"ק דחולין מכשירין, וכן הוא בתוספתא, וכ"פ מהרש"ל, **וכתב** דל"ד לדלקמן סימן ה', בשנים שאוחזים בסכין ואחד שוחט לשם דבר פסול, שפסול, דהתם מחשבת השוחט פסלה, אבל הכא בסתם עובד כוכבים או מומר, דלא אסור אלא משום דלאו בני שחיטה נינהו, וא"כ כשיש אחד בר שחיטה זולתו, דיו בזה וכשר, וכ"כ הב"ח, וכן נראה מדברי הרמב"ם, **ומ"מ** הב"ח חשש להחמיר.

ואין צריך לומר אם כל אחד סכינו בידו - לא מיבעי אם אין שחיטת ישראל כשרה אלא ע"י צירוף, (כלומר ששחטו בסי' א' זה כנגד זה בהיקף), ואין רוב אלא בצירוף שניהם, **אלא** אפי' שחט כל אחד רובו של סימן, (כלומר זה לצד הראש וזה לצד הגוף), פסולה, עד כאן לשון רשב"א, ועיין בסימן ד.

(שחיטת קוף, פסולה), (א"ז והוא בתוספתא ריש חולין) - (עבה"ט בשם בה"י, ול"ד לנט"י באו"ח סי' קנ"ט, דשם יש מכשירין, דנט"י דרבנן), וכ"כ המג"א, **ומשמע** מדבריהם דאינו אלא ספק, ומש"ה בשחיטה דאורייתא החמירו, ונט"י דרבנן מקילינן, **ולפ"ז** לענין אותו ואת בנו, אם שחט הקוף האם או הבת, ואחרים רואים אותו, אסור לשחוט השני אחריו בו ביום, דשמא שחיטתו כשרה, **אך** באמת נראה דאישתמיט להו תוספתא ריש חולין, דמבואר שם דפסול מדאורייתא, משום שאינו בר זביחה, **ולא** קשה מנט"י, דהתם כשר אף עובד כוכבים ליתן לידים, כמ"ש בש"ע שם סעיף י"א, (דמקרי כח גברא - רעק"א), **ולפ"ז** בודאי מותר לשחוט השני אחריו, (וכן כתב רעק"א). **ועוד** נראה דה"ה כשקוף שוחט האם, מותר למסור הבן או הבת לקוף לשחוט כדי להאכיל לכלבים, **דאע"ג** דבחש"ו איתא לעיל סי' א' ס"ה, דאין מוסרין להם לכתחלה לשחוט כשאין אחרים עומדים על גביהם, אפילו אם רוצים להאכיל לכלבים, מטעם דלמא אתי למיכל מזה, שיטעו לומר כשירה היא, **שאני** התם דלא מנכר פסולייהו, ומש"ה לא כתבו הפוסקים דין זה גבי עובד כוכבים, **וכן** משמע בש"ך סימן ט"ז סק"ב ממ"ש וצ"ע בחש"ו כו' ע"ש, דלנכרים מותר למסור לשחוט ולהאכיל לכלבים, וא"כ ה"ה בקוף, וכמו שנתבאר דדינם שוה, כן נלפע"ד).

סימן ג - שחיטה אינה צריכה כוונה

§ סימן ג - שחיטה אינה צריכה כוונה §

סעיף א- שחיטת חולין אינה צריכה כוונה - [מדגלי רחמנא דמתעסק בקדשים שפסול, דהיינו שוחט שלא בכוונה לשוחטה, דכתיב ושחט את בן הבקר, עד שתהא שחיטה לשם בן בקר, ש"מ בחולין כשר, **ובפרישה** הקשה במה דאמרינן כאן מדגלי רחמנא כו', אמאי לא נימא כן גבי ושחט, דדרשינן מיניה דלא לשוויה גיסטרא, ה"נ נימא מדגלי בקדשים כן ש"מ דבחולין שרי בגיסטרא, ונכנס שם לדחוקים, **ולק"מ**, דהא פרש"י על גיסטרא, שלא יחתוך כל המפרקת לשנים, והיינו שא"צ לחתוך כל המפרקת כמו שיתבאר סי' כ"ד, וא"כ קולא הוא דקמ"ל קרא בקדשים ק"ו בחולין, **ואע"פ** שראבי"ה פירש שאסור לחתוך כל המפרקת לשנים, וכבר כתב רמ"א שהמנהג כך להחמיר, יתבאר שם דאינו אלא חומרא בעלמא ואין האמת כן, **וגם** לראבי"ה אין כאן קושיא כלל, דזה פשוט דבעינן בחולין שחיטה כמו בקדשים, וכל שנתמעט בקדשים מן ושחט, ממילא לא הוה שחיטה כלל, ע"כ פוסל גם בחולין, דהא עכ"פ שחיטה בעינן, **משא"כ** מידי דאימעט מן בן בקר או שאר לישני דקרא, נימא דדוקא בקדשים אמעוט, דבחולין לא כתיבי הנך לישני, ולא בעינן בחולין רק מה שבכלל ושחט, וזה פשוט לכל מבין].

אפילו מתעסק בעלמא לחתוך, או שזרק סכין לנועצה בכותל, ושחט כהלכתה (ס"א כהליכתה, ועיקר), כשרה - ‹עיין במג"א שכתב, דבזה לא שייך לברך, ע"ש›.

והוא שראה שלא החליד (פי' ענין נעילה ותחיבה, מלשון חולדה שנכנסת בחורין ובסדקין), הסכין בין סימן לסימן או תחת העור. ואם מצא הנוצה או השיער חתוכים, ודאי לא החליד - ולא חיישינן שמא לא שחט הרוב בעוף, וע"י פרכוס ונפילת העוף נתרחב השחיטה ונעשה רוב, כמ"ש הר"ב בסימן כ"ד ס"ה, וע"ל סימן כ"ה ס"ק ד'.

(**עיין** בתשובת זכרון יצחק שכתב, דאם זרק סכין לנועצה בכותל, ושחטה בהמה שנשחט אמה או בנה היום, יש לאסור השחיטה משום דכתב התב"ש, דחולין סתמא כשר משום דסתמייהו לשחיטה עומד, וא"כ כיון שהבהמה שנשחטה בלא כוונה אסור משום או"ב, לאו לשחיטה עומד ביום ההוא, ואסור משום שהיה בלא כוונה, עכ"ד ע"ש, **ולפ"ז** ה"ה אם זרק סכין בשבת, ג"כ השחיטה פסולה, דהא לאו לשחיטה עומד ביום ההוא משום איסור שבת, **מיהו** באמת נראה דבתרווייהו השחיטה כשירה, דאין ענין זה כלל לדברי התב"ש, דהכא אע"ג דלאו לשחיטה עומד ביום ההוא משום אסור שבת או או"ב, עכ"פ עומד לשחיטה למחר, **וגם** היום אף דלאו לשחיטה עומד, מ"מ הא אינו עומד לשחיטה פסולה, וא"כ יותר עומד לשחיטה כשירה משחיטה פסולה, דלשחיטה פסולה אינו עומד כלל, אבל לשחיטה כשירה עכ"פ עומד למחר, **ותדע** דהא ודאי יש הרבה בהמות שאינם עומדי' לשחיטה ביום ההוא רק לחלבה או לגדל ולדות, כמבואר בא"ח סי' תק"ה לענין חליבה בי"ט, ואם כדבריו דבעינן שיהא עומד לשחיטה ביום ההוא, א"כ מוכרח לומר דגם בהנך בהמות אסור שחיטה בלא כוונה, וא"כ הו"ל להפוסקים לפלוגי גם כאן, דדוקא בעומדת לאכילה, **אלא** ודאי דלא בעינן שיהא עומד לשחיטה ביום ההוא, רק כיון דסוף בהמה לשחיטה, כשר בלא כוונה).

ואפילו הפיל הסכין בידו, או ברגלו, שלא בכוונה כלל, ושחט, שחיטתו כשרה - ‹ואף על גב דלא מיכוין לשום חתיכה, אלא שנתכוין להפילה, קרינן ביה וזבחת ואכלת, כיון שכוון לנפילה ועל ידי אותה נפילה שחטה, רא"ש - ב"י›.

אבל אם נפלה מעצמה, פסולה, דבעינן כח גברא - [משום דוזבחת הוי לכל הפחות כמו ועשית, דצריך להתכוין לשום מעשה דבעינן כח גברא], **(ע"ל סי' ז'), וכן אם היה הסכין מונח בחיקו או בידו, ונפלה מידו או מחיקו שלא בכוונה, כנפלה מעצמה דמי, ופסולה** - ‹כ"כ הרשב"א בשם תוס', וכתב עלה, ואע"פ שיש לנו לדון ולהקל, שומעין להם שאמרו להחמיר בשל תורה, עכ"ל והובא בב"י, **ולפי"ז** נ"ל דלחומרא הוי שחיטה, ואסור לשחוט אחר שחיטה כזה בנה, מטעם איסור אותו ואת בנה, כנלענ"ד בעזה"י - רעק"א›.

סימן ד – השוחט לשם עבודת כוכבים או לשם דבר אחר מה דינו

§ סימן ד – השוחט לשם עבודת כוכבים או לשם דבר אחר מה דינו §

סעיף א- השוחט לשם עבודת כוכבים - [פי' שהשחיטה עצמה לעבודת כוכבים, אבל אם שוחט להקריב בשרה לעבודת כוכבים, היינו סיפא לזרוק דמה לעבודת כוכבים כו'], **אפילו לא חישב לעבדה בשחיטה זו, אלא חישב בשעת שחיטה לזרוק דמה או להקטיר חלבה לעבודת כוכבים** - ‹דמחשבין מעבודה לעבודה, וילפינן חוץ מפנים - גמר'›, **הרי זה זבחי מתים, ואסורה בהנאה** - ‹דכתיב: ויצמדו לבעל פעור ויאכלו זבחי מתים, מה מת אסור בהנאה, אף זבח נמי אסור בהנאה - גמר'›.

סעיף ב- שחט סתם, ואח"כ חישב לזרוק דמה או להקטיר חלבה לעבודת כוכבים, הרי זה ספק זבחי מתים - [הטעם, דספק אי אמרינם הוכיח סופו על תחילתו, דמתחילה ג"כ שחט לשם עבודת כוכבים, ע"כ אמרו בגמר' בזה, דהיה מעשה בקיסרי ולא אמרו בה לא איסור ולא היתר ‹משום כבודו דרשב"ג›, **וכתב** רש"ל, כיון דרבנן דפליגי עליה דרשב"ג ס"ל דלא אמרינן הוכיח סופו על תחילתו, וקי"ל כרבנן, א"כ הא דלא אמרו כאן היתר, היינו משום כבודו דרשב"ג, ע"כ סגי בזה שאין להתירו באכילה, אבל בהנאה שרי, וכמ"ש רי"ו], **וכ"פ** הדרישה והב"ח, [**ולא** כב"י החולק עליו, וס"ל אפי' בהנאה אסור, דהוא אזיל לשיטת הרמב"ם, דס"ל דיש ספק אי הלכה כרבנן או כרשב"ג, אבל שאר פוסקים פסקו כרבנן].

‹**וכתב** רבינו ירוחם, אם שחטה ואחר כך חישב, כלומר שזרק דמה לעבודה זרה - ב"י, ‹היינו דבחישב ולא זרק לא אסרינן›, **עיין** בב"ח שפסק כר' ירוחם, **ודעת** הט"ו נראה דאין חילוק בין חשב לזרק, דאפילו בחשב אח"כ ולא זרק ה"ז ספק זבחי מתים, וכמ"ש בב"י, וכן משמע דעת הרמב"ם והכל בו והרשב"א וכ"פ מהרש"ל.

ומשמע מדברי הט"ו דהיכא ששחט מתחלה בפירוש לשם מצות שחיטה, אפילו זרק או הקטיר אחר השחיטה לעבודת כוכבים, לא פסיל, וכ"פ הפוסקים.

[**וכתב** עוד רש"ל בשם הר"ן והתוס', דזריקה והקטרה דפסלי בעבודת כוכבים, דוקא שחישב עליה בשעת שחיטה לזרוק דמה לעבודת כוכבים, אבל נשחטה כראוי, שוב אין הבהמה נפסלת, אע"פ שזרק דמה או הקטיר חלבה לעבודת כוכבים, אע"ג דבקדשים בהמה נפסלת בד' עבודות, התם שאני שכולן מכשירי קרבן נינהו, אבל חולין שכל התירן אינו תלוי אלא בשחיטה, מכיון שנשחטה כראוי א"א שיפסלו, וזה שלא כדעת רש"י, עכ"ל, **ופי'** דבר זה, שאם שחט אחר ובא הבעל אח"כ וזרק דם לעבודת כוכבים, דשרי, וכ"פ רש"ל, **אבל** בדידיה גופיה ודאי בכל ענין יש לחוש סופו על תחילתו, אפי' אם אמר בפירוש תחילה ששוחט כאשר צוה השם, מ"מ בדעתו הוא שכך הוא המצוה לפי טעות שלו, וא"כ בודאי אסור גם בזה, כנ"ל, ומו"ח ז"ל כתב בזה דלא אמרינן הוכיח סופו על תחילתו ‹כהש"ד›, והנלע"ד כתבתי].

סעיף ג- ישראל ששחט בהמתו של עובד כוכבים, אפילו חישב העובד כוכבים לעבודת כוכבים, כשרה - אפילו לאכילה, ומשמע אפילו שמע השוחט שהעובד כוכבים חשב, דזה מחשב וזה עובד לא אמרינן, [דהכל הולך אחר השוחט], וכן נ"ל מן הש"ס דפרק השוחט גבי עובדא דהני טייעי ע"ש, **והב"ח** אוסר בזה באכילה, ולפעד"נ כמו שכתבתי.

ואם ישראל חשב שיזרוק העובד כוכבים לעבודת כוכבים, פסולה. (ואסורה בהנאה)

- דין זה למד הרשב"א בתה"א ממאי דקשיא ליה ‹בפלוגתא דרבי יוחנן וריש לקיש, בשוחט בהמה לזרוק דמה לעבודה זרה›, תיפוק ליה דשחיטת מומר הוא כו', ‹ותירץ דלא לזרוק דמה הוא קאמר, אלא ששחט על דעת שיזרוק גוי דמה ויקטיר גוי חלבה לעבודה זרה, ואעפ"כ אסר ר' יוחנן כדין זבחי מתים›, ולהפוסקים דלא נעשה מומר בפעם אחת, לק"מ, **וצ"ע** דלקמן סימן קי"ט מביא ב"י תשובת הרשב"א גופיה וז"ל, וענין חילול שבת ועבודת כוכבים דוקא שהיה מוחזק ג"פ כו', **וגם** להפוסקים דבאותה שחיטה לא נעשה מומר, נמי לק"מ, **וגם** הרשב"א גופיה מסיק שם דלא מוכח מהכא מידי, דמיירי באומר בגמר זביחה הוא עובדה, **וכן** דעת הרא"ה בב"ה דמותר אף באכילה, וכן נראה דעת התורת חיים והכי מסתבר, **הלכך** יש להתיר עכ"פ בהנאה, **ועוד** שמהרשב"א גופיה

כו
הלכות שחיטה
סימן ד – השוחט לשם עבודת כוכבים או לשם דבר אחר מה דינו

שם ובקצר משמע לכאורה דלא אסר הכא אלא באכילה, ע"ש.

(**ועיין** בספר באר יעקב שהאריך בזה, וסיים מ"מ לדינא נראה לי עיקר, דאינה אסורה אלא באכילה).

כששוחט עובד כוכבים מין או ישראל מין האדוקים בעבודת כוכבים, אז אסור בהנאה, דסתם מחשבתן לעבודת כוכבים, **אבל** עכו"ם או ישראל מומר שאינם אדוקים בעבודת כוכבים, אי שמעינן דחשבי, אסור בהנאה, ואי לא, מותר בהנאה, דבהנך לא אמרינן סתם מחשבתן לעבודת כוכבים, כן הוא בש"ס ופוסקים.

‹**ואם** שחט לפני עבודת כוכבים, אמרינן דסתמא מחשבתו לעבודת כוכובים, תוס' חולין מ' ע"א – רעק"א›.

(**ועיין** בס' נחלת עזריאל שכתב, דיש חידוש דין בתוס' דף מ', דבהיתה רבוצה לפני עבודת כוכבים, ושחטה מומר, ‹כצ"ל עיין במקור›, אמרינן סתם מחשבתו לעבודת כוכבים ואסור בהנאה. **וע"ש** עוד לענין מחשבה הפוסלת, אי מחשבה ממש או דבור דוקא, מ"ש בזה).

סעיף ד - ישראל ששחט בהמת חבירו לעבודת כוכבים, לא אסרה, שודאי לא כוון אלא לצערו – [כתב הר"ן, איכא למ"ד דבאכילה אסורה, ואפי' השוחט בהמת חבירו לשם הרים כו', דליכא למימר לענין איסור אכילה אין אדם אוסר דבר שאינו שלו, דהכא לאו איהו אסר לה, אלא דלא שרי לה, והוה כלא נשחטה ומתה מאליה, עכ"ל, **ותימה** על ב"י ורמ"א דלא הביאו לזה, ורש"ל הביאו].

‹**לכאורה** תמיה על תמיהתו, דהר"ן לא כתב כן אלא לענין אף אם אין אוסר דבר שאינו שלו, מ"מ אוסר באכילה, דלאו איהו אסיר אלא דלא שרי, **אבל** לפסק השו"ע דאדם אוסר דבר שאינו שלו, אלא דאמרינן לצעוריה מכוין, בזה לא שייך סברת הר"ן, דהא אמרינן דלא שחט כלל לעבודת כוכבים, וממילא גם באכילה שרי, ועיין בסמוך בש"ך – רעק"א›.

‹הט"ז אישתמיטתיה דהב"י מביאו לקמן ס"ס קמ"ה, וגם רמ"א מביאו בד"מ, והשיג עליו מהשוחט בשבת, וכמ"ש בש"ך - נקה"כ›.

[**ומו"ח** ז"ל הקשה על הר"ן בזה, דא"כ מה פריך תלמודא על מאן דס"ל אין אדם אוסר, מההיא דשנים אוחזין בסכין אחד, ושחט אחד לשם הרים כו', דשחיטתו פסולה, דאלמא דאוסר שאינו שלו, מאי קושיא, הא פסולה תנן, אבל לא אוסר בהנאה כו', ותירץ בדוחק, **ואגב** חורפיה לא עיין בזה, דהא עיקר טעם איסור אכילה להר"ן, משום דנסתלקה מעשה שחיטתו, והוה כאלו לא עשה בה מידי, וזה לא שייך אלא ביחיד השוחט, **משא"כ** בשנים אוחזים בסכין כו', אע"פ שתאמר שאותו ששחט לשם פסול נסתלק מעשה שלו, וכאלו לא היה כאן, מ"מ אין כאן נבילה, שהרי יש כאן השני ששחט לשם דבר כשר, אלא ודאי שזה השוחט לשם הרים אוסר השחיטה, וא"כ אדם אוסר דבר שאינו שלו, וזה פשוט].

גם מ"ש על הב"ח שלא עיין בזה, נהפוך הוא, שהוא לא עיין במ"ש הב"ח קודם לכן על דברי הר"ן, וז"ל, ר"ל דהוי כסתם שחיטת עכו"ם לעבודת כוכבים, אע"ג דלא היה כוונתם לעבודת כוכבים, אלא הו"ל כמתה מאליה, עכ"ל, **ר"ל** דודאי ליכא למימר דהוי כמתה מאליה כדעת המחבר הזה, שהרי שחוטה לפניך, אלא הוי כשחטה עכו"ם דהוי נבילה, משום דאין שחיטתו שחיטה, והוי כמתה מאליה, **וא"כ** קשה מאי פריך משנים אוחזין, הא עכ"פ הוי כעכו"ם וישראל שאוחזין בסכין, דפסולה, וכ"ז ברור - נקה"כ.

ואם יש לו שותפות בה, יש אומרים שאוסר גם חלק חבירו - שהרי בחלקו ודאי לא כוון לצער, הלכך אמרינן מסתמא גם בחלק חברו לא כוון לצער, **ויש אומרים דגם בזה אינו מכוין אלא לצער שותפו ולא לאסור.**

וא"ת דהכא כתבו הט"ו ב' דעות בזה, ובחו"מ סי' שפ"ה כתבו בסתם, המנסך יין חבירו כו', אם היה לו בו שותפות חייב לשלם, והסמ"ע שם חילק בין י"נ לבהמה, ותימה שהוא נגד הש"ס דחולין, ע"ש, **גם** מה שתירץ הב"ח שם דס"ל להט"ו כהר"ן, דלענין אכילה אמרינן אדם אוסר דבר שאינו שלו, תמיה לי, דהא לא כתב הר"ן אלא דבשוחט לעבודת כוכבים אסור באכילה, דליכא למימר לענין איסור אכילה אין אדם אוסר דבר שאינו שלו, דהא לאו איהו אסר לה, אלא דלא שרי לה, והו"ל כאלו לא נשחטה אלא שמתה מאליה, עכ"ל, וזה לא שייך במנסך יינו, **ועוד** דפשט דבריהם הכא משמע דלגמרי שרי, וכ"פ בד"מ דלא כהר"ן, ושכן מוכח בש"ס דלא כהר"ן, דא"כ לא הוי פריך מידי מהך ברייתא

[ט"ז] ‹רעק"א או ש"א או הוספת הסבר› (פת"ש)

הלכות שחיטה כז
סימן ד – השוחט לשם עבודת כוכבים או לשם דבר אחר מה דינו

דהשוחט בשבת ארב עמרם ורב יצחק, ע"ש, **וגם** דעת הרא"ה בס' ב"ה כהר"ן, וכבר השיב עליו הרשב"א במ"ה שם באורך מסוגיא זו, וכן משמע מדברי כל הפוסקים דלגמרי שרי, **אלא** נ"ל דאע"ג דלענין איסורא איכא פלוגתא דרבוותא, מצי הניזק לומר דלמא קי"ל כמאן דאוסר בהנאה, מה תאמר דקי"ל כהמכשיר, א"כ קח לך היין שאיני רוצה להכניס עצמי בספק, ותמכרנו אתה כיון שגרמת לי היזק וקח לי אחר במקומו, ודו"ק.

הג"ה, ולא יכול המזיק לומר קים לי כמ"ד שאינו חייב לשלם, כיון שאין לו בו היזק, והוא מחויב למכור היין כולו אף חלק שותפו, **ולא** יכול למימר אני אמכור חצי שלי, וחציו של חבירו ימכור חבירו בעצמו, כיון שלפי דברי חבירו הוא יין נסך ואסור למכור, **ונראה** דאם יש לו היזק במה שלוקח חלק חבירו, יכול לומר קים לי, **וטעם** ב' י"ל משום זה נהנה וכו', וכופין על מדת סדום - נקה"כ.

הגה: ואם התרו בו ועבר התראה, הרי זה אוסר כשאר מומרים (וע"ל סימן קמ"ה) - פי' כי היכי דקי"ל דמומר אוסר אפי' דבר שאינו שלו כלל בהנאה, כששחט לעבודת כוכבים, שודאי כוון לאסור ולא לצערו, כדאיתא בש"ס ופוסקים, ה"נ כיון שהתרו בו שלא ישחוט לעבודת כוכבים, ואפ"ה שחט, ודאי לא כוון אלא לאסור, ואסור אף בהנאה, **ודע** דבכל הסימן דאמרינן שחט לעבודת כוכבים, איירי אפילו במעשה כל דהו, וכדלקמן סימן קמ"ה סעיף ח' ע"ש.

[בטור כתב בודאי כוון לאסור כו', וקשה א"כ אף בלא כוון לאסור אסור ככל שחיטת מומר, י"ל דכאן בא לאסור בהנאה, וזה אינו בשחיטת מומר סתם]. **אין** כאן קושיא ותירוץ, אלא הפשוטו כך הוא כמ"ש בש"ך - נקה"כ.

סעיף ה - השוחט לשם הרים וגבעות; לשם חמה ולבנה - עצמן, ע"ל ס"ו, **כוכבים ומזלות, ימים ונהרות, אין לו דין תקרובת עבודת כוכבים לאוסרה בהנאה** – [הטעם, דכל אלו הם מחוברים, ודרשינן אלהיהם על ההרים ולא ההרים אלהיהם], ‹ומזלות הם מחוברים לגלגל הרקיע – לבוש›, **אבל שחיטתו פסולה, אע"פ שלא נתכוין לעבדם אלא לרפואה וכיוצא בה מדברי הבאי שאומרים העובדי כוכבים.**

מלשון המחבר משמע, דאעפ"י שנתכוין לעבדם לא הוי אלא פסולה ולא זבחי מתים, והיינו דאזיל לטעמיה שפי' כן בב"י דברי הרמב"ם, **אבל** הרשב"א והטור פירשו דברי הרמב"ם, דבמתכוין לעבדם הוי זבחי מתים, וכ"פ מהרש"ל והב"ח, **ואפשר** לכוין גם דברי המחבר לזה, וע"ל סי' קמ"ה ס"א.

[זו דעת הרמב"ם, וס"ל במכוין לעובדו אסור ‹בהנאה - פמ"ג›, אפי' בשוחט לשם הר, **אבל** במכוין לרפואה או לשאר דברי הבאי, יש חילוק, בעושה כן לשם הר, אינו נאסר בהנאה, כיון דאפי' בשוחט לשם הר אין ההר עצמו נאסר משום עבודת כוכבים, דכתיב אלהיהם על ההרים ולא ההרים אלהיהם, ‹משו"ה כששחט לרפואה וכיוצא, לא גזרו כ"כ דלהוי אסור בהנאה מדרבנן - פמ"ג›, **אבל** בשוחט לשם רפואה לשר של הר, אסור בהנאה, כיון דבשוחט ממש לשם שר נעשה עבודת כוכבים. **ודבר** פשוט שאין איסור אלא בשוחט לשם הר, אבל בשוחט בהר מותר]. ‹**ולא** דמי לשוחט תוך ימים כו', **כתב** התבואות שור, דהתם משום ביעתותא דמיא לא ניחא תשמישיה, הלכך איכא חשש רואים, ועוד דאי לעובדה, סגי ליה דליקום בדוכתיה ולשחט, יע"ש – פמ"ג›.

סעיף ו - שחט לשם שר של הר, או לשם שר אחד משאר הדברים - וחמה ולבנה יש להן ג"כ שרים, כדאמרינן במדרש, י"ב מלאכים מנהיגים את החמה, תוספות, **בין ששחט לשם מיכאל השר הגדול, בין ששחט לשם שר של שלשול קטן שבים (פי' מין תולעת), הרי זה זבחי מתים, ואסור בהנאה** - משמע דקאי אאפי' לא נתכוין לעבדם דסליק מיניה, דאפ"ה הוי זבחי מתים, כהרמב"ם ולא כר"י, וכ"פ מהרש"ל.

סעיף ז - ישמעאלים שאינם מניחים ישראל לשחוט, אלא אם כן יהפוך פניו לא"ל קיבל"א, (דהיינו שיהפוך פניו נגד מזרח), כמנהג חקותיהם, אינו דומה לשוחט לשם הרים - דהתם השוחט עצמו מתכוין לכך, אבל הכא זה מחשב וזה עובד לא אמרינן, רשב"א.

[וג"כ אין כאן איסור מצד הרואה, דהרואה סבור דאתרמי ליה אותו צד, ואינו עושה כן בכוונה].

כח הלכות שחיטה
סימן ד – השוחט לשם עבודת כוכבים או לשם דבר אחר מה דינו

ומכל מקום ראוי לבטל המנהג ההוא ולגעור במי שעושה כן, (הואיל ומקפידים על כך) - (עיין בתשובות רדב"ז שכתב, דבזמנינו אין לחוש כלל לזה, שאינם מקפידים בזה, ע"ש).

§ סימן ה – השוחט לשם קדשים מה דינו §

סעיף א- השוחט לשם קדשים שמתנדבים ונודרים כמותם, אפילו היא בעלת מום, שחיטתו פסולה - שפעמים שהאדם מכסה מומה ואינו ניכר, ש"ס וטור, ומשמע דלהכי אפילו אינה מכוסה אסור משום לא פלוג, **שזה כשוחט קדשים בחוץ** – [פירוש מפני מראית עין, שיסברו שזה שוחט לשם קדשים, כ"כ רשב"א ורש"י ור"ן, **והטור** כתב דאיכא למיחש שמא עתה הקדישה כו', משמע דחיישינן שמא האמת כן הוא].

שחט לשם קדשים שאינם באים בנדר ונדבה, שחיטתו כשרה.

כיצד, השוחט לשם עולה – [ואע"ג דלא אמר לעולתי, כמו דבעינן בחטאת בסוף סעיף זה, דהתם החטאת שייך דווקא לו על עבירה שעשה, משא"כ כאן בעולה שהוא דבר הנידר ונידב], **לשם תודה, לשם פסח, שחיטתו פסולה. הואיל והפסח יכול להפרישו בכל שעה שירצה, דומה לנידר ונידב** - וה"ה לקרבן נזיר, אע"פ שלא נדר להיות נזיר, איכא למיחש הרואה יאמר נדר בצינעא.

(**עיין** פמ"ג שכתב ה"ה שלמים, והמחבר השמיטו, דבכלל תודה הוי נמי שלמים, עכ"ד, **ולע"ד** נראה דכיון דכתב המחבר לשם פסח, לא הוצרך להזכיר שלמים, דהא טעמא דפסח הוא הואיל שיכול להפרישו בכל שעה, והמפריש פסח בשאר ימות השנה שלמים הוי, ממילא מוכח דשלמים הוי נידר ונידב, וק"ל, **ובקצת** ספרי השו"ע ראיתי כתוב להדיא, לשם שלמים לשם תודה).

שחט לשם חטאת, לשם אשם ודאי, לשם אשם תלוי, לשם בכור, לשם מעשר, לשם תמורה, שחיטתו כשרה - דכיון שאינו נידר ונידב מידע ידיע שדרך שחוק והיתול אומר כן. [**וא"ל** שמא יסברו שחייב חטאת הוא, דההוא קלא אית ליה, דכל העובר בשוגג בסתר, מודה ברבים כדי שיתבייש ויהיה לו כפרה, כ"פ רש"י]. ‹**ודקדק** לומר בשוגג, דלא תקשה הא חציף מאן דמפרש חטאיה, דדוקא במזיד אסור – פמ"ג›.

לשם תמורה - דוקא כשאין לו זבח בתוך ביתו, אבל יש לו זבח בתוך ביתו, ואמר לשם תמורת זבחי, אימור שהמיר ופסול, ש"ס וכ"כ הרמב"ם, **וכתבו** התוס' הא דלא חיישינן הכא שמא יש לו זבח בתוך ביתו בצנעא, משום דאית ליה קלא, שרגיל להודיע שלא יבואו לידי מעילה.

ואם נודע שעבר עבירה שחייב עליה חטאת או אשם, ואומר זו לחטאתי או לאשמי, פסולה - אבל אם אמר זו לחטאת בלא יו"ד, כשר, כמ"ש רש"י והרשב"א בת"ה, משום דמשמע שמתנדב חטאת עתה, ואין חטאת באה נדבה, אבל חטאתי משמע חטאת שאני מחויב כבר, **וכן** אם לא אמר אלא זו חטאתי בלא למ"ד, כשר, כמ"ש הב"ח ומהרש"ל, דבעינן דוקא למיתפסיה לשם חטאת, וזה נראה דעת הט"ז.

[**והתוס'** כתבו בסוף השוחט וז"ל, אם לא אמר לשם חטאתי, אפי' אמר ה"ז חטאתי, לא אמר כלום, כדאמרינן פ"ק דנדרים, עכ"ל, **ופי'** רש"ל וז"ל, שצריך שיאמר לשם חטאת, לפי שצריך שיתפוס בנדר, אבל אם לא אמר לשם חטאת, אפי' אמר ה"ז לחטאתי, לא אמר כלום, עכ"ל, **וכוונתו** נסתרה בזה במה שהקפיד תחלה שיאמר לשם חטאת, והוא לא מהני, ועכ"פ נראה דעתו דאומר ה"ז לחטאתי לא מהני, **ומו"ח** ז"ל חלק עליו, ואמר דבלמ"ד תליא מילתא, דכל שאומר לחטאתי, הוה כאומר לשם חטאתי, ולא מיעטו התוס' אלא באומר ה"ז חטאתי בלא למ"ד, דדוקא כשאומר בלמ"ד משמעותו דמתפיסו בנדר, משא"כ בלא למ"ד, **ואני** בער ולא אדע, הא איתא בפ"ק דנדרים בלשון ה"ז חטאת ה"ז אשם, אע"פ שחייב חטאת לא אמר כלום, הרי זה חטאתי ה"ז אשמי, אם היה מחויב דבריו קיימין, הרי לפניך דאמירת ה"ז חטאתי מהני שפיר, וכן העתיקו שם התוס', ולפי הדרך שנאמר בזה, דלדעת התוס' לא מהני לשון חטאתי, יהיה תלמוד

הלכות שחיטה
סימן ה – השוחט לשם קדשים מה דינו

ערוך נגדם, וע"כ צריך אתה לומר שיש טעות בגמר' ובתוס' דנדרים, וצריך להיות לשם חטאתי או לחטאתי, וזה ודאי אינו נכון לומר כן... **ע"כ** נלענ"ד פשוט דיש בדברי התוס' שזכרנו ט"ס, וכצ"ל, אם לא אמר לשם חטאתי אפי' באומר ה"ז חטאת, לא אמר כלום כו', וכוונתם, לא מיבעיא אם אמר סתם לשם חטאת, ולא רמז על בהמה זו, אלא אפי' רמז על בהמה זו, ה"ז חטאת, אפ"ה לא מהני, אלא עד שיאמר ה"ז חטאתי, דאז מהני כתלמוד ערוך שהבאתי בזה, ואין חילוק בעולם להקל בזה, אלא באומר בלא יו"ד, אבל באומר ביו"ד, ל"ש אומר לחטאתי או חטאתי, ברור כשמש שיש איסור בזה, כנ"ל ברור].

האריך להשיג על מהרש"ל והב"ח שט"ס הוא בתוס' דס"פ השוחט, וכבר נשאלה שאלה זו מלפני קרוב לח' שנים מחכם אחד שבק"ק בריסק, והשבתי לו בארוכה וכמ"ש בש"ך בקצרה, ועתה אוסיף ביאור קצת... **ואע"ג** דאיתא ה"ז חטאתי ה"ז אשמי דבריו קיימין, התם לא מיירי אלא בידים מוכיחים, ולא נחית לפלוגי בין אמר לשם או לא, וודאי דבעינן לומר לשם, ודברי מהרש"ל והב"ח כנים וברורים, וא"צ לשום הג"ה - נקה"כ.

פירש"י כשלא נודע, אפילו אמר לחטאתי כשרה, **וכ'** מהרש"ל דוקא כשאינו לפנינו בעינן נודע, [אז אמרינן אוקי גברא על חזקתו], אבל אם הוא לפנינו ואומר שמחויב חטאת, הודאת בעל דין כמאה עדים דמי ופסולה, **והב"ח** חולק עליו, [**ואמר דאם איתא שעבר עבירה היה מפורסם, אלא ודאי שקורי משקר, ע"כ, ונ"ל שיש חילוק בדבר, אם הוא אומר שכבר איזה זמן עבר עבירה, ודאי משקר, דאם הוא אמת היה כבר מוציא קול כדי שיתבייש ויתכפר, אבל אם הוא בענין שאפשר דלא נודע לו עד האידנא, או שאפשר שעשאה האידנא, ודאי אמת אמר, והשתא קא מכוין להתבייש**].

פסולה – [כתב רש"ל בהג"ה, נראה לפרש דהוה פסולה כקדשים, ואסורה בהנאה כמו שחוטי חוץ, דבשלמא גבי נדר, אין בו איסור ודאי אלא למראית עין, הלכך אינו חמור כ"כ ואינו אסור אלא באכילה, עכ"ל, ומו"ח חולק ע"ז, דכולה גזירה דרבנן היא משום מראית עין, דנראה כשוחט קדשים בחוץ, והכי דייק לישנא דפוסקים בזה, שכתבו פסולה, משמע אין איסור הנאה, כדאיתא בגמר', ע"כ, ואין ראיה מההיא, דהתם בעבודת כוכבים כיון דיכול התנא לומר ה"ז זבחי מתים, כמו שדרכו בזה בשאר מקומות, ע"כ דייק שפיר פסולה אין זבחי מתים לא, **משא"כ** בזה כיון שאומר לחטאתי ונודע שעבר עבירה שחייבין עליה חטאת, אין זה מראית עין, אלא הוה ממש שוחט חטאת בחוץ, ופסול שלו הוה ממילא אסור בהנאה].

הגה: ויש פוסלין באשם תלוי בכל ענין, משום דסבירא להו דבא בנדר ונדבה (טור) - דכיון דסתם לן תנא כרבי אלעזר, דאמר מתנדב אדם אשם תלוי בכל יום, הכי הלכתא, **אבל** הרמב"ם ס"ל, דכיון דבדוכתא אחריתא במסכת כריתות במחלוקת היא שנויה, נקטינן כחכמים דפליגי עליה התם, דהלכה כרבים, ולא חיישינן להאי סתמא, דדילמא סתם ואח"כ מחלוקת הוא - ב"י.

ויש להחמיר - באו"ח סימן א' כתב המחבר, שכשיסיים פרשת עולה יאמר יר"מ כאילו הקרבתי עולה, וכן יאמר אחר פ' המנחה והשלמים, מפני שהם נדבה, **והטור** שם כתב דאומר גם אחר אשם כן, ואזדו לטעמייהו דהכא, **והרב** שלא הגיה שם שגם אחר אשם יאמר כן, היינו משום דספוקי מספקא ליה, ואזיל הכא והכא לחומרא.

(**עיין** בס' תיבת גמא להגאון בעל פמ"ג, פ' חיי שרה, שפלפל שם אם מביא אשם תלוי מי שהוא פחות מבן עשרים, מאחר דלדידיה אינו ספק כרת, ונ"מ האידנא אי אומר יהי רצון אחר אשם תלוי, ע"ש, **ותימא** שלא הזכיר דיש נ"מ יותר גדולה למ"ש כאן, **ואף** לדעת הרמ"א דיש לפסול באשם תלוי בכל ענין, ג"כ יש נ"מ לפמ"ש הוא בעצמו בשפ"ד, דאם שחט בהמת חבירו לשם אשם תלוי אפשר להכשיר, ע"ש, **וצ"ל** משום שהוא דבר שאינו מצוי לא נקט ליה).

סעיף ב- שחט תרנגולים ואווזים וכיוצא בהם, מינים שאינם ראויים להקרבה, כשרים. וה"ה לתורים קטנים ובני יונים גדולים - אבל תורים גדולים ובני יונה קטנים פסול, ועיין פ"ק דחולין מדין תורים ובני יונה איזו כשרים להקרבה, ותלמוד ממנו לכאן שפסול.

סעיף ג- שנים ששוחטין, בין שאוחזין בסכין אחד, בין שכל אחד סכינו בידו,

ונתכוין א' מהם לשם דבר הפוסל, הרי זה פסולה – [פירוש אע"פ שכח של הכשר לבד מספיק לשחוט, ואין הפסול מסייע לו, מכל מקום כיון שגם הוא שוחט באותו פעם, אוסר, **וע"כ** יפה כתבתי בסי' ד', להר"ן דס"ל דשוחט בהמת חבירו לשם עבודת כוכבים דאינו עושה לא איסור ולא היתר, היה לנו להתיר בשנים שוחטין, כיון שאין אנו צריכים להיתר של השוחט לעבודת כוכבים].

וכן אם שחטו זה אחר זה ונתכוין אחד מהם לשם דבר הפוסל, פסול - נראה דהכא בעינן שיתחיל הפסול בדבר שעושה אותה נבלה, וכדלעיל ס"ס ב', **וכ"ש** שאם כבר שחט רובו בכשרות, דאינו פוסל כששוחט אח"כ האחר לשם קדשים, וכ"כ מהרש"ל, וכן משמע להדיא בב"י, **והב"ח** כ' אפי' אם שחט אחד כבר הכשר שחיטה, ואח"כ בא אחר ושחט לשם קדשים, אסור משום מראית עין, **ולא** ידענא מאי מראית העין יש כאן, דהרי שור שחוט לפניך.

במה דברים אמורים, כשהיה לו בה שותפות, אבל אם אין לו בה שותפות, אינה אסורה, שאין אדם מישראל אוסר דבר שאינו שלו, שאין כוונתו אלא לצערו - זהו דעת הרמב"ם שהביא המחבר לעיל סימן ד' ס"ד, **ונראה** דעת המחבר, דאפילו לדעת הרא"ש שהביא שם, דאפילו יש לו בה שותפות אינו אסור, הכא אסור כשיש לו בה שותפות, דהכא א"ל לצערו קמכוין, דאדרבא הרואה סבור שמכוין למצוה, **אבל** כשאין לו בה שותפות אינה אסורה, דכל ששוחט בהמה שאינה שלו לשם דבר פסול, קלא אית ליה, וכ"כ עט"ז ע"ש, **ומ"ש** בב"י דלדעת הרא"ש, אפי' אין לו בה שותפות אסור, כתב כן לדעת הטור שלא הזכיר כאן חילוק דשותפות, וליה לא ס"ל, **א"נ** ס"ל הכי, אלא דמסתבר ליה לפסוק הכא כהרמב"ם מטעם הנזכר, ודו"ק.

הגה: ויש אוסרים בכל ענין משום מראית העין, (ב"י בשם הרא"ש והטור), ויש להחמיר – [ותמה ב"י על הטור, מאי טעמא לא זכר האי חילוק כאן בפסול קדשים, ‹בין יש לו שותפות לאין לו›, **וניחא לו**, שסמך על מה שכתב בפסול לשם עבודת כוכבים בתחילת סימן ד', דעת הרמב"ם ושהרא"ש חולק עליו, **ואח"כ** הקשה על הרא"ש דס"ל ביש שותפות נמי מותר, אם כן מתניתין דשנים אוחזין בסכין וכו' תיובתא על הרא"ש, דאפילו יש לו בה שותפות אמאי פסולה, ומש"ה פי' ב"י, דלא אמרו אין אדם אוסר דבר שאינו שלו, אלא בדבר שאיסורו מן הדין, כמו לשם עבודת כוכבים, משום דמסתמא לצעוריה קא מכוין, אבל במוקדשין שאין איסורו מן הדין אלא מפני מראית העין, כי לא הוי דידיה מאי הוי, מאן דחזי סבר דדידיה היא ואתו למישרי קדשים בחוץ, הילכך אפילו אין לו בה שותפות אסורה להרא"ש, **אבל** הרמב"ם אף על גב דמשמע דאיהו נמי לא אסר בהני אלא מפני מראית העין, שכתב שזה כשוחט קדשים בחוץ, מכל מקום סבר דאם אין לו בה שותפות אינו אוסרה, דכל ששוחט בהמה שאינה שלו לשם דבר פסול קלא אית ליה, **וע"פ** זה פסק רמ"א דיש להחמיר במקום שאסור משום מראית עין, והנה אף שאיני כדאי לחלוק עליהם, מ"מ אמרתי שדבריהם תמוהין, חדא דלא מצינו בשום מקום שיהא איסור משום מראית עין חמיר טפי מאיסור מצד עצמו, ותו דאם נולדה פלוגתא חדשה בין הרמב"ם להרא"ש והטור לפי דברי ב"י, היה לו להטור להזכיר מחלוקת זה בינו להרמב"ם, ומה שהקשה ב"י מהרא"ש והטור נראה דלא קשה מידי, דע"כ לא פליגי הרא"ש על הרמב"ם, וס"ל אפי' בשותף אין אוסר, אלא בעבודת כוכבים, דסברא טובה היא שאין אדם מישראל עובד עבודת כוכבים, אלא ודאי לצעוריה מכוין, אבל בשוחט לשם קדשים ודאי אוסר בשותפות, דהוא סובר מצוה קא עביד, **אבל** בבהמה שאינה שלו, ודאי אין שייך לומר מצוה קעביד, דאין אדם מקדיש דבר שאינו שלו, ולכו"ע אין איסור בשל אחרים, שהאיך תעלה על הדעת שיקדיש בהמת אחרים, דאטו אם יראה אדם בהמת חבירו בשוק ויאמר הרי היא הקדש, וכי סלקא דעתך שנאסר הבהמה משום מראית עין, זה ודאי אינו, אלא דכאן משום דסבר מצוה קעביד, והיינו עכ"פ שיש לו חלק בה, **כנ"ל** ברור ופשוט להלכה אבל לא למעשה, כיון דנפיק מפומייהו דב"י ורמ"א להחמיר, מ"מ נראה באם יש צד אחר להקל, כגון בתערובות, יש לצרף גם היתר שאמרנו, כנלענ"ד].

סימן ו - במה שוחטין

§ סימן ו - במה שוחטין §

סעיף א- בכל דבר התלוש שוחטין, בין בסכין בין בצור בין בקרומית של קנה האגם הנקרא אישפדני"א, (ושן וצפורן יחידי) - אבל שינים שחיטתו פסולה כדבסעיף ג', **וכיוצא בהם מדברים החותכים. והוא שיהיה פיו חד ולא יהיה בו פגם.**

הגה: ואסור לשחוט בשאר קנים - [פי' בקרומיות שלהם], **או זכוכית, שקיסמים נבדלין מהם ויש לחוש לנקיבת הסימנים** - כתב ב"י וד"מ בשם בעל העיטור, דלפ"ז בדיעבד נמי פסול, **ור"ל** כשנאבד לאחר שחיטה ולא בדקו, אבל אם בדקו וברור לו שלא נתזו קסמין הימנו, כשר בדיעבד, וכמ"ש רבינו ירוחם ומהרש"ל, **והוא** דלא כהב"ח, שהבין שבעל העיטור חולק עם רבינו ירוחם.

או בזכוכית - צ"ע מנ"ל הא, דהא בש"ס וטור וכל הפוסקים איתא בהדיא דבזכוכית שוחטים לכתחלה, **וגם** מה קסמין נבדלין שייך בזכוכית, שהרי הוא חזק וקשה יותר מקנה הגדל באגם, [ותו דבסי' רס"ד פסק טור ושו"ע, דמלין בזכוכית, רק דבקרומית של קנה אסור מפני שקיסמין נבדלין מהן, ולא כתב רמ"א שם כלום], **ונראה** שט"ס הוא, והאי זכוכית צ"ל לעיל מיניה בדברי המחבר, אחר בין בצור, [וכצ"ל: בין בצור בין בזכוכית בין בקרומית של קנה כו', כמו שהוא בטור].

[**ויש לעיין** למה הוצרך לזה, הא כשקסמין נבדלין הוה ליה פגום, וכל סכין פגום אוסר משום עיקור, שעוקר הסימנים, ונראה דקמ"ל דאף אם ימצא הקרומית בלי פגימה אחר השחיטה, טריפה, דאפשר שנבדל קיסם ממנו באורך הקרומית בענין שעדיין נשאר חלק, ע"כ אוסר מטעם שנקב הסימן, וא"כ א"א לעמוד על הדבר אם היו נתזין ממנו קיסמין, ומזה ראיה למ"ש ב"י בשם בעל העיטור, דאפי' דיעבד אסור, ולא כדמשמע בירושלמי טעם משום רוח רעה השורה עליו, ולפ"ז דיעבד מותר, **ותמהתי** על רש"ל שכתב בזה בפשיטות מסברא דנפשיה, דאין איסורא אלא לכתחילה, ולא הביא שום חולק ע"ז, ולהלכה יש לחוש להחמיר]. **עיין** בש"ך דלק"מ - נקה"כ.

סכין שצדה אחד מגל וצדה השני יפה, לא ישחוט בצד היפה לכתחלה, גזירה שמא ישחוט בצד האחר. ואם שחט, הואיל ובצד היפה שחט, שחיטתו כשרה.

הגה: וה"ה בסכין ארוך שיש בו פגימה, ונשאר בו שיעור שחיטה בלא פגימה, דאסור לשחוט בו אפילו במקום היפה, אפילו אם כרך מטלית על הפגימה - [רש"ל הוסיף שאין לשחוט לכתחילה בסכין שיש לו עוקץ חד בראשו, שלא יעבור הסכין ויעשה חלדה, ובדיעבד כשר].

ואם שחט בו ואמר: ברי לי שלא נגעתי במקום הפגימה, שחיטתו כשרה, אפילו לא כרך מטלית על הפגימה - [פשוט דמיירי דוקא שידע שהיתה פגימה, אלא שנזהר ממנה, אבל אם לא ידע בה כלל, ודאי אינו נאמן].

וביו"ט שאי אפשר להשחיז הסכין, וכן בחול בשעת הדחק, מותר לשחוט לכתחלה אם כורך מטלית על הפגימה - וכ"ש סכין שיש לו עוקץ חד בראשו, שמותר לשחוט בו ביו"ט על ידי שיתחוב ראש העוקץ בקיסם, וכן בשעת הדחק [כגון שהוא בדרך], כמו שכתבו מהרש"ל והב"ח.

כתב הכל בו, דהיינו דוקא כשיש בסכין מלא צואר חוץ לצואר בלא הפגימה, ומביאו ב"י וד"מ ושאר אחרונים, **ולכאורה** קשה, פשיטא, ונראה דקמ"ל דאף על גב דקי"ל בסימן ח' וסימן כ"ד ס"ב, דכשמוליך ומביא סגי בסכין כל שהוא, הכא בעינן שיעור מלא צואר חוץ לצואר, כמו בהולכה או הבאה לבד, דחיישינן אם יוליך ויביא אילך ואילך, שמא על ידי כך ינתק המטלית ממקומו ושוחט בפגימה.

«**וצריכים** ליזהר שלא יהיה כרוך צד העב דסכין יותר מצד החוד, דשמא ישחוט בחוד במקום שכנגדו כרוך המטלית למעלה, והו"ל חלדה, תבואות שור - רעק"א».

(וע"ל סימן י"ח ס"י), ולכתחלה יש ליזהר אפילו אין לסכין פגימה רק בין הקתא לסכין, לא ישחוט בו.

סעיף ב - השוחט בדבר המחובר לקרקע או לגוף, כגון צפורן ושן המחוברים בבהמה, שחיטתו פסולה – [שנאמר ויקח המאכלת לשחוט, דוקא מידי דניקח מיד ליד כמו מאכלת].

‹**ותמוה** לי, למה דהעלה הש"ך לעיקר בחו"מ סי' צ"ה, דאדם אתקש לקרקע, וקרא דוהתנחלתם אף דבעבד כנעני כתיב, מ"מ ילפינן מיניה אדם דעלמא דל"ש, א"כ מאין פסיקא לן דשוחט בצפורן המחובר בבהמה דפסול, הא מתני' קתני רק והצפורן, ומפרש בגמר' משום מחובר, ודלמא מיירי בצפורן דהשוחט עצמו, או שאוחז ביד אדם אחר ושוחט בצפרנו, וזה הוי כמחובר לקרקע, כדאמרינן בכ"מ דעבד אתקש לקרקע לענין אונאה ומעילה, וה"נ האדם הוי כקרקע, והוי הצפורן מחובר לקרקע, אבל בצפורן של בהמה י"ל דכשר לשחיטה כמו בכל הני דלעיל, דבע"ח כמטלטלין, ומה"ת דשחיטה יצאה מכלל כל אלו.. עכ"פ לא ידענא ראיה ברורה לפסול צפורן בהמה לשחיטה – רעק"א›.

ובתלוש מן הקרקע ולבסוף חברו בקרקע, לא ישחוט, ואם שחט, שחיטתו כשרה, ואפילו אם בטלו – ‹וזהו דעת הרי"ף והרמב"ם ז"ל, וכן דעת בעל העיטור, והכי נקטינן דהוה ליה הרא"ש יחידאה לגבייהו – בית יוסף› **ומהרש"ל** פסק כהרא"ש, דאם בטלו אפילו בדיעבד אסור, וכ"כ ר' ירוחם שכן דעת רוב הפוסקים, גם הב"ח נוטה להחמיר וכן דעת הרא"ה, **והוא שלא יהא נשרש בארץ אחר שבטלו** – [אורחא דמילתא נקט, אבל באמת נשרש ולא בטלו גם כן אסור].

סעיף ג - חתך מבהמה לחי שיש בו שינים חדים ושחט בהם, שחיטתו פסולה, מפני שהם כמגל. אבל בשן אחד הקבוע בלחי, שוחט בו לכתחלה. (וה"ה בציפורן הקבוע ביד התלושה מן הגוף) - דהו"ל לחי כבית יד, וכן בצפורן הקבוע ביד, ב"י.

סעיף ד - נעץ סכין בכותל, (או בדבר התלוש), והעביר הצואר עד שנשחט, שחיטתו כשרה. והוא שיהיה צואר הבהמה למטה והסכין למעלה, שאם היה צואר בהמה למעלה מהסכין, שמא תרד הבהמה בכובד גופה ותחתוך בלא הולכה והבאה, ואין זה שחיטה.

או בדבר התלוש - איכא למידק הלא כ"ש הוא, ולאיזה צורך הגיהו הרב, **וי"ל** דמשום סיפא נקטיה, דצואר בהמה למעלה, אפי' נעצו בדבר התלוש שחיטתו פסולה משום דרסה, וכ"כ הרשב"א ומביאו בית יוסף וד"מ, **אי** נמי אתא לאורויי, דאפילו כשצואר בהמה למטה ששחיטתו כשרה, דוקא בדיעבד ולא לכתחלה, אפילו נעצו בדבר התלוש, **ומוכח** בש"ס ופוסקים דבסכין תלושה שלא נעצו בשום דבר, אפילו צואר בהמה למעלה מותר בדיעבד, דכל שתופס הסכין בידו מסתמא אינו דורס, **ומשמע** בש"ס דלכתחילה מיהת אסור, וגם בעוף יש לחוש לכתחילה בצואר עוף למעלה, אפילו כשהסכין תלושה בידו.

הג"ה, עיין ברש"י ותוס' דמשמע דההיא ברייתא מיירי לכתחילה ואפילו הכי שריא, וזהו שלא כדברי הגאמ"ו ז"ל ודו"ק - נקה"כ.

ואפילו אמר: ברי לי שלא דרסתי, שחיטתו פסולה - דחיישינן שמא ידרוס פעם אחרת, כ"כ הפוסקים. [**ולא** דמי למ"ש רמ"א בס"א, באומר ברי לי שלא נגעתי בפגימה, דכשירה דיעבד, דשאני הכא דקשה מאד להיות נזהר מדרסה בזה, וע"כ מצוי הוא שידרוס בפעם אחרת].

לפיכך, אם היה עוף, בין שהיה צוארו למעלה מהסכין הנעוצה או למטה ממנה, שחיטתו כשרה - משמע דבכל עוף שחיטתו כשרה ובכל בהמה שחיטתו פסולה, ולא כיש מחלקין בין קל לכבד, וכ"כ ב"י וד"מ וכ"פ הב"ח.

§ סימן ז – הקובע סכין בגלגל אם מותר לשחוט בו §

סעיף א- יכול אדם לקבוע סכין בגלגל של אבן או של עץ - [צ"ל דהוא בתלוש מן הקרקע, דאל"כ הו"ל תלוש ולבסוף חברו דאסור לכתחילה בסי' ו'], **ומסבב הגלגל בידו או ברגלו, ומשים שם צואר הבהמה או העוף עד שישחוט בסביבות הגלגל** - דעת המחבר כדעת הטור והרשב"א, דבגלגל שהוא מסובב בידו או ברגלו מותר לשחוט לכתחילה כשהוא תלוש, **אבל** מהרש"ל פ"ק והב"ח פסקו דאסור לכתחילה, וכן משמע דעת הרמב"ם והכל בו והרא"ש ורבינו ירוחם.

ואם המים הם המסבבים את הגלגל, ושם הצואר כנגדו בשעה שסבב ונשחט, הרי זו פסולה - דבעינן כח גברא, כדלעיל סימן ג', **ואם פטר אדם את המים עד שבאו וסבבו את הגלגל, ושחט בסביבתו, הרי זה כשרה בדיעבד, שהרי מכח אדם בא; במה דברים אמורים, בסביבה ראשונה שהיא מכח האדם, אבל מסביבה שנייה ולאחריה** - כלו' ושניה בכלל, **פסולה, שהרי אינה מכח האדם, אלא מכח המים בהילוכן.**

§ סימן ח – שעור סכין של שחיטה §

סעיף א- כמה הוא אורך הסכין ששוחט בו, כל שהוא - ובלבד שיוליך ויביא, כדלקמן סי' כ"ד ס"ב, **(רק) שלא יהא דבר דק שנוקב ואינו שוחט, כמו ראש האזמל הקטן וכיוצא בו** – [בטור כתוב, ובלבד שלא יהא לו עוקץ בראשו, והטעם מתוך שהאזמל קטן, נשמט ונוקב בראש הסכין, משמע דבסכין גדול לא אכפת לן ביש עוקץ בראשו, **אלא** דמ"מ נוהגין שלא יהיה עוקץ אפי' בראש סכין גדול, וכמ"ש רש"ל].

ובמחט, אפי' הוא רחב קצת כאותן של רצענים שחותכין בו החוט, אין שוחטין בו.

וכיון דלא ידעינן שיעורא, השוחט בסכין קטנה צריך ליזהר ולשער לפי אומד דעתו שכשיוליך ויביא בה שלא ידרוס; אבל בקטנה יותר מדאי לא ישחוט.

הגה: ומי שלא יוכל לשער, יקח סכין כמלא אורך ב' צוארין של אותו דבר ששוחטין; וי"א לשער בי"ד אצבעות, ורמז לזה, שנאמר: ושחטתם בזה, מנין י"ד - ומהרש"ל והב"ח האריכו בזה, ומסקי דלכתחלה בין בבהמה בין בעוף, אין לשחוט אלא בסכין שהוא כשיעור שני צוארים של אותו דבר ששוחט, ועיין שם, וע"ל סימן כ"ד ס"ב.

‹**שאלה** ראובן קנה סייף מתליון שדן בו דיני נפשות, ונתן לאומן לתקנו לסכין של שחיטה, אם מותר לשחוט בו, דקימ"ל חרב הרי הוא כחלל, ומטמא לבשר ששוחט בו, **י"ל** דסכין נטהר ע"י טבילה, ע"כ הגהת לחם הפנים, **ואני** תמה מה טומאה שייך בזמן הזה, ואם שייך טומאה מאי מהני טבילה, הלא צריך הזאת ג' וז' - בה"ט›, (**ועיין** בשאילת יעב"ץ שהשיג ג"כ על לחה"פ, אלא שכתב דמ"מ חושש אני בבשר שנשחט בסכין זו משום איסור הנאה, שכן בהרוגי ב"ד שנו חכמים, סייף שנהרג בו נקבר עמו, וביחוד אם דן בו ישראל פשיטא דיש לחוש, **ונראה** שדינו כדין סכין של משמשי עבודת כוכבים דלקמן סי' יו"ד, דאסור לשחוט בה מסוכנת, ה"ה בזה, ע"כ, **באמת** ברמב"ם איתא הטעם הנקבר עמו, שלא יהא לו זכרון רע, שיאמרו כו', **אולם** במס' ע"ז ד' ס"ב ע"ב ברש"י, מבואר דאסור בהנאה, וכן משמע בגמ' שם, ע"ש, וכעת אין הס' שי"ע לפני).

§ סימן ט – השוחט בסכין מלובנת §

סעיף א- ‹גמר' חולין, א"ר זירא ליבן סכין באור ושחט בה, שחיטתו כשרה, מפני שחידודה קודם לליבונה, והא איכא צדדין, כלומר שנכוית מחום הסכין, בית השחיטה מירווח רווח, ע"כ, **והרי"ף** השמיט הא דרבי זירא, וכתב הר"ן דהטעם משום דאמרינן בההוא פירקא דסכין צריכה בדיקה אבישרא ואטופרא ואתלת רוחתא, רב יימר

הלכות שחיטה
סימן ט – השוחט בסכין מלובנת

אמר אתלת רוחתא לא צריכה, מדרבי זירא דבית השחיטה מירווח רווח, ומדלא קיימא לן כרב יימר כדאסיקנא התם, שמע מינה דליתא לדרבי זירא, **והראב"ד** תירץ דע"כ לא קאמר רבי זירא אלא בדיעבד, אבל לכתחילה לא, ומש"ה אסיקנא דלכתחילה צריכה בדיקה אתלת רוחתא, ורב יימר הוא שהיה לומד לכתחילה מבדיעבד דרבי זירא, ואנן לא ס"ל כוותיה, עכ"ל, **ולפי"ז** אפי' לא בדק השתי רוחות ונמצאת פגימה בהן, כשר בדיעבד, **והרא"ש** כתב שדעת רבינו יונה לפסוק כרבי זירא, דמירווח רווח לינצל מכויית הליבון שאין מתפשט לצדדין, אבל מורשא של סכין יוצאת ומתפשטת בצידי בית השחיטה וקורעתן, **ועוד** יש לחלק, דשאני התם שיודע שהסכין מלובן, ומכוין שלא יטנו לצדדין, אבל פגימה שבצדדין, אם לא יבדוק תחלה פעמים שיש שם פגימה ואין יודע ולא יזהר מלהטות, עכ"ל, **ולפי** תירוץ האחרון, הא דרבי זירא דוקא בדידע שהיא מלובנת, אבל אם לא ידע, שחיטתו פסולה, וכן הדין לענין פגימה שבצדדין, אם היה יודע שאחת מהצדדין פגום, וכיון שלא להטות לאותו צד, שחיטתו כשרה, **מיהו** לענין מעשה אין להקל, וכן נראה מדברי הפוסקים – ב"י.

אם שחט בסכין מלובנת, שחיטתו פסולה - דסכין כשנכנס לתוך החתך, קודם שתשחט רוב הסימנים היא שורפת הסימנים, ונמצא שהיא נשרפה קודם שחיטה, שהרי ושט נקובתו במשהו ליטרף, ושריפה כנקב היא, רש"י, וע"ל סימן כ"ו ס"ק א'. [**אע"ג דחידודו של סכין הוא קודם לליבונו, ונמצא שנשחט בהיתר, מ"מ יש לחוש לצדדי הסכין ששורפים בוושט במקום שנשחט, וזה ודאי אסור כל זמן שלא נשחט הרוב של הסימן תחילה**]. ‹כדעת הרי"ף – באר הגולה›.

ויש מכשירין - ‹כדעת הראב"ד - גר"א›. **(אם ידע שהיא מלובנת ונזהר שלא נגע בצדדים)** - ואז חדודה קודם ללבונה, **ול"ד** לפגימה שהיא מן הצד, שאם שחט בה טרפה, כדלקמן ריש סימן י"ח, ולא מפלגינן בין ידע תחלה או לא, **דהתם** מורשא של סכין יוצא ומתפשט בצדי בית השחיטה וקורעתן, ואפילו ידע א"א שלא יגע בצדדין, הרא"ש ומהרש"ל, ‹**לכאורה** הש"ך הולך כשני התירוצים דרבינו יונה לחומרא, דאינו מותר בסכין מלובן אלא א"כ ידע, ואסור בסכין פגום אפי' ידע, **ודלמא** הבין זה בב"י, במה דאמר "מיהו לענין מעשה אין להקל", וכ"כ הפמ"ג וז"ל, דפשט דברי הבית יוסף, דלתירוץ האחרון דאם ידע שרי אף בפגימה, ולזה אומר דאין להקל אף בהפסד מרובה, דעיקר כתירוץ התם מורשא קורע›.

[**ויש מכשירין ס"ל בית השחיטה מרווח רווח, ולא נגע בהו בצדדי הסכין, וא"ל א"כ למה הצריכו לבדוק הסכין בצדדיו קודם שישחוט, כמ"ש סי' י"ח, לזה תירץ כאן דידע שהיא מלובנת, ויודע להזהר שלא יגע בצדדיו, משא"כ לקמן אינו יודע מפגימה שבצדדין, וא"כ א"א להזהר**]. ‹כתירוץ שני של רבינו יונה, **וכתב** הפמ"ג וז"ל, ואיני יודע, דאם כן אמאי לא הביא ב' דעות, בידע קודם השחיטה דכשר, ולמה לא החילוק דמורשא בזע, כמ"ש הש"ך›.

והב"ח והעט"ז פסקו כסברא הראשונה, דאפי' ידע שחיטתו פסולה.

[**ומ"מ נ"ל, שאותן הרישומין שעושין האומנים בסכין, שהם רחוקים הרבה מן החוד, אין בהם חשש שיעשו טריפות בחלק הנשחט, וכן מצאתי לרש"ל**]. ‹**וכתב** התבואות שור, דווקא שוקע, הא בולט אף רחוק מאד אסור, **וכתב** דראוי לחוש לכבודו של זקן הבית הלל, ואף רושמי אומנין אין לשחוט, וכן ראוי לעשות – פמ"ג›.

§ סימן י – יתר דיני סכין §

סעיף א - סכין של משמשי עבודת כוכבים חדש - אלא שחתך בה בקעת לעבודת כוכבים, ש"ס, משום דמשמשי עבודת כוכבים אינם אסורים עד שישתמשו בהם, [**פי' שלא נשתמש בחמין, אבל מ"מ כבר נשתמש בו בשום דבר עבודת כוכבים, ואין כאן איסור מה שבלע, אלא מצד משמשי עבודת כוכבים**], **או ישן שאין בו משום גיעולי עובדי כוכבים** - כלומר שהכשירו בענין שאין בו משום גיעולי עבודת כוכבים, כדלקמן סי' קכ"א, **מותר לשחוט בו בהמה בריאה, מפני שהוא מקלקל** - ואין זו הנאה, שבחייה היו דמיה מרובים מלאחר שחיטה, שהיתה עומדת לג' דברים, לגדל ולדות, ולחרישה, ולאכילה.

משמע אפי' לכתחלה, **ולקמן** סי' קמ"ב ס"ב שכתב, סכין של עכו"ם ששחט בה ה"ז מותר כו', דמשמע לכתחלה אסור, מיירי שלא הוכשר מגיעולי עבודת כוכבים, וכן מבואר מהגהת הר"ב שם. **ואם** סכין של עובד כוכבים צריך טבילה קודם שחיטה, ע"ל סימן ק"ד ס"ה.

[ט"ז] ‹רעק"א או ש"א או הוספת הסבר› (פת"ש)

הלכות שחיטה
סימן י – יתר דיני סכין

ואסור לשחוט בו מסוכנת, מפני שהוא מתקן - ז"ל הטור, ואם שחט בה, כתב הרשב"א יוליך הנאה לים המלח, והיא מותרת, וכמה היא, כדי שכר סכין לשחוט בה, **וא"א** הרא"ש ז"ל כתב, דאין צריך, דבהנאה מועטת כזו שרי בדיעבד, עכ"ל, [**כיון דכבר גדלה הבהמה, ואינה חסירה רק להכשירה לאכילה ע"י השחיטה, אע"פ שנהנה הרבה בשחיטה ע"י איסורי הנאה, לא אסרו חכמים הנאתה בדיעבד**], **והמחבר** לא איירי כאן אלא לענין אזהרת איסור לשחוט בה לכתחלה, אבל לענין איסור הבהמה, נסמך אמ"ש בסי' קמ"ב, ששם עיקרי דינים אלו, וז"ל, סכין של עבודת כוכבים ששחט בה כו', בהמה מסוכנת ה"ז אסורה, ע"כ, והוא לשון הרמב"ם, ור"ל שכל הבהמה אסורה, **ותימה** על הב"ח שכ', משמע ממ"ש בש"ע בסתם ולא כתב שיוליך הנאה לים המלח, דפסק כהרא"ש כו', **וגם** על העט"ז קשה, שכאן כתב והיינו דוקא לכתחלה, אבל אם שחט בה אין לאוסרה בשביל הנאה מועטת כזו, ע"כ, **ובסימן** קמ"ב כתב, ואם שחט בה יוליך הנאה לים המלח, **ואפשר** דהכא ר"ל שלא לאסור כל הבהמה, ודוחק, **אכן** נלפע"ד דכל פלפולו של הרא"ש וראיותיו אינו אלא לאסור כל הבהמה, דומיא דאפה את הפת בתנור, דכל הפת אסורה לדעתו, היכא שלא נתערב, ולא מהני הולכת הנאה לים המלח, וכדלקמן סימן קמ"ב, **אבל** מודה הרא"ש להרשב"א דהכא יוליך הנאת שכר סכין לשחוט בה לים המלח, וכן מוכח ברבינו ירוחם להדיא ע"ש, **אבל** הטור וב"י ומהרש"ל ושאר אחרונים הבינו, דהרא"ש לא מצריך אפילו הולכת הנאה לים המלח, וצ"ע, **ומ"מ** הר"ן ומהרש"ל והב"ח פסקו כהרשב"א, והיינו דלא כהמחבר לקמן סימן קמ"ב, ע"ש.

(**וקשה** לי, נימא כיון דאסור להנות, הוי בכלל לא תעבד ואי עביד לא מהני, והוי כלא נשחטה, דהעבירה הוא מה שנהנה מעבודת כוכבים שלא תמות הבהמה, ואם נדון דהשחיטה לא מהני, והוי כמתה מאליה וכנחירה בעלמא, לא נהנה כלום מסכין, וצ"ע – רעק"א).

(**עיין** בתשובת פני אריה שכתב, דלאו דוקא לשחוט, אלא אף לנחור הבהמה מסוכנת בסכין כזה, כדי למכור הבשר לעובד כוכבים, נמי אסור, **וע"ש** שכתב, דמותר לנקר בשר מחוטי חלב ודם בסכין של עובד כוכבים).

סכין של עובדי כוכבים - מדסתם המחבר, משמע דאיירי בסתם סכין, וס"ל כהרשב"א, דאע"ג דקי"ל לקמן סימן קכ"ב, סתם כלים של עובד כוכבים אינן ב"י, שאני סכין דמתוך שתשמישו תדיר, מסתמא שמנוניתו טוח על פניו, ואוסר אפי' אינו בן יומו, [**דכל מה שהוא בעין אינו נפגם אפי' בכמה ימים**], וכ"כ בסימן צ"ד שזהו דעת המחבר והר"ב שם, וכן הוא הסכמת הפוסקים, וכן נראה להדיא מדברי רש"י ומדברי הכל בו והפוסקים, גבי צנון שחתכו בסכין של בשר.

(**ועי'** בתשובת פרח מטה אהרן שכתב, דזה אינו אלא במקום שאין דרכם לנקות הסכינים היטב, אבל אנו שדרכנו לנקות היטב, ודאי דשרי, ע"ש).

ומהרש"ל נוטה לדעת הרא"ש ודעמיה, (דמיירי בידוע שהוא בן יומו, אבל אם אינו ידוע, לא בעינן לא קליפה ולא הדחה, דסתם כלים של גוים אינם בני יומן – ב"י).

[**וצריך** לבאר בטור שהביא מחלוקת הרא"ש ורשב"א, במאי פליגי, ולמה לא חש הרא"ש ג"כ לאיסור בעין של הסכין, ולמה נתלי לקולא בספק איסור דאורייתא, **ומצאתי** בספר משמרת הבית שכתב וז"ל, והתירוץ הזה שהטעם משום שמנונית בעין על הסכין, אני מגמגם בו קצת, דדבר הניכר לעין דטיחת שמנונית מועטת שעל דופני הסכין אפי' לשעתה נפגמת קצת, וכ"ש כשאינו בן יומו, ואין מביאין ראיה מחתיכה של בשר ושל שומן המרובה ועומדת בפני עצמה, לטיחה בלבד, ועוד שע"י הברזל מקבלת טעם ונפגמה, והנסיון מעיד על זה, עכ"ל, **ונראה** שכן ס"ל גם לתוס' והרא"ש בזה, ע"כ הצריכו תירוץ אחר].

מיהו אם הסכין ב"י, אפילו נראה לעין שהוא נקי מכל שומן, ושחט בה, צריך קליפה, וכדמשמע דעת התוספות והרא"ש והסמ"ג וסמ"ק והגהת מיימוני, **ואפשר** שגם הרשב"א מודה לזה, וטעמא דכיון שהוא ב"י בולע ביה"ש מה שבקליפת הסכין, **ואע"ג** דאין כח בחום ביה"ש להפליט בלעו של סכין, כמ"ש הרשב"א וסייעתו, דלהכי מהני נעיצה י"פ בקרקע קשה אפילו הוא ב"י, **מ"מ** אם לא נעצה יש כח בחום ביה"ש להפליט מה שבקליפת הסכין, **אלא** שאם נעצה והלכה לה אותה הקליפה הדקה, אין כח בחום ביה"ש להפליט הבלוע לפנים מאותה קליפה, וכן הוכיח בפרישה, **והב"ח** בקונטרס

אחרון השיג עליו, ופסק דלהרשב"א אם הוא נקי, אפילו הוא ב"י מותר, ולא עמדתי על סוף דעתו, ודו"ק, **מיהו** במרדכי משמע, דאפילו נעיצה לא מהני בסכין ב"י, ובעי קליפה, **ומדברי** הרמב"ם נראה, דלא מהני נעיצה כלל בסכין של עובד כוכבים לשחיטה, עיין שם.

[**וצריך** להבין דעת הרשב"א והרא"ש בזה, דהרשב"א ס"ל דבית השחיטה מקרי רותח לחד צד, דהיינו שיכול לקבל הסכין מבית השחיטה שמנונית ודם וכל דבר, אלא שאינו רותח גמור לענין שיפליט הבלוע בסכין לבית השחיטה, דקבלה לסכין הוא דבר קל יותר מהפליטה ממנו, **מש"ה** אם שחט בסכין של כותים, אין חשש שיפליט לתוך הסימנים הבלוע בסכין, שאין כח לבית השחיטה להרתיח כ"כ, אלא שיש חשש ממה שיש בעין על הסכין מן האיסור שחתך כבר, בזה מהני נעיצה בקרקע, וע"כ קראו רשב"א רותח קצת, **ובדרישה ופרישה** הבין מלשון רותח קצת, שע"כ מבליע הסכין בבית השחיטה קצת, ומתוך כך נכנס לפלפולים, ולא היה לפניו ספר תהה"א שכתב בהדיא כמו שזכרתי, שאינו מבליע כלל מסכין לסימנים, **ונראה** ברור דגם הרא"ש שחולק על רשב"א, ומוקי לה בבן יומו, גם הוא ס"ל דאין בית השחיטה בולע מבלוע בסכין, **אלא** דבולע ממה שהוא בעין על הסכין, כל שהוא בן יומו כמ"ש, **ומש"ה** מועיל שיפה ונעיצה לסכין, דא"ת שמבליע הבלוע, מה מועיל נעיצה למה שבלוע, אלא ע"כ כדפרישית, דתרווייהו ס"ל דעיקר החשש משום מה שהוא בעין על הסכין, **אלא** דלהרא"ש גם בזה צריך שיהיה בן יומו, ולרשב"א א"צ בזה בן יומו, כנ"ל **ברור אחר העיון**].

ולפענ"ד יפה כוון הדרישה ופרישה בזה, גם לסברתו דוחק לומר דהרא"ש מיירי בסכין שאינו נקי, דהא אינו מחלק אלא בין אם הוא בן יומו או לא, משמע אם הוא בן יומו אפי' ידוע שהוא נקי אסור, אלא ה"ט דשיפה ונעיצה, דעי"כ הולכה לה אותה הקליפה הדקה שבסכין, דנעיצה הוא בכל מקום במקום קליפה - נקה"כ.

(**ועי'** בשו"ת חוט השני שכתב, לענין אם חתך בפסח בסכין של חמץ, אף שאומר שהיה מקונח, אינו נאמן, דאמרינן מלתא דלא רמיא כו', **ועיין** מ"ש לקמן סי' צ"ד ס"ק א' בשם נו"ב).

שהשחיזו בריחים שלו, (ע"ל ס"ס קכ"א), או אם היה יפה שאין בו פגימות - כלומר גומות, דאם יש בו גומות לא מהני נעיצה, כדלקמן ס"ס קכ"א, **ונעצו בקרקע קשה עשר פעמים, ואח"כ שחט בו, מותר** – [ז"ל ת"ה, אפי' היא בת יומא די לה בכך, לפי שאין חום בית השחיטה המועט מפליט בלעו של סכין, עכ"ל, עי' מה שכתבתי בסמוך בזה, **אבל** במרדכי מבואר, דלא מהני נעיצה בקרקע אלא באינה בת יומא, **ויש** להחמיר כדבריו אם ידוע שהוא בן יומו, דצריך הגעלה].

משמע דוקא דיעבד, אבל לכתחלה לא ישחוט, והיינו דוקא בנעיצה, וכדמשמע להדיא מדברי הרמב"ם שם, **אבל** השחזה משמע מדבריו שם דמהני אפילו לכתחלה, וכ"פ המחבר בס"ס קכ"א, **ואפשר** דאפילו לדעת הרב שם דהשחזה אינו מועיל לחמין לכתחלה, מ"מ כאן בשחיטה יש להקל, כיון דבלאו הכי יש פוסקים דאפילו בנעיצה שרי לכתחלה, וכן יש פוסקים דביה"ש צונן.

ואם שחט בו בלא שום הכשר, מדיח בית השחיטה, ואם קלף הרי זה משובח – ‹בפ"ק דחולין איתמר, השוחט בסכין של גוי, רב אמר קולף, ורבה בר בר חנא אמר מדיח, לימא בהא קמיפלגי, דמר סבר: בית השחיטה צונן, ומר סבר: בית השחיטה רותח, לא, דכ"ע בית השחיטה רותח הוא, מאן דאמר קולף, שפיר, ומאן דאמר מדיח, איידי דטרידי סימנין לאפוקי דם לא בלעי. איכא דאמרי: דכ"ע בית השחיטה צונן, מאן דאמר מדיח, שפיר, מאן דאמר קולף, אגב דוחקא דסכינא בלע. **ופסק** רש"י כרב, וכתב הרא"ש דהכי מסתברא, וכן פסק ר"ה, ולזה הסכים הרשב"א בתורת הבית, **אבל** הרי"ף פסק כרבה בר בר חנא, וכן פסק הרמב"ם, **וכיון** ששניהם מסכימים לדעת אחת, הכי נקטינן, **וכתב** עוד הרמב"ם, ואם קלף הרי זה משובח, וכתב הר"ן ע"ז, לא ידעתי למה, ואיפשר דרפויי מרפיא בידיה, עכ"ל – ב"י›.

[**קשה** הא בלא"ה כל בשר צריך הדחה קודם מליחה, **תירץ** הר"ן דכאן מיירי אפילו לצלי, **עוד תירץ** בשם רבינו יונה, דמשום דם סגי בשפשוף במים, וכאן משום שמנונית איסור צריך שפשוף גדול בידים היטב].

ועל כן יש לקלפו (רוב הפוסקים) - כלומר מדינא, וכן כתב בד"מ, וכ"פ מהרש"ל והב"ח, [**דלא כמשמעות השו"ע דאינו אלא הידור מצוה**], ותפסו על

המחבר שפסק כהרמב"ם במקום שהפוסקים רובם וכמעט כולם הסכימו דבעי קליפה בטעמים נכונים, **מיהו** מ"ש הב"ח דאפי' בדיעבד התבשיל אסור, כדין כל דבר שנתבשל בלא קליפה, ע"ל סי' ס"ט ס"ק ס"ד, וסי' צ"א ס"ק ח'. ‹מיהו שם לא כתב להיפך ממ"ש הב"ח, אלא דכ' כשאין הקליפה ניכרת, א"צ ס' נגד הקליפה, יע"ש – פמ"ג›.

הגה: ובמקום הדחק שאין לו סכין אחרת, מותר לשחוט בו כה"ג לכתחלה - כלומר ע"י נעיצה, וכן מבואר בד"מ ובב"ח ועט"ז, ‹ולענין השחזה, עיין לעיל בש"ך שכתב, דיודה הרמ"א דשרי לכתחלה אף דאין שעת הדחק, וחולק על הט"ז – פמ"ג›.

[**כה"ג** – פי' אם שיפה במשחזת או נעצה בקרקע קשה, ונראה דרמ"א לא איירי כאן אלא בסתם סכין, אבל בידוע שהוא בן יומו לא יעשה כן לכתחילה, אלא כמ"ש בסמוך בשם המרדכי, וכן מסיק מו"ח ז"ל].

ובס' ל"ח כתב, שצריך לסרס הג"ה זו, ולא ירדתי לסוף דעתו, **והשיב** ‹הלחם חמודות›, דר"ל שתהא מהופכת, דסיפא אבל לא ישחוט כו', צ"ל קודם הרישא דובמקום כו', עכ"ד, ‹והיינו דמה דמותר במקום הדחק, היינו לשחוט ע"מ לקלוף›.

אבל לא ישחוט על מנת לקלוף אח"כ - פסק הב"ח ממשמעות הפוסקים, דאפילו בסכין שאינו ב"י והוא נקי בודאי, אסור לכתחלה, **ומהרש"ל** התיר בסתם סכין לשחוט לכתחלה ע"מ לקלוף, שאפילו אם לא יקלוף אח"כ ליכא איסורא, **ודמי** למאי דקי"ל בסימן א', דמותר ליתן לו לכתחלה לשחוט ע"מ שיבדקנו אחר השחיטה אם הוא מומחה, משום דאפילו לא יבדוק שרי בדיעבד, ע"כ, **והיינו** לפי שטתו, דס"ל סתם סכין נקי, **ואף** לשטתו י"ל דלא דמי לסימן א', דהכא כיון דאינו ב"י אסור מדרבנן משום גזירה אטו ב"י, כדלקמן סימן קכ"ב, א"כ בכל גווני אסור לכתחלה, כי היכי דלא אתי למישרי ב"י.

סעיף ב- סכין ששחט בו כשרה, אע"פ שהוא מלוכלך בדם, מותר לשחוט בו פעם אחרת - משמע להדיא דמותר לשחוט בו כשהוא מלוכלך אפילו בלא הדחה כלל, ועוד דהא בסכין ששחט בו טריפה הוא דכתבו הט"ו בס"ג דוקא דבעי הדחה, **והטעם** כתבו הפוסקים, משום דבלאו הכי יש דם הרבה בביה"ש, ולא בלע משום דטרידי סימנים לאפוקי דם.

[**ביאר בתה"א**, דבית השחיטה כרותח לענין זה, דבולע ‹הסכין› אגב דוחקא דסכינא, אפי' אין מלוכלך בדם, ודלא כרש"י, ‹וז"ל רש"י, אף על גב דפסקינן הלכתא דבית השחיטה צונן, גבי סכין של היתר הוא דפסקינן הלכה להתירא, דלא מיתסר בבליעה זו, דקשה הוא לבלוע אלא על ידי רתיחה, אבל גבי סכין דאיסורא של גוים דלעיל, לא פסקינן הכי, מפני שהסכין אסורה והבשר רך לבלוע – ב"י›, **וראיתו** מהא דסכין ששחט בה אסור לחתוך בו רותח, והטעם שמ"מ בית השחיטה רותח קצת ומבליע דם בסכין, **אלא** דאפ"ה מותר לשחוט בו, משום דאיידי דטרידי סימנים לפלוט דם, לא בלעי, כדאיתא בגמר'].

[וק"ל ממה דאיתא בחולין, דאיכא מ"ד בסכין של טריפה דצריך הגעלה בחמין, ופריך עליה מאי שנא טריפה דבלע איסורא, כי שחט היתירה נמי בלע איסור אבר מן החי, וליבעי הגעלה לסכין אפי' בשחט כשרה, ומשני אימת קא בלע סכין, לכי חיימא, ואימת חיימא בגמר שחיטה, ההיא שעתא אין שם אבר מן החי, ש"מ שאין ההיתר אלא משום שאין הבלוע אלא לבסוף, אבל אם אין איסור משום בלוע, אלא ממה דהוא בעין על הסכין, ודאי אוסר אף קודם גמר שחיטה, דהא א"צ חימום לזה, דהא אף למ"ד בית השחיטה צונן יש איסור ממה שהוא בעין על הסכין, **וא"כ** בשוחט בהמה כשירה יהיה אסור לשחוט אחריו, כיון שיש בעין על הסכין מאיסור אבר מן החי, **ונראה** דדוקא אם החשש משום טעם הבלוע בסכין שיחזור בסימנים, פרכינן דיש ג"כ בכשירה טעם איסור בלוע מן אבר מן החי, **משא"כ** אם אין חשש אלא שנשאר בעין עליו, זה לא שייך באבר מן החי, שהרי אין שם ממשות מן אבר מן החי, ואפי' לחלוחית, אלא נבלל בדם, וכיון שהדם אינו מבליע שהסימנים טרודים לפלוט דם שלהם, ע"כ אין איסור משום אבר מן החי, **אלא** דבשמנונית של בהמה טריפה חששו שהוא נדבק בסכין, שהוא דבר הנדבק ונסרך אפי' בגמר שחיטה, ‹ודווקא שמנונית, דבגמר דחיים מדביק בסכין – פמ"ג›, בזה ודאי חששו והצריכו הכשר לסכין, כנ"ל].

אבל אסור לחתוך בו רותח - משמע אפילו שחט רק פעם אחת אסור לחתוך אח"כ רותח ע"י הדחה, וכן דעת הפוסקים וכן פסק בד"מ ומהרש"ל.

ובדיעבד אם חתך בו רותח בלא הגעלה, לא פירש הט"ו מה דינו, ונראה דאע"ג דס"ל דצריך הגעלה, היינו לכתחלה, אבל אם חתך בו רותח בדיעבד אחר ההדחה היטב, מותר, דהא הביאו לשון רש"י בסתם דביה"ש צונן ואין הסכין בולע שהוא קשה לבלוע. {**ואף** על גב דבשחט את הטריפה סגי בהדחה ‹לשחוט – פמ"ג, זה הוי כדיעבד להגעיל את הסכין בין כל בהמה טרפה›}.

ואף להרשב"א דכתב, דאסור לחתוך בו רותח משום שבלע וחוזר ופולט, מ"מ נראה דסגי בקליפה, דנהי דבלע, מ"מ לא בלע יותר מכדי קליפה, **דהא** אפילו בסכין של עובד כוכבים ששמנוניתו טוח על פניו, ושחט בה, סגי בקליפה אף להרשב"א, אלמא דחום ביה"ש אינו בולע יותר מכ"ק, א"כ גם הסכין בלע דבר מועט מביה"ש, ואינו אוסר יותר מכדי קליפה.

ומותר לחתוך בו צונן על ידי הדחה שידיחנו תחלה

- משמע אפילו שחט בו הרבה פעמים מותר לחתוך צונן ע"י הדחה, **ולא** דמי לרגיל לשחוט בו טרפות דבסעיף ג', דהכא שאני דאיסורו משום דם ומישרק שריק ואינו נבלע כ"כ בסכין.

נראה מדלא כתבו הט"ו נמי הכא או יקנחנו בדבר קשה כדבסמוך סעיף ג', אלמא ס"ל דדוקא התם הוא דמהני קנות, כיון דאיכא נמי טעמא דטרידי סימנים לפלוט דם, משא"כ הכא, ודלא כמהרש"ל.

[**לא** היה צריך לכתוב דין זה, שהרי אפי' שחט טריפה מהני הדחה אפי' לשחוט בו, כמ"ש ס"ג, **אלא** דנקט כאן דין צונן איידי דנקט דין רותח, **ופשוט** הוא דאם חתך צונן בלא הדחת סכין, שמדיח אחר כך אותו הצונן].

ול"נ דצריך לכתבו, דהו"א דוקא בס"ג שרי לשחוט בה, דאיידי דטרידי סימנים לאפוקי דם לא בלעי, אבל הכא הו"א דבולע, קמ"ל - נקה"כ.

הגה: ואם רוצה להגעילו לאכול בו רותח, סגי ליה בהגעלה על ידי עירוי, אע"פ שאינו ככלי ראשון

- אע"ג דקי"ל לקמן סימן ס"ח וק"ה, דעירוי אינו מפליט אלא כ"ק, אלא כדפי', דהסכין לא בלע רק דבר מועט. [לפי שאין בית השחיטה כרותח גמור].

סעיף ג - סכין ששחט בה טריפה, אסור לשחוט בה עד שידיחנה בצונן

- הטעם, דשמנונית הטרפה נדבק בדופני הסכין ונבלע בביה"ש, דאע"ג דטרידי סימנים לפלוט דם, מ"מ בולע שמנונית, כ"כ הפוסקים, **ודוקא** הכא סגי בהדחה, ולא לעיל בסכין של כנעני, משום דהתם הסכין כבר אסור, והבשר רך לבלוע, אבל הכא קשה הוא הסכין לבלוע אלא על ידי רתיחה, ולא על ידי חום ביה"ש, ואין כאן אלא שמנונית שעל הסכין, ולכך סגי בהדחה, רש"י ופוסקים, **ולהרשב"א** דס"ל דהסכין בולע קצת על ידי חום ביה"ש ואגב דוחקא דסכינא, סובר דמ"מ אינו נפלט בחום ביה"ש ודוחקא דסכינא, אלא ברותח ממש.

[**ל"ד** לסכין של כותים דס"א, דלא סגי בהדחת צונן דסכין, דשאני סכין של כותים שנשתמש בו תדיר, ונדבק בו הרבה מאד, ע"כ לא תסור ממנו בהדחה בעלמא].

לחנם דחק, דשאני התם דאפשר שנשתמשו בו ע"י רותח, והיינו דהתם לא מהני נעיצה לכתחילה, וברגיל לשחוט טריפות מהני נעיצה לכתחילה - נקה"כ.

או יקנחנה בדבר קשה

- דוקא הכא הוא דמהני קנות, כיון דאיכא נמי טעמא דטרידי סימנים לפלוט דם, משא"כ לעיל בצונן.

ונוהגין עתה לקנחה יפה בשער הבהמה בין כל שחיטה ושחיטה, ושפיר דמי

- משום דחיישינן שמא תמצא טרפה, **וכתב** הב"ח ודווקא בבהמה, אבל בעופות דלא שכיחי טרפות אין המנהג לקנח, **אמנם** משום איסור אבר מן החי יש להזהיר השוחטים לקנח אפילו בעופות, ולא מהני קנוח בנוצות העופות, אלא צריך דוקא דבר קשה כגון חתיכת בגד בלוי או הדחה בצונן, בין כל שחיטה ושחיטה, עכ"ד, **והביא** ראיה מדקפריך בש"ס למ"ד בחמין, דהיתירא נמי בלע אמ"ה, ויש לדחות ראייתו, ‹עיין לעיל בט"ז ס"ב›, **וכ"פ** הגהות אשר"י ממהרי"ח ומהרש"ל, דלא בעי הדחה כלל אפילו בצונן, בסכין ששחט בה כשרה, וכ"פ הרז"ה והרשב"א ובתה"ה והמרדכי והאגודה, וכן משמע להדיא באשר"י ור"י, וכן הוא דעת הט"ו וכמ"ש בס"ק י"ב, וכ"פ הסמ"ג והגהמ"י והאו"ה, [וכן פסק הט"ז].

ואם שחט בו בלא הדחה, ידיח בית השחיטה –

כ"כ ג"כ הטור, [וכתב ב"י ע"ז שהוא פשוט, דכי היכי דמועיל לסכין גופיה הדחה, ה"נ סגי בהדחת בית השחיטה, עכ"ל], **ותפסו** על הטור מהרש"ל והב"ח, דנהי

דלכתחלה סגי לסכין בהדחה, משום דקשה הוא לבלוע אלא על ידי רתיחה, או משום דלא פליט, מ"מ היכא דלא הדיחו, בלע ביה"ש משמנונית שהוא עליו בעין, וצריך קליפה, דלא גרע מסכין של כנעני, [**וכ"ש הוא**, דהא אפי' סכין של כנעני שמקונח יפה, אלא שאיסור בלוע בו, אמרינן דבלע ע"י שחיטה, כ"ש שמנונית שנדבק בו ואינו מקונח, דבעי קליפה, רש"ל].

[**ונראה** ליישב דעת הטור, דס"ל כיון דכבר יש מחלוקת בסכין של כותים, אם הבשר צריך קליפה או הדחה, ונהי דיש לפסוק שם לחומרא דקולף, מ"מ כאן דקיל איסוריה מסכין של כותים, יש לסמוך אמ"ד דהדחה סגי אפי' בסכין של כותים, ומ"מ לענין הלכה יש לפסוק להחמיר, דבעינן גם כאן קליפה, כמ"ש רש"ל, וכן מסיק מו"ח ז"ל, ויש תימה רבה על הב"י, שכתב שפשוט כדעת הטור, והרי יש מחלוקת רבה ועצומה נגדו].

אין זה נכון, דבכה"ג דהסכין מלוכלך בדם טרפה, ליכא פלוגתא, ולכו"ע ביה"ש בולע מן המוכן לפניו, **ועוד** אמאי קיל איסורא כאן טפי מסכין של כותים, **גם** מ"ש ויש תימה על הב"י, כבר קדמוהו הב"ח ושאר אחרונים בזה, וכמ"ש בש"ד - נקה"כ.

אין להקשות, הא בלאו הכי צריך הדחה קודם מליחה משום דם, וכדלקמן ריש סימן ס"ט, ואפילו לצלי קי"ל דבעי הדחה, וכמ"ש הר"ב סימן ע"ז, **כבר** תירצו הרשב"א והר"ן פ"ק דחולין בשם רבינו יונה, דאי משום דם בשפשוף בעלמא הוי סגי, עד שיצאו המים בלא מראה דם, **אבל** השתא משום שמנונית של איסור בעינן שפשוף גדול בידים היטב, כדי שיסיר ממנו שומן הסכין שנדבק בו באומד הדעת, עכ"ל - **כ"כ** שם למ"ד בש"ס גבי סכין של כנעני מדיח, אבל אנן קי"ל קולף - וכ"כ הכל בו, ולחנם דחק עצמו הדרישה בזה, ואישתמיטתיה דברי פוסקים אלו, **ובזה** א"ש דל"ת הא דכתב הט"ו אסור לשחוט בו עד שידיחנו בצונן, ולא נימא דישחוט בו בלא הדחה, דהא ידיחנו אח"כ מסתמא, כיון דדרכו בהדחה, כדלקמן ר"ס צ"א, אלא ודאי הכא בעינן דוקא הדחה היטב, דלא סגי בסתם הדחה.

ואם רגיל לשחוט בו טריפות תדיר, צריך נעיצה עשר פעמים בקרקע קשה – [דזה הוי כמו סכין של כנעני, וא"כ אם עבר ושחט בלא נעיצה, פשיטא שצריך כאן לקלוף בית השחיטה, אפי' לדעת הטור שזכרתי קודם לזה].

[**וכתב** רש"ל, ולא אוכל להבין דעתו, מי הוא שרגיל לשחוט טריפות בסכין, כי איך ידע מקודם שתטרף, וגם אינו בנמצא שמיחד אדם סכין לשחיטת טריפה, **אלא** נראה דאיירי ששחט הרבה בהמות, ונמצאו כמה בהמות מהן טרפות בבדיקה, דשוב לא ישחוט אלא ינעוץ י"פ בקרקע קשה, **ואף** א"ת שהטור לא כוון לזה, מ"מ יש להורות כן, וכן יעשה בכל פעם בעת הבציר בין בית לבית, עכ"ל, **ונראה** לענ"ד בזה, דודאי לכתחילה אין לחוש לזה כששוחטין בהמות הרבה, שיהיו בהמות הרבה טריפות בזה אחר זה בלי הפסק שחיטות כשרות בינתיים, דכל שיש כשירות בינתיים לא מקרי רגיל באיסור, ולא דמי לסכין של כנעני, **אלא** באם ברי לשוחט ששחט בהמות בזה אחר זה ונטרפו, שמה ששחט אחריהם בלא נעיצת קרקע קשה, צריך לקלוף בית השחיטה של אותה בהמה, **ונראה** דבג' זימני הוה חזקה, כמו שהבאתי לקמן לגבי שלשה תולעים, אבל לכתחילה די בקנוח השיער יפה כמ"ש כאן, ‹**יראה** לפרש דה"ק, דאם קינח בשיער כמו שנוהגין השוחטים משום חשש טריפה, א"כ לא הוה רצופים, אלא בלא קינח בנתיים, **אמנם** התבואות שור כתב, דמט"ז משמע דאף אם קינח בנתיים, כל שרגיל לשחוט טריפה צריך נעיצה, יע"ש, **והיינו** שהוא מפרש דלכתחלה, כלומר לכתחלה נוהגין בין כל אחד לקנח בשער יפה – פמ"ג›, **אלא שמהרש"ל כתב שעתה לא נהגו לקנח יפה כראוי, אלא דרך עראי, וצריך המורה להזהירם על זה**].

וכתב הב"ח דהבהמות הכשרות שנמצאו מהן, ‹בין הני דנמצאו טריפות›, הוכשרו בקנוח שעשה בנתיים.

‹**והנה** משמע דהכי קאמר, דלא ישחוט אחר כך אלא על ידי נעיצה, הא הכשירות ששחט בנתיים הוכשרו בקנוח שעשה בנתיים, כמו שנוהגין השוחטים עתה לקנחו בשיער יפה משום חשש שמא ימצא טריפה. **אמנם** לא ידענא להולמו, דאדרבה המעיין בב"ח יראה, כל ששחט בינתים כשירות וקנח, אף שנמצא הרבה טריפות לא צריך נעיצה, אם לא שנגיה בש"ד קצת מלת "די", והכי קאמר, אם שחט כשירות בנתיים וקנח, די בכך, יע"ש – פמ"ג›.

צריך נעיצה כו' - פי' ושוחט אח"כ לכתחלה, וכ"כ בד"מ ובדרישה, **ואע"ג** דבסכין של כנעני לעיל לא מהני נעיצה לכתחלה, היינו משום שבלע טובא ע"י רתיחה ממש, משא"כ הכא.

§ סימן יא - באיזה זמן שוחטין, ודין השוחט בתוך המים §

סעיף א - לעולם שוחטין, בין ביום בין בלילה; בד"א, כשאבוקה כנגדו, אבל אם אין אבוקה כנגדו, או ביום במקום אפל, לא ישחוט - שמא ישהה או ידרוס ולא ירגיש, רשב"א. ‹והנה ברשב"א בארוך כתב שמא יחליד, ובקצר שמא ידרוס, **והש"ך** ז"ל לא רצה לפרש כמ"ש בארוך, דחלדה נראה אם הנוצה חתוכה, כמ"ש הט"ז, לכן בחר לו דרך הקצר, **וה"ה** שהייה, דסובר חדא הוא דרסה או שהיה, כיון דשוחט באפילה אין יכול לבחון כ"כ - פמ"ג›.

ואם שחט, שחיטתו כשרה - כשאומר ברי לי שלא שהיתי ולא דרסתי, רשב"א, ‹לא ידענא, דרשב"א לא הזכיר כלל מזה לא בארוך וקצר ובחדושיו שיאמר ברי, **וכפי** הנראה מט"ז, דיעבד כשר כך בלא אמירת ברי לי - פמ"ג›, **ולא** דמי לדלעיל ס"ו ס"ק ט', דבצואר בהמה למעלה אפילו אמר ברי לי שלא דרסתי פסולה, שמא ידרוס פעם אחרת, **דהתם** דבר מצוי הוא לדרוס, כיון שצואר בהמה למעלה, **א"נ** הכא הוי טעמא כמ"ש רש"י, דלמא לא ישחוט רובא והוא לא ידע, וא"כ ליכא למיחש שמא פעם אחרת לא ישחוט הרוב, דהא כל שוחט צריך לבדוק לאחר שחיטה אם שחט הרוב, וכדלקמן סי' כ"ה, ועמ"ש שם, **ונלפע"ד** דאפילו לטעם רש"י אסור לשחוט לכתחלה ביום במקום אפל, דחיישינן שמא יפסוק בע"א וישכח ולא יבדוק הסימנים לאור היום, **והב"ח** לא כתב כן, עיין שם, ‹וז"ל, ונראה דלפירוש רש"י יכול לשחוט לכתחלה ביום במקום אופל, שהרי יכול לבדוק בסימנים מיד כשיצא מאופל לאורה - ב"ח›.

ביום במקום אפל - [**בגמר' לא איתיה לזה, רק בלילה, אלא שהרשב"א חידש דין זה ומדמה אותו ללילה, וקשה דהא פירש"י הטעם בלילה דלא ישחוט לכתחילה, דחיישינן שמא לא ישחוט רוב הסימנים, והוא לא ידע, ונראה כוונתו, דודאי אם אנו רואין ביום ששחט הרוב, דודאי כשרה, ומש"ה אין איסור רק לכתחילה, שמא ישכח במשך זמן הלילה שצריך לבדוק, ואפי' ששחט בסוף לילה לא פלוג רבנן, ומו"ח ז"ל פי' הטעם, שמא ע"י פרכוס נתרחב החתך אחר השחיטה, ושמא לא נשחט הרוב, וק"ל דא"כ דיעבד נמי יהיה אסור, ותו דבסי' כ"ה מבואר דלא חיישינן לכך, אלא כדפרישית עיקר, וא"כ** למה נאסר ביום במקום אפל, כיון שמיד יכול לילך למקום אור ולראות אם שחט הרוב], **לק"מ** כמ"ש בש"ך - נקה"כ. [**וי"ל דהרשב"א אזיל לטעמיה, שמפרש הטעם בתה"ה דלכתחילה אסור שמא יחליד, וא"כ ה"ה ביום במקום אפל, וצ"ל לדידיה דמ"מ יכול להרגיש בלילה אם עושה חלדה, ומש"ה כשר בדיעבד, ויש להקשות לרשב"א, ישחוט לכתחילה ויראה אם נחתכו הנוצות, אז ודאי לא עשה חלדה, כההיא דרבי יונה בדיק ליה גירא ושחט אפי' לכתחילה, ולפי מ"ש בת"ה עוד חשש שמא יעשה דרסה, לק"מ**].

(**ועיין** בתשובת זכרון יצחק, שכתב דנראה לו בזה טעם אחר, דאחרי דלכתחלה צריך לברך ברכת השחיטה קודם השחיטה, ע"כ לא ישחוט לכתחלה בלילה, דשמא לא ישחוט רובא, ויבא לידי ברכה לבטלה, ע"ש, **ולפ"ז** אם שחט דבר דאיתיילד בה ריעותא, דכתב הרמ"א לקמן סימן י"ט ס"א בהג"ה, שאינו מברך קודם השחיטה, יכול לשחוט לכתחלה בלילה, **וכן** אם שחט מבעוד יום, ובלילה רוצה לשחוט בלא ברכה על סמך ברכה ראשונה, דלא שייך חששא הנ"ל, שפיר רשאי לשחוט לכתחלה בלילה, **אך** באמת זה אינו, דא"כ מאי הקשו בגמרא חולין ד' י"ב ע"ב, השוחט דיעבד אין לכתחלה לא, ורמינהו לעולם שוחטים כו', דלמא שם מיירי בבה"ג, אלא ודאי דאעפ"כ אסור).

(**ומ"ש** הבה"ט בשם בית יעקב, ואם התחיל ‹לשחוט לאור הנר, וקודם ששחט רוב סימנים כבתה, אין זקוק לה, ויגמור שחיטתו מבלי שהייה›, **עיין** בבי"ע שם שכתב, דאף אם ברור לו שלא שחט אלא חצי הקנה ולא נגע בושט, דאז אם יפסיק לא יהא נפסל משום שהייה, אפ"ה גומר, ע"ש, **אכן** בתשובת שבו"י כתב, ועל דבר כביית הנר באמצע שחיטה, אע"ג דשחט בלילה בלי נר קיי"ל דשחיטתו כשירה, מ"מ ע"י כביית הנר מבעית השוחט תוך השחיטה, ועושה שהייה וטרפה, ע"ש).

(וב' נרות חבוקים אבוקה) - וסיים בד"מ, ועיין באו"ח סי' רצ"ח מאי נקרא אבוקה, ע"כ, **והיינו** ששם נתבאר, דנר שיש לו שני פתילות מיקרי אבוקה, **ובאו"ח** סימן תל"ג ס"ב כתב הר"ב, דב' נרות אפילו הן קלועין דינן כאבוקה, ומסתמא ה"ה הכא.

[ט"ז] ‹רעק"א או ש"א או הוספת הסבר› (פת"ש)

הלכות שחיטה
סימן יא – באיזה זמן שוחטין, ודין השוחט בתוך המים

(עיין בארח מישור לדרכי משה על יו"ד, דאפי' אינם דבוקים מקרי אבוקה, וכן לענין הבדלה – רעק"א.)

(ואליהו זוטא סי' תל"ג, מתיר לכתחילה בנר יחידי. **ופר"ח** מתיר לאור הלבנה כשמאירה יפה, והרדב"ז מחמיר לכתחילה – באה"ט.)

סעיף ב- השוחט בשבת וביו"כ, אע"פ שאילו היה מזיד בשבת מתחייב בנפשו, והיה לוקה ביו"כ, שחיטתו כשרה – [לכאורה משמע דבמזיד אסור, דהוה מומר, וכ"פ ב"י, וא"כ צ"ל דמיירי בפרהסיא כדלעיל סי' ב', וקשה דהיה לו לטור לכתוב רבותא, במקום שכתב שוגג, היה לו לכתוב אפי' מזיד, רק שלא היה בפרהסיא, כמ"ש הר"ן באמת בזה, ע"כ נראה דהטור מכשיר אפי' במזיד, דלא הוה מומר בשביל פעם אחת, (משמע מדבריו אף בשחיטה אחרת, דלא כש"ך – פמ"ג), וכמ"ש התוס', והא דלא כתב רק שוגג, משום דאמרינן בגמר' דבמזיד קנסינן ליה כרבי יוחנן הסנדלר, דאסורה עולמית, מאחר דקי"ל כרבי יהודה במבשל בשבת, ובטור כתב סתם כשירה, דמשמע דלא קנסינן ליה, ע"כ כתב שוגג, וכי תימא הא בשוגג אסורה נמי בו ביום, י"ל דמ"מ שייך שחיטתו כשירה גם לדידיה ביומא אחרינא אחר השבת]. (ומ"מ יש גמגום בדברי הט"ז, דהזכיר ר' יוחנן הסנדלר, דהיינו שוגג דיליה הוה מזיד דר' יהודה, ולמה ליה כולי האי, הוה להזכיר כי אם מזיד דר' יהודה, דלדידיה אסור עולמית – פמ"ג.)

אפילו במזיד ובפרהסיא שחיטתו כשרה, לפי מש"ל סימן ב' ס"ק י"ז, דלא נעשה ישראל עובד כוכבים באותה שחיטה, אלא משחיטה ראשונה ואילך, **מיהו** בין שוגג בין מזיד דינו כמו שנתבאר בא"ח ר"ס שי"ח, וכ"פ הב"ח, וכן הוא בשלטי גבורים ע"ש ריא"ז, **דלא** כהעט"ז.

סעיף ג- אין שוחטין לתוך ימים ונהרות, שלא יאמרו, לשר של ים הוא שוחט; ולא לתוך הכלים, שלא יאמרו, מקבל הדם לזורקו לעבודת כוכבים; ואם יש בכלי מים, שאז אין הדם ראוי לזריקה, אם הם צלולים לא ישחוט בו, שלא יאמרו לצורה הנראית במים שוחט; ואם הם עכורים, מותר - משמע אבל לימים ונהרות אין חילוק, דאפי' הם עכורים אסור, מטעם שלא יאמרו לשר של ים הוא שוחט, והכי מוכח בש"ס ופוסקים.

וכן אם יש בכלי עפר, מותר לשחוט בתוכו.

(**עבה"ט** (וז"ל, וכ' בה"י, ירא שמים יהיה נזהר מלקבל הדם בכלי לאחר שחיטה כדי למכור לעכו"ם, ע"ש, **ופר"ח** חולק וכ', דלא אסרו חז"ל בתוך הכלי אלא מתחילת השחיטה, אבל לאחר שסילק ידו מהשחיטה לא חיישינן למראית עין), **ועי'** בדברי הב"ח שהביא הש"ך לקמן סי' כ"ח ס"ק י', דשם מבואר כדעת הבה"י, ודוקא כדי לקיים מצות כיסוי שרי, בזמן הזה שאין דרך עובדי עבודת כוכבים בכך לקבלו בכלי, ואעפ"כ יותר טוב ליתן עפר וצרורות בכלי קודם קבלה, ע"ש.)

(**עיין** במ"א בשם המבי"ט, דאסור לשחוט בבית הכנסת.)

סעיף ד - היה בספינה ואין לו בה מקום פנוי לשחוט, יכול לשחוט על גבי כלים והדם שותת ויורד לתוך המים - כ"כ רש"י והר"ן ור' ירוחם, ופי' דהיינו שנוטל כלי ארוך ומניח מקצתו בספינה ומקצתו חוץ לספינה, דרך מדרון לצד חוץ, ושוחט ע"ג הכלי והדם שותת ויורד לתוך המים, וכ"כ הפרישה, **אבל** הרשב"א וטור כתבו, יכול לשחוט ע"ג כלים, ובלבד שלא ישחוט לתוכן, או מוציא ידו חוץ לספינה, ולא הזכירו הדם שותת לתוך המים גבי כלי, **וצ"ל** שר"ל שמותר לשחוט ע"ג אחורי הכלי שיש לו תוך, דלא מיחזי כמקבל דם לעבודת כוכבים, כיון שאינו שוחט לתוכו, **דלא** כהפרישה שפי', דר"ל ששוחט ע"ג אוגני הכלי, ואע"פ שהדם יורד לתוכו, כיון שאינו שוחט לתוכו ממש שרי, אלא כדפרישית.

או מוציא ידו חוץ לספינה ושוחט על דפנותיה והדם שותת ויורד לתוך המים, ואינו חושש - ופסק הב"ח, דבראש הספינה אפילו שוחט לתוך הים להדיא או בכלי שרי, דא"א לו לטנף דופני הספינה שבחוץ, **אבל** בעומד תוך הספינה, אע"פ שמלכלך דופני הספינה, משתטפים הם בהילוכם במים, וכתב שכן דעת רש"י, **והשיג** על התוספות וב"י שכתבו, דאפילו בראש הספינה לא שרי אלא בשוחט על דופני הספינה, ומשם שותת הדם ויורד לתוך המים, **ולא** ירדתי לסוף דעתו, וכ"כ הר"ן להדיא כהתוספות, וגם הב"י מסיק דרש"י נמי כהתוספות ס"ל, **וכן** נ"ל שהוא דעת הרמב"ם והכל בו

מב הלכות שחיטה
סימן יא – באיזה זמן שוחטין, ודין השוחט בתוך המים

וסמ"ג ורי"ו והמחבר, שלא הזכירו כלל דין דראש הספינה דבש"ס, רק כתבו בסתם דבספינה שוחט על דפנותיה, אלמא ס"ל דאין חילוק, וכן מוכח דעת הרשב"א וטור ע"ש, **ועיין** בסימן שאח"ז כיצד נוהגין בזמן הזה.

הגה: מקלת שוחטין נזהרין שלא לשחוט שום אווז בטבת ושבט, אם לא שאוכלין מלבה, משום שקבלה היא שיש שעה אחת באותן חדשים אם שוחט בה אווז, ימות השוחט אם לא אוכל ממנה; ונוהגין לאכול מן הלב. (תשב"ץ בשם ר"י חסיד) - ובהגהת מנהגים איתא דנותנים לו הכבד, וראיתי עתה נוהגים לאכול מן הרגלים.

‹**ובפראג** מן שומן המהותך. **ואין** להקפיד על כך, כי הוא בגדר דרכי אמורי, ובכלל לא תנחשו, תמים תהיה וכו'. **והדבר** יצא מפי החסיד ר"י ז"ל, ובימיו היו הרבה מנחשים ומכשפים באוווזות, כנודע בכתבי מעשיות שיש על זה מר"א מגרמיזא לבטל כחם, ואפשר דאף זה היה לבטל כחם. **אבל** בזמן הזה דלא שמענו ענין זה, ודאי אין להקפיד. **ולאכול** לסעודת מצוה שבת ברית מילה וחתונה, פשיטא דיש לו לשחוט, ושומר מצוה לא ידע דבר רע וכו' – כרתי›.

§ סימן יב – שלא לשחוט בתוך גומא §

סעיף א - אין שוחטין לתוך הגומא, אפילו בבית - ואפילו שאינה נקייה מעפר אסור, כ"פ הפוסקים, והטעם כתב הרשב"א, שכן דרך האפיקורסים [הכותיים] להתאסף על הבור ולאכול עליו, **ואם לא היה רוצה ללכלך ביתו בדם, עושה מקום מדרון חוץ לגומא ושוחט שם, והדם שותת ויורד לגומא** - שאז ניכר לכל שמתכוין לנקות ביתו, טור, **ובשוק לא יעשה כן** - שאין צריך לנקות השוק, והלכך אפילו אין שם אדם רואה אותו, אסור דומיא דבית.

סעיף ב - י"א שאם שחט בגומא בשוק, אסור לאכול משחיטתו - כלומר גם משחיטה זו ששחט בגומא, **עד שיבדקו אחריו שמא אפיקורס הוא** - ‹וטעמו, מדמסיים בברייתא דאין שוחטין לתוך הגומא, ואם עשה כן צריך בדיקה אחריו – ב"י›.

ונראה מדברי הרשב"א, דלסברא זו ה"ה אם שחט לתוך ימים וכלים, שאסור לאכול משחיטתו, **ונ"מ** אפילו להי"א שכתב המחבר, לענין דצריך בדיקה אחריו מכאן ולהבא, כמ"ש בס"ק שאח"ז, דאף במים וכלים דינא הכי.

ויש אומרים שמותר בדיעבד ואין צריך בדיקה - אחריו כדי להכשיר אותה שחיטה, דאפי' בלא בדיקה אין מוציאין את האדם מחזקת כשרות, ומה ששחט הוא כשר, **והא** דאיתא בש"ס צריך בדיקה אחריו, היינו כדי לפסלו מכאן ולהבא, ואם ימצא אפיקורס, אמרינן כל מה ששחט למפרע לתוך הגומא לשם עבודת כוכבים היה, ואסור הכל בהנאה, כ"פ מהרש"ל, **וה"ה** לתוך ימים וכלים.

הגה: ובזמן הזה דאין דרך עובדי עבודת כוכבים בכך, יש להתיר בדיעבד - קאי גם אלעיל סי' י"א, וכן מפורש בא"ז שהביא בד"מ סי' י"א.

§ סימן יג – בעלי חיים שאינם צריכים שחיטה §

סעיף א - בהמה חיה ועוף טעונין שחיטה; דגים וחגבים אין טעונין שחיטה – [דגים כתיב בהו: אם את כל דגי הים יאסף להם, באסיפה בעלמא סגי, וזה כתיב במקום שנזכר שחיטה בבהמות, וחגבים אתקיש לדגים, דכתיב ולכל נפש החיה הרומשת במים, אלו דגים, ולכל נפש השורצת על הארץ, אלו חגבים].

הגה: ומותר לאוכלם מתים או לחתוך מהם אבר ולאכלו, אבל אסור לאכלן חיים משום: בל תשקצו.

סעיף ב - השוחט את הבהמה ונמצאת כשרה, ומצא בה עובר בן ח' בין חי בין מת - לפי שבן ח' חי הרי הוא כמת שא"א לחיות, (**עיין** בשאילת יעב"ץ שכתב, דכל החילוקים שנאמרו בגסה בין בן שמונה

הלכות שחיטה
סימן יג – בעלי חיים שאינם צריכים שחיטה

לבן תשעה, ה"ה בדקה שייכים אותם חילוקים בין בן ד' לבן ה', לפי שבהמה דקה יולדת לה' חדשים, ע"ש), **או בן ט' מת, מותר באכילה** - דכתיב בבהמה אותה תאכלו, ודרשו חז"ל, כל שבבהמה תאכלו, **אבל** דמו אסור כשאר דם, כדאיתא בש"ס ופוסקים, והטעם כתבו הרא"ש והר"ן, ולענין חלבו וגידו ע"ל סי' ס"ד ס"ב.

[**ובטור כתוב כאן, ודמו אסור וחלבו מותר, וכתב הרא"ש הטעם דדמו אסור, לפי שהוא נבלע בכל הגוף, וחשוב כדם האברים של הבהמה עצמה, עכ"ל, וצריך לבאר דעתו, למה לא יהיה גם החלב נחשב כחלב עצמה של הבהמה, ונראה דעתו, שהדם שבעובר מתערב עם דם הבהמה עצמה, שהעובר נתהוה ונזון ממנו, ע"כ לא עדיף מדם הבהמה עצמה].**

‹**ולענ"ד** י"ל, דכתיב כל בבהמה תאכלו, דמשמע הכל בלי שום שיור, מוכח דחלב וגיד דשליל מותר, **אבל** לענין דם אף אם קיימא באיסוריה, מ"מ אפשר לקיים לישנא דכל בבהמה, ע"י שיבשל כל דם השליל, והוי דם שבישלו דמותר – רעק"א›.

בן ט' מת - ‹עי' בתש' רדב"ז, שדעתו דדוקא אם נמצא מת מותר באכילה, אבל אם מת אחר שיצא לאויר העולם, אע"ג דלא הפריס ע"ג קרקע, אסור באכילה›, ‹ואע"ג דחשבינן ליה כשחוט, מ"מ מתחלף בבהמה מתה בעלמא, דבשלמא כשהוא חי ומכין אותו על ראשו או קורעו, לא אתי לאחלופי בבהמה דעלמא, אבל אם מת מעצמו אסור – רדב"ז›, **וכ'** שדעת הראבי"ה לחלק גם בנטרף כה"ג, ‹דכיון דנטרף אחר שחיטת אמו, הרי הוא כאלו מת אחר שחיטת אמו ואסור - רדב"ז›, דשחיטת אמו אינה מתרת אלא מה שאירע בתוכה טריפות, אבל מה שאירע אח"כ לא, **אבל** אני מודה לו במת ולא בנטרף›, ‹דבנטרף לא אתי לאחלופי – רדב"ז›.

ואינו טעון שחיטה - לפי שניתר בשחיטת אמו, **ומוכח** במשנה, דכל היכא דאינו טעון שחיטה, אין בו משום אותו ואת בנו, ומותר לשחטו ביום שנשחט אביו או אמו, וכ"כ הפוסקים.

ואינו טעון שחיטה – [**זה לשון מיותר לכאורה, ונראה דקמ"ל דאין בו איסור אבר מן החי, ומותר לאוכלו אפי' חתך ממנו בזמן שהוא חי עדיין, וכיוצא בזה מצינו בפי' רש"י, שכתב דאין בו משום איסור אבר מן החי, כיון דאין טעון שחיטה, אלא שיש בו משום בל תשקצו כו', עכ"ל, וכאן אין בו משום בל תשקצו, דשקיל ליה בעודו חי ומבשלו**, ‹הוא לאו דוקא, דאפי' רוחצו היטב שלא יהא מאוס, מותר לאכלו – שמלה חדשה›, **דאי היה בו משום אבר מן החי, היה אסור כיון שחתכו בעודו חי**].

אצטריך, דהו"א מאי מותר באכילה, על ידי שחיטה, אי נמי דשאר טריפות אין אוסרים אותו, ומכל מקום טעון שחיטה כמו בסיפא, קמ"ל - נקה"כ.

‹**ואי** צריך להמתין עד שתצא נפשה כמו מפרכסת, כתב השמלה חדשה, בבהמה צריך להמתין ולא בדגים וחגבים, דנפש דהני לא חשיב – פמ"ג›.

ואם מצא בה בן ט' חי, אם הפריס על גבי קרקע - ‹ר"ל שהלך קצת – חכמת אדם›, **טעון שחיטה** - מדבריהם, דלמא אתי לאחלופי בשאר בהמות כשרואין שאוכל אותו בלא שחיטה.

‹**ועיין** בתשובת בשמים ראש, שכתב שאין מברכין על שחיטתו, ע"ש›. ‹**ומברכין** על שחיטתו ככל מצות דרבנן, רשב"א בתשובה פרי חדש ושמלה חדשה, **וכתב** דאין לברך אלא על אחר תחלה, דשמא נפל הוא, והלך לשיטתו, משא"כ להש"ך מותר, **אלא** דמ"מ טוב לברך על אחר תחילה, דהפר"ח כתב לפי מ"ש הר"ן דמשום חשדא אין לברך, אם כן אין פסידא דיברך על אחר תחילה, ואח"כ ישחוט זה – פמ"ג›.

‹**עיין** בפר"ח, דלענין מתנות כהונה דאימעיט בתוספתא, דבן פקועה כיון דלא קרינן ביה מאת זובחי הזבח פטור במתנות, אף דהפריס פטור, ובזה לא החמירו חז"ל לעשות כבהמה אחרת, ע"ש – רעק"א›.

[**ויש לעיין מה דינו בדיעבד אם לא נשחט, אם החמירו בו כ"כ משום גזירה דאחלופי, דמלשון הטור שכתב וכל הדברים הפוסלין בשחיטה פוסלין בו, משמע אפי' דיעבד, או אפשר שלכתחילה אמרו שפוסל, והכי משמע מדמתיר ר"ש שזורי אפי' לכתחילה בלא שחיטה, ואין להפליג מחלקותם כ"כ, ויש עוד ראיה דבריש גיטין מצינו ג"כ חשש דאיחלופי, גבי המביא גט ממדינת הים דצ"ל בפני נכתב ובפני נחתם, דמן הדין היה סגי בפני נחתם לחוד, אלא משום איחלופי בשאר קיום שטרות, ומצינו שם דתני התנא בבא יתירה, דקמ"ל דאפי' דיעבד פוסל אם לא אמר תרווייהו, דהיינו בפני נכתב ובפני נחתם, ש"מ דבלאו בבא יתירה לא היינו פוסלין דיעבד כי לא אמר תרווייהו, ואע"פ שיש חשש איחלופי, א"כ כאן דלא מצינו בבירור פסול דיעבד, אין לנו להחמיר לאסור דיעבד, ותו דהא כתב ב"י בשם המגיד וגדולי המורים, דאין סכין פגומה אוסר כלל, כנ"ל**]. ‹**ומה** שמשמע מט"ז

בפשיטות דסכין פגומה וכדומה אין אוסר, הש"ד בסמוך אוסר, ואחריו החזיק התבואות שור. וכ' בשמלה חדשה, דמ"מ אין להחמיר בספק שחיטה אם נמצא הסכין פגום - פמ"ג.

ולפענ"ד אפי' דיעבד אסור, דכן משמע להדיא מהרא"ש ור"ן ושאר פוסקים ומביאן הב"י, וכן משמע מהטור והמחבר, שכתבו אבל שאר טריפות אין אוסרין, מכלל דשחיטה אפי' דיעבד אוסרת אותו, והראיות שהביא אינן ראיות כלל, וק"ל - נקה"כ.

אבל שאר טרפות אינו אוסר אותו - כלומר שאר טרפות שאינן מחמת שחיטה, דלא מיפרסם כולי האי, אינם אוסרים אותו, **אבל** טרפות שהוא מחמת שחיטה, כגון ששהה או דרס או החליד או הגרים או שחט בסכין פגומה, וכיוצא בזה, כאלו לא שחט דמי, דכיון שהצריכוהו שחיטה, בעי שחיטה מעליותא.

‹**מסתפקנא** בנקובת הוושט, אם נידון כיון דעצמות השחיטה היה כדינו, בסכין בדוק ובלא שהייה ודרסה וחלדה, הוי כמו שאר טריפות דאינו אוסר, או כיון דקי"ל דנקובת הוושט נבילה, והוי פסולו בשחיטה, כמו שלא נשחט דמי - רעק"א›.

ואם לא הפריס על גבי קרקע, אינו טעון שחיטה - (עיין בספר פרשת דרכים שכתב, דשחיטה הוא דלא בעי, אבל נחירה מיהא בעי, דלא גרע ממפרכסת לקמן סי' כ"ז, ע"ש).

ואם פרסותיו קלוטות, פי' שפרסתו כולה אחת ואינה סדוקה, (או שהיה בו שום שאר דבר תמוה), אע"פ שהפריס על גבי קרקע, אינו טעון שחיטה - דכיון שהוא דבר תמוה, קול יוצא מאין קלוט זה, ואומרים בן פקוע הוא, ומתוך שתמהין על קליטתו זוכרין את כל דבריו, ולא אתי לאחלופי, רש"י ופוסקים.

(**עיין** בהג' אשר"י מ"ש, דחופה הואי, ותמיהי אינשי, כההיא דאביי דאמר הכל מודים בקלוט בן פקועה שהוא מותר כו', ע"ש, **וצ"ע** לדינא). ‹ועיין בסימן ט"ז ס"י בפת"ש›.

ויש מגמגמין בדבר - כלומר דפרסותיו קלוטות לחוד לא מהני כשהפריס ע"ג קרקע, עד שיהא תרי תמיהי, דהיינו שאמו תהיה ג"כ קלוטה, **והעט"ז** כתב, ויש אוסרים עד שיהיה ב' תמיהות, כגון קלוט בן פקוע, בן קלוטה שאותה קלוטה היתה ג"כ בן פקוע, עכ"ל, **ולא** ידעתי מנ"ל הא, ונראה שהוציא כן מדברי רש"י, שכתב על מאי דקאמר בש"ס, איכא דאמרי אמר אביי הכל מודים בקלוט בן קלוטה בן פקועה שמותר, וז"ל, בקלוט בן קלוטה, ואותה קלוטה פקועה היתה, וזה הקלוט נמצא בה, עכ"ל, **הבין** דר"ל שאותה קלוטה היתה ג"כ בן פקועה, אבל ז"א, שהרי לא כתב רש"י ואותה קלוטה בן פקועה, אלא פקועה היתה, ור"ל שנפקע כריסה ונמצא בה קלוט זה, ובן פקועה דקאמר בש"ס קאי אקלוט זה שנמצא בה, והיינו לישנא דבן, דאל"כ הל"ל בת פקועה, והרי כל בן פקועה דעלמא להכי נקרא בן פקועה, לפי שהוא בן של פקועה, כלומר שאמו נפקע כריסה ומצאוהו בה, **אבל** פשוט דא"צ שתהא אמו בת פקועה, דהא מדינא אפילו הפריס ע"ג קרקע מותר, אלא מפני מראית העין הוא דאסור, והלכך כיון דאיכא תרי תמיהי שהוא קלוט בן קלוטה, מה לי אם אמו בת פקועה או לא, סוף סוף איכא תרי תמיהי, וכן משמע להדיא בחידושי הרשב"א וכן בר"ן ורבינו ירוחם ושאר פוסקים, **וכ"כ** מהרש"ל שם על דברי רש"י, וז"ל פי' לפירושו, לאו שאמו היתה נמי בת פקועה, אלא כלומר פקועה דנמצא בה ולד קלוט, עכ"ל, והוא פשוט.

[ס"ל כלישנא אחריני בגמר', דדוקא תרי מילתא דתמיהי בעינן, דהיינו שפקוע והיא קלוטה, שנשחטה ונמצא בה ולד שהוא ג"כ קלוט, **ובדיעבד פשיטא דאינו אוסר**].

בכאן נמשך אחר העט"ז, וטעו בזה כמ"ש בש"ך, והראיתי דבר זה בלובלין ביריד גרמני"ץ העבר ת"ז לפ"ק, לפני כמה רבני הדור, והגיע הדבר אליו, ורצה לתקן את זה בדף אחד שהדפיס בסוף חיבורו, שכתב וז"ל, אבל אח"כ ראיתי בדברי מהרש"ל שא"צ לזה, אלא שהבן לחוד בן פקוע כו', **ודבריו** אלו תמוהין, דמה צריך לראות בדברי מהרש"ל, מי שיש לו רק לב להבין יראה שהמפרש בהיפך טועה הוא, **גם** לא הועיל כלום בזה, שהרי מ"מ לא אתי שפיר באות ט', וז"ל, והיינו ההיא דקלוט בן קלוטה שזכרתי אצל ויש מגמגמין בס"ב, עכ"ל, שנמשך בזה אחר דברי הב"ח להביא ראיה לדין שלו, וכמ"ש בש"ך, ודברים אלו אינם מתוקנים וכמ"ש בש"ך שם, וע"כ מוכרח לחזור גם מזה, ולומר דאין זה ראיה - נקה"כ.

סעיף ג' - אם לא שחט האם, אלא קרעה, וכן אם שחטה ונתנבלה בידו או שנמצאת טריפה, אם העובר (הנמצא בה) בן ט' חי, טעון שחיטה לעצמו - מדאורייתא, **וניתר**

בה - וכל שאר טרפות פוסלים בו, כך פשוט בש"ס ופוסקים. **וע"ל** סי' ט"ז ס"ט, שלענין אותו ואת בנו יש חילוק בין שוחט ונתנבלה לנמצאת טרפה, **ולענין** כסוי הדם בסי' כ"ח סי"ז אין חילוק כמו כאן. ‹דר"מ ור"ש פליגי לענין אותו ואת בנו וגם לענין כסוי הדם בשוחט ונמצא טריפה, ר"מ ס"ל שחיטה שאינה ראויה שמה שחיטה, ור"ש ס"ל שחיטה שאינה ראויה לא שמה שחיטה, **ואמרינן** שם דרבי סתם לן גבי אותו ואת בנו כר"מ דמסתבר ליה דרשתיה, ובכסוי הדם סתם לן כר"ש דשם מסתבר ליה דרשיה דר"ש, **וגם** אמרינן דאפי' ר"מ מודה בבן פקועה שנמצא במעי טריפה, אע"ג דשחיטה שאינה ראויה שמה שחיטה, אין שחיטתה מתרת ולדה, **ומש"ה** אין חילוק כאן בין שוחט ונתנבלה לנמצאת טריפה, **וגם** גבי כיסוי אין חילוק, כיון דקיי"ל שם כר"ש, **אבל** באותו ואת בנו דקיי"ל כר"מ, יש חילוק בין שוחט ונתנבלה לנמצאת טריפה, כדלקמן סי' ט"ז ס"ט – מחה"ש›.

ואם הוא בן ט' מת, או בן ח' אפילו חי, הרי זה אסור - שהרי לא הועילה שחיטת אמו לטהרו, וצריך הוא שחיטה, וכיון שהוא בן ט' מת, או בן ח' חי שחשוב כמת, לא מהני ביה שחיטה ואסור.

[**דאמרינן בגמר'** ד' סימנים אכשר ביה רחמנא, בקרא דבבהמה תאכלו, שאם רוצה אוכלו בשחיטת אמו, ואם אמו טריפה, שוחט לאותו בן ט' חי, שהוא ניתר או בב' סימנים של אמו, או בשל עצמו, ולהכי אם הוא בן ט' מת, או בן ח' חי, דאין לו שחיטת עצמו, ושחיטת אמו ג"כ אין לו דהא נמצאה טריפה, אסור].

הגה: ועכשיו אין להתיר שום ולד הנמצא בבהמה, אם האם טריפה, ולא מהני לו שחיטת עצמו, דחיישינן שמא אינו בן ט' - אבל ודאי כשימתין עד תחלת ח' ללידתו, שאז יצא מספק נפל, וכדלקמן סי' ט"ו, אפילו היתה אמו טריפה ניתר בשחיטת עצמו, וכ"כ בפרישה סי"ב.

‹**ועיין** תב"ש שחלק ע"ז, וכתב דגם בשהה ל' יום באדם ושמונה בבהמה, אכתי אין זה בירור דלאו נפל הוא, ‹**דלא** מבעי להפוסקים דלא כרשב"ג, דבודאי בן ח' לא מהני ח' ימים, א"כ מהני ח' ימים רק לסתם ולדות, ומטעם דמסייע רוב בהמות וולדות מעלי' ילדן, אבל בנמצא במעי האם דליכא רוב, לא מהני ח' ימים, **אלא** אף להפוסקים בכולה כרשב"ג, דאף בודאי בן ח' מהני ח' ימים, י"ל דמ"מ הטעם רק משום סיועת דרוב בהמות ולד מעליא ילדן, עי"ש›, **ועיין** בדגמ"ר שחלק עליו והסכים להש"ך, וכן בס' לבושי שרד חולק ג"כ על התב"ש›. **והכו"פ** ג"כ כהתב"ש. **ולענ"ד** כיון דרשב"ג סבר דאף בודאי בן ח' מהני ח' ימים, ובזה נגד הרוב דולדות מעלי' ילדן איכא רוב דאין משתהי, ובהנך דנולדים לח' אין רובם ולד מעלי' ע"י אשתהי, ואעפ"כ מהני ל' יום, **ה"נ** בולד בהמה שנמצא במעי אמו, אף דליכא רוב מהני ח' ימים, כמו באדם בודאי בן ח' דמהני ל' יום, **ובזה** לא מצינו דפליגי רבנן, די"ל דפליגי רק בבן ח', משום דלא ס"ל דאשתהי כלל, או דהוי מיעוטא דמיעוטא, ובעי' דוקא בירור גמור שיהיה בן כ' וגמרו שערו וצפרניו, **אבל** בנמצא במעי אמו, י"ל דמודי דמהני ח' ימים, וא"כ אף להפוסקים בזה דלא כרשב"ג לענין ודאי בן ח', מ"מ הכא מודים, **ומה** שהוכיחו דאל"כ מאי השמיעונו דאסור הולד כיון דאין אנו בקיאי', הלא בכל ולדות בעי' ח' ימים, אלא ודאי דאשמעי' דהכא לא מהני ח' ימים, **לענ"ד** י"ל דבעלמא הוי חזקת אינו זבוח דמורה דהוי נפל, ולא מהני בי' השחיטה, מש"ה בעי' בירור ח' ימים, **אבל** הכא כיון דשחיטת האם דנטרפה מהני לטהר הולד מידי נבילה, כדאיתא בחולין, א"כ איסור הולד הוי רק כטריפה וכמו האם, ואין בזה חזקת אינו זבוח, דהא שם זביחה עלה לענין נבילה, א"כ לא הוי בחזקת איסור, **ולזה** הוצרכו להשמיענו דמ"מ אסור בלא שיהוי ח' ימים, **אמנם** לענ"ד גם בזה שייך חזקת איסור... – רעק"א›.

אם האם טריפה - אבל אם היא כשרה, כשר ‹בהפריס על גבי קרקע› אפילו האידנא, דהא אפילו הוא בן ח' שחיטת אמו מטהרתו, **וכן** היכא שגם אמו לא היתה צריכה שחיטה, ‹אם היא בת פקועה›, פשיטא דאפילו נמצאת טרפה, אין העובר טעון שחיטה וכשר אפילו האידנא, ‹**ואפי'** אין אמו קלוטה, ונמצא זה בתוכו, {דג"כ צריך שחיטה מדרבנן כשמתה, עיין סוף ס"ד}, או הפריס, מותר בשחיטת עצמו, מה אמרת דשמא לא כלו חדשיו, כיון דספיקא דרבנן הוא תו הולכין להקל כהאי גוונא. **ומיירי** אביו גם כן בן פקועה, דאם לא כן אין לולד תקנה – פמ"ג›.

סעיף ד - בן ט' חי שנמצא במעי שחוטה כשרה, וגדל ובא על בהמה דעלמא והוליד - ה"ה איפכא דהיינו בהמה דעלמא שבא על בת פקוע והולידה, **אותו הולד אין לו תקנה בשחיטה** - וע"ל סי' י"ד ס"ק י"א שגם החלב שבא ממנו אסור.

אין לו תקנה בשחיטה - דהרי הוא כמי שאין בו אלא סימן א' מצד אמו, שהסימן הב' שחוט ועומד הוא, שאין שחיטה נוהגת בו, ובהמה בחד סימן לא מיתכשרה, והאי סימנא בתרא לא מצטרף לקמא, דאין לך שהייה

גדולה מזו, שהראשון שחוט משנולד, רש"י ופוסקים, **ואע"ג** דבן פקוע מטרפה ניתר בשחיטת עצמו, הכא כיון שאבי הולד בן פקוע מעליא הוא, ולא היה צריך שחיטה, אם כן סימנים דידיה הוי כשחוטין, וא"כ הולד שבא ממנו הוי סימן א' דידיה כשחוט, הרשב"א והר"ן, ומביאם ב"י ותוספות והרא"ש ורבינו ירוחם ושאר פוסקים, **ולפ"ז** בן פקוע שבא מן הטרפה, ובא על בהמה דעלמא והוליד, ה"ז הולד כשאר בהמה דעלמא, וניתר בשחיטת עצמו, **ולזה** דקדק המחבר וכתב במעי שחוטה כשרה.

ובא על בהמה דעלמא והוליד - נראה דלכך דקדקו הט"ו ושאר פוסקים, וכתבו והוליד, לאפוקי שאם לא נולד אלא נמצא בה, הותר בשחיטת אמו, ואין לו סימן כלל, שהרי הוא כשחוט בין מצד אמו בין מצד אביו, ומותר כבן פקוע דעלמא, וכ"כ הב"ח, וכן נראה מלשון רש"י לעיל בסמוך, [**ואע"ג שהפריס אח"כ, מ"מ כבר הותר בשחיטת אמו, אלא שצריך שחיטה משום מראית עין כדלעיל**].

וכתב הב"ח וז"ל, ונראה דה"ה בהמה שבאה על בת פקועה, ונשחטה הפקועה ונמצא בה ולד, דאותו ולד נמי ניתר בשחיטת אמו, כדמוכח מלישנא בתרא דאביי דמיירי בכה"ג, [והיינו ההיא דקלוט בן קלוטה שזכרתי אצל ויש מגמגמין בס"ב], ולא אמרינן כיון דאמו לא בעי שחיטה מן התורה, והולד בעי שחיטה אי חיישינן לזרע האב, אם כן לא ניתר בשחיטת אמו, אלא אמרינן רבויא דכל בבהמה מרבה הכל, דבכל ענין שניתר האם באכילה ניתר גם הולד באכילה אגב אמו, אם נמצא בתוכו, עכ"ל, **ותימא** דלישנא בתרא דאביי מיירי שהוא קלוט בן פקוע, דהיינו שנמצא במעי קלוטה והקלוטה אינה בת פקועה, אלא נפקע כריסה, וזה הקלוט נמצא בה, וכמ"ש בס"ב, ‹ע"ש בנקה"כ›, **אבל** אם נמצא ולד בבת פקועה שנתעברה מבהמה דעלמא, י"ל כיון שהבת פקועה זאת א"צ שחיטה, אין הולד ניתר בשחיטת אמו, וה"ל כילוד, ויש לו סימן א' מצד אביו, והב' שהוא מצד אמו ה"ה כשחוט, ואין לו תקנה, **ולא** מרבינן מרבויא דבבהמה תאכלו אלא היכא דניתר בשחיטת אמו, אבל כאן שאין אמו צריך שחיטה, ה"ל כלא נשחטה, וה"ל הולד כילוד דאין לו תקנה.

ואם בא על בת פקועה כיוצא בו, הרי בנו ובן בנו עד סוף כל הדורות כמוהו - פי' אפילו נולדו כדרך הנולדים, רק שבניהם יבואו גם כן על בני מינם כיוצא בהם, שהם פקועות או שנולדו מפקועות, וכ"כ מהרש"ל, ‹ור"ל בין שיבא בן פקועה על בת פקועה, או נין פקועה על נין פקועה, הכל אחד הוא›, **וכולם צריכים שחיטה מדבריהם** - כיון שהפריסו ע"ג קרקע, ‹ואם לא הפריסו, ניתרים בשחיטת אמם, ואם מתה האם והוא בן ט' מת, אסור מדרבנן, ואם הוא בן ט' חי, ניתר מדרבנן בשחיטת עצמן - פמ"ג›, **ואין הטרפות פוסל בהם.**

סעיף ה - השוחט את הבהמה ומצא בה דמות עוף, אע"פ שהוא עוף טהור, הרי זה אסור באכילה - וכ"ש נולד כעוף דאסור, **לא הותר מן הנמצא בבהמה, אלא מה שיש לו פרסה** - שכן כתיב כל מפרסת פרסה וגו' בבהמה אותה תאכלו, ודרשו חז"ל כן.

הוא לשון הרמב"ם, וכתב ב"י דנראה מדבריו דיש לו פרסה ממש בעינן, ולא סגי במין שיש לו פרסה, ע"כ, וא"כ כשיש לו פרסה ממש, אפי' הוא עוף מותר.

הגה: וי"א דאפילו פרסותיו קלוטות, רק שיהא דומה לבהמה שבמינה מין שיש לו פרסה - הוא דעת התוס' והרא"ש וסייעתם, דס"ל דלאו בפרסות תליא מילתא, אלא במין שיש לו פרסה, **אלא** שקשה לכאורה במ"ש הרב דאפילו פרסותיו קלוטות, רק שיהא דומה לבהמה כו', דהא בכה"ג ודאי ליכא מאן דפליג, והוא ש"ס ערוך ר"פ המקשה, דבהמה קלוטה במעי פרה מותר.

והדרישה הוקשה לו ג"כ, דעדיפא מינה ה"ל לאשמועינן, דאפילו אין לו פרסות כלל מותר. **וכתב** וז"ל ונ"ל דה"פ, משום דס"ל לרמ"א שאין הרמב"ם מצריך שיהא לבהמה הנמצאת בבהמה פרסות, אלא בעינן שימצא בה בהמה שבמינה יש פרסות, ואף שאין לה רגלים כלל, או כרגלי יונה, גם כן כשר הואיל ומין בהמה זו יש לה פרסות בהכשרה, **ורמ"א** הוסיף דאפילו נמצא בתוכה גמל ואין לו פרסות כלל, אלא כרגלי יונה, או שאין לו רגלים, וגם מינים אין להם פרסות בהכשרם, אלא פרסותיו קלוטות, דהיינו כחמור שכולה פרסותיו קלוטות, אפ"ה כיון שגמל זה הוא מין בהמה, רצה לומר שממינה שבכלל שם בהמה נמצאים בהמות שיש להן פרסה בהכשרן, כשר, משא"כ עוף שאין עליו שם בהמה, עכ"ל, **ודבריו** דחוקים, ועוד דאם כן כבר נתבאר בדברי

[ט"ז] ‹רעק"א או ש"א או הוספת הסבר› (פת"ש)

הרמב"ם שהכל תלוי בדמות, ולאיזה צורך הוסיף הר"ב שום דבר, ועוד מאן יש אומרים.

והנלפע"ד ברור, שהר"ב הבין דברי המחבר כמו שכוון המחבר עצמו, וכמ"ש לעיל, וקאי אסיפא דקאמר לא הותר מן הנמצא בבהמה אלא מה שיש לו פרסה, דר"ל כשיש לו פרסה אע"פ שהוא דמות עוף מותר, **וקאמר** וי"א דלא הותר אפילו פרסותיו קלוטות כשהוא דמות עוף - **ומה** שלא אשמועינן רבותא, דלא הותר אפילו יש לו ב' פרסות כשהוא דמות עוף, משום דפרסה א' וב' הכל שוין, א"נ סירכא דלישנא דהמחבר נקט, דמשמע דשרי אפי' בפרסה א' - רק שיהא דומה לבהמה שבמינה מין שיש לו פרסה, כלומר הכל תלוי בדמות ולא בפרסה, וזהו כדעת התוס' והרא"ש והרשב"א והר"ן ור' ירוחם והטור והרב המגיד, דס"ל דהכל תלוי בדמות, דאם יש לו דמות בהמה, אפילו אין לו פרסה כלל כשר, כיון דיש במינה פרסה, ואם הוא דמות עוף, אפילו יש לו פרסה אסור, וכ"פ מהרש"ל.

סעיף ו - השוחט את הבהמה ומצא בה בריה שיש לה ב' גבין ושני שדראות, אסור - משום דרחמנא אגמרי' למשה השסועה לאיסורא, וע"כ במעי אמו אגמריה דאסור, שהרי אינו יכול לחיות אפילו שעה א' כשיצא לאויר העולם, ש"ס.

§ סימן יד - דין עובר במעי בהמה §

סעיף א - המקשה לילד והוציא העובר את ראשו, אעפ"י שהחזירו, הרי הוא כילוד ואינו ניתר בשחיטת אמו - בחו"מ סי' רע"ז מבואר, דרוב פדחתו הוי כאלו יצא כל ראשו, **ואע"ג** דבש"ס ר"פ יש בכור וברמב"ם פ"ב מהלכות נחלות ובשו"ע שם איתא, דאם יצא פדחתו הוי כאלו יצא כולו, **פשוט** הוא דלא מיירי אלא מדין פדחת דהוי כראשו, אבל ודאי דרוב פדחת הוי ככולו, ומחשב על ידו כאלו יצא כל ראשו, וכ"כ העט"ז והסמ"ע, והפרישה כאן, וכן הוא לקמן ס"ס קצ"ד בטור ורמב"ם, **והב"ח** בחו"מ מחק תיבת רוב, ולפענ"ד כמ"ש.

לפיכך אם הוא בן ח' חי או מת, או בן ט' מת, אסור - כולו, **ואם הוא בן ט' חי, ניתר** - כולו **בשחיטת עצמו** - דוקא, אפילו אמו טרפה ניתר בכך, דהו"ל כילוד. ‹**וראיתי** בתבואות שור תמה עליו, דפשיטא, דאף במעי אמו ניתר מדינא בשחיטת עצמו באמו טריפה, יע"ש. **אמנם** כן יש ליישב דבריו, דהכי קאמר, דאף למ"ש רמ"א לעיל סי' י"ג סעיף ג', דעכשיו אין להתיר שום וולד הנמצא בבהמה אם האם טריפה, **ודווקא** נמצא, דלא נולד כדרך הנולדים, הא נולד, כתב המחבר סימן ט"ו ס"ב, דמותר בו ביום אם ידוע שכלו חדשיו, ולא הגיה רמ"א כלום, כיון דנולד כדרך הנולדים, ורוב וולדות אין נפלים, **ואם** כן יפה אמר, דאם הוציא ראשו הרי זה כילוד, ואפי' האם טריפה, אף לדידן סמכינן אזה דהוה לידה - פמ"ג. ‹**וע"ל** סי' ט"ו ס"ב מש"כ שם בשם הערוה"ש.

סעיף ב - הוציא ידו והחזירה (פי' קודם שחיטה), מה שיצא מן האבר לחוץ, אסור - שנאמר ובשר בשדה טרפה לא תאכלו, ודרשו חז"ל כיון שיצא בשר חוץ למחיצתו, דהיינו הרחם שהוא מחיצת העובר [להתירו בשחיטת אמו, וכיון שיצא חוץ למחיצתו, דהיינו לאויר העולם, נאסר מהיתר שחיטת אמו], **אבל מה שנשאר ממנו בפנים, ומקום חתך** - [שזה הבדלה בין פנימי לחיצון], **מותר** - [דכיון שהחזירה אין צריך לחתוך לצד פנים, אלא מצמצם וחותך, ומקום החתך מותר, דקרינן ביה בבהמה תאכלו], ‹ומשום בשר בשדה ליכא, דהא לא יצא ממחיצתו - ב"י.

לא החזירה קודם שחיטה, גם מקום החתך אסור - [דלא קרינן ביה בבהמה במקום החתך], ‹דלאו בתוכה הוא - ב"י. **אבל מה שבפנים, מותר אפילו הוא מיעוטו** - של אבר, [דקי"ל אין לידה לאברים כרבי יוחנן, ולא כרב דיש לידה לאברים], ‹פי' רואין אותו כאילו יצא כולו, והאבר כולו אסור בין היוצא לחוץ ובין הנשאר בפנים - ב"י.

(**הנה** דין איסור יוצא נאמר בש"ס בבן פקוע מכשירה, שכל הולד ניתר בשחיטת אמו, לכן אבר היוצא אין לו תקנה, משא"כ כשהאם טרפה, **אכן** דעת הש"ך לקמן בס"ג מבואר, ‹ע"ש בפמ"ג ומחה"ש›, דאפילו כשנמצאה האם טרפה, שייך איסור יוצא, ומה שבחוץ אסור, **אמנם** הפר"ח חלק עליו, עיין בספר לבושי שרד שכתב שנראה

מחבר רמ"א ש"ך ונקה"כ

מח הלכות שחיטה
סימן יד – דין עובר במעי בהמה

עיקר כהפר"ח, **אך** למעשה יש להחמיר ולומר, דאם האבר שיצא הוא אבר שהנשמה תלויה בו, יש לאסור כולו אפילו מה שהיה בפנים, וכשהגדיל חלבו ג"כ אסור, {**ואם** איכא עוד איזה צד היתר, כגון תערובת וכה"ג, יש להתיר}, **ואם** הוא אבר שאין הנשמה תלויה בו, יש לחוש ולאסור אבר היוצא עכ"פ, והשאר ניתר בשחיטת עצמו, וכשהגדיל חלבו מותר, ע"ש).

הגה: וכל זה לא איירי אלא לענין שיהא ניתר בשחיטת אמו, כשאר עובר הנמצא בה - ר"ל דשחיטת אמו הוא דמגרע כחו, דאם לא נולד קודם שחיטת אמו, אע"פ שהוא בן ט' חי, האבר אסור, ולא מהני ליה גם שחיטת עצמו אח"כ, וטעמא עיין ‹בש"ך ס"ה, "מחמת שאין לו סימנים להתירו בהן ע"י שחיטה, והרי כל הגוף כבשר וכמונח בדיקולא, והאבר שיצא הוא לבדו נשאר חי"›.

אבל אם ילדה אותה הבהמה אח"כ, גם האבר שיצא והחזירו שרי, דשחיטת עצמו מתיר הכל - דוקא אם ילדה אותה קודם שחיטה, אבל לאחר שחיטה אפילו נולד דרך בית הרחם אסור.

סעיף ג - אם יצא רוב העובר, הרי הוא כילוד, ואם יצא חציו ברוב אבר, ‹הרי הוא כילוד› - כגון שיצא רוב ידו, וכשנשער מה שיצא מהעובר, אינו אלא חציו, ואם נטיל מיעוט היד שנשאר בפנים אחר רוב היד שיצא, הוי רוב, שדינן מיעוט היד שבפנים אחר רוב היד שיצא להשלים רוב העובר, ואסור, עכ"ל טור, **ודין** זה בעיא בש"ס ולא איפשטא, ופסקו הפוסקים לחומרא, ולכן כתבו הט"ו בסי' שי"ט לענין בכור, שהבא אחריו ספק בכור, **והלכך** אם הוא בן ט' מת, או בן ח' אפילו חי, חיישינן שמא ה"ל כילוד, ואסור הכל אפילו מה שנשאר בפנים, **ואם** הוא בן ט' חי, אז מה שיצא לחוץ אסור, דשמא לא ה"ל כילוד, וה"ל בשר שיצא חוץ למחיצתו ונאסר, ולא מהני ליה נמי שחיטת עצמו, כיון שלא נולד קודם שחיטת אמו, **אבל** מה שנשאר בפנים מותר ממ"נ, [**אי כילוד פשיטא דמותר, ואי לאו כילוד**, ניתר בשחיטת האם, **דהא לא יצא כלל**], אפילו היתה *אמו טרפה, בשחיטת עצמו, כמו שנתבאר בסי' י"ג, ואפילו לא החזיר מה שהוציא מותר הנשאר בפנים ממ"נ, **ומ"ש** הט"ו בסעיף ד', ואם חתך כל אבר ואבר בשעה שהוציא אותו, גם המיעוט שנשאר בפנים אסור, **התם** כיון שחתך רוב אבריו, א"א שיהא ניתר בשחיטת עצמו, א"נ מיירי בבן ח', או בבן ט' מת, ועיין בדרישה שכתב כה"ג.

*‹**לומר** מה שבחוץ אסור ומה שבפנים מותר, {עיין בפת"ש לעיל ס"ב}, וכן הוא דעת הב"ח בכאן, דבטריפה גם כן אבר היוצא אסור, **וכתב** התבואות שור הטעם, דשחיטת אמו כשירה מטהר האבר היוצא מידי נבילה, הא שחיטת טריפה אין מטהר לאבר היוצא, דנחות דרגא, דמטהר לעובר מידי נבילה ולא לאבר, **ואם** כן הסימנים כשחוטין דמיין לענין נבילה, ואבר אין לו מי שיטהר אותו מידי נבילה, זה תוכן כוונת דבריו – פמ"ג. ‹**לא** קאי אלא אמה שנשאר בפנים לחוד, דאם היתה אמו טריפה ניתר בכולו בשחיטת עצמו אפילו אם אינו כילוד, דהא שחיטת אמו אינו מתיר כיון שהיא טריפה, ואכשר בה רחמנא בסימנים דידיה – מחה"ש›.

או שיצא רובו במיעוט אבר, הרי הוא כילוד - פשוט בש"ס דהוי כילוד, והמחבר שכתב בבבא אחת ה"ה כילוד, [**הוא אינו מדוקדק, דהא אינם עולים בקנה אחד**], אין ר"ל להשוותן לגמרי, וסמך אמ"ש לקמן סי' שי"ט, דביצא רובו במעוט אבר הוי ודאי כילוד, ובחציו ברוב אבר הוי ספק, **ותימא** על העט"ז שכ' ברישא ובסיפא הטעם משום דאזלינן לחומרא, והא ודאי ליתא, **אלא** ביצא רובו במעוט אבר פשיטא לן דהוי כילוד, והלכך היכא דהוא בן ט' חי, ניתר כולו ע"י שחיטת עצמו דוקא, והיכא דהוא בן ט' מת, או בן ח' חי, הרי כולו אסור אף מה שבפנים, ועיין בס"ק שלפני זה.

וה"ה אם היה מבפנים יותר מבחוץ בלא המיעוט אבר, שדינן ליה אעובר שמבחוץ, כיון שבמעוט אבר שעמו הוי רוב עובר הוא בחוץ, וכן משמע מהט"ו לקמן סי' שי"ט, ודוק.

סעיף ד - הוציא אבר א' והחזירו, וחזר והוציא אבר אחר והחזירו, עד שהשלים לרוב, המיעוט שלא יצא, מותר; ואם חתך כל אבר ואבר בשעה שהוציא אותו, גם המיעוט שנשאר בפנים אסור – ‹איבעיא להו, לדברי האומר אין לידה לאברים, הוציא העובר את ידו והחזירה, וחזר והוציא ידו והחזירה, עד שהשלימו לרובו, מהו, מי אמרינן הא נפק ליה רובא, או דילמא כיון דהדר הדר, **אם** תמצי לומר כיון

[ט"ז]   ‹רעק"א או ש"א או הוספת הסבר›   (פת"ש)

דהדר הדר, הוציא העובר ידו וחתכה, וחזר והוציא ידו וחתכה, עד שהשלימו לרובו, מהו, מי אמרינן הא נפק ליה רובא, או דילמא רובא בבת אחת בעינן, **ולא** איפשיטא, ופסקו הרשב"א והרא"ש לבעיא ראשונה להקל, כאת"ל, ובשניה להחמיר – ב"י. ‹**וקשה** הא טעמא הוי דאזלינן בספיקא לחומרא, וא"כ המיעוט שנשאר בפנים יהא מותר ממ"נ, כנ"ל בש"ך ס"ג – מחה"ש›, **ועיין** ס"ג, ‹שם כתב ב' תירוצים – פמ"ג›.

סעיף ה - עובר שהוציא אבר ונאסר האבר, ואח"כ נשחטה האם והוציאו העובר, והרי היא נקבה, החלב שלה אסור לשתותו, הואיל והוא בא מכלל האברים, ויש בה אבר א' אסור, והרי זה כחלב טרפה שנתערב בחלב כשרה - זהו ג"כ בעיא בש"ס, מהו לגמוע חלבו, חלב דעלמא לאו כאבר מן החי דמי ושרי, האי נמי ל"ש, או דלמא התם אית ליה תקנתא לאיסוריה בשחיטה, תיקו, וכ"כ הרמב"ם, הרי זה אסור לשתותו מספק.

והקשה הב"ח אמאי לא בעי ש"ס נמי הכי גבי בן פקועה שבא על בהמה דעלמא והוליד, שהולד אין לו תקנה מטעם שהייה, וכדלעיל סי' י"ג, **ותירץ** דהתם פשיטא דשרי, דלאו טרפה היא, אלא שאין השחיטה מתירתו, ודמי למ"ש הרשב"א וכתבו הר"ב, גבי שמוטה, דחלב שלה מותר, מטעם דשמוטה לאו טרפה היא, אלא שאין שחיטה מועלת בו, אבל הכא אסור משום טרפה, וחלב טרפה אסור, עכ"ל, **ולא** משמע לי פירושא דשמעתא הכי, ועוד דל"ד לשמוטה, דהתם הל"מ דשמוטה לאו טרפה היא בחייה, משא"כ לעיל דהולד טרפה משום דסימן אחד שלו הוי כשחוט, והגע עצמך אם שחט סימן א', ואח"כ הניחה, אם חלבה מותר, דנימא שיגמור אח"כ השחיטה, והאי נמי דכוותה היא, [שהרי כולו איסור כיון דשחוט חציו, וה"ל כשאר מידי שנשחט חציו ממש], **ועוד** דבשמוטה היתה לה שעת הכושר, משא"כ הכא, דמיום שנולד אין לו תקנה, וחילוק זה מבואר בדרישה, **והא** דבעי ש"ס הכי דוקא באיסור יוצא, היינו משום דאיסורא משום אבר מן החי, וחלב דעלמא נמי כאבר מן החי דמי, וכ"כ הרשב"א בחידושיו וז"ל, הכי קמבעיא ליה, אבר זה אין בו איסור מחמת עצמו כטרפה כלל, אלא מחמת שאין לו סימנים להתירו בהן ע"י שחיטה, והרי כל הגוף כבשר וכמונח בדיקולא, והאבר שיצא הוא לבדו נשאר חי, וא"כ מה הפרש יש בין חלב זה לשאר חלב הבא מן החי, או דלמא מיגרע גרע, דהתם חיותו עומד לתקן ע"י שחיטה, אבל חיותו של עובר זה אין לו תקנה עולמית ע"י שחיטה, עכ"ל, וכ"כ הר"ן, **אבל** לעיל שכל הבהמה אסורה מטעם שסימן אחד שלה הוי כשחוט, פשיטא דאסור. ‹**והט"ז** מתרץ› [דאותו דין שאין לולד תקנה, הוא מדברי רב משרשיא למ"ד חוששין לזרע האב, והוא מחלוקת אמוראים, ע"כ ניחא ליה למבעי באיסור יוצא שהוא אליבא דכ"ע].

‹**ואם** יצא חציו ברוב אבר, י"ל דהחלב מותר מטעם ס"ס, ספק דהוי כילוד ואין כאן איסור יוצא, ואת"ל דלא הוי כילוד, ספק שמא ביוצא ג"כ החלב מותר, **ולכאורה** נסתר זה ממ"ש הט"ז, דבבן פקועה הבא על הבהמה מעליא, דאין לולד תקנה בשחיטה, החלב אסור, דזהו ג"כ בכלל איבעיא, ע"ש, והא הך דינא דבן פקועה שבא על בהמה מעליא, דאין להולד תקנה משום דחוששים לזרע אב, הוי רק ספק כדקימ"ל בסי' ט"ז, דאנן ס"ל לדינא דהוי ספק אם חוששים לזרע אב, וא"כ הו"ל ס"ס, **אמנם** י"ל דהתם לענין ספיקא דחוששים לזרע אב, הוי לולד חזקת איסור שאינו זבוח, ודנין מכח החזקה דאין לו תקנה בשחיטה, **אבל** הכא בחציו ברוב אבר, י"ל דלא אמרינן דהוי כודאי אינו ילוד דלא מהני שחיטה להיוצא, דהא לגבי הנשאר בפנים הוי בהיפוך, חזקת איסור לדונו כילוד, דאם לא היה כילוד הותר תיכף בשחיטת אם, ומכח חזקת איסור ראוי לדון דלא הותר, וא"כ הוי חזקה לכאן ולכאן, מש"ה י"ל דשפיר הוי ס"ס – רעק"א›.

והרי זה כחלב טרפה שנתערב בחלב כשרה – [לשון זה מיותר, ומורה לכאורה ששייך כאן ביטול בס', וכ"כ מו"ח ז"ל], דאם היה ס' בבהמה בבשר וגידין ועצמות כנגד האבר האסור, כל החלב מותר מטעם תערובות שבטל בס', ע"כ, וכ"כ העט"ז, **ואני** תמה, מי הגיד להם נביאות זה, שמא מאבר קטן החלב מתגדל הרבה יותר מאבר אחר גדול, ולעולם אינו בטל, והכי משמע פשטא דש"ס ופוסקים, אח"כ מצאתי שכתב הדרישה סברא זו, [כי דבר ידוע שאין האברים שוין בזה לענין דם שבהם, כי יש אבר שבו רוב בשר ומיעוט עצם, אם כן יש בו רבוי דם, וכן להיפך, וכן הוא לענין חלב הבא מכח דם שבאברים, ואין לשער בזה בס'], **מיהו** י"ל דלא יהא אלא ספק אם יש ס', כיון דהוי מין במינו דבטל מן התורה ברוב, אלא מדרבנן צריך ס', ה"ל ספק דרבנן ולקולא, וכדלקמן סי' צ"ח ס"ב, והכי אמרינן נמי לקמן סי' פ"א.

[ולשון המיותר כאן בשו"ע ע"פ הרמב"ם הוא מורה על ענין אחר, דהיינו דבגמר' איתא תחלה בעיא לענין זרע נולד מאותו איסור יוצא, אי אסור מכח שבא מאסור או לא, ואסיקנא דכל מכח לא אמרינן, ושרי, אלא דבעיא היא לענין חלב לשתותה, **ע"כ** נשמר הרמב"ם דלא נטעה לומר שהחלב בא מכח האברים, שכן משמע הלשון לכאורה שכתב תחלה, "הואיל והוא בא מכלל האיברים", א"כ הוה כמו מכח האברים, וזה אינו, דכל מכח שרי, אלא החלב הוא בא ממש בעין מן האברים, כאילו יונקים בפנינו חלב, וזה שכתב וה"ז כחלב טרפה שנתערב כו', פי' חלב בעין ממש נתערב, ולא כח בלבד כענין הולד הנולד, כנ"ל נכון].

‹**ועיין** בספר בני חייא שחולק על הש"ך ופר"ח, שהסכימו להתיר החלב אם יש ששים בבהמה נגד האבר האסור, דאישתמיט להו דברי המרדכי בחולין, שכתב דל"ש ביטול אלא בדבר שהיה ניכר בפני עצמו תחלה ואח"כ נתערב, אבל בדבר שתחלת ביאתו לעולם מעורב, לא בטיל, ע"ש, **גם** המשנה למלך הביא מ"ש המרדכי, דדבר המעורב מתחלת ברייתו ל"ש ביטול, ותמה על חכמי אשכנז האחרונים אשר נשאו ונתנו כאן אם החלב בטל בששים, ע"ש שהאריך, **ועיין** בתשובת נו"ב שיש קושיא זאת, וכתב דדברי המרדכי היינו רק בביטול אשר מתורת רוב אתינן עלה, אבל בדבר הבטל בששים, דטעם בטולו הוא מפני שאז אין הטעם נרגש, לא שייך חילוק המרדכי, ע"ש).

‹**אבל** אם בודאי ליכא ס', אין להתירו בדין ספק דרבנן, מחמת ספיקא דאיבעי אם חלב מותר, דכיון דהחלב שמכח אבר היוצא הוי ספק דאורייתא, כמ"ש הט"ז והש"ך – רעק"א.

סעיף ו - המושיט ידו למעי הבהמה וחתך מן הטחול ומן הכליות וכיוצא בהן - נקט הני משום דאין הבהמה נטרפת בחתוכן, **והניח החתיכות בתוך מעיה ואח"כ שחטה, הרי אותן החתיכות אסורות משום אבר מן החי, ואע"פ שהוא בתוך מעיה.**

אבל אם חתך מן העובר שבמעיה ולא הוציאו, ואח"כ שחטה, הרי חתיכת העובר או אברו מותר, הואיל ולא יצא – [פי' אפי' חלב מותר, דכתיב בבהמה תאכלו].

ובש"ס פריך מ"ש ‹אברי הבהמה› מעובר, ומשני דכתיב אותה שלמה ולא אותה חסרה, דלא כעט"ז דאישתמיטתיה ש"ס זו, וכתב טעם אחר.

הגה: ואם שחט עובר במעי אמו, לא מקרי שחיטה - זהו בעיא דלא איפשטא פרק המקשה, ומוכח שם דמיירי שיצא אחר שחיטתו קודם שחיטת אמו, דאז אפילו הוא בן ט' חי שחיטתו נבלה מספק, דשמא אין שחיטה אלא לאחר שיצא לאויר העולם, **אבל** היכא דלא יצא קודם שחיטת אמו, ניתר בשחיטת אמו, והר"ב קיצר במובן וסמך אלמעלה, **והלכך** כיון שמספק לא מקרי שחיטה, אסור לשחוט האם אחריו בו ביום, דשמא הוי שחיטה, ‹**מיהו** צ"ע, דהא ע"כ הוי חלדה – באה"ט›, **ובעט"ז** לא ידע מקור דין זה, ולכן כתב הטעם דלא הוי שחיטה משום חלדה, וסוגיא דהתם לא אזלא כלל לפ"ז, ע"ש, אלא הטעם פשוט כמ"ש, וכ"כ רש"י שם, וכבר השיגו הל"ח.

‹**מסתפקנא** באם מתה האם ושחט הולד במעי אמו, בזה י"ל דהוי שחיטה, דהא בעי רק באם האם חי, דאזי י"ל דהולד כחלק מהאם, ולא הוי בהמה בפני עצמו, אבל במתה האם י"ל דהולד רק כמונח בקופסא וכנולד דמי, **וכמ"ש** הרמב"ן הובא במג"א, דאף דישראל אינו נהרג על העוברים, מ"מ במתה האם, העובר כילוד ודלת הוא דנעול לפניו דמי, **ואולם** לטעם הלבוש, דהוי חלדה, גם בכה"ג לא הוי שחיטה, **ובעיקר** הדין קשה לי, למאי הוצרך הרמ"א להביא דין זה, הא כבר כתב הרמ"א לעיל, דאם שחט האם ונמצאת טריפה, דעכשיו אין תקנה להולד, דאין אנו בקיאים אם כלו חדשיו, א"כ ממילא א"א להתיר שחיטת הולד במעי אמו בלי היתר דשחיטת האם, דדלמא לא כלו חדשיו, ואין לו שחיטת עצמו, **ואולי** י"ל דכוונת הרמ"א, דלא הוי שחיטה כלל אפי' להקל, דמותר לשחוט אח"כ האם, ולא הוי אותו ואת בנו, והיינו משום דהוי ס"ס, ספק דלא כלו חדשיו, ואת"ל דכלו חדשיו, שמא לא מהני שחיטה במעי אמו, וצ"ע, **ודלא** כמ"ש הש"ך, דלענין אותו ואת בנו מחמירין – רעק"א.

‹**עיין** בתשובת תפארת צבי שכתב, דאמו עכ"פ מותרת אף בלא בדיקת איברים הפנימים, ולא חיישינן שמא נגע בהם בסכין, דאין לחוש לזה כשמכוין שלא ליגע בשאר אברים, והוכיח כן מדברי תוס' בביצה ד' ו', ע"ש).

סימן טו – שלא לשחוט בהמה עד יום שמיני ללידתה

§ סימן טו – שלא לשחוט בהמה עד יום שמיני ללידתה §

סעיף א - אפרוח כל זמן שלא יצא לאויר העולם, אסור - משום שרץ השורץ על הארץ, שגם שריצתו בתוך קליפתו מיקרי שריצה, **ולאחר שיצא לאויר העולם, מותר מיד** - אפי' לא נתפתחו עיניו, ב"י בשם רוב הפוסקים, **מיהו** כתבו הג"א מא"ז, דמשום דבר שקץ אין לאכלו עד שיגדלו הכנפים, דהיינו נוצה גדולה שעל גופו שיש לו קנים, דכל עופות שלא גדלו כנפים אסר ר' יואל משום שקץ, עכ"ל, וכ"כ האו"ה, וכ"כ האחרונים.

[**בפ"ק** דביצה פליגי ר"א בן יעקב ורבנן, דראב"י ס"ל כל השרץ השורץ על הארץ לרבות אפרוחים שלא נפתחו עיניהם, ורבנן ס"ל כל זמן שלא יצא לאויר העולם, ופסק הרי"ף כרבנן, וכתב הר"ן אע"ג דקי"ל משנת ראב"י קב ונקי, מ"מ כיון דקים ליה רבי יוחנן כרבנן, ורב כראב"י, וקי"ל רב ור"י, הלכה כר"י, וק"ל מאי אולמיה דהאי כללא, מהאי כללא דמשנת ראב"י קב ונקי, **ונראה** דלבטל זה מפני זה, והדרינן לכללא דיחיד ורבים הלכה כרבים, וכ"פ הרא"ש פרק א"ט, וכ"כ כאן טור ושו"ע, **ותימא** על הרא"ש שפוסק בפ"ק דביצה כראב"י, וסותר דבריו בפרק א"ט].

לק"מ, דבפרק א"ט לא העתיק אלא לשון רי"ף, כידוע למי שיודע דרכו של רבינו אשר, דמעתיק לשון הרי"ף בסתם בכמה דוכתי, אע"ג דלא ס"ל הכי, ובפ"ק דביצה הוא עיקר פסק דידיה, וע"כ כתב הטור וב"י ושאר אחרונים בשם הרא"ש, דפסק כראב"י, ולא כמ"ש הוא בשמו דפוסק כת"ק - נקה"כ.

[**וכתבתי** דבר זה, לפי שראיתי בהג"ה אשיר"י פ"ק וז"ל, וכגון שנולד עם הכנפים, דהיינו נוצה גדולה שעל גופו שיש לו קנים, דכל עופות שלא גדלו כנפים אסר ר' יואל משום שקץ, מא"ז, עכ"ל, ומו"ח ז"ל הביא הג"ה זאת להלכה, **ותמהני** דרבינו יואל שאסר משום שקץ כמאן ס"ל, ונ"ל דס"ל כראב"י, ושיעור דנפתחו עיניהם ושיעור דגדלות כנפים שיעור אחד הוא, וא"כ למאי דפסק השו"ע כרבנן, לא קי"ל ג"כ כהך הג"ה אשיר"י].

גם מש"כ דהג"ה אשיר"י פסק כראב"י, ליתא, דא"כ מאי קאמר, וכגון שנולד עם הכנפים כו', הל"ל פירוש שנולד עם הכנפים כו', **ועוד** דמאי קאמר אסר רבינו יואל משום שקץ, מאי רבותא דר' יואל דאסר כן, דהא היינו כראב"י, **אלא** ודאי ה"ק, הא דפליגי ראב"י ורבנן, היינו כגון שנולד עם הכנפים כו', דכל עופות שלא גדלו הכנפים, אסר ר' יואל משום שקץ, כלומר דנהי דמשום שרץ השורץ על הארץ ליכא, מ"מ משום שקץ ומיאוס אסור לאכלו, **וכן** נראה מדברי כל האחרונים, שאע"פ שפסקו כת"ק, העתיקו דברי הג"ה לפסק הלכה - נקה"כ.

סעיף ב - בהמה שילדה, אם ידוע שכלו לו חדשיו, דהיינו ט' חדשים לגסה וה' לדקה, מותר מיד ביום שנולד, ולא חיישינן שמא נתרסקו (פי' נכתשו ונכתתו) אבריו מחבלי הלידה - ואפי' איכא ריעותא שאינו הולך, תוס', וכ"כ הרא"ש וטור ור' ירוחם, דאפי' אינו יכול לעמוד מותר, וכב"י, דאפילו היא מקשה לילד. [**וא"צ שיפריס**].

‹**עיין** בט"ז מה שהרבה להקשות על הרמ"א באו"ח, דפסק בעגל שנולד ביו"ט, דאע"ג דידוע שכלו לו חדשיו, צריך ג"כ שהפריס על הקרקע, ועיין בנקה"כ מה שתירץ›.

ואם אין ידוע שכלו לו חדשיו, אסור משום ספק נפל עד תחלת ליל שמיני – [ואע"ג דגבי קרבן כתיב מיום השמיני והלאה, **שאני קרבן דאין ראוי להקריב בלילה, דכל קרבן הוא ביום דוקא**].

{**עיין** פמ"ג שכתב, דבעינן שיעברו ז' ימים מעל"ע, ואם נולד סוף יום א', אם הגיע תחלת ליל מוצאי שבת עדיין לא יצא מכלל נפל, עד סוף יום המחרת, ע"ש, **וכן** משמע מלשון הט"ז, דנקיט בלשונו מעל"ע, **אמנם** בתשובת נו"ב בתשובה מבן המחבר, האריך בזה והביא הרבה ראיות דלא בעי מעל"ע, וכתב שכן דעת התב"ש, **וסיים** דאפ"ה אם יבא מעשה לידי קשה עלי להקל, מאחר שמפורש בבעלי הוראה המפורסמים לאיסור, ומ"מ המיקל לא הפסיד, הואיל ובלא"ה הוא רק איסורא דרבנן, {**עיין** בזה בדגמ"ר ובתשובת נו"ב ובספרו שו"ת שיבת ציון, אם זה ברור דהנך ז' ימים הוא רק מדרבנן}, **שוב** ראיתי בספרי פמ"ג החדשות, נדפס בשם גדול אחד שכתב על דברי הפמ"ג הנ"ל, דדברי שגיאה הם, **עתה** ראיתי שהרב ז"ל בעצמו חזר בו בספרו פמ"ג לאו"ח, גם בספרו תיבת גמא

הלכות שחיטה
סימן טו – שלא לשחוט בהמה עד יום שמיני ללידתה

פ' ראה, **גם** בתשובת בית שמואל אחרון העלה דא"צ מעל"ע, ע"ש, וכן העלה בשו"ת תשובה מאהבה, ע"ש, וכן הסכים בתשובת רבינו עקיבא איגר, ע"ש, ובתשובת חתנו הגאון חתם סופר, **ובדיעבד** אם שחטו תוך שמונה, עיין בדגול מרבבה מה דינו).

‹**ודע**, דבעיקר דין זה שנתבאר דבכלו לו חדשיו א"צ להמתין עד יום ח', אנן לא בקיאינן בכלו לו חדשיו, מג"א, ובכל ענין צריך להמתין עד יום ח', **וזה** שלא כתב רבינו הרמ"א בכאן דין זה, סמך עצמו על מ"ש לעיל סי' י"ג ס"ג – ערוה"ש. **ועיין** לעיל סי' י"ד ס"א, דחלק ע"ז הפמ"ג›.

סעיף ג- אין סומכין על העובד כוכבים בגדיים קטנים הנקחים ממנו, ואומר שהם בני ח' ימים

- לפי שאין עובד כוכבים נאמן אלא בעדות אשה לבד, וכ"ש כאן שהוא אומר להשביח מקחו, כ"כ הרשב"א בתשובה סי' רמ"ג, **ולפ"ז** אפילו העובד כוכבים מסיח לפי תומו אינו נאמן, דהא בעדות אשה קי"ל דאינו נאמן אלא במסיח לפי תומו.

‹**ומשמע** לכאורה מדבריו, כל שאין ידוע אי כלו חדשיו הוה ספיקא דאורייתא, דאי דרבנן הא מהימן אף בשאר איסורין גוי מסיח לפי תומו, כמ"ש הש"ך בצ"ח אות ב' ובקל"ז, **אלא** דא"א לומר כן כמו שמוכח באבן העזר סי' קנ"ו וקס"ד, **ואפשר** דהכא איתחזק מיקרי, דעד עתה היתה מעוברת – פמ"ג›.

[קשה הא הוה ספק ספיקא, ספק שמא כלו לו חדשיו, ואת"ל לא כלו, שמא יש לו ח' ימים, י"ל דס"ל כי"א בסי' ק"י סעיף ח', דדבר שיש לו מתירין לא מהני ביה ספק ספיקא, אך קשה על רמ"א, שכתב שם דלצורך יש להקל, וכ"כ בת"ח בשם הר"ן להקל בס"ס ביש לו מתירין, והיה לו להתיר גם כאן אפי' בלא נאמנות הכותי, וי"ל דאין שייך כאן ס"ס, דע"כ יש כאן ספק נפל או לא, וא"א לך לומר אם תימצי לומר נפל, ואין זה דומה לספק זינתה דפ"ק דכתובות בתוספות].

זה אינו, דהא הכא אין המתיר בודאי שיבא, וכה"ג לא דשיל"מ כלל, וכדלקמן סי' ק"ב ס"ב, **אבל** באמת אין התחלה לקושיא זו, דהאיך תאמר ואת"ל לא כלו, שמא יש לו ח', דמה בכך שיש לו ח', *הא לא כלו ונפל הוא, **ועוד** דכשתאמר לא כלו, א"א שיש לו ח', דהא כשהוא בן ח' ימים מוציא מידי ספק נפל, כדאיתא בדוכתי טובא, **ואפשר** שזהו בכלל מש"כ אח"כ, וי"ל דאין שייך כאן ס"ס כו', אבל באמת לא הוצרך להעלותו בכתב, שהוא פשוט יותר מביעתא דכותחא - נקה"כ.

*‹**ובשער** המלך סתר זה, דהא הפר"ח העלה בדעת הרשב"א, דלא בעינן ס"ס מתהפך, וא"כ עדיין הוי ס"ס, ספק שהה ח' ימים, ואת"ל דלא שהה ח' ימים, שמא כלו חדשיו, עיי"ש, **ולענ"ד** אינו, דלדעת הש"ך דבודאי לא כלו לא מהני ח' ימים, וא"כ לא שייך כאן ס"ס, דהכל אחד הוא, דאנו אומרים שמא שהה ח' ימים ומוכח דכלו חדשיו, ואת"ל דלא שהה ח' ימים, דלמא בלא הוכחה כלו חדשיו, וא"כ כל הספק רק אי כלו חדשיו, ופשוט – רעק"א›.

(**עיין** בספר לבושי שרד, שנשאל ע"ד עיר אחת שהיו רגילים לשחוט עגלים הניקחים מעכו"ם, ואינם יודעים אם הם בני ח' ימים, ועשו כך מפני חסרון ידיעתם, ואח"כ בא חכם והודיעם שהוא אסור, מה משפט הכלים שבישלו בהם עד עכשיו, **והורה** שאותם הכלים שהיו בני יומן בעת שהודיעם החכם את האיסור, אסורים לעולם, אפילו אם מה שנתבשל בהם היה מעגל גדול קצת, אשר למראית עין הוא בן ח', **אבל** הכלים שלא היו אז ב"י, מותרים, {זולת כלים שהם בני הגעלה יגעילם}, אפילו אם מה שנתבשל היה מעגל קטן, אשר למראית עין לא היה בן ח').

(**עבה"ט** של הרב מהרי"ט ז"ל, ועיין בתשובת בית אפרים, שאין לסמוך על שום סימן מהסימנים, ונתן טעם, כי הטבעיות משתנות לפי הזמן ולפי הארצות, ובין אם העגל חלש או בריא, ע"ש, **וכתב** עוד דאף שכתב התב"ש דגדלות לא הוי סימן, היינו גדלות מעט שיש מקום לטעות, אבל אומד הדעת שהוא בירור גמור אפשר להקל, **ולכן** יש להקל לעת הצורך במי שהוא מומחה ובקי בטבע גידול העגלים של מדינה זו, וברור לו דלא שכיח כלל שיהא בן ו' ימים גדול כ"כ, ובלבד שיהא השוחט ירא שמים, שלא יקל ראשו באומד כל דהו, ע"ש).

(**ועיין** בתשובת חת"ס, כתב שם נדון העגלים או שאר בהמה דקה הניקחים ע"י סימנים דיהיב מהריק"ש, והביאום הפר"ח ‹**וז"ל**, כתב הריק"ש, שמעתי מפי בקיאים שכל שגדלו שיניה בידוע שעברו עליה ז' ימים שלמים, ע"כ, **ועוד** שמעתי לבדוק בקרנים, שכל שאינם רכים עדיין שיכול לתחוב בהם הצפורן, אלא שהם קשים וחדודים, בידוע שעברו עליהם ז' ימים שלמים›, **ולמעשה** צריך לבדוק בשינים ובקרנים, אם גדלו השינים והקרנים קשים וחדודים, סמכינן עלייהו להתירם, הלא"ה אין ראוי להתיר כלל, והסכים ע"י התב"ש, **הגם** כי בעל פרי תואר פקפק עליהם, מ"מ נהוג

[ט"ז] ‹רעק"א או ש"א או הוספת הסבר› (פת"ש)

הלכות שחיטה
סימן טו – שלא לשחוט בהמה עד יום שמיני ללידתה

עלמא כתלתא סבי, ועכ"פ בצירוף מסל"ת של עובד כוכבים שאינו מתכוין להשביח מקחו, יש לסמוך אי איכא תרי סימנים ביחד, **ואף** דלכאורה למש"כ דגמ"ר, דמש"ס ביצה דף ז' מבואר דהוה ספיקא דאורייתא, וא"כ הא הני סימנים ודאי לאו דאורייתא נינהו, ואיך נסמוך עלייהו, **זה** אינו, דהלא הדגמ"ר כתב טעמו בצדו, משום דמיעוט נפלים הוה מיעוט המצוי כו', וא"כ נהי דהני סימנים לאו דאורייתא, מ"מ ידעינן דרוב בני ז' ימים לית להו סימנים כי הני, ועכ"פ מאותו מיעוט המצוי נפלים, רוב דידהו לית להו הני סימנים, ומדאשכחו הני סימנים, וכבר ידענו שאינו ממיעוט המצוי נפלים כו', וע"כ יאכלו ענוים וישבעו, ובפרט שיזהר להשגיח על הסימנים כמו שהזהיר בספר שמלה חדשה, **ונפילת** טבור לא הוי סימן כלל וכלל, ע"ש).

(**עיין** בספר תפארת למשה, שכתב אבל ישראל נאמן לומר שהם בני ח' ימים, אף דבדבר דאיתחזק איסורא אין עד אחד נאמן, כדלקמן סי' קכ"ז סעיף ג' בהג"ה, **הכא** שאני), ‹דהתירא בא ממילא, ודמיא לנדה דהאשה נאמנת מה"ט, כמש"כ תוס' ריש גיטין דף ב: ד"ה ע"א נאמן ע"ש, ובר"פ האשה רבה. **ועוד** דהכא לא מיקרי איתחזק איסורא, דהא גם ביום א' שרי אי ידיע שכלו חדשיו, וכשחי עד יום ח' איתגלאי מלתא למפרע שלא היה נפל מעולם, והוי קודם ח' כחתיכת ספק חלב, ולא דמי לטבל, ודו"ק – המשך לשונו שם›.

§ סימן טז – דין אותו ואת בנו §

סעיף א - אסור לשחוט אותו ואת בנו ביום א', לא שנא האם ואח"כ הבן או הבת, ל"ש הבן או הבת ואח"כ האם - ובהנך איכא נמי מלקות, אם ידוע שהיא אמו, דפשיטא לן דחוששים לזרע האם.

[**בגמרא אמרי'** אותו ואת בנו, אין לי אלא אותו ואת בנו, בנו ואותו מנין, ת"ל לא תשחטו, הרי כאן שנים, פרש"י הזהיר את שניהם, בין שחט האם בין שחט הבת, ולא משכחת ב' עושין עבירה אלא בשלשה בהמות, הא כיצד בת ואם ובת, דאי אם וב' בנים, ל"ל קרא פשיטא מה לי אחד מה לי שנים, דכי היכי דמחייב האי מיחייב האי, ואי בפרה ובתה ובת בתה, פשיטא תרווייהו אותו ואת בנו נינהו, אלא ע"כ באחד שוחט פרה והב' שוחט אמה והג' בתה, וקמ"ל דאבנו ואותו נמי חייב, דהיינו השני].

סעיף ב - איסור אותו ואת בנו נוהג בנקבות, שזה בנה ודאי; ואם נודע ודאי שזה הוא אביו - ‹דמן הספק אין חוששין, גר"א›, **אין שוחטין שניהם ביום אחד, ואם שחט אינו לוקה, שהדבר ספק אם נוהג בזכרים או אינו נוהג.**

(**עיין** כו"פ שכתב, דאחרי דהדבר ספק אם נוהג בזכרים, א"כ מותר לשחוט השני בין השמשות משום ס"ס, שמא אינו נוהג, ושמא יום שלאחריו הוא, והניח בצ"ע, ע"ש, **ועיין** בתשובת זכרון יצחק שהשיג עליו, דהא קיי"ל דבדבר שיל"מ אין להתיר מטעם ס"ס, א"כ לענין איסור או"ב לא מהני ס"ס להתיר, דהא יל"מ לאחר שתחשך).

סעיף ג - עבר ושחט אותו ואת בנו ביום א', מותר לאכלם - [בגמר' אמרינן, אע"ג דכתיב לא תאכל כל תועבה, ודרשינן כל שתיעבתי לך הרי הוא בבל יאכל, **שאני הכא מדאסרה רחמנא מחוסר זמן לגבוה, דהיינו קודם יום שמיני, מכלל דבהדיוט שרי כאן במחוסר זמן]**. ‹**ואמאי** השוחט אף בשוגג שחיטתו כשירה, הא כל מלתא דאמר רחמנא לא תעביד אי עביד לא מהני, **תירץ**, דמעשה גופא לא אסרה תורה, אלא יום הוא שאסור, ולא שייך לומר כל מלתא דאמר רחמנא לא תעביד דאי עביד לא מהני, **ומיהו** בלאו הכי לא קשה, מדאסר רחמנא מחוסר זמן לגבוה, מכלל להדיוט שרי – פמ"ג›.

ויש מי שאוסר (בו ביום לאכול האחרון) - אבל הראשון עכ"פ מותר, דהא בשעה ששחטו לא עביד איסורא כלל, **והטעם** שהאחרון אסור, כתב הר"ן משום קנס, כמו שנתבאר באו"ח ר"ס שי"ח לענין שבת, [ולא מיעטו בגמר' אלא שלא נאסר אותו לעולם מכח כל תועבה], **ונראה** דוקא ליה קנסינן, אבל לאחרים מותר.

‹**ולענין** הלכה קיי"ל כדעה השניה, וכ"פ כל האחרונים – פמ"ג›.

(**עיין** בתשובת זכרון יצחק שכתב, דאם שחט אב ובנו ביום אחד, מותר לאכול בו ביום אותו שנשחט אחרון, כיון דהדבר ספק אי נוהג בזכרים כדלעיל ס"ב, א"כ הוי ס"ס, שמא אינו נוהג, ושמא הלכה כדעת האומרים דבעבר ושחט מותר בו ביום לאוכלם, **ואף** דבדבר שיל"מ לא מהני ס"ס, מ"מ כיון שאין איסורו לכל העולם, רק להשוחט עצמו, לא דיינינן ביה דשיל"מ, כמ"ש מהרש"ל, **ולעד"נ** דאנן לא פסקינן כדברי מהרש"ל הנ"ל, שהרי קיי"ל לקמן

נד הלכות שחיטה
סימן טז – דין אותו ואת בנו

סי' ק"ב ס"ד בהג"ה, דהנודר מדבר מקרי דשיל"מ, והרי גם עתה אינו אסור רק להנודר, ואפ"ה מקרי דשיל"מ).

סעיף ד - יום אחד האמור באותו ואת בנו, היום הולך אחר הלילה – [כמו במעשה בראשית, לאפוקי בקרבן, הלילה הולכת אחר יום שלפניו, ובגמר' נותן טעם לזה]. **כיצד, הרי ששחט ראשון בתחלת ליל ד', לא ישחוט השני עד תחלת ליל ה'; ואם שחט הראשון בסוף יום ד' קודם בין השמשות, שוחט הב' בתחלת ליל ה'; ואם שחט הא' בין השמשות של ליל ה', לא ישחוט השני עד ליל ו', ואם שחט ביום ה' אינו לוקה** - דשמא בין השמשות הוי יום ד'.

‹**אבל** בין השמשות של ליל ו' לא ישחוט, דשמא כששחט בביה"ש הא' היה אז בלילה, ועכשיו עדיין יום, **ובאמת** היה קשה לי, למה דמסקי תוס' בשבת דכל ביה"ש שוים, אלא דהספק שמא כל ביה"ש כולו יום או כולו לילה, או מקצת הראשון מן היום ומקצת הב' מן הלילה, א"כ אם שחט בביה"ש של ליל ה' בתחלת ביה"ש, יהא מותר לשחוט בביה"ש דיום מחר בסופו ממנ"פ, אם תמול היה לילה, מכ"ש דעתה שהוא בסוף ביה"ש דהוא לילה, ואם עתה יום, מכ"ש אתמול שהיה בתחלת ביה"ש היה יום, **ומצאתי** בעזה"י דנתקשה בזה התב"ש, ונדחק דבאמת רק מחמת חומרא בעלמא אסרו, **אמנם** יקשה, אמאי לא ישחוט עד ליל ו', לדעת המחבר בא"ח דס"ס מותר אפי' בדבר שיל"מ, ועי' ש"ך סי' ק"י, א"כ יהא מותר לשחוט בביה"ש של ליל ו' מטעם ס"ס, שמא כששחט האם היה יום, ואת"ל שהיה לילה, שמא גם עתה כששוחט הבן הוא לילה, וצ"ע – רעק"א›.

סעיף ה - אם הוא כרוך אחריה – [פי' דבוק תמיד לילך אחריה], **חזקה שהיא אמו** – [אמרינן מסתמא שהיא ילדתו והניקתו וע"כ כרוך אחריה], **פי'** לענין איסורא, אבל לענין מלקות לא מהני כרוך, עד דידעינן בודאי שהיא אמו, וכ"כ מהרש"ל, **וכן** הוא בהדיא בש"ס בבכורות, דאפילו כרוך אחריה ויונק ממנה, אסור ואינו לוקה, **וזה** שכתב בסעיף ב', איסור אותו ואת בנו נוהג בנקבות, שזה בנה ודאי, והיינו למלקות וכדמשמע שם.

(אבל מן הספק אין חוששין) - אפילו לאיסורא, אפילו הוא דומה ממש בתואר האם, או בשאר סימנים שבגוף, כ"כ מהרש"ל.

סעיף ו - הלוקח בהמה אינו חושש שמא נשחטה אמה או בנה היום - וא"צ לשאול אח"ז, דאיכא ספיקא טובי, שמא אין אם לזו, ואת"ל יש לה אם, שמא לא לקחה לשחיטה, ואת"ל לשחיטה, שמא מכאן ולאחר כמה ימים, הר"ן.

אבל על המוכר להזהיר הלוקח ולהודיעו - אפילו בשאר ימים שלא בד' זמנים, **אם שחט האם או הבן היום, או אם מכרה לאחר לשחטה היום** - פירוש שיודע בודאי שאחר ישחטה היום, אז צריך להודיעו שלא יכשל על ידו, **אבל** מקח טעות לא הוי אם לא הודיעו, דיכול לומר לו שחוט למחר, **אבל** אם אינו יודע בודאי שאחר ישחטה היום, א"צ להודיעו אף לענין איסור, דשמא גם מי שלקחה לא ישחטה היום, כיון שאינו באחד מהד' זמנים.

ואם הוא באחד מן ד' זמנים שדרך שכל מי שקונה בהמה ששוחטה מיד, והם: ערב פסח; וערב עצרת; וערב ר"ה; וערב יום טוב האחרון של חג - שהוא רגל בפני עצמו, **צריך להודיעו שמכר היום האם או הבת** - אף שאינו יודע שאחר ישחטה, דמסתמא בד' זמנים הללו הכל קונים לשחיטה.

ועי"ט הראשון ‹של חג› העם טרודים בסוכה ולולב, ואין להם פנאי להרבות בשחיטה כל כך, [**וערב** יוה"כ היו רגילין בעופות ודגים].

ואם לא הודיעו, שוחט ואינו חושש, בין קנה מישראל בין קנה מעובד כוכבים, ואם נודע לו אח"כ שנשחטה אמה או בתה היום, הוי מקח טעות.

ודוקא שמוכר שניהם ביום אחד, אבל אם מכר האם או הבת ביום שלפניו, אין צריך להודיעו - פירוש לא לענין איסור ולא לענין מקח טעות, שאפשר שישחטנו קודם אלו הד' זמנים, ודו"ק.

ואם מכר האחד לחתן והשני לכלה, אפי' אם מוכר בשני ימים, צריך להודיעו, שודאי שניהם שוחטין ביום אחד - והוי מקח טעות נמי אם לא הודיעו.

‹**המוכר** א"צ לשאל להקונה אם קונה לצורך חתן, ואם הקונה קונה לצורך חתן, צריך להודיע להמוכר – רעק"א›.

ובזמנינו שעיקר השחיטה לצורך י"ט היא קודם י"ט, וכן בחתן וכלה שוחטים יום או יומים קודם, א"צ להודיעו במכר בב' ימים.

שנים שלקחו אותו ואת בנו ביום אחד, הלוקח תחלה ישחוט ולא השני; במה דברים אמורים, כשלקחום שניהם מאדם א', שמיד כשמכר לראשון לא היה יכול לשחוט את שנשאר בידו, שהלוקח לקח על מנת לשחוט מיד, (ולכן גם הלוקח ממנו אסור לשחוט, שלא יכול למכור לו רק זכות שבידו).

[**לכאורה** יש ללמוד מזה, באם נשבע אחד שלא ישחוט בהמתו, רק יחזיקנה לחרישה, ומכרה, שגם הלוקח אינו יכול לשוחטה, שהרי למוכר לא היה זכות לשוחטה, ואין יכול למכור רק זכות שבידו, **ודבר** זה אינו כלל, דא"כ תקשה לך מהכא על מי שנשבע שלא למכור איזה דבר, ועבר ומכרו, דאמרי' בח"מ דהוה מכירה, ולא כמ"ש רמ"א בסי' ר"ל, **אלא** נראה דכאן לא אמרו כן שאינו יכול למכור רק זכותו, אלא שלא להפקיע זכות אחר במה שזכה ככר, אבל אם אין הפקעת זכות לאחר, אין חיוב על הלוקח לקיים שבועת המוכר, דכ"ז שהיתה בידו חלה השבועה, ולא כשבא ליד אחר, **ואע"ג** דאדם אוסר דבר שהוא שלו על חבירו אף לכשיוצא מרשותו, כמ"ש בטור סי' רי"ו, שאני התם דהאיסור חל על החפץ ונשאר עליו לעולם, משא"כ בשבועה שהיא חלה על האדם הנשבע, כמבואר בהל' נדרים, ע"כ אין עליו החיוב אלא כ"ז שהוא בידו, אבל על החפץ לא חל שום דבר, כנ"ל].

אבל אם לקחום משנים, שניהם שוים, וכל מי שישחוט תחלה זריז ונשכר - בש"ס מוכח, דאף כשלקחו מאדם אחד, אם קדם השני ושחט, ה"ז זריז ונשכר, ולכן נתקשה בב"ח, וכתב דמ"ש הט"ו וכל מי שישחוט כו', מילתא באפיה נפשיה היא, וקאי אלעיל אלקחו מאדם א', **ולחנם** דחק, דבש"ס לא קאמר אלא דאם קדם הב' ה"ז זריז ונשכר, ‹לא משובח›, אבל לכתחלה אין ראוי לעשות כן, והט"ו אשמועינן דבלקחו מב' בני אדם, כל מי שישחוט ה"ז זריז ונשכר, ‹ומשובח – פמ"ג›.

[**רש"י** פי' זריז, דלא עביד איסורא, ונשכר, שיאכל בשר, **ונ"ל** מדשבחוהו חכמים וקראוהו זריז, משמע שיש מעלה באותו שקדם ושחט, **והיינו** שא"א לו לבא לידי איסור, משא"כ השני שאפשר שישכח ויעשה איסור וישחוט, **וע"כ** אין לב"ד להכניס עצמם בדבר, ולומר שיפילו גורלות מי מהם ישחוט תחלה, כי אין להם להפקיע זכות של כל אחד שרוצה להקרא זריז, **והיינו** כל שיש לכל אחד היתר לשחוט, משא"כ בקנו מאחד וקדם השני ושחט קודם ללוקח ראשון, דלא זו דלא נקרא זריז, אלא אפילו חוטא מיקרי, שגזל זכותו של לוקח ראשון, כנ"ל ברור]. ‹**והוא** נגד גמר' חולין דף פ"ב וצ"ע, ועיין בכנה"ג וש"ך – באר היטב›.

‹ר"ל {הט"ז} דהגמרא מיירי קודם בואם לבית דין, רשאי הב' לשחוט, כי שמא הראשון לא ישחוט היום, **משא"כ** בלקחו משנים, אף באו לבית דין אין להפיל גורלות, מאחר דהגמרא קראו לזה זריז דלא יבוא לידי מכשול, אין להפקיע זכותו, וזה שכתב הש"ע אסיפא הך דינא, ומתורץ קושית הב"ח. **ואם** רואין הבית דין שאחד צריך לשחוט היום והב' אין צורך לו, כגון זו כופין על מדת סדום – פמ"ג›.

סעיף ז - אין איסור אותו ואת בנו אלא בבהמה טהורה בלבד, שנאמר: ושור או שה אותו ואת בנו לא תשחטו ביום אחד, ונוהג בכלאים הבא ממין כבש וממין עז.

סעיף ח - צבי שבא על העז וילדה, ושחט העז ובנה, לוקה - משום דהא פשיטא לן דחוששין לזרע האם, ויש כאן מקצת שה, ודרשינן בש"ס שה אפילו מקצת שה. [**דשה ובנו אמר רחמנא, משמע בנה אפילו כל דהו, שאינו שה**], ‹דהיינו דא"צ "לשה ואפי' מקצת שה", דאפי' אינו שה חייב בבנו, ורק בציור שמביא הט"ז בסמוך צריך "אפי' מקצת שה", פמ"ג. **ועיין** ברעק"א דמשמע שמפרש שהש"ך ר"ל כהט"ז›.

[**וכתב בטור, צבי הבא על התיישה וילדה בת, ואותה בת ילדה בת, ושחט בתה ובת בתה, חייב, והטעם**

ע

דקי"ל כרבנן דפליגי אר"א, וס"ל שה אמרה תורה ואפילו מקצת שה, מ"ה חייב מלקות, שהרי הבת היא מקצת שה מכח אמו, דהא בתר האם ודאי אזלינן].

אבל העז שבא על הצביה, אסור לשחוט אותה ואת בנה, ואם שחט אינו לוקה - ומהרש"ל פסק כהרשב"א וטור, דמותר לשחוט הצביה ובנה אפילו לכתחלה, וכדאמרינן בש"ס, שה ובנו אמר רחמנא, ולא צבי ובנו, **ומ"ש** הב"י בשם מהר"י חביב, דדעת הרמב"ם דאסור לכתחלה משום מראית העין, [והטעם כאן דלא אתי לאחלופי בתיישה ובנה], ‹ור"ל אי שרית לה באביו תייש, יאמרו העולם ה"ה אמו תיישה – פמ"ג›. **לא** ידעתי מה מראית העין שייך בדבר, דמי יודע שבא מן העז, ואם נאמר דהרואה יחוש לזה, אפילו בבן צביה דעלמא נמי, ועוד דלא מצינו בשום מקום מראית העין כזה. ‹והפרי חדש כתב, משום סרך בתה ובת בתה דאית בה מלקות כדבסמוך – פמ"ג›.

[ונ"ל טעם השו"ע ע"פ רמב"ם בזה, מדאמר רב חסדא הכל מודים בהיא צביה ובנה תיש דפטור, משמע אבל אסור, כדאיתא בכל פטורי דשבת בר מתלת, ודומה לזה הביא ב"י בסי' פ"ז במי חלב, וז"ל, ואפשר דאיסורא דרבנן איכא, מדקתני פטור ולא קתני מותר, עכ"ל].

זה אינו, כדמוכח בש"ס דהאי פטור ומותר הוא - נקה"כ.

היתה בת הצביה הזאת נקבה, וילדה בן, ושחט את הנקבה בת הצביה ואת בנה, לוקה - הקשו העט"ז והב"ח, דהכא ס"ל להרמב"ם והמחבר דודאי חוששין לזרע האב, דאל"כ לא היה לוקה מספק, **ולעיל** בסעיף ב' כתבו, ואם נודע שזהו ודאי אביו, אין שוחטין שניהם ביום אחד, ואם שחט אינו לוקה, שהדבר ספק אם נוהג בזכרים או אינו נוהג, **ותירצו** דלעיל דוקא מספקא להו אי או"ב נוהג נמי באב, משום דדרשינן בנו הכרוך אחריו, לאפוקי האב שאין בנו כרוך אחריו, ‹ומדוייק לשון המחבר "שהדבר ספק אם נוהג בזכרים או אינו נוהג", ולא אמר אי חוששין לזרע האב, משמע דהוי נידון אי איסור אותו ואת בנו שייך בהאב›, **אבל** הכא פשיטא להו דודאי חוששין לענין זה, היכא דהעז בא על הצביה וילדה בת, כיון דנקבה זו יש בה מקצת שה, חשוב כאלו היה כולו שה, ואם נקבה זו ילדה בת או בן, ושחט את הנקבה ואת ולדה, לוקה, ע"כ דבריהם, **ותימא** שא"א לחלק כן כדמוכח להדיא בש"ס ר"פ או"ב... ועוד תימא, דבב"י סימן י"ג כתב, דס"ל להרמב"ם דספוקי מספקא לן אי חוששין לזרע האב או לא, וכ"כ בכ"מ פ' י"ב מה"ש... **ותימה** על מ"ש מהרש"ל פ' או"ב סי' ב', דהלכה כחנניא דאו"ב נוהג באב עם הבן, ומיד אח"כ בסי' ג' פסק, דגבי או"ב אין חוששין לזרע האב, ומותר לשחוט האב עם הבן ביום א', וצ"ע, **ודע** דנ"מ אפילו לדידן במה שלוקין, דאז הוי פסול לעדות מן התורה, כדקי"ל בח"מ סי' ל"ד, וכן לענין קדושי אשה, בא"ע ס"ס מ"ב, ע"ש, ‹דהמקדש בפסולי עדות דאורייתא, אין צריך גט כלל, ובפסולי עדות דרבנן, צריך גט – פמ"ג›.

‹**לענ"ד** הכא אין שייך לדינא דח"מ, דהתם אם הלאו בעצמותו איני חמור כ"כ, דאין בו מלקות, לא נפסל לעדות מה"ת, אבל הכא דהלאו דאו"ב חמור, דיש בו מלקות, והכא דהוי ספק אם חוששים לזרע אב, הוא פסול מספק, וכמו באוכל ספק חלב ספק שומן, דנראה דפסול מספק, דאף דאנן לא מלקי' מספק, מ"מ הוי כמו בלא התראה דפסול, דהלאו בעצמותו חמור, **ולענין** דלא יהיה פסול ודאי, זה פשוט דהא שמא לא עשה איסור כלל – רעק"א›.

סעיף ט - אין איסור אותו ואת בנו אלא בשחיטה בלבד, שנאמר: לא תשחטו - ובכלל זה אם שחט ונמצאת טרפה, לוקין אם ישחוט השני, דהא לא נתנבלה בשחיטה, והכי איתא בש"ס ופוסקים. [דמחלוקת היא בגמרא, והלכה כרבנן דאסרי, דשחיטה שאינה ראויה שמה שחיטה].

אבל אם ניחר (פי' ענין הנחירה הוא שתוחב הסכין בנחיריו וחותך) את הראשון, או נתנבלה בידו, מותר לשחוט השני - כתב הב"ח, מיהו אם נתנבל בידו בא' מהדברים שאנו מחמירים בו, כגון שהייה במיעוט בתרא, וכה"ג בפלוגתא דרבוותא, אין לשחוט הבן או האם אחריו, נ"ל, ע"כ, **וכ"כ** הסמ"ק, דאם שהה או החליד במעוט של סימנים, או בצרוף שהיות, או שנמצא סכין פגומה לאחר ששחט, דאסרי' להו מספיקא, וכן כל כי הני, נראה דאסור לשחוט השני, ואם שחט אינו לוקה, ע"כ.

[ועוד נראה פשוט, דכשהבהמה שנשחטה תחלה נאסרה מכח איזה ספק טריפות בשחיטה, שאין להקל בשביל זה לשחוט בנה אחריה באותו יום, ובשאר טריפות

[ט"ז] ‹רעק"א או ש"א או הוספת הסבר› (פת"ש)

פשיטא שאסור לשחוט אחריה, דמחלוקת היא בגמ' והלכה כרבנן דאסרי, דשחיטה שאינה ראויה שמה שחיטה).

לפיכך, חרש שוטה וקטן ששחטו את הראשון בינם לבין עצמם, מותר לשחוט השני אחריהם, לפי שרוב מעשיהם מקולקלים. הגה: ואם אחרים רואין שוחטין כראוי, אסור לשחוט אחריהם, כן נראה לי - כשאחרים עע"ג, אז דעת המחבר דשחיטתו כשרה אפילו אינו מומחה וגם אינו יודע לאמן ידיו, וכמ"ש בסימן א', **ואף** שכתבתי שם לאסור, מ"מ כאן יש להחמיר באיסור דאורייתא, ודוק.

כתב הב"ח, נראה דה"ה כששוחט האם, מותר למסור הבן לחש"ו לשחטו בינו לבין עצמו, ואצ"ל שמותר למכרו לעובדי כוכבים, אע"פ שהעובד כוכבים ינחרנו היום, עכ"ל, **וצ"ע** בחש"ו, נהי דמשום אותו ואת בנו ליכא, מ"מ הא אסור למסור להם לשחוט בינם לבין עצמם, אפילו להשליכו לכלבים, כדלעיל סי' א' ס"ה ע"ש.

[נ"ל דה"ה בגדול שאין יודע הלכות שחיטה, אלא כיון דלא הוזכר בפירוש בפוסקים בזה, אין בידי להקל להתיר אותו ואת בנו אחר שחיטת גדול שאינו יודע, אלא דמ"מ נ"ל ברור באם עבר ושחט אחריו, דאין כאן איסור אכילה, אפילו לי"א דבסעיף ג' מודים בזה].

(**גרסינן** בתוספתא דחולין, השוחט לרפואה לאכילת עובד כוכבים ולאכילת כלבים, אסור משום או"ב, והובא ג"כ בפר"ח, **ונראה** פשוט דה"ה אם שוחט בהמת עובד כוכבים, יש איסור דאו"ב, משום דהאיסור הוא על השוחט, וכתיב לא תשחטו סתמא, ומפני שמורה אחד טעה בזו, הוצרכתי להזכיר זה).

סעיף י - מותר לשחוט את המעוברת, עובר ירך אמו הוא; ואם יצא העובר חי אחר שחיטת אמו, והפריס על גבי קרקע, אין שוחטין אותו ביום אחד - כיון דמפני מראית העין טעון שחיטה כשהפריס ע"ג קרקע, **ואם שחט אינו לוקה** - כיון שמן התורה א"צ שחיטה וניתר בשחיטת אמו, כדלעיל סי' י"ג.

(**אם** נמצא האם טריפה, דיש תקנת לולד אם כלו חדשיו, דמותר לשחטו, פשיטא דאסור לשחוט הולד בו ביום משום או"ב, **ואולם** אם גם הולד טריפה, נלע"ד דיש לדון דמותר לשחוט הולד, דהא דקיי"ל שחיטה שאינה ראויה שמה שחיטה, היינו משום דמהני שחיטה לטהר מידי נבילה, **משא"כ** בזה דאף אלו מת העובר לא היה מטמא משום נבילה, דלענין זה מהני שחיטת האם כדאיתא להדיא בחולין, וא"כ שחיטת העובר הטריפה לא הועיל כלום, וי"ל דבכה"ג לא שמה שחיטה – רעק"א).

(**עיין** בת' זכרון יצחק שכתב, דאם מכר את הבן פקוע שהפריס על גבי קרקע לחתן או לכלה ביום החופה, א"צ להודיעו שלא ישחוט ביום ההוא, משום דמבואר לעיל סי' י"ג, דאם היה בו דבר תמוה א"צ שחיטה, וממילא דמותר לשוחטו ביום שנשחט אמו, ומבואר בהג"א, דחופה הוי מלתא דתמידהא, והניח בצ"ע).

סעיף יא - עובד כוכבים שמכר שתי בהמות, ואחר כך אמר מסיח לפי תומו, שהן אותו ואת בנו, אינו נאמן במה שאמר לאחר שמכרם ויצאו מתחת ידו - דאין עובד כוכבים נאמן בשום עדות, כדלקמן סי' קכ"ז, **והעט"ז** כתב הטעם משום דלהשביח מקחו אומר כן, **ולא** כיון יפה, דהכא לא שייך כלל להשביח מקחו, דאי הוי שייך לא היה נאמן אפילו קודם שמכרם.

[משמע אם אמר כן בשעת מכירה, נאמן לאסור, וכן משמע ממ"ש הרא"ש...]. **לחנם** מביא ממרחק לחמו, דהא מתשובת הרשב"א שממנו מקור דין זה, מבואר כן להדיא, וגם אין מדברי הרא"ש אלו ראייה - נקה"כ.

אלא להכי נאמן קודם שמכרן, במיגו דאי בעי לא מזבין להו, או מקלי קלי להו, **אבל** היכי דשייך להשביח מקחו, אפילו יש לו מיגו אינו נאמן, וכמו שנתבאר כל זה בתשובת הרשב"א שממנו מקור דין זה, **מיהו** מדברי הרא"ש ומרדכי והגהמ"י מבואר, דהיכא דבידו נאמן אפילו היכא די"ל דלהשביח מקחו אומר כן, וע"ש.

[ופשוט הוא דאם יש סברא שעושה כן להשביח מקחו, שאין בדבריו כלום]. **עיין** מש"כ בש"ך, דדעת הרא"ש והמרדכי והג' מיימוני, דהיכא דבידו נאמן אפי' היכא די"ל דלהשביח מקחו אומר כן - נקה"כ.

ומיהו אי מהימן ליה, אסור - אפילו אינו מסל"ת.

סעיף יב - בהמה שנשחטה אמה או בתה היום ונתערבה באחרות, וצריך לשחוט מהם היום, כיצד תקנתו, נכבשינהו - ‹דבשאר איסורים אף לכתחלה מותר, משא"כ בקדשים וע"ז - גר"א›, **דניידי ממקום קביעותן** – [פי' יכה אותם וטורדן ממקום קבוע, ואז נלך אחר הרוב], דכל זמן שהם ביחד בעלי חיים לא בטלי אפילו באלף, וכדלקמן סי' ק"י, **ויקח מהם אחד וישחוט, דכל דפריש מרובא פריש; ושנים הנותרים אסור לשחטם היום** - דהוי מחצה על מחצה, וע"ל סי' ק"י ס"ו נתבאר זה בארוכה בס"ד.

(**קשה** לי, דהא או"ב הוא דשיל"מ, *ולא אמרינן ביה כל דפריש מר"פ, כמ"ש המג"א, ומצאתי בתשובת נו"ב בהגה מבן המחבר, שהביא קושיא זו בשם אביו ז"ל בספרו צל"ח, **והוא** נר"ו כתב ליישב עפמ"ש בא"ח סימן ש"כ, וכן הוא לקמן סימן ק"ב ס"ד בהגה, דכל איסור שלא היה ניכר קודם שנתערב, בטיל אף ע"פ שהוא דשיל"מ, **א"כ** י"ל דמיירי שנתערב האם קודם שחיטת הבת, דלא ניכר האיסור קודם התערובת, ומ"ש בש"ע בהמה שנשחטה כו' ונתערב, הכוונה שנתערב כבר קודם השחיטה, עכ"ד, **אכן** ראיתי בתשובת חות יאיר שכתב, דבכה"ג דנתערבה האם באחרת תחלה ואח"כ שחט בתה, מותר אח"כ לשחוט מן התערובות בלא נכבשינהו, כי דבר שיש לו מתירין פשיטא לא הוי, אלא אפילו חשיבות דב"ח לא מהני, אחר דבשעה שנתערב לא היה בו שום איסור, **והביא** דבתוס' תמורה נראה, דסגי בנ"ד שמפריש בהמה אחת ושוחט כל האחרות, דכיון שאיסור לא היה מבורר קודם תערובתו, רק לאחר התערובת נולד האיסור, סמכינן אברירה, **וכ"ש** אם שחט תחלה אחד מן התערובת, שמותר אח"כ לשחוט הבת, **וע"ש** בחו"י עוד שפקפק על עיקר דין זה, אף שנתערב אחר ששחט הבת, ודעתו דחד בתרי בטל, ולא צריך כלל לכבשינהו, ואף כי הוא בעל חי גם דשיל"מ, מ"מ לא החמירו חכמים רק בדבר האסור מחמת עצמו, משא"כ בזה דלא אירע שום דבר בבהמה זו, רק מחמת שחיטת אמה או בתה היום, לא חמירא בחומרת בע"ח ודשיל"מ. **ובה"ג** ‹שהוא המקור לדין דשו"ע› לטעמיה אזיל, דס"ל לאסור האחרון באכילה בו ביום, ולכך סמכן הבה"ג לשני הדינים להדדי, וכן הביאם הרא"ש, **משא"כ** לדעת הרמב"ם דכוותיה אזלא שיטת הש"ס, דבאכילה שרי, א"כ פשוט שאין מקום לומר בזה חשיבות בע"ח ודבר שיל"מ, אחר דאין כאן דבר האסור כלל, רק דרחמנא אזהר שלא לשוחטה, ובאם נתערבה בטילה ברוב, ולא נקרא שם איסור על דבר שנתערב כלל, ע"ש).

*(**ועיין** בספר צל"ח, שהאריך להביא ראיה דאמרינן בדבר שיל"מ כל דפריש מר"פ, וכן נראה דעת החוות יאיר). ‹מובא מסי' ק"ב ס"א›.

§ סימן יז – דין השוחט בהמה המסוכנת למות §

סעיף א - השוחט את הבריאה ולא פרכסה, (פי' שלא נתנענעה), הרי זו מותרת; אבל המסוכנת, והוא כל שמעמידים אותה (בגערה או במקל) ואינה עומדת - אבל כשמעמידים אותה בידיה, אין מוציאין אותה מחזקת מסוכנתה, ‹דאף עץ בעלמא עומד כשמעמידים אותו בידים - פרישה›, **אעפ"י שהיא אוכלת מאכל בריאות, שחטה ולא פרכסה כלל, הרי זו נבלה ולוקין עליה** - דכל שלא פרכסה בידוע שנשמתה נטולה הימנה קודם שחיטה, ש"ס.

ואם פרכסה, הרי זו מותרת, וצריך שיהיה הפרכוס בסוף השחיטה, (ולמשוך עד אחר השחיטה), (תא"ו לדעת רש"י), אבל בתחלתה אינו מועיל.

ולמשוך עד אחר השחיטה - וכן פי' הב"ח, **ומהרש"ל** כתב, דמפי' רש"י שלנו לא נשמע כן, הלכך נראה עיקר, דאע"פ שלא עשתה הפרכוס אחר שחיטה, רק עם גמר השחיטה, כשר, עכ"ל, וכ"כ הב"ח, דמפירוש רש"י שלנו לא משמע כן, **ולא** עמדתי על סוף דעתם, דהרי כך נראה מבואר מפירש"י להדיא בכולי סוגיא דפ' השוחט, וכן משמע בש"ס ע"ש.

הלכות שחיטה נט
סימן יז – דין השוחט בהמה המסוכנת למות

(עי' בשמ"ח שכתב, ופשוט דכ"ש אם כל הפירכוס היה אחר השחיטה דשפיר דמי, ע"ש, **ועי'** בס' בינת אדם שכ', דאפילו אם גם אחר השחיטה לא פרכסה מיד, רק לאחר ששהה כמו רביעית שעה התחיל לפרכס, אין כאן בית מיחוש לומר דהוי כזנב הלטאה, **דלא** כס' זבח שמואל שכתב לאסור בזה, **אך** אם חתכו כל המפרקת ורוב בשר עמו, ולא פרכסה בשעת שחיטה, רק לאחר שחתך כל המפרקת פרכסה, לא מהני, דזה ודאי הוי כזנב הלטאה, **ורב** אחד חולק ע"ז, ודעתו גם בזה להכשיר, והוא ז"ל חזר וכתב להעמיד דבריו, ע"ש).

כיצד הוא הפרכוס, בבהמה דקה ובחיה גסה ודקה, בין שפשטה ידה והחזירה, או שפשטה רגלה אע"פ שלא החזירה, או שכפפה רגלה בלבד, הרי זה פרכוס ומותר - כתב ב"י, משמע דכשכפפה ידה בלבד אסורה, וכ"כ בעט"ז בהדיא, **אבל** הרשב"א והר"ן וכל בו בשם הר"ז וטור ור' ירוחם פסקו, דאפי' כפפה ידה בלבד מותרת, ומהרש"ל כתב שכן דעת הרי"ף והרא"ש, ופסק כן, וכ"כ הב"ח.

אבל אם פשטה ידה ולא החזירתה, הרי זו אסורה, שאין זו אלא הוצאת נפש בלבד.

ובבהמה גסה, אחד היד ואחד הרגל, בין שפשטה ולא כפפה, בין כפפה ולא פשטה, הרי זה פרכוס ומותרת.

ואם לא פשטה לא יד ולא רגל ולא כפפה כלל, הרי זו נבילה.

ובעוף, אפילו לא רפרף (פי' מענין כהרף עין) אלא בעינו - דע שיש חלופי גרסאות בש"ס, וי"ג גפו במקום עינו, ויש מהפוסקים דס"ל דרפרף בעינו לא מהני, וכ"פ מהרש"ל והב"ח, **ולא כשכש (פירוש נענע) אלא בזנבו, הרי זה פרכוס.**

וכן כשכוש זנב בבהמה מהני כדאי' במשנה, וכ"פ הרא"ש וטור ור"י ושאר פוסקים, ומהרש"ל והב"ח והעט"ז, [**והא** דנקטיה רבא גבי עוף, הוא לרבותא, דכשכוש בזנב דבר קל הוא, וה"א דלא סגי, קמ"ל], וכ"ש בבהמה, וכ"כ הר"ן, **ונראה** מדברי הרב המגיד, שגם דעת הרמב"ם שהוא כל' המחבר, הוא כן, ע"ש. [**רק שהוכיח ב"י מדעת רמב"ם, דלא מהני כשכש זנב רק בעוף, ונראה דהסומך על כל הני לא הפסיד, בפרט שהרמב"ם לא זכר בפירוש לאיסור, ושוב מצאתי כן לרש"ל, וכן מסיק מו"ח ז"ל**].

‹**בש"ס** איתא עוד, גועה ועביה קלא, הטילה ריעי ומתרזת למרחוק, או כשכוש באזנה, הוי פירכוס, וכתבו הטור, וכן העלה הפר"ח דכן עיקר להלכה - רעק"א. ‹**יש** שהורו כדעת הטור, רש"ל וב"ח, **ואחרי** שרבותינו בעלי השו"ע השמיטו זה, אין להקל כלל, וכן יש להורות, ודעת הטור היא דיעה יחידאי, וכ"כ הב"י. {וכ"כ השמ"ח}. **ודע**, דבזמה"ז יש לראות שתהא פרכוס טוב בלי שום ספק ספיקא, ואין להעמיד בזה על הטבחים שדרכם להטות דעתם להיתר, ועל כיוצא בזה אמרו חז"ל: בהמה בחייה בחזקת איסור עומדת, עד שיודע לך במה נשחטה - ערוה"ש›.

סעיף ב- השוחט את המסוכנת בלילה ולא ידע אם פרכסה, הרי זו ספק נבילה ואסורה - ולא מהני כשמצא למחר כותלי ביה"ש מלוכלכים בדם, **ואע"פ** שכתב הטור דמהני בכה"ג, כבר תמה עליו בזה, וגם בב"י תמה עליו, וזה דעתו כאן.

(עיין בתשו' חת"ס שכ', הא דלא אמרינן אוקמא אחזקת חי כו', היינו משום דאיכא חזקה מתנגדת, חזקת איסור שאינו זבוח, **ומזה** נלמוד דבמסוכנת שנשחטה, נאמן עליו עד א' ואפי' אשה לומר שפרכסה, שאין כאן חזקת איסור).

סעיף ג- גדולי החכמים לא היו אוכלים מבהמה שממהרים ושוחטים אותה כדי שלא תמות, ואע"פ שפרכסה בסוף השחיטה; ודבר זה אין בו איסור, אלא כל הרוצה להחמיר על עצמו בדבר זה הרי זה משובח - ובבהמת עובד כוכבים דליכא הפסד ממון, משום מדת חסידות אסור, אבל בבהמת ישראל, משום הפסד ממון, אפילו מדת חסידות ליכא, אלא חומרא לגדולי החכמים, כן נ"ל מדברי הרב המגיד בשם הרמב"ן והרשב"א, דלא כנראה מהעט"ז. **וכתב** בא"ז, שראבי"ה כתב ע"ש הגאונים, דבהמת עובד כוכבים לא מיתכשרה עד דקיימא בכרעא מאליה, ואזלא ד' אמות בדקה, ומלא קומתה בגסה.

מחבר רמ"א ש"ך ונקה"כ

ס
סימן יח – דין בדיקת הסכין ופגימותיו

§ סימן יח – דין בדיקת הסכין ופגימותיו §

סעיף א- השוחט בסכין בדוקה ונמצאת פגומה, (אפילו מן הגד) – [ואין בכלל זה רושמי הסכין, שעושין האומנים בשעת עשיית הסכין, כיון שהוא רחוק הרבה מן החוד, כ"כ רש"ל], **הרי זה נבילה** - פי' ספק נבלה, וכמ"ש אלא חיישינן שמא כו', וכ"כ בסוף סעיף י"א, וכ"כ הרמב"ם והכל בו והסמ"ג והסמ"ק ושאר פוסקים, ולכך כתב המחבר לקמן סי' כ"ח ס"כ, דבכה"ג מכסה בלא ברכה, ועמ"ש שם.

אפילו נגע בעצם המפרקת, אין תולין שנפגמה בו אחר שחיטה, אלא חיישינן שמא בעור נפגמה, ונמצא שחט בסכין פגומה - משום דבהמה בחייה בחזקת איסור עומדת, ואינה יוצאה מאיסורא עד שיודע לך במה נשחטה, וכיון שנולד בה ספק, לא נתברר לך שנשחטה כראוי, ש"ס.

ואפי' בעוף - אפילו נגע ג"כ בעצם המפרקת, דאיכא תרתי לטיבותא, שעורו רך, ונגע ג"כ בעצם המפרקת, אפ"ה חיישינן שמא בעור איפגם, וכ"כ הב"ח.

‹**עיין** בשו"ת ברית אברהם, שנשאל בסכין של שחיטה שבדקוהו שני שוחטים אחר השחיטה, ונמצא בו פגימה מורגשת, אח"כ לקח אחד הסכין ושפשף על בשר הזרוע, ועי"ז סרה הפגימה, ומענה בפי השוחט ההוא, שקבלה בידו שכל פגימה אף אם ישפשפו כל היום לא תוסר, וע"כ לא היה פגימה גמורה, והשוחט השני כיחש בו, מה דינו, **והעלה** דבהמה זו אסורה, ע"ש טעמו. **ועיין** בתשובת חת"ס על כיוצא בזה, ע"ד שנהגו השוחטים כאשר מוצאים ספק פגימה בסכין אחר שחיטה, המה מחליקים ע"ג עור או שאר דבר זמן מה, עד שאינם מרגישים הפגימה, ומכשירים הבהמה, **וכתב** רע עלי המעשה, ובעיני כמאבילים טריפות, כי אטו פגימה נאמרה למשה מסיני, עיקור ושהייה נאמרה, וכל שיש בסכין עבבות, מקום שמעכב העברת הציפורן, יהיה פגימה מגוף הסכין, או בליטה מדבר אחר הנדבק בסכין, כל שאינו יכול להסירו בנקל ע"י ידו, וע"י הדחה קלה וכדומה, רק צריך זמן מה להחליקו על עץ ועור וכדומה, הכל גורם או עיקור או שהייה, ע"כ כל העושה כן מאביל טריפות, ויש לעמוד בכח נגד המשחיתים המשחיזים האלה, ע"ש.›

סעיף ב- שיעור הפגימה, כל שהוא - פי' אם נמצא פגימה כל שהוא פסולה, **אבל** לכתחלה א"צ בדיקה אלא אבשרא ואטופרא, כדלקמן ס"ט, משום דלא חיישינן לפגימה כל שהוא, וכ"כ מהרש"ל, [**בגמ'** איתא הרבה אמוראים שהחמירו בבדיקה, לבדוק בשמש, או במים דכשמעבירו בחודו על המים אם יש פגימה בסכין מרגישין אותה במים אפילו בכל שהוא, ומסיק רש"ל שראוי להחמיר כן, אלא דבסתמא די בבדיקה אבישרא ואטופרא], **דלא** כהב"ח שפסק להקל, דאינה נטרפה בפגימה כל שהוא, אלא כדי חגירת צפורן, שאין לנו בזה אלא מנהגינו, עכ"ל, **וחלילה** לנו להקל כן, ולפי שראה שבודקים בצפורן, הבין דמנהגינו דכל פגימה שאינה חוגרת צפורן כשרה, **ולא** היא, דהמנהג פשוט לפסול אפילו פגימה כל שהוא, וכמ"ש ב"י וד"מ ומהרש"ל ושאר אחרונים, וכדעת הרמב"ם והכל בו והרמב"ן והרשב"א והר"ן וסייעתם, **אלא** דלכתחלה לא חיישינן לפגימה כל שהוא, וסגי לן בבדיקת צפורן, וכמ"ש, וכן משמע בעט"ז כדפרישית.

ובלבד שתאגור בה כל שהוא, אפילו חוט השערה – ‹ולאו דוקא פגימה כל שהוא, דהא אוגרת קרינן לה, ואוגרת כשמה שאוגרת שום דבר ואפילו חוט השערה, אבל כשאינה אוגרת שום דבר, כשרה, והיינו דמיא לסאסאה {ס"ו ע"ש} – בית יוסף›.

‹**בזמן** הזה בטלה הבדיקה המעולה האמורה בגמרא אבישרא, ולמה זה השליכו שוחטי זמנינו זאת הבדיקה אחר גיווס, ואולי הידאים והחרדים בודקין כדין וכהלכה – פמ"ג›.

סעיף ג- צריך לבדוק הסכין קודם שחיטה, ואם לא בדק, לא ישחוט - ואין לסמוך על מה שירצה לבדוק אחר השחיטה, טור, ולזה כפל המחבר וכתב, ואם לא בדק לא ישחוט כו', כלומר אפילו על סמך שיבדקנו אח"כ אסור, **והטעם** כתב הרשב"א, דשמא ישכח לבדוק אחר השחיטה, והרי הוא כאוכל נבלה, ומביאו ב"י, וכן משמע בטור.

‹**ועיין** בתשובת זכרון יצחק שכתב, דאף אם יעמיד אחר אצלו, ויאמר להזכירו לבדוק אחר השחיטה, לא

מהני, דאף דבאו"ח סי' ער"ה לענין קריאה לאור הנר בשבת, התירו בכה"ג, דוקא בקריאה דמצוה התירו, ע"ש).

(**ועיין** בתפארת למשה שכתב, דלפי טעם זה, בסכינים שלנו שמיוחדים לשחיטה, מותר לשחוט על סמך שיבדקנו אחר שחיטה, דהא בדיעבד אם ישכח לבדוק כשר, כדאיתא בסעיף י"ד, ע"ש).

(**והנה** בדין בדיקת הסכין קודם שחיטה יש ג' טעמים: א', שמא ישכח אח"כ. ב', משום בל תשחית. ג', משום חשש ברכה לבטלה. **ואם** סכין מוצנע, דאם שחט בלא בדיקה ונאבד שרי כמ"ש הפוסקים, אפ"ה כתב רמ"א בסי"ד דלכתחלה אין לשחוט בלי בדיקה תחלה, והטעם משום בל תשחית או ברכה לבטלה, **וא"כ** בשמע הברכה מאחר, ונבילה שוה ככשירה דליכא בל תשחית, וסכין מוצנע, דליכא כולהו טעמא, אז שרי בלי בדיקה לסמוך אאח"כ, דא"נ משתלי ליכא איסורא - פמ"ג).

ובפרישה כתב טעם, משום שנאמר ושחטתם בזה ואכלתם, **וקשה** דבש"ס אמרינן, מנין לבדיקת סכין מן התורה, דכתיב ושחטתם בזה ואכלתם, פשיטא כיון דכי נקיב טריפה בעי בדיקה, לחכם קאמרינן, ע"כ.

ואם עבר ולא בדקה תחלה, ואח"כ בדקה ומצאה יפה, שחיטתו כשרה.

סעיף ד - (תנו רבנן סכין שיש בה פגימות הרבה, תדון כמגרה, ושאין בה אלא פגימה אחת, אוגרת פסולה, מסוכסכת כשרה, היכי דמי אוגרת היכי דמי מסוכסכת, אמר רבי אלעזר אוגרת משתי רוחות, מסוכסכת מרוח אחת, מאי שנא משתי רוחות דמורשא קמא מחליש ומורשא בתרא בזע, מרוח אחת נמי חורפא דסכינא מחליש מורשא בזע, דקאים ארישא דסכינא, סוף סוף כי אזלא מחלשא כי אתא בזע, כגון שהוליך ולא הביא).

(**ופירש** רש"י, וכל עוקצי הפגם קורעים הם ואין חותכין, בין בפגעו בו, בין כשהוא יורד ממנו, "דקיימא ארישא דסכינא", שכשהתחיל להוליך, לא היה לסכין כח להחליש עד שעבר הפגם, ואין כאן ספק שמא נגע העוקץ בסימן, והרא"ש כתב כפי' רש"י - ב"י).

(**ורב** אלפס [והרמב"ם] לא כתב "דקיימא ארישא דסכינא", ומשמע שאין רוצה לומר שהעוקץ קורע כשהוא יורד ממנו. "דקאי ארישא דסכינא", כלומר שהעוקץ עומד כלפי הראש, ואז אינו קורע בירידתו לתוכו, "כגון שהוליך ולא הביא", ואפילו עומדת באמצע, כגון שהעוקץ לצד הראש והוליך ולא הביא, כשר, וכן אם העוקץ לצד הקתא, והביא ולא הוליך, כשרה - ב"י. [**דכל פגימה אוגרת** יש לה שני עוקצין, האחד כלפי הראש של סכין, דהיינו עוקץ העליון, והשניה כלפי הקתא, דהיינו העוקץ התחתון, וע"ז אמר שאם נשחז העוקץ של צד הקתא, ואין כאן אלא עוקץ העליון, אפילו הוא באמצע הסכין, כשר בהוליך ולא הביא, וכן להיפך].

סכין שתבדק בהולכה - כלומר שמוליך הסכין על האצבע, וכן פי' בדרישה, [הך הולכה והבאה אינם כמו הולכה והבאה שלנו, שאנו מחזיקין הסכין ביד אחד וחודו למעלה, ומוליכין האצבע עליו, (ואין קפידא, רק כפי האדם באיזה אופן שנוח לו לבדוק הרשות בידו - פמ"ג), דלפי זה לא יובנו הדברים שבסעיף זה, אלא מיירי שמוליך חוד הסכין על אצבעו, וכן בהולכה, ובדרך זה בודק הסכין, וכן מבואר בסעיף ט' שהיה בדיקתם בדרך זה, וא"כ הוה הולכה דבדיקה והולכה דשחיטה חד ענינא], **ולא הרגיש שיש בה פגם, וכשהחזיר אותה בהבאה הרגיש שיש בה פגם, וזו היא הנקרא מסוכסכת, אם שחט בה דרך הולכה ולא הביא, שחיטתו כשרה; ואם הביא, שחיטתו פסולה** - אפילו לא הוליך שחיטתו פסולה, משום דהעוקץ פוגע בסימן וקורעו.

(**לשון** הרמב"ם - באר הגולה).

(**ומצינו** למדים, דפגימה מסוכסכת אם היא נרגשת קצת כשיורד אצבעו לתוכו, להרי"ף והרמב"ם נמי פסולה, **ולא** עוד אלא דמחמרי בה טפי מהרא"ש, דלדידיה אי קיימא ארישא דסכינא והוליך ולא הביא, כשרה, ולדידהו דינה כאוגרת ופסולה, [**כי** לפעמים דוחק וקורע העוקץ העור ובשר וסימן ביחד - פמ"ג], **ואם** היא כפופה כל כך שאינה נרגשת כלל אלא מרוח אחת, מודה בה הרא"ש דכשרה, אם הוליך ולא הביא, אף על גב דלא קיימא ארישא דסכינא - ב"י).

והני מילי כשהרגיש בה קודם שחיטה, אבל אם מצא סכינו יפה קודם שחיטה, ואחר שחיטה מצא בה פגימה מסוכסכת, ואמר: ברי לי שלא עשיתי אלא הולכה לבד, שחיטתו פסולה - הטעם כתבו הפוסקים, דכל מילתא דלא רמיא עליה דאינש, עביד ולאו אדעתיה.

הגה: ויש מחמירים דכל מסוכסכת אסורה עד דקיימא ארישא דסכינא ממש, אם שחט

הלכות שחיטה
סימן יח – דין בדיקת הסכין ופגימותיו

בכולכה - דאל"כ רישא דסכינא מחליש העור והבשר, ואח"כ העוקץ קורע, **ואסיפא דסכינא ממש, אם שחט בכבאה.**

‹כפירש"י – גר"א. **ודלא** כמו שמביא בית יוסף בשם הרא"ש, דהיכא דאינה נרגשת כלל, מודה הרא"ש להרי"ף דכשר אף על גב דלא קיימא ארישא דסכינא›.

ולפי שאין אנו בקיאין היכן מיקרי רישא דסכינא, יש להטריף הכל, והכי נהוג - ואפילו מסוכסכת מן הצד, אבל אותן רשומים שמן הצדדין בסכינים, נ"ל דמותר כו', דביה"ש מירווח רווח כה"ג, כ"כ מהרש"ל ומביאו הב"ח, וע"ל סי' ט'.

סעיף ה - סכין שיש בה פגימות הרבה - ‹לאו דוקא, דה"ה אפילו רק שנים, כן מוכרח מרש"י – ערוה"ש. **והפרי** תואר כתב, דפשטא דמתני' משמע למעלה מב', ולומד כן אליבא דשאר ראשונים›, **אפילו כולן מסוכסכות, אפילו שחט בה בדיעבד, פסולה, דמתוך שפגימותיה מרובות חיישינן שמא השיב ידו מעט ולא הרגיש** – ‹תנו רבנן סכין שיש בה פגימות הרבה תדון כמגרה, ופי' רש"י, וכל עוקצי הפגם קורעים הם ואין חותכין, בין בפגעו בו בין כשהוא יורד ממנו, כך שמעתי וכן היא, שהרי שנינו סכין שיש בה פגימות הרבה תדון כמגרה, ואפילו מסוכסכת קאמר, מדקמפליג בחדא בין אוגרת למסוכסכת, ובטובא לא מפליג, ומשמע אפילו כל עוקציה לצד אחד, לצד ראש הסכין, והוליך ולא הביא, אלמא בירידתו נמי קורע. **ואיכא** למידק לדעת הרי"ף, דמסוכסכת היינו שהיא כפופה הרבה ואינה נרגשת כלל, אלא ברוח אחת, סכין שיש בה פגימות הרבה אמאי תידון כמגרה, דעל כרחך במסוכסכות היא, דאי אוגרות מאי איריא הרבה אפילו אחת נמי, **כבר** תירצו הרשב"א והר"ן, דמתוך שפגימותיה מרובות, חיישינן שמא השיב ידו מעט ולא הרגיש – בית יוסף›.

[**בטור הביא בזה בשם בעל העיטור, דמיירי באוגרת, והקשה ב"י א"כ אפילו אחת פסולה, ותירצו רבים מה שתירצו, ונראה לע"ד תירץ נכון, והוא אחר שנדקדק יתור לשון בזה שאמרו בברייתא, וכן העתיק הטור, סכין שיש לו פגימות הרבה תדון כמגירה, ולמה לא אמרו פסולה, מה להם לתלות במגירה, אלא נראה דהורו בזה דין אחר, והוא שמצינו לעיל סי' ו' בסכין שצדו א' מגל כו', שאם שחט בצד היפה כשר דיעבד, וה"ה בסכין ארוך שיש בו פגימה ונשאר בו שיעור שחיטה כו', כמ"ש רמ"א שם בזה, קמ"ל דאע"פ שאם אין שם אלא אוגרת אחת יש היתר בדיעבד, אם שחט שלא כנגד האוגרת, מ"מ אם יש שם ב' או יותר אין היתר בזה אלא הוה כמגירה, כלומר כאלו כולו פגום ואין בו שום חלק יפה כלל, כנ"ל נכון לדעת בעל העיטור, ויש בו נפקותא לפי' זה אפילו לדידן בדין הזה**].

סעיף ו - סכין חדה שהושחזה, והרי אינה חלקה אלא מגעתה כמגע ראש השבולת שהוא מסתבך באצבע, הואיל ואין בה פגם שוחטין בה - ‹ועיין בס' שיחת חולין מה שהביא מחלוקת רשב"א ורא"ה, דלרשב"א אינו אפי' חוגרת חוט השערה, **ואליבא** דרא"ה חוגרת, ורק דכשרה מדאינה מגוף הסכין ואינה פגימה כלל, אלא כשמחדדין הסכין ביותר עולה על חודה כמין חוט אחד, ואותו חוט מסכסך בבשר האדם, ודומה לראשי שבלים, שמתוך דקותו הוא מסכסך כך, ולפעמים מסתלק מן הסכין›.

הגה: ואין אנו נוהגים לשחוט בו, לפי שאין אנו בקיאין בדבר.

סעיף ז - סכין שפיה חלק ואינה חדה, הואיל ואין בה פגם שוחטין בה, ואע"פ שהוליך והביא כל היום עד ששחטה, שחיטתו כשרה. (וע"ל סימן כ"ג, דבבהמה כה"ג לפעמים טריפה, וכ"כ ב"י) - כלומר דשם סעיף ד' נתבאר, דהשוחט בסכין שאינו חד, ונתעכב כשיעור שהייה במיעוט אחרון של סימן ראשון, דפסול, **וטעמא** נתבאר שם, דכיון שנחתך רוב הסימן הראשון, הוה כאלו נחתך כולו, ומה שמוליך ומביא במעוט הנשאר, הוי כאלו מוליך ומביא בידה או ברגלה, **והלכך** בעוף שהכשרו בסימן א' וכדלקמן סי' כ"א, לא חשיב שהייה, דמיד שחתך רוב סימן א' בעוף הרי נגמר שחיטתו, **ואע"ג** דקי"ל לקמן סי' כ"ג, דשהייה אפילו כל שהוא פסולה אפילו במעוט בתרא בין בעוף בין בבהמה, **היינו** דוקא שהייה ממש, משא"כ שוחט בסכין רעה כיון שמוליך ומביא תמיד, ודו"ק.

לפעמים טריפה - לאפוקי לא שהה שעור שהייה, א"נ לאפוקי היכא שכוון והניח ב' הסימנים יחד זה

אצל זה, ושחט שניהם, **שוב** מצאתי בב"ח סי' כ"ג שכתב, דלמאי דפסלי' שהייה כל שהוא, כל השוחט בסכין רעה פסולה השחיטה לעולם, ואין שיעור לדבר, עכ"ל, וצ"ע, **וגם** בעט"ז סי' זה וסי' כ"ד משמע דבעינן דוקא שיעור שהייה, וכן שאר אחרונים כתבו בסתם גבי בהמה שיעור שהייה, **מיהו** ודאי לכתחלה אין לשחוט בו אפילו עוף, כיון דצריך לכתחלה לשחוט ב' סימנים בעוף כמו בבהמה, וכ"כ הב"ח. (**ועיין** מש"כ הט"ז בזה ריש סי' כ"א).

סעיף ח - סכין שהיא עולה ויורדת כנחש, ואין בה פגם, שוחטין בה לכתחלה – [פי' בכסף משנה, שר"ל כנחש דשדרתו היא עקומה כשמגביה ראשו וזנבו, וביניהם כמו גומא, **וכתב** מו"ח ז"ל דמשמע דוקא בנמוך פעם א', וכן משמע מפרש"י שכתב כגון שנפגמה פגם גדול, והחלקו העוקצים והוי הסכין נמוך שם, משמע פעם אחת דוקא, ע"כ, **ולא** ידענא שום מקור או רמז לחומרא זאת, כיון שאין שם פגם עליה, מה לי פעם אחת ומה לי הרבה פעמים, **וגם** לשון השו"ע שהוא ל' רמב"ם מורה ע"ז, שהרי כתב סכין שהוא עולה ויורד, משמע שכל הסכין הוא כדרך זה, דאל"כ היה לו לומר סכין שיש בו עולה ויורד, אלא דכל הסכין הוא כך, ע"כ אומר אני דלית מאן דחש למימרא זאת], **וכשר** לשחוט לכתחלה, דאי ס"ד ב' אסור שהשני קורע, א"כ אף בא', חורפיה דסכינא מחליש, וכדאמרי' בש"ס, והעולה ויורד קורע, **ועוד** דהא מכשרינן בעולה ויורד אפי' להוליך ולהביא כמה פעמים, נימא דבפעם א' מחליש, ובפעם הב' קורע, וכן נוהגים, דלא כהב"ח שכתב בזה דבר זר שאינו מתקבל, לאסור ב' או ג' עולה ויורד, ע"ש, כ"כ הגאון אמ"ו ז"ל.

(**ועיין** תב"ש שכתב, דשוחטין בה לכתחלה כדעת ט"ז וש"ך, וכן סתם הפמ"ג והחכמת אדם, **אך** בספר שחיטות מכתב אליהו כתב, שראוי ונכון להגדיר שלא לשחוט בסכין עולה ויורד, כי בעו"ה נתמעט ההרגשה, והלואי שיוצאים חובותינו על סכין חלק וישר, ולא על הר ובקעה, דאינו דומה הרגשה דסכין ישר לעולה ויורד, **לכן** כשיש פגימה בסכין, לא ישחיז על מקום הפגימה לבד, שאז נעשה עולה ויורד, אלא יעביר בהשחזה כל אורך הסכין עד שיעמוד על תיקונו, ע"ש).

סעיף ט - בדיקת הסכין צריכה אבשרא – [נגד הושט], **ואטופרא** – [נגד הקנה, דכל שאין אלו מרגישים, גם הוושט והקנה לא ירגישו בפגם], **ואתלת רוחתא; דהיינו שמוליכה ומביאה על בשר אצבעו, ואח"כ מוליכה ומביאה על צפרנו משלש רוחותיה, שהם פיה ושני צדדיה, כדי שלא יהיה בה פגם כלל.**

(**וכתב** בספר גן המלך, אם שחט עוף בסימן א', כגון ששחט הושט, והיתה הסכין בדוקה אבישרא, כשר, אע"ג שהיה בו פגימה הנרגשת אטופרא, **או** להפך, שחט הקנה בסכין בדוקה אטופרא, אע"ג דאית ביה פגימה הנרגשת אבישרא, שפיר דמי, **דהני** בדיקות דאצרכינהו רבנן אטופרא ואבישרא, טעמייהו דטופרא נגד הקנה ובשרא נגד הושט, עכ"ל, **ועיין** בשו"ת מאיר נתיבים שהאריך לחלוק ולהפליא עליו בזה, ע"ש).

ויבדוק לאט ובכוונת הלב, שלא יפנה לבו לדברים אחרים.

וצריך לשנות הצפורן אחר קצת בדיקתה, שמא נפגם הצפורן בחודה של סכין, ואולי יש פגימה בצדדין שלא ירגיש בה לפי שעוברת בתוך פגימת הצפורן.

וכתב במשמרת הבית, דיש לרחוץ הסכין קודם הבדיקה, שהדם פעמים נקרש בתוך הפגימה, והעיד הראב"ד שכן אירע לו מעשה, שבדק ולא מצא פגימה, ואח"כ כששכשך במים מצא פגימה, ע"ש. (**ומיהו** דוקא נקרש יבש, אבל לח לית לן בה, ומשום הכי אחר השחיטה מיד אין לחוש לדם שעל גבי הסכין – פמ"ג).

(**ובספר** מכתב אליהו כתב, שלא יבדוק הסכין בשעה שהיד קר ומצונן, או חם מאד, או שהיד טופח הן מחמת משקה או זיעה, אפילו טופח שלא ע"מ להטפיח, כי בדוק ומנוסה אשר בכל אלה לא ירגיש, גם יקנח הסכין שלא יהא בו שום לחלוחית, **גם** בעת שרוח מנשבת בעולם לא יעמוד בחוץ לבדוק, כי הרוח קשה לזה, ע"ש).

הגה: ולא יבדוק שני צדדי הסכין ביחד, אלא כל אחד בפני עצמו.

סעיף י - סכין שיש לה פגימה אסור לשחוט בה, אפי' אם מכוין לשחוט שלא כנגד

הפגימה - אבל בדיעבד כשר, אפילו לא כרך מטלית על הפגימה, אם אומר ברי לי שלא נגעתי, כמ"ש הר"ב בסי' ו', **והיינו** דוקא כשידע קודם שחיטה שיש פגימה, אבל לא ידע, ואמר אח"כ ברי לי שלא נגעתי, כגון שהפגימה היא למעלה מחציו של סכין, ואמר ברי לי שלא שחטתי אלא במה שלמטה מחציו, וכה"ג, אף דיעבד אסור, דכל מילתא דלא רמיא עליה דאינש, לאו אדעתיה, כדלעיל סוף סעיף ד', **וע"ל** סימן ו' נתבארו דיני כריכת המטלית על הפגימה.

וביום טוב נוהגין היתר לכרוך מטלית על הפגימה, כיון שאינו יכול להשחיזה; ואם הוא שעת הדחק, שאין לו הכנה להשחיזה, אפילו בחול מותר לשחוט ע"י כריכת מטלית על הפגימה. הגה: וע"ל סימן ו' ס"ה.

סכין שיש לה ב' פיות צריך לבדוק שני הצדדין.

סעיף יא- השוחט בהמות רבות או עופות הרבה, צריך לבדוק בין כל אחד ואחד - משמע בדיקה כהלכתא אבשרא ואטופרא ואתלת רוחתא, וכ"כ בד"מ בשם מהרי"ל, **דלא** כמ"ש על שם שחיטות ישנים, דאין לבדוק י"ב בדיקות בין שחיטה ושחיטה, כי אין רוח חכמים נוחה הימנו להפסיק כ"כ בין ברכה לשחיטה שניה, עכ"ל, **ולא** נהירא, דהא צרכי שחיטה לא הוי הפסק, כדלקמן סי' י"ט.

שאם לא עשה כן ובדק באחרונה ונמצאת סכין פגומה, הרי הכל ספק נבילות ואפילו הראשונה - דחיישינן שמא בעור הראשונה נפגמה, כדלעיל סעיף א'.

[ה"ה בהמה אחת צריך בדיקה אחר השחיטה, דשמא בעור נפגם, אלא דקמ"ל כאן שיש איסור אפילו בבהמות רבות].

הגה: ומי שרוצה להכניס עצמו לספק זה, אין צריך לבדוק סכין בין שחיטה לשחיטה - כן משמע ג"כ מדברי המחבר והרמב"ם והרי"ף, שכתבו שאם לא נעשה כו', משמע דוקא מה"ט צריך לבדוק בין כל א' וא', וכן נ"ל מוכח בהדיא מדברי הרי"ף והרא"ש, וכן דעת הרבה פוסקים, **דלא** כהב"ח שהשיג על הר"ב, וכתב שהרא"ש והטור הם אחרונים ראו בל' הרי"ף ולא ישר בעיניהם, לכך שנו הלשון וכתבו "ואם" בוא"ו, **דליתא**, דמדברי הטור אין הכרח, ומהרי"ף והרא"ש מוכח כן בהדיא מלבד הלשון, **מיהו** צריך שלא יקחו מהנשחטים לאכול קודם בדיקת הסכין של אחר השחיטה.

וכתב העט"ז, אם הוא שוחט לאחרים ועשה כן שלא ברשות, ונמצא אח"כ הסכין פגום, צריך לשלם אפילו שוחט בחנם, כדין מזיק בידים.

[**ולא נהירא לי, דהא איתא בהגוזל קמא, ההיא מוגרמתא דאתיא לקמיה דרב, פי' באחד ששחט בהמת חבירו בענין שהיתה הגרמה לרבנן, ולרבי יוסי היא כשירה, ופסק רב דטריפה, ופטר השוחט מלשלם משום ספק גזל, דדילמא ס"ל כר' יוסי וכשירה, וכ"כ התוס' דמספקא ליה לרב בזה, וא"כ אמאי לא נימא גם התם דפשע השוחט במה שהכניס עצמו לספק נגד רבנן, ובודאי יטרפו לו, אלא אפ"ה כיון שיש סברא לפסוק כר"י, אין להוציא ממון מידו, ק"ו בזה דהיה סבור שלא יהיו טריפות לגמרי, ודאי אין להוציא ממנו, דשמא במפרקת בתרייתא אפגום**].

לק"מ, דהתם השוחט לא הכניס עצמו בספק, ולא הוי מספקא ליה כלל, אלא איהי הוי קים ליה כרבי יוסי, וא"כ נהי דלרב מספקא ליה, היינו לענין טריפה, אבל לא להוציא ממון, דלמא הלכה כר' יוסי, אבל הכא הכניס עצמו בספק - נקה"כ.

‹**ויראה** לפרש דעיקר הטעם של הט"ז, דכיון דלרמ"א לאו חיובא לבדוק בין כל חדא, אלא עצה טובה, סבור היה שוחט שלא יפגום ופטור, אבל אי הוה חיובא לבדוק בין כל חדא, אף שספק הוא, היה חייב, דעבר ופשע והכניס עצמו לספק – פמ"ג.›

[**וא"ל ממ"ש בח"מ סי' ש"ד, דטבח חייב כשניבלה ודאי, אבל אם מצא הסכין פגום והוא בדקו תחלה, כיון דאיכא למימר במפרקת נפגמה, לא מפקינן ממון מספק ע"כ, ש"מ אם לא בדק שחייב, שאני התם דמבדיקה ראשונה מיירי, שהיא הכרח לכולי עלמא, ואין שם ספק שיכניס עצמו תחלה לכך, דכל סכין סתמו פגום, ע"כ ודאי פשע שלא עשה כדין מה שהוא חייב, משא"כ כאן שאין כאן אלא זריזות בעלמא לבדוק בין כל שחיטה, וכמ"ש ב"י בשם בעל המאור ורשב"א, וכן דעת מהרא"י כאן, שהרי כתב רמ"א בשמו, שיוכל להכניס עצמו**

בספק, ודאי טפי עדיף מההיא מוגרמתא דרב שזכרנו, ותו דהיאך שייך כאן גרמי, דהא כתב ת"ה דגרמי הוה דוקא היכא דברי היזקא, או שהיזק נעשה מיד, ומ"ה פטר במי ששיסה כלב בחבירו, דההיזק נעשה אחר השיסוי, כ"ש כאן דאין שום טריפות אלא מכח ספק, ע"כ אין להוציא ממון מזה כלל, **ואע"ג** דכתב בת"ה דכל חומרות שאנו נוהגים בהם, אע"פ שמדינא מותר, כגון שהייה מועטת, מ"מ כיון שהוא מפורסם לאיסור, חייב השוחט בשכר לשלם, **לא** דמי לזה, דהתם ברי היזקא כיון שיודע שתטרף בזה, אבל כאן לא ברי היזקא בשעת מעשה, כנ"ל].

לק"מ, דע"כ לא בעינן ברי היזקא אלא בגרמי, אבל הכא שמזיק בידים, שהרי שוחט בידו בסכין פגומה, א"כ לא הוי ליה להכניס בספק, **וכל** שכן שדרך הסכין לפגום כששוחטין הרבה, והוי ליה כברי היזקא - נקה"כ.

(**ועיין** תשו' פנים מאירות, שפסק כהלבוש ודחה דברי ט"ז).

סעיף יב - אע"פ שבדק הסכין קודם שחיטה, צריך לחזור ולבדוק אחר השחיטה -

‹קשה לי, הא הוי ס"ס, ספק שאינו פגום, ואת"ל פגום שמא בעצם המפרקת נפגמה, והרי הרמ"א פסק בסי' ק"י ס"ט, דבס"ס אפילו היכא דאפשר לברר, א"צ לברר, **ואף** להחולקים דצריך לברר, מ"מ נלע"ד דזהו רק אם אחר הבירור נעמוד על הבירור, דאסור ודאי אי לא, אבל היכא דרק ספק א' יתברר, אלא דאזי לא יהיה ס"ס, ויהיה אסור מספק, י"ל דלכו"ע א"צ לברר, כיון דהשתא איכא ס"ס, וגם אחר הבירור לא יהיה ודאי איסור, א"כ הכא בסכין דאף אם ימצא פגימה, עדיין יהא ספק שמא בעצם המפרקת נפגמה, יהיה הדין דא"צ לברר, **וצ"ל** דמ"מ באתחזק איסור דאינו זבוח, צריך לברר אף בס"ס ובכה"ג – רעק"א›.

והני מילי שהסכין לפנינו, אבל אם נאבד - ‹לשון הרמב"ם: וכן אם פשע ולא בדק הסכין או שאבד – רעק"א›. **שחיטתו כשרה, הואיל ובדקה קודם שחיטה, ואפילו שחט בה הרבה זה אחר זה** - ולא אמרינן דשמא בעצם המפרקת של ראשונה נגע ונפגם, או מתוך ששחט הרבה בהמות נפגם.

ואם נגע במפרקת של אחת מהן, יש להחמיר ולחוש לכל אותן שנשחטו אח"כ - כלומר לחומרא אמרינן דעצם המפרקת פוגם בנגיעה לחוד, אבל לא לקולא כדלעיל ס"א, וכ"כ בסט"ו. [**דמן הסברא** עושה המפרקת פגימה טפי מן העור, ע"כ אין לנו לאסור הראשונה, כיון שבדק תחלה לא מחזקינן ריעותא מחמת העור, אלא מחמת המפרקת שראינו שנגע בה, ועצם רגיל לפגום, משו"ה אמרי' לחומרא לאסור האחרים].

סעיף יג - שחט בסכין בדוק, ונאבד קודם שיבדקנו אחר שחיטה, ואח"כ נמצא והוא פגום, שחיטתו כשרה הואיל ויצא בהיתר, וזה שנמצא פגום אימור שיבר בה עצמות ולאו אדעתיה, דאוקי סכין אחזקתיה - ז"ל הרא"ה, דחומרא יתירא היא לתלות בעור יותר מבמפרקת, הלכך היכא דידע בודאי שלא שבר עצמות, תלינן לחומרא, אימא בעור נפגם, אע"ג דיותר שכיח שיפגם בעצם המפרקת מבעור, אסרי' ליה, **אבל** היכא דנאבד הסכין ומספקא לן אם שבר בה עצמות ונתוסף עוד ספיקא אחרת, שרינן לה וכו', הלכך בקל תלינן בדבר אחר, עכ"ל, **ובגוף** השאלה שם מבואר עוד טעם אחר, דהואיל ויצא סכין בהיתר יצא, והאי דנמצאת פגומה אימור שבר בה עצמות ולאו אדעתיה, דאוקי סכין אחזקתיה ואימור לא איפגם, עכ"ל.

[**בזה** מתורץ מה שיש להקשות מסעיף ט"ו, שכתב אבל מספק אין תולין כו', וכאן אנו מקילין בספק, **וכן** מסעיף ט"ז, דפסק דוקא בדק הסכין אחר שחיטה אמרינן אימור שיבר עצמות, וכאן אמרינן ליה אפילו לא בדקו אחר שחיטה, ‹ע"ש בש"ך›, **ובאמת** הכל ניחא, דוודאי בכל התורה אנו הולכין אחר החזקה, אא"כ הדבר לפנינו לבדקו, אז לא סמכינן אחזקה, כמ"ש המרדכי בשם ר"י הלוי לענין רוב מצויין אצל שחיטה מומחין הן, דבאם הוא לפנינו אין סומכין על הרוב, וכן הוא כאן בסכין, דכל שהוא לפנינו חייבים אנו לבודקו, וע"כ כל שלא בדקו אזלא ליה חזקת סכין שהיה יפה בשעת השחיטה שבדקו קודם, מ"מ חייב עכשיו לבדקו שנית, מש"ה בההיא דסעיף ט"ו וסעיף ט"ז שלא נאבד הסכין, ממילא חייב לבדקו, וכל שלא בדקו אין לו חזקה טובה, ולא היה לו שעת הכושר שום פעם עדיין, אילו בא לשאול קודם שנולד ספק זה של עכשיו שנמצא פגום, לא היינו מורים לו היתר, ואין כאן שייך זמן להיתר, ע"כ יש להחמיר מספק כאלו אין כאן חזקה, **משא"כ** כאן שנאבד הסכין והיה לו אז חזקה טובה, ואילו בא אותו פעם לשאול היינו

מורים לו היתר, נמצא שהיה זמן להיתר, ע"כ אמרינן דאף בנמצא אח"כ והוא פגום, כיון שאפשר שנפגם אחר שחיטה, וכבר היה לו היתר אילו בא לשאול, אין הספק אוסרו אח"כ, נמצא הכל על נכון, וכן רש"ל פסק להנהו דינים כמו שנזכרו בשו"ע, ומו"ח ז"ל הוקשה לו, מה אכפת לן ביצא בהיתר, דאם אסור מעיקרא בדין מה אכפת לן ביצא בהיתר, אלא ודאי הטעם להיתר כאן, כיון שנתוסף ספק להקל אחר השחיטה, שנאבד הסכין, ממילא גם בסעיף ט"ו יש להקל כל שראינו שנפל, אפילו לא ראינו שנפל על חודו, וע"כ כתב שמאן דשרי בהא דסעיף י"ג, שרי אפילו בספיקא דסעיף ט"ו, וכתב ששגגה היא לפני השליטים להתיר כאן ולאסור בספיקא דסעיף ט"ו, ולי נראה שדברים נכונים הם כי בחזקה תליא מילתא, וזו היא שאמרנו הואיל ויצא בהיתר, דהיינו שנולד הספק אחר שהיה לסכין חזקה טובה והוראה להיתר, ודברי השליטים הם ברורים]. ‹עיין ש"ך לקמן סט"ו›.

סעיף יד - אם לא בדק הסכין ושחט בה, ונאבד אחר שחיטה, שחיטתו פסולה - ‹ופשוט הוא מאחר שלא היה לו חזקת כשרות, ובהמה בחייה בחזקת איסור עומדת, עד שיודע במה נשחטה – ב"י›.

בד"א, בסתם סכין, אבל טבח שיש לו סכין מיוחד לשחיטה, ומקום מיוחד שמצניעו שם תמיד, בחזקת בדוק הוא, ואם שחט בה בלא בדיקה ונאבד, שחיטתו כשרה - ולא חיישינן שמא עם עמידתו נפגם מעצמו, רשב"א.

הגה: וראוי לכל טבח שיהא לו סכין מיוחד לשחיטה, ואסור לעשות בו שום דבר, ויצניענו שלא יפגמנו - דשמא ישחוט בו בלא בדיקה, ויאבד הסכין, ונסמוך אחזקתו שהוא בדוק קודם לכן, ושמא עשאהו פגום במה שנשתמש בו, כ"כ הרשב"א בת"ה ומביאו ב"י. **ומ"מ לא ישחוט בו לכתחלה בלא בדיקה** – ‹ע"ל ס"ג בפמ"ג שכתב טעם לזה›.

סעיף טו - השוחט בסכין בדוק, ואחר השחיטה שיבר בה עצמות דרך שבירה, שלא בדרך הולכה והבאה, ובדקה ונמצאת פגום, שחיטתו כשרה, דאנו תולים שבשבירת העצמות נפגמה - ‹לפי מ"ש תוס' בחד תירוצא, דמה דמשנינן עלה דר"ה אהא דטבל ועלה, סכין אתרע בהמה לא אתרע, דאין מקום לחלק, אלא דהכי אמרי', דאף אם הסכין אתרע עדיין בהמה לא אתרע, ושמא שחט שלא במקום הפגימה, והיינו ע"כ בסכין ארוך כמלא ב' צווארים, א"כ ממילא לדידן בשיבר בו עצמות, ג"כ הכי, דהא אף בשיבר בו עצמות קשה מטבל ועלה, כיון דנתעסק באותו המין הוי כשיבר עצמות, וצריך גם בזה לשינויא דהש"ס, סכין אתרע, וא"כ בסכין קטן דל"ש כן, אסור – רעק"א›.

וכן כל כיוצא בזה, כגון שנפל ע"ג קרקע קשה, ודוקא שראינו שנפל על חודו, אבל מספיקא אין תולין לומר שנפל על חודו - היינו טעמא משום דהוי ס"ס לאיסור, חדא דשמא לא נפלה על חודה, ואת"ל נפלה על חודה שמא לא נפגמה בקרקע, דקרקע אינה ודאי פוגמת כדאיתא בתשובת הרא"ש, **ולא** דמי כלל לדלעיל סי"ג, היכא דנאבד הסכין ואח"כ נמצא פגום דכשר, דהתם ליכא אלא חדא ספיקא, דשמא שבר בו עצמות ולאו אדעתיה, כמבואר שם, **ועוד** דכאן הואיל והסכין לפנינו וצריך בדיקה, א"כ לא יצא מעולם בחזקת היתר, אבל התם כיון שנאבד יצא בחזקת היתר, כמו שנתבאר שם, ולכך אפילו נמצא אח"כ, מוקמינן ליה אחזקתיה דהיתרא, ואמרינן דילמא שבר בו אח"כ עצמות ולאו אדעתיה, **וע"כ** צריך לחלק כן, שהרי הרא"ש בתשובה פסק כדלעיל סי"ג, ובפסקיו כתב כמ"ש הט"ו כאן, וכן כתב מהרש"ל ב' דינים אלו, **ולא** עמדתי על סוף דעת הב"ח, שהאריך בדבריו ושויה להרא"ש כמי שאינו עומד בדבורו, שבפסקיו חזר בו ממ"ש בתשובה, ושגגה יצאה מלפני השליטים שו"ע ומהרש"ל, והדבר מבואר כמ"ש ודוק. ‹עיין ט"ז לעיל סי"ג›.

ואם שיבר בה עצם המפרקת, אפילו דרך שבירה, אין תולין בו מפני שהוא רך - צ"ע דנראה מהפוסקים דדרך שבירה תולין, גם מה שנראה שהוציא המחבר כן מהר"ן, אינו מוכרח, דהר"ן קאי אחתך בו דרך הולכה והבאה, ותדע שהרי כתב ע"ז וכ"כ הרשב"א, ובחדושי הרשב"א ובתה"א משמע בהדיא הכי.

[**קיוהא** קא חזינא הכא, דדבריו תמוהים, שהם נמשכים אחר דברי הר"ן... דלא אתי לאפוקי אלא נגיעה בעלמא שדבר תחלה, שלא עשה שום שבירה בחתיכתו, אלא אפי' עשה שבירה ממש בחתיכתו, ונחסר משם

[ט"ז] ‹רעק"א או ש"א או הוספת הסבר› (פת"ש)

במקום החתך, אפ"ה אין תולין בו מתרי טעמי, חדא שהוא רך ואין החתך ההוא מקלקל הסכין, ועוד שאפילו היה קשה כשאר עצמות, אין תולין בו כיון שנעשה החיתוך דרך הולכה והבאה, אין הסכין מתקלקל בזה אפילו בשאר עצמות, **אבל** לעולם אם היה מכה בכח על עצם המפרקת לא דרך הולכה והבאה, פשישא דתולין בו, והוא נכלל בכלל שבר בה עצמות, דהיינו כל עצמות, וכי עצם המפרקת אינו בכלל לשון עצמות, ואמאי לא אמרו חוץ ממפרקת, **אלא** ודאי ברור הוא דלא אמעיט אלא אותו שהוא דרך הולכה והבאה כדרכו של חתיכת המפרקת אחר שחיטה, אבל לא ממעט הכאה כלל בשום עצם מעצמות, **ועוד** מי גרע מנפל על הקרקע קשה דמתיר כאן כשנפל על חודו, כ"ש בעצם המפרקת, **ועוד** מצינו במרדכי בשם ריב"ק, שהיה רגיל להכות הסכין בעץ קודם שהצניעו, כדי שאח"כ יוכל לתלות בו, והרי עינינו רואות שבודאי עצם המפרקת קשה טפי מן עץ, ומאי טעמא לא תלינן ביה אם הוא דרך הכאה שהכה בו לא דרך הולכה והובאה, כנ"ל נכון, **וכן מסקנת הטור** בשם העיטור שכתב, כיון שדרך שחיטה נפגם, לא דמי לשיבר עצמות, עכ"ל, משמע אי לאו דרך שחיטה אלא דרך הכאה, שפיר תלינן ביה, ע"כ נ"ל דברי הרב בשו"ע תמוהים בזה].

‹**והתבואות** שור השיג על הט"ז והש"ך והעלה, דבהפסד מרובה יש להתיר ולא בענין אחר, יע"ש – פמ"ג.›

(**ועיין** בתשובת שבות יעקב שכתב, דאם ידעינן שנגע הסכין במפרקת, שיש חתך במפרקת, והפגימה אינה גדולה כחגירת ציפורן, יש להכשיר מטעם ס"ס, שמא הלכה כרא"ש וסייעתו, דלא מיטרף עד שתפגום כדי חגירת צפורן, ושמא בעצם נפגם. **וכתב** עוד, שמעשה בא לידו שהשוחט אמר ששמע קול הסכין כשנגע במפרקת, כמו שקורין קר"ק, שנראה וניכר עי"ז שמשם בא הפגימה, והכשיר, כי כה"ג כו"ע מודו דאמרינן בעצם נפגם, כיון שיש רגלים לדבר, ע"ש. **ועיין** בספר בל"י שהקשה על דין הראשון, דהא הוא עצמו פסק, דס"ס נגד חזקה לא אמרינן, **ועל** דין הב' כתב, דנראה דוקא שבירה ולא הולכה, **ועיין** פמ"ג שהסכים עם השבו"י בדין הראשון, ועל דין הב' כתב, דהמיקל בהפ"מ אין להאשימו, ע"ש).

הגה: ואין חילוק בכל זה בין שבדק הסכין תחלה סמוך לשחיטה, או שהיה בחזקת בדוק תחילה ולא בדקו סמוך לשחיטה, דאפ"ה מקרי סכין בדוק.

סעיף טז - אם בדק הסכין אחר שחיטה והצניעו, ואח"כ נמצאת פגום, לית לן בה, דאימור בדבר אחר נפגם, או שיבר בו עצמות ולאו אדעתיה - לכאורה קשה למה כתב המחבר דין זה, הלא כ"ש הוא ממ"ש בסעיף י"ג, **וצ"ל** דלכך דקדק וכתב, דאימר בד"א נפגם או שבר בו עצמות כו', ולעיל לא כתב אלא טעם דאימור שבר בו עצמות לחוד, **משום** דלעיל מיירי שאינו ידוע אם שבר בו עצמות או לא, וכדמשמע נמי מתשובת הרא"ש שהבאתי, ולכך אמרינן שבר בו עצמות, **אבל** הכא אשמועינן אע"ג שידוע בברור שלא שבר בו עצמות, כגון שהניחו בקופסא, אפ"ה כיון שבדקו אחר השחיטה, אימור בדבר אחר נפגם מעצמו או שבר בו עצמות כו', **ואע"ג** דלעיל סוף סעיף י"ד לא חיישינן שמא עם עמידתו נפגם מעצמו, התם משום דאין ריעותא לפנינו, לכך מוקמינן ליה אחזקתיה, אבל הכא הרי פגום לפניך, וע"כ אמרינן עם עמידתו נפגם מעצמו בדבר אחר. (עיין ט"ז לעיל סי"ג.)

‹**והתבואות** שור החמיר אם לא בהפסד מרובה, וכן ראוי לעשות – פמ"ג.›

סעיף יז - טבח שלא הראה סכינו לחכם (ונמלא יפה), היו מנדין אותו. הגה: ואם נמלא פגום, היו מנדין אותו ומעבירין אותו. ובנמלא יפה יכול החכם למחול ואין לריך לנדותו (הגהות אלפסי) - ונראה דס"ל כמ"ש רש"י והר"ן, דהא דהי' מנדין אותו כשלא הראה סכינו לחכם, הוא מפני כבודו של חכם, וכדלקמן סי' רמ"ב ושל"ד דהיו מנדין על כבוד הרב, ולכך יכול למחול על כבודו, וכדלקמן סי' רמ"ב ס"ס ל"ב, רב שמחל על כבודו כבודו מחול, **אבל** הרמב"ם והכל בו והסמ"ג כתבו הטעם, דהיו מנדין לפי שיסמוך על שחיטתו פעם אחרת, ותהיה פגומה וישחוט בה, עכ"ל, ולפ"ז אפשר דאין החכם יכול למחול, **ודאי** עיקר טעם דבדיקת חכם הוא מפני כבודו של

חכם, ולולי כבודו לא הצריכו להראות לחכם כלל, דע"א נאמן באיסורין, אך כיון דכבר תקנו דצריך להראות מפני כבודו, וראוי לנדות על ביזוי ת"ח, ממילא כיון דעבר ע"ז הוי חשוד לאותו דבר, ואיכא חשש שמא ישחט בסכין פגומה, ולא מהני מחילה – שו"ת ברית אברהם› **מיהו** בש"ס פ"ק דחולין משמע כרש"י והר"ן, וכן משמעות הפוסקים.

‹**ועיין** בתשו' ברית אברהם שכתב, שיש עוד נ"מ בין טעמא דרמב"ם, היכא שנאבד הסכין, דקיי"ל לעיל סי"ב, דאם בדקוהו קודם שחיטה מהני, יש לומר דהיינו דווקא באם עביד כדינו שהראה לחכם, אבל בלא הראה לחכם, אף דמדינא א"צ לולי כבודו של חכם, מ"מ הבשר טרפה כיון דאבד חזקת כשרות שלו, דעבר על תיקון חכמים, ‹וכמו דחייש הרמב"ם שמא ישחוט בסכין פגומה, כמו כן איכא למיחש על אותו השחיטה שמא שחט בסכין פגומה, היכי דנאבד הסכין וא"א למבדקי', **משא"כ** אי הטעם מפני כבודו של חכם לחוד – המשך דבריו שם› **ושם** מבואר דאף האידנא דנהגו למנות אנשים ידועים, נ"מ היכא שגזרו עליו הב"ד שלא ישחוט מחמת חשש רינון, ועבר ושחט, דכיון שגזרו עליו שלא ישחוט, לא מחלו, והוי כלא הראה סכינו מדינא דש"ס, ומה"ט היו מנדין אותו כמו מדינא דש"ס, דרק למי שנטל קבלה מחלו חכמים כבודם, ולזה שגזרו עליו שלא ישחוט לא מחלו›.

והאידנא נהגו למנות אנשים ידועים על השחיטה והבדיקה, ולהם מחלו חכמים כבודם, כי הם זהירים וזריזים - ובאגודה כתב עוד טעם אחר, משום דעתה בעונינו אין ת"ח, דהא אין יודע אפילו מסכת כלה, וכן הוא בתשובת מהרי"ל ותשובת מהרי"ו ומהרי"ק, וכן הוא לקמן סימן רמ"ב לענין שיתן לו המבייש ליטרא דדהבא, וכ"כ הב"י לענין נדרים, דהאידנא כ"ע כע"ה דמו, ומביאו הר"ב שם.

והרבה צריך ישוב הדעת ויראת שמים לבדיקת הסכין; הלא תראה כי יבדוק אדם פעמים שלש ולא ירגיש בפגימה דקה, ואחר כך ימצאנה כי הכין לבו באחרונה; ובחינת חוש המישוש כפי כוונת הלב - עיין במהרש"ל שהרבה לקרוא תגר על השוחטים בזמן הזה, שבודקין הסכין במהירות ובלי כוונת הלב, ושראוי להזהיר ולהקפיד עליהם בדבר זה, ע"ש.

‹**עיין** בספר של"ה שכתב, שראה חסיד אחד שלא אכל בשר שחוטה, משום שראה בחוש המשוש שהסכין פגום, והשוחט לא הרגיש בזה, **ועיין** בתשובת בית יעקב שכתב, דמדינא א"צ להחמיר בזה, אלא ממדת חסידות יש להחמיר בחול ולא בשבת ויו"ט, דמבטל מצוה אם אינו אוכל בשר, ע"ש, **ואין** דבריו מוכרחים›.

סעיף יח - הטבח צריך שיטול שכר מן הטרפות כמו מן הכשרות. הגה: שלא יבא להקל להכשיר כדי לקבל שכרו מן הכשרות - ובריב"ש כתב, דגם הכרכשות שנוטלים מן הכשרות לבד, אסור ליקח מטעם זה, ומביאו ד"מ, **ואף** על גב דבח"מ סי' ש"ו ס"ד כתב הר"ב, דטבחים שלוקחים הכרכשות מן הכשרות מקרי שכר ואם ניבלו חייבים לשלם, **התם** מיירי היכא דהמנהג הוא כן, אע"פ שאינו נכון, כמו שקרא תגר גם הרמב"ם על המנהג שהיה בזמנו, שהיו לוקחים שכר רק מן הכשרות לבד, כדאיתא בריב"ש, **א"נ** ס"ל להר"ב, דכשנוטל כרכשות, מותר לו ליקח מן הכשרות לחוד, דליכא למימר שיבא להקל כדי ליטול כרכשות, דלהא לא חשדינן ליה שיאכל טרפות, ואם כן יצטרך למוכרם, ומתירא שמא ירגישו בזה שאינו אוכלם ומוכרם, אבל כשנוטל שאר שכר אסור, **ואפשר** שמזה נתפשט המנהג שבקצת מקומות השוחטים לוקחים הכרכשות מן הכשרות ולא מן הטרפות, אע"פ שהוא מנהג רע, ועיין במהרש"ל כתב ישוב למנהג זה, ועדיין צ"ע בדבר.

[**משמע** ‹מח"מ סי' ש"ו›, **שגם בימי רבינו הטור היו נוהגים ליקח מהכשירות לבד, וע"פ זה נקבע גם היום כן, ונראה הטעם, שלא נחשדו בשביל דבר קטן כזה להאכיל טריפות, ולא דמי להאיא דאילא ביבנה בפ' עד כמה, לעניין היתר בכורות, ששם יש חשד בשביל דבר גדול, כן נ"ל לתרץ המנהג, ושוב מצאתי כן לרש"ל**].

‹**ובדמשק** אליעזר כתב, דליטול הכרכשות מכשירות ומטריפות ג"כ אסור, דכרכשתא דכשירות שוה יותר מכרכשתא דטריפות – רעק"א›.

ולכן נהגו בקלת מקומות שאין אדם שוחט ובודק לעצמו, אלא אותן הממונים מן הקהל –

[משמע אבל מדינא שוחט ובודק לעצמו, וקשה ממתני' כל הבכורות אדם רואה חוץ מבכורות עצמו, וכבר הקשה

שם הר"ש מהרבה דברים שמצינו דצורבא מדרבנן חזי לנפשיה, ומסיק שם דדוקא היכא דאתחזק איסורא לא חזי לנפשיה, **ואם** כן ה"נ בשלמא בדיקה שפיר ד"נשחטה הותרה", אלא שחיטה להוי איסור מדינא, דבחייה בחזקת איסור עומדת, **ונראה** דלא שרי מדינא אלא לשחוט, דרוב מצויין כו', (היינו ובידו לתקנו, אף באתחזק נאמן לעצמו, **ומ"מ** אם הוא מוחזק בו בכשרות אוכלין ממנו, ולא בענין אחר – פמ"ג). **אבל אם אירע לו הוראה, לא יורה.** (ולט"ז בבדיקה יורה הוראה, דרוב כשרות הן וליכא חזקה לאיסורא – פמ"ג).

סעיף יט - ראובן שאמר לשמעון: בדוק סכין זו, ובדקה שני פעמים מהי"ב שצריך ונתנה לראובן, וראובן היה הולך לשחוט, ולקחה לוי מידו ומצאו פגום, (וראובן מתגלגל ואומר שעדיין היה רוצה לבדקו כהוגן), מעשיו מוכיחים עליו שהיה די לו באותה בדיקה - כי בודאי כשנתנו לשמעון, לא לבדקו לחצאין נתנו לו, וכשראה שלא בדקו כדינו, קבלו מידו והלך לשחוט, מעשיו מוכיחים עליו כו', עכ"ל רשב"א, **ולפיכך מעבירין אותו; ואם נראים הדברים שהיה כעין שגגה, ושהוא אדם כשר, מחזירין אותו, ובלבד שיקבל עליו שלא ישוב עוד לדבר כזה.**

סעיף כ - טבח שנמצאת פגימה בראש הסכין, ואמר: זאת הפגימה מפני שאני מכסה דם העופות בראש הסכין, וכשאני שוחט אני נזהר שאיני נוגע בפגימה, מעבירין אותו - שמעיד על עצמו שאינו מקפיד בין סכין פגום לשאינו פגום, ועוד דהא שוחט בסכין פגום לכתחלה, **וקרוב לומר שהכלים אסורים.**

(**ועיין** בשו"ת ברית אברהם, בנדון שוחט שהראה סכינו בחזקת יפה, והחכם הרגיש בו פגימה, אח"כ לקח השוחט ושפשף על בשר הזרוע, וע"י זה הוסר הפגימה, ומתנצל שבוודאי לא היה פגימה גמורה מדהוסר ע"י שפשוף היד, **וכתב** שאין להוציאו מחזקת כשרות להעמידו בחזקת אינו מרגיש, כי לפעמים נקרש ההשחזה מהאבן ונדבק באיזה מקום בסכין, ועי"ז מורגש כעין פגימה, ועל ידי השפשוף הוסר הקרישה, וא"כ יכול להיות שמשעה שמסר הסכין בחזקת יפה, עדיין לא נקרש והיה לח, ולכן לא הרגיש, ואח"כ נקרש ולכן מורגש, וזה הוסר על ידי השפשוף, וע"ש, **ומ"מ** נראה דהכל לפי הענין).

§ סימן יט – דיני ברכת השחיטה §

סעיף א - השוחט צריך שיברך קודם: אשר קדשנו במצותיו וצונו על השחיטה; ואם שחט ולא בירך, כשרה - אפילו הזיד ולא ברך כשרה אפילו לעצמו, (**ומיהו** לקמן סי' כ"ח הביא, דאם העם פרוצים שלא לברך על השחיטה ועל הכסוי, יש להוכיחם ולאסור השחיטה, להם ולא לאחרים – פמ"ג).

כשרה – [לאפוקי מהלכות אלדד הדני שהביא המרדכי, שאסר השחיטה בזה, **והמרדכי** כתב בשם ראבי"ה, דמ"מ אם עשה כן במזיד אסור לאכול ממנה, והיו מכין אותו, אבל לאחר מותר, וכתב ב"י דהרמב"ם ושאר פוסקים חולקים על ראבי"ה, **וכתב** מו"ח ז"ל דמ"מ יש להחמיר לקנסו כראבי"ה].

(**עט"ז** מה שכתב בשם הלכות א"י, ועיין בשו"ת נו"ב, שהקשה מזרק סכין והלכה ושחטה, שלא כוון לשחוט, וא"כ לא בירך, וכה"ג כמה וכמה, **ותירץ** דטעם הלכות א"י שאוסר השחיטה, היינו דס"ל דכיון דהזיד ולא בירך הו"ל כמומר לאותו דבר כו', ע"ש, **ותימה** עליו, דהרי ברא"ש כתב וז"ל, כמו כן כתב שכח ולא בירך כו', ע"ש, אלמא דבשוגג מיירי).

הגה: ואם שחט דבר דאתיליד בו ריעותא וצריך בדיקה, ישחטנו בלא ברכה - ומהרש"ל פסק כרש"י, דיברך קודם השחיטה, דאפי' מיטרפא מהני לה שחיטתה לטהרה מידי נבלה, ולא משמע כן בירושלמי.

וכשימצא כשר מברך על השחיטה, ובלבד שיהא סמוך לשחיטה (בא"ז הלכות כסוי) - כתב העט"ז, שאנו נוהגין כשיזדמן לשחוט דבר שיש בו ספק טרפה, ששוחט תרנגול או עוף אחר קודם לו, וכוונתו ג"כ על זה, וכ"כ הב"ח, ודבר נכון הוא, וכן הוא לקמן סי' כ"ח לענין כסוי הבופל"א, **מ"מ** דינו של הר"ב אמת היכא דאין אפשר לשחוט עוף אחר, וק"ל.

מחבר רמ"א ש"ך ונקה"כ

הלכות שחיטה
סימן יט – דיני ברכת השחיטה

ובד"מ מביא בשם הג"ה אשר"י, דאפילו בכשרה אם שכח ולא ברך קודם השחיטה, יברך אחר השחיטה, עכ"ל, **ובהג"ה** אשר"י שם סיים, דכל מצות שלא ברך עובר לעשייתן, מברך אחר עשייתן, כדפירש בברכות מא"ז, עכ"ל, **ובפ"ק** דברכות כתבו, וז"ל, היכא דלא בירך קמיה דמצוה, מברך אחר המצוה, ויוצא ידי חובתו, אכן בסעודה דאסור לאדם שיהנה בלא ברכה, כיון דעבר ואכל והגיע ברכה אחרונה, הואיל ואידחי אידחי, א"ז, עכ"ל, **אכן** אין כן דעת הרמב"ם, שכתב אם שחט בלא ברכה, אפילו הפריש תרומות ומעשרות, או שטבל ולא ברך, אינו חוזר ומברך אחר עשייה, וכן כל כיוצא בזה, עכ"ל, **ובספר** ברכת אברהם האריך מאד לסתור דברי הרמב"ם במליצות והרצאות דברים, ועיקר יסודו, דאם איתא דאינו מברך אחר עשייתן, א"כ היכא שרינן לגר, וכן שאר חייבי טבילות, ושאר מצות, לברך לכתחלה אחר עשייתן, ואי משום דלא היה אפשר לברך קודם הברכה, לא הוה ליה לברך כלל, עכ"ל, **וכל** דבריו אינם נראין לפע"ד, דהא ודאי קי"ל כל הברכות הם מדרבנן חוץ מברכת המזון, וכדאיתא בברכות בכמה דוכתי ובפוסקים, א"כ הם אמרו לברך קודם המצוה ולא אחר המצוה כלל, והם אמרו בגר ודכותיה דאכתי גברא לא חזי, יברך אחר המצוה, **והכי** משמע מדברי הר"ר יונה שם, דה"ה בכל שאר הברכות שמברך עובר לעשייתן, אם לא בירך אינו מברך אח"כ, ע"ש, וגם בפסקי רקנ"ט הביא דברי הא"ז, ואח"כ דברי הרמב"ם במסקנא, משמע דהכי ס"ל, וכ"כ הר"ד אבודרהם בשם בעל המאור כהרמב"ם, וכן נראה מדברי הרי"ף, **ועוד** דהא קי"ל כל ספק ברכות להקל. ‹**והפר"ח** כ', דתוך כדי דיבור שלאחר שחיטה מצי לברוכי – בה"ט›. ‹**ותבואות** שור כתב אפילו תוך כדי דיבור לא יברך›. **ואם** נזכר באמצע שחיטה קודם רוב ב' ורוב א', דעת הפרי חדש דיברך, ודעת התבואות שור דלא יברך, וצ"ע בכל זה – פמ"ג.

(**ועיין** בשאגת אריה שהשיג על הש"ך, ועיין בתשובת תפארת צבי שדחה דבריו, והסכים להש"ך, ע"ש).

‹**תמיהני** לפי"מ דמסיק הש"ך להלכה, דבשכח ולא בירך קודם השחיטה, דאינו מברך אח"כ, י"ל דה"נ באתילד בו ריעותא אינו מברך אח"כ, **דאינו** דומה לטבילת גר, דאמרינן כיון דמעיקרא לא חזי לא אדחי, דכיון דבכל פנים לא חזי לברך מקודם, כי תקנו חז"ל ברכה זו דטבילת גרים מעיקרא, הכי איתקן לברך אח"כ, **אבל** ברכת שחיטה קבעו ותקנו עובר לעשייתן, אלא דבהך דבר דאתיילד ביה ריעותא א"י לברך מספק, י"ל כיון דאדחי אדחי, ואין חילוק בין אדחי מחמת פשיעה ושוגג או מחמת אונס, **הגע** עצמך, בעל קרי שאינו מברך לפניה, אם אכל בעוד קריו עליו, או שחט אז, וטבל לקריו, וכי נאמר דמברך אח"כ על מה שאכל או שחט, כיון דמעיקרא לא היה רשאי לברך, **א"ו** נראה דכיון דיסוד הברכה תקנו עובר לעשייתן, אלא דעתה היה איזה דבד המעכב עליו מלברך, אינו מברך אח"כ, **ומקור** הדין של הרמ"א הוא מא"ז, והא"ז לשיטתיה אזיל, דכ' הגהת אשר"י משמו, דבכל מצות אם לא בירך עובר לעשייתן מברך אח"כ, **אבל** לדידן דקי"ל כהרמב"ם, י"ל דגם בזה אינו מברך אח"כ, וצ"ע לדינא – רעק"א›.

‹**בן** פקוע שהפריס ע"ג קרקע, שצריך שחיטה מד"ס, יברך על השחיטה, פר"ח. **ומסיק** הפר"ח בק"א, שאם אין שם בקי בבדיקה, מותר לנבל בלא ברכה, אבל אי איכא שם אחד הבקי בבדיקה, צריך לשחוט ולבדוק, אע"פ שאין דעתו אלא להאכילן לעכו"ם, דהא חזי ליה – בה"ט›. (**ועיין** בתשובת שבו"י שכ', דאם הוא בשבוע שחל ט"ב, ויש לחוש שיבא לידי הפסד, באופן דמותר לשחוט, אף שהוא בקי בבדיקה לא יברך, **אמנם** אם יוכל לקיים ממנו לשבת, או ליתן ממנו לחולה וכה"ג, יש לו לברך, ע"ש).

ואם שחט בבית המטבחים, שהוא מקום מטונף, יברך ברחוק ד' אמות קודם שיכנס לשם, ולא ידבר עד אחר השחיטה (הגהות שחיטות ישנים בשם אגודה) – (עיין בתשב"ץ שדעתו אינו כן, לפי שאין לברך על המצוה אלא כשהיא מזומנת לפניו לעשותה מיד, ואם לא יש לחוש שמא ימלך הקצב ולא ישחוט, **ע"כ** נראה שצריך לשחוט תחלה, ותיכף לשחיטה יצא לחוץ ויברך הברכה במקום טהרה, דכיון דמברכין ב"על" שפיר דמי, וכן יעשה בברכת כיסוי, **ומ"מ** לא החליט זה רק להלכה ולא למעשה, ע"ש, **ועיין** במג"א שחלק ג"כ על הרמ"א מטעם אחר, משום דהברכה צריכה להיות דוקא במקומה, ואפי' ברכה אחרונה צריכה דוקא במקומה, ק"ו ברכה ראשונה, ובאגודה שם מיירי שהכל בבית אחד).

סעיף ב - שחט בהמות וחיות ועופות, ברכה אחת לכולן.

סעיף ג - שנים שוחטין שני בעלי חיים, יכול לברך הא' להוציא חבירו; והוא שיתכוין לצאת - וגם חבירו יכוין להוציאו, טור.

[קמ"ל בזה, דל"ת דוקא בברכת הנהנין שכולן יש להם קביעות אחד, אז אחד מברך לכולן, כמ"ש בא"ח סי' רי"ג, משא"כ כאן שכל אחד שוחט בהמה אחרת, ה"א שאין אחד פוטר חבירו, קמ"ל, כנ"ל].

‹**ודע** דג' מיני ברכות הן להט"ז: ברכות המצות, אע"פ שיצא מוציא, והיינו אם מי שעושה המצוה אין יכול לברך, הא לא"ה אין לחלק המצוה והברכה. **ברכת** הנהנין, נהנה מברך ואחר יוצא, לדעת המחבר בפירות, ולדידן יין, ואפשר שכר ומע"ד נמי הוה קביעות, וא' מוציא חבירו לכתחלה. **ושחיטה** דומה לברכת אירוסין, שלכתחלה אחד מקדש וא' מברך, וא' מברך וב' שוחט, כיון דהוה ברכת שבח והודאה – פמ"ג›.

סעיף ד - צריך ליזהר מלדבר בין ברכה לשחיטה בדבר שאינו מצרכי השחיטה – [זה פשוט בכל מידי דטעון ברכה], **ואם דבר, צריך לברך פעם אחרת** - ‹והתבואות שור ושמלה חדשה כתב, שלכתחלה אין להפסיק בשתיקה יותר מכדי דיבור, ודיעבד שפיר דמי, **ושיחה** אפי' דיבור א' הוה הפסק. **ומ"מ** צ"ע לדינא בשח פחות מכדי דיבור. **ואם** שהה כדי הילוך כ"ב אמות בשתיקה, אפי' הכי דיעבד אין צריך לחזור ולברך – פמ"ג›.

‹**עיין** כו"פ, לענין אם בירך על השחיטה ונטרפה, אם יכול אח"כ לשחוט אחריה בלא ברכה›.

(אבל מותר לדבר בין השחיטה לכיסוי, ומ"מ טוב שלא לדבר) – [דס"ל דכסוי מצוה בפני עצמה, אלא די"א דהכסוי הוא גמר השחיטה, ע"כ כתב רמ"א דטוב ליזהר שלא לדבר כיון שהוא באמצע המצוה, אע"פ שאם דבר א"צ לברך שנית גם בתוך השחיטה עצמה, מ"מ לכתחלה נכון ליזהר בכך].

סעיף ה - אם רוצה לשחוט הרבה, צריך ליזהר שלא לדבר בין שחיטה לשחיטה בדבר שאינו מצרכי השחיטה; ואם דבר, צריך לכסות דם שחיטה ראשונה – [ולברך עליה], **ולברך פעם אחרת על השחיטה** - דכיון דשח בדברים אחרים שאינן מצרכי השחיטה, וצריך לחזור ולברך על שחיטה השניה, [דס"ל דבין שחיטה לשחיטה הוה כמו שח בין תפילין לתפילין, דצריך לחזור ולברך], צריך לגמור מצות שחיטה ראשונה, ולכך יכסה, ויברך פעם אחרת על שחיטה השניה, **אבל על כסוי שני לא יברך** - כיון דבשעה שבירך על כסוי הראשון היה דעתו לשחוט ולכסות עוד, **הגה: משום דשחיטה לא הוי הפסק** - משום דאפשר דשחיט בחד ידא ומכסה בחד ידא, וברכת השחיטה נמי לא הוי הפסק, [כיון דלא שח שיחת חולין], כדאשכחן ביקנה"ז, כ"כ הפוסקים, **אבל אם שח בינתים, הוי הפסק וצריך לחזור ולברך** – [פי' על כסוי השני, כמו בהפסק בין השחיטות].

ויש אומרים דשיחה בין שחיטה לשחיטה לא הוי הפסק – [ס"ל דשאני בין תפילין לתפילין דב' מצות של חובה הם, וכיון שהתחיל בהם אין בדין שיפסוק ויתעסק בשיחה, אבל הכא דאי בעי שחיט ואי בעי לא שחיט, לא מחייב לחזור ולברך, והוה כמו שח באמצע סעודה, ולפ"ז א"צ כלל לכסות דם הראשונה, אלא ישחוט עוד ויכסה הכל בפעם אחת]. ‹**נסתפקתי** בשוחט עוף במקום זה, וחזר ושחט עוף במקום אחר רחוק קצת, וכיסה הראשון ושח, מהו, **דהא** וודאי החיוב מוטל עליו לכסות דם שני, דמי ששחט יכסה, כמבואר לקמן סימן כ"ח, אם כן דמיא לשח בין תפלה לתפלה, או דלמא שאין חוזר ומברך, **וצ"ע** כעת, כי לכאורה נראה שיברך שנית – פמ"ג›.

[**וכיון שלא הכריע בש"ע**, ‹**אף** דכלל מסור בידינו, דהלכה כדעה א' בסתם, כיון דלא כתב "יש אומרים" {בדעה א'}, רק "ויש אומרים" {בדעה ב'}, בספק ברכות דחמור הוא אין להכניס בספק – פמ"ג›, **קי"ל כי"א אלו**, דספק ברכות להקל, **וע"כ צריך ליזהר שלא ידבר בין שחיטה לשחיטה, שלא יביא עצמו לידי ספק**]. ‹**והלשון** דחוק, דאי נמי צריך לברך שנית, אסור לדבר בין שחיטה לשחיטה, דגורם ברכה שאינה צריכה, וזה וודאי אסור – פמ"ג›.

‹**והסכמת** הפוסקים דהוי הפסק וצריך לחזור ולברך, וכ"כ מהרש"ל, וכ"פ בד"מ, וכ"כ בספר ל"ח והעט"ז, וכל האחרונים. **ומיהו** משום חומר ברכה, כתב התבואות שור אין לברך אלא אם כן יפסיק הרבה בדברים אחרים, ואז יברך – פמ"ג›.

סעיף ו - המברך על דעת לשחוט חיה אחת, ואח"כ הביאו לו יותר, יכסה דם הראשון ויברך עליו – [דהוה נמלך והפסק בין ברכה הראשונה של השחיטה], שלא היה דעתו מתחלה עליהם [ודינו כמו בדבר שיחת חולין לדעה הראשונה דסעיף ה', ודין זה למדו משמש שצריך לברך על כל פרוסה ופרוסה בסעודה, **ואין** להקשות מאי שנא מאומר הב לן ונברך ורוצה לאכול אח"כ, דצריך לברך המוציא, אבל א"צ לברך בהמ"ז על מה שאכל כבר, **דשאני** התם דהודאת ברכת המזון היא שבח להקב"ה על הנאת האדם, וסגי בהודאה אחת על ב' אכילות, אבל מעשה הכסוי הוא גמר השחיטה, וצריך לגומרה קודם שיתחיל האחרת, כ"כ הרא"ש].

ויברך על השחיטה שנייה ולא על הכסוי; והני מילי כשהביאום לו קודם שבירך על כיסוי הראשונה.

הגה: וי"א דאם הביאו לו ממין הראשון ששחט, א"צ לכסות הראשונה ולברך על שחיטה שנייה, (טור בשם בעל העיטור) (וכן עיקר, ועיין באו"ח סימן ר"ו ס"ה) - וכ"כ בד"מ, שהטא"ח סי' ר"ו סתם כבעל העיטור, ושלא כדברי הרא"ש, ע"כ, **ובדרישה** כתב וז"ל, ותימא לפי מה שדימו ברכת שחיטה לברכת פירות, א"כ הביאו לו ממין אחר נמי, כמ"ש ב"י בסי' ר"ו, וכ"פ בשו"ע שם, [אלא שיהיה ממין ברכות הראשון, והא כאן מחלק בעל העיטור בין חיה לעוף, והא ברכותיהן שוות, ואפ"ה צריך לחזור ולברך], **ועוד** דלפ"ז קשה דברי הטור, שכתב בסמוך שאפילו עדיין מאותו מין שבירך עליו לפניו, והביאו לו עוד מאותו המין, צריך לחזור ולברך על המובאים, וזהו כלפי מ"ש בסימן ר"ו, **אלא** ע"כ צ"ל כמ"ש ב"י, דיש חילוק בין אכילה דיש לו קבע, לשחיטה דאין לו קבע כו', [דבאכילה טבע האדם לגרור אחריה ולהוסיף עוד, וע"כ הוה כמו שהיו לפניו בשעת הברכה, משא"כ בשחיטה], וכ"כ בס' ל"ח, וכתב שכן משמע בדברי הרא"ש להדיא כדעת הטור, ודלא כבעל העיטור, ופסק כן ע"ש, וכן נראה להדיא מדברי הכל בו, וכן משמעות הפוסקים, וכן נראה מדברי מהרש"ל שם, **וכ"כ** רבינו ירוחם, דכשמל תינוק אחד ואין דעתו מתחלה על הב', צריך לברך על השני, והביאו הר"ב גופיה בסי' רס"ה ס"ה, וכ"כ העט"ז שם, ומבואר שם ברבינו ירוחם, שדין מילה ושחיטה שוה בזה, וכן הוא באבודרהם, ובמרדכי, ע"ש. [**וא"כ הוה בעל העיטור יחיד לגבייהו**]. ‹**ולענין** דינא, חומר ספק ברכה, על כן טוב לכוין לכל מה שיביאו לו – פמ"ג›.

המברך... ואח"כ הביאו לו יותר - ‹כן הוא לשון הטור, ולטעמיה אזיל דמסיק דאף אם בעוד שיש לפניו מאותם שבירך עליהם הביאו לפניו אחרות, דצריך לברך, ה"נ אם אחר שבירך מיד הביאו לפניו לשחוט, מחוייב לברך על האחרות, ומחוייב לכסות תחלה, **אבל** המחבר דפסק בס"ז, דכל זמן שעוסק בשחיטה א"צ לברך על האחרות, והב"י דייק כן מלשון הרא"ש, שכתב המברך על דעת לשחוט חיה א', ואחר שנשחט הביאו לו יותר וכו', משמע דוקא אחר שנשחט, ולא אחר שבירך, א"כ הו"ל להמחבר לכתוב לשון הרא"ש, "אחר שנשחט", **וכן** בסוף הסעיף "קודם שבירך על הכיסוי הראשון", הא גם אחר שברך, כל זמן שלא כיסה א"צ לברך על הכיסוי השני, וצ"ע – רעק"א›.

סעיף ז - היו לפניו הרבה לשחוט, וברך על השחיטה ואח"כ הביאו לו עוד – [פי' ממין אחר, לדעת בעל העיטור דבסמוך, ולהרא"ש ושאר פוסקים אפילו מאותו מין], **אם כשמביאים לו האחרונות יש עדיין לפניו מאותם שהיו לפניו כשבירך** - וה"ה אם היה לפניו א', ואחר שברך קודם ששחט הביאו לפניו אחרות, **אין צריך לחזור ולברך, ואם לאו, צריך לברך** – [זו דעת סמ"ג, ונתן הב"י טעם, דכל שיש לפניו עדיין הוא קבוע לשחוט, **אבל** כשגמר הוה סילוק, **ודמי למה דאמרינן גמר מלאכול אסור לאכול עד שיברך, ואע"ג דלא קי"ל שם כן, שאני סעודה שדרך להמשך מאכילה לאכילה, אבל גבי שחיטה הוה גמר סילוק**].

ולכתחלה טוב ליזהר להיות דעתו בשעת ברכה על כל מה שיביאו לו - משום דהטור ס"ל, דלעולם כל מה שלא היה לפניו כשבירך, צריך לברך, אא"כ היה דעתו על כל מה שיביאו לו, הלכך לאפוקי נפשיה מפלוגתא ולצאת אליבא דכ"ע, יתן לכתחלה דעתו על כל מה שיביאו לו, וכה"ג כתב הר"ב באו"ח סימן ר"ו.

[ט"ז] ‹רעק"א או ש"א או הוספת הסבר› (פת"ש)

וכתבו מהרש"ל והפרישה והב"ח, דהשוחט המושכר המיוחד לשוחט קבוע במקום, לעולם דעתו על כל מה שיביאו לו, אפילו בב' מינים, וא"צ לברך כל זמן שלא שח בנתיים.

סעיף ח - היה שוחט חיה או עוף ודעתו לשחוט עוד, ושכח וכיסה ובירך, כשחוזר לשחוט אין צריך לחזור ולברך על השחיטה, שאין הכסוי הפסק – [ומברכת כיסוי לא זכר כלום, כמו שזכר לעיל בדין הפסיק בשיחה או בנמלך שא"צ לחזור ולברך על הכיסוי, **דהתם** דעתו היתה בשעת ברכת הכיסוי על מה שיכסה אח"כ, דהא ידע שיחזור וישחוט, **אבל** כאן הרי שכח והיה סבור שלא ישחוט עוד, ודאי צריך לברך אח"כ על כיסוי השני, שהיא מצוה חדשה שבאה לו אח"כ, כנ"ל].

הגה: וכן הדין אם שחט חיה (או עוף) ורוצה לשחוט בהמה, מכסה דם החיה וישחוט הבהמה בלא ברכה (כל בו) – [זה מיירי שבשעת ברכת השחיטה נתכוין ג"כ על שחיטת הבהמה, או שהיתה לפניו בשעת השחיטה של החיה, לדעת הסמ"ג דבסמוך, מש"ה א"צ לברך על שחיטת הבהמה, אלא דקמ"ל שמכסה תחלה דם החיה קודם שחיטת הבהמה].

ולפי מאי דקי"ל לקמן סי' כ"ח ס"כ, דצריך לבדוק הריאה קודם הכסוי, א"כ יפסיק הרבה בין שחיטה לשחיטה ויצטרך לברך פעם אחרת, נלפע"ד שישחוט מתחלה הבהמה ואחר כך יכסה החיה, **ולא** דמי לשח בין חיה לחיה ולנמלך, דצריך לכסות מתחלה חיה ראשונה, דהתם שאני כיון דצריך לחזור ולברך, א"כ צריך לגמור מצות שחיטה ראשונה, **והכל** בו אפשר דלא ס"ל הך דלקמן סימן כ"ח, או אפשר דלא נחת לדינים אלו, ולא בא אלא לאשמעינן דהכסוי לא הוי הפסק, ונפקא מינה לענין עוף שהזכיר שם ג"כ, וכן משמע מדבריו שם, ודו"ק.

(**ועיין** פר"ח שהשיג עליו, וכתב דבדיקת הריאה לא הוי הפסק, וכן דעת השמ"ח).

§ סימן כ – מקום השחיטה בצואר §

סעיף א - מקום השחיטה בצואר, בקנה לצד הראש, משיפוי כובע ולמטה, והוא קודם שיתחיל הכובע לשפע ולעלות, והיינו שייר בחיטי, והוא שבסוף הקנה למעלה יש בתוך טבעת הגדולה כמו שני גרגרים מגוף שחוסי, (פירוש תרגום בדל אוזן, הסחוס דאודן, כלומר הקצה שבאוזן), ונקראים חיטי, ואם שחט בתוך החיטין ושייר מהם כל שהוא למעלה, כשרה, שהרי שחט משיפוי כובע ולמטה, ואם לא שייר מהם כלום אלא שחט למעלה מהם, הרי זה מוגרמת, (פי' הגרמה, הכרעת הסכין חוץ למקום שחיטה לצד הראש או לצד הגוף), ופסולה – [ז"ל כל בו בשם הרב הברצלו"ני, ענין שיפוי כובע הוא, שע"פ הטבעת הגדולה יש שם בשר ופי הבשר עשוי חטים, ועל אותן חטים כיסוי שדומה לעלה של הדס, ועליה עצם אחד מטבעת הגדולה, ומכסה סביב זה הבשר כמו כובע, ובאמצע זה העצם יש שיפוי אחד בגוף העצם ונקרא שיפוי כובע, ואמרו רבנן משיפוי כובע ולמטה כשירה, שהוא כמו אצבע למעלה מטבעת הגדולה, עכ"ל].

והנה לשון המחבר שהוא לשון הר"מ ז"ל בפי' המשנה, קושי ההבנה, דמשמע דחיטי הם בתוך טבעת הגדולה, ובגמרא משמע דהם למעלה, גם בשו"ע גופא משמע כן, דכתב ואם לא שייר טריפה, ובתוך הטבעת וודאי כשירה, ורמ"א כתב לכתחלה ישחוט למטה מטבעת הגדולה, היינו בתוך טבעת הגדולה, על כרחך שייר בחיטי הוא למעלה, **ולזה** נאמר דהתחלתן הוא בתוך הטבעת, ונמשכין למעלה מטבעת. **ובכרתי** ופלתי כתב: אחר העיון והחקירה לו ולבודקים הבקיאים, שבהמה בחייה כשהיא הולכת שחוח, החיטים נכפפים תוך הטבעת, מה שאין כן בשעת שחיטה מותח הצוואר, **ולפי** זה התחלתן למעלה מטבעת, ולא יתישב לישנא דפי' המשניות. **והתבואות** שור כתב: אותו עצם שחוס המחובר לטבעת, קורא הר"מ גם כן טבעת, ולפי זה שווין המה דברי הר"מ עם פי' הרב אלברצלוני. **והכנסת** הגדולה בהגהות הטור בשם יאיר נתיב כתב: ענין חיטים אלו אין אנו בקיאין, וחפשנו וחקרנו את בודקים בקיאים ואמרו שלא הגיעו עד תכליתם, יע"ש, **ולכן** לא ראיתי להאריך בזה – פמ"ג.

הלכות שחיטה
סימן כ – מקום השחיטה בצואר

(ולכתחלה ישחוט למטה מטבעת הגדולה) (מדרכי ומהרי"ו) – [משמע דיעבד כשר אפי' למעלה עד שיפוי כובע, וכ"כ רש"ל דהך שיעור של טבעת הגדולה הוא להרחקה מחמת חשש תקלה, ובהפ"מ יש לחלק, ע"כ].

ודעת מהרי"ו נראה שלא להכשיר למעלה מטבעת הגדולה, וכ"כ האגור ע"ש שחיטת אשכנזים, ושכן ראה נוהג מורו אביו ז"ל, וכ"כ מהרש"ל בהגהותיו לשחיטות, שאין אנו נוהגים להכשיר כלל למעלה מטבעת הגדולה מחמת חשש תקלות, וכן הוא בשחיטות האחרונים, **ואף** על פי שבב"ח תמה, דהלא מבואר בפ"ק דחולין דכשר, ולפע"ד דיצא להם כן מעובדא דמוגרמת בפ' הגוזל, משמע שם דמפני ע"ה יש להחמיר שלא להכשיר למעלה מטבעת הגדולה, וכדאיתא בתוס' שם, ע"ש, **מיהו** מסיק בב"ח, דבמקום הפסד מרובה וכה"ג יש לפסוק כמ"ש המחבר, וכן פסק מהרש"ל בשחיטות.

ושיעורו למטה עד ראש כנף האונה - שהיא בצד שמאל, וכשהבהמה רועה יוצאת יותר מן הגוף משל צד ימין שהיא עבה, **כשנופחין אותה ועולה למעלה עד מקום שמגיע ראשה בקנה, אז הוא המקום בעצמו שהיתה נוגעת כשהיתה חיה הבהמה והיתה רועה כדרכה, כשתמשוך צוארה לרעות, בלי שתאנוס עצמה למשוך צוארה ביותר** - בשעת שחיטה למשוך צוארה ביותר.

[בגמרא איתא, אמר רבא ובלבד שלא תיאנס, פרש"י למשוך הסימנים חוץ לחזה בידי אדם, **בעי** רבי חנינא אנסה עצמה מהו, פרש"י לפשוט מאד צוארה בשעת שחיטה, תיקו ולחומרא, **והתוס'** פירשו בעיא זאת, אנסה עצמה שפשטה ראשה יותר מדאי ליטול ירק בבור, עכ"ל, **נראה** כוונתם דלא ניחא להו לפרש פרש"י, דאבעיא על שעת השחיטה, דאם היא טפי ממה שרגיל להתפשט בשעה שהיא רועה, ודאי פסולה, כיון דכבר קי"ל השיעור בכדי שהיא רועה, **ע"כ** פירשו דמספקא ליה בפי' דכל שהיא רועה, דדרך הבהמה לפשוט ראשה ביותר ליטול ירק מן הבור, ואח"כ אוכלת אוכלת אחר שחוזרת קצת מן הפישוט הגדולה, מי נימא דגם זה בכלל השיעור שאמרו כשהיא רועה, או נימא דוקא כשהיא רועה כפשוטו, ואין פישוט ליטול הירק בכלל זה, כנ"ל נכון].

(ובעוף למטה בקנה כמו בוושט). (ר"ן בשם הרא"ה). (עיין ס"ק ד' כל הסעיף) - ז"ל ד"מ: ובהר"ן פ' א"ט כתב, והרא"ה קבל מאחיו דשיעור ושט בעוף, כנגדו בקנה, עכ"ל, וע"כ נרשם כאן בשו"ע "ר"ן בשם הרא"ה", **וטעות** הוא, דה"ק הר"ן, שיעור ושט דעוף למעלה, כנגדו בקנה משפוי כובע ולמטה, **וא"כ** צ"ע מנין לו להר"ב זה, דלמטה בקנה כמו בושט, **ונ"ל** שיצא לו כן ממ"ש ב"י, שמעתי כתוב דבעוף למטה בושט, עד גגו של זפק, ובקנה עד כנגד גגו של זפק, ולקמן ס"ק ז' נתבאר, דשיעור ושט למטה עד הזפק דכתבו הט"ו, היינו גגו של זפק.

‹**כתב** בית הילל, דלמעלה בקנה בעוף לא הזכיר בשו"ע בהדיא מה דינו, אבל מסתימות לשון נראה, דדינו נמי משיפוי כובע ולמטה, כמו בהמה – בה"ט›.

סעיף ב - ובוושט, מתחלת המקום שכשחותכין אותו מתכויץ

אותו מתכויץ – [אין הפירוש שחלק אחד מתרחב מחבירו זה למעלה וזה למטה, כמו שמבינים מקצת שוחטים, שדבר זה הוא בכל מקום שיחתוך בבשר החי, **אלא הפי'** שהעור מתקמט ונעשה קמטים במקום השחיטה, והחלל מתכסה, משא"כ בתורבץ נשאר החלל מגולה ואין מתקמט], **עד מקום שישעיר ויתחיל להיות פרצים פרצים ככרס.**

שחט למעלה ממקום זה, והוא הנקרא תורבץ הוושט, או למטה ממקום זה והוא מתחלת בני מעים, שחיטתו פסולה - כל זה הוא לשון הרמב"ם, וכתב עליו הכ"מ וז"ל, משמע דנבילה הוי, שהרי כתב בפרק ג', כל מקום שאמרנו בשחיטה פסולה, ה"ז נבלה, ואם אוכל ממנה כזית לוקה משום אוכל נבלה, **וקשה** דתורבץ הושט וכרס לא הוי אלא טרפה ולא נבלה, וי"ל דמש"ה לא אמר ה"ז נבלה ומטמא במשא, אלא אם אכל ממנה כזית לוקה, אבל לענין טומאה לא נחית, ומשום דרוב הנזכרים באלו פרקים הוי נבלה, נקט לה לשון נבלה, עכ"ל, **ולא** ידעתי מה היה לו, שהרי כתב בהדיא ולוקה משום אוכל נבלה, **אלא** ודאי אע"ג דנקיבת התורבץ וכרס לא הוי אלא טרפה, מכל מקום כיון שנתקלקל וניקב בשחיטה, הו"ל שחיטה גורם לה לפסול, והוי נבלה גמורה, כדתנן בהדיא בפ' השוחט,

[ט"ז] ‹רעק"א או ש"א או הוספת הסבר› (פת"ש)

כל ששחיטה גורם לה לפסול, נבלה, ולא ידעתי פירושו, ראיה זו למה, דודאי אם מתה אח"כ מתוך שחיטה זו, הוי נבילה, כמ"ש אח"ז, **ואם** לענין שאם שחט אח"כ במקום אחר שחיטה כשרה, דאין השחיטה מוציאה מידי נבילה, **זה** בודאי אינו, דלא אמרינן כן אלא כשהפסול במקום השחיטה, כמו נקובת הוושט – תורת יקותיאל, **דהא** ודאי כל טרפה אם לא נשחטה ומתה כך, נבלה היא, והלכך כיון ששחט בתורבץ הוושט וכרס, נטרפה, ואין השחיטה מתירתה, דזהו לאו מקום שחיטה, ואין לך נבלה גדולה מזו, וזה פשוט, **ונ"מ** לדידן במאי דהוי נבלה, לענין או"ב.

ושיעור תורבץ הוושט שאינו ראוי לשחיטה, למעלה, בבהמה וחיה כדי שיאחוז בשתי אצבעותיו, הגה: וי"א כדי רוחב ד' אצבעות; וקבלה ביד הקדמונים, שבכל בהמה וחיה השיעור עד מקום שמגיע שם אוזן הבהמה או החיה כשכופפין אותה.

ובעוף, הכל לפי גדלו וקטנו. הגה: ואין חילוק בין יונה לשאר עופות, דבכולן שיעורן שוה

– [כתב זה לפי דאיתא בגמ': יונה א"ר זירא עד מבלעתה, ומשמע מב"י שמפרש דיונה ממש קאמר, כלומר דיונה יש לה דין אחר משאר עוף, ותמה עליו רמ"א בד"מ, דיונה הוא שם אמורא, וכ"כ רש"י].

ולמטה עד הזפק - פי' הפרישה והב"ח, דהיינו עד גגו של זפק ולא גגו בכלל, וכ"פ הרא"ש, ומהרש"ל וכן הוא במהרי"ו.

[וכתב ב"י, סימן להבחין אם שחט בגגו של זפק, אם נראה עור לבן, בידוע שנגע בו, לפי שהאדום מצוי יותר בוושט מבחוץ מן הלבן, והלבן יותר ארוך מן האדום, ועוד סימן, דבגג הזפק אין בו שני עורות כמו בוושט].

הגה: ועוף שאין לו זפק, עד בין האגפים; ולפי שאין אנו בקיאין בשיעורין אלו, נכון לשחוט באמצע הצואר לארכו, דאז יוצא מידי ספק.

סעיף ג - צריך השוחט שישחוט באמצע הצואר; ואם שחט מן הצדדין, שחיטתו כשרה, והוא שהחזיר הסימנים, וידע שחתכם קודם שחתך המפרקת, כי הסימנים רכים ונדחים מן הסכין; וה"ה לשוחט מן העורף.

ז"ל הב"י: ונראה מדברי התוס', שאם לא החזיר הסימנים פסולה, שכך כתבו: השוחט מן הצדדין מצינן למימר דוקא דיעבד, אבל לכתחלה אפילו החזיר הסימנים גזרה אטו לא החזיר. **נלפע"ד** כן, דאי בלא החזיר כשרה, לא שייך למיגזר אטו לא החזיר, כיון דאפילו לא החזיר גופיה כשר בדיעבד, ולא אתי תקלה מזה, ולא מצינו בשום מקום גזרה כי האי.

[מדבריו נראה דתרתי הם, חזרת הסימנים, וידיעת החותך בסימנים קודם המפרקת, ולמד כן מדברי הרא"ש, שכתב על מתניחין דהשוחט מן הצדדין שחיטתו כשירה, ובלבד שידע שחתך הסימנים קודם שחתך המפרקת, כי הסימנים הם רכים ונדחים מן הסכין, עכ"ל, משמע דאפילו החזיר צריך שידע שחתך הסימנים קודם שחתך המפרקת, כ"כ בב"י, וע"כ כתב כאן דתרתי בעינן, **ותמוה לי**, דא"כ היה לו להרא"ש להזכיר דין החזיר, ולכתוב עליו דבעינן ג"כ ידיעה כו', **אלא** ברור הוא דהחזרה עצמה היא הידיעה, דע"י שהחזיר יודע ודאי שחתך הסימנים קודם המפרקת, וכן נ"ל מדברי התוס', שכתבו הא דנקט במתני' השוחט מן הצדדין כשר, דוקא דיעבד אפילו אם החזיר, דגזרינן אטו לא החזיר, ע"כ, ואם איתא דהחזיר לא סגי, למה להו למגזר אטו לא החזיר, תיפוק ליה דאפילו בהחזיר אסור, שמא לא חתך הסימנים קודם המפרקת, אלא פשוט שחתך הסימנים קודם כיון שהחזיר, ובזה ידע אותו דבר, וכ"כ באגודה, דהחזיר לחוד כשר], וכ"כ הש"ך.

[ולדידן אין נ"מ ממה שזכרנו, דהא עיקר החשש דהכא משום שמא חתך המפרקת קודם הסימנים, ואנן ס"ל דאסור אפילו חתך המפרקת אחר הסימנים, כמ"ש סי' כ"ד, ונמצא דאין הכשר אלא בלא חתך המפרקת, מש"ה כשר אפילו בלא החזיר, דאין לנו מה לחוש, כנ"ל].

אלא שקשה על המחבר במה שמשמע לכאורה מדבריו, דידע לחוד לא מהני, דזהו נגד הש"ס, דאוקי מתני' בדלא אהדר, ועכ"פ ידע מהני, **וצ"ל** דמ"ש המחבר "וידע", הוא וי"ו מחלקת, כלומר "והוא שהחזיר או ידע", **ומ"ש** אחר כך: וה"ה לשוחט מן העורף, קאי אהחזיר לחוד, ודברי העט"ז א"א ליישב כן, ע"ש.

ע

‹**ומיהו** לדינא יש להחמיר דתרתי בעינן, החזיר וידע – פמ"ג›.

[**אלא** דמו"ח ז"ל המציא חומרא אחת, דכל שחתך בשר הצואר קודם הסימנים יש לאסור, והיינו מטעם שהייה, שמא בשעה שהתחיל לשחוט בבשר נגע מעט בושט, וחזר וחתך בבשר, **ויליף** לה מדברי הרשב"א בת"ה הקצר, וז"ל, מן הצדדין שחיטתו כשירה, לפי שהסימנים נשחטים עד שלא חתך המפרקת והבשר שעליה, עכ"ל, מדנקט והבשר שעליה, משמע שאם חתך בבשר קודם, יש חשש לנקיבת הושט, ע"כ, **ולענ"ד** שאין מקום לחומרא זאת, דא"כ ניחוש מספק בכל שוחט, שמא באמצע שחיטת הסימנים חתך בבשר וחזר לסימנים, או שמא בשעה שהתחיל לחתוך בעור נגע בסי', וחזר וחתך בעור, **והא** דנקט בת"ה הקצר והבשר שעליה, הוא מטעם אחר, דה"ק לא מיבעיא דחשש נבילות פשיטא דאין כאן, דהיינו מה דאמר זעירא נשברה מפרקת ורוב בשר עמה נבילה, דודאי לא יצטרך אפילו אח"כ לבוא לידי חתיכת רוב הבשר, אלא אפילו חשש טרפות, דהיינו בלא רוב בשר, אין כאן, כיון שעכ"פ צריך לחתוך קצת בבשר קודם חיתוך מפרקת, והסימנים נשחטים קודם שיעשה חיתוך בבשר ובמפרקת, **אבל** לא איירי מאיסור שהייה, דודאי אין שיעור שהייה בזה, ואפי' לדידן דאנו מחמירים בכל השהיות, אין זה אלא אם מגביה הסכין אפילו קצת, בזה גוזרים מגביה ושהה קצת, משום שוהה הרבה, **אבל** כשאינו מגביה כלל, למה נחמיר לדידן יותר מחכמי התלמוד, דזה אין שייך בו גזירה, אפי' אם בתוך השחיטה חותך במפרקת, וכ"ש בבשר הצואר, דאין כאן שיעור].

וה"ה לשוחט מן העורף – ‹ובלא החזירה, ושחט המפרקת וסימנין בלא בשר, יש לעיין לדינא אם הוי טריפה, או דהוי נבילה מטעם חלדה – רעק"א›.

סעיף ד - טוב ליזהר – [פי' אפילו בשוחט כנגד הגרון], **למשמש בסימנים ולתפשם קודם שחיטה, כדי שיזדמנו קודם בשר הצואר** – [עיקר קפידתו שלא יבא לחתוך המפרקת, כמו שסיים בהדיא, ולחתוך המפרקת כו', ומש"ה הקפידו גם על בשר הצואר שהוא על המפרקת משום הרחק מן הכיעור, **ואדרבה** משם ראייה, כיון שלא מצא טעם לאיסור אלא משום המפרקת, ולא משום טעם שהייה בשחיטה, אפילו בלא חתיכה במפרקת, ‹עיין ט"ז לעיל בסמוך›, אלא ודאי שאין בזה חשש כלל כמו שאמרנו].

וביונים נמצאים הסימנים בצדדים, וצריך אימון ידים וזהירות גדולה, שאם לא ימשמש בהם ויזמינם לפניו קודם שחיטה, קרוב הדבר מאד לפשוע ולחתוך המפרקת קודם הסימנים.

§ סימן כא – שיעור השחיטה בכמותה §

סעיף א - כמה הוא שיעור השחיטה (של הקנה והוושט; השחיטה המעולה, שיחתכו שניהם בין בבהמה ובין בעוף, ולזה יתכוין השוחט – [בדרישה הקשה, כיון שצריך גם בעוף ב' סימנים לכתחלה, למה נתיר לכתחלה לשחוט העוף בסכין שאינו חד, כמ"ש בסי' י"ח שוחטין בו, דמשמע אפילו לכתחלה, **ותירץ** דבסי' י"ח מיירי ששוחט ב' סימנים כאחד, ומיירי אפילו בבהמה, ולא כמ"ש ב"י דבעוף מיירי, עכ"ל, **אומר** אני הא דנמשך מתירוץ שלו דאפילו בבהמה יוכל לשחוט בסכין שאינו חד כששוחט ב' הסימנים כאחד, לא נהירא כלל להקל בזה, שיסמוך ע"ז שיחתוך ממש בשוה בכל אחד, ולא יקדים באחד יותר קצת מחבירו, דשמא יקדים באחד יותר ויבוא ליד איסור גמור, וקושייתו נראה לתרץ, כיון שבעוף כשר עכ"פ דיעבד כשנחתך רובו של א', בזה שפיר יוכל לסמוך שישחוט שניהם, כיון דאפילו אם לא יהיה כן אין איסור בדבר, כנ"ל].

ואם שחט רוב אחד מהם בעוף, ורוב שנים בבהמה ובחיה, שחיטתו כשרה - כתב מהרש"ל בהגהותיו לטור, נשחט הקנה כולו, והושט נשחט עור החיצון כולו, ועור הפנימי לא נשחט רובו, נ"ל לאוסרה, ע"כ מתשובת מהר"ם מי"ץ, וכ"כ הב"ח שמצא כך כתוב. ‹כי בעינן רוב חלל הוושט מבפנים – פמ"ג›.

כתב מהרי"ו, קנה הוא הקרום שבפנים הגרגרת המחבר את הטבעות יחד, אבל טבעות עצמן נקראין גרגרת, **ורובו** של א' כמוהו היינו דוקא רוב הקנה מתחלת הקרום ולמטה, ולא רוב הגרגרת, דהיינו עובי הטבעות, עכ"ל.

[ט"ז] ‹רעק"א או ש"א או הוספת הסבר› (פת"ש)

ובלבד כשימדדו אותו ימצאו שהנשחט הוא רוב; וכיון שימצאו שהנשחט יותר מחצי, אפילו כחוט השערה, דיו – [כן הוא דעת הרשב"א והר"ן, ומ"ש בגמרא דבעינן רוב הנראה לעינים, לא רובא דמינכר קאמר, כעין שאמרו בברכות רובא דמינכר, דהכא לא אמר מידי מהיכרא, אלא לפי שאמרו מחצה על מחצה כרוב, אע"פ שאין כרוב, אלא רואין אותו במראית הלב כאלו הוא רוב, מש"ה אמר רוב הנראה לעינים דוקא בעינן, ולא רוב הנראה ללב, ע"כ, אלא דמפרש"י לא משמע כן, דפי' בגמרא, הנראה לעינים, רוב גמור הניכר, עכ"ל, וא"כ שנזכר כאן היכירא, הו"ל כההיא דברכות רובא דמינכר שזכרוה רשב"א והר"ן, דהא הם תלו הדבר במה שלא נזכר כאן היכר, ורש"י כתב בהדיא היכירא, וא"כ משמע רוב גדול, וכן איתא לשון זה בש"ע בא"ח סי' י' סעיף ח', רוב הנראה לעינים, והתם רוב הניכר קאמר, וכן במרדכי משמע כן, ובאגודה מבואר יותר דבעינן רוב גדול, וכן הוא בשחיטות שלנו של מהרי"ו, ונראה להביא ראיה לדעת הר"ן והרשב"א, דהא אמרי' בגמ' לשון זה דרוב הנראה לעינים בעינן, לענין טריפות, דפריך התם על מ"ד דמחצה על מחצה כרוב, מהא דמצא חצי קנה פגום והוסיף עליו כל שהוא, כשירה, ואי אמרת מחצה כרוב, הא טריפה הוי, אמר רבא שאני לענין טריפה דבעינן רוב הנראה לעינים, ואם כן אם תאמר דרוב הניכר קאמר כדעת המרדכי והאגודה, ע"כ דנקיבת הקנה דפוסל ברובו, דוקא ברוב גדול, וא"כ מ"ט אמרו חצי קנה פגום כשר, היה להם לומר אפי' רוב פגום כשר, כל שאינו רוב גדול הנראה לעינים, אלא ע"כ דכל שהוא רוב אפילו כחוט השערה, מיקרי רוב הנראה לעינים, ממילא ה"ה נמי לענין שחיטה לקולא, ע"כ ודאי יפה פסק בשו"ע כהרשב"א והר"ן והטור, **אלא** דמ"מ כיון שמלשון רש"י במרדכי ואגודה משמע להחמיר, יש להחמיר במקום שאין הפסד, בפרט שמהרי"ו שהוא אחרון כתב דבעינן שיהא רוב מנוכר לכל, ולא ע"י מדידה, כנ"ל]. ‹ועיין פר"ח ובה"י שהחמירו אפי' בהפ"מ – בה"ט›.

סעיף ב - אם שחט בבהמה האחד כולו וחצי השני, ובעוף שני חצאי סימנים, פסולה - ‹ופרש"י, דכמו דלא עביד מידי דמי, דזיל הכא ליכא שיעורא, וזיל הכא ליכא שיעורא – בית יוסף›.

סעיף ג - לא שחט רוב הסימן במקום אחד, כגון שהתחיל לשחוט ונתהפך הסימן וגמרה שם, ובין שניהם רוב, כשרה בין בקנה בין בוושט - בכל הסעיף מיירי בדלא שהה, ולדידן צריך שלא ישהה אפילו כל שהוא, **לא מבעיא אם שני החתכים שוים בהיקף אחד, אלא אפילו האחד לצד הראש והשני לצד מטה, כשר, בין אם אדם אחד שחט כך בשנים או בג' מקומות, בין ששחטו שנים בשני סכינים** - ‹ויש מי שכתב שבעל נפש לא יאכל משחיטה כזו, תב"ש, **וצ"ע**, דבגמ' שם מפורש דר' יצחק שקל משופרי שופרי, ע"ש – ערוה"ש›.

אבל אם הכל בצד אחד, כגון שלאחר שהתחיל לשחוט מעט, הניח זה המקום ושחט למטה או למעלה ממנו באותו צד, צריך שיהא הרוב במקום אחד, וכשיש רוב אפילו במקום השני, כשר ואעפ"י שאין השחיטה מפורעת, (פי' גלויה ונכרת) - ‹דאע"ג דיש רוב במקום א', כשנחתך למעלה או למטה לא מירווח רווח ואינה מפורעת – ב"י›.

סעיף ד - שחיטה העשויה כקולמוס - [פי' באלכסון]. ‹והנה באלכסון יש ב' פירושים: או שהניח הסכין באלכסון, או שחתך עובי הסימן באלכסון – פמ"ג›, ‹**דהיינו** שהניח הסכין על הצואר בעיקום, קצה א' של הסכין לצד הראש וקצה השני לצד הגוף, ושחט כך, או שהניח הסכין ישר, רק שעיקם בידו וירד למטה או למעלה, שחיטתו כשרה, **ואפילו** לכתחלה יכול לשחוט כקולמוס, שמ"ח, **ומלשון** הגמ' נ"ל דאין לעשות כן לכתחלה, וצ"ע – ערוה"ש›.

או כשיני המסרק, כשר - [פי' מהר"י חביב, מעקם וחוזר ומתחיל], ‹שאינו חותך חתוך ישר, רק חותך ומעקם וחוזר כנגד המקום שהתחיל וחוזר ומעקם, וזה כמו המסרק, וגם כן אלכסון כמו הקולמוס, ואין חילוק ביניהם, רק שבאלכסון ראש השחיטה במקום אחר וסופו במקום אחר, כמו קולמוס, אבל כשיני מסרק מעקם וחוזר ומעקם כנגד המקום שהתחיל, עכ"ל – ב"י›, [**וכתב עליו בפרישה, שכשמעקם** הסכין בתוך הסי' לכאן ולכאן, א"א שלא יעשה עיקור, שמעקר הסימנים בעיקום הסכין, ולמה שחיטתו כשרה,

ונ"ל שמבחוץ הוא חותך הסימנים סביבם, ומעקם באותו חיתוך, עכ"ל, ונראה לדידן אין היתר בהאי כשיני המסרק, דאפילו למה שמפרש דחותך מבחוץ חתיכות עקומות, אסור לדידן, דהא צריך להוציא הסכין ולחתוך במקום אחר סמוך לו, ואנן קי"ל כל שהגביה הסכין אפילו כל שהוא אסור משום שהייה, וכן במ"ש הניח זה המקום בו', היינו בלא הגביה כלל הסכין בשעת שחיטה, אלא נדחף ממקום למקום בשעת שחיטה, ועיין מ"ש בסי' כ'].

סעיף ה - היה חצי הקנה חתוך, ושחט בו והשלימו לרוב, (ויודע שלא ניקב הוושט), כשר; וכן אם התחיל לשחוט במקום השלם ופגע בחתך, והחתוך משלימו לרוב, כשר.

ויודע שלא ניקב הוושט - כגון כשחתך חצי הקנה הראשון תפס הקנה לבדו בידו, או שנפגם חצי הקנה מחמת חולי, ב"י וד"מ, ומשמע מדברי הרב דזהו אפילו לדידן כשר, וכ"כ העט"ז בהדיא דקי"ל הכי, **וה"ט**, דכיון דידוע שלא ניקב הושט, לא שייך תו שהייה, דהא דפסלינן שהייה במיעוט קמא דקנה, היינו משום דלא בקיאינן בבדיקת הוושט, וחיישינן לנקובת הוושט, כדלקמן ס"ס כ"ג בהג"ה, דהיכא דתפס הקנה לבדו בידו, ואמר ברי לי שלא נגעתי בוושט, קי"ל דכשר, ע"ש.

[**נראה** דלדידן בכל גווני טריפה, כל שיש ריעותא בסימנים, כמו בר אווזא דהוה ממסמס קועיה דמא, מובא לקמן סי' ל"ג סעיף ח', בהג"ה, דלדידן אסור, ה"נ בזה].

זה אינו, אלא אפילו לדידן כשר, וכמו שכתבו האחרונים, וכמו שכתבתי בש"ך - נקה"כ.

‹**ומיהו** על ידי חולי אף הט"ז יודה דאין חוששין - פמ"ג›.

§ סימן כב - באיזו מין צריך לשחוט הורידן §

סעיף א - בעוף צריך לשחוט הורידין, (פי' חוטים שמהן יוצא הדם, וינ"י בלע"ז) -

כתב רבינו ירוחם, דצריך לשחוט לפחות ב' ורידין, **או לנקבם בשעה שהוא מפרכס שעדיין הדם חם, כדי שיצא ולא יתקרר בתוכו** - אפילו דעתו בשעת שחיטה לנתחו אבר אבר, דהואיל ודרכו לצלותו שלם, חיישינן דילמא מימלך עלויה ויצלנו שלם, כ"כ הפוסקים, **ואם לא עשה כן, לא יצלנו שלם** - ומבואר בהרא"ש, דאם לא נקבם בשעת שחיטה, מותר לצלותו ע"י שיחתוך הוורידין עם הבשר שסביבותם מן הצואר, ע"ש, וכן נראה מהך דמסירים הראש בעוף בהג"ה.

[**בב"י** הביא דעת מקצת פוסקים, שאם לא שחט כל הסימנים אלא רובן, ורוצה לצלות שלם, שצריך לחתוך אותם ג"כ כמו הוורידין, ודחה אותם שא"צ לעשות כן, **ובד"מ** כתב שיש איסור בדבר, דנראה כשהייה בשחיטה, כמו לקמן סי' כ"ג סעיף ה', ואפילו בדרך שאין שייך לומר כן, כגון לנקבן, לא ראיתי לשום אדם לחוש לזה, ואפשר משום שגם בוורידין לא נהגו כן, עכ"ל].

ואם צלאו שלם, ישליך הורידין ויחתוך סביבם כדי נטילה, שהוא כעובי אצבע - [פירוש **רוחב אצבע**, כמו שכתוב סי' ק"ה]. ‹**ור"ל** רוחב אגודל, דכל מקום שנזכר בפוסקים אצבע, הוא אגודל, כמבואר - פמ"ג›.

דוקא באלו הורידין שבצואר אמרינן הכי, דבעי נטילה, אבל בחוטין שבצואר, הרי כתב הרב בהג"ה סי' ס"ה, דסגי בקליפה, והחילוק יתבאר שם.

וא"צ ס', שאינו מפעפע בכולו בצלי, וע"ל כתבתי דאף לדידן דקי"ל דצלי מפעפע בכולו עד ס', סגי בנטילה.

הגה: ואם נמלח כך, מסירין אח"כ החוטין ושרי - [דאמרינן כבולעו כך פולטו], **(ועי' ס"ק ו'), ויש מחמירים לקלוף סביב החוטין, (אגור בשם מהר"י מולין)** - [ס"ל דהוה כמו דם בעין, ולא מיקרי **דם פליטה, ועיין סי' ע"ב מדין זה**]. ‹**דעה** קמייתא סוברת, דמליחה קל מצלי, ואמרינן כבולעו כך פולטו, ויש מחמירין סוברים דהוה דם בעין, ובבעין לא אמרינן כבולעו כך פולטו, כמבו' בסי' ס"ט, **ומ"מ** אף לדידן די בקליפה, אף דאנו אוסרים מליחה בס', כיון דהוה רק חומרא בעלמא, ועש"ך - פמ"ג›.

צ"ע אנה מצא לחלק בין צלי למליחה, דהא קי"ל בכל דוכתא מליח הרי הוא כרותח דצלי, ופשיטא למאן דאוסר בצלי כדי נטילה, אוסר במליחה כדי קליפה, כדלקמן סי' ק"ה וכמה דוכתי, וגם האגור בשם מהרי"ל כתב בפשיטות, דבצלי בעי נטילה ובמליחה קליפה,

[ט"ז] ‹רעק"א או ש"א או הוספת הסבר› (פת"ש)

הלכות שחיטה
סימן כב – באיזו מין צריך לשחוט הורידן

‹**בתפל"מ** ובכרתי פסקו, דעור הורידין עצמן במקום קליפה – רעק"א›. **ונראה** דס"ל להר"ב כיון דמדינא אפילו בצלי א"צ נטילה, דהא קי"ל כבולעו כך פולטו גבי ורידין, וכמ"ש הר"ב סי' ע"ב ס"ב, וכמ"ש הרשב"א ורבינו ירוחם, **ולא** קי"ל כמ"ש הרשב"א בתה"א, דכיון שהחוטין בעצמן אינן יוצאין מידי דמן לגמרי, אחר שיסלק מן האור עדיין חוטין פולטים קצת דם בבשר, ואין כח בחמימות הבשר לפלוט מה שבלע אחר שנסתלק מן האור, וה"ל חם לתוך חם, ודם אינו מפעפע, הלכך צריך ליטול החוטין ויטול את מקומן, עכ"ל, **דא"כ** היה צריך ס' לדידן דקי"ל לקמן סי' ק"ה וכמה דוכתי דדם מפעפע, וכל האחרונים ומהרי"ל גופיה כתבו דסגי בנטילה, **אלא** קי"ל דאחר שנסתלק מן האור נמי אמרינן כבולעו כך פולטו, כדלקמן סי' ע"ו ס"ד, ‹**לא** ידעתי הא שם מבואר בהיפוך... – רעק"א›. **והלכך** מדינא שרי לגמרי כדעת התוס' והרא"ש בשם ר"י, אלא דלחומרא מצרכינן נטילה לחוש לדברי הרשב"א וסייעתו, **והלכך** דוקא בצלי שייך למימר הכי, דאף הרשב"א לא קאמר אלא בצלי, משום דלאחר שסילק מן האור ליכא למימר תו כבולעו כך פולטו, משא"כ במליחה דלא שייך למימר הכי, **והלכך** האגור בשם מהרי"ל דמצריך קליפה במליחה, ע"כ חומרא בעלמא קאמר אפילו להרשב"א וסייעתו, אבל מדינא א"צ קליפה לכ"ע, דכבולעו כך פולטו גבי מליחה.

דלא כהב"ח, שאסר במליחה כדי נטילה בלא טעם וראיה, ומ"ש שכן משמע בתשובת מהרי"ל, עיינתי שם ולא מצאתי שום משמעות, ועוד דהרי האגור כתב ע"ש תשובת מהרי"ל להפך.

ואם בשלו שלם, מחטט ומנקר החוטים; והשאר, אם יש בכל מה שבקדרה כדי לבטל הדם שבכל החוטין בס' – (עיין בתפל"מ דאפילו הורידין עצמן ממנין ס'), **מותר** - צ"ע, דכאן סתם הר"ב כדברי המחבר, ובאיסור דבוק פסק הר"ב לקמן סי' ע"ב גבי לב, דצריך שיהא בעוף גופיה ס' נגד הלב, והכי קי"ל בסי' ע"ג וצ"ב ודוכתי טובי, וא"כ הכא נמי אמאי כל הקדירה מצטרף לבטל, נימא שיהא דוקא בעוף גופיה ס', וכך הקשה בתשובת משאת בנימן ופסק כן, **וכן** נראה דעת הפרישה, שכתב דמ"ש הטור דבכל הקדרה משערין, היינו משום דאזיל לטעמיה דס"ל דלא אמרינן אם האיסור דבוק, שיהא צריך להיות באותו דבר שנדבק בו ס', עכ"ל - **אי** נמי אזיל לטעמיה דס"ל בסי' צ"ב, דלא אמרינן חתיכה נעשה נבלה בשאר איסורים, נ"ל - **א"כ** לדידן אין הקדרה מצטרף, **ונראה** דדעת הר"ב, דכיון דהורידין עצמן אין בהן דם, הלכך כיון שהן מפסיקין בין הדם והעוף, אינו ממהר לבלוע בעוף מבשאר דברים שבקדרה, דהא טעמא דאיסור דבוק הוא משום שנבלע בתחלה בחתיכה הדבוקה, וכדלקמן סי' ע"ב, משא"כ הכא... **ועוד** דהא מה"ט חשיב הדם שבתוכן דם פליטה, דאמרינן ביה כבולעו כך פלטו, דלגבי דם בעין לא אמרינן כבולעו כך פולטו, כדלקמן סי' ס"ט וע' וע"ב וע"ו ודוכתי טובי, א"כ ה"ה אם נתבשל דמפסיקין לענין דאינו ממהר לבלוע טפי משאר חתיכות שבקדרה... **דאע"ג** דגבי לב הדבוק בעוף בעינן התם ס' מן העוף עצמו, היינו משום דיש דם בבשר הלב עצמו ג"כ, מה שאין כן בורידין ודו"ק.

[**נראה** לפי מה דקי"ל בסימן צ"ב, **חתיכה עצמה נעשית נבילה אפילו בשאר איסורים, הכא צריך שיהיה ס' באותו עוף לבד, ואם לאו צריך ס' נגד כל העוף, וכן איתא בסימן ס"ד סעיף י"ב בקרום שעל יותרת הכבד, ע"ש**]. **עיין** מש"כ בש"ך, דאין דעת הרב רמ"א כן - נקה"כ.

לשון הרשב"א וטור, אם יש בו כדי לבטל כל החוטין בס' כו', וכתב בית יוסף, אבל הר"ן כתב אם יש כדי לבטל הדם שבכל החוטין שרי, ונראין דבריו, ע"כ, **והר"ב** בד"מ השיג עליו, דהא טעמא דהרשב"א, הוא משום דלא ידעינן כמה דמא נפק מנייהו, וא"כ גם הר"ן מודה בזה, ודם החוטין דנקט לאו דוקא, אלא דעיקר האיסור הוא משום דם, ואם אפשר לשער הדם שבתוך החוטין, גם הרשב"א מודה דא"צ לשער רק נגד הדם, והא דנקט נגד החוטין, משום דלא ידעינן לשער בלא החוטין, כן נראה לי, עכ"ל, ודבריו נכונים.

כתב הב"ח, דלדידן דקי"ל לקמן סי' צ"ב חתיכה נעשה נבילה בכל האיסורין, צריך ס' ג"כ כנגד הקליפה שנאסרה תחלה במליחה, **ואין** נראה כן דעת הר"ב בת"ח, וממה שסתם כאן כהט"ו, ונראה דס"ל דלא אמרינן חנ"נ אלא במקום שהחתיכה עצמה נאסרה בנ"ט, אבל לא בקליפה שאסרו חכמים שהיא חומרא, **עי"ל** דלא אמרינן שנעשה נבילה במליחה כמ"ש בת"ח, ואע"ג דמשמע שם דלא מתיר אלא במקום הפסד מרובה דוקא, מ"מ הכא כיון דיש עוד צד להיתר, וגם יש פוסקים מתירין בדיעבד

אפילו בנצלה העוף שלם, וכ"ש במליחה, וכמש"כ, ואפילו להאוסרים בנצלה שרי במליחה כמ"ש שם, א"כ יש להתיר אפילו שלא במקום הפסד מרובה, דהא דבכל האיסורים חתיכה נעשה נבילה, היינו משום שגזרו אטו בשר בחלב, ולא גזרו אלא דומיא דבשר וחלב, דדרך בישול אסרה תורה ולא במליחה וכה"ג.

הג"ה - אכן מדברי התוס' והג"ה אשר"י והמרדכי והאגודה, נראה מבואר דאמרינן חנ"נ בכה"ג, וכ"נ דעת רי"ו, ונראה שם מדברי הפוסקים הנ"ל, דאף במליחה אמרינן חנ"נ, ע"ש.

הגה: ואם הסירו הראש ממנו, לא מקרי שלם - ובבהמה צריך לחתוך הצואר לשני חתיכות, כן כתבו הפוסקים שם, **ולכן נהגו להסירו מן העופות השלמות; וע"ל סימן ע"ו אם לא נשחטו הורידין.**

[בד"מ העתיק בשם המרדכי וז"ל, ומיהו תימא, שאנו מבשלים בכל יום וצולין עופות בלא ניתוח, אע"פ שלא שחט ולא ניקב הורידין, לכן נראה כר"ת, דדוקא עם הראש מיקרי שלם, אבל אנו שחותכין הראש אין צריכים לחתיכות הורידין, וההיא דקאמר שמנתחה אבר אבר, לאו דוקא, א"נ משום דצואר בהמה גדולה, צריך לחתוך הצואר לב' חתיכות, אבל עוף שצוארו דק, די בהסרת הראש, עכ"ל, **וכתב** בדרישה ע"ז, ומכאן תשובה לאותן שמבשלים עוף שלם עם הראש, אלא שרמ"א כתב סוף הסימן, שסתם עוף נחתכו וורידין שלו בשחיטה כו', עכ"ל, ***ולא** תיקן כלום בזה, דהטעם דאמרינן שסתם עוף כו', מכח חזקה דודאי עשה כהוגן, כמו שנעתיק לשם, והרי עכשיו אנו קיימין שאין חותכין הורידין, אם כן מה היתר יש כשלא נחתך הראש, **ע"כ** יש ליזהר שכל מי שרוצה לבשל העוף שלם עם הראש, שיחתוך הורידין שלו בשעת שחיטה, דהיינו כל זמן שמפרכס, **ובאמת** שמעתי מאנשי מעשה, שהיו על סעודה כזאת, ולא רצו לאכול מאותו עוף, **וכתב** רש"ל ואנו נוהגים לחטוט אחר הורידין ולחותכן, אלא שאין נזהרין לנוקבן או לשוחטן בשעת שחיטה, וצריכין אנו לדברי ר"ת, דדי בהסרת הראש, עכ"ל].

***לא** ידענא מאי קאמר, דהא תיקן טובא, דסתם עוף נשחטו וורידין, א"כ אף שהראש מחובר בו, מ"מ מסתמא נשחטו וורידין - נקה"כ.

סעיף ב - הבהמה אין צריך לנקוב הורידין בשעת שחיטה, מפני שאין דרך לצלותה שלימה - משמע דכל בהמה א"צ חתיכת ורידין, אפילו גדיים וטלאים שצולין לפעמים שלמים, כיון שאין דרכן בכך, וכמ"ש ב"י וד"מ, וכן משמעות הפוסקים וכן הסכימו האחרונים.

אבל אם רוצה לצלותה שלימה, צריך לנקוב ורידיה בשעת שחיטה; ואם לא נקבם, אסור לצלותה או לבשלה שלימה. הגה: ואם צלאה או בשלה שלימה, דינה כמו בעוף.

[בטור הביא דעת ה"ג, שצריך לחתוך הורידין גם בבהמה, והוא נגד רב חסדא בגמ' כמ"ש בב"י, ותירץ ע"ז ב' תירוצים, ונ"ל דבה"ג מפרש דכיון דבעוף אפילו הוא ודאי שרוצה לנתחו אבר אבר, צריך לשחוט הוורידין, משום שדרך העולם לצלותו כאחד, ממילא מה שאמר בבהמה שא"צ לחתוך הוורידין, מיירי ג"כ בדרך זה, שהוא ודאי שינתחנו, אז א"צ לחתוך הורידין, לכן הוה דבר והיפוכו, ממילא אם אינו ודאי, צריך גם בבהמה כיון דזמנין צולה ג"כ כאחד, כנ"ל נכון, וכן מצאתי למור"ח ז"ל].

‹**ומ"מ** אנן קיי"ל כפסק השו"ע, דבהמה מסתם אין צריך חתיכת וורידין, אף גדיים וטלאים, **ומיהו** אם רוצה לצלות שלם גדיים וטלאים, צריך חתיכת וורידין, **ואף** למנהגינו שצולין בלא הראש, אפ"ה בהמה שצווארה עב, אף בגדיים וטלאים צריך לחתוך הצואר לשניים, חיישינן דלמא מישתלי, כיון שרוצה לצלות שלם, ומשום הכי צריך חתיכת וורידין בגדיים וטלאים אם רוצה לצלות שלימים - פמ"ג.›

וסתם עוף נשחטו הורידין - [שבודאי עשו כדין וחתכו הורידין בשעת שחיטה], ‹**זהו** היה אפשר בזמן רמ"א, אבל עכשיו לא היה ולא נעשה, וכן כתב הט"ז - כרתי›, **וסתם בהמה לא נשחטו.**

וכל זה כשיצא דם בשעת שחיטה, אבל אם לא יצא דם, אין חוששין לשחיטת הורידין, דהא לא נתעורר הדם לצאת - ‹דאיסורו הוא משום דם האברים, וכל שלא פירש מותר - גר"א›.

והרא"ה בספר בדק הבית כתב, דאף כשלא יצא דם, צריך לחתוך אבר אבר, ע"ש.

[ט"ז] ‹רעק"א או ש"א או הוספת הסבר› (פת"ש)

סימן כג - דיני שהייה בשחיטה

§ סימן כג - דיני שהייה בשחיטה §

סעיף א - כל טבח שאינו יודע הלכות שחיטה - ע"ל סי' א' ס"ב מה שצריך לידע, **אסור לאכול משחיטתו; ואלו הן: שהייה, דרסה, חלדה, הגרמה ועיקור.**

סעיף ב - ‹מבואר במשנה פרק השוחט, שאם שהה כדי שחיטה אחרת שחיטתו פסולה, ובגמרא מאי כדי שחיטה, רב אמר כדי שחיטת בהמה לבהמה ועוף לעוף, ושמואל אמר אפילו בהמה לעוף, וכן אמר רבי יוחנן, ורבי חנינא אמר כדי שיביא בהמה אחרת וישחוט... אמרי במערבא משמיה דרבי יוסי ברבי חנינא: כדי שיגביהנה וירביצנה וישחוט, דקה לדקה וגסה לגסה - בית יוסף›.

שהייה כיצד, הרי שהתחיל לשחוט והגביה ידו - ה"ה לא הגביה, ושהה, אלא אורחא דמלתא נקט, ופשוט הוא, **קודם שיגמור השחיטה, ושהה בין בשוגג בין במזיד בין באונס בין ברצון, ובא הוא או אחר וגמר השחיטה, אם שהה כדי שיגביה הבהמה וירביצנה וישחוט (עד) רוב הסימנים שהוא הכשר שחיטה, שחיטתו פסולה, (עי' ס"ק ג'). היתה בהמה דקה, שיעור שהייתה כדי שיגביה בהמה דקה וירביצנה וישחוט. ואם היתה גסה, כדי שיגביה בהמה גסה וירביצנה וישחוט; ובעוף, כדי שיגביה בהמה דקה וירביצנה וישחוט** - ‹הר"ן סובר שהרי"ף לגמרי פסק כרבי יוסי בר חנינא, דלא פליג אדרבי יוחנן ושמואל, דאינהו נמי כי אמרו אפילו בהמה לעוף, בהמה דקה לעוף אמרו, אבל בבהמה לא דברו, ובא רבי יוסי בר חנינא ואמר, דבעוף הקילו לשער בו כדי שחיטת בהמה דקה, אבל בבהמה דקה לא הקילו בה לשער ביותר מכיוצא בה, ומדלא אדכיר רבי יוסי בר חנינא עוף, משמע דליכא אלא הני תרי שיעורי, דקה וגסה, ובכלל דקה הוי שיעור עוף - ב"י›.

‹**ומה** שהקילו בעוף יותר ממה שהקילו בבהמה דקה, הכי הוה קים להו חכמי התלמוד, דעוף חיותו רב כשל בהמה דקה, אי נמי דהכי גמירי הלכה למשה מסיני - ב"י›.

נ"ל דלכך הוסיף הר"ב תיבת "עד", מפני שכתב הרמב"ם, אם שהה כדי שיגביהנה וירביצנה וכדי שישחוט מיעוט סימנים, לא כדי שישחוט שחיטה גמורה, ה"ז ספק נבלה, ‹דזהו איך שרמב"ם לומד האיבעיא "שהה במיעוט סימנים" המובא לקמן ס"ד וה'›, **ופירש** בב"י וכ"מ, דהיינו ששהה כדי שחיטה, שבחוט השערה יותר שהיה שוהה היה שוהה שיעור שחיטה, ולכך כיון שהדבר משוער באומד הדעת, אפשר שיסבור שלא שהה אלא כדי שישחוט מיעוט סימנים, ואולי שהה כדי שחיטת רוב סימנים, עכ"ל, **לכך** הגיה הר"ב תיבת "עד", לומר דהיינו ששהה כדי שחיטה עד שהיה מגיע לרוב הסימנים, שבחוט השערה היה רוב, **ואע"ג** דבכה"ג הוי ספק נבלה, לא דקדק הר"ב בזה, וכן בכמה דוכתי לא דקדקו המחבר והר"ב ושאר פוסקים בזה.

הג"ה - משמע דאי שהה כדי הגבהה והרבצה ומעט שחיטה, שעדיין צריך הרבה לרוב, כשר, וצריך עיון אמאי לא כתב הרמב"ם דין זה, **לכן** נראה, להרמב"ם אפי' שהה כדי שחיטה מעט, אפילו הכי מבעי בגמ', כיון דשיעור שחיטה הוי דבר מועט, ושיעור מועט הוא בין שחיטת רובו למעוטו, לכן מיבעי ליה אי הוי טרפה אם שהה בכדי שיגביה והרבצה ושחיטה קצת, אבל שהה פחות מכדי זה, כלומר דלא שהה כשיעור שלשתן, אלא ששהה שיעור הגבהה והרבצה בלא שחיטה, או להיפך, כשר, כן נראה לי לדעת הרמב"ם, וכן מוכח מהמפרשים שהשיגו על הרמב"ם, דלפירוש הב"י אין כאן השגה, עכ"ה - נקה"כ.

‹**עיין** בספר תפל"מ שכתב, דר"ל דלא סגי כשיעור שחיטת רוב סימנים לחוד, בלי עור שע"ג הסימנים, לזה כתב תיבת "עד", דבעינן שישחוט העור ובשר עד רוב סימנים›.

וי"א דשיעור שהיית עוף, כדי שחיטת רוב סימן א' בעוף בלי הגבהה והרבצה - ‹וכתב רש"י, כיון דקם ליה רבי יוסי בר חנינא בשיטתיה דרב, דאמר דקה לדקה וגסה לגסה, ממילא שמעינן דעוף לעוף, ועבדינן לחומרא, **וכתב** הרא"ש, אפשר שלא פסק רש"י כרבי יוסי בר חנינא אלא במה שנחלקו רב ורבי יוחנן והכריע הוא בינייהו, אבל במה שהשוו רב ורבי יוחנן ושמואל, דלא בעינן שיעור הגבהה והרבצה, הלכה כמותן ולא כרבי יוסי בר חנינא - ב"י›.

ולפי דבריהם יש ליזהר כשהתחיל לשחוט בעוף וחתך מעט עד שהדם יוצא, והגביה

מחבר רמ"א ש"ך ונקה"כ

סכינו מהצואר, שלא יגמור השחיטה, לפי שיש לחוש שמא שחט משהו מהושט; ואפילו לא הגביה סכינו אלא מעט, יש לחוש, מפני ששהיית העוף מועטת מאד, דכדי שחיטת רוב סימן א' בעוף הוא נעשה מהר; ואפילו אמר השוחט: ברי לי שלא חתכתי כי אם העור, אין סומכין עליו כיון שיצא הדם - ז"ל ב"י, וכתב מהרי"ק, שאע"פ שנחתך אינו אוסר עד שיצא דם, ודקדק כן מדקאמר עד שהדם יוצא, **ואינו** נ"ל, דאע"פ שלא יצא דם חיישינן שמא נגע בוושט, ומ"ש עד שהדם יוצא, אורחא דמילתא נקט, **ומיהו** היכא דאמר השוחט ברי לי שלא חתכתי כ"א העור, דלא סמכינן עליה, היינו ביצא הדם, וכדדייק לישנא דאין סומכין עליו כיון שיצא הדם, עכ"ל, **אבל** מהרש"ל כתב וז"ל, ואע"פ שהב"י פקפק על מהרי"ק, מ"מ אני אומר שיפה כתב כו', **ודעת** הרב בד"מ ובהג"ה סוף הסימן כהב"י, וכמו שיתבאר שם, וכ"פ האחרונים בשחיטותיהם.

ואם בא לשאול אחר שהגביה סכינו כיצד יעשה, אומרים לו שישחוט הקנה לבדו במקום אחר, ואח"כ יהפוך הושט ויבדוק אותו - ולדידן שאין אנו בקיאין בבדיקה, כדלקמן סי' ל"ג ס"ח, טרפה, וכ"כ הר"ב סוף הסי', וכן הוא בשחיטות האחרונים, **ומהרש"ל** כתב, דבהפסד מרובה או לצורך מצוה, יראה להקל ולסמוך על הגדולים האחרונים שהנהיגו והורו הלכה למעשה להיתר.

ולענין מעשה יש להחמיר כסברא זו, אלא א"כ הוא שעת הדחק או הפסד מרובה, שאז יש לסמוך על סברא ראשונה. הגה: והמנהג פשוט במדינות אלו להטריף כל שהייה, אפי' משהו, בין בעוף בין בבהמה, ואין לשנות - פשוט הוא דקאי אדסמיך ליה, דאפילו בהפסד מרובה וכה"ג המנהג להטריף, וכן משמע בד"מ ושאר אחרונים, וכ"כ הב"ח בהדיא, וכן נוהגין, ודלא כהעט"ז.

[מ"מ אין בכלל זה רק אם הגביה הסכין אפילו משהו, כיון שעקרו מן הצואר אין לחלק אם שהה הרבה או מעט, **אבל** אם לא הגביה כלל, רק שנדחף הסכין ממקום למקום, כשר אף לדידן, כמו שמצינו בשוחט בב' וג' מקומות בסי' כ"א, וכן מצאתי לרש"ל וז"ל, ומ"מ נראה דוקא שפסק מלשחוט או הגביה הסכין, אבל נדחה ידו למטה, אין שם שהייה עליו וכשר, ומה יש לנו לחוש אפילו ניקב הוושט, חדא שחיטה היא, עכ"ל].

ואם נמצא לאחר שחיטה גמי או כיוצא בו מונח בוושט או בקנה - (ועיין בתשובת שבו"י, דה"ה אם לא נמצא הגמי מונח בושט, אלא בין הקנה והושט). **ונשחט עמו, טריפה** - (אבל לא נשחט עמו כשר). **דודאי הוצרך להשהות מעט בחתיכת הדבר ההוא לאחר ששחט הסימן, והוי שהייה במשהו, וטרפה (תה"ד)** - בת"ה דימה דין זה לדין דסעיף ד', דכששהה בדבר שאין בו תורת שחיטה, הוי שהייה, וכ"ש הכא, **ואח"כ** כתב, וא"ת מאן לימא לן דשהה בחתיכת גמי, דלמא לעולם חתך הוושט והגמי בבת א' שוה בשוה ממש, וא"כ לא פסק חתיכת הסכין אפילו רגע א' מן הסי', **נראה** דע"כ אין לומר הכי, שהרי הסי' הוא מתוח בשעת שחיטה, והגמי אינו מתוח, כי איננו מחובר אל הלחי והגוף, והדבר ידוע שכל דבר רך שפוגע בו חדוד הסכין, אם הוא מתוח נחתך מהר, יותר משאם לא היה מתוח, ולכך הואיל והגמי ג"כ רך הוא ואינו מתוח, על כן חדוד הסכין שהה לחותכו יותר מבחתיכת הסימן, ונמצא שלא חתכו שוה בשוה ממש, עכ"ל, ומביאו ד"מ ומהרש"ל, **ומה"ט** נראה דלא שנא גמי או עשב ארוך ודק, ולא ידעתי למה הקיל בב"ח, להתיר בעשב ארוך ודק מונח לאורך הוושט בלי טעם וראיה, וגם מדברי הר"ב שכתב גמי או כיוצא בו, משמע כמ"ש, וכן משמע בעט"ז, ע"ש.

‹כתב **לקט** הקמח, אם הוושט מלא מאכילת סובין, ועינינו רואות שהסכין מלא סובין, ויורד עם קילוח הדם, יש לאסור מדינא ע"ש - בה"ט›, **עיין** בשו"ת בתי כהונה שנשאל על כיוצא בזה, בתרנגול שנמצא לאחר שחיטה דוחן בושט, והאריך לבאר, דדוקא בנמצא דבר רך בגמי וכיוצא בו יש לאסור, אבל אם נמצא דבר קשה כגון קוץ או חטה או שעורה או דוחן מונח בושט, ונחתך, כשירה, **זהו** טעם הב"ח שהתיר בעשב, ואף הש"ך שחלק עליו, היינו דוקא בעשב, דאף דאינו רך כמו הסימן, מ"מ אינו דומה בקשיותו וחיזוקו כמו הסימן לאחר מיתוח, **אבל** בשאר דברים קשים שהם כמתוחים ועומדים, עד שהם

[ט"ז] ‹רעק"א או ש"א או הוספת הסבר› (פת"ש)

מכריעים למיתוח הסימן ויותר, גם הש"ך מודה דאין לאסור, **ומ"מ** מסתפי לסמוך ע"ז למעשה, אחרי שלא נזכר חילוק זה בשום אחרון, **אלא** דבספק אם נחתך, פשיטא דודאי יש להתיר ולסמוך על הכנה"ג דמתיר אף בגמי כהאי גוונא, ע"ש שהאריך מאד בזה).

‹**ולאו** דוקא גמי, אלא אף חוט השערה שנמצא, הן בושט או בקנה, אסור - בה"ט. (**עיין** בתשובת שבו"י שנשאל, בתרנגולת שָחוּט יוצא מפיה, ומשכו בה וראו שהוא תוך הושט ולא יצא לחוץ, כיצד ישחוט אותה, **והשיב** דיש לנהוג בו כהא דממסמס קועיה דמא, לשחוט הקנה לבדו, דאע"ג דלכתחלה צריכין לשחוט אף בעוף שני סימנים, מ"מ כאן הוי כדיעבד, דאי ישחוט הושט אתי לידי שהייה כשיחתוך החוט, ואחר שחיטה יראו מהיכן חוט זה בא, **וכן** עשו, ונמצא שָחוּט היה משוך דרך הושט להזפק, ומשם לקורקבן, ושם היה קשר החוטין שאכלה התרנגולת, ולא נמצא בה ריעותא אחרת, והכשיר, ע"ש באריכות).

(**כתב** בספר חמודי דניאל כ"י, לפעמים נמצא בעוף בין סימן לסימן בועות קשים, אם נחתך א' מהם עם הסימנים, יש להטריף מחמת שהייה, אבל בדברים רכים סביב הסימנים אין לחוש. **וכתב** עוד, נראה היכא שמתיירא בעוף שמא ימצא בושט דבר מה, כגון שאכל עכשיו וכדומה, מותר לשחוט סימן אחד לכתחלה, דשעת הדחק כדיעבד דמי, ע"כ דבריו).

(**ועיין** בספר בית לחם יהודה שכתב, דאם שחט ובשעת שחיטה נגע בראש הסכין בכותל או בקרקע, כתוב בשחיטות אחרונים שהוא שהייה גמורה, ע"ש, וכן העיד התב"ש שכן מנהג השוחטים, **ועיין** בתשובת מקום שמואל שהעלה, שאין להחמיר בזה כלל, **ופשיטא** היכא שאינו יודע אימת נגע הסכין בכותל או בקרקע, אם קודם גמר השחיטה או לאחר גמר השחיטה, דודאי כשירה, ואף הבית לחם יהודה יודה לזה, ע"ש, **אכן** בשו"ת זכרון יוסף מחמיר בזה, וכתב דאם נדחף ראש הסכין בשעת שחיטה ונגע בעץ כסא המיוחד לשחיטה, שקורין שראגי"ן, השחיטה פסולה, ואפי' אם אינו יודע אימת נגע, אם קודם גמר השחיטה או אחר גמר השחיטה, כבר נתפשט המנהג בין השוחטים להטריף, אם לא נתברר בבירור גמור שלא שחט אחרי הדחיפה, ולא מחלקים בין דחיפה חזקה ובין דחיפה ונגיעה קלה, ולא יהא אלא כדברים המותרים כו', {**מיהו** לפ"ז דוקא אם מנהג השוחטים הוא מחמת סייג וגדר, אבל אם נוהגים איסור מחמת שסוברים שהדין כן, לא שייך בזה דברים המותרים כו', כמש"ל סי' רי"ד ס"א ע"ש, **גם** קשה, דהלא בדבר שאינו מצוי לא שייך בו מנהג, כמ"ש הש"ך לקמן סימן ק"צ סק"ג}. **וכתב** עוד דאם לא נדחף ראש הסכין, רק שהעביר הטבח חודו של סכין בהולכה או בהבאה על צואר הבהמה ועל העץ של שראגי"ן בפעם אחת, אף דאיכא למיחש דלמא שהה בחתיכת העץ מעט יותר מבחתיכת הסימנים, מ"מ יש להכשיר, הואיל וליכא בשהייה משהו לא איסור תורה ולא איסור דרבנן, רק מצד המנהג, לכן אמרינן ספיקא לקולא, {**וצריך** לחלק בין זה להא דנמצא גמי, דהתם ליכא ספיקא כלל, וכמ"ש הרמ"א דודאי הוצרך וכו'}, **ומכ"ש** כשיש ספק אימת נגע, אם קודם גמר השחיטה או אחריו, ובפרט אם השוחט אומר ברי לי שלא שהיתי כלל, ע"ש באריכות).

‹**כתב** עולת יצחק, שמעשה בא לידו בא' ששחט עוף, ובשעת שחיטה חתך באצבעו, והטריף, כי נבהל מחמת החתך באצבעו, והגביה הסכין כל שהוא, והו"ל שהייה, והסכימו עמו כמה גאונים דטריפה, **ובתשו'** עה"ג מחלק, שאם חתך באצבעו שלא בשעת חתיכת הסימן, כגון לאחר שהעביר כל הסכין בהולכה או בהבאה חוץ לצואר, ואז חתך באצבעו, ואח"כ חזר והוליך או הביא הסכין וגמר השחיטה, ודאי שהייה היא ופסולה, **אבל** אם חתך בסימנים ובאצבעו כא', אין כאן שהייה, ולא דמי לנמצא גמי בתוך הסימנים, דהתם הגמי הוא רך, וע"י חידוד הסכין שוהה יותר לחתכו מבחתיכת הסימן, **ולענין** הכשר כלים או להעביר השוחט, צידד להקל, **ואם** השוחט מסופק באיזו אופן היה החיתוך באצבעו יש להקל - בה"ט.

סעיף ג - שחט מעט ושהה מעט, וחזר ושחט מעט ושהה מעט, אם כשתצטרף כל השהיות יש שיעור שהייה, שחיטתו פסולה - פי' ספק נבלה, דבעיא ולא איפשטא היא. **(ולפי המנהג בכל ענין טריפה).**

סעיף ד - השוחט בהמה בסכין שאינו חד, ונתעכב כשיעור שהייה בשחיטת מיעוט אחרון של סימן ראשון, הרי זו פסולה - ה"נ ספק נבלה, דבעיא בש"ס היא, שהה במעוט סימנים, מהו, ‹וכתבו התוס', שה"ר אושעיא פירש, דקאי אשוחט בסכין רעה, ומיבעיא ליה אם שחט רוב אחד בבהמה, והוליך והביא כל היום במיעוט הנשאר - ב"י, תיקו, וקיימא לן לחומרא.

והטעם, דכיון שנחתך רוב הסימן, הוי כאלו נחתך כולו, ומה שמוליך ומביא במעוט האחרון, הוי כאלו מוליך ומביא בידה או ברגלה, ולכך כשנתעכב שיעור שהייה במעוט אחרון של סימן ראשון, טרפה בבהמה, משא"כ בעוף דהכשרו ברוב א', כ"כ הפוסקים, **ומדלא** הגיה הרב נמי כאן, דלפי המנהג בכל ענין טריפה, אפילו לא נתעכב שיעור שהייה, משמע דס"ל דהכא דוקא בעינן שיעור שהייה אפילו לדידן, וכן משמע בעט"ז, והיינו כיון דמתעסק הכא בשחיטת הסימנים, ועיין בסי' י"ח ס"ז מש"כ בזה.

סעיף ה - אחר ששחט רוב אחד בעוף או רוב שנים בבהמה, אין שהייה פוסלת; ולפי זה אין שהייה בקנה בעוף כלל - דבמעוט קמא דקנה לא שייך שהייה כדלעיל, מידי דהוה אחצי קנה פגום ס"ס כ"א, **משא"כ** בוושט, דהוי שהייה במעוט קמא, דנקובתו במשהו כדלקמן סי' ל"ג, אבל קנה פסוקתו ברובו, כדלקמן ריש סימן ל"ד.

ויש מי שאומר, שכל שלא נגמרה שחיטת כל שני הסימנים, פוסלת שהייה - ‹בעי רב הונא בר נתן, שהה במיעוט הסימנים מהו, ופרש"י, שחט הרוב ושהה במיעוט אחרון, וגמר שחיטתו, מהו, מי אמרינן כיון דעבד ליה רובא, אתכשר, או דילמא כיון דהדר גמרה, כולה חדא שחיטה היא, ולא איפשיטא ולחומרא - ב"י.

ולכתחלה יש ליזהר לחוש לדבריו. הגה: ואפילו בדיעבד המנהג להטריף; ולכן אם לאחר ששחט רוב שנים שוהה הבהמה או העוף למות, יכנו על ראשו להמיתו, ולא יחזור וישחוט.

ובספר התרומות מסיים, ובלבד שלא ישבר מפרקתה, **וכתב** עליו מהרש"ל, וחומרא יתירא היא, דפשיטא אם שובר המפרקת בסכין דלא נראה כשחיטה, ולמה לנו להחמיר כולי האי, עכ"ל, **הבין** דאסור מטעם שהייה, וליתא, אלא טעמו כדגרסינן בפ' כ"ה, השובר מפרקתה של בהמה קודם שתצא נפשה, אסור, משום מבליע דם באברים, ויתבאר לקמן סי' ס"ז, דלכתחלה אסור לשבור המפרקת אפילו לאכול ממנה באומצא, כמ"ש ב"י שם בשם שבולי הלקט.

כתב הר"ץ בשחיטות, דמותר לשחוט בסכין פגום אח"כ, **ולא** נהירא, וכן משמע מלשון הסמ"ק, שכתב לא יחזור וישחוט בסכין או בקורדם, לפי ששהה, וסתם קורדם פגום הוא, **ועוד** דמ"מ אסור משום עיקור במעוט בתרא, וכ"כ הב"ח.

(**עיין** בשו"ת מאיר נתיבים, שהאריך לחלוק על רב אחד, שהורה שאם ברור להשוחט שכבר שחט סימן אחד לגמרי, ולא נשאר ממנו מאומה, אף שעדיין לא התחיל לשחוט הסימן השני, מותר לו לגמור אחר שנעשה שהייה גמורה, ואין לאסור משום האיבעיא שהה במיעוט סימנים, ע"ש סברתו, **והוא** ז"ל האריך לחלוק עליו, דגם אם שחט כל הסימן לגמרי בעוף, פוסל שהייה, ע"ש).

(**עיין** בתשובת נו"ב, שנשאל בשוחט ששחט רק הקנה בעוף, וכאשר הובא העוף לבית היה עדיין חי, והחזירו העוף לבית השוחט ושחט את הושט, מה דינו, אם לסמוך על תשובת שבו"י, שמכשיר בדיעבד, ‹דכיון שכבר יצא מתחת יד השוחט בהכשר שחיטה אין להטריף תו משום שהייה›, **והשיב** דאין לסמוך עליו בזה, וגם בנד"ז גם השבו"י מודה, דדוקא במיעוט הסימנים הקיל בדיעבד, משא"כ כאן שכל הושט נשאר, ולכן יש לאסור גם הכלים אפי' אחר מעל"ע, **והשוחט** יש לדונו לכף זכות, ואעפ"כ טוב להעבירו על חודש או ב' חדשים כפי ראות עיני המורה, ולפי חזקת השוחט ביראת שמים, ע"ש).

(**ועיין** בתשובת חתם סופר, דמורה אחד התיר באחר שחתך במספרים הסימן שלא נשחט, **וכתב** דלא טוב הורה, כי באמת אין חילוק בין השוחט לאחר, וכהכרעת הש"ך סימן ב' ס"ק כ"ז, **ואף** דאיכא למימר הואיל וגזז במספרים, אין שם שחיטה עליו, רק גוזז מקרי, ולא דמי לקרדום כו', **אך** לדינא חלילה לסמוך גם ע"ז, ע"ש).

סעיף ו - שחט עוף ושהה בו ואינו יודע אם ניקב הושט, חוזר ושוחט הקנה לבדו במקום אחר ומניחו עד שימות, והופך הוושט ובודקו מבפנים; אם לא נמצא בו טיפת דם, בידוע שלא ניקב וכשרה.

במקום אחר - הטעם, משום דאיכא למיחש שמא מתוך שכבר התחיל לשחוט באותו מקום, יהיה יותר נקל לפגוע בוושט, ויבא לומר עתה הוא שנשחט ומקודם לכן לא נגעתי בו, ושמא מקודם נגע בו, *ונמצא מכשירו

[ט"ז] ‹רעק"א או ש"א או הוספת הסבר› (פת"ש)

שלא כדין, ומיירי ששחט קנה לבד, **א"נ** שמא מקודם לא נגע בו, ועתה מתוך שקל לפגוע בו יפגע בו, נמצא שפוסלו שלא כדין, ועצה טובה קמ"ל, עכ"ל בית יוסף ופרישה.

*[**ולא דק, דודאי כל שימצא טיפת דם לא יתלה לקולא, ויאסור מספק, דהא פסקינן כל שימצא טיפת דם בפנים יהיה אסור בכל מקום שיהיה, וא"כ אין כאן מכשול]. לק"מ**, דהטיפת דם שיצא ממנו, היא מחמת השחיטה ששחט באותו מקום, ומהיכי תיתי יעלה על לבו לאסור, דהא אין כאן ספיקא כלל, אלא מקום השחיטה הוא שניכר, ואין כאן נקב כלל - נקה"כ.

[**ונ"ל הטעם, דכשרוצה להחזיק בקנה לבד, צריך שיאחזנה בכח, ואם יעשה כן במקום שחתך כבר, יש לחוש שמתוך כך יתנתק ויתרחב החתך עד שיהיה פסול, ע"כ יאחזנו במקום שהוא שלם, ועוד** נ"ל, **שאם ישחוט במקום הראשון, יש לחוש שמא יקלקל לעצמו, דשמא שחט כבר הרוב בקנה, ונמצא שאז אין פסול במה שניקב הוושט, וא"א לראות היטב בשעת שחיטה אם נשחט הרוב, כיון שהוא מלוכלך בדם, ע"כ ישחוט במקום אחר, ויוכל אח"כ לראות במקום הראשון, שאם נשחט הרוב לא יזיק לו נקיבת הוושט].**

משמע דוקא בעוף שהכשרו בסימן אחד אית ליה האי תקנתא, אבל לא בבהמה, וכן פשוט בפוסקים.

משמע אם יודע בבירור שלא ניקב הוושט, שחיטתו כשרה אף בלא בדיקה, כגון שתפס הקנה לבדו בידו.

הגה: והמנהג להטריף הכל אפילו לא שהה רק במיעוט קמא דקנה, ואסור למוכרו לאינו יהודי כך, אלא ימיתנו ואח"כ ימכרנו לאינו יהודי, משום דאנן לא בקיאין בבדיקת הוושט וחיישינן לנקיבת הוושט - אין להקשות, דהא כתב הרב ס"ס כ"ז, בטרפות שאינו ידוע ויש מכשירין הטריפות ההוא, אע"ג דקי"ל לאסרו, מ"מ מותר למכרו לעובד כוכבים מטעם ס"ס, **והכא** נמי אע"ג דקי"ל להטריף, מ"מ כיון דאינו אלא חששא דשמא ימכרנו, ה"ל ס"ס, שמא לא ניקב הוושט, ואילו היינו בקיאין בבדיקה היינו רואין שלא ניקב, ואת"ל ניקב, שמא לא ימכרנו העובד כוכבים לישראל, **דל"ד** ספיקא דפלוגתא לספיקא דבגוף המעשה, וק"ל, וצ"ע בהרבה מקומות בש"ס בענין זה, עכ"ל מהרא"י בת"ה, **ולפע"ד** בלא"ה לא קשה מידי, דהכא כיון שהספק הוא מחמת חסרון ידיעתנו, שאין אנו בקיאין בבדיקה, לא מיקרי ספק כלל, כמ"ש הפוסקים בכמה דוכתי.

כתב המרדכי בשם הר"ף, דאסור להשהותו בביתו, דלמא אתי לידי תקלה, ע"כ, ומביאו ד"מ, **אבל** אם א"צ להשהותו אלא כ"א יום שתתעבר ותלד, דטרפה אינה יולדת, מותר.

וכתב הרוקח, שחט הוושט והניחו, ושחט הגרגרת, ואח"כ שחט וגמר את הוושט, מאחר שעסוק בשחיטה כשירה, עכ"ל, **ולפע"ד** ה"ה לדידן, היכא דלא שהה כלל קודם שהתחיל לשחוט הגרגרת, וכן הוא בשחיטות הר"ץ, ובזבחי ריב השיג עליו שלא כדת.

ומטעם זה אם תלש הנוצות מן העוף ויצא דם, או חתך העור בבהמה ויצא דם ממנה, יש להטריף, דחיישינן לנקיבת הוושט - בד"מ כתב בשם מהר"מ פדואה הטעם בזה, דאע"ג דידעינן שע"י מריטת הנוצות לא ניקב הוושט, מ"מ גזרינן אטו נקרע העור מן הצואר, **וכתב** ולפי זה אין חילוק בין נמרטו הנוצות בשעת שחיטה לקודם לכן, לעולם אם יצא מהם דם יש להטריפו משום גזרה, **והוא** חומרא גדולה בעיני, עכ"ל, **גם** מהרש"ל הכשיר בזה, וכתב שהוא חומרא בלא טעם, וכ"כ הא"ח בשם הרשב"א שהביא ב"י והאחרונים, דאין לחוש בזה לנקיבת הוושט, **ולכן** נראה כמ"ש הב"ח, דבהפסד מרובה וכה"ג יש להקל.

[**זה דבר שא"א לאומרו, שע"י תלישת הנוצה ינקוב הוושט, ובנוסח ההג"ה שהביא מהר"ם פדואה כתוב הטעם בזה, דמאן דחזי סבר להתיר גם באווזא דממסמס קועיה דמא, כדאיתא סי' ל"ג, ואפשר שגם רמ"א כאן שכתב הטעם משום נקיבת וושט, כתב על חלוקה השניה שחתך בעור כו', אבל בחלוקה הראשונה הטעם משום גזירה כדפרי', וכיון שעיקר הטעם משום גזירה הוא, דבר קשה להוסיף גזירה מה שלא נזכר בתלמוד, ומ"מ כיון דנהוג בחומרא זאת נהוג, אלא דאין להחמיר רק באם יצאו קצת טפות דם בענין שיש לו דמיון לממסמס קועיה דמא, אבל לא יצאו אלא שנראה האדמומית, אין להחמיר כלל, והצעתי הדבר לפני מהור"מ יפה ז"ל, והסכים לדברי].**

אבל אם לא יצא דם ולא חתך כל העור, יש להכשיר ע"י שישמוט למעלה או למטה ולבדוק נגד מקום החתך, (דלא כמהרי"ק) – [״ולא חתך כל העור״ קאי אבהמה דוקא, אבל בעוף אין שייך לומר כן, וכ״כ בהדיא בתשו׳ מהרי״ק שם, **אבל** מ״מ נראה פשוט, באם יש על העור של העוף איזו גרד יבש על צדו החיצון, ושחט במקום אחר וראה בצד הפנימי שאין שם ריעותא על העור, דאין להחמיר בזה לכל הדעות].

הא אם יצא דם אף שלא חתך כל העור, או שחתך כל העור אפי׳ לא יצא דם, טרפה, ומ״ש ברישא או חתך העור ויצא דם, היינו מקצת העור, וכ״פ בד״מ בהדיא.

אבל מהרש״ל הכשיר, בין בחתך מקצת העור ויצא דם, ובין בחתך כולו ולא יצא דם, ואינו מטריף אלא בחתך כולו ויצא דם, **ובמה** שמתיר נחתך כולו ולא יצא דם, כבר כתבתי בס״ב דלא קי״ל הכי, **אבל** במה שמכשיר נחתך מקצתו אפילו יצא דם, נראה לכאורה כן, דמאי חששא איכא, כיון שלא חתך כל העור, וכן בעט״ז הביא ב׳ דעות בזה, **ע״כ** נראה להקל בהפסד מרובה וכה״ג, אבל בלא״ה אין להקל, דלא יהא אלא תלישת הנוצה, דנוהגים להטריף ביצא דם, וכן הב״ח מטריף בחתך מקצת העור ויצא דם.

(**עש״ך** לענין אם לא חתך כל העור ויצא דם, ועיין בתשובת שבו״י, שכתב שנ״ל עיקר כדעת מהרש״ל בזה, וכהפר״ח, להתיר בפשיטות היכא שרחץ העור היטב, וראה היטב שלא חתך כל העור, **ולא** דמי למריטת הנוצות, שעור עוף הוא דק, וניקבת ע״י מריטת הנוצות כולו, משא״כ בעור הבהמה, ע״ש).

[**אבל נראה עיקר כדברי רמ"א, כיון שיצא דם אנו חוששין שמא ניקב נקב דק מאד ונגע בוושט ואינו נראה לנו, או שהדם סותמו, דאל"כ מאין בא דם זה, דהא בעור אין דם, ע"כ אין להקל בחתך אפילו מקצת עור ונראה הדם, ובתלישת הנוצות ונראה דם, יש להחמיר דוקא אם יצא קצת דם כמו שזכרנו, כנ"ל**].

מיהו כל זה בשלא אמר השוחט ברי לי שלא נגעתי בוושט, אבל כשאומר ברי לי, אפילו חתך כל העור, כשר כשלא יצא דם, וכדמשמע בדברי הפוסקים והמחבר בס״ב, **והיכא** שנתכוין מתחלה שלא ליגע בושט, כגון שתפס הקנה לבדו בידו, אפילו חתך כל העור וגם יצא דם, כשר וכמ״ש לעיל.

ולכן יש ליזהר שלא למרוט הנוצות, אם יוכל לשחוט בלא זה.

אם תלש הנוצות מן העוף ויצא דם - (ראיתי בכתבי הרב הגדול מהר״ר דניאל זצ״ל, שדעתו דזה דוקא ביונה ולא בשאר עופות, והיינו כדעת הגאון השואל בתשובת מהר״מ פדוואה, **אך** דעת מהרמ״פ שם אינו כן, אלא דה״ה שאר עופות, וכ״נ דעת הרמ״א ז״ל, וכמ״ש בד״מ. **וכתב** עוד, פעם אחת מרט השוחט את הנוצות, וקרע קצת מן העור, אך לא מפולש, נראה דכשירה, ע״כ, **ולפ״ז** יש להתיר מכ״ש מה שנמצא לפעמים בעוף אינדיק, שנתלש קארעל אחד, וזה בא מחמת שחברותיה נושכים אותה, אם אין הנקב מפולש, דכאן יש עוד סניף, דבזה לא שייך טעם הט״ז ״כיון דבעור אין דם ע״כ ניקב מושט הוא״ כו׳, דהא בקארעלין יש דם, כ״נ לכאורה).

(**עיין** בתשובת ברית אברהם, בנדון ההקזה שעושים לבהמות מצוארם, ע״י אומן בקי בכך לרפואת הבהמות, אם מותרים המה או לא, דשמא הקיז במקום הסימנים, וגם אם יש להתיר החלב והגבינות שהוא הפסד רב, **והעלה** דאם היינו מטריפים הבהמה, היה גם החלב אסור, דלא כדעת השואל, אלא דיש להתיר גם גוף הבהמה מכמה טעמים, והאריך לחלק בטעמים נכונים, דלא דמי זה להא דחתך העור, **וסיים** דמ״מ אם אפשר להזהיר לבעל הבהמה שיראה שהמקיז יאחז בסימנים לצד השני, ראוי ונכון, **אך** גם באותן הבהמות שהעובדי כוכבים מניחים להקיז ואין ישראל רואהו, ג״כ אין להחמיר, ע״ש **גם** בתשובת חת״ס האריך בזה, והעלה להתיר, ע״ש).

§ סימן כד – דיני דרסה וחלדה והגרמה ועיקור §

סעיף א- דרסה כיצד, כגון שהניח הסכין על הצואר ודחק וחתך למטה כחותך צנון או קישות, הרי זה פסולה; ואין צריך לומר אם הכה בסכין על הצואר, כדרך שמכין

הלכות שחיטה
סימן כד – דיני דרסה וחלדה והגרמה ועיקור

בסייף, וחתך הסימנים בבת אחת - «השוחט צריך שיוליך ויביא, ואם לא עשה כן, אלא התיז הסימנים בבת אחת כמו שחותך הצנון, פסולה – טור».

סעיף ב- שחט בהולכה או בהבאה לבד, אם יש בסכין כמלא צואר, וחוץ לצואר

כמלא צואר, (עם העור והמפרקת), כשרה - «לא שיצטרך להוליך כל אורך הסכין קודם שישחוט הרוב, דאין אדם יכול ליזהר בזה, דפעמים הסכין חד וחריף וחותך רוב הסימנים קודם שיוליך או יביא כשיעור הזה, אלא לא אמרו חכמים שיעור זה, אלא דקים להו שאז יכול לשחוט בריוח בלא דרסה – טור».

ע"ל סי' ח' מ"ש בזה, «**ושם** נאמר דלכתחלה יקח בין בבהמה ועוף סכין כמלא ב' צווארים של אותו הנשחט, יע"ש, **ובבהמה** לדידן יהיה י"ד אצבעות, **ולא** בעוף, דמכביד על העוף וסימנים רכים ויבא לידי דרסה, אחרונים – פמ"ג».

ואם לאו פסולה, שכל שאין בו כשיעור הזה אי אפשר לשחוט בלא דרסה על ידי הולכה או הבאה לבד; ואם הוליך והביא, אפילו שחט באזמל כל שהוא כשרה - «ואפילו באזמל שצריך להוליך ולהביא, אין צריך להוליך ולהביא קודם שיסיים השחיטה, כי לפעמים ימצא צפור קטן שישחט רוב הסימן אפילו באזמל קודם שיוליך ויביא, והוא כשר, בתנאי שלא יתפוס הסכין במזיד במקום אחד – ב"י».

הגה: ויש מחמירין בבהמה - «דהני מילי בעוף שצוארו דק, אבל בבהמה לא – בית יוסף», **והמנהג בגלילות אלו לפסול בבהמה אפילו הוליך והביא, אם אין בסכין כמלא צואר וחוץ לצואר משהו.**

«**הקדמה לס"ג** – תנן חולין ל' ב': היה שוחט והתיז הראש בבת אחת, אם יש בסכין מלא צוואר, כשירה, ומסיק בגמרא, מלא צוואר חוץ לצוואר, ובעינן שיהא בסכין מלא ב' צווארין, וכשמתכוין השוחט לשחוט בהבאה א' או בהולכה א', כשירה אף דנשחט בחצי סכין, כיון שיש לו ריוח. **הנה** יש בזה שלשה ציורים: הציור הא', הוא דבעינן שיתחיל מן ראש סכין ממש מצד הפנימי של צוואר הנשחט, ויעביר כל הב' צווארים של סכין, עד חוץ לצוואר לגמרי, ולא ישאר בתוך הצוואר כלום הסכין, וזה חומרא גדולה. **הציור** הב', שיתחיל מן ראש הסכין בצד הפנימי של צוואר, ויוציא מלא צוואר מהסכין לצד חיצוני דצוואר, ומלא צוואר הב' של סכין ישאר בתוך הצוואר, וזה קיל מציור א'. **הציור** השלישי, הוא שיניח מלא צוואר דסכין על רוחב מלא צוואר הנשחט, ויוציא אותו מלא צוואר דסכין לחוץ לצוואר, ומלא צוואר הב' של סכין יהיה נשאר תוך צוואר הנשחט, וזה קולא גדולה. **הצורה** השלישית היא שיטת הש"ך, **והט"ז** כפי הנראה בחר לו ציור השני, **והתבואות** שור בחר לו לדינא ציור א' – פמ"ג».

סעיף ג- שחט ב' ראשים כאחד בהולכה או בהבאה בלבד, אם יש בסכין כדי ג'

צוארין, כשרה - פי' בין שהניח הסכין בתחלת השחיטה על רוחב ב' הראשים, ויצא אורך הסכין «בצד פנימי דפנימית» כמלא צואר «עד הקתא» חוץ להב' ראשים, והוליך הסכין לצד האחר, «עד שיצא מלא צואר חוץ לצואר חיצונה», עד שלא נשאר כלום יוצא באותו צד שיצא כבר, «והוא קולא גדולה, עיין בהקדמה», **ובין** שהתחיל לשחוט בקצה הסכין, «בצד פנימי דפנימית», והוליך הסכין בשחיטתו עד שיצא כמלא הצואר חוץ לראש השני, דאז ודאי כיון שעל ב' הראשים עבר כמלא ב' צוארים, כשר, «**דהיינו** בפנימית שתים עברו, וצואר אחד נשאר בתוכה, ועל החיצונה צואר אחד עבר, והב' נשאר בתוכה, והו"א דחיצונה נדרסה כקושיית הט"ז, **קמ"ל** הש"ך דאין לחוש, דאפשר הפנימית עורה וסימנים שלה קשים מחיצונה, ומשום הכי שתיהן כשירות», **אבל** פשוט אם הניח הסכין בתחלת השחיטה על רוחב ב' הראשים, «ומלא צואר מראש הסכין יוצא בצד חיצוני דחיצונית», והוליך הסכין לאותו צד שיצא חוץ להב' ראשים כמלא צואר, דזהו חשיב כאלו אין בסכין אלא כמלא ב' צוארים, וק"ל, «**לא** ידענא מה בא ללמדנו, דבשביל שיצא מלא צואר אחד לצד חיצונה יהא הו"א דכשירה בזה – פמ"ג».

משמע לכאורה דוקא דיעבד, ובטור איתא שוחט אדם שני ראשים כאחד כו', והכי איתא בש"ס פרק השוחט בהדיא, וכ"כ הר"ן דמותר אפילו לכתחלה, **וצ"ל** דלאו דוקא "שחט", דה"ה אפילו לכתחלה.

ואם לאו, יש לחוש ולאסור שתיהן - «לא היה בו אלא כדי שנים, הביא ולא הוליך, החיצונה כשרה והפנימית פסולה, הוליך ולא הביא, הפנימית כשרה והחיצונה פסולה. **אבל** הר"ן כתב שאיפשר ששתיהן אסורות, הואיל ושחיטתן כאחד, ואם בשניה דרס אף בראשונה נמי דרס, שהרי בבת אחת ובענין אחד העביר הסכין על שתיהן – בית יוסף».

זהו דעת הרמב"ן והרשב"א והר"ן, ונלפע"ד דאינהו מיירי כשהניח הסכין בתחלת השחיטה על רוחב הב' ראשים, ומיירי ששחט לאותו צד שיצא, ‹ראש הסכין, והיה צריך להיות דחיצונה כשרה, שהרי עבר עליה מלא ב' צוארים, והפנימית פסולה, דלא היה כ"א מלא צואר אחד, לולי סברת הר"ן›. **ודעת** הב"י וד"מ דלפי טעם שכתבו, דכיון שאנו רואין שבאחד מהן דרס, ע"כ אף בשניה דרס, שהרי בבת אחת ובענין א' העביר הסכין על שתיהן, **ה"ה** כשהתחיל לשחוט בקצה הסכין, וכיון שעבר חצי הסכין על השניה פוסק, ‹כשבא מלא צואר לתוך השניה הפסיק›, דשתיהן אסורות מה"ט, דהא עכ"פ עינינו רואות שאחת מהן נדרסה, וא"כ בבת א' העביר הסכין על שתיהן, וא"כ גם השניה נדרסה, וכן משמע דעת מהרש"ל, **דלא** כהב"ח שחילק בין התחיל לשחוט בקצה הסכין, ובין הניח הסכין בתחלת השחיטה על רוחב הראשים, בדברים שאינם מתקבלים על הלב.

וגם נלפע"ד, דאם התחיל לשחוט בקצה הסכין, ועבר הסכין לצד האחר עד שיצא כמלא צואר לצד האחר, בענין שעל שתיהן עבר כל הסכין, שתיהן כשרות לכ"ע, וכן כתבו ב"י וד"מ ומהרש"ל, והוא פשוט, **דלא** כהב"ח שחלק ע"ז, ואין נראין דבריו, לא בגוף הענין ולא בדברי הרא"ש, ודוק היטב.

[**ומו"ח** ז"ל פי' וז"ל, דוקא בהתחיל לשחוט בקצה הסכין שאצל הקתא, דאז כששחט בחיצונה כמלא צוואר, והתחיל להביא הסכין על הפנימית, בהכרח שיביא הסכין גם בחיצונה לשוחטה עוד, שהרי בעוד שלא עבר הסכין על הפנימית לא שחט בחיצונה רק כמלא צואר, ולא נשאר חוץ לצואר החיצונה רק כמלא צואר אחד, ואם כן ודאי יש לחוש לדרסה דפנימית, מאחר שצואר החיצונה נשחט במקצת, והפנימית לא נשחט עדיין כל עיקר, והוא מעביר הסכין על שתיהן יחד, ומתכוין לשחוט שניהם בשוה כו', עכ"ל, וקשה מה איכפת לן באורך הסכין ב' צוארים, הא גם בשלשה יש חשש זה דאם אנו רואין שבאותה שעה שנחתך צואר החיצונה נחתך גם פנימית בשוה, והוא התחיל בחיצונה, ע"כ שהפנימי נדרסה, דהא אין לה שיעור כמו לחיצונה, ואי לאו שנדרסה למה היה לה די בחלק מועט מן החיצונה, **והנלע"ד** שודאי הסברא שהניח מו"ח ז"ל אמת בזה כשנשחט בשוה, אלא שאנו צריכים לפרש הפשט בדרך אחר, דמלשון התנא שאמר שחט ב' ראשים כאחד, משמע שגמר שחיטה הוי ממש בשוה, ואין שום קדימה לאחד יותר מלחבירו בגמר, דאם היתה קצה קדימה, היה נקרא בזה אמר זה, אלא כדפריש', ועיקר כוונת התנא להשמיענו, דאין מה שבתוך הצואר בחשבון עד שיעבירנו ממנו, ‹עיין בהקדמה›, **והנה** אם הסכין ארוך כשלשה צוארים מצינו דבר זה שפיר, דהיינו שמניח אורך שיעור שני צוארים על שני הצוארים, וכשהביא ממילא הוה ההתחלה והסיום בשוה לשניהם, דהא על כל צואר יש חלק כנגדו, וכשהביא אורך צואר אחד, נשאר בתוך הצואר של כל אחת אורך צוואר, ובאותו פעם נשחטו שניהם, ‹היינו לאחר שהעביר על זו עוד מלא צואר א' ועל זו מלא א', כפי הציור הב' לעיל - פמ"ג›, ממילא הוה בשוה ממש וכשרים שניהם, **אבל** אם הסכין כשני צוארים, א"א לך לומר בשום פנים ששחיטתן יהיה נגמר בשוה וכשרים שניהם, כי אם תניח הסכין ארכו על שני הצוארים, ובכל אחד ישחט במה שעליו, פסולים שניהם, כי כל אחד נשחט רק כשיעור אורך צואר אחד, ‹עיין הקדמה›, **וג"כ** א"ל שהפנימית כשירה כיון שמעביר כל הסכין עליה, דא"כ לא הוה גמר שחיטת שניהם בשוה, דהא החיצונה נשחט קודם לה, **אלא** ע"כ צריך אתה למצוא שהוא מניח צד שאצל הקתא על שפת החיצונה, ממילא יש לחיצונה כמלא שני צוארים, וכשהוא חותך שיעור ב' צוארים, מגיע על הפנימית שיעור צואר אחד, שהרי שחיטתה נגמרת בשוה, בשעה אחת ממש עם החיצונה, וע"כ אין הכשר אלא לחיצונה והפנימית נדרסה, כי לא היה לה רק שיעור צואר אחד, וכן להיפך אם הוליך ולא הביא, וע"כ צריך להניח ראש הסכין אצל שפת הפנימית, ממילא הפנימית כשרה ולא החיצונה, כיון שהיא נשחטת בפעם אחת עם הפנימית, כנ"ל לפרש בס"ד הפשט בטוב טעם, **אלא** שלענין הלכה פסק הש"ע כדעת הרשב"א, דכיון שראינו שהאחת נדרסה, אמרינן שגם השניה נדרסה, אע"פ שהיה לה כשיעור].

סעיף ד - שנים אוחזין בסכין ושוחטין, אפילו זה למעלה לצד הראש וזה למטה לצד החזה, שאוחזין אותו באלכסון, כשרה, ולא חיישינן שמא ידרסו זה על זה - ‹ואיצטריך משום דסלקא דעתך אמינא דמתוך שזה מושך לכאן וזה מושך לכאן, ושניהם דוחקים סכין על הצואר, יש לחוש שלא יתיזו הראש בבת אחת, קא משמע לן דלא חיישינן להכי - ב"י›.

סעיף ה - היה שוחט וחתך כל המפרקת, כשרה. (ועיין ס"ק ה') - ואף לדעת רמ"א בסי' ס"ז, דלכתחלה יש ליזהר וכו', מיהו בדיעבד כשר, **והבית** יוסף כתב שם בשם הג"א, דוקא שובר, שמחמת יסורי השחיטה אין בה כח להתאנח ולהוציא דם, אבל חותך לא, **אבל** בשם הרשב"א כתב, דאף חותך מבליע דם באברים, **וראיתי** במקום שעובדי כוכבים המה הקצבים, חותכין הראש מגוף הבהמה מיד אחר השחיטה, ובזה מבליע דם באיברים, ועושין את זאת כדי שהבשר יהיה כבד, שמוכרין לפי המשקל, וגם מוכרים לישראלים, ולפי הרשב"א יש למחות על זה, וע' מה שכתבתי לקמן בסי' ס"ז סעיף ג', עכ"ה - נקה"כ.

הגה: והמנהג להטריף אפילו לא חתך רק רוב המפרקת, ואין לשנות כי יש מרבוותא סוברין כן. (דקדק ראבי"ה מפי' רש"י) – [במרדכי כתב שראבי"ה דקדק מפרש"י, שפירש ריש פרק השוחט, אהא דאמרינן דלא לשוויה גסטרא, חטיהו והוציא את דמו ותו לא, ומש"ה אסר כשחתך כל המפרקת, ול"נ למהר"ם, דהאי "ותו לא" דפרש"י, פירושו שא"צ לשחוט יותר, ע"כ, וגם לענ"ד תמוה דעת ראבי"ה, דהא פירש במתני' דהשוחט מן העורף, דאם חתך המפרקת קודם שחיטת הסימנים, נטרף, משמע דאחר הסימנים אין חשש כלל, וכ"כ בדרישה והאריך בראיות עוד משאר פוסקים, **ובת"ה** כתב, דאין איסור זה אלא חומרא בעלמא, ומצאתי למהר"ר ליב מפראג שכתב, שהתיר הלכה למעשה בחתך כל המפרקת אחר הסימנים, וכן נראה עיקר, **אלא** שכיון שרמ"א כתב שאין לשנות מן המנהג שנהגו להטריף אפילו ברוב המפרקת, אין בידינו להקל, דלא יהא אלא דברים המותרים ואחרים נהגו בו איסור, **אלא** דמ"מ יש להקל בזה בכל הספיקות, דאפילו רואה חתך במפרקת, א"צ לבדוק אחריו אם הוא רוב או לא, וק"ו כשאין המפרקת לפנינו, בכולם יש לסמוך להקל, ואין להחמיר רק אם כבר ראו שנשחט רוב המפרקת רוב גמור, ולא בענין אחר, והאי רוב המפרקת, נ"ל דהעיקר תלוי בחוט, דהא אפילו לדעת ראבי"ה שפי' דברי רש"י "ותו לא", דאסור לחתוך אח"כ, ע"כ לא קפיד אלא אחוט שהחיות תלוי בו, וע"ז אמרה תורה דלא ימית הבהמה אלא ע"י הסימנים, ולא בד"א, דאל"כ נימא שלא יחתוך כלל שום דבר אחר הסימנים, אלא ודאי כדפרישית, וראוי לסמוך להקל בזה, כיון שטרפות זו אינה אלא חומרא].

וצ"ע בזה, שהרבה גדולי הפוסקים מתירין, ואולי דעת הר"ב דוקא להחמיר במקום שאין הפ"מ וכה"ג.

‹**ופר"ח** כ', אף בהפסד מועט המקיל לא הפסיד, **אבל** בה"י כ', דהשוחטים מטריפין עכשיו אף בהפ"מ, וכ"כ ע"י – בה"ט›.

[אחר כתבי זאת ראיתי בתה"ה וז"ל, וקרא אתי, דלא לשוויה גיסטרא, כלומר במקום שזב בלבד, דהיינו הסימנים, אבל לא ישבור המפרקת, שאילו שבר המפרקת קודם שתצא נפשה, מבליע דם באיברים ואסור, כדאמרי' פרק כל הבשר, השובר מפרקתה של בהמה קודם שתצא נפשה, מבליע דם באיברים, עכ"ל, **ובדק הבית** חולק עליו, וכתב שאין חשש זה אלא דוקא ע"י שבירה, ולא בחיתוך בשעת שחיטה, ובמשמרת הבית חיזק דבריו הרשב"א ודחה דברי ב"ה, יעויין שם ולא אכניס עצמי להכריע בזה ביניהם, **אבל** מאד תמהתי אם יצאו דברים אלו מפי מאור עינים הרשב"א, שהרי הוא עצמו גורס בפרק כ"ה, ומבליע דם באיברים ואסור לאכול חי, אבל ע"י מליחה מותר, וכמ"ש הט"ו סי' ס"ז, וכתב ב"י שכ"כ גם הרשב"א, וכך הם דבריו בתה"ה, ואי ס"ד דקרא אתי לזה, ה"ל כלא נשחט ויש איסור אפילו ע"י מליחה, על כן נראה שאין פירוש זה עיקר, ודברי ב"ה אמת הם עכ"פ כפי מה דקי"ל להלכה, כנלענ"ד].

לק"מ, דקרא אשמועינן דלכתחלה בכל ענין אסור, אפילו לאכול ממנו שלא באומצא, וכמו שכתב השבולי לקט ומביאו בית יוסף בסי' ע"ו, ופסקו מהרש"ל, אבל על ידי מליחה מותר בדיעבד, **אי** נמי אשמועינן דבקדשים אפילו דיעבד אסור, וכדמשמע ל' הרשב"א שם, שכתב וזה לשונו, אבל לא המפרקת, כדי שלא יבלע דם באיברים, ובשחיטת קדשים לדם הוא צריך להזיות ולזריקות, עד כאן לשונו, וא"כ נהי דבחולין מהני מליחה אח"כ, היינו להוציא מידי דמו, אבל בקדשים מה יועיל מליחה אח"כ, ותירוץ זה נראה נכון יותר - נקה"כ.

סעיף ו - כשאדם שוחט עוף, ואוחז בסימנים בשתי אצבעותיו, צריך שיאחוז אותם יפה, שאם אינו אוחז אותן בטוב, פעמים שיהיו נשמטין לכאן ולכאן, ולא יכול לשחטן ע"י הולכה, ויבא לידי דרסה.

הלכות שחיטה
סימן כד – דיני דרסה וחלדה והגרמה ועיקור

הגה: וכן לא יניח האצבע על הסכין, אלא יחזיק אותו בקתא, כדי שלא יבא לידי דרסה, (דעת עצמו מקבלת השוחטים ומהרש"ל) - ‹פעם אחת שחט אחד כמה עופות לנישואין בהנחת אצבע, והתירו חכמי ווילנא בדיעבד, מחמת הפסד מרובה ולצורך מצוה - בה"ט›.

‹**עוד** כתב, דאין לשחוט עוף אפי' עוף גדול בסכין ששוחט בו בהמות, כי בקל יבוא לידי דרסה. **וכתב** כנה"ג להזהיר לשוחטים שלא ישחטו מיושב, שהישיבה מביאה לידי דרסה. **ופר"ח** כ', דבדיעבד כל שידוע לו שלא דרס, מותר - בה"ט›.

‹**ועיין** תבואות שור, בהפסד מרובה התיר בהניח אצבעו על הסכין. **ונ"ל** ה"ה בישיבה, אין להחמיר דיעבד בהפס"מ, **ואף** בלא הפסד מרובה יש לצדד אם יודע שלא דרס - פמ"ג›.

ואפילו לא עשה דרסה אלא במשהו מן הוושט, פסולה. הגה: והמנהג להטריף כל דרסה, בין במיעוט קמא בין במיעוט בתרא, בין בקנה בין בוושט - ‹דבמיעוט בתרא קי"ל כרש"י, ובמיעוט קמא דקנה נמי משום דלא בקיאין בבדיקה, וחיישינן לוושט - גר"א›. ‹**כתוב** בשחיטות אשכנזיות, אפי' למ"ד דשהייה כשרה במיעוט קמא דקנה, אפ"ה דרסה אסורה, לפי שנעשה הפיסול בשעת שחיטה ובמעשה שחיטה, אבל שהייה כיון ששהה אזיל ליה מעשה קמא, והוי כמו מצא חצי קנה פגום - ב"י›. ‹**ונ"מ** היכא דתפס הקנה לבדו בידו בשעת שחיטה, ודרס במיעוט קמא דידי', דאף דבשאר מדינות מקילין בשהיי' בכה"ג, מ"מ לענין דרסה חמיר בכל מקום ודינו כבמיעוט בתרא, כיון דבשחיטה א' נעשה - דרכי תשובה›.

סעיף ז - חלדה כיצד - [הוא לשון הטמנה, ע"כ נקראת חולדה בלשון זה, לפי שמטמנת עצמה בארץ, כן הוא בגמ' פ"ק דחולין], **כגון שהכניס הסכין בין סימן לסימן, בין ששחט התחתון כהלכתו מלמעלה למטה, וחזר והוציאו ושחט העליון, בין ששחט העליון ממטה למעלה שלא כהלכתו, פסולה** - וכ"ש אם הכניס הסכין תחת שני הסימנים, ושוחטן ממטה למעלה, או שחט התחתון ממטה למעלה, והעליון כהלכתו, דהוי חלדה.

סעיף ח - החליד את הסכין תחת העור, או תחת צמר מסובך בצואר הבהמה, או תחת מטלית הקשור בצוארה, או שהמטלית מדובק בו בשעוה, ושחט, שחיטתו פסולה - כל זה ספק פסולה, דבעיות ולא איפשטא נינהו.

אבל אם המטלית פרוש על צוארה ושחט, שחיטתו כשרה. ויש מי שפוסל גם בזה, ולכתחלה יש לחוש לדבריו - [הוא דעת הרמב"ם בטור, וק"ל מתלמוד ערוך שאינו כן, דהא בפרק בהמה המקשה בעי רב, הושיט ידו למעי בהמה ושחט בה בן ט' חי מהו כו', ואמאי לא אסרינן לה מטעם חלדה, דהא אין הסכין מגולה, אלא ע"כ דאין חלדה אלא במה שהוא קשור בצוארה, ובעל הלבוש שגג בזה בסימן י"ד כמ"ש שם]. **לק"מ**, דהתם לא שייך חלדה, כיון שעדיין לא יצא לאויר העולם, ‹**יראה** לפרש שנתכוין למ"ש הכנה"ג כאן בהגהות ב"י, דביצא לאויר העולם כיון שאפשר לשחוט בלי כיסוי, אסרה תורה, משא"כ במעי אמו, א"א בענין אחר, יעו"ש - פמ"ג, **אי** נמי אפשר דהך סוגיא מבעיא אם תמצא לומר תחת מטלית כשר, **אי** נמי שאני התם, דהרחם הוא כמו בית שלה - נקה"כ›.

הגה: וכן יש ליזהר בכבשים שיש להם צמר מסובך בצואריהם, לתלוש הצמר המסובך, שלא יבא לידי חלדה (מרדכי) - ובמרדכי סיים שגם בעופות יש למרוט הנוצות מהן, וכ"כ בעט"ז, **והר"ב** סמך אמ"ש בס"ס כ"ג, לכתחלה אין למרוט אם יוכל לשחוט בלא זה, וממילא נשמע כל שאינו יוכל לשחוט בלא זה, ימרוט.

‹**עבה"ט**, ומ"ש ‹אבל למרוט נוצות מחיים מכנפיה לצורך כתיבה, אסור› משום צעב"ח, אישתמיטתיה דברי הרמ"א באה"ע סוף סי' ה' בשם מהרא"י, שכתב כל דבר הצריך לרפואה או לשאר דברים, לית ביה משום צעב"ח, **ומ"מ** העולם נמנעים דהוי אכזריות, ע"ש›.

סעיף ט - צריך ליזהר, כשאדם שוחט וחס על העור שלא יעשה בו קרע גדול, ושוחט בראש הסכין ומתכסה מהעור; אמנם אם שוחט באמצע הסכין, אין לחוש אם ראשו מתכסה בעור, כיון שהסכין במקום ששוחט בו כנגד הסימנים אינו מכוסה; ויש מי שמחמיר גם בזה, ויש לחוש לדבריו לכתחלה - כלומר בזה

שבמקום ששוחט הוא מגולה, אבל בדין הראשון כששוחט בראש הסכין והסכין במקום ששוחט מתכסה מהעור, משמע דעת המחבר דאפילו בדיעבד פסול, וכן משמע בב"י, **והעט"ז** כתב, צריך ליזהר שלא יכניס הסכין בשעת שחיטה תחת העור בשום מקום, בין כנגד הסימנים, בין כנגד הסכין שלא כנגד הסימנים, עכ"ל, **ולא** ביאר יפה, דברישא בדיעבד פסול.

[מו"ח ז"ל חולק על פסק זה, מטעם דהתוס' כתבו, שכשמתכסה ראשו של סכין הוה חלדה, ע"כ יש לאסור אפילו דיעבד, ע"כ, **ואין מזה תפיסה כלל, דהתם קאי שהוא שוחט גם הסימנים בראש הסכין, דהתם קאי במולק בסכין, וצריך שיהיה נזהר שלא יחתוך המפרקת עם רוב בשר שעליה, וכמו שהעתקתי סי' כ' ס"ג, ע"כ צריך לנעוץ ראש הסכין תחת הבשר שעל המפרקת, בענין שיהיה קיים, ולמטה ממנו חותך בראש הסכין המפרקת עם הסימנים, נמצא שבמקום השחיטה הסכין מכוסה, אבל מדין זה לא מיירי שם כלל**].

סעיף י - אם לאחר ששחט רוב הסימנים, החליד הסכין תחת מיעוט הנשאר משניהם או מאחד מהם, ופסקו, מותר. ויש מי שאוסר גם בזה - «החליד במיעוט הסימנים, מיבעיא ולא איפשטא ולחומרא, ופירש רש"י, לאחר ששחט רוב הסימנים בהכשר, החליד תחת מיעוט הנשאר משניהם או מאחד מהם, מי אמרינן הא אישתחיט רוב הסימנים שפיר, או דילמא כולה חדא שחיטה היא, ואית בה חלדה – ב"י». **וראוי לחוש לדבריו לכתחלה. הגה: והמנהג להטריף כל חלדה, בין במיעוט קמא בין במיעוט בתרא, בין בקנה בין בוושט (שחיטת מהרי"ו)** - והיינו מטעמא דאין אנו בקיאין בבדיקת הוושט, וחיישינן שמא «בשעת שחיטת הקנה» נגע בוושט, וכדלעיל סי' כ"ג.

סעיף יא - כל הדינים שבסעיף זה, הם פירושים דהאבעיא החליד במעוט סימנים מהו, ולא איפשטא וקי"ל לחומרא, והוי ספק נבילה. **אם החליד הסכין תחת מיעוט הראשון ושחטו ממטה למעלה, ואח"כ גמר השחיטה כדרכה** - «ומפרש ר"ת... א"נ מיבעיא ליה בתחב הסכין תחת מיעוט קמא ופסקו מלמטה למעלה, אח"כ שחט הרוב – תוס' חולין ל:».

כתב הב"ח צריך לפרש לפ"ז, שקודם שהחליד חתך העור, והחליד אח"כ תחת מיעוט הראשון של הסי', דאל"כ ה"ל תחת העור, ובלא"ה פסולה, עכ"ל, **ולא** ירדתי לסוף דעתו... אה"נ דלהוי תחת העור, ומבעיא אי הוי חלדה אף במעוט סימנים, או נימא כיון שגמר השחיטה שלא בחלדה, כשר.

וכן אם שחט רוב סימן אחד בבהמה, והחליד הסכין תחת מיעוט הנשאר ושחט סימן השני - «וה"ר אושעיא מפרש החליד במיעוט הסימנים, היינו שאחר ששחט רוב סימן אחד בבהמה, החליד הסכין תחת אותו מיעוט הנשאר, ושחט סימן השני, **אף** אם תמצי לומר תחת העור וצמר מסובך ומטלית לא הויא חלדה, היינו משום דלא חשיבי כבהמה, או דילמא אף אם תמצי לומר דתחב הוי חלדה, הכא שאני כיון שנשחט הרוב, המיעוט הנשאר כחתוך דמי, **ולא** שייכא בעיא זו לפירוש ה"ר אושעיא אלא בבהמה, דאילו בעוף כיון שנשחט רוב סימן אחד, הוכשר, ותו לא פסיל ביה חלדה – בית יוסף, וכן הוא בש"ך».

וכן אם שחט מיעוט הראשון בחלדה – [פי' תחת העור, ושחט מיעוט קמא מלמעלה למטה, ואח"כ שחט השאר שלא בחלדה, וזהו שמוסיף על חלוקה ראשונה, ששם גרע טפי, ששחט מיעוט קמא מלמטה למעלה], **וגמר השחיטה שלא בחלדה, הרי זו פסולה** – «לשון הרמב"ם, נראה מדבריו שהוא מפרש בעיא זו, שחט מיעוט הסימנים בחלדה, וגמר שחיטתו שלא בהחלדה, מהו, מי אמרינן שיעור הכשר שחיטה, דהיינו רוב סימנים, בעינן בהחלדה, או דילמא אפילו מיעוט בהחלדה פסל, תיקו ולחומרא – ב"י».

שחט מיעוט הראשון בחלדה - אושט קאי, דאילו אקנה לא נאסר משום חלדה במעוט קמא, מידי דהוה אחצי קנה פגום, וכדאיתא בש"ס ופוסקי', וכ"כ הדרישה.

והב"ח כתב וז"ל, ומצאתי למהרש"ל שכתב וז"ל, ולפי מ"ש הטור דיש אוסרים הגרים שליש ושחט ב' שלישים, מכ"ש שיש לאסור שהה או החליד במעוט קמא אפילו בקנה, ולא אמרינן דמ"ש מחצי קנה פגום, דא"כ הגרים שליש ושחט ב' שלישים כ"ש דנימא הכי, **אדרבה** אמינא אפילו מאן דפליג אהגרים שליש ושחט ב' שלישים, וסבר דכשר משום שאינו מקום שחיטה, אבל בשהה או החליד מודה, **גם** מסתבר לומר הכי,

דמ"ש מעוט בתרא שכבר הכל שחט כראוי, ואפ"ה אסרינן מאחר דנעשה כעין פסול בענין שחיטה, כ"ש במעוט קמא, עכ"ל, **ודברים** ברורים הם, ודלא כמ"ש מהרו"ך, דבמעוט קמא של קנה לא נאסר משום חלדה, ושרי ליה מאריה, עכ"ל הב"ח.

ובאמת מצאתי כן בתוך הגהות מהרש"ל לטור, אבל תמה אני אם כתבו, דמי איכא למ"ד שהייה במעוט קמא דקנה פסול, הא ש"ס ערוכה פ' השוחט נשחט חצי גרגרת ושהה כדי שחיטה וגמר שחיטתו, כשרה, וכן כתב הרמב"ם, והוא פשוט ומוסכם מכל הפוסקים, כמו שנתבאר לעיל סי' כ"ג, **ואפילו** היש אוסרים בהגרים שליש ושחט ב' שלישים, והוא הרשב"א, מתיר להדיא בשהה במעוט קמא דקנה, וטעמא, דדוקא בהגרמה פסול, כיון דבעידנא דנפקא חיותא, ר"ל בשעה ששוחט שליש האמצעי נשחט הרוב, ליכא רובא במקום שחיטה, משא"כ בשהה והחליד דכשר לכ"ע.

וע"כ צ"ל דמה שנמצא ע"ש מהרש"ל, היינו לדידן דמחמרינן בהגרמה במיעוט קמא, וה"ה בכל הלכות שחיטה, והיינו מטעמא דאין אנו בקיאין בבדיקת הוושט, וחיישינן שמא נגע בוושט, וכדלעיל סי' כ"ג, **אבל** ודאי מדינא, ולדעת הפוסקים והרמב"ם מכללם, כשר בין שהייה בין חלדה במיעוט קמא דקנה, וכמ"ש הדרישה.

‹**בתשו'** הר"י מיגש ס"ל, דמדינא אסור שהייה במיעוט קמא דקנה, וצ"ע – רעק"א›.

סעיף יב - הגרמה כיצד, זה השוחט בקנה למעלה במקום שאינו ראוי לשחיטה, או שהתחיל לשחוט במקום שחיטה, ושחט מעט והטה הסכין חוץ למקום שחיטה למעלה וגמרה שם; אבל שחט רוב חלל הקנה במקום שחיטה - אבל ברוב הטבעות לא סגי, לפי שאינן מקיפות את כל הקנה, ואע"פ ששחט רובה, עדיין לא שחט רוב הקנה, חוץ מטבעת העליונה שהיא מקפת את כל הקנה, **והטה הסכין חוץ למקום שחיטה למעלה, וגמר שם חתיכת כל הקנה, כשרה.**

וה"ה אם שחט רוב שנים בבהמה במקום שחיטה, והשלים השחיטה בהגרמה או בדרסה, כשרה; ויש מי שפוסל בדרסה, ויש לחוש לדבריו לכתחלה - אבל בהגרמה מכשיר, דכיון דהגרמה לאו מקום שחיטה הוא, הוי כאלו הוליך בידה או ברגלה לאחר שחיטה, תוס' והרא"ש ושאר פוסקים.

הגה: והמנהג להטריף בין בדרסה בין בהגרמה, בין במיעוט קמא בין במיעוט בתרא, בין בקנה בין בוושט.

סעיף יג - הגרים בקנה בתחלת שליש, ושחט ב' שלישים, כשרה - הטעם, דהא יש כאן רוב בשחיטה, **שחט שליש והגרים שליש, וחזר ושחט שליש האחרון, כשרה** - מה"ט, **הגרים שליש ושחט שליש, וחזר והגרים שליש האחרון, הרי זו פסולה** - דהא יש כאן רוב בהגרמה.

‹**והטעם** שמקל בהגרמה יותר מבשארי דברים, מפני שבהגרמה אינו מקום שחיטה כלל, והוי כחותך ביד או ברגל, ולא בעינן רק שרוב סימנים יהיו במקום שחיטה, והמיעוט שהיה שלא במקום שחיטה אינו כלום, בין מיעוט קמא בין מיעוט אמצעי, ואינו פוסל רק כששני שליש היתה בהגרמה ושליש במקום שחטה, דאינו נשחט רוב הסימן במקום השחיטה, **אבל** בדרסה והחלדה שהפסול נעשה במקום השחיטה, פוסל במיעוט קמא ובאמצעי, ואינו כשר רק במיעוט האחרון, שכבר נגמרה הכשר שחיטה – ערוה"ש›.

ואם דרס או החליד, בין בשליש ראשון בין בשליש אמצעי, הרי זו פסולה - דע שכל הסעיף הוא לשון הרמב"ם, ונתחבטו בפירושו הריב"ש והכסף משנה, לפי שהוקשה להם מ"ש דהחליד בשליש הראשון היא פסולה ודאי, ולפני זה כתב, דשחט מיעוט סימנים בחלדה וגמר שלא בחלדה, ה"ז ספק נבלה, **ועוד** מה ענין אם דרס או החליד בשליש ראשון או אמצעי לכתבו כאן אצל דיני הגרמה, **ועוד** הקשה הריב"ש, דע"כ בקנה מיירי מדמפליג בין דרס או החליד להגרים, וא"כ מ"ש מחצי קנה פגום, והאריך בישובו והעלה בסוף דבריו שדברי הרמב"ם אינם נכונים, וקשה להולמם, **ובכ"מ** הביא תשו' הר"י ן' שושאן שהאריך עליו במליצותיו, ודחה לכל דברי הריב"ש, ונתכוין לדבר אחד עם מ"ש הכ"מ וז"ל, וי"ל שמ"ש הרמב"ם שאם דרס או החליד בשליש ראשון פסולה, כך פי', אם דרס או החליד

[ט"ז] ‹רעק"א או ש"א או הוספת הסבר› (פת"ש)

שליש ראשון, ושחט יפה שליש שני, ודרס או החליד שליש שלישי, וכן אם שחט שליש ראשון, ודרס או החליד שליש אמצעי, ושחט יפה שליש האחרון, ה"ז פסולה נבלה ודאית, **שלא** יעלה על דעתנו לומר, כשם שבהגרמה שחט שליש והגרים שליש ושחט שליש כשרה, כך הדין בדרסה וחלדה, לזה אמר דל"ש החליד שליש ושחט שליש והחליד שליש, דבכה"ג אפילו בהגרמה פסולה, ל"ש שחט שליש והחליד שליש ושחט שליש, הכל פסול בדרסה וחלדה, **וכן** הדין נותן, מפני שהגרמה אינו במקום שחיטה, ולכן כששחט שליש ראשון ואחרון במקום שחיטה, הרי שחט ב' שלישים במקום שחיטה, ומה לנו באמצעי שהגרים, כיון ששחט ב' שלישים במקומה, **אבל** חלדה ודרסה שהם במקום שחיטה, באמצע ג"כ פוסלת, **אבל** בשחט מיעוט סימנים בחלדה, וגמר בכשרות, מספקא לן, ולכן פסק ה"ז ספק נבלה, עכ"ל, **ולכך** העתיק כאן המחבר לשון הרמב"ם, "בין בשליש ראשון בין בשליש אמצעי", בלא ה', **וכל** דבריהם *דחוקים מאד, ואינם נראין כלל כידוע למבין.

ומה אעשה שלפע"ד דברי הרמב"ם פשוטים, דלכך דקדק בצחות לשונו, "ואם דרס או החליד בין בשליש הראשון בין בשליש האמצעי", בה', וקאי אמ"ש הגרים שליש ושחט ב' שלישים, או שחט שליש והגרים שליש ושחט שליש, דכשרה, **עלה** קאי ואמר דלא תימא כיון דבהגרים שליש א' כשר, א"כ ה"ה כשדרס או החליד שליש הראשון או האמצעי יהא כשר, דכיון שהגרמה לאו במקום שחיטה היא, לא נחשוב אותה כלל, וא"כ יחשב כאלו דרס או החליד במיעוט קמא, קמ"ל דליתא, **ולז"א** "ואם דרס או החליד בין בשליש הראשון", כלומר שלא שחט שליש והגרים שליש ושחט שליש, אלא דרס או החליד שליש, והגרים שליש, ושחט שליש, "או בשליש האמצעי", כלומר שלא הגרים שליש, ושחט שני שלישים, אלא הגרים שליש, ודרס או החליד שליש, ושחט שליש, שחיטתו פסולה, והיינו כדקאמר בש"ס, דבעינן רובא בשחיטה דוקא, **והשתא** מיירי הרמב"ם שפיר בקנה, ולכך הוי ודאי פסולה, וזה ברור בעיני.

*ר"ל דלפי דבריהם הרמב"ם מיירי בושט, דבקנה אם החליד שליש ראשון וגמר בכשרות, כשר, מידי דהוה אחצי קנה פגום, כמ"ש הגאמ"ו זקני ז"ל ס"ק ו', וא"כ היכא דהחליד שליש ראשון, ושחט שליש שני, והחליד שליש אחרון, נמי כשר, דלהרמב"ם לא שייך שום פסול במיעוט בתרא, וא"כ למה כתב שהיא פסולה, **אלא** ע"כ מיירי בושט, והגרמה לא קאי אלא בקנה, דבושט הוי הגרמה במשהו, **וא"כ** למה סתם הרמב"ם וכו' היכא דהחליד שליש, משמע דקאי על מאי דאמר לעיל, היכא ששייך הגרמה וכו', וזהו ליתא, דהגרמה מיירי בקנה, והכא מיירי בושט, **ולפי'** הגאמ"ו ז"ל ניחא, דקאי הכל אקנה, עכ"ה - נקה"כ.

סעיף יד - כל אלו החלוקים כשהוא ודאי שלא נגע בוושט, אלא בקנה לצד מעלה; אבל בוושט, אפילו שחט בו כל שהוא חוץ למקום שחיטה, בין לצד מעלה בין לצד מטה; וכן בקנה לצד מטה - דנקיבתו במשהו, כדלקמן ס"ס ל"ד, **קודם גמר הכשר שחיטה, אעפ"י שגמר כל השאר במקום שחיטה, הרי זו פסולה, מפני שנקיבת מקומות הללו במשהו** - משמע ודאי פסולה, ואע"ג דהחליד במיעוט קמא דושט הוי ספק נבלה, כדלעיל ס"ק י"א, התם ה"ט כמ"ש הריב"ש שם, דכיון דבדרך שחיטה הוא, י"ל דלאו נקב הוא, דהכי אגמריה רחמנא למשה לא תשחוט רובא בהחלדה, אבל מיעוטא שרי, אבל הגרמה כיון שאינו במקום שחיטה, הוי נקב.

והמנהג להטריף מכל מקום ואין לשנות - ויתר דיני הגרמה נתבארו בסי' כ' ע"ש.

סעיף טו - עיקור כיצד, כגון שנעקר הקנה או הוושט מהלחי ומהבשר - אבל אם נתלש הבשר עם הסימנים, אפילו נעקרו כולן, ס"ל דכשרה. [אבל בטור משמע דטריפה כל שנשמט מהלחי], **ונשמט אחד מהם או שניהם קודם גמר שחיטה** – [בטור כתוב: שנעקר הסימן או נשמט כו', וצ"ל פירושו דנעקר, היינו בכח אדם, ונשמט היינו מעצמה של בהמה ע"י נדנודה].

אבל אם שחט אחד בעוף או רובו, ואח"כ נשמט השני, שחיטתו כשרה; נשמט אחד מהם ואחר כך שחט את השני, שחיטתו פסולה - דאע"ג דעוף הכשרו בסימן אחד, מ"מ בעינן שיהא שניהם ראויים לשחיטה, הרשב"א.

הלכות שחיטה
סימן כד – דיני דרסה וחלדה והגרמה ועיקור

הגה: ואנו נוהגין להטריף כל עיקור, בין במיעוט קמא בין במיעוט בתרא, בין בקנה בין בוושט (ע"פ מהרי"ו) - ‹תרתי קשיא להש"ד, חדא, עיקור במיעוט קמא היכי משכחת ליה, דאם נעקרו במיעוט קמא, הרי שוחט כל השחיטה בסימנים עקורים, ובשלמא מיעוט בתרא משכחת שפיר, **וכי** תימא דהר"ב אעיקור דסכין פגומה קאי, הא לא הזכיר המחבר זה כאן כי אם בסימן ח"י, שהגיה הר"ב עליו זה, **ועוד**, מהו הלשון "כל עיקור", לכן פי'... – פמ"ג, **פי'** במה שמשמע דס"ל להמחבר דאפילו עיקור בשעת שחיטה אינו פסול אלא בנעקר קודם גמר שחיטה, רובו, בזה אנו נוהגין להטריף כל עיקור אפילו כל שהוא - ר"ל מכח המנהג אבל מדינא כשר, דלא כהב"ח, ‹ודלא כט"ז שהתיר בסעיף שאח"ז, אפילו בשעת שחיטה אם נעקר כל שהוא – פמ"ג› - בין ששחט מיעוט קמא ונעקר אפילו כל שהוא בשעת השחיטה, בין במיעוט בתרא, בין בקנה בין בוושט, דכיון דאירע פסול בשחיטה, נהגינן להטריף הכל, משום חששא דשמא ניקב הוושט, כדלעיל ס"ס כ"ג וסי' ל"ד גבי פסוקת הגרגרת וכמה דוכתי, (**ועיין** בתשובת גבעת שאול שכתב, דלפ"ז היכא דתפס הקנה בידו, ויודע בודאי שלא נגע בושט, שחיטתו כשירה, **אך** דברי הש"ך תמוהים כו', ע"ש שהעלה, דאפי' תפס הקנה בידו נמי פסולה, עיין פמ"ג).

אבל אם נשמט קודם שחיטה, מוקמינן ליה אדינא, דלהמחבר דוקא כשנעקרו כולן מן הבשר שבלחי, או רובן ומעוטן נשאר מדולדל, אז דוקא הוי עיקור.

ודוקא לאחר שנשחט, אבל בחייו כשר, אלא שאין שחיטה מועלת בו - שמחמת העיקור מתנדנדין הסימנים וא"א שתשחט בהכשר, ר"ן בשם רמב"ן, **וכ"מ לענין חלבו או ביצים שלו שהם כשרות** - קאי אהיכא דאפילו מדינא הבהמה אסורה, אפ"ה חלבה כשר.

ומשמע מדברי הר"ב, דאפילו בנדלדלו רובן בחייו, כשר לענין חלבו או ביצים שלו, וכ"פ הרשב"א בת"ה ומביאו ב"י, **מיהו** אע"ג שכן משמע גם כן מדברי הטור, אכן התוס' פ' א"ט ס"ל, דנדלדלו ברובן הוי טרפה ממש אפילו בחייה, וכן מוכח דעת הרי"ף והרמב"ם.

[**וא"ל** ממ"ש בגמרא פרק בהמה המקשה, בבעיא דחלב בן פקועה, או דילמא התם אית ליה תקנתא בשחיטה כו', כמו שהבאתי בסי' י"ד סעיף ח', הא כאן בעיקור לית ליה תקנתא על ידי שחיטה, ואפ"ה החלב מותר, דלא קאמר התם אלא שהאיסור של אבר מן החי הוא קל מאיסור יוצא, כיון ששייך תקנה בשום פעם לאותו איסור, משא"כ באיסור יוצא שאין לו תקנה כלל].

סעיף טז - הא דפסול בעיקור, היינו כשנעקר כולו, אבל אם נשתייר בו אפי' משהו, כשר, והוא שאותו שנשאר הוא במקום אחד; אבל אם מיעוט הנשאר הוא מדולדל, שהוא מעט כאן ומעט כאן, פסול, שניכר הדבר שנעקר בכח, ומה שנשאר מחובר חיבור מדולדל הוא, והוה ליה נעקר כולו ופסול - הטעם כתב הרשב"א, דכשהוא מתפרק במקומות רבים, הדבר ניכר שנתפרק בכח, ומה שנשאר מחובר חבור מדולדל הוא, אבל כשנתפרק במקום א', אותו המיעוט נשאר בחבורו בחוזק כשהיה, הלכך הוי חבור והדרא בריא.

והני מילי כשנעקר רובו, אבל אם לא נעקר אלא מיעוט, ורובו קיים, אע"פ שרוב זה הנשאר הוא מדולדל מעט כאן ומעט כאן, כשר.

[משמע בהדיא, שאפי' בשעת שחיטה לא אסרינן בעיקור של שמוטת הסימן אלא בנעקר כולו, דהא בסעיף שקודם זה כתב, שנעשה קודם גמר שחיטה, ממילא נעשה העיקור בשעת התחלת השחיטה, וע"ז קאמר בסעיף זה, דכשר אם נשאר כל שהוא, ואין שום חילוק בין תוך השחיטה או קודם השחיטה, ואין נמצא בשום פוסק שיחלק בזה, ואין בו שום סברא לחלק, דכיון שכל שלא נעקר הרוב אין כאן טריפות, ולמה נאסור מכח שאירע כן בשעת שחיטה, ‹ודלא כהש"ך בסעיף הקודם, דמטריף בכל שהוא בשעת שחיטה מכח המנהג. **והט"ז** יפרש שמה שכתב הר"ב "כל עיקור במיעוט קמא", קאי אסכין פגומה – פמ"ג›, **וכתבתי** זאת לפי שמו"ח ז"ל כתב, שנ"ל אם נעשה העיקור בשעת שחיטה, אוסר אפילו בכל שהוא שנעקר, ולא בעינן כולו או רובו אלא בנעשה קודם שחיטה, וכתב כן מצאתי וכן משמעות סמ"ק ומהרי"ו, שלא הזכירו שיעור בעיקור זה, **ולא** ידענא שום מקום לחומרא זאת, כי כל הראשונים והאחרונים שלא כתבו שיעור, כתבו בלשון זה "שנעקרו הסימנים", ומשמעות זה כל הסימנים, רק שבהג"ה שחיטות של מהרי"ו כתב שם כן, דבשעת

[ט"ז] ‹רעק"א או ש"א או הוספת הסבר› (פת"ש)

שחיטה אוסר אפילו במיעוט, ואולי ע"ז רמז מו"ח ז"ל במ"ש כן מצאתי, **אבל** עיקרא דמילתא היא שאפילו בשעת השחיטה אין עיקור אוסר אלא בכולו, ובעל הג"ה דשחיטות לא כתב יפה בזה, וכ"כ בס' זבחי ריב].

הקשה על הב"ח והגהות מהרי"ו, דפסלי עיקור כל שהוא בשעת שחיטה, מהתוס' ופוסקים, ואין דבריו נראין, דפשיטא דאנן קי"ל להטריף עיקור כל שהוא שבשעת שחיטה, וכמ"ש הרב רמ"א בהג"ה, והכי הוי סוגיא דעלמא, והוא פשוט בפי כל השוחטים, **ואין** מדברי התוס' ופוסקים ראיה, דאינהו מיירי לדינא וכמ"ש בש"ך ס"ק כ"ג, אבל אנן דנהגינן להטריף כל ה' הל' שחיטה בכל שהוא, פשיטא דה"ה עיקור, וכן כ' מהרי"ו, ועיקור פסול בין במיעוט קמא ובין במיעוט בתרא, בין בקנה בין בוושט, עד כאן לשונו, וכן הוא בשאר אחרונים - נקה"כ.

סעיף יז - שחט א' מהסימנים - בעוף מיירי וקי"ל, **ונמצא השני שמוט, ואין ידוע אם קודם שחיטה נשמט או אחר שחיטה, הרי זו פסולה** - פי' ספק נבלה ופשוט הוא. ‹ולא מהניא בדיקה – טור›.

[וסיים מהרי"ק, וא"ל אם איתא דהוה שמוטה מקמי הכי, הוי חזי ליה או מרגיש בו, כי מי יוכל להבחין בזה, הלא הוא כעצמים בבטן המלאה, עכ"ל].

הגה: ואפילו זרק העוף מידו, ולא אמרינן דמחמת זריקה או פרכוס נשמט, מיהו השוחט נאמן לומר שלא היה שמוט בשעת שחיטה – [לכאורה זה סותר מ"ש בסמוך בשם מהרי"ק, שא"א בזה לידע בשעת שחיטה, **דכאן** מיירי שבמקום השחיטה נראה אח"כ שינוי ממה שהיה בשעת שחיטה, דהיינו שבמקום השחיטה נראה העקירה, כי המקום הנעקר נתהפך ובא לשם, ובזה נאמן לומר שלא היה בשעת השחיטה כן, ואנו מוכרחים לומר שנעשה אח"כ כן ע"י פרכוס, משא"כ לעיל שלא נראה כלום מן העקירה במקום השחיטה, אלא למעלה במקום חבורן בלחי, והוא מכוסה עדיין בעור, ודאי לא יכול להבחין בזה].

סעיף יח - נמצא הסימן השחוט שמוט, אם כששחט תפש הסימנים בידו, או עור בית השחיטה מאחריו, ונדחק הסימן תחת העור, הרי זו פסולה - דכיון דתפס בסימנים, אפשר לשמוטה שתשחט, ואפשר שנשמט קודם שחיטה, והוי ספק נבלה, **ואם לאו, מותר ע"י בדיקה, שיביא בהמה וישחוט הסימן ואחר כך יעקרנו, אם דומות שתי השחיטות זו לזו, כשרה** - ‹שכשם שזו נשחטה קודם, כך הראשונה נשחטה קודם – טור›. **ואם השנית מאדמת יותר, פסולה הראשונה** - ‹שזהו סימן שהראשונה נשמטה קודם שחיטה – טור›.

וה"ה דמהני שיביא בהמה אחרת ויעקרנה וישחט, אם הראשונה מאדים יותר כשר, ואם לאו פסול.

והא דלא מהני הקפה באותו סימן עצמו, כדלקמן סי' ל"ד גבי פסוקת הגרגרת, דהכא כיון דשמוטה לאו טרפה היא, א"כ חשוב הסימן כחי, ואפילו נשמט קודם שחיטה, יאדים חתך של קודם שחיטה מחתך של אחר שחיטה, [ול"ד למ"ש לקמן סימן ל"ד, ששם האודם הראשון טריפה, ע"כ אין מכשול לפנינו].

ועכשיו אין אנו בקיאין בבדיקה זו, הלכך בכל גוונא אסור – [וכתב רש"ל האידנא אפילו בלא תפס אסור]. ‹ולא ידענא למה הביא דברי מהרש"ל, והא המחבר אומר בפי' כן – פמ"ג›.

סעיף יט - שחט העוף כדרכו בהכשר, ואחר גמר שחיטה מצא טבעת מהגרגרת שלם על הסכין, כשר – [זה דעת האגור, הטעם, שע"י גלגול הגרגרת נעשה כן], ‹כלומר ששחט בב' מקומות – ד"מ›.

הגה: ויש מטריפין בזה, וכן עיקר ואין לשנות – [וז"ל רש"ל, הלא כל ספק בשחיטה פסולה, ומי יעיד שע"י גלגול הגרגרת של אחר שחיטת רוב הסימנין הוא בא, שמא הוה בתחילת השחיטה או באמצע השחיטה, וכן מסתבר לומר שבדחיקת הסכין על הגרגרת בא, שקפץ חוליא אחת ממקומה, עכ"ל, וכן מסיק מו"ח ז"ל, ואפילו באין הטבעת שלם, ואין חילוק בין נמצא על הסכין בין נמצא על הארץ, דבכל ענין הוא ספק בשחיטה, דשמא בא לידי עיקור כל שהוא, עכ"ל, ולטעמיה אזיל דס"ל דעיקור שבשעת שחיטה אוסר אפילו בכל שהוא, אבל כבר נתברר דאין חילוק בזה, אלא בכ"מ בעינן כולו, כמ"ש בסעיף ט"ז, ולפ"ז אם נמצא מן הטבעת פחות מרובו על הסכין או על הארץ, פשיטא דכשר, שהרי אין כאן טריפות לגמרי אף אם נעשה ע"י דחיקת הסכין,

ונראה אפילו אם ספק לנו אם הוא הרוב או לא, ניזול לקולא מטעם ספק ספיקא, ספק שמא לא היה הרוב, את"ל שהוא הרוב, שמא נעשה ע"י גלגול הגרגרת].

[**ופעם** אחת בא לידי באחד ששחט אווז, ומצא אחר השחיטה על חוד הסכין טבעת אחת, דהיינו שהיתה חתוכה, ושני צדדי החיתוך על שני צדדי הסכין, **והכשרתי**, דבזה נראה ברור שלא ע"י דחיקת הסכין על הגרגרת נקפצה חוליא אחת ממקומה, שהרי נחתכה הטבעת, ואין לחוש שמא תחלה נדחפה ממקומה ואח"כ חתך בזה, דאין לחוש לדחיפה כלל אפי' לדעת המחמירים, אלא כשרואין שלא נחתך הטבעת, ויש להם קצת סברא שכח הסכין דחפו, ולא היה בו כח לחתכו, **אבל** כאן שאנו רואין שנחתך, למה לנו להחזיק איסורא שהיה תחלה דחוף, **תדע לך**, דא"כ כשנמצא בשחיטה שתי חתיכות בקנה, וטבעת אחת ביניהם, ואף שלא נתלשה משם, מ"מ נימא שאותה הטבעת נדחפה, ולא היו שם שתי חתיכות סמוכות, וכ"ת הא נמי טריפה, הא פשיטא דליתא, דהא כתב בסי' כ"א, שחט בב' וג' מקומות כשירה, דפשוט משמע אפילו אם הם סמוכים וטבעת אחת ביניהם, **אלא** ודאי דאין סברא להחזיק ריעותא אלא כשרואין שלא נחתך הטבעת, אלא בא כולו שלם, ע"ז אנו אומרים שמא נדחף בלא חתיכה]. ‹**עיין** בשו"ת שבות יעקב דהסכים לפסק הט"ז, ודלא כש"ך – בה"ט›.

[**ובספר** משאת בנימין ראיתי וז"ל, פעם אחת שחט השוחט אווזא, וכשבא לכסות את הדם מצא טבעת שלם על האפר, והכשרתי, **ואע"ג** דבספר שארית יוסף השיב לי על דברי, ובסוף דבריו נשאר בספק ולא הכריע, מ"מ כמה גדולים ושוחטים הסכימו עמי להכשיר, וכן נראה עיקר, שהרי האגור וב"י התירו בנמצא על הסכין, אלא שהרב רמ"א החמיר, וחידוש הוא והבו דלא לוסיף עלה, ואין לאסור רק בנמצא על הסכין, עכ"ל, **וכדאי** הם הב"י והאגור שמכשירים בכל גווני שנסמוך עליהם בהנהו מילי שזכרנו]. ‹**וכתב** בש"ך, ואף אם נמצא על הארץ ג"כ טריפה – בה"ט›.

‹**ועיין** בתשו' שבו"י, שהוא היה נוהג בנמצא על הארץ להכשיר בהפ"מ וכה"ג, **ואם** נחתך הטבעת באמצע והיא תלויה בקנה, או אפילו מונח או תלוי באמצע על הסכין או על הארץ, אין להחמיר, **וכתב** עוד שקבל משוחט מומחה, שאם תרצה ליזהר שלא יבא לידך ספק כזו בטבעת מגרגרת, שהוא מצוי באווזים, ישחט שחיטה כקולמוס בשיפוע, דאז בדוק ומנוסה שלא ימצא שום טבעת בשחיטתם, ע"ש›.

סעיף כ - השוחט תרנגול, צריך ליזהר שידחוק רגלו בקרקע – [וה"ה בכותל], **או יגביהנו שלא ינעוץ רגלו בקרקע, כדי שלא יעקור הסימנים.**

‹**עיין** בתשובת שבו"י, שנשאל בשוחט ששחט ודחק באצבעו על הקנה עד שנתמעך, ושמע חוזק שבירת הקנים שבגרגרת, אם יש חשש איסור, **וכתב** דודאי לא יפה עושין השוחטין שדוחקין כן על הסימנים באצבעותיהם, ויש לחוש שמא יקפוץ אחד מן הקנים, וע"י עוקץ הקנים ינקוב הושט, ויש למחות בידם, **מ"מ** בדיעבד לא מחזקינן איסורא, דפסיקת הקנה ברוחב ברובא, ובאורך אפילו לא נשתייר רק משהו למעלה כו', וכ"ש כשהעור שלם, דאין לחוש כשאין ריעותא אחרת לפנינו, ע"ש›.

§ סימן כה – שצריך לבדוק אחר השחיטה §

סעיף א - השוחט צריך שיבדוק בסימנים אחר שחיטה אם נשחטו רובן, או שיראה בשעת שחיטה שהם שחוטין רובן; ואם לא ראה שרובן שחוטין, אסור - והוי נבלה, דבהמה בחייה בחזקת איסור עומדת, ואינה ניתרת עד שיודע לך שנשחטה כראוי, ש"ס. (**ועיין** בתשו' בית שמואל, שכתב דכוונת הש"ך דהוי ספק נבלה, וא"כ לענין אותו ואת בנו אסור לשחוט בנו אחריו, דלקולא לא אמרינן דהוי נבלה).

‹**הנה** אם מותר לחלוב הבהמה זו ולשתות חלבה, יש לעיין ביה טובא – רעק"א›, ‹ע"ש אריכות גדולה›.

[**בטור** כתוב בזה, אם רואה אותן שחוטין לפניו, א"צ יותר, רבים מקשים מהי תיתי לבדוק יותר, **ונראה** דאשחיטת רובן קאמר, דיכול לסמוך על ראייתו שהוא רוב, **ובמהרי"ל** כתוב בשם רבו באמת להחמיר, שראוי ונכון להעביר ידו תוך חתך שחיטת בהמה, להרגיש עם המשמוש ששחט כראוי, דבראייה אין לבדוק יפה, דבית השחיטה מלא דם, עכ"ל].

הלכות שחיטה צז
סימן כה – שצריך לבדוק אחר השחיטה

הגה: ונהגו לבדוק בדרך זה, שתוקף אגודל על שיפוי כובע, ומתוך הדחק יפלטו הסימנים לחוץ, ואז יכול לראות אם נשחטו רובן, גם אם עביד שמוטה, כי אם לא יכנסו הסימנים לפנים לאחר שהסיר אצבעו, הוה שמוטה וטריפה. מיהו אין צריך לבדוק אחר שמוטה, דסמכינן ארובא כמו בשאר טריפות - ובספרי העליתי דלכתחלה יש לבדוק גם אחר שמוטה, כדעת בה"ג, אלא דבדיעבד אם לא בדק מותר, ודמי לריאה דשכיחא בה טרפות, דצריך לבדקה לכתחלה, ובדיעבד אם נאבדה בלא בדיקה כשר, כדלקמן סי' ל"ט, וה"נ שכיח הוא לעשות שמוטה בשעת שחיטה, כדמשמע ממאי דאיתא בש"ס ופוסקים גבי השוחט תרנגול בס"ס שלפני זה, וכ"כ הרא"ה בס' החנוך מצוה ת"מ בהדיא ע"ש.

מיהו כיון דבהמה בחייה לאו בחזקת שנעקרו סימנים קיימא, ל"ד לאם לא ראה שנשחטו רובן, דהתם בהמה בחייה בחזקת שאינה זבוחה קיימא, משא"כ הכא, וכשר בדיעבד, וכמ"ש הפוסקים, (**עיין** בדגמ"ר שכתב, דדוקא באין שום ריעותא לפנינו, אבל אם יש איזה ריעותא לפנינו, אין תולין להקל, ומטעם זה מחמירין בספיקא, ומקרי ספק בשחיטה, ע"ש).

וכתבתי שגם הר"ן לא חלק אבה"ג, אלא במה שאסר אף דיעבד אם לא בדק אחר שמוטה, וגם דעת הר' יונה והאבי העזרי כדעת בה"ג הובאו בתשובת הרא"ש, **וכמה** פעמים מצינו שהתוס' וכל הפוסקים חששו לדברי בה"ג אפילו היכא דלא מסתברא טעמיה, אפילו להקל, מפני שכל דבריו דברי קבלה, וכל שכן כאן שהוא מחמיר ומסתבר טעמיה, וכ"ש שגדולי פוסקים הנ"ל מסכימים לדעתו, **ואף** שאסר אף דיעבד, היינו משום דאזיל לטעמיה דס"ל לקמן סימן ל"ט, גם בריאה בדיעבד אסור, אבל אנן דקי"ל בריאה דלכתחלה צריך בדיקה ובדיעבד כשר, ה"נ דינא הכי, וכן משמע בהגהת שחיטות ישנים שהביא בד"מ, דצריך לבדוק אחר שמוטה, וכן הוא בשחיטות האחרונים.

ויש מי שאומר שצריך לראות שהם שחוטין במקום שחיטה בלא הגרמה – [דבעיקור א"צ לבדוק אחריו, דסמכינן על רוב שאין בהם עיקור, כ"כ הרא"ש, **ונראה הא** דהוצרך לבדוק אחר הגרמה, דשכיח הוא בשוחט סמוך לראש, שיגרים חוץ למקום הכשר]. ‹**והיינו** בשוחט סמוך לראש, ולא באמצע הצוואר, דרחוק הוא שיגרים כן – פמ"ג›.

הג"ה זו צ"ל קודם "ויש מי שאומר", **הגה: ויש לבדוק אחר זה קודם שיזרוק העוף מידו, (מהרי"ק בשם שחיטות אשכנזים)** – [נראה הטעם, דשמא אח"כ ישכח מלבדוק, וכמ"ש ריש סימן י"א בשוחט בלילה].

‹**ויש** מי שאומר שהש"ך לכאורה יראה דפליג אט"ז, דלפי הט"ז אין חילוק בין רובא להגרמה, דה"ה אחר הגרמה צריך לבדוק קודם שיזרוק מידו, שמא ישכח, וא"כ בכיון עשה רמ"א כן דכתב הג"ה זו כאן, לומר דקאי נמי אהגרמה, **אלא** סובר הש"ך דהטעם דלכתחלה חיישינן שמא יתרחב, דלא שייך זה בהגרמה אלא ברוב, **ויש** בזה קולא וחומרא לפי' הט"ז, שמא ישכח מלבדוק הוה חומרא אף בבהמה דלא שייך פרכוס, צריך לבדוק מיד, וה"ה הגרמה, ובעוף אם שחט הוושט ג"כ הדין כן, **ואלו** לטעם הש"ך, בבהמה א"צ, ועוף דנקיט רמ"א הוא בדקדוק, ואם שחט הוושט בעוף א"צ לבדוק מקודם, דדווקא קנה יש חשש שמא יתרחב, כמ"ש הש"ך בשם אביו הגאון ז"ל, **ויש** ג"כ חומרא לש"ך, אם אמר לאחר שיזכיר לו הבדיקה, דלא שייך שישכח, דשנים לא ישכחו, אפי' הכי אסור, שמא יתרחב, ולט"ז שרי כה"ג – פמ"ג›.

אבל אם לא בדקו תחלה, בודק אח"כ, ולא חיישינן שמא ע"י הפרכוס נתרחב החתך, (סברת מהרי"ק) - והשיג על מה שנמצא בשחיטות אשכנזים בשם או"ז, דחיישינן אף בדיעבד, מדאמרינן בש"ס דרבא שחט עופא בהדי דפרח, אלמא אע"פ שנפל לארץ, [אף שהיו פורחים באויר, והיו נחבטים ע"י קרקע חבוט גדול, ומפרכסים וקופצים הרבה], לא חיישינן שמא ע"י פרכוס נתרחב החתך, **והב"ח** כדי ליישב הדברים הנכתבים בשם א"ז, חילק דהיכא דנמצא הסימן שחוט כולו, [וכולי האי לא תלינן בפירכוס], ודאי לא חיישינן שנעקר יותר בפרכוסו ממה ששחט, אבל בנמצא שחוט רובו חיישינן, **והעט"ז** כתב בהדיא, דאפי' לא נמצא אח"כ שנשחט אלא רובו, כשר, **אבל** אני קבלתי חילוק נכון מפי הגאון אמ"ו כ"ץ ז"ל, דודאי דרך הקנה להתפרק, וחיישינן דבקל נעשה רוב בפרכוסו, אבל כשנמצא הוושט שחוט, כשר, דאין דרכו להתקרע אלא באורך ולא ברוחב.

מחבר רמ"א ש"ך ונקה"כ

[ולא ידעתי למה הוצרך מהרי"ק להביא ראיה מרבא, ולא ממשנה, השוחט בלילה שחיטתו כשרה, והא לא יוכל לבדוק תיכף, וא"כ היה לנו לחוש לפרכוס, אלא ודאי דלא חיישינן ליה כלל, **וכבר** העיד מחבר ספר זבחי ריב, שחפש בספר א"ז, ולא ראה אותו הדין].

לא קשה מידי, דהתם מיירי שתפס העוף בידו או שקשרו, עד שראה בנר או לאור היום ששחט רובן - נקה"כ.

[**וא"ל** על רמ"א שהצריך לכתחלה לבדוק קודם שיזרוק, ורבא בדיק גירא ועשה כן אפילו לכתחלה, **דלפי** מה שנתתי טעם בסמוך, דחיישינן שמא ישכח אח"כ לבדוק, לא קשה מידי, דודאי בהא שהיה העוף בידו וזרקו מידו, ודאי יש לחוש לזה, דיסבור אח"כ שכבר בדקו, **משא"כ** ברבא דבדק גירא, שם לא הניח מלבדוק תיכף שבא לידו].

סעיף ב- הבודקים בנוצה - ותוחבים בסימנים דרך הפה, **לראות אם נשחט הרוב, טועים הם** - דשמא לא נשחט הרוב, ואנן בעינן רוב הנראה לעינים, מרדכי, **ובהג"א** מא"ז כתב, שאפילו שחט המיעוט, הנוצה קורע ואסור, ומביאה ב"י. ‹**הש"ך** הביא ב' פירושים, ופירוש הב' מחמיר, דאף אם ימצא אחר כך רוב, אסור, דשמא הנוצה קרעה ונעשה רובו – פמ"ג›.

‹**וכתוב** בהגהות אשירי שכן כתב באור זרוע, דהבודק בנוצה תיפח רוחו ונשמתו, מפני שמאכיל טרפות לישראל, ואסור לעסוק בקבורתן של מאכילי טרפות – ב"י›.

סעיף ג- נשחטה כראוי, ובא זאב ונטל בני מעיה והחזירן כשהם נקובים, כשרה, ולא חיישינן שמא במקום נקב ניקב - דכיון דנשחטה הרי היא בחזקת היתר, עד שיודע לך במה נטרפה, ש"ס ופוסקים, **ובסי'** ל"ו ס"ה נתבאר, דאפילו יש נקבים הרבה שלא במקום שיניו, תלינן כולהו בזאב. ‹**והטעם**, דרוב אין טריפות – פמ"ג›.

הגה: אבל קודם שידעינן שנשחטה כראוי, בחזקת איסור עומדת, וכל ספק שאירע בשחיטה, טריפה - ‹דמוקמינן אחזקה, אף שיצא פעם אחת בהיתר, וכבר היה לי ויכוח עם חכם אחד, ואמר דיש לומר כיון דיצא פעם אחת בהיתר אין לחוש, ודחיתי דבריו – פמ"ג›.

§ סימן כו – דין נקב בוושט או בבני מעים קודם גמר השחיטה §

סעיף א- ניקב הוושט בשעת שחיטה כנגד המקום ששחט כבר, טריפה - ‹בריש חולין, אהא דאמר רבי זירא, ליבן סכין באור ושחט בה, כשרה, משום דחידודה קודם לליבונה, ומקשה והא איכא צדדין, ומתרץ בית השחיטה מירווח רווח, כתבו התוס' והרא"ש והר"ן, דמהא שמעינן שאם נכוה הושט או ניקב כנגד מה שנשחט ממנו קודם גמר שחיטה, שנאסרת בכך, שאל"כ מאי קא מקשינן והא איכא צדדין, והרי אינם נכוין אלא כנגד מה שנשחט, אלא ש"מ כדכתיבנא – ב"י. **ומהרש"ל** הוכיח שהרי כאן היה טרפה אי לאו שחידודה קודם לליבונה, עד כאן לשונו, **וקשה** דהא הכא בניקב נמי, חידודה קודם לניקב, אלא אף שחידודה קודם לליבונה, היא נאסר משום צדדין, אי לאו דבית השחיטה מרווח רווח ואינו נכווה בצדדין, הא אם ניקב כנגד מה ששחט, דלא שייך כלל למימר בית השחיטה מרווח רווח, טרפה, וזה פשוט, עכ"ה - נקה"כ›.

ניקב הוושט - היינו קודם גמר שחיטת הוושט, אבל לאחר ששחט רובו, כשר אפילו לדידן דפסלינן כל הלכות שחיטה במיעוט בתרא, דהתם היינו במיעוט הנשאר עצמו, אבל מה שנשחט כבר נכשר, **ועוד** דשאני הכא דלא אירע הפסול דרך שחיטה כלל, וכ"מ מפרש"י ומשאר פוסקים, ‹**ויש** לכל א' קולא וחומרא, לתירוץ הא', אם דרס והחליד ברוב ששחט כבר, אין חשש, דאף רש"י אין אוסר כי אם במיעוט הנשאר שלם, לא במה שכבר שחט, **וחומרא**, אם ניקב המיעוט השלם טרפה, **ולתירוץ** ב' חומרא, אם לאחר ששחט רובן דרס והחליד במה ששחט כבר, טרפה, דהוה דרך שחיטה, **וקולא**, אם ניקב המיעוט השלם, כשרה, כיון דלא הוה דרך שחיטה – פמ"ג. **ואף** שעדיין לא נשחט הקנה, מ"מ אין טרפות פוסל בוושט שנשחט כבר, וכמ"ש הרשב"א וכ"פ מהרש"ל וכ"כ הדרישה, **וכ"ש** אם ניקב הוושט אחר שנשחט כולו, קודם שחיטת הקנה, דכשר, דלא כהב"ח›.

סעיף ב- שחט הקנה, וניקבה הריאה קודם ששחט הוושט, או ששחט הוושט, וניקבו בני מעים קודם ששחט הקנה, טריפה - אע"פ שחיי הריאה תלויין בקנה, וחיי המעיים תלויים בוושט, אפ"ה שייך בהם טרפות עד שישחט שניהם, קנה וושט, טור. [**דלא אמרינן** כיון ששחט הוושט, הוו

צט הלכות שחיטה
סימן כו - דין נקב בוושט או בבני מעיים קודם גמר השחיטה

המעיים כמונחים בסל, וכן הריאה אחר שחיטת הקנה, דקי"ל יש טריפות לחצי חיות].

[ולכאורה יש להקשות מזה על מ"ש בסמוך בשם רש"ל, דאין איסור נקיבת הוושט אחר שחיטת רובן, י"ל שאני הכא דיש בעלמא טריפות למעיים בפני עצמן בלא הוושט, וע"כ גם כאן אוסר הנקב בהם אחר שחיטת הוושט, משא"כ בוושט עצמו, דכיון שנשחט רובו, הרי הוא כמאן דליתיה].

§ סימן כז - שלא לחתוך אבר מהבהמה בעודה מפרכסת §

סעיף א - חתך מבהמה לאחר שנשחטה כראוי ועודה מפרכסת, אסור לאכול ממנה עד שתמות הבהמה - משום דכתיב לא תאכלו על הדם, ודרשו חז"ל, שאסור לאכול מבהמה קודם שתצא נפשה, אבל לאחר שמתה מותר לאכול ממנה, אפילו מה שחתך ממנה קודם שמתה.

אבל לאחר שמתה מותר לאוכלה ולהאכילה לעובד כוכבים, [ומותר להאכיל המעיים לעובד כוכבים], עכ"ל טור, [פי' דהיה לנו לומר, כיון דלעובד כוכבים אין שחיטה מתרת, אלא המיתה דוקא, ובשר זה נחתך קודם שמתה, לא יועיל לו המיתה אח"כ, דהא נחתך קודם היתר שלו, אלא כיון שלישראל מועיל השחיטה, ומותר מה שנחתך בעודה מפרכסת כל שהמתין עד שמתה, וליכא מידי דלישראל שרי ולעובד כוכבים אסור, וכן בבני מעיים כתב הטור דמותר לזמן עובד כוכבים עליהם, ולא אמרינן כיון ששחט הסימנים הוי כאלו הוציאם ומנחי בדיקולא].

וקאי (הטור מה שמתיר לאוכלה ולהאכילה לעכו"ם) ארישא אנשחטה כראוי, אבל היכא דלא נשחטה כראוי, פשיטא כיון דאסור לישראל משום אבר מן החי, כיון שחתך ממנה קודם שתצא נפשה, גם לעובד כוכבים אסור, דבן נח מצווה על אבר מן החי, **וכן** היכא דחתך מבהמה טמאה בעודה מפרכסת, אע"פ ששחטה כראוי, אסור להושיט לבני נח, דלא שייך שחיטה בבהמה טמאה, **וכ"כ** הרשב"א בת"ה וז"ל, ולזמן עובד כוכבים על בני מעיים, א"נ על בשר הפורש מן הבהמה קודם שתצא נפשה, אם בהמה טהורה דבת שחיטה היא, ונשחטה ע"י ישראל דבן שחיטה הוא, מותר, **אבל** בבהמה טמאה ואפי' ע"י ישראל, ואי נמי בבהמה טהורה וע"י עובד כוכבים, בשר הפורש ממנה קודם שתצא נפשה, אסור לזמן עליו העובד כוכבים, ואפילו לאחר שתצא נפשה של בהמה, **ואע"פ** שהרמב"ם ז"ל פסק, דבבהמה טהורה נמי לישראל שרי ולעובד כוכבים אסור, לא ידעתי טעם לדבריו כו', עכ"ל, וכ"כ הכ"מ, וכן הוא בש"ס ורש"י, **וכתב** מהרש"ל, דבבהמה של עובד כוכבים, אפילו שחטה ישראל, מ"מ מאחר שהוא לא נצטווה על השחיטה, א"כ בבהמה שלו לא הותרה לו בשחיטה, ודינה כשחטה עובד כוכבים, ובהכי יישב דברי הרמב"ם.

(**ועיין** ש"ך מ"ש "אבל היכא דלא נשחטה כראוי פשיטא כיון דאסור לישראל" כו', **ועיין** בדגמ"ר שכתב, ומ"מ מותר למכור להם דם היוצא בשעת שחיטה בעודה מפרכסת, אף דלא שייך "ליכא מידי" כו', **ומ"מ** בלא"ה אין עובד כוכבים מצווה על דם מן החי, כמבואר ברמב"ם פ"ט מהלכות מלכים, ע"ש).

(**והנה** דעת הפר"ח, דאפילו נתנבלה בשחיטה מותר למכור הבני מעיים, **אך** התב"ש חולק עליו, וסובר דאם נתנבלה בשחיטה אסור, וכ"כ הפמ"ג בפתיחה, דאם שהה או דרס כו' או סכין פגום, אסור למכור הבני מעיים לעובד כוכבים, דלא שייך "מי איכא מידי", וכן בניקב הוושט ופסוקת הגרגרת, **אמנם** בד' נבילות שמטמאין מחיים, מותר, ע"ש, **ועיין** בתשובת ברית אברהם שנשאל על ענין זה, באווזות שמלעיטין ונטרפו מחמת נקיבת הושט דהוי נבלה, איך אנו מוכרין האווזות עם הבני מעיים לעובד כוכבים, והעלה כמה טעמים נכונים להתיר, **ומבואר** מדבריו דבבהמה שנתנבלה בשחיטה אין להתיר, ודוקא בעוף יש להתיר, ע"ש, **גם** בתש' ח"ס המציא טעמים נכונים לקיים מנהג ישראל, שאין נזהרים בזה, וגם בבני מעים של בהמה אין חשש, ע"ש). (**ועיין** ברעק"א אריכות גדול בזה).

[**בטור כתוב כאן, נשברה מפרקת ורוב בשר עמה, נבילה, ותמה ב"י, למה הוצרך הטור לכתוב דיני נבילה, דאין דרכו לכתוב אלא דיני איסור והיתר, ותירץ אחי מהר"י הלוי ז"ל, דנ"מ לענין ספק ביצת טריפה, כמ"ש הטור סימן פ"ו דבביצת טריפה הולכין בספקו לחומרא**].

כבר הוא מבואר בהג"ה דרישה עיי"ש, עוד כתב ונפקא מיניה לענין אותו ואת בנו, וכ"כ הבית חדש, **עוד** נ"ל

מחבר רמ"א ש"ך ונקה"כ

ק
הלכות שחיטה
סימן כז - שלא לחתוך אבר מהבהמה בעודה מפרכסת

דנפקא מיניה לענין החשוד לאכול טרפות, ואינו חשוד לאכול נבלות, שחמור ממנו, וכדלקמן סי' קי"ט, ע"ש ודו"ק - נקה"כ.

[**תשו'** מאחי הגאון מו"ה יצחק הלוי ז"ל לאחד מהחכמים, בענין מפרקת העוף שנשברה, וחזרו השברים ונקשרו והיו לאחדים, והחוט שבתוכו והבשר שעליו שלמים הם קיימים ועומדים, מה שכתבת להטריף, משום דשמא נשבר רוב בשר עמה וחזר ונרפא, כמו שחזרו השברים יחדו, והוי כקרום שעלה מחמת מכה כו', עכ"ל].

[**תמה** אני, דהא ודאי אי הוה נשבר רוב בשר עם המפרקת, לא היה לו אפשרות לחיות, כדאמר זעירא נשברה מפרקת ורוב בשר עמה נבילה ומטמא כו', ואם היה לו אפשרות לחיות, לא הוי ליה נבילה, אלא טריפה בעלמא, **וגם** איך יהיה אפשרות לנבילה מתה שתחזור שבריה יחד ותתרפא הבשר ותחיה אח"כ, **ועוד** דאמרינן בנשבר הרגל במקום שעושה אותו טרפה, דכשר אם עור ובשר חופין רובו, ואפי' אי ליכא למיקם אמילתא שאינו יוצא לחוץ, כגון שחזר ונקשר, פסק ר"ת דכשר, וכ"פ הרא"ש והטור, והכי קי"ל, **ולא** חיישינן שמא נקרעו גם העור והבשר, ולא היו חופין את רובו, ומקרוב נתרפאו, כמו שחזרו ונתקשרו השברים, **ועוד** שאין זה אמת שנאמר בכל דבר דהוי ליה קרום שעלה מחמת מכה ולא הוי קרום, אלא דוקא במקום שארז"ל דטריפה מחמת נקב, וכתבתי ראיות ברורות לזה בפסק אחר, ואין להאריך כאן].

[**ומה** שהביא כת"ר ראיה להטריף אף בלא רוב בשר עמה... אומר אני... וא"כ אין לנו ראיה להטריף בנשברה המפרקת בלא רוב בשר עמו, כשהחוט שלם, **דפשיטא** דבנפסק החוט בכל מקום שמן המוח ועד הפרשות, ודאי טריפה, ובחנם טרח כת"ר ויגע לפלפל דאין צורך פסיקת החוט לשבירת המפרקת, שטריפות החוט היא טריפות אחרת לגמרי בפני עצמה, והוא מן המוח עד פי הפרשה, ושבירות המפרקת עם רוב בשר הוא טריפות אחרת בפני עצמה, **ומיהו** בשבירת המפרקת לבד והחוט והבשר שלם, וכל שכן כשחזרו השברים ונקשרו, לא מצאנו בשום מקום דטריפה, ולא אשתמיט שום פוסק מכל הפוסקים המפורסמים להזכיר טריפות זה, **ובש"ע** לא הזכיר כלל ענין שבירת המפרקת, והוא משום דלטעמיה אזיל, שבב"י תמה על הטור שהזכיר נשברה המפרקת ורוב בשר עמה נבילה, **ובאמת** בא הטור להשמיענו בזה, דכ"ש שהיא טריפה, ולא כתב הטור כך, דהוה משמע מזה דטריפה הוה ולא נבילה ואינה מטמאה, וזהו נגד מסקנת פסק הגמ', לכן הביא הטור דברי זעירא ממש וקי"ל, **והש"ע** לא כתב זה משום דמילתא דפשיטא היא דטריפה, דהא אפילו נבילה הוי ומטמא, **ואי** תימא דטריפה הוי אף בלא רוב בשר עמה, הוי ליה להש"ע לכתוב לפחות דין זה, לא להשמיט כל הענין בכללו, **ועוד** שהרמב"ם טרח ומנה כל הטריפות שאפשר להמצא, וכתב שהם במנין מכוון שבעים, ע"ש בפרק ג' מהלכות שחיטה, ולא זכר כלל טריפות זה, נשברה מפרקת בלא רוב בשר, **והא** דלא מנה התם דבנשבר רוב בשר עמה, משום דהוי ליה נבילה, וכבר חשבה הרמב"ם תוך הני ששה נבילות, והוא בפרק ג' מהלכות שחיטה, ואין בידינו להוסיף על הטריפות שמנו חז"ל... והנראה לענ"ד כתבתי, יצחק לוי, ע"כ התשובה].

[**יפה** כוון אחי הגאון הנ"ל להלכה, דאין טריפות כלל בנשברה המפרקת והחוט קיים... **וגדולה** מזו נ"ל להקל, דאפילו נשברה מפרקת ורוב בשר עמה והחוט קיים כשרה... **ואע"ג** דמדברי אחי הנ"ל משמע דבנשברה מפרקת עם רוב בשר טריפה בלא החוט, ‹לאו דווקא דנבלה נמי הוה - פמ"ג›, נלע"ד כמש"כ, **ומ"ש** הטור נשברה מפרקת ורוב בשר נבילה, היינו שנפסק החוט, וקמ"ל דלענין נבילה הוא דוקא ברוב בשר].

(**עבה"ט** ‹וז"ל, וכ"כ הפר"ח דהכל תלוי בחוט›, **ומ"ש** דתשו' בית יעקב נטה להחמיר אפי' בלא רוב בשר, **במחילת** כבודו לא עיין היטב, דשם מפורש להתיר בלא רוב בשר, אך בנשבר המפרקת ורוב בשר, העלה דאפי' נבילה נמי הוי, דלא כדברי ט"ז, ע"ש, **וכן** כתב בשו"ת תולדות יצחק, דבנשבר המפרקת ורוב בשר, יש לאסור אפי' בהפסד מרובה, ואין להכשיר אלא בלא רוב בשר, ומכ"ש כשחזרו השברים ונקשרו, **ומ"מ** חוששין לפסיקת החוט, וצריך לבדוק אחר זה, דהא כשנשבר המפרקת נשבר ג"כ השדרה, ולא גרע ממ"ש לקמן סי' ל"ב ס"ו, שאם הכה במקל לרוחב השדרה, חוששין שמא נפסק החוט, **ואף** שהב"ח כתב שם, דאפי' הלכה לא מהני, ואין לה תקנה דאין אנו בקיאין בבדיקה, א"כ ה"ה בזה, **מ"מ** הסומך בזה על הט"ז שם, שסובר דאנו בקיאים בבדיקה זו, לא הפסיד).

[ט"ז] ‹רעק"א או ש"א או הוספת הסבר› (פת"ש)

סימן כח - דיני כסוי הדם

§ סימן כח - דיני כסוי הדם §

סעיף א - השוחט חיה או עוף צריך לכסות דמו, בין צדן עתה, בין שהיו מזומנים בידו - כגון אווזים ותרנגולים, דסד"א מדכתיב אשר יצוד, אימעטו אווזים ותרנגולים וכיוצא בהן שנצודין ועומדין, ת"ל ציד מ"מ, [א"כ למה נאמר יצוד, למדך תורה דרך ארץ, שלא יאכל אדם בשר אלא בהזמנה זאת, פרש"י כאלו הוא צד, שאינה מזומנת לו, כלומר שלא יאכל בשר תדיר].

הגה: והכיסוי הוא מצוה בפני עצמה – [וא"ל ממ"ש הרא"ש והביאו הטור סי' כ', דמצות כיסוי היא גמר מצות שחיטה, **דבאמת** היא מצוה בפני עצמה, אלא ששייכה אחר מצות שחיטה, כמו תפילין של ראש עם של יד. **ואין** להקשות למה פסק בהג"ה סי' י"ט סעיף ל', שמותר לדבר בין כיסוי לשחיטה, מאי שנא מסח בין תפילין לתפילין, י"ל דבתפילין שייכה הברכה דשל ראש גם על של יד, כמו שזכרנו בהלכות תפילין]. ‹דאסור להפסיק, שצריך לברך על של ראש שתים לדידן, אם כן הוה ברכה שאינה צריכה, **ומניח** תפילין דרבינו תם, או בחולו של מועד למאן דלא מברך, ודאי לענות קדיש או לומר קדושה שרי, **ובלא** כך אסור, כמו בין שחיטה לכיסוי טוב שלא לדבר, הכא נמי – פמ"ג›.

אבל השחיטה כשרה אף אם הזיד ולא כיסה - משמע אפילו לעצמו, וכן הוא בד"מ וכן דעת הב"י ומהרש"ל ושאר אחרונים, דלא כהב"ח שאוסר לעצמו, **מיהו** היכא דהעם פרוצים במצות כסוי, שאינם מכסים כדין, או שאינם מברכים על הכסוי או על השחיטה, ‹ה"ה אם אותו השוחט לחוד הוא פרוץ ואין מברך על השחיטה וכיסוי – פמ"ג›, יש לקנוס ולחייב מלקות, וגם יש לאסור השחיטה להעובר, משום מיגדר מילתא, כן משמע מדברי מהרש"ל שם.

[שמעתי טועים שלא לקבל הדם באפר חם ולכסות, והבל יפצה פיהם, דמפורש בפ"ק דביצה דמכסין באפר שראוי לצלות ביצה].

סעיף ב - חייב לברך קודם שיכסה: אשר קדשנו במצותיו וצונו על כיסוי דם בעפר – [אע"ג דלא מצינו בשום מקום שמזכירין פרט המצוה בברכה אלא דרך כלל, וא"כ היה די לומר "על כיסוי דם" לחוד, מ"מ הכא שאני שעשה שני מצות, דהיינו כיסוי שלמטה מן הדם ושל מעלה, וזה נלמד מן "בעפר", ע"כ צריך לומר "בעפר" להורות על שני המצות, כנ"ל]. ‹**ואף** אם נבלע ורישומו ניכר, דלית ליה אלא כיסוי מלמעלה, אפי' הכי נוסח הברכה חדא הוא. **והתבואות** שור כתב טעם, דכתיב במקום אחר "וכסינו את דמו", לשון העלמה, דלא תימא דהכא נמי הכי פירושו, לכן אנו אומרים "בעפר", לומר דמצוה היא לכסות בעפר, ונכון הוא – פמ"ג›. ‹**ועיין** בש"ך סכ"א דכתב: דהברכה לא נתקנה אלא "על כסוי דם", ולא "בעפר", ואף דנהגינן לומר "בעפר", היינו לרווחא דמלתא›.

הגה: מי ששחט פעם הראשון, מברך שהחיינו על הכיסוי - ז"ל הגהת מנהגים שהביא בד"מ, דכסוי הוי מצוה, כדאמרינן: בזכות שאמר אברהם ואנכי עפר ואפר, זכו בניו לשני מצות, והוי כמו ציצית וסוכה דמברך שהחיינו, כך מפורש בה"ש ר' ידידי' משפירא, עכ"ל, **וצ"ע** דהא גבי ציצית קי"ל דאין מברך שהחיינו, אלא א"כ קנה בגד חדש, מטעם דקנה כלים חדשים, כמו שנתבאר בא"ח סי' רכ"ג, אבל בעושה ציצית בבגד ישן אינו מברך שהחיינו, **והכי** משמע נמי בתוס', שכתבו הטעם דאין מברכין שהחיינו אציצית ותפילין, משום דלא תקנו שהחיינו אלא אמצוה שיש בה שמחה, **וא"ל** דכסוי דכיון דבזכות "אנכי עפר ואפר" הוא חשוב שמחה, דהא אדרבה אמרינן בפ' כ"ה: אמר רבא בשכר שאמר אברהם אבינו ואנכי עפר ואפר, זכו בניו לשתי מצות אפר פרה ועפר סוטה, וליחשוב נמי עפר כסוי הדם, התם הכשר מצוה איכא הנאה ליכא, ואמר רבא בשכר שאמר אברהם אבינו אם מחוט ועד שרוך נעל, זכו בניו לב' מצות לחוט של תכלת ורצועה של תפילין, ע"כ, **והכי** משמע נמי ממ"ש הר"ן שם הטעם דלא מברכין שהחיינו אתפילין, משום דלאו מזמן לזמן קאתי, וכ"כ הרשב"א בתשובה, **ועוד** נראה דאפילו להרמב"ם דמברכין שהחיינו אציצית ותפילין, היינו מטעמא דכתב שם, מפני שהם מצות שהם קנין לו, משא"כ בכסוי, **ומצאתי** ברוקח שכתב בשם ריב"ק משפירא, כל מצוה שעל האדם לעשות ולא עשאה ומתחנך לכתחלה, צריך לברך שהחיינו, והביא ראיה מדאמרינן במנחות: היה עומד ומקריב מנחות

בירושלים, אומר שהחיינו, שנתחנך לעבודת הזמן, עכ"ל, ואפשר ע"ז סמכו לברך בכסוי, **אבל** צ"ע לפ"ז אמאי לא מברכין בציצית ותפילין ושאר מצות שמתחנכים בהו, וכן אין מברכין שהחיינו על קדושי אשה או נשואיה, כמ"ש מהרי"ק, וכן על מזוזה כדלקמן ר"ס רפ"ט, **אלא** ע"כ ס"ל דאפילו במצוה שמתחנכים בה אין מברכין שהחיינו כל שאין זמנה קבוע, וכדעת התוס' והר"ן והרשב"א הנ"ל, **ומפרשינן** ההיא דמקריב מנחות כמ"ש התוס' והרשב"א, דהיו כ"ד משמורות ואין מתחדשות יותר מב' פעמים בשנה, וכיון שיש להן זמן קבוע, מברך שהחיינו, עכ"ל, הא לאו הכי לא, וא"כ ה"ה בכסוי, וצ"ע.

‹לכן ירא ודאי דאין להכניס עצמו בספק ברכה, והתבואות שור הסכים דמברך, וצ"ע – פמ"ג›.

אבל לא על השחיטה, דמזיק לבריה - זה הטעם דחוק, **ולי** נראה טעם אחר יותר מתקבל, משום דשחיטה היא בידו ואינו מצווה לשחוט, דהא יכול להיות לעולם בלא בשר, או שישחוט אחר, **אבל** בכסוי החיוב מוטל על כל אדם שרואה הדם לכסות, כדלקמן ס"ח.

סעיף ג - כוי שהוא ספק חיה, וכלאים הבא מבהמה וחיה – [זהו ג"כ בכלל כוי], צריך לכסות דמן ואינו מברך

צריך לכסות דמן ואינו מברך - מיירי בצבי הבא על התיישה, דספוקי מספקא לן אי חוששין לזרע האב או לאו, ולכך מספיקא מכסה, ואינו מברך דדלמא אין חוששין, **דלא** כמ"ש בס' זבחי צדק הטעם דאינו מברך, משום גזירה שמא יתיר חלבו, ולא דק וק"ל, **אבל** אי הוה פשיטא לן דחוששין, הוה חייב לברך, דהא צריך לכסותו מן התורה, דקי"ל צבי ואפילו מקצת צבי, ולזרע האם ליכא מאן דפליג דפשיטא דחוששין.

ואין שוחטין אותם ביו"ט - דכיון שצריך לכסותן, וביו"ט אינו רשאי לכסותן, לא ישחוט לכתחלה.

[**וכתב** רש"ל, דדוקא בחיה שבא על הבהמה אמרינן שאינו שוחט ביו"ט, כיון דמספקא לן אם חוששין לזרע אב, ושמא אין חוששין, **אבל** בבהמה שבא על החיה, חייב לכסות בודאי, ואין כאן ספק, דצבי ואפילו מקצת צבי אמרי', כמו דאמרינן לעיל סי' י"ז ס"ח שה אפי' מקצת שה, ודלא **כפרישה** ‹דסבר לא בכל מקום אמרו שה ואפילו מקצת שה›, **וע"כ** שוחטין אותו ביו"ט, **ואף** דאי מכסה דמו אמרינן אתי להתיר חלבו כדלקמן, היינו כוי שהוא ספק, משא"כ תייש הבא על הצביה, ודאי מקצת חיה הוא, ומשום הכי לא אתי למישרי, **ועוד** היאך יעקור מצות כיסוי משום גזירה, כיון דודאי הוא – פמ"ג, **ולא משכחת ספיקא אלא בצבי הבא על התיישה, דיש ספק אי חוששין לזרע אב והוה מקצת צבי, ואע"ג שהטור והרמב"ם וש"ע כתבו כאן סתם מבהמה וחיה, סמכו על מ"ש באותו ואת בנו דשה אפילו מקצת שה, ה"נ כאן, וע"כ תפרש דבצבי הבא על התיישה קא מיירי**].

‹**וכתב** השמלה חדשה וז"ל, והנולד מבהמה שבא על החיה, נ"ל דאין לשחטו ביו"ט, ואם שחטו יכסה דמו, ומיהו בין ביו"ט בין בחול לא יברך על כסוי, עכ"ל, וכ"כ הפמ"ג›.

ואם שחטן, אינו מכסה דמן - אפילו יש לו עפר מוכן, מפני שהרואה יאמר ודאי חיה הוא, דאל"כ לא היו מטריחין לכסות דמו בי"ט, ויבא להתיר חלבו, עכ"ל הט"ז באו"ח סי' תצ"ח סי"ח, והוא מסקנא דש"ס פרק קמא דביצה, ומוסכם מכל הפוסקים, **דלא** כמ"ש העט"ז כאן, אין שוחטין הכוי והכלאים בי"ט, דשמא יטלטל עפר בי"ט שלא לצורך, דשמא מין בהמה הוא, עכ"ל, **ולא** דק, דהא אפילו יש עפר מוכן, דליכא איסור טלטול, אסור מטעם הנזכר.

ובלילה, אם רישומו ניכר, יכסנו - ואין יכולין לקבל הדם בכלי לכסותו בלילה*, שאין שוחטין לתוך הכלים, עכ"ל הטור מדברי הרא"ש, **ור"ל** דאסור משום שנראה כמקבל דם לעבודת כוכבים, כדלעיל סי' י"א ס"ג, **והא** דלא שרי ע"י נתינת מעט עפר בכלי כדלעיל סי' י"א, משום דגם בזה יש חשש לפני הרואה, שיאמר שלקח עפר לכסות בו, ויבא להתיר חלבו, כ"כ הדרישה.

אבל הב"ח כתב וז"ל, ונ"ל דבזמן הזה - כלומר שאין דרך עובדי עבודת כוכבים בכך, וכדלעיל ס"ס י"ב - שאפילו לכתחלה היה יכול לשחוט לתוך הכלים כהא"ז, אלא שאנו נזהרים, א"כ בדיעבד אם שחט בי"ט, יכול לקבל הדם בכלי אפילו לכתחלה, דכדי לקיים מצות כסוי כדינו לא שייך ליזהר מלקבלו, כיון שאין בו איסור מן הדין, ומ"מ יותר טוב ליתן עפר וצרורות בכלי קודם קבלה, עכ"ל, **ובאמת** קשה לדבריו, אמאי לא אשמועינן בש"ס ופוסקים האי תקנתא דעפר בכלי, **ואפשר** דלא מתיר אלא ע"י מעט עפר, בענין דליכא למימר שיכסה בו, ומדינא היה אסור כיון דליכא אלא מעט עפר משום

חשדא דעבודת כוכבים, דעדיין ראוי לזריקה, אלא דהאידנא דאין דרך עובדי עבודת כוכבים בכך, שרי אפי' בלא עפר כלל, אלא דלחומרא יתן בו עפר מעט ודוק. ‹ומ"מ לכתחלה לא יעשה כן – פמ"ג›.

*‹קשה לי הא כה"ג אסור משום ביטול כלי מהיכנו, ואולי י"ל דבא לומר, אף אם יש לו כלי מחובר לקרקע, דכה"ג היה ראוי לשחוט ע"ג כלי זה, דלא נקרא ביטול כלי מהיכנו, כיון דבלא"ה הכלי מחובר וא"א לטלטלו בשבת, **ועי'** מג"א מוכח דס"ל דאף בשופך לתוך כלי מחובר מקרי ביטול כלי מהיכנו, וצ"ע. **ואולי** י"ל דמשום מצות כיסוי מותר לבטל כלי מהיכנו, ע' רש"י שבת ומג"א, **ועדיין** צ"ע, דדלמא הכא גרע, דבעידן דעובר על ביטול כלי מהיכנו, עדיין אינו מקיים מצות כיסוי, וגם הוא ספק חיוב כיסוי – רעק"א›.

סעיף ד - הבו"פלו, נהגו שלא לכסות דמו. הגה: ויש מספקים בבו"פלו שהוא שור הבר, שמא חיה הוא, על כן טוב לכסותו בלא ברכה, או לשחוט עוף ג"כ - אצל הבופל"י ולא ע"ג דם הבופל"י, [בתערובות עם דם הבופי"ל, דהא יהיה בטל בתוכו, כמ"ש בסעיף י"ג בנתערב דם חיה עם דם בהמה, אם נתערב במים כו'], **ואז יוכל לברך על הכיסוי משום העוף.**

‹**עיין** בתשובת זכרון יצחק שכתב, דהרמ"א דקדק בלשונו, וכתב לשחוט עוף, ולא כתב חיה או עוף, והיינו משום דעיקר מצות כיסוי לכסות תיכף כשיצא הדם מהנשחט כו'. ‹דבחיה לא יכסה עד שיבדוק הריאה, וכדלקמן ס"כ›.

סעיף ה - צריך שיהיה למטה עפר תיחוח - ‹בר"פ כיסוי הדם, א"ר זירא השוחט צריך שיתן עפר למטה ועפר למעלה, שנאמר וכסהו בעפר, עפר לא נאמר, אלא בעפר, ופירש"י עפר למטה, עפר תיחוח ולא על קרקע קשה, וכסהו עפר, משמע דלא בעינן עפר אלא בכיסוי, "בעפר" משמע כולו עטוף בעפר תיחוח – ב"י. [**דכתיב בעפר, מלמד שצריך ב' כסויים**]. ‹והפמ"ג לומד דהט"ז ר"ל כפרש"י›.

וצריך להזמינו בפה - פי' העפר דלמטה צריך להזמין בפה לשם כיסוי, היכא דמצא עפר תיחוח, דאל"כ לא עביד מידי, וכן כשנותן הוא לשם עפר תיחוח, חשיב כהזמנה, כן משמע מפרש"י פרק השוחט, וכן הוא באגודה, **ויש אומרים שאינו צריך** - ס"ל דאם מצא עפר תיחוח ושחט עליה, די בכך, **אבל** עפר שלמעלה לכ"ע צריך שיתן הוא, כדאיתא בתוס' ר"פ כ"ה, וכן משמע ברבינו ירוחם, ‹**וודאי** נוטל בידו זה הוא הזימון, ואין צריך לומר בפה שעושה לשם כיסוי – פמ"ג›, **ונ"ל** דלא פליגי אלא למצוה מן המובחר, אבל בדיעבד פשיטא דלכו"ע א"צ שיתן הוא אפילו עפר שלמעלה, דהא כסהו הרוח בסי"א פטור מלכסות, והוא משנה שלימה.

‹**לענ"ד** אינו מהדומה, הא שם באמת לא נתקיים מצות כיסוי, אלא כיון דהדם מכוסה אין חיוב לכסות, ומה"ט אם חזר ונתגלה, חייב לכסות, **אבל** הכא הדם מגולה ומחוייב לכסות, החיוב לעשות כדין מצות כיסוי, שיהיה עפר למטה, **וא"כ** ה"נ י"ל, דאם לא נתן העפר מלמטה, אינו מחוייב לכסות, אבל מ"מ אם חזר ונתגלה חייב לכסות, **וא"כ** אם צריך שיתן הוא דוקא, דמצות כיסוי הוא דוקא בנתן הוא, ה"נ י"ל דהיכי דמצא עפר תיחוח ושחט עליה, דלא קיים מצות כיסוי, ואם נתגלה, כיון דדם מגולה, חיוב עליו לכסות, והיכי דצריך לגרור הדם וליתן עפר למטה כדין כיסוי, **ובפשוטו** הא נ"מ בשחט ע"ג עפר תיחוח, אם צריך לגרור הדם וליתן עפר תיחוח, וכל שהדם מגולה וחייב לכסות, חייב בנתינת עפר למטה, ודמי ממש ללא היה עפר למטה, דצריך לגרור כדאיתא בסעיף ז', ה"נ לדעת הראשונה בהיה עפר תיחוח מעצמו למטה, הוי כאין עפר כלל למטה, וצריך לגררו ולהזמין עפר דלמטה – רעק"א›.

סעיף ו - מכסה בידו או בסכין - ר"ל בקתא של סכין, אבל לא בראש הסכין במקום ששוחט, [דשמא יפגום אותו], כדלעיל ס"ס י"ח, ופשוט הוא, **או בכלי אחר; אבל לא ברגלו, כדי שלא יהיו מצות בזויות עליו.**

סעיף ז - שחט ולא היה עפר למטה, צריך לגרור הדם וליתנו בעפר תיחוח, ולכסות עפר תיחוח עליו - ‹נראה שלמד כן מדאמרינן בר"פ כיסוי הדם, אהא דתנן דאין כיסוי הדם נוהג במוקדשים, דטעמא משום דלמטה לא איפשר לתת עפר, משום דאי מבטל ליה הוי ליה מוסיף אבנין, ואי לא מבטל ליה הוי חציצה, ופריך ולגרדיה ולכסייה – בית יוסף›.

סעיף ח - מי ששחט הוא יכסה; ואם לא כיסה וראהו אחר, חייב לכסות – [בגמ' יליף לה מדכתיב ואומר לבני ישראל, אזהרה לכל בני ישראל, והטור סיים כאן, חייב לכסות שמצות כסוי היא כשאר מ"ע שכל ישראל חייבים בהם, אלא שהשוחט קודם לכל

אדם, הלכך אם קדם אחר וכסה, חייב ליתן לו י' זהובים שכר ברכה שביטל ממנו, עכ"ל, **וקשה** למה הוצרך לתת טעם נוסף על לימוד מהפסוק שאמרו בגמ', גם לשון "הלכך" אינו מיושב שפיר, והיה לו לומר: ואם קדם אחר כו', **ונראה** שכוונתו שלא נטעה לומר, מדחזינן שאמרה תורה "ושפך וכיסה", מי ששפך יכסה, ואח"כ אמרה אזהרה לכל ישראל, ע"כ צריך לומר דאזהרה היא כשאין הוא שם, אבל אם הוא שם אין אחר בכלל האזהרה, וא"כ אם אחר רוצה לכסות בעוד שהשוחט שם, אינו מברך, כיון שאינו מוזהר על עשייה זאת, **ולפ"ז** אין עליו חיוב לשלם י' זהובים, דדוקא שכר ברכה שהוא נהנה ומבטל את חבירו ממנו צריך לשלם לו, משא"כ כאן שאינו נהנה, ואינו אלא כמבטל חבירו מן הנאת חברו, ומזיק בעלמא הוא, ע"כ כתב הטור שמצות כסוי היא כשאר מצות כו', פי' אחר שגילה לנו הפסוק שיש אזהרה על כל ישראל, הוה כאן כמו בכל המצות שכל ישראל חייבים בם, ה"נ החיוב על כל ישראל אפילו אם הוא שם, אלא שהשוחט קודם באותו חיוב, **הלכך** כיון שעכ"פ האזהרה אפילו כשהוא שם ממילא שפיר מברך, וכיון שהוא מברך ומבטל מחבירו הנאת הברכה, ע"כ צריך ליתן לו י' זהובים, כנ"ל. **וכתב** הטור אלא שאין גובין זה בזמן הזה, דהוה כמו דיני קנסות כמבואר בחו"מ סי' א', וע"כ לא הביאו זה בשו"ע, **אבל** ראיתי בסמ"ק שכתב בזה: מ"מ לא טוב עשה וצריך לפייסו]. ‹**וה"ה** אם תפס לא מפקינן מיניה, **וכגון** שאמר הברכה בלחש, שלא שמע חבירו, הלא"ה שומע ועונה אמן יותר מהמברך, ואי לא ענה איהו דאפסיד אנפשיה, **ובזה** צריך עכ"פ לפייסו שביטל חבירו מהמצוה, **וה"ה** בספיקות, כמו ספק טריפה וכדומה, דמכסה בלא ברכה, מ"מ צריך פיוס שמבטל חבירו מספק מצוה – פמ"ג.›

בטור יש כמה דינים על מי שקדם וכיסה מה הוא חייב, והמחבר כתבם בחו"מ סי' שפ"ב, כי שם מקומם.

סעיף ט - שחט מאה חיות או מאה עופות, או ששחט חיה ועוף במקום אחד, כיסוי אחד לכולם - ודין אם שח בין כיסוי לכסוי, או בין שחיטה לשחיטה, וכיוצא בדינים אלו, נתבאר בסי' י"ט.

סעיף י - השוחט ונבלע הדם בקרקע, אם רישומו ניכר חייב לכסות.

סעיף יא - כיסהו הרוח, פטור מלכסות; ואם חזר ונתגלה, חייב לכסות - (הפר"ח כתב, וכן הסכים ע"י הפרי תואר, דמכסה בלא ברכה, משום דהא דאין דיחוי אצל מצות, הוא איבעיא דלא איפשטא, **ועיין** במג"א סי' תקפ"ו סק"ו, נראה דעתו דהכא מכסה בברכה, ע"ש, **ועיין** בספר באר יעקב מ"ש בזה, והעלה כדעת הפר"ח, אך כתב דנכון שישחוט קודם לכסות עוף אחר, ויברך על הכיסוי, ואח"כ יכסה האי דנתגלה, **אבל** אי לית ליה עוף אחר, ודאי מכסה בלא ברכה).

אבל אם הוא עצמו כיסהו ונתגלה, אינו חייב לכסותו פעם אחרת.

סעיף יב - דם שנפל לתוך המים, או מים שנפלו לתוך הדם, אם יש בו מראה דם, חייב לכסות; ואם לאו, פטור - אע"פ ‹דבדם שנפל לתוך המים›, שבטל ונדחה ראשון, אפ"ה כשהלך ורבה עד שנתהפכה מראית המים לדם, חוזר דם הראשון ונראה, ולא אמרינן הואיל ונדחה ידחה, דאין תורת דחוי אצל מצות. ‹**ומכסה** בלא ברכה, דבעיא דלא איפשטא היא, אם נראה ונדחה חוזר ונראה, **ומיהו** אם יש לו עוף אחר ישחוט אצל זה ויכסה ויברך על שתיהן, ככל הספיקות ופשוט – פמ"ג.›

סעיף יג - נתערב הדם ביין אדום או בדם בהמה - או בדם החיה כו' - כן הוא במשנה דף פ"ז ריש ע"ב, ופרש"י והר"ן והברטנורא, בדם הקזה של חיה, והרמב"ם פירש בדם חיה טמאה, **רואים היין ודם בהמה כאילו הוא מים, ואילו נתערב במים כשיעור הזה היה בו מראית דם, חייב לכסות** - נ"ל דה"נ אם שחט חיה או עוף ונפל הדם לדם בהמה וכה"ג, בענין שאם היו רואין הדם בהמה מים, לא היה בו מראית דם, ושוב נפל לתוכו יותר, בענין שאם היה מים היה חוזר וניעור, חייב לכסות. ‹**ואיני** יודע מה מלמדנו, פשיטא דהכין הוא. **וגם** כאן אין מכסה בברכה, כיון דנראה ונדחה, הוה תו בעיא דלא איפשטא – פמ"ג.›

(**ועיין** בספר תפל"מ שכתב, דאם נתערב דם חיה ועוף, בדם חיה ועוף אחר שכבר כיסה אותה וחזר ונתגלה, דפטור לכסותה כדאיתא בסי"א, או שכבר כיסה מקצת דמה, דא"צ לכסות יותר כמ"ש בסט"ו, **אפשר** דבבכה"ג אפי'

[ט"ז] ‹רעק"א או ש"א או הוספת הסבר› (פת"ש)

לא היה בו מראה דם, חייב בכיסוי, כיון דכל הדם הוא מין שחייב בכיסוי, אלא שנפטר פעם א', ובכה"ג שנתערב אפשר דלכו"ע דם בדם לא בטיל, וצ"ע לדינא, עכ"ד ע"ש).

סעיף יד - שחט עוף או חיה, ושחט עליו בהמה, פטור מלכסות - שהרי דם בהמה למעלה ומה יכסה, רש"י, **אבל אם שחט בהמה, ושחט עליה חיה או עוף, חייב לכסות** - ואע"ג דליכא עפר למטה בינו לבין דם בהמה, מ"מ מאי דאפשר למיעבד עבדינן, [**ומפרש** הטעם בגמרא, כיון דמ"מ היה ראוי תחלה לתת עפר למטה, וכל הראוי לבילה אין בילה מעכבת בו. **ובלבוש** כתב בזה שחייב לכסות, ובלבד שיהיה עפר תיחוח למטה, שיהיה נבלע בסוף, **ואם** אין עפר תיחוח למטה, יגררנו הכל כמו שהוא, ויתן עפר תיחוח למטה ולמעלה כו', **וכל** זה שגגה גדולה, ולא עיין בגמרא כלל, אלא מדעת עצמו כתב דברים כזה והם טעות]. **ובעט"ז** כתב כאן דברים מגומגמים. ‹**ואיני** יודע, כיון דבסמוך הודה לדבריו לתירוץ הא', דבהמה ואחר כך חיה מכסה אף דליכא עפר למטה בין דם חיה לבהמה, כיון דאיכא למטה שפיר דמי, **אם** כן אף דבתירוץ הב' כתב דכאן אי אפשר בגרירה, אף על פי כן אין לכתוב בשביל זה דבריו מגומגמין – פמ"ג.

‹**ומ"ש** הש"ך: אע"ג דליכא בינו לדם הבהמה עפר תיחוח, הורה לנו בזה דלמעשה אין לסמוך על מ"ש הלבוש, כיון דיש עפר למטה אף שמפסיק שפיר דמי, דאין לעשות כן לשחוט חיה על גבי בהמה, ושאני הכא דא"א בגרירה, וכתירוץ הב' דבסמוך, דאם ימתין עד דתתיבש כו', והלכך מכסה במקומו – פמ"ג›.

והב"ח כתב, דבעוף ע"ג בהמה פטור מלכסות, כיון דדם עוף מועט, **ואין** נלפע"ד, ומ"ש שכ"כ מהרש"ל, ליתא, דאדרבה דברי מהרש"ל שם נראין להפך, **ומה** שדחקו לזה ליישב קושית הב"י על הטור, שכתב ‹הטור דינא דהשו"ע› בשם בעל העיטור, דהלא ברייתא שלימה היא, [**ולכאורה** נראה שלמד ממנו, מדנקט בדברי העיטור בטור ברישא בפטור, צפור או חיה, ובסיפא גבי חיוב, לא נקט רק חיה, ולא כמו שהעתיק כאן בש"ע, ובודאי היתה כוונת בעל העיטור דבשוחט צפור על הבהמה אין שם כסוי, דמועט הוא], **תירוצו** דחוק ע"ש, [**ולא** נתיישב לי בזה, דאטו כל העופות שוין, או כל הבהמות שוין, ובהדיא אמרי' בסוטה לענין דם צפור שמעורב במים, שאין כל הצפרים שוים, וכאן הלא הכל תלוי לפי השיעור אם היה מים, כמ"ש סעיף י"ג].

והנלפע"ד בזה משום דכל הפוסקים לא הביאו כלל ברייתא זו, משמע דס"ל דלא קי"ל כהך ברייתא, [מדקתני ר' יונתן אומר, ש"מ דתנא קמא פליג, וס"ל דאין חייב לכסות אפילו בשוחט חיה על בהמה, כיון שאין עפר למטה תחת דם החיה, **או** להיפך] משום דהתוס' תמהו עלה, וז"ל, שחט חיה ואח"כ בהמה פטור מלכסות, תימא דליגרריה ולכסייה, וכן בהמה ואח"כ חיה, ליגרריה ולכסייה כדם הניתז ושעל הסכין, עכ"ל, **וס"ל** להפוסקים לישב תמיה זו, דהך ברייתא ס"ל, דבדם הניתז ושעל הסכין נמי לא בעי גרירה, אלא מכסה במקומו, וכמ"ש הכל בו בשם הר"מ בן נתן, ומביאו ב"י, **וא"כ** אנן דקי"ל דבדם הניתז ושעל הסכין בעי גרירה, לא קי"ל כהך ברייתא, לכך כתב הטור דין זה בשם בעל העיטור, דס"ל דהך ברייתא הלכה היא, **וצריך** לחלק דל"ד לדם הניתז ושעל הסכין, דשאני הכא כיון שדם הבהמה למעלה, מה יכסה כמ"ש רש"י, והרי כאלו הכל מעורב יחד, **וכן** כשדם חיה למעלה דחייב לכסות, אה"נ דהיינו ביש עפר תיחוח למטה, כמ"ש העט"ז והל"ח, **א"נ** אפילו ליכא עפר תיחוח אפשר דא"צ לגרור, משום דכי ימתין עד שיגרור ויתיבש, יתערב הדם חיה בדם בהמה, וקודם שיתיבש פשיטא דלא יכול לגררו, ויתערב הכל ביחד, ולכך טוב יותר לכסותו במקומו, **זה** נ"ל דעת הטור, ואפשר גם דעת הפוסקים כן, והא דהשמיטו ברייתא זו, היינו משום שנ"ל פשוט כן, וגם לא הובאה ברייתא זו בש"ס אלא אגב ריהטא, ע"ש.

הגה: שחט עוף או חיה ואח"כ שחט עוד אחרת ונתנבלה בידו, אם יודע שדם האחרון כסה דם הראשון, פטור מלכסות; אבל מסתמא חייב לכסות. (בהגהות מיימוני פי"ד פסק סתם שחייב לכסות, והוא מחלק אם יודע כו', דלא תקשי אהדדי, הגה זו, והאי דשחט עליו בהמה דפטור).

[ויש לתמוה, היאך שייך ליתן כלל כזה, לחייב ברכה מסתמא, דאטו כל חיות או עופות שוים אחת לחבירו, **ונלע"ד** דרך אחרת בזה, דהר"מ כתב דין זה דוקא בנתנבלה בידו, והטעם, דכל מה שיצא בשחיטת עוף השני קודם שנעשה נבלה, הוא דם ראוי לכסוי,

ובאותה שעה מיקרי דם שחיטה, ואע"פ שלאחר שנעשית נבלה הוה למפרע דם שאינו ראוי לכסוי, מ"מ כבר נתבטל בשעה שהיה עליו שם ראוי לכסות, ובזה אין אנו הולכים אחר שיעור "שאם היה מים אם היה בו מראית דם", אלא בטל האי דם בדם שהיה תחלה, **ויש** לדמות דבר זה לחמץ לח שנתערב קודם הפסח ביין, דקים לן אין חוזר וניעור, כמו שכתוב באורח חיים סי' תמ"ז, כיון שהיה עליו שם היתר בשעת התערובות, **הכי** נמי כאן היה תחלה שם היתר עליו, מש"ה אמר מהר"ם שפיר דחייב לכסות, דמסתמא מיד שרואה שנתנבלה משליכה מידו, וא"כ אין כאן דם שיבטל דם התחתון, **אבל** אם כבר נתנבלה בתחלת השחיטה, והוא הולך ושוחט ומוציא הדם, ודאי אין לברך על כיסוי זה, כל זמן שלא נתברר לנו שיש כ"כ, שאילו נתערב במים כשיעור דם האיסור שהיה בו מראית דם, כמ"ש בסעיף י"ג, כנלע"ד ברור].

רוצה ליישב דברי הגהת מיימוני בשם מהר"מ, והוא דחוק, והדבר ברור כמו שרשמתי במראה מקום שלי, דהגהת מיימוני מיירי בשנתערבו זה בזה, **שהרי** בהגהת מיימוני כתבו כן על מ"ש הרמב"ם שם, נתערב ביין או בדם בהמה, רואים אותם כאלו הם מים, אם אפשר שיראה מראה הדם, שחייב לכסותו כשיעור זה אלו היה מים, חייב לכסותו, **וכתב** בהגהת מיימוני על זה, חייב לכסות כסתם מתניתין, וה"פ מורי רבינו זצ"ל על השוחט תרנגולת כשרה, ושוב שחט אחרת ונתנבלה, דחייב לכסות, עכ"ל, **הרי** כדפירשתי - נקה"כ.

סעיף טו - דם הניתז ושעל הסכין, אם אין שם דם אלא הוא, חייב לכסות; וגורר אותו ומכסהו, כדי שיתן עפר גם למטה. אבל אם יש שם דם אחר, אין צריך לכסותו, שאין צריך לכסות כל הדם. לפיכך אין צריך (להמתין) לכסות עד שיצא כל הדם - ‹בגמרא, במאי קמיפלגי, רבנן סברי דמו כל דמו, ורבי יהודה סבר דמו ואפילו מקצת דמו, ורשב"ג סבר דמו המיוחד. **ופירש** רש"י שלש מחלוקות הן, רבנן סברי כוליה בעי כיסוי, ולרבי יהודה אפילו דם הנפש לא בעי כיסוי אלא מקצתו, כדקתני דדם הניתז פטור מלכסות ואפילו הוא דם הנפש, ובלבד שיהא שם דם אחר, ולרבן שמעון בן גמליאל דם הנפש כוליה בעי כיסוי, עכ"ל, **וקיי"ל** כת"ק דמתניתין וכדפריש רבי יהודה אליביה, וכן דעת הרי"ף - בית יוסף›.

הגה: מיהו ימתין עד שמתחיל לירד טיפין, כדי שיכסה מקלת דם הנפש - ‹ואף דפליגי ר' יהודה על רשב"ג, היינו דא"צ כל דם הנפש, אבל מקצת דם הנפש בעינן - גר"א›.

(**עיין** בתשובת משכנות יעקב, שהביא ראיה לדעת הרז"ה שהובא בב"י, דצריך לכסות כולו, **וגם** במ"ש בש"ע כאן, וגורר אותו כו', הביא ראיה לדעת הר"מ בר נתן שהובא בב"י, דא"צ לגוררו, ע"ש).

סעיף טז - השוחט לחולה בשבת, לא יכסה; אפי' אם יש לו דקר נעוץ - [אע"ג דלא מיתסר אלא מדרבנן, לא אמרינן כיון דשחט ברשות שיכסה כמו בי"ט, דרצו חכמים לעשות היכר שהוא יום שאסור בשחיטה, לפיכך לא התירו אלא מה שהוא צורך החולה, כ"כ ר"ן], **ובלילה, אם רישומו ניכר יכסנו.**

ויש מי שאומר שאם היה לו אפר מוכן לכסות בו צואה, יש לכסות בו הדם אפילו בשבת - ‹כיון שאין אפר זה אסור בטלטול - ב"י›. (**עיין** בס' תפארת למשה, דלית הלכתא כיש מי שאומר אלו, ע"ש).

סעיף יז - השוחט ונתנבלה בידו, או ששחט ונמצאת טריפה, פטור מלכסות. וכן חרש שוטה וקטן ששחטו, ואין אחרים רואים אותם, חזקת שחיטתן מקולקלת ופטורה מכיסוי - [נראה דה"ה גדול ששחט ואין יודע הלכות שחיטה, דרוב מעשיו מקולקלים, ועמ"ש סי' ט"ז].

בש"ס משמע דאינו רשאי לכסות, כיון דרוב מעשיהם מקולקלים והוי כנבלה גמורה, וכשיכסה אתי למימר שחיטה מעלייתא היא, ואתי למטעי ולמיכל משחיטתן, כן משמע מתוס' וכ"כ הב"ח.

(**עיין** בתשובת אא"ז פנים מאירות שדחה דבריו, דבש"ס לא משמע כלל הכי, והעלה דאין איסור לכסות).

אבל כשאחרים רואין אותם, אמרינן במשנה דחייב בכסוי, ומשמע התם בש"ס דחייב מדינא בכסוי, וכן משמעות הפוסקים, וכן בדין, דהא טעמא דבינם לבין עצמם דפטור, משום שרוב מעשיהם מקולקלים, הלכך כשאחרים רואין אותם ששחטו יפה, כיון דכשר אפילו לאכילה, פשיטא שצריך כסוי, וצריך לברך, וכ"כ בס'

ל"ח, **דלא** כהעט"ז, דכתב מכסה בלא ברכה, **מיהו** היינו דוקא כשהן מומחים או יודעים לאמן ידיהם, דאז שחיטתן כשרה דיעבד לכ"ע, כמ"ש בסי' א' ס"ק כ"ד, דאל"כ מכסה בלא ברכה, וע"ל סי' ט"ז ס"ק כ"א.

סעיף יח - השוחט, אע"פ שאינו צריך אלא לדם, חייב לכסות. כיצד יעשה, נוחר או מעקר, כדי שיפטר מכסוי - (נראה דהיינו דוקא אם צריך לכל הדם, אבל אם לא כן, הרי יכול לכסות מקצת ולעשות צרכו בדם הנשאר, כדלעיל סט"ו).

(**עי'** בתשובת נו"ב, שנשאל באיש אחד אשר זיכהו השם בנחלה רחבה, ויש לו יערות ושדות אשר בתוכו חיות, אם מותר לילך בעצמו לירות בקנה שריפה לצוד ציד, או אסור לעשות כן משום צעב"ח או בל תשחית, **והשיב** דמצד הדין אין איסור, דכל דבר שיש בו צורך להאדם לית ביה משום צעב"ח, וגם לא שייך צעב"ח אלא לצערו ולהניחו בחיים, אבל להמית לא, **ומשום** בל תשחית נמי ליכא, שהרי נהנה בעור, וגם אינו עושה דרך השחתה, ועוד דעיקר איסור בל תשחית היינו שלא ישחית דבר שיכול האדם ליהנות ממנו, אבל דבר שאין בו הפסד לשום אדם, ל"ש בל תשחית, וא"כ הני חיות כ"ז שהם בחיים אין בהם שום הנאה, רק במותן בעורותיהם, ובבשרם ודאי דלית בהו משום בל תשחית, **אך** מ"מ יש בדבר זה מדה מגונה, היינו אכזריות, וזה אומנות שאינה שלו, וגם איסורא שמכניס עצמו לסכנה, וגם גורם הזכרת עונותיו, ומי שהוא איש הצריך לזה, ופרנסתו מצידה כזו, אין ברירה, אבל מי שאין עיקר כוונתו למחייתו, אסור לעשות כן, ע"ש).

סעיף יט - צריך לבדוק הסימנים והסכין קודם הכיסוי, כדי שלא יבא לידי ברכה לבטלה – [פי' דאם ימצא פסול בסימנים, אין כאן כיסוי כלל, ואם ימצא הסכין פגום, נהי שיצטרך לכסות מספק, דשמא במפרקת נפגמה, כמ"ש אח"כ, מ"מ בשניהם אין כאן חיוב ברכה, ע"כ לא יכסה קודם הבדיקה בסימנים וסכין, **וא"ל** למה מברכין ברכת שחיטה קודם השחיטה, שמא ימצא טריפה, **דהא** בעינן שהברכה תהיה עובר לעשייתה, **ואף** על גב דבברכת נטילת ידים וטבילה מברכינן אחר עשיית המעשה, שאני התם דא"א בענין אחר, דגברא לא חזי כמ"ש בסי' ד' סעיף א', **וע"כ** כאן סמכינן ארובא דכשירות הם, **ובדרישה** כתב בשם רש"ל, דברכת שחיטה שאני, דמהני לטהרה מידי נבלה, **ותמוה** הוא, דא"כ למה אמרו בשוחט דבר דאיתליד ביה ריעותא, דשוחט בלא ברכה, כדאיתא סימן י"ט סעיף א', הא מטהרה מידי נבלה, **אלא** ע"כ דלא מברכינן אלא על מה שמותר לאכול ממנה].

לא קשה מידי, ואישתמיטתיה דברי מהרש"ל פ"ק כיסוי הדם, דפסק באמת בדבר דאתיליד ריעותא, דמברך קודם שחיטה, והיינו כדעת רש"י, וגם נראה דאישתמיטתיה גם דברי רש"י, דכיון שמוציאה מידי נבילה יכול לברך, והביאו מהרש"ל שם, והב"ח בס"ס י"ט, **מיהו** בש"ך סי' י"ט כתבתי דמהירושלמי משמע כהא"ז, (דהוא המקור להרמ"א בסי' י"ט דלא לברך) - נקה"כ.

סעיף כ - השוחט חיה לא יכסה עד שיבדוק הריאה - ואע"ג דלעיל סי' י"ט אמרינן דמברך על השחיטה קודם השחיטה, היינו משום דא"א בענין אחר, דכל הברכות מברך עליהן עובר לעשייתן, וסמכינן אחזקה דרוב בהמות בחזקת כשרות הן, כדלקמן סי' פ"א, **אבל** הכא כיון דאפשר לברורי מבררינן, ודמי לדלעיל ר"ס א', דאין סומכין על החזקה במקום דיכולים לברר.

(**עיין** בתשובת צמח צדק, שכתב לענין בדיקות הוושטות באווזות שמלעיטין, שיש תקנה לבדוק, יכסה מקודם, ולא דמו לריאה, ע"ש, והביאו הפמ"ג, **ונראה** דה"ה לענין בר אווזות ששכיח במעיהן בועות הרבה, וצריך בדיקה כמו שכתוב לקמן ס"ס מ"ו, יכסה ג"כ מקודם, וכן כתב בתשובת הר הכרמל, ע"ש).

ואם נמצאת ספק טריפה, מכסה בלא ברכה; והוא הדין לכל פיסול שהוא מחמת ספק, כגון ההיא דחיישינן שמא בעור נפגמה - וכדלעיל סי' י"ח, **וכן כל כיוצא בזה** - והב"ח חלק אמהרא"י והמחבר, ודקדק ממ"ש הטור בר"ס י"ח, דבנמצאת הסכין פגומה לאחר שחיטה הרי זה נבלה, ולא כתב ספק נבלה, דאתא לאורויי דמחזקינן לה בנבלה גמורה לפטור מכסוי, **ול"ד** לספק טריפה דמכסה בלא ברכה, כיון דאירע הספק בשחיטה עצמה, עכ"ד, **ותימא**, היאך יעלה על הדעת לעקור עשה מן התורה, לפטור מכסוי משום שנמצא הסכין פגומה, דליכא אלא ספקא, ואפשר דבעצם המפרקת נפגם, דהא איכא מ"ד

פ"ק דחולין דמכשיר, ונהי דקי"ל לחומרא, מ"מ ליכא אלא ספיקא, וכדאמרינן בש"ס, חיישינן שמא בעור נפגמה, וכן כתבו כל הפוסקים וכמ"ש בר"ס י"ח, **ומה** שדקדק מדברי הטור לאו כלום הוא, דודאי הטור בסי' י"ח לאו להכי אתא, דהתם לא איירי כלל מדיני כסוי, וגם אם היה כוונתו לכך לא היה כותבו ברמז, אלא לא ירד לדקדק בכך, וכ"כ בדוכתי טובי ה"ז נבלה, והוי ספק נבלה, וכן המחבר גופיה כתב בר"ס י"ח ה"ז נבלה, **גם** מה שחילק בין ספק טרפה לספק בשחיטה, לא נהירא כלל, והכי מוכח להדיא בש"ס גבי שחיטת חש"ו, דאי לאו דרוב מעשיהם מקולקלים, אזלינן לחומרא להצריך כסוי מספק, ע"ש, וכ"פ מהרש"ל כהמחבר וכ"פ בד"מ.

(**ועיין** בתשובת אא"ז פמ"א, שיישב דעת הב"ח, והעלה לדינא כדבריו, דספק בשחיטה בסכין פגומה א"צ לכסות, ע"ש).

הגה: אבל דבר שמדינא הוא כשר רק שמחמירים בו, כגון אם חתך כל המפרקת וכיוצא בו, חייבים לכסות - משמע דבחתך מפרקת חייב לכסות מדינא, וצריך לברך, וכן בדין, לפי מ"ש בסי' כ"ד ס"ק ה', דהא דמחמירין בחתך המפרקת הוא חומרא בלא טעם, והוכחתי שם מן הש"ס ופוסקים דמותר, ע"ש, הלכך נהי דמחמרינן לאכול, היינו משום שכבר נהגו כן, אבל פשיטא דצריך לברך, **דלא** כהעט"ז והב"ח, שכתבו מכסה בלא ברכה.

[**דוקא** בחומרא זאת, שמדינא כשר לגמרי אפילו לדידן, כמו שזכרנו בסי' כ"ד סעיף ד', ומצות פרוש בעלמא אית ביה, ע"כ יכסנו בברכה].

(**ועיין** בתשו' נח"ש, דה"ה שהייה כל דהו מכסה בברכה).

‹**כתב** הפמ"ג דאפי' טריפות דרבנן פטור מכיסוי, דמ"מ אינו בכלל "אשר יאכל", **אמנם** מוכח מסוגיא דחולין, דאיסור דרבנן לא מפקע ממצות כיסוי – רעק"א›.

סעיף כא - מי שאין לו עפר לכסות, לא ישחוט. הגה: אלא ימתין עד שיהיה לו עפר (טור); ואם הוא הולך במדבר או בספינה, ולא שוה העוף כהפסד הבגד שישרוף לאפר או הזהב שישחוק, תקינו ליה רבנן לשחוט ולמלא הדם בבגד או בסנדל, ומברך, וכשיגיע למקום עפר יכבס הבגד או הסנדל שיצא הדם, ומכסהו בלא ברכה, (מרדכי בשם הגאונים), והכי נהוג, (א"ז והראב"ן) - הב"י דחה דברים אלו, משום דא"כ עדיפא ה"ל למיתני האי תקנתא משורף טליתו דאיכא משום בל תשחית, **ועוד** דכיון שאינו מכסה בעפר, היאך יברך עליו, הלכך נראה דאין לדברים אלו עיקר, עכ"ל, **והרב** בד"מ דחה דברי הב"י, דבמתני' איירי דהבגד או זהב אינו שוה כמו העוף, וליכא בל תשחית, כדאיתא בפרק החובל גבי אילן מאכל שדמיו יקרים לבנין, מותר לקצצו, וכ"פ הרמב"ם. ‹**וכיון** דאפשר למיעבד הכי, לא התירו לו שיתמצה בבגדו, משא"כ כשהבגד שוה יותר, כיון דא"א בענין אחר, התירו שיתמצה בבגדו – פמ"ג›. [**ולא תירץ כלום, דכיון דבגמרא החמירו עליו שישרוף הטלית או הזהב, ולא סגי להו בתקנה זאת שימצה הדם בבגד, אין כח ביד הגאונים לעשות תקנה מלבם**]. **ואין** דבריו מוכרחים - נקה"כ.

והא דמברך, היינו הואיל וכי ממצה ליה בבגד ה"ל התחלת הכיסוי, אע"פ שאינו גומר הכסוי עד לאחר זמן, מידי דהוי אבדיקת חמץ, דמברכין על ביעור חמץ אע"ג דלא מבערין עד למחר, וה"ה בנ"ד כו', ואח"כ מצאתי בא"ז שהביא דברי הגאונים והאריך בטעמים, וכתב דיש לסמוך עליהם, עכ"ל ד"מ, **אכן** מה שדמה בד"מ דין זה לבדיקת חמץ, לא דמי כ"כ, דהתם ה"ט דהבדיקה היא תחלת ביעור, דא"א לביעור בלא בדיקה, ותלי הבדיקה בביעור, [**נמצא שבשעה שציוו לבער היה בכלל זה גם הבדיקה תחלה, משא"כ כאן ששום אדם אינו עושה כן שימצה הדם בבגד, רק האי גברא לפי שאין לו עפר, ודאי אין שייך לומר שזהו בכלל הציווי מעיקרא, אדרבה נימא שזה לא ישחוט כלל כיון שאין לו עפר לכסות**].

וכן מצאתי בראב"ן שהביא דבריהם לפסק הלכה, **ומהרש"ל** נמשך אחרי הב"י לדחות דברי הגאונים, ודחוי כזה חוזר ונראה, אחר שמפורש כן בגדולי ההוראה הנזכרים ונתיישב דבריהם, **גם** מהרש"ל עצמו הביא דברי הגאונים בסתם בהגהותיו לשחיטות מהרי"ו - אכן תמצא כמה פעמים שבספרו חוזר בו מדברי הראשונים - וכ"פ הב"ח.

נ"ל לצרף ג"כ הטעם שכ' הב"ח, דהברכה לא נתקנה אלא "על כסוי דם", ולא "בעפר", כדאיתא בתוספתא וירושלמי ופוסקים, ואף דנהגינן לומר "בעפר", היינו לרווחא דמלתא, אבל כאן אוקמא אדינא, ולכך כשממצה בבגדו אין לומר "בעפר". [**וק"ל, דאף לפי זה** שאינו מזכיר בכל ברכת כיסוי תיבת "בעפר", מ"מ בעינן שיהיה הכסוי בעפר, כמפורש בפסוק "וכסהו בעפר", אלא שלא צריך להזכירו, וכמו שזכרתי לעיל סעיף ב' בקושיא]. **לא** קשה מידי, דהא באמת מכסהו אח"כ בעפר, אלא דהברכה לא נתקנה לכתחלה על עפר - נקה"כ.

[**ע"כ נראה ברור שאין לנהוג כתקנה זאת, וכן ראיתי לרש"ל בספרו וז"ל, נראה שאין לדברים אלו עיקר, אף שהא"ז הביאם, מ"מ אם היה ממש בדברי הגאונים, א"א שלא הביאם הרי"ף או הרמב"ם, עכ"ל, ובלבוש כתב ג"כ שאין לברך על כיסוי זה לא בתחלה ולא בסוף, משמע דלא קפיד רק אברכה, אבל עיקר הכיסוי יוכל לעשות כן, ואני אומר שמי שאין לו עפר לכסות לא ישחוט כלל, כיון דליתיה לתקנה זאת, וכמ"ש הטור והש"ע כאן, נ"ל ברור]. ‹**ולפי** דבריו אף בכוי וכדומה שמכסה בלא ברכה, אין לעשות כן, כיון דהכיסוי בבגדו או בסנדלו לאו כלום הוא, על כן אין לבטל ספק מצות עשה דכיסוי. **אמנם** לא ידענא, אם יודע ודאי שהדם יהא נשמר עד שיבוא למקום עפר, ודאי דרשאי לשחוט, כי המצות עשה דכיסוי אינו מיד, כמו שהוכחתי לעיל מדהתירו לו לבדוק הריאה מקודם, וצ"ע - פמ"ג›.

ובעט"ז כתב, שנ"ל שלא יברך לכתחלה כשממצה בבגדו, ולא אח"כ כשמכבס הבגד, **ואילו** ראה דברי הר"ב בד"מ לא כתב כן. **גם** הוא לא ראה דברי ראב"ן שהבאתי בש"ך, ומוכרחים אנו ליישב דברי הגאונים שכל דבריהם דברי קבלה - נקה"כ.

‹**ולענין** דינא, וודאי מי שאין לו עפר, יוכל לשחוט לתוך סנדל של עור, ואין בזה ביזוי מצוה, ומכסה כשמגיע לביתו, דוודאי מצות כיסוי לאו מיד הוא, כמו שהוכחתי לעיל - פמ"ג›.

תקינו ליה רבנן - (עיין בתפארת למשה שכתב, דצ"ע אם מותר לעשות כן בשוחט לחולה בשבת, להיש מי שאומר דבסעיף ט"ו, **ולפמ"ש** שם דאין הלכה כהיש מי שאומר שם, א"כ גם למצה הדם בבגד אסור משום טורח).

סעיף כב - השוחט חיה ועוף ולא יצא מהם דם, מותרין - משמע דאתא לאשמועינן דאע"פ שלא נתקיים בהן מצות כסוי, מותרים, וכן משמע בתה"א וכן משמע בעט"ז וב"ח, **אבל** במשנה פרק השוחט שממנו מקור דין זה איתא: השוחט בהמה חיה ועוף ולא יצא מהם דם, מותרין, ומדנקט בהמה משמע דלאו מכסוי מיירי, **וכ"כ** הרמב"ם בדיני מסוכנת: השוחט בהמה חיה ועוף ולא יצא מהן דם, הרי אלו מותרין, ואין אומרים שמא מתים היו, עכ"ל, וכן פירש בספר תורת חיים, **ובמשמרת** הבית פי' הרשב"א, דאתא לאשמועינן דאע"ג דלא יצא מהן דם מותרין, דדם האיברים שלא פירש מותר כו'. ‹**אפשר** דהכי קאמר, דהו"א דפירש ממקום למקום, קמ"ל דלא הוה פירש ממקום למקום - פמ"ג›.

סעיף כג - כל הדברים שהזרעים הנזרעים בהם מצמיחים, הם בכלל עפר ומכסין בהם - ולא מהני כשמשימים בהן צמחים והוא מגדלם, אלא בעינן דוקא שהנזרעים בהן מצמיחים, ב"י, **ואם אינם מצמיחים, אם נקראו עפר מכסין בהם.**

לפיכך מכסין בזבל - ‹הדק, טור›, **ובחול הדק מאד עד שאין היוצר צריך לכתשו כלל, ובסיד, ובחרסית** - פי' בערוך, הוא מין סיד שחופרים אותו מן הקרקע, [וא"צ כתישה], **ולבינה, ומגופה של חרס, שכתשן** - האי כתישה קאי ג"כ אלבינה, **ובשחיקת אבנים, ובשחיקת חרסים, ובנעורת של פשתן דקה** - פירש"י דהיינו אריש"טא שמנערין מן הפשתן, וה"ה בעפר, **ובנסורת חרשים** - שמגררים הנגרים במגירה וקוצצים בה עצים, והיא משרה נסורת דקה כעפר, **ובאוכלים או בגדים שרופים עד שנעשו עפר, ובשיחור** - פירש"י פחמים כתושים, וכן פי' בערוך, והרמב"ם פי' דהיינו פיח הכבשן, **ובכחול** - הוא צבע שנותנין בעין, **ובנקרות הפסולים** - פירש"י עפר שמנקרין מן הרחיים.

אבל אין מכסין בזבל גס, ולא בחול שהיוצר צריך לכתשו, ולא בקמח וסובין ומורסן,

ולא בשחיקת מתכת אם אינם שרופין - אבל בשרופים מכסים, וה"ה לכל הנך דאין מכסים, אם שרופים מכסים בעפרן, כ"מ בטור וב"י ופשוט הוא, **חוץ מבזהב שחוק שנקרא עפר, דכתיב: ועפרות זהב לו. ואפר נקרא עפר, דכתיב: ולקחו לטמא מעפר שרפת החטאת.**

סעיף כד - אין מכסין בעפר המדבר, מפני שהיא ארץ מליחה ואינה מצמחת -

‹דדבר שאינו עפר, כשהחשיבו הכתוב וקראו עפר, כמו הזהב, עדיף ממידי דהוי עפר והוא גרוע משאר עפר, כמו עפר שאינו מצמיח מעיקרו, אף על פי שמגדל צמחים, כגון ארץ מליחה, כיון שהוא עפר והוא גרוע כל כך, אין מכסין בו – ב"י›.

הגה: ולכן אין מכסים בעפר לחה ממים, כגון מתונתא - וכל שכן בטיט, כדאיתא בש"ס שם.

כן הוא בכל הספרים, וכן העתיק בס' אפי רברבי, ומשמע דהיינו מפני שעפר לחה אינה מצמחת, **וליתא**, דבש"ס פרק אלו עוברין איתא בהדיא, דראויה לזריעה ומצמחת, וכן הוא ברש"י שם, **אעפ"י** שהב"י העתיק לשון רש"י, "ואינה ראויה לזריעה", פשוט הוא דט"ס הוא, והעט"ז העתיק לשון הב"י ולא הרגיש בטעות, **אלא** הטעם כתב הסמ"ג, דבעינן עפר דק ונפרד שראוי למנות, כדכתיב: אם יוכל איש למנות את עפר הארץ, ומביאו ב"י ודרכי משה, **ונ"ל** דהאי "ולכן" ט"ס הוא, וצריך להיות "וכן", וקל להבין.

ואין לכסות בשלג. (ב"י וא"ז בשם גאון, דלא כמרדכי בשם גאון) - ‹כתב המרדכי בשם גאון, מכסין בשלג, שנאמר: כי לשלג יאמר הוי ארץ, **ודברי** תימה הם, דהא לא כתיב: כי לשלג יאמר הוי עפר, ואנן עפר בעינן כדכתיב בקרא, **ועוד** דלא קאמר קרא שהשלג הוא נקרא ארץ, אלא שהשי"ת מצוה ואומר לשלג שירד ויהיה בארץ, וכן נראה מדברי הפוסקים, לא כתבו דמכסין בשלג, **לכן** אני אומר דדברים אלו דברי יחיד הם, ואין סומכים עליהם – ב"י›. ‹**וכ"כ** באור זרוע בשם גאון אחד, דטעות הוא לכסות בשלג, דלמחר יתחמם השלג ויהיה מים, וא"כ כיסה במים, ע"כ ראוי שאין לכסות בשלג, עכ"ל – ד"מ›. ‹**לאו** לומר דבעינן שיכסה כיסוי הראוי להיות עולם, דהא נוהגין העולם לכסות בשוק, אף שודאי יחזור ויגלה, אלא כלומר דלאו כיסוי כלל אף עתה – פמ"ג›.

‹**והכנסת** הגדולה בשם מהר"י ווייל וספר יאיר נתיב, דבשעת הדחק יכסה בשלג בלא ברכה, וצ"ע – פמ"ג›.

‹כתב בתבואות שור, כל הני דאין מכסין בהם, אם עבר וכיסה, צריך לגלות ולכסות בלא ברכה – פמ"ג›.

תם ונשלם הלכות שחיטה

הלכות מליחה
סימן סט – דיני מליחה והדחה

§ סימן סט – דיני מליחה והדחה §

סעיף א- צריך להדיח הבשר קודם מליחה - הטעם, כדי שיתרכך הבשר ויצא דמו ע"י מליחה - ר"ן וי"א במרדכי, **והמרדכי** כ' הטעם, דהדחה ראשונה היא להעביר הלכלוך שעל החתיכה, שאל"כ המלח נתמלא ממנו, ושוב לא יוציא המלח הדם שבחתיכה, **ולהנך** תרי טעמי מהני אם יחזור וידיחנו וימלחנו אפי' אחר זמן, [**ויפלוט דם שבלע עם דמו, דהא גם כאן יש לו דם אחר שיחזור וידיחנו ויתרכך הבשר, ואם יחזור וימליחנו יהיה לו דם בלוע לפלוט, ואגב זה** יפליט גם מה שבלע ממה שהוא עליו בעין], **אבל** הגמ"יי כתבו בשם סמ"ק הטעם, מפני שהמלח מבליע ואינו מפליט דם שהוא בעין, וכן כתב בסמ"ג, וכן כתוב בשערי דורא ובהגהת ש"ד, דדם שעל גבו הוי כמו דם בעין שנפל ע"ג בשר רותח, ואסור, דלא שייך מישרק שריק, ולא כבולעו כך פולטו, וכן נמי צ"ל לדידהו, דלא אמרינן גבי דם בעין איידי דטריד למיפלט לא בלע, וכן כתב הר"ב סוף סימן ע'. ‹ודברי הט"ז סדרנו בס"ב›.

(**עיין** בב"י שכתב, דבמקומות הקרים ובזמן הקור הגדול, ישימו המים באור עד שתפיג צינתן, ואח"כ ידיחו בו הבשר, דאל"כ אדרבה ע"י הקור שבמים מטרשי להבשר).

‹**ובדיעבד** אם הדיחו במים הקרים ביותר, יש לדון אם מהני להדיח שנית במים פושרים לרכך, או כיון דנתקשה הבשר ע"י מים קרים לא יתרכך עוד, **ויש** ללמוד להתיר מההיא דבשר מלא קרח שבסוף סעיף זה – רעק"א›.

‹**ואם** מלחו אחר ההדחה במים קרים, יש לו תקנה בהדחה ומליחה שנית, דממ"נ, לטעם דדם בעין, היה מהני הדחה ראשונה של מים קרים, ולטעם ריכוך, מהני הדחה ומליחה שנית, **ואם** לא הדיח ומלח שנית ונתבשל כך, צ"ע לדינא, דלדעת הט"ז והש"ך דהדיחו מעט מותר בדיעבד, ‹בס"ב›, דסמכינן על טעם דדם בעין, או בצירוף טעם דשלא ימס המלח, הכא נמי שרי, **אבל** אם נפרש דהדחה מעט שרי, דקאי אדלעיל דשרי בהדחה ומליחה שנית, ‹וההוכחה של רעק"א סדרנו בס"ב›, א"כ ה"נ בהדיחו במים קרים י"ל דאסור בלא הדחה ומליחה שנית, ואף בנתבשל, וליכא הפ"מ – רעק"א›.

(ואם הדיחו הטבח, אין צריך להדיחו בבית) – [לכאורה קמ"ל בזה, דאין צריך לשרות במים דוקא, אלא דרך שפיכת מים עליו כדרך הטבחים סגי, אלא דבאמת קיימ"ל דלא סגי בזה כדלקמן, **ע"כ** נ"ל דנשמר בזה, דלא נימא מדאמר רב הונא בגמר' מולח ומדיח, ולא זכר הדחה ראשונה, והוא מטעם דכבר הודח בי טבחי כמ"ש ב"י, ולמה באמת סמך רב הונא על זה, אלא דודאי דרכן היה בכך שהטבחין היו מדיחין, וע"כ לא הוצרך להזכירו, אע"פ שבברייתא הזכירו, מ"מ רב הונא סמך על המנהג, **וא"כ** הו"א דמה שהזכיר הטור דבעי הדחה, היינו לאחר הדחה שהיא מצד המנהג, ובעינן שתי הדחות תחילה, קמ"ל דלא, **ואע"ג** דהתנא בגמר' אמר סתם מדיח ולא נזהר מזה, תנא א"צ לפרש דבריו].

וכתב באו"ה ומביאו בת"ח, דלא מועיל אפילו בדיעבד מה שרוחצים הטבחים הצלעות שלימות בבי טבחי, כמו שרגילים לשפוך עליהם בהעברה בעלמא לנאותם, ואפילו לא בקען אח"כ, דאינו קרוי הדיחו הטבח עד ששרה אותן קצת בכלי, עכ"ל.

נ"ל מיהו אי ידעינן דהדיחו הטבח, אמרינן דמסתמא הדיחו יפה, וכן משמע בב"ח. (**עיין** בנ"צ שכתבתי, דזה דווקא במקום שהמנהג כן שהטבחים שורים במים, אבל בלא"ה לא אמרינן כן).

(**ועיין** ח"ד שכתב, דיש להקל כשהדיחו בשעה שהדם חם, אפילו בהדחה מועטת).

"**ועד** ששרה *{בכלי}" ‹דקאמר האו"ה, הוא לאו דוקא, דאה"נ אם לא הדיחו דרך העברה אלא הדיחו היטב וכמ"ש הר"ב בסמוך, **לכך** כשהעתיק בת"ח ל' או"ה, העתיק דאינו נקרא הדיחו הטבח אלא כששרה אותו קצת כדרך בשר שמדיחים כשרוצה למלחו, ע"כ.

*‹**יש** מגיהין "בכלי", למען יבוא על נכון מש"כ הש"ך אח"כ, "לכך כשהעתיק" וכו', והוי הפי', שע"כ לא העתיק בת"ח תיבת "בכלי", {וכ"כ המחה"ש. אבל שריי' קצת צריך, והגם דרמ"א בסמוך כתוב, דהדחה היטב בלא שריי' די, דלמא ביחד עם שריי' קצת הוי לכתחילה, אע"פ שלא שרה נגד חצי שעה}. **ולענ"ד** אין זה כוונת רבינו הש"ך כלל, תדע שהרי מסיק מיד "דאה"נ אם לא הדיחו דרך העברה אלא הדיחו היטב", והשתא אם נאמר שרק תיבת "בכלי" הוא לאו דוקא, שע"כ לא העתיקו בת"ח, אבל "עד ששרה" דוקא, וע"כ העתיק זה בת"ח כאמור, א"כ מה זה שסיים הש"ך "דאה"נ כו' אלא הדיחו היטב", הלא שרייה דוקא הוא, ודוק. **אשר** ע"כ נלענ"ד כוונת רבינו בזה פשוט בלא הג"ה ככתוב בכל הספרים, "ועד ששרה" הוא לאו דוקא, והכי פתרונו, לא תימא דוקא שרה,

אלא ה"ה הדיחו היטב, וה"ק או"ה, שרה או הדיחו היטב, לאו דוקא שרה, ונקט "ששרה", כי כן דרך בשר כשמדיחין אותו למולחו שורין אותו קצת, **ועתה** יבוא על נכון גם מש"כ הש"ך אח"כ "לכך כשהעתיק בת"ח לשון או"ה העתיק דאינו נקרא הדיחו הטבח אלא כששרה אותו קצת כדרך בשר שמדיחין אותו כשרוצה למולחו", דלכאורה אמאי הוסיף מילים "כדרך בשר" וכו', אלא לומר דהך "ששרה" לאו דוקא, כנ"ל. **והוסיף** הש"ך "מיהו אי" וכו', דלכאורה מדברי הת"ח בשם או"ה שכתבו "אינו נקרא הדיחו הטבח אלא כששרה" וכו', משמע דוקא שאנו יודעים ששרה או הדיחו היטב עכ"פ, **לזה** כתב הש"ך "מיהו אי ידעינן", דבזה אתי שפיר מ"ש הטור והרמ"א סתם "ואם הדיחו הטבח", ולא כתבו "ואם הדיחו הטבח כראוי" – מחה"ש להרה"ג ר' נחום ווייסבלאט›.

ואם אחר שהדיח חתך כל נתח לשנים או לשלשה, ‹צריך לחזור ולהדיחם› - דקדק לכתוב חתך, דהיינו דוקא בסכין, הוא דצריך לחזור ולהדיח וכמ"ש המרדכי, דאגב דוחקא דסכינא מפליט.

‹**ועיין** ח"ד שכתב, דאם אכל חתול קצת מהחתיכה, א"צ להדיח במקום האכילה, וצ"ע).

‹**ואם** לא חתך לשנים, רק חתך מעט, כתב הפמ"ג דמותר בדיעבד, דהא יש ס', ואף שלא נמלח שם להמרדכי, ‹דהוא המקור לדינא דשו"ע, מ"מ בנשאר מקום בלי מלח מתיר הש"ך, וה"נ מותר, עכ"ד, **ולפמ"ש** לקמן בשם חמודי דניאל, דלא שרי אלא בנשאר מעט מקום בלי מלח, אבל אם נשאר הרבה אף דיעבד אסור, דבאותו מקום נאכל מחמת מלחו, נראה דגם כאן אסור, ודינו כנמלח מצד אחד, וצ"ע לדינא›.

(או שהסיר טלפי הרגלים – [פירוש מנעלים של בהמה], **לאחר ההדחה),** ‹צריך לחזור ולהדיחם› - אבל אם לא היה מסירם, היה נחשב הכל כחתיכת בשר א', והיה די בהדחתן כך כמות שהן, **והיינו** דכתב הר"ב בסי' ס"ח סעיף ח', דפרסות הרגל שנמלחו בקליפתן, דנהגינן לאסור מה שבתוך הקליפה, מטעם דהוי כמולח בכלי שאינו מנוקב, **ולא** אסרינן להו מטעם שנמלחו בלא הדחה, ואז אפי' מה שחוץ לקליפה אסור וכמ"ש בסמוך, **אלא** ודאי דאם לא הסירם די להם בהדחה כמות שהן, הואיל ואין כאן דם נראה לעינים, וכן מוכח באו"ה.

צריך לחזור ולהדיחם - מיהו דעת הר"ן, דאם חתכו אח"כ לשנים א"צ לחזור ולהדיחו, וכן מוכרח דעת הר"י ן' חביב שהביא הב"י, **אך** י"ל דהר"ן לטעמיה אזיל, דס"ל דטעם הדחה לאו משום דם הוא, אלא כדי שיתרכך הבשר, וכמ"ש בשמו למעלה, וכיון דחללינהו בי טבחי כבר נתרכך, ולא איכפת לן במה שחתכו אח"כ לשנים, וזהו ג"כ דעת ן' חביב, **אבל** לדידן דקי"ל דטעם הדחה הוא משום דם, וכדלקמן ס"ב, צריך הדחה אף בדיעבד.

הגה: ואם לא עשה כן, הוי כלא הודח כלל - ‹קי"ל, הא בלא הודח כלל ומלחו ובישלו, אפי' בדיעבד והפ"מ אסור, ובזה דחתך נתח, אם לא חזר והדיחם מותר בהפ"מ, דהא בהפ"מ סמכינן על טעמא דריכוך, כמבואר בס"ב, ולהך טעמא דריכוך א"צ לחזור ולהדיחו, כמ"ש הש"ך – רעק"א›.

הדחת הבשר לכתחלה יזהר לשרותו נגד חצי שעה, ולהדיחו היטב במי השרייה, אבל אם לא שראו רק הדיחו היטב, סגי ליה - פירוש וא"צ לחזור ולטרוח ולשרותו, אפי' לא נמלח עדיין, אבל בהדחה מועטת לא סגי ליה, וצריך לחזור ולהדיחו היטב, **אבל** אם נמלח, אף בהדחה מועטת סגי ליה בדיעבד, כמ"ש בהג"ה בסעיף ב', וכן משמע להדיא בת"ח כדפי', **ובספר** ל"ח כתב, דהר"ב שינה בהגהותיו ממ"ש בת"ח ע"ש, ולפעד"נ כמ"ש - ס"ק ה'. ‹**ועיין** מש"כ ע"ז רעק"א בס"ב›.

‹**אם** נשרה בכלי במים, וחצי חתיכה היה למעלה מהמים, כתב הפמ"ג, דלטעם כדי לרכך שרי, שהמים נכנסים בבשר ונתרכך כל החתיכה, ע"ש, **ואם** כן מדיח הצד שהיה למעלה מהמים ודיו, דהא לאינך טעמי לא צריך שריה חצי שעה›.

‹**ואם** הדיחו היטב מצד אחד, ומצד אחד הדחה מועטת, י"ל דדי בכך, דלענין ריכוך י"ל דע"י צד אחד ג"כ נתרכך, דכמו דהוכיח רשב"א דנמלח מצד אחד מהני, כמו דמהני מליחה לחתיכה עבה, זה הראיה עצמו ג"כ לענין הדחה מצד אחד, ולענין דם בעין ולאינך טעמים, מהני הדחה מועטת, וצ"ע לדינא – רעק"א›.

ואח"כ ימתין מעט שיטפטפו המים קודם שימלחנו, שלא ימס המלח מן המים ולא יוציא דם - ‹וימתין מעט דוקא, לאפוקי שלא ימתין עד שיתנגב לגמרי, דאז לא ימס המלח כלל, ולא יוציא דם - ת"ח.

‹**עיין** משמרת הבית, כי אם לא יתלחלח הבשר לא ידבק בו המלח ולא יוציא דם. **וידאה** דיעבד אם נתיבש מאד אחר הדחה, יש להתיר, כ"ש אנן קי"ל עיקר הטעם משום

ריכוך או דם בעין, ובהפ"מ מתירין בס"ב, יש להתיר כאן בלא הפ"מ – פמ"ג.

ונהגו שלא להשתמש בדברים אחרים בכלי שמורין בו בשר - כלומר ודאי מדינא שרי להשתמש בו דברים אחרים, דלא נאסר הכלי כיון דאין שורין בו מע"ל, דצונן הוא ולא בלע, אלא דנהגו שלא להשתמש בו לכתחלה אפי' בצונן, דחיישינן שמא נדבק בו עדיין דם, [ולא הדיחו יפה מדמו, *ודוקא דבר לח בצונן או יבש ברותח], **מיהו** בדיעבד שרי אפי' נשתמש בו רותח, אם הדיחו קודם, [דהא הכלי שרי, ואין כאן אלא גזירה, כ"כ ד"מ].

*‹**משמע** דצונן יבש מותר, דידיחו האוכל, ואף בדבר דלאו אורחיה בהדחה, לא חיישינן דלמא משתלי ואכיל בלא הדחה, כיון דבדיעבד דנין דהכלי הודח היטב, דהא מהאי טעמא בשמשו בו רותח מותר בדיעבד, מש"ה לא חיישינן למשתלי – רעק"א›.

ואם נשתהה הבשר בשרייתו מעת לעת, הבשר וגם הכלי אסורין - דכיון שנשרה בו מע"ל הוי כבוש, וכבוש הרי הוא כמבושל.

ועיין לקמן סימן זה - סט"ו, דשם נתבאר דהבשר אסור אפי' לצלי, **ואם** יש במים ס' כנגדו, מותר אפי' לקדרה, [דאותה חתיכה ג"כ מותרת, דאינו חמור כ"כ כמו מתבשל ממש בלא מליחה – ת"ח, ורש"ל אוסר בכל גווני אותה חתיכה, אפי' בכבוש, ועיין מ"ש בסט"ו].

אבל פחות מעת לעת אין להקפיד. ואף במקום שנאסר הכלי, מותר לחזור ולשרות בו - דהא אין שורין בו הבשר שני מע"ל, ואינו בולע - או"ה, **משמע** דאסור לשרות בו מע"ל בשר שנמלח כבר והודח כהוגן, מטעם שנכבש בכלי איסור, ופשוט הוא, **מיהו** בדיעבד שרי, דהא לא נעשה כבוש עד אחר מע"ל, ואז הוי נותן טעם לפגם, וכמ"ש בסי' ק"ה.

דין בשר שמלא קרח, כיצד נוהגין עם שרייתו, עיין לעיל סי' ס"ח - בשר שנקרש, אסור למלחו עד שירכך אותו כמו שהיתה מתחלה, **ואם** נמלח ואח"כ נקרש קודם ששהה שיעור מליחה, אם נפשר אח"כ, טוב למלחו פעם אחרת ולהשהותו שיעור מליחה, **ואם** לא מלחו פעם אחרת, ושהה שיעור מליחה אחר ההפשר, ונתבשל, **מותר בדיעבד**, ‹**ואם** לאו אסור, דעת הקרישה לא מצטרף – בה"ט›, כן העלה במהרש"ל. ‹**ומשמע** דצירוף לא מהני, כי כבר נתבטל רתיחה ראשונה, וצריך לשהות אח"כ ביחד שיעור מליחה – פמ"ג›. ‹**נ"ב** ופר"ח – לקמן בסמוך – כ' להדיא דמצרפא השהי' קודם שנקרש – הגהות רעק"א›.

‹**וכתב** פר"ח, אבל אם נשתהה זמן מהריפוי קודם התחלת הקרישה, אע"פ שלא שהה אחר ההפשר כשיעור מליחה, כיון שנשתהה שיעור מליחה בהפשר ראשון ושני, אע"פ שנקרש בינתיים, מצטרפין – בה"ט›.

‹**ועיין** בספר לוית חן שכתב, דבשר שנמלח ושהה שיעור מליחה והודח, ואח"כ נמצא באמצעיתו קרח, לא מהני לבשר זה שיחזור וימלחנו אחר שנפשר, כיון דהבשר סביביו היה נפשר בשעת מליחה ופלט כל דמו, שוב לא יפלוט המליחה לדם שבפנים, כמו בחלחולת בסימן ע"ה, ואין תקנה לבשר זה רק לצלותו, עכ"ד›.

‹**ועיין** בתשובת הר הכרמל שדחה טעם זה, אלא דמטעם אחר יש לאסור, דאותו חלק בשר שכבר שהה במלחו כראוי, ויצא דמו והודח ונסתמו נקבי הפליטה, כשמולחין שנית יחזור ויבלע מבשר זה שבאמצע, **ושוב** העלה דגם משום זה אין לאסור, ע"ש. **ועיין** בתשובת גבעת שאול, שדעתו בדין זה, דאם לא הודח עדיין, יש תקנה להתיר, ע"י שידיחנו קודם רק להעביר הליכלוך של ציר, ואז ודאי דמהני מליחה שנית, אפילו שלא במקום הפסד, **אך** אם כבר הודח היטב, אין תקנה רק לצלותו, **ואם** כבר נמלח שנית אחר שהודח כדין הדחה גמורה, יש לאסור אף לצלי, ע"ש היטב›.

‹**ומ"ש** הבה"ט עוד בשם מ"י, בשר ששרה במים, ונקרש הבשר תיכף עם המים ונעשה קרח, ושהה עם הקרח כמה ימים בלי מליחה, **העלה**, דאם שהה שלשה ימים בתוך הקרח, דיש לאסור הבשר לבישול ממ"נ, אי חשבינן הקרח כמים, א"כ הוי כבשר ששהה במים מעל"ע, שמבליע הדם, **ואם** לא חשיב הקרח כמים, א"כ הוי כבשר ששהה שלשה ימים בלא הדחה, **אבל** לצלי מותר בכל ענין, ע"ש שהוכיח דקרח לא חשיב כמים›, **עיין** בזה בשו"ת דבר שמואל, שדעתו לאסור אף אם לא נשרה בקרח רק מעל"ע, **ועיין** בשו"ת קרית חנה שהעלה כדעת המ"י, דקרח לא חשיב כמים, ולכן אם לא שהה בקרח רק מעל"ע בוודאי שרי, ואף אם שהה כן ג' ימים, ג"כ אין ברור לאסור, ‹כיון דבשר ששהה ג' ימים הוא חומרת הגאונים, ובכמה דברים הקילו בו, יש לחושבו להדחה מועטת עכ"פ – מהמשך לשון התשובה›.

סעיף ב - אם מלח ולא הדיח תחילה, ידיחנו וימלחנו שנית – [דיחזור ויפלוט מה שבלע, כמו בבשר שנפל לציר, או בשר שנמלח שנתנוהו עם בשר שלא נמלח].

ויש אוסרין – [הוא סמ"ק ומהר"י טרושין, ס"ל דשאני הכא דבלע דם בעין לא אמרינן שיצא ע"י מליחה, ופסק רש"ל וכן בת"ח דאפי' לצלי אסור].

[**בב"י** מביא שני טעמים להדחה ראשונה, האחד משום דם בעין שהוא על הבשר, שאין המלח מפליט אלא דם הבלוע שהוא לח, אבל לא מה שנתיבש על פניו, ואם לא ידיחו אותו תחילה, יש לחוש שמא לאחר שיניח מלפלוט דם וציר, יהא ניתך ויבליענו, **טעם שני**, משום שיתרכך הבשר ויצא דמו ע"י מליחה, שאם יהא נקרש על פניו לא יהא כח במלח להוציא דמו, עכ"ל, **ונראה** דבהא פליגי היש אוסרין ויש מתירין, לענין מלח בלא הדחה תחילה, כי היש מתירין שהוא הרא"ש ס"ל הטעם שני, ומש"ה מדמה ליה לבשר שנמלח שנתנוהו על בשר שלא נמלח, שיש לו תקנה במליחה, ויפלוט דם שבלע עם דמו, דהא גם כאן יש לו דם אחר שיחזור וידיחנו ויתרכך הבשר, ואם יחזור וימליחנו יהיה לו דם בלוע לפלוט, ואגב זה יפליט גם מה שבלע ממה שהוא עליו בעין, והיש אוסרין ס"ל טעם הראשון, ממילא אחר המליחה הראשונה יצא כבר כל דמו, ואין חשש רק שיבלע מדם בעין שעליו, ובזה לא שייך לומר שיצא על ידי מליחה אגב דמו, דהא בשעת מליחה אין לו דם של עצמו. **והב"י** הביא בשם הג"ה מיימון בשם סמ"ק, דהמלח מבליע דם בעין שעל הבשר לתוך הבשר, וכ"כ האו"ה וכן בש"ד], ‹ולפי"ז דחשוב "דם בעין", בולע אפי' תוך שיעור מליחה, וכמו שהסביר הש"ך בס"א, ולא שייך בו כבולעו כך פולטו, **משא"כ** לפי הטעם שכתב בתחילת דבריו, אינו חשוב "דם בעין", ואינו בולעו עד אחר שיניח מלפלוט, ומש"כ שם "משום דם בעין" כתב הפמ"ג דהוי לאו דוקא. **ודברי** הט"ז הם מובאים מס"א.

‹**תרנגולת** מבחוץ ליכא דם בעין, פמ"ג - רעק"א›.

הגה: וכן נוהגין, אפילו לא נמלח רק מעט כדרך שמולחים לצלי – [באו"ה בשם אור זרוע נתן שני טעמים, האחד שאין אנו בקיאין להבחין בין מליחת צלי לקדרה, **ועוד** בשם אור זרוע, ‹לגבי נמלח מליחה מועטת בכלי שאינו מנוקב›, דא"א דאפי' מליחה של צלי לא יפלוט כל שהוא מן הדם*, וחוזר ואוסרו, ע"כ, **ולפי** טעם יש אוסרין שבסמוך, משום דמבליע דם בעין, הוה האיסור אפי' במליחה מעט ג"כ משום דם בעין, כמו בדם פליטה לדעת האור זרוע, **ומו"ח** ז"ל פסק להתיר במליחה מועטת ולא שהה, ומשווה אותנו לבקיאין בדבר, **ולא** נלע"ד כן, דאפי' לפי"ז יש לאסור מטעם השני, דכיון שמבליע איסור ואינו פולט, מה לי הרבה מה לי מעט].

*‹**וק"ל**, דלפ"ז אפי' אם הודח תחילה יאסר מליחת צלי, דפלט מעט וחזר ובלע, דאין טרוד לפלוט הרבה כיון דנמלח רק מעט - רעק"א›.

ואפילו לא שהה במלחו שיעור מליחה - כתב בד"מ, דהיינו לקדרה, אבל לצלי שרי אם לא שהה שיעור מליחה, כמ"ש הר"ב בסימן ע"ו ס"ב, (**ועיין** בתפארת למשה שכתב, דלא שרי אלא בתרתי למעליותא, לא נמלח רק מעט, ולא שהה, וגם דעת הרמ"א בסימן ע"ו מתפרש כן), **ומהרש"ל** פסק, דאפי' לא שהה שיעור מליחה אסור ג"כ לצלי, וכ"פ הב"ח, **ובספרי** העליתי כדברי הר"ב, ודחיתי ראיותיהם, ע"ש.

מיהו במקום הפסד מרובה, יש להתירו – [פי' אפי' שהה במלחו], ‹ק"ל, לכאורה דוקא בשהה, אבל בלא שהה כיון דיש היתר בצלי, לא מקרי הפ"מ לדעת הט"ז בס"ד - רעק"א›. **מה** שפסק הב"ח, דבשהה אסור אף במקום הפסד מרובה, אף ע"י הדחה ומליחה שנית, לא מחוור כמ"ש שם באריכות, ע"ש.

ז"ל הב"י: ז"ל הרא"ש, מלח בלא הדחה, י"א שאין תקנה לאותו בשר כו', עד לענין הלכה, אם הוא במקום הפסד מרובה, או שהוא בע"ש וא"א להכין אחרת, כדאי הם הרא"ש והר"מ לסמוך עליהם, עכ"ל, **ונראה** דעת הב"י לסמוך עליהם במקום הפסד מרובה, אם הדיחו ומלחו שנית דוקא, וכן משמע מדבריו כאן בש"ע, וא"כ מה שכ' הר"ב מיהו במקום הפסד מרובה יש להתירו, נמי איירי בכה"ג, וכן מבואר להדיא דעת העט"ז, **ודעת** מהרש"ל נראה, דאין תקנה לאותו בשר בהדחה ומליחה שנית, אף במקום הפסד מרובה, ואין זה עיקר, **ולקמן** סי' ע' נתבאר, דבכל מקום דשרי הדחה ומליחה שנית, כ"ש דשרי לצלי, ע"ש.

ואם לא הודח רק מעט קודם שמלחו, מותר בדיעבד, והוא הדין אם היה ס' בחתיכה נגד דם שעליו - «ומ"מ קליפה בעיא – רעק"א».

לשון הת"ח, ואע"ג דאין לך חתיכה שיש בה ס' נגד דם שעליו, היינו בסתם, אבל אי ידעינן דיש בה ס', ודאי מהני, ע"כ.

כלומר דודאי לטעם כדי שיתרכך, לא מהני הדחה מועטת, דאינו מתרכך בזה, ופשיטא נמי דלא שייך כאן ס', **אלא** שאנו סומכים בדיעבד דטעמא לא הוי אלא משום דם שע"ג, והלכך מהני הדחה מועטת, וכן אם יש ס' נגד הדם, וכן מבואר בת"ח, **[וכן לומד הט"ז]**, ***ומשמע** דכיון שנמלח, אף שלא בישלו עדיין חשוב דיעבד, ****וא"צ** לחזור ולהדיחו ולמלחו, ודוק, ועיין ס"ק ה'.

*«**אין** זה מוכרח, די"ל דלא הוי דיעבד כיון דיש לו תקנה לחזור ולמולחו שנית, דאז מותר ממ"נ, לטעם דנתרכך לא נאסר במליחה ראשונה, ומהני הדחה ומליחה שנית, ולטעם דם בעין מהני הדחה מועטת הראשונה, ולא מקרי דיעבד אלא בנתבשל, **ולפ"ז** ממילא גם מ"ש הש"ך סק"ה אינו מוכרח, די"ל דהדיחו היטב מהני רק במלחו, דא"צ לחזור ולשרותו ולמלחו, אבל כ"ז שלא מלחו, י"ל דצריך לשרותו – רעק"א.

«מסקנת האחרונים אינו כן, אלא דכוונת הרמ"א, דבהודח או שיש ששים, מהני הדחה ומליחה שנית, דלטעם ריכוך מהני הדחה השנייה, ולאינך טעמים משום דם בעין או שלא ימס המלח, מהני הדחה הראשונה», «**והכי** מוכח לכאורה, מדכתב בהג"ה וה"ה אם היה ששים נגד דם בעין, ובזה לכל הטעמים אסורים, רק לטעם בעין, וא"כ מדשריין בלא הדחה ומליחה שנית ובלא הפסד, יהיה מוכרח דנקטינן לעיקר לטעם דם בעין, ולא חיישינן כלל לאינך טעמים, **והא** במלחו ולא הדיחו, דמהני הדחה ומליחה שנית בהפ"מ, הרי דסמכינן לומר דאין הטעם משום דם בעין, **ע"כ** דדברי ההג"ה קאי על תקנה דהדחה ומליחה שנית – רעק"א, «קטע זה מובא מס"א».

«**ובנתבשל** ע"י הדחה מועטת ומליחה צ"ע לדינא, די"ל דמותר כיון דיש שני צדדים להתיר, היינו לטעם דשלא ימס או משום דם בעין, מהני הדחה מועטת, **ובלא** הדיחו כלל רק דיש ששים, בזה יש לאסור, כיון דאינו מותר רק להטעם משום דם בעין, ואין אנו דנין טעם לעיקר, כיון דבהפסד מרובה מתירים בהדחה ומליחה שנית, דסמכינן דהטעם דריכוך או דלא ימס המלח, **ואולם** בהפסד מרובה צ"ע, **ועיין** מש"כ בגליון לעיל, דהמשמעות דחד דינא הוא, דהודח מעט עם דינא דיש ששים נגד הדם בעין, וכיון דבששים בודאי אי אפשר להקל בלא הפסד מרובה, ולסמוך על טעם דדם בעין, הכי נמי בהודח מעט, כיון דכייל רמ"א בחד מחתה – רעק"א».

(**עפמ"ג** שפי' דברי הרמ"א בזה, דשרי ע"י הדחה ומליחה שנית דוקא, ע"ש, **ועיין** בספר לבושי שרד שחולק עליו, ומסיק דלכתחילה ידיחנו וימלחנו שנית, ובדיעבד אם נתבשל בלי מליחה שנית שרי).

ואם נמלח חתיכה בלא הדחה עם שאר חתיכות, שאר חתיכות מותרות והיא אסורה - דלגבי האחרות מיקרי דם פליטה, וכבולעו כך פולטו, «כיון שנמס ואח"כ נפל על האחרים, תו לא הוי דם בעין, משא"כ לגבי אותה חתיכה מיד מבליע שעדיין גוש ועב – פמ"ג», **[דדם שריק ואינו מפעפע מחתיכה לחתיכה במליחה וצלי', וג"כ אמרינן כבולעו כך פולטו, כיון שהוא דם דרבנן מאחר שנמלח]**. «**וכוונתו** כמ"ש הש"ך, דלגבי אחרות לא הוה דם בעין, כיון שנתלחלח ונעשה צלול קודם בואו לאחרות, אמרינן מישרק, ר"ל דטרוד לא בלע, או כבולעו כך פולטו, בדם מליחה דרבנן לא מחמירין – פמ"ג».

סעיף ג - לא ימלח במלח דקה כקמח - שהמלח הדק נבלע בבשר ואינו פולט, **מיהו** בדיעבד בכל מלח שמלח סגי, כ"כ בת"ח ובב"ח.

ולא במלח גסה ביותר, שנופלת מעל הבשר אילך ואילך – [וכתב ד"מ בשם או"ה הארוך **להלכה, דכל מלח שאינו גס יותר ממלח שעושין ממי הים, הוא כשר למליחה, ואם גס יותר, צריך להדיקו**].

(ואם אין לו מלח אחר רק מלח דק כקמח, מותר למלוח בו) - (עיין בספר חמודי דניאל שכתב, בזה צריך ליתן מלח על הבשר שיהא עב קצת, **ואם** מלח גס מצוי, אסור למלוח במלח דק אף אם נותן הרבה, דראשון ראשון מהמלח שנתקרב לבשר נכנס לבשר **ואינו** פועל בו, **עוד** כתב, שצריך ליזהר, שע"י השחיקה נטחן מן המלח הרבה כקמח, וכשמולח בכל המלח ביחד יש הרבה מן הבשר שלא בא עליו אלא מן המלח הדק כקמח, **ולענין** דיעבד משמע מדבריו, דאף אם מלח כל הבשר במלח דק לבד, ולא ריבה עד שיהא עב קצת, מותר).

אבל אם אין לו רק מלח גס, לא הוצרך להשמיענו, ‹דמותר למלוח בו›, דהרי יכול להדקו. ‹**ואם** א"א להדקו, שהוא קשה כאבן וכדומה, מולח בו – פמ"ג›.

[**כתב** רש"ל מצאתי כתוב, נוהגין המדקדקים ליזהר שלא לתת שום בשר שלא הודח, לא על שום דף או שלחן שאין מיוחד לכך, כי שמא יש מלח על מקום הנחת הבשר ולאו אדעתיה, עכ"ל, ‹והוה כמולח בלא הדחה – פמ"ג›, **נ"ל** ללמוד ג"כ, שאין לתת מלח על מקום המיוחד לתת שם בשר כשמביאין אותו מבית הטבח].

סעיף ד - יפזר עליו מלח שלא ישאר בו מקום מבלי מלח, וימלח כדי שלא יהא ראוי לאכול עם אותו מלח, ואינו צריך להרבות עליו מלח יותר מזה - כלומר שא"צ לעשותו כבנין, **וקי"ל** כהרשב"א, דאף החתיכה עבה א"צ לחתכה לשנים, ודלא כהמרדכי, וכ"כ מהרש"ל.

ומולחו משני צדדים, ועופות צריך למלחם גם מבפנים – [ה"ה כל דבר שהוא חלול, כ"כ או"ה הארוך, וע"כ יזהר בשעה שמתקנים ריאה ע"י מליחה, צריך לפתוח קודם מליחה את הקנוקנות שבה].

[**בב"י** הביא בשם המרדכי, מעשה לפני רבינו יודא, שמלח ראש כבש מבחוץ ולא מבפנים, והורה שלא למולחה פעם שני', ולא יבשלנה כו', **נ"ל** פשוט דזה מיירי שכבר חתך הראש לשנים, והיה לו למלוח גם מצד פנים כמו כל חתיכה, אבל אם הראש לא נבקע, מותר אם הוא נמלח בחוץ לחוד, כמו שאר חתיכה עבה שא"צ לבקוע אותה בשעת מליחה, וכמ"ש הב"י בסי' ע"א, **אלא** דצריך לנקוב את העצם משום המוח וקרומיו, שיהיה לו מקום לדם שבהם לצאת, כמ"ש שם רמ"א].

ואם לא מלחם אלא מבפנים או מבחוץ, וכן חתיכה שלא נמלחה אלא מצד א', מותר.

הגה: ויש אוסרים אפי' בדיעבד - נ"ל הטעם דאסור, משום דאיתא בב"י סי' כ"ב, דמותר לצלות עוף שלם, וכתב הכל בו, דהאידנא נהוג עלמא לבשולי עוף שלם אפי' לקדירה, וטעמא משום דמלחי שפיר בפנים ומבחוץ, משמע דאי לא הוה האי טעמא הוי אסור לבשולי שלם, ואי הוה מתיר אפי' נמלח מצד אחד, נמצא יכולים לבא לידי מכשול לבשולי שלם, **ולפי"ז** יש להקשות על המחבר שכתב בסי' כ"ב ובסי' ע"ו, שמותר לצלותו שלם, והתם טעמא הוא כמש"ל משום דמלחו משני צדדין, וכאן כתב בדיעבד מותר, ולפי"ז הו"ל לאסור משום שלא ימלחו מצד אחד ויצלה שלם, וי"ל וק"ל, ע"כ הג"ה - נקה"כ.

ויש אוסרים אף בדיעבד - קאי נמי ארישא, שאף בדיעבד צריך שלא ישאר מקום מבלי מלח, כדמוכח בת"ח ע"ש ודוק, וגם דברי מהרש"ל נראין כן, וחזר בו ממ"ש באו"ש דחומרא יתירה היא, **אכן** הב"ח פסק לחלק בכך, וראייתו מאו"ה נכונה, **וכן** נוהגין העולם שאין מדקדקין בכך. ‹ולכתחלה נכון ליזהר – פמ"ג›.

‹**שומן** שנמלח מצד אחר מותר – רעק"א›.

והכי נהוג, אם לא לצורך – [אבל בהפסד מרובה מותר מצד אחד, ונראה פשוט דכ"ש אם נמלח משני צדדים, אלא דלא נתפשט המלח בכל מקום דמותר, **שהרי** באו"ה הארוך כתב בזה להתיר בדיעבד, ופסק לאיסור בלא נמלח משני צדדים, וכן מדברי רש"ל משמע דזה קיל יותר, **ע"כ** נראה דבלא נמלח בכל מקום, מותר בדיעבד אפי' בלא הפסד מרובה].

(**עיין** בשו"ת רב משולם, דאין חילוק בין אם צד הנמלח למעלה או אם הוא למטה, דודאי המלח מוצץ הדם ומושכו אל המקום אשר הוא שם, בין מלמטה למעלה, ובין מלמעלה למטה).

(**ובספר** ח"ד כתב, במעשה שמלחו בשר במלח מעורב בגרויפין שליש או רביע, שאסור, כיון שנוהגים בלא"ה שיש מקום פנוי, ובהצטרף לזה מקום הגרויפין, יהיה הרבה פנוי, ובאותו מקום נאבל מחמת מלחו, וזה מעכב בדיעבד אליבה דכ"ע, **לכן** אם לא שהה עדיין שיעור מליחה, יש להדיחו ולחזור למולחו במלח יפה, דאסור למלוח בעוד שהמלח ודם עליו, **ואם** שהה שיעור מליחה, ידיחנו מעט וימלחנו, דאם ידיחו יפה יסתמו נקבי הפליטה, ויבלע המקום שנמלח כהוגן מהמקום שלא נמלח, **גם** ימלחנו על מקום נקי, לא על אותו כלי שמלח בראשונה, ע"ש).

ודוקא אם כבר נתבשל כך – ‹הט"ז בסמוך לומד הרמ"א, דקאי על מה שמותר לצורך, וע"ז קאמר דדוקא בשכבר נתבשל, אז מותר בהפסד מרובה, **אבל** כשלא נתבשל

עדיין, לא יבשל כך אפי' בהפסד מרובה, כיון דיש תקנה ע"י צלי, ומה"ט ג"כ לא אמרינן דפולט ציר יום שלם, **והש"ך** לא ניחא ליה בזה, דאפי' באפשר לו בצלי שייך ליחשב הפסד מרובה, וע"כ לומד דהרמ"א קאי על מה דאסור כשאינו לצורך›.

כלומר הא דאסור בדיעבד ואין לו תקנה, דוקא אם נתבשל כך כו', וכן מוכח בת"ח, **אבל** לצורך, דהיינו במקום הפסד מרובה וכה"ג, יחזור וימלח צד השני תוך מעל"ע, כמ"ש הר"ב ס"ס ע', **ודוחק** לחלק דשאני הכא כיון דאפשר בצלי.

אבל אם לא נתבשל עדיין, לא יבשלנו כך, אלא אם הוא תוך י"ב שעות שנמלח, יחזור וימלח צד השני שלא נמלח עדיין - שאז כיון שפולט עדיין ציר, פולט מה שבולע מצד השני, [אבל אח"כ יש לחוש שיחזור ויבלע הצד הנפלט מהצד שלא נפלט עדיין], **ויבשלנו אחר כך.**

‹**אף** בעוף הוא כך, כ"כ בד"מ, ועיין בפמ"ג – רעק"א›.

[**ואע"פ שבסי' ע' כתב רמ"א, דבהפסד מרובה י"ל שפולט ציר עד יום שלם, מ"מ כאן לא שייך הפסד מרובה, כיון דיש היתר בצלי, כנ"ל דעתו]. זה** אינו, כמ"ש בש"ך - נקה"כ.

ונראה דמיירי כשלא הודח עדיין, אבל אם הודח אחר מליחתו, מיד נסתמין נקבי הפליטה, ולא מהני מליחה אח"כ, וכמ"ש לקמן סי' ע', וכ"כ הב"ח, [**דשמא יבלע הצד שנמלח כבר מן הצד השני, ולא שייך ביה כבולעו כך פולטו, מאחר שאין לו ציר, שהרי נסתמין נקבי הפליטה, כמ"ש בסי' ע', ע"כ**].

[**ואני כתבתי בסי' ע', שדין זה דהדחה סותמת נקבי פליטת הציר, היא אינה מוסכמת, וכאן הכל מודים דאין לאסור מכח זה, כיון שיש היתר בלא"ה במקום הפסד**].

‹**לענ"ד** א"כ אחר י"ב שעות אמאי לא ימלחנו, נימא נמי כיון דהא מילתא דשיעור פליטת ציר י"ב שעות אינו מוסכם, דהעיקר יותר כהפוסקים דשיעורו כ"ד שעות, דהרי סמכינן ע"ז בהפסד מרובה, והכא כיון דיש היתר בלא"ה במקום הפסד, נסמוך עלייהו דשיעור פליטת ציר כ"ד שעות – רעק"א›.

יחזור וימלח צד השני - ‹לענ"ד יש לעיין מה מהני מליחת צד השני, הא הצד שכבר נמלח ושהה שיעור מליחה, פסק כח המלח, וא"כ הוי כמו אינו מלוח, וא"כ הוי עתה במליחה השני' ג"כ רק נמלח מצד אחד, והיה מהראוי למלוח שנית את כולו משני צדדים, **דהא** פשיטא דלא אמרינן דנמלח מצד אחד מועיל לעוביו דחצי חתיכה, דא"כ אם נחתוך החתיכה לשנים יהא מותר, וזהו אינו במשמע, אלא דאמרינן דכח המלח נכנס רק בעובי מעט, לפעמים כעובי אצבע וכדומה, **ואי** כן נימא דמליחה ראשונה הוציא דם מעובי אצבע, ופסק כח המלח, ועתה כשמולחים צד השני, מוציא ג"כ כעובי אצבע, והאמצעי נשאר בדמו, וצ"ע – רעק"א. ‹**ואולי** "צד השני" לאו דווקא הוא – פמ"ג›.

ואם הוא אחר י"ב שעות, אזי ימלנו, דנורא משאב שאיב, ואין הצד שנמלח כבר בולע מצד שלא נמלח - ואפילו בולע, כבולעו כך פולטו, כדלקמן בסי' ע"ג ובכמה דוכתי.

[**ותמהתי על רמ"א, דבסי' ע"ה גבי חלחולת שיש שם שומן** ‹על צד חיצון›, **דאסור אם נתבשל בלא מליחה אפי' דיעבד אם מלח צד פנימי לחוד**, ‹כיון שהחלחולת שאין בו דם מפסיק, ואפי' בהפסד מרובה›, **ואפ"ה כל שלא נתבשל יש היתר לחזור ולמלוח החיצון, ואפי' אחר י"ב שעות, והטעם, שאין** ‹השומן› **מוחזק כ"כ בדם, וכאן יש סברא טפי שאינו מוחזק צד שלא נמלח בדם, שהרי בדיעבד מותר במקום הפסד, ואמאי פסק כאן דוקא תוך י"ב שעות, ומהרא"י דחילק כאן בין י"ב שעות, הוא ס"ל בכל גווני אסור כאן בדיעבד, ע"כ נ"ל להלכה, כיון דכאן יש קולא בלא"ה בדיעבד, יש להתיר אפי' אחר י"ב שעות כמו בחלחולת**].

לא קשיא מידי, דהתם היינו טעמא, כיון שאין מחזיקין דם בחלחולת רק בשומן שבחלחולת, א"כ אם מלח צד פנימי של חלחולת, הרי לא מלח השומן כלל אפי' מצד אחד, שהרי החלחולת מפסיק בין המלח ובין השומן - נקה"כ.

‹**לענ"ד** לא קשה מידי, דהתם המליחה בצד פנים בודאי לא מהני, כיון דליכא שם דם, מש"ה בנתבשל אפי' בהפסד מרובה אסור, משום הדם דבשומן, אבל לחזור ולמולחו שרי, כיון דבשומן יש רק מעט דם, **אבל** הכא להרשב"א דמליחה מצד אחד מהני, לא נשאר דם כלל, ועדיף מההיא דלקמן, ולמהרא"י דמליחה מצד אחד לא מהני, נשאר דם הרבה, וגרע מההיא דלקמן, **מש"ה** בהפסד מרובה סמכינן על הרשב"א, ואין כאן דם כלל, אבל בלא הפסד מרובה חיישינן למהרא"י,

דמליחה מצד אחד לא מהני, וממילא יש בחתיכה דם הרבה, ולא מהני לחזור ולמולחו, וברור בעזה"י – רעק"א.

סעיף ה - אחר שנמלחה החתיכה, אם חתך ממנה, אינו צריך לחזור ולמלוח מקום החתך - דוקא אחר שנמלחה החתיכה כראוי, הוא דא"צ לחזור ולמלוח מקום החתך, [שע"י מליחה נפלט כל הדם, אפי' מה שהוא באמצע חתיכה, אע"פ שהוא עבה מאד], **אבל** תוך שיעור מליחה, צריך להדיחו שם היטב ולחזור למלחו, כמ"ש הר"ב ס"ס כ', [דיש איסור שיוצא דם בעין על הבשר].

סעיף ו - שיעור שהייה במלח, אינו פחות מכדי הילוך מיל, שהוא כדי שלישית שעה בקירוב - דהיינו פחות חלק ל' מן השעה, לפי חשבון דמהלך אדם בינוני י' פרסאות ביום, דהיינו י"ב שעות.

הגה: ועל זה יש לסמוך בדיעבד - כגון אם הודח אחר ששהה שיעור מיל ונתבשל, (**ומשמע** דאם לא נתבשל, אף שהודח, יחזור וימלחנו, **ועיין** בדגמ"ר שכתב, דדוקא אם לא שהה רק שיעור מיל, אבל אם שהה יותר מחצי שעה, יש להקל אחר שכבר הודח, ואין צריך להפסיד מלח ולמולחו שנית).

אך אפילו לכתחלה לכבוד אורחים או לצורך שבת - (כתב בסולת למנחה בשם תורת אשם, מקום שהוזכר כבוד אורחים, היינו כגון בעלי תורה ובעלי שם טוב ומע"ט, או עני בן טובים, או עשירים שראוי לכבדם שאינם עושים רעה, **ולא** הגרועים או הקבצנים שעוברים ושבים בשביל טרף ומזון, הם בכלל צדקה).

(**וכתב** עוד, דלא מקרי אורחים אלא שנתארחו בביתו, אבל לא כשזימן אצלו חבירו, **והוא** ז"ל חולק עליו בזה, וסיים דלכתחלה לא יזמין אצלו חבירו, אם יודע שהוא צריך להקל בענין הדחה או מליחה, **אבל** אם כבר זימן אצלו, אז יש להקל כמו מפני שאר אורחים).

אבל בלאו הכי המנהג להשהות במליחה שיעור שעה, ואין לשנות.

סעיף ז - קודם שיתן הבשר בכלי שמדיחו בו, ינפץ מעליו המלח שעליו, או ישטפנו במים - שאם יניחו עם מלחו בכלי שאינו מנוקב עם המים, נמצא המים שוברים כח פליטת הבשר, ונמצא הדם שע"פ הבשר ושעם המלח חוזר ונבלע בתוכו, לשון הרשב"א.

ואח"כ יתן הבשר בכלי שמדיחין בו, וידיחנו פעמים, וישטוף הכלי בין רחיצה לרחיצה.

הגה: וי"א שצריכין להדיח הבשר ג' פעמים, והכי נוהגין לכתחילה - אבל בדיעבד אפי' לא הודח רק פעם א' ונתבשל כך, מותר, כדלקמן ס"ס ט' בהג"ה. ‹**ומיהו** ניפוץ לחוד לא מהני אלא הדחה – פמ"ג›.

על כן ישטפנו או ינפץ המלח מעליו, וידיחנו ב' פעמים, דזה הוי כהדחה ג' פעמים.

הג"ה זו צריכה ביאור, דהא המחבר נמי קאמר דלכתחלה ינפצנו או ישטפנו וידיחנו שני פעמים, **ונראה** משום דמבואר הוא דלהכי מצריך המחבר שטיפה או ניפוץ, משום דם ומלח שלא יהא נבלע בבשר כשמניחו בכלי, וא"כ כשמדיחו ביד כשתופס הבשר באויר, א"צ ניפוץ או שטיפה ודי בהדחה ב' פעמים, דס"ל דהדחה לבשר לא בעינן אלא ב"פ, **ע"ז** כתב וי"א שצריכים הדחה לבשר ג"פ, ע"כ אפי' ביד ישטפנו להמלח או ינפצנו וידיחנו לבשר ב"פ, דזה הוי כהדחה ג"פ, **ויותר** נראה דלא הביא הר"ב הי"א, אלא להורות די"א שידיח ג"פ ושכן נוהגין, וס"ל די"א אלו לא פליגי אהמחבר, לזה אמר על כן ישטפנו כו', כלומר דמר אמר חדא ומר אמר חדא ולא פליגי, ודוק.

או ישים המים תוך הכלי, ואחר כך יניח בו הבשר וידיחנו ג' פעמים, והכי נהוג.

וצריך ג"כ ביאור, דהיכי דמי, דאי בלא ניפוץ ושטיפה תחלה, הא אסור לכתחלה וכמ"ש המחבר מטעם שכתבתי, ודוחק גדול לומר דפליג בהא אהמחבר מכמה טעמים, ודוק, **ואי** בשטיפה או ניפוץ קאמר, אם כן אמאי צריך הדחה ג"פ, תיסגי בהדחה ב"פ, דהא שטיפה וניפוץ חשיבי כהדחה וכמ"ש מקודם, **ויש** לדחוק וליישב דהדחה ראשונה שבכלי לאו הדחה מעליותא חשיבא, **א"נ** בלא שטיפה וניפוץ איירי, ואפי' הכי שרי כשנותן מים הרבה בהדחה ראשונה, שמבטלין כח הציר,

[ט"ז] ‹רעק"א או ש"א או הוספת הסבר› (פת"ש)

וכדמסיים ולכתחלה יתן מים הרבה כו', ודוחק, **ובעט"ז** לא הביא אלא דברי המחבר ותו לא מידי, וצ"ע.

[יש לתמוה, דהא בשו"ע כתב ג"כ ניפוץ או שטיפה ואח"כ הדחה ב' פעמים, וע"ז כתב רמ"א, וי"א שצריכין להדיח ג' פעמים, משמע דלא סגי ניפוץ או שטיפה במקום הדחה אחת, והאיך חזר רמ"א וכתב "דזה הוי כהדחה ג' פעמים", וכן מ"ש רמ"א אח"כ, או ישים המים תוך הכלי כו', האי "או" אין לו פירוש, ‹כמ"ש הש"ך דהיכי דמי כו'›, **ונלענ"ד** דהאי "או" קמייתא ‹"או ינפץ"› ט"ס, דתחילה אמר רמ"א "ע"כ ישטפנו וינפץ המלח כו'", דזה הוי כהדחה ג' פעמים, דהיינו ששטיפה ששוטף באויר וגם הניפוץ שאח"כ, הויין במקום הדחה קמייתא, **ואח"כ** אמר על רישא דמלתא, ‹דאם לא עשה רק שטיפה או ניפוץ לחוד›, שצריך הדחה ג' פעמים, שיהיה בדרך זה, שיתן תחילה המים בכלי ואח"כ הבשר, כך נלענ"ד ליישב]. **זה** אינו מחוור ועיין בש"ך - נקה"כ.

ולכתחילה יתן מים הרבה בהדחה ראשונה, כדי שיבטלו כח המלח שעליו.

מותר להדיח הבשר במי פירות ואין צריך מים - כתב הר"ב בתשו', שאלת על מה שכ' הר"ן והבאתיו בת"ח שלי, דיכול להדיח הבשר לקדרה במי פירות, ודקדקת הא הדחה ראשונה לא, ושאלת טעמא, ואפשר לומר דשאר משקין מטרשי ליה, [**ואינן מרככין הבשר כמו מים, וכזה כתב מהרי"ק לענין רחיצת אשה קודם טבילה, שציוו עליה הרופאים שלא תחוף אלא ביין, כי צריך דקדוק אם מותרת לחוף ביין, שאפשר שהיין מסבך השערות, וה"ה לענין מטרשי נמי, ואין כל הטבעים שוים**], עכ"ל, **וסברא** זו קלושה, [**ואינו כלום, כי גם לשם אינו דבר ברור, כמבואר בב"י בשם מהרי"ק**], **גם** צ"ע דלא נמצא כן בדברי הר"ן כלל, דיכול להדיח הבשר במי פירות, **ובע"כ** צ"ל דהר"ב כוון למ"ש אמתני' דהשוחט ולא יצא דם, כשרה ונאכלים בידים מסואבות, לפי שלא הוכשר בדם, ומקשו הכא, נהי שלא הוכשר בדם, על כרחך קודם אכילה הוכשרו במים, דאי לקדרה בעי לה הוכשר במים שבה, יש לומר דלצלי דלא בעי הדחה, אי נמי משכחת לה כשהודחו ע"י גשמים, עכ"ל, ***וסבירא** ליה להר"ב, או שהיה כתוב בגירסתו, דה"ה במי פירות, וכן כתבו התוס' בפרק השוחט בהדיא, וז"ל, לצלי איירי דלא בעי הדחה, א"נ לקדרה והודח במי פירות, עכ"ל, **ויותר** נראה דט"ס הוא, ובמקום ר"ן צריך להיות תוספות, **אם** כן משמע להדיא דמיירי בהדחה ראשונה, ‹מדכתבו "לצלי" בלמ"ד, ולא כתבו "בצלי איירי", ש"מ דעסוק בהדחה ראשונה - פמ"ג, ובזה מקיים הגירסא "וע"ד"›, **ועוד** דאם לא כן הדרא קושיא לדוכתא, דהא הוכשר בהדחה קמייתא, ומ"ש לקדירה, היינו משום דלצלי לא בעי הדחה כלל, וצ"ע.

*‹**אינו** מובן, דאם מסברא דומה מי פירות למי גשמים, מה צורך לדברי הר"ן, וכי בלא"ה לא ידענו דמי גשמים מהני, ולא צריך מי מעיין דוקא - רעק"א›.

[**ויש מי שבא לתרץ, דתוס' ס"ל דלא היה צריך להדחה ראשונה, דס"ל טעם הדחה ראשונה משום דם שעל פני הבשר, וכאן אין דם שהרי לא הוכשר, והבל יפצה פיהו, דודאי אין שום דם מכשיר אלא דם שחיטה, אבל דם שלאחר השחיטה שהוא קרוי דם התמצית ודאי אינו מכשיר, וכ"ש בדם האיברים שבודאי ישנו בכל בהמה, וכשחותך בבשר יוצא דם האברים, וצריך הדחה תחילה**].

‹**לענ"ד** י"ל דכוונת הת"ח, בודאי דעת תוס' דבין הדחה ראשונה ובין הדחה אחרונה מותר במי פירות, וכיון דס"ל לתוס' כן מסברא בלא הכרח, דהא ממתנ' אין ראיה, די"ל דמיירי לצלי וכמ"ש תוס' בעצמם, מהיכי תיתי לפסוק שלא כדבריהם ולא מצינו מאן דפליג, **וזהו** לענין הדחה אחרונה, אבל לענין הדחה ראשונה אין ראיה מתוס', דדלמא סברי כהפוסקים דטעמא דהדחה ראשונה משום דם בעין, מש"ה מותר במי פירות, אבל לטעמא משום ריכוך, י"ל דמי פירות לא מהני, ודו"ק - רעק"א›.

(**ועיין** בתשובת רדב"ז החדשות, דשם איתא בהדיא, דאף בהדחה ראשונה שרי במי פירות).

סעיף ח - אם לא ניפץ המלח שעליו ולא שטפו, אין לאסור, כי המים שבכלי מבטלין כח המלח - ולא חשיב כרותח לאסור הבשר, **ולאו** דוקא מים אלא ה"ה ציר, ‹היינו לדעת המחבר לקמן ס"כ - דגמ"ר›, אלא דנקט מים לאפוקי היכא דליכא לא מים ולא מוהל, אלא מיחוי דם של איסור גרידא, דאז המלח חוזר ונבלע בבשר ואסור עכ"פ כדי קליפה, ועיין בסעיף כ'. ‹**ובכלי** שאינו מנוקב לא שייך טרוד ולא כבולעו כך פולטו - פמ"ג שם›. ‹**עש"ך** דאי לא מים ולא מוהל, עכ"פ אסור כדי קליפה, כמ"ש בס"כ במעשה דרש"י, עט"ז שם

‹דחולק ע"ז› – פמ"ג. ‹וכתב שם הט"ז, דלרווחא דמלתא כתב המחבר מים, שהוא אליבא דכו"ע, אפי' למאן דאוסר שם›.

הגה: ואפילו במים מועטים מ"מ מבטלים כח הציר. ויש מתירין אפילו לא היה מים כלל בכלי והניחו בו הבשר, דאין לחוש בשעה מועטת כזו שעוסקין בהדחת הבשר, ויש לסמוך עלייהו.

וכ' באו"ה, דאפי' נמצא קצת מוהל תוך הקערה, שרי בזמן מועט כו', ולקמן ס"כ יתבאר ‹לרמ"א - דגמ"ר›, דאם נמצא ציר ממש בכלי, נאסר מיד. ‹אולי כוונתו לחלק בין אם יש ציר מכונס בכלי, ובין אם אין אלא ציר טופח תחת הבשר, ואף אם אין כוונתו כזה, נלענ"ד נכון לדינא – יד יהודה›.

ואין לחוש בכל זה רק בהדחה ראשונה, אבל לאחר הדחה ראשונה אין לחוש.

ואין חילוק בין אם הדיחו בכלי כשר או טרפה או חולבת - כלומר כיון שהכלי אינו מלוכלך, אין חילוק אפי' אין שם מים בכלי, ‹והטעם, שאין מליחה לכלים להפליט – מחה"ש›. **ומשמע** מדברי הר"ב, דאפי' הכלי בן יומו, מותר כשאינו מלוכלך, ועמ"ש מזה בס"ק ע"ז.

[**אבל אם מלוכלך, אין היתר אא"כ שיהיה מעט מים בכלי,** כדמסיק אח"כ, **ורש"ל פסק, דאף אם הכלי חולבת מלוכלך בשיורי פירורי מאכל חלב, אפי' הוא לח, אינו אוסר אא"כ נשתייר בו לכלוך חלב ממש**].

ואם היה מעט מים בכלי, שמבטל כח המלח שאינו חשוב עוד כרותח, אפילו הכלי חולבת או הטריפה מלוכלך עדיין באיסור, מותר.

סעיף ט - בשר שנמלח, ונתבשל בלא הדחה אחרונה - ‹וכן אם שרה במים מעת לעת - רעק"א›, **צריך שיהא בו ששים כדי המלח שבו** - כ"כ גם הטור, וצ"ל דהיינו מטעם דלא ידעינן כמה דמא בלע, וכ"כ ב"י ס"ס ק"ה, **דליכא** למימר מטעם דהמלח נעשה נבלה, וכמ"ש הגה"מ בשם סמ"ק, דהא ס"ל להטור לקמן סי' צ"ב דלא אמרינן חנ"נ אלא בבשר בחלב, דלא כהב"ח, **ומ"מ** מ"ש הטור והמחבר והרב "נגד המלח", הוא לאו דוקא, אלא ששים נגד לחלוחית דם ומלח שעליו מבחוץ בעינן, וכך מבואר בדברי הפוסקים ובת"ח.

[**ולא סגי בששים נגד הדם, כי המלח נעשה כולו נבילה,** כמ"ש הב"י בזה בשם הג' מיימון], ‹הוא תמוה, הא המחבר ס"ל דלא אמרינן חנ"נ בשאר איסורים, אלא ודאי דהטעם דלא ידעינן כמה בלע, וכמ"ש הש"ך – רעק"א›.

הגה: וכל הקדירה מצטרף לששים – [פירוש כל מה שבקדירה, אבל הקדירה עצמה פשיטא דאינו מצטרף, כמ"ש סי' צ"ט].

גם דברי המחבר צריך לפרש כן, ומ"ש צריך שיהא בו ס', לאו למימרא דצריך שיהא בו לבדו ס' נגד המלח שבו, וכדעת מהרש"ל שאכתוב בסמוך, **דהא** אפי' למ"ד דחנ"נ אף בשאר איסורין, וכשהאיסור דבוק בעינן ס' נגד כל החתיכה, כדלקמן סי' ע"ב ס"ג בהג"ה גבי לב הדבוק בעוף, דאם אין בעוף ס' נגד הלב, בעינן ס' נגד כל העוף, **מ"מ** הכא לא מיקרי איסור דבוק, וכמ"ש המרדכי והגהת ש"ד ראב"ן ובאו"ה ובת"ח, דמיד שבא החתיכה למים נמס כל המלח ודם שעליו ונופל לקדרה, [וכ"כ בט"ז], **ועוד** דהא ס"ל להמחבר דלא אמרי' חנ"נ רק בבשר בחלב, וגם הטור כתב צריך שיהא בקדרה ס' לבטל כל המלח, וא"צ ס' נגד כל החתיכה, עכ"ל, וכ"כ הרבה פוסקים.

[**ורש"ל פסק דהחתיכה עצמה נאסרה מחמת שנתבשלה בדמה, וע"כ אינה מסייעה לבטל בששים דם ומלח, אלא צריך ששים נגד כל החתיכה, אא"כ הודחה פעם אחת, אז גם החתיכה מסייע לבטל, ונלענ"ד** דאין לנהוג כן, *דהא קי"ל בסי' ק"ה, היכא דאין שמנונית, **דאינו אוסר במליחה יותר מקליפה,** מלבד מה שיש לדחות ראייתו ממהרא"י להמעיין, **ע"כ העיקר כפסק רמ"א כאן, וכ"כ מו"ח ז"ל בשם מהר"ר הירש שור, שהכריע כרמ"א]**. *‹זה תמוה, דהא טעמא דמהרש"ל דהוי דבוק, ונאסר בשעת הבישול – רעק"א›.

ומהרש"ל האריך מאד לפסוק, דלמאי דקי"ל דבאיסור דבוק בעינן ס' נגד כל החתיכה, דה"נ בעינן שיהא בקדרה ס' נגד כל החתיכה, ואפ"ה החתיכה עצמה אסורה, והטיח הרבה כלפי המורים נגד זה, ע"ש, **ובספרי** דחיתי כל דבריו, ושלא כוון יפה בהג"מ בשם מהר"מ ובדברי מהרא"י, אשר עליהם בנה יסודו, והעיקר דמהר"מ ס"ל דבחתיכה עצמה יש ס' לבטל הדם והמלח שעליו, וא"צ לצירוף הרוטב שבקדרה, והאוסרים ס"ל דאין בחתיכה עצמה ס', ולכן בעינן לצירוף הרוטב, והכי נהגינן, ובזה נדחו כל דבריו, ודוק, והוכחתי זה מהגהת

ש"ד, והוספתי בראיות ברורות לפסוק כדברי הר"ב, **גם** הבאתי שם הש"ד והסמ"ק והמרדכי וכל בו ואו"ה ומהרי"ל, דפסקו בעלמא באיסור דבוק בעינן ס' נגד כל החתיכה, והחתיכה עצמה אסורה, וכאן פסקו כדברי הרב, גם כתבתי שם שכן משמע דעת מהרא"י ע"ש, וכך נוהגין כל בעלי הוראה.

[**ואין להקשות** והא קימ"ל כל מילתא דעבידא לטעמא אפי' באלף לא בטיל, ומלח הוא נותן טעם, **תירץ** ריש שערי דורא, דזהו דוקא אם גוף האיסור הוא נותן טעם, משא"כ כאן המלח אינו אוסר אלא מכח דם שבו, והדם אינו נותן טעם], ‹ואין הנאסר חמיר מהאוסר – ב"י.

ואם יש בקדירה כ"כ כמו החתיכה שנמלח ולא הודח, הכל שרי, דודאי איכא ששים נגד המלח שעל החתיכה, דהחתיכה עצמה בודאי היא ששים נגד המלח שעליו - דודאי אין החתיכה ס' נגד דם ומלח שעליה, אפי' החתיכה עבה - ת"ח, [**ויש** נוסחאות כתוב בהם ‹בשו"ע› "בודאי היא ס'", והוא ט"ס, וכתב באו"ה הארוך, דיש דעות לומר דהחתיכה עצמה היא ס' נגד דם ומלח שעליה, אבל שאין לפסוק כן להלכה].

‹**בשומן** כה"ג מסתמא יש בו ששים נגד הדם והמלח, פמ"ג בשם הכנסת הגדולה – רעק"א.

ואי ליכא ס' בקדירה נגד המלח, אפילו לא הושם רק בכלי שני - שהיד סולדת בו, ת"ח, [פירוש שהקידרה ששמו בו הבשר הזה הוא כלי שני], **הכל אסור, דמאחר שיש שם מלח וציר, אפילו בכלי שני מבשל** – [כתב זה שלא תקשה, הא קימ"ל כלי שני אינו מבשל, וזה סברת או"ה הארוך].

[**אבל** רש"ל כתב וז"ל, אבל בדיעבד אינו נאסר לפי מש"כ לעיל, שכלי שני אינו מבשל, וגם אינו מפליט ומבליע הדם שבתוך המלח בבשר, דהא המלח לאחר שפסק כחו לא חשוב עוד כרותח, ואל תשגיח במה שכתב בת"ח לאסור אף בכלי שני בשם או"ה, גם דעת מהרא"י שכלי שני אינו מבשל כלל, ולא מפליט ומבליע כאחת, עכ"ל, **ונראה** דהמיקל כדעת רש"ל לא הפסיד, דמסתבר טעמיה, ועיקר מילתא הוא מדרבנן, דדם שמלחו אינו עובר עליו, אע"פ שבמרדכי מסתפק בזה, יש לילך לקולא].

ומ"מ מהרש"ל חולק, ומתיר בכ"ש אפי' בכה"ג, וכן מוכח מל' המרדכי במה שמצא כתוב בשם מהר"מ, ומל' תשובת הרשב"א, ומדברי הרא"ש, והמחבר בא"ח סימן שי"ח ס"ט, דלית להו האי סברא דהמלח גורמת להתבשל אף בכ"ש, **אלא** שיש לחוש לדברי האו"ה והרב, וכן דעת מהר"מ מלובלין, במקום שאין הפסד מרובה, כי יש לדחוק ולייש‫ב דברי הפוסקים הנ"ל לדעתם, ע"ש ודו"ק.

‹**ובמלח** שלנו לא ידענא היתר באין ה"מ, ובה"מ צ"ע – פמ"ג.

וה"ה אם יש שם חומץ ושאר דבר חריף כה"ג, מבשל אף בכ"ש, כ"כ בס' אפי רברבי, ‹**ובזה** גם הרש"ל מודה, דדוקא במלח פליג משום דפסק כח המלח, ולא מקרי עוד חריף לסייע לבשל בכלי שני – רעק"א.

ואי ליכא ס' בקדירה כו' - ‹משמע דכל הקדירה מצטרף לששים, דלא כמ"ש הפמ"ג, כיון דמבשל רק מכח המלח, אין שאר החתיכות מסייעים לבטל – רעק"א.

[**ומשמע כאן** דבכלי ראשון אפי' בלא מליחה אסור, וכ"כ בת"ח, **דלא** כרבינו ירוחם דמתיר בשר שלא נמלח חי שנתנוהו בכלי רותח שהוסר מעל האור, **וראיה** מדברי הרא"ש שכתב, דאף שאין הבשר נתבשל, מ"מ הלחלוחית שעליו מתבשל, ע"כ, **וז"ל** הרא"ש, על מאי דמסקינן בגמר' דמותר לתת בשבת מלח בקדירה שהוסרה מעל האש, דמילחא צריכה בישולא כבישרא דתורא, משמע הכא דבישרא דתורא לא בשלה בכלי ראשון, ומותר לתת בשר חי לתוך כלי ראשון שהעבירוהו מעל האור, ומיהו אי מלוח ישן הוא אפשר דאסור, דממהר להתבשל, ואפי' נמלח מחדש, נהי דבשר אינו מתבשל, הלחלוחית והדם והמלח שבתוכו מתבשל, ונבלע בבשר ואסור, עכ"ל, **וז"ל** הטור באו"ח סי' שי"ח, כלי ראשון מבשל אפי' לאחר שהוסר מהאש, הלכך אסור ליתן בו בשר, אפי' בשר שור שצריך בישול רב ואינו מתבשל, מ"מ לחלוחית שבו מתבשל, עכ"ל, **וכתב** בת"ח, דאף דמשמע מדברי הרא"ש, דדוקא בנמלח מתבשל הלחלוחית, כי המליחה מועילה לרתיחת הלחלוחית, מ"מ אין לחלק בהכי, כיון שהאורח חיים כתב, דמתבשל הלחלוחית אפי' בלא מליחה כלל, ע"כ].

[**ותמוהין** דבריו, דהא ע"כ הרא"ש לא מיירי שם לענין איסור שבת, אלא לענין איסור הבשר, דהא סיים דהלחלוחית של דם ומלח חוזר ומבליע בבשר, וא"כ ודאי דוקא בנמלח קאמר, דאי לאו דוקא ואפי' בלא נמלח,

אין הבשר נאסר, דהא הבשר שור עצמו אינו מתבשל, אלא שהלחלוחית מתבשל, הלכך אין איסור לבשר אלא בנמלח, שהמלח מבליע הדם בבשר, אבל אם אין שם מלח, אע"פ שלחלוחית הדם מתבשל, מ"מ אין בו כח להבליע, *כיון שהבשר אינו מבושל, **אבל** האו"ח לא מיירי לענין איסור בשר, אלא לענין איסור שבת, דאין חילוק בין נמלחה או לא, דמ"מ יש איסור בישול שבת מחמת הלחלוחית עכ"פ].

[**נמצא** לפי"ז דזכינו דבבשר שור שלא נמלח והושם בכלי ראשון לאחר שהוסר מהאש, יפה כתב רבינו ירוחם בשם הרא"ש שהבשר מותר, ודברי האו"ח הם לענין שבת דוקא, **אבל** שאר בשר אפשר שממהר להתבשל כדרך שמתבשל הלחלוחית, מש"ה גם הבשר נאסר, כנלענ"ד, **ושוב** ראיתי ברש"ל שכתב, בשר שנמלח ולא שהה שיעור מליחה, והודח ונתנוהו בקדירה, אם הוא שאר בשר, נאסר אף אם לא הושם רק בכלי ראשון שהיד סולדת בו, ונזכר קודם שהתחילה להרתיח, אבל בשר השור אינו נאסר בזה, מאחר שכבר הודח, וכן בשר חי שלא נמלח כלל, עכ"ל, הרי שתופס כמ"ש, כנלענ"ד].

*‹**וקשה** לי, הא חזינן בנמלח בלא הדחה קמייתא, דאסור להסמ"ק, הטעם דמלח מבליע לדם בעין, ואפי' בבשרא דתורא הוא, וכיון דכח המלח להבליע בבשרא דתורא, מכ"ש דבישול לחודיה יכול להבליע בבשר, דהא בכל מקום בישול עדיף ממליחה, וצל"ע – רעק"א›.

ובשר יבש - פי' שלא הודח אחר מליחתו, ונתייבש אח"כ, **יש להתיר אפילו בכלי ראשון** - שהיד סולדת בו, **דודאי יש ס' נגד המלח שעליו מאחר שכבר נתייבש.**

אבל לכתחלה יזהר אפילו בבשר יבש, שלא לבשלו או להדיחו במים שהיד סולדת בהם, בלא הדחה אחרונה - אבל אם הודח והוכשר כדינו קודם שנתייבש, ודאי דהרי הוא כשאר בשר, וא"צ זהירות אפילו לכתחלה.

וכ"ז מיירי שלא הודח באחרונה כלל, אבל אם הודח רק פעם אחת ונתבשל כך, מותר, דבדיעבד סגי ליה בהדחה אחת באחרונה.

מלח שמלחו בו פעם אחת, אסור למלוח בו פעם שנית - אבל בדיעבד מותר*, ת"ח ע"ש, **ונראה** לי דוקא אם נתבשל חשוב דיעבד, אבל אם לא בישלו עדיין, ידיחנו ויחזור וימלחנו, וכן משמע קצת בסימני ת"ח, ע"ש ודו"ק.

*‹**ובמנחת** יעקב כתב, דאסור אם לא הודח ונמלח שנית, דפסק כח המלח, ולא נתכשר במליחה זו להוציא דמו, ומ"ש הת"ח להקל דיעבד, היינו בהודח ונמלח שנית, ע"ש, **וקשה** לי, א"כ איך כתב הרמ"א כאן: וכ"ש שאסור לאכול המלח, מה כ"ש הוא, אף אם המלח מותר לאכלו, והיינו ע"כ משום דהדם נשרף במלח, כמ"ש הר"ן, מ"מ אסור למלוח בו בשר אחר דפסק כחו, וצ"ע – רעק"א. ‹**דבשלמא** אי לא פסק כח המלח ואעפ"כ אסור למלוח בו, ע"כ הוא משום הדם הנבלע בו, וא"כ כ"ש שאסור לאכלו, **אבל** אי פסק כח המלח, ומש"ה אסור למלוח בו, מ"מ אפשר דמותר לאכלו משום דנשרף הדם›.

(**בספר** חמודי דניאל כתב, דמלח של הערינ"ג שיבשו, אסור למלוח בו בשר, ואפילו בדיעבד יש לאסור, דגרע ממלח שמלחו בו בשר, כיון שנכבש מעל"ע בציר).

וכל שכן שאסור לאכול המלח אחר שמלחו בו - כתוב בס' אפי רברבי, מיהו כשנתייבש היטב נראה שמותר, **וצ"ע** לדינא, גם ממה שנתבאר מקודם, דבשר יבש מותר מטעם דודאי יש ס' מאחר שכבר נתייבש, משמע הא לאו הכי אסור.

(**ועיין** בתשובת שבות יעקב, אודות מים שהדיחו בו בשר ונשפך על המלח, מה יעשה עם המלח, ופסק שיניח להתייבש ואח"כ יוכל למלוח בו בשר להוציא דמו, **אבל** ליתן תוך מאכל אסור, **ואם** הוא מלח הרבה, לא ישהה בתוך ביתו, שלא יטעו ליתנו תוך המאכל).

סעיף י - עובד כוכבים משמש בבית ישראל ונתן הבשר בקדירה, ואין ידוע אם הדיחו, אם יודע העובד כוכבים מנהג ישראל סומכין על דבריו, אם היה שם ישראל יוצא ונכנס, או שום קטן בן דעת - ‹קטן מהני אף מדאורייתא, ש"ך לקמן סי' קי"ח – רעק"א›.

הגה: ובחד מינייהו סגי, או במסיח לפי תומו שהדיחו יפה, או שישראל, אפילו קטן, יוצא

[ט"ז] ‹רעק"א או ש"א או הוספת הסבר› (פת"ש)

ונכנס, דמרתת הואיל ויודע מנהגי ישראל - וכתוב בספר אפי רברבי, נראה (דדוקא – פמ"ג) בעבדו ושפחתו שייך מירתת.

[**בדרישה כתב, לאו דוקא יודע** (מנהגי ישראל), **אלא ראוי להיות יודע, מרתת גוי**].

לא העתיק יפה, דבדרישה כתב כן אמ"ש הטור, "והיה שם קטן יודע בטיב הדחה", דא"צ להיות הקטן יודע, אלא כיון שהוא ראוי להיות יודע, מירתת הגוי דדלמא יודע הקטן, **אבל** האי "הואיל ויודע" שכתב רב רמ"א, קאי אגוי - נקה"כ, (וכ"כ רעק"א).

[**וז"ל סמ"ק, אם יש גוי משמש בבית ישראל, ושמו הבשר בקדירה, ולא ידעינן אם הדיחוהו או לא, נאמנין במסיח לפי תומן, וכ"ש אם יודעין בטיב יהודים, ואם יש שם נער או נערה יודעין בטיב הדחה, או יוצא ונכנס, מותר משום דמרתתי כו', עכ"ל, ורבים** תמהו על האי "וכ"ש", **דמשמע דביודעים יש טפי היתר במסל"ת, וזה אינו, דביודעין אין שייך מסל"ת**].

[**ע"כ** הגיהו הדרישה ומו"ח ז"ל את הוא"ו של "**ואם יש וכו'**", **וצ"ל "אם יש וכו'", והכונה לומר, דיש כ"ש אם יודעים בטיב יהודים ויש שם נער כו', אבל ברישא מיירי דוקא באין יודעין, כיון דעיקר ההיתר מסל"ת, ול"נ דאין הג"ה זו צודקת, דא"כ "מותר" דאמר בסיפא הוא מיותר, ולכל הפחות היה לו לומר "דמותר", ובודאי הנוסחא האמיתית כאשר היא בכל הספרים, וכן הוא בהעתקת רש"ל דברי סמ"ק**].

[**והך** מסל"ת הוא בענין שמשמע שלא על דבר זה בא להודיעו, כגון שמספר איזה דבר אחר, ומתוך אותן הדברים נשמע הסיפור שהדיח הבשר, בכזה מהמנינן ליה, ולא מזיק בזה מה שיודע בטיב ישראל, כיון שמוכח שלא על דבר זה נתכוון להודיע, **וא"כ** אדרבה יש מעלה במה שיודע בטיב ישראל, דיש תרתי לטיבותא, דודאי עשה כדרך ישראל כיון שהוא משרת שלו, ומכוין לעשות רצונו, ויש ג"כ מסל"ת באופן שזכרנו, ע"כ יש כ"ש דמהני בזה, ואם יש נער כו' אז א"צ למסל"ת, **וע"כ** פסק רמ"א יפה דחד מינייהו סגי, ובודאי נתכוין להך מסל"ת שזכרנו, אבל בלא"ה דאיכא למימר שנתכוין לחבב עצמו לישראל, ודאי לא מהני מסל"ת, כנלענ"ד הלכה למעשה].

(**ועיין** בתשובת נו"ב שכתב לפרש דברי הסמ"ק בטוב טעם, דזה ברור שהעובד כוכבים נאמן באיסור דרבנן במקום שרגלים לדבר אף אם אינו מסל"ת, וראיה לדבר ממ"ש לקמן סימן קפ"ז ס"ח, שאם ניכר שהועילו הרפואות יש לסמוך אף על עובד כוכבים אף שאינו מסל"ת, ושם איסור דרבנן הוא, **וכיון** שכן הרי כאן דם שמלחו הוא דרבנן, והנה אם הוא יודע מנהגן של ישראל, מקרי רגלים לדבר לעשות כמנהג, כיון שהוא משמש בבית ישראל, **וא"כ** ג' חלוקים בדבר, שאם מסל"ת, אף שא"י מנהגן, ולא הוי רגלים לדבר, נאמן מטעם מסל"ת, **ואם** הוא יודע מנהגן, הוי רגלים לדבר, ונאמן אף אם אינו מסל"ת, **ואפשר** דמעלה דרגלים לדבר עם עדות עובד כוכבים, אף שאינו מסל"ת, עדיף ממסל"ת היכא דאין רגלים לדבר, ולכך כתב הסמ"ק לשון וכ"ש, **והיכא** שיש תינוק בן דעת יוצא ונכנס, והעובד כוכבים יודע מנהגן, מותר, וא"צ אפילו שיאמר העובד כוכבים כלל שהדיחו, ובלא אמירה דיליה אמרינן מסתמא מטעם מרתת דבודאי הדיחו, **משא"כ** אם אין ישראל יוצא ונכנס, אף שיודע מנהגן, מ"מ לא מישתרי מסתמא, רק אם אומר בפירוש שהדיחו, אף אם אינו מסל"ת, ובזה מתפרש לשון הסמ"ק היטב, עכ"ד).

בב"י כ', דאף כשיודע העובד כוכבים מנהג ישראל, נאמן במסל"ת, **והפרישה** והב"ח תמהו עליו, דהיאך שייך מסל"ת כשיודע שהאיסור והיתר תלוי בזה, והב"ח הוסיף להביא ראיה מלקמן סי' צ"ח, **ולק"מ**, דודאי לא דמי לסי' צ"ח, דהתם יהבינן ליה לטעום אם יש בו איסור או לאו, ובלא"ה ליכא למיקם עלה דמילתא, הלכך כשיודע שהאיסור והיתר תלוי בזה, ודאי אין כאן מסל"ת, **משא"כ** הכא, דאפשר לומר דאע"פ שיודע מנהג ישראל, מ"מ משכחת לה כגון דהסיח לפ"ת לפני אחרים שלא שאלוהו אם הדיחו, והסל"ת דהדיחו, **והגע** עצמך דהא קי"ל דמומר לעבודת כוכבים נאמן לעדות אשה במסל"ת, כמו שנתבאר בא"ע סי' י"ז, ולא אמרינן כיון שיודע שהאיסור והיתר תלוי בזה, חזקתו משקר, אלא ודאי משכחת לה בכה"ג וזה ברור, (**עיין** בס' שב שמעתתא שהעלה, שגוי שיודע דת ישראל אינו נאמן במסל"ת, זולת בעדות אשה – רעק"א).

נ"ל דלכך לא הביא המחבר דין דמסיח לפי תומו שהוזכר בטור ופוסקים, דאזיל לטעמיה שכתב בב"י,

דלסמ"ג וריב"א לא מהני מסיח לפי תומו, ודוקא מירתת מהני לסמ"ג ע"ש, ונהי דריב"א פליג דמירתת לא מהני, מ"מ כיון דסמ"ק נמי ס"ל דמירתת מהני, פסק דמסל"ת לא מהני ומירתת מהני, **א"נ** משום דהקשה בב"י, דהא קי"ל דאין עובד כוכבים נאמן במסיח לפי תומו אלא לעדות אשה בלבד, *ותירץ דהיינו דוקא באיסור דאורייתא, משא"כ הכא דדם שבשלו וכן דם שמלחו אינו אלא מדרבנן, **ולקמן** בס"ס קל"ז, גבי אם עובד כוכבים נאמן במסל"ת בהכשר כלים האסורים שהוא מדרבנן, הביא מחלוקת הפוסקים בזה, ופסק בב"י ובש"ע שם דאינו נאמן, **לכך** השמיט כאן דין דמסל"ת, כנ"ל, **אבל** הר"ב שכ' ובחד מינייהו סגי כו', ולא כתב בלשון וי"א, נראה דמשמע ליה דאפשר דגם המחבר ס"ל כסמ"ק, דבחד מינייהו סגי, אלא דנקט מירתת וה"ה לאידך, וכן נראה דעתו בת"ח, במ"ש שם בשם הב"י, **ולדבריו** צ"ל דל"ד לס"ס קל"ז, דהכא כיון דאיכא נמי טעמא דעובד כוכבים אנקיותא קפדי, דנקיותא הוא להדיח אחר המליחה, כמ"ש הסמ"ק והסמ"ג, יש להקל טפי.

ותיקון לשון הר"ב, שכ' ובחד מינייהו כו', דמשמע כאילו המחבר הזכיר בדבריו ממסל"ת, נראה דמשום דהמחבר כ' סומכין על דבריו, דלא שייך במירתת, דלא בעינן למיסמך אדבריו כלל, דאפילו אינו אומר כלום, אמרינן שהדיחו מטעם דמירתת, וכמבואר בב"י, והוא פשוט, **לכך** פירש הר"ב דתרתי קאמר, דסומכין על דבריו, היינו היכא דבעינן למיסמך אדבריו דוקא, והיינו במסל"ת, או אם היה שם ישראל יוצא כו', **ומ"מ** מה שכתבתי הוא עיקר בדעת המחבר, ולישנא דסומכין על דבריו הוא לאו דוקא, וכה"ג אשכחן בכמה דוכתי.

***[ותירץ הב"י, דבמילי דרבנן נאמן בכל מקום, כמ"ש מהרא"י, והך בשר כיון דמליח כרותח, הוי דם שבישלו, ואינו עובר עליו, וכתב רמ"א בד"מ עליו, דלא היה צריך למליח כרותח, דבלא"ה לא הוי אלא איסור דרבנן, דהרי הוא מבושל לפנינו, ומהאי טעמא אם מלג גוי תרנגולת, ולא ידעינן אי בכלי ראשון או בכלי שני, נאמן, דאי נמי עבד בכלי ראשון אין כאן איסור דאורייתא, ולכך נאמן, עכ"ל, ורש"ל כתב ג"כ על ב"י, דלא היה צריך לתת טעם משום דמליח כרותח דמבושל, דהא מחמת מליחה ג"כ אזל ליה איסור דאורייתא].**

[ומעשה בא לידינו, באשה אחת שבשלה בשר, ושכחה אם מלחה אותו תחילה אם לאו, והתרנו מכח זה, דלא הוי אלא ספיקא דרבנן ולקולא, ואין לומר דמוקמינן לה אחזקה דמעיקרא שלא היתה מלוחה, דא"כ גם כאן אמאי אנו מתירין מכח מסל"ת מחמת שהוא דרבנן, ולא אמרינן אוקי אחזקה דמעיקרא שלא היתה מודחת, ‹מאי קושיא אמאי מהימן כאן, י"ל משום מסל"ת - פמ"ג›, **ועוד מצאתי בקובץ ישן, בספק אם הדיח הדחה אחרונה, מצאתי כתוב שכשר, מאחר דמליח הוא מדרבנן, הוי ספיקא דרבנן ולקולא, כדאיתא בהג"ה ש"ד, ואע"ג דהב"י סי' פ"ז כתב בשם רש"י ורמב"ם, דס"ל אפי' בבישול יש איסור מן התורה, מ"מ הא קמן דכל האחרונים לא חשו לזה, כיון דהוא תלמוד ערוך].**

נ"ל דלא טב הורה, דודאי לא אמרינן בכה"ג ספק דרבנן לקולא, דא"כ למה הוצרכו כל הפוסקים הכא למסל"ת או ליוצא ונכנס, **הא בלא"ה שרי מטעם ספק דרבנן, והקובץ ישן שמצא, הוא ודאי נגד כל הפוסקים, **אלא** ודאי שאני הכא כיון דאיתחזק כאן איסור דם, וכל היכא דאיתחזק איסורא לא אמרינן ספק דרבנן לקולא, כמ"ש בש"ך סי' ק"י דין כ', **א"נ** כיון שמצד אחר בא לו שהוא מדרבנן, וכמ"ש שם דין י"ט, **גם** אין לבדות ספק דרבנן להקל, כמ"ש שם בדין ל"ו, דאשכחן טובי ספיקא דרבנן להחמיר - נקה"כ.

‹****יש** לישב דבריו בטוב, דודאי בלא מסל"ת א"א להתיר, דאין זה ספק שקול, דמהיכי תיתי ידיח הגוי ולעשות בטורח, ומש"ה אי לאו מסל"ת לא מהימן, ובמסל"ת מהימן ככל איסור דרבנן, ה"ה באשה ששכחה אי מלחה מקילין - פמ"ג›.

[ועוד יש לתת טעם להתיר, דבודאי עשתה האשה כדרכה ומלחה תחילה, כעין ההיא דאמרינן גבי ק"ש, טעה בוכתבם והתחיל למען ירבו כו', א"צ לחזור, דסירכיה נקיט ואתי, כנלענ"ד].

דמיון של הבל הוא זה, ואדרבה הכא מסתברא דלא מלחה, דהרי ענין מליחה עסק גדול הוא, והאיך אפשר ששכחה עסק כזה - נקה"כ.

[והא דלא אזלינן בתר חזקה, כמו דאזלינן בתר חזקה לענין עירוב תחומין, דיש רוב נגד החזקה, דרוב פעמים מולחין תחילה, ורוב עדיף מחזקה, כמ"ש הרא"ש]. **ליתא**, דלא שייך כאן רוב, וק"ל - נקה"כ.

[ט"ז] ‹רעק"א או ש"א או הוספת הסבר› (פת"ש)

‹**ופר"ח** הסכים עם הט"ז – בה"ט›. (**ועיין** בשער המלך מה שהקשה על הט"ז, ועמש"ל סי' ק"י בדיני ספק ספיקא אות כ' וכ"א).

(**ובתשובת** ש"ב הגאון מו"ה שבתי כ"ץ ז"ל, כתב שהתיר במעשה שבא לפניו, באשה ששכחה אם מלחה צד השני, דאף הש"ך שאוסר אם נמלח מצד א' לאחר שהודח, וכן בנה"כ מחמיר אם שכחה אם נמלח, י"ל כה"ג מותר, דשם הטעם דמעשה רב איך שכחה, אבל כה"ג אדרבה מאחר שמלחה צד א', הרגל הדבר הוא עושה).

(**ועיין** בתשובת אא"ז פנים מאירות, שנשאל באשה ששלחה לבעלה בשר לכפר, ולא הזכירה בתוך הכתב אם מלחה הבשר, ובישל הבעל הבשר בלא מליחה, אם מותר לאכול הבשר, **והראה** פנים לכאן ולכאן, וסיים שלבו מהסס בדבר זה להתיר הבשר, אם לא שנצרף איזה אומדנות המוכיחות שבודאי מלחה, כגון שהשליח לא היה יכול לבוא אלא סמוך לשבת, שלא היה שהות למלוח ולבשל על שבת, אז אמרינן בודאי מלחה קודם ששלחה, ע"ש, **ועיין** בתשובת שבו"י שחולק על הפמ"א, במ"ש כגון שהשליח לא היה יכול לבוא כו', דהא ליתא, דזה אינה אומדנא דמוכח, דאולי היתה כוונת המשלח למלוח זמן מה לכבוד שבת ולהטמין אותו סמוך לשבת, או לצלות בשפוד ע"י מליחה קצת שא"צ שהות כ"כ, **ובלאו** הכי כיון שהוא דבר שיכול להתברר, אין צד כלל להתיר ע"י ספק, ואפילו בס"ס יש להחמיר, וע"ש מה שתמה עוד על הפמ"א בתשובה ההיא).

(**ועיין** פמ"ג שכתב שאלה, שלש קדירות רותחים כ"ר, מא' עירו על רבע העוף קודם הדחה אחרונה, ויש שם עוד רבע שהודח ממלחו כו', **תשובה**, מה שמלגו ע"י עירוי גרע כו', ע"ש, **ועיין** בספר בית יהודה שם שחולק עליו).

מיהו אם מיחה לעובד כוכבים שלא ידיחו בלא רשותו, והוא עבר על דבריו, אסור, דהא חזינן דאינו מרתת, ואין לסמוך גם כן אדבריו.

‹**משמע** דגם מסל"ת לא מהני, וכן משמע להדיא בעט"ז, אולם במקור הדין לא נזכר רק דמרתת לא מהני, ולא נזכר כלל מסל"ת, **ואפשר** למה דנראה מלשון הרמ"א, "ובחד מינייהו", דמפרש בכוונת המחבר דתרתי קאמר, דמותר ע"י מרתת וגם ע"י מסל"ת, וכמ"ש הש"ך, **ובזה** לכאורה יש לדייק, דאמאי נקט המחבר אם יודע מנהג ישראל סומכים על דבריו, דלשון על דבריו היינו היתר דמסל"ת, ולמאי צריך ביודע גוי מנהג ישראל, **ולזה** נראה, כיון דהסמ"ק כתב וכ"ש אם יודע מנהג ישראל, היינו דיש בזה עוד סניף, דמסתמא מכוין לעשות רצונו ואינו משנה ממנהגם, כמ"ש הב"י וכ"כ הט"ז, **א"כ** י"ל כיון דהסמ"ג ס"ל דלא סמכינן על מסל"ת, לא ניחא ליה להמחבר לפסוק כהסמ"ק אלא בכה"ג דיודע מנהג ישראל, דיש עוד סניף דמסתמא אינו משנה מהמנהג, **ולזה** כתב הרמ"א כיון דחזינן דמשנה מרצונו דישראל, אזדא לה הך סניף, ולא מהני היתירא דמסל"ת, כמו בלא היה יודע מנהג ישראל, ודו"ק – רעק"א›.

סעיף יא - בשר שנתבשל בלא מליחה - אף אם לא נתבשל לגמרי, רק ששמוה בקדרה שמקצתה חם והיד סולדת בה, ת"ח בשם הגהת ש"ד, וכן הוא במהרי"ל, ‹**והמנח"י** פי', "שמקצתה חם והיסל"ב", הולך על החתיכה, כלומר דלא נתבשל אלא נעשה מקצתה חם שהיסל"ב, דלא שייך לשון זה על הקדירה, כי לעולם לא נמצא קדירה חם ביותר רק שהיסל"ב, וכל שאין החתיכה יסל"ב, אף שיסל"ב בקדירה, מותרת, **והפמ"ג** חולק עליו›.

צריך שיהיה בתבשיל ששים כנגד אותו בשר - דלא ידעינן כמה דמא נפק מיניה, **ואז מותר הכל** – **[דמה שיצא נתבטל בששים, ומה שנשאר בו הוי דם האיברים שלא פירש, והקשה מו"ח ז"ל, דהא בשובר מפרקת בהמה בסי' ס"ז, אף הרא"ש ס"ל דאסור משום פירש ממקום למקום, וה"נ יהיה אסור מה"ט, ותירץ שם, עיין עליו ולא קשה מידי, דהכא בבישול כל מה שפירש יוצא לחוץ, וכל מה שלא יצא לחוץ אינו פורש כלל].**

(**עיין** בספר ברכי יוסף שהביא בשם גדול אחד, דהיינו באם נתנו הבשר במים שאינם רותחים, אבל אם נתנו אותו במים רותחים, הוי חליטה ומותר בדיעבד בלא ס', כמבואר לקמן סימן ע"ג ס"ב כו', **והוא** ז"ל שקיל וטרי קצת, ומסיים דאם ברור הדבר שהיו המים רותחים מאד, ויש דוחק כגון שהוא ער"ש, יש להקל, ע"ש, ועש"ך שם סק"י, וצ"ע).

(**בגיו"ד** של אא"ז הרב ז"ל מצאתי כתוב, כתב אגודה: אומר רבי, דמותר לבשל בשר בלי מליחה בחמי טבריא).

(**עיין** בתשובת שמש צדקה, בשומן שלא נמלח שנתבשל, אם צריך לשער ג"כ נגד כל השומן, או לא, מאחר שאין דם כ"כ בשומן, ע"ש, **ונראה** דאישתמיטתיה דברי הת"ח וש"ך לקמן סימן ע"ה סק"ח, דמבואר שם דצריך ס' נגד כל השומן, ע"ש).

הלכות מליחה
סימן סט – דיני מליחה והדחה

הגה: ויש אוסרים אותה חתיכה אפילו בדאיכא ס' נגד החתיכה - אין לפרש הטעם דחנ"נ, דהא לא נאסר הבשר מעולם אלא עתה מחמת הבישול נאסר, וכן כ' הרא"ש ומביאו בית יוסף, **אלא** הטעם משום דרוטב מבלבל טעם החתיכה, וגורם שהדם שבתוכו פירש ממקום למקום, וכדאיתא במרדכי והג"ה ש"ד.

[**לפי שנתבשלה החתיכה בדמה, ואין להקשות והא בדם** מעלמא שנפל על חתיכה שבקדירה, שמקצתה תוך הרוטב, מותר אפי' מה שהוא חוץ לרוטב, **שאני הכא** **שהאיסור הוא מחמת עצמו, נשאר הטעם במקומו ואסור,** ‹**כוונתו**, אף דאין האיסור רק משום דם שפירש ממקום למקום, לא אמרינן כיון דהדם נפרש ממקומו ונבלע למקום אחר, שוב הוי כדם מעלמא שנפל על החתיכה בתוך הרוטב, דהכל מצטרף, משום דהכא כיון דהדם פירש מהחתיכה זו, ממהרת להתבלע בחתיכה זו, דהוי כמו באיסור דבוק - חוו"ד›, **ועוד** **דחשוב כאיסור הדבוק, ויש לחוש שמא הגביה פעם אחת** **חוץ לרוטב קודם שפולט כל דמה, עכ"ל או"ה הארוך].**

והכי נהוג אם לא לצורך, כגון לכבוד שבת או לכבוד אורחים - או במקום הפסד מרובה, ת"ח, **דאז יש לסמוך אדברי המקילין.**

[**בת"ח כתב, בתרנגולת שהיא חלולה, איכא למיחש שמא** **פירש ממקום למקום, ואסור כה"ג אפי' בשעת** **הדחק והפסד מרובה].**

דמי להאוא ציידא, דמשכח רברבא ושקיל זוטרי ושקיל, ואני בספרי השגתי על ת"ח בזה, **וזה** לשוני, כתב במרדכי על שם תש' רבי שמשון בן אברהם, דאפי' למאן דמתיר בבשר, אבל בתרנגולת שלימה שנתבשלה ראוי להחמיר, אע"פ שיש במים ששים, מפני כבד ובני מעיה דכמאן דמנחא בדיקולא דמיא, ודם הנפלט מהם נבלע בתרנגולת ושוב יוצא כו', עכ"ל, ואיתא תש' זו בתש' מיימוני, **וכתב** בת"ח, דה"ה אי ליכא בני מעיים דאסור בתרנגולת לכו"ע, דמאחר שהיא חלולה פירש הדם ממקום למקום, ואסור כה"ג אפי' שעת הדחק והפסד מרובה, עכ"ל, וכ"כ בס' אפי רברבי, **ולא** נהירא, דדוקא נקט כבד ובני מעיים, הלא"ה לא גרע כלל מחתיכת בשר, דנהי דפורש ממקום למקום, מ"מ מיד שנפרש לחלל נתבטל במים, **ואפי'** בכבד ובני מעיה אינו אסור אלא כשהן דבוקים בעוף, הלא"ה לא, כמ"ש הרוקח בשם הרבה גדולים, **ונהי** דלא קימ"ל כוותיה במאי דמכשיר התם הרוקח אפי' בדבוק, היינו משום דאזיל לטעמיה דלית ליה איסור דבוק, ואנן לא קימ"ל הכי, **אבל** באינו דבוק פשיטא דקימ"ל הכי, וכדכתב הרב בהג"ה גופיה סוף סי' ע"ג, אלא דאמרינן כיון דאינו דבוק א"כ מיד שנפלט נתבטל במים, וכ"ש גבי תרנגולת גופיה דיש לומר הכי, נ"ל ברור, וכ"פ בס' באר שבע ע"ש, עד כאן לשוני - נקה"כ.

ואם נמלחה חתיכה ולא נמלחה כראוי, דינה כאלו לא נמלחה כלל – [באו"ה הארוך כתב שני דינים, הא' בנמלח ולא שהה שיעור מליחה, הב' **אם לא נמלח רק** **מצד אחד, בשניהם הוה כלא נמלח כלל, והיינו היש** **אוסרים דס"ד שמביא רמ"א, אבל רמ"א הכריע שם** **דבדיעבד מותר בנמלח צד אחד, וכן אם לא פיזר בכל** **מקום מלח,** ‹**ואף** דהתם בהפ"מ דוקא, מ"מ כיון דכאן לצורך מתירין אותה חתיכה, במלח מצ"א אין להחמיר כלל, ובפרט דם דרבנן ויש כמה ספיקות דפלוגתא לקולא - פמ"ג, **וא"כ** **אמאי צריך כאן ששים דהוה כלא נמלח כלל, אלא מיירי** **כאן בנמלח כראוי ולא שהה שיעור מליחה, וע"ז אמר** **שלא נמלח כראוי, ר"ל שלא שהה בו כשיעור מליחה].**

וכן בשר ששהה ג' ימים בלא מליחה, אף אם נמלח, דינו כאלו לא נמלח, ואם נתבשל צריך ס' כנגדו - להתיר מה שנתבשל עמה, אבל החתיכה אסורה עכ"פ, כדאיתא בת"ח.

‹**אם** נמלח בלא הדחה ראשונה ונתבשל, ויש ששים בקדירה, י"ל דאף בהפסד מרובה אסורה החתיכה, כיון דטעמא דהמקילין משום דממ"נ, דאם לא יצא לחוץ הוי דם איברים שלא פירש, א"כ בנמלח בלא הדחה ראשונה, להסוברים דהטעם משום דם בעין, כבר נאסר קודם הבישול, והוי כמו כל חתיכה דעלמא דבלע איסור ונתבשל בששים, דהחתיכה קיימא באיסורה, כדלקמן סי' ק"ו, **ואף** דלעיל ס"ב סמכינן בהפסד מרובה על טעם דנתרכך, מ"מ י"ל דתרי קולי בהפסד מרובה לא אמרינן, **וביותר** י"ל, דאף לטעמא דריכוך אסור, דהרי מבואר בהרא"ש, הא דמלח ולא הדיח מהני הדחה ומליחה שנית, ולא חיישינן כיון דנמלח תחילה בלא ריכוך, יצא מקצת דם וחוזר ונבלע, היינו דאמרינן איידי דיפלוט דם דידיה, **א"כ** ממילא בנתבשל בלא הדחה ומליחה שנית, אסורה אותה חתיכה, דחיישינן דיצא תחילה בשעת המליחה קצת דם, וחזר ונבלע, ולא יצא ע"י הבישול - רעק"א›.

‹**ולפי"ז** יש לדון במ"ש ההג"ה, דאם שהה שלשה ימים בלא מליחה ונמלח אח"כ, דדינו כלא נמלח, ומשמע דלא חמיר מלא נמלח כלל, **ולפי** הנ"ל י"ל דבזה אף בהפסד מרובה אסורה החתיכה, כיון דשהה שלשה ימים בלא מליחה, נתקשה הדם ויצא קצת דם וחזר ונבלע, ‹לשיטת הש"ך בסי"ב, ודלא כט"ז›, כמ"ש הרא"ש לענין מלח בלא הדחה לטעמא דריכוך, ואין כאן ממ"נ, **גם** יש לעיין במ"ש הש"ך בסי"ב, דטעמא דבשלו אחר הצליי' מותר, משום דמה שלא יצא על ידי צלי לא יצא ג"כ ע"י בישול, **א"כ** בנמלח תחילה יהא גרע, דבשעת מליחה יצא קצת דם וחזר ונבלע, ודו"ק›.

‹**ואחר** העיון נ"ל דזהו ניחא, דמהני צלייה אף אחר מליחה, דלהט"ז ממ"ש בסי"ב וז"ל, ועוד נ"ל דאם מלח וכו', בזה אמרינן להיפך לחומרא וכו', משמע דאמרינן בהיפוך, דלמא כהריב"ש דלא נתקשה, אבל לגאונים היה מותר, דאם אמרינן דנתקשה הדם אינו מוציא דם כלל, א"כ ממילא בצלי מותר, **ולהש"ך** בנקה"כ דנפיק מעט מעט, מ"מ הא הסכים שם עם המורה בט"ז, מטעם דמ"מ יוצא מעט בצלי, ואמרינן ביה איידי דיפלוט דם דידיה, ע"ש, **א"כ** אף אם בשעת מליחה יצא מעט וחזר ונבלע, מ"מ בצלי יוצא אותו המעט, מכח איידי דיפלוט מעט מהנשאר בו ונתקשה, **אבל** הדין הראשון, בנתבשל אחר המליחה ויש ששים, מדינא אסור הבשר להש"ך הנ"ל, דיוצא מעט, ודו"ק – רעק"א›.

סעיף יב - בשר ששהה ג' ימים מעת לעת בלא מליחה, נתייבש דמו בתוכו, ולא יצא עוד ע"י מליחה - ואפילו שיתנו במים פושרים כדי שיתעורר דמו לצאת, לא מהני, ת"ח ומהר"ש באו"ש.

ואין לאכלו מבושל אלא צלי - ולצלי מותר בלא מליחה, אלא דלכתחלה יש למלחו קצת כשאר צלי, וכדלקמן סי' ע"ו ס"ב בהג"ה, אבל לא אמרינן כיון ששהה ג' ימים בלא מליחה, ניבעי מליחה ממש אף לצלי, ת"ח, **ומבואר** עוד שם, דאפילו לא ניקר אותו מגידי הדם שבו, מותר לצלי, **ולעיל** סימן ס"ד סעיף י"ח נתבאר, דלכתחלה יש לנקר הבשר מחלב שבו תוך שלשה ימים, ובדיעבד אם מנקרו אחר כך מותר אף לקדירה, ע"ש.

ואחר שצלאו לא יבשלנו - דשמא לא יצא כל דמו על ידי צלייה, ויצא אח"כ על ידי בישול, דהבישול פועל יותר מצלייה, **ול"ד** לכבד בר"ס ע"ג, דג"כ אין לה היתר ע"י מליחה כי אם ע"י צלייה, ומותר לבשלה אחר הצלייה ואפי' לכתחלה, **דהתם** אינו מועיל מליחה משום ריבוי דם שבה, ומסתמא נפלט הכל בצלייה, ומה שלא נפלט בצלייה לא יפלוט בבישול, **אבל** הכא אינו מועיל מליחה משום שכבר נתייבש דמו בתוכו, ואפשר דצלי אינו פועל לרכך הדם שיצא הכל, והבישול פועל לרככו.

‹**עיין** בספר חמודי דניאל, דאף אם רוצים לצלותו בקדירה ביובש, אסור, ע"ש›.

‹**ועיין** בתשובת רדב"ז, שדעתו דהא דאסור לבשל אחר הצליה, דוקא אם יתנו בקדירה בעוד שיהיו המים פושרים, דאז מרככין אותו, אבל אם ישליכו אותו במים רותחים, מותר, ע"ש, **ונראה** דלעת הצורך כגון בלילי פסחים, שאין אוכלין צלי, רק צלי ואח"כ בישלו אוכלין, כמו שמבואר בא"ח סימן תע"ו, יש לסמוך ע"ז בפשיטות›.

ואם בישלו מותר - שאנו תולין לומר שיצא הכל, ומה שנשאר ולא יצא, שוב לא יצא ג"כ ע"י בישול.

[**רש"ל פסק אפי' בדיעבד אסור, וכתב מו"ח ז"ל: לא נראו דבריו**].

(ואין להשהות בשר ג' ימים בלא מליחה - כדי לצלותו, **דחיישינן שמא יבשלו)** - דילמא אישתלי ומבשל ליה. ‹**עיין** בספר חמודי דניאל, באם שהה ג' ימים בשוגג, אי מחוייב לאכול תיכף›.

‹**עיין** בספר חמודי דניאל שכתב, דכבד וכחל מותר להשהות, דודאי יצלנו, **אע"ג** דהכבד מבשלים אחר צלי, ‹אם לא שהה ג' ימים›, וניחוש שמא יבשלנו אחר צלי, ‹הגם דכבר שהה ג' ימים›, **מ"מ** כל מידי דבדיעבד מותר לא חיישינן שמא ישכח, ע"ש›.

[**כתב רש"ל, על בשר ששהה שלשה ימים בלא מליחה, ואח"כ מלחו אותו בכלי מנוקב כשיעור מליחה, ואח"כ הדיחוהו וחזרו ומלחוהו והניחוהו בכלי שאינו מנוקב, ולא שהה בה שיעור כבישה, ומצאו שם ציר, דלכאורה יש לחוש שמא לא היה כח במליחה ראשונה להפליט כל הדם שבתוכו כיון שנתקשה, אלא תמיד פולט מעט מעט, וע"כ אסור, והשיב דאינו כן, אלא ממ"נ מותר, דאם לא יצא במליחה ראשונה, שוב אינו יוצא בשניה, ואם יצא במליחה הראשונה, יצא הכל, ולא דמי למה שאמרו במידי דבעי ליבון, ועשה הגעלה, דאסור לחתוך בו רותח לדעת הרא"ש, משום דע"י ההגעלה פולט מעט מעט, דהתם יש פליטה יותר כל שהוא רותח**

יותר, ע"כ יש לחוש שמא ע"י הגעלה ראשונה שחלש כחו, אינו יוצא כולו, ונתוסף עליו חום אחר אחר שחתך בו רותח, משא"כ במליחה כו', **נראה** ביאור דבריו, דבחשש זה שנתייבש הדם בבשר, ולא מתעורר מחום המליחה לצאת, בזה אמרינן שפיר ממ"נ, אם נתעורר לצאת במליחה ראשונה, וכדעת ריב"ש שמביא ב"י, ממילא א"צ למליחה שניה כלל, ומותר במליחה שניה בכלי שאינו מנוקב, ואם לא יצא במליחה ראשונה, והיבוש במקומו עומד, גם מליחה השניה לא תאסור אותו ומותר לצלי, **משא"כ** בהגעלה דאין שם טעם יבוש, אלא שאין כח להגעלה להוציא לגמרי כיון שצריך ליבון, מ"מ מהני כח ההגעלה שיזוז הבלוע ממקומו קצת, וע"כ כשיבא רתיחת השניה, יוציא לחוץ, כנ"ל טעם רש"ל והוא נכון].

ולי דברי מהרש"ל צ"ע, דהסברא נותנת הכי, דהבשר פולט מעט מעט - נקה"כ.

[**ומשמע דאילו מלחו בכלי שאינו מנוקב לחוד, ולא מלחו תחילה בכלי מנוקב, אסור, דשמא יצא קצת מן הדם שנתקשה בו ע"י מליחה, וכן נראה נמי אם מלח אותו בשר ששהה שלשה ימים בלא מליחה, עם שאר בשר שנמלח להוציא דמו, דאסור זה הבשר ששהה שלשה ימים, דשמא בולע מהדם שיוצא משאר הבשר, דאע"פ שאמרו שאין מליחה מועיל לו, היינו לפי שנתקשה דמו בתוכו, מ"מ אין הבשר נתקשה לומר ששוב לא יבלע דבר בתוכו, וגם לענין דם שבתוכו כתב הריב"ש הביאו ב"י, דאין בירור שלא יצא ע"י מליחה, והיה ראוי להתיר, אלא שראוי לחוש לדברי הגאונים במקום שנהגו,** *וע"כ ודאי לא נסמוך בשום דבר לקולא ע"ז, ולומר שלא יבלע שאר דם, אלא לחומרא אמרינן דשמא דם שלו לא יצא ע"י מליחה כיון שנתקשה, וע"כ אין כאן היתר לומר כמו שיפלוט דם שלו יפלוט ג"כ מה שבולע מבשר אחר, **וראיתי** למורה אחד שהתיר בזה מטעם כבולעו כך פולטו, ונראה שטעה, דודאי זה דומה למולח בשר שנמלח כבר, ויצא מידי דמו וצירו, **עם שאר בשר שמולח להוציא דמו, דאמרינן בכל סימן שאחר זה, דודאי בולע מן האיסור ונשאר בתוכו, כיון שאין לו מה להפליט, ה"נ אמרינן ביה לחומרא**].

ולי נראה דטב הורה, דהא הך דשהה שלשה ימים בלא מליחה, היא חומרת הגאונים, ולא נזכר שום רמז בש"ס, וגם הריב"ש שדא ביה נרגא, והלכך הבו דלא לוסיף עלה, ואין לך אלא מה שהחמירו בו בפירוש, **ועוד** די"ל דאף הגאונים לא קאמרי שאינו יוצא ע"י מליחה כלל, שהרי נראה הדבר לעין שיוצא, אלא ר"ל שאינו יוצא כל דמו, וא"כ כיון דעכ"פ יוצא קצת דם, אמרינן לגבי דם שבלע כבולעו כך פולטו, כן נראה לי - נקה"כ.

*‹**לענ"ד** זהו אינו מספיק, דמ"מ היה צלי מועיל בדרך ממ"נ, דלפי החומרא דנתקשה, הא לא בלע כלום, ואם לא דנין דנתקשה ובלע, הא מותר, דאיידי דפלט דם דידיה פלט דם דאחריני, **אלא** דאסור מטעם הראשון, דאף אם אמרינן דנתקשה דמו בתוכו ולא פליט, מ"מ בלע, **והא** דאין לו תקנה בצלי, ע"י איידי דיפלוט דם דידיה, צ"ל דגם בצלי לא יפלוט דידיה כיון דנתקשה, והא דבשלו אחר צלי מותר, צ"ל מטעם שכתב הש"ך, "... מה שנשאר ולא יצא, שוב לא יצא ג"כ ע"י בישול" - רעק"א.

(**ועיין** בתשובת בית אפרים, במעשה שנמלח בשר ששהה ג' ימים עם בשר עוף יחד, ואחר מליחה והדחה כבשו אותם בחבית ומלחו אותן יחד, כדרך שמולחין לקיום, ונכבש כך כמה ימים, **וכתב** דיש לאסור הכל אפילו מה שחוץ לציר, חדא דהא הט"ז כתב בשם רש"ל, דבלא שהה שיעור כבישה מתיר מטעם ממ"נ, וא"כ הכא דשהה שיעור כבישה, נאסר, **ואף** דביש"ש מבואר שאם הודח אחר המליחה הראשונה אין לאסור אפילו שהה שיעור כבישה, מ"מ הרי כאן היה כבוש מעל"ע, דאפילו במים ה"ה כמבושל, וא"כ נאסר מה שבתוך הציר, ואוסר הכל אח"כ, **ועוד** דהכא בין להט"ז ובין להש"ך בנה"כ אין מקום להקל בזה, דהא להט"ז נאסר מתחלה הבשר ששהה שבלע דם משאר הבשר, ואף שנה"כ צידד להקל, הלא לדעתו נאסר מטעם שנמלח אח"כ בכלי שאינו מנוקב, ולית לן למינקט קולי דתרווייהו, עב"ת דבריו).

[**ועוד נ"ל, אם מלח הבשר ששהה שלשה ימים עם שאר בשר שכבר נמלח והודח, **בכלי שאינו מנוקב, אסור גם שאר הבשר, דבזה אמרינן להיפך לחומרא, שמא יצא הדם שנתקשה ע"י המליחה, ואוסר שאר הבשר כיון שמונח בכלי שאינו מנוקב, כל זה ברור לפענ"ד**].

‹אינו** מדוקק, דגם במנוקב אסור - רעק"א. ‹**תמה** המ"י ממ"נ, אי הודח נסתמין נקבי הפליטה, אפי' בכלי מנוקב אסור, כמבואר סימן ע', **ואי** לא נסתם נקבי הפליטה, אפי' כלי שאינו מנוקב שרי ע"י מליחה שנית, וירצה בזה עכ"פ בהפ"מ שרי, איידי דיפלוט ציר כמבואר סי' ע', בין במנוקב או אינו מנוקב. **ויראה** דלא החמיר בכלי מנוקב דאיכא נמי טעמא

[ט"ז] ‹רעק"א או ש"א או הוספת הסבר› (פת"ש)

הלכות מליחה קכט
סימן סט – דיני מליחה והדחה

דמישרק שריק, אף דאנן לא קי"ל כן, מ"מ איכא ספיקי טובא, ומש"ה לא החמיר אלא בכלי שאינו מנוקב – פמ"ג.

[**מצאתי** בקובץ ישן וז"ל, **שמעתי מהרב שאמר בשם מהרי"ו שאמר משום מהרי"ל, בשר ששהה שלשה ימים בלא מליחה שאסור לבשל, גם שמעתי שכמדומה הוא שראה כתוב בשם מהר"ר עוזר, שאם אחר ששהה שלשה ימים מלחוהו כשיעור מליחה, והדיחוהו וצלאוהו, שוב מותר לבשל, עכ"ל**].

(**ועיין** בתשובת מעיל צדקה, שכתב שאין לסמוך ע"ז אפילו בהפ"מ, ע"ש היטב).

‹**המנ"**י כתב, דהר"ר עוזר ס"ל כהסוברים דמותר לבשל אחר צלייה, אלא דס"ל לצלי ג"כ בעי מליחה מקודם, כמ"ש בת"ח בשם או"ה הארוך, **אבל** לדידן דקימ"ל דאין לבשל אחר הצלייה, גם במלחו וצלאו לא מהני – רעק"א›.

(**עי'** בה"ט של הרב מהרי"ט ז"ל, שכתב בשם תשו' שבו"י, להקל בשומן אווזות שלא הודח תוך ג"י, **ועיין** בתשו' נו"ב שחלק על השבו"י בזה, שהתיר את האסור, וכתב דאף לדעת השבו"י, דוקא בשומן שהופשט, אבל אם השומן לא הופשט עדיין מעל האווז, גם הוא מודה שאפילו השומן אסור לבשל, **ומי** שהורה להתיר אפילו השומן לחוד, ראוי לגעור בו בנזיפה, ואם כבר נעשה מעשה והפשיט השומן ובשלו, אסורים הכלים וכל התערובת, ע"ש, **גם** בתשובת מאור הגולה רבינו עקיבא איגר ז"ל, חולק על השבו"י בזה, **ועיין** בספר ח"ד שכתב ג"כ, דבשומן הדין כמו בבשר, אלא שכתב דיש להתיר ע"י בישול במים בששים אחר המליחה, כיון דבהפ"מ סמכינן אמחבר בסעיף י"א, והמים שבלעו איסור ישפכו, **ואין** זה מבטל איסור, והטעם שיחזור ויבלע השומן מהמים אין זה ביטול איסור, דהבליעה בא אחר הביטול, ועוד דכוונתנו להתיר השומן דמיא קצת לסימן פ"ד ס"ג - **ונראה** דבאופן זה אף בבשר שרי, מיהו לטעם השני שכתב הח"ד דלא הוי מבטל איסור, דאין כוונתנו אלא להתיר השומן, אפשר דבבשר אסור מטעם שכתב הט"ז, דלא שרי באין כוונתו לכך אלא היכא שאי אפשר בענין אחר, ע"ש, וה"נ בבשר אפשר בצליה, אבל בשומן א"א בענין אחר, דבצלי השומן כלה - **אבל** לערבו בשומן אחר עד ששים נראה דאסור, עכ"ד, **ועיין** בתשובת רבינו עקיבא איגר, שהוא ז"ל העלה להקל בזה בהפ"מ, והיינו דמתחלה ימלח השומן כדינו, ואחר המליחה והדחה יערב בשאר שומן שנמלח והודח כדינו, ע"ש טעמו).

(**עיין** בתשובת ברית אברהם, עוף השוהה למות אחר שחיטה כמה שעות, ונשתהה ג"י בלי מליחה, מאיזה זמן מונין השלשה ימים, אם משעת שחיטה או משעה שתצא נפשה, **כתב** מתחלה לחלק לענין הבני מעים, דהוי כמנחי בדיקולא, וראוי למחשב הג' ימים משעת שחיטה, משא"כ שאר הבשר, **והאריך** בזה והעלה להקל גם בבני מעיים, דיש לחשוב משעה שתצא נפשה, ע"ש).

(**ועיין** בתשו' תפארת צבי, במעשה שבשלו בשר שנמלח והודח, ואח"כ נתוודע ששהה ג' ימים בלי מליחה, וזה נודע אחר ששהו הכלים מעל"ע, **הנה** אם הכלים יש להם תקנה בהגעלה, אסורים בלא הגעלה, דהוי דבר שיש לו מתירין, **אולם** אם הם כלי חרס שאין תקנה בהגעלה, המורה להתיר הכלים אין מזניחים אותו, **ומ"מ** לא הייתי מורה להתיר, כיון דהספק על הבשר ולא על הכלים).

סעיף יג- ואם שרו אותו במים תוך הג' ימים, יכול להשהותו עוד שלשה ימים אחרים פחות חצי שעה – [דהוא שיעור ההדחה ששרה במים, כמ"ש רמ"א בס"א]. **לאו** דוקא חצי שעה, אלא פחות מעט, וק"ל. ‹**ואיני** יודע, כיון דשיעור שריה הוא חצי שעה, א"כ כלין הג' ימים קודם הריכוך – פמ"ג›.

(**בספר** לוית חן פרשת אחרי מות כתב, דלמאי דאמרינן פ"ק דפסחים, לר"י אדם טועה ג' שעות, א"כ אין להשהות רק ג"י פחות שלש שעות כו', עיין שם, **ולע"ד** חומרא יתירה היא, דודאי דוקא באיסור דאורייתא חיישינן, כדמוכח בפסחים דף י"ב, דאמר שם גזירה משום יום המעונן, ע"ש, ולא קאמר שמא יטעה בין ה' לו', ומכ"ש הכא דלא הוי אלא חומרת הגאונים, ואין להחמיר בדינים אלו כמ"ש הש"ך, **ועוד** אפשר לומר, דזה דמי למ"ש מהרש"ל שם על דברי התוספות, דבהמשך הזמן לא חיישינן שיטעו, כגון אם אומר ה' שעות עמנו הייתם, לא אמרינן שמא טעה ולא היה אלא ד', דאין זה ענין כלל לטעות דאיזה שעה, ע"ש, א"כ ה"ה כאן י"ל כן).

(**וצ"ע** לדינא, אם נשרה במים, וכשלקחוהו מהמים היה לח כמו ב' וג' שעות עד שהיו המים נוטפים, ונשתהה ג"י, מאיזה זמן מנינן, אם משעה שלקחו מהמים, או מעת שכלה כל לחלוחית המים, **ונראה** להקל).

[פי' באו"ה, **דוקא שרו קצת שעה, אבל אין די בהעברת מים עליו כמו שרגילים לעשות בבית מטבחים, ואם** נקרו הבשר ‹מחוטי הדם - פמ"ג› **תוך הג' ימים, סומכים אז בדיעבד על מה ששפכו עליו בהעברה בעלמא, מאחר שאין שם דם אלא מה שמובלע בבשר, ומ"מ צריך אח"כ הדחה אחרת קודם המליחה לקדירה אפי' דיעבד, עכ"ל**].

דעת הר"ב בת"ח, דלכתחלה אין לשרות אותו תוך ג' ימים כדי להשהותו עוד ג' ימים אחרים, **אך** בדיעבד שכבר שהה אותו ג' ימים, מותר לבשלו אפילו לא שראו רק מעט תוך הג' ימים, ‹או העברה בעלמא כדחללי בי טבחא - פמ"ג›, אם היה מנוקר מגידי הדם, **וכן** בשעת הדחק או במקום הפסד מרובה, יכול לשרותו אפילו לכתחלה ולשהותו עוד ג' ימים, ע"ש ובסימני ת"ח, שכן מוכרח דעת הר"ב, ודוק, **וכאן** השמיט כל זה, לפי שכתב שם שיש מקומות רבים נוהגין היתר אפי' לכתחלה, ושבק"ק קראקא נהגו כן, והניח להן מנהגן, לכך סתם כאן הדברים להיות נהרא נהרא ופשטיה, **ובאמת** אין להחמיר בדינים אלו, כיון שלא מצינו חומרא דבשר ששהה ג' ימים בלא מליחה בש"ס, וגם הריב"ש שדא בה נרגא, **ומ"מ** לכתחלה יש לשרותו היטב כשרוצה להשהותו עוד ג' ימים, וכדאיתא באגור ות"ח שם.

(**עיין** באר היטב של הרב מהרי"ט ז"ל, מש"כ בשם המג"א, שאם חל יום ג' בשבת, אסור להדיחו אפילו ע"י עובד כוכבים, **ועיין** בתשובת נו"ב שכתב, דאווזות פטומות שעיקרם בשביל השומן, ובצלי השומן כלה, ואיכא פסידא, שרי ע"י עובד כוכבים, **ולא** מיבעיא אווזות דרכיך וחזי לאומצא, אלא אפילו בשר בהמה, אם אינו ראוי כ"כ לצלי כבישול, שרי ע"י עובד כוכבים, **ואם** אי אפשר בעובד כוכבים, מותר בעצמו, ובפרט אם בלא"ה צריך לרחוץ ידיו, **וע"ש** בסימן צ"ב שכתב, דאם חל יום הג' בי"ט, שרי בכל ענין, אפילו ע"י עצמו).

(**עיין** במנחת יעקב שכתב בשם חמיו הגאון מהר"ש ז"ל, באווזים שלימים שהודחו תוך ג' ימים בעודן שלימים עם העור, והורה להפשיט העור של אווז ולבשלה, והשאר יצלה, דהדחת העור לא שייכא לבשר, **והוא** ז"ל כתב ע"ז, דבשבת דף ק"ח משמע דעור אית ביה נקבים, ועולה ג"כ לבשר, ע"ש, **לע"ד** צ"ע, דהרי תשובת נו"ב כתב, לגבי הא דעור מגין, דאין הנוצה נוקב העור מעבר לעבר, אך לענין תפילין, שצריך עיבוד ולגרור הרבה מצד פנימי, והנשאר לאחר הגרירה אית ביה ניקבי, ע"ש, וא"כ הכא כיון דאין העור מנוקב מעבר לעבר, אין ההדחה מועיל לבשר, **איברא** דדברי הנו"ב צל"ע, דהרי בחולין ד' קי"ט מבואר, דנימא חלחולי מחלחל מעבר לעבר, כמ"ש רש"י שם, ומכ"ש בשר עוף, **שוב** ראיתי בתשובה הנ"ל חלק או"ח, שכתב אם שרו אווזות שלמים שלא נפתחו כלל, אם יועיל תוך ג"י, דעתי להקל, ואף שביארתי במקום אחר דהנקבים שבעור אינם שולטים מעבר לעבר, מ"מ נתרכך מעבר לעבר ע"י שריית המים, ומותר אח"כ ע"י מליחה, וכן אם שטף מים בשפע ושפשף היטב בידיו, ג"כ מותר כל הבשר, רק האיברים פנימים צריכים צלי, **ובדיעבד** לצורך גדול אפילו לא שרו רק שטף עליהם מים, ע"ש).

(**ועיין** בתשובת ח"ס שכתב ע"ד עופות בנוצתן, שהורה א' שצריך להסיר הנוצות לפני שרייתן קודם מליחה, יפה הורה, ולא דמי לטלפי רגלי הבהמה כו', **ואם** עבר ושראם בנוצותם, ואח"כ שהו ולא נמלחו ג"י מעל"ע משעת שחיטה, אם היו מונחים בכלי מים או אפילו בנחל שוטף, וראשי העופות היו למעלה, באופן ששבולת הנהר עבר ע"ג ראשן, נ"ל פשוט שהנוצות עכבו מלהכניס המים לגופם, ונאסרו מפני חומרת הגאונים, שהרי אפילו להקל כ' הרשב"א דאם נמלגו ברותחין כו', וכמ"ש גם בש"ע סימן ס"ח ס"י, **אמנם** אם היו בשבולת הנהר, ועברו המים במקום רגלי העוף, יש להסתפק ולומר שמועיל, שא"א שלא ישפכו המים בין הנוצות ונגעו אל גוף העופות ונתרכך הבשר ע"י המים, ולדינא צריך תלמוד גם בזה, עכ"ד ע"ש).

(**ועיין** פמ"ג שכתב, דאם היה הבשר מלא קרח ששראו תוך שלשה ימים, שאסור אף דיעבד, כי ידוע שהשריה תוך ג' ימים הוא לרכך, ובזמן שהוא נקרש כאבן קשה הוא, ואין פועל השריה כלום, **וכן** במי פירות אפשר להחמיר, ע"ש).

(בשר שנמלח וספק אם נמלח תוך ג', מותר).

סעיף יד - בשר ששהה שלשה ימים בלא מליחה, ונתערבה אותה חתיכה בחתיכות אחרות - פירוש שנתערבה בחתיכות אחרות שלא שהו עדיין ג' ימים, ולא נמלחו עדיין, **בטלה ברוב, ומותר לבשל כולן** - כשימלח כולן.

א"נ מיירי שכבר נמלחו כולן, ואחת נמלחה אחר ששהה ג' ימים, והאחרות נמלחו תוך ג' ימים, דמותר לבשל כולן בלא מליחה.

וקמ"ל דל"ת דהוי דבר שיש לו מתירין בצלי*, דלצלי לא נאסר מעולם, [**דאע"פ שיש לו היתר לצלי, מ"מ אין היתר למה שהוא אסור עכשיו, דהיינו לקדירה**], ‹**ואי** דיכול לבשל אחר הצליי' דמותר מדינא, מ"מ צריך הוצאת עצים להסקה ולבשול – רעק"א›.

*‹**ולענ"ד** קשה, הא בצלי יפסיד השמנונית הנוטף לתוך האש, דאם יעמיד כלי תחתיו לקבל השומן הנוטף, שוב הוי בישול, וא"כ בלא"ה לא הוי יש לו מתירין, דיש לו הפסד שומן הנוטף – רעק"א›.

[**וגדולה מזו היה להשו"ע לכתוב, דאפי' תוך שלשה ימים, בחתיכה שלא נמלחה שנתערבה עם שתי חתיכות שנמלחו, מותרים וא"צ למלוח את כולם מספק, וכ"כ רש"ל בפירוש, ולא הוי דבר שיש לו מתירין, כיון שצריך הוצאה למולחם**, ‹הנה שם כתב, דאין לו מלח כ"כ, או שאין רוצה לפגום שאר החתיכות שיהיו נמלחות ב' פעמים – פמ"ג›, **כמו בכלי בסי' קכ"ב**, ‹ר"ל, שכתוב שם, כלי שנאסר בבליעת איסור שנתערב באחרים ואינו ניכר, בטל ברוב, ואין דנין אותו בדבר שיש לו מתירין ע"י הגעלה, לפי שצריך להוציא עליו הוצאות להגעילו, והכא נמי דכוותיה שצריך הוצאה למולחם – מחה"ש›, **והוה על בשר דין יבש ביבש, שמבואר בסי' ק"ט מה דינו, ועיין מש"כ סי' ק"ב]. ול"נ** דזה אינו לפי מש"כ בש"ך סי' ק"ב, ע"ש ודו"ק - נקה"כ. ‹דכתב דאין להקל בהוצאה מועטת כזה במקום שאינו הפסד מרובה – מחה"ש›. ‹**ומיהו** הא ודאי, דאם הוא במקום שאין מלח מצוי, ואם ימתין יהא נפסד, לא הוה דשיל"מ ולא חזהר"ל ובטל, ופשוט הוא – פמ"ג›.

ומותר לבשל כולן - דוקא כל אחד ואחד בפני עצמו, ‹דנהי דבטל ברוב, ולא גזרינן שמא יבשלם יחד ויתן טעם – וכדמבואר בסמוך בש"ך הטעם לזה – מ"מ אסור לעשות כן לבשלם יחד, דאז האיסור יתן טעם, אלא צריך לבשל כל אחד בפני עצמו, ותלינן בכל חד דאיסורא ברובא הוי והיתר הוא – מחצה"ש›, **או** אפילו כולן בקדרה אחת, כשירבה עליו היתר עד ס', ‹ואינו מקרי מבטל איסור לכתחילה, כיון שמותר לבשל כל אחד בפני עצמו – מחה"ש›, **הא** לאו הכי לא, וכדלקמן סי' ק"ט ס"ב וע"ש.

(**עבה"ט**, ‹הובא מסי"א: הר"ש הלוי הורה להתיר בשר ששהה שלשה ימים בלא מליחה, ונמלחה בטעות עם שאר חתיכות אחרות, ונתבשלו כולם יחד, ולעת האוכל נזכרו שחתיכה אחת היתה מבשר ששהה שלשה ימים בלא מליחה, דכולם מותרות באכילה›, ‹וזה המשך לשונו: ע"פ מה שהביא הרב הקדוש ב"י תשובה מהרב הגדול בעל תרומת הדשן זלה"ה, בבשר ששהה ג' ימים בלא מליחה, ונתערבה אותה חתיכה בחתיכות אחרות, שאותה חתיכה בטילה באחרות, וכולן מותרות לבשל›, **ועיין** בזה בתשו' מעיל שמואל, שחולק על הוראת הר"ש הלוי ז"ל, ‹וז"ל: שמה שכתב שאותה חתיכה היא בטילה באחרות וכולן מותרות לבשל, היינו לבשל כל אחת בפני עצמה, ולא שלשתן יחד›, **ועיין** בתשובת שמש צדקה בהג"ה **מבן המחבר**, שדחה דבריו, **והעלה** כדעת הר"ש הלוי ז"ל, ‹וז"ל: ועמו הסליחה דבריו דחויים מעיקרא, דכבר הרגיש מזה הש"ך ס"ק נ"ז, ‹עיין לקמן בסמוך›, וכתב דכיון דבשר ששהה ג' ימים בלא מליחה היא חומרת הגאונים ז"ל, דהגאונים לא גזרו כולי האי, וכו', ע"כ. **ולכאורה** הש"ך לקמן מיירי כשנתערבו יבש ביבש, ובנוגע החשש שמא יבשלם, דגזירה זו לא גזרינן בדבר דהוי רק חומרת הגאונים, **אבל** בנוגע לבשלם יחדיו, כתב הש"ך לעיל בפירוש, דצריך או לבשלם כל אחת בפני עצמה, או להרבות עד ס', וכדמחלק המחה"ש, וזה ממש כדברי המעיל שמואל, **אלא** דהש"ך לעיל איירי בלכתחילה והר"ש הלוי איירי בדיעבד, וצ"ע›.

ומלשון ומותר לבשל כולן משמע, שא"צ להשליך אחד או ליתן לעובד כוכבים, **ואע"ג** דבסימן הנזכר כתב הר"ב, דיש מחמירין להשליך אחד או ליתן לעכו"ם, **מ"מ** סתם הכא כדברי המחבר, דכבר כתב שם דאינו אלא חומרא בעלמא, וכאן כיון שבשר ששהה ג' ימים בלא מליחה אינו אלא חומרת הגאונים, אין להחמיר.

ואפי' היתה ראויה להתכבד - ר"ל משום דאין איסורה מחמת עצמה, אלא מחמת דם הבלוע בה, [**והדם אינו ראוי להתכבד**], **וכדלקמן סימן ק"א ס"ב ע"ש**.

‹**יש** לעיין, הא המחבר פסק בלא"ה דחתיכה חיה לא מקרי ראויה להתכבד – רעק"א›.

‹**עוד** כתב האו"ה, דקודם בישול היה היתר, דדם שלא פירש, ואימתי מתחיל האיסור, מכי בא לקדירה, ואז לא ניכר, ותחלת ביאתו לעולם ע"י תערובת לא הוה דשיל"מ, **וסובר** דה"ה חהר"ל ושאר דבר חשוב, כל שלא ניכר פעם א' בפנ"ע באיסורו, לא הוה דבר חשוב, והוא לכאורה חידוש דין – פמ"ג›.

וכן הדין בנתבשל בלא מליחה ונתערב אח"כ באחרות - ‹וכן במלח בלא הדחה ראשונה, ונתערב באחרות, תש' מהר"י לבית לוי – רעק"א›.

צ"ע, דהא קי"ל לקמן סי' ק"ט, דמין בשאינו מינו צריך ששים, מטעם דאם יבשלם יתן טעם, אם כן הכא אמאי סגי ברוב, הא הדם יתן טעם כשיבשלה, **מיהו** אמהרא"י והמחבר לק"מ, דאפשר דס"ל דכיון דבשר ששהה ג' ימים בלא מליחה היא חומרת הגאונים, יש לומר דהגאונים לא גזרו כולי האי, **וכה"ג** כתוב בתשובת ר' אהרן ששון, בבשר ששהה ג' ימים בלא מליחה ונתבשל, דמאחר שאינו אלא חומרת הגאונים, נראה שיש לסמוך אהראב"ד, דס"ל אפילו בבשר שנתבשל בלא מליחה, דא"צ ששים נגד כל החתיכה, אלא משערינן במאי דנפיק מיניה, אלא שאין להקל לענין מעשה, עכ"ד, **אבל** על הרב קשה, דכתב וכן כו', משמע דבטל נמי ברוב, וכדכתב בת"ח בהדיא, והא בשר שנתבשל בלא מליחה מדינא אסור, **מיהו** אאו"ה ‹שממנו נובעים דברי הרב› לק"מ, דאזיל לטעמיה דס"ל, דהא דיבש ביבש שלא במינו צריך ס', אין הטעם משום דיתן טעם כשיבשלם, אלא משום שנקרא דבר שיש לו תקנה קצת, להכיר האיסור ולהסירו משם כו', וכמ"ש בשמו בסימן צ"ח, א"כ הכא א"א להכירו שהרי הוא בלוע, ואפשר דמהרא"י נמי סובר האי טעמא ודוק, **אבל** הרב דס"ל הטעם דלעיל, והוא עיקר כמ"ש שם, קשיא, ודוחק לחלק דהכא שאני דהאיסור בלוע, **ואפשר** דהכא לא אתא אלא לאשמועינן דלא נאסר משום חתיכה, ר"ל ורוב הוא לאו דוקא, אלא צריך ששים, וצ"ע. ‹**וצריך** להשליך א' מהן להיש מחמירין – פמ"ג›.

(**עיין** בשו"ת תולדות יצחק שכתב, דאפשר דמיירי שהיה במים ס' כנגדו, ואז אותה החתיכה אינה אסורה אלא מצד חומרא, כמש"ל סעיף י"א, להכי בטילה ברוב, ובזה מתורץ מה שהקשה הש"ך, **ושוב** העלה להלכה כדמשמע מפשט דברי הרמ"א, דאף אם לא היה מתחלה ששים, ונאסרה מצד הדין, אפילו הכי בטילה ברוב, ע"ש).

הג"ה - דברי הגאמו"ר ז"ל צ"ע ולא ירדתי לסוף דעתו, דהא כיון דקימ"ל דם שבישלו ומלחו אינו אלא מדרבנן, וא"כ א"צ ס', כמ"ש הוא עצמו בסי' ק"ט, דמין בשא"מ שהאיסור מדרבנן א"צ ס' ובטל ברוב, ע"ש, וכ"כ הוא עצמו בסי"ז על דברי מהרש"ל דמיקל, וכתב דיש לסמוך, דבלא"ה דם שבישלו ודם שמלחו אינו אלא מדרבנן, ע"ש, וא"כ מזה הטעם כתב הרמ"א דסגי ברוב, וצ"ע - נקה"כ.

סעיף טו - בשר המלוכלך בדמים – [פירוש שלא פלט עדיין דמו ע"י מליחה, ודין זה כתבו רמ"א בס"א, ועיין מש"כ שם], **ובש"ך** כתבתי ‹לקמן, ע"ש וצ"ע›, דדוקא נקט מלוכלך - נקה"כ, **שנשרה במים מעת לעת, יש אוסרים לאכלו כי אם צלי.**

מלוכלך בדמים - כן הוא ל' ר' ירוחם הובא בב"י, ונ"ל דדוקא נקט ר"י מלוכלך בדמים, וכדאיתא נמי להדיא בסמ"ק בשם מהר"מ, ובאו"ה בשם המרדכי ומהר"ס, וס"ל דלא נאסר מטעם הבשר עצמו שנכבש, דאע"ג דמבליע ומפליט, מ"מ לא עדיף מכלי שני דיש לו תקנה במליחה, וכמו שהביא הב"י המ"כ בשם מהר"מ, **אבל** בשר המלוכלך בדמים, הוי דם בעין דאינו יוצא לא ע"י מליחה ולא ע"י צלייה, אפילו בלא טעמא דכבוש הוי כמבושל ממש, וכמ"ש לעיל ובר"ס ע"ו, וכ"כ באו"ה שם בהדיא, דדם זה הוי דם בעין דאינו יוצא לא ע"י מליחה ולא ע"י צלייה, ודוק, **אכן** הביא הב"י הגהת ש"ד, מה שנהגו רבותינו לאסור הבשר ששהה במים, היינו בבשר הרבה שאין במים ס' נגד כל החתיכות, אבל אם יש ס' במים נגד כל החתיכות, אז הדם שיצא בטל במים כבר, ואם חזר ונבלע בבשר אינו מזיק, *ומה שנשאר בחתיכה יוצא ע"י מלח, עכ"ל, **משמע** להדיא דאפי' אינו מלוכלך בדמים אסר ליה, מטעם החתיכה עצמה שנכבש דהוי כמבושל, ‹מדסתם, וגם מדלא די בס' נגד הלכלוך. **ואינו** כמבושל ממש, אלא שמבליע ומפליט, ואינו יוצא ע"י מליחה, אבל ע"י צלי ודאי דיוצא – מחה"ש›, וכן משמע מדברי ש"ד ומהרא"י והאגור, דאפי' אינו מלוכלך נאסר, וכן דעת מהרש"ל, וכ"ד הרב בת"ח ולעיל ס"א בהג"ה, ע"ש, וכ"נ דעת כל האחרונים, **וגם** המחבר שכתב מלוכלך בדמים, צ"ל דל"ד מלוכלך אלא אורחא דמילתא נקט, דלכך שורין אותו, שהרי כתב אא"כ יש ס' במים כנגדו, ר"ל נגד הבשר.

***דהבלוע** ע"י כבישה יוצא ע"י מליחה, והא דאסור בליכא ששים, היינו דשמא יצא הכל וחזר ונבלע, דכיון דיצא מהחתיכה הו"ל כמו דם מעלמא, ולא מהני מליחה היכא דלא שייך איידי דיפלוט דידיה – רעק"א.

ומ"מ צ"ע, דהיאך כתב כ"א ע"י צלי, דזה לא נמצא בשום פוסק, דבשר המלוכלך בדמים שנשרה מע"ל שיהא מותר לצלי, והוא תמוה, דכיון דנבלע בבשר ע"י כבוש, תו לא מהני ליה צלייה, דדם בעין שנבלע אינו יוצא לא ע"י מליחה ולא ע"י צלייה, וכמבואר לעיל ובר"ס ע"ו

ובכמה דוכתי, **והש"ד** והאגור שהזכירו דיש מתירין לצלותו, לא הזכירו בדבריהם מלוכלך בדמים, *יוס"ל דכבוש לא עדיף ממליח, ואינו כמבושל ממש, ור"י ושאר פוסקים שהזכירו מלוכלך לא הזכירו היתר בצלייה, **וא"כ** המחבר הוא מזכה שטרא אליבא דבי תרי, **ואולי** דעת המחבר דאפי' מלוכלך, מ"מ כיון שנשרה ונתערב הדם במים ונכבש, לא חשיב תו דם בעין, ודלא כמ"ש למעלה, גם דלא כאו"ה, וצ"ע ועס"ק ס"ו.

*‹**קשה** לי, דמ"מ כמו דלא מהני מליחה, משום דחיישינן שיצא וחזר ונבלע, גם לצלי ניחוש דיצא הכל ע"י כבישה וחזר ונבלע, והו"ל כבלע שם ממקום אחר, דאינו יוצא בצלי היכא דלא שייך איידי דיפלוט דם דידיה, וכדלקמן, וצ"ע – רעק"א›. ‹**ועיין** לעיל במחה"ש, דמחלק בין מליחה לצלי›.

אלא אם כן יש במים ס' כנגדו - כלומר אז החתיכה עצמה מותרת גם כן, וכן דעת הרב בת"ח, וכתב שם דלא דמי למבושל - לעיל סי"א בהג"ה - דלא אמרו כבוש כמבושל לכל דבר, רק שבולע ומפליט, אבל אינו מבלבל טעם החתיכה כמו ברוטב, ***וגם** שם אינו אלא מנהג לאסור אותה חתיכה, ולכן אין להחמיר בכה"ג, עכ"ל, **ומהרש"ל** אסר אותה חתיכה ודאי, **ועכ"פ** יש לסמוך על דברי הגהת ש"ד והמחבר והרב להתירו לצלי, הואיל ובלא"ה יש מתירין כבוש לצלי, **ועוד** דגם בש"ד משמע לכאורה הכי, מדתלי טעמא דבשר שנשרה במים מעל"ע אסור, לפי שהדם חוזר ונבלע בבשר, ע"ש, **ונראה** דלהמתירין אפי' הוא מלוכלך בדמים שרי, דכיון שיש במים ס' כנגדו, נתבטל הדם בעין שעליו בס'.

*‹**לענ"ד** אינו מספיק, דשם מדינא מותר בממ"נ, אם לא פריש הוי דם איברים שלא פירש, והיינו לאכלו כך, אבל הכא דמיירי למלחו ולבשלו, ליכא ממ"נ, דדלמא לא נפלט הכל בכבישה, ואח"כ כשיבשל יצא ע"י הבישול, **ולענ"ד** העיקר דמש"ה מותר אותה חתיכה לכ"ע, דמה שלא פירש יצא ע"י מליחה, דהבלוע ע"י כבישה יוצא ע"י מליחה, כמ"ש הג' ש"ד, ועדיף הכא ממבושל, **ואף** דנפרש ממקום למקום, מ"מ כל שלא יצא לחוץ מקרי דם דידיה, ויוצא במליחה, ודו"ק – רעק"א›.

[ורש"ל חולק ע"ז, וכתב ע"ז אל תסמוך עליו להתיר, אף שהר"ם כתב להיתר, אפשר שהר"ם ס"ל אף שנתבשל בלי מליחה, דהחתיכה עצמה מותרת, כמו שפסק הרא"ש תלמידו, אבל אנו דקי"ל דאוסר, ה"ה בשרייה, עכ"ל, ונראה דרמ"א לטעמיה, דהוא פסק אפי' בבישול להיתר במקום צורך גדול, ע"כ בשרייה יש להקל בכל גווני, אבל רש"ל פסק בבישול לחומרא בכל גווני, ע"כ החמיר גם בשרייה, **ונראה** דיש לסמוך להקל כפסק רמ"א בזה].

(ויש אוסרים אפילו נגלי, והכי נהוג) - אפילו אינו מלוכלך, כדמוכח בש"ד ואגור ות"ח שם, וכן משמע בס' אפי' רברבי. ‹**כמו** דבר שנתבשל בלא מליחה, וש"ע ס"ל דאע"ג דאמרינן כבוש כמבושל, אינו רק לענין שמפליט ומבליע, אבל לא לכל דבר – גר"א›.

‹**עיין** בתשובת שב יעקב שהעלה, דהא דכבוש כמבושל, דווקא בנשתהה במים אחדים מעל"ע, אבל אם שהה כ"ג שעות במים בכלי אחד, ואח"כ הסירוהו משם ונתנו לכלי אחר מלא מים, ושהה שם עוד שעה, לא מקרי כבוש, ע"ש, וכ"כ בנה"כ לקמן סי' קל"ה סי"ב, דכבוש לא הוי במעל"ע בסירוג, וכ"כ בתשובת ח"ס - **ועיין** בספר עיקרי דינים, שרב אחד אמר שקבלה בידו משם הרמ"ף, דאף אם לא הסירוהו רק שנענעו הכלי בתוך מעל"ע, אין בו דין כבוש, ואח"כ חזר בו וביטל קבלתו, ע"ש - **ונראה** קצת דלפ"ז, אם נפל בשר שלא נמלח לנהר, ונשתהה שם כ"ד שעות, והוא באופן דלית ביה משום בשר שנתעלם מן העין, כמבואר לעיל סימן ס"ג, שרי אף לקדירה, **ואף** לדעת הש"ך בס"ק ס"א דגם אם יש במים ס' אסור אף לקדרה, מ"מ הכא בנהר לא מקרי כבוש כלל, דקמא קמא אזדא ליה, ודינו כמימות מחולפים, **כמ"ש** המג"א לגבי נט"י שחרית דבעי ג"פ, דבנהר די בפ"א מטעם זה, ע"ש›.

‹**ע"ל** במ"ש בסי"ג בנוגע מה דאדם טועה ג' שעות, ולחילוק הראשון שם אולי יש להחמיר כאן, דהכא יש חשש איסור דאורייתא, דדם כבוש אסור מה"ת, כמ"ש הפמ"ג בפתיחה, ולסברא הב', כ"ש כאן אין להחמיר›.

סעיף טז - אין מולחין אלא בכלי מנוקב, או על גבי קשין וקסמין, או במקום מדרון, בענין שאם ישפך שם מים יצאו מיד.

הגה: ודף חלק ברהטני, שמים זבין ממנו, אין צריך להניחו במדרון. אבל אם אינו חלק ברהיטני, צריך להניחו במדרון שיזלו המים ממנו. ואפילו בכלי מנוקב יזהר לכתחלה שיהיו הנקבים פתוחים. ולכן לא יעמידו על גבי קרקע, כי הוא ככלי שאינו מנוקב, (ע"ל ס"ס ע'), וכן

מחמירין קלת לשום תוך הכלי מנוקב קש או קסמין, כי הבשר יסתום הנקבים, ובדיעבד אין לחוש לכל זה – [לא קאי אמ"ש המחבר, בענין שאם ישפך שם מים כו', דבזה ודאי אפי' דיעבד אסור, כל שאין המים יורדים אלא מתכנסין למקום אחד, דהוי ככלי שאינו מנוקב].

ואם מלח בכלי שאינו מנוקב, אסור להשתמש באותו כלי בדבר רותח - אפי' אחר שהודח הכלי, [**והא** דאמרינן דאין מליחה לכלים, פי' ב"י, דאין הנכנס לתוכו יוצא ע"י מליחה, אבל ע"י בישול יוצא, דנהי דמליח כרותח, פי' כרותח דצלי, אבל לא כמבושל, עכ"ל, **והטעם** דאסור להשתמש באותו כלי רותח דוקא, וצונן מותר, דס"ל דהקערה אחר המליחה מיחשב צונן, ע"כ מותר בצונן בלי הדחה, **ולא** דמי לסכין ששחט בו לעיל סי' י' ס"ב, דהתם אגב דוחקא דסכינא מפלט].

‹**ועיין** פמ"ג שכ' בס"ס צ"ג בשם חכם אחד, דהא דקיי"ל יש מליחה לכלים להבליע ונאסר הכלי, דווקא בכלי חרס חדש או שאר כלים, אבל כלי חרס ישן דכבר שבע לבלוע, לא, **דהא** כתב הט"ז שם לענין כבוש, דאינו בולע אא"כ מפליט שלו, וא"כ במליחה דאין מליחה לכלים להפליט, א"א לבלוע, ולא נאסר הכלי, **והוא** ז"ל כתב שאין להקל, ע"ש, ולפמ"ש שם בשם תשובת חו"י, פשיטא שאין להקל›.

הגה: ואם נשתמש בו, בעי קליפה אם הוא דבר יבש, ואם הוא דבר לח, בעינן ששים נגד קליפה מן הקערה – [וכתב בת"ח, ולי נראה דדין קערה זו כדין שאר כלי טריפה ששמו בו היתר, ושייך לדין תתאה גבר, ולכן אם הקערה קר ושמו בו רותח, סגי ליה בקליפה, ואם הוא רוטב, בעינן ששים נגד הקליפה, **ואם** החם למטה, או שניהם חמין, הכל אסור, אי ליכא ששים נגד קליפת כל הקערה, עכ"ל].

הג"ה זו צ"ע, ‹דלפרש כפשטא דמלתא כשהכלי קרה, יקשה כמו שהקשה לקמן בסמוך, "אבל קשה לפי"ז" – מחה"ש›, **ואחרי** העיון היטב בת"ח נראה לכאורה לפרש, דמיירי כאן שהקערה היא חם, לכך אם הוא דבר יבש סגי בקליפה, אפי' הקערה חם כיון שהוא נגוב, ‹ר"ל, אע"ג דדוקא איסור הבלוע בחתיכה אינו יוצא מאותה חתיכה לחתיכות אחרות בלא רוטב, אבל איסור הבלוע בכלי, לפי שאין לו בלוע מקודם יוצא בלא רוטב, אפילו הכי סגי הכא בקליפה, כיון שהוא נגוב אין האיסור נבלע יותר מכדי קליפה, כדלקמן סי' ק"ה ס"ק כ"ג – מחה"ש›, ‹**ואף** דב' דברים יבשים לדידן קיי"ל דאוסר בכולו, דאין אנו בקיאין בין כחוש לשמן, אבל כלי נהי דמפליט ממנו דבר הבלוע בלא רוטב, היינו כדי קליפה ולא יותר, עי' סי' ק"ה בש"ך ס"ק כ"ג – פמ"ג›, **ואה"נ** דאם נתן בה רותח יבש שיש בו רטיבות קצת, דצריך נטילה, וכדמוכח מדברי הרשב"א בחידושיו ובת"ה הארוך, ‹**והיינו** לשיטת המחבר, אבל לדידן גם ביבש שיש בו רטיבות קצת צריך ששים, וכדלקמן סימן ק"ה ס"ק כ"ג, ומשום הכי מה שכתב הרב: ואם הוא דבר לח כו' ר"ל הן שיש בו רטיבות קצת או לח ממש כרוטב – מחה"ש›, **ולכך** אם הוא דבר רותח לח כרוטב, ‹לאו דווקא אלא רטיבות קצת לדידן דאוסר בכולו – פמ"ג›, **צריך ס'** נגד הקליפה מן הקערה, אף במקום שלא נגע שם הרוטב, **וא"צ ס'** נגד כל ‹עובי› הקערה, משום דמתחלה לא נאסרה במליחה רק כדי קליפה, כדקי"ל לקמן סי' צ"ח ס"ד בהג"ה.

אלא שדוחק לפרש דמיירי שהקערה חמה, וגם דוחק לפרש דמ"ש "ס' נגד קליפה מן הקערה", מיירי אף במקום שלא נגע שם הרוטב, ועוד דדוחק לומר דמיירי בדבר יבש לגמרי, **ועוד** דבת"ח שם ע"כ בדבר יבש שיש בו רטיבות קצת מיירי, מדכתב שם אי הקערה קר סגי בקליפה, ולא ביאר החלוקה השנית כשהקערה חם, ‹ציור של יבש כמו ברישא, ואי מיירי ביבש לגמרי היה הדין חלוק, דאינו אסור רק כדי קליפה›, **אלא** ודאי מ"ש שם בסיפא "ואי הקערה חם" קאי נמי אדבר יבש דרישא, שיש בו רטיבות קצת דצריך ס' כשהקערה חם לדידן, וכמ"ש בסי' ק"ה ס"ק כ"ב, ‹דדינו שוה לרוטב›, **אלא** ודאי מיירי בהג"ה נמי כשהיא קר וכפשטא דמלתא, ואפ"ה צריכה קליפה, אפי' נשתמש בו דבר יבש לגמרי, ‹דגם בזה מיירי›, וכדמשמע בת"ח ע"ש, וכדאית להו להתוס', דהקערה צוננת היא, ואפ"ה אם נתן בה רותח נגוב צריך קליפה, וכמבואר ברשב"א שם, **ומ"ש** ואם הוא דבר לח בעינן ס' כנגד קליפה מן הקערה, היינו במקום שנשתמש בקערה.

אבל קשה לפ"ז, דלקמן סימן צ"א סעיף ד' כתב הרב, דבמקום שהבשר צריך קליפה, אם לא קלפוהו ובשלו כך, מותר בדיעבד, והיינו מטעם מאחר דאינו ראוי לקלוף, **וכ"כ** בת"ח וז"ל, ופסק עוד בארוך, דכל מקום שצריך קליפה, ועבר ובשל בלא קליפה, שרי, ולפ"ז אם עירה תבשיל של בשר לתוך קערה אסורה,

[ט"ז] ‹רעק"א או ש"א או הוספת הסבר› (פת"ש)

מותר, דהא מדינא אינו אוסר רק כדי קליפה, ומאחר דאינו ראוי לקלוף, הכל שרי, עכ"ל, **וא"כ** אמאי צריך כאן ס' נגד קליפה מן הקערה.

ולפי' הראשון שכתבתי לק"מ, דלא אמרינן הכי אלא במקום שהבשר עצמו צריך קליפה לחוד במה שנגע, **משא"כ** הכא דלא סגי בקליפה במה שנגע, דהא נבלע בתוכו כל מה שיש בקליפת הקערה אף במקום שלא נגע שם הרוטב, **ועוד** דכיון שהקערה חמה, א"כ ה"ל התבשיל שבתוכה כנתבשל בתוכה, דכתב הר"ב סימן צ"ח ס"ד, דכלי שנאסר במליחה כדי קליפה, צריך אח"כ ‹אם נתבשל באותו כלי›, ס' נגד הקליפה, **וזה** לא דמי לסי' צ"א בהג"ה, כיון שהקליפה של הקערה בעצמה אוסרו מחמת שהיא חם והיא עומדת בעין ושייך בה קליפה, כמ"ש בסימן צ"א ס"ק ח', **אבל** אי נימא דמיירי כשהקערה קרה, א"כ צריך קליפה מפני שהתבשיל בלע קצת קודם שנצטנן, א"כ צריך ס' נגד קליפת התבשיל, והיא אינה עומדת בעין ולא שייך בה קליפה, ודוק וצ"ע.

וי"ל דסבירא ליה להרב, דהכא יש להחמיר להצריך ס' נגד קליפת הקערה, כיון דבלא"ה יש פוסקים כאן דס"ל, דלאחר הדחה רותחת היא מתוך המלח שבה, כגון הראב"ד וסייעתו ומביאו הרשב"א וב"י, **א"כ** אע"ג דקי"ל בעלמא כסברת ר"ת, ‹דבאינו ראוי לקליפה א"צ ס' נגד הקליפה›, מ"מ הכא יש להחמיר כסברת ריב"א, דמצריך בעלמא ס' נגד הקליפה, **וכה"ג** צריך ליישב דברי הרשב"א בת"ה הקצר ומביאו הרב המגיד וב"י, דלא ליסתרי לדבריו שבת"ה הארוך ובחדושיו לחולין, ומביאו ב"י ע"ש, כן נ"ל ודוק היטב.

‹**והא** דלא צריך ס' נגד קליפת התבשיל, ‹דהא צוננת היא הקערה ואינה בולעת בכולה מיד, אלא אוסרת קליפת המאכל, ושייך לומר בו חנ"נ, ונ"מ דאפי' אי ידעינן כמה איסורא בלע, יהיה כל הקליפה אסור, משא"כ אם צריך ס' נגד קליפת הקערה, לא אמרינן בזה חנ"נ – מראה מקומות דרשו›, **י"ל** כיון דלהרבה פוסקים לא אמרינן חתיכה עצמה נ"נ בשאר איסורים, ואי מיירי ברוטב, בלא"ה קימ"ל בהפ"מ דבלח לא אמרינן חנ"נ, והכא דאיכא סניף דהקערה צוננת, והוי א"א לקלפו שרי, לא מחמרינן ביה דין חנ"נ, וסגי בס' נגד קליפת הקערה, **ובלא"ה** ניחא, דבס' נגד קליפת הקערה מותר בממ"נ, דאם הקערה חם, ממילא נכנס קליפת הקערה בכולו, ולא נאסר קליפה מהתבשיל, ואם הקערה קר, ונאסר תחילה הקליפה מהתבשיל, מותר מדין א"א לקלפו – רעק"א›.

לקמן סי' קל"ז מוכח בפשיטות, דסתם כלי יש במה שבתוכו ס' נגד קליפת הכלי, ואפשר דהיינו דוקא בשאר כלים, אבל בקערה שרחבה ואינה גבוה, מסתמא ליכא ס', וכן משמע באו"ה, דליכא ס' במה שבקערה נגד קליפתה, וכ"כ בס' אפי' רברבי, סתם תבשיל אין ס' נגד קליפה פנימי של הקערה.

ויש אומרים שאפי' בצונן אסור להשתמש בו בלא הדחה, ואם נשתמש בו בלא הדחה, ידיח מה שנשתמש בו – [ס"ל, דהקערה נחשבת רותח מחמת המליחה, והוי דינא כסכין ששחט בה, דשם הוי דוחק הסכין כמו הכא רתיחת המליחה].

‹**אמת** שכך דעת הראב"ד, אבל א"י מי הכריח להט"ז לפרש כן בכוונת הי"א אלו, הא נראה יותר דאנן קימ"ל להלכה דהקערה צוננת היא, ואם נשתמש בה רותח רטוב, סגי בקליפה, **אלא** פשוט דדעת הי"א אלו, הם דעת איכא מ"ד שהובא בר"ן ורשב"א, דס"ל כל כלי שבלע איסור בעי הדחה לכו"ע, אף למ"ד דסכין ששחט בה לא בעי הדחה, התם משום דדם משרק שריק, **וראיה** לזה, דהרי בהג"ה בסמוך דפסק דמותר לחזור ולמלוח בו, בשר שנמלח והודח, והיינו מטעם דאין מליחה לכלים להפליט, וזהו אפי' לדעת הי"א אלו, מדכתבן הרמ"א אח"כ, וכמש"כ הש"ך, **ואם** איתא דדעת הי"א אלו דהקערה היא רותחת, לא שייך בזה לומר אין מליחה לכלים, דהא שניהם רותחים, עי' ברשב"א שכתב בהדיא, דלהראב"ד הא דמולחים בכלי זה אחר זה, ע"כ לאו משום דאין מליחה לכלים, אלא דאיידי דטרוד לפלוט, ע"ש, **אלא** ודאי ברור דגם הי"א אלו ס"ל דהקערה אינה רותחת, אלא דכל כלי איסור צריך הדחה, וברור בעזה"י – רעק"א›.

ובת"ח פסק, *דבכלי חרס אסור להשתמש לכתחלה בלא הדחה, ובשאר כלים מותר, וכן פסק מהרש"ל, **ומיהו** ודאי אף בשאר כלים צריך לקנחם היטב קודם שישתמש בהם, וכמבואר ברשב"א שם, וכ"כ מהרש"ל שם.

‹*‹**במנח"י** כתב, דאף בהדחה אסור לשמש בו צונן, כיון דלית ליה תקנה בהגעלה, חיישינן שישתמש בו חמים, ומותר רק לנוקבו ולמלוח בו בשר – רעק"א›.

הגה: אבל מותר לחזור ולמלוח בה בשר לאחר שניקבוה - בת"ח כתב הטעם בשם או"ה, דאין מליחה לכלי להפליט מה שבתוכו על ידי מליחה, וכן הוא בהגהת ש"ד ומביאם ב"י, ובכלל י"ז פסק דאפילו

בכלי חרס אמרינן הכי, **מיהו** קשה, כיון דאין מליחה לכלים להפליט ע"י מליחה, כ"ש שמותר להשתמש בו צונן, וא"כ אמאי כתב הרב האי דינא אחר הי"א שכתב המחבר, **ונראה** דשאני בשר כמ"ש הט"ז ר"ס צ"א, דבשר חי וכיוצא בו דאורחיה בהדחה, כלומר קודם שיתנו בקדרה, מותר להניח בכלי של איסור, ולא אמרינן כיון דבעי הדחה דילמא מישתלי ואכיל בלא הדחה, כיון דאורחיה בהדחה, **אבל** שאר דברים אפילו צוננים אסור להשתמש בקערה זו שמלחו בה בשר, דכיון דבעי הדחה אח"כ אם נשתמש בהן, חיישינן דילמא ישכח מלהדיח, וכמ"ש הט"ז שם, **ולא** בא הרב לאשמועינן דמותר לחזור ולמלוח בה, אלא דלא הוי מליח כרותח, ואדלעיל קאי, ‹ר"ל על מש"כ הרמ"א, ואם נשתמש בו בעי קליפה אם הוא דבר יבש כו', וכדי שלא תאמר דמליח כרותח – מחה"ש›, **וא"ש** בזה דלא תקשי ממ"ש הרב בסי' ק"ה סי"ב, דאסור למלוח לכתחלה גבינות בדפוסי העובדי כוכבים, ע"ש.

או אפילו בלא נקיבה, אם הבשר שהה כבר במליחתו וכו' – [נ"ל דהיינו פחות מכדי כבישה דהיינו מעל"ע, דאל"כ יהיה אסור מחמת הכבישה*, שהרי יש שם ציר, וכבוש כמבושל, **אבל** אין להחמיר ולומר דשיעור כבישה יהיה כאן כשיעור הנאמר בסי' ק"ה ס"א, בכבוש בתוך ציר, דשיעורו כדי שיתננו על האור, דזה שייך על הבשר הנשרה בתוך הציר, משא"כ כאן דהכלי לא מפליט בזמן קצר כזה הכבישה, אלא בשיעור סתם כבישה מכל מקום שהוא מעל"ע].

*__זה__ אינו, שאפי' שהה בו מעל"ע מותר, דהוי נותן טעם לפגם, וכמ"ש בש"ך - נקה"כ.

‹**והמנ"י** כ' דכוונת הט"ז, דכשמולחים בשר לקיים, מסתמא מולחים אותו הרבה, עד שהציר הזב ממנו נעשה חריף ומחלי לשבח – רעק"א›.

הקשה בדרישה, דליתסר מטעם דהוי כבוש, אם שהה כשיעור שיתנו על האש ויתחיל להרתיח, כמ"ש הט"ז בסי"ח, א"כ מכח הציר הבשר כשר נעשה כבוש ומפליט הכלי, והניחו בצ"ע, **ולק"מ**, דדוקא לענין נמלח מתחלה בכלי שאינו מנוקב, דנאסר הבשר מציר גופה, אמרינן הכי, אבל לענין אין מליחה לכלים אין חילוק, דלעולם אין כח מלח והציר מפליט כלי, **ונראה** דאפי' שהה בו הבשר כשר מעל"ע מותר, דנהי דבמעל"ע הוי כבוש כמבושל ממש דמפליט כלי, וכמו שנתבאר בר"ס ק"ה, מ"מ בשעת פליטה הוא נותן טעם לפגם, כיון דאינו פולט רק אחר מעל"ע שאינו בן יומו, וכמ"ש ר"ס ק"ה, **מיהו** לכתחלה אסור להשהותו מעל"ע, דנ"ט לפגם לכתחלה אסור, וכדלקמן ר"ס קכ"ב.

‹**ויראה** לט"ז אף חומץ קשה אין מפליט מכלי, כדכתב דווקא כבוש מעת לעת, **ולהש"ך** משמע הטעם, דעיקר רתיחות הציר מחמת מלח, ואין כח במלח להפליט מכלי, ולפ"ז אפשר בחומץ חזק אוסר לכלי כשיעור שיתנו על האש, **ועש"ך** סי' ק"ה אות ב', חולק וסובר דחומץ אין אוסר בפחות מעת לעת, וא"כ בין לט"ז ולש"ך בכלי אין איסור בחומץ פחות מעת לעת – פמ"ג›.

‹**במג"א** מסכים להדרישה, דכבישה כדי שיתן על האש וירתיח מפליט מכלי, וכן מבואר דעת התפל"מ בהשגתו על הש"ך בס"כ. **וקשה** לי דאפי' בלא שיעור כבישה, ליתסר מדין מלוח, למ"ש הש"ך בטעמא דאין מליחה לכלים, דהוי טהור מלוח וטמא תפל, והא בצלול טהור מלוח אסור, כמ"ש הש"ך – רעק"א›. ‹**ועיין** בפ"ת סי' ק"ה סי"ג, שדוחה סברא זו›.

סעיף יז - אבל אם הוא מנוקב, מותר לאכול בו אפילו רותח - משום דכיון דהכלי מנוקב, לא בלע מידי, דמשריק שריק. ‹**היינו** לגבי כלי אמרינן שריק, ולא לגבי אוכל, כמבואר סימן ע', בשר שפלט כל דמו וצירו עם בשר מלוח, אסור – פמ"ג›.

ויש אוסרין ברותח. (ויש ליזהר לכתחלה) - אפילו בשאר כלים, **(ובדיעבד מותר)** - אפי' בשל חרס.

ודעת מהרש"ל, דבשאר כלים מותר לאכול בהן רותח אפי' לכתחלה, כיון שהם מנוקבים, ובשל חרס אפילו מנוקבת אסור אפילו דיעבד, [**אם נשתמש בו רותח, כדעת ה"ר פרץ שמביא טור באחרונה, וכ"פ מו"ח ז"ל**], **ונראה** להכריע, דבשאר כלים אסור לכתחלה, ומותר בדיעבד כיון שהם מנוקבים, ובשל חרס אף בדיעבד אסור, ‹דכלי חרס בולע אף במנוקב כמו אוכל – פמ"ג›, וכ"פ הב"ח, וכ"פ האו"ה, **מיהו** ודאי צונן מותר להשתמש אפילו לכתחלה בכלי חרס מנוקב לכ"ע, בלא הדחה, אלא בקנוח היטב.

סעיף יח - בשר שנמלח בכלי שאינו מנוקב - משמע דעתו בב"י, דהיינו שאינו נאכל מחמת מלחו, והיינו כעין מליחה לקדרה, וכדלקמן סי' צ"א ס"ה, מיהו אנן קי"ל כמ"ש הרב, **ושהה בו**

כשיעור שיתנו מים על האש ויתחילו להרתיח – «כן הוא לשון הטור, וקשה לי, דבטור ושו"ע ריש סי' ס"ה לא נזכר לשון זה, רק סתם, אם כדי שיתנו על האש, משמע דמשערינן תמיד על הך חתיכה ששרה בציר, אם היו נותנים אותו על האור אם הרתיח, ובמקור הדין בהרא"ש ג"כ לא נזכר לשון שיתנו מים וכו', רק אם נתנו וכו', וצ"ע – רעק"א».

כל מה שממנו בציר, אסור לאכלו אפילו צלי - משום דכבוש הוי כמבושל, ולכך בעינן האי שעורא, **אבל** בפחות משיעור זה, אף מה שבתוך הציר *לא נאסר אלא כדי קליפה, הרא"ש וטור, **והא** דבעינן בסעיף ט"ו מעת לעת למחשביה כבוש, היינו משום דהתם ליכא רותח דמליחה, **ומה"ט** כ' המחבר לעיל דמותר לצלי, וכאן אסר אף לצלי, ויתבאר עוד זה בס"ס ע', ור"ס ק"ה.

*«**קשה** לי, הא כיון דלא שהה שיעור כבישה, והקליפה לא נאסר רק מדין מלוח, א"כ יהיה לו תקנה במליחה, ועיין – רעק"א».

וחלק החתיכה שחוץ לציר, אין אסור ממנו אלא כדי קליפה - פי' במקום שנגע בחתיכה שהיה בציר, **ואפילו אם יש בה שומן** - ולא אמרינן שמוליך הדם עמו, דבכל דוכתי קי"ל דאין הנאסר יכול לאסור, אלא במקום שהאיסור עצמו יכול לילך שם מצד טבע, משא"כ הכא, וק"ל וע"ל ס"ס ק"ה.

הגה: ויש אוסרין כל החתיכה, אפילו מה שחוץ לציר - ול"ד לחתיכה שנפלה תוך הציר, שאינו אסור אלא מה שבתוך הציר, וכדלקמן ס"ס ע', **דהתם** נמלח החתיכה כדינה ופלטה כל דמה, הלכך אינו אסור אלא מה שבתוך הציר, דדם אינו מפעפע למעלה, **אבל** כשנמלח בכלי שאינו מנוקב, הכל אסור, שלא יצא דמה ממנה, לפי שהמקום דחוק כיון שאין הכלי מנוקב, **ואע"פ** שדם האברים שלא פירש מותר, היינו דוקא שלא פירש כלל ממקומו, אבל פירש ממקום למקום לא, כגון הכא, דכיון שמלח, מיד הדם פירש ויצא ממקום למקום, ואינו יוצא לגמרי כיון שהוא בכלי שאינו מנוקב, ושוב אינו יוצא לא ע"י מליחה ולא ע"י צלייה, כ"כ הפוסקים, וכ"כ האו"ה והרב בת"ח ובסימנים והעט"ז הטעם, משום שפירש ממקום למקום, וכ"כ שאר אחרונים, [**וטעם** האיסור מבואר עוד באו"ה, דהדם אינו פולט כלל לצדדין רק למטה]. «ושם המקום דחוק –פמ"ג».

ואע"ג דבשובר מפרקתה של בהמה, שאסור נמי לאכול ממנה באומצא, משום שהדם פירש ממקום למקום, ואפ"ה שרי ע"י מליחה וצלייה, כמו שנתבאר לעיל סי' ס"ז, **י"ל** דהכא כיון שפירש ע"י מליחה גרע טפי, **אי** נמי כיון שנמלח בכלי שאינו מנוקב, הוי כבוש, וכבוש הרי הוא כמבושל, דלא מהני ליה מליחה וצלייה אח"כ, וע"ל ס"ק מ"ג וסי' ע"ו ס"ק ב'. «**לא** ידענא מה הוא, דמה שחוץ לציר אין כבוש, ואף מה שבתוך הציר לא שהה כשיעור כו', **ואולי** ר"ל דכבוש ושהה קצת ויש דעות אף למעלה מציר אסור. **ודע**, דאף בהפ"מ וצורך אין להתיר – פמ"ג».

ואפילו לא נמלח רק מעט, כדרך שמולחין לצלי, ואפילו לא שהה שיעור מליחה רק מעט, עד שנראה ציר בכלי - «בספר חמודי דניאל כתב, אפשר דזה דווקא בתחלת מליחה, כ"ז שלא נראה ציר בכלי, לא פעל המלח עדיין בבשר כלום, **אבל** באמצע מליחה פולטת מיד מעט מעט, ואם הושם בכלי שא"מ, או נפל על הקרקע, נאסר מיד, דהדם פירש ממקום למקום, וצ"ע».

ואם נפלה חתיכה לציר בכלי שאינו מנוקב, וספק אם נפלה לשם קודם ששהה שיעור מליחה, מותר מה שחוץ לציר, «הואיל והוא גופא חומרא בעלמא, אין לאסור מה שחוץ לציר – מחה"ש», **וכ"ש** אם ברי שנפלה לשם אחר ששהה שיעור מליחה, **אבל** אם ברי לנו שנפלה לשם קודם ששהה שיעור מליחה, אסור אף מה שחוץ לציר, דכיון דעדיין לא פלט כל דמו, הוי ממש כמולח בכלי שאינו מנוקב, כן פסק בתשובת משאת בנימין, והוכיח כן מדברי או"ה ע"ש, וכן משמע להדיא מדברי הפוסקים שהבאתי בס"ק הקודם, דכל זמן שלא נמלח כדינו ופלט כל דמו, אסור כשהניחו בכלי שאינו מנוקב, ע"ש ודוק, **ובספרי** הוכחתי שגם הרב בת"ח מודה לזה, דלא כמשאת בנימין שהשיג עליו בזה, ועי' בס"ס ע' ובמ"ש שם.

וכן נוהגין, ואין לשנות - כתב מהרש"ל, דאף דנהגינן הכי, מ"מ אם נתערב חד בתרי אפילו בבישול, א"צ ס' אלא בטל ברוב, *דמאחר דמדאורייתא חד בתרי בטל, אלא דמדרבנן אסור עד ס' בבישול, כדאי הם הפוסקים המתירין מה שחוץ לציר לסמוך עליהם בכה"ג, עכ"ד, **וצ"ע** לדינא, ואולי יש לסמוך עליו בזה, כיון דבלא"ה דם שמלחו ודם שבשלו אינו אלא מדרבנן,

ומשמע שם מדבריו, דאפילו נמלח כשיעור מליחה לקדרה, ושהה ג"כ שיעור מליחה, יש להתיר בכה"ג ע"ש.

*‹**לא** הבנתי, הא לפי"מ דקימ"ל טעם כעיקר דאורייתא, מדינא לא הוי ביטול בתרי במין בשאינו מינו, והכא דם לגבי בשר הוי אינו מינו, וצ"ע, **והיה** מקום להקל רק לבשל כל אחד בפ"ע, דלענין חשש שמא יבשלם יחד, י"ל דלא גזרו כולי האי, **אבל** לשון רש"ל, דמדאורייתא חד ברובא בטל אפילו בבישול, וצ"ע – רעק"א›.

ומכל מקום אינו אסור רק אותה החתיכה המונחת למטה בכלי ונוגעת בציר, אבל שאר החתיכות שעליה כנמלחים עמה - שאינם נוגעים בציר, ‹דכל מה שהוא בתוך הציר, המקום דחוק, ואף שאין מונח למטה – פמ"ג›, אלא מונחים על החתיכות הנוגעות בציר, ת"ח, **מותרות, והכי נהוג.**

[**ואע"ג** דפולט הבשר למטה, כמ"ש בסמוך, וכאן החתיכות דלמטה הן סתומות מלפלוט, מ"מ אין חתיכה אחת דחוקה כ"כ ע"ג חברתה, שיעכבו התחתונות את העליונות מלפלוט, ואפי' קליפה לא בעי, עכ"ל או"ה].

[**ומעשה** בא בעירנו, שהניחה אשה אווז שנמלח והודח על אווז שלא נמלח, ומלחה האווז העליונה, והיה זב ציר ממנה, ונשרה קצת מן התחתונה בתוך אותו ציר בכלי שאינו מנוקב, נ"ל שבכזה יש לסמוך על הרא"ש ורשב"א, **ולא** לאסור רק מה שמונח בציר, **ולא** הוי האווז התחתון כנמלח בכלי שאינו מנוקב, דהא אין כאן מליחה כלל, רק הו"ל דין כבוש בציר שנזכר ריש סי' ק"ה, ושם הביא רמ"א יש מקילין מה שחוץ לציר].

זה פשוט ולא הוצרך לכתבו, דודאי בכה"ג לכו"ע שרי, כיון שהאווז העליונה נמלחה והודחה, ולא חזרה ומלחה רק העליונה, **ותמהני** עליו, על מה שאסור מה שמונח בציר, כיון שהאווז העליונה נמלחה והודחה, **ואפשר** יש ט"ס בדבריו, וצ"ל שנמלחה ולא הודחה, או מיירי שלא נמלחה שיעור מליחה - נקה"כ.

‹**ובספר** מנחת יעקב כתב, ולענ"ד דהט"ז אזיל לשיטתו, שהשיג בסימן ע' ס"ק י"ז על מהרש"ל – דס"ל בכבוש בציר כדי שירתיח מהני ליה מליחה אח"כ, ולפי זה במעשה דהט"ז גם מה שבתוך הציר מותר, דהא לא נמלחה האווז עדיין, וצריך למולחה אח"כ, ויצא הדם ע"י המליחה – **וכתב** דשיעור כבישה בציר כדי שירתיח, הוא ממש ככבוש במים מעת לעת, ובשר בלא מליחה שנכבש במים מעת לעת אסור מטעם מבושל בלא מליחה, ולא יצא אחר כך ע"י מליחה, **הוא** הדין בכבוש בציר כדי שירתיח, לכן אוסר מה שבתוך הציר – מחה"ש›.

סעיף יט - אחר שנמלח הבשר והודח, מותר ליתנו אפילו במים שאינם רותחין.

ויש מי שמצריך ליתנו במים רותחין - כדי לחלוט ולצמת הדם שנשאר בתוכו, ולהכי הביא המחבר סברא זו, דהיכא דאפשר יש לחוש לעשות כן, וכמ"ש בב"י.

(והמנהג כסברא ראשונה, וכן עיקר) - דעת הרב דאין לחוש לכך כלל, וכמבואר בדבריו בת"ח, והטעם, דהואיל ששהה שיעור מליחה, כבר יצא כל דמו, ומה שיוצא אח"כ אע"פ שהוא אדום, אינו אלא מוהל בעלמא.

סעיף כ - בשר שנמלח, ושהה כדי מליחה, ונתנוהו אחר כך בכלי בלא הדחה, ונתמלא מציר, מותר - הטעם, דציר היוצא מבשר לאחר ששהה שיעור מליחה, אינו אלא מוהל בעלמא, ואע"פ שהמלח שעל הבשר אסור, שהדם מעורב בו, והמלח נתמחה בציר, מ"מ בטל הוא בציר, כ"כ הפוסקים.

[**זה מעשה דרש"י, והטעם, דמשום הציר אין לאוסרו,** דאינו דם אלא מוהל הבשר, שהרי אחר ששהה כשיעור, מדיחין אותו לבשלו בקדירה, ואין חוששין לציר הנפלט ממנו, **ואע"פ** שהמלח שעל הבשר אסור שהדם מעורב בו, ולכך צריך להדיח הבשר יפה, מ"מ אותו דם שבמלח נדבק הוא במלח ומתייבש בתוכו, ואין לו כח לבלוע בבשר, **דאל"כ** נאסר כל בשר שמניחין במים להדיחו, כי נמחה המלח, והדם שבתוכו נבלע בבשר, דמה לי מים מ"ל מוהל, שניהם היתר הם, אלא ודאי דם המלח נתייבש בתוכו, ואין לו כח לצאת, כ"כ התוס'].

[**והרא"ש** כתב עוד, אי נמי דפסק כח המלח מחמת שהפליט את הדם, ומחמת אותו המלח לא יחשב עוד כרותח, **ולא** דמי לבר יונה דנפל לכמכא, שהיה נחשב כרותח אם היה הכמכא מלוח הרבה עד שאינו נאכל מחמת מלחו, אף שהיה הכותח נמלח מזמן מרובה, דהתם לא פסק כח המלח, וכ"כ הסמ"ג דברי התירוץ השני של הרא"ש שזכרנו, וכתב עליו שהוא טעם הגון, **ומכח** התירוץ הזה פסק בתרומת הדשן והביאו הרמ"א

בסמוך סעיף זה, באחד שמלח אווז ונמצא טריפה, ואחר ששהה שיעור מליחה נתנו עם בשר כשר, ופסק שם כיון דהוא צורך סעודת מצוה וגם יש הפסד מרובה, י"ל כיון שכבר שהה שיעור מליחה, לא מיחשב עוד רותח, שכבר פסק כח המלח, **אבל** באין הפסד מרובה כתב להחמיר, כיון שהסמ"ג עצמו כתב, בשר וגבינה שנגעו זה בזה כשהם לחים, אם שניהם מלוחים ואינם יבשים, שניהם אסורים, משמע אפי' לאחר שיעור מליחה איירי, וגם ספר התרומה וש"ד ואו"ז ס"ל, דגם אח"כ מיחשב רותח, ע"כ אין להקל אלא במקום דוחק כדלעיל].

[**והנה** יש לנו לתרץ עכ"פ דברי הסמ"ג שלא יהיו מוכחשים אהדדי, ונ"ל דס"ל לסמ"ג, דלא אמרינן סברא זו דפסק כח המלח, אלא דוקא באם הפליט דם מן הבשר, משא"כ בבשר שנפלט כבר כל דמו והודח, ואח"כ מלחוהו להיותו קיים, ודאי חשיב רותח, דהרי אותו מלח לא עשה פעולה שנאמר עליו דפסק כחו, והוה כההיא דכמכא שזכרו הרא"ש והסמ"ג, מש"ה יפה כתב הסמ"ג בבשר מליח כזה, אם נגע בגבינה הוי עדיין רותח לעולם כל זמן שהוא לח, **ולפי"ז** יש לנו לומר דגם כל החולקים שמביא בתרומת הדשן שם, מיירי בענין זה, ונמצא לא יהיה מחלוקת כלל, ויהיה ראוי לפסוק אפי' שלא במקום הספד מרובה להתיר, **אמנם** מצד אחר יש פלוגתא, דהסמ"ק מביא על מעשה דרש"י בשם ריב"א, דאחר שיעור מליחה אין עליו שם רותח לענין דם, אבל בשר רותח מקרי, מש"ה אם נפל ההוא ציר על גבינה אוסר, **וע"כ** פסק בהג' ש"ד ומביאו רמ"א סעיף זה, דאם הדיח הבשר בכלי חולבת מלוכלך, דאסור, וא"כ גם בההוא דאווז טריפה של תרומת הדשן דלעיל יש לאסור, דמ"מ הוה בשר רותח ואוסרת הבשר, **אלא** דהרא"ש והסמ"ג ע"כ לית להו חילוק זה, דא"כ לא היו מקשים כלל מן יונה דכמכא, וכמש"כ ת"ה הוכחה זו על חילוק שבין הציר לחתיכה עצמה שא"א לומר כן, וע"כ יפה הכריע הת"ה בין הפ"מ או לא].

[**וראיתי** למו"ח ז"ל חולק על האי פסקא דמהרא"י, מחמת שהאווז הנבילה היא פתוחה תמיד ליפלט ציר נבילה, וכיון שהציר אינו נאכל מחמת מלחו אלא ע"י טיבול, אע"פ שהבשר אינו רותח, מ"מ הציר רותח ואוסר, **ולע"ד** נראה דאין לאסור מטעם זה, דכבר הוכיח בת"ה שם, שהסמ"ג והרא"ש לא ס"ל האי חילוקא, דא"כ לא היו מקשים כלום, אלא ודאי דגם הציר הוא אינו רותח אחר שיעור מליחה, **וא"כ** אף אם יש איזה פוסק דס"ל לחלק כן, מ"מ כדאי הם התוס' והסמ"ג, והרא"ש בחד שינויה, לסמוך עליהם במקום הפסד מרובה, ויפה פסקו מהרא"י ורמ"א].

[**וגם** רש"ל פסק לעיל ס"ט כהך סברא, דפסק כח המלח מחמת שהפליט דם, ולעיל הבאתי דבריו ע"ש, אלא דבפרק כ"ה חולק הוא על המהרא"י, וכתב שיש לחלק בין הבשר להמלח, והא דלא תרצו כן בההיא דכותח, היינו דדוקא בבשר יש לחלק ולומר שהמלח פסק כחו אחר שהפליט, ונבלע כח רתיחתו בבשר, אבל בכותח אין לחלק בהכי, שאם המלח אינו כרותח, אף הכותח אינו כרותח, אלא ע"כ הכל כרותח, עכ"ל, **וכדאי** הם מהרא"י ורמ"א לסמוך עליהם במקום מצוה והפסד גדול כמ"ש שם].

ולפי זה בשר שנפל לתוך ציר היוצא מהבשר אחר ששהה כדי מליחה, מותר – [דלא חשיב עוד רותח, **ואין** להקשות ממה שכתב הטור לעיל (סעיף ח'), ואין חילוק בין מלח במלח דק כו', (ולא נפצו או לא נשטף במים תחילה, אין לאסרו), כי המים שבכלי מבטלין כח המלח כו', משמע דבלא מים הוי רותח, אע"פ שעבר שיעור מליחה, **י"ל** דהתם רוצה להתיר אפי' למאן דפליג אמעשה דרש"י ואוסר, כמ"ש המחבר בסמוך, מ"מ מודה לעיל, כיון שהמים מבטלין כח המלח, וכתבו הטור לרווחא דמלתא, שהוא אליבא דכו"ע, וכאן כתב והתירו רש"י, כלומר שאין זה אליבא דכו"ע, **ומו"ח** ז"ל פי' טעם מעשה דרש"י, לפי שהמוהל הוא היתר, ואף שנתערב בו לחלוחית דם ומלח שעל הבשר, המוהל מבטל כח המלח ולא חשיב כרותח, דמה לי מים מה לי מוהל, והטור לא אתי לעיל אלא לאפוקי היכא דליכא לא מים ולא מוהל, אלא מחוי דם ומלח של איסור גרידא, דהוה אסור וכו', **ואין** זה נייח, דהא התם ג"כ מיירי אחר ששהה שיעור מליחה, וכבר הלך לו כל הדם, ומה שיוצא אח"כ ג"כ מוהל הוא כמו הכא, **גם** מ"ש בטעם רש"י שהמוהל מבטל כח המלח, הא ודאי ליתא, דלאו משום ביטול מתיר רש"י, דא"כ האיך מדמה אותו למים, (ר"ל דהמים רבים ומועילים לבטל, משא"כ מוהל מעט הוא, ואין בו כדי לבטל, אלא ודאי כוונת רש"י, דכמו שאין המים ממחה הדם, משום דהדם מתייבש במלח ואין מועיל מיחוי, כן המוהל אין ממחה הדם לאסור – חו"ד), **אלא** דבר ברור שלרש"י אין כאן

איסור לגמרי, שכבר פסק כחו של מלח בשעת הפליטה, כמש"כ בשם הרא"ש וסמ"ג, או משום שנתייבש, או משום שפסק כחו של מלח, וא"צ כלל לבטלו, **ולא** תקשה א"כ לרש"י למה לי הדחה אחרונה שאחר המליחה, וכן למה אסרו לעיל אם נתבשל בלא הדחה אחרונה, **לא** קשה מידי, דודאי המלח עכ"פ אסור מכח דם שבתוכו, אלא שאין לו כח לאסור הבשר כיון שנתייבש, והוי כמו דם צונן הנדבק בו דצריך הדחה, ואין כאן שום דבר רותח שיבליענו בתוך הבשר, כי אין כאן אלא מוהל בעלמא, ואין לו כח להבליע בבשר, כמו שאין למים כח להבליע בבשר, וע"ז אמרו בשם רש"י, מה לי מוהל מה לי מים, **וע"כ** לרש"י אם חתך בסכין אחר שיעור מליחה, א"צ אלא הדחה, כיון שאין כאן אלא צונן, משא"כ להחולקים עליו בסמוך, צריך הגעלה, ויפה כתב ב"י שמעשה דרש"י חולק אם אגרת דר' יונה שמביא הטור, **ולא** כדעת מו"ח ז"ל, שכתב שאף לרש"י הוי האיסור בחתיכת סכין כמו לר' יונה, כיון שיש איסור דם ומלח, ואין שם מוהל לבטל, דזה אינו, דאין כוונת רש"י שהמוהל יעשה ההיתר בביטולו האיסור, **אלא** כוונתו דאין המוהל עושה שום איסור, ונשאר על הבשר שם צונן].

ויש מי שאוסר בזה ובזה - ‹ס"ל דציר היוצא לאחר שיעור מליחה הוא דם - חוו"ד›, **ויש לחוש לו לכתחלה. הגה: ויש אוסרין אפילו בדיעבד כדי קליפה** - דס"ל דציר זה הוי כשאר ציר, ‹כשאר ציר ר"ל, היוצא מבשר תוך שיעור מליחתו, שהוא דם - מחצה"ש›, ורותח הוא ונבלע בבשר, ומ"מ אינו נבלע יותר מכדי קליפה, ‹**ואנן** קי"ל, דמוהל לאחר שיעור מליחה לאו דם הוא, ואפ"ה נאסר כ"ק מדם ומלח שעליה – פמ"ג, וכ"כ החוו"ד›.

וכתוב בת"ח, דאם הדיחו קודם שנתנו לכלי שאינו מנוקב, שרי לכ"ע, ומשמע שם דאפילו נתמלא אח"כ ציר קאמר, **וכבר** נתבאר לעיל סוף ס"ח, דבדיעבד סגי אפילו בהדחה אחת אחרונה, ונ"ל דה"ה הכא.

ומשמע דהאוסרין אוסרין אותו מיד אפילו לא שהה בכלי, כיון שיש ציר בכלי, וכ"כ באו"ה להדיא.

ואע"ג דהכא ליכא טעמא דפירש ממקום למקום, שהרי כבר שהה שיעור מליחה, מ"מ לא אמרינן איידי דפליט ציר לא בלע, וכדלקמן סימן ע' ס"ו, כיון שהוא בכלי שאינו מנוקב, וק"ל.

והכי נהוג, ודוקא מה שמונח בתוך הציר, אבל מה שחוץ לציר, שרי.

ומהרש"ל חלק בספרו, ואסר כל מה שבציר, ‹ולא כדי קליפה בלבד›, ומעט למעלה ממנו כדי קליפה, [ושכן נהגו, וכתב שכן משמע לשון התוס' והסמ"ג והמרדכי, שכתבו לשון אסור הכל, כנלענ"ד למעשה].

ולדברי הרב לא מהני' ס' לבטל, דכל מקום דצריך קליפה אין מבטלין בס', וכדלקמן סי' ק"ה,

***ולדברי** מהרש"ל אם יש במה שבתוך הציר ס' נגד הציר, שרי, אבל מה שחוץ לציר אין מצטרף לבטל, דדם אינו מפעפע למעלה, **וכ"כ** באו"ה וז"ל, ומיהו מה שבתוך הציר אסור, אפילו אם יש ס' בכל החתיכה נגדו, דהא מה שחוץ לציר אינו מצטרף לבטל, מאחר שדם אינו מפעפע, עכ"ל, וברור הוא, **והרב** בת"ח כ' על האו"ה, ואינו נראה, דאם היה ס' בבשר שבציר נגד הציר שרי, לדבריו דאוסר הכל בדליכא ס', עכ"ל, **ותמהני**, דהא אף האו"ה לא קאמר אלא דמה שחוץ לציר אינו מצטרף, וכמבואר בדבריו להדיא.

***‹לענ"ד** הא קימ"ל סי' ק"ה דבעינן ס' וקליפה, ומכ"ש הכא דמדינא סגי בקליפה, אלא דמחמרינן במליחה בס', אבל מ"מ אין להקל שלא להצריך קליפה, **גם** הא הרש"ל דאוסר כולה היינו בשהה כדי ****כבישת ציר, וכ"כ להדיא במנח"י, וא"כ קודם ששהה כבר נאסר כ"ק – רעק"א›.

‹**וצ"ל** דס"ל להש"ך, דשאני הכא כיון דמדינא ליכא איסורא לאחר ששהה שיעור מליחה לרוב הפוסקים, וחומרא בעלמא הוא דמחמירין לאסור, א"כ נהי שהמהרש"ל החמיר עוד יותר לאסור עד ששים, מ"מ הבו דלא לוסיף עלה דליבעי קליפה אפילו כי איכא ששים. **והמנחת** יעקב חולק, דאדרבה כ"ש הכא דלדעת רוב הפוסקים לא מחשב כרותח אחר שיעור מליחה כלל, וא"כ יותר יש לחוש שלא נבלע רק כדי קליפה, וא"כ אין לבטלו בששים, ומש"ה הסכים, דלדעת מהרש"ל בעינן ששים וגם קליפה – מחה"ש›.

****‹ובפחות** מכדי כבישה, צריך רק כדי קליפה, וצ"ע להתיר פחות משיעור כבישה בכדי קליפה. **ומינה** רמ"א דמתיר, אף בשיעור כבישה מתיר, ואין אוסר רק כ"ק – פמ"ג›.

[**עוד כתב רש"ל, דמכל מקום אם נתערבה אותה חתיכה באחרות, אפי' חד בתרי בטל, ובזה יש לסמוך אדברי רש"י דמיקל בכל ענין].**

[ט"ז] ‹רעק"א או ש"א או הוספת הסבר› (פת"ש)

הלכות מליחה
סימן סט – דיני מליחה והדחה

והכלי שנפל בו אותו הציר, אסור – [דהכלי נוח יותר לבלוע מן הבשר, שאין לו מקום לצאת], ‹ולא ידענא, דמה אריא דהמקום דחוק שאין לו מקום לצאת, אפי' נפל בחוץ על הכלי אוסר כדי קליפה, ואה"נ בכלי עץ קולף, וכלי חרס אין לו תקנה – פמ"ג›. ‹**וצ"ע** דכלי מנוקב אינו אסור בדיעבד, לעיל סי"ז, וגב הכלי הוא ככלי מנוקב›.

כבר נתבאר לעיל דין קערה שמלח בה בשר בסעיף ט"ז, וכאן שכתב סתם, והכלי שנפל בו הציר אסור, מיירי בענין דא"א לקלפו, כגון שנפל בו הרבה ציר, או שהוא כלי חרס, וכדכתב הרב לקמן סימן צ"א סס"ה, ע"ש, והכי איתא בת"ח, ע"ש.

‹**ועיין** פמ"ג שפירש, דאם הוא כלי חרס נאסר כולו, ומעשה שמלחו בשר ונטף ציר על הכ"ח בחוץ, והיה ע"ש וא"א להכין אחרת, והתיר ע"י גרידה היטב, דכיון שנפל בחוץ הוי ככלי מנוקב דשריק, ודוקא לכבוד שבת, **ודעת** המנ"י דאף כ"ח אין אוסר רק כ"ק, ע"ש, **ועיין** בתשובת פרי תבואה שהשיג על הפמ"ג, ודעתו כהמנ"י, דלעולם סגי בקליפה, ומפרש דברי הש"ך במ"ש או שהוא כ"ח, ר"ל דא"א לקלפה, **וכתב** שם בדבר מעשה שנטף ציר מליחה על קנקן של פורצ"לין אצל אוזן הכלי, דא"צ אפילו קליפה כיון שנפל במקום גבוה, דבכל זמן שיגיעו החמין נגד מקום הטיפה יהיה ס' נגד הטפה, וכדלקמן סוף סימן צ"ט, ואף הט"ז שם מודה אם הוא אחר מעל"ע, **ואפילו** את"ל דקנקן זה לא הוי כדבר שדרכו להשתמש לעולם בשפע, יש להתיר מטעם אחר, דלעולם לא יבא לידי נ"ט, כיון שאין דרך להשתמש בקנקן זה אצל האש רק ע"י עירוי, שמערין לתוכה קאווע רותחת, ובליעת האיסור הוא חוץ לכלי, וכח העירוי אינן פועל להפליט דרך דופן הכלי מעבר השני, א"כ דמיא לקדרה גדולה, **ובפרט** כיון שהיה הציר אחר שיעור מליחה, יש לצרף דעת רש"י דס"ל דאז מיחשב צונן, ע"ש באריכות›.

וכן אם היה הכלי חולבת ויש בו לכלוך, אסור הבשר, דאף לאחר שיעור מליחתו נחשב כרותח - משמע מדברי הרב, דכשהכלי אינו מלוכלך אפי' היה בן יומו מותר, וכן משמע מדבריו לעיל סוף ס"ח, וכ"כ בת"ח בהדיא ע"ש, **ואע"ג** דבהגהת ש"ד, שממנה הוציא הרב מקור דין זה, מבואר שאם הכלי ב"י, צריך ס' נגד כל הכלי, **מ"מ** היה נראה להרב לפסוק דלא כוותיה בזה, כיון דקיי"ל דאין מליחה לכלים, וכ"כ בסימן ק"ה סי"ב בהג"ה, דאם נמלח היתר בכלי איסור, מותר, דאין מליח כרותח כ"כ להפליט מה שבלוע בכלי, וכ"נ להדיא דעת מהרש"ל, **והוא** פשוט דלא כהעט"ז שהעתיק הג"ה ש"ד לפסק הלכה, ותימה עליו, שהרי הוא עצמו כ' בסי' ק"ה סי"ג, דאם מלח בשר בכלי של איסור, מותר, שאין המלח מפליט האיסור מן הכלי, ע"כ.

[ה"ה אם אין בו לכלוך, והכלי חולבת הוא בן יומו, דאסור, כ"כ הב"י]. **לא** דק, דדוקא יש בו לכלוך, דאל"כ אין מליחה בכלים - נקה"כ. ‹**ובאמת** צ"ע, דהא איהו גופא פסק לעיל סט"ז, אפילו כשיעור רתיחה לא מפליט מכלי – פמ"ג›.

‹**וע'** בספר תפארת למשה שכתב, דאם שהה שיעור כבישה, כדי שיתן על האור ויתחיל להרתיח, גם להש"ך אסור אף באינו מלוכלך›. ‹**וצ"ע**, דהא הש"ך לעיל סט"ז כתב, דלעולם אין כח מלח והציר מפליט כלי, וע"ש ברעק"א, דמביא התפל"מ כחולק על הש"ך›.

ומ"ש הרב אסור הבשר, משמע דאסור כולו קאמר, אי ליכא ס' נגד הלכלוך, וכן כתוב בת"ח, והטעם ע"ש.

אבל אם הוא הפסד מרובה, ואית ביה גם כן צורך סעודת מצוה, יש להקל ולומר דאחר שהה שיעור מליחה לא מחשב ציר כרותח - כלומר דבהכ"ג אפי' לענין לכלוך דחלב אמרינן דהציר לא מחשב רותח, וכן מבואר בסי' צ"א ס"ה בהג"ה א', וכן מוכח בת"ה להדיא, **ועיין לקמן סימן צ"א**.

ולפי דבריו, אף על פי ששהה הבשר במלח כשיעור, אסור לאכול ממנו עד שידיחנו יפה יפה – [קשה, הא ודאי גם לרש"י צריך הדחה יפה, כמו שהוזכר בגמר' ופוסקים, **ויש** לדחוק דה"ק, לרש"י א"צ תיכף הדחה אחרונה, אלא יכול להניחו בכלי שאינו מנוקב, וכשירצה לבשלו ידיחנו אז, **אבל** לסברת החולקים דהוה עדיין רותח, צריך תיכף להדיחו קודם שיניחנו בכלי שאינו מנוקב, ולא ישימנו בכלי שאינו מנוקב עד לאחר ההדחה שימלחנו שנית, כדמסיק אח"כ, **אלא** דאין לשון שו"ע מורה ע"ז].

צריך ביאור, איך דין זה תלוי בזה, והלא כל הפוסקים מודים בזה שצריך להדיח הבשר יפה יפה, וכדאיתא בש"ס להדיא, אין הבשר יוצא מידי דמו אא"כ

מלחו יפה ומדיחו יפה יפה, וגם המחבר כתב לעיל בסעיף ז' בסתם, שצריך להדיחו יפה יפה, **ונראה** דכוונת המחבר לומר, דכיון דדעת היש מי שאוסר הוא, דס"ל דציר היוצא מבשר מליח לאחר שיעור מליחתו רותח הוא, וחשיב דם ולא מוהל, ונבלע בבשר, א"כ אסור לאכול ממנו עד שידיחנו יפה יפה מיד קודם פליטת כל צירו, וכמ"ש לקמן סי' ע' ס"ה מה"ט, וכמו שיתבאר שם, וכן מוכח בב"י ס"ס זה עיין שם ודוק, **עי"ל** דודאי טעם הדחה לאחר מליחה הוא משום הלחלוחית ומלח שעליו, ולפ"ז כשחתכו מכל צדדים מותר לאכלו בלא הדחה, **אבל** לסברא זו דהציר קודם ההדחה חשיב דם, אם כן לעולם צריך הדחה להסתים נקבי הפליטה ודוק.

ואסור לחתוך ממנו בסכין קודם שידיחנו, ואם חתך צריך להגעילו - היינו דוקא לסברא האחרונה, אבל לפי מה שפסק המחבר, דלכתחילה יש לחוש לדבריו ובדיעבד שרי, א"כ אינו אסור אלא לחתוך לכתחלה, אבל אם חתך א"צ הגעלה, וק"ל. [**ודלא** כדעת מו"ח ז"ל, שכתב שאף לרש"י הוי האיסור בחתיכת סכין – ט"ז לעיל ע"ש].

הגה: ויש מתירין לחתוך בסכין לאחר ששהה שיעור מליחה, דאין מליחה לכלים - כלומר דהדם מישרק שריק ואינו נבלע בסכין, וכ"כ בת"ח, **אבל** ודאי יש מליחה לכלים לענין שבולע שפיר ע"י מליחה היכא דליכא טעמא דמשריק שריק, ומה"ט נאסר כלי שאינו מנוקב שנמלח בו, וק"ל.

ואפי' איכא גומות בסכין, כי ע"י הולכת והבאת סכין בבשר מתקנה הלכלוך זה מן הגומות, ‹והוה ככלי מנוקב, פמ"ג, כ"כ מהרא"י, ובהג' ש"ד, ומביאו הרב בת"ח.

וכן עיקר דמותר - משמע דאפילו לכתחלה מתיר לחתוך, וכ"כ בת"ח להדיא, **ותימה** כיון דהסכין צריך הדחה אח"כ וכדמסיק, א"כ אמאי לא חיישינן דלמא ישכח להדיחו, וכדלקמן ר"ס צ"א, דאסור להניח היתר צונן שאין דרכו להדיח בקערה של איסור צונן, דילמא אכיל בלא הדחה, וסכין דבר שאין דרכו להדיח הוא, כדלקמן סי' צ"ה ס"ק א', **ודוחק** לומר דשאני הכא כיון שאין גוף המאכל צריך הדחה, אלא דאיכא למיחש שמא יחתוך אח"כ בלא הדחה, דהא הך דלקמן סי' צ"א מדברי הרשב"א הוא, והרשב"א כתב דבכלי של היתר נמי דינא הכי, כמ"ש שם בס"ק ב', **ואפשר** לומר דדוקא גבי כלי חיישינן דילמא משתלי להדיח, משא"כ בסכין, דהאיסור שע"ג נראה לעין, ואם ירצה להשתמש בו יראה לעינים הדם שע"ג, וידיחו, **א"נ** שאני הכא כיון דמדינא ליכא איסורא, לאחר ששהה שיעור מליחה לרוב הפוסקים.

ומהרש"ל פסק דלכתחלה יש להגעילו, ובדיעבד מותר אם קנחו בדבר קשה, והמחמיר לאסור בלא הגעלה תע"ב, **והיינו** דוקא לעצמו, אבל לאחרים יש להורות להתיר בדיעבד אף אם לא קנחו וחתך בו רותח, עכ"ד, **וכן** אם חתך בצלי שלא נצלה כל צרכו, פסק ג"כ הכי.

מיהו בסכין של איסור, משמע בת"ח שם דאסור לכתחלה לחתוך בו בשר ‹שנמלח ולא הודח – א"ב, ובדיעבד מותר, ודמי למאי דלקמן סימן ק"ה סי"ב בהג"ה ע"ש.

אבל הסכין צריך הדחה אחר כך - אף שעדיין לא נתיבשה הציר עליו, **או נעיצה בקרקע אם נתייבשה עליו הציר** - דין נעיצה ע"ל ס"ס קכ"א.

ואפילו קודם שיעור מליחה, אין האיסור משום הסכין – [משמע דהסכין מותר אפי' תוך שיעור מליחה, וכ"כ בת"ח מטעם דם מישרק שריק, וקשה דהא גבי כלי מנוקב ג"כ מותר מטעם זה, כמ"ש סעיף י"ז, ואפ"ה אסר רמ"א שם לכתחילה, ומאי שנא מסכין].

לא קשה מידי, דשאני התם שנמלח ממש בכלי - נקה"כ.

‹פי' דסכין דרך עראי שרי, משא"כ הכלי שנמלח בו בולע יותר, אפילו מנוקב יש לאסור – פמ"ג.

אלא משום שילא דם בעין על הבשר, ואם רולה להדיחו שם היטב ולחזור ולמלחו שם, מותר - ‹קשה לי, הא החתיכה כולה רותח מחמת המלח, וא"כ כשיצא הדם בעין ממקום החתך, תיכף נבלע בתוכו, כמו דם אחר שנפל על החתיכה תוך שיעור מליחה, דנאסר מיד כדאית' בסי' ע', וא"כ מה מהני שמדיחו אח"כ, וצ"ע, **אח"ז** בא לידי ספר חדש נקרא בשמו חוו"ד, וראיתי שעמד בזה – רע"א.

וכשרוצים לעשות מליח להתקיים, לאחר ששהה במלחו בכלי מנוקב כשיעור הראוי, מדיחים אותו יפה יפה, ואח"כ חוזרים ומולחים אותו כדי שיתקיים, ואפי' בכלי שאינו מנוקב - זה נמשך ג"כ לסברא האחרונה הנ"ל, ‹ומשו"ה

מצריך להדיחו קודם שמניחו בכלי שאינו מנוקב – מחה"ש, ולפי מה שפסק המחבר דלכתחלה יש לחוש לה, וק"ל.

ואפילו לפי סברא זו, אם רוצה למלוח ולאכול צלי בלא הדחה, עושה ואינו חושש לדם שעל המלח, שהאש שואבו ומונע המלח מלבלוע דם. והני מילי במולחו ומעלהו לצלי, אבל אם שהה במלחו, המלח בולע הדם ונאסר, ולפיכך מדיחו יפה יפה וצולה ואוכל. (וע"ל סי' ע"ו מדין בשר שנמלח ולא הודח ונצלה כך) - עד סוף הסימן נתבאר על נכון בסי' ע"ו ע"ש.

סעיף כא - במקום שאין מלח מצוי, יצלו הבשר עד שיזוב כל דמו - ‹דהיינו חצי צלייתו – פר"ח›, **ואחר כך יבשלוהו** – [רש"ל הביא דעת הר"ן, שיתבשל ‹היינו שיצלה› כמאכל בן דרוסאי, ‹דהיינו חצי צלייתו – פמ"ג›, **ודעת הרשב"א** עד שיהא ראוי לאכילה לרוב בני אדם, ופסק הרשב"א שכן משמע באו"ז, ובהג' ש"ד כתוב, מפני שאין הנשים בקיאות בדבר, נוהגין לצלותו כ"כ עד שיתייבש מבחוץ, ואח"כ מבשלים אותו בלי הדחה, עכ"ל, ונראה שכן ראוי לנהוג, לצאת כל הדיעות].

§ סימן ע – דין מליחת הרבה בשר ביחד §

סעיף א - מולחין הרבה חתיכות זו על גב זו. אע"פ שהתחתונה גומרת פליטתה קודם לעליונה, לא אמרינן שחוזרת ובולעת מדם העליונה, לפי שהוא שוהה הרבה לפלוט ציר, וכל זמן שפולטת צירה אינה בולעת.

[כן הוא לחד תירוצא בתוס' שמביא ב"י כאן, אלא שיש עוד תירוץ שם, דס"ל דשפיר בולע, אלא דיש לו היתר שיחזור ויפלטנו כשיפלוט הציר שבו, וכן משמע מדכתב רמ"א ס"ו, שיחזור וימלחנו כו', משמע דעכ"פ בלע כבר], ‹ודלא כש"ך בס"ו ס"ק ל"ז, דכתב דציר גרע, ולא אמרינן איידי דטריד למיפלט לא בלע ציר – גל' מהרש"א›.

‹**להמחבר** דהטעם דטרוד בציר לא בלע דם, א"צ להשהות תחתונה כשיעור עליונה, משא"כ להר"ב, דכ"ז שפולט ציר בולע שפיר, אלא כבולעו כך פולטו – פמ"ג›.

ואפילו מתקבץ הרבה ציר ועומד בגומא שבין החתיכות, מותר. במה דברים אמורים, במולח בשר עם בשר, ואפילו בשר שור עם בשר גדיים וטלאים ואפילו עם עופות, שאי אפשר להם לגמור כל פליטת צירן עד שיגמור בשר שור לפלוט את דמו.

עיין ס"ק כ"ד, ‹הפמ"ג הסביר הש"ך לפי גירסתינו, דבא הש"ך לומר, דעוף נמי פולט ציר י"ב שעות כמו השור, דאל"כ אלא העוף ממהר לפלוט דמו וצירו, ואינו שוהה אלא עד שיעור ששור פולט דמו, איך מולחין עופות עם בשר שור, ולהשהותו יותר משיעור זה, והא בשר לאחר י"ב שעות שכבר פלט כל צירו, אסור להניח כך לכתחילה בלא הדחה, אלא ע"כ גם העוף פולט ציר כל י"ב שעות. **אבל** המחה"ש חולק וגורס ס"ק כ"ו, דמהכא מבואר דכ"ז שפולט ציר משלו אין חשש שבולע דם, ומותר למלוח עמו לכתחילה, ובס"ו לכאורה מבואר, דכיון שפלט כל דמו, וציר עדיין לא פלט, אפ"ה אסור לכתחילה, **וע"כ** ציין הש"ך לס"ק כ"ו, דמבאר דהתם איירי דפלט כל דמו והודח, א"נ התם נמי איירי דפלט כל דמו וצירו›.

הגה: ומ"מ נוהגין להחמיר לכתחלה שכל חתיכה שיש לה בית קיבול, כגון דופן שלימה, מהפכין אותה שיזוב הדם, אבל בדיעבד אין לחוש.

חתיכה שמלח אותה ב"פ - בלא הדחה בנתיים, **מותרת** - ודוקא מָלַח, אבל לכתחלה אסור לעשות כן, אלא צריך להדיחו יפה יפה קודם מליחה שנית, וכ"מ בת"ח.

ולא חיישינן שמלח השני מבליע הדם הנשאר ממליחה הראשונה – [זה על פי דעת הרא"ש, שכתב הטור משמו שאין דרך מלח להבליע רק להפליט, ולפי הפוסקים שסוברים שהמלח מבליע ג"כ, כמו שזכרתי לעיל סי' ס"ט ס"א בשם או"ה בטעם הדחה קמייתא, וכן הש"ד ואו"ה אוסרים בהדיא בנמלח שנית, מטעם שהמלח השני יבליע המוהל שעליו לתוכו, צריך לומר טעם אחר בזה, דכיון דהבשר עדיין טרוד להפליט ציר בשעה שבא עליו מלח השני, ע"כ המלח השני יפליט

הלכות מליחה
סימן ע – דין מליחת הרבה בשר ביחד

הציר ולא יבליע מה שפלט כבר, כיון שבשעה שבא המלח יש שם פליטת הציר].

‹**ואף** שבאות א' ט"ז כתב להר"ב, כל זמן שטרוד לפלוט ציר בולע דם, אלא כבולעו כך פולטו, וא"כ היה צריך להמתין במלח הב' שיעור שעה כדי פליטת דמו, **י"ל** בצירוף עם טעם הרא"ש, דאין טבע המלח להבליע, א"צ לשהות שיעור שעה אח"כ – פמ"ג›.

והא דאסרינן בר"ס ס"ט, בשר שנמלח בלא הדחה קמייתא, מטעם שהמלח מבליע הדם שעליו, ‹אלמא דלא ס"ל למה שכתב הטור בשם הרא"ש, דמלח רק מפליט דם ולא מבליעו – מחה"ש›, **שאני** התם דאיכא דם בעין, ‹דבדם בעין המלח מבליעו, משא"כ בדם פליטה הוא רק מפליטו – מחה"ש›, **אי** נמי שאני הכא, כיון שנמלח תחלה ולא הודח אח"כ, א"כ עדיין הוא עומד לפלוט ציר, ומתוך כך אמרינן דאין המלח השני מבליע הדם, ‹**ונ"מ** בין התירוצים, היכא שמלח אותו לאחר שכבר פלט כל צירו – מחה"ש›. ‹**והמיקל** כתירוץ א' לא הפסיד – פמ"ג›.

[**ואין** להקשות, אמאי אסור בסמוך בדם בעין שנפל על הבשר בשעת מליחה, אע"ג דבאותה שעה היא טרודה לפלוט, **התם** אין האיסור מחמת שהמלח מבליעו, אלא שהבשר עצמו הוא רותח מחמת המליחה, הוה כמו בצלי שנפל עליו דם, משא"כ כאן שאין האיסור רק מצד מלח השני, ובזה אין איסור, ‹הא כאן גם כן החתיכה הוא רותח – חוו"ד, ע"ש איך שפי' הט"ז באריכות›, **אבל** אם נמלח בלא הדחה קמייתא, יש איסור מצד המלח, שבשעה שבא עליו המלח היה בלא פליטה, ע"כ אמרינן שהמלח מבליעו, **ולפי"ז** גם כאן אם שהה כבר כדי פליטת ציר, דהיינו אחר מעל"ע, אז אין היתר אלא לדעת הרא"ש, **ונראה** דאחר פליטת ציר דהיינו אחר מעל"ע למליחתו, יש לאסור אם נמלח, דהרי לקמן סי' זה קימ"ל, דאם נפל לציר אחר שיעור זה, דאסור מטעם שהציר יבליע בו, והכא נמי יבליע בו]. ‹**משמע** הא קודם מעת לעת לאחר י"ב שעות אין אוסר בלא הפ"מ, **ואף** דהר"ב בס"ו כ', דבאין הפ"מ אסור, כאן יש נמי טעם דאין המלח מבליע – פמ"ג›.

אבל בשר עם דגים, אפילו בשר עופות עם דגים, אסור למלוח, לפי שהדגים פולטים כל צירן קודם שיפלוט העוף את דמו. ואם עבר ומלחן יחד, העופות מותרין, אבל הדגים צריך ליטול מהם כדי קליפה - בין שמלחן יחד זה אצל זה, בין שמלח מעופות על הדגים, בין שמלח הדגים על העופות, לעולם שייך לומר דהדגים אסורים כדי קליפה והעופות מותרים, דאע"ג דדם אינו מפעפע למעלה, וכמ"ש הרב בס"ב, מ"מ קליפה בעי כמו שיתבאר שם, וכמ"ש המחבר עצמו בסי' ס"ט ס"ח, דמה שחוץ לציר חותך כדי קליפה.

והעופות מותרים לעולם, דאיידי דטרידי לפלוט לא בלעי, וכן דעת הרבה פוסקים מאד, **דלא** כהב"ח שפסק כיחידאי, לאסור מן העופות עד ס', ע"ש שדבריו ממילא נפרכים, **גם** מ"ש דנקטינן להחמיר באיסורא דאורייתא, ליתא, דהא קיי"ל דם שמלחו אינו אלא מדרבנן, כמבואר בכמה דוכתי.

ואם לא ניטלו קשקשיהם כשנמלחו, מותרים - לפי שהקשקשין הם במקום קליפה, וכן מוכח בטור ע"ש, וגם הרב נראה פשוט דמודה שהקשקשין הם במקום קליפה כו', אלא דהוצרך לטעם דרפו קרמייהו למאי דאסרינן הדגים בס', **ונ"מ** דאם נמלחו הדגים עם שאר איסור שאינו של דם, אע"ג דלא אמרינן ביה איידי דפליט כו', מותרים הדגים, **דאע"ג** דאנן קי"ל כל מליחה בס', מ"מ הא כתב הרב סי' ק"ה ס"ט, דבאיסור שאין בו שמנונית כלל, כגון חמץ בפסח וכה"ג, לכ"ע מליחה אינה אוסרת רק כדי קליפה, ועמ"ש שם, **ואם** כן בכה"ג הכא הדגים מותרים בלא קליפה, שהקשקשים הם במקום קליפה.

‹**בלא"ה** נ"מ בפשוטו, דאם דגים חמים מונחים על איסור קר, דקימ"ל תתאה גבר ומהני קליפה, הדגים מותר בלא קליפה, שהקשקשים במקום קליפה – רעק"א›.

הגה: ויש אוסרין כל הדגים אם אינן ס' נגד העופות, דאנו משערין במליחה בס', והכי נהוג. ודוקא דלית בהו קשקשים, דרפו קרמייהו ופלטי מיד, אבל אי אית בהו קשקשים, מותרים, דאינן פולטים מיד ולא בלעי מן העופות, דאיידי דטרידי לפלוט לא בלעי, מידי דהוי אשני חתיכות שנמלחו יחד – [בטור משמע, שהקשקשין מועילין לפי שאין איסור בלא"ה אלא כדי קליפה, וא"כ לדידן דדגים כולן אסורין, לא יועילו הקשקשים, וליתא, אלא עיקר

הטעם, דבעוד הקשקשים עליהם קמיטי ולא בלעי כמו העופות, כ"כ רש"ל, וכן משמע מדברי רמ"א דמותרין לגמרי], ‹**והפמ"ג** הקשה, דהרמ"א כתב כן בפירוש, וגם דמלת "לגמרי" הוי מיותר›.

[**והא דאין הדגים אסורין משום סכנה, דנמלחו עם בשר וקשה לדבר אחר, דאין סכנה במליחה**], ‹וכן הביא הש"ך סוף ס"ב›.

‹**עפמ"ג** שהביא שהמ"י הניח בצ"ע, בכבש בשר עם דגים מעל"ע, אם היא סכנה, ועי' בס' בית יהודא שהביא ראיה, דגם בכבוש אין סכנה›.

סעיף ב - במה דברים אמורים, כשמלח שניהם יחד, או שהעוף מליח ודג תפל - מדסתים דבריו, משמע שהוא תפל שלא נמלח עדיין, ואפי' הכי אסור, ולא מהני ליה מליחה אח"כ, וכן משמע בב"י, וכמו שהבין הרב בת"ח דעתו, וקצת משמע כן דעת הטור, **דבדגים** לא מהני מליחה, לומר דאיידי דיפלטו דם דידהו יפלטו דם דאחריני, כדאמרינן גבי בשר לקמן סי' זה, דשאני דגים כיון דרפו קרמייהו בלעי טובא, והדם הבא להם מעלמא נסרך בהם ביותר, ***וגם** צ"ל שכן דעת רבותיו של הרשב"א בת"ה, וכ"כ בדרישה שכ"פ מהרש"ל, וכ"כ האו"ה להדיא, **והוכחתי** בספרי בכמה הוכחות, שט"ס הוא באו"ה בשם הסמ"ק, וצריך להגיה שם קצת, דלא כמ"ש הרב בת"ח בשם או"ה בשם הסמ"ק, דבדגים נמי אמרינן איידי דיפלטו כו', וכמ"ש לקמן בהג"ה, והשיג שם על הב"י, **מיהו** נ"ל שדעת הרשב"א והר"ן כהרב, ובהגהות שנדפסו בגליון או"ה, נסתפק בדין זה.

***אין** מזה ראיה, דהם כיון דסוברים דמליחה מהני גם לדם שממקום אחר, והא דדגים אסירי ע"כ משום דמסרך בדגים ביותר, א"כ ממילא גם דגים תפלים אסורים, **אבל** להטור דהיתר דמליחת שתי חתיכות משום דאיידי דיפלוט דם דידיה, אבל דם דמעלמא לחוד אינו יוצא במליחה, ודגים אסורים משום דקדמי ופלטי ואין בהם דם של עצמן, א"כ י"ל דגים תפלים מותרים משום איידי דיפלוט דם דידיה, **עכ"פ** להמחבר צדקו דברי הש"ך, דהא המחבר בס"ו פסק לעיקר, דמהני מליחה לדם שממקום אחר, ומוכח דדגים מסרך ביותר, וממילא גם תפלים אסורים – רעק"א›.

אבל אם דג מליח ועוף תפל, ונתנם זה אצל זה, או זה על גב זה, אף דגים מותרים בלא קליפה - [שהדבר המליח מחמם התפל שיהא מבליע, אבל לא כל כך עד שיהא פולט - ב"י בשם הרשב"א].

משמע להדיא שנוגעים זה בזה, ואע"ג דלקמן סעיף ג' גבי בשר טריפה תפל ובשר שחוטה מלוח, הביא המחבר דיש אוסרים כדי קליפה כשנוגעים זה בזה, **י"ל** נהי דנחשב הטרפה תפלה, מחמת הכשירה מלוח, רותח כל כך שמפליטה ציר, וציר טרפה אסור, **מכל** מקום לא מחשב רותח כל כך שיפלוט דם, ‹ויש לומר דם הנפלט מעט הוא ושריק – פמ"ג›, דהכא אין האיסור אלא משום דם, **ועוד** דאף אם מפליט דם, מכל מקום לא מחשב רותח כ"כ שיפלוט כל כך דם הרבה, אפי' אחר פליטת דם וציר של הדגים. ‹**ועיין** בט"ז ס"ג, דלהיש אוסרים שם, גם הכא אסור כשנוגעים›.

‹**לפי** תירוץ א' בש"ך יש קולא, בחתיכה ששהה במלחה והודחה, דנסתמין נקבי הפליטה, או לאחר י"ב שעות, ומלחה והניח חתיכה תפלה עליה, שרי, דאין מפליט דם, וה"ה דגים כה"ג שרי, **ולתי'** הב', אם נמלחה כה"ג, וכן בדגים שחזר ומלחן לאחר פליטת צירן והניח עליו עופות תפילים, אסורים, דמפליט דם מהם, ולא שייך טרוד, דהא פלטו כבר במליחה ראשונה, ויש איסור עכ"פ באין הפ"מ – פמ"ג›.

הגה: וכן אם הדגים מונחים על העופות, מותרים אפילו נמלחו יחד, דדם אינו מפעפע מלמטה למעלה, ולא גרע מחתיכה המונחת בציר, דמה שלמעלה מן הציר שרי - מיהו קליפה בעי, וכדלקמן ס"ס זה גבי חתיכה שמקצתה בציר, והרב כתב זה לדידן דאסרינן הדגים עד ששים, דאם הדגים מונחים על העופות מותר בלא ששים בקליפה, **אבל** לסברת המחבר לא שייך דין זה, וכמו שכתבתי בס"א, ע"ש.

כתב מהרש"ל, דוקא כשידוע בבירור שלא נשרקו הדגים מלמעלה, אבל אם אינו ידוע בבירור, אסור, דסתם מליחה דרך להתהפך עליון לתחתון ע"כ, [ובספק יש לאסור, רש"ל].

וכתוב בהגהות שבסוף ספר האו"ה, דה"ה אפי' זו בצד זו, אם חתיכות הדגים גדולים וגבוהים יותר ועולים נגד למעלה מן הבשר, מה שלמעלה מן החתיכה שאינו

נוגע בה מותר, אפי' באותה חתיכה עצמה, דלא גרע מנפל חציה לציר, ע"כ.

וכן אם לא הניח הדגים אצל העופות, אלא לאחר שהיו העופות במלחן שיעור מליחה, אף הדגים מותרים, אע"פ ששניהם מלוחים - ואע"ג דלקמן בסי' צ"א גבי בשר וגבינה מלוחים, אמרינן דאף לאחר שיעור מליחתו חשוב רותח, שאני הכא דאין האיסור אלא משום דם, ולאחר שיעור מליחתו פלט כל דמו, **ואע"ג** דלעיל סי' ס"ט ס"כ, נהגינן לאסור במעשה דרש"י, שאני התם שהמוהל בעין והבשר מונח בתוכו, אבל משום לחלוחית בעלמא שעל הבשר לא נהגינן איסור, וסגי לדגים בהדחה, וכן מתבאר בת"ח בשם או"ה, [וכ"ה בט"ז].

ואפילו שהו הדגים ג"כ מתחלה שיעור מליחה, מותרים, כן מוכח להדיא בת"ח ע"ש, וכן מתבאר מתוך הטעמים שכתבתי בס"ק הקודם.

ואם נמלחו דגים בכלי שמלחו בו בשר, הדגים מותרים, דאין הדגים בולעים הדם שבכלי, דאין מליחה לכלים - משמע דיעבד, אבל לכתחלה לא, משום דמ"מ הדחה מיהא בעי, וחיישינן דלמא משתלי להדיח, וכדלקמן ר"ס צ"א, **ואע"ג** דלעיל סי' ס"ט סעיף ט"ז כתב הרב, דמותר למלוח אפי' לכתחלה בשר שכבר נמלח והודח, בכלי שאינו מנוקב שמלחו בו בשר, **כבר** כתבתי שם דה"ט דאורחיה דבשר להדיחו קודם הבישול, משא"כ כאן גבי דגים, **אבל** מדברי הב"י משמע, דס"ל דגם דגים דרכן להדיח קודם הבישול, וכ"כ הרשב"א בת"ה, **ונראה** לחלק בין דגים שמולחין לקדרה לבשל מיד, שאין דרכן להדיחן, ובין דגים שמולחין לקיום, שדרכן להדיחן אח"כ קודם הבישול, ‹דדרך למלחו הרבה, עד שאינו יכול לאכול מחמת מלחו, להתקיים, וצריך להדיחו אח"כ קודם בישול – מחה"ש›, **ובהכי** מיירי הרשב"א בתשובה ומביאו ב"י, דכתב דמותר לכתחלה למלוח דגים בכלי שמלחו בו בשר כשר, כן נראה ליישב דעת הרב, **אבל** לפי מ"ש לקמן ר"ס צ"א ס"ק ג', בלאו הכי לק"מ ע"ש, ‹דמסיק שם, דאפי' אם נשתמש בכלי דבר אסור חם, מותר לאכול בו אח"כ אפי' צונן לח בלא הדחה כלל, לא הכלי ולא המאכל, אלא שמקנח הכלי וסגי – מחה"ש›.

[דוקא דם, אבל בשאר איסורים שנאסר הכלי מהם ע"י מליחת בשר, אפשר דהויין הדגים אסורין, לפי שפליטות שאר איסורין מסתרכת יותר, ב"י בשם רשב"א, ורש"ל כתב, אני אומר שאין מליחה לעץ להפליט איסור כלל, אפי' בבליעה בכלי איסור דאורייתא, עכ"ל].

והא דאמרינן דאם הדג תפל והעופות מלוחים אסורים, היינו דוקא שהדג פלט כבר דמו והודח - אין לפרש דנקט והודח משום דאז נסתמין נקבי הפליטה, וכדלקמן ס"ו, אבל כשלא הודח, אף שפלט דמו מ"מ עדיין פולט ציר, ואיידי דפליט ציר לא בלע, **דהא** עכ"פ הדג פולט כל צירו קודם שיפלוט העוף דמו, א"כ אפי' בלא הודח נמי יהא אסור, וכמו שנתבאר, **אלא** והודח הוא לאו דוקא, אלא שכתב כן דלישנא דתפל משמע שאינו עומד במלחו.

אבל אם עדיין לא פלט דמו ולא נמלח מעולם, מותר, דאגב דיפלוט דם דידיה יפלוט גם כן הדם שבולע מן העופות, כמו חתיכה שנפלה לציר קודם מליחה דמותר מהאי טעמא, כמו שיתבאר לקמן סימן זה - הרב מבאר כן לדעת עצמו, אבל דעת המחבר אינו כן, וכמ"ש בס"ק ו' וע"ש, ולא כתב הר"ב כן בלשון וי"א, כיון שאין בדברי המחבר הכרח, וכן דרכו בכמה מקומות.

[בזה חולק על הב"י, שכתב על מה שכתב הטור, דהדגים אסורים בשניהם מלוחים, וכתב ב"י, דכ"ש אם הדג תפל והאיסור מלוח, דהוי כטהור טפל וטמא מלוח, וטעמו, דבשניהם מלוחין כל אחד טרוד לפלוט, ואפ"ה אמרינן שג"כ בולע, ק"ו בדג תפל שבולע מעוף מלוח, וכ"כ רש"ל דיש ק"ו, אם הדג לא נמלח והבשר נמלח, דאסור הדג, **ורמ"א** בד"מ ובת"ח חולק ע"ז, וס"ל דכיון שהדג תפל אינו בולע רק דם, אמרינן הואל ועדיין פולט דם דידיה, פולט נמי דם שבולע ממקום אחר, כמ"ש אצל בשר שלא נמלח, שהונח עם בשר שנמלח, עכ"ל, **ומו"ח** ז"ל כתב, שיש לפרש דברי ב"י, שהדג כבר נמלח, ואח"כ נקרא תפל, **וכתב** בפרישה על רמ"א, וצ"ע, דלכאורה יש לחלק, דשאני הכא שהדגים שם היתר עליהם, ואיך נתירם כשקיבלו איסור דם, **וגם** מורי ורבי ‹יש"ש› פסק לאיסור, משום דדם דגים אינו אלא ציר בעלמא, ולא שייך לומר

[ט"ז] ‹רעק"א או ש"א או הוספת הסבר› (פת"ש)

אגב דפליט דם דידיה כו', עכ"ל, ולענ"ד ג"כ כדברי האוסרים, דכיון דהציר שבדגים הוא דבר מועט, ויפלוט אותו בזמן קצר, האיך נסמוך על פליטת ציר שלהם לומר, שאגב שפליט ציר יפליט הדם שבלע, דשמא יכלה זמן פליטת הציר קודם לפליטת הדם שבלע, ויש כאן ספק דאורייתא, ‹זה תמוה, דהא הוא דם שמלחו דליכא דאורייתא - רעק"א, נקה"כ›, **משא"כ בבשר עם בשר, שיש בו ציר להפליט זמן מרובה, ע"כ יש זמן רב להפליט גם דם הבלוע ממקום אחר].**

‹**ומ"מ** נ"מ אם הדגים תפלים עם הקשקשים, דלטעמיה דהפרישה אסורים, דדם דגים אינו אלא ציר, ולא אמרי' לגביה איידי דיפלוט, **ולטעמיה** דהט"ז, בכה"ג שרי, דליכא חשש שיפלוט הדם של עצמו בזמן קצר, דהא בקשקשים אינם פולטים במהירות, כמ"ש בהגהת שו"ע ס"א – רעק"א›.

[ולפי פי' הרר"י מאורליינ"ש בתוס' פ' כ"ה, הביאו ב"י ריש סי' ע', דפירש אצל בשר ובשר, שכל זמן שהאחד פתוח לפלוט קודם התחלת בליעתו מן השני, לא יסתום פליטתו אח"כ, יש להתיר ג"כ הדגים, ע"י מליחתן אחר מליחת הבשר, אבל אנן לא קימ"ל כאותו תירוץ כמבואר שם, ועוד יש כאן טעם לאיסור, שהרי כתב הרא"ש בפ' כ"ה, פירוש רשב"ם, דבבשר ובשר לא הטריחוהו יותר מדאי, כיון דדם מדרבנן הוא כו', ע"כ הקילו שם, וזה לא שייך כאן, דלאו תקנת חכמים שימלח דגים עם בשר, ע"כ אין להקל מטעם שיחזור וימלחנו ויפלטנו, כנלענ"ד, ועוד ראיה ממ"ש ת"ה הארוך, וז"ל, ואפשר דדגים כיון דרפי קרמייהו בולעים הרבה, והדם הבא להם מעלמא נסרך בהם ביותר, ואין כח במלח להוציאו, עכ"ל, ועוד ראיה ממ"ש או"ה הארוך, דגים תפלים המונחים עם ציר בשר, אסורים, דלא גרע מאילו נמלחו עמהם, עכ"ל, הרי בהדיא כמ"ש לאיסור, ותמיהני על רמ"א שלא הרגיש בזה].

‹**בד"מ** כאן הביא לדברי או"ה הארוך אלו, וכתב עלה, ואין נראה אלא כמו שכתבתי – רעק"א›.

‹**לפי** טעמי הפרישה והיש"ש, היה ראוי להתיר הדגים בהפ"מ עכ"פ, דהא בס"ו בהג"ה מתיר חתיכה שפלטה כל דמה שנפלה לציר בהפ"מ, וכן הלכה, והא שם היתר עליה לאחר פליטת דמה, וגם אגב ציר דידה פולטת דם דאחריני, **אמנם** לטעם דמן מועט אין כח להפליט דם המרובה, ולטעם דרפי קרמייהו, יש לאסור בהפ"מ ג"כ – פמ"ג›.

הג"ה - בט"ז מחלק בין יש מפרשים ‹הוא תירוץ ראשון מובא בב"י› לפירוש מהר"י מאורליינש, דליש מפרשים הוא דוקא עד זמן שציר מפליט, ולהר"י מאורליינש אפי' אחר זמן פליטת ציר כו', ע"ש, **וקשה** לי, דא"כ למה לה לגמר' למימר, בתר דנייחי דגים פלטי עופות והדר בלעי כו', הא אפי' דלא נייחי דגים עד אחר פליטת העופות, אפ"ה כיון דזמן פליטת הדגים הוא זמן מועט, ואסורה כדלעיל, **אלא** ודאי הנכון דחילוק הוא, דלי"מ אפי' אין בבשר התחתון דם, אפ"ה מותר למלוח בשר על גבו, ולהר"י מאורליינש אינו מותר עד שיהא קצת דם בבשר, וזהו שדקדקו ‹ר"י מאורליינש› וכתבו, שכיון שלא נגמר פליטת דם התחתון - נקה"כ.

ועיין לקמן סימן ע"א באיזה מליחה אמרינן דהוי כרותח - כלומר דשם סעיף ה' בהג"ה נתבאר, דציר מבשר שנמלח, אפי' לא נמלח רק לצלי, חשוב רותח, וה"ה הכא, ודוק, ועיין בת"ח.

כתב או"ה, דגים שנמלחו עם עופות אין לאסרם משום סכנה, דאין סכנה במליחה, עכ"ל ת"ח, **ונ"מ** נמי כגון היכא דליכא משום איסור דם, כגון ששהו שיעור מליחה והודחו, וחזרו ונמלחו יחד, וכה"ג, וע"ל ר"ס קי"ו, ‹וכן הביא הט"ז סוף ס"א›.

סעיף ג - בשר שחוטה שמלחו עם בשר טריפה, או שהטריפה מלוחה והכשירה תפלה, והם נוגעים זה בזה, אסור כדי קליפה, שאע"פ שאינו בולע מדם הטריפה - כיון שהוא טרוד לפלוט דם דידיה, מ"מ **בולעת מצירה** - שהיא נוח ליבלע, דדוקא גבי דם אמרינן איידי דטריד למיפלט לא בלע, אבל לא בשאר איסורים, **וציר** נבילה וטריפה ושרצים הוא מדאורייתא, משא"כ ציר דגים טמאים דהוי מדרבנן, וכדלקמן סי' פ"ג ס"ה, **וכן** ציר דבשר דאסור משום דם, אינו אסור אלא מדרבנן, וכדלקמן בסוף הסי', ונ"מ לענין ספיקא.

[בש"ד כ', ואי איכא ספיקא אם נמלח בשר שחוטה בהדי בשר נבילה, הוי ספק דאורייתא לחומרא, עכ"ל].

והם נוגעים זה בזה - לרבותא דסיפא נקט הכי, דאם הכשרה מלוח והטריפה תפלה, אפי' בנוגעים זה

בזה מותר, ולא אמרינן דמתוך נגיעתו יחשב התפלה רותח, ויפלוט ע"י כך, כיון שלא נמלח ממש, ולאפוקי סברא אחרונה, **אבל** אין לפרש דלהכי נקט נוגעים זה בזה, משום דאל"כ אפילו הטריפה מלוח והכשרה תפלה מותר, **דזה** לא נמצא בשום פוסק, ואדרבה משמע בב"י, דכ"ע מודי בהא דאע"פ שאינן נוגעים זה בזה, כל שעומדים בסמוך בכדי שפליטה של זה נוגעת בזה, אסור, **וגם** אין סברא כלל להתיר בכה"ג, כיון דעכ"פ הציר נוטף על הכשרה, מה לי נוגע או לא, אלא ודאי כדפי', **ומ"ש** הרב ובטריפה מלוח כו', היינו אליבא דכ"ע.

אבל אם הכשירה מלוחה והטריפה תפלה, מותרת בהדחה בלא קליפה, בין נתן כשירה למעלה, בין נתנה למטה.

ויש מי שאוסר בנוגעים זה בזה, וסובר שלא הותרו אלא בעומדים בסמוך, בכדי שפליטה של זה נוגעת בזה – [הוא הר"ן, שהוקשה לו, דגם בטהור מליח וטמא תפל, י"ל שרתיחת הטהור מליח מחמם הטמא עד שיפליט ויבליע בטהור, **ואיהו לא** ס"ל התירוץ שכתבתי ריש ס"ב בשם הרשב"א, **שאינו** מחמם כ"כ, ע"כ תירץ דלא התירו אלא באינם נוגעים, רק שהפליטות נוגעים]. ‹**וע"ש** בש"ך, דמחלק בין התם להכא›.

ונראה דאז ‹באינם נוגעים›, אפילו הדחה לא צריך, כיון שאין נוגעים זה בזה, וא"כ המחבר שכתב לקמן סי' ק"ה ס"י, אם ההיתר מלוח והאיסור תפל א"צ אלא הדחה, ע"כ מיירי בנוגעים, וסתם שם כסברא הראשונה, וכן בסימן צ"א ס"ה סתם כן, וגם בספרו ב"י משמע להדיא שהסברא ראשונה עיקר בעיניו, ולכן כתב הסברא האחרונה בשם ויש מי שאוסר.

הגה: וכשהטריפה מלוח וכשר תפל, אפילו בכהאי גונא אסור.

וע"ל סימן ק"ה מאלו דינים - כלומר דשם ס"ו פסק הרב, דיש להחמיר שלא במקום הפסד מרובה כסברא האחרונה, ‹**בכנסת** הגדולה השיג, דשם לא נזכר תיבת "מרובה", ודעת הרמ"א להקל אף בהפסד קצת – רעק"א›, **ובב"ח** פסק לגמרי כסברא הראשונה, וכן דעת מהרש"ל, וכ"ד הט"ז.

סעיף ד - הא דאמרינן דאינו אוסר אלא כדי קליפה, היינו כששתיהן כחושות, אבל אם אחת מהן שמינה, אפילו אם חתיכת הטריפה כחושה וחתיכת הכשירה שמינה, מפעפע האיסור בכולה - משום דאזיל הכשרה ומפטם לטריפה, [זה יתבאר בסי' ק"ה].

אם היתה הטריפה המלוחה למטה, משום דתתאה גבר - לאפוקי אם היתה הכשרה התפלה למטה, אע"פ שהטריפה שמינה למעלה, אינו אסור אלא כדי קליפה, דתתאה שהוא אינו מליח גובר ומצנן העליון, ‹ואפילו הכי אסור כדי קליפה, דאדמיקר ליה בלע כדי קליפה – מחה"ש›, **מיהו** בשניהם כחושים, לענין קליפה אין חילוק בין המלוח למטה או למעלה, אלא לעולם טמא מליח כחוש אוסר טהור תפל כחוש, עכ"פ כדי קליפה, וכדלקמן סי' צ"א ס"ה, ודוק ועמ"ש שם.

הג"ה - מפעפע האיסור בכולה אם היתה הטריפה המלוחה ‹והכחושה› למטה - פירוש הכשרה ‹השמנה› היא תפלה, כמ"ש הגאון אמ"ו ז"ל, דאלת"ה מאי שנא אם הטריפה למטה, כיון ששניהם מלוחים, אלא ודאי מיירי שהכשרה היא תפלה כדאמרן, **וזהו** דלא כמ"ש הגאון אמ"ו ז"ל בסימן ק"ה סס"ק כ"ח, וצ"ע - נקה"כ. ‹**וז"ל** הש"ך התם, דלא אמרו הט"ז – דאפי' כשההיתר שמן, דאזל ומפטם להאיסור – אלא בששניהם מלוחים, אבל לא כשהאיסור מלוח וההיתר תפל, דכיון שהוא תפל אין בו כח לפטם האיסור, ע"כ. **ומהכא** מבואר דאפי' כשרק האיסור מלוח, ג"כ אמרינן דההיתר השמן אזיל ומפטם להאיסור›.

(ועיין לקמן סימן ק"ה כיצד נוהגין) - כלומר דשם נתבאר, דאף בשמן אין חילוק בין המליח עליון או תחתון, ‹**דדוקא** ברתיחת האור יש חילוק, דמחמת האור אותו שהוא גובר מרתיח את חברו או מצנן אותו, **אבל** מחמת מליחה אין כח באותו שהוא תפל לבטל כח המליחה, כי כן הוא דרך המליחה שאינה יכולה להתבטל כי אם ע"י הדחה – מחה"ש›, **וגם** נתבאר שם דאין אנו בקיאין בין כחוש לשמן, ומשערים כל מליחה בס', וע"ש בסעיף י' וי"א.

סעיף ה - יש אומרים שבשר שנמלח אסור להשהותו במלחו לאחר פליטת כל צירו, דהיינו י"ב שעות, לפי שחוזר ובולע

מלחלוחית דם שעליו ושעל המלח - ‹ובדיעבד צריך קליפה, וכן הוא דעת החינוך מצוה קמ"ח, **וכתב** שם דמ"מ לצלי מותר בלא קליפה – רעק"א›.

ויש מתירים להשהותו במלחו אפילו כמה ימים. ולכתחלה יש לחוש לדברי האוסרים, ובדיעבד מותר - בב"י כתוב, שדין זה תלוי בדין דסי' ס"ט ריש סעיף כ' ע"ש. ‹**דדעת** הסברא ראשונה כהיש מי שאוסר שם, דציר לאחר שיעור מליחתו רותח הוא וחשיב דם, והסברא השניה סבירא לה כדעת רש"י, דמוהל בעלמא הוא, **ולפי** שהכריע שם המחבר לחלק בין לכתחלה לדיעבד, גם כאן כתב כן – מחה"ש›.

‹**אלא** שהרב שם הגיה לאסור אפילו דיעבד כדי קליפה, וכאן לא הגיה כלום, לפי שהולך לשיטתו שכתב בתורת חטאת, דאפילו למאי דמחמירין כו' – מחה"ש›, **ובת"ח** כתב, דאפי' למאי דמחמירין לעיל לאסור בקליפה, היינו משום דהתם אנו רואין שהמלח הוציא עוד הציר, ומאחר שמונח בכלי שאינו מנוקב אסור, **אבל** הכא שהבשר מונח תמיד בכלי מנוקב, לא חיישינן דהבשר יבלע מן המלח שעליו, דאף אם יפליט דם, מישרק שריק, לכן שרי בדיעבד, ע"כ.

[**ואפי' מאן דמחמיר במעשה דרש"י סי' ס"ט ס"כ**, ‹עכ"פ כדי קליפה›, **מודה כאן**, ‹דשרי, דהתם נמחה הדם בציר, משא"כ כאן›, **דאין ציר בעין, וכמ"ש סי' זה ס"ב בשם או"ה הארוך**, ‹וז"ל שם: משום לחלוחית לחוד שעל הבשר לא נהגו איסור›, **וכ"כ ד"מ. והטעם, דדם מישרק שריק ונופל, ועוד שהבשר הנמלח פולט ציר לעולם, ואינו בולע מן הדם**]. ‹**אף** דאנן לא קיי"ל משרק שריק במליחה, כמו שיתבאר, מ"מ הלחלוחית מעט שריק, ודם שבמלח אין טבעו להפליט אלא למשוך אליו, עי' בהרא"ש – פמ"ג›.

ואע"ג דאם נפל בשר שכבר פלט דמו וצירו אצל בשר שלא שהה עדיין שיעור מליחה, אסור כמ"ש הרב ריש ס"ו, ופשוט הוא דהיינו אפי' בכלי מנוקב, ולא אמרינן מישרק שריק, **י"ל** דשאני הכא, דמה שיצא מן הבשר תוך שיעור מליחה שהוא רותח ודם ממש, כבר יצא לחוץ הכלי שהוא מנוקב, ומה שנשאר ע"ג אינו אלא לחלוחית שיצא ממנו אחר ששהה שיעור מליחה, דאינו אלא מוהל בעלמא לדעת הרבה פוסקים, וכמו שנתבאר בסי' ס"ט שם, **א"כ** נהי דמחמירין לחשבו דם, מ"מ איכא למסמך בכה"ג אטעמא דמישרק שריק, **וכן** המלח שעליו, הרבה פוסקים ס"ל שלאחר שפלט דמו אין לו שום כח, וכמו שנתבאר שם, ‹ונהי דמחמרינן לחשבו רותח, מ"מ סמכינן הכא אטעמא דמישרק שריק›, הלכך *סמכינן הכא אטעמא דמישרק, משא"כ לקמן, ‹אטעמא דמשרק שריק לחוד, בלא שום צירוף צד היתר בלאו הכי, לא סמכינן – מחה"ש› - ס"ק כ"ד.

***יש** לעיין, הא בלא"ה ג"כ מתירין היכי דהוי רק לחלוחית בעלמא, כמ"ש הש"ך בס"ב ס"ק י"א, דהא התם ליכא סניף שיטת ר"ת דמישריק, דבדגים גם לר"ת לא אמרינן משריק כיון דסריך – רעק"א.

סעיף ו - יש אוסרים ליתן בשר שלא נמלח כלל, או שנמלח ופלט כל דמו, עם בשר שנמלח קודם פליטתו דם, לפי שהבשר שלא נמלח - שאז אינו פולט כלום ובולע, **או שנמלח ופלט כל דמו, חוזר ובולע ממה שחבירו פולט.**

"**או** שנמלח ופלט כל דמו והודח", כן הוא בת"ה ובר"ן, ונראה דהיינו משום דכיון דהודח אחר שיעור מליחתו, נסתמין נקבי הפליטה, וכדכתב בת"ח, אבל אם לא הודח, אף שכבר פלט כל דמו, מ"מ כיון דעדיין פולט ציר אינו בולע, **א"נ** מ"ש הט"ו "ופלט כל דמו", ר"ל דמו וצירו, וכן מצאתי בהגהות מהרש"ל לטור שפי' כן, וכן הביא הדרישה על שמו, ופי' כן בפרישה, **והיש** מתירין מתירין אפי' בכה"ג, כמו שהוכחתי בספרי מדברי הרשב"א בת"ה להדיא, וחד טעמא הוא, דכי היכא דמתירין בבשר שנמלח והודח, דאפי' אין בו דם של עצמו וגם נסתמים נקבי פליטת צירו, אפ"ה חוזר ופולט ע"י מליחה אח"כ, ה"נ אם פלט כבר כל צירו, **וזה** ברור דלא כהב"ח שדחה פי' זה, מפני שהבין דבכה"ג ליכא מאן דמתיר, והאריך להוכיח כן, ע"ש שהוכחתו היא סתירתו, וגם הרב משמע שהבין כמו שכתבתי והוא פשוט - ס"ק כ"ו.

[**וסברא זאת משמע כן בדברי הר"ן בשם ה"ר רבינו יונה, שהשווה בשר שנמלח ויצא מידי דמו והודח, לבשר שנמלח ופלט כל דמו וצירו, ע"ש, משמע דאחר שיצא הדם, עושה ההדחה שנסתמין נקבי הפליטה לענין ציר שבו, כמו אם היה שוהה בלא הדחה אחר המליחה יום שלם, שאז ג"כ כלה הציר שבו, ובטור כתוב בשם הרשב"א וז"ל, ויש מתירין גם בזה ע"י מליחה וכו', עכ"ל, ובת"ה כתב אותו דעה בשם מורו הרב, וזכר שם אפי'**

הודח אחר המליחה, *וצ"ל דאותו הרב אינו רבינו יונה, דהא הר"ן כתב בשם רבינו יונה דהודח אוסר, וזה הרב ס"ל דאין ההדחה אוסרת כלל, מחמת שנאמר שנסתמו נקבי הפליטה, גם הטור נראה דס"ל שאין ההדחה עושה כלום, מדהביא דעת הרב של הרשב"א, ולא נקט רבותא אליביה, דאפי' הודח יש תקנה במליחה, אלא ודאי דהדחה זאת אינו מעלה ולא מוריד, ולפי מ"ש בס"א, שכל זמן שפולט ציר אינו בולע, א"צ כאן לחזור ולמלוח, אלא דיש עוד תירוץ בתוס', דס"ל דשפיר בולע, אלא ההיתר הוא שיחזור ויפליטנו, וכמו שזכרתי ריש סי' זה].

*‹**לענ"ד** אין ראיה כלל, אלא דהר"ן ס"ל דלא אמרינן איידי דיפלוט ציר יפלוט דם, כמבואר בדבריו בההיא דהניח בשר בתוך כלי שאינו מנוקב, דתוך שיעור מליחה, נהי דבלע, דלא שייך ביה איידי דטרוד, כיון דמתכבש תחתיו, מ"מ אמרינן איידי דיפלוט, **אבל** אחר שיצא דמו אסור, דאיידי דיפלוט ציר לא אמרינן, **אלא** דבהניחו אצלו חתיכה מלוחה, אמרינן איידי דיפלוט ציר לא בלע, **מש"ה** בהודח אחר מליחה, דעתה אין טרוד לפלוט ובלע, אין לו תקנה במליחה, דלא אמרינן איידי דיפלוט ציר יפלוט דם, או אם כבר פלט צירו, דאינו טרוד לפלוט, אסור, **אבל** לומר דנסתם נקבי הפליטה אינו הכרח, **ונ"מ** בחתיכה שהודח אחר שיעור מליחה, וחזרה ומלחה עם חתיכה אחרת שנמלחה להוציא דמה, דמותרת, דטרודה לפלוט ולא בלע – רעק"א›.

[**ולענין אם לא שהה עדיין שיעור מליחה ויש בו עדיין דם, לא שייך חילוק זה, דאפי' אם הודח מהני ליה מליחה אחרת, דאל"כ איך מצינו תקנה למי שהדיח הבשר קודם ששהה שיעור מליחה, וכ"ת ה"נ דאסור, הא ודאי לא הוו שתקו הפוסקים מלהשמיענו דין זה, אלא פשוט דאין ההדחה סותמת אלא נקבי הציר, אבל לא דם, ובכל מקום שמזכיר רמ"א יחזור וימלחנו שנית, מחמת שיש בו עדיין ציר ולא דם, הוא מיירי דוקא בלא הודח עדיין אחר מליחה ראשונה**], ‹ועיין מה שהקשה על הרמ"א לקמן בסמוך›.

ויש מתירים - כלומר בבשר שלא נמלח כלל, **ע"י מליחה שימלחנו אחר כך, כי אז יפליט כל דם שבלע** - שכמו שיפלוט אח"כ דם של עצמו יפלוט דם דאחריני, [**והיש אוסרין ס"ל, דאין מלח מפליט אלא מה שהוא שלו, ולא מה שבלע ממקום אחר כלל**].

ויש מתירים בכל זה - כלומר אפי' בסיפא, דלית בה דם של עצמו, אפ"ה מותר ע"י מליחה אח"כ.

ולכתחלה יש לחוש לדברי האוסרים - כלומר דלכתחלה יש ליזהר בכל זה שלא לעשותו, אבל בדיעבד יש לפסוק בכל זה דמותר, וכן משמע בב"י, שכתב דלכתחלה יש ליזהר בכל הדברים האלו ולחוש לדברי האוסרין, אבל בדיעבד יש לסמוך אהמתירין, עכ"ל, משמע דקאמר דלכתחלה יש ליזהר שלא לעשותם, וכך נראה שהבין הרב, **ודלא** כמו שדקדק מהר"י כהן מקראקא בתשובה, שגם הב"י אוסר בדיעבד, ומ"ש לכתחלה, ר"ל כשרוצה הרב לפסוק, לכתחלה יפסוק דאסור, אבל בדיעבד שאם פסק להתיר, סמכינן אהמתיר ולא מהדרינן עובדא, עכ"ל, **ע"ש** שאין בדקדוקו כדאי להוציא דברי המחבר מפשטן, **ודברי** בעל ספר אפי רברבי בכמה דינים שבסי' זה מעורבבין, ואין לסמוך עליו - ס"ק כ"ט.

ומ"ש המחבר להתיר בדיעבד בשר שלא נמלח כלל, מיירי שהודח מתחלה, דאל"כ תיפוק ליה דנמלח בלא הדחה קמייתא, דאסור אפי' דיעבד מפני שהמלח מבליעו לדם בעין שעליו, ואינו יוצא שוב לא ע"י מליחה ולא ע"י צלייה, וכדלעיל סי' ס"ט ס"ב, **וכן** מ"ש הרב דאם לא נמלח כלל ונפל לציר ממש, דהותר ע"י הדחה ומליחה אח"כ, מיירי נמי שהודח קודם שנפל לציר, **וזה** פירשתי לדעת מהרא"י בהגהת ש"ד, והרב בת"ח, **אבל** בהגהה אחרת בש"ד כתב ע"ש הר"ר יעקב שושן עמק, דאפי' למאי דאסרינן בשר שנמלח בלא הדחה קמייתא, שרי הכא בציר, ע"ש הטעם, **וכ"כ** באו"ה ע"ש המרדכי, בשר שלא הודח ולא נמלח ונפל לציר, חוזר ומדיחו ומולחו ומותר, ופי' הטעם, דאין כח ברתיחת הציר אלא להתבלע היא עצמה, ולא להבליע הדם בעין שעליו לתוכו, וכ"פ מהרש"ל, וכ"פ הב"ח, והיינו שלא כתבו הפוסקים והמחבר בשר שהודח ולא נמלח כו', **ומ"ש** בא"ו של מהרי"ל, חתיכה תפלה שלא נמלחה עדיין, ונתערבה בין מלוחות ונשתהה ביניהם, אותה חתיכה אסורה ולא מועיל למלחה שנית, אמנם אם הודחה טרם שנתערבה, יחזור וידיחנה וימלחנה, עכ"ל, **נראה** דשאני התם, כיון שנתערבה בין המלוחות ונשתהא שם, א"כ אפשר שקבלה טעם מהמלח עצמו.

הגה: ואפילו בדיעבד נוהגין לאסרו, אם נפל בשר שכבר פלט כל דמו וצירו, אצל בשר שלא שהה עדיין שיעור מליחה - ולא מהני הדחה ומליחה אחר כך, ואפילו לצלי אסור, ת"ח, **וטעמא**, דכיון שכבר פלט דמו וצירו, א"כ אינו טרוד שוב לפלוט ובולע, ושוב אינו יוצא לא ע"י מליחה ולא ע"י צלייה, כיון דלא פליט דם של עצמו, וגם לא אמרינן דמישרק שריק, והלכך כולו אסר, דאנן משערינן במליחה בס', **וגם** משמע דנאסר מיד, **ואף** מהרש"ל דס"ל דבשר שנפל לציר אינו אסור אלא כששהה שם שיעור כבישה, והבאתיו בס"ק מ"ו, משמע בספרו פכ"ה דמודה הכא, **ונראה** דה"ט, דכיון דמיד שנפלט מן הבשר נופל עליו, א"כ מיד הוא נבלע, **ועוד** דכאן הוי רותח מיד מחמת המליחה, ודוק - ס"ק ל'.

וכן אם שהה שיעור מליחה והודח, ונפל אצל בשר כו', דחד טעמא הוא וכמ"ש, (**ועיין** בתשובת צמח צדק שנשאל על דין זה, והשיב להיתר במקום הפסד מרובה, דהך סברא שע"י הדחה נסתמו נקבי הפליטה, לא קים לן שפיר, ומאן דמקיל בזה אפילו שלא בהפ"מ, ע"י שיחזור וימלחנו, לא הפסיד, **ועי'** בתשובת משאת בנימין שמקיל ג"כ בזה, וכ"כ בס' מנחת יעקב בשם ספר תמים דעים).

ויש אומרים שכל מעת לעת לאחר שנמלח, פולט ציר – [והיש אומרים לא אתי אלא לפרושי, אימת נקרא פלט כל דמו וצירו].

ואם נגע תוך זמן זה לבשר שנמלח ולא שהה עדיין שיעור מליחה, אינו נאסר, וכן נוהגין - בזה גם מהרש"ל, (דס"ל דלא אמרינן איידי דיפלוט ציר דידיה יפלוט דם דאחריני, או ציר דאחריני, אלא איידי דיפלוט דם דידיה יפלוט דם דאחריני – מחה"ש), מודה, וה"ט, דכיון שפולט ציר אינו בולע, והלכך א"צ לחזור ולמלחו אח"כ. (**וחילוק** יש בין נפלה לציר או הונחה אצל חתיכה, דבציר לא שייך טריד, ובהונחה אצל חתיכה אמרינן בציר טרוד ולא בלע לכו"ע, ומש"ה א"צ כאן מליחה שנית אף להר"ב – פמ"ג).

[**כיון שעדיין טרוד לפלוט ציר שלו, פליט נמי מה שבלע מחתיכה שלא נמלחה**], (**אבל** מתחילה בולע, ודלא כהש"ך, ולפי"ז הוי לכאורה דלא כרש"ל, **אבל** עי' בט"ז לקמן, דרש"ל סובר דבכה"ג שייך לומר בשעת בליעה כבולעו כך פולטו, הגם דליכא סברא במליחה אח"כ דאיידי דיפלוט ציר).

(**ויראה** לפרש דבריו, דסובר דהר"ב משוה מדותיו, בין שהונחה אצל חתיכה שלא נמלחה, ובין שנפלה לציר ממש, **דלא** כש"ך שמחלק בין הונחה אצל חתיכה שלא נמלחה, אז אין צריך מליחה שנית, דטרוד לפלוט ציר לא בלע כלל, ומש"ה מותר באין ה"מ תוך י"ב שעות, ולאחר י"ב שעות בה"מ, **ובנפלה** לציר, דאז ודאי בולעת, דלא שייך טרוד כיון שנפלה לציר ממש, אלא ע"י מליחה שנית הוא דמותר, תוך י"ב שעות ובה"מ דווקא, ולאחר י"ב שעות אף בה"מ אסור, **אמנם** הט"ז אין דעתו כן, אלא דשוין המה. **וצריך** להבין, א"כ אמאי במליחה היקל בה"מ לאחר י"ב שעות, ותוך י"ב שעות באין ה"מ, ובנפלה לציר לא היקל אלא בה"מ, כיון דחד טעם הוא, **י"ל** דמ"מ החמיר יותר בנפלה לציר, י"ל דבלע טובא, משא"כ במליחה יש צירוף דאגב דטרוד לא בלע כ"כ – פמ"ג).

אך במקום שאין הפסד מרובה, יש לאסרו לאחר י"ב שעות. וקודם לזה אין להחמיר כלל.

ודעת מהרש"ל, נראה להתיר עד מע"ל אפי' בלא הפסד מרובה, **ודעת** הרב נראה עיקר, לפי שדעת הר"ר יונה והרשב"א והר"ן והטור ורבינו ירוחם והרא"ה והרב המגיד והאגור, שאחר י"ב שעות שוב אין פולט ציר, וזה דעת המחבר, וגם בכל בו נזכר דעה זו.

וכל שכן אם לא נמלח כלל, דאפילו אם נפל לציר ממש – (ר"ל דבציר החמיר, משום דאגב הציר נסרך הדם יותר, כמ"ש ז"ל, והחמיר דלאחר י"ב שעות אין להתיר אף בהפ"מ, ותוך י"ב שעות דוקא בהפ"מ, וכ' כאן אבל אם לא נמלח כלל אף בציר מותר – גר"א), **אין לאסרו, דאמרינן על ידי שיפלוט דם דידיה** - כשידיחנו וימלחנו, **יפלוט גם כן מה שבלע ממקום אחר.**

ואפילו נמלח הבשר ולא שהה עדיין שיעור מליחה, ונפל לציר, יש להתיר - כשידיחנו ויחזור וימלחנו, וכמ"ש הרב לקמן בסמוך, **והיינו** טעמא, דכיון דלא שהה שיעור מליחה, ועדיין אית ביה דם, שפיר אמרינן איידי דיפלוט דם דידיה יפלוט ג"כ דם דאחריני לכ"ע, (**דאף** רש"ל מודה דתוך שיעור מליחה שרי, דכל זמן שיש דם של עצמו פולט דאחריני אגב דם דידיה – פמ"ג, וכמו שיתבאר.

אם לא נכבש בתוכו יום שלם - כ"כ בהג' ש"ד ע"ש רבינו שמשון ב"א, ומביאה ב"י והרב בת"ח, **אבל**

תימה, דלקמן ר"ס ק"ה סתם כדברי המחבר והרא"ש, דאם הוא כבוש בציר כדי שיתננו על האור וירתיח ויתחיל להתבשל, הוה כמבושל, עכ"ל, **וי"ל** דלא קאמר התם דהוי כמבושל אלא לשאר מילי, ‹שמבליע ומפליט›, אבל לא לענין בשר דיהא כמבושל ממש, ולא יצא אח"כ ע"י מליחה, וכמ"ש הרב לשם אדברי המחבר, וע"ל סי' ע' מדין בשר שנפל לציר, ודוחק, **ועי"ל** דהכא ע"כ מיירי בכלי מנוקב, ‹ויש לציר מקום לזוב›, דאי באין לציר מקום לזוב, ס"ל להרב דלא מהני הדחה ומליחה שנית, כמ"ש בס"ק מ', וא"כ נראה דהכא הרא"ש מודה דלא הוי כבוש אלא ביום שלם, דהא הרא"ש קאי להדיא אכלי שאינו מנוקב, ולא אכלי מנוקב, ודוק, **מיהו** ודאי מהרש"ל פשיטא דסובר, דאם לא שהה שיעור מליחה ונפל לציר, אע"פ ששהה בתוכו כדי שירתיח כו', שרי, שהרי סובר דבשר ששהה שיעור מליחה ונפל לציר, אינו אסור אלא בשיעור שירתית, ‹דהיש אוסרים אם שהה שיעור מליחה ונפל לציר שהביא הרב, הוא דעת מהרש"ל, וסבר דאינו אסור אלא בשיעור שירתיח, ואם כן בלא שהה שיעור מליחה ונפל לציר, שמודה מהרש"ל להתיר, ע"כ אפילו בשיעור שירתיח מתיר – מחצה"ש›, **וצ"ע** לדינא - ס"ק ל"ו.

‹**עיין** בת"ח, וס"ל להש"ך ‹בתירוצו הראשון› דמה שכתב הת"ח לחלק בין היכא שיש להציר מקום לזוב, היינו דבאין מקום לזוב מיתסר מה שבתוך הציר מיד, דחיישינן שפירש ממקום למקום, ומ"מ לא הוי ממש ככלי שאינו מנוקב, לאסור גם מה שלמעלה מהציר, כיון דמונח ע"ג עצים, כמ"ש הש"ך בס"ק מ', **אבל** לענין כבוש כמבושל ס"ל להש"ך בתירוצו הראשון, דאין לחלק בכך, וא"כ מדמצריך כאן נכבש יום שלם, מוכח דאף דהוי כבוש, מ"מ המלח מפליטו, **וא"כ** היכא דליכא חשש פירש ממקום למקום, דהיינו בחתיכה תפילה קודם שנמלחה שנפלה לציר, אף בכלי שאינו מנוקב, ושהה כדי שיתן על האור וירתיח, מהני מליחה, **וע"ז** כתב הש"ך אח"כ, די"ל כיון דעכ"פ מוכח מדברי הת"ח, דמיירי הכא ביש לציר מקום לזוב, דהא מיירי הכא בנמלח ונפל תוך שיעור מליחה, ‹ומ"מ אינו נאסר מיד כל מה שבתוך הציר›, **א"כ** יש לחלק ג"כ לענין דין כבוש, ולומר דמש"ה בעינן יום שלם, דאין בזה דין כבישת ציר, כיון דהוא כלי מנוקב ויש לציר מקום לזוב, **אבל** באין מקום לזוב, י"ל אף בחתיכה תפילה, אף בשהה כדי שיתן על האור וירתיח אין לו תקנה במליחה, דהוי כבוש גמור, **ולפי"ז** אין ראיה דהרא"ש חולק, אף דהרא"ש גבי נמלחה בכלי שאינו מנוקב אוסר רק מה שבתוך הציר, ומדין כבוש, ואעפ"כ אוסר בכבישת ציר, דהיינו שהה כדי שירתיח, דשאני התם דאין לציר מקום לזוב, ודו"ק, **וכפי** הנראה ס"ל להש"ך לעיקר כתירוצו השני ולהחמיר, ונ"מ גם לקולא, באם חתיכה קודם הדחה הראשונה נפל לציר שאין לו מקום לזוב – אולי צ"ל: נפל לציר שיש לו מקום לזוב – דלתירוצא קמא דהוי כבוש, אלא דמ"מ יוצא במליחה, בזה כיון דהדם בעין נבלע, אין לו תקנה במליחה, אבל לתירוצו השני כהאי גוונא לא מקרי כבוש, ודו"ק – רעק"א›.

[**תמוה הוא לי, דאם נכבש יום שלם מאי אריא ציר, אפי' מים נמי הוה אסור, דכבוש הרי כמבושל, כדאי' בסי' ס"ט ס"ט, וזה מבואר שם בס"א, דשריית מעל"ע הוי כמבושל, ותו דבמקור דין זה לא כ"כ, אלא בת"ח זכר בשם הג"ה ש"ד דיום או לילה סגי, וכ' שם רמ"א וז"ל, וכן משמע באשיר"י, דאם לא נכבש כשיעור שירתיח אצל האור דלא נאסר רק כדי קליפה, עכ"ל, ובאו"ה כתב ג"כ דבפחות משיעור כבישה לא נאסר, ובת"ח פסק כאו"ה, דחתיכה שלא נמלחה ונפלה לציר ונשתהה שיעור כבישה, דאין לו תקנה אח"כ במליחה, דהוי כמבושל, נמצא לדעת רמ"א כל שנכבש שיעור כבישה אסור, הן בלא נמלח הן בנמלח, אלא שרש"ל חולק על רמ"א בלא נמלח, וז"ל, נהי דבלע מ"מ חוזר ופולט אגב דמו, אע"ג דאמרינן גבי ציר כבוש כמבושל, היינו שאוסר כולו ולא סגי בקליפה, והיינו דוקא אחר ששהה שיעור מליחה, אבל קודם ששהה שיש תקנה לחזור ולמולחו, אינו כמו מבושל גמור, ואינו דומה להיכא ששרוי במים מעל"ע, דאז אסור אפי' בלא ציר, דחשוב בישול גמור, ולא כמהר"ם בת"ח כו', עכ"ל, ואם נאמר דרמ"א כאן הדר ביה ממ"ש בת"ח, וס"ל דבעינן יום שלם תוך שיעור מליחה, וכדעת רש"ל, לא היה לו לתלות האיסור בציר, דאפי' נכבש במים מעל"ע אסור, וכמדומה שט"ס יש כאן הך "יום שלם", וצ"ל "אם לא נכבש בתוכו שיעור כבישה", אבל אם שהה שם שיעור כבישה, אסור, אע"ג דלא נכבש בתוכו יום שלם].** **עיין** בש"ך יישוב הדברים - נקה"כ.

(**עבה"ט** בשם ש"ך וט"ז, ועי' בתשובת נו"ב, שדעתו דאם הבשר נמלח ולא שהתה שיעור מליחה, יש לאסור כדברי הט"ז אפילו בהפ"מ לחלוטין, **אבל** אם לא נמלחה כלל, באין הפ"מ יש לאסור, **אבל** בהפ"מ או לכבוד שבת, יש להתיר לצלי, דבזה יש עוד סיוע מדברי המחבר בסימן ס"ט סט"ז, דאין כבוש אוסר לצלי).

[ופשוט הוא דכאן לא מיירי מכלי שאינו מנוקב, דאל"כ היה כאן איסור בלא ציר, מטעם שאינו מנוקב, והבשר לא שהה עדיין שיעור מליחה, כדלעיל סי' ס"ט סי"ח, **אלא** מיירי כאן בכלי מנוקב, כגון שמלח בגיגית של עצים, והציר יורד למטה ונפל מקצת בשר לציר, **ובספר** משאת בנימין לא הבין כן מדברי רמ"א, וחלק על רמ"א ולא נ"ל].

[ולענין אם שהה הבשר שיעור מליחה ונפל לציר, כתב בת"ח ואנו לא נהגינן כן כאו"ה דבעי שיעור כבישה, אלא נאסר מיד שנפל לציר או הציר עליו, דהוי כרותחת, ע"כ, וכן פסק רמ"א בסמוך, דמה שבתוך הציר נאסר מיד].

אך אם שהה שיעור מליחה ונפל לציר, יש אוסרין אותו אף על פי שלא כלה זמן פליטת צירו עדיין - זהו דעת מהרש"ל, ומביאו הרב בת"ח, ומוכח שם דאין חילוק בין לדעת הרב ובין לדעת מהרש"ל בין נפל לציר או נפל ציר עליו, ע"ש, **וצ"ל** דס"ל דציר גרע מנמלח בשר על גבי בשר שכבר נמלח, ולא אמרינן איידי דטריד למיפלט לא בלע ציר, וצ"ל דגם הרב מודה לזה, ‹**ולשיטתיה** אזיל הש"ך ומפרש, דכ"ע היש"ש והר"ב מודים בחתיכה אצל חתיכה במליחה, כל זמן שפולטת ציר אין בולעת, וא"צ הדחה ומליחה שנית, ובנפלה לציר, אף להר"ב לא שייך טרוד, ובהא פליגי, דליש"ש לא אמרינן כבולעו כך פולטו אגב ציר דידיה, ולהר"ב אמרינן, ועכ"פ אף להר"ב צריך מליחה שנית – פמ"ג, **אלא** שמהרש"ל סובר דאף הדחה ומליחה שנית לא מהני, דלא אמרינן בכל דוכתי אלא איידי דיפלוט דם דידיה יפלוט דם דאחריני, אבל איידי דיפלוט ציר דידיה יפלוט דם דאחריני, ‹או ציר דאחריני›, זה לא אמרינן, **והרב** ס"ל דלצורך הפסד גדול יש להתיר כל זמן פליטת צירו, ע"י שיחזור וימלחנו, דאיידי דיפלוט ציר דידיה יפלוט ג"כ דם דאחריני, **ולהכי** לא התיר הרב בלא מליחה שנית, משום דאע"ג דעדיין לא פלט כל צירו, לא אמרינן איידי דטריד למפלט ציר לא בלע ציר, **וצ"ע** בת"ח, מה שהביא בשם הרא"ש, ובסימני ת"ח, דמשמע שם להדיא דמתיר במקום צורך, משום טעם דאף לאחר שיעור מליחה כיון דעדיין פולטת ציר לא בלעה, ואם כן אמאי מצריך כאן בהגה"ה הדחה ומליחה שנית, **ואפשר** דאה"נ מדינא לא צריך הדחה ומליחה שנית במקום צורך גדול, אלא הרב חשש כאן להחמיר דדילמא דעת מהרש"ל עיקר, דבלע, ולכך יש להדיחו ולמלחו שנית לכתחלה, מיהו אם נתבשל בלא הדחה ומליחה שנית, דעת הרב דמותר במקום צורך גדול, ודו"ק, **מיהו** כל זה כשלא הודח אחר המליחה קודם שנפל לציר, אבל הודח, כבר נסתמים נקבי הפליטה ובולע, ולא מהני אח"כ הדחה ומליחה שנית אליבא דכ"ע, וכמ"ש הרב בת"ח, וכמ"ש בס"ק כ"ו - ס"ק ל"ז.

[ורש"ל האריך בדינים אלו פ' כ"ה, ומסקנתו דתיקון של חזרת מליחה אינו מועיל אלא אם לא שהה עדיין שיעור מליחה, שיש בו עדיין דם, אז אמרינן שע"י המלח יפליט דמו ויפליט ג"כ מה שבלע מהציר דנפל לתוכו, אבל אם שהה שיעור מליחה ולא נשאר בו אלא ציר, לא מהני חזרת מליחה אם נפל לציר, **והא** דנקטו הפוסקים אגב שיפליט ציר דידיה, ר"ל דם דידיה, וה"ה אם בשר שלא הודח ונמלח נפל לציר, ג"כ לא מהני חזרת מליחה אח"כ, כיון שיש דם בעין על הבשר שלא הודח, ונבלע בבשר בשעת מליחתו, אינו יוצא אח"כ, **ועיין** מה שכתבתי בסוף הסימן, באם לא הודח ולא נמלח שנפל לציר, **אבל** אם נפל בשר ששהה שיעור מליחה לבין חתיכות בשר שהם מונחים במליחה, אז יש היתר מצד כבולעו כך פולטו, דכמו שבולע מן החתיכות המלוחות כך פולט ע"י שפולט ג"כ ציר דידיה, **ואע"ג** דבנפל לציר לא מהני זה, התם ליכא כבולעו כך פולטו אגב ציר דידיה, דבנפל לציר ונשרה בו הוי כמבושל בו, וע"כ לא שייך בו כבולעו כך פולטו, **אלא** מ"מ אם לא שהה הבשר שיעור מליחה ונפל לציר ונשתהה שם שיעור כבישה, יש לו עדיין תקנה בחזרת מליחה, **ואע"ג** דאמרינן כבוש כמבושל, היינו אם נפל אחר ששהה שיעור מליחה ונשתהה שיעור כבישה, דאסור כולו ולא סגיא בקליפה, **אבל** לא בלא נשתהה שיעור מליחה, שתקנתו ע"י חזרת מליחה כיון שלא נשתהה בציר יום שלם, **והא** דאמרנו שאחר שיעור מליחה יש היתר לבשר שנתערב בין חתיכות מלוחות מכח כבולעו כך פולטו, היינו שיש בו עדיין ציר דידיה, אבל אם פלט כבר כל צירו, כגון ששהה יום שלם אחר המליחה, או שהודח תיכף אחר שיעור מליחה, ממילא נסתמו נקבי פליטת צירו, אז נאסר כשנפל בין חתיכות מלוחות, ואין לו שום תקנה, ע"כ, **ונראין** דבריו לפי משמעות הפוסקים, זולת במה שהתיר בשר שלא שהה שיעור מליחה, ונפל לציר ושהה שם שיעור כבישה, שיחזור וימלחנו, דמשמעות הפוסקים אינו כן,

מחבר רמ"א ש"ך ונקה"כ

אלא קימ"ל בסי' ק"ה דשיעור כבישה הוה כמבושל לכל דבר, ולא מהני ליה חזרת מליחה].

[ולענין הלכה יש לנו לפסוק, אם תוך שיעור מליחה נפל לציר, ולא נשתהה שיעור כבישה, יחזור וידיחנו וימלחנו, ואם נשתהה שיעור כבישה, אין לו תקנה כדעת רמ"א בת"ח, וכאו"ה הביאו רמ"א, ולא כדעת רש"ל שמיקל בזה, ומחלק בין כבוש כמבושל דציר בכדי שירתיח על האור, ובין שאר כבוש כמבושל במים בכדי מעל"ע, דלא משמע לחלק בכך, ולאחר ששהה שיעור מליחה, אפי' לא נשתהה אלא מעט בציר אסור, כדעת הת"ח וכמ"ש רמ"א בסמוך].

ומכל מקום לצורך הפסד גדול יש להתיר גם בזה כל זמן פליטת צירו, דהיינו תוך י"ב שעות - שאז אפילו שלא במקום הפסד מרובה אמרינן דפולט ציר, וכמו שכתב הרב לעיל בסמוך, ואם כן ממילא דבמקום הפסד מרובה סמכינן נמי דאיידי דיפלוט אחר כך ציר יפלוט דם, משא"כ לאחר י"ב שעות.

‹**משמע** דאחר פליטת כל צירו, אסור גם בהפסד מרובה כל החתיכה כמ"ש אח"כ, "מיהו מה שבתוך הציר נאסר מיד", **וקשה** הא הרמ"א כתב דבהפסד מרובה, אף בדבר שיש בו סרך שמנונית, אינו אוסר במליחה רק כדי קליפה – רעק"א›.

ע"י שיחזור וידיחנו ויחזור וימלחנו - ולא אמרינן שכיון ששהה שיעור מליחה קודם שנפל לציר, ועתה ידיחנו, יסתמו נקבי הפליטה וכדלעיל, **דשאני** הכא דהדחה זו אינו אלא להעביר הלכלוך של הציר, ולא אמרינן דכיון שהודח נסתמים נקבי הפליטה, אלא כשהדיחו קודם שנפל לציר, **ומכ"ש** שלפי מ"ש בס"ק מ"ב, דא"צ אלא לשפוך עליו מעט מים ודיו להעביר הלכלוך של הציר, פשיטא דלא נסתמי בזה נקבי הפליטה, דלא אמרינן דנסתמים כו' אלא כשהודח כדין בשר אחר מליחה, משא"כ בזה, **ובב"ח** כתב ששגגה היא זו לפני הרב, דאם ידיחו יסתמו נקבי הפליטה, ופשוט הוא שדעת הרב כמו שכתבתי, ואין כאן שגגה - ס"ק ל"ט.

[**אך** יש לתמוה, דהא עיקר ההיתר מכח ציר שלו שיש לו עדיין, ואם ידיחנו יסתום נקבי הציר, ומה תועיל אח"כ המליחה, וכן קשה על מ"ש האו"ה וז"ל, ואפי' אם יפול תוך שיעור מליחתו תוך הציר, או הושם בכלי שא"מ, ואפי' לאחר שיעור מליחתו, לא נהגינן בו איסור, אלא מותר הכל כשחוזר ומדיחו ומולחו, דאגב דפליט וכו', עכ"ל, הרי דגם הוא תלה ההיתר במה שידיח ויחזור וימלח ויפליט אגב הציר שבו, דל"א שנסתמו נקבי הפליטה, ונ"ל שבעל או"ה וכן הרמ"א כאן לא ס"ל הך סברא דהודחו נסתמו נקבי הפליטה, וכמו דס"ל לרבו של הרשב"א, וכ"מ דעת הטור כמ"ש שם, וכאן סתם הרמ"א כמו אותה דעה דהביא הטור, דיש מתיר גם בזה ע"י מליחה, וכפסק השו"ע, **ואע"ג** שכ' שם רמ"א דאף בדיעבד נוהגים לאוסרו, היינו אחר פליטת כל צירו, משא"כ כאן דתוך י"ב שעות הוא, **ובת"ח** כתב רמ"א ממש להיפך ממה שכתב כאן, דאם הודח לא מועיל אח"כ שום תיקון, אם נשתהה הבשר תחילה שיעור מליחה, הרי חומרא, ואם לא הודח לא נאסר כלל, ‹אפי' בלא מליחה שנית›, דאמרינן דאף שבולע מדבר האוסרו, מ"מ כבולעו כך פולטו אגב ציר שיש עדיין בתוכו, ‹ולש"ך בס"ק ל"ז, הת"ח ס"ל דאינו בולע מתחילה›, **וכאן** חזר בו וכתב דהדחה אינה סותמת כלל, וצריכין דוקא הדחה ומליחה שנית, **ועכ"פ** צ"ל דמיירי כאן שלא שהה הבשר שבציר שיעור כבישה, דאל"כ אין לו תקנה דהוה כמבושל, וכמ"ש סי' ק"ה]. **עי'** בש"ך ונתיישב על נכון -נקה"כ.

וכן אם נפל לציר קודם ששהה שיעור מליחה, ידיחנו ויחזור וימלחנו - דוקא שנפל לציר שיש לה מקום לזוב, פי' שהיא בכלי מנוקב, **אבל** אין לה מקום לזוב, אף קודם שיעור מליחה אסור, ולא מהני מליחה אח"כ, כ"פ בת"ח - **ומינה** דאם שהה שיעור מליחה, אפילו נפל לציר בכלי מנוקב לא מהני הדחה ומליחה ‹בלא הפסד גדול› - **וכתוב** בת"ח בשם או"ה, דאף באין לציר מקום לזוב, מה שחוץ לציר מותר, **ונ"ל** דלא מיירי מטעם כלי שאינו מנוקב, דא"כ לא תלי בציר, **ועוד** דא"כ גם הרב מודה דמה שחוץ לציר נמי אסור, וכמ"ש בסי' ס"ט ס"ק ע"ה, **אלא** מיירי כמ"ש האו"ה ותוס' פג"ה והפוסקים, כגון המולח בשר הרבה בגיגית ע"ג עצים, ולאח"כ מצא חתיכה חציה תוך הציר ואינה נוגעת בשולי הגיגית, מותר מה שחוץ לציר, **מטעם** דל"ד לכלי שאינו מנוקב כיון דמונחת ע"ג עצים, ואינה נוגעת בשולי הגיגית, וכמ"ש שם חילוק זה ע"ש, אלא דכיון דנשרה בציר שאין לה מקום לזוב, אסור מה שבציר, ודוק, ‹**מיד**, דחיישינן שפירש ממקום למקום, ומ"מ לא הוי ממש ככלי שאינו מנוקב, לאסור גם מה שלמעלה מהציר, כיון דמונח ע"ג עצים –

[ט"ז] ‹רעק"א או ש"א או הוספת הסבר› (פת"ש)

דעק"א לעיל, **ולהב"ח** דעת אחרת בדינים אלו, והנלפע"ד כתבתי - ס"ק מ'.

אף מהרש"ל מודה בזה, דכיון שלא שהה שיעור מליחה, אמרינן איידי דיפלוט דם דידיה יפלוט דם דאחריני, ואפי' הודח קודם שנפל לציר, לא אמרינן דנסתמין נקבי הפליטה, כיון שהודח קודם שיעור מליחה, וזה פשוט.

מיהו אם מלחו בלא הדחה לאחר שנפל לציר, שרי בדיעבד - ולא אמרינן דהוי כבשר שנמלח בלא הדחה קמייתא, כמו בר"ס ס"ט, **דהתם** דוקא בדם שבעין אמרינן הכי, משא"כ ציר זה דלא גרע משאר דם פליטה.

ומהרש"ל כתב, דאין צריך לחזור ולהדיחו אפי' לכתחלה, ואפילו הרוצה להחמיר ישפוך עליו מים ודיו, כיון שהודח הדחה קמייתא, עכ"ד, **ונראה** דגם הרב מודה בזה, דאין צריך אלא לשפוך עליו מים ודיו, ולכך לא פירש שיעור ההדחה - ס"ק מ"ב.

וכל זה לא מיירי אלא בציר שהוא כרותח, כמבואר לעיל סימן ס"ט, אבל דם בעין שנפל על בשר שהוא תוך שיעור מליחתו, והוא חשוב כרותח כמבואר לקמן סימן ל"א - היינו דוקא בהפסד מרובה וסעודת מצוה גם כן, דאל"כ אפילו לאחר שיעור מליחתו חשוב כרותח, כדלקמן סימן צ"א ס"ה, **נאסר הבשר, דלגבי דם בעין לא אמרינן איידי דטריד לפלוט לא בלע, ולא כבולעו כך פולטו.**

והא דאסרינן אותו כשנפל לציר, היינו דוקא מה שבתוך הציר, אבל מה שלמעלה מן הציר, שרי - דדם אינו מפעפע למעלה, ואפילו אותו מקצת שבציר שמן, מותר כדלעיל סימן ס"ט סי"ח, והכי איתא בת"ח, **מיהו** חותך גם כן כדי קליפה ממה שבחוץ לציר, וכדאיתא בסימן ס"ט, ובת"ח, ועיין בסימן ס"ט ס"ק ע"ג.

(**עבה"ט** שכתב, דאנן לא קי"ל כן, אלא הכל אסור, **ובמח"ב** שגה בזה, והבין דמ"ש הש"ך סוף ס"ק מ"ו, אבל לדידן דקיי"ל כל מליחה בס' פשיטא דנאסר מיד הכל, ר"ל אפילו מה שלמעלה מהציר, **ובאמת** הש"ך לא דייק בתיבת הכל, אלא לומר דלא כ"ק לחוד נאסר, רק הכל מה שבתוך הציר, **אבל** מה שלמעלה מהציר בודאי מותר, ואפילו זה שבתוך הציר שמן, אינו אוסר שלמעלה מהציר רק כ"ק, כמבואר בש"ך ס"ק הקודם ובבמה דוכתי, **שוב** מצאתי בתשו' פרי תבואה בהגה, שהשיג עליו בזה).

מיהו מה שבתוך הציר נאסר מיד, ואין שיעור לדבר - בת"ח כתב הרב, דמשמע דעת הרא"ש, דאם נפל לציר ולא נכבש בה כשיעור אם נתנו על האור כדי שירתיח, אינו נאסר רק כדי קליפה, ואנן לא נהגינן כן, אלא נאסר מיד שנפל בציר או הציר עליו, דהוה כרותח, עכ"ל, **ומהרש"ל** חלק על הרב, וכתב שלא ירד לעומקו, דאע"פ שאנו נוהגים לאסור מיד בשר שנמלח בכלי שאינו מנוקב, היינו משום דמחלקינן בין כשא"מ לבשר שנפל לציר - כלומר דבכשא"מ נאסר מטעם דהוי פירש ממקום למקום, וכמ"ש בסימן ס"ט ס"ק ס"ח - אבל הרא"ש מדמי ליה לבשר שנפל לציר, וכתב שיעור זה מי יימר דפליגי עליה תוס', עכ"ד, וסמך עצמו אדברי הרא"ש אלו להתיר, **ואני** שמעתי ולא אבין, דנ"ל דגם הרא"ש מודה, דאי הוה שיעור מליחה בס', דהוה אסור מיד, דציר זה רותח הוא, ולכך נהגינן לאסור מיד, **ומ"ש** הרא"ש גבי בשר שנמלח בכלי שאינו מנוקב, וז"ל, לפי שהאיסור הוא מחמת שנכבש בציר, ואמרינן כבוש הרי הוא כמבושל, הלכך אני אומר שהכבוש בציר ונוטלו מיד א"א שיאסר לאלתר כו', ושיעור כבישה הוה כאלו נתנו על האור כדי שירתיח ויתחיל לבשל, אם נכבש בתוך הציר כשיעור הזה נאסר כל מה שבתוך הציר, ובפחות משיעור זה לא נאסר אלא כדי קליפה כדין מליח, הרי הוא כרותח, עכ"ל, **היינו** משום דרוצה ליתן טעם למה אסור כל מה שמונח בציר, ולא סגי ליה בקליפה, וכדס"ל להרא"ש בעלמא דמליחה אינה אוסרת רק כדי קליפה, והוצרך לומר שהאיסור הוא מכח כבוש, ולא מכח מליח כרותח, ובפחות משיעור זה לא מקרי כבוש, **אבל** ודאי ברור דמודה הרא"ש דנאסר מיד מכח מליח כרותח, וכדמסיים, ובפחות משיעור זה לא נאסר אלא כדי קליפה, כדין מליח ה"ה כרותח, **וא"כ** נהי דהרא"ש לא אסר אלא כדי קליפה, היינו דס"ל בעלמא דכל מליחה אינה אוסרת רק כדי קליפה, אבל לדידן דקי"ל כל מליחה בששים, פשיטא דנאסר מיד הכל, **וא"כ** מוכח אדרבה מהרא"ש, דלדידן נאסר כולו מיד, וכן דעת האו"ה בכמה דוכתי, והכי נהגינן ואין לשנות - ס"ק מ"ו.

בשר שנפל לתוך ציר שעל הקרקע, דינה כאילו היתה הציר בכלי - ז"ל הת"ח, כתוב באו"ה דראוי

להסתפק אם קרקע מקרי כלי מנוקב, ומאחר שנסתפק ראוי להחמיר, עכ"ל, **ונראה** דמ"מ א"צ רק כדי קליפה במקום שנוגע בקרקע לציר, ‹שאורחא דמלתא שאין שם ציר רק דבר מועט, ואה"נ אם היה מונח הרבה בציר דאסור כולו – עצי לבונה›, אבל מה שלמעלה ממנו שרי, דלא גרע מחתיכה שחציה בציר וחציה חוץ לציר, ע"כ, **ונראה** דמיירי שנפל על הקרקע בשר שלא שהה עדיין שיעור מליחה, דמסתפק אם מקרי כלי מנוקב ‹ויש מקום לזוב›, והוה כנפל לציר דעלמא, דמהני מליחה אח"כ דאיידי דיפלוט כו', או מקרי כלי שאינו מנוקב, ולא מהני מליחה אח"כ, ואפ"ה התיר מה שלמעלה מן הציר, וכמ"ש בשמו בס"ק מ' ע"ש, **אבל** אין לפרש דמיירי שנפל שם בשר שכבר פלט כל דמו, דזה אסור אפילו בכלי מנוקב, וכמו שנתבאר, **ואע"ג** דבלשון הגהת ש"ד שהביא בת"ח, נסתפק אי נימא דהוי ככלי מנוקב ואגב דאזלא לא בלע כו', ומשמע לפ"ז דאפי' בכה"ג אפשר דשרי מטעם דלא בלע, הא נתבאר דאפי' בכלי מנוקב בלע מיהת, ***מיהו** פשיטא דלא איירי בבשר שלא נמלח כלל, דזה שרי אפילו בכלי שאינו מנוקב ע"י מליחה אח"כ, דאין כח בציר לפרוש ממקום למקום כמ"ש האו"ה, ודוקא מלח בכלי שאינו מנוקב הוא דאסור, **מיהו** אף למ"ש לעיל, דאף מה שבחוץ לציר אסור אפילו להרב, אם נפל תוך שיעור מליחה לציר בכלי שאינו מנוקב ממש, מ"מ הכא גבי קרקע שרי מה שחוץ לציר, כיון דמספקא לן אי הוי ככלי מנוקב או לא, דהתם גופא חומרא בעלמא היא לאסור מה שחוץ לציר, **ודמי** למ"ש בסי' ס"ט ס"ק ס"ט, דבספק אם נפלה קודם ששהה שיעור מליחה בכלי שאינו מנוקב, או לאחר שיעור מליחה, דשרי מה שחוץ לציר מה"ט ע"ש - ס"ק מ"ז.

***ולפמ"ש** הש"ך ס"ק ל"ו בתירוצו השני, יש נ"מ גם בלא נמלח כלל, לענין אם שהה כדי שירתיח, דבכלי מנוקב ‹ויש מקום לזוב›, לא הוי כבוש, ובכלי שאינו מנוקב הוי כבוש, ואין לו תקנה במליחה – רעק"א›.

בשר שנגע בחתיכה שנמלחה בכלי שאינו מנוקב ונאסרה, דינה כאילו נגעה בציר - כלומר ומהני לה מליחה אח"כ איידי כו', וכן משמע בת"ח, וכ"ד מהרש"ל, דחתיכה תפלה דהיינו שלא נמלחה, שנתערבה בחתיכות מלוחות בכלי שאינו מנוקב, ובלעה דם, דמותרת על ידי מליחה, **דאינו** נאסר אלא דוקא כשמלחה חתיכה בכלי שאינו מנוקב, משום דהמקום הוא דחוק, וע"י מליחה פירש ממקום למקום, וכמ"ש סי' ס"ט ס"ק ס"ח, משא"כ הכא, וכ"כ בס' באר שבע, **דלא** כדמשמע מדברי מהר"י כהן מקראקא בתשו', דחתיכות תפלות שלא נמלחו, שקבלו דם מחתיכות שנמלחו בכלי שאינו מנוקב, דאסור ולא מהני מליחה אחר כך, כי דבריו באותה תשובה אינם עולים יפה, ובספרי בררתי כל זה ע"ש, ועיין בהגהת הרב שבסוף סעיף י"ח בסי' ס"ט - ס"ק מ"ח.

ספק ציר ספק מים, מותר, דציר דרבנן וספיקא להקל - פירוש דדם שמלחו אינו אלא מדרבנן, והכי איתא במרדכי, **ואע"ג** דבנפל לציר שבקרקע לעיל אזיל מספיקא לחומרא, **יש** לומר דשאני התם שאם אתה מיקל בזה, יבאו להקל אם נפל ע"ג קרקע לדם ממש, וכן יש לומר בשאר ספיקות, **מה** שאין כן הכא דאיכא לספוקי שמא אין כאן ציר, ועיין במשמרת הבית שמחלק כהאי גוונא גבי דם שבשלו עיין שם - ס"ק מ"ט.

‹**ולענ"ד** י"ל, בציר שבקרקע דליכא נ"מ אלא בנפל תוכו תוך שיעור מליחה, וכמ"ש הש"ך ס"ק מ"ז, וכן לפמש"כ שם בגליון, דנ"מ ג"כ בחתיכה תפילה ושהה כדי שירתיח, דכיון דעדיין לא יצא החתיכה מידי דמה, הוי כמו איתחזק איסורא, ואמרי' שמא קרקע הוי כלי שא"מ ולא מהני המליחה, **משא"כ** בספק ציר ספק מים, דהנ"מ בנפל תוכה חתיכה שפלט כל דמה, דהוי חזקת היתר, **ובאמת** י"ל בחתיכה תפילה שלא נמלח ונפל לתוך מקום ספק ציר ספק מים, ושהה כדי שירתיח, וכן בנפל לתוכו תוך שיעור מליחה, אסור מה שבתוך הציר, ודו"ק – רעק"א›.

ציר מעורב עם מים, אפילו היו המים מועטים - פירוש שאין במים ס' נגד הציר, אבל עכ"פ בעינן שיהיו מרובין מהציר, כן משמע להדיא בהג"א ושאר פוסקים, וכן הוא בהדיא באו"ה, **לא חשיבי עוד רותח ואינה אוסרת.**

‹**ועי'** במג"א שכתב, דמלשון רמ"א משמע אפילו אין המים מרובים ‹מהציר›, ‹ונ"ל דהכל לפי ראות עיני הדיין, עכ"ל – רעק"א›, **ועיין** בתשובת פרי תבואה בהג"ה, שכתב עליו דלא עיין לקמן סי' קכ"ב ס"ג בדברי הרמ"א, ע"ש›.

‹**עי'** בת"ח, בדין בשר שנמלח, ונפל למים שנתאדמו מפני שהדיחו בהם בשר, ואין ס' במים נגד הדם, יש אוסרין,

[ט"ז] ‹רעק"א או ש"א או הוספת הסבר› (פת"ש)

ואין נוהגין כן, אלא מותר בדיעבד, ותלה הטעם לפי שהמים מבטלים כח הציר, **ועיין** בתשובת נו"ב שפקפק ע"ז, דשאני ציר המתערב עם המים תיכף ובטל כחו, אבל הבשר אינו מתערב עם המים ואינו מצטנן, וראיה מסימן צ"א ס"ה בהגה ב', דלא אמרינן שדבר הצלול מצנן המליח, **והאריך** בזה ומחלק בין בב"ח לענין דם, והעלה לדינא ג"כ דיש להקל, בין אם הוא תוך שיעור מליחתו, ע"י מליחה שנית, **ובין** אחר שיעור מליחתו, ג"כ יש להתיר, ומי שלבו נוקפו בזה עכ"פ יתיר ע"י מליחה שנית, **ואף** שכאן י"ל נסתמו נקבי הפליטה, מכל מקום הרי הצ"צ - הבאתיו לעיל - חולק על דין זה, שעל ידי הדחה נסתמו נקבי הפליטה, וראוי לסמוך עליו בנדון זה, **רק** יזהר שימלחנו בפני עצמו ולא עם שאר בשר, ע"ש).

(דין כבוש עיין לקמן סימן ק"ה).

§ סימן עא – דין מליחת הראש והטלפים והמוח §

סעיף א - הראש, חותכו לשנים ומולחו יפה לצד פנים - אין לפרש הטעם, משום דלכתחלה צריך למלוח מב' צדדין, וכדלעיל סי' ס"ט ס"ד, דאם כן אמאי שרי כאן בס"ג ע"י נקיבת העצם והקרום, אלא ודאי כיון שמולח מבחוץ מכל צדדין סגי, דלא יהא אלא חתיכה אחת עבה, **וה"ק** הראש חותכו לשנים כו', כלומר מי שרוצה לעשות מצוה מן המובחר, למלוח הראש והמוח, חותך הראש לשנים ומולחו יפה לצד פנים משום המוח כו', **ובס"ג** מבואר, דמי שרוצה למלוח הראש והמוח בתוכו, ינקוב העצם והקרום. **ויראה** דמש"ה איכא מצוה מן המובחר, דשמא יתהפך הנקב לצדדין, כמ"ש היש"ש דגם במליחה דרך להתהפך, דלא כמ"ש הד"מ כאן, ומש"ה מצוה איכא ולא מדינא – פמ"ג.

וחוזר ומולח על השיער - היינו משום דלכתחלה צריך למלוח מב' צדדין, וכדלעיל סי' ס"ט ע"ש, **שאין השיער מעכב על ידי המלח להפליט דם.**

[**פירוש דיש מחמירים ואומרים, שהשיער מעכב את הדם שבבשר הראש שלא יצא ע"י מליחה, ולפיכך מולחין אותו תחילה על השיער, שיפליט מעט, ואח"כ מניחין אותו על האש ומסירין השיער, וחוזרין ומולחין את הראש, וכתב הרשב"א על זה, דלפי סברתם שהמליחה הראשונה לא נכנסה רק מעט, למה היא באה, אלא ודאי אין השיער מעכב כלל, והוי הראש כמו שאר בשר, והרוצה להחמיר בראש, יחתכנו לשנים וימלחנו לצד פנים וגם על השיער, ובתורת הבית הארוך לא זכר שיחתוך לשנים את הראש, רק בקצר כתבו, וגם כן שלא מן הדין, רק בלשון: אם רוצה חותך הראש לשנים כו', ואע"פ שהטור והשו"ע לא כתבו: אם רוצה כו', אלא כתבו דרך פסק, מ"מ הוא למצוה מן המובחר, מאחר שכתב ב"י הטעם שצריך לחתוך הראש לשנים, משום המוח שבפנים, ע"כ, ובאמת גם ניקב העצם לחוד מהני, וכמ"ש אח"כ כאן, וע"כ מתורץ לשון "ואם רוצה" שכתב הרשב"א].**

(**עט"ז** וש"ך דזהו למצוה מן המובחר, **ועי'** בתשובת בית יעקב שכתב, דנ"ל דמצד הדין צריך לחתוך הראש לשנים, ואם לא חתכו ומלחו, אסור, אף שהרשב"א כתב הטעם משום המוח, ומדמה לה לחתיכה עבה, **מ"מ** נראה דאיכא טעמא אחרינא במילתא, דיש מקומות בראש שהוא חלול בפנים כו', לכן לא דמי לחתיכה עבה, ולא גרע מן הריאה שצריך לפתוח הקנוקנות שבה כו', הלכך בנ"ד יש לאסור אפילו בדיעבד, כדין בשר שנמלח רק מצד אחד, עכ"ד, **ולע"ד** לא נהירא, כי מ"ש הבי"ע "לכן לא דמי לחתיכה עבה", ליתא, דהרי בסימן ע"ב בלב, קורעו לאחר מליחה אף שהוא חלול בפנים, **ומ"ש** הבי"ע "דלא גרע מהריאה", תמיהני דאדרבה משם מוכח איפכא, דהרי בסי' ע"ב סעיף ד' מבואר, דמדינא א"צ לפתוח הקנוקנות, אלא ממנהגא, ע"ש, **והגם** שמדברי הט"ז לעיל סימן ס"ט ס"ק י"ג, משמע דיש ליזהר מדינא, כבר השיג עליו במנ"י שם, ועפמ"ג שם).

סעיף ב - הטלפים, מחתך אותם מעט למטה, ומולח - משום דאל"כ הוי כמולח בכלי שאינו מנוקב, לפי שהטלפים מעכבים הדם מלצאת, ואף שנמלחו אין הדם יוצא דרך הטלפים, משא"כ בשאר עצמות שמליחתן מועיל למוח שבתוכן, וכמ"ש הרב ס"ג, לפי שהדם נפלט דרך העצמות ע"י מליחה, וזה פשוט, וכן מוכח להדיא ברשב"א וטור, **והעט"ז** כתב וז"ל, שאני שאר עצמות מטלפים, דשאר עצמות המוח שבתוכן ממלא את כל החלל, ואין שם מקום שיתכנס שם הדם

הלכות מליחה
סימן עא – דין מליחת הראש והטלפים והמוח

וישאר שם, אבל הטלפים הם חלולים מבפנים, ואין הבשר דבוק בכולן, ואם לא יפתח אותם יש לחוש שמא יתכנס דם הפליטה בפנים למקום אחד, והוי כמולח בכלי שאינו מנוקב, עכ"ל, **ולא** נהירא, דהא אדרבה המולח בכלי שאינו מנוקב, אסור מטעם שהבשר המונח בו הוא מונח במקום דחוק, ועי"כ אינו פולט יפה, וחיישינן שמא פירש ממקום למקום, וכמ"ש בסי' ס"ט, אלא הטעם פשוט כדפי'.

[**כתב** רש"ל, מאחר שמנקבין הטלפים, דהיינו המנעל, למה צריכה להיות המליחה קודם החריכה, אדרבה עדיף טפי אח"כ, והיו"ד לא קאמר וכן הדין בטלפים כו', אלא שמהני מליחה קודם החירוך, לאפוקי מן המחמירין, **אבל** מצוה מן המובחר למלוח אח"כ, כיון שנוקב המנעלים תחילה, אע"פ שאין המנהג כן, ע"כ].

ויניח מקום החתך למטה, וימלח גם על השיער. (ועיין לעיל סימן ס"ח) - כלומר דשם בס"ח נתבאר, דאם לא חתך אותם מעט למטה, נהגינן לאסור אף דיעבד מה שבתוך הקליפה, וע"ש.

סעיף ג - הקרום שעל המוח, יש בו חוטין, והמוח עצמו יש בו דם, ואינו יוצא מידי דמו במליחת הראש, לפי שעצם הראש מקיפו ועומד לפניו ואין מקום לדם לזוב, לפיכך הבא למולחו, קורעו ומוציא המוח, וקורע הקרום ומולחו.

ואם רצה למלוח הראש והמוח בתוכו, ינקוב העצם כנגד הקרום, וינקוב גם הקרום, וימלח, ויניח הנקב למטה, ומותר אפילו לקדירה - כלומר ולא מהני אלא בכה"ג, אבל לא כשמניחו על בית השחיטה או אנחירין ודץ ביה מידי, כדמהני בצלי לעיל ר"ס ס"ח, וכן משמע להדיא בת"ה ובטור ובהרב המגיד.

הגה: ועיין לעיל סימן ס"ח כילד נוהגין לכתחלה - כלומר דשם בסעיף ד' בהג"ה נתבאר, דלכתחלה נוהגין ליטול המוח קודם המליחה מתוך הגולגולת, ולחתוך הגולגולת שתי וערב, שאז מתחתך הקרום היטב.

ואם נמלח הראש שלם בלא נקיבת העצם, הקרום והמוח אסורים - דהוה כנמלחו בכלי שאינו מנוקב, **וכתב** בת"ח, דאף בעוף הדין כן, וע"ש.

ושאר הראש מותר, וכל שכן שאר בשר שעמו - לפי שעצם הגולגולת מפסיק בין דם שבתוכו לבשר, ואפילו אם קצת מן הדם נפלט ונכנס לתוך הבשר, כבולעו כך פולטו, כן כתב הרשב"א בת"ה הארוך, והרא"ש ואו"ה, **ונ"ל** שטעם הראשון עיקר, ולרווחא דמלתא כתבו הטעם השני, וגם הר"ן לא כתב אלא טעם הראשון, **ולפי** זה אפילו *שאר בשר שעמו נמלח ופלט כבר כל דמו וצירו, בענין דלא שייך ביה כבולעו כך פולטו, וכדלעיל ס"ס ע', אפ"ה מותר, אם הוסר הבשר מעל הראש שבחוץ על הגולגולת, ‹דאל"ה אסור הבשר, שקיבל דם מבשר הראש – פמ"ג›, **ויתר** דיני מליחה וצליה ובישול הראש והמוח, נתבארו בסי' ס"ח, ע"ש.

*‹**לא** ידעתו אמאי לא נקט הנ"מ בבשר שבראש, אם אחר שמלחו והודח חזר ומלחן, אם נאסר הבשר מהקרום, דלטעם כבולעו כך פולטו אסור, דמה שנפלוט עתה אסור כיון דליכא דם של עצמו – רעק"א›.

‹**עיין** ש"ך שכתב, דאפילו שאר בשר שנמלח עמו כבר פלט כל דמו וצירו, אפילו הכי מותר, **ותמוהין** דבריו מאד, דהא הרשב"א עצמו הביאו הש"ך ס"ק י', מחלק בין מוח שבראש למוח שבעצמות, משום דשורייקי סומקי דדמא שבקרום המוח הוי כדם כנוס בתוכו, אבל דם איברים במעט מליחה נפלט ומתמצה, ולפי זה נראה דשאר בשר שפלט דמו וצירו נאסר מהמוח שבגלגולת, דנהי דדם הכנוס שבשורייקי דדמא אין יכול לצאת דרך הגולגולת, מכל מקום שאר הדם שבגוף המוח והקרום ודאי מתמצה דרך עצם הגולגולת כמו דם המוח של שאר עצמות, שאין חילוק ביניהם. **והרא"ש** והרשב"א לא כתבו זה רק לתרץ דלא תקשה שיאסר הראש משום הדם שבשורייקי דהוי דם בעין, ועל זה מתרצין דהקרום והגולגולת מפסיק, ושוב לא הוי רק כדם פליטה דאמרינן ביה כבולעו כך פולטו, כמו שכתב הש"ך בסימן כ"ב ס"ק ו' וס"ק ח' גבי ורידין, אבל שלא להיות נחשב אפילו כדם פליטה, אין עולה על הדעת כלל. **ולפענ"ד** נראה דאין לסמוך על הש"ך בזה, דמסברא נראה דלענין לאסור שאר בשר אוסר, כמו שאר עצמות שיש בהן מוח שאוסרין שאר בשר בודאי, כן נראה לי – חוו"ד›.

‹**ויש** לספק בעצם קוליות ושאר עצמות שיש בהן מוח, והם שלימים מכל צד, ונמלחו עם בשר שפלט צירו, אי שרי, או דיש לחלק בין גולגולת דמפסיק לשאר עצמות, וצ"ע – פמ"ג›.

[אין שייך לומר כאן דאסור בדיעבד, מאחר שלא נמלח בפנים, וכההיא דסי' ס"ט ס"ד, בלא נמלח רק מצד אחד, דכאן שהראש שלם, הוה כמו חתיכה עבה, אלא דאם קרעו לשנים, אז דינו כדלעיל לענין נמלח מצד אחד, וכמו שכתבתי שם].

הקולית ושאר עצמות שיש בהן מוח, צריכין מליחה - פירוש ואם נתבשל בלא מליחה, המוח אסור, משום דמחזקינן דם במוח, **ומה"ט** אם נמלח בדיעבד עם שאר בשר שרי, ‹דיש לו דם, ודוקא בדיעבד, דחוששין שמא אין בו דם - פמ"ג, **ומ"מ** נראה דאם יש ס' בקדרה נגד המוח שבעצמות, אף המוח עצמו מותר, ‹דאין הרבה דם בתוכו, ולא גרע משומן – פמ"ג, ועיין בסי' ע"ה ס"ק ח'.

ומליחת העצם מועיל למוח שבקרבו, וא"צ לנקוב העצם - ול"ד למוח שבראש, דהתם שורייקי דדמא שבקרום המוח הוא כדם כנוס בתוכו, ‹דקרום יש בו דם הרבה, וע"י כך מתבשל המוח בדמו, או דמוח שבראש יש בו יותר דם ממוח שבקוליות - פמ"ג, אבל דם שבאיברים במעט מליחה נפלט ומתמצה, עכ"ל הרשב"א.

מיהו לכתחלה לא ימלחנו עם שאר בשר, רק לבד, ובדיעבד שרי.

אבל בבשר שלהם, נוהגים בכל יום למלוח אפילו לכתחלה, ושפיר דמי, וכ"כ בת"ח.

§ סימן עב – דין מליחת הלב והריאה §

סעיף א - הלב, מתקבץ הדם בתוכו בשעת שחיטה. לפיכך צריך לקרעו קודם מליחה ולהוציא דמו, ולמלחו אחר כך. ואז מותר אפילו לבשלו - ק"ק דמאי קמ"ל, הא גם המחבר כתב: ואח"כ מבשלין, ונראה דה"ק, ואז הוי כשאר בשר ומותר לבשלו, אפי' עם בשר, כדכתב בד"מ.

(ויש מחמירים לבשלו) - פי' אפילו ע"י קריעה ומליחה מחמירין לבשלו, גזרה שמא יבשלוהו בלא קריעה, **(רק צולין אותו)** - ע"י קריעה ומליחה קצת, כשאר בשר לקמן סי' ע"ו.

[**וכתב** ע"ז בד"מ, ואני שמעתי מרבים שמקילין, ונוהגין לבשלו אחר המליחה, ע"כ, וכ"כ רש"ל להקל בזו, שאין גזירה זו בתלמוד ולא בגאונים]. **וכתוב** בת"ח, ואין לשנות במקום שנהגו להחמיר, מיהו בדיעבד אם בשלוהו אחר קריעה ומליחה, פשיטא דשרי אף להיש מחמירין.

ואחר כך מבשלו.

וכתב בתשב"ץ, ואיני אוכל לב עוף, אע"פ שהספר אינו מזכיר רק לב בהמה שקשה לשכחה, מ"מ כמו כן מונע אני מלב עוף, עכ"ל, וכן ראיתי נזהרין בזה.

סעיף ב - מלחו ולא קרעו, קורעו אחר מליחתו ומותר, אף על פי שנמלח עם הדם שבתוכו, דכבולעו כך פולטו, והוא הדין אם צלאו ולא קרעו, שקורעו לאחר צלייתו ומותר - ואע"ג דלגבי דם בעין לא אמרינן כבכ"פ, וכדלעיל ר"ס ס"ט וס"ס ע', שאני גבי לב דשיע, פי' חלק, ולענין זה מהני עכ"פ שיעתו, דלא בולע הרבה רק מעט, ולגבי דידיה מיחשב דם פליטה, כ"כ בת"ח, **והוצרך** לטעם זה לסברת היש מחמירין שכתב בהג"ה, לאסור בשר שנמלח עמו, ע"ש, **ומהרא"י** כתב בשם הגהת שערי דורא הטעם, דכיון שהוא כנוס תוך חללו, א"כ ע"י מליחה וצלייה מתייבש הדם תוך חללו, וחשיב תו דם פליטה, [ולפי"ז צ"ל דגם **במליחה מתיבש, ודוחק קצת, עכ"ל**], ולפ"ז פשיטא דשאר בשר שנמלח עמו שרי.

‹**אבל** אין למלוח אפילו בפ"ע ולסמוך אקריעה שלאחר מליחה, דדיעבד אמרינן דהוה דם פליטה ולא לכתחלה, ועוד שמא ישכח ויבשלנו כך – פמ"ג.

מיהו הרשב"א והר"ן כתבו בשם הרמב"ן, דלצלי בלא"ה שרי, דבצלי אמרינן דשיע ואינו בולע כלום, ונראה שם שכן דעת הר"ן, וה"נ במליחה אמרינן דשיע, ובספרי כתבתי שהיא השטה המחוורת בש"ס, וכן הסכים מהרש"ל, **ונ"ל** דנ"מ אם אחר שנמלח הלב נפל לציר, דשרי מטעם דשיע ולא בלע, אע"ג דאסור בשאר בשר, וכדלעיל ס"ס ע'.

‹**בלא"ה** נ"מ, אם אחר שנמלח הלב ושהה כדי שיפלוט דמו וצירו, או בהודח לאחר ששהה במלחו שיעור מליחה, להסוברים דהודח נסתמו נקבי הפליטה, חזור ומלח הלב, דלטעמים הראשונים דדם הלב כדם פליטה, אסור, כיון דאין

לבשר הלב דם של עצמו, לומר איידי דפליט, ולטעם דשיע לא בלע, מותר – רעק"א›.

אבל אם בשלו בלי קריעה, אסור - דע"י בישול בולע, ולא אמרינן דשיע, ולא שייך למימר כבכ"פ בקדרה, דהא כל מה שנפלה ממנו הוא בקדרה, [**ודלא** כרמב"ם דפסק להתיר, מכח התירוץ בגמר': שאני לב דשיע ולא בלע].

עד שיהא ס' כנגד הלב, דלא ידעינן כמה נפק מיניה - לכאורה משמע מדברי הט"ו, דאפי' נמלח תחלה דיצא כבר כל הדם שבבשר הלב, דמה"ט קורעו לאחר מליחתו ומותר, אפ"ה בעינן ס' נגד הלב, ולא סגי כנגד דם שהיה בחללו, דאף זה אין אנו יכולין לעמוד עליו ולשערו, **שהרי** כתבו, אבל אם בישלו בלא קריעה כו', דמשמע דנמלח מיהא, אלא דנתבשל בלא קריעה, **ועוד** דאי לא נמלח, תיפוק ליה דאפי' נקרע צריך ס' נגד כל הלב, וכן מוכח מדברי הרשב"א בת"ה להדיא, ע"ש, וגם דברי שאר פוסקים לכאורה נראין כן, **וכן** נראה מדברי מהרא"י, שכתב בהגהת ש"ד, על מ"ש הש"ד הלב אסור שנתבשל בדם חללו, והעוף מותר שיש ס' כנגד דם הלב, וז"ל, הא דלא קאמר ס' נגד הלב, דהיאך ידעינן כמה דמא נפיק מיניה, פי' בתשובת מיימונ"י, משום דדם הלב כנוס במקום אחד, ונוכל לשער, ודם שבבשר הלב יראה כיון דלקדרה איירי, ע"כ נמלח תחלה, עכ"ל, **וא"כ** הט"ו וסייעתו דמיירי נמי לקדרה, ע"כ נמלח תחלה, כן היה נראה לכאורה, **אבל** מהרש"ל כתב, דמוכרחים אנו ליישב שהטור מיירי קודם מליחה, עכ"ל, [**ודבריו נראין עיקר בפירוש דברי הטור, דאי מיירי הטור בנמלח, אין שייך לומר לא ידעינן כמה נפיק מיניה**], וגם הב"ח כתב שי"מ כן, **ובעיני** דוחק לפרש כן וכמ"ש, וגם בת"ח משמע דס"ל דהטור פליג אש"ד, וס"ל דאפילו נמלח צריך ס' נגד כל הלב, ופסק כהטור, ע"ש ודוק, **גם** באו"ה כתב בשם הסמ"ק, דאפי' נמלח צריך ס' נגד כל הלב, ולא סגי בס' נגד הדם שבתוכו, אלא שכתב שם הטעם בשמו, משום דאנו צריכין מליחה משני צדדין, וא"כ לא נמלח מבפנים ומבחוץ, **ואין** נראה כן דעת מהרא"י ודעת הרב, שהרי גם הם פסקו לעיל סי' ס"ט ס"ד, דאף בדיעבד צריך מליחה משני צדדים, ואפי' הכי פסקו כאן דקורעו אחר מליחתו ומותר, אלא ע"כ כיון שהלב אינו קרוע, הוי כחתיכה א' עבה, כמו גבי ראש בר"ס ע"א, ובאמת לא מצאתי מזה שום דבר בסמ"ק, **מיהו** ע"כ דברי המחבר צריך לפרש בלא נמלח תחלה, שבסי' כ"ב על מ"ש הטור, דצריך ס' כנגד כל החוטין, כתב וז"ל, וא"ת למה צריך ס' נגד כל החוטין, בדם שבהן ליסגי, כבר נתן הרשב"א ז"ל טעם לדבר, דלא ידעינן כמה נפק מנייהו, אבל הר"ן כתב דמשערין בדם שבחוטין, ונראין דבריו, עכ"ל, וכ"פ בשו"ע שם, **א"כ** משמע להדיא דס"ל דבדם שהוא כנוס במקום א' נוכל לשערו, **מיהו** כתבתי שם בשם ד"מ, שגם הר"ן סובר דלא ידעינן לשער, ע"ש, וצ"ע לדינא. ‹דאולי אין ראיה מד"מ, דאפשר בגוף החוטין יש דם, משא"כ כאן דם שבבשר הלב יצא ע"י מליחה, ומש"ה הניח בצ"ע – פמ"ג›.

[**ונראה דלמעשה יש להחמיר כדעת רמ"א, להצריך ששים נגד כל הלב בכל גווני, וראיה ממהרי"ל העתקתיו בסוף סימן זה, דהיה נמלח ונתבשל, ואפ"ה הצריך ששים נגד כל הלב, ומי יקל נגדו שהוא גדול שבאחרונים**].

(**עי'** בתשובת נו"ב, ע"ד עוף שצלאו תוך בעקי"ן, ונמצא בו לב, אם יש להחמיר ולומר שהרוטב לא הגיע למעלה, ובעינן ששים באותו חלק שבתוך הרוטב, **וכתב** שהוא מורה להקל, ולא מטעם זה לחוד דקיי"ל כר"י בחתיכה שמקצתה תוך הרוטב, אלא גם מטעם אחר, דאולי לא הגיע הרוטב אפילו לכסות עובי אותו צד העוף שלמעלה, ונשאר הלב כולו למעלה מהרוטב, ואז ממ"נ, אם אתה רוצה לאסור העוף מחמת הלב, ולומר שאף בלא רוטב כו', **ולכל** היותר אין להחמיר יותר מכדי נטילה, ולומר שהרוטב לא עלה למעלה מעובי הצלע, והיה הלב דבוק בלא רוטב ואסור רק כדי נטילה, **וגם** בזה יש מקום להקל, דהא כתב הש"ך בסי' צ"ב בשם הר"ן, דחתיכה שבקדרה מתפשט בכולה אף בלא רוטב, **ואף** דהש"ך כתב שם דדוקא בדבר צלול, היינו כשאין האיסור דבוק ממש, עכ"ד).

(**ועי'** בשו"ת פני אריה, שנשאל על ענין כזה, רק בעובדא דידיה היה ידוע שמקצת העוף תוך הרוטב, והלב מונח באותו מקצת, ומקצת העוף היה חוץ לאגן, **וכתב** מתחלה דאע"ג דכחוש הוא, הרוטב מפעפעתו ומבליעתו בכל העוף בשוה, אף במה שחוץ לקדירה, ומצטרף כל העוף לבטל הלב, **ושוב** חזר בו מהוראה זו, והעלה דאין המקצת שחוץ לקדרה מצטרף לבטל, **וכתב** שגם על המקצת שבתוך הקדרה, אלא שהוא חוץ לרוטב, יש ג"כ לדון הרבה אם מצטרף לבטל האיסור המונח בתוך הרוטב, ע"ש, **ולדברי** הנו"ב הנ"ל, גם בזה יש להקל,

מטעם דקיי"ל כר"י, וגם מטעם האחרון, **ואף** דכאן היה מקצת חוץ לאגן, נראה דלא שנא).

הגה: ואפילו בדאיכא ס', הלב עצמו אסור - הטעם כתב בת"ח, בשם מהרא"י בהגהת ש"ד, משום דלפעמים הדם שבלב מתבשל ונתייבש כולו בחלל הלב, ואינו יוצא לחוץ, **והא** דלא אסר ליה מטעם שהלב עצמו נעשה נבלה מהדם שבתוכו שהוא דבוק בו, **כבר** כתב מהרא"י שם, דלענין זה מהני שיעתו דלב, דלא אמרינן ממהר לבלוע טפי משאר בשר, ע"ש, והוכיח כן מדברי הש"ד, וכן מבואר דעת מהרש"ל שם, וכ"כ הד"מ בהדיא ע"ש, ‹**ויראה** לפרש, דאף שפולט הדם דרך בשר הלב, וע"כ הלב בולע תחלה, י"ל דלב שיע ובפעם ראשון שפולט לא נתעכב בלב, אלא אח"כ ע"י בישול הרבה נכנס ג"כ בלב, ומש"ה לא שייך איסור דבוק, אלא מטעם דנתייבש ולא יצא – פמ"ג›, **דלא** כהעט"ז שאסר ליה מטעם דנ"נ.

‹**בפשוטו** י"ל, דאם הלב דבוק בעוף, הוי הכל כחתיכה אחת, ואין הלב ממהר לבלוע יותר מהעוף, ואם יש ס' בעוף, מהראוי דגם הלב שרי, ובזה צריך לטעם דנתייבש בתוכו, וכ"כ המנ"י – רעק"א›.

צ"ע קצת, כיון דהמחבר כתב אסור עד שיהא בו ס', דמשמע דאם יש בו ס' גם הלב מותר, וכמבואר ג"כ בב"י, א"כ הוה ליה להרב לכתוב, וי"א דאפי' איכא ס' כו'.

ויקלוף מעט סביב הלב - פירוש אם נתבשל הלב עם העוף, בענין שיש בחתיכה עצמה ס', אפ"ה צריך קליפה, כיון דכבר נמלח עמו ונאסר כדי קליפה, וכן מבואר בת"ח, **ולפ"ז** מוכח ג"כ דעת הרב, דאפילו נמלח הלב תחילה צריך לשער נגד כל הלב, ודוק ועיין לעיל.

ויש מחמירין בו אפילו במליחה, לאסור שאר בשר שנמלח עמו, ואומרין דלא אמרינן כבולעו כך פולטו גבי דם הלב הכנוס בתוכו, דהוי דם ממש, ולא מקרי דם פליטה.

אבל הלב עצמו מותר, דלכך מהני שיעתו דלא בולע רק מעט, ולגבי דידיה מיחשב דם פליטה המעט שבולע, אבל גבי שאר בשר מיחשב דם ממש, עכ"ל ת"ח, **ומבואר** בהגהת ש"ד, דהאוסרים בשר שנמלח עמו, אוסרים נמי בשר שנצלה עמו, מה"ט דהוי דם בעין ע"ש, **ומהרש"ל** לא עיין שפיר אגב חורפיה, והבין דהגהת ש"ד אוסרת במליחה דוקא ולא בצלייה, **ולפ"ז** הרב שחשש לדברי הגהת ש"ד להחמיר כדי קליפה במליחה, אה"נ דבצלי מחמיר כדי נטילה, כיון דבלא"ה קי"ל בצלי בכדי נטילה, רק שאנו מחמירין בס' וכדלקמן סי' ק"ה ס"ה, **וכן** גבי ורידין בסי' כ"ב ס"א, סתם הרב כדברי המחבר, דאם צלאו שלם יחתוך סביבם כדי נטילה, וכ"כ הרשב"א, דכי היכי דגבי ורידין צריך נטילה, ה"ה בלב, ע"ש.

דלא אמרינן כבולעו כך פולטו – ‹קשה לי, הא במליחה גם בדם פליטה לא אמרינן כבולעו כך פולטו, כדקימ"ל לעיל סי' ע' ס"ו, והו"ל למינקט דלא אמרינן איידי דיפלוט דם דידיה, או איידי דטרוד לפלוט לא בלע – רעק"א›.

והמנהג להקל, וכן עיקר, דגם זה מקרי דם פליטה, ושייך למימר ביה כבולעו כך פולטו, מידי דהוי אדם שבחוטין, כמו שנתבאר לעיל סימן כ"ב – [פירוש, במליחה מקילין בין הבשר שנמלח עמו, בין הלב עצמו, וכמו שמסיק אח"כ, שאין חילוק כו', רק בבישול קימ"ל, אפי' בדאיכא ששים הלב עצמו אסור, ומ"ש הרמ"א אח"כ, ולכן אם העוף שלם הכל מותר, לא נתכוין אהלב עצמו, דמ"מ אסור בבישול, ומו"ח ז"ל הקשה כאן דברי רמ"א אהדדי, ולא קשה, דהכל קאי אמה שבקדרה ועל העוף].

ודעת מהרש"ל, כדעת היש מחמירים, והעיקר כדעת הרב כמ"ש בספרי ע"ש, וכ"כ הב"ח דהכי נהגינן, **מיהו** פשיטא דלכתחלה אין למלוח או לצלות לב עם בשר, כיון דעכ"פ צריך קליפה, ‹והיינו לשיטתו בס"ק שאחר זה, דאף באין דבוק צריך קליפה, **אלא** דלא ידענא, מאי איריא משום קליפה, בלא"ה אין למלוח אפילו בפ"ע ולסמוך אקריעה שלאחר מליחה – פמ"ג›.

ויש מחמירין לקלוף קצת במקום שהיה הלב דבוק, וטוב לחוש לדבריהם ולקלוף קצת סביב הלב, ואז הכל מותר - ואז יוצאים לכ"ע, שהרי רוב הפוסקים הסכימו שלא להצריך במליחה רק קליפה, רק שאנו מחמירין בס', עכ"ל ת"ח, **ולפ"ז** משמע להדיא דאפי' אינו דבוק הלב, אלא שנמלח עם בשר שאינו דבוק בו, צריך קליפה, וכן מוכח עוד בת"ח שם ע"ש ודוק, **ומ"ש** הרב במקום שהיה הלב דבוק, לאו דוקא קאמר, **וכן** בדין,

דהא מהרש"ל אוסר כולו, ונהי דלא נהגינן הכי, מ"מ יש להחמיר ולהצריך קליפה.

והב"ח כ', ואם נמצא הלב מונח תוך העוף במליחה או בצליה, א"צ אפילו קליפה, כמו לגבי כבד בסי' ע"ג, עכ"ל, **וליתא**, דשאני הכא כיון דקצת פוסקים חשבי דם לב בעין, ראוי להחמיר להצריך קליפה, ול"ד לכבד כמ"ש בהגהת ש"ד עצמו לחלק, דשאני כבד דכולי דם הוא, ואפ"ה שרי רחמנא, **גם** מ"ש הב"ח או בצלייה, ודאי ליתא, דהא אפילו בכבד נוהגים להצריך קליפה בצלי, אפי' אינו דבוק, וכמ"ש בסימן ע"ג ס"ק י"ז, וכמ"ש הב"ח עצמו שם.

‹**קשה** לי כיון דהלב לא נאסר, וקורעו אחר מליחתו ומותר, א"כ לגבי שאר החתיכות להוי בשר הלב עצמו כדי קליפה, וצע"ג, **וכן** קשה על תחילת דברי הרמ"א, ויקלוף מעט סביב הלב, והטעם דבמליחה נאסר כ"ק, ואמאי לא נחשב בשר הלב עצמו בתורת קליפה - רעק"א.

ואין חלוק בין בשר שעל הלב או הלב עצמו - אדסמיך ליה קאי, ור"ל דבמליחה אין חילוק, דכי היכי דאמרינן בלב עצמו כבולעו כך פולטו, ה"נ בבשר שעמו, וכמו שנתבאר וק"ל, **דלא** כהב"ח שהבין, דמ"ש הרב לעיל, אפי' בדאיכא ס' הלב עצמו אסור, קאי נמי אמליחה ‹ומשום חומרא, וכאן מיירי לפי ‹דין› הש"ס ע"ש.

ואין חלוק בין אם הלב סגור או פתוח למעלה - כלומר דאפי' סגור למעלה מהני ליה קריעה אחר מליחה וצלייה, ואפי' אינו סגור למעלה צריך לחזור ולקרעו היטב, דמה שפתוח למעלה לא מיקרי קרוע, וכן אם נתבשל כך אסור, וכן עיקר כאשר הוכיח הרב בת"ח בראיות ברורות ע"ש, וכן משמע מדברי כל הפוסקים, שלא חילקו בכך, דלא כהב"ח.

[**דלא כאו"ה שסובר**, בסגור למעלה אסור אפי' במליחה וצלייה, ובפתוח למעלה סגי כמו קרוע, **ואם בישלו** אח"כ מותר, **דקשה עליו**, היכן מצינו מה שאמרו וקורעו לאחר מליחתו, אי בסתום למעלה, הא כבר נאסר, ואי בפתוח למעלה, הא א"צ קריעה אח"כ, **אלא** ודאי אין חילוק, דכל שלא קרעו ממש אין שום היתר במקום שצריך קריעה, ומיהו אם הניחו על פיו, דאיכא מקום לדם לזוב, איכא למימר דמקרי קרוע, וכל זה כתוב בת"ח, ודבריו נכונים].

ונוהגין לכתחלה לחתוך ערלת הלב ולחתוך גידין שבפנים, ואינו אלא חומרא וזהירות בעלמא - וברקנ"ט פרשת לך לך כתוב וז"ל, ובעבור כי הברית היא דוגמת הלב, לכך חותכים גם חידוד הלב בראשיתו, להעביר משם כחות הטומאה, וזהו ומלתם את ערלת לבבכם, ע"ש.

סעיף ג - אין עוף שלא יהא בו ששים כנגד לבו - כלומר כנגד כל לבו, לא כנגד דם שבחללו לבד, וכן הוכחתי בספרי מדברי הרבה פוסקים ע"ש, **והלכך** אפי' לב שלם שלא נמלח, או לב שנאסר ונתבשל עם עוף שלו, וכיוצא בו, מותר, דהעוף הוא ס' נגד כל לבו.

וכתב מהרש"ל, דאווזא שהופשטה עורה, אין בה ששים נגד לבה, [דאפשר דאין בה ששים אפי' נגד דם הלב], וע"ש בפרישה.

ומותר אפילו הוא דבוק בעוף - אין ר"ל דאילו לא היה בעוף ס' כנגד לבו, היה העוף אסור, אפי' אם יש בו עם הקדרה לבטל הלב בששים, וכדכתב הרב, דהא ס"ל להמחבר לקמן סי' צ"ב ס"ד דלא אמרינן חנ"נ רק בבשר בחלב, **אלא** מילי מילי קאמר, וה"ק אין עוף שלא יהא בו ס' נגד לבו, ולא בעינן לצירוף שאר דברים בקדרה כשהעוף שלם, **ומותר** אפי' הוא דבוק בעוף, ואפי' אין בחתיכה הדבוקה בו ס' אלא ע"י צירוף הקדרה, מטעם דלא אמרינן חנ"נ בשאר איסורים, **ועוד** דלא נאסרה החתיכה קודם לכן, ועתה אינה ממהרת יותר לבלוע משאר דברים שבקדרה, זאת היא דעת המחבר, וכך היא דעת הרשב"א והטור.

הגה: וכל עוף יש בו ס', אפילו אין בו הראש והרגלים התחתונים, כדרך שנוהגים להסירן, דהיינו עד הארכובה התחתונה - ‹ודע, אף שאין בני מעיים בתוך התרנגולת, יש ס' - פמ"ג.

[**בתשובת** ר"י מינץ מיקל יותר, להתיר העוף גם כשהוא בלא כנפים ורגלים, דאפ"ה מקרי עוף שלם, **וכתב שם**, ‹דלכתחלה לא היה מתיר› **אם היה העוף לפניו והיה משער במראית העין, ומש"ה לא נקיט הרמ"א כאן רק ראש ורגלים, שזה א"צ לעיין בו אפי' העוף לפנינו, וכן דעת בעל הדרישה להקל בזה**, ‹ואפילו ניטל הגרגרת ושאר דברים, ולא נשאר כ"א הגוף שלם, **ומ"מ** יראה דאם נטלו

[ט"ז] ‹רעק"א או ש"א או הוספת הסבר› (פת"ש)

העצם הקוליות ובשר עליהם, ולא נשאר כי אם הגוף לבדו, דאין להקל כולי האי – פמ"ג, **עכ"פ היכא שיש עוד איזה צד לקולא**, ‹שיש שאר דברים בקדירה להצטרף›, **דהיינו שאנו משערים ששים בכל החתיכה, היכא שיש איסור דבוק שהוא עצמו חומרא**, ‹**ודע**, דיש צד להקל היינו איסור דבוק, אבל חנ"נ, על דרך משל שהסירו הכנפים וגרגרת, ונאסר העוף, ואח"כ הוסיפו עוד בקדירה, אין מקילין לומר דחנ"נ הוה חומרא, כי רוב הפוסקים ס"ל חנ"נ בשאר איסורין, ופשוט הוא – פמ"ג, ונ"ל עוד, דגם בלא העור עליה יש להקל, שהרי גם בתרנגולת אמרו כן, ושם העור דבר מועט, ממילא ה"ה נמי בעור אווז שהופשטה], ‹**כתב** בעבודת הגרשוני, דמיירי שיש עוד צד להקל, והדבר למד מענינו, ולא סותר מה שכתב לעיל – פמ"ג›.

ולכן אם העוף שלם, הכל מותר - וכל זה לא מיירי אלא לענין שאר דברים שבקדירה, אבל הלב אסור לעולם, אפי' יש בעוף עצמו ששים כנגדו, משום דלפעמים הדם מתיבש בתוך חללו ואינו יוצא לחוץ, וכמ"ש בס"ב.

ואם אין שלם, וליכא בו ס' נגד הלב הדבוק בעוף, י"א דהחתיכה נעשית נבילה - הטעם, דאותה חתיכה שהאיסור דבוק בה ממהרת לבלוע האיסור תחלה, ונעשית מיד נבלה, **ובעינן ס' בקדירה נגד כל העוף, וכן נוהגין.**

‹**בש"ך** לעיל סימן כ"ב כתב, דמיירי דוקא בלא נמלח הלב, אבל בנמלח, והאיסור רק משום דם הכנוס, לא מקרי דבוק – רעק"א›.

[**זה** דעת מרדכי שמביא בד"מ, דס"ל בכל איסור דבוק דנעשה נבילה, כמ"ש בסי' צ"ב ס"ד, **אבל** בטור כתב בשם י"א, דחיישינן שמא אותה חתיכה לבדה נשארה ברוטב ונאסרה, וחזרה ואוסרת האחרת, ולא היה שם ששים, ודחה הטור את זה, דאמאי יחזיק ריעותא לומר כן, והטעם, שדם שבישלו אינו אלא מדרבנן, והוי ליה ספיקא דרבנן, **ואין** זה דומה למ"ש הטור סי' ק"ז גבי דגים, דחיישינן שמא נשארו כו', דשם יש איסור דאורייתא, וה"ה בחתיכת בשר שנדבק בה חלב, שנתבשל עם שאר חתיכות, ויש מקום לחוש שמא היתה עם החתיכה אחרת אחת לבד בלי תערובות אחרים, ודאי חיישינן כמו בדגים דלקמן, **ובחנם** האריך הדרישה בחילוקים דחוקים בזה].

מדברי מהרש"ל, מתוך מה שפירש דברי המרדכי וסמ"ג, נראה, דאם בתוך הרוטב דרך בישול נצטמק הלב בחתיכה, מיקרי איסור דבוק, וצריך בחתיכה עצמה ששים לבטל הלב, **ואין** דבריו מוכרחים, גם א"צ לפרש כלל דברי המרדכי וסמ"ג כן, כמ"ש בספרי ע"ש. ‹**דמ"מ** אין ממהר לבלוע יותר בשביל זה, ואפשר אף לטעם שמא היתה פ"א חוץ לרוטב לא חיישינן, כל שאינו מחובר בתולדה, דהיא גופא חומרא – פמ"ג›.

ואפילו איכא ס' בקדירה, העוף אסור, הואיל ואין בו ס' נגד הלב הדבוק בו. ואם אין הלב דבוק בעוף, מצטרף כל הקדירה לבטל הלב בס'. ועיין לקמן סימן צ"ב בדין חתיכה נעשית נבילה.

דין עוף שמלאוהו בלב או כבד ע"ל ס"ס ע"ג.

[**כתוב** בס' מהרי"ל, לב שלם נמצא בתרנגול שלם, ונמלח ונתבשל עמו, ומלאו התרנגולת בביצים, ואסר מהרי"ל את הכל, משום דאין בעוף ששים נגד לבו, אלא כשהוא שלם עם רגליו והראש כו', והביצים שמלאו בו אינם מצטרפים לבטל בששים, דהוי כתבשיל אחר, עכ"ל, **וכבר** כתבו האחרונים, דלא קימ"ל כמהרי"ל במה שהחמיר להצריך כל העוף שלם, אלא כמבואר בסמוך אפי' בלא הראש ורגלים, **וכתב** רש"ל דמ"מ איכא נפקותא לדידן, היכא שאין בעוף ששים נגד הלב, שאין הביצים מועילים לבטל, ואפי' היה הלב מונח לבדו ואינו מחובר אל החתיכה, כיון שהביצים נקרשים, וכן מצאתי בחידושים, ואם מלאו בשר, הוי המלוי כשאר בשר המונח עם הלב בקדרה, ואם המלוי מבשר וביצים ביחד, אז אם לא נמלח הבשר, מועיל לבטל כמו שהיה הכל בשר, ‹עיין בש"ך ס"ס ע"ז דחולק ע"ז›, ואם נמלח, אז המלח גורם שיקרש, והוי כמלאו כולו ביצים, ומ"ש הכל בו, שאם מלאו בבשר או ביצים, דיש לחוש שנבלע כל הדם במלוי, ואף אם יש בתבשיל הקדירה ששים כנגד הלב, אסור המלוי והשאר מותר, **לא** נהירא כלל, אלא כמ"ש, דכל שנאסר המלוי, צריך שיהיה בגוף העוף ששים נגד המלוי, ואם לאו, נאסר כל הקדרה עד שיהיה ששים נגד כל העוף, **והא** דמשמע מדברי מהרי"ל, שאין הביצים מועילים לבטל, אבל מ"מ אין המלוי נעשה נבילה, ולא נאסר, היינו שמלאו בין העור לבשר, אבל מילאו בתוכו בביצים, ידוע שהלב נחבא וכמוס בתוך

המלוי, והוי כחתיכה שהלב דבוק בה, **ובאגודה** כתוב, דאם מלאוהו בביצים הוי כבישול, ואסור אפי' דיעבד, לא נתכוין דהוי כבישול ממש אפי' לקולא, דהיינו אם יש ששים בין הכל דמותר, אלא לאיסור קאמר, דלא אמרינן מישרק שריק, עכ"ל רש"ל בקיצור].

[ורמ"א ס"ס ע"ג כתב, דמילוי ביצים הוי ממש כבישול לכל דבר, והוה כתבשיל אחד עם העוף, אם אין הלב דבוק בו, וכ"כ באו"ה, שהם פירשו דברי האגודה כפשוטן, ולא כמו שדחק רש"ל בפירושן, **גם** בפירוש דברי מהרי"ל נדחק רש"ל, לחלק בין מילוי בין העור ובשר למלוי בתוכו, ואינו במשמע הלשון לחלק בין מלוי למלוי, **גם** מ"ש, דכיון שהלב נחבא בתוכן מקרי איסור הדבוק, לא מסתבר לומר כן, **ע"כ** נראה עיקר כדברי רמ"א, דכל מלוי ביצים נחשב כבישול ממש, ומהני במקום ששאר בשר מהני לבטל, אם אין דבוק בעוף אלא מונח בתוכו, ואם היה דבוק, צריך בעוף עצמו ששים, ואז הכל שרי, ומי שלבו נוקפו להחמיר, יחמיר דוקא במלוי ביצים בתוך החלל, לאסור אותם לחוד אף בדאיכא ס', אבל לא העוף, כי די לנו בחומרא זו, כנלענ"ד].

ואין לך בהמה שהיא ס' נגד לבה - ז"ל העט"ז, וביש ספרים מצאתי מסיימים, אבל אין לך בהמה שהיא ששים נגד לבה, כך מצאתי ואינו נ"ל, ובודאי טעות גמור הוא, דהא לפי אומדנא קלה עינינו רואות שיש בבהמה ג"כ ששים ויותר, עכ"ל, **ומה** אעשה שלא עיין בד"מ ובת"ח, שכתב שם הרב כן בשם או"ה, וכן הוא באו"ה, והכי משמע בסמ"ג ובמרדכי, גבי מעשה בטלה א' שנמלח ונתבשל עם הלב, והשיב ר"י דאם יש ששים במים ובטלה נגד הלב, מותר, אך לא נתיר עתה מטעם זה, לפי שרש"י היה משער בכל החתיכה שדבוק בה, ע"כ, **ולענין** מ"ש דהא לפי אומדנא קלה כו', נראה דכיון דבבהמה הדרך להסיר הראש וכרעיו וקרבו, גם צריך לנקרה מן החלב וגיד הנשה, גם מפשיטים עורה - דהעוף דוקא עם עור שלו הוא ששים נגד לבו, וכמ"ש - א"כ אדרבה לפי האומדנא אין כאן ס', וכ"כ רנ"ש במ"ש.

סעיף ד - הריאה אינה צריכה חיתוך, אבל נהגו לקרעה ולפתוח הקנוקנות הגדולים שלה, ומנהג יפה הוא - אבל פשיטא דאם בשלוה בלא קריעה, דמותר בדיעבד.

§ סימן עג – דין צליית כבד §

סעיף א – [בגמר' אמרינן, א"ל אביי לר' ספרא בעי מינייהו, כבדא מה אתון ביה, אמר ר' זריקא אנא שלקי ליה לר' אמי ואכל, אמר אביי למיסר נפשא לא קא מיבעיא לי, כי קא מיבעיא לי למיסר חבירתה כו', ולא נפשטה הבעיא].

[**ופי'** רש"י דבעיא זו קאי אפי' אחר מליחה, אי שרי לבשלה עם שאר בשר מפני שפולטת דם, ואע"פ שכולה דם, מ"מ לאחר שפירש אוסרה, או לא, אבל היא אינה נאסרת מפני שפולטת דם וטרודה מלבלוע דם, אבל שמנונית וציר מקבלת ממה שנתבשל עמה, **וכתב** ב"י בשם הרא"ש, מתוך פי' רש"י משמע, דבישלו בקדירה אחר מליחה קאמר, ומספקא ליה שיש בו רבוי דם, ושמא אין כח במלח להפליט כל הדם, וחוזר ונבלע בתוכו, עכ"ל, וכן משמע מדברי הטור לרש"י שהוא דעה קמייתא שמביא, ור"ת פי', דלאחר מליחה פשיטא דנחשבת כצלייה, ומותרת לבשלה עם בשר, רק הבעיא בגמר' קאי אקודם מליחה, אם מותרת לבשלה עם בשר, כיון דכולה דם והתורה התירה].

[**ופסקו** כר"ת, ‹היינו הטור, וכ"כ בת"ח - פמ"ג›, **דאחר** מליחה מותר לבשלה אפי' עם בשר, רק שאין נוהגין כן לכתחילה, ‹כרש"י, דהיינו אף שהעיקר כר"ת, נוהגין להחמיר כרש"י - מחה"ש›, **אלא בדיעבד שרי, וכתב הג' ש"ד בשם מהרא"י, קבלתי שאף בדיעבד אסור, ודוקא אי אישתלי ופסק כר"ת לא מהדרינן עובדא**, ע"כ, **והביאו דבריו רמ"א בת"ח**, ‹**דוקא** ע"י קריעה שתי וערב וחתיכה לתחת, ע"י מליחה, והיינו בנתבשלה כך, אבל לא נתבשלה, אף שהורה מהדרינן עובדא - פמ"ג›, **ורש"ל** פסק, אבל בישלו בלא מליחה עם בשר, אסור לכו"ע הבשר והקדירה, עד שיש ששים נגד הכבד].

[**כתוב** בטור, ‹ור"ת התיר לבשלו ע"י קריעה ומליחה, ואין נוהגין כן›, **ומיהו** בדיעבד שרי, ‹ואיירי בנמלח, ומשמע שנתבשלה לבדו בלא בשר, ואפ"ה לא התיר אלא בדיעבד - אמרי בינה›, **וקשה** הא כתב אח"כ דבדיעבד שרי בקדירה לבדו, ואפי' בלא נמלחה, כמו שכתב ב"י, ונ"ל דכאן בפלוגתא דר"ת ס"ל באמת כן להלכה, רק שלא נהגו כן

הלכות מליחה
סימן עג - דין צליית כבד

לפסוק בזה כמותו, ובזה אם אירע שרב אחד פסק כמותו, אע"פ שלא נעשה עדיין, יכולים לסמוך עליו ולעשות כן, **משא"כ** למטה אין היתר אא"כ נעשה כבר המעשה, ובסמוך יתבאר דין בישול בלא בשר]. (ולדידן דוקא נתבשלה ע"י קריעה ומליחה והורה המורה, לא מהדרינן - פמ"ג, ע"ל בש"ד).

הכבד יש בו ריבוי דם, לפיכך לכתחלה אין לו תקנה לבשלו ע"י מליחה - אפילו רוצה לאסור הכלי, כ"כ בת"ח, וכן כתב הב"ח.

אלא קורעו שתי וערב ומניח חיתוכו למטה, וצולהו (שיהא ראוי לאכילה) - ע"ל סימן ע"ו ס"ב וה' בהג"ה, דנתבאר דבחצי צלייתו מיקרי ראוי לאכילה, ומשמע דה"ה כאן, וכן כתב באו"ה בהדיא, **ואחר כך יכול לבשלו.**

(**עי'** בשו"ת הר הכרמל שכתב, דנוהגין היתר לצלות כבד בתוך התנור האופה בשעה שבוער רחוק מהאש, ואין חוששין לא משום שנתבשל הכבד בדם הזב תחתיו, ולא להכשיר מקום זה בתנור, והכל מטעם לפי שהאש שואבו ואין מניחו להבליע, ומכלהו ומייבשו, עכ"ד, **ולענ"ד** היתר זה קלוש מאד, ומכלהו ומייבשו לא שייך אלא בדבר מועט, כגון טיפה כמ"ש לקמן סימן צ"ב סעיף ו', והכא עינינו רואות שפולט דם הרבה בב"א, **שוב** ראיתי בצל"ח שכתב, שכמה פעמים בא לידו שאלה הנ"ל, ואסר, וכתב ג"כ הטעם כי אין מקום לדם לזוב, ודמו כפולטו אח"כ נבלע בתוכו כו'. **וכתב** עוד שנלמד מדין האסכלא שם, שגם בדבר שהוחם באור טבעו להוציא דם, וא"כ אם הסיק התנור וגרף כל הגחלים ותלה באויר התנור הכבד או בשר לצלות, באופן שאינו נוגע למטה בחרסו של תנור, שפיר מקרי צלי ושרי, ושוב פקפק גם ע"ז. **ועי'** בט"ז לעיל סימן ס"ה שכתב, דמותר לצלות כבד על הנייר, והביא ראיה מדמותר לצלות המוח בקרומו על האש, **ועי'** בשו"ת תשובה מאהבה, ובתשובת הגאון בעל נו"ב ז"ל, שהשיגו על הט"ז, גם בספר בינת אדם פסק לאסור אף בדיעבד).

הגה: ואם מנקבה הרבה פעמים בסכין, הוי כקריעת שתי וערב - היינו בדיעבד, אחר שצלאה ע"י שנקבה תחלה הרבה פעמים בסכין, אבל לכתחלה אין מועיל נקיבה בסכין הרבה פעמים, אם רוצה לבשלו אח"כ, כ"פ בת"ח.

[**כתב** רש"ל, זהו לאותן שסוברים דלצלי לא צריך קריעה שתי וערב אלא מצד החומרא לבד, אבל לבה"ג ודעימיה דס"ל מדינא בעי קריעה שתי וערב אף לצלי, אין לשנות ממשמעות הלכה דבעינן קריעה שתי וערב, ע"כ, **וראוי** להחמיר עכ"פ לעשות נקבים גם בכבד של עוף, כמ"ש הפוסקים בשם הר"ר יונה שצריך לחתוך כל חלק ממנו שתי וערב, **ובטור** כתב בשם בעל העיטור, דבכבד של עוף קיל טפי לפי המנהג, נראה טעם לזה, דדי בזה בחתיכה שחותכין המרה, משא"כ בבהמה שיש שיעור גדול בין חתיכת המרה לשאר הכבד, (בענין קריעה שתי וערב דוקא - חוו"ד), **וכתב** "דיפה לנקוב בסכין לחומרא", האי "לחומרא" הוא מיותר, ונראה דכיון בזה, דדוקא במקום שאין הכרח לחתוך שתי וערב, דזה דקאמר דצריך דוקא חיתוך שתי וערב שנזכר בגמר', דזה דוקא בצולה ע"מ לבשלו, כמ"ש ב"י בסי' זה בשם התוס' ורא"ש, **אבל** באכל צלי לא צריך לזה, ע"ז אמר מ"מ יפה לנקבו בסכין שאינו אלא לחומרא, **משא"כ** בצולה לבשלו, שמן הדין צריך חתיכה שתי וערב, בזה לא מהני נקיבת סכין כדי לפוטרו מחתיכה שתי וערב, כנ"ל ברור ונכון כוונתו].

וכן אם נטל משם המרה וחתיכת בשר מן הכבד, דאפשר לדם לזוב משם - כלומר שחתך ממנה הגידים והקנוקנות באותו צד שהמרה תלויה בו, וחתך מעט מבשר הכבד עמהן, וכן מבואר בתורת חטאת שם, ובזה אפילו לכתחלה מותר כשרוצה לבשלה אח"כ, כדמוכח בת"ח שם ע"ש. (**ועדיף** מנקיבת הסכין דאין שרי לכתחלה - פמ"ג).

ומ"מ אם לא עשה כן, נוטל הסמפונות לאחר צלייה, ומבשלה - (תמיהני, כיון דהאו"ה ס"ל, דאם רוצה לאכלו צלי א"צ חתיכה כלל, וכמו שפסק ג"כ הרמ"א ס"ג, א"כ מוכח דדם שבסמפונות יוצא ע"י צלייה בלא חתיכה, כיון דצלול הוא, א"כ הא דלבשל אחר צלייה צריך לקורעה, ע"כ משום דם כבד עצמו דאינו יוצא בצלייה בלא חתיכה, א"כ מה מהני דנוטל הסמפונות אחר הצלייה, הא מ"מ דם הכבד לא יצא, וצע"ג, אחר זמן רב נדפס תשו' נו"ב, וראיתי שנתקשה בזה - רעק"א).

(**והנלע"ד** בזה, שדעת רמ"א הוא שאין אנו חוששין שיש דם בעין בסמפונות, אבל החשש הוא שדם הנבלע בסמפונות הוא שאין כח האש מגיע שם להוציאו לגמרי, ולכך כשיבשלו אח"כ יפלוט הדם ע"י בישול, ויהיה דם שפירש

ואסור, ולכך מהני נטילת הסמפונות אחר הצליה. **ודוק** בדברי רמ"א בס"א, שכתב שנוטל הסמפונות, ואם היה החשש משום דם בעין הכנוס בהם, היה די בחתיכת הסמפונות לאחר צליה, ולמה צריך לנטלם לגמרי, א"ו החשש משום דם הבלוע בהם, ולכן אם רוצה לאכלו כך צלי, ליכא שום חשש, דמה שלא שלט בו כח האש הוא דם שלא פירש - תשו' נו"ב›.

וכל זה בכבד שלימה, אבל כשהיא חתוכה אין צריך כלום.

וכשבא לבשלה אחר הצלייה, ידיחנה תחלה אחר הצלייה, קודם הבישול - הטעם, מפני המלח הנדבק בו, ויש ג"כ למיחש משום מראית העין, שיתאדם הבשר, וכן בשר שנמלח בשפוד, ‹פי' שנמלח בעת שתחוב כבר בשפוד וצולהו מיד›, ורוצים לבשלו, צריך להדיחו ג"כ מטעם זה, עכ"ל ב"י, ‹דלטעם ראשון א"צ להדיחו כמ"ש בסי' ע"ו ס"ב - ראש פינה›, וכ"כ הר"ב בסי' ע"ו ס"ס ב' ע"ש.

מיהו אם לא הדיחה ובשלה כך, מותר.

ובדיעבד מותר אם נתבשל לבדו בקדירה - כלומר בדיעבד מותר אם נתבשל אפילו בלא מליחה לבדה בלא בשר, **שאם** נתבשל עם בשר, אז הבשר אסור כמו הקדרה, לפי שהכבד פולטת דם שבה, ואינה בולעת אפילו ע"י הבישול, מחמת שהיא טרודה לפלוט דם הרבה.

[אבל לא לכתחילה, הטעם בסמ"ק, דבגמר' ס"ל לחד תנא דאסור כשמבושלת הרבה, ואנן אין בקיאין בזה], ‹**ומתמיה** עליו האחרונים, דא"כ היה צריך להיות אסור אף בדיעבד, וכדלקמן בש"ך›. ‹**ואמנם** הפוסקים כתבו טעם אחר, או דמתני' "אינה נאסרת", היינו דיעבד ולא לכתחלה, או הטעם משום הכלי, או כמ"ש המ"י, דרוטב נאסר ובעי הכבד הדחה, ודילמא מישתלי, ואף אי יש ס' במים נגד הכבד, אפ"ה הרוטב אסור, דאין מבטלין איסור לכתחלה, וא"כ הכבד בעי הדחה - פמ"ג›.

(בלא צלייה) - פשטא דמילתא נקט הרב, אבל אין לומר דבא לפרש, דאף המתירין בדיעבד היינו דוקא בלא צלייה, אבל לא בלא מליחה, **דזה** אינו במשמע בלשונו, ועוד דהא לפי הטעם דפולטת ואינה בולעת, אפי' בלא מליחה שרי, וכן מוכח מדברי הפוסקים.

אבל הקדירה אסורה, שפולטת ואינה בולעת.

ויש מי שאוסר. הגה: וכן נוהגין לאסור הכל - הטעם מבואר בהג"ה סמ"ק, ובהג' מהרא"י, ובאו"ה ובת"ח ובשאר אחרונים, משום דאיכא מ"ד בש"ס דשלוקה נאסרה, ואנן לא בקיאינן מהו שלוק ומהו מבושל, **וכתוב** בת"ח בשם או"ה, אבל הקערה שאכלו בה הכבד כשרה, ‹**ואפשר** דמיירי בלא ערוי, דערוי מבשל כדי קליפה, **ובסי'** ק"ה צידד להחמיר בכלי שני בדבר גוש, וכאן מתיר כה"ג - פמ"ג›.

[הרמב"ם ס"ל כן, דפוסק כרבנן דר' יוחנן בן נורי, דהכבד בולעת ג"כ, ורוב הפוסקים לא ס"ל כן, אלא כר' יוחנן בן נורי, דאינה בולעת, אלא דנוהגין להחמיר כמ"ש הרמ"א אח"כ, ורש"ל כתב להקל בזה, כיון שאין שם בשר, רק שצריך להדיח הכבד כיון שהרוטב נאסר, ואין אחר המנהג שהעיד עליו רמ"א כלום לשנות אותו, ומ"מ נלמד קולא מזה בס"ו ע"ש].

אפי' נמלחה הכבד קודם בשולה - כלומר אפי' נמלחה כשיעור מליחה לקדרה, והודחה כדין קודם הבישול, לפי שהיא מרובה בדמים ואין מועיל לה מליחה, אפי' על ידי קריעה שתי וערב וחתוכה לתחת, כדמוכח בת"ח, **ונתבאר** שם בת"ח, דאם אירע שהורה המורה להתיר אחר שנמלחה הכבד ע"י קריעה שתי וערב וחתוכה לתחת ונתבשלה, וכר"ת דס"ל דלאחר מליחה הרי היא כשאר בשר, לא מהדרינן עובדא, ושרי הכל בין הכבד בין הבשר שנתבשל עמה, ‹**ואפילו** נמלחה לבדה אסורה אם לא שהורה המורה לאחר שנתבשלה - פמ"ג. ע"ל בט"ז›, **ומוכח** שם דאם לא היתה חתוכה שתי וערב וחתוכה לתחת בשעת מליחה, מהדרינן עובדא ואסור אפי' הכבד, ודו"ק.

ומסקנת מהרש"ל וז"ל, כבד שנתבשל בלא מליחה, שרי בדיעבד, דפולטת ואינה בולעת, אבל אם אין בתבשיל ששים כנגד הכבד, אף הכבד אסורה, אפילו נמלחה, וכמו שחלקתי בספרי, דכיון שנאסר התבשיל מדם הכבד, אז נעשית נבילה ונאסרה הכבד משמנונית התבשיל, עד כאן לשונו, **ותימה**, דהא קיימא לן בכל דוכתא דאין הנאסר יכול לאסור אלא במקום שהאיסור עצמו יכול לילך שם, וגם הוא בעצמו כ' בספרו שם בפנים, דאין הכבד נאסר מהאי טעמא ע"ש. ‹י"ל דדמי לדגים ועופות, שיש אוסרין העופות, דע"י רוב שמנונית נבלע קצת דם, ה"ה כאן - פמ"ג›.

‹**ונראה** ליישב, דהנה יש לעיין בהא דכבד אינו נאסרת מטעם שאינה בולעת, מכל מקום הא הדם שבתוכה פירש

ממקום למקום, י"ל דדם הכבד עיקרו דרבנן, לא גזרו פי' ממקום למקום, או כיון שמרובה בדמים מה שפירש נופל לחוץ – פמ"ג, **ועל** כרחך צריך לומר דדם הכבד אינו אוסר רק בפירש לחוץ, ולא בפירש ממקום למקום, כיון דכבד כולו דם הוא, וכמו בכחל שהחלב אינו אוסר הכחל עד שפירש לחוץ. **והנה** בכחל בסימן צ' ובש"ס פרק גיד הנשה מבואר, דשאר בשר שנכנס בכחל בבישול דנאסר, דנגד שאר בשר הוי כפירש לחוץ, **וא"כ** ה"נ בכבד שנתבשלה עם בשר, כיון דהכבד בולע השמנונית, ודאי נאסר מדם הכבד שנפרש לתוך השמנונית, דהוי כפירש לחוץ נגד השמנונית, כמו בכחל, כן נראה לי טעם הרש"ל. ועיין עוד במה שכתבתי בט"ז בס"ו – חוו"ד.

סעיף ב - אם חלטו בחומץ או ברותחין, ונקב והוציא מזרקי הדם שבתוכו, מן הדין מותר לבשלו, אלא שהגאונים אסרו לעשות כן, ובדיעבד מותר - אפי' להיש מי שאוסר שבסוף סעיף א', דשאני הכא כיון שכבר נחלטה שוב אין דם יוצא ממנה, כן משמע דעת המחבר, וכן מבואר ברמב"ם שם להדיא ובבית יוסף, ולפי זה אפי' נתבשל אחר החליטה עם בשר, מותר הבשר, וכן מוכח להדיא בדברי הפוסקים, **והרב** בתורת חטאת פסק, דאף בדיעבד לא מהני חליטה, **ותימה** שלא הגיה כאן כלום, וגם דבריו בת"ח צריכין ביאור, שכתב שם וז"ל, כתב הטור, שאין אנו בקיאין בחליטה, הלכך אין להתירו בחליטה, אבל אם נעשה בדיעבד שרי, שפולטת ואינה בולעת, ולפי מה שכתוב לעיל דנוהגין לאסור הכבד כשנתבשל, ה"ה הכא דנחלטה מעיקרא ונתבשלה אסורה, כן נראה לי, עד כאן לשונו בקצת תוספת ביאור.

ודבריו לכאורה תמוהים, דבשלמא מה שנוהגים לאסור הבישול, היינו משום דאין אנו בקיאין איזהו שלוק ואיזהו מבושל, ואולי כשנתבשלה בולעת, **אבל** בהחלטה כיון שנחלטה שוב אין בה דם, ולמה תהא אסורה בדיעבד, **וכן** הרמב"ם והמחבר אסרוה אפילו בדיעבד בבישול והתירוה בחליטה, **והטור** באמת לא נתן טעם לחליטה דשרי משום דפולטת ואינה בולעת, וכמו שהעתיק הרב, אלא לשון הטור כך הוא, הלכך אין להתירה בחליטה, אבל אם נעשה בדיעבד, או אפילו נתבשלה לבדו בקדירה, שרי בדיעבד, שפולטת ואינה בולעת, עד כאן לשונו, וקאי טעם זה אסיפא כשנתבשל בלא חליטה, וזה פשוט.

וצריך ליישב דה"ק הרב, ולפי מ"ש לעיל דנוהגים לאסור הכבד כשנתבשל, משום דאין אנו בקיאין איזהו שלוק, ולכך אסרינן אפילו דיעבד, ה"נ מה"ט דאין אנו בקיאין בחליטה, אפילו דיעבד אסור, **אלא** שקשה לפי זה, דהא כתב הרב לעיל סוף סימן ס"ז, שאין אנו בקיאין בזמן הזה בחליטת בשר, ובדיעבד מותר, **ויש** לומר דשאני כבד דנפיש דמיה, **עי"ל** דהרב משוה מדותיו, וס"ל דכיון דאין אנו בקיאין בחליטה, אם כן לענין דיעבד מוקמינן לה אחזקתה קמא כאילו לא נחלטה כלל, והלכך בס"ס ס"ז גבי בשר, דאי לא נחלט מותר לקדרה ע"י מליחה, כתב דבדיעבד מותר, ור"ל ע"י מליחה לקדרה, **וגבי** כבד דאפילו בלא חליטה אסור אפילו דיעבד לקדרה, הלכך החליטה לא משוי ליה לשבח, דהא אין אנו בקיאין בחליטה, ותירוץ זה נכון.

‹**לתירוץ** א', בבשר מותר משמע אף לבשלו אח"כ בלא מליחה, דחליטה מהני אם בישלו דיעבד, הרי קולא, **וחומרא** בכבד, דאם חלטו אפשר אף לצלי אסור, דא"א בקיאין ושמא פירש ונבלע ואין יוצא ע"י צלייה, **ולתירוץ** הב' בבשר אין שרי אלא ע"י מליחה, וכבד לקדירה אסור, הא לצלי שרי כמו קודם חליטה – פמ"ג.

‹**עיין** בב"י ולא קשה מידי, דבבשר כיון דלא מצינו חליטת רותחין, רק חליטת חומץ, ובזה לא שייך בקיאות, **משא"כ** בכבד דשייך ג"כ חליטת רותחים, דבזה שייך אין אנו בקיאים, דלפעמים לא יהיה רותח כ"כ, ולא חילקו בין חליטה לחליטה, ואסרו הכל דיעבד, **אלא** דר' ירוחם כתב ג"כ בבשר דאין אנו בקיאים, וחוששים בזה לכתחילה, אבל דיעבד סמכינן על סתימת שאר פוסקים, דבבשר לא אמרינן אין אנו בקיאים – רעק"א.

סעיף ג - לצלי צריך חתיכה משום דם שבסמפונות, ואם לא קרעו קודם צלייה, יקרענו אחר כך - ואי משום דם שבסמפונות, כבולעו כך פולטו.

(וי"א דאין צריך לצלי שום חתיכה כלל, וכן נוהגין אפילו לכתחלה) – [קשה הא לעיל ס"א כתב המחבר, וצולהו, וע"ז כתב רמ"א דיני נקיבת הכבד וחיתוכה, משמע דגם בצלי צריך חיתוך, **וא"ל** דהתם מיירי שבא לבשלה אח"כ, וכאן מיירי שאוכלה צלי, וכן יש חילוק זה בדברי ב"י, על מ"ש הטור ולצלותו כו', **דהא** כתב רמ"א לעיל, וכשבא לבשלה אח"כ כו', משמע

דקודם לזה לא איירי מבישול אחר צלייה, **ותו** דא"כ היה לו לרמ"א לכתוב כאן הכי, נוהגין לכתחילה אם אינו רוצה לבשלה אח"כ, ולא לכתוב סתם, **וצ"ל** דלעיל כתב אליבא דדעה ראשונה דהכא דבעי חתיכה אף לצלי, ועיין מש"כ שם בשם רש"ל]. ‹**ומיהו** אנן קיי"ל, דלצלי א"צ כלל קריעה, ולבשלו אח"כ צריך, ובעוף די בנטילת המרה – פמ"ג›.

סעיף ד - אם צלאו עם בשר בתנורים שבימי חכמי הגמרא, שפיהם למעלה, יהיה הכבד למטה ולא למעלה. ובדיעבד, מותר - הטעם איתא בש"ס פכ"ה, דדם מישרק שריק בצלייה, **והקשו** התוס', דאמאי לא שרינן אפי' לכתחלה, משום דכבכ"פ, ואי משום דפעמים נצלה הבשר שלמטה מן הכבד תחלה, והכבד עדיין פולטת ונופל על הבשר, וכשמסירין הבשר הרי בלע ולא היה לו שהות לפלוט, אם כן בישרא עלוי בישרא נמי ליתסר מה"ט, כשהתחתון נצלה קודם ומסירין אותו מן השפוד, **וי"ל** דכבד שיש בו שפע דם לא אמרינן כבולעו כך פולטו, והא דאמרינן, דלב קורעו אחר צלייתו משום דכבכ"פ, אע"פ שיש בו שפע דם, דם הלב מתבשל ומתייבש במקומו בחלל הלב, עכ"ל, **והעתקתי** דבריהם מפני העט"ז, שכתב וז"ל, אסור לצלות כבד על בשר, שהכבד כולה דם ופולט כל זמן שהוא אצל האש, והבשר לאחר שנצלה קצת פוסק מלפלוט, ויזוב הדם מן הכבד על הבשר ויבלע הבשר מדם הכבד, ובדיעבד מותר דכבכ"פ בצלייה, ע"כ לשונו, **והרי** בש"ס התירו להדיא מטעמא דמישרק שריק, וגם מ"ש והבשר לאחר שנצלה קצת כו', לכאורה נגד התוס'. ‹**ונ"מ**, דלטעם דמישרק שריק, א"צ לשהות התחתון שנצלה כבר כמו העליון שעדיין לא נצלה, ואלו לטעם הלבוש דכבכ"פ, היה צריך לשהות התחתון כמו העליון – פמ"ג›.

ובשפודים שצולים אצל האש, אסור לצלותן עם הבשר לכתחלה, אפילו כבד למטה - שפעמים מגביהין השפוד ונהפך העליון לתחתון.

הגה: מיהו אם נמלחה הכבד כבר, מותר לצלותה עם בשר, אפילו על גבי בשרא, דכבר נתמעט דמו, והוי כבשר על גבי בשר - משמע דכ"ש תותי בישרא, וכן משמע בתוספות להדיא, שכתבו ליישב הא דצולין את הפסח עם הכבד, דנותן כרעיו ובני מעיו לתוכו אפילו לכתחלה, אליבא דמאן דאמר כבדא עלוי בישרא אפילו דיעבד אסור - אבל למאן דאמר כבדא עלוי בישרא דלכתחלה הוא דאסור, כתבו שם דגבי פסח לא החמירו ושרי לכתחלה - **דהוא** יעמיד כגון שמלח הבני מעיים מליחה גמורה, דאפי' לקדרה התירו ר"ת על ידי מליחה גמורה, ואפי' לפי מנהגינו שאין מבשלים כבד ע"י שום מליחה, מ"מ כיון דנמלח במליחת קדירה נתמעט דמו, ולא אסר טפי משאר בשר שלא נמלח, ובישרא ע"ג בישרא שרי לכתחלה לכ"ע, עכ"ל, **וא"כ** אף שנמלח הכבד והיתה למטה, שהרי היתה מונחת בתוך הפסח, שרי לכתחלה, ולפ"ז מוכח דגם לר"ת שרי בכה"ג אפילו לכתחלה.

[**וקשה הא תחת הבשר ודאי אסור, כיון שמיירי כאן בבשר שלא נמלח, כמו שסיים "והוי כבשר ע"ג בשר", וא"כ יהיה אסור לצלות הכבד שנמלח תחת הבשר שלא נמלח, דהא לר"ת הוי הכבד שנמלח כמו בשר שנמלח, כמ"ש בס"א, וכן עיקר להלכה, אלא שאנו מחמירין דלא כוותיה, וכאן אמאי יהיה מותר]. לא** קשה מידי, דאפי' לר"ת שרי הכא תותי בשרא, מטעם דכבולעו כך פולטו, וכמ"ש בש"ך - נקה"כ.

והדרישה כתב וז"ל, צ"ל דמ"ש התוס' שמותר, היינו דוקא כשהכבד למעלה, דהא קי"ל להלכתא כר"ת, שכבד שנמלח אפילו לבשלו עם בשר מותר, שדינה כבשר מלוח, רק שאין נוהגין כן, **ואם** כן הוא יש לתמוה על רמ"א שכתב, אפילו ע"ג בישרא, דמשמע כ"ש תותי בישרא, וז"א כמ"ש, וצ"ע, **וצ"ל** דרמ"א איירי בשכבר נמלח הכבד, אבל לא הודח ופולט עדיין ציר, עכ"ל, וגם הב"ח כתב כן קצת מזה.

והא ודאי ליתא כדפי', דאפי' לר"ת שרי לכתחלה, והיינו מטעם כבכ"פ, **ובכבדא** עלוי בישרא לא מהני הך טעמא דכבכ"פ אלא בדיעבד, כיון שיש בה רבוי דם, **אלא** דא"צ להך טעמא, דבלא"ה אינו נבלע כלל דמישרק שריק כדמוכח להדיא כל זה בתוס' שם ע"ש, ובתוס' שהבאתי בס"ק לעיל מוכח, דאפי' דיעבד לא הוי שרי בכבדא עילוי בישרא מטעמא דכבכ"פ, ודוק, **ומ"ש** הדרישה דרמ"א איירי שפולט עדיין ציר, הוא דחוק ורחוק מכמה טעמים, ואין להאריך, **ועוד** דמעולם לא שמענו בצלי חילוק בין שהוא פולט ציר או לא, [וכן הקשה ט"ז], וכן כתב הרא"ה, דבצלי לא שייך לחלק בזה,

[ט"ז] ‹רעק"א או ש"א או הוספת הסבר› (פת"ש)

וגם הרשב"א משמע דלא נחלק עליו בזה, (ע' ש"ך לקמן סי' ע"ז סק"ב, וצ"ע - רעק"א), **אלא** הברור כדפי', דמטעם כבכ"פ שרי לכתחלה, **אבל** ק"ק דהא כתב הרב לקמן ס"ס ע"ז, דלכתחלה אסור לצלות בשר שנמלח עם בשר שלא נמלח, **וי"ל** דהא ודאי דמדינא שרי אפי' לכתחלה מטעמא דכבכ"פ, אלא דהרב חשש שם להחמיר, וכאן כיון דהרבה פוסקים ס"ל דאפילו אחר מליחה יש הרבה דם בכבד, אוקמא אדינא.

[**ונראה פשוט דרמ"א לא התיר תחת הבשר, אלא מעיקרא אמר שמותר לצלותו עם בשר בשוה, ר"ל בשפודין שלנו שאצל האש, וע"ז אמר אפי' ע"ג הבשר נמי, אבל תחת הבשר פשיטא שאסור**].

הג"ה - אם נמלח הבשר ונמלחה הכבד ג"כ, אם מותר לצלותו ביחד, הבשר שנמלח עם הכבד שנמלח, או לאו, נראה להתיר - נקה"כ.

(**עי'** תשובת הר הכרמל שכתב, בכבד שצלאוהו ע"ג גחלים על הכירה, ונגע בשעת הצליה בקצה א' בקדרה כ"ח של תבשיל רותח העומד שם אצל האש, ואין ס' בקדרה נגד הכבד, דהכל אסור, הקדרה והתבשיל שבתוכה, **אך** אם הקדרה היתה ריקנית, י"ל אפילו בשל חרס שרי, דאמרינן כבולעו כך פולטו, ע"ש הרבה טעמים לזה, **ויש** נ"מ בין הטעמים שלו לענין אם הקדרה היתה כלי מתכות, וכן אם הקדרה צוננת, וגם יש חילוק בין אם מיד שהניחו הכבד על האש נגע בקדרה, לאם נגע אח"כ, ע"ש היטב).

סעיף ה - לא ימלחנו לכתחלה על גבי הבשר, אלא תחתיו

- פי' כשמולח שניהם הוא דלכתחלה אסור, ובדיעבד מותר אפי' הכבד למעלה, וכדכתב נמי הרב, **אבל** אם הבשר כבר נמלח והודח, אסור אפי' דיעבד אם הכבד למעלה, דודאי לא גרע משאר בשר שלא נמלח, שנמלח ע"ג בשר שנמלח כבר והודח, דנתבאר לעיל ס"ס ע' דאסור, וכן מוכח להדיא בתה"א שם, דמיירי כשמולח שניהם.

הגה: ונהגו שלא למלוח כבד כלל, אפילו לבדה - משום היכירה דאינו דומה לשאר בשר, שלא יבואו לבשל עם בשר, או"ה שם, **וא"נ** משום דהאור חוזר ומבליע הדם (לתוכו - פמ"ג), אגור בשם מהרי"ל, **ולפ"ז** נראה דאם אירע שמלחה, ידיחנה קודם הצלייה, וכדלעיל סי' ס"ט סס"כ ע"ש, ועיין בתשובת מהרי"ל.

ואין לשנות, רק יש למלחה קצת כשהיא תחובה בשפוד, או מונחת על האש לצלותה.

ומיהו אם איתא שמלח כבד, בין שמלחה לבדה או עם בשר, אפילו על גבי בשרא, הכל מותר. וי"א שיש לקלוף מעט סביב הכבד, אם היא דבוקה בעוף, ואינו אלא חומרא בעלמא - מל' זה, וגם מדנקט הרב עוף, משמע דאתא לאשמועינן דבבהמה שאין דרך להיות הכבד דבוקה בה בשעת מליחה, פשיטא דליכא מ"ד דבעי קליפה, וכ"כ באו"ה שם בהדיא, אבל נמצא בתוכה כשאינה דבוקה לא, ופסק בת"ח, **דלא** כדמשמע בעט"ז, דאפי' אינה דבוקה בו בעי קליפה, ועיין בס"ו.

(**עיין** בשו"ת הרדב"ז שכתב, דכבד שנמלח עם בני מעים, דאיכא תרתי לריעותא, חדא דכבד מרובה בדמים, ותו דאין מחזיקין דם בבני מעיים, יש לחוש ולאסור הבני מעיים, ע"ש).

נהגו להדיח כל כבד אחר צלייתה - כלומר אפי' רוצה לאכלה כך צלויה, וק"ל, **והיינו** דלעיל ס"א בהג"ה כתב, דמדינא יש לכתחלה להדיח אחר הצליה אם רוצה לבשלו, מפני מראית עין שלא יתאדם התבשיל, ודיעבד שרי, **וכאן** אשמעינן דמנהג הוא אפילו בלא בישול נוהגין להדיח - פמ"ג, **משום דם הדבוק בה, מיהו אם לא הדיחה מותרת** - כלומר אם לא הדיחה כלל, אפי' קודם צלייה, ובישלה כך, מותר, וכ"כ בד"מ בשם או"ה, וכן משמע בת"ח, והטעם איתא שם, דדם כבד דרבנן, **אבל** אם לא הדיחה אחר הצלייה, כבר כתבו הרב בס"א, **מיהו** מסיק בת"ח, דלכתחלה נהגו להדיח גם קודם צלייה, ומשמע שם אפילו לאכלה כך צלויה, וע"ש.

(**עבה"ט** של הרב מהרי"ט ז"ל, מ"ש לענין כבד שנשרה במים מעת לעת, ועיין בתשובת חו"י שדעתו לאסור, **ובתשובת** מקום שמואל האריך בזה, והעלה להתיר, ועי' בתשובת מעיל צדקה, שחולק ג"כ על האחרונים האוסרים, והעלה כדעת הפר"ח להתיר, **אמנם** אם לא הדיח הכבד מתחלה, ואין במים ס' נגד הדם בעין

מחבר רמ"א ש"ך ונקה"כ

שעליו, יש לאוסרו, **אבל** אם הודח מתחלה, או שיש ס' נגד אותו הדם לבד, יש לסמוך להקל, **והכלי** שבו נכבש יש לאסור, אם אין ס' במים נגד כל הכבד, ע"ש).

סעיף ו - נמצא כבד בעוף צלי, מותר. הגה: וי"א לקלוף מעט סביב הכבד - משמע אפילו אינו דבוק מצריכין קליפה בצלי, וכ"כ בד"מ, ובת"ח בשם או"ה.

ואינו אלא חומרא בעלמא - וסיים בת"ח, ולכן אם לא קלפוה ונתבשל כך אין לחוש כלל, עכ"ל, **ונ"ל** דאפי' קליפה א"צ אחר הבישול, ‹והטעם, כיון דלפעמים ליכא ס' נגד הקליפה, ושלא יבואו להתיר אף במקום שהקליפה נאסר מדינא – פמ"ג›, **משא"כ** גבי לב לעיל סי' ע"ב. ‹דשם י"א דהוה דם בעין, ומש"ה לא הוה חומרא בעלמא – פמ"ג›.

ואם הוא מבושל, צריך ס' כנגד הכבד - המחבר סתם הדברים, דבכל גוונא דאיכא ס' נגד הכבד הכל שרי, דס"ל לקמן סי' צ"ב, דלא אמרינן חנ"נ רק בב"ח ולא בשאר איסורין.

הגה: ואין לך עוף שהוא ס' נגד הכבד, כשהיא שלימה, ולכן אם הכבד שלימה ודבוקה בעוף, נעשה העוף חתיכת נבילה, ובעינן ס' משאר דברים שבקדרה נגד כל העוף. והוא הדין אם דבוק חתיכת כבד בחתיכת עוף, ואין ס' כנגדו, דהא קיימא לן בכל האיסורים חתיכה נעשית נבילה, כדלקמן סימן צ"ב.

ואם אין הכבד דבוקה, מצטרף כל מה שבקדרה לבטל הכבד, ואם יש ששים בכל, הכל מותר. מיהו הכבד עצמה אסורה כמו בלב, כמו שנתבאר לעיל סימן ע"ב - מפשט דברי הרב משמע, דאפי' נמלחה קודם, אסורה, דהא ארישא קאי דאיירי בנמלחה, שהרי היא דבוקה בעוף, וכן משמע להדיא בסימני ת"ח, וכ"כ הב"ח, **אמנם** צ"ע בעיקר דין זה, לפי שהרב בת"ח כתב, שנ"ל להתיר הכבד, אפי' לא נמלחה מקודם כשיש ס', מטעם דבשר שנתבשל בלא מליחה דאסור אפי' יש ס', גופיה חומרא בעלמא הוא, וכדלעיל סי' ס"ט סי"א, והלכך גבי כבד דבלא"ה רוב הפוסקים הסכימו דאין הכבד נאסר, אין להחמיר, עכ"ד, **אלא** שכתב אח"כ, אבל מצאתי שכ' ר' ירוחם, דאפילו איכא ס' נגד הכבד, מ"מ הכבד אסור כמו גבי לב, עכ"ל, ואין לזוז מדבריו, כי בטלה דעתי נגד דבריו, עכ"ל הרב, **וברבינו** ירוחם לא נמצא דבר, ואדרבה כתב לשם שמשערינן בכל הכבד כיון שאין אנו יודעים כמה דם יצא ממנו, אע"פ שהכבד מותר, כמ"ש שאינו נאסר, דומיא דלב שבשלו בלא קריעה, שמשערינן בכל הלב אע"פ שהלב מותר, כמ"ש בדיני הלב, עכ"ל, **אלא** שכתב לשם בסוף האות, דתרנגולת שנצלה עם הכבד שלה, הכבד אסור ותרנגולת מותרת, כי יש בה יותר מס', עכ"ל, **וא"א** לומר שהרב כוון לזה, שהרי העתיק לשונו כמו גבי לב, **ועוד** דע"כ אין ראייה מזה, דבלא"ה קשה, דהא ס"ל לרי"ו דהכבד מותרת שפולטת ואינו בולעת, **אלא** צ"ל דס"ל לרי"ו דבצלי שאני, שפולטת דם הרבה וכנוס תחתיה בחלל התרנגולת, וחוזר ונבלע בכבד, וגם ס"ל כתוס' שהבאתי בס"ק י"ב, דלא אמרינן כבולעו כך פולטו בדם כבד - **מיהו** אנן לא קי"ל כרי"ו בהא, אלא כמ"ש הפוסקים והטור בס"ו, דנמצא כבד בעוף צלי מותר מטעם דכבכ"פ, וכ"כ הב"י, **גם** במה שמשמע מדברי רי"ו דתרנגולת יש בה ס' נגד כבדה, לא קי"ל כוותיה - **וגם** ס"ל לרי"ו דלא אמרינן דם מישרק שריק אלא בכבדא ע"ג בישרא, משא"כ בחלל התרנגולת דלא שריק, דלא עדיף מאלו יש גומות בבשר דלא אמרינן מישרק שריק, וכמ"ש בס"ס ע"ה בשם הגה"מ ושאר פוסקים, **וא"כ** אין ראיה לדין דהכא, וצ"ע.

[וכיון דכתבתי בס"א, שרש"ל מתיר להלכה למעשה הכבד שנתבשלה לבדה, *יש לסמוך עליו בזה לכל הפחות דאין הכבד חוזרת ואוסרת אח"כ דברים אחרים בנתינת טעם, ‹היינו דבבשר שנתבשל בלי מליחה, ויש נגדו ששים, דאסורה אותה החתיכה, אם נפלה לקדירה אחרת, אוסרת כשאין ששים, אבל בכבד אין להחמיר כולי האי – פמ"ג›, **דהיא עצמה אינה אסורה כלל מן הדין אלא מצד חומרא, והיינו בנתבשלה בלא בשר, אבל עם בשר פשיטא שאין לסמוך להקל בזה, כנלענ"ד]**. ‹**ולא** ידענא כוונתו כאן – פמ"ג. **תמוה** לכאורה, דכיון דיש ששים לא נעשה השמנונית נבלה, ולא שייך טעם הרש"ל שהביא הש"ך בסוף ס"א – חוו"ד›.

*‹**לענ"ד** אסור בזה, דהא בזה אזדא היתרא, "כיון דהרבה פוסקים ס"ל דכבד אינה נאסרת", דהא מ"מ אוסרת, **וגם** היתר, "דגם בשאר בשר מדינא מותר", י"ל דגם בשר

מותר רק לאכלו בעצמו, אבל לבשלו אוסר, דדלמא מתחילה לא יצא בבשול כל דמו - רעק"א.

‹ונראה דודאי בבישול יוצא כל דמה, ומה שאפשר לצאת יוצא בבישול ראשון, ולא נשאר רק טעם קלוש, דלא גרע מאחר מליחה לרבינו תם, ובבישול כולי עלמא מודו, רק שאפילו הכי אינה נאסרת, דמכל מקום טרודה בפליטה, **ופירש** ממקום למקום אינו אסור לדעת הרש"ל, וכמש"כ לעיל סוף ס"א. **ועם** שאר בשר, כיון שאסר הרש"ל מהטעם שכתבתי שם, דהדם שנכנס בתוך השמנונית של שאר בשר שנבלע בהכבד, הוי כפירש ואסור, לא רצה לסמוך להתיר - חוו"ד›.

עוף שמלאוהו בביצים ונמצא בו לב או כבד, דינו כמבושל, ובעינן ס' מן העוף בלא המילוי - אע"ג דאין עוף שהוא ס' נגד הכבד שלו, י"ל דמיירי כשהכבד אינה שלימה, **ואם לאו, הכל אסור** - ר"ל דאם אין העוף שלם, דאז אפשר דאין בו ס' נגד לבו, דאל"כ הא כבר נתבאר בס"ס ע"ב, דאין לך עוף שלא יהא בו ס' נגד לבו, וק"ל.

ונראה מדברי הרב, דבדאיכא ס' גם המלוי מותר, וכן משמע דעתו בת"ח להדיא, וכן משמע פשטא דמילתא באגודה, וכן במהרי"ל ובאו"ה, **ואע"פ** שדעת מהרש"ל והב"ח אינו כן, מ"מ הא בלא"ה הרמב"ם והסמ"ג ס"ל דבביצים נמי אמרינן כבכ"פ, ‹ועיין בס"ס ע"ב בט"ז אריכות בענין זה›.

לכאורה היה נראה מדכתב הרב ונמצא בו, וכן מדהוצרך לכתוב ובעינן ס' מן העוף בלא המלוי, דאיירי אפי' כשאינו דבוק הלב או הכבד בעוף, ואפ"ה אינו מצטרף המלוי לבטל בס', וכדעת רש"ל, וכך הבין העט"ז, **אבל** פשטא דלישנא דדינו כמבושל שכ' הרב לא משמע הכי, אלא משמע דהוי כנתבשל הכל ביחד, וכ"מ באו"ה ובת"ח, שלא הזכירו דבעינן ס' מן העוף בלא המלוי, **וכן** בכבד הנמצא בפשטיד"א, כ' הרב בת"ח ובהג' ס"ס ע"ח, דיש לה דין בישול לקדרה בין לקולא בין לחומרא, והיינו דאם יש ס' בפשטיד"א, הכל שרי, מלבד החתיכה שהאיסור דבוק בה, ופשטיד"א דומה למילוי ביצים, **ואדרבה** הסמ"ג מחמיר טפי בפשטיד"א מבמלוי ביצים, דס"ל התם דבפשטיד"א לא אמרינן כבכ"פ, ובביצים אמרינן כבכ"פ, וכן מהרש"ל דימה דין קמח לביצים,

וא"כ ה"ה בביצים, דאם אין האיסור דבוק, מצטרף המלוי ג"כ לבטל, **וכן** בדין, דכיון דאמרינן דהביצים כיון שהם נקרשים גורמין דהוי כבישול, למה לא יצטרפו ג"כ לבטל, וכ"מ דעת הב"ח, **אלא** הרב מיירי כאן שנמצא הלב או הכבד דבוק בעוף, ולכן בעינן ס' מן העוף בלא המלוי, ולא בא הרב אלא לאשמועינן דל"ת דבכל צלייה אמרינן כבכ"פ, אפי' במלוי ביצים, וכדעת הרמב"ם וסמ"ג, אלא כיון דמלאוהו בביצים שהם נקרשים, לא שייך כבכ"פ, והוי כאלו נתבשל הכל יחד, ואגב זה נקט נמי דבעינן ס' מן העוף בלא המלוי, כלומר כשהאיסור דבוק בו כדין שאר בישול, **א"נ** אתא לאשמועינן דל"ת כיון דהמלוי גורם דהוי כבישול, א"כ נבלע אדרבה מתחלה במלוי, וא"כ אף שהאיסור דבוק בעוף, יצטרף המלוי, קמ"ל.

ואם מלאוהו בבשר ואין שם ביצים הנקרשים ומעכבים הדם, דינו כצלי - משמע דעת הרב, דאם יש שם ביצים, אע"פ שיש שם בשר שלא נמלח, לא אמרינן כבכ"פ, וכן יתבאר עוד דעת הרב בזה בסי' ע"ו וע"ז. ‹ועיין בט"ז ס"ס ע"ב, דבלא נמלח הבשר אמרינן כבכ"פ›.

‹(**ע'** בתשובת שבו"י, במעשה בסעודה גדולה של נישואין, שבשלו הרבה קדירות עם תרנגולים ובשר הרבה, ומצאו תוך תרנגולת אחת הכבד והלב מחובר, וידעו באיזה קדרה שבשלו זאת התרנגולת, אך לא ידעו שאר התרנגולים ובשר איזה נתבשל עם תרנגולת זאת, **והשיב** דזה ודאי, אם בצירוף יחד כל הבשר והתרנגולים יש ששים נגד זאת התרנגולת, פשיטא דהכל מותר במקום הפסד, כיון דכל מה שנכנס בספק מצטרף לבטל, כדאיתא בש"ע סי' קי"א ס"ז, **אלא** אפילו ליכא ס' נגד התרנגולת שהלב והכבד דבוק בו, אין לאסור רק אותו תרנגולת במקום הפ"מ וסעודת מצוה, כיון דהא דחתיכה נ"נ בשאר איסורים הוא רק מדרבנן, גם איסור דם הכבד והלב שבשלו הוא רק מדרבנן, גם נתבטל חד בתרי בקדרות, אין להחמיר כלל, עכ"ד, **וצ"ע** בזה, אמנם היכא שסילקו זאת התרנגולת מהקדרה קודם שנודע, או דנצטנן הקדרה קודם שנודע, יש לסמוך להקל, עמ"ש לקמן סי' צ"ט סק"ו בשם רעק"א)›.

סימן עד – הטחול דינו כשאר בשר

§ סימן עד – הטחול דינו כשאר בשר §

סעיף א- הטחול, אע"פ שיש בו מראה אדמומית ונראה כרבוי דם, דינו כשאר בשר - ומותר לבשלו אפילו עם שאר בשר, ת"ח.

הגה: י"א שנהגו שלא לבשל הכליות או ביצי זכר - כלומר בקדרה, **אפילו לאחר שניקר אותן, משום דאית בהו רוב דם** - ול' הב"י, ואנו נהגנו היתר לבשלם, ולא שמענו פוצה פה, ע"כ, **ובמדינות** אלו אין נוהגין כן. ‹**ויש** להסתפק בדבריו במה שסיים ובמדינות אלו אין נוהגין כן, אי קאי אב"י, והסכים להר"ב, **או** אהר"ב קאי דנוהגין שלא לבשל, אין נוהגין כן אלא מבשלין אחר המליחה, **ובית** לחם יהודה כתב, ואנו נוהגין היתר לבשלו, ב"י וש"ד, וחזי מה עמא דבר – פמ"ג›, **ובדיעבד אין לחוש.**

ומותר למלוח כל אלו עם שאר בשר, אף על פי שיש בהם רוב דם - כלומר אע"ג דכבדא עלוי בישרא לכתחלה אסור, וכמו שנתבאר בסי' הקודם סעיף ה', באלו מותר אפילו לכתחלה ע"ג שאר בשר.

ובלבד שיסירו הקרומים והחלב מהם - דין קרום הטחול נתבאר בסי' ס"ד ס"י, ודין קרום הכוליא שם סעיף י"ב ע"ש, ועיין לקמן בסי' ק"ה ס"ח.

[כתוב בהג' ש"ד, מעשה היה בטחול שנצלה בלא ניקור, והתיר ה"ר משולם וחבריו, דבטל חלב בטחול עצמו ובחלב הכשר שבו, דשיערוהו דהטחול והחלב הכשר שבו הוה ששים נגד חלב האיסור, ראבי"ה, עכ"ל, **וכתוב** בת"ח, ומשמע הלשון דאסתם טחול קאמר דהוא כך, דאל"כ מאי קמ"ל, ומ"מ צ"ע, דאמאי לא כתבוהו הפוסקים כמו שכתבוהו גבי לב, **ואפשר** דדוקא התם שיערו כך, וקמ"ל דשומן הטחול מפעפע ודינו בששים אפי' בצלייה, ע"כ אין לסמוך להקל בסתם טחול מכח זה, אא"כ ברור שיש ששים בהיתר נגדו, הואיל ואפשר לדחוק וליישב הלשון, עכ"ל, **ולענ"ד** דודאי לא קאי על סתם טחול, דגבי לב מצינו שהיה קבלה בידם ע"ז, כמ"ש הטור בשם הרא"ש, ולמה הוצרך לקבלה, ולא שיעורו בעצמו, אלא דמידי דתלוי בשיעור אין לתת בו כלל, כי לפעמים לא יהיה כך, **והא** ראיה, שכתבו האחרונים, דלפעמים יש אף בחתיכה של עוף ששים נגד הלב או הכבד, אע"פ שכתבו שאם אין העוף שלם אין שם ששים, אלא ע"כ דהקבלה היא באם העוף שלם בודאי יש בריוח ששים, ואם אינו שלם תלוי בראיית עין, ואם כן האיך נאמר בטחול, כיון שהם שיערו באחת, יהיה כן לעולם, והלא לפעמים יש חלב הרבה, ולפעמים מעט שהוא כחוש, **ע"כ** אין כאן חומרא, רק איסור גמור מן הדין, עד שיהא ששים נגדו].

‹**אם** נמלח הטחול ‹בלי ניקור› והכרס יחדיו, יש להתיר הכרס בקליפה, כיון דהרבה פוסקים ס"ל דלא אמרינן חתיכה עצמה נעשית נבילה, וגם במליחה יש להקל ביותר, עיין ש"ד סי' צ"ב ס"ק ט"ז, א"כ יש לסמוך על הקולא דמסתמא יש בטחול ששים, חי' הגרשוני, **ולענ"ד** אם ידוע שנמלחו יחד, ולא נמלח הטחול לבדה, יש להתיר גם הטחול בקליפה, דגם דבוק הוי חומרא בעלמא, ויש לסמוך על המקילים דלא אמרינן דבוק, ויצטרף הכל לששים, כיון דבלא"ה יש סברא דבטחול גופיה יש ששים, ודו"ק – רעק"א›.

§ סימן עה – דין מליחת המעיים §

סעיף א- אין מחזיקין דם בבני מעיים, כגון בכרס - כן הוא דעת הרא"ש וטור ושאר פוסקים, דכרס הוי בכלל בני מעיים שהוזכר בש"ס, שאין מחזיקין בהם דם. **ובקיבה, ובדקין** - הם הסובבים סביב הכנתא, אבל כנתא גופא יש בה דם.

ובחלחולת (פירוש הכרכשא, והוא המעי הדבוק בפי הטבעת), בלא שומן שעליהם.

לפיכך אם בשלם בקדרה בלא מליחה, מותר, אלא אם כן אסמיק - כלומר דדוקא מסתמא לא מחזקינן בהו דם, אבל אי אסמיק צריכין מליחה כשאר בשר. **הגה: וכ"ש אם נמלחו בכלי שאינו מנוקב, דמותרים** - מן הסתם אי לא אסמיק.

מיהו לכתחלה צריכים מליחה בכלי מנוקב, והדחה תחלה, כשאר בשר - הטעם מפורש בסה"ת

הלכות מליחה
סימן עה – דין מליחת המעיים

ובאו"ה, לפי שא"א לנקר הבני מעיים שלא ישאר בהן מעט שומן, ע"ש, **ומה"ט** סגי אפי' לכתחלה במליחת צד החיצון לבד, וכדלקמן.

ויש חולקים בכרס, ואומרים דמחזיקין בו דם, ואפילו בדיעבד אסור בכרס ובית הכוסות כשאר בשר - וכ"פ מהרש"ל, וכ"כ הב"ח, דלא כהעט"ז שלא הביא אלא דברי המחבר.

(עי' בתשובת רדב"ז, שדעתו נוטה לדעת המקילים, דכרס אין מחזיקין בו דם, ע"ש).

ונ"ל דאף הרא"ש והטור מודים דבקורקבן מחזיקין דם, שהרי עינינו רואות דיש דם הרבה בקורקבן, ועוד דהא ס"ל בסי' נ', דקורקבן לא הוי בכלל בני מעיים שהוזכר בש"ס, **והדרישה** כ', דלדעת הטור וסייעתו, אין מחזיקין דם בקורקבן כמו בכרס, ותלה עצמו במה שהביא הטור ר"ס ק"י בשם רבי יודא, דקורקבן לא הוי חתיכה הראויה להתכבד, כדאמרינן בני מעיים אוכליהון לאו בר אינש, **ולא** כוון יפה, דלדבריו יהיו דברי הטור סותרים זא"ז, וכן הקשה בהגהת דרישה, ולדבריהם תיקשי נמי, אמאי לא מייתי הטור ראיה ממאי דאיתא להדיא בפ' קמא דביצה, קורקבן ובני מעיים לא אכלי להו אינשי, וגם אדרבה מוכח מש"ס זו דקורקבן לא הוי בכלל בני מעיים.

[**וראיתי אחר זה בסמ"ג, שמביא ג"כ דין של ה"ר יהודה שמביא הטור סי' ק"י, דקורקבן לא מיקרי חתיכה הראויה להתכבד, ומביא שם שני גמרות, האחת ממס' נדרים, רשב"ג אומר קרביים, פי' מעיים, לאו בשר, ואוכליהון לאו בר איניש, ואח"כ מביא גמר' דריש ביצה, דקורקבן ובני מעיים איכא אינשי דלא אכלי, וקשה ודאי למה לו להביא כלל גמר' דנדרים, דשם לא הוזכר כלל קורקבן, ולא היה לו לאתויי אלא גמר' דביצה דמפורש שם קורקבן, וזה עיקר כוונתו של הסמ"ג, אלא פשוט דאי מגמר' דביצה לחוד, הו"א שאמר שם איכא אינשי דלא אכלי כו', מנלן דאזלינן בתרייהו, דלמא אזלינן בתר האוכלים, והוה חתיכה הראויה להתכבד, ע"כ מביא גמר' דנדרים, דאמרינן מעיים אוכליהון לאו בר איניש, פי' שאכילתם היא אכילה גרועה, כמו שפי' רש"י שם, וא"כ גם גמר' דביצה שאמרה גבי מעיים, איכא אינשי דלא אכלי, אותן האנשים הם עיקר, ממילא גם גבי קורקבן יתפרש כך, דהא אמר חד לישנא לקורקבן עם בני מעיים בגמר' דביצה, ומגמר' דנדרים פשיטא דלא מצי לאתויי לחוד, ששם לא הוזכר רק מעיים ולא קורקבן, ואין קורקבן בכלל בני מעיים, ולא הביא גמר' זו רק לפרש גמר' דביצה לענין מעיים, ממילא נדע לפרש גם לענין קורקבן כך, זה נ"ל ברור ומתוקן יפה בפירוש דברי הסמ"ג, גם הטור סי' ק"י, אלא שלא הביא רק גמר' אחת, דהיינו דנדרים, שמשם אנו למדין דאנו הולכים אחר אותן שאינו אוכלין אותם, ממילא גם הקורקבן בכלל מעיים לענין זה דוקא, כנלענ"ד פשוט, דדין בשר גמור יש לו**].

ועוד דהא הך ראיה דמייתי הטור בשם הר"י, מדאמרינן בני מעיים אוכליהון לאו בר אינש הוא, לישנא דרשב"ג בנדרים בברייתא, ובלישנא דברייתא אף להרא"ש וטור קורקבן בכלל בני מעיים, (היינו בלשון תנאים קורקבן בכלל, ולא בלשון אמוראים - א"ב), כדכתב הרא"ש להדיא ומביאו ב"י בסי' נ', וזה ברור.

וגם הב"ח בקו' אחרון לא כוון יפה בזה, במ"ש דכיון דאנן לא קי"ל כר"י, וקורקבן הוי חתיכה הראויה להתכבד, א"כ לא הוי בכלל בני מעיים ג"כ לענין דם, עכ"ל, **דהא** דאנן קי"ל דהוי חתיכה הראויה להתכבד, היינו משום דכתבו הרמב"ם והסמ"ג ושאר פוסקים, דדין חתיכה הראויה להתכבד משתנה לפי הזמן והמקום, **תדע** שהרי בש"ס הנזכר מבואר להדיא דקורקבן לא אכלי להו אינשי, אלא צ"ל דהיינו דוקא בזמנם, אבל היה יכול להיות דקי"ל דקורקבן הוי בכלל בני מעיים שהוזכר בש"ס, אם לא כמו שהוכחתי, ודוק.

[**כתוב בדרישה, דקורקבן של עוף הוה במקום קיבה בבהמה, ולא מחזקינן ביה דם...**]. (**גירסת** הספרים "הוה במקום כרס בבהמה", והקשה הפמ"ג על הט"ז, דלבסוף סיים הט"ז בשם הדרישה דהוי במקום קיבה, והט"ז עצמו הביא ראיה לבסוף דהקורקבן הוא במקום כרס, והא הדרישה ג"כ ס"ל כן דהוא בכלל כרס ומש"ה מתיר, ואה"נ דלסברת הרב בהגה"ה, דס"ל דמחזיקין דם בכרס, ה"ה בקורקבן הדין כן, **ועיין** בלבושי שרד שכתב דט"ס בריש דברי הט"ז, וצ"ל "הוה במקום קיבה בבהמה" - אמרי בינה).

[**ומה שכתב בדרישה, דקורקבן של עוף הוה במקום קיבה בבהמה, אין זה נכון כלל, דהא כתב הטור בסי' מ"ט, כל הטריפות בבהמה טריפות גם בעוף, באברים הנמצאים בו, אלא שאין לעוף לא כרס ולא המסס ובית**

הכוסות, ויש כנגדו זפק וקורקבן, עכ"ל, הרי שנקט הקורקבן במקום כרס והמסס ובית הכוסות בבהמה, והכא נמי ודאי כן הוא בלי ספק, וחד דינא אית להו. ‹ודלא כהש"ך דסובר דאפי' ככרס אינו, ואפי' להמחבר דאין מחזיקין דם בכרס, מחזיקין בקורקבן›.

[ועוד נראה להביא ראיה, דאע"פ דנקטו הפוסקים קיבה בזה הסי', מ"מ אין בכלל זה קורקבן של עוף, דמצינו בפ' אלו טריפות דחושב שם הטריפות שלו שהם גם בבהמה, ומפרש שם ברש"י במתנ', אמאי הוצרך לשנות אותם גבי עוף מאחר שכבר שנאם בבהמה, ועל מה ששנה גבי עוף ניקב הקורקבן, לא הקשה רש"י כלל, למה חזר להזכירו בעוף, מאחר ששנה בבהמה ניקבה הקיבה, וגם אין שום תירוץ ע"ז, **אלא** ודאי דאין בזה קושיא כלל, דהקורקבן אינו דומה מצד הסברא להקיבה של בהמה, ממילא גם כאן, אע"פ שהוזכר בקיבה שאין מחזיקין בה דם, אין קורקבן העוף בכלל זה].

[ועוד ראיה לאיסור כאן בקורקבן, מדמצינו לר"ת שכתב הר"ן משמו, שהכרס אינו בכלל מעיים ומחזיקין בו דם, מדאמרינן במחט שנמצא בעובי בית הכוסות, שאם אין עליה קורט דם כו', וכן פסק הרמ"א כאן לאיסור בכרס, **וא"כ** גם בקורקבן הוה כך, דהא כתב הטור וב"י בשם שאר הפוסקים, דמחט בקורקבן כדין מחט שנמצא בהמסס ובית הכוסות, ולא אמר כדין הקיבה, ועל כן ע"כ צ"ל דבקורקבן יש דם, דאל"כ לא שייכי דינים של בית הכוסות, דהא עיקר דין של המסס ובית הכוסות תלוי בדם אם נמצא, וזה נתחדש אצלם].

[ואין להקשות ממתני' דנחמרו בני מעיה, דשם הוה הקורקבן בכלל, דהא התם גם לב וכבד בכלל, ומביא ב"י בשם רבינו יונה, לחלק בין לשון מתני' דהכל בכלל מעיים, ולא בלשון אמוראים, והיינו לענין לב וכבד וקורקבן כולם הם בכלל בלשון מעיים, אבל לא מצינו שום סברא להכניס קורקבן יותר לכלל מעיים מלב וכבד].

אבל שומן שעליהם, דינו כשאר בשר. לפיכך כשמולחים החלחולת ושאר מעיים, אין מולחים אותם בצד פנימי מעבר המאכל, אלא בצד החיצון ששם השומן דבוק.

משמע דאפי' לכתחלה א"צ למלחו רק מצד החיצון ולא מצד הפנימי, וכ"כ באו"ה ובת"ח בהדיא, **ואע"ג** שכ' המחבר לעיל סי' ס"ט ס"ד, דלכתחלה צריך למלוח הבשר משני צדדין, והרב שם אוסר אפי' דיעבד, וא"כ כאן כשאינו מולח אלא מצד החיצון, נמצא שהשומן לא נמלח במקום שהוא דבוק, **י"ל** דכיון דאין כ"כ דם בשומן, וגם אית ביה חטי חטי, סגי בהכי אף לכתחילה.

הגה: ואם מלח החלחולת מצד פנים ולא מצד חוץ, הוי כאילו לא נמלחה כלל, ואם נתבשלה כך, טריפה, אם יש עליה שומן מבחוץ - פירוש אם ידוע שהיה שם שומן כדי לאסור, אבל אין לאסור בדיעבד מטעם שא"א לנקרה שלא ישאר בה שומן.

‹**דוקא** החלחולת, אבל שארי בני מעי', אף דלכתחילה צריך למלוח ג"כ צד החיצון, מ"מ אם דיעבד מלח צד הפנימי לחוד, מותר, מנ"י, דלא כהלבוש והל"ח – רעק"א›.

ל' הת"ח, מיהו אם יש ס' רק נגד השומן והגידין שבה, הכל מותר, עכ"ל, **ואע"ג** דבשר שנתבשל בלא מליחה נהגינן לאסור אותה חתיכה אף בדאיכא ששים, כדלעיל סי' ס"ט סי"א, מ"מ הכא השומן נמס בקדרה ואינו ניכר ובטל, **א"נ** כיון דהתם גופא חומרא בעלמא היא, יש להקל כיון דאין דם נראה לעין בשומן, **ובזה** א"ש הא דסגי בששים נגד השומן והגידין, ולא בעינן ששים נגד כל החלחולת, לפי שהאיסור דבוק בה ונעשית נבילה, **אלא** ודאי כיון דעינינו רואות דלית בהו דם למראית העין, ובודאי הוא מעט מזער, ראוי להקל בזה, כיון דאיסור דבוק בלא"ה חומרא הוא, וכן כתב מהרש"ל.

ואם לא נתבשלה עדיין, יחזור וימלחנה מבחוץ, ומותרת - כ"כ בסימני ת"ח, ובת"ח שם בפנים כתב, יחזור וידיחנה וימלחנה.

[ולא חיישינן שיבלע הצד הפנימי מן החיצון], דמאחר שאינו מוחזק כ"כ בדם, אין לדמותו לבשר אחר שנמלח מצד א', עכ"ל ת"ח בשם או"ה, **ור"ל** דהכא אפי' לאחר י"ב שעות שרי לחזור ולמלחו, משא"כ גבי בשר לעיל סימן ס"ט ס"ד, **וכן** אפי' לאחר מע"ל, להי"א בס"ס ע' דפליטת ציר היא מע"ל, וק"ל.

ביצים המלאים בעופות לאחר שחיטה, אם לא נגמר החלבון שלהם, רק החלמון לבד,

[ט"ז] ‹רעק"א או ש"א או הוספת הסבר› (פת"ש)

צריכים מליחה כשאר בשר - (וכתב מנ"י בשם מהרי"ל ואו"ה, דצריכים ג"כ שריה כשאר בשר, ע"ש). **ומותר למלחן עם בשר.**

ואם נגמר אף החלבון, אפי' הקליפה הקשה עליו כמו שהיא נמכרת בשוק, נוהגין למלחה, אך יזהר שלא למלחה עם בשר. מיהו בדיעבד, אין לחוש.

ודעת מהרש"ל נראה, לאסור אף בדיעבד, בין שנגמר החלמון לבד, או גם החלבון, בין שהקליפה קשה או רכה, ע"ש שהאריך ודבריו נכונים, [וז"ל, ולענין מליחה יראה שאין להקל כלל, ולמלוח אותה ביצה שנמצא בתרנגולת עם התרנגולת, דאע"פ שאנו מחמירין ומולחין כל הביצים, הלא מדינא לא בעי, **ולא** עוד אלא אפי' נגמר החלמון לבד, דחשבינן כבשר מדינא, ולא כרש"י, סוף סוף עינים רואות שאין בו דם, **וגם** אין לה ציר שפולט ממנה, וא"כ אינה טרודה לפלוט ותבלע דם התרנגולת ואסורה, **ועוד** נ"ל דשפיר בלעה ופלטה ע"י מלח, אפי' נתקשה לגמרי, דהא אפי' כלי חרס שמלחו בו בשר, **אפי'** הוא מנוקב אסור לאכול בו רותח, כ"ש הכא כו', **ואפי'** הכי נ"ל שאינה אוסרת את התרנגולת הנמלחת עמה, כמו גבי דגים ועופות, עכ"ל, **ובאו"ה** כתב עוד, דאם נתבשלה הביצה הזאת הנאסרת, אוסרת מה שנתבשל עמה עד ששים, **ודבריו** נראין עיקר להלכה למעשה], וכ"כ הב"ח.

(**עיין** בשאילת יעב"ץ שכתב, דאם הביצה נולדה כדרכה, אף שהקליפה רכה, א"צ למלחה אף מצד המנהג, דאם איתא דאיכא למיחש משום דם, תיתסר לגמרי משום אבר מ"ה, דלא כמורה אחד שטעה בזה, ע"ש).

וכל שומן, אפילו של עופות, דינו כשאר בשר לענין מליחה והדחה - (בין לענין הדחה ראשונה, בין לענין הדחה שנייה - רעק"א).

סעיף ב - בני מעיים בלא שומן שעליהם, אף על פי שאין מחזיקים בהם דם, מותר למלחם עם בשר - משום דציר יש להן, וכל שהן פולטין ציר אין בולעין - רשב"א, **והתוס'** והרא"ש והר"ן כתבו הטעם, דמישרק שריק, **ואף** על גב דס"ל להנך פוסקים דלא כר"ת, דסבירא ליה מישרק שריק במליחה, וכמו שנתבאר בסי' ע' בב"י, **הא** כבר כתבו התוס' והגה"מ והגהת ש"ד ושאר פוסקים, דה"ט משום דמסתמא איכא גומות בבשר ולא שריק, והלכך בבני מעיים דחלקים הם, שפיר אמרינן דשריק, **א"נ** והוא עיקר, דהיכא דפליט ציר אמרינן שפיר דשריק, וכן כתב מהרש"ל שם, וסברא זו מוכרחת בכמה דוכתי, ודו"ק.

[**ואע"ג** דבביצים כתב רש"ל בסמוך, דבלעי מן בשר שלא נמלח ואסור, היינו כיון דליכא בהו ציר, **ואע"ג** דלעיל סי' ע' ס"ו כתבתי בשם רש"ל, דדוקא בפליטת דם אמרינן דלא בלע דם, אבל לא מחמת פליטת ציר, **הא** כבר הוזכר שם, שבענין שי"ל כבולעו כך פולטו, כגון בחתיכה שהונחה עם חתיכות שלא נמלחו, מודה רש"ל דמהני הך סברא, כיון דטרוד לפלוט ציר לא בלע דם].

הגה: ויש אוסרין למלחם עם בשר - (דלא קי"ל כסברת התוס' דמשרק שריק - גר"א), **והכי נוהגין לכתחלה, ובדיעבד מותר** - [ורש"ל כתב דמותר אפי' לכתחילה, ושכן המנהג].

(**ועי'** במנחת יעקב בשם ח"ז הגאון מהר"ש ז"ל, בעוף שנמלח עם זפק ונתבשל, שטריפה עד שיהיה ס' נגד המאכל שבזפק, מטעם דהמאכל בלע דם במליחה, ואין לו לפלוט דם של עצמו, ולא פלט דם שבלע, ע"ש, **ועי'** בתשובת כנסת יחזקאל שחולק עליו, ופסק דשרי, ויסוד ההיתר שלו דאמרינן קרמא מפסיק, וכמו בבוליא שצלאו בחלבו, ע"ש, **ואין** דבריו מוכרחים, ומ"מ נראה ברור, דאף להמנ"י דלא מהני בזה הא דקרמא מפסיק, מ"מ לא אמרינן בזה איסור דבוק, שאם לא היה בעוף גופיה ס', יצטרך ס' נגד כל העוף, אלא כל הקדירה מצטרף לבטל המאכל שבזפק, דלענין זה מהני עכ"פ הקרום, שאין העוף ממהר לבלוע טפי משאר דברים שבקדירה, וכמ"ש הש"ך בסי' כ"ב גבי ורידין כן, ע"ש, והוא פשוט).

סעיף ג - שומן הכנתא (פירוש שומן הדקים אינטרי"לייא בלע"ז) שעל הדקים, מלאה חוטים דקים מלאים דם, ולפיכך יש אוסרים אותה לקדירה אפילו על ידי חתיכה ומליחה. ועכשיו נוהגין היתר. ואותם חוטין של דם כשאדם בקי בהם מותחן, ונפשלים היטב עד שלא ישאר אחד מהם.

סימן עו - דין בשר לצלי

§ סימן עו - דין בשר לצלי §

סעיף א - הצלי אין צריך מליחה, לפי שהאש שואב הדם שבו מעצמו - כן הוא ג"כ לשון הטור, ומשמע דסבירא ליה אפי' הדחה נמי לא בעי לכתחלה משום דם בעין שעליו, לפי שהכל האש שואבו, וכ"כ הרא"ש בהדיא, ומביאו ב"י, ועיין ס"ק ט'.

לשון הרא"ש, לא מיבעיא אם נצלה יפה, דאז נפלט כל הדם לחוץ, אלא אפילו לא נצלה יפה, ולא נפלט כל הדם לחוץ, שרי, כי מה שיוצא לחוץ נורא מישאב שאיב ליה ומישרק שריק, ומה שנשאר בתוכו הוי דם האיברים שלא פירש, ולא חשיב כפירש מה שהולך בתוכו מצד זה לצד זה, עכ"ל, **וכתב** הדרישה על דברי הרא"ש אלו וז"ל, ול"ד למה שנתבאר לעיל סימן ס"ז, דדם שנצרר בחתיכה, או שפירש ממקומו ונתעורר לצאת ונבלע במקום אחר, אסור, **דשאני** התם שמחיים נתעורר לצאת, והוי דם שפירש, מה שאין כן כאן שלא נתעורר לצאת רק מחמת האש, הלכך אמרינן כל מה שבא אליו כח האש לזוזו ממקומו, הוציאו לגמרי ונפל לאש, עכ"ל, **ודבריו** תמוהים, דהא הרא"ש אפי' מה שנשאר בתוכו קאמר דלא הוי כפירש, **ובאמת** יש לתרץ בקיצור, דשאני הכא דלא חשיב פירש, כיון דלא פירש מחיים ממקום למקום, ואולי יש ט"ס בדבריו.

הג"ה, ולי נראה לתרץ, דמ"ש הרא"ש "ולא חשיב כפירש", לא קאי אמה שנשאר בתוכו כו', אלא לעיל מיניה קאי, כי מה שיוצא לחוץ נורא וכו', וק"ל - נקה"כ.

‹**והרא"ש** לשיטתיה, דמולח בכלי שאינו מנוקב מה שפירש ממקום למקום לאו כלום, והרשב"א חולק עליו, וכמו שפסק רמ"א בסי' ס"ט סי"ב לגבי מליחה - פמ"ג.›

אבל אם דם אחר - [פי' דם בעין, לאפוקי דם הנפלט ע"י מליחה או צלייה, דביה אמרינן מישרק שריק], **נטף על הצלי**, ‹לא אמרינן שהאש שואבו› - ל' הטור, על הצלי שאצל האש, **ובת"ח** כתב בשם או"ה, דאם נפל דם צלול ובעין על הבשר, וצלאו כך בלא הדחה, טרפה, דלא אמרי' כבכ"פ, או אגב דפליט דם דידיה כו', גבי דם בעין שנפל עליו ממקום אחר, ע"כ, **ואפשר** שמטעם זה השמיט המחבר "שאצל האש", לומר דמ"ש הטור שאצל האש הוא לאו דוקא, דאה"נ דאם נפל עליו ואח"כ צלאו כך.

אפי' אותו דם הוא צונן - דקי"ל תתאה גבר, וכדלקמן ר"ס צ"א, א"נ כיון שהוא על האש כחם לתוך חם דמי, כמ"ש בת"ח.

לא אמרינן שהאש שואבו, ואוסר ממנו כדי נטילה – [ושיעור כדי נטילה, הוא כעובי אצבע].

זהו לדעת הט"ו בסי' ק"ה ס"ה, משא"כ לדידן דנהגינן לאסור אפילו במליחה בדם בס', כמו שנתבאר בדוכתי טובי, כ"ש בצלייה, וכ"כ הרב לקמן סי' ק"ה שם, וכ"כ מהרש"ל, וכ"כ האחרונים, והוא פשוט, **ומה** שלא הגיה הרב כאן מידי אדברי המחבר, היינו שסמך עצמו אמ"ש בכמה דוכתי, דנהגינן לאסור במליחה וצלייה בס', וממילא נשמע דזה לא כתב המחבר אלא לשיטתו, **אבל** על העט"ז שהעתיק לשון המחבר כהווייתו יש לתמוה.

[**כתב** רש"ל שזהו לפי סברת הטור, דס"ל בחם דצלי דיו בכדי נטילה, **אבל** בש"ד פסק לאסור בצונן לתוך חם בכולו, וכן יש לפסוק, **ואפי'** לסברת הטור יש להחמיר, כיון דבשומן מפעפע בכולו, ואין אנו בקיאים איזה מקרי כחוש ואיזה מקרי שומן, ע"כ].

סעיף ב - רצה למלוח צלי ולאכלו בלא הדחה, עושה, ואין לחוש לדם שעל המלח - המחבר לא איירי כאן מדין הדחה שקודם המליחה, [ולא הוצרך להזכיר אותה הדחה, כיון שזכר המליחה], אלא איירי בהדחה שאחר המליחה [קודם הצלייה], דמותר כשמולחו וצולהו מיד, ‹**ברור** שמש"כ המחבר: רצה למלוח צלי, אין כוונתו דוקא בצלאו מיד, דהא אח"כ כתב היש מי שאומר דה"מ כו', אלא אף בשהה במלחו, וכן ציין הבאר הגולה על רצה כו', מגיד משנה, ועל יש מי שאומר, רשב"א, ודעת המ"מ מבואר דאף בשהה במלחו מותר, ודברי הש"ך צ"ע - יד יהודה›, **ושאין** לחוש לדם שעל המלח, שהאש שואב ומונע המלח מלבלוע הדם, **ודין** הדחה שקודם המליחה כתבו הרב בסמוך, ועיין בס"ק ט'. [**אבל בלא** מליחה א"צ הדחה תחילה, וע"ז קאי ויש אומרים של רמ"א, דלצלי בעי הדחה תחילה].

ויש מי שאומר דהני מילי כשמולחו וצולהו מיד, אבל אם שהה במלחו – [פי' אפי' קצת, לא

שיעור מליחה], **המלח בולע ונאסר** – [היינו המלח], **לפיכך מדיחו יפה קודם צלייה** - ואם לא הדיחו קודם צלייה, נכשר ע"י הדחה לאחר צלייה, ועי' בס"ק ט"ו.

הגה: וי"א דלצלי בעי הדחה תחלה - כלומר דכל צלי ‹אף לא מלח כלל – פמ"ג› בעי הדחה תחלה, משום דם בעין שעליו, ודוק.

וי"א דצריך גם כן קצת מליחה תחלה, והמנהג להדיחו תחלה, וגם למלחו קצת כאשר נתחב בשפוד, וצולהו מיד קודם שיתמלא המלח דם. מיהו אם לא הדיחו ולא מלחו כלל, ‹מותר› - הטעם בזה, דנורא מישאב שאיב ליה, וכמ"ש הט"ו בס"א, **ואע"ג** דאם דם אחר בעין נפל עליו לא אמרינן שהאש שואבו, והאי נמי חשיב דם בעין כיון שלא הודח ולא נמלח, **דהא** מה"ט אסור אם נמלח בלא הדחה תחלה ושהה שיעור מליחה אפי' לצלי, וכן לקדרה אפי' לא שהה שיעור מליחה, וכדלעיל סי' ס"ט ס"ב, והיינו מטעמא דכיון דלא הודח, המלח מבליע דם בעין שעליו, **וה"נ** נימא כיון דהוי דם בעין ולא הדיחו ולא מלחו כלל, אין האש שואבו, **י"ל** דכיון דלא הוי דם בעין ממש, אמרינן שפיר שהאש שואבו, **ומ"מ** אם לא הודח, ונמלח ושהה שיעור מליחה, אמרינן שהמלח מבליעו ושוב אינו יוצא אפי' ע"י צלייה, דלגבי דם בעין שנבלע לא אמרינן כבולעו כך פולטו, **אבל** אם לא הודח, ונמלח ולא שהה שיעור מליחה, אע"ג דהמלח הבליע דם בעין שעליו, דמה"ט לא מהניא ליה מליחה שנית לקדרה, מ"מ לא נבלע בחוזק, וגם לא נבלע הרבה, ויוצא על ידי צלייה אח"כ, **דטובא** אשכחן כה"ג, מה שיוצא ע"י צלייה ולא ע"י מליחה, כגון בשר ששהה ג' ימים בלא מליחה בסי' ס"ט סי"ב, ובשר שנשרה מעל"ע במים, לדעת המחבר שם סט"ו ושאר פוסקים, וכה"ג טובי, **מיהו** ודאי בדם בעין ממש שנפל ע"ג בשר מליח, שחשוב כרותח, אסור אפי' לצלי, כדמשמע מדברי הרב ס"ס ע', וע' בסי' ס"ט ס"ב ובמ"ש שם.

‹**ולענ"ד** נראה דהחילוק הוא כך, דהדם בעין שעליו ונבלע במליחה, אף דלא מקרי דם בעין לגבי צלייה, מ"מ לא מקרי דם עצמו של החתיכה, כיון דלא היה מובלע בחתיכה, והוי כמו דם פליטה ממקום אחר, ומשום הכי אין לו תקנה בצלי, **דהא** דם הנבלע ממקום אחר אינו יוצא במליחה וצלי, רק בדרך איידי דיפלוט דם דידיה, וכיון דשהה שיעור מליחה כבר פלט דידיה, ונבלע הדם שעליו, ובצלי לא אמרינן איידי דיפלוט ציר, כמ"ש הש"ך סי' ע"ג ס"ק י"ד, **וגם** הא מיירי הכל שלא במקום הפסד מרובה, דבהפ"מ אפי' לקדירה מותר, כמ"ש הרמ"א סי' ס"ט ס"ב, ושלא במקום הפ"מ גם במליחה לא אמרינן איידי דיפלוט ציר כדלעיל – רעק"א.›

או מלחו בלא הדחה תחלה, ונצלה כך, מותר, ובלבד שלא שהה כך במליחתו בלא הדחה שיעור מליחתו, אבל אם שהה כל כך קודם שצלאו, אסור - כבר נתבאר הטעם, דהמלח מבליע הדם בעין שעליו, **ולפ"ז** אפי' אם מדיחו אחר המליחה אסור, ואפי' אם מדיחו אחר הצלייה ג"כ, דבכל ענין אסור, והכי מוכח להדיא בת"ח ובאו"ה, והוא פשוט, **ומ"ש** המחבר, אבל אם שהה במלחו המלח בולע ונאסר, ולפיכך מדיחו יפה קודם צלייה, מיירי שהודח תחלה ואח"כ נמלח, וכמ"ש לעיל, **וכל** זה פשוט ולא הוצרכתי לכתבו, רק מפני שהעט"ז השמיט כל דינים אלו שכתב הרב, וקיצר וכתב וז"ל, אם לא הדיחו ולא מלחו כלל, או מלח בלא הדחה תחלה, וצלאו כך, מותר לאכלו, וא"צ להדיחו מן הדם שיצא עליו בשעת צלייה ונשאר עליו ועל המלח, שדרך שמולחין אותו בשפוד, והוא שואב ומונע את המלח מלבלוע דם, בד"א כשמלחו וצלאו מיד, אבל אם שהה במלחו, כבר בלע המלח ונאסר, לפיכך צריך הדחה אחר צלייה קודם שיאכלנו, עכ"ל, **נראה** מדבריו, דאף בשלא הודח מתחלה ונמלח, שרי אח"כ ע"י הדחה שאחר הצלייה, דאין כאן איסור אלא משום המלח שעליו שנאסר, והבין דהרב והמחבר איירי בחדא מלתא, ולא דק, **גם** מ"ש מותר לאכלו וא"צ להדיחו מן הדם שיצא בשעת צלייה כו', ליתא וכמ"ש הרב לקמן, דכל צלי צריך הדחה אחר צליתו, משום דם הדבוק בו.

ונצלה כך, מותר - לאו למימרא דאסור לכתחלה אפי' לצלי, דהא בת"ח משמע להדיא, דמותר לצלותו, **ועוד** דאם אתה אוסרו לצלי, *נמצא דלית ליה תקנתא, והוי כדיעבד, **אלא** משום דכתב בריש ההג"ה, דהמנהג להדיחו תחלה ולמלחו קצת כאשר נתחב בשפוד, משום הכי כתב כאן לשון דיעבד, **אי** נמי משום דלכתחלה בעי הדחה אחר המליחה לצלותו, להכי נקט וצלאו כך בלא הדחה שאחר המליחה.

***הג"ה** - ויש להקשות, דהלא אית להו תקנתא, שידיח הבשר ואח"כ יצלה, או ימלחנו, **ואע"ג** דלעיל סי'

ס"ט ס"ב כתב המחבר ויש אוסרין, וכתב רמ"א דכן נוהגין, היינו דוקא לקדרה, אבל לא לצלי, כמ"ש בש"ך הנ"ל ס"ק י"ג, ועיין בט"ז הנ"ל ס"ק ז', וי"ל - נקה"כ.

ובלבד שלא שהה כך במליחתו – [**בת"ח לא פסק כן הוא עצמו, אלא אין שיעור לדבר, וכן פסק רש"ל, אפי'** בלא שהה אסור כמו בבישול, ‹בלא ה"מ, ובה"מ שרי אף לבישול – פמ"ג, **וכן יש לפסוק**].

נמשך אחר דברי הב"ח, אבל בספרי כתבתי וז"ל, ומ"ש הרב בהג"ה, דאם לא שהה שיעור מליחה ונצלה כך מותר, כ"כ בת"ח כלל ט' בשם האו"ה, **וכתב** עליו וז"ל, וכבר כתבתי לעיל כלל ה' דעתי, ונראה לאסור אף בכה"ג, דאין שיעור לדבר, עכ"ל, **ובכלל** ה' משמע דס"ל כן, אלא שכתב דאין ראיה לאיסור, לכך ביטל דעתו מפני דעת האו"ה, **ובזה** נסתלקה תמיהת הב"ח על הרב בזה, גם א"צ לומר שהרב חזר בהגהותיו ממ"ש בת"ח, כמ"ש הב"ח, ע"ש, ע"כ - נקה"כ.

‹**והמ"י** כתב, דהר"ב כאן מיירי בתרתי למעליותא, בלא שהה ולא נמלח אלא מעט, הוא דמתיר הר"ב כאן לצלי, ולקדירה אף תרתי למעליותא אסור באין ה"מ – פמ"ג.

[**וכתב רש"ל מה שנהגו הנשים להדיחו אחר שנצלה קצת קודם שנגמר כל צרכו, ושוב חוזרין וצולין אותו, לא משום איסור נהגו כן, אלא שלא יתקלקל טעם הצלי אחר הדחתו**].

ואין חילוק בכל זה בין אווזות ושאר עופות החלולים - כלומר דאין חילוק בכל זה בין בשר ובין אווזות ועופות החלולים, שאע"פ שהדם בהן פירש מדופן לדופן, מ"מ כבולעו כך פולטו.

[**ולא אמרינן דחשיב כאילו פירש מחתיכה לחתיכה, אלא חשוב ממש כחתיכה אחת, ולא עוד אלא אפי' בשתי חתיכות לא חיישינן למה שפירש מזו לזו בצלי שאצל האש, כ"כ רש"ל, ולי משמע מדברי המרדכי, דבדבר חלול לא הוה כחתיכה אחת, אלא דמ"מ מותר במליחה וצלי, דכבולעו כך פולטו**].

ובלבד שלא יהיו מלואים בביצים או בשאר בשר, אבל אם הם מלואים, דינם כבישול, וצריכים מליחה תחלה כמו לקדרה - לצדדים קתני, בביצים אפילו דיעבד אסור, ובבשר לכתחלה אסור, וכמו שיתבאר בסי' שאח"ז.

[**תמוה הוא, דהא בסי' ע"ז מתיר בבשר בכל גווני בצלי, וצ"ל בדוחק דה"ק כאן, בביצים לחוד או בבשר עם ביצים, ויותר נראה דהך מליחה תחילה, צ"ל מליחה לכתחילה, ור"ל דבזה לא סגי לכתחילה במליחה מועטת שזכר בסמוך**]. **עיין** בש"ך נתישב - נקה"כ.

ונהגו להחמיר כשצולין בשר בלא מליחה - או שנמלח ולא שהה שיעור מליחה, **שלא להפך השפוד תמיד, כדי שיזוב הדם, ובדיעבד אין לחוש** - אפי' הפכו כל שעת הצליה. ‹**ונוהגין** העולם שאין נזהרים באקראי, ומהפכין שיהא נצלה יפה – פמ"ג.

ואין חלוק בכל זה בין אם רוצה לאכלו כך צלי, או רוצה לבשלו אחר כך, רק שיצלנו תחלה כדי שיהא ראוי לאכילה - לכאורה משמע, דאם רוצה לבשלו אח"כ לחוד קאי, דאז אם לא יצלנו כדי שיהא ראוי לאכילה, נשאר דם בתוכו, ויוצא אח"כ ע"י בישול, **אבל** אם רוצה לאכלה כך צלוי, אף שנצלה מעט שרי, דמה שנשאר בתוכו הוי דם האברים שלא פירש, ומותר, **אבל** האו"ה כתב, דאף לאכלו כך אסור אם לא נצלה כל צרכו, וא"כ י"ל דקאי אתרווייהו. ‹**דלדידן** דפירש ממקום למקום אסור, ומה"ט מולח בכלי שאינו מנוקב, או חתיכה שנתבשלה בדמה דאסורה ביש ס', דפי' ממקום למקום, דלא כרא"ש, אם כן ה"ה לא נצלה כ"צ דאסור לאכלו, דפי' ממקום למקום, **אלא** דל"ת כסברת הפרישה, דמה שפי' יוצא הוא לחוץ, כמ"ש הש"ך בס"א, לזה הזכיר מאו"ה דאסור – פמ"ג.

דהיינו כחצי צלייתו - כ"כ באו"ה, וטעמא, דאז יצא כבר כל דמו, והכי איתא בהדיא בטור ס"ס ס"ט, במקום שאין מלח מצוי, יצלה הבשר עד חצי צלייתו ואח"כ יבשלהו, עכ"ל, משמע דבחצי צלייתו זב כל דמו, כ"כ הב"י והב"ח והדרישה שם, ועוד ביאר הב"ח דעת שאר מחברים כן, ע"ש, **והיינו** דלא כמהרש"ל, דאוסר בחצי צלייתו, ע"ש.

ומשמע באו"ה, דמותר אפי' לכתחלה לצלותו חצי צלייתו, כדי לבשלו אח"כ, ולא חיישינן שמא לא יצלה כל צרכו כי יסמוך על הבישול.

י"א דכל צלי צריך הדחה אחר צלייתו, משום דם הדבוק בו, וכן נוהגין לכתחלה - וכתוב בת"ח בשם האגודה, דאם נצלה בלא מליחה, צריך להדיחו

[ט"ז] ‹רעק"א או ש"א או הוספת הסבר› (פת"ש)

אחר הצליה ג"פ, והוא באגודה ר"פ כ"צ, וכ' שם שכן משמע מהגדולים, וכ"כ באו"ה, וכ' דהכי נהוג עלמא, **ומשמע** שם באגודה ובאו"ה, דה"ה אם נמלח ולא שהה, או אפי' שהה ולא הודח אחר המליחה, דצריך הדחה ג"פ אחר הצלייה, ע"ש, **ומהרש"ל** חלק ע"ז, וכ' דלעולם א"צ אלא הדחה אחת אחר הצלייה, **ולא** ידעתי איך מלאו לבו לחלוק על הגדולים הקדמונים בסברא בעלמא בלי ראיה ברורה, בפרט להקל.

מיהו אם לא הדיחו, ואפילו בשלו כך, מותר. (ע"ל סימן ע"ג). ואפילו נמלח תחלה קודם צלייתו ולא הודח אחר המליחה, אפילו הכי מותר, ולא חיישינן לדם ומלח שעליו, דנורא משאב שאיב - ‹**ומיהו** לאחר צליה בעי הדחה ממלח הנאסר. **נסתפקתי**, אי הודח ונמלח ושהה קצת או שיעור מליחה ולא הודח, ונצלה, ובשלו כך, מהו, דהא המלח נאסר, ועד כאן לא שרינן אלא בצליה, דכבולעו כך פולטו, כמ"ש או"ה, אבל לא בבישול, **ומ"ש** רמ"א: ואפי' נמלח קודם צלייתו, לא קאי אמ"ש לעיל דלהתיר בבישול, אלא בפ"ע הוא, **או** דלמא כיון די"א דכל חתיכה יש ס' נגד דם ומלח, ובסימן ס"ט בהג"ה בשר יבש יש ס' נגד המלח, וה"ה כאן שאש שורפו ומייבשו – פמ"ג. **עכשיו** ראיתי הדין מפורש ביש"ש, דאין לאסרו דיעבד אף אם נתבשל בלי הדחה אחרונה – פמ"ג סי' ע"ח›.

סעיף ג - לא נקב הורידים [בעוף] בשעת שחיטה, אסור לאכלו, ואפילו צלי, עד שיחתוך אבר אבר ויצלה - כבר נתבאר כל דיני ורידין בסי' כ"ב ע"ש.

רצה לאכול ממנו בשר חי, אסור עד שיחתוך וימלח - כלו' אע"ג דמותר לאכול בשר חי בהדחה בלא מליחה, וכמבואר בסימן ס"ז, דדם האברים שלא פירש מותר, הכא כיון שהדם שבורידין כנוס הוא, אסור. ‹**ודם** שבורידין לאו דוקא, אלא הטעם, כל שלא ניקב הורידין בשעה שהדם חם, נבלע הדם בכל החוטין שבשדרה, כמ"ש הרשב"א, והוה הדם כנוס בחוטין ההם, ומש"ה אם ניקר הבשר מכל החוטין שרי – פמ"ג›.

ואם נקר הבשר מחוטי דם, אוכל אפילו בלא מליחה, חי או צלי, ואפילו כולו כאחד - וכן לקדרה מותר ע"י מליחה, כשאר בשר, כיון שנקרו מחוטי הדם, וקי"ל.

ויש שהחמירו שלא לאכלו כולו כאחד, אפילו בצלי - כלומר דלא מהני ניקור, ‹הטעם, דכל שלא חתך הוורידין בשעה שהדם חם, הדם נבלע בבשר הגוף, ואין יוצא ע"י מליחה, אלא צריך חתיכת אבר אבר, וכן לצלי בעינן אבר אבר – פמ"ג›. **אלא לאחר חתיכת הורידין ורוב שני הסימנים.**

הטור סיים "ושחיטת שני הסימנים", והמחבר השמיטו בכוונה, משום דס"ל דשחיטת שני הסימנים לאו בהכי תליא, ‹**ומ"ש** בשו"ע "ורוב שני סימנים", הוא טעות המדפיסים – מחצה"ש›.

[בטור כתב בסיום דברי רשב"א אלו: ושחיטת שני הסימנים, עכ"ל, וכתב בפרישה משום בהמה נקט לה, **וליתא**, דבתורת הבית כתב בהדיא אפי' בעוף, **אלא** לא מיירי כאן רק מדין חתיכת אבר אבר, שכ"כ שם הרשב"א בשם הראב"ד, שאם לא שחט כל הסימנים, דצריך לחתכם בשעה שהדם חם כמו בורידין, ואם לא עשה כן, אפי' בעוף צריך חתיכת אבר אבר כו', **ובב"י** הביא כן בשם הר"ן, וכתב דאין אחד מכל הפוסקים מזכיר זה, **ובד"מ** שם כתב ע"ז, ולדידן דאסור שהייה אפי' במיעוט בתרא, גם בזה יהיה נראה כשתי שחיטות].

סעיף ד - יש מי שאוסר לחתוך בסכין צלי שאצל האש שלא נמלח, כל זמן שאינו נצלה כל צרכו, מפני דם שנבלע בסכין. ויש מי שאוסר השפוד שצלו בו בשר בלא מליחה - משום דלגבי שפוד לא אמרינן כבולעו כך פולטו.

ויש מי שהורה שאסור להשהות הצלי על השפוד לאחר שהוסר מן האש, לאחר שפסק הבשר מלזוב, שמא יחזור הבשר החם ויבלע ממנו - משמע דבעודו עדיין על האש, אפי' פסק כבר מלזוב דם של עצמו, מותר, וכן הוכחתי בספרי מדברי הר"ן, וכן מבואר בש"ג, **והיינו** טעמא, דכ"ז שהוא אצל האש אמרינן כל מה שבולע הבשר מן השפוד חוזר ופולט, דכבולעו כך פולטו, **דלא** כהעט"ז שכ' וז"ל, אע"ג

שכל זמן שהוא אצל האש אין חוששין לזה, היינו משום שכל זמן שהוא אצל האש הבשר זב ופולט, והואיל וטריד לפלוט אינו בולע, עכ"ל, **דליתא** אלא כדפי'.

[**משמע דאם הוסר מהאש בעוד שהבשר זב, אין איסור בדבר, מאחר שפולט אינו בולע, ומה שבולע פולט, אלא שהשפוד נאסר, שאין שייך לומר כבולעו כך פולטו, ולפי"ז להיש מתירין שמביא אח"כ, שהוא הרא"ש,** ממילא כ"ש דמותר הכל כל זמן שיש לו מה לפלוט והוסר מן האש, **והטעם**, דכל זמן שחום האש על הבשר, אז מפליט הבשר דם שבתוכו לחוץ, וכשנתקרר החום ההוא אין מפליט כלל, והוי דם האברים שלא פירש ושרי, **ומו"ח** ז"ל כ' שהרא"ש מודה, שאם לא נצלה חצי צלייתו והוסר מן האש, דאסור השפוד והסכין והצלי, ותמוה הוא, אלא הכל שרי, וכן מעשים בכל יום, כשצולין בשר שלא נמלח, שאין נזהרין להסיר השפוד עם הבשר קצת מן האש לתקן האש].

ויש מתירין בכל זה – [הוא הרא"ש, וכ"כ הר"ן מביאו ב"י וז"ל, ולי אפשר דבשפוד נמי אמרינן כבולעו כך פולטו, ואין להחמיר בזה כ"כ, דדם מבושל אינו עובר עליו, עכ"ל], **וכן המנהג להתיר.**

(ולכן נזהרין לכתחלה, ומתירין בדיעבד) – ‹והיינו דלכתחלה נזהרין שלא להשהות הבשר בשפוד לאחר שהוסר מאש, וגם שלא לחתוך בסכין צלי שלא נצלה כ"צ, וגם לאסור השפוד לצלות עליו בשר אחר שלא נמלח אא"כ מלבן, **ודיעבד** שרי אף אם תחב השפוד לתבשיל רותח, דלגבי שפוד אמרינן נמי ככ"פ – פמ"ג›.

[**אכן רש"ל אוסר השפוד אפי' דיעבד, מטעם שאין לומר בשפוד כבולעו כך פולטו,** ‹**והיינו** אפילו לצלות בו בשר אחר. ועיין ברש"ל הטעם דלא אמרינן בהבשר האחר כבולעו כך פולטו, משום דהשפוד פולט בקל במעט חום קודם שמתחיל פליטת הבשר, וכשהבליעה קודם הפליטה לא אמרינן כבולעו כך פולטו – חוו"ד›, ‹**אמנם** כן ראיתי דיש"ש כתב שם, דאין כח בידו לאסור הבשר שצלו עליו, יע"ש, ומ"מ אם נגע בתבשיל, יש לאסור, דלגבי בשר אחר אמרינן ביה כבולעו כך פולטו – פמ"ג›, ‹**אבל** אם נגע בתבשיל רותח נאסר התבשיל, דאין כאן כבולעו כך פולטו – לקוטי שושנים›, ‹**ובמקום שאין הפסד מרובה יש לחוש לדבריו**. ‹וכן ראוי לנהוג – פמ"ג›.

ודעת מהרש"ל בסכין בזה, כתבתי בסי' ס"ט ס"כ ע"ש, ‹**ור"ל** דלעצמו יש להחמיר ולאסור, אם חתך בו רותח בלא הגעלה, אבל לאחרים יש להורות להתיר בדיעבד, אף אם לא קנחו וחתך בו רותח – מחה"ש›, **מיהו** בשפוד משמע דעת מהרש"ל באו"ש סי' י"ז כדעת הרב, ע"ש. ‹ועיינתי באו"ש שם ולא מצאתיו, וביש"ש מפורש כדברי ט"ז – פמ"ג›.

[**ואם צלאו בו בשר איסור, נראה דאסור אפי' דיעבד,** דדוקא באיסור דם יש להקל, מכח טעם דלעיל, אבל לענין בליעת איסור דמסריך סריך, לא שייך להקל].

סעיף ה - צלי שלא נמלח וחתכו על גבי ככר, אף על פי שיש בככר מראה אודם – לשון הטור, ועבר בכל הככר מעבר לעבר, והכי איתא בש"ס, **מותר אם נצלה עד כדי שהוא ראוי לאכילה לרוב בני אדם, (דהיינו חצי צלייתו. וה"ה שהמוהל בלא ככר נמי שרי).**

ונראה מן הש"ס, דאפי' המוהל עב מותר, וכן כתב הרשב"א בהדיא, וכ"כ ב"י, וכ"כ ר' ירוחם בהדיא, ונ"ל מוכח שכן דעת הרי"ף והר"ן והרמב"ם והרב המגיד והגהמ"י והרא"ש וראב"ן וסמ"ג וסה"ת ואגודה ושאר פוסקים, **ומהרש"ל** תלה עצמו בדקדוק קלוש מא"ז, ופסק לאסור אם המוהל עב, ונעלם ממנו כל הנך פוסקים, **גם** מ"ש להחמיר כיון דספק דאורייתא הוא, ליתא, דהא קי"ל דם שבישלו אינו אלא מדרבנן, וכמו שנתבאר בדוכתי טובא, וכמ"ש הטור והרשב"א בס"ס זה.

סעיף ו - בשר שצולין בלא מליחה, אין נותנין כלי תחתיו לקבל שמנונית הנוטף ממנו, עד שיצלה עד שיהא ראוי לאכילה על ידי צליה זו.

לשון הטור, בשר שצולין כו' עד כדי שיהא ראוי לאכילה על ידי צליה זו, וקאמר בש"ס, שאם נתן בכלי שנים או שלשה גרגרים מלח, מותר, לפי שהמלח מושך בטבעו כל הדם לשולי הכלי, והשומן צף למעלה, ואחר צלייה שופך בנחת השומן מלמעלה, ומשליך הדם הנשאר בשולי הכלי, עכ"ל הטור, **ומבואר** דאם נצלה עד שהוא ראוי לאכילה, מותר ליתן כלי תחתיו אפילו בלא נתינת מלח בכלי, וכן מבואר להדיא ברשב"א בת"ה, וזהו דעת המחבר, והיינו שכיון שנצלה שיעור הראוי לאכילה, דהיינו חצי צלייתו וכמ"ש הר"ב ס"ב וס"ה, כבר זב כל דמו, ומה שזב אח"כ אינו אלא מוהל בעלמא.

[ט"ז] ‹רעק"א או ש"א או הוספת הסבר› (פת"ש)

[**ואפי'** לרשב"א שמביא ב"י, דמפרש תקנתא דר' אשי בהך גללי מלחא, דוקא לאחר שתעלה תימרותו, ותרווייהו בעינן, מ"מ עדיין לא מקרי ראוי לאכילה, דהיינו חצי צלייתו לדעת הטור ס"ס ס"ט, **ואפי'** למ"ש הב"י בשם ר"ן, דבי דוגי דגמר' היינו אחר שנצלה כמאכל בן דרוסאי, ואפ"ה בעינן גללי מלחא, **לא קשיא** מידי, דהר"ן קרי למאב"ד בשליש בישול, **אבל** בחצי בישולו ודאי מקרי ראוי לאכילה, ולא בעינן תקנתא דמלחא כלל, **ואפי'** משום מראית עין אין כאן חשש, כאילו הוא נצלה כל צרכו ממש, **ומכ"ש** לפי סברת הטור שנמשך אחר הרא"ש, דתקנתא דר' אשי הוי במלחא בלא תעלה תימרותו, **אבל** בראוי לאכילה פשיטא דדי בכך, דהא בס"ס ס"ט כתב רבינו, במקום שאין מלח מצוי כו', כיון שמותר לבשלו, האיך נאמר שאסור הכלי דבי דוגי].

והב"ח פי', דהטור לא מתיר אף כשהוא ראוי לאכילה, אלא ע"י גללי דמלחא, ולכך תמה תימה גדולה על המחבר, **גם** מתוך כך הוצרך לדחוק וליישב, דמ"ש הטור ס"ס ס"ט דאחר צלייתו מותר לבשלו, היינו משום דאפילו את"ל דאית ביה קצת דם, נתבטל בבישול בקדרה במיעוטו, [**ואינו** נכון כלל, שהרי הר"ן לא כ"כ אלא שאינו פורש, אבל פשיטא כל שפורש, אפי' טיפה אחת אסור לבשל אפי' ביורה גדולה, דאין מבטלין איסור לכתחילה], **וכל** זה גרם לו מפני שחשב דאם נצלה חצי צלייתו עדיין אית ביה דם, **אבל** לפי מ"ש בס"ב, דבחצי צלייתו כבר זב כל דמו, ודאי דלק"מ, והכל ברור ופשוט, **ותימה** עליו, שהוא עצמו כתב בס"ס ס"ט, דבחצי צלייתו כבר זב כל דמו, ופשיטא דאין שם דם, עכ"ל, **ואולי** מ"ש כל דמו הוא לאו דוקא, ור"ל דלא נשאר בו אלא מעט, ואותו מעט בטל במיעוטו בבישול, **מ"מ** הדבר פשוט כמו שכתבתי, וכן מוכח באו"ה להדיא, דבחצי צלייתו שוב אין בו דם כלל, שהרי אם לא נצלה כל צרכו דהיינו חצי צלייתו, פסק שם דאסור לאכלו אפילו כך צלי, משום דם שבו שפירש ממקום למקום, ובחצי צלייתו התיר לאכלו כך צלוי, ש"מ דבחצי צלייתו שוב אין בו דם כלל, וכן משמע דעת האחרונים, וכמ"ש לעיל.

(**עי'** בתשובת גבעת שאול שכתב, דבשר ששהה ג' ימים בלא מליחה, אסור לקבל השומן אף אחר חצי צלייתו, **מיהו** בדיעבד שרי, דהא אף בבישול גמור שרי בדיעבד, כמ"ש בסי' ס"ט סעי' י"ב, ע"ש).

§ סימן עז - דין עופות שנמלאו בשר שלא נמלח §

סעיף א - עופות או גדיים שממלאים אותם בשר שלא נמלח, אם לצלי מותר, אפילו פיהם למעלה, ואפי' אם נמלח החיצון -

לשון הרא"ש וטור, ושהה כדי מליחה, שעתה אינו טרוד לפלוט, **ומוכח** דר"ל אפילו שהה שיעור מליחה והודח, דאז אינו פולט אפילו ציר, וכדלעיל סי' ע' ס"ק כ"ו, **דכמו שבולע דם המילואים כך פולטו** - דגבי חיצון אמרינן כבכ"פ, אע"פ שאינו פולט דם של עצמו, **ואע"ג** דבשר שנמלח ע"ג בשר שכבר נמלח והודח, קי"ל בס"ס ע' דלא מהני ליה מליחה וצלייה אח"כ, שאני הכא שנפלט מיד בשעת הבליעה, [**ולא** דמי לבשר שנמלח ונפל לציר **דאסור**, דהתם הפליטה אחר זמן הבליעה].

והלכך אם הפנימי נמלח ולא שהה, והחיצון נמלח ושהה והודח, או פלט כבר כל צירו, נאסר החיצון, דבולע ג"כ מהפנימי קודם הצלייה, **וכל** מקום שתמצא בדברי מהרש"ל שכתב, דהיכא דהפנימי נמלח ולא שהה, והחיצון שהה, שהחיצון מותר, ע"כ צריך לפרש דבריו, דהיינו שהחיצון לא הודח ולא פלט כל צירו, אע"פ שדוחק קצת בדבריו, **דוודאי** לא עדיף החיצון, משאר בשר שנמלח ע"ג בשר שכבר נמלח ושהה והודח, או פלט כל צירו, דנתבאר לעיל סי' ע' דאסור אפילו לצלי, **ואפילו** אם נפל רק בשר שכבר פלט כל צירו, אצל בשר שלא שהה עדיין שיעור מליחה, קי"ל דאסור, וכמ"ש הרב שם, וגם מהרש"ל כ' כן בכמה דוכתי. [**ואם נמלח הפנימי ולא** שהה, **והחיצון לא נמלח, הכל שרי - רש"ל**]. (כהש"ד).

אבל אם לא נמלח הפנימי, אינו אסור אלא כשהחיצון נמלח ולא שהה, כדכתב המרדכי בשם ר"י ור"ת, שאז בולע הפנימי קודם הצלייה, **ואע"ג** דקי"ל בס"ס ע', דבשר שנמלח ע"ג בשר שלא נמלח, דמהני ליה מליחה אח"כ, וכ"ש צלייה, דאיידי שיפלוט דם דידיה יפלוט דם דאחריני, **הכא** שאני כיון שהוא בפנים, וכתבתי שם דבהכי מיירי הסמ"ק והגהת מיימוני בשם התוס'. [**ואין**

הלכות מליחה
סימן עז – דין עופות שנמלאו בשר שלא נמלח

איסור אלא כשהחיצון נמלח ולא שהה, והפנימי לא נמלח, **אז נאסר הפנימי לחוד – רש"ל**. ‹כהש"ך›.

והב"י והרב בת"ח הבינו, דהג' מיימוני איירי היכא דנמלח החיצון ושהה, ‹ואוסר, ודלא כהמחבר›. [משום דאין החיצון טרוד לפלוט, ובת"ח פסק כהג' מיימוני, וכ"כ המרדכי], **וזה** אינו, ועוד דהא בתוס' כתבו דבכה"ג שרי, וכן משמע בש"ס, ממאי דפריך מטפילת בר אווזא, ע"ש ודו"ק, ועוד הוכחתי שם שדעת הסמ"ק והגהמ"י כן, וכ"כ שם דבכה"ג מיירי האו"ה, והרב בת"ח ובד"מ הבין דברי האו"ה בענין אחר דחוק מאד.

הגה: וכ"ש אם נמלח הפנימי ולא החיצון דשרי, דנורא משאב שאיב הדם מן החיצון ואינו נבלע בפנימי - דעת הרב, דאפילו נמלח הפנימי ושהה שיעור מליחה, אינו בולע מן החיצון, דנורא מישב שייב מן החיצון, והוציא כן בד"מ ובת"ח מהאו"ה, **ובספרי** הארכתי בזה, והוכחתי בראיות ברורות דכל הפוסקים מודים, דהיכא דנמלח הפנימי ושהה כדי מליחה והחיצון תפל, או לא שהה שיעור מליחה, דנאסר הפנימי, משום דלגבי פנימי לא אמרינן כבכ"פ, כיון דלית ביה דם של עצמו לפלוט, ובולע הפנימי, ולא אמרינן בכה"ג מישב שייב ליה. ‹**ואף** שלא הודח הפנימי, דאין נסתמין, אפ"ה נאסר הפנימי, מדכתב ושהה, משמע דרק שהה ולא הודח, **ואף** דבסי' ע' פסק דהיכא דפולט ציר במליחה, אין בולע מחתיכה שאצלה, **הכא** דמי לחתיכה שנפלה לציר דודאי בלעה, אלא דהתם בה"מ מתיר ע"י הדחה ומליחה שנית, כבולעו כך פולטו אגב ציר דידיה, וכאן שאין אצל האש לא אמרינן כבולעו כך פולטו – פמ"ג, ‹**והחוו"ד** מסופק בזה, וכתב: ויש להקל, כיון דהרב מיקל בכל גוונא›. [**ובנמלח הפנימי ולא החיצון, כ"ע מודים דשרי, משום דנורא שאיב לדם**]. ‹כהרמ"א ודלא כהש"ך›.

‹**ותמה** אני במאוד מאוד על הש"ך, דאיך עלה על דעתו לאסור בנמלח הפנימי, משום דכיון דאין לו מה לפלוט לא אמרינן גביה כבכ"פ כיון שאינו סמוך לאש, מה יענה במולייתא בעשבים דמתיר או"ה, והם גם דברי הרמ"א כאן שכתב לקמן, והם בודאי גרע מבשר שפליט כ"צ, דלא היה לו מעולם דם וציר לפלוט, ואעפ"כ אמרינן כבכ"פ – יד יהודה›.

אבל כשהפנימי הוא שוה לחיצון, דהיינו ששניהם מלוחים ושהו, או שניהם תפלים, או אפילו שניהם נמלחו ולא שהו, שרי בכל ענין, כדאיתא במרדכי להדיא,

כל זה העליתי שם להשוות דברי הפוסקים יחד, והוא ברור, וכן הוא דעת מהרש"ל בכל זה.

ולקדרה אסור עד שימלח חיצון לבדו ופנימי לבדו - פי' וידיחם אחר המליחה כל אחד בפני עצמו, דאל"כ הוי בשר שנתבשל בלא הדחה אחרונה, שאסור וכדלעיל סי' ס"ט ס"ט, וכן פי' האחרונים.

אבל אם לאחר שמילאו מלח החיצון, אינו מפליט דם שבפנימי - דל"ד לחתיכה עבה, שנתבאר בסי' ס"ט ס"ק י"ט דמותר, דהכא אין הפנימי נחשב כחתיכה א' עם החיצון, וק"ל, **ולפי** מה שנתבאר בסי' ס"ט ס"ד, דאף דיעבד אסור אם לא מלח אווזים ועופות מבפנים ומבחוץ ונתבשלו, ה"נ צריך למלוח לכתחלה החיצון מבפנים ומבחוץ, והפנימי מכל צדדיו, ולהדיחם היטב ולמלאותם, ובלא"ה אסור לקדרה אפילו דיעבד, וכן כתבו האחרונים. ‹**מדבריו** נראה דבה"מ עכ"פ שרי, כמו בסימן ס"ט, דמדמי להתם, דלא כט"ז בשם רש"ל, דכה"ג אפילו בה"מ אסור, וצ"ע – פמ"ג›.

אינו מפליט דם שבפנימי – [פירש רש"ל וז"ל, אינו מפליט לדם שבפנים, ר"ל של צד פנימי של חיצון עצמו, **ואע"פ** שנמלח הפנימי, עכ"ל, **ואף** שהלשון אינו משמע כן, מ"מ יש לחוש לדבריו להלכה, **ואינו** דומה למה שפסק בסי' ס"ט ס"ד, דמותר בדיעבד כשנמלח מצד אחד, דהכא גרע טפי, כיון דהמלוי שבפנים סתמו מכל צד].

הגה: וכ"ז בדיעבד – ‹מה דהתיר בצלי›, **אבל לכתחלה אין לעשות שום מולייתא, רק אם נמלחו שניהם.**

וכל זה מיירי שאין במולייתא זו רק בשר או עשבים, אבל אם יש שם ביצים הנקרשים, דינו כאלו נתבשל בקדירה, ואפילו בדיעבד יש לאסרו אם לא נמלחו שניהם - כלומר במלוי ביצים יש לאסור בדיעבד, אם לא נמלח הבשר החיצון וגם הפנימי שעם הביצים, [מליחה גמורה כל אחד בפני עצמו, עד שיהיה ראוי לקדירה בכל דיניו], וכמ"ש בס"ק שלפני זה.

משמע מדברי הרב, דדוקא בשר לבדו מותר, אבל אם יש ביצים עם בשר, אפי' עם בשר שלא נמלח, דינו כביצים לבדם, וכן משמע מדברי האו"ה ואחרונים, דאין

[ט"ז] ‹רעק"א או ש"א או הוספת הסבר› (פת"ש)

חילוק בזה, וכן מסיק בס' ל"ח בפירוש, **ודלא** כמהרש"ל ‹הובא בט"ז ס"ס ע"ב›, דס"ל דבמלוי ביצים עם בשר שלא נמלח, הוי הכל כמילוי בשר, דאין לזה טעם כלל, **ונראה** עוד מדברי הרב, דאם יש ס' במולייתא נגד האיסור שבמולייתא, הכל מותר, שהרי כתב סתם דדינו כאילו נתבשל בקדרה, וכבר נתבאר כל זה בס"ס ע"ג ע"ש.

בשר שלא נמלח ולא הודח, שנגלה עם בשר שנמלח והודח, מותר בדיעבד. אבל לכתחלה אסור לגלות בשר שנמלח - ‹ושהה שיעור מליחה, אף דלא שהה שיעור פליטת ציר – רעק"א›, **עם הבשר שלא נמלח, ואפי' הודח.**

§ סימן עח – שלא לדבק בצק בבשר שלא נמלח §

סעיף א - הטופל בצק בעוף שלא נמלח - כלומר בשעת צלייה, וק"ל, **אע"ג דבגמרא מפליג בין סמידא לשאר קימחי, ובין אסמיק ללא אסמיק, אנן השתא לא בקיאין במלתא, ובכל גוונא יש לאסור** - אפילו בטפילת עיסה שבלילתה רכה, יש לה כל דין בישול לקדרה בין לקולא בין לחומרא, וכן כתוב בעט"ז.

והאי טפילה לאו היינו פשטיד"א שכתב הרב, ‹ודע, טופל היינו בלילתו רכה, ופשטיד"א בלילתו עבה – פמ"ג›, דפשטיד"א מדינא דש"ס מיתסר, דהא חזינן דלא פלטי, שמקום מושבם יבש בתנור, **אלא** הוא מה שהיו רגילין לטוח בעיסה שבלילתה רכה, והיו רגילין לעשות סביב קורקבנים ובני מעיים, שמשימים אותם בשפוד וטחים סביבותם בעיסה רכה, כן כתבו התוספות והאגודה והמרדכי והסמ"ג ושאר פוסקים.

אבל אם נמלח, ושהה כדי מליחה ואחר כך הודח, מותר בכל גוונא.

הגה: ודוקא לטפל בבצק אסור, אבל מותר למשוח בשמן או בציר – [הוא ציר בשר], **בשר שלא נמלח, דאין זה מעכב הפליטה** – [ובאו"ה כתב: ביצים מתובלות, ולא הוזכר שם בציר].

ופשטיד"א יש לו כל דין בישול בקדירה, בין לקולא בין לחומרא - לשון התורת חטאת, ופשטיד"א יש לה דין בישול, ומשערינן בששים בין לקולא בין לחומרא, דאם יש ששים הכל שרי, מלבד אותה חתיכה שהאיסור דבוק בה, ואי ליכא ששים, הכל אסור, ע"כ.

[פי' משערינן בששים, וזורק אותה חתיכה, והשאר מותר, ולא אמרינן דחיישינן שמא מתחילה נאסרו שתים או שלש חתיכות, ע"י שומן שמטפטף שם מתחילה, ויצטרך ששים נגד אותן שתים או שלש חתיכות, לא אמרינן הכי].

תם ונשלם הלכות מליחה

מחבר | **רמ"א** | ש"ך ונקה"כ

הלכות בשר בחלב קפה
סימן פז – באיזה בשר נוהג דין בשר בחלב, והאיך נקרא בישול

§ סימן פז – באיזה בשר נוהג דין בשר בחלב, והאיך נקרא בישול §

סעיף א- כתוב בתורה: לא תבשל גדי בחלב אמו ג' פעמים; אחד לאיסור בישול, ואחד לאיסור אכילה - (ואף שלא כדרך אכילה והנאה אסור ולוקה עליו, משא"כ בשאר איסורים, חוץ מכלאי הכרם כ"כ הרמב"ם ספי"ד מהלכות מ"א, (וז"ל, לפי שלא נאמר בהן אכילה, אלא הוציא איסור אכילתן בלשון אחרת, בלשון בשול ובלשון הקדש, לאסור אותן ואפילו שלא כדרך הנייה, עכ"ל).

ואחד לאיסור הנאה - (ואי לוקה על הנאה, דעת הרמב"ם דאינו לוקה, ושאר פוסקים סוברים דלוקה, והנ"מ בזה"ז אי לוקה, עבה"ט לעיל סי' ט"ז סק"י).

(**ועיין** פמ"ג שנסתפק, אי אסור חצי שיעור בבישול והנאה מה"ת, דבאכילה קיי"ל ח"ש אסור מה"ת, ובישול והנאה צ"ע, **ועיין** בצל"ח שנסתפק בזה ג"כ לענין הנאה לחוד, ואח"כ כ' בפשיטות, דלדעת הרמב"ם שאינו לוקה על הנאה, ודאי לענין איסור גם ח"ש אסור בהנאה מה"ת, **אך** לשאר פוסקים שלוקה על הנאה, ודאי אינו לוקה על הנאה כ"א בכזית, **ועי'** בתשובת רעק"א, שהביא ראיה דשיעורו בהנאת פרוטה).

(**ובשר** בחלב הנאסר בהנאה, קוברין אותו, ואם שרפו, גם אפרו אסור בהנאה מה"ת).

(**ולענין** אי מותר להאכילו לכלבים או לגוי שאינו מכירו, עמ"ש לקמן סימן צ"ד ס"ק ה').

(**ועי'** בתשובת שער אפרים, שפסק בחמאה שנתבשלה בקדרה של בשר ב"י, אסור להדליק בה להאיר הבית, מטעם שאסור בהנאה, **וגם** להדליק בה נ"ח, אף דמצות לאו ליהנות ניתנו, מ"מ אסור, כיון דבנ"ח בעי שיעור, ובב"ח כיון שאסור בהנאה כתותי מכתת שיעורא, **ועי'** בא"ז שתמה, דהא בלא"ה אסור משום בישול בב"ח), (דיש בישול אחר בישול. **ובמקום** אחר כתבנו, חתיכה שבישלה בחלב כבר, מותר לחזור ולבשלה, **מיהו** בשר מבושל וחלב מבושל, אסור לבשלן אח"כ יחד, דיש בישול אחר בישול, וצ"ע – פמ"ג).

והוציא אכילה בלשון בישול, לומר שאינו אסור מן התורה אלא דרך בישול - כלומר אבל לא ע"י כבוש ומליחה שאינו דרך בישול. **אבל מדרבנן אסור בכל ענין.**

(**ועיין** פר"ח דגם טיגון בכלל בישול, **אך** המ"י ומהר"ם שיף צידדו להקל, דטיגון לא הוי בכלל בישול, ואינו אסור בהנאה, **ובהפסד** מרובה יש להקל - פמ"ג).

(**וצלי**, עיין בפר"ח, דמדברי הר"ן מוכח, דס"ל דצלי לא הוי בשר בחלב דאורייתא, דדוקא דרך בישול הוא דאסור ולא בצלי, **ובפר"ח** מסיק, דצלי, וכן ערוי צונן לתוך חם, הוי דאורייתא, **ועיין** בים של שלמה דכתב, דבשר חם שנגע בגבינה חמה (בלא רוטב), איכא למימר דאסור רק מדרבנן, (דלא הוי דרך בישול ומותר בהנאה) – רעק"א).

(**וכתב** באיסור והיתר, דחתיכה שנכבשה בחלב, אסור לבשלה, דע"כ הוי איסור כבוש מדרבנן, ועתה עובר על איסור בישול דאורייתא, עכ"ל, **משמע** דאם נתבשלה בחלב, מותר לחזור ולבשלה – רעק"א, (**ודלא** כהא"ז דלעיל).

(כל בשר בחלב שאינו אסור מן התורה, מותר בהנאה) - טור ואו"ה, וכן דעת המחבר בס"ג, דבשר עוף בחלב שאינו אסור באכילה אלא מדרבנן, מותר בהנאה אף מדרבנן, וכן דעת הרא"ה, וכן דעת הרמב"ם, **ולא** כמ"ש הב"ח, דדעת הרמב"ם דבשר עוף בחלב אסור בהנאה מדרבנן, כמו שאסור באכילה מדרבנן.

וכ"כ המרדכי, והגהת אשר"י מא"ז, דעל ידי כבוש או ע"י מליחה מותר בהנאה, (**והביא** ראיה מהא דאמרינן, מפני מה אסרו גבינת נכרים, מפני שמעמידין אותו בעור קיבת נבילה, ואמאי אינו אסור ג"כ בהנאה משום בשר בחלב, אלא ע"כ כיון דהוי רק דרך כבישה דרבנן, אינו אסור בהנאה, **וקשה** לי, הא באמת קשה למאי נקט הטעם דמעמידין בעור קיבת נבילה, הא גם בעור קיבת כשירה הוי בשר בחלב, וכן הקשו תוס', **ותירצו**, כיון דהוי רק בשר בחלב דרבנן, לא חיישינן לספיקא, **וא"כ** אזדא ראיה זו, דלענין איסור הנאה משום בשר בחלב, לא חיישינן לספיקא, **וכן** למה שתירצו הר"י מגא"ש והרמב"ם, דבאמת יש מהסתם ששים בחלב, ואיסורו רק משום מעמיד, וע"י מעמיד לא נעשה בשר בחלב, וממילא בזה נמי אזדא ראייתם, דלענין הנאה משום בשר בחלב ליכא, דהא משום מעמיד לא נעשה בשר בחלב, **וכיון** דהמרדכי לא ס"ל להנך תירוצים, ישאר קושיית תוס', דלמאי נקט נבילה, הא בכשירה ג"כ אסור משום בשר בחלב, וצ"ע, **גם** קשה לי על תירוץ המרדכי, דגבינות לא נאסרו בהנאה משום דכבוש מותר

הלכות בשר בחלב
סימן פז – באיזה בשר נוהג דין בשר בחלב, והאיך נקרא בישול

בהנאה, וכן לפמ"ש תוס', לענין הנאה הוי ספק דרבנן, מ"מ עדיין קשה, יהא גבינות דנכרים אסורים לעשות מהם תבשיל, דאם הנכרי העמיד בעור, ונבלע טעם בשר בחלב בכבישה, כשעתה מבשל אותו הבלוע בתוך החלב, הוי עתה בישול, ועובר משום בישול בשר בחלב, וגם בבשלו יהא אסור בהנאה, וצ"ע – רעק"א›.

[**רש"ל חולק על זה, וס"ל מסברא להחמיר בהנאה, ואנו אין לנו אלא דברי הראשונים והאחרונים**], ואין דבריו של רש"ל מוכרחים.

(**עי'** בס' חמודי דניאל שכ', דמותר לבשל בשר לעובד כוכבים בקדרה של חלב אינו ב"י, דכל שאינו אסור רק מדרבנן, לא גזרו בבישול והנאה, **וכאן** ליכא מראית עין, דמי יודע אם הוא קדירה של בשר או של חלב, **מ"מ** יש להחמיר, מדכתב רמ"א סעיף ו', דאסור לחתות וכו', **ואפשר** משום דמתחלה היה חלב גמור החמירו בו קצת).

‹**והא** דלא כתב הרמ"א דמותר בבישול, היינו משום דכייל בשר בחלב ע"י כבישה ומליחה, ובזה אסור בבישול – רעק"א›, (דא"כ עובר על הבישול, ואסור בהנאה מה"ת, דאף דהחתיכה בלעה שלא כדרך בישול, מ"מ הרי אח"כ נתבשל הבשר עם החלב הבלוע בו).

‹**וכן** אם בשיל בשר בחלב אלא שלא נתבשל כמאכל בן דרוסאי, לא אסיר מן התורה, כדגרסינן בפרק כל הבשר, ובאיזה בישול אמרו בבישול שאחרים אוכלים אותו, אלמא דכל שאין אחרים אוכלים אותו לא מקרי בישול, וכיון דלא אסיר אלא מדרבנן שרי בהנאה – פר"ח›. ‹**ומיהו** לדינא, ודאי כל שנפל חתיכה בשר לכלי ראשון והוסר מיד, אסור באכילה והנאה, אף דליכא שליש בישולו, ולמלקות איתמר דאין לוקה אלא דרך בישול – פמ"ג›. ‹**דמ"מ** לחלוחית שבו מתבשל תיכף, רק הברייתא לענין מלקות נשנית, ולית ביה בלחלוחית שיעורא – כרתי סי' צ"ב ס"ק ג'›.

סעיף ב - גדי לאו דוקא, דהוא הדין שור שה ועז. ולא שנא בחלב אמו, ולא שנא בחלב אחרת, אלא שדבר הכתוב בהווה.

(**עי'** מהר"מ שיף שכתב, בכבד שרצו לטגנו בשומן, וטיגנו בחמאה, וצידד להקל, דכבד הוי דם, וגדי אסרה תורה ולא דם, עוד צידד שם דטיגון לא הוי בישול, **ועי'** פמ"ג שכ', דע"ז לחוד ודאי אין לסמוך ולהקל, מכח גדי ולא דם, ומהר"מ שיף לא כתב זה רק לסניף בעלמא).

סעיף ג - אינו נוהג אלא בבשר בהמה טהורה בחלב בהמה טהורה, אבל בשר טהורה בחלב טמאה, או בשר טמאה בחלב טהורה, מותרים בבישול ובהנאה - ל' הטור, אבל בשר טהורה בחלב בהמה טמאה, או בשר טמאה בחלב טהורה, ובשר חיה ועוף אפילו בחלב טהורה, אינו אלא מדרבנן ומותר בבישול ובהנאה, עכ"ל, **וכתב** הב"י שלשון שאינו מכוון הוא, דמ"ש אינו אלא מדרבנן, לא מצי קאי אלא לחיה ועוף בחלב טהורה, דאי לבשר טהורה בחלב טמאה או איפכא, לא אשכחן שאסרוה חכמים באכילה משום בשר בחלב, וגם לא היה ענין לאסרו מדבריהם, אחר שכבר הוא אסור ועומד מן התורה משום בשר טמא או חלב טמא כו', עכ"ל, **לכך** תיקן כאן הלשון, ויפה כוון, **אלא** שהב"ח השיג עליו, ופי' דהטור אתא לאשמועינן, דמ"מ מדרבנן אסורה משום בשר בחלב, ונ"מ לענין חתיכה נעשית נבילה, דס"ל דאינו אלא בבשר וחלב, וכן לענין חתיכה הראויה להתכבד, ע"ש, וכן פי' הפרישה, **ולפ"ז** אפילו לדידן דק"ל חנ"נ בכל האיסורים, היה נפקותא בדבר לענין מ"ש הרב בהג"ה סי' צ"ב ס"ד.

[**ולא דקו רבנן בזה כבודם במקומם מונח, דהא עיקר הטעם לרבינו אפרים דמחמיר בבשר בחלב, הוא מטעם שכל אחד בפני עצמו מותר, רק בתערובות אסורים ונעשים גוף אחד, וזה לא שייך כאן במין אחד טמא, דהא בלאו הכי יש בו איסור מן התורה, וא"כ הוי כשאר איסורים, ואין לומר דרבנן גזרו דחתיכה עצמה נעשית נבילה אטו שאר בשר בחלב דאורייתא, דא"כ גם בבישול והנאה היה להם לגזור כן, כיון שאיסור אכילה יש בלא"ה מן התורה והם החמירו על התערובות, ה"נ הוה להו להחמיר בזה, גם מ"ש עוד מו"ח ז"ל, דיש נ"מ לחתיכה הראויה להתכבד, גם זה ליתא כלל, דהא דהחמיר שם בבשר בחלב, הוא מטעם שהחתיכה עצמה נעשית נבילה, וכאן לא שייך לומר כן, דיש בא' מהם איסור דאורייתא בלאו תערובת בשר בחלב, מש"ה הוי בשר בחלב שלו עכ"פ לא גריע משאר איסור בלוע, ואין בו משום ראוי להתכבד**].

לא קשה מידי, דמ"מ משום בשר בחלב כל אחד באפי נפשיה שרי, וא"כ חלב טהורה נעשה נבילה משום בשר, אע"ג דהוא בשר טמאה, וכן בשר טהורה נעשה

הלכות בשר בחלב קפז
סימן פז – באיזה בשר נוהג דין בשר בחלב, והאיך נקרא בישול

נבלה משום חלב, אע"ג דהוא חלב טמאה, וכן לענין חתיכה הראויה להתכבד - נקה"כ.

ולפע"ד ז"א מטעמי אחריני, דודאי לא אשכחן בשום דוכתא, וגם לא אשתמיט חד מהפוסקים לכתוב כן, וגם מפרש"י והר"ן משמע להדיא, דלית בהו איסור משום בשר בחלב כלל אפילו מדרבנן, [**דתנן, בבהמה טמאה מותר בבישול והנאה, ופי' רש"י אבל אכילה לא הזכיר דמותר, כיון דיש איסור מחמת טומאה. ש"מ דבלאו טומאה אין שום שייכות איסור בזה, דאל"כ היה למשנה להזכירו**], **וגם** אין טעם כלל שחכמים יאסרוהו משום בשר בחלב, דבשלמא בבשר עוף שייך שפיר גזירה, שאם היו אוכלים בשר עוף בחלב, היו אוכלים ג"כ בשר בהמה בחלב, אבל מה ענין לגזור שבשר בהמה טהורה בחלב טמאה או איפכא יאסר משום בשר בחלב, דהא בלאו הכי ליכא למיחש למידי, כיון דבלאו הכי אסור משום בשר או חלב טמאה, **וזה** נראה כוונת הב"י במ"ש, וגם לא היה ענין לאסרו כו', דלא כמו שכתוב בלשון הב"ח, דהא כבר אסור באכילה מן התורה, ולא הוצרכו לגזור עליו, והבין שהב"י בא לומר דאין נ"מ בדבר, אם הוא אסור משום בשר בחלב או לאו, כיון שכבר אסור מן התורה, ולכך השיב דנ"מ כו', אלא כוונת הב"י כדפירשתי, **וכן** עיקר לדינא, בשגם שחתיכה הראויה להתכבד גופיה הוי מדרבנן, **גם** הדרישה כתב בסוף דבריו: אלא שעדיין קשה, שלא מצינו זה בשום מקום שבשר טהורה בחלב טמאה או איפכא יש בו איסור דרבנן, ושנעשית נבילה מדרבנן, ע"כ.

[**ולפי מה שנמצא בשם רש"ל, שהגי' בטור תיבת "לא", קודם "ובשר חיה" כו', אתי שפיר טפי, דאין כוונת הטור רק להשמיענו שיש שם היתר בישול והנאה**].

(**עי'** בדגמ"ר שכ' וז"ל, ובשר נבילה וכן חֵלֶב, אסור לבשל בחלב מן התורה, ולוקה על בישולו, אבל באכילה אין בו איסור בב"ח, ‹דאין איסור חל על איסור›, וכ"ז מבואר ברמב"ם, **ואמנם** אם הוא אסור בהנאה אינו מבואר שם, אבל בפי' המשניות מבואר, שאינו אסור בהנאה, שהיכא שאינו אסור באכילה משום בב"ח, אינו אסור בהנאה, ולכן הסומך ע"ז במקום הפסד לא יפסיד, עכ"ל, **ועי'** פמ"ג שכתב, דנקטינן דאסור בהנאה מן התורה).

(**ועי'** בתשובת ח"ס שנשאל ג"כ על ענין זה, והביא דברי הגאון מעיל צדקה בספר כנפי יונה, בעובדא שהאומנים עירבו חמאה בחֵלֶב לעשות מהם נרות, כי היה החלב ביוקר, ופשיט ליה לאוסרו בהנאה, **והגם** כי מטעם תרבא, י"ל לפי דנרות של חלב אינם עשוין מחלב הכליות והקרב לבד, דמערבים בהם כמה מיני חלבים וקרומים שאין בהם כרת, וא"כ שפיר איכא בב"ח משום תערובת דהני חלבים, אך עכ"פ משום נבילה איכא, דהא רוב בהמות של עובדי כוכבים אינם נשחטים, ואפ"ה אסרו הגאון בהנאה, **ע"כ** דס"ל אע"ג דאיסור אכילה ליכא, מ"מ איסור הנאה איכא, **והאריך** בזה ומסיק, דודאי המורה ובא כהגאון דגמ"ר אין מזחיחים אותו, אבל אי קמי דידי אתי אני אוסר כהגאון כנפי יונה הנ"ל, וכן משמע בהרבה גדולי האחרונים).

(**ואפי'** להדגמ"ר הוא לא מיירי אלא מהנאת הדליקה, אבל נר קרוזי"ל להדליקו בידים, יש לחוש למבשל בב"ח, שהטפה שסביבות השלהבת מתבשלת, **ואף** דלענין שבת לא חשיב בישול בכה"ג, אך לענין בב"ח אפשר דהוי בישול, **וכתב** עוד, אמנם נר קרוזי"ל שנאסר כנ"ל ונתערב באחרים, פשוט שבטל, דאין כאן דבר שבמנין אלא דוקא נר חנוכה, שבכל לילה מונין מנין הנרות למצותו).

ובשר חיה ועוף, אפילו בחלב טהורה, מותר בבישול ובהנאה; ואף באכילה אינו אסור אלא מדרבנן - (וה"ה איפכא, בשר בהמה טהורה בחלב חיה טהורה, אינו אסור מה"ת).

דעת המחבר, דבשר חיה ועוף אינו אסור באכילה אפילו דרך בישול אלא מדרבנן, ומותר בהנאה ובבישול לגמרי, **ומהרש"ל** והב"ח תלו עצמן בדברי מהרא"י, במ"ש בהג' ש"ד, קשה להקל נגד התוס', לכך פסקו דבשר חיה ועוף בחלב דאורייתא, **ובספרי** החזקתי דברי האומרים שהוא מדרבנן מן הש"ס, והבאתי שם שכן דעת הרבה פוסקים מאד, **ושאף** מהרא"י לא קאמר, אלא שקשה להקל נגד התוס', שלא לאכול גבינה אחר בשר עוף מיד, אבל מודה לדינא דבשר עוף בחלב דרבנן, שהרי כתב בהגהת ש"ד, דביצים גמורים מותר לאכלן בחלב, משום דבשר עוף בחלב דרבנן הקילו, **ואף** שהתוס' תלו דין אכילת גבינה אחר בשר עוף בזה, דבשר עוף בחלב דאורייתא או דרבנן, מ"מ אין זה מוכרח כמו שכתבתי שם, וגם מדברי התוס' עצמן שם משמע שאין מוכרח לומר כן, אלא שבאו ליישב מנהג העולם, **ובאמת** י"ל

הלכות בשר בחלב
סימן פז - באיזה בשר נוהג דין בשר בחלב, והאיך נקרא בישול

דרך אחרת, דאף למאי דקי"ל בשר עוף בחלב דרבנן, אסור לאכול גבינה מיד אחריו, והא דתני אגרא, עוף וגבינה נאכלין באפיקורן, מפרשינן כמו שמפרש הרמב"ם וסייעתו, דהיינו באוכל גבינה ואח"כ עוף, ועוד יש לחלק בכמה גווני, **והרי** כתב הרמב"ם, שהאומר בשר עוף בחלב אסור מן התורה, עובר בבל תוסיף.

אבל דגים וחגבים, אין בהם איסור אפילו מדרבנן - כתב העט"ז וז"ל, ומ"מ אין לאכול דגים בחלב מפני הסכנה, כמו שנתבאר בא"ח סימן קע"ג, עכ"ל, **ובאמת** נמשך אחר הב"י שכתב כן, אבל הוא טעות, כי לא נזכר שם אלא דדגים עם בשר אסור משום סכנה, אבל בחלב לא שמענו ולא ראינו, וכל יומא ויומא נהגינן הכי לבשל דגים בחלב ולאכול, גם בד"מ השיג על הב"י בזה, וכן בספר באר שבע ושאר אחרונים השיגו עליו בזה, וגם בש"ס פרק כ"צ משמע בהדיא, דלית ביה אפילו משום סכנה ע"ש, והוא פשוט.

(**ועיין** בתשובת חינוך ב"י, שמקיים דברי הלבוש דאסור לאכול בחלב, משום דחקר אצל חכמי הרופאים, דדוקא דגים המטוגנים עם חמאה מותר לאכול, אבל דגים המבושלים בחלב יש בו סכנת חולי, דדגים מקררים מאד, וגם החלב רע ומזיק לגוף - **ועיין** בתשובת ח"ס שכתב דזה אינו אמת, ונאמן עלינו הרמב"ם גדול הרופאים - **וכ"כ** הפמ"ג בשם בה"ג, דדגים עם חלב יש סכנה, ובחמאה ושומן הנקלט מע"ג החלב אין סכנה, **וע"ש** דמשמע דעתו, דאף עם חלב דוקא לכתחלה יש ליזהר, אבל בדיעבד אין לאסור, **ועיין** בתשו' אדני פז, שכ' בשם הבחיי פ' משפטים, דיש סכנה גמורה בדג עם גבינה, וה"ה עם חלב, ולכן פסק דאף בדיעבד אסור, אבל בדג עם חמאה כתב דשרי, כיון שכל העולם עושים כן, ע"ש, **ונ"ל** דהאידנא שכל העולם מבשלים גם עם חלב, שרי, דכיון דדשו בה רבים כו').

הגה: ונהגו לעשות חלב משקדים ומניחים בה בשר עוף, הואיל ואינו רק מדרבנן - כלומר ול"ד לדם דגים ס"ס ס"ו שמותר לגמרי, ואפ"ה אם כנסו בכלי אסור מפני מראית עין, אא"כ יש בו קשקשים שניכר שהוא דם דגים, **דהתם** דם גופיה אסור מדאורייתא, [ומצינו בו איסור כרת], הילכך הרואה יאמר דאכיל דם בהמה שאסור מדאורייתא, **אבל** בשר עוף בחלב ממש הוא מדרבנן, [ואפי' בבהמה אינו אסור אלא דרך בישול], וליכא למיחש למראית העין. ‹**ולא** חיישינן כלל שיטעו בתרווייהו, שיסבור דהאי בשר עוף הוא בשר שור, והאי חלב שקדים הוא חלב גמור - באה"ט›.

[**ואף כי דברי רמ"א נכונים, וכבר נתפשט המנהג כן, מ"מ נראה שיש להניח לכתחילה שקדים גם אצל בשר עוף, דכל מאי דאפשר לן לתקוני מתקנינן, *ותו דלא גרע מחלב אשה דבסמוך, שחשו למראית עין, אלא במקום שאין לו שקדים אין לאסור האכילה בשביל זה**].

*‹עיין פמ"ג שהקשה, דהא בחלב אשה דבס"ד, מיירי עם בשר בהמה, וא"כ שם הוי רק חד דרבנן, וכאן בבשר עוף הוי תרי דרבנן, שיטעה לומר שהוא חלב ממש, וגם אטו בשר בהמה - אמרי בינה›.

אבל מהרש"ל למד מהך דדם דגים, דבפורים וכיוצא בו שרגילים לאכול תרנגולת בחלב שקדים, שאסור אם לא שיניח שקדים אצלו בתוכן ובצידן להיכירא, ובפרט גבי בשר עוף דאיכא למיחש טפי, שלא ידמו לומר בשר עוף בחלב שרי אפי' מדרבנן כר"י הגלילי, עכ"ל, **וכן** הסכימו האחרונים, וכן נלפע"ד, דהא אפילו במידי דרבנן חיישינן למראית העין בכמה דוכתי, ומהם בש"ס פרק במה בהמה, ולא בזוג אע"פ שהוא פקוק, משום דמיחזי כמאן דאזיל לחינגא, פירש"י לשוק למכור, והיינו מראית העין, והוא מוסכם מכל הפוסקים, וכמו שנתבאר בא"ח סי' ש"ה, אע"פ שאיסור מקח וממכר בשבת אינו אלא מדרבנן, **וכן** מוכח בהדיא בתוס' בכתובות פ' אע"פ, דאפי' במידי דרבנן חיישי' למראית העין, והכי משמע בדוכתי טובי.

(**ועיין** בנ"צ שכתבתי, דמ"מ אין לאסור להניח בשר עוף בחלב שקדים בלי שיניח שקדים אצלו, אלא אם הוא בפני הרואים, כמו בסעודות גדולות, דאיכא מ"ע גמור, אבל בביתו מותר), ‹**דהא** דאפי' דבחדרי חדרים אסור, זה אינו אלא במידי שהרואה יחשדהו שעבר איסור דאורייתא, **ואפי'** אם הוא בפני בני ביתו, ג"כ חשוב בחדרי חדרים, דבני ביתו יודעים הדבר על בוריו - נחלת צבי›.

אבל בשר בהמה, יש להניח אצל החלב שקדים, משום מראית העין, כמו שנתבאר לעיל סימן ס"ו לענין דם - כדי שלא יחשוב הרואה שהוא חלב ממש, שהוא אסור מדאורייתא, **ולפ"ז** צ"ל דמיירי בבישול, דאי לאו הכי אפילו בשר בהמה ליכא איסורא דאורייתא, וא"צ להניח שקדים.

[ט"ז] ‹רעק"א או ש"א או הוספת הסבר› (פת"ש)

סימן פז – באיזה בשר נוהג דין בשר בחלב, והאיך נקרא בישול

[אבל באם אין לו שקדים, אין לאסור האכילה בשביל זה, ‹מובא מדבריו דלעיל›, (ומשמע מדבריו דגם בבשר בהמה הדין כן), ***כמו בחלב אשה בסמוך, וכן משמע לשון רמ"א שכתב, יש להניח כו', משמע בדיעבד או שא"א להניח, לא מעכב האכילה בשביל זה].**

***זה** תמוה, דהא בחלב אשה אף דיעבד אסור, ואינו מותר רק בנפל לתוך תבשיל דאינו ניכר, **גם** לפי ראיה זו יהיה מוכח דגם בבשר בהמה אין אוסרים אכילתו, **וכן** מה שכתב הט"ז, "וכן משמע לשון הרמ"א שכתב יש להניח וכו'", הא זה מיירי בבשר בהמה – רעק"א, ‹וסובר דתימה לומר כן›.

סעיף ד - אסור לבשל בחלב אשה, מפני מראית העין. ואם נפל לתוך התבשיל, בטל, ואין צריך שיעור - ‹ואם עירב במזיד בתבשיל, אסור לו ולמי שנעשה כן בשבילו – רעק"א›.

הגה: ונראה לפי זה, דכל שכן דאסור לבשל לכתחלה בחלב טמאה, או בשר טמאה בחלב טהורה - ‹קשה לי, דלתסר ג"כ בשר טמאה בחלב טמאה משום מראית עין – רעק"א›.

[בד"מ השאיר דברי הרשב"א אלו בחלב אשה בצ"ע, דמ"ש מחלב טמאה דמותר בבישול, ודעתו כאן תמוה מאד, דהא בתורת הבית כתב הרשב"א בהדיא, דבחלב טמאה מותר בבישול והנאה, ולא זכר שום איסור מראית עין].

לפי דעת הרב דכ"ש הוא, נראה דצריך ליישב, הא דכתבו הט"ו בס"ג מותרים בבישול והנאה, והוא משנה ערוכה ומוסכם מכל הפוסקים, דהיינו דמותר מדינא, אבל משום מראית העין לא מיירי, **ונ"מ** בגווני דליכא למיחש למראית העין, כגון לרפואה וכיוצא בו, וכמ"ש מהרש"ל גבי חלב אשה, דלרפואה שרי אפילו אין בו סכנה כלל, מאחר דאין בו איסור כלל אלא משום מראית העין, עכ"ל, א"נ משכחת לה בגווני אחריני דליכא משום מראית העין, **ובזה** מיושב מה שהניח בת"ח דברי הרשב"א בתימה, ע"ש, ‹היינו קושיא דד"מ דלעיל, דבאמת גם להרשב"א אסור גם בטמאה משום מראית עין, ודלא כט"ז›.

אכן דברי הפוסקים שכתבו סתמא מותרים בבישול, משמע דאפילו משום מראית העין ליכא, וכך נראים דברי מהרש"ל, וכך משמע דעת המחבר, מדלא כתב בחלב בהמה טמאה גופיה דאסור משום מראית העין,

לכך נראה לי ברור, דשאני התם כיון דעל כל פנים אחד מהן אסור באכילה, דודאי בבישול לחודיה ליכא משום מראית העין, דהא יכול להיות שמבשל לצורך רפואה או שאר דברים, ‹קשה לי, דמ"מ אמאי מותר בהנאה, ניחוש למראית עין, וצ"ע – רעק"א›, והאי אסור לבשל, היינו לאכול, וכן מ"ש המחבר בס"ה אסור לבשלם, ע"כ צריך נמי לפרשו לאכלם, וכה"ג מצינו במקרא ומשנה, דאפקיה לאכילה בלשון בישול, ובכה"ג דוקא הוא דאיכא משום מראית העין, **וע"כ** גם לדעת הרב צריך אתה לומר כן, דהא אפי' בבשר בהמה טהורה בחלב שקדים, ס"ל דא"צ להניח אצלו שקדים אלא בבישול, ‹דהיינו כשנתבשל מקודם›, וכמ"ש לעיל, וא"כ תקשי היאך בישלם מתחלה יחד, ודוחק גדול לומר דבשעת בישול היה מניח שקדים אצל הקדירה, אלא ודאי דבבישול לחודיה ליכא משום מראית העין, **והלכך** הא דאסור לבשל בשר בחלב אשה, היינו לאכול, והלכך בשר בהמה טמאה בחלב טהורה או איפכא, כיון דע"כ לאו לאכלם מבשל להו, דהא עכ"פ אסורים משום בשר או חלב טמאה, ליכא משום מראית העין, ובזה אתי נמי שפיר דברי הרשב"א, שהניחם הרב בת"ח בתימה.

אי נמי בבשר טמא ליכא למיחש למראית העין, דניכר לעין שהוא בשר טמא, וכן בחלב טמאה, כדאיתא בש"ס בע"ז, חלב טהור חיור, טמא ירוק, **אבל** חלב אשה וחלב שקדים לא מינכר, ואסור משום מראית העין, ובזה אתי נמי שפיר דברי הרשב"א, **ומ"מ** הראשון עיקר, ‹דאין מראית עין רק באכילה, וכיון דהם בלא"ה אסור באכילה מן התורה, לא משכחת בהם מראית עין – מחה"ש›.

[ונלע"ד שאין זה ק"ו, דנראה דלא גזרו משום מראית עין אלא במידי דכשר לאכילה כל אחד לחוד, דאז דומה לבשר טהור וחלב טהור, ומש"ה בבישול עם חלב שקדים, צריך להניח שם שקדים לכתחילה, ובחלב אשה שג"כ מותר כל שפירש ממנה, ע"כ אסור לבשל עם בשר משום מראית עין, משא"כ באם החלב טמא או הבשר טמא, אין דומה לבשר בחלב של טהורים, וע"כ לא גזרו שם מפני מראית עין, כנלענ"ד ברור, אלא שאין בידי להקל במה שהחמיר רמ"א].

[ומ"מ פשוט בעיני, דלפי"ז כ"ש שיש לאסור מפני מראית עין לבשל בשר עוף בחלב, שגזרו בו רבנן להדיא איסור בשר בחלב, ולחד תנא הוי באמת דאורייתא, וכן

הלכות בשר בחלב
סימן פז – באיזה בשר נוהג דין בשר בחלב, והאיך נקרא בישול

משמע מדברי ד"מ, דבשר עוף בחלב גרע טפי מטמאה בחלב, **ולא** כמ"ש בלבוש, דבזה מותר משום מראית עין משום דמנכרי, דודאי מצינו לפעמים שנחתך בענין שלא מינכר, **ותו** דהרואה לא ידע לחלק בין בשר עוף לשל בהמה, ובאמת פלוגתא דתנאי היא, **ותו** דרש"ל כתב דבבשר עוף איכא למיחש טפי, שלא יטעו לומר בשר עוף בחלב שרי כר' יוסי הגלילי, עכ"ל].

[ולשון לכתחילה שזכר רמ"א כאן, וכן בסמוך ס"ו גבי חלב מתה לענין בישול, נראה שנתכוין שיש ליזהר במקום שאין צורך גדול, **אבל** במקום צורך לרפואה, אף שאין סכנה בדבר, יש להתיר בישול בחלב במה שאין האיסור אכילה אלא מדרבנן, וכ"ש חלב טמאה או בשר טמא, כנלענ"ד].

ודוקא בשר בהמה, אבל בעוף דרבנן, אין לחוש - ‹מלבשלו בחלב אשה›, נמשך לשיטתו בסעיף ג', אבל לפי מ"ש לעיל, אף בעוף יש לחוש, והיינו דסתמו הרשב"א והמחבר.

סעיף ה – ‹ברייתא בפ"ק דיום טוב, השוחט את התרנגולת ומצא בה ביצים גמורות, מותרות לאכלן בחלב, רבי יעקב אומר, אם היו מעורות בגידין אסורות, **ומשמע** מדברי הפוסקים דהלכה כתנא קמא, וכ"כ הרב המגיד, **וכתב** הרשב"א, איזו היא ביצה גמורה, כל שיש לה חלבון וחלמון, אף ע"פ שמעורה בגידין, אין לה אלא חלמון, עדיין בשר היא וכגוף העוף היא, ואסורה לאכלה בחלב, **ויש** אומרים שאינה גמורה עד שתגמר קליפתה ותתקשה, והראשון נראה עיקר, עכ"ל, **וסברא** זו שדחה הרשב"א, כתבה המרדכי בריש ביצה בשם רשב"ם, **ודרש"י** פירש, ביצים גמורות, ואפילו בלא קליפה לבנה, אלא שהחלמון לבדו גמור, ואע"פ שמעורה עדיין בגידין שריא – ב"י›.

ביצים הנמצאים בעופות, אם הם גמורות דהיינו שיש להם חלבון וחלמון, אע"פ שהיא מעורה בגידים, הרי זה גמורה ומותר לאכלה בחלב - והא דמשמע לעיל סימן פ"ו ס"ד, דבהכה תרנגולת על זנבה והטילה ביצים, דאסורות משום אבר מן החי אם מעורות בגידין, אע"פ שנגמרה בחלבון וחלמון, אלמא כיון שמעורה חשיב כבשר התרנגולת, **שאני** הכא דלענין בשר בחלב דעוף שהוא מדרבנן הקילו, **אי** נמי שאני הכא, כיון דכל חד בפני עצמו שרי, כן כתבו האחרונים, וחלוק זה הוזכר בתוספות ופוסקים והרשב"א מכללם, לחלק בין הא דביצת נבילה דאסור, ובין הך דהכא, **ונ"ל** דבלאו הכי לא קשה מידי, מהך דהכה תרנגולת על זנבה, דאע"ג דלא חשיב בשר, מ"מ אפילו חלב ממש הוה אסור משום אבר מן החי, אי לאו דגלי לן קרא ארץ זבת חלב ודבש, ואם כן נהי דגלי לן קרא דחלב שרי, היינו משום דאינו מחובר בשום דבר, ואינו פורש מן הבשר, אבל ביצים מעורות ומחוברות ודאי באיסורייהו קיימי, **וגדולה** מזו היו יש אוסרים אפילו מימי חלב משום אבר מן החי, ונהי דלא קי"ל כוותייהו מהני טעמי שנתבארו לשם, מ"מ ודאי דביצים מעורות לכ"ע אסירי משום אבר מן החי, **ועוד** כ' ר"ת, דאפילו ביצים ממש היו אסורות משום אבר מן החי, אי לאו דגלי לן קרא דשרי, וא"כ ודאי כשהן מעורות, דלא גלי לן קרא, דאסירי משום אבר מן החי, וזה ברור.

‹**ועיין** בט"ז ונקה"כ, דמביאין קושיא זאת של הש"ך בשם מהרש"ל, והוא דוחה את תירוץ ראשון ושלישי של הש"ך משום שהם דחוקים, ועיין מה שהקשה עליו הנקה"כ. **ומסיק** המהרש"ל›: [**אלא נראה בעיני עיקר**, כל זמן שמעורה בגידין, **חשוב כבשר לכל מילי**].

אבל אם אין לה אלא חלמון, אסור לבשלם בחלב - כל' הזה כתב גם כן העט"ז, והוא מגומגם, דהא לבשל פשיטא דשרי, דאפילו עוף גופיה נתבאר לעיל דמותר בבישול אף מדרבנן, **אלא** האי לבשלם ר"ל לאכלם. **ודין** מליחת ביצים הנמצאים בעוף, נתבאר לעיל סימן ע"ה.

משמע אע"פ שאינה מעורה, דכל שלא נגמר אלא החלמון, כגוף הבשר נינהו, **ובספרי** הארכתי בזה והעליתי, דלכתחלה אין לאכול בחלב אפילו אותן שנגמרו בחלמון וחלבון וקליפתן רכה עדיין, אפילו אינן מעורות, וכדעת רשב"ם והמרדכי והשערים ואו"ה ומהרא"י בהגהת ש"ד, **אבל** בדיעבד אם נתבשלו עם חלב נראה דמותר.

אבל אם הן מעורות אפי' בדיעבד אסור, כיון דבה"ג פסק כר' יעקב, **וכן** הוא ברי"ף, וגם דעת הר"ן, וכן הוא דעת הר"ר יונתן שהובא בא"ח ובכל בו, וכן מוכח דעת רשב"ם וסייעתו הנזכרים דהלכה כרבי יעקב, דאל"כ א"א ליישב הסוגיא דפ"ק דביצה לדבריהם, ‹דלשיטה זה ר' יעקב בא להקל, דלרבנן צריך שתתקשה

[ט"ז] ‹רעק"א או ש"א או הוספת הסבר› (פת"ש)

הלכות בשר בחלב
סימן פז – באיזה בשר נוהג דין בשר בחלב, והאיך נקרא בישול

הקליפה לגמרי, ובודאי אינו מעורה עוד בגידין, ור' יעקב מקיל, דא"צ שתתקשה הקליפה, אלא כל עוד שאינו מעורה בגידין מותר, ואם אין הלכה כר' יעקב, נמצא דברייתא דהתם הוי שלא כהלכתא – עפ"י אמרי בינה», וכ"כ האגודה להדיא, וגם בירושלמי פסק בהדיא כרבי יעקב, וכן משמע קצת בש"ס דילן, דבתרתי לישני מהדר לאוקמי ברייתא כותיה, **והב"י** ושאר אחרונים כתבו סתמא דכל הפוסקים פסקו כת"ק, וז"א וכמ"ש.

וכבר הוכחתי דהעיקר דגמורות, היינו שנגמרו בחלמון וחלבון, דאם אותן שקליפתן רכה מעורות אפי' דיעבד אסור, ואם אינן מעורות מותר, **אבל** אותן הקטנים שלא נגמרו אלא בחלמון לבד, אפילו אינן מעורות אסור אפי' דיעבד, דכגוף הבשר נינהו, **וכ"פ** בת"ח, אלא שלא חילק שם בין מעורות או לאו, ומשמע שם מדבריו, דאותן שנגמרו בחלמון וחלבון אפילו מעורות מותר בדיעבד, והעיקר כמ"ש, **גם** צ"ע קצת, למה לא הגיה כאן כלום, «ר"ל, על מש"כ המחבר: אבל אם אין לה אלא חלמון אסור לבשלם בחלב, דמשמע אסור לבשלם לכתחילה, אבל בדיעבד מותר, הו"ל להר"ב להגיה כמש"כ שם בת"ח, דבכה"ג אפי' בדיעבד אסור. **ואינו** רק צ"ע קצת, כי אפשר שגם המחבר במש"כ: אסור לבשלם וכו', ר"ל אפי' בדיעבד אסור – מחה"ש», «**וגם** למה לא הגיה כאן, דבחלבון וחלמון עכ"פ לכתחילה אסור, דלא כהמחבר – אמרי בינה».

מיהו נראה דאפילו לא נגמר אלא החלמון והן מעורות, יש להקל במקום הפסד מרובה וכה"ג, דכדאי הם רש"י ותוס' והרא"ש והטור ור' ירוחם לסמוך עליהם בכה"ג, **גם** נ"ל דלדעתם, מעורות היינו אותן הקטנים שנגמרו בחלמון לבד, המעורין ומחוברים בבשר השדרה, **ודלא** כמ"ש בב"י, דלסברת הטור בשם רש"י, היינו כשפירש מן בשר השדרה, ואית בהו שורייקי סומקי, ואחריו נמשך העט"ז, **דרש"י** גופיה לא פירש כן, גם בלישנא קמא ובלישנא בתרא בש"ס מוכח בהדיא דלא כהב"י, אלא כדפי'.

וכל זה מדינא, אבל מהרא"י כתב: וכמדומה שאין הנשים נוהגות היתר אפי' נגמרו לגמרי, וגם הקליפה חיצונה קשה לגמרי, ונמשכו אחריו מהרש"ל והרב בת"ח שם במנהג זה, **מיהו** משמע מדברי מהרא"י ומדבריהם שם, דאינו אלא חומרא בעלמא, והלכך במקום שאין מנהג אין לחוש לזה כלל, **והב"ח** בקש למצוא טעם דהמנהג הוא דין, ואין דבריו מוכרחים.

[**ואין להחמיר בזה אלא לכתחילה, אבל בדיעבד כל זמן שנגמרה הקליפה, אפי' בקרום לבן לחוד סגי, ואין עליה דין בשר כלל – רש"ל].**

(**ועיין** בשאילת יעב"ץ שכתב, דאף לפי המנהג, דוקא בנמצאת במעי אמה אחר שחיטה, **אבל** אם הטילה אותה בחייה כדרכה, אפילו אם הקליפה רכה, מותר לאכלה בחלב לכתחילה).

אבל אם אכלם בפני עצמם, מותר לאכול אחריהם גבינה או חלב - «כיון דבשר עוף בחלב דרבנן – ב"י», **ואפילו** אם הם מעורים עדיין באשכול, כן הוא בא"ח שם, **ומשמע** שם אפילו לא נגמר אלא החלמון, וגם הם מעורות באשכול, מותר לאכול אחריהן גבינה או חלב. **ופירוש** מעורות באשכול, פירש"י מחוברות בבשר השדרה.

סעיף ו - המעושן והמבושל בחמי טבריא, אין לוקין עליו - אבל איסורא מיהא איכא, **וכן** בחלב מתה, איסורא מיהא איכא, כדלקמן סימן צ' גבי כחל, וכמ"ש הרב בהג"ה בסמוך, **וכן** כולהו משמע דאיסורא מיהא איכא, אפילו בחלב זכר, **ומ"ש** הרב בהג"ה חלב זכר לא מיקרי חלב כלל כו', יתבאר לקמן.

«**מעושן** ומבושל בחמי טבריא, להר"מ והמחבר הוה ספיקא דין תורה, וכתב המגיד משנה, בירושלמי פרק הנודר מן המבושל בעיא דלא איפשטא במעושן, וחמי טבריא משמע התם דשוה למעושן, **והפרי** חדש כתב דנפשטא האיבעיא במקום אחר, פרק כלל גדול בירושלמי, הצולה והשולק והמעשן והמטגן חייב משום שבת, ובחמי טבריא הוה פלוגתא ואין לוקין בשבת, והוא הדין בשר בחלב, זה תוכן דבריו, **והנה** אין לדמות שבת לבשר בחלב, דלענין שבת לאו מלאכה הוה, ולענין בב"ח אפשר בישול מיקרי, או להיפוך דבשבת הוה מלאכה, ובבשר בחלב לא הוה בכלל בישול – פמ"ג».

וכן המבשל בשר במי חלב – «משמע מלשון המחבר, דאסור מדרבנן, מדקאמר "פטור", וקאי על הבישול עצמו, מדמוסיף אח"כ "ואין לוקין על אכילתו"».

«**קשה** לי, דמ"ש בשר חיה ועוף דשרי בבישול ובהנאה, כיון דהוא דרבנן, ה"נ מי חלב, **וראיתי** בתפארת למשה שכתב לחלק, דהני דהכא שהם מן מיני בהמה טהורה שנאסר מדאורייתא, **ומ"מ** קשה לי, היכן מצינו כן, וצ"ע – רעק"א».

הלכות בשר בחלב
סימן פז – באיזה בשר נוהג דין בשר בחלב, והאיך נקרא בישול

או בחלב מתה - כלומר חלב שיצא ממנה לאחר מיתתה, ול"ש מתה מעצמה או נשחטה, כדלקמן סי' צ' גבי כחל.

‹**נסתפקתי** בחלב בן פקועה, אם מקרי חלב שחוטה, כיון דממעטי לה מבחלב אמו, ושחוטה אינה ראויה להיות אֵם, וזה לא שייך בבן פקועה, (או דילמא כיון דאינו טעון שחיטה, הוי כחלב שחוטה ופטור), **ונ"ל** ראיה מסוגיא דבכורות, מדאסר רחמנא בשר בחלב, הא חלב לחודיה שרי, ודלמא אצריך לבן פקועה, אלא ע"כ דמקרי חלב שחוטה, אח"כ מצאתי כן בעזה"י בשעה"מ, **ועדיין** לדינא צ"ע – רע"א.

(**שוב** ראיתי בתשובת נו"ב, שגם הוא ז"ל חקר בזה, ותופס עיקר להיפך, שיש בו איסור תורה, כיון שראויה להיות אם, וכתב דסוגיא דבכורות הנ"ל, אזלא לר' מאיר דאמר, השוחט בהמה ומצא בן ט' חי טעון שחיטה, **שוב** נדפס תשובת ח"ס, וראיתי שהביא דברי שעה"מ הנ"ל, וכתב עליו דהראיה מש"ס דבכורות יש לדחות).

‹**אבל** בשר מתה בחלב חיה חייב, וכן כתב בית הילל, ועיין בב"י שהוא מגומגם כמ"ש הדרישה – רעק"א.

‹**גם** מסתפיקנא בחלב טריפה, למה דקימ"ל דטריפה אינה יולדת, אם מקרי אינה ראויה להיות אֵם, ואין בזה משום בשר בחלב, **ועיין** בסנהדרין רש"י... א"כ הרי דאב העובר מקרי אב, ה"נ י"ל דטריפה ראויה להיות אם, דהא יכולה להתעבר, אלא שלא תלד, **ומ"מ** י"ל, דלא מקרי אֵם אלא אם העובר עומד להוולד, אבל טריפה לא נקראת אֵם בשביל עובר, כיון דאין סופה להוולד, **אח"ז** מצאתי באיסור והיתר הארוך, דחלב טריפה היא בשר בחלב דאורייתא, דראויה להיות אֵם, דאם היתה מקודם מעוברת, יכולה להוליד אחר שנטרפה, **ולפי"ז** בטריפות מתחילת יצירתה, כגון יתרת וכדומה, להסוברים דגם ביתרת אינה חיה, וא"כ ה"ה דאינה מולדת, ודלא כהרשב"א, אין בחלבה דין בשר בחלב דאורייתא, **ועיין** בפמ"ג שהביא דברי האיסור והיתר, וכתב עלה, דבלא"ה מקרי אֵם, דיכולה להניק אחרים, וצ"ע – רעק"א.

או בחלב זכר, או שבישל דם בחלב, פטור, ואין לוקין על אכילתו משום בשר בחלב - כל' הזה כתב הרמב"ם, ומשמע דעתו, דמשום בשר בחלב הוא דאין לוקין על אכילתו, הא משום דם לוקין על אכילתו, אף על פי שבשלו, דס"ל דם שבשלו עובר עליו, **מיהו** אנן קי"ל, דדם שבישלו או שמלחו אינו אלא מדרבנן, וכמש"ל סימן ס"ט, ובכמה דוכתי.

‹**משמעות** המחבר, דיש איסור בישול דם בחלב עכ"פ מדרבנן› – ‹**וביותר** קשה לי על דם בחלב, דלמאי אמרו חז"ל לגזרו באיסור בשר בחלב, הא בלא"ה לא יאכלו משום דם, וא"כ הוי כמו טמאה, דמותר בישול והנאה לכו"ע, וצע"ג – רעק"א. **והיינו** דזה יותר קשה מקושייתו מבשר במי חלב דלעיל, דהכא ליכא אפי' איסור אכילה מצד בב"ח.

הגה: וחלב זכר לא מקרי חלב כלל, ואם נפל לתוך קדירה של בשר, אינו אוסר - משמע דכיון דלא מקרי חלב, ולית ביה אפילו איסור דרבנן, אינו אוסר המאכל, ובאו"ה שם כתב, דלא גרע מחלב אשה, **ומדברי** הרב המגיד נראה, דחלב זכר אסור מדרבנן, וכתב שכן נראה מדברי הרמב"ם שהעתיק המחבר לשונו, **וכן** משמע קצת בש"ס, דאמר שמואל התם, בחלב אמו ולא בחלב זכר, בחלב אמו ולא בחלב שחוטה, וא"כ כיון דמחד קרא מפיק להו, וחלב שחוטה קי"ל דמדרבנן מיהא אסור, וכדלקמן סי' צ', ה"נ בחלב זכר, **ונראה** דהרב המגיד מיירי בחלב זכר של בהמה, וכדפרש"י בש"ס שם, וז"ל ולא בחלב זכר, שהיה לו חלב מועט מן הדדים, כגון אם נשתנה והיו לו דדים, וכן פי' מהרש"ל שם, **וכן** מוכח מהש"ס שם להדיא, דקאמר בתר הכי, בעי מיניה המבשל בחלב גדי שלא הניקה מהו, אמר ליה מדאיצטריך לשמואל למימר בחלב אמו ולא בחלב זכר, זכר הוא דלא אתי לכלל אם, אבל האי כיון דאתי לכלל אם אסור, ש"מ דבחלב זכר של בהמה איירי, **אבל** בחלב זכר דאדם, פשיטא דלא גרע מחלב אשה, **ולפ"ז** המחבר שהעתיק לשון הרמב"ם, דמשמע מיניה דגם בחלב זכר פטור אבל אסור, והרב בהג"ה, לא פליגי. ‹**אבל** המעיין באו"ה יראה, דבחלב זכר דבהמה איירי, ומשום דלא שכיח לא גזרו – פמ"ג.

אבל חלב מתה, ומי חלב, אוסרים המאכל כמו חלב עצמה, ואפילו בבישול יש לאסור לכתחלה - וכתוב באו"ה, דאפי' אותו מי חלב שנשאר אחר שעושין הגבינות, וכמ"ש המחבר בסעיף שאח"ז, אוסר המאכל.

יש אומרים דאסור לחתות האש תחת קדירה של עו"ג, לפי שהם מבשלים בהם פעמים חלב פעמים בשר, והמחתה תחת קדירה שלהם בא לידי בישול בשר בחלב - ובמרדכי כתב, שאסור לבשל

הלכות בשר בחלב קצג
סימן פז – באיזה בשר נוהג דין בשר בחלב, והאיך נקרא בישול

בשר איסור בבית ישראל, בקדירה של עובד כוכבים, שמא יחתה הישראל כו', לכן צריך לשפחות עובדות כוכבים שתי קדרות, א' של בשר וא' של חלב, וכ"פ בת"ח, **מיהו** בשר לאו דוקא, אלא *ה"ה שאר דברים, דזיל בתר טעמא, **מיהו** אין בזה אלא חומרא בעלמא, ואין העולם נזהרין בזה.

*‹**ויש** ראיה לכאורה מכאן, דבשר וחלב שכבר נתבשל יחד, אסור לבשלו שנית – גליון מהרש"א. ‹**ולדינא** בשר בחלב יש בישול אחר בישול, **ומ"מ** הבלוע שבתוך הקדירה מבשר וחלב יחד, שיפלוט לחוץ ויתבשל, לא חשו, דזה לא הוה דרך בישול, **אבל** בשר בקדירה בת יומה מחלב, וודאי הוה דרך בישול – פמ"ג›.

‹**ק"ל**, הא אינו מכוין לבשל רק לחתות באש, ופסיק רישא לא הוי, דשמא לא בישל הנכרי בהקדירה בשר וגם חלב, **וצ"ל** דדוקא בספק דלהבא, דשמא לא יהא נעשה כן במעשה שלו, כמו גורר כסא וספסל, דהוי ספק שמא בגרירתו לא יעשה גומא, אבל בספק דעבר כמו הכא, דאם יש בקדירה זו בלוע בשר וחלב, בחתוי זה בודאי יתבשל, אלא דהספק שמא אין בו בליעת בשר וחלב, זה מקרי פסיק רישא, **ויש** לעיין דתלוי במחלוקת הערוך ובעלי תוספות, דדעת הערוך, דדבר שאינו מתכוין בפסיק רישא, היכא שאינו נהנה מותר אפי' מדרבנן, ומשמע שם אפי' בשאר איסורים כן, וא"כ הכא מותר, דהא אינו מכוין לבשל הבלוע של הגוי, ואף דהוי פסיק רישא, מ"מ הא לא נהנה, **אולם** לדעת תוס' דאסור מדרבנן, ובשאר איסורים נראה דעתייהו דאסור דבר תורה, א"כ הכא אסור, **ועיין** בהרא"ש, דגם להערוך בשאר איסורים אסור, **אכן** לדעת הט"ז שכתב לדעת הטור, בנועל התיבה וספק אם יש זבובים, דמותר לנועלו, דהוי דבר שאינו מתכוין, ואף דהוי פסיק רישא, מ"מ דלמא אין שם זבובים ולא הוי פסיק רישא, א"כ בנידון דידן היתר גמור, דהא אינו מתכוין לבשל כלי של נכרי, ואפשר דאין בתוכו כלל בלוע בשר וחלב, לא הוי פסיק רישא, **כתבתי** זה שלא להיות האיסור חמור, כי כמעט א"א ליזהר בעוברי דרכים, **גם** יש לדון דסתם כלי של נכרי אינו בן יומו, ולא הוי בכלל בישול בשר בחלב, **וזה** תליא בשני טעמים, דלטעמיה דהרשב"א, דסתם כלי הוי ספק ספיקא, ספק לא בישל כלל, ושמא בישל מים, ה"ה ה"נ כן, **אבל** לטעם הטור, דהוי ספק ספיקא, שמא לא בישל תוך מעת לעת, ואת"ל בישל, שמא פוגם להך תבשיל, וזהו רק לענין התבשיל, אבל לענין איסור בישול, כולו חדא ספיקא היא, ועיין – רעק"א›.

עוד כתבו, דאין לערב מים שהדיחו בהם כלי בשר עם מים שהדיחו בהם כלי חלב, וליתן לפני בהמה, דאסורים בהנאה - היינו כשהדיחם במים רותחים, ועירבם כך רותחין, הא לא"ה אינו אסור בהנאה, כיון דאינו אסור מן התורה אלא דרך בישול, וכדלעיל.

‹**ק"ל**, דא"כ מלבד הנאה, ליתסר לערב מטעם איסור בישול, **ואולי** י"ל דמיירי, דהמים שבשני כלים הם ששים כנגד הא', אלא דאסור לערב ולהנות ממנו, דהוי מבטל איסור לכתחילה, ואסור, דדינא דאין מבטלין רק לענין אכילה והנאה, אבל לענין בישול לא מצינו כן, ועדיין צ"ע, **והמ"י** כתב, דמיירי שאינן רותחין, ואף כיון דלא הוי דרך בישול מותר בהנאה, מ"מ אסור לערב בידים להנות ממנו – רעק"א›.

עוד כתבו, דהכלי שעושין בו מים לחפיפת הראש, אין לשמש בו, דעושין אותה מאפר שעל הכירה, ורגילות הוא להתערב שם בשר וחלב - והא דלא מיתסר מה"ט לחפיפת הראש, שהרי נהנה, משום דלרחוץ ראשו, כיון שאינו דבר של אכילה, לא חשיב הנאה, כיון שאינו נהנה מגוף האיסור.

‹**אלא** שקשה לי, היאך מתיר לכתחילה לעשות מים מאפר ע"ג כירה לחפיפת הראש, הא כשמבשלים המים אתי לידי בישול בשר בחלב – באה"ט›.

ולכן יש לאסור גם כן להשתמש מן הקדירות של התנורים שבבית החורף, משום דנתזים עליהם לפעמים בשר וחלב מן הקדרות שמבשלים בתנורים. ובדיעבד אין לחוש בכל זה.

עיין בת"ח, ומשמע שם דבקדירות של מתכות אין להחמיר אפילו לכתחלה, משום דאף אם היה ניתז, היה חוזר ומתלבן ע"י האש.

‹**ק"ל**, דגם אם הוא של חרס, מ"מ לשתרי בליבון, כמו אם התנור עצמו של חרס, דמהני ליבון דהיסק מבפנים, וה"נ לגבי קדירות, דבליעתן מצד שהוא לחלל התנור, והוי היסקן ממקום הבלוע, **ואולי** י"ל, דלגבי הקדרות חרס דלא מהני הגעלה, וצריך ליבון גמור, דאפשר דההסקות של תנור לא הגיע לליבון כ"כ, **אבל** בשל מתכת, דבכל מקום דמהני הגעלה מהני ליבון כל דהוא, בזה סמכינן על ההסיקות שרגילים להסיק, דהוי עכ"פ ליבון כל דהוא – רעק"א›.

ואף לכתחלה אין בזה אלא חומרות בעלמא, והמיקל לא הפסיד - ‹והטעם דאינם אלא חומרות בעלמא: בדין הראשון לחתות תחת קדירה שלהם, י"ל משני

הלכות בשר בחלב
סימן פז – באיזה בשר נוהג דין בשר בחלב, והאיך נקרא בישול

טעמים, או משום דאין בישול אחר בישול בבשר בחלב, כמו לענין שבת, או משום דבשר בחלב הבלוע בכלי לא שייך בזה בישול, דאין זה דרך בישול שאסרה תורה. **בדין השני**, שאין לערב מים שהדיחו בהם כלי בשר עם מים שהדיחו בהם כלי חלב וליתן לפני בהמה, הרי לא שייך זה אא"כ היו המים רותחים מכלי ראשון ונתערבו רותחים, דאל"כ אינו אסור בהנאה שאין זה דרך בישול, וגם שיהיה ממשות של בשר ושל חלב בתוך הכלים, ודבר זה הוא רחוק המציאות, שהרי אפי' אם הדיחו ברותחין מכלי ראשון, אח"כ כשנתערבו הרי הם כלי שני. **וכ"ש** בהדין השלישי, בחפיפת הראש שעושין מאפר שבכירה, ובודאי כבר נשרף כל הלחלוחית, וגם הוא טעם לפגם, **ואע"פ** דבשר בחלב אסור אף אם נתנו בהם ראש ולענה, זהו כשכבר נעשה בשר בחלב, אבל לעשות בשר בחלב ע"י דברים הפוגמים, זה לא שמענו, ודינו ככל האיסורים דנותן טעם לפגם מותר. **וכן** בקדירות של תנורי בית החורף, הוא רק חששא בעלמא – ערוה"ש›.

סעיף ז - המבשל שליל בחלב, חייב. וכן האוכלו. אבל המבשל שליא, או עור וגידים ועצמות, ועיקרי קרנים וטלפים הרכים, פטור, וכן האוכלם, פטור - הכא נמי איסורא מיהא איכא.

(**ועיין** בשו"ת שבסוף ס' מנחת יעקב, בתבשיל של חלב שנמצא בתוכו עצם חלול, ויש להסתפק דלמא היה בתוכו מוח ונמס תוך התבשיל, וליכא ס' בתבשיל נגד אותו החלול שבעצם, אסור, דספק איסור דאורייתא לחומרא, **והבל"י** התיר בזה, דלא מחזקינן איסורא לומר שהיה בתוכו מוח, **ועיין** פמ"ג שתמה עליהם, דהרי כאן משמע דעצמות הקשים בלי מוח אוסרים ג"ב מדרבנן).

(**עוד** כתב הפמ"ג, דיש להסתפק לענין עור בחלב דאינו אלא דרבנן, אפשר באותן שעורותיהן כבשרן, כגון עור השליל, ועור שתחת האליה, ועור בית הבושת, כמ"ש הרמב"ם, שמא דינם כבשר גם לענין בב"ח, ואסור באכילה ובהנאה).

סעיף ח - יש מי שאומר דנסיובי דחלבא, (פי' חלב המתמצת מקפאון הגבינה), אינם בכלל מי חלב, ואסור מן התורה. אלא מי חלב היינו אחר שעושים הגבינה מבשלים הנסיובי, והאוכל צף מלמעלה, ולא נשאר בו אלא מים בעלמא - ‹וכתב השי"ך בס"ו, אפילו לאחר שהוציאו כל המאכל, אפי' הכי איכא איסור דרבנן – פמ"ג, **זהו הנקרא מי חלב** - ‹וזהו דעת הרא"ש והטור, ולא כן הוא דעת התוס' בחולין – ערוה"ש›. **ולענין** דינא אין לנו אלא דברי המחבר, ואפילו בהפסד מרובה יש לאסור הנסיובי בהנאה, **ומיהו** אי יש עוד ספק, אי מצטרפין דליהוי ס"ס או לאו, איני אומר לא איסור ולא היתר, וצ"ע כעת בזה – פמ"ג›.

סעיף ט - חלב הנמצא בקיבה, אינו חלב, ומותר לבשל בו בשר אפילו בצלול שבה. (טור בשם רי"ף ורמב"ם) - דנפקא ליה מתורת אוכל, וחשיב כפרש וטנופת.

ויש מי שאוסר. (תוס' ורא"ש ור"ת ורשב"א ור"ן) - פי' בצלול, וע"ז כתב הרב בהג"ה **(וכן נוהגין)** - וכדכתב בהג"ה בסעיף י' לחלק בין קרוש לצלול, **ואף** לכתחלה משמע בת"ח דמותר בקרוש, **מיהו** בצלול דעתו דאפילו בדיעבד אסור, וכדכתב בהג"ה בס"י, **מיהו** נראה דלכתחלה אסור אף בקרוש משום מראית העין, כמ"ש בסעיף ד'.

ומהרש"ל פסק, דאפילו קרוש חשוב חלב ממש מדינא כרש"י, [וז"ל, קולא גדולה להתיר קרוש, **כי מי יודע מה שיעור הקרישה, אפשר אפי' לסברתו** ‹של ר"ת›, **דוקא אם הוא קרוש ואין בו לחלוחית חלב כלל, והעיקר** כרש"י, עכ"ל], וכן נראה דעת הר"ן, וכן דעת הרוקח, וכן דעת האו"ה.

סעיף י - חלב הנמצא בקיבה, (לכתחלה אין להניחו בקיבה עד שיתבשל החלב בתוך הקיבה) - הטעם מפורש באו"ה, שחלב הקיבה חריף וחמוץ שהרי מעמידין בו.

(אבל בדיעבד אין לחוש עד) שנמלח בקיבתה - ז"ל ב"י, והשיעור שצריך שישהה במליחה שיחשב רותח, נתבאר בסי' ס"ט גבי מולח בכלי שאינו מנוקב, ושיעור מליחתו לשיהיה רותח, כתב רבינו סי' צ"א עכ"ל, **וא"כ** דעתו שצריך שישהה במליחתו, כדי שיתנו על האור ויתחיל להרתיח, וכדלעיל סי' ס"ט סי"ח, **וצריך** שיהא נמלח כ"כ, שאינו נאכל מחמת מלחו, וכדלקמן סי' צ"א ס"ה, **ונראה** דאף לדידן דקימ"ל במליחה לאסור מיד,

[ט"ז] ‹רעק"א או ש"א או הוספת הסבר› (פת"ש)

הלכות בשר בחלב קצה
סימן פז – באיזה בשר נוהג דין בשר בחלב, והאיך נקרא בישול

וכן אפילו לא נמלח רק מעט כדרך שמולחין לצלי, מ"מ יש להתיר כאן בדיעבד אם העמידו בו גבינות, אם לא נמלח בכה"ג, **כיון** דבלאו הכי הרבה פוסקים והמחבר מכללם, חשבי ליה כפרש בעלמא אפילו לצלול, **וגם** הוא מילתא דרבנן, דמן התורה אינו אסור אלא דרך בישול ולא ע"י מליחה.

(**ועיין** פמ"ג שכתב, דאם נמלח מליחה מועטת ולא שהה, והעמיד גבינות ובישלו הגבינות אח"כ, אפשר דאין להקל, דתו הוי דאורייתא).

או שעמד בו יום אחד - פירוש מעל"ע דהוי ככבוש.

(ואז) אסור להעמיד בו – [פי' שלא יתן מאותו חלב שנמלח בקיבה, או הועמד בה יום א', לחלב בשביל שיקפיא, לעשות ממנה גבינה].

משמע דאין חילוק בין קרוש לצלול, והיינו לכתחלה, ואע"ג דמותר לבשל בקרוש אפילו לכתחלה, וכמ"ש לעיל, **התם** שאני שאין כאן איסור אלא משום חלב, וכיון דקרוש הוא הוי כפירשא, **אבל** הכא נהי דפירשא הוא, מ"מ כיון דנמלח או שהה מעל"ע בקיבה, ע"כ קבלה טעם מעור הקיבה, ולהכי אסור לכתחלה להעמיד בו גבינות, (וכשיטת רבינו ירוחם הובא בב"י, **מיהא** לענין דיעבד דעת המחבר בספרו ב"י, דיש להתיר בכל ענין, ולכך סתם כאן, (מפני שטעם העור חוזר ונעשה פרש כשנבלע בקיבה – פר"ח), **ואין** כן דעת הרב בהג"ה.

הגה: ואם העמיד בו, אם הוא צלול, אוסר כל הגבינות - (וז"ל הד"מ: דמש"כ [הב"י] סתם בדיעבד שרי, היינו לפי סברתו דס"ל דנקטינן כרי"ף ורמב"ם, כמו שפסק בהדיא, **אבל** לפי מה שכתבתי, דיש להחמיר כר"ת, אם היה צלול טרפה, ואם העמיד בה גבינות, אם יש בהן בנותן טעם אסור, מיהו אם יש ששים לבטל שרי, עכ"ל).

עד שיהא ס' בחלב שהעמיד - ונעשו גבינות, **נגד הקיבה האסורה** - נגד החלב שהיה בקיבה שנאסרה בקיבה משום בשר בחלב, **ואם היה ס' בחלב, הכל מותר** - ולכאורה קשה, אמאי סגי בס', הא החלב שבקיבה אסור מעצמו שנעשית נבלה, וה"נ אמרינן לקמן ר"ס ק"א, דאין דין חתיכה הראויה להתכבד, אלא אם איסורא מחמת עצמה, כגון נבילה ובשר בחלב ע"כ, **וא"כ** כאן כיון שהוא דבר המעמיד, אפי' באלף לא בטיל וכמ"ש בסעיף י"א, **ואף** שהטור כתב גם כן כמ"ש הרב, י"ל דהטור ס"ל דדבר המעמיד שאסור בטל בס', וכדעת ר"ת במרדכי ובתשובת מיימוני שם, **וי"ל** דדוקא דבר מעמיד שאסור מעצמו ממש כגון נבילה, אמרינן דלא בטיל, משא"כ הכא שאין המעמיד אסור מעצמו, אלא משום תערובת בשר בחלב, ולכך בטיל שפיר, **ואפי'** אי נימא דבשר בחלב ממש שנאסר ע"י בישול, חשיב כגופו של איסור, ואם העמידו בו אח"כ אוסר במשהו, מ"מ הכא כיון דלא נאסר אלא על ידי מליחה וכבוש, דאינו אלא מדרבנן, ס"ל להרב דלא חשיב כגופו של איסור, לענין שיאסור במעמיד בכל שהוא, **מיהו** באו"ה איתא שאלה, אי כבוש חשוב כמבושל לענין זה, ונראה דס"ל להרב להקל בזה.

(**לענ"ד** גם זה אינו מוכרח, די"ל דרק הכא סמכינן להקל, בצירוף דעת הסוברים דגם צלול הוי פירשא, **ולכאורה** יש ראיה לדינא דהש"ך, דבבב"ח דרבנן לא מיקרי אסור מחמת עצמו לענין מעמיד, מההיא דינא דבסמוך סי"א, דיקשה, דנימא דהעור הקיבה נעשה נבילה מהחלב, ואח"כ יאסור הגבינה מדין מעמיד, ודוק – רעק"א).

והמרדכי ותשובת מיימוני ע"ש תשובת הר"ר שמשון ב"א, במעשה שנעשו גבינות מחלב שבקיבה, ונמצא לאחר זמן בתוך השק שהחלב היה בו מעט מן הדקין, שהגבינות אסורות, כיון שהאיסור מעמיד היינו נותן טעם, עכ"ל, **אזיל** לטעמי' דס"ל, דאפילו מעמיד בעור קיבת כשירה לא בטיל, וכמבואר בדבריו שם, **אבל** לדידן דלא קי"ל הכי, וכמ"ש המחבר בסי"א, א"כ נהי דאסרינן החלב משום שבלעה מהקיבה, מ"מ בס' סגי, ודוק, ודוחק קצת.

[**קשה לי לדעת הרא"ש, שכתב כן לדעתו, שכתב בסי' צ"ח דמין במינו בששים, והא כאן מיירי לענין** מליחה, והרא"ש ס"ל דאין מליחה אוסרת יותר מכדי קליפה, ובבישול דוקא בעינן ששים, **וצ"ל** דכיון דיש כאן חלב, הוי ליה כאיסור שמן, דאסור להרא"ש כל החתיכה, **ואע"ג** דבסוף סי' ק"ה מביא ב"י בשם הרשב"א, וז"ל, דברים אלו שאמרנו אפי' בבשר בחלב, שהחלב אינו מפעפע, מ"מ הרא"ש לא סבירא להו הכי, **אך** קשה, דבסי' ק"ה ס"ז מוכח, דלא אמרינן חלב הוי איסור שמן, כמו שהוכחתי שם, וצ"ע רב ליישב זה].

קצו הלכות בשר בחלב
סימן פז – באיזה בשר נוהג דין בשר בחלב, והאיך נקרא בישול

לא קשיא מידי מכמה טעמים, חדא, דהא איהו גופיה כתב לקמן סי' צ"א, דדעת הרא"ש, דכל דבר שצריך קליפה ולא שייך ביה קליפה, כולו אסור, **ומהרא"י** דס"ל, דלדעת הרא"ש שרי, י"ל דחולק כאן אטור וב"י, **אי** נמי והוא העיקר, דשאני הכא כיון שכנוס בתוך הקיבה, ונמלח בתוכו כשיעור שיתנו על האור וירתיח, דמי לכבוש, ואסור כולו, ודמי לנמלח בכלי שאינו מנוקב, ושהה בו כשיעור שיתננה על האור וירתיח, דאסור גם להרא"ש כל מה שנכבש, אע"ג דבמליח אינו אוסר אלא כדי קליפה, **והיינו** שכתב הב"י כאן, והשיעור שצריך שישהה במליחה שיחשב רותח, נתבאר בסי' ס"ט גבי מולח בכלי שאינו מנוקב, עכ"ל, מוכח דעתו כדפרישית, דאל"כ שיעור ל"ל, הא לענין מליחה כדי קליפה א"צ שיעור, אלא לענין מליח בכלי שאינו מנוקב, לאסור כל מה שנכבש, כתב הרא"ש שם שיעורא דלעיל, אלא ודאי כדפרישית וזה ברור, **ועוד** י"ל, דהטור וב"י לא קאי אלא אעמד בה יום שלם, והרב בהג"ה שכתב סתמא, היינו דאזיל לטעמיה, דאנן קימ"ל לשער כל מליחה בששים, וכדלקמן סי' ק"ה - נקה"כ.

ואם היה הקיבה קרושה - כלומר אם היה החלב שבקיבה קרושה, **אינה אוסרת כלום, אפילו לא היה ס' בחלב** - שהועמד, **נגד הקיבה** - החלב שבקיבה. **(לדעת ר"ת)** - והטעם, דבקרוש חשיב החלב כפירשא בעלמא.

[**וא"ל** מ"מ יאסר, משום טעם בשר שנבלע באותה פירשא, **כתב** ב"י, דהוי כנ"ט בר נ"ט, כמו בדגים שעלו בקערה, **ובד"מ** חלק ע"ז, דלא הוי כנ"ט בר נ"ט, כיון שקבלה החלב טעם מהקיבה, הוי כטעם ראשון, **אלא** הטעם, דגם טעם בשר הנבלע בה הוי כפירשא בעלמא].

והעט"ז כתב וז"ל, אע"פ שמ"מ קבל טעם בשר, וחוזר ומבליע אותו טעם בגבינות שמעמיד, לא הוי אלא נותן טעם בר נ"ט, כדגים שעלו בקערה, שמותר לאכלם בכותח, עכ"ל, **ולא** כיון יפה, דל"ד לדגים שעלו בקערה, דהוי נ"ט בר נ"ט להיתירא קודם שבא לכלל איסור, שהבשר נ"ט בקערה, והקערה בדגים, דהוי נ"ט בר נ"ט להיתירא, ולכך מותר לאכלן אח"כ בכותח, **אבל** הכא לא הוי אלא חד נ"ט להיתירא, דהיינו הקיבה בחלב הקרוש, וכל הפוסקים מודים בכה"ג דלא הוי נ"ט בר נ"ט, דהא טעם השני דאיסורא הוא, ודמי לבצלים שבלועים מבשר, ובשלם בקדרה חולבת, שכתב הט"ו סימן צ"ד ס"ו, דצריך עכ"פ ס' נגד הבשר שבבצלים, **וה"נ** נצטרך ס' נגד החלב שהיה בקיבה, דלא ידעינן כמה בלע מהקיבה.

ובאמת כתב כן, לפי שראה בדברי הב"י שכתב, וז"ל, והטעם משום דאין כח בטעם שקבל פרש זה כו', שהרי דגים שקבלו טעם בשר, מותר לחברם אח"כ עם חלב, וכ"ש זה שהוא פרש ודבר בטל, שאין בו כח לקבל טעם בשר, ולהוליך זה הטעם עמו לחבר אותו עם חלב הגבינה הנקפה בו, לעשות אז בשר בחלב, דהוי גרוע מנ"ט בר נ"ט, מצד שהוא פרש גמור, עכ"ל, **והבין** דהכא נמי נ"ט בר נ"ט הוא, אלא שמצד שהוא פרש גרע יותר מנ"ט בר נ"ט, **וליתא**, דהכא לא הוי נ"ט בר נ"ט כלל, וכמ"ש, אלא דכיון שהוא פרש גמור, גרע מנ"ט בר נ"ט, וזה ברור.

(**ועי'** פמ"ג, דמ"מ אם נבלע חלב גמור בקרוש, ואח"כ לבשר, אוסר, דדוקא טעם הנבלע נעשה פירשא ג"כ, אבל בעין לא, ושוב פקפק בזה).

ואם היה הקיבה צלול מתחלה, ונקרש, יש לו דין צלול, ויש מקילין בזה, ובמקום הפסד יש להקל - ואף לפמ"ש לעיל, דאפי' בקרוש ממש יש מחמירים, נראה דהכא בצלול ונקרש, יש להקל ג"כ במקום הפסד מרובה, כיון דאין כאן אלא איסור דרבנן, ויש לסמוך בכה"ג אתשובת ר' שמעון ב"א שבמרדכי, ותשובת מיימוני, וכן הוא דעת סה"ת וש"ד, שיש לו דין קרוש, **ועוד** שבת"ח כתב, דבדיעבד יש לסמוך אהיש מקילין, משמע אפי' במקום שאין הפסד מרובה, א"כ הוא משוה דין צלול ונקרש לגמרי לדין קרוש, **וא"כ** למ"ש דבמקום שאין הפסד יש להחמיר אף בקרוש, ה"נ בצלול ונקרש, ‹**מ"מ** במקום הפסד מרובה ודאי יש להקל אף בצלול ונקרש – מוגה ע"פ מראה כהן›, **ותו** דהרי הרי"ף והרמב"ם ושאר פוסקים, והמחבר מכללם, מתירין אפי' בצלול.

והב"ח פסק בקרוש ממש כהרב, ובצלול ונקרש כתב, דנקטינן להחמיר באיסורא דאורייתא, ויש לו דין צלול, ואפי' בהפסד מרובה, ודלא כמ"ש בהגהת ש"ע, עכ"ל, **ותימה**, דמאי איסורא דאורייתא איכא הכא, הא מן התורה אינו אסור אלא דרך בישול, וחלב שהיה

[ט"ז] ‹רעק"א או ש"א או הוספת הסבר› (פת"ש)

הלכות בשר בחלב
סימן פז – באיזה בשר נוהג דין בשר בחלב, והאיך נקרא בישול

בקיבה זו לא נאסר אלא ע"י מליחה או כבוש, **ואולי** לא קאי אלא אחלב שנמצא בקיבה כשרה שינקה מן הטרפה, אלא דפשט לשונו משמע, דבכל גווני מיירי, ועוד דא"כ מאי השיג על הרב.

מיהו נראה דיש להתיר אפילו בכשרה שינקה מן הטרפה, בצלול ונקרש, במקום הפסד מרובה, דהא הרבה פוסקים מתירין אפילו בצלול, וא"כ כדאי הם כל הנך פוסקים דמשוים צלול ונקרש, לקרוש מתחלה, לסמוך עליהם בכה"ג, **וגם** שי"ל שהרשב"א שכתב בת"ה הקצר, נקרש בחיי הבהמה, אין בדבריו הכרע כ"כ, די"ל דאורחא דמילתא נקט, כדי להשוותו עם כל הנך פוסקים דלעיל, שהרי בת"ה הארוך לא הזכיר כלום מזה, **ואדרבה** משמע שם איפכא, שכתב בת"ה הארוך וז"ל, ונראין דברי ר"ת ז"ל שפי', דהא דאמרינן דמעמידין בחלב שבקיבה, היינו בקרוש, דכל שנקרש ה"ל כפירשא, ואורחיה דמילתא הכי, דאין מעמידין בחלב צלול אלא בקרוש, עכ"ל, **משמע** שבא לפרש הא דקתני סתמא דמעמידין, ולא מחלק בין קרוש לצלול, דהיינו משום דאורחא דמילתא הכי הוא, דמעמידין בקרוש, ואי תימא דצלול ונקרש ס"ל דאסור, אכתי לא ה"ל לתנא למיסתם, אלא ודאי כיון שנקרש אח"כ חשוב כנקרש בחיי הבהמה, **גם** מ"ש הב"י, שמשמעות כל הפוסקים דבעינן נקרש בחיי הבהמה, אינו מוכרח כלל.

‹**ויש** לעיין בדבריו, דבבשר בחלב י"ל כל שהיה דרך בישול בצלול ואח"כ נקרש יש להחמיר, דיש פוסקים סוברים דטעם הבשר הנבלע בחלב הקיבה לא הוה פרשא, הלכך די שניקל ע"י כבישה ומליחה, **משא"כ** כשירה שינקה מטריפה, הוה כעין ספק ספיקא, שמא הלכה כמאן דמתיר אף בצלול, ושמא צלול ואח"כ נקרש דין קרוש יש לו, ומרשב"א אין הכרע, ומשום הכי יש להתיר שם בהפסד מרובה וכדאמרן – פמ"ג›.

עור הקיבה, לפעמים מולחים אותו ומייבשין אותו, ונעשה כעץ, וממלאים אותו חלב, מותר; דמאחר שנתייבש הוי כעץ בעלמא, ואין בו לחלוחית בשר - (עיין בתשובת תפארת צבי, שכתב בתולעים אדומים, שמייבשים אותם וצובעים בהם משקה יי"ש, דמותר ג"כ מטעם זה).

וה"ה שאר בני מעיים, כשמייבשים אותן עד שנעשו כעץ, **ומ"מ** נראה דלכתחלה אין לעשות כן, ‹היינו דלכתחילה חיישינן דלמא לא נתיבש לגמרי – תשו' רעק"א›.

‹נלע"ד טעמו, לחוש לדעת המחמירים דלא ילפינן איסור מטומאה, לומר דכמו דבטומאת אוכלין אוכל שנתייבש ונפסל מאכילת כלב, פקע תורת אוכל מיניה ואינו מקבל טומאת אוכלים, **ואף** דגם המחמירים לא החמירו אלא במקום איסור תורה, ובב"ח כבוש כמבושל אינו מן התורה, **מ"מ** היינו לאכלו כך, אבל ליקח בב"ח שנבלע זה בזה ע"י כבוש או ע"י מליח ולבשלו אח"כ, יש כאן איסור תורה ממש, ולכן יש לחוש שיקח אח"כ מן החלב הזה שבתוך הקיבה ויבשל, ולכן החמירו בזה שלא נילף איסור מטומאה, וכיון שנחלקו בזה המחמירים, לכן כתב הש"ך שלא לעשות כן לכתחלה – תשו' נו"ב›.

(**עיין** ברעק"א, דזה דוקא היכא דליכא ס', אבל באיכא ס', וליכא חשש רק מדין אין מבטלין איסור לכתחלה, מותר להעמיד בו לכתחלה).

(**אבל** בשר יבש כעץ אוסר, **וה"ה** עור הקיבה בבישול יש לאסור, דמתרכך, וה"ה ע"י שריה מעל"ע יש להחמיר, ודוקא ע"י מליחה או כשיעור על האש הוא דמותר - פמ"ג, **ובזה** נסתר מ"ש בס' לה"פ, באחד שתחב אצבעו לתוך עין של בהמה לרפואה, ונתייבש עד שלא יוכל להסירו, והניחו בתוך כלי עם חלב רותח כדי שיתרכך, ולא היה ס' נגד העין, ונשאל על החלב ועל הכלי, והורה להתיר, דמאחר דנתייבש הוי כעץ בעלמא, **ולדברי** הפ"מ לא טוב הורה, דהא בשר יבש כעץ אוסר, ועוד דהא כאן היה בישול, **אמנם** בתשובת תפארת צבי הנ"ל מבואר דלא כהפמ"ג, אלא דגם בשר יבש אינו אוסר, וגם מבואר, דאף ע"י שריה מעל"ע נמי שרי, **וכן** מבואר בתשו' נו"ב, אלא שכ' דזה דוקא בבשר בחלב, דכיון שנתייבש מקודם הבשר, לא נשאר בו טעם לאסור החלב, ולא חל עליו שם בב"ח, אבל בשר איסור לא נפקע ממנו שם איסור ע"י שנתייבש, **וגם** בזה חולק עליו בתש' תפארת צבי שם, **ועי'** בש"ך לקמן סי' קי"ד ס"ק כ"א, בענין הכרכום, שכתב דאף אם ימצא חוט בבשר יבש, לית לן בה כמו בעור הקיבה, מבואר דלא כהפמ"ג, וגם דלא כהנו"ב).

(**ועיין** בתשובת ח"ס, אודות בן תורה א' דדחיקא ליה שעתא, ואין פרנסתו כ"א מעשיות גבינות, ומבקש להמציא לו היתר להעמיד החלב בעור קיבה, כי ההעמדה בקיבה בלא עור מקלקל הגבינות, וגם צריך זמן רב, **וזה** מעשהו, אחר שנתייבשה עור הקיבה, חוזרים ומרככין אותה במים ויי"ש מעורבים, ואח"כ מוצצין הלחלוחית מהעור אל תוך החלב, וזורקין העור, ומהמיץ הזה נגמרה ההעמדה עצהיו"ט, **וכתב** הנה אין נראה להמציא היתר

הלכות בשר בחלב
סימן פז – באיזה בשר נוהג דין בשר בחלב, והאיך נקרא בישול

מפני שהעור כבר נעשה יבש כעץ, דמאן לימא לן שהגיע לשיעור הזה, **ועוד** דהכא שחוזר ומתרכך ע"י המשקין, דינו כבשר ממש, **אך** יש להמציא היתר אחר, והוא מאחר דוודאי איכא ס', ואפילו ק', בחלב נגד מיץ עור הקיבה, וליכא נ"ט כלל, דאע"ג דעור הקיבה יהיב עוד טעם חמוץ טפי מס' וק', שהרי ממנו הועמדה כל החלב, מ"מ הרי כתבו התוס' בחולין, שזה לא מקרי טעם כלל, **ומשום** דבר המעמיד ליכא, דלרוב הפוסקים ליכא בבב"ח משום מעמיד, **ורק** לחוש לדברי המרדכי ותשובת מיימוני, דס"ל גם בכה"ג איכא משום מעמיד, יקח ג"כ מהקיבה עצמו מצורף לעור הקיבה, ויהיה זוז"ג, ובלבד שלא נודע בוודאי שבעור לחוד נמי היה עומד, דאז לא הוי זוז"ג, **מעתה** לא נשאר עלינו, אלא משום דלכתחלה אסור לבטל אפי' איסור דרבנן בס', וגם זוז"ג לכתחלה מיהת אסור, **לזה** י"ל, דהא הט"ז סוף סי' צ' מתיר להדיא, בשר כבוש בחלב שחוטה, משום דה"ל תרי דרבנן, **והנה** הכא נמי ה"ל תרי דרבנן, דכל משקה היוצא ע"י מציצה ומליחה, ליתא ביה משום טכ"ע רק משום משקה היוצא מהם, וזה לא מצינו אלא בדבר האסור, אבל חתיכת בשר היתר שלא נאסר עדיין, ומוצצין ממנו ציר, לא מצינו שתהיה זאת הציר כעיקר גדי, לאסור משום בב"ח מן התורה אם בשלוה עם חלב, ואין לך בו אלא חידושו - עפמ"ג שדעתו אינו כן - **וגם** בשר גמור הנכבש עם חלב לא מיתסר אלא מדרבנן, **והשתא** בנ"ד שכובש המשקה היוצא מעור הקיבה עם חלב, הו"ל תרי דרבנן, וכיון דלט"ז מותר לגמרי, נהי שאין דבריו מוסכמים, עכ"פ נוכל לסמוך להתיר לבטל בס' לכתחלה, ולהתיר זוז"ג לכתחלה, **אמנם** כ"ז אם נתרכך בזמן מועט, אבל אם צריך שיעור כבישה, ה"ל כמבושל, והוי טעם כעיקר ממש, **ולזאת** עצה היעוצה, שאם צריך לכובשו זמן רב, יסירנו משם סוף כל יום כמו שעה, כדי שלא יהיה כבוש יום שלם בב"א, ויחזור אח"כ ויתנהו לתוכו, ואין מצטרף זמן הכבישה, **וכן** אנו נוהגים בלולב ומיניו בשבת שבתוך החג, להסירו מן המים ע"י עובד כוכבים בסוף היום, כדי שלא יהיו כבושים ויופסלו - **לכאורה** לא שמענו כבוש פסול רק באתרוג, דהוא דבר מאכל, אבל לא בלולב והדס וערבה, ועי' ברא"ש ר"פ לולב הגזול, ויש לעיין - **ומצורף** לזה, כיון דהוא עני וה"ל הפ"מ, נ"ל להתיר כנ"ל, עכ"ד).

סעיף יא - אם העמיד גבינה בעור קיבת כשרה, יש בה טעם בשר, אסורה. ואם לאו, מותרת.

אם יש בה טעם בשר - כלומר כשאין בגבינה ס' נגד העור, **והמחבר** אזיל לטעמיה, דס"ל לקמן ר"ס צ"ח, דסמכינן אטעימת העכו"ם, לכך כתב סתם אם יש ביה טעם בשר, **אבל** אנן קי"ל דלא סמכינן האידנא אטעימת עובד כוכבים, וכמ"ש הרב בהג"ה שם, והלכך לעולם משערינן בס', והיינו דכתב הרב בהג"ה לישנא דאיכא ס'.

‹**לכאורה** קשה, דנימא דנכנס חלב בעור הקיבה ונעשה נבילה, ואח"כ יוצא החלב האיסור, והוי מין במינו, וכמו דלקמן רסי' צ"ב, בלא קדם וסלקו, **ולהט"ז** לקמן סי' צ', דהמחבר ס"ל דבב"ח דרבנן לא אמרינן נעשה נבילה, ניחא, **ולפי"ז** מה שכתב הש"ך, אבל אנן קימ"ל וכו', בלא"ה לדידן טעימה לא מהני הכא, למה דפסק הרמ"א בסי' צ', דגם בבב"ח דרבנן אמרינן דנעשה נבילה – רעק"א›.

אבל המעמיד בעור קיבת נבלה, וטריפה, ובהמה טמאה, אוסר בכל שהוא. הגה: משום דדבר האסור בעצמו, ומעמיד, אפילו באלף לא בטיל - החילוק בזה כתבו הפוסקים, דעור קיבת כשירה, מאחר שהוא מותר בפני עצמו, ולית ביה איסור אלא משום חבורו עם הגבינה, כל אימת דלא יהיב טעמא לאו בשר בחלב הוא, אלא האי באפיה קאי והאי באפיה קאי, **אבל** עור נבילה וכיוצא בו שאסור מעצמו, כיון שהוא מעמיד, אנו רואין כאילו האיסור בעין, **ומהרש"ל** פסק, דאפילו המעמיד בעור קיבת נבילה, בטל בס', ואין דבריו מוכרחים.

ודוקא שלא היה שם מעמיד אחר, רק האסור, אבל אם היה שם ג"כ מעמיד היתר, הוי זה וזה גורם, ומותר אם איכא ס' נגד האסור.

[זה למד ממ"ש המרדכי, וז"ל, ורבינו ברוך התיר מטעם אחר, דמסתמא לא העמיד כל החלב שבקדירה מקיבה שכולה אסורה, דהיינו הצלול, אלא מן הקרוש, דאין רגילות שיתנו קיבה בקדירה להעמיד החלב, **שלא יהא** מעט מקיבה הקרושה, וגם פעמים יותר מן הקרוש, דהוי ליה זה וזה גורם דמותר, **מידי דהוי גבי שאור פ' בתרא**

סימן פז – באיזה בשר נוהג דין בשר בחלב, והאיך נקרא בישול

דעבודת כוכבים, שאור של תרומה ושל חולין, ובזה כדי להחמיץ ובזה כדי להחמיץ, וחמצו העיסה, אסור, ור"ש מתיר, **אבל** אם אין באיסור לבד להחמיץ אם לא שיסייענו ההיתר, לכ"ע מותר, עכ"ל, **ומזה** למד רמ"א כאן, דאם יש סיוע מן ההיתר מותר, אע"פ שאפשר שהיה גם באיסור לחוד כדי להעמיד, דהוי ליה זו"ז גורם, ‹**לכאורה** הבין הט"ז, דמחלוקת רבנן ור"ש, הוא כעין מחלוקת ר"א ורבנן, אי אמרינן זה וזה גורם מותר, ולכן אנן דקי"ל דזה וזה גורם מותר, היינו כר"ש, ולכן מותר אפי' באופן דיש באיסור לחוד כדי להחמיץ, עיין אמרי בינה›, **ותימה לי, דמוכח מדברי** אביי פ' כל הצלמים, דלא מקרי זה וזה גורם, אלא אם אין בא' מהם לבד כדי לחמץ, ובזה פליגי ר"א ורבנן, וקימ"ל דמותר, אבל אם יש באיסור לבד לחמץ, לא מהני מה שמסייע לו ההיתר, ואין זה בכלל זה וזה גורם, וא"כ לא יועיל כאן חלב הקרוש, אם לא שהוא באופן שברור לנו שלא היה בצלול לבד להעמיד, ‹ור"ש דמתיר, לא פסקינן כוותיה›, וכאן משמע דלא הקפידו רק שיש סיוע מן הקרוש, ולא הקפידו אם יש בצלול לבד להעמיד או לא, וצ"ל דמיירי במצמצם בבירור בענין זה, דודאי לא היה באיסור לחוד כדי להעמיד, אבל בלא"ה אין לנו לסמוך על היתר זה].

נראה דדוקא כשאין האיסור יכול להעמיד לבדו בלא ההיתר, הא לאו הכי אסור, **והכי** מוכח להדיא במרדכי שם, שכתב שם ראיה לדין זה, מידי דהוי גבי שאור וכו, אבל אם אין באיסור לבדו כדי להחמיץ, אם לא שיסייענו ההיתר, לכ"ע מותר, עכ"ל, ‹וש"ך מבין מיד כהט"ז במסקנא, דאין הלכה כר"ש, עיין מחה"ש›, **מיהו** יש לחלק, דכדי להחמיץ שאני, דהוי נ"ט ממש, **אבל** פשט דברי המרדכי לא משמעינן לחלק בכך, **ועוד** דאם כן לא היה צריך לסיים: אבל אם אין באיסור לבדו כדי להחמיץ אם לא שיסייענו ההיתר, לכ"ע מותר, דהא הכא בלא"ה מותר, **וצ"ע** לדינא.

§ סימן פח – שלא להעלות בשר על שלחן שאוכלין גבינה §

סעיף א - אפילו בשר חיה ועוף, אסור להעלותו על שלחן שאוכל עליו גבינה, שלא יבא לאכלם יחד - וה"ה איפכא, גבינה אסור להעלות על שלחן שאוכל עליו בשר בהמה וחיה ועוף, ופשוט.

[**ואע"פ** דכשאוכלם יחד נמי ליכא איסור דאורייתא, שאין איסור אלא דוקא דרך בישול יחד, ונמצא דהוי גזירה לגזירה, בגמר' אמרי' דבכה"ג גזרינן גזירה לגזירה].

‹**ולא** מהני להעמיד אצלו שומר שישגיח עליו – רעק"א›.

ונראה דוקא בשר אסור להעלות על השלחן שאוכל חלב, או איפכא, משום דלא בדילי אינשי מיניה, מפני שכל אחד היתר בפני עצמו, **אבל** מותר להעלות בשר נבילה על השלחן שאוכל עליו בשר כשירה, וכן מבואר בדברי הר"ן, **מיהו** ממ"ש הרא"ש, גבי המודר הנאה מחבירו אוכל עמו על השלחן, וז"ל, ולא חיישינן שמא יאכל עמו, דכיון שהדירו מסתמא שונאים זא"ז, טפי מב' אכסנאים האוכלים על שלחן א' זה בשר וזה גבינה, עכ"ל, **משמע** דאפילו בשאר איסורים נמי דינא הכי, **וי"ל** דנדרים כיון שאינו אסור אלא מצד נדרו, חשוב כבשר וחלב שכל א' היתר בפני עצמו, אבל בשאר איסורים י"ל דמודה הרא"ש. (**והמודר** הנאה מדבר, או אוסר אבילה עליו, אסור להעלות על השולחן, כ"מ בש"ך).

והא דכתב הרשב"א בתשובה, דעובד כוכבים הבא עם חמצו לבית ישראל, אסור להעלותו עמו על השלחן כו', ופסק כך בש"ע שם, **נראה** דהתם משום חומרא דחמץ שאני, דכיון דחמץ במשהו, רחוק הוא שלא יתערב פירור א' משל עובד כוכבים בשל ישראל, **תדע** דהא אפילו בהפסק מפה קאסר התם.

אכן מדברי הא"ח לא משמע הכי לכאורה, שכתב שם וז"ל, אם רוצה העובד כוכבים לאכול חמץ בבית ישראל, מותר, ואפילו על שלחן ישראל קרוב הדבר להתיר זה מצה וזה חמץ, דומיא דשני אכסנאים, ע"כ, **ומדהתיר** מטעמא דומיא דשני אכסנאים דוקא, מכלל דס"ל דאפילו דבר שהוא אסור בפני עצמו אסור להעלות עמו על השלחן, **ומ"מ** דברי הר"ן נראים, וכן משמעות כל הפוסקים שלא כתבו איסור זה אלא גבי בשר וחלב, **וגם** נ"ל דהא"ח מודה לזה, אלא דשאני התם דעל הלחם יחיה האדם, ורגיל בו כל השנה ולא בדילי אינשי מיניה, **וכה"ג** כתב הרא"ש גבי בישול עובד כוכבים, דפת צריך הרחקה טפי משום דעל הלחם יחיה האדם, **תדע** דהא ע"כ הר"ן גופיה מודה בלחם, דהא

ר הלכות בשר בחלב
סימן פח – שלא להעלות בשר על שלחן שאוכלין גבינה

אמרינן חלת ח"ל אי לאו דהיא דרבנן, הוי גזרינן העלאה אטו אכילה, אע"ג דאסירה באפי נפשה, א"ו דבלחם שייך למיגזר טפי, ודו"ק, **ולפ"ז** אסור להעלות לחם של איסור על השלחן, כדרך שאסור בבשר וחלב.

‹**עבה"ט** של הרב מהרי"ט ז"ל שכתב בשם א"ז, להזהיר שלא להדליק בחמאה, דגזרינן שמא ינטף ממנה על הבשר, עכ"ל, **וכתב** הבל"י, דא"כ בנרות של שומן נמי, **והפמ"ג** כתב, ולדידי מהא לא איריא, דחמאה מהותך בנר שקורין קרוזו"ל, יש לחוש ע"י נענוע ישפוך, משא"כ נר שומן עשוי כעין פתילה, לא חיישינן שמא יטיף, ונכון הוא, עכ"ד, **ובא"ח** סימן תל"ג סעיף ב' לא משמע כן, ע"ש, **ויש** לחלק, דהתם שצריך להכניסו לחורין ולסדקין, חיישינן אף בנר העשוי כעין פתילה, **והא** דלא כתבו ג"כ שלא להדליק בחלב, י"ל דחלב בדיל מיניה, ונזהר שלא להחזיקו אצל מאכל, משא"כ בחמאה›.

אבל בשלחן שסודר עליו התבשיל, מותר ליתן זה בצד זה.

‹**בבית** יעקב התיר לישראל לישב אצל גוי האוכל טריפות, דלא חיישינן שמא יושיט לו להכשילו, **אך** מי שאכל בשר, אסור לישב אצל מי שאוכל גבינה, כי יש לחוש מאחר דמכירו אוכל גבינה לא ידע דאכל בשר, יושיט לו ויאכל – בה"ט›, ‹**ועיין** פמ"ג שכתב, לא ראיתי נזהרין בזה›, ‹גם הוה גזירה לגזירה, כולי האי לא גזרינן – פמ"ג›.

סעיף ב - הא דאסור להעלותו על השלחן, דוקא בשני בני אדם המכירים זה את זה - שאינם מתביישים זה מזה ויאכל כל אחד מחבירו.

‹**נראה** אפי' יחיד שיושב על השלחן, ואין עמו שום אדם, אפ"ה אסור, משום שמא יבא לאכלם מחמת שכחה – בה"י מובא בבה"ט›.

אפי' הם מקפידים זה על זה - וזה דעת האחרונים, ודלא כמהרש"ל שמתיר בשני ב"א שאינן אחין, אפילו מכירין זא"ז, אם מקפידין, [דדוקא אחין שמקפידין אסור, אבל בשאר בני אדם, אין שייך מכירין ומקפידין, דלשון מכירין משמע שאוהבין זה את זה בלא הקפדה, **ולפי** דברי מהרש"ל, בב' בני אדם המכירים זה את זה הכרה בלא אהבה, אלא אדרבה מקפידין, מותרים, **ולא** נלענ"ד כן, דהא בב' אחין ומקפידין, היה ג"כ הסברא להתיר בגמר', אלא משום לא פלוג רבנן אסרו, א"כ ה"נ בשאר המכירים זה את זה, אמרינן לא פלוג]. ‹**והמ"י** כתב, לא פלוג שייך מיעוטא אטו רובא, אבל אחים רובן אין מקפידין גזרו, ולא בשאר בני אדם – פמ"ג›.

‹**מדברי** הרא"ש שהביא הש"ך לעיל, מבואר דאם נדרו הנאה זה מזה, מותרים לאכול בשר וגבינה, ששונאים זה את זה, וכ"כ הפמ"ג›.

‹**ביושבים** רחוקים זה מזה, בכדי שאין יכול האחד לפשוט ידו ולאכול ממה שאוכל חבירו, שרי לד"ה בלא הכירא - ב"ח בשם רש"ל›.

אבל אכסנאים, שאין מכירין זה את זה, מותר. ואפילו המכירים, אם עשו שום היכר, כגון שכל אחד אוכל על מפה שלו, או אפילו אוכלים על מפה אחת, ונותנים ביניהם פת להיכרא, מותר.

ז"ל הטור, וי"א שאם יש להם הוצאה אחת, שאין להם היתר ע"י היכר שעושין ביניהן, עכ"ל, [**לא** נתכוון לאם יש להם לכל אחד הוצאה בפני עצמו, שיהיה מותר ע"י היכר שעושין ביניהם, דלפי היש אומרים לא איכפית לן בהיכר, דתלמודא לא איירי מזה, **אלא** כוונתו, דהיתר ההיכר שזכר תחילה, לא מהני מידי אם יש להם הוצאה **אחת, אבל אם יש להם ב' הוצאות, מותר אפי' בלא היכר**], **ומוכח** מדברי התוספות והרא"ש והנמשכים אחריהם, דיש להם הוצאה א' הוא לאו דוקא, אלא ר"ל דמכירין זא"ז, דחשיב כיש להם הוצאה אחת, ופליג אסברא ראשונה, **מיהו** מדברי הטור בא"ח ס"ס קע"ג, ומדברי המחבר כאן משמע, דאפילו יש להם הוצאה אחת מהני היכר, וכן משמע מדברי הפוסקים, וכן פסק בב"י שם, וכן משמע בת"ח, וכ"פ מהרש"ל והאחרונים.

הגה: ודוקא שאין אוכלין מן הפת המונח ביניהם להיכר, אבל אם אוכלין ממנו, לא הוי היכר, דבלאו הכי הפת שאוכלין ממנו מונח על השלחן. אבל אם נתנו ביניהם כלי ששותין ממנו, ובלאו הכי אין דרכו להיות על השלחן, הוי היכר אעפ"י ששותין מן הכלי - ובב"ח פסק, דאם שותין ממנו לא הוי היכר, אע"פ שאין דרכו להיות על השלחן, **ודברי** הב"י והרב עיקר.

הלכות בשר בחלב
סימן פח – שלא להעלות בשר על שלחן שאוכלין גבינה

וכל שכן אם נתנו שם מנורה - היינו כשאין דרכה להיות שם, כגון ביום ובכה"ג, (או בלילה אלא שאין דרכה לעמוד במקום הזה אלא בסוף השלחן, ועכשיו העמידוה להפסיק בין מאכל חלב לבשר – פמ"ג), **או שאר דברים שעל השלחן, דהוי היכר** - אבל אם דרכה להיות מנורה בלילה במקום הזה, לא הוי היכר.

[וכ' ד"מ בשם האו"ה, שצריך שתהא המנורה גבוה קצת].

(**ועיין** בת' משאת בנימין דמשמע, דאם גם אחרים אוכלים על שלחן זה, מותר אף בלא היכר, דזה עדיף מאם עשו שום היכר, ע"ש, **ועיין** במש"ב לקמן סי' קצ"ה סק"ה).

(**ויש** שכתבו, דדוקא בשנים הוא דמהני היכר, שיש לצרף להיכר גם שמירת חבירו, שאם יבא ליטול ממה שלפני חבירו, יזכירנו שלא ליטול, **אבל** ביחיד האוכל על שלחנו גבינה, אסור להעלות עליו בשר, אפי' בהפסק מפה או היכר אחר, שאין לסמוך על ההיכר בלבד. **ויש** שאינו מחלק בכך, ולדידיה מועיל ההיכר אף ליחיד. **וכן** באוכל עם הנכרי נחלקו ג"כ הפוסקים, כיון שאין הנכרי שומרו. **ונראה** דגם באוכל על שלחן אחד עם הקטן, באנו למחלוקת זו – בדי השלחן).

ויהיו זהירים שלא לשתות מכלי אחד, משום שהמאכל נדבק בכלי - והלכך אפי' הם בשתי שולחנות, ואפי' שני אכסנאים אסור, וכן כתוב באו"ה.

וכל שכן שלא יאכלו מפת אחת. וכן נוהגין ליחד כלי של מלח לכל אחד בפני עצמו, כי לפעמים טובלים במלח ונשארו שיורי מאכל במלח.

§ סימן פט – שלא לאכול גבינה אחרי בשר §

סעיף א – (בפרק כל הבשר: אמר מר עוקבא אנא בהא מילתא חלא בר חמרא, דאילו אבא כד הוה אכיל בישרא האידנא, לא הוה אכיל גבינה עד למחר כי השתא, ואילו אנא בהאי סעודתא לא אכילנא, בסעודתא אחריתא אכילנא. **וכתב** הרי"ף: ושמעינן מהא, דהא דאמר רב חסדא אכל בשר אסור לאכול גבינה, דלא שרי למיכל גבינה בתר בישרא, אלא דשהי ליה שיעור מאי דצריך לסעודתא אחריתא, ולא אשכחינן מאן דשרי למיכל גבינה בתר בישרא פחות מהאי שיעורא, דהא מר עוקבא אע"ג דשהי ליה כי האי שיעורא, קרי אנפשיה חלא בר חמרא. **וכתב** הרא"ש, בסעודתא אחריתא אכילנא, פירוש בזמן שאדם רגיל לסעוד, דהיינו מזמן סעודת הבוקר עד זמן סעודת הערב, ובפחות משיעור זה אין לאכול גבינה אחר בשר, **והיינו** דלא כהתוספות, שפירשו בסעודה אחריתא אכילנא, לאו בסעודה שרגילין לעשות אחת שחרית ואחת ערבית, אלא אפילו לאלתר, אם סילק ובירך מותר, דלא פלוג רבנן, וכן נראה לראבי"ה – ב"י).

(**כתב** בה"ג, שהאוכל בשר מותר לאכול אחריו גבינה מיד וכו', כן כתבו התוספות והרא"ש בשם רבינו תם ובשם הלכות גדולות, **דהא** דאמר רב חסדא התם, אכל בשר אסור לאכול גבינה, בלא נטילה וקינוח, אבל בנטילה וקינוח שרי, ומר עוקבא שלא אכל גבינה עד סעודה אחרת, מחמיר על עצמו היה. **אכל** גבינה מותר לאכול בשר, אף בלא נטילה וקינוח, **והרמב"ם** מפרש, דהא דאמר רב חסדא אכל בשר אסור לאכול גבינה, אפילו בקינוח הפה ובנטילת ידים קאמר, וכן דעת הרי"ף – ב"י).

אכל בשר, אפילו של חיה ועוף, לא יאכל גבינה אחריו עד שישהה שש שעות - ז"ל הטור, ובתוך השש שעות אפי' אין בשר בין השינים אסור, לפי שהבשר מוציא שומן, ומושך טעם עד זמן ארוך, **ולפ"ז** הטעם, אם לא אכלו אלא שלעסו לתינוק, א"צ להמתין, דכיון שלא אכלו אינו מוציא טעם, (היינו במנקה שיניו, **וחומרא**, דבשר שבין השינים אף לאחר שש שעות צריך לנקר – פמ"ג), **והרמב"ם** נתן טעם לשהייה, משום בשר שבין השינים, [דמיקרי בשר עד שש שעות, **ואח"כ** הוי כמעוכל], והלועס לתינוק צריך להמתין, [רק יש קולא בבשר בין השינים אחר שש שעות], **וטוב** לאחוז כחומרי שני הטעמים, עכ"ל, **ונתבארו** דברי המחבר.

והעט"ז כתב, בתוך הזמן אפילו אין בשר בין השינים אסור, לפי שהבשר מוציא שומן ומוציא טעם עד זמן ארוך, **ולפיכך** אם לא אכלו אלא שלעסו לתינוק, צריך להמתין אע"ג שלא אכלו, מ"מ טעם הבשר נשאר לו בפיו, ומשך לו טעם שומן כאלו אכל, **ודבריו** תמוהין.

ואפילו אם שהה כשיעור, אם יש בשר בין השינים, צריך להסירו - כתב הר"ן, דא"צ שהייה ו' שעות מאותו זמן שמסירו, אלא מאכילה, **וכתוב** בת"ח, דה"ה לענין המנהג בהמתנת שעה.

רב
הלכות בשר בחלב
סימן פט – שלא לאכול גבינה אחרי בשר

והלועס לתינוק, צריך להמתין - ‹אם לועס לתינוק תבשיל שיש בו שומן, לכאורה לכל הפירושים אין צריך להמתין, דמושך ליכא כיון דלא אבל, ובין שינים ליכא, **אלא** דמ"מ כתב הפמ"ג, דיש להחמיר להמתין שש שעות, משום לא פלוג ולא לפרוץ גדר). ‹עי' לקמן ברעק"א›.

הגה: ואם מצא אחר כך בשר שבין השינים, ומסירו, צריך להדיח פיו קודם שיאכל גבינה - והר"ן כתב שצריך קנוח הפה, ולא הזכיר הדחת הפה, והיינו דאזיל לטעמיה, דס"ל בעלמא דלא בעינן הדחת הפה, **אבל** לדידן דבעינן הדחת הפה, וכמ"ש הט"ו בסעיף ב', ה"ה הכא, ולזה כתב הרב צריך להדיח פיו, ופשיטא דבעי נמי קנוח, אלא שקיצר בלשון, נ"ל. ‹אבל בא"ר באו"ח סי' קע"ג כתב, דדי באחד, וכן מסתברא, כיון דבלא"ה הרבה ס"ל דתמיד די באחד, כאן יש לסמוך ע"ז, והרמ"א נקט הדחה דעדיף – יד יהודה›.

ויש אומרים דאין צריכין להמתין שש שעות, רק מיד אם סלק ובירך ברכת המזון, מותר על ידי קנוח והדחה - טעם פלוגתתן, דאיתא בש"ס פכ"ה, דאחר בשר אסור לאכול גבינה, עד סעודה אחרת, **ודעת** סברא הראשונה, דהיינו מכדי זמן סעודת הבקר עד סעודת הערב, שהוא ו' שעות, **וסברת** הי"א, דמיד כשסילק ובירך מיקרי סעודה אחרת.

‹**כתב** בית יהודה, דלדעה זו, דמסעודה לסעודה המוזכר בגמר', ר"ל ע"י סילוק וברהמ"ז, משמע דלא בעי קינוח והדחה, כשם שלהדעה דר"ל בהמתנת שש שעות, א"צ קינוח והדחה, **אבל** מ"מ דעת הרמ"א, שאין לסמוך על דיעה זו לחוד, אלא בצירוף דעה השלישית בהאי ענינא, שהוא דעת הבה"ג ור"ת, דסגי בקינוח והדחה ונט"י בין בשר לגבינה, אף בלא שום המתנה וסילוק – בדי השלחן›.

וכ' מהרש"ל, דלכ"ע אם לא סילק ובירך, אפי' כל היום כולו אסור, דהא בעינן סעודה אחרת, והרבה בני אדם מקילין בזה, וטעות הוא בידם, **ומ"ש** הרב בהג"ה, אבל בלא ברכת המזון לא מהני המתנת שעה, הוא לאו דוקא, דאה"נ דכל היום כולו אסור עד שסילק ובירך.

נראה דאם אכל בשר בלא סעודה, צריך לברך ברכה אחרונה מקודם, ובלאו הכי לא הוה סילוק.

והמנהג הפשוט במדינות אלו, להמתין אחר אכילת הבשר שעה אחת, ואוכלין אחר כך גבינה – [ז"ל מהרא"י בזה, רבים עושים פשרה מדעתן, להמתין שעה אחת אחר הסעודת בשר, וסילקו וברכו, ואוכלין גבינה, אע"ג דלא אשכחן רמז לשיעור זה, מ"מ מי ימחה בידם, הואיל והתוס' וראבי"ה מתירין – וזהו דעת הי"א, דא"צ להמתין ו' שעות, שהביאו רמ"א – **אבל** הצנועים מושכים ידיהם מסעודת שחרית לערבית, גם נוהגים העולם דאין חילוק בזה בין עוף לבהמה, ורש"ל תמה ע"ז, למה נהגו להקל בזה נגד הרי"ף ורמב"ם, שהצריכו לכל הפחות ו' שעות, וכ' שערי דורא, שנוהגים כרמב"ם ולא כתוס' דמתירים, **וכתב** עוד, ואם א"א למחות ביד בני אדם שאינם בני תורה, אבל בבני תורה ראוי למחות ולגעור בהם, שלא יקילו פחות מו' שעות, ע"כ].

[**ודבר** פשוט הוא, דמי שנוהג בקולא זו להמתין שעה אחת, שצריך ג"כ לקינוח והדחה, כמו שהוזכר בדברי י"א של רמ"א, שמזה נמשכת הקולא הזאת], ‹עיין ש"ך לקמן בסמוך›.

‹**נראה** אם להמתין שעה חדא או שש שעות, נחלקו בענין עיכול, כי עיין באו"ח סימן קפ"ד במג"א ס"ק ט', דתחלת עיכול הוא לערך שעה וחומש, וסוף עיכול ששה שעות. **והמקילים** חשבו דהוי כשיעור תחלת עיכול לענין ברכת המזון, דתו אין צריך לברך ברכת המזון, א"כ אף לענין זה כבר נתעכל והלך לו, ולכך מותר לאכול, וכמעט מסתברין טעמייהו. **והמחמירים** הולכים בתר סוף עיכול, דהוא ששה שעות כמו שכתב המג"א שם, ולכך צריך המתנה ששה שעות, וזה ברור – פלתי›.

מיהו צריכים לברך גם כן ברכת המזון אחר הבשר, דאז הוי כסעודה אחרת, דמותר לאכול לדברי המקילין. אבל בלא ברכת המזון, לא מהני המתנת שעה. ואין חילוק אם המתין השעה קודם ברכת המזון, או אחר כך.

ואם מצא בשר בין שיניו אחר השעה, צריך לנקרו ולהסירו - וכבר נתבאר דצריך הדחה וקינוח הפה, **אבל** ודאי אם לא מצא בשר בין שיניו, דהמנהג בהמתנת שעה סגי אפי' בלא קינוח והדחה, וכ"כ באו"ה ומביאו

בת"ח לפסק הלכה, וכ"נ, **ומ"ש** הרב די"א מיד אם סילק ובירך מותר ע"י קינוח והדחה, משמע דקינוח והדחה מיהא בעי, היינו אם בא לאכול מיד אחר שסילק ובירך.

(**דהט"ז** סובר, דבעיקר סומך המנהג על היש מתירין, דבעי קינוח והדחה, וא"כ גם בהמתנת שעה אחת בעי קינוח והדחה, **והש"ך** סובר, דהמתנת שעה אחת הוי במקום המתנת שש שעות, ולא בעי קינוח והדחה כמו לאחר שש שעות – בדי השלחן).

ויש אומרים דאין לברך ברכת המזון על מנת לאכול גבינה, אבל אין נזהרין בזה – [לא ידעתי במה סמכו בזה, דהא עיקר הקולא דס"ל כהי"א שזכר רמ"א, שהוא דעת תוס' וראבי"ה, ושם הוזכר בפירוש בתוס' בלשון זה, "אלא אפי' לאלתר, אם סילק ובירך שפיר דמי", עכ"ל, **משמע** דלא מהני ברהמ"ז, אלא כשכבר סילק עצמו מן הסעודה של בשר, ואלו כאן לא סילקו עצמם מן האכילה, אדרבה מכינים עצמם לאכילה אחרת, וא"כ ברהמ"ז לא מהני כלום, **נמצא** שאין להם על מה שיסמכו, ועושים נגד דברי התלמוד לפי כל הדעות, והירא דבר ה', יחדול עצמו מלישב עם שאינן נזהרין בזה במסיבה אחת].

(**ועיין** בספר בכור שור, שחולק עליו, והעלה שאין למחות ביד המקילין שהביא רמ"א ז"ל, דיש להם על מה שיסמכו).

ויש מדקדקים להמתין שש שעות אחר אכילת בשר לגבינה, וכן נכון לעשות - וכ"כ מהרש"ל, דכן ראוי לעשות לכל מי שיש בו ריח תורה. (**וכן** הלכה והמנהג דממתינים ו' שעות, ואין לפרוץ גדר – פמ"ג).

(**אפשר** דדייק בזה, דלאחר אכילה הוא דמחמרינן, אבל לאחר לעיסה בלא"ה יש מתירין לגמרי, אין ממתינים שש שעות – רעק"א). (**עיין** לעיל בפת"ש בשם הפמ"ג).

(**עבה"ט** של מהרי"ט ז"ל, אם הם שעות זמניות, ועיין כו"פ ופמ"ג ובחכ"א, שהסכימו לדעת הכנה"ג, דאינם זמניות, ע"ש, וכן המנהג).

(**ועיין** בתש' ח"ס, דחולה השותה מימי חלב לרפואתו, אפי' הוא רק חולה קצת, א"צ להמתין אחר אכילת בשר יותר משעה, ואחר שכבר בירך ברהמ"ז ישתה וירוח לו).

סעיף ב - אכל גבינה, מותר לאכול אחריו בשר מיד, ובלבד שיעיין ידיו שלא יהא שום דבר מהגבינה נדבק בהם. ואם היה בלילה, שאינו יכול לעיין אותם היטב, צריך לרחצם - וכתב רי"ו, דה"ה בלילה אם יש לו נר יפה א"צ נטילה, ומביאו ב"י בא"ח, **ונראה** דדוקא נקט נר יפה, אבל בסתם נר צריך נטילה, כדמשמע בש"ס ופוסקים, **ומהרש"ל** פי' יותר, נר יפה כעין אבוקה.

מיהו הטור כתב בשם הר"ף, שיש לרחצם אף ביום, לפי שלפעמים הגבינה שמינה ונדבקת בלחלוחית הידים ולאו אדעתיה, וכן דעת האחרונים, וכ"כ העט"ז דכן נוהגין.

(**עבה"ט** בשם פר"ח, (דהאוכל במגריפה בין ביום ובין בלילה א"צ נטילה), **ובפמ"ג** כתב, דנכון להחמיר בדבר שאין בו טורח).

וכתב ב"י בא"ח סימן קע"ג, וז"ל, כתוב בספר א"ח בשם הראב"ד, דכל הדברים הנוהגים באחרונים, נוהגים באמצעים שבין גבינה לתבשיל, בין להקל בין להחמיר, **חוץ** משפשוף בגופו או בכותל, או בהיסח הדעת, שפוסלים באמצעים ואינם פוסלים באחרונים, מפני שעדיין רוצה לאכול, וידיו צריכות שימור, **וחוץ** מניגוב הידים, שאף האמצעים צריכין ניגוב כראשונים, **וחוץ** משאר משקים, שאינם כשרים לאמצעים, מפני שהן שמנים וצחים ואינם מנקין את השומן ואת המאכל, עכ"ל, וכ"כ בת"ח שם, **אבל** מהרש"ל שם חלק וכתב, מאחר שכל המשקים כשרים למים אחרונים לנקות הזוהמא, כ"ש שמנקין ומעבירין לחלוחית המאכל, עכ"ל, **ואין** כדאי בסברא זו לדחות דברי הראב"ד והנמשכים אליו, ובפרט להקל בדבר שאין בו טורח כלל, ודין מים אחרונים עיין בא"ח סימן קפ"א.

וצריך לקנח פיו ולהדיחו. והקינוח הוא שילעוס פת ויקנח בו פיו יפה, וכן בכל דבר שירצה, חוץ מקימחא ותמרי וירקא, לפי שהם נדבקים בחניכים, (פי' מקום למעלה מבית הבליעה קרוב לשינים), ואין מקנחים יפה - כ"כ הטור, ומשמע דבכל קימחא לא הוי קינוח, וכן משמע באשיר"י וכל הפוסקים, **ותימה** על מ"ש בטור

א"ח, חוץ מקימחא דשערי, **ועוד** דבש"ס ר"פ כ"ה, משמע להדיא דבכל קימחא אסור, והדבר פשוט שט"ס הוא בטור, ובלבוש שם לא הרגיש בזה, וכ' כלשון הטור שם.

‹ע' כה"ג בהגהת הטור, די"א שאר פירות נמי לא, והעלה דבשאר פירות הוי קינוח›.

‹**וכ'** הפרי תואר, דהקינוח הוא שיבלע דוקא, לא שלועס ופולט, **ומיהו** לכתחלה בלא"ה צריך לבלוע ואסור לפלוט, משום הפסד אוכלין›. ‹**ואני** תמה, שברמב"ם מבואר ההיפך, בולע או פולט, יע"ש, וכן משמעות המחבר לועס, אלמא הקינוח הוא בלעיסה וכדאמרן – פמ"ג›.

ואחר כך ידיח פיו במים או ביין - לאו דוקא, דה"ה אם מקדים ההדחה, וכ"כ הב"י עצמו בא"ח שם, על לשון הטור שהוא כלשון המחבר, וכתבו הגה"מ בשם מהר"מ, שא"צ לדקדק בקנוח פה והדחה, אלא איזה מהם שירצה יקדים, ע"כ, ומביאו ב"י שם.

בד"א, בבשר בהמה וחיה. אבל אם בא לאכול בשר עוף, אחר גבינה, אינו צריך לא קינוח ולא נטילה - ואף על גב דחיה מדרבנן, כיון שבשרה דומה לשל בהמה החמירו בה.

הגה: ויש מחמירין אפילו בבשר אחר גבינה - ‹ואף בגבינה רכה – בדי השלחן›. [פי' להמתין ו' שעות]. ‹**וכ"מ** מדברי הזוהר. **ואין** זה כחולק על הגמ', שהרי הם היו מחמירין על עצמן ג"כ המותר, כמש"ש אנא להא כו' – גר"א›.

‹**כתב** בב"י באו"ח בסימן קע"ג, דלספר הזוהר אסיר למיכל אפילו בשר עוף אחר גבינה מיד, ושנכון להחמיר בזה. **וליתא** דבספר הזוהר לא איירי אלא בבשר בהמה, וכדמוכח מלשון ספר הזוהר, אבל עוף אחר גבינה שפיר דמי כדין הש"ס, וכן אני נוהג – פר"ח›.

וכן נוהגין שכל שהגבינה קשה אין אוכלין אחריה אפילו בשר עוף, כמו בגבינה אחר בשר - ‹מן הדין, ולא רק בתורת חומרא כהיש מחמירין›. **(וכן הוא בזוהר)** - ‹ציון זה מקומו לעיל – בדי השלחן›.

וכתוב בספר מצרף לחכמה, דלפי מה שנתבאר בסעיף א', דאחר אכילת בשר נוהגין להמתין שעה א', א"כ אפשר דגם הזוהר מודה, שלא אסר רק בסעודה חדא ובשעתא חדא, ודוק, עכ"ל, **ולישנא** דהזוהר פרשת משפטים הכי משמע, ע"ש.

ומן הסתם אם היא ישנה ו' חדשים, חשיבה קשה, והכי איתא בת"ח. [**ושיעור** גבינה קשה שזכר רמ"א, היינו שעברו עליה ו' חדשים, או שהיא מתולעת, כ"כ או"ה].

[**וכתב** שם האו"ה, דאין איסור בבשר אחר גבינה, דדוקא טעם בשר שבפה, מאחר שעיקרו נקרא בשר, שייך למיגזר בו אטו בב"ח, מ"מ מצד חסידות יש ליזהר, ע"כ, ונלענ"ד לטעם הרמב"ם שזכרתי בריש הסימן, שבאכילת גבינה אחר בשר, הוא משום בשר שבין השינים, אבל בטעם המושך מן הבשר שבפה לא איכפית לן, אפשר לומר כאן, בכל גבינה לית איסור לאכול בשר אחריה, דגם בבשר שבין השינים לא הוי קרינן ביה בשר, אי לאו דגלי לן קרא, הבשר עודנו בין שיניהם, כדאיתא בגמר', משום הכי בגבינה שבין השינים לא הוי גבינה כלל, ולטעם שזכרתי שהוא משום שומן, פשיטא יש לאסור גם בגבינה מתולעת, שטעם שלה נמשך בפה זמן רב, א"כ יש להחמיר].

[**אבל** נלע"ד, דדוקא בגבינה מתולעת יש להחמיר, והוא מדינא מטעם שזכרנו, אבל בגבינה ישנה ואינה מתולעת, ולא נעשה מחלב אשר הועמדה בקיבה כדי להקפיא החלב, רק נעשה מחלב בעלמא ונתייבשה, או אוכל חמאה, אין להחמיר בזה יותר מקינוח וניקור שינים, והדחת פה וידים, כי אם מי שנוהג בתוספות פרישות וזהירות, כנלע"ד]. ‹**דגבינה** מתולעת ואוכל התולעים, הוה כמו בשר דמושך זמן, וכן הועמדה בקיבה שחריף וחזק, ראוי להמתין שש שעות, הואיל שמלוחה וחזקה שהועמדה בקיבה, מושך טעם. **ולדבריו**, גבינה מפרה, אף שהיא קשה ונשאר בין שיניו, אין צריך להמתין, דלא מיקרי גבינה בין שיניו. **אמנם** הפר"ח חולק ואמר דגבינה בין שיניו נמי מיקרי גבינה, יע"ש, וכן ראוי להחמיר בגבינה קשה, וכן כתב הש"ך – פמ"ג›.

‹**ובספר** יד יהודה כתב, דגבינה קשה שנתבשלה תו לא הוי בדין גבינה קשה, כי הבישול מרכך אותה, עכ"ד. **אמנם** י"ל דתליא בטעם החומרא של גבינה קשה, דאי מפני שנדבק בין השינים, משנתבשלה ונתרככה אינה נדבקת עוד בין השינים, **אבל** לטעם ששומנו מושך בפה, י"ל דאף לאחר שנתבשל אכתי מושך טעמו, **ולכן** דין זה צ"ע לענ"ד – בדי השלחן›.

ויש מקילין - ‹אפי' בגבינה קשה›. **ואין למחות, רק שיעשו קנוח והדחה ונטילת ידים** - ‹נראה שדברי רמ"א חוזרים הם גם על האוכל בשר עוף שהזכיר המחבר לעיל, ועוד נראה דאף בגבינה רכה מצריך כן הרמ"א, ודלא

כמש"כ המחבר, דאין צריך הנך תלתא באוכל בשר עוף אחר גבינה. **מיהו טוב להחמיר** – ‹לא ביאר אם נתכוון בזה רק לאוכל גבינה קשה, או אף לאוכל גבינה רכה – בדי השלחן›.

ומהרש"ל שם קרא תגר על המחמירים, שהוא כמו מינות, ואמר דוקא מהר"מ שבא מכשול לידו פעם א' החמיר, אבל מי שלא בא לידו תקלה לא יכול להחמיר, **ע"ש** שאין דבריו מוכרחים, ואדרבה בדברי מהר"מ שם משמע איפכא, ע"ש ודוק. ‹עיין גר"א לעיל›.

‹למעשה כתבו הפוסקים להחמיר בזה רק בגבינה קשה, אבל בגבינה רכה ושאר מאכלי חלב, כתבו דסגי בקינוח והדחה ונט"י, וא"צ להמתין ו' שעות. **ויש** שכתבו דמ"מ נכון להמתין שעה א' בין גבינה לבשר, וגם לברך בהמ"ז או ברכה אחרונה ביניהם – בדי השלחן›. ‹**ואפילו** מאן דמחמיר לברך בהמ"ז ע"מ לאכול גבינה אח"כ, מברך בשבועות בהמ"ז על סעודת חלב, ומכינים עצמן לאכול בשר אח"כ, כיון דהוא גופא חומרא, הבו דלא לוסיף – פמ"ג›.

‹**אמנם** מדברי המג"א נראה שיש להקל בזה, לאוכלו בסעודה א' מיד בלא שום המתנה ובלא בהמ"ז, רק שידיח ויקנח פיו ויטול ידיו, וכן העתיק המ"ב – בדי השלחן›.

‹**וכהיום** מנהג רבים, שאפילו מגבינה רגילה מקפידים להמתין חצי שעה, ויש נוהגין להמתין שעה, וכמו"כ מקפידים שלא לעבור מחלב לבשר ללא ברכה אחרונה על החלב. **והנה**, למנהג זה של המתנת חצי שעה אין מקור, כי לפי השו"ע והפוסקים ביו"ד אין צריך כלל להמתין, ודי בקינוח והדחה, ולפי הזוה"ק צריך המתנת שעה, **ועיין** בפרי הדר על הפמ"ג בשם ס' מטה ראובן, "דשעתא חדא" שכ' הזוה"ק אין הכוונה לשעה ממש, אלא היינו הפלגה והפסק בין סעודה לסעודה, ומופלג הוא חצי שעה, כדחזינן בפ"ק דשבת, דסמוך היינו חצי שעה, ויותר מכך הוא מופלג, **ועוד** כ' שם, "דשעתא חדא" אין הכוונה דווקא שעה שלימה, אלא זמן מסוים, כנוסח הברכה: א"א לעמוד וכו' אפילו שעה אחת, **ועוד**, כיון שעבר רוב שעה, הר"ל כשעה שלימה – פסקי תשובות›.

סעיף ג'- אכל תבשיל של בשר – ‹פי' שאיזה מאכל שני נתבשל עם הבשר, ויש בו מטעם הבשר, אבל בשר בעין אין בו – בדי השלחן›, **מותר לאכול אחריו תבשיל של גבינה; והנטילה ביניהם אינה אלא רשות. (ויש מצריכים נטילה)** – ‹משמע בלא קינוח והדחה, ומה דכתב הרמ"א שלא לאכול גבינה אחר תבשיל בשר, היינו גבינה בעין, אבל תבשיל של גבינה אחר תבשיל בשר, מותר בנטילה לחוד, **אבל** בת"ח כפי מה דביאר המנח"י, דעתו שם, בתבשיל של בשר ואח"כ תבשיל של גבינה, בעינן גם קינוח והדחה, ובהיפוך, תחילה של גבינה ואח"כ של בשר, סגי בנטילה – רעק"א›. ‹**ועוד** דיעה שלישית איכא בהך מילתא, דאף בתבשיל גבינה ואח"כ תבשיל בשר צריך קינוח והדחה, א"ר – בדי השלחן›.

אבל אם בא לאכול הגבינה עצמה אחר תבשיל של בשר, או הבשר עצמו אחר תבשיל של גבינה, חובה ליטול ידיו.

הגה: ושומן של בשר, דינו כבשר עצמו - ואפילו שומן של עוף דינו כשומן ממש, כ"כ בת"ח שם בשם המרדכי והגהת ש"ד, וכ"פ בסימני ת"ח שם.

[**ובב"י באו"ח סי' קע"ג, כתב בשם הגה' מיימון, דמרק של בשר** ‹ורוטב של בשר – פמ"ג›, **יש לו דין בשר, ורבינו יונה כתב, דיש לו דין תבשיל של בשר, הואיל והוא צלול**, ‹והמחמיר תבא עליו ברכה – פמ"ג›, **אבל אם הוא עב כירקות, יש לו דין בשר**].

ונהגו עכשיו להחמיר שלא לאכול גבינה אחר תבשיל בשר, כמו אחר בשר עצמו, ואין לשנות ולפרוץ גדר – ‹ובמנח"י כ' בשם רש"ל: ועתה נהגו איסור אפי' בתבשיל גבינה אחר תבשיל בשר, וקשה להקל ולהתיר בפניהם בסילק ובירך, ע"כ – רעק"א›.

מיהו אם אין בשר בתבשיל, רק שנתבשל בקדירה של בשר, מותר לאכול אחריו גבינה, ואין בו מנהג להחמיר - לקמן ריש סי' צ"ה יתבאר, דאפי' לאכלו עם גבינה מותר, **דהוי נ"ט בר נ"ט, **ונראה** דהא דאשמועינן הכא דמותר לאכול גבינה אחר כך, היינו אפילו נתבשל בקדרה שלא הודחה יפה, דהוי קצת ממשות של איסור, דבכה"ג אסור לאכלו עם גבינה, כמבואר שם, ושרי הכא.

‹**ונראה** דר"ל, אפילו אם אין ס' נגד הטוח בעין שעפ"י הקדרה, דאל"כ הדק"ל, **ולפ"ז** פשיטא דתבשיל שהושם בו מעט שומן, מותר לאכול אחריו גבינה, אף אם לא היה ס' נגד השומן, **בעת** ראיתי בס' בל"י שכתב על דברי הש"ך, וז"ל, ונראה לי דוקא שאינו נותן טעם ממשות בתבשיל, רק לחלוחית טוח על פניו, אבל אם נותן

הלכות בשר בחלב
סימן פט – שלא לאכול גבינה אחרי בשר

הממשות טעם בתבשיל, הוי כמו שומן, עכ״ל, **ולפ״ז** בתבשיל שיש בו שומן, ואין בתבשיל ס׳ נגדו, אין להקל›.

*‹ולא אבין, מ״ש דאפי׳ לאכלו עם גבינה מותר, דהוי נ״ט בר נ״ט, הלא לרמ״א שם אסור – בה״ט, **מ״מ** הא הב״י באו״ח סי׳ קע״ג כתב ג״כ, דנוהגין היתר בקדירה של בשר, ולדידיה מאי אריא זאח״ז, אפי׳ בבת אחת שרי, אלא ע״כ בטוח בעין, א״כ הה״נ לדידן הדין אמת – פמ״ג›.

*‹לענ״ד י״ל, דנ״מ אפי׳ בשלו חומץ דחריף בקערה של בשר, דאין בו משום נ״ט בר נ״ט, אפ״ה מותר לאכול גבינה אחריו – רעק״א›.

וכן נוהגין לאכול בשר אחר תבשיל שיש בו גבינה או חלב, מיהו יש ליטול ידיו בינתים - אף ביום לכ״ע, דיותר נדבק בידים מגבינה עצמה, כן הסכימו הפוסקים כמ״ש בת״ח.

ואפילו לא יאכל בשר ממש, רק תבשיל של בשר אחר תבשיל של גבינה, אם נגע בכן בידיו.

שמש המשמש בסעודה ונוגע באוכלין, אינו צריך נטילה, דלא הצריכו נטילה רק לאוכלים - כ״כ גם הב״י בשם רש״י פ׳ כ״ה, **ובאמת** לא דקדקו כלל, דרש״י לא איירי התם, אלא לענין נ״י הראשונים לאכילה, והוא פשוט בש״ס שם, ומוסכם מכל הפוסקים, כמו שנתבאר בא״ח סימן קס״ג, שאין המאכיל צריך נ״י אע״פ שנוגע, **אבל** מים אמצעים בין תבשיל לגבינה, או איפכא, דטעמא הוא דנדבק בידים, פשיטא דאין חילוק בין אוכל לנוגע, ולא לישתמיט חד מהפוסקים לפלוגי בהכי. ‹**ומיהו** מסתברא שאם מוליך ומביא המאכל מונח בקערה, שאין צריך נטילה – פר״ח›.

‹**ונראה** דהב״י ח״ו לא היה טועה בזה, רק ס״ל דלא מצינו בשום דוכתא דתקנו בנוגע בבשר בעלמא, שלא יגע בגבינה עד שיטול ידיו, ואי סלקא דעתך זה, א״כ מה זה שאמרו באכל בשר שצריך נטילה לגבינה, הלא אפילו נוגע בעלמא צריך נטילה. **אלא** ודאי דלא תקנו רק באוכל, דידיו מלוכלכות ביותר, וגם באכילה יותר חששו בהרחקה יתירה, וא״כ אין צריך לפנים דהשמש שהוא רק נוגע בעלמא דמותר, **רק** דלא תימא דגזרו דלמא יאכל, ועל זה מביא ראיה דהא חזינן בנטילת ידים דלא גזרו כן, ש״מ דלא גזרו, וא״כ אף בזה אין לגזור, והדרן לכללן דמהיכי תיתי לאסור בנגיעה מה דלא מצינו כלל, זה נ״ל כוונת רבינו ב״י – פלתי›.

סעיף ד - מי שאכל גבינה ורוצה לאכול בשר, צריך לבער מעל השלחן שיורי פת שאכל עם הגבינה - ‹הנה האיסור הוא רק על שיורי חתיכת הפת שאכלו בה הגבינה, או אף על החתיכה קטנה שחתך כדי לאכול עמה הגבינה, שעל זו אינו נזהר כיון שחשב לאוכלה עם הגבינה, ולכן אף אם יאמר שלא נגעה בה הגבינה, הוא כמלתא דלא רמיא עליה ולאו אדעתיה. **אבל** פת הגדולה שהיא עומדת בין למאכלי חלב בין למאכלי בשר, נזהרין בה ואין לחוש שמא נגעה בה הגבינה או הבשר – אגרות משה›.

ואסור לאכול גבינה על מפה שאכלו בה בשר. (וכן להיפך אסור) - ‹עיין מ״ש רדב״ז, שאין דברי הרב אלא כשהיו מניחין הבשר והגבינה על המפה, ואז יש לחוש שמא ידבקו זה בזה, **אבל** מנהגינו להביא כל מאכל על השלחן בקערות כו׳, הלכך אפי׳ לצאת ידי חומרת הרשב״א ז״ל, בהפוך המפה לחוד, ובהסרת הפתיתין סגי, וכן נהגו, ע״כ›.

וכל שכן שאסור לחתוך גבינה, אפי׳ צוננת, בסכין שרגילין לחתוך בשר. ולא עוד, אלא אפילו הפת שאוכלים עם הגבינה אסור לחתוך בסכין שחותכין בו בשר. הגה: וכן להיפך נמי אסור. מיהו על ידי נעיצה בקרקע קשה, שרי – [זה קאי אמ״ש, שרוצה לחתוך גבינה בסכין של בשר, אבל במ״ש, שאסור לחתוך לחם וכו׳, לא צריך רק קינוח הסכין, כדמשמע בב״י בשם א״ח בשם רבינו שמשון, ושם כתב הטעם, משום דהוי נ״ט בר נ״ט, *ולדידן א״צ לזה, שהרי מבואר בסי׳ צ״ו ס״א, דדוקא בדבר חריף אמרינן דבולע משום דוחקא דסכינא]. ‹וע״ש לביאור המחלוקת ב״י וט״ז›.

זה אינו, וכמבואר להדיא בת״ח, דאפי׳ לחתוך בו לחם לאכול עם גבינה צריך נעיצה, **ומ״ש** "ולדידן א״צ לזה", לאו מילתא היא, דהא אנן הכא לא משום בליעה ממש אסרינן לה, דהא צונן בצונן הוא, אלא משום דסכין שמנוניתו טוח על פניו, וכיון שתשמישו תדיר לא סגי ליה בקינוח, **ומהרש״ל** מחמיר דאפי׳ נעיצה לא מהני - נקה״כ.
‹**ומשמעות** הש״ך בסמוך, דלחתוך בו גבינה, גם לדידיה נעיצה לא מהני›.

*‹**לא** הבינותי, הא קימ״ל סי׳ קכ״א, דאסור לחתוך בסכין עכו״ם בלא נעיצה אפי׳ צונן, וא״כ מ״ש סכין איסור,

ומ"ש סכין בשר לחתוך בו לחם, אם לא מטעם נ"ט בר נ"ט, **וגם** בזה יש לדון טובא, דהא משמעות הפוסקים, דבלא נעיצה נשאר הטוח על הסכין, וא"כ נדבק על הלחם, ולא מקרי נ"ט בר נ"ט, **גם** אסור לעלות דגים בקערה של בשר לאכול בכותח, ואמאי שרינן הכא לכתחילה לחתוך הלחם לאכלו בחלב, וצ"ע – רעק"א.

משמע דאם נעצו בקרקע קשה, מותר לכתחלה לחתוך בו פת לאכול עם גבינה, וכן משמע מדברי הא"ח והכל בו, וכ"כ בת"ח להדיא, **ומהרש"ל** אוסר לחתוך בו פת לאכול עם גבינה, אף אם נעצו, דלא התירו נעיצה אלא אם אירע במקרה, שחתכו בסכין בשר או איפכא, שצריך נעיצה להכשירו מן האיסור, משא"כ בכה"ג, עכ"ד, **וקשה**, דהא קי"ל דאם חתך לפת בסכין של בשר, שנתבטל טעמו בלפת, שמותר לחתוך בו אפילו צנון לאוכלו בכותח, כדלקמן ס"ס צ"ו, וכמ"ש מהרש"ל עצמו שם, וכ"ש שאר דברים שאינם חריפים, והא ודאי דנעיצה עדיף טפי מחתיכת לפת, **וע"ק** שהרי בש"ס סוף ע"ז, ובכל הפוסקים איתא להדיא, דאפילו בסכין של עכו"ם, מותר לאכול צונן לכתחלה ע"י נעיצה, ולקמן ס"ס קכ"א מבואר, דאפילו לחתוך בו דבר חריף סגי בהכי, **מיהו** י"ל בזה, דכיון דהסכין הוא של עכו"ם שנאסר כבר, א"כ הנעיצה מיחשב להכשירו מן האיסור, **וכל** זה מדינא, אבל כבר נהגו כל ישראל להיות להם ב' סכינים, וכמ"ש הרב בהג"ה, **ובשעת** הדחק שאין לו סכין אחר, מוקמינן לה אדינא.

אבל כבר נהגו כל ישראל להיות להם שני סכינים, ולרשום אחד מהם שיהא לו היכר, ונהגו לרשום של חלב, ואין לשנות מנהג של ישראל –

[נראה כוונתו, **דלפי המנהג אסור לחתוך גבינה בסכין של בשר אפי' ע"י נעיצה בקרקע, כי כך החמירו על עצמן, ליקח לגבינה סכין אחר דוקא, אבל** מ"מ **לחתוך בו לחם לאכול גבינה, בזה שפיר יש לנו לסמוך אמה שמקנחו תחילה, כנלע"ד פשוט]. ליתא** - נקה"כ.

§ סימן צ – דיני כחל §

סעיף א- עד סוף הסעיף הוא לשון הרמב"ם, והרב בהג"ה ס"ב חולק בהרבה דינים, ולא כתב בלשון י"א, אלא סידר סברתו הכל ביחד כדי לקצר.

‹**הקדמה** לס"א וב' מהערוך השלחן – לשיטת רש"י ז"ל, אפילו לצלותו לבדו על האש, צריך קריעה שתי או ערב לכתחלה, ודיו בכך, דכיון שהוא על האש בלא קדירה, אם רק חתכוהו באורך או ברוחב יזוב החלב לגמרי ע"י כח האש, **ובדיעבד** אפילו לא קרעו כלל מותר, דהאש שואב החלב מבפנים כמו ששואב הדם. **לבשלו** לבדו בקדירה, צריך קריעה שתי וערב וטיחה בכותל, דבלא זה הרי יצא החלב להמים והכחל יחזור ויבלע ממנו, ולכן אף בקדירה בלא מים צריך כן, **ואם** לא עשה כן אפילו בדיעבד אסור, אם לא שיש ששים במים נגד הכחל, דאז יתבטל החלב בהמים, ומה שישאר בו ה"ל חלב מובלע דלא גזרו ביה רבנן. **ולבשלו** עם בשר, י"א דתמיד אסור, ולא מהני גם קריעה שתי וערב בכותל לדעת רש"י, רשב"א, **מיהו** בדיעבד מותר. **וי"א** דגם לכתחלה יכול לבשלו עם בשר בכה"ג, דאין שום טעם לחלק בין בישול לבדו לבין בישול עם בשר, שהרי ע"י זה יוצא החלב לגמרי ומה טעם יש לאסור עם בשר, ר"ן›.

‹**ושיטת** רבינו תם הוא, דזה שאמרו בגמ' שם דלקדירה צריך קריעה שתי וערב וטיחה בכותל, הוא בקדירה עם בשר, אבל לקדירה בלא בשר, או לצלי על האש, מותר לכתחלה בקריעה קצת, **וטעמו** דהחמירו בה עם בשר, לפי שטעם החלב נכנס בבשר ומשתנה טעם הבשר, ויש בו טעם בשר בחלב, ולכך גזרו חכמים, אבל כשאין בשר בקדירה, אף על פי שלא קרעו שתי וערב, כיון שקרעו קצת מותר גם לכתחלה, מפני שאין החלב בעין כמו שהיה מקודם, ואף על פי שנפלט החלב וחוזר ונבלע תוך הכחל, לא גזרו בו חכמים, כיון שלא נשתנה טעמו של הכחל מפני בליעה זו, ולא אתי למיכל בשר בחלב, **ובדיעבד** מותר אפילו לא קרעו כלל. **ודעת** הרי"ף והרמב"ם כן הוא, דלקדירה בין בפ"ע בין עם בשר, צריך קריעה שתי וערב וטיחה בכותל, **בדיעבד** כשלא קרע כלל, אם בשלו בפ"ע, מותר, ואם בשלו עם בשר, אסור כשאין ששים. **ולצלי**, לדעת הרי"ף א"צ כלום אף לכתחלה, **והרמב"ם** הצריך לכתחלה קצת קריעה למרק החלב שבו›.

‹**ומ"מ** כתבו מהקדמונים בלשון זה, נהגו העולם שלא לבשל שום כחל עם בשר כלל, אפילו ע"י קריעת שתי וערב וטחו בכותל, אף על פי שמותר לכל הפירושים. **ויותר** מזה נמצא בתשו' הגאונים, דנהוג במתיבתא דלא מבשלי כחל כלל, אלא צלוי צלי ליה. **וכן** נמצא תשו' רש"י ז"ל, דכחל שנתבשל עם בשר אסור גם בדיעבד, אף בקריעת שתי וערב וטיחה בכותל, מרדכי בשם ראבי"ה. **ומהגאונים** משמע דאפילו לבדו

הלכות בשר בחלב
סימן צ – דיני כחל

אין לבשלו ורק בצלי. **ואלו** הדברים אינם מדינא, אלא גזירות וסייגות, והטעם שעשו בזה סייגים הרבה, נ"ל משום דמצינו בגמ', שהיו מקומות שאסרו להם לגמרי אכילת כחל, מפני שהיו פרוצים באיסור בשר בחלב, ולכן גם הקדמונים החמירו יותר מכפי הדין הגמור›.

‹**והמחבר** בס"א פסק כהרמב"ם, וזה כתב ע"פ עיקר הדין, ודלא כשיטת רש"י כיון שרבים חולקים עליו. **אמנם** בס"ב כתב וז"ל, נהגו שלא לבשלו עם בשר כלל וכו', ומנהג זה נתיסד ע"פ שיטת רש"י, ולהי"א דלרש"י לכתחלה אין לבשלו עם בשר בכל ענין, **ולבשלו** בלא בשר צריך קריעת שתי וערב וטיחה בכותל, ופשטידא הוה כלבשלו לבדו, **וזהו** שכתב דלצלי צריך שתי וערב, הגם שבארנו דדי בשתי או ערב, הצריך שניהם, משום דבקצת נוסחאות ברש"י כתוב כן. **והרמ"א** תפס כל החומרות, חומרת תשו' רש"י, שעם בשר גם בדיעבד אסור, ולכן אין להתיר בלא הפסד מרובה, **ועוד** חומרא יתירא נהגו, להצריך לצלי קריעת שתי וערב וטיחה בכותל, דס"ל דכן הוא לשיטת רש"י לכתחלה, ורק בדיעבד כשר, **ובצלייה** עם בשר הוי כבישול עם בשר, דהתחתון בולע מן העליון, ובזה לא שייך כבולעו כך פולטו ולא מישרק שריק, **ובדיעבד** מותר כשקרע שתי וערב וטח בכותל, ומשמע אפילו שלא בהפסד מרובה, ולא דמי לגמרי לבישול, ואף דהטעם אחד, מ"מ לא החמירו כבבישול, **ואם** לא היה קריעת שתי וערב וטיחה בכותל, גם בדיעבד התחתון אסור›.

הכחל (פי' הדד של בהמה), אסור מדברי סופרים, שאין בשר שנתבשל בחלב שחוטה אסור מן התורה. לפיכך אם קרעו ומירק החלב שבו, מותר לצלותו ולאכלו. ואם קרעו שתי וערב, וטחו בכותל עד שלא נשאר בו לחלוחית חלב, מותר לבשלו עם הבשר.

וכחל שלא קרעו, בין של קטנה שלא הניקה בין של גדולה, אסור לבשלו - וכן בכל דיני כחל, אין חילוק בין של גדולה או של קטנה שלא הניקה, וכ"כ הפוסקים.

ואם עבר ובשלו, בפני עצמו - פי' בלא בשר, אבל פשיטא דבמים וירקות ושאר דברים חשיב כבישול בפני עצמו, וק"ל, **(וכ"ש אם צלאו), מותר לאכלו** – [בגמר' מפרש הטעם, לפי שאין החלב כנוס במעיו, ופי' רש"י שלא יצא מדדי הבהמה בחייה, ולא נאסף אלא מובלע בבשר הוא, ולא בא לכלל חלב, ומיהו לכתחילה בעי קריעה מדרבנן].

ואם בשלו עם בשר אחר, משערין אותו בששים - ואיתא בש"ס ומוסכם מכל הפוסקים, דבעינן ס' נגד כל הכחל, ולא משערינן במאי דנפק מיניה, דלא ידעינן כמה נפק, **והמחבר** לא כתבו מפני שהוא פשוט מעצמו, וכבר כתב כיוצא בזה בסי' ס"ט סי"א, גבי בשר שנתבשל בלא מליחה, שצריך ס' נגד אותו בשר, ולא סגי נגד דם שבתוכו, וכן בכמה דוכתי, **א"נ** הוא בכלל מ"ש שמשערין אותו בס', שמשמע שמשערין הכחל עצמו בס'.

וכחל מן המנין. כיצד, אם היה הכל עם הכחל כמו ששים בכחל, הכחל אסור והשאר מותר – [הרשב"א כתב שהרמב"ם נתן טעם לזה, ‹למה הוי הכחל מן המנין אע"פ שהוא עצמו אסור›, לפי שאיסור הכחל מדרבנן, ועשו בו היכר והקילו בו, ואע"ג ששומן הגיד בששים, אע"פ שהוא מדבריהם, הואיל וגיד הנשה הוא מן התורה, החמירו גם בשומנו, **ודחה** הרשב"א טעם זה, דהא כמה איסורין מדבריהם צריכים ששים, **וכתב** הוא הטעם, משום דהוא עצמו בשר, ומצטרף עם הבשר לבטל החלב שבו, **וביאר** דבריו הוא עצמו בס' משמרת הבית, על מה שהקשה עליו ספר בדק הבית, שהרי הכחל נעשה נבילה, וכתב הוא, דכחל זה לא נעשה מעולם בתוך קדירה זו חתיכה דאיסורא, שהרי נתבטל החלב בששים בתוך מה שבקדירה ובשר הכחל עצמו, וכשנפל בתוך הקדירה עדיין היה באפשר לסוחטו ממש בקריעה וטיחה, לבשלו אפי' בקדירה של בשר, **אלא** שאם נפל לקדירה אחרת חוזר ואוסר, לפי שלא נודע בבירור שנסחט כל חלבו בקדירה הראשונה, והרי נעשה לגבי קדירה השני' כחתיכת נבילה, לפי שחוששין שמא לא נתבטל חלבו בתוכו, עכ"ל, הרי שלא הקילו כאן משום איסור דרבנן, אלא גם אם היה איסור דאורייתא מצטרף בשר הכחל עם שאר הבשר, כיון שאין על הבשר שם איסור, רק שמחובר בו איסור, וכשיש כדי לבטלו אזל ליה החיבור], ‹עיין ש"ך וט"ז בסמוך לעוד טעמים לאיסור הכחל›.

[והר"ן כתב ג"כ כמו הרשב"א, ובת"ח הביא דבריו, וכתב עליו, ולא דמי לדם הבלוע בחתיכה, שהיא איסור דאורייתא, משא"כ בכחל שהיא איסור דרבנן, עכ"ל, הרי

שהצריך גם לטעם דרשב"א ור"ן לומר שהכחל מדרבנן, ולא נהירא לע"ד מטעם שכתבתי, ותו תמוהין דברי הת"ח, לפי סברתו שהקילו משום כחל דרבנן, מ"ש מדם שבחתיכה שגם הוא דרבנן אחר שנתבשל או נמלח].

גם אני בספרי הקשיתי על הת"ח, אבל בזה כתבתי, די"ל דה"ק, דדם הוא כשנפרש קודם הבישול אסור מדאורייתא, והילכך דאף כשבישלו החמירו, משא"כ בכחל כשנפרש הוא מדרבנן - נקה"כ.

[**ואין** להקשות על הרשב"א והר"ן, מ"ש מדם, אפשר שלדעתם אה"נ בחתיכה שנתבשלה בלא מליחה עם שאר תבשיל, ה"נ דמצטרף הבשר עם התבשיל לבטל הטעם בתוכו, דחד טעם הוא עם כחל, **ואע"פ** שבסי' ס"ט לא משמע כן מדברי הרא"ש והטור, מ"מ אין קושיא להרשב"א והר"ן בזה, **ואפשר** שהרא"ש והטור ס"ל כאן כמו טעם הרמב"ם, דדוקא גבי כחל הקילו, ולא הצריכו רק נ"ט של היתר בלא כחל].

‹זה תמוה, דעדיין יקשה הא דם ג"כ דרבנן, ויהיה סגי בנ"ט, וכמו שהקשה הט"ז בעצמו על הת"ח - רעק"א›.

ואם היה בפחות מששים, הכל אסור. בין כך ובין כך, אם נפל לקדירה אחרת, אוסר אותה – [פי' בין שהיה שם ששים עם הכחל, בין פחות מששים, אסורה הכחל מכל מקום, וכתב בתורת הבית, הטעם שאסורה בשהיה ששים, לפי שאנו חוששין שמא לא פלט כל חלבו בקדירה ראשונה, ועדיין נשאר קצת חלבו בתוך הכחל, לפיכך חוזר ואוסר כבתחילה, וקשה לי, א"כ למה הוצרך הגמ' לומר, כיון דאמר ר' יצחק וכחל עצמו אסור, כחתיכת נבילה שויוה רבנן, הא יש טעם לאיסור בשני' כמו בראשונה, **ולפי** דברי הר"ן שכתב, שאין כאן איסור בכחל אחר שנתבטל, ואסור משום מראית עין, אתי שפיר, **וכן** הוא בתוס', שגזרו אחר שנצטמק ונתבטל, משום קודם שנצטמק ואיסורו בתוכו, **וצ"ל** לדעת הרשב"א, דזהו באמת עיקר התירוץ בגמר', דשויוה כנבילה בשביל זה, דשמא לא נפלט לגמרי החמירו בו רבנן].

ומשערין בו בס' כבראשונה; שהכחל עצמו שנתבשל נעשה כחתיכה האסורה – [משמע אפי' אם נפל תחילה בפחות מששים, הוי כבתחילה לצרף גם הכחל, וכ"כ בספר בדק הבית להרא"ה, דכל הנאסר מאותו כחל, הוי דינא הכי שהוא מצטרף אח"כ לששים, שלא יהא סופו חמור מתחילתו], ‹זהו שיטת הרמב"ם›.

ואין משערין בו אלא כמות שהוא בעת שנתבשל, לא כמות שהיה בשעה שנפל - ‹ולא אמרינן שעל כרחך בשעה שנפל היה מלא מחלב, וצריך ששים כנגד מה שהיתה כשהיתה נפוחה מחלב, ועתה נצטמקה, דאמרינן כשם שנצטמקה היא כן נצטמק גם השאר שבקדירה, **וכל** שכן דמשערין כן בשאר איסורים שיבואו לפנינו, ולא כמות שהיה בעת שנפל, שאין דרך להצטמק כל כך, ופשיטא לן שלא נצטמקו יותר מן ההיתר לפי ערך ששים - לבוש›.

הגה: ויש אומרים דאם נפל תחלה לקדירה שאין בה ס' - כלומר כשנפל לקדרה של בשר שאין בה ס' אפילו עם הכחל, דהיינו שנפל לפחות מחמשים ותשעה, שאז החלב היוצא ממנה לא נתבטל, **ונאסר הכחל** - מדינא, **אם נפלה אחר כך לקדירה אחרת, אין הכחל מצטרף לס', וכן עיקר.**

אבל כשנפל בס', שאז החלב היוצא ממנה נתבטל, ולא נאסר הכחל אלא מפני מראית העין, אף בקדרה שנית מצטרף הכחל לס', דלא גרע מפני שנאסר, דהא בקדירה הראשונה מצטרף הכחל לס' אע"פ שהוא עצמו אסור, **וטעמא** הסכימו הפוסקים, מפני שאין איסור של הכחל מפני שיש טעם חלב יותר משאר בשר, אלא מפני שיש בו גומות בכחל שהחלב כנוס בתוכן, ויש באותו חלב טעם מן הבשר שנתבשל עמה, ואותו חלב שבגומות א"א להפרישו מן הבשר, דלא מהני קריעה לאחר בישול, **ואף** על גב דבגמר בישולו יוצא כל חלב, מ"מ קודם גמר בישולו נאסר בשביל חלב שבגומות, ותו לא משתרי, משום דחיישינן שמא יאכלנו קודם גמר בישולו, **א"נ** משום מראית העין, **והרב** המגיד כתב שהטעם שהכחל מן המנין, מפני שהוא מותר בפני עצמו, וגם הראב"ד בהשגות כתב טעם זה ומביאו בת"ח, ונראה שגם זה הוא מכוון למ"ש הפוסקים, והכל הולך למקום אחד.

[ס"ל דכל שנפלה בפחות מס' נעשה גם ההיתר חתיכת נבילה, דהא עשאוהו רבנן כבשר בחלב, ובב"ח לד"ה נעשה נבילה, ע"כ צריך אח"כ ס' נגד הכחל, והכחל אינו מצטרף, כ"כ בתורת הבית, **וכתב** הב"י שהר"ן ס"ל

כרמב"ם, ובת"ח חולק עליו, דאדרבה מדנתן הר"ן טעם, כיון שאין אסור הכחל רק משום מראית עין, ע"כ אינו אוסר בשני' יותר מבראשונה, משמע דלא מיירי רק בנפל לס', דאז אין הכחל אסורה רק משום מראית עין, **אבל** אם נפל בפחות מס', דנאסר מדינא מכח הבישול בחלב, שאח"כ נעשה כנבילה, ואינה מצטרפת, וכרשב"א, מש"ה פסק ת"ח וכאן בשו"ע כרשב"א, ובלבוש הביא הי"א, להחמיר אפי בהיה בו ס', להצריך אח"כ ס' בלא הכחל, ואין זה עיקר, דבזה מודה רמ"א דהכחל מצטרף, כיון שלא נאסר רק מחמת מראית עין].

[**ומעכשיו** נולד לנו מחלוקת חדשה בין רמב"ם לרשב"א מה שלא הוזכר בפוסקים, דהיינו להרמב"ם לא אמרינן אפי' בבב"ח שהוא מדרבנן חתיכה עצמה נעשה נבילה, וכן כתב ב"י בשמו, כיצד חלב שנפל לקדירה שיש בה בשר עוף, ונתן טעם בקדירה, מרבה עליו בשר עוף וכו', עכ"ל, הרי אפי' להרבות בידים התיר, ולהרשב"א אפי' נפל ממילא אח"כ בשר עוף לא מהני, דחתיכה עצמה נעשה נבילה תחילה, ולפי מה שפסק רמ"א כאן כרשב"א, נמצא לדידן דלא קימ"ל כר' אפרים, אמרינן בכל האיסורין נעשה נבילה, אפי' באיסור דרבנן].

‹**כך** העלה בדעת המחבר, דבאיסור דרבנן לא אמרינן חנ"נ, מש"ה גם כשנפלה לקדירה אחרת הכחל מן המנין, ולהג"ה שמצריך ס' בלא הכחל, משום דסבר דכל איסורי דרבנן אמרינן חנ"נ, **ולענ"ד** יראה דלא מוכח מידי מהמחבר, די"ל דהמחבר והרמ"א לטעמייהו אזלי, והא במה דפליגי עוד בהאי, דעת המחבר כהרמב"ם, דבישול קדירה לחודיה בדיעבד אף בלא קריעה שרי, ודעת הרמ"א לאסור, ואופן פלוגתתם מבואר בראשונים, **דעת** המחבר, דבליעת בשר הכחל מחלבו, או חלבו מבשר הכחל, לא אסרו משום בב"ח, רק בבישלו עם בשר אחר, חלבו בולע טעם מבשר אחר, **ודעת** הרמ"א, דדוקא כ"ז שלא פירש חלבו לא אסרו, אבל בפירש החלב הרי היא כחלב בעלמא, ומש"ה בבושלו אף בלא בשר אסור הכחל מהחלב שיצא ממנו, **וא"כ** נראה, דלשיטת המחבר דלא אסרו בליעת בשר הכחל מחלבו, וא"כ אם בישל עם בשר אחר, אף דליכא ס', ובלע חלבו מבשר אחר, ונאסר החלב משום בשר בחלב, מ"מ מה שבולע אח"כ הבשר הכחל מחלבו, אין האיסור משום שהוא בשר ובולע מחלבו, אלא הוא כמו ירק שבולע מחתיכות בב"ח, ובזה לא אמרינן חנ"נ, דעיקר טעם דאמרינן בבב"ח חנ"נ, הוא משום האי לחודיה שרי וכו', משא"כ במה שבלוע מחתיכות בב"ח, הוי כבלוע משאר איסורים דלא אמרינן חנ"נ, **אבל** לדעת הרמ"א, דלאחר שפירש הוא כחלב דעלמא, והוי עכשיו בב"ח עצמו דאמרינן חנ"נ, והוא ברור ודוק, **ואדמ"ו** הרב הגאון מו"ה וואלף איגר השיב לי, שהדין עמי בסברא, אולם א"א לכוון כן בדעת המחבר, שדעתו בב"י, אף בדבר הבלוע מבב"ח אמרינן חנ"נ, **והודיתי** לו שהיה בהעלם דבר ממני דברי ב"י, **וראיתי** בש"ך דחולק באמת על הב"י, ומסברא שכתבתי, דשוב לא שייך האי לחודיה שרי וכו', ושמחתי שכוונתי בסברא - רעק"א›.

(**עי'** פמ"ג שכתב, נראה דלדעת הרב בס"ב, מיירי כאן אף שנתבשל לבדו ולא היה ס', **וצ"ע** בזה, ואפשר כיון דיש דעות דהכחל לבדו מותר, לא מחמרינן כולי האי, עכ"ד).

ועמ"ש הב"ח, דכחל הוי בריה כמו גיד הנשה, והוא תמוה כדאיתא בש"ס ופוסקים לקמן סימן ק', דלא הוי בריה אלא מה שנאסר מתחלת ברייתו, וכן מבואר ברמב"ם, דגיד הנשה הוי בריה, וכחל לא הוי בריה.

סעיף ב - נהגו שלא לבשלו עם בשר כלל

- כל זה מצד המנהג, אבל לענין דינא בדיעבד נתבאר דעת המחבר בס"א, ודעת הר"ב בהג"ה בסעיף זה.

ולבשלו בלא בשר, בטיגון או בפשטיד"א, מצריכין קריעה שתי וערב וטיחה בכותל - בפשטיד"א אפי' במחבת, כן דעתו בספרו ב"י, ואנן לא נהיגין הכי, וכמ"ש הרב בהג"ה. **ולצלי, קריעה שתי וערב.**

הגה: ואם עבר ובשלו, אם קרעו שתי וערב וטחו בכותל, יש להתיר בדיעבד במקום הפסד מרובה - אפילו עם בשר, כן מוכח להדיא בת"ח, **אבל** לבדה מותר ע"י קריעת שתי וערב וטיחה בכותל אפילו בלא הפסד מרובה, וכמ"ש בהג"ה בסמוך, **והב"ח** פסק וז"ל, ואם בשלו עם שאר בשר ואין ס' כנגדו, הכל אסור אף בדיעבד, אפי' קרעו שתי וערב וטחו בכותל, ודלא כהגהת ש"ע דמיקל בזה במקום הפסד מרובה, עכ"ל, **ולא** ירדתי לסוף דעתו, שהרי כל הפוסקים הרי"ף והרמב"ם ור"ת והתוספות והרא"ש והרשב"א והר"ן וסמ"ג וסמ"ק ומרדכי וש"ד ושאר פוסקים והמחבר מכללם, מתירין בדיעבד, והרבה מהם מתירין אפילו לכתחלה אפילו לדעת רש"י, אלא שראבי"ה וא"ז מחמירין אפי' דיעבד, **א"כ** ודאי דעכ"פ יש לסמוך אכל

הנך רבוותא בדיעבד במקום הפסד מרובה, בפרט באיסור דרבנן, ובשגם שפשטא דסוגיא משמע כוותייהו.

אבל בלאו הכי אין להתיר – [פי' בלא ס', אבל אם יש ס' בבשר שבקדירה עם הכחל נגד הכחל, **אז הבשר מותר והכחל אסור** עכ"פ].

ודעת מהרש"ל להתיר בדיעבד עם בשר, ע"י קריעה שתי וערב וטיחה בכותל, אפי' בלא הפסד מרובה.

‹**אין** זה מסקנת רש"ל, אלא דמכח המנהג הוי כדברים המותרים ואחרים נהגו בו איסור, ואף בבשלו בלא בשר אסור בדיעבד, וכמו שהעתיק הט"ז, וכבר השיג המ"י על הש"ך בזה – רעק"א›.

ומה שנהגו לקורעו ולחתכו כמה פעמים שתי וערב על פני כולו, עדיף ומהני יותר מטיחה בכותל - וכתב ב"י ע"ש הרשב"א, דאם נתנו תחת המכבש הוי כטחו בכותל.

(**וכתב** בתשובת מהר"א ששון, דאם נחתכה עם בשר ביחד, יש מקום לאסור, שחלב היוצא נבלע בבשר בחוזק חיתוך שחותכים שניהם יחד, **ועמ"י** שכתב, דפשוט דדוקא אם נצלה כך בלי הדחה אסור, אבל אם הודח היטב, פשיטא דאין חשש איסור, כמו בכל איסור שנבלע בצונן, ע"ש, **ולפי** מ"ש לקמן סי' צ"א ס"ק א' בשם הח"ד, דכל דבר שצריך הדחה, אם נמלח או נצלה בלי הדחה, שנבלע המשהו שע"פ כדי קליפה, אפ"ה שרי בלי קליפה, ע"ש, **א"כ** ליכא לפרש הכי, וצ"ל דמיירי שיש בבשר בקעים, וסובר כדעת הרבה פוסקים שהביא הש"ך בסי' צ"א ס"ק כ"א, שאם יש בבשר בקעים, אפילו הוא חי כולו אסור).

וללי, נוהגין לכתחלה לקורעו שתי וערב וטיחה בכותל - ומהרש"ל פסק, דמדינא נמי בעי הכי לכתחלה, **מיהו אם עבר וללאו, אפילו בלא קריעה, שרי, אם נצלה לחוד בלא בשר עמו.**

‹**הקדמה** לדין הבא – בפרק כל הבשר, דרש מרימר, הלכתא בין כבדא בין כחלא, תותי בישרא שרי, עילוי בישרא, דיעבד אין לכתחילה לא, **וכתבו** התוספות והרא"ש, וא"ת כחל היאך מותר תותי בישרא, והלא שמנונית הבשר נוטף על הכחל, **ואי** בקרעו שתי וערב וטחו בכותל, אם כן עילוי בישרא נמי לישתרי, דהא מותר לבשלו עם הבשר בקדרה,

וי"ל דהכא גרע טפי, דאע"פ שקרעו עדיין נוטף החלב מן הכחל על הבשר, וניכר שהוא בעין, ע"כ – ב"י›.

‹**וכתב** רש"י, ולדידן אסור לגמרי לכתחלה, לפי ששפודים שלנו אינם תלויים אלא שוכבים, ופעמים שמרים זנב השפוד, ונמצא התחתון עליון, ופעמים שמשפילו, ונמצא שחבירו עליון, הילכך בין שהכבד לצד הראש, בין שהוא לצד הזנב, אסור – ב"י›.

ואם נצלה עם בשר עמו, אם נקרע שתי וערב וטחו בכותל, שניהם מותרים - אפילו ידוע שנתהפכו, דכיון שנקרע שתי וערב וטחו בכותל, חשוב כבשר ממש לענין זה, ‹ומותר בדיעבד אפי' עלוי בשרא›.

ואם לאו, העליון מותר והתחתון אסור – ‹כקושיית תוס'›, ‹**באו"ה** כתב, הבשר שעליו כשר בדיעבד, והעתיקו כן בת"ח, **ובמנ"י** כתב, דאו"ה נתן טעם, דלא אמרינן דכחל מפעפע למעלה לתוך הבשר, דאין חלב מפעפע, עכ"ל, **משמע** בכחל למעלה אסור, דהבשר מפעפע למעלה לתוך חלב הכחל, וצ"ע – רעק"א›.

ואין לאסור שניהם, שמא נתהפך השפוד, דבדיעבד לא מחזקינן איסורא.

ונראה דאם ידוע ששניהם היו תחובים בשוה בשפוד, ולא היה שום א' מהן עליון או תחתון, שניהם מותרין.

אבל לכתחלה אין לצלותו עם בשר כלל - ‹אפי' כשקרעו שתי וערב וטחו בכותל – בדי השלחן›, הטעם משום ששפודים שלנו מונחים לארכן, ופעמים ראש זה למעלה ופעמים זה למעלה.

ולקדירה בלא בשר, נוהגין בו איסור לכתחלה - אפילו ע"י קריעה שתי וערב וטיחה בכותל, והטעם משום גזירה שמא יבשל עם בשר יחד.

[**הטעם** משום גזירה שמא יבשל עם בשר ובלא קריעה שתי וערב]. ‹**וכפי** הנראה מה שכתב 'ובלא קריעה, הוא וי"ו הפירוד, שמא עם בשר, או בלא קריעה לבדה, **ואפשר** הוא וי"ו החיבור, דלבדה בלא קריעה יש ספק שמא הלכה כר"ת – וכן עם בשר ע"י קריעה מותר לרוב ראשונים – **ועיין** ש"ך דלא סיים "ובלא קריעה" – פמ"ג›.

וה"ה לטגן, אפילו בלא בשר (ב"י), ואפילו נתייבש הכחל - מה שנרשם בש"ע ב"י, רצה

לומר דהב"י משוה דין טיגון לבישול, כמבואר שם ובחבור זה בס"ב, **ואם** כן למאי דנוהגין בארצותינו שלא לבשלה כלל אפילו לבדה, ה"ה לטגנה, **אבל** ודאי דעת הב"י בהדיא, דבין בבישול בין בטיגון נוהגין לכתחלה לבשלה לבדה, וכמבואר שם ובס"ב בהדיא.

ואם עבר ובשלו בקדירה לבדו, בדיעבד מותר - בלא ששים, **אם נקרע שתי וערב וטחו בכותל** -

‹אבל הקדירה אסורה לבשל בה בשר, ואף בדיעבד אסור, וכ"כ המנ"י בשם הא"ה, ומחשש דשמא יבשל יחד בשר עם הכחל, מש"ה גרע מסכין, עיין ש"ך ס"ג ובמנחת יעקב - רעק"א›.

[ורש"ל כתב, **נראה דאסור אף בדיעבד, ואף שאינו מן הדין כלל, מ"מ מאחר שכתבו הגאונים, דנהגו כל ישראל דלא מבשלין כחל כלל, הוי כדבר שנאסר במנין כו', אבל ביבש לא נראה להחמיר כו', עכ"ל**].

אבל אם לא קרעו שתי וערב, או לא טחו בכותל, אפי' דיעבד אסור עד שיהא ס' במים נגד הכחל, וכחל מן המנין, כ"כ הפוסקים, ‹**ובזה** אף הכחל עצמו שרי, דמה שיצא בטל, ומה שלא יצא, הוי כצלי דמותר דיעבד, כיון שלא פירש החלב מותר דיעבד, דליכא טעם מבשר אחר, וכ"כ המנ"י - רעק"א›.

מיהו אם נתייבשה, דהיינו לאחר שלשים יום, אם עבר ובשלו אפילו עם בשר, מותר בדיעבד - אפילו בלא קריעה כלל, **והיינו** מסתמא, אבל אי חזינן דיבשה היא ממש, פשיטא דאפילו תוך ל' מותר.

ולעשות פשטיד"א מן הכחל, בלא בשר, נהגו בו היתר, אם אין אופין הפשטיד"א במחבת, אבל במחבת דינו כמו בשול בקדירה - והא דקי"ל לעיל ס"ס ע"ח, דפשטיד"א אפילו בלא מחבת יש לה דין בישול בקדרה, שאני הכא כיון דמדינא שרי, אלא משום גזירה אסור, ‹**דשמא** יבא לבשלו ביחד עם בשר, ובפשטיד"א אין לחוש לכך, שאין מן הדרך לעשות ב' מיני פשטיד"א במחבת יחד›, **א"כ** ודאי דבמחבת דוקא דהוי דומיא דקדירה יש לגזור, ‹דכיון שדומה לבישול, נכלל הוא בגזירה›, **אבל לא** בלא"ה, ‹כגון כשאופין אותו על הקרקע, דלא דמיא כלל לבישול, נשאר בהיתירו - בדי השלחן›.

‹**ולפ"ז** משמע, דוקא ע"י קריעה שתי וערב וטחו בכותל, דלא הוה אלא גזירה שמא יבוא לבשלו עם בשר אחר, **אבל** בלא קריעה שתי וערב וטחו בכותל, דאסור לשיטת רש"י אפילו לבדו בקדירה בהפסד מרובה, הוא הדין פשטיד"א בתנור בלא מחבת נמי כן הוא - פמ"ג›.

ויש פרושים המחמירים בכל פשטיד"א, אם לא נתייבש הכחל תחלה - בכל דיני פשטיד"א ויבש, שוה דעת מהרש"ל לדעת הרב בהג"ה, **זולת** מה שכתב הרב בהג"ה ויש פרושים כו', אם לא נתייבשה הכחל כו', שנראה מדבריו שנתייבשה מותר בפשטיד"א אפילו במחבת*, וכן נראה להדיא מדבריו בת"ח, **אין** כן דעת מהרש"ל, אלא דעתו דמחבת אסור לכתחלה אף ביבש.

***ובמנ"י** השיג, דכוונת הרמ"א רק בלא מחבת, דבזה אף הפרושים אין מחמירין ביבש - רעק"א›.

יש מחמירין שלא לאפות פשטיד"א כחל עם של בשר בתנור קטן, רק יש להניח אחד בפי התנור. וטוב ליזהר לכתחלה, אף כי אינו אלא חומרא בעלמא - ‹דחלב שחוטה דרבנן, ולא גזרו לאסור בו משום ריח - בדי השלחן›. **אבל** ודאי עם חלב מדינא אסור, דודאי כחל בשר גמור הוא, ואם אפה עם חלב בתנור אחד, הוי כדין שאר בשר וחלב שנאפו בתנור אחד, שיתבאר לקמן סי' צ"ז וק"ח.

סעיף ג - מותר לחתוך כחל רותח בסכין שחתכו בו בשר - דין זה אפילו לדידן, אם קרעו שתי וערב וטחו בכותל, וכמו שכתב הרב בהג"ה, **ול"ד** לקדירה שנהגו שלא לבשלה לבדה, אפילו ע"י קריעה שתי וערב וטיחה בכותל, דמה שהחמירו בקדרה אינו אלא משום גזירה, שמא יבאו לבשל עם בשר יחד, וזה לא שייך גבי סכין, סמ"ק והגה"מ.

‹**קושיא** זו אין לה שחר, דלפי מובן הפשוט, קושייתו, דכי היכי דאסרינן לבשל הכחל אפילו לבדו, אפילו ע"י קריעה שתי וערב וטיחה בכותל, ה"נ נאסור לחתוך כחל רותח שנצלה לאחר קריעת שתי וערב וטיחה בכותל בסכין של בשר. **וזה** תמוה, דמה שייכות ודמיון יש להם זה עם זה. **ובאמת** בסמ"ק מקשה בענין אחר, דהיינו מאי שנא מקדירה שבישל בה בשר, שאסור לבשל בה כחל אפילו ע"י קריעה שתי וערב וטיחה בכותל, וכן להיפך אסור, וה"נ נאסור לחתוך כחל רותח בסכין שחתכו בה בשר, וע"ז כתב דמה שהחמירו בקדרה וכו', כ"כ בספר מנחת יעקב - מחצה"ש. **ועיין** ברעק"א לעיל ס"ב.

(וכל שכן כחל חי אע"פ שהיא מלאה חלב) - ברי"ו כתוב ואפילו כחל חי, וקאי הרבותא על שהיא מלאה חלב, **והרב** שכתב כ"ש כחל חי, שאינו רותחת, **ויותר** נראה להגיה בלשון הרב, וכן כחל חי כו'.

וכן מותר לחתוך בשר בסכין שחתכו בו כחל. וכן הדין לאכול זה בכלי שאכלו בו זה.

הגה: וה"ה לצלות זה בשפוד שצלו בו זה - [מיירי שמלח הכחל, דאל"כ הא עכ"פ צריך ללבן השפוד בלא"ה, מכח בשר הכחל שיש בו דם].

והוא הדין דמותר להניחו בקערה עם בשר צלי, אפילו שניהם חמים, דלאחר צליית הכחל דינו כשאר בשר לכל דבר, ודוקא שנצלה כדינו, דהיינו שקרעוהו תחלה שתי וערב וטחוהו בכותל - וכתב מהרש"ל, דאם נצלה כל צרכו, אפילו לא טחו בכותל, אלא קרעו שתי וערב, מותר לחתכו בסכין של בשר, **ולא** בעינן טיחה אלא כשלא נצלה כל צרכו, אבל לאחר שנצלה כל צרכו, וגם קרעו היטב, קורא אני על המחמיר חסיד שוטה והדיוט, עכ"ד.

[רש"ל כתב, דאפי' אחר צליי' אסור לבשלו, אע"ג דגבי כבד מותר, וא"כ הה"נ גבי כחל, **לא** תימא הכי, כי בכבד טעמו משום רבוי דם, להכי לא התירו אותו בבישול לכתחילה כי אם אחר הצליי', **אבל** כחל דאיסור משום גזירה הוא, משום בישול בלא קריעה שתי וערב ועם בשר, אין חילוק, עכ"ל, **והיינו** לכתחילה דוקא].

(**ועיין** פמ"ג שכתב, דיש לעיין אם צלו בלא קריעה, דשרי דיעבד, מהו הדין אם בישלו אח"כ, **וכפי** הנראה יש לאסור).

אבל אם עבר וצלאו בלא קריעה, או קריעה מועטת, כל דברים אלו לכתחלה אסורים, ובדיעבד הכל מותר - ומדברי מהרש"ל נראה, דאם לא קרעו שתי וערב וטוח בכותל, צריך השפוד לבון, ובלא"ה אפילו דיעבד אסור, **ודברי** הרב נראין, **ועוד** שמדברי הרשב"א והר"ן, ומביאם ב"י בקוצר, נראה להדיא, דאפילו לכתחלה מותר לצלות בשפוד א' פעמים בשר ופעמים כחל, אפילו בלא קריעה כלל, **ואפשר** לומר דאף מהרש"ל לכתחלה קאמר.

ואם קרעוהו כדינו וצלאו, אע"פ שמלא אחר כך גומות מלאות חלב, אין לחוש - [הטעם שם באיסור והיתר, שחלב שחוטה היא גזירת חכמים משום בשר בחלב, וכל שלא פירש לא גזרו, **ועוד** דלא גרע מדם האיברים שלא פירש בצליי', שמותר, **אבל** אם לא נקרע כדינו, הוי חלב כנוס בתוכו, ומיקרי פירש, ואסור מדרבנן, ע"כ].

וכן אם הניחו כך שלם, קודם צלייתו, עם חלבו יום שלם, מותר. ולא אמרינן כבוש כמבושל בכי האי גוונא - [הטעם שם באיסור והיתר, לפי שחלב שחוטה מדרבנן, לא גזרו ביה רבנן בצונן לומר כבוש כמבושל, אע"פ שהחלב הוא צלול בעין, **ומיהו** אם היה בשר אחר שרוי בצונן בחלב שחוטה, או אפי' הכחל עצמה לאחר שפירש החלב פעם אחת ממנה, בזה אין אנו מחלקים, ואפי' בצונן אסור כמו בחלב אחר. **ותמוהין** דבריו, דבסמוך לפני זה העתקתי דבריו שכתב, דמה שכנוס בתוכו מקרי פירש, **וצ"ל** דעתו, מאחר שהוא עדיין כנוס בתוכו, הוי היכרא ולא אתי למטעי להתיר בב"ח דאורייתא. ***אמנם** תמהתי על פה קדוש יאמר כן, לאסור בזה בשאר בשר בכבוש בחלב שחוטה, דהרי עיקר האיסור משום גזירה דבב"ח בעלמא, והא בכבוש כמבושל אפי' בשאר בב"ח מן התורה שרי, דלא אסרה התורה רק דרך בישול, רק שמדרבנן אסורה, א"כ הוי ליה גזירה לגזירה בחלב שחוטה, ומנלן למיגזר ביה גזירה לגזירה, **וכן** נראה דעת רמ"א כאן, שלא העתיק לאיסור בשאר בשר בכבוש בחלב שחוטה, אע"פ שבת"ח העתיקו, **אפשר** דכאן עשה כן בכוונה מטעם שכתבתי, כנלענ"ד].

(**האחרונים** הקשו, הא בההיא בר גוזלא דנפל לכמכא, דאמרינן דאם אינו נאכל מחמת מלחו היה אסור, הא הוי תרי דרבנן, בשר העוף ומליחה, **ולענד"נ** דמאי דשריי', היינו אפי' לבשל אח"כ הגוזלא, בזה אילו היה אינו נאכל מחמת מלחו, כשמבשלו אח"כ, והבלוע כמכא שנבלע בו במליחה מתבשל עתה בתוכו, ובבשר בהמה כה"ג היה אסור מדאורייתא, מש"ה בבשר עוף אסור מדרבנן, ונכון בעזה"י, **אמנם** עדיין יש להקשות, לשיטת תוס' דכמכא הוי מי חלב, א"כ אף אחר הבישול הוי תרי דרבנן, בשר עוף ומי חלב, **ונלע"ד** דהט"ז מיקל רק היכי דהוי שני ענינים, אחד מהות

המין, דהיינו חלב שחוטה, ואחד מצד הבליעה דרבנן, דהיינו בכבישה, זהו מקרי תרי דרבנן, **אבל** בשר עוף בחלב שחוטה או במי חלב, לא מקרי תרי דרבנן, דהוי רק מינים דרבנן, ואין חילוק בין מין אחד דרבנן, או שני המינים דרבנן, ודוק היטב, **אמנם** נלענ"ד ראיה דלא כהט"ז, דהא עוף אסור לאכול עם גבינה אף בצונן, כדלעיל סי' פ"ט, זולת דנימא לחלק בין בשר עוף לחלב שחוטה, דלא מסתבר - רעק"א.

***ואני** תמה עליו, האיך הוא מדמה גזירות חכמים זו לזו, הלא אשכחן בדוכתי טובי דגזרינן גזירה לגזירה, וכן כתבו התוס' ריש פ' כ"ה, וז"ל, ויש מקומות דגזרינן גזירה לגזירה ולא חיישינן, ואין לדמות גזירות חכמים זו לזו, אלא במקומות שהש"ס מדמה, ע"כ - נקה"כ.

סעיף ד - לצלות כחל או למולחו עם הבשר, דינו כדין צליית או מליחת כבד עם בשר - ר"ל דלכתחלה אסור לצלות או למלוח כחל על בשר, אלא תחת הבשר, ובדיעבד אפילו על הבשר מותר, **ובשפודים** שלנו אסור לכתחלה בכל ענין, וכמו שנתבאר בסי' ע"ג ס"ד וה', **ובב"י** הביא מחלוקת הפוסקים בזה, אם יש חילוק בין קרעו שתי וערב וטחו בכותל או לאו, ‹דלהתוס' אפי' אם קרעו שתי וערב וטח בכותל, אסור לכתחילה לצלות ע"ג בשר, ולהרשב"א מותר› **ודעת** הרב בהג"ה בצליה נתבאר בס"ב.

ויש מי שמתיר למלוח כחל על הבשר - אפילו לכתחלה למלוח כחל על בשר, אפילו בלא קריעה כלל, **ול"ד** לכבד, שאין דרך המלח להפליט אלא דם, אבל לא חלב שבו - טור בשם הרא"ש.

‹**דאין** טבע המלח להפליט חלב, ונראה דוקא חלב של כחל, אבל אם נבלע חלב בחתיכה, נ"נ ואוסר אח"כ ע"י מליחה - פמ"ג›.

הגה: ואין למולחו עם בשר; אבל בדיעבד, בכל ענין מותר - וכן כתב מהרש"ל באיסור והיתר שלו, דלכתחלה אסור למלחו עם בשר, בין תותי בישרא בין עלוי בישרא, **ולענין** דיעבד נראה דעת מהרש"ל, דאם קרעו שתי וערב מותר, אפילו לא טחו בכותל, **ונראה** דעת הרב, דהא הרמב"ן והרשב"א וש"פ מתירין בדיעבד אפילו בלא קריעה כלל, אפי' עלוי בשרא, והרא"ש והטור וש"פ מתירין אפי' לכתחלה, והאוסר הוא יחיד לגבי הנך רבוותא, **וכ"פ** מהרש"ל עצמו בספרו שם, דבדיעבד אם מלחו אפילו בלא שום קריעה כלל, אפילו עלוי בישרא מותר, **וצ"ל** שחזר בו ממ"ש באיסור והיתר שלו.

[**כתוב** בהג"ה מרדכי, **מעשה בכחל ובשר שנמלחו יחד בכלי מנוקב, ואח"כ שמוהו בכלי שאינו מנוקב, והתיר מהר"ם את שניהם**, עכ"ל, **וכלי שאינו מנוקב דנקט, הוא משום דם שבכחל ובשר, לא משום חלב, כן** פסק ת"ח]. ‹**מ"ש** "כלי שאינו מנוקב" משום דם נקיט, הלשון מגומגם, וכוונתו, דמשום חלב אף הניחו בכלי שאינו מנוקב נמי שרי, אלא משום דם נקיט תחלה בכלי מנוקב, דאי כלי שאינו מנוקב אסור משום דם - פמ"ג›.

‹**מיהו** אם שהה בכלי שאינו מנוקב כשיעור על האש ויש ציר, אפשר דאסור, דכבוש כמבושל, והט"ז לשיטתיה דכבוש אין אוסר בחלב שחוטה, משא"כ לדידן וודאי אסור, דבלא שהה אין טבע המלח להוציא החלב, משא"כ בכבוש - פמ"ג›.

עור הקיבה, לאחר שהוסר חלבו מתוכו והודח, יש לו דין שאר בשר ומותר למלחו עם שאר בשר - וכן לבשלו, **ואין לו דין כחל כלל.**

‹**היינו** בהוכשר כבר מדמו, דמותר למלוח עם בשר, וליכא חשש משום בב"ח, אבל למלוח להכשיר לקדירה, אסור למלוח לכתחילה עם בשר, מנ"י - רעק"א›.

§ סימן צא - דין בשר וחלב שנתערבו §

סעיף א - בשר וגבינה שנגעו זה בזה, מותרים, אלא שצריך להדיח מקום נגיעתן - וכ' הב"ח, דדוקא כשהאחד מהן לח, אבל אם שניהם יבשים, אפילו הדחה א"צ. ‹**והנה** מדברי הרב בהג"ה ס"ב, שכתב דביבש מותר כשלא בלע הכלי רק בצונן, {אבל אם בלע ע"י חמין אסור ביבש}, משמע דבמאכל אפילו ביבש בעי הדחה. **אך** הש"ך פליג שם אהרב - חוו"ד›.

‹**ומיהו** דבר חריף ‹ומלוח - רעק"א›, אפילו יבש כצונן לח דמי, ובעי הדחה, כמ"ש בסעיף ה', **ואם** הם יבשים כו' - כ"כ הפמ"ג והחוות דעת›. ‹**ואיני** יודע טעם לחלק - פמ"ג›. ‹**אך** מצד הסברא אם יהא נוגע שני דברים יבשים חלקים, אף בדברים חריפים כצנון ושומן ובצלים, לא ידביק מאחד על חבירו דבר, **אך** אם הוא דבר יבש שיכול לפרור ממנו דבר, בודאי ידבוק על חבירו גם אם הוא יבש וחלק, כמו שאנו רואין אם הוא נוגע בתפוח לקמח או חול או מלח,

[ט"ז] ‹רעק"א או ש"א או הוספת הסבר› (פת"ש)

הלכות בשר בחלב
סימן צא – דין בשר וחלב שנתערבו

מעתה שוב לא קשה מלקמן ס"ה, דשם יש על כל אחד מלח דק, וידביק על חבירו – יד יהודה›.

(**והאי** הדחה, היינו הדחה בעלמא בלא שפשוף, **אבל** היתר שנגע באיסור שמן, בעי שפשוף עד שידע באומד הדעת שסר ממנו השמנונית, כ"נ דעת הפמ"ג בש"ד, **אך** הח"ד כ', דדוקא דוחקא דסכינא ושמנונית בעי שפשוף, כגון שחתך בשר בסכין שחתך בו חלב, אבל דוחקא בלא שמנונית, או שמנונית בלא דוחקא, סגי בהדחה בעלמא, **ועיין** בתשובת בית אפרים, שדעתו ג"כ, דשמנונית בלא דוחקא סגי בהדחה בעלמא, **אך** כתב דדוקא בחלב שלא נמחה במים, אבל חלב שנמחה במים, כתב הרשב"א שנדבק ביותר, ובעי שפשוף גדול, **ולהכי** לעיל בסי' ס"ד, אוסר להדיח בכלי שמדיח בו חלבים, אע"ג דליכא דוחקא).

(**וכתב** עוד, דחלב מהותך או חמאה, שנפל ע"ג בשר צונן, ונקרש ונתייבש שם, צריך שפשוף גדול, ע"ש, **ודבר** רך, כגון קישואין דסי' צ"ו סעיף ה', וכיוצא בו, בעי גרידה).

[כ' רש"ל, ולפי"ז לא יפה עושין ההולכי דרכים, שאוכלים הרינג"ש מלוחים על כלי הגוים, שהרי צריך הדחה אחר שמונח עליהם, וכ"ש שלא יפה עושים אותם הקונים מיני קשואים מלוחים, שקורין אוגרקע"ש, עם מי המלח, ואוכלים בקערה שלהם, שאפי' הקשואים צריכים הדחה אם הושמו בקערה שלהם, וא"כ המי מלח דלא שייך בו הדחה *נאסרה כולה, עכ"ל, ובת"ח כתב, ושעת הדחק, כגון שנתאכסן בבית הגוי, כדיעבד דמי, עכ"ל], (**מ"מ** אם אפשר, ירחוץ הכלי היטב קודם שישתמש בו).

*ג' מהלכים בהט"ז: ‹**א**› מה שאוסר המי מלח, אזיל לשיטתיה בס"ב, דפסק כריב"א, היכא דאי אפשר בקליפה כולו אסור, ה"ה היכא דאי אפשר בהדחה – פמ"ג. **זהו** בדעת הרש"ל, אבל הט"ז חילק בין קליפה להדחה, דאף דגם הוא החמיר גבי קליפה, מ"מ לגבי הדחה הקיל לקמן, דבדיעבד שרי בלא הדחה, וזה שסיים מהת"ח דבדיעבד שרי – לקוטי מגדים›. ‹**ב**› **הט"ז** ס"ל, דאע"ג דבעי הדחה במניח בכלי איסור, היינו לכתחילה, אבל דיעבד שרי, וכן מבואר להדיא מדבריו בס"ב, דהכא כו"ע מודים, אפי' הריב"א דפליג בקליפה, ולזה כתב כאן דמי המלח דליכא בהו הדחה, נאסר כולו, ר"ל לכתחילה, ולכן אין להניח לכתחילה, והביא בשם הת"ח דבעת הדחק הוי דיעבד, ומותר להשים בכלי שלו לכתחילה, והפמ"ג נדחק בזה ע"ש, ודו"ק – לבושי שרד›. ‹**ג**› (**ועח"ד** שכ', דכוונת הט"ז, מאחר שעשה כן במזיד נאסר כולה למבטל, או למי שנתבטל בשבילו, כדלקמן סי' צ"ט, ‹נ"ב צ"ע, דהא אינו מתכוון על הביטול – אמרי ברוך›, **אבל** בנתן לתוכו בשוגג, או לשאר כל אדם, ודאי דמותר דבטל במיעוטו), ‹כמש"כ החוו"ד בט"ז לקמן ס"ב›.

(**ודבר** דא"א כלל בהדחה, כגון מים, מותר, דבטל במיעוטו, **ואם** נמלח או נצלה בלא הדחה, שנבלע המשהו שע"פ כדי קליפה, אפ"ה מותר בלא קליפה, **וכן** באיסורי משהו מותר אפי' בדבר לח דא"א כלל בהדחה, עח"ד).

ומותר לצור אותם במטפחת אחת, ולא חיישינן שמא יגעו זה בזה.

סעיף ב - כל מידי דבעי הדחה, כגון להניח בשר היתר צונן בקערה של איסור צונן, אסור לכתחילה, דילמא אכיל בלא הדחה - וה"ה להניח איסור צונן, בכלי של היתר צונן שאין דרכו להדיח, אסור לכתחילה מה"ט.

[בטור כתב בזה, ש"מ כל מידי דבעי הדחה אסור לכתחילה כו', ויש להקשות, מאי ש"מ דקאמר, הא היא היא, דבהדיא אמרינן במתנ', ובלבד שלא יהיו נוגעין זה בזה, וי"ל דהו"א דוקא בשר וגבינה עצמם, אבל בכלי שלהם אין צריך ליזהר, קמ"ל דכל מידי דבעי הדחה ואפי' בכלי, ויליף לה מדאמר אביי, נהי דקליפה לא בעי הדחה מיהו בעי, מדתלי טעמא בהדחה, ממילא כל מידי דבעי הדחה שוין הם].

[ויש להקשות עוד, הא כתב ב"י בסי' ב', דבכל מקום דבדיעבד מותר, לא חיישינן מתחילה שמא ישכח, והוא מוכח בכמה דוכתי, וא"כ אמאי חיישינן כאן דלמא אכיל בלא הדחה, כיון דאי אכיל בלא הדחה *אין איסור, דאפי' במקום שצריך קליפה יש דעות בסי' זה אי שרי בדיעבד בלא קליפה, וי"ל דבכל מקום דאין איסור ברור לפנינו, אלא ספק אם יש כאן איסור, וצריך דרישה אחר זה, בזה אמרינן כיון דדיעבד שרי, מותר לסמוך לכתחילה על הדרישה שיעשה אחר זה, משא"כ כאן שיש איסור ברור במה שישים בשר כשר בכלי של איסור, אלא שיש לו תקנה בהדחה, בזה לא סמכינן על הדחה שאח"כ, דשמא ישכח].

*ב' שיטות בדבר: ‹**א**› והטעם נ"ל, משום דאזיל לשיטתו, דמפרש בס"ב דמיירי שהכלי נקי, וא"כ ההדחה הוא חומרא בעלמא לכתחילה – לבושי שרד›. ‹**ב**› **ז"ל** הרשב"א,

ואם נשתמש בו דבר לח דאי אפשר בהדחה, בטל במיעוטו, כי בודאי הוא דבר מועט הרבה ובטל הוא – חוו"ד.

ודוקא מבושל, דלאו אורחיה בהדחה, אבל מידי דאורחיה בהדחה, כגון בשר חי וכיוצא בו, שרי לכתחלה – ‹דעת הרא"ה בבדק הבית, דוקא להניח איסור בכלי היתר, מותר היכי דדרכו להדיח הכלי, אבל בשני מיני אוכלין שנגעו זה בזה, אסור בכל ענין, **והרשב"א** במשמרת הבית כתב, דגם זה מותר – רעק"א.

(**עיין** פמ"ג במשב"ז דמסיק, דדוקא להניח בכלי איסור מקונחת, הוא דמותר אם אורחיה בהדחה, אבל ע"ג איסור בעין, אפילו אינו שמן אסור, דצריך שפשוף גדול, ולהכי הביא הטור דברי בעה"ע אבלי, ע"ש, **ועיין** בש"ך דמבואר שאין לחלק בזה, ואפילו ע"ג איסור בעין שרי אם אורחיה בהדחה, דלא צריך שפשוף, דדוקא אם נגע באיסור שמן בעי שפשוף, **וגם** על זה חולק החו"ד ותשובת בית אפרים, ודוקא במקום דוחקא דסכינא ושמנונית בעי שפשוף, **ומדברי** הטור שכתב דברי בה"ע אבלי אין ראיה, דבא לומר דאם אין אורחיה בהדחה אף בכלי אסור, אבל אם אורחיה בהדחה י"ל דאפילו ע"ג איסור בעין שרי, דהא הטור לא הזכיר כלי אלא ברישא ולא בסיפא).

הגה: ודוקא דבר שיש בו לחלוחית קצת, אבל דבר יבש ממש, אם לא בלע הכלי רק בצונן, מותר להניח בו דבר יבש בלא הדחה כלל. וע"ל סימן קכ"א - דברי הרב צריכין ביאור, כי גם דבריו בת"ח ובד"מ צ"ע, שבת"ח הביא ל' הא"ח, דכלים של עובד כוכבים שהודחו יפה, מותר ליתן בו תבלין או בצל, או שאר דברים חריפים שאינו מוציא דבר קשה, יבש ביבש, עכ"ל, **ואח"כ** כתב, אמנם הטור י"ד סי' צ"א בשם בעל העיטור כתב, דכל מידי דבעי הדחה כגון בשר צונן בקערה של איסור צונן, אסור לכתחלה דלמא אכיל בלא הדחה, **ודוקא** בשר מבושל דלאו אורחיה בהדחה, אבל מידי דאורחיה בהדחה כגון בשר חי וכיוצא בו, שרי לכתחלה, ע"כ, **ומשמע** דתבלין וכיוצא בהן דאין דרכן להדיח, אסור ליתן בכלי איסור, **אך** יש לחלק, דכלי איסור שמשתמשין בו בחמין, אסור להשתמש בו היתר צונן, **אמנם** אם נשתמשו בו איסור צונן, מותר להשתמש בו היתר צונן לכתחלה, ולכן התיר הרשב"א למלוח בשר בכלי של יין נסך אפילו לכתחלה, וכן מצינו בכלי חמץ, שמותר להשתמש בו מצה, ומיירי בכה"ג, **אי** נמי יש לחלק, בין אם רחץ הכלי תחילה היטב, או לא רחצו, דאם רחצו תחילה היטב, ודאי שרי, עכ"ל, **וכה"ג** כ' בד"מ, שהקשה מתחלה דק' מהך דבעל העיטור על הך דמצה, וחילק מתחילה בין היתר לח או יבש, ואח"כ כתב ועוד נראה דיש לחלק, בין דבר שבלע האיסור בחם כו', ושתירוץ זה נראה לו עיקר, **ומזה** תבין דדעתו, דאף שהכלי הוא אסור מפני שיש בו בליעת איסור, מ"מ כיון שלא נבלע בו האיסור ע"י חמין, רק ע"י כבוש או מליחה וכה"ג, מותר להשתמש בו צונן.

זה הוא דרכו של הרב, אבל כל דבריו מתחילתן ועד סופן אינם מובנים לי... דמה לי נבלע ע"י צונן או ע"י חמין... ואדרבה הרא"ש הביא מחלוקת הפוסקים, דיש סוברים דלבית שאור וחרוסת, אפי' הגעלה לא מהני, אע"ג דלשאר כלים שנשתמשו בהם בחמין פשיטא דלכ"ע מהני הגעלה, **ואע"ג** דבש"ס במס' ע"ז מחלק, זה תשמישו בחמין וזה תשמישו בצונן, היינו להשתמש בהן היתר חמין או כבוש וכיוצא בו, אבל להשתמש בהן היתר צונן, פשיטא דאין חילוק... **וגם** במה שחילק בד"מ בין היתר לח ליבש, לא יצא ידי חובת ביאור הדברים.

אבל באמת נ"ל דמה שכ' הא"ח, כלים של עובד כוכבים שהודחו יפה, היינו דידעינן שהודחו יפה, כגון שהדיחם ישראל עכשיו, ואין ר"ל דדוקא הדחה בעינן, דהא הא"ח כ"כ בשם הרא"ה, והרא"ה ס"ל בס' בדק הבית, שהקנוח יפה הוא בכ"מ כהדחה, **ובעה"ע** מיירי בלא קנוח, דודאי אם קינח הכלי בענין שאין בו שמנונית כלל, אין סברא כלל להצריכו הדחה, דהא לא נגע באיסור, ומה שבלע בו אינו מפליט בצונן.

ובהכי ניחא מ"ש הטור לקמן סימן צ"ד ס"ג, דקדרה שנתבשל בה בשר בחלב, מותר לתת בה פירות או צונן, דמשמע אפי' צונן לח, וכ"כ ב"י שם, ומשמע אפילו דבר שאין דרכו להדיח, דומיא דפירות, אלא דהתם מיירי שמקנחה היטב בתחלה. **ומ"ש** התוס' והמרדכי, דדבר לח אסור להשתמש בהן, אפשר דמיירי בלא קנוח, **א"נ** והוא העיקר, דס"ל דכלי חרס שאני, ‹**והטעם**, דבשלמא בכלי מתכות כיון שיש לו תקנה בהגעלה, מסתמא מגעיל אותו להשתמש כל צרכו, ולזמן מועט שמשתמש בו צונן קודם שיגעילנו לא חיישינן שישתמש בו חמין, אבל בכלי חרס כיון שאין לו תקנה בהגעלה, ישהנו בביתו להשתמש בו צונן, ואתי ביה לידי תקלה להשתמש בו חמין. **ועוד**, דכלי

חרס כיון שהוא בולע הרבה ואינו יוצא מידי דופיו, הרי הוא כגוף האיסור, וכל היתר שנגע בו צריך הדחה - מחה"ש, **והט"ו** אזלי לטעמייהו דס"ל בא"ח שם, דאפילו בכלי חרס מותר להשתמש בהן צונן, ע"ש, כנ"ל להשוות הפוסקים יחד. ‹**ומה** שלא חילק הרמ"א בין כלי חרס למתכות, דס"ל כטעם הראשון, דכלי חרס דלית ליה תקנתא, אסור אפילו בצונן, דמשהי ליה ע"י כן ויש לחוש שישתמש בחמין, **וזהו** טעם מספיק בכלי בלוע איסור, אבל בסימן זה דמיירי להניח בשר בכלי חלב או איפכא, בזה לכו"ע מותר, דהא כאן משהי ליה ומשהי ליה, והכל דינו ככלי מתכות ומותר. **ומ"מ** מאחר שיש לפנינו גם טעם שני, וזה גם בכלי בשר או חלב שייך, וודאי שגם בכלי בשר או חלב יש חילוק בין כלי חרס לשאר כלים כמו בכלי איסור - מחה"ש.

ומ"ש האורחות חיים שאינו מוציא דבר קשה יבש ביבש, היינו לאפוקי תבלין ושאר דברים החריפים לחים, אבל אה"נ שאינה מוציאה דבר קשה, אפי' לח, **מיהו** כ"ז בדרך עראי, אבל אם בא להשתמש בהן דרך קבע, אפי' צונן אסור, גזירה שמא ישתמש בהן חמין, וכמ"ש הרב סי' קכ"א ס"ה.

הגה - ולי נראה דבעה"ע איירי בכלי בן יומו, דחיישינן שמא ישתמש בו בחמין, וגזרינן לאסור, **ואורחות** חיים מיירי בכלי אינו בן יומו, דאפי' ברותח מותר בדיעבד, כדלקמן סי' צ"ג, ולא גזרו - נקה"כ.

[מ"ש הת"ח: אי נמי יש לחלק בין אם רחץ הכלי תחילה היטב או לא רחצו, נ"ל שהוא אינו מדוקדק, דודאי גם הטור מיירי כאן שהכלי נקי, דלא חש אלא לאיסור בלוע, דאילו אינו נקי מהאיסור, *ודאי בכל גוונא יש לאסור, והחילוק שכתב תחילה, בין נשתמש בו תחילה בצונן או בחמין, הוא נכון וברור כמו שהביא בכמה דוכתי, וכאן מיירי הטור שנשתמש בו איסור בחמין, שהרי נקט קערה של איסור, ותשמישה ע"י ערוי מרותח כלי ראשון].

*‹**אינו** מובן, הא באמת הטור אוסר להניח בכלי היתר, דשמא לא ידיח, **ואולי** י"ל דכוונת הט"ז ע"פ דבריו לעיל, והיינו בכלי שהודח היה מקום לחלק בין בשר לגבינה, ובין כלי, אבל אילו מיירי בלא הודח, והבעין טח על גביו, הוי כמו בשר וגבינה, ומה חידש העיטור, **ומ"ש** הט"ז דבוודאי בכל ענין אסור, היינו דפשיטא בכל ענין אסור, היינו בשר וגבינה וכן כלי, דאין בזה בכלי קולא יותר מבשר וגבינה - רעק"א.

[ונתבאר מכל זה, דכלי שנשתמש בו איסור צונן, מותר להניח בו ביבש חם, כמו שזכרנו בכלי חמץ, שאם נשתמשו בו בצונן, מותר להניח בו *אפי' מצה בחמין, וא"כ ק"ו הוא דמותר להשתמש צונן לח, דטפי גרע יבש חם מצונן לח, ‹**קשה**, דעל כרחך הא דמותר להשתמש בו יבש, מיירי דליכא בכלי בליעה, דאי איכא בליעה, ודאי דאסור להשתמש בו יבש חם, דהא חום ודאי דמפליט ואוסר, והכא מיירי הרב שבלע הכלי בצונן, דאיכא בליעה בכלי, {ממ"ש הר"ב כאן אם לא "בלע" הכלי רק בצונן, משמע שיש בו בלוע ע"י כבישה וכדומה - פמ"ג}, ואז ודאי אסור להשתמש בו יבש חם ואם כן ליכא קל וחומר על צונן לח - חוו"ד›, **ובהג"ה זאת משמע, דאף ביבש בעינן שהיה תשמישה תחילה בצונן, ואז מותר בצונן דוקא, והוא תמוה מאד, דכבר נתבאר דאינו כן, בר מן דין לשון הג"ה זאת תמוה, שכתב: מותר להניח בו דבר יבש וכו', הוא לשון מיותר, שכבר זכרו בתחילה, ונראה שיש כאן ט"ס, וצ"ל "אבל דבר יבש ממש, או אם לא בלע הכלי רק בצונן, מותר להניח בו דבר לח בלא הדחה", וביאור דבריו, דקאי על מ"ש השו"ע, בקערה של איסור צונן, והיינו שנשתמשו בו בחמין, כמו שזכרתי לעיל, ועי"ז אמר דבדבר יבש מותר להשתמש בו בלא הדחה, וכן אם לא השתמשו בו איסור תחילה רק בצונן, מותר אח"כ בלא הדחה אפי' בדבר לח, כנלענ"ד].**

*‹**וקשה** לי, א"כ איך הת"ח כתב לתרץ ההיא דאורחות חיים, דיש חילוק בין כלי שנשתמשו בו בחמין, ובין כלי שנשתמשו בצונן, והיינו דאורחות חיים מיירי בכלי גוים שתשמישן בצונן, א"כ אמאי כתב דמותר ליתן תבלין שאינו מוציא דבר קשה ביותר, הא אפי' חמין דמוציא מותר להשתמש בו, וצ"ע - רעק"א.

כל מה שכתב כאן ליתא, ולא ירד לעומק הדברים, וכבר נתבאר הכל על נכון בש"ך - נקה"כ.

סעיף ג' - צריך ליזהר שלא יגע בשר בלחם, שאם יגע בו בשר, אסור לאכלו עם גבינה - בלא הדחה, וחיישינן דלמא אשתלי ואכיל בלא הדחה, **וכבר** נתבאר, דדוקא כשאחד מהן לח. **וכן יזהר שלא יגע בו גבינה, שאם יגע בו, אסור לאכלו עם בשר.**

(**ועפמ"ג** שהביא, דהכנה"ג תמה על הש"ך, דבטור וש"ע משמע, שאין תקנה בהדחה בלחם שנדבק ביותר, מדכתבו שאם יגע אסור לאוכלו עם גבינה, **וכתב** הפמ"ג, דבזה ניחא מ"ש הט"ו, צריך ליזהר כו', דכפי הנראה הוי ב' חששות, שמא יאכל עם גבינה, ושמא ישכח להדיח, ומנ"ל הא, אבל אי אמרינן דלחם לא מהני הדחה, א"ש, עכ"ד, **ולע"ד** נראה דאדרבה, מסדור לשון הטור והמחבר משמע קצת כדברי הש"ך, מדכתבו תחלה דברי בעל העיטור, דכל מידי דבעי הדחה אסור לכתחלה, ואח"כ כתבו דין זה, צריך ליזהר כו', ולא כתבו מיד אחר סעיף א', משמע דדין זה תלוי בדין דס"ב, ויותר מבואר כן בלשון הטור עצמו, ע"ש, **ומ"ש** דמדברי הט"ו משמע, דלית תקנה בהדחה בלחם שנדבק ביותר, יש לדחות, דהרי הא ודאי אף אם נדבק ביותר, נהי דהדחה לא מהני, מכל מקום גרידה ודאי מהני, כמו בקישואים דסימן צ"ו סעיף ה', וא"כ ע"כ מ"ש הט"ו אסור לאוכלו עם גבינה, לאו דוקא הוא, שהרי מותר לאוכלו ע"י גרידה, **וע"כ** כוונתם דאסור לאוכלו עם גבינה בלי שום תיקון, וא"כ גם ע"ז אין ראיה, די"ל דאף גרידה לא בעי וסגי בהדחה וכדברי הש"ך, **ומ"ש** הפמ"ג דבזה ניחא כו', ליתא, דהרי נתבאר דאף אי לא סגי בהדחה, מ"מ גרידה מהני, וא"כ לעולם יש ב' חששות, **אמנם** באמת לק"מ, דהאי ספק שמא לא יאכל עם גבינה, לא חשיב ספיקא כלל, כמ"ש הש"ך בסי' צ"ז ס"ק ב', משום דדרך לאכול פת עם כל מיני מאכלים).

(**ומ"מ** נראה דבלחם יש חילוק, אם נגע בלחם שלם, או בפרוס מצד חוץ במקום הקשה, סגי בהדחה, **אבל** אם נגע מצד פנימי במקום הרך, בעי גרידה).

סעיף ד - בשר וחלב רותחין שנתערבו יחד, ואפילו בשר צונן לתוך חלב רותח, או חלב צונן לתוך בשר רותח, הכל אסור - אם אין ס', ודוקא שנפל לתוך בשר רותח שמונח בקדירה, **אבל** לא על בשר רותח צלי חוץ לקדירה, לדעת הטור, ‹**פי'**, אע"ג דלדעת הטור והמחבר צלי כחוש אינו אוסר רק כדי נטילה, ומדכתב סתמא משמע אפילו הבשר כחוש הכל אסור, וצ"ל דשאני חתיכה זו כיון שעומדת בקדירה מתוך שיש בה הבל, והאיסור הוא צלול, דהיינו לחלוחית החלב, מתפשט בכולה אף על פי שהיא חוץ לרוטב› **ולדידן** בכל ענין אסור עד ס', ‹דלא בקיאין בין כחוש לשמן – מחה"ש›, וכמ"ש בסי' צ"ב ובסי' ק"ה.

משום דתתאה גבר - כלומר שהתחתון שהוא רותח מחמם העליון הצונן.

[**והיינו דוקא באיסור מחמת עצמו, אבל אם הוא איסור בלוע, אינו יוצא מחתיכה לחתיכה בלא רוטב, כ"כ ת"ח**], ‹**ואיירי** לט"ז כשהוא חוץ לקדירה, ומיירי דהוא שמן, וממילא אוסר הכל אפי' להמחבר, ולענין בלוע אינו יכול לפטם, כמו שכתב הט"ז סימן ק"ה ס"ה – חו"ד›.

‹**תמוה**, הא הכא הוי רוטב, כיון דתתאה חם וגובר, החלב מקרי רוטב – רעק"א›.

אבל חלב רותח שנפל על בשר צונן, או בשר רותח שנפל לתוך חלב צונן, קולף הבשר, ושאר הבשר מותר - משום דכאן דהתחתון הוא צונן הוא מקרר העליון, אלא דאדמיקר ליה בלע פורתא, לכך צריך קליפה, [**אדמיקר פי' רש"י שמצננו, ובאו"ה כתב שמכביד עליו, וכן במרדכי**].

נתבאר בסי' ק"ה, דאפי' נפל החלב רותח על בשר צונן ע"י עירוי שלא נפסק הקלוח, סגי בקליפה, **וכן** אפילו נפסק הקלוח בעי קליפה.

(ובמקום שהבשר צריך קליפה, אם לא קלפוהו ובשלו כך, מותר בדיעבד) - ‹מה דלא כתב בקיצור, אם לא קלפוהו, דהא המחבר קאמר קולף בשר, ועלה שייך למנקט אם לא קלפוהו, והתיבות אלו "ובמקום שהבשר צריך קליפה" מיותר, **ואפשר** דבא לומר, דלא בלבד בזה דתתאי צונן, אלא אף היכי דמונחים זה אצל זה, והאחד צונן, דההיתר צריך קליפה, דג"כ מותר בלא קלפו ובשלו כן, **ומ"מ** אפשר לומר, דדוקא באיסור בב"ח דליכא איסורא דאורייתא, דלא הוי דרך בישול, דאדמיקר ליה בלע לא הוי רק בליעה, ובמונחים זה אצל זה והוא קר, י"ל דג"כ לא מקרי דרך בישול, בזה מקילין בלא קלפוה ובשלו כך, **אבל** בעלמא בשאר איסורים דהוי דאורייתא, י"ל דלא מקילים, והיה מיושב בזה כמה קושיות שהקשו הט"ז והש"ך – רעק"א›.

צ"ע, דהתוס' פג"ה, והגהת אשיר"י ממהרי"ח בשם ר"י, והמרדכי והאגודה שם כתבו, דירך שנמלח בה גיד הנשה ונתבשל, צריך אח"כ ששים נגד הקליפה שנאסרה תחלה במליחה, **וכ"כ** האגור בשם מהרי"ל, על עוף שנתבשל בלא חתיכת ורידין, דצריך ששים גם נגד הקליפה שנאסרה תחלה במליחה, ומביאו ב"י סי' כ"ב ס"ד בסתם, וכן הב"ח שם, **וכ"כ** הב"ח בפשיטות גבי

שחט בסכין של עובד כוכבים, קולף ביה"ש, דאפי' דיעבד אסור התבשיל כדין כל בשר שנתבשל בלא קליפה, עכ"ל, **ונראה** דלא קאמר הרב דבמקום שצריך קליפה ובשלוהו בלא קליפה דמותר בדיעבד, אלא דומיא דהכא דחלב מותר, מטעמא דכתבו התוספות והרא"ש ושאר הפוסקים, דלא שייך ביה קליפה, דהיינו שהוא דבר הנבלל, והקליפה נתערבה, וכה"ג אם נתבשל הבשר בלא קליפה, ונבלל בענין דאינו מכירו דלא שייך ביה קליפה, מותר בדיעבד, ‹**הטעם** כמ"ש האו"ה [הובא בט"ז לקמן], דמה דהוצרכו קליפה אינו אלא לחומרא, וכל שאין כאן מה לקלוף, לא החמירו עוד לאסור כולו מחמת זה, **משא"כ** באם הקליפה ניכר, כיון דמוכרח היא עכ"פ לקולפו כיון דהיא בעינו, רק שנימא דלאסור הקליפה ולהתיר השאר שלא יאסור בטעמו, זה לא אמרינן, דהוי כתרתי דסתרי, כיון דחשבינן ליה לאיסור, תו דיינינן ליה כשאר איסור לאסור ג"כ, וזה ברור כוונת הש"ך ז"ל, וניצל מהשגת הכו"פ עליו - יד יהודה›, **והשתא** ניחא הא דכתב סתם מותר בדיעבד, דאי במכירו ה"ל לפרש דקליפה מיהא בעי, כמ"ש בסי' ע"ב, **אבל** כשנתבשל ועדיין מכירו בענין דשייך ביה קליפה, צריך ס', **והשתא** ניחא הא דכתב הרב בהג"ה בסי' צ"ח ס"ד, דכלי שנאסר במליחה כדי קליפה, צריך אח"כ ס', ע"ש, **ולפ"ז** אין להקל במקום דמכירו ושייך קליפה, **ועוד** דהא בלא"ה מהרא"י ומהרש"ל פסקו כריב"א, דאפילו בחלב צריך ס' נגד הקליפה, **וגם** ת"ח מחמיר אפילו בחלב במקום שאין הפסד כ"כ.

‹**ובמ"א** מחלק, דהכא דוקא בתתאה גבר, דהקליפה חומרא בעלמא, דאדמיקר ליה בלע, בזה מקילין דיעבד, אבל לא בעלמא - רעק"א›.

(**עי'** בתש' תשואות חן שהאריך בזה, **והעלה** לדינא, דכל היכא דלא נפסק הקילוח, דאסור מדינא, אין להקל ובעינן ס' נגד הקליפה, **אבל** בעירוי שנפסק הקילוח יש להקל, ובפרט בבב"ח, דכל היכא דליכא בישול הוא מדרבנן, **ובשאר** איסורים אין להקל רק בהפסד מרובה).

והחלב, מותר כולו - [ובטור הביא דעת ריב"א, שצריך שיהא בחלב נגד הקליפה ששים שנאסר ממנו, **וכתב** מהרא"י בהגה' ש"ד, אע"ג דבשאר דוכתי אין קליפה אוסרת חברתה אפי' אם הקליפות שומן כו', מטעם דאין כח לנאסר במקום שאין האיסור יכול לילך שם, וה"נ אין טעם הבשר בכל החלב, אפ"ה צריך ששים, כיון דדבר לח הוא ומתערב יחד, **ויראה** דהכי נהוג לחומרא ולא כהרא"ש, עכ"ל, **והשו"ע** פסק כהרא"ש, דהיינו כר"י ורמב"ם שאין צריך ששים נגד הקליפה. **ובאו"ה** כלל כ"ט פוסק לקולא כהרא"ש בשם מהר"מ, שבכל מקום שהצריכו חכמים קליפה ובשלוהו כך בלא קליפה, אפי' אין ששים נגד הקליפה מותר אפי' לכתחילה, דלא הצריכו חכמים קליפה אלא מצד חומרא לכתחילה, עכ"ל, **ובכלל** ל"ו כתב להיפך, דקערה הנאסרת כדי קליפה, אוסרת עד ששים נגד הקליפה, **וכתב** בת"ח, דדבריו בכלל ל"ו הם לדעת ריב"א, והוא דחוק מאד, שלא הוזכר שם מזה שהולך לדעת ריב"א, אדרבה כתב דבריו לפסק הלכה בסתם, **ותמיהני** על מ"ש מהרא"י בשם הרא"ש לקולא, שהרי הרא"ש הביא שתי הדעות ולא הכריע, ואדרבה רש"ל כתב, שלהכי הביא דעת ריב"א באחרונה, שכן מסקנא שלו... **ורש"ל** פסק להחמיר כריב"א, דצריך ששים נגד הקליפה אפי' דיעבד, **וכתב** עוד, דאפי' איכא בבשר ששים נגד החלב, מ"מ הבשר צריך קליפה, דלא בלע דרך כולו, **גם** הדרישה הביא דעת רש"ל להחמיר, **והנה** רמ"א פסק כאן ובת"ח, דא"צ בחלב ששים נגד הקליפה, אלמא לא ס"ל כריב"א, **ותימה**, דבסימן ס"ט סי"ו פסק, דבדבר רותח לח בעינן ששים נגד הקליפה, והיינו כריב"א, נמצאו דבריו סותרין זה את זה, **וכיון** שגם הרשב"א הכי ס"ל, כן יש לנו לפסוק כריב"א להחמיר, ובכל מקום בעינן ששים נגד הקליפה, וכן הלכה למעשה].

האריך לחלוק על הרב, ולפמש"כ בש"ך נדחו כל דבריו - נקה"כ.

‹**ק"ל**, הא יסוד ראיית תוס', דהחלב מותר, היינו ממה דהקשו דלמאי מייתי הגמר' ברייתא האחרת, מזה למדו דבא לאורויי דהחלב מותר אף דא"א לקלפו, היינו דברייתא קמייתא י"ל דמיירי בב' דברים גושים דאפשר לקלפו, מש"ה מביא ברייתא האחרת, דקתני בשר לתוך חלב, דמשמע דקולף הבשר, והשאר, דהיינו הכל אף החלב, מותר, **וא"כ** דלמא דוקא לענין בב"ח דליכא חשש דאורייתא, כיון דלא הוי דרך בישול, אבל בעלמא מנ"ל להקל, **ובאמת** מהאי טעמא ליתא לקושיית תוס' כלל, דהא באמת צריך להבין לפי תירוצם הנ"ל, דאשמעינן דהחלב מותר, הא מ"מ יקשה, דלמאי מביא הברייתא הראשונה, **וצ"ל** דמביא הברייתא כדי לאקשויי עלה, מדיח הא אדמיקר ליה בלע, ולאורויי דגם בזה מקשין כן, דאילו בברייתא האחרונה, י"ל דבהא הוא דאמרינן דאדמיקר

ליה בלע, דא"צ להפליט ולהבליע, אלא דבולע מהלח, אבל בב' גושים י"ל דכולי האי לא אמרינן, דאדמיקר ליה מפליט ומבליע, כחילוק בזה בטהור מלוח וטמא טפל, לזה משמיענו דגם בזה אמרינן דאדמיקר ליה בלע, **וא"כ** כה"ג י"ל על קושיית תוס', דס"ד דדוקא על ברייתא קמייתא פרכינן דאדמיקר ליה בלע, היינו היכי דבבלוע הוי איסור דאורייתא, חיישינן שמא אדמיקר ליה בלע, אבל לענין בב"ח דלא הוי דרך בישול, י"ל דלא חיישינן להך חששא דשמא אדמיקר ליה בלע, לזה מביא ברייתא האחרת לאוריי, דגם על זה מקשים דאדמיקר ליה בלע, **גם** בפשטו י"ל על קושיית התוס', דיש חידוש בברייתא שני', דבשר חם בתוך חלב צונן מקרי תתאה צונן, אף דהבשר שוקע בתוכו ונעשה בשר תתאי, והוא נכון בעזה"י, וא"כ ליכא ראיה כלל דהחלב מותר - רעק"א›.

‹**ודוקא** בנפסק הקילוח, אבל בחלב רותח שנפל על בשר בלא נפסק הקילוח, י"ל דאפי' ששים לא מהני, דכל הערוי נוגע תמיד בבשר, וכל טפה וטפה נאסר, וכן כתב לקמן סי' ק"ד, בערוי שומן רותח על עכבר, **אמנם** לפמש"כ הכרתי ופלתי, הא דאמרינן בשומן אסור, אף דבהפסד מרובה קימ"ל דבלח לא אמרינן חנ"נ, משום דשומן נקרש מיד והוי כמו יבש, ע"ש, א"כ בחלב שעירה על בשר מהני ששים, דבלח לא אמרינן חנ"נ, **ומ"מ** הא הרמ"א פסק לקמן, דבב"ח אף בלח אמרינן חנ"נ, ומשמע דאפי' בב"ח דרבנן הכי הוא, וא"כ הכא כל החלב אסור, ובפרט להסוברים בערוי שלא נפסק הקלוח מבשל כדי קליפה, א"כ הוי בב"ח דאורייתא - רעק"א›.

(**בח"ס** כתב, דלא קשה מסי' ק"ד, דהתם מיירי שהוריקו השומן בנחת, וידוע שהקלוח נוגע תמיד בתחתית הכלי, ונוגע תמיד ברתיחתו בהעכבר, וכל הקלוח כולו הוא קליפתו, כי כל טפה א' שנוגע בהעכבר, בא חבירו ודוחפו ונוגע גם הוא כו', **אמנם** כאן מיירי בחלב רותח שנפל בב"א שפיכה מרובה על הבשר, ועלה על כל גדותיו, נמצא תחתית החלב נוגע בבשר, ואידך לא פגע, וא"א לקלפה, בזה התירו ר"י ור"ת, **ואשמעינן** קולא דנפל בבב"ח, ומכ"ש בשאר איסורים דקילי טפי, וקמ"ל חומרא דהורקה בשאר איסורים, וכ"ש בבב"ח).

ואם נפלו זה לתוך זה צוננין, מדיח הבשר, ומותר - ‹ואף דיעבד, אם לא הדיח הבשר ובשלו, צריך ששים נגד כל הבשר, [דבולע מחלב צלול, וע"י הדחה היטב יוצא], דדוקא יבש ביבש דא"צ הדחה רק משום חשש נגיעה וטיחה שעל גביו, בזה שרי בדיעבד. **וכן** בבשר רותח שנפל דבעי קליפה, מ"מ אחר הקליפה צריך ג"כ הדחה היטב, מנ"י. **אבל** הנכון כדעת המש"ז דסגי בששים נגד הטוח החלב שעל הבשר, [דמשמע מדוכתי טובא, דפחות מעל"ע אין בולע כלל, וההדחה הוא רק שעל פניו - המשך לשונו] - רעק"א›.

ובאו"ה כ' בשם מרדכי וסמ"ג, דהיינו דוקא בבשר בחלב, אבל אם נפל היתר צונן בתוך איסור צלול צונן, צריך קליפה, ומביאו הרב בת"ח, **וצ"ע**, כי לא נמצא מזה דבר במרדכי וסמ"ג, ואדרבה מסתימת דבריהם שם משמע איפכא, וכן משמע לכאורה בש"ס פ' כיצד צולין דאין חילוק, וכ"כ ש"ד ומהרי"ל באו"ש בדיני בשר בחלב בהדיא, וכן משמעות הפוסקים.

סעיף ה - מליח, שאינו יכול ליאכל מחמת מלחו, דהיינו כעין מליח שמולחים לקדירה, ושהה כדי מליחה לקדירה, כל זמן שלא הדיחו מיקרי אינו נאכל מחמת מלחו - המחבר סובר כר"ן שהביא בב"י לפסק הלכה, דהיינו כששהה שיעור מליחה לקדירה הוי רותח, ומקמי הכי לא, **והא** דמבואר בדבריו סי' ס"ט ס"כ, דאפילו מקמי הכי הוי רותח, וקצת משמע שם דלאחר ששהה שיעור מליחה לא הוי רותח, **צ"ל** דשאני התם דאיירי באיסור דם, והלכך הדם והמלח רותחין הם בשעת המליחה, וכמ"ש הרב בהג"ה, דאפילו במקום שאין הבשר מיחשב רותח, צירו חשוב רותח, **אבל** לא כששהה שיעור מליחה, שאז פסק כח המלח מחמת שפלט כל הדם, **אבל** הכא מיירי באיסור בשר וגבינה, דכל כמה דלא נמלח כהוגן אין הבשר רותח, **אבל** כששהה שיעור מליחה נחשב רותח, שהרי לא פסק כח המלח, שלא פלט כלום, **דודאי** איירי שכבר נמלח הבשר והודח כדינו, ועתה נמלח שנית, דאל"כ היה הגבינה נאסר משום דם, **והרב** בהגהה משוה דין בשר וגבינה לאיסור דם.

הגה: וי"א דלאחר ששהה במלחו שעור מליחה לא מקרי אח"כ רותח. ולצורך גדול, כגון בהפסד מרובה והוא לצורך סעודת מצוה, יש לסמוך אמקילין. אבל בלאו הכי, אין להקל כלל - והנה לבעבור אשר הרב נמשך אחר ת"ה, ויש לי להשיב על דבריו כאשר אבאר בס"ד, ע"כ ההכרח נותן להביא דברי ת"ה בקיצור, ולהשיב עליהם מה שנלפע"ד, **והנה** בת"ה שם שאלוהו, על שבסעודת ברית מילה מלחו בשר הרבה בכלי אחד, ומלחו ג"כ בכלי אחד אווזות, ואחר ששהו הכל שיעור מליחה ויותר, לקחו וערבו כל הבשר

[ט"ז] ‹רעק"א או ש"א או הוספת הסבר› (פת"ש)

עם האווזות, והפכו הכל מלמעלה למטה וממטה למעלה, עד שנגע הכל זה בזה, ונמצא אח"כ שאווזא אחת היתה טריפה, ואין ס' אפילו נגד האווזא אחת, **והשיב** דיש להתירו בכה"ג בהפסד מרובה וסעודת מצוה, כי התוספות והרא"ש כתבו לחד שינויא, דלאחר שיעור מליחה כבר פסק כח המלח, כיון שהפליט כל הדם, וכ"כ בסמ"ג דטעם הגון הוא, **אבל** בסה"ת וש"ד וא"ז כתבו, דבשר וגבינה מלוחים שנגעו זה בזה, אפילו לאחר שיעור מליחה אסורים, **ודוחק** לחלק דדוקא המלח עצמו תשש כחו, אבל גוף החתיכה עצמה היא רותחת לעולם, דא"כ מאי מקשים הרא"ש והסמ"ג מיונה שנפלה לכותח, דאיתא בש"ס דאם הכותח נמלח כהוגן, שהיונה אסורה, אע"ג דהכותח נמלח מימים רבים, ומתרצים דשאני התם דהמלח לא פסק כחו ושלא פלט כלום, **הא** בלא"ה לא קשה מידי, דהרי הכותח הוא גוף האיסור עצמה, **אלא** ודאי פליגי הנך גאונים אהדדי, אלא שקשה, דבסמ"ג גופיה כתב כסה"ת וסייעתו, הא קמן דסמ"ג גופיה לא ס"ל דטעם הגון הוא, **לכך** נראה דאין להקל אלא בסעודת מצוה והפסד מרובה, דקשה גם כן לשבר דברי סה"ת וסייעתו, עכ"ד בקוצר, **ומהרש"ל** השיג עליו, דיש לחלק בין גוף החתיכה להמלח, ויישב קושייתו ויצא בעקבותיו אחריו הב"ח, ודבריהם דחוקים כאשר יראה המעיין, **גם** בלא"ה אין סברא כלל לחלק, שאם המלח אינו כרותח, למה יהיה גוף החתיכה כרותח.

אבל הנלפע"ד ממשמעות הפוסקים, דלא אמרינן שפסק כח המלח, אלא היכא שהפליט דם, כי דרך המלח להפליט דם ולא שאר דברים, וכמ"ש הרא"ש והטור בס"ס צ', **א"כ** דוקא בכה"ג אמרינן דלאחר ששהה שיעור מליחה פסק כח המלח, הואיל והפליט דם, משא"כ בשאר דברים, **והלכך** סה"ת וסייעתו דמיירי בבשר וגבינה, מאיסור בשר בחלב ולא מאיסור דם, ולא פסק כח המלח שלא הפליט כלום, פשיטא דאחר שיעור מליחה חשוב כרותח, וכ"כ האו"ה, דבשר כשר שמלחוה, המלח לעולם בתקפו, דהא לא הפליט דבר, **והיינו** דכת' הרא"ש והסמ"ג, דבכותח לא פסק כח המלח שלא פלט כלום, ז"נ בעיני ברור, אשר לפ"ז לא פליגי הגאונים אהדדי, גם דברי סמ"ג מיושבים שאינם סותרים זא"ז, וכן דברי הטור, **והצעתי** דבר זה לפני הגאון אמ"ו ז"ל, ושאר גדולי המורים, ונשאו ונתנו בדבר, והסכימו לדברי.

ולפ"ז היה נראה להתיר אפילו שלא במקום הפסד מרובה וסעודת מצוה, (ר"ל, במעשה דאווזות הנ"ל, כי שם פסק כח המלח לפי שהפליט דם, ולא הוי רותח לאחר שיעור מליחה לכולי עלמא - מחה"ש), **אך** דמדברי שאר פוסקים גבי מעשה דרש"ל, משמע להדיא דאפי' גבי דם לא אמרינן דפסק כח המלח לאחר ששהה שיעור מליחה, **ולכך** כתב ה"ר פרץ בהגהת סמ"ק, דריב"א אומר דציר היוצא מן הבשר לאחר שיעור מליחה אין עליו דין דם רותח, אבל יש עליו דין בשר רותח, לאסור הגבינות כאשר נפל הציר שם, ר"ל דאף לאחר שיעור מליחה נחשב רותח, אלא דאין עליו דין דם, כיון דשהה שיעור מליחה ויצא כבר כל דמו, וכן הוא בהגהת ש"ד, **והלכך** הבו לה דלא לוסיף עלה, ואין להקל אלא במקום הפסד מרובה וסעודת מצוה.

ומיהו בתוך שיעור מליחה לעולם אסור, אפילו בהפסד מרובה וסעודת מצוה, דכל הפוסקים סוברים, דתוך שיעור מליחה הוי רותח, והר"ן יחיד הוא לגבייהו, גם כבר דחה הרשב"א במשמרת הבית סברא זו בשתי ידים.

אפילו לא נמלח הבשר משני צדדין, רק מצד אחד, כל שנמלח מליחה שאינו נאכל מחמת מלחו, חשוב רותח. אבל כל שלא נמלח כל כך, חשוב צונן, אפילו נמלח משני צדדין.

וי"א דאנו אין בקיאין בדבר, ויש לנו לחשוב אפילו מליחת צלי, כרותח. וטוב להחמיר במקום שאין הפסד מרובה.

(ובכחוש י"ל דלא אמרינן תרתי, דאין אנו בקיאים בין כחוש לשמן, ולא בקיאים בין מליחות צלי לקדירה, וסגי בקליפה, **אח"כ** ראיתי בפמ"ג דכתב בפשיטות, דאף בכחוש אסרינן מליחות צלי, ולענ"ד אינו מוכרח - רעק"א).

ומליח כעין מליח דבעי לה לארחא, אפילו אחר שהדיחו, הוי אינו נאכל מחמת מלחו, וכל זמן שלא שראו במים דינו כרותח, לאסור כדי קליפה.

ואין חילוק בין מליח עליון ותפל תחתון, למליח תחתון ותפל עליון, לעולם המליח מבליע בתפל ואינו בולע ממנו - ולעיל סי' ע' ס"ד,

ולקמן סי' ק"ה סי"א, פסק כסברת הרשב"א לחלק במליח בין עליון לתחתון, **וצ"ל** דדוקא לאסור כולה, דהיינו בשמן, יש חילוק, אבל לאסור כ"ק, כגון בכחוש, אין חילוק, דנהי דתתאה גבר, מ"מ קליפה מיהא בעי, כמו בסעיף ד', והכי משמע מדברי הרשב"א ובשו"ע שם, **וצ"ע** בב"י בסי' זה, דלא משמע הכי.

הלכך בשר וגבינה המלוחים – [לחין], **שנגעו זה בזה, צריך לקלוף שניהם מקום נגיעתם** -

ולא שייך כאן למימר איידי דטריד למיפלט לא בלע, א"נ כבולעו כך פולטו, דדוקא גבי דם אמרינן הכי ולא בשאר איסורים, כמ"ש הפוסקים בכמה דוכתי, ודלא כאו"ה.

ואם אחד מהם מלוח והשני תפל, המלוח מותר בהדחה, והתפל צריך קליפה.

הגה: וי"א דבכל מליחה אנו משערין בס'- ‹כמ"ש בס"ו היכא אמרינן וכו', ואנן לא בקיאין בזה – גר"א›.

ועיין לקמן סימן ק"ה כיצד נוהגין.

וכא דטהור מלוח וטמא תפל שרי, היינו שהטמא יבש, אבל אם הוא דבר צלול, נאסר הטהור, מאחר שאינו נאכל מחמת מלחו, בולע האיסור שאצלו ושניהם אסורים – [נאסר הטהור, מאחַר שאינו נאכל מחמת מלחו, בולע מהאיסור שאצלו ושניהם אסורים, כן צ"ל].

צ"ל: נאסר הטהור מאחַר שאינו מלוח, דמחמת מלחו בולע מהאיסור שאצלו, ושניהם אסורים, כלומר בבשר וחלב, ואף על פי שהבשר לבדו מלוח, שניהם אסורים, ‹דמלוח בולע איסור צלול בעין, משא"כ כשהוא דבר גוש, אין כח בהמליח להפליט מן האסור – פמ"ג. **כי** יש כח במלח לעשות דבר אחד, בין להבליע ובין להפליט, אבל לעשות שניהם להפליט ולהבליע כאחד אין בו כח – מחה"ש›.

ול"ד לבשר רותח שנפל לתוך חלב צונן, דלא נאסר אלא כ"ק, ‹משא"כ הכא בשמן, או לדידן אפי' בכחוש, צריך ס'›, ולא אמרינן דמחמת רתיחתו בולע האיסור צלול שאצלו, **דהתם** כיון דתתאה גבר נצטנן הבשר, אבל במליחה לא שייך תתאה גבר, ‹**ואף** דלעיל כ' הש"ך, דלענין לאסור הכל, אמרינן אף במליחה שייך תתאה גבר, שם כ' לדעת המחבר, וכאן כ"כ לדעת הרמ"א, שפוסק בסי' ק"ה, דבמליחה לא שייך דין דתתאה גבר, אפי' לענין לאסור הכל – אמרי בינה›.

ובהגהת ש"ד שהביא הב"י בסי' ע', משמע דחלב רך שאינו מהותך לא מיקרי דבר צלול, וכן הוא בהגהת אשיר"י, וכ"פ מהרש"ל.

‹**מנח"י** כתב בשם האו"ה, דדוקא אם האיסור צלול בעין בלא תערובות מים, אבל אם הוא בתערובות, אמרינן דמיד שנפל הטהור מלוח לתוכו דהטמא לח, פסק כח המלח דהוי כהדחה – רעק"א›.

‹**עיין** בתשובת צ"צ, ובתשובת נו"ב, מ"ש לתרץ, דלא תיקשי אמאי לא יצנן הדבר צלול את המלוח, מדוע יגרע מהדחה אחרונה, שאפילו בפעם אחת לא מיחשב רותח עוד›. ‹**נראה** דכאן מיירי שהיה החלב מועט, שלא היה מכסה כל החתיכה, דאז ודאי דנחשב החתיכה עדיין רותח, וכשנפל לחלב הרבה דהוי כמו הדחה, ודאי דאינו אוסר יותר מכדי קליפה – חוו"ד›.

ודוקא שהטהור לח קלת, אבל אם הוא יבש לגמרי, אינו בולע מדבר לח שאצלו - משמע אפילו מלוח *הכל מותר, וכן כתב האו"ה, ‹דהו"ל כאילו לא נמלחה, הואיל וכבר נתייבש ממלחו – בה"ט›.

*‹**לכאורה** נראה כוונתו, דאפי' מלוח הלח הצלול וגם היבש מליח, אפ"ה מותר, והמנח"י תמה ע"ז, דנהי דהיבש דינו כתפל, מ"מ המלוח הצלול ודאי דיכול להבליע ביבש כמו בכ"מ, רק דהצלול שרי שאינו בולע מהיבש, **ע"כ** הגיה דצ"ל "הלח מותר" – אמרי בינה›.

‹**וכתב** פר"ח, לפמש"כ לעיל דלא אמרינן פסק כח המלח, א"כ כשמתלחלח חוזר ומתעורר ובולע מהלח שאצלו, ויש לאסור אפי' ביבש לגמרי, וכן עיקר – בה"ט›.

אבל אם החלב לבדו מלוח, ‹בציור, דהבשר גוש והחלב צלול, נהי שהבשר נאסר מחלב המליח, דהוי ליה טמא מליח – מחה"ש›, **כתב** בת"ח דמשמע מדברי המרדכי, דהחלב מותר, דלא כהסמ"ג, עכ"ל, ופסק שם כך, **ונראה** שט"ס הוא, וצ"ל הגהת מרדכי, שבמרדכי איתא אדרבה כסמ"ג, **ומ"מ** צ"ע לדינא, כיון דהמרדכי וסמ"ג אוסרים, ‹**דהטעם** דהיתר מלוח ואיסור טפל שרי, משום דנהי דמפליט מעט מהאיסור, מ"מ אגב דטרוד ההיתר לפלוט, אין בו כח לבלוע אותו המעט, א"כ פשיטא כה"ג בחלב, דמפליט קצת מבשר ונבלל, דיש לאסור – פמ"ג. **דאינו** צריך להבליע בחלב, שהרי הוא צלול וממילא נתערבה פליטת הבשר לתוך החלב – מחה"ש›, **ובש"ד** אין הכרע כ"כ, א"כ מאן לימא לן להקל, **בשגם** שהר"ן סובר דכל טהור מליח וטמא תפל

לא שרי אלא כשאינן נוגעים, **ונהי** דהסכמת הפוסקים דלא כוותיה, כמ"ש בסי' ע' ס"ק כ', מ"מ כאן דהוא צלול אפשר דהכל אסור, **ועוד** הרב בהג"ה בסי' ק"ה ס"ד, חשש לסברת הר"ן במקום שאין הפסד, (ואם כן כאן דהוא צלול, אפשר דאפילו במקום הפסד אסור – מחה"ש), **גם** מהרש"ל כתב וז"ל, וצ"ע דבסמ"ג איתא לאיסור.

ואם הם יבשים, אפילו הם מלוחים, או לחים ולא מחמת מליחה, סגי בהדחה - (כ"כ בספר התרומה וז"ל, וכן אם הודחו ונרחצו שעתה הם לחים, אין אוסר זה את זה, כי כשהם לחים מחמת מלח, קרוי רותח המפליט לחלוחיתו, ואדרבה ההדחה מסירה הלחלוחית והמלח, עכ"ל – ב"י).

הגה: כל ציר מבשר שנמלח, אפילו לא נמלח רק צלי, חשוב רותח. ולכן אם נפלה ציר על הגבינה או על כלי, אוסר. אפילו במקום שאין הבשר אוסר, דלא נחשב רותח, מכל מקום הציר חשוב אינו נאכל מחמת מלחו.

וציר של בשר שאוסר, שנפל על הכלי, צריך הגעלה. ואם הוא כלי חרס, צריך שבירה - (משמע דבכלי חרס לא מהני קליפה, ועיין מ"ש בזה לעיל סי' ס"ט ס"ב), **ואם לא נפל רק על מקום אחד בכלי עץ וכיוצא בו, קולף מקומו ודיו** - פי' דאם נפל על כל הכלי, לא שייך קליפה דיפסיד הכלי, א"נ טורח גדול הוא, וכן משמע בת"ח ובאו"ה, **ולפ"ז** אם הוא בענין שאין פסידא ורוצה לטרוח, מותר, **ואע"ג** דלקמן סי' קכ"א ס"ב, ובאו"ח סי' תנ"א סי"ו, כתב הרב בהג"ה, דכל מקום שצריך הגעלה לא מהני אם קלפו לכלי, **התם** מיירי בדבר שנבלע בו ע"י חמין וכה"ג, דנבלע בכל הכלי, אבל ציר מלוח אינו נבלע אלא כדי קליפה, וכמ"ש בסי' ס"ט, לכך די בקליפה.

(**ואם** נבלע דבר שמן ע"י מליחה בכלי, נמי אין אוסר יותר מכדי קליפה, ואף דבמליחה אנו פוסקין דלא אמרינן תתאה, מ"מ בכלי אמרינן כן, א"כ וודאי אין לחלק בין כחוש לשמן – פמ"ג).

(**כתוב** בכתבי הרב הג' מהר"ר דניאל זצ"ל, אם נפל ציר או חלב מהותך חם בכלי, ואין יודע באיזה מקום, והוא מיעוט הכלי, בטל ברוב, **ונראה** דאם הוא כלי שאפשר בהגעלה, צריך הגעלה, עיין לקמן סימן ק"ב ס"ג).

סעיף ו - היכא אמרינן דאינו אסור אלא כדי קליפה, כשאין שום אחת מהחתיכות שמינה, שאם היתה שמינה כולה אסורה, (ע"ל סימן ק"ה סי"א), וכן חברתה אסורה כולה, מפני שהשומן מפעפע - כלומר דאם היתה אחת מהן שמינה, או הגבינה או הבשר, הכל אסור, דאזיל האי ומפטם להאי, והוי כאילו הכל שמן.

(וע"ל סימן ק"ה ס"ט) - נתבאר דלדידן אין חילוק בין כחוש לשמן, וכל מליחה אנו משערין בס'.

סעיף ז - דע שיש בענין זה ג' שיטות, ספר התרומה והשערים והרא"ש והטור ומהרי"ל ושאר פוסקים סוברים, דבשר צלי אפילו צונן שנפל לחלב, אפילו נאכל מחמת מלחו, בעי קליפה, ואם יש בבשר בקעים, או שהוא מתובל בתבלין, אפילו הוא חי, כולו אסור, **ודעת** הראב"ד והרשב"א והר"ן (והמחבר), דאם הצלי צונן, לעולם א"צ אלא הדחה, אלא דאם הוא רותח צריך קליפה, ואם יש בו בקעים או מתובל בתבלין, והוא רותח, כולו אסור, ומשמע מדברי הרשב"א שם שכן דעת רש"י, **וכן** משמע באמת דעת רש"י פ' כיצד צולין, ומהרש"ל לא עיין אלא ברש"י פכ"ה, ולכן כתב שאין שום משמעות מפרש"י, **ודעת** א"ז והגהת מרדכי בשם מהר"ף והסמ"ק (והרב בהגה) נראה, דצלי צונן צריך קליפה, ואי מתובל בתבלין או יש בקעים והוא צלי צונן, כולו אסור, אבל בחי לא, וכן דעת הסמ"ג, וכן כתב הרא"ש שלכאורה משמע הכי, וכן דעת מהר"ם מרוטנבורג, וכן דעת הכל בו, וכן נראה דעת האו"ה, וכן מהרא"י, וכ"פ מהרש"ל שם, והרב בת"ח, אלא דכאן בהג"ה מיקל במקום הפסד מרובה, **והעט"ז** סתם לגמרי כדברי המחבר, ולא נהירא כלל.

הא דמפלגינן בין נאכל מחמת מלחו לאינו נאכל מחמת מלחו, הני מילי בבשר חי, אבל צלי רותח שנפל למליח, אפילו נאכל מחמת מלחו, בעי קליפה - כדין כל חם לתוך צונן דבעי קליפה, **ואינו** מכוון, דעדיפא מינה ה"ל לאשמועינן, אפילו לא נמלח כלל, כיון דהוא רותח, כדין כל חם לתוך

צונן דבעי קליפה, **וצ"ל** משום דכיון דנאכל מחמת מלחו ולא נמלח כלל דין אחד להם, לא ירד לדקדק בכך.

ואין להקשות היאך סגי בקליפה, והלא החלב רך, וחוזר הצלי שנפל לתוכו כמתבשל בתוכו, **וי"ל** כיון שנפל לתוך החלב, ה"ל כחם לתוך צונן, ואף על פי שהצלי שוקע לתוך החלב והחלב צף על הצלי, אינו כצונן לתוך חם, וכל שהוא במקומו גובר, ומקרר הצלי שנפל לתוכו, הלכך בקליפה סגי, עכ"ל רשב"א, **וכתב** בס' לחם חמודות, ולפי מאי דקי"ל, דבמליחה לא אמרי' החילוק שבין עילאה לתתאה, מעיקרא לאו קושיא הוא, עכ"ל, **ותימה**, דלדבריו אדרבה כ"ש שהקושיא במקומה עומדת, דה"ל כמתבשל, ואי אפשר לתרץ דה"ל כחם לתוך צונן כיון דאין חילוק, **אלא** ודאי דהרשב"א לאו מכח מליחה אתא עלה, דהא היה נאכל מחמת מלחו, אלא מטעם צלי רותח אתא עלה, כמבואר בדבריו, וזה פשוט.

ואם יש בו בקעים – ‹וע"פ הרוב בצלי ומבושל יש בקעים – ערוה"ש›, **או שהוא מתובל בתבלין, והוא צלי רותח, כולו אסור.**

בקעים – ‹נראה דכאן לא מהני ששים, ואף דאיכא ששים אסור הכל – חוו"ד. **שאין** החלב נבלע ומתפשט בשוה, והרבה ממנו מתכנס במקום אחד ומעט במקום אחר, ולפיכך לא שייך בזה ביטול בששים – פר"ח. **והיד** יהודה חולק עליו.›

‹**מתובל** בתבלין – הבית לחם יהודה כתב, דבעינן שלא יהיה נאכל מחמת תיבולו – חוו"ד. **והיד** יהודה חולק עליו.›

הגה: וה"ה אפוי ומבושל – כלומר דאפוי ומבושל חשוב כצלי, למר ברותח ולמר בצונן.

‹**ועיין** במנ"י שכתב, דיש להסתפק אם נכבש הבשר תחלה תוך המים מעל"ע, דקיי"ל כבוש כמבושל, אי לענין זה נמי דינו כמבושל.›

וי"א דאפילו הם צוננים, דינא הכי – משום דכיון דנצלה או נאפה או נתבשל, אף על גב דצונן הוא, רכיך ובולע. ‹**ונראה** דבעינן דוקא שיהיה מבושל כמאב"ד עכ"פ, וקודם לזה דין חי יש לו אפי' הוא רותח – חוו"ד›.

כתב בהגה"מ, דמ"מ החלב מותר, ולא אמרינן דמפליט הצלי או האפוי והמבושל, ומביאו באו"ה ובת"ח שם.

מלשון זה משמע, דבהא מודה להמחבר, דבצלי רותח נמי דינא הכי, דאם אינו מתובל בתבלין ואין בו בקעים, סגי בקליפה, וכן עיקר, כיון שהראב"ד ורש"י ורשב"א והר"ן סוברים כן בצלי רותח, **אעפ"י** שהגהמי"י ואו"ה שם סוברים, דבצלי רותח לא סגי בקליפה, ‹וצריך נטילה כדין צלי, **והא** דאמרינן חם לתוך צונן קולף, צ"ל דלאו דוקא נקט קולף – רעק"א›.

‹**ולא** קיי"ל הכי לדינא, וגם הפר"ח כתב על שיטה זו שאינו מחוור, **ועיין** בתשובת בית אפרים שהאריך ליתן טעם לשיטה זו, וכתב שכן דעת התוס' והרא"ש וסמ"ג ג"כ, להצריך נטילה בצלי, אף בנפל לתוך צונן, **ואין** זה דומה לשאר חם לתוך צונן, דרותח דצלי מבליע טפי מרותח דבשר חם מחמת כ"ר, **ולכן** אף שקצת פוסקים מבואר בדבריהם להקל אף בצלי, כמו בשאר בשר רותח, מ"מ קשה להקל נגד התוספות ושאר פוסקים הנזכרים, ע"ש›.

מיהו כל זה דוקא כשנפל הצלי רותח לתוך החלב, אבל נפל החלב או שאר איסור על הצלי רותח, יתבאר דינו בסימן צ"ב וסי' ק"ה.

וכן יש לנהוג אם אין הפסד מרובה – וצ"ע אם יש להקל בהפסד מרובה, כיון דהרבה פוסקים סוברים כן אפי' בחי, ‹דס"ל להש"ך, דהך י"א קאי על אית ביה פילי, דאל"כ לא מקשה מידי – מחה"ש›, ועוד דבש"ס משמע דמיירי בצלי צונן, וכמ"ש התוס'. ‹**ומ"מ** ראוי להחמיר לעצמו אף בחי, וגם לאחרים צ"ע, שהרי הפר"ח אוסר באמת ביש בקעים אפי' בהפסד מרובה – חכ"א›.

ומשמע מדברי הפוסקים דאין חילוק בין נמלח קצת שנאכל מחמת מלחו, ובין לא נמלח כלל, לעולם בצלי צונן נמי דינא הכי, וכן מסיק מהרש"ל בספרו.

[**כתב מהרא"י בהג' ש"ד וז"ל, ובא"ז כתב, דחי אין אוסר בו פילי, פ' בקעים, והכי נהגינן, דהא כששורין הבשר קודם המליחה, ויש עליו דם הרבה שמעורב עם המים, ולא דייקא מידי אי אית ביה פילי בבשר, שיאסר מדם והמים שמעורבים ביחד, ופעמים שורה זמן מרובה, ודוחק לחלק בין דם לשאר איסורים, ע"כ, וכתב עליו מהרש"ל, דמה שיראה מדברי מהרא"י בצלי, שאפי' הצלי וגם החלב לא נמלח כלל, יש לאסור, שהרי לא הביא ראיה להתיר, אלא ממה ששורין בשר וכו', לא נראה בעיני, דצונן לא בלע מצונן אפי' מתובל בתבלין, ולא אסרו חכמים אלא בגוזל שנפל לכותח, שהכותח היה מלוח קצת, אז אסור באית ביה פילי, אבל בלא נמלח כלל, לא הבשר ולא הכותח, אין לאסור כלל בצונן אפי' צלי, אבל מה אעשה, שספר התרומה והג' מיימוני כתבו**

להדיא, שכך הדין, אפי לא נמלח לא הבשר ולא החלב כו', מסתפינא לחלוק עליהם לכתחילה, ולהתיר מה שהם אוסרים, ע"כ, משמע דבחי פשיטא דשרי כל שלא נמלח אחד מהם, ובצלי ונמלח אחד מהם, ואפי' נאכל מחמת מלחו, אסור אפי' לרש"ל, דהא עכ"פ נמלח קצת, ורמ"א שכתב כאן שבמקום הפסד מרובה יש להקל כסברא הראשונה, דמיקל בנאכל מחמת מלחו, כל שאינו צלי רותח, ולעיל כתב הוא עצמו בס"ה, דאנן אין בקיאין בדבר, ויש לאסור אפי' במליחת צלי באין הפסד מרובה, נראה לע"ד דתרי קולי לא מקילינן בשביל הפסד מרובה, דהיינו לומר שמליחת צלי לא מקרי אינו נאכל מחמת מלחו, וגם לסמוך על דעה ראשונה דהכא, דאין לאסור ביש בקעים אלא בצלי רותח דוקא, דהא מדברי מהרא"י ומהרש"ל משמע, דבצלי אפי' צונן יש לאסור ביש בקעים, אפי' בנמלח קצת, כן נלע"ד].

סעיף ח - אין בשר בחלב נאסר ע"י מליחה או ע"י כבוש, אלא באכילה, אבל לא בהנאה - ‹בשר שור שנפל לתוך חלב שהעבירו מהאור, י"ל למה דפסק בשו"ע או"ח סי' שי"ח, דאפילו בכלי ראשון לא בשלה, א"כ אף דבלע ופלט, מכל מקום הוי רק כמו כבישה, ומותר בהנאה – רעק"א.

§ סימן צב – דיני אם נפל חלב לקדירה של בשר §

סעיף א - כזית בשר שנפל לתוך יורה של חלב רותח, טועם העובד כוכבים הקדירה - ע"ל ר"ס צ"ח, דבעינן שיהא דוקא קפילא, או מסיח לפי תומו, **אם אמר שיש בה טעם בשר, אסורה. ואם לאו, מותרת, אפילו בפחות מששים, ואותה חתיכה אסורה** – [וכזית דנקט כאן לאו דוקא, אלא ה"ה פחות מכזית, רק לענין מלקות יש חילוק].

במה דברים אמורים, כשקדם והוציא החתיכה קודם שתפלוט חלב שבלעה, דהיינו קודם שתנוח היורה מרתיחתה - דאז ליכא אלא משום טעם הבשר עצמו, [שמפליט להחלב תיכף אחר נפילה, אבל להפליט החלב שבלע, אין שייך אלא אחר שתנוח היורה ולא קודם], וכיון דטעמו עובד כוכבים ואמר דלית ביה טעם, שרי.

אבל אם לא הספיק לסלקו עד שתוכל לפלוט החלב שבלעה, אע"פ שטעמו עכו"ם ואין בו טעם כלל, אסור - דאז אפשר שהחלב עצמה שנבלע בבשר ונעשית נבילה, יצא ונתערב בשאר החלב, וא"א למטעמיה, דחלב בחלב הוא, **אא"כ יש בו ס'** - בחלב נגד כל החתיכה, דלא ידעינן כמה נבלע ונפיק מיניה.

[ובזה לא מהני ששים לרש"י, דס"ל מין במינו במשהו, אבל אנן קימ"ל כר"ת, דאפי' מין במינו בטל בס'].

הגה: וע"ל סימן ל"ח דאין אנו נוהגין לסמוך אטעימת עובד כוכבים, ובעינן ס' בכל ענין.

‹**ומ"מ** אנן אין בקיאים אי נח היורה מרתיחה או לאו, ואין להתיר בטעימה אף בהיתר – פמ"ג.

‹**ויש** לחקור בכאן כמה חקירות: א', דניחוש בלע ופלט הרבה פעמים חלב, ולא ליהני ס'. **ב'**, דעכ"פ ס"א ליבעי, דכזית חלב הנבלע בבשר נעשה נבילה, וליבעי ס"א חלב. **ועיין** ב"ח, דליבעי ק"כ זיתים, **והתירוץ** בזה, דמן התורה מין במינו ברובא בטיל, לא דייקינן כולי האי. **ויש** להקשות לפ"ז, בישל ירקות עם ב' זיתי חָלָב, ונפל כזית בשר לתוכן, נימא דנבלע מתחלה כזית חלב בבשר ופלט, והדר בלע כזית הב' ופלט, דנעשו ב' זיתי חלב נבילה, וליבעי ק"כ זיתי ירקות לבטל שתיהן, דהוה דאורייתא מין באינו מינו, ורוב ליכא בחלב לומר סלק וכאמור, **ולזה** יש לומר, דלא נכנס בבשר כי אם לפי ערך חלק ס', והבן. **עוד** יש לחקור, איך אמר טועם החלב, ודלמא נתן הבשר טעם בחלב, ואח"כ נבלע הבשר לתוך הבשר ונעשה נבילה, **דלהא** לא חיישינן, כיון שאין טועם עכשיו טעם, לא מחזיקין איסור. **והא** דאוסרין החתיכה ולא מהני קפילא, **דמסתמא** כי נפל כזית ליורה גדולה, שקורי משקר העובד כוכבים, דמסתמא יש בו טעם – פמ"ג.

סעיף ב - עד סוף הסעיף הוא לשון הרמב"ם, וביאור הדברים, דכשנפל על חתיכה א', אין השאר שבקדירה מצטרף לבטל החלב, אלא צריך שיהא בחתיכה עצמה ששים לבטל הטעם, וכשאין בחתיכה עצמה ששים, הרי נעשית החתיכה נבילה, **וכשמנער** אח"כ ונכנסה החתיכה בכלל שאר הקדירה, אוסרת שוב שאר הדברים שבקדירה עד ששים נגד החתיכה, **אבל**

הלכות בשר בחלב
סימן צב – דיני אם נפל חלב לקדירה של בשר

ניער מיד בשעת נפילת הטיפה, הרי נכנסה החתיכה מיד בכלל הקדרה, וכל הקדרה מצטרף, ואינו אסור אא"כ אין ששים בקדירה ובחתיכה נגד החלב, וכן בכיסה.

נפל חלב לתוך קדירה של בשר, טועמין החתיכה שנפל עליה החלב, אם אין בה טעם חלב, הכל מותר. ואם יש בחתיכה טעם חלב, נאסרה אותה חתיכה - והא דכתבו הט"ו לקמן סי' ק"ה ס"ד, דאם הוא כולו חוץ לרוטב, אינו אוסר אלא כדי נטילה לר"י, ולרש"י אפילו מקצתו תוך הרוטב, **אפשר** דשאני חלב דהוי איסור שמן, שהרי יש בה שמנונית של חמאה, ונבלע בכל החתיכה, כדאיתא בש"ס פג"ה, ומוסכם מכל הפוסקים לקמן סי' ק"ה ס"ה, דאיסור שמן מפעפע בכל החתיכה, וכן תירץ בד"מ סימן ק"ה, **והיינו** דכתבו הט"ו ר"ס ע"ו, דדם שנטף על הצלי שאצל האש, אינו אוסר אלא בכדי נטילה, עכ"ל, דדם לאו איסור שמן הוא, כדמוכח בכמה דוכתי.

‹ג' שיטות: ‹א') ולפי"ז הא דפסק הטור והמחבר לקמן, דאיסור שמן מפעפע מחתיכה לחתיכה בלא רוטב, היינו לחומרא, אבל לקולא לא, ולהכי נאסרה חתיכה זו, וכשחוזר ומנער לבסוף צריך ששים נגד כל החתיכה, **אבל** מדברי הרשב"א משמע אפי' לקולא ג"כ אמרינן דמפעפע - דגול מרבבה›. ‹ב) **חלב** מפעפע קצת, החתיכה שבו נפל האיסור כולה אסורה, אבל אין מפעפע מחתיכה לחתיכה - פר"ח›. ‹ג) **ועל** כרחך צריך לומר דס"ל דשמן אינו מפעפע בשוה, דאי מפעפע בשוה לכל החתיכות, הכל מצטרף אפילו בלא רוטב כלל - חוו"ד›.

ולחילוק זה קשה, דמשמע מדברי הרשב"א והר"ן, דחלב לא חשיב איסור שמן, והכי מוכח נמי מדברי הט"ו סי' ק"ה ס"ז, דפסקו דאיסור כחוש אינו מפעפע מחתיכה לחתיכה בלא רוטב, ואיסור שמן מפעפע כהרשב"א, והרשב"א יליף לה מחלב דהכא, דאינו מפעפע מחתיכה לחתיכה בלא רוטב, אלמא דס"ל דחלב איסור כחוש הוא, וק"ל.

א"נ יש לחלק כמ"ש הר"ן ס"פ כ"ה, וז"ל: ה"מ בחום של צלי וכיוצא בו, אבל חתיכה זו כיון שעומדת בקדירה, מתוך שיש בה הבל ולחלוחית, החלב מתפשט בכולה אע"פ שהיא חוץ לרוטב, עכ"ל, **ולקמן** סי' ק"ה, אע"ג דמיירי נמי בקדירה, י"ל דהתם מיירי באיסור גוש דאינו צלול, דודאי אינו מתפשט בכל החתיכה אלא ע"י רוטב, וכן חילק מהרש"ל ומביאו הדרישה.

‹**ועיין** בתשובת נו"ב חיו"ד שכתב, דע"כ לא חילק הש"ך בין איסור צלול לאיסור גוש, אלא כשאין האיסור דבוק ממש באותה חתיכה, אלא נוגע בו, **אבל** כשדבוק האיסור באותה חתיכה בתולדתו, ונתבשל עמו בקדרה, אז ע"י הבל הקדרה ולחלוחית, גורם שמתפשט בכולו›.

עי"ל, דכאן מיירי שחתיכת הבשר הוא שמן, כמ"ש הט"ו בסי' ק"ה ס"ה, ‹ומפטם בהחלב. **וס"ל** דלא אמרינן סברא דמפטם לענין שיהיה יוצא הבלוע בלא רוטב, רק לענין לאסור כל החתיכה, כמבואר בש"ך שם ס"ק יט - חוו"ד. וכ"כ הב"מ›.

ועוד הארכתי בזה בספרי, וכאן קצרתי, כיון דאנן משערים לעולם בס' כדלקמן בסי' ק"ה. ‹**עי'** בסי' ק"ה, באיסור דרבנן בכחוש לגמרי, רק כדי נטילה, וא"כ עדיין יש נ"מ אי נאמר שיש חילוק בהבל קדירה בדבר צלול - פמ"ג›.

‹**לענ"ד** אי משום הא לא אריא, דמ"מ כשיש בכל הקדירה ס' נגד הטיפה, לשתרי גם אותה החתיכה בנטילה ממ"נ, אם הוא שמן, מצטרף הכל לבטל, ואם הוא כחוש סגי בנטילה, **גם** אף דאיכא ס' בחתיכה עצמה תצטרך נטילה, דהא מדינא לא צריך רק נטילה, ולא מהני ס', **וא"כ** עדיין צריכים להנך תירוצים, דהבל הקדירה וצלול מתפשט בכל החתיכה, ועדיין נ"מ לדינא, דמטעם אין אנו בקיאים, בעינן ג"כ נטילת מקום, ואילו הכא בדינא דטיפת חלב, דבדאיכא ס' באותה חתיכה, א"צ נטילת מקום, וצריכים לדון אם הוא ע"י צלול והבל הקדירה, או מטעם דהחלב הוי קצת שמן, **ולתירוץ** של ד"מ, והוא מדברי הרשב"א, צ"ל דלענין זה מהני ג"כ הבל הקדירה, דלא בעי נטילת מקום, **וביותר** קשה לי על הש"ך, דמה בכך דאנן לעולם משערין בס', דהטעם משום דאין אנו בקיאין בין כחוש לשמן, דמ"מ מהני שארי החתיכות לבטל, דלא עדיף מצלי לקמן, **וא"כ** הא דאסרינן הכא בכל ענין החתיכה, היינו משום דהאיסור כחוש ואינו מתפשט לשארי חתיכות, וחתיכה נשארה באיסורה משום הבל הקדירה - רעק"א›.

(ולדידן דאין סומכים אעובד כוכבים, בעינן ששים בחתיכה, ואם לאו כולה אסורה).

ומשערין בכולה, אם היה בכל מה שיש בקדירה מהחתיכות והירק והמרק והתבלין כדי שתהא חתיכה זו אחד מששים מהכל, החתיכה אסורה והשאר מותר. במה דברים אמורים, בשלא ניער הקדירה בתחלה כשנפל החלב, אלא לבסוף, ולא כיסה.

[ט"ז] ‹רעק"א או ש"א או הוספת הסבר› (פת"ש)

הלכות בשר בחלב
סימן צב – דיני אם נפל חלב לקדירה של בשר

[ומיירי שנפלה הטיפה על חתיכה אחת חוץ לרוטב, דאי בתוך הרוטב, ודאי כל מה שבקדירה מצטרף לבטל הטיפה].

הפוסקים והטור הביאו מחלוקת רש"י ור"י בזה, דר"י סובר דוקא שכל החתיכה חוץ לרוטב, כגון שהחתיכה שתחתיה קצתה חוץ לרוטב, וזו מונחת עליה, אבל אם מקצתה ברוטב, הרתיחה מערבת הטעם בכל הקדירה, והכל מצטרף לבטל החלב, **ורש"י** פי' אפי' מקצתה ברוטב אין הכל מצטרף לבטל החלב, ‹**ודוקא** טעם הבלוע אינו הולך כשמקצתה ברוטב, אבל טעם עצמו ודאי דיוצא, דאטו אם יפול נבלה תוך הקדרה ויהיה מקצתה חוץ לרוטב לא תאסר, ועוד, דהחוש מכחיש זה, דכי לא תקבל הרוטב טעם מהבשר כשהוא מקצתה חוץ לרוטב – חוו"ד›, **ודעת** כל המחברים כר"י, חוץ מהרשב"א ור' ירוחם הביאו בבדק הבית, וכן דעת כל האחרונים, וכ"פ מהרש"ל בהגהותיו לטור, ומביאו הפרישה, אלא שבספרו לא פסק כן.

‹**ויש** קולא וחומרא לכל אחד מהפירושים: לר"י קולא, מקצתה תוך הרוטב, ונפלה טפה על חוץ לרוטב, כל הקדירה מצטרפת, ואף אותה חתיכה מותרת. **ואם** נפלה הטפה תוך הרוטב, ואין מה שבתוך הרוטב ס', מצטרפת אותה המקצת שחוץ לרוטב לס'. **וחומרא**, אם מקצתה ברוטב, {ונפל טיפת חלב על החתיכה מחוץ לרוטב}, ואין בכל הקדירה ס', הכל אסור. **ולרש"י** חומרא, אם נפלה הטפה על מה שחוץ לקדירה, אותה חתיכה אסורה. **ואם** נפלה לרוטב, ואין מה שברוטב ס', אין מה שחוץ מצטרף – פמ"ג. ‹**ולי** נראה ברור דמצטרף, דרק לצאת הבלוע מחתיכה לא מיחשב רוטב, אבל ודאי דמתפשט בשוה ממה שבתוך הרוטב למה שלמעלה – חוו"ד›.

[ויש קולא לרש"י מצד אחד, דהיינו אם מקצתה ברוטב, וזו החתיכה נאסרת, אין אוסרת השאר, כ"כ בד"מ, **ולא** נראה לענ"ד, דאע"פ שאין ברוטב דלמטה מסייע לבטל טיפת חלב שנפלה, לפי שאין הרתיחה מגיע לשם, מ"מ אותה חתיכה עצמה נאסרת חלק התחתון מחלק העליון, וחוזרת ואוסרת למטה כל הקדירה ומה שבתוכו עד ששים, נגד כל החתיכה, דכל החתיכה נעשית נבילה, כיון דמקצת החתיכה מונחת תוך הרוטב, הרוטב מוליך לשאר, ‹**ואף** שיש ס' נגד מקצת החתיכה שחוץ לרוטב, דאמרינן מתחלה לא הלכה הטפה כי אם עד סמוך לרוטב, ואח"כ נאסר מה שברוטב מן העליון, לדידן דאית לן איסור דבוק דממהר לבלוע יותר, ה"נ כאן אמרינן שאח"כ אותו מקצת שחוץ מפעפע לחציה שתוך הרוטב ונאסרה, ואח"כ צריך ס' נגד כל החתיכה – פמ"ג›.

[ומדברי השו"ע אלו שהם דברי רמב"ם, נ"ל דס"ל כרש"י, מדכתב באם נאסרה החתיכה אוסרת השאר, ‹ומשמע אפי בלא ניעור›, ע"כ נ"ל דהכי קימ"ל, **אע"פ** שרש"ל באו"ה שלו פסק כר"י, מ"מ בספרו החמיר כרש"י].

‹**לכאורה** יש לתמוה, הא סיים: בד"א שלא ניער אלא לבסוף, וכן השיג עליו בנקה"כ. **והמגיד** משנה מפרש, דאף לא ניער כלל אסור, מדסתם בבא ראשונה, ומה שכתב אח"כ: בד"א שלא ניער תחלה אלא לסוף, להמשך הלשון שאמר אח"כ דבעינן ניער תחלה וסוף – פמ"ג›.

לא מוכח מידי, די"ל דמיירי שכולה חוץ לרוטב, והא דאוסרת השאר, היינו כשניער אח"כ, וכדמסיים בסיפא, וכ"כ הב"ח דהרמב"ם סובר כר"י, ודעת כל המחברים והאחרונים כר"י - נקה"כ.

אבל אם ניער מתחלה ועד סוף, או שכיסה משעת נפילה ועד סוף, הכל מצטרף לבטל טעם החלב – [לאו דוקא, אלא בניער מיד סגי]. **ולא** נהירין דבריו - נקה"כ, ‹עיין ש"ך למטה›.

הוא לשון הרמב"ם, והטור כתב עליו, ונראה שאין צריך רק שינער או יכסה מיד בשעת נפילה, ואפי' פסק אחר כך מלנער, עכ"ל, **וכתב** מהר"י ן' חביב, שגם דעת הרמב"ם כן, ומה שהזכיר ניעור מתחלה ועד סוף, היינו משום דברישא היה מוכרח להזכיר ניעור לבסוף, דאל"כ למה יאסר כל מה שבקדירה, ולכך נקט נמי בסיפא ניעור בסוף, עכ"ד, **ולפ"ז** לא ה"ל להמחבר לסתום, וה"ל לפרושי דבניער מתחילה לחוד סגי, אלא דאזיל לטעמיה, דכתב בספרו ב"י, דדעת הרמב"ם דדוקא ניער בתחלה ובסוף בעינן, [אבל בניעור בתחילה ולא בסוף לא, שמא לא ניער יפה יפה], **ודעת** הרב בהג"ה דבניעור בתחילה לחוד סגי.

[**ובאמת** יש לתרץ דברי הגמר', באופן שלא יהיה מחלוקת בין הרמב"ם לטור, אלא בפירוש הלשון, שהטור מפרש מ"ש מתחילה ועד סוף, היינו שלא פסק מלנער עד שסילקו מן האש, ומש"ה חולק על הרמב"ם לפי סברתו, אבל הרמב"ם מפרש בענין אחר, דכל זמן שיש ממשות של הטפת חלב על הבשר, לא מהני מה שניער הקדירה, ושמא חזר אח"כ אותו חלק למעלה, וחוזר ואוסר אותה חתיכה בפני עצמה, כיון שישנה עדיין בעין עליו, ע"כ

מחבר רמ"א ש"ך ונקה"כ

הלכות בשר בחלב
סימן צב – דיני אם נפל חלב לקדירה של בשר

אמרינן שינער עד זמן שיכלה ממשות של הטפה, והיינו מתחילה ועד סוף שאמרו בגמר', דעל סוף הוויות הטפה אמרו, וכן הוא כוונת הרמב"ם, **אבל** אם כלתה ממשות הטפה, מודה הרמב"ם לטור דסגי אם פוסק אח"כ לנער, כנ"ל נכון].

[והקשה מהר"י ן' חביב, דלר"י א"צ לניעור, אלא שתהא מקצתה ברוטב, ונ"ל דאה"נ דסגי, אלא כיון שהקדירה מליאה, וא"א להכניס היטב החתיכה שמונחת בחוץ על החתיכה אחרת שמקצתה ברוטב, כמו שכתבתי לעיל לר"י, ע"כ צריך שינער הקדירה ויהיו עליונים למטה, וכבר נתבאר דקימ"ל כרש"י], ‹דאפי' מקצתה בתוך הרוטב אין הכל מצטרף›.

הגה: וכן אם לא ניער כלל, לא בתחלה ולא בסוף, ולא כיסה כלל, אם יש ס' בקדירה נגד טיפת חלב שנפל, אינו אסור רק החתיכה לבד, ושאר הקדירה מותר - ע"ל סימן ק"ה, דמ"מ שאר החתיכות שנגעו בזו החתיכה צריכים נטילה. ‹**ואף** על פי שאנו משערים בכל צלי בששים, מטעם שאין אנו בקיאין בין כחוש לשמן, באיסור בלוע אין להחמיר, ואינו אוסר בכחוש רק כדי נטילה – מחה"ש›.

תימה, דכשאין ס' בקדירה נמי יהא מותר, כיון שלא ניער כלל, ולא נתן טעם אלא באותה חתיכה עצמה, כדאיתא בש"ס ופוסקים, וכן מבואר בהדיא בהשגות הראב"ד, ומביאו בד"מ בקוצר. ‹**ט"ס** הוא ברמ"א, וצ"ל: וכן כו' כלל אם אין ס' בחתיכה נגד כו' - גר"א›. **ונ"ל** הא דבעי ס' בקדירה, היינו אי מקצתה בתוך הרוטב, דמספקא ליה להרב אי קי"ל כר"י, דמערב הטעם בכולו, או כרש"י, **הלכך** הקדירה מותר ממ"נ, ‹דהגם לפי רש"י הוי החתיכה אסורה, אבל אינו חוזר ואוסר שאר הקדירה, כשיטת ד"מ ולא כט"ז›, והחתיכה אסורה דלמא אינו מערב הטעם בכולה, ואין הקדירה מצטרף.

‹**לענ"ד** הא הרמ"א פסק לקמן, דאפי' בצלי אוסר כל החתיכות, דאין אנו בקיאין בין כחוש לשמן, וא"כ ממילא הכא באם אין בכל הקדירה ששים נגד הטיפה, אוסר הכל – רעק"א›, ‹אפי' כשאין מקצת החתיכה תוך הרוטב›.

[**דברים אלו צ"ע, דהרי הם דעת הראב"ד בב"י וז"ל, אם לא ניער כלל, אין שאר חתיכות נאסרות, אע"פ שאם לא ניער יוצא רוטב, והוא נבילה, מאותה חתיכה לשאר חתיכות, מ"מ לא אסרינן, דבעינן יוצא החלב לשאר חתיכות, עכ"ל**, ‹**דטעם** הבשר עצמו אינו אוסר, דלא נחשב כחפצא דאיסורא לבדו בלא החלב, ודברי הש"ך בסי' ק"ה דמבואר שלא כזה צ"ע - בדי השלחן›, **וא"כ** קשה, למה כתב רמ"א שצריך ששים בקדירה נגד החלב, דהא אין החלב יוצא לשאר חתיכות כלל, **ואי** יוצא הרי אוסר, ויצטרך ששים בקדירה נגד כל החתיכה האסורה, וצ"ע, **ובאו"ה** הארוך כתב ג"כ להתיר, כשיש בכל הקדירה ששים נגד הטיפה שנפלה על החתיכה שמקצתה חוץ לרוטב, משום דס"ל כר"י, אלא שכתב דאז גם החתיכה חוזרת להיתר, דלא כרמ"א כאן].

[**וצ"ל** דרמ"א מחמיר מסברא דנפשיה, לאסור אותה חתיכה אף לדעת ר"י, ‹דלשיטת הט"ז נסתר תירוץ הש"ך, שאם חושש לדעת רש"י, א"כ יצטרך ששים בקדירה נגד כל החתיכה האסורה - מחה"ש›, **וכן** משמע בס"ד, דפוסק כר"י במקצתה חוץ לרוטב, ולקולא, ‹מה דאינו אוסר שאר החתיכות כמו לרש"י›, **ותימה** דהיה לו לרמ"א לכתוב זה כאן בשם י"א, דהא הרמב"ם שהוא דעה הראשונה ס"ל כרש"י, דצריך ששים נגד כל החתיכה, כמו שכתבתי בסמוך, ולשון רמ"א משמע שלא בא לחלוק אלא להוסיף, ותו קשה, דבס"ד מסיים רמ"א, דבבב"ח יש להחמיר, וכאן פסק להקל ומיירי בבב"ח].

וכן אם ניער בתחלה או כיסה מיד, אע"ג דלא ניער ולא כיסה לבסוף, כל הקדירה מצטרף, והוא שניער וכיסה מיד שנפל שם האיסור - ולא כתב דין זה בשם י"א, משום דאפשר לפרש גם דברי המחבר הכי, כמו שמפרש מהר"י ן' חביב לדברי הרמב"ם, **אבל** דעת המחבר עצמו אינו כן, וכמ"ש, **ומ"מ** דעת מהר"י ן' חביב והרב עיקר, וכן משמע מפרש"י, וכן דעת מהרש"ל והאחרונים, **ונראה** שגם הטור לא כוון להשיג, אלא לפרש דברי הרמב"ם.

וכן אם נפל לתוך המרק או לחתיכות, ולא נודע לאיזו חתיכה נפל, נוער את הקדירה כולה עד שישוב ויתערב הכל, אם יש בקדירה כולה טעם חלב, אסורה. ואם לאו, מותרת - ‹יש לעיין אמאי שרי לעשות כן, הא אם לא ינער ישאר הטפה באותה חתיכה, וע"י ניעור מעייל הטפה בחתיכות האחרות, והוי מבשל בשר בחלב ועכ"פ בליכא ששים, אלא דיטעום קפילא,

הלכות בשר בחלב רכט
סימן צב – דיני אם נפל חלב לקדירה של בשר

דלמא באמת יהיה טעם בכולה ועבר על בישול בשר בחלב, וצ"ע - רעק"א›.

זהו לשון הרמב"ם, וכתב עליו הטור: ואיני מבין דבריו, שאם החתיכות כולן בתוך הרוטב, מה צורך לנער, ואם אינן ברוטב, מה מועיל ניעור שמנער אח"כ, עכ"ל, וז"ש הרב בהג"ה ויש חולקין כו', **ואעפ"י** שהב"י הביא בשם מהר"י ן' חביב, שגם הרמב"ם סובר כן, ומ"ש נוער את הקדירה כו', אינו ר"ל שמנער אח"כ, אלא אתא לאשמועינן, דבנודע על איזה מהן נפל, נוער רק עד שיתערב החתיכה זו בין החתיכות, ובלא נודע, מיד כשראה נפילת הטיפה לקדירה ולא השגיח על איזה חתיכה נפל, ימהר לנער או לכסות מיד כדי שיתערב החתיכה, **מ"מ** לא נמנע הרב לכתוב בל' ויש חולקין, כיון דפשטא דלישנא לא משמע הכי, בשגם שהטור ג"כ לא הבין כן, וגם ה"ה הבין דברי הרמב"ם כהטור והרב, וכן הוא העיקר בדברי הרמב"ם וכמו שיתבאר, **והב"ח** פי' דברי הרמב"ם כעין מה שפירש מהר"י ן' חביב, אלא שתלה הדבר דהרמב"ם ס"ל כר"י, והוא ללא צורך, ע"ש ודו"ק, וכ' על הרב ושארא ליה מריה, ולע"ד דעת הרב נכון וכמ"ש.

אבל מ"ש ב"י דהרמב"ם איירי שהחתיכות בתוך הרוטב, ואפ"ה צריך ניעור כדי שיתערב יפה יפה, קשה, א"כ מאי וכן, ‹**היה** צ"ל: ואפי' אם נפל, דהא מקודם קאמר, דאם החתיכה חוץ לרוטב, אזי הניעור הוא מעיקר הדין, והכא הוא רק כדי שיתערב יפה יפה - אמרי בינה›, **ועוד** דהאי דינא ה"מ לאשמועינן אפילו בנודע לאיזה מחתיכות נפל, **ועוד** דודאי הרוטב מבלבל ומערבב כל החתיכות, ומה צורך לנער, **ואין** להקשות למהר"י ן' חביב, בנפל לתוך המרק מה צורך לנער, י"ל דמיירי שאין במרק גופיה ס', אלא בצירוף החתיכות שינער אותן במרק, ודו"ק, **א"נ** ה"ק, וכן אם נפל תוך הקדרה או לתוך החתיכות או לתוך המרק, ולא נודע לאיזה חתיכה נפל או אי למרק נפל, והא דנקט מרק כלל, דנ"מ לב' קדרות ודוק, ‹**כוונתו**, דבשתי קדרות שא"א להיות ניער מיד, ויש בא' ששים ובא' ליכא ששים, דאין תולין לומר בששים נפל, דדוקא באיסור דרבנן תולין בכה"ג בסי' קי"א, משא"כ הכא דהוא איסור דאורייתא. **וזה** מוכח מהכא, דהא במרק יש ששים בלא ניעור, ובחתיכות אין ששים, ואין תולין מספיקא לומר במרק נפל, ובעינן ניער דוקא, משמע דבשתי קדרות כה"ג דא"א בניעור, אסור ואין תולין - חוו"ד›, **ומיהו** הל' מגומגם לפי' מהר"י ן' חביב.

לכך נראה דהדברים כפשטן, וס"ל להרמב"ם דכיון דלא נודע לאיזה חתיכה נפל, לא שייך לומר חנ"נ, אלא כל הקדירה נכנס לספק, והלכך מנער כל הקדרה ומצטרף כל הקדירה לבטל, **ודמי** למ"ש הרשב"א והטור ס"ס קי"א, דהיו כאן שתי קדרות, ונפל איסור לתוך א' מהן, ואינו יודע לאיזה נפל, ואין בא' מהן לבטלו, ויש בשתיהם לבטלו, ששניהם מצטרפין לבטלו, שכל שעתיד להתערב, רואין אותו כאלו הוא כבר מעורב, עכ"ל, **והאי** נמי דכותיה היא, וכ"כ האו"ה, דהיכא דלא הוברר האיסור, לא אמרינן חנ"נ, **שוב** מצאתי שהרב המגיד כתב על דברי הרמב"ם וז"ל, ומ"ש וכן אם נפל כו', הוא מפני שכיון שאינו נודע איזו חתיכה היא, אין לומר בה נ"נ, וא"א לאסור הכל שהרי אין בחלב נ"ט, וכיון שכן מנער את הקדרה, וטועם העובד כוכבים אם יש בה טעם חלב, וברור הוא, עכ"ל, **הרי** בהדיא כמו שכתבתי, וזהו ברור דעת הרמב"ם לפע"ד.

‹**כבר** הקשו עליו האחרונים, דלא דמי לסי' קי"א דהוא איסור דרבנן, משא"כ כאן, **ובכרתי** ופלתי תירץ, דיבש ביבש חד בתרי בטל, **ואפי'** היתה חתיכה הראויה להתכבד, הוה דרבנן, וכל בדרבנן תו דמי לסי' קי"א דהכל מצטרף לבטל - פמ"ג›.

ואין להקשות היאך ינער הקדרה שיתערב הכל, דלמא יש טעם בחתיכה אחת, ואיך יבטל איסור לכתחלה, וא"כ הוי ליה למימר, שיטעום העובד כוכבים כל חתיכה וחתיכה בפני עצמו, **יש** לומר, דכיון דלא נודע לאיזה נפל, הרי נכנס כל הקדרה בספק, ואין כאן משום מבטל איסור, **וגם** דמי למה שכתב מהרא"י, ואין זה מבטל איסור לכתחלה, כיון שספק הוא אם יתערב שום איסור כלל, עכ"ל, וה"נ ספק הוא אם יש טעם בחתיכה זו.

‹**ומ"מ** עדיין קשה, דאם מיירי בשהה קצת, אמאי לא כתב הרמב"ם, דנותנים לגוי כל חתיכה וחתיכה לטעום, דשמא זו החתיכה שנפל עליה הטפה ונבלע, ובניעור לא יצא לפשט בשוה, דאין הגעלה באוכלים, מש"ה לא הרגיש טעם באינך חתיכה שטעם, וצ"ע - רעק"א›.

ונראה דגם הטור הבין דעת הרמב"ם כן, אלא ס"ל כיון דאפשר למיקם עלה דמילתא, א"כ לא נכנס הכל בספק, שהרי יודע הדבר ע"י שיטעום העכו"ם כל חתיכה וחתיכה בפני עצמה, והלכך כיון שחתיכה א' היתה מתבררת בודאי שהיא אסורה, א"כ מאי מועיל ניעור אח"כ, **ול"ד** להך דהרשב"א דא"א לבא לידי בירור לאיזה קדירה נפל, דהרשב"א ע"כ לא מיירי אלא במין במינו,

הלכות בשר בחלב
סימן צב – דיני אם נפל חלב לקדירה של בשר

דליכא למיקם אטעמא, דהרי הוציא דין זה מתרומה, והתם תניא שיעורה דק' דהיינו במין במינו, **וכן** כתבתי בסי' ק"ה, דבשאינו מינו לא אמרינן דכל מה שנכנס בספק מסייע לבטל. ‹וכפי הנראה שכן דעת רמ"א – פמ"ג›.

[**ואין להקשות מנ"ל באמת להטור, לפרש דברי הרמב"ם** דמיירי ששהה קצת, ולהקשות קושייתו, **י"ל** דהוכיח כן מדכתב, נוער את הקדירה כדי שיתערב, לשון עתיד, ולא אמר אם ניער, כמ"ש ברישא, **אלא** ודאי דמיירי שכאן מורין לו כך אם בא לשאול, כנ"ל כוונת הטור, **אבל** נלענ"ד שדברי הרמב"ם אינם מתפרשים כלל בדרך זה, ובתחילה נדקדק עוד בדבריו, הא אין מבטלין איסור לכתחילה, ומהר"י ן' חביב סבר לתקן זה ולא תיקן, דהא אף אם לא שהה וניער מיד, מ"מ הלשון של הרמב"ם מורה שלכתחילה יעשה כן, והאיך יכניס החתיכה שיש עליה חלב לתוך הרוטב, ויבטל החלב לכתחילה].

[**אלא** הדבר ברור שכאן מיירי הרמב"ם לענין שבאמת מצטרף הכל, דהיינו שנפל לתוך המרק, וכן אם נפל על החתיכה שמונחת חוץ לרוטב, אלא שלא נודע איזה היא, וע"כ לא אמרינן חנ"נ, כמו שכתב הרב המגיד, **ובא** הרמב"ם כאן לומר באיזה ענין בא לנו ע"י הצטרפות שאר החתיכות, דאם יש גוי קפילא שיוכל לטעום אם יש בה טעם חלב, ואם לא יטעום טעם חלב מותר אע"פ דאין שם ששים, כמ"ש ב"י בשם הרמב"ם בסי' צ"ח, **וע"כ** אמר כאן, אם יש שם גוי לטעום אז ינער הכל כדי שיתערב, ואח"כ יתן לו לטעום, דאם יתן לו תיכף לטעום, אז ודאי יטעום טעם חלב ממה שצף למעלה, ובאמת אם יערבנו ויתן לו לטעום, לא יטעום טעם חלב, כי החלב נתבטל בתערובות, ואנן לא מטרפינן אלא אם יטעום הגוי טעם חלב אחר שהוא מעורב היטב, ונמצא שיבא לידי הפסד בחנם אם לא יערב, וע"כ אמר נוער כדי שיתערב הכל, אם יש בקדירה כולה טעם חלב, פי' לא במה שצף למעלה לחוד, אז דוקא טריפה, וכן בחתיכה שלא נודע איזה היא, והדין הוא שגם שאר חתיכות מצטרפות עמה, ואם יתן לטעום חתיכה אחת, *אפשר שיטעום אותה חתיכה שנפלה עליה, ויטעום טעם חלב, ומכח זה יאסור הכל, ובאמת אם יתערב יתבטל טעם החלב ההוא, ע"כ ינער הכל, **והשתא** אין כאן מבטלין איסור לכתחילה, דבלאו הכי מעורב, אלא דהניעור הוא לטובת הבעלים, והכל ניחא בס"ד, דאנהירינהו לעיינין משמיא, **ואע"ג** דלא פירשו בזה רבינו הטור, מתפרשים בדברי הרמב"ם].

‹***לא** ידעתי למה צריך לזה, הא בלא ניעור צריך שיתן לטעום כל חתיכה וחתיכה, ואדרבה ע"י טעימת חתיכה אחת מגרע גרע, דבתחלה היה הכל הגדר הספק, ומצטרף הכל לבטלו, ואחרי טעימת חתיכה אחת ולא היה בו טעם, מתברר דזהו מותר, והוי כהוכר חתיכה א', והשאר הוי חד בחד, **וא"כ** צריכים לטעום חתיכה חתיכה, וא"כ ממילא יטעום בודאי אף החתיכה שנפל הטפה וירגיש הטעם, **ובאמת** קשה לי, דאם נפרש דהרמב"ם מיירי בשהה קצת, על כל פנים נצטרך ליתן לטעום כל חתיכה, והוה ליה להרמב"ם לפרש כן, וצע"ג – רעק"א›.

ואם לא נמצא עובד כוכבים שיטעום ונסמוך עליו, משערים בששים – [פי' דבהיתר ע"י טעימת גוי צריך שינער תחילה, מטעם שאמרנו שלא יבא לידי הפסד, **אבל** באין שם גוי, וההיתר מכח ששים, אז באמת אין צריך לנער כלל, כיון שהכל מצטרף לששים].

‹**אין** מובן לי, דגם בזה העצה טובה, כיון דשהה קצת אפשר דלא נתפשט בשוה, א"כ כשאוכלים אותה אולי ירגיש טעם בחתיכה אחת, ויצטרך להפסיק מלאכול דנאסר הכל, ומה הפרש בין טעימת גוי ובין אכילת ישראל – רעק"א›.

הגה: ויש חולקין וסבירא להו דאינו מועיל מה שנוער הקדירה, אם לא שניער מיד שנפל האיסור. והכי נהוג.

סעיף ג- כשנאסרה החתיכה מחמת החלב, נעשית כל החתיכה איסור, ואם בשלה עם אחרות צריך ששים לבטל כולה –

[אבל בלא בישול אינה אוסרת, אפי' בשניהם חמין, ולא אמרו בסי' צ"א ס"ד, בחם לתוך חם דאוסר הכל, אלא באיסור מחמת עצמו, משא"כ כאן באיסור בלוע, **ואע"ג** דבסי' ק"ה ס"ז, השוה בב"ח לאיסור מחמת עצמו, היינו בשר עצמו עם חלב עצמה]. ‹פי' בשר חם שנגע בגבינה חמה, הוא דהוי איסור מחמת עצמו, אבל בשר שכבר נבלע מחלב, ועכשיו מניחו על בשר אחר, הוי איסור בלוע, **והש"ך** שם חולק – הגהות והערות שבשו"ע›.

ואם מכירה, משליכה, והאחרות מותרות - כשיש ששים נגד החתיכה, **ואם אינו מכירה,**

הלכות בשר בחלב רלא
סימן צב – דיני אם נפל חלב לקדירה של בשר

הרוטב, מותר - כשיש ס' בחתיכות וברוטב, **וכל החתיכות אסורות, אם חתיכת האיסור** - כלומר שנאסרה מבשר בחלב, **ראויה להתכבד** - דקי"ל לקמן ר"ס ק"א, דבשר בחלב הוי איסור מחמת עצמו, ואם היא ראויה להתכבד לא בטיל באלף, ואם אינה ראויה להתכבד, בטלה ברוב, כדלקמן סי' ק"ט.

סעיף ד - לא אמרו חתיכה עצמה נעשית נבילה, אלא בבשר בחלב, אבל לא בשאר איסורים - הטעם כתבו הפוסקים, משום דבשר וחלב כל חד באפיה נפשיה שרי, וכי איתנהו בהדי הדדי אסור, הלכך הבשר עצמו נעשה איסור, [ולוקה אם אוכל חצי זית מבשר וחצי זית מחלב, לכך צריך ששים ברוטב לבטל כל החתיכה שנפלה עליו טפת חלב, **וביאור** דבריהם, דכיון דבב"ח אין שם איסור ניכר אלא אחר התערובות, ע"כ כל התערובות הוי גוף האיסור, שזהו איסור האמור בתורה, עירוב בב"ח, **משא"כ** בשאר דבר, שהוא איסור בפני עצמו, ואותו הוא האיסור האמור בתורה, אלא שכאן נתערב, ממילא אין לך אלא תערובת איסור דאורייתא, ואין שייך בזה חנ"נ].

כגון כזית חֵלֶב שנבלע בחתיכה, ואין בה ששים לבטלו, ונאסרה, ואחר כך בישלה עם אחרות, אין צריך אלא ששים כדי כזית חֵלֶב, ואז אפילו חתיכה עצמה חוזרת להיות מותרת.

תימה, דלקמן ר"ס ק"ו כתב, דהחתיכה עצמה עומדת באיסורה, לפי שהאיסור שבה אינו נפלט ממנה לגמרי, עכ"ל, **והרב** בהג"ה שם הבין שהם דברים סותרים זא"ז, **וכדי** שלא יסתרו הדברים זא"ז כ"כ בפירוש, נראה ליישב, דמ"ש כאן ר"ל, לפי שכתב מקודם גבי בשר בחלב, דאף דהרוטב מותר בס', מ"מ החתיכה באיסורה עומדת, דאם היתה ראויה להתכבד ואינו מכירה אינה בטילה באלף, **וקמ"ל** דאין כן בשאר איסורים, אלא דבטיל ברוב כשאינו מכירה, כיון דאין איסור מחמת עצמה, וכדלקמן ר"ס ק"א, ואז אפילו חתיכה עצמה חוזרת להיות מותרת, ומותר לאכול כולם, וא"צ להשליך אחת מהן, וכדלקמן ר"ס ק"ט.

[**נראה** דכתב כן, לפי מ"ש הטור, דלא אמרינן אפשר לסוחטו אסור בשאר איסורים, ממילא אפשר לסוחטו מותר, והחתיכה עצמה מותרת, **ועיין** לקמן בסי' ק"ו ס"א כתב להיפך מזה, והוא האמת].

‹**ובבית** ישראל אומר, דכאן חֵלב בבשר אינו מינו, אפשר ע"י טעימה, ולקמן בסי' ק"ו במינו, דאי אפשר למיטעמיה, **והכרתי** ופלתי כתב להיפך, במינו מיירי כאן, והיינו בשר שמן, וספיקו להקל, משא"כ באינו מינו, יע"ש. **ולדידן** אין נ"מ, דחנ"נ בכל איסורין – פמ"ג›.

‹**בנוגע** אפשר לסוחטו אסור, המעיין בהרשב"א היטב יראה סתירה, דבארוך כתב: שאין האיסור יוצא, ירצה דאפשר שאין יוצא כלל אף ע"י רוטב, דדוקא חתיכת איסור שנפל אמרי' מה שיוציא הרוטב מחלק בשוה, משא"כ לומר דודאי יוצא ומחלק בשוה, זה אין ברור, ומדסיים: ויש בה טעם איסור, משמע דעכשיו יש בה טעם איסור, **ולפ"ז** ע"י טעימת קפילא מתברר ושרי אותה חתיכה, **ואלו** בקצר כתב: לפי שאין איסור נפלט לגמרי, יע"ש, מלת 'לגמרי' יורה דה"ק, דאפילו טעמו קפילא, מ"מ הואיל ואי אפשר לברורי שלא נשאר כלום בה, משום הכי אפשר לסוחטו עכ"פ אסור בשאר איסורין, **ומיהו** אי הוה ידעינן שנפלט מכל, היה מותר, שנפרד לגמרי, ואף למאן דאוסר בבשר בחלב כה"ג, יודה כאן, **וכדברי** הקצר נקטינן להלכה, דחזר מארוך, שהוא באחרונה – פמ"ג›.

‹**ובדרכי** תשובה מייתי פלוגתא באפשר לסוחטו, אם הוא מה"ת או מדרבנן, **אולם** בבב"ח נראה הסכמת הפוסקים דאסור מן התורה – בדי השלחן›.

הגה: וי"א דאמרינן בכל האיסורים חתיכה נעשית נבילה. וכן המנהג פשוט, ואין לשנות - כתב האגור בשם מהרא"י, דמ"מ לכ"ע אינו אלא מדרבנן, ומביאו ב"י וד"מ, וכ"כ הר"ן דבשאר איסורים הוי מדרבנן. ‹**לענ"ד** מדברי תוס' מבואר דס"ל דהוא דאורייתא – רעק"א›.

[**ומבואר באו"ה, דאפי' באיסור דרבנן אמרינן חנ"נ].**

ודוקא אם האיסור דבוק בחתיכת היתר – [באו"ה מפרש הטעם בשם הסמ"ק, מאחר שדבוק בזה האיסור, וכן התולע בגופו, וכן דג טהור שנמצא במיעיו לאחר שנתבשל שרץ או דג טמא, ולא היה בדג עצמו ששים נגדו, וכל כה"ג, **חיישינן** שמא פעם אחת נשאר לבדו ברוטב בסוף הערוי, **או** שמא פעם אחת הוציאוה רותחת חוץ לקדירה, ונעשית נבלה, ומשהחזירה לא הותרה עוד, ואוסרת השאר עד ששים נגדה, עכ"ל, **מזה** נלענ"ד, בדג שנמצא שרץ או חתיכת שרץ בראשו,

הלכות בשר בחלב

סימן צב - דיני אם נפל חלב לקדירה של בשר

ונתבשל כך עם שאר הדגים, דבעינן ששים נגד כל הראש של הדג, דחד דינא וחד טעמא הוא עם שנמצא במעיו, והיינו דוקא באיסור דאורייתא, **ועוד** ראיה ממ"ש האו"ה, בתפוח שיש בו תולע, דחשיב איסור הדבוק, וצריך ששים בבישול נגד כל התפוח, אם אין בתפוח עצמו ששים נגד התולע, והה"ה כאן, **וכן** ראיתי במהרי"ל, וז"ל, תולע שצדו בו הדג נמצא בדג מלוח תחוב בחכה, והורה מהרי"ל לקלוף מקומו, דטעמו נתבטל בששים אפי' בבישול, אם יש בחתיכה שנמצא בו ששים כנגדו, וכן היה מורה על חתיכה קרעפ"ש שנמצא בראש הדג מבושל, לבטל טעמו אם יש בראש הדג ששים כנגדו, עכ"ל].

[**אלא** דלפי הסברא נראה דלא הוי דבוק, דהא מונח במקום שאפשר לרוטב לבא לכל הצדדין, וכיון שדבר זה דחנ"נ בשאר איסורין היא אינה אלא דרבנן, יש לצדד גם כאן להקל, ולא הוי חנ"נ]. ‹ר"ל דלטעם שמא היתה פעם אחת חוץ לרוטב, היה אסור בזה, אף דהרוטב יכול לבא, ואע"ג דלא דבוק, **אך** דסמכינן אטעם, דאיסור דבוק משום דממהר לבלוע טפי משאר בשר, וכאן לא שייך זה, דהא הרוטב יכול לבא לכל הצדדין, **והא** דשמא היתה פעם אחת חוץ לרוטב, הוי רק ספק דרבנן בשאר איסורין, דלא אמרינן חנ"נ רק מדרבנן, ע"כ יש להקל, **ונראה** דיש חסרון בט"ז קודם תיבות "אלא דלפי הסברא" - אמרי בינה›.

‹**ונראה** דוקא שהוא דבוק בתולדה, דאז נחשב הכל לחתיכה אחת וממהרת לבלוע, אבל במקום שאי אפשר לרוטב לבא מחמת ענין אחר, הכל מצטרף לששים - חוו"ד›.

‹**ובעיקר** הא דאיסור דבוק, הנה בש"ך סי' ע"ה כתב דהוא חומרא בעלמא, **אמנם** להלן בסי' ק' כתב, דהוא נלמד ממתני' צ"ו: דירך שנתבשל בה גיד הנשה, ומשמע דהוא מדינא דהש"ס לא חומרא בעלמא, וצ"ע - בדי השלחן›.

או שהחתיכה כולה חוץ לרוטב ונפל עליה איסור -

[פי' בעודו רותח נפל האיסור, **אבל אם תחילה נפלה לחלב צונן, ואח"כ נפלה לתבשיל של בשר, פשיטא שמהני הבשר עצמו עם שאר התבשיל לבטל החלב, מאחר שלא נאסרה עד שתבא לתבשיל, ואז מתחיל האיסור, ומתחיל גם הביטול בכל מה שבקדירה, וכ"כ באו"ה, וכתב עוד, דאפי' מגביה את החתיכה ההיא לחוץ לבדה בעודה רותח, לא תיאסר, ולא דמי לאיסור הדבוק כו'**], ‹דבבואו למים תיכף נחלק הטעם - דרכי תשובה›.

אבל אם מקצת החתיכה תוך הרוטב, ואין האיסור דבוק בו, לא אמרינן חתיכה נעשית נבילה, ומצטרף כל הקדירה לבטל האיסור - [זהו כדעת ר"י שזכרנו בס"א, גבי טיפת חלב שנפלה על החתיכה של בשר, אלא שרמ"א הכריע כאן כדבריו בשאר איסורין, ‹ולא בבב"ח וכדהלן›, **וכבר** כתבתי שזה סותר מה שכתב רמ"א עצמו בס"ב, ‹דהכריע התם כר"י אפי' בבב"ח›, ודקימ"ל כרש"י, דאפי' מקצתה ברוטב הוה ככולה חוץ לרוטב לחומרא, מ"מ כאן בשאר איסורין מסתבר שיש לסמוך על רמ"א, שאין נעשה נבלה כדעת ר"י].

ומכל מקום יש להחמיר לאסור אותה חתיכה -

‹לפי הט"ז הוי כמו רמ"א בס"ב, דמחמיר מסברת עצמו על החתיכה, דלדידיה, לפי רש"י היה צריך ליאסר כל הקדירה, ולר"י צריך גם החתיכה להיות מותר, **ולש"ך** לכאורה בזה מחמיר כרש"י כדלעיל, דלדידיה רק החתיכה אסורה, אבל בסמוך אוקי דאיירי בניער, ע"ש›.

וכל זה בשאר איסורים, אבל בבשר בחלב, אעפ"י שאין האיסור דבוק, ומקצת החתיכה תוך הרוטב, אמרינן חתיכה נעשית נבילה - ‹אף בבשר בחלב דרבנן - רעק"א›.

‹**לט"ז** זה הוי ממש שיטת רש"י, דאסורה כל הקדירה, אבל לש"ך הוי פשטות דלא כמאן, וכדהקשה בסמוך›.

הרב הכריע כן הכל מסברתו כעין פשר, ומי כהחכם יודע פשר, **אבל** באמת צ"ע בענין זה דמקצתן חוץ לרוטב, דמה שנרשם בש"ע שהוציא מהאו"ה, דאפי' בשאר איסורים ומקצתן תוך הרוטב יש לאסור אותה חתיכה עצמה, ליתא, **דאדרבה** באו"ה כתב שם בהדיא כמה פעמים, דאפילו בבשר בחלב, אם מקצתה תוך הרוטב כל הקדרה מצטרף לבטל האיסור, ואפילו החתיכה עצמה מותרת, והיינו שפסק כר"י שהבאתי לעיל, וכן מביא בד"מ להדיא האו"ה במסקנא לפסק הלכה, **ומ"ש** דבבשר בחלב אפילו מקצת החתיכה תוך הרוטב חנ"נ, ג"כ צ"ע, דהוא נגד כל הפוסקים, **דבש"ס** פכ"ה אמרינן, דטפת חלב שנפלה על חתיכת בשר, החתיכה אסורה ואינה אוסרת כל שאר החתיכות עד ס' כנגדה, אלא ע"י ניעור וכסוי, ופירשו ר"י ור"ת, שכולה חוץ לרוטב, אבל אם מקצתה תוך הרוטב, מצטרף כל הקדרה לבטל, ואז אפילו החתיכה מותרת, וכן פסקו

[ט"ז] ‹רעק"א או ש"א או הוספת הסבר› (פת"ש)

הלכות בשר בחלב
סימן צב – דיני אם נפל חלב לקדירה של בשר

הסמ"ג ומהרי"ל ושאר מחברים כר"י, **ואפילו** לרש"י שפי' דמיירי שמקצתה תוך הרוטב, מ"מ מוכח, דין נ"נ לאסור האחרות אלא ע"י ניעור וכסוי. ‹כשיטת הד"מ לעיל בס"ב, ולא כהט"ז›.

ונראה דמ"ש הרב דבבשר בחלב אפילו מקצתה תוך הרוטב חנ"נ, היינו בשניער אח"כ עד שנכנסה כולה לתוך הרוטב, ולאפוקי דלא נימא דמיד בתחלה מצטרף כל הקדרה לבטל הואיל ומקצתה תוך הרוטב, כדאמרי' בשאר אסורים, דהא ברישא "או שהחתיכה כולה חוץ לרוטב ונפלה עליה איסור כו'", ע"כ בניער מיירי, דאם לא כן לא נ"נ לאסור שאר הקדרה, א"כ ע"כ סיפא נמי בהכי מיירי, ‹וא"כ פסק הרמ"א בבב"ח ממש כרש"י, נמצא דלש"ך הוי החשבון ממש כט"ז, דלש"ך בניער הוי כט"ז בלא ניער, רק דלומד שאר איסורים קצת באופן אחר›, **ולענין** מ"ש בשאר איסורים, דמ"מ יש להחמיר לאסור אותה חתיכה, נראה שהוא סברת הרב עצמו, דמספקא ליה אי קי"ל כרש"י או כר"י, וכמ"ש לעיל, אלא דלענין שאר הקדרה לא רצה להחמיר, כיון דבלא"ה י"א דלא אמרינן חנ"נ רק בבשר בחלב, ודו"ק, **ומ"מ** כבר נתבאר לעיל שדעת כל המחברים והאחרונים כר"י.

‹**ומ"מ** בהיפוך, {דהש"ך מיירי בהחתיכה שנפל עליו האיסור, כשיש ס' בקדרה, דלר"י הוי מותר, ולרש"י הוי אסור, אבל שארי חתיכות באופן דליכא ששים, הוי איפכא, דלרש"י הוי מותר, כשיטת הד"מ, ולר"י הוי אסור}, אם היה מקצתה ברוטב ולא ניער בסוף, ובכל החתיכות והרוטב לא היה ששים נגד החֵלֶב, ואח"כ בשלו חתיכה אחת מאותן שלא נפל עליהן הטפה עם שאר חתיכות, בזה י"ל דכולם אסורים, **אף** דיש בזה סברות להתיר, הא', שיטת רש"י, ולא נעשו שאר חתיכות איסור, הב', רבינו אפרים, **די"ל** דדוקא שיטת ר"י מצרפים לרבינו אפרים, כיון דרוב רבוותא ס"ל כר"י, אבל לסמוך ע"ד רש"י בצירוף שיטת רבינו אפרים, י"ל דלא – רעק"א›.

יש אומרים דלא אמרינן חתיכה נעשית נבילה אם נתערב איסור לח בהיתר לח, ואחר כך נתערב הכל בהיתר אחר, ואין צריכים רק ששים נגד האיסור שנפל - כלומר דדוקא כשנתערב איסור לח בהיתר יבש אמרינן חנ"נ, מטעם חשיבות, כי החתיכת איסור ניכר ומובדל נ"נ הוא, [**ואיך יצטרף אליה שום** היתר לבטל האיסור הבלוע], **אבל** לא כשנתערב איסור לח בהיתר לח, כגון יין נסך ליין כשר, או חלב לשומן, ואח"כ נתערב הכל להיתר אחר, [**שאין האיסור ניכר ונבדל, ואין כאן חשיבות איסור, מתערב היתר השני עם הראשון**], **ואין** חילוק בין אם ההיתר האחר לח או יבש.

‹כ"כ המרדכי מטעם חשיבות, ולפי"ז אף אם נתרסק החתיכה ונימוחה, מ"מ צריך ששים נגד כולה, דכבר נעשית נבלה בשעת הבליעה, דהא חשוב, **אבל** הרשב"א כתב הטעם, דבחתיכה כיון שנשאר באיסורה, משא"כ בלח דהכל נבלל הכל מצטרף לבטל, ולפי"ז בחתיכה שנימוחה ג"כ דינו כלח, כיון דהשתא הכל נבלל – רעק"א›.

[**וכתב** רש"ל, מ"מ נ"ל לחלק, **דזהו דוקא שנתערב שלא כדרך בישול, אבל אם הוא דרך בישול שהוא בנתינת טעם, שנתערב שם איסור, ואח"כ נפל מן הרוטב לתבשיל היתר, צריך ששים נגד כל הרוטב שנפל, ולא סגי לחשוב כמה נבלע בשיעור רוטב זה מן האיסור לפי ערך, אבל** לח בלח, **כגון יין ביין, או מים במים האסורים, נוכל לומר דלא אמרינן כבר נעשה כל ההיתר נבילה, בפרט שהוא מילתא דרבנן, דחנ"נ הוא דרבנן, ואם ניתוסף אח"כ היתר, שרי, עכ"ד**].

ויש לסמוך על זה בשאר איסורים, לצורך הפסד גדול – [משמע מדברי רש"ל, דאפי' שלא במקום הפסד לא אמרינן בלח שנ"נ, שלא כדברי רמ"א כאן].

‹**ועיין** בתשובת נו"ב, במעשה בשמונה הדרא דכנתא של כבשים, שהותך השומן שלהם, ועירבו אח"כ לתוך חמשה זיידל שומן ג"כ של כבשים, והותך הכל יחד, ואח"כ נתנו כל השומן לתוך ט"ו זיידיל שומן אווזים, ואח"כ נמצא שכבש א' היה מים בראש, ולפי ערך לא היה שומן מהדרא דכנתא א' לא יותר מרביע זיידל, **וכתב** להתיר במקום הפסד גדול, ואף שרש"ל אוסר אם הוא דרך בישול, מדברי הרמ"א לא נראה כן, וכן מוכח מדברי הש"ך לקמן, ואולי גם הרש"ל מודה בהפ"מ, ועכ"פ ראוי לסמוך על רמ"א, **ובפרט** שאין כאן רק ספק טריפות, דשמא היה המוח מקיף, וכיון שלא נודע הטריפות עד אחר מעשה, הוי ס"ס, שמא אינה טריפה, ושמא הלכה כדברי הרמ"א›.

‹**ועי'** בסי' נ' שכ', כיון שטעם הקולא בלח הוא, שאין חתיכה הנאסרת ניכר ונבדל, לפ"ז אם החמשה זייד"ל טרם שנתערבו עם הט"ו זייד"ל כבר נקרשו, הוי כמו חתיכה, וגם רמ"א מודה שנ"נ, **ואולי** כיון שמשעה שנתערב היה לח ולא נ"נ לדעת רמ"א, שוב לא אמרינן

הלכות בשר בחלב
סימן צב – דיני אם נפל חלב לקדירה של בשר

שכשנקרש יהיה נעשה נבילה, שדבר זה שהחתיכה נ"נ בשאר איסורים חידוש הוא, ואין לך בו אלא חידושו, שבשעה שנתערב יהיה נ"נ, אבל לא אח"כ בעת הקרישה, שהרי אז לא נתוסף בו איסור, אלא שנשתנה בעצמו ונעשה קרוש, ואיך מעצמו יתחדש איסור, **ומ"מ** לא בריר לי הך סברא, ע"ש שהעלה לענין השאלה הנ"ל, דכיון שאין כאן רק ספק טריפה, וגם הוא מין במינו, הרוצה להקל אין מוחה בידו›.

אבל לא בבשר וחלב - ל' הס' אפי רברבי, מיהו בבשר בחלב יש להחמיר אף בלח, עכ"ל, **ולפע"ד** אינו משום חומרא, אלא דכ"ע מודו בזה, כדמוכח בהדיא בש"ס פכ"ה, גבי הא דקאמר התם חלב אמאי מותר חלב נבילה הוא, דגבי בב"ח אפי' בלח חנ"נ, וכ"כ הרשב"א.

‹**ועיין** בנו"ב שכתב, דנראה לו שדעת הש"ך, דצונן בצונן, גם בבשר בחלב יש להקל בלח בלח לצורך גדול›.

ואם נתערב יבש ביבש – [פי' שלא בדרך בישול יחד, דאז דינו דבטל האיסור ברוב], **לא אמרינן בשום איסור חתיכה נעשית נבילה** – [אם נתערב תחילה שלא ברוב, א"צ אח"כ רוב נגד כל התערובות הראשון, **אבל** אם נתבשלו יחד, ודאי אמרינן חנ"נ, וצריך ששים בהיתר נגד כל החתיכה].

בשום איסור - כלומר בין בבשר בחלב בין בשאר איסורים, אלא לעולם כל שניתוסף אחר כך היתר הוי כנתערב כן לכתחלה, ודינו כדלקמן סימן ק"ט.

‹**ואם** נתערב תחילה חד בחד, ואח"כ נפל אחד מהם למקום אחר, ונתערב עם חתיכה אחרת, החתיכה הראשונה הנשארת במקומה אסורה, כיון דאין עליה הספק שמא היא השלישית הכשרה, והספק רק שמא היא הראשונה הכשירה או האסורה, והוא רק תערובות חד בחד, **אבל** השתים האחרות מותרות, דעל כל אחד הוי הספק, אם היא האסורה או הכשירה הראשונה, או הכשירה השניה, א"כ תערובתו תוך שתים, וכאילו ניתוסף אותו האחרון להשתים הראשונות ובטל ברוב, כ"כ בס' חו"ד, **ונלפענ"ד** דלפ"ז, אף בחתיכה הראויה להתכבד, השתים האחרונות שרי, כיון דמן התורה הכל מותר מטעם ביטול ברוב, ולגבי דרבנן אמרינן שאני אומר היתר לתוך היתר נפל, למה דמסקי הכרתי ופלתי והפר"ח, דאפי' נתערב תחילה א' בא', אמרינן שאני אומר, דלא כש"ך שם – רעק"א›.

ולענין אי אמרינן חנ"נ במליחה, פסק בת"ח דאף דנהגינן לשער כל מליחה בס', מ"מ כיון דהרבה פוסקים סוברים דכל מליחה אינה אוסרת רק כדי קליפה, יש להתיר לצורך הפסד גדול, או לעני בדבר חשוב, ולומר דלא נ"נ, עכ"ד, **ומשמע** שם דאפילו בדבר שמן, שאוסר עד ס' אפילו לדעת הט"ו לקמן סי' ק"ה, והרבה פוסקים פסקו כן, **וכ"נ** עיקר, וכמ"ש בספרי, ודלא כבאר שבע.

‹**ואם** בשלו אח"כ החתיכה זו עם שאר חתיכות, י"ל דעתה הבלוע שבתוכה נתבשל ונעשית נבילה – רעק"א›.

ועי' בסי' כ"ב ס"ק י', ושם תמצא אי אמרינן בקליפה דהקליפה נ"נ.

וע"ל סימן ל"ט מדין חתיכה נעשית נבילה.

כלי הנאסר מבליעת איסור, לא אמרינן ביה חתיכה נעשית נבלה - ‹ר"ל שיהא צריך ס' נגד הכלי עצמה, שיחשב הקדרה עצמה כאלו היא אסורה, והיינו בחדשה, וכמ"ש בסי' צ"ח ס"ה, **ולא בעינן ס' רק נגד האיסור שבלע** - ‹אבל בישנה אמרינן לגבי בלוע חנ"נ, כמ"ש שם, ובסי' זה בס"ה, ולא אמר כאן אלא לענין הקדירה עצמה דלא נ"נ – גר"א›. **ועיין לקמן סי' ל"ח.**

[**כתב הטור**, לדעת ר"ת שפסק שאף בשאר איסורים אפשר לסוחטו אסור וחנ"נ, דוקא בנותן טעם, שלא היה בהיתר ששים לבטל האיסור שנבלע בו, אבל נאסר במשהו, אפי' נאסר מחמת מינו שאסור במשהו לר' יהודה, לא נעשית כולה נבילה, עכ"ל]. ‹**ויראה** הטעם, דומיא דבב"ח, ושם בטעמא תליא מלתא – פמ"ג›. ‹**והנה** הטעם היא פשוט, דדוקא אם נ"ט בחתיכה, יש בו כח להפוך גם החתיכה לאיסור, אבל אם לא נאסר אלא ממשהו, הגם דאינו בטל משום דמינו אין בו כח לבטל, אבל בודאי דאין זה סברא לומר דהמשהו יתגבר על החתיכה להיות נגרר אחריו לחשוב כנבלה – יד יהודה›.

[**מבואר בזה**, דאע"פ שלר' יהודה הוי מין במינו במשהו, מ"מ היינו דוקא שתחילה נאסר במשהו, אבל אם נתבשל אח"כ במינו, אין כח לאסור אם יש ששים נגד החתיכה שנאסרה, ולא אסרינן מכח מין במינו במשהו, כיון שאין גוף האיסור כאן, אלא שבלעה מאיסור משהו, ע"כ היו שאר חתיכות הכשרות מותרות, אבל אם נאסרה החתיכה תחילה מאיסור הרבה שנתן בה טעם, אז אוסרת במשהו את מינה האחרות, ולא מהני ששים נגדה, וכיון שאמרינן סברא זאת באיסור משהו במין במינו לר' יהודה שהוא מן התורה, מכ"ש שנימא הכי באיסור משהו

הלכות בשר בחלב רלה
סימן צב – דיני אם נפל חלב לקדירה של בשר

דמדרבנן, כגון חמץ בפסח, דאיסור משהו שלו מדרבנן, וכן ביין נסך, פשיטא שכל שנאסר תחילה מחמת מינו במשהו, אינו אוסר אח"כ אם נפל לאחרים ויש ששים כנגדו, דאז אין משהו אוסר, ומש"ה כתב הטור, "אפי' נאסר מחמת מינו שאסור במשהו לר' יהודה", כלומר שהוא מן התורה, וכ"ש חמץ בפסח לדידן בין במינו בין שלא במינו דבמשהו אסור, דלא נעשה נבילה אם נאסר במשהו, שיאסר אח"כ במשהו, דתרי משהו לא אמרינן, **וכן** ראיתי בדרישה, אלא דהוקשה לו ע"ז, דכיון שאיסורו במשהו, מה לי בתערובות ראשון מה לי בתערובות השני, בשלמא באיסור משהו דר' יהודה, דאין אוסר אלא במינו, וכי נפל אח"כ להיתר שא"מ, משערינן כאילו האיסור עצמו נפל לשם, ומבטלינן ליה בששים, לפי שהאיסור עצמו אינו אוסר שם אלא בששים, דדוקא במינו אוסר במשהו, משא"כ בחמץ בפסח, דאף אם נשער כאילו האיסור לחוד נפל שם לתערובות שני, אפי' לאינו מינו, מ"מ אוסר במשהו, וא"כ מה מועיל תערובות שני יותר מן הראשון, עכ"ל, **כבודו** במקומו מונח, אבל לא דק כראוי בתוס', שהרי שם איירי שנפלה החתיכה הנאסרת למינה, ואפ"ה אינה אוסרת במשהו, דתרי משהו לא אמרינן. ‹**הוא** ז"ל סובר, דבר הנאסר במשהו, אין כח במשהו לצאת לחוץ אף ע"י רוטב – פמ"ג. **או** דאינו יוצא כלל, או דמה שיוצא קלוש וחלוש בטעמו, ואינו חשוב להיות איסור עוד – בדי השלחן›.

[**ולפי"ז** צריך לפרש הא דפסק בשו"ע או"ח סי' תמ"ז, שדין תערובות חמץ בפסח במשהו כתערובות שאר איסורין בס', היינו בתערובות ראשון, אבל בתערובות השני אינו אוסר במשהו את אחרים, כיון שתערובות הראשונה לא היתה אלא ע"י משהו, ומו"ח פי' "האפי'" דכתב הטור ג"כ אחמץ בפסח, דל"א ביה נ"נ, אלא דכ' זה לענין תערובות חמץ אחר הפסח, דע"ז אמר הטור לא מיבעיא דלא נ"נ, משמע דתוך הפסח אסור, **ואין** זה מכוון, דמדפוסק הטור דגם לר"י במינו במשהו לא נ"נ, כ"ש בחמץ אפי' תוך הפסח, כיון שמשהו שלו אינו אלא מדרבנן].

אין דבריו נכונים בכמה דינים שונים, וגם מה שהשיג על הלבוש ועל הדרישה ועל הב"ח, העלה קמשונים כמו שאבאר, בראש מה שר"ל, דבחמץ בפסח שנתבשל עם חתיכה, ואח"כ נתבשל אותה חתיכה עם אחרות, אינה אוסרת במשהו, **הוא** דבר תמוה, ושאלתי לכמה רבני קשישאי וגדולי המורים, וכולם אמרו פה אחד, שמעולם נוהגין לאסור כל התערובות, וכן משמע מדברי הטור או"ח סי' תס"ז, ומדברי רמ"א שם, וכן נראה באמת, דהא מ"מ אותו טעם משהו שבחתיכה הראשונה אוסרת שוב האחרות, כיון דחמץ בפסח במשהו בין במינו בין שלא במינו, **ולא** דמי למ"ש התוס' והרא"ש והטור, גבי מין במינו לר' יהודה, דאם נאסרה החתיכה תחילה במשהו מחמת מינו, ונתבשלה אח"כ עם חתיכות אחרות, אינה אוסרת במשהו, אע"פ שהם מינם, **דהתם** היינו טעמא, דכיון דלא אמרינן חנ"נ, כיון שלא נאסרה בנותן טעם, א"כ ליכא למימר דאותו משהו שבחתיכות, יאסור כל החתיכות האחרות, דכיון דחתיכה לא נעשה נבילה, א"כ לא הוי אותו משהו לגבי חתיכות האחרות מינו, דלא שמעינן לר' יהודה דאמר מין במינו לא בטל, אלא כשאותו מין הוא איסור לבדו, אבל לא כשכח אחר מעורב בו, וה"נ כיון שהחתיכה לא נעשה נבילה, א"כ אותו משהו מעורב בכח אחר, וחשיב אינו מינו לגבי חתיכות האחרות, דהא אותו משהו הוא מעורב, והחתיכות אינם מעורבים, א"כ אין מין זה דומה לחבירו, **אבל** בחמץ בפסח בתבשיל, כיון דאוסר במשהו בין במינו בין שלא במינו, א"כ אפי' תימא דכיון שכח אחר של היתר מעורב בו חשיב אינו מינו, מ"מ הא אוסר אפי' שלא במינו, **נמצא** יפה כוונו הדרישה והב"ח בזה, דבחמץ בפסח אוסר אותה חתיכה לעולם אח"כ האחרות, **ובע"כ** צריך לפרש גם דברי הלבוש, דחמץ בפסח דכתב כאן, היינו כמ"ש הב"ח, דנתערבה החתיכה אחר הפסח, או מיירי שנתערבה ביבש, או מיירי שנתערבה בע"פ אחר חצות, וכמו שאכתוב בסמוך - נקה"כ.

מיהו יש להשיג על הדרישה מטעם אחר, לפי מה שנראה מדבריו, דאפי במין במינו לר' יהודה, לא אמרינן שאין החתיכה שנאסרה ממשהו אין אוסרת שאר החתיכות, אלא כשנפלה לאינה מינה, אבל כשחזרה ונפלה למינה, אז אוסר אותו משהו גם החתיכות האחרות, **והא** ליתא, כמבואר בתוס' והרא"ש וס' התרומה להדיא, ובזה יפה השיג עליו הט"ז - נקה"כ.

ונ"מ לענין דבר שיש לו מתירין, דקימ"ל דלא בטיל במינו, היכא שנאסרה חתיכה במשהו מחמת דבר שיש לו מתירין, דדבר שיש לו מתירין אפי' טעמו לא בטיל במינו, וחזרה ונפלה לקדירה אחרת אפי' מינו,

מחבר רמ"א ש"ך ונקה"כ

סימן צב – דיני אם נפל חלב לקדירה של בשר

הקדירה האחרת מותרת, **וכן** נ"מ לענין חמץ בפסח בדבר יבש, למאי דקימ"ל דיבש ביבש בפסח לא בטיל משום דבר שיש לו מתירין, כגון שנאסרה חתיכה מחמת משהו, ושוב נתערבה אותה חתיכה באחרות אפי' במינן, לא אמרינן שאחרות יאסרו, משום דדבר שיש לו מתירין בטיל שלא במינו, ואין החתיכה שנאסרה מחמת משהו נעשה נבילה, א"כ אין אותו משהו שבחתיכה הראשונה אוסרת החתיכות האחרות, משום דבר שיש לו מתירין, דכיון דכח אחר מעורב בו לא חשיב מינו לגבי האחרות, כמ"ש למעלה, **או** נ"מ לענין חמץ בע"פ אחר שש שעות, דלמאי דקימ"ל דחמץ הוי דבר שיש לו מתירין, א"כ לא בטיל אחר שש במינו אפי' באלף, רק שלא במינו בטל בששים, וא"כ כשנאסרה החתיכה בע"פ אחר שש במשהו מחמת מינו, משום דבר שיש לו מתירין, ונתבשלה אח"כ אותה חתיכה בע"פ אפי' עם מינו, אינה אוסרת, דלא נעשית נבילה, וגם המשהו הראשון אינו אוסר, כיון שכח אחר של היתר מעורב בו, א"כ חשיב אינו מינו שבטל בע"פ בששים - נקה"כ.

עוד ראיתי שגגה בדברי בעל ט"ז, שנראה מדבריו, שר' יהודה דס"ל מין במינו לא בטיל, וכן לדידן בחמץ בפסח, או דבר שיש לו מתירין, וכה"ג, היכא שנאסרה חתיכה מחמת משהו במינו, ונפלה לקדרה אחרת, דאינה אוסרת במשהו, דמ"מ ששים בעינן נגד החתיכה שנאסרה, **אף** שגם בדרישה נראה קצת כן, מ"מ לפענ"ד שגגה היא, דכיון דאמרינן דלא נעשית נבילה מחמת שנאסרה במשהו, א"כ למה יצטרך אח"כ ששים נגד החתיכה - נקה"כ. ‹**אף** דהחתיכה לא נעשה נבלה במשהו, מכל מקום בעינן ששים נגדה, דכל שטעמה נרגש בתבשיל האחר כשאוכל התבשיל, הוי כאלו אוכל האיסור – חוו"ד›. ‹**אינו** מספיק, דהא התבשיל הראשון אין בעצמותה איסור, רק במה שאוכל ג"כ המשהו בתוכו, ועתה הטעם הנרגש בתבשיל אחר אין בו חלק ממשהו, וממילא אין כאן איסור – רעק"א›.

[**וכן נראה עיקר, אלא דצריכין אנו לבאר, דהא דכתבו התוס' דתרי משהו לא אמרינן, מיירי שחתיכת האיסור היתה ניכרת, ולא התירו שם אלא פליטתה שאינה אוסרת במשהו, וע"כ בחמץ בפסח נמי אין להקל אלא כשנאסרה חתיכה במשהו, וחזרה ונפלה לאחרת וסלקוה, דאין פליטתה אוסרת במשהו, כל שיש ששים כנגדה**, ‹דהא עיקר יסוד ההיתר דתרי משהו לא אמרינן, היא משום דאין משהו הבלוע בחתיכה בכח לצאת בעצמו ולהתפשט לחוץ, **א"כ** פשוט דלא שייך היתר זה לגבי גוף החתיכה שהאיסור משהו הבלוע עדיין בתוכו, ולא נשתנה כלום במה שנפלה לתערובות שני, דאיסור זה אינו מתבטל לעולם ונשארה באיסורה הראשון, **ולכן** נאסרו גם האחרות, דאז אין האיסור מכח פליטתה, רק מכח גוף החתיכה הנאסרת במשהו שנתערבה בהם ואין אנו מכירין אותה – אמרי דעה›. **אבל בלח בלח שנתערב בדרך זה, אין להקל, כיון שכבר נאסר הלח הראשון בתערובתו, לא מהני ליה אח"כ תערובת השני, דאותו איסור אינו נתבטל לעולם**]. ‹דא"א לסלק תערובות לח הראשון שהמשהו מעורב בתוכו, מן התערובות לח השני – אמרי דעה›.

למה לי שסלקו לחתיכה, הא אפי' החתיכה שם, כיון שלא נאסרה אלא מחמת משהו, אינו אוסרת שאר החתיכות, וכדמוכח מתוס' והרא"ש ופוסקים להדיא, דלא מיירי אלא שסלקו להאיסור עצמו, אבל חתיכה הראשונה שנאסרה מחמת משהו נשארה שם, **ואולי** יש איזה טעות סופר בדבריו, ור"ל שסלקו להאיסור, ובא לומר דבלח בלח לא מהני אף כשסלקו להאיסור, ובזה נראה הדין נכון, דאם נאסר דבר לח מחמת משהו, אוסרת הלח אח"כ תערובות אחרות במשהו במינו, ודוק, ‹**מה** שהסכים הש"ך להט"ז בלח, צריך ביאור, דלהבנת הש"ך, דהמשהו יוצא, אלא דיש לו דין אינו מינו כיון שמעורב בהיתר, א"כ לכאורה גם בלח האיסור מעורב בהיתר, ולמה לא נחשב לאינו מינו – אמרי דעה›, **אבל** פשט לשונו לא משמע כן, גם דבריו אח"כ מגומגמים - נקה"כ.

[**וכן חתיכה ביבש שנאסרה מחמת משהו, ואין מכירין אותה, נשארה באיסורה, ואם נאמר שתיבטל ברוב האחרות, זה תלוי בפלוגתא שהביא בשו"ע סי' תמ"ז ס"ט, וראוי להחמיר בזה, וכן פסק בלבוש להחמיר ביבש ביבש, וע"כ מה שפסק כאן, דאם אין מכיר החתיכה האסורה בפסח דבטל ברוב, אינו נכון כלל, וסותר ג"כ דברי עצמו, אלא האיסור נשאר לעולם באיסורו בפסח, ואין לנו היתר רק אם מכירו וסילקו, דאין פליטתו אוסרת במשהו, כיון שלא נאסר רק מחמת משהו תחילה, כנלפענ"ד ברור ונכון**].

לענ"ד דברי הלבוש נכונים ואינם סותרים זה את זה כלל, דעד כאן לא פסק באו"ח סי' תמ"ז ס"ט, דלא בטיל, אלא משום דהוי דבר שיש לו מתירין, והיינו דוקא במינו, והיינו דוקא בחמץ עצמו שנתערב במינו ביבש, או כשנאסרה חתיכה בנותן טעם, וחזרה ונתערבה חתיכה

[ט"ז] ‹רעק"א או ש"א או הוספת הסבר› (פת"ש)

ביבש במינו, וכדין דבר שיש לו מתירין דלא בטיל במינו דוקא, **אבל** הכא כיון שנאסרה מחמת משהו, א"כ לא אמרינן דנעשית נבילה, וגם לא אמרינן דאותו משהו יאסור אח"כ כל החתיכות האחרות משום מין במינו, כיון דכח אחר מעורב בו, א"כ חשיב אינו מינו לגבי האחרות, ובטל הכל ברוב ביבש אם אינה מכירה - נקה"כ.

העולה מזה, חתיכה שנאסרה מחמת דבר שיש לו מתירין, וכן חמץ בע"פ משש שעות ולמעלה, וכל דבר האוסר במשהו במינו, אם נפלה החתיכה אח"כ לחתיכות אחרות ונתבשלה עמהן, אפי' היא ג"כ מינן, אינו צריך ששים נגד החתיכות, וכ"ש שאינו אוסר במשהו, וכ"ש כשנפלה לאינו מינו שאינו צריך ששים נגד החתיכה, רק נגד האיסור, **וכן** חתיכה שנאסרה במשהו מחמת חמץ בפסח, ועבר עליה הפסח במזיד, בענין שנשארה באיסורה, אם חזרה ונתבשלה בחתיכות אחרות, אפי' במינן, א"צ ששים נגד החתיכה, **אבל** חמץ בפסח עצמו, שאוסר במשהו בין מין במינו בין מין שלא במינו, אוסרת הכל במשהו, **אבל** נתערבה בחתיכות אחרות ביבש, אפי מין במינו, בטל ברוב אף בתוך הפסח, **אבל** אם נאסרה החתיכה מחמת נתינת טעם, ונתערבה ביבש במינה, אפי' באלף לא בטיל, משום דבר שיש לו מתירין, **ואם** נתערבה שלא במינה ביבש, בטל בששים, **וכ"ז** בחתיכה, אבל אם נאסר דבר לח מחמת משהו, ונתבשל אח"כ אותו לח במינו, דהיינו שהאיסור הוא מין של תערובות השני, אסור אף התערובות השני, כאילו נפל האיסור הראשון שם, **אבל** אם נתערב אח"כ אותו לח באינו מינו, א"צ בתערובות השני רק ששים נגד האיסור הראשון, דלעולם לא אמרינן בחתיכה שנאסרה מחמת משהו חנ"נ - נקה"כ.

סעיף ה - ז"ל סמ"ק, טפה שנפלה על דופן הכלי, מספקא לן בפרק דם חטאת, אי מפעפע בכל הכלי אי לא, הלכך כשנפלה נגד הרוטב, ויש ברוטב ס' מן הטפה, מותר ממ"נ, אי מפעפע בכל הכלי, הרי נתבטל, ואם אינו מפעפע, אז לא יאסר, **כלומר** אם אינו מפעפע בכל הכלי, אז לא יאסור משום דמסתמא מפעפע לפנים, והוי כאילו נפלה בתבשיל, כך פי' ב"י, **אבל** בנפלה בריקן, שמא מפעפע בדופן הקדרה עד סמוך לרוטב, כ"כ שאין ס' מן הטפה, ונעשה אותו מקצת כלי נבילה, וכשיערה כו', עכ"ל, **וע"פ** הדברים האלה הם דברי המחבר, אלא שקיצר בלשון.

טיפת חלב שנפלה על הקדירה שאצל האש מבחוץ, אם נפלה כנגד התבשיל, אין צריך אלא ששים כנגד הטיפה, שמפעפעת לפנים, והוי כאלו נפלה בתבשיל.

והיינו להתיר התבשיל, אבל הקדרה מ"מ אסורה, ויערה מיד התבשיל בצד הא', וכמ"ש הרב בס"ו. ‹ע"ש להסברא›.

[**באו"ה** בשם הסמ"ק כתב זה דרך ממ"נ, אי מפעפע לתוך הרוטב, הרי נתבטל הטיפה בששים, ואם אינה מפעפע לתוכה, ממה יאסר, מ"מ יערה התבשיל מיד, ובצד השני שלא כנגד נפילת האיסור, ואל יניחו להצטנן כך, מאחר שנפלה הטיפה כנגד הרוטב, שמא יפעפע יותר, עכ"ל, **מבואר** מזה דהקדירה אסורה, ולא חשבינן כאילו נפלה לתבשיל אלא לענין היתר התבשיל לחוד, **ורש"ל** כתב, בזה אף הקדירה מותרת מן הדין לבשל בה בשר עוד, אלא שלכתחילה אסורה להשתמש בה אפי' בשר, שנראה כאילו נאסר בחלב, עכ"ל, **וכן** נראה עיקר].

ואם נפלה במקום הריקן - ‹ויש ס' בתבשיל נגד הטפה, משמעות השו"ע, וכן מפורש בס"ז, ופשוט, דאל"כ דלמא יתפשט הטפה עד התבשיל, ויאסרו›, **והיא מפעפעת בדופן הקדירה עד סמוך לרוטב כל כך שאין ס' כנגד הטיפה** – [פי' אפשר שתפעפע ויש לחוש לזה], **הרי נאסר אותו מקום הקדירה.**

[**לפי** פי' ב"י צ"ל, דכל שמפעפע יותר, הוי היתר יותר, דיש הרבה לחלוחית באותו מקום של נפילת הטיפה והתפשטותה, **קשה** לי טובא, דלמה אמר בזה, "כ"כ שאין ששים נגד הטיפה", אלא היה לו לומר, שמא לא מפעפע אלא דבר מועט, שאין במקום ההוא ששים, **ותו** דלשון כ"כ משמע, שרוצה להגדיל השיעור, ואח"כ אמר שלא יש שם ששים, דמשמע שבא להקטינו, **וצ"ל** דלכל הדעות שמביא הטור, לא ס"ל שלחלוחית שבתוך הכלי יוכל לבטלה לטיפה, כי מי יודע כמה יש שם לחלוחית, כדאמרינן בסי' צ"ח, דמשערינן בכל הקדירה, דלא ידעינן כמה נפיק מיניה, ה"נ לענין זה, **ואע"ג** דהב"י מביא בשם מהר"ם במרדכי וז"ל, וכיון שאין מתפשט בכל דופניה שיהא ראוי לומר, שכל לחלוחית שבדפנות מסייעים לבטל כו', לרווחא דמילתא כתב כן, שאפי' היה

רלח הלכות בשר בחלב
סימן צב – דיני אם נפל חלב לקדירה של בשר

ידוע לנו שיעור הלחלוחית שיש שם כדי לבטל, מ"מ לא מהני, דבלחלוחית לא מפעפע כלל, וע"כ נראה בכל פשט זה, דכמה דמתפשט גרע טפי, שאוסר מקום ההוא, ואינו מתבטל כלל].

[והמשך דברי הטור הם כך, בתחילה כתב שיש איסור בטיפה בכל סביבותיה, ואח"כ מפרש עד היכן יש כח לאיסור, דהר"מ כתב דאם יש ששים פעמים ששים דמהני, ‹דאינו מחלק בין נגד הריקן לנגד הרוטב, דלא אמרינן דהבליעות מקושרות למה שבקדירה שיהא דינו כאילו נפלה בתבשיל – אמרי דעה›, **נמשך** מזה שתי חומרות וקולא אחת, **חומרא אחת**, דאפי' נפלה נגד התבשיל, לא אמרינן דהתבשיל מבטלה, **חומרא שני'**, דהקדירה נשארה אסורה, דדבר זה דומה לחתיכת נבילה שנפלה לקדירה ונתבטלה, ואתה מכירה, ודאי היא נשארה באיסורה, ה"נ בהאי מקום שנתפשט שם האיסור נעשה נבילה ממש עד עולם, **וקולא אחת**, דיכול לערות את הרוטב תיכף מן הקדירה בעודה חמה, כיון שיש בתבשיל ששים נגד האיסור כולו].

[**וספר המצות** חולק, וס"ל להיפך ממש, דהיינו דס"ל דיש ספק אם יש פעפוע לטיפה, או אמרינן שאינה זזה ממקומה כלל, **לא** כמו שכתב ב"י, דיש ספק עד היכן כח הפיעפוע, אם בכולו או במקצתו, דהא הספק בגמר' פ' דם חטאת אינו בדרך זה, אלא אם מפעפע מן התבשיל החטאת חוץ למקומו בשאר הכלי ואוסרו, וה"נ כן הוא, וע"כ כתב כאן, אם נפלה נגד התבשיל מותר ממ"נ, אם מפעפע בכולו, פי' שהטיפה מפעפעת ממקומה למקום אחר, ונקט לשון בכל הכלי, דגריר בתר לישנא הגמר' שזכרנו, ובאמת לא נתכוין כאן אלא אם יש לו פעפוע כלל חוץ למקומו, הרי נתבטל מחמת התבשיל, דכיון שיש לו פעפוע ממילא נכנס לפנים לתוך התבשיל, הרי בא התבשיל ומבטלה, ואם לא מפעפע כלל, אלא עומד במקומו, אין כאן איסור כלל, כיון דאינו מתפשט כלל ממקומו, ממילא אינו נכנס לפנים, וע"כ לא הוצרך הטור להביא חלוקה זאת, כי הוא דבר פשוט, ולא קשה מ"ש ב"י בזה ונכנס לתרץ כמבואר בדבריו, **והנה** לפי"ז הקדירה ג"כ מותרת, דאם מפעפעת לפנים הוה כנפלה לתוך התבשיל ממש, ואז גם הקדירה מותרת, דאנו חושבין דופן הקדירה כאילו הוא חלק מן התבשיל ממש, ואם אינה מפעפעת, לא יאסר גם התבשיל שיבשלו בה אח"כ, דמ"ש מן הראשון].

[**ואח"כ** אמר אם נפלה כנגד הריקן, אז נאסר חלק גדול בקדירה, דשמא מפעפע חלק גדול, ועכ"פ לא עד הרוטב, דאל"כ הוי כנפלה נגד התבשיל שזכרנו, כיון שגם כאן יש חיבור לטיפה עם התבשיל, וכ"ת דאכתי יש היתר לתבשיל, שיש בו ששים נגד אותו חלק הקדירה שנאסר, לזה אמר שמא נתפשט חלק גדול מאד, כ"כ עד שלא יהא ששים בתבשיל נגד אותו חלק, ע"כ אסור לערות דרך שם, דבזה ישאר חלק הקדירה באיסורו לעולם, ולא מהני ליה שום ביטול].

‹**מה** שנראה לכאורה מדבריו, דבנפל נגד הריקן לדידן לא מהני ס' פעמים ס"א, דשמא נתפשטה מעט מעט עד חלק גדול – פמ"ג›, {**דיש** לחוש שמא אין הטפה הולכת ומתפשטת תיכף בפעם אחת בשוה בתוך אותן הבליעות, אלא דתחילה מתפשטת רק במקצת חלק מן הדופן, שאין שם רק מעט בליעות שאין בהם ס' נגדה, ואוסרתן ונ"נ, ואחר שכבר שהתה בדופן, שוב הולכת ומתפשטת בדופן ואוסרת עוד מעט בליעות אחרות, וכן להלאה עד שנאסר חלק גדול מהבליעות עד שיש בהם הרבה פעמים ס' נגד הטיפה, ולכן לא מהני ס' פעמים ס"א – אמרי דעה}, ‹**צ"ע**, דביש ס' פעמים ס"א שרי – פמ"ג›, ‹**אפשר** דכוונתו, דכיון דהטפה עומדת להתפשט מעצמה באותו בישול לתוך ס' בליעות, א"כ הוי דרך הילוכו ושוב לא נ"נ, ואף שאינו מתפשט תיכף ומיד באותן הבליעות – אמרי דעה›.

‹**וי"ל** דהט"ז אזיל לשיטתיה דפסק בסי' צ"ח, דגוף החרס נעשה נבילה, ועכ"פ לענין ביטול הטפה דוקא לחלוחית מבטל, מש"ה חיישינן דלמא מפעפע בחלק גדול והלחלוחית בו מעט, מש"ה לא מהני ס' פעמים ס"א, **והש"ך** פסק דמהני ס' פעמים ס"א, לשיטתו דגוף חרס אין נעשה נבילה – לבושי שרד›.

[**ועדיין** יש להקשות, למה הוצרך לומר עד סמוך לרוטב, האי סמיכות ל"ל, היה לו לומר מפעפעת חוץ לרוטב, דהא עיקר הכוונה שלא יתחבר הרוטב, י"ל דכתב כן, משום דרוצה לפסוק שאין תקנה אלא להניחה עד שתצטנן, ואין היתר לערות מצד השני במקום שלא נתפשט האיסור, או ינקוב משולי הכלי, כמו שנזכרו תיקונים אלו בשאר פוסקים, לזה אמר דיש חשש שמא הפעפוע נפסק סמוך לרוטב, ואם יזוז הכלי ממקומו יגיע למקום האיסור, ע"כ יניח עד שיצטנן דוקא, ומ"ש כ"כ שאין ששים נגד הטיפה, לא הטיפה לחוד, אלא עם התפשטות שלה קאמר, וזה ברור]. ‹**דלפי'** ב"י, מש"כ הסמ"ק שאין ששים, פי' פשוט, שליכא ששים בבליעות במקצת הכלי שנתפשט הטפה, **משא"כ** לט"ז, שמש"כ שאין ששים,

[ט"ז] ‹רעק"א או ש"א או הוספת הסבר› (פת"ש)

הלכות בשר בחלב רלט
סימן צב – דיני אם נפל חלב לקדירה של בשר

היינו בתבשיל, וע"כ כנגד הטפה יש ששים, א"כ צ"ל שמש"כ כנגד הטפה, ר"ל כנגד התפשטות הטפה – אמרי דעה.

ואם יערה התבשיל דרך מקום הקדירה שנאסר, הרי יאסר התבשיל - מיירי כשאין בתבשיל ס' כנגד אותו מקום הריקן, (ודלא כהט"ז דלא מהני ס' פעמים ס"א), דהיינו ס' פעמים ס"א פחות מעט, נגד הטיפה, לפי שהטיפה אסרה עד ס', א"כ עם הטיפה יש ס"א פחות מעט, **ומ"ש** הפוסקים דסגי בס' של ס' טיפין כמוהו, נראה דלאו דוקא הוא. (**ולפענ"ד** דברי כל הפוסקים נכונים, מטעם דהבשר וחלב כיון שאין טעמן שוה, מבטלין זה את זה – חוו"ד).

ונראה דמכל מקום, (ר"ל, אע"פ שיש ס' פעמים ס"א פחות מעט – מחה"ש), אין לערות התבשיל דרך אותו מקום הקדירה, דאין לבטל איסור לכתחלה, **ואפילו** בקדרה חדשה נראה דאסור לערות, דשמא אין מפעפע אלא במקצת הכלי, ולא נתבטל מתחלה, ועכשיו כשעירה יבטל הטיפה, **ומה** שכ' הרב בהג"ה, דבקדרה חדשה בכל ענין א"צ רק ס' נגד הטיפה, ר"ל אם עירה בדיעבד סגי בס' נגד הטיפה לחוד, אבל מכל מקום לכתחלה לא יערה, **והיינו** דלא כתב, אבל אם היא קדרה חדשה בכל ענין מותר לערות, דהוי קאי אדברי המחבר, אלא ודאי כמ"ש.

וזה תקנתו, שיניחנה כך, ולא יגע בה עד שתצטנן - אבל לא מהני שינקוב הכלי מתחת, דחיישינן שמא יגע הרוטב בדופן שנאסר ע"י נענוע, כ"כ סמ"ק והפוסקים, **ומשמע** נמי דלא מועיל שיערה מיד בצד האחר, דשמא ינענע הקדרה, וכן משמע בסמ"ק ופוסקים. (**ועיין** בספר מנחת יעקב שכתב טעם אחר, דכי היכא דחוששין שהטיפה מפעפע בדופן הקדירה עד סמוך לרוטב, כה"ג יש לחוש שהטפה מפעפע נמי ברוחב בעיגול הקדירה, ומ"מ שיערה יערה על מקום האסור, לכן לא שייך תיקון זה כלל לערות בצד השני, ע"ש – מחה"ש).

(**ודע** דכ"ז מיירי בקדרה מגולה, אבל אם בעת נפילת הטיפה היתה מכוסה, לא שאני לן בין נפלה נגד התבשיל לנפלה במקום ריקן, ובכל גוונא בששים נגד הטיפה סגי, ממה נפשך, שאם אין הטיפה מפעפעת בפנים, אינו אוסר, ואם מפעפעת ונכנסת לפנים, כיון שהקדרה מכוסה ההבל עולה מהשולים לפיה ומערבת הטיפה בכל הקדרה ומתבטלת בס' – פר"ח).

הגה: ודוקא אם הקדירה ישנה, אבל אם היא חדשה, בכל ענין אין צריך ס' רק נגד הטיפה שנפל עליה - לדעת הרב בהג"ה סי' צ"ח ס"ה, דיש לחוש לחומרא לומר דאף כלי חרס חדש נ"נ, א"כ הכא דוקא בטפת חלב אמרינן הכי, דלא שייך לומר חנ"נ, כיון דעדיין כולו היתר, וכדלקמן סימן צ"ד ס"ו, אבל לא בטיפת איסור, **אבל** כבר נתבאר בסי' צ"ח, דלא שייך כלל לומר שגוף החרס יעשה נבילה, ואם כן הכא אפי' בטיפת איסור נמי דינא הכי, אבל בישנה מה שבלוע בה נ"נ, **מיהו** דוקא בישנה בת יומה, דאל"כ מה שבדופני הקדירה לא נעשה נבילה, כיון דנותן טעם לפגם, וכדלקמן סי' צ"ח שם ודו"ק.

כדלקמן סימן צ"ח גבי כף - ואע"ג דלכאורה ל"ד לכף, דהתם כיון שהיא חדשה וניער אח"כ בהקדרה, א"צ ס' אלא כנגד מה שבלעה, אבל הכא הקדרה חשיבה כמו ישנה, שהרי מבשלים בה עתה בשר, ונפל עליה טפת חלב בשעת בישול, **מ"מ** כיון שאתה בא לאסור דופן הקדרה מחמת הטפה, ע"כ צ"ל שמא בישול אינו מפעפע בכל הכלי, וא"כ לא מפעפע נמי התבשיל למעלה, ואם פעפע למעלה א"כ גם הטפה מתפשטת עד למטה, (**וזה** כפי' הב"י, דלא כט"ז – פמ"ג. **נ"ב** ולא זכיתי להבין, דגם לפי' הב"י, הא כיון דחיישינן דהטפה מפעפעת חלק גדול עד סמוך לרוטב, הרי אף דאם בישול אינו מפעפע בכל הכלי, מ"מ אמרי' דמפעפע במקצת, א"כ ממילא ניחוש ג"כ דהרוטב מפעפע במקצת למעלה – הגהות רעק"א), **או** י"ל דמיירי בקדרה חדשה שנפל עליה הטפה כשעדיין לא חם התבשיל, (**וליכא** למיחש אח"כ שהוחם שעלה טעם למעלה, מסתמא דאותה שעה מתפשטת ג"כ הטפה למטה – פמ"ג), **א"נ** אחר שנפלה הטפה על הקדרה של מים, נתנו בו הבשר. (**והוא** תמוה, דהא מ"מ כשנותן הבשר ונתחמם הקדירה, יש בו בלוע בשר ונעשה נבלה. **ונראה** דר"ל, דבתירוץ הא' כתב ממ"נ, דאם מפעפע למעלה ירד הטפה ג"כ למטה וכו', **ועל** זה כתב בתירוץ הב', דאף אם נימא דבישול אינו מפעפע בשוה תמיד, ואין כאן ממ"נ, דהא יש לחוש שמא היה מקודם בישול חזק, והיה מפעפע בכל הקדירה, ואח"כ לא היה בישול כל כך, ולא ירד הטיפה למטה, ונעשה הבלוע נבלה, **לזה** כתב דמשכחת לה שנתן הבשר אחר נפילת הטפה או שאח"כ הוחם התבשיל, דאז בשעה שבא הבליעה למעלה שהיה בישול חזק מפעפע בכל הכלי, ירד ג"כ הטיפה למטה, וזהו ברור – חוו"ד).

מחבר רמ"א ש"ך ונקה"כ

הלכות בשר בחלב
סימן צב - דיני אם נפל חלב לקדירה של בשר

סעיף ו - נהגו העולם לאסור כשנפלה על הדופן שלא כנגד הרוטב - [פי' ולא מהני אפילו להניח עד שיצטנן].

נראה דדוקא בקדרה ישנה, הוא דנוהגין לאסור כשנפל שלא כנגד הרוטב, ומטעם שכתוב באו"ה, דחיישינן שמא עלה אח"כ פעם אחת רתיחת הקדרה, ונגע לאותו מקצת דופן הקדרה שנאסרה, [או שמא יגע בו עתה בעת העירוי קודם שתצטנן], עכ"ל, **אבל** בקדרה *חדשה, ודאי דאם יש בתבשיל ששים נגד הטפה, דלא נהגו איסור, דהא אפילו נגע בו אין כאן איסור, **וכן** אפילו בקדרה ישנה שאינה בת יומה, וכן אפילו בקדרה ישנה בת יומה, ויש בתבשיל ס' פעמים ס"א פחות מעט, נגד הטפה, בכל זה לא נהגו איסור, והוא מותר לכולי עלמא, **ומכל** מקום ימתין עד שיצטנן.

*ואין לומר דניחוש אפילו בחדשה, דלמא קודם נפילת הטפה הלכה הרתיחה והבליע שם בבשר, וכשנפלה הטפה הרי נעשה הבליעה נבלה, ולאחר נפילת הטפה חזרה והלכה הרתיחה ונעשה כל הקדרה נבלה, דכולי האי אין לחוש, דדמי קצת לספק ספיקא, וגם הוא בדרבנן - חוו"ד. ‹**אינו** מוכרח, די"ל דהש"ך כוונתו לחדש כעין מה שכתב לעיל בתירוצו הב', שנפל הטפה כשעדיין לא חם התבשיל, או שנפל הטפה ואח"כ נתן בו בשר - רעק"א›.

[ובפרישה משמע, דמ"מ יש להתיר אפי' לפי המנהג, להניח עד שתצטנן, ולא החמיר רק לערות קודם הצינון, והדברים ברורים כמו שכתבנו, ‹כהאו"ה, וכן משמעות הת"ח›].

ומהרא"י דהיה אחרון וגדול בדורו, ואיון וחיקר כל המנהגים, כתב דנוהגים להתיר על ידי צינון, כמו שכתוב בס"ה, ומביאו בהגהת ש"ד, וכ"כ מהרש"ל באו"ש ובספרו שם.

ודוקא כשנפל באותו צד שאינו כנגד האש, אבל אם נפל כנגד האש - [פי' בעודנו עומד אצל האש], **מותר, שהאש שורפו ומייבשו** - [אבל לאחר שסילקו, אע"פ שהוא רותח עדיין, מ"מ אינו שורף ומייבש, ואף שזה פשוט ראיתי מי שטעה בזה].

(ואז הקדירה נמי שרי) - ובת"ח כתב, דיש להחמיר לכתחלה כדברי או"ה, לאסור הקדירה.

ודוקא בדבר מועט, כגון טיפה, אבל אם נפל הרבה, אין להתיר אפילו אם נפל כנגד האש - ‹כתב בתורת האשם בשם הגהות מרדכי, דדבר מרובה היינו ארבע או חמש טיפות, או כף וחצי כף, עכ"ל. **וצריך** לפרש דבריו דר"ל לפי גודל האש, אם אינו כל כך, ארבע או חמש טיפות נקראים הרבה, **ואם** האש גדולה, בעינן שיעורא בתרא כף וחצי כף, דלהוי הרבה, וק"ל - מחה"ש›.

אא"כ כנגד הרוטב וע"י ששים.

הגה: ואז הקדירה הוי אסורה, אפילו יש ס' בתבשיל נגד הטיפה שנפלה - משום דחיישינן שמא לא פעפע הכל לפנים, אלא נשאר משהו בדופן הקדרה, **ואין** להקשות דילמא נשאר בדופן הקדירה, ונתפשט ברוחב עד שאין בדופן ס' נגדה, וא"כ יצטרך ס' בתבשיל נגד אותו דופן שנאסר, **דאם** איתא דנתפשט ברוחב, נתפשט בכל הכלי עד ס', ואם לא נתפשט בכל הכלי, מסתמא נכנס לפנים ונתבטל, ולכך התבשיל מותר, **אבל** לענין הקדרה חיישינן שמא נשאר בה מעט בעובי שלא נכנס לפנים ואסורה.

[ורש"ל כתב, בזה אף הקדירה מותרת מן הדין לבשל בה בשר עוד, אלא שלכתחילה אסורה להשתמש בה אפי' בשר, שנראה כאילו נאסר בחלב, עכ"ל, וכן נראה עיקר] - ‹ט"ז לעיל ס"ה, ודלא כהש"ך שם דמסכים להרמ"א›.

(**נראה** בכל מקום שהוזכר בסי' זה שקדרה אסורה, אם היא של מתכות ובא להגעילה, לא מהני כשימלאנה מים וירתיחנה, דא"כ צד החיצון לא נגעל, אלא צריך להכניסה כולה ליורה).

ויערה מיד התבשיל ממנו בצד אחר שלא כנגד הטיפה - ואל יניחו להצטנן כך, מאחר שנפלה כנגד הרוטב, דשמא יפעפע יותר מכאן ואילך, עכ"ל או"ה.

ואם בשלו בקדירה תבשיל אחר, דינו כמו בפעם הראשון - וסגי בששים נגד הטפה, *אם נפלה כנגד הרוטב, כמו בפעם הראשון, דהא ליכא למיחש אלא לשמא נשאר בה מעט, וודאי לא נשאר יותר מטיפה, ומ"מ כיון דלא ידעינן כמה נשאר, צריך בפעם השני ס' נגד כל הטיפה, ודו"ק היטב.

*והיינו דהרוטב הגיע עד נגד מקום נפילת הטיפה הראשונה, **משמע** דאם כשבישל אח"כ לא היה מגיע הרוטב

הלכות בשר בחלב
סימן צב – דיני אם נפל חלב לקדירה של בשר

למקום הטיפה, ועירה אח"כ, בעינן ששים פעמים ששים, דהטיפה נתפשט במקום הריקן עד סמוך לרוטב, ונ"נ, **ואין** זה בכלל אין בלוע יוצא מכלי לכלי בלא רוטב, דבכלי אחד יוצא ממקום למקום בלא רוטב, **א"כ** גם אם הרוטב מגיע עד מקום הטיפה, הא בבישול הראשון עירה מיד והקדירה עדיין רותחת, והיה אז במקום הריקן, ונתפשט הבלוע ואסר עד ששים ונ"נ, **ואם** אין יכול להתפשט הבלוע בלא רוטב, דהוי כמו מכלי לכלי, {שלאחר שנפלה הטיפה ונחה בדופן הקדירה, אינה נעקרת עוד ממקומה אלא ע"י רוטב – בדי השלחן}, א"כ גם אם בבישול השניי' לא היה הרוטב נגד הטיפה, ועירה אח"כ, לא ליבעי ששים פעמים ששים, דאם אין כח הרוטב למעלה, לא הלך הבליעה ממקומה, וצ"ע, **ובאמת** נ"ל, דממקום למקום בכלי עצמו, ה"נ אינו הולך בלא רוטב, דאל"כ קשה בכלי ריקן שעל האש, ונפל על הכלי דבר כחוש, אמאי לא נאסר רק כדי קליפה, ומהני לקלוף הכלי, נימא דבשעת הצלי נבלע כדי קליפה, ואח"כ חזר ויצא מהקליפה לקליפה האחרת, אלא ע"כ דאינו יוצא ממקום למקום בלא רוטב, **ועיין** או"ח, אם אפו חמץ עם מצה, לא נאסרה אא"כ נגעה בחמץ, ואמאי לא נימא גם בלא נגעה, הא התנור בלע במקום החמץ מהחמץ, ומתפשט מקליפה לקליפה עד מקום המצה, ויוצא הבלוע מאותו מקום להמצה, דהא מכלי לאוכל אוסר בלא רוטב, **אלא** ע"כ דהבלוע אינו יכול להתפשט ממקום למקום בלא רוטב, ודוק היטב – רעק"א›.

סעיף ז - יש מי שמתיר בשעת הדחק, כגון בערב שבת

- והוא הדין לכל צורך גדול, כגון לצורך אורחים, או הפסד מרובה, או לעני, כפי ראות עיני המורה, עכ"ל ת"ח, **אפילו שלא כנגד הרוטב, אפילו שלא כנגד האש, על ידי ס'** – [פי' בששים בתבשיל נגד הטיפה לחוד], **הגה: והכי נהוג** –

‹הט"ז לשיטתו, דס"ל דלשיטת הסמ"ק לא מהני ס' פעמים ס"א, ולזה בא לפרש, דלא תימא דהקולא בשעת הדחק הוא דסמכינן על שיטת מהר"מ, דמהני ס' פעמים ס"א, ומש"כ המחבר: ע"י ס', היינו ס' פעמים ס"א, **דזה** אינו, אלא דכוונתו בס' נגד הטפה לחוד, דסמכינן על שיטת הרמב"ן, דלא אמרינן בבלוע בכלי חנ"נ – אמרי דעה. ועיין עוד מזה בסמוך›.

[**וכתב** בתשובת מהר"י מינץ, דהמנהג לומר להם הטעם, שמפני מה הוא מיקל לו, כדי שלא יתמהו למה אוסר לפעמים ולפעמים מתיר].

ואז יניח עד שיצטנן וכמ"ש בס"ו, והיינו אם אפשר, אבל אם צריך מיד לצורך אורחים וכה"ג, אין צריך להמתין עד שיצטנן, אלא יערה בצד האחר, כן כתב מהרש"ל, [**דמ"מ הקדירה אסורה, דשמא לא מפעפע לפנים, ואסור מקום הטיפה, וע"כ יערה אותו מצד אחר, וא"צ להמתין עד הצינון, כיון שהוא ערב שבת**].

‹**מסעיף** ה' ו' ז' משמע לכאורה מהמחבר, דודאי נגד הריקן אוסר ס' פעמים ס"א, ומה שנהגו העולם לאסור, היינו אפילו להניח להצטנן, שמא עלה פעם אחת רתיחה למעלה, **ומה** שמתירין בשעת הדחק, דלא חיישינן לזה, {**דהיתר** הוא מכוון רק כלפי מנהג העולם הנזכר בס"ו, לאסור התבשיל בכל גווני, ע"ז כתב המחבר דבשעת הדחק אין להחמיר בזה, ורשאי להניחו עד שיצטנן והתבשיל מותר, **וכן** אם קשה לו להמתין, רשאי לערותו מצד שני של הקדירה, ואין צריך לחוש לדין דס"ה שצריך תקנתא דצינון, ואין חוששין שמא יטה הקדירה לצד שהטפה נפלה שם – בדי השלחן}, **אבל** וודאי אם מלאוהו אח"כ כל הקדירה, או עירו דרך מקום נפילת הטפה, ודאי אוסר עד ס' פעמים ס"א – פמ"ג סי' צח ס"ק ח'›.

‹**והט"ז** סובר דמה שנהגו להקל, הוא מהאי טעמא דאין בלוע נ"נ, {**דההיתר** מוסב אף על ההיא דס"ה, דכתב המחבר שאם הטיפה נפלה שלא כנגד הרוטב, והיה ששים בתבשיל כנגדה, התבשיל מותר, ובתנאי שלא עירה אותו דרך מקום הקדירה שנאסר, דאז יאסר התבשיל מהבלוע בדופן שנעשה נבילה – בדי השלחן}, **ולפי"ז** אפילו עירו דרך מקום הנפילה שרי דיעבד, ולכתחילה הוא דיערה ממקום אחר בערב שבת – פמ"ג סי' צח ס"ק ח'›.

[**כתב** באו"ה, אם נפל טיפת חלב על הקדירה עם מים אצל אש, ובתוך מעת לעת בשלו בה בשר, **אפי' אם לא היה במים ששים נגד הטיפה, מותר הבשר, דאם לא עברה תחילה לתוך קדירה, ג"כ בפעם שני לא תעבור, ומותר הבשר בדיעבד, ואפי' אם עוברת לפנים תחילה, מ"מ אין בקדירה מן החלב אלא לפי שיעור המדומע במים, דהא בהיתר לא חשבינן כל החתיכה כבליעה עצמה, ונגד דבר המועט ההוא מסתמא יש ששים בבשר**].

ואם נשפך חלב או שאר איסור רותח על גבי קרקע, והעמידו עליו קדירה חמה

- לאפוקי קדירה צוננת דאפי' הקדירה מותרת, ‹דכלי שני אין מפליט ומבליע לרמ"א, עיין סי' ק"ה ס"ב וג' – פמ"ג›, **אם מה שנשפך אינו אצל האש, לא הוי רק כלי שני** - דאם הוא אצל האש והוא חם, פשיטא דהוי ככלי ראשון ועדיף מיניה, ואפי' העמידו עליו קדירה צוננת, הכל אסור אפי' התבשיל.

הלכות בשר בחלב
סימן צב – דיני אם נפל חלב לקדירה של בשר

‹אך זה הדבר היא תימה, דהגם דתתאה גבר ומחמם העליון להפליט ולהבליע בהתחתון, אבל שיהא מועיל להצונן שיפליט גם לצד השני, שאם יניח דבר אחר קר על קר העליון שיאסור ממנו, דבר זה לא שמענו כלל – יד יהודה› ‹מ"ש הש"ך בזה הלשון: הוי ככלי ראשון ועדיף ממנו כו', כוונתו כיון שהאש מחמם את הבשר בלי הפסק קדירה, הוי ע"י אור ממש, שבזה אמרינן חם מקצתו חם כולו, כמ"ש הש"ך, שעדיף מכלי ראשון – אמרי ברוך›.

ולכן הקדירה אסורה, דבולע קלח, והתבשיל מותר, דתתאה גבר – [כ"כ בהג' ש"ד בשם מהר"ם], ‹דחם לתוך צונן קולף, דאדמיקר ליה בלע, והתבשיל מותר, שהקדירה היא כ"ק – גר"א›.

[ובאו"ה כתב בזה בשם ה"ר יחיאל מפרי"ז, דצריך ששים ‹בתבשיל› ממה שאומדין מה שיש חלב בעין תחת הקדירה, עכ"ל, ‹והא דלא בעינן ס' נגד החלב שבצידי הקדרה, משום דדבר לח לא מיקרי חיבור – חוו"ד. ועיין לקמן מאג"מ›, וכתב רש"ל שלא נראה לו פסק זה, דהא לא הוי אלא כלי שני, וכתב שיש לחלק היכא שהקדירה עומדת אצל האש, שחום האש שבקדירה מרתיח התחתון מלהתקרר, ובולע שפיר, וכן נראה עיקר, עכ"ל], ומשמע מדברי מהרש"ל שם, דאפי' הנשפך הוא צונן, אסור, כיון שהקדרה מרתחת מחמת חום האש.

[ולענ"ד דבלאו רתיחת הקדירה לא קשיא מידי, שכיון שהכירה אצל האש, והיא חמה שהיד סולדת שם, הוי החלב שבתוכה ככלי ראשון, ומהר"ם דמתיר מיירי, בנשפך במקום הכירה שאינה חמה מחמת האש, ואין היד סולדת שם, וכן נראה עיקר להלכה].

‹כתב המנחת יעקב, דחם לתוך צונן דתתאה גבר, היינו שהתחתון קר, לא כשהוא כלי שני, ולפי דבריו אם חום כלי ראשון נפל לחום כלי שני, הכל אסור, ובתנאי שהתחתון עכ"פ יד סולדת בו, אמנם תמוה דרמ"א ודאי אין סובר כן, דא"כ איך כתב כאן אם מה שנשפך אין אצל האש שרי, משמע אף שיס"ב בתחתון אפילו הכי תתאה גבר – פמ"ג›.

וקלוח מן הקדירה רותחת שהלך אל קדירה צוננת, אם נפסק הקלוח מן הקדירה הרותחת קודם שהגיע אל הצונן, הוי נמי ככלי שני – [נלע"ד דזה נמי דוקא שאין מקום ההוא רותח ואין היד סולדת, דאל"כ הוי ככלי ראשון, וכמ"ש בסמוך].

‹אף דעירוי שנפסק הקילוח אוסר כדי קליפה, שאני הכא דנפל על הכירה קרה, מיד נתקרר והוה כלי שני קודם שהגיע לקדירה – פמ"ג›.

ואם לא נפסק, הוי כעירוי - כלומר דלא אמרינן שנתקרר כיון שנזחל על גב הכירה, ‹דהטיפה השניה אינה מנחת לראשונה להתקרר, ואף דנזחל ע"ג הכירה הוי כמו מכ"ר – גר"א›, **והקדירה הצוננת נאסרה, אם היד סולדת בקלוח הנוגע בקדירה.**

והתבשיל שבתוכה שרי, דאין עירוי אוסר רק כדי קליפה - ולכן אפילו יש בקדרה תבשיל דשייך ביה קליפה, אין צריך לקולפו, דהקדרה הוי כמו קליפה, וכ"כ מהרש"ל.

אבל אם הקדירה היא חמה, והוא כלי ראשון, וכ"ש עומד אצל האש, אפילו הקלוח הוא צונן, הכל אסור, דתתאי גבר, והוי כצונן לתוך חם דכולו אסור (כך משמע מב"י), כמו שנתבאר לעיל סימן צ"א – ‹וכל מה שנגע בקדירה חולבת בעינן ששים נגדו, לשון ת"ח – רעק"א›.

‹ולא בעי נגד כל הקלוח, דאינה בולעת יותר ממה שהחסירה מהחלב ממש, ולא החסירה רק מה שנגע בה, שבלח לא נחלק הטעם מהממש, וא"א לבלוע טעם בלא ממש, א"כ אין שייך לומר בלח לא ידעינן כמה נפיק, דהא יכולים למדוד מה שנשאר, דיותר מזה ודאי לא נבלע – אגרות משה›.

[בתרומת הדשן הביאו ב"י כתב, שהחלב שהגיע אצל הבשר, אם היד סולדת בחלב במקום שנגע בבשר, הוי כערוי מכלי ראשון ונאסר הבשר, וכתב ב"י ע"ז, ונראה דהבשר היה צונן, דאל"כ למה הוצרך לומר שהחלב חשיב ערוי, הא אפי' חלב צונן גמור, הוי אסור הבשר, דהוי צונן לתוך חם, וכיון שכך, הא דקאמר שנאסר הבשר, אינו אלא כדי קליפה, דהא חם לתוך צונן אינו אוסר אלא כדי קליפה, עכ"ל, סובר הב"י, שמה שנגע החלב אצל הקדירה, הוי הקדירה תתאה והחלב עילאה, מש"ה מחמיר בבשר רותח וחלב צונן, לאסור כולו, ומיקל בבשר צונן וחלב רותח, דאין אוסר רק כדי קליפה, ואחר פי' זה נמשך רמ"א כאן, ולענ"ד נראה תמוה, דכל שנוגע בקדירה אין כאן לא עילאה ולא תתאה, אלא הוה עלייהו דין נוגעים זה בזה, ודינו מבואר בסי' ק"ה ס"ג,

הלכות בשר בחלב
סימן צב – דיני אם נפל חלב לקדירה של בשר

דאם האחד צונן והשני חם, אינו אוסר אלא כדי קליפה, וכן מצאתיו בדברי רש"ל, שמדמה זה לנוגעים, אלא דהוא מחמיר בנוגעים זה בזה, וע"כ הקשה על התרומת הדשן, ל"ל שהחלב רותח, הא כיון שהבשר רותח אסור, כדין קר וחם שנוגעים זה בזה לדידיה, ותירץ שהחלב היה זב עד תחת הקדירה של בשר, נמצא דהוי חלב תתאה, ואין אוסר אי הוי צונן].

‹**אף** דטעמא דהרש"ל דאסור בנוגעים ואחד חם, דדמי למליחה, וא"כ אם האיסור קר וההיתר חם, מותר בנוגעים, דהא במליחה כה"ג, טהור מלוח וטמא טפל, מותר, וא"כ אם החלב צונן, לא היה אוסר להבשר, **מ"מ** במליחה בטהור מלוח והטמא תפל, אוסר אם הטמא דבר צלול, ה"נ כיון דהחלב צלול, אסור בטהור חם והטמא קר וצלול – רעק"א›.

[הרי לדידן יש להקל אם נאמר דהוי כנוגעים זה בזה, אלא שאין להקל במה שהחמיר הב"י ורמ"א, אלא דמ"מ נלענ"ד, כיון דכתב רמ"א בסי' ק"ה ס"י, דאפי' במליחה יש לאסור במקום שאין הפסד בנוגעים זה בזה, כ"ש בחם ע"י האש כי הכא, ע"כ יש להחמיר גם כאן, אפי' בבשר צונן וחלב רותח, במקום שאין הפסד מרובה, כנלענ"ד].

‹**לא** ידעתי, דאם באנו לחוש לדעת רש"ל, דנוגעים זה בזה לא גרע ממליחה, א"כ בלאו פסקא דהרמ"א שם, פשיטא דיש לאסור בבשר צונן וחלב רותח, דהא הוי כטמא מלוח, דלכו"ע אסור אף בהפסד מרובה, **ולדעת** רמ"א דמיקל בנוגעים אף בטמא חם, ע"כ דס"ל דאין לדמות למליחה, א"כ דינא דהכא לא תליא כלל בהפסקא דרמ"א סי' ק"ה ס"י – רעק"א›.

‹**ול"ד** לדלקמן סימן ק"ה ס"ג בהג"ה, דאם הניח היתר ואיסור זה אצל זה, ואחד מהן צונן, דסגי בקליפה, **דהכא** כיון שבא הקלוח מלמעלה, הוי כמו עילאה, **אי** נמי כיון שהקדירה עומד במקומו, חשוב תתאה, כמ"ש בדרישה, **א"נ** הכא מקלח על הקדרה, כמ"ש הב"ח.

‹**קשה** לי, דמנ"ל להב"י דהתרומת הדשן מיירי בהכי, ולעשות קושיא, דבקדירה רותחת גם בנפסק הקילוח ליתסר, **וע"כ** מיירי בקדירה צוננת, והאיסור בלא נפסק הקילוח באמת רק כדי קליפה, **דלמא** מיירי כפשוטו, דאין הקדירה נמוך ממקום הזחילה, ולא מקלח על הקדירה, והוי נוגעים זה בזה, ואינו אסור אלא בקדירה רותחת, וגם לא נפסק הקילוח, דהוי שניהם רותחים – רעק"א›.

‹**ומיהו** היינו דוקא כשמקלח על הקדרה [חמה], אבל אם החלב [צוננת] זב עד תחת הקדירה של בשר [חמה], החלב יש לו דין תתאה גבר, ואינו אוסר התבשיל שבקדרה – פר"ח›.

‹**אי** נזחל [קלוח רותחת] מתחת הקדירה והקדירה חמה, אפשר דיודה רמ"א דעירוי הוה תתאה, ועד כאן לא אמרינן דהקדירה הוה תתאה, אלא בנזחל מן הצד על הקדירה, **מ"מ** כל התבשיל שבקדירה אסורה, דנהי דעירוי אין מבשל יותר מכדי קליפה, לא שהוא קר, אלא שאין בו כח לכנוס ביותר, ומ"מ לא שייך ביה תתאה גבר לומר שמקרר לעליון, ולא דמי לכלי שני שיד סולדת בו דחשיב תתאה וכדאמרן – פמ"ג›.

‹**מבואר** דבקדירה צוננת, התבשיל מותר, דהערוי אוסר רק כדי קליפה, **אבל** והמנח"י כתב, שנאסר גם התבשיל אפי' הקדירה צוננת, משום דתתאה גבר, דהא דערוי אוסר רק כדי קליפה, היינו טעמא משום דתתאה גבר, אבל בזה שהערוי עצמו הוא התתאה, למה לא יאסר כולו – בדי השלחן›.

‹**עבה"ט** מ"ש, ודוקא דליכא אפר במקום שנשפך החלב, דאי איכא אפר, נעשה החלב שנשפכה על האפר לפגם, ואינו אוסר, כמ"ש לקמן סי' צ"ה ס"ד – צ"צ מנח"י, **ועיין** בספר לבושי שרד שכתב וז"ל, ראיתי קצת מורי הוראות טעו להורות, באם נשפך חלב על הכירה שיש אפר עליו, והגיע הקילוח תחת קדרה, דאינו אוסר, דע"י אפר של הכירה נעשה הקילוח פגום, ומקום טעותם מבה"ט סי' צ"ב, שכ"כ בשם המ"י, **באמת** שכן כתב המ"י כלל נ"ו, אך בכלל ק"ז חזר בו, וכתב דצ"ע למעשה, די"ל דבשעה קלה כזו אינו נעשה לפגם, ע"ש, **וא"כ** מאחר שדין אפר גופיה הוא מחלוקת, לכן ח"ו לסמוך ע"ז אלא באיסור קל, כגון אם נשפכו מים רותחין מקדרה של חלב ב"י מקונח, תחת קדרה של בשר, דבכה"ג דעת הש"ך בסי' צ"ה להתיר בהפ"מ, וכן בכל כה"ג שיש עוד צד היתר טוב, ולא בענין אחר, עכ"ל›.

טפה הנופלת על גבי כיסוי קדירה, דינה כנפלה על גבי קדירה נגד הרוטב, והוא שהתחיל הקדירה להרתיח, דאז עולה הזיעה תמיד ומגיע אל הכיסוי ויורד משם אל הרוטב - אבל לא התחיל להרתיח, ‹והיינו שלא התחיל להזיע, או שאין הזיעה יס"ב בכיסוי, והיינו בכיסוי צונן, ובכיסוי חם אף שאין הזיעה יס"ב, שניהם אסורים הכיסוי והתבשיל – פמ"ג›, לא נאסר מה שבקדרה כלל, אף אם אין בו ס', דעדיין הוי כצונן ואינו מפעפע למה שבקדרה, עכ"ל ת"ח, **[ונ"ל דלגבי הכסוי עצמו חשיב כרותח והיא אסורה, כיון שמונחת על הקדירה אצל האש, וכן יש לפרש לשון הת"ח בזה].**

הלכות בשר בחלב
סימן צב – דיני אם נפל חלב לקדירה של בשר

[ובעיקר דין זה שכתב רמ"א כאן, דינה כנפלה על גבי הקדירה, רש"ל חולק ע"ז, וכתב נהי דהרתיחה עולה עד הכסוי, מ"מ הרוטב אין מצטרף עמה, וא"כ אין כאן בכסוי ששים נגד האיסור שנפל עליה, נעשה הכסוי נבילה, עכ"ל, ‹דאף שהרתיחה עולה למעלה, מ"מ אין דומה לקדירה עצמה, והכיסוי נעשה נבילה, וצריך ס' פעמים ס"א – פמ"ג›, וכן מסתבר לענ"ד, דשאני בקדירה נגד הרוטב, שהרוטב עצמו הוא תמיד שם, משא"כ בכסוי, שמא באותו פעם שנפלה הטיפה לא עלתה הרתיחה עד הכסוי ממש, וספיקא דאורייתא לחומרא, רק באיסור דרבנן יש להקל בזה, כן נלע"ד]. ‹הסכים עם הרש"ל ולא מטעמיה, אלא דהוה ספיקא דאורייתא, שמא פעם א' לא עלה רתיחה – פמ"ג›.

‹**והיינו** בכסוי הבלוע מבשר, ונפל טיפת חלב, דנעשה נבלה מדאורייתא, משא"כ בשאר איסורים דחתיכה נעשה נבלה מדרבנן. **וגם** צ"ל דמבשלין בקדירה שאר דברים, דאי במבשלין בו גם כן בשר, הא הבלוע הנעשית נבילה שנופלת בקדירה הוא מין במינו, והוא ג"כ מדרבנן – חוו"ד›.

‹**והנה** הפר"ח הקשה, דא"כ לעיל ס"ב גבי ניער וכיסה, ג"כ ניחוש להכי, ע"ש. **ויש** לחלק, דדוקא לעיל לענין לצאת מהחתיכה אמרינן כיון שכיסה הקדירה, ההבל והזיעה שנתמלא בקדרה ג"כ מוציא הטעם מהחתיכה, כמש"כ הפר"ח דהזיעה ג"כ מפליט ומחלקו בשוה, **משא"כ** לענין הבלוע בכלי חרס, שאין הרוטב יכול להוציאה, דהא אפילו כנגד הרוטב הקדרה אסורה, רק שאין הבלוע נעשה נבלה מטעם שכתב המרדכי, דמקושר הוא עם הרוטב שבקדרה, **מש"ה** צריך שיהיה דוקא כנגד הרוטב, דאז מקושר תמיד עם הרוטב שבקדרה, ואינו מועיל מה שהוא מקושר עם הזיעה, דגם אם היה אפילו רגע בלא קישור נעשה נבילה – חוו"ד›.

‹**ואם** לא התחיל להרתיח, ואח"כ שהה הכיסוי על הקדירה והזיע או התחיל להרתיח, פשיטא דכל התבשיל אסור אם אין עכ"פ ס' פעמים ס"א נגד הטפה – פמ"ג›.

(**ועיין** בתשובת בית יעקב שחולק על רש"ל וט"ז, והסכים להרמ"א, וכדברי הפר"ח).

סעיף ח - מחבת של חלב שנתנו בכירה תחת קדירה של בשר, הזיעה עולה ונבלע בקדירה, ואוסרתה, הגה: אם היה חלב במחבת – ‹עיין בפמ"ג שכתב, דברמב"ם מבואר, דדוקא זיעת משקין כמוהו, אבל אוכלין כמו חלב המהותך, אין זיעתו כמוהו, **א"כ** יש לדון טובא אם היה מחבת מחלב למטה חם, ולמעלה סמוך דבר כשר, והזיעה עולה, אפי' יד סולדת בזיעה אפשר יש להתיר›. ‹**אמנם** הבאים אחריו הוכיחו במישור, שאף באוכל זיעתו כמוהו, ואפי' אם לא ניתך, כל שהזיע, כמוהו – בדי השלחן›.

‹**וגם** המחבת נאסרה, שהזיעה נאסרה ואוסרתה – דגול מרבבה›. ‹**נ"ב**: היכא שפתוח קצת מן הצד למעלה, יש לומר שאין הזיעה יורדת שוב למטה, רק בעליותה מן המחבת הולכת אל הקדירה ולחוץ – אמרי ברוך›. ‹**וכ"כ** הפמ"ג, דרק אם הזיעה נופלת למחבת, גם המחבת אסורה›.

ובעינן ס' בתבשיל שבקדירה נגד החלב שבמחבת – ‹ואז התבשיל מותר והקדירה אסור, כדין נפלה הטיפה נגד הרוטב – רעק"א›.

‹**הדבר** הקשה עלי הוא, דאם יש ס' נגד חלב שבמחבת שרי, ולא בעינן נגד כל הבלוע שבמחבת, **שוב** ראיתי שאין קושיא, דבלוע הוה נ"ט בר נ"ט דהיתרא, ואה"נ באיסורא צריך לשער נגד כל הכלי התחתונה וכדאמרן – פמ"ג›, ‹**הגהות** רעק"א: נ"ב במחכ"ת, כיון דיש ס' נגד כל החלב, מה צריך יותר, וכי חתיכה או משקין שבולעי' איסור, צריך ס' נגד החתיכה ונגד הבלע, אלא כיון דאיכא ס' נגד כל החתיכה מהני, דס"ס אין כאן איסור יותר מגוף החתיכה בכולו, וה"נ הכא, ופשוט›. ‹**הא** דלא בעינן ששים אף נגד כל המחבת, משום דאין זיעה עולה רק מן החלב, ולא מן המחבת – חוו"ד›.

וכל זה מיירי שהמחבת מגולה והזיעה עולה מן המאכל עצמו לקדירה שעליה, וגם מיירי שהוא בקרוב כל כך שהיד סולדת בזיעה במקום שנוגע בקדירה. אבל אם אין היד סולדת בזיעה, הכל שרי – ‹אם לא שהקדירה רותחת בפני עצמה, עכ"ל מהרא"י, **ואם** הוא ספק אם היד סולדת בזיעה, יש להקל – ב"ח בתשובותיו, {מאחר שאפילו ודאי יד סולדת בו שרי מדינא לדעתינו, שאעפ"י שעולה ג"כ למעלה, אין לנו לומר שנבלע בודאי בבשר שתלה למעלה, ואין לנו לאסור הבשר מפני אותה זיעה – המשך לשוננו}. **ואולם** אם חלל כמו גומא בכירה, והמחבת בתוכו, ולמעלה עפ"י הכירה הקדרה, בענין דאין מקום לזיעה להתפשט, בזה מדינא אסור, וממילא בספק יד סולדת בו ג"כ אסור – רעק"א›.

ולכן תולין בשר לייבש על קדירות של חלב, ולא חיישינן לזיעה שעולה.

הלכות בשר בחלב רמה
סימן צב – דיני אם נפל חלב לקדירה של בשר

וכן אם המחבת מכוסה, הכל שרי, מידי דהוי אשתי קדירות נוגעות זו בזו דאין אוסרין זו את זו בנגיעה – ‹אפילו הזיעו שניהן, מותרות אם נוגעות בחוץ – פמ"ג›, **כ"ש בזיעה** – ‹אע"ג דאיכא זיעה מהקדירה עצמה, דההיא זיעה לא חשיבה לאסור – בדי השלחן›

[מטעם זה נ"ל להתיר, באם אפו בתנור פלאדי"ן של חלב, ואח"כ באותו מקום רותח, הושיבו שם קדירה ובתוכו בשר, דכל שאין החלב בעין במקום ההוא בתנור, הוי כקדירה של חלב, ושתי קדירות לא אסרי אהדדי].

‹**והיינו** שהמקום ההוא יבש לגמרי, לא לח קצת, והוא הדין בקרקע כהאי גוונא, **עיין** בנקודות הכסף סימן צ"ז השיג על הט"ז, וכבר כתב המנחת יעקב דהט"ז לא מתיר אלא במקונח יפה מקום מושב הפלאדין, יע"ש – פמ"ג›.

‹**שתי** קדרות שנוגעין זה בזה, אפילו לחין מותר כשיש ששים נגד הבעין, דזה לא מיקרי רוטב להוציא הבלוע מדופן לדופן – חוו"ד›. ‹**והיד** יהודה חולק›.

מיהו לכתחלה יש ליזהר בכל זה – ‹נראה פי' דקאי על שתי קדירות הנוגעות זו בזו, אפי' אין שום זיעה רק שהם חמות, משום שאין ההלכה ברורה לומר שהבליעה אינה יוצאת מכלי לכלי בלא רוטב. **וקאי** ג"כ על המחבת המכוסה, משום דחיישינן שמא לא תהיה מכוסה יפה, או שמא ישכח להזהר שתהיה מכוסה כל הזמן ויסיר הכסוי לרגע, או שמא יהא הכסוי נפתח קצת ע"י העלאת רתיחות. **אבל** לא קאי על תליית בשר לייבש, וגם לא קאי על המחבת של חלב כשהזיעה אינה יד סולדת בו – בדי השלחן›.

סעיף ט - נר של חלב עשוי כנר של שעוה, שנטף ממנו טפה על כלי, אין צריך כי אם גרידה – ‹ר"ל בחלב שאינו מהותך, שאין הטפה נופלת ע"י האור עצמו, אלא מרתיחות וחמימות האור, ואין עירוי אוסר אלא בקילוח›, **אבל חלב מהותך חם** - פי' נר שקורין קרויז"ל, שהוא דולק מחלב מהותך, דהוי רותח מחמת האור, ‹ר"ל כמו נרות שלנו, והחלב נוטף ע"י האור עצמו›, **שנפל ממנו טפה על כלי, צריך הגעלה** – ‹בכה"ג אף בהפסק קילוח אינה מתקררת כ"כ, ואוסרת כמו עירוי דכ"ר – גר"א›. **אבל** חלב מהותך רותח בקדרה, שנרתח בקדרה אצל האש, די בגרידה, דלא חשיב עירוי כיון דפסק הקלוח, וכדלעיל ס"ז, וסימן ס"ח ס"י בהג"ה.

[פי' ‹שנפל הטפה› **מפיו במקום שהפתילה דולקת, אותו צד חשוב ע"י האור עצמו, כ"כ בהג' ש"ד בשם מהרא"י, ממילא אם נטף מצד אחר מן הכלי שהפתילה בתוכו, לא מקרי רותח לאסור מה שנוטף עליו, וגדולה מזו כתב שם בהג"ה בשם מהר"ם, דאם נטף טיפת חלב רותח על הסכין, או כלי אחר צונן, א"צ רק גרידה במקום שנפלה הטיפה, הואיל ופסקה הטיפה בשעת נפילה, ולא באה בקילוח, ודוקא כשנופל על הקתא, אבל נפל על הברזל, נועץ עשר פעמים בקרקע ודיו, עכ"ל, והיינו שמחלק שם בין דין זה דמהר"ם, דהוא חם מחמת רתיחת האור, ובין דין החלב מהותך דלעיל, שהוא מן האור עצמו, כן הוא ביאור ענין זה].**

‹**בתרומת** הדשן מבואר הטעם, ‹דנר הדולק מחלב מהותך דחם עכ"פ כמו ערוי שלא נפסק הקילוח, והיינו דס"ל כהפוסקים, דערוי שלא נפסק הקילוח אוסר בכולו כמו כלי ראשון, **וכנראה** מלשונו שם דכתב תחילה, דבנטף טיפה מהני גרידה, שנפסק הקילוח, ואם גרידה במקום קליפה כמ"ש הש"ך סי' צ"ג סק"ו, משמע דבלא נפסק הקילוח לא מהני קליפה, **וא"כ** לדידן דקימ"ל דערוי שלא נפסק הקילוח מהני ג"כ קליפה, י"ל ה"ה הכא מהני קליפה, וצ"ע – רעק"א›.

‹**עיין** ש"ך שכתב דדי בגרידה, דלא חשיב עירוי כיון שנפסק הקילוח, **ולשונו** אינו מדוקדק, דהא בהדיא כתב בסי' צ"א ס"ק ז', דאפי' עירוי שנפסק הקילוח בעי קליפה, **ונראה** כוונתו, דדוקא בעירוי שלא נפסק הקילוח, הקליפה מדינא, להכי אם א"א לקלפו אסור. **אבל** בעירוי שנפסק הקילוח, הקליפה חומרא, ומש"ה בכלי שא"א בקליפה, דהיינו שינטל כולו כאחת, די בגרידה במקום קליפה, אף שהגרידה אינו ניטל כאחת – חוו"ד›.

‹**ותוכן** תירוצו של המנחת יעקב, דיש לחלק, במאכל, נפסק הקילוח מבליע כדי קליפה, ובכלי מתכת אין מבליע כדי קליפה, רק גרידה, וכלי חרס דינו כמאכל – פמ"ג›.

‹**נראה** דגרידה אינו קליפה, אלא גורר את החלב, ובחלב מהותך צריך קליפה – חזו"א›. ‹**והא** דהזכיר השו"ע הגעלה בסיפא, היינו כשאינו רוצה לקלפו, או שא"א לו – בדי השלחן›. ‹**ומש"כ** הש"ך סי' צ"ג, דגרידה ונעיצה היינו קליפה, צ"ע – חזו"א›.

‹**ואם** נפל פתילה מנר על פארפורקע ונכבה, כ' בשו"ת בית אפרים וז"ל, אני מורה בדבר להקל ולהחמיר, כי אם נפל ראש הפתילה שכבר נשרף ונעשה אפר, אינו אוסר, **אבל** מה שלא נעשה אפר עדיין, ודאי אוסר, **ואם** שהה על הכלי בכדי שהיד סולדת בו בכלי, הוי כנבלע ע"י

הלכות בשר בחלב

סימן צב – דיני אם נפל חלב לקדירה של בשר

אור ובעי ליבון, ואם לא נשתהה, עכ"פ בעי הגעלה או גרידה, והכא בכ"ח לא שייך זה, משום שידוע דפתילה מלוחלח בחלב, וכיון שנפל בעת שדולק, אף שנכבה תיכף, כיון שנגע בכלי והיתה רותחת מחמת האור, אוסר, מהרב הגאון מהור"ר בצלאל הכהן מ"ץ ז"ל›.

‹עבה"ט של הרב מהרי"ט ז"ל, אם מותר להדליק שפופרת של טובאק מנר של חלב, ועיין בספר בני חייא, שהביא ראיה שאסור מדינא, ולא מחמת מדת חסידות, וע"ש בהשמטות, שהוא בעצמו חזר בו ודחה ראייתו, ובתשובת ש"ב הגאון מוהר"ר שבתי כ"ץ ז"ל כת"י, ראיתי שכתב, נראה להביא ראיה מרש"י בשבת ד' כ"ב, גבי אין מדליקין מנר לנר משום אכחושי מצוה, משמע באותה הדלקה מקבל קצת שמן, וא"כ ה"ה בשפופרת שואף החלב, אכן לפמ"ש הכו"פ, דחלב נ"ט לפגם, ומתוך כך התיר אם נטף חלב על הכלי, א"כ ה"ה בנדון זה הוי נ"ט לפגם בחלב עצמו, עכ"ד. ולע"ד היתר זה צ"ע, דדוקא בדיעבד התיר בעל כו"פ משום נטל"פ, משא"כ הכא להדליק לכתחלה משפופרת של חלב, נ"ט לפגם לכתחלה אסור כמבואר בכמה מקומות, ועיין בתשובת משאת משה שכתב, שאם אחד נזהר, אסור למי שאינו נזהר להדליק מנר של חלב וליתן לחבירו הנזהר›.

[כתב מהרי"ל הלכות פסח וז"ל, והמגעיל ע"י ערוי, ששופך הרותחין על הכלי להגעילו, יזהר שישפוך המים הרותחין דוקא מן הכלי שבשלו בו, והוא הנקרא כלי ראשון, ואל ישאוב מן הכלי שבו הרותחין בכלי אחר, ולערות ממנו להגעיל, דכלי ששואב עמו הוא כלי שני, ונתבטל בו בישול הרותחין טרם שמגעילין, אכן אם שוהה את הכלי ששואב עמו תוך הכלי שמבשלין בו הרותחין, ובעוד הוא שם מעלין המים רתיחות, שפיר מתקרי גם הוא כלי ראשון, עכ"ל. מדברים אלו משמע, שאם שואב מכלי ראשון והוציא רותחים, מקרי אח"כ כלי שני, ויש בו דין כלי שני].

[ותמהתי מאד ע"ז, דהא בעודו בכלי הראשון, הכלי הזה שהוא תוחב בו גם הוא כ"ר, דהא מגעילין בכ"ר כלים ומפליט מהם הבלוע, והאיך נאמר שכשמוציא הכלי ששואב מכ"ר נעשה כלי שני, כיון שבא עליו שם כלי ראשון, מי נותן לו אח"כ שם אחר, והלא כ"ר שמו עליו אף אם נעקר מאש, ה"ה נמי זה שנעקר מרותחין שתוך כ"ר, ותו דאם שהה קצת, מודה מהרי"ל דנשאר עליו שם כלי ראשון, וא"כ מאן מפיס כמה תהא השהייה, ותו דהתוס' כתבו, דעיקר החילוק שבין כלי ראשון לכלי שני הוא, דכלי שני מתקרר מחמת שאין דפנותיה חמין, ע"כ הולך ומתקרר, וזה ודאי דופנותיה חמין, שהרי הוחמו ברותחין דכלי ראשון, וכן מוכח מפסק רמ"א סי' ק"ז, שכתב אבל אם היה מעט מהתבשיל עם האיסור בכף, והחזר לקדירה, צריך ששים גם נגד מעט התבשיל, דהרי נעשה נבילה בכף, ש"מ דהכף הוא כלי ראשון במה ששואב מן הקדירה, ואוסר מרק שבתוכו עד ששים].

[ושוב ראיתי בתרומת הדשן, לענין שבלוע שבתוך הכף יהיה נעשה נבילה, כתב וז"ל, י"ל דלאחר שהוציאו הכף מן הרותחין, כל הבלוע בתוכה חשיב כמו כלי שני, ולא פלט ולא בלע, וכ"ש לטעמא דאין איסור בלוע אוסר היתר בלוע, עכ"ל, נראה דלא קשה מידי מזה על מה שכתבתי, דהתם מוציא כף ריקן מהקדירה, ואין שם אלא מה שבלוע בו, בזה אמרינן ודאי דאין בכלי ריקן חום כ"כ, שיפליט ויבליע במה שבתוכו בלוע, ואפי' בכלי ראשון ממש שהוסר מעל האור, והורק מה שבתוכו, נראה לומר כן, ‹ולדינא צ"ע גדול מה שהחליט בפשיטות דכלי ריקן אין בו דין כלי ראשון – פמ"ג›, משא"כ באם יש עדיין בתוכו הרוטב או התבשיל הרותח, ודאי הוה על הכף שם כלי ראשון ממש כמו על הקדירה, דאל"כ ודאי אין סברא לומר, דהתרומת הדשן יחלוק מסברא בעלמא על הש"ד וטור ואגודה שזכרתי, אלא ודאי כמו שכתבתי].

[שוב ראיתי בתוס' פרק אין מעמידין וז"ל, ויש משימין קערה תוך מחבת על האש, עד שהרתיחה עולה תוך הקערה, ומאותה קערה מגעילין, ובזה מסופק ר"י אם זה מועיל ככ"ר אם לאו, ותלה הדבר להחמיר, ואסר להגעיל בהם דחשיב ככלי שני, ולענין מליגת תרנגולת נמי אסור, דחשיב ליה ככ"ר, עכ"ל, הרי לפנינו דהתוס' נסתפקו בזה, והעלו לחומרא, אלא דהרא"ש כתב בשם ר"י, דהוא ככ"ר כיון שהוציאו מן היורה מרותח, וכ"כ הטור, וא"כ צ"ל דגירסא אחרת היתה להם בתוס', ומדברי רמ"א עפ"י הגה' מיימוני באו"ח סי' תנ"א, משמע שפסק לחומרא דלא הוי ככ"ר, דהא כתב שם, ויערה עליהן רותחין מכלי ראשון וכו', ע"כ נראה להחמיר כדברי תוס'].

וכן העליתי גם אני בספרי, וכתבתי כן בקצרה בש"ך סי' ק"ז, והוא האריך כאן בכמה ראיות קלושות שאין בהן צורך - נקה"כ.

סימן צג – קדירה שבשלו בה בשר לא יבשלו בה חלב

§ סימן צג – קדירה שבשלו בה בשר לא יבשלו בה חלב §

סעיף א - קדירה שבשל בה בשר, לא יבשל בה חלב. ואם בישל בה בתוך מעת לעת, אסור בנותן טעם - כלומר יטעימנו קפילא אם יש בו טעם, וכדלעיל ר"ס צ"ב וצ"ח.

(וצריך לשער נגד כל הקדירה) - והרב אזיל לטעמיה, שכתב שם דאין נוהגים לסמוך אטעימת עובד כוכבים, לכך כתב וצריך לשער נגד כל הקדירה.

ואע"ג דמשמע בכמה דוכתי, דאין מה שבתוך הכלי ששים כנגד כל הכלי, י"ל דאה"נ קאמר, שצריך לשער נגד כל הקדרה, ולפיכך התבשיל אסור, **א"נ** משכחת לפעמים שיהא רוחב הקדרה גדול כ"כ, שיחזיק מים שיהיו ששים נגדו, כגון שנחושתה דק ורחבה גדול.

(**ועיין** בספר מרכבת המשנה, שהאריך לבאר זה ע"פ המופת, וע"ד האלגיבר"א).

ומ"מ הא דצריך לשער נגד כל הקדרה, היינו בקדרה ישנה דלא ידעינן כמה בלע, אבל אי ידעינן כמה בלע, א"צ לשער אלא כנגד הבלוע בו, **וכן** אפי' היא ישנה ולא ידעינן כמה בלע, אלא דידוע כמה בשלו בה תוך מע"ל מבישול חלב זה, דמה שבשלו בו קודם מע"ל נותן טעם לפגם הוא, **אפילו** בישלו בו בשר תוך מע"ל מבישול הבשר הראשון, א"צ ששים אלא נגד הבשר השני, ודוק.

ולקמן סי' צ"ח יתבאר, דאין חילוק בין קדרה של מתכת או של חרס, לעולם צריך לשער נגד כל הקדרה.

אבל אם שהה מעת לעת קודם שבישל בה, הוה ליה נותן טעם לפגם, ומותר התבשיל, אבל הקדירה אסור לבשל בה לא בשר ולא חלב - לפי שהיא בלוע משניהם, הלכך אסור לבשל בה בשר לכתחלה אפילו אחר מעל"ע מבישול זה, כמו שאסור לבשל חלב לכתחלה בקדרה של בשר אחר מעל"ע, **מיהו** אם בישל בה בשר תוך מעל"ע לבישול בה חלב, פשיטא דהתבשיל אסור, **אבל** אם בישל בה חלב, פשיטא דמותר בדיעבד.

הגה: אבל שאר דברים - שאינן לא של בשר ולא של חלב, כגון ירקות ודגים וכה"ג, **מותר** - לבשל בה אפילו לכתחלה, ‹דהא אין הקדירה בלוע מאיסור בב"ח, דהא אין הבלע אסור, כיון דטעם הבשר כבר נפגם, והתבשיל מותר – גר"א›.

ולקמן סי' צ"ד ס"ה כתב הרב, דנוהגין לאסור הכלי שאינו בן יומו אפילו לשאר דברים, אפי' בשנתחב בו רק כף בן יומו, אם כן כ"ש כאן דנתבשל בו בשר ממש, **וצ"ל** דכאן סתם הדברים לענין דינא, ועמ"ש שם בסי' צ"ד.

ודין כיסוי קדירה, כדין קדירה עצמה. ויש מחמירים בכיסוי, לומר דאעפ"י שאינו בן יומו דינו כאלו היה בן יומו, וכן נוהגין בקצת מקומות. וכן אני נוהג מפני המנהג, והוא חומרא בלא טעם - מיהו בת"ח כתב קצת טעם לדעת המחמירין, משום דס"ל דחמיר איסור זיעה וריחא, מהאיסור שהוא על ידי טעם עצמו, **ומהרש"ל** באו"ש דחה טעם כיוצא בזה, ומתוך דחייתו נדחה גם טעם זה, **וכתב** הוא, דדוקא באותן כיסויים שהם קצרים מלמעלה, ויש בהן כעין חלל כמו שיש בהרבה כיסויים, ואז א"א לקנחם יפה, שיהא נקי מן הזיעה והרתיחה שעלה שם, [דכל שיש איסור בעין לא אמרינן ביה נותן טעם לפגם], אבל באותן שהם רחבים למעלה, ויכולה היד לשלוט בהן לקנחם יפה, אין לומר שהוא איסור בעין, ומותר, עכ"ל, **וצ"ל** לדבריו, דאף שאותו שהוא במקום הקצר הוא דבר מועט, מ"מ הזיעה של בשר עולה למעלה עד ס' כנגדו, עד שנעשה מה שבעין נבילה, ‹**ומתחילה** נאסר הזיעה שעלה למקום הקצר שבכסוי, משום דלא ידעינן כמה זיעה שעלה לשם, ואמרינן לחומרא דנאסר ששים חלקים פחות מעט כמו הבעין שהוא במקום הקצר – אמרי בינה›, **ואח"כ** הכסוי נעשה נבילה כדלקמן סי' צ"ח ס"ה, דשמא אין בה ס' פעמים ס"א פחות מעט כנגד מה שבעין, ודמי לדלעיל סי' צ"ב ס"ה. ‹**דאוסר** הריקן שבכסוי שעלה הזיעה לשם והיד סולדת בו, ונעשה הבלוע מהזיעה ג"כ נבילה, וצריך בגוף הכסוי ס' פעמים ס"א נגד מה שהיה בתחילה בעין, וצריך בתבשיל ס' נגד כל הכסוי. **ובזה** חמיר

רמח
הלכות בשר בחלב
סימן צג – קדירה שבשלו בה בשר לא יבשלו בה חלב

כסוי מכשנפלה טיפה נגד הריקן שבקדרה, דשם סגי בס' פעמים ס"א, וכאן לא מהני רק נגד כל הכסוי – אמרי בינה›.

‹**תמיהיני**, הא משעה שהתחיל להרתיח, והזיעה עולה למעלה, הוי כמו נגד הרוטב, דבעינן רק ששים נגד הטפה, ולא נעשה הבלוע בקדירה נבילה, כמ"ש הרמ"א לעיל סי' צ"ב ס"ז. {**מ"מ** חיישינן שמא לא עלה הרתיחה למעלה, ולא היה רק יד סולדת בו בהכיסוי, והוי כמו מקום הריקן שבקדירה – אמרי בינה}. **וגם** מ"ש הש"ך, ואח"כ הכסוי נעשה נבילה, תמוה ביותר, איך שייך שהבלוע פגום יהא נעשה נבילה, הא מ"מ הוי נותן טעם לפגם, **והחרס** בעצמו ג"כ לא נעשה נבילה, כפי הסכמת הש"ך לקמן סי' צ"ח, וצלע"ג – רעק"א. {**שעלה** הזיעה לשם והיד סולדת בו, ונעשה הבלוע מהזיעה נבילה – אמרי בינה}.

[**ונלע"ד לנהוג בזה, שיש לשער אם יש בתבשיל ששים נגד מקום הקצר שבכסוי, אז אין שום חשש איסור בכסוי טפי מקדירה**], ‹**ונראה** שמסברת עצמו אמרה, דלרש"ל כל הכסוי נעשה נבילה, וצריך ששים נגד כל הכסוי – כנסת הגדולה›.

[**ומו"ח ז"ל כתב טעם לחומרא דכיסוי, כיון שהרתיחה עולה שם תמיד, נדבק מאד וא"א לקנחו היטב, והוא תמוה, דהא הקדרה נדבק שם ממשות המאכל, ולמה יגרע הכסוי ממנה, אלא שאין מקום לחומרא זו יותר ממה שהחמיר רש"ל, וכל מי שאומר סברות להחמיר בזה מה שלא נמצא בתלמוד ובפסוקים, עליו הראיה**].

ומכל מקום במקום שיש שום צד להתיר בלאו הכי, או שהוא לצורך שבת או הפסד, יש להתיר אם אין הכיסוי בן יומו, כמו בקדירה עצמה - ‹המשך דברי הש"ך לעיל›, ומ"מ ודאי דאין להחמיר כ"כ בכיסוי וכמ"ש הרב, ‹**ומשמע** לכאורה אף בהפסד קצת, ובאין הפסד צריך ס' נגד כל הכיסוי – פמ"ג›, **וכ"פ** בספר אפי רברבי, דבשעת הדחק, או שיש עוד שום צד להתיר, או בכסוי רחב, או נקוב למעלה, נראה להקל, ע"כ, **וגם** הד"מ צווח ככרוכיא על המנהג הזה, וסיום דבריו, ואי איישר חילי אבטל המנהג, כי הוא מנהג טעות ואין לו טעם לסמוך עליו, עד כאן, **וגם** העט"ז קרא תגר על חומרא זו.

‹**וכתב** בספר בני חייא, דאף לדברי המחמירים, דוקא כיסוי מיוחד לכך, אבל אם נתן קערה של חלב על קדרה של בשר, מותר לדברי הכל כשאינו בן יומו, ופשוט הוא›.

‹**עיין** בשע"ת באו"ח שכתב בשם השבו"י, דאף המחמיר בכיסוי קדרה אעפ"י שאינו ב"י, מ"מ אחר שני חדשים יש להתיר, **ולכתחלה** בכל איסורים אסור להשתמש בכלים אף שלא נשתמש בהם שנים הרבה, ומכ"ש בחמץ›.

‹**וכתב** בתשובת משאת בנימין, הא דמחמרינן בכיסוי שאינו בן יומו, היינו דוקא אם היה בקדרה בשר ממש או שומן, וכיסה אותו בכיסוי של חלב אף שאינו בן יומו, **אבל** אם אין בקדרה רק ירקות או מים, אף שהקדרה של בשר בן יומו, וכיסה אותו בכיסוי של חלב שאינו בן יומו, אין להחמיר, **דהא** לדעת הב"י וכן בשו"ע סימן צ"ה סעיף ג', אפילו הכיסוי ג"כ בן יומו מותר בכהאי גוונא מטעם נ"ט בר נ"ט, ואף דקיימא לן להחמיר כמו שכתב הרב בהג"ה שם, הבו דלא לוסיף עלה לאסור גם בכיסוי שאינו בן יומו בכהאי גוונא, כיון דהא נמי חומרא בעלמא היא לאסור בכיסוי שאינו בן יומו, כמו שכתב הש"ך, עכת"ד. {**וכן** הלכה בזה, אבל בכיסוי בן יומו אוסרת אף שאר דברים בקדירה, דדמיא לקערה ביורה חולבת, דשניהם באין כאן כאחד, יע"ש – פמ"ג}. **וצ"ל** דס"ל להמשאת בנימין כטעם התו"ח דחמיר איסור זיעה וריחא וכו', אבל למאי דקי"ל כטעם שכתב רש"ל, אין מקום לדבריו, דהא יש במקום הקצר איסור בעין, ונותן טעם במים, והמים נותן טעם לבלוע שבקדרה, והוי טעם שני לאיסור, וליכא סברת נ"ט בר נ"ט להתיר. **ומ"מ** יוצא לנו מזה, דאף לפי מה שהחמיר הש"ך דבעינן ששים פעמים ששים ואחד פחות מעט, בכהאי גוונא סגי בששים נגד מקום הקצר, דהא הזיעה והרתיחה שעולה למעלה הוי נ"ט בר נ"ט לפי דעת המחבר בסימן צ"ה סעיף ג', ושייכי שפיר סברת המשאת בנימין להקל, וק"ל – מחזה"ש›.

ואם לקחו כיסוי רותח מקדירה של בשר ונתנו אותו על קדירה של חלב, אם שניהם חמים, שניהם אסורים אם יש מאכל בקדירה של בשר וחלב - ‹הפר"ח והעוה"ש פי', דמה שכתב רמ"א, "אם יש מאכל בקדירה של בשר", חוזר על הקדירה שהכיסוי בא ממנה – בדי השלחן›.

‹**פירוש** שהיד סולדת בהם, שניהם אסורים הכסוי והקדרה, משום שסתם כסוי רותח יש בו לחלוחית, ונבלע בקדרה ואוסרתה, **והכסוי** נאסר ג"כ, משום דמסתמא כיון ששניהם חמים ויש מאכל בקדרה, עולה הבל מן המאכל לכסוי ואוסרו, והיינו שהצריך להיות מאכל בשתי הקדרות – פר"ח›.

‹**בכיסוי** רותח, אף שאין יד סולדת בה בזיעה, אסור – פמ"ג›.

[ט"ז] ‹רעק"א או ש"א או הוספת הסבר› (פת"ש)

הלכות בשר בחלב
סימן צג – קדירה שבשלו בה בשר לא יבשלו בה חלב

ואם הכיסוי צונן והקדירה חמה, נמי שניהם אסורים אם התחיל להזיע תחת הכיסוי, דתתאה גבר - ונראה שצריך שתהא היד סולדת בזיעה, וכדלעיל סי' צ"ב ס"ח בהג"ה.

ואם הכיסוי חם, והקדירה צוננת, הכל שרי - ואפי' הקדרה עצמה שרי לכתחלה, כשמקנחה או מדיחה למעלה במקום שנוגעת בכסוי, ואע"פ שהלחלוחית היה חם, מ"מ שרי, שמה שנפרש מן הכסוי הוי ככלי שני, ול"ד לעירוי, דטיפה א' כח חמימותה פוסק ואינו ככלי ראשון, עכ"ל ד"מ בשם או"ה, **ודע** דכתב עוד בד"מ, דהגהת ש"ד פליג על או"ה, וס"ל דבכסוי רותחת על קדרה צוננת, הכסוי והקדרה אסורים, כיון דרותח הוא אי אפשר שלא בלע הקדרה חולבת מן הבשר, מידי דהוי אטיפה רותחת שנפלה על קדרה, שבלעה אף על פי שהיא צוננת, עכ"ל, ‹לשיטתו דאין חילוק בין ערוי לטפה א'›, וב"י הביאה ולא השיג עלה, **ונראין** דברי האו"ה, דהרי כתב טעם הגון, דל"ד טפה רותחת שנפלה על הכלי לשאר עירוי, ולקמן סי' ק"ה מבואר בשם מהר"מ כדברי או"ה, עכ"ל ד"מ.

וצ"ע במה שמתיר גם הקדרה, ומדברי מהר"מ שהביא בד"מ, שכ' דלא אמרינן עירוי ככלי ראשון, אלא כשנפל בקלוח, אבל בטיפה שנפלה על הקתא, סגי בגרידה, ועל הלהב בנעיצה, עכ"ל, אין ראיה כלל, דגרידה ונעיצה הוי כקליפה, **וכ"כ** באו"ה גופיה אדברי מהר"מ אלו, דהיכא שהסכין צריך נעיצה, המאכל צריך קליפה, עכ"ל, **ועוד** דהכא עדיף מטיפה רותחת שנפלה על הכלי, דהכיסוי גופה עם הלחלוחית חם נגע בקדרה, **ועוד** דבסי' ק"ה הבאתי הרבה פוסקים, דס"ל דכלי חרס בולע אפי' בכלי שני, וכ"ש עירוי שנפסק הקלוח שמבליע, **מיהו** כל זה כשיש לחלוחית בכסוי, אבל יבשה פשיטא דלכ"ע הכל שרי, וכן דעת מהרש"ל, **מיהו** מן הסתם אמרינן שיש בה לחלוחית, כן כתב בד"מ, וכן משמע מדבריו בהג"ה כאן.

רק המאכל צריך קליפה, אם אפשר לקלפו, ואם לאו, הכל שרי - ‹דברי ההג"ה בכאן סותרין זה את זה, שהרי מתחילה כתב דהקדרה שריא, והיינו מטעמא שכתב בדרכי משה, משום דטיפה הוי ככלי שני, וא"כ למה כתב אחר כך רק המאכל צריך קליפה, אמאי, תיסגי ליה בהדחה בעלמא, כדין צונן לתוך צונן - פר"ח. ועיין ביד יהודה›.

ואם לא היה מאכל בקדירה, הכל שרי, דהוי כשתי קדרות שנגעו זו בזו - ‹קשה לי, הא אף אם יש מאכל בקדירה הקדירה מותרת, ומה חידש בזה הרמ"א דאם ליכא מאכל בקדירה דהכל שרי, **ולומר** דהכל שרי היינו אף בשניהם חמים, הא בזה בודאי אסור הקדירה, מחמת הלחלוחית שבכסוי, **דבזה** לא שייך סברת איסור והיתר הארוך, דקיל משאר ערוי דטיפה אחת פוסק כח חמימותה, דכיון דהקדירה חם, במה יפסוק חמימותה, וצ"ע - רעק"א›.

[**כתב הטור בשם הרשב"א, שאם בשל ירקות בקדירה של בשר, שמותר לבשל אח"כ גבינה, שכבר נתמעט כח בלע הבשר ונקלש, עד שאין ראוי לחול עליו שם איסור בב"ח, בד"א כשבלע היתר כמו שאמרנו, אבל בלע איסור, לעולם הוא באיסורו עד שיגעל הראוי להגעיל, וילבין הראוי ללבן, עכ"ל, והיינו בכלי שטף שאין בלעיתן מרובה, אבל לעיל בכלי חרס חלק הטור על בעל העיטור, שכתב כמו הרשב"א**].

וב"י כתב ע"ז, דמדברי התוס' והרא"ש בפרק כל הבשר, וס' התרומה וסמ"ג, משמע דלית להו הא דהרשב"א, אלא ס"ל דדוקא גבי קדשים אמרינן הכי, משום דכיון דדבר תורה מין במינו בטל ברוב, אוקמוה בקדשים אדאורייתא, **וכן** נראה עוד ממ"ש רבינו בסימן שאחר זה בשם ספר התרומה, דאם הוחמו מים בקדירה של בשר תוך מעל"ע, ואחר ששהתה מעל"ע לבישול הבשר, בישלו בה חלב, מותר, **משמע** דלית ליה להא דרשב"א, דאל"כ עדיפא מיניה הו"ל לאשמעינן, דמותר לבשל בה חלב לכתחילה אחר שהורתחו בה המים, **וכן** מדברי סמ"ק גבי תחיבת כף, משמע דלא כוותיה, עכ"ל - נקה"כ.

[**ע"כ כתב מהרש"ל דלא קימ"ל כרשב"א, ומ"מ צריך ליישב דעת הטור שהביא דעת הרשב"א להלכה, ונ"ל דכאן מיירי שבישל הירקות בקדירה ממש כשיעור שבישלו בו בשר, וראיה שלמדו ממ"ש גבי חטאות, כל יום נעשה גיעול לחבירו, ומסתמא בכל יום היו מבשלות חטאות בשוה, ומש"ה הוה כהגעלה ממש, משא"כ בשאר מקומות שאירע מעשה שבישל מים, ולא נתכוין שיהיה ממש בשיעור שבישל בשר, וזה לא עדיף כהגעלה**]. ‹**כונתו** פשוט, דצריך שיהא הבישול כאן הרבה, ויגע בהכלי בכל המקום שהיה הבשר בו מתחילה, אבל אם היה פחות והיה למטה מהבשר, לא מהני כיון שלא בא נגד בליעת הבשר,

רנ הלכות בשר בחלב
סימן צג - קדירה שבשלו בה בשר לא יבשלו בה חלב

ופשוט. **והפמ"ג** אחר המחילה היה לו טעות גדול בזה, וסבר דלא שהה הבישול כ"כ כמו ששהה הבשר - יד יהודה›.

ובספרי כתבתי דלא דקדקו, דודאי דינו של הרשב"א אמת וברור, כדמוכח בהדיא בש"ס סוף ע"ז, והוא מוסכם מכל הפוסקים, ואין ענין דברי תוס' והרא"ש לכאן כלל... **והבאתי** בספרי דברי הרא"ש והסמ"ג, דכתבו דהיכא דהיתירא בלע, אע"ג שהוא כלי שתשמישו ע"י האור, סגי ליה בהגעלה, **והרבה** מחברים כתבו, דחמץ אפי' מגעילו אחר שש, אפי הוא כלי שתשמישו ע"י האור, סגי ליה בהגעלה, כיון דהיתירא בלע, וכולם למדו בפי' מהך דסוף ע"ז כהרשב"א, אלמא ס"ל דאין לחלק בין קדשים לשאר דברים, **הרי** דדברי הרשב"א הם הלכה פסוקה בש"ס ומוסכם מכל הפוסקים - נקה"כ.

ומ"ש, דספר התרומה שהביא הטור בסי' שאחר זה לית ליה הא דרשב"א, ליתא, דדברי הרשב"א הם הלכה פסוקה, ועוד דהרי הרבה מן המחברים הנ"ל הביאו דברי ספר התרומה לפסק הלכה, וכן הטור גופיה, **אלא** הדבר ברור דהתרומה לא מיירי, אלא אם נאמר דחשיב בן יומו משעת חימום או לא, אבל בהא דליהוי כהגעלה לא מיירי, דאפשר דמיירי בקדירה של חרס, דסתם קדירה של חרס היא, דלא מהניא ליה הגעלה, והרשב"א ע"כ מיירי בשל מתכת וכמ"ש הב"י גופיה, **א"נ** דספר התרומה מיירי, דלא הוחמו מים בכל הקדירה, וכמ"ש בדין תחיבת כף, **א"נ** מיירי שהוחמו מים ולא העלו רתיחה, דלענין הגעלה צריך שיהיו רותחים כ"כ שיעלו רתיחה, ולענין הצרכת ששים, אפי' שאינו מעלה רתיחה, רק שתהא היד סולדת בו, **והרשב"א** לא קאמר, אלא דכלי הצריך ליבון סגי ליה בהגעלה כשבלע היתר, אבל כלי הצריך הגעלה, ודאי צריך הגעלה גמורה כדינו, דאל"ה אינו כלום, **ואף** אם נפשך לומר, דלשון הרשב"א משמע דלא צריך הגעלה גמורה, ע"כ צ"ל דשאני הך דסמ"ק, כיון שבשר אסור בחלב אינו דין שיהא הוא הגורם היתר לכף, וכטעם הראשון דכתב הב"י, אבל ליכא למימר דלא ס"ל כהרשב"א, דהא בהלכות יו"ט ס"ל להדיא כוותיה, **או** אפשר לומר, דבהא לא ס"ל כוותיה, היכא דצריך הגעלה צריך הגעלה גמורה, אבל ודאי דאין חילוק בין קדשים לשאר דברים בזה - נקה"כ.

[**כתב** ב"י בשם הגהות שערי דורא וז"ל, התיר ר"י הלבן בשר שנתבשל בקדרה של חלב, והיה בה חלב כל הלילה קודם, ואמר כיון דבלוע פעם ראשונה ושניה ושלישית מקודם, לכן לא בלע הלילה כלל, וחלב שבלע מקודם לא אסר, דנותן טעם לפגם הוא, עכ"ל, **ביאור** דבריו, דלגבי יין נסך אמרינן פרק אין מעמידין, ובטור סי' קל"ה, דכלים של חרס שהן רכין, בולעין אפי' בצונן, עד שיהיו שבעים מלבלוע בהיתר תחילה, כגון שהיה בהם שלש פעמים מים תחילה, אח"כ אין בולעין בצונן, **וע"פ** זה כתב ר"י הלבן לענין בב"ח כן, שאם היה חלב בכלי חרס אפי' חדשים, בולע, אא"כ בלע כבר היתר, ואז שבע מלבלוע בצונן, ע"כ התיר הקדירה שהיה בה חלב בלילה, דלא בלע בלילה אחת בצונן, **אבל** אם היה החלב מעל"ע באותו כלי, ודאי הוה אמרינן שבלע שפיר החלב, ואסר אח"כ הבשר, כיון שכבוש כמבושל, ובישול פשיטא שמבליע אפי' בכלי ישן, וכן ראיתי לרש"ל בש"ד, **אלא** דבלבוש כתב בזה, אפי' היה שם מעל"ע אינו מבליע בכלי כיון שהוא ישן, וכן כתב מו"ח, **וראיתו** ממ"ש בשם מרדכי, על דין דר"י הלבן הנ"ל, שיש ראיה לדין שלו מפרק המפקיד, בהפקיד שמן לחבירו, אם היו קנקנים ישנים אין מוציא לו בלע, ומוקי לה אביי אפי' אינם מזופפים, כיון דטעון טעון ותו לא בלע, ומכח ראיה זאת פסק מו"ח ז"ל, להקל אפי בנשתהה מעל"ע בכלי ישן].

[ולי נראה דבריהם תמוהים, דהא גם בכלי אמרינן כבוש כמבושל, ולמה נקיל כאן בכבוש, וראיה זו דפרק המפקיד נראה ג"כ על דרך שכתבתי, דזה פשוט, דגם בבישול אין הכלי יכול לקבל לתוכו שום דבר כל זמן שהוא שבע מלבלוע, אלא דע"י הבישול מפליט קצת מה שבתוכו כבר, ונכנס אחר במקומו, מש"ה אסורה הקדירה והתבשיל ככל תערובת בב"ח, וכן הוא ממש בכבוש מעל"ע בכלי, אז מפליט מה שכבר בתוכו, ומבליע במקומו ממש ממה שהוא בתוך הכלי, וזה מוכח, דהא ע"כ היתר שנשרה מעל"ע בכלי איסור, דנאסר, וא"כ ע"כ אתה צ"ל דמן הכלי נפלט להיתר, וא"כ נשאר מקום פנוי בכלי ומקבל ממה שבתוכו, מש"ה בנשרה איסור בכלי היתר מעל"ע, אמרינן ג"כ בכלי שיוכל לבלוע בדרך הזה, **וע"כ** יפה הביא ראיה במרדכי מפרק המפקיד, דהתם קאי על מי שהפקיד אצל חבירו שמן, ועירבו עם שמן שלו, ולאחר זמן מחזירו, ורוצה לנכות לו מה שבלע הכלי, בזה

הלכות בשר בחלב רנא
סימן צג – קדירה שבשלו בה בשר לא יבשלו בה חלב

אמר שם, דאם הכלי ישן אין מנכה לו הבלע, וע"ז פריך שם, והא א"א דלא בלע, ומשני דכיון דטעון טעון, פי' כל זמן שהוא שבע מבלוע ישן שכבר בתוכו, אינו בולע עוד, ואעפ"י שאם ישתהה שם מעל"ע יבלע, ע"י מה שיפליט מה שבתוכו ויוכל לבלוע מחדש, מ"מ אין מנכה לו בשביל זה, כיון שעכ"פ המדה לא תהיה חסירה, דמה שיהא נחסר ע"י מה שבלע הכלי מחדש, יתמלא ממה שמפליט הבלוע כבר שלו, וע"כ אין היזק להנפקד במדה, ונמצא שלענין איסור והיתר אין שייך כן, דכל שיבלע החדש ויפליט הישן איכא איסורא בדבר, ולא בחנם נקט המרדכי בשם ר"י הלבן, שהיה חלב כל הלילה, ולא קאמר רבותא אפי מעל"ע, כנלע"ד ברור שאין להקל, ועיקר אם נשתהה מעל"ע החלב בכלי, אפי' אם הוא ישן, ובישלו בו בשר תוך מעל"ע לשהיית החלב, דהוה כבישול ממש].

(**ועיין** בתשובת חוות יאיר סימן ק"ד, שגם הוא ז"ל הסכים עם הט"ז, ודלא כהב"ח והלבוש, אך לא מטעמא דהט"ז דמפליט ובולע, דבגמרא משמע דאינו בולע כלל, אלא לפי שיש חילוק בין בליעת טעם הדבר לבליעת ממשו, ומה שאמרו דכבר שבע לבלוע, היינו שאין בולע גוף הדבר, אבל מ"מ בולע טעם מדבר שבתוכו, **ויש** נ"מ בין אלו הב' טעמים לענין מליחה).

יפה כוון «הט"ז» בזה, וכן כתבתי בספרי, **ועוד** כתבתי שם, דאע"ג דכתב מהרש"ל, ומ"מ בחצי מעל"ע שפיר קרוי בליעה אם היו חדשות, אע"ג דבפחות מעל"ע לא קרוי כבוש, מ"מ כלי חרס שבולע אפי' בכלי שני, הסברא נותנת לאסור בבליעה זו, עכ"ל, **נ"ל** דאין דעת מהרש"ל לומר דקימ"ל הכי, דחדשות בולע בחצי מעל"ע, דקימ"ל דאפי' דבר מאכל היתר שנשרה באיסור, שרי בפחות מעל"ע בהדחה, כ"ש כלי חרס, וכדכתב מהרש"ל גבי כלי שני, דמאכל רך לבלוע מכלי חרס, **וכן** כתב באו"ה, דאפי' בכלי חרס לא נאסר אלא בכבוש מעל"ע, **אלא** מהרש"ל מפרש כן דעת ר"י הלבן, לפי מה שסובר כפי' רש"י, גבי כסי של חרס דיין נסך בולע מיד, **אכן** אנן לא קימ"ל הכי, דכבר הקשו התוס' והפוסקים על פי' רש"י, וגם הרא"ש והטור מודים הכא, וכ"כ בד"מ דלא נהיגין כר"י הלבן בזה, **והוא** לא ביאר את זה, וסתם כר"י הלבן, ולא כוון יפה בזה - נקה"כ.

(**וכן** דעת החות יאיר שם, לפי שאין ללמוד דיני שאר או"ה מדיני יין נסך, **וכתב** דאף אם הקדרה התחילה לבלוע החלב ע"י בישול, לא אמרינן דבולע והולך אפילו אחר שנצטנן, וצריך מעל"ע אחר שהורק מתוכו, אלא חשבינן מעל"ע משעה שבא לגדר פושרין).

(**ועיין** פמ"ג שכתב, דבאין הפ"מ יש להחמיר כט"ז, דחדשים כ"ז שלא שבעו לבלוע, דהיינו שניתן בתוכו מים ב' פעמים, או עמד בו פ"א כמו רביע היום, נאסר בחצי מעל"ע, «או אפשר בערך שעה – פמ"ג».

[**הטור** כתב בשם בעל העיטור, אם בישל חלב בקדרה של בשר, והיא בת יומא, ויש בה ס', שיכול לבשל בה מאיזה מין שירצה, וכתב הטור, ואני תמה, היאך מותר לבשל בה חלב, וכי עדיף מהגעלה, דאפילו הגעלה לא מהני לכלי חרס, שפולט תמיד מעט מעט, **ונראה** לתרץ דעת בעל העיטור על נכון, דנראה שהיה קשה לו מה שיש להקשות ממה דאמרינן בפ' כל שעה, גבי כלי חרס חזינן להו דמידייתי, והתורה העידה על כלי חרס שאינו יוצא מידי דפיו לעולם, פי' רש"י, דהרי בכלי עץ ומתכות כתיב, ומורק ושוטף במים, אבל בכלי חרס ישבר, וקשה, אדרבה נימא מדגלי רחמנא גבי קדשים דאמרינן ישבר, ש"מ דחולין הוי קיל מזה, ונראה דבעל העיטור היה ס"ל מכח קושיא זו, דבחרס בחולין אה"נ דמן התורה מותר בהגעלה, אלא דוקא בקדשים אמרה תורה אינו יוצא מידי דפיו, ורבנן אמרו דגם בחולין אמרינן כן, **והשתא** ניחא, דס"ל לבעל העיטור, כאן דכבר נפלט טעם הבשר, מכח הגעלה שבא ע"י בישול חלב, אלא שמדרבנן יש איסור, מכח אינו יוצא מידי דפיו, וכן אם בא לבשל בו בשר אחר שישהה מעל"ע וטעמו פגום, ממילא אם תחוש כאן לאיסור דרבנן יבוא לידי הפסד, דא"א להשתמש בו עוד, ואנן חזינן בגזירה דמעל"ע דטעם פגום, דלא חשו חכמים אלא לכתחילה, אבל בדיעבד שרי, וכאן הוה כדיעבד כיון שא"א להשתמש בו, ע"כ שבקוה כאן אדין תורה, ואין כאן גזירה דרבנן כלל, **ואין** להקשות בכלי חרס של איסור נמי נימא הכי, ונשהה אותו מעל"ע, לא קשיא מידי, דלכתחילה פשיטא שאין להגעילו, וזהו עיקר גזירה דרבנן, ואפי' אם הגעילו בלא מתכוין, מ"מ לא מועיל, דעכ"פ היה כבר שם איסור על כלי זה, לא מועיל לו הגעלה, משא"כ כאן דנאמר דע"י הגעלה זו דחלב יבוא

הלכות בשר בחלב
סימן צג - קדירה שבשלו בה בשר לא יבשלו בה חלב

האיסור, ומתיקון זה נעשה הקלקול, זה לא גזרו רבנן, כנ"ל נכון דעת בעל העיטור].

דבריו בפירוש בעל העיטור דחוקים, וגם לא הו"ל לכתבו כאן, כיון דלא קימ"ל הכי - נקה"כ.

§ סימן צד – דין התוחב כף חולבת בקדירה של בשר §

סעיף א- התוחב כף חולבת בקדירה של בשר, או איפכא, משערים בכל מה שנתחב ממנו בקדירה - דלא ידעינן כמה נפיק מיניה, וע"ל סימן צ"ח ס"ה, אי ידעינן כמה בלע.

‹**ואף** באיסור דרבנן, ואין לומר ספק דרבנן להקל ולשער באומד הדעת, דכל אחד יבוא לשער כפי דעתו – פמ"ג.

‹**ואם** לא שמשו בחלב בעין כי אם במאכל שיש בו חלב, נראה דבלע הכף רק כפי ערך, ובעי ס' לפי ערך – ג' מהרש"א.

וכ' מהרש"ל, דאם אינו ברור לו עד כמה תחב, משערין בסתם דרך לתחוב, דהיינו עד ראש הכף, ע"כ, ‹דהיינו כמו שהוא עגול – רעק"א.

‹**עיין** בתשובת נו"ב, מבואר שם, דאפילו אין היכר בכף עד כמה תחב, אלא שאומר עד כמה תחב, מהימן, ולא אמרינן בזה מלתא דלא רמיא כו', דבדבר שהאדם עצמו עושה ל"ש לומר כן, כיון דעב"פ יודע שבשום פעם יש חילוק בדבר, יודע הוא איך עושה, **ודוקא** בשוחט שלא למד הלכות שחיטה, ואמר אחר שלמד ברי לי ששחטתי יפה, לא מהני, כיון שבשעת שחיטה לא ידע שיש קפידא בשום פעם בשהייה דרסה, ע"ש, **ולע"ד** דבריו צ"ע מסימן י"ח סעיף ד', גבי מסוכסכת ומדברי הש"ך, ובט"ז סי' ו' גבי פגימה למעלה מחציו של סכין, ע"ש, **ומ"ש** הנו"ב שם וראיה מש"ך ששואלין וכו', אין ראיה לענין תחיבת כף, דשאני התם דהוי ספק דרבנן, כיון שהוא בלא רוטב, כמ"ש הפ"ת שם והביאו הפמ"ג, **ועיין** בפמ"ג, מבואר ג"כ דאם לא ניכר עד היכן תחב, יש לפקפק אי מהני אמירת ברי לי, כיון דהוא מלתא דלא רמיא, ע"ש, וצ"ע).

‹**ועיין** כו"פ שכתב, דצריך לשער נגד חלק הכף שהכניס לתוך הקדרה, אפילו נגד מה שלמעלה מן התבשיל, דחם מחמת הבל הקדרה. ‹**ואף** שלא נתחב במאכל, מ"מ הזיעה מפליט מהכף, ומיהו למעלה מקדירה אין לאסור, דהזיעה אין יד סולדת בה שם – פמ"ג. **ובח"ד** כתב עליו, הגם דמה שמכריח זה מתוך מחלוקת רש"י ור"י דסי' צ"ב אינו מוכרח, מ"מ יש להחמיר כדבריו, ע"ש, **ועיין** בת' ח"ס שכתב ע"ד הפלתי הנ"ל, מסברא נ"ל דליתא, וכן מורה לשון מהרש"ל שהביא הש"ך, וכן נוהגים בעלי הוראות).

(אם הכף בן יומו, דהיינו ששמשו בו בכלי ראשון תוך מעת לעת) - בכלי ראשון חלב, אבל אם שמשו בו בכלי ראשון מים, אינו מחשבו מע"ל, ‹**דמה** שנפלט תוך מעל"ע וחזר ונבלע, אין בו כח לאסור, דנ"ט בר נ"ט דהתירא הוא, ומה שעומד מתחילתו בכף, נותן טעם לפגם לאחר מעל"ע – פמ"ג. **אבל** בכף של איסור, אפילו שמשו בו בכלי ראשון של מים, מחשבו מע"ל, כשלא היה במים ס' נגד הכף. {**שהרי** טעם האיסור פלט לתוך המים ונעשית בת יומא, וצריכה מעל"ע לאחר חימום המים, ובדבר איסור לא שייך נ"ט בר נ"ט - ש"ך לקמן}.

‹**אבל** אם יש במים ששים, מחשבין מעל"ע מן שמוש האיסור, **והא** דלא אמרינן דכשהוציאו הכף והוא רותח, נעשה המים הבלוע בכף נבילה מהאיסור הבלוע בו, **מ"מ** כיון דהאיסור שנשאר בלוע פגום, {ולא יצא במים, דמה שיצא נתבטל בששים}, ואמרינן דאין הנאסר המים חמיר מהאוסר, **אלא** דאם אין במים ששים, חיישינן שיצא מהאיסור לחוץ, וכיון דהאיסור רגע אחד חוץ לקדירה, לא מפגם, **דאף** אם בשאר איסורים לא אמרינן חנ"נ, מ"מ חשבינן משעת חימום המים, דנ"ט בר נ"ט באיסור אסור, הרי דהאיסור עצמו אסור דלא נפגם, **גם** לפי מה דכתב הרמ"א ס"ב, דסגי בפעם אחת ששים, ומבואר בתרומת הדשן הטעם, דיש ב' סברות להקל, א', דדלמא הכף כשהוציאו אינו כלי ראשון שיבלע החלב שבו מטעם הבשר שבו, הב', סברת הרמב"ן, דבלוע לא נעשה נבילה, **א"כ** מהאי טעמא ה"נ ליכא איסור מצד הוצאת הכף מהמים – רעק"א.

[**בסי' צ"ה ס"ג יתבאר**, ‹לשיטת הט"ז לא לרמ"א, **דגם ע"י** ערוי מכלי ראשון על שתי כלים, **אחד של חלב ואחד של בשר**, והם מלוכלכים, **יש איסור כמו בכלי ראשון ממש, ומש"ה אם עירה נמי מכל"ר על כלי שהוא מלוכלך מבשר, נחשב כאילו השתמש באותו כלי בכל"ר**. **לא** הו"ל לערבינהו ולתנינהו, דהא אין דינם שוה, דערוי קימ"ל דאין אוסר רק כדי קליפה, וא"כ א"צ אח"כ ששים אלא כנגד הקליפה, **ולכן** כתב רמ"א, דהיינו

[ט"ז] ‹רעק"א או ש"א או הוספת הסבר› (פת"ש)

הלכות בשר בחלב
סימן צד – דין התוחב כף חולבת בקדירה של בשר

ששימשו בו בכלי ראשון, על דברי המחבר שכתב, משערין בכל מה שנתחב בקדירה - נקה"כ.

[**וכתב** רש"ל, דמסתבר כ"ר כ"ז שאין היסל"ב אין בו כח להבליע כלל, אלא דמסתפינא להקל בכ"ר שעומד אצל האש כל שהוא חם, ואפי' אין היסל"ב ראוי לאסור, דעשו הרחקה לכ"ר כדאיתא בירושלמי, עכ"ל, **אבל** בת"ח פוסק כב"י ואו"ה, דאפי' בכל"ר שעל האש אינו אוסר אם אין היסל"ב, וכן עיקר].

(**ועיין** בתשובת חות יאיר שכתב, דאם הרתיחו חלב בקדירה, ושהה בו עד אחר שנצטנן שעה מרובה, והריקו החלב מתוכה, וביום מחר בשלו בה בשר, אם היה סמוך אחר מעל"ע לרתיחתו, באופן שאתמול בשעה הזאת היה עדיין חם שהוא יותר מפושרין, ששיעורו כחמימות הרוק, נראה לאסור, דאע"פ שהוסר מעל האש, מ"מ נשאר לו שם כ"ר, ועשו הרחקה וסייג, ומה גם לענין דהכ"ר בולע והולך כ"ז שהדבר שבו שם, וצריך מעל"ע אחר שבא לגדר פושרין).

ויש מי שאומר שאם הכף של מתכת, משערים בכולו, משום דחם מקצתו חם כולו. (וסברא ראשונה עיקר, וכן נוהגין) - דאע"ג דחם מקצתו חם כולו, מ"מ אינו מוליך בליעתו בכולו, כ"כ הפוסקים, **ואף** דעת המחבר שסברא הראשונה עיקר, ולכן כתב סברא האחרונה בשם יש מי שאומר. **(ועיין לקמן סימן ק"ה).**

(**עבה"ט** של הרב מהרי"ט ז"ל, שכתב בשם בה"י, אע"ג דחם מקצתו חם כולו, היינו לבלוע, אבל לא לפלוט, דאינו פולט אלא מה שנתחב ממנו בקדירה, ונ"מ אם תחבו הקתא של הכף של מתכת ב"י בקדירה, צריך ס' בקדירה נגד הקתא שנתחב בו, עכ"ל, **והנה** בה"י כתב ששמע כן מבעל מג"א ע"ש, ובאמת כן הוא במג"א, **אכן** דעת הש"ך כאן לא נראה כן, אלא דגם לענין לבלוע לא אמרינן חם כולו, דאינו מוליך בליעתו בכולו, וכ"כ לקמן סי' קכ"א, דהעיקר כמהר"ם מ"ץ, דחם כולו היינו לענין דאם הכלי נעשה חם בראש אחד, ונגע איסור בראש השני, נאסר, אבל לא מהני שאם נפל איסור בראש אחד, שיהא מתפשט בצד השני, ולכן אם נשתמש היתר במקצת האחר, מותר בדיעבד, ע"ש, **וכ"כ** בסולת למנחה, דאם תחב הקתא מן הכף של בשר תוך המאכל חלב, אף שנשתמש הכף בלא הקתא תוך מעל"ע, אין צריך לבטלו כלל בדיעבד, ודלא כמ"ש הבה"י בשם בעל מג"א, **אבל** מ"מ הכף נאסר שוב להשתמש בו עד שיגעילו, עכ"ל).

(**ועיין** בתשובת אא"ז פנים מאירות, שהאריך בענין זה והעלה, דהיכא דאין כל הכלי חם שהיד סולדת בו, לא אמרינן חם מקצתו חם כולו, ואם תחב הקתא של הכף או סכין קודם הכשר, אין צריך ששים לבטלו, **ואם** כל הכלי הוא חם, אמרינן שפיר דמפעפע בכל הכלי כמו גבי חתיכה חמה, ואם תחב צד השני לתבשיל קודם הכשר, צריך ששים לבטלו, **אלא** לענין הכשר סגי למקצת כלי שנשתמש בו, דכבולעו כך פולטו, ע"ש).

(**וכתב** עוד הש"ך בשם או"ה, דדוקא בחם שע"י בישול, אבל בחם שע"י האור ממש, מוליך ומפליט בליעתו בכולו, ע"ש, **ולפ"ז** אם נתחמם הכלי מתכת ע"י אש ממש במקצת, ונתחב מקצתו לקדירה, צריך לשער נגד כל הכף, דכולו חם ממש ומפליט מן הכל).

‹**קשה**, הא בכלי גופא אף בעץ וחרס אנן מסופקין אי בישול מפעפע בכל הכלי או לאו, כמש"כ הש"ך בשם סמ"ק בסי' צ"ב, וא"כ אמאי אין צריך כ"א נגד התחיבה. **ואם** נאמר כמג"א, לפלוט אין כח, אבל להבליע יש, הוה אתי שפיר, **אלא** דקשיא מש"כ הש"ך, דחם מקצתו אין חם כולו להפליט ולהבליע, **וי"ל** דיש חילוק בין הכף צונן ותוחב לקדירה רותחת, דאין כח לרוטב להפליט מלמעלה לתבשיל כיון דצונן הוה, **אבל** אם הכף כולו רותח שהסירו מכלי ראשון ויסל"ב בו, אה"נ אם תחבו לקדירה חולבת צריך ס' נגד כל הכף, דפולט כולו, ומש"ה אתי שפיר ההיא דסי' צ"ב – פמ"ג. וכמו הפמ"א›.

סעיף ב - אם תחב הכף בקדירה שני פעמים, ונודע בנתיים, כבר נתבטל הראשון, ושוב גם בפעם הב' בטל באותן הס', **ואע"ג** דמשמע דעת ב"י לקמן ס"ס צ"ט, דאם נפל כזית איסור לתוך ס' זיתים היתר, ואח"כ חזר ונפל כזית איסור, חוזר וניעור אפי' מין במינו, אפילו נודע בנתיים, וכמ"ש הרב שם, **מ"מ** הכא אין טעם כלל, דהא יש ס' נגד כל הכף, ולא יהא הכף אלא כולו חלב, אלא דמטעם נ"נ צריך ב"פ ס', **ואע"ג** דמין במינו נמי אינו נ"ט, מ"מ כיון דראוי ליתן טעם בכנגדו בשאינו מינו, אסור, וכמ"ש הרמב"ן והר"ן ומביאם ב"י שם, וזה לא שייך הכא, ודו"ק, ‹**דכיון** דיש ס' נגד הכף, תו לא משכחת בכמה תחיבות שיהיה בו טעם בתבשיל, דהא ממין התבשיל בולע ופולט, והוה מין במינו לעולם, ומש"ה בנודע מיקל, ובלא נודע אוסר, דהוי כנפלו בבת אחת – פמ"ג›.

רעד הלכות בשר בחלב
סימן צד – דין התוחב כף חולבת בקדירה של בשר

אם תחב הכף בקדירה שני פעמים, ולא נודע בנתיים, צריך ב' פעמים ששים - הטעם כתבו הגהמ"ר ומהרי"ל ותה"ד, דמתחלה צריך ס' נגד החלב, וחיישינן דלמא נשאר בו מעט חלב, [חלק ששים], וכשהוציאו מן הקדירה נעשה כל הכף נבילה מבשר בחלב, [דנכנס בתוכו מן ההיתר שבקדירה נ"ט חלקים, ונאסר הבלוע בתוך הכף, שנעשה הכל נבילה], ולכך צריך לבטל הכף בפעם הב'.

ונראה דמה"ט כ' הט"ו, אם תחב ב' פעמים כו' צריך ב' פעמים ס', ולא כתבו סתמא, ואם תחב הרבה פעמים, צריך ס' בכל פעם, משום דאזלי לטעמייהו דס"ל דלא אמרינן חנ"נ רק בבשר בחלב, דטעמא הוא מפני שכל א' היתר בפני עצמו, וע"י חבורן נאסרו, משא"כ בשאר איסורים, וכמ"ש בסי' צ"ב, **והלכך** כשתחבו פעם ב', תו ליכא למימר דנ"נ, דכיון שכבר נאסר הכף לא נ"נ אח"כ, אפי' תחבו הרבה פעמים סגי בב' פעמים ס', **והסמ"ק** דס"ל בכל איסורים חנ"נ, באמת לא כתב האי לישנא דצריך ב"פ, ע"ש ודו"ק.

(ויש אומרים דסגי בפעם א' ששים, וכן נוהגים) - דהרבה פוסקים ס"ל, דבדבר הבלוע לא אמרינן חנ"נ, כדלקמן סי' צ"ח ס"ה, וכ"כ בת"ה סי' קפ"ג דסמכינן אהאי טעמא, **ואע"ג** דקי"ל התם לחומרא, מ"מ בכה"ג אין להחמיר, ‹דיש לומר צירוף טעם דאין שם כלי ראשון לאחר שהוציא הכף ריקן – פמ"ג›, **ואפי'** באיסור עצמו שנפל לקדירה כמה פעמים, קי"ל דא"צ אלא פעם אחת ס', וכדלקמן סי' צ"ח סוף ס"ד בהגה"ה, ‹כיון שאין שם איסור חדש – פמ"ג, וכנ"ל בש"ך לענין נודע בנתיים›, **ולמהרש"ל** וב"ח דעות אחרות בכאן, ולא קי"ל הכי.

[**ורש"ל** החמיר להצריך ב' פעמים, ואין לנו אלא המנהג שכתב רמ"א להקל, הן בבב"ח הן בשאר איסורים].

(**וכתב** בספר חמודי דניאל כ"י, דאם תחבו לקדירה והיה ששים, ואח"כ תחבו לקדירה אחרת ולא היה ששים, ואח"כ חזר ותחב לראשונה, צריך ב' פעמים ששים). ‹**וטעמו** נראה, מפני שנתחדש בהכף איסור חדש שאסרה הקדירה השניה, וכל מה שבלעה מהשניה הוי ודאי איסור, **ומ"מ** לא נ"ל לומר כן, דכיון דעיקר יסוד ההיתר בנוי על מה דהבלוע לא נעשה נבילה, א"כ אין חילוק בזה, שהרי הכף בעצמה גם מתחיבה ראשונה נאסרה, ועכ"ז א"צ רק פעם אחד ששים, וא"כ גם כשאסרה את הקדירה השניה לא נתוסף בה עצם איסור, והבלוע לא נעשה נבילה – ערוה"ש›.

סעיף ג - אם יש ס' לבטל הכף, הקדירה והתבשיל מותרים, אבל הכף אסורה בין עם בשר בין עם חלב, לפי שהיא בלועה מבשר בחלב - וכן אפילו עם שאר דברים, דהא הכף נעשה נבילה.

[**ולא אמרינן** דמה שנתחב כבר הוה כהגעלה, תירץ בהג' שערי דורא, דהגעלה צריכה רותחין שמעלה רתיחה, ולענין איסור, **אוסר** אם רק היסל"ב, **ועוד דאתי למיטעי**], ‹דפעמים לא יתחוב הכף כי אם במקצת, ויסבור ג"כ שהוא כהגעלה – אמרי בינה›.

לדעת הרב בסי' צ"ה ס"ג, אפילו לא היה בקדירה אלא מים או שאר דברים, אם היה הקדירה בן יומו, ונבלע מתחלה ע"י גוף הבשר, הכף אסור*, והכי קי"ל, **אבל** לדעת המחבר שם, אין הכף נאסר, אלא כשתחבו בקדירה שמבשל בה עתה בשר בעין, וע"ש.

‹***וזה** תמוה, דהא ביש במים ששים, גם להרמ"א הכף מותר – רעק"א›. ‹**ולא** קשה מידי, דלפי המנהג שכתב רמ"א לקמן ס"ה, דנוהגין לאסור הכלי שאינו בן יומו, גם ביש ששים אסור, כמו שאבאר שם – חוו"ד›. ‹**אין** זה במשמעות הש"ך, גם מצד המנהג אין לו מקום כלל, **וכל** אריכות הפמ"ג אך למותר נגד המבואר לקמן... **והברור** דט"ס יש כאן, וצריך לציין זה על "הכל אסור" לקמן, דאיירי באין ס' – יד יהודה›.

ואפי' בדיעבד אוסרת, אם חזרו ותחבוה, בין בבשר בין בחלב, כל זמן שהיא בת יומא - פי' משעת התחיבה, אפי' אינה בת יומא משעה שבישל בה חלב, כיון שהיתה בת יומא בשעת התחיבה ראשונה, נ"נ ואוסרת אח"כ אפי' דיעבד, אם היא בת יומא משעת התחיבה, *ופשוט הוא, וכ"כ האו"ה בכמה דוכתי, וכ"כ בד"מ ס"ס זה בהדיא, **דלא** כהב"ח שכתב בס"ג בפשיטות להפך, ופשוט הוא דטעות הוא, **אבל** אם אינו בת יומא בשעת התחיבה השנייה, הכל מותר, דנהי דנ"נ, מ"מ השתא נותן טעם לפגם ומותר, **אבל** ודאי לכתחלה אסור לתוחבו אפי' בשאר דברים, אפי' אינו בן יומו, כיון דנ"נ מתחלה.

‹**להסביר** הב"ח: דכל שנפרד לגמרי, אף בבב"ח חוזר להיתרו, ואפשר לסוחטו היינו כל זמן שמשהו נשאר בו, ונותן טעם לפגם עפרא הוא, ומשהו ליכא, א"כ כאן כיון שנפסד

הלכות בשר בחלב
סימן צד – דין התוחב כף חולבת בקדירה של בשר

הבשר לגמרי, לא נאסר, **והש"ך** לשיטתיה בסי' ק"ה דנאסר אפי' נפרד לגמרי, יע"ש, **ומד"מ** אין ראיה, דאיהו פסק באו"ח נותן טעם לפגם בפסח אסור, דמשהו לא הוה עפרא, ומש"ה אוסר כאן אף שלא היה בן יומו מבליעה א' – פמ"ג.

****לכאורה** לאו פשוט, דהא הבשר שנעשה נבילה בכף מהבלוע חלב שבכף, מ"מ החלב נפגם, דהא מה שיצא בטל בששים, והנשאר בכף נפגם, וכיון דבשר שנעשה נבילה מהחלב, אינו אוסר הבשר שמבשלים תוך מעל"ע מתחיבה זו, "דאין הנאסר וכו'", דגם לענין נותן טעם לפגם אמרינן כן, כמ"ש הרמ"א סי' קל"ד סי"ב, **ואולי** סובר הש"ך, דלענין איסור בב"ח לא אמרינן לענין זה "אין הנאסר", **גם** הא כל זמן שהכף תוך הקדירה לא נעשה הבשר נבילה, ואחר שהוציאו הכף יש ב' צדדים להתיר, דיש סברא דלא הוי הכף אז כ"ר, ויש סברא דבלוע לא נעשה נבילה, וכמ"ש התרומת הדשן לענין תחב הכף ב' פעמים, וא"כ בצירוף הסברא ג"כ "דאין הנאסר וכו'", יש להתיר בהפסד מרובה, וצ"ע לדינא – רעק"א, ‹**אבל** לסמוך על הני ב' סברות בדליכא הפסד מרובה כדלעיל, לא, דהכא הוי דאורייתא מין בשאינו מינו – רעק"א בהגהותיו לחוו"ד›.

‹**וכ"ז** אם הוציא הכף מהקדירה בעודה חמה, דאז כשהוציאה נעשה החלב שבכף נבילה מהבשר שבכף, **אבל** בלא הוציא הכף עד שנצטננה הקדירה, בזה לא נעשה נבילה, דכל זמן שהכף בקדירה אין החלב שבכף נבילה, דהוי חיבור עם החלב שבקדירה, כמ"ש התרומת הדשן, וכשמוציאו, כיון שהוא צונן לא בלעי הבשר והחלב שבכף זה מזה, **וא"כ** אם תחבו הכף לתוך הקדירה, משערין מעל"ע משעה ששימש תחילה בכף – רעק"א›.

ואם אין ס', הכל אסור בהנאה, אפילו הקדירה, אך מותר לתת לתוכה פירות או צונן, כיון שאינו נהנה מגוף האיסור - כתב הב"י, משמע אפי' דבר לח, כל שהוא צונן מותר, עכ"ל, וע"ל סימן צ"א, הארכתי בזה, ‹והיינו באקראי אבל לא להשתמש בו תדיר – פמ"ג›.

וכ' הא"ז והגה"א, דאם בישל בה אח"כ כשאינה בת יומא, ישליך דמי הקדירה לנהר, והמאכל מותר, עכ"ל, ‹כי נהנה, שקדירה ישנה אין נבלע עתה מתבשיל זה – פמ"ג. **ואיסורי** הנאה אין לחלק בין בת יומא לשאינה בת יומא – ב"י›, וכ"כ מהרא"י, **והרב** בת"ח חלק ע"ז, וכן דעת האו"ה, [דאף חמין לחוף בו הראש, או לעשות בהן שאר דברים שאינן צורך אכילה ושתי', מותר, והכי נהגו, ‹לפי שאינו נהנה מגוף האיסור – מחה"ש›, **ולא** כמרדכי דאוסר להתשמש בדבר לח, עכ"ל, **וכתב עוד, ולפי מנהג זה יש להקל ג"כ, אם נאסרה קדירה מבב"ח, ואחר מעל"ע בשלו בו מאכל, א"צ להשליך דמי הקדירה לנהר, כמו שפסק מהרא"י, ע"כ**, ‹שגם כאן אינו נהנה מגוף האיסור, שהרי נותן טעם לפגם הוא – מחה"ש›, **ומהרש"ל** חלק עליו ודחה ראיותיו, [**כי לא נהגו לחום אלא לויג"א בעלמא לחוף ראש, אבל לא מים הראויים לשום מאכל ומשתה, והא ראיה, דלחוף מותר אפי' לכתחילה כו', ע"כ צריך להשליך דמי הקדירה לנהר, עכ"ל מהרש"ל**].

‹**ועיין** בתשובת חתם סופר שהעלה, דלמכור לעובד כוכבים קדירה הבלועה מבשר בחלב, אין בו בית מיחוש כלל, אפילו ביומיה, ‹דאין הגוי נותן יותר בעד הקדירה הבלועה – המשך לשונו›.

[**וכ"ז בקדירה שנאסרה, אבל המאכל שנאסר, כתוב באו"ה ורש"ל ות"ח, שצריך להשליכו דוקא לבה"כ, אבל לא לפני הכלב, אפי' אין הכלב שלו**], (**ואין** כן דעת הגאון בעל מקור חיים, דדוקא בחמץ בפסח כו', ‹משום דכתיב לא יֵאָכֵל בצירי, אבל בשאר איסורי הנאה דנפקא מלא יאכַל, מותר – המשך לשונו›, וכ"כ בביאור הגר"א ז"ל).

סעיף ד - אם אין הכף בן יומו, הקדירה והתבשיל מותרים, והכף אסור לכתחלה, בין עם בשר בין עם חלב - כיון שהוא בלוע מבשר ומחלב, **אבל** עם שאר דברים מותר, ‹דלא חייל עליו שם איסור בב"ח – מחצה"ש, **והיינו** מדינא, אבל מצד המנהג אפי' שאר דברים אסור – פמ"ג›.

ומ"מ בדיעבד אינה אוסרת, כיון שלא היתה בת יומא - כתב ב"י דהיינו דוקא שחזר ותחבה במין שתחבה בפעם ראשון, דאילו חזר ותחבה במין שהיתה בלועה ממנה תחלה, בתוך מע"ל מתחיבה, פשיטא שאוסרת, עכ"ל, **וכ"ש** אם חזר ותחבה בשאר דברים, כגון מים וירקות, דמותר בדיעבד אפי' תוך מע"ל מתחיבה הראשונה.

סעיף ה - אם בשלו מים בקדירה חדשה ותחבו בה כף חולבת, ואחר כך חזרו ובשלו בה מים פעם אחרת ותחבו בה כף של בשר, ושתי הכפות היו בני יומן, ובשום אחד מהפעמים לא היה במים ששים, אסור

הלכות בשר בחלב
סימן צד – דין התוחב כף חולבת בקדירה של בשר

להשתמש בקדירה לא בשר ולא חלב, אבל שאר דבר מותר לבשל, מאחר שהיתה חדשה שלא בשלו בה מעולם.

באמת שהמחבר לא כוון יפה בכאן, וגם הרב לא ירד למכוון, לכן מוכרח אני להאריך, דז"ל הסמ"ק, מעשה בא לפני מורי הרר"י, בקדרה חדשה שבישלו בה מים, ותחבו לתוכה כף חולבת בת יומה, ולא היה במים כדי לבטל, ואחר הימים בישלו בה מים אחרים, ותחבו לתוכה כף שנשתמש לבשר כמו כן בת יומה, וג"כ לא היה במים ס' כדי לבטל, **והורה** שנבלע מפגם בשר בחלב, והקדרה אסור להשתמש בה בשר או חלב, אבל לבשל בה דגים מותרת. **ומיהו** נראה כיון שהקדרה חדשה ולא בישלו בה חלב מעולם, אע"ג שתחבו לתוכה כף חולבת בת יומה, וגם אין בקדרה ס', מ"מ אין הקדרה נעשית חולבת בהכי, לאסור אם בישלו בה בשר אח"כ אפי' בו ביום, משום דהוי נ"ט בר נ"ט, הטעם היוצא אל הכף, ומן הכף אל המים שבקדרה, ומן המים אל הקדרה עצמה, ועדיין הוא היתר, **ומה"ט** נמי, אם לאחר מע"ל מתחיבת כף חולבת, הוחמו בה מים ותחבו בה כף של בשר בת יומא, מותר להשתמש בקדרה לכתחלה בשר, וטעם חלב שנבלע בקדרה לא חשיב טעם כדפי', **ואמנם** אמת הוא כאשר פסק הרב, דקדרה הבלוע מבשר וחלב אפי' בפגם, אסור להשתמש בה לכתחלה לא בשר ולא חלב, ומשכחת לה כגון קדרה של חלב שנשתמש בה חלב בעין, ואחר מע"ל נשתמש בה בשר, הבשר מותר, אבל הקדרה אסור להשתמש בה לכתחילה לא בשר ולא חלב, לפי שהיא בלוע מפגם בשר בחלב, עכ"ל.

וביאור הדבר, דהמעשה היה דבישלו בה מים פעם אחרת אחר מע"ל, והיינו דמסיים והורה שנבלע מפגם בשר וחלב, והר"פ משיג על הוראת מהרר"י, ואומר ומיהו נראה דכיון שהקדרה חדשה, אין הקדירה נעשית חולבת בהכי כו', הלכך מה"ט מותר להשתמש בקדרה זו לכתחלה בשר, דטעם חלב לא חשיב טעם, **ודינו** של הרב, דבשר וחלב אסור ושאר דברים מותר, משכחת לה בענין אם בישלו בשר בקדרה של חלב, שנשתמש בה חלב בעין שאינו בן יומו.

וא"כ יש לתמוה על המחבר, למה אסר לבשל בה בשר, בפרט שהוא מתיר לקמן ר"ס צ"ה, נ"ט בר נ"ט בבישול, **ועוד** תימה, דהיאך כתב מאחר שהיתה חדשה כו', דמשמע הא אם בישל בה מתחלה חלב בעין, אסור לבשל בה שאר דברים, וזה אינו למ"ש לקמן סי' צ"ה ס"ג, דקערות של בשר שהודחו ביורה חולבת במים רותחין, אפי' שניהם בני יומן הכל מותר, מטעם דהוי נ"ט בר נ"ט, **ואע"ג** דהר"פ נמי מתיר גבי הדחה כשאחד מהם אינו בן יומו, מ"מ נקט חדשה דקאי על המעשה שהיה שם, אבל דברי המחבר א"א ליישב כן, **ועוד** תימה, דהא כתב המחבר בא"ח ר"ס תנ"ב וז"ל, יש להגעיל קודם שעה חמישית, כדי שלא יצטרך לדקדק אם הכלי בן יומו או לאו, או אם יש ס' במים נגד הכלי שמגעיל, עכ"ל, אלמא דמטעם נ"ט בר נ"ט מותר אפי' לכתחלה.

מיהו הא לא קשיא, דלמה לא יהא מותר לבשל בה אפי' חלב, ‹דכתב הסמ"ק שמותר להשתמש בה לכתחילה בשר›, דכיון דעכ"פ צריך לקבוע תשמיש א' בקדרה זו, א"כ יש לקבוע לה תשמיש בשר, דמ"מ יותר נשאר בה טעם האחרון, **וע"כ** צ"ל כן, דהא הר"פ מתיר נ"ט בר נ"ט בבישול, וכן גבי הדחה מתיר כשאחד מהם אינו בן יומו, א"כ ש"מ דהקערה במילתא קמייתא קיימא, אלא ודאי התם ה"ט, דכיון דמתחלה היתה בלוע בעין, נשאר בה אותו טעם עיקר, משא"כ הכא בקדרה דנשאר טעם האחרון עיקר, דהא קיבלה משניהם בשוה נ"ט בר נ"ט, **ובת"ח** השיג על האו"ה בזה שלא כדת, דכדבריו מוכח להדיא בסמ"ק.

ונראה דכ"ש אם נשתמשו בשר בעין בקדרה זו, שתחבו בה בראשונה כף חולבת בת יומא, דמותר לבשל אח"כ בה בשר, ‹ר"ל אם בשני תחיבות טעם האחרון יותר מטעם ראשון, נראה דכ"ש אם נשתמשו בשר בעין – מחה"ש›, **אבל** לאחר תחיבת הכף הראשון, לא היינו מתירים הקדרה לבשל בה בשר לכתחלה, **ואע"ג** דהסמ"ק גופיה מתיר הדגים אפי' לכתחלה אפי' בבישול, **י"ל** דשאני הכא, כיון דעל כל פנים צריך לקבוע תשמיש לקדרה זו, יש לקבוע לה מחלב שבלוע בה, ודו"ק בכל זה היטב.

עוד כתב באו"ה שם, דה"ה אם נתחב בתוכו הכף הב' תוך מע"ל מתחיבת כף הא' דינא הכי, דהא התירא שלו הוא מטעם שכבר הוי בו ג' נ"ט, שהוא מותר אפי' בתוך מע"ל, והא דכתב הר"פ אחר מע"ל, היינו משום דקאי שם על המעשה שהיה, עכ"ל, **ודבריו** נכונים, וע"כ צ"ל כן, דהא הר"פ מתיר דגים שנתבשלו בקערה של בשר לאוכלן לכתחלה בכותח, א"כ כ"ש הכא בקדירה דהוי ג' נ"ט, **ועוד** כיון דמתיר גבי הדחה כשאחד מהם

הלכות בשר בחלב
סימן צד – דין התוחב כף חולבת בקדרה של בשר

אינו בן יומו, א"כ ש"מ דלא חשיבה בליעה מה שבלע מהכלי שהוא בן יומו, ואה"נ דכאן גבי קדרה לא חשיב הבליעה השניה שום בליעה, אלא דא"כ הוי צריכין לאוקמא הקדרה במלתא קמייתא, ובאמת נשאר בה הטעם האחרון יותר מהראשון וכמ"ש, הלכך ניחא טפי לאוקמי אמילתא בתרייתא, **ועוד** דע"כ צ"ל דמ"ש הר"ף לאחר מע"ל לאו דוקא, דאי תימא תוך מע"ל מודה למהרר"י, מאי הוצרך לומר ואמנם אמת הוא כאשר פסק הרב כו', ומשכחת לה כו', לימא אמת הוא כאשר פסק הרב כו', ומשכחת לה תוך מע"ל, **ומיהו** י"ל, הא דלא קאמר אמנם אמת הוא כאשר פסק הרב, ומשכחת לה תוך מע"ל כו', משום דבעי לאשכוחי בכה"ג דפסק הרב דנבלע מפגם בשר בחלב.

ודוחק גדול לומר, דס"ל דתוך מע"ל נ"נ לכתחלה, ואסור לבשל בה אפי' שאר דברים, דהא ליתא, **דהא** מתיר נ"ט בר נ"ט בבשול אפי' לכתחלה לאכלן בכותח, וכדלעיל, **ועוד** דודאי לא שייך לומר נ"נ לכתחלה, דא"כ הקדרה שנבלע בה חלב בעין כו', ‹ולאחר מעל"ע נשתמש בה בשר, שאסור לבשל באותו הקדרה בשר או חלב, אבל שאר דברים מותר – מחה"ש›, אמאי מותר לבשל בה שאר דברים לכתחלה, נימא כיון דנטל"פ אסור לכתחילה, א"כ נ"נ לכתחלה, **אלא** ודאי לא שייך כלל לומר נ"נ לכתחלה, אלא הברור כמ"ש.

מיהו ודאי האמת כאשר כתבתי, והדברים נראין שהיה לפני המחבר ספרי סמ"ק וויניציא"ה שנדפסים בטעות, מעשה בא לפני מהר"י בקדרה חדשה שבישלו בה מים, ותחבו לתוכה כף חולבת בת יומה כו', ואחר הימים בישלו בה מים פעם אחרת כו', ומיהו נראה שהקדרה חדשה לא בישלו בה חלב מעולם כו', ‹ותחב כף חולבת ב"י, ובשלו תוך מעל"ע בשר, מותר בדיעבד, דהוי נ"ט בר נ"ט›, **ופי'** דהאי "ומיהו נראה", אינה השגה אלמעלה, אלא ברישא מיירי כשהכף הב' נתחב תוך מע"ל, ‹**ואח"כ** כתב, ואם תחיבת שני' היה לאחר מעל"ע, שרי אפי' לכתחילה לבשר, דאיכא תרתי לטיבותא, נ"ט בר נ"ט וגם נטל"פ, **אבל** כששני תחיבות תוך מעל"ע, שרי לשאר דברים ולא לבשר ולא לחלב, ולפי"ז משמע דהרר"י היה תוך מעל"ע, ומש"ה אוסר הקדרה לבשר ולחלב, **ואף** שכתב, ואחר הימים בשלו כו', נוכל לפרש שבישלו בה מים כמה פעמים והגיסו בכף חולב, ואחר הימים נשתמשו בו ביום בכף חולב, ומעשה שהיה נקיט, **אך** לפי"ז קשה מה שכתב מהרר"י, דנבלע מפגם בב"ח – אמרי בינה›, **ואחר** כל הדוחקים אינם מיושבים כל הקושיות שהקשיתי בפנים, ובאמת הדבר ברור שספרי סמ"ק אלו נדפסים בטעות, והפשוט כדאיתא בסמ"ק שבקק"ק קראק"א ובכל בו.

הגה: מיהו אם עבר ובישל בה בשר או חלב, מותר, דהוי נותן טעם בר נותן טעם – [פי' מן הכף למים, ומן המים לקדירה, ושניהם להיתר, דאף בפעם השני הוא היתר מן הדין, **והא** דאסור לכתחילה, הוא מטעם, כיון דנתפשט המנהג לאסור אותו שאינו בן יומו, כמ"ש אח"ז, כ"כ ת"ח]. ‹עיין ברמ"א סוף הסעיף. **ולא** בא הט"ז עתה לפרש שיטת המחבר, דזה מבאר בדף האחרון, אלא בא לפרש שיטת הרמ"א, שבתו"ח חולק על המחבר מדינא, אלא דס"ל דמ"מ יש להחמיר כדברי המחבר מצד המנהג. **ועיין** בנקה"כ לקמן דחולק על הט"ז, וס"ל דהרמ"א חזר מדבריו שבת"ח, והסכים לשיטת המחבר דמדינא אסורה הקדירה לבשר ולחלב – אמרי דעה›.

‹**ומ"ש** הש"ך בתחילת הס"ק, "וגם הרב לא ירד למכוון", ולכאורה על הרב לא קשה מידי, מה דהו"ל להגיה שמותר לבשל בקדרה בשר מטעם נ"ט בר נ"ט אפי' לכתחילה, דהא הכא נ"ט בר נ"ט בבישול הוא, וס"ל להרב לקמן סי' צ"ה ס"ב בהג"ה, דנ"ט בר נ"ט בבישול אסור לכתחילה, וע"ז כתב ונראה... – מחה"ש›, **ונראה** דאפי' למאי דמחמרינן לקמן סי' צ"ה, לאסור דגים שנתבשלו בקדרה של בשר לאכלן בכותח לכתחלה, מותר כאן הקדרה לבשל בה בשר בתחיבת כף האחרון, וכמ"ש הרא"ש וז"ל, ואפי' להאוסרים נתבשלו, הכא שרי, **דהתם** הבשר הנבלע בדגים חשוב טעם, כי נבלע אוכל באוכל, שדגים ראוים לאכילה, הלכך אסור לאכלן בכותח אם נתבשלו בקדרה של בשר, **אבל** הכא טעם החמץ הנפלט מן הכלי למים וחוזר ונבלע בדופני הכלי, אינו חשוב טעם כשיחזור ויפלוט בפסח לתוך התבשיל, עכ"ל, וכ"כ התוס', **וא"כ** ה"נ החלב הבלוע בקדרה אינו חשוב טעם כשיחזור ויפלוט לבשר, **וכן** מוכח דעת האו"ה, שהרי הוא אוסר גבי דגים, ואפ"ה מתיר כאן לבשל בה בשר, **ועוד** דהכא כיון דאיכא ג' נ"ט, הטעם היוצא אל הכף ומן הכף אל המים ומן המים לקדרה, לכ"ע שרי, **וכמ"ש** סה"ת והתוספות וש"ד ומרדכי, דאם הוחמו מים בקדרה של חלב תוך מע"ל, לא חשיב בת יומא משעת החימום, דאפי' למ"ד נתבשלו אסור, מודה בג' נ"ט, הטעם הא' שנבלע בכלי, וממנו למים, ומן המים חזר ונבלע בכלי, עכ"ל,

הלכות בשר בחלב
סימן צד – דין התוחב כף חולבת בקדירה של בשר

וכ"כ ב"י בשם שבולי לקט, דמותר להגעיל כלי ב"י בע"פ קודם חצות, דאפי' למ"ד שנתבשלו אסור, מודה בג' נ"ט, ע"כ, וכן מחלק האו"ה בהדיא, בין ב' נ"ט לג', דג' נ"ט מותר לכתחלה אף בכלי, ע"ש, **וא"כ** גם על הרב בהג"ה יש לתמוה, שסתם כהמחבר, והא ליתא אפי' לדידן.

מסודר כאן הויכוח, בין הט"ז בדף אחרון, והש"ך בקונטרוס אחרון

[הקשו ע"ז ממ"ש השו"ע בדגים שעלו בקערה, ומהיתר הגעלת שני כלים מטעם נ"ט בר נ"ט, **ולא** קשיא מידי, כי הסמ"ק כתב תחילה בדין שתי תחיבות אלו בקדרה חדשה, וז"ל והורה שנבלע מפגם בשר וחלב והקדרה אסורה כו', עכ"ל, משמע דמיירי אפי' יש מעל"ע בין שתי התחיבות, אסורה הקדרה לכל הנוסחאות של הסמ"ק, **וע"ז** השיג הר"ר פרץ וכתב, כיון שאין כאן איסור גמור לאסור הבשר, רק הכל נ"ט בר נ"ט, ע"כ שרי הקדרה כשיש מעל"ע בין התחיבות, ומה"ט נמי אם לאחר מעל"ע מתחיבת כף חולבת כו' עכ"ל, **דמשמע** הא תוך מעל"ע אסורה, וכתב אח"כ, שיש אפשרות להמציא דהקדרה אסורה אפי' בפגם, דהיינו אחר מעל"ע, דוקא אם לא היה שום תחיבה, אלא בשר עצמו וחלב עצמו, אז אסור אפי' אחר מעל"ע, אבל תוך מעל"ע מודה ה"ר פרץ להרב בעל הסמ"ק, דאסור לכתחילה].

וכל מי שיש לו רק מוח בקדקדו, יראה דכתב דברים שאין הדעת סובלתן, ואשיב על ראשון ראשון ועל אחרון אחרון, בראש מה שרוצה לדייק מדקאמר ה"ר פרץ אם לאחר מעל"ע כו', משמע הא תוך מעל"ע אסור כו', **ליתא** וכמ"ש בש"ך שם בשם או"ה, דנקט אחר מעל"ע משום דקאי אמעשה שם שהיה אחר מעל"ע, והוא ודאי אמת באין ספק, דאי היה מודה תוך מעל"ע, לא הוי שתיק מלפרושי הכי בפירוש, **ועוד** יש הוכחה ברורה, דאי אמרת דוקא קאמר אחר מעל"ע, א"כ היכי קאמר, ומיהו נראה כיון דהקדרה חדשה כו', וה"ט נמי כו', וטעם חלב שבקדרה לא חשיב טעם כדפי', עכ"ל, לאיזה צורך הקדים האי דינא דאין הקדירה נעשה חולבת בהכי, **וגם** האיך תלוי דין זה בדין שלפניו, דקאמר ומה"ט נמי כו', כדפי' כו', **הא** אפי' לא יהיה דין הראשון אמת, דין זה אמת, שהרי בדין הראשון כתב אפי' בו ביום, ובדין השני לא שרי אלא משום דהוא אחר מעל"ע, ומה ענין זה לזה, **אלא** ודאי לא בא בדין השני להתיר מפני שהוא אחר מעל"ע, אלא מפני שהוא נ"ט בר נ"ט, **והק'**, דהא פשיטא דאין הקדירה נעשית חולבת בהכי, לאסור אם בשלו אח"כ אפי' בו ביום, משום דהוי נ"ט בר נ"ט, **וא"כ** כיון דשרינן מטעם נ"ט בר נ"ט, א"כ נהי דבדין הראשון אסור לכתחילה לבשל בה בשר בו ביום, היינו משום דלמה יקבע לה תשמיש של בשר שלא נשתמש בה בשר מעולם, יותר יש לה לקבוע לה תשמיש של חלב שנשתמש בה עכשיו, **אבל** אם אירע שאחר תחיבת כף חולבת הוחמו בה מים, ותחבו בה כף של בשר בן יומו, מותר להשתמש בקדרה לכתחילה בשר, כיון שעכשיו נקבע לה תשמיש של בשר ג"כ והוא אחרון, וטעם חלב דבקדרה לא חשיב טעם כדפי', כלומר כדפי' דהוי נ"ט בר נ"ט, וא"כ אפי' תוך מעל"ע שרי, זה ברור דעת הר"ף.

[**וכ"כ** מהר"ף בהדיא בהלכות הגעלה, וז"ל, אבל מהיתר להיתר כגון מבשר וחלב, אפי' בן יומו אין לחוש, משום דהוי נ"ט בר נ"ט וכו', אך לכתחילה אסור להגעיל שום כלי בן יומו אפי' מבשר לחלב, גזירה אטו כלי של איסור, וגם נראה דנ"ט בר נ"ט גופיה היינו דוקא דיעבד, אבל לכתחילה אסור לגרום, ודאמר דגים שעלו בקערה, דוקא עלו בדיעבד כו', ואל תשיבתי מפני מה התיר רבינו ברוך להגעיל כלים בע"פ לכתחילה קודם ד' שעות משום נ"ט בר נ"ט, משום דהתם לפי שעה, וגם לא מיחלף בכלים של איסור, וכן לא קשה מה דשרינן בהגעלה דבשר בחלב בן יומו, דהתם דיעבד הוא כשבא לישאל על ההגעלה כו', עכ"ל, "ואחר כל החפושים שהיו מחפשים בספרים, לא ראו דברי ה"ר פרץ שהבאתיו"], ‹זה הקטע באמת מקומו לקמן בסמוך ע"ש›.

ומה שהביא מדברי ה"ר פרץ בהל' הגעלה, וכתב שאחר כל החפושים שחפשתי בפוסקים לא מצאתי דברי ה"ר פרץ אלו, ונדמה לו כאילו מציאה גדולה מצאה, **אומר** אני שמציאה זו דומה כאותה מציאה, שמברכין עליה על הטובה מעין על הרעה, כי אדרבה מדברי ה"ר פרץ אלו ראיה לדברי, **דהא** מסיים ה"ר פרץ שם וז"ל, כללא דמילתא, לענין לכתחילה ודיעבד לגבי נ"ט, הכל תלוי בשעת שאלה לחכם, אם כבר נעשה נ"ט בר נ"ט, והוא שואל עליו אם מותר מבב"ח או איפכא, אומרים לו מותר, **ואם** קודם שנעשה נ"ט בר נ"ט הוא שואל עליו, אם מותר לגרום נ"ט בר נ"ט כדי לאכלו מבשר בחלב או

הלכות בשר בחלב
סימן צד – דין התוחב כף חולבת בקדרה של בשר

איפכא, אומרים לו לאסור, כמו דגים שאסור להעלותו לכתחילה בקערה של בשר, כדי לאכלם בחלב, וכן גבי הגעלה מה"ט, עכ"ל, **הרי** דנותן כלל, דכל שבא לחכם לשאול שרינן ליה, וה"ה בנדון דידן, אלא דלהגעיל לכתחלה כלי של בשר או חלב בן יומו, אוסר אטו כלי של איסור, שיגעילנו ג"כ כשהוא בן יומו, **ומה** שרוצה הוא לומר, דבנדון דידן קרוי לכתחילה, (עיין לקמן בסמוך), ליתא וכמ"ש בסמוך, **ועוד** דא"כ איבטל ליה האי כללא, דהא משכחת לה דאפי' כבר נעשה ושואל לחכם, מיקרי לכתחילה.

[**וכבר** כתב ב"י בסי' צ"ה, דלסמ"ק אסור לאכול בחלב לכתחילה דגים שעלו בקערה של בשר, וא"כ מ"ש בגמר' מותר לאכלן בכותח, היינו אם נתערב כבר בכותח, וכ"כ המהרש"ל, **אף** שאני בחבורי כתבתי דגם הסמ"ק מודה בזה, אלא אלגרום קאי, מ"מ אנו קיימין עכשיו לדעת הב"י, ובסמוך **אף** לדידי אתי שפיר], (דכשהוא ע"י בישול הוי אסור לכתחילה. **והיינו** דכל ההסבר של הט"ז לקמן, דנידון דידן נחשב כמצב של לכתחילה, זה רק אליבא דב"י, דסבר דדגים שעלו בקערה אסור לכתחילה לאוכלם בכותח, **דדרגא** זה של לכתחילה לפי סברת הט"ז, אינו כמו דרגא של גרם נ"ט בר נ"ט, אלא כמו דרגא של אחר שעלו אם מותר לאוכלם בכותח, ולכן שייך סברא זה רק אליבא דב"י, **אבל** לדידן דמותר לאוכלם בכותח, היה צריך להיות מותר בנידון דידן אפי' לפי סברת הט"ז, **ולזה** קאמר, דאף לדידן כיון דהוי ע"י בישול, באמת אסור לכתחילה לאוכלם בכותח, ובזה מסביר דין השו"ע אפי' לדידן מדינא, **ועיין** בט"ז לעיל ברמ"א, שביאר דהוא ממנהגא ולא מדינא).

ומ"ש וכבר כתב ב"י בסי' צ"ה, דלסמ"ק כו', חלילה לעמוד יסוד על דברי ב"י אלו, דכבר מחו לה מאה עוכלי בעוכלא, רמ"א בד"מ והדרישה והב"ח, כולם השיגו עליו בזה, **ועוד** נראה דודאי לא עלה על דעת ב"י לומר, דלהסמ"ק אסור לאכול בחלב דגים דעלו בקערה, וכמו שעלה על דעת המחבר הלז, דהא בהדיא כתב הסמ"ק גופיה דשרי, **וגם** בתלמוד אמרינן מותר לאכלן בחלב, דודאי אין לומר דהיינו אם נתערבו, כמ"ש הוא, דהא מותר לאכלן בחלב קאמרינן, **אלא** דעת הב"י היה בדעת הסמ"ק כפשוטו, רק סבר דהס' התרומה חולק אהסמ"ק, וס"ל דמותר לכתחילה לבשלן בכלי של בשר לאכלן בחלב, וכ"כ הדרישה להדיא לדעת הב"י, וראיה מצאתי לדבריו... וא"כ אדרבה הראיה שהביא היא לנגדו.

[**ולכאורה** קשה, למה כאן אסור הקדרה של שתי תחיבות, אפי' אם כבר נעשה כן, **ולא** קשיא מידי, דאף שנעשה המעשה כבר, חשיב לכתחילה, דדוקא בכלי שבשלו בו בשר בעין, דהוה בבירור של בשר, בזה אמרינן, אם נתחב בו כף חולב בן יומו, לא אזיל מניה מה שהיה בו כבר, ונשאר בחזקתו הראשונה, כי אין טעם של נ"ט בר נ"ט מצד התחיבה שאח"כ מזיק לו כלל, **משא"כ** בזה שלא היה עליה שם בשר מעולם בבירור, רק מצד חומרא נ"ט בר נ"ט, ואם היה נשאר כך היה אסור להשתמש בו חלב, ע"כ אם בדיעבד תחב בו כף חולבת, ודאי לא יבא היתר ע"י זה להשתמש בו לכתחילה חלב אח"כ, וכן להפך, בשר ג"כ אסור מצד התחיבה השנית, ולא יועיל לו תחיבה הראשונה, כיון שלא היה עליה שם בשר גמור, והוה כאן לכתחילה, כיון שאתה צריך להורות מה עושה בכלי זה, אם לבשר ואם לחלב, אלא דשאר דברים מותר, **ולא** תקשי דהוי כמו בב"ח גמור, דאסור אף בשאר דברים, דכאן לא הוה בב"ח גמור, אלא מצד נ"ט בר נ"ט].

ומ"ש ולכאורה קשה, למה יהא אסור הקדרה של שתי תחיבות, אפי' אם כבר נעשה כו', קורא אני עליו, כמ"ש הב"י בתשובותיו, על ההוא שואל שדומה כמי ששונה כל מס' ערובין, ושואל אח"כ אם קורין מבוי או מכוי, כן הוא זה, **שכל** עיקר קושייתי וכל הפלפול הולך למה יהא אסור כאן, שהרי דיעבד הוא, והוא כותב ולכאורה קשה כו', כאילו הוא מחדש קושיא זו, וכאילו לא הרגיש שום אדם מעולם בקושיא זו, **ומ"ש** ולא קשיא מידי, דאף שנעשה המעשה כבר חשיב לכתחילה כו', ודאי ליתא וכמ"ש, וכל מי שיש לו רק חיך לטעום, יטעום דאדרבה ק"ו הן הדברים, ומה התם שיש כאן איסור בעין, אפ"ה שרי, כ"ש כאן.

[**וזהו** שסיים בשו"ע מאחר שהיתה חדשה ולא בשלו בה מעולם, רצה בזה, דאילו בשלו בה היה חילוק בדבר, אם בישלו בה תחילה בשר ואח"כ נתחב כף חולבת, היה מותר אף בבישול בשר בקדירה, כיון שהוא בבירור של בשר, ואם היה שם שני בישולים הפכיים, היה אסור בשאר דברים, **אלא** דעכשיו יש בו נ"ט בר נ"ט, מקרי זה לכתחילה, דהא עכשיו אתה בא לעשותה כלי, לקבוע בה איזה תשמיש, וזה אסור מטעם שאמרנו,

רס הלכות בשר בחלב
סימן צד – דין התוחב כף חולבת בקדרה של בשר

הרי דברי השו"ע ברורים ומתוקנים כראוי, שפוסק כהר"ף שאינו אוסר בנ"ט בר נ"ט אלא תוך מעל"ע].

גם מ"ש דמ"ש השו"ע מאחר שהיה חדשה שלא בישלו בה מעולם, ר"ל דאילו בישלו בה בשר היה מותר לבשל גם בשר כו', **כל** מעיין ישפוט בצדק, שפי' זה אינו, דא"כ הו"ל לומר האי מאחר שהיתה חדשה כו', ברישא, גבי אסור להשתמש בקדרה לא בשר ולא חלב, ומדכתב כן בסיפא, גבי או שאר דברים מותר לבשל כו', משמע דבסיפא אם נתבשל בה בשר בעין, היה אסור לבשל גם שאר דברים, **ועוד** דאם כדבריו, א"כ עיקר דינא דאם לא היה חדשה, מה דינה, חסר מן הספר.

[**והוא** הרבה להקשות ממ"ש לקמן, בקערה של בשר בת יומא שהכניסה ביורה חולבת בת יומא, דמותר, **ואין** לזה פתחון פה, דהתם דיעבד הוא, וכמ"ש ה"ר פרץ בהדיא, גם מהגעלת שני כלים בני יומם הקשו, ואחר כל החיפושים שהיו מחפשים בספרים, לא ראו דברי ה"ר פרץ שהבאתיו, ורש"ל כ' בהדיא שהמנהג לאסור לאכול בחלב לכתחילה דגים שעלו בקערה, **הגם** כי באו"ה כתב בדין זה דשתי תחיבות, שיש להתיר הקדירה כפי התחיבה שניה, ע"ז **אני אומר**, יהי לו אשר לו, ולא לסתור דברי הפוסקים אשר אנו שותים מימיהם שלא ס"ל כן, **בפרט** בדוחק אשר האו"ה דוחק עצמו, לפרש מ"ש ה"ר פרץ להתיר אחר מעל"ע, היינו אפי' תוך מעל"ע, ולא אמר לאחר מעל"ע אלא משום מעשה שהיה, הא ודאי לא מסתבר, **אלא** הדברים כפשטן, **גם** מה שהקשו מלשון הדיוק, דכתב השו"ע מאחר שהיתה חדשה, דמשמע אילו היתה ישנה היה אוסר אף בשאר דברים, זה דיוק שקר, אלא הכוונה כמ"ש, והדין דין אמת, **ואף** לדידי שכתבתי בחיבורי, **דאם** כבר עלו הדגים בקערה של בשר, מותר אף לכתחילה בחלב אח"כ, מ"מ כאן אסור לכתחילה בנ"ט בר נ"ט זה, דהוא ע"י בשול, **דפסק רמ"א דע"י בשול וצלייה אסור לכתחילה**, ע"כ אין שום הרהור ופקפוק ברבותינו בדין זה]. ‹ועיין בט"ז לעיל ברמ"א, דאינו מן דינא אלא ממנהגא›.

גם מ"ש, יהי לו אשר לו, ולא לסתור דברי הפוסקים אשר אנו שותין מימיהם כו', הא ודאי בורכא, דאין זה נגד שום פוסק, ואדרבה מדברי כל הפוסקים משמע דשרי, וכמ"ש בש"ך, **ומה** אאריך בזה, רק מובטח אני במי שיקרא בעין שכלו הזך לשם שמים, יראה איך הטיח עלי דברים הרבה שלא כדת, כי כל דבריו אין בהם ממש, וכן מ"ש בש"ך הוא תורת אמת, ויהא רעוא דכל כי הני מילי מעליותא לימרו משמי, בעלמא דין ובעלמא דאתי.

קדירה שבשלו בה ירקות או מים, ותחבו בה כף בן יומו, והקדירה אינה בת יומא, או להפך - דאלו היא נמי בת יומא, הכל אסור הקדרה והמאכל והכף, כדלקמן סימן צ"ה ס"ג בהג"ה, **ודוקא** כשהקדרה בלעה מתחלה הגוף הדבר בעין, אבל אם בלעה ע"י כף וכה"ג, נתבאר בס"ק שלפני זה.

או שיש במאכל ששים, הכל שרי – [פי' אפי' אם שניהם בני יומן, וקשה לפי טעם הראשון בסי' צ"ה ס"ג על יש אוסרין, דחיישינן שמא נגעו הקערות במחבת, וה"נ ניחוש שמא נגע הכף בגוף הקדירה, ומה מועיל ששים, דמ"מ בולעת הכף והוה בו טעם שני, **וצ"ל** דס"ל כטעם השני דהתם, יש לחוש שמא נאסרו המים כו', וכאן אין חשש זה כיון שיש ששים].

ונוהגין להחמיר לאכול המאכל כמין הכלי שהוא בן יומו - קאי אחלוקה ראשונה, ולא קאי איש מאכל ששים, וק"ל, ‹**דלא** תימא דאם הקדירה אינה בת יומא, וכף בן יומו, ויש ס' נגד הכף, דאוכלין כמין הכף, **דזה** אינו, דכיון דיש ס', ודאי אין לחוש לטעם היוצא מהכף – פמ"ג›.

כמין הכלי - כן הוא בכל הספרים, ואינו נכון, דא"כ משמע דנוהגים לאכלו כמין הכלי שהוא בן יומו, דהיינו אם הכלי בן יומו הוא חלב, אוכלין אותו עם חלב, ואם בשר עם בשר, **א"כ** היאך כתב ע"ז דאינו אלא חומרא בעלמא, הא הרבה פוסקים ס"ל הכי, דנ"ט בר נ"ט אסור בבישול, והביאם הרב לקמן סי' צ"ה ס"ב, וכ' שכן המנהג, **אלא** נראה דצ"ל במין הכלי בבי"ת, **וכ"כ** בת"ח, וראיתי מורים לאסור אותו כלי שאינו בן יומו, ולאכול המאכל במין הכלי שהוא בן יומו כו', עכ"ל.

‹**ואם** הקדירה אינה בת יומא והכף בן יומו, אין לערות מן הקדירה להכלי שהוא כמין כף, בעוד שהקדירה רותח, תפל"מ – רעק"א, ‹**דבשעת** הערוי יבלע המאכל מהקדירה ומאותו כלי בפעם אחת, ואף שהקדירה נותן טעם לפגם, הרי אסור לכתחילה – בדי השלחן›.

ודוקא המאכל, אבל המים, [אם נתבשל בכלי של בשר שאינו בן יומו, ותחב בו כף חולבת בן יומו, המים אסורים], הואיל ואינם מאכל, כדלקמן סי' צ"ה ס"ג בהג"ה, וכן משמע בת"ח בהדיא, [וע"ש בטעם שכתבתי].

הלכות בשר בחלב
סימן צד – דין התוחב כף חולבת בקדרה של בשר

ולאסור הכלי שאינו בן יומו - אפי' לבשל בו שאר דברים, כ"כ בת"ח, וע"ש במ"ש דל"ד למה שהתיר המחבר לבשל בה שאר דברים, ‹משום דשם היתה חדשה, משא"כ כששימש בה בעין – פמ"ג›.

‹**ונראה** דלא כתב ש"ך לעיל "ולא קאי איש במאכל ששים", רק אמה שכתב הרב שנהגו לאכול המאכל במין הכלי וכו', **אבל** הכף ודאי אסור לפי המנהג, דהא אפי' אם היה הכף אינו בן יומו היה נאסר אפי' יש ששים, כיון שהקדרה בת יומא, דנגד הכף אינו מועיל מה שיש בקדרה ששים נגדו, מכ"ש כשהכף ג"כ בן יומו. **וכ"כ** הש"ך בהדיא לעיל ס"ק ח', דהכף אסור לדעת הרב, ומיירי ביש ששים, ע"ש – חוו"ד. **ועיין** מה שכתבו שאר אחרונים בזה לעיל›.

אבל קשה, דלקמן סי' צ"ה ס"ב כתב הרב, דדגים שנתבשלו בקדרה של בשר, מותר לאכלן לכתחלה בכלי של חלב, וכן נהגו, עכ"ל, ‹וכאן כתב, שנוהגין להחמיר לאכול המאכל במין הכלי שהוא בן יומו, וא"כ ארכביה למנהג אתרי רכשי – מחה"ש›, **וע"ק**, דכתב שם ‹בס"ג› בהג"ה, דקערות של בשר שאינן בני יומן שהודחו ביורה חולבת, שהכל מותר, ושכן נוהגין, ‹וכאן החמיר לאסור הכלי שאינו בן יומו – מחצה"ש›, **ואולי** כאן לא קאמר אלא דקצת נוהגין להחמיר, והכי דייק לישניה בת"ח, וראיתי מורים לאיסור כו', אבל רוב העולם אין נוהגין כן, **א"נ** אפשר שאני הכא כיון שנתבשל בקדרה שאינה בת יומא, אי שרינן לאכול באיזה כלי שירצה, איכא למיחש דלמא אתי למטעי ולומר, דלעולם כף של בן יומו אינו אוסר במים וכה"ג, אפי' היה הקדרה בת יומא, ‹כפסק המחבר סי' צ"ה ס"ג, דאין טעמן פוגעין – פמ"ג›, והא ודאי אסור לדעת הרב, וכמ"ש, **אע"ג** דחששא רחוקה היא, מ"מ יש ליישב המנהג כן, **ועל** הקושיא השניה י"ל, כיון דאירע ע"י בישול, נוהגין להחמיר טפי.

[ונ"ל הטעם דהחמירו בקדירה כאן, לפי שנותנין המאכל לכלי שהוא כמין הכלי שהוא בן יומו, ע"כ אין נכון להתיר הכלי שאינו בן יומו, כיון שמערה ממנו, כנ"ל כוונת רמ"א], ‹דכיון דמחמירים על המאכל לתת לו דין של הכלי בן יומו, א"כ אם לא היו אוסרים הכלי שאינו בן יומו, היה נראה כתרתי דסתרי, אמרי דעה, ועיין בפמ"ג›.

ואינו אלא חומרא בעלמא, כי מדינא הכל שרי – [ממילא גם במה שכתב השו"ע, בתחבו שתי כפות בקדרה חדשה כו', דאסורה הקדרה, גם זה אינו אלא חומרא בעלמא, דחד טעמא הוא עם דין זה], **זה** אינו, דהא בב"י כתב כן בשם הסמ"ק, ועי' מ"ש בש"ך - נקה"כ.

וכתב בת"ח, וראיתי מורים לאסור אותו כלי שאינו בן יומו, ולאכול המאכל במין הכלי שהוא בן יומו, **ונ"ל** שלא לאסור שום כלי, ולגבי המאכל נ"ל דאין לאכלו לא עם בשר ולא עם חלב, [דהואיל ויכול לאכלו בלא זה, הוה כלכתחילה], אבל לשומו בכלי של א' מהן אין להקפיד, עכ"ל, **ולא** ידעתי למה לא יאכל המאכל כמין של הכלי בן יומו, דהא הכלי שאינו בן יומו הוא נותן טעם לפגם, וא"כ אם הכף של חלב הוא אינו בן יומו, והקדרה של בשר בן יומו, מותר לאכלה לכתחלה עם בשר, וכן להפך, וכ"כ האו"ה, **וכ"כ** הרב גופי' בסי' צ"ה, וכן אם היה הכלי שנתבשלו בו או נצלו בו לפגם, שלא היה בן יומו, נוהגים בו היתר לכתחלה לאכלו עם המין הב', עכ"ל, **ומהרש"ל** החמיר קצת בדברים אלו, ומחלק בין כף שתחב בו באקראי, ובין קדירה, ואחריו נמשך הב"ח, **ולפעד"נ** דאין לחלק בין כף לקדירה, אלא לתפוס דנ"ט בר נ"ט אסור לכתחלה בבישול, וכדלקמן סי' צ"ה, והיכא דנתן טעם לפגם מותר לכתחלה, ודו"ק.

[**ורש"ל כתב, שיש לנהוג לאוכלו מן הקדירה בכף חדשה, וכיון שחומרא בעלמא הוא, יש לנהוג כרמ"א, ומ"מ לכתחילה יש להקפיד לערותו לכלי שהוא כאותו שהוא בן יומו דוקא, כן נלענ"ד**].

ולא דמי ‹מה דפסק רמ"א דמדינא הכל שרי, אפי' הכלי אינו בן יומו לבשל בה כמות שהוא, אם בשר בשר ואם חלב חלב – מחה"ש›, לדלעיל סימן צ"ג, דקדרה של בשר שאינה בת יומא שבישל בה חלב, דאסור לבשל בה אח"כ לא חלב ולא בשר, **דהתם** נבלע בעין, אבל הכא הקדרה לא נאסרת, דהיוצא מן הכף הוי נ"ט בר נ"ט, ושרי אפי' למאי דכתב הרב סי' צ"ה, דנוהגין לאסור לכתחלה נ"ט בר נ"ט בבישול, וכדהבאתי בס"ק ט"ו דברי הרא"ש, ודמי להדחה כשאחד מהן אינו בן יומו.

ומ"מ צ"ע, דמ"ש ממ"ש המחבר בסמוך גבי ב' כפות, דאסור לבשל בה לא בשר ולא חלב, ‹והתם לשיטת הש"ך הוי אסור מדינא, ולא רק חומרא כמו להט"ז, ואמאי הכא הוי רק חומרא – פמ"ג›, **א"כ** בקדירה זו ודאי דאסור לבשל בה ממין אחר שהיא, כגון אם היא של חלב ודאי דאסור לבשל בה בשר, אע"ג דאינה בת יומא, דלכתחלה

הלכות בשר בחלב
סימן צד – דין התוחב כף חולבת בקדירה של בשר

מ"מ אסור, **וכן** חלב יש לאסור לבשל בה לכתחלה, כיון דתחבו בה כף של בשר, דהא מהאי טעמא אסר המחבר לבשל בה חלב, כיון שהכף היה של בשר, **וצ"ל** דשאני הכא, דכיון שהיתה של חלב מתחלה, אין מוציאין אותה מחזקתה במאי דנתחב בה כף בן יומא דנ"ט בר נ"ט, משא"כ התם, דלא נעשית מתחלה של חלב ממש, אלא שנתחב בה כף של חלב, הלכך גרע טפי, **ומ"מ** לענין דינא ע"ל ס"ק ט"ו, ועמ"ש בדינים אלו בספר אפי רברבי, והנלע"ד כתבתי, ועיין עוד מדינים אלו לקמן סי' צ"ה.

סעיף ו - בצלים או ירקות שבלועים מבשר –

[פי' מבשר עצמו, או שחתכן בסכין של בשר דק דק, אבל אם חתך במקום אחד מהם, מבואר לקמן בסי' צ"ו בדברי רמ"א, שא"צ רק ששים נגד מקום החתיכה].

נ"ל דלא אתי לאפוקי שאר איסורים, דהא ס"ל דלא אמרינן חנ"נ בשאר איסורים, אלא אתא לאפוקי בצלים שהיו בלועים כולן מחלב, שבלעו אח"כ בשר, דלא סגי בס' נגד הבשר, ‹כיון דמבב"ח בא דיינינן כבב"ח, ואזיל *לשיטתיה כמבואר לקמן – פמ"ג, **ולדידן** דקי"ל בכל איסורים חנ"נ, א"כ דוקא בבלועים מבשר דינא הכי.

***היינו** לשיטתיה בב"י, דכל הבא מבב"ח כבב"ח דיינינן ליה, {והש"ך לקמן חולק עליו}, דאל"כ אף דבבב"ח אמרינן חנ"נ לכו"ע, מ"מ היה סגי לשער נגד הבשר והחלב הבלועים בהבצלים, אבל לא נגד כל הבצלים. **אמנם** מדברי הפר"ח נראה שהבין דעת הש"ך, דדוקא בשר וחלב שנאסרו כבר מתחילה, אז ס"ל להש"ך דלא נ"נ לדעת האומרים דלא אמרינן חנ"נ בשאר איסורים, **משא"כ** באופן שהדבר האחר נתערב בזמן העירוב של הבשר והחלב, {דבשעת העירוב של הבשר והחלב כבר היו שם הבצלים}, דאז הוי עלייהו עדיין שם בשר בחלב, גם הש"ך יודה דנ"נ – אמרי דעה›.

ובשלם בקדירה חולבת, אם ידוע כמה בשר בלוע בבצלים ובירקות, אין צריך ס' אלא כנגד הבשר. הגה: דלא שייך לומר חתיכה נעשית נבילה, הואיל ועדיין כולו היתר, ולכן אין צריך לשער רק נגד מה שבלע.

וכתוב בתשובת מהר"מ מלובלין, דאם יש ס' נגד הבשר הבלוע בבצל, אז אף הבצל מותר, אע"פ שלא נמחה ונתמעד, וא"צ להפרישה, ‹**ובנכבשו** בחלב, י"ל דגם הבצלים אסורים – רעק"א. **שע"י** הבישול נפלט הבשר שבבצל עד שאינו נותן בו עוד טעם, אבל בכבוש אין הכבישה מפליט כ"כ מן הבליעה כמו הבישול – בדי השלחן›, **אבל** אם חתכו הבצל בסכין של איסור, אפילו יש ס', צריך להפריש הבצלים מן התבשיל ע"י סינון, או בע"א במה שאפשר, דקי"ל אפשר לסוחטו אסור.

‹**ולכאורה** בדקדוק נקט קדירה חולבת, ולא נקט ובשלם בחלב, אלא דמיירי בקדירה של חלב, אבל אין חלב בקדירה אלא דבר אחר, ובזה הוא דמהני ששים נגד הבשר, וגם הבצלים עצמן מותר, דליכא חשש דטעם חלב נכנס בבצלים ונאסרו הבצלים, וגם יאסרו אח"כ התבשיל אם אין ששים נגד כל הבצלים, דהטעם החלב שבתבשיל קודם שנכנס לבצלים הוא נ"ט בר נ"ט דהיתרא, **ואם** ליכא ששים נגד הבשר הוא דאסור, אף לשיטת המחבר סי' צ"ה ס"ג, הכא אסור, דמבצלים למים לא מיקרי נ"ט בר נ"ט, כיון דלא היה בלוע בכלי לא נקלש, **אבל** בבשלם בחלב, י"ל דבעינן ששים נגד כל הבצלים, דחלב נכנס בתוכו ונעשה נבילה, והדר יוצא ואוסר, וכן הבצלים נשארו באיסורם, **ואך** מדברי מהר"ם לובלין לא משמע כן, וכן מוכח בהג' שו"ע סי' צ"ה ס"ב ודוק – רעק"א. ‹**והרבה** אחרונים סוברים, דאפי' בבשלם בחלב א"צ ס' נגד כל הבצלים, עיין פמ"ג ופלתי, וחוו"ד בסי' צ"ב›.

וכל שכן בקדירה של חלב שבשלו בה מים תוך מעת לעת, ואח"כ בשלו בה בשר – [פי' אפי' תוך מעל"ע של בישול חלב], ‹אבל אחר מעל"ע אפי' נגד החלב א"צ ס', דנטל"פ – חוו"ד›, **לא אמרינן דצריך לשער נגד כל המים, רק נגד החלב שבלעה הקדירה.**

[**והא דהוה זה כ"ש, לפי שכאן אין בלוע מחלב עצמו, וטעם החלב הבלוע כבר נקלש ע"י המים**], ‹**והוה** כ"ש, אף דלא שייך נ"ט בר נ"ט, כיון דהוא תוך מעל"ע לחלב, א"כ המים נכנסו בגוף דופן הקדירה, ‹ומקבלים מטעם א' של החלב עצמו שבדופני הכלי, פרי הדר›, {**ובשלמא** לאחר מעל"ע לחלב, מה שעומד בדופן נפגם, ומה שיצא הוי נ"ט בר נ"ט}, **אפ"ה** עכ"פ נקלש טעם ע"י המים, כמ"ש הרשב"א בסי' צ"ג הובא שם בט"ז, דבבליעת היתר בקדירה א"צ כל דיני הגעלה, אף דלא קיי"ל כן, מ"מ כ"ש הוא – פמ"ג.

כלומר כ"ש בקדירה דאינו אלא נ"ט בר נ"ט דאמרינן הכי, ‹אפילו תוך מעל"ע מחלב, מ"מ טעם א' בדופן הקדירה, ואח"כ ליתן טעם במים תוך דופן הקדירה, וצריך עיון – פמ"ג›. ‹**דהיינו** דמכח חלק החלב שנפלט להמים וחזר ובלע בקדירה, פשיטא דהוי נ"ט בר נ"ט, אלא אפי' מכח חלק החלב שלא נפלט לחוץ, שייך היתר דנ"ט בר נ"ט לענין שלא יעשה את המים נבילה, דגם בתוך דופני הקדירה כשנכנס

[ט"ז] ‹רעק"א או ש"א או הוספת הסבר› (פת"ש)

הלכות בשר בחלב רסג
סימן צד – דין התוחב כף חולבת בקדירה של בשר

המים ומתערב בחלב הבלוע שם, והחלב נותן טעם בהמים, נחשב לנ"ט, וא"כ הוי נ"ט בר נ"ט, דנ"ט א' החלב בקדירה, ונ"ט הב' החלב בהמים שם בדופני הקדירה - אמרי דעה.

ז"ל הטור, כתוב בסה"ת, אע"ג דבשאר איסורים קדרה של איסור ששהתה מעל"ע בלא איסור, אם הוחמו בה חמין בתוך מעל"ע חשיבא כבן יומו, שהרי טעם האיסור שבקדירה פלט לתוך המים, ולא היה בהם ס' לבטלו, דבכולה משערינן, ונעשית בת יומא, וצריכה מעל"ע לאחר חימום המים, **אבל** בבשר בחלב אינו כן, שאם בישלו בה בשר ובתוך מעל"ע הוחמו בה מים, ואחר ששהתה מעל"ע מבישול הבשר בישלו בה חלב, מותר, אע"פ שהוא בתוך מעל"ע מחימום המים, עכ"ל, **וכתב** בסמ"ק הטעם, דבנבלע מן האיסור חשיבי מים שבקדרה עצמו איסור, דנ"נ, משא"כ בבשר בחלב, דעדיין כולו היתר, וא"כ הוי נ"ט בר נ"ט, **וכ"כ** ב"י, להפוסקים דלא אמרי' חנ"נ רק בבשר בחלב, לא משכחת להאי דינא בשאר אסורים.

אבל ודאי הטור שכתב להא דסה"ת בסתם, וכן לקמן בסי' קכ"א כתב בסתם להאי דינא, ודאי דלא ס"ל הכי, דהא איהו פסק נמי בסימן צ"ב דלא אמרינן חנ"נ בשאר איסורים, **אלא** נראה דס"ל דמטעם אחר לא שייך כלל נ"ט בר נ"ט בדבר איסור, וכמ"ש הר"ן, דלא שרי נ"ט בר נ"ט אלא בשל היתר כבשר בחלב, דכיון דטעם שני עדיין היתר הוא, כיון דאיקלש כולי האי לא חשיב לאסור, אבל במידי דאיסורא, כל היכא דאיכא טעמא כלל אוסר עד סוף כל העולם, עכ"ל, **והלכך** קדרה זו שהוחמו בה מים תוך מעל"ע חשיבא בת יומא, דהא בדבר איסור לא שייך נ"ט בר נ"ט, משא"כ בבשר בחלב, וזה נ"ל ברור.

‹**ואני** אומר שדברי הב"י נכונים, דבשלמא לאומרים בשאר איסורים חנ"נ, המים שהוחמו בתוך מעל"ע חזרו ונעשו נבילה, ולפיכך אף שהפליטה שאסרה המים היא פגומה אחר מעל"ע שנבלעה בקדרה, מ"מ הרי המים מושבחים הם, והם גוף של נבילה, ולפיכך מונים מעל"ע משעת חימום המים, **אבל** להפוסקים שסבורים דלא אמרינן חנ"נ רק בבב"ח, משמע ודאי דלא משכחת להאי דינא בשאר איסורים, דאע"פ שנאסרו המים, מ"מ לא נעשו חתיכת נבילה, שאינם אסורים אלא מפני האיסור שנבלל בהם, וכיון שעבר מעל"ע משעה ראשונה שנבלע בקדרה, הרי הוא פגום, דלא מסתברא כלל למימר דלפי שנפלט האיסור לחוץ, שמונין לו לפגמו משעה שנפלט לחוץ, דהא ודאי לא נראה כלל, אלא כל איסור בלוע אף שנפלט, מונין לו מעל"ע משעת בליעתו בתחילה בקדרה, וזה ברור ועיקר - פר"ח› ‹**ואני** תמה על עצמי, מאין הרגלים לומר כן, וגם בכרתי ופלתי כתב דמונין מבליעה ב', והא וודאי כן הוא, ומדברי הסמ"ק גופא שהביא הבית יוסף מבואר כן, ואין צריך ראיה כלל והסברא נותנת כן - פמ"ג›

‹**נ"ל** הטעם, אף דלא שייך נ"ט בר נ"ט כמו שמאריך הש"ך, מ"מ כיון דלא אמרינן חנ"נ, א"כ מה שנפלט לתוך המים וחוזר בולע אינו אוסר רק לפי החשבון, כגון אם המים עשרים פעמים כמו הקדרה, א"כ מה שנפלט מן הקדרה ונתערב במים היא א' מעשרים, וכשחוזרת הקדרה ובולעת, אינה בולעת רק א' מעשרים באיסור והשאר בולעת מים, ובכה"ג א"צ בפעם שני רק ששים נגד א' מעשרים שבקדרה, ומסתמא יש בהאי גוונא ששים - דגול מרבבה› ‹**המעיין** בבית יוסף לא הביא כלל בבשר בחלב הטעם דעשר ידות, א"כ סובר הבית יוסף דודאי אין לסמוך אזה הטעם דעשר ידות, וכמש"כ הפרישה, דרואין כאלו כל הנפלט חזר ונבלע. **ועוד** י"ל דבכל הקדירה משערין דלא ידעינן שיעורא, משום הכי אין שייך לומר אין המדומע מדמע אלא לפי חשבון - פמ"ג› ‹**הגהות** רעק"א: נ"ב אינו מובן, דמה בכך דמשערין בכל הקדירה, דאמרינן דהכל נפלט, מ"מ כשחזר ונבלעו המים, שהם דרך משל ששה פעמים נגד הקדירה, בודאי לא נבלעו בקדירה רק חלק שישית מהמים, ובהם לפי ערך חלק שישית מהטעם האיסור שבתוכו›

עוד כתב הב"י בס"ס ק"ג וז"ל, ומיהו היכא שהיה בלוע מבשר בחלב שנתבשלו בה יחד, או בזא"ז, נראה דלכ"ע כשהוחמו מים בתוך מעל"ע, חשיב כאילו חזר ונתבשל בה האיסור, ומונין מע"ל משעה שהוחמו בה המים, דהא בבשר בחלב כ"ע מודו שחנ"נ, עכ"ל, והלך לשיטתו, **ולא** נהירא אף לשיטתו, דהא טעמא דהפוסקים דאמרינן בבשר בחלב חנ"נ, הוא משום דבשר בחלב כל חד באפי נפשיה שרי, וכי איתנהו בהדי הדדי אסור, הלכך הבשר עצמו נעשה איסור, משא"כ בשאר איסורים, כמ"ש הפוסקים, א"כ הכא שכבר נאסר הבלוע בקדרה, לא שייך חנ"נ, וזה ברור בעיני, שוב מצאתי להב"ח שכוון ג"כ לסברת הב"י, **ואולי** ס"ל דכיון דבא מבשר בחלב, דיינינן ליה כמעיקרא, שוב מצאתי בהגהת מהרש"ל ובדרישה, סוברים כמ"ש, **ומ"מ** לדידן דקי"ל חנ"נ בכל האסורים, אין נפקותא כאן בכל זה.

סעיף ז - בשר רותח שחתכו בסכין חולבת -

אפילו היה הסכין למטה והבשר למעלה, דתתאה הוא צונן, דאגב דוחקא דסכינא בלע טובא, **כל החתיכה אסורה.**

הלכות בשר בחלב
סימן צד – דין התוחב כף חולבת בקדרה של בשר

ול"ד למאי דאמרינן בית השחיטה רותח וסגי בקליפה, דהתם אין כל הבהמה רותחת, אלא מקום ביה"ש לבד, אבל חתיכה כולה רותחת כו' - טור בשם הר"ף, **וכתב** רש"ל, וה"ה דה"מ לחלק, דגבי סכין ששחט בה, שהאיסור משום דם, אמרינן מישרק שריק, אלא מחמת רוב דם הוא דבולע קצת, ולא נאסר כ"כ, מש"ה סגי בקליפה, משא"כ בבליעת בשר או חלב, עכ"ל, **ולא** עמדתי על סוף דעתו, דודאי לא עלה על הדעת לדמותו לסכין ששחט בה כשרה, דהתם ודאי אפי' קליפה לא בעי, דאיידי דטריד למיפלט דמא לא בלע דמא, **אלא** המתירין מדמי לה לסכין של עכו"ם ששחט בה, דאמרינן בפ"ק דחולין, דאפי' למ"ד ביה"ש רותח, סגי בקליפה, וכן הוא בהגהת סמ"ק להדיא ע"ש, א"כ הכא ליכא איסורא דדם, אלא משום שמנונית דאיסורא, וא"א לחלק בהכי, וזה ברור.

ואע"ג דלקמן סימן ק"ה ס"ד כתבו הט"ו, דאם נפל איסור על חתיכה שבקדרה שהוא חוץ לרוטב סגי בנטילה, **י"ל** דשאני הכא, דאגב דוחקא דסכינא מתפשט בכולו, וכן משמע חילוק זה בב"י ובאו"ה שם ע"ש, **עי"ל** דסתם סכין הוא בלוע ג"כ משמנונית של חמאה וכה"ג, **א"נ** מיירי שהבשר שמן, ובדבר של שמן כתבו הט"ו שם ס"ה, דאוסר עד ס', וע"ש. ‹ומכל מקום לדינא וודאי אף בשר כחוש הדין כן, ואף לדידן בלאו הכי אין בקיאין בין כחוש לשמן, מכל מקום בבלוע בקיאין – פמ"ג›.

ואע"ג דלקמן ר"ס צ"ו, אם חתך בסכין של איסור או של חלב, צנון, אינו אסור אלא כדי נטילה, **י"ל** דהתם ליכא אלא משום חורפא דצנון, ואע"ג דיש פוסקים והביאם המחבר שם, דחורפיה דצנון עדיף מרותחת, דאפילו אין הסכין בן יומו משוי ליה נ"ט לשבח, מ"מ לענין להתפשט בכולה בישול עדיף. ‹**מבואר** ברשב"א, דדוחקא ורותח, דין אחד עם דוחקא וחריף, וצ"ע – רעק"א›.

אם אין בה ששים כנגד מקום הסכין שחתך הבשר –

[בטור כתב בשם ר"ף, כדי כל הסכין, והשו"ע לא העתיקו, לפי שר"ף אזיל לטעמיה, דס"ל ריש סי' זה במתכת, חם מקצתו חם כולו, ולא קימ"ל כן], ‹והשו"ע› נמשך לסברא הראשונה שבס"א שהיא עיקר, ואע"ג דחם מקצתו חם כולו, מ"מ לא הוליך בליעתו בכולו, וכן משמע בהדיא בסמ"ק שם, וכ"כ ב"י ות"ח, דלדידן לא צריך לשער רק נגד הסכין שהכניס בבשר, **ולפ"ז** מ"ש בהג"ה נגד הסכין, היינו מקום שנגע בבשר.

אבל מהרש"ל כתב, דמ"מ יש להחמיר לשער נגד כל הסכין, משום דכשחותך בסתם בלא כוונה, אינו יודע עד כמה חתך, ואפילו אומר ברי לי עד כמה חתכתי, מ"מ כל מילתא דלא רמיא עליה דאיניש לאו אדעתיה, ומ"מ א"צ לשער נגד הקתא, עכ"ל, **ודברי** המחבר והרב עיקר, ‹**ופרי** תואר כתב, דכאן הוה ספק דרבנן, בב"ח בלא רוטב לא הוי דרך בישול, ולא עדיף מטיגון, וכל מלתא דלא רמיא הוי רק דרבנן, ובדרבנן לא גזרו אם אומר בבירור, **ואי"ה** אבאר באורך, דכפי הנראה אף בדרבנן כן – פמ"ג, **מיהו** ודאי דלא אמרו אלא כשידוע לו בבירור עד כמה חתך, אבל מן הסתם ודאי הדרך לחתוך בכל הסכין, וצריך ס' כנגד כל הסכין חוץ מן הקתא›.

אבל אם אינו בן יומו, או אם אינו יודע שהוא בן יומו, אינו אוסר אלא כדי קליפה –

[כ"כ הטור בשם ה"ר פרץ, וז"ל, אבל קליפה בעי, הטעם משום שמנונית שעל הסכין, שסתם סכין יש עליו שמנונית, וקשה, דמשמע לכאורה דברישא ביש ששים נגד מקום הסכין, לא צריך קליפה אם יש ששים, ולמה צריך כאן קליפה אם יש ששים נגד אותו השמנונית שעל הסכין, **ואי** אין ששים נגדו, מה מהני קליפה, דהא מוליך הטעם בכולו כמו ברישא, **ומו"ח** ז"ל כתב, דמיירי באין בו ששים, ואפ"ה אינו אוסר רק כדי קליפה, כיון דאיסור מועט הוא, **ודבריו** תמוהין, דכיון דהאיסור מתפשט בכולו, דהא בכלי ראשון הוא, ואי אין בו ששים לאו איסור משהו, אלא גדול לפי ערך הבשר שנאסר ממנו, שאין בו ס', **אלא** פשוט הוא דודאי יש ס' נגד האיסור, אלא דהחילוק הוא, דברישא דהוה האיסור משום פליטת הסכין, הוצרך לומר דאוסר עד ששים, אבל בסיפא שאין בן יומו, מותר מצד הסכין, אלא מצד שמנונית שעליו, והוא דבר מועט ויש ששים בשיעור קליפה נגדו, ע"כ לא הוצרך להזכיר כאן ששים, כיון דעכ"פ בעי קליפה בכל גוונא, ‹**בספר** שערי תורה לומד הט"ז כפשוטו, דבהקליפה עצמה איכא ששים, ומ"מ אף דאיכא ששים בהקליפה, אפ"ה גוף הקליפה נאסרה וצריך להסירה, משום דבאותו מקום שנפל האיסור, נחשב האיסור טפי כאילו הוא בעין, **אמנם** בספר משמרת שלום כתב לפרש הט"ז, דבהקליפה יש ס' פחות מעט נגד השמנונית, ואם יתפשט מעט אחר הקליפה, אז ודאי דיהיה כבר ששים, ולכן כיון דבעינן כאן קליפה בכל גוונא, הרי ע"כ שנשאר עוד קצת בשר לאחר הקליפה, דאל"כ לא שייך לקלוף,

[ט"ז] ‹רעק"א או ש"א או הוספת הסבר› (פת"ש)

הלכות בשר בחלב רסה
סימן צד – דין התוחב כף חולבת בקדרה של בשר

דממה יקלוף הא כולו אסור, וא"כ בחתיכה כזו שיש בה שיעור מה לקלוף, ודאי דיש בה ס' נגד השמנונית, **ולזה** דייק הט"ז וכתב "דיש ס' בשיעור קליפה נגדו", ולא כתב "דיש ס' בהקליפה נגדו" – אמרי דעה›. **ואפי' ברישא דיש ששים נגד כל הסכין, אפ"ה צריך קליפה כמו במקום נפילת האיסור מועט בצלי, ששם האיסור עכ"פ יותר דבוק ונסרך מבשאר מקומות, ע"כ צריך לקלוף המקום ההוא, ולכוונה זו כתב הטור כאן בשם ה"ר פרץ, דבעי קליפה, דהיינו גם ברישא שיש ששים נגד מקום הסכין, ולא חילקו לשני בבות אלא ללמדינו, דבאין ידוע שהוא בן יומו אזלינן להקל, וא"צ ששים נגד מקום הסכין, אבל נגד השמנונית שבעין פשיטא שיש ס', ולא הוצרך להזכירו, וסיים אבל קליפה בעי, אתרווייהו, והשו"ע שהעתיק בסיפא, אינו אוסר אלא כדי קליפה, ג"כ נתכוון לזה].** ‹**ולפ"ז** דמשהו נמי יש כח להתפשט עד ס', לאו דוקא קליפה, אלא נטילת מקום עכ"פ, והמחבר שגירת לישנא דהרבינו פרץ נקט – פמ"ג›. ‹**ואחר** המחילה השתבש מאוד בדבריו, והברור והפשוט דס"ל דכאן דהוי דבר מועט א"צ אלא קליפה – יד יהודה›.

תמה על הב"ח והאריך בראיותיו, וכל ראיותיו אינם כלום, דהמעיין בב"ח יראה, דלא כתב כן לדינא, דאדרבה לקושתא דמילתא ס"ל להב"ח דלעולם צריך ששים, אלא שכתב כן לישב דעת הטור לדעת ה"ר פרץ, דמשמע לכאורה כן בדבריו, וא"כ מה ראיה מייתי מהרשב"א, הלא הרא"ה חולק, וא"כ היכי קרמי גברא אגברא, הא כמה רבוותא ס"ל, דבדאיכא ששים א"צ קליפה, **ומ"מ** לענין דינא דבריו אמת, כדקיימ"ל לקמן סי' ק"ה ס"ה, וגם אני בש"ך כשכתבתי, דהשמנונית שעליו אינו אוסר יותר מכדי קליפה כיון שהוא דבר מועט וכו', נשמרתי מזה, ולא כתבתי אפי' אין בו ששים, וכוונתי בזה, כיון שהוא דבר מועט מסתמא איכא ששים נגדו, וגם לא הוצרכתי לפרש, דכיון דאפי' באינו בן יומו צריך קליפה, כמ"ש ב"י ודוק - נקה"כ.

בסי' י' סק"ו הוכחתי, דדעת המחבר, דאם שחט בסכין של עכו"ם, אין חילוק, דאפי' יודע שאינו בן יומו צריך קליפה, משום דסתם סכין שמנוניתו קרוש על פניו, והכי מוכח מדברי המחבר לקמן ר"ס צ"ו, דאפילו אינו בן יומו מסתמא שמנוניתו קרוש ע"פ, וכ"כ הרב בהג"ה בא"ח סי' תמ"ז, דסתם סכין אינו נקי, **ונ"ל** דס"ל דהשמנונית שעליו אינו אוסר יותר מכדי קליפה, כיון שהוא דבר מועט, ‹**ועיין** נקה"כ, ובפר"ח כתב כיון שהגיד שוב אינו חוזר ומגיד, והאמת יראה דכאן חולק הש"ך אט"ז – פמ"ג›, **והלכך** גבי שחיטה, דבלא"ה חום של שחיטה אינו אוסר יותר מכדי קליפה, כדאיתא בסי' י', אין חילוק, **אבל** לאסור כולו, ודאי דאם אינו בן יומו אין לאסרו משום השמנונית, ומה"ט אפי' אינו בן יומו מצרכי הט"ו קליפה, וטעמא משום שמנונית, וכמ"ש ב"י והרב.

ואע"ג דלקמן ר"ס צ"ו גבי צנון, משמע דאם אינו בן יומו ואינו מקונח, אוסר כדי נטילה, ‹משא"כ הכא דבעי רק קליפה, והפמ"ג לשיטתו, מביא מזה ראיה דהש"ך חולק על הט"ז וכנ"ל›, **י"ל** דהתם אגב חורפיה דצנון ודוחקא דסכינא, משוי למה שבקליפת הסכין בן יומו, **ואע"ג** דעומד השתא בסברא דלא אמרינן דחורפיה משוי ליה בן יומו, דהא מה"ט כשהוא אינו בן יומו ומקונח אינו אוסר כלל, היינו דלא משוי לכל פליטת הסכין בן יומו, אבל מה שבקליפת הסכין משוי ליה בן יומו, ואי הוי מקונח לא הוי צריך אפי' קליפה, אלא הדחה, דמה שבקליפת הסכין דבר מועט הוא, **אבל** השתא דאינו מקונח, מצטרף מה שבקליפת הסכין ומה שעל פני הסכין, ואוסר כדי נטילה, **אבל** א"א לומר דאגב חורפיה דצנון מתפשט טפי, ואוסר יותר מכדי קליפה עד כדי נטילה, דהא אדרבה איפכא הוי, דהיכא דחתך בסכין בן יומו בשר, אוסר עד ס', ובצנון סגי בנטילה, ש"מ דברותח מתפשט טפי, וכמ"ש בס"ק שלפני זה, **ודוחק** לומר דמה שנפלט מתוך הסכין מתפשט יותר לבשר רותח מצנון, ומה שעל פני הסכין מתפשט יותר לצנון, דמ"ש, אלא ודאי כדאמרן ודו"ק. ‹**וע"ש** מה שתירץ הט"ז בזה›.

הגה: וכל זה בבשר רותח בכלי ראשון, ואז אם הסכין בן יומו ואין ס' בבשר נגד הסכין הכל אסור, ואף הסכין צריך הגעלה - הא דכתב כן אסכין בן יומו דצריך הגעלה, ולא כ"כ נמי אאינו בן יומו, דהא הוא בלוע מבשר וחלב, דאסור להשתמש בו לא בשר ולא חלב, כדלעיל ס"ד גבי כף, **היינו** משום דבאינו בן יומו מותר להשתמש בו שאר דברים, כגון דגים וירקות וכה"ג, וכדלעיל סי' צ"ג בהג"ה, ‹**והיינו** מדינא, ומנהגא אף שאר דברים אסור להשתמש בהם – פמ"ג›, **משא"כ** בבן יומו, דנעשה הסכין נבילה ואסור להשתמש בו אפילו שאר דברים, והלכך צריך הגעלה.

אבל אם הוא כלי שני, הבשר צריך קליפה - ‹משום הבעין שעל הסכין, אבל בידוע שהסכין נקי, אף בבן יומו

הלכות בשר בחלב
סימן צד – דין התוחב כף חולבת בקדרה של בשר

א"צ קליפה, ת"ח – רעק"א›. ‹**והיד** יהודה פי', דבעי קליפה מפני חשש של בליעה משום הדוחקא, אף בסכין נקי, **דהרמ"א** משמע דבעי קליפה גמורה, ואי משום השמנונית, כתב רמ"א לקמן כשאינו בן יומו, דבעי רק קליפה מעט – בדי השלחן›.
‹**ודעת** היד יהודה, דבעי קליפה מדינא בחם אף שאין היסל"ב, **ולהחכ"א** נכון לקלפו אף בבשר צונן – בדי השלחן›.

והסכין נעילה בקרקע, (ארוך כלל ל"ו) וכן נוהגין

- אף שהבשר הוא רך, ‹ולא היה צריך נעיצה בצונן גמור, מ"מ ברותח דכלי שני צריך נעיצה – מחה"ש›, **אבל** אם חתך בו דבר קשה, כגון גבינה קשה וכה"ג, אע"פ שהוא צונן, צריך הסכין נעיצה.

ואפילו אין הסכין בן יומו, יש לקלוף הבשר מעט משום שמנונית הסכין.

בש"ע נרשם כאן ארוך כלל ל"ו, ואינו בד"מ ולא בת"ח, ואדרבה דעת האו"ה כלל ל"ו, דאפילו בכלי שני נדון ככלי ראשון כל זמן שהיד סולדת בו, וצריך הגעלה הואיל והוא דבר גוש, **וכן** דעת מהרש"ל, דבדבר גוש כגון בשר וכיוצא בו שאינו צלול, אין חילוק בין כלי ראשון לכלי שני, אבל כל זמן שהיד סולדת בו אסור, אלא הוא דעת הרב עצמו, כדאיתא בת"ח.

[**בת"ח** כתב ג"כ הכי, ותמיהיני, שהרב רמ"א רגיל להביא האו"ה הארוך בכל המקומות, וכאן לא הביא דבריו במ"ש בכלל ל"ו בזה לאיסור, אם חתך בשר רותח שהיסל"ב, שנחתך בסכין של חלב שהוא בן יומו מתשמיש רותח, אגב דוחקא דסכינא בלע בכולו, וצריך ששים נגד כל הלהב וכו', **ולא** דמי לכלי שני, דבדבר יבש ליכא דפנות המקררות, ומבשל מיהא כל זמן שהיסל"ב, ואם אין ששים, הבשר אסור אפי' בהנאה, ובכלי שני איכא דפנות המקררות אותו כל שעה, **ואע"ג** דאין כאן גם דופני הכלי הראשון שמחזיק לו החמימות זמן ארוך, מ"מ מיבלע מיהא בלע כו', עכ"ל, **הרי** לפנינו דגם אם מונח הבשר הרותח על הטעלי"ר, מחמיר בו לאסור גם הבשר, והיינו כל זמן שהוא רותח הרבה אחר שבא מן הכלי ראשון].

[**וכך** הם דברי רש"ל, וז"ל, דלא שייך כלי שני אלא במים ורוטב וכל דבר צלול, שמתערב מיד ונתקרר במהרה, **אבל** לא בחתיכת בשר ודג וכל דבר שהוא גוש, דכ"ז שהיסל"ב עומד בחמימותו, ומפליט ומבליע שפיר, **ומש"ה** נראה, דדוחן ואורז ג"כ אחר שנתערו מקדירה לתוך קערה, כ"ז שהיסל"ב הם ככלי ראשון, **ונ"מ** לענין בב"ח, שאם הכף בן יומו מבשר, והדוחן בלוע מחלב, ‹לאו דוקא, אלא דמעורב בחלב, דאל"כ אינו נפלט בלא רוטב – פמ"ג, ועיין חוו"ד›, **או איפכא**, נאסר המאכל משום בב"ח, וגם נאסר הכף, ואוסר אח"כ קדירה אחרת אם תחבו לתוכו, **א"נ** אם הכף של איסור, נאסר הדוחן מבליעת איסור, שכלי אוסר דבר אחר אפי' בלא רוטב, **אבל** אם אותו התבשיל נאסר כבר בבליעה, לא נאסר הכף בלא רוטב, מאחר שהמאכל אינו אסור מחמת עצמו, **וכ"ש** אם המאכל הוא של חלב או של בשר, ‹היינו שבלוע ממנו, אמרי דעה›, שאין הכף נמי נעשה כמוהו, ולהיות בן יומו לאסור אח"כ קדירה אחרת, דלא גרע מדבר שנאסר בבליעה, שאין אוסר בלא רוטב, כ"ש בכולו ‹כצ"ל ע"פ א"ד› היתר, עכ"ל].

[**ובד"מ** מביא דברי רש"ל וחולק עליהם, וכ' שנראה לעינים שרוטב רותחת, מחזקת יותר חום מן בשר ודבר עב. **ונ"ל** שאין ראיה מזה, דכאן גרע טפי שיש דוחקא דסכינא, ודמיא לצנון דריש סי' צ"ו, דאסרינן ליה בנ"ט, **וכן** נ"ל להוכיח מלשון ר"ף בטור בדין זה, שכתב יש רוצים להתיר בשר רותח שחתכו בסכין חולבת ע"י קליפה, כדאמרינן גבי בית השחיטה כו', ואי מיירי בכלי ראשון, מי הוא זה אשר רוצה להקל בכלי ראשון בכדי קליפה, דאי בכלי ראשון סגי בקליפה, האיך תמצא בעולם לאסור כולו בנ"ט, **אלא** פשיטא דבכלי שני מיירי, **ואפ"ה** מחמיר בו להצריך ס' כיון שהיסל"ב, ואם לאו כל החתיכה אסורה].

[**ומו"ח** ז"ל כתב, דבחתך בשר רותח בסכין חולבת בכלי שני והיסל"ב, דהסכין נאסר, דהבשר מפליט בו, **אבל** אין הבשר נאסר, שאין כח בחום דכלי שני להפליט הבלוע בסכין ולהבליע בבשר. **ולפי הנראה** לענ"ד, יש להחמיר במקום שיש דוחקא דסכינא, **אבל** באין דוחקא דסכינא, כההיא דתחב כף שזכר רש"ל, בזה יש להקל **כדעת רמ"א**]. ‹**וראוי** שתדע, דהט"ז דהחמיר בגוש על ידי דוחקא, היינו אף בהפסד מרובה, דבאין הפסד מרובה בלא"ה פוסק כרש"ל שם בסימן ק"ה, דאף כלי שני אוסר – פמ"ג. **א"נ** נ"מ דע"י דוחקא דסכינא מבליע ומפליט כאחת – ג' מהרש"א›.

‹**הנה** לכאורה משמע, דבגוש ודוחקא דסכינא מבשל ממש בכלי שני, ואסור בהנאה, **אמנם** המעיין באו"ה, משמע רק שמבליע ומפליט, ואין אסור בהנאה, **וצריך** עיון לענין הנאה, **ונראה** דרמ"א מיקל אף באכילה, די למאן דמחמיר להתיר על כל פנים בהנאה – פמ"ג›.

[ט"ז]   ‹רעק"א או ש"א או הוספת הסבר›   (פת"ש)

הלכות בשר בחלב
סימן צד – דין התוחב כף חולבת בקדרה של בשר

(**ועיין** סולת למנחה שכתב, שבתורת האשם האריך להחזיק דעת מהרש"ל, אך שמחלק דהיכא שעירו הבשר עם הרוטב תוך הכ"ש, אז מתקרר גם הבשר ע"י הרוטב, שמקררו וסובב הבשר מכל צדדיו).

(**ועיין** בתשובת ח"ס שהאריך בזה וכתב, שבעיקר הדין לא נ"מ כולי האי, דאנו רגילים להחמיר בכל הכלים אפי' כלי שלישי כ"ז שהיס"ב, וכמ"ש הפר"ח, אם לא בהפ"מ ויש עוד סברות להתיר, **ובכל** זאת אם אפשר להכשיר הכלים ולהשהות כלי חרס, אנו מצריכים הכשר ושיהוי, ולפעמים ג"כ להגעיל הכ"ח ג"פ ברותחין אחר השיהוי, וכמ"ש הטור סי' קכ"א בשם העיטור, דכל מה דאפשר לו למיעבד בהיתרא עבדינן, ואז, ר"ל כשהוא הפ"מ, ועבדינן כל טצדקאי הנ"ל, בוודאי יש להקל אפי' בדבר גוש, דכדאי הרמ"א לסמוך עליו, **ואפי'** בבב"ח דטעם כעיקר שלו חמיר טפי, מ"מ עכ"פ הכא ע"כ לאו בישול גמור הוא, כמו שהוכיח המנ"י, וליכא אלא איסור דרבנן, ומכ"ש בשאר איסורים דלא חמיר טכ"ע כ"כ, דיש לסמוך אהנ"ל, בשגם עיקר הדין צ"ע מתוס' זבחים צ"ו כו', וכן קבלתי ממורי הגאון ז"ל, להקל בדבר גוש בעת הצורך, עכ"ד).

(**והנה** מ"ש דאנו רגילים להחמיר בכל הכלים אפילו כלי שלישי כו', המורים שלנו אין נוהגים כן, **ומ"ש** בסוף דבריו, ומכ"ש בשאר איסורים כו', לכאורה אין זה כ"ש, אדרבה בשאר איסורים יש להחמיר טפי, דלא תלי אם הוא דרך בישול, איכא חשש דאורייתא, ויש לעיין).

סעיף ח - אם נפל לתנור פנאד"ש גבינה אפילו לחה - פי' שנפל על פנאד"ש חמה, גבינה אפי' לחה, ‹פי' שפנאד"ש של בשר בתנור, ונפל עליה גבינה – פר"ח›, ‹אינו אוסר אלא כדי קליפה›, **ול"ד** לדלקמן סי' ק"ה, דאיסור שנפל על היתר חם, צריך נטילה, דאין דרך גבינה ליכנס כל כך, רי"ו בשם ר"י, **וא"כ** הגבינה עצמה צריך נטילה.

[**פי'** קערה של בשר, דהיינו שעושין בה מאכל של בשר הנקרא פנאד"ש], ‹**הכי** קאמר, שנפל גבינה לחה על הקערה חמה שעושין בה פנאד"ש בשר, ואחר כך שמוהו שם פנאד"ש בקערה {ודלא כהש"ך}, שאין בלוע מקערה נכנסת בפנאד"ש יותר מכדי קליפה, **דלא** תימא שגבינה מקרי שמן, ובשמן סובר הט"ז דיוצא מכלי ואוסר בכולו ואף ביבש לגמרי, {ומה דמבעיא ליה להש"ך בסי' ק"ה, עיין ברעק"א בסמוך, מיפשט פשיטא ליה לט"ז לאיסור}, **לזה** אמר רבינו ירוחם דאין דרך גבינה לכנוס כל כך, רצונו לומר גבינה חשוב כחוש, ולפ"ז אין חילוק כלל בין גבינה לשאר דברים, **והבית** יוסף למד דינו, דאם נתן גבינה בקערה בשר בת יומא, דאין הגבינה נאסרת יותר מכדי קליפה, ואף דהוא ממש דין של רבינו ירוחם, לא תימא דגבינה אין בה כח משא"כ קערה בשר, וכמו שכתב הש"ך, קמ"ל דאין חילוק – פמ"ג›.

‹**ולפי"ז** נמצא דהט"ז אינו סובר כלל סברא זו שהובא בש"ך, דגבינה משונה משאר מאכלים וכו', **וכמש"כ** הפמ"ג: לא שמענו וגם לא ראיתי ממורי הוראות שחילקו בכך, וצ"ע. **אמנם** ביד יהודה הבין דעת הט"ז, דסובר נמי כסברת הש"ך, דגבינה משונה דאין דרך ליכנס כ"כ, אלא דהש"ך סובר דגם כשנופל על בשר הפנאד"ש עצמו אינו אוסר את הפנאד"ש רק כדי קליפה, והט"ז סובר דרק כשנפל על כלי אינו אוסר רק כ"ק, משא"כ על מאכל שפיר אוסר, דהגם דהיא כחוש, מ"מ המאכל שאינו כחוש מפטם ליה ונאסר כדי נטילה. **ועיין** בחזו"א דכתב לפרש כעין דברי היד יהודה אבל לא מטעמיה, דמה דאין הקערה נאסרת מהגבינה רק כדי קליפה, לא משום דגבינה משונה משאר מאכלים, דאין שום חילוק בין גבינה לשאר מאכלים, אלא דס"ל דמאכל וכלי אין אוסרין זה את זה רק כדי קליפה, דדוקא במאכל שנוח לבלוע ונוח לפלוט, אמרינן דשניהם חמין בלא רוטב אוסרין כדי נטילה, אבל כלי ואוכל אינן אוסרין רק כדי קליפה. **ומש"כ** רבינו ירוחם דאין דרך גבינה ליכנס כ"כ, כוונתו, דאפי גבינה רכה שהיה אפשר לומר דהוי כלח ממש, והיה ראוי לאסור כולה, מ"מ אין דרך גבינה להבליע כמו לח ממש – אמרי דעה›.

וכן גבינה חמה בקערת בשר בת יומא, אינו אוסר אלא כדי קליפה - דין זה למד בב"י מדין פנאד"ש, וס"ל דדבר הבלוע אינו נכנס יותר מגבינה, **וכ'** דה"ט, דבקערה ליכא טעמא דדוחקא דסכינא כמו בגבינה, [**רק שמונח עליה, ולא דמי לבשר רותח שבס"ז, ותו דשם יש לפעמים שומן קרוש עליו ואינו ניכר, וכשחותך בו הוה טעם הבא מן הממש, משא"כ בקערה**], וכיון דאין שם רוטב להבליע ולהפליט, אינו אוסר יותר מכדי קליפה, **וכן** נראה ממ"ש התוס' והרא"ש, גבי דגים שעלו בקערה, פירוש שעלו מן הצלי או צוננים בקערה רותחין, דבין למ"ד עילאה גבר בין למ"ד תתאה גבר, אדמיקר ליה בלע ובעי קליפה, וכדאמרינן בפ' כ"צ, עכ"ל.

אלמא דמיירי כשהקערה חמה, מדמדמי ליה לפנאד"ש, ועוד דאל"כ מאי צריך למוד לזה, פשיטא דחם לתוך צונן, אפי' במאכל אינו אוסר רק כדי קליפה, כדלעיל סי' צ"א וסי' ק"ה ודוכתי טובי, ועוד דאל"כ אפילו היה שם רוטב להבליע ולהפליט, אינו אוסר יותר

הלכות בשר בחלב
סימן צד – דין התוחב כף חולבת בקדרה של בשר

מכדי קליפה, וכדאיתא לשם, **וא"כ** צ"ע מאי ראיה מייתי מהתוס' והרא"ש, הא י"ל דאינהו לא באו אלא לומר, דאפילו כשהתחתון קר למ"ד תתאה גבר, או העליון קר למ"ד עילאה גבר, דקליפה מיהא בעי עכ"פ לכ"ע, ואה"נ כשהתחתון חם למ"ד תתאה גבר, דבעי נטילה, כדלקמן סימן ק"ה, **ועוד** דהרי בחידושי הרשב"א מבואר, דאם נתן דבר שיש בו רטיבות קצת כבשר רותח, בקערה חמה, צריך נטילה, ודוחק לומר דשאני שניהם חמים מתחתון חם, ‹א"א לומר כלל כן, דהא הכא נקט גבינה חמה – רע"א›, **וצ"ל** דמיירי כאן בדבר נגוב, שכ' הרשב"א שם דסגי בקליפה, ומשמע ליה נמי הכי מהתוס' והרא"ש מדסתמו דבריהם, אלמא דאפילו התחתון חם סגי בקליפה, למ"ד תתאה גבר, ומיירי בדגים נגובים לגמרי.

והרב שלא הגיה כלום, אפשר דמודה נמי לזה, דאע"ג דבכל דברים של מאכל יבשים לגמרי ס"ל דאוסר כולו, וכדלקמן סי' ק"ה, ובת"ח, ‹כשאסור מחמת עצמו, אפי' כשהוא כחוש, דלא בקיאינן בין כחוש לשמן, והלא בלוע בכלי הוי שוה למאכל עצמו, דהא אוסר בלא רוטב, וא"כ היה ג"כ צריך לאסור בכולו כמו התם – אמרי דעה›, **מ"מ** בכלי גרע, כיון דאין האיסור בעין, **ואע"ג** דכ' בסי' ק"ה ס"ז, דכלי עדיף, שאוסרת היתר שנוגע בו באיסור שאינו שמן, אפי' בלא רוטב, **י"ל** דנהי דעדיף דמפליט בלא רוטב, מאחר שאין בו פליטה מגופו, מ"מ אינו פולט בלא רוטב רק כדי קליפה, וכ"כ בד"מ, **ומ"מ** צ"ע.

‹**נראה** דמ"ש הש"ך הכא, מ"מ כלי גרע, היינו דאפי' בבלוע שמן אינו אוסר בנגוב רק כדי קליפה, וכמו שצידד הש"ך בסי' ק"ה, **בזה** הקשה, דהכא כלי גרע לענין בליעת שמן, ואילו בבליעת כחוש כלי עדיף, דיוצא כדי קליפה, ובלוע באוכל כחוש אינו יוצא כלל, **אבל** לפי אידך צד בש"ך, דבבלוע שמן אוסר בכולו, אלא דאין אומרים בזה אין אנו בקיאים, אין כאן קושיא, דלענין בלוע שמן, כלי ואוכל שוין, ולענין בלוע כחוש, כלי עדיף – רעק"א›.

סעיף ט - בשלו דבש במחבת של בשר בת יומא, והריקוהו חם בקערה של חלב בת יומא, מותר, משום דהוי נותן טעם בר נותן טעם דהיתרא - המרדכי בשם ר"י כ' הטעם, משום דשמנונית בדבש הוי נטל"פ, [וסיים שם, **אבל אם היה לשבח היה אסור, משום דס"ל דגים שעלו בקערה, עלו אין, נתבשלו לא**], ‹והיינו אפי' לאכלו בכלי של חלב אסור אף בדיעבד – פמ"ג ש"ד אות ח', ודלא כהרמ"א, עיין ש"ך לקמן›, **והב"י** כתב עליו, ול"נ דאפי' היה נ"ט לשבח מותר, משום נ"ט בר נ"ט דהיתירא, עכ"ל.

[**ויש נ"מ בטעם המרדכי, דאפי' היה בשר בעין במחבת שבשלו הדבש, דאז היה אסור ולא הוה נ"ט בר נ"ט, מ"מ כאן שרי מטעם דהוה נטל"פ, וא"כ לא היה לו לשו"ע להשמיט טעמו של המרדכי בזה**]. **לא** קשה מידי, דכאן אין מקומו של דין זה, ולקמן בסי' ק"ג בדין נטל"פ, כתבו בהדיא בס"ד ע"ש - נקה"כ.

וא"כ מוכח דמיירי שהריקוהו בעירוי ולא פסק הקלוח, דאל"כ בלא"ה פשיטא דשרי, וכדלעיל סי' ס"ח ס"י וסימן צ"ב ס"ו בהג"ה, ‹**ולכאורה** תמוה, דהא אפילו עירוי שנפסק הקילוח בעי קליפה, כמש"כ בסי' צ"א ס"ק ז'. **ונראה** דכוונתו, דהנה בסי' צ"א כתב, דבמקום דהקליפה ניכרת, בעינן ששים נגד הקליפה במקום שאי אפשר לקולפו, אכן זהו דוקא בעירוי שלא נפסק הקילוח, שהקליפה הוא מדינא, ובעירוי כזו מיירי בש"ס, לכן אם אי אפשר לקולפו בעינן ששים כשהקליפה ניכרת, **אבל** בעירוי שנפסק הקילוח לא חשיב עירוי, והקליפה הוא רק משום חומרא, לכן אם אי אפשר בקליפה, כגון הך דדבש וכן הכלי, אף דאי אפשר לקולפו מותר – חוו"ד›.

וא"כ ע"כ צ"ל דלא שרי אלא הדבש, ‹ובשלמא המחבר לשיטתו, דפסק לקמן סי' ק"ה, נ"ט בר נ"ט בבישול מותר, מש"ה מתיר כאן, אבל הרב שאוסר בבישול שם, ואפ"ה מתיר כאן הדבש, טעמא משום... – מחה"ש›, דאפילו מאן דאסר לקמן סי' צ"ה, דגים שנתבשלו בקדרה של בשר לאכלן בכותח, הא שרי התם לאכלן בכלי של חלב.

אבל הקערה אסור לדעת הרב בהג"ה שם ס"ג, שכתב דאם עירה מכלי ראשון של בשר על חלב, דינו ככלי ראשון ואוסר הכלי, **וליכא** למימר דמ"מ שרי מטעם שכ' המרדכי, דהא כתב הרב לקמן סי' ק"ג ס"ד, דבמקום שאין הפסד מרובה יש להחמיר, לומר דשמנונית בדבש לא הוי נטל"פ, **ואפשר** דמיירי הכא במשקה מע"ד העשוי מדבש, דבכה"ג לכ"ע נטל"פ, כמ"ש הרב שם, וכ"כ מהרי"ל בהג' ש"ד, דבהכי מיירי המרדכי בשם ר"י שהביא המחבר, **אכן** מסתימת לשון המחבר משמע, דאפי' הקערה מותר, וא"כ לא הי"ל להרב לסתום כוותיה, ‹דמסתימות לשון המחבר, משמע דלא מיירי במע"ד – א"ב›, **ואולי** כיון דיש כאן תרתי למעליותא, דאפי' בנתבשלו, הרבה פוסקים והמחבר מכללם מתירין לאכלן בכותח, וכן יש פוסקים דשמנונית בדבש הוי נטל"פ, שרי לדעת הרב אפי' הקערה.

[ט"ז] ‹רעק"א או ש"א או הוספת הסבר› (פת"ש)

סימן צה – דגים וביצה שנתבשלו בקדירה של בשר, אם מותר לאוכלן עם גבינה

§ סימן צה – דגים וביצה שנתבשלו בקדירה של בשר, אם מותר לאוכלן עם גבינה §

סעיף א - דגים שנתבשלו או שנצלו בקדירה של בשר רחוצה יפה, שאין שום שומן דבוק בה - לאו למימרא דכל שנתבשל בה בסתמא, מחזקינן לה שהיה שם שומן דבוק, וכמ"ש הרא"ש והט"ו בס"ג גבי הדחה, דאפי' אינו בן יומו מחזקינן בה שומן ושלא היה מקונח יפה, **דדוקא** גבי הדחה אמרינן מסתמא שומן דבוק בהן, דהא השתא הוא דמדיחן, **אבל** כשנתבשלה בקדרה, אמרינן מסתמא דלא היה שומן דבוק בהן, וכדכתב בת"ח, וכדמוכח להדיא מהפוסקים בדוכתי טובא, **ומ"ש** המחבר רחוצה יפה, היינו לאפוקי כשידוע בבירור שלא היתה רחוצה יפה.

מותר לאכלם בכותח, משום דהוי נותן טעם בר נותן טעם דהיתרא – [פי' דתחילה אין ממשות של בשר רק טעם, **דהיינו הבשר נתן טעם בקערה, והקערה בדגים, ועדיין כולו היתר, וטעם קלוש כזה אין בו איסור, ובאיסור אפי'** כמה פעמים נ"ט בר נ"ט, אסור הכל].

(**ועיין** פמ"ג שכתב בשם שערי דורא, דאין נ"ט בר נ"ט אלא בכלי, אבל לא באוכל, **יראה** ברור דווקא טעם א' בכלי וב' באוכל הוקלש, הא טעם א' באוכל ואח"כ בכלי, ומשם לבשר או לחלב, אסור, דכל באוכל הוא הוי כממש – פמ"ג. **והיד** יהודה חולק ע"ז, וסובר שאין נ"מ בסדר נתינת ב' הטעמים, וכל שנ"ט אחד היה בכלי, שפיר נקלש הטעם, **ורק** כשב' נותני טעם היו באוכלים, הוא דלא חשיב נ"ט בר נ"ט – בדי השלחן. **ועי'** בתש' פני אריה שהאריך להוכיח, דנוסחא זו בש"ד שהביא הפמ"ג נוסחא משובשת היא, ובאמת הדין דבאוכל נמי אמרינן נ"ט בר נ"ט, וק"ו הוא מכלי).

(**אלא** דמ"מ כתב, בתבשיל של שעורים שניתן לתוכו חמאה, כמו א' מארבעים מהתבשיל, שהגיסו אותו בכף, ואח"כ נתחב הכף לקדרה של בשר, שאין בה ס' נגד החמאה שניתנה אל התבשיל של שעורים, דאסור, **לא** מבעיא לחמאה שניתן לתבשיל גוש של שעורים וכיוצא בו, דלא דיינינן ביה נ"ט בר נ"ט, שהרי א"א שנכנסה החמאה כולה לתוך השעורים לפנים, שלא נשאר ממנה כלום ע"ג השעורים מבחוץ, וא"כ בלע הכף מאותו הלכלוך שהוא בעין, **אלא** אפילו היה התבשיל כולו רוטב אסור, שלא התירו נ"ט בר נ"ט אלא בכלי או בחתיכה שבלעה בשר או חלב, שהבלוע נאחז ונדבק בו, אבל ברוטב דלא שייך בו בליעה כלל אלא תערובת, אין כאן נ"ט בר נ"ט, ע"ש ראיותיו, **ולע"ד** נראה להתיר הקדרה של בשר הנ"ל, ולא משום נ"ט בר נ"ט, אלא לפי שכתב הט"ז בסי' צ"ב, דאין צריך לשער כי אם לפי החשבון, דאין המדומע מדמע כו', וא"כ הכא א"צ שיהא ס' נגד כל החמאה, אלא כנגד חלק אחד מארבעים מהכף, וזה פשוט).

(**ועיין** בס' ח"ד שכתב עוד, דלא אמרינן נ"ט בר נ"ט בשעת בישול, כגון אם נפל חלב על הקדרה שמבשלין בה דגים כנגד הרוטב, ואח"כ בישלו הדגים עם הבשר, אפילו בדיעבד אסור, אם לא היה ס' בבשר נגד החלב שנפל בראשונה על הקדרה, **ולא** אמרינן דהוי נ"ט בר נ"ט, דכיון שנפל בשעת הבישול, ובישול מפעפע בכל הכלי לחומרא, והבלוע מקושר הוא עם התבשיל, חשבינן כאילו נפל לתבשיל, והוי טעם אחד. **ועיין** בתשו' בית אפרים שהשיג עליו, והעלה דאפילו בשעת הבישול אמרינן נ"ט בר נ"ט).

ואם לא היתה רחוצה יפה, אם יש בממש שעל פני הקדירה יותר מאחד בששים בדגים, אסור לאכלם בכותח – (במנח"י כתב בשם או"ה הארוך, דמסתמא יש ששים כנגד הבעין, אבל במי הדחה, בעינן שבוודאי הוא ששים – רעק"א). (**ואיני** יודע לחלק בין סתם לכלוך דיש ס', ובין מי הדחה, ודוחק לומר דמדיח הרבה ביחד, **ואולי** לכלוך שעל גבי קדירה כקליפה דיינינן לה, ויש בתבשיל ס' נגד קליפת הכלי, **משא"כ** מי הדחה דאין כ"כ כמו חלל הקדירה, ואין להקל בכל ענין במי הדחה, **ולפ"ז** יצא לנו הדין, בסתם כלים יש ס' בתבשיל נגד הלכלוך, **ואמנם** אף אנו נאמר דבקערה אפשר שאין ס' נגד הטוח. **ודע** שמ"ש המחבר ס' בדגים, קאי אנצלו, ובנתבשלו ס' בדגים ומים סגי, דמוליך הטעם בשוה ופשוט – פמ"ג).

[**ואין לדקדק, דמשמע כאן דדוקא עם חלב אסור הדג, אבל בפני עצמו שרי, הא יש בו איסור משום סכנה, כמ"ש בסי' קי"ו, שיש סכנה אם נתבשל דג עם בשר, דכאן לא נחית לדין זה, אלא במה שנוגע לענין נ"ט בר נ"ט, וכ"כ רש"ל, אלא שבאו"ה כתב וז"ל, וכן כל דבר שהוא משום פליטת כלים, אין אוסרים מבשר לדגים בדיעבד משום סכנת דבר אחר, דהא מתיר בגמר' דגים**

הלכות בשר בחלב
סימן צה – דגים וביצה שנתבשלו בקדירה של בשר, אם מותר לאוכלן עם גבינה

שעלו בקערה רותחת של בשר, **וצ"ע** לפי"ז מה שזכרתי כאן, ‹ר"ל דהא כאן משמע דמותר לאכלם אף אם נתבשלו בבשר בעין, וע"ז לא שייך תירוץ האו"ה, וצ"ל כמו שכתב הט"ז, דכאן לא נחית וכו' – אמרי בינה›, **אבל** מה שאמרו בזה דגים שעלו בקערה כו', יש ללמוד מזה שאין סכנה באכילת דג שיש בו טעם בשר, במה שנתבשל בכלי בן יומו של בשר, דהא אמרינן בגמר' דהרבה אכלו דגים שעלו בקערה], ‹ר"ל אף דמשו"ע אינו מוכח הדין דאו"ה, דהא איירי בבשר בעין, וע"כ צ"ל כהט"ז, אבל מהגמר' דהרבה אכלו יש ללמוד, דהא שם לא מיירי בבשר בעין – אמרי בינה›.

סעיף ב - ביצה - ואפי' קלופה, **שנתבשלה במים בקדירה חולבת** - רחוצה יפה כמו בס"א, **מותר לתת אותה בתוך התרנגולת אפילו לכתחלה.**

אבל אם נתבשלה בקדירה עם בשר, ואפילו בקליפה, אסור לאכלה בכותח – [שקליפת הביצה בבירור מנוקבת היא, וכשאדם מבשלה במי צבעים, תמצא הביצה עצמה צבועה מאותו צבע, ולכן אסרו חכמים ביצת אפרוח, והתירו ביצה אסורה, שזו פולטת ציר של אפרוח, וזו אינה פולטת אלא זיעה בעלמא, עכ"ל רשב"א ומביאו ב"י. **וצ"ע** ממ"ש רמ"א בסי' פ"ו ס"ה, דאם הביצה נקובה, דינה כקלופה, דהא כל קליפת הביצה נקובה היא ופולט שפיר, ואפ"ה מותר בביצה אסורה, שאינה פולטת אלא זיעה, דמ"ש נקב בתולדה או שלא בתולדה. **ואי לאו פה קדוש דרשב"א הייתי אומר, דאין נקב בביצה בתולדה, אלא שבולע ופולט דרך הקליפה מדבר שהוא ממש בו, וצ"ע].** ‹והנה הרשב"א הוכרח לומר דמנוקבת, דאל"ה אף עם בשר הוה נ"ט בר נ"ט, טעם א' בקליפה דהוי כמו כלי – פמ"ג. ‹**אין** לומר שכוונת הרשב"א, דהיה קשה לו דהא הטעם של בשר שנכנס דרך הקליפה לביצה נ"ט בר נ"ט הוא, דהקליפה הוי כמו כלי, דזה אינו, דהא כתב ולכן אסרו ביצת אפרוח, וגבי אפרוח נ"ט בר נ"ט דאיסור הוא, ועוד דבשעת בישול לא הוי נ"ט בר נ"ט, **רק** כוונת הרשב"א לומר, דלא תקשה דהא התירו ביצה אסורה, אלמא דאינו פולט כלל דרך הקליפה, אם כן הכי נמי אינו בולע כלל דרך הקליפה, **לזה** אמר דזה אי אפשר לומר, דהא בבירור מנוקבת היא, ובודאי פולט ובולע שפיר דרך הקליפה, וסיים ולכן אסרו ביצת אפרוח וכו', כלומר דעיקר הטעם בזה שאסרו ביצת אפרוח והתירו ביצת נבלה, משום שזו פולטת ציר אפרוח וזו פולטת מיא בעלמא, אלמא דטעם בשר יכול לפלוט, וה"נ יכול לבלוע טעם בשר דרך הקליפה – חוו"ד›.

הגה: ויש מחמירין בצלייה ובישול לאסור נותן טעם בר נותן טעם – [דבזה הוה כמו ממש של בשר בדגים, ולא התירו נ"ט בר נ"ט אלא עלו לחוד, דהיינו דגים רותחין מיד לאחר שסילקן מן האש, ונתנן בקערה של בשר צוננת, או איפכא, שהדגים צוננים והקערה רותחת, דמותר לאוכלן בחלב, ובשניהם חמין הדגים והקערה, אסור לפי"ז, דהוה כנתבשלו או נצלו].

‹**וכבוש** כה"ג צ"ע לדינא, והיינו אם תיכף כשפינו ממנו הבשר נתנו המים לתוכו, אבל אח"כ הוי נ"ט בר נ"ט ונטל"פ – רעק"א›.

והמנהג לאסור לכתחלה - לאכלו בכותח, ‹ובשר עוף אני מסופק אם יש להחמיר בו, כיון דהוא כולו דרבנן, או לא – פלתי›. **ובדיעבד** מותר אם נתן בכותח, **אבל** לבשלן לכתחלה בקדרה של בשר כדי לאכלן בכותח, אסור אפי' להמחבר וסייעתו.

‹**ולדינא** העלה הש"ך, דאף לדידן דמחמירין בבישול לכתחלה, בסי' צ"ד ס"ה שרי, דהוי ג' נ"ט, ויש לראות הא דגים שבישלו עם מים נמי ג' נ"ט הם, **וי"ל** דבישלו במים נוגעין הדגים במחבת גופא, משא"כ כלי מכלי א"א בלי אמצעות המים, דאין כלי מקבל טעם מכלי בלא מים – פמ"ג סי' צ"ד›.

‹**כתב** המנחת כהן, אם בישלן {להמחבר, או העלה להרמ"א} תחלה בכלי חולב על דעת לאכול עם בשר, אסור לאכול עם בשר, **ופר"ח** כתב דלא הוי אלא הרחקה בעלמא, ושרי, **ומשמע** ודאי אם נתנו בכותח או בבשר, אף המנחת כהן יודה דשרי, **ולי צ"ע**, דנ"ט בר נ"ט אם נאמר משהו ודאי יש, אלא טעם קלוש בטל הוא, א"כ כיון דחזינן בגמרא דגים שעלו משמע דיעבד, א"כ הוי כמבטל איסור לכתחלה, ואפילו נתנו בכותח הוה לן למיסר, **בשלמא** בישלו שלא ע"ד זה, כבר הוקלש טעמו בדגים, תו לא הוי אח"כ כמבטל איסור – פמ"ג›.

[**משמע** דבלא בישלו, **אלא עלו לחוד, מותר אפי' לכתחילה, וכן כתב רמ"א אח"כ בהדיא, וזה** כדברי התרומה שמביא ב"י, דקטניות שבישל בקדירה חולבת, **מותר** לכתחילה לערותן בקדירה של בשר בת יומו, **וממילא לדידן שאנו מחמירין בבישול, לכל הפחות** בעלו מותר כן לכתחילה, **אלא** שכתב ב"י דזה חולק על מ"ש סמ"ק, דלכתחילה אסור להעלותן בכלי של בשר כדי לאכלם אח"כ בכותח, וכן ראיתי ברש"ל, **והוא** שלא

[ט"ז]   ‹רעק"א או ש"א או הוספת הסבר›   (פת"ש)

סימן צה – דגים וביצה שנתבשלו בקדירה של בשר, אם מותר לאוכלן עם גבינה

בדקדוק, דגם סמ"ק מתיר אח"כ לכתחילה בכותח, **אלא שלכתחילה אוסר להעלותם בכלי בשר כדי לאכול אח"כ בכותח, וכן פסק האו"ה בשם סמ"ג, דאסור לגרום נ"ט בר נ"ט לכתחילה, אפי' בהעלאה בלא בישול, ובבישול אסור לכתחילה אפי' לערות אח"כ לחלב].**

[**וכתב רש"ל וז"ל, ומאחר שהעולם תופסים איסור בנתבשלו, א"כ בנתבשלו בכלי שאינו בן יומו נמי אסור לכתחילה, דכל טעם לפגם אסור לכתחילה, ודוקא הקדירה שנתבשל בה המאכל מחזיקים המאכל כמו הקדירה לעולם, אבל אם תחב כף של בשר בן יומו בקדירה שאינו בן יומו, שרינן לאכלה בחלב כמו הקדירה, דלא החמירו בתחיבת הכף שהוא באקראי ודבר מועט, ודוקא שהכף נקי,** ‹דאל"כ אף דאיכא ששים יש להחמיר›, **עכ"ל בקיצור. היינו ביש ששים בקדירה נגד הכף, דאל"כ אינו נקרא דבר מועט** ‹**דהיינו** כיון דמעיקר הדין קיי"ל דגם בנתבשלו מותר, לכן דוקא בקדירה יש לנו להחמיר, דהוי כי אורחיה ושכיח היא, **משא"כ** בתחיבת כף של בשר בקדירה של חלב, שהכף היא היפך מהקדירה, שהיא אקראי דלא שכיח היא, וגם כי דבר מועט היא, דע"פ רוב איכא ס' בקדירה נגד הכף, אין להחמיר – אמרי דעה›. **אלא שמשמע מלשונו, דגם בקדירה של חלב אסור לתת הדגים לכתחילה, כל שנתבשלו תחילה בכלי של בשר, ולא כרמ"א שמקיל בסמוך אף לכתחילה בקדירה שלהם. גם בנתבשל בקדירה של בשר שאינו בן יומו יקל רמ"א בסמוך, והסומך על רמ"א להקל בזה, לא הפסיד].**

ובדיעבד מותר בכל ענין - ומהרש"ל אוסר אפי' בדיעבד בנצלו מדינא, (**ודוקא** נתבשלו, שיש ג' נ"ט, שעיקר הטעם הולך באמצעית המים, אבל נצלו אסור - ש"ך). ‹**ואף** דמכלי יוצא בלא רוטב, וא"כ יכולין הדגים לקבל הטעם בנגיעתן בקדרה שלא באמצעית רוטב, מ"מ עיקר הטעם נתפשט יותר ברוטב – חוו"ד›. (**ולפ"ז** גם בנתבשלו, אף דהדגים מותרים, מ"מ הרוטב אסור, דהוי כמו נצלו - פמ"ג וח"ד, **וכתב** עוד הח"ד, דהא דנצלו אסור, דוקא שצלה דגים בשפוד או בכלי שצלו בו בשר, אבל אם צלה דגים בקדירה שבישל בו בשר, מותר, כיון שטעם בשר נבלע בכלי ע"י בישול, חשיב מעיקרא כמו ג' נ"ט). ‹**אבל** האמרי ברוך והיד יהודה חולקים על זה – בדי השלחן›.

‹**ואם** חתך דגים רותחים בסכין שחתך בשר, הוי כנצלו, דדוחקא ורותח מבשל, ע"ש, **ועיין** בתשובת פרי תבואה שחולק עליו, וכתב דאין לחוש לו, גם הפמ"ג הניח דין זה בצ"ע›.

‹**ודעת** הרבה גדולי אחרונים להורות בזה כדברי הרמ"א, דבדיעבד מותר אף בצלי – בדי השלחן›.

‹**נלע"ד** דאם בשלו חלב שחוטה בקדירה חולבת, ועירב אותה אח"כ עם בשר, דהוי רק בב"ח דרבנן, דהחלב הבלוע בכלי שנפלט הוי נ"ט בר נ"ט, **ולא** אמרינן דדוקא היכא דנבלע באינו מינו, בזה נקלש טעמו, אבל בכה"ג דהפליטה נתערב בחלב שחוטה דהוי מינו, נתחזק הטעם ולא נקלש, דאין לחלק דבכל ענין הוי נ"ט בר נ"ט, **וראיה** לזה מדברי הש"ך לעיל ריש סי' צ"ג, דבידוע כמה בשר בישלו בה תוך מעל"ע לבישול החלב, בענין רק ששים נגדו, דמה שנבלע מקודם הוי נטל"פ, ואפי' בשלו בו בשר תוך מעל"ע מבישול בשר ראשון, א"צ אלא ששים נגד הבשר השני, ע"ש, **הרי** לדעת הש"ך, דבהוחמו מים בכלי איסור, אף להסוברים דלא אמרינן חנ"נ בשאר איסורים, מ"מ מונים משעת חימום המים, כיון דלא שייך ביה נ"ט בר נ"ט דהיתירא, ע"ש, **א"כ** מדשרו בבשלו בשר בתוך מעל"ע, ע"כ דגם בכה"ג שייך היתירא דנ"ט בר נ"ט, אף דהטעם בשר שבכלי כשיצא נתערב עם טעם בשר, אעפ"כ מקרי נ"ט בר נ"ט דהיתירא, ודוק, **ושוב** ראיתי שמפורש כן במה שכתבו תוס', דכל יום ויום נעשה גיעול לחבירו, דהא דמותר לבשל האידנא שלמים בקדירה שבישל בה שלמים אתמול, ולא אמרינן דממעט באכילתו, משום דהוי נ"ט בר נ"ט דהיתירא, הרי דאף דטעמיה שווים, מקרי נ"ט בר נ"ט – רעק"א›.

ודוקא לאכול עם חלב והבשר עצמו, אבל ליתנן בכלי שלהם, מותר לכתחלה, וכן נהגו –

[**דבזה אנו סומכים על המתירין גם בבישול וצלייה נ"ט בר נ"ט**]. ‹**הלשון** דחוק, דהא הרא"ש מהאוסרין בנצלו, ואפ"ה מתיר קערות – פמ"ג›.

‹**ולענין** דינא אם מותר לבשל בכלי חולב להעלותו אח"כ בכלי בשר, יראה דאסור, **אלא** שראיתי להב"ח כתב, דכדי לאכול עם החלב אסור לכתחלה, אבל כדי לערותן לכלי חלב, שרי לכתחלה – פמ"ג›.

לכאורה משמע דאפי' ליתנן דרך עירוי מותר, וכ"כ באו"ה בהדיא, וכ"כ הב"ח בסוף ס"ד, שדעת הרב דמותר לערותן בכלי שלהן אפי' לכתחלה, **אלא** שקשה, דהרי כ' בס"ג, דאם עירה מכלי ראשון של בשר על כלי חלב, דינו ככלי ראשון, ואוסר אם היה בן יומו, **ודוחק** גדול לומר דכאן לא קאמר אלא דהמאכל מותר לערותו בכלי שלהן, אבל הכלי אסור, **וצ"ל** דכאן לא

מחבר רמ"א ש"ך ונקה"כ

סימן צה – דגים וביצה שנתבשלו בקדירה של בשר, אם מותר לאוכלן עם גבינה

מיירי אלא דמותר ליתנן בלא עירוי. ‹מה שפסק הש"ך להלכה בנוגע עירוי, מובא לקמן בס"ג›.

וכן אם לא נתבשלו או נצלו תחילה, רק עלו בכלי של בשר - פי' שאחד מהן הכלי או הדגים חמים, כדאיתא בתוס' והרא"ש וטור ושאר פוסקים, והכי מוכח בש"ס, אבל אם שניהם חמים, הביא הב"י בשם מ"כ, דה"ל כנצלו, **מותר לאכלן עם חלב עצמו, וכן להיפך.**

וכן אם היה הכלי שנתבשלו או נצלו בו לפגם, שלא היה בן יומו, נוהגין היתר לכתחלה לאכלו עם המין השני.

וכל זה כשהמאכל אינו דבר חריף, אבל אם היה דבר חריף, כגון שבשלו דברים חריפים בכלי של בשר, אפילו אינו בן יומו - דחורפיה דתבלין משוי ליה כאלו האיסור בעין, ומשוי ליה בן יומו, כדלקמן סימן צ"ו.

‹**עי'** בת' מקום שמואל, שהאריך הרבה לפתור פסק זה, שבתש' הרשב"א לא משמע מידי, ומדברי האו"ה ג"כ אין ראייה, דמה שהצריך ס' נגד כל התבלין, אינו מטעם דבד"ח לא אמרינן נ"ט בר נ"ט, רק משום דאין כאן רק ב' נ"ט, זה הוי כנצלו שכתבתי לעיל, **ולפ"ז** בנתבשלו דאיכא ג' נ"ט, אפילו בדבר חריף מותר, ולא כמו שמדמה הרמ"א דין בישול בדברים חריפים לדין תבלין שנדוכו, **ומסיק** דבדבר חריף גמור, אין לזוז מפסק הרמ"א, מאחר שכן פשט המנהג, **אבל** במקום שיש להסתפק אי מקרי דבר חריף, כמו בארש"ט שנחלקו בו הט"ז ובה"י, וכדו', יש להתיר›.

ולקמן סי' קכ"ב ס"ג נתבאר, דדוקא המאכל עצמו שהוא חריף נעשה לשבח, אבל לא משוי הקדרה לשבח. ‹**שאם** בישל חלב באותו קדרה לאחר מעל"ע משעה שבישל בה בשר, אע"ג שהוא תוך מעל"ע משעה שבישל בה הדברים החריפים, אפ"ה התבשיל מותר, **דדוקא** המאכל עצמו וכו', אבל לא משוי הקדרה לשבח, וכיון שאינו בן יומו, נותן טעם לפגם הוא ומותר. **וכן** אם בשלו בו איסור חריף, ואח"כ שהה הקדרה מעל"ע ובשלו בו היתר שאינו חריף, מותר, דאין החריפות הראשון משוי ליה לשבח - מחה"ש›.

‹**ויש** להסתפק, הא דחורפא מחליא, אם הוא מדאורייתא או מדרבנן, ונפ"מ להקל בספיקו, **וראיתי** בתשובת כנסת יחזקאל, כתב דהוא מדרבנן, ועיין בתשו' אא"ז פנים מאירות, הביא ראיה דהוא דאורייתא, **שוב** ראיתי בתשובת שיבת ציון כתב, דלא שייך בזה כלל לומר דין דאורייתא או דרבנן, דחיך אוכל יטעם, וכיון דחז"ל עמדו בזה על הנסיון, וידעו דבדבר חריף משוי ליה לשבח, פשיטא דהוא דאורייתא, ע"ש ועמש"ל שכן דעת הגאון רבינו עקיבא איגר›.

או שדכו תבלין במדוך של בשר, אם בשלו בחלב, אוסר אפילו בדיעבד עד דאיכא ס' נגד הבשר הבלוע בהם – [ואם אין ידוע הבלוע, צריך ששים נגד כל התבלין].

ולא אמרינן דתבלין כיון דלטעמא עבידי לא בטילי, כיון דאין איסורן מחמת עצמן, וכדלקמן סי' צ"ח ס"ח.

ומכל מקום לא מקרי מאכל דבר חריף משום מעט תבלין שבו, רק אם כולו הוא דבר חריף. ורובו ככולו. ועיין לקמן סימן צ"ו.

סעיף ג- קערות של בשר שהודחו ביורה חולבת בחמין שהיד סולדת בהן, אפילו שניהם בני יומן, מותר, משום דהוה ליה נותן טעם בר נותן טעם דהתירא - היינו בדיעבד, אבל לכתחלה אין להדיחן אפילו להמחבר, וכמ"ש המחבר בא"ח סי' תנ"ב ס"ב, דיש ליזהר מלהגעיל כלי בשר וכלי חלב יחד, אא"כ אחד מהם אינו בן יומו, **וכ"כ** הטור לקמן סי' קכ"א, אם מגעיל כלי של בשר לאכול בו חלב או איפכא, צריך שלא יהא בן יומו, עכ"ל, והיינו לכתחלה, כמ"ש הב"ח והדרישה שם.

והוא שיאמר ברי לי שלא היה שום שומן דבוק בהן – [אין להקשות ממ"ש התוס' והרא"ש והר"ן, דס"ל כר"ת דס"ל אין התנור מתקנח יפה, די"ל דהתם קאי אתנור שאי אפשר לשלוט בו כ"כ בידים, ולקנח קינוח רב שצריך לכלי חרס, משא"כ כאן בקערה וכן בקדירה, שפיר שולטות בו הידים בקינוח רב, ומו"ח ז"ל כ' מחמת זה שהרא"ש והר"ן חולקים על ר"ת, וס"ל דמתקנח יפה, ואגב טירדתו בגירסא לא עיין ברא"ש ור"ן, שבפירוש כתבו כר"ת].

[ט"ז] ‹רעק"א או ש"א או הוספת הסבר› (פת"ש)

הלכות בשר בחלב רעג
סימן צה – דגים וביצה שנתבשלו בקדירה של בשר, אם מותר לאוכלן עם גבינה

ואם היה שומן דבוק בהן, צריך שיהא במים ס' כנגד ממשות שומן שעל פני הקערה - פי' אפי' היה רק שומן דבוק באחד מהן, הכל אסור, לפי שטעם שני ‹היוצא מהכלי הנקי לתוך המים›, מיד נ"ט לתוך ממשות, ‹דהמים נחשב כממשות השומן, ולא נחשב הא דהשומן נ"ט בהמים אפי' לנ"ט אחד, דהא בעינן שנ"ט הראשון יהיה בכלי – אמרי דעה›, ולא הוי נ"ט שני בהיתר, **וגם** השומן נוגע בכלי השני ונאסר הכלי, ושוב נאסר הכל, **ולפ"ז** אפי' אם היה א' מהן אינו ב"י, והשומן דבוק באותו שאינו בן יומו, הכל אסור, **אבל** אם השומן דבוק באותו שהוא בן יומו, אותו שהוא בן יומו מותר, ושאינו בן יומו אסור, כ"כ מהרא"י והרב בת"ח, ‹**היינו** דאסור להשתמש בו בשר או חלב, אבל לשאר דברים מותר, אם לא מצד המנהג, דהא לא נאסר משום בב"ח – פמ"ג›.

הגה: ויש אוסרים אפילו אין שומן דבוק בכן - וטעמא, דהא כשטעם השני של בשר ושל חלב נכנסים במים, מיד נאסרו המים, וחוזרים ואוסרים הקערות והיורה.

[**טעמם מבואר בתוס', דלא דמי לדגים שעלו בקערה, דשאני הכא שהקערות נוגעות במחבת, ונפלט טעם מזה לזה,** ‹מחמת חום והבל שבקדרה – פמ"ג›, **והוה טעם שני באיסור, ועוד דהא כשהטעם השני של בשר ושל חלב נכנס במים, מיד נאסרו המים וחוזרין ואוסרין הקערות והמחבת, עכ"ל, ובר"ן מבואר הטעם השני של תוס' ביותר, דשאני בדגים שעלו בקערה כו', דהכותח לא קיבל טעם כלל מטעם הראשון, דהיינו הקערה, אלא מהדגים שהוא טעם שני, אבל כאן טעם החלב הנפלט לתוך המים, מקבל טעם מטעם הבשר ראשון שבקערות, דמאן לימא לן שלא יתערבו פליטת הבשר ופליטת החלב בעצמן בלא אמצעית המים, עכ"ל]**, ‹**היינו** שפגעו זה בזה קודם שנתפשטו היטב בהמים, ולא נקלשו עדיין טעמן, והוי כנ"ט בר נ"ט באיסור – אמרי דעה›.

[**ומש"ה אם נתבשל מים או ירקות בקדירה חולבת בת יומא, ותחבו בו כף של בשר בן יומא, ואין ששים נגד הכף בת יומא, אוסרים זה את זה, אפי' שניהם מקונחות יפה, ואף שזה ממש דין קערות שהודחו ביורה שזכר השו"ע, מ"מ כתבתי זה שהוא מצוי יותר]**.

אלא א"כ אחד מן הכלים - ר"ל הקערות או היורה, **אינן בני יומן מבליעת כלי ראשון, ואז כל הכלים מותרים** - דאותו שהוא ב"י פשיטא דמותר, שהרי לא קיבל טעם אלא מכלי שאינו ב"י, שהוא נטל"פ, **ואותו** שאינו ב"י נמי מותר, דהרי קיבל הטעם מנ"ט בר נ"ט, ועדיין הוא היתר מאחר שאינו ב"י, [**ממילא אין שם איסור עליו, ע"כ מותר אפי' לטעם ראשון של תוס' לעיל, שנוגעות במחבת]**.

‹**ויראה** אף בכלי מתכת דיש תקנה בהגעלה, וסתם יורה כלי מתכת, {**והוי** לן לאסור את הכלי שאינו בן יומו להשתמש בו בלא הגעלה, כיון דקיבל טעם לשבח מהכלי שהיא ב"י, ואף דהוי נ"ט בר נ"ט, מ"מ לכתחילה אסור בנתבשלו – אמרי דעה}, **מ"מ** לא הוי כלכתחלה בנתבשלו, דמ"מ ב' כלים קיל טפי – פמ"ג. ‹**דדוקא** בנ"ט בר נ"ט, שנ"ט הא' היא בכלי, ונ"ט הב' היא באוכל, אסור לכתחילה בנתבשלו, דלא נקלש כ"כ הטעם כיון דנ"ט הב' היה באוכל, משא"כ כאן דגם נ"ט הב' בכלי, מותר לכו"ע אף לכתחילה – אמרי דעה›.

[**ולפי מה שכתב רמ"א בסי' צ"ד ס"ה, לאסור הכלי שאינו בן יומו משום חומרא, היה לו לכתוב גם כאן כן, דחד טעמא הוא, ונראה דדוקא התם ס"ל שיש להחמיר משום מראית עין, לפי שמערין המאכל לתוך הכלי שהוא כמין שהוא בן יומו, מש"ה יש לאסור הכלי שאינו בן יומו, וזה אין שייך כאן,** ‹דהמים אסור לכתחילה›, **כן נ"ל כוונת רמ"א]**. ‹**וע"ש** מה שתירץ הש"ך, דע"י בישול נוהגין להחמיר טפי›.

וכתב האו"ה, דאין חילוק בין הדיח קערות עם קערות, או כפות עם כפות, או טעלי"ר עם טעלי"ר, ולא אמרינן דמה שתשמישו בכלי שני אינו אוסר, עכ"ל, ‹**ואו"ה** כתב הטעם› [**דכיון שנותנים עליו בשר רותח ע"י ערוי, א"כ ע"י ערויות הרבה בלע האיסור בכולו, כ"ש הכפות שרגילין לתוחבן בכלי ראשון]**. ‹**אכן** דינו נראה לי תמוה, דהא עירוי אינו יכול להרתיח יותר מכדי קליפה, והאיך אפשר לבלוע בצונן, כיון דלמטה מהכדי קליפה צונן הוא, ומה לי שהיה עירוי אחד או הרבה עיראות. **אכן** מ"מ אף לפי דינו נראה, דבעינן שיהא בתוך המעל"ע עיראות הרבה, דלאחר מעל"ע נותן טעם לפגם הוא – חוו"ד›.

‹**ותו"ח** חולק ע"ז הטעם, וכתב›, **ונ"ל דדוקא מן הסתם, דחיישינן שמא השתמש בכף או בטעלי"ר בכלי ראשון, *וכמו שחיישינן בכה"ג לענין הגעלת כלים,**

רעד הלכות בשר בחלב
סימן צה – דגים וביצה שנתבשלו בקדירה של בשר, אם מותר לאוכלן עם גבינה

וצריכין כולם הגעלה בכלי ראשון, **אבל** אם ברי לו שלא נשתמש בכף או בטעלי"ר רק בכלי שני תוך מע"ל, ודאי אינו אוסר בדיעבד, והכי נהוג, עכ"ל ת"ח.

*‹אין זה ראיה, דלענין הגעלה אמרינן, אף דרוב תשמישו בכלי שני, מ"מ שמא פעם אחת נשתמש בכלי ראשון, ואפי' לכתחילה אסור, **אבל** הכא דמה ששימש מזמן רב ליכא איסור, דהוי אינו בן יומו, והאיסור רק מחמת ששימשו תוך מעל"ע, י"ל דלא חיישינן כיון דרוב תשמישן בכלי שני – רעק"א.

והב"ח השיג על דברי הרב אלו, ע"ש, ‹וז"ל: ולפענ"ד נראה דמן הגעלה אין ראיה כלל, דלכתחלה ודאי חיישינן שמא השתמש בו לפעמים בכלי ראשון, **ותו** דא"א שלא השתמש בכלי ראשון כל משך שנה תמימה, ולכך צריך להגעילו לכתחלה בכלי ראשון, **אבל** הכא דיעבד אין לאסרו מן הסתם ולומר שהשתמשו בו בכלי ראשון תוך מעל"ע, דלא שכיח כלל, **אבל** באו"ה כתב טעם אחר בקערות, לפי שמערין עליה כמה פעמים וכו', **אף** כי דבריו נראין, מ"מ נראה שגם הוא מסכים, שאם ברי לו שלא נשתמש בכף או בטעלי"ר בכלי ראשון, או בעירוי מע"ל, ‹דהיינו לדעת הב"ח צריך להיות ברי שלא נשתמש בו אפי' ע"י ערוי – אמרי דעה›, אינו אוסר בדיעבד, והוא פשוט.

‹נ"ל אף אינו ברי לו, רק מה שידוע לו תשמישיה תוך מעל"ע היה בכלי שני, ויותר מזה אינו יודע, ממילא אמרינן דיותר מאלו תשמישיה בכלי שני שידוע, הוי על השאר כמו סתם כלי אינו בן יומו, דלא שימש בו תוך מעל"ע, ודוק – רעק"א.

והמים נוהגין בהן איסור לכתחלה - דהואיל ואינו מאכל אלא מים גרידא הוי כלכתחלה, ואסרינן הואיל ובלוע מאיסור פגום, כ"כ בת"ח בשם או"ה, [**דהא בלעי עתה מפגם בשר בחלב, ואין שייך בדיעבד במים גרידא, כמו בתבשיל וקדירה שהוא דבר חשוב, והתורה חסה על ממון ישראל]**, **אבל** ודאי מדינא מותר לאכלו עם מין הכלי שהוא בן יומו, כגון אם הוא של בשר, מותר לאכלן עם בשר.

‹**עיין** בת"ח שכתב, ויש ללמוד מזה, אם תחבו כף של בשר ב"י לקדירה של חלב שאינו ב"י מלא מים, או איפכא כו', המים מיהו אסורין, **וכתב** המנ"י, התוחב כף שאינו ב"י למים, דאסורין, היינו בלא הוחמו לשתיה, משא"כ בהוחמו לשתיה, וצ"ע למעשה›. ‹**משמע** דאפי' הוחמו לשתיה אסור – פמ"ג›.

אבל אם שניהם בני יומן, והדיח אותן ביחד בכלי ראשון, הכל אסור - הא דאצטריך לכתוב זה, אע"ג דכתב כבר, ויש אוסרין אא"כ א' מהם אינו בן יומו כו', **י"ל** דקמ"ל דלא מיבעיא אם הדיח קערות של בשר ביורה חולבת עצמה, דהכל אסור, אלא אפי' הדיח כלי של בשר ושל חלב ביחד בכלי אחד, הכל אסור, דהמים שבכלי ראשון מפליטים ומבליעים ונעשו נבילה.

והכי נוהגין, ואין לשנות - וכ"פ מהרש"ל.

ודוקא שהודחו ביחד ובכלי ראשון, אבל אם הודחו זה אחר זה – [אפי' בכלי ראשון], הוי ממש כדגים שנתבשלו בקדרה של בשר דלעיל, דשרי, [כיון שלא נתערבו הטעמים].

או בכלי שני אפילו ביחד, הכל שרי – [פי' אפי' אם היו מלוכלכות, כמ"ש אחריו גבי ערוי, וכ"ש הוא, דהא ערוי חמור מכלי שני לדידן].

[**ומהרש"ל** חולק ע"ז וכתב, דאם היה שם לכלוך מבשר וחלב, אסור אפי' בכלי שני, דיש לחוש דהלכלוך יתמחה בתוך המים, ויהיו נחשבים כגוף האיסור, ‹**אף** דדעת הרש"ל היא דכלי שני אוסר, מ"מ היינו דוקא להבליע לחוד או להפליט לחוד, וא"כ כאן שצריך לעשות ב' הפעולות, אינו אוסר, לזה כתב, דמ"מ יש לחוש דהלכלוך יתמחה ויתערב במים, והמים יהיו נעשים כגוף האיסור, ובכה"ג סגי שיבליע לחוד, וזה שפיר אוסר בכלי שני – אמרי דעה›, **אכן** כיון שהוא קצת כמו חומרא, אין המורה צריך לשאול ע"ז אם היו מלוכלכות, עד שיתברר לו ממילא שהיו מלוכלכות, **אבל** בערוי שמבליע ומפליט עד כדי קליפה, ודאי אסור בשיורי מאכל, וצריך לשאול אם היה ההדחה ע"י ערוי, לפי שמן הסתם רגילין לערות עליהן מכלי ראשון שאצל האש, אם לא שידוע שלא היה ע"י ערוי, אז א"צ לשאול אם היה שם שיורי מאכל, עכ"ל].

[**ולענ"ד נראה להכריע בזה למעשה**, דבכלי שני אין אוסר שיורי מאכל, כיון דקימ"ל כלי שני אפי' היד סולדת בו לא מבליע ולא מפליט, כמ"ש בת"ח].

ואם עירה מכלי ראשון של בשר על כלי חלב, דינו ככלי ראשון ואוסר אם היה בן יומו – [יש להקשות, הא הוה נ"ט בר נ"ט, ונראה שכיון שאנו

הלכות בשר בחלב ערה
סימן צה – דגים וביצה שנתבשלו בקדירה של בשר, אם מותר לאוכלן עם גבינה

אוסרים לעיל, כיש אוסרים שהביא רמ"א סעיף זה, מטעם, דהוא כטעם בשר וחלב מעורבים יחד, והיינו כיון ששני הטעמים מתערבין בכלי אחד, והכי נמי נימא דומה לזה, שאנו חושבים קילוח הערוי כאלו הוא בכלי שמערה ממנו, וע"כ אוסר הכלי שהוא מערה עליו, כיון שגם זה הוא בן יומו, ‹דניצוק חיבור, ונראה דאף לרמ"א אין אוסר כ"א התחתון, ואם נפסק הקילוח דלא הוי ניצוק, פשיטא שאין מקום לחומרא זו, ואפילו ראוי להגעיל אין צריך הגעלה – פמ"ג›, **אבל אם זה הכלי שמערה עליו אינו בן יומו, לא נאסר, דלא גרע מההיא שכתב בסמוך, דהכלים מותרים אם אחד אינו בן יומו, כן נ"ל.** ‹**ואם** עליון אב"י פשיטא דהתחתון שרי – פמ"ג›.

‹**ועיין** במנחת יעקב שהקשה, דהא קיי"ל דבדיעבד לא אמרינן ניצוק חיבור, **ועיין** ביד אפרים דרצה עפי"ז לחדש, דדוקא בכלי מתכת, דכיון דאפשר בהגעלה, הוי כמו לכתחילה, אבל אה"נ בכלי חרס מותר, משום דבדיעבד לא אסרינן מטעם ניצוק חיבור, **ולפי"ז** גם המאכל מותר, כיון דהוי כבר בדיעבד. **והקשה** החמודי דניאל, כיון דכל האיסור היא משום ניצוק חיבור, מה חילוק יש בין הכלי התחתון להכלי העליון, **וע"כ** צ"ל, דכיון הט"ז לא כתב כן רק מחמת חומרא ולא מדינא, לא החמיר רק בכלי התחתון – אמרי דעה›.

‹**קטע** זה מובא מס"ב› – **ומ"מ לענין דינא צ"ע, כיון דהרבה פוסקים והמחבר מכללם מתירים אפילו בנתבשלו, והרב בהג"ה גופיה מתיר בדיעבד, א"כ נראה דאם עירה מכלי ראשון של בשר על כלי של חלב, דשרי, דהוו דיעבד, וכן דעת האו"ה דאם עירה מכלי ראשון של בשר על של חלב מותר, ואף הרב בת"ח כתב, שכל דבריו נ"ל הלכה כי דברי טעם הם, אלא כמדומה לי שלא נהגו להקל בכה"ג, אמנם בהפסד מרובה או לעת הצורך יש לסמוך עליו, ע"כ, שוב מצאתי שגם בתשובת משאת בנימין פסק כן, וכ' שכל המחמיר בזה אינו אלא מן המתמיהין.**

ול"ד למאי דאסרינן קערות של בשר שהודחו ביורה חולבת, דהתם שאני כמ"ש הר"ן וז"ל, דמאן לימא לן שלא יתערבו פליטת הבשר ופליטת החלב בעצמם שלא באמצעית המים, הילכך לא הוי נ"ט בר נ"ט, הילכך ל"ד לדגים שנתבשלו כו', **ועוד** דמאי דשרינן נ"ט בר נ"ט, לאו משום דסברי שהטעם הראשון אין מתפשט והולך עד השלישי, דא"כ אפי' בשאר איסורים נמי נימא הכי, למאן דלית ליה חנ"נ, ואנן לא שרינן אלא בבשר בחלב

וכיוצא בו, דהוי ב' נ"ט של היתר, **הלכך** דוקא כשהטעם שני עמד בהיתר בלא תערובת חלב אמרינן הכי, אבל כאן שהטעם שני לא עמד בפני עצמו כלל, אלא תכף שבא לעולם נתערב בטעמו של חלב, מסתברא ודאי דאסור, וכדברי סה"ת, עכ"ל, **וכל** זה לא שייך בעירוי.

וכתוב בת"ח בשם או"ה, דאפי' במערה מכלי של איסור על כלי של היתר, אין לאסור רק הכלי שבא קלוח העירוי עליו, ע"כ.

אבל אם עירה מים רותחים שאינן של בשר ולא של חלב - כגון מקדרה חדשה, או שלא נשתמש בה רק ירקות וכיוצא בהן, או שאינה בן יומו, **על כלים של בשר ושל חלב ביחד, ואפילו שומן דבוק בהם, הכל שרי, דאין עירוי ככלי ראשון ממש שיעשה שהכלים שמערה עליהם, יבלעו זה מזה.**

קשה לי, דהא משמע מדברי הרב בהג"ה סי' ס"ח ס"י, דעירוי מבשל כדי קליפה, וכ"כ בת"ח, **וצ"ל** דס"ל להרב, דנהי דמבשל כ"כ שהתרנגולת מפליט ומבליע, מ"מ הכלי שהוא קשה אינו בולע, דאינו מפליט ומבליע כאחת בכלי שהוא קשה.

אכן לענין דינא נראה כמ"ש בהגהת ש"ד בשם מהר"ש, ומביאו בת"ח, דנאסרו, דכיון דקי"ל דעירוי מבשל, א"כ חשיב כבישול ממש, ומבליע אפילו בכלי, **והכי** מוכח מדברי המרדכי והגה"א סוף עבודת כוכבים, דאפילו למ"ד כלי שני מבליע ומפליט, אין סברא לחלק בכלי, שכתבו על מ"ש ה"ר חיים כהן, דתרנגולים שנמלגו בכלי שני אסורים, **וזה** לשונו, ולפי דבריו היו נאסרים כל הכלים שמולגין בהם התרנגולת, מחמת הדם שפולטת התרנגולת ונבלע בכלי, עכ"ל, **א"כ** כ"ש דלמאי דקי"ל דעירוי מבשל, דמבשל אפי' לכלי, וכ"כ מהרש"ל וז"ל, היכא שעירו מים רותחים על הקערות, צריכים לדקדק ולשאול אם היו שם שיורי מאכל, לפי שהעירוי מפליט ומבליע כדי קליפה, עכ"ל, **וגם** הרב בת"ח כ', שלא נהגו להקל בזה, ושיש להחמיר במקום שאין הפסד מרובה, **ואו"ה** דהתיר אפילו שומן דבוק בהן, היינו משום דאזיל לטעמיה דס"ל, דעירוי אינו מבשל, ולא מפליט ומבליע אפי' כדי קליפה, אלא בולע כדי קליפה קודם שמצננו,

רעו הלכות בשר בחלב
סימן צה – דגים וביצה שנתבשלו בקדירה של בשר, אם מותר לאוכלן עם גבינה

וכמבואר בדבריו להדיא, **אבל** למאי דקי"ל דעירוי מבשל כדי קליפה, נראה כמו שכתבתי.

מיהו היכא דהם נקיים, ודאי יש להתיר מטעם נ"ט בר נ"ט, וכדמשמע מדברי מהרש"ל, ‹**תמה** המנחת יעקב, דלדמ"א בקערות הטעמים נוגעין זה בזה, וכן הפר"ח החמיר יע"ש והסכים עמו הכרתי, **ומ"מ** י"ל דיש צירוף סברת המחבר דהוי נ"ט בר נ"ט – פמ"ג›, **אבל** היכא דהוי כלי של איסור דלא שייך ביה נותן טעם בר נותן טעם, נראה דאפילו נקי אסור, **וצריך** עיון בזה, דאפשר דאפילו מבשל לא מבשל כולי האי, שיפליט מן הכלי ויבליע לכלי, **ולפ"ז** גם בכלים של בשר וחלב, שאחד מהן נקי ואחד מהן אינו נקי, שהנקי אסור, ושאינו נקי צ"ע, אי נימא כיון דהנקי נ"נ חוזר ואוסר השני, כיון שמערה עליו כל פעם, **או** נימא דעירוי לא מבשל כולי האי, **ויש** להחמיר בשניהם במקום שאין הפסד מרובה, כי נראה כיון דמבשל חשיב ממש כבישול, **והכי** משמע בהגהת ש"ד הישנים שנדפסו בקושטנדינ"א, דאין חילוק, ע"ש. ‹**ומ"מ** יש לראות, כיון דעירוי אין מבשל רק כ"ק, לדידן מסתמא יש במי הדחה ס' נגד קליפת האחד, נהי שאין ס' נגד כולו, **וי"ל** אין ה"נ, אם יש ס' נגד קליפת האחד, די – פמ"ג›.

‹**יש** לעיין, אף אם ערוי אינו מבשל להפליט ולהבליע מכלי לכלי, מ"מ נידון, דבתחילה הלכלוך שבכלי חלב בלע מכלי נקי דבשר, דערוי מפליט לאוכל, ואח"כ כשמערה שנית, מבליע הלכלוך נבילה לכלי, **ומה"ט** יש לדון, דבכלי איסור אף בנקייה, אף אם נימא דאין ערוי מפליט ומבליע כאחד, הא מ"מ בערוי הראשון נעשה המים נבילה, דבלעי מכלי איסור, ובערוי שניי' מבליע המים דנעשה נבילה לכלי ההיתר, **ואף** בהפסד מרובה דלא אמרינן בלח נעשה נבילה, מ"מ המים עם הבלוע שבתוכן נבלעים בכלי ההיתר, **ובזה** י"ל דהמים דנאסרו ע"י ערוי הם עצמם מותרים, כיון דא"א לקלוף, **והא** דכ' הש"ך דהנקי נעשה נבילה, וחוזר ואוסר, היינו דכלי שפיר נאסר ואוסר, כיון דהקליפה ניכר, **אבל** מ"מ הראשונה, בכלי בשר וכלי חלב, ואחד אינו נקי דלכלוך גוש, נימא דהלכלוך היתר נאסר כדי קליפה, ואוסר בערוי השני להכלי היתר – רעק"א›.

[**לענ"ד נראה להכריע בזה למעשה, דבערוי יש לאסור שניהם, אם היה שם שיורי מאכל משניהם, ואם האחד מלוכלך והשני נקי, אזי נאסר הנקי**].

ובת"ח משמע להדיא, דבין מערה מכלי של בשר מקונח בן יומו על כלי חלב, ובין מערה מים שאינן לא של חלב ולא של בשר על כלים של בשר וחלב יחד ששומן דבוק בהן, יש להתיר במקום הפ"מ, או לצורך, ושלא בכה"ג יש לאסור הכל, **וצ"ע** שלא כ' כן כאן בהג"ה.

ואם נמלא קערה חולבת בין כלי בשר, לא חיישינן שמא הודחו ביחד בדרך שנאסרים – [באו"ה כתוב, **אפי'** אם רגילין באותו בית להדיח בכלי ראשון, מותרים מכח ספק ספיקא, **שמא לא הודחו עמהם, את"ל הודחו, שמא לא היתה בת יומא**], ‹משמע הא ידעינן ששימשו תוך מעל"ע, אסור בחד ספק, **ויש** טעם אחר, דאחזוקי איסורא לא מחזקינן, א"כ אפילו בחד ספק שרי, **והפר"ח** החמיר, וכתב מהג"ה משמע דווקא מס"ס, ור"ל מדכתב "בדרך שנאסרים יחד" – פמ"ג. ‹**משמע** דאפי' אם הודחו ביחד, לא היה בדרך שנאסרים, דהיינו שלא היה בן יומו, **דלפי** טעם דלא מחזקינן איסורא, הו"ל להרמ"א לכתוב, שלא חיישינן שמא הודחו יחד, ותו לא – אמרי דעה›.

סעיף ד - יראה לי שאם נתנו אפר במים חמין שביורה קודם שהניחו הקדירות בתוכה, אף על פי שהשומן דבוק בהן, מותר, דעל ידי האפר הוא נותן טעם לפגם.

דין זה לא נמצא בשום פוסק, ולא שום א' מהאחרונים הזכירוהו, גם בב"י לא הזכירו, ואדרבה משמע מדברי הפוסקים, דאין שום תקנה להגעיל כלי בן יומו, אם לא שיש במים ס' נגד הכלי, **והכי** מוכח נמי ממ"ש התוס' והרא"ש, דלפי' ר' אפרים דאמר דלא אמרינן חנ"נ רק בבשר בחלב, ניחא מה שצותה התורה להגעיל כלי מדין ב"י, והיאך יכשירו יורה גדולה, והלא אין במים ס' כנגדו, והמים נאסרים כו', ולפירושו ניחא, כי לא נעשו המים כולן נבילה, ומעט איסור הנפלט מן היורה חוזר ונבלע בתוכו, ומגעילו שנית ואותו מעט איסור בטל בס' במים, עכ"ל, **ואם** איתא, הלא התורה לא באה ללמוד אלא להגעיל כל חד כדיניה, ואי משום שהמים יאסרו, הא איכא תקנתא דאפר, **וצ"ע**.

‹**ואין** זו קושיא, דבלא תערובת דבר אחר מיירי הפוסקים הנזכרים, ותדע דאפי' תימא שהאפר אינו פוגם, הא איכא דברים אחרים שפוגמים, והא איכא תקנתא דהנהו דברים דפגמי. **ועוד**, דאע"ג שכתב הב"י בשם הא"ח, דמים המעורבים באפר שנראה שדינן כשאר משקין, אין לסמוך עליו, דשמא אין כח המים במקומם להפליט, דומיא דמש"כ הר"ן, דכשיש ציר ורוטב במים, אין כח המים במקומו להפליט – פר"ח›.

[ט"ז] ‹רעק"א או ש"א או הוספת הסבר› (פת"ש)

רעז הלכות בשר בחלב
סימן צה – דגים וביצה שנתבשלו בקדירה של בשר, אם מותר לאוכלן עם גבינה

‹**ובאמת** לא נעלם זה מדעת הש"ך, אמנם כי זה הוא רק איסור מדרבנן, אבל מה"ת מותר להגעיל במים המעורבים עם אפר, וכיון דקושית התוס' על פירוש ר"ת מן הכתוב, דברי הש"ך עולים יפה, דמה"ת הא איכא תקנתא דאפר. **אבל** במש"כ הפר"ח תחילה לדחות דברי הש"ך, האמת אתו, וכ"כ חכם צבי, וע"כ צ"ל שדעת התוס' דהפסוק לא מיירי בתערובות המים עם דבר אחר, וא"כ גם קושית הש"ך לא קשה מידי, ולעולם י"ל שהאפר הוא פוגם כדעת המחבר – מחה"ש›.

[**ולפי"ז אין איסור אם נפל בורית שקורין זייף, העשוי מחלב, לתוך תבשיל, שהרי הבורית יש בו אפר כשעושין אותו מחלב, וצ"ע הוראה זו, דלעיל סי' פ"ז כתב רמ"א, דכלי שעושין בו מים לחפיפת הראש וכו', ורגילות לערב שם בשר בחלב, עכ"ל, וכיון דנטל"פ אין שם איסור בב"ח לגמרי, ומצאתי בדברי מהרש"ל וז"ל, ומצאתי בשם מהרי"ל, שפעם אחת בא תינוק ואמר שנפל חתיכה של בורית העשוי מחלב לתוך הקדירה, ואמר שאין להאמין לתינוק, עכ"ל, משמע דבודאי נפל אוסר הבורית, והא בורית עשויה מאפר עם חלב ונטל"פ הוא, וצ"ע למעשה**].

לא קשה מידי מכל זה, דלא קאמר המחבר, אלא דהמעט שומן הדבוק ע"פ הכלי, נטל"פ ע"י האפר, משא"כ התם דיש גוף החלב, וכה"ג איתא לקמן סי' ק"ג ס"ה, די"א דהשומן הדבוק בכלי נפגם במעל"ע - נקה"כ.

‹**ובתשובת** כ"י הארכתי בזה, ותירצתי קושיית המחברים על הש"ך בזה, הלא המה המנ"י והכרו"פ וח"צ ותשובת כנסת יחזקאל, שכולם הקשו על הש"ך, ואני ישבתי דברי הש"ך בזה בס"ד על נכון, **ולבסוף** כתבתי, דנראה שאין כוונת המחבר דאפר יכול לפגום את האיסור, אלא כוונתו דוקא הכא בבשר בחלב מהני אפר להקליש טעם, שלא יחול עליו אח"כ שם בב"ח, וכמו שמצינו בסי' פ"ז בחלב קיבה קרושה, ע"ש בש"ך, ובזה מסולק קושיית הש"ך, גם קושיית הט"ז ממהרי"ל›.

‹**וצ"ע** למעשה, ואני באמת בדין זה אין בידי להכריע, ויש להחמיר, זולתי בהפסד מרובה כדאי המחבר לסמוך עליו, **ואח"כ** מצאתי לספר צמח צדק שמתיר בפשיטות באפר דהוי פוגם כפסק המחבר ז"ל – פר"ח›. ‹**ומ"מ** לדינא יראה, בורית נראה להתיר כפסק הצ"צ, ועדותו מהני דלא ראוי אפילו לאכילת כלב, בוודאי נט"ל גמור הוא ע"י אפר וסיד, **משא"כ** איסור בעין ע"י אפר, המתיר בה"מ ולצורך ערב שבת אין לגעור בו, לא בענין אחר – פמ"ג›.

‹**ועיין** בתשו' נו"ב, על דבר הבאדאשין העושין מן הלא"ג של הבורית, אם מותר ליתנו לתוך העיסה שיתחמץ העיסה, **והשיב** דאף שהעיד הגאון בעל צ"צ על הבורית שהיא פגומה מאד, מ"מ אולי הבורית הוא פגום, והלא"ג אפשר שאינו פגום, דכל טעם טוב שבחלב נכנס ללא"ג, **אך** יש להתיר, דידוע שהבאדא"ש עצמו צריכים ליתנו בתנור בוער, והוא נעשה בתוכו כולו אש, ואין זה חמור מהנשרפין שאפרן מותר, **וע"ש** עוד, דאפי' אם היה מלאכת הבאדא"ש באופן אחר, שלא היה נשרף ממש, מ"מ בדיעבד לא נאסרה העיסה שהועמד ע"י, מכמה טעמים›.

סעיף ה - אין מניחין כלי שיש בו כותח אצל כלי שיש בו מלח, אבל מותר להניחו אצל כלי שיש בו חומץ. הגה: ודוקא אם הכלים מגולים - הטעם, דבמלח, הכותח הנופל עליו הוי בעין [נראה וניכר] ולא בטיל, וחיישינן שמא ימלח בו בשר, **אבל** בחומץ ליתא לאיסורא בעיניה, ובטיל בס'. ‹אבל הרמב"ם נתן טעם, שדרך המלח לשאוב הכותח, ולפי"ז אפי' מכוסים אסור, ודלא כרמ"א – פמ"ג›.

ואפילו הכי אם עבר ונתנו ביחד, מותר, ולא חיישינן שמא נפל אל המלח - ‹דלא מחזקינן איסורא – גר"א›.

סעיף ו - מותר ליתן בתוך תיבה, כד של בשר אצל כד של חלב - דמיזהר זהירי שלא יפול מזה לזה, [**דבשר עם חלב זהירי אינשי**]. ‹וכ"ש איסור אצל היתר – פמ"ג›, **משא"כ** בס"ה דלא מסיק אדעתיה ליזהר שלא יפול מן הכותח במלח ויתן ממנו לתבשיל.

הגה: ויש מחמירין לכתחלה - דוקא במגולים כמו בס"ה, **וטוב ליזהר לכתחלה במקום שאינו צריך** – ‹ומשמע לי דהמחמירים מיירו בחלב עב, דומיא דכותח עם מלח, אבל בחלב צלול ורוטב בשר, דכי נפיל מהאי להאי ליתיה לאיסוריה בעיניה, שרי לכו"ע, דומיא דחומץ, **וליכא** למימר דשאני התם, דלכשתמצי לומר דנפיל, הוי היתרא לגו היתרא, אבל הכא דהוי איסורא הוה ליה כמבטל איסור, דליתא, דהא ממילא קנפיל ולא קמיכוון לבטולי – פר"ח›.

סימן צה – דגים וביצה שנתבשלו בקדירה של בשר, אם מותר לאוכלן עם גבינה

סעיף ז - מלח הנתון בקערה של בשר, מותר ליתנו בחלב - אין הטעם משום דהוי נ"ט בר נ"ט, דהא מלח דבר חריף הוא, ומשוי ליה בעין, וכמו שכתב הרב בהג"ה ס"ב, והמחבר סי' צ"ו ס"ג, גבי תבלין, **אלא** הטעם דאין כח למלח להפליט טעם מכלי, כדלקמן סימן ק"ה סי"ג, ולפ"ז אפילו בקערה של איסור מותר.

הגה: והמחמיר גם בזה תבא עליו ברכה, כי יש מחמירין לכתחלה - עיין בתשו' רדב"ז, דמשמע דדוקא בכלי חרס ראוי להחמיר, ולא בשאר כלים.

[זה כתב ע"פ תוס' והרא"ש בפ' כל הבשר וז"ל, **ויש ללמוד מכאן דטהור מלוח וטמא תפל, שאין צריך להגעיל דפוסי גבינות הגוים כו', ולא נעשה העץ רותח ע"י מליח, ומעשים בכל יום דמלח הנתון בקערה שמשתמשין בה בשר, לוקחין ממנה לתת לתוך חלב, ולא חיישינן שמא בלע מן הקערה, והמחמיר תבא עליו ברכה, עכ"ל, הבין הרב, דמה שסיימו התוס' והמחמיר תע"ב, קאי ג"כ אמה שכתב ומעשים בכל יום כו'**, ***והוא תמוה מאד, דמ"ש ומעשים בכל יום, ע"כ מביא מאנשים חשובים לומדים, וכי בכלל המוציאים עצמם מכלל הברכה, **אלא ברור דמ"ש המחמיר תע"ב קאי אדפוסי גוים, דמצינו בהם חומרות בקצת פוסקים,** ‹דהגבינות יש בהם לחלוחית, משא"כ מלח שהיא יבש - פמ"ג›, **אבל בזה המלח אין שום סברא לאסור אפי' לכתחילה, ומש"כ התוס' ומעשים בכל יום, לא כתבוהו רק לראיה על הקודם, וכן מצאתי אח"כ לרש"ל, דדין המלח אפי' לכתחילה מותר, וכן הביא בת"ח מן אורחות חיים, דכלים של גוים נקיים, מותר ליתן שם תבלין ושאר דברים חריפים, שאין מוצא דבר קשה ביבש, עכ"ל. וסיים רש"ל, ומ"מ משבח אני מנהג אשכנז, שיש להם כלים עשויים למלח א' לבשר וא' לחלב, דלפעמים בתוך הסעודה שידיו מלוכלוכות מן הבשר, לוקח שם מלח, ואח"כ יקח לחלב, וכן איפכא, עכ"ל**].

***לא** קשה מידי, דמעשים בכל יום כן הוא, והוא היתר גמור, מ"מ המחמיר תע"ב, מטעם שכתב האו"ה הארוך, דחיישינן שמא אינו נקי, ‹ולא משום דלא ברירא אי שייך מליחה בכלי, כמו שהבין הט"ז, ויש חשש איסור מדינא, אלא חומרא בעלמא - אמרי דעה›, והתוס' מביאים ממעשים בכל יום שהוא היתר גמור, **גם** בלא"ה לא קשה מידי, דרמ"א חושש לדעת האו"ה שכתב בשם המרדכי, דיש להחמיר לכתחילה, ומביאו בת"ח - נקה"כ.

§ סימן צו – דין מאכל חריף שנחתך בסכין של בשר §

סעיף א - צנון או סילקא - הוא תרדין, ‹לא ידענא מהו, ולא ראיתיו עד הנה. **והנה** הרשב"א כתב, סילקא אין חריף כצנון, אלא כח משיכה יש לה, **והמעיין** בב"י, דמש"ה השמיט הר"מ סילקא, דבכלל דברים חריפים הם, **ובוודאי** במציאות לא פליגי, אלא סילקא חריף כמו שומים ובצלים ופירות חמוצים, **והשתא** לרשב"א דסובר דווקא צנון נחשב לדבר חריף ולא שאר דברים חמוצים, סילקא מטעם משיכה, **ולהר"מ** שכתב כיוצא מדברים החריפים, דנחשבים חריפים כמו צנון, ה"ה סילקא. **ויש** לכל אחד קולא וחומרא, לרשב"א חומרא, אף שבישלו במים והלך החריפות, משיכה יש לה, וקולא באב"י דלא הוי חריף, היינו בס"ג, ואיהו לשיטתיה שמפרש משום שמנונית בעין, **ולהר"מ** חומרא לדידן באב"י, וקולא באם בישלו תחלה במים, שהלך החורפא. **ויש** להחמיר כב' הפירושים - פמ"ג›.

שחתכם בסכין של בשר בן יומו, ‹אסור לאכלם בחלב› - אע"פ שהוא מקונח ונקי בודאי, דאגב חורפיה דצנון וסילקא, ודוחקא דסכינא, פלט סכין גוף הטעם שבו, והוי כמו איסור בעין, הלכך ל"ד לשאר נ"ט בר נ"ט דלעיל סי' צ"ה דמותר.

[**ואינו דומה לדגים שעלו בקערה, דמותר מכח נ"ט בר נ"ט, דשאני הכא בסכין, שפעמים שהשמנונית נקרש עליו ואינו ניכר, והוה נ"ט הבא מן הממש, ועוד משום חורפיה דצנון, ואגב דוחקא דסכינא, פלט טפי מדגים הרותחין, כן פי' רש"י, מזה נ"ל, בתמכא שקורין קריי"ן שנמלל תוך קערה חולבת נקייה, שמותר לאכול אותו הקריי"ן עם בשר, כי אין כאן דוחקא דסכינא, ולא שמנונית**].

‹**שינה** מלשון רש"י וז"ל: ועוד משום חורפא בלע טפי מדגים רותחים, ואגב דוחקא דסכינא פלט סכין ובלע צנון, ע"כ, **והוא** ז"ל הרכיב זה דחורפא ודוחקא בהדדי, ופלט במקום בלע - פמ"ג. ‹**והיינו** משום דמפשטות לשון רש"י משמע, דדוחקא לחוד אף בלי חורפא מפליט הבלוע מהסכין, **וכן** הוא משמעות דעת הב"י בסי' פ"ט מובא בט"ז שם, דבסכין נקי שחתך בלחם, כתב שם הטעם שמותר משום דהוי נ"ט בר

הלכות בשר בחלב רעט
סימן צו – דין מאכל חריף שנחתך בסכין של בשר

נ"ט, משמע דלולי ההיתר בנ"ט בר נ"ט היה אסור, והיינו משום דס"ל דדוחקא לחוד אף בלא חורפא ג"כ פולט, **והא** דקיי"ל דדוחקא בלא חורפא או חורפא בלא דוחקא לאו כלום הוא, היינו משום דאף דמפליט מ"מ אינו יכול להבליע, וסגי בהדחה. **אמנם** הט"ז לשיטתו שם, שהשיג שם על הב"י דא"צ להיתר דנ"ט בר נ"ט, דבלא"ה מותר משום דאין הסכין פולט כלל רק בצירוף חורפא, ודוקא בצירוף חורפא פועל להפליט ולהבליע – אמרי דעה›.

[**זהו** כסברת מהר"ם בטור, דלא מקרי דבר חריף אלא קורט של חילתית, דמנקב בני מעיה של בהמה כשאוכלת אותה, וע"כ נותן טעם לשבח, **אבל** שאר דברים חריפים אין דינם כן, ע"כ כתב כאן, שאינו אוסר אלא בן יומו, או שהוא אינו מקונח].

או שאינו מקונח - או שאינו בן יומו ואינו מקונח, **אסור לאכלם בחלב** - דסתמא השמנונית קרוש על פניו, ‹**אם** לא הדיחו בכוונה מקודם – רעק"א›.

‹**וכתב** בהג"ה שם, דאם מדיחו, צריך להדיח כ"כ שיזוב המים מראשו לסופו, ומסופו לראשו, בלא עיכוב, כי כל זמן שדבוק עליו השמנונית, מעכב המים מלזוב, עכ"ל התו"ח, **וכתב** המנח"י, ה"ה בקינוח בדבר קשה מהני, ולכתחילה לא יחתוך בלא נעיצה עשר פעמים, **ובתשו'** חוט השני מסתפק, באומר שהסכין היה נקי, אם אמרינן מלתא דלא רמיא, **ואולם** בתבואת שור העלה, דבלא מקונח, דהדין בנעיצה, אפי' דיעבד אסור בהדיח יפה ולא נעצה – רעק"א›.

עד שיטול ממקום החתך כדי נטילת מקום, שהוא כעובי אצבע - דדבר האוסר מחמת חריפות, אינו אוסר יותר מכדי נטילה.

[**ואין** להקשות ממ"ש בסי' צ"ד ס"ז, בבשר רותח שחתך בסכין חולבת, דדי בקליפה משום שומן שעל הסכין, כשאינו בן יומא, **דהתם** גם הקליפה אינו הכרח כ"כ, דהא יש ששים עכ"פ נגדו כמ"ש שם, והוא רותח ומוליך הטעם בכולו, משא"כ כאן דאין מתפשט כלל יותר מכדי נטילה, ‹**ועיין** שם בש"ך מה שתירץ על קושיא זו›, **ומו"ח** ז"ל הקשה מבשר רותח, דאמאי אין צריך שם ששים כלל אלא קליפה, ואני כבר כתבתי שם לפענ"ד, דצריך גם שם ששים והוא פשוט].

או שיטעמנו ולא יהא בו טעם בשר, שאז מותר בהדחה – [וכתב בתו"ח, דאין אנו בקיאין עכשיו בטעימה זו].

הא דטעימה מהני, מבואר בש"ס ובאשיר"י וטור ורשב"א, **מיהו** הוכחתי בספרי מן הש"ס, דלכתחלה אסור לאכלו בכותח ע"י טעימה, ‹**היינו** כיון דנתפשט הבלע רק כדי נטילה, אבל בבשלו ירק עם בשר, מהני לכתחילה טעימה לבשל עם חלב, כך מבואר בש"ך – רעק"א›, ‹דכדי נטילה הוי רק חומרא, א"כ מה לי אם יש בו טעם אם לאו, הבלא"ה ידעינן שאין בו טעם, ואעפ"כ הצריכוהו חכמים נטילה – אמרי דעה›, **וכתבתי** שם שכן משמע דעת הרמב"ם והסמ"ג וסמ"ק ומרדכי ושאר מחברים, שלא הזכירו היתירא דטעימה, וכ"פ מהרש"ל, והרב בת"ח, **דלא** כדמשמע מדברי הרא"ש וטור והרשב"א והמחבר, דאפילו לכתחלה מותר, **מיהו** ודאי אי טעמו דלית ביה טעם, ובישלו בדיעבד בחלב, מותר, כיון דבודאי אין טעם בקדרה זו, והוא פשוט, וכן משמע במהרש"ל ות"ח.

והיינו דלא הגיה הרב כאן כלום, אמ"ש המחבר או יטעמנו כו', כדהגי' בריש סי' צ"ב וצ"ח, משום דמ"מ לענין דיעבד מהני טעימה, דדוקא אטעימת עובד כוכבים לא נהגינן לסמוך אפי' דיעבד, משא"כ אטעימת ישראל, **והא** דלא הגיה דלכתחלה אין לסמוך אטעימה, היינו משום שהוא בכלל מ"ש, דאם חתכו בסכין של בשר אסור כולו בחלב כו', דלישנא דאסור כולו משמע, דלית ליה תקנתא*, **ודלא** כהעט"ז שהשמיט לגמרי הא דטעימה מהני, משמע דס"ל דאפי' דיעבד לא סמכינן אטעימת ישראל.

*‹**יקשה**, מ"מ ע"י טעימה יהיה תקנה, ליטול ממנו כדי נטילה ולבשל השאר עם בשר, דממ"נ אם ניחוש דצנון בלע בכולו, הא מהני טעימה, {ולמה כתב הרמ"א דאסור כולו בחלב ואין לו תקנה}, **וצ"ל** דטעמא דהרמ"א, דאנן לא בקיאים, ולא סמכינן אף על טעימת ישראל רק לענין דיעבד, ולישנא דהש"ך צ"ע – רעק"א›.

‹**נ"ל** פשוט דהטעימה צ"ל, דרך משל אם חתך הצנון לשנים, דממילא הסכין בדרך חתיכתו בכל אורך הצנון בעומק עובי אצבע, דגם כן אינו מספיק אם יטעום קפילא במקום אחד של מקום החתך, דשמא באותו מקום שטועם לא פלט הסכין כ"כ, ובמקום אחר פלט, כאילו חתך בזה אחר זה בשני מקומות, שפשיטא דלא מהני מזה על זה, ה"נ בחותך בבת

מחבר רמ"א ש"ך ונקה"כ

הלכות בשר בחלב
סימן צו – דין מאכל חריף שנחתך בסכין של בשר

אחת, כך היה נלע"ד, **אבל** לפי"ז קשה לי, במה דהאריך הרשב"א לסתור דעת הסוברים דקליפה סגי, והא בפשוטו א"א לומר כן, דא"כ איך שייך טעימה, כיון דצריך לטעום בכל אורך מקום החתך, דנראה פשוט דטעימה כזו ממילא נקלף כל הקליפה שהוא כחוט השערה, וצל"ע – רעק"א›.

ויש אומרים דה"ה לאינו בן יומו והוא מקונח –

[זהו דעת ספר התרומה בטור, דצנון וכל דבר חריף דמי לקורט של חלתית, ואוסר אפי' אינו בן יומו].

הטעם, דחורפיה דצנון מחליא ליה ומשוי ליה לשבח, כמו קורט של חלתית לקמן סימן קי"ד ס"י, וכן דעת כל האחרונים, וכן נוהגין, **ומשמע** דאין חילוק בין בן יומו לאינו בן יומו, ונהגינן להחמיר בכל מילי כמו בן יומו, ודלא כמ"ש בס' אפי רברבי, דבאינו בן יומו יש להקל בכדי נטילה, ‹אפי' לשיטת רמ"א לקמן דלכתחילה כולו אסור›, **מיהו** ודאי בשאר דברים שאינם חריפים, דין סכין כשאר כלים, שאם אינו בן יומו והוא נקי, מותר, כדמשמע מכל הפוסקים ראשונים ואחרונים.

(**עיין** בתשובת משכנות יעקב, שמוכיח מגמרא ראיה לדעת המקילין, דלא מיקרי דבר חריף רק חלתית).

ואם לא נטל מהם כדי נטילת מקום, וגם לא טעמם, ובשלם בחלב, צריך ששים כנגד מה שנגע מהסכין בהם - היינו כשידוע בבירור עד כמה נגע, אבל מן הסתם דרך לחתוך בכל הסכין.

[**ולפי** שאינו יודע בבירור באיזה מקום נגע, דמלתא דלא רמיא עליה דאיניש לא מידכר, ע"כ צריך ששים נגד כל הלהב דסכין, חוץ מהקתא, וכ"כ רש"ל], ‹**הלשון** מגומגם, דאין זה דרך פירוש על השו"ע, אלא דהרש"ל הוא חולק בזה, וס"ל דאמרינן בזה דלא רמיא עליה – רעק"א›.

והא דלא סגי בששים נגד הנטילה, משום דאינו יודע כמה היה לו ליטול, א"נ מיירי כשהמקום שנגע בסכין הוא פחות מכדי נטילה.

[**ואע"ג** דבבב"ח לכו"ע אמרינן חנ"נ, היינו בחתיכה אסורה, כגון חלב שנפל על הבשר, אבל הכא כולו היתר הוא קודם הבישול].

[**ונ"ל** פשוט, דאם יש ששים אין צריך להסיר הבצלים, כיון שלא היה שם איסור עליהם, וממילא כשהבצלים הם בתוך הקדירה, נעשו כשאר מילי שהם בקדירה, **ולא** דמי למ"ש בסי' ק"ו, דחתיכה שנאסרה מחמת בליעת איסור, נשארה אסורה לעולם, דשאני התם, דכיון שנאסרה א"א להחזירה להיתרא, משא"כ באם לא נבלע רק היתר כמו כאן, שפיר אמרינן דכל שנתבטל הוי הוא כלא היה, והרי אפי' היה כולו בשר נתבטל, ע"כ הותרו הבצלים לגמרי, **אבל** נחתכו הבצלים בסכין של איסור, נעשו נבילה, ואף אם יש ששים צריך להסיר הבצלים, זה נראה ברור, ורבים אינם מדקדקים בזה]. **כבר** קדמוהו מהר"ם מלובלין, והבאתיו בש"ך סי' צ"ד - נקה"כ. ‹**בכבוש** לא אמרינן שנסחט ונתבטל הטעם בכולה, וודאי הבצלים אסור אף בהיתר, אף למהר"ם מלובלין – פמ"ג›.

וה"ה לחתכם בסכין של עכו"ם – [פי' דמשערינן בששים נגד מה שנגע בסכין, דשו"ע אזיל לטעמיה בסי' צ"ב, דפסק דלא אמרינן חתיכה עצמה נעשית נבילה אלא בבב"ח, **אבל** לדידן דקימ"ל בכל האיסורין אמרינן חתיכה עצמה נעשית נבילה, בעינן כאן ששים נגד כל מקום הנטילה בצנון, והיינו אם חתך הצנון במקום אחד לחוד, **אבל** אם חתכו דק דק, נאסר כל הצנון, וע"כ צריך ששים נגד כולו, **ובזה** אין חילוק בין בב"ח ובין סכין של איסור, דבשניהם אם חתך במקום אחד, די בכדי נטילה, ואם חתכו דק דק, נאסר כולו, **אלא** לענין בישול שמבשלים אח"כ יש חילוק, דבשל חלב לבשר צריך ששים נגד הנגיעה בסכין, דהיינו הלהב כמ"ש לעיל, בין שחתכו במקום אחד בין שחתכו דק דק, **אבל** בסכין של איסור וחתך דק דק, צריך ששים נגד כל הצנון, ובחתך במקום אחד, צריך ששים נגד מקום הנטילה, לפי שכל מה שנאסר חשיב כנבילה, והשאר היתר גמור הוא, **ואין** שייך לומר שאותו החלק הנאסר יאסר את החלק שלא נאסר, דכבר קימ"ל דאין אומרים בחצי חתיכה דנעשה נבילה, דאל"כ כל מה שנאסר כדי קליפה יאסר הכל].

‹**לשון** זה אינו מדוקדק, דהא באמת קימ"ל דחצי חתיכה נעשית נבילה, וכמ"ש הט"ז דצריך ששים נגד הנטילה, אלא דהכוונה דלא אמרינן בזה איסור דבוק, וכיון דיש סניף דלא אמרינן חנ"נ בחצי חתיכה, וזה כדעת הש"ך – רעק"א, ‹ועיין בש"ך לקמן בסמוך›.

הגה: ואם חתכן דק דק, צריך לשער ס' נגד כל הצנון - דכל חתיכה וחתיכה נאסרה כדי נטילה, מיהו היינו דוקא כשהצנון קטן מהסכין, או שאין הסכין

[ט"ז] ‹רעק"א או ש"א או הוספת הסבר› (פת"ש)

הלכות בשר בחלב
סימן צו – דין מאכל חריף שנחתך בסכין של בשר

לפנינו שנוכל לשער בו, אבל כשהסכין קטן מהצנון, והוא לפנינו, פשיטא דאין צריך ששים אלא כנגד *הסכין, **מיהו** בסכין של עובד כוכבים או של איסור, לדידן דקי"ל חנ"נ בכל האיסורים, א"כ כל חתיכה וחתיכה **נ"נ כדי נטילה, א"כ כשחתכו דק דק, צריך לשער נגד כל הצנון, אף שהוא יותר מהסכין, ודוק, **מיהו** ודאי היכא שבישלו צנון שלם, שנחתך בסכין של עובד כוכבים או של איסור, כיון דאין אוסר יותר מכדי נטילה, אם יש בתבשיל ס' נגד הנטילה, שרי, וכן משמע מדברי הרב בת"ח וכאן בהג"ה, והוא פשוט לדעתי.

*‹**לכאורה** נראה דס' נגד קליפת הסכין מהני, דהא קימ"ל לקמן סי' קכ"א ס"ז, דע"י נעיצה מותר לחתוך צנון, והא פשיטא דנעיצה אינה מפלטת רק מה שיש בקליפת הסכין, א"כ מוכח דהצנון אינו מפליט רק הבלוע שבקליפת סכין, וא"כ סגי בששים נגד קליפת הסכין, **ואולם** קשה לדעת הא דמשוי לשבח אף בנקי אסור כדי נטילה, הא בקליפת הסכין הוא מועט וסגי בהדחה, כמ"ש הש"ך סי' צ"ד, וכיון דחורפא ודוחקא אינו מפליט רק מה שבקליפה, יהיה די בהדחה להצנון, כמו באינו יומו ומקונח, דאף דמ"מ משוי לשבח מה שבקליפת הסכין להש"ך הנ"ל, **ומוכח** ע"כ דחורפא ודוחקא מפליט יותר ממה דבקליפת הסכין, א"כ למה מהני נעיצת סכין לחתיכת צנון, וצלע"ג – רעק"א›.

‹**חלילה** לומר כן, ובטור ובכל הפוסקים מבואר כדי כל הסכין ממש, ועכ"פ לא די בקליפת הסכין, והכי נוהגין כל מורי הוראות – פמ"ג›.

‹עיין** באשל אברהם א"ח בסי' קס"ח סקי"ח וז"ל: י"ל דלא דרך בישול יש להקל בהפסד מרובה עכ"פ, ומהאי טעמא בסימן צ"ו ס"א בהגה, בצלים וצנון שנחתך בסכין איסור, יש לומר בהפסד מרובה להתיר, ע"כ, **וצ"ע** לדינא – רעק"א›. ‹**יש** לעיין כפי מה שנתבאר בצ"ב בט"ז אות ט"ו, והוא ג"כ דעת הר"ן, דכל שלא דרך בישול לא נעשה נבילה, דמשום לתא דבב"ח גזרו, א"כ בה"מ יש לצדד אף בדבר גוש. **שוב** ראיתי בפר"ח עמד בזה ופסק כן, יע"ש. **שוב** ראיתי שאין להקל כלל אף בה"מ, דמ"מ ע"י בישול אחר כך נ"נ הבצלים, וצריך ס' נגד כולו – פמ"ג›.

[**אלא דצ"ע מ"ש רמ"א, ואם חתכן דק דק, דצריך ששים נגד כל הצנון, דזה פשוט דקאי אסכין של גוים דסמיך ליה, דאילו בשל בב"ח הא סגי בששים נגד מקום הסכין לד"ה, אלא ודאי דקאי אסכין של גוים, וא"כ גם בחתך במקום אחד בעינן ששים נגד הנטילה, וקשה תרתי על רמ"א, האחד, דהיה לו לכתוב דבר זה בשם יש אומרים, דלדעה קמייתא אף בזה סגי בששים נגד מקום הסכין, דלא אמרינן חתיכה עצמה נעשה נבילה, ותו דהיה לו לכתוב, דאם חתך במקום אחד, צריך ששים נגד מקום הנטילה, כיון דבסכין של איסור מיירי].

[וזה פשוט נמי, שאין האיסור מתפשט יותר בסכין של איסור, ממה שמתפשט בסכין של בשר, וכ"כ בתו"ח, וזה שכתב הטור בסכין של איסור דצריך ששים נגד כולו, היינו בחתכו דק דק, כל זה הוא פשוט וברור, **וראיתי** בלבוש שכתב, בסכין של בשר משערינן נגד מקום הסכין אפי' בדק דק, והוא כמ"ש לעיל, ובסכין של איסור כתב, שצריך ששים נגד כל הצנון אפי' לא חתכו דק דק, **ואינו** נכון, דמ"ש דבעינן נגד כל הצנון באיסור טפי מבשל בשר לחלב, **ותו** דהא בהדיא כתב הב"י בשם הסמ"ג, דוקא בדק דק בעינן ששים נגד כל הצנון אפי' בסכין של איסור, **ולענין** הלכה אין לנו אלא כמו שכתבתי ההלכה, כפי מה דקימ"ל לדידן דחתיכה עצמה נעשה נבילה, והיינו בדיעבד כמו שכתב רמ"א בסמוך].

ובעט"ז כתב, דאם חתכו בסכין של עובד כוכבים, נ"נ וצריך ס' נגד כל הצנון, אפי' לא חתכו דק דק, עכ"ל, **והוא** תמוה, דכיון דלא נ"נ רק הנטילה, לסגי בס' נגד הנטילה, **ואולי** כוון למ"ש מהר"מ מלובלין, דאע"ג דמתחלה לא נ"נ רק הנטילה, מ"מ מיד כשנותנו בתבשיל, נעשה כל הצנון נבילה, דהוי אותה הנטילה איסור דבוק, אם אין בצנון עצמו ס' נגד הנטילה, עכ"ל, **אבל** גם זה אינו, דכיון דאין הנטילה אסור מצד עצמה, וגם אינה איסור ניכר ומובדל, וגם אינו נאסר רק כדי נטילה, לא שייך למימר ביה איסור דבוק, ודו"ק, **וודאי** דל"ד לכל איסור דבוק שבסימן ע"ב וצ"ב וכמה דוכתי, וכן הבאתי בסי' כ"ב ס"ק י' בשם יש פוסקים, דל"א חנ"נ רק כשהחתיכה עומדת בפני עצמה, אבל לא בחצי חתיכה וכה"ג, ואף להפוסקים דלא ס"ל הכי מ"מ מודים דלא חשיב בכה"ג איסור דבוק, **וכ"פ** הב"ח, דאם נמלח העוף עם הורידין צריך נטילה, ואם נתבשל אח"כ, צריך ס' בתבשיל נגד הנטילה, ולא מצריך בעוף גופיה ס' נגד הנטילה, אלא ודאי כדפי', והוא דעת הרב והוא ברור.

‹**וכן** נראה כוונת הט"ז, ואולם לענ"ד קשה, אף אם נידון דחצי חתיכה לא נעשית נבילה, מ"מ הבלע איסור שבתוך הנטילה היא דבוקה בחתיכה, ומתפשט תחילה באותה חתיכה

הלכות בשר בחלב
סימן צו – דין מאכל חריף שנחתך בסכין של בשר

כולה ונעשה נבילה, **ומדברי** האו"ה נלע"ד ראיה למהר"ם לובלין והעט"ז, ודו"ק – רעק"א›.

‹**באמת** יש לראות אמאי לא אמרינן איסור דבוק כה"ג, בין לטעם שממהר לבלוע, ובין לטעם שמא פעם אחת חוץ לרוטב – פמ"ג›.

‹**דוקא** בשאר איסורין הכריע הש"ך כן, דלא הוי איסור מחמת עצמו, אבל בשר בחלב דהוי איסור מחמת עצמו, הוי הנטילה איסור דבוק – חוו"ד סי' צב ס"ק ט'›.

וי"א שאם חתך לצנון בסכין של איסור, כולו אסור – [פי' אפי' לא חתך דק דק, הוא דעת הרשב"א בטור, דבכל גווני מתפשט טעם הסכין בכל הצנון, כמו בקורט של חילתית בגמ']. ‹**ודעה** א' ס"ל דגם חילתית אינו כן – פמ"ג›.

וכן אם חתכו בסכין של בשר, אסור כולו בחלב.

וכן נוהגין לכתחלה - פי' בין בסכין של בשר, בין בסכין של עובד כוכבים, נוהגין לכתחלה לאסור כולו, והכי משמע בת"ח.

אבל בדיעבד - שנתבשל, **אין לאסור רק כדי נטילה** - בין בסכין של בשר בין בסכין של עובד כוכבים.

‹**ובמנח"י** השיג, דלכתחילה דאסור היינו בסכין של בשר, דאפשר לאכול הצנון בלא חלב, **ובסכין** של איסור לענין לקנותו לכתחילה, להתיר ע"י נטילה היכא דנמצא לקנות אחרים, **אבל** באם קנה כבר וחתך להצנון, או שאינו מצוי לקנות אחרים, הוי דיעבד, ע"ש – רעק"א›.

‹**ובזה** י"ל, דאם נתבשל אסור כל הצנון, דאף אם בלע רק כדי נטילה, מ"מ בשעת הבישול הוי דבוק ומתפשט בצנון, **אף** להש"ך י"ל, דוקא לאסור התבשיל דהוא רק מכח חתיכה עצמה נעשית נבילה, דהוא דרבנן בשאר איסורים, **אבל** לגבי הצנון, אם נידון דין דבוק, החתיכה אסורה מדאורייתא, דהבלע נשאר בתוכו, י"ל דאסור כולו, אף אם בתבשיל ששים נגד הנטילה, ודו"ק – רעק"א›.

וכל זה אם חתך הצנון עצמו, אבל אם חתך הירק שעל הצנון - שאינו חריף, **אין לחוש** - וכתב בת"ח שם בשם או"ה, דזנבותיהן של שומים ובצלים, נמי לא חריפים, ולא בלעי אלא כדי קליפה.

ואם יש ספק אם נחתך בסכין של איסור, אזלינן לקולא - הרב קיצר כאן קצת, שבהגהת ש"ד והגהת או"ה, לא התיר מהרא"י בספק אלא הקרי"ן, מטעם דהרבה פוסקים אינם אוסרים אלא בסכין בן יומו, ‹דלענין חורפא מחליא לשבח, הוזכר בע"ז קורט, וסובר מהר"ם מרוטנבורק, כל שלמטה ממנו שרי – פמ"ג›, **וכן יש** פוסקים אינם אוסרים אלא בצנון ולא במידי אחריני, ‹שרבינו יחיאל סובר, דווקא צנון בולע בצותן אגב דוחקא, הא שאר דברים לא – פמ"ג›, **וא"כ** בצנון היכא דידוע שהסכין היה ב"י, אלא דמסופק אם חתך בו הצנון או לא, דאי הוי חתך ביה בודאי הוי אסור, לכ"ע ספיקא לחומרא.

‹**וקרי"ן** אי ספק בב"י או במרא, הש"ך משמע להקל, **ולענין** דינא אין להקל, אף בקרי"ן ושאר דברים חריפים, כי כפי הנראה קרי"ן ובצלים חריפים יותר מצנון, ואף שאין זה הכרח, מ"מ נ"ל כן – פמ"ג›.

‹**ועיין** בכו"פ שהקשה על הש"ך, דהא יש לירק ההוא חזקת היתר, והעמד דבר על חזקתו דלא נחתך בסכין של איסור, ואף בשל תורה אזלינן לקולא, **ועיין** בשו"ת תולדות יצחק שהשיג עליו, דהא דאמרינן העמד דבר על חזקתו, דוקא היכא דאיתייליד ריעותא מצד עצמו, אבל אם הריעותא מחמת דבר אחר של ספק תערובת איסור שנתערב, לא אמרינן להעמיד דבר בחזקתו – ועיין בתשובת שיבת ציון, שאין דעתו כן – **ומ"מ** העלה דדברי רמ"א ז"ל נכונים, ודלא כהש"ך, משום שגם בצנון יש כמה צדדים להקל›.

לכן קונים הצנונות שיש בהן חתוכין לצד זנבותיהן, כי תלינן שנעשה במרא וחצינא - דאף אם נחתכו בסכין, מ"מ סתם כלי של עכו"ם אינו ב"י, ויש פוסקים מכשירין באינו ב"י, ‹**הש"ך** לשיטתו לעיל דצריך עוד ספק›.

‹**ואע"ג** דאמרינן לעיל, סתם סכין אינו נקי, מ"מ הוא דבר מועט בסכין, אין להחמיר כולי האי בספיקות, מנח"י – רעק"א›.

וכתוב בת"ח בשם הגהת או"ה, שכל החתוכים שהן חתוכים לצד זנבותיהם, עד חצי הצנון תלינן במרא וחצינא, אבל למעלה מזה לא.

ובמקום שאין נמצא לקנות רק החתוכים בסכין, נוהגין לקנות ולהתיר ע"י נטילת מקום – [כיון שאין נמצא אחר, הוה לכתחילה כדיעבד, להתיר בנטילת מקום, ולסמוך על דעת החולקים על הרשב"א לעיל, **וכתב** מהרא"י הטעם דמקילין בזה, ‹ולחשוב זה כמצב של דיעבד›, **כי הרבה הוכחות כתב מהר"ם, דלא מקרי דבר חריף** ‹להשוות אינו בן יומו לשבח›, רק קורט של

רפג הלכות בשר בחלב
סימן צו – דין מאכל חריף שנחתך בסכין של בשר

חילתית, ע"כ יש להקל בשאר דברים חריפים במקום שיש קצת סברא להקל).

אבל במקום שנמצא לקנות אחרים, הוי כלכתחלה דאסור כולו.

סעיף ב - אם חתך בו שומין ובצלים וכרישין, (ותמכא שקורין קרי"ן), וכיוצא בהם מדברים החריפים, ופירות חמוצים, ודגים מלוחים, דינם שוה לחתך בו צנון.

בצלים - (בכתבי הרב הגדול מהר"ר דניאל זצ"ל כ', נראה דהני בצלים כשהם קטנים אינם חריפים כ"כ, ואם חתכם בסכין שאינו בן יומו, יש להקל במקום הפסד).

פירות חמוצים – [בתו"ח כתב בשם או"ה, דתפוחים חמוצים לא מקרי דבר חריף, **ונראה** דבמקום הפסד יש לסמוך ע"ז, מטעם שכתבתי בסמוך בשם מהרא"י]. ‹**ועמ"י** דמ"מ אף לאו"ה קליפה בעי, ואמת באו"ה כתב כן, ומשמע משום בעין שעל הסכין, ואין מפליט כלום מבלעו של סכין, יע"ש, **אמנם** לדידן אף במקונח בעי קליפה, ועוד דקליפה אין הפסד - פמ"ג›.

דגים מלוחים - משמע דלדעת המחבר אסורים כדי נטילה, ולדעת הרב לכתחלה אסורים כולו, ובדיעבד צריך לשער כדי נטילה, **אבל** בת"ח מביא בשם או"ה, דאם חתך דגים מלוחים בסכין של איסור, צריך גרידה, ואם חתכה קודם שנמלחו, סגי בהדחה, עכ"ל, **וצ"ל** דהמחבר מיירי כשהם מלוחים ביותר, דאז אגב חורפיה דמלח ודוחקא דסכינא בלעי טפי, אבל משום מעט מלח לא חשיבי חריף, כדלעיל סי' צ"ה ס"ב בהג"ה.

[**ואותו** משקה שעושין במדינת רוסיא, מסובין עם מים, שקורין אותו בארש"ט, נראה פשוט דמקרי דבר חריף, **אפי'** אינו מחומץ הרבה עדיין, מידי דהוה אחומץ שאינו חזק בפרק כ"צ לענין חליטה, דאיתא לקיוהא דפירא בעינא].

(**ועיין** פמ"ג שהכריע, דאם אינו יכול לשתותו חי, הוי דבר חריף כצנון, וכשיכולין לשתותו חי, הוי כפירות חמוצים דשרי במקום הפסד, **ואם** הוא מלובן בביצים, שוב לא הוי דבר חריף, וכ"כ בס' חוו"ד, והכל לפי ראות עיני המורה).

(**וכתב** עוד בדבר מי סובין, שדרך לחמם מים בכ"ר על האש ונותנין על סובין בחבית על ידי עירוי, ושוהה שם יום או יומים ונעשה מחומץ, **אם** הוחמו המים בקדרה חולבת ב"י, לכתחלה אסור, ובדיעבד שרי, דהוי נ"ט בר נ"ט, **ואף** דבד"ח לא שייך זה, מ"מ הרי בשעה שקבלו המים טעם לא היו חריפין, וכשנתחמץ אח"כ כבר חלף לו הטעם, **ואם** הוחמו בקדרה חדשה, רק שעירו לחבית חולבת, מותר לכתחלה עם בשר, כדין עלו, **ודוקא** שנטלו משם המי סובין קודם חימוצן, **ואף** בבכלי איסור בן יומו יש להתיר, דעירוי מבשל כ"ק, ויש ס' נגד הקליפה של הכלי, **ואם** נשתהה שם עד שנתחמץ, ושהה כדי שיתן על האש וירתיח אחר שנתחמץ, אז אסור בין בחולבת, וכ"ש בכלי איסור, דנ"ט לפגם ונ"ט בר נ"ט לא שייך בד"ח, ואפילו בדיעבד אסור, **ואם** נשתהה מעל"ע, וקודם החימוץ לקחו משם, אם בכלי חולבת מותר בדיעבד, ‹דמה שנעשה חריף אח"כ, אין מזיק לנ"ט בר נ"ט דמעיקרא - שם›, **ואם** בכלי איסור, אפילו אב"י אסור, דכיון שנשתהה מעל"ע בלע, וכשנתחמץ הוי כפוגם ולסוף השביח, **דלא** כח"י שכתב, אף כשנתחמצו אח"כ לא אמרינן תו מחליא לשבח, דליתא, דמידי דהוי אפוגם ולסוף השביח, עכ"ד בקצרה).

(**ועיין** בתשובת פרי תבואה שהשיג על כל דבריו, בראש מ"ש אם הוחמו בקדרה חולבת כו', בדיעבד שרי, ליתא דהא בנצלו אף דיעבד אסור, וזה הוי כנצלו).

(**ומ"ש** ואף בבכלי איסור כו', ליתא, דבבכלי של איסור ב"י י"ל, דכל מה שנוגע ממי השפיכה בבכלי נעשה נבילה מעט מעט, כההיא דסי' ק"ד בעירו שומן על עכבר, ואולי כו' עד וצ"ע בזה).

(**גם** במה שחולק הפמ"ג על החק יעקב נראה לו עיקר כדעת הח"י, דאם בעת קבלת הטעם לא היה דבר חריף, לא אמרינן תו כשיחמיץ מחליא ליה לשבח, ע"ש, גם בח"ד מסכים עם הח"י בזה).

(**וכתב** בתשובת מקום שמואל, ע"ד הלפת שקורין בוריקי"ש, ובל"א רויטי ריבי"ן, אם בישלו אותם במים מקודם כדי לרככן, כדרך בכל המדינות, לכ"ע לא מקרי דבר חריף, אף אם נאמר דהוי כצנון ושאר דברים חריפים, דאגב המים בטל חורפיידהו, **וכן** הורו חכמי פראג בכיוצא בזה, במאכל של בצלים עם בשר, שטמנו על שבת בקדרה של חלב שאב"י, והתירו המאכל של בצלים הנ"ל, משום דדרך העולם לבשל אותם הבצלים מע"ש קודם הטמנה להמתיקן, וא"כ בטל חורפיידהו, **ומכ"ש** שיש להקל בלפת הנ"ל, דאף אם נדמהו לפירות חמוצים, הרי גם בזה

הלכות בשר בחלב
סימן צו – דין מאכל חריף שנחתך בסכין של בשר

מתיר הט"ז במקום הפסד, ובלפת הנ"ל יש לצדד ולהקל גם שלא במקום הפסד, ע"ש).

(**ועיין** בתשובת אא"ז פנים מאירות, נראה דפשיטא ליה דכל דבר חריף שנתבשל פקע חורפיה, **ועיין** בספר באר יעקב סוף תשובת הרב מהר"ר יוסף חולק עליו, שהרי נראה בחוש שתבלין חריפין אפילו אחר הבישול, וכן תמכא, ולכן אם הוחמו דברים חריפים אחר שנתבשלו בקדרה של איסור אינו ב"י, אסורים, אם לא שידענו בבירור שבטל חורפייהו, כגון בצלים, אבל מסתמא אין להקל, **והבאר** יעקב שם כתב, דאף מן הסתם היכא דאיכא קצת צדדים להיתרא, יש להקל ולהתיר מכח ס"ס, דילמא הלכה דדוקא קורט של חלתית, ודלמא כבר בטל החריפות).

הגה: ומכל מקום מותר לאכול מרקחת חריפים של עו"ג, כגון זנגביל וכיוצא בו, דיש להם כלים מיוחדים לכך, או תולשין אותן - משמע דאי ידעינן בודאי שנחתך ‹הזנגביל› בסכין של עובד כוכבים, אפי' אינו ב"י אסור, דדמי לקורט של חלתית, וכ"כ בת"ח בהדיא, **אכן** בסמ"ג משמע בהדיא כמ"ש האו"ה, דאפילו חתך בודאי בסכין זנגבילא רטיבתא מותר, **וא"כ** צ"ל דל"ד לחלתית ושאר דברים שהם חריפים ביותר, והלכך אפילו אינו מלחלח משוי ליה לשבח, משא"כ בזנגבי"ל, וכ"כ מהרש"ל, דלא דמי לחלתית, **ומ"ש** הרב בת"ח, שבטיו"ד סי' קצ"ב משמע, שסתם כלי של עובד כוכבים אינו ב"י לחוד לא מהני להתיר הזנגבי"ל, לא ידעתי שום משמעות, **הלכך** נראה דאין להחמיר כ"כ בזנגבי"ל, כיון דאפילו בצנון הרבה פוסקים מתירין באינו ב"י, **וכן** בס' אפי רברבי מתיר ע"י קליפה באינו ב"י, אלא דמחלק שם וכתב, דהיינו דוקא בזנגביל"א יבישתא, **אבל** באו"ה שם מבואר דביבישתא פשיטא דשרי, וכל דבר חריף יבש מותר בהדחה, ‹א"כ ע"כ ההיתר בזנגבי"ל הוי אפי' ברטיבתא.

‹**לכאורה** השו"ך פסק כאו"ה, דיבש לגמרי אפילו חריף ביותר לא פולט כלום ואין בולע, וזנגביל אף רטיבתא שרי דאין חריף הוא, וכן ראיתי להפר"ח והבל"י העתיקו, **ולי** הדברים תמוהין, דממ"ש הש"ך בס"ג פלפלים חריפים, ופלפלים יבשים לגמרי הם, {**היינו** משום דמדוכה יש תרי טעמי לאסור, חריפות המדוכה, שהיא כבית שאור שחמוצו קשה, וחריפות התבלין, כנלענ"ד – דגול מרבבה}, **וכן** ממ"ש הש"ך כאן, דל"ד לחלתית ושאר דברים שהם חריפים ביותר, אפילו אינו מלוחלח משוי ליה לשבח, אלמא שאר דברים נמי מוציאין ומבליעים ביבש לגמרי, **והכי** קאמר הש"ך, דאפי רברבי סובר, דאו"ה ביבשתא מתיר, ועל זה השיג הש"ך, דבאו"ה מבואר, דיבש ממש חריף מותר בהדחה, וכן מתיר זנגביל רטיבתא שעשאו בסכין גוי, דנותן טעם לפגם שרי, והיינו דזנגביל רטוב לא הוי חריף, אבל ביבש אפילו ב"י שרי לאו"ה, **אבל** הש"ך גופא אין סובר כן, אלא יבש לגמרי עם דוחקא מפליט ומבליע, וכן הלכה. **ומ"מ** יש לראות, בשלמא או"ה לשיטתיה, דתפוחים חמוצים לא מיקרי חריף, משא"כ לדידן, אטו מי גרע זנגביל מתפוחים, **וצ"ל** במקום הפסד הוא דמותר – פמ"ג. ‹**אבל** לשון הש"ך לא משמע כן, ואפשר דכל דברי הש"ך בחריפים שהם למטה מבצלים וכרישין, כגון זנגביל, דבלח אינו אוסר אלא בב"י, ואין לו חריפות להמתיק את הפגום, כשהוא יבש אין לו כלל כח להפליט, ואפי' בב"י מותר, **והיינו** דכתב הש"ך: ול"ד לחלתית כו' אפי' אינו מלחלח כו', ובזה ניחא דנקט בפשיטות דפלפלין אוסר אפי' אינו ב"י, אע"ג דסתם פלפלין יבשים – חזו"א סי' כ"ג ס"ק ד'.

סעיף ג - תבלין שנדוכו במדוכה של בשר בן יומו, אסור לאכלם בחלב

- וה"ה מלח שנדוך, וכל שאר דברים החריפים, ודוקא שנדוכו, אבל לא כשהיו נתונים במדוכה של בשר, כדלעיל ס"ס צ"ה וק"ה, ובאו"ח סי' תמ"ז ס"ו.

וי"א אפילו אינו בן יומו - ז"ל סה"ת, תבלין שנידוכו במדוכה של בשר, אין להתירם בחלב משום נ"ט בר נ"ט, דהא תבלין חזק וחריף, והוי מדוך כמו בית שאור, וגם פלפלין חריפים, והוי כמו צנון שחתכו בסכין של בשר, דלא שרי מחמת נ"ט בר נ"ט, ואסור משום טעם ממש הנבלע שם, עכ"ל, **ומשמע** דאפילו כשאינו ב"י אוסר, דהא מדמי ליה לצנון, ועוד דיהב טעמא משום טעם ממש הנבלע שם, **וא"כ** קשה על המחבר, למה כ' בסתם ב"י, הא להי"א שבסעיף א' אפילו אינו ב"י אסור, **וכ"כ** המחבר לקמן סי' ק"ג ס"ו, וז"ל, יש מי שאומר שאם שמו פלפלין בקדרה של איסור שאינו ב"י, הכל אסור, דחורפיה משוי ליה לשבח, עכ"ל, **הלכך** נראה כדעת הי"א שהביא הרב בהג"ה, דכיון דקי"ל כהי"א שבס"א, א"כ ה"ה הכא, וכן בסי' צ"ה וקכ"ב, כ' הרב בהג"ה בסתם, דאפי' אינו ב"י אסור גבי תבלין, **וכן** דעת כל האחרונים, וכן נוהגים.

[**תמוה הוא, דבסי'** ק"ג ס"ו פסק השו"ע גופיה, **אפי' אינו בן יומו**], ‹**כבר** כתבו האחרונים, דדעת המחבר להקל,

רפה הלכות בשר בחלב
סימן צו – דין מאכל חריף שנחתך בסכין של בשר

בצירוף דעת הפוסקים דנ"ט בר נ"ט מותר בחריף ודוחקא, **אבל** לקמן בסי' ק"ג דמיירי באיסור, מש"ה אסור, דעל סברא זו לחוד דלא מחליא לשבח רק חילתית, לא סמכינן, **ולענ"ד** י"ל, דהכא סמכינן בצירוף הפוסקים, דרק בצנון דוחקא וחריף מפליט, אבל לא בשאר דברים חריפים, מש"ה בס"א לא הכריע, דבצנון אסור, והכא בתבלין הכריע להקל בצירוף דלא פלט ובלע כלל, **ולקמן** דמיירי בבישול דודאי בלע, מש"ה אסור – רעק"א.

‹**והבית** מאיר כתב, שאין דעת הרמ"א להחמיר בזה רק לכתחילה, שלא לערבו עם חלב, אבל בדיעבד שנתערב עם חלב, גם להרמ"א יש להקל בדינו, כיון שיש בזה ג' סברות להתיר: **א'**, דעת הסוברים דאינו ב"י מותר אף בדבר חריף, **ב'**, דעת הסוברים דנ"ט בר נ"ט מותר אף בדבר חריף, **ג'**, דעת הסוברים דרק צנון מועילה חריפתה להפליט ולהבליע, ולא שאר אוכלים הנראים לנו כחריפים – בדי השלחן› ‹**ולענין** דינא, לדידן אף אב"י והיתרא אסור עד ס', אף בהפסד מרובה – פמ"ג›.

סעיף ד - מי לימוני"ש שמביאים העו"ג – [פי' שחותכין הלימוני"ש ומוציאין ממשו ממנו שקורין לימונ"י זאפ"ט], **וכן חתיכות דג מליח שמביאים העו"ג בחביות, מותרים. הגה: מפני שמביאים הרבה ביחד, ואף אם נאסרו מקצתן שנחתכו בראשונה עם סכין של עובד כוכבים, נתבטלו באחרים הנחתכים אחר כן, שאינן נאסרין, כי כבר נתבטל טעם הסכין בראשונים, ולכן כולם מותרים, וכל כיוצא בזה.**

ז"ל שבולי לקט, לימוני"ש של עובד כוכבים, מן הדין לאסרם, מפני שחותכין אותם בסכין שלהם, ואגב חורפייהו בלעו, אלא שמפני שמחתכין רבים וממלאים מהם חבית, י"ל שבטל טעם הסכין בראשון ושני כו', **וכתב** הב"ח, דצ"ל דס"ל דלא אמרינן חורפיה מחליא אלא בחלתית, וכיון דסתם כלי של עובדי כוכבים אינו ב"י, אין שם איסור אלא מפני שמנונית הקרוש על הסכין, ונתקנח בראשון ושני כו', **וא"כ** לדידן דקי"ל כסה"ת, הני לימוני"ש כולם אסורים, **וכ"כ** הטור באו"ח סימן תמ"ז, דלדעת סה"ת, זיתים שכבשן ונחתכו קודם הפסח בסכין של חמץ שאינו ב"י, דחזרו הזיתים כולם חמץ, {וכ"כ המחבר שם ס"ח, וכ"כ הטור והמחבר והרב בהג"ה לקמן סימן קי"ד ס"ח ע"ש}, ודלא כהגהת שו"ע, עכ"ל.

ולדעתי לישנא דשבולי לקט שבטלה טעם הסכין כו', משמע מה שבלוע בסכין, **אלא** נראה דמודה לסה"ת דצנון וכיוצא בו דחריפי טובא דמחליא להו לשבח, אלא דס"ל דלימוני"ש וכיוצא בו, כיון שאינם חריפים כמו הצנון, א"כ לא מחליא אלא מה שבלוע בדופני הסכין, שנתבטל בראשון ושני, דזה הוי מחליא ליה, ושוב אין כח להלימוני"ש להשוות לשבח מה שבלוע מבפנים, אלא מה שנתבטל כבר, דודאי בצנון ודכותיה שהוא חריף טובא, אפילו מה שבלוע מבפנים משוי ליה לשבח, משא"כ בלימוני"ש.

וזה מוכרח בדברי הרב, דאל"כ היו דבריו סותרים זא"ז, דהרי כתב בס"א דאם חתך הצנון דק דק צריך ס' נגד כולו, אלמא דלא נתבטל טעם הסכין, **וא"כ** ניחא, דזיתים דאינם חריפים כ"כ אפילו כמו לימוני"ש, אינן מבטלים טעם הסכין אפילו מה שבלוע בדופני הסכין מבחוץ, ודוק, **או** י"ל דזיתים הוי חריפים כמו צנון, כדאמרינן בערובין, דאמרה יונה יהיו מזונותי מרורין כזית כו', **א"נ** דודאי לענין דינא אין לסמוך אזה דכבר נתבטל טעם הסכין, ומה"ט כתב הרב דבמקום שנוהגים להחמיר אין לשנות, והיינו דאסורים הזיתים, **אלא** משום דבלימוני"ש ודכותייהו נוהגין היתר, כתב הרב דיש ליישב המנהג, ויש לסמוך אהאי טעמא דכבר נתבטל, כיון דאפשר נמי לומר דחתכו אותם בסכין חדשה, שיש להם כלים מיוחדים לכך, וכדאמרינן בזנגבי"ל בס"ב, אלא מספיקא אסרינן להו, והלכך סמכינן אהך סברא דנתבטל כו' ליישב המנהג, כיון דבלא"ה יש פוסקים מתירין אפילו בצנון בסכין שאינו בן יומו, וגם יש פוסקים דדוקא צנון הוי חריף ולא שאר דברים, וכמ"ש בשם מהרא"י, **והיינו** דכתב הרב, ואף אם נאסרו מקצתן כו', משמע דאפילו מקצתן לא ברירר שנאסרו, **מיהו** בלא ה"ט דנתבטל לא הוי שרינן להלימוני"ש, אע"ג דלעיל ס"א דקונין הצנונות מעובדי כוכבים, משום דיש ספק אם נחתך בסכין של איסור אזלינן לקולא, משום דהתם יש לתלות במרא וחצינא, משא"כ הכא, דקרוב הדבר שחותכין אותן בסכין שלהם.

‹**ועמ"י** הקשה, דמ"מ הלימוני"ש הראשונים נעשו נבילה, ואח"כ חוזר הסכין ובולע מהלימוני"ש, ותירץ דאין חריף

רפו הלכות בשר בחלב
סימן צו – דין מאכל חריף שנחתך בסכין של בשר

פועל להפליט ולהבליע בכלי כאחד, יע"ש, **ולא** ידענא, דלא דמי לסי' ס"ח בעירוי שנפסק הקילוח – פמ"ג. ‹**דדוקא** בערוי שנפסק הקילוח אין בכח להפליט ולהבליע כאחד, **משא"כ** כאן, י"ל דבפעם א' שחתך מפליט הסכין ללימוני"ש, ובפעם השנית מבליע מהלימוני"ש בחזרה להסכין – אמרי דעה›.

‹**וגם** אין לחוש ולומר, דילמא אחר שנעשה הזית נבלה, בלע הסכין טעם נבלה של הזית, ***דטעם** הבלוע אינו יוצא בלא רוטב כי אם בשמן, ובכל כלי הולכין אחר רוב תשמישו, ורוב תשמישן אינו בשמן, וגם חנ"נ בשאר איסורין במקום שאינו דרך בישול חומרא גדולה הוא, לא מחמירין כ"כ לחוש לחששות רבות – חוו"ד›.

***והא** דלא חיישינן, דלאחר שנעשה הזית נבילה, חוזר ונבלע מהזית בסכין, {והיינו מהזית עצמו, לא מן הטעם הבלוע בו}, וחוזר ואוסר האחרים, היינו כיון דהטעם הבלוע אינו יוצא מהזית ממילא, אין הנאסר יכול לאסור וכו', **ומ"מ** יש לדון, דאולי נבלע בסכין בשר בחלב, ובזה כיון שהזית נעשה נבילה מבב"ח, דיינינן ליה כבב"ח עצמו, עיין בש"ך סי' צ"ד ס"ק כ"ב, ובב"ח לא אמרינן אין הנאסר יכול לאסור וכו', עיין בש"ך סי' ק"ה ס"ק י"ז – רעק"א.

‹**אך** הא קשיא על הא דהשבלי לקט, דניחוש שמא פלט מקצת בחתיכת הזית הראשון, ובלע היתר כנגדו ונעשה נבלה, וחוזר ואוסר ההיתר שנאסר בכל פעם את ההיתר האחר, דהא מהאי טעמא אם תחב כף אפילו באלף קדרות נאסרו כולם, וכמו שכתב הש"ך בסימן ק"ה, ע"ש, דהא הסכין ג"כ בולע ע"י דוחקא וחריף, ע"ש. **ונראה**, כיון דהרבה פוסקים סבירא להו דלא אמרינן חנ"נ כל שאינו דרך בישול, כיון דחנ"נ בשאר איסורין משום לתא דבב"ח הוא, וגם הרבה פוסקים ס"ל דאין אומרים בדבר הבלוע חנ"נ, כמבואר בסימן צ"ח ס"ה ובסימן צ"ד בט"ז ס"ק ו', ע"ש, מש"ה לא חיישינן לזה – חוו"ד›.

ולכן אוכלין בקצת מקומות הכרוב שקורין קומפס"ט, אע"ג דפרוס וחתוך – [פי' שחותכין הגוים אחר שנתחמץ, דאלו מה שחותכין בו קודם חימוצו, אין בו חשש כלל].

ויש מקומות שמחמירין בזה, ואין לשנות המנהג – [ונראה פשוט שאותן מקומות שמחמירין בכרוב, לא ס"ל האי טעמא שכתב רמ"א, מפני שמביאין הרבה יחד כו', דהא גם בכרוב עושין הרבה ביחד, וא"כ גם מי לימוני"ש אסור להם, דהא חד טעמא הוא, **ולפי"ז** צ"ע מ"ש אח"כ אבל שאר דברים כו', דמשמע אפי' למחמירין מותר בזה, וסיים כמו בלימוני"ש ואין להחמיר כלל, דמשמע בלימוני"ש ג"כ אין חומרא כלל, וה"ה נמי שמרקחת חריפים כמו זנגביל נמי אסור להמחמירין, דהא בכרוב כתב מהרי"ו דאין הגוים נאמנים לומר דיש להם כלים מיוחדים, **לכך** נלענ"ד, להמחמירין בכרוב פרוס אחר חמיצותו, יחמירו ג"כ במרקחת חריפים ומי לימוני"ש, דאל"כ הוי תרי מילי דסתרי אהדדי].

‹**וי"ל** מי לימוני"ש בכל החבית יש ס' נגד הסכין, ואף דחנ"נ, מ"מ לח בלח בהפסד מרובה מותר, עיין סי' צ"ב, וכאן איכא עוד צדדין, שמא כלים מיוחדים, ושמא קורט הוה חריף, מש"ה מקילין, **משא"כ** כרוב דהוי יבש בלח, מחמירין שמא אין ס' נגד הכרוב הנאסר – פמ"ג›.

אבל שאר דברים שאינם חריפין, כגון תפוחים או לפתות יבשים וכדומה, נוהגין בהן היתר כמו בלימוני"ש, ואין להחמיר כלל – [קשה מאי קמ"ל בדברים שאין חריפין, ויותר תימה מ"ש אח"כ, לפתות יבשים, דבלפת מותר בכל גווני, כמ"ש אח"כ, ונ"ל להגיה ע"פ דבריו בת"ח בלשון זה: אבל שאר דברים שאינם חמוצים כ"כ, כגון תפוחים או פירות יבשים וכדומה כו'].

[**כתב** בתו"ח, כיון שמקילין בדבר שנפשו של אדם קצה עליו, יש ג"כ להקל אם חתך התולע עם הפרי, שמותר ע"י קליפה מעט, הואיל ואף בצונן אין אוסר יותר מכדי קליפה, ע"כ], ‹דלמא נשאר ממשות תולע עצמו, והשאר מותר, **והדחה** או קליפה קצת כעין גרידה די, וא"צ קליפה, אפילו צונן שהוא חריף, **אף** דחורפא משוי ליה לשבח, זה באינו בן יומו, אבל דבר הפגום מעיקרו, אפילו חורפא לא מחליא ליה – פמ"ג›. ‹**עיין** ש"ך לעיל סי' פ"ד ס"ק ל', ולדבריו לא קימ"ל כהך דינא, דהתו"ח ס"ל לדמות תולע לזבוב, אבל אנו קימ"ל, דזבוב פוגם אבל לא תולע – רעק"א›. ‹**ואף** להש"ך סימן פ"ד שהחמיר, י"ל דמיקל כאן, דיש אומרים דדי בקליפה בצונן, דחורפא לא בלע כולי האי – פמ"ג›.

סעיף ה - חתך קישואים בסכין של בשר, מותר לאכלם בחלב בגרידה בלבד, שיגרוד מקום החתך - והוא פחות מקליפה, שהקליפה צריך שתהא גסה קצת, כדי שתוכל להנטל כולו כאחד, משא"כ בגרידה - ר"ן, **מיהו** בגרידה סגי, אע"פ שסתם סכין שמנוניתו קרוש על פניו, **דמדינא** הוי סגי בהדחה כמו בלפת, כיון דצונן בצונן הוא, אלא שמתוך לחותה א"א להדיח אותה, דאדרבה ע"י ההדחה נסרך בהם

הלכות בשר בחלב
סימן צו – דין מאכל חריף שנחתך בסכין של בשר

יותר, ולכך סגי בגרידה, וכמ"ש הר"ן. **ובת"ח** שם מביא טעם אחר על שם האו"ה, ‹דקישות חריף קצת, ומש"ה מסתם בש"ע כאן, ועל ס"א קאי, אפי' מקונח, והיינו דפולט דחריפי קצת, ודי בגרידה, **וטעם** או"ה עיקר, ואף מקונח אסור, ומיהו לענין אב"י יראה להקל בקישות ואבטיח – פמ"ג›.

‹**עיין** בתשו' חות יאיר, בדג שנפתח בסכין של עכו"ם, והורה שידיחנו וישפשף במקום נגיעת הסכין יפה יפה, **ואף** דקיי"ל בסי' צ"ו, חתך קישואים בסכין של בשר בעי גרידה, מפני שהקישואין לחין, וה"נ בדג, **י"ל** דשם דבר קל הוא לגרוד קצת מבי פסקי, שלא מיירי כשנחתכו דק דק, דאיך יגרוד כל חתיכה קטנה מכל צדדיו, ועוד דאם נחתך דק דק אפשר דמותר ע"י החתוכים האחרונים, כבהגהה הסמוכה שם, **משא"כ** בדג שא"א לגוררו ללחותו, ואם נאמר לקלוף מקום החתך, יפסיד כולו וכו', **עד** מ"מ אמרתי שישטוף עליו מים, ויעבור עליו בכח חודו של סכין, וגרידה ממש מבשר הדג לא בעי, ואפילו ידעינן שהסכין ב"י די בכך›.

ואם חתך בו לפת - הוא שקורין בל"א ריבי"ן, **אפילו גרידה אינו צריך, אלא הדחה בעלמא** - ‹שאין לו לחות הרבה, וגם אינו חריף כלל, ודלא כקישואין דלעיל, וגם טעמו משונה וכדלהלן – בדי השלחן›, **ולא עוד אלא אפילו צנון שחתך אחר הלפת, שרי בהדחה כמו הלפת, לפי שטעם הלפת משונה ומבטל טעם הנפלט מהסכין.**

‹**עיין** ת"ח בשם או"ה, דוקא מבשר לחלב מהני לפת, הא בסכין איסור לא מהני שחתך לפת ואח"כ הצנון, **ובמ"י** בשם מהרש"ל, דאם נתערב הצנון אח"כ במאכל, אין איסור, וכן היקל המ"י בדיעבד – פמ"ג›.

לכאורה משמע מלשון זה, דלכתחלה אסור לחתוך בו צנון לאכלו עם בשר, אע"פ שכבר חתך בו לפת, וכדכתב בת"ח שם בשם או"ה, **אבל** מהרש"ל חולק על האו"ה, ומתיר אפי' לכתחלה, והכי משמע מל' ב"י, שכתב על הרשב"א דלא מתיר כשחתך לפת אלא לסילקא, וז"ל, אבל ש"ד וסה"ת ורבינו מתירין בהדיא לחתוך אפי' צנון, עכ"ל, ובאמת משמע כן בל' סה"ת וש"ד וטור, ע"ש ודוק.

ואין להקשות כיון דהצנון עכ"פ בעי הדחה, ניחוש לכתחלה דלמא משתלי ואכיל עם בשר בלא הדחה, כדאסרינן בר"ס צ"א, להניח בשר בקערה של איסור צונן מה"ט, **דשאני** התם דמיד כשהניחוהו בקערה צריך הדחה, משא"כ כאן דאם רוצה לאכלו כך שרי, הלכך לא חיישינן דלמא משתלי ואכיל עם בשר, ‹**וצ"ע** בסי' צ"א ס"ג ובש"ך שם, ואולי בלחם יש להחמיר יותר – דגול מרבבה›, **אי** נמי שאני הכא דהדחה נמי היא חומרא בעלמא, דהא כבר נתבטל הטעם בלפת, גם בש"ד וסה"ת וסמ"ג לא הוזכרה הדחה זו. ‹**ולכאורה** הנ"מ בין התירוצים, יהיה בסכין של איסור, מיהו› ‹כבר כתבנו דבסכין של איסור אסור לכתחלה עכ"פ, ואין נ"מ בין ב' התירוצים – פמ"ג›.

מיהו ודאי לחתוך לכתחלה לפת כדי לחתוך בו אח"כ צנון, משמע בש"ס ופוסקים דאסור.

הגה: ודוקא לפת - ‹וה"ה מה שקורין מיירען, **אבל** בדבר אחר מתוק אין להתיר – יד יהודה›, ‹**וה"ה** כל מיני מתיקה מבטלין טעם ומחליש – פמ"ג›, **שטעמו משונה, אבל ירק או לחם ושאר דברים, לא. ואפילו בלפת אין להתיר לחתוך צנון רק פעם אחת, אבל לא הרבה פעמים, אם לא שחתך כל פעם לפת, בין חתיכה צנון לצנון.**

§ סימן צז – שלא ללוש עיסה בחלב §

סעיף א- אין לשין עיסה בחלב, שמא יבוא לאכלה עם הבשר, ואם לש, כל הפת אסור, אפילו לאכלה לבדה - גזירה שמא יאכלנה עם בשר. [מזה נ"ל במדוכה שדוכין בה בשמים, ומשתמשין הבשמים הן עם בשר והן עם חלב, ופעם אחת דכו שם שום עם מרק של שומן אווז, ואח"כ מחזירין אותו הרוטב על האווז, נ"ל שאותה מדוכה אסורה לדוך בה עוד בשמים אפי' לאכול בבשר, שמא יבוא לאכול בחלב, דומיא דכאן, וצריכה הכשר דוקא, ואפי' דיעבד אסור בלא הכשר, כמו בפת דכאן, ולא דמי למ"ש בסי' צ"ו ס"ג, תבלין שנידוכו במדוכה של בשר, אסור בחלב, אבל עם בשר מותר, שם מיירי שהמדוכה מיוחדת לבשר דוקא, ואין לטעות שם, כן נלענ"ד פשוט].

‹**הט"ז** לא מיירי אלא ברוצה לכתוש לפי שעה לבשר, להכשירו אח"כ, או להניח כך, ואם יצטרך לחלב ישאל משכינו, כה"ג אסור, **אבל** אם ייחדוה לבשר, ויחד נמי מכתש חולב, שרי – פמ"ג›.

הלכות בשר בחלב
סימן צז – שלא ללוש עיסה בחלב

‹**ודוקא** מדוכה שדרכו לדוך בו בשמים ופלפלין, דלא שייך בו נ"ט בר נ"ט ולא נ"ט לפגם, ולעולם יאסר כשישתמש בו לחלב, דמי לפת מרובה ואסור להשתמש בו בלא סימן, וכשנשתמש בו נאסר, **אבל** שאר כלים, כיון שאחר מעל"ע אינו נאסר, וגם נ"ט בר נ"ט הוא ולא יאסר מה שישתמש בו, וגם לאחר מעל"ע הוי נ"ט לפגם, דמי לפת מועט דמותר, **ולדעת** הט"ז עשו שלא כדין במה שהחזירו השומן והתבלין על האווז, **וכשמסמן** המדוכה לבשר ודאי דהותר – חוו"ד›.

‹**אבל** הפר"ח כתב על דברי הט"ז, ולא נהירא, דשאני הכא, דסתם לחם עשוי לאכול עם בשר ועם חלב, ואין דרך לייחד לחם לחלב לבדו ולחם לבשר לבדו, ולפיכך יש לגזור שמא יבא לאכלו עם בשר. **אבל** דברים אחרים, כגון מדוכה וכיוצא בו, שיש מהן מיוחדין לבשר ומהן מיוחדין לחלב, וכן כשדכין תבלין, דכין התבלין שרוצים לאכול עם בשר במדוכה של בשר, והתבלין שרוצין לאכול עם חלב דכין במדוכה של חלב לבדו, אף על פי שהוא מתחילה לא ייחדה לא לבשר ולא לחלב, אלא היתה מיוחדת לבשמים לבד, מכל מקום כשחוזר ומיחדה לבשר לבד, מיזהר זהיר ביה. **וכיון** שאין דמיון לדין זה עם דין המוזכר בתלמוד ושו"ע בפת, אין לנו לבדות גזירות מדעתנו, עכת"ד. **ונראה** על פי מה שהוא במדינתינו, שאין אחד מי שמייחד מדוכה לבשר לבדו או לחלב לבדו, אלא לדוך בו בשמים להשתמש הן עם בשר והן עם חלב, והוה ליה ממש נידון דפת המוזכר בשו"ע, הדין כמו שכתב הט"ז שאם דכו בה שום עם מרק, אסורה אותו מדוכה לדוך בה עוד בשמים, אפילו לאכול עם בשר, שמא יבוא לאכלן עם חלב, וצריכה הכשר, וק"ל. **ועוד** נראה, שאפשר אם לש עם שומן הלחמים שעושין בכל ע"ש לכבוד שבת לבצוע עליהן בשבת, אין לאסרן לאכול עם בשר, דליכא גזרה שמא יבוא לאכלן עם חלב, שאין דרכו בכך, אלא לאכלן בשבת עם בשר – מחה"ש›.

‹**עיין** בספר לבושי שרד, לענין אם נתערב ככר זה בככרות אחרות. **ועיין** פמ"ג שכתב, דיש לעיין אם לש פת עם חלב בשוגג, שלא ידע שזה אסור, או נפל בשוגג חלב, מי אסור, או לא קנסו כ"א היכא שעבר במזיד, ומסתימת הפוסקים משמע אף בשוגג אסור, עכ"ד›.

‹**וי"ל** דמהני טעימה, ואפי' לאוכלו עם בשר או עם חלב שרי – פמ"ג. ‹**והנה** אם טעם הפת ולית ביה טעם חלב, נראה ג"כ דאסור, דהואיל משום גזרה הוא, אמרינן אף זו בכלל גזרה, אפילו אין בו טעם חלב, אולי לפעמים יתן טעם ומ"מ יאכלנו – פלתי›.

ואם היה דבר מועט כדי אכילה בבת אחת – ‹היינו כדי אכילה ליום אחד – חוו"ד›, ‹בש"ע משמע כדי אכילה בבת אחת – פמ"ג, ‹היינו לסעודה אחת – יד יהודה›, **או ששינה צורת הפת שתהא ניכרת שלא יאכל בה בשר, מותר.**

‹**עיין** בתשובת מהרי"ט שכתב, דאין מועיל שינוי רק בביתו, אבל לעשות הפת מרובה למכור בשוק, אסור, דאורחים לא יכירו בשינוי, **ואף** על סמך ההודעה אסור, דחיישינן שמא ישכח מלהודיע›.

‹**ועיין** ח"ד שכ' עוד, דשינוי אין מועיל רק כששינה בשעת אפיה, דלא היה עליו איסור כלל, אבל לעשות שינוי אחר שכבר נאסר, אינו מועיל, **וכן** לחלקו להרבה ב"א, שיגיע לכ"א דבר מועט, אסור, כיון שכבר נאסר ונעשה נבלה, וכן דעת הפמ"ג, דלא ככו"פ בשם זקינו›.

‹**וכתב** עוד בתשובת מהרי"ט שם, דהא דאסור אם ליכא שינוי, דוקא היכא דאיכא חשש שיאכלן עם גבינה ביחד, אבל היכא דליכא למיחש להכי, כמו אותם הממולאים במיני מתיקה, שאין דרך לאכלן עם גבינה, מותר ללוש אותם עם שומן, ולא חיישינן שמא אחריהם יאכל גבינה, דדיינו במה שאסרו, ואין לנו לגזור גזירה אחרת עליה›, ‹וכן הוא ברעק"א›.

כיוצא בו, אין אופין פת בתנור שטחו באליה, ואם אפאו, דינו כעיסה שנילושה בחלב.

הגה: ולכן נוהגין ללוש פת עם חלב בחג השבועות, גם בשומן לכבוד שבת, כי כל זה מחשב כדבר מועט – ‹כל ליומא הוה דבר מועט, דכל שאוכל בו ביום ולא ישאר למחרתו, לא ישכח, כ"כ בת"ח – פמ"ג, ‹**דמה** דפירש"י עוגה קטנה שנאכל בב"א, לאו דוקא – יד יהודה›, ‹**ולפ"ז** אם בני ביתו מרובים, יכול ללוש בחלב מה שהוא ובני ביתו צריכים לאכילת יום אחד, שהוא מעת לעת – ערוה"ש›, **גם כי נורתן משונה משאר פת, וכ"ש פלאד"ן או פשטיד"א, דמותרין.**

ואין לאפות שום פת עם פלאד"ן או פשטיד"א בתנור, דחיישינן שמא יזוב מן השומן אל הפת, ואם זב תחתיו, דינו כאלו נילוש עמו – פי' לכתחלה אין לאפות שום פת עם פלאדי"ן או פשטי"ד בתנור, אפילו רחב ואינו משופע, דחיישינן שמא יזוב ממנו אל הפת, **אבל** בדיעבד אם אין התנור משופע, או

[ט"ז] ‹רעק"א או ש"א או הוספת הסבר› (פת"ש)

שהפת למעלה מן הפשטי"ד, לא מחזקינן איסורא דשמא זב, כיון דאפילו זב לא זב תחת הפת עצמו, **אבל** אי חזינן דזב מן הפשטי"ד לחוץ, אפילו אינו זב תחת הפת עצמו, אלא הפת רחוק מן הפשטי"ד, הפת אסור אף דיעבד, [ולא בעינן שיהא נראה השומן תחת הפת ממש, **אלא כל שמתפשט חוץ לפשטיד"א ונבלע בתנור, חיישינן שמא הלכה הבליעה עד הפת**], **וטעם** לדבר נ"ל, משום דמספקא לן אי בישול מפעפע בכל הכלי או לא, וכמ"ש בסי' צ"ב ס"ק ט"ז, **והלכך** היכא דלא חזינן דזב, איכא ספק ספיקא, ספק זב או לא זב, ואת"ל זב שמא לא פעפע בכולו, **אבל** כשהתנור משופע, מסתמא זב תחת הפת עצמו, וכן כשחזינן דזב, ליכא אלא חדא ספיקא, כנ"ל ודוק, **ואע"ג** דבהגהת או"ה שם כ' בשם א"ז, דבלא ראה דזב איכא בלאו הכי ס"ס, ספק זב או לא, ואת"ל זב, שמא לא יאכלו עם חלב, עכ"ל, **שמא** לא חשיב האי "דשמא לא יאכלו עם חלב" להרב ספיקא כלל, כיון דהרגילות הוא לאכול פת עם כל מיני אוכלים, קרוב הדבר לאכלו ג"כ עם חלב, **ולפ"ז** מ"ש הרב בהג"ה כאן, ואם זב תחתיו, ר"ל זב תחת הפשטי"ד, אפי' רחוק מן הפת, וכן מוכרח לפרש לשון זה שהביא בת"ח שם בשם הגהת או"ה, ע"ש ודוק, **והבית** חדש כתב וז"ל, ודלא כמ"ש בהג"ה ע"ש, דלא נאסר הפת אלא כשזב תחתיו ממש, והבין כך מהגה"א הביאו ב"י, ולא דק, עכ"ל, **ולא** עיין בת"ח, כי המעיין שם יראה, שהרב מביא בשם הגה"א בהדיא להיפך, דאפי' אינו זב תחת הפת אסור.

‹**והנה** בש"ע קטנים כתוב בשם הגאון מהר"ר עוזר ז"ל, דדוקא קאמר הרמ"א ואם זב תחתיו, היינו תחת הפת ממש, דאל"כ הוי נ"ט בר נ"ט דשרי בדיעבד כו', וכן הקשה בכו"פ על הט"ז וש"ך, **ועיין** בח"ד שכתב דלא קשה מידי, דלא אמרינן נ"ט בר נ"ט רק כשטעם האחר הוא בלוע כבר, אבל בשעת בישול לא שייך זה›.

‹**הגם** דהוה נ"ט בר נ"ט, י"ל דעם חלב אסור וודאי ליש"ש דאוסר בנצלו, ולהר"ב ג"כ אסור עם חלב דהוה לכתחלה, **ומ"מ** אף עם בשר או מלחא אסור, דהוה כגורם נ"ט בר נ"ט לכתחילה – פמ"ג›. **והפר"ח** חולק עליו, ודעתו דאיסור גרם נ"ט בר נ"ט הוי רק הרחקה בעלמא, ולא אסרו בזה בדיעבד – בדי השלחן›.

‹**ועוד** תמוה, דאם חיישינן להבלוע שמפעפע בכל הכלי, א"כ אפילו בלא זב ג"כ יאסר, דהא דרך העיסה ג"כ יהיב טעמא, דהא שמן הוא, ומפעפע מהחתיכה לכלי, והבליעה הולכת בכל הכלי, **לכן** נראה דהעיקר, דטעם הבלוע בחתיכה אינו מפליט ומבליע בכלי שהוא קשה, וכמו שאין הבלוע הולך מכלי לכלי בלא רוטב אפילו כשהבלוע שמן, כן אין הבלוע הולך מחתיכה לכלי בלא רוטב אף כשהבלוע שמן, דיותר יוצא טעם הבלוע מכלי ממה שיוצא מהחתיכה, ומשום הכי בעינן זב דוקא – חוו"ד›. **ולדינא** כתבו הבית שלמה והיד יהודה, דבלוע שמן יוצא מאוכל לכלי בלא רוטב, כשם שהוא יוצא מאוכל לאוכל בלא רוטב, כדקיי"ל בסי' ק"ה ס"ז, **ולענין** קושיית החוו"ד הנ"ל, י"ל דגם ההיא דסי' ק"ה לאו דכו"ע היא, דיש סוברים שאף הדבר השמן הבלוע באוכל אין יוצא ממנו בלא רוטב, ואכתי הו"ל ס"ס בענייננו, ספק שמא אין יוצא מהאוכל אף דבר שמן, ואת"ל שיצא ממנו לתוך קרקע התנור, ספק אם הוא מפעפע בכולו עד להפת – בדי השלחן›.

‹**ועיין** בתשו' בית אפרים שנשאל על מעשה כזה, בנשים שאפו לחמם לצורך שבת, ואחת מהשכנות נתנה לחמניות ממולאות בצלים וחמאה, וזב לקרקעית התנור, **והעלה**, דכיון דלא זב תחת הפת ממש, הוי נ"ט בר נ"ט, דלא כח"ד, **ועוד** דכיון שהיה החמאה דבר מועט, ואין בה בכדי נ"ט בפת, מותר אליבא דכ"ע, **ויש** נ"מ בין הני שני הטעמים, דאילו לטעם א', מ"מ לאוכלם עם בשר אסור, דנ"ט בר נ"ט לכתחלה אסור, אבל לטעם ב', אף לאוכלם עם בשר שרי, מאחר שכבר נתבטל, **ולענין** אם צריך ס' בכל עוגה בפ"ע, או מצטרף כל מה שבתנור, נראה דיש להקל כאן, כמ"ש הרמ"א לקמן סי' ק"ח לענין ריחא, ע"ש באורך, **ונראה** דמה דנקט בלשון השאלה שאפו לחמם לצורך שבת, אינו מדוקדק, דא"כ למה לו להאריך בזה להתיר לאוכלו במלח משום נ"ט בר נ"ט, דהלא כתב הרמ"א סעיף זה, דלצורך שבת מיחשב כדבר מועט ובלאו הכי שרי, והכוונה שאפו בע"ש, ובאמת היה לימים הרבה›.

‹**והנה** אי איכא ס' נגד החלב, אי שרי לכתחלה לעשות כן, דעת הצמח צדק דאסור, דהוי כמבטל איסור לכתחילה, כיון דדרך הפת ויין להשתמש עם בשר וחלב – פמ"ג›.

‹**עיין** בתשובת צ"צ, בענין אם מותר לתת חלב לתוך היין, כדי שיהא לבן וצלול›. ‹**הצ"צ** אוסר והכה"ג מתיר, **דלערב** לכתחלה מעט חלב בפת כדי לאכול עם בשר, לכ"ע אסור, ואפילו לאכול כך יראה לאסור, **כי** פליגי לתקן היין, דמשום הפסד הוי דיעבד – פמ"ג›.

‹**עיין** בתשובת פני אריה שכתב, דפת שנאפה עם עיסה שאין בה שומן בעין, אלא טעם בלוע, אפילו נגע בה ע"י לח רותח, מותר בין עם בשר בין עם חלב, דנ"ט בר

נ"ט הוא, **אלא** דלכתחלה אסור, כמ"ש הרמ"א לעיל סימן צ"ה ס"ב בהגהה, אבל בדיעבד אם נתנו לתוך החלב, מותר לאוכלו, **ועם** בשר מותר לאוכלו אפילו לכתחלה, ולא גזרינן שמא יאכלנו בחלב, כיון דבדיעבד אף אם אכלו בחלב לאו איסורא קאכיל).

ונוהגין לשום הטפילה - ‹הוא הפלאד"ן או הפשטיד"א - בדי השלחן›, **בפי התנור, ואפילו הוא במחבת, נוהגין להחמיר לכתחלה** - ‹ודוקא כשהוא בכלי, שאין חשש לשמא יזוב, רק משום ריחא. **אבל** בלא כלי, דאיכא חשש ג"כ לשמא יזוב, אפילו בפי התנור אסור, דהא התנור כולו רותח וחיישינן שמא הבלוע מפעפע בכל הכלי, כמו שכתב הש"ך - חוו"ד. **‹אף** שנראה פירוש זה קצת דחוק בלשון הרמ"א. **ולשיטת** האחרונים המובאים בפת"ש לעיל, דדוקא קאמר הרמ"א ואם זב תחתיו, היינו תחת הפת ממש, יתפרשו דברי הרמ"א כאן בפשיטות, והוא דנוהגין להניחו בפי התנור, כי אין לחוש שיזוב משם אל הפת שהוא בתנור עצמו, אי משום שהם רחוקים זה מזה, אי משום שהתנור למעלה מפי התנור, **ומוסיף** ע"ז הרמ"א, שאפי' אם הטפילה אינו נמצא על קרקע התנור אלא הוא במחבת, ג"כ נוהגים להחמיר לכתחילה להניח המחבת בפי התנור, **אע"ג** דאין לחוש כ"כ כשהוא במחבת לשמא יזוב ויצא חוץ למחבת ויפול על קרקע התנור ויגיע להפת, מ"מ חשש קטן מיהא איכא - בדי השלחן›.

[**נשאלתי באשה שאפאה פלאדי"ן של גבינה בתנור על קרקע שלו בלא כלי, ואח"כ שמה שם קדירה של בשר רותחת על אותו מקום שהיה הפלאדי"ן, והשבתי שאין כאן איסור, דחרסי של תנור שבלעו מן החלב, לא גרע מקדירה שמבשלין בתוכה חלב, ונגעה בקדירה של בשר, דאין שם איסור, כמ"ש הפוסקים בשתי קדירות שנוגעות זו בזו, ורמ"א מביאו סי' צ"ב ס"ח, וכאן שהחמיר במחבת, היינו לכתחילה דוקא]. ולי צ"ע בזה,** דלא דמי לשתי קדירות, דהתם האיסור הוא בלוע בקדירה, אבל הכא האיסור מבחוץ על התנור - נקה"כ.

‹היינו דיש ספק שמא זב, והוי רק ספק אחד ואסור כדלעיל, **והט"ז** סובר דסתמא אינו זב כדלקמן, וממילא מותר בספק אחד, ומה דאוסר רמ"א לעיל לאפות פת עם פלאד, הוי רק זהירות בעלמא - אמרי דעה›.

סעיף ב - תנור שטחו באליה, אין אופין בו פת עד שיסיקנו מבפנים עד שיתלבן -

[הא דלא סגי בקינות, מפני שא"א לתנור להתקנח יפה, והוה השמנונית בעין עד שיוסק, כ"כ התוס' וכ"כ הר"ן].

[**ואין להקשות מזה על מה שכתבתי קודם לזה, דקרקע של תנור הוה כבליעה בקדירה, וכאן משמע דהוה איסור בעין, דשאני כאן שהשמנונית עצמה מטיח ממנה בתנור, ואותו לחות אינו מתקנח יפה בתנור, משא"כ בפלאדי"ן דלעיל, שאין שם שומן בעין כלל בתנור, אלא בליעה מן הפלאדי"ן, וסברא זאת כתב בהדיא בהג' אשר"י וז"ל, אבל בפשטיד"א אנו רואין שאינו פולט כלל, אלא מקומו יבש, עכ"ל].**

לא היה צריך לזה, דהא הכא אין אופין לכתחילה קתני, ועוד דשאני פת שהוא מאכל עצמו, מקדירה - נקה"כ.

[**ואין להקשות ממ"ש רמ"א ס"א, שמא יזוב תחתיו, דמשמע שיש איסור בעין תחת הפלאדי"ן, לא קשיא, דודאי לא יכחיש חוש הראות, שרואין שמקומו יבש, ותו דהא דתרווייהו הנך דינים הם של הג' אשר"י בשם אור זרוע, אלא פשוט דסתם פלאדי"ן אין זב תחתיו כמו שאנו רואין תמיד, אלא דלפעמים אירע שזב, וכ"כ בהג' האשר"י וז"ל, טוב ליזהר דלמא זב וכו', משמע דאינו ודאי זב].**

(**עיין** בתשובת מהרי"ט, מבואר ‹דבתנור שטחו באליה›, אפילו בפחות מכדי נ"ט אסור, משום דהאיסור עומד במקומו ואינו מתבטל כו', וכן הסכים בספר חוות דעת, **וס"ל** לחלק בין אם נפל על הפת, או שנדבק בתנור שטחוהו באליה, דאז לא מהני ס', ובין אם נילוש החלב בתוך הפת, דאז שרי אי איכא ששים, **ועיין** בתשובת בית אפרים שחולק, ודעתו דבכל ענין מהני ס', רק דצריך נטילה באותו מקום).

ואפילו אם הוא של בוכיא (פירוש כלי חרס שמסיקין תחתיו ואופין עליו עוגות) - [פי' הוא חלל כמין שפיתות קדרה, ואופין בו בפנים], **אין לו היתר על ידי היסק מבחוץ.**

סעיף ג - פת שאפאו עם הצלי, ודגים שצלאן בתנור אחד עם הבשר, אסור לאכלם בחלב - ואע"ג דלקמן ר"ס ק"ח, אם צלו בשר כשרה עם בשר נבילה בתנור א', אפי' קטן, מותר בדיעבד, **הכא** כיון

הלכות בשר בחלב
סימן צז – שלא ללוש עיסה בחלב

דאפשר לאכלו בלא חלב הוי כלכתחלה, **וע"ל סי' ק"ח** שם יתבארו על נכון דיני ריחא מילתא, כי שם מקומם.

לא איירי כאן אלא מדין איסור, אבל מסכנתא לא מיירי, וזה יתבאר בר"ס קי"ו בס"ד.

והני מילי בתנור קטן, אבל בתנור גדול המחזיק שנים עשר עשרונים - וכל עשרון הוא שיעור חלה, מ"ג ביצים וחומש ביצה, **ופיו פתוח,**

מותר - (עיין בתשובת יד אליהו שכתב, דאין צריך שיהא קרקעיתו של תנור מחזיק כל כך, אלא שיהא כל חלל התנור מחזיק כל כך, **ועיין פמ"ג** שאין דעתו כן, רק דבעינן שיהא קרקעית התנור מחזיק י"ב עשרונים מפת עבה טפח).

ואם הצלי מכוסה, וכן פשטיד"א שמכוסה הנקב שבו, מותר אפילו בתנור צר. (ועיין לקמן סימן ק"ח כילד נוהגין).

תם ונשלם הלכות בשר בחלב

הלכות תערובות
סימן צח – דין איסור שנתערב בהיתר ואופן ביטולו

§ סימן צח – דין איסור שנתערב בהיתר ואופן ביטולו §

סעיף א- איסור שנתערב בהיתר מין בשאינו מינו, כגון חלב שנתערב בבשר - משמע דהיינו חלב בציר"ה, דהיינו תרבא, ‹מדאמר איסור שנתערב בהיתר – פמ"ג›, וכן משמע בטור, **וא"כ** דעת הט"ו דטעם חלב ובשר אינו שוה, וכן משמע מדברי שאר פוסקים, **אבל** ראב"ן כתב, דחלב ובשר טעמם שוה, וצ"ל דמיירי בבשר שמן.

יטעמנו נכרי, אם אומר שאין בו טעם חלב, או שאומר שיש בו טעם אלא שהוא פגום, מותר, והוא שלא יהא סופו להשביח – [כתב בדרישה, מדאסר ישראל למטעם בו, יש ללמוד דפעמים שקונין בשר מן הקצב, ואין ידוע אם מלוח הוא אם לא, אסור לטעום בלשונו, עכ"ל, **והוא תמוה מאד, דהא בסי' מ"ב גבי מרה, כתב בהדיא דטועמו בלשונו, וע"כ נראה דבטעימה בלשון אין בו חשש איסור במקום ספק,** ‹דלחיכה בלשון הוה איסור דרבנן, ובספק לקולא – פמ"ג›, **ומש"ה הזכיר בפירוש גבי מרה שיטעום בלשון, וה"נ מותר אם נקי שם מדם, ושאני הכא דהיה צריך לטעום ע"י *אכילה ממש, כדי להרגיש אם יש שם טעם, וע"כ צריך שיטעמנו גוי, וגבי תענית באו"ח מבואר פשוט בזה, דאין איסור בטעימה בלשון לחוד, דלא הוזכר שם אלא לענין טעימה ליקח בתוך פיו, ובזה יש חילוק בין תענית לשאר איסורים], ‹דבתענית** מותר לחיכה בלשון אפי' בודאי איסור, משא"כ בשאר איסורים, **אבל** ליתן לתוך פיו ולפלוט, אף בתענית אסור – פמ"ג›.

*‹**ובריב"ש** מבואר, דאף נותן לתוך פיו ופולט הוה דרבנן, ולזה נאמר דכאן בענין טעימה שיבלע מעט, וזהו שכתב הט"ז אכילה ממש וכו' – פמ"ג. **והיד** יהודה חולק ע"ז, וכתב דאסור מדרבנן ליקח לתוך פיו אף ספק איסור, וכן איסור דרבנן, משום שהיא קרוב לבא לידי בליעה, **אבל** לטעום בלשון לבד, מתיר הט"ז בספק איסור, אבל לא בודאי איסור›.

‹**וע"ל** סי' מ"ב בבה"ט סק"ג, שכתב בשם הש"ך, דלהכי גבי מרה שרי לטעום, דקרוב הדבר שיטעום טעם מר, ע"ש, משמע דאי לאו הכי אף טעימה בלשון אסור, **וכ"כ** הפמ"ג בסי' צ"ה, דהכי קי"ל, ואסור ללחוך בלשון אם מלוח, ע"ש›.

‹**ועיין** בשו"ת צמח צדק, שנשאל אם מותר לטעום הבורית אם יש בו מלח כל צרכו, והשיב דאע"ג דדבר שהוא פגום, מדרבנן מיהא אסור לכתחלה, היינו דוקא לאכילה, אבל לטעימה שרי לכתחלה, וטעימה אינו אסור אלא מדרבנן, ובדרבנן לא גזרו ע"ש, **והמובן** מדבריו דס"ל, דה"ה בכל איסורי דרבנן שרי טעימה, ואף לטעום בפיו ממש, וכן הבין בנו של בעל צ"צ בסוף הספר, והפר"ח, **אכן** בתשובת נו"ב כתב, דהצ"צ לא התיר אלא טעימה בלשון, ומסיק דאף טעימה בלשון אינו מותר כי אם באיסור פגום, ולא בכל איסורי דרבנן›.

וצריך שלא ידע שסומכין עליו - בב"י פסק, דאעובד כוכבים דלאו קפילא, פי' נחתום אומן, סמכינן עליה במסיח לפי תומו דוקא, ואקפילא סמכינן אפי' אינו מסיח לפי תומו, דלא משקר שלא יפסיד אומנותו, ונתבאר לך דכאן מיירי בעובד כוכבים שאינו קפילא, [**דהך יטעמנו גוי משמע אפי' לאו קפילא, שכן דקדק ב"י בלשון הרמב"ם, שכתב טועם גוי ולא זכר קפילא**], ולכך צריך שלא ידע שסומכין עליו **ומ"מ** קשיא לי, כיון דפסק בס"ב דמין בשאינו מינו אסור מדאורייתא כל שנותן טעם, א"כ איך יהיה עובד כוכבים נאמן במסיח לפי תומו, והלא ש"ס ערוכה היא בפ' הגוזל בתרא, דאין עובד כוכבים מסל"ת נאמן באיסור תורה, אלא בעדות אשה לבד, [**שאינו אלא כגלוי מילתא בעלמא**], ופסקוהו בה"ג והרי"ף והרא"ש שם, וסמ"ג בסוף הלכות גרושין, **ואע"פ** שמדברי הרמב"ם ושאר פוסקים משמע ג"כ, דסמכינן אעובד כוכבים דלאו קפילא במסל"ת, מ"מ אפשר דסברי כרש"י וסייעתו, דמין בשאינו מינו מן התורה בטל ברוב, **אבל** על המחבר קשה, **וכן** קשה על הרשב"א, שגם הוא פסק דמין בשאינו מינו אסור מן התורה עד ס', ופסק דעובד כוכבים דלאו קפילא נאמן במסל"ת, וכדהובא בב"י.

שוב מצאתי בתרומת הדשן שהרגיש קצת בזה, וכ' ז"ל, דקפילא שאני דאומנותו בכך ולא מרע חזקתו, והכי איתא בטור י"ד, דמסקנת הרא"ש דבעינן תרתי, קפילא ומסל"ת, ‹ומסל"ת היא לחומרא, דבעינן ג"כ מסל"ת להחמיר – פמ"ג›, ולא כרשב"א דסבר דכל חד מהני, **וא"ת** תיקשי להרשב"א אמאי מהני מסל"ת, וי"ל דסבר כרש"י כו',

עכ"ל, **ותימה** שהרי הרשב"א פסק בהדיא בתה"א כר"ת, **ודוחק** לומר, כיון דכ' ומ"מ לענין פסק הלכה נסמוך על ר"ת ור"י ובעל הלכות והראב"ד ז"ל, שרבים הם ואמרו להחמיר בשל תורה, עכ"ל, א"כ לא פסק כותייהו אלא משום חומרא, ומהני סברת המקילים לענין עובד כוכבים מסל"ת, [כן צידד הט"ז], **ועוד** דבת"ה הקצר שם סתם לגמרי כסברת ר"ת, ולא הזכיר סברת המקילין.

ומחותני האלוף המרומם מהר"ר גרשון נר"ו, הקשה ג"כ על הת"ה, דהא הרא"ש וסייעתו דמצרכי קפילא, ע"כ לאו טעמא משום דלא מרע חזקה, דהרי הוא מסל"ת, **י"ל** דאפ"ה שייך לא מרע אומנתיה, דבמסל"ת נמי שייך דלא משקר, לא מיבעיא אם מודיעין לו שצריך לענין אחר, על דרך משל, שאומרים לו שהמרו ב' בני אדם על זה, אלא אפילו כך נמי לא מרע – פמ"ג, **אלא** הטעם הוא משום דאל"כ מנ"ל שיודע להבחין בטעם, וכן משמע בב"י, וכן הוא בתה"א, **וא"כ** הדרא קושיא לדוכתא, דהא הרא"ש פסק כר"ת, ופסק דסמכינן אמסל"ת, **ועוד** דע"כ טעמא הוא משום מסל"ת לחוד, דאי משום דלא מרע אומנתיה, ליסגי בקפילא לחוד, ודוק, **ועוד** דעדיין דברי המחבר אינם מיושבים, שסתם בחבור זה הפסקים.

ויש שהיו רוצים לתרץ, דהא דאמרינן בהגוזל דאין עובד כוכבים מסל"ת נאמן בשאר דברים, היינו היכא דאתחזק איסורא, משא"כ הכא דלא ידעינן אי אית ביה טעם כלל, ודוחק, **ועוד** דהתם פרכינן עלה מהא דהתירו שבויה על פי קטן מסל"ת, ומשני בשבויה הקלו, והשתא מאי פריך הא בשבויה לא אתחזק איסורא, **ואע"ג** דבריב"ש כתב על דין דעובד כוכבים מסל"ת על קנקנים של יין נסך שעברו עליהם י"ב חדשים, דאינו נאמן, דאף אם נאמר גבי מין בשאינו מינו דסמכינן אעובד כוכבים מסל"ת, אפי' לאו קפילא, מ"מ שאני הכא דאתחזק איסורא, דודאי נשתמשו בקנקן ביין של איסור, ואתה בא להוציא מכח עדותו מידי ודאי איסורו, עכ"ל, **ע"כ** צ"ל דהריב"ש ס"ל כרש"י וסייעתו, והלכך באיסור דרבנן, דקנקנים של עובדי כוכבים אינם אסורים אלא מדרבנן, הוא דיש לחלק בהכי, וכמו שמוכרח לחלק בהכי לדעת הרב, כמ"ש בסוף סימן קל"ז ע"ש, **אבל** באיסור דאורייתא ודאי א"א לחלק בהכי, וכמו שכתבתי.

לכך נ"ל לחלק, דדוקא היכא דליכא למיקם עלה דמילתא, הוא דאין עובד כוכבים מסל"ת נאמן באיסור תורה, אבל במין בשאינו מינו, כיון דאיכא למיקם עלה דמילתא, להטעימו לקפילא, סמכינן עליה, וחלוק זה מוכח בריב"ש. ‹**והפר"ח** כתב, דהכא מרתת הנכרי, דכיון שאם אומר שאין בו טעם והוא מותר, יטעמנו ויאכלנו ישראל גופיה, אם כן ודאי לא משקר – מחה"ש›.

[**ונ"ל** **שהרשב"א והרא"ש ס"ל, דהא דאמרינן בהגוזל בתרא דאין מסל"ת נאמן במילי דאורייתא, היינו במידי דבעי עדות דוקא, משא"כ באיסור והיתר, שפיר מהני, דבזה לא בעינן עדות גמורה, אלא באם יש לנו הוכחה סגי, תדע דהא עד אחד נאמן באיסרין להתיר, וא"כ ה"נ מסל"ת יש לנו סברא שאין שם איסור, וסגי בזה, והא ראיה, שקפילא מהני אפי' באינו מסל"ת, מטעם דלא מרעא חזקתו, ובמידי דבעי עדות ודאי לא מהני דבר כזה, אלא ע"כ דבאיסורין לא בעי רק הוכחה**].

‹**ולכאורה** תמוהין דבריו מאד, דהא בש"ס פריך שם משבויה ותרומה, ובשבויה ותרומה ג"כ עד אחד נאמן, ולדברי הט"ז בדבר שאין צריך שני עדים ועד אחד נאמן עליו, אף מסיח לפי תומו נאמן, מאי מקשה הש"ס. **ונראה** לפרש כוונת הט"ז, דתרומה ושבויה, מהימן מטעם עדות דוקא, תדע, דהא בעי הגדה לפני בית דין דוקא – חוו"ד›.

[**כנ"ל ליישב דעת הרשב"א והרא"ש, אלא דלענין הלכה כבר פסק בטושו"ע סי' קי"ו לענין בכור, דלא מהני מסל"ת, וא"כ לא מהני בשום דוכתא דאיכא איסור דאורייתא, חוץ בעדות אשה**].

‹**לשון** הטור, ויש מי שאוסר עד שיהא אומן ומסיח לפי תומו, וכ"כ א"א הרא"ש ז"ל, שצריך שלא ידע שסומכין עליו בענין איסור והיתר›. [**הא דלא כתב סתמא: וכ"כ א"א הרא"ש, פי' ב"י, שאין הכרע בדבריו אם צריך קפילא דוקא, קשה לי, הא כתב הרא"ש "פי' נחתום גוי", משמע דבעינן דוקא אומן, דאל"כ למה ליה לכתוב דבר זה, דאין דרכו של הרא"ש לכתוב אלא מה דנ"מ לדין, ע"כ נראה איפכא, דודאי הרא"ש ס"ל כיש אומרים שמביא לפני זה, דצריך אומן דוקא, אלא דיש חידוש אחר בדברי הרא"ש, דמשמע אם יודע הגוי שסומכין עליו בדבר אחר, לא לענין איסור והיתר, מקרי לפי תומו, משא"כ בשאר לפי תומו, כגון בעדות אשה, לא מהני זה, ע"כ כתב בשם הרא"ש, דג"ז מהני כאן**].

ואם אין שם עובד כוכבים לטועמו, משערינן בס'. וכן אם הוא מין במינו, כיון דליכא למיקם אטעמא, משערים בס' - משמע דעת

המחבר, דכשיש שם עובד כוכבים לטועמו, לא שרינן אלא ע"י עובד כוכבים, ואי אמר דאית ביה טעם איסור, אסור אפי' טפי מס', ואי אמר דלית ביה טעם, מותר אפי' בפחות מששים, ולא אמרינן לשער בס' אלא היכא דלא אפשר למיקם עלה דמילתא, כגון שאין שם עכו"ם, או מין במינו, וכמו שפירש בב"י דעת הרמב"ם כן. ‹**דברי** ש"ע אין בהן הכרע, שהוא כדברי הגמ', דלא כש"ך – גר"א›.

(**עיין** בתשובת שער אפרים, ובתשובת עבודת הגרשוני, שמשערים במדה ולא במשקל, וכן כתב בתשובת הר"ש בן הרשב"ץ, **ועיין** בתשובת חינוך בית יהודא, שדעתו דאם האיסור וההיתר שוים במשקל, דהיינו ממין אחד שאין א' כבד בטבעו יותר מחבירו, וגם אין בו נפוח או חלל יותר מחבירו, פשיטא דנוכל לשער בשניהם או במדידה או במשקל, **ואמנם** אם יש בחלק א' חלל יותר מחבירו, דאז אם נשער במדידה צריך למעך החלל, אז אמרינן השוקל משובח ממנו, דשמא לא מימעך החלל יפה, **ובשני** מינים א"א לשער במשקל, **ואפילו** אם יש חלל, ע"כ צריך למעך החלל).

(**ועיין** בתשובת בית אפרים שכתב, דכזית קרוש שנפל לתבשיל, כגון כזית שומן שנפל לתבשיל של חלב, או כזית חמאה שנפל לתבשיל של בשר, אע"ג שמיד שנפל לתוך התבשיל נמס ונעשה רביעית, מ"מ א"צ ס' רביעיות מחמת שנמס, רק סגי בס' זיתים, דאף שהגדיל מדתו, מ"מ עמד בו טעמו שהיה בתחלה, **ואפשר** דאם נמס קודם ונפל אחר שנמוח, צריך ס' רביעיות נגדו מדרבנן, כיון שהיה האיסור ניכר בפ"ע כשיעור הזה).

(**ועיין** בתשובת פאר הדור להרמב"ם, שנשאל באיסורין שאמרו חכמים שבטילין בששים, אם מותר להורות כך לעם הארץ או לא, **והשיב** בודאי מותר להורות כך אפילו לעם הארץ, ולא גזרינן שמא יפרצו פרץ, מפני שדבר שנתערב איסור בהיתר, מדין תורה חד בתרי בטל כו', אמור מעתה מאחר כי אחד בששים גזירה הוא, ניקום אנן ונגזור גזירה לגזירה, עכ"ד, **וצ"ל** דלשיטתו אזיל, דס"ל טכ"ע לאו דאורייתא כמ"ש הש"ך, ועיין בבית יוסף, **ולפ"ז** לדידן דקי"ל טעם כעיקר דאורייתא, אם נתערב איסור בהיתר מין בשאינו מינו, אסור להורות כך לעם הארץ שיתבטל בששים, **וצ"ע** כי לא שמענו זאת מעולם).

(ואין נוהגים עכשיו לסמוך על עו"ג, ומשערין הכל בס') – ‹ולא ידעתי טעם נכון בזה, **ואולי** י"ל דאנן חיישינן לחומרת כל השיטות, והיינו דחיישינן דלמא קפילא היינו דמסל"ת, וקפילא מצד בקיאות, וא"כ בלא מסל"ת ליכא היתרא, ובמסל"ת ג"כ אין מתירין, דחיישינן דההיתר לאו משום מסל"ת, דאינו נאמן אלא בעדות אשה, וההיתר דקפילא מטעם דלא מרע אומנתו, ובעינן דוקא שלא יהיה מסל"ת, כמ"ש הש"ך בשם מהר"ג, **ואולם** לפי"ז באיסור דרבנן דמהני בכל מקום לפי תומו, היה לנו להתיר בקפילא מסל"ת, **ולומר** דחיישינן לשיטת רש"י, דבלא ס' לא מהני טעימה, דא"כ גם על טעימת ישראל לא מהני, ועיין ש"ך בסמוך – רעק"א›.

מדלא קאמר, ואין נוהגין עכשיו לסמוך אטעימה, וקאמר ואין נוהגין עכשיו לסמוך אעובד כוכבים, משמע דוקא אעובד כוכבים הוא דלא סמכינן, משום דעובד כוכבים הוא, ‹**שעכשיו** מצוי יותר שישקר אף כשהוא מסל"ת, ואפי' הוא אדם שאומנתו בכך – בדי השלחן›, ‹**ואין** אנו נוהגין לסמוך על עובד כוכבים להקל, ואף להחמיר כשיש ס' אין אנו נוהגין להחמיר, והוא הדין ספק דרבנן, לא חשיב לדידן אפשר לברורי – פמ"ג›, **אבל** אטעימת ישראל סמכינן במין בשאינו מינו דהתירא, כגון תרומה שנפל לחולין *דטעים לה כהן, כדאי' בש"ס ופוסקים, **ואף** שאין תרומה נוהג בזמנינו, מ"מ נ"מ לענין האומר קונם בשר ויין שאני טועם, ונפל לתבשיל, שאסור לו בנ"ט, דסמכי' אטעימת ישראל, **א"נ** לענין טעימת בשר או חלב כמו גבי צנון וכה"ג, וכמ"ש בסמוך, ‹**אם** כבר בישל, אבל לכתחלה לא, עיין סימן צ"ו ש"ך ס"ק ה' – גליון מהרש"א›, **וכ"פ** הב"ח, דבשא"מ דהיתירא יש לסמוך אישראל, אפי' אינו אומן, אפי' האידנא, אפי' בנתערב גוף הדבר, דודאי ישראל לא משקר, **וכן** משמע לעיל ר"ס צ"ו, צנון שחתכו בסכין של בשר, וכמ"ש שם, וכן משמע בתשובת הרב.

ודלא כהעט"ז שכ', ועכשיו אין נוהגין לסמוך אטעימת כהן ועובד כוכבים, עכ"ל, ‹**מפני** שאף האומנים שבינינו איננו בקיאים כ"כ להבחין בטעמים – בדי השלחן›, **ואזיל** לטעמיה, שגם בסי' צ"ו לא הזכיר טעימת צנון כלל, והא ליתא, אלא בישראל מהני לעולם טעימה וכמ"ש.

(**ועיין** בספר בכור שור שמפקפק בזה, ודעתו שאין להקל, משום דכתב הרמ"א ז"ל לעיל סי' מ"ב ס"ג בהגהה, דאף עכשיו יש לסמוך אטעימת הכבד, וביאר הטעם בד"מ, משום דרבו מכשירים בחסרה המרה, **אלמא** דבמקום

אחר אין לסמוך עכשיו אטעימה אפילו דישראל, **ועיין** פמ"ג שם, שדעתו לחלק, דבטעימה ע"י לחיכה בלשונו לחוד, אין בקי כ"א מומחה, וע"ז כתב הרמ"א דיש לסמוך הואיל ורבו מכשירים, אבל לענין טעימת מאכל, בזה כ"ע בקיאין וא"צ אומן, ומש"ה ישראל מהימן›.

‹*לכאורה קשה לדידן דקימ"ל חנ"נ, ע"כ נימא דחולין נכנסים בתרומה, ואח"כ כשיוצא הוי מין במינו דבעינן ס', וליכא למיקם אטעמא, **וצ"ל** דנ"מ בבישל חולין בקדירה שבישל בה תרומה, דבקדרה לא שייך דנכנס ונ"נ, דתמיד מחובר הוא למה שבקדרה, ואינו נפרד כיון דאין בקדירה טעם של עצמו, **או** דנ"מ אף בבישל, וקודם שנח היורה מרתיחה, דמה שנבלע בתרומה אינו פולט, דבזה אף בבב"ח מהני טעימה, **וראיתי** בפמ"ג שכתב, בנדר מבשר ובישל בקדרה, לא מהני טעימה מישראל אחר, דשמא נכנס ההיתר באיסור ונ"נ, וחזר ופלט, והוי מב"מ ובעי ס', כי אנן אין בקיאים לענין נח מרתיחה או לא, ע"ש, וא"כ אף התרומה כן, וע"כ דברי הש"ך רק בקדירה של תרומה שבישל בה חולין וכנ"ל, **אך** מ"מ י"ל, כיון דמה"ת מב"מ ברובה בטל, וגם חנ"נ גופא בשאר איסורים דרבנן, א"כ אף שאין בקיאים בנח מרתיחה, מ"מ לו יהא דהוי ספק אם חזר ההיתר ונפלט מהאיסור או לא, הוי רק ספיקא דרבנן ולקולא, **ואפשר** דגם הפמ"ג לא כ"כ רק גבי נדרים, דבזה אם באנו להקל מחמת ספק דרבנן, הוי דשיל"מ וספיקו להחמיר, אבל בתרומה כה"ג אפשר דמקילינן, **ונ"מ** בכ"ז אף בכל איסורים, אם בדיעבד שלא ידע הישראל וטעם, אם יש לסמוך אטעימתו קודם שנח מרתיחתו, **גם** יש לצרף לזה שיטת הראב"ד, דבלח בלח לא אמרינן נ"נ, וא"כ הבלוע שנכנס ונפלט אינו דבר נפרד והוי רק כמו לח בלח, וצ"ע לדינא – רעק"א›.

סעיף ב - אם נתערב מין במינו ונשפך, בענין שאין יכולין לעמוד עליו לשערו, אם נודע שהיה רובו היתר, מותר. ואם לא נודע שהיה רובו היתר, אסור - הטעם כתב ר"ת וכל הפוסקים העומדים בשיטתו, דק"ל טעם כעיקר אסור מדאורייתא במין בשאינו מינו, דכיון שנותן האיסור טעם בהיתר, *נהפך ההיתר להיות כולו איסור, ואסור כולו מדאורייתא, **אבל** מין במינו כיון שאינו נותן בו טעם, בטל מה"ת ברוב, כדכתיב אחרי רבים להטות, אלא שחכמים הצריכוהו ס', **והלכך** כיון שנודע שהיה רובו היתר, ולא נסתפק אלא אם יש שם ס' או לאו, ה"ל ספיקא דרבנן ולקולא, משא"כ כשלא נודע שהיה רובו היתר, דה"ל ספק דאורייתא ואסור, **אבל** מין בשאינו מינו, כיון דאסור מה"ת עד ס', כיון שנ"ט, אפי' נודע שהיה רובו היתר ולא נודע שהיה ס', ה"ל ספיקא דאורייתא דאסור.

‹*הוא שפת יתר, ובאמת לדעת ר"ת ור"י, דאם כזית מעורב ביותר מד' ביצים, ל"א דההיתר נהפך לאיסור, אלא דמ"מ כיון דמרגישים טעמו דהאיסור, לא נתבטל האיסור, ואסור לאכול מן התורה, דהוי אוכל חצי שיעור איסור, ובנשפך הוי ספק דאורייתא, ולזה, דינא דנהפך אין שייכות לכאן – רעק"א›.

הגה: ולענין מין במינו אזלינן בתר שמא, אם הוא שוה הוי מין במינו. אבל לא אזלינן בתר טעמא אם הוא שוה או לא - ותמהני על הרב, דדעתו אם הוא שוה בשמא, אע"ג דלא שוה בטעמא, ה"ל מין במינו ואסור מדרבנן, ואם אינו שוה בשמא, אע"ג דשוה בטעמא, ה"ל מבשא"מ ואסור מה"ת, וכ"נ מדברי מהרש"ל, **והרי** מבואר בכל הפוסקים, דלהכי מבשא"מ אסור מה"ת עד ששים כיון דנ"ט, ולהכי מין במינו דאינו נ"ט בטל מן התורה ברוב, כדאזלינן בכל דוכתי בתר רובא, **וא"כ** נהפוך הוא, דהכל אזלינן בתר טעמא, דאם אינו שוה בטעמא, אע"ג דשוה בשמא, מ"מ כיון דנ"ט בהיתר ונהפך ההיתר להיות כולו איסור, אסור מן התורה עד ששים, והלכך בנשפך אזלינן לחומרא, **ואם** שוה בטעמא, אע"ג דלא שוה בשמא, מ"מ כיון דלא יהיב טעמא בטיל מן התורה, וכדאזלינן בכל דוכתי בתר רובא, כדכתיב אחרי רבים להטות, והלכך בנשפך אזלינן לקולא.

ואע"ג דקי"ל כרבא פרק בתרא דע"ז, גבי חמרא חדתא דאזלינן בתר שמא ולא בתר טעמא לענין מין במינו, היינו דוקא לענין יי"נ וטבל שאוסרים במשהו מין במינו, וכן לענין תרומה וערלה ששיעורן למעלה מששים במינו, **והלכך** אם הוא שוה בשמא, אע"ג דלא שוה בטעמא, ה"ל מין במינו ואסור במשהו, או בק"א ור"א, ואם אינו שוה בשמא, אע"ג דשוה בטעמא, אסור בנ"ט, **וכן** לר' יודא דאמר בכל האיסורין מין במינו במשהו, והלכך בכה"ג תו ליכא משום טעם כעיקר או אחרי רבים להטות, **וכן** הוא להדיא בתוספות ובאשיר"י וראב"ן ור"ן וכל הפוסקים, דהך דרבא איירי ביי"נ וטבל ודכוותייהו, וא"כ י"ל דוקא בהנך, אבל לא לדידן בשאר איסורים

ולענין נשפך, **והגיעו** דברי אלה לפני כמה גדולי הדור, והסכימו לדברי, גם מ"ו הגאון מוהר"ר יושיע נר"ו אמר שדברים ברורים הם, **גם** הב"ח והעט"ז נמשכו אחר דברי הרב, ולפעד"נ כמו שכתבתי.

שוב מצאתי באו"ה האריך בשם הא"ז בדינים איזו נקרא מין במינו בשמא, ודאזלינן בתר שמא ולא בתר טעמא, וכתב עליו לבסוף: ואנו דקי"ל דאף מין במינו בדבר לח בששים כדאיתא לעיל, אין נפקותא אלא באיסור יבש שנתערב בהיתר, ונודע תערובתו קודם בישול, שהוא במינו ברוב ושלא במינו בששים, עכ"ל, **ושם** כתב בהדיא דקי"ל כר"ת, דמין במינו בששים מדרבנן, ושלא במינו בששים מדאורייתא, ונ"מ אם נשפך, עכ"ל, **הרי** מוכח בהדיא דס"ל כמו שכתבתי, **אלא** שמ"ש דנ"מ לענין יבש ביבש כו', אזיל לטעמיה שכ', דאין הטעם דיבש ביבש במינו בטל ברוב, ושלא במינו בששים, משום דמין במינו אינו נ"ט כשיתבשלו, אבל שלא במינו נ"ט כשיתבשלו, (ולפי"ז גם ביבש הוה אזלינן בתר טעמא ולא בתר שמא), **דא"כ** היה מותר ממ"נ, דאי נודע התערובות קודם הבישול, היה מותר אף לבשלן יחד לבדן, (אפי' בפחות מס', כשיטת הרא"ש, דכיון דנתבטל נעשה היתר, ודלא כהרשב"א דס"ל דצריך עדיין ס' – מחצה"ש), ואי לא ידע בו עד שנתבשלו, א"כ צריך ששים מטעם דהוי איסור לח, **אלא** הטעם דשלא במינו אף בדבר יבש שאינו נ"ט חמיר יותר, לפי שנקרא דבר שיש לו תקנה, דיכול קצת להכיר האיסור ולהסירו משם, ומ"מ בטל שפיר בששים, דמאחר שהוא ג"כ מועט ואינו מוצאו, נקרא שפיר דבר שאין לו תקנה, עכ"ל, **אבל** באמת טעמו דחוק, והטעם ברור ומבואר, דמין בשאינו מינו ביבש צריך ששים, דחיישינן שמא יבשלם ויתן טעם, וה"ל איסור דאורייתא, ואפילו נודע התערובות קודם הבישול, מכל מקום כיון דנ"ט אחר כך, אסור מן התורה, וכדאיתא לשם, וכן דעת הרב לקמן סימן ק"ט ושאר כל האחרונים, משא"כ במין במינו, **והלכך** כיון דבטעמא תליא מילתא, גם ביבש אזלינן בתר טעמא, וכל זה נלפע"ד ברור.

[**הקשו על הרמ"א, דלמה יהיה נחשב למב"מ ובטל ברוב** מה"ת, הא כיון שאין הטעם שוה, הו"ל נותן טעם זה בזה, **ולק"מ**, דהם סברו מ"ש הרמ"א שאין טעמם שוה, היינו שזה מר וזה מתוק, או כיוצא בזה טעמים הפכיים, ואין האמת כן, אלא דרבא ואביי פליגי לענין ענבי בחמרא חדתא, דאביי ס"ל מב"מ הוה, לענין יין נסך דבמשהו במין במינו, כיון דחד טעמי אית להו, ורבא ס"ל דהוה מבא"מ, כיון שיש לכל אחד שם בפני עצמו, ע"כ הוה הדין בנותן טעם כשאר איסורים, ועוד פליגי בחלא דחמרא וחלא דשיכרא, דלרבא הוה מין במינו כיון דשם אחד להם, ולאביי הוה אינו מינו כיון דחלוקים בטעם, וקי"ל כרבא דאזל בתר שמא, והיינו דודאי לענין יין נסך וכיוצא בו דבמשהו, ודאי אזלינן בתר השם ולאסור אפי' אם הטעמים הפכיים ממש, ואם יש להם שני שמות אזלינן לקולא דהוה בנ"ט, **ולכאורה** קשה, מה שייך נ"ט בחמרא חדתא וענבי, הא הוה להו חד טעמא, דמטעם זה חשיב להו אביי במינו, **אלא** ע"כ צ"ל דעכ"פ יש להם קצת שינוי כאשר אנו רואים באמת, אלא דאביי לא איכפית ליה בהאי הפרש מעט, כיון דעכ"פ בעיקר הטעם הם שוים, ולרבא אזלינן בתר הפרש ההוא ואוסר בנ"ט, כיון דהו"ל כאינו מינו מחמת חלוק השם, **והנה** בשאר איסורים יש ג"כ פלוגתא ביניהם, דהיינו בשאר איסורים שדינם בנ"ט מדרבנן, דאילו מן התורה סגי ברוב במין במינו, נמצא בדבר כזה שיש קצת הפרש ביניהם, לאביי הוה מב"מ וא"צ ס' אלא מדרבנן, ולרבא צריך ס' מדאורייתא דהוה כא"מ, וכן בחלא דחמרא וכו' וכיוצא בזה בשאר איסורים, הוה לאביי מה"ת ולרבא מדרבנן, **ואע"פ** שיש קצת חילוק ביניהם, מ"מ בטל ברוב מה"ת, ואל תתמה ע"ז, דהרי גם במב"מ ממש כגון בשר עם בשר, ודאי יש בשר דהוא טוב יותר מחבירו ומטעים גם החתיכה השניה, מ"מ אין קרי נ"ט בשביל זה, ה"נ בזה, **ועכשיו** לק"מ במה שס"ל בסי' ק"ט לענין יבש שבמב"מ בטל ברוב, וכיון דאזלינן בתר שמא, הא גם במינו אפשר לבא לידי נ"ט אם אינם שוין, **ולפמ"ש** לק"מ, דבאמת לא מצינו באיסורין ב' דברים שיהיה להם ב' טעמים הפכיים ושם אחד, ואם תמצא כך ודאי הוה דינם בזה כאינו מינו, והפוסקים לא מיירי מזה אלא בדבר המצוי, וכעין אותם שזכר הב"י בסי' זה בשם מ"כ ע"ש, ותמצא שלא מנה דברים שיש להם טעמים הפכיים, אלא בענין שאין טעמים שוה ממש, וזו היא כונת רמ"א ג"כ במ"ש: דלא אזלינן בתר טעמא אם שוה, ר"ל ממש בענין אחד, אבל מ"מ אין שייך בהם נ"ט דאין להם טעמים הפכיים, והיינו כענין חלא דחמרא ודשכרא, דלאביי הוה אינו מינו ולרבא הוי מינו, וקי"ל כרבא, זה ברור בכונת הפוסקים – ט"ז בדף אחרון].

מחבר רמ"א ש"ך ונקה"כ

כל דבריו אין בהם ממש, מ"ש: דאני חשבתי מ"ש רמ"א שאין טעמם שוה, היינו שזה מר וזה מתוק או כיוצא בזה טעמים הפכיים, ואין האמת כן כו', **ודאי** חשבתי כן, והאמת הוא כן, ואפי' לפי מה שסובר הוא, לא תירץ כלום, וכמו שאכתוב בסמוך. **ומ"ש**: ולכאורה מה שייך נ"ט בחמרא חדתא כו', וע"ז בנה יסוד תירוצו, לק"מ, דודאי חמרא חדתא בעיניבי אינו נ"ט, אלא דאביי קאמר דמשערינן במשהו, ורבא ס"ל כיון דחלוקים בשמא, משערינן בנ"ט, כלומר השיעור הוא בכדי דיהיב טעמא בשכנגדו באינו מינו, דהיינו בס', **ועוד** דמ"מ לא הועיל כלום בדבריו, דהאיך אפשר דפלוגתא דאביי ורבא קאי בפחות מס' אי הוי דאורייתא או דרבנן בדבר שיש קצת הפרש ביניהם, הא כיון דבאמת לא יהיב טעמא זה בזה, ולא נהפך ההיתר להיות כולו איסור, א"כ הו"ל בכה"ג אחרי רבים להטות, וכמ"ש כל הפוסקים, ומה בכך דאית ליה שמא באפיה נפשיה, **וכן** בחלא דחמרא בחלא דשכרא, אמאי הוי פחות מס' לרבא מדרבנן, הא כיון שידוע דכל א' נ"ט בחבירו ומשנה את חבירו ומבטלו בטעמו, א"כ בכה"ג נהפך ההיתר להיות כולו איסור, ובכה"ג אסור מדאורייתא, דטעם כעיקר מדאורייתא, **אלא** ודאי לא מיירי פלוגתא דאביי ורבא בפחות מס' ולענין דאורייתא ודרבנן, וכמ"ש בש"ך ע"ש. **ומ"ש**: ואע"פ שיש חילוק קצת ביניהם בטל מן התורה ברוב כו', כל מי שיש לו חיך לטעום יראה שחילוק גדול ביניהם ולא חילוק קצת, דהרי כשמתערב חומץ יין בחומץ שכר, הוא מחזיק טעם החומץ שכר, ומהפכו לטעם אחר לגמרי, וכן כשמתערב חומץ שכר בחומץ יין, מחלישו לגמרי. **גם** מה שאמר: דבאמת לא מצינו באיסורים דברים שיהיו להם ב' טעמים הפכיים ושם א' כו', לא ידעתי מי הוא הנביא שהגיד לו זה, ואדרבה הרי אנו רואים בחוש הרבה מינים שיש להם שם אחד והם הפכיים ממש, כגון תפוחים יש מהן מתוקים כדבש, ויש מהם מרים מאד, וכן שקדים שנינו במשנה פ"ק דחולין, החייב בשקדים המרים פטור במתוקים, וכאלה רבות. **גם** פי' בדברי רמ"א והנמשכים לדעתו אינו אמת, דהא סתמא קאמרי: אבל לא אזלינן בתר טעמא אם הוא שוה או לא, משמע דאע"פ שהוא שוה בטעמא ממש, אזלינן בתר שמא אם חלוקים בשמא, וכן אפי' חלוק בטעמא ממש, אם יש להם שם אחד אזלינן בתר שמא. **וכל** זה אינו. **גם** לא ה"ל לרמ"א וסייעתו לתלות בשמא כלל, דהכא לא נ"מ מיד כלל בשמא, וכמש"כ בש"ך באריכות, וכבר הסכימו עמי בזה כמה גדולי הדור - ש"ך בקונטרוס אחרון.

(**ועיין** בספר תיבת גמא שחיבר בעל הפמ"ג, שכתב דדם וחלב אין טעמם שוה, אע"ג דדם נעכר ונעשה חלב, {**צ"ע**, דזהו לר"מ בנדה ט', אבל אנן לא קי"ל הכי, כמבואר לקמן סי' קפ"ד ס"ז, ובסי' קפ"ט סל"ג}, **מ"מ** השתא לאו טעם דם הוא, וכדמוכח ראיה מחולין קי"א, אמרה ילתא, אסר לן דמא שרא לן כבדא, ופירש"י טעם דם בו, ולא אמרה שרא לן חלב, ש"מ דאין בו טעם דם).

אבל אם נתערב בשאינו מינו, ונשפך בענין שאין יכולין לעמוד עליו לשערו, אפי' נודע שהיה רובו היתר, אסור - (משום דקימ"ל טעם כעיקר דאורייתא. **ועיין** בתשובת נו"ב שכתב, דכיון דהא דטעם כעיקר דאורייתא ילפינן ממשרת או מגיעולי עכו"ם, אמרינן דדוקא באיסורים דכוותייהו שהם לאווין שיש בהם מלקות, אבל לא בלאו שאין בו מלקות, כגון חלב טמא וכיוצא).

(**ועיין** בתשובת בשמים ראש, שתלמיד ותיק אחד רצה לחדש, למאן דס"ל טכ"ע לאו דאורייתא, ואך בבב"ח הוא דאורייתא, מדאפקיה רחמנא בלשון בישול, **א"כ** י"ל דהיינו דוקא כשקיבל החלב טעם ממשות הגדי, אבל טעם גדי הנבלע בקדרה אינו כעיקר מה"ת לאסור החלב, {**גם** הפמ"ג נסתפק בזה, ולפ"ז לענ"ד מיושב קושיית העולם והוזכרה ג"כ בתשו' הנ"ל, איך נילף טכ"ע מגעולי נכרים, דילמא משום בב"ח צוה להגעיל}, **והוא** ז"ל כתב דסברא זו י"ל גם לדידן דטכ"ע דאורייתא, מ"מ בב"ח לא הוי אלא בקיבל טעם מן הגדי ממש, **אך** הראה לו סתירת חילוק זה מש"ס פ' אלו עוברין).

כתוב בת"ח בשם או"ה, דאפילו אם נפל חלב לבשר עוף שהוא דרבנן, אפילו הכי אם נשפך אסור, הואיל וטעם כעיקר דאורייתא, וכ"פ בסימניו, **והוא** תמוה, דהא מ"מ אפילו עיקר בשר בחלב דעוף גופיה אינו אלא מדרבנן, ואם כן הוי ספיקא דרבנן ולקולא, **וכן** לקמן סי' קי"א אמרינן בין באיסור דרבנן בין בשיעור דרבנן תולין להקל, **אבל** המעיין באו"ה יראה דהרב לא כוון יפה, דז"ל שם, אם נשפכו המים שבקדרה לאחר נפילת האיסור, וספק אם היה שם ס' מתחלה או לא, כתב בסמ"ק שנוהגין כר"ת דטעם כעיקר דאורייתא, ודנין

[ט"ז] ‹רעק"א או ש"א או הוספת הסבר› (פת"ש)

בספיקו לחומרא, ע"כ, ואפילו נפל חלב לתבשיל של בשר עוף, דאין חילוק, עכ"ל, **ור"ל** דאין חילוק דאזיל לטעמיה, שכתב דבשר עוף בחלב הוי דאורייתא, ואין חילוק בין בשר עוף לבהמה בכל מילי, עכ"ל, וכ"כ בכמה דוכתי, **אבל** למאי דקי"ל בר"ס פ"ז, דבשר עוף בחלב דרבנן, פשיטא דתולין כאן להקל, וזה ברור.

[**ובאמת** לא כתב האו"ה בזה שהוא דרבנן כמו שהעתיק תו"ח משמו, **נמצא שהוא כתב זה למאן דס"ל בשר עוף הוא דאורייתא, וכן כתב הוא בהדיא, מ"מ אין מזה תפיסה על רמ"א, דאפשר בנוסח שלו באו"ה היה כ"כ, כמו שמצינו בתשו' רמ"א בסופן שכתב במידי אחרינא, בנוסח שלו באו"ה כתב יד לא היה כתוב כמו שהוא בנדפסים, אלא שצ"ע במה שכתוב הואיל וטעם כעיקר דאורייתא, דאין בזה כלום, אבל נראה דשפיר קאמר רמ"א, דכיון דמצינו בבב"ח שעשו חכמים חיזוק לדבריהם כשל תורה ממש, כגון לענין אכילת גבינה אחר בשר, כמ"ש סי' פ"ט ס"א, וכן בס"ב ליש מחמירין שמביא רמ"א, וכן ריש סי' פ"ח לענין להעלותו על השלחן, ולא חשבינן לה גזירה לגזירה, והמקור ממה שאיתא בגמרא בזה, שהוא כמין גזירה אחת, ע"כ גם בזה ראוי להחמיר בעוף, גזירה אטו נשפך בבשר בהמה, משא"כ במין במינו ונשפך, דאין שם גזירה אטו איסור דאורייתא, ע"כ אזלינן שם להקל ביש רוב להיתר**].

(**ועיין** בתשובת אמונת שמואל, שדעתו כהש"ך וחולק על ט"ז, וכן דעת הפר"ח).

(**ועיין** בתשובת בית אפרים, לענין חתיכת בשר שנפל לתוך יורה של חלב, וסילקו מיד, והבשר נאבד וא"א לעמוד על שיעורו, והשואל אומר שלפי אומדן דעתו היה ס', אך אינו יודע בבירור, **וכתב** שיש כמה צדדים להקל, דדעת הפר"ח, דכל בב"ח שלא נתבשל כמאכל ב"ד אין בו איסור מה"ת, **וגם** כיון שאומר שהיה חתיכה קטנה, קרוב שיש ששים, הוי כהיתרא שכיחא טפי, **ולכן** יש להתיר ע"י טעימת קפילא מסל"ת, ואם אין שם קפילא, שרי לישראל לטעום טעימה בעלמא, ואם אין מרגיש טעם בשר מותר לאכול אח"כ, **ומי** שירצה להחמיר גם בזה לענין אכילה, עכ"פ בהנאה יש להתיר בפשיטות).

ואם נתערב במינו ובשאינו מינו, ונשפך בענין שאין יכולין לעמוד עליו לשערו, ונודע שהיה רובו היתר ממינו, רואין את שאינו מינו כאלו אינו, והשאר מינו רבה עליו ומבטלו - באמת צ"ע בדין זה, דהטור בשם הרשב"א הוציא דין זה, ממאי דאמרינן רואין את מינו כאילו אינו להקל, ושאינו מינו רבה עליו ומבטלו, למאן דאית ליה מב"מ לא בטיל, עכ"ל, **ולא** דמי כלל, דהתם במינו לאו בנ"ט אסור, הלכך אמרינן רואין את מינו כאלו אינו, דהא נתבטל בשאינו מינו, **אבל** הכא איך נאמר רואין את שאינו מינו כאלו אינו, סוף סוף השתא נ"ט בשאינו מינו, וא"כ הוי ספקא דאורייתא, דלמא לא היה ס' ונתן טעם, וכן השיג מהרש"ל ע"ז, **ונ"ל** דגם הרשב"א והנמשכים אחריו לא אמרו אלא להתיר את מינו, ולאפוקי דלא נימא, כיון דהשתא נפל באינו מינו, א"כ ה"ל ספיקא דאורייתא, אלא אמרינן רואין את שאינו מינו כאלו אינו, והשאר מינו רבה עליו ומבטלו, **והיינו** דדייק לישנא דוהשאר מינו רבה עליו כו', דהל"ל ומינו רבה עליו, אלא משום דשאינו מינו אסור, קאמר דמינו הנשאר רבה עליו.

(**אכן** יש להקשות, נימא כיון דאינו מינו נאסר, נימא חנ"נ ויאסור אח"כ את השאר. **אכן** ודאי לשיטת הרשב"א והמחבר לא קשה מידי, דס"ל לעיל בסימן צ"ב, דבשאר איסורים לא אמרינן חנ"נ. **ואף** לדידן ג"כ נ"מ, כגון שיש כאן רוטב ובשר של היתר, והרוטב של היתר יש ששים נגד הבשר, ונפל לתוכו רוטב של איסור, דאף אי אמרינן דהבשר נ"נ, מ"מ יש ברוטב ששים נגדו - מחה"ש). (**יש** לומר חנ"נ בשאר איסורים דרבנן, וא"כ ליכא איסור תורה עכ"פ, ובדרבנן תולין שיש ס' - פמ"ג).

[**ולע"ד נראה דברי הרשב"א נכונים וברורים, דהא דאמרינן בגמר' סלק את מינו וכו', היינו כגון בשר שחוטה ובשר נבילה והרוטב, ויש ברוטב ששים נגד הבשר נבילה לחוד, והיה לנו לומר דמ"מ בשר שחוטה יהא אסור, כיון שהוא מינו עם האיסור, ובמינו לא מהני ביטול ששים, אפ"ה לא אמרינן כן, אלא כיון שאין בבשר שחוטה איסור אלא מחמת התערובות עכשיו, אמרינן סלק את מינו ההיתר כאלו אינו, ולא יזיק לו התערובת, כיון שבטל בששים האיסור ברוטב, הוה האיסור כמאן דליתיה, ואין כאן אפי' בליעה במשהו, וא"כ ה"ה ממש לדידן, שמינו בטל ברוב מן התורה, ואינו מינו בששים לכו"ע, ונתערב בשר שחוטה עם נבילה ורוטב, ואין כאן ששים לבטל הנבילה, נמצא שיש כאן היתר לבטל האיסור בבשר שחוטה, מצד שהוא רוב**

נגדו, ובמינו מהני רוב מן התורה, אלא שראוי לאסור הרוטב מצד שאין בו ששים נגד האיסור, נמצא שנ"ט, לזה אמרינן חשבינן לרוטב כאלו לא נתערב עם הנבילה, כיון שכבר בטלה הנבילה מחמת רבוי מינו, והוה כמאן דליתיה, ולהיתר ממש נחשב האיסור לגמרי, כן הוא מן התורה, אלא דרבנן החמירו להצריך ששים אף במינו, ע"כ כאן שיש ספק אם היה ששים *באינו מינו נגד האיסור, וא"א לעמוד עליו כיון שנשפך, מותר, דשבקינן ליה אדאורייתא דמינו בטל ברוב, וא"צ ס' כיון שאפשר שהיה ס' בשאינו מינו, וכל זה הוא נכון ואין בו פקפוק].

כ"כ הב"ח, אבל כבר הקשיתי עליו בש"ך, דעדיין קשה מנין לנו להמציא היתר כיון דלא דמי כלל, ויש טעם נכון לחלק ביניהם, דהכא נרגש הטעם - נקה"כ. ‹והט"ז ס"ל, דהטעם הנרגש באינו מינו הוא מעורב מהיתר ואיסור, ונתבטל ברוב במינו דהיתר – פמ"ג›.

*‹זהו לישנא אינו מדוקדק, דסגי במה דאפשר דבכולל הכל מינו ואינו מינו, הוא ס' – רעק"א›.

[**ועיין** בתשובת ח"ס שכתב, דאין נראה להקל נגד דעת הש"ך, דטעמא לא בטיל, ולכן גם הבשר כשר שהוא מינו צריך שיסיר ממנו כל לחלוחית הרוטב והמרק, ויקלפנו משום דאית ביה פילי, כדי להסיר ממנו המרק של איסור שהוא בעין עליו. ‹**ולפי** דברי הש"ך לא משכחת האי דינא אלא בבשר נבילה עם שחוטה ורוטב, לא לח בלח שכולו אסור – פמ"ג›.

[**ודבר פשוט שכאן לא מיירי אלא שנתערב בפעם אחת, אבל אם נתערב תחילה אם אינו מינו, ואח"כ ניתוסף שם מינו, ודאי כבר נ"נ קודם שבא לשם מינו, כן נלענ"ד**]. ‹**מה** בכך, כיון דעתה נפל מינו דהיתר רוב, סוף סוף ליכא איסור תורה עכשיו לסברת הרשב"א, ונ"נ בשאר איסורין הוה דרבנן וספיקא לקולא. **וכי** תימא דה"ק, דאם נפל בבת אחת די בספק שיהא בין הכל ששים, משא"כ כשנפל לאינו מינו, לא מהני שיהא בין הכל ששים, וצריך באינו מינו ששים, דאל"כ חנ"נ, דאין לשון הט"ז מורה כן. **ואולי** כהאי גוונא לא רצה הט"ז להתיר, כיון די"א חנ"נ בשאר איסורין הוה מן התורה, ומ"מ צ"ע – פמ"ג. **הגהות** רעק"א: נ"ב הא דלא ניחא ליה לתרץ, כיון דהספק הוא בדאורייתא מתחלה וע"י גלגול הוי דרבנן, לא אמרינן ספקא דרבנן לקולא, וכמ"ש בסק"ג בעצמו, **היינו** משום דכיון דנפל המינו לתוכו קודם שנשפך, א"כ לא היה הספק בדאורייתא מעולם, דקודם שנשפך לא היה שם ספק, דהא עומד לברר, כן נלע"ד›.

סעיף ג. במה דברים אמורים, בשנשפך, אבל איסור שנתערב בהיתר, והוא לפנינו, ואי אפשר לעמוד על שיעורו, אף על פי שהוא מאיסורים של דבריהם, אסור - פי' שעכ"פ בקיאין אנו שיש בו רוב, אלא דאין אנו בקיאין אם יש בו ס' או לא, או שאין אנו יודעין כמה איסור נפק מיניה, וגם הוי מאיסורים של דבריהם, אפ"ה אין תולין להקל, כדקי"ל גבי כחל לעיל סי' צ', **והטעם** כתבו הפוסקים, דספק התלוי בחסרון ידיעה לא מיקרי ספק, דדעת שוטים הוא זה, משא"כ ברישא דבא הספק מכח שנשפך, **והר"ן** כתב, משום דבדבר שא"א לעמוד עליו, אי אזלינן לקולא, יהיו כל האיסורים בספק, וכל א' ישער במה שנראה בעיניו, ולפיכך באו חכמים להשוות מדותיהן, אבל במה שאינו בא אלא באקראי בעלמא, כגון שנשפך וכה"ג, אזלינן לקולא, ע"כ.

[**במרדכי נתן טעם, דדעת שוטים אינו כלום, וכעין זה כתב ב"י בשם הרשב"א, בדין לבשה חלוק שנתכבס ונמצא עליו כתם, וז"ל, שאין זה כספיקא דרבנן, דספק הבא ממיעוט הכרה אינו ספק, דאם אין זה בקי ומכיר, אחר יכיר, והיינו באפשר למיקם עלה דמלתא, עכ"ל, ויש להקשות ממה שכתב הטור סי' פ"א, להתיר הגבינות בטריפות שע"י סירכא, מפני שאם היינו בקיאין לברר, אפשר שהיה להן היתר ע"י בדיקה, א"כ הו"ל ס"ס כו', אלמא דחסרון בקיאות שמיה ספק לענין איסור דאורייתא דצריך ס"ס, וכאן לא חשבינן ליה לספק כלל, במקום שדי בספק אחד כיון שהוא דרבנן, וצ"ל דדוקא כאן דיש חסרון בקיאות למי שאינו בקי, אבל לאחרים ודאי יוכל להתברר, זהו דוקא לא מקרי ספק כלל, משא"כ בסירכא, דהתם כל הדור אינם בקיאים בזה**].

[**אלא דקשה אמאי הביא כאן הטור, הלכך כחל וכו' דאזלינן להחמיר, דהיינו מטעם שא"א לנו לעמוד על השיעור, וזה כולל לכל הדור, ונראה לתרץ דיש כאן ב' צדדים בספק דחסרון בקיאות, הצד הא', במקום שיש ספק אם הוא מותר או אסור, ואין שום תיקון לומר עד היכן הולך האיסור, אלא א"ת אסור, יהיה אסור לגמרי, והיינו הך דהכא אם אינו בקי לשער, ובזה אמרינן דאם היה חסרון לכל הדור, היינו הולכים בו להקל, כיון שהוא ספק דרבנן, אבל אם החסרון ליחידים, אין זה ספק, וצד**

השני, באם הספק באיזה ענין נשער, כי יש לנו שני שיעורים, היינו ההיא דכחל, דספק אם נשער בכחל עצמו, או במאי דנפיק מיניה, בזה אזלינן להחמיר, אפי' אם החסרון לכל העולם, כיון שיש עכ"פ לפנינו שיעור אחד שיצא מספק, ודאי חוששין לו, ולא אמרינן דהוה ספק דרבנן להקל, כיון דהספק הוא מחמת חסרון ידיעה, **נמצא** דהכי קאמר הטור, כאן אזלינן לחומרא אם הוא אינו בקי לשער, כיון שיש אחרים שיודעים, ע"כ אסור לגמרי, הלכך בכחל דהוי הספק בין כולו או במאי דנפיק מיניה, אזלינן ג"כ לחומרא ומשערים בכולו, כיון דהוא לפנינו וא"א לשערו, **אבל** כל היכא שהספק לכל העולם, והוה הספק אם הוא אסור לגמרי או מותר, אזלינן לקולא, והיינו ההיא דגבינות, שחשבינן זה לספק והוה ס"ס].

[ובזה מתורץ גם קושיא של הב"י, דהקשה למה כתב הטור "הלכך כחל", והרשב"א למד דין זה מכחל, **ולפי** מה שכתבתי ניחא, דכבר יש פלוגתא בסי' פ"א בין הרשב"א להרא"ש בזה, דלהרשב"א אמרינן אפי' בספק לכל העולם מחמת בקיאות הוה כמו ביחיד, ולא נחשב לספק, ומש"ה אסורים הגבינות, ולא חשב לס"ס, ע"כ שפיר יליף להך מילתא מכחל, אע"ג דכחל הוי ספק לכל העולם, וכאן הוה ספק ליחיד, מ"מ שוין הם לדידיה, **אבל** הטור כאן אזיל בסברא זו בתר אביו הרא"ש, דיש חילוק בין חסרון הבקיאות, א"א לו ללמוד דין דכאן מכחל, כי באמת חלוקים הם, אלא דכתבו בלשון "הלכך" כלומר כי היכי דלגבי חסרון בקיאות ביחיד אמרינן כאן לחומרא, ה"נ בכחל דהוה חסרון בקיאות דרבים אזלינן לחומרא, לענין חילוק השיעור בין כולו למאי דנפיק מיניה, והכל ניחא בס"ד, גם בסי' פ"א ס"ב כתבתי מעין זה, דבמקום שתלוי בחסרון ידיעה, יש להחמיר במקום שאפשר לעשות תקנה לצאת מן הספק, כגון לענין ביצה, אע"ג דהוא מדרבנן שם, דהא מן התורה חד בתרי בטל].

וכל דבריו דחוקים, ומעיקרא לא קשה מידי, דהכא הוי שפיר חסרון חכמה, כיון דלא אפשר לעמוד על שיעורו, אבל התם מדינא כשר, דהא אפשר למיבדק בפושרין ובנפיחה, אלא דמחמרינן ואמרינן דלא בקיאי אנן בבדיקה, הלכך ודאי ספק מעליא הוא, ודוק - נקה"כ.

(**עיין** בתשובת אמונת שמואל שכתב, דקטן או עובד כוכבים ששמו דם בקדרה של בשר, וידוע שנתבטל ברוב, אלא ספק אם יש ס', כיון דדם שבישלו דרבנן, ספק כי האי שאינו מוטל עליו לידע, הוי ממש כנשפך דתולין להקל, ולא שייך לומר דדעת שוטים הוא זה, שהרי אינו נביא לידע כמה נפל, **וכ"ש** לטעם הר"ן, כיון דמילתא דלא שכיחא הוא, ודאי דינו כנשפך, **ומ"מ** לא החליט הדבר רק להלכה ולא למעשה, ועפר"ח שהביאו והביא ראיה לדבריו, **ועיין** פמ"ג שכתב, דאף שיש עובד כוכבים, א"צ לברר להטעימו לקפילא, כיון שאין אנו נוהגים לסמוך כלל על עובד כוכבים, הוי כלא אפשר לברורי).

סעיף ד - איסור שנתבשל עם היתר, אפילו מכירו והוא שלם וזרקו, צריך ששים כנגד כל האיסור - אפי' איסור דרבנן, **מפני שאין אנו יודעים כמה יצא ממנו, לפיכך המבשל בקדירת איסור שהיא בת יומא, או תחב כף של איסור בהיתר, צריך ס' כנגד כל הקדירה** - פי' וא"כ אסור התבשיל שבקדרה, דאין מה שבתוך הכלי ס' נגד הכלי, **וכנגד כל מה שתחב מהכף, שאין אנו יודעין כמה בלעו, בין שהם של חרס או עץ או מתכת** - כלומר ולאפוקי סברת הראב"ד, דס"ל דבעץ ובמתכת, כיון דאפשר להפריד האיסור ע"י הגעלה, אין משערין בכולו, אלא אומדים אומד יפה כמה יצא ממנו, **אלא** אין חילוק.

הגה: ודוקא שבלעו ע"י רתיחת אש, שאז הבליעה הולכת בכל הכלי, אבל על ידי רתיחת מליחה אינו נבלע בכלי רק כדי קליפה, וא"צ לשער רק כדי קליפה. וע"ל סימן ס"ט - ודוקא בכלי, אבל בדבר מאכל קי"ל דנאסר כולו, כדלעיל סימן צ"א ס"ה ובסימן ק"ה ס"ט.

וכתוב בת"ח בשם או"ה, דה"ה אם נאסר הכלי ע"י עירוי, א"צ לשער רק כדי קליפה, **אבל** אם נאסר ע"י כבישה, צריך לשער נגד כולו.

ויש מי שמחמיר בכף של מתכת להצריך ס' כנגד כולו, אפילו לא הכניס אלא מקצת, משום דחם מקצתו חם כולו. הגה: ונוהגין כסברא הראשונה.

וכל איסור שמבטלים בששים, אם מכירו צריך להסירו משם אף על גב דכבר נתבטל טעמו בששים. ולכן אם נפל חלב לתוך התבשיל ונתבטל טעמו בששים, צריך ליתן שם מים צוננים, וטבע החלב להקפיא ולצוף למעלה על המים, ויסירנו משם, דמאחר דאפשר להסירו הוי כאילו מכירו וצריך להסירו משם - ‹ובכרתי ופלתי היקל כשהמאכל מתקלקל ע"י צינון, כמו לקמן סי' ק"ב ס"ג בכלי ע"י הגעלה, יע"ש. **ויש** לחלק ביניהן, כי כאן הוא כמכיר האיסור – פמ"ג›.

משמע דהיכא דליכא ס', לא מהני נתינת מים צוננים, וכן כל הפוסקים לא הזכירו היתר נתינת מים צוננים היכא דליכא ס', **אלא** ודאי כיון דליכא ס', אע"פ שנותן מים צוננים, מ"מ מתחלה נפלט טעם האיסור, וטעמא לא בטיל במה שמסיר השומן אח"כ, ולא עדיף מאילו נפל חתיכת איסור, אע"פ שמכירו והוא שלם וזרקו, צריך ס' נגד כולו, וכדכתבו הט"ו וכל הפוסקים, **דלא** כהב"ח שסמך עצמו אהגהת או"ה, להתיר בדיעבד על ידי נתינת מים צוננים אפי' ליכא ס', וע"ל ר"ס ק"ד, [**וכתב הטעם**, שאין החלב מתערב ברוטב, אלא צפה למעלה, וכל שאפשר להפרידו לגמרי, לא אמרינן ביה חנ"נ כו', ולענ"ד נראה דלא להקל כלל בזה, והדברים מבוארים בעצמן, שאין טעם וריח לקולא זו, דהא אפי' בכלי בעינן ששים נגדו, אם תחב כף של בשר בקדירת חלב, ואנו רואים הכף כמו שהוא בתחילה, אעפ"כ אמרינן שהטעם יצא ממנו, ה"נ בחלב לתוך היתר, אע"פ שאח"כ צף למעלה, **אפי'** אנו יודעים שיש בו שיעור כמו שהיה בתחילה, מ"מ הטעם שלו נפלט ונכנס מים במקומו, **אלא** פשיטא דלא אמרינן תקנה זו דיצוף החלב למעלה, **אלא** לחומרא בדאיכא ס', אבל בדליכא ששים ודאי החתיכה עצמה נ"נ], ‹לאו דוקא, אלא דא"א לסוחטו, והחתיכה נשארה באיסורה – הגהות והערות על השו"ע›.

‹נ"ב צ"ע, שהרי הב"ח כתב שהטעם, משום דבתערובות לח בלח ליכא שום נתינות טעם מא' להשני, רק התערובות שניהם גורם טעימת טעם שניהם, וכשנפרדים זה מזה לא נשאר טעם, וכל אחד עומד בטעמו לבדו, כן תורף כוונתו, וכעין שכתבו תוס' במס' חולין. **ובכוונת** הגהות או"ה י"ל עוד, שסובר דמה שצף למעלה הוא מפני שטבע החלב כך הוא, שמפריד עצמו מן הרוטב ועולה למעלה, ואף שבהיותה בתוך הרוטב נכנס לתוך החלב טעם הרוטב, מ"מ בעת הפירוד לצוף למעלה, נתפרד הוא וטעמו מהרוטב ומהטעם שהיה בו מהרוטב, ואינו יוצא למעלה רק חלב, ומה שצף למעלה הוא כ"כ כמו שנפל לא פחות ולא יותר, שגם הטעם שנתפשט מן החלב לתוך הרוטב מתקבץ יחד ועולה עם החלב, ואין שיור טעם החלב בתוך ברוטב, ולא שיור טעם הרוטב בתוך החלב, שהטבע מפרידם זה מזה מכל וכל – אמרי ברוך›.

איסור שנתבטל בקדירה והסירוהו משם, ונפל לקדירה אחרת, צריך לחזור ולבטלו בששים נגד כולו, וכן לעולם. אבל אם נפל לקדירה הראשונה ב' פעמים, אין צריך רק ששים אחת כנגדו. ועיין לעיל סימן צ"ד.

סעיף ה - אם ידוע כמה הוא האיסור, כגון כף חדשה או שאינה בת יומא - פי' שהיה של בשר ואינה בת יומא, **שניער בה ובלעה כזית חלב** - דליכא למימר דנ"נ, כיון שהבלוע שבה היא נ"ט לפגם, **ואחר כך ניער בה קדרה של בשר, אין צריך אלא ס' לבטל הכזית שבלעה** - אבל אם ניער בכף אח"כ חלב, פשיטא דמותר בדיעבד, שהבשר נותן טעם לפגם.

(ולא אמרינן גבי כלי חתיכה נעשית נבילה, אפילו אם ניערו בו איסור) (ר"ן בשם הרמב"ן) - לכו"ע, כיון דהבלוע לא נ"נ, דודאי לא שייך לומר שגוף העץ או מתכת או חרס יעשה נבלה.

[ומה שנרשם במראה מקום על הג"ה "ולא אמרינן גבי כלי כו'", שהוא מדברי הר"ן בשם הרמב"ן, אותו המעתיק טעה, ולא הבין דברי הג"ה כלל, דלא מיירי בהג"ה בבלוע נ"נ, רק בגוף הכלי לא אמרינן כן, וע"כ סיים רמ"א שפיר ‹לקמן בסמוך›, ד"הסברא ראשונה עיקר" דבבלוע אמרינן נ"נ].

מדלא כ' זה ‹דכף לא נ"נ אם ניערו בו איסור› בסיפא גבי כף ישן, משמע דס"ל דאף בשאר איסורים חנ"נ בכלי ישן, **מיהו** היינו דוקא במקום שאין הפסד, אבל בהפסד שרי בשאר איסורים בכלי ישן, כדמשמע בת"ח, ‹**דהרבה** סוברים אין חנ"נ בשאר איסורים, וצירוף סברת רמב"ן דבלוע לא נ"נ, **ובבב"ח** כה"ג במתכת, בעינן הפסד מרובה דוקא – פמ"ג. ועיין מש"כ עוד לקמן›.

אבל כף ישנה ובת יומא, משערין בכולה, (דכל מה שבלע נעשית איסור, ולא ידעינן כמה בלע) - «פירוש», אבל כף ישנה של בשר ובת יומא, שניער בה כזית חלב, או איפכא, ונעשה הבלוע בה נבילה, בין שניער אח"כ בה קדרה של בשר או של חלב או של שאר דברים, צריך ס' לבטל כל מה שנתחב מהכף בקדרה, דלא ידעינן כמה בלע, **אבל** אי ידעינן כמה בלע, לא הוה צריך לשער אלא נגד הבשר והחלב, כגון אם ניער בה כזית של בשר, ואח"כ ביומו כזית חלב, א"צ אלא ס' נגד הב' זיתים.

ויש מי שאומר שגם בזו אין צריך אלא ס' לבטל הכזית שבלעה – [הוא דעת הר"ן בשם הרמב"ן], דס"ל דלגבי דבר הבלוע לא אמרי' חנ"נ, «דלא הוה דרך בישול בכך – פמ"ג», [וכ"ש בגוף הכלי]. «ועיקר טעם הרמב"ן, משום דכל זמן שלא יצא, בטל אגב החרס, ולא חשיב שם אוכל ומשקה עליה ליאסר מחמת בב"ח – חזו"א».

הגה: והסברא ראשונה עיקר, כמו שנתבאר לעיל גבי טיפת חלב שנפלה על הקדירה - סי' צ"ב ס"ה, [נתבאר דכל שלא כנגד הרוטב אסור התבשיל מחמת הקדרה, אלמא דאמרינן בבלוע חתיכה עצמה נ"נ, **ובאמת** אין זה ראיה, דגם שם יש היתר כמ"ש], «דבנפלה כנגד הריקן אינו אסור רק ממנהגא, אבל לא מדינא, וס"ל להט"ז הטעם, דלא אמרינן בבלוע דנ"נ – פמ"ג». **לא** ידענא מאי קאמר ומאי היתר יש שם, הלא טיפת חלב שנפלה על מקום הריקן שבקדרה, טעמא דאסור משום דהבלוע בה נ"נ, וא"כ שפיר מייתי רמ"א ראיה - נקה"כ. «וע"ש בס"ז, דהט"ז והש"ך הולכים לשיטתייהו וכדמבואר שם».

ויש שאינן מחלקין בין כף ישן לחדש, רק בין כלי חרס לשאר כלים, ואומרים דבכלי חרס דאי אפשר להפריד האיסור על ידי הגעלה, אמרינן הכלי נעשה נבלה, אבל לא בשאר כלים, וטוב לחוש לחומרא, וע"ל סימן צ"ב - «ומה דכלי חרס נ"נ», היינו כשבלע איסור, אבל כלי חרס חדש שבלע חלב או בשר לבד, לא שייך נ"נ, דהא אפי' בחתיכה וכה"ג לא אמרי' בכה"ג דנ"נ, כיון דעדיין כולו היתר, וכדלעיל סימן צ"ד ס"ו וכמה דוכתי.

מה שנרשם כאן בש"ע רשב"א בת"ה בשם הראב"ד, הוא טעות, דהרשב"א בשם הראב"ד לא כתב כן, אלא דבכלים שיש להם הכשר בהגעלה, אפי' לא ידעינן כמה בלע, א"צ לשער נגד כולו, אלא לפי אומד דעת מאי דנפיק מיניה, אבל לא איירי כלל מדין נ"נ, **אלא** היש מחלקים הוא מ"ש בת"ח בשם המרדכי, דכ' דבדבר שיש לו הגעלה לא אמרי' ביה חנ"נ, כיון דאפשר להפריד האיסור משם ע"י הגעלה.

ומ"מ נראה דדוקא בכלי ישן קאמר «המרדכי» הכי, אבל בכלי חדש אפי' של חרס, ודאי אינו עולה על הדעת שגוף החרס יעשה נבילה, וכן דעת מהרש"ל, וכן הב"ח השיג על הרב בזה, במ"ש דכלי חרס חדש נ"נ, «דלא יהא אלא גיד הנשה דודאי אסרה רחמנא, ואפ"ה א"צ ס' נגד פליטתו כיון שאין בגידין בנותן טעם, ומכ"ש הכא בחרס, דעץ בעלמא הוא, דא"צ ס' נגד גוף החרס - חוו"ד», **ומ"מ** נראה דבישנה יש להחמיר כאותן הפוסקים, והמחבר מכללם, דנ"נ אפי' בדבר שיש לו היתר בהגעלה, ולומר דסוף סוף השתא הבלוע בה נ"נ, **אבל** בהפסד מרובה וכה"ג, יש להקל כהפוסקים דבשל עץ ומתכת לא אמרי' נ"נ, «אף בבב"ח», וכדברי מהרש"ל, וכ"פ הב"ח. «דסמכינן על שיטת המרדכי בצירוף שיטת הרמב"ן, בהפסד מרובה». «ובכלי חרס ישן, אף בהפסד מרובה נ"נ בבב"ח – פמ"ג», «דלא סמכינן על שיטת רמב"ן בלבד».

«**ובשאר** איסורין, בהפסד קצת הדין כן דלא נ"נ, [אף בכלי חרס – ג' מהרש"א], דהרבה סוברים אין חנ"נ בשאר איסורים, וצירוף סברת רמב"ן דבלוע לא נ"נ – פמ"ג». «**וחכ"א** כתב להחמיר בכלי חרס אף בשאר איסורים, זולת בהפסד מרובה. **והבית** מאיר כתב דהיכא דהוי הפסד מרובה יש להקל בלא"ה, משום דהוי לח בלח, וקימ"ל בסי' צ"ב ס"ד ברמ"א, דבשאר איסורים מקילים בהפ"מ, כהסוברים דאין אומרים חנ"נ בלח בלח – בדי השלחן».

[וז"ל המרדכי, דכל שאפשר להפריד האיסור הבלוע מן חתיכה, לא אמרינן ביה חתיכה עצמה נ"נ, וע"כ בכלי עץ ומתכת שאפשר בהגעלה וליבון, אם נפל האיסור במקום אחד, לא אמרינן כל הכלי נ"נ, להרבות האיסור ולשער בכל הכלי אם נתבשל באותו כלי היתר, ומשערין לפי איסור שנפל בו במקום שברור לנו כמה נפל איסור, ואי לא ידעינן, צריך לשער נגד כולו מכח ספק, עכ"ל].

[משמע מדבריו, דבכלי חרס שא"א להפריד האיסור הבלוע ע"י הגעלה וליבון, אם לא ע"י החזרה לכבשן וזה

מקרי פנים חדשות, וע"כ אפי' ידעינן כמה בלע כגון כף חדש, מ"מ כיון שבלע איסור נעשה גוף החרס נבילה, כמו חתיכה בעלמא, **והמרדכי** לטעמיה דס"ל בכל האיסורין אמרינן חתיכה עצמה נ"נ, דמה לי גוף החתיכה שנעשה איסור מחמת האיסור הבלוע, ומה לי גוף החרס, כיון שנעשה איסור הוה נבילה].

[ונ"ל ברור, דהמרדכי לא מיירי אלא לענין אם צריך ששים אף נגד החרס עצמו או המתכת עצמו, דהיינו שהבליעה של איסור שבלעה תוך מעל"ע היא ידוע, בזה אמרינן במתכת שאין צריך לבטל גוף המתכת, כיון שאפשר להפריד האיסור משם, ובחרס צריך ששים אף נגד החרס, **אבל** בכלי ישן שיש בו בלוע היתר תוך מעל"ע, ובלע כזית איסור, ואין בבלוע היתר ששים נגדו, ודאי נעשה הבלוע נבילה אף בכלי מתכת, דהא אף בהגעלה לא יהיה הפרש בין בליעת ההיתר לאיסור, **וכ"כ** הת"ח וז"ל, ומיהו אפשר דהמרדכי מיירי בכלי חדש וכו', עכ"ל, ואף שכתב רמ"א בזה לשון מסופק, מ"מ נראה ברור שהוא כן, **נמצא** לפי"ז אין שום קולא בדברי המרדכי כאן על דעה הראשונה, אלא חומרא נוספת יש בכלי חרס חדש, דאמרינן ביה כלי נ"נ, אע"פ שיודעים כמה נפל איסור שם, א"נ בכלי ישן שאינו בת יומו בשעת בליעת איסור, **אלא** דמלשון רמ"א דכתב, ויש שאין מחלקים כו', רק בין כלי חרס לשאר כלים כו', דמשמע קצת דבשאר כלים יש קולא לפי"ז, דאפי' בכלי ישן אין הכלי מתכת נ"נ אף הבלוע בו, מדכתב סתמא שאין חילוק בין ישן לחדש, **ולענין** הלכה אין נ"מ מזה, דמסיק רמ"א וטוב לחוש לחומרא, יש לנו לומר דיש לחוש לחומרא של מרדכי].

[**ובת"ח** כתב וז"ל, ובמקום הפסד יש להקל בכל האיסורין מלבד בב"ח, כי רוב הפוסקים הסכימו דאין אומרים חתיכה עצמה נ"נ רק בבב"ח, ואע"ג דאנו מחמירין, מכל מקום בכלי אין להחמיר, כן נ"ל עכ"ל, ורש"ל לא מחלק בין איסור בב"ח לשאר איסורים, **אלא** מסיק דתרווייהו בעינן, ‹ר"ל כלי חרס וישן, הא חרס חדש, אין גוף החרס נ"נ אף בלא הפסד מרובה, וכן מתכות ישן, בהפ"מ עכ"פ שרי – פמ"ג›, **דאף** בכלי חרס אין חומרא לשער נגד כולו, אלא אם נשתמשו באותו יום בדבר של היתר, אבל אם לא נשתמשו בו באותו יום בשל היתר, אפי' בכלי חרס א"צ לשער רק נגד בליעת האיסור, **וכתב** עוד שם, לתרץ הא דאמרינן דבכלי אף ההיתר הבלוע כבר נעשה איסור, לא תקשה ממה דקימ"ל בעלמא אין איסור בלוע אוסר היתר בלוע, **דהתם** היינו שנפל עליה טיפה של איסור, ואיכא רוטב היתר בקדרה, ויש בו כדי לבטל האיסור לחוד, ולא כדי לבטל האיסור וההיתר הבלוע יחדיו, התם אמרינן שאין איסור בלוע אוסר היתר בלוע, **אבל** בלא נפילת טיפה, אלא שהכלי בלע איסור, אף ההיתר שבלע כבר נעשה איסור, ובעינן ששים נגד כולו בכלי חרס, עכ"ל].

[**ולע"ד** נראה, דלפי דברי המרדכי יש להחמיר בכלי חרס אפי' חדש, לשער נגד כולו, **ובשאר** כלים דוקא ישן, דהיינו תוך מעל"ע של בליעת הרבה בשר ובליעת כזית חלב, **ובשאר** איסורים לא אמרינן כלל בכלי שנ"נ, אפי' בלע איסור והיא כלי חרס, וכמו שזכרתי בשם הת"ח, שבשאר איסורים אין להחמיר כלל].

סעיף ו - כחצי זית של איסור – [פי' אפי' באיסור דרבנן, דהכי אמרינן פרק ג"ה, לא תזלזל בשיעורא דרבנן], **שנתערב בהיתר, צריך ששים חצאי זיתי היתר לבטלו** - דקי"ל חצי שיעור נמי אסור מן התורה, אלא שאין לוקין עליו.

‹ובכנה"ג רצה לעשות פלוגתא בין הט"ז וש"ך, ואינו, וודאי דש"ך קושטא קאמר, ואפילו איסור דרבנן וחצי שיעור בעינן ס' – פמ"ג›.

סעיף ז - ביצה שיש בה אפרוח או טפת דם שנתבשלה עם אחרות, צריך ששים ואחת לבטל פליטתה - הטעם כתבו הרבה פוסקים, דלפי שיש בביצים גדולים וקטנים, והבא לבטל ביצה אינו משגיח עליה לראות אם זו וכולן שוות ממש, לפיכך הוסיפו אחת, עכ"ל, **ולטעם** זה כשנתבשלה בתבשיל היתר, א"צ אלא ס' מן התבשיל לבטלה, וזה דעת המחבר, **אבל** הרמב"ם כתב הטעם, מפני שהיא בריה בפני עצמה, עשו בה היכר והוסיפו בשיעורה, עכ"ל, **ולטעמו** של הרמב"ם אפי' בתבשיל צריך ס"א מן התבשיל לבטלה, **מיהו** לטעמו של הרמב"ם היכא שנטרפה בקערה א"צ ס"א, ולטעם הפוסקים והמחבר צריך ס"א, **וכתבתי** שטעם הרמב"ם נראה עיקר בש"ס, ולכן נראה להחמיר כשני הטעמים - ש"ך סי' פ"ו.

לבטל פליטתה - לאפוקי לבטל היא עצמה אם אינו מכירה, דאז חשיבה בריה כשיש בה אפרות, וכדלקמן ר"ס ק'.

סעיף ח - כחל מתבטל בתשעה וחמשים.

הגה: כל האיסורים הנוהגין בזמן הזה כולם מתבטלים בששים - פי' בין של תורה בין של דבריהם, כ"כ הטור והרשב"א, **דלא** כהרמב"ם שסובר, דאיסורים של דבריהם מתבטלים בחמשים ותשעה כמו כחל, **וכתב** הב"י שנראה דעת כל הפוסקים כהרשב"א, וכן פשוט בכמה דוכתי.

מלבד חמץ בפסח ויין נסך, כאשר נתבאר בהלכותיהם - ל' הטור, מלבד חמץ בפסח ויי"נ, וטבל וערלה שאין לנו עתה עסק בהן, עכ"ל, **ודאי** דערלה נוהגת בזמן הזה אפי' בחו"ל, כדלקמן סי' רצ"ד, אלא ר"ל שאין לנו במקום הזה בהלכות תערובות עסק בהן, וכ"פ הפרישה, **דלא** כהעט"ז שכ', חוץ מטבל וערלה שאין לנו עתה עסק בהן, שאין נוהגין בינינו, עכ"ל, ולא דק, **והא** דהשמיט הרב ערלה, אע"ג דפשוט במשנה וכל הפוסקים וכן לקמן סי' רצ"ד, דשיעורא דערלה במין במינו במאתים, אפשר דתנא ושייר, **א"נ** לא בא אלא לומר חוץ מחמץ בפסח ויי"נ, ששיעורן במשהו.

ובלבד שהאיסור אינו נותן טעם בקדירה, אבל אם נותן טעם באותה קדירה, והוא אסור מצד עצמו, אפילו באלף לא בטיל כל זמן שמרגישין טעמו - וכתב באו"ה, דהיינו מדרבנן, ‹דדבר שנתפשט טעמו יותר משישים, הוי טעם משהו שנקלש טעמו, ולא חשוב טעם לאסור מדאורייתא, עכ"ד האו"ה – מחה"ש›, ‹**והר"ן** כ' שהוא דאורייתא – רעק"א›, ‹**וכן** משמעות הפוסקים, זולת אם אין גוף טעם הדבר נרגש, זולת שמתקן המאכל, זה אינו אלא מדרבנן, וזה הוא סתם מתבל ומחמץ – יד יהודה›.

וכתב עוד, דאם אינו ידוע אם מרגישים טעמו או לא, מתיר בכה"ג בא"ז גם עתה להאכילו לעובד כוכבים מסל"ת, ע"כ. ‹**יש** לעיין, א"כ כל איסורין דרבנן אמאי לא סמכינן אעכו"ם בזה"ז, **ונראה** דחוששין לסברת רש"י ג"כ, ופחות מס' לא מתירין – פמ"ג›. ‹**אף** דאין אנו מאמינים לגוי מסיח לפי תומו אף בדרבנן היכא דאיתחזק איסורא, אבל כאן קיל טפי. **אבל** לפי כל האחרונים החולקים עליו, וס"ל דהוא מדאורייתא, א"כ לפי"ז ממילא לא מהני בגוי מסיח לפי תומו, כיון דהוא מדאורייתא – מחה"ש›.

ולכן מלח ותבלין מדברים דעבידי לטעמא, אם אסורים מחמת עצמן - כגון תבלין של עבודת כוכבים ושל ערלה וכיוצא בו, לאפוקי בלועים מאיסור.

‹**נסתפקתי** בשמים של היתר הבלועים מבשמים של איסור עבודה זרה או ערלה מהו, מי אמרינן דוקא מלח הבלוע מדם לא חמיר הנאסר יותר מהאוסר מדם עצמו, דם עצמו בטל בס' כ"ש המלח, **משא"כ** בשמים בלועים מבשמים ע"ז, דבשמים ע"ז אם יש כדי לתבל אפי' באלף אסור, א"כ עכשיו בשמים היתר נ"נ ויש בהיתר כדי לתבל, **או** דילמא כל שאין איסור מחמת עצמו בטל הוא, וכעת הדבר צ"ע, **ועיין** מ"ש בסימן ק"ב שפ"ד סק"ג, דיש לפשוט דלא בטיל – פמ"ג›.

אינן בטילים בששים - כלומר דכל האסורים דעלמא דלא עבידי לטעמא, מן הסתם בטלים בששים, לפי שאין נותנים טעם ביותר מששים, אלא א"כ נרגש טעמו, דאז פשיטא דאסור, וכמ"ש הרא"ש והרשב"א והר"ן ומביאם ב"י בר"ס זה, וכן שאר פוסקים, והוא פשוט, **ולכן** כיון דאם מרגישין טעמו אינו בטל אפי' ביותר מששים, הלכך מלח ותבלין כו' אינם בטלים אפי' באלף, לפי שמן הסתם נותנין טעם אפי' באלף, כיון שנעשים ליתן טעם, דהא דמילתא דעביד לטעמא אינו בטל, היינו נמי מטעם שמסתמא הוא נ"ט אפי' באלף, **ולפ"ז** היכא דידוע בבירור שאינו נ"ט, כגון שנפל קורט א' של מלח או תבלין ליורה גדולה, מותר, וכן הוא בפוסקים.

ואפי' אינם אסורים אלא מדרבנן, אינם בטלים, כן הוכיח הב"י מהש"ס, וכן משמע מתשובת הרשב"א שהביא ב"י, ומדברי האו"ה והרב לקמן, שכתבו כן גבי סתם יינם דאינו אלא מדרבנן, וכן משמע מדברי הפוסקים בכמה דוכתי.

עיין בת"ח שפסק, דאפי' נפל מלח ותבלין לדבר ששוה בשמו, אפ"ה כיון דחלוק בטעמו לא בטיל, **אבל** אם נפל לדבר ששוה בטעמו, בטל בששים, ‹**ובפר"ח** ובמנח"י חלקו בזה, דבמינו משערין כל שראוי ליתן כנגדו באינו מינו – רעק"א›.

[**צ"ע לענין שומן של איסור שנפל למאכל, אמאי יהיה בטל בששים, הא לטעמא עביד, בשלמא שומן בשר לתוך מאכל חלב, שפיר בטל בששים, כיון שאין האיסור**

מצד עצמו, רק מצד התערובות, וכיון שיש ששים אין כאן תערובות, ‹**מה** בכך, בשלמא מלח הבלוע מדם, כיון דנ"נ בשאר איסורין דרבנן, נתנו על המלח כאלו הוא דם, משא"כ בב"ח, כיון שהשומן נרגש בחלב אף ביותר מששים, דטעמא לא בטיל, **וצ"ל** סברת הט"ז, ד"טעם" מדרבנן הוא דלא בטיל כמ"ש הש"ך, ולכן בשר בחלב שכל א' היתר, לא גזרו, **ועוד** י"ל כיון דחזינן דהתורה דוקא דרך בישול אסרה תורה, טעם גמור בעינן – פמ"ג, **אבל בשומן של איסור שהוא מצד עצמו, אמאי מהני ששים בהיתר, ומ"ש מביצה שנולדה ביו"ט, ולבנו בו מאכל, דפסק באו"ח דלא מהני ששים, כיון דלטעמא עבידא, ואע"פ שמזכיר שם טעמא וחזותא, מ"מ כאן ודאי טעם לחוד אוסר,** ‹דבדבר שיש לו מתירין לא גזרינן על הטעם לחוד, ורק בטעם וחזותא הוי כממשו, אבל כאן טעם לחוד אוסר – אמרי בינה›, **ואע"פ שכתב רמ"א כאן כ"ז שמרגישין הטעם, מ"מ האיך נבוא לידי הרגשה, כיון שאפשר שנ"ט האיך יטעמוהו, וצ"ל דאה"נ דמסתמא אמרינן ביש ס' אינו נ"ט, אלא דאם מרגישין שיש טעם שם, אז לא בטיל, ולא מהני באמת בזה ס', אבל בביצה לא אמרינן כן, כיון שיש ג"כ חזותא, ע"כ אין אנו מקילין בס' בדבר שיש לו מתירין, כיון שאפשר שיש בו טעם].**

[**שוב** ראיתי באו"ה וז"ל, **דבר הנעשה לטעם כיצד, כל דבר חריף כגון תבלין ומלח של הקדש, אין בטיל, משמע דלא מקרי טעם בזה אלא דבר חריף, ולא שומן, דאף שגם הוא מטעים המאכל וממתיקו, מ"מ אין נרגש כ"כ כמו דבר חריף, ע"כ שפיר בטיל כמו כל האיסורים בכל גוונא, ומש"ה מסיים כאן גם רמ"א, כגון מלח ותבלין],** ‹**ועיין** במ"י, דמשמע קצת דה"ה יין וחומץ לא מקרי עביד לטעמא›. ‹**דעת** הט"ז, דלא מקרי עבידי לטעמא זולת דברים חריפים, אבל שומן וכיוצא, הגם שנותנם לתקן המאכל, מ"מ כל שיש ס' כיון שאין גוף טעם הדבר נרגש, הגם שמטעים קצת המאכל וממתקו, בטל, **אבל** אם גוף הדבר נרגש, פשוט שלכו"ע אין שום חילוק כלל – יד יהודה›. ‹**ועבודת** הגרשוני לא חילק בכך, וכל הנעשה להטעים התבשיל, כגון שומן וכדו', אינו בטל בששים – בדי השלחן›.

סעיף ט - קדירה שיש בה נ"ט זיתים היתר, ונפלו בה שני זיתים, אחד של דם ואחד של חלב, כל אחד מצטרף עם הנ"ט של היתר לבטל חבירו - דסברא הוא, דכל איסור בטל כשאינו יכול ליתן טעם בהיתר, וטעם דם וחלב אינה שוה, הרי נתבטל טעם החלב בס', וטעם הדם בס', דמה לי איסור המבטל איסור, ומה לי היתר המבטל איסור, רק שיתבטל טעם האיסור, ולא יהא לו עוד כח ליתן טעם בהיתר - הרא"ש.

‹**ובספר** מראה חידה כתב, דאם היה האיסור האחד כבד קודם צלייתו, אסור, דטעמא מאי מותר בשני איסורים, משום דכ"א טעמו היוצא ממנו מתפשט בששים חלקים עם האיסור הב', אבל הכבד דפולטת ואינה בולעת, נשאר טעם איסור הב' תוך נ"ט חלקים, עכ"ד, **שוב** מצאתי בפמ"ג שכתב ג"כ הכי, וביאר עוד, דאע"ג שדעת הרבה פוסקים דשמנונית בולעת, מ"מ כמו כן יש דעות להיפך, ומידי ספיקא לא נפקא›.

‹**אבל** אם טעמן שוים, אף בב' איסורים מצטרפים לאסור, **ובתב"ש** כתב, דדוקא בנפלו לאינו מינם, אבל אם נפלו למינם, דלא בעי ס' אלא מדרבנן, ומשום דנ"ט כנגדו באינו מינו, בזה לגבי כל איסור דנין דהשאר, דהיינו ההיתר והאיסור אחר, הוי כאינו מינו – רעק"א›.

‹**עיין** בחו"ד שכתב, וה"ה אם כזית בשר נ"נ מחמת חלב, וכזית בשר נעשה נבלה מכח דם, ג"כ כל אחד מצטרף לבטל טעם חבירו, **אבל** שני כזיתים שאין טעמם שוה, שנ"נ מדברים שטעמן שוה, אין מבטלין זא"ז, ובעינן ס' נגד שניהם. **וביבש** ביבש אין איסורים מבטלין זא"ז›.

מיהו כל זה דוקא בשני מיני איסורין שאין טעמם שוה, אבל במין אחד לעולם חוזר וניעור, וכדלקמן סימן צ"ט ס"ו, ‹אף באין טעמן שוים – רעק"א›, (וכן הוא בפת"ש).

‹**ואם** תחב בקדירה של נ"ט זיתים, ב' כפות, א' בלוע בו כזית דם, וא' בלוע בו כזית חלב, אין מבטלין זא"ז, דשמא א' פלט וא' לא פלט, ד"מ – רעק"א›.

וכן כ"ט זיתים של היתר שנפל בהם כזית חלב, ובקדרה אחרת היו שלשים של היתר ונפל לתוכו כזית של דם, ונתערבו בשוגג, מותר - אבל במזיד יתבאר דינו בסי' צ"ט ס"ה, וע"ש.

בטור כתוב "וכן שלשים", ובש"ע הישנים מבלי הגהות כתוב וכן כ"ט זיתים, וכן הוא בתשו' הרא"ש, והוא יותר נכון, דה"ל רבותא יותר.

ומ"מ צ"ע, דהאי דינא לא שייך לפי מאי דקי"ל חנ"נ בכל האיסורים, דכיון דנפל כזית דם לקדרה אחת, ולא היה בו ס', נ"נ, וכן הקדרה הב', **מיהו** רישא איכא לפרושי

בנפלו הב' זיתים בבת אחת, דכל אחד מבטל טעם חבירו, **אבל** הכא דמיירי בב' קדרות קשה, דלא ה"ל להרב לסתום הדברים, ועוד שכתב: וכ"ש בשני זיתים א' של גבינה כו', משמע דברישא מודה להמחבר, והא ליתא למאי דקי"ל חנ"נ בכל האיסורים, דפשיטא דהיינו אפי' בשוגג, כדמוכח בכמה דוכתי, וכדלקמן סי' צ"ו ס"ה בהדיא, **וי"ל** דסתם הדברים לענין לח בלח דלא אמרי' חנ"נ בהפסד מרובה, כדלעיל בסי' צ"ב ס"ד, וכ"כ בהג"ה בסי' צ"ט ס"ה, **ועי"ל** דהרב אזיל לטעמיה שפסק בת"ח, דאם ניתוסף על האיסור בשוגג קודם שנודע התערובות, לא אמרי' חנ"נ, וא"צ אלא ס' נגד האיסור, אם כן מיירי הכא שנתערבו ב' הקדרות יחד קודם שנודע התערובות, **אבל** למאי דהוכחתי, דאפי' לא נודע התערובות אמרי' חנ"נ, א"כ לא שייך הא דינא בנפל לב' קדרות בפחות מס', אם לא בלח בלח בהפסד מרובה, **אבל** מ"מ נ"מ לענין דכל א' מבטל טעם חבירו כשנפלו שניהם בבת אחת לנ"ט, **א"נ** אם נפל כזית גבינה לכ"ט זיתים היתר, ובקדרה אחרת נפל כזית בשר לשלשים זיתים של היתר, ונתערבו אלו ב' התערובות בשוגג, דמותר, דלא שייך לומר חנ"נ כיון דעדיין כולו היתר, וכדלעיל סי' צ"ד ס"ו וכמה דוכתי, **א"נ** נ"מ אם נפל כזית דם לתוך ס' זיתים של היתר, ואחר כך נפל כזית ועוד של חלב לאותן ס"א זיתים, דא"צ ס' נגד ב' זיתים אלו של איסור, אלא גם הכזית דם שנפל בראשונה מצטרף לבטל הכזית ועוד של חלב, ואילו לא היינו מצטרפים הכזית של דם, לא היה ס' לבטל הכזית ועוד, והשתא דכל אחד מבטל טעם חברו, גם הוא מצטרף לבטל.

‹**שמעתי** בשם שארי הרב הגאון מו"ה משה ברודא זצ"ל, די"ל דמיירי דקדירה א' חסירה מלח, והקדירה ב' יתירה מלח, דכל א' מותר מטעם נטל"פ כדלקמן, ולא אמרינן נ"נ, וכשנתערבו השביח, ומה שחסר כאן יתיר כאן, ודברי פי חכם חן, **ולפמ"ש** לקמן על הגליון, בכה"ג שרי לבטל ולערב לכתחילה, וא"כ מדנקט כאן נתערבו בשוגג, מוכח דלא איירי בהכי - רעק"א›.

(וכ"ש בב' זיתים, אחד של גבינה ואחד של בשר - [פי' שנפלו לירקות בקדירה], **דכל אחד מבטל חבירו)** - [דמהני כל אחד לשיעור ששים].

§ סי' צט - דין העצמות אם מצטרפין לבטל איסור, ושלא לבטל איסור לכתחילה §

סעיף א - חתיכת נבלה שיש בה בשר ועצמות שנפלה לקדירת היתר, עצמות האיסור מצטרפים עם ההיתר לבטל האיסור - [לפי שאינם בר אכילה אינם בכלל האיסור, ומ"מ בולעים הם ע"י הבישול, ע"כ מצטרפין לבטל האיסור, כי האיסור מתפשט גם לתוכן, ויש בהם ג"כ לחלוחית לבלבל האיסור שבולעים מן הבשר האסור].

‹**אכן** הפרי חדש הסכים עם רבינו ירוחם בשם רבי אברהם בן אסמעל, וז"ל, תמיה לי ממ"נ, אם העצמות יש בהם שום לחלוחית, ועל ידי הבישול נפלט לחוץ, איך עצמות האיסור מצטרפים לבטל האיסור, אדרבה היה לנו להצריך ששים נמי נגד עצמות האיסור. {**ודאי** יש מיחל בעצמות, והא דמצטרפין להיתר, דטעם עצמות לא חשיב ולא אסרה תורה - פמ"ג}. {**ס"ל** דאפי' הלחלוחית שבעצמות איסור היתר גמור הוא, ולא דמי ליוצא מן הטמא, דהתם לחלוחית של בשר הראוי לאכילה מתמצה בו, אבל עצמות שאינן בני אכילה, אף הלחלוחית שבהן מותר - חוו"ד}. **ואם** העצמות לית בהו שום לחלוחית, אפילו עצמות דהיתר לא הוו לן לצרפינהו לבטל האיסור, דהא לא פלטי מידי לבטולי לאיסור, **וכי** תימא שהאיסור מתבטל לפי שמתחלק ומתפשט טעמו בששים, **הא** ליתא, שהרי מה שנבלע ונכנס בתוך העצמות מסתמא נכנס ונתפשט לערך האיסור עם ההיתר, והא ודאי אם נחלק כזית לששים חלקים, ודאי דאסור לאכול אף חלק אחד מששים, כיון דחצי שיעור אסור מן התורה. **ואחר** ימים מצאתי שכתב רבינו ירוחם בשם ה"ר אברהם בן אסמעל, מסתברא דכי אמרינן שעצמות היתר מצטרפין, דוקא מין במינו, דמן התורה בטלה ברוב וכו', **אבל** מין בשאינו מינו דאיסורא, אפילו עצמות דהיתר אין מעלין, דהא יהיב טעמא וכו', **והלכה** למעשה נקטינן להחמיר כסברת ה"ר אברהם בן אסמעל, וכן עיקר, עכ"ל בתוספת ביאור - מחה"ש›.

ולפעד"נ בש"ס וירושלמי כדעת הרא"ה והר"ן, דהעצמות הרכות מצטרפים לאיסור, מפני מוח שבהן, ומחמת רכותן שיצא לחות, **אבל** עצמות יבשים או קליפות של ביצים וכה"ג, אף אותן של איסור מצטרפין לבטל האיסור, וכן דעת האו"ה בשם הא"ז, והב"ח.

‹**ועיין** בשו"ת מהר"י הלוי שלא פסק כר"ן, אלא דמצטרפין להיתר, ע"ש ראייתו, **וע"ש** עוד שכתב, דאיכא לספוקי אי דוקא בבישול מצטרפין עצמות איסור להיתר ולא במליחה, או ל"ש, **ולכן** באיסור כחוש, שמן הדין לא

שח הלכות תערובות
סימן צט – דין העצמות אם מצטרפין לבטל איסור, ושלא לבטל איסור לכתחילה

בעי ס' אלא מחמת חומרא שמדמין לבישול, מצטרפים ממ"נ, **אבל** איסור שמן דבעי ששים מחמת שהאיסור מפעפע, אפשר דאין מפעפע בעצמות, ולא מצטרף אפילו של היתר).

(**ועיין** בספר תיבת גמא שב', דאף אבר מ"ה שנפל להיתר, עצמות שבו מצטרפים להיתר, אע"ג דבאבר מ"ה מצטרף עצם לכזית, חידוש הוא, ודוקא בעיניה לא פליטתו).

ואין צריך לומר שעצמות ההיתר מצטרפין עם ההיתר, אבל המוח שבעצמות האיסור מצטרף עם האיסור.

וגוף הקדירה אינה מצטרפת, לא עם האיסור ולא עם ההיתר – [פי' אותה קדרה שמבשל בה עכשיו איסור והיתר, אבל פשוט שקדירה שכבר נאסרה ואח"כ מבשל בה היתר, גוף הקדירה ודאי מצטרף לאיסור, וע"ז כתב הטור לעיל סימן צ"ח, דלהחמיר מצטרף הקדרה].

[**והטעם** שאין גוף הקדירה מצטרף כלל, דבגמר' איכא תרי לישני במאי שמצטרף לבטל, חד אמר בקדירה עצמה, בחרסית הקדירה, וחד אמר במאי דבלעה הקדירה ולא בחרסיה, ממילא לישנא בתרא מחמיר, כן משמע מפרש"י, **וכתב** ע"ז, וכיון דאיפלגו תרי לישני, ואיסורא דאורייתא הוא, אזלינן לחומרא ולא משערינן בקדירה, ועיקר הדבר כמות שהוא לפנינו משערינן ליה, ולא משערינן במאי דבלעה קדירה כו', עכ"ל, משמע דקימ"ל דלא כתרווייהו לישני, **אבל** הרשב"א מביא מקצת מפרשים דס"ל, דמה דכתב בקדירה, היינו חומרא, כלומר דלא משערינן רק במה שבתוך הקדירה, דהיינו קיפה ורוטב, אבל לא בבלוע בקדירה, ולישנא בתרא מיקל, דאפי' בבלוע משערינן, וקימ"ל כלישנא בתרא, והיינו דעת הרמב"ם שהביא השו"ע בס"ד, דמשערינן באומד יפה בבלוע, וזה ס"ל גם להרשב"א להכריע כן במין במינו, **וא"כ** מ"ש השו"ע וגוף הקדירה לא מצטרף, היינו החרס לחוד וכלישנא בתרא, **וסובר** דיש לחלק בין עצמות איסור דמצטרפין להיתר לגוף החרס, דיש מיחל בעצמות, ואף את"ל שאין בהן לחלוחית, בגוף החרס אין הרוטב מכסה אותו בחוץ, **ומיהו** בלחלוחית בתוך דופני הקדירה סובר המחבר דמצטרף שפיר, דמקושר הוא עם רוטב שבתוך חלל הקדירה – פמ"ג, **אלא דאלישנא בתרא לא סמכינן אלא במינו].**

הגה: ויש מחמירים שלא לצרף עצמות האיסור עם ההיתר לבטל - וגם לא לאיסור, אבל עצמות ההיתר מצטרפים להיתר, והכי אית' בהג' ש"ד בשם א"ז. ‹**ומ"מ** טעמא דא"ז לא ידענא, כיון דהיתר מצטרפין להיתר, דאיסור אמאי אין מצטרפין להיתר, כיון דאין מצטרפין לאיסור, **ואולי** משום שלא יבוא לטעות באם בישל הנבילה תחילה – פמ"ג. ‹**נראה** דסברי דהלחלוחית שבעצמות ודאי דאסירי, דהא כל היוצא מן הטמא טמא, רק דאינן יכולין לאסור אחרים דאין בהן בנותן טעם, כמו בגיד דטעם קלוש אית בהו, וטעם קלוש כי האי אפילו באיסור אין יכול לאסור, ואם כן אין הטעם שנכנס לעצמות נתבטל בהלחלוחית, כיון דהלחלוחית ג"כ אסור, וכי הדר קפליט איסורא קפליט – חוו"ד›.

ובמקום הפסד יש לסמוך אמקילין ומתירין, כי כן עיקר - ז"ל הב"ח, ויש לתמוה דה"ל לפסוק דהעצמות האיסור מצטרפים אל האיסור, דכיון שהם דבוקים בבשר קבלו תחלה טעם האיסור ונ"נ, ואיהו סובר לעיל סימן צ"ח ס"ה, דאף בדבר שאין לו טעם מעצמו אמרינן חנ"נ, **ואין** כאן תימה, דע"כ לא כתב הרב לעיל בסי' צ"ח ס"ה, דיש לחוש לחומרא בכלי חרס חדש דנ"נ אע"פ שאין לו טעם מעצמו, אלא משום דאין לו תקנה בהגעלה, וא"א להפריד האיסור, וכמ"ש שם, וא"כ כלי עצם דיש להם תקנה בהגעלה, וכמו שנתבאר בא"ח סימן תנ"א, ודאי דדמי לכלי מתכת דס"ל להרב דלא נ"נ אא"כ הוא ישן, דאז הבלוע בו נ"נ, [וכן תירץ הט"ז].

סעיף ב- במה דברים אמורים שעצמות האיסור מצטרפין עם ההיתר, כשנפלה חתיכת הנבלה לקדרת היתר כשהיתה חיה, אבל אם נתבשלה תחלה ואח"כ נפלה לקדירת היתר, עצמות שבה מצטרפים עם האיסור, לפי שבלעו מבשר הנבלה כשנתבשלה לבדה - ‹פי' אע"ג דאין חתיכה נ"נ לר' אפרים והרא"ש, וסגי בשיעור ס' נגד האיסור שנבלע בעצמות, והיינו כמו שהיה האיסור מתחילה, מ"מ כיון דלא ידעינן כמה היה, ושמא נתמעט, צריך ס' נגד העצמות – פרישה›.

‹**ומיהו** מסתברא לן, דגוף העצמות מצטרפין נמי לבטל האיסור, דומיא דכחל, דהכחל עצמו מן המנין, וכדלקמן בס"ג דחתיכה הבלועה מאיסור מצטרפת לבטל האיסור, **וכן** אי ידעינן כמה הוא שיעור המוהל ופליטת הבשר הבלוע בעצמות,

שט הלכות תערובות
סימן צט – דין העצמות אם מצטרפין לבטל איסור, ושלא לבטל איסור לכתחילה

א"צ לשער אלא נגד אותו שיעור הידוע, והעצמות מצטרפין לבטל האיסור, **ולא** מסתבר לחלק בזה בין עצמות לחתיכת בשר וכחל, משום דכל דתקון רבנן כעין דאורייתא תקון, נראה לי – פר"ח.

‹**משמע** דאם היה יודע שיעור הבשר שהיה על העצם כשהוא חיה, שלא היה בו מתחלה רק כזית, לא היה צריך ששים רק נגד הכזית. **אמנם** זהו לדעת הטור דלא ס"ל חנ"נ, משא"כ לדידן דס"ל חנ"נ צריך מ"מ ששים אף נגד העצם, דהא הרוטב נעשה נבלה ונכנס בעצמות. **ואין** לומר דהא הרוטב שבעצמות והבשר אין טעמן שוה, והוי כשני איסורים שמבטלין זה את זה בסימן צ"ח ס"ט, **דזה** אינו, דהא הרוטב שנכנס לבשר גם כן נעשה נבילה, וצריך ששים נגד הרוטב שנבלע בהחתיכה ובעצמות והדר פלטו בקדרה – חוו"ד. ‹**כבר** דברנו מזה, דאם זית נבילה שנתבשל עם זית מים ונעשה נבילה, ונפלו שניהן לנ"ט ירקות, לא אמרינן כל אחד בטל, דנידון הכל כבשר נבילה, וצ"ע – פמ"ג.

סעיף ג - בשאר איסורים, חוץ מבשר בחלב, חתיכה הבלועה מאיסור מצטרפת לבטל האיסור - פי' החתיכה הבלוע מאיסור שנפלה להיתר, ואין בהיתר ס' לבטל האיסור אלא בצירוף החתיכה, מצטרפין גם החתיכה לבטלה, **מיהו** החתיכה עצמה אסורה, לפי שהאיסור שבה אינו נפלט ממנה לגמרי, וכמו שכתבו הרשב"א והמחבר בר"ס ק"ו.

הגה: ואין נוהגין כן, כי קיימא לן בכל איסורים חתיכה נעשית נבלה, כדלעיל סימן צ"ב - אלא צריך ס' נגד כל החתיכה, ואפ"ה החתיכה עצמה אסורה, כדלקמן ר"ס ק"ו בהג"ה. ‹**ומיהו** ביש ששים עם החתיכה נגד האיסור, אפילו נפלה החתיכה באינו מינו, וספק אי יש ששים נגד החתיכה בנשפך, לקולא, דנ"נ בשאר איסורין דרבנן – פמ"ג.

סעיף ד - משערים ברוטב ובקיפה, (פירוש הדק הדק של בשר ותבלין המתאסף בשולי קדרה), ובחתיכות - (עיין בתשובת בית יעקב שכתב, דמה שעולה הזיעה למעלה, חסר מן המאכל, וכשמשערים בס' צריך לשער מה שחסר ע"י הזיעה).

ומשערין ההיתר והאיסור כמו שבא לפנינו, אע"פ שהיה בהיתר יותר מתחלה ונתמעט בבישולו ונבלע בקדרה - אפ"ה אין משערין אלא כמו שבא לפנינו, שגם באיסור היה יותר ונתמעט ונבלע בקדרה, עכ"ל הטור, והוא מדברי רש"י והרא"ש.

[**הרשב"א** כתב, דאם ראינו האיסור בשעת נפילתו, ולא נתמעט בשיעור אחד עם ההיתר, משערין ההיתר שנבלע בקדירה ומצרפין אותו למה שבתוך הקדרה, ומשערינן האיסור כשעת נפילתו להיתר].

וכתב מהרש"ל, ונראה בעיני אפי' היכא שראינו שנפל האיסור כו', אין לשער במאי דבלעה קדרה, כי אין לעמוד על שורש הדבר ולא ידוע כמה בלעה הקדרה, וכמה פעמים יבא קלקול מזה, אלא לעולם משערין כמו שבא לפנינו, ורש"י לא פסק הכי אלא מדינא, אבל מ"מ עיקר הדבר שלא לשער אלא כמו שבא לפנינו, כן הוא הדרך נכון לכתחילה, ע"כ.

והני מילי במין בשאינו מינו – [שבזה צריך ששים מן התורה כיון שנ"ט, ע"כ אין לשער הבלוע. **ואין** להקשות, אמאי אנו מתירין ביש עכשיו ששים לפנינו, שמא בעת נפילת האיסור היה האיסור גדול מאד, ונצטמק ממנו הרבה ממה שנצטמק ההיתר, **דאחזוקי** איסורא לא מחזקינן, כיון שעכשיו אין ריעותא ויש ס', **ובזה** מיושב מה שהאריך בדרישה להקשות, במה שאנו מצרפין העצמות אל ההיתר, והם אינן מתמעטים בבישול, והאיסור אפשר שהיה יותר ונתמעט, דמסתמא אמרינן כאשר נמצא כן היה, כדי שלא לאחזוקי ריעותא, לומר שהיה שינוי בזה הקדירה תחילה ממה שיש עכשיו, ומ"ש הטור, שגם האיסור היה יותר כו', היינו כיון שאתה רוצה להקל בקדירה זאת, ולחשוב גם הבלוע כיון שידוע שהיה בתחילה יותר, א"כ נימא לך שגם באיסור היה יותר בקדירה זו, כיון שאינו כקדירה דעלמא, ובחנם טרח הדרישה בזה].

אבל אם הוא מין במינו, משערין גם במה שבלעה הקדרה ועומד בדופני הקדרה. ומשערים זה באומד יפה, ורואין אותו כאילו הוא בעין – [דבמינו שמן התורה בטל ברוב, רק שחכמים הצריכו ס', תולין להקל ומשערין באומד יפה כו', ולפי"ד רש"ל הנ"ל, אין להורות היתר בזה].

אבל מה שכלה ואבד מחמת האור, אינו מצטרף, שזה כלה לגמרי.

הלכות תערובות
סימן צט – דין העצמות אם מצטרפין לבטל איסור, ושלא לבטל איסור לכתחילה

‹**מדברי** הב"י נראה, דהרשב"א מיירי בלא ראינו איכות האיסור בתחילה, ומש"ה במבשא"מ אסור, דאמרינן דגם האיסור היה גדול ונתמעט, ואעפ"כ מב"מ מקילין, כ"נ בדעת הט"ז והש"ך, **ואולם** נ"ל לדעתי הקלושה ללמוד מדברי הרשב"א בתוה"א, דבלא ראינו האיסור בתחילה, גם מב"מ אסור, אלא דאם ראינו האיסור בתחילה והיה ס', וההיתר נתמעט הרבה והאיסור לא נתמעט כ"כ, דמב"מ משערין הבלע באומד יפה ומסייע לבטל, ובמין בשא"מ אסור כיון דעתה אין בו ס', **ולפי"ז** יפה כתב הטור, וא"א הרא"ש ז"ל לא חילק, דלהרא"ש גם מבשא"מ מותר, היכא דראינו האיסור בתחילה והיה ס', ומסולק קושיית הב"י, כנלענ"ד – רעק"א.

‹**ואם** ראינו שהיה היתר מרובה ואח"כ נצטמק, ואיסור לא נצטמק, ובאומד יפה במה שבלע קדירה יש ס' עתה, באינו מינו יראה להחמיר אף בהפסד מרובה וצורך ערב שבת, כי משמעות הרשב"א בארוך ובקצר כן, דשמא אין הבלוע בקדירה מסייע, שאין מכוסה תוך הרוטב, גם א"א לשער באומד יפה. **ובמינו** באין הפסד מרובה, אין לסמוך אפסק ש"ע, וכמ"ש מהרש"ל, וכמ"ש הש"ך שזה נכון לכתחילה, **אבל** בהפסד מרובה וצורך גדול, יראה להתיר במינו באומד יפה מה שנבלע בקדירה, ובתנאי שידוע בעת נפילת האיסור שהיתר היה ס', וכמשמעות הרשב"א, ומ"מ לדינא צ"ע – פמ"ג.

סעיף ה - אין מבטלין איסור לכתחלה - כתב הרשב"א והר"ן, דהיינו מדרבנן לדעת התוס', אבל לדעת הראב"ד אסור מדאורייתא, **מיהו** בדיעבד גם דעת הראב"ד כמ"ש המחבר, וכמ"ש הרשב"א והר"ן על שמו, **ומדברי** הרב ר' מנחם עזריה מבואר, שסובר כמ"ד דהיינו מדרבנן. ‹**מפני** שחשש שמא יקל האיסור בעיניו, ויבא לאוכלו אף בלא ביטול, או שמא לא ידקדק כ"כ בשיעור ביטולו. **וכתב** החכ"א שדעת רוב הפוסקים דהוא מדרבנן – בדי השלחן›.

‹**ונפקא** מינה אם ביטל בשוגג, דלהראב"ד בדאורייתא קנסינן שוגג אטו מזיד, **ואינו** מותר אלא אם כבר נתבטל ברוב {מקודם, ורק לא בששים, והתערובות הוי אסור רק מדרבנן} – רעק"א. ‹**וכן** הקשה החוו"ד על הש"ך›.

‹**ועיין** בתשובת נו"ב שכתב, דדוקא לבטל הטעם של איסור הוא מדרבנן, אבל ממשות האיסור יבש ביבש ברוב הוא מדאורייתא, וה"ה לבטל בס', ע"ש, **אבל** בלח בלח לבטל בס', משמע שם דמותר מדאורייתא. ‹**מיהו** באמת מבואר, דגם ביבש ביבש נמי תלוי בפלוגתת הראב"ד והתוס' – יד יהודה›.

[**בסי' פ"ד סי"ג מבואר, דאם אין כוונתו רק לדבר אחר, כגון לתקן הדבש, מותר, ובסי' קל"ז ס"ב כתבתי, דהיינו דוקא בא"א בענין אחר**].

‹**ובפמ"ג** מבואר, דאף אם אפשר רק שהוא טירחא, נמי שרי, **ועיין** בספר בית יהודא שכתב, עפ"ז נראה בפרי העץ שקורין מאלינש, שמבשלין במים ואח"כ סוחטין את המאליניש וזורקים אותן, ומסננין את הסאק ומבשלין אותו בדבש לטבל בהם פת ובשר, דא"צ לבדוק מקודם את המאלינש אחד אחד, לראות בתוך הנקבים לבדוק מתולעים דשכיחא בהם, מאחר דאיכא טירחא מרובה לבדוק כולם, **אך** אין דברי הפמ"ג מוכרחים›.

‹**ועיין** בתשובת נו"ב, על דבר הקרו"ק, ויש קורין אותו הוזין בלאזין, והוא שלפוחית של דג טמא, ומייבשין אותו ונותנים אותו לתוך משקה מי דבש, וטבעו להצהיל המשקה, **ונתעוררו** גדולי הדור ע"ז שיש לאסור, שהרי זה נשאר תוך המשקה, וכבוש כמבושל, ואי משום שבטל בששים, אין מבטלין איסור לכתחלה, **והוא** ז"ל האריך בזה ומסיק, דהיתר גמור הוא מהרבה טעמים›.

‹**עיין** בכנסת הגדולה, הא דאין מבטלים, בודאי איסור, לא בספק איסור, עכ"ל. **וודאי** ליתא – פמ"ג›.

ואפילו נפל לתוך היתר שאין בו שיעור לבטלו, אין מוסיפין עליו היתר כדי לבטלו - כלומר לא מיבעיא לערב איסור בעין לתוך היתר לבטלו דאסור, אלא אפילו נפל לתוך היתר כו'.

עבר וביטלו, או שריבה עליו, אם בשוגג, מותר – [**ונראה דה"ק, עבר וביטל, שזרק איסור מועט לתוך היתר מרובה שיש ס' נגדו, או שנפל מעצמו לאין ס' בהיתר, אלא שריבה אח"כ, ומ"ש בשוגג מותר, צ"ל דה"ק, שעבר במזיד אלא שחשב שדבר זה מותר, וזה סיוע למש"כ בסמוך, דטועה בדין מקרי שוגג**]. ‹**דבשלמא** ריבה משכחת ששכח שנפל, או לא נודע התערובות עד לאחר כן, מה שאין כן איסור בעין, איך משכחת שוגג, דדוחק לומר דמיירי שנתחלף חלב בשומן ועירבם – פמ"ג›.

והיינו דוקא בשאר איסורים לדעת הט"ו, דלא אמרינן חנ"נ בשאר איסורים, אבל בבשר בחלב דנ"נ, אפי' בשוגג אסור, אא"כ ריבה עליו ס' כנגד כל מה שנעשה נבילה, **והרב** דס"ל חנ"נ בכל האיסורים, הוצרך לכתוב, ודוקא שנתערב יבש ביבש כו'.

הלכות תערובות שיא
סימן צט – דין העצמות אם מצטרפין לבטל איסור, ושלא לבטל איסור לכתחילה

[**הטור** הביא בלשון הזה, דקימ"ל כל האיסורים שריבה עליהם שוגג מותרים, והביא ב"י מראה מקום לזה, פלוגתא דר"מ ור' יהודה ור' יוסי ור"ש, גבי נפלו ונתפצעו שמביא ב"י אח"כ בדף זה, **והקשה** דברי טור אהדדי, דכאן פסק כר' יוסי ור"ש לקולא, דלא קנסינן שוגג אטו מזיד, ובסי' ק"י פוסק, דדוקא בנפל מעצמו, אבל הפילה הוא, אפי' שוגג קנסו אטו מזיד, **ולענד"נ** דאין מקור דין זה משם, אלא מימרא מפורשת היא בירושלמי דתרומה, וז"ל, אמר ר' אבהו בשם ר' יוחנן, כל האיסורין שריבה עליהן שוגג מותר, ובמזיד אסור, **ולפי"ז** לא קשה מידי, דודאי ר' יוחנן פוסק כר' יוסי ור"ש בהדיא, והוא מטעם דכל שההיתר תלוי בריבוי, • וכן בההיא דנפלו ונתפצעו, דכשבאו לפנינו אנו רואים פצועים, והרי כשבא לשאול הרי מותרת ממילא, דכבר נתרבה או נתפצע דבר החשוב, ואם שתק ולא אמר מידי, אנן מתירין לו, דאפשר דבשעה שנפל שם האיסור היה כך ולא נתרבה, אלא איהו דגלי לן דנתרבה אח"כ, וע"כ ודאי מהימן בזה דשוגג היה, דאי בעי שתיק, **משא"כ** בההיא דסי' ק"י, כשבא התערובות לפנינו אנו אוסרין אותו, אלא שהוא רוצה להתיר ע"פ עדותו שהפיל א' לים, בזה אין אנו מאמינים לו להקל איסור מבורר ע"פ עדותו, נמצא ששתיקתו לא היה מתרת, וכן בההיא דנפלו ונתפצעו קי"ל כר' יוסי לקולא, דהוה ממש כי הך דמרבה על האיסור, וזה נראה לי מכוון בדברי הטור, שכתב ונראה שא"צ, שאפי' אם הוסיף כו', ואין לחוש שמא כיוון לרבות במזיד]. ‹**ויש** לראות איך תלוי זה במה שהניח דהטור מירושלמי למד זה, אי נמי מרבי יוסי ורבי שמעון, אתי שפיר דיש לחלק כן – פמ"ג.

בחנם האריך בזה, שהרי גם הב"י מסיק, דיש חילוק בין מבטל איסור למפיל אחד לים - נקה"כ.

ואם במזיד, אסור למבטל עצמו, אם הוא שלו, וכן למי שנתבטל בשבילו - דאי שרית למי שנתבטל בשבילו, חיישינן דילמא אתי למימר לעובד כוכבים או לעבד שיבטלנו, הלכך קנסינן ליה - ב"י.

[**פי'** רש"ל, דהיינו דוקא שידע זה שנתבטל עבורו, וניחא ליה אפי' לא צוה אותו לבטלו, אבל אם לא ידע ממנו שרי ליה, דהרי הוא כשוגג].

‹**ואם** ביטל על הסתם למי שירצה לקנות, הרי הוא כמו שנעשה בשבילם ביחוד, ואסור לכולם, תש' הריב"ש, **ונשמע** מזה דאף מי שנתבטל עבורו לא ידע מזה, ודלא כט"ז – רעק"א›.

[**ובמקום** האסור לו, אסור ג"כ לבני ביתו, כן פי' רש"ל].

‹**ואם** בישל אח"כ המאכל, גם הקדירה אסורה, תבואות שור – רעק"א›.

וכתב ב"י, ומשמע דאם לא היה שלו, וגם לא נתכוין לבטל בשביל עצמו, שרי לדידיה, דכיון דלא שרית למי שנתכוין לבטלו בשבילו, וגם לא היה שלו, לא אהני מעשיו הרעים, ע"כ.

[**לכאורה** נראה מלשון הטור, דכתב כאן אם לא כיוון לבטל האיסור וכו', וכן אח"כ שכתב, אבל המכוון לרבות כו', דהעיקר תלוי בכוונה להרבות, אם נתכוון בזה, אע"ג דטעה בדין וסבר שמותר להרבות לבטל האיסור, מ"מ מקרי מזיד, כיון שנתכוין במזיד לבטל האיסור, וכן משמע מדברי רש"ל, **ובאמת** לא נראה כך, דא"כ קשה על הטור, שכתב כאן שאם באנו לחוש לזה, גם לא נאמין לו מה שאמר שלא ריבה כו', ואם איתא שמי שטועה בדין מקרי מזיד, כיון שמרבה בכוונה לבטל האיסור, תקשי לך, מאי מקשה הטור על הסמ"ג, אכתי נימא שצריך לחקור אם עשאו במזיד, דכיוון להרבות על האיסור לבטלו, וטעה בדין וסבר שהוא מותר, ובזה לא ישקר ויאמר האמת, כי אין עליו חשד שעשה עבירה אלא טעות, ואמאי לא נדרשנו אם טעה אם לאו, ע"כ שגם זה מקרי שוגג, **וראיה** משבת פ' כלל גדול, דאמרינן במשנה ראשונה שם, אם שכח שיש איסור מלאכה בזה, אע"ג שיודע שהיום שבת, מקרי שוגג, וה"נ דכוותיה, ואין לומר דיש איזה חילוק בין שוגג דשבת לשוגג דשאר איסורים, דהא בפ' הניזקין מייתי שוגג דשבת לשאר איסורים בזה, **ועוד** נראה להביא ראיה מת' מהרי"ק, שפסק באשה שזינתה, והיא לא ידע אם יש איסור בדבר, אם יחשב שוגג, וטרח למצוא סברות דלא מחשיב שוגג, מטעם שעכ"פ היא מתכוונת למעול מעל באישה ומזנה תחתיו, דהא לא כתיב איש כי תשטה אשתו ומעלה מעל בה', דלישתמע במתכוונת דוקא לאיסור, אלא ומעלה בו מעל כתיב, עכ"ל, ש"מ בשאר דוכתי דלא שייך האי טעמא, שפיר מקרי שוגג אם טעה בדין, ומש"ה נ"ל דמה

הלכות תערובות
סימן צט – דין העצמות אם מצטרפין לבטל איסור, ושלא לבטל איסור לכתחילה

שכתב טור, אבל המכוון לרבות, פי' שיודע שיש איסור בדבר, ואפ"ה עושיהו, זה מקרי מזיד, כנ"ל].

(**ועיין** בתשובת צמח צדק שכתב, דאם הוא מסופק בהוראה ושאל ללומדים, ולא שאל לבעלי הוראה המפורסמים, לא מקרי שוגג, ע"ש, **ובזה** נדחה דברי תשובת בית יעקב, שרצה לדמות אם עשתה ע"פ דבורה של אשה אחרת, לעשתה עפ"י חכם, דמאי שנא, ע"ש, **ועיין** עוד בבי"ע שם שחולק על הט"ז בזה, **ועיין** בתשובת ח"ס מ"ש בזה, ומשמעות דבריו שמסכים עם הט"ז בזה).

(ואסורים למכרו גם כן לישראל אחר, שלא יהנו ממה שבטלו) - דאע"ג דהאיסור עצמו היה מותר בהנאה, מ"מ היה אסור באכילה, ועתה היה נהנה בתוספת זה להתיר אף באכילה, הלכך צריך ליתנו לאחר בחנם, עכ"ל או"ה, **ולי** נראה, דדוקא כשהישראל לוקח ביוקר מהעובדי כוכבים, אסור, דאי לאו הכי אין טעם לאסרו למכור לישראל, דהא לא אהני מעשיו הרעים כנ"ל, **ואולי** מ"ש צריך ליתנו לאחר בחנם, הוא לאו דוקא.

ולשאר כל אדם, מותר.

הגה: ודוקא שנתערב יבש ביבש, או אפילו לח בלח למאן דאמר שאין אומרים בו חתיכה נעשית נבלה, כדלעיל סי' צ"ב - וקי"ל הכי בשאר איסורים בהפסד מרובה, וכדלעיל סי' צ"ב ס"ד בהג"ה.

אבל חתיכה שבלעה איסור, לא מהני שנתוסף אחר כך היתר, דהא אמרינן ביה חתיכה נעשית נבלה - לכאורה קשיא מה ענין זה לחנ"נ, דאפי' למאן דאמר דלא אמרינן חנ"נ בשאר איסורים, מכ"מ חתיכה שבלעה איסור, וניתוסף עליהם היתר אח"כ, החתיכה עצמה נשארת באיסורה, וכמ"ש הרשב"א והמחבר לקמן ר"ס ק"ו, שהאיסור שבה אינו נפלט לגמרי, **אלא** הרב אתא לאשמועינן, דחתיכה שבלעה איסור ונתוסף אח"כ היתר, דאפי' התוספת אסור, כי ליכא ששים נגד כל החתיכה, **אבל** אם ריבה עליו בשוגג נגד כל מה שנ"נ, בלח בלח למ"ד חנ"נ, וכן אפי' בבשר בחלב בלח, הכל מותר, **אבל** בחתיכה שבלעה איסור, אפי' ריבה עליו ששים נגד כל החתיכה, החתיכה עצמה אסורה, כדלקמן סי' ק"ו.

ומ"מ מה שנרשם כאן בש"ע תשובת הרשב"א סימן תצ"ה, אמת שכ"כ בד"מ ע"ש הרשב"א שם, דלא אמרינן חנ"נ רק בחתיכה בלוע מאיסור, אבל בלח בלח קים לן כל האיסורים שריבה עליהם שוגג מותרים, ובהכי מתורצים דברי הטור, דכתב דא"צ לחקור אם נתנו אח"כ מים אחר שניתן בו האיסור, דהא בבשר בחלב חנ"נ, וה"ל לפרש דבבשר בחלב צריך לחקור, אלא היינו טעמא דבלח בלח ל"א חנ"נ, עכ"ל, **אבל** א"א לומר כן, דהא בש"ס פכ"ה, גבי הא דפריך התם, חלב אמאי שרי חלב נבילה היא כו', מוכח להדיא דאף בלח בלח חנ"נ בבשר בחלב, וכ"כ הרשב"א בתה"א בהדיא, והכי משמע להדיא מדברי הרא"ש גבי הגעלת כלי מדין, ובפ' בתרא דעבודת כוכבים גבי יין נסך שנפל לבור, דאין לחלק בהכי לענין חנ"נ, **ואע"ג** דיש פוסקים מחלקים בהכי, וכמו שנתבאר לעיל סימן צ"ב ס"ד, היינו בשאר איסורים, אבל בבשר בחלב א"א לחלק בהכי, ועוד דהרשב"א והטור ע"כ לא ס"ל הכי וכמ"ש, **ומ"ש** בשם תשובת הרשב"א ליתא, דא"כ יסתור דברי עצמו בת"ה, וגם יהיה נגד הש"ס, **אבל** המעיין בתשובת הרשב"א שם יראה לעין, דלא כתב שם אלא בשאר איסורים במקום דלא אמרינן חנ"נ, דמחלק בין לח לחתיכה, דבלח אם ניתוסף אח"כ עד ס' הכל מותר, ובחתיכה נשארה באיסורה, משום דאין האיסור נפלט ממנה לגמרי, **ואין** ענין זה לכאן, וא"כ דברי הרב צ"ע.

ויש אומרים דאפילו במקום דלא אמרינן חתיכה נעשית נבלה, לא מהני ההיתר לבטל, אלא אם נתוסף קודם שנודע התערובות, אבל אם נודע התערובות קודם, לא מהני מה שנתוסף אחר כך - באו"ה כתב בהדיא, דאפילו היכא דאמרינן חנ"נ, כגון לח בלח, או לח ביבש, או יבש בלח, יש ג"כ חילוק בין נודע או לא, דאע"ג דנעשה פעם אחת נבילה כולו, כיון שלא היה בהיתר ס' נגדו, מאחר שלא נודע לו באותו פעם, ולא טעים ביה עתה טעם דאיסורא, נוכל לומר שפיר דמצטרף כל ההיתר יחד לבטלו, עכ"ל, ופסק כמותו בד"מ ובת"ח, **ולפי** זה מ"ש כאן בהג"ה, דאפי' במקום דל"א חנ"נ כו', ה"ק, לא מיבעיא במקום דאמרינן חנ"נ, דיש חילוק בין נודע או לא, אלא אפילו במקום דל"א חנ"נ, לא תימא דאפי' נודע שרי כל שריבה בשוגג, אלא כל שנודע אסור, ‹דקנסו שוגג אטו מזיד - פמ"ג›, **והכי**

הלכות תערובות
סימן צט – דין העצמות אם מצטרפין לבטל איסור, ושלא לבטל איסור לכתחילה

איתא באו"ה, דבמקום דל"א חנ"נ, יש ג"כ חילוק בין נודע או לא.

ומ"מ דברי האו"ה והרב צל"ע, דכיון דקי"ל חנ"נ, א"כ מיד שנתערבה נ"נ, ומה בזה שלא נודע, מ"מ מיד נחשב כחתיכה נבילה, ולא מצינו בשום פוסק לחלק בין נודע או לא, **והכי** משמע בש"ס פכ"ה, דפריך אמאי דאמר רב, כזית בשר שנפל לתוך יורה של חלב, בשר אסור וחלב מותר, חלב אמאי מותר חלב נבילה הוא, פרש"י הרי חלב מעט שנבלע בבשר נ"נ, שהרי נאסר, וכשחזר ונפלט בשאר החלב הוה ליה מין במינו חלב איסור בחלב היתר, ורב אית ליה מין במינו לא בטיל, ע"כ, ומשני ביורה רותחת דמיבלע בלע מיפלט לא פליט, וע"ש ודוק, **והכי** מוכח נמי מדברי כל הפוסקים, שהקשו למאי דקי"ל חנ"נ בכל האיסורים, מהמדומע והמחומץ שאין אוסרים אלא לפי חשבון, וכהנה קושיות רבות, ויישבו בדוחק, ויש מהן שפסקו מתוך כך, דל"א בשאר איסורים חנ"נ, **ואם** איתא הוה ליה לתרוצי, דהתם מיירי בלא נודע.

הג"ה, ול"נ לחלק, דבשלמא האי דינא דכתב, הטעם הוא דחשבינן כאלו נפל השתא האיסור או חתיכת בשר לתוך חלב, והשתא הוא ס', מש"ה בטיל בס' בלא נודע, **אבל** בחלב, דטעם החלב נבלע בבשר, וא"כ החלב הוא כאלו הוא חתיכת בשר, שטעם החלב בבשר, וחלב בחלב מין במינו, מש"ה לא בטיל, ודו"ק - נקה"כ.

והכי מוכח נמי להדיא ממה שכתב הסמ"ק והט"ו בסימן צ"ד ס"ב, דאם תחב כף של חלב בקדרה של בשר ב' פעמים, ולא נודע בנתים, צריך ב' פעמים ס', והיינו מטעם שכתב הגהמ"ר ומהרי"ל ותרומת הדשן, דבפעם א' חיישי' שנשאר בו מעט חלב, ונעשה כל הכף נבילה, וכיון דלא נודע בנתים לא נתבטל, וצריך שוב פעם שני לבטל, וכמ"ש שם, **ואולי** גם הרב חזר בו, ולכך לא כ' דין זה בהגהותיו, וצ"ע, (וכן העלו הפר"ח והמנ"י).

(**לענ"ד** לית בזה ספק, דבודאי כן הוא דהרב חזר בו, דהא לעיל סי' ע"ג ס"ו, נמצא כבד בעוף וכו', כתב עלה בהג"ה, ולכן אם הכבד שלם ודבק בעוף, נעשה העוף ח"נ, ובעיא ס' משאר דברים נגד העוף, **והא** נמצא ודאי משמע בלא נודע מקודם דהכבד דבוק בו, ואפ"ה אסור הכל, ואפי' דין דבוק אמרינן בו, מכ"ש דאם נתבשל ולא היה ס' בתחילה, דאמרינן דין חתיכה עצמה נ"נ, **ובאמת** ראיתי בת"ח אחר שהביא דברי האו"ה, דאפי' דנתערב תחילה, ובלא נודע ניתוסף עליו היתר, דשרי, וכתב עלה וז"ל, וצ"ע דא"כ למה אסרינן באיסור דבוק, כמו שנתבאר לעיל גבי כבד וכו', מיהו י"ל דבאיסור דבוק אינו מצטרף, עכ"ל, **ולא** זכיתי להבין, דהא בדבוק הטעם, דממהר לבלוע מקודם, או דשמא היה פעם אחד בחוץ, וא"כ מכ"ש בנתערב תחילה בלח ולא היה ס', דבודאי הבלוע נכנס לתוכו תחילה קודם שנתערב, וה' יאיר עיני – רעק"א.

(**אלא** דהמנ"י כתב, דבלח בלח כיון דבהפ"מ לא אמרינן ביה חנ"נ, יש להקל בזה בלא נודע, **והפמ"ג** כתב, ולענין דינא בלא נודע, בבשר בחלב ודאי אסור מה"ת, ובשאר איסורים בהפ"מ אין בידי להקל, ע"ש, ומשמע דגם להחמיר לא ברירא ליה, **ועיין** בתשובת רבינו עקיבא איגר שתמה על הש"ך במ"ש אולי הרב חזר בו, דלכאורה לית ביה ספיקא דבודאי חזר הרב, וכיון שכן, אף דהפמ"ג כתב דלא ברירא ליה להקל בהפ"מ, לפענ"ד ברירא להחמיר, דהא בההוא דלב וכבד לא נזכר שם דעה להקל בהפ"מ).

(**ושוב** כתב ליישב דברי הש"ך, דכיון דהש"ך כתב בפשיטות דאותה חתיכה ודאי אסור אף בלא נודע, דלמא נשאר בו מהאיסור הרבה, כיון שכן ממילא האחרות אסורות אם אין ס' נגד כל החתיכה, דנהי דנימא דבלא נודע לא אמרינן חנ"נ, מ"מ אחר שנודע התערובות והחתיכה קיימא באיסורה, החנ"נ ואוסר עתה את האחרת, דאילו נפלה לקדרה אחרת היתה אוסרת, הכי נמי אוסרת לחתיכות שבקדרה זו, **וא"כ** י"ל דהה"ט דבלב וכבד בעי ס' נגד כל העוף, דמיירי שנמצא דבוק בעוד שהקדרה רותחת, וכיון דהעוף נשאר באיסורו, נעשה עתה אחר הידיעה העוף נבלה, ואוסר לאחרות כאילו עתה נפלה לקדירה אחרת, **אבל** היכא דלא שייך כן, כגון שסילקו להעוף מהקדרה קודם שנודע, או דנצטנן הקדרה קודם שנודע, בזה הוא דנסתפק הש"ך אם הרמ"א חזר בו או לא, **ובזה** כתב הפמ"ג דלא ברירא ליה להקל בהפ"מ, גם להחמיר לא ברירא ליה, **ולכן** מאן דמקיל בזה בהפ"מ או צורך שבת, אין מזחיחים אותו, עכ"ד ע"ש).

גם מ"ש האו"ה שם, דאפי' במקום דל"א חנ"נ, אם נודע אסור אף בשוגג, **ולא** נהירא, א"ו אפי' נודע בנתיים שרי, כיון שריבה בשוגג, והכי משמע מדברי הפוסקים, **ועוד** תימה, דאי תימא אפי' היכא דלא שייך לומר חנ"נ, אינו מותר כשריבה בשוגג אלא בלא נודע, א"כ הא דתנן בפ"ה דתרומות, סאה תרומה שנפלה לפחות ממאה חולין, ואח"כ נפלו בה עוד חולין, אם שוגג מותר ואם

שיד **הלכות תערובות**
סימן צט – דין העצמות אם מצטרפין לבטל איסור, ושלא לבטל איסור לכתחילה

מזיד אסור, וקאמר עלה בירושלמי, דה"ה לכל האיסורים שריבה עליהם, בשוגג מותר במזיד אסור, והכי אמרי' בכמה דוכתי, כל האיסורים שריבה עליהם בשוגג מותרים, מזיד אסורים, א"כ האי שוגג יהיה מוכרח לפרש קודם שנודע, וא"כ איך יפול שוב עליו ואם במזיד כו', היאך שייך מזיד כשלא ידע, **ונצטרך** לדחוק ולומר, דשוגג היינו קודם שנודע התערובות, ומזיד היינו אחר שנודע התערובות, דהשוגג הוי כמזיד, וזה הדבר שאין הדעת סובלתו, א"ו כדאמרן דאין לחלק בזה כלל, בין נודע או לא, אלא בין שוגג ומזיד, וכדמשמע מדברי הט"ו וכל הפוסקים.

הג"ה, גם בזה נ"ל לפרש הא דתנן בפ' ה' דתרומות דה"ק, אם בשוגג דהיינו בלא נודע התערובות, וזה התערב בשוגג, מותר, ואם במזיד, אפי' לא נודע מהתערובות, רק שהתערב במזיד מטעם אחר, אפ"ה אסור, דגזרינן במזיד שמא יתערב אפי' בנודע, **אבל** בשוגג לא גזרינן אטו שוגג בנודע, כיון דבשוגג בנודע אינו אלא חומרא בעלמא, ולא גזרינן, **ובזה** מיושב קושיית הגאון אמו"ר ז"ל על רמ"א, ע"כ הג"ה - נקה"כ.

ולפי זה היה צריך החכם המורה לבטל איסור, לחקור אם נתוסף ההיתר לאחר שנודע, ולא נהגו כן - כלומר לפ"ז דהתוספת לא מהני, א"כ למ"ד לח בלח חנ"נ, או חתיכה שבלעה איסור לכ"ע, או נודע התערובות להאו"ה, היה צריך לחקור, אלא שלא נהגו לחקור בכל זה, **ובעט"ז** משמע שהבין, דהאי ולא נהגו כן לא קאי אלא אהי"א, והא ודאי ליתא, דמאי שנא, וכן מוכח בת"ח כאשר פירשתי.

והטעם דלא נהגו לחקור נראה לי, דאחזוקי איסורא לא מחזקינן, דמהיכי תיתי נימא שהוסיפו עליו אח"כ, ובת"ח שם כתב טעם אחר.

[**אמנם אם** ידוע להמורה שניתוסף, אלא שאין ידוע אימתי, בזה ודאי יש לחקור אחר זה **אימתי** ניתוסף, כנלענ"ד להלכה, **אף** שרש"ל מחמיר בכל ענין לשאול אחריו, מ"מ אין אחר המנהג כלום, זולת בדרך שזכרתי, כנלענ"ד].

סעיף ו - איסור של דבריהם, אין מערבין אותו בידים כדי לבטלו. ואם עשה כן במזיד, אסור - היינו כמו שנתבאר בס"ה, אבל לשאר כל אדם פשיטא דמותר.

אבל אם נפל מעצמו, ואין בהיתר כדי לבטלו, מרבה עליו ומבטלו – [וראיה לזה, מעצים שנשרו מדקל לתוך התנור ביו"ט, שמרבה עליהם עצים מוכנים ומדליקן, כן הוא דעת הרשב"א].

‹**להמחבר**, איסור דרבנן אף שיש לו שורש מן התורה, אם לא היה ששים והוסיף, שרי – פמ"ג›.

‹**הא"ר** כתב, דוקא נפל מעצמו, אבל הפיל בשוגג, אסור להוסיף ולבטלו – רעק"א›.

קשה, דבא"ח סי' תרע"ז סתם המחבר וכתב, דמותר השמן שבנר חנוכה שנתערב בשמן אחר, ואין בו ס' לבטלו, יש מי שאומר שאין להוסיף עליו לבטלו, עכ"ל, והרי חנוכה אינו אלא מדרבנן, גם בב"י שם לא הביא שום פוסק שחולק על זה, **ושמא** יש לחלק, דהתם כיון דהוקצה למצותו, חמיר טפי, *ודוחק, **ועוד** דהאי ויש מי שאומר הוא מהר"ם מרוטנבורג שהביא הטור שם, ומוכרח דלא ס"ל לחלק בהכי, דכתב שם, ולא דמי לעצים שנשרו מן הדקל לתוך התנור בי"ט, שמרבה עליהן עצים מוכנים ומבטלן, דשאני התם, שאין נהנה מהן עד אחר ביעורן, אבל הכא נהנה ממנו בשעה שהנר דולק, עכ"ל, **ואם** איתא הוי ליה למימר, דשאני הכא דהוקצה למצותו, וצ"ע.

*__הג"ה__, ול"נ כיון דעצי מוקצה הוא מדאורייתא, כדאיתא בפסחים דף מ"ז: - {ע"ש דאין המסקנא כן}, חמיר כמוקצה למצותו, וע"כ הוכרח לתרץ תירוץ אחר - נקה"כ.

‹**והמ"א** רוצה לתרץ שם, דחנוכה הוי דבר שיש לו מתירין לשנה הבאה, **ולא** אוכל להבין דבריו, דא"כ אפי' באלף לא בטיל, ולמה כתב המחבר שם ואין בו ס' לבטלו – בה"ט›, (**עיין** בתשובת רבינו עקיבא איגר, שגם הוא נ"ע הקשה כן, וכתב ליישב הסתירה בטוב טעם). ‹**אמנם המ"א** תירץ כבר בדבריו, במש"כ ועיין ביו"ד סי' ק"ב, דשם איכא פלוגתא בין הפוסקים דהיכא דיש לו מתירין לדבר אחד, ולדבר זה לא נאסר מעולם, רוב הפוסקים ס"ל דזה לא מקרי דבר שיש לו מתירין, אכן הרי"ף חולק, וס"ל דזה מקרי דבר שיש לו מתירין, **וגם** כאן במותר שמן לנר חנוכה לשנה הבאה לא נאסר מעולם, ותליא ג"כ בפלוגתת הרי"ף והפוסקים הנ"ל. **ולכן** המחבר שפיר פסק דבטל אם יש ששים, כיון דעיקר כהפוסקים דלא מקרי דבר שיש לו מתירין כנזכר לעיל, **אבל**

הלכות תערובות שטו
סימן צט – דין העצמות אם מצטרפין לבטל איסור, ושלא לבטל איסור לכתחילה

לכתחלה אין להוסיף עליו, כיון דאפשר דהכא חמיר דהוי דבר שיש לו מתירין וכו', ר"ל לשיטת הרי"ף – מחה"ש.

הגה: וי"א דאין לבטל איסור דרבנן או להוסיף עליו, כמו באיסור דאורייתא, וכן נוהגין, ואין לשנות – [ס"ל כהרא"ש, דשאני התם בעצים דמקלי קלי לאיסורא, פי' שאין נהנה מהן עד שעת ביעורן מן העולם, ואז אין ממש באיסור].

ונ"ל עיקר לדינא, דאפי' איסורים של דבריהם שאין להם עיקר כלל בתורה, אין לבטלו או להוסיף עליו, וכדעת הרב.

[**וכתב** רש"ל, דהעיקר כהרשב"א, שרוב המחברים ס"ל כן, והא דאמרי' בריש ביצה, דההיתר בעצים משום דמקלי קלי לאיסורא, התם הוה דבר שיש לו מתירין, אבל בדבר שאין לו מתירין, בכל איסורי דרבנן מרבה עליו ומבטלו, **ע"כ** פסק דבדיעבד אפי' כוון לבטלם ולא ידע שאסור לעשות כן, שרי, ע"כ, **ואני** הוכחתי לעיל, דאם לא ידע שיש איסור בדבר, שרי בכל הביטולים].

איסור שנתבטל, כגון שהיה ס' כנגדו, ונתוסף בו אח"כ מן האיסור הראשון, חוזר וניעור ונאסר - היינו דוקא במין איסור אחד, אבל בב' מיני איסורים שחלוקים בטעמא, כל אחד מבטל טעם חבירו, וכמו שנתבאר בס"ס צ"ח.

ל"ש מין במינו ל"ש מין בשאינו מינו, לא שנא יבש ל"ש לח, לא שנא נודע בינתים או לא נודע בינתים – [לא דמי לתחיבת כף שתי פעמים דסי' צ"ד, ‹דמחלקינן בין לא נודע, לנודע דבטל אף להמחבר – יד יהודה›, **דהכא איכא איסור חדש**].

כ"כ בת"ח בשם מהרא"י בהג' ש"ד, **אבל** באמת משמע דלא כ' שם מהרא"י דאפי' נודע בנתיים אסור, אלא אאיסור שנותן טעם, דכ' שם, וראבי"ה אוסר אפי' ידע, יראה דמסברת אשיר"י קאמר לה, דסברא גדולה היא, דכיון דנתרבה האיסור הרי היכר הוא ומרגישין הטעם כו', עכ"ל, ‹**ואף** אם הוא מין במינו לח בלח, כיון שכנגדו באינו מינו נותן טעם, ג"כ סברא הוא דיאסר – מחה"ש›, **אבל** באיסור יבש ביבש במין במינו שנתבטל ברוב, כשנודע תו לא מצטרף לאסור, דכיון דמדאורייתא וגם מדרבנן חד בתרי בטל, א"כ כבר נתבטל, ואדרבה נראה דגם האיסור מצטרף להעלות ההיתר, וכדתנן הערלה מעלה את הערלה, ומפרש בירושלמי דהיינו בנודע, **מיהו** באשיר"י משמע להדיא, דאפי' יבש ביבש במינו חוזר ונאסר, אפי' נודע, אבל הך מתני' דהערלה דוחק ליישב להרא"ש, וכמ"ש בספרי, **וכתבתי** שם דהעיקר כפי' הר"ש, דאפי' לרבנן בשאר איסורים ביבש, כל שאין נותן טעם, הידיעה גורמת היתר, ושוב אין חוזר ונאסר, ושאני תרומה דצריכה להרים, וכן דעת הראב"ד שהביאו הרמב"ן, והר"ן והרשב"א, **וגדולה** מזו משמע דעת הראב"ד שם, דאפי' לא נודע בנתיים אינו חוזר ונאסר, דקמא קמא בטיל אפילו בדבר שנ"ט, **ואף** הם לא פליגי שם עליו אלא מטעם דטעמא לא בטיל, והרי הטעם נרגש, **ואפי'** במב"מ דליכא למיקם אטעמא, מ"מ כיון שנפל שם שיעור בכדי דיהיב טעמא בשכנגדו בא"מ אסור, עכ"ל, משא"כ יבש ביבש במין במינו, **ועוד** דהא כ' המרדכי בשם רשב"ם וראב"ן וריב"א, והכי איתא בהג' ש"ד בשם רבי יואל וא"ז, וכ"כ הגהמ"ר, וכן הוא בשאר פוסקים, דחתיכה של איסור שנפלה בששים חתיכות דהיתר, ונודע, ואח"כ נפלה אחרת, ראשון ראשון בטל, **וא"כ** אף דלא קי"ל הכי, אלא כסברת ראבי"ה, היינו מטעם שכ' מהרא"י, דסברא גדולה היא כיון שנרגש הטעם כו', אבל בדבר יבש במין במינו דלא שייך האי טעמא, א"כ כל שנפל לרוב היתר ונתבטל אין חוזר וניעור, ואדרבה אפשר שגם האיסור מצטרף להעלות, וכ"פ האו"ה.

אך מה שפסק עוד שם, דאפי' נפל איסור יבש ביבש שלא במינו בששים, ונודע, ואח"כ נפל איסור אחר, אמרינן קמא קמא בטיל, וכדעת הא"ז ורבינו יואל וסייעתם, **בזה** נראה דלא קי"ל הכי, דכיון דטעמא דבשלא במינו ביבש צריך ששים, משום דאם יבשלם יתן טעם, אם כן ה"ה הכא, **ונראה** דהאו"ה אזיל לטעמיה, דס"ל דשלא במינו ביבש, אין הטעם משום דאם יבשלם יתן טעם, וכמ"ש בשמו בסי' צ"ח, אבל לפי מ"ש שם, דהטעם כמ"ש, א"כ ה"ה הכא.

וגם מדברי מהרש"ל שם נראה כדעת הרב, דאפי' ביבש במינו ונודע, חוזר וניעור ונאסר, **ומה** אעשה בטלה דעתי נגד דעתם, ובפרט שאני מקיל והם מחמירים, **אכן** בהפסד מרובה וכה"ג, אפשר להקל מהנך טעמים דלעיל, **בשגם** שי"ל דמ"ש הרב לא שנא נודע בנתים, קאי

שטז הלכות תערובות
סימן צט – דין העצמות אם מצטרפין לבטל איסור, ושלא לבטל איסור לכתחילה

אהיכא דצריך ס', וכדכ' ברישא כגון שהיה ס' כו', וכן יש לפרש דברי מהרש"ל שם.

‹**אמנם** הפר"ח והגר"א החזיקו בפסק הרמ"א בזה, וכן יש להורות. **אמנם** דעתם להקל כששיעור הנדרש הוא רק מדרבנן, כגון ששים בלח בלח במב"מ, וכן ששים ביבש ביבש במבשא"מ, דבנודע בינתים לא אמרינן דחוזר וניעור, **ואין** מחמירים לומר שחוזר וניעור זולת ביבש ביבש בדליכא השתא רובא, דרוב הוא מן התורה, וכן בלח בלח במבשא"מ בדליכא השתא ס', משום דטעם כעיקר הוא מדאורייתא, **ונראה** שיש להקל כן בשעת הדחק – בדי השלחן›.

‹**ובירושלמי** מבעי, אי ידיעת חבירו חשיב ידיעה בינתיים, או דוקא ידיעת בעלים, ולא אפשיט, וע' בס' הארוך מש"ך – רעק"א›.

כזית חלב שנפל למים ונתבטל בס', ואח"כ נפל מן המים לקדירה של בשר, מותר, אע"פ שאין בבשר ס' נגד החלב, שהרי נתבטל במים, וכל כיוצא בזה - ובת"ח כ', דאפילו לכתחלה מותר ליתן המים לקדרה של בשר, כיון דכבר נתבטל. ‹**אבל** לערב החלב עם המים ליתן בבשר, אסור כמו שכתב הצמח צדק, דלא כבית לחם יהודה – פמ"ג›.

ואין להקשות אגוף הדין, פשיטא, דהא כל איסור בטל בששים, י"ל משום דלקמן סי' רצ"ט נתבאר, דהיתר בהיתר לא שייך ביטול, קמ"ל דהכא לא אמרינן הכי, וכן הוא באו"ה, שמעינן דהיתר בהיתר מיהא בטל, ואם נפל חלב למים כו'. ‹**דאמרינן** בסי' רצ"ט, צמר רחלים וצמר גמלים שטרפן זה בזה, אם היה הרוב מגמלים מותר לערבו עם הפשתן, שהרי בטלי במעוטן, ולא שייך בהו ביטול אלא קודם שיעשו חוטין, אבל לאחר שנעשו חוטין אין לכלאים שיעור, אפילו חוט אחד של פשתן בבגד צמר אסור, אפילו נאבד החוט האחד ולא ידענו מקומו לא שייך ביה ביטול. **וכתב** שם הש"ך, דכיון שהוא היתר שנתערב עם היתר ועל ידי תערובות זה נאסר, לא שייך ביה ביטול. **והא** דקי"ל דבשר בחלב בטל בששים, מבואר בדברי הרא"ש דלא דמי לבשר בחלב, לפי שבבשר בחלב אין האיסור אלא מחמת שיתן טעם, והלכך כיון שיש ששים דאז בטיל הטעם ליכא כאן איסור כלל, משא"כ התם, עכ"ד ע"ש – מחה"ש›.

‹**זה** תמוה, דהא אדרבה, דהתם איתא, דצמר גמלים וצמר רחלים שערבן זה בזה, אם הרוב גמלים, בטל הצמר רחלים, ומותר לתפרו בפשתן. **אבל** באמת בפשטו לק"מ, דודאי הוי חידוש דין, דהא למ"ש הר"ן, דדשיל"מ מיד, אפי' מבשא"מ לא בטל, וא"כ אם נתערב חלב במים, אסור לערבו עם בשר, לזה הוצרך האו"ה להשמיענו דבטל, וכן נראה לדינא דעת המחבר. **אבל** עכ"פ להרי"ף קם הדין, דאסור לערבו עם בשר, **ולהרי"ף** קשה איך יתרץ מתני' דכלאים, דצמר גמלים וצמר רחלים, והא התם הוי ג"כ היתר בהיתר, דיכול לתפרו שלא בפשתן, ואעפ"כ בטל, וצ"ע – רעק"א›.

סעיף ז - אם נבלע איסור מועט לתוך כלי בשר, אם דרכו של אותו כלי להשתמש בו בשפע היתר, מותר להשתמש בו לכתחלה, כיון שהאיסור מועט וא"א לבוא לידי נתינת טעם, ולפיכך איסור משהו שנבלע בקדרה או בתוך קנקנים וכיוצא בהם, מותר להשתמש בו לכתחלה, ואפילו בבן יומו, לפי שא"א לבא לידי נתינת טעם. אבל אם נבלע בכלי שדרכו להשתמש לעתים בדבר מועט, כקערה וכיוצא בה, אסור להשתמש אפילו בשפע, גזירה שמא ישתמש בה בדבר מועט ויבא לידי נתינת טעם – [הרשב"א למד דין זה וז"ל, מדאיתא פ' אין מעמידין, קנקנים שגוי נותן לתוכן יין, ישראל נותן לתוכן מים, כלומר ושותה אותם, ואיבעיא להו התם, מהו לתת לתוכה שכר, ואסיקנא דשרי, דגרסינן התם, ר' יצחק בריה דר' יהודה שרי לר' חייא למירמי ביה שיכרא, ואזיל רמי ביה חמרא, ואפ"ה לא חש למילתיה לאסור לו שכר משום יין, אמר אקראי בעלמא הוא, **וטעמא** דהא מילתא, דיין הבלוע בכלי דבר מועט הוא, דכל שמשתמשין בו בצונן אין בלעו אלא מועט, וכיון שכן, וכלי זה משתמשין בו היתר בשפע, א"א לבא לידי נותן טעם, לפיכך אפי' לכתחילה מותר, **לפיכך** איסור משהו שנבלע בתוך הקדירה, או בתוך הקנקנים וכיוצא בזה, מותר להשתמש בהם לכתחילה, ואפי' בבן יומא, לפי שא"א לעולם לבא לידי נ"ט, **אבל** אם נבלע בכלי שדרך להשתמש בו לעתים בדבר מועט, כמו קערה וכיוצא בו, אסור להשתמש בו אפי' בשפע, גזירה שמא ישתמש בו בדבר מועט, ויבוא לידי נ"ט, עכ"ל].

[**ויש** להקשות בזה, מנא ליה ללמוד מזה כן, דלמא שאני הכא דמותר לתת שם שאר משקין, משום דהם פוגמין ביין, כדפי' רש"י פ' א"מ, דשיכרא מבטל ליה

שיז הלכות תערובות
סימן צט – דין העצמות אם מצטרפין לבטל איסור, ושלא לבטל איסור לכתחילה

לטעמא דחמרא, וכתבו תוס' בשם ר"י, דמים וכל המשקין מותרים כמו שיכרא].

[**והר"ן** הביא דברי רשב"א אלו, שכן כתב בשם הר"ר יונה והראב"ד וז"ל, ומיהו שמעינן שהמים של מילוי ועירוי מותרים בשתייה, והקשה הרשב"א, א"כ מצינו שמבטלין איסור לכתחילה, שהרי נותנין מים או יין בכלי זה כדי לבטל טעם היין, והמים והכלים מותרים, **ותירץ** לו הר"י, שבליעת היין אינו אלא משהו, וכיון שא"א לבא לידי נ"ט, מבטלין אותו לכתחילה, **ומכאן** ראייה למה שהתירו קצת רבני צרפת, כלי עץ שנשתמש בו יין נסך, שצריך עירוי בקליפה בעלמא, כדין כל איסור משהו דסגי ליה בקליפה, **ואיני** רואה לדינם ראייה מכאן, שהכשר מילוי ועירוי אינו מטעם שיפליטו את הכלי מהיין, שהרי לא מצינו בשום מקום שהצונן פולט, אלא ודאי שאין המים מכשירין, אלא מפני שהמים מפיגים היין הנבלע בתוך הכלי, ומבטלין טעמא, ולא שמערבין אותו עם ההיתר, אלא הרי הוא כאלו שורפין אותו במקומו, **ועוד** שאפי' תאמר שהן מוציאין אותו ומערבין אותו עם היתר, לא נאסר לבטל איסור לכתחילה אלא למי שנתכוין לבטלו כדי להנות ממנו כו', אבל במתכוין להכשיר הכלי ואינו נהנה מהאיסור, שרי, **ולפיכך** אין ראייה מכאן שבליעת היין לא תהא אלא משהו, ושיספיק בה קליפה, עכ"ל].

[**והנה** מזה נמשך לי קושיא על הטור, שכתב בסי' קכ"ב על דברי הרשב"א, ואינו נראה להתיר מק"ו, דאפי' קדירה שאינה בת יומא שהיא מותרת, אסורה משום גזירה אטו בת יומא, כ"ש באותו כלי עצמו, אע"פ שאין דרך להשתמש בו בדבר מועט, יש לנו לגזור אטו שמא ישתמש בו בדבר מועט, עכ"ל, **כיון** שהוא חולק על הרשב"א, ממילא ס"ל כהר"ן, דאין כאן איסור משהו לחוד, ממילא לא סגי לכלי של גוי בקליפה, **ואמאי** הביא בסי' קל"ה, דברי הרשב"א דסגי בקליפה, הא הני מילי סתרי אהדדי, דאי קיימא הא דסגי בקליפה, ממילא לא הוי רק איסור משהו, לא קיימא הא דחולק עליו, במה שהתיר איסור מועט בכלי שמשתמשין בו בשפע].

[**והנלע"ד** לתרץ הכל על נכון, גם מה שהקשה ב"י על הטור בסי' קכ"ב, דאין קושייתו קושיא כלל על הרשב"א, דע"כ לא שרי אלא לפי שאינו מצוי בדבר מועט, ומה ענין זה לקדירה בן יומו ושאינו בן יומו כו', שמצוי לבשל בזו ובזו, עכ"ל, ובודאי ראוי לתרץ דברי הטור מקושיא של ב"י בזה, דהאיך דימה אותם רבינו הטור להדדי, וההפרש הוא לפנינו בתחילת העיון, **ע"כ** נ"ל שיטת הרשב"א, שיש לפנינו שני קושיות, האחד, למה התירו לתת שאר משקין בקנקנים של גוי, בזה יש לתרץ מפני שהם נטל"פ, אלא דקשה קושיא אחרת, הא עכ"פ אין מבטלין איסור לכתחילה, ובהך שאתה מערב האיסור בהיתר ופוגמו אתה מבטלו לאיסור, ודבר זה אסור הוא, וע"ז תירץ, דכאן לא הוה אלא איסור משהו, וא"א לבא לידי נ"ט, ע"כ מבטלין אותו, וכיון שבאנו לתירוץ זה, ס"ל לרשב"א ורבותיו דא"צ לתירוץ שזכרנו, במה שהוא פוגם, אלא אפי' אינו פוגם, כגון חלב ודם, מותר בזה, כיון שא"א לבוא לידי נ"ט, כיון שהוא כלי גדול, ואין אנו צריכים לתירוץ דפוגם, אלא אם הוא בכלי קטן ‹מלא›, דיש לגזור בו שמא ישתמש בהיתר מועט, בזה מהני תירוץ דפוגם], ‹דעכ"פ אינו בא לידי איסור›.

[**וע"כ** כתב הרשב"א, כל הכלים שנתן גוי לתוכן יין מותרים בשאר משקים, דהיינו אפי' קטנים ‹מלאים›, מטעם שהם פוגמים, ושם אין שייך לגזור משום שמא ישתמש במועט, ויבטל איסור לכתחילה, דאין שום גזירה מצד איסור זה דאין מבטלין, אלא הגזירה היא משום שמא יבוא לידי איסור של נ"ט, ‹דישתמש בו היתר מועט›, ובזה מהני תירוץ דפוגם, **וע"כ** כתב הרשב"א בזה, וטעמא דהא מילתא, דיין הבלוע בכלי הוא דבר מועט, וסיים בזה, ולפיכך מותר אפי' לכתחילה, כוונתו בזה, דלענין טעם ההיתר היה לנו אפשר לומר שהם פוגמים, אלא דא"כ היה עכ"פ אסור לכתחילה, כיון דאין מבטלין איסור לכתחילה, ע"כ אני מפרש הטעם דאינו אלא איסור מועט, מש"ה מהני אפי' לכתחילה בזה שהוא כלי גדול].

[**וע"ז** הקשה הטור בדרך זה, דודאי קושיא דאין מבטלין, יפה אמרת כיון שהכלי גדול, דבזה אין שייך שום גזירה, דהא עכ"פ פוגם הוא, אלא דאתה בא לתרץ גם קושיא ראשונה בזה לענין היתר, ‹דהיינו כדלעיל, דא"צ תו לתירוץ דפוגם דמשני על קושיא ראשונה – אמרי בינה›, **ונ"מ** לשאר איסורין כגון חלב ודם ‹דאינם פוגמין›, מהני סברא זאת, וזה אינו, דכיון דאין לך ראייה מן הגמר' ע"ז, דהגמר' איירי מדבר שפוגם, מנא לך לומר באינו פוגם דמהני כלי גדול, דלמא התם גזרינן ג"כ משום היתר מועט, כדגזרינן בקדירה שאינה בת יומא, ואע"ג שיש לחלק בין גזירות אלו מצד מצוי, כמ"ש ב"י, מ"מ קשה,

שיח הלכות תערובות
סימן צט – דין העצמות אם מצטרפין לבטל איסור, ושלא לבטל איסור לכתחילה

מנ"ל לחלק, בשלמא אם היה מוכח מן הגמר', הייתי מוכרח לחלק ביניהם, משא"כ עכשיו, דודאי נימא כי היכי דגזרינן באינה בן יומא גזירה רחוקה, ק"ו לגזירה רחוקה כזאת, ומנ"ל לחלק ביניהם].

[**נמצא** לפי"ז גם הטור ס"ל התירוץ של הרשב"א, דמהני כלי גדול לענין שאין מבטלין איסור לכתחילה, כיון דאינו אלא משהו, והיינו במידי דפוגם, אבל במידי דאינו פוגם לא מהני, כיון דאיכא עכ"פ למיגזר, מש"ה שפיר כתב בסי' קל"ה, דמהני קליפה, כיון שאינו אלא משהו, וקליפה עכ"פ בעינן, דשמא ישתמש במועט, דהא שם קאי איין ביין דאינו פוגם].

[**וכיון** שהטור והר"ן חולקים על הרשב"א, והם בתראי, ראוי להחמיר כמותם דלא מהני כלי גדול, אלא במקום שהוא פוגם, ‹ואז מבטלין בס' הבלוע בכלי אף בקטן, ולא דוקא גדול, דאי נמי ישתמש במועט הוה נטל"פ, ולא יבוא לידי טעם – פמ"ג›, דבזה שוים הטור והר"ן, גם הרמב"ן ס"ל כהר"ן, כדמייתי בתה"א, דאין קליפה מתרת, אלא שתה"א כתב עליו, ובשל דבריהם שומעין להקל, וזה אין שייך כאן לענין איסור תורה, כגון חלב ודם שאין שם פגם, דגם בזה התיר רשב"א ורבותיו, ולהרמב"ן והר"ן והטור אסור בזה, ושומעין להם כיון שהוא של תורה, **ובאמת** סברת הטור שזכרנו היא נכונה מאד, דאין מן הגמר' שום ראייה להתיר אפי' בכלי גדול באיסור שאינו פוגם, דבגמר' לא מהני כלי גדול אלא לענין פוגם, ושלא תקשה הא אין מבטלין לכתחילה, **והכי** קימ"ל לחומרא, דלא מהני כלי גדול במקום שאין פוגם, כרמב"ן ור"ן והטור והרא"ה, וכן פסק מו"ח ז"ל, ובעל הלבוש].

האריך מאד, וכבר כתבתי כן בקצרה, לקמן סי' קכ"ב - נקה"כ.

‹**ובקדירה** שאינו בת יומא ואיסור מועט, אפילו הכי אסור – פמ"ג›, ‹דכיון דכבר נאסר הכלי בעוד שהיה ב"י, תו לא חלקו חכמים בין ב"י לאינו ב"י – יד יהודה›. ‹**יש** לעיין אם מהני בכלי גדול להשהותו עד יהיה אינו בן יומו – ג' מהרש"א›. ‹**ויש** להורות להשהות מעת לעת – ערוה"ש›.

§ סימן ק – בריה אפילו באלף לא בטל §

סעיף א - בריה, דהיינו כגון נמלה, או עוף טמא – [חשיבות דבריה שלא תהא בטילה, היא מדרבנן, דכיון דמן התורה יש חשיבות, דלוקין על אכילתה אפי' היא פחות מכזית, דהא סתמא כתיב אצל מינים טמאים לא תאכל אותם, אפי' הם קטנים, ע"כ החמירו רבנן בתערובת שלהם, אבל מן התורה היא בטילה כשאר איסורים, ונ"מ לענין ספק אי הוה בריה או לא, הוה ספיקא דרבנן ובטל, וכן בכל הדברים דאמרינן לקמן שאינם בטלים, כגון ראוי להתכבד או דבר שבמנין, אבל אי הוה ודאי בריה, או אחד מהני שאין מתבטלים, אלא שהאיסור ספק, בזה אפי' באלף לא בטל, כגון ביצי ספק טריפה וכיוצא בו].

וגיד הנשה, ואבר מן החי - דהוה בהו חיותא - חידושי הרשב"א והר"ן.

(**עיין** בתשובת פני אריה שכתב, דהא דאמ"ה אינו בטל משום דהוי בריה, היינו דוקא בשיש כזית מן הבשר גידים ועצמות, אבל אמ"ה שהוא פחות מכזית שנתערב, בטל כשאר יבש ביבש, **ועיין** פמ"ג שכ', שדעתו אינו כן).

וביצה שיש בה אפרוח וכיוצא בהם - בר"ס ק"י נסתפק הב"י, אי חשיבא בריה כשיש בה טפת דם, מאחר דשדא תיכלא בכולא, ובתשובת ר"ל ן' חביב, כ' בפשיטות דהוי בריה, **ולפעד"נ** דלא הוי בריה, כיון שעדיין אין בה חיותא, וגם בביצת אפרוח לא אשכחן דהוי בריה, ומן הסברא נראה דלא הוי בריה, דהא האי ביצה מתחלת ברייתה היתה מותרת, וגם בעידנא דקא גביל האפרוח דהתירא הוא, כדלעיל סי' פ"ו ס"ק כ', גבי אפרוח מביצת טריפה, ‹**זה** אינו, דאדרבה אימת מתחיל תחלת ברייתו אח"כ כשנעשה מעפר ריקום, ואז מתחיל תיכף איסור – פלתי›, **אלא** דבחידושי הרשב"א כתב, דהרמב"ם מחשבה בריה, ואחריו נמשך ב"י, וכבר כתבתי דאינו מוכרח כלל בדברי הרמב"ם, **והלכך** אף שאין להקל בביצת אפרוח, מ"מ ודאי בביצת דם אין לאסור כלל, כיון דלית בה חיותא, **שוב** מצאתי בבדק הבית להב"י בסי' ק"י, דבתר דמבעיא ליה הדר פשטא ליה, דנראה דלא הוי בריה, וזה נראה דעתו כאן בש"ע, **ובספר** ל"ח כתב וז"ל, ובסימן ק"י נסתפק הב"י, אי בנמצא בה דם חשיב בריה, ובש"ע שלו סימן ק' פסק דבריה היא, עכ"ל, **ותימה**, דהרי בש"ע כתב ביצת אפרוח בדוקא, אבל

הלכות תערובות שיט
סימן ק – בריה אפילו באלף לא בטל

בנמצא בה דם, אדרבה דעתו דלא הוה בריה, וכמו שכתבתי, **והשיב** (הלחם חמודות), וז"ל, ודאי לשוני צריך תיקון, ושייך גבי נמצא בה אפרוח דבריה היא, ע"כ.

אפילו באלף לא בטל - (ועיין בספר לבושי שרד שכתב, עובדא הוי בשוחט שלוקח רגלי העופות בטבת ושבט, ואירע שלמהירתו ורבוי העופות שחוטים שהיו מונחים לפניו, חתך ג"כ רגל אחד מאווזא חיה שהיתה מונחת בין השחוטות, ונתערב רגל זו בין יותר משישים רגלי אווזות שחוטות, והשוחט לחסרון ידיעתו השליך א' מהרגלים, והשאר אכלם כולם, וסמך דנתבטל רגל זה, ולא הוי ראוי להתכבד, כי צריך תיקון השיער, ובאמת אמ"ה לא בטל מטעם בריה, ועתה שאל על הכלים, **והוריתי**, דאם ברור לו שבשום פעם שבישל לא היו ס' בכל הקדרה נגד רגל א', הכלים אסורים, אכן אם ספק אצלו אולי היה עכ"פ בבישול א' ס', אזי מותרים הכלים, ואפילו אם נודע להשואל דין דאמ"ה לא בטיל, בעת שעדיין היה הכלי ב"י, ע"ש בביאור טעם הדבר).

ואין לו דין בריה, אלא אם כן הוא דבר שהיה בו חיות, לאפוקי חטה אחת של איסור - אע"פ שהיא אסורה מתחלת ברייתה, כגון של כלאים וכהאי גוונא.

וכן צריך שיהא דבר שאסור מתחלת ברייתו, לאפוקי עוף טהור שנתנבל - וכ"ש עוף טהור שנטרף, ומשמע מדברי הפוסקים, דל"ש נתנבלה בשחיטתה, או לא, וכן פסק הב"ח, **ושור הנסקל.**

(**עיין** בספר כו"פ, שלמד היתר על נמלים הגדלים בפירות וקמח, שאף אם פירשו בטילים בס', דהרי הא דבריה אינה בטילה, דוקא כשהוא אסור מתחלת ברייתו, ונמלה אין אסור מתחלת ברייתו, דהא קודם שפירשה היתה מותרת, עכ"ד, **ועיין** בתשובת טור האבן שחולק על זה, ופסק דמקרי בריה ואינה בטילה), (**ולפענ"ד** אי אפשר לומר כהכו"פ, אלא ודאי דכוונת המחבר היא, דהעיקר תלוי באם אסור מחמת עצמה או מחמת דבר אחר, רק שהזכיר גבי איסור מחמת עצמה מתחלת ברייתו, דסתמא דמלתא דבר שאסור מחמת עצמה הוא אסור מתחלת ברייתו, אבל העיקר תלוי באם אסור מחמת עצמה או מחמת דבר אחר, **ועוד**, דגם זה מקרי מתחלת ברייתו, דקודם שפירשו לא מקרי שרץ הארץ כלל, וכיון דאחר ששמן שרץ הארץ לא היה להן היתר, מקרי אסורין מתחלת ברייתן. כן נראה לי פשוט – חוו"ד), (**ועיין** בתשובת משכנות יעקב, שלמד היתר אחר על המילווין, ומסיק למצוא זכות וצד היתר על אכילת קמח בימות החמה, אף שהוא קרוב לודאי שיש בו מילוי"ן).

וכן צריך שיהיה דבר שלם, שאם יחלק אין שמו עליו, לאפוקי חלב - דחשיב איסור מתחלת בריתה, וחשיב ברית נשמה כיון דהוי ביה חיותא, כמו גיד הנשה, אפ"ה לא הוי בריה, כיון שאלו יחלק שמו חלב עליו, משא"כ גיד הנשה ואבר מן החי, שאם יחלקו אין שמו עליו, אלא חתיכת אבר מיקרו.

וכן צריך שיהיה שלם - לאפוקי נתרסק, או נחתך ממנה אבר אחד, אפילו אבר שאין הנשמה תלויה בו, הרשב"א בתה"א בשם הרמב"ן, והר"ן.

[פי' דלא תימא, דעיקר הקפידה שצריך שיהא שייך בו לומר, אם יחלק אין שמו עליו, ואז הוי בריה, אפי' באמת אינו שלם, קמ"ל דדוקא יהא ג"כ שלם].

הגה: ועיקר גיד הנשה אינו אלא על הכף בלבד, והוא כרוחב ד' אצבעות, ואם הוא שלם מקרי בריה – [זה בשור הגדול, ובכבש קטן שתי אצבעות, כ"כ או"ה].

סעיף ב - דבר שהוא בריה שנתבשל עם ההיתר, אם אינו מכירו, הכל אסור, והרוטב בנותן טעם - ע"י סינון כמו בס"ד, מיהו הא דצריך ס' נגד פליטת הברי', היינו דוקא בעוף טמא ואינך, אבל לא בנמלה וכיוצא בזה מדברים המאוסים לדעת המחבר והרב לקמן ס"ס ק"ד וק"ז, ועמ"ש בס"ס ק"ז, (מובא במקצת בפ"ת לקמן בסמוך).

ואם מכירו, זורקו, והאחרים והרוטב צריך שיהא בהם ששים כנגדו, חוץ מגיד הנשה שאין טעמו אוסר, דאין בגידים בנותן טעם. אבל שמנו אוסר, וצריך ששים כנגדו להתיר הרוטב.

לפיכך ירך שנתבשל עם גידו, אם מכירו זורקו, וכל השאר מותר, אם יש בו ס' כנגד שמנו, ואם אינו מכירו, כל החתיכות אסורות.

ואם יש בקדירה ס' כנגד השומן, מותר הרוטב; ואם לאו, אסור – [ואם השומן דבוק בחתיכה אחת, צריך שיהיה באותה חתיכה ס' נגד השומן, ואם לאו צריך ס' נגד כל החתיכה ההוא שהאיסור דבוק בה, לדידן דאמרינן בסי' צ"ב, חתיכה עצמה נעשית נבילה].

קשה, דהיאך סתם הרב כדברי הט"ו, וכן בת"ח העתיק בסתם לשון הטור, וכן בעטרת זהב, וזה אינו אלא לדעת הטור דס"ל דלא אמרינן חנ"נ בשאר איסורים, וכן לא אמרינן באיסור דבוק דנ"נ, **אבל** לדידן דקי"ל, דאף בשאר איסורים באיסור דבוק צריך ס' נגד כל החתיכה שהאיסור דבוק בה, אם אין בחתיכה עצמה ס' לבטל האיסור, א"כ ה"נ ירך שנתבשל עם גידו, אין השאר מותר, כיון דאין בירך עצמה ס' נגד שמנו, עד שיהא בהשאר ס' נגד כל הירך, **ואדרבה** הפוסקים הוציאו דין זה דאיסור דבוק, ממאי דתנן ירך שנתבשל בה גיד הנשה, אם יש בה בנ"ט אסור, **וצ"ל** דסמך עצמו אלעיל סימן ע"ב וע"ג ודוכתי טובא, **והא** דכ' דברי הטור בסתם, היינו משום שאפשר לדחוק ולפרש, דירך שנתבשל עם גידו דקאמר, היינו שנתבשל הגיד חתוך מן הירך עם הירך בקדרה, ואורחא דמילתא נקט.

ואם נמוח הגיד ואינו ניכר – [פי' ואזיל ליה חשיבותיה דבריה], **צריך גם כן ס' כנגדו** - דאע"פ שאין בו טעם, התורה אסרתו.

[ומסיק ע"ז בתה"א, ואפשר שבטל ברוב, כיון שלעולם אינו נותן טעם, ואפי' באינו מינו, לא אסרו לעולם כל שמעורב ברוב היתר, והעמידו זה על דין תורה, עכ"ל, **ואע"פ** שהטור והשו"ע לא העתיקו זה, מ"מ נראה לסמוך להקל בספק כזה, כגון אם נשפך ואין ידוע אם היה שם ס', רק שהיה רוב בודאי, דאסור לעיל סי' צ"ח באינו מינו, מ"מ כאן שרי כנלענ"ד].

(**עבה"ט** של הרב מהרי"ט ז"ל, שכתב בשם תשו' חות יאיר, פרעוש שקפץ לתוך המאכל, אסור מצד הדין, מאחר שנאבדה ברוטב וא"א לסננה, וא"א לבדוק הבשר, אולי דבקה בו, **וכשנפלה** לתוך הכף שהרוטב חם, באופן שצריך ניפוח בגמיאה, יש לאסור הרוטב שבכף מדינא, אפילו זרק הפרעוש, **וראוי** להחמיר אף בהפ"מ כשהחזיר הכף לתוך הרוטב שבקערה, וצריך ס' נגד הכף, עכ"ל. **והנה** מ"ש פרעוש כו' אסור מצד הדין, עיין בתשובת אא"ז פנים מאירות, שפקפק בזה, משום דפרעוש הוי כמו זבובים ונמלים, דחשיב הרשב"א שהם פגומים בעצמם, והרי כתב הרמ"א בסי' ק"ג ס"א בהג"ה, דאפי' בריה בטילה אם פגומה בעצמה, **אמנם** אח"כ הרבה לתמוה על הרמ"א, ודעתו דאפי' אם פגומה בעצמה אין בריה בטילה, וא"כ יפה פסק החו"י. **ומ"ש** עוד, וכשנפלה לתוך הכף כו', אף בהפ"מ כו', לא העתיק יפה, או ט"ס הוא, דבחו"י שם לא נזכר זה כלל דאף בהפ"מ אסור, **ונראה** דודאי שרי, חדא דאף הט"ז לקמן סי' ק"ה, שהחמיר בכלי שני לאסור כולו, לא החמיר רק באין הפ"מ, וכ"כ הפמ"ג, וכאן הוא כלי שני, ואפשר כלי שלישי, **ועוד** דאף הש"ך דמחמיר לקמן סוס"י ק"ז, בפליטת דברים המאוסים, היקל בהפ"מ, **ועי'** פמ"ג, דהמנהג להקל אף באין ה"מ, ומכ"ש כאן דיש כמה צדדים, וכמ"ש).

סעיף ג - קדרה של מרק שנפל שם בריה ונאבדה, אסור הכל - היינו כשא"א להתיר על ידי סינון.

סעיף ד - ירקות מבושלות שנמצאו בהם ג' תולעים, הירקות אסורים - דמאחר שנמצאו ג', הוחזק שיש שם עוד ואינן ניכרות, ועיין בסימן פ"ד ס"ט וי' מדינים אלו.

[בב"י בסי' פ"ד מביא שם תש' הרשב"א, וכתב שם ב' פעמים, וכאן הוא תש' הרשב"א, ונ"ל פשוט שט"ס הוא שם, וצ"ל ג' פעמים, וכן פסק שם בשו"ע בס"י, ומו"ח ז"ל כתב דיש להחמיר בב', כיון דלרבי הוה חזקה בתרי זימני, **ולא** נלענ"ד כן, דהא כתב הרא"ש פ' הבא על יבמתו, דבנשואין ומילה קימ"ל כרבי, משום ספק נפשות להקל, משמע בשאר דוכתי קימ"ל כרשב"ג, דדוקא בתלתא זימני הוה חזקה, וכן עיקר, ובפירוש כתב ב"י בשם הר"ן, דפעם אחת או ב' מותר התבשיל].

אבל מי השלקות, מסננן ומותרים. וכן הבשר, ירחצנו ויבדקנו ומותר.

סימן קא – דין חתיכה הראויה להתכבד

§ סימן קא – דין חתיכה הראויה להתכבד §

סעיף א - חתיכה הראויה להתכבד - (כתב רש"ל, היינו לפני אורחים יקרים וחשובים - פמ"ג),

דינה כבריה, דאפילו באלף לא בטלה. ואפילו אם היא אסורה בהנאה, כיון שאם תתבטל היתה מותרת וראויה להתכבד - מבואר בש"ס דע"ז, דאיסורי הנאה כגון בשר בחלב וכה"ג, אם הן חה"ל, אוסרין תערובתן גם כן בהנאה אפי' באלף, וכן הוא בפוסקים, **מיהו** מותר למכרן לעובד כוכבים חוץ מדמי איסור שבהן.

הגה: ואפילו אינה אסורה רק מדרבנן, אינה בטילה - (היינו היכא דאסור מדינא, כגון ביצת נבילה, או בשר עוף בחלב וכדומה, משא"כ בשר שנתעלם מן העין, דאינו רק חומרא בעלמא, אם נתערב ברוב שרי מטעם ס"ס, כ"כ הש"ך בכללי ס"ס - רעק"א).

[**עיין סי' ק"ב ס"א כתבתי, דאפי' בספק איסור דרבנן, יש חומרא בדבר שיש לו מתירין דוקא, ולא בשאר דברים שאינם מתבטלין**].

ואם הוא ספק אם היא ראויה להתכבד או לא, אזלינן לקולא אפילו היא אסורה מדאורייתא - דחה"ל דלא בטלה ברוב הוא מדרבנן, וס' דרבנן להקל.

(**ועיין** בשאילת יעב"ץ שהאריך בזה, אם הא דדבר חשוב אינו בטל, הוא מה"ת או רק מדרבנן).

ודוקא ספק אם הוא חה"ל, אבל אם הוא ודאי חה"ל, וס' אם הוא אסור (אם הוא דאורייתא - או"ה), לא בטיל, כדלקמן סי' ק"י ס"ט.

סעיף ב - אין לה דין חתיכה הראויה להתכבד, אלא אם כן איסורה מחמת עצמה, כגון נבלה - (עיין בתשו' מהר"י הלוי שכתב, דאף בנתנבלה מחמת מיתה, הוי ראויה להתכבד, עוד כתב, דאפילו כחושה מאד, הוי ראויה להתכבד).

ובשר בחלב - דכיון דכל חד באפי נפשיה שרי, וע"י חבורן יחד נאסרו, חזר הכל להיות כגוף אחד, [וראיה, דלוקה מן התורה אפי' לא אכל רק כחצי זית מחלב וחצי זית מבשר].

(**עיין** בתשובת נו"ב, במעשה שאפו קרעפליך עם חמאה בט' אגני נחושת, ובתוכם היו שנים שקודם לזה נאפה בהם עם שומן, **וכתב** דאעפ"י שמשחו הבעקליך בשומן וחמאה והיה בעין, וא"כ נאסר כולו, מ"מ בטילים ברוב, דאותן שנאפו באלו השנים הם המיעוט נגד הנשארים, ובטל כדין יבש ביבש, **ולא** מקרי חתיכה הראויה להתכבד, דאף ע"ג דבב"ח הוא איסור מחמת עצמו, מ"מ הכא העיקר הוא העיסה, ובב"ח הוא בלוע, להכי בטל, רק צריך לאסור כפי מנין אותם שנאפו בשני בעקליך, והשאר להתיר, **וא"ל** דמיחשב מין בשאינו מינו, שהשומן אינו מינו עם החמאה, וצריך ס' גם ביבש, ואפילו באיסור בלוע, לפי שכשיבשלם יתן טעם, **מ"מ** הכא לא היה רק איסור דרבנן, לפי שכל השומן היה של אווז, ובכה"ג כתב הש"ך בסי' ק"ט, דאפילו בא"מ בטל ביבש חד בתרי).

(**ואם** נאסר הבשר בחלב על ידי כבישה, מדברי המנ"י נראה דאין בו חה"ל, ולענ"ד יש לדחות ראיתו, **גם** מדברי הט"ז {בסוף הסעיף} מבואר, דבשר בחלב דרבנן יש בו גם כן דין חתיכה הראויה להתכבד - רעק"א).

אבל אם נאסרה מחמת שקבלה טעם מאיסור ולא היה בה ס' לבטלו, אפילו למי שסובר חתיכה עצמה נעשית נבלה, אין לה דין חתיכה הראויה להתכבד - הטעם כתבו הש"ד והרשב"א והר"ן ושאר פוסקים, משום דמכל מקום אין האיסור הנבלע בה חשיב חה"ל.

[**ומכח** זה כתב בד"מ ות"ח, דגבינה שהועמדה בחלב טריפה, שנתערבה, דלא הוה חתיכה הראויה להתכבד, שהאיסור בה בלוע הוא, ולא כאו"ה דמחמיר גם בגבינה זו, מטעם דהוה כנולדה באיסור, **ומו"ח** ז"ל תמה על הרב בת"ח, שהרי פסק בגבינה של גוים, דלא מהני בה ס"ס, כיון דהאיסור מגופה כו', ומכח זה פסק גם כאן כאו"ה דהוה ראויה להתכבד, **ולי נראה**, דשם מיירי מגבינה של גוים שיש בה חשש שנתערב בה חלב טמא, ולא היה שם ביטול ברוב כשרים, וקמ"ל דלענין ס"ס החמירו בה, מטעם דאע"פ שנאסרו כל גבינות גוים מספק, מקרי ודאי איסור, כיון שחכמים אסרוהו מתחילה מכח ספק דאורייתא, כמבואר באו"ה, וזהו שקורא אותו

איסור מגופו, כלומר איסור ודאי, ואין לו היתר מכח ס"ס, דאילו מכח ספק אחד פשיטא שאסור, אע"ג שהוא מדרבנן, כיון ששם טעמא דחיישינן שנתערב בה חלב טמא, והוה ספק דאורייתא, ואפי' מצד ס"ס אינו מותר, דהספק הראשון נחשב לודאי, כיון שעיקר איסור דרבנן בזה הוה במקום ספק דאורייתא, ולא דיבר שם כלל מראוי להתכבד, **אבל** הכא דמיירי שהועמד בחלב טריפה, ונתערב ברוב, דהיינו שראוי להתיר מצד ביטול ברוב כשר, אלא שאתה בה לאסור מצד ראוי להתכבד, בזה אני אומר כיון שהוא בלוע, דהיינו שאין בה תערובות חלב טריפה, אלא שהועמדה בה, ע"כ לא הוה רק בלוע ובטיל, וכמו שיתבאר בסמוך חילוק זה, בין הועמד בחלב טריפה, או נתערב שם חלב טריפה].

כל מה שכתב באות זה ליתא, דבאמת דברי הת"ח תמוהים, ודברי הב"ח נכונים, **וכמ"ש** בספרי וז"ל, בת"ח הביא לשון הטור, דאין לה דין חה"ל אא"כ איסורה מחמת עצמה כו', וכתב ע"ז, וכ"כ ש"ד והתוס' והרא"ש, והוא הסכמת כל הפוסקים, ודלא כאו"ה בגבינות שהועמדה בחלב טריפה, דחשיב חה"ל, וז"א, דהא אין איסורו מחמת עצמו, עכ"ל ת"ח, וכ"כ בד"מ, **ותימה** דהא באו"ה גופיה פסק כהטור והפוסקים, אלא דכתב וז"ל, אפי' דבר האסור בהנאה כגון בב"ח, קרי שפיר חה"ל, וכן אפי' חצי או רביעית או פחות מרביעית גבינה מבהמה טריפה, אם יש לה כ"כ שהיא ראויה להתכבד לפני האורחים, אפי' באלף לא בטיל, **ואפי'** גבינה שהעומדה בחלב קיבה הנאסרת מבב"ח, חשוב חה"ל, מטעם דבב"ח הוי נמי איסורו מגופו, **ואפי'** סתם גבינות של גוים, אע"פ שאין איסורו אלא ע"י בליעה, שמא מאחר שאסרו חכמים אף כל סתם גבינות, מחמת חשש איסור שיש בקצתם, וגם תחילת עשייתן הוה ע"י איסור, הוי כנולד באיסורו, עכ"ל האו"ה, **הרי** דלא אסר אלא גבינה מחלב בהמה טריפה, או גבינה של גוים, ומחלק דאע"ג דקי"ל שצריך שיהא איסור מחמת עצמו, הכא אסור, **ודוחק** לומר דמשמע ליה לרמ"א, דמ"מ אין סברא לחלק, דמתוך לשונו משמע שהביא הסכמת הפוסקים, וכתב ודלא כאו"ה, משמע דהפוסקים הם בפי' נגד האו"ה, וז"א, **ועוד** דהו"ל להזכיר בסימני ת"ח, דגבינה של גוים לא הוה חה"ל, **ועוד** דהו"ל לכתוב, ודלא כאו"ה דגבינה של גוים הוי כאיסור מגופו לענין ס"ס ואינה בטילה, **לכך** לא ירדתי לדעת הרב בזה, וכל מה שכתב האו"ה נראה בעיני עיקר להלכה, ע"כ לשוני.

והנה נתבאר לך, שכל מה שכתב באות זה, לא הועיל כלום לישב דברי הת"ח, **וגם** מה שמשמע מדבריו, דהב"ח פוסק בגבינה שהועמדה בחלב טריפה, דהוי חה"ל, ליתא, ולא קאמר אלא דגבי גבינה של גוים הוה חה"ל מטעם הנ"ל, **וגם** מש"כ דבת"ח מיירי שלא היה ביטול ברוב כשרים, ולא מיירי שם מראוי להתכבד, ודאי ליתא, דהא כתב שם ע"ז, אבל שאר ספק איסור דרבנן שנתערב מותר, דבדרבנן לא בעינן שיהיו השני ספיקות מגופו, כ"כ באו"ה, וכתב שם, דמ"מ בעינן שנתערב ברוב היתר, אבל לא חד בחד, עכ"ל, **אלמא** דאיסור גבינות של גוים, אפי' נתערב ברוב לא מהני, **ועוד** דשם בכל הכלל ההוא מיירי מדבר חשוב, וכן באו"ה גופיה מיירי להדיא מחה"ל, **ונ"ל** פשוט דגם הת"ח מודה לדינא בגבינה של גוים, ולא השיג על האו"ה אלא לפי מה שהבין, דמיירי מגבינות שהועמדה בחלב טריפה - נקה"כ.

[ורש"ל כתב וז"ל, המרדכי בשם רבינו שמשון ברבי אברהם, מי יודע אם גבינות חשובות כחתיכה הראויה כו', ולי נראה דבודאי אין שם חתיכה הראויה כו' נופל על הגבינות, דאם היא לחה אינה חשובה, ואף יבשה שחשובה בזמנינו, מ"מ אינה חשובה כ"כ לאכול בה כדי שביעה, שהיא קשה לגוף, ובפרט מאחר שכמה בני אדם אין אוכלין אותה אפי' ע"י הדחק, עכ"ל, ולא נראה לענ"ד דבריו, דהא אמרינן בפ' ר"א דמילה, גבינה אפי' בת יומא מעלי, וכ"כ הת"ה לענין גבינה שנעשה מבהמה טריפה, דגבינה הוה ראויה להתכבד, וכן פסק רמ"א].

[ומ"מ דוקא שם דהוה איסור מחמת עצמו, דהא נתערב שם חלב מבהמה טריפה, והוה בלוע ראויה להתכבד, ‹אף שיש רוב ובטל מן התורה, מדרבנן ס', וכל שיש בחלק הטריפה ראוי להתכבד, אף בדרבנן לא בטיל – פמ"ג›, **אבל בגבינה בלוע מאיסור שזכרנו, מכח שהועמד בחלב טריפה לעיל, ויש שם ביטול ברוב, דברי הת"ח נכונים, דלא הוה חה"ל, וכן באיסור תערובת חלב טמא, ג"כ הוה אינה ראויה להתכבד, דהא כתב הטור בטעם איסור גבינות של גוים, שמא עירבו בה חלב טמא, אע"פ שאין חלב טמא נקפה, חיישינן שמא ישאר ממנו מעט בין נקביה, עכ"ל, וזה פשוט שאין שייך באותה חלב שבין הנקבים ראויה להתכבד, כיון שאין גוף הגבינה נעשית**

ממנה, משא"כ בתערובת חלב טריפה, ומש"ה זכר בת"ח שמא נתערב בה חלב טמא, ולא מהני ס"ס, ולא זכר שם מענין שהיא ראויה להתכבד, לענין שלא יועיל לו ביטול ברוב, כי בזה היה ודאי בטל אם יש רוב, כיון שאינו אלא כמו בלוע].

[ומ"מ נ"ל, דסתם גבינה של גוים שנתערבה בין הכשירות, חשבינן לה לאיסור בלוע ובטילה, ולא אמרינן דאתיא מחלב בהמה טריפה, דבתר רוב אזלינן, ורוב הבהמות כשירות, **וראיה** מדאיתא הרבה טעמים בפ' אין מעמידין, למה אסרו גבינות גוים, ולא זכר טעם זה דנעשה מטריפה, אלא שמא עירבו בה חלב טמא, וזה לא הוה ראוי להתכבד, ודינו כמו איסור בלוע כמו שזכרנו, **אכן** טעם אחר חשב שם, שמעמידין אותו בעור קיבת נבילה, ומכח זה יש לה דין הראויה להתכבד, כי איסור בב"ח יש כאן, **ע"כ** במקום שידוע שאין מעמידין בעור קיבת בהמה של גוי, לא הוה חה"ל, כן נראה לענ"ד]. ‹**אכן** האחרונים, הנקה"כ והמנ"י חלקו עליו, וכתבו כיון דגזרו על גבינה של נכרים שיהיו אסורים, א"כ יהיה האיסור מה שיהיה, הוי כמו איסור מחמת עצמו, דאפילו אם הגוי מעמיד אותו בעשבים ופרחים דליכא חשש איסור כלל, אפ"ה גזרו חכמים על גבינות הנכרים, והוי איסור מחמת עצמו, ויש לו דין חתיכה הראויה להתכבד, ע"ש – מחה"ש›.

‹**קשה** לי, הא לעיל ס"ס פ"ז מבואר, דמעמיד בעור קיבת כשרה, אם יש ס' בחלב מותר, הרי שע"י מעמיד לא נעשה בב"ח, וא"כ במעמיד בעור נבילה אסורה רק משום נבילה, ושוב לא הוי איסור מחמת עצמו, **גם** לפמש"כ הט"ז, דבבשר טמא בחלב לא שייך לומר חנ"נ, כיון דלא שייך לומר דכל אחד היתר בפ"ע, לא הוה איסור מחמת עצמו, ומה"ט לא הוי ג"כ חה"ל, ע"ש, **א"כ** במעמיד בעור נבילה קיל יותר, דלית ביה דינא דבב"ח לדונו לאיסור מחמת עצמו, דהא יש באחד מהם איסור דאורייתא בלא התערובות, וצ"ע, **ועל** קושיא א' י"ל, דחיישינן דלמא לא היה ס' בחלב, **אבל** הקושיא הב' צ"ע – רעק"א›.

הגה: ואפילו חתיכה שלא נמלחה, בטלה, דאין איסורה מחמת עצמה, רק מחמת דם הבלוע בה.

כל חתיכה שלא נאסרה רק כדי קליפה, בטלה, דהרי הקליפה אינה ראויה להתכבד. (סברת

התוספות ובהגהות ש"ד) - מה שהוציא כן הרב מתוס', לא מצאתיו, רק שבתוס' פרק גיד הנשה כתבו בשם הרא"מ, דבקליפה וכהאי גוונא לא אמרינן חנ"נ, **ואין** ראיה מזה דלא הוי חה"ל, **והא** ראיה, דהא מדברי ראבי"ה שהביא המרדכי והכל בו, גבי מליח חלב ובשר, מבואר דאפילו בקליפה אמרינן דחה"ל לא בטיל, אע"ג דסבירא ליה בהדיא דלא אמרינן חנ"נ בחצי חתיכה, **וכן** רבינו ירוחם ס"ל, דבקליפה אמרי' חה"ל לא בטיל, והביא די"מ דבחצי חתיכה לא אמרי' נ"נ, **מיהו** בתשובת מיימוני מצאתי, דמשמע דבקליפה לא אמרינן דהוי חה"ל, והובא בהגהת ש"ד, **וצ"ל** דראבי"ה וסייעתו מיירי, שאם יקלפוה יהיה חתיכה הראויה להתכבד.

כתוב בספר ל"ח, וצ"ע דמהיכא נאסרה כדי קליפה, כ"א ע"י שקבלה טעם האיסור מדבר אחר, וא"כ אפילו כשנאסרה כולה, עכ"ל, **ולק"מ**, דהא משכחת לה בבשר בחלב, וק"ל.

סעיף ג - תרנגולת בנוצתה שנתערבה באחרות, בטלה, שהרי אינה ראויה להתכבד לפני האורחים כמות שהיא - משמע מדברי המחבר והפוסקי', דגם דבר שבמנין נמי לא הוי, וכמ"ש מהרש"ל, שמחוסר תיקון גדול כ"כ לא הוי נמי דבר שבמנין, והכי מוכח להדיא במרדכי, וכן נראה דעת הב"ח, ‹**כיון** דמאוס הוא אף מנין לא הוה, דלא הוה מנין אלא דבר בינוני לא מאוס ולא חה"ל – פמ"ג, **דלא** כת"ח שכתב, דאף דבטלה מכח חה"ל, לא בטלה מכח דבר שבמנין›.

ואף על פי שאחר שנתערבה הסירו הנוצה - מ"מ כיון דבתחלת התערובות נתבטל, אין חוזר וניעור - סמ"ק.

(**עיין** בת' רדב"ז שכתב, דאם לא נמצאת הטריפה עד אחר שנעשה ראויה להתכבד, לא בטיל), ‹**דהידיעה** גורמת ההיתר, וכן הלכה. **ומיהו** בנודע קודם הבישול, בהפסד מרובה ושעת הדחק יש לצדד ולצרף לסניף דעת הרשב"א, שחתיכה שאינה מבושלת אינה בגדר חהר"ל, ומ"מ צ"ע. **והר"ב** כתב וכן נוהגין, משמע מנהגא, ובכללי או"ה יבואר, אי במקום שכתב הר"ב וכן המנהג אי יש לצרף דעת המחבר לספק, **אבל** במקום שהחליט הר"ב לפסוק הפך המחבר, אין נכנס כלל בגדר הספק לומר שמא הלכה כהמחבר – פמ"ג›. ‹**הרבה** פוסקים ס"ל דביטול איסור אינו תלוי בידיעה כלל, ע"כ בודאי יש להתיר היכי דבלא"ה יש צד להיתר, כגון כבש שלם וכדו' – יד יהודה›.

וכן לא חשיבה ראויה להתכבד אלא אם כן היא מבושלת.

וכן כבש שלם או חתיכה גדולה יותר מדאי, לא חשיבה ראויה להתכבד, שאין דרך ליתן לפני האורח כבש שלם או חתיכה גדולה יותר מדאי - אפילו הופשט עורו.

ויש חולקים בכל זה – [פי' וס"ל, דהא דאמרו ראויה להתכבד, לא שתהא ראויה כמו שהיא עתה, אלא משום שיעור נקט ליה, דגדול כי האי, שראוי ליתן לאורח אחר שנתבשל].

הגה: וכן נוהגין, מלבד תרנגולת בנוצתה דמחוסרת מעשה גדול, דנוהגים בה שהיא בטילה - וה"ה כבש בעורו וכה"ג, [וק"ו מנוצות התרנגולת, ומשמע דאם הסירו כבר הנוצות, ועדיין לא נטלו משם המעיים, ולא נפתח הבטן, אין זה חשוב מחוסר מעשה, ולא בטיל].

וכן רגלים או ראש שלא נחרכו משערן, אבל אם כבר נחרכו, חשיבי חתיכה הראויה להתכבד, אפילו לא נמלחו עדיין – [ואע"פ שלא ניטלו טלפיהן, אפשר לקוצצן, ולא חשיב מחוסר מעשה גדול].

ואפילו כבש שלם אינו בטל. מיהו רגלים של עופות מלבד רגלי אווז, וכן רגלי בהמה דקה במדינות אלו, לא חשיבי כלל, ובטלים - וכתב בת"ח בשם מהרא"י, דרגלי אווז שלא הוחרכו עורן מעליהם, כמו שרגילים לעשות, דמי לתרנגולת בנוצתה.

ראש של עופות אינו חשוב, ובטל – [כ' רש"ל, דהראש של בהמה לא חשיב, רק ראש של עגל, וכ"ש לשון של שור, דחשיבי, שהרי אברהם כיבד את המלאכים בשלש לשונות].

(**עיין** בתשובת נו"ב שכתב, דחתיכה שאינה מנוקרת לא הר"ל, כיון דאיכא טירחא, ומה שראויה לער"ג לא מיקרי חהר"ל, **ומ"מ** לא החליט זה להיתר גמור, רק צירף סברא זו לסניף לשאר סברות).

(ועיין בתשובת חתם סופר שכתב, דחתיכה גדולה וגם חיה, אית לן רשב"א ור"ן ורא"ה, ולע"ד גם הרמב"ם ס"ל כהרא"ה, וכן פסק המחבר, ורק מייתי יש חולקין, וכתב רמ"א שכן נוהגין, ופר"ח מסכים לגמרי כדעת המחבר, **ע"כ** בהפ"מ צרפתי עוד קולא אחרת, שהיה קצת ספק אם יצאה המחט מחיים בשני עברים, כי נמצא אחר שהודח בחמין נרגש כמעט בעבר השני, צרפתי להנ"ל והתרתי בהפ"מ מאד, שעלה להפסד כמה מאות, עכ"ד).

סעיף ד - שומן הכנתא אינו ראוי להתכבד - ובפסקי התוס' דנדרים מצאתי שכתבו וז"ל, וצ"ע בהדרא דכנתא עם שמנה, שמא ראויה היא להתכבד, עכ"ל, **ונראה** דהכל לפי הזמן והמקום.

[**כתב רש"ל, דהדרא דכנתא מעגל חשיב, אע"פ** ששאר בני מעיים לא חשיבי, וכבר כתב השו"ע ריש סי' ק"י, דהכל לפי המקום והזמן, ובינינו הדרא דכנתא של עגל חשוב].

(אבל עור שומן אווז מקרי ראוי להתכבד, ואינו בטל) - ומהרש"ל חולק בזה, ולפי שדינים אלו משתנים לפי המקום והזמן, וכמ"ש הרמב"ם והפוסקים, וכדלקמן ר"ס ק"י, קצרתי בזה, והכל תלוי בראות עיני המורה, אם הוא חשוב להתכבד באותו מקום לא בטיל, וא"ל בטל, ואם יש ספק אזלינן לקולא, וכדלעיל ס"א בהג"ה.

‹**אמנם** במנ"י כתב, א"כ למה נתלבטו הפוסקים לכתוב איזה מיקרי ראויה להתכבד. **והעלה** בתירוץ שני, דכל מה שזכרו ראויה להתכבד, מן הסתם ראויה להתכבד עד שיבורר באותו הזמן אין ראויה להתכבד, **ושאר** דברים מן הסתם אין ראויה להתכבד עד שיבורר שראויה להתכבד – פמ"ג›.

[**באו"ה מביא, דאם נחתך העור של אווז לרצועות, בטל חשיבותו, ותמה רש"ל**, כיון שאם נחתכה אינה חשובה, מאיזה צד תהא חשובה בשלימותה כו', **וגם לענ"ד יפלא איפכא**, דעיקר כיבוד בעור האווזא אחר שחותכין אותו לחתיכות לטגנם, עינינו רואות שמכבדין בכל מקום באותן החתיכות המטגונות בפני אנשים חשובים, **ע"כ ודאי הוה חה"ל אפי' בנחתכה, ונראה** מש"ה לא הביא רמ"א בשו"ע ובד"מ חילוק זה, **אע"פ** שבת"ח הביאו, לאו עיקר הוא, ואין להקל בזה כנלענ"ד].

ואפשר להקל, דהא אין מכבדין בחתיכה א' מטוגנת, אלא בחתיכות הרבה, א"כ כל חתיכה וחתיכה עצמה אינה ראויה להתכבד - נקה"כ.

סעיף ה - קורקבן וכן שאר בני מעיים, אינם ראויים להתכבד - מסתימת לשון המחבר משמע, אפי' קורקבן של אווז, וכן משמע מדברי שאר פוסקים, **אבל** מהרש"ל כתב, דקורקבן אינו בטל, וכן נמצא בשם מהר"מ, ואחריו נמשך הב"ח, **ואגב** חורפיה לא עיין שפיר, דהמעיין שם יראה להדיא, דלא קאי אלא אאווזא שנתערבה בשאר אווזות, דחשיב לאווזות חה"ל, אלא שהטריפות של האווזא היה בקורקבן שלה, שנמצא בה מחט, וכ"כ בתשב"ץ גם כן בהדיא, והכי אי' נמי בהגהת ש"ד בהדיא, **א"כ** אין מדברי מהר"מ ראיה כלל, אלא דהכל תלוי לפי המקום והזמן.

[**כתב** רש"ל וז"ל, אכן נ"ל שברוב מקומות שראיתי, שהקורקבן של אווז חשיב ראוי להתכבד, ומאחר שכתב הרמב"ם שהכל תלוי לפי הזמן, ודאי חשוב קורקבן אווז חשיב, ולא בטל, ע"כ, משמע דשל תרנגולת לא הוה ראוי להתכבד, וכ"כ במהרי"ל בשם מוהר"ר טעבל חילוק זה].

[**כתב** רש"ל וז"ל, חכמי קראקא הורו, על בשר אווז שעל החזה שקורין בילי"ק, אע"פ שהופשטה האווז, אעפ"כ נקרא הבילי"ק ראוי לכבד, ולי נראה דשלא כדין הורו, אע"פ שהאמת במקומות הללו שראוי לכבד לפני האורחים בצלייה, מ"מ מאחר שהפשט האווז וניטל תפארתה, בטל ממנה החשיבות, **וקצת** דומה לבריה שנטל ממנה מעט בטל חשיבותה, וכן כאן בטל חשיבותה, מאחר דכשלא היתה מופשטת היתה חשובה ביותר, עכ"ל, **ותמה** אני אם יצאו דברים אלו מפי רש"ל, שמאד תמוהים הם, וכי בחתיכה גדולה וחשובה מאד ונחתך ממנה קצת, נאמר שבטלה חשיבותה, **והא** אמרינן בסעיף שאחר זה, דלא בטל חשיבותה מכח נתרסק או נחתך, עד שתאבד צורתה כו', **ואין** דומה זה לבריה, דכל שניטל קצת ממנה אין שם בריה עליה, **וע"כ** אין לסמוך ע"ז למעשה, רק כמו שהורו חכמי קראקא הנ"ל, דכל חה"ל עכשיו חשיבה היא, אע"פ שהיתה חשובה יותר].

(**ועיין** פר"ח שחולק עליו, והעלה להקל כדעת רש"ל, וז"ל: ולי נראה דגם מהרש"ל מודה בחתיכה גדולה שנחתך ממנה קצת, שכיון שנשאר בה עדיין חשיבות להתכבד לפני האורחים, דמקריא חתיכה הראויה להתכבד, ופשוט הוא, **ומ"מ** לא דמי לההיא דמהרש"ל, דכיון שהופשט העור מעל הבילי"ק, אין דרך להתכבד בו כך מופשט, דאע"פ שהבילי"ק הוא מאכל חשוב מצד עצמו, מ"מ אינו ניתן לפני האורחים מופשט, ויראה שזהו כונת מהרש"ל וכן עיקר), **אכן** בספר בכור שור, העלה דיש להחמיר כהט"ז).

[**כתוב** בלבוש, דאותן כבדים של אווזות, שנהפכו ללובן מכח השומן, ודאי חשובין הם ולא בטלו].

סעיף ו - הא דבריה וחתיכה הראויה להתכבד לא בטלי, דוקא בעודם שלמים, אבל אם נחתכו או נתרסקו עד שנאבדה צורתן, בטלי, דתו לא חשיבי - וכתב בת"ח, הא דבטל אם נתרסק, היינו שלא נשאר שם דבר חשוב, אבל נשאר חה"ל, אף על גב דבטיל מטעם בריה, מ"מ עדיין חשוב ואינו בטל מטעם חה"ל, וסברא נכונה היא, עכ"ל.

ואפילו אם נתרסקו לאחר שנתערבו עם ההיתר. (ואפילו לאחר שנודע התערובת).

והוא שנתרסקו שלא במתכוין לבטל האיסור, אבל אם נתכוין לכך, אסור למרסק, אם הוא שלו, וכן למי שנתרסק בשבילו.

(ואין חילוק בין נתערבו במינם או שלא במינם) –

[פי' דלענין דבר שיש לו מתירין בסי' ק"ב אמרינן, באינו מינו אפי' בדבר שיש לו מתירין בטל, וכתוב באו"ה, דק"ו לענין שאר דברים שאין מתבטלין, כגון בריה וחה"ל דספיקן מותר, כמ"ש ריש סי' ק', דאם נתערבו באינן מינן, דלא מהני חשיבותייהו ובטלי, וחולק עליו רמ"א, מדכתב רשב"א ושו"ע בסי' ק', בקדרה של ירקות שנאבד בה בריה דהכל אסור, ש"מ אפי' שלא במינו לא בטילה הבריה, **ובאמת** דבריו עצמם של או"ה סותרים זא"ז, דבכלל מ"א כתב הרבה דינים בתולעים, שאוסרים בתערובות].

[**וכתב** בת"ח, דשאני בדבר שיש לו מתירין, שאין החשיבות מצד האיסור עצמו, אלא מאחר שיהיה לו היתר אח"כ לא רצו חכמים שיתבטל, וכל שנתערב שלא במינו, אין ההיתר נקרא על דבר האסור, אלא על

שם הדבר שנתערב בו, והוה כמי שאין לו מתירין, עכ"ל, ובסי' ק"ב כתבתי בשם הר"ן, טעם אחר יותר נכון].

[ומ"מ איני יודע בהג"ה זו, האיך שייכא כאן לענין ריסוק וביטול החתיכה מחמת נחתך, ולפי הנראה דט"ס יש כאן, ומקומה בראש הסי', במ"ש השו"ע שאין בטילה, וכאן אין מקומה כלל].

סעיף ז - אם נחתכה חתיכה אחת, אין תולין לומר של איסור נחתך, ומתבטל, ויהיו כולן מותרות, אלא אותה שנחתכה בלבד מותרת ממה נפשך, אם היא של איסור, אף כולן מותרות – ‹וקשה לו להט"ז, א"ת שהיא של איסור, א"כ היא גופה תהיה ודאי אסורה – מה"ש›, [ונראה פירושו, אם תרצה לומר שגם האיסור נכנס בכלל ספק זה דשמא נחתך, וכתב האו"ה, דדין זה היינו ביש ס' בהיתר נגד האיסור]. **ואם אינה של איסור, הרי היא מותרת.**

‹ומהר"ט י"ל, דאם נפל אחד מהחתיכות {השלמות של תערובות זו} לקדירה שיש בה אוכלים פחות מס', ונימוח, דמותר, כיון דנימוח אזדא חשיבותה, והוי כמו נחתך, וכן אם סלקוה מהקדרה, מ"מ הקדרה מותרת, אף דהחתיכה אסורה, מ"מ י"ל דהפליטה מותרת – רעק"א›.

ואפילו נחתכו רובן, אין תולין לומר שהאיסור מהרוב שנחתכו, אלא כל הנחתכות מותרות והשלימות אסורות – [אע"ג דבכל דוכתי תולין ברוב, יראה דהכא איכא למימר אדרבה, כל שנשתנה מקדמותו מן הרוב הוא, והוה כמו כל דפריש מרובא קא פריש, ונמצא שהאיסור שהוא המועט לא נשתנה והופרש מקדמותו – מהרא"י בהג' ש"ד, **אבל** אין לומר הטעם, דכל קבוע כמחצה על מחצה, ‹ר"ל קבוע דרבנן בדבר חשוב, עס"י ק"י – פמ"ג›, דכאן יש לפניך שני קביעות, האחד החלק הנחתך, והשני הנשאר שלא נחתך, וא"כ טפי היה לומר שהאיסור בחלק הנחתך, כי חלק זה הרוב נגד הקבוע השני, ע"כ צ"ל כמו שתירץ מהרא"י, שסברא הוא שהוא בחלק הנשאר קיים].

‹אם איסור דרבנן נתערב חתיכה בחתיכות, י"ל לדעת המחבר לעיל סי' צ"ט ס"ו, דמותר לחתכם לכתחילה כדי שתתבטל, כיון דכבר מעורב, אלא דלא בטל מחמת שראוי להתכבד, לא חמור מתערובות חד בחד, ומה דמחתכם לבטל הוי כמוסיף ומבטל, וע' – רעק"א›.

סעיף ח - קורקבן שנמצא נקוב, ונתערבה אותה תרנגולת עם אחרות, מדמין שומן שבקורקבן לשומן התרנגולת של מקום חיבור הקורקבן, ואם דומים לגמרי, מכשירים האחרות. (וכן כל כיוצא בזה) – ‹אפשר דוקא "עם אחרות", דמדאורייתא בטל, בזה סמכינן על הדמיון, אבל לא חד בחד, **ואולם** מהראיה של הגמר', מההיא דחתיכת דג לעיל סי' פ"ג ס"ד, משמע דאף בדאורייתא סמכינן, כההיא דדג דהוי בדאורייתא – רעק"א›.

(עיין בשו"ת שמש צדקה, שהקשה דדברי המחבר סתרי אהדדי, דכאן וכן בסעיף שאחר זה, משמע הא אינם דומות אסורות, והא כאן מיירי בכבשים שלימים, גם התרנגולת נראה דמיירי שהיא חיה, דלאחר בישול אי אפשר לכוין השומן, ולעיל סעיף ג' כתב המחבר, וכן לא חשיבה ראויה להתכבד אלא א"כ היא מבושלת, וכן כבש שלם כו', ע"ש הרבה ישובים לזה).

סעיף ט - ראש כבש שנמצא טריפה, ולא נודע מאיזה כבש הוא, והקיפו הראש לצוארו של אחד מהכבשים ונמצאו החתיכות דומות ומכוונות יפה, יש לסמוך על זה להתיר האחרות – [משמע במראה ג"כ יהיו שוות, ואע"ג דגבי שומן הקורקבן סגי במראה השומן לחוד, הכא שאני, כיון שאפשר לברורי ג"כ ע"י שיהיו מכוונות יפה בחיתוך, צריך לברורי בזה ג"כ, כנלענ"ד].

[וכתב באו"ה, עתה שאין אנו בקיאין כ"כ, אין לנו להתיר בכה"ג, אם לא שיהיה הפרש גדול וניכר ע"כ, עכ"ל].

[ומו"ח כתב וז"ל, וקבלתי מחכם אחד, שקיבל מפי חכמים, אם נמצא מים בראש כבש אחד דמיטרפא ביה, ולא נודע מאיזה כבש הוא, יש לבדוק בחוט השדרה של הכבשים, וכל כבש שנמצא בו מים במוח שבראש, יהיה מים בחוט הנמשך מהמוח לשדרה, ותולין שהראש הוא מאותו כבש להתיר האחרות, עכ"ל, ולענ"ד שאין בדבר זה כדאי להתיר עליו ספק טריפות, כיון שלא נמצא בתלמוד ובפסוקים], ‹ובס' תשו' מטה יוסף כתב, שהרב מו"ה אברהם ז"ל דבשאלוניקי ועוד רבנים, עשו מעשה להתיר – רעק"א›.

סימן קב – דין דבר שיש לו מתירין

§ סימן קב – דין דבר שיש לו מתירין §

סעיף א - כל דבר שיש לו מתירין, כגון ביצה שנולדה ביום טוב, שראויה למחר; אם נתערבה באחרות, בין שלימה בין טרופה, אינה בטלה אפי' באלף – [מדאורייתא חד בתרי בטל, דכתיב אחרי רבים להטות, ואחמירו בה רבנן, הואיל ויש לו מתירין לאחר זמן, לא יאכלנו באיסורו ע"י ביטול].

בין שלימה – [פי', שהיא בלא"ה אינה בטילה דהוה דבר שבמנין, וקמ"ל כאן דלא תטעה לומר, שהביצה שלימה אין בה אלא חומרא דדבר שבמנין, קמ"ל דיש שם ג"כ חומרא דיש לו מתירין, ונ"מ לענין ספק כמו שנזכיר בסמוך, ובפרישה האריך בשביל זה בחנם].

ואפילו ספק אם נולדה ביום טוב, ונתערבה באחרות, אסורות – [בדבר זה חמור דשיל"מ משאר דברים שאינם בטלים, דשם מותר בספיקן, אם הודאי איסור הוא דרבנן, אמרינן בספק שלו דמותר ככל ספק דרבנן, ולא יזיק לו אם הוא דבר חשוב, אבל כאן אפי' בספק איסור דרבנן אסור, כיון שיש לו מתירין].

כל מ"ש הב"ח בכאן אינו מוכרח כלל, ‹דהאי "ונתערבה באלף" דברייתא, קאי על ודאי ביצה שנולדה ביו"ט, ולא על האי "וספיקא אסורה", דספק ביצה שנולדה ביו"ט כשנתערבה, לכו"ע מותרת - אמרי בינה›, **גם** מה שסמך אהמתירין בספק ביצת טרפה שנתערבה, לאו מילתא היא, דדשיל"מ שאני, כיון דיש היתר לאיסורו, ולדבריו יהיו דברי הסמ"ג וסמ"ק סותרים זא"ז, אלא כדפי', וכן דעת הרב בת"ח לחלק בזה, וכן מצאתי להדיא במרדכי, **גם** מה שהביא מהר"ן אינו כלום, דלא כתב שם, אלא דספק מוכן בי"ט שני מותר, ‹דשם הוי שני ספיקות בגופו, ספק אם נולדה היום, ואת"ל נולדה היום, שמא היום חול, אבל לא בספק אחד בגופו, וספק שני ע"י תערובות - אמרי בינה›, וכ"כ ג"כ המחבר גופיה בא"ח, משא"כ הכא כדלקמן סי' ק"י, **גם** מ"ש דבב' תערובות יש להתיר דשיל"מ לכ"ע, ליתא כמ"ש בסי' ק"י.

[**ואם** אותו התערובות נתערבה אח"כ בתערובות שנית, כתב לקמן סי' ק"י ס"ח, דמותר].

ואם נתערבה בשאינה מינה, בטלה בס' - אע"ג דלענין בריה וחה"ל, אין חילוק בין נתערבה במינה או שלא במינה, וכדלעיל סימן ק"א ס"ו בהג"ה, **שאני** הכא, דאין החשיבות מצד האיסור עצמו, אלא מאחר שיהיה לו היתר אחר כך לא רצו חכמים להתבטל, וכל שנתערב שלא במינו, אין ההיתר נקרא על הדבר האסור, אלא ע"ש דבר שנתערב בו, והוי כמי שאין לו מתירין, כ"כ בת"ח.

[**ואין טעם זה מספיק כ"כ, ותמיהני למה לא כתב דברי** הר"ן בזה, וזה תורף תירוצו, דחזינן ר' יהודה דס"ל מין במינו באיסור והיתר לא בטיל, ויליף לה מדכתיב ולקח הכהן מדם הפר ומדם השעיר, שאע"פ שדם הפר מרובה משל שעיר, קרי ליה דם השעיר, אלמא לא בטל משום דמין במינו הוא, לפי שכל דבר שהוא דומה לחבירו אינו מחלישו, אדרבה מחזיקו, **ורבנן** לא ילפי מזה לאיסור והיתר, דבשלמא דם פר ושעיר שניהם כשרים לזריקה, משא"כ באיסור והיתר, אע"פ שהן מין אחד, מ"מ חלוקים הם, שזה אסור וזה מותר, ע"כ הו"ל כאינו מינו, **ומש"ה** אמרינן ביש לו מתירין הוה דומיא דדם פר ושעיר, דהא אין כאן חילוק בין איסור להיתר, שהרי גם האיסור סופו להיות מותר, וזהו במין במינו, כההיא דדם פר ושעיר, **משא"כ** במין באינו מינו, אע"פ שמצד איסור יש להם שיווי בדבר שיל"מ, מ"מ יש ביניהם חילוק גדול, במה שזה מין אחר, ע"כ הם בטלים זה בזה, זהו כוונתו אע"פ שאין זה לשונו, והוא נכון מאד].

נראה דהכא אזלינן בתר שמא, ולא בתר טעמא, דאם הוא שוה בשמא, אע"ג דלא שוה בטעמא, ה"ל מין במינו ולא בטיל, ואם אינו שוה בשמא, אף על גב דשוה בטעמא, ה"ל שלא במינו ובטל, דהא קי"ל כרבא פרק בתרא דע"ז, דבתר שמא אזלינן ולא בתר טעמא, **והכי** משמע להדיא ממ"ש התוס' והרא"ש ושאר פוסקים, דלדידן דקי"ל כל האיסורים בין במינן בין שלא במינן בששים, צ"ל דהא דקאמר רבא דמין במינו אזלינן בתר שמא, היינו לענין יין נסך וטבל, וטבל דלא בטיל היינו משום דהוי דשיל"מ, וכדאיתא פ"ז דנדרים ובהרמב"ם והרשב"א ובשאר כל הפוסקים, **וכן** משמע בר"ן, דהא

דדשיל"מ לא בטיל במינו, אזלינן בתר שמא, וכ"כ מהרש"ל בהדיא.

הגה: מיהו אם לבנו בה מאכל, ‹אינה בטלה› - כיון דלחזותא עביד לא בטיל, כדאיתא בא"ח סי' תקי"ג ס"ג. ‹**משמע** מהש"ך, דמידי דעביד לחזותא לא בטיל אפי' הוא דבר שאין לו מתירין, **ומשמעות** הט"ז, דבזה האיסור מתקן את ההיתר, וחשיב מב"מ דבדשיל"מ אינו בטיל - בדי השלחן›.

‹**והפר"ח** האריך, והעלה כיון דהוא איבעיא דלא איפשיטא בש"ס פרק הגוזל אי חזותא מלתא או לא, לכן בדאורייתא אזלינן לחומרא דספק דאורייתא לחומרא, ובדרבנן אזלינן לקולא - מחה"ש›.

או נתנו בקדירה לתקן הקדירה, כגון שמלאוהו בתרנגולת, אינה בטלה, ועיין בא"ח סימן תקי"ג - הטעם כתב מהרא"י, דכל שנותנין זה בזה לתקן זה את זה, מקרי מין במינו, כגון מים ומלח בעיסה, דחשיבא מין במינו כיון שהם מתקנים העיסה, וכמ"ש התוספות.

[לא זו אף זו נקט, דלא זו לבנו בו מאכל, דעביד לחזותא וטעמא, אלא אפי' נתנו בקדירה לתקן כו', דמקרי ג"כ מין במינו].

[ומ"ש שמלאוהו בתרנגולת, הוא דלהוי ממשו של איסור, לאפוקי ממ"ש לקמן, דטעמא לא מקרי דשיל"מ].

[ואין לטעות מכח זה, לענין מה דאמרינן בהרבה דוכתי, חד בתרי בטל מן התורה במינו, ובאינו מינו צריך ס' מן התורה, ולומר דגם שם הוה מין במינו במידי דמתקן הקדירה כמו כאן, דשם תלוי בטעם, כיון שנ"ט באינו מינו, והאי נ"ט בקדירה, ממילא יש לו שם חומרא דאינו מינו].

‹**עיין** בשו"ת שבסוף ס' סידורו של שבת, שנסתפק בדבר שיש לו מתירין שנתערב, ואח"כ פירש אחד מהם, אי אמרינן כל דפריש כו', דלא שייך לומר עד שתאכל באיסור תאכל לאחר יו"ט בהיתר, דהא אנן מחזקינן דאין כאן איסור כלל, או לא אמרינן כלל בדבר שיש לו מתירין אזלינן בתר רובא אף בבה"ג, **והאריך** בזה, ולבסוף העלה דאף בבה"ג לא אמרינן כל דפריש כו', וזה הוא ג"כ בכלל דבר שיש לו מתירין, וכן משמע בתשובת צמח צדק, וכן כתב המג"א, **ועיין** בספר צל"ח, שהאריך להביא ראיה דאמרינן בדבר שיל"מ כל דפריש מר"פ, וכן נראה דעת החוות יאיר›.

סעיף ב - יש מי שאומר שלא אמרו דבר שיש לו מתירין אלא כשהמתיר עתיד לבא על כל פנים - [פי' כגון ביצה שנולדה ביו"ט, שתהיה בודאי מותרת לאחר יו"ט].

או אם המתיר בידו לעשותו בלא הפסד, אבל דבר שאינו בידו, ואינו ודאי שיבא המתיר, אינו בדין דבר שיש לו מתירין. לפיכך, ביצה של ספק טריפה שנתערבה באחרות - ‹אע"פ שאפשר שתטעון התרנגולת, או תחיה שנים עשר חדש - טור›, **אינו בדין דבר שיש לו מתירין, לפי שאין המתיר בודאי ואינו בידו** - לא ידעתי למה כתב המחבר דין זה בשם יש מי שאומר, שהרי הרשב"א והטור סוברים כן, ואין חולק עליהם, **והכי** מוכח נמי לפע"ד בש"ס רפ"ק דביצה, דפריך התם אמ"ד דביצה שנולדה בי"ט אסורה מדרבנן, ממאי דתניא בברייתא, וספיקא אסורה ואם נתערבה באלף כולן אסורות, אמאי ספקא אסור, הא ספקא דרבנן היא, ומשני דמיירי בספק טרפה, ‹ופירש"י דספק אם נולד מתרנגולת טריפה או כשרה, דבזה ודאי לא שייך דשיל"מ - אמרי בינה›, ופריך אי הכי אימא סיפא, נתערבה באלף כולן אסורות, אא"ב ספק יו"ט ספק חול, הוי דשיל"מ דאפילו באלף לא בטיל, אא"א ספק טרפה, הוי דבר שאל"מ ותבטל ברובה כו', **והשתא** מאי פריך, דלמא הך דנתערבה באלף מיירי בביצה של ספק טריפה, ‹דשייך בו דשיל"מ›, אלא ודאי כל כה"ג לא הוי דשיל"מ, וצ"ע.

‹**הקשה** מהר"ר משה מלבוב, למה כתב המחבר לפי שאין המתיר בודאי, הא דין זה דספק טריפה לא שייך כלל לדשיל"מ, משום דגבי ביצה שנולדה ביו"ט, שפיר שייך לומר שהוא דשיל"מ, דעכשיו הוא אסור ולמחרתו יהיה מותר, **משא"כ** בביצת ספק טריפה, אף אם ההיתר יהיה בידו, או שיבא בודאי, מ"מ אם נתערב באחרים דין הוא שיבטל ממ"נ, אם תהיה התרנגולת טריפה, א"כ לא הוי הביצה דשיל"מ, דהא באמת טריפה היא וראוי שתתבטל, ואם תהיה התרנגולת כשרה, א"כ לא נאסרה הביצה מעולם, ודשיל"מ לא שייך אלא אם הוא עכשיו אסור ולעתיד יהיה מותר, **ונ"ל** לתרץ, דהמחבר איירי כאן מביצה של ספק טריפה שנולדה ביו"ט

ג"כ, ואע"כ אף שתהיה התרנגולת כשרה אח"כ, מ"מ הביצה אסורה היום שנולדה ביו"ט, **וסד"א** אם אותה הביצה נתערבה ביו"ט, לא תתבטל באלף, משום שיש לחוש שמא תהיה התרנגולת כשרה, ואע"כ אין לביצה זו שום איסור רק שנולדה ביו"ט, **קמ"ל** שאין המתיר בודאי עתיד לבוא, דשמא תהיה טריפה, א"כ לא מקרי ביצה זו דשיל"מ ובטלה, וק"ל – באר היטב, ‹ועיין לעוד תירוץ ע"ז שהביא הנקה"כ לקמן בסמוך›.

‹**עיין** בתשו' צ"צ, בביצת טריפה שנולדה בי"ט ונתערבה, ודן השואל דלא הוי דבר שיש לו מתירין, כיון דגם אחר י"ט לא יהיה היתר בלא ביטול מכח טריפות, **והוא** ז"ל חולק עליו, דמ"מ ודאי שיבא לידי היתר קצת, דלאחר י"ט יסתלק איסור הכולל דהיינו נולד, וכל מה דאפשר למיעבד בהיתר עבדינן, וכן הסכימו הפר"ח והמנ"י›.

‹**ועיין** פמ"ג שכתב, דה"ה במי שאמר קונם עלי אכילת בשר נבלה זו ונתערבה, דאיסור נדר הוי עכ"פ דבר שיש לו מתירין, ולא בטיל בס', **אף** די"ל דאיסור נדר לא חל כלל, כיון דלא הוי בכולל, מ"מ ב' איסורים יש, אלא דהא דאין איסור חל על איסור היינו ללקות שתים או ב' חטאות, א"כ מקרי דשיל"מ›.

‹**ועיין** בתשו' רבינו עקיבא איגר, שנשאל על דין זה, ורצה מתחלה ג"כ לומר דמ"מ איסור נדר הוי דבר שיל"מ, אמנם לא מטעמיה דהפמ"ג, רק כיון דיש פלוגתא דרבוותא אם נדר חל על דבר איסור, ספיקו לחומרא, א"כ הוי דשיל"מ, **ושוב** פקפק בזה, דמ"מ יש מקום להתיר בנ"ד, כיון דהא דנדרים הוי דשיל"מ, מבואר בש"ס משום דמצוה לאתשולי, א"כ בנ"ד פשיטא דליכא מצוה, דל"ש לומר המקיימו כאילו הקריב עליו קרבן, דהא צריך לקיימו מחמת איסור נבלה, ואדרבה א"א לאתשולי, דהא נדר לדבר מצוה, א"כ לא הוי כלל דשיל"מ, **ובזה** דן לספק, אם נימא דמ"מ כיון דהשתא דפקע איסור נבלה ע"י ביטול, יש מצוה לאתשולי, הוי דבר שיל"מ, או כיון דלא מקרי דשיל"מ רק מכח הביטול, ממילא נתבטל בכולו ומותר›.

‹**ואין** להביא ראיה מדברי הצ"צ הנ"ל, מדהוצרך לבא בטעמא דאיסור נולד חל על איסור טריפה, משמע דבלא"ה היה בטל, אף דלבתר ביטול איסור טריפות חל עליו איסור נולד, כמו כל אין איסור חל על איסור, דמתלי תלי וקאי, **וע"כ** מטעם הנ"ל, דהיכא דרק ע"י הביטול הוי דשיל"מ, לא מקרי יל"מ, **דשאני** הכא דכיון דהאיסור לא נולד רק בתערובת, לא הוי דשיל"מ, כמ"ש הרמ"א גבי גיגית, **משא"כ** בנ"ד דהאיסור נדר חל מיד וכנ"ל, אלא דמתחלה לא היה עומד לאתשולי, בזה י"ל כיון דמ"מ עתה ע"י הביטול עומד לאתשולי, לא בטל איסור הנדר, דמקרי יל"מ›.

‹**והאריך** בזה, ושוב הביא ראיה, דגם היכא דההיתר מסתעף רק ע"י ביטול, ג"כ הוי דשיל"מ, ומ"מ הניח בצ"ע›.

הגה"ה - מצאתי כתב בגליון או"ה, בכ"י של אבי זקני מהרמ"א, על הא דכת' האו"ה, חתיכה שנאסרה מחמת תיקו, לא אמרינן שיל"מ כשיבוא אליהו, לא נקרא עבור זה דשיל"מ, לפי שאז איגלאי מילתא שלא נאסרה מעולם, ולא דמי לביצה שנאסרה ויש לו מתירין, ע"כ, **וכתב** רמ"א עליו בגליון, ולא אמרינן שתתקלקל, דאליהו יכול לבוא בכל שעה, **ולא** אמרינן הטעם דאינו בודאי שיבוא לידי היתר, כדאמרינן גבי ביצה ספק טריפה, דשאני התם דהוי האיסור ברור כל ימי הספק, לכן צריך שגם ההיתר יהיה אחריו ודאי, אבל כאן שהאיסור אינו ברור, דהא אליהו יכול לבוא בכל שעה מיד, **והתם** לא נוכל לומר טעם דהכא, דהא ע"כ הוצרכנו לאסור פעם אחת מכח ספק כל י"ב חודש, וא"כ אפי' איגלאי מילתא למפרע דלא הוי טריפה, איקרי שפיר דשיל"מ, אי לאו טעמא דהתם, וכן נראה לי עכ"ל - נקה"כ.

‹**אם** עכשיו ודאי, ולאחר זמן תהיה ספק או פלוגתא דרבוותא, דעת המנחת יעקב דמ"מ מיקרי דשיל"מ, וכל מה דיכולין לעשות בהיתר עדיף – פמ"ג›. ‹**נראה** אם אח"כ יהא ספיקא דרבנן, בזה י"ל כיון שאח"כ מותר בלא תערובות כלל, שפיר היא בכלל עד שיאכלנו באיסור ע"י ביטול ימתין עד שלא יהא צריך לבוא להביטול, **ולא** עוד אלא גם אם כעת היא ודאי דרבנן, ואח"כ יהא ספיקא דרבנן, נמי י"ל כן, **אבל** אם אח"כ יהא אסור מספיקא דאורייתא, וע"כ יהא צריכין לבוא להביטול, בודאי לאו בכלל דשיל"מ היא, ודלא כהפמ"ג – יד יהודה›.

סעיף ג - כלי שנאסר בבליעת איסור, שנתערב באחרים ואינו ניכר, בטל ברוב, ואין דנין אותו כדבר שיש לו מתירין, (לפי שצריך להוציא עליו הוצאות להגעילו, וכל כיוצא בזה), ‹הרשב"א› - כתב מהרש"ל, דלא היה צריך לזה הטעם של פיזור מעותיו, כי בלאו הכי נמי, כיון דלא בא ההיתר ממילא מכח זמן, לא חשיב דשיל"מ, עכ"ל, **ולא** ירדתי לסוף דעתו, דהא אפילו בא ההיתר בלא זמן חשיב דשיל"מ,

כגון נדרים וכה"ג, (**עיין** בתשובת בית יעקב שהצדיק דברי רש"ל, דשאני נדרים דיש מצוה בהתרתן, וכן תירץ במנ"י).

והרא"ה משיג על הרשב"א, ואומר דהכא טעמא אחרינא איכא דאין לו ביטול, לבד מטעמא דשיל"מ, דכל היכא דניכר האיסור אין לו ביטול, וכיון דאפשר להוציא האיסור מתוכו ע"י הגעלה, הוי כניכר האיסור, **ותו**, לא סגיא בכלים אלו שלא יתן האיסור טעם בהיתר. ‹**וכוונתו**, דיש לאסור כמו בנתערב מין באינו מינו דאסור מטעם שאם יבשלם יתן טעם, והכי נמי דכוותיה - חוו"ד›. ‹**גם** בכלים שהם מין במינו קאסר להו משום דגזר מב"מ אטו מבשא"מ, יד יהודה - בדי השלחן›.

ובת' ן' לב פסק, דקערה של חלב שנתערבה בקערות של בשר, לא בטיל ברוב, כיון דהוי שלא במינו, וכולן אסורין, **וכבר** תפס עליו הב"ח, ‹ז"ל הב"ח, גם תימה שבא להחמיר בכלי יותר מבחתיכה, דהחתיכה גופא שנתערבה ביבש, מדאורייתא בטילה ברוב, ואם יבשלם אח"כ בקדרה יתן טעם זה בזה, לית לן בה, דהתורה התירה, והאיסור נעשה היתר בביטולו ברוב, ושוב אינו חוזר לאיסורו, **אלא** דמדרבנן הוא דבעינן ס', כמו בסופו אם יבשלם יחד, ואם לא היה מבשלם יחד, לא היה אסור אפי' מדרבנן, דאכל חדא וחדא תלינן דהתירא היא, **א"כ** בכלי שנתערבה פשיטא היא, דאם לא נשתמש יחד כל הכלים, אין כאן איסור אפי' מדרבנן, דאכל חדא וחדא תלינן דהיתר היא, הלכך בטל הוא ברוב, ע"כ - אמרי בינה›. ‹**ואף** דכשיבשל אח"כ בשר בכלי חלב ירגיש הטעם, מ"מ לית לן בה, וזה באמת קשה במובן - גליון מהרש"א›. ‹**דבלא"ה** צריך להמתין עד אחר מעל"ע שלא יהיה בן יומו, כמ"ש הש"ך, ואז אף אם יבשלם לא יבא לידי שום איסור, דהא נותן טעם לפגם מותר - חוו"ד›.

ומהרי"ל בתשובה חולק גם כן אהרשב"א, דההוצאה להגעילו הפסד מועט הוא, וכדחשבינן בפרק הזהב ובפ"ז דנדרים, מעשר שני יש לו מתירין ע"י העלאה לירושלים כו', ע"ש, **ויש** לחוש לדבריו במקום שאין הפסד מרובה. ‹**וכתב** הכרתי בשם מהרי"ל וז"ל, אם הוצאה שוה כפי האיסור, אף שכל התערובות שוה יותר, מקרי הוצאה מרובה, כיון דהוצאה שוה כמו הכלי אסור, אבל בפחות מקרי הוצאה מועטת, והוא בכלל דבר שיש לו מתירין וכו', ויש לחוש למהרי"ל, עכ"ל הכרתי - מחה"ש›.

וגם נ"ל שיש לשהות הכלים עד שלא יהיו בני יומן, דאז שרי מן התורה, **וכ"כ** בסוף תשובות מ"ב, אלא דכ' שם דהיינו דוקא להשתמש בהן בכלל יחד, אבל בפני עצמו לא, דכיון דליכא אלא טעמא, לא הוי דשיל"מ, ע"ש, **ולפעד"נ** דאפילו בכל אחד בפני עצמו אסור להשתמש עד אחר מעל"ע, דהא הרשב"א והטור לא כתבו דלא הוי דשיל"מ, אלא משום שצריך להוציא עליו הוצאות, ובכה"ג דיש לו מתירין מן התורה בלא שום הוצאות, לכ"ע אסור, **וגם** לקמן ס"ד העליתי דגם טעמא לא בטיל. ‹**ועוד** דאפשר גוף הכלי הוה ממש - פמ"ג›.

(**ועיין** בש"ך שכתב דנראה שיש לשהות הכלים עד שלא יהיו בני יומן כו', ועי' בכו"פ שכתב, אף דמ"מ מדרבנן אסור, כמו כן כתבו חמץ בפסח הוי דשיל"מ, אע"ג דלאחר פסח מדרבנן אסור). ‹**והר"ן** סובר, דמכיון דכל עיקר דין דשיל"מ הוא מדרבנן, כל היכא דאסור מדרבנן מיהת, לא חשיב דשיל"מ - בדי השלחן›.

(**ועיין** בתשובת רעק"א, שהקשה על הש"ך, דהא קי"ל בסי' ק"ג, דבנותן טעם לפגם בעינן ג"כ רוב, אלא דמבשל בכלי שאב"י סמכינן דאיכא רוב, ולא אמרינן לא ידעינן כמה נפיק מיניה, וא"כ ההיתר דאב"י יהיה ג"כ משום ביטול, וממילא מותר מיד מטעם ביטול, **גם** בדברי הרשב"א עצמו דנקט הטעם כיון דצריך הוצאות להגעיל, קשה זאת הא גם בלא"ה, גם אם יגעיל הא יחזור ויבלע מהמים כו').

(**ובאמת** לענ"ד בלא"ה לא הוי כאן דשיל"מ, לפמ"ש לקמן סימן קפ"ז ס"ה בנ"צ שם, בשם הגאון בעל צל"ח ונו"ב, דהא דדבר שיש לו מתירין לא בטיל, היינו לענין אכילה, דממ"נ מה שיאכל היום לא יאכל למחר, א"כ אכילה זו שרוצה לאכול היום באיסור, יאבל למחר בהיתר, **אבל** לענין טלטול לאיזה צורך, לא שייך דשיל"מ, שהרי יכול לטלטלו היום וגם למחר, ע"ש, **א"כ** ה"ה גם בזה, לא הוי דשיל"מ, דהא יכול להשתמש בכלי זו היום וגם למחר, וא"כ השימוש שרוצה להשתמש היום בכלי זו אין לה מתירין). ‹**ונראה** לומר בזה, דהאיסור כאן הא אינו על הכלי, אלא על בליעת האיסור שבתוכו, שכשמשתמש בכלי, אוכל מפליטת אותו איסור, והביטול מועיל לאכול אותו פליטה, והרי מה שאוכל היום אינו אוכל למחר, ושפיר הו"ל יל"מ גם לדעת הצל"ח - בדי השלחן›.

[**ק"ל למה צריך הרשב"א לטעם זה דצריך הוצאות שזכר רמ"א, הא אין הנאסר שהוא הכלי, יכול לאסור טפי מן האוסר, ואילו האוסר שהוא הבלוע בו, לא יהיה עליו דין דשיל"מ, דהא האיסור ההיא אין לו מתירין, וא"כ לא יהיה הנאסר חמיר מן האוסר, וי"ל כיון שיש לו מתירין,**

אין לנו להשגיח בשום סברא לקולא, דאין לנו לסמוך על שום קולא, כיון שבלא"ה יש לו מתירין, **וכבר** כתבתי בסי' ס"ט סי"ד, שיש ללמוד מזה דין אחר, לענין בשר שלא נמלח, וזה שרמז כאן רמ"א במ"ש וכן כל כיוצ"ב].

[ומ"מ נראה דאע"פ דמותר להשתמש בכל הכלים האלו שנתערבו, כמ"ש הרשב"א, מ"מ אין להשהותם זמן מרובה, אא"כ יכשיר כולם מספק, **כיון** שהאיסור בטל ברוב, הוה עלייהו דין יבש שבטל ברוב יבש, **שמבואר** דינו בסי' ק"ט, שאסור לאוכלם כולם יחד, **ויש** כאן לחוש שמא בזמן מרובה ישתכח התערובות, **ויבא** לערב התבשיל שמתבשל בכל התערובות יחד, **ויאכלם ויבא** לידי איסור, **על** כן ראוי לו להכשיר כולם מספק, כנלענ"ד]. «כתב המנח"י, דמגעיל כלי אחד די. **ובכלי** חרס יודה הט"ז דמותרין, וכן באחד בשר בין חולבת ליכא חששא – פמ"ג. **ועיין** בש"ך לעיל בסמוך, דמשמע דמתיר כולם יחד אחר מעל"ע, פמ"ג.

וגם מה שהחמיר הב"ח להסיר כלי אחד לחומרא בעלמא, כמו שנהג מהר"ם גבי חתיכות, עכ"ל, **לא** דק, דהא כל הפוסקים הסכימו לקמן סימן ק"ט, דא"צ להסיר אפילו בחתיכה, ומהר"מ דעבד הכי, הא כתב מהרא"י טעמא דצדיק ות"ח היה, והחמיר שהיה נראה דרך גנאי שיזדמן אכילת איסור לפיו כו', ומביאו ב"י בסי' ק"ט, **וזה** לא שייך בכלים, ומ"מ כיון דליכא פסידא, «ר"ל דבלא"ה היה א' טריפה – פמ"ג», יש להחמיר כדברי הב"ח, ודוק.

סעיף ד - יש מי שאומר, דלא שייך דבר שיש לו מתירין היכא שהמאכל מתקלקל

– «הרש"ל ביש"ש חולק, דגם זה מקרי יל"מ – רעק"א».

הגה: הא דדבר שיש לו מתירין אינו בטל, היינו דוקא אם האיסור בעין, או שיש עדיין ממשות האיסור בתערובת, אבל טעמו, בטל – [פי' שאם האיסור ניטל משם, רק שפלט שם טעם, אותו טעם אינו חמיר לאסור בשביל דשיל"מ, ולא דמי למ"ש בס"א, בנותן ביצה בקדירה לתקן הקדירה כו', דהתם עשוי הביצה לתת לקדירה לבשם התבשיל, כ"כ ב"י באו"ח].

והא דאם לבנו בו המאכל, או מלאו בו תרנגולת, אינו בטל, בסעיף א', היינו משום דחשיב ממשו של איסור, ולא חשיב נימוח ואינו בעין, רק כשאינו ניכר במראה אלא בטעם, עכ"ל ת"ח בשם מהרא"י, **מיהו** צ"ע גם בזה, דנלפע"ד מן הש"ס דנדרים, וירושלמי דנדרים, ותוספות והרא"ש ור"ן בנדרים, דדשיל"מ אפי' טעמו לא בטיל במינו.

ולכאורה היה נראה ליישב קצת דבריו בהג"ה, ולומר דכל היכא שגוף האיסור עדיין בתערובות, אע"ג דליתיה בעיניה, כגון יין ביין וכה"ג, לא בטיל, **אבל** היכא שנפל שם חתיכת איסור וזרקו שלם, דקי"ל דאפ"ה צריך לבטל פליטתו, כדלעיל סי' צ"ח ס"ח, משום טעמא דנפיק מיניה, בכה"ג הוא דבטל, ומעתה נוכל ליישב מקצת ראיות דלעיל, דמיירי שגוף הדבר נתערב שם, ולהכי לא בטיל, **אבל** מדבריו בת"ח נראה דאין חילוק, וכן משמע בד"מ.

ובאמת לענין דינא נראה, דאפי' הוציאו שלם, טעמו לא בטיל, וכדמשמע לכאורה מכל הנך ראיות דלעיל, **והכי** מוכח נמי ממ"ש רי"ו, דמי שנדר מבשר, ונתבשל עם הבשר ביצים, אסורים בנ"ט, דאע"ג דהוי דשיל"מ, כיון דהוא שלא במינו, עכ"ד, **ובלא"ה** דוחק לחלק בין טעמו דכשנשאר שם או לא, דס"ס עד שאתה אוכלו באיסור תאכלנו בהיתר, **שוב** מצאתי בב"ח שפסק ג"כ דאין חילוק, ולעולם אינו בטל, אלא שקיצר בדבר.

(**ועיין** בתשובת פני אריה, שהעלה כדעת הרמ"א, דטעמו בטל, ולא כב"ח וש"ך שהשיגו עליו, **אלא** שכתב דמ"מ כלי שנאסר מבליעת איסור שנתערב באחרים, אינו בטל כ"ז שהוא ב"י, כדעת הש"ך, אבל לא מטעמיה. «וז"ל: דע"כ לא קאמרינן דטעמא בטל בדשיל"מ, אלא כשהטעם מתבטל ואינו נרגש שהרי בטל במציאותו, ולא שייך תו למיגזר ביה משום דלא יאכלנו באיסורא ע"י ביטול, דהא לית כאן איסור כלל, **משא"כ** בכלי, וכשאתה אומר שהכלי בטל ומותר, הוא מבשל בו היתר ומרגיש הטעם של האיסור בתבשיל, אלא שהוא אוכלו ע"י ביטול, שכבר נתבטל הכלי, א"כ הוי כלי זה ככל חתיכה של איסור שנתערבה ברוב חתיכות של היתר, שכשאוכלה ע"י ביטול אוכל גופו של איסור, דמה לי גופו של איסור ומה לי טעם האיסור שבכלי, למאי דקי"ל טעם כעיקר דאורייתא, **ומש"ה** אם הוא דשיל"מ אינו בטל, משום שלא יאכלנו באיסורא ע"י ביטול». **ועיין** בתשובת משכנות יעקב סי' ל"ה מ"ש בזה, «וז"ל: דהתם חל שם איסור על הכלי בעצמו, והכלי יש בו ממש».

וכן אם אין איסורו מחמת עצמו, בטל - הכל תפסו על הרב בזה, כיון דדשיל"מ הוא, מה לי בלוע הוא או לא, ס"ס יש היתר לאיסורו, **ואדרבה** מדכתבו

הפוסקים גבי חה"ל שנבלע מאיסור, דבטל משום דמ"מ האיסור שנבלע בה אינו ראוי להתכבד, משמע דבדשיל"מ דס"ס האיסור יש לו מתירים, לא בטיל.

ולכן חתיכה שלא נמלחה תוך ג' ימים, אע"פ שי"א דמקרי דבר שיש לו מתירין הואיל ומותרת לצלי - כלומר והעיקר אינו כן, דלא מקרי דשיל"מ, הואיל ולצלי לא נאסר מעולם.

(**ומ"ש** האחרונים כאן ולעיל סי' ס"ט סי"ד, דחתיכה שלא נמלחה תוך ג"י, לא מקרי דשיל"מ, הואיל שאין ההיתר למה שהיה אסור, **עיין** בזה בשו"ת תשובה מאהבה, שתמה למה כתבו האחרונים כן, אחרי שהרי"ף פסק בפ' גיד הנשה, פת שאפאה עם הצלי, כיון דשריא בלא כותח, הוי כדשיל"מ, א"כ לא ס"ל כלל זה, איך נפסוק להקל, **והאריך** לבאר שכן דעת הרמב"ם ורש"י ור"ן, דאפילו היכא שאין ההיתר למה שהיה אסור, מקרי דשיל"מ, **והביא** ג"כ בשם שער המלך, שפסק להחמיר בזה, **ומ"מ** העלה, דאעפ"כ יש להקל בחתיכה ששהתה ג"י בלא מליחה שנתערבה באחרות, להתיר התערובת, אחרי שאין זה רק חומרת הגאונים, **ועיין** שם בתשובת הגאון בעל נו"ב ז"ל, שדחה ראיותיו, וכתב דיפה הכריעו האחרונים להקל בזה, וכן כתב הפמ"ג).

אפ"ה בטילה, דאין איסורה אלא מחמת דם הבלוע

כב – [דבר זה כתוב בת"ח בשם תה"ד, ובאמת לא כתב טעם זה שם להתיר מכח בלוע... **ותו קשה על רמ"א כאן, דאמאי הוצרך לתת טעם גבי כלי משום שצריך הוצאות, ולא אמר הטעם דלא הוה אלא איסור בלוע**].

[**ונראה דרמ"א כתב דברים אלו ע"פ או"ה, וז"ל, וכלי שנאסר מבליעת איסור ונתערב באחרות, בטל ברוב, ואע"פ שאפשר להגעילן, לא מקרי דשיל"מ לאסור כולם עד שיגעילם, מאחר שאין איסורן מגופן, דלא גרע מברי' שלימה שנאסרה ע"י בליעה, וביו"ד מפרש בסי' קכ"ב בשם הרשב"א, משום שצריך הוצאות כו', עכ"ל, הרי לפניך על דין הכלי שני טעמים, וע"כ כתב רמ"א תחילה גבי כלי טעמו של הרשב"א, ללמוד ממנו כלל, דלא נקרא דשיל"מ במידי דצריך הוצאות בכל מקום, ואח"כ כתב גבי חתיכה שלא נמלחה, דלא שייך האי טעמא, כתב בו טעם אחר של או"ה, שהוא מפני בלוע, ואף שבת"ח כתב** דבר זה בשם ת"ה, זה מפני שתקפה עליו משנתו, טעה במראה מקום, אבל בגוף הדין יפה כתב בשם האו"ה].

מ"ש מפני שתקפה עליו משנתו כו', כבר קדמוהו כל האחרונים בזה, **ומ"ש** בגוף הדין יפה כתב ע"פ האו"ה כו', ליתא כמ"ש בש"ך, דגם דעת האו"ה כן, **ומ"ש** לא מקרי דבר שיש לו מתירין לאסור כולם עד שיגעילם, מאחר שאין איסורם מגופן כו', כתב כתבתי בספרי, דשאני התם שהדבר הנבלע בכלי הוי מין בשאינו מינו לגבי הכלים האחרים, והלכך אע"ג דהכלי גופו הוי מין במינו לגבי שאר הכלים, מ"מ מאחר שאין איסורו מגופו, לא חמור מגוף האיסור דהוי בטיל כיון דלא הוי מינו, כמו בריה וחה"ל דבטלים אע"ג שבלועים מאיסור, כיון שאין הבלוע בהם בריה או חה"ל, **דלא** כהב"ח דהשיג על האו"ה מהרמב"ם דיין, דהרי האו"ה גופיה פסק כהרמב"ם דיין, **אבל** מדברי רמ"א משמע דאין חילוק, דאפי' נאסרה החתיכה מפני שבלע דבר שהוא מינו בשאר החתיכות, בטיל, והכי מוכח בדבריו בד"מ ובת"ח, דאל"כ לא הו"ל למימר דמהרא"י חולק על הר"ן, דהא שפיר יש להשוותם בחילוק זה, ע"ש ודו"ק - נקה"כ.

ומ"מ מדברי מהרא"י בתה"ד, ובהג' ש"ד מדברי מהרש"ל שם, נראה להדיא דאפי' אינו מינו של החתיכות, כיון דהחתיכות שנבלע בה האיסור הוא מינו דהחתיכות, לא בטל, דמאחר דיהא מותר לאח"ז, אין חילוק - נקה"כ.

[**ואין להקשות מ"ש מטיפת יין שאסר עליו בנדר, שנפלה בחבית, דהוה דשיל"מ, דשם לא הוה בלוע אלא תערובות, וממשו של איסור הוא שם, ומתחילה היה דבר נפרד בפני עצמו, ע"כ אין התערובות מתירו, כיון דהוה דשיל"מ, משא"כ בחתיכה זו**].

[**אלא דקשה לן מה סברא יש דלא להוי דשיל"מ באיסור בלוע, כיון שעכ"פ יש היתר לחתיכה זו, לא הקילו לבטל אותה ברוב, כמו בכל דבר שיל"מ, בשלמא לענין ראוי לכבד, שפיר י"ל דלא החמירו אלא אם האיסור הוא חשוב, אבל לא אם החתיכה החשובה מותרת, אלא יש בה בליעה אסורה, דהא מ"מ אין על החתיכה זו איסור מצד עצמה, ואין איסור על שם החשיבות, נמצא דאיסור לחוד וחשיבות לחוד, אבל לענין דשיל"מ, הוא עיקר כיון שיש לו היתר בלא ביטול, לא נלך אחר הביטול, א"כ כל שיש לו היתר לאיסורו, מצד עצמו או להבלוע בו, שוה הוא, ואין להקשות, דא"כ קשה גם על מ"ש, דאם אין שם**

[ט"ז] ‹רעק"א או ש"א או הוספת הסבר› (פת"ש)

ממש אלא הטעם, דלא הוה דשיל"מ, דהתם מיירי שסילק ממנו את גוף האיסור, ולא נשאר רק הטעם, שלא נתערב בה ממש אלא טעם, והוא מין במינו, אין לו לאיסור כח לאסור, דהא לא נרגש הטעם במינו, ומן התורה א"צ ביטול כלל, דלא אמרו טעם כעיקר דאורייתא אלא באינו מינו, והוה כלא נפל האיסור לשם כלל, משא"כ בזה דחתיכה שלא נמלחה, הרי האיסור ברור לפנינו, ואפי' מן התורה צריך ביטול ברוב, שפיר גזרו חכמים דלא מהני ביטול ברוב, כיון שיש לה היתר בלא"ה, וכ"כ רש"ל על דברי ת"ה דלעיל, דלגבי דשיל"מ לא מהני מה שהוא איסור בלוע... ומכל זה נראה לי ברור, דכל איסור שבעולם שעיקר היתירו ע"י ביטול, אין היתר בדבר בדשיל"מ].

(**ועיין** בתשובת פני אריה, שהעלה כדעת הרמ"א ז"ל, דכל שאינו אסור מחמת עצמו, בטל, ולא ככל אחרונים שהשיגו עליו, **אלא** שכתב דאין כוונת הרמ"א דבכל ענין שאינו אסור מחמת עצמו בטל, אלא מיירי דוקא שהאיסור הבלוע אינו מינו עם מה שנתערב עכשיו, דמאחר שהאוסר עצמו הוא מבשא"מ, לא יפה כחו מכחו, ונדון הכל כתערובת מבשא"מ, דבטל אפי' בדבר שיל"מ, כדלעיל ס"א).

(**ע"ש** שכתב, דאם גם האיסור הבלוע הוא מינו עם ההיתר שנתערב עתה, יש בזה שלש מדות, **אם** שהאיסור וההיתר הנאסר אחד לח ואחד יבש, ואם שניהם לחים, ואם שניהם דברים יבשים, כגון ששתיהן חתיכת אוכל, **דאם** אחד לח ואחד יבש, לעולם בטל, כי כבר נתבאר שטעם בטל בדבר שיש לו מתירין, ‹מפני שהלח שבלע מן האיסור היבש, אין בו אלא טעמא בעלמא, וכן היבש שנבלע בו איסור לח, כל שאין בו כזית בכדי אכילת פרס, טעמו ולא ממשו מקרי›, **ואם** שניהם לחים, ונפל הנאסר לתוך היתר שהוא מינו של האיסור עצמו, יש הפרש, שאם גם הנאסר הוא מאותו המין, הכל אסור, ואפילו לא נתן טעם בהיתר הראשון, אלא שאסרו במשהו משום דבר שיש לו מתירין, מ"מ חוזר ואוסר גם ההיתר השני, **אכן** אם לא היה הנאסר מינו של האוסר, יש חילוק, שאם נאסר מכח נ"ט, חוזר ואוסר גם ההיתר השני שהוא מינו עם האיסור הראשון, **אך** אם לא נתן טעם האיסור בהיתר הראשון, אינו אוסר היתר השני, אף שהוא מינו עם האיסור עצמו, מאחר שכבר נתבטל, **אולם** אם האוסר והנאסר שניהם יבשים, בין שההיתר הנאסר אינו מינו של האיסור, ‹כגון לחם שבלע מחתיכת בשר איסור שיל"מ›, ובין שהוא מינו, ‹כגון חתיכת בשר היתר שנתבשלה עם חתיכת איסור שיל"מ›, ונתערב בחתיכות אחרות, אם מכירה זורקה, והטעם שנפלט ממנה נתבטל, **וכן** אפילו אם אינה מכירה, שנמוחה היטב ונבלל הכל כמו תערובת לח בלח, נמי בטל, ‹כיון שהאיסור עצמו אינו אלא טעמא, החתיכה שנאסרה ממנו, א"א להיות אסור יותר מהאוסר›, **אבל** אם אינה מכירה, והיא עומדת בעין שצריכה להתבטל כדין יבש ביבש, אפילו היא חתיכה קטנה שאינה ראויה להתכבד, אינה בטילה, והכל אסור משום דשיל"מ, ‹**דכיון** דיש בחתיכה זו טעם איסור, ואם יאכלנה ע"י ביטול ירגיש באכילתו טעמו של איסור, הוי כחתיכת איסור מעצמה שיל"מ דלא בטיל, דלא אמרינן דטעמא בטיל בדשיל"מ, אלא היכא שאחר הביטול אין הטעם נרגש וכנ"ל, **ואין** זה דומה למה שאמר הרמ"א דדבר הבלוע בטיל, דהתם הוי הבליעה מין בשאינו מינו וכנ"ל, אבל הכא הוי הבליעה מין במינו – שם›, **וכן** אפי' אם מכירה זורקה, באופן שאין כאן אלא פליטתה, אלא שבלעה מהאיסור שיל"מ יותר מכזית בכא"פ, הוי כאילו נפל כאן ממשו של איסור, וכיון שהוא דשיל"מ לא בטיל, ע"ש שקבע בזה מסמרות, והאריך הרבה בענין זה).

כל איסור שלא היה ניכר קודם שנתערב, הוי בטל אע"פ שהוא דבר שיש לו מתירין - כגון גגית מלאה ענבים בעוטים, והיה בו הרבה יין צלול קודם השבת, מותר ליקח בשבת מן היין, ואע"פ שיוצא גם עתה מן הענבים כל שעה, לפי שמתבטל במה שיצא כבר, ואין בו משום דשיל"מ, מאחר שלא היה עליו שם יין בפני עצמו מעולם, **וכן** חבית מלאה ענבים שלימים, וממלאים החבית במים לעשות תמד, והענבים מתבקעים לאחר זמן ויצא כל היין, מותר לימשך הימנו בשבת לשתותו, לפי שמעט יין שיוצא בשבת מתערב ומתבטל עם היין שהיה בו כבר, ולא היה ניכר פעם א' בפני עצמו מעולם, וכן כל כיוצא בו.

‹**לכאורה** דעת התוס' בב"ק אינו כן, וכבר רמז לזה המ"א, גם נראה כן מדעת הר"ן – רעק"א›.

[**ואין זה דומה לחתיכה שלא נמלחה דבסמוך, דשם היה האיסור ידוע, שהרי החתיכה היתה אסורה, משא"כ בענבים, לא היה איסור כלל תחילה**].

‹**מזה** נלפע"ד, דה"ה בנתערב קמח חטים בקמח שעורים, ואח"כ נדר מקמח חטים, דבטל, אף דנדרים הוי דשיל"מ, מ"מ בתחילת חלות האיסור הוא מעורב, ולא נקרא עליו שם איסור מעולם, כנלע"ד פשוט, ודלא כמ"ש בס' מקור חיים – רעק"א›.

‹**ודוקא** בכאן שההיתר היה ניכר מקודם, רק האיסור לא היה ניכר, אבל אם ההיתר ג"כ לא היה ניכר, ובאו לעולם מעורבין, אפי' בדבר שאין לו מתירין לא בטיל, כמ"ש המרדכי גבי יבמה שרקקה דם, דאמרי' דא"א לדם בלא צחצוח רוק, ולא בטיל ברובא מטעם זה, מאחר שבאו לעולם מעורבין – חוו"ד›.

מי שנדר מדבר אחד ונתערב אח"כ, לדידיה מקרי דבר שיש לו מתירין, דהא אפשר לשאול על נדרו – **[הוה דשיל"מ, כיון דמצוה לשאול על הנדר לחכם].**

‹**בפשוטו** נראה דבא לומר במה דנקט "לדידיה", דדוקא לגבי הנודר לא בטל, דבידו למשאל עלה, והוי דשיל"מ, אבל לאחרים שרי, דלדידהו לא הוי דשיל"מ, דאין בידם דהנודר ישאל על נדרו, **ואולם** למ"ש המ"א, אם לאחד הוי דשיל"מ ולא בטל, גם לאחרים לא בטל, **וצ"ל** דמה שנקט הכא "לדידיה", לאפוקי אם הנודר לא יאסור הדבר על עצמו, רק לאחר, זה לא הוי דשיל"מ, דהא להנודר לא נאסר לעולם, ולאחרים הא אין בידם, וכמ"ש מהרי"ט בתש' – רעק"א›.

‹**ועיין** בתשובת ח"ס כתב סברא זו בשם הלח"מ, ורב אחד הקשה, שהוא מתנגד למ"ש הרא"ש בנדרים כ"ט, דתרומה טמאה ביד כהן, אי לאו דלא שכיחא דמיתשל בעליו עליו, היה מקרי דשיל"מ, הואיל והישראל האוסר יכול להתירה, **והוא** ז"ל השיב, דאין זה ענין לכאן, הלח"מ מיירי בדבר הנאסר לזה ומותר לזה, דמי שנאסר עליו אינו יכול להתירו, ומי שהוא יכול להתירו אינו נאסר עליו מעולם, **אבל** מודה הלח"מ במי שאסר פירותיו ע"ע ועל חבירו, והוא יכול להתירו ע"ע ועל חבירו, מקרי דשיל"מ גם לחבירו, **והיינו** תרומה וטבל›.

‹**ועיין** בתשובת בית יעקב שכ', דדוקא בנדר, משום דאיכא מצוה לאיתשולי ביה, הוי דשיל"מ, אבל אם נשבע שלא לאכול מאכל פלוני, ונתערב, לא הוי דשיל"מ, דליכא מצוה, **וכן** העלה בשו"ת תשובה מאהבה, וכתב דאין חילוק בין שבועה סתם לשבועה בשם, דבכלהו ליכא מצוה לאתשולי, דלא כרב א' שרצה לחלק בזה, **ודלא** כהגאון בעל פמ"ג, שכתב בפשיטות, דגם בשבועה איכא דין דשיל"מ, דליתא, **ועיין** בתש' חות יאיר שכ', במי שנדר מחבית יין, ונשבע שלא יתיר נדרו, ונתערבו שיורי קנקן בחבית אחר, דודאי הוי דשיל"מ, שהרי יכול להתיר תחלה השבועה, ואח"כ הנדר, ואי משום דמ"מ עתה א"א לו להתיר נדרו, מה בכך, דמ"מ אפשר להביא הדבר להיתרו, ואי משום דטריחא ליה מלתא להתיר נדרו, *לא מצינו שטורח מוציא הדבר מדין דשיל"מ, כ"ש טורח מעט כזה, **ולדברי** תש' בי"ע ותשובה מאהבה הנ"ל, אין זה דשיל"מ, מאחר שהיה כאן שבועה, **ומ"מ** דינו אמת היכא שלא היה כאן שבועה, רק נדר מחבית יין בלא התרה ובלא הפרה, דבזה ג"כ נשאל תחלה כו', כמ"ש בש"ע שם›.

*‹**כתבו** הפר"ח והחכ"א, דאיסור שאין לו מתירין אלא ע"י טורח גדול, לא חשיב יש לו מתירין – בדי השלחן›.

‹**ועיין** בספר תורת יקותיאל שכתב, דלפי מה דאמרינן בש"ס, דלהכי הוי נדרים דשיל"מ, משום דמצוה לאיתשולי, א"כ היכא שא"צ לשאול על נדרו, כגון שנדר בעת צרה וכיוצא בזה, כמבואר בהלכות נדרים, לא הוי דשיל"מ, **אכן** אם רוצה לשאול על נדרו שנדר בעת צרה, צ"ע, די"ל דהוי דשיל"מ, דהא דאמר בש"ס משום דמצוה כו', היינו משום דבש"ס סתמא קתני, אבל היכא שרוצה לשאול, י"ל דבב"ע הוי דשיל"מ›.

דבר שיש לו היתר וחוזר ונאסר, כגון חמץ בפסח, לא מקרי דבר שיש לו מתירין - ואפ"ה י"א בא"ח סימן תמ"ז ס"ט, דאם נתערב ביבש בפסח, אפילו באלף לא בטיל, **וטעמם** כמ"ש המרדכי והרשב"א, שלא אמרו יבש ביבש בטל, אלא באיסורים שאוסרים עד ס' כו', **והיינו** דכתב שם ס"ב, חמץ שנתערב מו' שעות ולמעלה, אינו אוסר במשהו, אלא דינו כשאר איסורים, ואי הוי דשיל"מ, אפי' בע"פ נמי, וכמ"ש הרב המגיד בשם י"מ, **מיהו** י"ל בזה, דמ"מ בטל שלא במינו כשאר איסורים שיל"מ, ומה שאינו בטל בפסח אפי' שלא במינו, היינו משום חומר איסורו, וכמ"ש הרמב"ם.

ויש חולקין בזה – [הוא הרמב"ם, דס"ל דחמץ בפסח הוה דשיל"מ], ובת"ח פסק כסברא הראשונה, ומהרש"ל חולק עליו.

ולפ"ז הא די"א בא"ח סי' תמ"ז שם, דחמץ בפסח יבש ביבש חד בתרי בטיל, היינו שלא במינו, דאילו במינו ה"ל דשיל"מ, **ולפ"ז** מיירי *דיש בהשתי חתיכות של היתר ס' כנגד החתיכה של איסור, דאל"כ אפי' בשאר איסורים לא בטיל, כיון שאם יבשלם יתן טעם, וכדלקמן סי' ק"ט ס"ק ט', **מיהו** י"ל דהשני סברות שהביא המחבר בא"ח שם, נמי בהא פליגי, אי חמץ הוי דשיל"מ או לא.

*‹**והיינו** דיש ב' חתיכות פת שעורים, שכל אחת שלשים זיתים, וחתיכת פת חטים כזית, דמן התורה הוי ביטול, דאף

אם החתיכה שעורים חמץ, מ"מ בטל ברוב, דהחתיכה שני' דשעורים והחתיכה דחטים הוי ל"א זיתים, אלא דהיה אסור מדרבנן דשמא יבשלם, ושוב הוי ספק דרבנן, דשמא יש ששים, דהחתיכה דחיטין הוא החמץ, וכ"כ בפמ"ג, **ולענ"ד** דין זה צע"ג, די"ל דמ"מ שייך שמא יבשלם, גם אף אם בעלמא הדין דמותר, מ"מ הכא ליתסר, דהא הוי חמץ דשיל"מ, וספק דרבנן אסור, **ואולם** בזה י"ל להרמ"א דס"ל לקמן, דאף בדרבנן באינו מינו חיישינן שמא יבשלם, וא"כ לענין ספק זו לא שייך עד שתאכלנו בספק, תאכלנו אח"כ שיהיה ודאי היתר, דהא גם אחר פסח יהיה ההיתר רק מכח הספק דרבנן, דשמא יש ס', **ודוקא** לענין עיקר הביטול אם היה מין במינו, אמרינן דעד שתאכל איסור דאורייתא בביטול, תאכל אחר פסח, דלגבי דאורייתא לא צריך ביטול, אבל הכא דבטל, דאיירי באינו מינו, ולגבי הספק דרבנן גם אחר פסח צריכים לידי ספק, ולגבי דאורייתא ממילא עתה שרי, ודוק היטב – רעק"א.

(**ועיין** בתשובת פני אריה, שהעלה גם בזה כדעת הרמ"א ז"ל, דחמץ לא הוי דבר שיש לו מתירין).

ולא מקרי דבר שיש לו מתירין אלא א"כ הותר למי שנאסר, אבל אם נשאר לאחד לעולם אסור, אע"ג שמותר לאחרים, כגון המבשל בשבת, לא מקרי דבר שיש לו מתירין - המבשל בשבת במזיד, אסור לו לעולם, ולאחרים מותר למוצאי שבת, וכמו שנתבאר בא"ח ר"ס שי"ח. (**במג"א** כתב, דמיירי שנתערב אחר השבת, אבל אם נתערב בו ביום, אסור לו, הואיל וחל דשיל"מ לאחרים, ע"כ, **וצ"ע** אי אסור לו לעולם קאמר, עיין פמ"ג), ‹וז"ל: ומשמע מדבריו שם, דאם נתערב בו ביום אסור לו לעולם אף למו"ש, ודוקא נתערב מו"ש, דלאחרים לא נאסר עכשיו, משא"כ בו ביום הואיל וחל פעם אחת דשיל"מ, ויש לעיין›. ‹**ובשעה"צ** סי' שיח ס"ק י"ג כתב: דבמוצאי שבת מותר להנות לכו"ע, דמתבטל אז›.

‹**ובמ"ב** שם ס"ק ה' כתב: ועיין בחוו"ד שם שחולק על המ"א›, ‹וז"ל: כיון דלדידיה אין לו מתירין מכל וכל, מותר›.

§ סימן קג – דין נותן טעם לפגם §

סעיף א - כל דבר שטעמו פגום, אינו אוסר תערובתו – [דנטל"פ ילפינן לה מגר, **דכתיב לא תאכלו כל נבילה לגר אשר בשעריך תתננה, הראויה לגר קרויה נבילה, ושאינה ראויה לגר לא**]. ‹**ואף** דבנבלה בעינן שיהיה פגום לגמרי עד שיהיה אינו ראוי לגר, וא"כ היאך ילפינן מיניה פגם כל דהו, **כבר** תירץ הר"ן דטעם פגום מצער הגר, דבודאי לא ניחא ליה לגר שיהיה בו טעם זה כלל, דהא בלא טעם זה היה יותר משובח, והוי כנבילה שאינה ראויה לגר. **ומש"ה** אם משביח בגודל מדתו דאסור עד שיפסל מאכילת גר, וכמש"כ המחבר בס"ב. {**לדעת** הר"ן, אף שיש רוב איסור, כל שנוח לו טפי בלא האיסור, שרי, כ"כ רעק"א, ודלא כהיד יהודה שכתב, דגם הר"ן מודה דאסור - בדי השלחן}. **והרשב"א** כתב דמסברא ידעינן, כיון דטעם כעיקר ממשרת ילפינן, וטעם פגום לא מצינן למילף, {**דטעם** כעיקר דלא בטיל מאחרי רבים, יליף ממשרת או ממדין, וזה דווקא טעם מושבח, הא כל שנותן טעם לפגם קצת, טעם כזה לא אסרה תורה, ומדין ביטול ברוב קאתינן עליה, **ואפשר** נמי יליף כולה מלתא מנבילה, כיון שמצינו חילוק בנבילה, יש לנו לומר דטעם כעיקר לא אסרה תורה אלא במושבח גמור וכדאמרן. **ומש"ה** אף שמשביח באיסור בגודל מדתו, נמי שרי להרשב"א ז"ל - פמ"ג}, **ונבלה** שאינו ראוי לגר, בעינן לאיסור גופו שנפגם, ע"ש - חוו"ד›.

‹**וכשגוף** האיסור נפגם לגמרי, אפי' חזר ותיקנו בדברים המתבלים שרי, דכבר פרח האיסור מיניה ונעשה כעפרא ואינו חוזר לאיסורו. **ואף** דבנטל"פ אסור בפוגם ולבסוף השביח, היינו משום דאינו רק פגם כל שהוא, ולא יצא האיסור מאיסורו, רק שאין אוסר התערובת כיון דלא ניחא ליה בטעם זה כנזכר לעיל, ומש"ה כשנשבח אח"כ אוסר, **אבל** כשגוף האיסור נפגם לגמרי עד שיצא מאיסורו, אינו חוזר לאיסורו, **והוא** נלמד מקרא דנבלה שאינה ראויה לגר, דע"כ קרא איצטריך להיכא שתיקן להאיסור, דאי בעודה מוסרחת לא צריך קרא, דבלא"ה מותר מטעם שהוא שלא כדרך אכילתו - חוו"ד›.

‹**הכרתי** ופלתי יצא לידון בדבר החדש, דבבשר בחלב אסור נותן טעם לפגם, כיון שלוקין בבשר בחלב אפילו שלא כדרך הנאתן, **והא** ודאי ליתא, דנבלה שאינה ראויה לגר, ושלא כדרך הנאתן, תרי עניני הן - חוו"ד›.

ואפי' אין טעמו פגום מחמת עצמו, שבפני עצמו הוא מוטעם ומשובח, אלא שפוגם תערובתו, מותר הגה: מיהו דברים החשובים כבריה או כיוצא בה, אם אינן פגומים בעצמן אע"פ שפוגמין התבשיל, אינן בטלים אפילו באלף.

[דכשהן בעצמן פגומין וסרוחין, בטיל חשיבותייהו, אפי' נתבשלו ואין מכירן, אף גופן בטל ברוב בעלמא,

הלכות תערובות
סימן קג – דין נותן טעם לפגם

דעיקר החומרא בתערובות ע"י בישול יותר מביבש, הוא משום טעמא, וכאן ליכא טעמא דאיסורא, שכבר האיסור מוסרח, והוה כאילו אין כאן ממשות איסור אלא טעם לחוד, **אבל** אם הם בעצמם מושבחים, אע"פ שנטל"פ במאכל זה, גופו לא בטיל אפי' באלף, כיון שהוא ברי' או כיוצא בה מדברים שאינם מתבטלים, והוה הכל כגוף האיסור בלא תערובות].

‹**אכן** בדבר שהוא פגום ונסרח מעיקרא, כמו זבובין ויתושין, כתב הפר"ח דה"נ לא בטיל אפי' באלף, אף שגוף האיסור הם פסולים מאכילת אדם, דאע"ג דמאיסי נינהו, הכי אסרינהו רחמנא, **דדוקא** שהוא מתחלתו לשבח ואח"כ נסרח, הוא דבטל אם נפסל מאכילת אדם, אבל בדבר שהוא סרוח מעיקרא, באיסורו עומד. **ולאפוקי** מדעת הרב המגיד שכתב, דאף בסרוח מעיקרא בטילי נמי – מחה"ש. ‹**ואפילו** בריה שהיא פגומה ומאוסה משנולדה, מכל מקום כשנתקלקלה מכמות שהיתה, אפילו נתקלקל רק קצת, בטל חשיבותה – חוו"ד.

כיוצא בה - כגון חה"ל ודבר שבמנין *וכה"ג, דגופו לא בטיל באלף אפי' אינו נ"ט, הלכך צריך שיהיו פגומים בעצמן. ‹**מה** שכלל חהר"ל לא ידענא, דחהר"ל וודאי כל שנסרח קצת תו אין ראויה להתכבד ובטילה – פמ"ג.

*(**וכתב** הפמ"ג, דר"ל כגון ב"ח ודשיל"מ, ע"ש, **ולע"ד** זה אינו, דדשיל"מ אפילו פגום בעצמו לא בטיל, דהא אין הטעם משום חשיבות, ולא שייך לומר דהואיל ופגום בטיל חשיבותיה, וכ"מ בספר תפארת למשה בשם או"ה).

(**וע"ש** עוד שחלק על הרמ"א, ופסק דבריה אף שנסרח אינה בטילה באלף, ובשאר דברים חשובים כחה"ל וכדומה, מודה להרמ"א, **גם** בתש' אא"ז פנים מאירות חולק על הרמ"א בזה, וסובר ג"כ דבריה אפילו פגומה בעצמה אינה בטילה, והסכים עמו הגאון בעל חות יאיר).

סעיף ב - פגם זה אין צריך שיפגום לגמרי עד שיהא קץ לאכלו, אלא אפילו פוגם קצת אינו אוסר תערובתו - אבל דבר שאינו נ"ט לא לשבח ולא לפגם, אסור, כדכתב ב"י ע"ש הג"א, ובת"ח בשם מהרא"י ע"ש א"ז, **ונ"ל** ראיה, ממאי דקי"ל דאין בגידין בנ"ט, ואפ"ה קי"ל דגופו של גיד שנימוח צריך ס' נגדו, וכדלעיל סי' ס"ה ס"ט, וסי' ק' ס"ב, דאע"ג דאינו אלא כעץ בעלמא התורה אסרתו, **וה"ה** לכל דבר איסור, דאע"ג דאינו נ"ט צריך ס' נגדו, **והכי** איתא בירושלמי, הדא אמרת לא לשבח ולא לפגם אסור.

‹**הנה** המנחת כהן השיג עליו, דהתם גלי רחמנא אבל בשאר איסורין שרי, והפר"ח חרה אפו בו ובש"ך, וכתב דאישתבוש כהני, דהכוונה לא לשבח ולא לפגם, היינו שטעמו נרגש אלא שאינו לשבח ולא לפגם, אסור. **ובעיקר** הדין הסכים להמנחת כהן, באיסור שיבש כעץ דאינו ראוי לגר מן התורה, מותר, וע"י תערובת לא גזרו, והיינו אפילו ליכא רוב, ולא דמי לגיד הנשה דהתורה אסרתו כו'. **ואני** העני תמה על עצמי, למה האשימו להש"ך ז"ל, והלא דבריו כנים כמו שאגיד, דודאי גיד הנשה עץ הוא והתורה חייבה עליו, אבל בשר נבילה שיבש כעץ, נהי אם אכלו כך יבש אפשר דמותר מן התורה, מכל מקום כשחוזר ונימוח בתבשיל והרי נהנה ממנו, ואיסור תורה אית ביה, ואפשר בעודו יבש נמי. **ודע** דגיד הנשה דבעינן ס' הוא מדרבנן, דמן התורה וודאי כל שאין טעמו נרגש ברובא סגי – פמ"ג. ‹**וע"ל** בסוף הסעיף מש"כ הערוה"ש.

ויש מי שאומר דהיינו דוקא כשנתערב איסור מועט עם היתר מרובה – [הן באיסור שיש בו ממש, ובטל ברוב היתר, הן באיסור שאינו ממש אלא נ"ט, אף שאין רוב ההיתר, די לו, דהא לא נהנה מהתערובות שום טעם]. ‹**דמסתמא** יש רוב, ונותן טעם לפגם לא החמירו לשער בכוליה, ועש"ך – פמ"ג.

בת"ח כתב, דאין לחלק בין נמחה ללא נמחה, דהא טעם כעיקר דאורייתא, אלא דטעם פגום לא חשיב טעם ובטל, אם כן ה"ה גוף האיסור נמי בטל ברוב כו'.

אבל איסור מרובה לתוך היתר מועט, ואפילו מחצה על מחצה, אין אומרים נותן טעם לפגם מותר, עד שיפגום לגמרי שאינו ראוי למאכל אדם – [דהוה כאילו הוא בפני עצמו, ואין לו היתר עד שיהא נפגם לגמרי, כנבילה שאינה ראויה לאכילה].

וכן צירו של איסור - טור בשם הרשב"א, [דחשוב כגופו].

ואם אין שם ממשות של איסור, אלא טעמו בלבד, אפילו איסור מרובה והיתר מועט, מותר אם פוגם קצת - ז"ל הרשב"א, ונראה שאפי' נפל לתוך היתר מועט והכירו, זורקו והרוטב מותר, לפי שאין כאן אלא טעמו ולא ממשו, ואע"ג דמשערין בכולו,

משום מאי דנפיק מיניה לא ידעינן, השתא דאין בו בהנאתו בנ"ט, אין אוסר תערובתו כלל, וכמו שאמרנו בהיתר שנתבשל בקדרה שאינה בת יומא, **והטעם** בכל אלו, מפני שבודאי ידענו שאין פליטתו בכולו, אלא כל שטעמו לשבח אנו מחמירין בו, שאנו חוששין שמא פלטה עד שיתן טעם בתערובתו, לפיכך כל שטועמו קפילא ואין בו טעם, מתירין אותו, **והלכך** כשהאיסור פגום, אין משערין בכולו אלא בטעמו, וטעמו כמי שאינו שהרי פגום הוא, ע"כ. ‹דבנותן טעם לפגם בעינן ג"כ רוב, אלא דסמכינן דאיכא רוב, ולא אמרינן לא ידעינן כמה נפיק מיניה – רעק"א הובא בפת"ש סי' ק"ב ס"ג.›

ויש מי שחוכך (פי' מקוה להחמיר, ואוסר) לומר שאם הגדיל האיסור מדתו של היתר, עד שהוא משביח יותר כשאוכלו בגודל מדתו, ממה שהוא פוגם בהפסד טעמו, אסור, עד שיפסל מלאכול אדם, ‹ר"ן› – [פי' דפליג על מה שכתב תחילה, אם יש שם גוף האיסור ובטל ברוב, מהני פגם קצת, וזה ס"ל דאפ"ה אסור, דהא נהנה מגוף האיסור במה שיש לו טפי לאכילה, ויהיה נהנה טפי מרבוי אכילה שמחמת האיסור, יותר מן הקלקול שמקלקל לו קצת בטעם אסור, וכאילו לא הוה רוב, וצריך שיפגום לגמרי כנבילה].

במה דברים אמורים, שפוגם מתחלתו ועד סופו - מלתא באפי נפשיה היא כדאיתא בש"ס ופוסקים וק"ל, [וקאי אריש סימן].

אבל אם השביח ולבסוף פוגם, או פוגם ולבסוף השביח, אסור - פי' אחר שהשביח, אבל קודם שהשביח מותר, אע"פ שאפשר שישביח אח"כ, כיון דהשתא פוגם הוא, מידי דהוי אחסרת מלח, וכ"כ או"ה. ‹ועיין פר"ח חולק ע"ז, וכנה"ג בהגהות ב"י החמיר ג"כ, **ויראה** לצדד להקל, דודאי איסור תורה ליכא. **וכן** השביח ולסוף פוגם, יראה דליכא איסור תורה, אלא משום דחל שם איסור לא שייך להתירן – פמ"ג.›

[**וכתב בטור, פי' דהשביח ולבסוף פוגם, כגון חומץ יין נסך שנפל לתוך גריסין צונן, והשביחן, והרתיחן ופוגמן, עכ"ל, ממילא פירושא דפוגם ולבסוף השביח הוא איפכא, דנפל לתוך רותחין וצינגן, וזה אסור בכ"ש מהשביח ולבסוף פוגם, ומ"ש הטור בריש הסי', דפוגם** תערובתו מותר, כגון חומץ יין נסך שנפל לתוך גריסין דמותר, היינו שנפלו ברותחין ואוכלן כשהן רותחין, וכן הוא בלבוש, **אלא** שבפרישה כתב, דברותחין וצינגן מותר, מכח מה שכתב הטור ריש הסי', והוא תמוה מאד].

הגה: י"א אף על גב דהאיסור נ"ט לפגם והמאכל מותר, מ"מ הקדרה אסורה, ואם בשלו בה אח"כ תוך מעת לעת תבשיל שהאיסור הראשון נותן בו טעם לשבח, נאסר התבשיל השני - דהוי כדבר שתחילתו פגום ולבסוף השביח.

אם לא היה בו ס' נגד האיסור הראשון - אבל א"צ ס' נגד כל הבלוע בקדרה, דכיון דהיה פגום, לא נ"נ, וכדלעיל סימן צ"ח ס"ק י"ז.

‹**ועיין** בס' לבושי שרד, שכתב דנ"ל דא"צ ס' נגד כל האיסור, אלא לפי חשבון, דהרי גם במאכל הראשון נשאר מן האיסור, כמ"ש הט"ז סימן צ"ב ס"ק כ"ד, דהא גם כאן לא נעשה נבלה כיון דפוגם כו', **וכ'** עוד, אבל אם האיסור נ"ט לשבח במאכל ראשון, צריך אח"כ ס' נגד כל הקדירה, **מיהו** אם יש בו איזה ספק, כגון שנשפך ולא ידעינן אי היה ס' נגד הקדירה, וידוע עכ"פ שהיה ס' נגד האיסור, אפילו לא נגד כולו אלא לפי חשבון, **א"נ** שהאיסור ההוא היה ספק איסור, ולא נודע עד אחר שנפל לתבשיל הראשון, ואח"כ בתבשיל השני יש ס' נגד האיסור לפי חשבון, שרי, **ואפשר** דבעי דוקא שלא יודע עד שנתבשל תבשיל השני, וצריך להתיישב בדבר, ע"ש בטעם הדבר›.

‹**עיין** בתשובת כנסת יחזקאל, ומתוך דבריו נלמד שדעתו, דאם בישלו בקדירת איסור, תבשיל שהאיסור נותן בה טעם לשבח, ואח"כ בישלו בה תבשיל, שהאיסור הראשון נ"ט לפגם בה, נאסר התבשיל השני, דכיון שהתבשיל הראשון נאסר מקודם ונ"נ, א"כ עתה שבישל בה התבשיל הב', נתן התבשיל הראשון טעם בתבשיל הב', כיון שתבשיל ראשון אינו פוגם בתבשיל הב', **ועיין** בתשובת ש"ב גבעת שאול, שהשיג עליו, והעלה דתבשיל שני שרי, דאין הנאסר חמור מהאוסר, גם בשו"ת שלי השגתי ג"כ על תש' כנ"י הנ"ל, והעליתי ג"כ להתיר›.

‹**עיין** בתשו' נו"ב, ביין שבשלו בכלי בשר ב"י, והגיסו בכף חולבת ב"י, וכתב דהיין יש להתיר, אף שזה שכתב

הלכות תערובות
סימן קג - דין נותן טעם לפגם

בהגדהה לקמן ס"ד, בשר או חלב ביין הוי לפגם, ר"ל חלב בציר"ה, **מ"מ** כיון שחלב עצמו אינו אוסר היין, אלא מטעם שנתערב עמו בשר והוי בב"ח, וא"כ הרי הבשר פוגם, **אך** הכלים יש לאסור, לדידן דמחמירין בסימן צ"ה סעיף ג' בהג"ה, דלא חשבינן בכה"ג נ"ט בר נ"ט, דחיישינן שמא נתערבו פליטת החלב והבשר בלי אמצעות המים, וא"כ אסורים הכלים כמ"ש כאן בהג"ה, **ועיין** בחוו"ד שהשיג עליו על מה שאסר הכלים›.

אבל אם נערו התבשיל הראשון בכף, ותחבו אח"כ הכף לתבשיל שני שהוא ג"כ פוגם, לא נאסרה הקדרה - דהוי נ"ט בר נ"ט, האיסור בכף והכף בתבשיל והתבשיל בקדרה, ועדיין כולו היתר כיון דהוא פגום, כ"כ בת"ח בשם או"ה.

[ותמהני דלמה נקיט רמ"א שהכף נאסר תחילה מאיסור פגום, דהיינו מהתבשיל הראשון שהיה בו איסור פגום, **הא אפי'** אם היה איסור גמור בכף תחילה, ותחבו לקדירה שיש בו תבשיל, שאותו איסור שבכף הוא פוגמו, הו"ל הקדירה נ"ט בר נ"ט, ואין אוסרת מה שיתבשל בו אח"כ, אפי' אם אותו האיסור שבכף נותן טעם לשבח, דהכף נותן טעם פגום בתבשיל, והתבשיל נותן טעם פגום לקדירה, והקדרה שתתן אח"כ טעם לשבח במה שיתבשל אח"כ, הו"ל נ"ט בר ה"ט דהיתירא, כיון שמתחלה בא הטעם של האיסור ע"י פגם, וזה מבואר באו"ה, **וצ"ע** למה שינה רמ"א ללא צורך, וכתב ב' פעמים לפגם].

יפה כיון רמ"א, דאל"כ ליכא אלא שני נ"ט, ואנן קימ"ל לעיל סי' צ"ה ס"ג ברמ"א, דלא שרי נ"ט בר נ"ט אלא היכא דהוי שלשה נ"ט להיתירא - נקה"כ.

[ובלבוש כתב וז"ל, אבל אם נוערו התבשיל הראשון בכף של איסור, ותחבו אח"כ הכף לתבשיל שני שהוא ג"כ פוגם, לא נאסרה הקדרה השניה, דיש הרבה נ"ט, עכ"ל, וזה יותר מגומגם מלשון רמ"א כאן, ולענין דינא, להלכה ודאי שרי אפי' בחד נ"ט לפגם, וכמ"ש בשם או"ה בפירוש, ודברי המעתיקים צ"ע ליישבם].

גם מה שכתב בלבוש, אבל אם נוערו התבשיל הראשון בכף של איסור כו', טעות סופר הוא, וצ"ל בכף של היתר, וכוונתו כדעת רמ"א, דאל"כ מה לי בזה שתחבו תחילה לקדירה אחרת, סוף סוף הכף של איסור הוא, וק"ל - נקה"כ.

‹**ובמ"י** השיב על הט"ז, דחיישינן שהכף נגע בקדירה בלי אמצעי, כתירוץ א' של תוס' חולין, יע"ש. **והנה** הט"ז בסימן צ"ה אות ח' הסכים לתירוץ הב' של תוס' חולין, שטעמים נוגעין, יע"ש, מש"ה כתב שפיר. **ולהש"ך** שם אות ח', דסובר כתירוץ א', הוצרך לומר דבעינן ג' נ"ט לאו"ה, שלא הביא אלא טעם הב', ולא טעם הא', וא"ש שתירץ לדידיה דבעינן ג' נ"ט. **ומ"מ** לענין דינא יש לצדד כהט"ז, דגם בכלים די ב' נ"ט, אף למאן דמחמיר בבישול בסימן צ"ה לכתחלה, בכלי הוה דיעבד, כמ"ש המנח"י. **ומיהו** בקדירה מתכות אפשר דהוה לכתחילה כה"ג, דאפשר בהגעלה - פמ"ג›.

[**עוד כתב באו"ה, תבשיל שנפל שם איסור פגום, ונפל אותו תבשיל לקדרה אחרת, ובאותו תבשיל היה האיסור לשבח, א"צ אלא ששים בקדרה שניה נגד האיסור שבקדרה, דלא שייך לומר הקדרה הראשונה נעשה נבילה, דהא משרא שרי, עכ"ל ד"מ**].

וכן בדבר שאין לו טעם כלל, כגון היורה שמתיכין בו הדבש, אע"פ שיש שם רגלי הדבורים לא נאסרה היורה וכל כיוצא בזה - ‹דכאן לא שייך ואח"כ השביח - גר"א›.

‹**ואינו** אוסר לא המאכל ולא הכלי, **ואין** זה דומה למה שנתבאר, דדבר שאינו לא לשבח ולא לפגם הוה כלשבח, **דהתם** ודאי דנותן איזה טעם, ורק הטעם הזה אינו מוסיף בו לא שבח ולא פגם, אבל בכאן אינו נותן טעם כלל, וכעץ בעלמא הוא, **אך** לפמ"ש הש"ך דלמדו זה מגידין דאינן בנותן טעם, ע"ש, והרי עץ בעלמא הן כמבואר בגמ', כמ"ש הש"ך עצמו, **ואולי** לאו בדוקא הוא, וה"פ לענין השבח הוא כעץ בעלמא, אבל מ"מ נותן איזה טעם - ערוה"ש›.

סעיף ג - אפי' אין כח באיסור לבדו לפגום אלא ע"י דבר אחר שמסייעו, כגון שנפל איסור לקדירה שיש בה מלח או תבלין מדוכין (בטור: מרוזין), ואלמלא המלח והתבלין שבה לא היה כח באיסור לפגום, אפ"ה מותר - וה"ה איפכא, כשהוא פוגם מפני שאין שם מלח או תבלין, ואלו היה שם מלח או תבלין כראוי, לא היה פוגם, מותר, כיון דהשתא מיהא פוגם, כדאיתא בש"ס.

‹**ונ"ל** לדון דמותר להוסיף עד ס', וליתן אח"כ מלח ותבלין שישביח, ואין בזה משום ביטול איסור לכתחילה, כיון דהשתא שהוא פגום נתבטל האיסור ברוב, דהא בנטל"פ

[ט"ז] ‹רעק"א או ש"א או הוספת הסבר› (פת"ש)

מדין ביטול ברוב אתינן עלה, כמ"ש הרשב"א, אלא שאחר שישביח יהא כמו ניכר האיסור מה"ט, מש"ה כל שמוסיף מקודם כדי שלא יהא אח"כ ניכר האיסור, לא מקרי מבטל איסור, ודמי לדינא דלקמן סי' קי"ט ס"ב, **אח"כ** מצאתי בפמ"ג שעמד בכיוצא בזה, ופקפק לחלק בין זה לדלקמן, וצ"ע לדינא – רעק"א.

סעיף ד - שמן ודבש של עובד כוכבים, אע"פ שהם מבושלים, מותרים, מפני שהבשר פוגם את השמן ומסריחו, וכן לדבש - הוא ל' הרמב"ם, וכ' הכ"מ, דס"ל דסתם כלים של עכו"ם הם בני יומן, וכ"כ בב"י, **וא"כ** קשה, כיון דפסק לקמן סימן קכ"ב ס"ו, דסתם כלים של עכו"ם אינן בני יומן, א"כ הכא בלאו הכי מותר, **וצ"ל** דלא הביא כאן דברי הרמב"ם, אלא ללמוד דבשר פוגם שמן ודבש.

[תמה הב"י, שהרי העולם מבשלים דבש עם בשר, והוא משובח מאד, ותירץ דע"י התבלין ובצלים הוא משביח, אבל אילו היה בשר ודבש לבדם, היו פוגמין]. ‹וליתא, דאע"ג דבעין משביח, הטעם פוגם, **והב"ח** תירץ, כשהעיקר תבשיל מבשר, הוא משביח, משא"כ שמנונית מעט שפוגם – גר"א›.

הגה: ויש אומרים דבשר אינו פוגם דבש עצמו, רק משקה הנעשה מדבש; ובמקום שאין הפסד גדול, יש להחמיר – [בד"מ הקשה מדברי המרדכי, דחתיכת נבילה בדבש לא הוה לפגם, שכתב וז"ל, וע"כ אם נמצא בדבש חתיכה של נבילה, אסור כל הדבש כו', ומו"ח ז"ל תירץ, דהמרדכי לא אסר הדבש משום נ"ט לשבח של נבילה, אלא מיירי אפי' הוא לפגם אוסרו, לפי שהדבש אינה רבה על הנבילה, וכמ"ש הרשב"א, דכשהאיסור וההיתר שוין, אסור אפי' בנטל"פ, ע"כ, והוא תמוה, דהא שם במרדכי הכירו החתיכת נבילה, ולא היה איסור רק מחמת טעמו, ולעיל ס"ב והוא מדברי הרשב"א, מבואר דאם האיסור הוא מחמת טעם ולא ממש, אפי' האיסור רבה על ההיתר מותר בנטל"פ, **ע"כ** צריכין אנו לחילוק די"א שמביא רמ"א, והם דברי מהרי"ל בתשובה, דיש חילוק בין דבש עצמו דמיירי ביה המרדכי, למשקה העשוי מדבש, וכן עיקר והוא מסקנת הד"מ, **ולא ידעתי** למה כתב כאן לקולא במקום הפסד גדול אפי' בדבש עצמו, דלפי הנראה אין כאן קולא נגד המרדכי].

משמע דבשמן גם הי"א מודים דפוגם, ותימה הא הי"א אלו הוא מהרי"ל בהגהת ש"ד, ושם משמע להדיא דכ"ש בשמן הוי לשבח אפילו כשנתבשל, וכן משמע בכל הפוסקים, **ודלא** כהרב בתשובה שהוציא מתשו' מהרי"ל הנ"ל לחלק בשמן בין שלוק או לא.

בשר או חלב ביין, הוי לפגם, ומותר - (עיין בסוף ס' תוספות שבת, ובתשובת נו"ב, שכתבו דהיינו חֵלֶב בציר"ה, **וע'** פמ"ג שכתב, דהיינו חָלָב בקמץ, אבל חֵלֶב בציר"ה, משמע דנ"ט לשבח, **וכתב** בספר בית יהודה, והיותר נ"ל, דשניהם, הן חָלָב בקמץ והן חֵלֶב בציר"ה, נותנים טעם לפגם, ולא כתבו הפוסקים רק חלב סתם, ולא פירשו אם בקמץ או בציר"ה, דשניהם שוים בזה).

סעיף ה - כל קדרה שאינה בת יומא חשיבה טעמה לפגם, ואינה אוסרת - (פסקינן בסי' ק"ג ס"ב, דהבליעה בעצמה אף דאב"י לא הותרה כיון דראויה לגר, אלא דאינו אוסר לתבשיל, ולהכי בעי ביטול ברוב - מובא מכללי ס"ס), **ונקראת בת יומא כל זמן שלא שהתה מעת לעת אחר שנתבשל בה האיסור, וכיון שעבר עליה מעת לעת אחר שנתבשל בה האיסור, נקראת אינה בת יומא.**

ואם בישל בה כשאינה בת יומא, התבשיל מותר דהוי נותן טעם לפגם - ‹אבל לכתחילה אסור לבשל כן, אף אם בשלו בכלי רק ספק איסור דרבנן - רעק"א›. ‹ואין חילוק בין מתכות לחרס, ובמנח"י הביא בשם נחלת יעקב, בהפסד מרובה להתיר בכלי חרס - פמ"ג›.

והוא שתהיה מודחת שלא יהא שומן על פניה, שאם לא הדיחה אוסר, והרי היא כחתיכת איסור שלא נפגמה - לעיל ר"ס צ"ה כתבתי, דסתם כלים שנתבשל בהם, אמרי' שהיו נקיים, ולא היה שומן דבוק בהם, ולפי זה מ"ש והוא שתהיה מודחת כו', היינו לאפוקי כשידוע בבירור שלא היתה נקיה ואינה מודחת, וקמ"ל דהשומן הדבוק אינו נטל"פ אחר מעל"ע, [אפי' נשתהה כמה ימים, וזהו דעת רשב"א בטור סי' קכ"ב].

ויש מתירין אפילו בישל בה קודם שהדיחה –
[הוא הר"ן], ס"ל, שטיחת איסור שעל פני הכלי נפגם

ג"כ אחר מע"ל, וכמבואר בב"י, **ודעת** הטור סי' קכ"ב כסברא הראשונה, וכן נראה דעת ב"י, וכן לקמן סי' קכ"ב לא הביא אלא סברא הראשונה, וכ"פ בת"ח, וכ"פ מהרש"ל, [ואנן קימ"ל כסברא ראשונה, וכ"כ בלבוש].

הגה: ואם יש ס' נגד מה שדבוק עליו, לכולי עלמא שרי, מאחר דהקדירה אינה בת יומא, והכי נהוג - כ"כ בת"ח שם בשם או"ה, והכי משמע מדברי הרשב"א, והמחבר לעיל ר"ס צ"ה, **ומהרש"ל** חלק על זה, ואמר דמאחר דאיכא ממשות בעין, אז הטעם שבקדרה שאינו בן יומו נותן טעם לשבח, והוי הכל טעם הבא מן הממש, עכ"ל, **ואין** דבריו נראין.

(**ולא** אמרינן בזה איסור דבוק, דמיד שבא לתבשיל נמחה האיסור בתבשיל, וכמ"ש הש"ך לעיל סי' ס"ט גבי מלח שעל החתיכה, וכ"כ בספר חמודי דניאל).

סעיף ו - יש מי שאומר שאם שמו פלפלין בקדרה של איסור שאינה בת יומא - בבישול, **הכל אסור, דחורפיה משויא ליה לשבח** – [ומבואר בסי' צ"ה ס"ב, **דדוקא רובו דבר חריף, מש"ה בעינן עכ"פ בתבלין חלק גדול, שהוא נרגש הרבה בקדרה**]. ‹**נראה** דמחלק בין שאר דברים חריפים לתבלין, דבתבלין א"צ רוב משום דחריפים הרבה ולטעמא עבידי, רק שיהא עכ"פ חלק גדול מהם, **מיהו** מהרמ"א שם משמע דגם בתבלין צריכים דוקא רוב, **ונראה** דהכל לפי הענין - יד יהודה›.

‹**החו"צ** מתיר דיעבד בפסח שבישלו דבר חריף בקדירה שעברה י"ב חודש, דכעפרא בעלמא הוא, **והפמ"א** חולק – פמ"ג›.

סעיף ז - קדרה שהיא בלועה מבשר וחלב שנתבשלו בה ביחד או בזה אחר זה, וקודם שעבר לילה אחת הוחמו בה מים, חשיבה בת יומא עד שתשהה מעת לעת משעה שהוחמו בה המים - ז"ל הב"י, דין זה כ' סה"ת, ונתן טעם לדבר, דכך שוה המים לדידן כמו האיסור עצמו, דכל המים נ"נ, כיון שאין בהם ס' לבטל פליטת הכלי, וחזר ונבלעו בקדרה, **וסמ"ק** הביא דברי סה"ת, וכתב אח"כ דיש מקילין בדין זה, אחר שאין בגוף האיסור בן יומו, אין להחשיבו ב"י, ע"כ, ‹דאין הנאסר חמור מהאוסר – יד יהודה. **והב"י** ס"ל, דדוקא אם גוף האיסור פגום, אף דמה שנעשה נבילה נותן טעם לשבח, מותר, משום דאין הנאסר חמור מהאוסר, **משא"כ** הכא, דאתמול היה החלב זה מושבח, ונעשה המים ג"כ כחלב, וכיון שכבר היה על המים שם חלב, אף שעכשיו נעשה חלב הבלוע לפגם, מ"מ כיון שכבר נקרא גם על המים שם חלב, הוי כחלב שמקצתו נפגם, דבעינן ששים נגד מה שלא נפגם - חוו"ד›, **ול"נ** דבשאר איסורים מותר, שכבר כתבתי בסי' צ"ב, דלא אמרי' חנ"נ רק בבשר בחלב, אבל אם היא בלועה מבב"ח שנתבשלו בה יחד או בזה אחר זה, מונין מעל"ע משעה שהוחמו בה מים, **אבל** לפי הטעם שכתב סמ"ק בהא נמי שרי, **ונ"ל** דאם כבר עבר לילה אחד קודם שהוחמו, אפי' בבשר בחלב אין למנות מעל"ע אלא משעה שבישלו בה, כיון דיש סוברים דאחר לילה א' נטל"פ, [**ואע"פ דלא סמכינן עלייהו להתיר המים האלו, מ"מ מהני לזה שלא יהיו נחשבים כנבילה לענין חשבון מעל"ע**], **אבל** אם קודם שעברו עליה לילה א' הוחמו בה מים, נקטינן כדברי סה"ת, כיון דקי"ל בבשר בחלב חנ"נ, עכ"ד.

ומבואר מדבריו, דאם הוחמו מים תוך לילה א', צריך אח"כ מעל"ע מחימום המים, וזה שכתב כאן בש"ע עד שתשהה מע"ל משעה שהוחמו בה המים, וכ"כ לקמן סי' קכ"ב ס"ד, **ושלא** כמ"ש בת"ח על שמו, דבין נשתהה הקדרה לילה א' קודם החימום, בין שנשתהה לילה א' אחר החימום, יש להקל ולסמוך בכהאי גוונא אמ"ד לינת לילה פוגמת, עכ"ל, **דליתא**, אלא ס"ל להב"י דאינו מועיל לינה אלא לענין שחימום המים אח"כ לא יעשוה ב"י, אבל אם חממו מיד שנעשה ב"י מחדש, צריך מעל"ע מחימום המים, **ולפ"ז** גם מ"ש הרב, וכן אם עברה לילה אחת בין בישול בשר לחלב כו', אינו מוכרח לדעת הב"י, ודו"ק.

[**ולא עמדתי על דעתו כלל, דתמיה לי, כיון דהכריע כאן דמהני לינת לילה מכח תרתי לטיבותא, דהיינו חדא דיש פגם מחמת לילה, ואת"ל אין פגם וכמו דקי"ל באמת, מ"מ יש היתר מחמת שאין כאן גוף האיסור, כמ"ש הסמ"ק וסה"ת, ועלייהו כתב הב"י שפיר דמי לסמוך, למה לא נתיר גם באם שהה לינת לילה אחר חימום המים, אע"ג שאין לילה בין בשול בב"ח למים, דמ"מ יש אח"כ פגם מחמת לילה למה שיבשל בו אחר לינת לילה, ואת"ל אין פגם, מ"מ אין כאן גוף האיסור, ובת"ח כתב באמת גם בזה להתיר, אלא שכ"כ בשם הב"י, ואינו מבואר כן בדבריו, וצ"ע רב על סברת ב"י בזה – ט"ז בדף האחרון**].

ולק"מ, דכבר כתבתי בש"ך, דס"ל להב"י דאינו מועיל לינה אלא לענין שחימום המים אח"כ לא יעשנה בן יומו, אבל אם חממו מיד שנעשה בן יומא מחדש, צריך מעל"ע מחימום המים, ונכון הוא - ש"ך בקונטרס אחרון.

‹**נראה** דכוונת הש"ך, דשורש החילוק בין עברה לילה קודם החימום מים, או אח"כ, היינו שאם הוחמו מים תחילה, תיכף דנין דהמים נ"נ, וממילא בעי מעל"ע משעת החימום, **משא"כ** בעברה תחילה לילה, דבשעת חימום המים אמרינן, כיון דנ"נ הוי ספק דרבנן, דשמא נפגם בלינת לילה, **ואף** דהמים אסורים לשתות מספק, היינו דהבלע שבתוכו אסור, אבל גוף המים הוי ספק דרבנן, {**אע"ג** דהבב"ח גופייהו נ"נ מה"ת, מ"מ המים ושאר מאכלים שבלעו מהם ונאסרו אינם כנבילה רק מדרבנן – בדי השלחן}, **וא"כ** בעבר לילה בין בשר לחלב, דבשעת בישול החלב, הדין דחלב נ"נ, דבב"ח דחנ"נ דאורייתא, הוי ספק דאורייתא, וכיון דהיינו דנין דחלב נ"נ, בעיא מעל"ע מהחלב, **ואם** הוחמו אח"כ מים, גם המים נ"נ, דהא בין החלב להמים לא נתחדש ענין פגם, רק דבאת לדון דשמא הלילה דקודם החלב פגמו, ולא נעשה החלב נבילה, ובזה דכבר החמרנו מכח ספיקא דאורייתא דהחלב נ"נ, א"א לדון אח"כ להקל על המים, לומר דהחלב לא נ"נ, וממילא צריך אח"כ מעל"ע מן חימום המים, ודו"ק היטב – רעק"א›.

הגה: אבל אם עברה לילה, מותר - דוקא לילה, ‹והיינו מתחלתה עד עמוד השחר – פמ"ג›, לפי שהלילה גורם להפיג הטעם, כדאיתא בפוסקים.

‹**במ"י** מסיק, דבכל ספק מצטרפים דעת ר"ת, שעבר לילה הוי נטל"פ, ושרינן בהפ"מ מטעם ס"ס – רעק"א›.

וכן אם עברה לילה בין בישול בשר לחלב, אע"ג דאח"כ הוחמו המים מיד, נמי דינא הכי.

‹**מלשון** זה נ"ל, דבעי עכ"פ מעל"ע מבישול דחלב, ולא סגי במעל"ע מבישול הבשר דמקודם, דאל"כ מאי רבותא דהוחמו בה מים, הא בלא"ה הוא תוך מעל"ע מבישול החלב, {ואעפ"כ חשבינן רק מבישול הבשר, ומהיכי תיתי שיהיה המים עדיף, אבל לפי"ז הוי החידוש דאע"פ דחשבינן מעל"ע מבישול החלב, לא חשבינן מעל"ע מבישול המים}, וכן הסכים להלכה בפמ"ג – רעק"א›.

וה"ה בכל האיסורים לפי מאי דקי"ל בכל האיסורים חתיכה נעשית נבלה. וע"ל סי' צ"ב.

ובמקום הפסד יש להתיר בכה"ג בשאר איסורים בכל ענין – [פי' אפי' קודם לינת לילה, כיון דהא גופיה דהמים יהיו נחשבים כנבילה בשאר איסורים, הוא פלוגתא בסי' צ"ב, ובכה"ג סמכינן אמקילין], **רק שיהיה מעת לעת מזמן בישול האיסור** – ‹אף שלא היה כלל לילה בין איסור למים, ובין מים לתבשיל, על דרך משל, האיסור בחצי היום, ומים בחצי הלילה, ותבשיל לאחר חצי היום, שרי – פמ"ג›.

פי' במקום הפסד קצת, דאילו במקום הפסד גדול, בלאו הכי מותר, מטעמא די"א דאין אומרים חנ"נ באיסור לח שנבלע בהיתר לח, וכדלעיל סי' צ"ב ס"ד בהג"ה, ע"ש.

ומ"מ בעיקר הדין שס"ל להמחבר והרב דקדרה שבלוע מבב"ח דאמרינן חנ"נ, איני מודה להם, דזה דמי לשאר איסורים, כיון שכבר נאסר, וכמ"ש בסי' צ"ד ס"ק כ"ב, **ועוד** כתבתי שם, דהעיקר אפי' המ"ד דלא אמרינן חנ"נ בשאר איסורים, מודה דצריך מעל"ע משעת חימום המים אפי' בשאר איסורים, דלא תלי זה בחנ"נ או לא, ע"ש, ‹**דהש"ך** סבירא ליה כסברת הר"ן, דדוקא אם הטעם הוא טעם של היתר, לא שייך לומר דחשבינן מחימום המים, כיון שהוא טעם שני שהוא קלוש, לא שייך שיאסור. **אבל** באיסור, טעמו עד עולם לא בטיל כל היכא דאיכא טעם, {דהוי נ"ט בר נ"ט דאיסורא – כרתי}, לכן חשבינן מחימום המים, **ולכן** אין חילוק בין בב"ח שכבר נאסר הטעם או בשאר אסורים. **ונ"מ**, דאפי' למ"ד דלא אמרינן בשאר אסורים חנ"נ, אפ"ה חשבינן בשאר איסורים מחימום המים. **ועוד** נ"מ, דאי אמרינן דחשבינן מעל"ע מחימום המים מצד חנ"נ, א"כ צריך ששים נגד כל המים, **אבל** לפי טעם הש"ך הנ"ל, מצד דטעם האיסור לא בטיל, א"כ אי ידעינן כמה היה האיסור בכלי בתחלה, א"כ א"צ ששים כי אם נגד האיסור – מחה"ש›, **ונלע"ד** דאין לחלק בזה בין בב"ח לשאר איסורים, ואם נקל בשאר איסורים, גם בבב"ח יש להקל, ע"ש ודו"ק.

§ סימן קד – דין עכבר שנמצא ביין או בשכר §

סעיף א- עכברא דדברא נותן טעם לשבח הוא, שהרי עולה על שלחן מלכים - משמע מדברי המחבר, דעכברא דדברא פשיטא לן דמשביח בשכר וחומץ, כיון דעולה על שלחן מלכים, ואפשר לפי זה, דעכברא דדברא אפי' ביין ושמן וכהאי גוונא אינה פוגמת, **ובש"ס** מוכח, דאע"ג דעולה על שלחן

הלכות תערובות
סימן קד – דין עכבר שנמצא ביין או בשכר

מלכים, מספקא לן אי נטל"פ בתערובות, ע"ש, **ואע"פ** שאפשר לדחוק וליישב, מ"מ לא נראה כן מהרי"ף והרא"ש וטור והרמב"ם וראב"ן ושאר פוסקים, שלא הזכירו כלל הא דעכברא דדברא, אלא כתבו בסתם עכבר, ודוק.

אבל עכברא דמתא, מספקא לן אם משביח בשכר וחומץ, או אם הוא פוגם. ולפיכך אם נפל לשכר או לחומץ, בצונן, והסירו שלם, אם לא שהה בתוכו מעת לעת, מותר.

אבל אם היה רותח, או אפילו צונן ושהה בתוכו מעת לעת, בין שהסירו שלם בין שנחתך לחתיכות דקות, ויכול לסננו במסננת בענין שלא ישאר ממנו בתוכו כלום, בין שנימוח בתוכו לגמרי ונעשה כולו משקה ולא נשתייר ממנו שום ממשות, ניתר על ידי שיהא ששים בהיתר כנגד העכבר - ‹והלכתא אידי ואידי בשיתין, גמר', פי' בין בשכרא בין בחלא בשיתין, וכתבו הרי"ף והרא"ש, דחיישינן דלמא אשבוחי אשבח בחלא ובשכרא - ב"י›.

ואם נחתך לחתיכות דקות, והוא בענין שאינו יכול לסננו, כגון שנתערב השכר או החומץ במאכל עב, הכל אסור ואין שם ביטול, דחיישינן שמא יפגע בממשו של איסור ולא ירגיש.

הגה: ודוקא בשרץ יש לחוש אם נשאר שם שלא יוכל להוציאו, אבל בשאר איסורין אין לחוש

- דע דגרסינן פרק בתרא דע"ז, אבעי' להו נפל לגו חלא מאי, כלומר אי עכברא נותן טעם לשבח בחומץ או לא, אמר ליה רב הילל לרב אשי, הוי עובדא בי רב כהנא ואסר רב כהנא, א"ל ההוא אימרטוטי אימרטט, **ופירש** רש"י שנחתך לחתיכות דקות קטנות, ושרץ שיעורו כעדשה כטומאתו, וחיישינן דילמא בולע חתיכת שרץ בהדי חומץ, וכ"כ ראב"ן ומרדכי והאגודה לשם, וכ"כ האו"ה, **אבל** הר"ן כתב על פרש"י, תימה למה הוצרך לזה, דהא אף בשאר איסורים יש לחוש לפחות מכזית, דהא קי"ל חצי שיעור אסור מן התורה, ותו קשיא, ליעבריה במסננת ולישתרי כו', עכ"ל, **ולק"מ**, דוודאי בשאר איסורים כיון דנטל"פ הוא, ‹לזה הצד בגמר' דרצה לדחות דמה דאסר רב כהנא הוא אע"ג דנטל"פ›, אם כן ליכא משום טעמא, וגם משום גופיה ליכא, דבטל ברוב כיון שאינו מכירו, דמ"ש מיבש ביבש, ואע"ג דשלא במינו ביבש קי"ל בששים, היינו משום דאם יבשלם יתן טעם, מה שאין כן הכא דנטל"פ, **ומ"ש** וליעבריה במסננת ולשתרי, י"ל דהיינו כמ"ש הטור וב"י, שנחתך בענין שאינו יכול לבררו במסננת, כגון שהיה החומץ מעורב במאכל עב, והלכך שרץ כיון דשיעורו בכעדשה, לא בטיל, דהוי כמו בריה, וכמ"ש האו"ה שם, **וכן** משמע דעת הטור, שלא כתב דין דנחתך לחתיכות קטנות ואינו יכול לבררו, אלא הכא גבי עכבר, ולא בשאר איסורים, וגם לא אישתמיט שום פוסק דיכתוב כן בשאר איסורים, וזה דעת הרב והב"ח, **ומדברי** הבית יוסף נראה, דאפילו פחות מכעדשה, וכן בשאר איסורים נמי לא בטיל, אפי' ביותר מששים, כל שא"א לסננו, וכן דעת מהרש"ל, ולפעד"נ כמ"ש.

[**בד"מ כתב הטעם, שמא ישאר ממנה כעדשה שהוא שיעור טומאתו**, הואיל ותחילת ברייתו הוה כעדשה, מקרי בריה ואינה בטלה, עכ"ל, **ונראה** שהביאו לחלק כן, ממ"ש הטור, ואם נתחתך בענין שאינו יכול לבררו ולהוציאו הכל אסור, וקשה ליה לרמ"א, הא קימ"ל נתרסקה הבריה בטלה, **וכ"כ** בדרישה בשם רש"ל, וז"ל, ואף דאמרינן לעיל סי' ק"א, היכא שנתרסק האיסור בטל, שאני שרץ דאיסור אכילתו בכעדשה כטומאתו, וחיישינן שמא בלע שרץ כעדשה, ועיין בפרש"י בע"ז, עכ"ל, **וכתב** ע"ז דלא נצטרך לחלק בשביל זה, דשאני בנחתך הבריה דאיירי במין במינו, ואין האיסור ניכר תוך ההיתר, משא"כ כאן שאיירי שהוא במאכל עב, וא"א לבררו מחמת קטנותו, אבל מ"מ האיסור ניכר בין ההיתר, דזה לכ"ע אסור, **אלא** שיש הכרח לחלק כן מכח מ"ש ב"י, ואם נימוח לתוכו לגמרי, דדוקא לגמרי כו', ובסי' ק"ט כ' דמשמע מדברי התרומה, אפי' באינו מינו מיהו בטל בס', ואפי' כזית, ולפי"ז צריך לחלק בין שאר איסורין למשהו בשרץ כו', עכ"ל, וכן מו"ח ז"ל כתב כדברי רש"ל האלו].

[**ואשתומם שעות הרבה, מה חשבו על ככה, דמ"ש הטור אם נתחתך כו', הוא ע"פ הגמר' בע"ז... ופרש"י...**

ולכאורה משמע דקפיד דוקא אשיעור כעדשה, וזה א"א לומר כן, דהא עכ"פ חצי שיעור אסור מן התורה, והיינו אפי' חצי כעדשה או משהו ממנו, דלא בענין כעדשה אלא לענין איסור שחייב מלקות, כמו כזית דנבילה].

[**ובת"ה** הארוך כתב פרש"י, וכתב עליו וז"ל, ומיהו לאו דוקא בשרצים המובדלים, שאפי' בשאר איסורין שנתערבו ביין וחומץ ושמן, יש לחוש אפי' לפחות מכזית, שהרי חצי שיעור אסור מן התורה, עכ"ל, **הרי** לפנינו בהדיא דרש"י לאו דוקא נקט כעדשה מן השרץ, אלא נקט איסור קטן היותר חמור, דחייב אפי' מלקות על אכילתו, ולא כדברי רש"ל ורמ"א דשרץ שאני, **ומ"ש** רמ"א בד"מ, שאם יש כעדשה מקרי בריה, נפלאתי מאד על פה קדוש יאמר כן, דהרי בדין בריה אמרו בהדיא בסי' ק' בנמלה, וכתב ע"ז בסי' ק"א דאם נתרסק ממנה קצת בטלה חשיבות הבריה, וכמ"ש ב"י שם סי' ק"א, ק"ו כאן דמיירי בנחתך לחתיכות דקות כמ"ש הטור, **וכ"כ** באו"ה, מידי דהוה אכעדשה דשמונה שרצים ושרץ מרוסק כו', אע"פ שלוקין עליהן מתבטלים בשיעורים, עכ"ל].

[**ומ"ש** הדרישה, דכאן מכירין האיסור אלא שא"א לבררו, כן הוא האמת, ודומה למ"ש ב"י להרמב"ם לענין חמאה של גוי וז"ל, אבל בחמאה היה האיסור ניכר, דהיינו הקום, אלא שא"א לבררו, ולפיכך אינו בטל, עכ"ל, **ולפי** הנראה דודאי לא בא הטור כאן כלל לעשות חומרא בשרץ משא"כ בשאר איסור, זה לא עלתה על דעתו כלל, דלא כתב דיני סימן זה אלא להורות דיש שבח בעכבר בשכר וחומץ, אלא שפרט דיניו אם נתערבו, ומ"ש כאן בנחתך דהכל אסור, לאו מטעם חשיבות דבריה, אלא דלמא בלע לחתיכה דקה של שרץ בתוך השכר או חומץ, ולזה נתכוין גם הב"י במ"ש דחצי שיעור אסור מן התורה, ואפי' בפחות בכעדשה, **ופירוש** דברי הטור הוא כך, דאם נימוח השרץ לגמרי, עד שנעשה כממשו של שכר וחומץ, הוה שיעורו בששים, דהוה לח בלח, אבל אם נתחתך ולא נימוח, דיש כאן עדיין ממשות של איסור, ונתערב במשקה, ממילא אין כאן לח בלח ולא יבש ביבש, דכל ביטול הוא מצד שאינו ניכר, משא"כ כאן דניכר אלא דא"א לבררו, ממילא לא מהני כאן אפי' ששים, דלא מהני ששים אלא אם נעשה האיסור לח ונימוח לגמרי, משא"כ כאן דשם איסור לא נעקר ממנו, ולא נתבטל כלל לא בששים בתורת לח בלח, ולא ביבש ביבש בתורת רוב, ושפיר יש איסור אם יבלע אותו בעין, ע"כ אסרו הכל כאן, **והיינו** פירוש דאמרטוטי אמרטט שאמרו בגמר', **ואין** כאן חילוק בעולם בין שרץ לשאר איסורים, ודין הנזכר כאן הוה בכל איסורים, אם נתערבה והוא ניכר וא"א לבררו, כנלענ"ד ברור, והג"ה זאת אין מקום לקיימה לפענ"ד].

<**כוונתו** דכל שניכר האיסור במראית העין, אלא שא"א לבררו מחמת דקותו וקטנותו, לא בטל מן התורה – פמ"ג>.

<**והפר"ח** הסכים עם הט"ז, דאף דאינו ניכר עתה שדוחה עם התבשיל, אבל אם ימשמש ויעיין בו היטב ימצא חתיכות שלם של שרץ, והוי כניכר איסור, ולכן אינו בטל ואסור – מחה"ש>.

הארוך להשיג על רמ"א וסייעתו, וכל דבריו תמוהים, בראש עיקר יסודו שתמה, שהרי בדיני בריה אמרו בהדיא בסי' ק"א בנמלה, דאם נתרסק ממנה קצת בטל החשיבות כו', **תימה** רבה לתמיהתו, דהא טעמא דרמ"א וסייעתו הוא משום דעכבר הוי שרץ, וטומאתו כעדשה, ולוקה על אכילתו כעדשה כשיעור טומאתו, וזה אינו בנמלה, דהדבר פשוט במשנה וש"ס ופוסקים, דדוקא שמנה שרצים ובכללן העכבר, שיעורן כעדשה, אבל לא שאר שרצים, ונמלה היא משאר שרצים, **וגם** בלא"ה לא קשה מידי מנמלה, לפי מ"ש לקמן, דגם כעדשה מעכבר בטל ביבש, <דלא חמיר שיעוריה – מחה"ש>, **ומש"כ** וכ"כ האו"ה, מידי דהוי אכעדשה דח' שרצים ושרץ מרוסק כו', אע"פ שלוקין עליהן מתבטלים כו', לא דק, דהאו"ה מיירי שם בהדיא ביבש ביבש, ובזה ודאי אף רמ"א מודה, דודאי אין כוונת רמ"א לומר, דכעדשה משרץ אינו בטל ביבש ביבש מטעם בריה, ועוד דהא בריה צ"ל דבר שאם יחלק אין שמו עליו, כדלעיל סי' ק', **אלא** כוונת רמ"א, דהכא דיניה כלח בלח כיון דנתערב במשקה, <וצריך ששים דחמיר שיעוריה>, אלא דקשה א"כ אמאי אסור, והא נתבטל כשיש ס' נגדו, **אלא** ודאי שאני הכא כיון דהוי כמו בריה, דלוקה על כעדשה מן התורה, א"כ חמור טפי, וגזרו רבנן ביה דחיישינן שמא יפגע בממשתו של כעדשה, ואתי לידי חיוב דאורייתא, כי היכא דאשכחן דגזרו בבריה דלא בטיל, אבל בשאר איסורים כיון דאינו לוקה אלא על כזית, לא גזרו ביה, **והיינו** שלא כתבו הפוסקים דין זה דחיישינן שמא יפגע בממשו של איסור, רק הכא בעכבר, **וגם** רש"י וראב"ן והמרדכי והאגוד', כולם כתבו הכא הטעם, דכיון דשרץ שיעורו כעדשה, וכוונתם כדעת רמ"א - נקה"כ.

‹אבל דעת רש"י, דכל דבר שאסור בפחות מכזית, הוי בריה בשיעור איסורו, כמו גיד, ול"ק מנמלה, דמובדלין דוקא כו', והוי כמו נמלה שלימה [ולא בטל], ודעת רש"י נכון - גר"א›.

(עי' בס' תפארת למשה שכתב, דדוקא בח' שרצים המטמאים, אבל שאר שרצים לא, דהוי בכזית, ושרץ שקורין ראק, אינו מח' שרצים).

סעיף ב - אם נפל ליין ושמן או לשאר משקין, פוגם בודאי, ואין צריך ס' לבטל פליטתו – [הרמב"ם נתן טעם לזה, שאלו דברים צריכים להיות מבושמים, וכתב רש"ל שמשמע מטעם זה, דשאר משקים אסורים, ובדבש לכו"ע פוגם, ומסיק שם דיש להחמיר בכל המשקין, חוץ מיין ושמן ודבש]. ‹ובהפסד מרובה שרי – פמ"ג›.

(עיין בתשובת הרדב"ז, שכתב דמכל שכן שפוגם בתבשיל).

הגה: ולפי זה אם נפל לשומן, נמי דינא הכי - דפוגם בודאי.

ויש מחמירין בשומן - סוברים דדין שכר וחומץ יש לו, וכן מבואר בב"י ות"ח, **וא"כ** צ"ע בדברי הרב, אמאי לא שרי בספק א' בכבוש לחוד, דהא איכא נמי ספיקא אי משביח אי לא, וספק א' דכבוש, וא"כ הוי ס"ס, **ונ"ל** דהאי ספק אי משביח או פוגם לא הוי ספק, כיון דבש"ס גופיה מספקא להו, **או** אפשר דדמי לספק בחסרון ידיעה דלעיל, סי' צ"ח ס"ק ט', **וצ"ע**. ‹**והפר"ח** כ', דספק איבעיא אין נכנס בגדר הספק. **ואנן** קיי"ל דשפיר הוה ספק, הן לענין ס"ס והן לענין ספק דרבנן לקולא, וכאן משום דהוה כעין חסרון ידיעה – פמ"ג›.

וכן דעת מהרש"ל, לאסור בשומן אווזות ושאר משקים, ואינו מתיר אלא ביין ושמן ודבש, מטעם שכתב הרמב"ם, שאלו צריכין להיות מבושמים.

ואפילו אם הוא קשה לפנינו, אם נפכו מדי יום יום שומן בקדירה, ויש לספק שמא העכבר היה שם כשעירו עליו שומן רותח, הכל אסור, אפילו יש ס' בשומן נגד כל העכבר - דכל מה שמערה ונוגע בעכבר נאסר, ונתערב בשאר השומן, ונאסר הכל, **ואף** דלפעמים העכבר מונחת בשולי הקערה, ואם כן היה לנו להתיר כל השומן שהוא למעלה מקליפה שעל העכבר, **י"ל** דידוע כשמערין עליו רותח נמס הכל, ולכן העירוי נוגע תמיד בעכבר, ונאסר הכל - ת"ח.

(**עי'** בתשובת חתם סופר, שכתב לרב אחד וז"ל, מה שהקשה לימא אוקמא בחזקת חיים, לא ידעתי מה בכך שהיה בחיים, אי שהה בתוכו זמן הראוי לפליטה, בחיים או במותו, לעולם השרץ אוסר, **ומ"ש** בפמ"ג, דבדגים חיים לא שייך בליעה, רצונו מה שבלעו הם חמץ או חלב, וטעמא משום שע"י חום הטבע, נתהפך לבשר ודם, **ועובדא** ידענא, פ"א פרחה תרנגולת לתוך קלחת חמאה רותחת על האש, ומתה בתוכו, והורה גאון א' שאסור החמאה אפילו לעובד כוכבים, ושפכוהו בחוצות, ושוב הזכירוהו דבשר עוף בחלב מותר בהנאה, **והשיב** דאה"נ דבהנאה מותרת, ולמוכרה לעובד כוכבים אסורה, משום בליעת אמ"ה דאסור לב"נ, **וכתב** שם, דהזמין ליה הש"י תירוץ לשיזבא מכיסופא, כי מתחלה לא כוון לזה, ועפמ"ג דנראה שהוא ז"ל ג"כ לא נחית לזה, **מזה** נלמד דגם בחי שייך פליטה, וגם ראיה ברורה מדברי הרא"ש, **ומה** שהקשה עוד, נימא השתא נפל, לק"מ, דמחזקינן איסור מזמן לזמן כו' עב"ד, **אמנם** בס' עיקרי דינים, הביא בשם ת' חקרי לב, דאם נפל עכבר או דבר טמא חי כו', לא מנינן מעל"ע רק משמת, כי עודנו חי אפילו שהה כמה ימים אינו אוסר, ע"ש, וכן הדעת נוטה, וצריך ישוב הקושיא והראיה הנ"ל).

(**עיין** בתשובת חוט השני שכתב, דאם נסתפקו כבר מאותו שומן, יש להתיר הכלים שאין ידוע בוודאי שנשתמש בהם אותו שומן, מטעם ס"ס, שמא לא נשתמש, ואם ת"ל נשתמש, שמא היה ס' בתבשיל נגד השומן שניתן לתוכה, **ועיין** במנחת יעקב שכתב עליו, דאפילו הכלים שידוע שנשתמש בהם מותרים ג"כ, דהא איכא נמי ספק שמא לא היה העכבר כשעירו עליו).

ואם לא עירו עליו - פי' רותח, **או שעירו עליו וידוע שלא היה שם העכבר כשעירו עליו, והשומן בא לפנינו כשהוא קשה וכן נמצא העכבר עליו, סגי ליה בנטילת מקום, ולא מחזקינן איסור שמא היה השומן רך כשנפל שם וכבוש הוי כמבושל, דמותר מכח ספק ספיקא, ספק נפל שם כשהיה**

קשה, ואם תמצא לומר כשהיה רך, שמא נתקשה קודם שיעור כבישה - ‹ואף דהכל הוא כספק אחד, שמא היה כבוש או לא, מ"מ מקילינן בזה, שהרי עיקר הדין הוא ספק - ערוה"ש›.

‹**והא** דבעינן נטילה, הוא חומרא בעלמא משום דמאיס, או דדרך שומן אווזא שלא להיות קשה כ"כ - רעק"א›.

אבל בא לפנינו רך, ליכא אלא חדא ספיקא, שמא היה שם יום שלם, וספק כבוש אסור, כדלקמן ר"ס ק"ה, **וכן** אם ידוע שהיה רך כשנפל העכבר לתוכו, אסרינן מספקא שמא נכבש בו יום שלם, אע"פ שכשבא לפנינו הוא קשה, אא"כ ידעינן בברור שלא היה יום שלם רך אחר שבא העכבר לתוכו, [**ודלא** כאו"ה שמתיר אם בא לפנינו כשהוא קשה, אנו הולכין בתר שעת המציאה, ואפי' שבודאי היה רך בעת האיסור, דשמא נתקשה תוך מעל"ע לנפילת העכבר, **והביא** ראיה ממה דאמרינן, כל הטומאות הולכין אחר שעת מציאתן, **וחולק** עליו בת"ח, דבספק אחד אזלינן לחומרא].

וכן אם ידוע שהיה רך יום שלם ונתקשה אח"כ, ולא ידעינן אי היתה בו העכבר כשהיה רך או לא, אסור.

מיהו בכל זה מותר אי איכא ששים, מה שאין כן בעירה עליו רותח, כל זה העלה בת"ח שם וע"ש.

ובמקום שהשומן מאוס לאכול – [פי' שהוא אסור, דהיינו דלית ביה ששים, וכן העתיק בד"מ בזה הלשון: הואיל והוא אסור לאכילה כו'].

אסור להדליקו ג"כ בבית הכנסת, משום הקריבהו נא לפחתך – [משמע ביש שם ששים מותר בהדלקה ג"כ, וכ"כ ב"י בשם רבינו ירוחם]. ‹והגר"א חולק וכמ"ש הש"ך, וז"ל: ר"ל אפי' אם מותר באכילה›. ‹**ואפשר** הט"ז נמי יודה, כל שמאוס אפילו יותר מס', ופחות מס' אפילו אין מאוס אסור - פמ"ג›.

כתב באו"ה, וה"ה לדידיה נמי אם הוא מאוס עליו, אפילו שאין מאוס לאחרים, אסור לו אפילו בששים וק', אם הוא מאוס עליו עדיין, עכ"ל, וכ"כ בס' אפי רברבי, ‹פי' שאסור לו לאכול כיון שנפשו קצה מזה, חוץ ממה שאסור להדליקו בביהכ"נ, אף שיש ס' - הגהות והערות›.

ובמקום הפסד גדול יש לסמוך אדברי המקילין – [זה קאי על ריש ההג"ה, ויש מחמירין כו', ור"ל במקום הפסד גדול יש להקל בכל המשקין, חוץ משכר וחומץ].

‹**אבל** בלא הפ"מ יש להחמיר בשומן, די"ל דדמי לשכר וחלא, אבל בשאר משקין פסקינן להקל, כך מבואר דעת רמ"א בת"ח - רעק"א›.

סעיף ג - דברים המאוסים, שנפשו של אדם קצה בהם, כנמלים וזבובים ויתושים, שכל אדם בודל מהם למיאוסן, אפילו נתערבו בתבשיל ונמחה גופן לתוכו, אם ההיתר רבה עליו, מותרים - אע"פ שיש בו כזית בכדי אכילת פרס, מותר, כן כתב הרשב"א, **וכ'** הב"י, אע"פ שיש חולקים בשאר נטל"פ, וכמו שנתבאר בסי' ק"ג ס"ב, ‹דכשהגדיל האיסור מדתו של היתר עד שהוא נהנה יותר בגודל המדה מפגימת הטעם, אסור - ערוה"ש›, **נראה** דבדברים הפגומים מעצמם מודים, וטעם גדול יש לחלק ביניהם, וק"ל, עד כאן, ועמ"ש ס"ס ק"א. ‹**דכאן** שהן פגומין ומאוסים לגמרי, לא מתהני כלל, שנפשו קצה בהן - גר"א›.

[**רש"ל פסק להחמיר בזה**, ‹היינו אף ביין ושמן ודבש דעכברא בודאי פוגם, מ"מ אין לדמות זבובים ויתושים לעכבר - רעק"א›, **וכן מו"ח ז"ל מסיק להחמיר, אבל כבר כתב רמ"א בסי' ק"ז ס"ב, שאין לשנות המנהג שנוהגין להקל**].

‹**ומה** שהכריע הט"ז כפסק השו"ע והרמ"א, משמע דמותר בכל משקין, קשה לי, דהא המתירין למדו כן מדין עכבר, והיינו למה דס"ל דעכבר בכל משקין חוץ מחלא ושכרא פוגם, **אבל** למה דנראה מדברי הט"ז {תחילת ס"ב} דמסכים לדעת הרש"ל, דאין להקל בעכבר זולת בג' משקים, א"כ עכ"פ בזבובים ונמלים ג"כ אין להקל יותר, **ואולי** כיון דמצינו דעת המרדכי שהובא בב"י, דזבוב קיל מעכבר, דאף בשכרא אין נ"ט, אף דאנן לא קימ"ל הכי, מ"מ בשאר משקין, דס"ל לכמה פוסקים דעכבר פוגם בהם, סמכינן עלייהו לענין זבוב, **ועדיין** צ"ע - רעק"א›.

הסכים הרב להמחבר וסייעתו ‹להקל›, אבל תימה, דהרי רבו הפוסקים ראשונים ואחרונים לאיסור, **מיהו** במקום הפ"מ או שעת הדחק וכה"ג, נראה להתיר, וכ"פ הב"ח, **מיהו** בחלא ושיכרא לכ"ע אסור, וכמו שנתבאר בס"ס ק"ד - מסי' קז ס"ב.

ומכל מקום כל שאפשר לבדוק ולהעביר במסננת, בודק ומסנן. (מיהו בחלא ושכרא, יש לחוש כמו בעכבר).

סימן קה – דין איסור שנפל לתוך היתר

§ סימן קה – דין איסור שנפל לתוך היתר §

סעיף א- איסור שנשרה עם היתר מעת לעת בצונן, מקרי כבוש, והרי הוא כמבושל ונאסר כולו - ‹ועמ"י דאם תוך מעל"ע שפכו המים ונתנו מים אחרים, אף שהיה מעל"ע בצירוף או יותר, מ"מ בעינן מעת לעת בלי הפסק, כ"כ משם הגאון מהרא"ש שפירא ז"ל, יעוין שם, ובהפסד מרובה ראוי להתיר כה"ג – פמ"ג. {הגהות רעק"א: נ"ב להדיא כ"כ בש"ך בנקה"כ סי' קל"ה ס"ק ט"ז, וז"ל: והדבר פשוט דבכבוש לא הוי במעל"ע בסירוגין, ע"ש}. **ובת'** מעיל צדקה כתב, וכמדומה נוהגים להתיר, אם נלקח החתיכה תוך מעל"ע זמן מועט, אפי' אם החזיר לאותן המים עצמן, כל שלא נשרו מעל"ע בפעם אחת בלי הפסק, ע"ש – רעק"א›.

אבל פחות מכאן, בהדחה סגי.

[באו"ה כתב, דאם נשתהה הבשר בשרייתו מעל"ע, ודאי אף הכלי אסור בדיעבד, וצריך ס' נגד כולו אם הוא של עץ או חרס, דקימ"ל כבוש כמבושל אפי' בכלים, אמנם בשל מתכת אין מצריכין ס' נגדו בדיעבד, כי אם שנאסר ע"י רותחין, אך לכתחילה מותר לשרות בו פעם אחרת, דהא אין שורין הבשר הב' מעל"ע, עכ"ל, וכן כתב עוד, דמאחר דאמרינן כבוש כמבושל, אף בכלי אמרינן שמבעל"ע בלע הכלי, מידי דהוה אחבית דיין נסך דצריך הגעלה, וכן בהיתר ששרוי בכלי של איסור בן יומו, ‹ומפליט מכל דופן הכלי, אף ממה שדבוק עליו מבחוץ, וצ"ע, כ"כ באשל אברהם – רעק"א›, **וכן איסור ששהה בכלי של היתר מעל"ע, שאסור הכל, עכ"ל].**

[ולא אוכל להבין למה יאסר ההיתר בכלי של איסור בן יומו, דהרי האיסור מחמת כבוש הוא אחר שיעור כבישה, שהוא מעל"ע דאז נעשה מבושל, והרי באותה שעה נעשה אינו בן יומו, ואין לו לכלי כח לאסור ההיתר ששרוי בתוכו, ואינו דומה לחבית יין נסך שצריך הגעלה, אע"פ שיש לו זמן רב דהיינו כל י"ב חדש, מפני שטעמו לשבח כשנותן בו יין, אבל באמת שאר משקין מותר ליתן לתוכו, כדאיתא בסי' קל"ז].

ומצאתי בכתיבה יד הרב בגליון האו"ה, שהרגיש בזה, וכתב דמיירי שהאיסור קצת בעין, ולישנא דב"י לא משמע הכי, ועוד דהא בכלל ל' כתב, קערה מודחה, וצ"ע, **שוב** מצאתי בתשובת ר"ל ן' חביב, משמע שם להדיא דשרי, **וגם** בלא"ה הא יש פוסקים דלא הוי כבוש אלא בג' ימים, וגם בלא"ה הרבה פוסקים דלינת לילה פוגמת.

‹**הפר"ח** כתב על דברי הש"ך, אמנם אחר העיון באמת שלא כיוונו יפה, משום דהכבישה היא בסוף מעל"ע, ונותן טעם לפגם לא הוי עד אחר מעל"ע, נמצא דהפליטה של סוף מעל"ע הוא מושבחת וכו', עכ"ל. **והיינו** אם מיד שלקח ממנו התבשיל שנשתמש בו, נתן בתוכו החלב תפל – מחה"ש›.

‹**עיין** במג"א סימן תמ"ז, דכשנתן ההיתר לתוך הכלי תיכף כשהורק האיסור, דאסור, דהבליעה והפגימה באין כאחד. {**אבל** כל זה אינו מספיק, דא"כ צריך להיות דזה יוצא האיסור וזה נכנס ההיתר לתוך כלי בלי שהייה רגע אחת, וזהו אי אפשר לצמצם שלא יתמהמה אפילו רגע אחת – פליתי}, **והחות** יאיר כתב לתרץ קושית הט"ז, דכבוש מעל"ע לא בא הבליעה והפליטה בסוף מעל"ע, רק בהמשך מעל"ע בולע מעט מעט. **וכתב** הכרתי ופלתי בכוונתו, דהיינו כיון שרוב הבליעות בא קודם גמר המעל"ע אסור. **ואין** זה נכון, כיון דהבלוע שקודם מעל"ע אין בו שיעור כדי נתינת טעם, ומה שמשלים לכדי נתינת טעם הוא בא בגמר המעל"ע שהוא לפגם, ומהיכי תיתי יאסר. **והיותר** נראה בכוונתו, דהטעם שבלע הכלי מההיתר בהמשך המעל"ע נעשה נבילה בתוך דופני הכלי, וס"ל דלא שייך סברא דמקושר בכבוש, דדוקא בבישול שייך לומר מקושר, ולא בכבוש, ואחר מעל"ע פולטת הכלי בליעת ההיתר שבלע ונעשה נבילה, שעדיין לא נפגם, ומצטרף לפליטת גוף האיסור שנבלע בכלי קודם שעבר מעל"ע, וס"ל דשני איסורין משם אחד מצטרפין – חוו"ד›.

‹**הבית** הלל ופר"ח תירצו על קושית הט"ז והש"ך, דכלי שעומד עם רוטב לא נפגם טעמו לעולם, ורק כשהוא ריקם נפגם, ולדידהו אתו דברי השו"ע להלכה כפשטיה, **ואף** דכמה אחרונים העתיקו להלכה דברי הט"ז והש"ך, מ"מ אין נראה להקל לכתחלה, **אכן** בשעת הדחק נראה דיש לסמוך להקל גם בזה – ביה"ל סימן תמז›.

[ועל עיקר הדין שכתבו או"ה, דצריך ששים נגד כולו באם נאסר ע"י כבישה מעל"ע, קשה לי, דהא כתב הרשב"א, דהחבית שנאסרה ע"י בלע יין גוי בצונן, אינו אלא מועט, וע"כ סגי ליה בקליפת הכלי להכשיר, ונמצא דעכ"פ אין לומר כבוש כמבושל ממש, דא"כ לא היה סגי בקליפת הכלי להכשירו. ‹**ואף** שהט"ז כאן פקפק ע"ז, מ"מ

להלכה קיי"ל כבוש מעל"ע בכלי מפליט ומבליע בכולו, וכ"כ הש"ך בצ"ח ובקל"ה, דאין ללמוד מיי"נ, ע"ש – פמ"ג›.

[**ולפי הנראה דאין לאסור בדיעבד מה שנשרה או נתבשל** ‹אחר מעל"ע – מחה"ש› **בכלי ששרה בו איסור מעל"ע, אלא לכתחילה כדין נטל"פ, ובנתבשל** ‹היינו תוך מעל"ע – אמרי בינה›, **מותרת מטעם שזכרתי בשם הרשב"א, דבצונן לא הוי בלע אלא מועט, ואין איסור אלא כדי קליפה, ומש"ה מותר בדיעבד, ואפי' למה שהעליתי בסי' צ"א, דבמקום שצריך קליפה יש להצריך ס' נגד הקליפה, מ"מ כאן שהקליפה היא חומרא בעלמא, משום שמא ישתמש בדבר מועט, כמו שזכרתי בסי' צ"ט, ע"כ יש לסמוך בזה על אותה דעה דס"ל, במקום שצריך קליפה שרי בדיעבד בלא קליפה].**

[**גם מ"ש האו"ה לחלק בין כלי עץ וחרס למתכת, איני מכיר חילוק זה, דלא מצינו בשום מקום דמתכת יהיה לו קולא יותר, אדרבה מצינו בסי' קכ"א בטור, דאין חילוק בין מתכת לעץ ואבן, אלא העיקר בזה, דבכל הכלים אין לאסור אותם בדיעבד, ע"י שנשרה בם איסור מעל"ע, כנלענ"ד].** ‹**העיקר** כאו"ה, דבאמת אין ענין כלל כבוש לבישול רק בדברים שעושה פעולה בו, וכן הוא בכלי עץ ועור ואבן או כלי חרס, דבולע בקל, אבל כלי מתכת אין לו ענין לכבישה כלל – יד יהודה›.

‹**עיין** בתשובת שבות יעקב שכתב, בחלב שנפל תוך כד שמן זית, והרגישו בו אחר שעה או שתים, ולא היה ששים בשמן נגד החלב, דלכאורה פשוט להתיר, דצונן בצונן לא בלע, **אכן** דעת התוספות בע"ז, דשמן זית בולע ופולט אף בצונן לפי שהוא עז וחריף, ואף שיש לדחות דבריהם, מ"מ אין להקל נגד דעת התוס' אם לא במקום צורך או הפ"מ, **ועיין** בספר באר יעקב שהעלה להתיר אף בלא הפ"מ ובלא עת הצורך, **וחכם** א' חולק עליו, ודעתו במקום הפ"מ צ"ע אם יש להתיר, ומ"מ כתב דדוקא בנדון דשבו"י הנ"ל, שנפל דבר טמא בשמן זית צונן, אבל אם שהה שמן זית בכלי איסור פחות ממעל"ע, יש להתיר, ע"ש טעמו, **והוא** ז"ל חזר והשיב לו להעמיד דבריו, דאף בנדון דשבו"י הנ"ל פשוט להתיר, אף בלי הפסד קצת, כביעתא בכותחא›.

הגה: וכל מקום דאמרינן כבוש כמבושל, אפילו מה שחוץ לכבישה אסור, דעל ידי הכבישה שלמטה מפעפע למעלה, כמו בבישול. ויש מקילין במה שבחוץ - לציר, ומדברי הרב בת"ח נראה שכן עיקר, ואפילו חתיכה דהיתר שבתוך הציר שמן, **ואף** דאסרינן בשר שנמלח בכלי שאינו מנוקב, אפי' מה שחוץ לציר, הא נתבאר הטעם, משום דכיון שנמלח בכלי שאינו מנוקב, פירש הדם ממקום למקום, **אבל** ודאי אי הוה האיסור שמן, אף מה שחוץ לציר אסור.

‹**זה** תמוה, דלענין כבישה מה שלמעלה מהמים, מה בכך שהוא שמן, **ובציר**, אף בפחות מכבישת ציר אסור בשמן, דהציר יש בו דין מלוח דאוסר בשמן בכולו, ופשוט – רעק"א›.

ולפ"ז היה נראה לכאורה, לאסור לדידן מה שחוץ לכבישה, כיון דאנן לא מחלקינן בין כחוש לשמן, כדלקמן ס"ה וס"ט בהג"ה, **אלא** שא"כ לא ה"ל להרב לכתוב כאן סברא להקל, כיון דלדידן לכ"ע אסור, ומכ"ש שלא ה"ל לתפוש בת"ח שם סברת המקילין עיקר, **לכך** נראה, דאע"ג דלא מחלקינן בין כחוש לשמן, היינו במליחה וצלייה וכה"ג, אבל כולי האי לא נחמיר.

‹**אכן** המנחת יעקב כתב, שכל זה שדחק הש"ך, גרם לו לפי שבתחילת דבריו נקט "ויש מקילין במה שחוץ לציר וכו'", **אבל** האמת דלא מיירי כאן מציר כלל, ובאמת דבציר אף מה שחוץ לציר אף בכחוש אסור, שטבע המלח להוליך בכל החתיכה, **אבל** בדבר אחר, בין בכחוש בין בשמן מה שחוץ לציר מותר, דאין הולך חוץ לציר כלל – מחה"ש›.

וספק כבוש, אסור – [פי' שאנו רואים שנכבש, רק שיש ספק אם נכבש יום שלם, **ונראה דמדמה זו לספק אם היה ס' נגד האיסור שנשפך בסי' צ"ח, אלא דצ"ע, דשאני התם שהאיסור הוא ברור, אלא שהשפיכה היא ספק, משא"כ כאן, ויש ראיה ברורה להתיר מסי' ר"א סעיף ס"ה, במקוה שלא הוחזק להיות מימיו מתמעטים, א"צ לחזור ולטבול מן הדין, וא"כ ק"ו לכאן, דמה התם שיש ודאי טמא, אפ"ה אזלינן לקולא מחמת חזקת המקוה, ק"ו כאן דאין כאן רק חזקה טובה למוקמי אחזקת כשרות דבתחילה, דלא נחזיק ריעותא מספק].**

‹**ק"ו** פריכא הוא, דהתם העמד מקוה על חזקתו והרי שלם בפנינו, **אבל** הכא איתרע ליה חזקת כשרות דידיה, כיון דנשרה בו, וכ"כ באו"ה בהדיא, דהכא כבר איתרע ליה חזקתו - נקה"כ›.

(**ועיין** בכו"פ שדעתו כהט"ז, דדוקא בספק שיש כאן ב' חתיכות, אחת נכבש מעל"ע, וא' בפחות, ולא ידעינן מי הוא הנכבש מעל"ע, זהו דספיקו אסור, **אבל** אם יש ספק אם מונח כבוש מעל"ע או פחות, יש להקל, דאוקמינן בחזקת כשרות, **ועיין** בשו"ת ת"י שהשיג עליו, דהעיקר כדעת רמ"א ע"ש).

(**ועיין** בתשובת פרי תבואה, על אודות באר המים אשר חפר עובד כוכבים א', ונפל לתוך המים ומת, ויש ספק אם נכבש בתוכו מעל"ע, **וצידד** להקל, כיון דאין כאן רק ספק כבוש, ואין כאן רק איסור עשה, וגם דאיכא לספוקי שמא הוא נ"ט לפגם, ע"ש).

(**ועיין** בתשובת נו"ב שהעלה, דהא דכבוש כמבושל, אינו כלל לכל הדברים, אלא דוקא אותם המפורשים במשניות דשביעית ותרומות, וכן בשר טבעו להיות נותן טעם בכבוש, **אבל** יש דברים שאין טבעם לבלוע בכבוש, ומשום הכי אותם המינים שאין מפורשים שנאסרים בכבוש, דאיכא למימר שמא אין טבעם לבלוע בכבוש, יש מקום להקל בספק כבוש, עיין שם באריכות).

מלבד בבשר עם חלב דאזלינן לקולא, דמן התורה אינו אסור רק בבישול ממש - (עח"ד שכ', מיהו לבשלן אסור, דנגד לבשלן הוי ספק דאורייתא, **אכן** בתש' מנחת עני הסכים להוראת הרב המורה שם, להתיר לכתחלה לבשל בספק כבוש, שהספק הוא אם נכבש מעל"ע, והיינו ע"פ דברי הט"ז שהתיר גם בשאר איסורים מטעם חזקה קמייתא, ושגם הפר"ח ונה"כ לא השיגו עליו בעיקר הדין, רק על הראיה שהביא ממקוה, **ומסיים** שגם הח"ד שאוסר בבישול, היינו בודאי כבוש, והספק הוא בב' חתיכות, דלא שייך לומר אוקי אחזקה, אבל בחתיכה א' וספק מעל"ע, שרי אפי' בבישול, ע"ש היטב וצ"ע).

‹**ומ"מ** אסור לבשלו דהוי ספק דאורייתא, **ויש** לעיין אם מותר להוסיף עד ס' ולבשלו, כיון דעתה היתר הוא לאכלו כך, י"ל דלא הוי בכלל מבטל איסור לכתחילה, וגם דהוי רק ספק איסור, ועיין בפמ"ג בט"ז – רעק"א›.

ואם הוא כבוש בתוך ציר או בתוך חומץ, אם שהה כדי שיתננו על האור וירתיח ויתחיל להתבשל, הרי הוא כמבושל - דעת המחבר כהרא"ש, לחלק בין ציר ושאר דברים, דבציר לא בעינן שישהה מע"ל, דמחמת רתיחת המלח די כשישהה כדי שיתננו על האור ויתחיל להרתיח, והשוה דין חומץ לציר.

ותימה דהרי הרא"ש עצמו כ', דאף בחומץ בעינן יום שלם, ומביאו ב"י בר"ס זה, **אלא** ודאי ל"ד חומץ לציר, דציר שאנו אוסרים בשביל כח המלח שיש בו, די בשיעור כדי שיתננו על האש וירתיח, משום דמליח ה"ה כרותח, וכמבואר בהרא"ש, משא"כ בחומץ, **וגם** המחבר גופיה כ' בר"ס ק"ד, לפיכך אם נפל לשכר או לחומץ בצונן והסירו שלם, אם לא שהה בתוכו מע"ל מותר, וצ"ע, ‹**אכן** המ"א באו"ח סי' תמ"ז מחלק, בין חומץ יין שהוא חזק וחריף יש לו דין ציר, אבל חומץ שכר יש לו דין שאר משקין, וה"ה חומץ יין שאינו חזק יש לו דין שאר משקין – מחה"ש›, **גם** בדרישה השיא דעת הרא"ש לדעת אחרת שאינה נכונה, מפני שרצה ליישב מ"ש הגה"מ בשם הרא"ש, דכי אמרי' כבוש כמבושל, ה"מ בחומץ וציר כדפרש"י, ע"כ, **ואין** זה צריך ישוב, שבלתי ספק שהגה"מ לא כוונו להרא"ש זה, רק כוונו להרא"ש אחר, כגון הרא"ש מפליז"א או הרא"ש מלוני"ל, שדרך הגה"מ ומרדכי להביאם, **אלא** נראה כדעת הרא"ש והטור וב"י, דחומץ שוה בזה לשאר משקין.

ובפחות משיעור זה, לא נאסר אלא כדי קליפה. (וע"ל סימן ע' מדין בשר שנפל לציר) - גם הרב מודה לזה, דלא הוי כבישה בפחות משיעור זה, וכדכתב נמי בד"מ, **מיהו** עכ"פ מליח כרותח הוי מיד לאסור כולו, כמ"ש בת"ח, ובס"ס ע' בהג"ה, **ונ"מ** דהיכא דנשרה בציר של היתר, איסור דרבנן והיתר כחושים ממש, דבמליחה אף להרב אינו אוסר רק כדי קליפה, ובנכבש כשיעור שיתננו על האש וירתיח, אוסר כולו, ודוק.

‹**בט"ז** וש"ך בסימן ס"ט מבואר, דלהפליט מכלי אין מפליט כדי שירתיח, ודוקא מעל"ע, דלא כפרישה שם, **ונסתפקנו** שם אי להבליע בכלי כדי שירתיח מהו, דמש"ך שם הטעם, דכדי שירתיח דינו כמליח דאין מפליט מכלי, ולפ"ז להבליע שפיר מבליע, **ולט"ז** שם משמע דכבוש כדי שירתיח אין מועיל בכלי, משמע אף להבליע – פמ"ג›.

סעיף ב - חום של כלי ראשון שהיד סולדת בו, מבשל ואוסר כולו - וכל חום היינו דוקא כשהיד סולדת בו, אבל אין היד סולדת בו, אפי' הוא כלי

ראשון שעומד על האש, אינו אוסר כלל, וכ"פ הפוסקים ראשונים ואחרונים בדוכתי טובי, (וכן דעת הט"ז - רעק"א), **וכ"כ** מהרש"ל אלא שאח"כ כתב, אלא דמסתפינא להקל בכלי ראשון שעומד על האש, כל זמן שהוא חם אפי' אין היד סולדת בו, דעשו הרחקה לכלי ראשון כדאיתא בירושלמי כו', **ולא** ירדתי לסוף דעתו, דהרי בירושלמי פרק כירה איתא, דעשו הרחקה לכלי ראשון שאין היד שולטת בו, והיינו שאין להיד שליטה בו, דהיינו היד סולדת בו, אבל כשהיד שולטת בו, מוכח התם בירושלמי להדיא דשרי לכ"ע, וכן הסכמת הפוסקים, **וכ"כ** בת"ח, אלא דבכלל כ"ג פסק כהרשב"א וטור, דצונן לתוך חם שאין היד סולדת בו צריך קליפה, **וצריך** לומר דסבירא ליה, דאע"פ שאין היד סולדת בו, מבליע כדי קליפה, **וכן** יש להחמיר, (אף כשהוסר מן האש, פמ"ג - בדי השלחן), אע"פ דמדברי שאר הפוסקים לא נראה כן, **ודו"ק**.

(**עי'** ש"ך שחולק על מהרש"ל, שמחמיר אף שאין היד סולדת בו, **ועי'** בתשובת ב"י שפסק כדעת מהרש"ל, משום דבירושלמי משמע כוותיה, דאי כפירוש הש"ך בדברי הירושלמי, קשה, הא מדינא הכי הוא ולא משום הרחקה, ובעל ש"ך בעצמו הודה לו, ע"ש, **ועיין** בתשובת תשואת חן שהאריך בזה, והעלה ג"כ לענין דינא להחמיר כדעת רש"ל באין הפ"מ, אבל באין עומד אצל אש, אין להחמיר כלל).

(**עיין** בספר בכור שור שכתב, דכיון דאנן לא בקיאין בשיעור שכריסו של תינוק נכוה, לכן עכ"פ במידי דאורייתא ראוי להחמיר בכלי ראשון, עד שיצא הספק מלבו שאין בו חום הנזכר, ואפילו בדרבנן צריך חקירה ע"ז, **ודלא** כמנהג העולם לשער בזמן שא"א להחזיק בו היד מחמת חום מקרי יס"ב ולא זולת, דליתא, ע"ש).

אבל חום של כלי שני אינו מבשל. ויש אומרים שגם כן אינו מפליט ולא מבליע. וי"א דמכל מקום הוא מפליט ומבליע, ואוסר כדי קליפה. וראוי לחוש ליזהר בדבר לכתחלה - פי' אפי' הוא דבר שדרכו להדיחו אח"כ, דאז מותר להניחו ע"ג איסור צונן כדלעיל ר"ס צ"א, מ"מ הכא יש ליזהר לכתחלה בדבר זה, **(ועיי"ל סי' ס"ח סעיף י"ג).**

אבל בדיעבד מותר בלא קליפה, ובהדחה בעלמא סגי. (ועיין לעיל סימן ס"ח ל"ג ול"ה נתבארו דיני כלי שני ועירוי).

(**וכלים** ששמשו בחמין של כלי שני הוי כלכתחילה, דיש להם תקנה בהגעלה, וכלי חרס מותר - רעק"א).

ובספרי הארכתי בדיני עירוי וכלי שני, וכאן אכתוב בתכלית הקצור מה שנוגע בשרשי הדין, דעת רשב"ם, דעירוי ככלי שני ואינו מבשל, ומ"מ עירוי מבליע כדי קליפה, כגון אם עירה איסור רותח על היתר, או חלב על גבי בשר, אוסר כדי קליפה, אלא דאינו מפליט ומבליע כאחד, ולכך מותר לערות על התרנגולת למולגה, **וגם** מוכח דעת רשב"ם, דכלי שני אינו מבליע כלל אפילו כדי קליפה, **ודעת** ר"ת שהביאו כל הנך פוסקים, דעירוי מבשל כדי קליפה כמו כלי ראשון, **וכמו** שאינו מבשל בכולו, כך אינו מבליע בכולו, **ודלא** כמהרש"ל שכתב, דלר"ת שהביא הרא"ש, מבליע בכולו, **ובפרישה** כתב, דלר"ת שהביא הרא"ש, מבשל בכולו, והוא תמוה, **ומוכח** נמי דעת ר"ת דלעיל, דכלי שני אינו מבליע כדי קליפה, **ודלא** כמ"ש מהרש"ל, דלסמ"ג אפי' כלי חרס בולע בכלי שני, וכ"ש דבר מאכל, **וכן** דעת הרבה פוסקים ראשונים ואחרונים, דכלי שני אינו מבליע כלל, וכן פסק הרב בת"ח, **ותימה**, דבהג"ה בא"ח ר"ס תנ"א משמע, דסובר דכלי חרס שנשתמש בו חמץ בכלי שני אסור, ואולי משום חומרא דחמץ נגע ביה, **ומ"מ** יש להחמיר ולאסור בכלי חרס במקום שאין הפסד כל כך, בשגם שהרמב"ן והרשב"א סוברים, דאפילו בכלי נחושת מבליע, וגם יש פוסקים דאע"ג דכלי שני אינו מבליע ומפליט, אבל בכלי חרס מבליע, וכן בדבר מאכל יש לקלוף במקום שאין הפסד כ"כ, **אבל** על כל פנים אין לאסור כולו בכלי שני, וכן מהרש"ל לא כתב דמבליע אלא כדי קליפה, **ותימה** על מ"ש בספרו לאסור כולו, **ובב"ח** בסי' זה מחמיר ביותר, דכלי שני מפליט ומבליע כאחד, ואוסר כולו, והוא תמוה.

ואנן קי"ל לחומרא, דעירוי דכלי ראשון מבשל כדי קליפה, והלכך לענין שבת ובשר בחלב, אסור, **ואפי'** בעירוי שנפסק הקלוח, מבליע מיהא כ"ק לכ"ע.

[**ורש"ל כתב וז"ל**, לפסק הלכה נהי דכלי שני אינו מבשל, אפי' יסל"ב, וגם אינו מפליט ומבליע כאחד, כגון

דבר איסור שנאסר כבר ודבר היתר שבאו בכלי שני, אין נאסרין זה מזה, אבל בדבר איסור שנפל בכלי שני של היתר, או היתר לאיסור, שפיר בולע ואוסר עד כולו, מאחר שהיסל"ב, כמו בכלי ראשון, וכ"ש בערוי, עכ"ל, וכן פי' ב"י דברי הטור, **ולפי"ז** כל החומרות שנזכרו בסי' צ"ד מענין בן יומו, הוה ג"כ בכלי שני, ולא כמ"ש הרמ"א שם ריש הסי' על שם או"ה, אם הכף בן יומו, שהיינו ששמשו בו תוך מעל"ע בכלי ראשון, **ולענין** מעשה יש לפסוק לחומרא כדעת רש"ל, בפרט שהטור ס"ל ג"כ הכי, **רק** במקום הפסד גדול ודבר חשוב, יש לסמוך על ב"י ורמ"א בס"ג **כאן**, להקל בדיעבד בכלי שני, דאינו מפליט ומבליע כלל, **אפי'** היסל"ב, **ואם** אין היסל"ב א"צ רק הדחה, כנלענ"ד].

כבר השגתי בש"ך על מהרש"ל בזה, וכתבתי שם בקצרה, ולפי שהוא נמשך לדעת מהרש"ל, לכן אחזור להתעורר ולהראות בראיות ברורות, דכלי שני אינו מבליע בכולו, **דהא** ודאי כ"ע מודו, דערוי אפי' נפסק הקילוח, עדיף מכלי שני, וכדאיתא בפוסקים בכמה דוכתי, ואפי' ערוי שלא נפסק הקילוח, ס"ל לרשב"ם ולר"ת ושאר הרבה פוסקים, דאינו מבליע יותר מכדי קליפה, **שהרי** הרשב"ם והעומדים בשטתו הביאו ראיה דערוי ככ"ש, מהך דפרק כיצד צולין, דחם לתוך צונן קולף משום דתתאה גבר, אלמא ערוי ככ"ש ואינו מבשל, **ור"ת** והעומדים בשטתו מתרצים דהך דפרק כ"צ, כיון דקולף י"ל דמבשל כדי קליפה, **א"כ** לכ"ע הך דפרק כ"צ מיירי בערוי ממש, ואפ"ה אינו מבליע בכולו, וא"כ כ"ש כלי שני, **ואפי'** לקצת פוסקים דמתרצים הך דפרק כ"צ, בנפסק הקילוח, מ"מ מוכח דבנפסק הקילוח אינו מבליע רק כ"ק, ופשיטא דכ"ש גרע מנפסק הקילוח, א"כ מוכח מהש"ס וכל הפוסקים, דעכ"פ אין כ"ש מבליע בכולו, **ותו** דדעת הרבה הפוסקים, דכלי שני אינו מבליע כלל, ולכו"ע מיהו אינו מבליע בכולו, **שהרי** הרשב"ם וכל הפוסקים העומדים בשטתו, מפרשים הך דפרק כ"צ בערוי ממש, וס"ל דערוי ככלי שני, א"כ מוכח דבכ"ש אפי' קליפה לא בעי, דע"כ לא בעי התם בפרק כ"צ קליפה, משום דאדמוקיר ליה א"א דלא בלע פורתא, וכדקאמר בש"ס התם, אבל כשעירהו לכלי שני, שכבר נצטנן, לא צריך תו אפי' קליפה, **וא"כ** אפי' לר"ת והעומדים בשטתו, לא אשכחן דפליגי בהא ארשב"ם, דכלי שני אפי' קליפה א"צ, **ותו** דהרי גם ר"ת מפרש הך דפרק כ"צ בערוי ממש, וס"ל דתתאה גבר, אלא דאדמוקיר ליה בלע ומבשל כ"ק, א"כ כשעירהו לכ"ש שנצטנן כבר, תו לא מבליע כלל, דאל"כ לא ה"ל לש"ס למימר אדמוקיר ליה א"א דלא בלע פורתא - נקה"כ.

וגם מהרש"ל גופיה כתב בתשובה, דכ"ש אינו מבליע אלא כ"ק, ומ"ש בספרו הוא תמוה, **והארכתי** בזה אף שהוא דבר פשוט לפענ"ד, להוציא מלב המחבר הזה, שנמשך אחר דברי מהרש"ל שבספרו, לא השגיח שדבריו תמוהים, והם נגד כל הפוסקים, וסותרים זא"ז - נקה"כ.

‹**וליישב** זה אני אומר עם מ"ש יש"ש והש"ך הביאו באות יו"ד, דבכלי לא שייך תתאה גבר, שאין לו פליטה מגופו ואין מקרר העליון, **והשתא** אתי שפיר, דוודאי ב' דברים של מאכל אחד קר ואחד חם, ונפל לתוך כלי צונן ובתוכו מאכל צונן, אין נאסרים זה מזה כי אם כ"ק, אדמיקר ליה בלע ולא יותר, **משא"כ** כשעירו מכ"ר מאכל לכלי קר ואח"כ שהה קצת, זהו הנקרא אחרי כן כלי שני, מ"מ הכלי קר אין בו כח להתקרר למאכל לפי שיטת רש"ל, וכאמור דלא כהר"ב בהג"ה לקמן סעיף ג', ונתחמם הכל, וכיון שכן אם נפל תו איסור או היתר לתוכו, אוסר כולו בכלי שני שהיד סולדת בו, כיון שהתחתון חם אף עליון קר - פמ"ג›.

(**לשון** בעל הלכות גדולות ז"ל, והיכא דאשתלי וחלב חלבא בגו כסא, מחוור ליה במיא קרירי ושפיר דמי למיכל בי' בשרא, מ"ט דחלבא אפילו בשעתא דחלבין ליה צונן הוא, **וכן** היכא דשדא כמכא דחלבא, פי' כותח, בכסא, ואע"ג דכמכא מליח הוא, כי אמרינן מליח כרותח היכא דאין נאכל מחמת מלחו, אבל נאכל מחמת מלחו לא, עכ"ל - מגליון ש"ע של הרב הגאון מו"ה בצלאל הכהן זצ"ל מ"ץ דפה ק"ק ווילנא).

סעיף ג- נפל איסור חם לתוך היתר חם דכלי ראשון, או אפילו איסור צונן לתוך היתר חם, הכל אסור, דתתאה גבר על העליון ומחממו עד שמפליט בתחתון - היינו בדבר של רוטב, או בצלי שמן וכה"ג, משא"כ בכחוש לדעת הט"ז, ולדידן בכל ענין אסור.

(**עיין** בספר חמודי דניאל שכתב, דאינו נאסר תיכף אם סילק מיד, אלא אם כן שהה קצת, כמ"ש בסימן צ"ב ס"ב, אם ניער וכיסה מיד מותר, ומה לי ניער וכיסה או סילק האיסור).

ואין צריך לומר דהיתר צונן לתוך איסור חם, שהכל אסור. אבל אם העליון חם והתחתון צונן, אינו אוסר אלא כדי קליפה, אפילו אם העליון החם איסור.

הגה: וכל זה לא איירי אלא בחום כלי ראשון, כגון מיד שהסירו מן האש מניחו עם ההיתר. אבל אם כבר מונח בכלי שני, ואחר כך מניח ההיתר אצלו או עליו, אינו אוסר כלל, דכלי שני אינו אוסר, כמו שנתבאר - דוקא אם כבר מונח בכלי שני, אבל הניח דבר איסור בקערה של היתר, הקערה צריך קליפה, וכן אם הניח דבר היתר בקערה של איסור, ההיתר צריך קליפה, דהוי כמו עירוי, כ"כ בד"מ, וכן משמע מדבריו כאן בהג"ה.

ודעת מהרש"ל, דבדבר גוש כגון חתיכת בשר או דג או אורז או דוחן, דמעריין חם מן הקדרה, אם היד סולדת בו דינו לעולם ככלי ראשון, **ואין** בידי להכריע, רק נ"ל כיון דהתוס' פרק כירה כתבו הטעם לחלק בין כלי ראשון לכלי שני, דכלי ראשון כיון שעמד על האור דופנותיו חמין, ומחזיק חומו זמן מרובה, א"כ נראה דהכל תלוי בדפנות, א"כ דבר גוש נמי כיון דמיקרי יבש לא שייך בו דפנות, **וכ"כ** באו"ה, דבדבר יבש ליכא דפנות המקררות, ומבשל לעולם כל זמן שהיד סולדת בו, ע"ש, **וכן** משמע לכאורה בסוף ש"ד בדיני זבוב ובאו"ה בשם המרדכי, במה שכתבו שם, דאם עירה תבשיל עם זבוב לקערה, ונפל שם הזבוב תחלה, דנאסר הקערה כדי קליפה כדין חם לתוך צונן, דאין שייך לזבוב היוצא מן הרותח להיות ככלי שני, עכ"ל, וכמו שפירש מהרש"ל שם, **אף** על פי שמצאתי כתיבת יד הרב בגליון האו"ה שכתב וז"ל, נ"ל דמטעם עירוי קאמר, מאחר דהזבוב נתערב עם התבשיל מקרי עדיין כלי ראשון כשאר עירוי האוסר כדי קליפה, אבל בלא זו אין לחלק בין זבוב לשאר עירוי, עכ"ל, **הרב** לטעמיה כאן בהג"ה ולעיל סי' צ"ד ס"ד אזיל לטעמיה, וכן כתב בת"ח, שהמנהג פשוט כשאוכלים בשר שהוא בקערה עם סכין חולבת דאין אוסרים כו', **אבל** פשטא דלישנא דש"ד ופוסקים הנ"ל משמעין כמהרש"ל, וכן משמע לכאורה מדברי הב"י ר"ס ק"ז, וכמו שכתב הפרישה לשם בהדיא ע"ש, **והרב** בד"מ כתב דבסי' ק"ז נמי מטעם עירוי אתינן עלה, ודחה דברי מהרש"ל באין ראיות מוכרחות, וצ"ע, **מיהו** ודאי באורז ודוחן אם הוא צלול ונשפך כעין רוטב, נראה דיש לסמוך אדברי הרב, וכן משמע באו"ה שם, דדוקא בדבר יבש לא שייך כלי שני, **ואולי** גם מהרש"ל לא קאמר אלא באורז ודוחן שאינם צלולים, וכן משמע מדבריו שם, **והב"ח** כתב ג"כ בזה סברות מלבו, ואינן מוכרחות, והנלפע"ד כתבתי.

ואם הניחם זה אצל זה, אם שניהם חמים מחום כלי ראשון, הכל אסור - ‹דאין אנו בקיאין בין כחוש לשמן - גליון מהרש"א›. **ואם האחד צונן, ההיתר צריך קליפה במקום שנגע** - ובשר וגבינה שנגעו זא"ז וא' מהם צונן, שניהם צריכין קליפה, וכן משמע באו"ה שם ופשוט, [ה"ה בבב"ח הוה כן, **דהצונן צריך קליפה, כ"כ באו"ה**], ‹**ויש** מחלוקת אחרונים, אי בא הט"ז לחלוק על הש"ך, או מה דכתב דהצונן צריך קליפה, הוה לאו דוקא - אמרי בינה›.

ומהרש"ל כתב, דאם האיסור חם, נראה פשוט לדברי הסמ"ק שמחלק בין חום האור למליחה, שכולו אסור, [**כמו במליחה, ואם ההיתר חם והאיסור קר ומונחים זה אצל זה, צריך קליפה**], **ואני** תמה, דהרי הסמ"ק כתב וז"ל, בפרק דם חטאת אמרינן, חתיכה בחתיכה רקיק ברקיק יקלוף את מקומו, תימא דמ"ש מחם לתוך חם דמיתסר כו', ושמא י"ל התם גבי חם מיירי זה ע"ג זה, והתם גבי רקיק מיירי בזה בצד זה, עכ"ל, **אלמא** דאפי' בשניהם חמים מתיר בקליפה. ‹כתב המ"י, דהרש"ל ה"ק, לפי טעם הסמ"ק דמחלק בין מליחה דלא אמרינן ביה תתאה גבר, דדין א' קר וא' חם יש לו, א"כ לדידן בצלי נמי, כל שמונחין זה אצל זה אין הא' מתגבר על חבירו, והחם מבליע בקר, ולא כסמ"ק, דאילו להסמ"ק אף בשניהם חמים כו', ונכון הוא - פמ"ג›.

[**ונראה** **דבמקום שאין הפסד מרובה, יש להחמיר כמהרש"ל, דהא אף במליחה פסק רמ"א כן בסימן זה בס"י**]. ‹**דעת** רמ"א דמיקל בנוגעים אף בטמא חם, ע"כ דס"ל דאין לדמות למליחה, א"כ דינא דהכא לא תליא כלל בהפסקא דרמ"א סי' ק"ה ס"י - רעק"א סי' צ"ב ס"ז›.

‹**ומצאתי** בחי' הר"ן כתב להדיא, דבנוגעים זה אצל זה אינו בכלל עילאי ותתאי לאסור הכל לכו"ע - רעק"א›.

איסור שהניחו בכלי היתר או להיפך, אמרינן ביה גם כן דין תתאה גבר, כמו בב' חתיכות -

זה דעת האו"ה, וכ"כ הרשב"א, **ומהרש"ל** חלק ע"ז וז"ל, נראה בעיני דליתא להאי סברא כלל, מאחר שהוכחתי מכל הגדולים דס"ל, דבקערה שהיא בת יומא אוסרת דבר חם בלא רוטב, מאחר שאין בה פליטה מגופה, ממילא דלא שייך נמי למימר גבי קערה או כף עילאה גבר או תתאה גבר, כי אם בשני מיני אוכלים שטבען להיות חם וקר, **משא"כ** כלי שאינו טבע בכך, א"כ חם שאצלו מפליט ובולע, וא"כ כל זמן שהוא חם שהיד סולדת בו אוסרת, וגם נאסרה מגוף האיסור בכלי היכא דליכא ששים, לפי מאי דקי"ל דחום הצלי וחום הבישול הכל בששים, עכ"ל, **ובש"ס** פ' כ"צ, גבי נטף מרוטבו, לא משמע לכאורה כן, והכי מוכח להדיא בתוס' והרא"ש, **וגם** הרשב"א ואו"ה והרב גופייהו נמי ס"ל הכי, דכלי אוסר דבר חם בלא רוטב, א"ו לא תלי בהכי מידי, דנהי דאוסר דבר חם בלא רוטב, היינו היכא ששניהם חמים, או התחתון חם, לאסור כדי נטילה, ולדידן כולו, א"נ העליון חם לאסור כדי קליפה, לאפוקי אם לא היה אוסרת בלא רוטב, דלא היה צריך לא נטילה ולא קליפה, **ומהרש"ל** שתלה זה בזה, לא ידעתי מה ענין זה לזה, גם תמהני עליו, דהא איהו גופיה פסק, דאם נתן רותח גמור כרוטב רותח בקערה שמלח בה בשר, סגי בששים נגד קליפתה, ואי תימא דלא שייך בכלי תתאה גבר, נבעי ששים נגד כולה, דהא ס"ל דכל הכלי נאסר במליחה, וצ"ע.

‹**ואם** הניח כלי קר על איסור חם, לא אמרינן תתאה גבר, ויאסר כל הכלי מהמאכל איסור, או שיאסור המאכל כולו מהכלי איסור, אם המאכל יש בו רטיבות קצת, דהא אפי' בתחב כף לתוך קדירה, משערין רק נגד מה שתחב – רעק"א›.

ועיין לעיל סימן צ"ד אם חתך בשר בסכין חולבת.

אסור לערות מכלי שיש בו שומן כשר לנר דולק שיש בו חלב או שומן איסור – [הוא הטעם באו"ה, דתתאה גבר ומחברו בנצוק]. **משום** דההבל עולה מהנר למעלה, כן מוכח הטעם מהרא"י שהביא המרדכי. ‹**ומהרא"י** כתב שלא היה לפני האו"ה דברי המרדכי, אבל ודאי הטעם אינו משום נצוק, דנצוק אינו חבור לענין איסורי נותני טעם, דדוקא לענין יין נסך וטומאה דתליא בנגיעה, חשבינן לנצוק חבור, משא"כ לענין שאר איסורים, עכ"ל. **ובאמת** המעיין במרדכי שהוציא דין זה מפ"ה דמכשירין, ופי' שם הרמב"ם הטעם משום נצוק, ע"כ צ"ל דהטעם דמרדכי הוא ג"כ משום נצוק, ואף דקי"ל נצוק אינו חבור כמ"ש מהרא"י, היינו דוקא שלא לאסור בדיעבד, אבל לכתחילה יש לחוש וליזהר – מנחת יעקב›.

‹**ויראה** לי לפרש דאין כאן מחלוקת, דטעמא במערה מצונן לחם, שהבל התחתון עולה עם הנצוק, כיון דתתאה גבר מחמם לעליון להנצוק, וגם למה שבכלי העליון קצת, ותו הוה ליה זיעת המשקה האסור כמשקה, **משא"כ** אי לא היה תתאה גבר והיה הנצוק קר, לא היה כח בענני התחתון לעלות למעלה, ולא נאסר משקה העליונה, **אלא** כיון שהתחתון גובר, הנצוק חם, ויש כח בענני התחתון לעלות, והבל וענן הוה כמשקה, ופי' הט"ז והש"ך אחד היא – פמ"ג›.

ובדיעבד אין לחוש.

[**וכתב** בד"מ, דהמערה שומן איסור חם לתוך שומן היתר קר, אוסר, לפי שמתוך החמימות נמס כולו, והוכיח זה מדין עכבר שנפל לשומן שנזכר לעיל בסי' ק"ד, דאסור אפי' נמצא העכבר בשולי הכלי].

סעיף ד - במה דברים אמורים, כשנפל לתוך התבשיל, מפני שהרוטב מוליך פליטת האיסור ומערבו בכל התבשיל. אבל איסור, בין חם בין קר, שנפל על הצלי שאצל האש, אינו אוסר אלא כדי נטילה, שהוא כעובי רוחב אצבע.

[**בש"ד** לא מחלק בין חם ע"י בישול או ע"י צלייה, ובתרווייהו אוסר הכל, **וכתב** רש"ל שכן עיקר, ואפי' לדברי הטור שמחלק כאן, כתב רש"ל שם שראוי לנו להחמיר, מאחר שהוא מודה בשמינה שהיא מפעפעת בכולה, ואין אנו בקיאים איזה שמינה, דשמא היא שמינה בפנים, **ולא** כמו שהעתיק בת"ח להקל כדברי הטור, ע"כ, **וכאן** בהג"ה בסמוך פסק רמ"א עצמו להחמיר].

לפיכך ירך שצלאו בגידו - פי' דשמנו של גיד אוסר מדרבנן, דאילו גופו של גיד אינו אלא כעץ בעלמא,

או חתיכת איסור שצלאה עם חתיכת היתר ונוגע זה בזה, צריך להסיר כדי נטילה סביב הגיד, וכן מן החתיכה מקום שנגעה בחתיכת

איסור - והרב בת"ח כתב, דירך שנצלה עם שמנו של גיד, צריך קליפה, **וצ"ל** דלאו דוקא נקט, אלא אה"נ דבעי נטילה, ומפני כך סתם כאן כדברי המחבר, **א"נ** כאן ל"ד, **מיהו** היינו לעיקר דינא, אבל לפי המנהג דעת הרב דבמקום שאין הפסד קצת, אף בכה"ג יש להצריך ששים, אפי' במליחה, וכמו שיתבאר בס"ט, וכ"ש בצלי.

וכן אם נפל איסור על חתיכה שבקדרה שהיא חוץ לרוטב, ולא ניער הקדרה ולא כיסה אותה, אינו אוסר אלא כדי נטילה - ‹ואם הניח גבינה חמה על בשר חם, אינו אוסר רק כדי קליפה [לעיל ס"ס צ"ד] – רעק"א.

אבל אם היא ברוטב, לרש"י [כולה, ולר"י] אפילו מקצתה, או אפילו כולה חוץ לרוטב, וניער או כיסה הקדרה, הרוטב מפעפע הטעם ומערבו ונכנס בכולו.

סעיף ה - בד"א שאין הצלי אוסר אלא כדי נטילה, בירך עם גידו וכיוצא בו, דבר כחוש שאין בו כח לפעפע בכל החתיכה; אבל גדי שמן שצלאו בחלבו, אם אין בכל הגדי ששים כנגד כל החלב שבו, אסור לאכול אפילו מראש אזנו, שכיון שהוא שמן מפעפע בכולו.

אבל אם הוא כחוש, אף על פי שאין בו ס' כנגד כל החלב שבו, אינו אוסר אלא כדי נטילה, שהחלב של בהמה כחושה כחוש הוא בטבעו ואינו מפעפע.

ואפילו חתיכת האיסור כחושה, וחתיכת היתר שנצלית עמה שמינה, האיסור מפעפע בכולה - הטעם כתב הב"י, דאזיל היתר ומפטם לאיסור, והדר אזיל האיסור ומפטם להיתר.

‹**הא** לא אמרינן, דשומן היתר הנבלע באיסור נ"נ ואח"כ אוסר הוא, דאין הנאסר כו' כה"ג, **אלא** דהיתר מפטם לאיסור ונעשה שמן, ושוב יש כח באיסור גופא להבליע בכולו – פמ"ג.

‹**ואם** אח"כ נצלה חתיכת האיסור שנתפטם עם עוד חתיכת היתר כחושה, אינה אוסרת רק כדי נטילה להמחבר, ולא אמרינן כיון שנתפטם כבר ונעשה כשמן, יכול לאסור הכל.

והטעם, דהא עיקר הטעם בפיטום, כתב הש"ך בס"ק י"ט, משום דההיתר מחזיקו לאיסור ומבליעו בכל, אלמא דאין ההיתר השמן מפטם רק להבלוע הנכנס בתוכו. **וכן** חתיכה כחושה שבלעה איסור שמן, ונגעה חם בחתיכה אחרת ואיכא ששים בהאחרת נגד הבלוע, אינה נאסרת האחרת רק כדי נטילה, ולא אמרינן דנתפטם החתיכה מהבלוע ויכול לאסור הכל, כיון דלא שייך ביה טעם הש"ך – חוו"ד.

[**כתב** ב"י, שזה נלמוד ממה שמצינו כן בסי' ק"ח לענין ריחא מילתא, דאפי' ההיתר שמן, אסור למאן דס"ל ריחא מילתא הוא, והטעם, דההיתר אזיל ומפטם ליה לאיסור, וחוזר ונותן ריח לההיתר, ע"כ, וקשה לי, דהא כתב מהרא"י בהג' ש"ד בדין ריחא מילתא וז"ל, וצריך לחלק בין זה, ובין הא דאמרינן שאין הנאסר יכול לאסור, אלא במקום שהאיסור עצמו יכול לילך שם, דכאן נמי הנבילה הכחושה אין לה פיטום, דריחא שאני, לפי שהפיטום מוליך הריח והטעם הכחוש עמו, עכ"ל, ש"מ דעיקר חומרא זו משום ריחא היא, דשם לא איכפית לן בהך סברא דאין הנאסר יכול לאסור, וכיון דבריחא מילתא קימ"ל בסי' ק"ח, דבדיעבד מותר, אמאי יהיה כאן אסור אפי' דיעבד, דהא אין כאן אלא איסור ריח, דהא הך סברא דאין הנאסר כו' נאמרה אפי' בנוגעים זה עם זה, ואפ"ה כתב מהרא"י דאין אומרים כן אלא בריחא מילתא דוקא, וזה פשוט דלא נתכוין הטור כאן לאסור משום ריחא, דהא גם במליחה כתב כן, ושם לא שייך ריחא, ועוד הקשה ב"י בסוף סי' זה, ממ"ש שם בטור דאין הנאסר כו', ואפי' אם ההיתר שומן כו' מותר, ובד"מ כתב, דכאן מיירי מחלב כחוש שיש בחתיכת האיסור, דקרי ליה כחוש כיון שאינו מפעפע, ובזה דוקא אמרינן שהשומן מפעפע, כיון שעכ"פ שם חלב עליו, וקשה דהא מריחא מילתא ילפינן לה, ושם מיירי מבשר כחוש ולא מחלב כחוש, וכן הקשה גם בדרישה עליו, ועוד קשה, דהא לא הוזכר כאן חלב רק חתיכת איסור].

[**וראיתי מתרצים**, ‹וכ"כ הש"ך סוף סעיף ז', דכאן דהאיסור אסור מחמת עצמו, אמרינן אפי' אם האיסור כחוש וההיתר שמן, שמוליך האיסור עמו, מאחר דבע"כ פולטת רוטב נבילה, ע"כ השומן של היתר מתערב עם הרוטב נבילה, אבל לקמן דמיירי באיסור בלוע, אמרינן אע"פ שאותה חתיכה שקבלה לאיסור היא שמינה, אין השומן שבה מוליך בליעת האיסור עמה, **ואלו** דברים

בלתי נכונים כלל, דהא לשניהם יש גבול וקצבה, דהא כשהאיסור הוא מחמת עצמו והוא כחוש, יש לו כח לאסור חתיכה שאצלו בלא רוטב עד כדי נטילה, ואחר זה כלה כחו, ובאיסור בלוע יש לו כח לילך עד סוף החתיכה ההיא בעצמה שנפל האיסור, ומשם ואילך אין לו כח כלל בלא רוטב, אע"פ דמונח ממש עליו, **וא"כ** יש ק"ו, דמה באיסור בלוע, שיש במקום האיסור ממש שומן, אפ"ה אין מועיל לתת כח להאיסור הנבלע, שיצא חוץ לגבולו, כ"ש באיסור מצד עצמו, שגבולו לאסור עד כדי קליפה, ‹אולי ט"ס וצ"ל כדי נטילה - הגהות שו"ע›, בחתיכת היתר ותו לא, שלא יועיל לו שומן של חתיכת היתר, להוציאו חוץ לגבולו, דכך לי חוץ לגבול של אחר הקליפה באיסור מצד עצמו, כמו בחוץ לגבול בכל החתיכה שאצל חתיכה שנאסרה מחמת בליעת איסור].

[**ועוד ראיה ברורה ממקור דין זה, שנלמד ממ"ש התוס'** והרא"ש, שאם נמצא חתיכה חצייה בציר וחצייה חוץ לציר, שאותו שחוץ לציר אינו נאסר ממה שלמטה, **ואפי' יש שומן בתוך הציר, לא אמרינן שנעשה נבילה ומפעפע למעלה, כיון שהציר עצמו אינו מפעפע, וכ"כ** הטור, **והרי לפניך שהציר הוא אסור מצד עצמו, שהוא** הדם שיוצא מן הבשר, ואפ"ה אין מזיק לו השומן, להוליכו עמו למקום שהוא הולך, **ומ"ש הב"י בזה לתרץ,** דדם משרק שריק, הוא תמוה, דכשם ששם אין שומן גורם לדם מה שאין בטבעו, ה"נ אין גורם להבליע מה שאין בטבעו להבליע בלא"ה].

לא קשה מידי, דהכא כיון דהאיסור מחמת עצמו, א"כ מיד מפטם להכחוש, והדר אזיל ומפטם להיתר, **וגם** מה שהביא ראיה מחתיכה שמקצתה בציר כו', לק"מ, דהתם דוקא במליחה אמרינן הכי, דהטור דוקא בצלי קאמר הכי, אבל במליחה לא שייך פטום, וכן דעת מהרש"ל והפרישה והב"ח לישב דעת הטור - נקה"כ.

[**אלא ודאי דבר זה אין לו יסוד ועיקר כלל, ומבלי עיון** אמרו כן, ודברי הטור תמוהים הם כמ"ש ב"י, **ולולי** דמסתפינא להגיה, הייתי מגיה בדברי טור בלשון זה, אלא אפי' חתיכת האיסור שמינה וחתיכת היתר כחושה כו', והכי קאמר, לא מבעיא בחתיכה אחת שיש בה עצמה חלב, דהיינו כההיא דגדי שצלאו בחלבו שזכר למעלה, **אלא אפי' אם יש שני חתיכות, האחד איסור והאחד היתר,** ואותו של איסור שמן, דמפעפע האיסור בכל ההיתר, וזה מוכח, דאי לנוסח שלפנינו קשה, שהיה לו לומר, לא מבעיא באיסור שמן והיתר כחוש, אלא אפי' בהיתר שמן, **גם לשון מפעפע בכולו שכתוב בטור אינו מיושב לפי** גירסא שלפנינו, דהיה לו לומר דמפעפע באיסור וחוזר ומפעפע בהיתר, ולמש"כ הכל ניחא, ועיין מה שאכתוב בסי' זה ס"ט, מסקנת מהרש"ל בזה להלכה].

וכל דבר שיש לו פעפוע שנפל למקום ידוע מהחתיכה בצלי, אע"פ שיש בחתיכה ס' לבטל האיסור, צריך נטילת מקום – [שבאותו מקום נחשב האיסור טפי כאילו הוא בעין, ונלמד מפסח].

ודעת מהרא"י, דכל היכא דבטיל בששים א"צ לא נטילה ולא קליפה, **ומהרש"ל** כתב, דבכחוש יש להצריך קליפה במליחה, ונטילה בצלי, אף בדאיכא ס', **אבל** בשמן, יפה כתב מהרא"י, והמחמיר הוי כסיל בחשך הולך, עכ"ד, **ודעת** הרב בת"ח כהמחבר, וכ"כ כאן בהג"ה, וכן הפוסקים הקדמונים המפורסמים סוברים כן.

‹**בפר"ח** כתב, דדוקא למקום ידוע, אבל אי לא ידעינן היכי נפל, לא מחמירים להצריך נטילת מקום לכל החתיכה, כיון דיש בו ס', והנטילה רק לחומרא, **אבל** בכחוש דהנטילה מדינא, צריך שיטול כדי נטילה בכל החתיכה, ע"ש, **ונ"ל** אף בכחוש, אם ידוע שלא נגע אלא במקום א', ולא ידעינן מקומו, הנטילה בטל ברוב נטילות האחרות, **דלא** שייך ביה שמא יבשלם, דהא בבישול יהיה ס' בכל החתיכה נגד החלב – רעק"א›.

הגה: וכל מבושל בלא רוטב, או אפוי, דינו כצלי בכל דבר.

וי"א דאין אנו בקיאין איזה מיקרי כחוש או שמן, ויש לאסור בכל ענין עד דאיכא ס', ואפילו איכא ס', צריך נטילת מקום, והכי נהוג - (עיין בתשובת שמן רוקח שהעלה, דאם בשלוהו כך בלי נטילת מקום, ואין ס' נגד הנטילה, דמותר, **אמנם** דווקא בדבר הנראה לשמן, אבל בדבר הנראה לכחוש, והנטילה מדינא, אסור באין ששים נגד הנטילה, וכן כתב הפמ"ג).

ודוקא באיסור חלב או שאר איסור דשייך בו שמנונית – [נתכוין בזה לציר נבילה, שכתב בש"ד דצריך ס' נגדו אף במליחה, וכתב בד"מ, דציר

נבילה או כה"ג נמי מפעפע דומיא דחלב]. **ונתבאר** בכמה דוכתי, דדם לא שייך בו שמנונית, (עיין בט"ז ס"ט).

אבל באיסור דלא שייך ביה שמנונית, והוא בודאי כחוש, אינו אוסר רק כדי נטילה – [דאל"כ ודאי לא יחלוק על הגמר', באטמהתא דאמליחו בגיד הנשה, ולא הצריכו אלא קליפה].

מיהו בס"ט יתבאר, דנוהגים לשער במליחה בס' אפילו בכחוש לגמרי, א"כ ה"ה בצלי, דצלייה ומליחה שוין בזה, וכן משמע בהדיא בת"ח, **והא** דסתם הרב כאן דאיסור כחוש לגמרי אינו אוסר רק כדי נטילה, היינו באיסור דרבנן, כדלקמן ס"ט וע"ש.

סעיף ו - דבר שיש לו פעפוע בצלי, אם היה אחד חם ואחד צונן, התחתון גובר. לפיכך אם נפל חם על צונן, אינו אוסר אלא כדי קליפה. ואם נפל צונן על חם, אם אין בהיתר ס' כנגד האיסור, הכל אסור.

סעיף ז - הא דחתיכת איסור אוסרת חברתה בנגיעתה, דוקא כשאיסורה מחמת עצמה, כגון נבילה או בשר בחלב - משמע דהיינו חתיכת בשר שנבלע מחלב, שנחשב כל החתיכה גוף האיסור, וכמ"ש הפוסקים בסי' צ"ב, **וכלשון** הזה כתבו הט"ו לעיל ר"ס ק"א, אין לה דין חתיכה הראויה להתכבד אא"כ איסורה מחמת עצמה, כגון נבילה ובשר בחלב כו', ופי' ג"כ דהיינו שנבלע בבשר מחלב.

אכן הרשב"א כתב בת"ה, דברים אלו שאמרנו אפי' בבשר בחלב, שהחלב אינו מפעפע, ואע"פ שעשאוה כחתיכת נבלה, לא עשאוה כנבילה עצמה לדבר זה, עכ"ל, **ובכתבי** מהרא"י כתב, וקשה דבשר בחלב שאני משאר איסורים, דהא דחה"ל לא בטלה דוקא כשהוא שרשו של איסור, ולא שנאסרה ע"י בליעת איסור, וגבי בשר שנאסר מחלב לא אמרינן הכי, ואינה בטילה, ואף כי משנה שלימה היא בע"ז, דחה"ל של בשר בחלב אינה בטילה, עד כאן לשונו.

ובשעריו כתב וז"ל, ויראה לתרץ קצת, דודאי בשר בחלב כל זמן שהוא מעורב, מיקרי שרשו וגופו של איסור, ואפי' הבשר בלא חלב, כמו כלאי בגדים בזמן שחוט פשתן מעורב בטלית צמר, אסור להתכסות בכל הטלית, אפילו באותו צד שאין חוט פשתן בו, ואם נחתך מן הטלית אותו צד שאין בו פשתן, מותר אותו צד, **ה"נ** קים להו לרבנן, שאין שום טעם הולך מחתיכה זו, רק טעם דבשר לחוד ולא שום חלב, אלא א"כ ע"י רוטב, וה"ל כאלו בא אליהו ז"ל ואמר לנו, נחתך מן הבשר זה חתיכה קטנה שאין בה שום טעם חלב, והוי שרי כההיא דכלאים, וצ"ע עכ"ל, וכ"פ מהרש"ל.

וכן מוכרח לכאורה דעת הרב סי' צ"ב, שכתב דאם נפלה טפת חלב על חתיכה שבקדרה ולא ניער ולא כיסה, אינו אסור רק החתיכה לבד, ושאר הקדרה מותרת, ואם היה סובר דבשר בחלב כיון שהיא עצמה נבילה ונחשב גוף האיסור, אוסרת חברתה בלא רוטב, א"כ היה מה שבקדרה אסור, לדידן דקי"ל דחם בחם בלא רוטב אוסר כולו, **ואם** כן בע"כ צ"ל שפירש דכאן מיירי, שנגע בשר חם בגבינה חמה, [פי' שהבשר יהא אסור מחמת זה, (וכן הגבינה - מחה"ש), **גם** בת"ה הארוך כ"כ בהדיא על בשר שנאסר מחלב, דאינו חוזר ואוסר שאר בשר בלא רוטב, אפילו שתיהן חמות].

(**מוגה** ע"פ החכ"א) וס"ל להרב, דאע"ג דקי"ל חם בחם בלא רוטב אוסר כולו, (וא"כ בסי' צ"ב היה צ"ל אסור אפי' אינו גוף האיסור) היינו מטעם שאין אנו בקיאין בין כחוש לשמן, אבל מ"מ מה שאינו גוף האיסור רק ע"י בליעה, לא חמיר כ"כ, ואוקמוה אדינא דאינו אוסר כשאינו מפעפע, **וחלב** [או דם] אינו מפעפע, דחלב איסור כחוש מיקרי.

ואין זה עיקר, גם מהרש"ל גופיה כתב שדוחק לפרש דברי הטור כן, **והב"ח** ג"כ בסי' צ"ב הבין דברי הטור כמו שהבינם מהרא"י, (דבשר שנבלע מחלב הוי איסור מחמת עצמו, ואוסר לחתיכה אחרת בנגיעה אף בלא רוטב – אמרי בינה), **אלא** שהקשה שם ע"ז מהא דקאמר בש"ס פכ"ה מיבלע בלע מיפלט לא פליט, **ותירץ** דאינו אלא לענין שלא יהיו החתיכות האחרות אסורות לגמרי, אבל נטילה ודאי בעינן, עכ"ל, **ויכול** להיות כן, דהא לא קאמר התם הכי אלא אמאי דבעי ר' התם למיסר כל החתיכות האחרות לגמרי מפני שהן מינה, ומתמה ש"ס מיבלע בלע מיפלט לא פליט, **אבל** ל"נ דבלאו הכי לק"מ, דלא קאמר התם הכי אלא מקמי דהוי קי"ל חנ"נ, כדאי' התם בהדיא, אבל לבתר דמסיק אפשר לסוחטו אסור וחנ"נ, א"כ נחשב הבשר גוף האיסור, ואה"נ דאוסר, דנהי דלא פליט החלב עצמו, מ"מ כיון דע"י חבורן נאסרו, א"כ הבשר שנחשב גוף האיסור אוסר.

ומעתה מ"ש מהרש"ל וז"ל, ומ"ש מהרא"י, והמחמיר בכל זה תע"ב, איני רואה מקום לחומרא זו כו', שאין איסור בלוע מפעפע בלא רוטב אפי' בבשר בחלב כו', והטו"ד לא דק כו', עכ"ל, **הוא** לא דק, **וכ"פ** באו"ה, דבבשר בחלב חשיב איסור מגופו אף לענין זה. **שוב** מצאתי באו"ש מהרש"ל שנדפסו בלובלין, כתוב שם הג"ה ממהרש"ל, שהביא אדרבה ראיה מפכ"ה, דגבי בשר בחלב אוסרת חתיכה חברתה בלא רוטב, וכתב שם שכן פסק מורו ורבו הגאון, וע"ש.

ומ"מ נראה דאין לאסור יותר מכדי נטילה, כיון דבלאו הכי קי"ל דאין איסור חם אוסר היתר חם בלא רוטב יותר מכדי נטילה, אלא דאנן מחמרינן מטעם דאין אנו בקיאין בין כחוש לשמן, ובכה"ג אין להחמיר וכמ"ש.

אבל אם אין בה איסור אלא מה שבלע ממקום אחר, אינו אוסרת אחרת הנוגעת בה, אפי' אם נצלו יחד – [הטעם בטור, שאין האיסור הבלוע בחתיכה יוצא ממנו, אפי' משהו, לבלוע באחרת בלא רוטב, עכ"ל, פי' אינו אוסר כלל ואפי' כדי קליפה, וכ"כ להדיא מהרש"ל, דלא בעי כדי קליפה], וכ"פ הרב בת"ח.

ואפי' החתיכה שנבלע בה האיסור, שמן, ושומן שבה מפעפע, לפי שאין השומן שבה מוליך עמו האיסור אלא למקום שהאיסור עצמו יכול לילך שם בטבעו, עכ"ל הטור, והוא הסכמת הפוסקים, ‹**עיין** במג"א בשם תש' הרמ"א, דלא אמרינן באיסור דרבנן, היינו לענין חמץ בפסח במשהו, שאיסור יוצא מחתיכה לחתיכה וכו', משמע דבדאורייתא אמרינן דיוצא מחתיכה לחתיכה, וצ"ע – רעק"א›, **והמחבר** שהשמיטו נראה מפני שהקשה בב"י ע"ז וז"ל, ויש לתמוה על דברים אלו, שהם סותרים למ"ש לעיל סעיף ה', אפי' חתיכת האיסור כחוש, וחתיכת ההיתר שנצלה עמה שמן, האיסור מפעפע בכולה עכ"ל, **והיינו** כמו שפי' שם דאזיל ההיתר ומפטם לאיסור הכחוש, והדר האיסור ומפטם להיתר, ואם כן ע"כ השומן מוליך האיסור עמו, **ואע"ג** דדין דהכא הוא מוסכם מכל הפוסקים כמ"ש בב"י, ודין דלעיל לא הוזכר בשום פוסק, עם כל זה חש המחבר להחמיר לעיל ס"ה, וכאן סתם הדברים ולא אמר בה לא איסור ולא היתר, זהו נראה בדעת המחבר.

אבל אין זה עיקר, אלא נראה דודאי האי דינא דהכא קושטא הוא, דהוא מוסכם מכל הפוסקים, והך דלעיל לא קשיא כמ"ש מהרש"ל והפרישה והב"ח, **דהיכא** דהאיסור אסור מחמת עצמו, בהא קאמר לעיל דאפי' האיסור כחוש ההיתר שהוא שמן מוליך האיסור עמו, מאחר דבע"כ בלא"ה פולטת רוטב של איסור, ובלא"ה אוסר כדי נטילה, הלכך אם ההיתר אצלו שמן, מחזיק פליטתו ומבליע בכולו, **משא"כ** הכא שאין החתיכה אסורה מחמת עצמה, אלא שבלעה איסור, **והרב** בד"מ תירץ, דלעיל מיירי בחלב כחוש, הלכך כיון דחלב מפעפע, אלא שכחוש אינו מפעפע, בקל ההיתר שמן מפטם ליה.

‹**ומ"מ** י"ל, אם לח רותח נפל על יבש שבלוע בו דבר איסור, מוציא הבלע לאסור כדי קליפה ונאסר הרוטב, דאדמיקר ליה מקרי רוטב להפליט הבלוע כדי קליפה, **ובפמ"ג** כתב, דאם רוטב קר נפל על גוש רותח שבלוע בו איסור, י"ל כיון דתתאי גבר הוי בכלל רוטב רותח, ומוציא הבלוע ונאסר הרוטב – רעק"א›.

בד"א, כשבלעה איסור שאינו מפעפע - ‹ואף דאין בקיאין בין שמן לכחוש, מ"מ בבלוע אנו בקיאין, כמ"ש הש"ך – פמ"ג› ‹**ואף** דבבלוע בקיאינן בין כחוש לשמן, וא"כ היה לנו להתיר באיסור כחוש אותן חתיכות שלא נגעו באיסור גופיה, רק בהחתיכה שנגע באיסור, כיון דבחתיכה שנגע באיסור אין בו רק איסור בלוע, ואין איסור בלוע כחוש יוצא בלא רוטב, **מ"מ** כיון דהאיסור בעין בשעת נגיעת חתיכה לחתיכה, ומשוינן האיסור לשמן נגד החתיכה הנוגעת לאוסרה כולה, משוינן אותו לשמן נגד כל החתיכות, כיון דבשעה אחת הן. **אבל** אם נגע אחר שנסתלק מן האיסור לחתיכות אחרות, אינן אוסרות כשהאיסור היה כחוש, כמ"ש הש"ך – חוו"ד›. ‹**והמשאת** בנימין הוכיח, אפילו איסור בעין נוגע בחתיכה, וחתיכה בחתיכה, כל שאיסור כחוש אין מפעפע מחתיכה לחתיכה, **ולא** תימא דווקא כי סילקו להבעין – פמ"ג›.

אבל בלעה מן הדברים המפעפעים בטבען, כגון שומן, אוסרת חברתה בין בצלי, בין בנוגעת זו בזו חם בחם, או בתחתונה חמה ועליונה צוננת, שהאיסור הבלוע בעצמה מפעפע ויוצא מחתיכה לחתיכה - נראה דהכא אפילו להט"ו אוסר כולו עד ס' נגד האיסור הבלוע, דהא תלי טעמא שהאיסור הבלוע בעצמו מפעפע ויוצא, וכ"כ באו"ה בהדיא.

או בתחתונה חמה ועליונה צוננת - כ"כ הרשב"א בת"ה, ומשמע הא אם התחתונה צוננת, אפי' קליפה לא בעי,

וטעמא נ"ל, דהא דקי"ל חם לתוך צונן קולף, היינו משום דמקמי דמוקיר ליה א"א דלא בלע פורתא, והיינו דוקא מגוף הדבר, שאצלו בולע מיד ממנו מעט מקמי דמוקיר ליה, כיון שנוגע בו, אבל אינו יוצא מחתיכה לחתיכה מקמי דמוקיר ליה.

‹**והפר"ח** והפרי תואר חלקו, דמכל מקום אוסר כדי קליפה, **והש"ך** דייק ליה מדלא כתב סתמא, דבלוע מפעפע איסור, וכל אחד כדיניה כו'. **וצ"ל** דבלוע בכלי עדיף ליה, שהרי הר"ב אומר כן בס"ג, איסור שהניחו בכלי היתר, אמרינן תתאה כו', ומשוי ליה לגמרי, ובש"ך אות י', קערה שמלח בה, **אלמא** בלוע מכלי יוצא שפיר אדמוקיר ליה – פמ"ג›.

ועוד פסק בת"ח בשם או"ה, דמליחה שוה לצלי, וז"ל בסימני ת"ח, הא דחתיכה אוסרת חברתה בנגיעה, דוקא שאיסורה מחמת עצמה, אבל חתיכה שנאסרה מאיסור ע"י בליעה, אינה אוסרת בנגיעתה אפי' נצלו או נמלחו יחד, **וה"מ** דבלע מאיסור שאינו מפעפע, אבל אי בלע מאיסור המפעפע, אוסר בנגיעתה, עכ"ל, **וכבר** כתבתי בס"ק שלפני זה, דדעת הרב ואו"ה, דאע"ג דלא מחלקינן בין כחוש לשמן, היינו בגוף הדבר, אבל מה שנאסר ע"י בליעה, לא נחמיר כולי האי.

ומוכח שם בת"ח דדם לא חשיב איסור מפעפע לענין זה, וכן מבואר בכמה דוכתי בש"ס ופוסקים, דדם אינו מפעפע, **ונהי** דקי"ל בכל דוכתי גם בדם לשער בששים, מטעם דלא מחלקינן בין כחוש לשמן, וכמ"ש הרב בס"ט, מ"מ היכא דהחתיכה בלועה מדם, אינה אוסרת שאר החתיכות ע"י מליחה וצלייה, **ומ"מ** נראה דהיינו דוקא שנמלח והודח כדינו, ואח"כ בלע דם, בכה"ג הוא דאינו יוצא מחתיכה לחתיכה ע"י מליחה וצלייה, **אבל** בשר שלא נמלח עדיין, ויש בו דם של עצמו, פשוט בש"ס וכל הפוסקים שאוסר במליחה וצלייה.

[וכתב רש"ל, דחתיכה שיש בה דם של עצמה, מקרי ג"כ חתיכה שנאסרת מחמת בלוע, ולא איסור מחמת עצמה].

[משמע דחלב אינה מפעפעת, דאל"כ אמאי אמרינן בסי' צ"ב ס"ב, דאותה חתיכה לבדה נאסרה ולא האחרות, ולעיל סי' פ"ז ס"י מוכח, דאמרינן דהחלב נקרא איסור שהוא מפעפע, כמ"ש שם. ועיין מה שכתבתי בס"ט, מה שקשה על פסק שו"ע בזה].

ומהרש"ל באו"ש כ', דדוקא בשני דברים יבשים חמים ע"י בישול קי"ל הכי, אבל בצלייה ומליחה אמרי' שפיר דמפעפע מחתיכה לחתיכה, לדידן אפי' באיסור שאינו שמן, ואל תשגיח בדברי הטור שכתב, דאפי' בצלייה אינו אוסר בלא רוטב, דס"ל דאף בצלי אינו מפעפע, עכ"ד, **ודעת** או"ה כדעת הרב, וכ"נ עיקר.

הגה: וכל זה בב' חתיכות, אבל כלי שבלע איסור, אוסר היתר שנוגע בו אפילו באיסור שאינו שמן – [הטעם בזה, **דדוקא תבשיל שיש לה מה לפלוט מגופו, אז הבליעה אינו הולכת בלא רוטב, אבל כלי שאין בו פליטה מגופה, אז יוצא שפיר מה שבלע, ולפי זה פשוט, דכלי אין נאסר ממאכל שבלוע בו איסור שאינו מפעפע, כגון כבד או בשר שנמלח בכלי שאינו מנוקב, שיתבאר בסי' ק"ח ס"א, דזה אינו מפעפע**].

‹**אמנם** אם האוכל בלוע איסור שמן, נראה לפסוק דיוצא שפיר להכלי בלא רוטב לפי דעת הט"ז, כמו במאוכל לאוכל – בדי השלחן›. ‹**ונראה** דאין כלי נאסר אפילו ממאכל שיש בו איסור בלוע אפי' שמן, דהא אין כלי אוסר {כלי} אפילו בבלוע שמן, כדמוכח בסימן צ"ז בט"ז, ומכלי יותר ממהר טעם הבלוע לצאת יותר ממאכל, וע"כ הטעם דאין מפליט ומבליע בכלי שהוא קשה, כענין שכתב הש"ך בסימן צ"ה ס"ק כ', ע"ש, **אם** כן ממאכל שאינו ממהר לצאת ממנה הבלוע יותר מכלי, מכ"ש שאין מפליט ומבליע ממאכל לכלי שהוא קשה – חוו"ד›.

ונראה דדוקא מאכל של היתר, אבל אין כלי אוסר כלי בלי רוטב, וכמ"ש הרב ס"ס צ"ב וצ"ג, גבי שתי קדרות, וכ"כ מהרש"ל, **וכתב** עוד, אבל תבשיל כגון אורז או דגים שנבלע בהם בשר או חלב, אם תחב בהן כף של בשר או חלב בן יומו, שפיר אוסר בלוע את המאכל, וחשיב המאכל כאילו הוא כולו בשר או חלב, ונאסר עם הכף, ע"כ, ‹דנחשב המאכל הבלוע מבב"ח כגוף האיסור, ויכול לאסור הכף, חוו"ד בסי' צ"ד בט"ז ס"ק י"ד, וע"ש בפמ"ג›.

וכתב ע"ז בד"מ, ופשוט הוא דאינו אוסר ‹כלי שבלע איסור› רק כדי קליפה בלא רוטב, כמו שנתבאר לעיל, עכ"ל, **ואע"ג** דבשני דברים של מאכל יבשים, קי"ל דאוסר בכולו, ‹כשאסור מחמת עצמו, אפי' כשהוא כחוש, משום דלא בקיאינן, והלא בלוע בכלי הוי שוה למאכל עצמו, דהא אוסר בלא רוטב, וא"כ היה ג"כ צריך לאסור בכולו כמו התם›, **בכלי** שאני, וכמ"ש בסי' צ"ד שדעת הרב כן, ‹דלמעשה הוי רק בלוע ואינו בעין – אמרי דעה›, **ואע"ג** דמדברי מהרש"ל שהבאתי בס"ג, משמע דס"ל דאף בכלי אוסר לגמרי, י"ל דמיירי שהוא דבר יבש שיש לו רטיבות

קצת, והלכך כיון דמדינא מפליט מיהו שפיר, ואוסרת כדי נטילה וכמ"ש בסי' ס"ט, לדידן אוסר עד ס', **משא"כ** ביבש לגמרי, דאינו מפליט רק כדי קליפה, **מיהו** באיסור שמן שנבלע בכלי, אפשר דאפי' ביבש לגמרי אוסר בס', ואע"ג דלא מפלגינן בין כחוש לשמן, היינו בגוף הדבר, אבל מה שנאסר על ידי בליעה לא מחמרינן, כמ"ש לעיל בסי' זה בכמה דוכתי, **ומ"מ** צ"ע לדינא.

(**עש"ך** מיהו באיסור שמן שנבלע בכלי כו', ועי' במג"א, פסק בהדיא שאפילו שמן לגמרי הבלוע בכלי, אינו אוסר כולו, **ועי'** בתשו' נו"ב שכ', דיש להקל כדעת המג"א, דלא שבקינן מה דפשיטא ליה להמג"א, בשביל ספיקו של הש"ך).

סעיף ח - כוליא שצלאו בחלבו אינו אוסר אלא כדי קליפה, שהקרום מפסיק.

הגה: ויש אוסרים, וכן נוהגין ואין לשנות, ודינו כשאר חלב הנצלה עם בשר - הטעם כתב הסמ"ק, דהא דקאמר בש"ס שהקרום מפסיק, לא קאי במסקנא, **ומהרא"י** הוסיף עוד טעם, דחיישינן שמא נפחת הקרום.

ואם נתבשל כך, הכוליא נעשית נבלה וצריך ששים נגד כולה - משמע דאפילו לא נמלח או נצלה תחילה, מ"מ הוי איסור דבוק, וצריך ששים נגד כל הכוליא, **ולא** אמרינן דהקרום מפסיק לענין דאינו ממהר לבלוע טפי משאר החתיכות, וכ"כ מהרא"י בכתביו.

וכ"ה בקרום שעל היותרת – [כ"כ מהרא"י, ולמד ד"מ מלשון זה, דאם בשלה הכוליא בקרום שעליה בלא החלב, שצריך ס' נגד כל החתיכה, **ולעיל** סי' ס"ד ס"כ כתב רמ"א לענין מליחה, דבכל הקרומות א"צ אלא קליפה במקום הפסד קצת].

סעיף ט - מליח שאינו נאכל מחמת מלחו, דינו כרותח, ומפליט לאסור כדי קליפה.

ואם הוא שומן הגיד וקנוקנות שבו והקרומות, יש להחמיר ולהצריכם נטילת מקום.

‹**אם** הוא שומן הגיד כו', כך הוא עיקר הנוסחא, {דאזיל אדלעיל מיניה, וצריך רק כדי קליפה}, ור"ל דבשומן הגיד והקנוקנות דהוו מדרבנן סגי להו בקליפה, **אבל** בקרומות דיש ספק אי אסירי מדאורייתא או מדרבנן, יש להחמיר ולהצריכם נטילת מקום – פר"ח›. ‹**ואם** הוא שומן הגיד וכו', קאי אלמטה. ור"ל, ואם הוא שומן וכו' והקרומות יש להחמיר, משום שהן שומן כחוש, ושומן הגיד יש לו דין קרומות, כן הוא משמעות ש"ך וט"ז – מחה"ש. **ועיין** בפמ"ג›.

שומן הגיד – [לטעמיה אזיל שכתב בס"ה, שחלב כחוש אינו מפעפע וא"צ ס' לבטלו].

אבל א"צ ס', וכ"פ בת"ח, ואע"ג דקי"ל אפילו בציר ואפילו בכחוש ממש לשער בס', וכמו שיתבאר, **מ"מ** שמנו של גיד דאינו אלא מדרבנן, וכמו שנתבאר בסי' ס"ה ס"ח, מקילינן ביה, וכ"כ בת"ח, **מיהו** היינו לענין עיקר דינא, אבל לחוש להמנהג כתב הרב סי' ס"ד ס"ך, דבמקום שאין הפסד קצת יש להצריך ס'.

ואם הוא חלב ממש, צריך ששים לבטלו. ואם הבשר שנמלח עמו הוא שמן – [שדבוק להחלב, כמו שמסיק אח"כ], **אפילו בשומן הגיד וקנוקנות שבו, צריך ס' לבטלו, וליטול ממקום שנגע כדי נטילת מקום, ולפחות קליפה.**

אפי' בשומן הגיד כו' - ק"ק דהל"ל רבותא יותר, אפי' בכחוש לגמרי, כדלעיל ס"ס ה' בצלי, וכ"כ בב"י.

ואעיקרא דדינא השיג מהרש"ל ומביאו הב"ח, וז"ל: דאפי' אי אמרינן הכי, ה"מ לענין צלי שחום האש מפטם מהאי להאי, וגם שניהם חמים שהרי נצלו זה עם זה, **אבל** במליחה לא מצאנו סברא זו, וגם בצלי גופיה חידוש הוא, ושום מחבר לא חילק, אלא סתמא פסקינן כל מקום שהאיסור אינו יכול לילך ולפעפע, אז אפילו אם החתיכת היתר שמינה שרי, עכ"ל, ‹וכן הביאו הט"ז בסוף הסעיף›, וכן משמע מדברי הרשב"א ומביאו ב"י, דדוקא בעינן שיהא האיסור שמן, **ומ"מ** נראה דאף הט"ו לא אמרו אלא בשניהם מלוחים, אבל לא כשהיה האיסור מלוח וההיתר תפל, דכיון שהוא תפל אין בו כח לפטם האיסור.

הגה, וצ"ע דבסי' ע' ס"ד משמע, אפי' האיסור מלוח וההיתר תפל, אם ההיתר שמן אסור, ‹וכן הקשה הגרעק"א›, וכן פי' הגאון אמ"ו ז"ל בסי' הנ"ל - נקה"כ.

וכל זה לענין חתיכה עצמה שהיה החלב דבוק בה - או מונח אצלה, **ולענין שאר חתיכות שנמלחו יחד, אם אין בכל אחת מהם בפני עצמה ששים לבטל החלב, אסורות** – [פי' אם החלב נגע בכל אחת מהן, ואין בכל אחת ס' נגד החלב, אסור, דשמא בלע הרבה ואין לו שותפות לבטל].

וכל זה וכו' ולענין שאר חתיכות וכו' - ‹לכאורה אינו מובן, דמאי שנא דין חתיכה זו מכל שאר חתיכות - בדי השלחן, וע"ש מה שתירץ›.

ואין מצטרפין ביחד לבטל החלב, דאין חלב מפעפע מחתיכה לחתיכה בלא רוטב – [מזה נמשך ג"כ קולא, דהיינו דאם בבירור לא נגע החלב רק באחת מהן, אז האחרות מותרות, **ואני** תמה על השו"ע דפסקיו סותרין זה את זה, שלעיל ס"ז פסק, שאם בלעה מן הדברים המפעפעים בטבען, כגון שומן, אוסרת חברתה אף בלא רוטב, והוא דעת הרשב"א שהביא הטור, **וכאן** פסק שבליעת החלב אינה יוצאה בלא רוטב, והוא דעת מהר"מ במרדכי, והב"י מביאו, **וא"ל** דכאן מיירי בחלב כחוש שאינו מפעפע, דבמרדכי כתוב בפירוש דין זה על החלב שעל הכרס שהוא עיקר החלב, **ותו** דאם היה חלב כחוש, אמאי צריך ס' בכל אחת בפני עצמה, **וע"כ** לומר דמהר"מ פליג ארשב"א, וס"ל גם באיסור שמן אינו יוצא בלא רוטב כל שהוא בלוע בו, ע"כ תימה על השו"ע שלא הרגיש במחלוקת זו, גם בלבוש כתוב כמו בשו"ע כאן, והוא תמוה מאד, **ואין** לומר דלעיל מיירי לענין צלי והכא במליחה, דהא מסקינן בגמר' מליח כרותח דצלי, ומסקנת ב"י ושו"ע כן הוא, דהוה כצלי].

לק"מ, דלחומרא חייש דמפעפע מחתיכה לחתיכה בלא רוטב, אבל הכא קאמר דסוף סוף אין מצטרף, דאין חלב מפעפע בכולן בלא רוטב ‹להיות מתחלק בשוה – פמ"ג, דנימא דהוי כבישול ממש ומתפשט בכולו בשוה, דיכול להיות דנשאר קצת בחתיכה אחת בענין שאין בה כדי לבטל - נקה"כ. ‹**ואל** תטעה בלשון נה"ד, דלחומרא חייש לומר דשמן מפעפע מחתיכה לחתיכה בלי רוטב, דליהוי ספיקא דדינא אי כהרשב"א דמפעפע בשמן, או כדעת שאר פוסקים דאין מפעפע אף בשמן, וא"כ באיסור דרבנן או בס"ס להתיר, **ח"ו** לומר כן, אלא כיון דהב"י והר"ב הכריעו דשמן מפעפע, ליכא ספק דפלוגתא כלל, **ועיקר** התירוץ, דמ"מ להמחבר אין מצטרפין כל החתיכות לס', דשמא אין מתחלק בשוה – פמ"ג. ‹**ובדגמ"ר** הבין אחרת בנקה"כ, כפי' הנ"ל שמיאן בו הפמ"ג, שנסתפק להמחבר האיך לפסוק, ואזיל הכא לחומרא והכא לחומרא – בדי השלחן›.

‹**ואמנם** הפר"ח שם והמנחת כהן שם פירשו בהמחבר, דבצלי' פסק כהרשב"א, ובמליחה כמהר"ם, **ולפ"ז** להמחבר בצליה קולא וחומרא ובמליחה ג"כ: **בצליה** אוסרת נוגעין זה בזה, הא חומרא, **קולא**, שכולן מצטרפין ואף החתיכה שדבוקה שרי, וכ"ש כשכולן נוגעין בחלב דמצטרפין, **ואלו** במליחה קולא, שאין האחרות אסורות אם נגעו זה בזה לא בחלב, **חומרא**, אף שכולן נגעו בחלב צריך בכל אחת ס', וכ"ש שאין נוגעין אלא זה בזה, שהראשון עכ"פ אסורה והשאר מותרות, כ"ז להמחבר, **ובנה"ד** כתב דהמחבר פסק בין צליה ומליחה לחומרא, דאף נוגעין זו בזו כולן אסורות, דלהחמיר אמרינן מפעפע, **ומ"מ** לקולא לא, ואף בצליה, ואף אי נגעו כולן בחלב, שמא אין חולק הטעם בשוה – פמ"ג›.

ואם אין ידוע אם נגע בכולן, כולן אסורות. ואם ידוע שלא נגע אלא באחת, ואין ידוע איזו היא, כולן מותרות, דחד בתרי בטיל - ע"כ מיירי כשיש בכל הג' לבטל החלב גופיה, דאי לאו הכי אינו בטל ברוב, מטעם דשמא יבשלם ויתן טעם, וכדלקמן סי' ק"ט.

אפי' הן חתיכות הראויות להתכבד - כיון דאין איסור מחמת עצמם, וכמ"ש בר"ס ק"א.

‹**לכאורה** יש לעיין, אף אם אפשר דנגע בכולהו, מ"מ לישתרי כל חתיכה בפ"ע מטעם ס"ס, ספק שמא לא נגע בזה, ואת"ל נגע שמא לא נגע רק בזה, ובטל באינך והכל מותר, **אך** באמת זהו ליתא למ"ש הרשב"א בשו"ת, שנשאל בהא דחתיכה אחת מב' חתיכות, למה יתחייב באשם תלוי, יתבטל האיסור ברוב היתר, **והשיב** וז"ל, כיון שאינן ניכרות שמא הגדולה היא היתה של איסור, וכשאכל ישראל את הראשונה שמא היא היתה של איסור, בין שאכל את הגדולה בין שאכל הקטנה וכו', אלא לא אמרו רק בשאין האיסור ניכר, ואיכא ודאי רוב בהיתר וביבש, ולא משכחת בפחות מג' חתיכות, א' של איסור שנתערבה בב' היתר, עכ"ל, **הרי** דאסור אף הקטנה, אף דלכאורה הקטנה ממ"נ מותר, דאף אם היא איסור מ"מ בטל ברוב, היינו דלא אמרו בטל ברוב אלא בדאיכא ודאי רוב היתר, אבל שאין ההיתר בודאי רוב, דהא שמא הגדולה היא האיסור, לא מקרי כלל רוב, וממילא אף אם הקטנה האיסור לא בטלה, **וא"כ** ה"נ בנ"ד, דל"ש לומר את"ל נגע שמא לא נגע רק בזה ובטל ברוב, דאף אם באמת קמי שמיא גליא דלא נגע רק בזה לא בטלה, דאינך לא מקרי רוב היתר, דהא אפשר דנגע גם בהם, וליכא רוב היתר – רעק"א›.

‹**אך** עדיין קשה, אף בנגע בכולהו הוי ס"ס, דהא ע"כ א"א דכל החתיכות אסורות, דהא בכולהו איכא ס', **ועיין** בפר"ח דמיירי באופן דיש שיעור לאסור ב' חתיכות, דאם ליכא שיעור רק לאסור חתיכה אחת, ממילא כיון דודאי לא אסר רק חתיכה א', בטל ברוב וכקושיית הש"ך ‹לקמן בסמוך›, **ע"כ** חד מהנך חתיכות שרי, וא"כ נימא דלאכול אחת אחת שרי מטעם ס"ס, ספק שמא מתפשט בכולהו בשוה, והוי ס' והכל מותר,

ואת"ל שלא נתפשט בשוה, ובאחת נכנס הרבה ובאחת מעט, שמא זו היא החתיכה שנכנס מעט בתוכה, ועיין - רעק"א›.

באמת זהו דעת מהר"מ שהביא המרדכי, אבל לא ידעתי מ"ש רישא ומ"ש סיפא, דהא ברישא כשנגע בכולן, וכן כשאין ידוע אם נגע בכולן, ע"כ נמי לא נאסר אלא א' מהן, **ע"ד** משל כגון שהיו כאן י' חתיכות, ויש בכל א' מהן נ' ותשעה נגד החלב, דאי תימא שא' מהן נאסר מפני שנבלע בה החלב ואין בה ס' לבטלו, א"כ שוב אין השאר נאסרין, וא"כ ע"כ לא נאסר אלא א' מהן ובטל ברוב, וכן הוא דעת ר' נתנאל שהביא המרדכי, **מיהו** אמהר"מ גופיה לק"מ, דאפשר דהיינו טעמא, דכשנגע באחד מהם לא ידעינן כמה נפק מיני' ונאסרו החתיכות, ושוב חזר החלב ובלע מן החתיכה דהיתר ונעשו גם ההיתר איסור, דאזיל לטעמיה דס"ל בכל האיסורים חנ"נ, וכן כשנגע בכולן, **וכמ"ש** האו"ה גבי חלב שנפל לב' קדירות בזה אחר זה, שצריך בכל א' מהן ס' לבטל כל החלב מה"ט, **אבל** המחבר דס"ל דלא אמרינן חנ"נ בשאר איסורים, קשיא וצ"ע*.

ולפ"ז צ"ל דמהר"מ ור' נתנאל לא פליגי, דאע"ג דמשמע להדיא מדברי מהר"מ שם, דאם נגע בודאי בכולן צריך בכל אחד ששים לבטל החלב, וכדעת הב"י, מ"מ נראה דמיירי שגם החתיכות מלוחות, דאז החתיכות מפליטין גם כן ומבליעין בחלב, **ור"נ** מיירי שאין החתיכות מלוחות, וכדקי"ל בכל דוכתי דדוקא המליח מפליט אבל לא התפל, דלא כמ"ש ב"י דפליגי.

*‹**קשה** לי, הא י"ל דחיישינן דאחר שנאסר חתיכה אחת מהחלב, חזר ונפלט החלב מהחתיכה ונשאר בו רק משהו חלב, דנשאר החתיכה באיסורה אף להמחבר דלא אמרינן חנ"נ כדאיתא בסי' ק"ו, ואחר שנפלט החלב חוזר ואוסר חתיכה האחרת, **ואדרבה** על המחבר ליכא קושיא, די"ל דס"ל דשמן יוצא מחתיכה לחתיכה בלא רוטב, אלא דלענין זה לא מהני דהכל מצטרף, דמ"מ שמא לא פעפע בשוה וכמש"כ בנקה"כ, וא"כ שפיר יש החשש בחזר החלב ונפלט, **אבל** על המהר"ם עצמו דס"ל, דאפי' לקולא אמרינן דאין בלוע שמן יוצא מחתיכה לחתיכה, ליכא חשש כלל לא לחלב שחזר ונפלט, וגם לא למה שנקט דהחלב חזר ובלע מהחתיכה דהיתר, דמ"מ הבלע בההיתר שנבלע בחלב אינו יוצא מהחלב, ואינו אוסר לשאר החתיכה - רעק"א›.

ובאו"ה כ' על דינים אלו, ולא קי"ל כלל שכל מה שנכנס בספק יסייע לבטל, עכ"ל, **ואין** ר"ל דלא קי"ל כלל הכי, שהרי איהו גופיה העתיק דברי הרשב"א וטור בסתם, דכל מה שנכנס בספק מסייע לבטל, וכ"פ המחבר לקמן סי' קי"א, **אלא** ר"ל דכאן כיון דהוי מין בשאינו מינו, ‹ואפשר לברורי ע"י קפילא - אמרי בינה›, לא קי"ל הכי, וכמ"ש בסי' צ"ב ס"ק ח', דבכה"ג הרשב"א והטור מודו.

‹**ובעיקר** הדין דשו"ע הנ"ל, הפר"ח הסכים להאו"ה דל"ש בזה ביטול, דאם יפגע בזה שנגע ירגיש הטעם והוי ניכר איסור, וכ"כ הפר"ח עוד לעיל לענין כלי שנתערב - רעק"א›.

הגה: וי"א דכל מליחה אינה אוסרת רק כדי קליפה - פירוש אפילו בחלב ממש, והוא סברת ראבי"ה במרדכי ובשאר פוסקים, וכן דעת הרמב"ן שהביא הר"ן, [מטעם דאין האיסור עובר בכל, אלא נשאר במקומו].

ולפי שאין אנו בקיאין בין בשר שמן לכחוש, נוהגין לשער בכל מליחה בס' כמו בבישול - קאי אלעיל, כלומר דהעיקר כסברא הראשונה, דבשומן אוסר כולו, ולפי שאין אנו בקיאין, נוהגין לשער כל מליחה בס' כו', **ולא** הביא הי"א אלא משום דבעי לסיומא: מ"מ יש לסמוך בכה"ג אדברי המקילין כו'. ‹הנה תראה ממ"ש "קאי אלעיל", ועשה "כלומר", יראה דסובר דעת הר"ב בודאי כדעה א', בשמן מדינא ס', לא כמו שכתב הט"ז, ומשום דא"א בקיאין נוהגין אף בכחוש כו' – פמ"ג›.

[**וקאמר רמ"א, דאע"פ שראוי לנו להחמיר ולהצריך ס', לצאת ידי הסוברים דאף במליחה האיסור מתפשט בכולו, והיינו באיסור שמן, ולהקל באינו שמן, אלא דאין אנו בקיאין כו'**]. ‹**תראה** שחלוק עם הש"ך, דסובר דרמ"א מצדד לומר דהרבה פוסקים אף בשמן מליחה בקליפה, אלא דראוי להחמיר בשמן בס', **והיה** לנו להקל עכ"פ בכחוש, דאף שא"א בקיאין מ"מ הוה חומרא יתירא, **לזה** אמר הר"ב שא"א בקיאין כלל, א"כ ודאי אף בשמן יקילו, וע"כ לא חלקו והחמירו אף בכחוש באין הפסד מרובה בס' – פמ"ג›.

דאם איכא ס' בין הכל ביחד נגד כל החתיכה שהחלב דבוק בה, אז הכל שרי, מלבד אותה חתיכה שהאיסור דבוק בה - ‹היינו שלא במקום הפסד מרובה, דבהפ"מ לא בעינן רק ס' נגד החלב, דבמליחה בהפ"מ לא אמרינן חנ"נ, עי' ש"ך סי' צ"ב סקט"ז, **ולענין** אם אותה

חתיכה שהחלב דבוק בה נשאר באיסורה, יש לעיין לדינא ע' ש"ך – רעק"א.

ומוכח עוד בת"ח, דאפי' אין החתיכות נוגעים בחלב, רק נוגעים בחתיכה שנוגע בחלב, הכל מצטרף אם אין האיסור דבוק, כמו בבישול.

מיהו אותה החתיכה שהאיסור נגע בה צריך קליפה מעט. ואם אינו יודע איזה נגע, הכל שרי - דבטל ברוב, ומיירי דידוע שלא נגע ברובן.

ואם אין ס', הכל אסור - ‹אם נגע בחתיכה אחת, וכולן נגעו זה בזה, כולן מותרים באין ס', רק הראשונה אסורה, דבלוע כחוש שאנו בקיאין בבלוע, אין יוצא מחתיכה אף שעדיין איסור לא סר, כמ"ש בשם משאת בנימין [תחילת ס"ז ע"ש], **ואולי** הר"ב מדבר בנוגעין כולן באיסור, **ומיהו** בשמן ממש וודאי נוגעין זה בזה כולן אסורות, וצ"ע – פמ"ג›.

ואין לשנות המנהג, ואף על פי שיש בזה קצת קולא אם היה האיסור שמן ומפעפע – [פי' לענין אם יש חלב באותה חתיכה, דלפי הסוברים צריך ס', היינו שצריך ס' באותה חתיכה עצמה נגד החלב שבה, ואין שאר חתיכות מצטרפות לבטל חלב שבאותה חתיכה, ולענין היתר שאר חתיכות, היה צריך להיות ס' בכל אחת בפני עצמה לבטל כל החתיכה האסורה מחמת חלב שבה, ולפי המנהג אנו מצטרפין גם שאר חתיכות כאילו הם אחת, לבטל החתיכה האסורה בין כולם, ועוד יש קולא, אם החלב אינו דבוק לשום חתיכה, אלא מונח אצל אחד מהם, והיה לנו לומר דאינן מצטרפות, ובכל אחת מהן שנגע בה צריך ששים בפני עצמה, מ"מ קימ"ל דכולם מצטרפות].

כלומר דבאין האיסור דבוק בחתיכה, אז הכל מצטרף לבטל החלב, אם נוגע בכולן, כמו בבישול, והכי איתא בת"ח, **ובעט"ז** פי' ואע"פ שיש בזה קצת קולא, ר"ל שהרי ע"י שיעור ס' אנו מתירין גם הקליפה כו', **ותימא** שהרי הרב כתב, וכן איהו גופיה, דמ"מ אותה חתיכה שנגע בה האיסור צריך קליפה, [דאילו במקום שלא נגע ודאי א"צ כלום לד"ה, דהא אינה אוסרת אלא הקליפה הנוגעת בה], וגם בסעיף ח' וס"ט פסקו, דאף בדאיכא ס' צריך קליפה לפחות, וכ"כ בת"ח וכמ"ש שם, **אבל** הדבר פשוט כמו שפירשתי.

מ"מ יש לסמוך בכי האי גוונא אדברי המקילין וסבירא להו דאין אוסר במליחה רק כדי קליפה, כדי שלא נצטרך לשער בין איסור שמן לכחוש, כי אין אנו בקיאין.

‹בהא שוה צליה למליחה, דכולם מצטרפין לס', אף שבמליחה סמך הר"ב על דעת י"א, ובצליה לא שייך כן, מ"מ שם טעמא אחרינא איכא, דמפעפע מחתיכה לחתיכה, והמחבר מודה שם – פמ"ג. **והיד** יהודה חולק, דבצלי אין הכל מצטרף – בדי השלחן›.

וכל זה באיסור שייך בו שמנונית, כגון חלב או ציר וכי האי גוונא – [צ"ל דגם דם הוה בכלל זה, אע"פ שדם אינו מפעפע כדאיתא בכמה דוכתי, מ"מ יש בו לפעמים תערובות ציר ושומן, מש"ה מצינו בו בסי' ע' שמליחה אוסרת בדם בס']. ‹עיין בש"ך סוף ס"ה›.

אבל באיסור שאין בו שמנונית כלל, כגון חמץ בפסח, לכולי עלמא מליחה אינה אוסרת רק כדי קליפה - מיהו בא"ח סי' תס"ז סי"ד ‹אם נמצאת חטה מבוקעת בתרנגולת› כתב הרב, דיש לאסור אותה חתיכה כולה שנמצא עליה החטה בפסח, ולהתיר האחרות ע"י קליפה. ‹וקי"ל דבמליחה אין היתר מפטם לאיסור כמ"ש הש"ך, **וחטה** במליחה שאוסרין כל החתיכה, משום חומרא דחמץ מחמירין לומר דהיתר מפטם לאיסור, ולא בשאר איסורין – פמ"ג›.

אינה אוסרת רק כדי קליפה - מ"מ המנהג דאין לחלק, מיהו באיסור דרבנן יש להקל, עכ"ל ת"ח, **ומשמע** דאפי' במקום שאין הפסד קצת, **מיהו** באיסור ששייך בו שמנונית, אע"פ שהוא רק דרבנן כמו שומן הגיד וקנוקנות, יש להחמיר במקום שאין הפסד קצת, וכמ"ש לעיל, משום דעכ"פ חלב הן, משא"כ באיסור כחוש לגמרי דרבנן.

ועיין בא"ח הלכות חמץ כיצד נוהגין, וע"ל סימן ס"ד אם הקרומים או חוטים של חלב נמלחו עם בשר.

י"א דבהפסד מרובה יש להתיר במליחה ע"י קליפה, אע"ג שכבר נהגו לשער כל מליחה בס', אפי' באיסור כחוש; ויש לסמוך על זה באיסור

כחוש שאינו אלא מנהג לשער בס׳ - ‹והיינו איסור כחוש ויש בו סרך וגזירת דבר שמן, ומיהו היינו בשר כחוש לגמרי שאין בו שום שומן, הוא דיש להתיר בהפ"מ אף באיסור תורה, הא חלב כחוש ודאי א"א בקיאין כלל, ואף בהפ"מ אסור באיסור תורה – פמ"ג, **אבל לא באיסור שמן שמדינא צריך ס׳.**

‹**כללא** דמילתא, בשמן ממש, בין במליחה בין בצלי בעינן ס׳, אלא דבצלי בעי ס׳ ונטילה, ובמליחה ס׳ וקליפה, **ובדבר** שיש בו סרך שמנונית, באיסור דאורייתא מקילינן בהפ"מ דדינו ככחוש, *דבצלי בעי נטילה, ובמליחה קליפה, ובאיסור דרבנן מקילינן בהפסד קצת, **ובכחוש** לגמרי, בדרבנן מקילינן לגמרי, ובדאורייתא בעי עכ"פ הפסד קצת – רעק"א›.

***‹ומ"מ** מלישנא דהרמ"א כאן דכתב להקל בהפ"מ בכחוש, דסומכים על דעת י"א דבמליחה אף בשמן סגי בקליפה, א"כ בצלי דלא שייך כן, משמע דבכחוש ויש בו סרך שמנונית אף בהפ"מ בעינן ס׳, **עי׳** במנח"י דמשמע להב"י דצלי ומליחה שוים, והיינו כמ"ש לעיל, ולדינא צ"ע – רעק"א›.

‹**ופמ"ג** מספק, באם האיסור כחוש לגמרי, וההיתר אינו כחוש לגמרי, אם אמרינן על ההיתר אין אנו בקיאים ומפטם, די"ל כיון דמפטם גופיה במחלוקת שנויה, לא מחמרינן ביה כ"כ – רעק"א›.

[**ואכתוב** מסקנת רש"ל, דמה דמצינו שיש חילוק בין בישול, למליחה וצלייה ואפייה, היינו דוקא לר"א ממי"ץ ונמשכים אחריו, שס"ל באלו ג׳ שאינו נוטל אלא מקום פעפוע וכפי אומד הדעת, **אבל אנן קי"ל כאו"ז בשם ר"י הלבן, ומהרא"י אחריהן, דדין אלו הג׳ כבישול, וצריך ס׳ בשאר איסורין, וממילא חמץ בפסח במשהו, ומ"מ לא אמרינן באלו הג׳ הויין כבישול אלא לחומרא, דהיינו שצריך ס׳ נגד החלב, ואם הוא דבוק צריך ס׳ נגד כל החתיכה, אבל לא להקל, דהיינו שלא להצריך כדי נטילה אפי׳ ביש ס׳, אלא מ"מ צריך כדי נטילה, מש"ה פסק במצה שנתכפלה קצתה בתנור קודם פסח, צריך ס׳ באותה מצה נגד האיסור וכדי נטילה, כמ"ש מהרא"י בתרומת הדשן, ולא כרמ"א באו"ח סי׳ תס"א ס"ה** ‹מצה שנתכפלה בתנור ודבוקה עד שאין שולט שם האש, קודם פסח אין לאסור רק מקום דבוקה›, **שלא הצריך ס׳ במצה**].

[**עוד מסיק רש"ל, דלא קי"ל כמ"ש הטור, דגם במליח וההיתר שמן והאיסור כחוש, דאסור הכל, דגם בצלייה הוה דבר זה חידוש דאמרינן מפטם ההיתר לאיסור ועושהו שמן, ושום מחבר לא כתב כן, מ"מ** במליחה ודאי לא מחמרינן כולי האי, אלא אמרינן כל מקום שהאיסור אינו יכול לילך ולפעפע, **אפי׳ החתיכה שמינה, שרי**], ‹וכן הביאו הש"ך בתחילת הסעיף›.

‹**עיין** בתשובת ח"ס שכתב, עובדא הוה באשה שמלחה ששה אווזות לצורך סעודת נשואין, ודרך הנחתן על נסר משופע כדרך מליחה היה כך, ב׳ על גבי ב׳, וב׳ על גביהן, ולא היו נוגעים זה בזה לא בצדיהם, ולא העליונים בתחתונים, אח"ז מצאו במעי של אחד מהן מכה המטרפת, והיה הפסד רב וצורך סעודת נשואין, **ואמרתי** אם היה ידוע לנו שהטרפה היה מונח בתחתית הנסר, לא היה שום ספק בעליונות, רק בא׳ שמונח בצדה, כי הציר זב גם למן הצד, וא"כ אותו א׳ היה בטל חד בד׳, כיון שאין איסור אלא מחמת בלוע אין כאן חהר"ל, **אך** שספק אולי היה מהעליונים, וזב הציר על כל האחרים, **והנה** גם כי כן היה אין כאן אלא איסור דרבנן דמב"מ הוא, וא"כ כיון שקרוב לודאי שיש ס׳ בהאווזות נגד הציר הזב מאווזא א׳, אם נשער באומד, **הגם** דקיי"ל לשער בכולה, מ"מ נראה לי דיש לחלק, דודאי בבישול אע"ג דחזינן עתה כמה הוא, מ"מ נימא ניתך משל עצמו ונבלע באחרים והדר בלע משל אחרים, **אבל** הכא בציר נראה לעין דאפילו באווזא א׳ יש ס׳ נגד הציר, **ונהי** דמ"מ חלילה לסמוך ע"ז, מ"מ הכא דאפשר דהיה האיסור בתחתונה, ואת"ל שהיה העליונה אולי יש ס׳, ולא הוי נמי רק מב"מ, **וגם** לכמה פוסקים לא נאסר אלא כ"ק, וא"כ כשנצלה אותו העוף צלי קדר כל אחד בפ"ע, נתבטל בס׳ האיסור הבלוע בקליפתו, נמצא דכבר קליש ליה איסורא טובא, **מצורף** לזה שכבר היה מקום להתיר גם עיקר הטריפות, דהיה שומן טהור סותם, אלא שהיה קצת ספק בזה, **מכל** הלין הוריתי שיסירו א׳ מהאווזות הה׳ הנותרים, ואותן הד׳ יבשלו כל א׳ בקדירה לבדה, ויעלה על שולחנות נפרדים, באופן שלא יבואו שנים ליד אדם אחד, ע"כ דבריו ע"ש, וקצת צ"ע›.

סעיף י - במה דברים אמורים, כשהאיסור וההיתר שניהם מלוחים. ואפילו האיסור מליח וההיתר תפל. אבל אם ההיתר מלוח והאיסור תפל, אינו צריך אלא הדחה. (וע"ל סימן ע׳, ויש אוסרין אם נוגעין זה בזה, ויש להקל במקום הפסד) - ע"ל סי׳ ע׳ ס"ק כ׳, ‹ושם מבואר, דהפסד דכתב הר"ב כאן, הפסד מרובה – פמ"ג›.

סעיף יא - זה שאמרנו באיסור מליח והיתר תפל, שאם הוא שמן אוסר עד שיהא בו ששים לבטלו, דוקא כשהיה האיסור המליח למטה וההיתר תפל למעלה, משום דתתאה גבר. אבל אם היה ההיתר תפל למטה, והאיסור המליח למעלה, אינו אוסר אלא כדי קליפה (רשב"א) – [ובטור כתב בפשט זה וז"ל, יראה שהוא סובר שחום ע"י מליחה אוסר הכל כו', והקשה ב"י, הא כתב הרשב"א עצמו שם אחר זה, שמיירי דוקא בשמן כו', וצריך כל מעיין לחפש בכל כחו להצדיק דברי רבינו הטור מקושיא תמוה כזאת, שהעתיק ראשית הדברים ולא סופן, וראיתי תיקונים ע"ז מאי דלא ניחא לי כלל, והנלענ"ד בזה, דהטור דקדק מדברי הרשב"א שחילק בין האיסור מלוח למעלה או למטה, ש"מ דטעם הדבר שאסור כולו באיסור שומן, הוא מפני שההיתר עצמו נעשה כולו רותח, ועי"ז הוא מקבל טעם איסור שהוא שומן, **אבל** הטור לא מפרש כך, אלא אע"פ שההיתר הוא צונן, מ"מ השומן שהוא בא מאיסור מלוח הולך ומפעפע בההיתר אע"פ שהוא צונן, כי הפעפוע בעצמו רותח, ונ"מ בין שני טעמים אלו, דאילו לטעם הרשב"א שהוא רותח, משמע דאילו בחתיכה א' שבולעת איסור דאורייתא ע"י מליחה, נאסרה כולה כיון שהמליחה של איסור שומן עושה רותח את חתיכת ההיתר, ה"ה נמי בכחוש בחתיכה אחת, דלא הצריכו שומן אלא מחתיכה לחתיכה דאינה בולעת בכחוש, אבל בחתיכה אחת ודאי פולטת מה שבולעת בכל חלקיה כיון שהוא רותחת, וע"ז אומר "יראה דחום שע"י מליחה", דלכאורה הוא לשון מיותר הך דחום, דהיה לו לומר דע"י מליחה אוסר הכל, אלא נתכוין למש"כ, שמשמע מדברי הרשב"א שחמימות המליחה גורמת להרתיח כל החתיכה, וממילא נאסרה כולה אפי' בכחוש, וא"א הרא"ש לא כ"כ, אלא בכחוש אין איסור אלא כדי קליפה אפי' בחתיכה אחת, וע"כ כתב הטור אח"כ שפיר, וגם מה שחילק כו', כלומר ועוד קשה על מה שחילק בין עילאה לתתאה מצד אחר, **כנלענ"ד** ביאור זה, ואף אם תמצא באיזה מקום בדברי הרשב"א שלא ס"ל כמ"ש כאן בהבנת רבינו הטור בדבריו, מ"מ ינצל רבינו מקושיא הגדולה שזכרנו, שלא עיין ברשב"א רק בתחילת דבריו ולא בסופן שהם תכופין זה לזה].

הגה: ויש חולקין ואומרים דבמליחה אין חילוק אם הוא למעלה או למטה, והכי נהוג - אלא בין הוא למעלה או למטה, לעולם המליח מבליע בתפל, ואינו בולע ממנו, **והטעם** כ' הפוסקים, דדוקא ברתיחת האור יש חילוק, דמחמת האור אותו שהוא גובר מרתיח את חבירו או מצנן אותו, כי כן הוא דרך תולדות האור, **אבל** מחמת מליחה אין כח באותו שהוא תפל לבטל כח המליחה, וכן אין כח במליח לעשות התפל מליח, כי כן הוא דרך המליחה שאינה יכולה להתבטל כי אם ע"י הדחה, ע"כ.

סעיף יב - גבינות שנעשו בדפוסי עובדי כוכבים, אע"פ שנמלחו בתוכן, מותרים. הגה: וה"ה אם נמלח היתר בשאר כלי איסור, ואפילו אינו מנוקב, דאין מליח כרותח כל כך להפליט מן הכלי מה שבלוע בתוכו - דהוי כטהור מליח וטמא תפל, כ"כ הפוסקים.

[בב"י בשם תשו' הרשב"א, שמותר למלוח בשר בכלי שמכניסין בו גוים יין לקיום, ונתן הרבה טעמים, חדא שאין זה מפליט איסור, ועוד דלא בלע אלא דבר המסתבך כשומן או ציר כו', עכ"ל, ובסי' ע' ס"ב כתבתי, שרש"ל חולק וס"ל, שאין מליחה לכלי כלל להפליט, אפי' איסור דאורייתא שנבלע בכלי].

ודוקא בדיעבד, אבל לכתחלה, אסור.

סעיף יג - מלח או תבלין שהם בקערה של בשר, מותר ליתנם בחלב - ג"כ מטעמא דלעיל, אבל מטעם דנ"ט בנ"ט לא הוי שרי, דחורפיה דמלח ותבלין משוי ליה כאילו הוא בעין, וכמו שנתבאר בסי' צ"ה.

הגה: וה"ה אם היו בכלי איסור, דמאחר שהם יבשים אינן בולעים מן הכלי - כלומר דמותר לכתחלה להניחם בכלי של איסור מאחר דהם יבשים, וכ"כ בד"מ ובת"ח. (ועיין סי' צ"א, ומשמע גבינה יבשה ממש אף שנוגעת במלח, אין אוסר אם נתנו דיעבד בבשר, ולכתחלה נכון ליזהר אף ביבשים באוכל עם מלח - פמ"ג), **אבל** בדיעבד אפי' הוא לח מותר, מטעם דאין מליחה לכלים*.

(**ובש"ך** הביא זאת בשם הת"ח, ולפע"ד נראה דיש להחמיר ולאסור אם הוא לח, משום דהא טעמא דאין מליחה לכלים, כתב הש"ך דהוי כטהור מליח וטמא תפל, **וא"כ** י"ל דהת"ח לשיטתו, שכתב דבטהור מליח וטמא תפל, אפילו אם הטהור דבר צלול, מותר, **אבל** לדעת הש"ך שם להחמיר אם הוא צלול, וכ"פ האחרונים שם, א"כ הכא אם הוא לח לא שייך אין מליחה לכלים, ואסור, **מיהו** יש לחלק בין לח לצלול, וא"כ הכא בדבר צלול אסור, **כעת** ראיתי בפמ"ג שכ', דעיקר כוונת הש"ך הנ"ל במ"ש דהוי כטהור מליח כו', היינו דאין טבע המלח להפליט מכלי אלא להבליע, אף שנמלח הכלי גופא הרבה, דבשר המלח נכנס בחלקיו ומוציא מתוכו, משא"כ מכלי, ע"ש, **לפ"ז** גם בדבר צלול יש להתיר, וכן מבואר בש"ך לעיל סימן ס"ט, שכתב דלענין אין מליחה לכלים אין חילוק, דלעולם אין כח מלח וציר מפליט כלי, ע"ש, **ואף** להמ"א שחולק על הש"ך וס"ל דציר מפליט מכלי, הא דוקא בדשהה שיעור כבישה, כדי שיתן על האור וכו', והיינו דס"ל כהדרישה שבש"ך שם).

*‹**בתפל"מ** כתב דצ"ע לדינא, די"ל דדוקא בבלע שע"י מליחה, אבל בבלע ע"י בישול, יוצא במליחה, **וע'** בבאר שבע חולין שכתב, די"ל דדוקא בכלי עץ אמרינן דאין מליחה להפליט, אבל לא בכלי חרס, וכ"כ התפל"מ בכוונת הרא"ש, **ובש"ד** כתב בשם האו"ה, דאפי' בכלי חרס אמרינן הכי, ע"ש – רעק"א›.

רק שהכלי הוא נקי ואין איסור דבוק בו - ומן הסתם אמרינן שהיה נקי, וכן משמע בת"ח, וכן הוכחתי בר"ס צ"ה.

והמחמיר לכתחלה, תבא עליו ברכה - ‹ועיין בט"ז לעיל סוף סימן צ"ה, שחולק על דברי רמ"א שם ס"ז, שכתב בזה והמחמיר תבא עליו ברכה, והוא כתב דחומרא גם כן ליכא בכלי שיש בו מלח או תבלין, והביא ראיה לדבריו, והאחרונים הסכימו לרמ"א – מחה"ש›.

סעיף יד - מלח הבלוע מדם, כגון ממליחת בשר, ונתנוהו בקדרה, או שנתנו בקדרה בשר מלוח בלא הדחה, אם יש ס' כנגד המלח, מותר - ולא סגי בששים נגד דם הבלוע בו, דלא ידעינן כמה דמא בלע.

הגה: אעפ"י שהמלח עדיין נותן טעם בקדרה, מאחר שאין המלח אסור מחמת עצמו, אלא מחמת דם שבתוכו, דכל מקום שאין האוסר יכול לילך שם, אין הנאסר אוסר יותר מן האוסרו.

[ומש"כ הטור כאן סוף הסי', צריך לשער כאילו כל הדם מלח, ‹דהטור מביא דעה א', דמלח הבלוע מדם בטל כשיש ס' נגד המלח, אף שטעמו נרגש, כיון דאין המלח אסור מחמת עצמו, ודעה ב', דכיון דהמלח נימוח עם הדם, מוליד האיסור עמו, וצריך לשער כאילו היה הדם כולו מלח›, **פי'** דלא מהני ס' כל זמן שהטעם נרגש, ‹דהמלח הוי כמו איסור מחמת עצמו, אבל עכ"פ שייך ביה ביטול›, **וע"ז אמרו אפי' באלף לא בטל מידי דנותן טעם, דהיינו כל שהוא נותן טעם**, ‹ר"ל והא דאמרינן דמידי דעביד לטעמא וכו', היינו כל זמן שמרגישין הטעם›, **לאפוקי מדעה ראשונה**, ‹דס"ל דאפי' מרגישין הטעם מהמלח, בטל ג"כ, דאין איסורו מחמת עצמו – אמרי בינה›, וכ"כ רמ"א סוף סי' צ"ח].

§ סימן קו – דין האיך מבטלין בששים §

סעיף א - חתיכה שבלעה איסור, ואין בה ס' לבטלו, שנפלה לקדרה, אינה אוסרת אלא לפי חשבון איסור שבה, שאם יש במה שבקדרה מצורף עם החתיכה עצמה ששים כנגד איסור הבלוע בה, מותר מה שבקדרה - היינו לדעת המחבר דס"ל דלא אמרינן חנ"נ בשאר איסורים, משא"כ לדידן, וכמו שמבאר הרב והולך, וע"ל סי' צ"ט ס"ג וס"ה.

אבל החתיכה עצמה אסורה, לפי שאיסור שבה אינו נפלט ממנה לגמרי, (וכן עיקר, ודלא כמו שכתב לעיל סימן ל"ב, דאף אותה חתיכה מותרת) - כ"כ הרשב"א, דאפי' לרבינו אפרים וסייעתו דלא אמרינן חנ"נ בשאר איסורים, אפשר לסוחטו אסור, והחתיכה עצמה לעולם אסורה, וכ"כ הרבה פוסקים, וכן הסכמת האחרונים, **ויש** פוסקים דה"ה אפשר לסוחטו נמי מותר, ולא קי"ל הכי, **מיהו**

[ט"ז] ‹רעק"א או ש"א או הוספת הסבר› (פת"ש)

הלכות תערובות
סימן קו – דין האיך מבטלין בששים

לדידן דקי"ל חנ"נ בכל האיסורים, פשיטא דלכ"ע החתיכה לעולם אסורה.

‹**ומ"מ** אם נתערבה בחתיכות אחרות בטלה, דלא הוי חהר"ל כיון דאין איסור מחמת עצמו, **ונראה** דבטל ברוב, דל"ש שמא יבשל ויתן טעם, דהא טעם החתיכה עצמה שנאסר הוי עם חתיכות אחרות מב"מ וליכא טעם, **ואי** דדלמא ליכא ס' נגד טעם האיסור שנבלע בהיתר, דאפי' למאן דלא ס"ל חנ"נ, מ"מ החתיכה אסורה כמ"ש המחבר, הרי דחיישינן דנשאר הבלע בתוכו, **מ"מ** י"ל דהחשש רק דנשאר בו דבר מועט, ואינו חוזר להיתרו כיון דלא נפלט כולו, וא"כ לא יתן טעם בחתיכות האחרות, ודו"ק – רעק"א›.

[**הטור הקשה ע"ז: ואיני מבין** ‹דבריו, דכיון דהכל מצטרף לבטלו, ע"כ הטעם מתבלבל בכולו, א"כ נתבטל, ואמאי החתיכה אסורה, ע"כ›, **והב"י הקשה ע"ז, דהא אף אם היה ברור לנו שאין הכל מתפשט ומתבלבל בכולו, אנו מצריכים ס' נגד כולו, וכדאמרינן גבי כחל כו', ובד"מ דחק ליישב, דשאני הכא בטיפה שנפלה על החתיכה, שאפשר להתיר כולה ע"י ניעור וכיסה. ואני אומר שכל עיקר הוכחת רבינו הוא מן סוגיא דכחל, דאותה קושיא עצמה שמקשה רבינו מקשה תלמודא שם, "אלא מעתה נפלה לקדירה אחרת לא יאסר", וכתבו התוס', כיון דבכולה משערינן א"כ נפיק כולה, וא"ת דלמא הא דמשערינן בכולה משום דמספקא לן אי נפיק כולה, ולכך נפל בקדירה אחרת אוסר משום דדלמא לא נפיק כולה, ותירצו במסקנא דהכי פריך, כיון דאמרת דכחל מן המנין, אלמא לא חשבינן ליה חתיכה דאיסורא, ולא אסור אלא משום חלב הכנוס בגומות שבתוכו, וא"כ נפל לקדירה אחרת לא יאסור, דכל מה שסופו לצאת מן החלב יצא לקדירה ראשונה, עכ"ל, ומשני בגמר', כיון דאמר ר' יצחק וכחל עצמו אסור, שוויה רבנן כחתיכת נבילה, וכתבו התוס' שם לעיל מיניה וז"ל, וא"ת מאי טעמא הכחל עצמו אסור, והלא כל החלב הכנוס לתוכו בגומות נפלט לחוץ, ונפלט בשוה לכל החתיכות, כדקאמר בסמוך אלא מעתה, משמע דפשיטא ליה שיוצא כולו כמו שאפרש בסמוך, וי"ל מפני שתחילת בישולו קודם שיצא החלב לגמרי נאסר החלב שבכחל מפני טעם הבשר שבו, הלכך אף לאחר שנגמר בישולו שכבר יצא כולו תו לא לשתרי, דאפשר לסוחטו אסור, עכ"ל]. הרי דברי רבינו נכונים לפי"ז, *דגם כאן קשה קושיית המקשן, דהא הכל מצטרף אפי' החתיכה עצמה לס', ש"מ דאין עליה שם נבילה כמו שמקשה גבי כחל ממש, אלא דכאן לא שייך התירוץ דלשם, שמשני כיון דאמר ר' יצחק וכחל עצמו אסור כו', פירושו לפי התוס' משום דאפשר לסוחטו אסור כמו שזכרנו, והנה כבר כתב רבינו בסי' צ"ב, דלא אמרינן אפשר לסוחטו אסור אלא בבב"ח, וע"כ גם בכחל י"ל כן, דהא גם שם האיסור משום בב"ח, ואע"ג שהוא מדרבנן כיון דחלב שחוטה, מ"מ כל דתיקון רבנן כעין דאורייתא תיקון, נמצא דכאן בסי' זה דמיירי בשאר איסורין ואפשר לסוחטו מותר, נשאר הדבר כקושיית המקשן, דאפי' חתיכה מותרת,** ‹דסובר הטור כפי' התוס', דיוצא מתחלה הכל אלא דנ"נ קודם, וזה לא שייך בשאר איסורים דלא נ"נ, ומסתמא יוצא – פמ"ג›, **ודעת הרשב"א בפי' הגמר' דכחל, דאמרינן נפלה לקדירה אחרת אוסרת, הוא מטעם אחר, דכתב התה"א שאנו חוששים שלא פלט כל חלבו בקדירה ראשונה, וכמ"ש בסי' צ' ס"א להרשב"א, וא"כ אין חילוק בין בב"ח לשאר איסורים, ע"כ אוסר החתיכה עצמה, נמצא הכל ניחא בס"ד].**

*‹**לא** ידעתי הדמיון, דהתם כוונת התוס', דזהו פשיטא ליה להש"ס מסברא דבגמר בישול יוצא כל החלב שבתוכו, **והא** דקאמר אלא מעתה, היינו דלא נימא דבתחלה נבלע טעם החלב בבשר הכחל, וכעין סברת דבוק, ולזה אמר אלא מעתה דהכחל מהמנין, ע"כ דהטעם מתפשט בשוה ולא נבלע תחילה בבשר הכחל, דאל"כ נימא שחתיכה עצמה נ"נ, דבב"ח דרבנן אמרינן ג"כ דנ"נ, **וכיון** דמוכח דהטעם מתפשט בשוה, ממילא נפל לקדירה אחרת לא יאסר, דהבעין בודאי הכל יצא לחוץ, **משא"כ** הכא דנבלע מקודם האיסור בחתיכה, שפיר אמרינן דשמא לא יצא כל הבלע לחוץ, דאין הגעלה באוכל, ומה דהחתיכה מצטרפת, משום דלא נ"נ בשאר איסורים – רעק"א›.

‹**עיין** בתשו' נו"ב שכתב, דאף דקי"ל אפשר לסוחטו אסור, מ"מ אם בלע איסור שהוא מינו, וקיבל איסור זה ע"י מליחה, יש מקום לומר אפשר לסוחטו מותר, ואף אותה חתיכה מותרת, אף לדידן דקיי"ל חנ"נ בשאר איסורים›.

מה שאין כן בדבר הנבלל ונימוח, שאם נפל דם וכיוצא בו לתוך רוטב של היתר, ואסרו מחמת מיעוטו, ואח"כ נתרבה הרוטב של היתר עד שיש בין כולו ס' לבטל הדם, כולו מותר, שהכל נבלל ונתערב.

הלכות תערובות
סימן קו – דין האיך מבטלין בששים

הגה: ולפי מה שנוהגין לומר דבכל האיסורים חתיכה נעשית נבלה - פי' וגם בנתערב איסור לח בהיתר לח אמרינן חנ"נ בשאר איסורים במקום שאין הפסד גדול, וכמ"ש בהג"ה סי' צ"ב ס"ד, אין חילוק כו', ‹**דקשה** ליה, דהא להמחבר נמי אין חילוק בין לח ליבש אלא לענין זה, ע"כ מפרש הש"ך כוונת הרמ"א על דרך זה, דלהי"א בסי' צ"ב ס"ד דלא אמרינן חנ"נ בלח בלח, א"כ יש עוד חילוק בין לח ליבש, **ע"ז** כתב הרמ"א דלפי מה שנוהגין לומר בכל האיסורין חנ"נ, דהיינו גם בלח בלח, אין חילוק בין לח ליבש אלא החילוק שכתב המחבר, פמ"ג – אמרי בינה›.

אין חלוק בין דבר לח לדבר יבש, אלא לענין זה, דאם הנאסר כבר הוא דבר יבש ויש ס' כנגדו, החתיכה הנאסרת תחלה נשארת באיסורה, וצריך להסירה משם אם מכירה, ואם אינו מכירה, בטילה אם אינה חתיכה הראויה להתכבד - לכאורה משמע דקאי אשאר איסורים דעסיק ביה, וקשה דא"כ אפי' יהיה חה"ל בטילה כיון דאין איסורה מחמת עצמה, וכמו שנתבאר בר"ס ק"א, **וצ"ל** דהמשך לשון הרב כך הוא, ולפי מה שנוהגים לומר בכל האיסורים חנ"נ, א"כ כל האיסורים דינן שוה לבשר בחלב, ולעולם אין חילוק ביניהם לענין לח ויבש, רק לענין דאם הנאסר כבר הוא דבר יבש ויש ס' כנגדו, דאז בין בבשר בחלב בין בשאר איסורים חתיכה הנאסרת תחלה נשארת באיסורה, וצריך להסירה משם אם מכירה, **ואם** אינו מכירה בטלה אפי' בבשר בחלב אם אינה ראויה להתכבד, דאילו ראויה להתכבד בבשר בחלב לא בטלה, דחשיב איסור מגופו, כיון שכל אחד בפני עצמו מותר, וכמו שנתבאר בר"ס ק"א, **ואם** הוא דבר לח, בין בבשר בחלב בין בשאר איסורים הכל מותר אי איכא ששים נגד מה שנאסר תחלה, **מיהו** הא דבעינן ששים נגד כל מה שנאסר בתחלה בדבר לח, היינו במקום שאין הפסד גדול, אבל במקום הפסד גדול לא אמרינן בכה"ג חנ"נ בשאר איסורים, רק בבשר בחלב, וכמ"ש הרב בסי' צ"ב ס"ד.

ואם הוא דבר לח, הכל מותר מאחר דאיכא ס' נגד מה שנאסרה תחילה. ועיין לעיל סימן צ"ב ול"ט - ‹בכו"פ תמה על הרמ"א, כיון דמודה דבלח אפשר לסוחטו מותר, א"כ איך שייך לומר לדידן דנוהגין לומר דחנ"נ אין חילוק בין לח ליבש, הא כיון דבלח אפשר לסוחטו מותר, ל"ש כלל לומר לגביה חנ"נ, ע"ש שהאריך, {**וז"ל** הפלתי: הא הגמרא ק"ח. פריך: מה קסבר אי אפשר לסוחטו מותר, חתיכה אמאי נעשה נבילה, אלא קסבר אפשר לסוחטו אסור. הרי דא"א לומר אפשר לסחטו מותר וחנ"נ, וא"כ איך ס"ד בלח ולח נעשה נבילה, והא קי"ל אפשר לסוחטו מותר, **ויש** ליישב קושיא זו, דכל הטעם דאפשר לסוחטו אסור הוא כמ"ש הש"ע, שאיסור הבלוע אינו נפלט לגמרי, וזה בלח בלח לא שייך, דהא נבלל בטוב, עכ"ל}, **וכ"ז** לשיטתו ששינה ושילש דהרשב"א אוסר החתיכה עצמה, דס"ל דאף דלא אמרינן חנ"נ מ"מ אפשר לסוחטו אסור, ולא תלי אהדדי, **ונפלאתי** מאד על כבודו, הא מבואר בחי' הרשב"א ובתה"א דאפשר לסוחטו אסור, היינו דמה שנפלט ממנו אסור כולו אף טעם היתר, דחנ"נ, ואפשר לסוחטו מותר, היינו דסחיטת ההיתר שנסחט ממנו מותר דל"א חנ"נ, **וס"ל** להלכתא דאפשר לסוחטו מותר, ומה שאסר החתיכה היינו מסברא דאין הגעלה באוכלין, דחיישינן שמא לא נפלט הטעם, וזהו ל"ש בלח שמתפשט בשוה, מש"ה בלח בלח מותר, **וא"כ** עולים דברי הרמ"א בפשוטו, דלפ"מ דקי"ל דחנ"נ, היינו דאפשר לסוחטו אסור, ממילא גם בלח אסור, דאין חילוק בין לח ליבש, **זולת** בהפ"מ סמכינן על הראב"ד, דמחלק גם למ"ד חנ"נ בין לח ליבש, כ"ז נראה בפשיטות, והאריכות למותר, לולי שראיתי שבכו"פ לא כ"כ. **ומה** שכתב שם לחלק בדעת הרשב"א בין נבלע בלח על ידי בישול ובין נבלע לח בלח בצונן, ע"ש, זהו נסתר מהרשב"א בתהה"א – רעק"א›.

‹**ועיין** בב"י שכתב בשם תשו' הרמב"ן, דאף קפילא לא מהני, כיון דמ"מ נשאר מעט בתוכו אף שאינו נ"ט, כיון דכבר נאסר החתיכה אינו ניתר עד שנפלט האיסור ממנו לגמרי מכל וכל, ע"ש, {**מטעם** הואיל וחל שם איסור עליה, ומיהו אם בא אליהו ואמר שנפלט לגמרי, היה מותר, אלא שאין במציאות – פמ"ג, **ועיין** בסי' צ"ב תחילת ס"ד שכתב עוד צד בזה, אבל הכריע כמ"ש כאן}. **ויש** לעיין, דאפשר בלא"ה לא מהני קפילא, דהוי חזקת איסור, ועיין – רעק"א›.

‹**והנה** אם בשלו אותה חתיכה שטעם קפילא ואמר דליכא בה טעמא, עם אחרות, אף דליכא ס' נגד הבלוע מותר, דהא להרשב"א דס"ל לא אמרינן חנ"נ, ואותן חתיכות מצטרפות לבטלה, א"כ הכא שטעם הקפילא והוי ששים באותה חתיכה נגד הבלוע בה, מיבטל בתוכה שלא לאסור אחרות, **ואף** לדידן דקי"ל חנ"נ, מ"מ אפשר להתיר בהפ"מ, ולסמוך על דעת הט"ז דמשהו אינו מתפשט מהחתיכה, וא"צ כלל לבטלו, **וכן** הוא להדיא בהרשב"א ובתה"א, דלדעת רבינו אפרים אינו יוצא

מהחתיכה, וא"כ אף דקי"ל חנ"נ, מ"מ כיון דאין משהו מתפשט לחוץ, ממילא הרוטב מותר, דאין הנאסר יכול לאסור, **ואף** דאנן לא סמכינן אקפילא, מ"מ נ"מ בנדרים וכה"ג דיכול הישראל למטעמיה, אם נאסר החתיכה שלא היה ס', ואח"כ בישלו עם אחרות, והישראל טעם אותה החתיכה ואמר שאין בה טעם, אם בישלה אח"כ עם אחרות מותרים, דאין משהו יכול להתפשט לחוץ, כנלענ"ד – רעק"א.

סעיף ב - חתיכה שיש בה חלב שנתבשלה בקדירה שיש בה ס' לבטל החלב - ולדידן דקיימא לן חנ"נ בכל האיסורים, וכן באיסור דבוק צריך ששים נגד כל החתיכה, ה"ה הכא צריך ששים נגד כל החתיכה שהחלב דבוק בה, ואפי' הכי החתיכה עצמה אסורה.

צריך ליזהר שלא יסיר שום דבר מהקדירה בעוד חתיכת האיסור בתוכה, דחיישינן שמא תשאר באחרונה בשעה שאין בקדירה ס' לבטל החלב - (עי' בתשובת תפארת צבי שכתב, דה"ה בכבוש, אם נתבשל איסור בקדירה והיה ס', ואח"כ נצטנן התבשיל ונתמעט ההיתר, שעכשיו אין ס', דאם נכבש כשיעור כבישה אוסר עתה התבשיל, דלא כרב אחד שרצה לומר שאינו מוסיף בליעה יותר ע"י כבישה, ע"ש).

וגם לא יוציאנה תחלה, שחלב שבה יאסור אותה - פי' כשיוציאה ותהיה חמה, אם כן יאסר החתיכה מחמת החלב שבה, שאין בה ששים לבטלו, אבל כשמניחה בקדירה הטעם הולך בכולו בשוה, ואין החתיכה נאסרת.

ומה תקנתה, יניחנה עד שתצטנן הקדירה –

[**משמע דאם יניחנה תהא מותרת, ולא דמי למ"ש בס"א דהחתיכה נשארה באיסורה, דהתם נאסרה החתיכה כבר ע"י בליעה, ע"ז אמר שאינה פולטת כל האיסור הבלוע, משא"כ כאן שלא בלעה מחלב שעליה עדיין, אלא עכשיו ע"י בישול, ובאותה שעה הולכת פליטת הבליעה בכל הקדירה בשוה כמו באותה חתיכה עצמה, כיון דלפי סברא זו לא אמרינן חתיכה עצמה נ"נ בשאר איסורים, וזה פשוט**].

ואין להקשות, דהא ע"כ החתיכה נמלחה תחילה, דאי לאו הכי היתה אסורה משום דם, והיה צריך ששים בתבשיל נגד כולה, וכמו שנתבאר בסי' ס"ט סי"א, **וא"כ** ע"כ נאסרה תחלה משום שנמלחה עם החלב שבה, ושוב אינה חוזרת להיתירה, וכמ"ש הרשב"א והמחבר בס"א, **י"ל** דמיירי שהוא חלב דרבנן, או חלב של בהמה כחושה, דאינו אוסר במליחה אלא כדי קליפה, לדעת הרשב"א והמחבר בסי' ס"ד ס"כ וסי' ק"ה, ‹**קשה** לי, דא"כ איך כתב הרשב"א, דאם יוציאנה חלב שבה יאסור אותה, דמשמע דכל החתיכה תאסר, הא אחר שיוציאנה והיא בלא רוטב הוי רק צלי, ולא נאסר רק כדי נטילה – רעק"א›, **א"נ** מיירי שהיה בחתיכה ששים נגד החלב, ואח"כ קודם הבישול נחתך ממנה.

[**גם מה שכתב הטור וז"ל: וזה לפי סברתו,** ‹דברי הרשב"א שהוא כלשון המחבר›, **שאף לאחר שנתבטלה לא חזר להיתרה, אבל לפמ"ש שלאחר שנתבטל האיסור שבה בששים אינו אוסר עוד וחוזר להיתרה, אין לחוש, ומ"מ יש לחלק, אע"פ שחתיכה שבלעה איסור מתבטל האיסור שבה בס', ואינו אוסר עוד, חתיכה שחלב שבה הוא בעין אינו מתבטל, ואע"פ שיש ס' כנגדו חוזר ואוסר, עכ"ל, וכתב הב"י שהם דברים פשוטים לא נתנו להכתב**].

[**ונלפע"ד דדברי רבינו הם לנו לעינים ולתועלת לתרץ קושיא אחת, והוא, מחמת שכתבו התוס' שהבאתי בסמוך, דעיקר הקושיא "אלא מעתה נפלה לקדירה" כו', הוא מחמת דכל מה שסופו לצאת מן החלב יצא בקדירה ראשונה, והרי החלב של הכחל הוא בעין בכחל, וע"כ נשאר בה גם לאחר גמר בישול, דאל"כ האיך אמרו במשנה לא קרעו לאחר בישולו מותר ללישנא קמא דפרק כ"ה, מטעם דלא גזרו רבנן ע"ז כיון שלא פירשה, כמו שפי' רש"י שם, וע"כ לומר שהאיסור שיש בחלב הכחל הוא הולך ממנה בגמר הבישול, דהיינו טעם הבשר שנכנס לתוכו מן הקדירה, דאילו מטעם בשר הכחל אין איסור כמש"כ שם, וע"כ אמרינן אע"פ שנאסרה החלב שם בכחל, מ"מ כל האיסור שבה הולך לגמרי בקדירה ראשונה,** ‹**ולפענ"ד** הן תמוהין מן המתמיהין, דמה בכך שיצא הטעם בשר ממנו, מ"מ כיון שחלב נשאר בתוך הכחל, כשנופלת לקדירה אחרת תחזור ותבלע החלב טעם בשר מקדרה אחרת, **ועוד**, דמהיכי תיתי יצא טעם הבשר מהחלב, כיון שהחלב מועט ונתבשל ביורה של בשר מהיכי תיתי לא יהיה במעט החלב ג"כ טעם בשר, ואטו אם יפול כזית בשר לתוך יורה של חלב נאמר ג"כ דבגמר הבישול יצא כל חלבו ממנו ואינו אסור מדאורייתא, ישתקע הדבר – חוו"ד›, **וה"נ**

נימא כאן דכל מה ששייך לילך מן החלב לאותה חתיכה שדבוק בה כבר יצא בבישול קדירה, וכשתוציא אותה נהי דהוה כמו קדירה אחרת, מ"מ כבר הלך משם מה ששייך לילך ממנו, ודאי אם נפל החלב למקום אחר חוזר ואוסר, דאז עושה פליטה חדשה, משא"כ כאן בחתיכה זו שכבר קבלה מן החלב זה, והיא שבעה ממנה, ומה יעשה אח"כ עוד, ודא ודאי קושיא היא, אלא שדחה אותה רבינו שיש לחלק, שכיון שהאיסור בעין, חוזרת לפליטה חדשה בקדירה אחרת אפי' לאותה חתיכה שדבוק בה, ודבר פשוט הוא שגם לרשב"א מותר אפי' אותה חתיכה כאן, כיון דבאותו פעם שהחלב פולט לאותה חתיכה יש לה סיוע משאר חתיכות כההיא דלעיל].

הגה: ולפי מה דקיימא לן חתיכה נעשית נבלה - פי' וא"כ החתיכה זו עכ"פ אסורה משום איסור דבוק, **מסיר החתיכה האסורה משם** - שהרי אינו מזיק כלום במה שמסירה, וא"כ לא יניחנה בחנם בקדירה, **והשאר מותר** - ודברי העט"ז בסעיף זה אינם מכוונים.

‹והא וודאי כשמוציא האיסור, לא יוציא בכף אלא בקיסם, גם יזהר שלא יגע בקדירה, דאז יאסר הקדירה עכ"פ – פמ"ג›.

§ סימן קז – דין המבשל ביצים ודבר מיאוס הנמצא בתבשיל §

סעיף א- המבשל ביצים הרבה בקליפתן, לא יוציאם מהמים שנתבשלו בהם עד שיצטננו, או יתן עליהם מים צוננים לצננם ואחר כך יוציאם, משום דחיישינן שמא ימצא באחת מהן אפרוח, ואם היה מוציא מהם קודם שיצטננו, שמא היתה נשאר אותה שיש בה אפרוח עם האחרונות והיתה אוסרתן, לפי שלא היה נשאר שם ששים לבטלה – [בת"ח דקדק, מדלא כתב השו"ע דאם לא עשו כן אסור, שמע מינה דדוקא לכתחילה קמזהיר, ובדיעבד מותר כיש מתירין שזכר רמ"א].

הגה: ואם לא עשה כן, אלא עירה אותן לקערה, ונמצא אחת מהן טרפה, יש אוסרין הכל דחיישינן שמא הטרפה נשאר לבסוף ולא היה ששים בקדרה לבטל, ונאסר מה שבקדרה וחוזר ואוסר כל מה שבקערה.

[וכתב או"ה, דאם לא עירה אותן לקערה, אלא נשארו בקדירה ועירה הרותחין מהן, ג"כ אסור, דשמא היתה ביצה אסורה בשולי הקדירה, ונאסרו הביצים שאצלה, דעד הנה שהיו המים מוליכין הטעם לכל הביצים, היו כולן מסייעות לבטל, והשתא דליתנהו, אין שאר הביצים מסייעות לבטל, **ומאחר** שע"י לחלוחית מים שעליהם אוסרים מיהא גם האחרים שנוגעים אח"כ באותה שנגעה בביצים האסורות, לכן אסורות כולן ואפי' הם מאה, עכ"ל].

וכן בדגים קטנים שנמצא דג טמא בקערה, ולא עירה כולם בפעם אחת אל תוך הקערה, דאז יש לחוש שמא נשאר האיסור לבסוף – [ואם יש ספק בדבר אם עירה בפעם אחת, משמע בטור להחמיר, וכן כתב או"ה].

[בהך מילתא דדגים שהוזכר בטור, פירש ב"י ורמ"א שעירה הדגים מן המחבת לקערה, וחיישינן שמא נשאר שם הטמא, ותמוה לפי"ז מש"כ הטור, ויש מתירין מפני שאותן מעט דגים שנשארין בטלין ברוב, ואין חוזרין ואוסרין השאר שבמחבת, היה לו לומר שבקערה, וצריך לדחוק דה"ק, במה שבא לקערה מהמחבת, **אבל** י"ל דהטור מיירי דהדגים נשארו במחבת, רק שהורק הרוטב, ויש חשש שמא נשאר הטמא בשולי המחבת, וכמ"ש לעיל בשם או"ה, ולענין דינא חדא הוא].

ויש מתירין בכל ענין, דלא מחזקינן איסור לומר דנשאר האיסור בלא ס'. וכן עיקר.

נלפע"ד מוכח, דריב"א וסייעתו, ‹צד האוסרים›, דהיכא דעירה הרוטב מתחלה לכלי ולא הדגים, אפ"ה כולם אסורים, דחוששין שמא נשאר הדג טמא בצד מטה בסוף כשמתמעט הרוטב ע"י עירוי, עם מעט מים ורוטב עם כ' או ל' דגים או יותר עד פחות מששים, וא"כ נאסרו אותן הכ' ול', אע"פ שמערה לבסוף כל הרוטב לכלי, שכל אותן דגים שחוץ לרוטב לצד מעלה אין מצטרפין לבטל כיון שהן חוץ לרוטב, **ואח"כ** חוזרים

הלכות תערובות שסט
סימן קז – דין המבשל ביצים ודבר מיאוס הנמצא בתבשיל

אותן הכ' ול' ואוסרים בנגיעתן השאר דגים שבמחבת שמונחים עליהם במחבת בעודם חמים, **או** שמתערבים במחבת אותם שחוץ לאיסור לצד מעלה עם אותן שהיו במיעוט מים לצד מטה שבסוף העירוי, עד שנוגעין הכל זה בזה, א"כ נאסרו כולם, ‹**כדי** קליפה, וא"כ לסברא זו אע"פ שהדגים שנאסרו בודאי מתבטלים בשאר דגים, דהא יבש ויבש נינהו ובטיל חד בתרי, מ"מ כולם נאסרים כדי קליפה – פר"ח›, **ודעת** ר' ברוך בעל סה"ת וסייעתו שהביאו כל הפוסקים לשם ומסכימים לדעתו, הוא, דנהי דאיכא למיחש דנאסרו הכ' או הל' שבסוף העירוי, מ"מ בטלים ברוב, לפי שדרך להיות הרבה דגים קטנים, דיש רוב נגד אותן שנאסרו, **ואין** אותן שנאסרים חוזרים ואוסרים השאר בנגיעתן, דכיון דאין איסורן מחמת עצמן אין חוזרין ואוסרין בלא רוטב, וכמו שנתבאר בסי' ק"ה ס"ז, וכבר עירה כל הרוטב לבסוף לכלי, ובקערה ליכא רוטב, **א"נ** הרוטב שבקערה כבר נעשה כלי שני, ואינה אוסרת כלל, א"כ לא נתערבו אלא ביבש ובטלים ברוב.

אבל אם נשאר מעט מים ורוטב במחבת, הרוטב מערב הטעם בכל המחבת, וכן אם לא עירה כל הרוטב ואח"כ הדגים, רק עירה הדגים מעט מעט עם הרוטב, הכל אסור, אף לר"ב, כדי קליפה, דעירוי מבשל כדי קליפה, וכמו שנתבאר בסי' ק"ה.

ודעת ר"ש, דמתיר מטעם דתלינן דאיסור ברובא איתא, **נראה** דעכ"פ בעינן שיהיו אותן של צד מעלה הרוב, ואם כן בביצים דאסר ר"ב מטעם שאין רגילין להיות רוב, אף לר"ש אסור, **ולא** אבין מ"ש מהרש"ל, דלר"ש מותרים אף הביצים, [וכ"כ הט"ז], וכן משמע בת"ח שם וכאן בהג"ה.

‹**והמ"י** יישב זה כמו שאבאר, דוודאי מיירי שיש ביצים עד"מ יותר מקכ"א עם המים כו', והשתא כ"ז שיש ס' למטה, אז יש למעלה חוץ למים עכ"פ יותר מס' ביצים, ותלינן איסורא ברובא איתא למעלה, **משא"כ** לר"ב דלא תולין איסורא ברובא איתא, תו נאסרו נ"ט או ס' ביצים, וליכא רוב להתיר, דהר"ב סובר כפל בעינן להתיר ביבש, **והש"ך** בסימן ק"ט לשיטתיה, דמשהו יותר סגי, כן הבנתי מתוך המ"י – פמ"ג›.

מיהו ודאי הא קושטא דלר"ש מותר אפילו לא עירה המים לבסוף, כיון דתלינן דהדג טמא היה ברובא, וכן משמע בת"ח שם.

[**וכתב** רש"ל, מדזכר הטור דעת ר"ב, כוותיה קי"ל, ויש להחמיר בביצים, **ולפי"ז** יש להחמיר גם בנ"מ השני שזכרתי בדגים עצמן, דלטעם ר"ב אם נשאר מים או רוטב עם מעט הדגים לבסוף, ועירה אותן לקערה, הכל אסור, דעירוי ככלי ראשון, ולפי טעם הראשון אין חילוק בזה, **אלא** שכתב רש"ל, שאין המים שבקערה אוסרים הדגים כולם מחמת תערובות, כיון שהם בכלי שני, ואותו מעט מים שנשאר בקדירה ג"כ אין כח להפליט ולהבליע בדגים שבקערה, **וג"כ** אין לומר שאותו מעט מים גופא הנאסר בסוף הערוי יאסר הדגים שבקערה, לפי שבטל בקערה בס', עכ"ל, ‹**ולכאורה** קשה, דהא עירוי אינו אוסר יותר מכדי קליפה, **ונראה** דהרש"ל לשיטתו דס"ל דדבר גוש הוא כלי ראשון, כמ"ש בשמו הש"ך בסימן ק"ה, ומש"ה אוסר בששים, דדוקא במערה על צונן דתתאה גבר ומקרר לעליון ולא בלע רק אדמיקר ליה, מש"ה אינו בולע רק כדי קליפה, **אבל** מערה על דבר גוש שהוא ככלי ראשון, דאין שום דבר המקררו, מבליע עד ששים – חוו"ד›, **לפי"ז אם יש לחוש שאין ס' נגד אותן המים שנשארו בקדירה, ודאי יש לאסור כל הדגים אח"כ**].

ולענין דינא הנה כל הפוסקים הנ"ל עומדים בשטת ר"ב, [**אבל** דעת רמ"א לפסוק כטעם הראשון שהוא דעת הר"ש, דלא מחזקינן כלל איסורא לומר שהיה האיסור בסוף, **ונתן** טעם בת"ח וז"ל, ועוד דמאחר שיש להסתפק בדבר אזלינן לקולא, דלא גרע מאילו נסתפק לן בנשפך הרוטב, דכל שיש שם לבטלו במינו ברוב, לא הוה אלא ספיקא דרבנן ואזלינן לקולא, עכ"ל, וזה אינו נכון, דכיון דהספק הוא אם יש כאן איסור תורה, אמרינן הוה כודאי איסור תורה, וכאילו היה בבירור האיסור למטה בקדירה, נמצא שאין לך מעלה אלא במה שביטל חד בתרי, ואכתי יש איסור מדרבנן וצריך ס', **משא"כ** בנשפך הרוטב דיש ב' מעלות, האחד ביטול ברוב שהוא מן התורה, והשני ביטול בס' מדרבנן, וכיון דהוא ספק בביטול שהוא מדרבנן, אזלינן ביה לקולא, **ודבר** זה הוא כלל בכל מקום, שלא נחשב ספק איסור דאורייתא להיתר מחמת שיש לך ביטול ברוב].

[**ע"כ** נראה להחמיר כדעת רש"ל, דבביצים אסור, ובדגים מותר כל זמן שאפשר שיש ס' נגד המעט מים שנשאר בקדירה].

ובאמת יש לעיין בדבר, דהא טענת הרב בת"ח לכאורה נכונה היא, דלא גרע מנשפך דאזלינן לקולא וכמו שנתבאר בסי' צ"ח ס"ב, משום דכיון דהוי דרבנן,

הלכות תערובות
סימן קז – דין המבשל ביצים ודבר מיאוס הנמצא בתבשיל

ויש ספק אם יש שם ששים אזלינן לקולא, א"כ ה"ה הכא, **וגם** טענה השנייה נכונה היא, כיון דקי"ל כהרשב"א והטור ס"ס קי"א, דהכל נכנס בספק, ולמה לא יצטרף כאן הכל לבטל, **ודוחק** לומר דדוקא גבי ב' קדרות של היתר שנפל איסור לתוך א' מהן, ואין ידוע לאיזה נפל ואין בכל א' מהן לבטלו, הוא דקי"ל דשתיהן מצטרפות, כיון דהשתא יש ספק לפנינו ולא נודע לאיזה נפל, אם כן אכל חדא וחדא איכא למימר דהאי דהיתירא היא, ונהי דחדא מינייהו ודאי דאיסורא היא, מ"מ כיון דלא נודע איזהו שניהם מצטרפין, מה שאין כן הכא דלעולם לא נודע איזהו, ונתערבו יחד קודם שנולד הספק, **דאדרבה** איפכא מסתברא, דהא גבי ב' קדרות שרינן להו מטעם שכל שעתיד להתערב רואין אותו כאילו הוא כבר מעורב, כ"ש אם הוא מעורב כבר, **ודוחק** לומר דכל הנך פוסקים לא ס"ל כהרשב"א והטור, ועוד דא"כ לא הוה לן לפסוק כוותייהו, כיון דכל הנך פוסקים חולקים עלייהו, ובפרט שהם מחמירים, ועוד דהרי הטור עומד ג"כ בשטת ר"ב, וסתם בסימן קי"א כהרשב"א.

ונראה דכל הנך פוסקים מיירי במין בשאינו מינו, שהדג טמא אינו מינו, וכן הביצת אפרוח או ביצה של טפת דם הוא אינו מינו עם שאר הביצים, והלכך במין בשאינו מינו כיון דאיכא למיקם אטעמא, מתחלה לא נכנס הכל בספק, דהא היה אפשר לבא לידי בירור, דהכא גם הרשב"א והטור מודים דאין מצטרפין כל מה שנכנס בספק, [וכן חילק הט"ז], **והרב** בת"ח ע"כ מיירי במינו דוקא, כדמוכח מהראיה שהביא מנשפך הרוטב, דהיינו דוקא במינו וכמו שנתבאר בסימן צ"ח, **[וכן מעורר הט"ז]**.

ונראה דהוי משמע ליה להרב דהם מיירי דוקא במינו, מדכתבו בדברי ר"ב דהדגים בטלים ברוב כדין יבש, ואי ס"ד דהוי מין בשאינו מינו, הא כתב ר"ב גופיה בסה"ת, וכן הפוסקים לקמן סימן ק"ט, דצריך ס' משום דאם יבשלם יתן טעם, **אבל** באמת אין זה הוכחה, דלעולם מיירי שלא במינו, ואפ"ה הדגים שנבלע בהן הטעם דדג טמא בטלים בהשאר ברוב, כיון דהם עצמם הוו לגבי אחרים מין במינו, א"כ ודאי אם יבשלם ליכא טעם, **ועוד** דהא ודאי ביצת אפרוח או דם בשאר ביצים מין בשאינו מינו הוא, דהא טעם אפרוח ודם לחוד, וטעם ביצה לחוד, וגם רחוק שהדג טמא יהיה שוה בטעמא עם דגים טהורים, **ומכ"ש** לפי מאי דס"ל להרב בהג"ה סי' צ"ח ס"ב, דאזלינן בתר שמא, דפשיטא דדג טמא דאית ליה שמא באפי נפשיה, דהוי מין באינו מינו.

‹**ובת'** שהיה ביני ובין הגאון מהר"מ זצ"ל בעה"מ ס' בית מאיר, כתב לי הוכחה דמקרי שוה בטעמא, מדכ' רש"י בחולין גבי כלכים, באלפס של בשר, ואמאי לא פירש של דגים, דמצוי יותר למצוא דג טמא בין דגים טהורים, **אלא** ודאי משום דאמרינן לטעמיה קפילא, ובדג בין הדגים ל"ש כן דשוים בטעמא, ודפח"ח – רעק"א›.

מיהו בזה אפשר לומר דהרב סבירא ליה כהגהת ש"ד, דאיתא לשם דדג טמא הוי מין במינו לענין דלא בטיל ע"ש, **וצ"ל** דהיינו משום דשם דג א' הוא, ולענין מין במינו למ"ד דלא בטיל אזלינן בתר שמא, וכמ"ש בסימן צ"ח, **ואפשר** דגם הרב אע"פ שהבין דהם מיירי שלא במינו, הקשה מנשפך, משום דציר דגים טמאים דרבנן וכמו שנתבאר בסימן פ"ג, וכן ביצת אפרוח ודם הוא מדרבנן, וכמו שנתבאר בסי' פ"ו, **אבל** קשה דהא שלא במינו אפילו באיסור דרבנן, ס"ל להרב דאזלינן לחומרא בנשפך, וכמ"ש בסי' צ"ח ס"ק ז', וצ"ע.

מיהו למאי דהוכחתי שם דאזלינן לקולא, צ"ל דכל הנך פוסקים מיירי בשיש בדגים שמנונית, דאז אסור מדאורייתא, וכמו שנתבאר בסימן פ"ג, **א"נ** והוא העיקר, דוקא ציר ע"י מליחה הוא מדרבנן, משא"כ טעם ע"י בישול דיוצא עיקר הטעם והחלוחית, וכמ"ש מהרא"י בהגהת ש"ד, דדג טמא שכבשו עם הדג טהור אסור מדאורייתא', שאז יוצא עיקר הציר והחלוחית, עכ"ל, אם כן כ"ש ע"י בישול, **והיינו** דלא אשתמיט חד מהפוסקים דכ"כ גבי בישול, דציר דגים טמאים אינו אלא מדרבנן.

ומה שכתב הרב בת"ח שם, ותו דהא קי"ל דאם ניתוסף היתר ‹קודם שנודע התערובות, לא אמרינן דנ"נ, כבר כתבתי בסי' צ"ט דליתא, אלא לעולם אמרינן חתיכה נעשה נבילה, **ועוד** דלא דמי, בשלמא התם אמרי' שפיר כגון שנתערב איסור לח בלח או ביבש וניתוסף אח"כ היתר לח בענין שהטעם בטל בס', **משא"כ** הכא כיון שכבר נאסר שוב אין שאר הדגים מצטרפים לבטל ביבש, שאין האיסור מפעפע מחתיכה לחתיכה בלא רוטב, ונשאר באיסורו במה שנותן טעם באותן הכ' ול' שנאסרו, ודו"ק, ‹**ודמה** דלא אמרינן חנ"נ, היינו רק דלא צריך ס' נגדם, אבל מ"מ הם נשארו באיסורן, וכיון דבביצים ליכא רוב היתר, א"א לבטלם – אמרי בינה›.

[ט"ז] ‹רעק"א או ש"א או הוספת הסבר› (פת"ש)

הלכות תערובות
סימן קז – דין המבשל ביצים ודבר מיאוס הנמצא בתבשיל

[כבר כתבתי בשם רש"ל דלא קי"ל כן, ‹כצד דלא מחזקינן איסורא›, ושכן עיקר להחמיר בביצים, **ואפי'** לדעה זו יש להחמיר אם בישל ביצים הרבה בקדרה, והיה ביניהם אחת שהיא אסורה, והוציא כל אחת בכף אחת, דיש לחוש שמא הוציא האסורה בראשונה ונאסר הכף, ממילא נאסר האחרים אח"כ, **דהא** דאמרינן לא מחזקינן איסורא כו', היינו מטעם דאמרינן איסורא ברובא איתא, וכן העתיק בת"ח בשם הר"ש שהוא מרא דדיעה זו, משא"כ בדין זה, וכ"פ האו"ה], ‹**דאם** היה דרך משל ק' ביצים, תיכף כשהוציא הרוב, דהיינו נ"א, אמרינן איסורא ברובא איתא, והוי ודאי טרפה א' ביניהם, ומה שהוציא אח"כ נאסרו כולם, והרי אין כאן רוב היתר – אמרי בינה›.

[**וכתב** שם עוד בדין זה, דאע"פ דאין בביצה האסורה אפרוח רק דם, ודם ביצים דרבנן, וספיקא דרבנן לקולא, דהיינו דוקא קודם שנודע איסור ודאי בביצה, אבל לאחר שנודע בודאי איסור פעם אחת, אין לחלק בין ספיקא דרבנן לספיקא איסור דאורייתא, דכל דתיקון דרבנן כעין דאורייתא תיקון, עכ"ל, **ולא** נהירא האי מילתא, דבריש ביצה פרכינן אמאן דמפרש טעמא דאיסורא דביצה שנולדה ביו"ט הוא גזירה מדרבנן, מהא דתניא וספיקא אסורה, דהא ספיקא דרבנן היא ולקולא, **ואי** כדברי האו"ה הא לא פריך מידי, דדלמא ה"ק, דודאי הוא לנו שיש ביצה אסורה, אלא שיש ספק אם נתחלף באחר או לא, ובזה לא אזלינן לקולא לפי דברי או"ה, **אלא** ע"כ דגם בכה"ג הוה ספיקא דרבנן ולקולא].

לא קשה מידי, דשאני התם דכיון דספק אם היא זאת, לא נודע איסור ודאי בביצה, דדלמא היתירה היא, משא"כ הכא דעכ"פ יש איסור בתערובות, **ובלא"ה** נמי לק"מ, דאין לדמות הספיקות זו לזו, דאשכחן טובי ספיקי דרבנן להחמיר, וכמ"ש בש"ך ס"ס ק"י - נקה"כ.

[**ולענין** עיקר הדין שכתב או"ה, דקי"ל דם ביצים דרבנן, כבר נתבאר בסי' ס"ו ס"ד הכרעת רמ"א, דכל היכא די"ל חד בתרי בטל, אז סמכינן אמ"ד דם ביצים דרבנן, אבל בלא"ה מחמירין כמ"ד דם ביצים הוא דאורייתא, מש"ה כאן דאין לומר חד בתרי בטל, דהא אנו מכירין הביצה האסורה, ומש"ה אפי' בביצה שנאסרה משום דם יש לאסור כולן, אם נטלן בכף כל אחד בפני עצמו מהקדירה, דה"ל ספק דאורייתא, דשמא נאסר הכף בראשונה, כנלענ"ד].

ואפי' לדעת האוסרים, אין לאסור הכלים שנתבשלו בו, דמעמידין הכלי על חזקתו - עיין בתשובת מהרי"ל, שכתב הרבה טעמים לחלק בין המאכל לכלי, **וכתב** שם דנראה דלא התיר הכלי אלא אחר מעל"ע, משום דהוה ספיקא דרבנן דנט"ל, **ומזה** ראיה דהסמ"ג והפוסקים מיירי באיסור דאורייתא, וכמ"ש בס"ק שלפני זה, ‹דאי כמ"ש הת"ח, דכאן לא מיירי אלא באיסור דרבנן, היה להתיר הכלי אף תוך מעל"ע משום ספק דרבנן – אמרי בינה›.

סעיף ב - זבוב, וכיוצא בו מדברים המאוסים שנפשו של אדם קצה בהם, שנמצא בתבשיל, זורקן, והתבשיל מותר, שאין פליטת דברים אלו הפגומים אוסרת. הגה: וכן המנהג פשוט, אע"ג דיש מחמירין, דברי המקילין עיקר. ואין לשנות המנהג.

אבל תימה, דהרי רבו הפוסקים ראשונים ואחרונים לאיסור, וכ"כ האו"ה דכן נוהגים, וכ"כ מהר"ם פדוואה דכן נוהגין, וכ"כ מהרש"ל מקבלת מהר"ש דכן נוהגין, **מיהו** במקום הפ"מ או שעת הדחק וכה"ג, נראה דעת מהר"ם פדוואה בתשובה להתיר, וכ"פ הב"ח, **מיהו** בחלא ושיכרא לכ"ע אסור, וכמו שנתבאר בס"ס ק"ד.

‹**מ"ש** הש"ך להחמיר באין הפ"מ בזבוב, עיין סי' ק"ד בט"ז, הסכים להקל, וכ"כ הפר"ח, וכן נוהגין העולם, והמחמיר תע"ב – פמ"ג›.

ואם לקח עם הכף דג טמא מן הקדרה, או שאר דבר שאינו פוגם, אסור להחזיר הכף לקדרה - אע"פ דיש בכף ס' נגד האיסור, דאין משערינן בכלי בס', ‹לומר דהבלוע בכלי יבטל האיסור - אמרי בינה›, כ"כ בת"ח, וכבר נתבאר כן לעיל סי' צ"ב. ‹**והטעם**, דשמא אין בלוע בכלי, גם שמא אין מתפשט הטעם בכל הכלי – פמ"ג›.

ואם החזירו, צריך ס' מן הקדרה נגד האיסור, ולא נגד כל הכף. (ד"ע, דלא אמרינן גבי כלי חנ"נ) - והיינו דוקא בכלי של עץ ומתכות חדש, אבל בישן, או של חרס אפילו חדש, דעת הרב לעיל סימן צ"ח ס"ה, דיש להחמיר דנ"נ, וצריך ששים נגד כל הכף, וכ"כ בת"ח, ‹**וחדש** מצינו לאשכוחי, שנטל האיסור בכף מלמעלה, ולא נגע ברוטב, הא תחב לתבשיל, בפעם הזה נעשה ישן –

הלכות תערובות
סימן קז – דין המבשל ביצים ודבר מיאוס הנמצא בתבשיל

פמ"ג. ‹אכן הש"ך שם חולק, וכתב וז"ל, אבל בכלי חדש אפילו של חרס ודאי אינו עולה על הדעת שגוף החרס יעשה נבילה וכו', עכ"ל. ע"ש שהאריך לחלוק – מחה"ש.

אבל אם היה מעט מן התבשיל עם האיסור בכף והוחזר לקדירה, צריך ס' גם נגד מעט התבשיל, דהרי נעשה נבילה בכף - דאנו מחזיקין הכף ההיא שעתא כמו הקדרה עצמה, מאחר שהוציאה עתה מהקדרה רותחת, וחשיב כלי ראשון לחומרא, כ"כ באו"ה, ‹**ואם** אין יד סולדת בכף, עיין פמ"ג – רעק"א›.

משמע דאפילו הוחזר לקדרה עם הכף, אינו צריך אלא ששים נגד מעט התבשיל, אם הוא יותר מן האיסור, דנ"נ, ‹**אבל** אם אינו יותר, ליכא נ"מ במאי דיש תבשיל, דהא ממ"נ צריך ס' נגד האיסור, **וא"צ** ב' פעמים ס', משום דכיון דטעמם אינם שוה אינם מצטרפין, ואדרבה מצטרפין עם הס' לבטל האידך – אמרי בינה›, **אבל** א"צ ס' גם נגד כל הכף, וכן משמע להדיא בת"ח, **וקשה**, דכיון דידעינן דהיה מעט תבשיל עם האיסור בכף, א"כ מאן לימא לן דאין כל הכף בלוע מאיסור, דנהי דלא נעשה נבילה, מ"מ לא ידעינן כמה בלע, וכ"פ באו"ה, וצריך עיון בש"ד ובאו"ה עוד מזה. ‹**ולכאורה** קשה, דדלמא מיירי הכא שראה כמה תבשיל עלה בכף, והיה פחות מהכף – בדי השלחן›. ‹**ויותר** קשה, אפי' לא היה מעט תבשיל בכף, כיון דתחב הכף לקדירה, נעשה ישן – פמ"ג, והרי גם הבלוע נעשה נבילה, וצריך ששים נגד הכף – חוו"ד›, ‹דכיון שהוציא בכף מהתבשיל, בע"כ שנתחבה הכף בתבשיל – בדי השלחן›.

§ סימן קח – שלא לאפות היתר ואיסור בתנור אחד §

סעיף א - אין צולין בשר כשרה עם בשר נבלה או של בהמה טמאה בתנור אחד, ואע"פ שאין נוגעים זה בזה - דוקא כשהאחד מהן שמן, אפילו הכשרה, דאזיל ההיתר ומפטם לאיסור בריחיה, והדר אזיל האיסור ואוסר להיתר, **ואע"ג** דקי"ל בכל דוכתי דאין הנאסר יכול לילך ולאסור במקום שאין האיסור בעצמו יכול לילך שם, **תירץ** מהרא"י בהגהת ש"ד דריחא שאני, לפי שהפטום מוליך הריח וטעם הכחוש עמו.

אבל כששניהם כחושים, כתב הרשב"א דשרי לכ"ע, ומביאו ב"י, ומשמע אפי' לכתחלה, והכי משמע להדיא מכתבי מהרא"י, וגם בת"ח פסק כן, **אלא** שכתב אח"כ, ומ"מ טוב להחמיר לכתחלה, דב"י כתב בסי' צ"ז דאין דבריהם נראין, עכ"ל, **ותימה** דהא הב"י לא פליג אלא אמ"ש מהרא"י שם, דמותר לצלות כבד בתנור עם תבשיל שמן, מטעם דחששא דמפטמי אהדדי לא שייך גבי דם הנבלע בכבד, שהוא דבר קלוש, ואהא כתב הב"י ואין טעמו נראה בעיני, ע"ש, אבל כששניהם כחושים, ודאי דהב"י לא פליג, שהרי הביא דברי הרשב"א בסתם, [וכ"כ הט"ז], **ועוד** דכן מוכח להדיא בש"ס פ' כ"צ, דקאמר התם רב, בשר שחוטה שמן שצלאו עם בשר נבלה כחוש, אסור, מ"ט מפטמי אהדדי, ולא קאמר רבותא טפי, וגם מדתלי טעמא דמפטמי אהדדי, משמע להדיא דבששניהם כחושים אפי' לרב שרי, **גם** באו"ה כתב, דחלה שלנו שהיא מדרבנן, מותר לכתחלה לאפות עם הפת, עכ"ל, משמע דאיסור דאורייתא כחוש אסור לכתחלה, **וז"א**.

[**וכתב רש"ל על דברי מהרא"י, דדוקא בכבד שכולו היתר התיר מהרא"י, אבל בשר שנאסר מחמת דם, כגון שנמלח בכלי שאינו מנוקב, אוסר בשר שנצלה או נתבשל עמו בתנור, לפי שאמרינן חתיכה עצמה נ"נ אפי' גבי דם, ומו"ח ז"ל חולק עליו, דכל דם קלוש הוא ואינו אוסר בריחא, והכי משמע לישנא דמהרא"י הנ"ל, וכ"ז הוא לכתחילה אליבא דהלכתא, דבדיעבד הכל שרי**].

[**ובפת כתבו הפוסקים בשם ר"ת, שאין שייך בו ריח כלל, מש"ה אין אוסר פת חמץ בפסח שנאפית עם מצה**].

ואם צלאן, הרי זה מותר. ואפילו היתה האסורה שמינה הרבה והמותרת רזה - דריחא לאו מלתא היא בדיעבד, **אבל** פת שאפאה עם הצלי, כתב הרמב"ם והמחבר לעיל ס"ס צ"ז, דאסור לאכלו בכותח, מטעם שכתב הרי"ף, דכיון דאפשר לאכלו בלא כותח, הוי כלכתחלה. ‹**והר"ב** כאן בהג"ה מתיר אם אין לו פת בריוח, ויש לו מאכל חלב שא"א לו לאכול בלי פת, וכ"כ הכרתי, **והבל"י** כתב דאסרו אחרונים, **ולא** מצאתי זולת הפר"ח שאוסר, והסומך על רמ"א לא הפסיד – פמ"ג›.

ואם התנור גדול שמחזיק י"ב עשרונים, ופיו פתוח, מותר לצלותם בו, ובלבד שלא יגעו זה בזה - עיין בת"ח, דוק ותשכח דס"ל להרב, דאפי' כשהתנור פתוח מעט למעלה והוא תנור גדול, אסור

הלכות תערובות
סימן קח – שלא לאפות היתר ואיסור בתנור אחד

לכתחלה לצלות היתר עם איסור, **ונ"ל** דמה שסתם כאן כהמחבר, היינו כשהוא פתוח ממש, דהוי כעין כירה, דכתב בת"ח דשרי לגמרי, וכדלקמן סימן קי"ח סי"א.

[**משמע** דתרתי בעינן, גדול וגם פיו פתוח, וכ"כ הטור כאן, ואע"ג דבסי' צ"ז כתב וז"ל, דוקא בתנור קטן כמו בשלהם, אבל בתנורים שלנו הגדולים שרי, ולא הזכיר פתוח, נראה פשוט דרמזו במ"ש "בתנורים שלנו", דידוע שכל התנורים שלנו הם פתוחים, ובד"מ דחק בזה לחלק, דלעיל מיירי לענין בב"ח, וכאן בשאר איסורים, ומו"ח תירץ, דלעיל מיירי בדיעבד, וכאן לכתחילה, וכ"ז ללא צורך דפשוט הוא כמ"ש].

[וכ' מהרא"י בשערים ורש"ל מביאו, דלפי דעת האשר"י דתלי טעמא משום דתנורים שלהם מכוסים הוו, לא היה לנו להקפיד כשהתנור גדול קצת שיכול ההבל להתפשט, אע"פ שאינו מחזיק י"ב עשרונים].

ואם אחד מהם מכוסה בקערה או בבצק וכיוצא בו, מותר לצלותם אפילו בתנור קטן ופיו סתום. הגה: וה"ה לבשר עם חלב - כלומר לאפות בשר עם חלב, **נמי דינא הכי.**

ונוהגין להחמיר לכתחלה, אפילו בתנור גדול - ‹היינו בסתום קצת – פמ"ג›, **ובדיעבד, להקל אפילו בתנור קטן** – [פירוש אפילו סתום], ‹ומיהו בסתום לגמרי אין מתיר רמ"א לקמן אלא בהפ"מ – פמ"ג›.

ואם אפה פת עם בשר, אסור לאכלו עם חלב, אם יש לו פת אחר - אפי' בתנור גדול ופיו פתוח מעט למעלה, אסור לאוכלו עם חלב כו'. **וכן אם עובד כוכבים אפה פת עם איסור, אסור לקנות אותו פת אם יש פת אחר, דכל זה מקרי לכתחלה.**

אבל אם אין לו פת אחר בריוח, מותר בשניהם, דזה מקרי לענין זה דיעבד - ‹אין זה מחוור, דאף שאין לו פת אחר אסור לאכלו בחלב, שהרי אפשר לאוכלו בלא חלב, וכמו שפסק המחבר לעיל בסוף סימן צ"ז, וכן עיקר, אלא דמור"ם לא דק בכאן ודוק – פר"ח›. ‹**הוא** גברא דלא יכול לאכול פת לבדו, או יש לו דבר בחלב שא"א לאוכלו בלא פת, א"כ אם לא יאכל יפסיד מאכל החלב, הו"ל דיעבד ושרי, כן דעת רמ"א, ודלא כפר"ח – כרתי›.

[**כתב** בת"ח, ומ"מ המנהג להקל לקנות מן הגוים דברים המבושלים בכליהם, שאין בהם משום בישול גוים, דסתם כליהם אינן בני יומן, ואע"פ דנ"ט לפגם אסור לכתחילה, מ"מ לא חשבינן הקנייה לכתחילה, לכן נוהגין היתר פה קראקא לקנות האגוזים שלמים שמבשלים הגוים, או שאר דברים], ‹ור"ל דאף דבפת, אם יש פת אחר חשיב לכתחילה, בנטל"פ הקניה חשיב בדיעבד, ואפי' יש לו בריוח מותר לקנות, **דבריחא** יש אוסרין אפי' בדיעבד, וסוברים דריחא מילתא היא, ולכך החמירו אם יש לו פת אחר, משא"כ בנטל"פ דכל הפוסקים מתירין – פמ"ג›.

י"א דאין מתירין ריחא אפילו בדיעבד, אלא אם כן התנור פתוח קצת מן הצד או למעלה במקום שהעשן יוצא.

ובמקום הפסד אין להחמיר בדיעבד, (כי כן נראה מהפוסקים וכ"פ ב"י), אפילו סתום לגמרי - היינו הפסד מרובה, כמ"ש בת"ח, וכן אפי' בבישול כתב בס"ב הפסד מרובה, ‹וסמך הרב עצמו על מש"כ בס"ב, וכ"ש כאן. **ומותר** בהפ"מ אף בתנור קטן – פמ"ג›.

ואם האיסור דבר חריף, וכל שכן אם ההיתר דבר חריף, ריחא מלתא היא ואפילו בדיעבד אסור, אם שניהם מגולים – ‹עי' בחק יעקב, דדוקא אם ההיתר דבר חריף אוסר, ובספרו מנחת יעקב כתב הטעם, דאז שואף בחריפתו – גליון מהרש"א›.

ואם האיסור דבר חריף וכו' - או שנעשה לריח, ונאפה אפי' עם הפת ובתנורים גדולים, ודאי אמרינן ריחא מילתא היא אפילו בדיעבד, אפי' פי התנור פתוח בצידו, עכ"ל או"ה [לפרש כן דברי המרדכי, כמ"ש בת"ח משמו, אבל רש"ל כתב על דברי המרדכי, שהיינו דוקא בתנור קטן או מכוסה, אבל בתנור גדול ופתוח לכו"ע שרי, ולזה הסכים מו"ח, ול"נ כפסק רמ"א, דהא במרדכי מדמי לה לפת חמה וחבית פתוחה, דהוא אסור אפי' דיעבד כמ"ש השו"ע בס"ד], ‹**ור"ל** דכיון ששואב הרבה אין לחלק בין פתוח לסתום, דבפתוח נמי אסור – פמ"ג›.

אבל אם אחד מהם מכוסה, אפילו בבצק בעלמא, מותר – ‹קשה לי, דאם האיסור חריף וההיתר מכוסה בבצק, הא הבצק עצמו הוי מגולה ונאסר מחמת הריח, וממילא

אם יש תבשיל באותה קדירת היתר, כיון דהבצק בלוע מריח איסור, יאסר התבשיל ע"י רוטב שמוציא בלע מהבצק – רע"א›.

וכתוב באו"ה, מיהו לכתחלה טוב להחמיר, עכ"ל ת"ח, ‹היינו בכיסוי בצק ובדבר חריף – רעק"א›.

אם אפו או צלאו איסור והיתר תחת מחבת אחת, מגולין, אסור אפילו בדיעבד – ‹ופי' הגר"א הטעם בזה, משום דהר"ל כתנור סתום לגמרי, שהחמיר בו ג"כ רמ"א לעיל, ואף דלעיל הקיל במקום הפ"מ, מיהא הכא נראה לרמ"א להחמיר בכל גווני, ע"כ, ואולי הטעם בזה משום מיגדר מילתא, **ונראה** דמיירי הכא דכפה המחבת על פיה, ודופנותיה מגיעות עד לקרקע, וסותמת לגמרי מקום האפייה – בדי השלחן›.

וכ"כ אם אפו בכה"ג פת עם בשר, אסור לאכלו בחלב - היינו בפת מועט, או שיש היכר בפת, אבל בפת מרובה ואין היכר, אסור אפילו לאכלו לבדו, גזירה שמא יבא לאכלו בחלב, כדלעיל ר"ס צ"ו, וכן משמע להדיא בת"ח.

אבל בזה אחר זה אין לחוש - כי לא נמצא ריחא ופיטום לכלי שיחזור ויפלוט לאוכל*, ואפילו כלי בן יומו, רק שלא יגע ממש, עכ"ל תשובת מיימוני, **ונראה** דאפילו דבר שנעשה להריח ועדיין ריחו בתנור, אין לחוש לבזה אחר זה, **והכי** מוכח בש"ס פרק בתרא דעבודת כוכבים, במאי דקאמר התם גבי ריחא דכמון, שאני התם דמקלי קלי איסורא, ע"ש ודו"ק.

*‹**משמע** דיש ריחא ופיטום לכלי, רק דאין חזק כ"כ לחזור ולהפליט לאוכל – רעק"א›. ‹**ועיין** בתשובת חינוך בית יהודה, דדוקא אם גם בפעם שאח"ז הוא ע"י ריח, אבל אם פעם שני הוא ע"י נגיעה, אסור, כן משמע שם›.

‹**ומיהו** [תחת מחבת] לכתחלה וודאי אסור אף בזה אחר זה, **אבל** בדבר חריף וכדומה, [בתנור, לא תחת מחבת], משמע בזה אחר זה שרי, ויש לעיין – פמ"ג›.

אלא אם כן הזיע המחבת משניהם, דאז אסור אפילו בזה אחר זה, אם היו שניהם מגולין, דהוי ככיסוי של קדרה כדלעיל סימן צ"ג - ‹וקשה לי במה שכתב הרמ"א: אא"כ הזיע המחבת משניהם, אם אפו תחילה האיסור תחת המחבת ולא הזיע המחבת ממנו, ואח"כ אפו ההיתר תחת המחבת והזיע המחבת, ג"כ ליתסר, כיון דבתחילה נכנס ריח להמחבת, כשאפה אח"כ ההיתר תחתיה ומזיע, הזיעה מוציא הבלע איסור שבמחבת, וצ"ע – רעק"א›.

י"א דכל מקום דאמרינן ריחא מילתא ואוסר בדיעבד, היינו דוקא דליכא ששים מן ההיתר נגד האיסור, אבל בדאיכא ששים מן ההיתר, אפי' בכל מה שבתנור, מבטל האיסור – [דיש לנו לומר שאין להצטרף אותם, דהא אפי' בצלייה אמרינן אין איסור בלוע יוצא מחתיכה לחתיכה בלא רוטב, ‹דרק בבישול מבלבל הטעם בשוה בכל החתיכות, **בכל** זאת מקילים כאן, משום דהו"ל כהא דפסק המחבר בסי' קי"א ס"ז, באיסור שנפל לאחת משתי קדירות, ואין ידוע לאיזו נפל, ואין באחת כדי לבטל האיסור, ויש בשתיהן כדי לבטלו, דכל שנכנס בכלל הספק מצטרף ביחד לחשבון הס', והכא נמי כיון דלא ידעינן לאיזו חתיכה נכנס הריח, מצטרפין כולן לס' - בדי השלחן›, ‹**ואף** שבשאר איסורין באינו מינו באיסור תורה, י"ל להחמיר, וכמ"ש בקי"א›, **מ"מ בריחא יש להקל** ‹טפי, הואיל ויש מקילין בריחא – פמ"ג›, מטעם דכל הנכנס בספק מסייע לבטל], **ולצורך הפסד יש לנהוג כן** – ‹ע"כ בדבר חריף איירי, דאי לא"ה אף שאין ס' ותנור קטן וסתום לגמרי במקום שעשן יוצא, שרי בה"מ, וע"כ דבר חריף או מחבת – פמ"ג›.

עיין בד"מ ובת"ח ובאו"ה, ובהג"ה שעל גליון האו"ה, ובסוף תשובת הרב, ודוק בכל המקומות האלו ותמצא, שדעת הרב שדין ריחא שוה לשאר איסורים לענין צירוף ששים, **וכמו** דקי"ל לקמן ס"ס קי"א, דבמקום שאין הפסד אין הכל נכנס בספק לצרף, ה"ה בריחא, דבמקום שאין הפסד צריך בכל חתיכה וחתיכה בפני עצמה ששים לבטל, אפילו כל החתיכות נוגעות זו אצל זו, **וכדכתב** באיסור והיתר הארוך טעמא, דלא עדיף מבליעת איסור עצמו דקיימא לן לעיל סימן ק"ה ס"ז, שאין הולך מחתיכה לחתיכה בלא רוטב, **אבל** במקום הפסד יש לצרף כל החתיכות אפילו אינן נוגעות לבטל בששים, דכולן נכנסו בספק, זו היא דעת הרב ודוק, **ומקום** הפסד כתב הרב בתשובה ובסימני ת"ח, דהיינו הפסד מרובה, **ולפ"ז** מ"ש הרב לקמן ס"ס קי"א, ולצורך הפסד יש להתיר, היינו נמי הפסד מרובה, וכ"ש הוא.

‹בסי' ק"ה ס"ז מבואר, דבלוע שומן יוצא אף לקולא, שכל החתיכות מצטרפות אם נוגעין זו בזו, א"כ באיסור שמן וכל היתר נוגעין זה בזה, אפשר באין הפ"מ מצטרפין – פמ"ג›.

י"א דאיסור האוסר במשהו, כגון חמץ בפסח, ריחא מלתא ואוסר אפילו בדיעבד, אם

בתנור קטן והוא סתום, והאיסור וההיתר מגולין תוך התנור – ‹יראה לי דהתנור קטן וסתום דכתב הרב, היינו עכ"פ פתוח במקום שעשן יוצא, ובזה מחולקין ובהפ"מ מותר, דאילו בשאר איסורין דיעבד בלא הפסד כלל שרי, אבל סתום לגמרי בחמץ, אפי' הפ"מ לא מהני, כמ"ש המ"א, **דאי** בסתום לגמרי, לא היה להרב להביא יש מקילין, דאפי' בשאר איסורין הכריע הרב דוקא בהפ"מ – פמ"ג. ‹**וכתב** המ"א, דהרב לא התיר אלא בשהיה התנור הקטן עכ"פ פתוח קצת במקום שהעשן יוצא, אבל בסתום לגמרי לא מקילינן בחמץ אפילו במקום הפסד, וכן דעת הא"ר, **והוסיף** המ"א עוד, דחמין הטמונין לשבת שקורין צאלינ"ט, אע"פ שמבשלין אותם בקדרה, כיון ששוהין שם זמן רב והתנור סתום מכל צדדיו, ריחן חזק ודינן כצלי, וממילא אף בהפסד מרובה אסור בחמץ לדעתו, **אבל** רוב האחרונים הסכימו, דבהפ"מ או בשעת הדחק כגון לצורך שמחת יו"ט, יש להקל בדיעבד בצלי אפי' בקטן וסתום לגמרי, וכמו בשאר איסורים, וכ"ש בחמין הטמונין לשבת דיש להקל במקום הפ"מ – מ"ב סי' תמ"ז ס"ק י"ג.

צ"ע, דבתוס' דע"ז משמע להדיא, דאפילו בתנורים גדולים אסור, **וצ"ל** דס"ל להרב דהתוספות אזלי לטעמייהו, דס"ל ריחא מילתא בתנורים קטנים, הלכך מחמרינן טפי, **אבל** לדידן דקי"ל ריחא לאו מילתא היא, אין לאסור כלל בתנורים גדולים, ודוחק וצ"ע.

ויש אומרים שאין לחלק (ד"מ בשם המרדכי) – משמע דלהמרדכי אין חילוק בין איסור האוסר במשהו לשאר איסורים, כן משמע בד"מ ובהג"ה בא"ח סי' תמ"ז ס"א, **וצ"ע** דבמרדכי פרק כל שעה ליתא, אלא דלא שייך ריחא בפת חמץ שנאפה עם מצה, מטעם דלא מצינו ריח פת בפת, וכדאיתא בתשובת מיי' וש"ד ורוקח, **אבל** בהך סברא דמשהו מיהא איכא, לא אשכחן דפליג אתוס' וסמ"ק, ואה"נ דס"ל, אלו היה תבשיל שמן בתנור שנאסר מחמץ, שוב מפטם ואוסר במשהו, ודוק וצ"ע, **ומיהו** בתשו' מהרי"ל מצאתי, דלמ"ד ריחא לאו מילתא היא, אין חילוק בין חמץ דאוסר במשהו לשאר איסורים.

ובמקום הפסד – ‹מרובה – פמ"ג› **יש לסמוך אדברי המקילין.**

וע"ל ס"ס קי"ח אם יש להחמיר לכתחלה לאפות ב' קדירות, וא' מהן של איסור, על הכירה, או לצלות איסור אצל היתר.

סעיף ב - בד"א, בצלי, אבל אם בא לבשלם בקדרה, זה לעצמו וזה לעצמו, אפילו בתנור קטן ופיו סתום, מותר, ואף על פי שפי הקדרות מגולה - הטור בשם הרשב"א סיים הטעם, שאין ריח המתבשלים כ"כ אוסר, עכ"ל, **והב"י** בסימן צ"ז הקשה ע"ז, והוכיח מש"ס דאפי' נצלה בקדרה אינו אוסר, ע"ש, **ואולי** לזה השמיט סיום דברי הרשב"א, לומר דלא תליא מידי בריח הבישול או צלי, רק בהפסק הקדרה, **ומ"ש** בד"א בצלי כו' אבל לבשל כו', אפשר דאורחא דמלתא נקט, דכל צלי דרך לצלותו בשפוד, וצלי קדר חשיב בישול, **ובב"ח** שם רצה לסתור הוכחות ב"י ע"ש, ובאמת דברי ב"י נכונים וברורים, **וצריך** לדחוק וליישב דברי הטור בשם הרשב"א, דגם הוא לא תלי מידי בבישול, אלא ה"ק שאין ריח המתבשלים כיון שהוא בקדרה המפסקת, כ"כ אוסר, **ובאו"ה** הבין דברי הטור כפשוטו.

הגה: ודוקא שהתנור פתוח קצת - ואז אפילו לכתחלה מותר, וכדכתב בת"ח ע"ש הרשב"א, וכ"כ בסימני ת"ח, וזה החילוק בין בישול לצלי.

אבל אם הוא סתום מכל הצדדים כדרך שמטמינים החמין לצורך שבת, אסור, ואפילו בדיעבד יש מחמירין ואוסרין, אם האיסור וההיתר מגולה. ובמקום הפסד מרובה יש להקל - והעט"ז הבין שדעת הרב, דלענין ריחא אין איסור בבישול, אפי' בתנור קטן וסתום ופי הקדרות מגולים, אלא דהמנהג שבישול שוה לצלי בכל מילי בין לענין לכתחלה בין לענין דיעבד, **ולא** כיון יפה, עיין בת"ח שם. ‹**והחילוק** בין צלי לבישול בקדירה הוא, דבצלי בתנור גדול ופתוח קצת, או קטן ופתוח לגמרי, לכתחלה אסור, ואלו בישול אף תנור קטן ופתוח קצת שרי לכתחלה, **אבל** בסתום לגמרי אף במקום שעשן יוצא, אין חילוק בין תנור גדול או קטן, בהפ"מ דוקא שרי – פמ"ג.

‹**עיין** במ"א שמסיק דהא דמחמיר הרב בשהיה התנור סתום לגמרי אף בבישול, אם לא בהפסד מרובה, דוקא בחמין הטמונין לשבת, {ששהה כל הלילה – פמ"ג}, דכיון ששוהין זמן רב בתוך התנור והתנור סתום מכל צד, ריחן חזק ודינו כצלי, אבל בסתם בישול אף ששוהין שעה או שתים אין להחמיר – ביאור הלכה סי' תמ"ז. ‹**ושרי** עכ"פ דיעבד, אף תנור קטן וסתום לגמרי בבישול בלא הפ"מ, וא"כ יש עוד חילוק בין בישול לצלי – פמ"ג.

ומהרש"ל לא חילק, ואוסר לעולם בתנור סתום אפילו גדול, ומשמע דאוסר אף במקום הפ"מ, ע"ש טעמו, והב"ח פסק כהרב, ‹דבהפ"מ יש להקל – מחה"ש›.

סעיף ג - אם יש שמנונית של איסור על המרדה שקורין פאל"א - ‹ונתקנח השמנונית, יד יהודה›, ‹דאל"כ אין הבדל בין ב"י ואב"י – בדי השלחן›, **אסור ליתן עליה היתר כל היום. מיהו כשאינה בת יומא מותר להשתמש בה, משום דאי אפשר בענין אחר** - ולא גזרו שאינה ב"י אטו ב"י, אפילו לכתחלה, כיון דלא אפשר, שהרי העובד כוכבים לא ישמע לו לעשות מרדה חדשה בכל פעם שישפוך עליה של איסור, עכ"ל התוס'. [**נראה פירושו, שהרי אנו קונין פת גוים, ואין להם אלא מרדה אחת שמוציא עלה איסור ג"כ, וא"א להזהר מזה שהרי הגוי לא ישמע לנו אם נאמר לו שיעשה מרדה חדשה תמיד, ע"כ הותר גם לישראל להשתמש בה לכתחילה**].

‹**משמע** דאף במרדה איסור של ישראל שרי, **והפר"ח** אוסר במרדה של ישראל, **ואפשר** דגם הט"ז התיר לישראל להשתמש בבית האופה דוקא במרדה של עכו"ם – פמ"ג›.

[**ובלבוש כתב הטעם בהיתר זה לכתחילה, שלא גזרו בה משום בת יומא כמו בשאר כלים, משום דלא שכיחא, והוא פי' בדוי מלב אין לו מקור**]. **השיג** על הלבוש, ופשוט הוא דגם כוונת הלבוש, שאינו שכיח שהגוי יעשה לו בכל פעם מרדה חדשה, וק"ל - נקה"כ.

הגה: וכל זמן שהיא בת יומא, לא מהני בה הגעלה ולא קליפה בכלי אומנות - ולא הגעלה אחר הקליפה, דמרדה דינה ככלי שתשמישו ע"י האור, דנתבאר בא"ח סימן תנ"א ס"ד, דצריך ליבון - ת"ה.

‹ובציור שלא נתקנח השמנונית, כתב› [**באו"ה, שאסור אפי' בדיעבד אם הוציאו הגוים מן התנור על כלי אחד עוגות עם פשטיד"א של איסור, וסיים אח"כ: מיהו לא אסר אלא הפת הראשון, שידוע בבירור שהוציאוהו מיד אחר הפשטיד"א, משום שמנונית של איסור שעל המרדה**, ‹אכן המ"א כתב על דברי או"ה אלו, דלא קימ"ל כוותיה בזה, {דמשמע מיניה, דמפת השני ואילך דאין לחוש אלא להבליעה, דאינו אסור כלל}, דהא טעם או"ה הוא, דבכלי אינו פולט בלא רוטב, ולכן אין הבליעה הולכת מן המרדה לתוך העוגות שאחר הראשונה, דדוקא העוגה ראשונה נאסרה מן השומן בעין שעל המרדה, אבל שאר העוגות לא. **וכתב** המג"א דלדידן דקימ"ל לעיל סי' ק"ה ס"ס ז', דכלי פולט בלא רוטב, וכמ"ש לעיל בהג"ה, א"כ אסורות גם עוגות אחרים, דנבלע בתוכן מן הבלוע שבמרדה, ע"כ תוכן דברי המג"א, {ורק דהפת הראשון נאסר כולו, והשאר אסורים רק כדי קליפה, אפי' בשמן לפי שיטת המ"א, והש"ך בסי' ק"ה מסופק בזה}. **ולפי"ז** תליא זה במש"כ הש"ך לעיל סימן ק"ה ס"ק כ"ג – מחה"ש›. **ואם אין מכירו חד בתרי בטל, אע"ג דהוה ראוי להתכבד, דאין איסורו מגופו. ואם היא אינה בת יומא, פשיטא דאינה אוסרת**, ‹היינו דבזה עכ"פ בודאי כן לדעתו – יד יהודה›. **וכתב רש"ל, דצריך ששים בהיתר נגד האיסור שברחת, והוא אזיל לטעמיה דכתבתי בשמו בסי' ק"ה ס"ט, דאף באפייה בעינן ס' כבישול, ולא כרמ"א**].

סעיף ד - פת חמה שמונח על גבי חבית פתוחה של יין נסך, אסורה - מפני ששואב הריח של יין, ‹לשון הטור: לפי שקולטת הריח הרבה›, **ואע"ג** דלעיל סעיף א' כתב, ואם צלאן ה"ז מותר, והפוסקים מדמים ב' דינים אלו להדדי, **מ"מ** הא התוס' והרא"ש כתבו להדיא בפרק בתרא דע"ז, דל"ד להדדי, וכן הוא בראב"ן, ובשאר פוסקים ואחרונים, **(ודווקא אם מונחת נגד המגופה)** - ‹ר"ל שאין מקום לריח היין לצאת אלא נגד הפת, ולכן אוסר בתנור סתום מכל צד ומדמי לכאן, ע"ש – גר"א›.

‹**הפרי** חדש דעתו להתיר, ואנו אין לנו אלא פסק המחבר והר"ב – פמ"ג›.

יין נסך - פי' אפילו סתם יינם, או שאר יין נסך שמותר בהנאה, משום דריח כי האי חשיב כאוכל, כמ"ש בפרק בתרא דע"ז, דריח זה חשיב כאוכל, **והכי** מוכח בש"ס, דאיתא התם דין זה גבי יין של תרומה דמותר בהנאה.

אבל אם הפת צוננת, אפילו אם החבית פתוחה, או פת חמה וחבית מגופה, (פי' סתומה), מותר.

ואם היה פת שעורים, אסור אם הפת חמה, אפי' חבית מגופה - ‹ואמרו הטעם ע"ז בגמר': מפני שהשעורים שואבות, **פר"ח** מדייק מרש"י, דר"ל שהשעורים שואבות את הריח יותר מחטים, וריח חזק כי האי מילתא היא, **והפר"ח** והגר"א פי', שאינו ענין לריח, אלא הן שואבות מעצמו של היין, ומהיין עצמו נבלע בפת – בדי השלחן›.

ה"ה בחבית פתוחה ופת צוננת, כדאיתא בש"ס פכ"צ, ופ' בתרא דעבודת כוכבים, וכן משמע בסימני ת"ח.

‹**דוקא** בפת חמה אפילו בחבית מגופה השעורים שואבות לחלוחית היין, אבל בפת צוננת אפי' בחבית פתוחה אינו יכול לשאוב לחלוחית וממשות היין, כי אם ריחא בעלמא, וריחא לאו מילתא היא – פר"ח›.

סעיף ה - מותר לשאוף בפיו ריח יין נסך דרך נקב שבחבית, לידע אם הוא טוב -

‹אע"פ שמדברי הר"ן מוכח, דדוקא בפיו מותר, אבל לא ע"י נחיריו, **מ"מ** לפי משמעות רוב פוסקים, אפילו בחוטם מותר להריח, ופיו לרבותא נקט, אף דנהנה בפיו מאיסור. **ואף** דקיימ"ל לעיל ס"א דלכתחילה אסור, שאני הכא דאזוקי מזיק – כרתי. ‹**ועיין** בש"ך בס"ז דמביא הסברות לסעיף זה›.

הגה: אבל אסור לטועמו, אף על פי שאינו בולעו

(ריב"ש סי' רפ"ח) - ע"ש בריב"ש שכ', דבכל איסורי אכילה אפי' שאינם אסורים בהנאה, נמי אסור לטועמן, [והטעם, דלא גרע מריחא].

ואסור לזלף יין נסך שאסור בהנאה, אבל מותר לזלף סתם יינם, דמותר בהנאה - צ"ע,

דלקמן ר"ס קכ"ג כתב, דיש לאסור סתם יינם לכתחלה בהנאה, ובדברי התוס' פ' בתרא דע"ז מבואר, דזילוף חשיב הנאה גמורה, ואסור לכ"ע ביין האסור בהנאה, וכ"פ הרשב"א בתשו' ומביאו ב"י, דזילוף הוא הנאה גמורה ואסור בסתם יינם, ויש ליישב בדוחק.

(**עי'** בשעה"מ בענין אבק הטיטו"ן הנקרא טאב"ק, הניקח מן עכו"ם, אי מותר לשאוף אותו, כי יש מפקפקים בדבר, כי לפעמים מזלפים אותו בסתם יינם, **והאריך** מאד בזה, והעלה דאף לדעת רובא דרבוותא שפסקו דסתם יינם אסור בהנאה, מ"מ שרי לשאוף הטאב"ק, דזה ממש כההיא דבת תיהא דשרי לכ"ע, והלכה פסוקה היא, זולת סברת איכא מ"ד שכתב הרי"ף, **וכ"ש** בנ"ד דאיכא לספוקי שמא יש ס' נגד היין שמזלפין, דבהא לכ"ע ריחא לאו מלתא, **ואף** דכ"ז אינו אלא בהניח יסוד שמה שמזלפין אינו אלא כדי ליתן בו ריח, האמנם אכתי איכא לספוקי שמא נותנין יין לחזק הטאב"ק, דא"כ אין להתיר מטעמא דריחא לאו מילתא, דמ"מ הרי הוא נהנה מגופו של איסור שעל ידי היין מתחזק הטאב"ק, **מ"מ** יש להתיר בשופי, דכיון דקיי"ל די"נ מין בשא"מ בטל בס', ובנ"ד איכא לספוקי שמא יש בו ס', הוי ספק דרבנן לקולא, כיון דסתם יינם דרבנן, ודמי לדלעיל סימן צ"ח בנשפך, **כ"ש** בנ"ד דאיכא ספיקי טובא אעיקרא דמילתא, אי סתם יינם בזה"ז אסור בהנאה, ושמא מה שנותנין בו יין אינו אלא כדי ליתן בו ריח, ושמא יש בו ס', ע"ש שהעלה כן הלכה למעשה).

סעיף ו - שק של פלפלין וזנגביל שמשימין בקנקני יין נסך, מותר להריח בהם -

לכתחילה, לפי שאין היין נותן בהם כח, ואין עושין כן כדי ליתן היין טעם בתבלין, אלא אדרבה ליתן התבלין טעם ביין, **וגם** זה שמריח בו אינו מכוון לריח היין אלא לריח התבלין, **אבל לבשמים דהבדלה, אסור** - ומ"מ מסתבר דלבשמים דהבדלה אסור, משום הקריבהו נא לפחתך, עכ"ל רשב"א, וכתבו המחבר גם בא"ח סימן רצ"ז ס"ג.

[**משמע כאן** דשאר פלפל מותר להבדלה, ולא כמו שמצאתי כתוב, דאין לעשות במו"ש הבדלה על פלפלין, **ומביא** ראיה מדאיתא במשנה בסוף פ' ר' עקיבא, פלפלת כל שהוא, ואח"כ תנא מיני בשמים כל שהוא, ש"מ דפלפלין אינן בכלל בשמים אלא בכלל תבלין, **ולא** עיין שם ברש"י, שכתב דאותו פלפלת אינה פלפל שלנו, **ונראה** דזהו דחוק לכך, מדאיתא שם בגמר' פלפלת כל שהוא למאי חזיא לריח הפה, ועל שאר בשמים לא מפרש בגמר', משום דסתמייהו לריח טוב, א"כ גם פלפלין בכלל, ע"כ פירש דמין אחר הוא, כנלענ"ד ברור, **ועוד** ראיה מפורשת ממה שכתב ב"י ביו"ד סי' רי"ז, ודע שכל דבר הבא ליתן טעם בקדירה, כגון שום ובצלים וכיוצ"ב, נקראים תבלין, וכ"כ הרמב"ם, ובהני שייך לפלוגי בין חיין למבושלים, **אבל פלפלין וכיוצ"ב, אין לחלק, עכ"ל, הרי דפלפלין אינן בכלל תבלין, אלא דינם כשאר בשמים**].

לא משמע מידי, דהכא לא מיירי מדיני הבדלה, ומ"ש אבל לבשמים דהבדלה אסור, קאי אשאר בשמים, אבל פלפלין בלא"ה אינו יוצא בו, אלא דברישא קאמר דמותר להריח בו, **גם** מ"ש ולא עיין בפי' רש"י כו', ונראה דזה דחקו כו', ולפענ"ד דליתא, אלא הלשון פלפלת בתי"ו דחקו לרש"י, וכ"כ בתוי"ט, **ואדרבה** מוכח לכאורה דס"ל לרש"י דפלפלין שלנו לאו בכלל בשמים הוא, דהא לעיל מיניה משמע מפי' רש"י, דפלפלין שיעורו כדי

לתבל בו ביצה קלה, והכא הא קתני פלפלת כל שהוא, אלא ודאי לעיל מיירי רש"י בפלפלין שלנו, והא דקתני הכא מיני בשמים כל שהוא, הוא שאר מיני בשמים, ואין פלפלין שלנו בכלל, **וכ"כ** רבינו שמשון להדיא, דפלפלין שלנו שיעורו כדי לתבל בו ביצה קלה, והא דתנן כל שהוא, פי' הקונטרוס דאינו פלפלין שלנו, עכ"ל, הרי מוכח להדיא דפלפלין שלנו אינו בכלל בשמים, דהא קתני מיני בשמים כל שהוא, **גם** מש"כ ועוד ראיה מפורשת כו', לאו ראיה הוא כלל, דפלפלין אינו בכלל תבלין, וג"כ אינן נכללין בלשון בשמים, ועוד דלענין נדרים שאני דהולכין אחר לשון בני אדם, **וכן** במס' סופרים איתא, נמשלה תורה כמלח והמשנה כפלפלין והתלמוד כבשמים כו', אלמא דפלפלין אינו בכלל בשמים, **ודוחק** לומר דהיינו פלפלין שלהם, דכבר כתבתי דכל פלפלין הם פלפין שלנו זולתי פלפלת בתי"ו שאינו פלפלין שלנו, **הלכך** נראה דאין לברך בורא מיני בשמים על הפלפלין, ועוד דספק ברכות להקל, **שוב** מצאתי בספר קטן הנקרא אור ישראל, הביא בשם הגאון מהר"ר יואל בעל ב"ח, שאין לברך במו"ש בורא מיני בשמים על הפלפלין, והביא ראיה משבת פ' ר"ע ע"ש, וזה עולה כדברי - נקה"כ.

סעיף ז - בשמים של עבודת כוכבים וכלאי הכרם וערלה, אסור להריח בהם - דאסורים הם בהנאה, דכל שעשויים להריח כורד והדס כו' אסור, עכ"ל רשב"א, **וכ"כ** בא"ח וז"ל, זה הכלל כל מידי דלא הוי להריח, ריחא לאו מילתא היא, אבל דבר שעומד להריח, כגון ורד והדס, אסור ליהנות מהריח, עכ"ל ב"י, וכ"כ התוס' פ"ק דע"ז בשם ר"ת, **ותירץ** בזה הא דמותר להריח ביין בסעיף ה', וכ"כ המרדכי פכ"ש וז"ל, אבל בדבר שאין עיקרו עומד להריח, בהא קאמר רבא ריחא לאו מילתא היא, וראיה מהדס ואתרוג במסכת סוכה, עכ"ל, **אבל** באמת ראייה זה איני מכיר, ואדרבה משמע לכאורה איפכא, דהכי איתא התם במסכת סוכה פ' לולב הגזול, אמר רבא הדס של מצוה אסור להריח בו, אתרוג של מצוה מותר להריח בו, מ"ט, הדס דלריחא קאי כי אקצייה מריחא אקצייה, אתרוג דלאכילה קאי כי אקצייה מאכילה אקציי', עד כאן, **משמע** דוקא אתרוג דמצוה הוא דאסור משום דהוקצה למצותו, הילכך כיון שאינו עומד להריח, אמרינן דלא הוקצה ריחו למצותו, אבל דבר שאסור מן התורה לא משום מוקצה, נראה דאין חילוק, דס"ס נהנה הוא מהריח, **ובתוס'** בע"ז שם מסקי גם כן דבעבודת כוכבים אין חילוק, וכתבו דהא דסעיף ה' ביין שאני, דליכא הנאה כי אדרבה חוזק היין נכנס בחוטמו ומזיקו, אבל בשאר איסורים מודים לר"ת, **הלכך** בעבודת כוכבים עכ"פ אין להקל.

(**עיין** בש"ג פ' בתרא דע"ז, גבי בת תיהא, שדעתו דה"ה בשאר איסורים שאינם איסורי הנאה, אם עיקרם להריח אסור להריח בהם, וק"ו לברך עליהם, עיין שם, **ועיין** בתשובת אמונת שמואל שהשיג עליו, והעלה דאם אינה איסורי הנאה שרי להריח בהם אפילו עשויים לריח, וע"ש עוד שהשיג על הש"ך ששגג בכוונת דברי המרדכי).

§ סימן קט – דין יבש ביבש שנתערב §

סעיף א - חתיכה שאינה ראויה להתכבד שנתערבה באחרות - אבל ראויה להתכבד, בין במינה בין שלא במינה לא בטלה אפילו באלף, כדלעיל סי' ק"א ולקמן סי' ק"י, **מין במינה -** אבל שלא במינה צריך ס' כדבסמוך בהג"ה.

יבש ביבש, (דהיינו שאין נבלל, והאיסור עומד בעצמו, אלא שנתערב ואינו מכירו) - אע"פ שהוא מבושל במים או משקים אחרים מקרי יבש, ב"י ות"ח בשם הפוסקים, וכן מוכח בש"ס, **מיהו** פשיטא דבמבושל צריך ששים בין החתיכות והמים נגד האיסור, **אלא** דאפילו יש ס', דין החתיכות כיבש דבטל ברוב, ואם אין בחתיכות רוב, כל החתיכות אסורות אע"פ שיש ס', וק"ל, וכן מוכח בש"ס ופוסקים.

וכתב הב"ח, דקמח בקמח כיון דנבלל מיקרי לח בלח, עכ"ל, **דלא** כדמשמע בתו' פ' הערל, דקמח בקמח לא הוי כלח בלח אלא כשהוא רותח, ‹וכן מבואר להדיא ברמב"ם – רעק"א›.

חד בתרי, בטיל – כלו' ברוב, [דכתיב אחרי רבים להטות, ולא החמירו רבנן להצריך ס', כיון שאינה ראויה להתכבד].

הלכות תערובות שעט
סימן קט – דין יבש ביבש שנתערב

ואפילו ליכא רוב אלא בהנך תרי, שהם קטנים מהאיסור, {וכגון שלא נודע איזה מהן אסור}, בטל.

(**ועיין** בתשו' חינוך ב"י, שחלק על חכם אחד, שפירש דברי הש"ך, דר"ל דהב' חתיכות ביחד המה קטנים מן האיסור, וליכא אלא רוב מנין, דהיינו ב' חלקים נגד א', ולא רוב בנין, אפ"ה בטל, **והוא** ז"ל חלק עליו, ופירש דר"ל דבהנך תרי יש גם רוב בנין, שהב' יותר גדולים מן הא', אלא דא"צ כפל, והאריך בזה, **וכתב** היוצא לדינא, אם אחד אמר שיש לו בבית ז' חתיכות, ו' היתר וא' איסור, ואזל לעלמא, ואנו מוצאין בערבוביא ז' חתיכות, וא' מהם גדולה יותר מו' הנשארים, לא אמרינן שתתבטל בששה, ולא בס', אם הגדולה גדולה בכמות מכל הס', **וכן** אם אמר שיש לו חתיכה א' היתר של ז' ליטרות, וששה חתיכות איסור כל אחד ליטרא א', ואזיל לעלמא, ובתוך כך בא אחד וחתך הגדולה לז' חלקים, ונתערבו, בטלים ברוב, **ולדברי** החכם הנ"ל לא בטיל, דהא אפילו לקולא חד גדולה בטל בתרי קטנים, אף שבצירוף אינם כמו הגדולה, כ"ש לחומרא, שהגדולה של היתר בטילה בששה חתיכות איסור, ע"ש).

(**עיין** פר"ח דמסיק, דכל דהו טפי ממחצה סגי, **ועי'** בספר מנ"י, דעתו דמדרבנן בעינן דווקא כפל, **ועי'** פמ"ג שכתב, דבאיסור דרבנן גם המנ"י מודה דאין צריך כפל, ואף באיסור דאורייתא המקיל במשהו יותר כפר"ח אין לגעור בו, **ועיין** בתשובת חינוך ב"י, שדעתו כהפר"ח, דא"צ כפל אף באיסור תורה).

הטור הביא מחלוקת הפוסקים גבי אסורי הנאה, כגון חמץ בפסח וכה"ג – (דאיסורו במשהו, מחה"ש), והמחבר השמיטו כאן, לפי שסמך אמ"ש בא"ח סימן תמ"ז, דאפילו באלף לא בטיל, ושי"א דחמץ שוה לשאר איסורין, וע"ל סי' ק"ב ס"ק י"ג.

ומותר לאכלן אדם אחד, כל אחת בפני עצמה, אבל לא יאכל שלשתם יחד - דכשאוכל הא', אני אומר זהו של היתר, וכן בכל אחד ואחד, ואפילו באחרון אני אומר מה שנאכל ראשון הוא היה של איסור, וכבר הלך לו, וזה של היתר הוא, משא"כ בדברים הנבללים, לפיכך אינו אוכלן כולן כאחד, עכ"ל הרשב"א, [דהא ממ"נ אוכל האיסור באותה אכילה], **ומדרבנן** הוא, ומן התורה מודה הרשב"א דמותר לאכול בבת אחת – פמ"ג, **ומטעם** זה משמע, דה"ה דמותר לאכול א' וב', או ב' וא', לאפוקי שלשתן יחד דלא, והכי משמע ממאי דיתבאר לקמן, דמותר לבשלם בב' קדרות.

ויש מי שאוסר לאכלם אדם אחד, אפילו זה אחר זה. הגה: וכן יש לנהוג לכתחלה. ויש מחמירין להשליך אחד או ליתן לא"י - (עי' בתשובת נו"ב שכתב, דשוב אפילו אדם אחד יכול לאכול משנים הנותרים, ולא אמרינן בהא איסורא ברובא אישתייר), **ואינו אלא חומרא בעלמא.**

וכל זה כשנתערב במינו, אבל שלא במינו ואין מכירו - כגון שנפרך לחתיכות דקות, שאין ניכר בין זה לזה, טור, **ונ"ל** דמשכחת לה נמי כגון שיש כאן ב' או ג' מינים, ונודע שא' מהן אסור, ואינו ידוע איזה מהן, כגון ששחט כמה מינים, וידוע שאחד מהן נשחט שלא כהוגן, ואינו ידוע איזהו, וכן כל כיוצא בזה, **אבל** מ"ש מהרא"י בהגהת ש"ד, והעתיקו מהרש"ל והב"ח ושאר אחרונים, דמשכחת לה כשנתערבו ב' מינים שחלוקים בשמן ושוים במראה כו', **צ"ע**, דמה בכך שחלוקים בשמן, הא צריכין להיות חלוקים בטעמן, דהא אסור משום טעמא, **ונראה** דט"ס הוא, וצ"ל שחלוקין בטעמן ושוין במראה, או סתמא דמילתא כשחלוקין בשמן חלוקים בטעמן.

אפילו יבש ביבש צריך ששים - כיון דאם יבשלם יתן טעם, טור בשם סה"ת, וכ"כ הר"ן וז"ל, ומיהו כי אמרי' דיבש ביבש חד בתרי בטל אפי' מדרבנן, ה"מ מין במינו, כיון דמדאורייתא אפילו לח בלח ברובא בטיל', לא אחמור רבנן ביבש, דהא א"א למיתי לידי איסור דאורייתא, **אבל** מין בשאינו מינו, דבלח בלח אזלינן בתר טעמא, אפילו ביבש נמי בעינן ס', כי היכי דאי מבשל להו לא ליתי לידי טעמא דהוי איסור דאורייתא, עכ"ל, ומביאו ב"י, **מבואר** מדבריו, דדבר שאינו אסור אלא מדרבנן, אף שלא במינו א"צ ס' ביבש, דהא א"א כלל למיתי לידי איסור דאורייתא, וכה"ג כתבתי בסי' צ"ח ס"ק ז', **וכי** היכי דקי"ל מין במינו ספיקו לקולא, כיון דלא צריך ס' אלא מדרבנן, ה"ה באיסור דרבנן, ע"ש.

[**וקשה לי**, שכיון שקודם הבישול נתבטל ברוב, **ואי בעי** שרי למיכליה מדאורייתא, ונעשה כהיתר גמור, למה יאסר אח"כ מן התורה בבישול, ומ"ש מההיא דסי' צ"ח בס"ב, בנתערב במינו ואינו מינו, דאמרינן מינו רבה

עליו, ואין איסור במה שיתן האיסור אח"כ טעם באינו מינו, כיון שכבר נעשה היתר, ומן התורה א"צ ס', ה"נ נימא הכי, וי"ל דשם אע"פ שגם האיסור נ"ט לאינו מינו, מ"מ אין הטעם נרגש בפ"ע, משא"כ בדין זה שטעם האיסור נרגש בפ"ע]. ‹**והוה** כהוכר האיסור, ומן התורה אסור כשבישלם יחד – פמ"ג›.

ועל פי זה נ"ל ליישב מה שנמצא בהגהת ש"ד, שני הגהות מא"ז דסתרי אהדדי, דאיתא התם אי הוי דבר יבש ולא אסור אלא מדרבנן, אפילו נתערב חד בחד מותר באכילה בב' בני אדם, א"ז עכ"ל, **ובתר** הכי בסמוך איתא, וז"ל א"ז במס' עבודת כוכבי', אם הוא דבר דלא אסור אלא מדרבנן, אם נתערב חד בתרי מותר באכילה לב' בני אדם, פי' לישראל ועובד כוכבים, וצ"ע בא"ז גדול, עכ"ל, **ותו** קשיא בהג"ה אחרונה גופה, הא אפילו איסור דאורייתא בטל בתרי, כמו שהסכימו כל הפוסקים, וכן הוא בהגה"א סוף עבודת כוכבים בשם א"ז, **ותו** אמאי בהג"ה ראשונה כתב בסתם מותר לב' בני אדם, ובהג"ה אחרונה כתב לישראל ועובד כוכבים, מיהו במקצת ספרים איתא גם בהג"ה ראשונה לישראל ועובד כוכבים, **אלא** נראה דהג"ה אחרונה מיירי שלא במינו, כגון שנפרך לחתיכות דקות, וס"ל כהר"ן, ולכך כתב לישראל ועכו"ם, דשמא יזדמן האיסור לפיו של ישראל, ומכוער הדבר שירגיש האיסור שאינו כטעם של היתר שהוא אינו מינו.

‹**וכ'** מהרא"י, דבי"ד בשם סה"ת משמע, דא"צ ששים אלא מדרבנן, וצ"ע בתוס' אלו עוברין ופג"ה, דמשמע התם טובא שצריך ס' מדאורייתא, ובאו"ה כתוב דאינו אלא מדרבנן, וכ"פ הרב בת"ח ומהרש"ל, **ולי** נראה כדברי הרב, כדמשמע בסה"ת וטור להדיא, דלא הוי אלא מדרבנן, וכמ"ש מהרא"י גופיה וסייעתו שם, וכן דעת הר"ן הבאתיו לעיל, **ומהתוס'** דפ' אלו עוברין וג"ה אין ראיה, דמשמע התם להדיא מדבריהם דאיירי בלח בלח, וגם נקטו בדבריהם קמח בקמח, דהוי לח בלח וכמו שנתבאר לעיל.›

ואין חילוק בכל זה בין אם האיסור מדרבנן או מדאורייתא – ‹ר"ל דבעינן ס' – גר"א›. **וא"כ** ‹לפי מה שהביא הש"ך לעיל בסמוך מהר"ן, צריך עיון על מ"ש הרב, ואין חילוק בכל זה בין אם האיסור מדרבנן כו', דמנין לו זה, והרי מוכח מדברי הר"ן והגהת ש"ד, דאיסור דרבנן אף שלא במינו בטל ברוב, ואין חולק ע"ז, ודברי סברא הם, **גם** בד"מ ובת"ח לא כתב רק שאפילו איסור דרבנן צריך רוב ולא בטל חד בחד, כמו שהסכים ב"י ממשמעות הפוסקים, ולאפוקי הגהת ש"ד הראשונה הנזכרת, אבל מהא דאיסור דרבנן אינו בטל ברוב שלא במינו לא הזכיר, **ונראה** דהרב לא קאי אלא ארישא, דצריך ביטול רוב ולא סגי חד בחד, בכל זה אין חילוק בין איסור דרבנן או דאורייתא, ולישנא ד"בכל זה" דחוק קצת, **וכן** משמע בעט"ז, שהעתיק ל' הר"ן הנ"ל, והשמיט הגהת הרב דאין חילוק בכ"ז כו'.

‹**עיין** ש"ך בכללי ס"ס, דמ"מ בליכא הפסד כולי האי יש להחמיר במין בשאינו מינו באיסור דרבנן, **ואם** נאבד אחד מהם אף דישנו בעולם אין להחמיר כלל, **ובמין** במינו בלח, אף בדרבנן בעינן ס', וכ"כ ג"כ הפמ"ג – רעק"א›.

‹**עיין** בתשובת מאור הגולה רבינו עקיבא איגר, שנשאל בנתערב מין בשאינו מינו ביבש, ונאבד קצתו, ולא ידעינן אי היה בו ס', אי תלינן לקולא כמו מב"מ ונשפך, **וכתב** דיש לעיין בדבר, משום דלכאורה קשה בדין נשפך, הא הוי אתחזק איסורא, וצ"ל משום דנגד זה איכא חזקת היתר לתבשיל שלא נאסר, **ולזה** י"ל דדוקא בלח בלח, כיון דאם ליכא ס' ההיתר בעצמותו נאסר מחמת בלוע איסור שבתוכו, הוי חזקה להדי חזקה, ומש"ה ספיקו להקל, **אבל** ביבש, כיון דאף אי ליכא ס' אין ההיתר נהפך לאיסור, אלא דאסור לאוכלו משום דא"א להכיר האיסור, א"כ אין מוציאין ההיתר מחזקתו, וקיימא חזקת האיסור לומר דלא נתבטל, **ועוד** כיון דטעמא שמא יבשלם, ממילא גם בזה שייך הגזירה שמא יבשלם, כיון דיהיה עכ"פ ספק דאורייתא, ובפרט אם יורגש הטעם יבורר דודאי אסור מדאורייתא, **אולם** מדברי הש"ך סימן ק"ב לא משמע כן›.

‹**נתערב** כזית בב' חתיכות שכל אחד ל' זיתים, ואין ידוע איזו חתיכה היא האיסור, י"ל כיון דא"נ א' מהגדולות הוא האיסור, מ"מ הוי רוב, א"כ לגבי חששא דשמא יבשלם דהוא רק דרבנן, הוי ספק דרבנן שמא הקטן הוא האיסור, אלא דאסור לבשלם – רעק"א›.

וע"ל סימן קכ"ב אם נתערבו כלים ביחד.

סעיף ב - יבש ביבש שנתבטל חד בתרי, אם בשלן כולן כאחד, אפילו לאכול כל אחד בפני עצמו אסור אם אין שם ששים, מפני שהרוטב בנותן טעם ונבלע בחתיכות - ‹כ"כ הרשב"א, וכשיטתו שטעם ההיתר משום דכ"א אמרינן זהו

ההיתר, משא"כ כאן שנ"ט בכולם, ואף במינו צריך מ"מ ס' מדרבנן – גר"א.

מיהו לבשלן בב' קדרות שרי, ואפילו בשלם בב' קדרות קודם שנודע התערובות, מותר לאכלן אח"כ, שהרי הרשב"א מחמיר כשבשלן יחד, אפילו בשלן אחר שנודע התערובות, והתיר בבישל מקצתן לצד אחד ומקצתן לצד אחר, כמ"ש ב"י משמו, עכ"ל הב"ח, **ולפעד"נ** דהא דמתיר הרשב"א בבשלן בב' קדרות, היינו משום דכיון דנודע ונתבטל מן התורה וגם מדרבנן ברוב, (דהא הוי מין במינו), אלא דלבשלן יחד אסור, משום שחזר האיסור ונתערב עם ההיתר, והרי הוא כשאר איסורים הנבללים, כדכתב הרשב"א להדיא, ואסור אז מדרבנן, והלכך כל שנתבשל בב' קדרות, דלא חזר להיות כשאר איסורים הנבללים, ובשעה שאוכל כל קדרה וקדרה שנתבשל בה אני אומר האיסור בקדרה אחרת, מותר, **ואפילו** תימא דמידי ספיקא לא נפקא, מ"מ ה"ל ספיקא דרבנן לקולא, ואפשר אפילו ספיקא דרבנן ליכא, דאפשר דלא גזרו רבנן מין במינו בס' אלא בלח ממש, אבל כשנתבטל כבר ברוב לא החמירו אח"כ ואוקמא אדאורייתא, כל שי"ל שאני אומר כו', **אבל** כשלא נודע התערובת, דאז לא נתבטל האיסור כלל ואסור מן התורה, אלא דעתה בשעת הבישול נודע התערובת, א"כ על כל קדירה י"ל שמא האיסור בזו, ה"ל ספיקא דאורייתא ולחומרא, ואסור לכ"ע, ודינו כדלקמן ס"ס קי"א, דב' קדרות של אדם א' מצטרפים לבטל בס' ע"ש.

(**והמ"י** תמה עליו בתרתי, א', דעתה שנודע האיסור, עכשיו דין יבש ביבש הוה, מה לי אם הן בקדירה א' או ב' קדירות, **וכן** מ"ש דלא נודע הוה מן התורה, ובו"א"ש הובא בב"י משמע דלא נודע הוה דרבנן, יע"ש, **וי"ל** דסברת ש"ד הוא, דכל שלא נודע אין לו ביטול כלל מן התורה, והלכך כשבשל עם מים, תו נאסר המים, דא"מ מן התורה אסור, ואף לאחר שנודע, דהחתיכות מבטלין, מ"מ הרוטב נשאר באיסור, ונבלע בחתיכות, ולא שייך לומר ספק דרבנן לקולא כה"ג, **ומ"מ** צ"ע אי נאמר כל שלא נודע איסור תורה עליה, ובל"י כתב בשם חדושי הגרשוני, שהיה מעשה בפרנקפורט ונחלקו בזה בני ישיבה, יע"ש – פמ"ג.

(**ועיין** בתשובת חינוך ב"י, שחולק ג"כ על הב"ח, וכתב עוד שם דה"ה במליחה הדין כך, דקיי"ל מליח כרותח, אם לא נודע עד אחר מליחה, דעדיין לא נקרא עליו שם היתר, לא מהני ביטול זה, אלא צריך ס', וכן שמע שפסק גדול אחד, ע"ש, וכ"כ בתשובת נו"ב, **אמנם** בתשובת חב"י בשם זקינו מבואר, דבמליחה לא אמרינן הכי, שכתב וגם בנד"ז אם נודע התערובת אחר המליחה קודם הבישול, אף על גב דקיי"ל מליחה כבישול, הכא לענין יבש ביבש לא הוי כבישול, **דהא** כתב הב"י, דהא דאמרינן יבש ביבש חד בתרי בטל, היינו לאפוקי דבר לח שנמוח ומתפשט, אבל כל שהוא עומד בעצמו כו', א"כ הכא לענין בישול שנימוח השומן בעינן ס', אבל במליחה כו' ע"ש, **ולע"ד** דבריו תמוהים, דמ"ש הב"י אבל כל דבר שהוא עומד בעצמו, ר"ל דאעפ"כ מיחשב דבר יבש לחומרא, דלא סגי בס' בין החתיכות והמים לחוד, אלא בעינן שיהא רוב גם כן בחתיכות, ואם לאו כל החתיכות אסורות, אבל פשיטא דצריך ס' לבטל הטעם, וכמ"ש הש"ך, **ותדע** דהא הב"י נקט בישול, שכתב אע"פ שהוא מבושל במים כו', ובבישול גם הוא ז"ל מודה).

ואם רוצה לבשלן יחד ואין שם ס', מותר להרבות עליהם כדי שיעור ששים ולבשלן, ואין בו משום מבטל איסור - כיון שכל אחד מותר בפני עצמן - ר"ן.

הגה: וי"א דאם נודע התערובות קודם שנתבשלו ביחד, הכל שרי, דאין חוזרין ונאסרין מאחר שנתבטל ביבש – [משום דכבר נקרא עליו שם היתר], (כ"כ הרא"ש, וכשיטתו דהאיסור נהפך להיתר, ואין חוזר ונאסר – גר"א), **ובמקום הפסד** – (מרובה – פמ"ג), **יש לסמוך אדברי המקילין ולהתיר.**

§ סימן קי – דין ספק טריפות שאירע בבשר §

סעיף א - דבר חשוב אוסר במינו בכל שהוא - כלומר אפילו בכמה אלפים אינו בטל.

כל הסעיף הוא לשון הרמב"ם, וכ"כ האו"ה, דדוקא במינו, **אבל** הרב בת"ח השיג על האו"ה בזה, ופסק דאפילו שלא במינו אוסר בכל שהוא, וכ"פ בהג"ה לעיל סימן ק"א סוף ס"ו, **וצ"ע** למה לא הגיה כאן כלום אדברי המחבר, **ונראה** דס"ל דהרמב"ם והמחבר לא נקטו מינו, אלא משום דלא משכחת לה שלא במינו, דהא יהא ניכר האיסור, ונמשך אחר הטור ס"ס ק"ט, שכתב דדבר יבש

הלכות תערובות
סימן קי – דין ספק טריפות שאירע בבשר

שלא במינו, היינו כגון שנפרד לחתיכות דקות, א"כ דבר חשוב שאינו נפרד לחתיכות דקות, לא משכחת לה שלא במינו, **ובת"ח** ובהג"ה שם דכתב דאפילו שלא במינו אינו בטל, לא נקטיה אלא משום בריה דאיירי התם, שנתערב במרק ותבשיל, דבריה אע"פ שהיא קטנה אינה בטלה, זהו נ"ל בדעת הרב, **ומ"מ** אף שלא במינו אוסר דבר חשוב בכל שהוא, ומשכחת לה שפיר נתערב שלא במינו, כמ"ש בסי' ק"ט סק"ח ע"ש.

‹**ומשמע** דוקא במינו, דלא כמ"ש לעיל סי' ק"א ס"ו בהג"ה, ואף שיש לדחוק משום דלא משכחת לתערובת יבש מין בשא"מ דלא מינכר, מ"מ שפת יתר הוא, אלא ע"כ דוקא קאמר – גר"א›.

ודע דאיתא בש"ס פרק בתרא דע"ז, דדברים החשובים האסורים בהנאה, אם נתערבו אפילו באלף כולן אסורות בהנאה, וכן מוסכם מכל הפוסקים, **מיהו** כתבו התוס' ביבמות ובזבחים, בשם הירושלמי, דמותר למכרן לעובד כוכבים חוץ מדמי איסור שבהן, אם הוא בענין שאין לחוש שהעובד כוכבים ימכרנו אח"כ לישראל, **מיהו** מה שכתב הראב"ד, דה"ה דתקנתא דר' אליעזר, דהיינו יוליך הנאה לים המלח, מהני בכל האיסורים, הוא כדעת הרשב"ם שהביאו התוס' ור"ן שם, אבל אין כן דעת התוס' והפוסקים הנ"ל שם, **אלא** ס"ל דדוקא בעבודת כוכבים שתופסת דמי' סגי ליה בפדיון הולכת הנאה לים המלח, ולא בשאר איסורים, וכן דעת הרא"ש, **דלא** כהלבוש שכתב גם גבי פת שנאפה בגחלי חמץ, דנ"ל דסגי בהולכת הנאה לים המלח ומותר בהנאה, עכ"ל, דליתא, דלא קי"ל הכי אלא בעבודת כוכבים דתופסת דמי'.

והם ז' דברים ואלו הם: אגוזי פרך ורמוני בדן - פרש"י פרך ובדן מקומות הן, וכן פי' הריב"ש, **והברטנורה** כתב, ואני שמעתי אגוזים שקליפתן רכה ונפרכים ביד, וכן פירשו התוספות ביבמות ובזבחים שם, ובערוך כתב שני הפירושים.

וחביות סתומות - דוקא גדולות, אבל קטנות אינן חשובים, וחד בתרי בטיל, כדלקמן סי' קל"ד ס"ב בהג"ה.

סתומות - אבל פתוחות אפי' של יין נסך בטילים דלא חשיבי, כ"כ התוס' סוף ע"ז, וביבמות, **אבל** בזבחים כתבו, ושמא החמירו ביין נסך לאסור אפילו בחביות פתוחות, משום דחמירא עבודת כוכבים משאר איסורים כו', **וכ"כ** עוד שם, וא"נ כדמפ' בירושלמי, יין נסך ועבודת כוכבים משום דלא ידבק בך מאומה מן החרם, ומיירי אפילו בחביות פתוחות, עכ"ל.

וחלפות תרדין וקלחי כרוב ודלעת יונית וככרות של בעל הבית - לאפוקי דנחתום דלא חשיבי, כן פשוט בש"ס ופוסקים, **וצ"ל** דהיינו דוקא בזמנם, אבל במקומות שגם של נחתום חשובים, פשיטא דאינן בטלים וק"ל.

וכן בעלי חיים חשובים הם ואינם בטלים - אע"ג דלא אסירי מתחלת ברייתן, כגון שור הנסקל ודרוסה וכה"ג, לא בטילי מכח חשיבותן, כך פשוט בש"ס ופוסקים. ‹**ואף** בעלי חיים קטנים כחושים, ב"ח חשיבי – פמ"ג›.

אבל שאר דברים, אף על פי שדרכן למנות, הרי אלו עולים בשיעורן - אע"פ שדרכן למנותן לעולם, ואינן נמכרים כלל באומד, עולים בשיעורן, כיון שאינן חשובים.

הגה: ויש אומרים דכל דבר שבמנין, דהיינו שדרכו למנותו תמיד, אינו בטל. וכן נוהגין - אבל דבר שמוכרים לפעמים ג"כ באומד, כמו ביצים שלפעמים מוכרים סל מלא ביצים, כדאיתא בש"ס ריש מס' ביצה, בטל, וכ"פ בת"ח.

[היינו כר' יוחנן בגמר' אליבא דר' מאיר, דס"ל את שדרכו למנות שנינו, פי' שלעולם אין מוכרין אלא במנין, משא"כ ביצה שפעמים מוכרים סל מלא ביצים, זהו בטל, **ולא** כריש לקיש דס"ל, כל שדרכו למנות שנינו, וביצה אסורה אינה בטילה, וזהו דעת הטור שהביא דעה זו, וכן סמ"ג בשם ריצב"א, **אבל** בש"ד סי' מ"ב וכן בהג"ה שם בשם רוב הגאונים פסקו כר"ל, וכן פסק רש"ל], **וכ"כ** הב"ח דהכי נהגינן, וכן כתב האו"ה דכן נוהגין, **וכ'** עוד מהרש"ל, וכ"ש האידנא שאין בנמצא כלל בגבולינו למכור סל מלא ביצים באומד בלי מנין, פשיטא דביצה לא בטיל, עכ"ל, וכ"כ הב"ח, וע"ל סימן פ"ו ס"ק י'.

[**ושו"ע** שפסק כאן בתחילת הסימן, דדוקא דבר חשוב כו' אינו בטל, ודבר שבמנין בטל, היינו כר"ע בגמר' דפליג עם ר"מ, **ותימה עליו**, שבסי' פ"ו ס"ג פסק כמו ר"ל

דכאן, דביצה אינה בטילה, והאידנא הוה ביצה דבר שמוכרין תמיד במנין, ואפי' ר' יוחנן מודה, וכ"כ רש"ל].

[**ולענין** הלכה כיון דמילתא דרבנן היא, כדאי הם המתירים לסמוך עליהם במקום הפסד (מרובה - פמ"ג), **וכמ"ש** רמ"א דלא מקרי דבר שבמנין רק אם לעולם אין מוכרין אותה אלא במנין כר' יוחנן. **וכתב** רש"ל דכרכשתא אע"פ שהאידנא אין מוכרין אותה אלא במנין, בטילה, כיון דאין אוכלין אותה אלא ע"י מילוי, והוא מדברי המרדכי].

(**ועיין** בספר מנחת יעקב שכתב בשם הט"ז, דיש להקל בהפ"מ דביצה בטילה, וכתב דכן ראוי לנהוג ע"ש, **ועיין** בשו"ת תשובה מאהבה, שמורה אחד סמך על דברי המנ"י דביצה בטילה בהפ"מ, **וכתב** דלא טוב הורה, דדברי המ"י בטילים הם, דמ"ש הט"ז דבהפ"מ מותר, היינו דבר שפעמים במנין, אבל ביצה אף בהפ"מ אסור האידנא, **ומ"מ** אחרי שכבר הורה להקל, צידד בזה עפמ"ש רש"י בזבחים, ואע"פ שיש ב"א שאין מקפידים ומוסיפים יתירה כו', ועתה במדינות אלו מוסיפין יתירה ללוקח, הוי נמי אין דרכו למנות).

כא דדבר חשוב אינו בטיל, אינו אלא מדרבנן ואזלינן בספיקו לקולא - כלומר אם יש בו ספק אם הוא דבר חשוב או לא, וכ"כ האו"ה, וכ"כ הרב לעיל ר"ס ק"א, **אבל** שאר ספיקות אשכחן דאזלינן לחומרא, כמו שיתבאר בסימן זה בכמה דוכתי.

כל דבר שהוא חשוב אצל בני מקום מהמקומות, כגון אגוזי פרך ורמוני בדן בארץ ישראל באותם הזמנים, הוא אוסר בכל שהוא, לפי חשיבותו באותו מקום ובאותו זמן, ולא הוזכרו אלו אלא לפי שהן אוסרים בכל שהן בכל מקום, וה"ה בכל כיוצא בהן בשאר מקומות.

סעיף ב - בעלי חיים שנתערבו באחרים, ונשחטו, בטל חשיבותן ובטלין; והוא שנשחטו בשוגג - אפילו אחר שנודע התערובות, כמו שנתבאר בסימן ק"א ס"ו, **ודוקא** נשחטו אחר שנתערבו בעינן נשחטו בשוגג, אבל נשחטו קודם שנתערבו, אפי' במזיד בטלים, וק"ל.

(ודוקא בעלי חיים קטנים, שאינם ראוים להתכבד לאחר שחיטתן) – [חילוק זה הכריחו, מדכתב הטור בסי' ק"א, דכבש שלם אינו בטל, והך קטנים דכאן צ"ל כמו צפרים קטנים, ולא תרנגולת, דהא בתרנגולת כתב לעיל דאינה בטילה, ורש"ל תירץ בזה, דלעיל איירי בכבש שהופשט והוא שלם עדיין, אבל כאן איירי שלא הופשט, ממילא מחוסר מעשה גדול, ודומה למה שפסק לעיל תרנגולת בנוצתה דבטילה, וכ"ש כאן דכבש בצמרה הוה מחוסר מעשה גדול טפי].

[**ול"נ** דחשיבות של בעל חי הוא חשיבות בפ"ע, דהיינו אם הוא דבר כחוש ואינו ראוי לאכילה, ממילא אין לו חשיבות מצד חה"ל כשנשחט, רק כ"ז שהוא חי יש לו חשיבות מצד שהוא בעל חי, וע"ז אמר הטור, דכאן שהוא חשוב מצד שהוא בעל חי, בטל חשיבותו כשנשחט, אבל אם יש לו חשיבות מצד ראויה להתכבד, זה כתבו כבר בסי' ק"א].

כתב הב"ח יש לתמוה, דבסי' ק"א ס"ג פסק, דאפי' תרנגולת בנוצתה בטילה, וכ"ש כבש בעורו וצמרו, וכנראה דדבריו סותרים זא"ז, עכ"ל, **ולק"מ**, דהא כתב בת"ח, דהא דכבש בעורו וצמרו בטל, היינו דוקא משום חה"ל, ר"ל משום דצריך תיקון גדול ומחוסר מעשה גדול לכשתהיה ראויה להתכבד, **אבל** מ"מ אינו בטל מטעם דבר שבמנין, ר"ל כיון דחשוב הוא דלענין דבר שבמנין לא איכפת במאי דמחוסר מעשה, ונ"מ אם הוא במקום שאין מוכרים אותו במנין בטל, עכ"ל, **וכ"כ** בסוף כלל מ"ב, דוקא ב"ח קטנים שלאחר שנשחטו בטל חשיבותן, ולא הוי אח"כ חתיכה הראויה להתכבד או דבר שבמנין כו', **לזה** כתב כאן ודוקא ב"ח קטנים שאינן ראוין להתכבד, ר"ל לא חשיבי, וא"כ לא הוה דבר שבמנין, ולעיל סי' ק"א לא כתב דבטל אלא מטעם חה"ל, וזה ברור, **ומ"מ** לענין דינא ע"ל סימן ק"א ס"ק ז'.

סעיף ג - ט' חנויות מוכרות בשר שחוטה, ואחת מוכרת בשר נבילה, ולקח מאחת מהן ואין ידוע מאיזה מהן לקח, הרי זה אסור, שכל קבוע כמחצה על מחצה דמי.

הכי ילפינן בב"ק ובפרק קמא דכתובות, מקרא דוארב לו וקם, פרט לזורק אבן לחבורת אנשים, שעמדו

שם ט' ישראלים וחד עובד כוכבים, דפטור משום ספק נפשות להקל, דאף על גב דרוב ישראלים, מ"מ ה"ל קבוע וכמחצה על מחצה דמי, **ודע** דהא דקי"ל דכל קבוע כמחצה על מחצה, הוא בין לקולא ובין לחומרא, כגון ט' חנויות מוכרות בשר נבילה וא' בשר שחוטה, ולקח ואינו יודע מאיזה מהן לקח, הוי כמחצה על מחצה ולא אסור אלא משום ספיקא, ולא אמרינן דהוי כרובא, הכי אמרינן בהדיא בפרק קמא דכתובות שם.

כתב הרא"ה בס' בדק הבית, דה"ה אם היו בעיר עשר חנויות מוחזקות לנו כולן בבשר שחוטה, ולקח מאחת מהן ואינו יודע מאיזו היא, ואח"כ נתברר לנו שא' מחנויות אלו בשר נבילה, דאסור, דלא דמי לפירש, שאין תולדות הספק מצד עצמה, אלא מצד ברירת החנויות, שנתברר עכשיו שא' מהן אסורה, ומתוך כך נולד בה ספק על אותה שעה שהיה פירשה בידי הלוקח מהן, ואם כן ספק זה אינו מחודש אלא גילוי מילתא בעלמא הוא, שתחלתה היה נעלם ממנו שהיה סבור שכולן מותרות, וכשנתברר שהיא אסורה איגלאי מילתא למפרע שבשעת מקח חתיכה זו כשפירשה מהן באותה שעה היה ספק שלה, וזה ברור עכ"ל, **ואף** הרשב"א במשמרת הבית שם מודה לו בזה, אלא שמחלק שם, וביאר דבריו שבתורת הבית שהעתיקם המחבר בס"ה, דדוקא כשנולד ספק טרפה במקולין, כגון שנתערב ‹ספק› טרפה בין הכשרות בחה"ל, או אפילו ודאי טרפה, ולא נודע אלא עד אחר שלקח, ויש ספק אם היתה הודאי טרפה במקולין זו שלקח, ‹אין מדוקדק כ"כ, וכוונתו, דוודאי היתה שם, אלא שאין ידוע אי מכשירה או מטריפה – פמ"ג›, אבל מ"מ יודע הוא מאיזה מקולין לקח, **נמצא** אין הספק מצד ברירת החנויות, אלא שאינו יודע אם לקח מן הכשרה או מן הטריפה, וא"כ כיון שלקח קודם שנמצאת הטריפה לא אזלינן בתר האי שעתא, אלא בתר השתא דהוי פירש ממילא ושרי, כן הוא דעת הרשב"א במשמרת הבית שם, ע"ש ודוק.

אבל הר"ן כתב אקבוע דט' חנויות וז"ל, וכתבו התוס' דלא מקרי קבוע אלא כשהיה האיסור נודע קודם שלקח, אבל אם לא נודע האיסור בשעה שלקח, אע"פ שלאחר שלקח נתגלה האיסור ונעשה קבוע, לא אמרינן דלהוי קבוע למפרע, ונ"מ למי שלקח בשר מן המקולין ואח"כ נודע שהיתה טרפה ביניהם, דשרי, דכיון דבשעה שלקח לא היה קבוע, דדין קבוע שיהא כמחצה על מחצה חידוש הוא, ואין לך בו אלא משעת חידושו ואילך, כלומר משנעשה קבוע, אבל למפרע לא, עכ"ל.

וכן לפי מה שפירשו הב"ח והאחרונים דברי הטור, דס"ל אם ידוע שיש טרפה בחנות אחת ולא נודע באיזה מהן, ולקח מא' מהן וידוע מאיזה מהן לקח, ה"ל קבוע, כיון דאין תערובות בחתיכות, אלא כל חתיכה עומדת בפ"ע, והתערובות הוא בחנות, **א"כ** מוכח דס"ל להטור כהר"ן, דהא כתב ע"ז: וכ"כ א"א הרא"ש ז"ל, דכל מה שלקחו קודם ספיקא הכל מותר, ולאחר שנולד הספק הכל אסור, עכ"ל, **אבל** באמת לא משמע כן בתשובת הרא"ש, דמיירי התם להדיא בנתערבו החתיכות זו בתוך זו, דאע"פ שהן חה"ל, שרי כשלקחו קודם ספיקא, מטעמא דלא גזרינן שמא יקח מן הקבוע, מאחר שאז היו כולן בחזקת היתר, ועדיף טפי מפירש ממילא, אבל לא בספיקא דחנויות, **וגם** דברי הטור לכאורה לא משמע כן, וגם הב"י הבינם דמיירי בתערובות דחתיכות, וכ"כ בדרישה בשם הב"י, ע"ש.

‹**הנה** דעת הר"ש מקינון ז"ל, דכה"ג {בתערובת החנויות} לא מיקרי קבוע, ובהכי ניחא למה לא יאסור כל העולם מלזרוע ולחרוש, שמא נחל איתן הוא, **ומשמע** דאפילו קבוע דרבנן לא הוה אם אין חהר"ל. **ומדברי** הפרישה נראה, דתערובת המקולין מדרבנן הוה קבוע, ואף חתיכה שאינה ראויה להתכבד הוה כמו ראויה להתכבד, דחשיבות חנויות חשוב עכ"פ כמו חהר"ל, ולא מן התורה, וא"כ לדינא יש לצדד להקל בה"מ, **ואתי** שפיר קושיא דנחל איתן, דאוקמי' אדין תורה כיון דלא אפשר. **אמנם** דעת הב"ח בסוף ס"ו משמע בהדיא, קביעות חנויות הוה קבוע מן התורה. **הרי** דשלש מחלוקות בדבר, והפרי תואר צידד אי הוה מן התורה, וכן דעת הש"ך אות י"ד ואות י"ז, דמן התורה הוה קבוע – פמ"ג›.

אבל בשר הנמצא בשוק - אפילו הוא חה"ל, כך פשוט בפוסקים, **או ביד עובד כוכבים, מותר** - כתב הרוקח, דלקחו קטן דינו כלקחו עובד כוכבים. ‹**ואם** נמצא ביד קטן חריף, מקרי נולד הספק במקום קביעותו, כנמצא ביד ישראל גדול, ואסור, פר"ח – באה"ט›.

כיון שרוב החנויות מוכרות בשר שחוטה, דכל דפריש מרובא פריש - דכיון דנייד הלך אחר הרוב, דהשתא לאו קבוע הוא, ולא נולד הספק אלא כשפירש.

דוקא כאן דחנות האחת ניכרת בפני עצמה, אבל היכא דידוע שיש טרפה אחת בחנות, ולא נודע באיזה

חנות, אע"ג דהוי קבוע כמש"כ לעיל, מ"מ אם פירש שלא בפניו, נראה דלהרא"ש וסיעתו דאסרי לקמן גבי קבוע דחה"ל פירש ממילא, אע"ג דכל דפריש מרובה פריש, מגזרה דשמא יקח מן הקבוע, **ומחלקים** דלא דמי לט' חנויות, דהאיסור נודע איזה מהן נבילה וכשירה, ולכך ליכא למיחש שמא יקח מן הקבוע, **א"כ** הכא כיון דאין האיסור נודע, נמי איכא למיחש שמא יקח מן הקבוע.

(**עיין** בת' בית אפרים, בענין אם יש בחנות האחת של נבילה בשר יותר ממה שיש בט' החנויות של כשירה, אם יש לילך בנמצא אחר רוב של החנויות, או אחר רוב בשר, **וכתב** דיש בזה להקל ולהחמיר, דכל שלא נמכר מכל חנות רק בהמה אחת או שנים, וכל שאר הבשר נשאר במקומו, הולכין אחר רוב החנויות, דמה יושיענו זה הבשר שהוא הרבה בחנות, כיון שנשאר מונח במקומו, **אבל** אם יש בא' יו"ד בהמות נבלה, ובט' יש בכל אחד אחת כשירה, ומכרו כולם כל הבשר, פשיטא דבכה"ג אזלינן בתר רוב הבשר שנמכר היום, דמה יושיענו רוב החנויות, כיון שמוכר א' מכר יותר משאר המוכרים כולם, **ועיין** בתשובת כנסת יחזקאל שכ' בפשיטות, דמדלא מפלגינן דלפעמים בחנות א' יש הרבה בשר שהוא רוב חתיכות נגד ט' המוכרות בשר שחוטה, נראה דאין נ"מ בזה, וכל חנות וחנות נחשב כאילו כולם שוים, **גם** בתשובת נו"ב חקר ג"כ בזה, וכתב דמלשון הש"ס משמע, דהכל תלוי ברוב החנויות ולא במספר הבשר, **ומ"מ** אינו תוקע עצמו בדבר זה להקל, אבל להחמיר ודאי יש לחוש).

זהו דין תורה, אבל חכמים אסרוהו אף על פי שכל השוחטים וכל המוכרים ישראל - משום בשר שנתעלם מן העין כדלעיל סי' ס"ג, **הגה: ועיין לעיל סימן ס"ג** - וכבר נתבאר שם על נכון באיזה ענין אנו מתירין משום בשר שנתעלם מן העין, וכה"ג מותר כאן פירש ממילא.

וכא דאמרינן כל דפריש מרובא פריש, היינו שלא פירש לפנינו, אבל אם פירש לפנינו או שרואה כשהא"י לקחו, הוי כאילו לקחו מאם בידו - משום דהספק נולד במקום הקביעות.

ופשוט הוא, דבקבוע אפילו מין במינו ה"ל כמחצה על מחצה, ובפירש אפילו שלא במינו מרובא פריש.

סעיף ד - רוב חנויות מוכרות בשר שחוטה, ומיעוט מוכרות בשר נבילה, לקח מאחת מהן ואינו יודע מאיזה מהן לקח, ונתערבה באחרות ואינה ניכרת, בטילה ברוב משום ספק ספיקא - ספק בשעה שאוכל החתיכה, שמא לא זו היא שבאה מהקבוע, ואת"ל זו היא, שמא של היתר היא, **ולפי** זה אסור לאכול כולן בבת אחת, דליכא אלא חדא ספיקא, ופשוט הוא.

צ"ע, דלא יהא אלא תערובות, הא המחבר ס"ל בס"ח דלא שרי אלא בג' תערובות, והרשב"א לטעמיה אזיל דס"ל דשרי בב' תערובות, **וצ"ל** דס"ל להמחבר דכיון דקבוע חידוש הוא, גרע מתערובות, וכל שנתערב אח"כ אזלינן בתר רוב ושרי, **ועוד** ס"ל כיון דבלא"ה הרבה פוסקים מתירים בב' תערובות, וכמו שיתבאר לקמן, א"כ בקבוע דחידוש הוא, אין לך בו אלא חידושו ושרי בנתערב אח"כ, ודוחק.

(**לא** זכיתי להבין, הא גם לקמן בס"ח דמה דנפל א' לאחרים, הא דלא שריא מטעם דמרובה פריש, והך דנפל מרובה דהיתר נפל, היינו ג"כ מטעם דהוי קבוע, דמיירי בפירש בפנינו לשיטת הרשב"א, או דגזרינן שמא יקח מהקבוע לשיטת הרא"ש, וכיון דהתם דהוי רק קבוע דרבנן אסרינן התערובות הב', מכ"ש הכא דהוי קבוע דאורייתא, וצע"ג – רעק"א).

[**יש כאן** תימה על השו"ע, שהרי הרשב"א לא כתב כן דמהני תערובות, אלא בלקח ממקולין שיש שם בשר טריפה נתערב בין הכשרות, **ששני** מיני קבוע יש לפנינו, האחד הוא קבוע דאורייתא, דהיינו ט' חנויות כשרות ואחת טריפה, שבזה אמרינן מדאורייתא כל קבוע כמחצה על מחצה, כיון שהאיסור ניכר במקומו, ובזה אין חילוק בין ראויה להתכבד או לא, **וקבוע** דרבנן הוא במקולין אחד שנמצא שם טריפה נתערבה בין הכשרות ואינו יודע מאיזה לקח, דמדאורייתא הוה כל בשר שבמקולין כשר דבטל ברוב, אלא דחכמים גזרו באם יש שם חה"ל דלא להוי בטילה, ונתנו על מקולין זה דין קבוע, דכן קרו לה בגמר' בזבחים בתערובות בעלי חיים שהם חשובות דהוה לה קבוע, **והרשב"א** כתב בהך קבוע דרבנן, שאם אחר שלקחו מקבוע זה ונתערב באחרים מותר מטעם ס"ס, אבל בקבוע דאורייתא שזכרנו ודאי לא מהני אח"כ תערובות, כמ"ש הרשב"א גופיה הביאו הטור ס"ס זה,

דצריך שיהא ספק ראשון מותר מן התורה דוקא, ואין איסור אלא מדרבנן, וכן היה ליה לשו"ע לכתוב, מקולין שנתערבה שם טריפה ולקח ממנה ואינו יודע מאיזה מהם לקח ונתערבה באחרים כו', וכן הוא דעת או"ה, דדוקא באיסור דרבנן דהיינו כגון ט' חנויות ופירש אחד מהם שלא בפנינו, שהוא מותר מן התורה כיון שפירש שלא בפנינו, אלא שחכמים אסרוהו מטעם בשר שנתעלם מן העין, כמ"ש השו"ע כאן סוף ס"ג, בזה דוקא מהני מה שנתערב אח"כ, ומותר אפי' ראוי להתכבד, **ואין** להקשות הא קימ"ל ספיקא דרבנן לקולא, ולמה ליה תרי ספיקות, כבר תירץ שם או"ה, כיון שכאן יש איסור דאורייתא, אלא שהותר מכח ביטול ברוב, וחכמים אסרוהו וחשבוהו להמיעוט כאילו הוא מחצה כיון שראוי להתכבד, ע"כ צריך תרי ספיקות להתיר, **נמצא** דהרשב"א ואו"ה הם שוים לגמרי, דהרשב"א איירי בקבוע דרבנן, וע"כ אפי' לקח בפנינו משם ונתערב אח"כ באחרים מותר, כיון שגם במקום הקביעות אין כאן אלא איסור דרבנן, אבל בקבוע דאורייתא כההיא דט' חנויות, לא מהני ס"ס אלא אחר שפירש שלא בפנינו שאיסורו מדרבנן, והנה ראיתי לבעל הג' או"ה בסוף הספר, שכתב בזה דאו"ה חולק עם הרשב"א דכאן, שאינו מחלק בין נולד הספק בקביעות או לא, ולא דק כלל, ואע"פ שאיני כדאי לחלוק, מ"מ האמת הברור שבעלי השו"ע, הרב ב"י ואחריו רמ"א, שהביא כאן מחלוקת או"ה על דין זה בשם יש אוסרין כו', לא עיינו כל הצורך בזה, דבאמת כו"ע שוין הם בדין זה וכמש"כ, כנלענ"ד פשוט, גם מו"ח ז"ל פי' דברי הרשב"א כמ"ש ולא כשו"ע].

הב"ח השיג על המחבר, דהרשב"א לא קאמר אלא בפירש לפנינו, דאיסורו אינו אלא מדרבנן, אבל לא בלקח, דהספק הא' אסור מן התורה, והוי כספק טרפה שנתערב דהתערובות אסור כדלקמן ס"ט, עכ"ד, וכן בהגהות שבסוף ספר או"ה כתב, דהרשב"א לא מתיר אלא בפירש לפנינו דחושבו דרבנן, **אבל** יותר נראה לומר כפשטא דמילתא, דהרשב"א והרב המגיד אף בלקחו ישראל מן החנויות מיירי, **ול"ק** ממאי דס"ל להרשב"א והמחבר בספק טרפה שנתערבה ברוב דלא בטלה, דהכא דין קבוע חידוש, וכדכתבתי לעיל בשם הר"ן, משום דבכל דוכתי אזלינן בתר רובא, ואין לך בו אלא חידושו, והיינו כל שהוא בפני עצמו, אבל לא כשנתערב אח"כ, זה נ"ל ברור בדעת הרשב"א והרב המגיד והמחבר.

הגה: ויש אוסרין בכה"ג - וכן דעת הב"ח, ודלא כהעט"ז שלא העתיק אלא דברי המחבר ותו לא, לא חלי ולא הרגיש בכל מה שכתבתי לעיל.

בכה"ג - בדין זה דקבוע, ואפי' פירש לפנינו אסור מן התורה כמחצה על מחצה, ואסור אח"כ כשנתערב, כ"כ בת"ח בשם או"ה, ופסק כך בסימנים, **והיינו** דהאריך כאן בהג"ה, וכתב משום דכל מקום דאיסור במקומו כו', ולא כ' בקיצור, משום דהואיל וספק הראשון מן התורה כו', אלא בא לומר דאע"פ דפירש לפנינו או לקחו עובד כוכבים לפנינו, מ"מ כיון דהאיסור במקומו הוי כמחצה על מחצה, והואיל כו', **מיהו** בהא אפשר להתיר, אם נתערב במקום הפסד מרובה וכה"ג, כיון דמהרש"ל פסק נמי כהרשב"א, וגם דעת הר"ן ויש פוסקים, דפירש לפנינו אינו אלא מדרבנן, **מיהו** היינו דוק' בשאינו אוכלן כאחד, דאל"ה ליכא ס"ס.

משום דכל מקום דאיסור במקומו הוי כמחצה על מחצה, והואיל וספק הראשון אסור מן התורה ואין כאן עוד ספיקא להתיר, רק תערובת, לא מקרי ספק ספיקא. והכי נהוג.

אה"נ אילו היה אסור ‹ספק ראשון› משום תערובות, לא הוי שרי בנתערב אח"כ בתערובות כדלקמן ס"ח, אלא אתי לאפוקי אילו הוי ספק איסור דאסור מדרבנן, הוי שרי בתערובות, **א"נ** קמ"ל דל"ת דגרע טפי מתערובות כיון דקבוע חידוש הוא, קמ"ל כיון דספק הראשון אסור מן התורה לא אמרינן הכי, **וכל** זה הוצרכתי להרב בהג"ה, דסבירא ליה לקמן ס"ח דהתערובות הב' אסור לאכלו, אע"פ שאינו אוכלו כולו כאחד, **אבל** באו"ה גופיה אתי שפיר, דכתבתי לקמן בשמו, דבב' תערובות מותר התערובות הב' כשאינו אוכלו כולן כאחד, א"כ אשמועינן כאן דגרע מתערובות, והוי כספק טרפה שנתערב דלקמן ס"ט, ואסור התערובות אע"פ שאינו אוכלו כולו כאחד, והוא ברור.

הגה - לכאורה קשה על הרב, דהרי באו"ח סי' תל"ט ס"א מביא הרב דברי הטור שם וז"ל, מיהו אם הככר קטן שיוכל העכבר לאכול, תלינן להקל שאכלו וא"צ בדיקה, והטעם הוא התם משום ס"ס ע"ש, והתם

מיירי אפי' ט' ציבורין של מצה ואחד של חמץ, אפ"ה מקרי ס"ס, אפי' שהספק האחד הוא מן התורה, ובפרט שאנו מחמירין בחמץ יותר מבשאר איסורין, אפ"ה הוא ס"ס וא"צ לבדוק, **וליכא** למימר דבדיקת חמץ הוא מדרבנן, דדין זה הוא מדברי תוס', ומוכח דמיירי שלא ביטלו, **והכא** משמע אפי' פירש בפנינו שהוא מדרבנן, כמ"ש הגאון אמ"ו ז"ל, אפ"ה לא מקרי ס"ס, וקשה מ"ש, **וי"ל** דשאני התם כיון דמכח ס"ס אין כאן עוד איסור, שמא אכל העכבר, משא"כ כאן דעכ"פ האיסור הוא עדיין בעין, ודמיא למ"ש הרב בהגהה לקמן ס"ח ע"ש ודו"ק, **אבל** מ"מ על הב"ח יש לתמוה, שהשיג על המחבר כמ"ש הגאון אמ"ו ז"ל בס"ט, כיון שהספק ראשון הוא בגופו, עכ"ד, וקשה הלא כתב הרב באו"ח סי' הנ"ל דמקרי ס"ס כנ"ל, והם דברי הטור בסי' הנ"ל בשם הרשב"א, ולפי דברי הב"ח קשה שם היכא מקרי ס"ס כיון שהספק הראשון הוא בגופו, **אלא** ודאי ע"כ מוכרח לומר דשאני קבוע דחידוש, וא"כ אין להב"ח שום קושיא על המחבר דהמה דברי הרשב"א באו"ח סי' הנ"ל, **וליכא** למימר דטעם האו"ח הוא משום שאין כאן עוד איסור כמ"ש לעיל, זהו ליתא, דלדברי המחבר אינו חילוק רק אם האיסור הוא בגופו, ודו"ק וצ"ע - נקה"כ.

סעיף ה - מי שלקח בשר מהמקולין (פי' בית המטבחים), ואפילו חתיכה הראויה להתכבד - ‹יש לעיין הא דעת המחבר לעיל, דחתיכה חיה לא הוי ראויה להתכבד, וכן הקשה בפמ"ג – רעק"א›, **ונמצאת טרפה במקולין, ולא נודעו חתיכות הטריפה** - היינו שנתערבו חתיכות הטרפה בין הכשרות במקולין א', **ואינו יודע מאיזו לקח** - מאיזה חתיכה לקח, אבל אם החתיכות עומדות בפני עצמם, ואיכא ספיקא בחנות, כבר נתבאר דינו בש"ך בס"ג.

כל מה שלקחו מהמקולין קודם שנמצאת הטרפה, מותר, שלא נפל הספק בקבוע אלא לאחר שפירש, וכיון שהרוב כשר, מותר, אבל ליקח מכאן ואילך, אסור - ‹בחה"ל אסור מן הדין, ואף בדיעבד אסור – בדי השלחן›, **ואפילו חתיכה שאינה ראויה להתכבד, שאין הכל בקיאין בזה, ויטעו בין ראויה להתכבד לשאינה ראויה.**

"**אבל** מכאן ואילך אסור ואפי' חתיכה שאינה ראויה להתכבד" - משמע אפילו אם לקחו אסור, ‹ר"ל דאפי' בדיעבד שלקח ג"כ אסור, אם לקח אחר שנודע הספק›, וכן משמע יותר בסימני ת"ח ובפנים בתורת חטאת. **ובספרים** אחרים איתא, "אבל ליקח מכאן ואילך אסור", וא"כ לא משמע מידי, ‹ורק ליקח לכתחילה אסור, אבל בדיעבד מותר – אמרי בינה›, ‹כיון שחתיכה שאינה ראויה להתכבד אינו אסור מדינא אלא מטעם חומרא – בדי השלחן›.

[**פי' אפי'** אם פירש שלא בפנינו, שבזה מותר בקבוע דאורייתא בט' חנויות, מ"מ כאן אסור, גזירה שמא יקח מן הקבוע עצמה, **משא"כ** בקבוע דאורייתא שהאיסור ניכר במקומו, לאו ברשיעי עסקינן שיקח במזיד מן האיסור הברור, **ומטעם** זה נמי מותר כל שלקח קודם שנולד הספק בקבוע דרבנן, **אפי'** פירש בפנינו, דהא עדיין כולו היתר, ולא גזרינן בלקח בשעת היתר אטו שיקח אחר האיסור].

‹**כוונת** הט"ז נעלם ממני, דהא המחבר משם הרשב"א אמרה, וסובר פירש ממילא שרי, כמו שפסק המחבר משמו בס"ו – הפמ"ג›.

כתב הב"ח, דהיינו דוקא בחתיכות שנתערבו זו בתוך זו, אבל אם לא נודע החנות שיש בה האיסור קבוע, כגון שנמצאת ריאה טרפה ולא נודע מאיזו חנות, נקטינן כהרא"ש ורבינו, דמדינא אסורי' כל החתיכות שבמקולין אפילו אינן חח"ל, ואפשר דגם הרשב"א אינו חולק ע"ז, דלא קאמר בהא מידי ולא איירי ביה, עכ"ל, **וכן** בד"מ ובת"ח ובדרישה פירשו, דהטור ס"ל דזה קבוע הוא ע"ש.

כתב הב"ח דהיינו טעמא, כיון שהתערובות במקולין הוא, שרבים קונים משם, קרוב הדבר לטעות, **מה** שאין כן בנתערב כך ליחיד בביתו, דאין להחמיר - ר"ל אע"פ שיש שם ג"כ חתיכות הראויות להתכבד שנתערבו - אלא להורות בדין חתיכה שאינה ראויה להתכבד דבטלה ברוב, עד כאן לשונו, וכ"כ מהרש"ל.

[**כדברי** המחבר כן כתב הרשב"א הביאו הטור, וכתב עליו ואיני מבין מה שכתב להתיר בחתיכות שאינן ראויות להתכבד, אלא שהחמיר לאוסרו, שנראה שאסורין מן הדין, דכל קבוע כמחצה על מחצה, **ותמהו** ב"י ושאר גדולים על הטור, דהא כל קבוע כמחצה לא שייך אלא בט' חנויות שהאיסור ניכר במקומו, משא"כ בכאן שהאיסור אינו ניכר, ולא גזרו אלא בראוי להתכבד, ובאין ראוי להתכבד שפיר בטל ברוב, ודינו כמו שנתערב

מחבר **רמ"א** ש"ך ונקה"כ

בבית, **ובד"מ** ובפרישה תירצו, דהטור הבין דברי הרשב"א דמיירי שיש איסור במקולין אחד ולא נודע באיזה מקולין, **ופי'** תמוה הוא, דהאיך כתב הטור ע"ז "וכ"כ א"א ז"ל דכל שלקחו קודם הספק הכל מותר", דבנדון כזה שהוא ספק דאורייתא, ודאי אפי' קודם שנולד הספק אסור, ולא התיר הרא"ש אלא בקבוע דרבנן].

לק"מ מזה, דס"ל כמ"ש הר"ן, דדין קבוע חידוש הוא ואינו אוסר למפרע, אבל מטעם אחר פירוש זה אינו, כמ"ש בש"ך - נקה"כ.

[**וראיתי** פירושים רבים ונלאו למצוא הפתח לפרש דברי רבינו, **ואני תמהתי עוד**, למה לא הקשה הב"י גם על הרשב"א, למה החמיר כאן לאסור אפי' אינן ראויות מטעם שמא יטעו, טפי ממה שנמצא בבית, **וכי תימא** במקולין ששכיחי רבים גזרינן טפי, וכן מצאתי לרש"ל, **והא** איפכא מצינו במשנה בפרק חבית, אבל עשרה בני אדם כו', ופי' רש"י הואיל ומרובין הם מדכרי אהדדי, וביחיד גזרו טפי, אלא ע"כ דליתא להאי סברא].

לק"מ, דשאני הכא דאין הכל בקיאין בדין חה"ל, וקרוב דבר שיטעו לומר, כי היכי דשרי החתיכות שאינן ר"ל, ה"ה הר"ל, **ומחותני** מהר"ר גרשון נר"ו השיג עליו מטעם אחר, דל"ד לההיא די' בני אדם, דהתם הי' בני אדם הם במעמד אחד, ע"כ אמרינן מדכרי אהדדי, והוי כההיא דמשלשין הפסח דפ"ק דשבת, דמפרש בש"ס התם טעמא בני חבורה זריזים הן, **משא"כ** הכא דיש לחוש שיבואו ליקח בזה אחר זה, עכ"ד, ויפה כוון - נקה"כ.

[**והנראה** לע"ד דדברי רבינו הטור נכונים, **ואדהקשה** ב"י קושיא מדנפשיה, הו"ל להקשות ממה שכתב הטור גופיה למעלה בסי' זה, "וכן חתיכה שנחתכה לאחר שנתערבה בטילה כדפרישית לעיל", וא"כ חס ליה לרבינו שיסתור דברי עצמו תכ"ד].

לא קרב זה אל זה, דהתם שרי מטעמא דבטל החשיבות, ולא שייך התם גזירה, משא"כ בקבוע דחנויות - נקה"כ.

[ע"כ נלענ"ד דיפה כוון, **דע"כ לא שרינן לעיל בסוף הסי' ק"א בנחתך אחד מהתערובות, אלא מכח ממ"נ, דאי האיסור נחתך הרי כולן מותרין כו', וזה שייך באין כאן כי אם חתיכה אחת אסורה, ואז אפשר לנו לומר שהאיסור נחתך והשאר כולו היתר, משא"כ כאן דנמצאת בהמה אחת טריפה במקולין ולא נודע איזה היא, נמצא אף כשהתיר חתיכה שאינה ראויה להתכבד מצד ביטול** ברוב, מ"מ החתיכות הראויות אסורין עדיין, אע"פ שתאמר שזו שאינה ראויה היא מן האיסור, כי לא בחתיכה אחת יש איסור אלא בהמה שלימה נמצאת טריפה, **וא"כ** א"א לך לומר אם זו החתיכה של איסור כולן מותרות, והרי בודאי עדיין יש חתיכות אחרות הראויות שהם אסורו', וא"כ אין לנו להתיר בכל החתיכו' אפי' שאינו ראויות, דהא מגוף אחד יש לפנינו איסור והיתר, וזה דבר שא"א, אלא ודאי גם החתיכות שאינן ראויות נאסרות כמו הראויות, כיון ששניהם מגוף אחד].

אין בכך כלום, דחה"ל דלא בטלה היא מדרבנן, והם אמרו להתיר בכה"ג, **ובלא"ה** נמי לק"מ, דהא בפירש אחד ממילא שרי, ובפירש אחד לפנינו אסור, אע"ג דהוא מגוף אחד, אלא ודאי האי דינא לחוד והאי דינא לחוד, וה"ה הכא, וכה"ג אשכחן טובא - נקה"כ.

[**ע"כ** הקשה רבינו הטור יפה, דכולן אסורות מצד הדין מטעם קבוע, דהיינו קבוע דרבנן שגזרו עליו דלהוי כמחצה כמ"ש לעיל, וזה דבר ברור ומוכח, ועל כן הקשה עליו רבינו תשובה ניצחת].

(**עבה"ט** של הרב מהרי"ט ז"ל, שהביא כאן מעשה בקצב אחד ששחט ז' בהמות בביתו, והיו כולם כשרים, והוציא מביתו למקולין, שקורין יאטקעש בל"א, שני בהמות, ועוד הוציא מבהמה שלישית החצי, והחצי השנית הניח בביתו עם ד' בהמות שנשארו בביתו, ונתערבו הבני מעיים של כל הז' בהמות, ונמצא מחט בבית הכוסות שהוא טריפה ע"פ דין, ואינו יודע בשל איזה בהמה היה טריפה, **והנה** עפ"י דין, הד' אשר בביתו הם טריפות ודאי, והשנים אשר פירשו, דהיינו שהוציאו מבית למקולין, ודאי מותר, משום דמרובא פריש, והוא נקרא פריש ממילא, **אך** הספק על החצי שהוא במקולין, לומר דהחלק שבחוץ הוא כשר מטעם דמרובא פריש, א"כ גם חלק הפנימי שהוא בביתו יהא נמשך לחוץ, ויהיה ג"כ כשר, או איפכא שהחלק שבבית הוא ודאי טריפה, וחלק שבחוץ נמשך לבפנים ויהיה ג"כ טריפה, **הנה** הרב בעל חלקת מחוקק ומוהר"ר העשיל מקראקא התירו, והרב מו"ה שמואל קיידנאוויר ובעל בה"י פסקו איסור על החצי שבחוץ שנמשך לבפנים, **וע'** פר"ח שכתב, שהחצי שבחוץ כשר והחצי שבפנים טריפה, עכ"ל, **ועיין** בספר בכ"ש שחולק על הפר"ח, וכתב שדעת הגאונים הנ"ל מוכרחת בגמ' בכמה דוכתי, שאין לפסוק דבר תמיה כזה, **ועיין** בשאילת יעב"ץ שכתב, שדעת הפר"ח נכונה).

[ט"ז] ‹רעק"א או ש"א או הוספת הסבר› (פת"ש)

(**ועיין** בתשובת ח"ס, ע"ד אשה בעלת חמשה אווזות שחוטות, אחר שמכר' מהם לאשה אחת אווזא וחצי אווזא, עוד מכרה לחברתה ב' אווזות, ובתחלה הגביהה אווזא אחת לקנותה ושוב השניה והלכה לה, והשאירה אווזא ומחצה בבית, שוב אחר כ"ז נמצא טריפות באחד מן הקורקבנים, **והנה** אחת ומחצה שפירשו ראשונה אין בו ספק דמותרים, אך בשתים האחרונים נסתפקו הלומדים, חדא דילמא מה שהגביהה האחת ולא הוציאה עדיין מבית לא מיקרי פירש עד שיצאו מהבית, נמצא שניהם בב"א פירשו ולא השאירו אלא א' ומחצה וליכא רובא, **או** נימא דהא' משהוגבהה לקנות והשאירה ב' ומחצה על השולחן, ה"ל פריש מרובא והותרה האווזא ההיא, ושוב כשהוגבהה השניה והשאירה א' ומחצה, הו"ל גם כן פריש מרוב היתרא, לדעת הפר"ח דלא בעינן חד בתרי אלא רובא בעלמא, **או** ניחוש לדעת המנ"י, ואם כן האחרונה עכ"פ אסורה, **והוא** ז"ל השיב באריכות, והעלה דבעינן פירש לא בעינן דוקא שיצא מהבית, אלא כל שפירש ממקומו על דרך פרישה, נימא מרובא פריש, לאפוקי אם האשה בעלת האווזות הניעה אווזה מאווזות שלה למקום אחר בלי כוונת פרישה, לא מקרי פירש ממקומו, אבל אם נטלה אווזא ע"מ להפריש אותה מהאווזות אחרות ולקחה לעצמה לתבשיל וכדומה, מיקרי פירש, מכ"ש אשה אחרת שהגביהה לשם קנין ונשתנה מרשות לרשות, דודאי מיקרי פריש, ע"כ אווזא הראשונה בודאי יצאה בהיתר, **ואודות** השניה שלא השאירה אחריה אלא א' ומחצה אם זה מיקרי רוב, לפי דעתי עכ"פ בדבר שאינו מסויים ואיננו שלם, כיון דלא דמו לסנהדרין יש להחמיר כמנ"י, **אך** כ"ז שייך כשרוצים לאכול כל התערובות מטעם ביטול ברוב, אבל בנ"ד דאמרינן מרובא דהיתרא פריש, והנשאר במקומו נשאר באיסורא, פשוט דאין כאן מחלוקת ולכ"ע סגי ברובא כי האי, ולא בעינן כפל דוקא, **אלא** שיש כאן קצת פקפוק אחר, והוא דהרי החצי מן האווזא הלזו הנשארת בבית כבר פירשה והותרה, וא"א שתהיה הנפרשת מותרת וזו אסורה, ונהי דמ"מ הדין כן, דאין להתיר הנשארת בבית כבר במקומה, ואין לאסור הנפרשת - משמע דמסכים לדעת הפר"ח ושאילת יעב"ץ הנ"ל - מ"מ אפשר די"ל דא"א לצרף החצי אווזא לספוקי כלל, והוה רק תערובת חד בחד וליכא למימר מרובא פריש, **מ"מ** בהפ"מ ואיסור קבוע דרבנן נ"ל דהמיקל לא הפסיד, דמדאורייתא מצרפינן כל האווזות שבכל הבתים וכל א' מותרת, דברובא בטיל האיסור והכל מותר, לכן בהפ"מ המיקל לא הפסיד, עכ"ד).

סעיף ו - בעלי חיים ושאר דברים החשובים - כגון חה"ל וכן דבר שבמנין ובריה וכה"ג, **שנתערבו בהיתר, שאינם בטלים אפי' באלף, אפי' אם פירש אחד מן הרוב אחר שנודעה התערובות, אסור, והוא שהפרישו במתכוין** – [דאז דוקא גזרינן שמא יקח מן הקבוע, זהו דעת הרשב"א], (**ואפי'** היה סבור דשרי לעשות כן, דהא מה שנאסר אינו מטעם קנסא, אלא גזירה שמא יקח מן הקבוע – בדי השלחן).

אבל אם פירש ממילא, שרי - דכל המיעוטים שפירשו לצד אחד, אנו אמרינן בהן דכל דפריש מרובא קא פריש, ואיסורא בתוך רובא אישתאר, עכ"ל הרשב"א במשמרת הבית, וכן כ' בתה"ק, **ולפי** זה פירשו מחציתן בבת אחת, אסורים, וכן משמע להדיא בתה"ק, ודלא כהפרישה.

אם פירש ממילא - שלא בפנינו, או שנתפזרו כולן אפי' בפנינו, מותר שכבר נתבטל הקביעות, כן כ' הרשב"א בתה"א ומביאו ב"י, וכ"כ במשמרת הבית, דנתפזרו כולן בפנינו חשוב כפירשו שלא בפנינו.

והרא"ש והרבה פוסקים פסקו, דפירש ממילא אסור, דל"ד לט' חנויות, דהתם האיסור ניכר בפני עצמו, ולא חיישינן שיקח מן הקבוע, דברשיעי לא עסקינן, משא"כ הכא דהכל מעורב ביחד, **וכ"כ** מהרא"י דהכי נהוג, וכ"כ מהרש"ל, וכ"פ באו"ה, וגם הרב בת"ח גופיה כתב דטוב להחמיר, ובסימנים כתב בסתם דאסור, וכ"כ בס' אפי' רברבי דנראה להחמיר.

(**במנח"י** כתב דבהפ"מ יש להקל – רעק"א).

והב"ח השיג על המחבר, ודעתו לחלק בין בעלי חיים ושאר דברים החשובים, דבבעלי חיים כיון דאפשר על ידי ניכבשינהו דניידי, שרי בפירש ממילא, אבל בשאר דברים החשובים אסור, ורצה להוציא כן מדברי הרשב"א, והאריך, **ולא** ירדתי לסוף דעתו בכל דבריו, אלא אין חילוק כדמשמע מדברי כל הפוסקים.

אחר שנודעה התערובות - אבל קודם שנודע התערובות מותר, אפי' למ"ד פירש ממילא אסור, כ"כ הרא"ש והטור, וכן הסכים מהרש"ל וד"מ והאחרונים, ודלא כהרשב"א וב"י, **והטעם** כתב הרא"ש בתשובה, דהא

דאסור פירש ממילא, הוא משום שמא יקח בידים מן הקבוע, והך גזרה לא אשכחן אלא היכא שכבר עומדים בחזקת איסור, אבל קודם שנולד הספק לא שייך למגזר מידי, שכולן בחזקת היתר הן עומדים, מאי אמרת שמא יקח אחר שנולד הספק, הך גזירה לא אשכחן בש"ס, **ועוד** בהא ליכא למטעי, דאם לקח בעוד שהיה בחזקת היתר, בשביל זה לא אתי ליקח לאחר שנאסרו, ע"כ.

הגה: וכל דאסור אם הפרישו במתכוין, היינו שלא פירש רק מעט, ונשארו מקצת האיסורים במקומם, דאז חיישינן שמא יקח מן הקבוע גם כן. אבל אם נתפרשו כולן ביחד – ‹ר"ל בכנופיא ולא שנתפזרו זה בכה וזה בכה›, **ולא נשארו במקומן** – ‹ואע"ג דגם זה חשיב כפירשו כיון שניידו ממקום קביעותן, מ"מ אסורות הן משום דהאיסור הרי נמצא עדיין בתוכן – בדי השלחן›, **ובשעת עקירתן פירשו קצתן, אותן שפירשו אז, מותרים** – ‹דאמרינן כל דפריש מרובא פריש, ולא גזרינן בזה שמא יקח מהקבוע, כיון שכבר נתבטל כל קביעות ראשון, וכן כל מה שיפרוש מן הרוב מותר›, **רק שנים האחרונים אסורים** – ‹דבזה לא שייך לומר כל דפריש וכו'. **ואם** נתפזרו כולן אפילו בפנינו, כולן מותרין, דלא שייך כאן לומר שנים אחרונים, כיון שאינו יודע מי הם, שהרי נתפזרו כולן בבת אחת. **ואם** חזרו כולן ובאו יחד במקום אחד, אפ"ה מותרין [ש"ך להלן], דכיון דנודע פרישתן הרי כבר היו מותרין, וכיון שהותרו אינן חוזרין ונאסרין, **רק** שנים אחרונים אסורים, דבזה לא שייך לומר כל דפריש וכו' – חכ"א. **ועיין** פר"ח שפסק דכל שחזרו לקביעותן אסור. **ובקבוע** דאורייתא, פשיטא אם הוקבעו פעם ב' הוה כמו קבוע א' – פמ"ג›.

הב"ח תמה על פסק זה, וכתב שאינו אמת בכאן בשו"ע, **ולא** עמדתי על סוף דעתו, דודאי כאן דברי הרב אמתיים, דהרי הרשב"א כ' להדיא דנתפזרו כולן בפנינו הוי כשלא בפנינו, **ואע"ג** דהרשב"א לא קאמר אלא דאם נתפזרו דיעבד, אבל אסור לפזרן לכתחלה כמו שאסור ליקח משם, מ"מ הרי גם הרב לא הזכיר כאן שמותר לפזרן לכתחלה, ולא קאמר אלא דאם הפרישן דיעבד, אפילו הפרישן במתכוין דלא ידע דאיכא איסורא בדבר, אע"ג דפירשו לפנינו, שהרי הפרישן במתכוין, מותר, כיון דנתפזרו כולן חשוב כפירשו שלא בפנינו, **אכן** בת"ח כתב ליישב דברי הטור, דסבירא ליה פירש שלא בפנינו אסור, ולעיל סי' ט"ז גבי אותו ואת בנו, ובס"ס נ"ז גבי דרוסה שנתערבו, פסק דניכבשינהו דניידי וכל דפריש מרובה קא פריש, ושנים האחרונים אסורים, **דבסימן** ט"ז ונ"ז מיירי, שנתפרד כל התערובות ממקומן, עד שלא נשאר שום קביעות במקומו, **וחילוק** זה אינו מוכרח, דמנא לן דפירשו כולן עדיף טפי מפירש ממילא שלא בפנינו.

‹**לא** הבנתי איך תלוי זה במחלוקת הרשב"א והרא"ש בפירש שלא בפנינו, דכי היכי דאמרינן דלהרשב"א אף אם הנידן שפרשו דגזרינן דיקח מן הקבוע, ואפ"ה אם הנידן שיתפזרו כולן שרי, כיון דלא נשאר קבוע ליכא גזירה, ה"נ להרא"ש, **דמה** בכך דלהרא"ש אסור אף בפירש מעצמו שלא בפנינו, מ"מ הכא דלא נשאר קבוע ל"ש כ"כ הגזירה, וכי היכי דלהרשב"א מותר בהפרישן בידים בנתפזרו כולן, ה"נ להרא"ש, **ובאמת** אינו מפורש דהרשב"א מתיר בזה, עי' בתה"א ושם מבואר דמותר בנתפזרו כולן, היינו מעצמן אף שהיו בפנינו, דחשיב כמו שלא בפנינו, אבל בהפרישן כולם, דגם שלא בפנינו אסור בהפריש בידים, ה"נ בנתפזרו כולן, **וכן** משמע להדיא בתהה"ק, דאף דיעבד אסור כמ"ש במנ"י, **עכ"פ** אין הפרש בזה בין הרשב"א להרא"ש בהפרישן ונתפזרו כולן, או דלשניהם אסור או דלשניהם מותר, ודו"ק – רעק"א›.

ועוד הקשה הב"ח, דא"כ למה כתב הטור שנים האחרונים אסורים, הלא נעקרו כולן ונתפזרו כולן כו', עכ"ל, **ולפענ"ד** דעת הרב, דאע"פ שחזרו ובאו יחד במקום אחד, כל שנתפזרו תחלה כולן ונעקרו מקביעות הראשון, שוב לא חשיב קבוע, דדין קבוע חידוש הוא, וכמש"כ לעיל בשם הר"ן, ואין לך בו אלא חידושו, דהיינו שנשאר במקומו הראשון. **וכן** משמע להדיא מלשונו בד"מ וז"ל, האמת הוא מה שתירץ לי הגאון מורי חמי מהר"ר שכנא שיחיה נצח, דמש"כ הטור כאן, היינו בעוד שהדברים החשובים נשארו במקומן, רק שפירש אחד מהן או שנים, ולכן לא אמרינן דפריש מרובה פריש, דהואיל ועדיין מונחים במקומן, הוה ליה עדיין קבוע, **אבל** אם פירשו ונניידי כולן ממקומן, שלא נשאר שם קבוע, ואחד פירש מהם, אותו שפירש שרי, דליכא למיחש שמא יקח מן הקבוע, דהרי לא נשאר שם קבוע, דהרי פירשו כולן, ע"כ.

[**ותמהתי עליו, דהא להדיא אמרי' בזבחים דלא מהני זה,** דפריך התם אבעלי חיים שנתערבו דאסורים כולן לקרבן, אמאי נקרב חד מינייהו ונימא כל דפריש מר"פ, ומשני הוה ליה קבוע וכל קבוע כו', ופריך נכבשינהו דניידי ונימא כל דפריש מרובה כו', פי' ואז

[ט"ז] ‹רעק"א או ש"א או הוספת הסבר› (פת"ש)

שוב לא יהיה קביעות, ומשני רבא גזריה שמא יקח מן הקבוע, א"כ הרי בהדיא דאפי' בעקירת כולן לא מהני].

לק"מ, דדוקא לכתחילה אסור, משא"כ הכא דהפרישו בדיעבד, וכמש"כ בש"ך, גם לא ידעתי למה לא מתרץ דשאני התם דהוי קדשים וכדמסיק - נקה"כ.

[ותו קשה, דאם מהני עקירת כולן, למה אמרינן שם בזבחים דכולן ירעו עד שימותו, והא ודאי שיהיו נעקרים כולן לבסוף, וראיתי בזה תירוצים רבים דחוקים, **והנראה** לענ"ד נכון, דע"כ לא פליג ר"י על ר"ת דמחלק בין קדשים לחולין, כמ"ש הב"י בהעתק דברי התוס' והרא"ש, אלא לענין גוף הדין, דהיינו מש"כ בפ' התערובות שלא שרי באם פירשו יחידים משם – דבזה ס"ל לר"ת דבחולין שרי אפי' בכה"ג, אפי' פירשו בפנינו, רק שלא יפזר אותם בידים – אלא גם בחולין אסור, דמ"ש כיון שנתנו ע"ז שם קבוע, **אבל** מ"מ באם ניידו כולן, בזה מותר מן הדין, רק משום גזירה שמא יקח מקבוע כדאיתא שם בגמ', בזה מודה ר"י דבחולין לא גזרו כ"כ, דבקדשים החמירו יותר, ומ"ש הטור כאן אבל בעלי חיים ושאר דברים חשובים, אפי' אם פירשו כו', דגזרינן שמא יקח מן הקבוע, היינו אם אין מפזרין כולן, דאז אין לך היתר אלא אם פירשו שלא בפנינו, בזה יש סברא טובה לגזור אפי' בחולין שמא יקח מן הקבוע, דהרואה לא ירגיש בשום היכר, משא"כ אם נכבשינהו דניידי, ואם נתיר לו ע"ז יש היכר גדול בדבר, ולא אתי למטעי ליקח מקבוע, אלא דבקדשים דהחמירו גזרו אפי' בזה, **והא** דלא כתב הטור כאן התקנה שיכבוש עד דניידי, לפי שכאן כולל גם שאר דברים חשובים דלא שייך בהו כן, כמ"ש התוס' בפ' הנשרפים בשם ר"ת, דזה לא שייך אלא בבעלי חיים, ע"כ לא כתבו הטור כאן מזה, וסמך עצמו על מ"ש לעיל בסי' נ"ז דיש תקנה זו בבעלי חיים, כן נראה לענ"ד נכון].

(**עיין** תשו' רדב"ז שכ', דאף דלא קיי"ל כדעת ר"ת שהתיר אפילו ודאי דרוסה שנתערבה, ע"י דניכבשינהו וכל דפריש מר"פ, ולא גזרינן שמא יקח מן הקבוע, **היינו** דוקא בודאי דרוסה, אבל בספק דרוסה כגון דלא ידעינן אם דרס ביד או בשן, ונתערב באחרות, יש לפסוק כדבריו, ולהתיר ע"י דניכבשינהו וכל דפריש מר"פ, והשתים האחרונות אסורות, ולא גזרינן בזה שמא יקח מן הקבוע, דאפילו אם יקח הוי ס"ס, שמא אינה זו, ושמא אינה דרוסה, **ואף** שכתב ר"י, הוא מ"ש המחבר סעיף ט', דבכה"ג לאו ס"ס הוא, היינו לענין ליקח מן התערובת, אבל לגזור אפילו היכא דפריש מרובא משום דילמא אתי ליקח מן הקבוע, זו חומרא גדולה והתורה חסה כו', ועל זו יש לסמוך למעשה, **וכ'** עוד דאפילו לדעת המחמירים יש תקנה לעדר כו', ד"ז כבר כתב הבה"ט משמו לעיל סו"ס נ"ז).

ואם נתערבה תרנגולת טריפה בכשרות, ונמצא ביצה ביניהם, הביצה מותרת אע"ג דהתרנגולים חשובים ולא מתבטלין, לגבי ביצה אזלינן בתר רובא - דאמרינן כל דפריש מרובא פריש, ולא גזרינן לגבי ביצה שיקח התרנגולים מן הקבוע - ת"ח בשם או"ה, (**לדידן** דקימ"ל דבפירש ממילא לא גזרינן שמא יקח וכו', בלא"ה לא קשה, דהא כאן הוא פירש ממילא – כרתי, **אך** הוא קאי למאן דאוסר פריש ממילא שמא יקח מהקבוע, אך כאן לא גזרינן מהביצה לתרנגולת), **ולפי"ז** אפילו למ"ד דביצה חשיב דבר שבמנין, שרי, (ר"ל דלא תימא דרק משום דהביצה עצמה אינו חשוב לא אתי ליקח תרנגולת דחשוב), **דהא** בט' חנויות שרי בפירש ממילא אפי' חה"ל, (דכיון דניכר לא גזרינן, ומותר אף אי פריש חה"ל), ופשוט הוא, וכן מוכח באו"ה, דהא ס"ל דביצה הוי דבר שבמנין. (וכיון שההיתר מחמת שפריש ממילא, א"כ אם נולד לפנינו, תו הוי כמו פריש לפנינו ואסור, וז"ש הרמ"א ונמצא וכו' – יד יהודה).

סעיף ז - דבר שאינו בטל מחמת חשיבותו, כגון בעלי חיים ובריה וחתיכה הראויה להתכבד ודבר שיש לו מתירין, שנתערב באחרים ונאכל אחד מהם בשוגג, (בין שאכלו עצמו בשוגג בין שאכלוהו אחרים בשוגג), או נפל מעצמו לים - דסתמו אבוד, וה"ה לכל מקום שהוא אבוד, כגון נהר עמוק וכה"ג, **אבל** אם נפל למקום שאפשר להמצא, לא הותרו השאר, כ"כ בכ"מ.

נפל מעצמו - אפילו אחר שנודע התערובות, או הפילה שוגג קודם שנודע התערובות, וכמו שנתבא' בסמוך.

והרמב"ם הצריך שיפלו שנים בדבר דלא מינכרא נפילתם, כגון תאנה וטבעת, אבל חבית וכה"ג דמינכר נפילתה, מודה דסגי בנפילת אחת מהם. (ובמידי דרבנן בה"מ אין להחמיר – פמ"ג.

בענין שנאבד מן העולם - אבל כל שישנו בעולם, ואתה צריך לדון עליה ועל השאר, מפני מה נאמר

שזו האחת היא האסורה, אדרבה י"ל איסורא ברוב איתא, הרשב"א, ואם נחתך או נתרסק, נתבאר דינו בסי' ק"א ס"ז.

הותרו כל האחרים, שאנו תולין לומר האיסור הלך לו - הטעם לכל אלו, מפני שכבר נתבטל מן התורה ברוב, הרשב"א.

ונראה דהיינו דוקא נאכל או נפל אחד מהם קודם שפירש מהן, אבל אם פירש מהן לפנינו, או פירש ממילא למאן דאוסר פירש ממילא, כיון דנאסר הוא, וגם התערובות כיון שהנפרש הוא בעין, א"כ כשנפל אח"כ לים, לא מן התערובות הוא נפרש שנאמר הך דנפל דאיסור נפל, אלא עמד בפני עצמו, והלכך התערובות נשאר באיסורו. ‹**ולשונו** מגומגם, דלמאן דמתיר בס"ו פירש שלא בפנינו, פשיטא דנפל לים השאר אסור, דכיון שהתרת מתחלה, איך תחזור ותאסור אח"כ - פמ"ג›.

‹**אבל** באמת לשון הש"ס וכל הפוסקים ראשונים לא משמע כן, דבסתמא כתבו להקל בנאבד, ולא מחלקינן בין נאבדה מיד מתוך התערובות או לא, וגם אין סברא לחלק, כיון דעכ"פ עכשיו נאבדה אחת מן התערובות, ובפרט שמשמעות דברי הרב בת"ח להיפך, ואין ספק שאלו ראה הש"ך דברי הרב, שלא היה חוכך להחמיר, כנ"ל - מנחת יעקב. **ואין** כ"כ הכרע, וצ"ע להתיר, ואמנם פירש שלא בפנינו יראה דאין להתיר - פמ"ג›.

‹**ומסתברא** שאם פירש ואח"כ נפל לים מקמי שנודע התערובת, שכולם מותרים, לפי שבזמן שפירש היו כולם בחזקת היתר, וכן כתב בספר מנחת כהן - פר"ח›.

לשון הטור, ופירש ר"י דוקא שנפל מעצמו, אבל אם הפילה אפי' שוגג אסור אטו מזיד, וכתב א"א הרא"ש ז"ל, שאם הפילו קודם שנודע התערובות שרי, דלא שייך למיגזר כיון שעדיין לא נודע התערובות, **וכ'** ב"י בשם מהרא"י בהג' ש"ד ובת"ה, דאפי' לדברי ר"י, אם אכלו או האכילו בשוגג לבן ברית שרו האחרונים, ולא קנסינן בכה"ג אטו מזיד, כלומר שיאכיל א' מהן במזיד כדי להתיר האחרות ולתלות דהאיסור יהא נאכל, דא"כ לפי דעתו זאת יאכיל הוא האיסור בודאי, [**דהא לפי דעתו האיסור הוא אוכל, שהרי בדעתו האיסור ילך לו וכו'**], אבל האכיל בשוגג לכלב או לעובד כוכבים קנסינן, **וע"פ** זה כתב המחבר ונאכל בשוגג, וגבי הפילו דקדק לכתוב ונפל מעצמו.

אבל לפע"ד דברי מהרא"י אינם מוכרחים, דנראה דנהי דליכא למיגזר שיאכיל במזיד, מ"מ הא ודאי אם נאכל מותר, כ"ש נפל לים, א"כ ניחוש כי שרינן ליה נאכל בשוגג יפילו במזיד לים, **ועוד** דכיון דשריא לדידיה נאכל, ניחוש שמא יאכיל לעובד כוכבים או לכלב להתיר האחרות, **וגם** בתשו' הרא"ש משמע להדיא, דאפילו נאכל קנסינן שוגג אטו מזיד, דכתב שם אמעשה שלקחו הקהל כבשים, ואחר כך נודע שכבש אחד טרפה היה שם, דאם נאכל אחד מן הכבשים הותרו כולן, ואע"פ דפי' ר"י דדוקא נפלה אבל הפילה שוגג גזרינן אטו מזיד, כיון שנאכל קודם שנודע הספק לא שייך למקנסיה, עכ"ל, **אלא** אם תאמר דמיירי שנאכל ע"י עובד כוכבים, וזה אינו במשמע בתשובה שם ע"ש, [**ותו דהרא"ש מיירי שם בנאכל, ומייתי ע"ז "ואע"ג דכתב ר"י בהפילה שוגג דאסור כו'", וכן הטור כתב כן, ש"מ דאין חילוק בין נאכל להפילה כלל, וזה סותר הדברים שכתב ת"ה הנ"ל, ובלי ספק שבעל ת"ה לא ראה התש' הנ"ל, ואילו ראה אותה לא היה חולק עליה, ובפרט שהטעם מסתבר, שודאי יש לחוש כמ"ש שמא יאכילנו לכלב, כמו שאנו חוששין באם באמת נותנה לכלב, ה"נ חוששין באם אוכלה הוא שוגג, ע"כ נלענ"ד להחמיר בזה בנאכל אחד מהם בכל גוונא, ואין היתר אלא בנאכלת מעצמה לכלב, והדברים ברורים**].

(**עיין** בספר תפארת למשה שכתב, דה"ה אם פירש אחד מהם ונתבשל או נתערב עם דבר איסור, בענין שאינו בטל ואסור מדאורייתא - וצל"ע באם הוא בענין שאינו בטל מדרבנן מה דינו - או שנמכר לעובד כוכבים, דהא אי אתה צריך לדון עליו, **וכ"כ** אא"ז בתשובת פנים מאירות, דבכל מקום שא"צ לדון על החתיכה, כגון שנפלה לאיסור ואין ס' לבטל, וכן גבי בעלי חיים אם בהמה אחת נעשה טריפה בחייה, כגון שניקב קרומו של מוח וכיוצא, או שמתת א' מהם, תולין בה את האיסור והשאר מותר, **מיהו** היכא דמתת ע"י אדם, י"ל דלא מהני להתיר השאר, דהא בנפל א' לים בעינן דוקא נפלה, אבל הפילה אפילו שוגג קנסינן אטו מזיד, ואם מת ע"י אדם הויא כמו הפילה שוגג, **אכן** אם אדם זה שהמית לא נודע לו מהתערובות, מותר, דלא שייך למקנסיה, ולא מקרי שוגג אלא שנודע התערובות, רק שסבר שבזה לא יותר השאר וכיוצא בזה, אבל היכא שלא נודע לאדם זה, אף שנודע לאדם אחר, דמי ממש לנפלה מעצמה, עכ"ד ע"ש היטב).

[ט"ז] ‹רעק"א או ש"א או הוספת הסבר› (פת"ש)

ודוקא כשאוכל הנשארות שתים שתים ביחד, דממה נפשך איכא חדא דהיתרא - ואמרינן מדחבריה לאו דאיסורא, איהו נמי לאו דאיסורא, כ"כ רש"י בזבחים, **ומזה** משמע דאם נתערבו שתים, צריך לאכול ארבע ארבע, וכן ג' צריך לאכול שש שש, דאל"כ ליכא למימר מדחבריה לאו דאיסורא כו', דלמא בחד דהוה המיעוט אמרינן לאו דאיסורא, אלא איסורא ברובא דהיינו בשנים איתא, ודוק, וכן מוכח מתוך דברי מהרש"ל.

‹**ואם** נתערב ב' בג', מותר לאכול ג', דאיכא ודאי היתר תוך אכילתו, דהא אין באיסור יותר מב', פר"ח לטעם הרא"ש, דטעמא משום דממ"נ איכא בההיא אכילה חדא דהיתרא, דלא כש"ך - כרתי›.

אבל לאוכלם אחת אחת, אסור. הגה: ואפילו לאכלם שתים שתים, אסור לאדם אחד לאכול את כולם - ואע"ג דבחתיכה שאינה ראויה להתכבד יש מתירים לאכלה לאדם אחד לעיל ר"ס ק"ט, שאני התם כיון דנתבטל מן התורה וגם מדרבנן ברוב בלא ס"ס, **משא"כ** הכא דלא שרי אלא מטעם ס"ס, דאמרינן דלמא דאיסורא נפל, ואת"ל דלא נפל דאיסורא דלמא לא אכיל השתא האיסור, כ"כ הרא"ש פג"ה ומביאו ב"י סי' ק"ט.

ואפי' ב' בני אדם, אין לאכלם כולם בבת אחת - נמשך למ"ש ב"י לדעת הטור, אבל אינו מוכרח כמ"ש בפרישה, וע"ש, **וגם** פשטא דמילתא דהתוס' והרא"ש משמע, דבשנים שנים מותר לאכלן לאדם אחד, רק שלא יאכל כולן כאחד, ומשני בני אדם לא הזכירו דבר, **אכן** לקמן סי' ק"מ כתב הט"ז, דאסור לאדם אחד ליהנות מכולן, וכתב הפרישה דאפשר שאני ע"ז דחמירא, **ויותר** נראה דהתם מיירי שאל יהנה מהן מכולן כאחד.

[**כן הוא בטור**, ‹מש"כ רמ"א, ואפילו לאכלם שתים שתים, אסור לאדם אחד לאכול את כולם›, והקשה עליו ב"י מדברי התוס' בזבחים, מדכתבו "וליהנות מכולן בב"א פשיטא דאסור, משום דודאי בהאי אכילה אכיל חד דאיסורא", משמע דלאוכלן שתים שתים, אפי' לאוכלם לאדם אחד שרי, דאל"כ לישמעינן רבותא, דלאדם אחד אסור אפי' שתים אחר שתים, וכ"ש בב"א, וי"ל דרבינו מפרש, דליהנות מכולן בב"א דאסור, אפי' בשני בני אדם נהנין מהם, כיון דבשעה אחת נהנין מכולן כו', עכ"ל ב"י, וע"פ דברים אלו פסק רמ"א בתרווייהו לחומרא, הן באדם אחד לאכול כולן אפי' שתים שתים, הן בשני בני אדם בפעם אחת, **ואני אומר** כבודם במקומם מונח, דקושייתא דב"י לאו כלום היא, דאשתמיטתיה דברי תוס' פ' גיד הנשה, שכתבו בלשון זה, ומיהו לחד גברא שמא היה אסור, עכ"ל, בדין דבר שאין חשוב דבטל ברוב, נמצא דכ"ש כאן, **דהא** אפי' הרא"ש דמיקל שם כמ"ש הטור סי' ק"ט, דמותר לאוכלן כאחת שם, מודה הכא, כיון ששם הוא מותר מכח גזירת הכתוב אחרי רבים להטות, משא"כ כאן בנאבד אחד מהן דמותר מכח ס"ס, כמ"ש ב"י בסי' ק"ט בשם הרא"ש, א"כ אסור לאחד לאכול כולן].

ודאי כבודם במקומם מונח, דהמעיין בתוס' והרא"ש יראה לעינים, דליכא איסור כלל כשאוכלם בזה אחר זה אפי' אדם אחד - נקה"כ.

[**נמצא** דלא קשה מידי ממ"ש התוס' בזבחים, דליהנות מכולן בב"א פשיטא דאסור, דודאי כן הוא, דאילו לאדם אחד לאוכלן כולן שלא בב"א לאו פשיטא להו דאסור, אלא שמא אסור, אבל בכולן בב"א הוא איסור פשוט, **נמצא** דבריהם מכוונין ואין שייך לומר כאן רבותא, אלא דרבינו כאן בנאבד אחד מהן אזיל לחומרא, ואוסר גם מה שמסתפק להו להתוס' בבטל ברוב, אלא דלענין ביטול ברוב בסי' ק"ט ס"ל כהרא"ש אביו, דמותר אפי' לאדם אחד מטעם גזירת הכתוב אחרי רבים להטות, דלא כהתוס' שמחלקים ביניהם, ‹בין אדם א' לשני בני אדם - הגהות והערות›, אבל כאן גם הטור והרא"ש מסתפקים בחד גברא, ממילא אזלינן לחומרא, נמצא יפה כתב רבינו כאן].

[**שוב** ראיתי בדרישה ופרישה שמגיה בדברי הטור, או שאכלם כולם אדם אחד ביחד, ונמצא לפי"ז דשלא ביחד אין איסור, **והא** ליתא, דגם בסי' ק"מ לקמן אסור לענין ע"ז לאדם אחד, ושם בדרישה הרגיש בזה, וכתב שהטור מחלק בין הך לאיסור ע"ז, **והא** ודאי אינו, דהא כמה פעמים אנו למידים דינים הרבה מדיני ע"ז, כגון כוס של ע"ז שנפל בין הכוסות לעיל שמביא הב"י].

[**והביא** הדרישה ראיה לדבריו מדברי ת"ה, דכתב בשם היו"ד וז"ל, ודוקא לאכול האחרים שנים שנים ביחד, או שיאכלם שני בני אדם, כה"ג דוקא שרי, ע"כ, הנה באמת משמע מזה דשרי לאחד לאכול כולן שתים

שתים, **אבל** מ"מ האמת יורה דרכו שגירסא שלפנינו בטור היא אמת, מאחר שגם בסי' ק"מ כתב כך, דלאחד אסור בכ"ג, ואיסור גמור יש באכילת אדם אחד את כולן אפי' אכלן שנים שנים, אפי' לדעת הטור דמיקל בביטול ברוב בסי' ק"ט, דמותר ליהנות מכולן, כאן מודה כמ"ש בסמוך, ומכ"ש לדעת התוס' שזכרתי, שאפי' בביטול ברוב הוה הדין כן לאיסור].

[וכיון דנסתר היסוד של הב"י בזה במה שהקשה על הטור, ממילא אזדא ליה הבנין שבנה ע"ז, דיהיה אסור לשני בני אדם ליהנות בפעם אחד מהם, דאין לנו לבדות איסור מעצמינו, ותו דאם היה הטור מפרש כך, היה כותב איסור זה בפירוש, שהוא חדוש גדול, ומוזכר בפירוש בתוס' ובהרא"ש לפירוש הב"י, והאיך השמיטו, ותו דלקמן סי' ק"מ בכוס של ע"ז שנתערב, כתוב ג"כ דינים אלו, ושם אין שייך שלא יהנו שני בני אדם כאחד, דהא א"א שיכולין להזהר בכל סעודה שלא ישתמש כל אחד בכוסו בשעת סעודתו בשעה שגם חבירו סועד, וכן בטבעת שהזכיר שם, אלא ודאי לא אמרו על זה שום איסור, **כן** נראה לענ"ד להלכה, אבל אין בידי להקל בזה מאחר שכבר פסקו לאיסור בעלי השו"ע].

(**עיין** בתשובת אא"ז פנים מאירות, שנשאל אם נולד איסור טריפה במקולין, והיה בהם חתיכה הראויה להתכבד, וכמה חתיכות ידועים שהם מבהמה אחת, דרך משל שהיה תלוי לשון של בהמה עם הכתף א', וכן כל בהמה מונחים כל החתיכות במקום א' לבד, ובא כלב ואכל לשון א' של בהמה, אם יש להתיר שאר הלשונות לאכול שנים שנים או לא, דא"א לומר ששאר הלשונות הם של היתר, כיון דהבשר נשאר באיסור, **והשיב** לאיסור, דדוקא בנאבד חתיכה א' לגמרי תולין בה האיסור, אבל אם נשאר קצת, ליכא למימר שזהו האיסור להתיר האחרים, אדרבא אמרינן איסורא ברובא איתא, ולכן גם כל הלשונות אסורות, ע"ש באריכות).

סעיף ח - דבר שאינו בטל מחמת חשיבותו שנתערב באחרים, ונפל מהתערובת הזאת אחד לשנים אחרים - היינו שפירש לפנינו, או שפירשו מחציתן, דאי פירש ממילא, אפילו בלא תערובות שרי לדעת המחבר בס"ו, **אבל** לדעת הפוסקים דאסרי פירש ממילא, איירי הכא אפי' בפירש ממילא.

ונפל מן השלשה אחד לשנים אחרים, הרי אלו האחרים מותרים, שהרי האחד של תערובת הראשונה בטל ברוב, ואם נפל אחד מהתערובת הראשונה לאלף, כולם אסורים - לטעמיה אזיל, שכתב בספרו ב"י שכן הוא גירסת רש"י ותוס' והרמב"ם, **אבל** לא שת לבו לעיין היטב בתוס' ופוסקים, שאף ע"פ שהם גורסים כגי' הרמב"ם, מרבוא ומשלש למקום אחר מותרים, הא כתבו התוספות שם אמאי דאמרינן בש"ס, כוס של עובד כוכבים שנפל לאוצר מלא כוסות, ופירש אחד מהן לרבוא ומרבוא לרבוא, מותרין, **וז"ל** לא אצטריך מרבוא לרבוא, אלא למימר דמאן דאסר אסר בכולהו וכדפי' לעיל, **א"נ** משום דיש חילוק בין רבוא ראשון לרבוא שני, דרבוא ראשון אי מתהני מכולן בבת א' אסור, דקמתהני בחד ספיקא כיון דבבת אחת מתהני, **אבל** רבוא שני אפילו נהנה מכולן בבת אחת, ספק ספיקא הוא ושרי, וכן מרבוא לג' ומג' למקום אחר, אסור ליהנות מג' הראשון בבת אחת, ומן השנים שרו מה"ט דפריש, עכ"ל, וכן פסקו כל הפוסקים, דתערובות השני מותר, דלא כהרב בד"מ ובת"ח עיין מ"ש בזה בשם או"ה, וכ"פ מהרש"ל, וכ"פ העט"ז, **ונראה** דגם רש"י מודה דהתערובות הב' מותר כשאינו אוכלו כולו כאחד, **הלכך** נראה דבהפסד מרובה וכהאי גוונא, ודאי שרי התערובות הב' כשאינו אוכלו כולו כאחד.

ולא נאמר בטל ברוב אלא להתיר ספק ספיקן, שאם יפול מן התערובת השניה למקום אחר, אינו אוסר - כל הסעיף הוא ל' הרמב"ם פי"ו מהמ"א ד"ג, **ובפ"ז** מה' עבודת כוכבים כתב וז"ל, ספק ע"ז אסור, ס"ס מותר, כיצד, כוס של עובד כוכבים שנפל לאוצר מלא כוסות, כולן אסורות, מפני שהעבודת כוכבים וכל משמשיה אוסרים בכל שהוא, פירש כוס אחד מן התערובות ונפל לכוסות שנים, הרי אלו מותרים, עכ"ל, **ובכ"מ** שם האריך והבין שהם דברים סותרים זא"ז, וע"פ זה כתב לקמן בש"ע סי' ק"מ, גבי טבעת של עובד כוכבים דאסור בב' תערובות, **ואחד** המיוחד מבני החבורה שלי, האלוף מה"ר מרדכי אשכנז נר"ו תירץ, דקשיא ליה להרמב"ם, דבכולה סוגיא דזבחים קאמר התם רב, גבי כוס וטבעת של עבודת

הלכות תערובות
סימן קי – דין ספק טריפות שאירע בבשר

כוכבי', דהתערובות הב' מותר, ובתר הכי בברייתא דרמוני בדן קאמר ר"ש בן יודא, לרבוא אסורים, מרבוא לג' ומג' למקום אחר מותרים, ורב ע"כ אתי כר"ש כדאיתא התם בש"ס להדיא, **וניחא** ליה, דע"כ לא בעי ר"ש ג' תערובות אלא ברמוני בדן להתירה באכילה, אבל בהנאה בב' תערובות שרי, והלכך בכוס וטבעת של עבודת כוכבים בב' תערובות שרי, וכן נ"ל, **ועוד** דכבר כתבתי, דרוב הפוסקים ראשונים והאחרונים מתירין אפילו באכילה בב' תערובות.

[**בסעיף** זה יש מקום לתמוה על השו"ע ועל רמ"א, ע"כ נברר הדברים תחילה, איתא בפרק קמא דביצה, לענין ביצה שנולדה ביו"ט, וספיקא אסורה, ואם נתערבה באלף כולם אסורות, **והקשה** ר"ת, דהא ס"ס היא כשנתערבה, וע"כ פי' ר"ת דהאי אם נתערבה קאי אודאי נולדה ביו"ט, אבל אם הספק נתערב, הו"ל ס"ס ומותר, ואע"ג דאיתא שם אח"כ גבי כלאי הכרם, אם נתערבו באחרות ואחרות באחרות כולן ידלקו, משמע דלא מהני ס"ס, התם ל"ג ואחרות באחרות, ור"י חולק עליו ביבמות פרק הערל, וס"ל דבכה"ג לא הוה ס"ס, מטעם שנזכר בסעיף שאחר זה, אלא צריך ג' תערובות, **וכדאיתא** בזבחים לענין איסור ערלה שנפל לרבוא אסורין, ומרבוא לג' ומג' למקום אחר מותר, ש"מ שצריך ג' תערובות, ופרש"י כשיש ג' תערובות אז הותרו אפי' האמצעים, **והתוס'** שם בזבחים כתבו, דבתערובות השני אסור ליהנות מכולן בבת אחת, אבל מן התערובות השלישי מותר ליהנות מכולן בבת אחת, ולא כפי' הקונטרס, עכ"ל, **ודעת** הטור כר"ת והרשב"א, דבב' תערובות סגי, והרמב"ם ס"ל כר"י שזכרנו, וע"כ העתיק המחבר לשונו כאן, דבעינן ג' תערובות, (ס"ס שע"י ב' תערובות בב' רובי, אף ר"י מודה דשרי, אם כן צ"ע על הט"ז מ"ש דר"י אוסר ב' תערובות – פמ"ג, **וס"ל** דהתערובות השני' **נשאר באיסורו**, ולא כמו שזכרתי בשם רש"י, וגם לא כר"י, **ויש תימה** על השו"ע דלעיל סי' זה ס"ד פסק כרשב"א דבשני תערובות סגי וכאן פסק כהרמב"ם].

עיין בש"ך בס"ד ישוב לזה - נקה"כ.

הגה: ומכל מקום אין לאדם אחד לאכול את כולן -

זה הוציא בד"מ ממ"ש הב"י וז"ל, ומשמע מדברי רש"י דהא דשרינן כשנתערבו המועטים באחרים, הוי מטעם ס"ס, שאני אומר שמא האיסור לא היה בתוך אלו שנפלו לכאן, ואת"ל היה, זה שאני אוכל לא זהו האיסור, ולפ"ז נראה שאין יכול לאכלן כולן כאחד, דא"כ ליכא אלא חד ספיקא ואסור, עכ"ל, **אבל** באמת לא ירדתי לסוף דעת הרב, דהא הב"י לא קאי אלא אמאי דפירש רש"י בדברי רב, דהמעוטים שפירשו בתערובות ב' מותר מטעם ס"ס, דבתערובות ב' ודאי ליכא ס"ס כשאוכלן כולן כאחד, **והיינו** דכתב הב"י ומשמע מדברי רש"י דהא דשרינן בנתערבו המעוטים כו', ואי הוי קא אברייתא דג' תערובות, הל"ל ומשמע מדברי רש"י דהא דשרי פירש א' מהן לרבוא ומרבוא לג' כו', ע"ש ודוק, **אבל** התערובות הג' ודאי דמותר לאכלו כולו כא', דהא איכא שפיר *ס"ס, ספק אם היה האיסור בתערובות הב', ואת"ל היה, שמא לא נפל לתערובות הג', **וכ"כ** התוס' בזבחים שם והרא"ש פג"ה להדיא, והבאתים לעיל, דהתערובות הג' מותר לאכלו כולו כא' מטעם ס"ס, וכן הוא בתשובת הרשב"א למהר"ם מרוטנבורק, וכ"כ האו"ה, וכ"כ בספר אפי רברבי, וכן דעת מהרש"ל, **וכן** מוכח גם לרש"י לפי מה שנתבאר דהב"י לא קאי רק אב' תערובות, אם כן אפילו התערובות הב' מותר כשאינו אוכלו כולו כאחד, ע"כ ודאי דהתערובות הג' מותר אפילו אוכלו כולו כאחד, דהא אפילו מניח התערובות הב' קצתן לצד זה וקצתן לצד זה, מותר לאכול כולן, כיון שאינו אוכלן כא', כ"ש התערובות הג', דלו יהא אם לא נתערב בתערובת הג', שרי כיון שאינו אוכלן כולן כא', כ"ש עתה שנתערב, וזה ברור ועיין שם עוד ברש"י, **ומה** שכתבו התוס' שם ובקונטרס לא פירש כן צל"ע.

***ועיין** מנחת יעקב האריך להשיג על הש"ך, דלהר"מ תערובת הב' אסור אף א' א', אלמא דא' כוודאי איסור חשיב ליה, אם כן ה"ה תערובת הג' בב"א אסור, דאוכל א' מתערובת הב', יע"ש, **ולדידי** אין זה מוכרח, דאכתי י"ל דמש"ה ב' אסור להר"מ, דגזרינן אטו בת אחת, משא"כ תערובת הג' דקיל יותר, אפשר אף להר"מ ג' בב"א מותר, ומנ"ל להחמיר כולי האי – פמ"ג.

[הרי לפניך תיובתא על רמ"א, **אמנם מצאתי סמך לשו"ע** לאסור לאכול את כולן, או להשליך אחד מהן, מדברי הג' ש"ד וז"ל, **פעם אחת שחט ר"י הרבה** תרנגולין לחופה אחת, ובדק הסכין בין כל אחת ואחת, ולאחר ששחט הרבה מצא סכין פגום, ולא זכר באיזה תרנגולת, ושאל את ר"ת, והשיב תשליך אחד ואז הכל מותרים דבטילה היא, דאינה ראויה להתכבד כיון דעדיין

הלכות תערובות
סימן קי – דין ספק טריפות שאירע בבשר

נוצות עליה ומחוסר תיקון גדול, ואע"ג דכל אחת קיימא בס"ס, ספק אם היא זו, ואת"ל זו היא, דלמא בעצם המפרקת נפגמה, מ"מ מיד שנפגם הסכין היתה אסורה, ואין להתיר בלא השלכת אחד, עכ"ל, **ולכאורה** הג"ה זו תמוה, דהא לר"ת מהני ס"ס אע"ג דאינה שוה, אלא אחד בגוף האיסור והשני בתערובות, וא"כ מה השיב מ"מ מיד כשנפגם כו', ואמאי התיר דוקא משום שיש שם נוצות, הא אפי' בראוי לכבד מותר מטעם ס"ס].

לק"מ, דהכי קאמר, מיד שנפגם הסכין היתה אסורה משום שהיתה קיימת בחזקת איסור, והיכא דאיכא חזקת איסור לא הוי ס"ס, וכ"כ באו"ה, **שוב** מצאתי בתש' משאת בנימין הקשה קושיא זאת על הג' ש"ד בשם ר"ת, ותירץ כמש"כ - נקה"כ.

[**ונראה** שבאמת יש היתר גם מכח ס"ס, אלא דר"ת נקט אפי' בודאי איסור תחילה, ואח"כ כתב "אע"ג דכל אחת קיימא בס"ס", **לא בא לאסור את הכל**, ‹ר"ל לא בא להקשות למה סלקא דעתך לאסור את הכל, הא יש ס"ס אף בלא נוצות - אמרי בינה›, **אלא על השלכת אחת קאמר**, דאע"ג דיש כאן ס"ס בכל אחת, וא"כ יש תרי טעמים לקולא, ואין צריכין להשליך אחד, **ע"ז** תירץ כיון דמ"מ כיון שנפגם הסכין היה על אחד שם איסור ודאי, ע"כ יש להחמיר ואין להתיר בלא השלכת אחד, וע"כ סיים שנית "ואין להתיר בלא השלכת אחד", אע"ג שכבר אמרו, אלא כדפרישית שזה סיום התירוץ, כנ"ל נכון פירוש הג"ה ש"ד, ולא כראיתי דוחקים בפירושה בענין אחר, **וע"כ** יפה פסק השו"ע, שבמקום שיש היתר מכח ס"ס יש להשליך אחד, והוא מצד החומרא, כיון שעכ"פ היה על אחד שם איסור ברור תחילה].

ולי נראה דאין ראיה כלל מהגהת ש"ד, דהתם שאני, כיון דאין כאן אלא תערובות אחד, ויש כאן עכ"פ איסור בתערובות זו, אלא דשרי מטעם דנתבטל, הלכך צריך להשליך אחד מהן, וכדעת מהר"ם ורש"י דלעיל ריש סי' ק"ט, **משא"כ** היכא דמותר מטעם ס"ס, דהוי כאילו אין כאן איסור כלל, **וכ"כ** באו"ה וז"ל, וגם אין מנהג לזרוק אחד מהתערובות השני, דדוקא בתערובות שנתבטל האיסור בתוכו, כתב בסמ"ק שנהגו העולם לזרוק אחד מהן, לפי שלשם האיסור בודאי ביניהן, ואין במה לתלותו, אבל הכא שיש בכל אחד ס"ס, ונוכל לתלות שיש האיסור בתערובות הראשון, ודאי אין מנהג, עכ"ל - נקה"כ.

ודוקא שהאיסור שנתערב הוא ודאי איסור - דאורייתא, אבל ודאי איסור דרבנן, הרי הוא כספק איסור דאורייתא, כ"כ האו"ה ופשוט הוא.

אבל ספק איסור שנתערב, ונפל מאותה תערובת למקום אחר, התערובת השנית שרי - כ"כ בד"מ ובת"ח בשם או"ה, דבודאי איסור נקטינן כהרמב"ם, ובספק איסור נקטינן כהרשב"א, עכ"ל, **ולפ"ז** בספק איסור, תערובות הב' אסור לאכלו כולו כא', כמו התערובות הג' בודאי איסור, **אבל** באמת לא כתב האו"ה כן, ואגב חורפיה לא עיין הרב שפיר באו"ה, ואדרבא פסק שם האו"ה כר"י ורוב הפוסקים, דהתערובות הב' מותר כשאינו אוכלו כולו כא', אפילו בודאי איסור תורה, וכן התערובות הג' מותר אפי' לאכלו כולו כאחד, אפי' בודאי איסור, וכן בספק איסור שנתערב, ‹ובוודאי איסור דרבנן דשוה לספק איסור תורה - פמ"ג›, מותר התערובות הב' לאכלו *כולו כאחד, כל זה כתב האו"ה שם להדיא, **ולא** הביא שם הרמב"ם אלא אגב גררא, לומר דאף הרמב"ם דמצריך ג' תערובות, מודה דספק איסור ושני תערובות, הוי כג' תערובות, ע"ש ותמצא כדברי וזה ברור.

***והא** הוה כמו תערובת א' בזא"ז, וס"ס א' בגופו והב' ע"י תערובת לא מהני, **שוב** ראיתי שאין קושיא, דודאי בתערובת הא' הוה ב' ספיקות מב' ענינים, דודאי יש כאן ספק איסור תורה, **משא"כ** בתערובת הב', דיש ספק אי יש כאן כלל ספק איסור תורה, שפיר הוה ב' ספיקות מענין א', דאנו דנין על אותו ספק איסור שמא מותר הוא, ושמא לא נפל כלל לתערובת הב', **וכן** וודאי איסור דרבנן בתערובת הא', אין מקילין בזא"ז לומר ספק דרבנן לקולא, כיון דחז"ל דין קבוע נתנו על התערובת, הוה כמו חד בחד ואיתחזק איסורא מיקרי, **משא"כ** תערובת הב', לא איתחזק כלל איסורא, **ובה"מ** יש לסמוך על הש"ך בזה - פמ"ג. ‹והש"ך עצמו תירץ קושיא זאת בכללי ס"ס דין ה'›.

[**וא"כ** ‹לפי דבריו דלעיל›, **גם בנתערב איסור ספק, שדינו שא"צ רק שני תערובות, הכי נמי יש לאסור עכ"פ אחת מהן, דמאי שנא, ולא היה לרמ"א לכתוב סתם דשרי, דמשמע הכל, אלא דרמ"א לא נתכוין בהאי "ודוקא" כו' אמאי דסמיך ליה, לענין לאכול אחד את כולן, אלא קאי על מ"ש השו"ע דבעינן ג' תערובות, ע"ז אמר דוקא בודאי איסור, אבל בספק איסור מותר התערובות השני, כדרך שהתרנו התערובות השלישי בודאי איסור**].

יש אומרים דדבר שיש לו מתירין אין להתיר מכח ספק ספיקא - משמע אפילו התערובות הג' אסור בדשיל"מ, וכן משמע באו"ה ובמרדכי, דחד טעמא הוא, דאף על גב דבעלמא ב' תערובות שרי, בדשיל"מ אסור מאחר דיש לו היתר בלאו הכי, א"כ ה"ה ג' תערובות, וכ"כ בגליון או"ה שם, דכיון דדשיל"מ אינו ניתר בס"ס, אין חילוק בין ב' תערובות לג', **מיהו** קשה, דבא"ח סימן תצ"ז ס"ד סתם הרב כדברי המחבר, דספק מוכן בי"ט שני מותר משום דהוי ס"ס, עכ"ל, אע"ג דהוי דבר שיל"מ, והוא מדברי הר"ן, שכתב ברפ"ק דביצה, דס"ס שרי אפילו בדשיל"מ, **ואפשר** לומר דשאני התם וכדכתב הר"ן נמי שם, כיון דאנן לא עבדינן י"ט שני אלא משום מנהג אבותינו, לא מחמירינן טפי מנייהו, וכי היכי דלדידהו ספק, לדידן נמי ספק, וה"ל ספק ספיקא, עכ"ל, והלכך אע"ג דבעלמא יש להחמיר, מ"מ י"ט שני דאינו אלא מנהג אוקמוה אדינא, **א"נ** סתם י"ט לצורך הוא, **א"נ** והוא העיקר, כמ"ש הרא"ש וז"ל, ומה שכתבו מהר"מ מרוטנבורק דדבר שיל"מ אפילו ס"ס אסור, היינו דוקא בתערובות, דאע"ג דבעלמא מותר משום ס"ס, בדשיל"מ החמירו חז"ל דלא בטיל ע"י תערובות אפי' באלף בס"ס, דמאי נ"מ להתיר בביטול, בלאו הכי יש לו היתר, ‹א"כ מה לי חד תערובות ומה לי תרי ומה לי יותר, סוף סוף הוא משום ביטול – ערוה"ש›, **אבל** ס"ס כי האי, שעל התבואה אני אומר שהוא ישן, ואת"ל שהוא חדש שמא השריש קודם לעומר, ואין כאן איסור חדש כלל, כה"ג לא אסרינן ס"ס בדשיל"מ, עכ"ל, וספק מוכן בי"ט שני דמי ממש לספק חדש, **ואע"ג** דהרב בת"ח הביא דברי הר"ן, וכתב עליו דבאו"ה כתב דהמנהג לאסור אפילו ס"ס בדשיל"מ, עכ"ל, היינו משום דהאו"ה שם אוסר להדיא אפילו בס"ס גמור, **אבל** מ"מ אפשר דדעת הרב כאן בהג"ה לחלק כהרא"ש וכדפי', **והשתא** ניחא הא דכתב הרב לקמן סי' רצ"ג, דסתם תבואה מותר מטעם ס"ס, והוא מדברי הרא"ש הנ"ל, **מיהו** בלאו הכי י"ל דלקמן ודאי לצורך הוא.

ולפ"ז נראה דכ"ש דאין להתיר בדשיל"מ נפל א' מהן לים, והמחבר שכתב בס"ז דגם בדשיל"מ מותר כשנפל א' מהן לים, היינו לפי שהביא בספרו ב"י כן בשם הרשב"א, והרשב"א כ"כ נמי בב' תערובות דאפילו דשיל"מ מותר, וא"כ דעת המחבר כאן דגם דשיל"מ מותר, **אבל** הרב דאסר בג' תערובות דשיל"מ, כ"ש דאסר בנפל א' מהן לים, ופשוט הוא, והא דלא הגיה כן הרב בס"ז, היינו משום שסמך עצמו אמ"ש כאן, וע"ל סי' ק"ב מדיני דשיל"מ, **וכן** העט"ז העתיק בס"ז דברי המחבר, והשמיט כאן דברי הרב, אלמא דס"ל דכיון דנפל מותר, כ"ש ג' תערובות, **מ"מ** לא כוון יפה, דה"ל לכתוב סברת הרב להחמיר גם בנפל, וכל זה גרם לו שלא ידע מהיכן הוציא הרב דבריו, וגם כבר הבאתי בס"ק שלפני זה גדולי הפוסקים דסוברים כן.

וטוב להחמיר אם לא לצורך, מאחר שיש לו היתר בלאו הכי - וצ"ע אם יש להקל בזה שלא במקום הפסד מרובה, כיון דגדולי הפוסקים סוברים כן, וכמ"ש.

[**ומ"ש רמ"א כאן להקל במקום צורך הוא תמוה, דבת"ח** כתב וז"ל, כתב הר"ן דס"ס מותר בדבר שיש לו מתירין, כגון ספק ביצה ביו"ט שני, עכ"ל, ובארוך כתב דהמנהג לאסור אפי' ס"ס בדבר שיל"מ, עכ"ל ת"ח, **והנה** בר"ן מבואר דדוקא באיסור דרבנן מותר בס"ס בדבר שיל"מ, דהיינו ספק ביצה ביו"ט שני, מאחר שמוקצה לא מתסר אלא מדרבנן, הו"ל ס"ס בדרבנן, **וצ"ע** למה כתב כאן סתם להקל במקום צורך, ממילא אפי' באיסור דאורייתא, וזה אסור אפי' להר"ן, וצ"ע. ‹דאו"ה אין חולק עם הר"ן, כי הר"ן מתיר בדרבנן ס"ס בדבר שיש לו מתירין, ואו"ה מיירי באיסור תורה, וע"כ תמה על הר"ב שהיקל בהפסד מרובה אף באיסור תורה – פמ"ג›.

בע"כ צ"ל דלרווחא דמלתא כתב כן הר"ן, ליישב דברי הרא"ש דלוניל שהתיר ספק מוכן ביו"ט שני, שאמרו עליו שאין התירו מכוון, לזה כתב דכיון שהוא רק מדרבנן, פשיטא דשרי מטעם ס"ס, אבל לקושתא דמלתא אפי' איסור דאורייתא ס"ל דשרי, **דהא** כתב וז"ל, ומוכח בש"ס דכי היכא דאמר רב אשי כל דבר שיל"מ אפי' בדרבנן אפי' באלף לא בטל, ה"נ אחמיר ביה בספיקא אפי' בדרבנן לחומרא, מיהו בס"ס דאורייתא, א"נ אפי' בדרבנן, צ"ע אי אזלינן בהו לקולא או לא, וכתבתים בחדושי, עכ"ל, **אלמא** דכי הדדי נינהו, וא"כ כשהתיר גם דשיל"מ בס"ס, ה"ה באיסור דאורייתא - נקה"כ.

(**ולענין** ס"ס בדרבנן בדשיל"מ, עיין ט"ז שדעתו להקל, **אך** הש"ך בנה"כ כתב דאין חילוק, וכן נראה דעתו בש"ך, דאל"כ לא מקשה מידי על הרב ע"ש, **ועי'** בספר שער המלך ובהגהת טעם המלך שם, שהאריך בזה והביא

שגם דעת המג"א והרב פר"ח כהט"ז, והאריך להוכיח שגם דעת הרמב"ם ז"ל כן, ע"ש).

ודוקא בס"ס, ‹מתיר הרמ"א לצורך›, אבל באיסור דרבנן ויש בו ספק, אע"ג דבעלמא אמרינן ספק דרבנן לקולא, בדשיל"מ לא אמרינן הכי לכ"ע, כדמוכח בהדיא בש"ס רפ"ק דביצה, וכ"כ הרשב"א בת"ה. ‹**טעם** הדבר, דספק א' כיון בשל תורה להחמיר, בדשיל"מ עשאו כשל תורה, משא"כ ס"ס, דאף בשל תורה לקולא, **ולפ"ז** בס' א' בגופו והב' ע"י תערובת, דבשל תורה להחמיר, ה"ה בדשיל"מ – פמ"ג.

(**ועיין** בצל"ח שכתב, דלא אמרינן דשיל"מ אפילו בדרבנן ספיקו אסור, אלא בדבר שלא היה לו חזקת היתר, אבל בדבר שהיה לו חזקת היתר, ונולד בו ספק איסור דרבנן, אפילו הוא דשיל"מ ספיקו מותר).

[**בטור** כתב בשם י"א, בכל הדברים החשובים שאינם מתבטלים, דלא מהני בהו ס"ס, וחלק ע"ז, וסבר ב"י דאותם י"א היינו דעת ר"י, שאינו מתיר בס"ס כל שאינו בגוף אחד, כמו שיתבאר אחר זה, **ולא** דק, דודאי בזה מסכים גם הטור, כמ"ש בסמוך בהדיא, **אלא** מיירי בס"ס גמור, ואותן י"א הם בסמ"ק], **כבר** קדמוהו משאת בנימין והב"ח בזה - נקה"כ.

סעיף ט - ספק טרפה שנתערב באחרות, כולן אסורות עד שיהא בהיתר כדי לבטל האיסור, אם הוא מדברים המתבטלים - אבל אם הוא מדברים החשובים, אינם מתבטלים אפילו באלף, דלא דמי לב' תערובות מהנך טעמי דיתבאר.

שכיון שספק הראשון היה בגופו, אין להתירו מספק ספיקא - כלומר דלא דמי לב' תערובות, דהתערובות הב' מותר מטעם ס"ס, דהתם הספק הראשון לא היה בגופו רק בתערובות, משא"כ כאן דהספק הראשון היה בגופו, וכ"כ הטור והרשב"א ושאר פוסקים.

‹**הואיל** והספק הראשון הוי דאורייתא, שהיינו קודם שנתערב היה באיסור ודאית, פי' דכשנודע מתחילה שזאב דרסה, הוי ספק אח' באיסור דאורייתא, ונעשית באותו פעם כודאי, וכשנתערבה אח"כ, הוי כודאי אסור שנתערב, ולא קי"ל כר"ת דמיקל, **ועוד** דאפי' באיסור דרבנן, אמרינן לקמן גבי גבינות, כל דבר שיש בו ספק ואסרו חכמים מחמת אותו ספק, חשוב כאיסור ודאי ולא כספק, ואם נולד בו עוד ספק, חשוב כספק אחד ולא כס"ס, **ועוד** דאין השני ספיקות מענין א', דהספק הראשון היה מחמת עצמו שמא אינה טריפה, וכשנתערבה אז בא הספק הב' מטעם תערובות, ולכך לא נחשב אלא ספיקא אחת, **ועוד** דאין הב' ספיקות בגוף א', את"ל דורס, שמא אינה זאת, היינו בשני גופים - או"ה›.

אבל קשה, דהטור והרשב"א ופוסקים לא הוצרכו לחילוק זה אלא לשיטתם, דס"ל דהתערובות השני מותר, **אבל** המחבר דס"ל בס"ח דהתערובות הב' אסור, א"כ אפילו לא היה הספק הראשון בגופו, אסור ספק טריפה שנתערב, דלא יהא אלא ב' תערובות, וא"כ ל"ל להמחבר לטעמא דכיון שהספק הראשון היה בגופו כו', **וגם** ל"ל לכתוב כלל האי דינא דספק טרפה שנתערב באחרים, דמהיכי תיתי נימא דעדיף מב' תערובות, דהא כל הפוסקים סוברים דעכ"פ לא עדיף מב' תערובות, **וכן** קשה על הרב, ל"ל כלל טעמא דספק הראשון אסור מדאורייתא, **וא"א** לומר דהמחבר והרב אתו לאשמועינן, דאפילו ספק טרפה שנתערב בשני תערובות, התערובות השני אסור, דל"ד לג' תערובות, דהתערובות הג' מותר, דהכא הספק הראשון הוא בגופו ומדאורייתא, **דהתערובות** הב' ודאי דהכא מישרי שרי, דהוי שפיר ספק ספיקא, שהספק הראשון אינו בגופו ואינו אסור מה"ת, כמו שיתבאר לקמן דיני ס"ס סוף דין ד', וכ"כ הרב ס"ח דבספק איסור, התערובות הב' שרי, וצ"ע.

[**זהו** ע"פ פי' ר"י שזכרתי בס"ח, בספק ביצה האסורה שנתערבה אפי' באלף, שהן כולן אסורות, דלא חשבינן ס"ס אלא בשני תערובות, דאז הספיקות שוין, משא"כ כאן, דספק האחד אם יש איסור, ואת"ל יש איסור שמא לא זו היא, הך ס"ס הוי כב' גופים, ובאמת צריך שיהא ס"ס בגוף אחד מענין אחד, כמו שתי תערובות, או ס"ס אם יש לכאן איסור או לא, כמו באשה שזנתה ספק תחתיו ספק אינו תחתיו, ואת"ל תחתיו ספק באונס ספק ברצון, בפ"ק דכתובות. **והנה** בסי' נ"ז בספק דרוסה דנתערבה, דלא מתירין משום ס"ס בשם ר"י, כתב ב"י מצאתי כתוב, וכי פליג ר"י על התלמוד דאמרינן ס"ס בדאורייתא, וע"ק והלא אפי' בודאי דרוסה דנתערבה היה מותר מה"ת ברוב, רק מדרבנן אסור מטעם דבר דבמנין, וא"כ כל העדר בספק דרבנן והיה לנו להקל, **ותירץ** ע"ז, דר"י מיירי שאחר שנולד הספק הא' נודע הספק, והוה איסור גמור, וחל עליה שם ודאי איסור, ע"כ, **ולפמש"כ** אין כאן קושיא כלל, דשאני הכא משאר ס"ס כמו שזכרתי, וגם קושיא השניה

לא קשה מידי, דאין כאן היתר מה"ת בגוף האיסור, רק **מחמת ביטול ברוב**, ‹דכל שהספק באיסור תורה, וע"י גלגול בא לו דהוה דרבנן, לא אמרינן ספיקו לקולא – פמ"ג, ‹וכמו שיתבאר בכללי ס"ס סי"ט›, **ורבנן אמרו כל היכא שיש דבר חשוב לא מהני ביטול ברוב**, {ר"ל **אפי' מן התורה לא מהני בזה ביטול ברוב אלא באינו דבר חשוב – הגהות הט"ז**}.

[**וראיתי בספר נדפס מחדש להרב מהר"ר בנימין, כתב**

להביא ראיה, דלר"י אין איסור בס"ס שאינו מגוף אחד, אלא הספק אחד בגופו והשני ע"י תערובות, אלא דוקא בנודע בינתיים, ולא נהירא לענ"ד... וכל זה הוא ברור לענ"ד, דמנ"ל לבדות היתר אליבא דר"י במקום דלא הוה ס"ס כראוי, דעיקר הוכחה לסברא הוא ממה שהקשה ב"י בשם מצאתי כתוב, ועכשיו שבאנו לזה דשאני הכא שאין הס"ס מענין אחד, וזה מוסכם מכל האחרונים, נתרועע היסוד ונפל הבנין, וכן הוא בספר או"ה בסוף הספר בהג"ה בהדיא, במקום דלא מהני ס"ס, לא מהני לא נודע בנתיים אלא אח"כ נודע בפעם אחת].

הגה: ויש אומרים הטעם דאסור, הואיל והספק הוא איסור מדאורייתא, ולא נוכל לומר עוד ספק שאין כאן איסור, רק שנתערב באחרים, לא מקרי ספק ספיקא ואסור - ונ"מ, דאילו לטעם המחבר, אפילו היה הספק הא' מדרבנן, כיון שהיה בגופו אינו בטל בתערובות, ולטעם הרב בטל, **ונפקא** מיניה אם נתחלפה גבינה שאינה ידוע אם היא גבינת ישראל או גבינת העובד כוכבים, דבכה"ג הוי ספק דרבנן ולחומרא, וכדלקמן דיני ס"ס דין י"ח, להמחבר אינה בטלה בתערובות, אף שהספק הראשון הוא מדרבנן, כיון שהוא בגופו, **ולהרב** בהג"ה בטל, כדלקמן דיני ס"ס בדין י"ז, כיון שהספק הראשון אינו מה"ת, א"כ ה"ל ספק ספיקא, **ואפשר** לומר דאף המחבר לא קאמר אלא היכא דהספק הראשון שהיה בגופו אסור מה"ת, והרב בהג"ה מחמיר אפי' לא היה הספק הראשון בגופו, כיון שהוא מה"ת לא הוה ס"ס, **או** אפשר דמר אמר חדא ומר אמר חדא ולא פליגי, ולא בא הרב אלא להוסיף ‹לקמן בדבריו›, דבס"ס אם יש כאן איסור כלל, מותר אפילו בגופו של איסור.

‹**הפר"ח** הביא בקוצר ג' שיטות בהבנת דברי ר"י הזקן, שיטה

א' דעת הרא"ה ז"ל, דס"ס לא שרינן אלא כשספק אחד שרי מן התורה ומדרבנן אסור, הקילו בס"ס, הא כל שהספק א' מה"ת, ספק ב' אסור מדרבנן, ואין חילוק, דגם כשהס"ס בענין א' נמי לא שרי, אלא כשהספק א' מדרבנן, **ומ"ש** הרא"ה דמדרבנן אסור הא מה"ת עכ"פ שריא, א"י מנא ליה הא, אימא איסור תורה אית ביה ואפילו אלף ספיקות. **שיטה** הב' הוא ג"כ שיטת הרא"ה, דטעמא דר"י הזקן, דספק א' בגופו וב' בתערובות אסור, כל שספק א' מה"ת, הא בגוף א', אף מה"ת, אפ"ה שרי. **שיטה** הג' הוא דעת הרשב"א, דספק א' בגופו וב' ע"י תערובות אף בדרבנן, כל שיש דררא דין תורה, כמו ביצה בי"ט אחר שבת דגזרו כו', אבל באיסור דרבנן שאין לו שרש מה"ת, לא. **ואמנם** הט"ז לקמן, דאף שאין לו עיקר רק מדרבנן, אפ"ה ספק אחד בגופו לא מהני. **והשתא** מבואר מ"ש הש"ך, דלהמחבר גבינות עכו"ם, ה"ה ביצה ספק נולדה בי"ט דעלמא כו', והוא שיטת הרשב"א, **והר"ב** מיקל כשיטת הרא"ה בלישנא אחרינא, דבעינן דווקא שיהא ספק אחד מן התורה, ובגוף וב' ענינים, לא הוה ס"ס, הא ספק דרבנן, אף שיש חשש איסור תורה, הוה ס"ס אף שני ענינים – פמ"ג.

§ כללי דיני ספק ספיקא בקצרה §

א- דבר שאינו בטל, והוא ספק איסור תורה שנתערב, הרי כולן אסורים, אפילו לא נודע הספק איסור עד אחר שנתערב, **לפי** שאינו דומה לאיסור שנתערב, וחזר ונתערב אחד מאותו התערובות למקום אחר, שהתערובות הב' מותר משום ספק ספיקא, **שהספק** הראשון אינו אסור מן התורה, וגם שני הספיקות הם מענין אחד ובגוף אחד, משא"כ כאן, **ויש** מתירים אם לא נודע הספק איסור קודם שנתערב, **ויש** לסמוך עליהם במקום הפסד מרובה, ויש צורך סעודת מצוה ג"כ, ובלבד שלא יאכלנו כולו כאחד, ויאכלנו שנים שנים.

ב- וכן ביצה שנמצאת בקליפתה בתרנגולת שאירע לה (ספק) טרפות בקרוב, שאין ידוע אם נגמרה בקליפתה קודם שאירע לה (הספק) טרפות או לא, ונתערבה אפילו באלף, כולן אסורות, ‹הנה המ"י מחק תיבת "ספק", אמנם קשה טובא, דמה ס"ס שייך, א"נ נגמרה בקליפה קודם, אכתי הוה וודאי איסור דרבנן, ואיסור דרבנן בדברים חשובים אין בטל – פמ"ג›, **ואין** להפריש כל אחד מהן ולהתירו מטעם ס"ס, {שמא היתה הקליפה קודם שנטרפה, ואת"ל לא הוה קודם, שמא אין זאת הביצה}, **הואיל** והספק הראשון אסור מן התורה, ואין הספיקות מענין אחד ובגוף א', ‹תחלה אמר דמס"ס דתערובת פשיטא דלא, ואפי' וכו' - פמ"ג›, **ואפי'** בתרנגולת שנולד בה ספק טרפות שהטילה או נמצא בה ביצה, אין זה ס"ס, {ספק אין

ת
הלכות תערובות
כללי דיני ספק ספיקא בקצרה

טרפה, ואת"ל שהיא טרפה, שמא בשעה שנטרפה היתה הביצה בקליפתה}, ‹דמן התורה הוה ס"ס, ומדרבנן ספיקא חדא שמא אין טריפה תלינן לקולא, כמבואר דין ט"ז - פמ"ג›, {**דגבי** ביצה עצמה הב' ספיקות מב' גופות, דמתחלה דנת בביצה עצמה, ועתה באת לדון ולהקל בתרנגולת, היינו שני גופים, **וגם** אין הב' ספיקות מענין א', דמתחלה דנת שמא נגמרה קודם לכן, ועתה באת לדון ולהקל שמא אינה טרפה, היינו ב' ענינים, **וגם** התרנגולת היתה בחזקת טרפות בשעה שהטילה או שנמצא בה הביצה}. ‹הובא מס"ס ארוכה, וכן בכל המקומות שמוקף {כזה}›.

ג - והילכך אף אם נתערבה אח"כ אפי' באלף, כולן אסורות, דמאחר שלא חשוב קודם לכן ספק ספיקא, א"כ אין זה אלא כספק איסור שנתערב, שבכל מקום שאינו נחשב ספק ספיקא, הוי כספק איסור שנתערב. ‹**הם** דברים ראשונים, דבהכין איירי בדין ב', אלא דמפרש טעמא דמלתא - פמ"ג›.

ד - ודוקא שהביצה היה בודאי מספק טרפה, או שיש בה ספק אם היא מכשרה או מודאי טרפה, ואינו ידוע אם נגמרה קודם לכן או לא, כגון שיש בחצר שתי תרנגולות א' ודאי טרפה וא' ודאי כשרה, **ואע"פ** שנתערבו מתחלה התרנגולות זה בזה, הואיל וא' מהן ודאי טרפה, הרי הספק הראשון אסור מה"ת, והלכך אם נמצא ביצה ביניהן ולא נודע מאיזו תרנגולת היא, הביצה אסורה.

‹**משמע** דמכ"ש בלא נתערבו, ולענ"ד תמוה, דבספק אם נגמרה מקודם לכאורה הוי ס"ס מעליא, ואנו דנין הכל על הביצה, ס' שמא מהכשירה המבוררת לנו, ואת"ל מן הטריפה שמא נגמרה מקודם, **ואף** דאם בודאי נגמרה אח"כ, וספק אם נולד מכשירה או מספק טריפה, לא הוי ס"ס לדעת הש"ך (דלא כפר"ח), **היינו** מטעם דהספק הב' שמא התרנגולת אינה טריפה, לא הוי ס' מעליא, כיון דכבר אסרנו אותו הספק ונאסרה התרנגולת, **אבל** בס' אימת נגמרה, דאין אנו דנין כלל על התרנגולת טריפה, רק על הביצה, ס' מכשירה וס' נגמרה מקודם, אמאי לא הוי ס"ס, **ובנתערבו** י"ל דשניהם בודאי טריפה, אבל בלא נתערבו התרנגולות הוי ס"ס מעליא, **אח"כ** מצאתי בעז"ה שתמה כן הפמ"ג, ונדחק דגם הש"ך יסבור דהוי ס"ס - רעק"א›.

ה - אבל אם אחת משתי התרנגולות אלו שנתערבו זה בזה, אינו אלא ספק טרפה, אע"פ שנודע הספק איסור קודם שנמצאת הביצה, {דמה בכך שנודע בה הספק טרפות, הרי אין אתה דן על התרנגולת אלא על הביצה, ובביצה לא נולד ספק טרפות מעולם, רק שאח"כ נולד הספק הראשון עם הב'}, מותרת הביצה, אפי' ידוע שהיתה בלא קליפה בשעה שנולד בתרנגולת הספק טריפות, **דהואיל** והספק איסור נתערב מתחלה א' בא', ואנחנו באין לדון עתה מהיכן נולדה ביצה זו, והרי אנו מתחילין לדון שמא אין כאן איסור כלל, אלא ביצה זו ודאי כשרה היא, א"כ הרי אין הספק הראשון אסור מה"ת, ‹דספק א' בגופו וב' ע"י תערובת חד בחד, כמו ספק טריפה חד בחד, יצא מכלל איסור תורה, ורק אסור מדרבנן - פמ"ג›, והרי השני ספיקות בענין א' ובגוף א' ובאין כאחד.

{**ול"ד** לספק ביצת טרפה שנתערבה דכולן אסורות, ולא שרי מטעם ס"ס, דאין הספיקות הוי מענין א' ובגוף א', **דהתם** א"א להתחיל ולומר שמא אין כאן איסור כלל, דהא ודאי יש בתערובות זו ספק טרפה, וע"כ צריך אתה להתחיל ולומר שמא אינה טרפה, וא"כ התחלת בספק הראשון שאסור מן התורה, **וכן** כשאתה אומר אח"כ את"ל טרפה שמא אינה זאת, א"כ בספק השני אתה מיקל ואומר שמא אינה זאת והיינו ב' גופים וב' ענינים, **משא"כ** כאן דהתחלה היא שלא ידענו מהיכן נולדה הביצה זו, וא"כ אתה מתחיל לומר שמא מן הכשרה היא ואין כאן ספק איסור כלל, **וכשאתה** רוצה אח"כ להחמיר ולומר שמא מטרפה היא, א"כ בגוף הזו שאתה באת לדון להחמיר, אני אומר שמא אינה טרפה, **וא"כ** אף דהספיקות הם מב' ענינים וב' גופים, מ"מ הם ממש מגוף א' ומענין א', שהספק הראשון הוא שמא ביצה זו מכשרה היא, ואין כאן איסור כלל, אלא דכשאתה בא להחמיר ולדון שמא מטרפה היא, ואתה עושה ב' גופים וב' ענינים להחמיר, אני אומר שמא אינה טרפה בגוף ובענין שאתה באת עליו לדון ולהחמיר}.

{**אבל** אי לא נתערבו מתחלה התרנגולים חד בחד, רק כל א' ניכרת עדיין בפני עצמה, א"כ הוי הספק הראשון אסור מן התורה, דהיאך תאמר אח"כ ואת"ל הימנה שמא אינה טרפה, והלא כבר אסרתה מן התורה מן הספק}. ‹**והפר"ח** כתב בהיפך, דדוקא בלא נתערבו התרנגולת תחלה הוי ס"ס מעליא, דלגבי הביצה באים ב' ספיקות כא', **אבל** בנתערבו התרנגולות חד בחד, הוי שניהם כמו גוף איסור, ול"ש לדון שמא מכשירה - רעק"א›.

{**והשתא** ניחא נמי הא דספק טרפה שנתערבה באלף, כולן אסורות אפי' לאכלן א' א', והתערובות הב' מותר אפי' כולו כאחד, כמו שנתבאר לעיל, דמה לי

התערובות הראשון ב' ב', או התערובות הב' כולו כא', הא הכא והכא איכא ס"ס, **ותו** דבודאי, התערובות הב' מותר כשאינו אוכלו כולו כאחד, מטעם שמא זו שאני אוכל לא זו היא שנפלה לכאן, הא מתחיל בב' גופים, **אלא** ודאי בתערובות הראשון לא תוכל לומר שמא אין כאן איסור כלל, דהא ודאי יש כאן ספק טרפות, ולא תוכל להתחיל ולומר שמא אינה זאת, דהרי בתחלה צריך אתה לומר מה ריעותא איכא בזאת גופו שאתה באת לדון עליה, **ועוד** דכשתתחיל לומר שמא אינה זאת, כ"ש הריעות להתחיל בב' גופים, וא"כ ע"כ צריך אתה להתחיל שמא אינה טרפה, וא"כ התחלת בספק הראשון שאסור מן התורה, **וגם** כשתאמר אח"כ את"ל טרפה שמא אינה זאת, הרי אתה עושה ב' גופים וב' ענינים להקל, **אבל** התערובות הב' אני מתחיל לומר שמא אין כאן איסור כלל בתערובות זה, א"כ התחלת בספק הראשון שהוא מותר מן התורה, וכשאתה רוצה להחמיר ולומר שמא האיסור שהיה בגוף הראשון נפל לכאן, א"כ אתה עושה להחמיר ב' גופים וב' ענינים, אני אומר בגוף ובענין זה שאתה באת לומר שהוא כאן, שמא אינה טרפה}.

ו - אבל אם אחת מטילה כמו חברתה, אע"פ שאחת מהתרנגולות הוא רק ספק טרפה, הואיל ויש כאן שני ביצים וא' מהן ודאי מספק טרפה, שניהם אסורים.

ז - וכן כל כיוצא בזה, כגון שיש כאן חתיכה ויש בה ספק אם היא של כשרה או של ספק טרפה, כגון שיש כאן ב' חנויות, בא' יש ספק טרפה ובא' כשרה, ונתערבו החנויות שאינו ידוע איזהו מהן ספק טרפה, ונמצאת חתיכה לפניהם ולא נודע מאיזו חנות היא, אע"פ שנודע הספק איסור בחנות קודם שנמצאת החתיכה, הרי החתיכה מותרת. ‹**לא** זכיתי להבין, דמ"ש מספק טריפה שנתערבה בחתיכות כשירות שהם חהר"ל ופירש א' מהם, דאסור כמ"ש הש"ך בסמוך אות י', מכ"ש הכא דהוי קבוע דאורייתא לדעת הש"ך סקי"ד וט"ז, וצ"ע - רעק"א›.

ח - אבל כשנמצאו לפניהם שתי חתיכות, וידוע שאחד מן החנויות האסורה וא' מן הכשירה, ולא נודע איזו חתיכה בא מהכשירה, שתיהן אסורות.

ט - ואפילו חזרה ונאבדה אח"כ א' משתי החתיכות, או נפלה מעצמה לים בענין שנאבדה לגמרי מן העולם, לא הותרה האחרת, {**דהרי** היה בודאי כאן ספק איסור, וא"כ ע"כ צריך אתה להתחיל ולומר שמא אין זה הספק איסור, והספק איסור נאבד, א"כ אתה מתחיל בשני גופים, וכן כשתאמר אח"כ את"ל זו היא שמא אינה טרפה, אתה עושה ב' ענינים להקל, **ואף** ע"ג דהיכא דנתערב דבר חשוב חד בתרי ונפל אחד מהן לים או נאבד מן העולם הותרו כל השאר, כדלעיל סעיף ז', **הא** אמרינן התם טעמא, דמן התורה כבר נתבטל ברוב, ורבנן גזרו בדבר חשוב שלא להתבטל, הם אמרו והם אמרו שאם נאבד אחד מהן תולין להקל, משא"כ הכא}.

‹**אי** ספק א' בגופו וב' ע"י תערובת, יצא מכלל איסור תורה, רק מדרבנן אסור הוא, {עיין לעיל דין ה'}, קשיא הך דהכא בנפל לים נמי הוה כאן מדרבנן, **ויש** לומר דמ"מ הוה כוודאי איסור דרבנן, וחד בחד באיסור דרבנן כתב הש"ך בדין כ"א, דאיתחזק איסורא לא אמרינן ספק דרבנן לקולא. **ולפי** מה שיתבאר שם דיש מקילין, ה"ה כאן. **ובמ"י** מתיר בכאן מטעם דאין אנו דנין על הנאבד ורק על מה שלפנינו, וא"כ דמי ממש לדין ז', ואין מוכרח כ"כ, אמנם מ"ש כאן צ"ע - פמ"ג›.

י - ספק איסור שנתערב ברוב היתר, וחזר אחד מאותו תערובות ונפל ונתערב באחרת א' בא', הרי שניהם אסורים, ואצ"ל שאם פירש ועודנו בפני עצמו שהוא אסור, {**דכיון** דתערובות הראשון היה כל א' מהן אסור, משום דבודאי יש כאן ספק איסור, א"כ ה"ה כשעומד בפני עצמו, דכיון דידוע שזה פירש מן התערובות, דינו כתערובות עצמו, דגזרינן שמא יקח מן הקבוע, ולא שרינן משום ס"ס, **ואפילו** נתערב חד בחד, מ"מ כל שאין רוב ה"ל כידוע שזה פירש מן התערובות, והלכך כל שנתערב אח"כ בעינן רוב, דדבר יבש אינו בטל פחות מרוב}, **אבל** נפל לקדרה, אע"פ שאין שיעור לבטלו {גם מן התורה}, הרי הקדרה מותרת משום ספק ספיקא, {דהרי אין אנו דנין על החתיכה עצמה, רק על הקדרה}.

יא - אם השני הספיקות הם משם א', אינו ספק ספיקא, כגון הנושא קטנה ונבעלה תחתיו, אע"פ שיש כאן ס"ס, ספק באונס ספק ברצון, ואת"ל ברצון, שמא נבעלה כשהיא קטנה, ופתוי קטנה אונס הוא, אפ"ה אסורה עליו, דמכל מקום אי אתה מתירה אלא מטעם אונס, והרי הכל שם אונס אחד הוא, וכן כל כיוצא בזה.

‹**כל** היכא דלא חיישינן כלל להספק טרפה רק אם נמצא ריעותא, ולא מצינן כלל לומר ספק טרפה עד דאמרינן הריעותא, ואיכא ספק בהריעותא, ס"ס גמור הוא וא"צ שום תנאי לזה, **כמו** בספק מחט בחלל הגוף, דאימר לא בא המחט לחלל ואימר לא ניקב, דאין לנו לומר שמא ניקבו האברים

הלכות תערובות
כללי דיני ספק ספיקא בקצרה

הפנימים, דמהיכי תיתי ניחוש לזה, רק מחמת הריעותא, **אבל** במקום דאיכא ריעותא ברורה, כגון בפתח פתוח שהריעותא ברורה שלא נמצא לה בתולים, רק שיש שני עניני מתירין, בעינן שיהיו שני המתירין משני שמות ולא משם אחד – חוו"ד›.

יב - אבל כל שהספק הראשון מתיר יותר מן האחרון, מתירין ס"ס כזה, {**כגון** מה דקי"ל דסתם כלים אינן בני יומן, וכתבו שם התו' והפוסקים הטעם, משום דהוי ס"ס, ספק נשתמשו בו היום, ואת"ל נשתמשו בו היום, שמא נשתמשו בו בדבר שהוא פוגם בעין, או שאין נותן טעם, עכ"ל, **דקשיא** לכאורה, דהא שם אחד הוא, דאפילו את"ל שלא נשתמשו בו היום, לא שרי אלא משום דנותן טעם לפגם, כדלקמן ריש סימן קכ"ב, **אלא** ודאי היינו טעמא, דהספק הראשון דהיינו שמא לא נשתמש בו היום, אם כן אי הוה ידענו בודאי שלא נשתמש בו היום, לעולם הוא נותן טעם לפגם בכל תבשיל שבעולם, **אבל** ספק האחרון הוא שמא נשתמש בו בדבר שפוגם תבשיל זה, או שאין נותן טעם בתבשיל זה, ואם היה ידענו מה נשתמש בו, אפשר דאע"ג דהיה פוגם תבשיל זה היה משביח תבשיל אחר, אם כן הספק הראשון מתיר טפי מן האחרון, ולא הוי שם אחד}.

{**וכ"כ** בפסקי מהרא"י על מה ששאלוהו, בב' שעירים שנולדו מעז אחת שהיתה חולבת, דהשיב מהרא"י וז"ל, איכא ס"ס, שמא ילדה כבר ואלו גדיים שניהם פשוטים הם, ואת"ל לא בכרה כבר, איכא למימר אכל אחד זה אינו בכור, **ומ"ש** דשם חד ספיקא הוא, ליתא, דודאי אם ילדה העז זכר ונקבה, והוה מספקא לן איזו נפק תחלה, התם הספק האחרון אינו מוסיף ומתיר כלום יותר מן הראשון, וכן הראשון יותר מן האחרון, דספיקא שמא ילדה כבר, וכבר נפטר רחמה קודם שילדה עכשיו הני תאומים, וספק האחרון נמי היינו מעין זה, דשמא הנקבה ילדה תחלה ונפטר הרחם קודם לידת הזכר, דבנקבה גופה אין נפקותא, **אבל** בנדון דידן הספק הראשון מתיר טפי מן האחרון, דאם ילדה כבר א"כ אלו התאומים שניהם פשוטים, וכה"ג חשיב שפיר ס"ס, דשני הספיקות אינם שם א', **אלא** דמהרא"י עצמו ס"ל, דאף באחד מהן נקבה, לאו שם אחד הוא, כיון דבספק הראשון אין שום אחד מהן בכור, אף על גב דליכא נפקותא בנקבה}.

יג - ספק ספיקא שאינו מתהפך אינו ס"ס, {שכל שלא הוברר איזה ספק נולד ראשון, ואנן מהדרינן אספיקי, אז בהכרח בעינן שיתהפכו להקל בדבר, דאי לא, מאי חזית למפתח בהדין ספיקא, דאידך גריר בתריה, זיל לאידך גיסא ונפתח בחבריה, דליתא לאחרינא בהדיה, וה"ל חד ספיקא, ובכה"ג בדאורייתא אזלינן לחומרא}, **הדמיון**, מצא הסכין פגום לאחר שחיטה, דיש ספק ספיקא, שמא בעצם המפרקת נפגם, ואת"ל שלא נפגם בעצם המפרקת, שמא במיעוט בתרא של סימן נפגם, **זה** הספק ספיקא לא תוכל להפוך, ולומר שמא במיעוט בתרא נפגם, ואת"ל במיעוט קמא, א"כ ודאי נבילה היא, **ולא** תוכל לומר שמא במיעוט בתרא נפגם, ואת"ל שלא נפגם במיעוט בתרא, שמא בעצם המפרקת נפגם, דשניהם אין חשש איסור, והכל אחד הוא, וכן כל כיוצ"ב.

יד - וכן נשבר העצם למעלה מהארכובה, ואין עור ובשר חופין את רובו, ואינו ידוע אם נעשה קודם שחיטה או לאחר שחיטה, אינו מותר משום ס"ס, {שמא לאחר שחיטה, ואת"ל קודם שחיטה, שמא לא יצא לחוץ קודם שחיטה}, **דלא** תוכל להפוך, ולומר את"ל יצא לחוץ, ‹כגון שלא היה ידוע לנו אם יצא לחוץ כלל, וכגון שנאבד הרגל קודם שבדקנוהו אם יצא לחוץ – בדי השלחן›, שמא לאחר שחיטה, שלאחר שחיטה לא שייך לחלק בין יצא לחוץ או לא, וכיון שאמרת את"ל יצא לחוץ, ע"כ קודם שחיטה הוא, וכן כל כיוצא בזה.

טו - ודוקא נשבר העצם וכל כיוצא בו, ששני הספיקות הם בשוה בגוף אחד מצד עצמו, א"כ מה ראית להתחיל שמא לאחר שחיטה כו', אימא לאידך גיסא שמא יצא לחוץ, ולא תוכל שוב לומר כלל שמא לאחר שחיטה, **אבל** נמצא צפורן של ארי יושבת בגבו של שור, ולא ראינו ארי נכנס, ה"ז ס"ס, ספק נכנס או לא, ואת"ל נכנס שמא לא דרס, וצפורן זה לא מיד הארי הוא, אלא נתחכך בכותל וישב לו צפורן זה בגבו, **וכן** עבר ובישל תוך י"ב חדש פירות, שיש לחוש שיש תולעים בהן בלא בדיקה, מותר משום ס"ס, שמא אין שם תולע, ואת"ל היה, שמא נימוח, **וכן** גבינה שיש בה ספק אם העמידוה בעור קיבת נבלה, מותרת משום ס"ס, שמא לא העמידוה בעור קיבת נבילה, ואת"ל העמידוה, שמא אין שם בנותן טעם, **ואע"פ** שבכל אלו א"א להתהפך, מ"מ כיון שאין הב' ספיקות שוין, והרי אין אתה יכול לומר שצפורן זה מיד הארי הוא, אא"כ ידוע שנכנס, וא"כ מתחלה צריך אתה לדון אם נכנס כלל או לא, **וכן** אי אתה יכול לאסור

התבשיל אא"כ ידוע שיש שם תולע, וא"כ מתחלה צריך אתה לדון אם יש שם תולע או לא, וכן בגבינה, וכן כל כיוצא בזה, **וכן** נשבר גף של עוף ואינו ידוע אם קודם שחיטה או לאחר שחיטה, מותר מטעם ס"ס, שמא לאחר שחיטה, ואת"ל קודם שחיטה, שמא לא ניקבה הריאה, **ואין** אתה יכול לומר אימא לאידך גיסא, שמא ניקבה הריאה כו', דכיון דשבירת הגף אינה טרפה מצד עצמה אלא מצד שניקבה הריאה, א"כ איך תתחיל לומר שמא ניקבה הריאה, והרי אין ריעותא בריאה כלל, וע"כ מכח שבירת הגף אתה בא לדון על הריאה, וא"כ מתחלה צריך אתה לדון על הגף עצמו אימת נשבר, וכן כל כיו"ב.

טז - אם יש כאן ס"ס בענין שהוא מותר מן התורה, אלא שהוא אסור מדרבנן, ויש ספק בדרבנן, ה"ז מותר, **כגון** ספק אם נמלחו דגים טמאים עם טהורים, מותר משום ס"ס, ספק לא נמלחו, ואת"ל נמלחו, שמא אין בהן שומן, **ואע"פ** שגם ציר דגים שאין בהן שומן אסור מדרבנן, מ"מ הרי יש ספק אם נמלחו עמהם או לא, וספק דרבנן לקולא, וכן כל כיוצא בזה.

(**כתב** המשנה למלך, דאף דספק דרבנן לקולא, היכא דאיכא ס"ס להחמיר אזלינן לחומרא, כגון הא דקיי"ל דאיסור דנפל לתוך היתר מין במינו, ואיכא רובא דהיתר, ולא ידעינן אי איכא ס', דאזלינן לקולא - ר"ל בנשפך, וכדלעיל סי' צ"ח סעיף ב' וג' - משום דשיעור ששים הוא רק מדרבנן, **ואם** יש כאן חתיכה שהיא ספק אם אסורה מדרבנן, ונפל חתיכה איסור לתוך חתיכה זו המסופקת, וידעינן דיש בה רוב, אלא לא ידעינן אם יש בה ששים, דהשתא איכא ס"ס להחמיר, שמא אין בו ששים, ואת"ל יש ששים, שמא החתיכה עצמה היא אסורה, וכה"ג, אזלינן לחומרא, (**ומ"מ** צ"ע, אי נימא דכל שאין מתהפך לא הוה ס"ס כלל, או דלמא לחומרא אמרינן כן ולא לקולא, מאחר דיש חולקים בדבר – פמ"ג), **וע'** בתשובת נו"ב, שכתב דדוקא באין חזקת היתר, אבל היכא שיש חזקת היתר נגד שני הספיקות, לא מהני ס"ס להחמיר, ואמרינן ס' דרבנן לקולא, **וע'** בשער המלך שהאריך בדין הנזכר, והוכיח שדעת הרמב"ם והרבה מהראשונים, דאפי' היכא דאיכא תרי ספיקי להחמיר, אזלינן לקולא, ולא נמצא חולק עליהם בפירוש רק הטור, ע"ש).

יז - איסור דרבנן כגון ביצת נבילה וכיוצא בו, ג"כ אינו בטל אם הוא דבר חשוב כמו איסור תורה, **חוץ** מבשר שנתעלם מן העין (והוא חהר"ל), שהוא איסור שאסרוהו מחמת חומרא יתירה שלא מן הדין, שבטל ברוב, (מס"ס, שמא לא נתחלף, ושמא אין זאת, דבדרבנן לא בעינן שני הספיקות מענין א' - פמ"ג), אבל לא אחד באחד, וכן כל כיוצא בו, **וכ"ש** אם יש ספק בחתיכה אם זו היא שנתעלמה מן העין או לא, שמותרת, דספק דרבנן לקולא, **וכן** בכל איסור דרבנן, אפילו אותו שאסרוהו מן הדין, כגון ביצת נבילה וכיוצא בו, אם יש ספק אם היא ביצת כשרה או נבילה, מותרת, ואפילו נודע האיסור דרבנן קודם שנולד הספק, וכן כל כיוצא בזה.

יח - גבינה שיש בה ספק אם היא גבינה של ישראל או של עובד כוכבים, א"א בזה ספק דרבנן לקולא, {ולא היו ניתרים הכא מכח ס"ס, ספק לא הוחלפו, ואת"ל הוחלפו, שמא לא הועמדו בעור קיבת נבלה}, שכיון שאסרו חכמים גבינות העובדי כוכבים מחמת חשש איסור בגופן, עשאוה כאיסור של תורה, וכן כל כיוצא בזה, **ולא** אמרו ספק דרבנן לקולא אלא בדבר שלא אסרוה מחמת חשש איסור בגופו, אלא שאסרוה משום ד"א, כגון ביצת נבלה, וציר דגים טמאין, ובשולי עובדי כוכבים, וכל כיוצא בזה, **וכן** גבינת העובדי כוכבים שנתערבה, אינה בטלה ברוב אם היא חתיכה הראויה להתכבד, **אבל** נתערבה גבינה זו שיש בה ספק אם היא גבינת ישראל או גבינת העובד כוכבים, בטלה ברוב. (**אמנם** להט"ז לקמן, אף שאין לו עיקר רק מדרבנן, אפ"ה ספק אחד בגופו לא מהני).

יט - אין אומרים ספק דרבנן לקולא, אלא אם הספק הוא בעצמו, ומצד עצמו הוא דרבנן, אבל אם האיסור מצד עצמו ספק איסור תורה, ומצד אחר בא שהוא מדרבנן, א"א בזה ספק דרבנן לקולא, **שהרי** ספק איסור שנתערב באחרים אינו בטל, (אם הוא דבר חשוב), אע"פ שלא נודעה הספק איסור עד אחר שנתערב, אע"פ שמן התורה אפילו ודאי איסור בטל ברוב, אלא שחכמים אמרו שדבר חשוב אינו בטל, וכן כל כיוצא בזה. **בד"א** בכענין שאמרנו, מפני שיש כאן לפנינו חשש איסור, שהרי בתערובות זו עכ"פ יש ספק איסור תורה, **אבל** אם יש ספק אם יש כאן שום איסור כלל, אפילו בא לו מצד אחר שהוא מדרבנן, אנו אומרים בו ספק דרבנן לקולא, שהרי אנו מתירין אם היו כאן ב' קדרות א' מהן של היתר, ונפלה חתיכת נבלה לא' מהן ואינו ידוע לאיזה נפל, אם יש בקדירת היתר רוב בענין שהוא מותר מן

התורה, משום ספק דרבנן לקולא, שכל שיש לומר שמא אין כאן איסור כלל, הרי הספק מצד עצמו בא לו שהוא מדרבנן. ‹**עיין** מה שתירץ הט"ז בסימן קי"א ס"ד›.

‹**מה** שחילק הש"ך בין ההיא דקי"א, לכאורה ה"ק, דהתם הקדירה בחזקת היתר ולא איתרעי כלל, **וצ"ע** מצ"ח, במינו ונשפך, דידוע דיש כאן איסור, **והמ"י** מחלק חילוק נכון – פמ"ג. ‹וז"ל: בלא"ה לא קשה מידי מההיא דב' קדרות, דהתם אין הספק באיסור עצמו, דאיסור הוא ודאי איסור, אלא שהספק הוא בתערובת אם נתערב איסור בקדרה זו או לא, וכיון שמצד התערובת הוא מדרבנן, אזלינן להקל בספיקה›.

‹**וכיוצא** בזה כתב בתשובת מהריב"ל, בבישלו תרנגולת ספק טריפה בכלים, ונשתהו הכלים מעל"ע, דאסורים, כיון דהספק בעצמו הוא איסור תורה, ורק ע"י גלגול בא לדרבנן, **ומשמעות** דבריו אף בלא נודע הספק עד אחר מעל"ע, **וע'** פמ"ג שכתב, דיש להקל בזה בהפ"מ, וכמו בס"א בגוף וס"א בתערובות, ולא נודע עד שנתערב, דמותר בהפ"מ, וכ"כ בת' מאור הגולה רבינו עקיבא איגר›.

‹**ועיין** עוד בתשובה הנ"ל, שנשאל בכלי חרס ישנים מעורבים שלא נשתמשו בהם יב"ח, ואינו ידוע אם הם כלי בשר או חלב, מה דינם, **והביא** דברי מהריב"ל הנ"ל, וכתב דיש להתבונן בטעמא דמלתא, לכאורה הטעם כיון דאנו דנין התרנגולת דמספק הוא אסור, דהוי ס' דאורייתא והוי כמו ודאי דאורייתא, אף דהוא אב"י אסור, וכמו בספק טריפה שנתערב והוא דבר חשוב, **ואף** דיש לחלק, דדוקא לענין ביטול דעדיין יש מקום לדון על התרנגולת עצמה, אם יתברר שזאת התרנגולת שנתערבה ויהיה ניכר האיסור, ויהיה הדין דספיקו לחומרא, מש"ה חל על התרנגולת שם איסור, וצריכה ביטול כמו ודאי איסור, **משא"כ** בדינא דמהריב"ל, דעכשיו כשנעשה אב"י כבר חלף והלך לו האיסור דאורייתא מהבלוע כו', **מ"מ** מאחר דפסקינן בסי' ק"ג, דהבליעה בעצמה אף דאב"י לא הותרה כיון דראויה לגר, אלא דאינו אוסר לתבשיל, ולהכי בעי ביטול ברוב, א"כ גם כאן יש מקום לדון על ספק דאורייתא, היינו על הבליעה בעצמה, **דאף** דאינו במציאות להוציא הבלוע בפ"ע רק ע"י תערובת בתבשיל, וא"כ לעולם לא יהיה כאן איסור דאורייתא, **מ"מ** י"ל דחל על הבלוע בעצמותו שם ספק איסור דאורייתא, **או** דצריכים לדון עלה באם יוצא הבליעה בתערובת תבשיל בדבר חריף - וצ"ל דסבירא ליה דהא דחורפא מחליא הוא דאורייתא - וא"כ דמי ממש לביטול בדבר חשוב הנ"ל, **אולם** מפשטות דברי מהריב"ל משמע, כיון דמקודם כשהיה ב"י דנין על ספיקא להחמיר, קם דינא, והוי כודאי איסור, ולא מהני מה דנעשה אח"כ אב"י›.

‹**ויש** נ"מ בין ב' טעמים אלו, לכל אחד קולא וחומרא, דאם בשלו בכלי מאכל שהיה יודע בשעת הבישול אם המאכל כשר או טריפה, אלא דאח"כ כשנעשה אב"י נשכח ממנו, **דבזה** לטעם א' ספיקו לחומרא, דמ"מ עתה כשדנין על הבליעה בעצמה הוא ספק מדאורייתא, אבל לטעם הב' י"ל לקולא, כיון דלשעתו לא היה מקום ס' בעולם, ועתה כשנעשה אב"י נולד הספק כו', ‹משא"כ אם נולד הספק, ורק לא נודע ממנו עד אח"כ, וכמשמעות הריב"ל הנ"ל›, **וכן** בהיפך אם היה ספק אם בשלו בו בשר או ירק, ושהה הכלי מעל"ע, דבזה לטעם הב' לחומרא, כיון דהיה הספק כשהיה ב"י, והיו דנין להחמיר שאסור לבשל בו חלב, קיימא באיסוריה כאילו הוא ודאי של בשר, **אבל** לטעם א' יש לדון להקל, דל"ש בזה לדון על הבליעה, שהרי עדיין הוא היתר, ודנין רק באם יתערב הבליעה בחלב, וכיון דעתה אב"י ואם יתערב עם חלב לא יהיה איסור דאורייתא, א"כ לית כאן מציאות איסור בדאורייתא, לא על עצמות הבלוע, ולא על התחברו בחלב, והוי רק ספק דרבנן ולקולא - **לפי** אופן הב' שכתב לעיל, דצריכים לדון על הבליעה באם יתערב בדבר חריף, לא זכיתי להבין, הרי גם כאן משכחת לה באם היה הרבה תבלין בחלב›.

‹**ולפ"ז** בתרתי לטיבותא, כמו נ"ד בכלים שנסתפקו בהם אם בשלו בהם בשר או חלב, והספק מכח השכחה, והספק נולד כשאב"י, וגם עדיין הבלוע היתר, בזה לכל הטעמים ספיקו להקל, **ושוב** פקפק בזה, דהוי כמו ס"ס דסתרי אהדדי, וכיון דהכלי ודאי אסורה לחד מלתא לבשר או לחלב, ממילא אסור לתרווייהו, **והאריך** בזה והעלה להתיר הכלים ע"י הגעלה ג' פעמים, אף שהם כלי חרס, מ"מ כיון דיש הרבה סניפים להקל, מהני להו הגעלה›.

דבר שיש לו מתירין, א"א בו ספק דרבנן לקולא.

כ - וכל זה בספק איסור דרבנן שאין לו חזקת איסור, אבל יש לו חזקת איסור, אסור.

‹**הנה** הפר"ח השיג על הש"ך, והעלה דאפילו בשיש לו עיקר מה"ת ואיתחזק איסורא, אמרינן ספק דרבנן לקולא, **ועיין** בשער המלך שהאריך לדחות דברי הפר"ח ולקיים דברי הש"ך, דגם באין לו עיקר מן התורה, לא אמרינן ספק דרבנן לקולא באיתחזק איסורא›.

(**כתב** המשנה למלך, דלא אמרינן ספק דרבנן לקולא, אלא היכא שנעשה שום דבר המתירו, רק שיש ספק אם נעשה בזמן המתירו, או בשיעור המתירו, **אבל** אם יש ספק אם נעשה כלל דבר המתירו, בכי הא ספיקו לחומרא, ודמי לספק הניח עירוב ע"ש, והביאו גם הפמ"ג בכאן, **ועיין** בשער המלך שחולק על כלל זה, מפני אותה שכתב הט"ז לעיל סי' ס"ט, באשה ששכחה אם מלחה כו', וגם הכנה"ג הביא דברי ט"ז הללו להלכה, אלמא דלא ס"ל חילוק זה, **ועיין** בש"ך לקמן סי' קי"ב סק"כ, שכתב בשם הש"ד ובשם ת"ח ושאר אחרונים, דאם הוא מסופק אם הכשיר ישראל התנור או לא, שרי, דהוי ספיקא דרבנן ולקולא, ע"ש, **וכ"כ** הרמ"א בסי' קי"ג סעיף י"א בהג"ה, דכל ספק בישולי נכרים מותר, ופי' הט"ז שיש ספק אם חתה ישראל באור או לא, ע"ש, מבואר ג"כ דלא כהמל"מ, **ואף** שי"ל דשאני התם דקיל איסורייהו, מ"מ כיון דתלו טעמא דהוי ספיקא דרבנן, משמע דבכל ספק דרבנן הדין כן, דאף שיש ספק אם נעשה דבר המתירו, אזלינן לקולא, **ועיין** במג"א בא"ח סי' תקפ"ה סק"ג, בענין אם ספק לו אם שמע תקיעה או נטל לולב כו', משמע ג"כ דלא כהמל"מ).

כא- אם נתערב איסור דרבנן חד בחד, אע"פ שאינו דבר חשוב, ואחר כך נאבד אחד מהן מן העולם, ולא נודע איזהו, כיון שנתחזק איסור בב' חתיכות אלו, אין אומרים בזה ספק דרבנן לקולא.

(**עיין** פר"ח שחולק עליו, וכתב להלכה, דאם נפל אחד מהם, תלינן לקולא, וזה ברור, **ועיין** בשעה"מ שכתב שדין זה במחלוקת שנוי, דלדעת הטור דאפי' בדרבנן לא אמרינן ספק מוציא מידי ודאי, וכן דעת התוספות פ"ק דפסחים לחד תירוצא, **א"כ** ה"נ דכוותה, כיון דאיכא ודאי איסור בתערובת, אלא שיש בה ס' אם זה שנאכל או נפל לים הוא של איסור, אין ספק מוציא כו', **ושוב** כתב, די"ל דאפילו לאידך תירוצא שבתוס', דוקא בדהוי ס' הקרוב לודאי, אבל גבי נפל אחד מהם מודו דלא אמרינן ספק מוציא מידי ודאי, ע"ש).

כב- אבל איסור דרבנן שנתערב חד בתרי, ואינו דבר חשוב, במינו בטל ברוב, אפילו איסור תורה, **ושלא** במינו צריך ס' היכא שאין הפסד כ"כ, {אבל היכא דיש הפסד, כיון דאיסור דרבנן הוא, בטל ברוב, דאף כשיבשלם אי אפשר למיתי לידי איסורא דאורייתא, וכמ"ש בסי' ק"ט ס"ק ט'}, **אבל** אם נאבד אחד מהן אע"פ שישנו בעולם, אפילו אין כאן ס' מותר, כיון דהוא איסור דרבנן, ובטל ג"כ ברוב מן הדין.

כג- נתערב איסור דרבנן שהוא דבר חשוב ברוב, או אפילו באלף, אינו בטל, ודינו ממש כאיסור תורה, ועל הדרך שנתבאר בסי' זה ס"א, **וכן** אם נאבד א' מהן, דינו ממש כאיסור תורה, ועל הדרך שנתבאר בס"ז.

כד- איסור דרבנן שנתערב חד בחד והוא דבר חשוב, ואח"כ נתערב א' מהן ברוב, אינו בטל, כיון דנתחזק מתחלה האיסור בב' החתיכות, א"כ כל א' וא' הרי הוא כגופו של איסור.

כה- וכן ספק איסור תורה שנתערב חד בחד, כל אחד הוא כגופו של איסור, ואם נתערב אח"כ ברוב, אינו בטל מטעם ס"ס. {**וספק** דאוריית' הוא אסור מן התורה כודאי, כ"כ הרשב"א}.

כו- וכל הדינים שנזכרו למעלה בספק איסור תורה וכיוצא בו שהוא אסור, הוא אפי' בהפסד מרובה, ואפי' אינו רוצה לאכלו כולו כאחד, {דהא הטעם הוא דלא דמי לשני תערובות}.

אבל אם היו ב' ספיקות אם היה כאן איסור כלל, ונודעו ב' הספיקות ביחד, מתירין ספק ספיקא בכל מקום, אפילו באיסור דאורייתא וגופו של איסור – [זה העתיק הרב מהג' או"ה בסוף הספר, שכתב וז"ל, וה"ה אם היו הב' ספיקות ס"ס גמורות, דהיינו בענין אחד ובגוף אחד, מ"מ לא ניתר ע"י כך, אם לא שיבואו בפעם אחת, אבל אם נודע הספק האחד קודם, חשוב אותו פעם כאיסור ודאי, וכשיבוא הספק השני אפי' בלתי תערובות, לא הוה אלא ספק אחד, עכ"ל, **ולא** הבנתי דברים אלו כלל, דמדאמר אם לא שיבואו בפעם אחת, דזה משמע שלפעמים אפשר שלא יבואו בפעם אחת, והיכי תמצא שיהיה נודע בין ספק האחד לספק השני בס"ס שהם בגוף אחד וענין אחד, כגון בספק זינתה תחתיו וספק אונס דלעיל, דאין שייך לומר דנודע הספק האחד קודם שנודע השני, **ואם** תרצה לומר שתחילה הרגישו בספק האחד ולא הרגישו בספק השני, וכשמרגישין בו איגלאי מילתא למפרע דלא היה אסור מעולם, זה אינו, דהא לא נולד לנו שום ענין חדש אלא הידיעה היתה חסירה, **ובדברי** רמ"א יש קצת לדחוק

ולפרש דהכי קאמר, כל שנודעו שני הספיקות דוקא ביחד, זהו סימן לס"ס שהוא כראוי, דאילו בשני גופים אפשר להיות נודע בינתיים, וכן ראיתי בתש' למהר"ר בנימין ז"ל, שכתב שאין להשגיח בהג"ה זאת, כי פשוט הוא שבס"ס שע"י שני תערובות מותר אפי' בנודע בנתיים, והביא ראיה נכונה לזה, ממילא ה"ה בס"ס אם יש כאן איסור], ‹אף שהרגישו בספק א' קודם, כן נראה כוונתו - פמ"ג›.

[כלל העולה בס"ס הוא כן, דכל שספק האחד הוא אסור מצד שהוא חשוב ואינו בטל ברוב, שאע"פ שעיקר האיסור הוא מדרבנן, כמו ספק ביצה שנולדה ביו"ט, ושוב נתערבה, לא מהני בה ס"ס, כיון שאין הספיקות בענין א', אלא בעינן שיהיו שני הספיקות ע"י תערובות].

זה אינו, דבדרבנן מהני ס"ס אפי' אין הספיקות מענין אחד, כדאיתא בכמה דוכתי, וכמ"ש בש"ך דין ט"ז וי"ז, ומספק ביצה שנולדה ביו"ט אין ראיה, דהוי דשיל"מ - נקה"כ.

[**ונודע** בנתיים לא מעלה ולא מוריד בשום דבר מהס"ס, **וכן** אם יש ב' ספיקות אם יש כאן איסור לגמרי, אז מהני בכל גווני, רק יש חילוק בס"ס שע"י תערובות, שאם הוא איסור ודאי והוא חשוב, בעינן שלש תערובות, וכמ"כ בס"ח, **אבל** אם הספק איסור נתערב, לא בעינן רק ב' תערובות, והוא ס"ס ולהקל].

ואפילו היה לו חזקת איסור – [ראיתי בזה מחלוקת בעלי קרנים, דהיינו או"ה, ועליו בעל ד"מ ות"ח, ועליו בתש' משאת בנימין, האו"ה כתב בשוחט בסכין בדוק ולאחר שחיטה נמצא פגום, ונתערב אח"כ בין בהמות אחרות, אין להתיר מכח ס"ס, שמא אינה זאת, ואת"ל שהיא זאת, שמא נשחטה כדינה, דהא מסקינן בגמ' בהמה בחייה בחזקת איסור עומדת, הלכך ליכא אלא חד ספיקא, שמא אינה זאת, דאין לומר את"ל היא זאת, שמא נשחטה כדינה, דכל שהוא ספק ואסרינן ליה משום חזקה, הוה ודאי איסור ולא ספק, ולכן אין להתיר בס"ס אלא היכא דליכא חזקת איסור, כשתאמר את"ל לא תוכל לאוקמוה אחזקת איסור, כהאי דפתח פתוח בריש כתובות, שאם תאמר את"ל תחתיו, ליכא לאוקמה אחזקת איסור דקודם לכן כו', עכ"ל. **וכתב** עליו בד"מ ות"ח שאין זה נכון, דהרשב"א כתב בתשו' דמהני ס"ס אפי' ביש חזקת איסור, וכן משמע מדינים דספק דרוסה שנתערבה, דאי לאו טעמא דספק הראשון בגופו, היה ס"ס והיינו מתירין, אע"ג דהיה לו חזקת איסור אבר מן החי, עכ"ל, וכ"כ כאן בשו"ע. **וחולק** עליו מהר"ר בנימין הנ"ל על רמ"א, וכתב דאין ראיה מספק דרוסה, דהתם אין מועיל חזקת איסור אבר מן החי אלא לענין ספק שאירע מחמת שחיטה, אבל לא לענין איסור שאינו תלוי בשחיטה, והאריך להטעים דבר זה].

{**ונראה** דגם הרב כאן בהגה"ה לא קאמר דמתירין ס"ס בחזקת איסור, אלא כגון בנשבר גף העוף דוקא, שאין הספק בשחיטה עצמה, **ונראה** דבאו"ה שהיה לפני הרב היה כתוב, דבכה"ג אסור משום חזקת איסור, וכן כתוב בד"מ - הובא מכללי ס"ס הארוכה}.

[**העולה** מדברינו להלכה, דאפי' בכל איסור ודאי מהני ס"ס להתיר, אם אינו סותר את החזקה עצמה כההיא דספק בשחיטה, דאם מועיל בה ס"ס תסתור החזקה, שהיא בחזקת שאינו שחוט אלא אבר מן החי, בזה אמרינן דלא יועיל, ודומה לזה האשה שהיא בחזקת א"א, ונולדו אח"כ ספיקות במיתת הבעל או בגירושיה, אפי' הוה כמה ס"ס לא יועילו, כיון שאתה בא להוציאה מכלל אשת איש שהיתה תחילה, ואתה בא לסותרה ממש].

זה אינו, דג' ספיקות מהני, וכמש"כ בש"ך דין כ"ח - נה"כ.

[**אבל** בשאר חזקת איסור שנולדו ספיקות להיתר מצד אחר, כגון מצד התערובות, ודאי מועילים ס"ס להוציאו מן האיסור דמתחילה, דאין כאן דבר הסותר זה את זה, וע"כ בספק דרוסה, אם היה ס"ס גמור, שפיר מועיל לבטל חזקת האיסור דאבר מן החי דמעיקרא, כן נראה לענ"ד ברור ונכון בזה].

‹**סוף** דבר הכל נשמע, דאף בספק ספיקא שסותר החזקה, כיון דאיכא תרי ספיקי, מהנו להתיר, ותו לא מידי – פר"ח›.

כז - דבר שיש לו חזקת איסור, אע"פ שיש בו ס"ס גמור, ה"ז אסור, שהרי בספק הראשון אנו מעמידין אותו על חזקת איסור, אם כן אין כאן אלא ספק א'.

כח - היו כאן שלש ספיקות, מותר, ‹ואף שכולהו סותרין החזקה - פמ"ג›, שאף אם תעמידנו על חזקת איסור, יש כאן ס"ס, לא יהא זה חמור מודאי איסור, שאין לך חזקת איסור גדול מזה, ומותר בספק ספיקא.

כט - וכל זה בחזקת איסור ממש, וכן ספק בשחיטה הוא חזקת איסור, דהחזקה היא בשחיטה, דבהמה בחייה בחזקת איסור עומדת, **אבל** ס"ס גמור כדרוסה,

או ספק אם נשבר הגף, מתירין מטעם ס"ס, דאע"פ דבהמה בחייה בחזקת איסור עומדת, מ"מ לענין דרוסה ושבירת הגף אין לנו חזקת איסור, וכן כל כיוצא בזה.

ל - לפיכך בהמה שאירע לה ספק בשחיטה ונתערב חד בחד, ואח"כ נמצאת חתיכה, ויש בה ספק אם היא מבהמה הכשרה או מזו, אע"פ שבכיוצא בזה הוי ס"ס, וכמו שנתבאר בדין ז', הואיל ויש כאן חזקת איסור, שהספק הוא בשחיטה, אין זה ס"ס.

לא - ואפי' נתערבה אח"כ החתיכה זו, אינה בטלה אם היא חשובה, כמ"ש בדין ג', שבכ"מ שאינו נחשב ס"ס, דינו כספק איסור שנתערב.

לב - אבל אם יש בחתיכה שלש ספיקות, כגון שבהמה זו שאירע לה ספק בשחיטה יש בה ס"ס, כגון שנמצא אחר השחיטה ספק פגימה בסכין, וא"כ שמא אין זו פגימה, ואת"ל שהיא פגימה, שמא במפרקת נפגם, אע"פ שלא היו מתירין הבהמה כשנתערבה חד בחד משום ס"ס, כיון שהיה לה חזקת איסור, מכל מקום החתיכה זו שיש בה ספק אם היא ממנה, מותרת, ואף על פי שנודע הספק הראשון קודם שנולד הספק בחתיכה, כמו שנתבאר בדין ז'.

לג - לא מיקרי ספק או ס"ס, אלא כשהאיסור וההיתר שוים, אבל אם יש לתלות באיסור יותר מבהיתר, וכן אם האיסור שכיח יותר מההיתר, אין זה ספק כלל, וע"ל סימן נ'.

לד - ספק בחסרון חכמה אינו ספק כלל, לא לענין ספק א', ולא לענין ס"ס, כמו שנתבאר בסי' נ"ג וסי' נ"ה.

כגון עוף שבחזקת איסור עומד, ונשבר או נשמט גפו, ספק מחיים או לאחר שחיטה, ואם תמצא לומר מחיים, שמא לא נקבה הריאה, יש להתיר מכח ספק ספיקא, אע"פ שיש לברר על ידי בדיקת הריאה, אין לחוש. ועיין לעיל סימן נ"ג – [פי' ששם מחמיר בנשמט, ועיין מש"כ שם].

לה - במקום שיש ס"ס גמור, א"צ לבדוק כלל, אע"פ שיש לברר האיסור על ידי בדיקה, כגון נשבר הגף וספק אם ניקבה הריאה, וכן ספק ספיקא בדרוסה וכל כיוצא בזה, (**ומיהו** בדיקה שע"י טורח כי הכא הר"ב מיקל, אבל שאלה בעלמא צריך - פמ"ג, **ויש** חולקין, (שיטת הרשב"א), ויש להחמיר היכא דאפשר ואין הפסד בדבר.

(**ע'** בתשובת נו"ב שכתב, דאף הרשב"א דמצריך בירור, היינו דוקא היכא דיכול לברר שני הספיקות, ולא ישאר לנו שום ספק, אבל אם אפי' אחר הבירור אכתי לא יבורר לנו רק ספק אחד, והספק השני א"א לברר, רק דממילא יהיה אסור מחמת ספק דאורייתא, בזה אין צריך לברר).

(**עוד** כתב בנו"ב שם דבר חדש, דאף הרשב"א לא הצריך בירור, אלא היכא דאיכא חזקת איסור, ובהא כ"ע מודו, **אבל** במקום שיש חזקת היתר, אף דליכא חזקת היתר ממש, אלא דגם חזקת איסור ליכא כלל, גם הרשב"א מתיר, **ולא** נחלקו אלא בס"ס של טריפות הנולד בבהמה בחייה, למר מקרי חזקת היתר, (דבהמה בחייה לא מקרי כלל חזקת איסור רק לענין זביחה, אבל לענין שאר טריפות מקרי חזקת היתר – לשון הנו"ב), ולמר מקרי חזקת איסור).

(**עוד** העלתי, דדוקא היכא דיכול לברר שני הצדדים, דלאחר הבדיקה יתוודע בבירור אם הוא אסור בודאי או אם הוא מותר בודאי, בזה צריך לברר, אבל היכא דליכא לברר אלא צד אחד אם הוא איסור בוודאי, אבל צד הב' אם הוא מותר בודאי א"א לברר, א"צ לברר כלל, **דהא** גם עכשיו הוא מותר מטעם ס"ס, אלא דליתר שאת חייב לבדוק כדי לאכול בודאי בהיתר, וכיון שלא יוברר ההיתר לגמרי, א"צ לבדוק, ובזה דחיתי ראיית הנו"ב לסברתו הנ"ל).

(**ועי'** בשער המלך שהאריך מאד בענין זה, והעלה דהסכמת כל הפוסקים, דס"ס בדאורייתא או ספק דרבנן, אף דאפשר לברורי, אזלינן לקולא, זולתי דעת הרשב"א בחידושיו, ואף הוא עצמו ז"ל חזר בו בת"ה ובפסקיו, וכן ראוי להורות).

(**ומ"ש** לענין היכא דאיכא שני ס"ס דסתרי אהדדי כו', עיין בשער המלך שכתב, דה"ה ספק דרבנן לקולא לא אמרינן היכא דאיכא תרי קולי דסתרי אהדדי, אלא דאזלינן לחומרא בתרוייהו).

לו - דיני ס"ס עמוקים ורחבים מני ים, ויש בהם כללים וענינים הרבה, ענינו של זה לא כענינו של זה, וגם בדבר קל ודק יש להפריש בין זה לזה, **ע"כ** אין לנו עכשיו לבדות שום ס"ס או ספק דרבנן להקל, ללמוד דבר מדבר, אם לא אותן המפורשים כל אחד במקומן, וכן

אותן שנתבארו למעלה או הדומה להן ממש, או שיש בלא זה צדדים להתיר, וגם זה אחר רוב העיון.

שלום רב לאוהבי תורתך ואין למו מכשול, ויתר דיני תערובות דברים החשובים, כבר נתבארו בסי' זה על מקומם.

‹הש"ך האריך להחמיר, והוא לקוח מהמרדכי, דאין לנו לבדות מלבנו ספק ספיקא מה דלא נזכר בקדמונים, כי שרשי ספק ספיקא עמוקים וכו', ע"ש. **הנה** הרב נעל בפנינו שערי ספק ספיקא, ונפל ספק ספיקא בבירא, ולא ראיתי לרבותינו שמשכו ידם לדון דיני ספק ספיקא. **לכן** האמת כי המרדכי גרר אחר דעת הרשב"א והר"ן, דספק תורה דבר תורה אסור, ומי יאמר זך לקחי לדון בדין ספק ספיקא להקל בשל תורה. **אבל** לפי שהעליתי דעיקר כהרמב"ם, דספק דאורייתא אין איסור רק מדרבנן, וא"כ כל הענין הספק ספיקא להתיר איסור של דרבנן, ובזה אין מחמירין כולי האי, וסמכינן על דעתנו דעת של תורה, ובלבד שיהא הכוונה לשם שמים - כרתי ופלתי›.

סעיף י - ריאה טריפה שנמצאת בין ריאות כשרות, ואמר הבודק שהיה יודע באותה סירכא, ובשגגה נתערבה אותה ריאה טריפה בין הכשרות, ולא היתה בכבשים ערבוביא, הכבשים מותרים - ‹דכל היכא דלא איתחזק ביה איסורא, נאמן עד אחד להתיר - באר הגולה›. ‹**דמעמידין** הבהמות בחזקת כשרות - גר"א›.

§ סימן קיא – דין כלים טריפים שנתערבו בכשרים §

סעיף א - שתי קדרות אחת של היתר ואחת של איסור, ולפניו שתי חתיכות אחת של היתר ואחת של איסור; אם החתיכה היא מאיסור דרבנן, כגון שומנו של גיד - *וגבינה של עובד כוכבים וכיוצא בו, אפילו איסור שיש להם עיקר בדאורייתא, כ"כ הרשב"א בת"ה, **ונפלו אלו לתוך אלו, מותרים, שאנו תולין לומר האיסור נפל לתוך האיסור, וההיתר לתוך של היתר** - דספק דרבנן קי"ל לקולא. **ואפילו אם ההיתר שבקדרה אינה רבה על שלפניה** - כתב הנ"י, דאפשר דלענין איסורי משהו החמורים, לא אמרינן "שאני אומר", אפילו באיסורי דרבנן, בפחות מרוב, עכ"ל, ומביאו בד"מ. ‹אינו מחוור - פר"ח›.

*‹**קשיא** לי, דגבינות עובדי כוכבים א"א ספיקו להקל, הואיל ואסרו מחשש איסור תורה, עיין בש"ך בקיצור ס"ס דין ח"י, ואולי "שאני אומר" קיל טפי - פמ"ג›.

וכן הדין אם לא היה כאן אלא קדירה אחת של בשר שחוטה, ונפל בה אחת מאלו השתי החתיכות, ואין ידוע איזו היא, אנו תולין דשל היתר נפלה, אפילו אין ההיתר רבה על האיסור - נראה דכאן מיירי דהב' חתיכות היו ניכרות בפני עצמן קודם נפילתן, איזה מהן של היתר ואיזה מהן של איסור, **דאי** נתערבו מתחלה חד בחד, א"כ כיון דאתחזק איסור בב' חתיכות, כל א' וא' דיינינן ליה כגופו של איסור, ותו לא אמרינן ספיקא דרבנן לקולא, כמ"ש בדיני ס"ס דין כ"א, **ומ"ש** הפרישה דמיירי דהב' חתיכות נתערבו מתחלה זה בזה, קאי להדיא אב' קדרות, דאפילו דיינינן כ"א כגופו של איסור, מ"מ הא אפילו בחתיכה א', איכא ספיקא דרבנן לקולא בב' קדרות, משא"כ בקדרה א', ודו"ק.

‹**עבה"ט**, ‹וז"ל: ופר"ח חולק {על הש"ך}›, **ועיין** בשער המלך שהוא חולק עם הפר"ח בתרתי, ועם הש"ך בחדא, **דמה** שכתב הפר"ח, דאף בשהחתיכות ניכרות בפ"ע מיקרי איתחזק איסורא, בזה נראה עיקר כהש"ך, דלענין ספיקא דרבנן בעינן איתחזק איסור גמור כו', **וגם** במה שדעת הפר"ח, דאף בחזקת איסור אמרינן ספק דרבנן לקולא, אין הלכה כן - וכבר כתבתי מזה בדיני ס"ס אות כ"א. **אך** גם על הש"ך חולק, וכתב דאפילו בשאין החתיכות ניכרות דאיתחזק איסורא, תלינן לקולא לומר דשל היתר נפלה, **ודוקא** באם נתערב איסור דרבנן חד בחד, ואח"כ נאבד א' מהם, לא אמרינן ספק דרבנן לקולא כיון דאיתחזק, **אבל** בנפל אחד מהם לתוך קדרה של היתר, דאיכא חזקת היתר כנגדה, דהעמד קדרה בחזקת היתר, תלינן לקולא, ע"ש›.

הלכות תערובות
סימן קיא – דין כלים טריפים שנתערבו בבשרים

או אם לא היה כאן אלא חתיכה אחת מאיסור דרבנן, ויש שתי קדירות, אחת של היתר ואחת של איסור, ואין ידוע לאיזו נפלה, גם בזו תולין להקל - אפי' אם החתיכות ראויות להתכבד, דמה"ת גם היא בטילה, אלא דרבנן אמרו שהחה"ל אינה בטלה, ובספק כזה שהקדרה א' של נבלה לא אמרו, עכ"ל פרישה, **ונ"ל** דה"ה בב' חתיכות וב' קדרות דינא הכי, וכ"כ הנ"י, דבב' קדרות א' של שחוטה וא' של נבילה, ולפניהן חתיכה של נבילה וחתיכה של שחוטה, ונפלו זו לזו ואין ידוע לאיזה מהן נפלו, דמדאורייתא בטל ברוב, תלינן לקולא כיון דאיכא רבייה, ואפילו בחתיכה חשובה, דאפילו דבר שבמנין מדאורייתא חד בתרי בטל, עכ"ל, **וכיון** דמתיר באיסור דאורייתא ברבייה, כ"ש באיסור דרבנן עצמו, **ונ"ל** דה"ה בב' חתיכות וקדירה א' מותר, אפילו חה"ל, דהא מ"מ ה"ל ספק דרבנן לקולא, ואדרבה בזה אמרינן טפי ספק דרבנן מבב' קדרות, כמ"ש לקמן בס"ב מתה"א, ע"ש.

[הלשון משמע דבזה היה סברא טפי להחמיר, מדהוצרך לומר "גם בזו", ובאמת הוא כ"ש, כמ"ש הב"י דהאי בבא היא כ"ש, והוא מדברי הרשב"א בת"ה הארוך, מטעם שהרי לא ראינו שנפל כלום לתוך של היתר, **ובפרישה** סבר שהאי כ"ש שכתב ב"י הוא דברי עצמו, וע"כ חלק עליו, ואמר דלאו כ"ש הוא, ונכנס בדברים דחוקים ולא דק בזה, **ונראה** לי ליישב אחר שנדקדק עוד מש"כ אח"כ, אבל אם האיסור רבה על ההיתר אין תולין להקל כ"כ, דקשה מאי כוונתו בלשון "כ"כ" דנקיט, ולמה לא אמר אין תולין להקל, כמ"ש אחר זה באיסור של תורה, **ונ"ל** דבגמר' איתא בפרק הערל, דפריך על ר' יוחנן, ‹דסבר דא"צ רוב היתר›, ממקוה, ומשני לא דלא נשקול רובא, ואיבעית אימא שאני הכא דאיכא למימר שאני אומר, פירוש דשמא נפל לתרומה ואין כאן איסור מעולם, ובכל מקום קימ"ל כלישנא בתרא, והנה כאן בלישנא בתרא אפשר לפרש שני פירושים, אחד דה"ק, כיון דאיכא למימר שאני אומר, ע"כ יש להקל אפי' בלא נשתייר רק מיעוט חולין, אפ"ה מותר, וזהו דעת הרא"ה באמת בבדק הבית, **ואפשר** לומר עוד, במקוה בעינן נשתייר רובא, וכאן סגי בפלגא, וכן דעת משמרת הבית, **ע"כ** אמר הרשב"א כאן, באם לא נשתייר רק מיעוט היתר, אע"פ שאפשר לפרש כן, מ"מ לא ניזל לקולא כ"כ, כיון דהקולא הוא מצד תליי' בעלמא, די בזה שיש קולא בפלגא דלא כמקוה, **וא"כ** י"ל דמ"ש לפני זה "גם בזו תולין להקל", נתכוין בזה דלא תימא דבזה שאין כאן אלא נפילה אחת, ויש כאן קדירה של איסור, נימא דבכל גוונא יש להקל בו, והקולא היא בבירור בזה, ונ"מ למ"ש אח"כ לענין דלא נתלה כ"כ לקולא שזכרנו, **ע"כ אמר כאן גם בזו תולין להקל, כלומר שאין כאן קולא בבירור, אלא מצד תליי' בעלמא, ע"כ גם בזה לא נתלה כ"כ להקל**].

‹**לפי** הט"ז סדר המחבר זו ואצ"ל זו, כי בבא א' {שתי חתיכות ושתי קדירות}, חמור מכולן, ויש ב' שאני אומר איסור לאיסור והיתר להיתר, ואיתרע חזקת היתר שגם בו נפל, וגם יש וודאי נפילת איסורא, אפ"ה תולין, **כ"ש** בבא ב' {שתי חתיכות וקדרה א'}, דחד שאני אומר, ואין כאן וודאי נפילת איסור, **וכ"ש** בבא ג' {חתיכה א' ושתי קדירות}, קיל מכולן, דלא איתרע חזקת היתר, וחד שאני אומר. **אמנם** דעת הש"ך בס"ב אינו כן, אלא סידרא כך הוא, בבא א' חמור מג', וג' מב', והטעם, דבבא ב' אין כאן וודאי נפילת איסור, **ולפ"ז** "גם בזו תולין להקל" קאי אבבא ב', ר"ל לא מיבעי בבא ב', אפי' בבא ג' – פמ"ג›.

‹**עיין** בשו"ת שמן רוקח שכתב, דאף אם אחת מהקדרות אינו אסור אלא מספק, אפ"ה תולין בו, ולכן כתב במעשה שהיו עומדים ג' קדרות של היתר, ונפל איסור דרבנן לאחד מב' קדרות מהם, ובקדרה שלישית עדיין לא היה שום ספק, ואח"ז נפל איסור דרבנן לאחד מהקדרות, ונולד לנו ספק בקדרה שלישית ועל אחד מהראשונות, דהב' קדרות הראשונות ודאי אסורים כדלקמן סעיף ה', והקדרה הג' מותר, דתולין אותו בב' קדרות שנאסרו כבר, **אך** אם לא נודע הספק הראשון עד אחר שנולד השני, יש להתיישב בדבר, ובהפ"מ יש להקל, ע"ש, **עוד** כתב, דאם לא נודע הספק הא' מהקדרות הנ"ל עד שנודע השני, אז י"ל קצת דאף הא' מהראשונים אשר אין בה ספק בפעם שניה מותרת, אך לא מלאו לבו להתיר בזה, ע"ש טעמו›.

סעיף ב - במה דברים אמורים שתולין בכל אלו להקל אפילו אין ההיתר רבה על האיסור, שאין האיסור גם כן רבה על ההיתר, אבל אם האיסור רבה על ההיתר, אין תולין להקל - כל זה הוא לשון הטור מת"ה, אבל קשה לי, דמדברי הרשב"א בתה"א לא משמע כן, דלא

הזכיר שם אלא ב' קדרות, ואח"כ כתב וז"ל, וקשיא, באיסור דרבנן ל"ל רוב לריש לקיש, ואפילו חד בחד לר' יוחנן, הא כיון דמספקא לן אי נפלה תרומה לתוך חולין או לא, ה"ל ספיקא דרבנן ולקולא, ושנינו בתוספתא, היו לפניו ב' מדוכות אחד של חולין וא' של תרומה, ונתן מאחד מהן ואינו ידוע מאיזה מהן נתן, הרי אומר משל חולין נתן, אלמא לעולם תולין להקל בשל דבריהם, **ונ"ל** דכיון שבודאי נפלה כאן תרומה, אלא שאין ידוע לאיזו, א"א בכי האי גונא ספיקא דרבנן לקולא, עכ"ל, **אלמא** דדוקא בב' קדרות משום דבודאי נפל שם איסור, אלא שאין ידוע לאיזו, בעינן חד בחד לר' יוחנן, אבל בב' חתיכות וקדירה א', שי"ל שלא נפל כלל האיסור לקדירה, מותר אפילו האיסור רבה על ההיתר, דומיא דנתן משתי מדוכות ואינו ידוע מאיזה מהן.

והרא"ה בב"ה שם חולק על הרשב"א, וס"ל דאפילו בב' קדרות שרי אפילו האיסור רבה על ההיתר, משום ספיקא דרבנן לקולא.

אין להקשות, בחתיכה א' וב' קדירות היכי משכחת לה שיהא האיסור מרובה על ההיתר, דאי ידעינן שהאיסור הוא רוב, נבדוק בקדרה של היתר, **י"ל** דמשכחת לה שפיר כשקדם וסלק האיסור קודם לכן, **ובדרישה** כתב בע"א, וז"ל, וצ"ל דה"פ, כגון שראינו האיסור שנפל שהוא כשיעור מלא אגרוף, ובקדירות של איסור ושל היתר לא ידעינן שיעור החתיכות, ובשעת הבדיקה והשיעור אנו מוצאין בתוך קדירה של האיסור ושל ההיתר, חתיכה גדולה כמו אגרוף, ועוד חתיכה קטנה ממנה, **נמצא** שאם נאמר שהאיסור נפל בתוך ההיתר, ע"כ האי חתיכה גדולה היא האיסור, והקטנה היא ההיתר, נמצא שהאיסור גדול מההיתר, **אלא** שיש להסתפק דלמא חתיכת אגרוף שבקדירת האיסור היא החתיכה שנפלה להקדירה, וחתיכת האגרוף שנמצא בקדירת היתר היתה כבר בתוכה מקודם, והיא של היתר, על זה אמר שאין תולין בו להקל, עכ"ל.

[**אין להקשות כיון שידוע שיעור ההיתר שבקדירה והאיסור, א"כ נחזי אם נתרבה ההיתר שבקדירה מכמות שהיה, בודאי שם נפל האיסור, י"ל שזה יודע בבירור שהיה באיסור יותר, כגון ששמע מאחר דבר זה, אבל הוא אינו יודע כמה הוא שיעור ההיתר בעצמו, אם היה כ"כ הרבה כמו שיעור ההיתר עכשיו, או אם פחות מזה, עד שעם האיסור שנפל שם נעשה כ"כ הרבה**].

הג"ה - הגאון אבי מו"ר וגם בדרישה האריך בקושיא זו, ולפענ"ד דלא קשה, דמיירי שאחת מן הקדירות מרובה מחברתה, ואין אנו יודעין איזה רבה, אי הקדרה דאיסור, או הקדרה דהיתר, ואח"כ נפל לאחת מהן ונעשה שיעורן שוה, ואין אנו יודעין לאיזה קדרה נפל והרבה מדותיו, אבל אנו יודעין שזו היא הקדרה ההיתר, וזו האיסור, ודוק - נקה"כ.

סעיף ג - היה האיסור של תורה, אין תולין להקל לומר לתוך האיסור נפל, עד שיהא ההיתר רבה על האיסור, כדי שיתבטל בתוכו מדברי תורה - כלומר במין במינו דוקא סגי ברוב לחוד כדבסמוך ס"ד.

סעיף ד - היה ההיתר רבה על האיסור כדי שיתבטל בתוכו מדברי תורה, תולין להקל. כיצד, שתי קדרות אחת של בשר שחוטה ואחת של נבלה, ונפלה חתיכת נבלה לתוך אחת מהן, אם ההיתר שבקדרת ההיתר רבה קצת על חתיכת הנבלה, תולין להקל, לפי שדבר תורה מין במינו בטל ברוב, אלא שחכמים הצריכו ששים – [ה"ה מין במינו ואינו מינו, דאמרינן סלק שאינו מינו כאילו אינו, ומינו רבה עליו ומבטלו, כדאיתא סי' צ"ח].

היו שתי הקדירות ממין אחד, והאיסור ממין אחר, אין תולין להקל עד שירבה ההיתר ששים על האיסור - לאו דוקא שהשתי קדירות ממין אחד, אלא בא לומר שקדרת ההיתר הוא אינו מינו של חתיכת האיסור, ואה"נ אם קדרת האיסור אינו מינו של קדירת ההיתר, ואינו ידוע להיכן נפל, ה"ל ספיקא דאורייתא.

וה"ה בקדרה אחת וב' חתיכות, וחתיכת האיסור אינו מינו של הקדרה, ה"ל ס' דאורייתא ולחומרא, וק"ל.

[**זה מיירי בחתיכה הראויה לכבד, שמדרבנן לא מהני ס', מ"מ כאן בספק הקילו, כן הוא בנ"י. ובת"ה הארוך כתב וז"ל, אע"פ שהחמירו חכמים להצריכן יותר**

הלכות תערובות תיא
סימן קיא – דין כלים טריפים שנתערבו בבשרים

משששים, עכ"ל, ור"ל דלפעמים דצריכין מאה לבטלו כמו בתרומה, דהיינו דוקא באינו מינו, כדאיתא פ"ב דערלה].

‹**הוא** גמגום וחסרון לשון, דהרי אדרבה רק במין במינו בעי מאה – רעק"א›.

[**ולכאורה** יש להקשות על מ"ש בסי' זה, דאם ספק נפל איסור דאורייתא מותר בשיעור דרבנן, וזה סותר הכלל שאמרנו בסי' ס"ו ס"ד, דבזה אין אנו מקילין, אלא הוה כודאי דאורייתא, **לא** קשיא מידי, דכאן ההיתר מכח שאני אומר, ובהדיא אמרינן בפ' הערל שזכרתי בסמוך, דכל ספק שיש בו לומר שאני אומר לא נפל כאן איסור, קיל טפי]. ‹**ועיין** מה שתירץ הש"ך בכללי ס"ס אות י"ט›.

סעיף ה - היו כאן שתי קדרות של היתר, ולפניהם שתי חתיכות, אחת של היתר ואחת של איסור, ונפלה אחת לתוך זו ואחת לתוך זו, אסורות שתיהן, אפילו באיסור דרבנן, אם אין בשום אחת כדי לבטל האיסור

- לפי שאין אנו אומרים "שאני אומר", אלא היכא שאנו תולין את האיסור באיסור, אין אנו אוסרים את האיסור יותר ממה שהיה כבר, אבל כאן ששתיהן של היתר, אם אתה תולה האיסור בא' ומתיר השני, הרי אתה אוסר א' מהן מהיתירו, וא"כ כיון שאתה אוסר עכ"פ אחד מהן, מאי חזית דאסרת להאי, דלמא איפכא, וע"כ שתיהן אסורות, כ"כ הטעם הרשב"א בתה"א, וכה"ג אמרינן לקמן סי' ק"צ סעיף מ"ג, וכ"כ גבי כתם ע"ש, **ולפ"ז** משמע להדיא דאפילו שתי הקדרות ההיתר אינן שוות, אלא אחת מהן קטנה ואחת גדולה, אין בידינו להתיר הגדולה, ולומר דהאיסור לתוך הקטנה נפל, דסוף סוף אתה אוסר אחת מהן מהיתירא, ומאי חזית כו', וכן הרשב"א והנמשכים אחריו לא חלקו כלל בזה, וכן נראה לי, **ודלא** כאו"ה שכתב, שתולין להקל שעל הקטנה נפל.

אבל אם יש באחת מהן לבטל האיסור, שתיהן מותרות

- שאני אומר האיסור נפל לתוך אותו שיש בה כדי לבטל, טור מתה"ק, **והיינו** דוקא באיסור דרבנן, אבל בדאורייתא לא אמרינן שאני אומר, דהספק דאורייתא לחומרא, כדלקמן בס"ו. ‹**ולאפוקי** מדעת הב"ח, שסובר דמסעיף ה' ו' ז' אף באיסור תורה אומר שנפלה למקום שיש ס' – פמ"ג›.

ואין חילוק בין אם שתי הקדרות של אדם אחד או של שני בני אדם, עכ"ל טור מתה"ק, **ובארוך** מבואר שכתב כן לאפוקי הרמב"ן, דס"ל דבשל ב' בני אדם ובאו לישאל בזה אחר זה, אפילו אין בשום אחד מהן לבטל, אנו מתירין לכל א' וא' ותולין דבשל חבירו נפל, **וע"ל** ס"ז דהעיקר כהרמב"ן.

והקשה הב"ח אמאי לא אמרינן דשתי הקדירות מצטרפין לבטל כשהם של אדם אחד, כדלקמן ס"ס זה, [**ואין לומר דהכא מיירי בשל שני בני אדם, דהא בטור כתב כאן, דאין חילוק בין אם הם משל אדם אחד, ובין אם הם משל שני בני אדם**], **ותירץ** דהכא כיון שיש ב' חתיכות גרע טפי, וכ"כ מהרש"ל בהגהותיו לטור ומביאו הפרישה, ‹**דבנפילה** אחת, כל הקדרות נכנסו בספק אחד, באיזה קדרה נפלה, נמצא שהספק של חתיכה זו היחידה עושה ספק בשתי קדרות, דאם לא היה אלא קדרה אחת אין כאן ספק אלא ודאי איסור, וכולם נכנסו עמו בספק, **משא"כ** בשתי נפילות, שיש להסתפק בכל קדרה בפני עצמה אם חתיכה זו שנמצאת בתוכה אם איסור הוא או היתר, נמצא שאין הספק כולל כל הקדירות יחד, ודו"ק – פרישה›, **ולא** מסתבר לחלק בכך, גם בדברי הרשב"א בתה"א משמע דאין חילוק בזה, **אלא** נראה דלא מיירי כאן אלא מדין שאני אומר, אבל מדין צירוף לא מיירי כלל הכא, **ואפשר** דמיירי הכא בהנך גווני דלא מהני לקמן צירוף, וכמ"ש בס"ז, וכ"כ בד"מ ובדרישה.

שוב ראיתי בדברי מהרש"ל, שהוא עצמו חזר מדבריו, ופירש כדברי, אלא שאח"כ כתב בסוף הסימן, דלענין הדין סברא חזקה היא דבב' נפילות אין מצטרפין, ע"ש, **וסברא** זו צל"ע, וכן בד"מ שהבאתי לקמן ס"ז, משמע להדיא דגם בב' נפילות מצטרפין, [**...אלא ודאי שאין זה חילוק כלל ועיקר לפי האמת.... והמעיין בת"ה הארוך יראה, שטרח הרשב"א לפרש כל חילוקי דינים בזה, ואמאי לא פי' גם החילוק הזה, לבאר בטעמא שיש חילוק בין ב' נפילות לאחת, אלא ודאי דליתא כלל**].

[ולענין הקושיא דלעיל בדברי הטור והרשב"א... מ"ש בד"א כשאין בשום אחד מהן כדי לבטלו, **לא נתכוין לומר דבשניהם יש כדי לבטלו, אלא אפשר שגם בשניהם אין לבטלו, אלא דלא מיירי עדיין מזה, אלא כאן מיירי שעכ"פ אין באחד כדי לבטלו, בזה אין חילוק בין אדם אחד לשנים, ואסור, ומענין צירוף של שנים סמך עצמו על מה שיכתוב אח"כ, דיש בזה חילוק בין אדם**

אחד לשנים, ומש"ה כתב בארוך באמת, שמהני צירוף שניהם בב' קדירות של היתר, ולא חילק שם אם יש באחד מהם לבטלו, לפי ששם כתב לפי דעתו, דס"ל דמהני צירוף אפי' בב' בני אדם, דלא כרבינו שמשון דמחלק בזה, **אבל** בקצר החמיר גם הוא כרבינו שמשון, דבב' בני אדם לא מהני צירוף, ע"כ לא כתב תחילה דין צירוף, וסמך על מה שיחלק בו אח"כ בין אדם אחד לב' בני אדם לענין צירוף].

[**וכל** הדברים פשוטים, לא יעלה עליהם קושיא אלא למי שאינו מעיין היטב, וסובר שמ"ש הטור לעיל ואין חילוק בין אם ב' הקדירות של אדם אחד כו', קאי ע"ז שאמר דדוקא באחד מהם צריך שיהיה לבטל, וזה אינו, דלא מיירי לעיל אלא לענין שעכ"פ צריך ביטול, דלא כרמב"ן, ולא איירי עדיין מצירוף, אבל כתב דינו אח"כ לענין צירוף שיש חילוק בין אדם אחד לשני בני אדם].

[**והא** דנקט הרשב"א כאן דינו בב' נפילות, לרבותא, דאפי' בב' שאני אומר, תולין להקל אפי' בשנים של היתר, ונקט כה"ג בכל מקום ששייך לומר שאני אומר, וקמ"ל בזה דלפי האמת אין חילוק בין ב' נפילות לנפילה אחת אפי' בב' קדירות של היתר, **ואע"ג** דאח"כ בדין שאני אומר למקום שנפל הראשון נפל גם השני, לא נקט רק נפילה אחת, התם לא נ"מ רק לתלות השני בראשון, ובזה אין רבותא טפי בשנים מבאחד, דהא התם ידעינן לאיזה נפל הראשון, וע"כ נקט גם בפעם השני נפילה א'].

סעיף ו - היו כאן שתי קדירות של היתר, ונפל איסור לתוך אחת מהן, וידוע לאיזו נפל, וחזר ונפל איסור לתוך אחת מהן, ואין ידוע לאיזו נפל, אני אומר למקום איסור הראשון נפל גם השני.

הקשה הב"ח דמאי קמ"ל, הא כ"ש הוא ממ"ש לעיל ס"א, דבשתי קדירות א' של היתר וא' של איסור וחתיכה א' של איסור, דתלינן שנפל איסור לתוך האיסור, וכ"ש כאן דאיכא למימר דלמקום שנפל איסור הראשון נפל גם השני, **ותירץ** דהכא אשמעינן אפילו באיסור דאורייתא תלינן לקולא, לומר דלמקום שנפל האיסור הראשון נפל גם השני, וכ"כ באו"ה, דכל מ"ש בסעיף ה' וסעיף ו', אין לחלק בין איסור דרבנן לאיסור דאורייתא עכ"ל, **ואני** תמה היאך אפשר לומר בדאורייתא שאני אומר, והלא ש"ס ערוכה רפ"ק דפסחים דף י' ומוסכם מכל הפוסקים, דלא אמרינן שאני אומר בדאורייתא, ומה בכך שנפל מתחלה איסור א' לשם, הא כל ספיקא דאורייתא לחומרא, **ועוד** תימה אמאי נימא בס"ה באיסור דאורייתא שנפל למקום שיש בו כדי לבטל, **ועיינתי** באו"ה, וראיתי שלא כתב כמ"ש הב"ח, רק אחר שהביאו הדברים שבסעיף ה' וסעיף ו', כתב ונראה שבכ"ז אין חילוק בין אם האיסור דאורייתא או דרבנן, עכ"ל, **ונראה** דבא לומר, דל"ת כיון דהרשב"א והנמשכים אחריו לא כתבו דאיסור דאורייתא ושיעור דרבנן דינו כאיסור דרבנן, רק בב' קדרות שאחת מהן של איסור, א"כ דוקא כשהיה קדירה אחת מוחזקת כבר בשל איסור, אנו אומרים דאין חילוק בין איסור דרבנן, לדאורייתא ושיעור דרבנן, כגון מין במינו ברוב, **אבל** כאן דהקדירות הם של היתר, א"כ נימא דוקא באיסור שהוא ממש דרבנן תולין להקל, אבל לא באיסור דאורייתא ושיעור דרבנן, **קמ"ל** דליתא, אלא בכל זה אין חילוק בין איסור דאורייתא ושיעור דרבנן, או איסור דרבנן, **ובהכי** ל"ק נמי מה שהקשה הב"ח, די"ל דאשמועינן הכא, דאע"פ שהקדירה היתה כבר מוחזקת בהיתר, אלא דהשתא בנפילה איתרעי, אפ"ה תלינן לקולא, אבל באיסור דאורייתא ממש, ודאי אין תולין להקל.

[**נראה** דקמ"ל כאן, אע"פ שאין כאן איסור מן התורה, דבטיל ברוב היא, אלא דנאסרה מחמת מיעוטה מדרבנן דאין בה ס', והו"א דלא לתלות באיסור בזה, קמ"ל, ומו"ח ז"ל כתב דבדין זה אפילו אם נפל האיסור דאוריית' תלינן לקולא, דכל מה שכתב כאן, מן ב' קדרות של היתר ולפניהם שתי חתיכות כו' עד סוף הסימן, אין לחלק בין איסור דאורייתא לדרבנן, וכ"כ באו"ה, עכ"ל, **ואינו** נכון כלל, דבעינן שיהא מותר מן התורה עכ"פ, הן באיסור עצמו שאינו רק מדרבנן, הן בשיעור ביטולו דמותר מן התורה, **אף** שהאיסור עצמו מן התורה, וכן בכל הנך דנקט עד סוף הסימן, וחלילה להקל בזה באיסור דאורייתא ושיעור דאורייתא, כגון שאינו בטל ברוב].

אבל אם נפל איסור לתוך אחת מהן, ואין ידוע לאיזו נפל, ואח"כ נפל איסור לתוך אחת מהן וידוע לאיזו נפל, שתיהן אסורות - ואין אומרים למקום שנפל האיסור האחרון נפל גם הראשון, אלא דינו כמו נפל איסור ואינו ידוע להיכן נפל, וכמו

שנתבאר בס"ה ע"ש. ‹**ונראה** דטעמא, משום דכיון דבשעה שנפל לא נודע באיזו מהן נפל, ומחמת כן נאסרו, לא יוציא שום אחת מהן מחזקתה בשביל האיסור שנפל באחרונה – ב"י›.

הגה: ודוקא שאין ס' לבטל האיסור שנפל שם, אבל אם היה ס' לבטל האיסור שנפל שם, הוי כאילו לא נפל שם איסור כלל – ‹הג"ה זאת שייכת אחרי דברי המחבר, "אני אומר למקום איסור הראשון נפל גם השני", וע"ז קאמר הרמ"א, דבאם בפעם הראשונה היה ששים, הוי כאילו לא נפל כלל, ועכשיו בנפילה שני' שתיהן אסורות – מראה כהן, וכן מבואר מב"י בשם הרשב"א, המקור לדין זה›.

סעיף ז - היו כאן שתי קדרות של היתר, ונפל איסור לתוך אחת מהן ואין ידוע לאיזו נפל, ואין באחת כדי לבטל האיסור, ויש בשתיהן כדי לבטלו, שתיהן מצטרפות לבטלו, ולא עוד אלא אפילו אחת בבית ואחת בעליה, מצטרפות, והוא הדין אפילו למאה - שכל שנכנס בספק מחמת איסור, מצטרף לבטלו, טור מתה"ק, **ובארוך** כתב לחד תירוצא, דוקא שאין באחד מהן לבטלו רק בשתיהן, אבל יש באחד מהן לבטלו, ואין בשני לבטלו, אין אומרים בזה שהוא מותר מחמת שנכנס בספק, שהרי אותו שיש בו כדי לבטל לא נכנס בספק כלל, שאפילו את"ל דבתוכה נפל, מותרת היא, לולי המדה "שאני אומר בשל אותו שיש בו כדי לבטלו נפל", עכ"ל, ומביאו ב"י, **ואע"ג** דכתב שם עוד תירוץ אחר, מכל מקום לענין הדין אפשר דשניהם קיימים, וגם בד"מ הביא תירוץ זה בפשיטות, והבאתי לקמן, ותו דהרא"ה בב"ה הסכים לתירוץ זה, **ולפ"ז** היכא דל"ל שאני אומר, כגון שהוא *איסור דאורייתא, אסור, **וגם** בלא"ה הרא"ה חולק על הא דב' קדירות מצטרפות, וכמ"ש לקמן.

*‹**הנה** נראה מדבריו דבאיסור תורה נמי שתיהן מצטרפות, וזה כדעת הב"ח, דלא כט"ז – פמ"ג. ‹**וכי** תימא אי באיסור תורה, מהיכי תיתי ניליף מתרומה דרבנן או מין במינו ס', **דאין** הכי נמי דאין מותר אלא לאחר שנתערבו, הא כל שלא נתערבו וודאי טעמא לא בטיל, מיהו מותר לערב – פמ"ג סי' צ"ב›. ‹**ונראה** דכוונת הש"ך הוא ביבש ביבש, דבמקום אחד איכא רוב ובמקום אחד ליכא רוב, דלא אמרינן שאני אומר כיון דהוא איסור דאורייתא, וצירוף אמרינן ביבש ביבש כדמשמע מדבריו בס"ק כ' – חוו"ד›.

כתב הב"ח, דהיינו דוקא למ"ד דלא אמרינן חנ"נ רק בב"ח ולא בשאר איסורים, אבל לדידן דקי"ל חנ"נ בכל האיסורים, אין מועיל צירוף, אפי' נתערבו הקדרות אח"כ שוגג יחד, עכ"ל, **וקשה** דהא כל האחרונים האו"ה ומהרש"ל והרב בת"ח והעט"ז, כולם העתיקו דברי הרשב"א בסתם, דב' קדרות מצטרפים, **ודוחק** לומר דנ"מ דמשכחת לה בשנתערב יבש ביבש ואין בא' מהן רוב, ויש בשניהם רוב, דמצטרפים, דביבש לא אמרינן חנ"נ כדלעיל סי' צ"ב ס"ד בהג"ה, דהא בב' קדרות איירי דהיינו בלח, **וגם** דוחק לומר הא דסתם כאן הרב כהמחבר, היינו ע"פ מ"ש בסי' צ"ב, ובמקום הפסד גדול אין לומר חנ"נ בלח, דא"כ למה הביא הרב כלל כאן דעת היש מחמירין, דהא בלא"ה אין להתיר אלא במקום הפסד גדול, **ועוד** דבד"מ תמה על המחמירים, וסיים ולא ידעתי טעמו, ואם קבלה היא נקבל, ואם איתא הא רוב הפוסקים סוברים דאמרינן חנ"נ בלח, וכמ"ש הרב בסי' צ"ב, **אלא** נראה ברור דאפי' לפי מאי דקי"ל חנ"נ מצטרפים, דלא אמרינן חנ"נ אלא היכא דידוע להיכן נפל, אבל כאן דלא ידענו להיכן נפל, א"כ כל שנכנס הכל לספק והוא עתיד להתערב, רואין אותו כאלו הוא כבר מעורב, כדכתב הטור מתה"ק, וא"כ כיון שרואין אותו כאלו הוא כבר מעורב קודם הנפילה, הרי הוא כאלו נפל מתחלה לקדרה שיש בה לבטל האיסור, **ול"ד** למ"ש בסי' צ"ט, דהיכא דנ"נ, אע"ג דניתוסף אחר כך היתר קודם שנודע, אסור, **דשאני** התם דנודע אחר כך להיכן נפל, וא"כ בשעת נפילה לא נכנס הכל בספק, משא"כ כאן שלא נודע מעולם להיכן נפל, א"כ נכנס הכל בספק, וק"ל. ‹**וכן** דחה הט"ז דברי הב"ח לקמן בסמוך סוף הסעיף›.

[**ולי נראה לתמוה ע"ז הפסק, שכל מה שנכנס בספק מצטרף לבטלו, אמאי פסק בשו"ע לעיל סי' ק"ה ס"ט, ואם אין ידוע אם נגע בכולן, כולן אסורות, *אמאי לא נימא דכולן מצטרפות לבטל, ומטעם כיוצ"ב כתב באו"ה, דלא קימ"ל כפסק זה של י"ד**]. ‹**וקשה**, דהא התם באינו מינו מיירי, תרבא עם בישרא, והט"ז לקמן כתב, דווקא איסור דרבנן מסייע – פמ"ג›.

***לא** קשיא מידי כמ"ש בש"ך סי' ק"ה ע"ש - נקה"כ. {**וז"ל** שם: דכיון דהוי מין בשאינו מינו, ‹ואפשר לברורי ע"י קפילא - אמרי בינה›, לא קי"ל הכי, וכמ"ש בסי' צ"ב ס"ק

ח', דבכה"ג הרשב"א והטור מודו). ‹ובאינו מינו אף בדרבנן אפשר אין מסייע – פמ"ג›.

בד"א, בששתיהן של אדם אחד, לפי שכל שהן של אדם אחד עתיד להתערב.

כתב העט"ז, נ"ל דאפילו של אדם א' נמי, אם ידוע בבירור שאינם עתידים להתערב, כגון שהיה א' תבשיל של חלב וא' של בשר, אין מצטרפין, **ואפילו** בשניהם של בשר ואדם א', לא יאכלם עד שיערבם יחד, ואז נתבטל האיסור בטעמו ממש, **מיהו** יכול לערבם לכתחלה ואין כאן מבטל איסור לכתחלה, שהרי האיסור כבר נתבטל ע"י צירוף, עכ"ל, **וכ"מ** בד"מ אמ"ש הטור והמחבר בסעיף ה', אבל יש בא' מהן כדי לבטל כו', וז"ל נראה דכאן מיירי שאין ב' הקדרות מין א', ולכך לא מצטרפים ביחד לבטל, אבל כשהן מין א' ועומדין להתערב ביחד, שניהם מצטרפים לבטל האיסור אם הם של אדם א', **ומדברי** הרשב"א שהביא ב"י יש לפרש בתירוץ אחר, דלא אמרינן שב' הקדרות מצטרפים לבטל, אלא כששניהם בספק איסור, דהיינו שאין בכל א' לחוד לבטל האיסור, אבל אם יש בא' מהן לבטל, לא אמרינן דמצטרפין, כן תירץ הרשב"א, עכ"ל, **ומשמע** מדבריו, דכל שהם שני מינים, אע"פ שמותר לערבן, כל שאין דרכו להתערב, אין מצטרפים, וכ"כ מהרש"ל וז"ל, וה"ה ענינים שאין עומדים להתערב, אע"פ שהכל מין א' הוא, אלא שזו נתבשל במתיקות וזו בקיוהא בחומץ או בכה"ג, אין מצטרפים, עכ"ל, **ונראה** דגם דעת העט"ז כן, ולא נקט בשר וחלב אלא לדוגמא, וה"ה לכל דבר שידוע שאין דרכו להתערב.

אבל אם הם של שני בני אדם, אין מצטרפות.

כתב הב"ח, דלא מיירי הרשב"א אלא באיסור דאורייתא, לכן לא כ' להתיר אלא באדם א', אבל באיסור דרבנן, אע"ג דאין מצטרפין, מ"מ תולין להקל בשני בני אדם כשבאו בזה אחר זה, עכ"ל, **וליתא**, ולא עיין בתה"א שמבואר שם, דאפילו באיסור דרבנן אין תולין להקל בב' בני אדם שבאו בזא"ז, בב' קדרות של היתר או יותר, מטעם, דכיון שע"כ צריך אתה לאסור א' מהן מהיתרא, כולן אסורות, דמאי חזית דאסרת להאי דלמא איפכא, והלכך כולן אסורות, וע"ש, **ומ"מ** דברי הרשב"א צל"ע, ולפעד"נ דברי הרמב"ן שהביא הרשב"א שם, דפירש דהך דליטרא קציעות מיירי בשהן של אדם א', או ב' בני אדם ובאו לשאול בבת א', אבל באו בזא"ז תולין להקל, ובשיש קדרה א' של איסור, אפילו באו בבת א' תולין להקל, עכ"ד, **דהכי** מוכח להדיא רפ"ק דפסחים, וס"פ האשה שנתארמלה, דאפילו בשניהם של היתר תולין להקל באיסור דרבנן כשבאו זא"ז, ע"ש, **ואפשר** גם הט"ז ושאר האחרונים שהעתיקו דברי הרשב"א מודים לזה, שאע"פ שהטור העתיק נמי גבי ב' קדרות של היתר, ואין חילוק בין הן של אדם אחד או ב' בני אדם, י"ל דמיירי באיסור דאוריתא, וכן מה שהעתיקו כאן דבשני בני אדם אסורים, נראה דמיירי כשבאו בבת א' וכדפרישית.

הגה - הגאמו"ר ז"ל הקשה מפ"ק דפסחים ובפרק האשה שנתארמלה וכו', ולפענ"ד דגם הרשב"א מודה להתם, ובודאי לא יהיה נגד הש"ס, אלא שהרשב"א סובר דשאני הכא, כיון שאם אתה בא להתיר לזה, ע"כ מוכרח לומר האיסור נפל לקדירה אחרת, וא"כ מאי חזית דאסרת להאי, כיון דקמיירי משניהם, **אבל** במחבואה אי באין לשאול בזה אחר זה לא קמיירי כלל משניהם, וה"ה בשני שבילין דאם באו בזאח"ז, אמרינן שאתה הלכת בזו הדרך, ועדיין לא אמר כלום בזה השני, וכיון שבאו אחד אחד לבדם יכול להתיר לשניהם, כנ"ל, משא"כ כשבאו שניהם ביחד, דמאי חזית וכו', וכן בשני כהנות שבאו ביחד, ג"כ דינא הכי דמאי חזית, **וא"כ** ה"נ בשני קדרות, כיון דע"כ אי אתה יכול להכשיר הקדרה שלו אלא אי אמרת שנפל לקדרה האחרת, וא"כ קשה מאי חזית, ודוק היטב כי זה ברור - נקה"כ.

[**אלא שיש להקשות**, במאי דדחה הרשב"א בארוך דברי הרמב"ן, דס"ל א"צ ביטול בשנים זה אחר זה, מהא דאם הם של שנים צריך ביטול ואפי' צירוף אינו מועיל, מ"מ קשיא ממה שהביא הרמב"ן ראיה מב' שבילין דמותר בזה אחר זה, ומאי שנא כאן דאפי' בשנים זה אחר זה צריך ביטול דוקא, ואפי' בנפילה אחת כההיא דלקמן, **וצ"ל** דהרשב"א ס"ל דאין ללמוד מב' שבילין, דשאני התם מטעם דספק טומאה ברה"ר להקל, ע"כ אזלינן לקולא שם, **אבל** בירושלמי משוי להו להדדי, וצ"ע – מס"ו].

הגה: ויש מחמירים דאפילו באדם א' אין להקל –

[בד"מ כ"כ בשם או"ה בשם מהרי"ש, שכתב אין

אנו נוהגים לפסוק (כהרשב"א), ותמה בד"מ למה לא קימ"ל כן, שהרי אין מחלוקת בזה, ובסמוך נעתיק לשון או"ה].

ולצורך הפסד יש להתיר באדם א' - היינו הפסד מרובה, כמ"ש בסימן ק"ח ע"ש, **וכן** נראה בדין, דאין להתיר אלא במקום הפ"מ, דהא הרא"ה בבדק הבית חולק על הרשב"א בזה, וז"ל, והא דאמרינן שתי קופות מצטרפות, לא נאמרו קולות הללו אלא באיסורי דרבנן, או באיסור תורה ושיעורי דרבנן, וכן יבש ביבש דלית בה טעמא, או לח ואית בה ס', אלא דתרומה וכה"ג שיעורן יותר מס', **אבל** היכא דאית בה טעמא, ודאי כל היכא דיהיב טעמא, או שראוי ליתן טעם, כגון לח בלח במין במינו ואין ס', לא אמרינן ביה הני קולי אפילו באיסורי דרבנן, ולא הוזכר דין זה בשום דבר שיש בו כדי ליתן טעם, דטעמא לעולם לא בטל, או ראוי לנתינת טעם אע"ג דליכא טעמא, כגון מין במינו, עכ"ל, **ואע"ג** דבעל משמרת הבית כתב עליו, שכמה שגגות יש בדבריו, ושאין סדר בדבריו, הלא נודע דבעל משמרת הבית הוא הרשב"א שחבר תורת הבית, והוא נוגע בדבר, ע"ש, **וכה"ג** כתבו הפוסקים, דדוקא בערלה ותרומה וכה"ג, אמרינן שהאיסור מעלה ההיתר, אבל לא באיסור שיש בו כדי ליתן טעם אפילו מין במינו, כיון שיש בו ליתן טעם בכנגדו בשאינו מינו, וטעמא לא בטיל, והבאתי דבריהם בסימן צ"ט, ע"ש.

ומיהו אין לאכלו אלא לאחר שיערבנו יחד, דאז כבר נתבטל האיסור.

[הד"מ כתב וז"ל, אמנם באו"ה כתב, השיב מהרי"ש דאנן לא נהגינן לפסוק כן, אפי' באדם אחד, ואפי' למאן דמתיר, אין לאכלו רק לאחר שיערבו יחדיו, שכבר נתבטל טעם האיסור, עכ"ל, ונ"ל תמוה בזה שכתב דמאן דמתיר לא התיר אלא לאחר התערובות, וזה אינו, דהא הרשב"א הוא דמתיר, והוא מביא בת"ה הארוך הירושלמי, שאמר ר' זירא ור' חייא בשם ר"ש, היו לפניו ב' קופות, בזו חמשים סאה ובזו חמשים סאה, ונפלה סאה תרומה בתוך אחת, ואין ידוע לאיזה נפלה, רצה להעלות מזה מעלה, מחצה מזה ומחצה מזה מעלה, ולפיכך אם היו באחד מאה ובאחד חמשים, אני אומר לתוך מאה נפלו, ומשם הוא מרים ולא משל חמשים, עכ"ל, **פירוש** לענין שצריך לתת חלקו של כהן, נותן דוקא ממקום שנתבטלה התרומה, וא"כ אם תאמר שאין היתר אלא לאחר התערובות, האיך שייך שמעלה מחצה מזו ומחצה מזו, הא ע"כ כבר נתערבו ונעשה הכל אחד, דאל"כ הכל אסור, **ותו** דאם אין היתר אלא לאחר התערובות, למה נקיט שמצטרפין שניהם, לשון צירוף אינו שייך בזה כיון שכבר היו אחדים ע"י התערובות, **ע"כ** נראה פשוט שאף אם לא נתערבו, כיון שמן התורה מותר ע"י ביטול ברוב, רק מדרבנן צריך ס', וכיון שיש ספק לאיזה נפל ונכנסו שניהם בספק, שניהם מצטרפים לבטל, ומותר כל אחד בפני עצמו, דכיון שעתידין להתערב, חשבינן כאילו כבר נתערבו, ומ"ש האו"ה דאפי' למאן דמתיר, לא נתכוין על דעת רשב"א דמתיר בזה, אלא דה"ק, שאין לפסוק כן להלכה להקל, ואפי' מי שירצה להתיר כן להלכה, לכל הפחות לא יתיר אלא אחר התערובות, אבל לעולם דעת הרשב"א דמותר אפי' בלא תערובות עדיין, **דאילו** אחר התערובת, מותר אפי' בשני בני אדם, דאין לומר דבשני בני אדם מ"מ הוי לכתחילה אסור לערב, משום אין מבטלים איסור לכתחילה כדלעיל סי' צ"ט ס"ה, ובאדם אחד מותר לערב לכתחילה, **דאם** תאמר כן דמותר לערב לכתחילה מטעם דחשבינן ליה כאילו כבר נתערב, אף אנו נאמר דבאמת מותרים אפי' בלא תערובות, כיון דחשבינן ליה כאילו כבר נתערבו, אלא ע"כ דבאמת כן הוא, אלא דהוא החמיר בזה לערבו תחילה, וזהו ג"כ כוונת רמ"א כאן].

[**וכתבתי** כ"ז, לפי שכתב מו"ח ז"ל שהיתר שבכאן אינו אלא לאותן שסוברים שאין אומרים חנ"נ אלא בב"ח, כמ"ש בסי' צ"ב וצ"ט, אבל לדידן דקימ"ל בכל האיסורים אמרינן כן, גם כאן אין היתר, דמה שנפל בתוך אחד מהן נעשה נבילה, **ואין** זה נראה כלל, דכיון שנכנסין שניהם בספק, הוה כאילו היו כבר בכלי אחד ואח"כ נפל שם, כמו שהוכחנו בסמוך, **וזהו** דבר פשוט, דהא אף למ"ד אין אומרים בשאר איסורין חנ"נ, מ"מ אין מבטלין איסור לכתחילה, וא"כ ע"כ כיון שיצא כאן מכלל זה, ואמרינן דמבטלינן ליה לכתחילה, הוא גופיה מהני ליה לכו"ע לענין שלא יקרא עליו שם נבילה, כן נראה לענ"ד ברור ופשוט]. (**וכן** דחה הש"ך דברי הב"ח בתחילת הסעיף).

(**היוצא** מכל זה: להט"ז לא איירי המחבר בס"ה ס"ו וס"ז אלא באיסור דרבנן, או מצד עצם איסורו או מצד

הלכות תערובות
סימן קיא – דין כלים טריפים שנתערבו בכשרים

שיעורו, **להב"ח** איירי המחבר בס"ה ס"ו וס"ז אפילו באיסור דאורייתא, **ולהש"ך** הגם דבס"ה וס"ו איירי המחבר באיסור דרבנן, כתב הפמ"ג דמשמע מדבריו, דבס"ז איירי המחבר גם באיסור דאורייתא, **והרא"ה** ס"ל דלא אמרינן מצטרפין, אלא באיסור דרבנן, והוא דלא יהיב טעמא, ואינו ראוי ליתן טעם.

תם ונשלם הלכות תערובות

תיז הלכות נדה
סימן קפג – אשה שרואה טיפת דם צריכה לישב ז' נקיים

§ סימן קפג – אשה שרואה טיפת דם צריכה לישב ז' נקיים §

סעיף א - אשה שיצא דם ממקורה - מדכתיב והיא גלתה את מקור דמיה, למדו חז"ל שאינה טמאה אלא בדם הבא מן המקור, **בין באונס בין ברצון, טמאה** – [אונס פי' על ידי קפיצה, רצון פי' כפי טבע האשה מחמת עצמה].

והוא שתרגיש ביציאתו - היינו מדאורייתא, אבל מדרבנן טמאה אע"פ שלא הרגישה.

(**ודע** דג' מיני הרגשות יש לענין שתהא טמאה מדאורייתא, **א'**, שנזדעזע גופה, כמ"ש הרמב"ם, **ב'**, שנפתח מקורה, כמבואר בסי' קפ"ח ובסי' ק"ץ ס"א, **והג'** נמצא בשו"ת האחרונים ז"ל, כשמרגשת שדבר לח זב ממנה בפנים).

(**נראה** דבענין שתרגיש שזב ממקורה, דאם לא הרגישה רק שזב בפרוזדור, נראה דטהורה, כיון שבשעה שנפל מהמקור רחמנא טהרי' להדם שבא בלא הרגשה, מאין יתחיל הטומאה בפרוזדור – חוו"ד. **וחולק** עליו הנוב"י וז"ל, שתרגיש בשרה שמן השינים ולחוץ... והרי זה כבר הוא חוץ לפתח המקור, עכ"ל. **וכתב** באג"מ וז"ל, הנה לא ידוע לנשי שלנו אם הרגשתה כשזב הדם מגופה אם הוא רק מפרוזדור או מן המקור, וכיון שהרגשת זיבת דבר לח נחשבה הרגשה, הוא לדינא בכל הרגשה בשעת יציאה מהגוף, ואף שהחוו"ד והנו"ב דנו בזה, אנן גריעי טובא מינייהו. **אבל** כל זה בהרגישה יציאה מהגוף, אבל מה שהרגישה שנעשה בין רגליה לח מאיזה משקה, אין להחשיב זה להרגשה, עכ"ל).

(**אמנם** בת' חת"ס חולק ע"ז, והאריך לבאר דזיבת דבר לח לאו הרגשה הוא, וכתב שכן הוא מורה ובא הלכה למעשה, וכן קיבל ממורו הגאון מוהר"ר נתן אדלער ז"ל).

(**ואם** מצאה דם בבדיקה בלא הרגשה, או אחר תשמיש בלא הרגשה, אי הוי ספק דאורייתא, ונימא הא דלא ארגשה משום דסברה הרגש עד או שמש הוא, או לא, **ע'** בשו"ת שב יעקב (דס"ל דהוי רק דרבנן), **אמנם** הכו"פ והס"ט וח"ד כתבו דהוא דאורייתא, **וכן** סמוך להטלת מי רגלים הוא ג"כ דאורייתא, **אבל** בקינוח או שלא הכניסה העד בעומק אלא מהפרוזדור ולחוץ, אינו אלא מדרבנן כשלא הרגישה - ח"ד).

ומיהו משתרגיש בו שנעקר ממקומו ויצא, טמאה אף על פי שלא יצא לחוץ - (עי' בתשו' ברית אברהם, שרב אחד נסתפק, אם נימא דעיקר הטומאה בעקירת הדם מבית הפנימי לבה"ח, אבל יציאת הדם מבית החיצון לחוץ לא מעלה ולא מוריד, ותוכל לספור אותו לז"נ, או דיציאת הדם מבה"ח לחוץ יחשב ג"כ לראית טומאה, ולא תוכל לצרפו למנין ז"נ, **והשיב** לו והרבה להוכיח, דאין שום טומאה נוספת ביציאת הדם מבה"ח לחוץ, **אך** אין נ"מ בזה למ"ש הרב השואל אם תוכל לספור אותו לז"נ, דכיון שצריכה בדיקת הפסק טהרה, צריכה שתדע שלא יהיה שום דם אפילו בבה"ח, דאף דאילו הוי ידעינן בבירור שלא יצא עוד דם מפנימי לבה"ח לא מטמא תו הדם הנשאר בבה"ח, מ"מ כל זמן שאינה בודקת בכל בה"ח שלא תמצא שום דם, חיישינן שמא יצא עוד מפנימי כיון דהוחזק מעיינה פתוח, **אלא** דנ"מ היכא שנעקר מן המקור שלא כדרך ראיה, (כגון בשפופרת), לא איכפת לן כלום ביציאת חוץ דרך ראיה).

ואפי' לא ראתה אלא טיפת דם כחרדל, יושבת עליו שבעה נקיים - וה"ה פחות מחרדל, (**ורבותא** דטיפת דם כחרדל, היינו משום דהוה מצינן למימר, דבדם מרובה דוקא הוא שראוי להחמיר בו, דשמא יצא מן המקור בג' ימים זה אחר זה, ושהה בפרוזדור שהוא כמו שיצא לחוץ, וצריכה מן התורה ז' נקיים אם היא בימי זובה, ולהכי נקט טיפה כחרדל, אע"ג דודאי אינה אלא ראייה א' – ב"י).

היינו מדרבנן, אבל מדאורייתא א"צ לישב ז' נקיים אלא זבה גדולה, אלא שכדי שלא תבא לידי טעות החמירו חז"ל, והצריכו לעולם ז' נקיים.

[**דג' חששות יש כאן, האחד במראה דם שיטעו לטהר, על כן החמירו לטמא כל מראה אודם, ועוד חשש לענין ימי נדה, דשמא עד יום האחרון של ראייתה עדיין לא ראתה דם טמא, על כן היה צריך ששה נקיים, ועוד חשש שתטעה בימים בין זיבה לנידה, דיש מקום לטעות בין נקיים דנדה לנקיים דזיבה, ע"כ צריכה בכל מקום ז"נ**].

כ' בעט"ז, וקבלו חז"ל הל"מ, שי"א יום יש אחר ז' ימי נדה, (אף שלא ראתה בהז' ימים דם), ואם ראתה באותן הי"א, היא נקראת זבה, ואח"כ חוזרת להקרות נדה, (אף שלא ישבה ז' נקיים), וכן לעולם ז' ימי נדה ואחד עשר ימי הזיבות, וכן לעולם כל ימיה, וכ"ז מדין תורה עכ"ל, וזהו דעת הרמב"ם, **אבל** כבר השיגו עליו כל הפוסקים

הלכות נדה
סימן קפג – אשה שרואה טיפת דם צריכה לישב ז' נקיים

והסכימו, שמשעה שהאשה נעשית זבה גדולה, אינה חוזרת לימי נדות עד שתשב ז' נקיים, **ואין** ימי זיבה אלא בי"א הסמוכים לז' שראתה בהם נדות.

הגה: כאשר יתבאר משפטן לקמן סי' קצ"ו. ואין חילוק בין פנויה לנשואה לענין איסור נדה, כי כל הבא על הנדה חייב כרת.

§ סימן קפד – שצריך לפרוש מהאשה עונה קודם לוסתה §

סעיף א - רוב הנשים יש להם וסתות (פי' זמן קבוע אורח כנשים) לראות בזמן ידוע, כגון מעשרים לעשרים יום - או לכ"ה, **או מל' לל' יום** - וסתם וסת מל' יום לל' יום - טור, והיינו אם לא קבעה וסת, אז מסתמא וסתה כל ל', ובתוך ל' מיקרי שלא בשעת וסתה.

(**עש"ך**, דאם לא קבעה וסת, מקרי בתוך ל' שלא בשעת וסתה, משמע דא"צ בדיקה תוך ל', **ועי'** בכו"פ שחלק עליו, **אמנם** הס"ט וח"ד קיימו דבריו, וכתבו דבתחלת ראייתה שלא נודע למתי תקבע וסת, מקרי בתוך ל' שלא בשעת וסתה, וא"צ בדיקה, **אבל** כשנתחזקה דאין לה וסת, צריכה לעולם בדיקה).

וכל אשה שיש לה וסת קבוע, בא עליה שלא בשעת וסתה – [בטור כתוב דבא עליה כמו שירצה, ור"ל בין שהיא ערה בין ישנה, פי' שאינה ישנה לגמרי, דא"כ אסור לשמש עמה, כדאיתא בנדרים, אלא שאינה ערה כ"כ שתוכל להשיב אם היא טהורה אי לאו].

ואינה צריכה בדיקה לפני תשמיש (רמב"ם) - היינו להרמב"ם, ‹מה דמשמע דאינה צריכה בדיקה, אבל אם תרצה להחמיר ולבדוק רשאית, ודוקא לפני תשמיש, אבל לאחר תשמיש צריכה בדיקה – מחה"ש›, **אבל** לרוב הפוסקים ולדעת הרב, אין לה להחמיר כלל.

הגה: גם אין לה להחמיר לבדוק עצמה, לא לפני תשמיש - שלא יהא לבו נוקפו, כיון דראה אשתו בודקת, מחשב שאם לא הרגישה לא היתה בודקת, ופורש, **ולא לאחר תשמיש, שלא יהא לבו נוקפו ופורש** - מכאן ולהבא, **אבל שלא בשעת תשמיש, כל המרבה לבדוק הרי זו משובחת.**

סעיף ב - בשעת וסתה, צריך לפרוש ממנה עונה אחת - (ואם עברו ושמשו, האיש והאשה שניהם צריכים כפרה).

היינו מדרבנן, כן הסכמת רוב הפוסקים והאחרונים, דוסתות דרבנן.

(**עי'** בת' נו"ב שהעלה דמה שאמרו וסתות דרבנן, היינו לענין שלא אמרינן שכבר ראתה בשעת וסתה, משום דנגד חזקה אורח בזמנו בא, יש חזקת טהרה, **אבל** לענין לפרוש מאשתו סמוך לוסתה הוא מן התורה, דחיישינן שמא תראה, ולא אמרינן על להבא נוקים לה בחזקת טהרה, דאטו לעולם לא תראה, ודמי להא דאמרו, שמא מת לא חיישינן ושמא ימות חיישינן, **ועי'** בת' חת"ס שכתב, דהנו"ב כיון סברא זו מדעתו, ובאמת היא קדומה בהרא"ה, וכן קיבל ממורו הגאון ז"ל לחלק בכך, ולכן חושש מאד לסברא זו, ומשוי לה ספק דאורייתא).

(**אמנם** מדברי הרא"ה ז"ל נראה, דרק גוף הסברא לחלק בין ראתה לשמא תראה קדומה בהרא"ה, **אבל** לדינא יש מרחק רב ביניהם, **ואלו** דברי הרא"ה, אע"ג דוסתות לאו דאורייתא כדי שנחזיק אותה בודאי טמאה אחר שעבר רגע הוסת, מ"מ מה"ת אסורה לשמש בעונה הסמוך לוסתה אחר רגע הוסת, דודאי אם רגילה לראות באמצע היום, ואנו אוסרים אותה לשמש מתחלת הנץ קודם שתגיע רגע הוסת, משום שמא ע"י חימום התשמיש יקדים האורח, זהו דרבנן, **אבל** אחר אמצע היום שכבר עברה רגע הוסת, אע"ג דלא מחזקינן לה בודאי ראתה כיון דוסתות דרבנן, ולא אמרי' כבר ראתה, אבל מה"ת אסורה לשמש חציה של עונה זו מחצי יום ואילך, דשמא תראה עתה מחמת חום התשמיש, כיון שכבר הגיע הרגע שהיתה ראויה לראות בהם).

ולא משאר קריבות אלא מתשמיש (המטה) בלבד - משמע אפילו חיבוק ונשוק שרי כמו שפסק ב"י, [ולא חיישינן לביאה כיון שביאה איסור דרבנן, דלא כתרומת הדשן שכתב לאיסור בחיבוק

הלכות נדה תיט
סימן קפד – שצריך לפרוש מהאשה עונה קודם לוסתה

ונישוק], **וכן** פסק הב"ח, אלא שמסיים, מיהו נראה דהמחמיר באלה תע"ב, [ולי נראה שאסור מן הדין]. ‹ולפי זה כל שכן שאין לישן עמה במטה אחת – הגר"ז. ‹**אבל** משאר קריבות שאסור בימי נדתה, מותר – חכמת אדם›.

(**ועי'** בתשובת רדב"ז שפסק, דחבוק ונשוק שרי כדעת ב"י, וכתב דאין לחדש חומרות על ישראל, והלואי שישמרו מה שמוטל עלידם).

אם הוא ביום, פורש ממנה אותו היום כולו אפילו אם הוסת בסופו, ומותר מיד בלילה שלאחריו, וכן אם הוא בתחלתו, פורש כל היום ומותר כל הלילה שלפניו. וכן הדין אם הוא בלילה, פורש כל הלילה ומותר ביום שלפניו ולאחריו, בין שקבעה וסת בג"פ או בפ"א.

פורש ממנה אותו היום כולו וכו' - (פי' אפילו בבית אפל, או תלמיד חכם שמאפיל בטליתו, דאל"כ בלא"ה אסור, כדאיתא בא"ח סימן ר"מ).

כתב הג"מ בשם אביאסף, וכמה עונה יום או לילה ביומי ניסן ותשרי, וחצי יום וחצי לילה ביומי תמוז וטבת, עכ"ל, **וב"י** דחה דבריו מאחר שהפוסקים לא הזכירוהו, **וגם** לישנא דש"ס משמע, דלא קפיד אלא על היום או על הלילה, לא על השעות כו', **והמעדני מלך** והב"ח השיגו עליו, דדברי האביאסף נכונים ומבוארים בש"ס פרק תינוקת, עכ"ד, **וכן** מצאתי בראב"ן כהאביאסף, **ומה** שלא הזכירוהו הפוסקים אין ראיה, דבסתם יום ובסתם לילה מיירי, ואה"נ דבתקופת תמוז וטבת יש לחשוב שעות זמניות, ‹ט"ס הוא, וצ"ל שעות שוות – סדרי טהרה›.

[**ואין** זה ענין להיא דריש פרק תינוקת דלא תליא אלא בשעות, דשם קאי לענין תינוקת שראתה בבית אביה, שניסת אח"כ, שמותרת לשמש אחר ביאה ראשונה, ותולין הדם בבתוליה או יום או לילה בניסן ותשרי, וחצי לילה וחצי יום בטבת ותמוז לחד תירוצא שם, דשם אי אפשר לתלות בלילה ממש כמו כאן, דשם הוה ההיתר קביעות הזמן לתלות בדם בתולים אחר ביאה ראשונה, ולא תליא ביום או לילה, **משא"כ** כאן בראיית דם נדה שתלוי בזמן, דהיינו או בלילה או ביום כפי וסתה, נתנו חכמים שיעור לאיסור, שיפרוש ממנה כל אותו היום או אותה הלילה שרגילה לראות, הן לפניו הן לאחריו, והוה שיעור שוה בכולן, ולפני אותה הלילה או היום או לאחריו מותר, **וקשה לי** דאם תאמר בשעות תליא מילתא, ממילא איסור העונה הוא באותה פרק שרגילה לראות הן ביום הן בלילה, ולא תמצא כאן לומר י"ב שעות אלא אם ראתה ביומי ניסן ותשרי באמצע היום או באמצע הלילה, ותמיהני על הב"י שלא הקשה כן על סברת האביאסף, **ונראה** דלאביאסף עצמו אפשר דאה"נ היו חושבין תמיד לאיסור ו' שעות שלפני השעה שרגילה לראות וששה לאחריו, נמצא דברגילה לראות בתחילת היום הכי נמי דמותרת בסוף היום אחר ששה שעות, אבל אנו אין לנו לומר כן, דהלכה פסוקה בידינו שאסורה כל היום אפי' אם הוא יום ארוך, וזה ברור ופשוט].

ולא קשה לי מידי, דאם וסתה ביום בתקופת טבת, שהיום אינו אלא ט' שעות, כשבאת לחוש פעם שני, לא סגי ביום לחוד, אלא צריך לפרוש שעה ומחצה קודם היום, עד שעה ומחצה בתחילת הלילה, **ואם** וסתה בתוך הלילה, כשבאת לחוש פעם שנית עונת הלילה, אינו צריך לפרוש מתחילת הלילה, אלא משעה ומחצה בתחילת לילה עד שעה ומחצה לפני נץ החמה, שהוא י"ב שעות, **משום** דבתקופת טבת הלילה לוה מן סוף היום ומן תחילת היום, ושעה ומחצה שמתחיל עתה להיות לילה היה ראוי להיות עדיין יום בימי ניסן, וכן שעה ומחצה שבסוף הלילה היה ראוי להיות יום בימי ניסן, ועל דרך זה בימי תמוז, **והשתא** ניחא מה דאיתא בש"ס ופוסקים סתם, אם הוא ביום פורש ממנה כל היום, וכן בלילה, דאינהו לא איירי אלא ביום ולילה שהן מן הדין יום ולילה, דהיינו י"ב שעות, אבל בתמוז וטבת היום והלילה המותר אינו מן הדין, שהיום לוה מן הלילה והלילה מן היום, וכל זה ברור - נקה"כ.

(**ואין** חילוק בין יומי ניסן ותשרי ליומי תמוז וטבת, ב"י ט"ז ואחרונים, דלא כש"ך).

ובא"ז כתב וז"ל, פורש ממנה כל אותו יום והלילה שלפניו, וכן להיפך, עכ"ל, **ועיין** בראב"ן ובש"ס פרק האשה סוף דף ס"ג ודוק, **גם** הב"ח כתב דשמע שהירא דבר ה' נוהג כהא"ז, [**ומו"ח** ז"ל תיקן את פסק האור זרוע הזה לומר, אע"ג דהלכתא כר' יהודה, מכל מקום ראוי להחמיר על זה, **ותמוה** הוא להחמיר על מה שמפורש בתלמוד לקולא, בפרט בווסתות דרבנן].

הלכות נדה
סימן קפד – שצריך לפרוש מהאשה עונה קודם לוסתה

וצ"ל דדעת ראב"ן, דודאי אם יש לה וסת קבוע ביום, כגון שיש לה וסת לראות לעולם בתחילתו או לעולם באמצעיתו או לעולם בסופו, א"צ לפרוש אלא אותו היום ולא לפניו, ובהכי איירי בש"ס ופוסקים, **אבל** אם רגילה לראות ביום ואין לה שעה קבועה, רק לפעמים בתחלתו ולפעמים באמצעיתו ולפעמים בסופו, א"כ כל היום וסתה, ודמי כאילו היה וסתה כל היום, וודאי דאשה שוסתה כל היום צריכה לפרוש כל הלילה שלפניו, ‹בפשוטו י"ל דגם בזה אין צריך לפרוש בלילה שקודם - רעק"א›, ובהכי מיירי הא"ז, **ובזה** מיושב שפיר מה שהקשה הב"י דהא"ז הוא נגד הש"ס.

ואין להקשות אמאי לא פירש האור זרוע דאין לה שעה קבועה, **דיש** לומר דסתמו כפירושו, מדכתב אם רגילה לראות ביום, משמע כל היום שעתא, **אי** נמי אפשר דסבירא ליה דבזמן הזה אין לה וסתות כל כך לקבוע שעות ביום - נקה"כ.

(**ועש"ך** ‹בנוגע לשיטת אור זרוע›, ועח"ד שכ', דמסברא נראה שאין להחמיר בזה).

(**ועי'** בספר תפארת למשה שכתב, דאשה שקבעה וסת בליל טבילתה וא"א לה לטבול עד ליל וסתה, כגון שקבעה וסת מליל ט"ו לליל ט"ו, ודרכה לראות כל ז' ימים, וצריכה למנות שבעה נקיים שבוע שני וטובלת ליל ט"ו, דמותר לשמש אף שהוא שעת וסתה, דוסתות דרבנן ולא החמירו לאסרה על בעלה עולמית, **ומכ"ש** אם דרכה לראות ביום ט"ו, דאין להחמיר בליל טבילתה ליל ט"ו משום עונה שלפני עונת וסתה כדעת הא"ז, **ומשמע** דדוקא בכה"ג שדרכה לראות כל ז' ימים, וא"כ א"א להקדים הטבילה מליל ט"ו, אבל אל"כ וקבעה וסת מליל י"ג לליל י"ג, אף שכתב הרמ"א בסי' קצ"ו סעיף י"א, דאין מתחלת למנות שבעה נקיים אלא מיום ו', וא"כ ליל הטבילה הוא שעת וסתה, מ"מ יותר עדיף שתתחיל למנות מיום ה', או יום ד', היינו בקבעה לליל י"ב, דזה אינו אלא חומרא, **אכן** אם וסתה ליום י"ג, בזה י"ל דיותר טוב לחוש לחומרת הרמ"א ז"ל, מלחוש לחומרת הא"ז שלא נזכר בש"ע כלל).

(**ועי'** בת' חת"ס שאלה כעין זו, באשה ששינתה וסתה פעמים בכל חודש באופן שקשה ורחוק שתזדמן שתטבול לנדתה, כי עד שהראשונה פקודה שניה ממהרת לבא, ואם יזדמן לה ליל טבילה יהיה בעונה שוסתה מחר ביומו, ולדעת הש"ך יש להחמיר כראב"ן לפרוש לילה שלפני אותה העונה, א"כ אשה זו סופה להתגרש מבעלה ח"ו, אם יש למצוא לה ב' התירים, **א'** לשמש בליל הסמוך ליום שעונתה בו, **ב'** אם יארע שתראה מיד אחר טבילה טרם ששמשה, להקל שלא תצטרך להמתין שש עונות ותספור ז"נ מיד שתפסוק לראות, **והשיב** לענין דין הא' אם צריך לנהוג כחומרת הא"ז וראב"ן, נראה להקל כיון דכל עיקר טעמם אינו אלא משום לא פלוג, ‹שראב"ן מחמיר חומרת האביאסף, וא"כ חשבינן כל אשה מרגע ראייתה מעל"ע חצי יום וחצי לילה, כגון שתראה בשעה עשר ביום, תחשב עד אותו שעה בלילה, וכן כולם, וס"ל לראב"ן דכיון שאין כל הזמנים שוים, לפעמים על ד' שעות, ויהיה עונתה מד' שעות עד ד' שעות, ולפעמים מאוחר ולפעמים מוקדם, א"כ לעולם נוסף להחמיר עונה שלפני' משום לא פלוג - חת"ס›, בשגם וסתות דרבנן, **ואפי'** להרא"ה דס"ל עונה הסמוך לוסתה חמירא מוסת גופיה, מ"מ היינו בוסת קבוע ג"פ, אבל וסת שאינו קבוע, כגון איתתא דא שמשנית וסתה תמיד וחוששת ליום ראיה שלה, הוה עונה סמוך לוסתה דרבנן, א"כ יש להקל בלא פלוג דידיה ולהתיר בעונה הסמוכה לעונת ראיה, כדי שלא תתגרש ויקיים הבעל פ"ו, **וגם** בדין הב' פשוט דיש להקל, כיון דהא דנהיגין להמתין שש עונות אע"פ שלא שמשה, הוא רק משום לא פלוג בין שמשה ללא שמשה, ואין להחמיר בלא פלוג כמו בגוף הדין עצמו, ע"כ יש להקל בכה"ג, **ולכל** הפחות תמתין ג' עונות, דהיכא דאיכא למיחש שתצא אשה מיד בעלה עי"ז פשיטא שיש להקל לכל הפחות אחר ג' עונות, ואם טבלה במש"ק וראתה אחר הטבילה קודם תשמיש, תחל לספור ז' נקיים ביום ג', ותפסוק בטהרה בה"ש דיום ב' נגהי ג').

(**ועמ"ש** לקמן סי' קצ"ו סוף ס"ק ט"ז בשם כמה גדולים, דבכה"ג בראתה אחר טבילה קודם ששמשה, יש להקל בכל אופן ואף לספור מיד).

הגה: וכל זה לא מיירי אלא בוסת התלוי בימים, אבל לא בוסת התלוי בשינוי הגוף - לבד, דא"צ לפרוש אלא זמן הוסת, אם אינו בא לזמן ידוע, **וע"ל סימן קפ"ט.**

ואשה שמשנית וסתה להקדים ב' או ג' ימים קודם, או לאחר, כשמגיע זמן וסתה, צריך לפרוש ממנה ב' או ג' ימים קודם או אחריו. וע"ל סי' קפ"ט - אין ר"ל שצריך לפרוש כל הג' ימים, אלא ר"ל

סימן קפד – שצריך לפרוש מהאשה עונה קודם לוסתה

דהיה לה וסת ואח"כ משתנית וסתה להקדים ב' או ג' ימים, אז צריך לפרוש גם קודם הוסת כפי מה שרגילה להקדים, כגון שרגילה להקדים ג' ימים, צריך לפרוש אותו יום שרגילה להקדים - ש"ך סי' קפ"ט ס"ק ל"ט.

(**ועי'** בתשובת נו"ב שפירש דברי הרב, דהיינו שכך הוא קביעת וסתה, שבתוך אלו הב' וג' ימים תראה, ובגוף אלו הימים אין לה זמן קבוע אימת, לפעמים בזה ולפעמים בזה, ועכ"פ לא יעברו אלו הג' ימים בלא ראיה, א"כ כל הג' ימים וסת הן, וצריך לפרוש בכולם, **ומכח** זה המציא דין חדש, באשה שהוחזקה שאינה מספקת לספור ז"נ, כל ז' וז' הם אצלה כוסת קבוע, וצריכה בדיקה כל ז' בבוקר וערב ובאמצע היום כמה פעמים, **ולמד** זה מסי' קפ"ו ס"ג, דעד י"ד יום דינה כדין אשה שיש לה וסת, ואם לקולא אמרינן כן ק"ו לחומרא כו' ע"ש, **ואיני** מבין ראיתו, דשם הוחזקה בודאי שלא תראה באותן י"ד ימים, משא"כ בנ"ד שלא הוחזק יום א' מאותן הז' ימים שתראה בו בודאי).

(**ומצאתי** בח"ד שהשיג עליו בזה, ופי' הוא ז"ל דברי הרמ"א באופן אחר, דמשנית וסתה להקדים, היינו כגון שהיה לה וסת בג' לירחא, ועתה הקדימה וראתה ג"פ בב' לירחא ובג' לירחא, וחזרה וראתה ג"פ בריש ירחא ובב' לירחא ובג' לירחא, דאז חוששת לשלשתן, דהימים שהיו בתחלת וסת, אף שהן עתה באמצע וסת, לא אבדו מעלתן, **וכן** במאחרת כגון שהיה לה וסת קבוע בריש ירחא, ואחר כך ראתה ב"פ בב' בירחא, דלא נעקר הוסת דריש ירחא עדיין, דאין הוסת נעקר עד ג"פ, ובפעם הג' ראתה בריש ירחא ובב' בירחא, דאז נקבעו שני הוסתות, דב' בירחא ג"כ הוקבע, כיון שב"פ הראשונים הוחזק ממעין סתום, ואח"כ ראתה ב"פ רק בג' בירחא, ובפעם הג' ראתה בריש ירחא ובב' בירחא ובג' לירחא, דאז הוקבעו שלשתן, **וכיון** שמשנית וסתה פעמים מקדמת ופעמים מאחרת, חיישינן שמא היא באופן ששלשתן הוקבעו, מש"ה חוששת לשלשתן).

סעיף ג - במה דברים אמורים, בגדולה, אבל בקטנה שלא הגיעה לימי הנעורים, ולא הביאה סימנים - היינו שלא הגיעה לי"ב שנים ויום א', או לא הביאה סימנים, [**ור"ל** דתרי גוונא קטנה יש, האחת שלא הגיעה לימי הנעורים, ואפי' הביאה סימנים עדיין קטנה היא, דשומא בעלמא הם, **ועוד** יש סי' לקטנות, במה שלא הביאה סימנים, ואז אע"פ שהגיעו ימי הנעורים קטנה היא].

אין צריך לפרוש סמוך לוסתה – [נראה פשוט דה"ה בשעת וסתה עצמה, דחד טעמא הוא, וכמו שכתב בסעיף ז' לענין מעוברת].

כל זמן שלא קבעתו ג' פעמים - (משמע דאפילו ראתה הרבה פעמים, כל זמן שלא קבעה וסת אינה חוששת כלל, **ועי'** בט"ז לקמן סי' קפ"ט ס"ק מ"ג שדעתו, דאם ראתה ג"פ אע"פ שלא נקבע וסת, מ"מ חוששת, כיון דמוחזקת לראות, **ובנה"כ** שם חולק עליו, **ועי'** בס"ט וח"ד שם שהסכימו לדעת הט"ז).

והוא הדין לזקנה שנסתלקו דמיה.

סעיף ד - אם רגילה לראות בהנץ החמה, ולא קים לן שפיר אי קודם הנץ החמה או אחריו, אינה אסורה אלא ביום - דכיון דוסתות מדרבנן ה"ל ספק דרבנן לקולא, וא"צ לפרוש אלא ביום שהיה ודאי בימי נדתה - הרא"ש, **ר"ל** דאפילו ראתה קודם הנץ החמה מ"מ היום היה ודאי בימי נדתה, משא"כ הלילה היה בספק, [וכיון דביום עכ"פ טמאה היא, **תלינן תחילת הקלקלה גם כן ביום**], **ולפ"ז** אם רגילה לראות בין השמשות, ולא קים לן אי קודם או לאחר הלילה, (**ר"ל** אי קודם שקיעת החמה או לאחר שקיעה, דלענין וסתות חשבינן משקיעת החמה עד צה"כ, וכן מעלות השחר עד נה"ח ללילה - ח"ד), אינה אסורה אלא בלילה.

והב"ח כתב, דראוי להחמיר מכח ספק, לאסור ביום ובלילה, **ולפמ"ש** לעיל, (לענין שיטת אור זרוע), כ"ש הכא. (**צ"ע** דהא כתב הש"ך, דאם יש לה שעה קבועה, די באותה עונה, וכאן הרי יש שעה קבועה, **וצ"ל** דסמך עצמו עמ"ש בנה"כ, דנשי דידן אין להם שעה קבועה, וכן מצאתי בח"ד ודוחק). **ור"ל** כיון שלרוב הנשים אין שעה קבועה, לכן החמירו בכל הנשים – שבה"ל.

סעיף ה - אם רגילה לראות ראייה מקודם הנץ החמה עד אחר הנץ החמה, אסורה בלילה, וביום כשיעור הנמשך בו - דבתר תחלת הוסת אזלינן, [דאמרינן שעיקר הוסת בלילה, אלא שנמשך זמנו עוד במקצת היום, **על כן אסורה גם באותו מקצת היום**], **ולפ"ז** אם רגילה לראות מקודם הלילה עד הלילה, אסורה כל היום ובלילה כשיעור הנמשך בו,

הלכות נדה
סימן קפד – שצריך לפרוש מהאשה עונה קודם לוסתה

ולפמ"ש לעיל בס"ק ז', א"כ בקודם הנץ החמה, אסורה כאן כל הלילה וכל היום שלפניו, וביום שאחריו כשיעור הנמשך בו, **ובקודם** הלילה אסורה כל היום וכל הלילה שלפניו, ובלילה שאחריו כשיעור הנמשך בו. ‹עיין לעיל בסעיף ד' קושיית הפתחי תשובה, והוא הקשה אותו כאן›.

סעיף ו - אם וסת נמשך ב' או ג' ימים, ששופעת או מזלפת, אינה צריכה לפרוש אלא עונה הראשונה של הוסת, וכיון שעברה העונה ולא ראתה, מותרת - ול"ד לס"ה, דצריכה לפרוש ביום כשיעור הנמשך בו, דהתם רואה ראיה מרובה מסוף הנה"ח עד תוך היום, אבל כאן אינה ראיה א', ‹דמיירי בפוסקת וחוזרת ורואה, וכשיטתו בסי' ק"ץ ס"ג, דאשה השופעת ב' או ג' ימים בלא הפסק א"א שתחיה›, אלא הראיה שרואה בראשונה היא תחילת הוסת, וכל מה שרואה אח"כ דמים יתירים הוא דאתוספו בה, כ"כ הב"ח, **והפרישה** כ', דדוקא לעיל דהמשך הוא דבר מועט, סברא לומר דגם הוא מצטרף, משא"כ כשהוא ב' או ג' ימים, [שא"א שתהיה **הכל ראיה אחת**, ‹אפי' בשופעת או מזלפת בהמשך א', וכשיטתו שם דאפשר שתחיה›, דאין סברא להיות נחשב הכל ראיה אחת - בדי השלחן›, **אלא תוספת דמים, וכיון** שנסתלק עיקר הראיה, נסתלק ג"כ התוספת, **כן מתרצים** רבים דברי הש"ע, **אלא דצ"ע** מנ"ל לחלק בכך].

‹**ולפ"ז** אשה שראתה ב"פ בר"ח, ונמשך ראייתה עד ב' או ג' לחודש, ובפעם הג' לא ראתה בר"ח רק בב' או ג' לחודש, לא קבעה וסת לב' או ג' לחודש, דאזלינן תמיד בתר תחלת ראיה, ובב"פ ראשונים היה בר"ח, **ועי'** ח"ד שכתב, דדברי המחבר כאן דוקא בשופעת או מזלפת, דודאי ראיה אחת היא, אבל בפוסקת צריכה לחוש לכל הג' ימים, **וכן** בנדון הנ"ל קבעה לה וסת לב' או לג', דחיישינן אולי ראיית יום ב' או ג' הוא עיקר, **אמנם** זה דוקא בכה"ג שהימים שבתחלת ראייתה לא הוקבעו, **אבל** אם הוקבעו כגון שראתה ג"פ בר"ח ונמשך עד ב' או ג' לחודש, אינה חוששת להראיות שבתוך נדתה, ומיד שעברה עונה ראשונה מותרת, אף בפוסקת, **וכן** כשהראיות שבתוך נדתה לא הוקבעו עדיין, אינה חוששת לו ולא לעונה בינונית ממנה›.

סעיף ז - אם הגיע וסתה בימי עיבורה, משהוכר עוברה, או בימי מניקתה שהם כ"ד חדשים משנולד הולד, אפילו מת הולד - ‹ואף בהניקתו ד' או ה' שנים - רעק"א›.

עי' באהע"ז סי' י"ג סי"א, דאין חדש העיבור עולה למנין, ‹**ועי'** כו"פ שחולק, ופסק דחודש העיבור עולה למנין, ואין לה אלא כ"ד חדשים הן בשנה פשוטה או מעוברת›.

א"צ לפרוש סמוך לוסתה, ואפילו בתוך וסתה מותרת בלא בדיקה. (וע"ל סוף סי' קפ"ט).

מצאתי בהגהת מהרש"ל לטור וז"ל, ונ"ל דמיירי שלא קבעה וסת שלש פעמים בימי עיבורה או בימי מניקתה, אלא שחוששת לוסתה הראשונה ודו"ק, עכ"ל, **וע"ל** סימן קפ"ט סל"ג, ‹**ור"ל** דשם מבואר, דאפילו אם ראתה רק פעם א' בימי עיבורה או מניקתה, צריכה לחוש לו כדין וסת שאינו קבוע, וכ"כ הס"ט וח"ד ‹ורעק"א›. **ותימא** על המ"י בתוה"ש שכתב וז"ל, ואם ראתה ג"פ בימי עיבורה או מניקתה, יתבאר לקמן סי' קפ"ט דחוששת עכ"פ לוסת שאינו קבוע, וכן כתב הש"ך, עכ"ל, וזה אינו וכמ"ש›.

כתב הפרישה ‹על דברי הטור›, משמע דוקא סמוך, אבל בזמן וסתה עצמו צריך לפרוש, וכן לעיל גבי קטנה, ומיהו אין זה דיוק גמור כו', **וכ"נ** ממ"ש המחבר והעט"ז ואפי' בתוך וסתה מותר בלא בדיקה, וכ"מ מדברי הרא"ש ושאר פוסקים, ‹וכן הוא בט"ז לעיל בסעיף ג'›.

סעיף ח - היתה נחבית במחבא מפני פחד, והגיע שעת וסתה, אינה חוששת לו. הגה: וי"א דוקא אם עבר הוסת ולא בדקה ולא הרגישה, טהורה בלא בדיקה, אבל לכתחלה צריכה בדיקה - ‹אפי' לא היה לה וסת קבוע, טור›. **ול"ד** למעוברת ומניקה דבסמוך, דאפילו לכתחלה א"צ בדיקה, דמעוברות ומניקות חזינן דדמיהן מסולקים, **אבל** היתה במחבא לא בריר לן כולי האי דתהא מסולקת דמים, דהא חזינן כמה נשים אף על גב דהוו במחבא לא שינו את תפקידם - בית יוסף והאחרונים.

[**ולענ"ד** נראין הדברים כפשוטן, דגבי סילוק דמים משום פחד, איכא למיחש שמא באותה שעה שתזקק לבעלה יצא הפחד מלבה, וכיון שהיא שעת וסתה אפשר שאז תטמא, כי אורח בזמנו בא, **ולא אמרו** בה שחרדה מסלקת הדמים, אלא אם היתה כל שעת הוסת בחרדה, ולא הפסיקה ממנה, וזהו דבר ברור, אם היתה בפחד

הלכות נדה תבג
סימן קפד – שצריך לפרוש מהאשה עונה קודם לוסתה

בתחילת שעת הוסת ויצאה מן הפחד בתוך אותו זמן הוסת, דאז היא כשאר נשים דחזר טבעה למקומה הראשון, ע"כ לא תשמש עד אחר שעברה כל שעת הוסת, (וכן באינה משמשת, דלמא יצא הפחד מלבה באיזה רגע, דהרי לא הזכיר רמ"א תשמיש דוקא – גליון מהרש"א), משא"כ במעוברת שכבר היא מסולקת דמים, ואין חשש לאסור אותה אפי' בשעת הוסת.

(**ואם** ראתה במחבא, אינו מצטרף לענין קביעות וסת, ח"ד).

סעיף ט - שאר נשים - דעלמא שאינן מעוברות ומיניקות או במחבא, **צריכות בדיקה כשיגיע הוסת** - (היינו בדיקת חורין וסדקין - ח"ד).

(**ואם** יש לה שעה קבוע ביום הוסת, א"צ בדיקה רק אותה השעה, **ואם** אין לה שעה קבוע, וכן בעונה בינונית, צריכה בדיקה כל העונה, דהיינו שתשים מוך דחוק ויהיה שם כל העונה, **ונשי** דידן אין להם שעה קבועה, כמ"ש בשם הנה"כ, **ובמשנית** וסתה ב' או ג' ימים המבואר בס"ב, צריך שיהיה מוך דחוק שם כל הב' או ג' ימים, דכשעת וסתה דמיין, וצריך ללמד זה תוך ביתו, ח"ד).

(**לא** ותקבלו דבריו בעיני בעלי ההוראה – אמרי בינה).

עבר הוסת ולא בדקה ולא הרגישה, טהורה בלא בדיקה. וי"א שאסורה עד שתבדוק, אם יש לה וסת קבוע, או שהוא יום ל' אע"פ שאינו קבוע. (והכי נהוג, וכן הוא לקמן סימן קפ"ט).

כתב ב"י ממשמעות הפוסקים, דאפילו איחרה זמן מה אחר הוסת, כיון שבדקה ומצאה טהורה, טהורה, **והב"ח** פסק דיש להחמיר, דדוקא בבדקה עצמה מיד לאחר וסתה תוך שיעור וסת, **אבל** לא בדקה תוך הזמן, אף על פי שלאח"כ בדקה עצמה ומצאה טהורה, טמאה, דחזקה אורח בזמנו בא ונפל לארץ. (**והאחרונים** כתבו שאין לחוש לחומרא זו).

(**ואם** בדקה עצמה ונאבד העד, אסורה, דשוב ליכא ראיה מהא דלא הרגישה, דסברה הרגשת עד הוא, וכ"ש אם השליכה או פשעה באבידת העד דאסורה - ח"ד, **ולפ"ז** ה"ה אם בשעת וסתה הטילה מים, ג"כ טמאה כשעבר הוסת ולא בדקה ולא הרגישה, דאימור ארגשה וסברה הרגשת מי רגלים הוא, **דמה"ט** כתבתי לעיל ר"ס קפ"ג, דאם ראתה אחר הטלת מי רגלים, אף בלא הרגשה הוא דאורייתא, וצ"ע, **ופשוט** דכ"ז אפילו אם בדקה עצמה אחר הוסת ומצאה טהורה, ג"כ טמאה, כיון דחיישינן דבשעת וסתה ראתה על העד או נפל לארץ, ולא ארגשה, דסברה הרגשת עד או מי רגלים הוא).

(**האבני** נזר כתב, שאין דברי החוו"ד אמורים אלא לדעה ראשונה, שאם עבר זמן הוסת ולא בדקה ולא הרגישה דא"צ בדיקה, ובזה קאמר החוו"ד, דאם נאבד העד, לכו"ע בעי בדיקה, **אבל** אם בדקה ומצאה טהורה, לכו"ע מותרת, **ולפי"ז** אין נ"מ לדידן בדברי החוו"ד, דהא אנן נהגינן כהרמ"א, דכל אשה שעבר וסתה בלא בדיקה צריכה בדיקה, **אמנם** הפת"ש הבין בכוונת החוו"ד, שאם נאבד העד, אפי' בדקה אח"כ ומצאה טהורה, צריכה ז' נקיים – בדי השלחן).

(**ובשיעורי** שבט הלוי הביא, דבתש' בית שלמה וכן מהרש"ם חולקין על חומרא זו דהחוו"ד, דאין לחוש דבדיוק אותו רגע דבדיקה היתה ראייה בהרגשה, דחשש רחוק הוא).

אם יש לה וסת קבוע - **[אבל אם יש לה וסת שעדיין לא קבעתו ג' פעמים, והוא פחות מעונה בינונית, כגון שראתה מכ"ה לכ"ה וכיוצא בזה, אע"פ שלא בדקה, כיון שלא הרגישה בדם, טהורה בלא בדיקה, עכ"ל הטור סוף סימן זה. והקשה בפרישה, דהא איתא בסימן קפ"ו, אשה שאין לה וסת אסורה לשמש בלא בדיקה, ומתוך כך האריך מאד בתירוצים, ולי נראה דלא קשה מידי, דודאי אשה שאין לה וסת, אלא רגילה כבר בראיות הרבה בלי שעור שוה כלל, בכל פעם היא בחזקת רואה עד שתבדוק, אבל הכא מיירי שיש לה וסת כדרך שאר נשים, אלא ששינתה לראות מכ"ה לכ"ה פעם אחת, והיא צריכה לחוש כשיגיע עוד יום כ"ה, כדאיתא סי' קפ"ט, בזה אמרינן כיון שלא הרגישה באותו יום שהיא חוששת, ועבר אותו יום ולא בדקה אחר כך, טהורה, דהא לא מוחזקת ג"פ בראיה באותו זמן, ודי בזה שחוששת לכתחלה, וזה פשוט].**

(**ודע** דכל זה מיירי בוסת הקבוע לימים לחודא, אבל בוסתות שע"י מקרים שבגופה, כיון שהרגישה במקרים הללו ולא בדקה, אפילו בוסת שאינו קבוע, אסורה לשמש עד שתבדוק, כמ"ש הט"ז בסי' קפ"ט סכ"א).

(**עוד** כתב הח"ד, אם עבר ג"פ יום וסתה ולא בדקה ולא הרגישה, לא מיעקר וסתה, **וכן** אם באמצע הג"פ לא בדקה ולא הרגישה ביום הוסת, מצטרף הראיות שאח"כ שראתה ביום הוסת, לג"פ לקביעת וסת, ע"ש, **ונראה** קצת דדוקא וסת קבוע לא מיעקר בכה"ג, בין שהיה קבוע

בתחלה, בין שנעשה קבוע ע"י צירוף הראיות שאח"כ, וכמ"ש החו"ד, דאמרינן מכח חזקה דוסתות, שראתה אפילו בלא הרגשה, **אבל** וסת שאינו קבוע דמיעקר בפ"א, אפשר דנעקר גם בכה"ג, וצ"ע).

סעיף י - הרוצה לצאת לדרך, צריך לפקוד אשתו, אפילו סמוך לוסתה. הגה:

ואפילו בתשמיש שרי - [כיון דוסתות דרבנן, במקום מצוה לא גזור].

ובא"ח סימן ר"מ סט"ו כתבו הט"ו, דלא יבעול לא ביום יציאה לדרך או ביאה מן הדרך, שקשה לו, (**עי'** בשו"ת תשובה מאהבה שכתב, דשיעור הדרך בזה נראה שהוא שנים עשר מיל), **ועיין** בלבוש שם ובתשובת הרב, ‹דבלילה שלפניו מותר›, **ועיין** בפרישה ובב"ח, ‹דמיירי כשהולך בדרך ברגליו, ולא רוכב או יושב בקרון›.

(**עי'** בתשובת כנסת יחזקאל שפסק, דאם אירע ליל טבילה מכתם סמוך לוסתה, מותר ג"כ, **וכבר** חלקו עליו הס"ט והח"ד, **ועי'** בתשו' גבעת שאול שהשיג ג"כ עליו, והעלה לאסור טבילה סמוך לוסתה, אף היכא דהוי ראיה גמורה, כגון אשה שיש לה וסת קבוע מל' לל' יום, וראתה פ"א לי"ח יום, וכשהגיע זמן הוסת דהיינו ל' יום מראיה ראשונה שקודם י"ח, אז הגיע זמן טבילתה מהראיה שראתה לי"ח יום, אסורה לטבול, ומכ"ש בנמצא כתם, **וכן** בתשו' נו"ב פסק ג"כ דאסור, **ואף** בכלה שאירע ליל טבילתה סמוך לוסתה, כתב ג"כ לאסור ע"ש, **ועי'** בתשו' אבן שהם שהעלה ג"כ דאסור, **אך** כתב דמ"מ מותרת לטבול אפילו בליל שבת, אף שאין זקוק לה בעלה, כיון דכל מיני קורבא שרי, רק תשמיש אסור, ושאר מיני קורבא נמי מצוה הן).

ומ"מ המחמיר שלא לפקדה רק בדברי רצוי, תע"ב – [אע"ג דגם באין יוצא לדרך שרי בדברי ריצוי, כדלעיל ס"ב, **מכל מקום ביוצא לדרך חייב בכך**].

(**עי'** בתוה"ש שכתב, דהיכא דאפשר יש לנהוג כמו שפירש מהרש"ל לדברי הסמ"ג, דהמחמיר ומונע עצמו מלילך בדרך סמוך לוסתה, כדי שלא יכניס עצמו בספק, תע"ב).

(**ועי'** בתשו' חת"ס שכתב שנשאל, אשה שהגיע ליל טבילתה ביום יציאת בעלה לדרך, והוא בעונה הסמוך לוסתה, אם נאמר שבצירוף ב' מצות עונה, דהיינו ליל טבילה ויום יציאה לדרך, לא נחוש כלל למצות פרישה, **ואסר** בפשיטות, מחמת דמ"ש רמ"א לחומרא בעלמא לפרוש מתשמיש, לדעתו היא מעיקר הדין, דהב"י והש"ך כתבו בזה, משום דקי"ל וסתות לאו דאורייתא, ואני קבלתי ממו"ז ז"ל, דאפי' למ"ד וסתות ל"ד, מ"מ פרישת עונה הסמוך לוסתה דאורייתא, ומעתה כיון דאיכא ספק דאורייתא, בודאי אין להקל בתשמיש בעונה הסמוך לוסתה, **אך** בעונה דאביאסף ודא"ז, בהאי יש להקל קצת).

וכבר נתבאר דכל מיני קורבה ואהבה שרי, מלבד תשמיש - אפילו חיבוק ונישוק, ואע"ג דכתבתי לעיל בס"ב בשם הב"ח, דהמחמיר בחיבוק ונישוק תבא עליו ברכה, נראה דהכא אין להחמיר כלל, כיון די"א דאפי' בתשמיש חיובא ומצוה איכא.

ואם הולך לדבר מצוה א"צ לפקוד אשתו - ‹דמיטרד בפקידה ויבטל מן המצוה - ב"י›.

וי"א אם אדם רוצה לילך לדרך, ואשתו נדה ותטבול תוך עונה אחת - היינו י"ב שעות, **צריך להמתין (נ"י)** - מיהו אם הולך לדבר מצוה א"צ להמתין, כדאיתא בנ"י ופשוט הוא, **ואף** לדבר הרשות, אם הולך לצורך גדול, נראה דא"צ להמתין, משום דהנ"י מפרש כן הש"ס, ואין פירושו מחוור, גם כל הפוסקים לא פירשו כן.

(**עכו"פ** שכתב, דאם נזדמן שטבילתה יהיה סמוך לוסתה, אין צריך להמתין).

(**ועי'** בת' חת"ס, ע"ד אשה העומדת עונה סמוך לטבילתה, ורוצה ליסע עם אביה למצות סנדקאות בלי רצון ורשות בעלה, לא נכון לעשות כן, מכמה טעמים).

סעיף יא - אשה שיש לה וסת לימים לבד, והגיע שעת וסתה, אסור לבא עליה עד שישאלנה. ואם אין לה וסת, יום ל' לראייתה הוי כהגיע שעת וסתה.

(**ואפי'** היא ערה ושוכבת אצלו, מ"מ צריך דוקא שישאלנה, ותוציא מפיה שהיא טהורה - ח"ד). ‹**ועיין** בתחילת סי' קפ"ה שהתם חולק עליו הערוה"ש, אבל בזה מודה, וז"ל: ומחוייב לישאול ממנה אם טהורה היא, והיא משיבה טהורה אני, ומסתמא בדקה את עצמה, **ונראה** דטוב יותר שישאל ממנה אם בדקה בשעת וסתה, או עכ"פ לאחר זמן וסתה›.

אבל קודם שעת וסתה, וכן באין לה וסת קודם ל', א"צ שישאלנה.

ואם שהתה אחר הוסת שיעור שתספור ותטבול, בא עליה ואין צריך לשאול – [מבואר בגמר׳ אפי׳ אשה ילדה, דבושה לטבול מעצמה].

בין אם היא ערה או ישנה, בין קטנה בין גדולה - טור, **וכתבו** התוספות דלא לגמרי ישנה, אלא אינה ערה כ"כ שיודעת להשיב שהיא טהורה, **אבל** בישנה לגמרי, נהי דליכא איסור נדה, מ"מ אסור לבא על הישנה, כדאיתא בנדרים והביאו האחרונים.

[**ומבואר** עוד בגמר׳, דאם ודאי ראתה, אסורה עד שישאלנה, וכן הוא בסי׳ שאחר זה].

סעיף יב - היה לה וסת לימים ולוסת מוסתות הגוף, כגון קפיצה וכיוצא בה, כיון שהוסת תלוי במעשה, אימור לא קפצה ולא ראתה - וא"צ שישאלנה, אפילו לא שהתה שיעור שתספור ותטבול.

אבל חוששת לעונה בינונית שהיא ל׳ יום - ואסור לבא עליה אחר העונה בינונית עד שישאלנה, או ששהתה שיעור שתוכל לספור ולטבול.

‹לענ"ד י"ל, באם היה הוסת המורכב לקפיצה מכ"ה לכ"ה, והבעל שהה עד שעברו ל"ג, דשריא מטעם ספק ספיקא, ספק לא ראתה כלל, אם תמצא לומר דראתה, שמא קפצה ביום כ"ה וראתה, והגיע עתה זמן טבילה – רעק"א›.

מוסתות הגוף כגון קפיצה וכיו"ב - ‹משמע דהיינו פיהוק ועיטוש ודכוותייהו›, דברים אלו הם ע"פ מ"ש בב"י, **אבל** באמת דבריו צל"ע, דודאי אם יש לה וסת לימים ולוסת מוסתות הגוף, חוששת לעולם לוסתה, ולא שייך לומר אימור לא ראתה, וא"צ לחוש לעונה בינונית כיון דיש לה וסת, **דדוקא** גבי קפיצה, כיון דהוא תלוי במעשה דידה, דאי בעית קפצה ואי בעית לא קפצה, אמרינן הכי, אבל לא בוסתות הגוף.

‹**ועי׳** בתוה"ש וס"ט וכו"פ שכתבו, דמ"ש המחבר "וכיוצא בה", ר"ל כגון אכלה שום או פלפל. **ועי׳** ח"ד שכתב, דלעולם מיירי בפיהוק ועיטוש, אלא כגון שהיה לה כמה ר"ח שלא פיהקה ולא ראתה, רק שכן אירע לה בג׳ ר"ח שלא כסדרן שפיהקה וראתה, ופיהקה כמה פעמים שלא בר"ח ולא ראתה, **דאז** לא הוי וסת קבוע רק לענין שא"צ לחוש רק לפיהוק של ר"ח, אבל לר"ח לחוד ודאי דא"צ לחוש שמא תפהק, דהא אלו הג׳ ר"ח היו שלא כסדרן›.

§ סימן קפה – דין אשה שאמרה טמאה אני ואח"כ אמרה טהורה אני §

סעיף א - האשה שהיא בחזקת טמאה, אסור לו לבא עליה עד שתאמר לו: טבלתי - ‹ואפילו שוכבת אצלו, לא מהני עד שתאמר לו בפירוש טבלתי - ח"ד›, **וערוך** השלחן חולק עליו, וז"ל, ולא ידעתי למה, אטו האמירה מעכבת, הלא העיקר רק לדעת אם נטהרה, וכשהיא מרמזת לו דיו, דכמדומני שבנות ישראל בושות לומר בפיהן טבלתי, עכ"ל, וכ"כ בס׳ לחם ושמלה›.

‹**ואשה** החשודה על איסור נדה, אם זנתה בנדות לא מקרי חשודה לגבי בעלה, ונאמנת אפילו בשעת וסתה, **ואם** הכשילה לבעלה באיסור נדות, שוב אינה נאמנת לומר בשעת וסתה טהורה אני, עד שתעשה תשובה, **אבל** שלא בשעת וסתה, וכן לומר שטבלה, נאמנת, א"ל בימות החורף שהטבילה טירחא - ח"ד, **ואפשר** דבמקום שנותנין שכר בעד הטבילה אינה נאמנת›.

הגה: ומאחר שעברו ימים שאפשר לה למנות ולטבול, נאמנת - היינו לאפוקי אם הוא יודע בודאי שלא עברו הימים, **אבל** אם הבעל אינו יודע אם עברו או לא, סומך עליה, דכתיב וספרה לה לעצמה.

[**ונראה שאפילו אם ספק לו אם עברו כל כך ימים שאפשר שטבלה, דהיינו שרגילה ללבוש לבנים ביום ששי לראייתה,** ‹דהיא רגילה לראות גם ביום ו׳, וא"א לה להתחיל למנות ז"נ כי אם מיום ז׳›, **ועכשיו אי אפשר בכך, אלא שאם טבלה, היתה צריכה ללבוש לבנים ביום חמישי,** ‹ולמנות מיום ו׳ כדמבואר בסי׳ קצ"ו – מחה"ש›, **והיא אומרת שטבלה, נאמנת, כיון שעכ"פ אפשר בכך**].

אפילו רואה בגדיה מלוכלכים בדם, נאמנת לומר, בשוק טבחים עברתי, או נתעסקתי בצפור וכדומה לזה.

סעיף ב - אם הוחזקה נדה בשכנותיה, שראוה לובשת בגדים המיוחדים לימי נדותה, חשיבה כודאי טמאה - ‹עיין לדברי הט"ז ופתחי תשובה בסעיף הבא›.

תכו הלכות נדה
סימן קפה – דין אשה שאמרה טמאה אני ואח"כ אמרה טהורה אני

סעיף ג - אמרה לבעלה: טמאה אני, ואחר כך אמרה: טהורה אני - ודרך שחוק אמרתי לך תחלה, **אינה נאמנת, (אם הוא לאחר כדי דבור)** - (עח"ד שכתב, דאפי' אם עברו עליה ימים שראויין לספור ולטבול, ויש לה מגו דטבלתי, ואמרה לא טבלתי וטהורה הייתי, אינה נאמנת בלא אמתלא).

ואם נתנה אמתלא לדבריה, כגון שאומרת שלא אמרה לו כן תחלה, אלא מפני שלא היה בה כח לסבול תשמיש, או טענה אחרת כיוצא בזה, נאמנת - לשון הרמב"ם, כגון שתבעה בעלה, ואחותו או אמו עמה בחצר, ואמרה טמאה אני, ואח"כ חזרה ואמרה טהורה אני, ולא אמרתי לך טמאה אני, אלא מפני אחותך ואמך שלא יראו אותנו, ה"ז נאמנת, וכן כל כיוצא בזה, **וסה"ת** ומרדכי בשם א"ז כתבו, שאמרה סבורה הייתי להיות נדה, אבל עכשיו בדקתי עצמי ומצאתי שמחמת מכה או חבורה בא אלי הדם, וכיוצא בזה נאמנת.

(**ואחר** ל' יום לא מהני אמתלא - בית שמואל, ור"ל שכל ל' יום אמרה שהיא טמאה, **ובדרושי** הוכחתי, דאם האמתלא באופן שהענין היה צריך להאריך ל' יום, מועיל האמתלא, ושוב מצאתי בתשו' חת"ס שהחליט כן לדינא).

הגה: ומכל מקום מי שרוצה להחמיר על עצמו, שלא להאמין לה, מדת חסידות הוא (ב"י).

(**עי'** בתשו' חת"ס, ע"ד אשה שאמרה לבעלה ביום ד' יגיע זמן טבילתה, ואחר זמן ביומו או ביום שלאחריו, אמרה שטעתה בחשבון, וביום ג' יהיה זמן טבילתה, **והאריך** בזה ומסיק, אם ביום הג' בעצמו אמרה היום ליל טבילתי וטעיתי אתמול, יש להחמיר, אע"פ שהתורה האמינה לה, מ"מ בעל נפש יחוש דלמא יצרה תקפה לבעילת הלילה, **אבל** אם הוא יום או יומים קודם, לא נחשדו בנות ישראל על כך, אע"ג דבשאר עדיות אפילו על צד רחוקה ונפלאה הוי נוגע בעדות, מ"מ הכא שהתורה האמינה אנו מה לנו).

אבל מדינא נאמנת אפילו בשחקה אח"כ, רק שהיא באה ושוכבת אצל בעלה, והוא יודע ומכיר שמה שאמרה תחלה: טמאה אני, עשתה מחמת קטטה שהיה לו עמה, וכדומה לזה - ומ"מ נראה, דהבעל חייב לשאול אותה, למה היא באה אצלו, הרי אמרה אליו טמאה אני, דצריך להוציא האמתלא מפיה כו', **ותו** דמהרי"ו לא התיר אלא באמרה אליו מתחלה, מרגשת אנכי כאב בבני מעיים וחוששת לשינוי וסת כו', אבל לא באמרה אליו בפירוש טמאה אני, אלא דס"ל להרב דה"ה באמרה טמאה אני - ב"ח, **ומשמע** מדבריו דאינו חולק על הרב, וכ"נ, דודאי מודה הרב דכל מה דאפשר לברורי מבררינן, **ולא** בא אלא לומר דל"ת דשכיבה אצלו לאו כלום הוא, וצריך מיד לפרוש ממנה עד שתאמר האמתלא בפירוש, ‹קמ"ל דא"צ – מחה"ש›.

אבל אם ראוה לובשת בגדים המיוחדים לימי נדותה, ואח"כ אמרה: טהורה אני, אע"פ שנתנה אמתלא לדבריה, אינה נאמנת - הטעם כ' ב"י בשם הרשב"א, דמשום בושת או אונס מקרי ואמרה טמאה, אבל לעשות מעשה כולי האי, ללבוש בגדי נדה, אינה לובשת, וכן כתב הב"ח, ומסיים, דהרי היה די כשתאמר לו טמאה אני, ולא היה לה ללבוש בגדי נדה, **משמע** מדבריהם, דהיכא דלא היה אפשר לה בע"א, נאמנת, **וכ"כ** הרב בתשו', על אשה שילדה ג"פ בחודש הח', וחששה שהוא משום עין הרע, ורצתה להסתיר עיבורה מבני ביתה ושכנותיה, ואמרה בפני בני ביתה טמאה אני כו', דבעלה מותר לבא עליה כו', **דאע"ג** דאיתא שם בל' השאלה, שבעלה הסכים עמה שתאמר כן, **מ"מ** נראה לפי תשובת הרב, אפילו לא ידע בעלה מזה נאמנת, ע"ש שהאריך ומסיים, ועוד נראה דבנ"ד, אפי' הרמב"ן מודה דמהני לה נתינת אמתלא, אע"ג דכ' דלא מהני, היינו דוקא אמתלא דמהני גבי טמאה אני לך, דהיינו שתאמר שלא היה בה כח, או שאר אמתלאות כאלו, ומטעם שכתב ב"י, דכולי האי לא הוי שטיא להחזיק עצמה נדה בין שכנותיה, **אבל** בכה"ג דעיקר אמתלא תלוי באחרים, ולא היתה יכולה לעשות בע"א, בודאי אמרי' דמהני אמתלא כזו, וכמ"ש הטור דלא גרע מאמרה טמאה אני לך בהדיא.

(**ולפ"ז** אם אמרה האי אמתלא שכתב הש"ך בס"ג, סבורה הייתי להיות נדה, אבל עכשיו בדקתי עצמי ומצאתי שמחמת מכה בא אלי הדם, מהני לעולם, דהא לא שייך לומר שלא היה לה ללבוש בגדי נדות, שהרי

הלכות נדה תכז
סימן קפה – דין אשה שאמרה טמאה אני ואח"כ אמרה טהורה אני

באמת טעתה וסברה שהיא נדה, וכדין לבשה בגדי נדות, **אמנם** ראיתי בכו"פ שכתב, דאפילו אמתלא זו לא מהני).

(**בנוגע** לתשובת הרב), [ולפענ"ד נראה שאין זה נכנס כלל בכלל הוחזקה נדה, כיון דגלתה כן קודם שהוחזקה עצמה לטמאה, ודבר זה דומה למוסר מודעה על גט ומתנה, דאע"ג דעושה מעשה גדול אח"כ, אפ"ה כיון שגילה דעתו תחילה, שלא יהיה ממש במעשה שיעשה אח"כ, לא אזלינן בתר המעשה, ה"נ כן הוא, ואין חילוק בין גלתה תחילה בפני בעלה לגלתה בפני עדים, כיון שבעלה יודע האמתלא לא אסרה תורה עליו כלל]. **השיג** על תשובת רמ"א בחנם, דהדבר פשוט, דרמ"א רוצה ליישב דאפי' לא ידע הבעל שרי - נקה"כ.

[ומצאתי כתוב בשם מהר"ר לייב מפראג, דשאני הוחזקה נדה בשכנותיה, דלאו כולי עלמא ידעי מן האמתלא, וא"כ על מה סמכה כשהחזיקה עצמה נגד כולי עלמא, משא"כ באומרת לבעלה טמאה אני, אפשר שסמכה עצמה שאח"כ תאמר לו את האמתלא, ותירוץ נכון הוא, ולמדתי מזה עוד, דאפי' באמרה יש חילוק, דאם אמרה בפני רבים שהיא טמאה, לא מהני אח"כ אמתלא, על כן כתבו הפוסקים, אמרה לבעלה טמאה אני, דאין הדין כן אלא באמרה לבעלה לחוד כן].

(**ועי'** בתוה"ש שחולק ע"ז, וכתב דאפילו אמרה בפני רבים מהני אמתלא, וכ"כ הכו"פ).

(**אמרה לו: פלוני חכם התיר לי כתם זה, והחכם אומר שהיא משקרת, החכם נאמן, וטמאה היא**) - עיין בר"ן שכ' בשם הרמב"ן, הטעם שקבל, שכן הדין בכל עד מפי עד, אם בא הא' וכפר, אין השני האומר משמו נאמן.

[**נראה** לי דוקא החכם עצמו, כיון שהיא סומכת עליו ואשתכח שיקרא, משא"כ אם אין החכם לפנינו, ועד א' מעיד שהחכם אסר לה, אינו נאמן, דהא אמרינן כל מקום שהאמינה התורה עד אחד הרי כאן שנים, וא"כ ה"נ אין אותו העד נאמן להכחיש אותה שהיא כשנים, ותו דגם לענין זנות אין עד א' נאמן לאסרה, וה"ה כאן, נ"ל].

[**והך** נאמנות דחכם כאן, היינו דוקא לענין איסור, אבל לענין ממון, כגון להפסידה כתובתה, אין החכם נאמן יותר משאר עד אחד].

סעיף ד - היה משמש עם הטהורה ואמרה לו: נטמאתי, ופירש מיד, חייב כרת, שיציאתו הנאה לו כביאתו. כיצד יעשה, נועץ צפרני רגליו בארץ, ושוהה בלא דישה עד שימות האבר, ופורש באבר מת. הגה: וימלא פחד ורתת על העבירה שבאה לידו. ולא יסמוך עליה, רק יסמוך על רגליו וידיו, ולא יהנה ממנה.

(**ודוקא** כשמוצאת דם באמצע תשמיש, אבל אם אמרה מרגשת אני, א"צ לפרוש באבר מת, דאימור הרגשת שמש הוא, **אם** לא שאמרה מרגשת אני בבירור שהוא דם), (**והרבה** פוסקים סברי, דאפי' לא הרגישה בבירור שהיא ראיית דם, אלא מסתפקת היא אם היא הרגשת דם או הרגשת אבר, ג"כ אסור לו לפרוש מיד, מטעם ספק דלמא הוי הרגשת דם – בדי השלחן).

(**עח"ד** שכ', דה"ה כששימש סמוך לוסתה בשוגג, ונזכר באמצע תשמיש, צריך ג"כ לפרוש באבר מת), (**ובשיעורי** שה"ל הביא מס' פרי דעה וממהר"ם שי"ק, דאדרבה טוב יותר שיפרוש מיד, כיון דאין איסור בגוף התשמיש, רק שמא תראה דם, **אא"כ** הרגישה הרגשת וסת הגוף, שבא אצלה עם הראייה, דאז שמא כבר ראתה).

(**ועי'** בתשו' חתם סופר, דאם הרגישה באמצע תשמיש, ולא הגידה לו כלום עד אחר הפרישה, הבעל ודאי אנוס גמור ופטור לגמרי, **אך** לענין האשה הוא ספק אם נקראת ג"כ אנוסה, כיון דנכנסה בהיתר יצרה אלבשה, והו"ל תחלתה באונס וסופה ברצון, דהו"ל אונס גמור, כדקי"ל כרבא בכתובות, **או** אפשר דשאני התם שנאנסה מגברא אחרינא, דיצרה תקפה מאד, דאם לא עכשיו אימתי, וקשה לה לפרוש, **משא"כ** נדה דמותרת לאחר זמן, אפשר לא שייך תקפה יצרה ליחשב כאונס מה שלא הודיעה לבעלה, ואדרבה נחשבת מזידה בזה).

ואם פירש ממנה בקשוי בשוגג, שלא ידע שאסור לפרוש ממנה, יתענה מ' יום, ואינן צריכין להיות רצופים, רק כל שבוע שני ימים, כגון שני וחמישי, ובליל התעניות אסור ביין ובשר - (עיין בתוה"ש, שנסתפק אי הלילה שלפני התענית קאמר, או שאחר התענית, משום דבקדשים הלילה הולך אחר היום,

הלכות נדה
סימן קפה – דין אשה שאמרה טמאה אני ואח"כ אמרה טהורה אני

והרי התענית במקום קרבן, **ומסיק** בשם מהרש"ל, דראוי לנהוג, שלא יאכל בשר ולא ישתה יין בליל שלפני התענית, ובליל שאחר התענית).

(**ועי'** בא"ח סי' תקס"ח ס"ד בהגה, דמבואר שם דשלשה ימים רצופים עם הלילות חשיב כמ' יום, **ובאדם** חלש סגי בב' ימים, **והמג"א** כתב, דמ"מ יותר טוב שיצום מפוזרים, שבכל עת יהיה לבו נכנע, ויהיו חטאיו נגדו תמיד, **ועי'** בתשו' חת"ס שכתב, דהמקובלים כתבו להתענות ע"ב יום, אך הם דברו במזיד, **ואם** חטא ב' פעמים בכניסה ויציאה, יתענה ב"פ כבה, **והאשה** היכא דצריכה כפרה, מאחר דנשים תשושי כח הן, יש להקל עליהן בתעניתם, **ואף** אם אחד מהם פטור, מ"מ יתענה ב' ימים, או יפדה, דלא יהא אלא נתכוין לבשר טלה, ועלתה בידו בשר חזיר, והעיקר להתוודות).

ואם לא יוכל להתענות, יפדה כל יום בממון, שיתן לצדקה כפי ערך ממון שיש לו, כי עשיר יתן יותר קצת מעני, ויש מחמירין בתשובתו. וכל המרבה לשוב, זכות הוא לו.

(**ועי'** בת' חת"ס, דהיכא דצריך כפרה, אין חילוק אף אם לא הגיע לעשרים שנה, דודאי משנעשו בני מצוה בשנים וסימני', מתחייבי' בכל חיובי תורה בב"ד של מעלה ושל מטה, **ומה** שנמצא במדרשות שבני כ' נעשו ב"ע למעלה, לא נאמר זה אלא בעונשים על חטאים המחודשים לשעה, כגון עונשי דור המדבר כו' ע"ש, **וקצת** חידוש שלא הזכיר הגמ' דשבת דפ"ט ע"ב, ושם לא משמע הכי).

והאשה אינה צריכה כפרה - (ועי' בנוב"י, וכ' הוא ז"ל לבאר דברי הרמ"א, דהנה יש שלשה חלוקים בזה, **אשה** שיש לה וסת, בשעת וסתה ובעונה הסמוכה דאסורה לשמש, אם עברה ושמשה, ומצאה אח"כ על עד שלו, אפילו בדקה לפני תשמיש, צריכים שניהם כפרה, ואין כאן אונס שהרי היה להם למנוע מתשמיש, ומזה לא מיירי הרמ"א ולא המחבר כלל - **נ"ל** הטעם, כיון דעתה אין נ"מ לענין קרבן, רק לענין אם צריכים כפרה ותשובה, והרי גם אם לא מצאה דם כלל צריכים ג"כ כפרה - **ב'**. אשה שאין לה וסת כלל, שלזו הרמב"ם והרא"ש מצריכים אותה בדיקה תמיד לפני התשמיש, כמבואר בסי' קפ"ו ס"ב, ואם לא בדקה אין זה אונס, **אמנם** אם בדקה אנוסים הם על תחלת התשמיש, **אבל** על הפרישה שפירש באבר חי, יש חילוק, **אם** אמרה לו נטמאתי ופרוש ממני, הרי גם היא רצונה בפרישה, הרי הרצון והנאה נחשבים גם לה למעשה, וק"ו אם סייעה בהפרישה, שגם היא נשמטת מתחתיו, ואף היא חייבת, ומזה מיירי אוקימתא דמס' שבועות, **אמנם** אם אמרה לו רק נטמאתי, ולא אמרה פרוש ממני, א"כ מה שהודיעה לו, היינו שימתין עד שימות האבר, ואם פירש באבר חי, היא נחשבת אנוסה, ואינה צריכה כפרה, והוא צריך כפרה, ומזה מיירי המחבר והרמ"א ז"ל. **ונקט** המחבר לשון המשנה, היה משמש עם הטהורה, בה"א הידיעה, הטהורה בודאי, דהיינו שבדקה לפני תשמיש, ואפ"ה אם פירש באבר חי חייב על הפרישה, וע"ז כתב רמ"א שהאשה א"צ כפרה, שהיא אנוסה ממש, בין על הכניסה שהרי בדקה, בין על הפרישה שהרי לא אמרה לו פרוש).

ואם שמשה שלא בשעת וסתה, ומצאה אחר התשמיש דם, אפי' נמצא על עד שלו, מקרי אונס, אפילו לא בדקה תחלה, וא"צ כפרה לא הוא ולא היא - (דהיינו שיש לה וסת ושמשה שלא בשעת וסתה, בזו אפי' לא בדקה תחלה מקרי אונס. **וההפרש** בין תחלת דברי הרמ"א ובין סיום דבריו הוא, שבתחלה מיירי באין לה וסת כלל, אלא שבדקה, וסיום דבריו הוא ביש לה וסת, ושמשה שלא בשעת וסתה).

‹**אבל** אם נתחלפה לו אשתו בערוה, חייב, וה"ה אם נדה היא וסובר טהורה היא, צריך כפרה, בית הילל – בה"ט›

(**ועי'** בשו"ת מאיר נתיבים, שכתב באשה שפשטה חלוקה בלילה קודם השינה, והיה שלא בשעת וסתה, והיתה עם בעלה באותה הלילה, ולמחר לבשה חלוקה בעמדה מעל משכבה, ומצאה בו כתם, דא"צ כפרה, **ולא** דמי למ"ש הבית הילל, וה"ה אם נדה היא כו', דהיינו בענין שיש לומר הו"ל למידע, **אבל** הכא לא שייך כלל הו"ל למידע, דלא מצינו שתהא האשה מחוייבת לבדוק חלוקה, שמא תמצא בו כתם, כל שלא הרגישה כלל, **ולכן** א"צ כפרה, בפרט באיסור כתמים אין להחמיר כ"כ).

(**ועי'** בת' חת"ס, מי שבא על אשתו שלא בשעת וסתה, ביום ל"א לראייתה, ואז הרגישה כובד באברים, וזה דרכה בכל עת זיבת דמה, **וכתב** דאף דעברו ימי וסתה, ושוב אין לבעל לחוש כלל, מ"מ מאחר שהרגישה הכובד,

תקט הלכות נדה
סימן קפה – דין אשה שאמרה טמאה אני ואח"כ אמרה טהורה אני

וזהו וסת הגוף, היה לה לחוש לו, **ומה** שחשבה עצמה למעוברת, ולא חששה כלל לכובד אברים, מחשבת שטות הוא, להתיר פתח לחטאת רובץ, **ע"כ** אם קודם התחלת התשמיש הודיעה לבעלה שמרגשת כן, שניהם בסורה על רעות שתים, על הכניסה ועל הפרישה, **ואע"ג** דלענין חטאת אינם חייבין אלא כל א' חטאת א', דהו"ל ב' זיתי חלב בהעלם אחת, **מ"מ** תשובה וכפרה מיהא בעי על כל כח וכח, **ואם** לא הרגישה עד תוך התשמיש והודיעה לו, הבעל שוגג, והיא פטורה דאנוסה היא, **ואם** לא הודיעה לו כלל, הוא אונס ופטור לגמרי, והיא האשה קרובה למשמשתו נדה, וצריך לאיים עליה הרבה, שלא תבוא להכשיל בעלה עוד, **ולענין** אם צריכה כפרה, יש ספק בדבר), «כדלעיל, אי היא נחשבת אנוסה או מזידה».

(**עוד** בת' חת"ס, באשה שאירע לה פחד פתאום, ואח"כ בלילה שמשה, ולמחר מצאה סדינה מלוכלך בדם, וגם על עד שלו, שבודאי בשעת תשמיש היה, **וכתב** דאין צריכים כפרה, כיון דהיה שלא בשעת וסתה, **ואף** שקודם תשמיש נתפחדה, והפחד עלול להביא דם, כדאיתא בנדה ע"א, **היינו** שהפחד מרפיא ומתחלחלת לשעה ברגע הפחד ומרגשת בעצמה, ואיננו כשאר מקרים שחיישינן שמא ראתה טיפת דם כחרדל, או שמא ארגשה ולאו אדעתה וכדומה, כי אם יצא ממנה דם, יצא בשפע ולשעתו ובהרגשה רבה, כי זה ענין חלחול דקרא, ותתחלחל המלכה, **ואם** לשעתה לא הרגישה, תו לא חיישינן לה להצריכה בדיקה או פרישה כלל, וממילא בנ"ד א"צ כפרה).

(**עוד** בת' חת"ס, אודות אשה שמצאה כתם והראתה לחמותה, ואמרה שהיא טמאה, ושוב הראתה למרשעת אחת, ואמרה שאם הכתם חולף הולך ע"י רוק, *הרי היא טהורה, וסמכה האי שטיא על המקילה, ושמשה עם בעלה, ושוב נודע הדבר לחמותה, וצוחה כי כרוכיא, **וכתב** דפשיטא דתרווייהו צריכים כפרה, ומכ"ש המרשעת הזאת שהורה רעה להכשיל אחרים שראויה לעונש מר, **ומ"מ** אף שהם קרובים למזיד, אין להחמיר עליהם טפי מהמבואר ברמ"א ס"ס קפ"ה, כיון דליכא אלא איסור דרבנן).

*(**עיין** סדרי טהרה סי' ק"צ ס"ק נ"ב מ"ש בזה), «וז"ל: כתב בספר שלטי גבורים, דאם כשרקקה על הכתם חלף והלך לו מיד, זו סימן טהרה, **ובשו"ת** דבר שמואל מפקפק על בדיקה זו דשפשוף הרוק, אחר שאין לנו קבלה והוראה ברורה מחז"ל על זה, איך יערב לבנו לסמוך ולהקל על דברים בלתי מובנים, ושלא נמצא פירושם בספרי הפוסקים, עכ"ל עיין שם».

§ סימן קפו – דיני בדיקת אשה בין לפני תשמיש בין לאחר תשמיש §

סעיף א - אשה שיש לה וסת קבוע, אינה צריכה בדיקה כלל, לא לפני תשמיש ולא לאחר תשמיש. ואדרבה, אין לה לבדוק בפני בעלה בשעת תשמיש, כדי שלא יהא לבו נוקפו. והרמב"ם ז"ל מצריך לבדוק אחר תשמיש, היא בעד אחד והוא בעד אחד, ולראות בהם, שמא ראתה דם בשעת תשמיש - «אפי' מינקת ומעוברת וזקנה וקטנה - רעק"א». (**כתב** הר"ד עראמה, דאשה שלא ראתה מעולם, דהיינו בתולת דמים, בחזקתה קאי, וא"צ בדיקה לבעלה). **ולדעתו, הצנועות בודקות עצמן אף קודם תשמיש. (והסברא הראשונה היא עיקר, וכן נהגו).**

סעיף ב - אם אין לה וסת קבוע, שלש פעמים הראשונים צריכין לבדוק קודם תשמיש ואחר תשמיש, הוא בעד שלו והיא בעד שלה, ואם הוחזקה באותם שלש פעמים שאינה רואה דם מחמת תשמיש, שוב אינה צריכה בדיקה כלל, לא לפני תשמיש ולא לאחר תשמיש - באמת כן הבינו הפוסקים, הלא המה הרמב"ן והרשב"א והרא"ש והר"ן ושאר פוסקים, דברי הרי"ף, דס"ל כפי' השני שסתר רש"י, והוא פירוש ר"ח, והלכה כרבי חנינא בן אנטיגנוס דצריכה לבעלה בדיקה, ומשמשת בעדים ג"פ הראשונים, **והאריך** הרא"ש לסתור דברי הרי"ף, והסכים להלכה דלא בעי בדיקה כלל, אלא שלא מלאו לבו להקל נגד פי' ר"ח, וגם הרשב"א והר"ן נדחקו ליישב דברי הרי"ף, ולא מלאו לבם להקל נגדו, אע"פ שלענין הדין נראה מדבריהם עיקר להלכה דלא בעי בדיקה כלל לבעלה, ע"ש בדברי כל המפרשים הנזכרים, שנראה מתוך דבריהם בעצמם שדבריהם דחוקים, **אבל** באמת לא ירדתי לסוף דעת כל אלו הגדולים, איך עלה על לבם שדעת הרי"ף לפסוק הלכה כר' חנינא ב"א, דאשה שאין לה וסת צריכה בדיקה

הלכות נדה
סימן קפו – דיני בדיקת אשה בין לפני תשמיש בין לאחר תשמיש

לבעלה... **משום** דכיון דהאידנא דליכא טהרות, לא בעינן בדיקה כלל... **אבל** האמת יורה דרכו, דדעת הרי"ף כדעת כל הפוסקים, דאפי' אשה שאין לה וסת, לא בעיא בדיקה לבעלה כלל, לא לפני התשמיש ולא לאחר התשמיש... **מיהו** נ"מ באשה שראתה דם מחמת תשמיש, דצריכה בדיקה ג"פ, ומשמשת בעדים... **וכל** שלא ראתה מחמת תשמיש א"צ בדיקה כלל... **ולכך** כ' הרי"ף, וכבר פירשנוה בכתובות, משום דהכא לענין נדה לא נ"מ במאי דהלכה כרחב"א, ‹ואע"ג דנ"מ בראתה פ"א כנ"ל, מ"מ עיקר הנפקותא לענין כתובה – מחה"ש›, **רק** לענין כתובה נ"מ דהלכה כרחב"א, ‹דאפי' ראתה דם פ"א›, דלא הפסידה כתובתה עד שתשמש ג"פ... **או** אפשר דלענין כתובה שהוא ממון, מצי הבעל למימר כיון דאין לך וסת, ‹אפי' עדיין לא ראתה דם מחמת תשמיש›, איני רוצה ליתן לך כתובה ולשמש עמך אלא בעדים, שמא תהיה רואה דם מחמת תשמיש, ומשמש בעדים ג"פ שתהא יוצאת שוב מחשש רואה דם מחמת תשמיש, **אבל** ודאי אי הבעל לא קפיד משום כתובה, לענין איסור נמי לא בעי בדיקה כלל, כן נ"ל וזהו ברור ואמת בדעת הרי"ף... **ומעתה** כיון דדעת כל הפוסקים, דאשה שאין לה וסת לא בעיא בדיקה כלל, לא לפני התשמיש ולא לאחר התשמיש, אלא שלא מלאו לבם להקל נגד דעת הרי"ף, וכבר נתבאר דאדרבה נהפוך הוא, דדעת הרי"ף, דכל לבעלה לא בעיא בדיקה כלל, וכמו שמוכח הסוגיא פ"ק דנדה וכמה דוכתי, א"כ ודאי דהכי קי"ל, ואפילו רוצה להחמיר על עצמה ולבדוק קודם תשמיש או לאחר תשמיש, לא שבקינן, דאם כן לבו נוקפו, וכמדומה שכן עמא דבר.

(**עיין** בתוה"ש שכ', דבמקום שנהגו להקל אין להחמיר, **אבל** בלא"ה אין להקל נגד פסק המחבר והרמ"א).

(**ועח"ד** שכתב, דאף האומרים דא"צ בדיקה, היינו בדיקת חורין וסדקין לא בעי, אבל מ"מ צריכה קנוח, ‹**ויש** גורסין: דאף האומרים דצריכה בדיקה, מ"מ בדיקת חורין וסדקין לא בעי, ודי בקנוח›, **ולהשהות** העד על גופה כשיעור וסת המבואר בסי' ק"צ סנ"א, ולמחר תעיין בו, וראוי לכל אדם לעשות כן, לחוש לדברי ר"ח ורוב הפוסקים והמחבר והרמ"א, **והקנוח** צריך להיות בשעה שאינה שוכבת אפרקיד).

(**עוד** כתב שם, דאם ראתה פ"א בליל תשמיש, אפי' במופלג מהתשמיש, מחויבת שוב בדיקה אחר תשמיש, כיון דאתייליד לה ריעותא פ"א, **ואם** היא אשה שאין לה וסת, צריכה ג"פ בדיקה, שתתחזק באין רואה מ"ת, **וביש** לה וסת, א"צ בדיקה רק פ"א אח"כ, ואם לא מצאה, שוב א"צ בדיקה).

ולהרמב"ם והרא"ש, כל זמן שאין לה וסת צריכה היא בדיקה לעולם, קודם תשמיש ואחר תשמיש, והרמב"ם מצריך שגם הבעל יבדוק עצמו אחר תשמיש – ‹הש"ע לא הביא דעת הרמב"ם והרא"ש אלא שראוי לבעל נפש לחוש לדעתם, אבל העיקר כסברא הראשונה שהביא בסתם כנודע – הגר"ז›.

(**עי'** בתשובת מהר"ם פדוא"ה שכתב, דאפילו אשה שאין לה וסת, אם היא מעוברת שמסולקת דמים, א"צ בדיקה, כ"כ המ"י והס"ט בשמו, **ונראה** פשוט דה"ה למניקה דחד טעמא הוא).

הגה: ואין צריכין לבדוק עצמם אחר כל תשמיש ותשמיש שעושין בלילה אחת, אלא מקנחין עצמן כל הלילה בעד, ולמחר צריכין בדיקה, ואם מצאו דם טמאה – ‹ס"ט מבאר, דהיינו דצריכים לבדוק כל פעם, אבל אינם צריכים לעיין בעד הבדיקה עד הבוקר›.

(**עיין** בשו"ת תשובה מאהבה, דצ"ע אי גם קודם התשמיש, תוכל לבדוק על סמך שתראה למחר על העד, או דוקא בבדיקה שאחר תשמיש יכולה לעשות כן, אבל קודם תשמיש, צריכה לבדוק ולראות לאלתר).

קינחה עצמה בעד, ואבד, לא תשמש עד שתבדוק עצמה, הואיל ואין לה וסת.

סעיף ג - אשה שאינה רואה בפחות מי"ד ימים אחר טבילתה, אבל לאחר י"ד ימים אין לה קבע , עד י"ד יום דינה כדין אשה שיש לה וסת.

סעיף ד - יש לאדם להניח את אשתו שתבדוק בעד שלו, מתוך שנאמנת על שלה, נאמנת על שלו.

סעיף ה - אם ראתה דם מחמת תשמיש ג' פעמים רצופים, אסורה לשמש לעולם עם אותו בעל, ויתבאר בסי' שאחר זה.

סימן קפז – דיני אשה הרואה דם מחמת תשמיש

§ סימן קפז – דיני אשה הרואה דם מחמת תשמיש §

סעיף א - אשה שראתה דם מחמת תשמיש מיד, בכדי שתושיט ידה לתחת הכר או לתחת הכסת, ותטול עד לבדוק בו ותקנח עצמה - כלומר דאם ראתה מיד בשיעור זה, אף על גב די"ל דאחר תשמיש ראתה, מ"מ כיון דהיתה חייבת אשם תלוי, מקרי רואה מחמת תשמיש, **אבל** אחר השיעור הזה מותרת, אע"ג די"ל קודם לכן ראתה, יצאה מכלל רואה מחמת תשמיש, כן משמע בפוסקים.

ולפי זה לדידן דקי"ל דכל סמוך לתשמיש מקרי רואה מחמת תשמיש, וכמ"ש הרב, היינו דוקא בידוע בודאי שראתה סמוך לתשמיש, **אבל** אם במופלג אחר התשמיש בדקה עצמה ומצאה דם, אע"ג די"ל דראתה בשעת תשמיש, מותרת, (**עח"ד** שכתב, דמ"מ אסורה מכאן ואילך לשמש שני תשמישין בלילה אחת, משום עונה הסמוכה לוסת, עד שתעקר ג"פ, דהיינו שתשמש ג"פ ולא תראה, ע"ש), **וכ"ש** באשה שראתה ג"פ בבוקר בליל טבילתה, כשקמה ממטתה מצאה על כתונת שלה ריבוי דם, שהיא מותרת.

פסק הגאון אמ"ו ז"ל בתשובתו, דאף אם תשמש אשה זו עוד פעם אחת או ב', ותמצא מיד בשעת תשמיש, מותרת, ולא אמרינן אגלאי מילתא למפרע שהיה ג"כ בשעת תשמיש, אלא ימים הראשונים יפלו, ומכאן והלאה חושבנא, **וכל** זה ברור, לא הוצרכתי לכתבו אלא להוציא מלב הקורא בדברי הרב, שחלק על תשובת הגאון אמ"ו ז"ל בענין זה.

והדבר פשוט, דכל היכא דלא מיקרי רואה מחמת תשמיש, אפילו ראתה כמה וכמה פעמים מותרת, וכן הוא בדברי האחרונים, וכ"כ בתשובת מהר"מ מלובלין, דאין חילוק בין שמשה ג"פ, או מ' ונ' פעמים.

ואם בדקה מיד אחר תשמיש ולא מצאה כלום, ואח"כ ראתה אפילו תוך שיעור זה, לא מיקרי רואה מחמת תשמיש.

משמשת ג"פ, אם בכל ג' פעמים רצופים ראתה דם - ג"פ עם הראשון, דהיינו עוד ב' פעמים, בלי הפסק תשמיש של היתר בינתים, **אבל** א"צ ג' לילות רצופים.

(**ועי'** בתוה"ש שכתב, דוקא קאמר המחבר ג"פ, שכן דעת הראב"ד, דקמייתא לאו ממנינא הוא, כיון דמעיקרא לא בדקה, וכן דעתו ברור לדינא, **ועיין** בתשובת ח"ס שכתב, דנראה שזה ג"כ דעת הגאון נו"ב, אך הפלתי וס"ט אין דעתם להקל בזה, **ולכן** מסיק בנידון דלקמן, דאילו היה השאלה אחר ב"פ, לא הייתי מקיל שלא לצרף ראיה ראשונה, אך מאחר שכבר עברו ג' תשמישים כו').

(**עיין** ח"ד שכתב, דאם בדקה עצמה ב"פ סמוך לתשמיש ומצאה דם, ואח"כ שמשה כמה פעמים בלא בדיקה כלל, ואח"כ שמשה פ"א ובדקה ומצאה דם, הוי כג"פ רצופים והוחזקה ברואה מחמת תשמיש).

(**ועי'** בשו"ת שיבת ציון, שנשאל באשה שאמרה שראתה ג"פ רצופים דם מחמת תשמיש, ואחר כך כשחקר הרב אימתי היתה הבדיקה, אם היה בכל ג"פ תיכף אחר תשמיש, אמרה בפעם שניה לא בדקה עצמה תיכף מחמת שלא הרגישה כלום, רק ביום שלאחר הטבילה בדקה ומצאה דם, **מה** דינה, ואם האשה נאמנת ע"ז אם אין זה חזרה מדבריה הראשונים, שאמרה סתם שג"פ ראתה אחר תשמיש, **והשיב**, דזה ודאי שאין זו בגדר רואה מחמת תשמיש, כיון דבפעם ב' לא בדקה תיכף, ולא אמרינן איגלאי מלתא כו', כמ"ש הש"ך - **אמנם** אם יש ג"פ לבד זה, אסורה כנ"ל בשם ח"ד - **ולענין** אם היא נאמנת, פשיטא דנאמנת שהרי אין כאן חזרה, כיון שיכולה לתרץ דבריה, ולא היה במשמעות דבריה ענין איסור ברור).

(וכ"ש אם מצאה ג' פעמים דם על עד שלו) - דבכה"ג אפי' מצאה זמן מופלג אחר התשמיש, מקרי רואה מחמת תשמיש, דע"כ מחמת תשמיש הוא.

(**ועי'** בשו"ת אא"ז פנים מאירות, דכ"ז מיירי שנמצא בעד שלו שהוכן לקנח בו אחר תשמיש, וקנח עצמו בו, **אבל** אם לא קנח בעד שלו, רק שנמצא בכותנתו, א"כ לא הוי רק כמו שאר כתם הנמצא, ולא מצינו שנחוש בכתמים בבגד האיש כ"א בבגדי אשה ע"ש, **וכ'** הס"ט דאפילו אם נמצא נמי בכתונת שלה, י"ל דבא לאחר זמן שיעור אשם תלוי, ומה שנמצא בשלו דילמא מעלמא אתי).

הלכות נדה
סימן קפז – דיני אשה הרואה דם מחמת תשמיש

אסורה לשמש עם בעל זה, אלא תתגרש ותנשא לאחר – [לפי שאין כל האצבעות שוות].

(**עי'** בתשו' נו"ב שכתב, דאם ראתה שפע דם אין להתירה להנשא לאחר, שעיקר ההיתר שמותרת לשני, כ' הסמ"ג דאיכא ספק ספיקא, שמא מהצדדים, ושמא אצבע של השני לא תהיה שוה לראשון, אבל כשיורד בשפע והוא ודאי מן המקור, אין כאן ס"ס, **ואף** אם בב' פעמים ראשונים לא ראתה בשפע, רק בפעם הג', אין הדבר ברור להתירה לאיש אחר, **ואפילו** בדיקת שפופרת יש לפקפק בה, כיון שע"י שפע דם שיצא ממנה נתברר שהוא מן המקור, הרי היא בכלל כל הממלאה ונופצת).

(**עיין** בתשובת נו"ב, שהמציא היתר לרואה מ"ת, באם בשעה שראתה מ"ת עדיין לא היה לה וסת קבוע כלל, ואח"כ נקבע לה וסת קבוע, בין בימי החודש בין וסת הפלגה, **משום** דהא דרואה ג"פ מ"ת אסורה, היא מטעם וסת, דאמרינן קבעה לה וסת במעשה התשמיש, והרי קי"ל בסי' קפ"ט סעיף י"ז, דוסת שנקבע מחמת אונס, כגון שקפצה וראתה, אפילו אירע כן כמה פעמים, אינו כדין וסת קבוע אם לא קבעה אותו לימים, רק דמ"מ חוששת לו אם אירע ג"פ, כמו לוסת שאינו קבוע, **ומעתה** זהו עצמו דין אשה הרואה מ"ת, דהרי מה בין קפיצה לתשמיש, וא"כ כיון דהוא רק וסת שאינו קבוע, לפ"ז בנדון הנ"ל כיון שנקבע לה וסת קבוע, שוב אינה חוששת לוסת שאינו קבוע כלל, אפילו לא נעקר עדיין הוסת שאינו קבוע, כמבואר בסי' קפ"ט בש"ך סק"מ, שאפילו לא הגיע עדיין יום ל', כיון שנקבע יום כ' א"צ לחוש, וא"כ שוב א"צ לחוש לוסת התשמיש כלל, **ושוב** נסתפק עוד לפ"ז, באשה שיש לה וסת קבוע כבר, אם לאסור אותה מחמת רואה מחמת תשמיש או לא - וטעם הס' בזה, הוא ע"פ הספק שאכתוב בשמו בסימן קפ"ט סל"ב - **וכן** הורה בנו"ב הלכה למעשה, באשה הרואה מ"ת שלא היה לה וסת, אם תקבע לה וסת קבוע, שיהא קבוע לכל הפוסקים, אז היא מותרת לשמש עם בעלה, **ואם** שוב תראה מ"ת פעם ראשון, אז פעם השני תפרוש ליל טבילה ותשמש בלילה שאח"כ, ואם שוב תראה מ"ת, תחזור ותטבול ותשמש פעם שלישי, ואם שוב תראה אז תבא לשאול לגדולי הדור, ר"ל כי יש בזה הספק הנ"ל, כיון שאחר שנקבע לה וסת קבוע ראתה ג"פ, **ואף** שכתבתי שעדיין לא מצאתי סמך לזה בדברי הראשונים, מ"מ באשה ילדה כזו, ושלא לאוסרה לכל העולם - דעשתה בדיקת שפופרת ונמצא על המוך - צריך אני לכנוס בפרצה דחוקה, עכ"ל, **ועיין** ח"ד שחולק עליו, וכתב דחלילה לסמוך עליו בזה, חדא דרואה מ"ת לאו מטעם וסת לחוד נאסרה, רק מטעם חשש חולה הממלאה ונופצת, דאפילו בימי עיבור והנקה שאינה חוששת לוסת, חוששת ברואה מ"ת, **וגם** במ"ש דאשה שיש לה וסת קבוע א"ח לוסת שאינו קבוע, כתבתי בסי' קפ"ט דליתא, עכ"ד).

(**ואסורה** לשמש עם בעל זה, אפילו בימי עיבור והנקה, וכן אם ראתה ג"פ בימי עיבור והנקה אסורה - ח"ד, **אכן** בתשובת נו"ב כתב בפשיטות, דאם נתעברה בביאה שלישית שראתה מחמת תשמיש, תמתין עד שיהיה הוכר עוברה, ומותרת לבעלה כל ימי עיבורה ומניקתה - וטעם מחלוקתן מבואר לעיל).

(**וכתב** עוד, אם גם בימי עיבורה תראה מ"ת, תחזור ותיאסר, ואף אם לא תראה, מ"מ כשיפסוק ימי העיבור וההנקה תחזור לאיסורא, דמה שלא ראתה בימי עיבור והנקה, לא מהני לעקור הוסת הראשון שקבעה לראות מ"ת, **והנה** מ"ש דאם גם בימי עיבורה תראה מ"ת תחזור ותיאסר, בסי' צ"א הוסיף ביאור בזה, דלכאורה אם ראתה ג"פ מחמת תשמיש בימי מניקתה, אי אסורה כל ימי מניקתה, זה תלוי ברבוותא, **דהט"ז** בסי' קפ"ט ס"ק מ"ח סובר, דאפי' לוסת שאינו קבוע חוששת מעוברת ומניקה, **אבל** הש"ך בסי' קפ"ד סקי"ט מביא בשם הגהת רש"ל ודרישה, דדוקא לוסת קבוע חוששת, וא"כ כיון דרואה מ"ת אינו נחשב וסת קבוע, לא היתה צריכה לחוש כל משך כ"ד חודש, **אלא** שאין רצוני לתקוע עצמי בזה שנחלקו בו הש"ך והט"ז - עמש"ל סי' קפ"ד, דהש"ך עצמו סובר ג"כ דאפילו בפעם ראשון חוששת - **וגם** אפשר דהא דוסת שנקבע ע"י אונס מיחשב אינו קבוע, הוא רק לענין עקירה, דנעקרה בפ"א, אבל לחוש לו בימי מניקתה אפשר שצריכה, **וגם** זה שתשמיש מקרי אונס אינו מוסכם, **וגם** דברי רמ"א בסי' קפ"ז ס"י, שכתב וכל זה אם כבר עברה ושמשה וכו', לשון עברה, מורה לאסור, **לכן** לא אקבע יתד בהיתר זה).

(**ובתשובת** ח"ס השיב, אודות אשה שראתה דם מחמת תשמיש ב' פעמים טרם שהוכר עוברה, ופעם ג' אחר שהוכר עוברה, נראה פשוט, אי היה כל הג' פעמים בימי עיבור אחר הכרת העובר, או בימי הנקה, ה"ל רואה

הלכות נדה
סימן קפז – דיני אשה הרואה דם מחמת תשמיש

דם מ"ת ממש, **ואע"ג** דקי"ל ס"ס קפ"ט, דאין אשה קובעת וסת בימי עיבורה ומניקה, היינו להיות כוסת קבוע, אבל מיחש חוששת, **ואם** כן כיון שראתה ג"פ מחמת תשמיש, צריכה שתחוש ואסורה לשמש, ואין ה"נ שנעקר בפ"א אם עברה ושמשה כו', **וגם** אשה זו שראתה נמי ב"פ קודם הוכר עוברה, ופעם ג' אח"כ, היא רואה מחמת תשמיש גמורה, **ומכ"ש** לפי מה שכתב הרב השואל, שעלובתא דא רגילה לראות לעולם ו' חדשים הראשונים בימי עיבורה בזמן וסתה, הרי אשה זו גרועה משאר נשים לענין זה, שאין עיבורה מסלק דמים, **אך** מאחר שכבר עברו ג' תשמישים, ואם נאסרה תתגרש ח"ו, וקשים גירושין, או שתבדוק ונפלין ברבוותא, נ"ל להקל ולסמוך הפעם אדעת הראב"ד, שלא לצרף ראיה ראשונה, כיון שלא בדקה תחלה, ותידון כרואה ב"פ מ"ת, **ועתה** לא ישמש עמה עד שתשאל לרופאים ותעסוק ברפואות, וכיון שאינה מוחזקת עדיין תוכל להאמין לרופאים שנתרפאת, ותשמש פעם ג', **ותראה** לדחות התשמיש הג' ההוא עד אחר ה' או ו' חדשים לעיבורה, שאינה עלולה לראות באותן הימים, דכל טצדקי שנוכל לעשות שלא תקלקל עצמה נעשה לה).

נשאת לאחר, וראתה דם מחמת תשמיש ג' פעמים רצופים, אסורה לשמש גם עם אותו בעל, אלא תתגרש ותנשא לשלישי. ואם גם עם השלישי ראתה דם מחמת תשמיש ג"פ רצופים, לא תנשא לאחר, אלא אסורה לכל עד שתבדוק – [שלא הוחזקה לראות מחמת כל האצבעות אלא עד השלישי, **והא** דלא נאסרה לשלישי אחר ביאה הראשונה, לפי שאין כל הכוחות שוות, ושמא בעילה הראשונה היתה בכח מרובה, ולא הוחזקה אלא בשלש ביאות לכל אחד ואחד].

הגה: וי"א שאין אנו בקיאין איזה מקרי מחמת תשמיש, כי אין בקיאין בשיעור הנזכר, ולכן כל שרואה ג"פ סמוך לתשמיש, מקרי לדידן מחמת תשמיש ונאסרה על בעלה - צ"ע אי מחמרינן מה"ט דאין אנו בקיאים, לאסרה לכל העולם, היכא שהוחזקה בשלשה אנשים כן.

ואלו ג"פ צריכים להיות רצופים, אבל אם לא היו רצופים לא נאסרה על בעלה. ואין חילוק בין אם ראתה ג' פעמים מיד שנשאה, ובין נתקלקלה אח"כ וראתה ג' פעמים. וכל זה לא איירי אלא בראתה סמוך לתשמיש, אבל אם לא ראתה סמוך לתשמיש, לא נאסרה על בעלה, ומותרת לו לאחר טהרתה תמיד, ודינה כמי שאין לה וסת.

(**עוד** חקר השיבת ציון על עיקר דין רואה מ"ת שנאסרת על בעלה, אם אומרת שראתה ג"פ מחמת תשמיש, אמאי לא נימא שאינה נאמנת שמא עיניה נתנה באחר, כמו באמרה טמאה אני לך, **והאריך** הרבה בזה והעלה, דלהכי נאמנת כיון דהיא מלתא דעבידא לגלויי, שהרי ביד הבעל תיכף כשאמרה לו שנטמאת, לראות בעד הבדיקה אם הוא אמת, **וכתב** דלפי זה דוקא אם האשה אמרה לבעלה בכל ג"פ תיכף אחר התשמיש שראתה דם, שייך בו מלתא דעבידא לגלויי, אבל אם אחר התשמיש לא אמרה לבעל, רק ביום שלאחר התשמיש אמרה כן, אפשר לומר שאינה נאמנת, ע"ש. **ולע"ד** איני מבין מה שהצריך דבכל ג"פ אמרה לבעלה תיכף, דלכאורה נראה דבשני פעמים הראשונים, אפילו אם אמרה אחר זמן רב נאמנת, כיון שאינה נאסרת מיד עד שתראה ג"פ, ועיקר הקפידה הוא רק על פעם הג', **גם** צ"ע על עיקר חקירתו, כיון דאפילו לבעל ראשון מותרת ע"י בדיקת שפופרת, כדעת רוב הפוסקים לקמן סעיף ג', א"כ לא דמי לאומרת טמאה אני לך, שאסורה עליו באין מזור ותרופה, משא"כ הכא לא שייך בזה לחוש שמא עיניה נתנה באחר, **בעת** ראיתי שדבריו נכונים בחקירה זו, דמשמעות הש"ע והפוסקים לקמן ס"ג, דבדידה תליא מלתא, אם האשה רוצה לבדוק עצמה תחת הראשון הרשות בידה, אבל הבעל אינו יכול לכופה על זה, וממילא יגרשה, א"כ שפיר יש לחוש שמא עיניה נתנה באחר, **ועוד** י"ל לפ"ד הנו"ב שהובא לקמן ס"ק י"ח, דאף המתירין לבעל הא' בבדיקה, היינו אם תמצא דם בצדדי השפופרת, אבל אם לא תמצא כלל לא מהני, וכן הוא דעת הס"ט שם, **א"כ** שפיר חקר בזה הרב שיבת ציון הנ"ל, דלמה נאמנת באומרת שראתה ג"פ מ"ת, נימא עיניה נתנה באחר, ובאמת לא ראתה כלל מ"ת, וא"כ גם ע"י בדיקת שפופרת לא תמצא כלל, ותהיה אסורה לו וממילא יגרשה ותנשא לאחר, ויש לעיין בזה).

(**ועי'** בתשובת חמדת שלמה במעשה שאירע, אשה אחת שלחה לשאול על סדין בתורת כתם, שהיה בו בכמה

הלכות נדה
סימן קפז – דיני אשה הרואה דם מחמת תשמיש

מקומות כתמים, ולא היה בכ״א כגריס, והמראה שבינתיים היה מקום ספק אם מצטרף, **וכאשר** שלח המורה לחקור אם יש לה במה לתלות, השיבה כי יש לתלות בבעלה, לפי שתיכף אחר התשמיש קינח הבעל את האבר בהסדין, והסדין היה נקי ובדוק, וזה אירע ד׳ וה׳ פעמים, וטמאתה את המראה כי לא ידעה דבר שיהיה בזה דבר חמור, ובכל פעם היא בודקת עצמה בשחרית אחר התשמיש, ואינה מוצאת שום דבר, ולבעלה כאב בצידו, והכאב נמשך לפעמים לפניו סמוך לאבר, ובשתן לא נמצא שום אודם, גם לא שום כאב, רק זה מקרוב נראה על סדינו שהיה מלוכלך בש״ז כעין מראות אדומים ששלחה לשאול, ולאשה הנ״ל יש לה וסת קבוע, **והאריך** בזה דיש לצדד להקל, דאין זה בגדר רואה מחמת תשמיש, לפי מה שבא השאלה, דאין הדבר ברור שהיה יותר מכגריס, גם הוא מקום שהפישפשין מצויין שנוכל לתלות כתורמס, **גם** נראה שלא היה בבירור במקום שהבעל קינח עצמו, רק שרגיל לקנח שם, **גם** לפי הנראה לא מצאה תיכף בלילה אחר קנוח בעלה, ולא ראתה הכתם עד הבוקר, מעתה אינו בגדר עד הבדוק, כיון שנוכל לתלות שאח״כ נעשה ע״י מאכולת, וכדאיתא בסי׳ ק״צ סל״ד, ואע״ג שנמצא איזה פעמים, עכ״ז נראה דלא יצא מדין כתם שתולין במה שיכולין לתלות, **ואפילו** הוי בגדר ספק, מ״מ נוכל לצרף בזה דעת המרדכי שהקיל הרמ״א, באשה שיש לה וסת, אם יש מקום לתלות במכה, אע״פ שאינה יודעת שמכתה מוציאה דם, ונראה דתליה זו במאכולת עדיף, כיון דעכ״פ אינו ברור שהיה יותר מכגריס כו׳, ובפרט שיש ג״כ מקום לתלות בבעל, **ע״כ** דעתי להקל אם יסכים עוד רב מוסמך להתירא, לשמש עוד עכ״פ פעם א׳, ושתבדוק אח״כ היא ובעלה כדי לעמוד על הבירור, ובוודאי נכון הדבר לתקן מה דאפשר לשמש בליל שני, **ויותר** נכון להתיר לה לטבול ביום ח׳ קודם מנחה, ותלך לביתה בלילה ומותרת לשמש מיד, כיון דהוי לאחר עונת הוסת, **גם** י״ל דמלילה ליום לא קבעה, **ואם** תטבול בלילה אולי ח״ו תראה עי״ז, ע״כ נראה דהוי לצורך, **רק** בזה לא יהיה עקירת וסת אם לא תראה, כיון שלא טבלה בלילה ונתיישב בזה אח״כ, **גם** יש לעשות מאי דאפשר לבוא לידי בירור אם הוא מהבעל, לראות אחר קינוח אולי נשאר בפי האמה, וגם לבדוק מ״ר שלו שמטיל פעם ראשון אחר התשמיש).

סעיף ב׳ - כיצד בודקת, נוטלת שפופרת של אבר, (פירוש קנה חלול של עופרת) - כתוב בתשו׳ משאת בנימין, דה״ה גם בשאר מיני מתכות, **לאפוקי** של עץ דלא, דמסרטט, **ונ״ל** דה״ה של ברזל דלא, דמסרטט.

(**וצל״ע** לענין דיעבד שבדקה בשל עץ, אי מהני הבדיקה, **ולכאורה** נראה דמהני, שהרי הטעם דמסרט הוא, דשמא באמת לא יהא דם רק ע״י הסירוט יוציא דם ותמצא על ראשו ונטמא אותה בחנם, וא״כ הוא רק להקל עליה, **אבל** אם בדקה בשל עץ ואפ״ה לא נמצא על ראשו, מהני, **אמנם** נראה לפמ״ש דאם מצאה בצדדי השפופרת קיל יותר מאם לא מצאה כלל, מ״מ בנ״ד לא ניתן לה הקולא של מצאה בצדדים, רק דינה כמי שלא מצאה כלל, דחיישינן דמה שנמצא הוא ע״י הסירוט, וצ״ע).

(**עוד** כתב המ״ב, דיש לעשות השפופרת כשיעור אבר בינוני, וכ״כ בתשו׳ אמונת שמואל).

ופיה רצוף לתוכה, ונותנת בתוכה מכחול ובראשו מוך – [מכחול פי׳ קיסם, **ואי הכניסה הקיסם לבד, לא היתה יודעת אם מהמקור אם מהצדדין, ע״כ תכניסנו בשפופרת שמפסיק בין הקיסם לצדדים, והמוך הוא בשביל שיהא הדם ניכר בו, ועוד שלא יסרט ויוציא דם**].

ומכנסת אותו באותו מקום עד מקום שהשמש דש - כתב בתשובת משאת בנימין, שא״צ להכניס השפופרת עם המכחול והמוך רק עד מקום שהיא יכולה, ומשערת בעצמה לפי אומד דעתה שהגיע עד מקום שהשמש דש, ואשה בעצמה נאמנת ע״ז, **וא״צ** כלל לדחוק השפופרת למקום צר ודוחק, ואין לנו לחוש שמא לא הכניסה כשיעור דישה, דלא ניתנה תורה למלאכי השרת. ‹**ועיין** לקמן בפת״ש מה שכתב החת״ס›.

(**עי׳** בתוה״ש שדקדק מדברי הרמב״ם, שמתחלה מכנסת השפופרת עד מקום שהיא יכולה, ואח״כ מכנסת המכחול בתוך השפופרת ובראשו מוך, ודוחקת אותו עד שתגיע סמוך לצוארי הרחם, וע״ש הטעם, **וכתב** הס״ט, דה״ה כשהיא מוציאה, תחלה מוציאה המכחול מתוך השפופרת, ע״ש).

הלכות נדה תלה
סימן קפז – דיני אשה הרואה דם מחמת תשמיש

נמצא דם על ראשו בידוע שהוא מן המקור, ואסורה - (עי' בתשו' נו"ב שכתב, דשוב אין מועיל לה שום בדיקת שפופרת, אפילו ששוב תבדוק ותמצא בצדדי השפופרת, או שלא תמצא כלל, נשארה לעולם באיסורה, **וגם** על רפואת הרופאים אין לסמוך אחר בדיקה, **זולתי** אם תפיל חררת דם, אזי תחזור להתירה, ע"ש, **וכ"כ** בח"ד, דאפילו בדקה שוב אח"כ כמה פעמים ונמצא בצדדין, אסורה, דחיישינן שמא היא רואה מחמת חימוד תשמיש, **ואם** עברה ושמשה ג"פ ולא מצאה דם, הותרה, ע"ש, **מיהו** זה דוקא בבדיקה שאחר בעל הג', אבל בבדיקה שאחר בעל הראשון, יש לה תקנה, דאם בדקה עצמה תחת בעל הראשון ומצאה דם על ראש המוך, ואח"כ בדקה ולא מצאה על דם ראשו, מותרת לבעל שני, ואסורה לבעל הראשון).

ואם לאו, בידוע שהוא מן הצדדין, ומותרת - משמע דאם לא נמצא על המוך, בין שנמצא בצדדי השפופרת, בין שלא נמצא עליו כלל, מותרת, וכ"כ הב"ח, **וכתב** הטעם דאילו היה מן המקור, גם עכשיו היה נמצא על ראש המכחול, **וכן** הוא בתשובת מיימו' בשם ריצב"א, וז"ל, נ"ל דאפילו בדקה עצמה על ידי שפופרת ולא מצאה דם כלל, מותרת לשמש אחר כך, דלמא נתרפאה, שהרי ע"י הכנסת השפופרת רגילה לראות כמו על ידי אצבע כו' ופשוט הוא.

(**ומשמע** דגם אם לא נמצא כלל, אפילו ראתה אח"כ כמה פעמים, מותרת, דתלינן שהוא מן הצדדים, וכ"כ הח"ד בהדיא, **אמנם** הס"ט חלק ע"ז, ע"ש שהאריך, וסיים: מי שירצה להקל אף אם ראתה ג"פ אח"כ, יסתור כל הראיות שהבאתי ואח"כ יורה להקל, ודי מי שמקיל עד ג"פ, ע"ש, **ועי'** בנו"ב שכתב ג"כ, דיש חילוק בין לא נמצא דם כלל בשפופרת, ובין נמצא בצדדין, שאם מצאה בצדדים, אף ששוב תראה ג"פ מחמת תשמיש, לא תהיה נאסרת, **אבל** אם לא מצאה כלל, אם שוב תראה ג"פ, תחזור לאיסורה, **דלא** כדעת הגאון מהר"ר חיים צאנזר ז"ל, שדעתו דגם בזה אינה נאסרת לעולם, דליתא, ע"ש).

ומשמע דמותרת אפילו לבעל הג', וכן הסכמת הפוסקי'.

[**ולא אמרינן הא אין האצבעות שוות, מכ"ש שאין שפופרת שוה לאצבע, דלחומרא לא אמרינן כן**], ‹אלא להקל, וטעמא, משום דרוב נשים אינן רואות דם מחמת תשמיש, הלכך כל מאי דמצינן למיתלי בה להיתרא שלא להוציאה מכלל שאר נשים, תלינן, כיון דאיכא רגלים לדבר, שהרי בדקה ולא נמצא דם על ראש המכחול - ב"י›.

(**כתב** בתשובת אמונת שמואל בשם חכם אחד, שבתחלה בדק שלא בשפופרת רק במוך ועץ כעובי ואורך האבר, אולי יהיה דם מן הצד ואז א"צ תו לבדוק בשפופרת, ובאם נמצא בראש המוך, אזי לא תועיל הבדיקה לחומרא, וחזר ובדק בשפופרת, וישר בעיני והגון, **ועי'** בתוה"ש שכתב ע"ז, נלע"ד הוא בדיקה שלא לצורך, דאף שהוא מן הצדדים בודאי יתלכלך ראש המכחול, **ועוד** דאין להרבות בבדיקה, **ומ"מ** מודה לדינא שאם בדקו תחלה ע"י המוך ועץ, ולא נמצא בראשו, או לא נמצא כלל, דמותרת, **ובתשו'** חתם סופר האריך בזה, **והוא** מסכים ג"כ עם תשובת אמונת שמואל הנ"ל, ונזכר שם דהכי עביד עובדא ועלתה בידו, **ושם** כתב דצריכה שתכניסהו בכל האפשרי עד שיגיע לפתח בית הרחם, **ודלא** כמ"ש הש"ך בשם מ"ב, שא"צ לדחוק כ"כ, אפילו נשמע לו בשפופרת, מ"מ בבדיקה זו לא נקבל).

(**ועיין** עוד בס"ט שכתב שמעשה בא לידו, באשה שראתה ג"פ מחמת תשמיש אחר לידה, וצוה לעשות כיס מבגד פשתן ארוך וצר כמדת אבר, ולמלאות הכיס במוכין בדוחק, עד שנעשה עגול ועב, והיה דק מלמעלה ועב מלמטה, ובדקוה בו ונמצא דם מן הצד, והתיר לשמש עם בעלה, **מיהו** אם לא נמצא דם כלל אין להתיר אחר בדיקה זו, כי קשה להכניס דבר רך כ"כ בעומק, ושמא לא הכניסה עד מקום שהשמש דש, ואילו היה שם היתה מוצאת דם).

(**עי'** בתשו' נו"ב, לענין אם מצאה דם בצדדי השפופרת, ושוב ראתה מחמת תשמיש דמותרת, אם מותרת אפילו בלא נקיים, או עכ"פ צריכה נקיים - וכן על הדם עצמו שנמצא בצדדי השפופרת יש ספק זה - **ודעת** הגאון מהר"י הורוויץ ז"ל, שאינה צריכה נקיים, והגאון המחבר ז"ל מראה פנים לכאן ולכאן, והביא דבתשובת הר"ן משמע להדיא, שאפילו שבעה נקיים אינה צריכה, וסיים מ"מ אני נבוך בזה, **אכן** בח"ד כתב דצריכה ז' נקיים תמיד אחר כל דם שמוצאת בשעת תשמיש, ואפילו על הדם שמוצאת בצדדי השפופרת צריכה שבעה נקיים, **וכתב** עוד דבדיקת שפופרת צריך להיות דוקא שלא בימי עיבור והנקה, וכשבדקה עצמה בימי עיבור והנקה, לא מהני

תלו הלכות נדה
סימן קפז – דיני אשה הרואה דם מחמת תשמיש

להתירה רק בימי עיבור והנקה, ולא בשאר ימים, **ונראה** דאם בדקה עצמה בימי עיבור, מהני אף לימי הנקה, וצ"ע).

(**עיין** בתשו' נודע ביהודה, שכתב דאשה שראתה ג"פ מחמת תשמיש, והוזקקה לבדיקת שפופרת, אם נתעברה בתשמיש האחרון, לא מהני לה בדיקת שפופרת כל ימי עיבורה וימי מניקתה, **אכן** כ"ז אם בדקה ולא מצאה כלל לא מהני, אבל אם מצאה בצדדי השפופרת, שההיתר הוא משום דדם מצדדים קאתו, מהני, **וע"ש** שכ', שאם תבדוק בשפופרת, צריכה מתחלה נקיים וטבילה, ‹שתהיה בחזקת טהרה, ואז אמרינן השתא הוא דחזאי, ולא אמרינן כבר יצא מהמקור וכותלי בית הרחם העמידוהו, משום דהעמד אשה בחזקת טהרה – שם›.

(ואף בזמן הזה יש לסמוך אבדיקה זו).

[**וכתב** רמ"א בסעי' י', שאם עבר הבעל ובא עליה באיסור, ולא ראתה, עדיף טפי מבדיקה דשפופרת, ומהני].

סעיף ג - אם רוצה לבדוק עצמה בעודה תחת הראשון, אחר ששמשה שלש פעמים, הרשות בידה, ומותרת לו – [שלא אמרו שתתגרש מהראשון אלא להקל עליה, דהיינו אם תבדוק תחת הראשון, שמא תמצא דם בראש המכחול, ותהיה אסורה לכל אדם, ע"כ התירו לה שתנשא לאחר בלא בדיקה, **אלא** אחר השלישי שבלא"ה אין לה תקנה, **אז** תכניס עצמה בספק זה].

מיהו אם בדקה לראשון ונמצא על המוך, אסורה לכל, ‹**וכתב** סמ"ג, שמה שלא פי' התנא בדיקה לאחר פעם שלישית של ראשון, עצה טובה קמ"ל, דהשתא מותרת בלא בדיקה מטעם ס"ס, שמא לא בא הדם מן המקור אלא מן הצדדים, ואפי' בא לראשון מן המקור, שמא לא יבוא לבעל שני, דאין כל האצבעות שוות, **אבל** אם היתה בודקת לראשון ותראה דם בראש המכחול, שעכשיו נתברר שמן המקור בא, לא תהא מותרת לשני מטעם שאין כל האצבעות שוות בלבד – ב"י›.

(**ועי'** ח"ד שכתב, דאם בדקה עצמה תחת בעל הראשון ומצאה דם על ראש המוך, ואח"כ בדקה ולא מצאה על ראשו, מותרת לבעל שני ואסורה לבעל הראשון).

(**עי'** בתשו' נו"ב שכ', דאף המתירין גם לבעלה הראשון בבדיקה, היינו אם תמצא דם בצדדי השפופרת, אבל אם לא תמצא כלל, לכ"ע לא מהני. ‹**ושיטת** הרב"י, שגם לבעל הראשון מועיל בדיקת שפופרת אף שלא תמצא כלל – נו"ב›.

ויש אומרים שאסורה לראשון מתשמיש שלישי ואילך, אפילו בבדיקה. הגה: ויש לסמוך אסברא ראשונה להקל - ולפעד"נ דאין להורות בדיקה בבעל הראשון, דהא הרמב"ם ורש"י אוסרים, **ותו** דהרי הראב"ד והרמב"ן אוסרים בדיקה בזמן הזה, **וגם** הרשב"א ורבינו ירוחם כתבו דנכון להחמיר כדבריהם, **גם** אם ימצא דם על המוך תהא אסורה לכל העולם, **ומ"מ** הב"ח ומהר"מ מלובלין ושאר אחרונים מקילין.

ואם הרגישה לער וכאב בשעת תשמיש, לכ"ע יש לסמוך אבדיקה בבעל הראשון - דנראה קצת כי חולי ומכה יש לה.

סעיף ד - אם שמשה סמוך לוסתה - ‹הקבוע - בדי השלחן›, **אנו תולין ראייתה משום וסתה, ולא חשבינן לה רואה מחמת תשמיש** - כ' הפרישה, דלאו ברשיעי עסקינן, ולר"ת דמחמיר לפרוש ממנה סמוך לוסתה אפילו ביוצא לדרך, משכחת לה הכא סמוך שמותר, כגון אם ראייתה תחלת היום דמותר כל הלילה שלפניו, **וקשה** לי דהא להכי מותר כל הלילה שלפניו, משום דכיון דוסתה ביום לא חיישינן דתראה בלילה, שאין רגילה לראות בלילה, **א"כ** כיון דמקילים מה"ט, כ"ש דאין לתלות לקולא בהכי, שלא תהא רואה מחמת תשמיש, כיון שאינה רגילה לראות אז, (**ועי'** בתוה"ש ובס"ט, שדעתם להקל כדעת הפרישה), ‹דודאי לא חיישינן לכתחילה, אך אם ראתה, אמרינן אגלאי מלתא דדמים יתירים נתוספו בה – סד"ט›, **אלא** הכא מיירי שעברה ושמשה, **א"נ** ר"ת מפרש "ואם יש לה וסת" כרש"י או כהמרדכי, **אי** נמי הכא מיירי בקטנה או שלא הביאה סימנים עדיין, שא"צ לפרוש ממנה כל שלא קבעתו בג"פ, וקאמר הכא דאם נתברר ששמשה סמוך לוסתה, דהיינו שראתה אחר התשמיש עוד פעם א' או ב' באותו זמן, שנמצא שקבעה וסת בג"פ, תולה בוסתה.

(**ולפי** מה שכתבתי לעיל סי' קפ"ד ס"ב בשם התפל"מ, משכחת לה נמי בכה"ג).

(**ועי'** בהשגות הרז"ה על ס' בעה"נ שכתב וז"ל, אם יש לה וסת כגון שפיהקה או עטשה, ה"ז תולה בפיהוקה או בעיטושה ולא בתשמיש, ואין זו רואה מ"ת עד שנתברר שוסת פיהוקה או עיטושה מורכבת בתשמישה, עכ"ל).

(**כתב** הס"ט, ונראה אם פ"א שימשה סמוך לוסתה, אפילו אם אח"כ ראתה ב"פ מחמת תשמיש מופלג מוסתה, לא מצרפינן לראיה ראשונה בהדייהו, עד שתראה עוד פעם שלישית מופלג מוסתה כו', ע"ש).

[**הב"י הביא בשם רש"י, אם יש וסת לקלקול זה, שאינה רואה כל שעה מחמת תשמיש אלא בפרקי', תולה בוסתה, ומשמשת בלא בדיקה בין וסת לוסת**].

[**וכתב עוד בשם המרדכי וז"ל, אשה שיש לה וסת קבוע שהיתה רואה נדה, תולה בוסתה, שיכולה לומר זה הדם שהיא רואה, טהור, שעדיין לא הגיע וסתה, עכ"ל, וזה דבר שאין לו ביאור כלל, ובמרדכי עצמו כתוב אחר זה ותולה במכתה, והב"י הבין שמילתא באנפי נפשה היא, ובאמת חדא מילתא היא, ור"ל שאם יש לה מכה, אע"פ שאין ראוי לתלות בה כ"כ אילו לא היה לה וסת, מ"מ עכשיו שיש לה וסת תלינן בה, וכן מבואר להדיא בפסק מהר"ר איסרלן שהביא ב"י סוף סימן זה**].

זה אינו, כמו שכתבתי ס"ק כ' - נקה"כ, ‹ושם כתב›, **עיין** בספרי שהוכחתי, דס"ל להמרדכי דאם יש לה וסת זמן קבוע שהיא רואה, תולה שלא בשעת וסתה בוסתה, אפילו אין לה מכה כלל, ואמרינן שזהו דם טהור הוא מן הצדדים מחמת מיעוך תשמיש, שהרי עדיין לא הגיע וסתה, **ושגם** מהר' איסרלין הבין כן, אלא דדייק מהמרדכי מכח כל שכן, דכיון דסבירא ליה דמחזקה אין אורח בא אלא בזמנו, מהני דתולין דדם טהור הוא, מה שלא היו תולין בלא זה, מכל שכן דסבירא ליה דהיכא דאיכא מכה, אע"פ שאינה מוציאה דם, דטהורה, **והב"ח** הבין פשט המרדכי דותולה במכתה כו', נקשר אתולה בוסתה, והאריך בקושיות ופירוקים, **וכבר** סתרתי כל דבריו בארוכה, אלא הדבר ברור, שהמרדכי מציין הברייתא ותולה במכתה כו', וכן מוכח בבית יוסף וד"מ.

סעיף ה - אם יש לה מכה באותו מקום, תולין בדם מכתה - כתב הב"ח, דאין פי' בכל איזה מקום שבאותו מקום, אלא ר"ל באותו מקום עצמו שמשם יוצא הדם יש לה לשם מכה, **ולפיכך** אם הדם יוצא מן המקור, צריך שתדע שיש לה מכה במקור, **אבל** אם אומרה בסתם מכה יש לי, אין תולין הדם במכה שיש לה.

(**ועח"ד** שכ', דזה דוקא באם מרגשת שהדם בא ממקורה, אז בעינן שתדע שהמכה במקור, אבל ברואה שלא בהרגשה, ואפילו ע"י בדיקה, תולה במכה שידוע שמוציאה דם אפילו אם המכה בודאי בצדדין, ע"ש).

כתב הגאון אמ"ו ז"ל בתשו', דאפילו בדקה עצמה בשפופרת ומצאה על המוך, תולין במכה, והביא ראיות, וכ"כ הב"ח. (**דאפילו** אם המכה הוא בבית הרחם במקור עצמו, שמשם נובע הדם נדה, מ"מ טהורה היא, ותלינן בדם מכתה - מהר"ם מלובלין).

(**ועי'** בתשו' אא"ז פנים מאירות, שכתב דהא דמטהרינן דם מכה, דוקא אם יש לה מכה במעיים שיכול הדם לבוא שם בלתי שיצטרך תחלה ליבלע בשאר אברים, **אבל** אם יש לה מכה בשאר אברים הפנימים, שא"א לזוב דרך המקור אם לא שיבלע תחלה בשאר אברים, זה דם נדה גמור הוא, ע"ש).

(**ועי'** בדגול מרבבה שכתב, דדין זה הוא פשוט ברואה מחמת תשמיש, שאז ודאי האשה בחזקת טהרה, שהרי שמשה עם בעלה, **אבל** ברואה שלא מחמת תשמיש, ואירע לה בימי טומאה ובימי ליבונה, הדבר צריך תלמוד, וכתב דבימי ליבונה היא בחזקת טומאה, **ועי'** בתשו' ברית אברהם שהאריך לחלוק על הנו"ב בזה, דגם בימי ליבונה בחזקת טהרה עומדת, והביא שגם בתשו' מאיר נתיבים כתב כן, **גם** הח"ד דחה דברי הנו"ב בזה, והעלה דאפילו בספירת שבעה נקיים היא בחזקת טהרה, **וכן** העלה בתשו' ח"ס בכמה תשובות, וכתב דבנדה דאורייתא הא סגי אפילו לא פסקה בטהרה, כל שעברו עליה ימים הראוים לזיבת דמי נדתה, על הרוב פסקה לה חזקת ראיה, אלא משום דנשי דידן ספק זבות נינהו, בעינן שפסקה בטהרה לפנינו עכ"פ, **ודעת** המרדכי דבעינן ג' ימים לאחזוקי בטהרה, אך הוא ז"ל האריך להקשות ע"ז, ודעתו לדינא דבג' בדיקות סגי, ערבית ושחרית וערבית, וכבר דבר מזה הפלתי ובס"ט). ‹**ואפי'** אם היא בספירת ז"נ תולין במכה, רק באופן שהיה לה הפסק טהרה ויום א' נקי בבדיקה עכ"פ בעינן – חוו"ד›.

ואם דם מכתה משונה מדם ראייתה, אינה תולה בדם מכתה - כתב הרב המגיד והר"ן והרשב"א, דוקא שנתברר שהיא משונה, הא לאו הכי תולין במכה, לפי שהאשה בחזקת טהרה עומדת, וכן דעת הרא"ש וכ"פ האחרונים דלא כהרמב"ן, **ומשמע** מדברי הרא"ש, שא"צ להראות לחכם אם הוא משונה, וכן כתבו ב"י והאחרונים.

הלכות נדה
סימן קפז – דיני אשה הרואה דם מחמת תשמיש

[וכתב הפרישה, דאם שניהם לפניו, לא ניזל לקולא כיון שאפשר לברורי, וכל אדם יוכל לברר אותו, ונכון הוא], ‹ובש"ך מיקל יותר – חוו"ד›.

(דעת החו"ד, דדוקא בראתה אחר תשמיש א"צ בדיקה אם הוא משונה, אפי' לענין ז' נקיי', כיון דאיכא עוד ספק, אימור שמש עכרן, אבל בראתה שלא בשעת תשמיש, צריכה בדיקה לענין נקיים אם הוא משונה או לא).

הגה: וכל זה באשה שיש לה וסת קבוע, אז יכולה לתלות שלא בשעת וסתה במכתה, אע"פ שאינה יודעת בודאי שמכתה מוליאה דם - פירוש אפילו אינה יודעת כלל שדרכה של המכה להוציא דם, ‹דלא תימא שרק אינה יודעת אם עכשיו הוציאה דם – מחצה"ש›.

עיין בספרי שהוכחתי, דס"ל להמרדכי דאם יש לה וסת זמן קבוע שהיא רואה, תולה שלא בשעת וסתה בוסתה, אפי' אין לה מכה כלל, ואמרינן שזהו דם טהור הוא מן הצדדים מחמת מיעוך תשמיש, שהרי עדיין לא הגיע וסתה, **ובכהאי** גוונא ‹דרמ"א› אפשר דאף הפוסקים החולקים אהמרדכי מודים, כיון דאיכא עוד צד היתר שיש לה מכה, **ועל** פי הדברים האלה הם דברי הרב.

ולפ"ז נראה דאין להתיר אלא לבעלה, משום דבכמה מקומות חשו חז"ל שלא להוציא אשה מבעלה ומשום עיגונא הקילו, הלכך אין להחזיקה ברואה מחמת תשמיש, ‹**בלא"ה** י"ל, דלבעלה דהאיסור רק דכיון דהוחזקה לראות מחמת תשמיש, שמא תראה בשעת תשמיש, דהוא ענין וסת דהוי רק מדרבנן, כדקימ"ל וסתות דרבנן, לזה סמכינן להקל לתלות במכה, **אבל** לענין ז' נקיים לא סמכינן – רעק"א›, **אבל** מ"מ צריכה לישב ז' נקיים, דבכה"ג אין לסמוך אהמרדכי, **דהא** מדברי רש"י נראה שחולק, וגם שאר כל הפוסקים שפירשו, ואם יש לה וסת ושמשה סמוך לוסתה תולין בוסתה, אלמא לא שמשה סמוך לוסתה, אפילו יש לה וסת לא תלינן דדם טהור הוא, **וכ"כ** בתשובת מהר"מ פדוואה וז"ל: ואשר נסתפק מעלתך אם יש להקל כדברי המרדכי, בפירוש "ואם יש לה וסת תולה בוסתה כו'", קולא גדולה היא, ומי הוא אשר חיילים יגבר להקל נגד כל הפוסקים האחרים, עכ"ל, **וכן** הרב לא הקיל אלא שלא להחזיקה ברואה מחמת תשמיש, וגם זה בשיש לה מכה אע"פ שאינה מוציאה דם, **ומדברי** הב"ח נראה דמתיר בכל ענין, ולפעד"נ כמ"ש.

(**עי'** בשו"ת כנסת יחזקאל שכתב, סוף דבר לענין לבעלה א"צ לידע שמכתה מוציאה דם, לפ"ז כיון דאשה דנ"ד מוציאה דם בשעת תשמיש, ועלינו מוטל להתירה לבעלה ולומר מכתה מ"ד, א"כ אף מה שרואה שלא בשעת תשמיש מותר, **ומ"ש** אחרונים להרשב"א צריך שתדע שמכתה מ"ד, היינו שלא ראתה בעת התשמיש ג"פ, עכ"ד, **הבין** מ"ש הש"ך, "אבל מ"מ צריכה שבעה נקיים", היינו בלא ראתה מחמת תשמיש, אבל בראתה מ"ת, כיון דלענין לבעלה אתה צ"ל שהמכה מ"ד, א"כ אין טהרה לחצאין, וגם ז' נקיים א"צ, **וזה** דלא כסברת רעק"א לעיל, **ובאמת** קצת נראה כן מדברי הש"ך ס"ק כ"ד, במה שכתב "מ"מ שלא בשעת תשמיש כו'", **אכן** הס"ט השיג עליו, והעלה דאף לאותו דם שראתה מחמת תשמיש צריכה שבעה נקיים, ולא תלינן במכה שא"י שמ"ד, וכ"כ בשו"ת צ"צ).

(**ועי'** בתשו' נו"ב שהוכיח, דדעת הרמ"א לטהר לגמרי אף בלא שבעה נקיים, דלא כש"ך, **ומ"מ** לא החליט למעשה כיון שהש"ך פליג).

(**ואם** אין לה וסת קבוע, רק שאינה רואה עד אחר י"ד יום אחר טבילתה, נראה דעד י"ד יום דינה כדין אשה שיש לה וסת גם לענין זה, כמו בסי' קפ"ו סעיף ג', וכן כתב החו"ד).

(**עי'** בס' צלעות הבית להג' בית מאיר שכ', דכ"ש בזקינה שיכולה לתלות במכה שא"י שמ"ד, אף דבתשובת פ"י לא כ"כ, דבריו תמוהים).

(**ועי'** בתשו' חתם סופר שכ', דאחר כל הקולות ברואה מחמת תשמיש להתירה לבעלה בספירת נקיים, מ"מ צריך הוא לפרוש באבר מת, וליחוש שמא ראתה, דלא התרנו אלא שלא תתגרש, ומכיון שהתרנו לו הכניסה די וכו', וכ"כ עוד בכמה תשובות).

(**ועי'** בס"ט שנסתפק, אם עבר עליה שעת וסתה ולא בדקה ולא הרגישה, ואח"כ בדקה עצמה ומצאה טמאה מה דינה, אי תולה במכה שא"י שמוציאה דם, **דאע"ג** דכתב הרמ"א דשלא בשעת וסתה טהורה, היינו היכא שבדקה בשעת וסתה ומצאה טהורה, אבל זו שלא בדקה בשעת וסתה, י"ל דכבר ראתה בשעת וסתה, **מיהו** כל עיקר ספיקו לא שייך אלא לדעת הרמ"א, דס"ל דטהורה אף

[ט"ז] ‹רעק"א או ש"א או הוספת הסבר› (פת"ש)

הלכות נדה תלט
סימן קפז – דיני אשה הרואה דם מחמת תשמיש

לענין שבעה נקיים, **אבל** לדעת הש"ך, דמ"מ צריכה לישב שבעה נקיים, לא שייך ספיקו כלל, דהא אף אם בדקה בשעת וסתה ומצאה טהורה, וראתה שלא בשעת וסתה, צריכה שבעה נקיים, ואינה תולה במכה שא"י שמוציאה דם, **ולענין** רואה מחמת תשמיש ג"כ ליכא לספוקי, דממ"נ אי דם זה שלא מוסתה, תולין במכה ואף שבעה נקיים אינה צריכה, ואי ניחוש שהוא מוסתה, א"כ פשיטא דאינה רואה מ"ת, ומותרת לבעלה ע"י ז"נ עב"פ, **אכן** במכה שידוע שמוציא דם, תולה אף בכה"ג, דהא כתב הרמ"א בסוף הגהה זו, דבשעת וסתה אינה תולה במכה כלל, משום דאל"כ לא תטמא לעולם, וזה לא שייך הכא, וכן נראה מבואר מדברי הס"ט).

[**לא** ירדתי לסוף דעת רמ"א בפסק זה, ולכוונו להפוסקים אחרונים שהוא נמשך אחריהם, **בגמר'** איתא בפרק תינוקת, ונאמנת אשה לומר מכה יש לי במקור שממנה דם יוצא, והוא מה שכתוב בשו"ע בסעיף ו', **והביא** ב"י פלוגתא בפירוש דבר זה, הרשב"א מפרש אפי' אם אינה מרגשת ממש שהדם שותת מן המכה, דאין עיניה בין מכתה, וא"א לה לדעת אלא בבדיקת שפופרת כו', אלא הכי קאמר היא עצמה מרגשת במכה, ונאמנת לומר מכה יש לי ששם יש דם, תולה במכתה שאני אומר ממנה הדם יורד, **אבל** מרדכי והג"מ ס"ל דבעינן שתדע בודאי שיש לה מכה שמוציאה דם, ואז מותר שלא בשעת וסתה דוקא, **ובפסקי** מהרא"י כתב להיתר, באשה אחת שבודקת בחורין וסדקין, ואינה מוצאה דם רק במקום אחד בצדדין, והיינו ביש לה וסת קבוע, אז יש לה היתר זה כל שלא הגיע וסתה, **אבל** בענין אחר לא התיר אפי' שלא בשעת וסתה, כיון דלהמרדכי בעינן שתדע שודאי מכתה מוציאה דם, ואותה האשה לא היתה יודעת כן בודאי].

[**וקשה** תרתי, חדא שהרי השו"ע כתב בס"ז פסק דמהרא"י דלעיל, משמע כל שאין מבורר לה במקום אחד מהצדדין, אזלינן לחומרא כל שאינה יודעת בודאי שמכתה מוציאה דם, ומהרא"י מיירי ביש לה וסת קבוע, כמו שהביא ב"י, **ורמ"א** לו היה לכתוב ע"ז דלא קימ"ל כן לפי פסק שלו, אלא בכל גווני שיש לה מכה, והוא שלא בשעת וסתה טהורה, **ותו** קשה, דכיון שראה רמ"א דעת מהרא"י וב"י שמחמירין באינה יודעת שמכתה מוציאה דם, וכן פסק מהר"י ווייל, מנ"ל להקל נגדם].

[**ותו תמי'** לי מאד, שהרי בסי' קצ"א כתב רמ"א עצמו כדברי מהרא"י ומהר"י סג"ל, להחמיר באשה שרואה דם במי רגלים, וכתב שהכי נהוג להצריכה בדיקה במוך נקי, אבל לא בלאו הכי, וכאן הוא מיקל שלא בשעת וסתה בכל ענין, אע"פ שאינה יודעת שמכתה מוציאה דם, **ואין** לומר דדין דהכא באשה שיש לה מכה, עדיף מההיא דינא דמוצאת במי רגלים, זה אינו, דבההיא כתב מהר"י ווייל בנוגע מי רגלים, ונראה לי דעדיף האי מאשה שיש לה מכה באותה מקום, כיון דמצטערת במי רגליה, מוכחא מילתא שבא הדם עם מי הרגלים, הרי דכאן חמיר טפי, **וא"כ** דברי רמ"א סותרים זה את זה, דכאן שהוא חמיר, התיר בלא שום בדיקה שלא בשעת וסתה, ובסי' קצ"א במי רגלים דקיל טפי, כתב דהכי נהוג להתירה ע"י בדיקה דוקא].

[ומו"ח ז"ל כתב שיש לפסוק כדברי הג"ה זאת, אע"פ שהוא דלא כדעת מהרא"י, כיון שהרשב"א מיקל בכל ענין, **ותמי'** לי, דמה נעשה לדברי מהרא"י והג' שערי דורא ומהר"י ווייל דלעיל, וב"י בסעיף ז', ודברי רמ"א עצמו בסי' קצ"א, כי לכל אלו ראוי להחמיר, והם אחרונים שאנו שותים מימיהם תמיד].

האריך להקשות על רמ"א ולשונו מגומגם הרבה, ובאמת לא קשה מידי, דהמעיין בפסקי מהרא"י יראה לעינים, דמתחילה הקיל במעשה דאשה שבודקת בחורים וסדקים, אע"פ שאינה יודעת שמכתה מוציאה דם, מטעם דכיון שהיא מרגשת בשעת בדיקה כשנוגעת באותו מקום ההוא שהוא כואב לה קצת, ובשאר חורים וסדקים אינה מרגשת כאב כלל, יש הוכחה שמן המכה בא, **ולפי** טעם זה אפי' באשה שאין לה וסת קבוע טהורה, וע"כ כתב בשו"ע סעיף ז' בסתם, דיש לתלות שממכה שבאותו צד בא, ולא כתב דהיינו דוקא באשה שיש לה וסת שלא בשעת וסתה, **אלא** דאח"כ כתב מהרא"י שם עוד טעם להתיר, דאף את"ל שאין זה הוכחה שמן המכה בא, כיון שיש לה וסת ורואה שלא בשעת וסתה, כהמרדכי, **וקאמר** דאע"ג דרש"י חולק על המרדכי, מ"מ נוכל לצרף דעת המרדכי לשאר צדדים, כלומר היכא דיש לה מכה, אע"פ שאינה יודעת אם מוציאה דם, טהורה, א"כ דברי רמ"א נכונים - נקה"כ.

ובלאו הכי נמי לא קשה מידי, דאפי' תימא דדעת מהרא"י דלא תלינן במכה כזו, היינו להחזיקה

טהורה, דבהא לא רצה לסמוך אהמרדכי לחוד, **אבל** להחזיקה ברואה מחמת תשמיש לא מחזקינן לה, כיון דרואה שלא בשעת וסתה, ויש לה מכה אע"פ שאינה יודעת אם מוציאה דם, **ובזה** מתורץ כל מה שהקשה על רמ"א, וגם מה שהקשה עליו מלקמן סי' קצ"א - נקה"כ.

וגם בלאו הכי לא קשה מידי מלקמן סי' קצ"א, לפי מה שכתבתי בש"ך סי' קצ"א ס"ק ז', **ועוד** נראה דלא קשה מידי מלקמן סי' קצ"א, דודאי היכא דא"א בבדיקה, לא קאמר מהרי"ל דתהא טמאה, אלא היכא דאפשר למיקם עלה דמילתא, קאמר מהרי"ל דצריכה בדיקה, **הלכך** התם דאפשר בבדיקה, וכמו שכתב מהר"י ווייל, גבי תכניס מוך נקי, משום דאשה יש לה שני נקבים, אחד שיוצא ממנו השתן, והוא למטה סמוך ליציאתן, ואחד שיוצא ממנו דם נדות, הוא למעלה בעומק הרבה לתוך הגוף, וא"כ אפשר שתכניס מוך נקי לתוך אותו נקב שבעומק ותשתין, ולא ימצא דם על המוך, דהתם המכה שכואב לה הוא במקום מי רגליה, **אבל** הכא המכה במקור, א"כ בין שתראה דם מקור, בין שתראה דם מכה, לעולם ימצא דם על המוך, וגם בדיקת שפופרת לא שייך כאן, כיון שיש לה מכה במקור - נקה"כ.

גם מה שלא רצה מהרי"ל להקל בלא בדיקה, היינו טעמא כמו שכתב, כיון דלית לה מכה מבוררת, ואע"פ דמהר"י ווייל סבירא ליה דעדיף מיש לה מכה, מהרי"ל לא סבירא ליה הכי, **ובזה** ג"כ נסתלקה קושייתו דלעיל על רמ"א מסי' קצ"א, דרמ"א שם הביא מתחילה, דנראה להתיר בכל ענין, אפי' באשה שאין לה וסת קבוע, והיינו כדעת מהר"י ווייל, דכאב דבמי רגליה עדיף ממכה, ואח"כ הביא דעת מהרי"ל דגרע ממכה, **גם** מה שהבין דהמרדכי פליג אהרשב"א ליתא, כמו שכתבתי בש"ך ס"ק כ"ד ‹לקמן בסמוך› - נקה"כ.

[**ועוד נראה לענ"ד שאם בשעת הכאב מוצאת דם, מוכחא מילתא דממנו הוא בא, ועל כן מותר, אף אם לאחר שיפסוק הכאב מוצאת דם, נראה דמתמצית אותו הדם שהיה בשעת הכאב נשאר זה**].

[**ועוד נ"ל אם יש לה מכה שרגילין נשים אחרות לראות דם ממכה כזו, אע"פ שזו אינה יודעת, יש לתלות במכה, כנלענ"ד**].

וכן אם אין לה וסת קבוע, והוא ספק אם הדם בא מן המקור או מן הצדדין, אז תלינן במכה מכח ספק ספיקא, ספק מן הצדדים או מן המקור, ואת"ל מן המקור, שמא הוא מן המכה.

ולפעד"נ דמשמע ליה להרב הכי, מדכתב השערי דורא, אם מרגשת בעצמה שהדם בא מן הרחם טמאה כו', **משמע** דוקא כשיודעת שבא מן הרחם, דהיינו מן המקור, הא לא"ה טהורה, אע"פ שאינה יודעת שהמכה מוציאה דם, **ומשמע** ליה נמי מדכתב סתמא, מיירי בין באשה שיש לה וסת קבוע או שאין לה וסת קבוע, וע"פ זה כתב, וכן משמע בהג"מ ומרדכי דלעיל שדבריהם כדברי הש"ד, **אבל** באמת לא משמע מידי, דלא קאמר אם מרגשת בעצמה שהדם בא מן הרחם כו', אלא לאפוקי סיפא, דכל כתמים תולה במכתה, **תדע** דהרי הגמי"י כתבו בשם ס"ה, אשה שיש לה מכה באותו מקום, ואינה יודעת אם מכתה מוציאה דם אי לא, אם בודקת עצמה באותו מקום ומוצאה דם, או אם מרגשת כשהדם נופל מהרחם כו', עד מיהו כל כתמיה תולין להקל עכ"ל, **א"כ** אדרבה מוכח להדיא מהגמי"י וסה"ת איפכא, דאפילו אינה מרגשת כשהדם נופל מהרחם, אלא שבדקה באותו מקום ומצאה דם, טמאה, אם אינה יודעת שמכתה מוציאה דם, **וזה** ברור, והכי משמע פשט דברי הפוסקים, דאפילו בסתמא צריך שתדע שמכתה מוציאה דם, **ותו** קשיא לי על הרב, דמאי ספק ספיקא הוא זה, הא איכא למימר מיד דלמא דם נדה, וכה"ג לא מיקרי ס"ס כלל, ‹דהוי ס"ס שאינו מתהפך – שב יעקב. דהוי הכל שם ספק אחד – פלתי, מחה"ש›, **שוב** מצאתי בתשובת מהר"מ מלובלין שכתב על הגהות הרב, שיש לפקפק על חלוקי דיניו, וכולי האי ואולי כוון למה שכתבתי.

(**ועי'** בתשו' נודע ביהודה שהשיג על הש"ך, והסכים להרמ"א דשפיר מתירין כאן משום ס"ס, ומניה לא תזוע, **ואמנם** זה משום חזקת טהרה, אבל אם היא טמאה נדה, ואירע לה כן בימי ליבונה, תלינן בפלוגתא אי מתירין ס"ס בחזקת איסור, **וע"ש** בהג"ה שכתב דאם כבר ספרה לה ג' או ד' ימים של ימי ליבונה, נחלקו בו רש"י ותוס' אם היא אז בחזקת טהרה, **וצל"ע** דמזה משמע, דמ"ש בפנים ואירע לה כן בימי ליבונה, ר"ל קודם שספרה ג' או ד' ימים, והרי בג' ימים הראשונים לא תלינן במכה, **ועי'**

הלכות נדה תמא
סימן קפז – דיני אשה הרואה דם מחמת תשמיש

בתשו' שמן רוקח שפלפל בדברי הנו"ב הנ"ל, במה שהשיג על הש"ך, ולבסוף העלה דשפיר השיג הש"ך על הרמ"א, דלא חשיב אלא ספק א').

(**ועי'** בח"ד שכ' ג"כ לקיים דברי הרמ"א הנ"ל, אך כתב דהרמ"א מיירי בראתה שלא בהרגשה דמדרבנן היא, טהורה מטעם ס"ס, **אבל** אם בבדיקה או בשעת תשמיש ראתה, דאיכא ספק הרגשה, דשמא סברה הרגשת עד ושמש הוא, לא מועיל ס"ס זו, ואינה תולה עד שתדע שהמכה מ"ד, **אמנם** אשה זו אין לה לבדוק עצמה כלל, שאם תמצא תהיה טמאה, ול"ל לטמא עצמה בחנם, תמתין עד שתרגיש ותטמא).

(**וכתב** עוד בנו"ב שם, דהא דאנו מתירין מטעם ס"ס, היינו אם המכה במקור עצמו, אבל אם המכה ודאי אינו במקור רק מן הצדדים, אסורה אף בימי טהרה, דאז ליכא ס"ס, **ונראה** דבזה שהמכה במקור, אפשר אפי' אם יש לה וסת קבוע, ורואה כן בשעת וסתה ממש, ואינה יודעת אם המכה מ"ד, רק שלא הרגישה אם הוא מהמקור או מן הצדדים, תולה להקל מס"ס, **דלא** שייך כאן לומר דא"כ לא תטמא לעולם, שהרי כשתרגיש בדם הבא מן המקור תהיה טמאה).

אבל אם ידוע שבא מן המקור, אע"פ שיש לה מכה במקור, אינה תולה במכה, אם אין לה וסת קבוע, אלא אם כן יודעת בודאי שמכתה מוציאה דם - דאז אע"פ שאין לה וסת קבוע, אינה מוחזקת ברואה מחמת תשמיש, דתולין במכה, **וגם** היא טהורה וא"צ לישב ז' נקיים, כיון דהוא תוך ל', כן נראה דעת הרב.

ואע"פ שאינה מרגשת עתה שדם זה הוא בא ממכתה, **וכן** באשה שיש לה וסת, ומצאה דם שלא בשעת וסתה, אע"ג דלענין רואה מחמת תשמיש סגי אע"פ שאינה יודעת שמכתה מוציאה דם, כששמשה שלא בשעת וסתה, דסמכינן בהא אהמרדכי, **מ"מ** שלא בשעת תשמיש אם בדקה עצמה ומצאה דם, או כשמרגשת שהדם נופל מהרחם, דבעינן שתדע שמכתה מוציאה דם, **סגי** כשיודעת שדרך מכתה להוציא דם, אע"פ שלא הרגישה עתה שדם זה הוא ממכתה, **והוכחתי** דגם הרשב"א מודה לזה, דלא קאמר אלא שא"צ שתדע שמרגשת עתה שהדם הוא בא ממכתה, אבל צריכא שתדע שמכתה מוציאה דם, **והבית** יוסף וד"מ וב"ח הבינו שהרשב"א פליג.

(**עי'** בתשו' נו"ב, שכתב דגם בזה דוקא בימי טהרה, אבל אם היא כבר טמאה, אינה תולה במכה, **אמנם** יש קולא, דאם יש לה וסת קבוע, וראתה שלא בשעת וסתה, ויש לה מכה שמ"ד, אף אם כבר היא נדה, תולה להקל, דתולין במצוי, **וק"ו** שיש להקל כה"ג בימי מניקתה, אף שאין לה וסת קבוע, **אלא** שכל זה כשכבר פסק טומאתה איזה זמן, אבל אם מיום לידתה היא רואה, קשה ליתן לה קולא של מניקה, דחזינן נשים הרבה הרואות איזה שבועות אחר לידה, ע"ש).

(**ועי'** בתשובת ברית אברהם שכתב, דביודעת בודאי שמ"ד דתולה אף באין לה וסת, היינו אף אם קודם שנולד המכה היתה רגילה בראיות משונות בלי שיעור, אפ"ה תולה, **רק** מיום למ"ד לראייתה האחרונה מקודם שנולד המכה אינה תולה, **דלא** כדמשמע מדברי שו"ת כנסת יחזקאל היפך זה, ע"ש).

(**ולענין** אם כאב לה כאב בשעת תשמיש, אי תולה בה, כבר דברו בזה בשו"ת הרבה, והסכמת אחרונים דכאב אינו כמכה, ואינו תולה בה עד שיברר בודאי שכאב זה בר דמים הוא, **ועי'** בס"ט שכתב דאף דכאב אינו כמכה, מ"מ לענין זה מהני הכאב, היכא דידעה בודאי שיש לה מכה, רק שא"י אם מ"ד, אם בכל פעם שכואב לה המכה מוציאה דם, אז מסתמא המכה הוא שמוציא דם, וכ"כ בתשו' כנסת יחזקאל).

ומ"מ בשעת וסתה - (מקרי כל אותה העונה שרגילה לראות בו, ואפי' ברואה שלא בהרגשה, חוו"ד), **או מל' יום לל' יום, אינה תולה במכתה** - ואע"פ שיודעת שמכתה מוציאה דם, **דאל"כ לא תיטמא לעולם** - אבל אם מרגשת עתה שדם זה בא מן המכה, אפי' בשעת וסתה טהורה, **ולא** שייך לומר בכה"ג דאל"כ לא תטמא לעולם, דהלא תהיה טמאה כשלא תרגיש.

(**כתב** הנו"ב, אם אינה מרגשת אם הדם מן המקור או מן הצדדים, י"ל בזה אפילו אם יש לה וסת קבוע וראתה בשעת וסתה, תולה להקל, דכאן ל"ש לומר א"כ לא תטמא לעולם, שהרי כשתרגיש בדם הבא ממקור תהיה טמאה).

הלכות נדה
סימן קפז – דיני אשה הרואה דם מחמת תשמיש

הרב העתיק זה מהפוסקים הנ"ל, ואינן ענין לכאן, דהם מדברים שלא בשעת תשמיש, לענין אם צריכה לישב ז' נקיים, **אבל** לענין רואה דם מחמת תשמיש, פשיטא דבשעת וסתה לא הוחזקה להיות רואה דם מחמת תשמיש, דנהי דלא תלינן במכה, מ"מ תלינן בוסתה, **וצריך** לומר דגם הרב אלעלמא קאי, לומר שהיא טמאה וצריכה לישב ז' נקיים.

(**כתב** הח"ד, ואפילו אם לא ראתה ביום הלמ"ד, מ"מ בראיה הראשונה שרואה אחר יום הל' טמאה, **ודע** שאחר שטמאה משום נדה, אינה עולה מטומאתה, עד שיהיה לה הפסק טהרה ובדיקה יום א' מהשבעה נקיים, ותמצא נקי מדם דוקא).

וכתמים, תולה בה בכל ענין - אפילו בשעת וסתה, אפילו אינה יודעת שמכתה דרכה להוציא דם.

‹**ותוך** ג' ימים של ספירת ז' נקיים לא תלינן במכה – בה"ט›.

(**כ'** בת' נו"ב, אף דכאב אינו כמכה, מ"מ לענין כתמים תולה בה שלא בשעת וסתה, אפי' אדומים הרבה, גם גדולים יותר מכגריס, מיהו בשעת וסתה אסורה, **וכ"ז** בימי טהרתה או בד' ימים אחרונים של ז"נ, אבל בג' ימים הראשונים אם תמצא כתם הגדול מגריס טמאה).

(**ועי'** בתשו' פנים מאירות, שכתב להקל באשה ששמשה עם בעלה, והיה לה מכה בא"מ ונתרפאה, ואחר התשמיש מצאה כתם בבגדים, דטהורה, **דבכתמים** תולין להקל, דע"י תשמיש נתגלע המכה והוציא דם, כיון דהיה לה כאב בשעת תשמיש, **ועי'** בס"ט שפקפק בזה).

סעיף ו - נאמנת אשה לומר: מכה יש לי באותו מקום שהדם יוצא ממנה.

(**עי'** בתשו' ח"ס שכתב וז"ל, מה שאמרה האם, שמשמשה בידים ומצאה בצדדים חבורות ופצעים, פשוט דיש לסמוך ע"ז, דעד אחד נאמן להתיר היכא דלא איתחזק איסורא, ומכ"ש באשה שיש לה חזקת טהרה, ורוב נשים אינן רואות מ"ת, **ונ"ל** אפי' להתברר א"צ לשאול לנשים אחרות, דכל מקום שהאמינה תורה ע"א הרי כאן שנים, **ומ"ש** הרב השואל, דוספרה לה כתוב, על האשה עצמה דוקא, דבריו תמוהים וכו', מכ"ש הכא שגם הרופא עכ"פ אמר כן, ודרך נשים להיות להם פצעים אחר הלידה, **ואף** דיש לבעל דין לחלוק ולומר, אדרבה כיון דאיכא כל הני צדדים, אין לסמוך על עדות האם, דמורה התירא, כמבואר ברמ"א ס"ס קכ"ז, דכל שיש בו ספיקא או צדדים להקל, אין לסמוך אעדות נשים, **מ"מ** נ"ל הכא איכא בלא"ה סברות להקל כו').

(וכן אם אומרת: ברי לי שאין דם זה בא מן המקור, נאמנת וטהורה) - (עי' בתוה"ש ובדגמ"ר ובח"ד שפקפקו בזה, **ומ"מ** היכא דאיכא עוד צד להקל יש לסמוך עליה).

סעיף ז - אם כל זמן שהיא בודקת בכל החורים והסדקים אינה מוצאת כתמים, כי אם במקום אחד בצדדין, יש לתלות שממכה שבאותו צד בא. וכל שכן אם מרגשת בשעת בדיקה, כשנוגעת בצד המקום ההוא כואב לה קצת, ובשאר חורין וסדקים אינה מרגשת כאב כלל - ‹דעת הט"ז דאיירי כשיש לה וסת קבוע, דמותרת שלא בשעת וסתה, ולהש"ך איירי אף באין לה וסת, עיין לעיל ס"ה›.

(**עי'** בתשו' נו"ב שכתב, דדין זה סובב והולך אדלעיל, ובאשה שיש לה מכה עסקינן, דבזה איירי בסעיף ה' ו', **אלא** דשם בס"ה שכתב תולין בדם מכתה, משמע דדם מכתה ברור, ולכן כתב בסעיף זה, אם כל זמן כו', היינו אפילו א"י שהמכה מוציאה דם, **וזה** מהני גם באשה שאין לה וסת, ובזה מיושב קושית הט"ז בס"ק י').

‹**ובס'** תפארת למשה ות' אבני מילואים, חלקו על הנוב"י, והקלו אף באשה שאין ידוע כלל שיש לה מכה – שה"ל›.

סעיף ח - אם תרצה להתרפאות, צריך שיהיה קודם שתתחזק, אבל לאחר שתתחזק, יש מסתפקים אם מותר לסמוך על הרפואה לשמש אח"כ.

כתב הב"ח מיהו נראה, דאם רופא זה עשה רפואה זו לאשה א' קודם שהתחזקה ונתרפאה, יכולה אשה אחרת לסמוך עליו, אף לאחר שנתחזקה בשלש פעמים, ומותרת לשמש בפעם רביעית לאחר הרפואה.

(**ותמיהא** לי, כיון דאשה זו שריפא הרופא אותה לא נתחזקה עדיין בחולי, א"כ מנא ידעינן שרופא זה מומחה, דלמא בלא"ה נמי היה פוסק, ומצאתי בח"ד שתמה ג"כ בזה, **ועיין** בת' חתם סופר, שכתב קצת ליישב).

(**וע"ש** עוד, דהא דהוצרך הכא לומר שעשה רפואה זו לאשה אחת קודם שתתחזק, ולא הוה בעי למימר אם עשה רפואה זו לנכרית בתר ג"פ, משום דאין ראיה מגופים שלהם לגופים שלנו, כדאמרי' בשבת פ"ו, אינהו דאכלי שקצים כו').

ויש מי שמתיר אם אמר לה רופא ישראל: נתרפאת. ואם תראה האשה שפסק דם וסתה וראייתה על ידי הרפואות, וניכר שהועילו, יש לסמוך אף על הגוי.

(**וכתב** בשו"ת רדב"ז החדשות, דאם יש רגלים לדבר, כגון זו שכל ימיה היתה משמשת בלא צער, ועתה התשמיש קשה לה, קרוב בעיני שסומכת על רופא מומחה שאמר שנתרפאת, ותשמש פעם ד').

סעיף ט - הפחידוה פתאום ונפל ממנה חררת דם, נתרפאת ומותרת לבעלה. ואם חזרה וראתה מחמת תשמיש, אפילו פעם אחת, בידוע שלא נתרפאת. ובזמן הזה אין מתירין ע"י רפואה זו - (לפי שאין אנו בקיאין - פרישה), **ומיהו אין מוציאין אותה מבעלה אחר רפואה זו, עד שתבעל ותחזור לקלקולה** - כלומר אין לעשות רפואה זו לכתחלה להתירה על ידי כך, **אי** נמי שאם נתגרשה ואחר כך עשתה רפואה זו, אין מתירין אותה לינשא, **אלא** שאם עשתה רפואה זו בעודה תחת בעלה, אין מוציאין אותה מבעלה.

(**עי'** בתשו' נו"ב, במעשה באשה שבשעת תשמיש הרגישה זיבת דבר לח, וקפצה בבהלה מן המטה, והיה שופע ממנה דם הרבה, **וכתב** דאף דבשו"ע כתב באם הפחידוה כו' דאין מוציאין אותה מבעלה, דעת הראשונים לא נראה כן, **ועכ"פ** אין להקל רק כהאי עובדא ממש, אבל הבהלה אינה ביעתותא, וגם שפע דם אינו כמו חררה).

סעיף י - הרואה דם בשעת תשמיש, מותרת לשמש פעם שנית כשתטהר - (הקשה הש"ך ס"ק לה, דאמאי לא נימא דבפעם אחת שראתה מחמת תשמיש תהיה חוששת על כל פנים ותהא אסורה לשמש, כמו בוסת דפיהוק ועיטוש דבפעם אחת חוששת לפיהוק גרידא, וכמו שפסקו לקמן סימן קפ"ט סכ"ב, **ותירץ** וז"ל: שאני התם שהוסת הגוף בא מעצמו, אבל בוסת הגוף שבא על ידי אונס כגון קפיצה, קי"ל התם בסי"ז דאינה חוששת אלא כשקבעה אותו ביום ידוע, ולא כל פעם שתקפוץ, ותשמיש חשיב ע"י אונס כמו קפיצה. **והט"ז** כתב בס"ק ט"ז, משום דלא מפקינן לה מבעלה משום חשש דוסת שאינו קבוע, משא"כ בליל טבילה דאין כאן רק חשש לענין יום וסתה בלבד, חיישא - חוו"ד).

מיהו מיחש חיישינן חדא זימנא אחר ראייתה, כגון ראתה פעם אחת או פעמים בליל שני של טבילתה, כשתגיע טבילה אחרת (צריכה לפרוש) ליל שני של טבילתה - (עבה"ט בשם תשובת א"ש דיש ט"ס כאן (בגירסא הישנה "בליל טבילתה"), וצ"ל בליל שני כו', דאל"כ בלא הוחזקה יכולה לשמש אפילו בליל טבילתה כו', כיוצא בזה הם דברי שאילת יעב"ץ), (**דמנ"ל** לומר שהיא רואה מחמת ליל טבילתה, ולא מחמת ביאה ראשונה לחוד – אמונת שמואל), (ווסת של דישת השמש אינה חוששת לו כלל עד אחר ג"פ רצופים, כמו בפיהוק וקפיצה, מאחר שמעצמה אינה רואה אלא ע"י דחיקה ודישת שמש, אבל כשראתה בשני לטבילתה, שאנו רואים שלא ראתה בתשמיש ראשון של ליל טבילה, ובשני לו ראתה, הרי מוכיחה בצדה שהוא וסת התלוי גם בימים שוים סמוכים לטבילה, דחוששת לו בפעם אחד - שאלת יעבץ). (**והתוה"ש** וסד"ט והפלתי גורסים כגירסא הישנה, דחוששת גם לליל טבילה, **ולהח"ד** חוששת דוקא לליל טבילתה, וכדלהלן).

(**ואם** ראתה בליל שני של טבילה אחר תשמיש, דעת הגהת מיי' שאסורה תמיד בליל שני, דחיישינן שמא טבילה דאתמול גרם, וכן דעת תשובת אמונת שמואל ודעת שאילת יעב"ץ וכמ"ש לעיל, **ועי'** ח"ד שכ', (אמנם נראה דהמחבר בכיון שינה מלשון הג' מיי' והגיה בליל טבילה, דס"ל בסי' קפ"ט סי"ז דלא אמרינן קפיצה דאתמול גורם, וטבילה דמיא כקפיצה), **ואף** לדידהו אם ראתה בליל ג', וכ"ש ד' של טבילה, א"צ לחוש אח"כ, (דכולי האי ודאי לא אמרינן דהטבילה תגרום – שם).

ואין צריך לפרוש ליל שני של טבילה שלישית, דכל מידי דלא קבעה וסת לא חיישא אלא חדא זימנא.

(**עח"ד** שכתב, דהיינו דוקא כשעברה ושמשה בליל טבילה שניה, דנעקר הוסת בהרכבה, **אבל** כשלא שמשה בליל טבילה שניה, אסורה, דכל וסת אינו נעקר רק בעין שנקבע, וא"כ כשראתה בליל טבילה אחר תשמיש, אסורה לעולם לשמש בליל טבילה, **אם** לא שעברה ושמשה ולא

תמד הלכות נדה
סימן קפז – דיני אשה הרואה דם מחמת תשמיש

ראתה, חזרה להתירה). ‹**והגר"ז** סבר, דאפי' כשעברה ליל טבילה בלא תשמיש, ג"כ נעקר החשש, משום שיטת הראב"ד, דס"ל דוסת המורכב אינו נקבע אלא בראיות רצופות, **וא"כ** כיון דעבר ליל טבילה בלא ראיה, שוב לא תצטרף לראשונה עוד ראיה בליל טבילה בשעת תשמיש›.

(**וכתב** עוד, דלא מועיל בדיקת שפופרת להתירה בליל טבילה). ‹דשפופרת לא הוי בירור רק נגד חשש חולי, ולא נגד וסת – חוו"ד›. ‹**וכמה** אחרונים חולקים ע"ז›.

(**עח"ד** שכתב, דזה דוקא באם ראתה בליל טבילתה אחר תשמיש, אפילו שלא בשעת תשמיש רק באותה עונה, דוסת מורכב הוא לטבילה ולתשמיש, **אבל** אם ראתה בליל טבילה בלא תשמיש כלל, א"צ לפרוש). ‹דכקפיצה דמיא, דלא חיישא בפעם אחת, ולטבילה ולתשמיש חיישא, דהוי כמו וסת המורכב לקפיצה וימים דחיישא בפעם אחת. **ומכאן** מוכח דלא כהש"ך שכתב דתשמיש כקפיצה דמיא, דאי תשמיש ג"כ כקפיצה דמיא, אטו וסת שנקבע מחמת שני אונסין הוי קביעת וסת, אתמהה, אלא ודאי דתשמיש כאכילת פלפלין דמיא, מש"ה חיישא גם כן להרכבה – חוו"ד›.

הגה: ואם ראתה ג"פ, כל פעם בביאה ראשונה שאחר טבילתה, אסורה לבעלה כאילו ראתה ג"פ רצופים, שהרי אי אפשר לה לטבול ולשמש עמו, שהרי היא רואה כל פעם אחר טבילתה.

[זה אינו דומה למש"כ השו"ע בסמוך בענין חשש ראיית ליל טבילה, **דשמה תלוי החשש באותו לילה דוקא ואח"כ מותרת, אבל כאן איכא החשש מחמת ביאה ראשונה שאחר הטבילה, אע"פ שהוא זמן רב אחר הטבילה,** ‹ר"ל שלא היתה הביאה בליל טבילתה דוקא, ולא היו הג' פעמים בזמנים שוים – מחה"ש›. **אלא דקשה, בזה פשיטא שאסורה בכל אשה שראתה ג"פ רצופים, ע"כ צ"ל דמיירי אע"פ שבינתים היו ביאות של היתר, וזה מהני בדין שאח"כ, מ"מ כאן לא מהני, דגם שם לא מהני אלא דאמרינן מכח זה דדם הראשון שאחר לידה היה מחמת הלידה, כמבואר שם, וזה לא שייך בליל טבילה].**

"**ואם** ראתה שלש פעמים" - כלומר ועברה ושמשה ולא ראתה, ‹**היינו** לכאורה בביאות שבינתים כמו להט"ז, עיין בתוה"ש›. "**כאילו** ראתה ג' פעמים רצופים" - דינו כאלו ראתה ג' פעמים רצופים בטבילה, דבלאו הכי א"א למצוא שלש פעמים רצופים, שהרי צריכה לטבול בכל פעם, ‹**היינו** דרמ"א מיירי שהיה ביאות דהיתרות בינתים, כמו הט"ז, ופסק דהוי כאילו לא היה ביאות היתרות בינתים – **הש"ך** איך שהוא מתוקן בלוח ההשמטות, עיין בתוה"ש›.

‹**עוד** נוסח בש"ך›: "כאלו ראתה ג' פעמים רצופים" - כלו' כאלו עברה וראתה ג' פעמים רצופים בלא טבילה, **דודאי** בלא"ה א"א למצוא שלש פעמים רצופים, שהרי צריכה לטבול בכל פעם, ‹**היינו** דרמ"א מיירי שהיה טבילות בין הראיות, ופסק דהוי כאילו לא היה טבילות בין הראיות, **ולא** מיירי הרמ"א באופן דהיו ביאות דהיתרות בינתים כמו הט"ז, **וכתבו** חוו"ד וס"ט, דסבר הש"ך דבאופן זה לא תהיה אסורה לבעלה, דאינו וסת מורכב – **הש"ך** כפי דפוס הראשון›.

‹**בתשו'** אמונת שמואל כתב, די"ל בפשוטו דמשכחת ג' פעמים רצופים, דהיינו ששמשה ג' פעמים בלילה אחד, ואחר כל תשמיש קנחה עצמה בעד, ובשחרית בדקה הג' עדים ומצאה עליהם דם, דבכה"ג היה השימוש בהיתר – רעק"א›.

(**עט"ז** שכתב, דאפי' היה מופלג מליל טבילה, קבעה וסת לביאה ראשונה שאחר טבילה, ואפי' עברה ושמשה קודם הטבילה ולא ראתה, קבעה וסת ואסורה לשמש אחר טבילה, ‹**שהט"ז** מצרף הטבילה להתשמיש לוסת המורכב, שאלו הג"פ לא היו בליל טבילה, רק בביאה ראשונה שאחר הטבילה, וניכר דהוסת הוא ביאה ראשונה שאחר טבילה›. **וכתב** החוו"ד דלדעת הש"ך נראה דמותרת, וכן עיקר, ‹דהש"ך לא ס"ל בהא כהט"ז, לצרף הטבילה להתשמיש לוסת המורכב, כיון שהיה מופלג, כמ"ש לעיל – חוו"ד›. **ועי'** תשו' אמונת שמואל, שדעתו כהט"ז הביאו המ"י, **וגדולה** מזו כתב שם, באשה שראתה ג"פ, בכל פעם בביאה ראשונה שאחר טבילתה לוסת, אבל בין וסת לוסת כשטבלה אחר מציאת כתם, שמשה כמה לילות ולא ראתה, וכתב ג"כ דהוי כרצופים, **אכן** גם הס"ט האריך לחלוק על הט"ז והא"ש, והעלה דכל שהיה שום ביאת היתר ביניהם, לא הוי כרצופים).

(**ועיין** עוד במ"י שכתב להקל, באשה שראתה ג"פ מחמת תשמיש, כל פעם בליל טבילתה, דמותרת אח"כ בליל ב' של טבילתה ואילך, **וחלק** על הא"ש, שכתב שחלילה להקל בזה). ‹**משמעות** הלשון [השו"ע] משמע דאף אי קבעה ג' פעמים, אינה חוששת כ"א ליל טבילתה, [כפי גירסא הישנה], וכך הבין הט"ז בס"ק י"ד, והוא טעות מפורסם, דמי הגיד לנו הנביאות דתיחוש לילה ראשונה דוקא, דלמא מחמת ביאה ראשונה רואה, וא"כ אסורה לשמש לעולם ביאה ראשונה כיון שכבר הוחזקה ג"פ ברואה מחמת תשמיש ראשון אצל בעל זה, וא"כ אסורה לו לעולם וכמ"ש הרב בהג"ה, והאריך שם בתשובת אמונת שמואל, **ולע"ד** אין כאן טעות

כלל, ודבר זה דומה ממש לוסת המורכב, דהיינו וסת שנקבע לימים ולקפיצות וכה"ג, ואם אח"כ הגיע הזמן ולא קפצה או קפצה ולא הגיע אותו זמן, אינה חוששת לוסתה, כמבואר לקמן בסי' קפ"ט סעי' י"ח וי"ט, ולא אמרינן מי הגיד לנו הנביאות דלמא לימים לחוד איקבע אף אם לא תקפוץ ותיחוש, אלא ודאי דכה"ג אזלינן להקל בוסתות כל שלא ידעינן בודאי דאיקבע וסת לחדא מינייהו, **וא"כ** ה"ה הכא שמטעם קביעות וסת אנו חוששין לה כמבואר בתשובות הרשב"א הובא בב"י, א"כ אינה נאסרת על בעלה, שיכולה לשמש בלילי שני לטבילתה, **ולכן** דקדק מהרמ"א וכתב כל פעם בביאה ראשונה, כוונתו שלא נקבע בימים כלל, וכמ"ש הט"ז – מנחת יעקב).

(**ועוד** המציא, דאם ראתה ג' פעמים רצופים ביום ידוע לחודש מ"ת, דאינה אסורה רק לאותו יום הידוע, **ועח"ד** שהשיג עליו, והעלה דאסורה ככל רואה דם מ"ת, ואינה תולה בליל טבילתה או ביום החודש, (חלילה מלומר כן, וישתקע הדבר ולא יאמר להמציא קולא אשר לא אשתמיט שום פוסק קדמון ואחרון לומר כך, דדוקא שהיו לה תשמישין של היתר בינתים, אז תולה בוסתה ומשמשת בין וסת לוסת, אבל כשלא שמשה כלל בינתים, אסורה, ותולה רק במחמת תשמיש, דבכל רואה מחמת תשמיש לאו מטעם וסת אסורה, רק דחיישינן לה לחולי הממלאה ונופצת, וכך היה קים להו לחז"ל, דיותר מסתבר להחזיקה בחולי הממלאה ונופצת מלתלות בוסת – חוו"ד), **גם** הס"ט האריך לחלוק על זה, **גם** בתשו' ח"ס כתב, דחלילה להקל בזה, שכן משמע להדיא בת' רשב"א שהביא בכו"פ וס"ט).

(**אך** צידד חת"ס להקל בנידון שנשאל עליו, באשה שאחר לידה ראשונה ראתה דם מחמת תשמיש על עד הקינוח כמה פעמים, והיה כל פעם בליל טבילה, אלא שטבלה במים קרים, והאשה פחדה מאד מקרירות המים, עד שבכל פעם אחזתה רתת וכאב המעיים שקורין קרומע"ן, עד שבאחרונה חממו מי המקוה, ומ"מ ראתה, אם יש להתירה בליל שני אחר הטבילה, **וכתב** אחרי דיש בזה כמה צדדים להקל, חדא, ששהתה עמו כמה שנים ולא ראתה מחמת תשמיש, ואין זה תחלת תשמישה, **ב'**, שיש לה וסת, וזו ראתה שלא בשעת וסתה, **ג'**, שהוא אחר לידה ראשונה, וי"ל נתקלקלו צדדיה ע"י הלידה ולא מן המקור הוא, **ד'**, והיא העיקר, שהיתה רותתת ע"י ביעתותא דמים קרים, והרגישה עי"ז כאב בבטנה, וזה גורם לפריסת נדה, וא"כ אפי' אי טבילה דעלמא לא מצרפינן לרמ"ת לדעת רשב"א הנ"ל, מ"מ היכא דחזינן דרפיא ע"י ביעתותא כי הכא, בודאי יש לתלות בהכי - **לפמ"ש** הוא ז"ל בעצמו, והובא לעיל סי' קפ"ה ס"ק ט"ו, דהפחד אין בטבעו להביא דם רק באותו רגע ממש, אין זה מוסיף היתר - **ואע"ג** דאח"כ חממו המים ואע"פ כן ראתה, י"ל מכאן והלאה חושבנא, ויכולה לשמש אפילו בליל טבילה שבמים חמים עוד ב' פעמים, **אלא** שלא לסמוך ע"ז לחוד, ע"כ יש להתיר לשמש בליל ב' אחר טבילתה במים חמין דוקא, שאז מצטרף כל הקולות האלו, **ומ"מ** אומר אני שבאותה בעילה יפרוש באבר מת, כי מה לנו להכניס בספק כרת על מגן, ואם לא תראה אז תשמש כך לעולם, בליל ב' אחר טבילתה בחמין דוקא, **ואם** תרצה לבדוק בשפופרת, בכדי להיות ככל הנשים, צריכה לבדוק דוקא אחר טבילתה במים קרים באותו לילה ולא תראה עליו, כדי שיתעקר כמו שנתחזקה).

ואם אירע לה שראתה ג"פ בביאה ראשונה שאחר לידתה, או ראתה אחר כל לידה ג' פעמים, ובנתיים לא ראתה, יש שכתבו להקל להתירה לבעלה - (ומ"מ נקיים ודאי צריכה, ואינה תולה במכת לידה, כ"כ הס"ט והח"ד, ע"ש), **כי תלינן הראייה בחולשתה עדיין מכח לידתה, שהוכו הצדדין מכח הלידה, ולכן רואה סמוך ללידה ולא אחר כך, ותלינן בלידה כמו שתלינן במכה.**

כלו' ואם אירע לה שראתה תכף אחר לידתה ג"פ רצופים, ואח"כ עברה ושמשה בינתים ולא ראתה, ואח"כ חזרה וראתה אחר לידתה ג"פ רצופים, ולא שמשה שוב, מותרת, **וכן** אפי' ראתה אחר כל לידה ולידה ג"פ רצופים, רק אח"כ בין כל לידה ולידה שמשה בינתים ולא ראתה, ואחר לידה ג' או ד' חזרה וראתה ג"פ רצופים, ושוב לא שמשה, מותרת, **אבל** אם ראתה ג"פ רצופים אחר לידה, אסור לה לשמש אחר כך לכתחלה, דאין מתירין אלא כשאחר כך עברה ושמשה, דהוחזקו ביאות של היתר אחר ביאות של איסור, ותלינן בחולשת הלידה, אע"ג שחזרה אחר כך וראתה ג"פ אחר לידתה ולא שמשה אח"כ, **אבל** אם שמשה אח"כ ולא ראתה, אפי' ראתה מתחלה ג' פעמים רצופים שלא בעת לידתה טהורה, דעדיף מבדיקת שפופרת, כך הם ביאור דברי הרב.

והב"ח פירש דעת הרב, שראתה אחר הלידה שלש פעמים, אבל לא היו רצופים כו', וכתב שכן משמע מתש' הר"ר יוחנן לשם, ונהפוך הוא וכדפירשתי, **ובלאו** הכי נמי אין סברא לומר כן, דהא כיון דשרי אחר לידה האחרונה אפילו היו רצופים, א"כ מה לי שהיו הביאות הראשונות רצופים או לא, וכ"ז נראה לי ברור.

וכל זה אם כבר עברה ושמשה בין לידות הראשונות, שהוחזקו ביאות של היתר אחר ביאות של איסור, אבל אם ראתה ג' פעמים רצופין אחר לידה, לא תלינן בלידה, אלא צריכה בדיקת השפופרת.

[דברי רמ"א א"א ליישבן, אם לא נאמר שיש כאן ט"ס, תחילה נעתיק דעת מהר"ר יוחנן בהג' שערי דורא, שמשם לוקח דין זה, דעת מהר"ר יוחנן, שאשה שראתה פעם א' שאחר לידתה ואח"כ שמשה ולא ראתה, וכן מנהגה עד ג' לידות, ופסק שם כיון שהוחזקה בביאות של היתר בינתים, איכא למימר דמה שראתה פעם א' אחר הלידה, הוא מחמת שהוכו הצדדין מחמת הלידה, והוי ליה כמכה דלעיל ס"ה, זהו כלל דבריו שם, **משמע** דאם לא הוחזקו ביאות היתר בינתים, אלא לא היו רק ג' ביאות לחוד, דהיינו ביאה א' אחר הלידה וראתה, ותו לא שמשה כלל עד אחר לידתה, ג' פעמים, וראתה, דפשיטא שאסורה, ולא אמרינן בזה דכל ראייתה הוה מחמת מכת הצדדין, אע"ג שכל אחת תכופה ללידה, **וא"כ** ק"ו הוא, אם שמשה וראתה ג' פעמים רצופים אחר לידה אחת, דאסורה עד בדיקתה בשפופרת, דהא כאן חמיר טפי בשתי ביאות שאחר ביאה הראשונה, שהם אינם תכופים ללידה, **ותו** משמע אם אירע לה כך ג' פעמים אחר לידה, דהיינו שבכל פעם אחר לידה ראתה ג' פעמים רצופים, והיא נאסרה כמו שאמרנו, ועברה ושמשה אחר אותן הג' פעמים אחר כל לידה, דלא מהני לה, וכ"ש דבדיקת שפופרת לא מהני, דלא מהני תיקון שפופרת או ביאה ולא ראתה, אלא במקום שיש חשש באותה ביאה לאיסור, אז אמרינן כיון דנתקנה ע"י שפופרת, מה שראתה ע"י תשמיש הוא מחמת צדדין כדלעיל, **משא"כ** אף את"ל שנתקנה והותרה אח"כ, היינו עד לידה רביעית, אבל אחר שנתחזקה לראות ג' פעמים אחר כל לידה לראות ג' פעמים רצופים, ובזה לא מהני לומר הוכו הצדדין, לא מהני לה אף אם יבוא עליה באיסור אחר אותן הג' פעמים, להתירה אחר לידה רביעית, דהא איתחזקה באיסור ג' פעמים אחר כל לידה בג' פעמים רצופים, ובודאי תראה גם בפעם הרביעית אחר הלידה ג' פעמים, ויהיה ודאי איסור לפנינו, **וכאן** לא שייך לומר כיון שיש בינתים ביאות של היתר, דהא ג"פ רצופים ראתה אחר כל לידה, והוא עכשיו אחר לידתה כמו ליל טבילתה דלעיל, **אלא** אם עבר ובא עליה באיסור אחר לידתה ולא ראתה, אז מהני, ואזלה חזקת איסור לראות אחר לידתה, כ"ז נרא' ברור ופשוט, וגם פסקי רמ"א יורו ע"ז].

[**אלא** שקשה בדבריו, דמה שכתב או ראתה אחר כל לידה ג' פעמים כו', דמשמע רצופין, דאל"כ מה זה שכתב אח"כ, וכל זה אם כבר עברה ושמשה, למה כתב עברה, והלא בהיתר שמשה, דלא נאסרה כיון שלא ראתה ג' פעמים רצופין אחר שום לידה, אע"כ שראתה ג' פעמים רצופין אחר כל לידה, ועל זה קאי אם עברה כו', **וא"כ** קשה מאי מסיים אח"כ אבל אם ראתה ג"פ רצופים אחר לידה לא תלינן בלידה, דהא גם ברישא מיירי מרצופין].

[**ובלבוש** הוסיף כאן תיבה, וז"ל, אבל לכתחילה אם ראתה ג' פעמים רצופים כו', ור"ל דקמ"ל דלא מצינו תשמיש בינתים שלא ראתה, אלא כשעברה ועשתה כן, אבל באמת אינו מותר, והג"ה זה אינה נכונה, דא"כ לא היה לו לרמ"א לכתוב, אלא "אבל באמת אסורה היא", ומה לו להזכיר כאן לא תלינן בלידה, **גם** למה לו להזכיר אבל אם ראתה ג' פעמים רצופים, והא לעיל ג"כ מיירי ממנו, **ותו** דלמה לא כתב לעיל בעיקר הדין תיבת רצופים].

[**והיותר** קשה מן הכל, דלפי זה משמע, אם כבר ראתה רצופין ג' פעמים אחר כל לידה, מהני לה מה שעברה ושמשה אח"כ ולא ראתה בין לידה ללידה, שתהיה מותרת אפי' אחר לידה רביעית, וחלילה לומר כן, **ומהר"ר** יוחנן לא התיר לעיל, אלא שראתה פעם אחת אחר כל לידה, ממילא הפסיקו ביאות היתר בין אותן ביאות שרוצים לעשות האיסור, דהיינו הצירוף של כל אחר לידה להדדי, דהא קודם לידה השני' אין כאן איסור, משא"כ כאן שיש ג' פעמים איסור, שהרי הם רצופים אחר כל לידה, ויש איסור אפי' קודם לידה השני', ומה שכתב רמ"א אח"כ בסוף, דבמקום שצריך בדיקה מהני עברה ושמשה, היינו בעברה ושמשה אחר לידה הרביעית, וכן כתב בהדיא בד"מ, אבל לא מהני לה מה ששמשה ולא ראתה קודם לידה הרביעית שזכרנו, וזה ברור לכל מבין].

[ט"ז] ‹רעק"א או ש"א או הוספת הסבר› (פת"ש)

[ע"כ נראה שיש כאן טעות סופר, וצ"ל וכל זה אם כבר שמשה, ותיבת עברה אינו נכון כאן, ונמצאו דברי רמ"א ממש כדברי מהר"ר יוחנן, ומה שכתב או ראתה אחר כל לידה ג' פעמים, מיירי באינם רצופין, ויש ביאות היתר ביניהם, ועל זה אמר אם שמשה כבר, ור"ל בהיתר, אז לא אמרינן שהוחזקה לראות אחר כל לידה, ותלינן בהוכו הצדדין, ונמצא שפיר מסיק אח"כ, אבל אם ראתה ג' פעמים רצופין אפי' אחר לידה אחת, צריכה שפופרת, ולא מהני לה אם תעבור ותשמש באיסור אח"כ, אלא לענין תשמיש שמכאן ואילך עד לידה רביעית, דהיינו שאחר לידה השלישית מותרת עד שתגיע לידה הרביעית, ואז אסורה אע"פ ששמשה בינתים ולא ראתה, כי דרכה של אשה זו לראות דוקא אחר לידתה, והוה לה וסת בזה, גם מו"ח ז"ל כתב דהג"ה זאת מיירי ברישא באינן רצופים].

האריך להוכיח שיש ט"ס בדברי רמ"א, והשיג על העט"ז, והלך בדרך הב"ח, והוציא מתוך כך דברצופים לא תלינן בלידה, ואין דבריו נכונים, ואין ספק שלא עי' שפיר במקור הדין, ומתחילה אוכיח מלשון רמ"א גופיה שאין הפי' כדבריו: **(א)** כשכתב רמ"א ברישא ג' פעמים, לא הוה ליה למסתם סתומי, אלא הוה ליה לפרושי, דהיינו דוקא באינן רצופים **(ב)** דאי באינן רצופים מאי רבותא דג' פעמים, דהא מיד שלא ראתה אחר ראייה השני', ראייה שלישית לאו כלום היא, כמו באשה דעלמא **(ג)** מדקאמר ובינתים לא ראתה, משמע דרצונו לומר בין הלידות לא ראתה, וא"כ הו"ל למימר ובין הראיות לא ראתה - נקה"כ.

(ד) תימה על דבריו, כיון שכתב רמ"א ותלינן בלידה כמו שתלינן במכה, שרצונו לומר דם טהור הוא, א"כ מה לי ראתה ג' פעמים רצופים או לא **(ה)** דאם כדבריו הו"ל לרמ"א לבאר, דמ"מ סמוך ללידה אסור לשמש **(ו)** דכשכתב, וכ"ז אם כבר עברה ושמשה בין לידות הראשונות, הו"ל למימר שעברה ושמשה בין ראיות הראשונות **(ז)** דבכל הספרים כתוב עברה ושמשה **(ח)** דאם כדבריו דעברה ושמשה לא מהני רק אחר לידה רביעית בסמוך לה, א"כ גם בדיקת שפופרת לא מהני רק בסמוך ללידה רביעית, וכן כתב ג"כ איהו גופיה דגם בדיקת שפופרת לא מהני בכה"ג, דהא כ"מ שצריכה בדיקת שפופרת, אם עבר ושמשה הוי כמו בדיקת שפופרת, וא"כ כשכתב רמ"א לא תלינן בלידה אלא צריכה בדיקת שפופרת, הו"ל לפרושי דדוקא אחר לידה צריכה בדיקת שפופרת **(ט)** היכא משכחת לה דתשתרי ע"י בדיקת שפופרת, דהא כשראתה ג' פעמים אסורה לשמש אח"כ, וא"א שתלד, כי היכא דנימא דתבדוק בשפופרת אחר לידה, אלא בע"כ צריכה להתגרש, ‹אף די"ל דמשכחת לה כשנתעברה בביאה שלישית, מ"מ לא הו"ל לרמ"א למיסתם דצריכה בדיקה, כיון דע"פ הרוב צריכה להתגרש – הגהות שו"ע›, **והיכא** קאמר רמ"א אלא צריכה בדיקת שפופרת - נקה"כ.

אלא ודאי הפירוש בדברי רמ"א כמו שכתבתי בש"ד, דמיירי ברישא ג"כ ברצופים, וכדמשמע ג"כ בעטרת זהב, **ומה** שלא פירש כן ברישא כמו בסיפא, היינו משום דסתמא קאמר ומשמע דמיירי בכל ענין, אבל בסיפא הוצרך לומר רצופים דוקא, משום דאל"כ מותרת, **ומה** שלא התיר ברישא בלא טעמא דתלינן בלידה, מטעם דעברה ושמשה דהוי כמו בדיקת השפופרת, היינו כמו שכתבתי בש"ד, דחזרה ושמשה אח"כ ג' פעמים רצופים, **אי** נמי והוא העיקר, דודאי מטעם בדיקת שפופרת לחוד לא הוי שרינן, אי לא הוי אמרינן לידה הוי כמכה, כיון דאין הבדיקת שפופרת סמוך ללידה, דומיא דרואה כל פעם אחר טבילתה, דלא מהני מה שעברה ושמשה בין טבילה לטבילה, אלא דמ"מ מהני בדיקת שפופרת או עברה ושמשה, דאמרינן כיון דהשתא לא חזאי, אמרינן דמאי דחזאי מעיקרא דם מכה הוא, **ולפי"ז** מה שכתב רמ"א ברישא, ואם אירע שראתה ג' פעמים בביאה ראשונה שאחר לידתה כו', אין צריך לפרש ששוב חזרה וראתה ג' פעמים רצופים, וכמו שכתבתי בש"ד, דא"כ הו"ל למימר "בביאות ראשונות", אלא מיירי כפשוטו, ואפ"ה צריך לטעם דתלינן בלידה דהוה כמו מכה, אבל מטעם עברה ושמשה לחוד לא הוה שרינן, דדלמא קבעה וסת ללידות וכדפירשתי, **אבל** מ"מ כשעברה ושמשה אפי' ברחוק מלידה, כיון דהשתא לא חזאי תלינן במכת לידה, וכל שכן היכא דלא ראתה על ידי בדיקת שפופרת, אפילו ברחוק מלידה תלינן במכת לידה, ולכך כתב רמ"א סתמא, אלא צריכה בדיקת שפופרת, ולא דמי לראתה אחר כל טבילה דאע"ג דבינתים שמשה ולא ראתה אסורה, דהתם ליכא למיתלי בשום מכה - נקה"כ.

והכלל, דג' פעמים אחר כל לידה דקאמר רמ"א ברישא, מיירי ג"כ ברצופים, ואפ"ה שרי, כיון שהוחזקו אח"כ ביאות של היתר, א"כ תלינן בלידה, דדם טהור

תמח הלכות נדה
סימן קפז – דיני אשה הרואה דם מחמת תשמיש

הוא ממכת הלידה, **והא** דלא מתיר מטעם עברה ושמשה לחוד, היינו משום די"ל דלמא קבעה וסת ללידות, אבל מ"מ מהני מה ששמשה אח"כ לומר דדם מכת לידה הוא, וכן בדיקת שפופרת אפי' ברחוק מלידה מהני, דאמרינן דם מכת לידה הוא, **ובלא"ה** אין טעם לחלק בין ג"פ רצופים או לא, דכיון דשרי אחר ג' לידות כיון שהוחזקו בביאות של היתר בינתים, אלמא דכיון דהוחזקו ביאות של היתר בינתים, לא אמרינן דקבעה וסת ללידות, א"כ מה בכך שראתה אח"כ עוד שתי פעמים - נקה"כ.

אבל אם ראתה ג' פעמים רצופין אחר לידה, לא תלינן בלידה כו' - נ"ל דדוקא ראתה לאחר ל"ג לזכר וס"ו לנקבה, אבל תוך הזמן הזה, כיון דמן הדין דם טוהר הוא, וכדלקמן סי' קצ"ד, נראה דאין להוציא אשה מבעלה בשביל כך, **דנהי** דהחמירו האידנא שלא לבעול על דם טוהר, היינו לעצמן אבל לא להוציאה מבעלה, **ועוד** דהכא איכא נמי צד היתר, דמחמת חולשת הלידה ראתה דם מחמת תשמיש, ‹**ועיין** כו"פ שחלק עליו, **ועיין** בנו"ב שהסכים להש"ך›.

‹**ועי'** עוד בנו"ב, באשה שראתה ה' פעמים אחר תשמיש אחר הלידה, ושתי פעמים הראשונים היו תוך מלאת, ועל פעם שלישי היא בספק אם היה תוך מלאת, וב"פ האחרונים בודאי היו אחר מלאת, **וכתב** כיון שעיקר איסור האשה שראתה מחמת תשמיש, מטעם וסת נגעו בה, וביארתי דוסת זה התלוי במעשה בוודאי הוא דרבנן - דאילו וסת שאינו תלוי במעשה ס"ל דהוא דאורייתא, וכמ"ש לעיל סי' קפ"ד ס"ב משמו - **לכן** כיון שיש ספק שמא בפעם ג' היה תוך מלאת, וא"כ לא ראתה רק ב"פ אחר מלאת מחמת תשמיש, לא נאסרת עדיין ומותרת לשמש עוד פעם שלישית, **אך** לא בליל טבילה רק בליל שניה›.

‹**כ'** הח"ד, דאם בביאה ראשונה שאחר לידה לא ראתה, רק אח"כ ראתה ג"פ, לא תלינן שוב במכת הלידה, דאילו היה מחמת לידה, אף בפעם ראשונה היה לה לראות דם›.

מיהו כל מקום שצריכה בדיקה, אם עברה ושמשה ולא ראתה, מותרת, דתשמיש זה שלא ראתה בו, עדיף מבדיקת השפופרת, כן נראה לי.

[פירוש הן כאן בראתה ג' פעמים, דהיינו אחר כל לידה פעם אחת, ולא הוחזקה בביאות היתר בינתים שלא ראתה, ממילא היא כשאר אשה שראתה ג' פעמים רצופים, ועברה ושמשה אח"כ ולא ראתה, מהני לה שלא תחשוש עוד, **אבל אי** הוחזקה בביאות היתר בינתים אין כאן חשש, **וכן** אם ראתה ג' פעמים אחר לידה בג' לידות, ועברה ושמשה אחר לידה הרביעית מהני לה, **אבל** לא מהני לה מה שעברה ושמשה באיסור בין לידה ללידה, כיון דהוקבע לה וסתות ללידות, צריכה תיקון אחר לידה הרביעית דוקא, **וכן** בכל אשה שראתה דם מחמת תשמיש ג' פעמים שצריכה שפופרת, כ"ש שמהני לה אם עברה ושמשה באיסור, והוא סברת רמ"א בד"מ, ונכונה היא].

נמשך אחר דבריו שלפני זה, וכבר נתבאר דליתנהו לדבריו - נקה"כ.

ובס' אפי' ברבבי כ', ולי נראה דדוקא שעברה ושמשה ג"פ, **ולפעד"נ** דדברי הרב ברורים בטעמם, דתשמיש זה שלא ראתה עדיף מבדיקת שפופרת, וכן משמע בתשו' מיימוניות שהבאתי לעיל, דאצבע הוי כשפופרת.

‹**ובתש'** נוב"י כתב לתרץ, די"ל דהאפי רברבי סבירא ליה כהטור לקמן, דגם וסת קפיצות צריך שתעקר ג' פעמים, **או** דסבירא ליה דתשמיש הוי כמו וסת הגוף דאכלה שום, מש"ה סבירא ליה דלא נעקר בפעם אחת, אא"כ שמשה ג' פעמים, **והא** דמהני שפופרת, היינו באמת רק בנמצא מהצד, דראיה דמן הצדדים הוא, **אבל** בתשמיש דלא שייך כן, בעינן ג' פעמים – רעק"א›.

סעיף יא - אשה שראתה מחמת תשמיש, ולאחר חצי שנה חזרה וראתה מחמת תשמיש, מותרת לבעלה, שהרי לא קבעה בג' וסתות שוים, ולא בדילוג - פי' והלכך כשהגיע חצי שנה אחר ראיית פעם האחרון, ולא ראתה אז, תו לא חיישא כלל, וכן הוא בתשובת הרשב"א שהביא בית יוסף וז"ל, ותו לא חיישא, דכל מידי דלא מיקבע בג' זימני מיעקר בחדא זימנא, לאפוקי אם היתה קובעת, היתה צריכה ליעקר ג"פ, **אבל** ודאי דאפילו קבעה בשלשה וסתות שוים או בדילוג, מותרת לבעלה בין וסת לוסת.

מיהו חוששת לאחרון פעם אחת, וכשיגיע חצי שנה מיום ראיית דם האחרון, אסורה עונה אחת - ונ"ל דה"ה לוסת החדש חוששת, כגון אם שמשה פעם ב' בט"ו בניסן, חוששת אח"כ לט"ו באייר, ואסורה לשמש בט"ו באייר, ואם לא ראתה בט"ו באייר,

[ט"ז] ‹רעק"א או ש"א או הוספת הסבר› (פת"ש)

חוששת להפלגה חצי שנה, ושוב אינה חוששת לט"ו לחודש, (**ועי'** ח"ד שכתב, דהא דאינה חוששת לט"ו בסיון, היינו כשעברה ושמשה בט"ו באייר ולא ראתה, דנתעקר בהרכבה, אבל כשלא שמשה כלל, אסורה - וכמש"ל תחילת ס"י בשמו לענין ליל טבילה, (ועיין שם מש"כ בשם הגר"ז) - וא"כ כשאשה רואה פ"א מחמת תשמיש נאסרה לאותו יום החודש לעולם, ואם ראתה ב' פעמים מחמת תשמיש, נאסרה ליום החודש של ראיה שניה ולהפלגה לעולם כל ימיה, עד שעברה ושמשה ולא ראתה, ע"ש), **וה"ה** אחר ששמשה פעם ראשונה חוששת מיד לוסת החדש, אבל לוסת ההפלגה א"א בלא ראיה שניה, והכי אמרינן לקמן סימן קפ"ט סי"ט וסכ"ב גבי וסתות הגוף, **ואף** ע"ג דהתם צריכה למיחש לוסתות הגוף אפילו שלא בשעת וסת החדש, כגון שפיהקה פעם א' וראתה, צריכה לחוש כשתפהק עוד פעם שנית באיזה זמן שיהיה, **שאני** התם שהוסת הגוף בא מעצמו, אבל בוסת הגוף שבא על ידי אונס כגון קפיצה, קי"ל התם בסעיף י"ז דאינה חוששת אלא כשקבעה אותו ביום ידוע, ולא כל פעם שתקפוץ, ותשמיש חשיב ע"י אונס כמו קפיצה.

[אין להקשות אמאי אמר בסעיף י' בהג"ה, ג' פעמים אחר טבילתה, והלא בשתי פעמים צריכה ג"כ לפרוש בטבילה כמו הכא, **דהתם** קאי לענין לאוסרה על בעלה, ומכח חששא זו דלא הוחזקה בג' פעמים, לא אסרינן לה עולמית על בעלה, אלא דכל היכא שאפשר לחוש לפי שעה חוששת, כיון שיהיה לה אח"כ היתר, כנ"ל].

ואם קבעה וסת לראיית דם מחמת תשמיש שלשה זימני וסת שוה, מותרת לשמש בין וסת לוסת. אך ימי הוסת פורשת עד שיעקר שלש פעמים - (עח"ד שכתב דאף אם רק פ"א עבר ולא ראתה, תו לא חיישא, דנתבטל הפלגתה, כמ"ש הש"ך סי' קפ"ט ס"ק מ"ה, **רק** דנ"מ לענין אם חוזרה וראתה, דחיישא שוב לחצי שנה אחר ראיה זו, אבל כשנעקר ג"פ אינה חוששת כלל, והוא שנתעקר בהרכבה).

(**עי'** בתשו' חתם סופר, אודות אשה אחת אשר ראתה כמה שנים מחמת תשמיש ממש ובהרגשת כאב, ואמנם בליל טבילה אינה רואה, רק איזה לילות אח"כ היא רואה מחמת תשמיש, ולפי גודל הכאב בהכנסת השמש היא תולה בכחו כי רב, והתחננה לו שיכניס בלט ונחת, ואז אינה רואה, ולפעמים אינו מעמיד על עצמו, ואז היא רואה, **וכתב** דפשוט דאין חילוק בין וסת ליום חודש ולהפלגה וכדומה, או לומר שבכל יום ד' אחר טבילתה תראה מחמת תשמיש, שמותרת עד אותו היום, וכמו אשה שרגילה לראות ע"י קפיצה בהפלגה פלונית, דאמרינן כך טבעה שאין הקפיצה פועלת להריק דם עד כך וכך ימים, **ה"נ** אין חימום התשמיש פועל עד יום ד' אחר טבילתה, ואפשר בתחלה קומטו עצבים שבה וסובלים התשמיש, ואחר איזה חימום תשמישים נתרפו העצבים ומיתרי המקור שלה ואינם סובלים התשמיש, **ועכ"פ** אשה זו בליל טבילה לא תחוש כלל, שהרי זו כמה שנים שמשה ולא ראתה בליל טבילה, **ואם** קבעה ג"פ לראות ביום ג' או ד', אזי מותרת עד אותו יום, ומאז אסורה עד שתראה מעצמה, ותטבול ותחזור ותשמש יומיים, וכן לעולם, **ואם** דרכה לאחר או להקדים, הרי דינה מבואר בש"ך סי' קפ"ט ס"ק ל"ט ובס"ט סי' קפ"ד סק"ד, **אמנם** בהגיע התור ההוא, פשוט שאסורה, ולא ניתן לו תורתו בידו לומר שישמש בלט ונחת, **אך** כל זה לפי ההנחה שזהו דם מקור, וכיון שהיא מותרת לבעלה לפי הנ"ל, אין להכניס עצמנו בשארי צדדים, **אבל** טוב לייעצה שתשאול לבקיאות, אולי ימצאו בצדדים מקום הרגש כאב, ע"ש).

סעיף יב - הרואה מחמת תשמיש ג' פעמים, אסור להשהותה אף אם אינו רוצה לבא עליה, אלא א"כ רוצה להשהותה ע"י שליש, ולא ילך אצלה אלא בעדים - וכתוב בתשובת מהר"מ פדווא"ה, דהיכא שנפרדו זה מזה שאינו דר בשכונתה, א"צ עדים, (ר"ל באופן דלית ביה משום איסור ייחוד - בדי השלחן), דאין לך סהדי יותר מזה שמרוחקים הן, **וכ'** עוד שם דאם לא קיים פריה ורביה, כופין אותו להוציא, **ועיין** בא"ע סימן קנ"ד ס"י, (דבזה"ז לא נהגו לכוף כלל משום זה - מחצה"ש).

סעיף יג - הבועל את הבתולה כמה פעמים, וראתה דם מחמת תשמיש, לעולם מחזקינן שהם דם בתולים - (ועי' בתשו' אא"ז פנים מאירות, שהתרעם על רב אחד שרצה לומר אודות בתולה בוגרת שנשאת ולא פסקה לראות מביאה ראשונה ואילך ויש לה צער, דמותרת לבעלה אפילו בלא טבילה, דלא גזרו חכמים בדם בתולים שיטמא אלא במלתא

הלכות נדה
סימן קפז – דיני אשה הרואה דם מחמת תשמיש

דשכיח, דהיינו היכא שהדמים מצויים כשיעור השנוי בר"פ תינוקת, אבל אחר אותם זמנים, דלא שכיח ברוב בתולות שימצא בהם עוד דם, לא גזרו כו', **והוא** ז"ל השיג עליו וכתב שלא לזוז מפסק הלכה, שהיא טמאה עד שתמנה שבעה נקיים, **וגדולה** מזו נראה, דאפילו בדקה עצמה בשפופרת ולא נמצא דם בראש המכחול, דאז ברור דלאו מן המקור הוא אלא מן הצדדים, **אפ"ה** טמאה לבעלה, דהא גזרו על דם בתולים שתהיה אסורה לבעלה אף שהוא מן הצדדים, **ומ"מ** יש לצדד להקל בזה, כיון דיש לספק שמא בא מן הצדדים משאר מכה ולא מדם בתולים, והוי ספק דרבנן ולקולא, עכ"ד, ע"ש עוד).

עד שתשמש פעם אחת ולא תראה דם מחמת תשמיש - (עח"ד שכתב, דה"ה אם התשמיש הראשון היה בלא דם שוב אינה תולה, **וכן** אם לא בדקה עצמה פ"א, ג"כ שוב אינה תולה), **וכמה** אחרונים סברי, דאם שמשה ולא בדקה ולא ראתה דם, דיינינן לה כלא שימשה כלל, ועדיין יכולה לתלות אח"כ בבתולים – שה"ל.

(**עי'** בתשו' נו"ב, ע"ד בתולה שנשאת וראתה כמה פעמים דם מחמת תשמיש, ויש לה צער וכאב, ובתוכם היו שתי ביאות שלא ראתה בהם דם, אך אחר ביאות הללו ראתה ג"פ, והיא אומרת דמה שלא ראתה אז, לפי שלא היתה ביאה גמורה, **דמותרת** לבעלה אחר הטבילה, דכאן לא נחשב פסקה מלראות, כיון שבאותן ב' פעמים לא היתה ביאה גמורה, אמרינן לכך לא ראתה, ולעולם שעדיין לא כלו הבתולים, **ומ"מ** לא רצה לסמוך ע"ז לחוד, רק בצירוף קולות אחרות, וגם בלילה הראשונה של הטבילה לא יזדקק לה בעלה, ע"ש).

ואם אחר כך תראה ג' פעמים מחמת תשמיש, הוחזקה להיות רואה דם מחמת תשמיש.

הגה: ואפילו אם לא פסקה לראות פעם א', אם אין לה צער כלל בשעת תשמיש, הרי היא ככל הנשים ולא תלינן בדם בתולים.

והב"ח חולק, ופסק דאפילו אין לה צער כלל בשעת תשמיש, תלינן בדם בתולים, **אבל** בתשו' משאת בנימין האריך, ופסק כהרב, **וגם** הב"י גופיה כתב בסוף דבריו, מסתפינא להקל אלא אם כן יהיו ידים מוכיחות שהוא דם בתולים, [**דמה דגמר' אמר עד שתחי' המכה,** והיינו כל זמן שהיא רואה מחמת תשמיש, **אין משם ראיה להגיע זמנה לראות, וכ"ש אם ראתה בבית אבי' קודם הנישואין, שאין שיעורה אפי' לדין המשנ' רק בעילת מצוה, ממילא אח"כ כלו בתוליה, וא"כ מנ"ל שתהיה עוד אח"כ בתולה, כל שאין ידים מוכיחות לזה**]. (ונהי לענין להוציאה מבעלה משום רואה מחמת תשמיש, לא נתנו שיעורא זוטא הנ"ל, מ"מ לא מקילינן טפי ממה שכתב הרב, דאפי' אם לא פסקה לראות פעם אחת, אם אין לה צער כלל בשעת תשמיש, הוחזקה להיות רואה מחמת תשמיש – מחה"ש).

(**ועי'** בתשו' נודע ביהודה, שנשאל באשה שטענה על בעלה, נשען על ביתו ולא יעמוד, ונתגרשה ונשאת לאלמן, וראתה דם מחמת תשמיש כמה פעמים בליל טבילה, ולא היה לה צער כלל בשעת תשמיש, **והיא** אומרת שהיתה בתולה, אם נאמנת כדי לתלות בבתולים, וגם אם תולין כיון שלא היה לה צער כלל, **והשיב** דודאי נאמנת, דהרי נאמנת לומר מכה יש לי, ומה לי מכה אחרת או מכת בתולים, ומכ"ש אם גם הבעל השני אומר שמצאה בתולה, דהרי אין אנו יודעים שראתה מחמת תשמיש רק מפיהם, והפה שאסר כו', **אך** כיון שלא היה לה צער קשה להתיר, **ואף** שהב"ח מתיר, כל האחרונים לא הסכימו עמו, **ומ"מ** נראה דאם אשה זו יש לה וסת קבוע, אף שכל הפוסקים דחו דברי המרדכי, בזו שיש לתלות בבתולים יש לצרף דעתו, שלא להחזיקה ברואה מחמת תשמיש, **אך** לא תשמש בליל טבילה רק בליל שניה, **ושוב** כתב דאפילו אין לה וסת, מ"מ כיון שג"פ שראתה היו בליל טבילתה, יכולה לשמש עוד אחר טבילתה בליל שניה, ואם לא תראה אז, תהיה מותרת לשמש גם בליל טבילה, **ובאם** תראה גם בתשמיש הזה, שהוא ליל שני לטבילה, חזר דינה לחלק בין יש לה וסת, או אם מרגשת צער, **ואף** דבשאר נשים שראו ג"פ מחמת תשמיש אין להקל, אף אם היה כל הג"פ בליל טבילה, מ"מ בזו שיש לתלות בבתולים יש להתיר).

(**ועי'** בתשו' חתם סופר, אודות בתולה שאחר הנשואין לא פסקה עדיין מלראות דם מחמת תשמיש, עם הרגשת כאב וצער מכת בתולים, אך היא אומרת שמרגשת שהדם יוצא מהמקור, והבעל רוצה לפטרה בג"פ כרמ"ת, **וכתב** לא ידעתי מקום הספק, לא מבעיא אם מרגשת פתיחת פה"מ, שזה הוא עיקר הרגשה דאורייתא, פשיטא דטמאה נדה ממש וקובעת וסת בכך, דאפי' אם נניח שהדם שהיא מוצאה הוא דם בתולים, מ"מ א"א שלא נתערב בה דם

הלכות נדה

סימן קפז – דיני אשה הרואה דם מחמת תשמיש

נדה היוצא בפתיחת המקור, דהרגשה סברא דאורייתא היא כמ"ש תה"ד, ומובא בש"ע סי' ק"צ ובט"ז שם, **ודוחק** להקל לתלות הדם בבתולים, ופתיחת המקור במראה טהורה, וכמ"ש תה"ד שם דלמראה טהורה נמי נפתח המקור, **דז"א**, דכל עצמו של דין תליה בבתולים מפוקפק קצת כמ"ש הט"ז, והבו דלא לוסיף - אפשר דכוונתו אף אם מצאה על העד ג"כ מראה טהורה אין להקל - **אך** אפילו אם אינה מרגשת פתיחת פה"מ ממש, רק זיבת דבר לח יוצא ממקור המקור, שהוא למעלה ממקום הבתולים, נמי לא נראה להקל, אף דהרגשה זה אינו רק איסור דרבנן - כמו שביאר בתשובות אחרות הובא לעיל סי' קפ"ג סק"א - וגם וסת התשמיש הוא רק דרבנן, וה"ל תרי דרבנן, ומצורף לזה דרוב נשים אינן רואות מ"ת, **מ"מ** אין להקל, דכיון דיוצא מהמקור, חזקה שיצא בהרגשה ממש, אלא דלאו אדעתה משום הרגשת שמש, והרי סמכינן אסברא זו ומייתי חטאת עלה, כמבואר ר"פ הרואה כתם, ומכ"ש שלא נוכל להקל להתיר לשמש עמה, ע"כ משמים ירחמו, עכ"ד).

(**ולכאורה** יש להעיר, לפי מה שכתבתי לעיל סק"ג בשם תשו' שיבת ציון, דלהכי אשה נאמנת לומר שראתה ג"פ מחמת תשמיש, ולא אמרי' עיניה נתנה באחר, היינו כיון דהיא מלתא דעבידא לגלויי כו', **וא"כ** הכא בנ"ד דלא עבידא לגלויי, שהרי בלא אמירתה הוה תלינן בבתולים, ורק משום אמירתה שמרגשת שהדם יוצא ממקורה, דיינינן לה כרואה מחמת תשמיש, מהראוי לומר דאינה נאמנת, **אך** לפי סברתי שם אתי שפיר).

מי שיולא דם ממנו דרך פי האמה, ושמש, האשה תולה בו, וע"ל סימן ק"ז (סעיף כ').

סעיף יד - אשה שיש לה מכות ופצעים שאינה יכולה לטבול, תצא מתחת בעלה, כדי שלא יתבטל מפריה ורביה - (עי' בס' צלעות הבית להגאון בית מאיר, שנסתפק אם אשה שא"י ליטהר שוה לרואה מחמת תשמיש לענין זה, שבעלה חייב להוציאה מחשש איסור שמא יבא עליה והוא כבר קיים פ"ו, או דלמא רואה מחמת תשמיש שאני, דהאיסור קיל ליה, דבעידן שבא עליה היא טהורה, ע"ש).

§ סימן קפח – דיני מראות הדם §

סעיף א - כל מראה אדום, בין אם היא כהה הרבה, או עמוק, טמאים, וכן כל מראה שחור - מן התורה אינם טמאים אלא ה' מיני מראות, וחכמים החמירו שלא לטעות בין דם לדם, ואסרו כל מראה הנוטה לאדמימות, והכשירו כל מראה שאין לספקו באדמימות כלל.

(**עי'** בתשו' גבעת שאול, שכתב דכתם שבלילה נדמה למראה טמא, וביום שהוא יבש נראה שהוא מראה טהור, יש להקל ולטהר, **ובספר** לבושי שרד כתב עליו, אבל אם אחר שראהו ביום, ראהו עוד הפעם אחר שעה, ורואה שנשתנה ממראיתו הראשונה, יש לאסרו, **ועי'** בס"ט שדעתו, דדוקא אם בלילה מספקא ליה, אבל היכא דאיתחזקא לודאי טמא ע"י ראייתה בלילה, אע"ג דחזרה וראתה ביום, ויש לו מראה טהור, אין להקל).

(**ועי'** בס"ט בשם מצאתי כתוב, שדם הנוטה לצבע ברוין, שהוא כעין קליפת ערמונים, וכמו משקה הקאו"י, שהוא טהור, ואין צ"ל בכתם, לפי שהוא אינו נוטה לאדמימות), (**אבל** בית מאיר ות' בית שלמה ולחם ושמלה חולקים ומחמירים, משום שמראה חום מורכב מאדום ושחור, **והערוך** השלחן כתב: וחלילה להחמיר).

ואין טהור אלא מראה לבן - ואפילו אינו לבן לגמרי, אלא כמראה בגד לבן שנפל עליו אבק, שהוכהה לבנוניתו, טהור.

[ומו"ח ז"ל כתב, שמצא בכתבים בשם מהר"י מרגלית, שהאשה שיצאה ממנה סמיכות לבן ועב, לאחר שרחצה במרחץ כמו שתים ושלש שעות, היא טמאה, שדרך הדם להתלבן מחמת רחיצה, **ודברים** תמוהים הם, שלא נמצא בתלמוד ובפוסקים רמז מזה, ולאו מר בר רב אשי חתום עליה, שבאו דברים אלו מפי מהר"י מרגלית, **אלא** דבר זה חומרא יתירא היא, והמחמיר יחמיר לעצמו, ולא יורה כן לאחרים כלל, כן נראה לענ"ד].

וכן מראה ירוק, אפילו כמראה השעוה או הזהב - או אתרוג או חלמון ביצה, **וכ"ש הירוק ככרתי או כעשבים. (וכן מראה שקורין בל"א בלו"א בכלל ירוק הוא).**

הלכות נדה
סימן קפח – דיני מראות הדם

כ׳ הב"ח, דהיינו כשנשאר ירוק מתחלתו ועד סופו, אבל כשנשתנה לאחר שנתייבש הכתם, ונעשה אדום בקצותיו, טמאה, דכשנעקר מן הגוף הוא לקה ונעשה ירוק, וכשנתייבש חזר למראהו קצת, שהיה אדום מתחלה, **ולכן** כשיבא מראה ירוק ולבן לפני המורה בעודו לח, לא יורה בו דבר עד שנתייבש, עכ"ל, ‹ונראה דבכתם אפי׳ הב"ח מתיר, ודוקא בבדיקה או בהרגשה ובסמיכות דם – חוו"ד›. **ואין** נוהגין כן, ונראה דאחזוקי ריעותא לא מחזקינן. ‹**ומשמע**, דאם כבר נתייבש ונעשה אדום, דטמאה, אף שהיה לבן בשעת יציאה מן הגוף – חוו"ד›.

(**ועי׳** במ"י ובס"ט, שגם הם חלקו על הב"ח, **וגדולה** מזו כתב בתשו׳ ח"צ, דאפילו אם ראה המורה כשהיה לח, והיה לו מראה טהור, ואח"כ כשנתייבש נמצא מראה טמא, טהורה, ואזלינן תמיד בתר יציאה מן הגוף, הן לטמא או לטהר, **ועי׳** בתשו׳ שבות יעקב, שחלק עליו בזה, **אך** כתב הס"ט, שאין ראייתו מוכרחת, **גם** החו"ד הסכים עם הח"צ בזה, **ועי׳** בשאילת יעב"ץ, שכתב דמסתפי למעבד עובדא כדעת אביו ז"ל, ודעתו להחמיר, דכי איתרמי דהדר למראה טמא אחר שיבש, יש להורות דטמאה, **ואע"ג** דכבר הורה בו להיתרא, ולזילותא לא חיישינן).

(**בשל"ה** כתב וז"ל, ורש"ל כתב בירוק צ"ע, כי מהר"ם מינץ כ׳ בתש׳ בשם הגדולים, דאסרינן גם בירוק, ע"כ אין להקל במהירות, אם הוא כמראה השעוה ומכ"ש כמראה הזהב, אא"כ יש ג"כ צדדים אחרים, וסברות מוכיחות שאינו נדות, **ואם** מצאה מראה הירוק הזה ע"י הרגשה, נ"ל להחמיר, **ואם** בלי הרגשה מצאה כתם, בזה יש להקל, **ואם** בקינוח ממנה בלי הרגשה קנחה מראה זו, אזי יש לצדד כך וכך, והכל לפי ראות הענין, **ועי׳** בס"ט שכ׳ עליו, והאחרונים השמיטו זה, אלמא דלא ס"ל הכי, **מ"מ** בעל נפש יחמיר לעצמו, לפי ראות הענין).

(**ועי׳** בתשו׳ חת"ס, שנסתפק באשת חבר שמצאה בעד הבדיקה כעין מראה אדמדם, ושאלה לחכם וטיהר, אי שרי לבעלה להחמיר ע"ע, דלא גרע מבהמה שהורה בה חכם, או דילמא לאו כל כמיניה להפקיע שעבודו לאשתו, **והאריך** בזה ומסיק, דודאי רשאי להחמיר ע"ע, כיון שכן דרכן של פרושים, **ואף** דבשעת נשואין לא היה עדיין מתנהג בפרישות, מ"מ אמרינן רגיל הוא זה, שעתיד להיות פרוש וחסיד, וזקני ת"ח כל זמן שמזקינין וכו׳, וכשם שאמרו אשרי לנשותיהן של אלדד ומידד, שזכו לנבואה, הוא הדין כל מדרגות מעלות עבודת השם, שמחה היא לאשתו, **ואף** אם צווחת, אמרינן השתא היא דאיתרעי, ומעולם לא נשתעבד לה).

ואפילו יש בו סמיכות דם והוא עב הרבה, ואפילו הרגישה שנפתח מקורה, ובדקה מיד - (היינו בתוך שיעור וסת - ח"ד), ‹עיין לקמן סי׳ ק"צ ס"א, מה שהס"ט מסופק, בעד כמה זמן תלינן במראות טהורות›, **ומצאה מראות הללו, טהורה. הגה: וכן עיקר, דלא כיש מחמירין לטמאות אם יש בו סמיכות והוא עב.**

(**עי׳** בתשו׳ גבעת שאול, באשה שהרגישה שנפתח מקורה, ובדקה תיכף בחלוקה, ומצאה כתם גדול ממראה הטהור, רק שבתוך הכתם היה כמו נקודה אדומה קטנה, כמו טיפת חרדל, והחלוק ההוא לא היה בדוק, **ויש** לספק אם לתלות הרגשה במראה טמא, כמו במראה טהור, או לתלות המראה טמא בדם מאכולת, כיון שהוא פחות מכגריס, והרגשה במראה טהור לבד, **וכתב** דטהורה, דתלינן הרגשה במראה טהור, והדם במאכולת, **ושם** בסופו כתוב, בשם הגאון מוהר"ר מרדכי ז"ל מטיקטין שפקפק בפסק זה), ‹**עיין** לקמן סי׳ ק"צ ס"א, דחוו"ד חולק עליו ג"כ›.

(ואם הרגישה שנפתח מקורה, ובדקה מיד ולא מצאה כלום, ע"ל סימן ק"ץ).

סעיף ב - נאמנת אשה לומר: כזה ראיתי, ואבדתיו, ואם הוא מראה לבן או ירוק, טהורה. אבל אם הביאה לפנינו דם, והחזקנוהו בטמא, או אפילו נסתפקנו אם הוא טמא או טהור, והיא אומרת: חכם פלוני טיהר לי כיוצא בזה, אין סומכין עליה – [לפי שאפשר שיש לה ספק, וסברה שהוא טהור, כיון שיש ריעותא לפנינו, שגם לנו יש ספק].

וכן אשה זו שמסופקת בדם שלה, אין לה לסמוך על חברתה שהראתה לה דמה, ואמרה לה כדם זה שלך הראתי גם אני לפלוני חכם וטהר, כן פירש"י, ומביאו הב"ח.

(**ועי'** בס"ט שכ', דאפי' על עצמה אינה יכולה לסמוך בזה, כגון שיודעת שכזה טיהר לה החכם, וצריכה להראות גם עתה לחכם, **ועי'** בתוה"ש שכ', דאפילו אם היא מביאה דם הראשון, ואומרת זה שהוא כזה טיהר לי החכם, דאז ליכא למיחש שמא טעתה בדמיונות, מ"מ אין סומכין עליה, ‹דכל היכי דהדם לפנינו, אין סומכין על נאמנות האשה›.

מיהו משמע, דאם אומרת דם זה או כתם זה טיהר לי החכם, נאמנת.

כתבו התוס' סוף פרק כל היד, דיכול לראות דמי אשתו, (**עיין** בספר חכמת אדם שכתב, דאם אירע לה שאלה בענין הטבילה, אינו יכול להורות, מאחר דאיתחזק איסורא).

סעיף ג - הכניסה שפופרת והוציאה בה דם, טהורה. וכן אם ראתה דם בחתיכה, אפי' היא מבוקעת והדם בבקעים בענין שנוגע בבשרה, טהורה, כיון שאין דרך לראות כך. וכן אשה שנעקר מקור שלה, וכמין חתיכות בשר נופלים בבית החיצון, טהורה - ‹כפי שיטת רבינו שמשון›, **ודוקא** כשרואה דם נדות בחתיכות, אבל כשהחתיכות נופלות ממנה בלא דם, טהורה, ‹אפי' לפי רש"י ותוס' – מחצה"ש›.

כתב הב"ח, דצ"ע לענין מעשה אם יש להקל, ‹כשיטת רבינו שמשון דפסק שו"ע כוותיה, דמטהרינן אפי' היכא דידעינן שהיא דם נדה, משום דאין דרכה של אשה לראות כך›, **כיון** דגם דעת התוס' כפירש"י, ‹שיטת רש"י, דלא מטהרינן בתוך החתיכה ובבקעי החתיכה, אלא היכא דשייך דאין הדם דם נדה, משא"כ הכא דנעקר המקור, ידעינן שהדם דם נדה היא, **ושיטת** התוס', דאי נמצא דם בבקעים, טמאה, דדם נדה הוא ונוגע בבשרה, ולא התירו אלא בחתיכה עשויה כמין שפופרת, והוי חציצה בין דם לבשר, אבל היכא שנעקר מקור שלה דנוגע הדם בבשרה, [דבודאי נמצא דם בבקעי החתיכות, שהרי מקור כולו מלא דם – בדי השלחן], טמאה›, **ודעת** המקור מים חיים, דהב"ח בא להחמיר כשיטת התוס' גם בכל חתיכה שהדם נמצא בבקעים, ודלא כהחוו"ד›. ‹**וכתב** החוו"ד, דלא מחמיר הב"ח רק בשעת ווסתה›.

הגה: ואפילו ראתה דם, כל זמן שהחתיכות בבית החיצון שלה, טהורה, דתלינן הדם בחתיכות אלו, הואיל וידעינן ודאי שנעקר מקורה, ומחמת מכה היא – [זהו קאי אסיפא דנעקר מקור שלה כו', והוא מדברי הטור שכתב, ולא היתה פוסקת לראות כל זמן שאותן חתיכות היו בבית החיצון, **ופי'** ב"י תחילה, דלא פסקה לראות דם ממש, ואפ"ה טהורה, דתלינן הדם בחתיכה זאת, **והוקשה** לו ע"ז, דאע"ג דלעיל תלינן במכה, הנ"מ במכה דבצדדין, אבל הכא שהמכה היתה במקור עצמו, אפשר דטמא, **וע"כ** חזר ופי', דהטור לא מיירי מדם, אלא חתיכות קטנות ראתה, **והקשה** בד"מ על הב"י, מה שהחמיר במה שהיתה המכה במקור עצמו, והלא אמרינן פ' תינוקת, נאמנת אשה לומר, מכה יש לי במקור שממנה יוצא דם, **ע"כ** פי' כדבריו הראשונים, מש"ה כל מה שהיא רואה, אפי' דם גמור, אחר שמרגשת שנפל המקור בבית החיצון, היא תולה הדם באותן החתיכות, וכך הם דבריו כאן שכתב: ומחמת מכה היא, **וקשה** לי, דא"כ למה אמרו בגמרא ובפוסקים, הטעם לפי שאין דרכה לראות בכך, מ"ש מההיא דסי' קפ"ז דהקילו במכה בלאו האי טעמא, ‹**לשון** הגר"א: כמו דתלינן במכה בסי' הקודם וכ"ש הכא, ע"כ, משמע ממנו דהוי רק דוגמא›, **ונראה** לי, אע"פ שלענין דין יפה כתב רמ"א, מ"מ אין טעם שלו מתיישב, דהכא התירו אפי' בדם נדה ממש שבא מאותה חתיכה, דהיינו שהדם נדה שיש באותה חתיכה של המקור, הוליכה אותה חתיכה עמה הדם נדות לבית החיצון, **אינה** אוסרת, דלא אסרה תורה אלא כשהמקור נשאר במקומו והדם יוצא ממנו, משא"כ כאן שהמקור עצמו מוליך הדם עמו, ואין זה דרך ראיה שאסרה תורה].

[**ולפי"ז** אפי' הוא בשעת וסתה, מותר זה הדין, כיון שראייתה משונה], (**ועח"ד** שכתב, דזה דוקא כשהחתיכה נפלה לבית החיצון בשעת וסתה, אבל אם נפלה קודם, ובשעת וסתה ראתה דם, טמאה, ‹דחיישינן דלמא יורד הדם מהמקור עכשיו – חוו"ד›, [**ודלא כמו"ח ז"ל** שכתב, דדין זה אינו מותר, **אלא בין וסת לוסת**], ‹דבשעת ווסתה לא תלינן במכה›, (**ובש"ך** לעיל החמיר בזה, אף אם רואה דם בחתיכה שנעקר ממקורה בשעת וסתה, ‹מה שמביא מהב"ח דחושש לשיטת רש"י ותוס'›, **אבל** כשהחתיכות נופלות ממנה בלא דם, טהורה לכולי עלמא).

כתב הב"ח, דמשמע דס"ל ‹לשו"ע› דלא בעינן דבדקה בשעה שנעקרה, **ולא** נהירא, אלא דוקא בעינן דבשעת נפילתה לבית החיצון בדקה, ולא ראתה שום דם כלל, אלא דלאחר כך כשהיו בבית החיצון, לא היתה פוסקת לראות, כל זמן שאותן החתיכות בבית החיצון,

וטיהר רבי שמשון ‹אותה, משום דמיד שנפלו בבית החיצון חשיב כאילו נפלו לחוץ, וכיון דלא היה עמה דם בשעה שנפלה, א"כ הדם שיצא אח"כ שלא פסק ממנה כל זמן שהיו בבית החיצון, היה בתוך החתיכה, דהשתא אפי' היה דם נדות בתוך החתיכות, וגם היו בקעים בחתיכות, טהורה היא, מטעם דאין דרך וכו'› ע"ש, [**ואיני רואה שום חילוק, בין שעת נפילה לאחר נפילה בזה**, ‹שאפי' אם בשעת נפילה לבית החיצון ראתה דם, ג"כ טהורה, וא"כ לא בעינן בדיקה בשעת נפילה דבכל ענין טהורה – מחה"ש›, **ותו דמה שיעור יש ליתן בזה, אימתי מיקרי בשעת נפילה או אחריה, והנלענ"ד כתבתי**].

והוא שהטיל החתיכות במים פושרין, ולא נמוחו - כדבסמוך ביוצא ממנה צורת ברי' כמין קליפות או שערות כו', **ומיהו** אפשר דשאני הכא, שהיה ניכר בהן שהיו חתיכות בשר, אלא שהיה בתוכן דם, עכ"ל ב"י, **ובד"מ** כתב, ולפי מה שכ' דמיירי כאן דידוע היה שנעקר המקור שלה, א"כ גם כאן אין דברי הב"י נכונים, דאף בלא בדיקה, היה ידוע שאין זה דם קפוי, רק שהמקור נעקר, ולא הוצרך להתיר אלא שלא נאמר דזה עצמו דרך ראיה היא, ע"כ. ‹ר"ל מה דמספקא להב"י וכתב בדרך אפשר, פשיטא ליה להד"מ – מחה"ש›.

ודוקא חתיכות קטנות דומיא דשפופרת - דק שבדקין, **אבל חתיכה גדולה, טמאה, אפי' לא ראתה כלום, לפי שא"א לפתיחת הקבר בלא דם, אפילו בנפל שלא נגמרה צורתו.**

(**ומפני** ‹שהאשה שנעקר מקור שלה› וכיוצא בו לא ניתן רשות לכל מורה לפסוק הדין בזה, כי אם לגדולי הדור, כמבואר בתשו' נוב"י, לכן לא הבאתי הכל באריכות).

סעיף ד - כל דם היוצא מן האשה, בין לח בין יבש, טמא. ולא עוד, אלא אפילו יצא ממנה כצורת בריה, כמין קליפות או כמין שערות או כמין יבחושים אדומים, טמאה.

(**עי'** בתשו' חינוך ב"י שכתב, דדוקא כשהיבחושין וכיוצא יוצאים ממנה לבד, ואף אם תראה קצת לובן, מ"מ הדם עיקר, **אבל** כשהלובן עיקר, ומעט נקודות או שירטוט של דם כו', ע"ש עוד. **ולענ"ד** דבריו צ"ע, ושוב מצאתי בשאילת יעב"ץ שהשיג עליו, והאריך לבאר דכל אותה התשובה כולה משגה הוא).

ואם יש לחוש משום ולד, טמאה לידה ג"כ משום טומאת נקבה, אפילו לא היתה בחזקת מעוברת.

והוא שיהיו נמוחים בתוך מעת לעת, על ידי ששורים אותם במים פושרים, ויהיו המים פושרים כל משך מעת לעת שהם בתוכו. ושיעור החימום, כמו מים ששאבו בקיץ מהנהר, או מהמעין ועמדו בבית, שחום הבית מחממתן - ‹אמים שנשאבו מהמעיין קאי, דאילו מי נהר, בלא עמידה בבית הן חמין, כ"כ ב"י – תורת השלמים›.

וכחימום של אלו כך הוא שיעור פושרים בימות החורף. (וסתם פושרים אינן חמין יותר מחמימות הרוק) - זה כלל גדול, עכ"ל הריטב"א, משמע דבכ"מ שהוזכר בש"ס פושרים, היינו כחמימו' הרוק, **ואם הם קשים כל כך, שאינם נמוחים בתוך מעת לעת, טהורה, אפי' אם הם נמוחים על ידי מיעוך שממעכן בצפרניו. (ואם מעכן בצפרניו ולא נימוחו, טהורה ואינו צריך לבדוק ע"י שריה).**

(**כתב** בתשובת בית יעקב, דאשה שראתה קרטין, ונאבדו בלא בדיקה אם נימוחו, דמותר מטעם ס"ס, ספק אם הוא אדום או לא, ואם תמצא לומר שהוא אדום, שמא לא היה נמוח, **ואע"ג** שהאשה אומרת שראתה מקודם שהיה אדום, מ"מ כיון שיש מראה אדום שהוא טהור, אלא שאין אנו בקיאין חשיב ספיקא כו', **ועי'** בס"ט שחלק על זה, דלא חשיב ס"ס, דהוי הכל משם אחד אם דם נדה היא או לא).

סעיף ה - במה דברים אמורים שאם לא נימוחו טהורה, בזמן שהם יבשים גמורים, שאין עמהם דם כלל, אבל אם יש עליהם שום לחלוח דם, טמאה.

ול"ד לדלעיל ס"ג, דאם ראתה דם בחתיכה, אפי' מבוקעת טהורה, **דהתם** הדם הוא בתוך החתיכות, אלא שהוא בבקעים, משא"כ הכא, שהלחלוח הדם הוא ע"ג החתיכות.

[**ולא שייך כאן אין דרכה של אשה לראות בכך, דכאן ודאי אמרינן, כיון דיש דם מוכח דגם הנהו הם דם, אע"פ שלא נימוחו, ועוד דאפשר דדרכה של אשה, לראות לפעמים כך**].

הלכות נדה
סימן קפח – דיני מראות הדם

הגה: והוא הדין אם נתמעכו או נימוחו קצתן, וקצתן לא נימוחו, דטמאה.

מיהו נראה לי דאם בדקה ג' פעמים כל מה שראתה ולא נימוחו כלל, שוב אינה צריכה לבדוק מה שהיא רואה אח"כ כדרך זה, שהרי הוחזקה שדברים אלו אינן דם, רק באים ממכה שבגופה, ודווקא באשה שיש לה וסת, ושלא בשעת וסתה, כמו שנתבאר גבי מכה, לעיל סימן קפ"ז.

צ"ע, דלא נמצא בשום פוסק דמחלק הכא בין שעת וסת או לא, **ול"ד** לדלעיל סימן קפ"ז ס"ה, דהתם כיון דרואה דם להדיא, לא תלינן במכתה בשעת וסתה, מטעם דאל"כ לא תהיה טמאה לעולם, **אבל** הכא הרי אינה רואה דם אלא דברים יבשים, והלכך אפילו בשעת וסתה טהורה, וצל"ע, **שוב** מצאתי בספר אפי רברבי וז"ל, ול"נ, כיון שעיקר הטעם, דאינו דם רק בריה, טהורה אף בשעת וסתה, **דאף** גבי דם מכה ס"ל לרמב"ם ורשב"א, דטהורה אף בשעת וסתה, דקי"ל וסתות דרבנן, **וכ"ש** בכה"ג דטהורה לכ"ע.

(**כתב** בספר עמודי כסף כ"י, שחיבר הגאון בעל מאיר נתיב וז"ל, ונראה דאף שראתה אח"כ דם עמו, טהורה, דע"י ג"פ הוחזקה דמכה בגופה, ותלינן בה, כמו במכה דעלמא בין וסת לוסת, **וז"ש** בהג"ה ודוקא כו', כשראתה עמו דם גמור, ובזה נסתלקה קושית הש"ך).

סעיף ו - במה דברים אמורים שצריך בדיקה בשרייה, במפלת כמין קליפות ושערות, אבל חתיכת דם, אע"פ שקשה ואינו נימוח, טמאה. וי"א שגם לזה צריך בדיקה בשרייה, אם היא חתיכה קטנה כשיעור שפופרת קנה דק שבדקים.

ובירושל' ריש פ' המפלת, מוכח להדיא כסבר' הראשונה, ותמהני על מה נתחבטו הגדולים בזה, **גם** לישנ' דש"ס, אי הכי בשלא נימוחו נמי כו', נמי משמע הכי.

§ סימן קפט – דיני אשה שיש לה וסת קבוע, ושאין לה וסת קבוע §

סעיף א - כל אשה שאין לה וסת קבוע, חוששת ליום ל' לראייתה, שהוא עונה בינונית לסתם נשים.

(**דעת** הכו"פ והגר"ז, דחוששת לכל היממה, בין לעונת הלילה ובין לעונת היום, ואין נ"מ אם ראייתה האחרונה היתה בלילה או ביום, **דעת** הב"ח והס"ט, דאינה חוששת רק לעונת ראייתה האחרונה).

וכן חוששת לוסת ההפלגה, עד שתקבע א' כדינו.

ואם יש לה וסת קבוע לזמן ידוע מכ' לכ' או מכ"ה לכ"ה, חוששת לזמן הידוע.

סעיף ב - כיצד קובעתו, כגון שתראה ד' פעמים, וביניהם ג' זמנים שווין, כגון שראתה היום, ולסוף כ' יום פעם אחרת, ועוד לסוף כ' יום, ועוד לסוף כ' יום, וזה נקרא וסת ההפלגות. ולכך צריכה ד' ראיות, שראיה ראשונה אינה מן המנין, לפי שאינה בהפלגה.

ואפי' קודם שקבעתו שלש פעמים, חוששת, שמיד אחר שראתה פעם אחת לסוף כ', חוששת מכאן ואילך כשיגיע כ'.

וכן בראיית הימים שהיא לימים ידועים לחדש, מיד אחר שראתה פעם אחת ליום ידוע לחדש, כגון כ"א או כ"ה בו, חוששת לפעם אחרת לזה היום, ואסורה לשמש כל אותה העונה. והוא הדין לשאר מיני וסת שצריכה לחוש להם כן, חוץ מוסת הדילוג, וכמו שיתבאר בסימן זה.

ולא אמרו שצריך לקובעם ג"פ, אלא לענין עקירה, שכיון שקבעתו בשלש פעמים, אינו נעקר בפחות מג' פעמים, שכל זמן שלא עקרתו ג"פ צריכה לחוש לו. אבל ליאסר, אפילו בפעם אחת חוששת לו בפעם שנייה.

הלכות נדה
סימן קפט – דיני אשה שיש לה וסת קבוע, ושאין לה וסת קבוע

ומיהו אע"פ שחוששת לו, נעקר בפעם אחת, אפילו קבעתו ב' פעמים, שאם ראתה ב' פעמים ליום ידוע, ובשלישית לא ראתה, אינה חוששת לו עוד.

סעיף ג - אם קבעה וסת לשעות ולא לימים - [פי' כגון אחר טבילתה, או שאר דברים כיוצא בזה, שרגילה לראות מחמת אותו זמן], **אינה חוששת אלא שעתה בלבד** - ‹פי' כגון שראתה כמה פעמים בימים שאינן שוין, כגון א' בניסן וד' אייר וח' סיון, דהדין שחוששת לאחרון שבהן, דהיינו לח' תמוז, עונה שלימה, כמו שחוששת לוסת שאינו קבוע, **וע"ז** כתב המחבר, דאם בכל פעם שראתה בימים אלו ראתה תמיד בשעה אחת, כגון בשעה ששית מהיום, דאז אינה חוששת לח' תמוז רק בשעת ששית, ולא עונה שלימה, **וזהו** כוונת הט"ז ג"כ, שכתב כגון אחר טבילתה וכיוצא, פי' דכל וסת שאינו קבוע, דטבילה כקפיצה דמיא דהוה כוסת שאינו קבוע, ואינה חוששת אלא שעתה, כשהשעה נקבעה ג' פעמים – חוו"ד›.

ווסת זה הוא נעקר בשעה אחת, ואפילו בלא בדיקה - ‹דהיינו כיון שעברה שעתה ולא בדקה ולא הרגישה, מותרת כדין וסת שאינו קבוע, והטעם פשוט, דנהי דהשעה קבועה, דביום שתראה ודאי לא תראה רק בשעת זו, מ"מ היום אינו קבוע, שתראה בשעה זו ביום זה דוקא, והוי כשאר וסת שאינו קבוע דמותרת בלא בדיקה ונעקר בפעם אחת, כמו בס"ד – חוו"ד. **ויש** עוד מהלכים באחרונים בהלכה זו, ע"ש›.

סעיף ד - עוד יש חילוק בין קבעתו ג' פעמים ללא קבעתו ג' פעמים, שהקבוע אף על פי שעברה עונתו ולא הרגישה, אסורה לשמש עד שתבדוק ותמצא טהורה, ושלא קבעתו ג"פ, אם הגיע זמן הוסת ולא בדקה ולא ראתה, כיון שעברה עונתו, מותרת.

[אע"ג דבסי' קפ"ד פסק באין לה וסת צריכה בדיקה לפני תשמיש, ‹לשיטת הרמב"ם והרא"ש›, **כאן** מיירי שיש לה כבר וסת, אלא ששינתה עכשיו בוסת חדש, ולא קבעתו ג' פעמים].

זה אינו, דמשמע דמיירי אפי' בתחילת קביעותא, **אלא** י"ל דהתם מיירי שאין לה וסת כלל, וכל פעם היא מוחזקת ברואה, אבל כאן יש לה וסת, אלא שאינו קבוע - נקה"כ, ‹**והיינו** ציור של סי' קפ"ו ס"ג, דיש ימים שאינה רגילה לראות בהם, והגם דפעם אחת ראה בהם, אבל כיון דאינה רגילה לראות, אינה צריכה בדיקה אלא מצד מה דהויא יום החדש, ולא מצד מה דאין לה וסת – חוו"ד›.

ועונה בינונית, שהיא לל' יום, דינה כוסת קבוע - ‹היינו לענין זה דוקא, דאסורה לשמש עד שתבדוק, **אבל** לענין עקירה, מתעקר בפ"א, כמו וסת שאינו קבוע - תורת השלמים וחכ"א›. ‹**ודלא** כהלבוש המובא בש"ך בסי"ג›.

סעיף ה - פעמים שתהיה ההפלגה שקובעת בהם הוסת, בדילוג, כגון שראתה היום, וראתה שנית לסוף ל', ושלישית לל"א, ורביעית לל"ב, קבעה וסת לדילוג של הפלגות.

משמע דבד' ראיות קבעה וסת לדילוג, והיינו דוקא לדעת היש מחמירין דלקמן סעיף ז', שקבעה וסת לדילוג, כרב, **ולפ"ז** להפוסקים בס"ז כשמואל, א"כ הכא לא קבעה וסת לדלוגים, אלא בה' ראיות, **ולפמ"ש** לקמן, דלענין הדין יש להחמיר כשני הסברות, ה"ה הכא.

וה"ה דילגה למפרע, כגון ראתה שני' לסוף כ"ט, ושלישי' לסוף כ"ח, בכל ענין שהיא משוה דילוגה, קבעה וסת כמו כן לדילוג, ‹**ועי'** כו"פ שמפקפק בזה, משום שזה מנגד להטבע›.

בין שהרחיקה דילוגה הרבה, בין שלא הרחיקה אלא יום אחד, קבעה וסת לדילוג השוה, שבכל ענין שתהא משוה ראייתה, קבעה לה וסת - כגון שדלגה מכ"ט לל"א, ואחר כך לל"ג, ואח"כ לל"ה, חוששת שוב לל"ז, ואח"כ לל"ט, וכן לעולם. **לאפוקי** דילגה יום א' ואח"כ ב' ימים או איפכא.

סעיף ו - כשם שקובעת וסת בהפלגה מימים שוים, ושאינם שוים - ‹ר"ל וסת הפלגה בדילוג בס"ה›, **כך קובעת בימי החדש ובימי השבוע שוים, ושאינם שוים** - ‹ר"ל בדילוג בס"ז, ווסת השבוע בדילוג נלמד מוסת החדש בדילוג – בדי השלחן›.

כ' הרא"ה, לא לקידוש החודש ולתקיעת שופר שלנו, אלא למולד הלבנה, לשעה שנראה שראוי לקבוע חודש

הלכות נדה תנג
סימן קפט – דיני אשה שיש לה וסת קבוע, ושאין לה וסת קבוע

ע"פ הראיה, **אבל** הרשב"א כ', דודאי שיפורא גרים, והכל לימות החודש מלא וחסר, לחדשים ולשנים מעוברות לפי תיקוני ב"ד, שכל מה שב"ד שלמטה עושים, ב"ד שלמעלה מסכימי' עמהם, דכתיב אשר תקראו אותם, אשר תקראו אַתֶּם במועדם, **ואף** בחידושי הגוף כן, וכמו שדרשו ז"ל בלאל גומר עלי, קטנה בת ג' שנים ויום א' שנבעלה, אין בתוליה חוזרים, נמנו ב"ד ועברו השנה, בתולי' חוזרים, **וכ"מ** פשט דברי הט"ו והפוסקים.

כיצד, ראתה ג"פ בא' בשבת או בה' בשבת, או בא' בניסן ובא' באייר ובא' בסיון, או בה' בניסן ובה' באייר ובה' בסיון, קבעה לה וסת בא' בשבת או בה' בו, ובא' בחודש או בה' בו, אע"פ שא' מלא וא' חסר, אין מדקדקין בכך.

בא' בשבת או בה' בו - כגון שראתה בא' בשבת, וחזרה וראתה בג' שבועות בא' בשבת, וחזרה וראתה בג' שבועות בא' בשבת, קבעה לה וסת בג' שבועות בא' בשבת, ואע"ג דאינן שוין לימות החדש, וכן בראתה ג"פ בה' בשבת בזמנים שוים, קבעה וסת בג"פ.

(**ולכאורה** קשה, דהא בכה"ג איכא נמי הפלגה שוה לכ"ב יום, וא"כ מאי איצטריך לאשמעינן, ת"ל דאיכא וסת הפלגות שווים, **וי"ל** דאי משום וסת הפלגה, היה צריך ד' ראיות, משא"כ אי נקבע לימי השבוע, א"צ אלא ג' ראיות, **ועי'** ח"ד שכתב, דאם כבר נקבע וסת להפלגה, דהיינו שראתה כבר ד' פעמים כך, ואז נקבע וסת להפלגות שוות לכ"ב יום, שוב אינה חוששת רק להפלגה, ולא לימי השבוע, ונ"מ אם הפסיקה, או ריחקה ראיותיה ע"ש, **ובכו"פ** הניח זה בצ"ע).

סעיף ז - כיצד קובעת בימי החדש בדילוג, כגון שראתה בט"ו בניסן וט"ז באייר וי"ז בסיון, לא קבעה וסת עד שתראה בי"ח בתמוז, שאין ראיה ראשונה מצטרפת, כיון שאין ההפלגות שוות - ולא היה בראשונה שם דילוג.

עד שתראה בי"ח בתמוז - ואז תקבע וסת בחדשים לדילוג, וצריכה לחוש אח"כ לי"ט באב, ולכ' באלול, וכן לעולם, (**ועח"ד**, דאפילו לא ראתה בי"ט אב, מ"מ חוששת לכ' אלול).

ומיהו אם היה לה וסת קודם שהתחילה, ואח"כ שינתה וראתה בדילוג ג' פעמים, קבעה וסת בדילוג, לפי שאף הראשונה בדילוג ראתה אותה, שדילגה מוסת הקבוע לה - ר"ל אפי' וסתה היה בדילוג מופלג בי"ב בחודש או בי"ג, כ"כ בדרישה, **וכן** מוכח לכאורה, דאי תימא דוקא דהיה לה וסת שוה לדילוג דהשתא, דהיינו שוסתה היה בי"ד, אם כן פשיטא, דהא ה"ל ד' ראיות, וגם אפילו באין לה וסת נמי, כיון שראתה ד' פעמים בדילוג, **אלא** שקשה מנין להם זה, דהא בש"ס לא קאמר אלא כשוסתה היה שוה לדילוגה של עכשיו, אבל כשוסתה לא היה שוה, י"ל כיון שסירגה לא קבעה וסת, **לכך** נראה, דמיירי שוסתה שוה לדילוגה, וכ"פ הב"ח דברי הטור, **אלא** דאשמעינן רבותא, דאפילו היה לה וסת מקודם סגי בג' ראיות אחר כך, לאפוקי הסברא האחרונה דס"ל כרב, דקבעה וסת בג' ראיות, ולרב אם היה לה וסת מקודם, לא סגי בב' ראיות אח"כ, ואם כן ל"ת כי היכי דלרב גרע אם היה לה וסת, דלא מצרפינן ראיית הוסת דתהוי ג' ראיות, ה"ה לשמואל לא תצטרף דתהוי ד' ראיות, ונימא דשדינן ראיית וסת שלה עם ראיות שעברו עליה, **דליתא**, כדאיתא בש"ס בברייתא שם, דלשמואל מצטרף ראיית וסתה דתהוי ד' ראיות.

וי"א שאע"פ שלא ראתה אלא בט"ו בניסן וט"ז באייר וי"ז בסיון, קבעה וסת וחוששת לי"ח בתמוז וי"ט באב, וכן לעולם. ויש לחוש לדבריהם ולהחמיר - כתב הב"ח, דהיינו לחוש לחומרת זה וזה, [דהא גם לדעה הראשונה יש חומרא אחת, דהיינו אם יש לה חשש שני וסתות, דאינו נעקר א' מהם אלא אם יהיה השני נקבע, כמ"ש סעיף י"ג בתחילת ההג"ה, ולדעה הראשונה לא נקבע עדיין והיא חוששת גם להשני]. **והלכך** חוששת לוסת דהפלגה, שקבעה בב"פ*, ואמרינן דלא קבעה עדיין וסת הדילוג, וכסברא הראשונ', וכדלקמן, ע"כ, **ור"ל** דחוששת לי"ז בתמוז משום וסת הפלגות, ולי"ח בו משום וסת הדילוג, **ואם** נקבע בג' ראיות, אינו נעקר אלא בג"פ, וכדין וסת קבוע.

***לשון** זה תמוה, דהא אין שתי הפלגות שוות כיון דאייר חסר וניסן מלא, **אלא** דחוששת לי"ז משום הפלגה אחד של ל"א, וגם בלא זה צריכה לחוש לי"ז תמוז משום יום החדש – רעק"א.

הלכות נדה
סימן קפט – דיני אשה שיש לה וסת קבוע, ושאין לה וסת קבוע

סעיף ח - ראתה ג"פ בג' חדשים בדילוג, וחזרה וראתה באותם דילוגים עצמם, אם נהגה כן ג"פ, הרי זה וסת קבוע לדילוג חלילה, כיצד, ראתה ט"ו בניסן וט"ז באייר וי"ז בסיון, וחזרה חלילה וראתה ט"ו בתמוז וט"ז באב וי"ז באלול, ועוד חזרה וראתה ט"ו בתשרי וט"ז בחשון וי"ז בכסליו, קבעה לה וסת לדילוג חלילה, וחוששת לעולם ט"ו לחודש זה וט"ז לחודש זה וי"ז לחודש זה.

כתב הפרישה, ולשמואל בעינן שתראה ג"כ בי"ח בתמוז, ואח"כ בג' חדשים שלאחריה, ט"ז וי"ז וי"ח, וכן בג' חדשים השלישית, **וקשה**, דפשט דברי הטור משמע, דהכא לכ"ע סגי בג"פ בכל ענין, **אלא** נראה דהכא, בין לרב בין לשמואל סגי בג"פ, דכיון דראתה ג"פ בט"ו, וג"פ בט"ז, וג"פ בי"ז, ה"ל כראתה ג"פ בימי החודש בשוה דלעיל ס"ו, ודוק, וכן משמע להדיא בב"ח כדפי'.

‹**ועי'** בספר תוה"ש שכתב, דאין דבריו מוכרחים, הילכך גם בדין זה יש להחמיר, ולחוש לחומר שתי הדעות›.

וכתב הב"ח, דה"ה בג"פ בב' חדשים, וחוזר חלילה, נמי הוה וסת קבוע, כגון שראתה ט"ו בניסן וט"ז באייר, וט"ו בסיון וט"ז בתמוז, וט"ו באב וט"ז באלול, קבעה לה וסתה לדילוג חלילה, וחוששת אח"כ לט"ו בתשרי וט"ז בחשון, וט"ו בכסלו וט"ז לטבת, וכן לעולם, [**וממילא נדע אם הדילוג הוא ביותר מג' ימים**, דהיינו שראתה ד' **פעמים** בד' **חדשים**, **שלשה פעמים בדילוג**, דג"כ אזלינן בתריה].

סעיף ט - ראתה באחד בניסן ובאחד בסיון ובא' באב, קבעה לה וסת לר"ח לדילוגים - גם בכאן פי' הדרישה דהיינו לרב, או לשמואל בהיה לה וסת מקודם ושינתה, ‹וכן כתב הט"ז, ועיין מש"כ הט"ז בסי"ב, דלכאורה סותר עצמו, ועיין בחוו"ד, **וז"א**, דהכא כיון דראותיה שוות לעולם בר"ח, גם שמואל מודה, כדלעיל ס"ו בראתה מר"ח לר"ח, ומה לי מר"ח א' לב', או מא' לג', וכ"כ הב"ח, דהכא אפילו שמואל מודה, וכדלקמן סי"ב.

אבל ראתה בא' בניסן ובא' באייר ובא' בתמוז, ובא' בסיון לא ראתה, לא קבעה לה וסת.

סעיף י - ראתה ט"ו בניסן וט"ז באייר וי"ח בסיון, לא קבעה וסת, כיון שסירגה בחודש השלישי ולא ראתה עד י"ח בו - אפילו להיש מחמירין דבס"ז, **ואפי'** אם היה לה קודם לכן וסת קבוע ליום י"ד, לא אמרינן, כיון שראתה עתה ביום ט"ו וט"ז, דקבעה וסת, אלא בעינן שתראה ג' ראיות, מלבד ראיה די"ד, והלכך זו שסירגה לי"ח, לא קבעה וסת.

וכתב הב"ח, אפילו חזרה וראתה י"ט בתמוז, לא קבעה לה וסת לדילוג, כיון דאין הדלוגים שוים, **מיהו** נראה, כיון דראיית ט"ז באייר מראיית ט"ו בניסן, הוי לה בהפלגה ל"ב יום, שוה להפלגת י"ח בסיון מט"ז באייר, דהוא ג"כ ל"ב יום, דניסן מלא ואייר חסר, חוששת להפלגה זו, וכשתראה בי"ט בתמוז, דה"ל נמי הפלגה ל"ב מי"ח בסיון, קבעה לה וסת דג' הפלגות שוים דל"ב יום, בד' ראיות, ע"כ ופשוט הוא.

סעיף יא - דילגה פעם אחת או שתים, אינה חוששת לדילוג, אף על פי שחוששת לשאר וסתות בפעם אחת, אינה חוששת לוסת הדילוג עד שתקבענו.

דילגה פעם אחת או שתים - כתב הדרישה, ר"ל לרב פעם אחת, ולשמואל שתי פעמים, דאילו לרב אם ראתה היום ולסוף ל' ולסוף ל"א ולסוף ל"ב, אף דאין כאן אלא שני דילוגים, ס"ל דקבעה וסת לדילוגים, **אם** לא שנאמר שהיה לה וסת תחילה מכ' לכ', ושינתה וראתה לל' ואח"כ לל"א, דזהו שני דילוגים, ואפ"ה לא מיקבע וסת לדילוגים לרב, ‹**דרישה** לשיטתו, דס"ל דוסת קבוע לא בעינן שוה לדילוג, והחסרון הוא רק משום מאי דהוי וסת הפלגה – מחה"ש›, **דלא** אמר רב דסגי בשני דילוגים אלא כשהן בט"ו ט"ז י"ז, דאז ימי החודש ניכרים, גורמים שמצרפים לראיית ט"ו למנין שלש, עכ"ל, **נראה** מדברי הדרישה, דאף ביש לה וסת קבוע בט"ו לחודש, וראתה אח"כ בט"ז י"ז, ס"ל לרב דקבעה וסת לדילוגים, כיון דימי החודש נכרים, **ודוקא** ביש לה וסת מכ' לכ', ושינתה בדילוג, ס"ל לרב דלא קבעה וסת לדילוגים, כיון דוסתה לא היה בימי החודש נכרים, **וליתא**, דבהדיא משמע

הלכות נדה תעט
סימן קפט – דיני אשה שיש לה וסת קבוע, ושאין לה וסת קבוע

בש"ס, גבי אמר לך רב למודה שאני, דאפילו ביש לה וסת ליום ט"ו לחודש, שדינן ליום ט"ו לוסת שלפניו.

סעיף יב - וסת הסירוג, ראיה ראשונה מן המנין, לדברי הכל, ואע"פ שהרחיקה ראיותיה - אין ר"ל, שראתה בתחילת ראייתה בר"ח ניסן, וראיה ב' בר"ח סיון, וג' בר"ח אב, **דאם** כן פשיטא דקבעה וסת, דמנ"ל דוסת הסירוג הוא, דלמא וסת השוה הוא, שהרי לעולם לא סירגה*, **מיהו** י"ל, דמ"מ נקרא וסת הסירוג, כיון שסתם נשים וסתם מל' לל', א"כ זו שראתה מב' חדשים לב"ח, סירגה מדרך שאר הנשים, **אבל** יותר נראה, דמיירי אפי' שראתה בתחילת ראייתה בר"ח אדר, ואח"כ בר"ח ניסן, דאע"ג דהשתא ראתה מחדש לחדש, אם שוב ראתה בר"ח סיון ואב, קבעה וסת לסירוגים, דהשתא חזינן שסירגה מב' חדשים לב"ח.

***לא** ידעתי מאי קושיא, הא מטעם וסת השוה דהיינו שתי הפלגות שוות מנ"ט לנ"ט, הא היו רק שתי הפלגות, והיה לו רק דין וסת שאינו קבוע, **לזה** החידוש דהוי וסת קבוע מחמת הסירוג, דלזה ראיה ראשונה מן המנין, כיון דדנין על יום החודש – רעק"א. ‹**הבין** דמש"כ הש"ך וסת השוה, ר"ל וסת הפלגה, אולם כתבו אחרונים דכוונת הש"ך, דר"ל וסת החודש, וכמש"כ לעיל ס"ו, דמה לי מר"ח א' לב', או מא' לג'›.

מיהו בהיה לה וסת קודם לכן, כגון שראתה בר"ח שבט ובר"ח אדר ובר"ח ניסן, ושוב סירגה לראות בר"ח סיון ובר"ח אב, נראה דלכ"ע ראיית ניסן אינה מן המנין, ולא קבעה וסת לסירוגים, אלא לראש חודש, **ואע"ג** דאמרינן בש"ס, דאם היה לה וסת ליום כ', ואח"כ ראתה בדילוג ליום כ"א וכ"ב וכ"ג, מודה שמואל דראיית כ"א ממנינא היא, **היינו** משום דהתם דילגה מוסת הקבוע לה ביום כ', וראתה ביום כ"א, ואם כן מ"מ שם דילוג עלה, משא"כ הכא, דכיון דקבעה וסת מר"ח לר"ח, א"כ בר"ח ניסן לא שם סירוג עלה, אלא וסת השוה הוא.

(**ועח"ד** שכתב, דה"ה להיפך, שראתה ניסן סיון אב אלול תשרי, חוששת לוסת השוה, **ואפילו** אם היה מקודם ד' סירוגין, ואח"כ חזרה וראתה ג"ח על הסדר, נעקר וסת הסירוג, ונקבע וסת הסידור, **וכתב** עוד, דוסת הסירוג שנקבע, כגון שראתה בניסן ובסיון ובאב, ואח"כ לא ראתה ג"פ רצופים, דהיינו אלול תשרי חשון, אפ"ה חוששת לכסלו, **ואין** וסת זה נעקר, עד שלא תראה בג' סירוגין, דהיינו ו' חדשים).

אלא שלענין חשש וסתה בתחלה הוא שוה לדילוג, שאינה חוששת אלא מר"ח לר"ח הסמוך לו, כגון שראתה בר"ח ניסן, חוששת לר"ח אייר – [פירוש בשני ימים דר"ח אייר, הראשון, ‹משום› שהוא יום ל' לראייתה, והיא עונה בינונית למי שאין לה וסת קבוע, והשני, משום ר"ח]. ‹וכן הוא בב"ח›.

ואם לא ראתה עד ר"ח סיון, חוששת לר"ח תמוז הסמוך לו, ואם לא ראתה בר"ח תמוז, אינה חוששת לר"ח אב - (עח"ד שכתב, דלא דק המחבר בלשונו, דנקט הציור בחדשי חמה, שהן תמיד שוה א' מלא וא' חסר, וא"כ ההפלגה בימים ג"כ שוה, ודאי חוששת לר"ח אב מפני ההפלגה, **ודוקא** אם לא היו הפלגות שוות, כגון שב"ח הראשונים מלאים, וב' השניים, היו א' חסר וא' מלא, מש"ה אינה חוששת ליום החודש, **אבל** חוששת ליום שאחריו, מפני שהוא שוה להפלגה).

אע"פ שהם הפלגת ב' חדשים כעין ההפלגה הראשונה, מפני שהפסקת החדש השני ביטלה ראיית החודש הראשון, וראיית החודש השלישי היא התחלת וסת, וחוששת לר"ח הסמוך, ולא יותר - נ"ל הטעם, משום דסתם נשים וסתן כל ל', והיינו כל חודש, וז"ש מפני שהפסקת החודש השני ביטלה ראית החדש הראשון.

סעיף יג - אין האשה קובעת לה וסת, אפי' ראתה שלשה ר"ח זה אחר זה, אלא אם כן יהיו כולם בעונה אחת, ביום או בלילה.

(**עי'** בתשו' נו"ב בשם גדול אחד שכתב, דאף דבש"ע כתב דין זה בראתה ג' ר"ח, ה"ה בוסת הפלגה, דאינו וסת קבוע אף שהוא בג' הפלגות שווים, אם אינם שווים בעונת יום או לילה, וא"כ הא דאיתא בש"ס ופוסקים, דאשה קובעת וסת הפלגת ימים שוים, הוא ג"כ בהפלגת עונות שוים, **ומעתה** יש בו דעת לשאול, מה יהיה דין הוסת בתחלת וסת הפלגה קודם שקבעתו ג"פ, דלענין וסת החודש מבואר בש"ע, דחוששת לאחרונה, אם היתה השניה בלילה, חוששת שוב בלילה, **אמנם** בוסת הפלגה, דרך משל, אם ראתה ביום א', ואח"כ לסוף ד' שבועות, ראתה בליל א', נראה דא"צ לחוש לסוף ח' שבועות, בליל א', אף דבהפלגת

הלכות נדה
סימן קפט – דיני אשה שיש לה וסת קבוע, ושאין לה וסת קבוע

ימים הוא שוה, אך בוסתות אין משגיחין רק בעונות, וראיה שניה מופלגת מראיה ראשונה, ששה וחמשים עונות, וא"כ לסוף ח' שבועות, צריכה לחוש ביום השבת, **והוא** ז"ל חלק עליו, ומחלק, דבשלמא לענין ההפרשה, שיפרוש באותה עונה, אם היו בעונות חלוקים, אין אחת מהם נחשבת קבוע, **אבל** לענין חשבון ההפלגה, חשבינן יום המופלג לפי מספרו, בין אם היה הראיה שממנו מופלגת ביום, ובין אם היה בלילה, לא משגחינן בזה, ואמרי' שזה דרכה, כשמגיע יום המופלג מראיה ראשונה כך למספר הימים, דרכה לראות, ע"ש, **ודבריו** צריכין ביאור, והנראה דכוונתו לחלק, דדוקא בוסת החודש דלא חשבינן כמה רחוק מראיה הקודמת, א"כ מה שיש לדון אם הלילה והיום נחשב כחדא, הוא לענין ההפרשה, בזה כיון שהיו בעונות חלוקים, לא נחשב קבוע, דא"א לומר שאותו יום בחודש הוא הגורם, שהרי ראיה האחרת היתה בלילה, **אבל** בוסת ההפלגה, דחשבינן כמה היה רחוק מראיה הקודמת, חשבינן לפי מספר הימים, **ואכתי** דבריו צריכין תבלין).

‹**הנה** במחכ"ת הגאון בפת"ש, המעיין בפנים בנו"ב יראה דלא כך כוונתו, אלא דבוסת ההפלגה עצמו מחלק בין תחילת קביעותו לאחר שכבר נקבע, **דאע"פ** דלאחר שכבר נקבע, גם בוסת ההפלגה אנו מסתכלים על העונות, דהא בזה השוו דעת הגדול א' עם הנו"ב, דלא נקרא קביעות גם בהפלגה אלא אם תבא שוה כל פעם ביום או בלילה, **אבל** כשבאים לקבוע מספר הבדל הימים של ההפלגה בתחילתו, בזה אין אנו מסתכלים כלל על העונה, אלא על ימי ההבדל שביניהם – שבה"ל›.

ואם ראתה שלש פעמים ביום והרביעית בלילה, או שלש פעמים בלילה והרביעית ביום, חוששת ביום ובלילה, מפני חשש הוסת הראשון ומפני חשש השינוי, שהוא האחרון, ואם ראתה פעמים ביום ופעמים בלילה, שלא על הסדר, (ולא קבעה אחד מהן ג"פ), או שתראה הראשונה ביום, וג' האחרונות בלילה, או הראשונה בלילה והג' אחרונות ביום, או שלש בזה ושלש בזה, חוששת לאחרונה בלבד.

הגה: האשה שראתה, חוששת לוסת החדש ולהפלגה, עד שתקבע וסת החדש בג"פ, או וסת הפלגה בד"פ, או שתעקר א' מהן.

כתב הטור ל' הרמב"ן, וסת החדש חוששת לו בתחלתו פעם א', אבל וסת ההפלגה א"א לחוש לו, עד שתראה ראיה שניה, שהרי אינה יודעת לאיזה יום היא מפלגת, **נמצאת** אומר, שהרואה ליום ר"ח ניסן, חוששת לר"ח אייר, ראתה בו, חוששת לר"ח סיון, ראתה בו הוקבע וסתה לר"ח, **לא** ראתה לר"ח סיון, נעקר וסת של ר"ח, וחוששת לב' בסיון, אפשר שתראה ותקבע וסת להפלגה מל"א לל"א, שהרי ראיית ר"ח ניסן ואייר, שוות בהפלגה לראית ב' בסיון, שניסן מלא ואייר חסר, **ולעולם** חוששת חששות הללו, לוסת החדש ולהפלגה, עד שתקבע אחד מהן ג"פ כדינו, כיצד ראתה באחד בניסן וכ' בו כו'.

וכתב ב"י במ"ש דחיישינן שתקבע מל"א לל"א, לאו למימרא שא"צ לחוש ליום אחר, שהרי אין לה וסת קבוע, וכל שאין לה וסת קבוע, חוששת ליום ל', שהיא עונה בינונית, **אלא** ר"ל, שאע"פ שיבא ר"ח ביום ל' לראיה, אין לו דין וסת קבוע, אבל יש לו דין וסת שאינו קבוע, לחוש לו מיהא, עכ"ל, ‹**דהיינו** דנעקר בפעם אחת כוסת שאינו קבוע, אבל בודאי לענין לשמש בלא בדיקה יש לה דין וסת קבוע – מחה"ש›, **ולפ"ז** ה"ה דבתחלת ראייתה, צריכה לחוש ליום ל', וליום החודש.

אבל ק"ל ע"ז, דאם כן הרמב"ן והרב, שבאו לפרש לנו מהו החששות שצריכה לחוש, וכתבו שלעולם צריכה לחוש לוסת החדש ולהפלגה, למה לא כתבו ופירשו גם כן, שצריכה לחוש לעונה בינונית, **ואדרבה** מפשט דבריהם שכתבו, האשה חוששת לוסת החודש ולהפלגה כו', וכן ממ"ש בסוף וכן היא חוששת לשניהם, עד שתקבע אחד מהם כדינו כו', משמע שאינה צריכה לחוש אלא לב' חששות הללו ותו לא, **ועוד** תימא, דודאי הא דאמרינן עונה בינונית היא ל' יום, היינו שצריכה לחוש ליום ל"א לראייתה, דעונה בינונית היא ל' יום, מתחלת ראיה לתחלת ראיה, **וא"כ** קשה נמי, לאיזה צורך הוצרך הרמב"ן לומר, חוששת לר"ח אייר, דמשמע משום ר"ח אייר הוא דחוששת, הא בלאו הכי חוששת משום עונה בינונית, **וכן** לאיזה צורך הוצרך לומר, חוששת לב' בסיון, אפשר שתקבע וסת להפלגה, תיפוק ליה דהוא עונה בינונית, **ותו** קשיא טובא לדעת הב"י והפרישה והב"ח, דס"ל דכל אשה צריכה לחוש ליום החודש, וגם לעונה בינונית, א"כ היכי אמרינן דצריכה לחוש לעונה בינונית, משום דסתם וסת הוא מל' לל', והרי היא צריכה לחוש ליום החדש שראתה בו, והוא יום שאח"כ, אע"פ שלא ראתה אלא

הלכות נדה
סימן קפט – דיני אשה שיש לה וסת קבוע, ושאין לה וסת קבוע

פעם אחת, וע"כ הוא משום דסתם נשים דרכן כך, לראות באותו יום החדש, ואם כן קשיאן סתמי אהדדי, ואיך תתפוס החבל בשני ראשים, שתאמר דמן הסתם צריכה לחוש ליום החדש, שמסתמא תראה לאותו יום, ותאמר שמן הסתם צריכה לחוש לעונה בינונית, וזהו דבר שאין לו שחר כלל, **אלא** נ"ל, דהא דאמרינן בש"ס עונה בינונית ל' יום, היינו מחדש לחדש, בין מלא בין חסר.

(**בענין** הפלוגתא שבין הט"ז והש"ך, בעונה בינונית מאי היא, דדעת הט"ז דעו"ב לאו היינו וסת החודש, והיא יום ל' לראייתה, ואם החודש חסר, שניהם הם ליום אחד, אבל אם החודש מלא, חוששת גם ליום הקודם משום עו"ב, **ודעת** הש"ך דעו"ב לעולם הוא יום החודש, ושיעור עו"ב היינו יום ל"א, בסתם חודש דהוא מלא, **הנה** הח"צ בתשובה, האריך להשיג על הש"ך, והסכים עם הט"ז, וכן הסכים הכרתי ופלתי ע"ש, **ועי'** ח"ד שהסכים ג"כ עמהם, בהא דעו"ב לאו היינו וסת החודש, **אמנם** לא כדבריהם דהוא יום ל', רק בזה עיקר כהש"ך, דהוא יום ל"א, **וא"כ** הוא להיפך, דאם החודש מלא, שניהם ליום אחד הם, ואם החודש חסר, חוששת גם ליום שאחריו, משום עו"ב ע"ש).

(**ודע** דאף לדעת הש"ך, ע"כ צ"ל דחילוק יש בין עו"ב לוסת החודש, דאילו בוסת החודש, כ"ז שלא נקבע, ועבר זמנו ולא בדקה, מותרת בלא בדיקה, כדמשמע בס"ד, ובעו"ב אסורה עד שתבדוק, כמבואר שם, **ומשכחת** לה וסת החודש בלא עו"ב, כגון אם ראתה בינתיים, או שיש לה וסת אחר קבוע, ואח"כ שינתה ליום אחר).

כיצד, ראתה בא' בניסן וכ' בו, חוששת לאחד באייר, מפני ר"ח ניסן – [פשוט שגם כאן, חוששת גם ליום א' דר"ח אייר, שהוא יום ל' מן הראיה דר"ח ניסן, כסתם עו"ב לשאין לה וסת קבוע, **ומו"ח** ז"ל כתב כאן, מדלא נקט אלא אחד באייר, ש"מ שאינה חוששת ליום א' דר"ח, **ולא** ידעתי למה יסתור דברי עצמו, שכתב לעיל, ראתה ליום ר"ח ניסן, חוששת לר"ח אייר, והיינו לב' ימי ר"ח, כמו שכתב הוא בעצמו].

(**וכבר** חלקו עליו הס"ט והח"ד, דכאן שראתה בכ' בניסן, ליכא חשש דעו"ב, שהוא מטעם הפלגה, וכבר הפסיקה בראיית כ', **ולא** מיבעיא לדעת הב"ח המובא בסמוך, דבכל וסת הפלגה, כשהפסיקה בראיה, הוי החשבון מהראיה הסמוכה, ודאי דאף לענין עו"ב הדין כן, **אלא** אפי' לדעת הט"ז דפליג שם, מ"מ בעונה בינונית, דהטעם הוא כמ"ש הר"ן, משום דכי לעולם לא תראה, ודאי דהחשבון מהראיה הסמוכה, וצדקו דברי הב"ח). וכ"כ רעק"א.

ראתה באחד באייר או לא ראתה בו, חוששת לט' באייר, שהוא יום כ' מראיית יום כ' שראתה – [בטור בשם הרמב"ן כתוב כאן: ואם לא ראתה כו', **וכתב** ב"י, משמע שאם ראתה בראש חודש אייר, אין צריכה לחוש לט' בו, **והטעם**, שאילו חזרה לראות בראש חודש אייר, היינו אומרים שראיה הראשונה שראתה בראש חודש ניסן היא עיקר, וראיה השניה בעשרים בו היא תוספת דמים, הלכך אינה חוששת לא לט' באייר ולא לעשרים בו, **אבל** השתא שלא ראתה בראש חודש אייר, אגלאי מילתא דראיה דעשרים בניסן היא עיקר, וחוששת לט' וכ' באייר].

[**ובד"מ** חלק עליו, וכתב מדכתב בסמוך וחוששת לשתיהן עד שתקבע כו', ש"מ שקודם שתקבע וסת א' שלש פעמים, חוששת לשתיהן, **ועוד** דקאמר בסמוך, ראתה בט' בו כו', ש"מ אף על גב דראתה ב' פעמים להפלגת עשרים, אפ"ה חוששת לימי החודש, וצריכה לחוש לכ' באייר, ה"ה כאן אף על פי שראתה בא' באייר, צריכה לחוש לט' בו משום ראיית עשרים בניסן, **והא** דנקט לא ראתה בא' באייר, נ"ל דלרבותא קאמר, אף על גב דנעקר וסת של ר"ח ניסן, מ"מ צריכה לחוש לשני, כ"ז שלא נעקר פעם אחת, עכ"ל].

[**וכן** נ"ל עיקר, ויפה הגיה כאן רמ"א: ראתה או לא ראתה כו', דלא מצינו בשום מקום דראי' שרואה בשינוי זמן תעקור החשש שהיה עליה תחלה, כל זמן שאין להשינוי קביעות כדין שלו בג"פ או בד' פעמים]. **לאו** מילתא היא, דהכא כיון שראתה בר"ח, הרי שינתה הפלגתה לי"ב, וכיון שלא קבעה וסת להפלגות, נעקר בפעם אחת - נקה"כ.

[**ותו** דאטו אם תראה גם בר"ח אייר וט' בו וכ"ח בו, ג"כ לא תקבע וסת להפלגת עשרים מראיית עשרים בניסן, זה ודאי שקבעה וסת, כיון שיש ג' הפלגות שוות, ולא אכפת לן במה שראתה גם בר"ח אייר, ואם כן היאך נתיר מכח ראיית ר"ח אייר, שלא תחוש כלל לט' בו, כיון שאפשר לבא לידי קביעות וסת]. **אומר** אני דאה"נ, דבכה"ג לא תקבע וסת, שאין כאן ג' הפלגות שוות, דכיון דראתה בר"ח, נעקר הוסת של כ' שמתחילה - נקה"כ.

תסב הלכות נדה
סימן קפט – דיני אשה שיש לה וסת קבוע, ושאין לה וסת קבוע

[ובפרישה כתב בזה, דאע"פ שאפשר לקבוע בזה ווסת להפלגת עשרים, מ"מ אין אנו חוששין לו לכתחלה קודם שראינו ג' הפלגות שוות, וקשה, דכל שאפשר ודאי אנו חוששין לו שלא יבא לידי כך, כמו שמצינו בכל המקומות בסימן זה, זולתי בוסת הדלוג, שלא חששו לו עד שלא יקבע, כמ"ש בסעיף י"א].

[ועוד נראה ראיה ברורה, ממה שכתב בסוף סי' זה בטור, בראתה ב' פעמים בר"ח, ובפעם השלישית ראתה בכ"ה לחדש ובראש חדש, דחוששת ג"כ ליום הקדימה דהיינו לכ"ה, שמא וסת אחר היא קובעת, והלא הדברים ק"ו, דהא התם ברור לפנינו ג' פעמים בר"ח והוא סתם עונה בינונית לאשה, אפ"ה חוששת גם ליום כ"ה, כ"ש כאן דיש ב' ראיות לפנינו, האחד כ' בניסן והשני בראש חדש אייר, וע"כ לומר שאחת מהן עיקרית והשנית דרך מקרה, ומנא לך לומר דראש חדש עיקר ולא לחוש לט' בו, אימא לך דראיית כ' בניסן עיקרית, וצריכה לחוש לט' באייר, דלאו דמא דראש חדש אייר סומק טפי מדם דכ' בניסן]. **לא** דק, דהתם בוסת החודש היא, ובזה גם הב"ח והפרישה מודים, וכמו שכתבתי בש"ך - נקה"כ.

[**ע"כ** נראה עיקר כדברי רמ"א, דגם בראתה בר"ח אייר צריכה לחוש לט' וכ' אייר], ‹דכמו דבוסת של החדש חוששין אף ע"פ שראתה באמצע, ותולין בתוספת דמים, כמו כן בוסת הפלגה – ערוך השלחן›, [**אלא** דמה שביאר רמ"א דברי הטור, במ"ש: ואם לא ראתה, דאמר כן דרך רבותא, לא מתיישב לי, דא"כ גם אחר כך במ"ש: ראתה או לא ראתה בט', היה לו לומר גם כן רבותא זו].

[ומו"ח ז"ל הפליג לחלוק גם על רמ"א, ואמר שטעות גמור הוא, בראתה בר"ח אייר לחוש לט' בו, מדהפסיקה ראיית ר"ח אייר בינתים, דאם היתה חוששת להפלגת כ' יום, צריכה שתחוש כן מן ראיית ר"ח אייר, **וכמ"ש** הטור בסמוך, היתה רגילה לראות ביום כ', ושינתה ליום שלשים, זה וזה אסורין, וכשיגיע יום עשרים לראיית ל' אסורה, הרי מבואר שאינה חוששת להפלגת כ' מראיה שקודם ל', אלא חוששת שמא תראה לכ' יום מראיית ל' שראתה עכשיו, וכדרב הונא בריה דרב יהושע ס"פ בנות כותים, עכ"ל, **ואני** אומר כבוד חכמים ינחלו, אבל דבריו אלו הם כשגגה לפני השליט, ואדרבה משם ראיה לדעת רמ"א, דשם לא מנינן אלא מן ראיית ל', כיון שלא היתה עכשיו שום ראיה קודם ל', אלא שהיתה ראויה לראות ביום כ' כמתחלה, ועכשיו שינתה והמתינה לראות עד ל', ע"כ ס"ל לרב הונא בריה דרב יהושע ס"פ בנות כותים, דלא מנינן מן שעה שהיתה ראויה לראות, אלא משעה שראתה באמת, ולאפוקי מרב פפא דס"ל שמנינן משעה שהיתה ראויה לראות, וזה פשוט בסוגיא שם, **גם** מלשון רש"י ות"ה הארוך מוכח כן, שכתבו שאם תמנה מיום שהיתה ראויה לראות, נמצא שהיא חוששת שמא יקדים לבא זמן קצר ממה שראתה עכשיו, ואינו בדין שזו שינתה לרחק, ואנן ניחוש שמא תקרב, עכ"ל, **משמע** דאם היתה רואה גם ביום שהיתה רגילה לראות, הרי אנו רואין שהיא קרבה לראות, ודאי צריכה לחוש ליום כ' מן ראיה של עשרים, וגם ליום עשרים מן ראית יום שלשים, אם כן גם בזה צריכה לחוש להפלגת עשרים ימים מן יום העשרים בניסן, ומן ר"ח אייר, **והדבר** ברור דמשה אמת ותורתו אמת, ודברי רמ"א הם הלכה רווחת בישראל, דגם בראתה בר"ח אייר הוה כלא ראתה].

מה שהשיג על הב"ח יפה כוון, אך מ"מ דינו אמת, ומה שהוכיח הוא להיפך, אינה הוכחה כלל, **דהתם** היה לה יום קבוע ליום כ', הלכך אם היתה רואה ליום כ', לא הוי אמרינן דשינתה הפלגתה בזה שראתה י' ימים אח"כ, והיתה צריכה לחוש לי' ימים אחר ראיית יום י', דהיינו יום כ', משא"כ הכא דלא נקבע לה וסת הפלגה - נקה"כ.

אבל באמת נראה עיקר, דאם ראתה בא' באייר, א"צ לחוש לט' בו, {וכדמשמע מפשט דברי הרמב"ן, וכמו שכתב איהו גופיה, דמה שכתב רמ"א "דאם לא ראתה" הוא דרך רבותא, לא מתיישב כו' - נקה"כ}. **שהפסיקה** בראייתה בנתיים, ואין כאן הפלגת עשרים יום, אלא הפלגת י"ב יום, ושינתה הפלגתה לי"ב יום, ואין צריכה לחוש אלא להפלגת י"ב יום מראיה זו דא' באייר, וכדלקמן סעיף י"ד, **וחוששת** נמי לעשרי' באייר, משום וסת החדש, ולא' בסיון משום ר"ח אייר. **אבל** לוסת החדש חוששת, בין ראתה מקודם או לא ראתה, כל שלא שינתה וסתה של החדש.

(**ועח"ד** שכתב, דאם היו שתי הפלגות הראשונות, בלי הפסקה בנתיים, ובאמצע הפלגה שלישית הפסיקה, כגון שראתה בר"ח ניסן, ובכ' בו, ובט' באייר, ובכ' בו, ובבר"ח בו, כ"ע מודו, דקבעה לה וסת מכ' לכ' - **אך** בש"ך בסעיף י"ד לא משמע הכי, עמ"ש שם בזה -

הלכות נדה
סימן קפט – דיני אשה שיש לה וסת קבוע, ושאין לה וסת קבוע

ואם הפסיקה באמצע הפלגה ראשונה, כגון שראתה בר"ח ניסן, ובי' בו, ובכ' בו, ובט' באייר, ובכ"ח בו, כ"ע מודו, דלא קבעה לה וסת, **רק** כשהפסיקה בהפלגה האמצעית פליגי).

(**ועי'** מנחת יעקב שהסכים עם הט"ז, **אך** הכרתי ופלתי והס"ט, העלו כדעת הש"ך).

(**הכו"פ** הס"ט הבית מאיר הגר"ז והלחם ושמלה סוברים, דאין חוששין דראיית ר"ח אייר היא תוספת דמים כהט"ז, וגם אין הפלגה קטנה עוקרת הפלגה גדולה כהש"ך, **אלא** חוששת ליום כ' מראיה האחרונה כהב"ח).

ראתה בט' באייר או לא ראתה, חוששת לעשרים באייר, שמא קבעה לה וסת כ' לחדש, שהרי ראתה עשרים לחדש ניסן. וכן היא חוששת לעולם עד שתקבע וסת א' כדינו, דאז אינה חוששת לשני שלא נקבע, או עד שאחד מהן נעקר, אז אינה חוששת לו, אעפ"י שלא נקבע השני.

(**כ'** הח"ד, דוקא בחשש דוסת החודש וחשש דוסת הפלגה, אז כשנקבע א', שוב אינה חוששת לשני, כיון דא"א שיתקיימו שניהם, **אבל** כששניהן הם חששות דוסת החודש, כגון שראתה ג"פ בר"ח, ובפעם הג' ראתה ג"כ בכ"ה, חוששת גם לכ"ה, אף שכבר נקבע הוסת של ר"ח, כיון דאפשר שיתקיימו שניהם, דהא אשה קובעת וסת בתוך וסת, כבסע' ל"ב, **וכן** הדין בוסת הדילוג ווסת השוה).

ואינה חוששת לוסת הדילוגין, עד שתקבענו. כיצד, ראתה ט"ו בניסן, חוששת לט"ו באייר. לא ראתה בט"ו באייר, אינה חוששת לט"ז בו. ראתה ט"ז בו, חוששת לט"ז בסיון - לוסת החדש, **ואינה חוששת לשבעה עשר בו** - משום וסת הדילוג, **וגם** משום וסת הפלגה ליכא, שהרי ניסן מלא, ואייר חסר, נמצא ט"ז דאייר, הוא הפלגת ל"ב מט"ו דניסן, וי"ז דסיון הוא הפלגת ל"א, מט"ז דאייר.

ראתה י"ז בו, חוששת לי"ז בתמוז, ואינה חוששת לי"ח בו - שאינה הפלגת ל"א, אלא ל"ב, מי"ז בסיון, וצריכה לחוש להפלגת האחרון, שהוא ל"א.

היינו להרמב"ן, והיא הסברא הראשונה לעיל ס"ז, **אבל** להי"א שם, קבעה כבר וסת הדילוג בשלש ראיות, וחוששת כאן לי"ח בתמוז, וכמו שמסיים הרב, "רק י"א כי בדילוג חדש, הראיה ראשונה מן המנין כו"', (וכיון דדבר זה תלוי בפלוגתא הנ"ל, למה כתב הרב דין זה בסתם, על זה כתב הש"ך... - מחצה"ש), **ולפי** זה מיירי הכא, בהיה לה וסת קבוע קודם לכן בט"ו לחדש, דאז לד"ה שדינן ראיה דט"ו דניסן לוסתה, ואינה מן המנין.

ראתה י"ח בתמוז, קבעה לה וסת דילוגין לימי החודש וחוששת לי"ט באב. וכן בדרך זה בהפלגה ודילוגין, כי אין חילוק ביניהם. רק י"א כי בדילוג חדש, הראייה הראשונה מן המנין, כמו שנתבאר - צ"ע, דהי"א בדילוג חדש ראיה ראשונה מן המנין, סוברים גם בדילוג דהפלגה, דהפלגה ראשונה מן המנין, **אלא** שאין הפלגה נודעת אלא בב' ראיות, וכדלעיל ס"ב, וא"א בפחות מד' ראיות, אפילו בהפלגות שוות, וצל"ע.

וכן בדרך זה בהפלגה ודילוגין כו' - כלו' שדילגה בהפלגה, כגון שראתה באחד בניסן ולסוף עשרים, חוששת להפלגה זו, {דהיינו ט' באייר, שהוא הפלגת עשרים מכ' בניסן, מיהו גם לראש חודש אייר חוששת משום וסת החדש}, **דילגה** ליום כ"א {היינו עשרה באייר, ובר"ח אייר לא ראתה}, חוששת ליום כ"א, {היינו ר"ח סיון, **מיהו** גם ליום כ' אייר חוששת, שמא תקבע וסת בימי החדש, שהרי ראתה כ' בניסן כדלעיל}, **הגיע** יום כ"א ולא ראתה, מותרת לשמש {ביום כ"ב, וא"צ לחוש להפלגה בדילוג}, **דילגה** ליום כ"ב, חוששת ליום כ"ב, {היינו כ"ג בסיון}, הגיע כ"ב ולא ראתה, מותרת לשמש {ביום כ"ג לראייתה, דהיינו כ"ד בסיון, **והיינו** לשמואל, א"נ לרב ובהיה לה וסת קודם לכן מעשרים לעשרים, **אבל** כשלא היה לה וסת, סגי לרב בארבע ראיות להפלגה, לקבוע וסת בדילוג בהפלגה, וכמש"ל}, **אירע** לה ראיה ליום כ"ג, קבעה לה וסת לדילוג, מכאן ואילך אינה חוששת אלא לדילוגה, כ"כ הטור בשם הרמב"ן, והוספתי ביאור.

ראתה ט"ו בניסן והמשיכה ראייתה ד' ימים, וביום ט"ז באייר ראתה והמשיכה ראייתה ג' ימים – [ונראה שלרבותא כתב כן, דאע"פ שראיית י"ז של פעם הא' וב' לא היתה סוף העונה, אלא באמצע, אפ"ה חשבינן לה לעיקר העונה], **ובסיון בתחילה**

תסד הלכות נדה
סימן קפט – דיני אשה שיש לה וסת קבוע, ושאין לה וסת קבוע

לראות בי"ז בו – [ולא כתב שראתה בי"ז וי"ח כמו שכתב בשתי פעמים הראשונים, דאז היה פשיטא לקבוע הוסת בי"ז וי"ח, כיון שיש שם שני ימים שוים בכל פעם], **י"א שחוששת לדילוג ולוסת שוה, שהרי שילשה לראות ג"פ בי"ז לחדש, וי"א שאין כאן וסת שוה כלל, דהולכין תמיד אחר תחלת הראייה, וכן עיקר.**

[קשה, הא זה מדברי הרמב"ן בטור, וכבר כתב הטור לעיל בשם הרמב"ן, דקימ"ל כשמואל, דבעינן ד' ראיות לוסת הדילוג, ותירץ ב"י דהכא מיירי, שהיה לה כבר וסת, קודם שהתחילה לראות בדילוג, ובזה גם שמואל מודה דסגי בג' ראיות, כמו שכתב בסעיף ז', והיה לו לרמב"ן לפרש כן, דמיירי באשה שהיתה רגילה לראות מי"ד לי"ד יום, ושינתה וראתה בט"ו והמשיכה וכו', **ובדרישה** מביא בשם רש"ל, וכן פי' מו"ח ז"ל, דמיירי לענין שאם תראה בפעם רביעית בי"ח לחודש, **ולפי"ז** מיושב מה שסיים הטור: חוששת לימים שהשלישה בהן כוסת הקבוע, ולשאר הימים כוסת הדילוג, דמשמע דוסת הדילוג אינו קבוע עדיין, עכ"ל, **ותמיהתי** על דבריהם, דהיאך כתב: שחוששת לשאר הימים כוסת הדילוג, דהא כיון שלא נקבע הדילוג כדינו, אין חוששין לו כשיגיע היום שראוי לראות לפי דילוגה, עד שכבר דילגה ג' פעמים כדינה, דהיינו ד' ראיות, וכמו שכתב בסעיף י"א, **ואי** מיירי הטור שכבר ראתה בפעם הרביעית בי"ח, הרי גם וסת הדילוג קבוע, כמו וסת היום י"ז, ולמה קראו דוקא לוסת יום י"ז קבוע, **והנראה** לענ"ד דהרמב"ן עצמו, אע"ג דכתבו משמו שפוסק כשמואל, מ"מ הרמב"ן עצמו מחמיר להלכה כרב, דג' ראיות סגי].

לא קשה מידי, דמיירי כשתראה אח"כ בפעם רביעית, תקבע וסת הדילוג, ולפי דעד השתא לא נקבע, לא קראוהו קבוע, כמו וסת השוה דנקבע כבר, **גם** שאר הוכחותיו שהוכיח דהרמב"ן חש להחמיר כרב, אינם מוכרחים - נקה"כ.

סעיף יד - היתה רגילה לראות יום עשרים, (ויש לה בזה וסת קבוע), ושינתה ליום שלשים, זה וזה אסורים – [דאם לא היה וסת קבוע, כיון דשינתה ולא ראתה ביום כ', נעקר חשש יום הכ', כיון שאינו נקבע כבר בג' פעמים].

וכשיגיע יום כ' לראיית ל', אסורה משום וסת הראשון – [אבל אין מונין כ' יום משעה שהיתה ראויה לראות ליום כ', כיון שלא ראתה אותו פעם והמתינה עד יום ל'], **ואם לא תראה בו חוששת ליום ל'. שינתה פעמיים ליום ל', זה וזה אסורים. שינתה ג"פ ליום ל', הותר יום כ' ונאסר יום ל'.**

ואם לאחר ששינתה פעם או פעמיים ליום ל' ראתה לסוף כ', חזר וסת של כ' למקומו והותר שלשים - שאף על פי שג' פעמים לא ראתה ביום עשרים, לא נעקר יום כ', כיון שלא ראתה יום ל' {רק שתי פעמים, וראייה שלישית ראתה אחר ל', ‹כגון בל"ב או ל"ג, א"כ כשראתה לסוף כ' אחר ראיה דלאחר ל', חזר וסת של כ' למקומו - נקה"כ}, **שאם** אשה מדלגת וסת אחד פעמיים וג' פעמים, ואינה רואה בנתים לזמן אחר, וחוזרת לראות לזמן הוסת, לא נעקר הוסת - הרא"ש, וצריכה עוד ג"פ לעקרו, **ודוקא** שלא שינתה לוסת אחר, אבל שינתה לוסת אחר, כבר נעקר הראשון לגמרי, ואם תחזור לראות בו, הרי הוא כתחלת וסת, דבעינן ג"פ לעקירת הראשון ולקביעות השני, והראשון נעשה שני, והשני נעשה ראשון.

ובמעדני מלך כתב, ‹ס"ל דשו"ע איירי, באופן דלא ראתה ביום כ' רק ב' פעמים, ובא להסביר החידוש, דהטור סובר, דלאו דוקא בשלא ראתה בל' השלישי, אלא שעדיין לא הגיע, אפ"ה כל שחזרה וראתה לכ', חזרה לקביעו' הראשון, ואינה חוששת לל', **ואע"פ** שלא נעקר עדיין ע"י שלא ראתה בו, אפ"ה זה שראתה בכ', שהוא יום קביעותה הראשון, מחשיב לה לעקירה של ב' ראיות דל', עכ"ל.

‹**י"א** דדוקא בב' מיני הפלגות, חזרת ראיית וסת קבוע מפקיעה מהאינו קבוע, דלא יתכנו ב' וסתות אלו באשה א', **אבל** בב' ימי החדש, דיתכן באשה א', אין חזרת ראיית וסתה מפקיעה מחשש היום שאינו קבוע, חוו"ד, **וי"א** דבחזרה לראות ביום וסתה קבוע, בכל ענין אינה חוששת לוסת שאינה קבוע, דעי"ז נתברר שהיתה רק מקרה בעלמא, נו"ב – בדי השלחן›.

ופירוש זה צ"ע, וע"ק, דאם כן אפילו לא היה קביעותה הא' בכ' עקרה וסת הל', דכיון שראתה אח"כ בכ', אם כן עקרה הפלגתה ושינתה לכ', וא"צ לחוש אלא להפלגת כ', ‹לשיטתו דהפלגה קטנה עוקרת הפלגה גדולה,

הלכות נדה
סימן קפט – דיני אשה שיש לה וסת קבוע, ושאין לה וסת קבוע

ואע"ג דהרמב"ם כתב נמי, ז"ל, היה דרכה לראות יום כ', ושינתה ליום כ"ב, שניהם אסורים, הגיע יום כ' וראתה, טהר יום כ"ב, שהרי חזרה לוסתה הקבוע, ונעקר כ"ב, מפני שלא נקבע ג"פ, עכ"ל, וכ"כ הרב המגיד, **שם** מיירי בכ' וכ"ב לחדש, וכדמיירי התם לעיל מיניה בהדיא הכי, והלכך אם לא היה לה מתחלה וסת קבוע ליום כ' לחדש, לא היה נעקר כ"ב לחדש, במה שראתה כ' בו, **אבל** הטור והמחבר, דמיירי בהפלגות, שהרי כתבו וכשיגיע יום כ' לראיית ל' כו', א"כ אפילו לא חזרה לקביעותה הראשון, רק ששינתה הפלגתה, שוב אין לחוש להפלגת ל'.

(**ומשמע** מדברי הש"ך, דאם ראתה ב' פעמים ביום ל', ושינתה לכ', בטלה הפלגת ל', **ומשמע** דאפילו ראתה עוד אחר עשרה ימים אחר ראיית כ', בטלה הפלגת ל', כיון שבהפלגה השלישית היה הפסקה, **וכבר** השיגו עליו הס"ט והח"ד), (**עי'** פת"ש לעיל בסי"ג.

[**וקשה על הרמב"ן**, (שממנו נובע דינו של שו"ע), **למה כתב ששינתה פעמיים ליום ל', וראתה ביום כ', משמע דעדיין לא עקרה ראיית יום כ' שלש פעמים**, (שהוא מפרש כהמעדני מלך), **ובגמר' שזכרנו אמרו, אפי' אם עקרה ג' פעמים ראיית יום כ'... אה"נ אילו ראתה אחר ל' השלישים**, (שעבר ג' פעמים יום כ' בלא ראיה), **ב' ראיות וכ' ימים ביניהם, הוה ג"כ דינא הכי, דחזר הוסת הראשון למקומו, ויש בזה רבותא, דהותר יום ל', אע"פ שלא נעקר עדיין, כיון דעכשיו חזר הוסת הראשון למקומו. ונראה** שכן היתה להרמב"ן גירסא אחרת בגמר', ולפי זה באמת, אי לא ראתה ג' פעמים ביום כ', נעקר, אפי' אי לא ראתה יום שלשים שאחריו, וראתה יום כ' שאחר אותן שלשים, **אבל** ברא"ש הגירסא כמו בגמר' שלנו, **וצ"ע** על ב"י ושו"ע שלא הרגיש בזה].

סעיף טו - שינתה ראיותיה ולא השות אותם, כגון ששינתה פעם אחת ליום ל' והשניה לל"ב, והג' לל"ד, נעקר וסת הראשון ואין לה וסת כלל - וא"ת כיון שראתה פעמיים בדילוג ב' ימים, ה"ל לחוש ליום ל"ו, **י"ל** שמאחר שלא ראתה בדילוג אלא ב"פ, א"צ לחוש כלל, שכבר נתבאר שוסת הדילוג, כל זמן שלא הוקבע בג"פ, אינה חוששת לו כלל - ב"י, **והיינו** לשמואל, אבל למאי דמחמרינן לעיל ס"ז כרב, אם כן ה"ה הכא, צריכה לחוש לוסת הדילוג, כיון שדילגה ב"פ, **והב"ח** השיג על הב"י וז"ל, וב"י כתב כאן שראתה פעמיים בדילוג כו', וליתא, שאין כאן כי אם ג' ראיות ל' ול"ב ול"ד, ואין כאן אלא דילוג אחד... עכ"ל, **ודבריו** תמוהים.

מיהו חוששת להפלגה אחרונה, דהיינו ליום ל"ד, **עוד** כתב בב"י, דחוששת לעונה בינונית, וכבר כתבתי דהיינו לימי החדש.

ואם חזרה לראות ביום הוסת הראשון - (ונראה דמיירי, שראתה בשיעור הפלגת וסת הראשון, מיום ל"ד שראתה באחרונה, ח"ד), **חזר לקביעותו הראשון, וחוששת לו תמיד עד שיעקר ממנה ג' פעמים.**

וה"ה להפסיקה מלראות שלש עונות, ואחר כך חזרה לראות ביום הוסת הראשון - (הכא דמיירי בוסת הפלגה, ע"כ מיירי שראתה שתי ראיות, שיהיה מינכר הפלגתה לכ' יום).

[**בטור** לא כ' לשון "וה"ה", אלא "ואם הפסיקה ולא ראתה, **משעבר עליה יום כ', ובדקה ולא ראתה, שוב אינה חוששת לעולם", ופי' ב"י דמיירי ג"כ מהא דלעיל, דהיינו שעברו עליה ג' עונות, ג' פעמים כ' יום שהיתה רגילה לראות בהם, ולא ראתה בהם, ומה שכתב "משעבר עליה כ' יום", ר"ל ג' פעמים עשרים יום, הוה מסולקת דמים, ואינה חוששת אח"כ, משמע דאם קודם שעברו עליה ג' עונות של כ' יום, לא הותר לה כל יום כ' שבתוכם, אע"פ שלא ראתה ביום כ' השני, נאסרת ביום כ' השלישי**].

[**אבל רש"ל פי' דברי הטור כאן וז"ל, מה שכתב "ואם הפסיקה כו'", אני אומר דאין הטעם כאן משום דהיא מסולקת דמים, ולא איירי הכא דהפסיקה ג' עונות דוקא, אלא אפי' כשהפסיקה פעם אחת לגמרי, ולא שינתה ראיותיה כלל, שוב אינה חוששת לאותו יום לעולם, כדמשמע הלשון להדיא, והטעם דאינה חוששת ליום כ' הבא, משום דאין כאן הפלגה של כ', כיון שהפסיקה ולא ראתה, ואם נחוש ליום כ' הוה הפלגת מ' מראיה אחרונה, דאין סברא לומר דחשבינן אותו יום שהפסיקה ולא ראתה דהוה מקרה וכאילו ראתה דמי, דסוף סוף לא ראתה, ולפיכך אינה חוששת אפי' לעונה בינונית, דהיינו ל' יום לראיה אחרונה, דדוקא באשה שאין לה וסת קבוע אמרינן הכי, אבל זו שיש לה וסת קבוע, אלא שהפסיקה לראות**

תסו הלכות נדה
סימן קפט – דיני אשה שיש לה וסת קבוע, ושאין לה וסת קבוע

ביום הקבוע, אין לנו לחוש כלל ליום ל', מאחר דליכא ריעותא לפנינו, ומש"כ הטור "חזרה לראות חוששת" כו', מיירי אפי' הפסיקה מלראות בג' עונות, חוששת ליום עשרים, דלעולם כל היכא שהפסיקה וחזרה לראות, חוזרת לוסת הראשון וחוששת לו מראיה זו, **אלא** דבהפסיקה ג' עונות הוה מסולקת דמים, ואינה חוששת אלא ליום עשרים מראיה זו, דתלינן דחזרה לוסת הראשון, (**ועי'** ח"ד שכתב, דחוששת להפלגה גדולה של ג' עונות שהפסיקה, **וגם** לעונה בינונית), **אבל** בדלא הפסיקה ג' עונות וראתה, חוששת נמי לשיעור ההפלגה מראייה האחרונה עד ראיה זו שראתה עכשיו].

[ומש"ה כתב לעיל, היכא דשינתה מכ' לל', דכשיגיע יום כ' לראיית ל' אסורה, ולא אמרינן דחוששת ליום העשירי שלאחר ראיית שלשים, שהוא יום עשרים לוסת הא' שהיה ראוי לבוא, **אלמא** דמסתבר לן טפי למתלי בראיה, מלמיתלי ביום שהיתה ראויה לראות, וכדרב הונא בריה דרב יהושע בסוף פ' בנות כותים, **כ"ש** היכא דליכא ראיה כלל, דלא תלינן במאי דלא בא לעולם, **ולא** דמי לוסת החדש, דאם עבר עליה ר"ח ולא ראתה, חוששת לר"ח הבא אחריו, עד שיעברו עליה ג' ר"ח ולא תראה, דצריך לעקרו ג"פ, ואם לאו תלינן דמקרה היה דלא ראתה בר"ח שעבר, וחוששת לר"ח הבא, **אבל** בוסת ההפלגה, מיד כשהגיע יום כ' והפסיקה ולא ראתה, אין כאן וסת לאותו יום, דהפלגה תלויה בראיה שאחריה ראיה זו, והיא אינה יודעת לאיזה יום מפלגת, ולא כב"י, עכ"ל].

[וקשה דלפי דברי רש"ל, יהיה חילוק בין הפלגת ימים לחדש בזה, והלא בפירוש כתב הטור אח"כ: כעקירת וסת ההפלגה כן עקירת וסת החדש, **משמע** דשוין הם לגמרי, רק שזו חוששת ליומה וזו לחדש].

לא קשה מידי, דודאי לענין עקירה שוין הן, דהיינו כל שעקרתו והפסיקה בג' עונות, ולא ראתה ביום כ' בשום פעם, או ששינתה בג' ראיות שוות, כי היכי דוסת ההפלגות נעקר בכך, הוא הדין וסת החדש נעקר בכך, **מיהו** היכא דהפסיקה ולא ראתה ביום כ', נהי דאינה חוששת להפלגת כ', דהיינו ראיית מ', מ"מ לא נעקר וסת של כ', דהיינו כשחזרה וראתה צריכה מיד לחוש ליום כ', **אבל** כשהפסיקה בג' עונות, כיון שהוסת נעקר, א"כ אע"פ שחזרה וראתה, א"צ לחוש ליום כ', רק כשחזרה וראתה ביום כ', אז נקבע הוסת הראשון - נקה"כ.

[תו נראה ראיה ברורה ממקום שהביא הרב רש"ל לדבריו נראה לע"ד להוכיח משם איפכא, דבסוף פרק בנות כותים קיימא לן כרב הונא בריה דרב יהושע, דמנינן הפלגת עשרים מיום ששינתה, דהיינו יום ל', ולא יום עשרים שהיתה ראויה לראות, **וכתב** בת"ה הארוך וז"ל, ואילו זו מונה עשרים מזמן העשרים שהיתה ראויה לראות, נמצא שהיא חוששת שמא יקדים האורח לבוא, ואינו בדין שזו שינתה לרחק, ואנו ניחוש שמא תקרב, עכ"ל, **הרי** שהיה מסתבר לחשוב ההפלגה מיום שהיתה ראויה לראות, אלא שאין אומרים כן כיון ששינתה לרחק בראיית שלשים, **משמע** דאילו לא ראתה כלל, היינו חושבים ההפלגה של כ' מיום שהיתה רגילה לראות, שלא כדברי רש"ל, **דלפי** דבריו אין צריך לומר כלל משום ריחוק וקירוב, אלא שאין שום אפשר לחשוב הפלגה מזמן שהיתה ראויה לראות ולא ראתה באמת, **אלא** על כרחך שזה אינו].

אינה ראיה, דז"ל בת"ה הארוך שם, ומאיזה זמן היא מונה הכ', מראיית הל' ולא מראיית הכ' שהיא למודה לראות, לפי שהאורח לא היה רגיל לבוא בפחות מכ', ואילו זו מונה כ' מזמן הכ', נמצא כו', **הרי** דעיקר טעמו משום דהאורח לא היה רגיל לבוא בפחות מכ', וה"ה איפכא, היכא דהאורח לא היה רגיל לבוא ביותר מכ', וא"כ זו שלא ראתה ליום כ' אינה חוששת ליום למ' - נקה"כ.

[והחילוק שחילק הרב, בין וסת הפלגת ימים לחדש, לענין אם לא ראתה פעם אחת, לא הבנתיו כלל, דודאי כמו שאם לא ראתה בר"ח אחד, שחוששת לר"ח השני שאחריו, עד שיעקר ג' פעמים, ה"נ בהפלגת ימים, **דאטו** ראייה זו היא גורמת לראיית הפלגה שאחריה, עד שתאמר כיון שזה בטל, בטל ג"כ זה, דמנא לן לומר כן, דכיון שאין סילוק דמים באשה זו, נאמר מה שלא ראתה פעם אחת בהפלגה היה דרך מקרה, וממילא יש בה עדיין דמים יתרים, ואורח בזמנו יבא לימי הפלגתו כדרכה].

הוא מובן לפענ"ד, דבשלמא בוסת החודש, אע"פ שלא ראתה בר"ח, יש לומר מקרה הוא שלא ראתה בר"ח זה, אבל בר"ח אחר תראה, כיון דרגילה לראות בר"ח תראה עוד כהרגלה בר"ח, **אבל** בהפלגות א"א לומר כן, דהרי כשתראה לסוף מ', לא תראה בהפלגת כ', נמצא עלו כל דברי מהרש"ל כהוגן - נקה"כ.

הלכות נדה תסז
סימן קפט – דיני אשה שיש לה וסת קבוע, ושאין לה וסת קבוע

[הלכך נראה לענ"ד, כפי' הב"י כן עיקר, דמיירי הטור בהפסיקה ג' עונות דוקא].

האריך לסתור דברי מהרש"ל, וכל דבריו אינם נראין, דפשט לשון הטור מובן לכל מעיין כמהרש"ל - נקה"כ.

[**אלא** שמה שכתב הטור אחר זה, "חזרה לראות", נראה דנתכוין לכל אחד כדינו, דהיינו בשינתה ראייתה, צ"ל דחזרה לראות כשיעור הפלגה ראשונה שהיא כ', דהיינו מן ראיית ל"ד, ממילא הוי כוסת ראשון, **ובהפסיקה** לגמרי, די בכך כל אימת שתחזור לראות, מ"מ תחוש ליום כ' שלאחריו, והיינו כדעת הרמב"ן דסוף סימן זה, שכתב שמשעברו ימי העיבור והנקה, ותראה פעם אחת, חוזרת לוסתה, אפי' אינה רואה בזמן וסתה, עכ"ל, וכ"ש הכא דנימא כן, דהלא גם כאן הם דברי הרמב"ן, וכן פסק בשו"ע סוף סי' זה, **וא"כ** תימה על השו"ע, שכתב כאן גם בהפסיקה, "ואח"כ חזרה לראות ביום הוסת", דהא אין צריך לזה, כמו שכתב הוא עצמו בסוף הסי', **ותו** דכאן דמיירי בהפלגת ימים, אי אפשר להמצא הפלגה רק אחר שתי ראיות, **ע"כ** נראה, דמה שכתב השו"ע "ביום הוסת" בסוף הסעיף, הוא שלא בדקדוק, וכאשר כתבתי נראה נכון מכל צד בסיעתא דשמיא].

לא דק, דהכא כיון שהפסיקה, ולא ראתה ג' עונות, ממילא נעקר לגמרי וסת של כ', ואפי' תראה אחר כך, אין צריכה לחוש ליום כ', כיון שהפסיקה ג' עונות, **ולא** דמי לדלקמן סוף סי' זה, דהתם לא נעקר וסתה, אלא דבימי העיבור והנקה לא היתה צריכה לחוש להן, דמסולקת דמים היא בימי העיבור והנקה, הלכך כשעברו ימי העיבור והנקה, מיד שחזרה וראתה, צריכה לחוש להפלגות שהיתה רגילה, מה שאין כן הכא, **וא"כ** מה שכתב, "דמה שכתב השו"ע 'ביום הוסת' בסוף הסעיף, הוא שלא בדקדוק", לא דק, דהוא בדקדוק זך ונמרץ, דכיון דפסקה מלראות ג' עונות, לא חזר וסת הראשון למקומו, עד שתחזור לראות ביום הוסת הראשון, דהיינו שתראה ראיה אחת, ואח"כ ראיה ב' ליום כ', דאז חזר וסתה למקומו לכל דבר, וכל זה ברור - נקה"כ.

סעיף טז - כיוצא בזה דין עקירת וסת ר"ח. כיצד, היתה רגילה לראות בר"ח, ועבר עליה ר"ח ולא ראתה, חוששת לר"ח עד שיעברו עליה שלשה ר"ח. עברו עליה שלשה ר"ח ולא ראתה, אינה חוששת להם – ‹אף אם הקדימה לראות בכל פעם קודם שהגיע יום הוסת, אלא שלא המשיכה ראייתה עד עונת הוסת – הגר"ז›. **חזרה וראתה בר"ח, חזר הוסת למקומו** - וה"ה לשינתה ראיותיה ג' פעמים לראיות שאינן שוות, וחזרה וראתה בראש חודש, חזר הוסת למקומו, וצריך ג' פעמים לעקרו.

(**עח"ד**, דאפילו יש לה ב' וסתות קבועים, באופן המבואר בסעיף ל"ב, והפסיקה וסת אחת ג' עונות, וחזרה וראתה ביום הוסת, ג"כ חזר הוסת למקומו).

(**עי'** בתשו' נודע ביהודה שנשאל, אם עברו עליה שני ר"ח, ולא ראתה, ושוב נתעברה, ועברו ימי העיבור והנקה, ושוב הגיע ר"ח ולא ראתה, אם מצטרפת עקירה זו עם שתי העקירות ראשונות, להיות נחשב עקירה ג"פ, **והשיב**, דלדעת המחבר לקמן סעיף ל"ד, וכן לדעת הרמב"ן המובא בש"ך שם, פשוט כיון שצריכה לחוש, גם לענין עקירה מחשב עקירה, ומצטרף עם ב' הראשונות, **אבל** לדעת יש מגדולי המורים שהביא הטור שם, לא משכחת דין זה כלל, **ולכן** בנ"ד, אם אחר ההנקה עדיין לא ראתה כלל, או ראתה פ"א שלא בשעת וסתה, ושוב הגיעה שעת וסתה, ולא ראתה, א"צ לחוש לוסת הראשון ממ"נ, דלדעת המחבר וכן לדעת הרמב"ן, נחשב ג' עקירות, ולדעת יש מגדולי המורים, בלא"ה א"צ לחוש כ"ז שלא ראתה באותו וסת, **ואם** אח"כ שוב תראה באותו וסת, לכ"ע בפ"א חוזר לקביעותה, כיון שעדיין לא קבעה וסת אחר).

סעיף יז - כל וסת שנקבע מחמת אונס, הגה: כגון שקפלה ורלתה, אפי' ראתה בו כמה פעמים, הגה: אם לא קבעה אותן לימים, אינו וסת, שמפני האונס ראתה – [זה דלא כדעת הטור, שפסק אפילו לקפיצות לחוד יש וסת, וכן במה שכ' סוף הסעיף, דכבר נקבע יום זה ג' פעמים כו', הוא שלא כדעת הטור, שפסק באותו דין שנקבע וסת ליום א' ולקפיצות, שקפיצה דאתמול גרמה שראתה ביום א' שלאחריו].

(**עי'** כו"פ שנסתפק, אם דוקא בצירוף ימים הוא דנקבע, או דנקבע ג"כ בצירוף וסת הגוף, **כגון** אשה שקפצה, והתחילה לפהק ולעטוש וראתה דם, וכן ג"פ, אבל כמה פעמים קפצה לבד או פיהקה לבד, ולא ראתה, **דאפשר**

תסח הלכות נדה
סימן קפט – דיני אשה שיש לה וסת קבוע, ושאין לה וסת קבוע

דמצטרפים ג"כ, ויש לה וסת אם תקפוץ ותפהק, והגמרא דנקט צירוף ימים, חדא מינייהו נקט, והניח בצ"ע).

הגה: ומ"מ חוששת לו כמו לוסת שאינו קבוע -

כיון שאירע כן ג"פ, כן הוא בהג"מ, ומביאו ב"י וד"מ. (**עי'** ח"ד שכ', דאם יש לה שעה קבועה אחר הקפיצה, כגון שבשעה ג' אחר הקפיצה היא רואה, אינה חוששת רק לאותה שעה, דאתיא קביעותא דשעה ועקרה לה לוסת שאינו קבוע, **וכן** אם הקפיצות היו בשעות מכוונים, כגון בשעה ו' מהיום, א"צ לחוש רק לשעה ההיא, דהיינו אם קפצה בשעה ההיא, אבל לא מקודם או לאחריו).

ונ"ל דלא אתא אלא לאפוקי, שא"צ לחוש לכל פעם שתקפוץ, כשלא אירע כן ג' פעמים, **אבל** לוסת החדש ולהפלגה, צריכה לחוש אפילו בפעם אחת, כגון שקפצה וראתה, ואחר כ' יום חזרה וקפצה וראתה, צריכה לחוש לוסת ההפלגה, ואם אח"כ תקפוץ לסוף כ', צריכה לחוש לו כל העונה, **דלו** יהא ראתה מכ' לכ' בלא קפיצה, צריכה לחוש לכ', וכי בשביל שקפצה מתחילה יגרע, הא השתא נמי קפצה בכ', **ועוד** כיון דע"י קפיצה ליום ידוע בג"פ קבעה וסת, כדלקמן סי"ח, אם כן בחדא זימנא נמי מיחש חיישא, **וכן** אם קפצה בט"ו בניסן, וקפצה בט"ו באייר, צריכה לחוש לאותו יום, שהוא לוסת החדש ע"י קפיצה, דהא וסת החדש הוא כוסת ההפלגה בכל דבר, **אבל** אם לא תקפוץ אחר כך לאותו וסת, א"צ לחוש, דמה שראתה מתחילה, היה על ידי קפיצה, **ואע"ג** דגבי פיהוק אמרינן לקמן, דחוששת לוסת החדש אף בלא פיהוק, שאני התם כיון שמתחילה ראתה שלא ע"י אונס, כן נ"ל.

(**ועח"ד** שכתב, דמיירי ביש לה וסת קבוע, או שראתה בינתיים, דאז ליכא חשש ליום החודש מטעם עו"ב, רק מטעם גרמת יום החודש, ובזה כתב שפיר דא"צ לחוש לוסת החודש בלא קפיצה, **אבל** במקום דהחשש הוא מטעם עו"ב, כגון שאין לה וסת, וגם לא ראתה בינתיים, ודאי דצריכה לחוש).

קפצה וראתה, קפצה וראתה, קבעה לה וסת לימים בלא קפיצות - ‹פי' פעמים שקבעה לה כו' - הגר"ז›. **כיצד, קפצה באחד בשבת וראתה דם, ולאחר כ' יום קפצה באחד בשבת וראתה דם, ולאחר י"ט יום קפצה ביום השבת ולא ראתה דם, ולאחר השבת ראתה בלא קפיצה, הרי נקבע אחד בשבת אחר כ', שהרי נודע שהיום גרם לה, ולא הקפיצה, וכבר נקבע יום זה ג"פ, וכן כל כיוצא בזה.**

(**עי'** ח"ד שכתב, דאם כל הג' פעמים ראתה ביום הקפיצה, רק בפעם ד' ראתה ביום שלאחר הקפיצה, תליא בפלוגתא שהביא הט"ז ס"ס י"ט, **דלדעת** המחבר אמרינן, ג"כ איגלי מילתא דיומא קא גרים, **ולדעת** הרב שם, לא קבעה רק להרכבה).

אבל הרשב"א וטור פסקו, שתולין ראיית א' בשבת בקפיצה של אתמול, וקבעה וסת ליום א' ולקפיצה, אבל לא לימים לחודייהו, וכ"כ הרב המגיד בשם הרמב"ן, דמסתברא כיון דוסתות דרבנן נקטינן לקולא, ומביאו הב"י, **ותימה** על המחבר והרב שהשמיטו דעתם, **ועוד** שכן ג"כ דעת הראב"ד והרא"ש, **ועוד** דאע"פ דסברא הוא ‹שלא› להקל, ‹ר"ל אף את"ל לדעת המחבר והרב הסברא היא שלא להקל›, מ"מ קולא דאתי לידי חומרא הוא, ‹דאפי' קולת הטור יש לו צד חומרא, ואם דעת המחבר והרב להחמיר, הו"ל להביא גם דעת הטור, ושיש להחמיר כחומרת שניהם - מחה"ש›, **דלסברת** הרמב"ם דקבעה וסת לימים לחודייהו, אם לא ראתה אח"כ ג"פ ביום א', עקרה וסתה, **אבל** לסברת המקילין, דסוברים דלא קבעה וסת אלא לימים ולקפיצות, לא נעקר הוסת בכך, כיון דלא קפצה, דהאי דלא ראתה משום דלא קפצה הוא, אבל אם תקפוץ לאותו יום חוששת, וכדלקמן סכ"ו.

(**ועח"ד** שכתב, דמ"מ, ‹היינו אפי' לדעת הטור מובא בש"ך›, אם היו כל הג' פעמים בהפלגות שוות, ובכל הג"פ ‹או אפי' ב' פעמים - חוו"ד›, קפצה ביום שקודם הראיה, קבעה וסת לימים לחודייהו, ולא תלינן בקפיצה דאתמול, **דדוקא** אם ראתה ב"פ ביום הקפיצה, תלינן ראיה ג' בקפיצה דאתמול, **משא"כ** בשכל הג"פ לא ראתה ביום הקפיצה, תלינן בימים לחודייהו).

(**ועי'** בנו"ב, דדוקא בקפיצה של אתמול תולין, אבל אם קפצה באמצע הזמן, קודם ההפלגה כמה ימים, ולא ראתה, ושוב ראתה ביום הפלגה, לכ"ע אמרינן איגלי מילתא למפרע דיומא גרים).

סעיף יח - קפצה ביום ידוע, כגון בר"ח או באחד בשבת, וראתה בו, ואירע כן בג' ר"ח או בג' אחד בשבת, קבעה לה וסת,

[ט"ז] ‹רעק"א או ש"א או הוספת הסבר› (פת"ש)

סימן קפט – דיני אשה שיש לה וסת קבוע, ושאין לה וסת קבוע

וחוששת לכל פעם שתקפוץ באותו זמן - עד שתקפוץ ג' אותם זמנים ותמצא טהור, שאין הוסת נעקר אלא כעין שהוא נקבע.

(**ונראה**, דאם אח"כ חזרה וקפצה בר"ח וראתה, דחזר הוסת למקומו, כמו בסעיף ט"ו, גבי הפסיקה ג' עונות וחזרה וראתה - ח"ד).

וחוששת דהכא, היינו כל העונה, (היינו לאחר הקפיצה - חוו"ד), כיון דקבעה וסת לקפיצות ולימים, כדלקמן סכ"ה.

(**כתוב** בח"ד, דאם קבעה וסת להפלגה ולקפיצות, אפילו אם הפסיקה בראיה בינתיים, לא נתבטלה ההפלגה, דכאן אמרי' דדוקא ההפלגה מהראיה שביום הקפיצה גורם הראיה שאחריה, וכן הדין בפיהוק והפלגה).

(**כתב** הס"ט דאין וסת מורכב נקבע אלא ברציפות, אבל אם יש חדש אחד בינתיים, דלא קפצה ולא ראתה, אינו נקבע, וכ"כ הגר"ז, **אבל** החוו"ד סבר דהוסת נקבע גם באופן זה).

ואם אח"כ הגיע א' בשבת ולא קפצה, או שקפצה בשני בשבת, אינה חוששת, שהרי לא קבעה אלא לקפיצות של אחד בשבת.

סעיף יט - יש קובעת וסת על ידי מקרים שיארעו בגופה, כגון שמפהקת, דהיינו כאדם שפושט זרועותיו מחמת כובד, או כאדם שפותח פיו מחמת כובד, או כאדם שמוציא קול דרך הגרון - מתוך המאכל שאכל.

וכן אם מתעטשת דרך מטה - ומדברי הרמב"ם בפירוש המשנה נראה, דמתעטשת היינו מלמעלה, **ונראה** דלענין דינא שניהם אמת.

או חוששת בפי כריסה – [נגד טיבורה], **ובשיפולי מעיה** – [בבית הרחם], **או שאחזוה צירי הקדחות, או שראשה ואיבריה כבדים עליה, בכל אחד מאלו אם יארע לה שלש פעמים וראתה, קבעה לה וסת, שבכל פעם שהיא חוששת מהם אסורה לשמש.**

(**ועי'** בתשו' פני יהושע, כתב דה"ה בראתה תחלה כעין מוגלא, ואחר זה דם, דהיינו שופעת דם טמא מתוך דם טהור, **ולדינא** דבריו נכונים - ס"ט).

ומיהו בפיהוק או עיטוש של פעם אחת אין הוסת נקבע, אלא כשעושה כן הרבה פעמים זה אחר זה - דאל"כ אין הוסת נקבע בכך, כי זה דרך כל העולם, ואין כאן שינוי, **ואם אירע לה כן שלש פעמים, שבכל פעם עשתה כן הרבה פעמים, הרי זה וסת** - ואפילו מאן דסובר לעיל סעיף י"ז, דלא קבעה וסת לקפיצות לחוד, **התם** ה"ט, משום דעיקר הראיה אינו אלא מחמת אונס, משא"כ הכא, [דפיהוק הוא מצד טבע האשה להיות כן משעת ראייתה ממותרי הליחה שבה], רשב"א, ופשוט.

וכל אלו הוסתות שבגופה אין להם זמן ידוע, אלא בכל פעם שיקרה לה זה המקרה, הוא וסת. ואם בא וסת הגוף לזמן ידוע, כגון מר"ח לר"ח או מכ' יום לכ' יום, קבעה לה וסת לזמן ולמיחוש הוסת, ואינה חוששת אלא לשניהם ביחד, ואם הגיע העת ולא בא המיחוש, או שבא המיחוש בלא עתו, אינה חוששת – [ב"י פי', דאינה חוששת כמו וסת קבוע, אבל מ"מ כוסת שאינו קבוע חוששת, כמו שכתב סעיף כ"ו], (דצריך לחוש בוסת הגוף לוסת שאינו קבוע).

הגה: ודוקא שקבעה וסת לשניהם ביחד, אבל מתחלה חוששת לכל אחד בפני עצמו, כי אינה יודעת איזה מהן תקבע, וכמו שנתבאר לעיל גבי וסת הדילוג וימים, או בהפלגה ובימים, וכן יתבאר בסמוך – [משמע שחולק על הב"י, וסבירא ליה דכאן אינה חוששת לגמרי, כיון שמבורר לנו שאין חשש בפיהוק זולת הימים, מדלא ראתה שום פעם בפיהוק ביום אחר, ויום זה נקבע לה דוקא לפיהוק, דהא לא החמיר לתת לה דין וסת שאין קבוע אלא קודם הקביעות].

ודוקא שקבעה וסת לשניהם ביחד - ואז כשהגיע העת ולא באו שניהם ביחד, אינה חוששת כלל, אפילו כדין וסת שאינו קבוע, לא לוסת המקרה ולא לוסת

תע הלכות נדה
סימן קפט – דיני אשה שיש לה וסת קבוע, ושאין לה וסת קבוע

היום, **אבל** כשלא קבעה שניהם ביחד, חוששת לכל אחד בפני עצמו.

(**ועח"ד** שהשיב על הש"ך, דודאי חוששת לכתחלה לוסת היום גרידא, ‹אפי' כשקבעה שניהם ביחד›, כמו לוסת שאינו קבוע, רק כוסת קבוע אינה חוששת, **דהיינו** לענין אם עבר היום ולא בא המיחוש, ולא בדקה דמותרת, **אבל** באותו היום אסורה, כמבואר בסכ"ה, דאסורה כמו וסת ימים גרידא, ‹ומשמע דבעי בדיקה›, **והרמ"א** לא פליג רק בבא המיחוש ולא בא העת, כמו שציין הט"ז עצמו).

‹וכ"כ הש"ך בנקה"כ בסכ"ה, דאסורה כל היום, **ועיין** בגר"ז וז"ל, אינה חוששת כלל אפילו כדין וסת שאינו קבוע – ט"ז ש"ך, ובהגיע העת ולא בא המיחוש אינה צריכה בדיקה אפילו לכתחילה, להתירה אחר העונה, אבל כל העונה אסורה, כדלקמן סעיף כ"ה, עכ"ל, **והיינו** דהתם בסכ"ה הוי הדין דאסורה בתשמיש, משום חשש דשמא תפהק ויהיה יום וסתה, אבל כל עוד שלא פיהקה ליכא חיוב בדיקה, דבאמת עדיין אינו יום וסתה, **משא"כ** לפי סברת ב"י, חשיב יום וסתה ויש חיוב בדיקה, **ועוד** נ"מ, באופן דבאמת תראה ביום זה בלא פיהוק, דלב"י הוי איגליא מילתא דיומא קגרים, וכדמבואר בפת"ש לעיל בסי"ז, **משא"כ** לש"ך אינו מגלה כלום›.

סעיף כ - פיהקה ב' פעמים בר"ח וראתה, ואחר כך פיהקה שלא בר"ח וראתה, הוברר הדבר שאין ר"ח גורם אלא הפיהוק. וכן אם בפעם השלישית ראתה בר"ח בלא פיהוק, הוברר הדבר שאין הפיהוק גורם אלא הר"ח.

אבל אם פיהקה ב' פעמים בר"ח, ובפעם השלישית פיהקה בכ"ט לחדש ולא ראתה, ובר"ח ראתה בלא פיהוק, קבעה לה וסת לפיהוק של ר"ח, שפיהוק של אתמול גרם לראיה של ר"ח - ול"ד לדלעיל ס"ס י"ז, דאמרינן דהיום גורם, ולא קפיצה דאתמול, **דשאני** קפיצה דמחמת אונס הוא בא, כ"כ בדרישה, ועיין במשמרת הבית דכתב ג"כ, דיותר מסתבר לומר גבי פיהוק, דהפיהוק של אתמול גרם, מבקפיצה. ‹וכ"כ הט"ז בסי"ז›.

סעיף כא - פיהקה בר"ח וראתה, וחזרה ופיהקה בתוך ימי החדש, חוששת לאותו הפיהוק ואסורה לשמש עד שתבדוק.

[קשה, הא איתא בסי' זה סעיף ד', באם לא קבעתו ג' פעמים, ולא בדקה ולא ראתה, כיון שעברה עונתה מותרת, **ונראה** דכאן בפיהוק גרע טפי, כיון שדרך הטבע הוא באשה לפהק בשעת ראייתה, או סמוך לו, הוה ריעותא לפנינו שהיא טמאה, ועל כן חמיר טפי משאר וסת שאינו קבוע].

לא קשה מידי, דהכא ודאי א"א לומר שתחוש אלא עד שתפהק, לכך אמר ואסורה לשמש עד שתבדוק, כלו' בסמוך אחר הפיהוק אסורה לשמש, **אבל** אם עבר זמן מופלג אחר הפיהוק ולא הרגישה, מותרת כיון שאינו קבוע, כדמשמע לקמן סכ"ו, **אבל** לעיל ס"ד, כיון שתלוי בזמן, א"כ מיד אחר הזמן אפי' בסמוך לו, כל שלא הרגישה מותרת, דכבר עבר זמנו, דהזמן נודע - נקה"כ.

שכל וסת בין של ימים בין של גוף, חוששת לו בפעם אחת, ויש לחוש שמא תקבע וסת לפיהוק בלא זמן ידוע. ואם בדקה ונמצאת שלא ראתה, אינה חוששת עוד לפיהוק גרידא, אבל חוששת לראש חדש, שמא תקבע לראשי חדשים.

סעיף כב - וכן הדין בימים, אם פיהקה היום, ופיהקה לסוף ל', אם תפהק אפילו שלא ביום שלשים, חוששת לאותו פיהוק שמא תקבע לפיהוק גרידא.

פיהקה בתוך שלשים ולא ראתה, אינה צריכה לחוש עוד לפיהוק גרידא, אבל צריכה לחוש לסוף שלשים.

וכן צריכה לחוש ליום הקבוע בחדש שפיהקה בו, שמא תקבע וסת לימים.

סעיף כג - כל אלו הוסתות שנקבעים על ידי מקרה, אין אחד קובע עם חבירו, אלא כל שפיהקה שלש פעמים וראתה, קבעה וסת. אבל אם פיהקה פעם אחת ונתעטשה שתי פעמים, אין מצטרפים.

הלכות נדה
סימן קפט – דיני אשה שיש לה וסת קבוע, ושאין לה וסת קבוע

הגה: אכלה שום וראתה, אכלה בצל וראתה, אכלה פלפלין וראתה, יש אומרים שקבעה לה וסת לראות ע"י כל אכילת דברים חמים.

‹וכ' ב"י, שמדברי הרא"ש ומרדכי משמע כן, **ודבריו** תמוהים, דל' הרא"ש כדברי הגמר', ובמרדכי משמע להיפך - גר"א›.

(**כתב** הח"ד, ומ"מ אם אכלה שאר דברים חמים ג"פ, ולא ראתה, לא נעקר וסתה מאכילת שום ובצלים ופלפלין, **אבל** אם אכלה שום ג"פ, ולא ראתה, נעקר הוסת מכל הדברים, כיון דנעקר מין אחד מהמינים שנתחזקה על ידן, נתבטלה כל החזקה, ונעקר הכל).

‹**בפשוטו** נראה, דדוקא בכה"ג, כיון דראתה בג' מינים חריפים, אבל אם אכלה ג' פעמים שום, קבעה רק לשום, **וגם** באכלה ב' פעמים שום וראתה, ואכלה בצל וראתה, לא הוקבע כלל, **וא"כ** קשה אמאי נקט שו"ע, אם פיהקה פעם אחת, ונתעטשה ב' פעמים, הא כה"ג גם באכילת דברים חריפים לא הוי קביעות, **והו"ל** למינקט, פיהקה פעם אחת, ונתעטשה, וראשה ואבריה כבדים עליה, דהוי ג' ענינים שונים, דלא קבעה, וצ"ע - רעק"א›.

וי"א שכל מה שתראה ע"י מאכל, דינו כמו שתראה ע"י קפיצה ושאר מעשה שהיא עושה, שמקרי ראיה ע"י אונס, ואינה קובעת וסת אלא עם הימים. וי"א שדינו כוסת שתראה על ידי מקרה שבגופה, וקובעת אותו אפילו בלא ימים שוים – ‹כתב תוה"ש, שיש להחמיר ולדון אכילת שום כסיבה גמורה לוסת, וקובעת וסת גמור בג' פעמים, וכן חוששת לו בפעם אחת – בדי השלחן›.

סעיף כד - וכולם, אין חוששין להם אלא לשעתם, כיצד, היתה רגילה לראות עם התחלת הוסת מיד, אסורה כל זמן המשכת הוסת. היתה רגילה לראות בסופו, אינה אסורה אלא בסופו.

בד"א, בזמן שכל הראיה מובלעת בתוך הוסת, אבל אם אין כל הראייה מובלעת בתוך הוסת, אלא נמשכת גם אחר הוסת, אסורה מתחלת הוסת עד סוף עונה אחת.

נראה, כ"ש אם מתחלת גם קודם הוסת, דצריכה לפרוש כל אותה עונה שלפני הוסת, וכל הוסת, וכן מוכח בתה"א ומביאו ב"י, **ואפשר** דהכא אסור כל העונה גם לאחר הוסת, וצ"ע.

‹**ודבריו** תמוהים, כמו שתמהו עליו האחרונים ז"ל, דבמאי מיירי הש"ך, אם בוסת הגוף גרידא, איך שייך למיסר לפני הוסת, דהא אינה יודעת מתי יבא לה וסת הגוף, וכי בכל יום תחוש, **ואי** בוסת הגוף בימים ידועים, בלאו הכי אסורה כל היום, דלמא יבא לה וסת הגוף, כמבואר בסעיף כ"ה - מקור מים חיים›.

סעיף כה - אם אחד מאלו בא לזמן ידוע, אז ודאי אסורה כל עונת הוסת, כמו וסת ימים גרידא.

[לעיל הביא ב"י ראב"ד, ומשמע מיניה, שאין חילוק בין קבוע ליום מיוחד או קבוע לחוד, דאינה אסורה אלא לשעתה, **והך** פסק דהכא שאסורה כל היום כמו בשאר וסת היום, הם ג"כ דברי הראב"ד, **ולא** קשה מידי, דלעיל לא אמר כן הראב"ד, אלא לענין היתר לפני שעת הוסת, דמותרת שלא כוסת דימים לחוד, דזה מסתבר, שאין חשש קודם הוסת הגוף, דהא תרוייהו בעינן, דהיום והוסת הגוף דוקא גורמים הראיה, **אבל** כאן איירי אחר הוסת הגוף, בזה שפיר יש לחלק, דבקבוע ליום אסור מן התחלת וסת הגוף עד כלות אותה עונה, הן יום הן לילה, **אבל** בוסת הגוף בלא יום קבוע, מותרת תיכף אחר שכלה וסת הגוף, וזה דבר ברור לענ"ד].

אין חילוקו בדברי הראב"ד נכון, דכיון דאמרי' דינו כוסת הימים לחוד, אמאי לא תחוש ג"כ לפני הוסת, ועוד דלשון הפוסקים והטור, שכתבו צריכה לפרוש כל העונה כמו וסת ימים לחודיה, משמע דדין וסת ימים לחודיה ממש יש לו - נקה"כ. ‹וע"ש איך שהוא מחלק›.

סעיף כו - כשם שחוששת לוסת הימים בפעם אחת, כך חוששת לוסת הגוף בפעם אחת. כיצד, היתה מפהקת פעם אחת וראתה, כשתפהק פעם אחרת, חוששת לו.

וכשם שוסת הימים שאינו קבוע נעקר בפעם אחת, שאפילו ראתה שתי פעמים ליום

הלכות נדה
סימן קפט – דיני אשה שיש לה וסת קבוע, ושאין לה וסת קבוע

ידוע, אם הגיע זמן שלישי ולא ראתה, נעקר לגמרי, כן הוא וסת הגוף.

וכשם שוסת הימים הקבוע בג' פעמים צריך עקירה ג' פעמים ובדיקה, כן הוא וסת הקבוע בגוף. ומאימתי עקירתו, משיקרה מקרה, ולא תראה.

היה המקרה לזמן ידוע, אינו נעקר אלא אם כן בא המקרה שלש פעמים בזמנו ולא ראתה, אבל במקרה לבדו, או זמן לבדו, שלא ראתה בהם, אינו נעקר.

‹**עי'** בס"ט שכתב, הא דאמרינן בזמן לבד אינו נעקר, היינו לענין זה, דאם הגיע ג"פ היום ולא פיהקה ולא ראתה, מ"מ צריכה לחוש אח"כ אם הגיע היום ופיהקה, **אבל** מ"מ לענין זה נעקר, דא"צ לפרוש כל אותו היום כל זמן שלא פיהקה, מחשש דשמא תפהק, דהא עברו ג' ר"ח ולא פיהקה, וכ"כ הח"ד›.

סעיף כז - תינוקת שלא הגיע זמנה לראות, והיא קטנה שלא הגיעה לימי הנעורים - דהיינו שהיתה פחותה מי"ב שנים ויום אחד, **אפילו הביאה שתי שערות** – [דאמרינן שומא נינהו ולא סימני גדלות].

וכן אפילו הגיעה לימי הנעורים, אם בדקוה ולא הביאה שתי שערות, היא קובעת וסת כשאר נשים בשלש ראיות בשאר הוסתות, ובארבעה בוסת ההפלגות - והוא הדין בכל שאר מיני וסתות.

[מ"מ כל שעדיין לא קבעה, לא חוששת כלל, אפי' לוסת שאינו קבוע, דאמרינן מקרה הוא].

אלא שיש הפרש בינה לגדולה, שאף על פי שהוחזקה רואה וקבעה לה וסת, אם פסקה ג' עונות בינוניות שהם צ' יום ולא ראתה, אינה חוששת לוסתה הראשון כלל, וחזרה לקדמותה.

והדרישה כ' שקשה, למה נקט שפסקה ג' עונות בינוניות, הל"ל שפסקה ג' עונות מהעונות הראשונות, יהיה מה שיהיה כו', **וכל** דבריו אינם נראים בזה, והדבר ברור, דבגדולה כשקבעה וסת, אמרינן לעיל דבעינן שעקרתו בג"פ, והיינו שיגיע זמן וסתה ולא תראה ג"פ, **אבל** קטנה א"צ עקירה, אלא כיון שעברו עליה ג' עונות בינוניות, חזרה לקדמותה, **ומשכחת** לה בוסת החדש בסירוג, שראתה מב' חדשים לב' חדשים, דבגדולה שקבעה וסת, בעינן שיעברו עליה ג"פ מב' חדשים לב' חדשים ולא תראה, **אבל** בקטנה סגי בצ' יום, **וכן** בוסת ההפלגה אם היה לה וסת מל"ה לל"ה, בגדולה בעינן שיעברו עליה ג"פ מל"ה לל"ה ולא תראה, דהיינו ק"ה ימים, ובקטנה סגי בצ' יום, **וכדמסיים** בטעמא, לפי שאינה בת דמים, נתגלה שדמיה הראשונים מקרה היה, והלכך עקירתה בג' עונות בינוניות כסתם נשים, לכך נקט שלש עונות בינוניות.

ואם לא פסקה ג' עונות בינוניות, אלא שלש עונות קטנות שהיתה רגילה לראות בהן, **אם** היתה אח"כ חוזרת ורואה באותן עונות קטנות פעם א', היתה חוששת להן, **ואפילו** לא ראתה באותן עונות, אלא שראתה פ"א, היתה חוששת לראייתה או לעונה בינונית כשאר נשים, **מה** שאין כן כשפסקה שלש עונות בינוניות, דראינו שפסקה ממנה הטבע דשאר נשים, אז אמרינן דראיות הראשונות היו מקריות.

אם פסקה ג' עונות... ולא ראתה, אינה חוששת וכו' - [פי' אם לא ראתה עד אחר צ' יום ואז ראתה, אפ"ה אינה חוששת, שמקרה הוא, ואח"כ כתב ואפי' חזרה לראות באותן עונות, דיש סברא טפי שחזרה לוסת הראשון], ‹וכן› **בדרישה** כתב, דמה שכ' אינה חוששת לוסת הראשון כו', קאי אמ"ש אח"ז ואפילו חזרה לראות, **דא"ל** דלא ראתה כלל, דאין צריכה לחוש לוסתה הראשון שהיה מר"ח לר"ח, או להפלגתה שהיה לה מכ' לכ', **דא"כ** מאי אריא קטנה, כל נשים דעלמא נמי, עכ"ל.

וליתא, אלא דרישא דהכא בלא חזרה לראות היא, והוא נכון, ‹והחילוק בין קטנה לגדולה הוי כמו שהסביר לעיל בסמוך›, **מיהו** בהפלגה לא שייך לומר שאינה חוששת לוסת הראשון, עד שתחזור לראות אחר צ', **ומ"ש** ואפילו חזרה לראות באותן עונות כו', מכלל דברישא בלא חזרה לראות כלל מיירי, משכחת לה בוסת החדש

סימן קפט – דיני אשה שיש לה וסת קבוע, ושאין לה וסת קבוע

בסירוג, וכדפי', **א"נ** בוסת ההפלגה, וכשראתה אחר צ' יום, דההיא ראיה לא חשיבא ראיה כלל, דכל ראיה דעלמא דהפלגה א"א בפחות מב' ראיות, והלכך מה שכ' ואפילו חזרה לראות באותן עונות כו', אי בהפלגה מיירי, ע"כ בחזרה לראות ב' ראיות היא, דההיא חשיבה ראיה א' להפלגה, וזה ברור.

ואפילו חזרה לראות באותן עונות שהיתה למודה (פי' נסוגה) לראות בהן, אינה חוששת עד שתחזור ותקבענו ג' פעמים, לפי שאינה בת דמים, ונתגלה שדמים הראשונים מקרה היה.

ראתה ג' ראיות מג' עונות מכוונות, שלא פיחתה ולא הותירה, נתגלה שדילוג הראשון אינו סילוק דמים, אלא שינוי וסת. לפיכך, ראיה ראשונה שממנה התחילה [לדלג] מצטרפת לג' ראיות אחרונות, ונמצאו ד' ראיות וג' הפלגות ביניהם מצ' לצ'.

אבל אם פיחתה או הותירה, שלא היו הראיות מכוונות, אז אי אפשר לראשונה להצטרף, ועד שתראה ד' ראיות מכוונות אינה קובעת וסת להפלגות.

פיחתה, כגון שראתה ראיה ראשונה לצ"ג, ושנייה לצ"ב, ושלישית לצ"א, **או** הותירה, כגון ראשונה לצ"א, ושניה לצ"ב, ושלישית לצ"ג, ‹**והיינו** לשמואל דבעי שתשלש בדילוג, אבל למאי דמחמרינן לעיל כרב, ה"ה הכא צריכה לחוש לוסת הדילוג, כיון שדילגה שתי פעמים – מחצה"ש›, **ואע"ג** דאמרינן לעיל ס"ז בהיה לה וסת קבוע קודם לכן, מצטרפת הראיה הראשונה שהתחילה לדלג ממנה, **שאני** הכא כיון דוסתה לא היה שוה לדילוג, ‹דלא היה וסתה מקודם לצ"ד או לצ'›.

[הכלל בזה, דכיון שהפסיקה בג' עונות, הלך לו וסת הראשון לגמרי, וכאילו היא עדיין לא ראתה מעולם, וצריכה מחדש ג' ראיות כבתחילה, שאז הוחזקה ברואה דם, **ואפי'** אם תפסיק שנית ותחזור ולא תראה ג' עונות, לא אמרינן שחזרה גם עכשיו לקדמותה, ותצטרך ג' ראיות אחרי הפסקה השני', זה אינו, דכולי האי לא אמרינן, אלא הראיה הראשונה שאחר הפסקה הראשונה, מתחיל לה להיותה מוחזקת כשתראה עוד ב' פעמים, יהיו אימת שיהיו, **ואני אשתומם** כשעה חדא על רבינו בעל ב"י שהלך בדרך זה, לומר דגם אחר הפסקה שני' אם תראה, הוה כמו אחר הפסקה ראשונה, לענין שלא תהיה מוחזקת בדם, עד אחר ג' ראיות מן הפסקה שני'].

[**וממילא** יש כאן ב' דרכים, בג' ראיות שאחר הפסקה הראשונה, אם הם בדרך שאפשר שתקבע לה וסת, דהיינו שיהיו מכוונים ביום ידוע ג' פעמים, או בהפלגה ד' פעמים עם הראיה שאחר הפסקה, אז קבעה לה וסת כשאר נשים, ויש לה עוד וסת הפלגה, אפי' בב' פעמים אחר ראיה ראשונה שאחר ההפסקה, דהיינו שתראה אח"כ מצ' לצ' ב' פעמים, אז נצרף גם ראיה האחרונה שראתה קודם ההפסקה, שממנה התחילה לדלג, נמצא שיהיו כאן ד' ראיות וג' הפלגות, **ובזה** נראה לי, אפי' אם לא היה לה וסת קבוע כלל קודם ההפסקה, ולא ראתה רק פעם א' קודם ההפסקה, כיון שכיונה אח"כ ג"פ מצ' לצ', קבעה לה וסת ההפלגה מצ' לצ', וזה פשוט].

[**ואם** הראיות שאחר ההפסקה הם בדרך שא"א לעשות מהם וסת קבוע, כגון שאין הראיות מכוונות בשוה, אז עכ"פ מהני הג' ראיות שתהיה מוחזקת בדם מאותה שעה, ודינה כאשה שאין לה וסת, **ולא** דמי למה דפסק רמ"א סעיף כ"ח, דקטנה וזקנה אינן חוששות כלל לוסת שאינו קבוע, **דהיינו** כשלא ראתה ג' פעמים, ממילא אינה מוחזקת בדם, משא"כ זו שראתה ג"פ, ממילא היא מוחזקת בדם, ודאי דינה כגדולה שאין לה וסת קבוע], (**ועי'** בס"ט ובח"ד שהסכימו לדעת הט"ז - פת"ש סי' קפ"ד ס"ג).

מה שכתב בפירוש דברי הרשב"א ורב גידל, דבריו נכונים, **אבל** מה שהעלה לענין דינא, דתינוקת שראתה ג' פעמים, חוששת לוסת שאינו קבוע, **אינו** נראה לי כלל, דא"כ היאך כתבו הרשב"א והטור והמחבר ורמ"א בסתמא, דאינה חוששת לוסת שאינו קבוע כלל, **ואע"ג** דכשראתה ראיה שלישית מטמאה מעת לעת, היינו לענין שאם ראתה מטמאה למפרע, **אבל** כל שלא ראתה, אינה חוששת שמא תראה כיון שלא קבעה וסת, **דכללא** הוא, דתינוקת אינה חוששת לוסת שאין קבוע - נקה"כ.

הלכות נדה
סימן קפט – דיני אשה שיש לה וסת קבוע, ושאין לה וסת קבוע

סעיף כח - וכן זקנה שעברו עליה שלש עונות משהזקינה, ולא ראתה, הרי זו מסולקת דמים, ואינה חוששת לוסתה הראשון

- היינו כשלא חזרה לקביעותה הראשון, כדלקמן סל"א.

(וקטנה וזקנה אינן חוששות לוסת שאינו קבוע) -

[פי' כל שלא נקבע עדיין ג' פעמים, ועיין מש"כ לעיל בסעיף כ"ז], ‹ועיין מה שחלק עליו הש"ך בנקה"כ›.

כתבו הרשב"א והטור ושאר פוסקי', מדין התלמוד אין האשה קובעת וסת בימי נדתה, ולא בימי זיבה, כיצד ראתה בא' בחדש ובה' בו, שהוא תוך ימי נדה לראיה הראשונה, אפי' נהגה כן ג' פעמים, לא קבעה וסת לה' בחדש, אלא בא' לחדש, **וכן** ראתה בא' בחדש ובט"ו בו, לא קבעה וסת לט"ו, לפי שראיית ט"ו בחודש הוא תוך ימי זיבתה של ראיית א' בחדש, **בד"א** שראתה ממעיין פתוח כדפרישית, אבל ראתה ממעיין סתום, כגון שראתה ב' פעמים בר"ח, ובפעם השלישית ראתה בכ"ה בחודש ובר"ח, אע"פ שראייה השלישית היתה תוך ימי נדות לראיית כ"ה בחודש, קובעת בר"ח, לפי ששתי ראיות הראשונות היו ממעיין סתום, וראיית כ"ה בחודש דמים יתירים נתוספו בה, ומיהר לבא, וחוששת נמי ליום הקדימה, שמא וסת אחר היא קובעת, **והמחבר** והרב השמיטו כל זה, נראה דהיינו מפני שכתב הטור והפוסקים בשם הרמב"ן, דכיון דהאידנא נהגו בנות ישראל להחמיר על עצמן, שלא להפריש בין ימי נדה לימי זיבה, ה"נ לענין קביעת וסת, אין חילוק, לפיכך אם ראתה מט"ו לט"ו קבעה וסת - נקה"כ.

אבל באמת הדבר ברור, דהרמב"ן לא קאמר אלא לחומרא, דקבעה וסת אף בימי נדה וימי זיבה, אבל לא להקל, דודאי לא יחלק על התלמוד, **וכבר** נתבאר לעיל בכמה דוכתי, דיני חומר וסת שאינו קבוע מהקבוע, ‹**הא** דאיתא בסי"ד, דאשה שנעקר וסת שלה וקבעה לה וסת אחר, אינה חוזרת לוסת הראשון עד שתראה בו ג"פ, אבל כל זמן שלא קבעה וסת אחר, חוזרת לראשון בפ"א›, **גם** מי שאין לה וסת קבוע צריכה לחוש לוסת החודש ולהפלגה, משא"כ בקבוע, כדלעיל סי"ג, ‹דאינה חוששת עוד לוסת שאינה קבוע, וגם אינה חוששת לעו"ב כדאיתא בס"א – בדי השלחן›, **א"כ** בזמן הזה יש להחמיר לקבעו בימי הזיבה ונדה, ונ"מ לענין עקירה, דאף אם נעקר ב' פעמים, צריך לחוש להשלישי, **אבל** להקל, חלילה לנו לחלוק על התלמוד, וא"כ היה להם להמחבר והרב להביא דינים אלו - נקה"כ, ‹**ומסיק** הש"ך›, ודע דבכל מקום שנאמר בכל סימן זה שקבעה וסתה, אם הוא להקל, הוא דוקא שלא בימי נדה וימי זיבה.

‹**והתוה"ש** וסד"ט חולקים על הש"ך, דא"כ מה הועילו חכמים בתקנתן שהחמירו כל החומרות הנ"ל, שלא תצטרך אשה למנות ימי נדה וימי זיבה, והא אכתי תצטרך למנות, כדי שאם תקבע וסת, ויהיה בתוך ימי נדה, לא יהא לו דין וסת קבוע להקל, **אלא** ודאי דגם להקל הוי האידנא, דאשה קובעת וסת בימי נדה וזיבה, **ואי** משום קושיא הנ"ל, דאיך אפשר לעקור דין התלמוד, **הא** קי"ל וסתות דרבנן, והם אמרו והם אמרו, **והפליתי** הניח הדין בצ"ע - מחצה"ש›.

סעיף כט - איזו היא זקנה, כל (שזקנה כל כך שראויה) שקורין לה אימא בפניה מחמת זקנותה ואינה חוששת.

[בב"י מביא פלוגתא דרבי שמואל בר רב יצחק ורבי זירא, בבושה ואינה מקפדת, **והרמב"ם** פסק כמ"ד אינה מקפדת, **ונ"ל** מדברי הטור ושו"ע, שכתבו אינה חוששת, משמע דוקא אינה בושה, ממילא לא מקרי זקנה אלא עד שלא תחוש כלל, אפי' בדרך בושת, היינו לחומרא שאז דוקא מקרי זקנה].

‹**משמעות** לשון השו"ע, כמ"ד שאינה מקפדת, דלא כהט"ז, כדברי המיקל, דוסתות דרבנן – הגר"א›.

סעיף ל - חזרה וראתה, דינה כדין תינוקת שלא הגיע זמנה לראות.

סעיף לא - חזרה לראות בעונות קטנות שהיתה למודה להיות רואה בהן, חוזרת לקביעותה הראשון. אם וסת ההפלגות, חזרה לקדמותה אם תהיה ההפלגה כמו שהיתה למודה תחלה, ואם בשאר הוסתות, אפי' בפעם אחת חוזרת לקדמותה, שהרי נתגלה שדילוג הראשון לא סילוק דמים היא אלא מקרה. ובזה חמור דין הזקנה מדין הקטנה שלא הגיע זמנה לראות.

הלכות נדה תעה
סימן קפט – דיני אשה שיש לה וסת קבוע, ושאין לה וסת קבוע

סעיף לב - פעמים שהאשה קובעת לה וסת בתוך וסת. כיצד, ראתה שלש פעמים בר"ח, ורביעית בב' לחודש ובר"ח, וכן בחמישית ובששית, הרי קבעה שתי וסתות –

[והא דנקט בדרך זה ולא בדרך דלעיל, דהיינו שראתה ג"פ בר"ח ובב' לחודש, דקמ"ל רבותא דאע"ג דראיית ר"ח הוא קבוע תחילה, אימא שאין לחוש אלא בר"ח לחוד ולא בב' לחודש דהוא ממעין פתוח, קמ"ל דחוששת לשניהם].

הט"ז גורס בב' לחודש ואינו נכון - נקה"כ, **ועוד** דהא בב' לחדש ה"ל ב' ימים רצופים, דהולכים תמיד אחר תחלת הראיה, וכדלעיל ס"ס י"ג בהג"ה, **והעיקר** כמו שהוא ברוב ספרי הטור ובב"ח ובעט"ז, "בעשרים".

וא"ת והלא ריש ירחא בתוך י"א לראיית עשרים, «והראב"ד אזיל לשיטתו, דפסק אף האידנא כדינא דגמ' דאין האשה קובעת בימי זיבתה - גר"א», **אין** בכך כלום, שהרי קובעתן מתחלה, ונהי דלכתחלה אינה קובעת וסת בתוך י"א, אבל אם נקבע מתחלה כבר נקבע ואינו נעקר עד שיעקר ממנה ג"פ, עכ"ל הראב"ד.

וכתב עוד הראב"ד, ועוד יש ענין אחר שהיא קובעת וסת בתוך וסת, כגון שראתה ט"ו בחודש זה וט"ז בחודש זה, וט"ו בחודש זה וט"ז בחודש זה, כשתשלש בכל א' וא', קבעה לה ב' וסתות, כל חדש וחדש כראוי לו, עכ"ל, **וזה** נתבאר לעיל ס"ח.

(**עי'** בתשו' נו"ב שנסתפק, אם הכוונה דוקא וכן בחמישית ובששית, דאז הוקבע גם הַחֹדֶשׁ ג"פ, **אבל** תיכף ברביעית שראתה בב', א"צ לחוש לב' כלל, כיון שיש לה וסת קבוע של ר"ח, א"צ לחוש לשאינו קבוע כלל, וכדלעיל סעיף י"ג בהגה"ה, דאם תקבע וסת אחד אינה חוששת לשני, **או** דילמא דדוקא אם בשעה שאירע הוסת שאינו קבוע, שינתה ולא ראתה בהקבוע, ואף שאכתי לא נעקר בחד זימנא, מ"מ כיון שעכ"פ לא ראתה בו, צריכה לחוש לזה שבא מחדש אף שאינו קבוע, **בזה** הוא דאיכא למימר, אם אח"כ חזר הקבוע למקומו, שוב א"צ לחוש לאין קבוע, אף שעדיין לא נעקר, לפי שבתחלה לא בא אלא בעת שלא בא הקבוע בזמנו, וא"כ עתה שחזר הקבוע, איכא למימר ששוב לא יבא זה החדש, **אבל** אם בא החדש בעת שלא נעקר הקבוע, כמו הכא שראתה ג"פ בר"ח וגם בב' לחודש, י"ל דלא יועיל מה שראתה שוב בר"ח הקבוע לה, שהרי גם מתחלה לא פסק וסת הר"ח ממנה, ואפ"ה ראתה בב' לחודש, וא"כ הכא צריכה תיכף לחוש, **אלא** דהש"ע מיירי שקובעת, דהיינו שיהיו שניהם קבועים ממש, להכי נקט וכן בחמישית ובששית, **והניח** בספק, **ועמש"ל** סי"ג בשם חוו"ד, «דס"ל דכל היכא דאין הב' וסתות סותרות, חוששין לשתיהן, **והב"ח** ס"ל לעולם א"צ לחוש להאינו קבוע, כשממשיכה לראות בוסתה הקבוע».

סעיף לג - מעוברת לאחר שלשה חדשים לעיבורה, ומניקה כל כ"ד חודש אחר לידת הולד, אינה קובעת וסת. אפילו מת הולד או גמלתו, שדמים מסולקים מהן כל זמן עיבורה, וכל כ"ד חודש.

כתב הב"ח, תימה למה פסק להקל, שהרי הטור הביא דעת הרמב"ן להורות חומרא כדבריו, «**שיטת** הרמב"ן הוא, דאשה קובעת וסת בימי עיבורה, ובימי מניקתה בימי טומאתה, ורק לא בימי טהרתה, **וכיון** דמחמרינן לשווי ימי טומאה וימי טהרה כהדדי, היא קובעת וסת כל ימי מניקתה», **ואין** זה תימה, דהא קיי"ל בח"מ סימן כ"ה ס"ב, דכל מקום שהאחרונים חולקים על הראשונים, קי"ל כהאחרונים, **אבל** אם דברי הראשונים אינם מפורסמים, אין צריך לפסוק כהאחרונים, שהרי אפשר לא ידעו דברי הראשונים, ואי הוי שמיע להו הוי הדרי, **וכ"ש** הכא, שהרשב"א בתה"א חולק בהדיא על הרמב"ן, ומביאו ב"י, «והרשב"א הוא אחרון וידע דברי הראשון», **והטור** לא ראה ספר תה"א, כדמוכח בכמה מקומות, וכמו שכתב גם הב"י בסימן זה, «והטור הוא אחרון דלא ידע דברי הראשון», **ותו** דכיון דהראב"ד והריטב"א מסכימים לדעת הרשב"א, כדאיתא בב"י, ה"ל הרמב"ן יחיד לגבייהו, **ותו** דהריטב"א כתב שכן המנהג, ומביאו ב"י, ואמרינן כל מקום שהלכה רופפת בידך הלך אחר המנהג, **ותו** דהא קי"ל וסתות דרבנן, ואזלינן בהו לקולא בכמה דוכתי.

(**ועי'** בתשו' חת"ס) «שצידד לחלק בדין מינקת, בין אם מניקה בפועל, שבזה יש להקל כהשו"ע שלא תקבע וסת, **לבין** אם אינה מניקה בפועל, שבזה יש לחוש לשיטת הרמב"ן דקובעת וסת».

(**עי'** כו"פ שכתב, אפילו הפילה נפל, כ"ז שיש לה דין לידה לענין דם לידה ודם טוהר, יש לה דין מניקה, דאין אבריה חוזרין עד לאחר כ"ד חודש, וכן הסכים הס"ט, **והח"ד** כתב, דאפילו הפילה רוח, יש לה ג"כ דין מניקה).

הלכות נדה
סימן קפט – דיני אשה שיש לה וסת קבוע, ושאין לה וסת קבוע

(**וכ'** עוד בס"ט, דהא דאמרי' דאינן קובעין וסת, היינו דוקא להחמיר לא אמרינן דיהא צריך תלת זימני למיעקר, **אבל** להקל אמרינן דקבעה וסת, וא"צ לחוש אלא כפי מה שקבעה, אם בהפלגה חוששת להפלגה, ואם לימי החודש חוששת לימי החודש, **ולא** אמרי' דניזיל בתר ראיה בתרייתא, ותיחוש מספק לימי החודש ולהפלגה, כיון שלא קבעה, הא לא אמרינן).

ומ"מ חוששת לראיה שתראה כדרך שחוששת לוסת שאינו קבוע – [בזה חמור דין מעוברת מדין זקנה, וכתב ב"י הטעם, שזקנה אין לה דם בטבע, משא"כ מעוברת שיש לה דם רק שהעובר מעכב, ותיכף שעברו ימי העיבור חזרה למקומה], ‹עיין בפת"ש סי' קפ"ז סק"ה, דמוכיח מכאן דט"ז סובר דחוששין כבר בראיה אחת, דבג' ראיות גם זקנה חוששת, **ועיין** במחצה"ש שכתב דהוי טעות המדפיס, ודברי הט"ז אלו ראויים להיות מצויינים בסל"ד, ומוכיח איפכא מסל"ד, ע"ש›.

(**עיין** בס"ט שכ', מ"מ א"צ לחוש לעו"ב של אותה ראיה, דהא אשה שיש לה וסת, אם שינתה ראייתה פעם אחת, א"צ לחוש לעו"ב של אותה ראיה, לפמש"ל דלא אמרו דצריכה לחוש לעו"ב אלא באשה שאין לה וסת כלל, אבל לא באשה שיש לה וסת, אלא דצריכה לחוש פ"א מאותה ראיה, אם להפלגה או לימי החודש, **וא"כ** כ"ש במעוברת ומניקה, דעדיפי מאשה שיש לה וסת), ‹והחוו"ד והגר"ז חולקין›.

סעיף לד - מעוברת משהוכר עוברה, ומניקה כל כ"ד חדש, אינה חוששת לוסתה הראשון, אפילו היה לה וסת קבוע והגיע תוך הזמן הזה, אינה צריכה בדיקה ומותרות לבעליהן. ואפילו שופעות ורואות דם באותן עונות שהן למודות לראות בהן, אינו אלא במקרה – [פי' ואח"כ אינה חוששת לוסת זו], ‹מבואר מט"ז דסבר, דמה דכתב השו"ע לעיל, שצריכה לחוש לראיה שתראה, היינו דוקא כשתראה ג' פעמים, כשיטת המהרש"ל, **והש"ך** בקפ"ד סקי"ט, כפי שביארו שם הפת"ש ורעק"א, סבר דכבר בפעם אחת צריך לחוש, וכן הסכימו הס"ט חוו"ד והגר"ז, **וע"כ** הכא ד"אינו אלא במקרה" ואינה חוששת, היינו בתורת וסת קבוע, אבל פעם א' חוששת כוסת שאינה קבוע, כדלעיל, כ"כ בספר מקור חיים, ועיין מחצה"ש›.

עברו ימי העיבור וההנקה, חוזרות לחוש לוסתן הראשון – ‹וע"ז קאי הט"ז דלעיל סל"ג, לפי המחה"ש›.

(**עי'** בתשו' נו"ב שכתב, דדוקא לוסת הקבוע חוזרת לחוש, **אבל** לוסת שאינו קבוע, כיון שנתעברה ופסקה דמים, שוב אינה צריכה לחוש לו כלל, אחר ההנקה).

כיצד, היה לה וסת לימים, אם למודה לראשי חדשים, חוששת לר"ח ראשון שהיא פוגעת בו - ואף אם לא ראתה בו, חוששת לר"ח שני, וכן לג', שאינו נעקר בפחות מג"פ, **וכן כל כיוצא בזה. וכן הדין אם היה לה וסת הגוף** – ‹בלא זמן ידוע›, **או** – ‹וסת הגוף› **לזמן ידוע** – ‹ע"פ הגר"ז›.

אבל אם היה וסתה וסת ההפלגה, אי אפשר לחוש עד שתחזור לראות - שהרי אין כאן שום ראיה שנשער בהפלגה ממנה, **חזרה לראות אפילו פעם א', חוששת ליום ההפלגה שהיתה למודה להפליג.**

לר"ח ראשון שהיא פוגעת בו - והטור כ' במסקנא בשם הרמב"ן, שאינה חוזרת עד שתראה פעם א', ומשתראה פ"א חוזרת לוסתה, אפילו אינה רואה בזמן וסתה, וכן דעת הראב"ד ומביאו ב"י, **ולא** ידעתי למה השמיט המחבר דעתם, דהא רבים נינהו, וגם דעת הטור נראה כן, **ועוד** דהא בוסתות דרבנן שומעין להקל.

§ סימן קצ – דיני כתמים ובדיקת האשה §

סעיף א- דבר תורה אין האשה מטמאה ולא אסורה לבעלה עד שתרגיש שיצא דם מבשרה – [לפי שנאמר: בבשרה, עד שתרגיש בבשרה, פי' אפי' אם היא רואה טהורה, כיון שלא הרגישה], (עמ"ש לעיל ר"ס קפ"ג, דג' מיני הרגשות יש, לענין שתהא טמאה מדאורייתא).

וחכמים גזרו על כתם שנמצא בגופה או בבגדיה, שהיא טמאה - ‹אפי' אם לא

תעז הלכות נדה
סימן קצ – דיני כתמים ובדיקת האשה

ראתה מעולם, דכל שהגיע לימי הנערות כתמה טמא – רעק"א, **ואסורה לבעלה, אפילו לא הרגישה, ואפילו בדקה עצמה ומצאה טהורה.**

[**אין להקשות הא הוה ספק ספיקא, ספק אם יצא ממנה או מעלמא, ואת"ל ממנה אימור לאו מן המקור אתי, י"ל דכיון דרוב דם שיוצא מהאשה שאין לה מכה אתי ממקור, לא נחשב זה לספק כלל**].

(**עי'** בתשובת פנים מאירות, דדוקא בבגד האשה גזרו על הכתמים, אבל אם נמצא כתם בבגד האיש, ואפילו על חלוקו לאחר התשמיש, אין לו דין כתם, **אם** לא שקנח עצמו בו דאז האשה טמאה, **וכבוד** ידידי הרב הגאון מוה' יחיאל העליר זצ"ל אב"ד דק"ק וואלקאווישק, הראני שנעלם מהגאון בעל פנים מאירות ז"ל בזה תוספתא ערוכה בנדה פ"ו, נמצאת על חלוק בנה השוכב בצדה, ה"ז טמאה, ולא על בנה בלבד אמרו, אלא על כל אדם, אלא שדברו חכמים בהוה, ע"כ, ולכאורה הוא פליאה נשגבה על אא"ז ז"ל, **ואפשר** לומר, שהוא עוסק היכי דלא שייך דבא הדם להדיא מגופה, בזה אינו כתם לומר דבא מגופה לגופו, ואח"כ לבגדו, **אבל** בציור דשוכב בצדה, באופן דשייך דבא הדם מגופה לבגדו, בזה אמרינן דהוי כתם, וכן כתב בספר חוט השני).

וצריכה הפסק טהרה, שתבדוק עצמה ותמצא טהורה, ואח"כ תמנה שבעה נקיים חוץ מיום המציאה, (כאילו ראתה ודאי, וכמו שיתבאר לקמן סימן קצ"ו) – (פי' שצריכה להמתין ה' ימים קודם שתתחיל לספור – באר הגולה).

אם הרגישה שנפתח מקורה להוציא דם, ובדקה אחר כך ולא מצאה כלום, יש מי שאומר שהיא טמאה – [**שאני אומר דם יצא כחרדל ונתקנח או נימוק, דהרגשה דאורייתא היא היכא דליכא למיתלי במידי אחרינא, תרומת הדשן מביאו ב"י**].

(**וכתב** החכ"א דנשים שרגיל בהם ליחה לבנה ומוחזקת בזה, אפי' הרגישה זיבת דבר לח ולא בדקה, טהורה כיון שמוחזקת ורגילה בכך, תלינן במצוי).

(**ובמעוברת** כתב המנח"י דטהורה, ומדמי ליה כמו דאינה חוששת אף למ"ד וסתות דאורייתא, **ולענ"ד** יש לחלק, ומדברי התפל"מ מבואר דלא ס"ל כהמנח"י, וכ"כ בפשיטות בת' נוב"י – רעק"א).

(**עי'** בתוה"ש שכתב, דבהני נשים שהם בחזקת מסולקות דמים, כגון מעוברת ומניקה, אפילו נפתח מקורה, טהורה אם לא מצאה כלום, וכן הסכים לדינא הס"ט, **וכתב** הטעם, דתלינן דמה שנפתח מקורה, היה להוציא ליחה לבנה או ירוקה, שגם אלו באים מן המקור, דכיון דהן בחזקת מסולקות דמים, יותר מסתבר לתלות בהם, שכן דרך אפילו במעוברת ומניקה, ממה שנאמר שיצא דם, **ובתשובת** חתם סופר נראה דעתו להחמיר בזה, אך לא ראה בזה דברי הס"ט, דג"כ נחית לסברתו, ואעפ"כ מקיל מטעם הנ"ל).

(**ועי'** בשאילת יעב"ץ, נשאל שם אם לסמוך על תוה"ש בזה, מאחר שבסוף ס' בל"י השיג עליו, **והאריך** להקשות על עיקר דין של התה"ד, ולכן העלה דלא מיבעיא במסולקת דמים דלא חיישינן לה, אלא אפילו במוחזקת דמים, המקיל נשכר ואין כאן חשש, **ועי'** בתשובות רדב"ז, שחולק ג"כ על דין זה של התה"ד, **אכן** הס"ט כתב לתרץ קושייתו, והביא ראיות לדעת התה"ד).

(**ועי'** בתש' נוב"י, באשה שנדמה לה בשעת שינה כאילו היא מרגשת שנפתח מקורה, ומתוך כך הקיצה, ותיכף בדקה עצמה ולא מצאה מאומה, והיא מסופקת אם זה היה רק חלום או באמת נפתח מקורה, **והאריך** שם לסתור דברי התה"ד, שהוא מקור דין זה שכ' השו"ע אם הרגישה כו', והחליט שגם התה"ד לא קאמר הרגשה דאורייתא' שהוא ודאי, אלא כוונתו ספק דאורייתא', והוא לחומרא, ומעתה היכא שהאשה מסופקת על ההרגשה עצמה, הוי ס"ס, **אמנם** כ"ז אם היא עומדת בימי טהרתה, אבל בימי ספירה אי מהני ס"ס, מבואר בנו"ב).

(**ועי'** בנוב"י בהג"ה מבן המחבר שכתב, דמ"ש בשו"ע, אם הרגישה שנפתח מקורה להוציא דם, היינו שהרגישה שנפתח מקורה, וגם הרגישה זיבת דבר לח, ותרתי דוקא בעינן, ובזה מסולק מה שמתמיהים על דין זה).

(**וכתב** בחכמת אדם, אבל בהרגשה שנזדעזעו אבריה, אם בדקה ולא מצאה כלום, טהורה, שתלינן זו בשאר מקרים, **ועיין** מש"כ לקמן בשם תשו' חתם סופר).

ע"ל סי' קפ"ח ס"א ומש"כ שם, (דאם בדקה ומצאה מראות כשרות, כגון ליחה לבנה או ירוקה, או כמראה גע"ל, טהורה, ותולה הרגשתה בזו).

(**וחת"ס** כתב, כשהרגישה שנפתח מקורה ומצאה מראה טהור לבד, דצריך קצת מיתון בדין זה, מהו מראה הטהור, כי לעולם תוציא לפנינו הבדיקה מלוכלכת בשליי"ם מלחלוחי הגוף, ונפל פיתא בבירא).

ובדקה אחר כך וכו' - (עח"ד שכתב, דאפי' בדקה עצמה בתוך שיעור וסת ולא מצאה כלום, טמאה, **אכן** דעת הכו"פ אינו כן, אלא דדוקא אי לא בדקה תיכף כשיעור וסת, אמרי' חזקה דראתה, משא"כ אם בדקה בתוך שיעור וסת, **ועי'** בתש' חת"ס, שמסופק בדין זה).

(**ועי'** בס"ט שנסתפק, באם מצאה מראה טהורה, דתולה הרגשה בזה, עד כמה זמן יכולה לתלות בהא, **ומזה** מוכח דס"ל להס"ט ג"כ כדעת הכו"פ הנ"ל, ולא כהח"ד, דאל"כ אמאי לא מוקי לה כשבדקה בתוך שיעור וסת, וכמ"ש הח"ד, אלא ודאי בכה"ג אף אם לא מצאה כלום טהורה).

(**ועי'** בתשובת נו"ב שכתב, באשה שהרגישה שנפתח מקורה, ובדקה מיד בתוך שיעור וסת, והניחה העד עד הבוקר, ובבוקר לא מצאה כלום, יש לטהרה, ותלינן שהיה מראה טהור ונתייבש על העד ואינו ניכר, דזה קרוב יותר מלומר שהיה אדום ונמוק קודם שבדקה כרגע, דזה אינו שכיח, **ומבואר** שם דאם לא הניחה עד הבוקר, אלא ראתה מיד ולא מצאה כלום, טמאה, אף שבדקה בתוך שיעור וסת, והיינו כדעת הח"ד הנ"ל, **ואמנם** אם לא בדקה רק אחר שיעור וסת, חיישינן שמא נמוק או נאבד, **ואפילו** אם בדקה בתוך שיעור וסת, דוקא אם למחר לא מצאה כלום, אבל אם מצאה דם כל שהוא, אפילו פחות מגריס, אף שהעד אינו בדוק, טמאה).

(**ועי'** בס"ט שהביא דברי מורו בתשובת שב יעקב, שכתב באשה שראתה טיפות דמים ע"י ליחה לבנה מרובה, דזה מקרי שלא ע"י הרגשה, דתלינן הרגשה ברובא בליחה לבנה מרובה, וכ"כ בתשו' בית יעקב, והוא ז"ל השיג ע"ז).

(**וכתב** בתשו' ג"ש, באם בדקה בעד שאינו בדוק, ומצאה מראה טהור ובתוכו מראה טמא פחות מגריס, דטהורה, **אכן** דעת הח"ד בדין זה, דטמאה, וכתב הטעם משום דרוב פתיחות המקור למראות טמאות הן, תדע דהא טמאה בלא מצאה כלום, ולא תלינן במראות טהורות, **ולכן** נראה ג"כ, דאפילו ראתה מראות טהורות על עד שהוא בודאי מלוכלך בדם, טמאה כשהרגישה, **וכן** אפילו נאבד מקצת העד, טמאה, ואינה טהורה כשהרגישה רק כשיודעת בבירור שלא ראתה על העד רק מראות טהורות).

(**וכן** הוא דעת תשו' חתם סופר, אך כתב דדוקא בהרגשת פתיחת פה"מ, או זעזוע הגוף או עקיצה, כמו עקיצת מ"ר, שהם הרגשות גמורות מה"ת, בזה יש להחמיר, אפילו בדקה בכתונת, מכ"ש בעד שאינו בדוק דעדיף מכתונות, **והטעם**, דמיד שהרגישה אבדה לה חזקת טהרה שלה עד שתבדוק, ואם בדקה ונאבד העד, בטמאה מחזקינן לה, **אבל** בהרגשה דזיבת דבר לח, אפילו יהיבנא ליה להגאון נו"ב ז"ל שהוא הרגשה דאורייתא, מ"מ היינו שאם ראתה דם ע"י הרגשה כזו, חייבים עליה כרת, **אבל** שיהיה הרגשה כזו מוציאה מחזקת טהרה שלה, עד שנאמר שאם נאבד העד או שאינו בדוק, תהיה בספק טומאה, זה לא אמרינן, וא"א לאמרו כלל, **ולכן** אשה שהרגישה זיבת דבר לח, ובדקה עצמה בעד שאינו בדוק, ומכ"ש בכתונת המלוכלך בכמה טיפי דמים, אם מצאה עליו ליחה לבנה, ובתוכה טיפה או טיפות דמים פחות מכגריס ועוד, טהורה, **אפילו** אם לא מצאה עליו כלל מראות טהורות, רק אלו הטיפי דמים, אינה טמאה יותר רק כשאר בדיקות עד שאינו בדוק, דאינו מטמא אלא בשיעור כתם, **רק** בענין אחד חמור מכתם דעלמא, דאין לטהר אלא בשיעור מאכולת קטן שבזמנינו, או פשפש אם מצויים שם).

(**עוד** בחת"ס שאלה כזו, באשה שהרגישה שנפתח מקורה, ובדקה עצמה בכתונת שלה, או בעד שאינו בדוק, ומצאה מראה טהור, וגם טיפי דם פחות מכגריס ועוד, **ושם** מחלק בין כתונת לעד שאינו בדוק, דבעד שאינו בדוק המלוכלך בכמה לכלוכים, הוה כלא בדקה כלל, ותלינן שדם יצא מהמקור, והאי מראה טהור לאו מגופה, אלא מעלמא, **ואפילו** אין על העד שום דם, רק מראה טהור צ"ע להקל, **אך** בכתונת דמראות כשרות אין מצויים בו לומר דהוא מעלמא, טוב יותר לתלות מגופה, שבא ע"י הרגשה זו, ע"כ המקיל לא הפסיד והמחמיר תע"ב).

(**עי'** בתשובת אא"ז פנים מאירות, שכתב באשה שהרגישה שנפתח מקורה, ובדקה עצמה בעד שאינו בדוק,

ומצאה טיפת דם כחרדל, טמאה, **אף** אם ניקל באם לא מצאה כלום, מ"מ הכא שמצאה טיפת דם גרע טפי, ולא תלינן לקולא, **ונראה** דאם מצאה ג"כ מראות טהורות, דיכולה לתלות הרגשתה בזו, והדם במאכולת, טהורה לדעת המקיל באם לא מצאה כלום, **דאף** הח"ד לעיל לא כתב בדין זה דטמאה, אלא דוקא לדעת המחמיר באם לא מצאה כלום, וכמ"ש שם תדע כו', **וצריך** לעיין לדעת הפמ"א, דזה גרע טפי מאם לא מצאה כלום, אולי אף במעוברת ומניקה טמאה בבה"ג, לדעת המחמיר באם לא מצאה כלום).

(**עי'** בתשובת שב יעקב, באשה שהיתה מתעטשת בחוזק וכח, וע"י כח גדול של העיטוש ניתז ממנה למטה מי רגלים לפי דעתה, כי היתה בעת הזאת בעזרת נשים בבהכ"נ ולא יכלה לבדוק עצמה, ולאו אדעתה כלל עד בלילה בשכבה ראתה למטה בכתונת כתם קטן פחות מכשיעור גריס, **ושאלה** אם יש לחוש אפילו פחות מכשיעור, הואיל שהרגישה בבוקר שניתז ממנה, אפשר שזה הדם ניתז ממנה, **והשיב** כיון שהוא פחות מכגריס אין לחוש כלל, אף דמבואר בסי' קפ"ח וק"צ, אם הרגישה שנפתח מקורה ובדקה ולא מצאה כלום, דטמאה, **שאני** התם, דמיירי שבדקה מיד ולא מצאה כלום, ועל כרחך צ"ל דלא לחנם נפתח מקורה, והואיל דלא מצאה כלום ע"כ שיצא ממנה דבר מה ונאבד, והואיל שהרגשה דאורייתא חיישינן שמא יצאה טפת דם, **משא"כ** באשה זו דלא בדקה מבקר עד ערב, וזה שכיח הרבה בין הנשים, שע"י עטוש בכח נתזין ממנה מ"ר, ואי הוי בדקה מיד היתה רואה לחלוחית של מ"ר, ואחזוקי איסורא לא מחזקינן, עכ"ד, **ועי'** בספר תפארת צבי, שחיבר תלמידו על הלכות נדה, שכתב דדוקא בבה"ג שיצאו ממנה כמה טיפין לדעתה, והואיל דלא מצאה אלא חד כתם קטן, מוכח שמי רגלים היה, דאי היה דם היה נמצא הרבה, **אבל** אם הרגישה כאילו יצא ממנה מעט, ואינה יודעת מה הוא, אם דם או מי רגלים, ואח"כ מצאה כתם אפילו פחות מכגריס, תלינן כתם זה בהרגשה וטמאה, ע"ש, **אכן** דעת הס"ט לא נראה כן, אלא דאפילו בבה"ג תלינן להקל, דדוקא בפתיחת המקור החמיר בתה"ד כו', משא"כ בהרגשה שניתז ממנה דבר מה, תולין במצוי במ"ר).

סעיף ב - לא גזרו בתינוקת שלא הגיע זמנה לראות, דהיינו שהיא פחותה מי"ב - שנה ויום אחד, **אפילו הביאה שתי שערות, וכן אפילו היתה יתירה מי"ב, אם בדקוה ולא הביאה ב' שערות, בין שהיא בתולה בין שהיא בעולה, ואפילו אם ראתה כבר ב"פ, אבל לאחר שראתה שלש פעמים חוששת לכתם.**

כתב מהרש"ל, והאידנא כל אשה שיש לה בעל חוששת לכתמיה, ואפילו היא קטנה, שהרי אפילו לדם בתולים מונים ז' נקיים, ואין להקל מן המנהג, עכ"ל, והב"ח כ' דודאי אין להקל מן המנהג, [וכן הט"ז העתיק דברי מהרש"ל].

אבל נ"ל דאין ראיה כלל מדם בתולים, וכמ"ש הרא"ש גבי דם בתולים וז"ל, ונ"ל דטעם חומרא זו לא בשביל שנחוש שמא יצא דם מן המקור כו', אלא הטעם משום דבעילת מצוה לכל היא מסורה, ואין הכל בקיאין בין קטנה לגדולה ובין ראתה ללא ראתה, **ועוד** משום דהחתן יצרו תקפו, הלכך הסכימו רבותינו להשוות כולן עכ"ל, **מה** שאין כן הכא וק"ל, **וגם** מ"ש הב"ח דודאי אין להקל מן המנהג כו', אומר אני שאין בזה מנהג, וגם מדברי מהרש"ל גופא נראה שאין מנהג בזה, רק בדם בתולים, ומשם למד לכאן, **ועוד** דהדבר ידוע דדבר שאינו מצוי אין שייך בו מנהג, **וגם** אילו היה המנהג כן היה הרב כותבו בהג"ה, **וכ"נ** דעת הט"ו ושאר אחרונים, שאע"פ שכתבו לקמן סימן קצ"ג, דאפי' הבועל הקטנה טמאה, כתבו כאן דכתמיה טהורים.

ולפעד"נ מדקאמר ש"ס בקטנה, שאפי' סדינים שלה מלוכלכי' בדם, ולא קאמר רבותא, שאפי' גופה מלוכלך בדם, אלמא דוקא בסדינין תלינן להקל, אבל לא בנמצא על גופה, עכ"ל הב"ח, **וקשה**, דהא טעמא דשריותא הוא בקטנה, שחכמים לא גזרו בה, וכדכתב רש"י והרשב"א בת"ה ושאר פוסקים, וא"כ אוקמוה אדין תורה דאינה טמאה כיון שלא הרגישה, **וכן** משמע ממ"ש הט"ו, דבר תורה אין האשה טמאה עד שתרגיש כו', וחכמי' גזרו על כתם שנמצא בגוף' או בבגדיה כו', ולא גזרו בתינוקת כו', משמע דלא גזרו בתינוקת כלל אפילו בנמצא על גופה, **והא** דקאמר בש"ס סדינים שלה מלוכלכים, נראה דה"ה גופה, אלא אורחא דמלתא נקט.

(**ועי'** בש"ך דמשמע מדבריו, דאפילו אתי ודאי מגופה, כל שהוא שלא בהרגשה טהורה, מאחר דאינו רק

מדרבנן ולא גזרו בקטנה, וכן דעת הלחם חמודות והמנח"י, **אכן** הח"ד חולק ע"ז, וס"ל דאין מטהרין כתמים, רק במקום דאיכא למימר עברה בשוק של טבחים ולאו אדעת', **אבל** אי ודאי אתי מגופה, אפילו לא הרגישה טמאה).

סעיף ג - היתה שופעת כמה ימים, או שהיתה מדלפת טיף אחר טיף בלא הפסק, אינו אלא כראיה אחת עד שתפסוק.

אבל אם פסקה מעט, וחזרה וראתה שלש פעמים אפילו ביום אחד, הרי זו מוחזקת בדמים וכתמה טמא - לא קאי אלא אמזלפת, אבל בשופעת אפי' פסקה מעט וחזרה וראתה, והפסיקה כך הרבה פעמים, כיון שהיא שופעת אינה אלא ראי' אחת, דא"א לאשה שופעת כמעין כמה ימים ותחיה, וצ"ע - ב"ח.

[וקשה דהא בהדיא אמר בגמר', דשופעת מותר ופוסקת אסור, ש"מ דפוסקת קאי אשופעת, **ומלבד** זה קשה לחלק בהפסקה בין מזלפת טיפין טיפין, מהפסקה בין שופעת, **ואע"פ שאמרו בגמר' שהוא א"א, היינו כל ז', דלא בחנם כתב רש"י כל ז', אבל הטור והשו"ע כתבו כמה ימים, דהיינו ב' או ג' ימים, וזה ודאי אפשר שתחי', ונמצא שכל שיש הפסק בין הראיות, הן בין שופעת, הן בין מזלפת טיפין, נחשב לשתי ראיות, כן נראה לי פשוט**], ‹והכו"פ והגר"ז והחכמ"א והתוה"ש הסכימו לדברי הט"ז.

דבריו דחוקים, דהא הטור והמחבר כתבו סתמא כמה ימים, ועוד דהחוש מעיד ע"ז, דא"א שתהיה שופעת כמה ימים, כלומר ג' או ד' ימים, או אפי' ב' ימים ותחי' - נקה"כ.

ויש מי שאומר שאין כתמה טמא אלא א"כ ראתה דם שלשה וסתות – [פי' ג"פ בכל פעם וסת בפני עצמו], ‹כדרך נשים שרואות בוסתות מחולקים, דהיינו שתפסיק איזה ימים בין ראיה לחבירתה, ולא בעי לכו"ע שיהיה דוקא דרך קביעות וסת בזמנים שוים דוקא – פרי דעה›, **ויש להחמיר כסברא ראשונה.**

סעיף ד - תינוקת שלא הגיע זמנה לראות וראתה ג"פ, ופסקה מלראות שיעור שלש עונות, שהם צ' יום, חוזרת לקדמותה

וכתמה טהור - אפילו חזרה לראות בעונות שהיתה למודה, **עד שתחזור ותראה שלש פעמים.**

סעיף ה - לא גזרו על הכתם אלא אם כן יש בו כגריס ועוד, ושיעור כגריס הוא כט' עדשים (ג' על ג').

ושיעור עדשה כד' שערות, שהוא ל"ו שערות - כלו' שהגריס הוא ל"ו שערות, דהיינו ו' על ו' לאורך ולרוחב, **כמו שהן קבועות בגופו של אדם** - ר"ל עם החלל שביניהם, ולא כמו שהן דבוקים זה אצל זה ממש.

(**עי'** בתשובת מאיר נתיבים שכתב, דהכוונה לשער בשערות שבגוף, ולא בשערות שבראש, **ואף** שבד"מ כתב כמו שהן קבועות בראש, העיקר כדבריו כאן בהגה"ה, **וכתב** שהוא רגיל לשער, אם אין לו גריס של פול, בשערות הקבועים בפרק היד, הוא הזרוע שבין כף היד ובין הפרק, שם ישוער היטב ששה שערות על ששה, הן ואוירן, ועוד מסביב סביב שיעור חצי אוירן).

וכל זמן שאין בו כזה השיעור - ר"ל שאין בו כגריס ועוד, **אנו תולין לומר דם כנה הוא, אף על פי שלא הרגה כנה.**

אבל משיש בו כזה השיעור, אין תולין בכנה, בין אם הוא מרובע או אם הוא ארוך. ואם נזדמן לה גריס יותר גדול מזה השיעור, משערין בו – [דאמרינן דאפשר דיש כנה יותר גדולה].

(**עי'** בתשובת ח"צ שכתב, ‹שגריס› הוא המין שקורין באנין, ומהם שני מינין, האחד נקרא טערקישי באהנען, והם אותם שאין מגדלין תולעים במחובר, ועוד מין ב' נקרא גרוישע באהנען, ובהם הרחש מצוי, וזה המין גריס שלו, דהיינו מחציתו לאחר שחלק לשנים, כמו שהוא דרך גידולו שני חלקים, וכל חלק לעצמו במקום שהוא מחובר לחבירו דומה למרובע, ובו יש לשער להלכה למעשה, **ובכו"פ** כתב עליו אם קבלה נקבל, **ועי'** בתשובת מאיר נתיבים שכתב, דמ"ש הח"צ דומה למרובע, סימנא קא יהיב, ולאו קפידא הוא, **וטעם** הכרעתו לשער באותן גרוישי באהנען, לאו משום דס"ל דחז"ל נתכוונו לזה הגריס, רק הוא כמ"ש בשו"ע, ואם נזדמן גריס יותר גדול

משערים בו, **ולכן** כתב דעתה שנמצאים עוד פולין יותר גדולים מאלה, והם מן המין הראשון שזוכר הח"צ, דהיינו שאין התולעים מצויים בהם, ואינם מרובעים כלל, והם הנקראים פאסוליש, יש לשער בהם).

(**בס'** כו"פ השיב על שיעורו של בעל מעיל צדקה, דהוא שיעור גדול, **ועי'** בתשובת חת"ס שכתב, דשיעור כתם הנכון כפי שהעלה בתשובת מ"צ, דשם מצויין השיעור בצמצום ובדקדוק גדול, וכמה טרחות ויגיעות יגעתי עד שבדקתי אחריו, ומצאתי שיעורו נאמן, וכבר סלקתי מעליו כל תלונות הכרתי ופלתי, **ואף** דהוא שיעור גדול הרבה, ולא נמצא כן דם מאכולת בזמנינו, **נ"ל** הטעם משום דתחלת גזירת כתם היה משום חומרא דטהרות, ולא פלוג רבנן וטמאו אותה גם לבעלה, שלא תהיה חוכא, האשה טמאה נדה לטהרות, וטהורה לבעלה, וכיון שנאסר במנין, אע"פ שבטל טעם טהרות, מ"מ גזירה לא בטלה, ועדיין אסורה לבעלה, וכיון שכל עצמה לא נאסרה לבעלה אלא מתקנת חכמים הראשונים, אין לנו לטמא אותה אלא בשיעור כתם שבזמניהם, שהיה מאכולת גדולה מצויה, אע"פ שבזמנינו אין נמצא).

(**והחזו"א** כ' ששיעור גריס בלא ה"עוד" של המעיל צדקה, הוא ריבוע של י"ח על י"ח מיללימטר, שהוא עיגול בקו של בערך כ' מילימטר – חוט השני. (**ועי'** בחכמ"א שכתב, הנהוג בינינו, שהוא בערך כמו דיטקע פרייסעש החדשה).

(**ואגר"מ** כתב, שגריס ועוד הוא כעין "פעני", מטבע של סנט אחד של ארה"ב, ויש לו קו של י"ט מילימטר. **ושבה"ל** כתב, ששיעור גריס ועוד הוא קו של י"ח – י"ט מילימטר. ושיעור של "דיים" הוא קו של י"ח מילימטר, עיין בספר מאזני צדק).

(**ואם** הדם נצרר ועב במקום אחד, ואם היינו מרדדים הדק היה בו שיעור גריס, עי' בס"ט – רעק"א).

(**עי'** בספר יראים, שכתב דאנן לא בקיאין בשיעור הגריס, הילכך צריך ליזהר בכתמים לפי שיקול הדעת, שאין דם מאכולת רבה, ובענין שהוא רואה שאינו ראוי לתלות, **ותימה** על הפוסקים שלא הביאו כלל דבריו).

(**ומצאתי** בתש' בשמים ראש שכתב, וטעמו של היראים נ"ל, דלא איתפריש עביו של הדם המונח על הסדין, ואם יש בו ממשות דם אתה משערו כן, ואם אין כאן רק צביעת הסדין אתה משער כן בכגריס, ובדם גדול כגריס אתה יכול לצבוע כל החלוק, **ומ"מ** ראיתי רבותי כולם משערי' ואינם חשים בדבר, **ועי'** בס"ט, שגם הוא ז"ל חקר בזה, אם הדם נצרר במקום אחד איך משערין, אם כמו שהוא עתה שהוא פחות מכגריס, או צריכין להחמיר לשער כמו שהיה מתפשט כצבע בעלמא, והיה יותר מכגריס וטמאה, **וכ'** דנ"ל דאין אנו צריכים לשער רק כמות שבא לפנינו, וה"ה איפכא, היכא שבא לפנינו כתם, ואינו שגוף הכתם פחות מכגריס, רק סביבו הוא התפשטות לכלוכו של גוף הכתם, שנצטבע מגוף הכתם, אפ"ה טמאה, וכך הוא מדות חכמים בלא פלוג, **מיהו** י"ל דהכל לפי ראות עיני המורה, אם הדם צבור במקום אחד הרבה, דיינינן ליה כאילו נתפשט).

(**עי'** בתשובת מעיל צדקה שכתב, וכן שמעתי מן החברים, דהיה מן הראוי לטמא כתם שחור שקטן מגריס, מטעם הזה עצמו, שא"א לתלות במאכולת שהוא אדום, ואילו כן לא ימלט שיזכירוהו הפוסקים, **ועי'** בס"ט שתמה עליו, דנעלם ממנו דברי הראב"ד שכתב כן בהדיא, דאינה תולה במאכולת אלא כתם אדום, **וכתב**, ומ"מ במקומות שמצויין פרעושים שלכלוך שלהם שחור, ואין לך סדין וסדין שלא נמצא בו טיפות שחורות מאלו, בודאי יש לתלות בהם, והכל כפי ראות עיני המורה).

סעיף ו - הא דבעינן שיעורא, בין בכתם הנמצא על חלוקה, בין בכתם הנמצא על בשרה. וי"א שלא אמרו אלא בכתם הנמצא על חלוקה, אבל כתם הנמצא על בשרה בלבד, במקומות שחוששין להם, אין לו שיעור. (רמב"ם).

(**עי'** בס"ט שכתב, דוקא על בשרה לבד, אבל אם נמצא גם על בגדיה, אז לכ"ע תולה במאכולת אם אינה כגריס, וכ"כ בב"י, **ואפילו** הכתם שבבגדיה שלא כנגד הכתם שעל בשרה, שכן דרך החלוק להתהפך הנה והנה, **ועי'** בח"ד שהוא לא כתב כן, אלא דגם על בשרה ועל חלוקה טמאה בכל שהוא להרמב"ם). (**ועיין** ברעק"א בסל"ה).

(**בתפל"מ** כתב, דבהרגה, גם להרמב"ם בודאי בעינן שיעור כגריס ועוד, דדמי למכה שבגופה, ולענ"ד צ"ע לדינא – רעק"א).

והב"ח פסק כהי"א דלקמן ס"ח, (והיינו שיטה קמייתא דכאן), ולפע"ד אין להקל כלל.

(**עי'** בתשובת שב יעקב, באיזה דעה יש לפסוק, ושם בסופו כתב בשם הגאון מהר"א ברודא ז"ל, דיש להחמיר

כהרמב"ם, **ועי'** בס"ט שכתב עליו, דהסומך להקל כדעה ראשונה, כפי דעת הב"ח, לא הפסיד, וכן דעת בעל מנ"י).

סעיף ז - אם הרגה פשפש - בל"א וואנץ, **או הריחה ריחו, תולה בו עד כתורמוס, (פירוש מין ממיני הקטניות שטעמו מר, ובלע"ז לופינו)** – [הוא מין קיטנית עגולה ורחב כמעה קטנה].

[**אבל** בלאו הכי לא תלינן בפשפש, וז"ל הרא"ש הביאו בית יוסף, אבל מסתמא לא תלינן ביה, משום דלא שכיח, **משמע** דבמקומות השכיחים תלינן בהו כמו במאכולת, **אלא** שהרב ב"י שיכל את ידיו, וכ' שיש לפרש דברי הרא"ש מה דכתב הרא"ש לא שכיח, היינו לא שכיח שיהיה סמוך לגוף כ"כ ולא תריח ריחו].

ודעת הרשב"א, דבמקומות שהפשפש והרחש מצויין, תולין בה כתורמוס אע"פ שלא הרגה, **והב"ח** פסק דלא כוותיה, משום דרא"ש והטור והמחבר לא ס"ל הכי, **ואינו** מוכרח, דאפי' יהיה פי' דברי הרא"ש כפי' השני שכ' ב"י, מ"מ אפשר דלענין הסברא מודים, דהיכא שהוא מצוי תולין בו, ולא דברו מזה, **וכ"כ** ר' ירוחם, דאם נתעסקה בפשפש כו' או במקומות שנמצאים הרבה מהם, שיש עיירות ומקומות שמצויים לרוב, תולים בו עד כתורמוס עכ"ל, **וכבר** נודע דרבינו ירוחם כתב ספרו ע"פ דברי הרא"ש, **ועוד** דבכתמים שומעין להקל, [וכן פסק הט"ז]. ‹**ויש** בזה צד חומרא, באם מצאה למעלה מהחגור כתורמוס, ולמטה מהחגור יותר מתורמוס, עיין סי"ז – רעק"א›.

[**מבואר בב"י, דבמקום דתלינן בפשפש, אין חילוק בין ארכו כרחבו או לא**].

(**עי'** בס"ט שכתב, דצ"ע לדידן דקיי"ל לקולא לקמן סעיף כ"ו, בהא דנתעסקה בכגריס, דתולה בנמצא עליה כשני גריסין, וא"כ בהרגה פשפש, דהוי כמו נתעסקה בכתמים, אם יש לתלות בזה אם היה כתורמוס ועוד, ולומר דאותו עוד הוא ממאכולת).

סעיף ח - אם אין בכתם במקום אחד כגריס ועוד, אע"פ שיש שם טיפין הרבה סמוכין זה לזה, עד שאם נצרפם יש בהם יותר מכגריס, טהורה, שאנו תולין כל טיפה וטיפה בכנה, עד שיהא בו כגריס ועוד במקום אחד.

(**עי'** בס' בינת אדם, לענין כתם שנמצא על בית יד של נשים על מקום הקמטים, אי הוי כטיפין טיפין, או נאמר שמצטרף, **וכתב** דאם אינו תפור, פשוט דאינו מצטרף, כי כל קמט עומד לעצמו, **ואפי'** אם תפורים צ"ע, דעכ"פ יש אויר ביניהם).

וי"א דהני מילי כשנמצאו על חלוקה, אבל אם נמצאו על בשרה, מצטרפין לכגריס ועוד - ודוקא לסברא הראשונה דלעיל ס"ו, אבל לסברא האחרונה, בלי צירוף טמאה בכל שהוא.

סעיף ט - כתם הנמצא על בשרה, שהוא ארוך כרצועה או עגול, או שהיו טיפין טיפין, או שהיה אורך הכתם על רוחב יריכה, או שהיה נראה כאילו הוא ממטה למעלה, הואיל והוא כנגד בית תורפה, (פי' גנאי הוא, והוא כנוי לערוה), טמאה, ואין אומרים אילו נטף מן הגוף לא היה כזה.

לענין השיעור, אין בדברי הרמב"ם שבסעיף זה הכרע כלל, ‹דדין זה נוגע בין אם היא טמאה בפחות מגריס, בין אם צריכה שיעור, ואיירי הכא כשיש גריס ועוד›.

סעיף י - כתם שנמצא על דבר שאינו מקבל טומאה, לא גזרו עליו - וכן אפי' מין שהוא מקבל טומאה, אלא ששיעורו גרם לו, כגון מטלית שאין בו ג' על ג'.

וכל שמקבל טומאת נגעים, אע"פ שאין מקבל שאר טומאה, מקבל כתמים וטמאה.

(**ועי'** במ"י שרוצה להחמיר בנמצא על בנין מחובר, כיון שהוא מקבל טומאת נגעים, לשיטת התוס' והרא"ש, **ובכו"פ** חולק ע"ז).

(**עי'** בס"ט שכתב, דיצא לו דין חדש, דאם אותו דבר שאינו מקבל טומאה שנמצא עליו, מונח ע"ג דבר המקבל טומאה, כיון דנטמא משום משא, לכך גם האשה טמאה), ‹**והאחרונים** חלקו על הס"ט›.

(**ועי'** בנו"ב, דמה שמקבל טומאה מדרבנן, מקבל כתמים).

(**ועי'** בנודע ביהודה שכתב, דנייר שלנו מקבל כתמים, דלא גרע מלבדים דמקבלי טומאה, ע"ש. **ועי'** בשו"ת

שיבת ציון, שגדול אחד הקשה על דברי הנודע ביהודה הנ"ל, ממה שכתב הרמב"ם בהדיא, דהנייר אינו מקבל טומאה, והיינו טעמא, דלא דמי ללבדים, דבנייר פנים חדשות באו לכאן, **והשיב** לו דיש חילוק בין נייר שהיה להם בדורות הקודמים, ועדיין עושים כן במדינות הודו, מעלי אילנות וירקות, או על קליפת עצים, שהחליקו והתקינו אותם לקבל הדיו, זה אינו מקבל טומאה, ומזה מיירי הרמב"ם, **אבל** נייר שלנו שנעשה מבלויי סחבות, או מעשבים כתושים, שהוא מעשה לבדים, זה בודאי מקבל טומאה, **וליכא** למימר דפנים חדשות באו לכאן, דז"א, שהרי אין אנו דנין שיקבל טומאה מפני שהיה ארוג בתחלה, אלא ממה שנעשה עתה מעשה לבדים).

(**ועי'** בס"ט שכתב, אם נמצא על נייר, שלא ע"י בדיקה וקינוח, אלא שעברה עליו או ישבה עליו, כתב בתוי"ט דאין טומאה שייך בנייר, **הגם** דאיהו מיירי בנייר שהיה בזמן הש"ס, שהיה מעשבים, מה שאין כן בנייר דידן שהוא נעשה מבגדי פשתן, **מ"מ** נראה דאין חילוק, שהבגדי פשתן נטחן, ופנים חדשות בא לכאן, עכ"ל, וכ"כ בחכמת אדם, **ואילו** ראו דברי הנו"ב, ודברי בנו הגאון בתשובת שיבת ציון הנ"ל, לא כתבו כן).

(**עתה** נדפס שו"ת חת"ס חלק ששי, ושם כתב, דאפילו נייר דידן אינו מקבל טומאה ולא כתמים, דכיון שנכתשו הדק היטב, ונמסו במים ונהפכו לפנים אחרות, פרחה דין צמר ופשתים מניהו, **ועוד** נ"ל דלא מקרי צו"פ, אלא העומדים לבגד ואריג וחבלים ולבדים וכדומה, אבל הני ניירות שמיוחדים לצרכים אחרים, א"כ אפילו צו"פ בעינא נימא מעשה עץ שימש, כמבואר בחולין, **ומסיים** ע"כ בכתמים הנמצאים הולכין להקל, **אך** בבדיקת עד שאינו בדוק, אם הוא נייר, אע"פ שלענין שיעור כגריס ועוד יש לו דין כתם, מ"מ לענין זה לא אומר להקל בנייר).

כיצד, בדקה קרקע עולם, (או בית הכסא שאינו מקבל טומאה), או כל דבר שאינו מקבל טומאה, וישבה עליו ומצאה בו כתם, (טהורה).

(**עי'** בתשו' נו"ב, באשה שישבה בבהכ"ס הקבוע בקרקע, והדף שיושבים עליו נעשה מן דף שהיו עורכין עליו, והיה עליו תורת כלי בתלוש, אח"כ קבעוהו שם, וישבה עליו האשה ומצאה כתם, **וכתב** שהיא טהורה, דכיון שקבעוהו אינו מקבל טומאה, ואף אם לא חיברו בקרקע, משפתח בו נקב גדול כזה, אפילו הוא עדיין רחב מכל צד ויכול לערוך עליו, מ"מ כבר נטהר).

וכן כתם שנמצא על בגד צבוע, טהורה - (עי' בדגמ"ר, שתמה על שלא הביאו שום חולק בזה, ובהג"מ כתב בשם רבינו שמחה וראב"ן, שלא אמרו בגמרא דבר זה אלא לטהר הבגד, אבל האשה טמאה, וכיון שגם הרמב"ן מחמיר כמבואר בב"י, קשה להקל נגד שלשה חמורי עולם, **ועי'** בתשו' חתם סופר שהאריך גם כן בזה, להבין סברת רבינו שמחה, דהלא בכל דוכתא מצינן דמקילין לבעלה טפי מטהרות, **והעלה** לדינא דקיי"ל כרמ"א, דאשה הלובשת בגדי צבעונים מצלת על כתמים, שלא לחוש לדברי רבינו שמחה, **ועי'** בשו"ת תשובה מאהבה שהעלה, אחרי שרוב הפוסקים ראשונים ואחרונים, כולם עונים כאחד שאין חוששין משום כתם בהם, ודאי אין להחמיר, **אכן** אם הכתם חציו על הלבן וחציו על הצבוע, יש להחמיר, אחרי שאין המטהרים מטהרים באופן זה).

(**ועי'** בתשו' מעיל צדקה, בדין כתם שנמצא על בגד מנומר גוונים הרבה, לבנים ושאר צבעים, ולא היה כשיעור כתם על נימור לבן אחד, אלא שהיה מחובר, ועבר ע"ג חלק הצבוע צבע תכלת, ויוצא על גב הלבן שבצדו, באופן שבין שני חלקים שע"ג פספס שני הלבנים, היה בין שניהם כשיעור, ונסתפק השואל אם מצטרפין לטמא, הואיל והפסיק ביניהם הצבע, **וגם** אם כל הצבעים מצילין על הכתמים, **והעלה** דגם כל הצבעים מצילין, **ואין** הכתם שעל הצבע מצטרף, אבל שני הלבנים מצטרפים, כיון שהכל הוא כתם א', ומתחבר ע"י הכתם שעל הצבע, דעושה חבור לצרף שני הלבנים אהדדי, שאם יש בין שניהם כגריס טמאה, (**וכן** אם ראתה כתם לבן, ובשני קצותיו מראה אדום, הלבן מצרפן להאדום שיהיה כתם א', ואם יש באדום יחד שיעור כתם, טמאה - רעק"א), **ובאם** לאו טהורה, אע"ג שעם חלק הצבע הוא כגריס, דחלק הצבע אינו מצטרף להשלים השיעור, **אכן** הח"ד כתב, דגם מקום הצבוע מצטרף לכשיעור).

(**ועי'** בס"ט שכ' דצ"ע, היכא דשמשה מטתה, ואח"כ מצאה כתם ע"ד שאינו מקבל טומאה, או על בגד צבוע, דבעלמא קי"ל דטהורה, אע"ג דודאי מגופה, כיון דשלא בהרגשה חזיא, אבל כאן דספק דאורייתא הוא, די"ל הרגישה וסברה הרגשת שמש הוא, טמאה, **ואם** מצאה

כתם זה סמוך להטלת מי רגלים, יש ג"כ ספק זה, **ועי'** בתשו' חמדת שלמה, שהביא ראיה דגם בכה"ג טהורה, **ועי'** עוד בס"ט לענין אם גם בשוטה תלינן, בנמצא על דבר שאינו מקבל טומאה, או ע"ג בגד צבוע).

הגה: לפיכך תלבש האשה בגדי צבעונין, כדי להציל מכתמים - (ועי' בתשו' חתם סופר שהאריך להבין, מדוע שינה הרמ"א ז"ל לשון הרמב"ם, וכתב לפיכך תלבש האשה כו', ולא כתב תיקנו, **והעלה** דנהי דתקוני לא מתקנינן כהרמב"ם, מ"מ אין מוחין בידם ג"כ, **אך** זה דוקא בבגד שעל החלוק, אבל בגד הסמוך לבשר, כחלוק וכתונת, לא שמענו), ‹**ורעק"א** ומהרש"ם וחזו"א ועוד אחרונים חולקים על החת"ס›.

(**בספר** עמודי כסף כ' בזה, נראה דוקא תלבש תמיד, אבל כדי להציל בימי נדתה ובימי ליבונה, לא, ‹והיינו מטעם דהוי כמבטל איסור – נהרי אפרסמון›, **וי"ל** דבג' ימים ראשונים אין תולין, עכ"ל. **ועמש"ל** סי' קצ"ו ס"י) ‹בשם תשו' מעיל צדקה, דהוא מתיר כתם הנמצא בבגד צבוע תוך ג' ימים›.

סעיף יא - לא בכל מקום שימצא שם כתם טמאה, אלא במקום שאפשר שבא שם מן המקור, כיצד, נמצא על עקבה, טמאה - [שמא נגע באותו מקום בישיבתה, **ופי'** בפרישה, דהיינו כשישיבתה כדרך הישמעאלים, שמשימין רגליהם תחת עגבותיהם].

וכן אם נמצא על כל אורך שוקה ופרסותיה מבפנים, והם המקומות הנדבקים זה בזה בעת שתעמוד ותדבק רגל ברגל ושוק בשוק, וכן אם נמצא על ראש גודל רגליה, (וכ"ש על רגליה ממש) – [כ"כ ב"י, דמשמע לו כן מלשון "אפי' ראש גודל", **אבל** אין בזה הכרח, דאפשר דהאי לשון "אפילו" קאי אגודל עצמו, דפשיטא הוא דטמאה, אבל גב הרגל לא גרע מצד חוץ דשוקיה ופרסותיה, וכן פירש מו"ח ז"ל, **אלא** שאין להקל למעשה כיון שכבר הורה זקן ב"י, ורמ"א מביאו].

והב"ח כ', דדוקא גב הרגל שכנגד הגודל, אבל בשאר גב הרגל לצד חוץ, וכ"ש בנמצא אשאר ראשי ד' אצבעותיה, טהורה כו', **ואין** דבריו מוכרחים, גם בדרישה כתב, שצ"ע בשאר ראשי אצבעות הרגלים, [וזה נראה להקל, באם נמצא על שאר האצבעות של הרגל חוץ מן הגודל, ואפשר שגם הב"י מודה בו, כיון שהוא רחוק מצד פנים].

וכן אם נמצא על ידיה, אפילו על קשרי אצבעותיה, שהידים עסקניות הן ושמא נגעו באותו מקום - משמע להדיא מדברי הטור והמחבר, דאפי' בסתם חיישינן שמא נגעו, וכן דעת ה"ה.

(**וכ'** הס"ט, דדוקא מן הסתם, חיישינן שמא נגעה בידה במקום דאפשר ליפול דם מן המקור, **אבל** אם אמרה ברי לי, שלא נגעתי באותן המקומות שאפשר ליפול שם דם מן המקור, נאמנת, ולא אמרינן דהוי מלתא דלא רמי').

(**גם** נראה דאף לדברי המחמירים כהרמב"ם, דכתם שעל בשרה א"צ שיעור, מ"מ בנמצא על ידיה יש לסמוך על הפוסקים דאף על בשרה צריך שיעור, **דהא** בלא"ה דעת הרשב"א בשם רבו, דדוקא כשבדקה עצמה ולא נטלה ידיה אח"כ, ואף דאנן מחמירין כדעת המ"מ כו').

(**וכתב** עוד דנראה לו, דאם מצאה על גב ידה למעלה מן קשרי האצבעות, במקום שיש עוד צד להקל, יש לצדד לומר דדוקא עד קשרי אצבעות טמא, אבל שאר גב היד, כיון דאפילו ע"י שחיה הרבה א"א לה ליגע בא"מ, אינו מטמא כלל בכתמים, ומכ"ש כשלא בדקה סמוך לזה, או אפילו בדקה אלא שנטלה ידיה).

אבל אם נמצא על שוקיה ועל פרסותיה לצד חוץ, או אפילו מהצדדין, ואצ"ל למעלה מאותו מקום, טהורה - אפי' לא עברה בשוק של טבחים, שאין במה לתלות, כן מוכח מן הש"ס ופוסקים ופשוט הוא.

ולא חיישינן שמא הביאתו שם בידים [ממקור], דלא מחזקינן טומאה ממקום למקום.

ואם יודעת שנזדקרה והגביהה רגליה למעלה - לשון הטור, כגדי, ור"ל דהיינו דוקא כשנתהפכה ראשה למטה ורגליה למעלה, **טמאה בכל מקום שתמצאנו, אפילו למעלה מהחגור** - הוא סינר שחוגרות בו הנשים לצניעות, ורש"י והברטנורה כתבו, שהחגור כנגד בית התורפה, **בין מלפניה בין**

[ט"ז] ‹רעק"א או ש"א או הוספת הסבר› (פת"ש)

מלאחריה, אפילו עברה בשוק של טבחים או נתעסקה בכתמים.

ודוקא כשנמצא על בשרה לבד - ‹כיון דמגופה קא חזיא ובגופה לחוד אשתכח, רגלים לדבר וחזקה מגופה אתא ולא תלינן – ב"י בשם הרשב"א›. **אבל אם נמצא על בשרה וגם על חלוקה, אם עברה בשוק של טבחים או נתעסקה בכתמים, תולה בו, בין שנמצא למטה מהחגור, או שהגביהה רגליה ונמצא למעלה מהחגור** – [וכ' בב"י בשם הרשב"א בזה, דאי מגופה אתא, על בשרה לחוד איבעי ליה לאשתכוחי, **וכבר** הביא ב"י לעיל בשמו, דלא כתבו דרך הוכחה, דהא אפשר גם לדבר שמגוף להמצא על חלוקה, **אלא** הכי קאמר, לית כאן הוכחה דמגופה אתי, כיון דלא אשתכח על הבשר לחוד].

(**עי'** בס"ט שכתב, דאפילו אם החלוק היה אינו בדוק, לא אמרי' שהכתם היה על החלוק מקודם, וזה שעל בשרה הוא מגופה, **אלא** תלינן שגם על החלוק בא לה עתה ממה שנתעסקה בכתמים, ומזה בא גם על גופה, **ועמש"ל** בשמו, דאפילו שהכתם שעל חלוקה אינו נגד זה שעל בשרה, מ"מ טהורה, לפי שדרך החלוק להתהפך).

(**כתב** הס"ט דצ"ע, אם למעלה מהחגור מצאה הכתם על חלוקה, ולמטה מן החגור מצאה על בשרה, אם זה הוא כמו בנמצא על בשרה וחלוקה, שתולה אם עברה, או לא כיון דלא ראתה הכל במקום אחד). ‹הובא מסי"ז›.

בד"א שכשנמצא הכתם על בשרה בלבד אינה תולה, כשאין לה לתלות אלא בעסק הכתמים או בשוק של טבחים, אבל אם יש מכה בגופה שיכולה לתלות בה, שאפשר שיבא הדם ממנה, תולה בה, וטהורה - ותוך ג' ימי' ראשונים של ספירת ז' נקיים, לא תלינן אפילו במכה, כדלקמן סי' קצ"ו ס"י.

ואם המכה בכתפה, והכתם על יריכה במקום שאי אפשר לבא מהמכה, טמאה – [דלא מחזקינן טהרה ממקום למקום, **אבל** בצוארה לפעמים תולה בה, כגון בצד שמקום התורפה מכוון נגדו, ולפעמים שוחה צוארה ונופל דם המכה שם].

[וכן אם נתעסקה ממש בידיה בכתמים, תולה אם נמצא על ידיה – טור בשם רשב"א], (**ומשמע** דדוקא בנמצא על ידיה, אבל בנמצא על שאר גופה לא תלינן, אע"ג שנמצא נמי על ידיה), (**וגם**) ‹משמע דבעברה ונמצא דם על ידיה דאין תולין, **וקשה** לי, הא הטעם דבבשר לחוד דאין תולין, משום הוכחה דהוא מגופא, דאילו מעלמא גם על חלוקה היה משתכח, וזה שייך בבשר שמכוסה בחלוקה, אבל על היד לא שייך כן – רעק"א›.

‹**אבל** באמת במקור הדין בטור בשם הרשב"א ליתא כן, אלא ונמצאו על ידיה תולין בהן, עכ"ל, היינו דכיון דנתעסקה בכתמים, ונמצא גם על ידיה, שידוע שהלכלוך הזה הוא מהעסק, בזה מה שנמצא גם על גופה תולין בידיה שנגעה שם, דזה לא מקרי ממקום למקום, דהא ידוע שעל ידיה לכלוך דם מעלמא, **וכן** פי' בפרישה, (דדוקא בענין **שלא** ידעה אם נגעה, או אפילו נגעה ולא ידעה אם נתלכלך ידיה מדם שבמכה, דהוי ס"ס להחמיר, שמא לא נגעה במכה, ואם ת"ל נגעה שמא לא נתלכלכו ידיה, ואת"ל שנתלכלך שמא לא הכניסה ידה לירכה וכיוצא בו, **אבל** אם נגעה בודאי במכה או בשאר דברים, ויודעת שנתלכלך ידיה מאותן הדברים, וגם נמצא עכשיו דם על ידיה וגם על גופה, ודאי תלינן כיון דידיה ודאי נתלכלכו וידים עסקניות הם, שמא הכניסה ידיה לשאר מקומות שבגוף וטהורה, ויש לסמוך על הפרישה בזה - ס"ט).

‹**וא"כ** י"ל, דבעברה ונמצא על ידיה, תולין, **אלא** דבזה אם נמצא דם גם על גופה אין תולין, כיון דהלכלוך שעל ידיה אין בודאי דמעלמא, אין תולין בהם מה שעל גופה, **וגם** זה צ"ע קצת, דמ"מ נימא, דמה שעל גופה הוא מהלכלוך שלפנינו על הידים, וכיון דדנין דהלכלוך ההוא מעלמא כיון דעברה, ממילא הך דם שעל גופה טהור, דדינו כדין הדם שעל ידיה – רעק"א›.

(**החכמת** אדם כתב, דנראה לו, שאם המכה ודאי מוציאה דם, וידעה שנגעה בודאי במכה, וכן אם נתעסקה בידיה בבשר ודגים שהיו מלוכלכים בודאי בדם, אע"פ שלא ידעה בודאי שהיו ידיה מלוכלכות בדם, מ"מ טהורה, שדבר ידוע שהנוגע בדם ודאי נדבק בידים).

סעיף יב - נמצא הכתם על חלוקה - הבדוק לה, **למטה מהחגור, או במקום החגור עצמו, טמאה, אפילו נמצא לצד חוץ. (ואין**

חילוק בין נמלא בחלוק מלפניה או מאחריה או מן הצדדין, מפני שהבגדים חוזרין הנה והנה).

(**עי'** בסדרי טהרה שכ', דהא דאיתא בש"ס, לבשה שלשה חלוקים זה על זה, אם אינה יכולה לתלות אינה תולה אפי' בעליון, **דוקא** ג' חלוקים שהם כתונות התחתונות, ובהני איכא למימר שנתקפלו התחתונות, **אבל** במלבושים גמורים, ובפרט מלבושים שלנו, נראה דאינה חוששת בעליון, דליכא למימר במלבושים כאלו שנתקפלו, **ושוב** הביא בשם אא"ז בתשובת פנים מאירות שכתב כן, אלא שמחלק בענין אחר, דשאני בגדים שלהם שהיו כולם פתוחים מבית הצואר עד למטה, אבל במלבושי נשים שלנו שכולם אפודים, והיא לובשת ממתניה ולמטה, א"א בשום ענין שיבא בגד העליון נגד התורפה, ולא מטמאינן אם נמצא בבגד העליון, **וכן** בכרים שנותנים במטה שלנו, העשויה כתיבה מוקף בנסרים, והכרים עשויים כמדת המטה, א"א שיתהפך התחתון לעליון, ואם נמצא הכתם על הכר השני יש לטהר, ומעולם לא שמענו שטימאו משום כתם בבגד עליון).

ואם עברה בשוק של טבחים, טהורה, אפילו נמצא לצד פנים ועל בשרה - דכיון שנמצא על חלוקה גם כן, טהורה.

ואם נמצא על חלוקה בלבד מהחגור ולמעלה, טהורה, אפילו נזדקרה והגביהה רגליה, ואפילו לא עברה בשוק של טבחים, שאילו בא מן המקור היה נמצא גם על בשרה - ואף על גב דלמטה מהחגור ולא נזדקרה, אפילו על חלוקה לבד טמאה, כשלא עברה בשוק של טבחים, **נזדקרה** שאני, שא"א לדם לטפטף אלא שותת ויורד, ונוגע פעמים אף בחלוק, ושלא יגע בבשרה א"א.

‹**ואם** עברו ימים בין האזדקרות למציאת כתם, י"ל דטמאה, דדלמא באמת היה ג"כ על בשרה, אלא דנתייבש ונתפרך – רעק"א›.

כתב הב"ח ותימה בעיני, למה פסק להקל כסברת הרשב"א, שהוא יחיד בהוראה זו, **ותימה** לתמיהתו, דהלא דעת הרמב"ן כהרשב"א, וכ"נ דעת ה"ה ודעת ר' ירוחם, ואם כן אדרבה הרשב"א וסייעתו רובא נינהו, ועוד דבכתמים שומעים להקל.

וגם בבשרה לבד, מהחגור ולמעלה טהורה, כשלא נזדקרה, אפילו לא עברה בשוק של טבחים, כדלעיל, אלא דאשמעינן הכא בחלוק לבד, דאפי' נזדקרה טהורה.

מהחגור ולמעלה טהורה - (עי' בחכמת אדם שכתב בשם הס"ט, דאפי' מגיע לשם כששוחה הרבה, טהורה מסתם, כשלא ידעה ששחתה הרבה, ובאמת כן הוא בס"ט שם, **אמנם** לא עיין בס"ט ס"ק ל"ה, דשם הקשה ע"ז ממ"ש בש"ע שם סעיף י"ג, אפילו אינה יכולה להגיע שם אא"כ תשחה הרבה כו', **ולכן** כתב דצ"ל דמתניתין והפוסקים מיירי כשהיא חוגרת בחגורה, דאז אפילו ע"י שחיה מרובה א"א להגיע מה שהוא למעלה מן החגור נגד התורפה, לפי שהחגור מפסיק למה שלמעלה מן החגור, **אבל** כשאינה חוגרת חגורה, י"ל באמת חיישינן, אף אם נמצא למעלה ממקום החגורה, **והניח** בצ"ע).

סעיף יג - נמצא על בית יד - קורין בל"א ארבי"ל, **של חלוקה, אם המקום שנמצא בו הדם בבית יד מגיע עד בית תורפה, טמאה, אפילו אינו יכול להגיע שם אא"כ תשחה הרבה, ואם אינו יכול ליגע שם כלל, טהורה.**

(**כ'** בחכמת אדם, נ"ל לפי מה שנוהגין נשים שלנו לקשור הבית יד, אם נמצא למעלה כתם, טהורה, **ומ"מ** נ"ל שתשער האשה בעצמה, שתשחה הרבה עד שתגע לפי הטבעת, שכן דרכן לפעמים למשמש שם לקנח, ועד המקום שמגיע מבית ידה לשם חוששין, ולא יותר).

סעיף יד - היתה פושטתו ומתכסה בו בלילה, בכל מקום שימצא בו, טמאה, מפני שהוא חוזר הילך והילך. וכן הדין אם נמצא במעפורת שמכסה ראשה או שחוגרת בו. ואם קשרה בו ראשה היטב, וכשנעורה גם כן מצאתו קשור יפה, אינה חוששת.

סעיף טו - שתי נשים שכיסו ראשן בחלוק א', שתיהן טמאות. ואם אחת כיסתה והאחרת לא כיסתה, אף על פי ששתיהן לבשו החלוק, ונמצא הכתם למעלה מהחגור, אותה שכיסתה טמאה, והאחרת טהורה.

סעיף טז - אם יש לה מכה בצוארה - היינו בצדדי הצואר, **ונמצא הכתם בחלוק, אפילו למטה מהחגור, שאי אפשר ליגע שם מהמכה, אם פושטתו ומתכסה בו, תולה במכתה, שאני אומר נתהפך ובא לו שם** - והיינו בצדדי הצואר, שאז א"א ליגע שם מהמכה, אם לא על ידי שפושטתו ומתכסה בו, **אבל** בצואר ממש, בלאו הכי תולה בה.

סעיף יז - מצאה כתם למעלה מהחגור, וכתם למטה ממנו, ויודעת שלא נזדקרה, טהורה, שאני אומר כמו שהעליון בא מעלמא כך בא התחתון.

ויודעת שלא נזדקרה - ואע"ג דלעיל סעיף י"א אמרינן שאינה חוששת שמא נזדקרה, **שאני** הכא שיש עוד ריעותא אחרת בכתם התחתון, ואם היינו תולין לומר לא נזדקרה ומעלמא אתי, ואח"כ נתלה גם הכתם התחתון בזה, הוי ב' תליות לקולא, וכולי האי לא מקילינן.

(**כתב** הס"ט דצ"ע, אם תולה התחתון שעל בשרה בעליון שעל חלוקה, דכיון שנמצא למעלה מהחגור על חלוקה, ודאי עברה ולאו אדעתה, וניתז למעלה על חלוקה ולמטה על בשרה, או לא). (**וכתב** בתפארת למשה, דאם שלמעלה מהחגור בבשרה לחוד, ושלמטה ג"כ בבשרה לחוד, דתולים, **זולת** אם שלמעלה על חלוקה ובשרה, ושלמטה על בשרה לבד – רעק"א). (**ושאר** דברי הפת"ש הובאו לעיל סי"א).

(**ונ"ל** דאף תוך ג' ימים לספירתה תולה תחתון בעליון, כיון דהעליון ודאי אינו מגופה, ידעינן דבא מעלמא, הוי כאילו ידענו שנשפך דם על החלוק ולא ידעינן כמה, דפשיטא דגם תוך ג' ימים תלינן, ועדיין צ"ע לדינא – רעק"א).

(**ואם** כתם העליון אדום והתחתון שחור או איפכא, עיין לקמן סכ"ג – באר הגולה). (**במחכת"ה** דינא דהתם אינו דומה לזה, דהתם דידעינן דנתעסקה באדום, בזה אין תולין בו שחור, אבל הכא דלא ידעה משום עסק, אלא דמוכח דנתעסקה ולאו אדעתה, י"ל דתלינן כי היכי דנתעסקה באדום ולאו אדעתה, ה"נ נתעסקה בשחור ולאו אדעתה, והכי איתא להדיא בסוגיא לחד שינויא, והכי פסקו הרבה פוסקים, **אבל** הר"ח והרא"ש פסקו דגם הכא אין תולין שחור באדום, והובא מחלקותם בטור, **אבל** ההיא דלקמן סכ"ג היא ברייתא ערוכה ואין בזה חולק, **ועי'** בלבוש דפסק כהר"ח והרא"ש – רעק"א).

(**כתב** הס"ט, דוקא אדום באדום תולה למטה בלמעלה, אבל שחור באדום לא).

בד"א בשיש בעליון כגריס ועוד, או יותר, שודאי מעלמא בא, שהרי אין לתלותו בכנה, אבל אם אין בו כגריס ועוד, אין תולין אותו מעלמא, דשמא דם כנה הוא - (ואף לדעת הי"א לעיל ס"ו, מ"מ כיון דנאמר דלאו מגופה הוא, שוב י"ל דדם כנה הוא, ואין ראי' דנתעסקה – רעק"א). **ואם יש בתחתון כגריס ועוד, שאין לתלות בכנה, טמאה.**

סעיף יח - כיון שכתמים דרבנן, מקילין בהם ותולה בכל דבר שיכולה לתלות, כיצד, שחטה בהמה חיה או עוף, או נתעסקה בכתמים, או ישבה בצד המתעסקים בהם, או שעברה בשוק של טבחים, ונמצא דם בבגדיה, תולה בה וטהורה, אפילו לובשת ג' חלוקים זה על זה, ונמצא אפילו בתחתון, טהורה.

(**וכתב** בספר חמודי דניאל, מ"ש בשו"ע כיצד שחטה כו', נראה דלא בעינן שיכול הדם או הכתם לבוא לשם, אלא שידיה נתלכלכו, תלינן שבא על הבגד מידיה, שידים עסקניות הם, **לכן** נשי הקצבים יכולים לתלות כל כתמיהם בדם שנתלכלכה בידיהם, **עיין** מה שכתבתי לעיל סעיף י"א מענין זה).

(**כתב** בספר חמודי דניאל, אשה שיוצא דם מחוטמה לפעמים, ורוצה לתלות בזה, נראה אם דרכה בכך, דבהכאה מועטת נוטף דם מחוטמה, יכולה לתלות, **וכתב** עוד, אם אפשר לה לתלות בצואת תרנגולים, לכאורה נראה דתלינן, שלפעמים הם אדומים).

(**ועי'** בס"ט שכתב, דהאידנא שכיחי נשים טובא ששואפים אבק הטאב"ק בחוטמיהן, וכשנופל הליחה מחוטמיהן ע"ג בגד פשתן נעשה כתם אדום, דיש לתלות בו, **וה"ה** כשבעלה דרכו בכך, **ועוד** בא לידי, שכמה פעמים מלפפים התינוקות בבגד אדום, וע"י שהתינוק מטיל מים מפליט הצבע אדומה מהבגד ונצטבע חלוקה והסדין שלה, דודאי יש לתלות בו, **וכן** לפעמים היא לובשת בתי שוקיים מבגד אדום, וכשהיא מזיעה נתלכלך חלוקה מהצבע שהבגד מפליט, יש ג"כ לתלות בו, והכל לפי ראות עין המורה).

אבל אם נמצא על בשרה - ‹לבד›, **אינה תולה** - ‹וכנ"ל בסי"א - בדי השלחן›, **אא"כ יש לה מכה בגופה, אז תולה בה אפילו על בשרה, אם הוא במקום שאפשר לדם לנטוף משם. ואפילו נתרפאת, אם אפשר לה להתגלע ולהוציא דם ע"י חיכוך, תולה בה, ואע"פ שעכשיו עלה עליה קרום ואינה מטפטפת** - ‹דשמא גלעה שלא מדעתה, ואפילו אינה יודעת שהמכה מוציאה דם, סתם מכה לפעמים היא מוציאה דם - ב"י›.

סעיף יט - כשם שתולה בה, כך תולה בבנה ובבעלה אם נתעסקו בכתמים או אם יש בהם מכה, לפי שדרכם ליגע בה - (עי' בס"ט שכתב, דאפילו נמצא על בשרה לבד, תולה בבנה ובבעלה, **אבל** בסיפא כשלא נמצא בהם דם, אלא שהיו עסוקים בדבר שדרכו לינתז, ודאי דאין תולין אלא כשנמצא גם על חלוקה, **אבל** בנמצא על בשרה לבד לא, דלא עדיף מעברה בשוק של טבחים).

(**ועי'** בתשובת חתם סופר, שרב אחד פקפק על לשון השו"ע, דמשמע שיש לבנה ובעלה כל דין מכה שבגופה, שאפילו היתה רק יכולה להתגלע נמי תולה בהם, **והוא** ז"ל השיב, דדברי השו"ע צודקים לדינא, כי כן מבואר בדברי רוב הפוסקים, להקל בכתמים דרבנן).

אבל אם היו עסוקים בדם ולא נמצא בהם דם - נראה דה"ק, ולא נודע שנמצא בהן בודאי דם לאחר שהיו עסוקים בדם, **אינה תולה בהם אא"כ היו עסוקים בדבר שדרכו לינתז, כגון שחיטה וכיוצא בה** - אבל אם היה נודע שהיה נמצא בהם דם, אע"פ שעכשיו אין בהם דם, תלינן שבשעה שנגעו בה היה בהם דם, ב"ח.

הגה: וה"ה אם שכבה במטה עם נשים שיש להם מכות בגופן, תולה בהן כמו בבנה ובעלה - והא דנקט בש"ס ופוסקים בנה ובעלה, היינו משום דאלו מסתמא דרכן ליגע בה.

סעיף כ - מי שרגיל לצאת ממנו דם דרך פי האמה, ובשעת תשמיש נמצא בעד האשה דם, תולה בבעלה - (עי' בתשובת נודע ביהודה שכתב, דאם לא היה דרכו להוציא דם כי אם בשעת הטלת מי רגלים, לא מהני לטהר האשה ולתלות בבעלה, **ודוקא** אם רגיל שיוצא ממנו דם אף שלא בשעת מ"ר), ‹כך הוא במקור הדין בתשובת הרשב"א שהביא הב"י - רעק"א›.

(**עיין** בתשובת מהרי"ט, דה"ה אם אחר ב' או ג' ימים, בעת שרגילה לפלוט מצאה דם, ג"כ תולה בו).

סעיף כא - היכא דאישתכח כתם בשיפולה מאחורה, ומכה איכא מקמא, תליא בה, דאפשר אדיתבא, הך דבתרא אתא לקמה ונטפה בה מההיא מכה.

סעיף כב - ספק אם עברה בשוק של טבחים או אם ישבה בצד המתעסקים בכתמים, אינה תולה בהם. במה דברים אמורים, בעיר שהטבחים או המתעסקים בכתמים יושבים במקום ידוע, אבל אם דרכם להתעסק כאן וכאן - [דאז הוה כולה מתא כשוק של טבחים], **תולין אפילו מספק, שמא נתעסקו במקום שעברה ולא הרגישה.**

סעיף כג - נתעסקה בדבר אדום, ונמצא עליה כתם שחור, או איפכא, אין תולין בו. במה דברים אמורים, אדום בשחור ושחור באדום, אבל אדום באדום ושחור בשחור, אפילו אם אינו ניכר ממש שדומה לו, תולה בו, כגון שנתעסקה במי תלתן או במי בשר או בקילור אדום קצת, תולה בו האדום.

‹**ואם** נתעסקה בצבע אדום, יש לעיין, דלכאורה אסור, דאפשר לברר ע"י העברת ז' סמנים, **ואף** דאין אנו בקיאים, הוי ספק מחמת חסרון ידיעה, **ואף** בנאבד יש מקום לאסור, כמו שכתב כיוצא בזה בתפארת למשה, העתקתיו לקמן סעיף מ"ו, וצ"ע - רעק"א›.

סעיף כד - נתעסקה בתרנגולת, תולה בו אדום ושחור וכרכומי, לפי שדם

שחיטתה אדום, ודם איבריה שחור, ודם בני מעיה כרכומי.

סעיף כה - שתי נשים שנתעסקו בצפור אחד, שאין בו דם אלא כסלע, ונמצא על כל אחת כסלע, שתיהן טמאות.

[בתוס' כתבו בשם ר"ת, דאיירי שנתעסקו זו אחר זו, ואם היתה נשאלת הראשונה, היינו מטהרין אותה הואיל ונתעסקה, ובשביל חבירתה אנו מטמאין הראשונה שהיא טהורה גמורה, עכ"ל, ומו"ח ז"ל העתיק בזה, הואיל שבאין לשאול כאחת שתיהן טמאות, והכי משמע בתוס', עכ"ל, **משמע אם באו לשאול זו אחר זו טהורות, ולא** נלענ"ד כן, דא"כ הוי ליה לתלמודא ולפוסקים לחלק בזה **בהדיא**, ותו דע"כ לא כתבו התוס' שאחת מהן טהורה אלא הראשונה, והיינו אילו היתה באה קודם שנודע כלום מן השניה, **אבל אחר שנודע, ודאי שתיהן טמאות, אפי'** בזו אחר זו, **וטעמא** דמילתא נראה לי, דבכתמים כל שאין בו לתלות בשום דבר, הוי ספיקא טמא, ואין לך היתר רק אם יש בשום דבר לתלות שמסתבר שמשם בא הכתם, ומש"ה כאן שיש ב' נשים ויש כאן סלע יתירה, ואין סברא לתלות הטומאה באחת יותר מבחברתה, נשאר הדבר כאילו לא היה במה לתלות כלל].

השיג על הב"ח, ולפענ"ד דברי הב"ח נכונים - נקה"כ.

[**וגם** בדרישה כתב, שאין כאן חילוק בין זה אחר זה או בבת אחת, אלא שנתן טעם לזה, דדוקא במידי דרבנן אמרינן כן, וכאן הוי ראיית דם גמור מן התורה, **ולא דק** בזה בתרתי, חדא דאף במידי דאורייתא אמרינן כן, ועוד הא כאן הוי כתם לחוד, ואין בו אלא מדרבנן].

הוא לא דק, דהאיך יעלה על הדעת לומר באיסורא דאורייתא הכי, והא לא שרינן ליה אלא משום ספיקא לקולא, וספק דאורייתא לחומרא הוא, **וגבי** טומאה הוי משום דספק טומאה ברה"ר טהור, **וגבי** חמץ כיון דבדיקת חמץ הוי דרבנן תלינן לקולא, **ולגבי** שבוייה, משום דהקילו בה טובא, אבל לא באיסור דאורייתא, **והכא** נמי מדאורייתא אפי' אם תמצא כתם בגופה, טהורה עד שתרגיש שיצא דם מבשרה, ורבנן גזרו על הכתם היכא דליכא למיתלי במידי, **הלכך** היכא שבאו לשאול בזה אחר זה טהורות - נקה"כ.

[ועוד נתן בדרישה טעם להחמיר כאן, אפי' בזו אחר זו, דאיכא למימר דמהצפור בא על כל אחת כחצי סלע, והחצי השניה היא דם מקורה דכל אחת, וגם זה אינו, דדבר ברור הוא, כל שיש לפנינו לתלות בו, תלינן לקולא שנתעסקה בכל הסלע, כמו בכל מידי שתולין בו, לא אמרינן שמא לא בא מדבר שתולין בו רק מקצת ממנו, והשאר מן האשה].

סעיף כו - נתעסקה בדם שאי אפשר שיהיה ממנו כתם אלא כגריס, ונמצא עליה כשני גריסין, הרי זו תולה כגריס בדם שנתעסקה בו, וכגריס במאכולת - ‹בתשובות מעיל צדקה כתב, דדוקא במאכולת דשכיח טובא, וגם רגיל להיות במקום זוהמא, תלינן דנזדמן לדם שנתעסקה, ונדמה לכתם אחד, אבל בנתעסקה בב' זמנים, בכל פעם ופעם כסלע, ומצאה כתם ב' סלעים, אפשר דאין תולין להקל לומר דאתרמי זה בצד זה – רעק"א.

אבל אם נמצא הכתם יותר מכשני גריסין, טמאה. ויש מחמירין ומטמאין בכל זה - ולדידהו אפילו נתעסקה בכגריס, ונמצא עליה כגריס ועוד טמאה, **ומכל מקום נראה דיש לסמוך אמקילין, דבכתמים שומעין להקל.**

סעיף כז - נתעסקה בפחות מכגריס, ונמצא עליה כגריס ועוד, טהורה, שאני אומר כתם זה מעסק הכתמים הוא, וכבר היה שם דם מאכולת (פירוש דם כינה) שנצטרף אליו, עד שחזר ליותר מכגריס - היינו כשהעסק שנתעסקה בו, שהוא פחות מכגריס, הוא כ"כ כמו הועוד, כגון שהועוד הוא חצי גריס, צ"ל שנתעסקה בחצי גריס.

וכן אם נתעסקה בפחות מכגריס, ונמצא עליה כשני גריסין, טהורה. הגה: ויש מחמירין ומטמאין - והמעדני מלך והדרישה והב"ח השיגו ע"ז, דליכא מאן דמטהר בהא, כיון דאיכא ביתרון מהעסק שיעור כתם, **דמ"ש** זו מנתעסקה בכגריס ונמצא עליה כב' גריסים ועוד, דאמרינן בש"ס דלא אמרינן שדי דם העסק בי מצעי, וזיל הכא ליכא שיעורא וזיל הכא ליכא

שיעורא, אלא היא טמאה, וכן כתבו כל הפוסקים והט"ו בסעיף שלפני זה, **והכא** אמאי נימא שדי העסק בי מצעי, **ומה** שיצא לו להב"י כן מהרמב"ן שהביא הטור, נוסחא מוטעת נזדמנה לו, ודברים ברורים הם.

[והעיקר כגירסא בספרים מדוייקים, והרמב"ן טיהר בנתעסקה כגריס ונמצא עליה ב' גריסין, ודבר זה הוצרך הטור לכתוב, אע"פ שכתב כבר שהרשב"א טיהר בנתעסקה בפחות מגריס ונמצא כגריס ועוד, משום דאפשר לומר, דלהרשב"א אפשר דנתעסקה כגריס ונמצא ב' גריסין טמאה, דאין לך לטהר אלא אחר שתאמר, שכל העסק שנתעסקה נדבק בה, ולא נשתייר שום דם באותו ענין שנתעסקה, אלא הכל בא לכאן, ומש"ה לא נשתייר רק כגריס, ואנן כגריס ועוד בענין, וזה אינו סברא טובה כל כך, דיותר יש צד לומר, דנשתייר באותו עסק ג"כ קצת, ולא נדבק בה רק גריס פחות משהו, וא"כ יש על חלוקה כגריס ועוד, **אבל** הרמב"ן טיהר גם בזה, דס"ל דכל העסק דהיינו כגריס נדבק בה, ואין כאן רק כגריס מצומצם, ע"כ טהורה, **אבל** בנתעסקה בפחות מגריס ונמצא ב' גריסין, ודאי טמאה היא, ולא אמרינן כלל שדי ביה מצעי, כן נראה לענ"ד].

ומכל מקום אם נתעסקה בדם ואינה יודעת בכמה, אזלינן לקולא ואמרינן שהיה בדם כשיעור הכתם.

סעיף כח - האשה שמצאה על חלוקה כשני גריסין וכינה מעוכה בו, טהורה, שהגריס הא' ודאי מכינה המעוכה בו, והגריס השני אנו תולין אותו בכינה אחרת, כיון שאין בו כגריס ועוד - אע"ג דלעיל סכ"ו, טהורה אפי' אינה מעוכה בו, שאני התם דנתעסקה בכגריס, משא"כ הכא.

סעיף כט - הרגה פשפש שאנו תולין בו עד כתורמוס, חזר כתורמוס לשיעור הגריס לכל הדינים שאמרנו.

סעיף ל - אינה צריכה להקיף (פי' ענין הקפה הוא לדמות דבר לדבר) הכתם לדבר שהיא תולה בו, אלא תולה מן הסתם עד שתדע שזה שחור וזה אדום.

סעיף לא - מצאה כתם ואין לה במה לתלות, והדבר מסופק אם הוא דם או צבע, מעברת עליו ז' סמנים, אם עמד בעינו הרי זה צבע וטהורה, ואם אינה מעברת עליו, טמאה מספק. ועכשיו אין לנו העברת ז' סמנים, מפני שאין אנו בקיאים בקצת משמותם.

סעיף לב - האשה שהיתה עוסקת במלאכתה, ונמצא דם במקום שעברה על דבר שהיה בדוק לה מתחילה, (והוא מקבל טומאה) - אבל אם אינו מקבל טומאה טהורה, כדלעיל ס"י, דאין לחלק בין כתם לדם, דכיון דלא הרגישה שיצא מבשרה, טהורה מדאורייתא, ורבנן הוא דגזרו, ובדבר שאינו מקבל טומאה לא גזרו, **תחזור להתעסק כמו שעשתה, אם יזדמן שתעבור על המקום שנמצא בו הדם** - ר"ל שיבא מקום בין רגליה, נגד אותו מקום, **טמאה, ואם לא, טהורה.**

סעיף לג - האשה שבדקה עצמה בעד (פירוש סמרטוט, מענין וכבגד עדים כל צדקותינו) הבדוק לה, ונמצא עליו אפילו טיפה כחרדל, בין עגול בין משוך, טמאה.

(**ראיתי** בכתבי הרב הגדול מהר"ר דניאל ז"ל, שנסתפק אם בדקה קצת מן העד, וקצת העד לא בדקה, ובדקה א"ע ממקום הבדוק, וכעת נסתפקה שמא ניתק מעל ידה ממקום שאינו בדוק, ומצאה פחות מכגריס מה דינה, ודעתו נוטה להקל, **אך** אם לא בדקה היטב רק דרך העברה, בזה מותרת בודאי).

ולא עוד, אלא אפילו נמצא על הכתם מאכולת מעוכה, טמאה – [הטעם, שאותו מקום בדוק הוא אצל מאכולת, וע"כ חמור העד מחלוק, דבחלוקה תלינן במאכולת כל שאין בו כגריס ועוד, אבל עד זה שהיה בדוק לה קודם הקינוח, וקים להו לרבנן דאין שם

מאכולת, ודאי דם זה מגופה היא, ומאכולת מעלמא אתא בעוד שהוא מעוכה].

וכן הדין כשבדקה בו והניחתו בקופסא, ואחר שעה בדקה אותו ומצאה עליו דם כל שהוא, בין משוך בין עגול, טמאה - אעד הבדוק לה דלעיל מיניה קאי, **ובפרישה** כ' דקאי אפי' אעד שאינו בדוק לה, וקשה דבכה"ג לכ"ע בכל שהוא טהורה, דבעינן כגריס ועוד.

[**לא בא** למעט אם הניחתו במקום מגולה, דטהור אם נמצא לאחר זמן עליו דם, דזה אינו, **דפשוט** במתנ' בנמצא על עד שלה לאחר זמן, דטמא מספק], ‹כבר תמה בזה בספר ס"ט, דהתם מיירי, דבדיקת עצמה בעד היה אחר זמן דתשמיש, אבל מציאת הדם על העד היה מיד אחר שבדקה בו – רעק"א›. [**אלא היפוכו דסיפא קאמר,** דהיינו אם הניחתו תחת כר או כסת או טחתו בירכה].

סעיף לד - בדקה עצמה בעד הבדוק לה, והניחתו תחת הכר או תחת הכסת, ולמחר נמצא עליו דם, אם משוך, טמאה, שחזקתו מהקינוח - דוקא הכא כשבדקה עצמה אמרינן הכי, אבל בכל שאר כתמים לא מחלקינן בין משוך לעגול, דלעולם פחות מכגריס טהורה.

ואם עגול, ואין בו כגריס ועוד, טהורה, שאין זה אלא דם מאכולת שנהרגה תחת הכר -

(עי' בשו"ת מאיר נתיבים, דלמחר לאו דוקא, אלא אורחא דמלתא קתני, וה"ה אם מצאה מיד סמוך לבדיקה).

(**עי'** בדגמ"ר שכ', דבג' ימים ראשונים של ז' נקיים, טמאה, דהא דכתם פחות מכגריס טהור אף בג"י ראשונים, הוא משום דאל"כ אין שום אשה יכולה להטהר, **אבל** כאן שהוא בעד שבודקת, ואפשר לה להזהר, אין להתיר בג"י ראשונים, **ועי'** בת' מעיל צדקה, שאין דעתו כן, אלא דאפי' בעד שבודקת טהורה פחות מכגרים, אף בג"י ראשוני', **אכן** בס"ט, כתב דכל ראיותיו יש לדחות, ודעתו להחמיר).

הגה: וה"ה אם הוא יותר מכגרים, ויש מקום לתלות בו, כמו שנתבאר לעיל באיזה דבר תלינן כתם – [משמע כאן דאף בספק שהוא ע"י בדיקה, מהני בו לתלות בשום דבר, ע"כ נ"ל באשה שרגילה להוציא דם מבית הרעי שלה, ע"י איזה סבה, ובדקה עצמה אפי' בעד הבדוק, ובשעת הבדיקה נגעה גם שם, דתולה בה שלא בשעת וסתה, (**ועי'** בח"ד שחולק עליו, שיש לתלות אפילו בשעת וסתה), דאין כאן ספק דאורייתא, כיון שלא הרגישה בדם מן המקור, **ואפי'** משוך טהור, כיון שנעשה בקינוח ממקום טהור, **וכ"ש** הוא, דזה הוה כמו מכה באותו מקום, **ואפי'** להי"א דסל"ה מודה בזה, **וכתבתי** זאת לפי שראיתי מורה א' שהורה להחמיר בזה, ונ"ל דטעה בדבר פשוט].

(**ועי'** בשו"ת מאיר נתיבים, שרב אחד רצה לפסוק, דדוקא כשהיתה בימי טהרתה, שאז יש לה חזקת טהרה, תולה בזה, משא"כ בימי ליבונה שהיא בחזקת טמאה, אינה תולה, **והוא** ז"ל האריך לחלוק, והביא ראיות דגם בימי ליבונה תולה, **ונ"ל** פשוט דבג"י ראשונים אינה תולה בזה, לפי דעת הש"ך בסי' קצ"ו, דאפילו במכה שידוע שמוציאה דם אינה תולה, מכ"ש כאן).

סעיף לה - בדקה עצמה בעד הבדוק לה וטחתו בירכה, ולמחר נמצא עליו דם, אם משוך, טמאה אפילו בכל שהוא, ואם עגול, טהורה, אם אין בו כגריס ועוד – [דגם כאן י"ל שמאכולת היתה על ירכה, ונתמעכה בהטחה שהטיחה על הירך].

ויש אומרים שאף עגול טמא בכל שהוא, (הגה: וכן עיקר) - ולא דמי להניחתו תחת הכר וכסת, דשם המאכולת מצויה, מה שאין כן בירכה, ופסק הב"ח כהי"א. ‹**ובנמצא** בו מאכולת רצופה, בזה ודאי תולין במאכולת – רעק"א›.

[**הי"א** הוא הרמב"ם המחמיר בירכה, וס"ל דדוקא בכר וכסת שבסעיף הקודם, לזה הקילו בעגול ואין בו כגריס ועוד, אבל בירכה לא, ונ"ל טעמו דס"ל ממ"נ יש להחמיר, אם נמצא דם על הירך, איהו לטעמיה אזיל, דכל שנמצא על בשרה, *לא תלינן במאכולת אפי' בפחות מגריס, **ואם** לא נמצא כאן דם על הירך, הרי הוכחה לפנינו, דהדם שעל העד הוא מגופה, דאי מהמאכולת שטחתה על ירכה, היה לה להמצא גם על הירך, כיון ששם נתמעכה, משא"כ אם בא מגופא, אפשר שלא נגע בירך באותו חלק שעליו הדם, כן נ"ל טעמו והוא נכון מאד].

הלכות נדה
סימן קצ – דיני כתמים ובדיקת האשה

*קשה לי, הא התם על בשרה לבד הוא דאין תולין, אבל בעל בשרה וחלוקה תולין, ואם כן הכא בעל עד וירך נתלה – רעק"א. **ועי'** בפת"ש לעיל בס"ו, מחלוקת אם תולין כה"ג.

סעיף לו - בדקה עצמה בעד שאינו בדוק לה, אפילו הניחתו שמור בתיבתה, ומצאה עליו דם, (אינה) טמאה (אלא) אם יש בו כגריס ועוד - ‹ונראה דרבינו הרמ"א ז"ל כיון בזה אגב אורחיה להוציא מדברי הרז"ה ז"ל, שדעתו דבמשוך אפי' בכל שהוא טמא, וכמו בעד בדוק והניחתו תחת הכר או תחת הכסת, וע"ש טעמו ונימוקו, **וקמ"ל** הרמ"א דאינה טמאה לעולם אלא בכגריס ועוד – מחצה"ש›.

בב"י הביא מחלוקת הפוסקים בזה, שקצתם הורו להקל, ‹אפי' בכגריס ועוד›, ומ"מ חששו להחמיר לענין מעשה, **ובספרי** כתבתי שנראה עיקר בש"ס, דלכ"ע טמאה משום כתם, ‹ואין מי שהורה להקל›.

(**עי'** בת' חת"ס, דבזמנינו יש להחמיר בו מכתם דעלמא, דבכתם הנמצא, שיעורו בכגריס ועוד, שהוא שיעור דם מאכולת גדולה שלא נמצא כן בזמנינו, וכמו שמצויין בספר מעיל צדקה, **אבל** בדקה עצמה בעד שאינו בדוק, ומכ"ש ע"י הרגשת זיבת דבר לח, נהי דדין כתם יש לו, מ"מ מידי ספיקא לא נפיק, ואין לטהר אלא בשיעור קטן, כדם מאכולת שנמצא בזמנינו, או פשפש אם מצוים שם).

הגה: ודוקא בעד בינוני, דהיינו שאין חזקתו בדוק ולא מלוכלך, אבל אם בדקה עצמה בעד שחזקתו מלוכלך, כגון שלקחה עד ממקום שדמים מצויין שם, שחזקתו שכבר היו בו כתמים, ובדקה עצמה בו ונמצא עליו כתם, טהורה אפי' יותר מכגרים - ‹עיין בתשובת בית אפרים שכתב, דר"ל דוקא שלא בשעת וסתה, אבל בשעת וסתה חוששין, וכמו במכה שבגופה›.

[**בת"ח** הארוך הביאו ב"י מבואר, אותו שנקרא אינו בדוק, **היינו שהיא נוטלתו ממקום מוצנע, שדרכן של נשים להצניע ולהכין להם עדים, ואין מוליכות בשוק ולא מתעסקים בהם בכתמים, אבל כשלקחה חלוק מן השוק, ואינה יודעת ממי לקחתו, אי מגויה או מישראלית, נדה או טהורה, או שקנחה בעד המזדמן לה בבית, בכי הא** ודאי ליכא מאן דמטמא אפי' משום כתם, ועיין מה שאכתוב בסמוך סעיף ל"ט].

סעיף לז - בדקה עצמה בעד שאינו בדוק לה, וטחתו בירכה, ואח"כ נמצא עליו דם, אפי' כגריס ועוד, טהורה – [והוי תרי ספיקי ולקולא, חדא דלמא לא מן העד הוטח על יריכה, ואפי' את"ל מן העד, כיון שאינו בדוק לה, מקמי הכי הוה שם – רש"י].

דין זה צל"ע, ומה שהוציא המחבר כן מרש"י גם כן צ"ע, **דדוקא** לפי מה שפי' הוא, דטחתו על ירכה ונמצא דם על ירכה, ‹והעד אינו לפנינו – חוו"ד›, דבכה"ג אפשר דטהורה לגמרי משום דהוי תרי ספיקי, ר"ל ס"ס, דליכא למימר מיד שמא מהמקור בא על ירכה, דהא מצאה על הירך במקום שאין דם המקור יכול לפול שם, **א"כ** אני אומר ספק בא מן העד על הירך, ספק מעלמא אתי על הירך, ואת"ל מן העד בא על הירך, דלמא על העד נמי מקמי הכי הוה, א"כ הוי ס"ס גמור, **אבל** במצאה על העד לא הוי ס"ס כלל, דליכא למימר שמא מן הירך שמא אינו מן הירך, ואת"ל אינו מן הירך שמא מקודם לכן היה עליו הדם, דזה אינו ס"ס כלל, דהכל א' הוא, ומיד איכא למימר שמא מהמקור בא על העד, וכה"ג לא מקרי ס"ס כלל, **ומכ"ש** כשטחתו בירכה ונמצא עליה יותר מכגריס, דכה"ג ליכא חשש מאכולת כלל, וא"כ תימה היאך תהא טהורה בכה"ג, דהא כיון דהוא כגריס ועוד ליכא למימר דמן המאכולת שבירכה הוא, וכדאיתא בפוסקים להדיא, **אם** כן ליכא הכא אלא חדא ספיקא, שמא מקמי הכי הוי על העד, או שמא מן הקינוח הוא, אם כן ה"ל ספק דאורייתא וטמאה, **ודמי** לבדקה עצמה בעד שאינו בדוק והניחתו בקופסא, בסעיף ל"ו, דטמאה בכגריס ועוד, וה"ה הכא, **וכל** שכן להי"א בסעיף ל"ה, דאפילו בכ"ש טמאה בירכה, דלא תלינן כלל בירכה, אם כן באינו בדוק נמי לא עדיף מהניחתו בקופסא, וכל זה ברור, **והיה** נ"ל ליישב דברי המחבר, דמיירי ג"כ בשנמצא הדם על ירכה, אך העט"ז והמ"מ לא כ"כ, וכ"נ מדברי הרב והב"ח דמיירי כשנמצא על העד, **וצ"ע**.

‹**ותוה"ש** והגר"ז והחכמ"א נקטו דלא כהש"ך, **וז"ל** הגר"ז, דאיכא למימר מעלמא אתא הדם על ירכה, ומירכה הוטח על העד, אלא דגבי עד הבדוק לא אמרינן הכי כדלעיל, אבל הכא כיון דאינו בדוק, ואיכא למימר נמי מקמי הכי הוה הדם על העד, הוו להו תרי ספיקי לקולא, **מיהו** דוקא בנמצא

דם גם על ירכה, דאיכא למימר מעלמא אתא הדם על ירכה, ומירכה הוטח על העד, אבל אם לא נמצא דם על ירכה, דינו כהניחתו בקופסא.

הגה: וכל שכן אם הניחתו אחר הבדיקה במקום שיש לתלות הכתם – [פי' ולא טחתו בירכה] **דטהורה אפילו ביותר מכגרים.**

אבל הניחתו במקום שאין דם שכיח, טמא, אם הוא יותר מכגרים – [קאי ג"כ אַלא טחתו, אבל טחתו טהור בכל גווני, משום ס"ס כדלעיל].

סעיף לח - איזהו עד הבדוק, כל שבדקתו, בין היא בין חברתה, ולא נודע שנכתם בו כתם, ולא העבירתו בשוק של טבחים, ולא בצד המתעסקים בכתמים, הרי זה בחזקת בדוק - ‹ואם הניחתו במקום מגולה, שאינו בחזקת שמור וגם לא בחזקת מלוכלך, דעת הסד"ט ועוד אחרונים שזה מקרי עד בדוק, והגר"ז חולק›.

סעיף לט - אין האשה טמאה משום כתם שמצאה בחלוקה, אלא אם כן היה בדוק לה קודם שלבשתו. אבל אם אינו בדוק קודם שלבשתו, ולבשתו בלא בדיקה ומצאה בו כתם, טהורה - אפי' יודעת ממי לקחתו, כיון שלא היה בדוק, אני אומר כתם זה כבר היה, שהכתמים מדבריהם והולכים בהם להקל.

[כוונת השו"ע כאן במה שכתב: אבל אם אינו בדוק, היינו אם לקחה חלוק זה מן השוק ולבשתו בלא בדיקה, ואינו כלשון "אינו בדוק" שנזכר בסעיף ל"ו, דטמאה ביש בה כגריס ועוד, דהתם מיירי שהצניעתו בחזקת נקי, דבזה מיירי הגמר', **אבל** כאן נקט השו"ע לישנא דעלמא אינו בדוק, כלומר אין לה שום ידיעה ממנו, **ונראה** דמש"ה כתבו כאן ברישא: אא"כ היה בדוק לה, ולא כתבו: אא"כ בדקה אותו, אלא להורות שאף אם לא בדקה אותו בבירור, רק שהיה לה בחזקת בדוק, והוא אותו שנקרא בסעיף ל"ו "אינו בדוק" בלשון התלמוד, **נמצא** דלענין דינא הוי הך דין דסעיף זה מכוון ממש עם סעיף ל"ו].

[**ומו"ח ז"ל הבין דהאי אינו בדוק, הוא דומיא דסל"ו, וע"כ** הוקשה לו הך דסעיף ל"ו דטמאה, אהך דהכא דטהורה, **וניחא** ליה דשם דמיירי שקנחה עצמה, גרע טפי מהך דהכא דלא קנחה עצמה כלל, רק שמצאה כתם].

[וקשה... ותו דמה טעם יש לחלק בין קנחה ולא הרגישה דם, למצאה כתם בלא קנחה, דהא תרווייהו לאו דאורייתא, דמן התורה אין האשה טמאה אפי' ראתה, עד שתרגיש שיצא דם מבשרה, וכל שלא הרגישה וקינחה ולא ראתה על העד, ואח"כ מצאה על העד, הוה על זה דין כתם, וטומאתו מדרבנן, ‹**הגם** דלכאורה החילוק פשוט, דקינחה י"ל שהרגישה וטעתה בהרגשת עד, **דדעת** הט"ז, {וכמו דמבואר נמי מדבריו בסל"ד}, דמילתא רחיקתא הוא למתלי בהרגשת עד, ולא אמרינן הכי רק בליכא מידי למתלי שמשם בא הדם, וכיון שחזקת דמי מקור באין בהרגשה, לכן תלינן בהרגשת עד, אבל באיכא מידי למתלי, ודאי מן התורה תלינן יותר במעלמא משנתלי בהרגשת עד - פרי דעה›, **וא"כ ברור הוא, שדין קינחה בעד שאינו בדוק, ודין מצאה כתם שוין, ששניהם טהורים בלקחה מן השוק, ודין דסל"ו, דהיינו שהוא קצת בחזקת בדוק, טמאה אפי' במצאה כתם, זה ברור ופשוט לפענ"ד**].

‹כל דברי הט"ז הם תמוהים בזה, דאיך אפשר לומר דכל שלקחתם ממקום מוצנע מקרי בדוק וטמא, הא הרשב"א מיקל אף בעד שבדקו בה, אם לקחתו ממקום מוצנע ולא בדקתו מעולם, דטהורה אף ביותר מכגרים, **אלא** העיקר כהב"ח, דלא בדקתו מעולם מקרי אינו בדוק, וטהור ביתר מכגרים, **ואף** להרא"ש בסעיף ל"ו דמחמיר, היינו בעד שקנחה בה, אבל לא בכתם, **ומכ"ש** לדעת הרשב"א דגם בעד טהור, ולזה הסכים בתפארת למשה - רעק"א›.

סעיף מ - בדקה חלוקה ופשטתו ומצאה טהור, והשאילה לחברתה, ולבשה, ומצאה בו כתם, הראשונה טהורה, והשניה טמאה - פירוש שבדקה אותו בתחלה ואח"כ לבשתו, ואח"כ פשטתו ומצאתו טהור והשאילתו לחברתה, **אבל** בלא בדקה חלוקה אלא כשפשטתו, לא אצטריך לאשמעינן דהראשונה טהורה משום שמצאה אותו טהורה והשאילתו לחברתה, הא בלאו הכי טהורה כיון שלא בדקה אותו קודם הלבישה, וכמ"ש בסעיף שלפני זה, וכ"כ הרשב"א בת"ה הקצר בהדיא, שבדקה חלוקה קודם הלבישה, ודעתו כדפירשתי, **והדרישה** הניח דבריו

בצ"ע, **גם** הב"ח פירש הא דנקט בדיקה קודם הלבישה לדיוקא, דדוקא כשבדקה פעם ב' טהורה, אבל לא בדקתו פעם ב', אף על פי שבדקתו כשלבשתו, שתיהן טמאות, עכ"ל, [**ואם** נתכוין לזה, מה לו לטורח הזה, הא כתב בהדיא אח"כ כל היכא ששניהם שוין שניהם טמאים], **ולפענ"ד** נראה כמש"כ, **גם** מ"ש הב"ח אע"פ שבדקה אותו כשלבשתו כו', אינו מכוון דמשמע כ"ש לא בדקתו כלל, וז"א דבלא בדקתו כלל שתיהן טהורות, דאינה טמאה משום כתם אלא בחלוק הבדוק, **גם** מ"ש בפרישה, דמיירי שלא בדקה פעם שנית החלוק, אלא שבדקה את עצמה ונמצאת טהורה, ואע"ג שהשניה בדקה נפשה ומצאה טהורה, אפ"ה תולין בשניה ולא בראשונה, דכאן נמצא כאן היה, **אינו** מכוון, ובכה"ג דשתיהן שוות שתיהן טמאות, ולא אמרינן הכא כאן נמצא כאן היה.

[**והנראה** לפענ"ד דברים כהוייתן, דהכרח הוא לבדיקה שלפני הלבישה, דזה פשוט דהבדיקה שלאחר ההפשטה אינה מועלת אלא אם תבדוק בכוונה מכוונת לידע הבירור, **משא"כ** אם בדקה דרך העברה בעלמא, דכל מילתא דלא רמיא עליה דאינש לאו אדעתיה, **מש"ה** אם לא בדקה החלוק תחילה קודם ללבישה, אין לה שום צורך לבדוק אחר ההפשטה, דאף אם תמצא אחר ההפשטה כתם, אין לה היזק כמו שפסק בסעיף הקודם, ממילא מה שבודקת אח"כ הוא דרך מקרה בעלמא, ואין זה מועיל שנאמר השני' טמאה, **וא"ל** שהיא עושה בשביל שרוצה היא להשאילו לאחרת, ותמצא אח"כ כתם, שתהיה היא טהורה, **זה אינו**, דא"כ יהיו שניהם טהורות, כיון שלא נבדק תחילה אימור מתחילה היה עליו, **וא"כ** אין לה צורך לבדיקה שאחר ההפשטה, **וע"כ** כתב שבדקה תחילה, שנמצא שהבדיקה שאחר ההפשטה היא בכוונה מכוונת, כן נלע"ד ברור].

‹עיין מש"כ, ותראה שאין צריך לזה - נקה"כ›.

סעיף מא - לבשה חלוק הבדוק לה, ופשטתו, והשאילתו לישראלית נדה, או לגויה שהגיע זמנה לראות - היינו שהגיעה לימי הנעורים, לי"ב שנה ויום א', **וראתה פעם אחת, אע"פ שאינה רואה בימי השאלת החלוק, ואחר כך נמצא בו כתם, תולה בהן וטהורה** - דוקא נדה ונכרית, משום שתולין הקלקלה במקולקלת, [דנדה ונכרית אין בהו קלקול, ועל כן תולין בהם, ולא לקלקל אשה טהורה], **מה** שאין כן השאילתו לטהורה, דשתיהן טמאות.

והוא הדין אם בדקתו והשאילתו להן, ואח"כ לבשתו היא ומצאה בו כתם, שתולה בהן.

וה"ה אם בדקתו - כשפשטתו והשאילתו, ‹עיין באחרונים דטרחי להסביר, למה צריך להש"ך לבישה ופשיטה קודם הבדיקה›.

ואפי' היא בספירת ז' נקיים. (וע"ל סי' קצ"ו, דבג' ימים הראשונים של ז' נקיים אין מקילין בכתמים לתלות בדבר אחר) - דוקא כשהם יותר מכגריס ועוד, אבל בפחות מכן תולין בכינה, אפילו תוך ג', כמבואר שם, ‹ודברי הש"ך הנוגעים לסעיף מ"ד מובאים שם›.

סעיף מב - הטעם דסעיף זה הוא, שכל אלו אין מקלקלן כשתתלה הכתם בהן, וכשתתלה בהראשונה הרי אתה מקלקלה, **וכענין** שאמרו בב' קופות א' של חולין וא' של תרומה, שאני אומר חולין לתוך חולין נפלה, ותרומה לתוך תרומה.

השאילתו לקטנה, שלא ראתה מעולם - ‹עי' בדגמ"ר שתמה ע"ז, דדוקא בנערה בעינן שלא ראתה מעולם, אבל בקטנה לא איכפת לן אם ראתה בבית אביה›, **ולבשתו קטנה זו לאחר שנבעלה קודם שחיתה המכה** – [שבימי חכמי המשנה היתה מותרת עד שתחיה המכה של בתולים, ובנערה עד ארבעה לילות אחר בעילת מצוה].

או שהשאילתו לנערה שלא ראתה, ולבשתו תוך ארבעה לילות לבעילתה, או שהשאילתו ליושבת על דם טוהר, תולה בהן, ואפילו בזמן הזה - שאין נותנין לשום בתולה שנבעלה אלא בעילת מצוה, אפ"ה תולה בה לפי שדמים מצויים בה, **וכן** היושבת על דם טוהר, אע"ג דבזמן הזה היא ככל הנשים, אפ"ה תולה בה, לפי שמן הדין היא טהורה, ואם תתלה בה אין כאן קלקול, **ומה** שהחמירו שלא לבעול על דם טוהר לעצמן החמירו, אבל לענין שלא תציל חברתה לא החמירו.

וכן אם השאילתו לסופרת ז' שלא טבלה, תולה בה, ובעלת החלוק טהורה, וחברתה ששאלתו מקולקלת - וסתרה כל מה שלפניה.

‹**משמע** דוקא בתוך ספירתה, אבל בשלמו ספירת ז' נקיים, אף דלא טבלה, אין תולין בה, **עיין** משנה למלך› (שכתב, מאחר שטומאתה הראשונה כבר פקעה, אלא דגזירת הכתוב הוא דבעינן טבילה, ואם אנו תולין בה אנו מביאין לה טומאה מחודשת, ומאי חזית דנטמא לזו מחדש ולא לזו, משום הכי שתיהן מקולקלות), ‹**ובלבוש** סתם בפשיטות, דאף בשלמו ימי ספירתה תולין בה כל זמן שלא טבלה – רעק"א›.

(**ועי'** בתשו' רבינו עקיבא איגר, באשה נשואה טהורה ששכבה במטה עם פנויה גדולה שכבר ראתה כמה פעמים, ונמצא כתם בסדין המטה, **וכתב** דנ"ל להקל ולתלות בפנויה, **לא** מיבעיא לדעת הלבוש שכתב בפשיטות, דאף בשלמו ימי ספירתה כ"ז שלא טבלה תולה בה, היינו ממש נ"ד, **אלא** אף לדעת המל"מ, דאחר שבעה אף שלא טבלה פנים חדשות באו לכאן ואינה תולה בה, **מ"מ** בנ"ד אף דהך פנויה אפשר שלא ראתה זה כמה שבועות, מ"מ לא הוי כמו זבה אחר ששלמו ימי ספירתה, מאחר דקיי"ל דבעי ספורים או בתחלה או בסוף, אבל בלא ספירה כלל, אף אי קמי שמיא גליא דלא ראתה כל ז', מ"מ לא מהני בלא ספירה, **א"כ** ממילא בפנויות שלנו דאין דעתן לטבול, ואין סופרות לכוונת שבעה נקיים, מקרי זבה שלא ספרה ותולין בה).

סעיף מג - השאילתו לבעלת הכתם, בין שהיתה יושבת כבר על הכתם קודם שאלה, בין שראתה כתם בחלוק אחר לאחר ששאלה את זה, אין תולות זו בזו ולא זו בזו, ושתיהן צריכות לחוש – [לפי שאין ידוע בבירור לבעלת הכתם שהכתם יצא ממנה].

בין שהיתה - זו ואצ"ל זו, כלומר אפילו יושבת כבר על הכתם, לא אמרינן כיון שאח"כ נולד הספק דניתלי בה, ואצ"ל אם ראתה כתם בחלוק אחר השאלה, שבשעה שנולד בה הספק לא הכירה עדיין כתמה.

‹**לכאורה** נראה דמיירי דוקא דלאחר ששאלה ומצאה בו כתם, לבשה החלוק אחר ומצאה בו ג"כ כתם, דאילו נמצאו שני הכתמים ביחד, אמאי לא תליא זו בזו, הא י"ל דמהיכן שבא הכתם שבחלוקה, אם מגופה אם שעברה ולאו אדעתה, אז גם הכתם שבחלוק השאול ג"כ בא מאותו מקום עצמו, **וגם** אם תחילה נמצא הכתם שבחלוק השאול, ואח"כ נמצא בחלוק שלה, מ"מ נימא דאם הכתם אחר אינו מגופה ועברה ולאו אדעתה, דלמא עברה מקודם שנמצא הכתם בחלוק השאול, וכשעברה נכתם הכל, **אע"כ** דמיירי דכשנמצא בחלוק השאול, ידעה שבחלוקה האחר עדיין אין בו כתם, **ואולם** קשה לי, הא ע"כ דנמצא הכתם אותיום אחר מציאת הכתם שבחלוק השאול, דאל"כ ל"ל דהיא בעלת כתם, ומטעם דלאו מגופה, הא אף בראתה ממש לא מהני, כדלקמן סעיף נ"א, **וא"כ** איך שייך לומר, דמיירי דברגע שמצאה כתם בחלוק השאול, ידוע שעדיין לא נכתם חלוק דידה, ומיד ממש מצאה שנכתם ג"כ חלוק שלה, לומר דלא תלינן, דלא ידעינן בבירור שהכתם יצא מגופה, הא א"א שיהיה מעלמא, כיון דידוע דבאותו רגע לא עברה, וצ"ע – רעק"א›.

וכל שכן אם השאילתו לטהורה, וחזרה ולבשתו, ששתיהן צריכות לחוש - וה"ה כשלא חזרה ולבשתו נמי, כשלא בדקה הראשונה קודם שפשטתו, **אלא** קמ"ל דאע"ג שחזרה ולבשתו, והחלוק הוא אצל הראשונה, אפ"ה השניה ג"כ טמאה, **א"נ** מיירי שהראשונה בדקתו קודם שפשטתו, דהשתא אינה טמאה עד שתחזור ותלבשנו.

ואע"ג דהוי ספק דרבנן, מ"מ כיון דאי תליא בהא מיקלקלת, מאי חזית דתקלקל להך טפי מהך.

סעיף מד - לבשה חלוק בימי נדתה ולא בדקתו - כשפשטתו, **ולבשתו בימי טהרתה** - ג"כ בלא בדיקה, אבל בדקתו קודם ימי נדותה, **ונמצא בו כתם, תולה שמימי נדותה הוא** - דאי לא בדקה כלל, ‹אף קודם ימי נדותה›, פשיטא דבלאו הכי טהורה, כדלעיל סל"ט.

וכן במעוברת ומניקה דבסעיף שאח"ז, מיירי שבדקה בשעה שלבשה אותה קודם ימי עבורה ומניקתה, ואחר שנתעברה ולבשה אותו לא בדקה אותו.

לפמ"ש הרב ‹בסעיף מ"א›, דבג' ימים הראשונים אין תולין, ה"ה הכא, בעצמה אינה תולה, **אלא** שא"כ היה לו להגיה ג"כ הכי הכא, **אלא** נראה דהרב אזיל לטעמיה לקמן סימן קצ"ו ס"י, דכתב דדוקא בדבר אחר

אינה תולה ג' ימים הראשונים, אבל במכה שבגופה שמוציאה דם תולה בה, א"כ ימי נדתה של עצמה ודאי כמכה שבגופה שמוציאה דם דמי, **אבל** לפמש"כ דאפילו במכה שבגופה אינה תולה, א"כ הכא אינה תולה בימים שבנדתה, אלא אחר ג' ימים הראשונים של ז' נקיים.

סעיף מה - לבשה חלוק קודם שהיתה עוברה, ואחר שנתעברה לבשתו בלא בדיקה, ומצאה עליו כתם, תולה בלבישת הימים שלא היתה עוברה. וכן המניקה, תולה בעצמה כמו שתולה בחברתה. (וכן זקנה תולה בעצמה בימים שלא היתה זקנה).

סעיף מו - חלוק שלבשתו בימי נדתה ונתכבס, וחזרה ולבשתו בזמן שהיא טהורה בלא בדיקה, אם נתכבס על ידי ישראלית ואינה בפנינו לשאול, חזקה בדקתו בשעת כיבוס, ואינה תולה בה - דחזקת בנות ישראל בודקות חלוקיהן ושל חברותיהן בשעת כבוס, כלומר ואם תמצא כתם מגדת לחברתה, **ובזמן** הזה לא חזינן דדרך בנות ישראל בכך, ונראה להחמיר, ‹כתב הגר"ז, היינו במקום שהחזקה הוי לקולא, כגון שנתכבס והשאילה לאחרת ונמצא כתם, דאי אזלינן בתר חזקה תהא הראשונה טהורה, בכגון זה אמר הש"ך ונראה להחמיר›.

‹**בנתכבס** ע"י ישראלית דחזקתו דבדקתו בשעת כיבוס, לא מהני בדיקה של מקדיר או מגליד, רק באמרה שלא בדקתו או בנתכבס ע"י נכרית – רעק"א בשם תפארת למשה בכוונת הש"ך לקמן בסמוך›.

ואם היא בפנינו ואומרת שלא בדקתו, תולה לומר שמתחילה היה ולא עבר על ידי הכיבוס. ואם נתכבס ע"י שפחה או גויה, אפילו אינה לפנינו, תולה לומר שמתחילה היה - משמע דה"ה אם היא לפנינו, ואומרת שבדקתו ולא היה בו כתם, לא סמכינן על דבריה לא לאיסור ולא להיתר, ודנין אותה כאילו אינה לפנינו.

נראה דגם החלוק אינו בפנינו, דאם הוא בפנינו תבדוק במקדיר או מגליד, ואם אינה בקיאה תחמיר כדלקמן בסמוך, **אלא** מיירי שנאבד החלוק, דבכה"ג אין להחמיר, דלא אפשר למיקם עלה דמלתא, וטהורה מספק דרבנן לקולא. ‹הש"ך נערך כאן ע"פ רעק"א›.

ואם אפשר לעמוד על הבירור, כגון שמכרת במראיתו, אם מקדיר דהיינו שנכנס לתוך הבגד, בידוע שקודם כיבוס היה. ואם מגליד, דהיינו שאינו נכנס לתוך הבגד, בידוע שאחר כיבוס היה. ואם אינה בקיאה בכך, חוששת להחמיר - שאין זה כספק דרבנן, דספק הבא ממיעוט הכרה אינו ספק, דאם אין זה בקי ומכיר, אחר יכיר - הרשב"א.

‹**ובתפארת** למשה כתב, והאידנא דאין אנו בקיאים בין מקדיר למגליד, אף נאבד אסור, דמיד כשנמצא הכתם נאסרה מחמת דהוי ספק דהוי חסרון ידיעה, וע"י שנאבד אח"כ לא הותרה – רעק"א›.

סעיף מז - לבשה חלוק הבדוק לה, ופשטתו וכבסתו והשאילתו לחבירתה, ונמצא עליו כתם - וא"א לידע הדבר על ידי שאלה כדבסעיף הקודם, **אם מגליד, בידוע שמהשניה היא, והיא טמאה והראשונה טהורה. ואם הוא מקדיר, בידוע שמהראשונה הוא, והיא טמאה והשניה טהורה.**

ואם אין יכולין לעמוד על הדבר, שתיהן טמאות, טור והרשב"א בתה"ק, **וכתב** העט"ז דהיינו טעמא דטמאות מספק, דלא שייך כאן למיזל לקולא מטעמ' דלעיל, **משמע** דס"ל דלא הוי ספק כיון דהוא בא ממיעוט הכרה, **וקשה** דבטור ובתה"ק משמע אפילו מאן דחשיב הא דלעיל ספק, מודה בהכי, **אלא** נראה דהכא ה"ט, דכיון דשתיהן טהורות ואין לתלות בא' יותר מחברתה, מאי חזית דמקלקלת להך טפי מהך, **ולפ"ז** אפילו נאבד, דבכה"ג הוי ספק מעליא, אפ"ה הכא שתיהן טמאות, כיון שאין לתלות בא' יותר מבחברתה.

סעיף מח - שתי נשים שלבשו חלוק אחד בדוק, ונמצא בו כתם, אם הוא מהחגור ולמטה לשתיהן, שתיהן טמאות. ואם הוא למעלה מהחגור לשתיהן, שתיהן טהורות.

היתה אחת ארוכה ואחת קצרה, אם הוא מהחגור ולמטה לארוכה, כ"ש שהוא לקצרה, ושתיהן טמאות. ואם הוא מהחגור ולמטה לקצרה, ולמעלה מהחגור לארוכה, קצרה טמאה, וארוכה טהורה.

במה דברים אמורים, כשלא פשטו אותו בלילה לכסות בו את ראשן, אבל אם כיסו בו את ראשן, שתיהן טמאות. כיסתה אחת מהן את ראשה ולא השניה, אותה שכיסתה את ראשה טמאה, וחבירתה טהורה.

סעיף מט - שלש נשים שלבשו חלוק אחד, או שישבו על ספסל אחד, זו אחר זו, ואח"כ נמצא עליו כתם, כולן טמאות, והוא שיהא הספסל מדבר המקבל טומאה.

[בתורת הבית הארוך מסיק בזה, דאפי' אם אינן באין לשאול בבת אחת, אלא בזה אחר זה, והטעם נראה לי כמו שכתבתי, בסימן זה סעיף כ"ה], ‹ועיין שם בנקה"כ שחולק עליו›.

במה דברים אמורים, בזמן שכולן שוות. אבל אם היתה אחת מהן ראויה לראות יותר מחברתה, כגון שהיא זקנה או מעוברת או מניקה, או שלא ראתה דם מימיה אע"פ שנשואה, אותה שאינה ראויה לראות תולה בראויה.

סעיף נ - שלש נשים שישנות במטה אחת ומשולבות (פי' תכופות ודבוקות יחד כשליבות הסולם), שרגליהן מעורות זו בזו, ונמצא דם תחת אחת מהן, כולן טמאות.

ואם אינן משולבות זו בזו, ונמצא דם תחת האמצעית, כולן טמאות. נמצא תחת הפנימית, היא והאמצעית טמאה, והחיצונה טהורה.

נמצא תחת החיצונה, היא והאמצעית טמאה, והפנימית טהורה. בד"א כשעלו דרך מרגלות המטה, אבל אם עלו דרך החיצונה, כולן טמאות, שאולי דרך עברתה נטף ממנה.

וה"מ כשלא נמצא על סדין העליון, אבל אם נמצא בו, בין כך ובין כך כולן טמאות, מפני שהוא עשוי להתהפך אילך ואילך - ר"ל למנהג שמניחין ב' סדינין זה ע"ג זה, והוא שוכב ביניהם כדי שלא יתלכלך המטה העליונה משום זיעה - פרישה, **וכ'** בשם מהרש"ל דלא נהירא כלל, דהא עינינו רואות דהתחתון ג"כ נמשך, **וכ"כ** הב"ח שעכשיו שעינינו הרואות שהתחתון ג"כ מתהפך, כולן טמאות, [**ונ"ל דמ"מ** בכסת שתחת הסדין אין מתהפך כלל].

אבל לגופן אין חוששין שמא תתהפכנה מתוך שינה להיות משולבות, והעיקר לזה מפני שכתמים דרבנן, **אבל** אשה א' שאין לה מונע, בכל מקום שימצא דם במטה טמאה, שהמטה כולה מקומה, ועוד דם זה מהיכן - רשב"א בת"ה ומביאו ב"י.

סעיף נא - כל זה מיירי שלא בדקה שום אחת מהן, או שבדקו שלשתן ומצאו טהורות, אבל אם בדקה אחת או שתים ומצאו טהורות, הן טהורות, והאחרת שלא בדקה טמאה. ואם בדקה גם השלישית ומצאה טהורה, כולן טמאות.

ואם בדקה אחת ומצאה טמאה, האחרות שלא בדקו תולות בה, והן טהורות. בדקו שתים ומצאו טמאות, הן טמאות, והשלישית טהורה, מפני שתולה בהן.

והא דתלינן באותה שמצאה טמאה לטהר האחרות, וכן הא דמטהרינן לאותה שמצאה טהורה, דוקא שקנחה עצמה בעד שבידה מיד תיכף למציאת הדם, אבל אם שהתה כדי שיעור בדיקה, דהיינו כדי שתקנח בחורים ובסדקים, אין הבדיקה

מועלת לטמאה לטהר האחרת, ולא לטהורה לטהר עצמה.

דוקא שקנחה עצמה – ‹נראה דזהו רק במצאה טמאה, בזה אם בדקה, דלמא לא בא הדם מיד ממש, ומש"ה בענין דוקא קנחה, **אבל** לענין בדקה ומצאה טהורה, גם בדקה מהני, כיון דמצאה טהורה, ידוע דמתחילת הבדיקה שהיה מיד היא טהורה, **ובאמת** קשה לי מנא לן דלענין מצאה טהורה סגי בקנחה, דלמא בענין בדיקה ממש, כמו כל בדיקות שהם לברר שהיא טהורה, דצריכים בדיקה גמורה, וצ"ע – רעק"א›.

סעיף נג - במה דברים אמורים, כשכולן שוות, אבל אם אחת ראויה לראות יותר מחבירתה, שאינה ראויה תולה בראויה. כיצד, אחת זקנה שעברו עליה שלש עונות ולא ראתה, ואחת ילדה, זקנה טהורה, וילדה טמאה - אפילו הילדה יש לה וסת קבוע, ומציאת כתם היא שלא בשעת וסתה, תלינן בילדה. **לעיל** סי' קפ"ט סכ"ט נתבאר איזו זקנה.

אחת מעוברת שהוכר עוברה, ואחת שאינה מעוברת, מעוברת טהורה, ושאינה מעוברת, טמאה. אחת בתולת דמים שלא ראתה מעולם - אפי' היא נשואה, **ואחת שראתה, שלא ראתה טהורה, ושראתה טמאה.**

אחת מניקה ואחת שאינה מניקה, מניקה טהורה, ושאינה מניקה טמאה.

דוקא בהך ענינא, אבל יש לה וסת אינה תולה באין לה וסת, **וכן** יש לה וסת ולא הגיע שעת וסתה, אינה תולה בהגיע שעת וסתה.

וכשם שתולה בחברתה כך תולה בעצמה, שאם לבשה חלוק בזמן שאינה עוברה, ואח"כ לבשתו בזמן שהיא עוברה, ונמצא עליו דם, תולה בימים הראשונים שלא היתה מעוברת, וכן מניקה וזקנה, וטהורה.

ואם היו כולן שוות, מניקות או זקנות, או אחת זקנה ואחת מניקה - או א' זקנה ואחת בתולת דמים, **אין תולות זו בזו** - וה"ה לאחת זקנה וא' מעוברת, ולכל שאר אינך ששתיהן אינם ראוים לראות, אין תולות זו בזו, ושתיהן טמאות.

היו שלשתן ערות ושוכבות על המטה או יושבות על הספסל כאחת, ונמצא דם תחת אחת מהן, אפילו תחת האמצעית, כיון שכל אחת מכרת מקומה, אותה שתאמר: ברי לי שלא באתי למקום שנמצא הדם, טהורה.

[לא ירדתי לסוף דעתו, דמשמע מדבריו דוקא אם תאמר ברי לי כו', אז טהורה, והלא אמירה זו אינה מועילה כלל, דהא איתא בחו"מ אמר לו מנה הלויתיך בצד עמוד פלוני, השיבו לא עברתי בצד עמוד פלוני מעולם, ובאו עדים שעבר בצדו אבל לא ראו שהלוהו, לא הוחזק כפרן, דמלתא דלא רמיא עליה דאינש אמר ולאו אדעתיה, והכי נמי נימא כאן, בהאי אשה שאומרת לא נכנסתי למקום הפנימית, אימא דנכנסה ולאו אדעתה, דהא לא רמיא על דעתה בזה, כמו ההוא שעבר בצד עמוד פלוני, **ואין** לומר דשאני הכא, שאין דרך אשה ערה ליכנס למקום חבירתה, א"כ אמירתה ברי לי שלא באתי כו' למה לי, אפי' אם אינה יודעת מזה לישתרי, **ונראה** לתרץ דשאני הכא כיון דסמוך לשכיבתן נמצא הדם, ובזמן קצר כזה שפיר יודעת אם נכנסה למקום חברתה, כיון דהוא דבר שאינו רגיל קצת, **אבל** אם יש זמן רב אחר שכיבתן למציאת הדם, נ"ל דגם החיצונה טמאה, מטעם שאמרנו, כן נ"ל].

הקשה מחו"מ, ומתוך זה הוציא דאם הוא זמן רב טמאה, ולא קרב זה אל זה, דהתם אמרינן לאו אדעתיה, ואפשר דמ"מ אמת שפרעו, **אבל** הכא הא אומרת ברי לי ורמיא עלה, ואי לאו דודאי קושטא קאמרה איסורא קעבדה, וודאי דלא בעי למיעבד איסורא, **ובלאו** הכי נמי לא דמי מכמה טעמים - נקה"כ.

ואם נמצא ביניהן, השתים שנמצא ביניהן טמאות, והאחרת טהורה. ואם עלו דרך החיצונה ונמצא תחת החיצונה, כולן טמאות. תחת האמצעית, אמצעית ופנימית טמאות, והחיצונה טהורה. תחת הפנימית, היא לבדה טמאה, ושתים החיצונות טהורות.

ואם היה להן עסק לצד פנים שדרכן לקרב לצד הפנימי, כגון שהן טוחנות ברחיים, ונמצא דם תחת הפנימית, שתים הפנימיות טמאות, ואם נמצא תחת החיצונה, היא טמאה ופנימית טהורה, שאין פנימית דוחקת לבא לצד החיצונה.

סעיף נג - הא דאמרינן: נמצא דם בחלוק או מטה או ספסל כולן טמאות, אם נתעסקה אחת בכתמים, כולן טהורות, שכולן תולות בה והיא תולה בכתמים.

סעיף נד - אין בכתמים משום וסת. כיצד, מצאה כתם בר"ח, אפילו שלש פעמים, לא קבעתו, ולא עוקרתו - ‹היינו לענין דהיה לה וסת קבוע בראש חדש, ואח"כ שלש פעמים לא ראתה בר"ח, ושלש פעמים מצאה ‹כתם› בה' בחדש, לא אמרינן דנעקר לגמרי הוסת דר"ח, אלא הוי כלא קבעה וסת אחר, דאם אח"כ ראתה פעם אחת בר"ח, חזרה לוסת הראשון, פרישה – רעק"א›.

חוץ מכתמי עד הבדוק לה, שהם מטמאים בכל שהן - אפילו בפחות מכגריס, כדלעיל סל"ג, **והרי הן כראיות לכל דבר.**

[משמע דדוקא בעד הבדוק, דאמרינן עלה בגמר' טמאה משום נדה, בזה אמרינן דהוא כראייתה לכל דבר, אבל בעד שאינו בדוק, אע"ג דגם בו יש איסור, כמו שכתב בסעיף ל"ו, מ"מ אין בו משום נדה, רק משום ספק טמאה כמו בכתם, ע"כ לא הוה כראיה ממש גם לענין וסת, ומזה ג"כ ראיה למה שכתבתי בסעיף ל"ט, דאינו בדוק לא הוי טומאה דאורייתא, אע"פ שקנחה עצמה].

[רש"ל העתיק תש' מהר"ם, וז"ל, ועל אשה מוכת שחין, דבר פשוט שכתמיה טהורין, אפי' אם בשעת וסתה לא בדקה עצמה, ושוב בדקה ומצאה כתמים על סדינה או על חלוקה, טהורה, וכ"ש בימי ליבונה דתלינן להקל, עכ"ל, ויתבאר בסי' קצ"ו ס"י, מה דינה בג"י הראשונים].

[כתב רמ"א בתשובה סי' צ"ז, שנשאל על הכתם שמצאה בחלוקה והיה בו יותר מכגריס ועוד, אך שהיה לאשה מקום לתלות בו, שהיתה בעלת חטטין ומכות המגועלים בדם, והנה זאת האשה היתה רגילה בשעת מציאת הכתם, לראות מראה לבן וירוק הכשרים, וכל חלוקה היה מלוכלך מכתמים הירוקים והלבנים ההם, ובראש כתם אחד מן הכתמים ההם, היה נמצא המראה האודם הנ"ל סביב הכתם הלבן, כדמות דבר לח המתפשט בבגד, וע"כ היה נדמה לעין, שהמראה האודם הנ"ל היה קצוות הכתם הלבן, ושהכל כתם אחד, והשיב דאע"ג דקימ"ל בכתמים להקל, מ"מ בכה"ג נראה דטמאה, מאחר שאיכא הוכחה שבא ממנה עם הכתם הלבן, דהא כתב בתרומת הדשן דמראה לבן וירוק נמי ממקור באים, וא"כ בידוע שנפתח המקור שיצא ממנו הלבן, א"כ ודאי גם מראה האדום יצא משם, מאחר שנדמה הכל לכתם אחד, **ואפי'** לא יהא אלא ספק אם הכל כתם אחד או לא, נראה דאזלינן לחומרא, וראיה מפרק הרואה כתם וכו', הרי קמן דנתעסקה במין אחד תולה בו כמה מיני דמים, דאמרינן כמו שזה בא מעלמא ה"ה מינים אחרים, ואזלינן לקולא אע"ג שאין זה המין בעצמו, כ"ש שניזל לחומרא לתלות מין אחד בחבירו, לומר שכמו שבא מראה הלבן מהמקור ה"ה מראה אדום, כדאיתא באותו פרק, כי אמרינן אין שונין לקולא אבל לחומרא שונין, **והשתא** מבואר שאלתינו דאזלינן לחומרא, לא מבעיא ללישנא קמא דרבא, דתלינן מין בשאינו מינו לקולא, כ"ש שתלינן לחומרא, **אלא** אפי' ללישנא בתרא, דלא תלינן רק בנתעסקה בתרנגולת, מ"מ בנדון דידן כמו נתעסקה בתרנגולת דמיא, דבמקור נמי נמצאים דמים הרבה, עכ"ל בקיצור].

[**והנה** אף כי חביבים עלינו דברי רמ"א, ושותין אנו בצמא את דבריו ברוב המקומות, מ"מ דבריו אלו אינם מתקבלים עלינו כאשר נבאר, דמה שכתב להחמיר כאן, לומר כשם שמראה הלובן בא מן המקור כך בא מראה האודם, וסברתו דמן המקור באים הרבה דמים כמו תרנגולת, **א"כ** היה לנו לומר אף אם נמצא מראה האודם רחוק מן זה המראה לובן, שכמו שאנו אומרים בנתעסקה בתרנגולת, שבכל מקום שתמצא בחלוקה תולה בדם התרנגולת, ה"ה בזה לפי סברא זאת, **והא** ודאי ליתא, דא"כ כל אשה שיצא ממנה מראה טהור, נימא דכל כתם

שלה טמא, אפי' ביש במה לתלות, ובגמר' ופוסקים לא חילקו בדבר זה].

[**וראיה** מפורשת ממתני' ג' נשים שהיו ישנות במטה א' ונמצא דם תחת א' מהן, כולן טמאות, בדקה א' מהן ונמצאת טמאה, היא טמאה וכולן טהורות, ואמרי' עלה, אמר רב יהודה אמר רב והוא שבדקה עצמה כשיעור וסת של מציאת הדם, הלכך מחזקינן האי דם בדידה, ואינך טהורות, הרי לפנינו דעיקר טעם טהרות שאר נשים מכח חזקה דזו שבדקה עצמה ומצאה טמאה, אבל בלאו הכי לא הוה חזקה, **ולפי** דברי רמ"א אפי' לא מצאה עצמה טמאה אלא שמצאה מראה לבן וירוק, נמי נימא זו הוחזקה מקורה פתוח, וכשם שהלובן ממנה ה"נ הדם שנמצא במטה, משא"כ נשים האחרות שאין מקורן פתוח כלל. ומזה קשה נמי אפילו אם תרצה לומר שלא החמיר אלא באם נמצא מראה אודם ולובן דוקא במקום א', אבל בנמצא במקום אחר אין כאן חזקה כיון שהוא ממקום למקום, **דהא** בכאן במתניתין אזלינן בתר חזקה, מדמצאה עצמה טמאה חזקה שגם הדם שנמצא במטה ממנה הוא, ואילו בלא מצאה אלא מראה טהור אין אומרים חזקה זו, **אלא** ודאי שאין במראה טהור שום חזקה לומר כשם שזה הוא ממנה כך מראה הטמא].

[**ועוד** ראי' ממתני' פרק הרואה כתם, מעשה באשה אחת שבאתה לפני ר"ע אמרה לו ראיתי כתם, א"ל שמא מכה היתה ביך, א"ל הן וחייתה, א"ל שמא יכולה להתגלע ולהוציא דם, אמרה לו הן, טהרה ר"ע כו', **ואם** איתא דרגילה במראה לובן אין תולים כתם שלה במכה או בשחין, היה לו לר"ע לשאול את האשה שמא ראתה מראה לובן או שאר מראה טהור, **וכ"ת** שא"צ לחקור אחר דבר זה, זה ודאי סותר דברי רמ"א, שסובר מה שאנו מוצאים להקל בכתם כ"ש שאמרי' כן להחמיר, ואה"נ נימא כי היכי ששאל ר"ע אחר דבר שמביא לידי קולא, כ"ש שהיה לו לחקור אחר דבר שמביא לידי חומרא, **אלא** ע"כ שאין כאן חומרא לגמרי, כיון שיש לתלות הכתם במכה או בשחין, דכל שיש לתלות אזלינן לקולא אפי' ברואה ממש, כל שיש לה מכה באותו מקום, ולא מטמאינן מספק, כ"ש בכתם שעל חלוקה].

[**ולא** אמרו בגמר' שונין לחומרא, אלא בדבר שא"א לתלות הדם בשום דבר רק בה, אלא שעיקר ההיתר מכח שלא היתה שם, בזה אמרינן שתחזור להתעסק, אם יזדמן וכו', שזהו עיקר גזירת הכתם, שהחמירו שכל שאין דבר לתלות בו מטמאינן אותה, כיון שגם זאת מן האפשר שהלכה שם, למה תנצל מחומרת חכמים, ומזה הטעם אין להחמיר גם לפי ל"ק דרבא, דאמר נמצא עליה מין אחד תולה בה מינים אחרים, שמשם למד רמ"א דכ"ש דנימא כן לחומרא, שלא לתלות הכתם בשחין, רק במקור הנפתח למראות הטהורות, **שודאי** אין זה דומה לזה, דלענין לתלות ודאי אזלינן לקולא ולא לחומרא, כי כן היתה תקנת חכמים להקל לענין תליה בכל מה שאפשר לתלות, אבל בלא לתלות, ודאי אזלינן לחומרא שלא יבא להקל בד"ת.

[**ועוד** נ"ל תמוה, מה שדימה רמ"א נתעסקה במראות טהורות, למיתלי בהו מראות טמאות, כמו בתרנגולת, דזה פשוט שאם לא נתעסקה אלא בדם בני מעיים שהוא כרכומי, אינה יכולה לתלות בו מראה אודם, והכא אמאי נימא כיון שהוחזקה במראה טהור הוחזקה נמי במראה טמא, **ותו** דא"כ אשה שהיא רואה מראה טהור, נימא שתהיה טמאה, דאימר ראתה ג"כ מראה טמא, וחיפהו מראה הטהור, כמו דחיישינן גבי בעילת מצוה, **אע"כ** דאין פתיחת המקור למראה טהור כלל חזקה למראה אודם שניחוש בשבילו, וא"כ אין כאן רק כתם בעלמא, ואזלינן ביה לקולא אם יש מידי לתלות בו].

[**אם** לא באותו ענין שנשאל רמ"א עליו, שהיה נראה לראות עין, שהאודם הוא קץ של מראה הטהור, דהיינו שהוא הולך ומתפשט סביב המראה הטהור כעין קו, *אז ודאי טמאה, **אבל** בלא"ה, אלא שהמראה הטהור הוא הולך על מראה האודם והולך עליו, ואפשר לתלות האודם במידי, ודאי לא יצא מדין שאר כתם, ואמרינן דהאודם היה כבר ממידי אחרינא וטהורה, כנלענ"ד].

***גם** בזה דעת תשובות מעיל צדקה להתיר, שי"ל דם מאכולת היה מעורב בו בעודו לח, והטבע דוחאה לחלק האודם לצדדים, דבכתם תלינן גם בהיותר רחוק, דאם לא היינו מקילין לא תמצא א"א יושבת תחת בעלה, דכל הסדינים והחלוקים מלאים כתמים – ג' מהרש"א.

השיג על תשובת רמ"א, ויש לדחות כל ראיותיו, מיהו דינו מסתבר - נקה"כ.

סימן קצא – דין אשה שמצאה דם בהשתנה

§ סימן קצא – דין אשה שמצאה דם בהשתנה §

סעיף א - האשה שהשתינה מים ויצא דם עם מי רגליה, בין שהשתינה והיא עומדת, בין שהשתינה והיא יושבת - בין מקלחת בין שותתת, **הרי זו טהורה.**

‹ר"פ האשה, האשה שהיא עושה צרכיה וראתה דם, ר"מ אומר אם עומדת טמאה ואם יושבת טהורה, ר' יוסי אומר בין כך ובין כך טהורה, **ובגמר'**, מאי שנא עומדת דאמרינן מי רגלים הדור למקור ואייתי דם, יושבת נמי נימא מי רגלים הדור למקור ואייתי דם, **אמר** שמואל במזנקת, מזנקת נמי דלמא בתר דתמו מיא אתא דם, אמר רבי אבא ביושבת על שפת הספל ומזנקת בתוך הספל, ונמצא דם בתוך הספל, דאם איתא דבתר דתמו מיא אתא, על שפת הספל איבעי ליה לאשתכוחי, **אמר** שמואל הלכה כר' יוסי, וכן אורי רבי אבא, ע"כ. **שיטה** זו דעת רש"י והרמב"ם, דרבי יוסי דאמר בין יושבת בין עומדת טהורה, אפי' בתרתי לריעותא, עי' מחה"ש›.

ואפילו הרגיש גופה ונזדעזעה, אינה חוששת, שהרגשת מי רגליה היא זו, שאין מי רגלים מן החדר, ודם זה דם מכה הוא בחלחולת או בכוליא.

הגה: וי"א דאין להתיר אלא ביושבת והשתינה, אבל בעומדת, אם מקלחת לתוך הספל ונמצא שם דם, טהורה. אבל אם שותתין על שפת הספל ונמצא שם דם, טמאה, דהואיל והמקום צר חוזרין למקור ומביאים דם - וק"ו אם שותת תוך הספל, ‹פי' אם שותתת על שפת הספל, בודאי לא היתה שותתת מתחילה, דא"כ לא היתה עומדת על שפת הספל – פן יהיו מי רגלים שותתין חוץ לספל אצל רגליה – אלא באמצע הספל, **אלא** מתחילה היתה מקלחת לתוך הספל, על כן עמדה על שפת הספל, דאל"כ היה הקילוח הולך חוץ לספל, רק בתר דתמו מיא היתה שותתת על שפת הספל, **וקאמר** דאפ"ה טמאה, אע"ג דלא היתה שותתת כ"א בסוף, מ"מ מקרי תרתי לריעותא, עומדת ושותתת, **וק"ו** אם שותתת תוך הספל, דהיינו שהיתה שותתת מתחילה ועד סוף – מחה"ש›.

[**ורבים מקשים**, למה כתב אצל מקלחת לתוך הספל, ואצל שותתת כתב על שפת הספל, **ונ"ל דלא קשה מידי**, דודאי עיקר החילוק הוא בין מקלחת לשותתת, דבמקלחת כיון דנפקי בקילוח כי אורחא, לא דחיק לה ולא הדרי מי רגלים למקור, ואין דרך דם מקור לצאת עם מי רגלים, **אבל** שותתת, איידי דאוקמא אנפשה, אפשר דהדור מי רגלים למקור, ומוציאין עמהם דם, **אלא** דבמקלחת אי אפשר, אלא כשמרחבת רגליה זו מזו, ומשימה את הספל בין רגליה, נמצא שיורדין מי רגלים עם הדם לתוך הספל שהוא מכוון שם, ולא על שפת הספל, **אבל** בשותתת ועומדת, היינו שסומכות רגליה זו אצל זו, ואז א"א לה לקלח רק שותתין ממנה בנחת, והספל משימה סמוך לבין רגליה, וע"כ שותתת על שפת הספל, כי אז מכוון שפת הספל נגד מקום יציאת מי רגליה, זה נראה לי ברור].

‹**שיטה** זו דעת הרא"ש, דלא התיר ר' יוסי אלא במה דטימא ר"מ, וכיון דר"מ איירי רק במקלחת, דביושבת טהורה דאיכא תרתי לטיבותא, ובעומדת טמאה משום דהוי רק חדא לטיבותא, ובזה ר' יוסי טיהר, דלא בעי אלא חדא לטיבותא, אבל בתרתי לריעותא גם ר' יוסי מודה דטמאה, עיין מחה"ש›.

וי"א דאפילו ביושבת אין להתיר אלא במקלחת ונמצא הדם תוך הספל, אבל על שפת הספל - [פי' ויושבת], **טמאה, ובעומדת, בכל ענין טמאה** - אפילו מקלחת לתוך הספל לחוד, [דבעינן תלתא לטיבותא, יושבת ומקלחת ותוך הספל].

דוקא מקלחת ולא שותתת, **ודוקא** יושבת על שפת הספל ונמצא דם תוך הספל לחוד, דאם איתא דבתר דתמו מיא אתא, על שפת הספל איבעי ליה לאישתכוחי, **אבל** אם נמצא על שפת הספל גם כן, טמאה, דאמרינן בתר דתמו מיא אתי דם, **וביושבת** באמצע הספל טמאה, ‹דאפשר בתר דתמו מיא אתי דם – מחה"ש, והרב קיצר במובן›.

‹**שיטה** זו דעת הר"ח, דלא טיהר ר' יוסי בחדא לטיבותא אלא משום נדה, אבל טמאה משום כתם, אא"כ הוא תרתי לטיבותא, עיין מחה"ש›.

והכי נכון - כן נלע"ד מוכח מהש"ס והירושלמי כהי"א אלו, שהם ר"ח וסייעתו, שכל דבריו דברי קבלה, דהא ר' יוסי מודה דאסורה לכתחילה לטהרות, וכי היכי

הלכות נדה
סימן קצא – דין אשה שמצאה דם בהשתנה

דלטהרות לכתחלה אסורה, ה"ה לבעלה, **ובזה** א"ש מה שהקשה הר"ן, דהיכי אפשר ששמואל ורבי אבא תרווייהו ס"ל כרבי יוסי, ושקלי וטרי אליבא דר"מ כו', אלא אע"ג דפסקו כר"י, היינו לענין דיעבד במאי דפליג עליה דר"מ, אבל לענין לכתחלה דמודה ליה, כל מאי דשייך גבי ר"מ בדיעבד, שייך גבי ר"י לענין לכתחלה, וכל זה ברור, **ומדברי** האחרונים וגם לקמן מדברי הרב וכן משמע בעט"ז, דמשום חומרא אין לפסוק נגד ר"ח, **ולענ"ד** נראה כן בש"ס וירושלמי, ‹מצד הדין ולא משום חומרא – מחה"ש›.

(**עי'** בת' פנים מאירות שכ', דאשה זקנה שחדל לה אורח כנשים, יש לטהר דמה הנמצא בעת עשיית צרכיה, בעומדת בכל ענין, ופשיטא ביושבת אפי' בנמצא באמצע הספל, **דאף** לדעת המחמירין לא טימאו אלא משום כתם, וכאן הקילו יותר, וא"כ ק"ו, אם בכתם שהחמירו טיהרו בזקנה, ק"ו בנדון זה דקיל טפי, **ובפרט** שראוי לסמוך על הרמב"ם והרשב"א והרמב"ן והמחבר דמסתבר טעמייהו, ע"ש, **ולענ"ד** צ"ע מ"ש דכתם טיהרו בזקנה, ובאמת לא נזכר זה בשום דוכתא, רק בסי' ק"צ ס"ב איתא, לא גזרו בתינוקת שלא הגיע זמנה לראות, **ואדרבה** ממ"ש הרמ"א שם סעיף מ"ה, דזקנה תולה בעצמה בימים שלא היתה זקנה, נראה להיפך, וכן מבואר להדיא בסנ"ב שם, וצ"ע).

ודוקא כשנמצא הדם בספל שהיא משתנת שם לחוד, דידוע שהוא ממנה, אבל אם נמצא בספל שאיש ואשה מטילין שם מים, טהורה בכל ענין - משום דהוי ס"ס, דילמא מן האיש, ואם ת"ל מן האשה, שמא לא מן המקור, **ומשמע** דהיינו בנמצא תוך הספל על המים, כדאיתא בש"ס, ‹אבל בס' מנחת יעקב השיג עליו, כיון דטעמא הוא משום ספק ספיקא, וגם בנמצא על שפת הספל איכא האי ספק ספיקא – מחה"ש›.

וכל זה אם נמצא דם במקרה, אבל אשה שרגילה לראות דם במי רגליה, ומרגשת כאב בשעה שמטלת מים, כגון החולי שקורין האר"ן ויג"ד, נראה דיש להתיר בכל ענין, דהא איכא ידים מוכיחות שיש לה מכה המכאיב אותה בהטלת מי רגליה, וממנו הדם יוצא.

ואפילו אם מוצאה דם אחר הטלת מי רגלים, כשמקנחת עצמה, טהורה, דמאחר דמרגשת כאב, ואינה מוצאה דם רק אחר הטלת מי רגלים, ודאי דם מכה הוא - (עי' בתשובת צ"צ שכתב, דאין להתיר במוצאה דם אחר הטלת מ"ר, אא"כ מוצאה ג"כ תוך מ"ר בתוך הספל, וכואבת כשהיא מטלת מים, אז יש להתיר אפילו במוצאת דם גם אחר הטלת מ"ר על העד שבודקת, משום דתלינן דאותו דם הוא מתמצית הדם שמצאה תוך מ"ר, דהוא ודאי לאו מן המקור, **אי נמי** כשלא מצאה דם תוך מ"ר, אלא שכואב לה הרבה בשעת הטלת מ"ר ממש, והיא בודקת קודם הטלת מ"ר ונמצאת נקיה, ואח"כ מכנסת מוך נקי מבפנים ומשתנת, **אבל** אם אינה מרגשת כאב בשעת הטלתה ממש, אין להתירה, אע"פ שמרגשת כאב קודם לכן ואח"כ, **ועי'** בס"ט שחולק עליו, ופסק דאפי' לא מצאה כלל תוך מ"ר, וגם לא היה לה כאב בשעת הטלת מ"ר, רק אחר הטלת מ"ר מיד היה לה כאב, ואז מצאה דם, טהורה ע"י בדיקה שכתב רמ"א, וכן מוכח מדברי תשובת ח"צ, **ושוב** הביא בשם שבו"י, שכתב להחמיר לכתחלה, ולהיות מתון בדין זה).

אך יש מחמירין שלא להתיר רק באשה שיש לה וסת ולהצריכה בדיקה, דהיינו קודם שתשתין תבדוק עצמה היטב בחורין ובסדקין - ‹היינו עצה טובה לדידה, שאם לא תעשה כן, כשתכניס מוך נקי על המקור בפנים ותמצא עליו דם, אפשר דאינו מן המקור אלא המוך נתלכלך מדם המכה היוצא עם מי רגלים, ותתקלקל בכדי, והיינו טעמא גם כן שתקנח עצמה יפה ממי רגלים ותוציא המוך כו' – מחה"ש›, **ואם לא תמצא דם, תכניס מוך נקי על המקור בפנים, ותשתין, ותקנח עצמה יפה ממי רגליה, ותוציא המוך, אם נקיה היא, הוכחה גדולה דאין הדם מן המקור, והכי נהוג** – [בתשובת מהר"י ווייל מבואר, דאשה יש לה שני נקבים, אחד שיוצא ממנה השתן, והוא למטה סמוך ליציאתן, והאחר שיוצא ממנו דם נדות, שהוא למעלה בעומק הרבה לתוך הגוף].

ז"ל מהרי"ל ‹מקור היש מחמירין›, וכל זה לנשים שהיו להן וסתות, ושלא בשעת וסתה, אבל זו שכתבת עליה

דאין לה וסת, אם כן יש להחמיר, דאם לא כן וכי לעולם לא תהא טמאה, כמו שכתבו רז"ל, **אכן** אם יש לה עונה כדרך הנשים, אפי' אין וסתה קבוע, כגון שפיחתה או הותירה ג' ימים או ד' או שבוע, או פחות או יותר, רק שיהא לה עונה קבועה שרגילה להמתין לכל הפחות מסוף ראיה כך וכך ימים, ולענ"ד נראה לסמוך אתקנתא דלעיל כו', עכ"ל, **וקשה** דאם בדיקה זו חשיבה בדיקה, אם כן אפילו אין לה וסת נמי, ול"ד למ"ש רז"ל לעיל סי' קפ"ז ס"ה גבי מכה, דאל"כ וכי לעולם לא תהיה טמאה, דהתם בלא בדיקה היא, אבל הכא תהיה טמאה כשתמצא דם על המוך, **ונראה** דמהרי"ל ספוקי מספקא ליה, אי האי בדיקה חשיבה בדיקה מעלייתא, וקאמר דבאשה זו שאין לה וסת יש להחמיר עליה, **ומ"מ** קשה, מאי קאמר "וכי לעולם לא תהיה טמאה", הרי תהיה טמאה כשתראה דם שלא בשעת צרכיה, **ונראה** דמיירי שאינה רואה בשום פעם דם כי אם בשעת צרכיה, **ועפ"ז** תפרש מ"ש הרב שלא להתיר רק באשה שיש לה וסת, ר"ל שרואה אפי' בשעה שאינה עושה צרכיה, אפילו אין לה וסת קבוע, מ"מ היא רואה לפעמים שלא בשעת צרכיה, ולכך בין עונה לעונה טהורה, וכדכתב מהרי"ל, **ואף** אם ירצה בעל דין לחלוק על פי' זה, אמור לו הנה מהרי"ו בתשו', סומך בפשיטות על בדיקה זו, וחשיב לה בדיקה מעלייתא, ולא הזכיר לחלק בין יש לה וסת או לא, **וגם** הרב כתב, נראה דיש להתיר בכל ענין כו', אך יש כו'.

(**עי'** בתש' נו"ב, באשה שמוצאת בבדיקתה כתמים למטה במקום אחד, והשיב להכניס מוך נקי במקור, **ואח"כ** תבדוק למטה בא"מ, ואם עדיין תמצא דם, תוציא המוך וכשיהיה נקי אז יש הוכחה שהדם מן הצדדים, ע"ש שהאריך לבאר אופני בדיקה זו איך יהא, **וכתב** דאף שהש"ך כתב בסימן קצ"א, דמהרי"ל ספוקי מספקא ליה אי האי בדיקה מעלייתא היא, דברי הש"ך תמוהים, דודאי בדיקה מעלייתא היא, **אלא** שמהרי"ל מטהר אותה אחר בדיקה לעולם, לכן התנה שיהיה לה וסת, **וכן** הא דכתב הרמ"א דבעינן שתרגיש כאב, הכל הוא לטהרה אחר בדיקה לעולם, בזה צריך תנאים אלו, **והטעם** דבעינן שיהא מוכיחה קיים, כדי שנדע כאשר יסור הסיבה, שוב לא תתלה בו, **אבל** הדם שמוצאה בעת שהמוך בתוכה, ורואה שהמוך נקי, מועיל לעולם, דודאי בדיקה מעלייתא היא).

(**ועי'** בנו"ב, באשה שמוצאת תמיד בעד הבדיקה קורט דם כחודה של מחט, וצוה ג"כ לעשות בדיקה הנ"ל, וכ' דאף שכתבתי בחיבורי שאין לטהר לעולם, רק ביש מוכיחה קיים, **מ"מ** באשה זו שאינה מוצאת רק קורט אחד יבש, כאשר יסור הסיבה מסתמא שוב לא תראה באופן זה, ונקרא מוכיחה קיים).

(**ועי'** בח"ד שהשיג עליו, והעלה דאין לסמוך על בדיקה זו, להתיר דם הנמצא בפרוזדור שחייבין עליו כרת, **אכן** באם יש לה כאב או מכה, רק שא"י שמוציאה דם, מועיל בדיקה זו, דע"י בדיקה זו הוי כדין המבואר בסי' קפ"ז ס"ז, באם אינה מוצאת דם תמיד רק מצד אחד, דמהני ביש לה כאב, או מכה שא"י שמ"ד, רק דבעינן שתבדוק עצמה הרבה פעמים ולא תמצא רק למטה).

(**וכתב** נו"ב עוד, דאם בדקה עצמה בבדיקה הנ"ל בימי מניקתה, יש לספק אם מועיל לאחר שעברו ימי מניקתה, לכן תנסה שוב שנית).

ואם בדקה עצמה ג' פעמים בכהאי גוונא ומצאה המוך נקי, מותרת אחר כך בלא בדיקה, שלא בשעת וסתה, דחזקה דדם מכה הוא, מאחר שאינה מוצאה אותו רק אחר שהשתינה - (עיין בדגמ"ר שתמה ע"ז, דבאופן זה שעל המוך לא מצאה דם, ובבדיקה מצאה דם, סגי בפ"א, שכבר נודע שיש לה במקום מי רגלים מכה המוציאה דם, **אבל** מה דבעי מהרי"ל ג"פ, היינו אם לא מצאה דם כלל, ואז הטעם שכבר נעקר וסתה שהיה לה במעשה מי רגלים, בזה צריך ג"פ, **וכן** כתב בספרו תשובת נו"ב, דדברי רמ"א בזה הם שלא בדקדוק, ובאמת סגי בפעם אחת).

(**עי'** בתשו' חת"ס, אודות אשה שיש לה וסת שמצאה דם במ"ר, ונבדקה בדיקת מהרי"ל, ועלה בידו באופן שאין ספק שכל דם שתראה עם מ"ר בין עונה לעונה מטהרים, **אך** אחר שראתה דם ממש בוסתה, ובאתה לפסוק בטהרה ולספור נקיים, מה דינה אם צריכה אז לחוש לדם היוצא עם מ"ר, **ודעת** הרב השואל דהרי היא ככל הנשים, והדם שרואה עם מ"ר אינו סותר ואינו מפסיק, **אך** חשש למה שמצא בספר אבני מילואים, שהצריך להפסקת טהרה וספירת יום א' מימי נקיים עוד פעם בדיקת מהרי"ל, ובא לשאול אם הדין דין אמת להחמיר כ"כ, **והשיב** אין ספק

שכיון שיצאה בהיתר שוב הרי היא ככל הנשים, והנידון שבספר הנ"ל אינו סותר הוראה זו, **דהתם** מיירי באשה שפסק וסתה לגמרי, ואינה רואה כ"א במ"ר, שהדין עכ"פ ביום שהיתה רגילה לראות כוסתה או עונה בינונית, תחזיק הדם שעם מ"ר לדם טמא, ותספור עליו שבעה נקיים אחר הפסקת טהרה, ובזה צדקו דברי האבני מילואים, דאין מועיל שום הפסק טהרה אא"כ תטיל מים נקיים בלא דם, דמה שפוסקת ואינה מוצאת דם בבדיקת חורין וסדקין אין ראיה שפסקה, כיון שלעולם אינו רואה אלא עם מ"ר, ותחלת טומאתה שהחזקנו אותה בנדה היה עם דם שראתה עם מ"ר ביום וסתה, ותלינן שיצא דם המקור עם מ"ר, וכל זמן שלא פסקה בטהרה תלינן שאותו המעין פתוח עדיין ויוצא עם מ"ר, ע"כ לא שייך הפסק טהרה עד שתטיל מים נקיים בלא דם, וכיון שא"א בלא דם כלל, עכ"פ צריך שנדע שיצאו מ"ר בלא דם מקור, וזה א"א לידע אלא ע"י בדיקת מהרי"ל, **אבל** נ"ד שלא פסק וסתה, ורואה בזמנה ככל הנשים, ופוסקת בטהרה ע"י בדיקת חורין וסדקין, אין דם שיוצא עם מ"ר אח"כ סותר, דתלינן בדם אחר שלא מן המקור, אלא מן הכליות, כאשר נתברר ע"י בדיקה בראשונה, ועדיין לא נולד ריעותא לומר שיצא דם מקור עם מ"ר של עכשיו, וברור הוא).

וכל זה דוקא שמרגשת כאב עם מי רגליה, אבל אם אינה מרגשת כאב, ובודקת עצמה אחר הטלת מים ומוצאה דם, אם לא מצאה דם במי רגליה, ודאי טמאה.

אבל אם מצאה דם תוך מי רגליה, וגם על העד שבדקה עצמה בו, י"א שהיא טמאה, דלא התירו רק דם שנמצא תוך מי רגליה, וי"א שהיא טהורה, דדם שנמצא תולין שעדיין נשאר מתמצית מי רגלים, ויש להחמיר.

קשה לאיזה צורך כתב כלל האי דינא, דהא כבר כתב לעיל דאין להתיר אלא ביושבת ומקלחת, **וא"ל** דה"נ ביושבת ומקלחת, ואפי' הכי כשנמצא גם על העד טמאה, **דהא** פשיטא, דהא אפי' ביושבת על שפת הספל, ונמצא דם בשפת הספל ותוך הספל, טמאה, כ"ש כשנמצא על העד ותוך הספל, **גם** מ"ש הרב ויש להחמיר, לפי מ"ש לעיל שפירש ר"ח הוא עיקר אין כאן חומרא, אלא כך הוא שורש הדין.

מיהו א"צ לבדוק אחר זה. ואפילו אם היתה רגילה לראות, אם בדקה עצמה שלש פעמים ומצאה טהורה, שוב אינה צריכה בדיקה.

ואם אינה רגילה לראות רק לפרקים, קובעת לה וסת אם הוא בדרך קבע, בין וסת שוה בין וסת דילוגין.

ואם אינה מוצאה דם אח"כ כשבודקת עצמה, רק קרטין קרטין כמו חול וחצץ אדום - אבל אם מצאה דם ג"כ, טמאה כדכתב המרדכי, ד"מ, **ונמצא כזה ג"כ במי רגליה, ובשעת וסתה או לפעמים אחרים רואה דם ממש כשאר נשים, ואינה מוצאת אותו חול רק אחר מי רגליה, טהורה, דאין זה דם רק חול שדרכו להוולד בכליות (ב"י בשם תשובת הר"ן)** - ואין צריך להטיל למים לראות אם נמוחו, כדלעיל סימן קפ"ח ס"ד, **דהכא** שאני כיון שהיא רואה עם מי רגליה חצץ אדום או חול, ושרי אפילו בלא בדיקה, או אפילו כשנימוחו במים.

[ונראה ודאי, דאם אינה רואה דם גמור אחר מי רגליה, אע"פ שאלו הקרטין הנמצאים הם דם גמור, דכשממחין אותן בין האצבעות נמחין ונעשין דם, אין חוששין להן, דלא חמירי מדם ממש שיוצא עם מי רגליה, דתלינן במכה שבכליות, כ"ש הנהו קרטין – ב"ח].

[שאלה, על אודות האשה שיש לה וסת כדרך כל הנשים, ושלא בשעת וסתה מוצאה עצמה בבדיקה טהורה מראיית דם, רק שמוצאה קרטין אדומים כחודו של מחט, ואותן קרטין מקצתן נבלעין בבגד פשתן, ומקצתן אינן נבלעין, ונלקטין מן הפשתן במחט, וכשנמצאו אותן קרטין, אינם חדין כדרך החול, ומנהגה בשעת וסתה, כשפוסק השפעת הדם ממנה כדרך כל הארץ, אז מוצאת כמי שריית בשר, ובתוכן ישנן אותן קרטין הנ"ל הרבה יותר מזולת זה, והיא אומרת שהרבה פעמים הרגישה בכאב שהיה לה במקום הכליות, אך שזה כמו תשעה שבועות לא הרגישה באותו כאב, אך תמיד עדיין מרגשת

בכאב בבטנה למעלה מאותו מקום, וכואב לה הרבה, ודומה לה כאילו הולך שם שום דבר אנה ואנה, והיא מוצאת אותן הקרטין לפעמים מתוך הרגש הכאב, ולפעמים אח"כ ג"כ, וזה זמן רב מנהגה כן, מה משפטה].

[**תשובה**, הנה מצינו שני היתירים במקום זה, האחד הוא מכח עצמות הקרטין, שרגיל לבא מחמת מכה בכליות אפי' אינה מרגשת כאב, והשני מכח מכה שיש לה מכה שמרגשת כאב, וזה אפי' בדם גמור, **ותחלה** נדון מהיתר הקרטין מצד עצמן, שהב"י מפרש דאין היתר אלא דוקא בחול ממש, ולפי"ז אין כאן היתר מחמת הקרטין כי אין כאן חול ממש, והיה ראוי להחמיר כמותו, אבל באמת חלק עליו בד"מ, וכן נ"ל כי אין לו שורש ועיקר, **והנה** עדיין יש לנו לומר מסברא, דשמא הקרטין של האשה שלפנינו, אינן דומין באיזה צד להקרטין דהר"ן, ואין לנו ללמוד היתר משם, מ"מ יש לנו עדיין היתר מצד הרגשת הכאב, דהא הרגישה בכאב שהיה לה בפנים במקום הכליות, א"כ ודאי משם באין הקרטין, כיון שיש לה וסת כדרך כל הנשים, וזה משונה, ויש לתלות במכה שבכליות, ודאי תלינן שלא בשעת וסתה, **ואף** שזה איזה שבועות שלא הרגישה באותו כאב, מ"מ כיון שיש לה מכה תלינן בה, אף אם הונח לה מעוצב כאב אותה מכה, מ"מ לא נתקלקל היתר התלוי בהכי, כי הרבה מכות ישנן שלפעמים אינן מכאיבים אף שלא נתרפאו לגמרי, **ואף** אם יעלה על לב להחמיר בזה, מ"מ הרי לפנינו שהאשה הזאת מרגשת תמיד בכאב גדול למעלה מאותו מקום, ודאי תלינן בזה, **ואע"פ** שלפעמים מפסיק קצת הרגש אותו כאב וחוזר ובא, והיא מוצאת הקרטין בכל זמן, מ"מ ודאי הכל אחד הוא, והוא מתמצית אותו שבא מחמת הכאב, **ואין** להקשות דהא מביא רמ"א שתי דעות בסי' זה, אם נמצא דם בשעת הטלת מי רגליה וגם אח"כ, וכתב דיש להחמיר, **לא** קשה מידי, דשם איירי בלא הרגשת כאב, רק בהיתר מצד מי רגליה לחוד, אבל בהרגשת כאב כבר כתב לעיל מיניה, דמותר אף בנמצא גם אחר מי רגלים, **ואע"פ** שהביא שם רמ"א, שאין מועיל לה היתר רק ע"י בדיקה, ותו דכתב ב"י בשם האגור דמה שרואה לפעמים בלתי כאב אסורה, **כל** זה לא קשה מידי, דכל זמן שאינה מרגשת כאב רק בשעת הטלת מי רגלים, אבל בלא מי רגלים אין לה כאב כלל, ע"כ אין לה היתר שלא בשעת כאב, דאז היא כשאר נשים, **משא"כ** בנידון דידן דברור לה הכאב בכל עת ובכל שעה, נימא ודאי דתמיד הוא מחמת מכה, ואע"פ שלפעמים אינה מרגשת בכאב לפי שעה, מ"מ אינה נתרפאה שהרי חוזר ונעור תמיד אח"כ, ונמצא הכל בא מחמת הכאב, **וזה** אפי' בדם גמור, וכ"ש שיש לנו לומר מאחר שאינה מוצאת רק קרטין, והם רגילין להולד מן הכליות, ואשה זו הרגישה הרבה פעמים כאב גדול במקום הכליות, דיש לנו לומר דגם קרטין אלו הוויין כקרטין דהר"ן, דהא יש לה וסת כשאר נשים, ותכף שפסקה מלראות דם באין אלו הקרטין, ש"מ דמלתא אחריתא נינהו. (**וכבר** השיג עליו הגאון ח"צ בתשובה, ומסיק, הסומך על הוראה הנ"ל, מתיר איסור כרת).

§ סימן קצב – דיני כלה הנכנסת לחופה §

סעיף א - תבעוה לינשא ונתפייסה, צריכה לישב שבעה נקיים, בין גדולה בין קטנה - (עי' בתש' גבעת שאול, דאף אם היא זקינה ומסולקת דמים צריכה לישב ז' נקיים, **ועי'** בתש' מקום שמואל, שנשאל באשה אחת שנתעברה מנואף, ואח"כ דברו על לבבו לקחת אותה לאשה, וכבר נתעברה ממנו כז' חדשים, אם צריכה לספור שבעה נקיים, או נימא כיון דמעוברת בחזקת מסולקת דמים, לא חיישינן שמא מחמת חימוד ראתה, **והשיב** דזה פשוט דצריכה שבעה נקיים, וק"ו הוא מקטנה).

(עי' בתשו' שער אפרים, באשה אחת שהיתה זקוקה ליבם, ולא רצה לחלוץ לה עד שנתפשרה עמו וחלץ לה, וקודם החליצה עשתה שידוך, ואחר החליצה רוצה לכנס לחופה בו ביום, ואמרה שספרה שבעה נקיים קודם החליצה, והורה דצריכה שבעה נקיים מחדש, **פשיטא** במקומות שנהגו לייבם, שאינו מועיל שבעה נקיים שספרה קודם, כי ויבמה אמרי' אפילו בעל כרחה, וא"כ נחשבת כא"א, **ואפילו** במקום שאין מייבמין רק חולצים, מ"מ לא סמכה דעתה).

(**וכתב** בס' חמודי דניאל, דבלא כתיבת התנאים לא מהני שבעה נקיים, וצריכה למנות מחדש).

הלכות נדה
סימן קצב – דיני כלה הנכנסת לחופה

(**ועי'** בבית שמואל, שמסתפק באשה שנשתטית, וספרה ז' נקיים בימי שטותה ע"י נשים אחרות שבדקוה, ואח"כ נעשה חלומה, אם רשאים לכנסה על סמך נקיים הראשונים, או נימא דכשנעשה חלומה נתעורר החימוד מחדש, **שכתב** קצת ראיה להקל מפרק חרש, **ועי'** בתשו' חתם סופר שחיזק ראייתו, וגם הוסיף להביא ראיה ופשט ליה לקולא).

(**וע"ש** עוד אודות אלמנה אחת, שדברו בה להנשא לאיש אשר לא ראתה מעולם, ונתפייסה וקבע במכתב יום מועד לנישואין, וספרה שבעה נקיים לטהרתה טרם בא האיש, אם יעלו לה הימים, **או** אפשר דעיקר החימוד יתעורר לאחר ראייתה אותו, ואין לחשוב הימים שלפני זה, דהרי אמרו בסוטה, גמירי דאין יצה"ר שולט אלא במה שעיניו רואות, ודעת הרב השואל להחמיר, **והוא** ז"ל האריך להביא ראיות דאין לחלק בכך, ולא עלה ע"ד שום פוסק דבעינן ראתה אותו, **ומש"ס** דסוטה אין ראיה, דמשם לא נשמע אלא המהרהר על גוף זה, לא יבא ע"י זה להרהר על גוף אחר, אבל אשה המחמדת על חיבת ביאה סתם, ולא על גוף ידוע, אין שום הכרח לומר לכשתראה אותו יתחדש לה חמדה יתירה, **ואף** אם יהיה קצת חימוד יותר, מ"מ כבר שבעה לה מתחלת התביעה, ע"כ דעתו נוטה להקל, והרב השואל שהחמיר תע"ב).

ואפילו בדקה עצמה בשעת תביעה ומצאה טהורה, שמא מחמת חימוד ראתה טיפת דם כחרדל ולא הרגישה בו – [כתב הרב המגיד, דזו היא מדרבנן דהם החמירו בגזירה זאת, ומן התורה מותרת גמורה, שהרי אפי' ראתה בלא הרגשה מן התורה אינה טמאה, כ"ש זו שלא מצאה אפי' כתם, **ובזה ניחא לי** הא דאיתא פ"ק דסוטה, גבי תמר ותשב בפתח עינים, שנתנה עינים לדבריה, שאמרה ליהודה טהורה אני מנדה, וכן מצינו ברות שנכנסה למטתו של בועז אחר שטבלה, **וקשה הא צריכים ז' נקיים אחר שנתפייסו ביחד לישא זה את זו, ולפי מה שכתבתי ניחא, דעדיין לא היתה גזירה זאת, אלא דצ"ע כיון שהיא מדרבנן, היכן מצינו שחידשו גזירה זו, אי בההיא דרבא דאמר תבעוה לינשא ונתפייסה צריכה לישב ז' נקיים, ורבא הוא שהמציא חומרא זו בימיו, קשה מההיא דפרק החולץ, רב כי איקלע לדרדשיר אמר מאן בעיא למהוי איתתא ליומא, ופרכינן עליה והא אמר רבא וכו', מאי פריך הא נתחדשה חומרא זאת בימי** רבא, ונ"ל דבאותה שעה שגזרו חכמים על הכתמים, ולא התירו בשביל שלא הרגישה, נעשה גם גזירה זאת, ואין מועיל לה מה שלא הרגישה, כנ"ל, **ועוד נראה לתרץ**, דגבי תמר ורות לא היה חשש שמא תראה מחמת חימוד, דמיד שנתפייס יהודה ובועז, אז היו עמהם במטה, והוי ליה כמי שיש לו פת בסלו, משא"כ בשאר כלה].

(**ועיין** ח"ד שכתב, שזה דחוק דאין שום סברא לחלק בין זמן מועט לזמן מרובה, אלא מש"ה לא היה שם חשש, דדוקא בחימוד של נשואין חיישינן).

ומונה ז' ממחרת יום התביעה, ואינה צריכה הפסק טהרה, שאף על פי שלא בדקה ביום התביעה להפסיק בטהרה, מונה מיום המחרת ז' נקיים – [הטעם, שאינה מוחזקת בדם, דהא לא ודאי ראתה].

והאידנא נהגו להפסיק בטהרה אף לבתולה, ‹ר"ל אף לכלה שא"צ ז"נ רק משום חשש חימוד – מחה"ש›.

ומיהו צריכה בדיקה תוך ז' (כל יום לכתחלה, מיהו בדיעבד אם לא בדקה עצמה רק פעם אחת תוך ז', סגי) - דלא עדיפא מרואה ודאית - ב"י, **ונראה** דר"ל דלא עדיפא מרואה ודאית, דס"ל להרא"ש דסגי בדיעבד בבדקה פעם אחת תוך ז', **ולפי"ז** לדידן דקי"ל התם ס"ד, דלא סגי אלא בבדקה ביום א' וביום ז', ה"ה הכא, **אבל** אין נראה כן דעת הרב והאחרונים, אלא נראה דס"ל, דהכא כיון דלא ראתה ודאי, עדיף טפי.

סעיף ב - שבעת ימים הללו מונים אותם משעה שהיא סומכת בדעתה ומכינה עצמה לחופה, אע"פ שלא נתקדשה עדיין - משמע דכ"ש אם כבר נתקדשה דצריכה לישב ז' נקיים סמוך לחופה, וכן הוא בב"י ע"ש, ‹שמפקיע התם מדברי הג' מיימוניות בשם ריב"א שכתב: דה"מ כגון שקידשה ורוצה מיד לישאנה, דכיון דלא נתקדשה מקודם חמודי מחמדא ליה, אבל אם קידשה מקודם הרבה, ולאחר הקידושין או ז' ימים תבעוה לינשא, כיון דיודעת בו כבר, לא מחמדא והיא מותרת לינשא לו מיד, כן פי' הלחם ושמלה. **והסד"ט** כתב, דבא לאפוקי מדעת הרא"ה, דס"ל דחשש חימוד אינו אלא לאחר קדושין דוקא, לכך כתב אע"פ שלא נתקדשה, וכ"ש אחר שנתקדשה, **וכתב** עליו הלחם ושמלה: נראה שלא דקדק היטב בלשון הש"ך›.

[בטור הביא זה בשם הרשב"א וז"ל, לא שתבעוה לינשא לאחר י"ב חדש, שזמנה רחוק ואינה חומדת בכך כו', דאין מועיל לה שתשב ז' נקיים תכף, דהא עכשיו אין לה שום חימוד עדיין, אלא בשעה שתכין עצמה לחופה, שאז יש לה חימוד, ומה יועילו השבעה נקיים דעכשיו, **אלא** ע"כ משעה שמכינים השכר לצורך החופה, או משעה שמודיעין לה, ואז מועילין הז' נקיים, אע"פ שיש עוד זמן רב להחופה, כיון דבשעת התחלת התביעה שאז עיקר החימוד, ישבה אחריו שבעה נקיים, אח"כ הרי היא כשאר הנשים ואין לה לבדוק כלל].

[**ובדרישה** הוקשה לו, למה לא אמר הטעם, שתחזור ותחמוד לאחר זמן קודם החתונה, אלא אמר הטעם שהזמן רחוק ואינה חומדת בכך, **דנ"מ** אם תבעוה לינשא לאחר י"ב חודש, והתחילה לספור ז"נ, וביום ג' או ד' לספירתה נתרצו לכנסה, צריכה לספור ז' נקיים מחדש, ולא מעת התביעה, שהרי מעת התביעה לא היה חמדה, **ואזה** נמי מסיק ואמר שמונין לה מכי רמו שערי וכו', שאף שרגילין לעשות חופה על דרך משל ד' שבועות אחר זה, מ"מ מונין לה מאותה שעה, דאם הסכימו ביני ביני לעשות חופה מיד, אינה צריכה למנות ז' נקיים חדשים, עכ"ל].

[**הבין** שעכ"פ צריכה שתשב דוקא קודם החופה סמוך לה ז' נקיים, וע"כ כתב דכוונת הרשב"א כאן, שאין מונין משעת התביעה אם תנשא אחר י"ב חודש, כלומר שאם מונה עכשיו ז' נקיים, ובתוך ז' נקיים נמלכו לעשות החתונה תיכף, לא מועילים אלו הז' נקיים, כיון שלא היה חימוד, אלא משעה שמכניסין לחופה, **ואם** התחילו להכין שכר, ומנתה ז' נקיים ויש עוד איזה שבועות להחתונה, ונמלכו לעשות אחר הז' נקיים אינה צריכה מחדש ז' נקיים, **ולפי** דבריו אם לא הקדימו החתונה צריכה ז' נקיים קודם החתונה שנית, **ולא** דק בפירושו זה, דלהרשב"א אחר שישבה ז' נקיים משעת החימוד, אינה צריכה לשום דבר אח"כ, אלא הרי היא ככל הנשים, אלא דשאר פוסקים החמירו, שתבדוק משעה שמתחילין הז' נקיים עד שתבעל, והיינו לכתחילה כמו שכתב רמ"א].

הגה: ויש לסמוך הטבילה סמוך לבעילת מצוה בכל מה דאפשר - (עי' בתשו' אבן שהם שכתב, דחתן שרוצה לבעול בעילת מצוה ביום חופתו, קודם הלילה באור היום אחר החופה, אסור אף בבית אפל, אף דשאר כל אדם מותר בבית אפל, מ"מ להחתן אסור, ע"ש הרבה טעמים לזה, **ועיין** בתשובת נו"ב שלא כתב כן).

והמנהג לטבול הכלה ליל ד' - [כיון דבזמן התלמוד בתולה נישאת ליום הרביעי], **אף על פי שלא תבעל קודם מוצאי שבת, אבל אין להרחיק הטבילה מן הבעילה יותר מזה.**

ואם לא תבעל במוצאי שבת, יש לה לבדוק עצמה בכל יום עד בעילת מצוה - (הלשון לאו דוקא, דגם קודם מוצאי שבת יש לה לבדוק עצמה בכל יום מן הטבילה עד הבעילה, דמאי שנא - מחה"ש).

[**הטעם** בב"י, דלעולם משתבעוה לינשא עד שתבעל איכא לספוקי דלמא חזיא מחמת חימוד, ומ"מ אין חשש חימוד זה שוה לחשש חימוד דבסעיף א', דהתם בחימוד בשעת התביעה הוא ביותר, ע"כ יש לחוש שם אפי' בדיעבד, **אבל** הרשב"א לא סבירא ליה האי סברא דכל שקרוב לנישואין יש לה חימוד ג"כ, אלא לא חשו רק לחימוד של שעת התביעה לחוד, והשו"ע פסק להחמיר].

ודוקא לכתחלה, אבל בדיעבד אין להחמיר אם בדקה רק פ"א תוך ז'.

וכל חתן ישאל לכלה קודם שיגע בה, אם שמרה ז"נ - ועכשיו לא נהגו כך, ונראה שסומכין על מה שהשושבינים רגילים להודיע להחתן אם היא טמאה.

(**עי'** באר הגולה מ"ש בשם של"ה, שדיבר מרורות כו' (על המנהג הרע שנהגו, לא די זו שמשיבין את החתן אצל הכלה, אלא אף מחבק ומנשק אותה, ואוי לעינים שכן רואות וכו', **לא** מיבעיא אם הבתולה באה לכלל נדות, הנה עבר אדאורייתא ואל אשה בנדת טומאתה לא תקרב, דאסור אפי' קריבה וכו', **אלא** אפי' היא עדיין קטנה, בתוקף אהבתו יצרו מתגבר וכו', וכ"ש אם בא לידי קרי וגורם להוצאת זרע לבטלה, שגדול עונו מנשוא, **ועיין** עוד שם שהזהיר, שלא לשכב החתן אצל הכלה עד ליל בעילה), **ועי'** בתשו' מעיל צדקה שכתב ג"כ מרורות על המנהג הרע הזה, ולבסוף העלה דעכ"ז אין החיוב להוכיח בדברים, מאחר שאינו מפורש בתורה, ומנוסה וברור הוא לנו שלא יקבלו, אמרי' מוטב שיהיו שוגגין כו').

סעיף ג- אם דחו הנשואין מחמת איזו סיבה, אף על פי שישבה ז' נקיים - ואפילו טבלה, **צריכה לחזור ולישב ז' נקיים (ולטבול) כשיתפשרו לעשות הנשואין.**

[**משמע** מלשון המרדכי, דהנישואין היו נדחים מבלי עשיית מועד אחר לנשואין, אלא היו נפרדין זה מזה באופן שלא ידעו אימת יהיו הנישואין, וזה היה מדעת שניהם, דמשמע שנדחו מלעשות אז הנישואין בעת ההיא על צד הבירור, וגם משמע ששניהם הסכימו לכך, ע"כ ודאי לא מסקא דעתה שפיר בבדיקתה, **נמצינו** למדין אם חסר אחד מהנך תרתי, דהיינו שלא נדחו בבירור, רק מצד סילוק הנדוניא לא הושוו, וע"כ לא נעשו הנישואין באותו יום, וחשבו שעדיין יתפשרו ותהיה הסעודה למחר, **או אפי'** אם החתן גומר ואומר שאינו רוצה לישאנה מחמת שלא סילקה נידונייתו, וצד הכלה רודפים אחריו בדין ובפשר לפתותו עד שנתפתה להם, אע"פ שזה נמשך יום או יומים, לא מקרי זה דחיית הנישואין, דהכלה דעתה סומכת תמיד באותו זמן שיתפתה החתן בכך, **דאי תימא אף** בזה שייך חימוד חדש כשיצא הספק מלבה ונעשה ודאי, הא גם ביום הנישואין עצמו זמנין הרבה שהחתן מעקש, ואומר בפי' שלא ירצה לישאנה, עד לאחר איזה שעות שנעשה שלום ביניהם, וכי תצטרך הכלה לישב ז"נ מחדש, וזה לא נשמע ולא נראה, אדרבה מעשה בכל יום שאין משגיחין בזה, וא"כ מה לי באותו יום, מה לי אם נמשך הקטטה יום או יומים, ודאי אין דעת הכלה מסתלקת, וסמכה דעתה שיהיו הנישואין אחר ההשוואה].

כתב הב"ח פי', שדחו הנשואין בסתם, ולא הסכימו באותה שעה על איזה זמן יהיו הנשואין, אלא אמרו כשיתוועדו יחד לאחר שיתפשרו וישלימו אז יקבעו זמן לנשואין, בזה חיישינן דלמא לא אסקה אדעתה שתהא נזהרת יפה בבדיקתה, דמאחר שאינה יודעת קביעות הנשואין, אינה חוששת להנך שבעה נקיים הראשונים, **אבל** אם הדחייה מזמן קביעות הראשון והקביעות לזמן השני, הכל היה באותו מעמד, ועסוקים באותו ענין, אין ספק דא"צ לחזור ולספור שבעה נקיים מחדש, *ואי בדקה עצמה באותה שעה ומצאה טהורה, טהורה היא, **ודלא** כהעט"ז שהחמיר בזה מסברתו בלי ראיה, [וכתב ונ"ל, אפי' מתחילה כשדחו החופה מיום הראשון אחר שהכינו לה, והתנו מיד וקבעוה ליום אחר מיוחד, אפילו לא הרחיקה רק יום או יומים, צריכה לישב ז' נקיים מחדש, כיון שהסיחה דעתה מזמן הראשון חוזר החימוד להתעורר פעם שנית סמוך לזמן האחרון, עכ"ל, **ואין** דבריו נראין כלל, דאף מהרי"ק לא החמיר, אלא מטעם דילמא חזיא ולאו אדעתה, כיון שנדחו הנישואין, וזה אינו שייך כאן, דהא ודאי ידעה שפיר זמן הנישואין, ובודקת עצמה תמיד].

*(**ומ"ש**, ואם בדקה עצמה באותה שעה כו', עס"ט שם שכתב, דאינו ידוע בדיקה דאותה שעה למה, כיון דבנ"ד לא נתייאשה מן הנקיים הראשונים, **וכתב**, דהש"ך לא העתיק יפה דברי הב"ח, דשם כתב זה על ענין אחר).

(**וגדולה** מזו כתב הב"ח בתשו', דהיכא דהדחיה והקביעות היו הכל ביום אחד, בין בדיקת שחרית וערבית, אפילו דחו בסתם מתחלה וחזרו ונתפשרו, כיון דהבדיקות היו בשעה דאסקא אדעתה יפה, א"צ לחזור ולמנות שבעה נקיים, ואין להחמיר כ"א בעומדת יום או יומים בדיחוי).

(**ועח"ד** שכתב על דברי הב"ח הנ"ל, דזה דוקא כשקבעו על זמן קרוב קבוע, דהיינו באופן שלא נתבטל הכנת הנשואין, וא"צ הכנה חדשה, **אבל** אם קבעו על זמן רחוק, באופן שצריכין למירמי שיכרא באסינתא מחדש על הנשואין, ודאי צריכה לישב שבעה נקיים מחדש, מיום שמתחילין למירמי שיכרא באסינתא על הנשואין שנקבעו שנית, דאין סברא דאם קבעו הנשואין מחדש עד אחר י"ב חודש, שלא תהא צריכה להמתין אח"כ).

מיהו אם מתוך הקטט נתפרדה החבילה, ובאותו מעמד הסכימה הכלה לישא איש אחר, ונכנסה לחופה מיד באותו היום, הדבר פשוט דה"ל תביעה חדשה ממש, ואפילו בדקה עצמה ומצאה טהורה צריכה לספור ז' נקיים מחדש, דאיכא כאן חימוד חדש מאיש אחר, ע"כ ‹דברי הב"ח›.

(**ומ"ש** עוד, מיהו אם מתוך הקטט נתפרדה החבילה כו', עי' בתשו' חתם סופר שכתב, דאפילו לא היה יאוש וקטטה כלל, אלא שנתרצו להחליף חתן בחתן אחר, מ"מ כיון דהחמדה הראשונה היה על גוף זה, ואין היצה"ר מתגרה מגוף זה לגוף אחר, וכיון שנתחלף בגוף אחר, הוי חמדה חדשה לגמרי וצריכה שבעה נקיים).

[נ"ל דאם אחר ריצוי עם החתן השני, חזר החתן הראשון ונתרצה עמה, צריכה ג"כ ז' נקיים מחדש, כיון דאפסקה אחר בינתיים].

(אף על פי שבדקה עצמה תמיד בימים שבינתיים, לא מהני) - ובתשובת משאת בנימין האריך לחלוק ע"ז, וס"ל דא"צ לחזור ולישב ז' נקיים אלא כשלא בדקה עצמה, ומסיק לבסוף ומ"מ יש להחמיר כדברי מהרי"ק והרב, **ומ"מ** בכלה שלבשה לבנים וספרה ז' נקיים אדעת הנשואין שהיו מוגבלים לר"ח ניסן, וכשהגיע ר"ח ניסן לא בא החתן, ולמחרתו בא ציר מהחתן דאתיליד ליה אונסא בדרך, ומיד יבא ביום או יומים ועשו החופה ב' או ג' ימים אחר ר"ח ניסן, בזה ודאי א"צ ז' נקיים אחרים, אפילו לא בדקה עצמה בימים שבינתיים, אם לא עברו עליה ז' ימים בלא בדיקה, ואפילו הרב ומהרי"ק מודו בזה, **דמאחר** דלא דחו הנשואין, אלא שמחמת איזה אונס נתעכב הדבר, ודאי לא נתייאשה מן ז' נקיים הראשונים, וסמכה דעתה שיבא החתן אחר יום או יומים, ורמיא אנפשה ויהבה אדעתה שתהיה נקיה, ושלא תבא לידי חשש חימוד, עכ"ד, **ובאמת** אין להחמיר בדינים אלו, דבלא"ה הרבה פוסקים סוברים דא"צ ז"נ, ‹עיין מחצה"ש›, וגם בדיעבד סגי בבדיקה א' תוך ז' לכ"ע, וגם כל עיקר דין זה הוא מדבריהם.

[**ונ"ל** דהכלה צריכה לז' נקיים מחדש, דכיון שלא בא ליום המוגבל, ודאי מסופק' בדעתה, דכל הדרכים בחזקת סכנה, ושמא יש סכנה שלא יבא כלל, וודאי היא דואגת על סכנה שלו, או שאינו חפץ בה, ע"כ לא בא ביום חתונתו, ואחר שנודע לה שהוא בא ודאי הוה חימוד חדש].

סעיף ד - עבר וכנסה תוך זמן זה, וכן חתן שפירסה כלתו נדה קודם שבא עליה - ונתבאר באה"ע, שהמנהג פשוט לכנוס ולעשות נשואין אף שהיא נדה, **לא יתייחד עמה, אלא הוא ישן בין האנשים והיא ישנה בין הנשים** - אבל פירסה נדה אחר שבא עליה, לא תקיף ליה יצריה כ"כ כיון דבעל, ומותר לייחד עמה.

הגה: יש אומרים אם היתה טהורה כשנשאה ולא בא עליה, ופירסה נדה אחר כך, א"צ שימור עוד - דהא חזינן דלא תקיף יצריה, כיון שלא בא עליה עד השתא, **והמחמיר תע"ב.**

[**בתרומת הדשן** הביא דעת האוסרים, כסתם לישנא דתלמודא דאמר, שאם בעל א"צ שמירה, ויש מתירים, דמה שאמר התלמוד בעל, היינו ראוי לבעול, **והכריע** בעל תרומת הדשן להיתר, וראייתו מדמצינו בשור המועד דראה שוורים ג' פעמים ולא נגח חזר לתמותו, אלמא דלא אמרינן דבהאי זימנא נח יצריה, והיום או למחר הדר יצריה, ה"נ בנידון זה, ומ"מ המחמיר תע"ב, **ולענ"ד** שאין הנידון דומה לראיה, דהא קימ"ל סתם שוורים בחזקת שימור קיימי, נמצא דכל שור שהוא מועד לנגוח הוא משונה מטבע סתם שוורים, ומש"ה כל שאנו רואים שראה שוורים ולא נגח, נתבטל שינוי שלו ונעשה כשאר השוורים, **משא"כ** כאן, דסתם אדם יצריה תקיף עליה ולא מוקים אנפשיה, נמצא דהאי חתן שלא בעל הוא נשתנה מטבע העולם, ולא אמרינן שבשביל שנשתנה שעה אחת או ימים אחדים יהיה כן לעולם, אדרבה אמרינן כל זמן שאנו רואין שנשתנה הרי נשתנה, ובזמן שאין רואין שנשתנה יחזור הדבר לטבע האדם שהוא רוב העולם, ואין לך בו אלא חידושו ומחידושו לא ילפינן, **ע"כ** נ"ל כדברי האוסרין, כמשמעות לשון התלמוד, דאין היתר רק כשבעל, ואין זה בכלל המחמיר תע"ב, אלא דין גמור הוא שצריך שמירה].

השיג על התרומת הדשן שלא כדת, דהכא נמי סתם בני אדם בחזקת כשרות, ומה שהביא ראיות דלא מוקי אנפשיה, היינו בציורים שהיא מותרת לו - נקה"כ.

ונראה דהאידנא שהמנהג שלא לבעול רק אחר ב' או ג' ימים אחר הנשואים, אע"פ שהוא מנהג של שטות, ויש בו איסור מכמה טעמים ונכון לבטלו, **מ"מ** כיון שהמנהג כך א"כ אם פירסה נדה ודאי דצריך שימור, דהא דלא בעל תחלה היינו משום המנהג, וכן נוהגין להצריך שימור בכה"ג.

‹**והפלתי** כתב, ושגגה פלטה הקולמוס, דאם אין יצרו תקפו כ"כ, עד שיוכל לעצור עצמו מבלי לעבור מנהג של שטות, איך לא יעצור כח הגבורה לבל יבעול נדה ח"ו, ואדרבה זה מורה כי אין יצרו תקפו, וישמע לקול דברי חז"ל, כי ראינו ששמע למנהג, ואין ספק שתלמיד טועה הוסיף כן, כי שפתי כהן ישמרו דעת – מחצה"ש›.

ואין לחלק בזה בין בחור לאלמן - כלומר דל"ת דבאלמן שבעל כבר לא תקיף יצריה, קמ"ל, **או בתולה לאלמנה** - דגם בבתולה אחר שבעל בעילת מצוה מותר לייחד, אע"פ שלא ראתה דם נדות, דדם בתולים חמיר ליה כמו דם נדות, **וזה** דעת רבינו ירוחם והרא"ש דלא כהרמ"ה.

י"א שאסורה ליחד עמו ביום כמו בלילה, וא"צ להיות שתי שמירות, רק הוא בין האנשים או היא בין הנשים.

ואם אינם ישנים בחדר אחד, אינם צריכים שימור כלל.

וי"א דבלילה צריך שתי שמירות, וביום מותר להתייחד.

והמנהג ליקח קטן אצל החתן וקטנה אצל הכלה, ואין מתיחדין ביום בלא קטן או קטנה - וצריכים להיות שיודעים טעם ביאה, ושאין מוסרין עצמם לביאה, ‹דלא יתייחד איש אחד אפי' עם שתי נשים, דשמא יפתה שניהם, אבל מותר להתייחד עם אשה שיש עמה תינוקת קטנה, שיודעת טעם ביאה ואינה מוסרת עצמה לביאה, שאינה מזנה לפניה לפי שהיא מגלה את סודה, ושיפתה גם הקטנה לא חיישינן, דאינה מוסרת עצמה לביאה – מחצה"ש›.

‹**ומנחת** יעקב חולק, דהכא אף במוסרת עצמה לביאה מותרת, דלא חיישינן שישכב גם עמה, דאשתו משמרתו, והפלתי מיישב – מחצה"ש›.

והמנהג ליקח קטן - (עי' בסוף ספר באר שבע, שתמה על מנהג זה שאינו עפ"י הדין, ובפרט מה שנהגו שאין לוקחים לשמירה לא קטן ולא קטנה, רק אם הכלה שוכבת אצל בתה הכלה, דזה איסור גמור).

סעיף ה - מחזיר גרושתו צריכה לישב שבעה נקיים – [**נראה דאם עבר וכנס תוך זמן, דאין צריך שמירה, כיון דכבר בעלה כשהיתה אשתו בפעם הראשון, לא תקיף יצריה עכשיו כ"כ**].

‹**מדנקט** הט"ז לדינא בעבר וכנס תוך זמן, ולא נקט בפשוטו, דנשא כדין אחר ז' נקיים, וקודם הביאה פירסה נדה, דמותרת ביחוד, היה נ"ל, דהט"ז לא סמך על סברתו להקל, רק בזה דתוך הז' נקיים מותר ביחוד, כיון דלהרבה פוסקים לא צריכה לז' נקיים, בזה מקילים ביחוד, אבל בפירסה נדה אסור ביחוד, **אבל** התפארת למשה כתב על דברי הט"ז אלו, "ולפי זה אם בא עליה פעם אחת בזנות, ואח"כ נשאת ופירסה נדה, א"צ שמירה, וצ"ע לדינא", **נראה** דסבירא ליה בכוונת הט"ז, דהכא אפי' בפירסה נדה אין צריך שמירה, **וכן** כתב להדיא בשם הט"ז, דבמחזיר גרושתו תוך ז' נקיים או פירסה נדה א"צ שמירה, **ולענ"ד** אין מוכח כן מהט"ז – רעק"א›.

(**עי'** ברדב"ז שכתב, איכא לאיסתפוקי, אם גירש אותה כדי לקיים שבועתו, והוא עתיד להחזירה, והיא יודעת בדבר, כיון דדעתה עליו אין כאן תביעה כלל, והיא אינה מחמדת, או דילמא לא חילקו רבנן).

[**מעשה באלמנה אחת, שהיה לה זמן מוגבל בתנאים עם החתן שלה לנישואין, אלא שהחתן אמר לה, שאפשר שיקדים הנשואין, וכן עשה, והיא אמרה שסמכה ע"ז, וספרה ז' נקיים וטבלה ובא עליה, נ"ל דאע"פ שהאלמנה עשתה שלא כדין, כיון שלא היה לה בירור על הקדמת החתונה עד שבא החתן וכנסה תיכף, נמצא שבשעה שהתחילה לדעת הבירור נתחדש החימוד, וצריכה לחזור ולמנות ז' נקיים, מ"מ כיון שכבר עברה ועשתה כן, אין להפרישם ג' חדשים משום הבחנה עבור זה, וראיה ממה שכ' סי' קצ"ו סעיף י"ב, אם טעתה וטבלה כו' שתמתין ו' עונות ותטבול, וכל שכן כאן דחשש חימוד אינו אלא מדרבנן, כמ"ש תחילת הסימן**].

‹**והיינו** בציור שלא היה חימוד מחמת הזמן ראשון, דאל"כ א"צ עוד ז"נ, עיין בט"ז סי' קצ"ב ס"ג – בדי השלחן›.

(**עי'** בתשו' נו"ב שכתב, בכלה שביקשה מאבי החתן שיקדים הנשואין, והשיב שהוא מסכים לזה, אך צריך מקודם ליסע לביתו לשאול לאשתו, ואם תסכים ישלח שליח להכלה, והכלה התחילה תיכף למנות שבעה נקיים, ולסוף כן היה שהסכימה אשתו, **הדבר** פשוט שצריכה למנות שבעה נקיים מיום ביאת השליח, כיון שכל זמן שלא חזר השליח עדיין הדבר ספק אצלה, **וע"ש** שכתב, דאם אבי החתן אמר שאין בדבר זה ספק, שודאי גם זוגתו תסכים לזה, אפשר להקל, ועדיין צריך תלמוד כיון שתלה בדעת אחרים).

סימן קצג - דין דם בתולים

§ סימן קצג – דין דם בתולים §

סעיף א- הכונס את הבתולה, בועל בעילת מצוה וגומר ביאתו - אע"פ שהדם שותת ויורד, **ופורש מיד** - וה"ה דמותר לו לפרוש באבר חי, וא"צ להמתין עד שימות האבר.

אפילו היא קטנה שלא הגיע זמנה לראות ולא ראתה – [ובטור כתוב כאן: ואפי' היא בוגרת שכלו בתוליה, והוקשה לב"י מאי אפי' בוגרת, אדרבה בבוגרת יש לתלות טפי בדם נדה, כיון שאין לה דם בתולים, ונראה דלא קשה מידי, דכוונת הטור ללמדנו תרי רבותות, האחת, אף אם בודאי הוא דם בתולים ולא דם נדה, כגון לא הגיע זמנה ולא ראתה, אפ"ה מחמירין, דאתי למטעי בין דם לדם, ואח"כ קמ"ל, דלא תימא דוקא היכא שברור שרואה דם בתולים, אבל אם אין ברור שראתה כלל אפי' דם בתולים, למה נחמיר בה, לזה קאמר דאפי' בוגרת יחמיר, דשמא ראתה והוא לא ידע מזה, ואח"כ אמר, אפי' אם בודאי הוא שלא ראתה, דהיינו שבדקה עצמה, מ"מ חיישינן שחיפהו שכבת זרע].

ואפילו בדקה ולא מצאה דם, טמאה, שמא ראתה טיפת דם כחרדל וחיפהו שכבת זרע – [הא דהוצרך כאן לזה, ולא אמר כמו שאמר ריש סי' קצ"ב לענין חימוד, "ולא הרגישה בו", י"ל דהתם היא הולכת אנה ואנה, ובודאי אין שייך לבקש בשום מקום אם יצא ממנה דם, משא"כ כאן שהיא שוכבת במטה, ואפשר לראות אם יש בסדין שתחתיה דם, לזה הוצרך לומר שמא נתחפה בשכבת זרע].

הגה: ויש מקילין אם לא ראתה דם. ונהגו להקל אם לא גמר ביאה רק הערה בה ולא ראתה דם; אבל אם בא עליה ביאה ממש, צריך לפרוש ממנה אע"פ שלא ראתה דם. ובעל נפש יחוש לעצמו שלא לשחוק בתינוקות.

וצריכה שתפסוק בטהרה ותבדוק כל שבעה, ולא תתחיל למנות עד יום ה' לשימושה - כדין נדה לקמן סי' קצ"ו סי"א. [מצאתי בשם מהר"ל מפראג, דאע"פ דהשתא נהוג עלמא, דהנדה מתחלת למנות מיום הששי, מ"מ במתחלת למנות אחר ביאה ראשונה של בתולים, מתחלת למנות מיום חמישי, וכן הורה הלכה למעשה]. ויש דיון בין האחרונים אי כוונת הש"ך לחלוק ע"ז, עיין במחה"ש ובפרי דעה.

ונוהג עמה בכל דיני נדה לענין הרחקה; אלא שנדה גמורה אסור לו לישן על מטתה אפילו כשאינה במטה, וזו מותר לו לישן באותה מטה לאחר שעמדה מאצלו, ואפילו בסדין שהדם עליו.

§ סימן קצד – דיני יולדת ומפלת §

סעיף א- יולדת, אפילו לא ראתה דם, טמאה כנדה; בין ילדה חי, בין ילדה מת, ואפי' נפל. וכמה הם ימי טומאתה, עכשיו בזמן הזה כל היולדות חשובות יולדות בזוב, וצריכות לספור שבעה נקיים; נמצאת אומר שהיולדת זכר יושבת ז' ללידה וז' לנקיים לזיבה, והיולדת נקבה יושבת שבועים ללידה וז' נקיים לזיבה.

ימי לידה, שהם ז' לזכר וי"ד לנקבה, אם לא ראתה בהן עולים לספירת זיבתה – [פי' ולא ראתה אח"כ עד כלות י"ד לנקבה, דאילו ראתה, הרי צריכה לישב ז' נקיים מחדש מחמת אותה ראיה, מכח חומרא דר' זירא, ואין לומר דבדם כזה לא החמירו על עצמן, כיון שאינו דם נדות ולא זיבות, זה אינו, דהא כתבו הפוסקים, שאין בועלין על דם טוהר מכח חומרא דר' זירא, והא התם הוה אפי' דם טוהר, וכ"ש שאינו ראוי לנדה ולזיבה, ואפ"ה נהגו בו איסור משום חומרא זאת, ק"ו לדם טמא שהיא רואה בשבוע שני של נקבה, ואין להקשות ממה שכתב הטור, "ואפי' ילדה נקבה ולא ראתה בז' ימים הראשונים, ועלו לה לספירת זיבה, וראתה בז' ימים השניים, אינה סותרת וטובלת לאחר י"ד

הלכות נדה
סימן קצד – דיני יולדת ומפלת

אפי' לא פסקה" עכ"ל, הא מיירי במקום שנוהגין לבעול על דם טוהר, דאין שייך חומרא דר' זירא אפי' במה שראתה בשבוע השני, דהאיך תעשה ז' נקיים, כיון שאותו דם שהיא רואה באותן הנקיים בועלין עליו, **אבל** במקום שאין בועלין על דם טוהר, ברור כשמש שצריכה ז' נקיים על מה שרואה בשבוע השני, **אלא** שמו"ח ז"ל כתב, דחומרא דר' זירא אינה שייכה אלא בדם הראוי לנדות ולזיבה, אבל בדם של שבוע שני של יולדת נקבה לא שייכא, אף לאותן שאינן בועלין על דם טוהר, ודברי תימה הם].

ואם שלמו ז' נקיים בתוך י"ד לנקבה, הרי זו אסורה עד ליל ט"ו; ואם טבלה קודם לכן, לא עלתה לה טבילה.

[בטור כתוב, וצריכה לפרוש מבעלה ליל פ"א, והיא מימרא בגמר', ויש בה מחלוקת, דבה"ג מפרש הטעם, משום דנפקא אז מימי טוהר לימי טומאה, הוי לה כשעת וסתה, **אבל** שאר הפוסקים שהביא ב"י סבירא להו לכולהו הטעם, דמתוך שהורגלה לשמש כל ימי טוהר ואפי' תראה, חיישינן שמא גם עתה תראה ולאו אדעתה, לכן יודיענה בעלה שהוא פורש ממנה ליל זו, בשביל שכלו ימי טוהר שלה, **ולפי** טעם זה אין איסור אלא במקום שבועלין על דם טוהר, אבל לדידן שאין בועלין על דם טוהר, אין איסור בליל מ"א ופ"א, **משא"כ** לפי בה"ג אין חילוק זו, ואפי' לדידן שאין בועלין על דם טוהר, צריך לפרוש ליל מ"א ‹ופ"א›, **וכיון** שרוב פוסקים סבירא להו הטעם משום גזירה שזכרנו, אין צריך לפרוש בליל ‹מ"א ו›פ"א, ומש"ה לא הביאו כאן בשו"ע, ולית מאן דחש לה], ‹ועיין ש"ך ס"ג›.

הגה: ולאחר ז' לזכר וי"ד לנקבה, מותרת לבעלה מיד, אחר שספרה ז' נקיים ולא חזרה וראתה. מיהו יש מקומות שנוהגין שאין טובלין תוך מ' לזכר ושמונים לנקבה, ואין להתיר במקום שנהגו להחמיר, אבל במקום שאין מנהג אין להחמיר כלל, רק מיד שלא ראתה דם אחר ז' לזכר וי"ד לנקבה וספרה ז' נקיים, מותרת לבעלה.

[מנהג זה מצינו לו שהרמב"ם קרא עליו תגר, ואמר שיש איסור לנהוג כן, ונמשך לצד מינות, כמו שהעתיק ב"י, **גם** הביא שאר דעות שמקיימין אותו, **ומצינו** לו שני טעמים למקיימין אותו, **האחד**, מצד שראו להחמיר באיסור נדה בימים ההם שדמים מצויים באשה, כמו שכתב ב"י בשם הריב"ש, שלמד זכות על מנהג זה], **מפני** שהוא כ"כ קרוב ללידתה, הדמים מצויים בהם וחוששים שמא יראו ולא ירגישו, וחששה רחוקה היא, דאפילו יראו ולא ירגישו מה בכך, דם טהור הוא מן התורה, עכ"ל עט"ז, **ואמת** שלפי טעם זה הוא חששה רחוקה.

[**עוד** מצינו לספר האגודה, וז"ל, נ"ל דמש"ה רגילים נשים יולדות להמתין, כי יראות פן ישכחו העונה דמ' לזכר ופ' לנקבה, עכ"ל, ר"ל דהא יש איסור בליל מ"א לזכר וליל פ"א לנקבה, משום הכי החמירו כל ימי טוהר], **שהמחמירין** סוברים כדעת בה"ג כו', ע"ש ‹בב"ח›, [**ואי** משום טעם זה לא איריא כלל, דהא נתבאר דאין צריך לדידן לפרוש אותה העונה כל עיקר, **ומי שאומר** שצריך לפרוש בעת ההיא לדידן, הוא דעת יחיד ולא קימ"ל כוותיה כלל].

אבל בד"מ כתב בזה טעם שיש בו עיקר, דס"ל כר"ת דכתבו הסמ"ג והג"מ ושאר פוסקים, אע"ג שכל הגאונים חולקים עליו, נהגו בצרפת להחמיר כר"ת, לומר דימי לידה אין עולין, עכ"ל, ‹**וא"כ** צריכה ב' טבילות, האחד לאחר שיעברו ימי לידה, ז' לזכר וי"ד לנקיבה, ואינה טהורה עדיין באותה טבילה, אלא שאם לא היתה טובלת עדיין היו נקראים ימי לידה, ולא היה מועיל לה לספירת ז' נקיים שלה, דאף לאחר ז' לזכר וי"ד לנקיבה כ"ז שלא טבלה ימי לידה מקרי ואינה עולה, ולאחר ז' נקיים צריכה טבילה שנית לטהרה לבעלה – מחה"ש›, **וא"כ** לדידן שאין נוהגין בב' טבילות, א"כ פשוט שצריכה להמתין מלספור ז' נקיים עד אחר ארבעים יום לזכר ושמונים לנקבה, ומזה נשתרבב המנהג, ולכן אין למחות כלל ביד הנוהגים להחמיר כדעת ר"ת, **ואע"ג** דמטעם זה של שתי טבילות, אין חילוק בין הוא תוך פ' או אח"כ, דלעולם היא בנדתה עד שתהיה במים, ‹ר"ל אף לאחר מ' ופ' מקרי ימי לידה, ואינה עולה לספירת ז' נקיים – מחה"ש›, **אפשר** דאותן שנהגו מנהג זה להחמיר, ראו דברי ר"ת עיקר תוך ימי לידתה, דהיינו תוך מ' לזכר ופ' לנקבה, אבל לא אח"כ, עכ"ל ד"מ, ‹**דתו** לא הוי ימי לידה כ"כ, ועולה לספירת זיבתה אף שלא טבלה עדיין – מחה"ש›.

[**גם** מו"ח ז"ל הביא טעם זה, והנך רואה שאין טעם זה לשבח כל עיקר, חדא דלא קימ"ל כר"ת שפסק כאביי, כמו שהביא המרדכי שכל הגאונים בכלל ופרט פסקו כרבא, דס"ל ימי לידה הנקיים עולין למספר ז' נקיים, וא"כ לית דמשגח בר"ת בדבר זה, **ותו** דא"כ לא מתקנת כלום, דכיון דלאביי דר"ת פוסק כוותיה, דבהטבילה תליא מילתא, א"כ אע"פ שכלו מ' דזכר ופ' דנקבה, אכתי ימי לידה קרינן, ומה לי תוך פ' או אחר פ', **גם** רמ"א עצמו בד"מ כתב, שאין טעם זה עיקר, ואין להחמיר כלל במקום שלא נהגו כבר להחמיר, וכן דבריו כאן בשו"ע, רק שכתב שטעם זה מועיל ליישב למקום המחמיר].

[**אלא** שמו"ח ז"ל כתב והפריז על המדה, ואמר שעל מנהג זה פורץ גדר ישכנו נחש, ולא ידעתי מי הכניסו לכך, לחזק אותו המנהג ולהטיל עונש ח"ו, כיון שהרמב"ם ראה המנהג וכתב לבטלו, והמגיד משנה והמרדכי וב"י ומהרי"ק הסכימו לזה, גם הריב"ש רק שכתב שיש קצת ללמוד זכות ולקיימו, אבל להטיל עונש על העובר, לא עלה על דעת שום ראשון ואחרון, **ואנו** רואין בקהלות קדושות מעשים בכל יום בנשים הרבה כמעט רובן, שמקילין בדבר ואינם ממתינים עד פ' לנקבה, **ובאם** מפלת נפל אין שום אחת שתמתין שמונים יום, אלא טובלת כל זמן שתוכל, וחלילה להענישם ע"ז, (**עי'** בספר תפארת צבי שכ', דאפילו ילדה ולד חי אלא שמת בתוך שלשים, אינה צריכה להמתין), **גם** מעיד אני שראיתי גדול אחד, שצוה לאשתו שתטבול תוך פ' לנקבה, ואמר לי הטעם כיון שהחומרא הוא בשביל פרישות ליל מ"א ופ"א, אמר שיודע בעצמו להזהר לפרוש אותה עונה, וכבר נתבאר שאין אנו צריכין ליזהר כלל בעונות פ"א יום, **ע"כ** אומר אני רחמנא לבא בעי, וכל הרוצה להחמיר בזה וכוונתו לשמים, יש לו לסמוך על קצת האחרונים שכתבו לקיים אותו המנהג, **אבל** המקיל בדבר חלילה לתת עליו שום עונש, ואין בזה בדורותינו משום פורץ גדר, דאנו רואין שאין מנהג זה קבוע לגמרי ומוסכם בין הכל במקומותינו, ובודאי רמ"א לא נתכוין אלא במקום שהוא מוסכם בין כולם להחמיר בדבר, כנלענ"ד, **אחרי** כתבי זאת נדפסו תשובות רמ"א, וכתוב שם דנהגו להקל במדינות אלו, ביולדות שטובלות קודם מ' יום לזכר וכו', **וכתב** עוד שאין צריך לפרוש ליל מ"א או פ"א מטעם שזכרתי לעיל].

(**ועי'** בט"ז דמשמע שם, דבמקום שהמנהג בין כולם להחמיר, חשיב פורץ גדר, **ועי'** בתשו' נו"ב שכתב דדוקא בידוע שנעשה מתחלה בהסכמת זקני העיר, אבל בלא"ה אפשר שהנשים נהגו כן בעצמם, ואין בזה אלא משום דברים המותרים ואחרים נהגו בו איסור, **עוד** כתב שם, שאם היה בידו היה כותב לכל המקומות שיבטלו מנהג זה, כי כמה מכשולים באים ע"י זה, ובמקום שיש לחוש למכשול עבירה, לא שייך לומר אי אתה רשאי להתיר בפניהם, **ובפרט** הנוהגים מ"ה לזכר וס"ה לנקבה, דמנהג בורות הוא, ואין בזה משום דברים המותרים כו', **ומ"מ** מי שירצה לשנות המנהג ישאל לחכם, **ועי'** בספר חכמת אדם שכתב, דבמדינות אלו נהגו בו היתר).

אבל אם חזרה וראתה, אפילו טפת דם כחרדל, טמאה, אע"ג דמדאורייתא דם טהור הוא עד ארבעים לזכר ושמונים לנקבה, כבר פשט המנהג בכל ישראל שאין בועלין על דם טוהר, ודינו כשאר דם לכל דבר.

(**עי'** בתשובת נו"ב שכתב, דאם באמצע תשמיש אמרה לו נטמאתי, מותר לו לגמור ביאתו כרצונו, ולפרוש באבר חי, **ואף** שכבר נתפשט המנהג שאין בועלין על דם טוהר, אין לך בו אלא חידושו שלא יבעול אחר שראתה, אבל אותה ביאה רשאי לגמור כדרכו, וק"ו הוא מדם בתולים, **ועיין** בנחלת צבי, (דכתב בעל הפת"ש שם, ולענ"ד לא זכיתי להבין דבריו... ומסיק, אשר ע"כ לולא דמסתפינא הייתי אומר, דיש להחמיר וצריך לפרוש מיד באבר מת, **ומיהו** אם עבר ופירש באבר חי יש להקל, ואין צריך כפרה).

(**ועי'** בשו"ת תשובה מאהבה, שנסתפק אם יש להם לברך על הטבילה שעל דם טוהר, כיון שאינו אלא מנהגא, כמו דאמרינן בסוכה דאין מברכין על ערבה, כיון שאינו רק מנהג נביאים, **ומדברי** הרמ"א שכתב ודינו כשאר דם לכל דבר, משמע דצריך לברך על הטבילה, **וכתב** שהציע ספיקתו לפני רבו הגאון בעל נודע ביהודה ז"ל, ושקיל וטרי באין ולאו ורפיא בידיה, (**אבל** מסיק הגאון הנ"ל בספרו דגול מרבבה, וז"ל, ופשוט בעיני שאם טבלה אחר לידה, ושוב ראתה בימי טוהר, אף שאנו מחמירין בדם טוהר, עם כל זה לא תברך על הטבילה, דלא שייך לברך וצונו, בדבר שאפי' רבנן לא גזרו רק מנהג בעלמא), **ועיין** בתשובת חתם סופר שנשאל ג"כ על ענין זה, והעלה דלפי מה דקי"ל לברך על

הלל ועל יו"ט ב' דגליות, ובפרט על אבילת מרור, ועל הדלקת נר ביו"ט ב' וביוה"כ, א"כ יש לברך ג"כ על טבילה של דם טוהר, דאין לך מעשה רב מזה, **וכעין** ראיה מהא דאמר ר"ז בנות ישראל החמירו ע"ע שאפילו רואות טיפת דם כחרדל, וכתבו תר"י בברכות בשם י"מ, דר"ל כמראה החרדל, וס"ל דמראה טהורה היא ואפילו הכי החמירו, ובלי ספק שברכו על טבילתם, דלא לישתמיט שום פוסק לומר שלא יברכו, אע"כ דמעשה רבה כי האי מנהגא צריך ברכה לכ"ע, **וע"ש** עוד שכתב דיש לחלק בין מנהגא בשב וא"ת לאסור דבר מה, ובין מנהגא דקום עשה, כגון מנהג דערבה, ולפ"ז בנ"ד כיון שנהגו איסור לבעול על דם טוהר, והעובר על זה עובר על בל תטוש תורת אמך בלי ספק, א"כ הטבילה הוא מדינא ובעי ברכה באמת, והכי נהוג).

(**ובאמת** צריך עיון לע"ד לדינא, בכל הכתמים היכא שיש ספק אם לטמא או לטהר, כגון שנוטה קצת לאדמימות, או שיש ספק אם הוא כגריס וכיוצא, והמורה מחמיר לטמאה, איך תברך אח"כ על הטבילה).

סעיף ב - המפלת בתוך מ' אינה חוששת לולד - בין הוא זכר או נקבה, זה וזה אינם נגמרים בפחות ממ' יום, אבל אחר מ' יום יש לחוש לולד.

(**עבה"ט** בשם עבודת הגרשוני, דחשבינן מ' יום מיום הטבילה, אך בכתם צריך תלמוד, **ועי'** בשו"ת תשובה מאהבה, שכתב דאין זה צריך תלמוד כלל, דהא אמרינן בש"ס דנדה, דלא אמרו חכמים בכתם להקל על ד"ת אלא להחמיר, ואי ס"ד למנות מ' יום מיום טבילתה על הכתם, א"כ משכחת שבאין הכתמים להקל על ד"ת, **ומשמע** דבראיה גמורה מודה לו וכמבואר שם להדיא, **אכן** בס' ח"ד חלק עליו גם בזה, מטעם דהא תוך ג' חדשים לעיבורה אפילו וסת קובעת, אלמא דמצי לראות, **וגם** בס"ט חולק עליו, וכן השיב בתשובת חתם סופר, דחלילה לסמוך על זה כלל להקל, והמפלת ולא ידעה שפירש בעלה ממנה, לעולם מספקינן בספק ולד, ותשב י"ד ימים, **וכ"ז** דלא כחכמת אדם, דנראה שנמשך אחר דברי עה"ג).

אבל חוששת משום נדה, אפילו לא ראתה.

הגה: מפני שא"א לפתיחת הקבר בלא דם, ונפקא מינה דמיד לאחר שספרה ז' נקיים מותרת ואינה חוששת לולד.

(**עי'** בנודע ביהודה, דמה שאמרו א"א לפה"ק בלא דם, אין חילוק בין גרם הפתיחה מבפנים ובין מבחוץ, כגון שהרופא הכניס אצבעו או איזה כלי ופתח פי המקור, **גם** אין חילוק בין אם היא ילדה או זקנה או מעוברת או מניקה, תמיד אין פה"ק בלא דם, **ועי'** בספר בינת אדם דכתב עליו, דמ"ש כגון שהרופא הכניס אצבעו, אגב שיטפיה כ"כ ולא דק, שהרי עיקר הבדיקה בהפסק טהרה שתכניס אצבעה בעומק, א"ו דאין זה ענין לפה"ק, שהרי אפילו האבר כשהוא גדול הרבה אינו מגיע רק עד הפרוזדור ולא לחדר, כמ"ש התוי"ט בשם רמב"ם, **גם** בתשו' ח"ס כתב, דהן אשה הבודקת עצמה בחו"ס, והן המילדת שבדקה, לעולם לא יגעו בפה"ק שהוא המקור, אלא בבה"ח, ובשום אופן אינה יכולה להכניס אצבעה לפנים עד שתפתח בטבע, וזה נקרא פה"ק שא"א בלא דם).

(**ועי'** בשו"ת תשובה מאהבה, בתשובת הגאון בעל נו"ב ז"ל שם, שכתב דמה שאמרו אין פה"ק בלא דם, היינו אם הקבר נפתח ויצא ממנו דבר גוש, כמו ולד או חתיכה, כל שאינו דק כשפופרת דק של קש, או שילדה רוח, **אבל** כשלא יצא דבר, או שיצא דבר דק מאד או משקה, לא אמרינן אין פה"ק בלא דם, דאל"כ היכא משכחת כלל דם טהור, הרי עכ"פ נפתח הקבר).

סעיף ג - המפלת כמין בהמה חיה ועוף, או כמין דגים וחגבים ושקצים ורמשים, וכל צורות ולד, או שפיר או שליא, או חתיכה שקרעוה ויש בה עצם, עכשיו שאין אנו בקיאין בצורות, חוששת לולד - ומטמאינן לה טומאת נקבה מספק.

(**עי'** בתשובת מעיל צדקה שכתב, דאם אין בה עצם, אינה טמאה לידה, כ"א בשפיר, וע"ש הסימן להבחין בין שפיר לחתיכה, **ולבסוף** כתב בשם מורו הגאון מהר"א ברודא, שפקפק בזה, ודעתו להחמיר בזה, **ועיין** בס"ט שכתב, דאין לחוש לדבריו, דבטלה דעתו נגד כל הפוסקים, דכולהו ס"ל דאם אין בחתיכה עצם אין לחוש לולד).

ואם כלו ז' נקיים בתוך י"ד יום, אם טבלה קודם ליל ט"ו, לא עלתה לה טבילה - אלא צריכה ז' נקיים אחר י"ד יום כדלעיל ס"א.

(ועי' בתשובת חתם סופר שכתב, דמ"ש הש"ך "אלא דצריכה שבעה נקיים אחר י"ד יום", דט"ס הוא, וצ"ל שבעה נקיים ואחר י"ד יום, בוא"ו העיטוף, והרצון, שצריכה האשה ב' דברים, האחד, שתספור שבעה נקיים, והב', שיהיו לה י"ד יום מיום לידתה, ואחד בלא אידך לא סגי, **אבל** הא פשוט דהשבעה נקיים יכולים להיות מכלל הי"ד יום, כדלעיל ס"א).

(**ובספר** בית ישראל על הלכות נדה ויו"ט ראיתי, שהגיה וכתב דכצ"ל "אלא צריכה ז' נקיים ולטבול אחר י"ד יום" – גליון מהרש"א).

ומשמע דבמפלת ליכא מאן דמחמיר להצריכה פ"א יום, וסגי לה בז"נ אחר י"ד יום, **ומ"מ** נראה דבעל נפש יחמיר, לפרוש ממנה ליל מ"א וליל פ"א, משום ספק זכר או נקבה, (**ודלא** כהט"ז בס"א דבכלל אינו חושש להני לילות).

(**עי'** בשו"ת תשובה מאהבה, שנשאל באשה אחת שילדה זכר בשינויים גדולים, דמות אדם ודמות חיה להנה, אם מותר להמית הולד, פן יהיה לפוקה ולמכשול, **ומורה** אחד צידד להתיר לסבב לו מיתה, מפני שאמרו חכמים בנדה, כל שאינו מצורת אדם אינו ולד, ועוד הרבה טעמים, **והוא** השיג עליו, דמה שאינו ולד, דוקא לענין שאין אמו טמאה לידה, אבל לא לענין לסבב לו מיתה, והאריך למעניתו, והעלה דחלילה לשום אדם לשלוח יד לפגוע או לסבב סיבה וגרמא ע"י רעב וכדומה להמית הולד הזה, ובכלל שפיכות דמים הוא).

סעיף ד - ילדה ולד חי ואח"כ הפילה שליא, אינה חוששת לולד אחר, אלא תולה אותה בולד שילדה כבר, עד כ"ג יום - בלא יציאת השליא, דהיינו כ"ד יום עם יציאת השליא.

אבל אם הפילה נפל תחלה, אין תולין בו השליא שהפילה אחר כך, וחוששת לשליא ליתן לה ימי טומאה של נקבה.

סעיף ה - יצאה השליא תחילה, אין תולין אותה בולד - זכר, **שתלד אחר כך, אפילו הוא בן קיימא, וחוששת לשליא ליתן לה ימי טומאה של נקבה.**

סעיף ו - יצאה מקצת שליא ביום א', ולא נגמרה יציאתה עד יום ב', חוששת מיום ראשון, אבל אינה מונה אלא מיום שני.

סעיף ז - המפלת דמות בהמה חיה ועוף, ושליא קשורה בה, אינה חוששת לולד אחר; ואם אינה קשורה בה, חוששת לולד אחר, ואף על פי שהולד הנדמה זכר, חוששין ליתן לה ימי טומאה של נקבה בשביל השליא - מספק, **ולדידן** שאין אנו בקיאים, לעולם נותנים לה ימי טומאה של נקבה, כדלעיל ס"ג, (ואפי' אם קשורה בה, והולד הנדמה זכר – מחה"ש).

סעיף ח - היולדת טומטום או אנדרוגינוס, נותנין לה ימי טומאה של נקבה.

סעיף ט - הרגישה שהפילה ואינה יודעת מה, אפי' לא היתה בחזקת מעוברת, הרי זו טמאה לידה, וחוששת שמא נקבה היתה.

סעיף י - נחתך הולד במעיה ויצא אבר אבר, בין שיצא על סדר האברים, כגון שיצא הרגל ואחריה השוק ואחריה הירך, בין שיצא שלא על הסדר, אינה טמאה לידה עד שיצא רובו - כלומר מדאורייתא אינה טמאה לידה, (עד שיצא רובו), **אבל** מדרבנן טמאה לידה ביצא אבר אחד והחזירו, כדלקמן סי"א, **וטמאה** ג"כ נדה אפי' מדאורייתא, דאי אפשר לפתיחת הקבר בלא דם.

ואם יצא ראשו כולו כאחד, הרי זה כרובו; ואם לא נתחתך, ויצא כדרכו, משתצא פדחתו ה"ז כילוד, אף על פי שנחתך אח"כ - היינו לפמ"ש בכ"מ ובב"ה ד"רוב פדחתו" ברמב"ם ט"ס הוא, (דבמשנה תנן יצא כדרכו, עד שיצא רוב ראשו, ואיזהו רוב ראשו, משיצא פדחתו), **אבל** בב"י יישב דבריו, וכן הטור כ' רוב פדחתו, משמע דסבירא ליה דפדחתו שבמשנה, היינו רוב פדחתו, (**שסובר** הרמב"ם, שאינו נקרא ראש אלא הגולגולת לבד, לא מקום העינים והפה והלחיים, וא"א משיצא כל הפדחת קאמר, הא ודאי דלא פדחתו בלבד קאמר,

אלא פדחתו עם הגולגולת, א"כ היינו כל ראשו, ואיך קרי ליה מתני' רוב ראשו, אלא ודאי ר"ל רוב פדחתו – מחזה"ש›.

ולא סוף דבר שיצא לחוץ ממש, אלא אפילו משיצא חוץ לפרוזדור.

(**עבה"ט** של הרב מהרי"ט ז"ל, שהביא בשם תשובת נחלת שבעה, באשה שישבה על המשבר ופסקו החבלין וצירין, דצריכה שבעה נקיים, משום דאמרינן בשבת, מאימתי מחללין עליה שבת, משעת פתיחת הקבר, וקתני עלה מאימתי פתיחת הקבר, משעה שישבה על המשבר, וא"א לפתיחת הקבר בלא דם, **ועיין** ח"ד שחלק על דברי נ"ש אלו, ופסק להתיר, **וכן** הסכימו בספר כרתי ופלתי וס"ט, אלא דבמקום שנהגו איסור לא ישנו, ‹**דבאמת** האשה היושבת על המשבר יש כאן ספק אולי הוא העת שתלד או לא, כי לפעמים הוא רק צירים וחבלים שאין בהם לידה, רק חבלי שוא וכאב בעלמא, וא"כ לענין חילול שבת, דעל ספק נפשות ג"כ מחללין שבת, והכא נמי מאן מפיס, כיון דדרך האשה אם יבא חבל לה ויושבת על המשבר שתלד, וא"כ הוי ספק פתיחת הקבר, ואמרינן דמחללין שבת, **ואף** אני אומר דבאותה שעה יש לבעל להזהר בה, דהוי ספק פתיחת הקבר, ומספיקא מחמרינן, **אבל** כשאנו רואים שפסקו הצירים ועמדה מהמשבר ולא ילדה, איגלאי מילתא למפרע דרק כאב בעלמא הוי, ולא היה פתיחת הקבר כלל, דלא שכיח שיפתח ויהיה חוזר ונסתם מבלי לידה, אלא ודאי שלא היה פתיחת הקבר כלל, ופשיטא דטהורה – מחה"ש›, **גם** בשו"ת תשובה מאהבה השיג על הנ"ש, והורה להתיר, והסכים עמו רבו הגאון בעל נו"ב ז"ל, **וכן** הסכים בתשובת חתם סופר, והוסיף עוד לומר, דאף המנהג שהעידו נשי פולין לפני בעל נ"ש, אינו אלא בסתם, אבל אם בדקוה המילדות ומצאו הפתח סגור, אפילו מנהג ליכא).

סעיף יא - הוציא העובר את ידו והחזירה, אמו טמאה לידה - ‹מדרבנן – ש"ך בס"י›.

לשון הטור: הוציא ידו או רגלו והחזירו, הרי זו טמאה לידה, ואין נותנין לה ימי טוהר עד שיולד.

סעיף יב - היתה מקשה לילד ושמעה קולו של ולד, חשוב כילוד, שאי אפשר שלא הוציא ראשו חוץ לפרוזדור - (איש ואשתו היו במטה, והאשה מעוברת והיתה ישינה, והאיש היה ניעור ושמע קול העובר בוכה במעי אמו, **הורה** בתשובת נו"ב דטמאה י"ד יום, ולא אמרינן דאילו יצאה ראשו אגב צערה היתה מתערה, כדאיתא בנדה, **דהכא** כיון דרוב ולדות אינם בוכים קודם הוצאת הראש, מידי ספיקא לא נפקא, **ולא** אמרינן ס"ס, שמא זכר ושמא לא הוציא ראשו, דהכא לא מהני ס"ס), ‹כמפורש בנדה דף כ"ז. בתוספות ד"ה חומר שני ולדות, ובדף כ"ט. ד"ה תשב לזכר כו' ע"ש – המשך לשונו. **וז"ל** התוס': דאי מטהרת לה מטומאת נקבה משום ס"ס, ה"נ נטהרנה אם ראתה בל"ד ומ"א מס"ס ולא ניחוש לזכר, והוי תרי קולי דסתרן אהדדי›.

סעיף יג - היולדת תאומים ושהה ולד אחר חבירו, כגון שנולד האחד קודם שקיעת החמה והאחר אחר שקיעת החמה, משיצא הראשון טמאה לידה, ומונין ימי טומאה משיצא האחרון; ואם הראשון ניכר שהוא זכר והשני ניכר שהוא נקבה, או שאינו ניכר שני זה אם הוא זכר או נקבה, מונה משיצא השני ימי טומאה לנקבה.

סעיף יד - יוצא דופן, אם לא יצא דם אלא דרך דופן, אמו טהורה מלידה ומנדה ומזיבה - ‹לידה, דכתיב: אשה כי תזריע וילדה, עד שתלד ממקום שמזרעת. **נדה** וזיבה, דכתיב: את מקורה הערה, מלמד שאינה טמאה עד שיצא מדוה דרך ערותה – ב"י›.

§ סימן קצה – דברים האסורין בזמן נדותה §

סעיף א - חייב אדם לפרוש מאשתו בימי טומאתה עד שתספור ותטבול. (ואפילו שהתה זמן ארוך ולא טבלה, תמיד היא בנדתה עד שתטבול) - כלומר אף בימי לבונה כל דין נדה יש לה - עכ"ל הטור.

ולא ישחוק ולא יקל ראש עמה (אפילו בדברים) - אם מרגילין לערוה לא ידבר בהן עמה - עכ"ל הטור, **שמא ירגיל לעבירה.**

(**עי'** בשע"ת באו"ח סי' שכ' בשם ברכי יוסף, דאסור להריח מבשמים שלה, אף שהתורה העידה סוגה בשושנים,

הלכות נדה תקיז
סימן קצה – דברים האסורין בזמן נדותה

מ"מ יש להתרחק, וסימן לדבר סוגה בשושנים, דצריך סייג גם בשושנים, **ועי'** בט"ז שם שכ', דאפי' אם הסירה מעליה ומונחים על השולחן, אפ"ה אסור להריח בהם).

(**וכתב** בספר חמודי דניאל, נראה אפילו לדידן שמקילין בתשמיש המטה ביוצא לדרך סמוך לוסתה, כדלעיל סי' קפ"ד, מ"מ בדברי הרגל באשתו נדה אסור).

אבל מותר לו להתייחד עמה, דכיון שבא עליה פעם אחת תו לא תקיף יצריה.

סעיף ב - לא יגע בה אפילו באצבע קטנה, ולא יושיט מידו לידה שום דבר, ולא יקבלנו מידה - אפילו בדבר שהוא ארוך, **שמא יגע בבשרה.**

(**בתשו'** נו"ב נשאל באיש ואשה הדרים בכפר בין הגוים, ואין שם יהודי או יהודית זולת הזוג לבדם, אם מותר לבעלה לעמוד עליה כשהיא טובלת, לראות שתהא כולה תחת המים, ואם יכול לתמכה בידיו לדחפה תחת המים, **וכתב** שמצד הסברא נראה כיון דאיסור נגיעה כדעת הש"ך בסי"ז, וכן איסור הסתכלות במקומות המכוסים, הוא שמא יבא לידי הרגל דבר, ברגע זה לא חיישינן, דלא שביק היתרא שתיכף ברגע זה מותרת בעלייתה מן המים, ולכן אם א"א בענין אחר יש להתיר).

(**ועי'** בתשובת שמש צדקה שכתב, מי שמתה אשתו ר"ל והיא נדה, רשאי ליגע בה).

(**עי'** בתשובת יד אליהו שכתב, דאין אשה נדה רשאה להחזיק נר בידה כדי שישתה בעלה טאב"ק, או לחמם עצמו בנר ההוא, או להדליק ממנו נר אחר, וראיה ממשנה דמכשירין, אשה שהיו ידיה כו', ופי' הרע"ב לפי שההבל מחבר כו').

(**ועי'** בתשב"ץ שכתב, דמותר ליטול מידה התינוק, משום דחי נושא את עצמו, והיא אינה עושה כלום, אלא התינוק עצמו הוא יוצא מחיק אמו ובא אל אביו, **ונראה** דאם התינוק קטן או חולה או כפות אסור, דאז לא שייך לומר חי נושא את עצמו).

(**וכתב** עוד דליגע בבגדיה בעודה לבושה יש להתרחק, אבל כשאינן עליה מותר, שלא נאסר משכב ומושב שלה אלא לטהרות).

הגה: וכן על ידי זריקה מידו לידה או להיפך, אסור - (כתב הכו"פ, שראה נוהגין שזורקין דבר כלפי מעלה, ולא לנוכח אשתו כמתכוין לזרוק לידה, והיא פושטת ידה ומקבלתו, ויש להקל בזה, **אכן** בס"ט כתב, דאע"פ שיש להקל מעיקר הדין, מ"מ אין להתיר, וכל המחמיר בענינים כאלה תע"ב).

(**עי'** בשו"ת שבסוף ס' מנחת יעקב שכתב, דאסור לאשה נדה להסיר מבעלה נוצה דרך נפיחה, ומביא ראיה מאמימר דשקיל גברא גדפא מיניה, א"ל פסילנא לך לדינא, **ועי'** בתשו' הר הכרמל שדחה זה, והעלה להתיר, גם הכו"פ כתב דאין להחמיר בזה).

סעיף ג - לא יאכל עמה על השלחן - ואצ"ל שאסור לאכול עמה בקערה א' בזה אחר זה, אע"פ שאין נוגעים ביחד.

אא"כ יש שום שינוי, שיהא שום דבר מפסיק בין קערה שלו לקערה שלה, לחם או קנקן – [נראה דוקא כשאין אוכלין מאותו לחם, ואין שותין מאותו קנקן].

או שיאכל כל אחד במפה שלו - או שתגלה מעט מן השלחן, ותתן קערה שלה עליו.

הגה: וי"א הא דצריכין הפסק בין קערה שלו לקערה שלה, היינו דוקא כשאינן אוכלין מקערה אחת כשהיא טהורה, אבל אם אוכלין מקערה אחת כשהיא טהורה, סגי אם אוכלת בקערה בפני עצמה, וא"צ היכר אחר, וכן נוהגין.

כתב הב"ח דאף לסברא זו, אינה אלא כשגם בני הבית אוכלים עמהם על שלחן א' ביחד, התם הוא דשרי כשהיא אוכלת מהקערה שלה, אע"פ שאוכלים על מפה אחת בלא שום היכר, **אבל** כשבני הבית אוכלין על שלחן אחר, והאיש והאשה אוכלין לבדן על שלחן אחד כ"א מקערה שלו, אסור, אפילו היה רגיל לאכול עמה בקערה א', **ומשמע** מדבריו דה"ה כשאין שם בני בית כלל אסור, ואין דבריו מוכרחים.

(**ועי'** בתשובת משאת בנימין שכתב, דאפילו מקערה אחת שרי לאכול, אם גם בני הבית אוכלים עמהם מקערה

זו, דאין לך הפסק גדול מזה, **ומ"מ** רבים הם המחמירים שלא לאכול מקערה א' אפילו עם בני הבית, **ומדינא** אין לאסור, ולא נמצא איסור זה ברור בשום דוכתא, אך המחמירים יפה עושים באיסור חמור כו' ע"ש, **ולענ"ד** נראה דדוקא על שולחן אחד יש מקום להתיר בזה, אף אם גם כשהיא טהורה הם אוכלים בקערה בפ"ע, מ"מ כשגם בני הבית אוכלים עמהם עדיף מהיכר, **אבל** מקערה אחת מדינא יש לאסור, לפמ"ש הרמ"א שאסור לו לאכול משיורי מאכל שלה, א"כ כשאוכלים בקערה אחת בודאי אוכל משיורי מאכל שלה, ואי אפשר ליזהר ולדקדק בזה שיפסוק אדם אחר בינתיים).

[**העתיקו בפרישה ומו"ח ז"ל לשון זה: עוד ראיתי שטות** גדול, שמנתחין חתיכות קטנות בקערה אחת, הוא נוטל אחת והיא נוטלת אחת עד גמר אכילה, ושבוש גדול הוא, דפשיטא דחשיב אכילה יחד, עכ"ל, **אבל** מ"מ משמע, דכשמשימין קערה עם החתיכות גדולות, כדרך שמשימין בקדרה, וכל אחד נוטל מן הקערה ומשים לפניו על כלי מיוחד ואוכל משם, אין בזה איסור, כיון דאין האכילה מיד בלקיחתו מקערה שלוקחה גם היא, אלא משתמש בכלי אחר בינתיים, כנלענ"ד].

י"א שאסור לו לאכול משיורי מאכל שלה, כמו שאסור לשתות משיורי כוס שלה, וכמו שיתבאר - לפי שהרב בד"מ כתב דין זה בשם הקונטרס שמצא, ע"כ כ' דין זה בשם י"א, **אבל** לענ"ד דהגמי"י בשם ראב"ם, ומרדכי בשם הר"ש, שמהם מקור דהאי דינא דלקמן סעיף ד', דלא ישתה משיורי כוס ששתתה, שם מוכח להדיא דכ"ש דלא יאכל משיורי מאכל שלה, ואדרבה שתיה נלמד מאכילה.

[**ואם הפסיק אחר ביניהם מותר, כמו בשיורי כוס בסמוך, וכן בכל הקולות שישנן שם, יש בזה**].

[**כיון דמדמה מאכל לשתיה, משמע לכאורה שאף מאכל** לא תביא לו, וכן כתב מו"ח ז"ל בשם הר"ש מאוסטריך, וקשה לי, דאמאי אמרו כל מלאכות עושה לו חוץ ממזיגת הכוס, ולא חשיב תיקון מאכל לפניו, **על כן** נראה, דחכמים שיערו שאין קירוב בזה, רק מעשה עבודות שיש בו טורח, משא"כ במזיגת הכוס, וכמו שמחלק בסעיף י"א לענין הצעת המטה], ‹ועיין ש"ך ס"י›.

(עי' בתשובת יד אליהו שכתב, באשה נדה שהריחה טאב"ק כמו חצי כלי, מותר לבעלה להריח המותר, דזה לא דמי לאכילה).

סעיף ד - לא ישתה משיורי כוס ששתתה היא - משמע אע"פ שחזר ומלאוהו, כגון ששתתה היא חצי ואח"כ מלאוהו, אסור, דמ"מ הוא שותה משיורה, **אבל** אם שתתה היא כל הכוס ומלאוהו נראה דמותר, **ואע"ג** שכ' ב"י, ואנו נוהגין עוד להדיח הכוס בין שתיה דידה לשתיה דידיה, ומנהג כשר הוא, עכ"ל, **אנן** לא נהגינן הכי.

הגה: אם לא שמפסיק אדם אחר ביניהם, או שהורק מכוס זה אל כוס אחר, אפילו הוחזר לכוס ראשון. ואם שתתה והוא אינו יודע ורוצה לשתות מכוס שלה, אינה צריכה להגיד לו שלא ישתה. והיא מותרת לשתות מכוס ששתה הוא – [דהיא לא מרגלא ליה לעבירה].

ואם שתתה מכוס והלכה לה, י"א שמותר לו לשתות המותר, דמאחר שכבר הלכה אין כאן חבה - (עי' בת' יד אליהו שכ', דאם באתה באמצע מותר לגמור, **וכן** בפירסה נדה באמצע אכילה, מותר לגמור).

סעיף ה - לא ישב במטה המיוחדת לה, אפילו שלא בפניה - (עי' בספר חכמת אדם שכתב, דה"ה על כרים המיוחדים לה אסור).

[**משמע אפי' ישיבה בעלמא בלא שכיבה, דבישיבה נמי איכא הרהור, ומצד ההרהור יבוא לידי הרגל עבירה**].

והב"ח חולק ‹על השו"ע›, דדוקא לשכב שם ולישן כשפושט בגדיו הוא דאסור, אבל ישיבה בעלמא כשהוא לבוש בגדיו אין בו איסור, אפי' בפניה.

[**ולא נראה, דודאי גם ישיבה שייך בה הרהור, דהא כתב רמ"א בסמוך, דאסור לישב על ספסל ארוך, וכ"ש ישיבה במטה שלה דאיכא הרהור טפי**].

השיג על הב"ח שלא כדת, ומה שאמר דהא אסור לישב על ספסל ארוך, לא דק, דהתם לאו משום הרהור הוא, אלא כיון דמתנודדת הוי כנגיעה, **אי** נמי כיון

דשניהם יושבים עליה ביחד, הוי ליה כישן עמה במטה, דאסור אע"פ שאין נוגעין זה בזו, **משא"כ** הכא - נקה"כ.

(**ונראה** פשוט דאם אינה בעיר כלל, מותר).

[**ונראה** דכ"ש הוא, שהיא לא תישן במטה שלו, דיש טפי הרהור בשכבה ובקומה, (וה"ה דאסורה היא לישכב על כרים המיוחדים לו), **אבל** ישיבה בעלמא מותר לה על מטה שלו, דהיא לא מרגלא ליה, כנ"ל].

(**ואף** דהוא על מטתה אסור ג"ב שלא בפניה, מ"מ היא על מטתו נ"ל דמותרת שלא בפניו, וכ"נ מדברי הט"ז).

[**מצאתי** בהג"ה סמ"ק בשם מהר"ר פרץ, אשה נדה יכולה לשכוב אסדיני בעלה, (**ומיירי** באינם מיוחדים לו, אי נמי מיירי שלא בפניו), **ונזהרות** מסדינים ששכב עליהם איש אחר, פן תתעבר משכבת זרע של אחר, **ואמאי** אינה חוששת פן תתעבר בנדותה מש"ז של בעלה, ויהא הולד בן הנדה, **והשיב** כיון דאין כאן ביאת איסור, הולד כשר לגמרי אפי' תתעבר מש"ז של אחר, כי הלא בן סירא כשר היה, אלא דמש"ז של אחר קפדינן אהבחנה, וגזירה שמא ישא אחותו מאביו].

[**ונגיעה** שנוגע בסדין שהוא מלוכלך בדם, אין איסור, אע"פ שקצת נזהרין מזה, ושבוש הוא].

הגה: ואסור לישב על ספסל ארוך שמתנדנדת ואינה מחוברת לכותל, כשאשתו נדה יושבת עליו, ויש מתירים כשאדם אחר מפסיק ויושב ביניהן.

וכן לא ילך עם אשתו בעגלה אחת או בספינה אחת, אם אינו הולך רק דרך טיול, כגון לגנות ופרדסים וכיולא בזה - (באגרות משה ביאר, דאיסור זה מיירי בעגלה ובספינה המתנדנדים בעת שנכנסים אליהם, **והערוך** השלחן סובר, שההתקבצות לישב בעגלה ובספינה אסורה, אף באופן שאין נדנוד). **אבל אם הולך מעיר לעיר לצרכיו, מותר אף על פי שהוא ואשתו הם לבדן, ובלבד שישבו בדרך שלא יגעו זה בזה.**

סעיף ו - לא יישן עמה במטה, אפילו כל אחד בבגדו ואין נוגעין זה בזה. הגה: ואפילו יש לכל אחד מלע בפני עלמו - מיהו במטה של עץ או של בנין, מותר שם עם אשתו, הוא במטתו ואשתו במטתה, (ר"ל שעושין מקרשים בתוך הבית כמין חדר קטן, שאין שם מקום רק לב' מטותיהם, ואותו חדר קטן קורא מטה של עץ, ומש"כ או של בנין, ר"ל ג"כ על דרך זה - מחה"ש), (**וכן** התיר לישן תחת הכילה עם אשתו נדה, כשלכל אחד יש כסת בפ"ע, **מ"מ** הנכון להחמיר, אם לא במחיצת סדין תלויה בין המטות שאינה רואה אותה עוד, וראיה לאיסור בלא זה עי' בתשב"ץ).

ואפילו אם שוכבים בשתי מטות והמטות נוגעות זו בזו, אסור - (עיין בספר מקור חיים שכתב, דמלשון המרדכי, שממנו הוציא הרב דבר זה, משמע דדוקא אם רגלי המטות נוגעים זו בזו אסור, דאז שוכב האיש והאשה פנים נגד פנים, ויכולים להסתכל זה בזו ויכול לבוא לידי הרגל דבר, **משא"כ** אם ראש המטה נוגעת ברגלי חברתה, וכ"ש ראש המטה בראש חברתה, שאין יכולין לראות זה פנים של זו מותר, **אלא** דמ"מ העולם נוהגים כסתימות לשון רמ"א, דבכ"ע שנוגעים זה בזה אסור, **אבל** בהפרש כל שהוא בין מטה למטה מותר).

(**ועיין** בחכמת אדם שכתב, דאפשר דאם המטות מחוברין בכותל דמותר).

(**ולי** נראה דהרמ"א לא אמר דבר זה, אלא דוקא במטות שלהם שלא היה מוקף בנסרים למעלה, ואז כשהיו המטות נוגעות זו בזו היה נראה כמטה אחת ארוכה, **אבל** במטות שלנו העשויים כתיבה מוקף בנסרים למעל', מותר).

(**צ"ע** אי מותר לשמוע קול זמר שלה, מאחר דבגמרא דשבת אמר מקיש אשה נדה לאשת רעהו, רק דיחוד שרי משום דהתורה העידה סוגה בשושנים, א"כ נראה דאסור, דהא באשת רעהו אסור, כמ"ש בברכות, קול באשה ערוה, וכתב הרא"ש שם פי' לשמוע, וכ"כ כל הפוסקים, וצ"ע).

סעיף ז - לא יסתכל אפילו בעקבה, ולא במקומות המכוסים שבה - [והעונש על זה בגמר', דהויין ליה בנים שאינם מהוגנים].

(אבל מותר להסתכל בה במקומות הגלוים, אע"פ שנהנה בראייתה) - הואיל והיא מותרת לו לאחר זמן, אינו בא לידי מכשול.

סעיף ח - ראוי לה שתייחד לה בגדים לימי נדותה, כדי שיהיו שניהם זוכרים תמיד שהיא נדה - ‹ולא ידעתי מאין יצא להם טעם זה, הלא הטעם מפורש להדיא בש"ס, כדי שלא תתגנה על בעלה, ופי' רש"י בימי טהרה, אם לובשת בגדים שלבשה בימי נדתה – תורת השלמים›.

סעיף ט - בקושי התירו לה להתקשט בימי נדותה, אלא כדי שלא תתגנה על בעלה - ‹ובאבות דרבי נתן, כל המנבלת עצמה בימי נדתה, רוח חכמים נוחה הימנה, וכל המתקשטת עצמה בימי נדתה אין רוח חכמים נוחה הימנה – גר"א›.

סעיף י - כל מלאכות שהאשה עושה לבעלה, נדה עושה לו - (בשל"ה כתב, דזה מצד הדין, לפי שראו את העם שלא יסבלו יותר מחמת חסרון שפחות, **אבל** מ"מ המחמיר שומר מצרות נפשו).

חוץ ממזיגת הכוס, שאסורה למזוג הכוס (בפניו), ולהניחו לפניו על השלחן, אא"כ תעשה שום היכר, כגון שתניחנו על השלחן ביד שמאל, או תניחנו על הכר או הכסת אפילו ביד ימינה.

כתב הב"ח, מ"כ בדרשות מהר"ש מאוסטרייך, דשלא כדין עושין הבעלי בתים, שמניחין נשותיהם לישא הקערות וכיוצא בהן על השלחן, מידי דהוה אמזיגת הכוס, עכ"ל, **מיהו** למ"ש הגמי"י בשם רא"מ, דמזיגה בלא הושטה או הושטה בלא מזיגה, מותר אפי' בלא שינוי, ה"ה בקערה דליכא אלא הושטה דשרי, **וכן** למ"ש הרשב"א, דמזיגת יין במים דוקא אסור, אבל שאר משקים, אי נמי מזיגה מן הכלי כמו שאנו עושים, שרי, ה"ה בקערה אין קפידא. **ועוד** נראה דאפי' את"ל דנתינת הקערה על השלחן ה"ל כמזיגת הכוס, מ"מ אף במזיגת הכוס אין איסור אלא בכוס המיוחד לבעלה בלבד, דאיכא חיבה, **אבל** להביא הקערה על השלחן שכל בני בית אוכלים ממנה, אין קפידא, אע"ג שגם בעלה אוכל עם בני ביתה מאותה קערה, דליכא הכא חיבה, והכי נקטינן, **אבל** להביא קערה המיוחדת לבעלה אסורה, וכדמוכח מתנא דבי אליהו וממ"ש סה"ת, דאף בהושטה בלבד כשאין בו שינוי אסור במאכל ובמשתה, ע"כ ‹הב"ח›, ‹עיין מש"כ הט"ז בס"ג, **ולפי** זה משמע דמחמיר ג"כ בשאר משקים.

והב"ח כתב, דאע"פ שהמזיגה שלא בפניו, אם מניחה על השלחן בפניו אסור, **ואף** הגמי"י, דדוקא בדאיכא תרווייהו מזיגה והושטה הוא דאוסר, מודה בזה, **ואצ"ל** כשהוא יודע שהיא מוזגת את הכוס, דכיון שהניחה על השלחן בפניו חשיב כמזיגה בפניו ג"כ ואסור, עכ"ד, **ואין** דבריו מוכרחים, גם מדברי הרא"ש מוכח, דשלא בפניו ליכא איסורא כלל, ‹**ואסור** רק משום חומרא בעלמא, וכדלעיל בהושטה בלא מזיגה – מחה"ש›.

סעיף יא - אסורה להציע מטתו בפניו; ודוקא פריסת סדינים והמכסה שהוא דרך חבה, אבל הצעת הכרים והכסתות שהוא טורח ואינו דרך חבה, שרי. ושלא בפניו, הכל מותר, אפילו הוא יודע שהיא מצעת אותם.

סעיף יב - אסורה ליצוק לו מים לרחוץ פניו ידיו ורגליו, אפילו אינה נוגעת בו, ואפילו הם מים צוננים.

וכ' הר"ר יונה בספר דרשות הנשים, דאסור לתת לפני בעלה קיתון של מים וכלים שירחץ בהם רגליו, מפני שהוא דרך חיבה.

אסורה ליצוק לו מים – [לכאורה משמע מלשון זה, שאסורה ליתן מים בכלי והוא ירחץ אח"כ, **אבל** באמת אינו כן, דזה לשון רשב"א, אפי' הוא רוחץ והיא מוצקת, שאילו לרחוץ בידיה, אפי' בלא רחיצה אסור, דהא איכא קירוב בשר, ואסור ליגע אפי' באצבע קטנה, עכ"ל, **משמע** דמותרת להכין לו מים בכלי והוא ירחץ משם, דמדכתב הוא רוחץ והיא מוצקת, משמע דבשעת רחיצה שלו היא יוצקת, ולא שהיא מכינה לו תחילה קודם רחיצתו, **ותו** דאם תפרש דגם זה אסור, קשה מנא ליה לאסור זה, דהא כתב אח"כ הוכחה, שאין לפרש הרחיצה בידה מכח קירוב בשר, ש"מ דמיירי כאן במידי דלאו קירוב בשר, דהיינו שיוצקת בשעת רחיצה. **ואין** לומר דהא גם דבר זה שיוצקת בשעה שהוא רוחץ, ג"כ אסור בלאו חיבה דרחיצה, אלא מטעם דנוגעת בו ע"י המים הנוזלין מידה לידו, י"ל דזהו מגע ע"י דבר אחר, שהיא

נוגעת בכלי, והכלי במים, והמים בידו, ס"ד דשרי, קמ"ל דאסור משום רחיצה שמביאה לידי חיבה, **וכנ"ל** מלשון התלמוד, שאמר בדין זה, דהרחצת פניו ידיו ורגליו אסור, ודבר זה שנותנת מים לכלי תחילה בלי יציקה עליו, לא מקרי רחיצה כלל, והיה לו לומר, דנתינת מים להרחצה אסור, כמו שאמר שם מזיגת הכוס, הכי נמי היה לו לומר ונתינת מים, משא"כ אם יוצקת על ידיו, מקרי שפיר רחיצה, ומ"מ פשוט לי, דג"ז בכלל האיסור, שאם הוא רוחץ מכלי שיש בו נקב למטה, ובשעת רחיצתו היא יוצקת מים להכלי, דגם זה מיקרי הרחצה, כנ"ל]. **כתב** להתיר שתכין לו מים, ובש"ך כתבתי בשם מהר"ר יונה לאסור - נקה"כ.

סעיף יג - כשם שאסורה למזוג לו, כך הוא אסור למזוג לה; ולא עוד, אלא אפילו לשלוח לה כוס של יין אסור, לא שנא כוס של ברכה לא שנא כוס אחר, אם הוא מיוחד לה; אבל אם שותים הם מאותו הכוס ושתיא איהי אבתרייהו, ל"ל בה - (עי' בשאילת יעב"ץ שכתב, דראוי להחמיר כדעת השאילתות), (וז"ל, וכי לא שתיא כלל משום היכירא, פשיטא דשפיר עבדא).

סעיף יד - כל אלו ההרחקות צריך להרחיק בין בימי נדותה בין בימי ליבונה, שהם ימי ספירתה, ואין חילוק בכל אלו בין רואה ממש למוצאת כתם.

הגה: וי"א דאין להחמיר בימי ליבונה בענין איסור אכילה בקערה, וכן נוהגין להקל בזה, ויש להחמיר.

ז"ל ד"מ, אמנם מצאתי הג"ה במרדכי בשם ראבי"ה וז"ל, אחר ימי ליבון ליכא הרגל עבירה, וטוב לאכול עמה כדי שתרצה לטבול אם יכולה לטבול, ע"כ, **וע"ז** ראיתי מקילים בימי לבונה, ואין נ"ל לסמוך ע"ז, וראבי"ה הוא יחיד בזה עכ"ל, **והב"ח** כ', דאף לפי זה טועים המקילים, שהרי לא התיר אלא ביום הז' שאחר ימי ליבון, כדי שתתרצה לטבול, וגם ליכא הרגל עבירה, דאין לחוש שמא יבא עליה ביום הז' כיון שהיא טובלת לערב, **וגם** זו סברא קלושה היא, ואין שומעין ליחיד להתיר איסור המפורסם בכל החיבורים, [ואין להם על מי שיסמוכו], ולכן יש לדרוש ברבים, דאיסורא קא עבדי הני דאוכלים יחד מקערה א' בימי לבונה, [ונ"ל עוד, **דאפי'** יש להחמיר יותר בימי ליבון, דאם נתיר לו באיזה קולא, יותר יש חשש שיבוא לידי הרגל דבר, מאחר שרואה שהיא אינה טמאה כל כך].

ומצאתי בהג"ה, ואנשים האוכלים עם נשותיהם בימי ליבונה שלא ירגישו בני הבית, שבוש הוא, ועוברים על דברי חכמים, ונתקבצו כל הקהלות ועשו חרם ע"ז, דברי הר"ח, **וראב"ן** כ', ויש נוהגין שלא לאכול עד כלות שבעה נקיים, והוא כשר ונאה, דשוב ליכא הרגל עבירה אלא הרגל מצוה, דכיון דמצי למטבל לא שביק היתרא ואכיל איסורא.

(**והפוסקים** האחרונים החמירו, שלא להתיר שום הרחקה קודם שטבלה, אף שכבר שלמו ימי ספירתה, חכ"א וקש"ע וערוך השלחן).

סעיף טו - אם הוא חולה ואין לו מי שישמשנו זולתה, מותרת לשמשו - (כגון להושיט חפץ מידה לידו, או לקחת חפץ מידו, וכגון לשמשו בתשמישי גופו, כהתרת מנעל והנעלתו, והלבשת בגדיו, ותזהר כפי האפשר שלא ליגע בו אפי' דרך בגדיו, **אמנם** כשצריך לכך מותרת אף לנגוע בו, וכגון שצריך לה להקימו ולהשכיבו ולסומכו וכה"ג, וכדמבואר מסט"ז – בדי השלחן).

רק שתזהר ביותר שתוכל מהרחצת פניו ידיו ורגליו, והצעת המטה בפניו - אבל מזיגת הכוס אשכחן היתרי טובי, כדלעיל ס"י - ב"ח, (ר"ל, הא דנקט הנהו תרתי, הרחצת פניו ידיו ורגליו והצעת המטה, ושבק מזיגת הכוס, משום דמלתא דפסיקא נקט, והני תרתי הרחצת פניו כו' והצעת המטה בכל ענין אסורים, **אבל** מזיגת הכוס לאו מלתא דפסיקא היא, שהרי אפילו אם אין הבעל חולה אין איסור בכל ענין, דמותר על ידי שתניחנו על השלחן ביד שמאל או תניחנו על הכר וכסת, כדלעיל סעיף י', **אבל** לא הקיל הב"ח כאן כשהוא חולה יותר מאם הוא בריא). **ונראה** דאפי' למ"ש שם דנכון להחמיר, (בהושטה בלי מזיגה או בשאר משקים), הכא בחולה שרי, (הואיל ואינם מדינא רק חומרא בעלמא – מחה"ש).

סעיף טז - אשה חולה והיא נדה, אסור לבעלה ליגע בה כדי לשמשה, כגון להקימה ולהשכיבה ולסומכה - דדוקא כשהוא חולה והיא

בריאה שרי, דכיון דחולה הוא ליכא למיחש להרגל עבירה, דאין יצרו מתגבר עליו מפני שתשש כחו, **אבל** כשהיא חולה והוא בריא, איכא למיחש להרגל עבירה, שמא יתגבר יצרו עליו ויפייסנה.

(וי"א דאם אין לה מי שישמשנה, מותר בכל, וכן נוהגין אם צריכה הרבה לכך).

(**וכן** פסק בתשו' רדב"ז, וכתב אע"ג דבכל אביזרא דג"ע אמרינן ימות ואל יעבור, מהדיא עובדא דהעלה לבו טינא, **לא** דמי, דהתם בא החולי מחמת העבירה, אבל הכא לא בא החולי מחמת העבירה, להכי שרי, **ואפילו** אם היא חולה שאב"ס נמי שרי, **רק** לא ירחץ פניה ידיה ורגליה, **ואם** היא מסוכנת אצל הרחיצה, אפשר לו להשליך מים עליה, **ואם** א"א אלא ברחיצה ממש, מותר).

‹**והביאו** האחרונים את דברי הרדב"ז, דהחילוק בין איש חולה לאשה חולה, הוא, דכשהיא חולה, צריך לשכור אחרים כדי לשמשה, **משא"כ** כשהוא חולה, א"צ לשכור אחרים לשמשו, ולכן אם אין באפשרות להיעזר באדם אחר בחינם, מותרת היא לשמשו›.

סעיף יז - אם בעלה רופא, אסור למשש לה הדפק - ומיהו אם החולה מסוכן ואין שם רופאים, משמע קצת מדברי תשובת הרמב"ן דשרי מפני פיקוח נפש, אלא די"ל דלטעמיה אזיל, דס"ל דנגיעת נדה אינו אלא מדרבנן, **אבל** להרמב"ם דנגיעת ערוה אסורה מן התורה, הכא אע"פ שיש פיקוח נפש אפשר דאסור, משום אביזרא דג"ע, וצ"ע, עכ"ל ב"י, **ואין** נראה, דודאי אף להרמב"ם ליכא איסור דאורייתא, אלא כשעושה כן דרך תאוה וחיבת ביאה, מה שאין כן הכא, **וכן** המנהג פשוט שרופאים ישראלים ממששים הדפק של אשה, אפילו אשת איש או נכרית, אע"פ שיש רופאים אחרים גוים, וכן עושים שאר מיני משמושים ע"פ דרכי הרפואה, **וזה** נראה דעת הרב, דלעיל בסי' קנ"ז משמע מדבריו כהרמב"ם, וכאן התיר מישוש הדפק, **מ"מ** באין סכנה, אסור לבעלה למשש הדפק כשהיא נדה.

הגה: ולפי מה שכתבתי דנוהגין היתר אם צריכה אליו דמשמש לה, כ"ש דמותר למשש לה הדפק אם אין רופא אחר, וצריכה אליו ויש סכנה בחליה - ‹ובשה"ל הביא, דכמה מגדולי אחרונים התירו, אף בחולה שאין בו סכנ', **ומה** דהרמ"א לא התיר אלא בדיש סכנה, ולעיל התיר להקימה אפי' כשהיא רק צריכה הרבה לכך, **מביא** בדי השולחן מתשו' בית שערים, דהתם בעבידתא טריד טפי, שהוא טרחא, משא"כ מישוש הדפק, הוא פעולה קלה›.

(**בס'** מקור חיים כ', שראה מורים שהורו בנדון כזה, להניח בגד על הדפק, ואז מותר לבעלה הרופא למשש הדפק על אותו בגד המפסיק).

ולענין תפלה ושאר דברי קדושה, יש שכתבו שאין לאשה נדה בימי ראייתה ליכנס לבית הכנסת או להתפלל או להזכיר השם או ליגע בספר. וי"א שמותרות בכל, וכן עיקר. אבל המנהג במדינות אלו כסברא הראשונה. ובימי לבון נהגו היתר. ואפילו במקום שנהגו להחמיר, בימים נוראים וכה"ג, שרבים מתאספים לילך לבית הכנסת, מותרות לילך לבהכ"נ כשאר נשים, כי הוא להם לעצבון גדול שהכל מתאספים והם יעמדו חוץ.

(**כתב** בספר חמו"ד, נהגו הנשים שלא לילך לבית החיים להתפלל בימי נדתה, ונכון הוא).

§ סימן קצו – דיני לבישת הלבן ובדיקתה §

סעיף א - שבעת ימים שהזבה סופרת מתחילין ממחרת יום שפסקה בו. וכך משפטה, אם תראה ב' ימים או ג' ופסקה מלראות, בודקת ביום שפסקה כדי שתפסוק בטהרה - בין השמשות, ‹ולא ידעתי כוונתו, הא מבואר כן בשו"ע - סד"ט›, **ובדיקה זו תהיה סמוך לבין השמשות.**

(וכן נוהגין לכתחלה; ובדיעבד, אפילו לא בדקה עצמה רק שחרית ומצאה עצמה טהורה, סגי בכך) - היינו מיום ב' מראייתה ואילך, כדלקמן ס"ב.

ולעולם ילמד אדם בתוך ביתו (להחמיר לכתחלה) שתהא בודקת ביום הפסק

הלכות נדה
סימן קצו – דיני לבישת הלבן ובדיקתה

טהרתה במוך דחוק, ושיהא שם כל בין השמשות, שזו בדיקה מוציאה מידי כל ספק.

הגה: יש אומרים אם התפללו הקהל ערבית ועוד היום גדול, אינה יכולה לבדוק אז ללבוש לבנים ולהתחיל למנות מיום המחרת, מאחר דהקהל כבר עשו אותו לילה - אע"פ שעדיין היא לא התפללה ערבית.

וי"א דמותר אפילו עשו הקהל שבת - כי ההיא תוספת לא שייך לענין נדה, וצריך כ"ד שעות, **ויש** ראיה מספירת עומר, דלא חשבינן ללילה אפילו בע"ש דתוספת שבת דאורייתא, וכן מאכילת מצה ופסח וסוכה, עכ"ל האגור בשם מהרי"ל, **משמע** מדבריו ומכל הלין ראיות, דאע"פ שהתפללה היא ג"כ ועשתה שבת, מותר, **ולפי** זה מה שכ' הרב, דאפי' עשו הקהל שבת, ה"ק אפילו עשו הקהל גם כן שבת, וגם היא, **והגאון** אמ"ו ז"ל לא כתב כן בתשובה, אלא כתב דלהרב, אם התפללה היא ערבית אין להקל אפי' דיעבד.

מ"מ מבואר מהאגור שהבאתי, דאף להמקילים היינו עד כ"ד שעות, וא"כ כשהיום גדול כל כך, חשבינן יום ולילה שוים, וכמש"ל סי' קפ"ד ס"ק ז', אבל בתר הכי לכ"ע אסור. (**ועי'** בדגמ"ר שהשיג ע"ז, וכתב שאין להחמיר בזה כלל, אפילו לכתחלה, **ונראה** דאף הש"ך לא החמיר, אלא כשהתפללה היא וגם הקהל ערבית וקיבלו שבת, **וגם** בזה נראה להקל בדיעבד).

ונוהגין לכתחלה ליזהר, ובדיעבד אין לחוש.

ומקצת נשים נוהגות שאם פסקה קודם ברכו, וחזרה לראות כתם או דם תוך ימי ספירתה, אז מפסיקין אפילו לאחר ברכו אם נתקלקלה סמוך לערב, וחושבים דבר זה לדיעבד; ואין למחות בידם, כי כן קבלו מאיזה חכם שהורה להן, והוא מנהג ותיקין.

כתב הב"ח, משמע מדבריו דוקא תוך ימי ספירתה, אבל בתחילת ספירתה אם ראתה דם אחר ברכו, אע"פ שעוד היום גדול, אינה מפסקת בטהרה היום אלא ביום המחרת, **וליתא**, אלא אף בתחלת ספירתה מפסקת בטהרה, אפילו אם ראתה דם סמוך לערב כו', עכ"ל, **ולפעד"נ** דגם להרב, אפי' אם ראתה דם סמוך לערב, מפסקת אחר ברכו בתחילת ספירתה, (ומש"כ תוך ימי ספירתה, ר"ל שפסקה קודם ברכו, ואחר ברכו חזרה וראתה דם), **וה"ק**, אפי' פסקה קודם ברכו, לא אמרינן כיון דפסקה קודם ברכו, א"כ חשיב אחר ברכו לדידה לילה, אלא אם נתקלקלה אח"כ, מפסקת אפילו לאחר ברכו, (וכ"ש אם לא פסקה קודם ברכו - מחה"ש), **והיינו** שכתב הרב, "ובדיעבד אין לחוש", ואם היא רואה דם עד סמוך לערב, פשיטא דאין דיעבד גדול מזה, ומתחלת להפסיק אחר ברכו, **ומה** שכתב, ונוהגים לכתחלה ליזהר, היינו היכא דאפשר, כגון שאינה רואה דם קודם ברכו.

[**רש"ל בתשובה כתב, דכיון שנשים שלנו מתחילין למנות מיום ששי, פשיטא שיכולה למנות אפי' אחר תפילת ערבית**].

(**עי'** בדגמ"ר שהשיג גם ע"ז, דמהרש"ל מיירי, שהראיה שראתה היתה אחר תפלת ערבית בעוד יום, ולענין אימת תלבש לבנים, אם ביום חמישי לראייתה שהיה עדיין יום, או חמישי מיום המחרת, בזה כתב דכיון דנשים שלנו מתחילין מיום ו', יש להקל, **אבל** כאן דמיירי בבדיקה של הפסקת טהרה, אין הפרש לנשים שלנו, שאם אחר תפלת ערבית לילה, אין יום המחרת עולה למספר שבעה נקיים).

סעיף ב - ראתה יום אחד בלבד ופסקה בו ביום, צריכה לבדוק עצמה במוך דחוק ושיהא שם כל בין השמשות. הגה: ובדיעבד אם בדקה עצמה סמוך לבין השמשות ומצאה עצמה טהורה, אע"פ שלא היה המוך אצלה כל בין השמשות, סגי. אבל בדיקת שחרית לא מהני, הואיל ולא ראתה רק יום אחד – [הטעם, הואיל ומעיינה פתוח ביום ההוא].

(**עיין** בדגול מרבבה שכתב, דלאו דוקא בדיקת שחרית, אלא כל שהיתה קודם מנחה קטנה לא מהני ביום הראשון).

וכתוב בספר מעדני מלך, וא"ת ולדידן מאי נ"מ, הא אפילו אשה שרואה כתם, נוהגין שצריכה להמתין ה' ימים עם יום שראתה בו, ואחר כך תפסוק ותספור ז' נקיים, **ונ"ל** דנ"מ להיכא דחזרה וראתה בתוך ימי

הספירה, דכיון שלא ראתה רק יום א' בימי הספירה, בדיקת שחרית לא מהני אפילו בדיעבד, **אבל** לא ראתה רק כתם, אפשר להקל בין בימי הספירה בין בתחילה. ‹ר"ל דמהני בדיקת שחרית בדיעבד, אפי' לא ראתה כתם רק יום א', דכתם לאו מעיינה פתוח הוא – מחה"ש›.

‹צ"ע, על מה דמקיל הש"ך בכתם בתחילה, דהא בתחילה אפי' בכתם צריכה להמתין ה' ימים, **אמנם** לפי מה שכתב הש"ך לקמן, שפיר משכחת לה בכתם בתחילה, היכא דלא שמשה, **ונראה** דנ"מ ג"כ בכלה – דגול מרבבה›.

סעיף ג - ביום שפוסקת מלראות ובודקת עצמה כאמור, תלבש חלוק הבדוק לה שאין בו כתם, ובלילה תשים סדינים הבדוקים מכתמים, ומיום המחרת תתחיל לספור שבעה נקיים.

הגה: ומנהג כשר הוא כשהאשה פוסקת בטהרה שתרחץ – ‹כל בין רגליה עד למטה, בכל מקום שאפשר לדם ליפול שם מאותו מקום – בדי השלחן›, **ולובשת לבנים, אמנם אם לא רחצה רק פניה של מטה, די בכך, וכן נוהגין ואין לשנות.**

אבל בשעת הדחק, כגון אשה ההולכת בדרך ואין לה בגדים, תוכל לספור ז' נקיים, רק שהחלוק נקי ובדוק מדם – ‹ולכאורה קשה, מה קולא הקלנו, והלא כך הוא דינו של כל אשה, **ואפשר** לפרש, דלכתחילה יהיה החלוק מכובס, והקלנו לזו ללבוש אף חלוק שלבשתו כבר לאחר כיבוסו, **ועוד** אפשר לומר, דמקילין לזו ללבוש בגד צבוע – בדי השלחן›.

(**עי'** בתש' מעיל צדקה שכת', באשה שמצאה כתם בימי ליבונה, ולערב הפסיקה בטהרה מחדש, ולבשה שנית לבנים, ואמרו לה חברותיה ביום המחרת, שגם על הכתם צריכה להמתין מחדש ה' ימים, וחזרה ולבשה כתונת שלה הנכתם בכמה כתמים, אך היתה חגורה מלמטה סינר לבן ונקי מלבונה של אתמול, ואחר ב' ימים נודע לה שא"צ להמתין מחדש ה' ימים, **ושאלה** אם היא רשאי למנות שבעה נקיים מפסיקת טהרתה הראשון, כי אומרת שהיא מכרת הכתמים שבחלוקה שהם מימי טומאתה הראשון, ולהוכיח מילין אמרה שהסינר נקי עדיין, ואילו נכתם מחדש היה נמצא על הסינר, **והנה** השאלה הזאת מתחלק לכמה פנים, **הא'** אם היא רשאי למנות ימים הראשונים אשר נפלו מתחלה לדעתה, **הב'** אף אם נחשב אותם לטהורים, אם לבשה בגדים מלוכלכים, אם נאמר שהכתמים ההם הנה מימי נדתה, **הג'** אף אם אין תולין בכך, אם נאמין לה מה שהיא אומרת שמכרת אותן בט"ע, **וגם** מה יוסיף לה מה שהסינר התחתון נקי, **והעלה** לענין ספק א', מאחר שהחזיקה עצמה בטמאה, אין לה לספור אותן הימים, ומעתה אין נ"מ בספיקות האחרונים, **אך** אם לא החזיקה עצמה בטמאה, עלו לה אותן ב' ימים, כיון שמכרת הכתמים בט"ע שהם מימי נדתה, **ואף** אם אין לה בהם ט"ע, ג"כ עלו לה מחמת ההוכחה, דעל הסינר בעי לה לאשכוחי, **אכן** אם אין הוכחה זו, וגם אין לה בהם ט"ע, אין תולין שהם מימי נדתה, כיון שהוא בג"י ראשונים).

סעיף ד - בכל יום מז' ימי הספירה צריכה להיות בודקת – ‹עצמה וחלוקה – רעק"א›, **לכתחלה פעמיים בכל יום, א' שחרית וא' סמוך לבין השמשות.**

(**הגאון** הקדוש בעל של"ה, הצריך שבימי ספירת הנקיים תמנה בכל יום, ותאמר היום יום כו', כדכתיב וספרה לה, **אך** בתשובת נודע ביהודה חולק עליו, **ועי'** בתשובת מהר"ם בר ברוך דפוס פראג, שכתב ג"כ דאינה סופרת, דלא דמי לעומר, **וכן** בתשובת הרדב"ז כתב ג"כ, שאין צריכה להוציא המספר בשפתיה, ע"ש הטעם).

ואם לא בדקה בכל השבעה אלא פעם אחת – מלבד הבדיקה דהפסק טהרה דלעיל סעיף א', **לא שנא בדקה ביום ראשון של השבעה, או ביום השביעי, או באחד מהאמצעיים, מאחר שבדקה ביום שקודם השבעה ומצאה טהורה, עלו לה.**

אבל אם לא בדקה בכל הז', וביום השמיני בדקה ומצאה טהורה, אין לה אלא יום ח' בלבד ומשלמת עליו.

(**עי'** בספר חו"ד שכתב, ומשמע מדברי הש"ס נדה, דכל שלא בדקה אף שלא הרגישה, טמאה מדאורייתא, דימי נקיים ספורין ובדוקין בעינן כו', **ועי'** בתשובת חתם סופר שחולק עליו, וכתב הדין דין אמת גבי הפסק טהרה,

[ט"ז] ‹רעק"א או ש"א או הוספת הסבר› (פת"ש)

וא"צ ראיה, דודאי אין מועיל מה שלא הרגישה כל ביה"ש שנפתח מקורה, דהרי פתוח ועומד הוא, וצריכה שתדע שנסתם מקורה, וזה א"א לידע אלא ע"י בדיקת חו"ס, **אך** לענין הספירות נקיים, צריך ראיה, דאפשר הוה ספורים לפנינו כל שברור לה שהשגיחה על עצמה שחרית א' מז' ימים, ויודעת בודאי שאז לא נפתח מקורה, ואין ראייתו מהש"ס מכרעת כלל).

(**ועל** מ"ש עוד, דאם יצא ממנה דם שלא בהרגשה, דסותר, דמקור מקומו טמא, והו"ל כפולטת, **וז"א**, דמה"ת אינו סותר בשום אופן, **אך** לדידן אפילו כתם סותר).

(**וגם** מ"ש עוד החו"ד שם, דבין אשה שהוחזקה נדה ואח"כ נולד לה מכה שמוצ"ד, ובין אשה טהורה שנולד לה מכה שמוצ"ד, ואך טמאה ביום עונה שלה, כדלעיל סימן קפ"ז ס"ה, מכיון שהוחזקו לטומאה, אינם יוצאים מטומאתם עד שיהיה בדיקת הפסק טהרה, ויום אחד מהשבעה נקיים, נקי לגמרי בלי ראיית דם מכה, **האריך** בתשו' חתם סופר שם לחלוק עליו, ומדבריו מבואר, דמודה ליה בחדא, ופליג עליה בחדא, **ודעתו** להלכה, דאשה שהיתה טמאה נדה, וטרם שפסקה בטהרה ומעיינה עדיין פתוח, נולד לה מכה, בזה צדקו דברי החו"ד, ואין לה היתר לפסוק בטהרה - המעיין יבין שגם בזו החלוקה אינו מודה לגמרי להחו"ד - **אבל** אשה שמעיינה סתום, שנולד לה מכה, והגיע יום וסתה, ואנו חוששים לשיטת תוספות ומטמאים אותה, אז אחר שעברו עליה כ"ב ימים, אשר אין דרך דם למשוך אצלה, ומסתמא כבר סתם מקורה, תוכל לפסוק בטהרה, באופן שתעמוד כל בה"ש בהיסת הדעת מכל הרהורים ומחשבות, ותשגיח ע"ע, ואם לא תרגיש אז פתיחת המקור, תפסוק בטהרה ותטהר, ע"ש בטעם הדבר).

וי"א שצריך שתבדוק ביום ראשון מהשבעה וביום השביעי, ואין להקל - (סמ"ג).

(**עיין** בתשו' חתם סופר שכתב, דבדיעבד שכבר לנתה אצל בעלה, יש להקל, **אך** כ"ז בבדקה בודאי בא' או בז', אבל אם לא בדקה בהם רק מאחד מהאמצעים, יש לחוש אפילו בדיעבד).

(**עי'** בדגמ"ר שכתב, דאפילו לא בדקה ביום ראשון, ובדקה באחד מימים אמצעים וגם ביום שביעי, גם הסמ"ג מודה שעלו לה, ובלבד שעב"פ ליום שפסקה בדקה כדי שתפסוק בטהרה, **ועי'** בספרו תשו' נודע ביהודה, כתב שם, דדוקא ראשון ושביעי בעינן, אבל אם בדקה דרך משל בראשון ובשלישי, לא מהני ואינה יכולה לטבול בשביעי, **ואם** אח"כ שוב לא בדקה עד עשירי, אין בידה אלא עשירי, **אבל** אם בדקה אח"כ בתשיעי, טובלת לערב, דדל יום א' מהכא, הרי בדיקת ג' וט' נחשב ראשון ושביעי, **ואפילו** בדקה בשמיני, דהיינו שבדקה בראשון ובשלישי ובשמיני, טובלת בשמיני לערב, ומצטרף השמיני עם הראשון, **ואף** שיש בין שמיני לראשון יותר מה' ימים, השלישי מצרפם ע"ש, **ומזה** מוכח, דאם לא בדקה בראשון, רק באחד מימים אמצעים ובשביעי, לא מהני, דלא כמ"ש בדגמ"ר).

הגה: והבדיקה תהיה לאור היום ולא לאור הנר, ובדיעבד מהני אפילו אור הנר.

סעיף ה - בדקה עצמה ביום שפסקה מלראות ומצאה טמאה, ובדקה לאחר שלשה או ד' ימים ומצאה טהורה, הרי זו בחזקת טמאה עד שתפסוק בטהרה, שלעולם אינה סופרת עד שתבדוק אם פסקה, ואז מונה למחרתו - וה"ה אם ראתה, ולא בדקה עצמה ביום שפסקה מלראות, ובדקה לאחר ג' או ד' ימים ומצאה טהורה, הרי היא בחזקת טמאה עד שפסקה בטהרה.

סעיף ו - כל בדיקות אלו, בין בדיקת הפסק טהרה בין בדיקת כל השבעה, צריכות להיות בבגד פשתן לבן ישן, או בצמר גפן, או בצמר לבן נקי ורך, ותכניסנו באותו מקום בעומק ולחורים ולסדקים עד מקום שהשמש דש, ותראה אם יש בו שום מראה אדמומית, ולא שתכניסהו מעט לקנח עצמה. ואם יקשה בעיניה מאוד להכניסו כל כך בעומק, לפחות בדיקה של יום הפסק טהרה, ובדיקה של יום ראשון מהשבעה, תהיינה עד מקום שהשמש דש.

הגה: ואם לא עשתה כן בבדיקת יום ראשון, תעשה פעם אחת כן מבדיקות שאר הימים; מיהו

בדיעבד אם לא עשתה כן כלל, רק שבדקה עצמה יפה בחורין ובסדקין בעומק היטב כפי כחה, אע"פ שלא הגיע למקום שהשמש דש, סגי לה.

(ע' בתשו' נודע ביהודה, שהאריך להוכיח דדעת הרבה פוסקים להקל בהבדיקה, ‹לא להצריך חורין וסדקין›, אלא שלא מלאו לבו להקל לגמרי, כיון שיש ג"כ דעת הרבה פוסקים המחמירים, **אך** במ"ש השו"ע דבדיקה של הפסק טהרה ובדיקה של יום ראשון כו', בזה נראה לו להקל ולסמוך על הרמב"ן, דרק בדיקה של הפסקת טהרה צריכה לחורין ולסדקין, אבל שאר בדיקות אפילו של יום ראשון די בבדיקה קלה, **ומה** גם אחרי שכתב השו"ע ס"א, שילמד אדם בתוך ביתו כו', ושיהא שם כל ביה"ש כו', וא"כ הרי בבדיקה זו כוללת גם בדיקת יום ראשון, שהרי המוך אצלה עד הלילה, **אלא** שטעם הב"י, משום דספירת לילה לאו ספירה, **עכ"פ** יש לצרף דעת רש"י, שסובר דספירת לילה מקרי ספירה, לענין זה, שאף שצריכה בדיקה ביום ראשון, שוב די לה בבדיקה קלה).

(**בתשו'** נודע ביהודה כתב, דאם כואב לה הרבה, אינה צריכה בדיקה כלל בשאר ימים חוץ מיום ראשון ויום שביעי, **וטוב** להצריכה קינוח כל דהו מבחוץ אם לא יכאב לה).

סעיף ז - הסומא בודקת עצמה ומראה לחבירתה.

סעיף ח - החרשת ששומעת ואינה מדברת, או שמדברת ואינה שומעת, הרי הן כפקחות. אבל אם אינה שומעת ואינה מדברת, וכן השוטה או שנטרפה דעתה מחמת חולי, צריכות פקחות לבדוק אותן ולקבוע להן וסתות, כדי שתהיינה מותרות לבעליהן, הוקבע להן וסת, הרי הן כשאר כל הנשים; לא הוקבע להן, חוששות משלשים יום לשלשים יום ובודקות על ידי פקחות.

סעיף ט - האשה שמרבה לבדוק, בין בימי ספירתה, בין בימים שלא ראתה בהם, הרי זו משובחת, אע"פ שיש לה וסת קבוע.

‹ובזה"ז שאין אנו בקיאין כלל במראות, ומחמירין אפילו כמראה השעוה והזהב, שנמצא שהרבה ממה שתמצא יאסרו רק מספק וגם רק מחומרא בעלמא, ודאי אין מעלה ברבוי בדיקות – אג"מ›.

סעיף י - השבעה נקיים צריך שיהיו רצופים שלא תראה דם בהם, שאם ראתה דם אפילו בסוף יום השביעי, סתרה כל הימים, וצריכה לפסוק בטהרה ולחזור ולמנות שבעה נקיים - וה"ה אם ראתה ביום הח', דלעולם צריכה לישב ז' נקיים סמוך לטבילתה, וזה פשוט.

[**בב"י כתוב, דאין מזה נפקותא אלא לדין התלמוד, שהיה חילוק בין נדה לזיבה, אבל האידנא אחר חומרא דר' זירא, דכל אשה שרואה אפי' טיפה כחרדל צריכה לישב ז"נ, אין נפקותא מדין זה, דאע"פ שאינה סותרת, הרי צריכה לישב ז' נקיים מחמת ראיה דעכשיו, והוא דוחק גדול, שיכתוב הטור דין לפי התלמוד, גם בשו"ע כתבו בעל ב"י, וע"כ שיש בו איזה נפקותא מיניה, ונ"ל דיש בו נפקותא אף לדידן, לפי מה דקימ"ל דאשה שיש לה וסת אינה צריכה בדיקה כלל** ‹שלא בשעת וסתה אפילו לכתחלה, רק היא משובחת, כמש"כ בסעיף שלפני זה›, **והטעם דאז היא בחזקת טהרה, משא"כ בז' הנקיים, קימ"ל כאן דלכתחילה צריכה בדיקה** ‹פעמים בכל יום שחרית וערבית›, **והטעם דהיא בחזקת טמאה עד שיצאו הז' נקיים, ע"כ קמ"ל כאן, דחזקת טומאה עליה עד שיכלו ז' נקיים רצופין, דלא תימא בהגיע קץ הז' נקיים, הרי שבה לחזקת טהרה, ואינה צריכה בדיקה אפי' לכתחילה,** ‹דאי הוי אמרינן דלא סתרה כל הימים שלמפרע, אף שמ"מ היתה צריכה למנות ז"נ מחמת ראיה של עכשיו, הוי אמרינן דאינה צריכה בדיקה תוך הז"נ, דבז"נ של עכשיו לא הוחזקה להיות מעיינה פתוח, מאחר שמראיה ראשונה כבר הוא לאחר ז"נ שאינן רצופים – מחה"ש›, **קמ"ל דאפי' אם תראה בסוף הז' נקיים ממש, תסתור הכל, א"כ עדיין חזקתה הראשונה עליה, וצריכה בדיקה לכתחילה גם בעת ההיא, כנלענ"ד**].

הגה: יש אומרים דבשלשה ימים ראשונים של ימי הספירה, אם מצאה כתם אין תולין אותו להקל כמו שתולין אחר כתמים, דג' ימים

ראשונים צריכה להיות נקייה לגמרי; אבל אח"כ דינו כשאר כתם, וכן נוהגין.

(ואם סופרת נקיים על כתם שמצאה, אם מצאה אח"כ כתם בג"י ראשונים, עיין באה"ע בב"ש, ועי' בדגמ"ר שכתב, שיש להקל בזה, וק"ו שיש להקל בתבועה להנשא ונתפייסה, ומצאה כתם בג' ימים ראשונים).

(ועי' בתשובת חתם סופר, ע"ד אשה שבדקה עצמה לילך לבית הכנסת, וביום הפסקת טהרה הפסיקה וספרה, ובתוך ג' ימים מצאה כתם, ויש לה במה לתלות, אם נאמר דבתוך ג"י לא תלינן כתם, או נחשוב מיום שבדקה לילך לביהכ"נ, וכבר הלכו בזה נימושות, בעל עבודת הגרשוני מקיל, וצ"צ דעתו להחמיר, ובס"ט נוטה להקל, אך כתב דמפי' רש"י למד מהר"ם לובלין, דוקא בדיקת תיקון חז"ל, אבל בדיקה אחרת לא, דאינה מדקדקת יפה, ומביאו המל"מ, משמע קצת כצ"צ, אלא י"ל התם לטהרות שאני, והוא ז"ל כתב דמעולם לא נתכוין רש"י לזה כלל, רק כתב כן לכוונה אחרת, ובנידון השאלה העלה, דאם אמרה עתה ברי לי שבדקתי שפיר, יש להקל).

(עי' בתשובת תפארת צבי שכתב, דדוקא אם מצאה הכתם תוך ג"י ראשונים אינה תולה, אבל אם מצאה הכתם לאחר ג' ימים, אלא שיש לחוש שזה הכתם ראתה בתוך ג"י ולא ידעה עד הנה, תולה במכתה ובנדתה, וחושבת אף ג' ימים הראשונים לספירה, לא כרב אחד שטעה בזה, אכן בתשובת בית אפרים שאביא לקמן בשם אחיו, מבואר שדעתו אינו כן).

(עי' בתשובת חמדת שלמה שהעלה, דאם נמצא הכתם ע"ד שאינו מקבל טומאה, אף תוך ג' לא חיישינן לה, כיון דדבר שאינו מקבל טומאה לא הוי בכלל גזירת כתמים, וכ"מ מדברי הגה"מ ובסה"ת, שלא כתבו רק דתוך ג' ימים לא תלינן, והיינו במידי דבעי לתלות, שפיר אמרינן דיותר מסתבר לתלות בגופה, אבל בדבר שאינו מקבל טומאה, דלאו מטעם תליה אתינן עלה, דאפילו בדקה קרקע עולם וישבה עליו טהורה, והיינו כיון דבלא הרגשה חזיא לא גזרו חכמים ע"ז, א"כ מה מהני הא דתוך ג' ימים מעיינה פתוח, סוף סוף חזיא בלא הרגשה, ושוב ראיתי בתשובת מעיל צדקה, דמדבריו נראה פשוט, להתיר בכתמים הנמצאים בבגד צבוע תוך ג"י).

ודוקא כתם שהוא יותר מכגרים ועוד, אבל פחות מכגרים ועוד, תולה בכינה אפילו בג' ימים ראשונים – [בב"י בשם ת"ה כתב וז"ל, אבל בפחות מכן, דאינה צריכה לתלותו בחבורה או מכה, אלא בדם מאכולת, ודאי תלינן לעולם, דאל"כ אין שום אשה יכולה לטהר, דאין לך אשה שאין עליה כמה טיפי דמים של מאכולת].

(ובכתבי הרב הגדול מהר"ר דניאל זצ"ל ראיתי שכתב, דאם יכולה לישן במקום שאין פשפשין, ושכבה במקום שיש פשפשין, אינה יכולה לתלות בפשפשין).

וה"ה אם היה לה מכה בגופה ויודעת שמוציאה דם, תולה בה אפילו ביתר מכגרים ועוד, אלא שאין מקילין בשלשה ימים הראשונים לתלות במכה שאין ידוע שמוציאה דם, או בשאר דברים שתלינן בהם כתם, כמבואר לעיל סימן ק"ץ.

ז"ל ד"מ: במרדכי, אם סופרת תוך ז' ימים נקיים, מסתברא מג' ימים ואילך הכתמים טהורים, אם יש לתלות במכה או בחבורה או בצפור, ואינה סותרת, אבל צריכה לידע בודאי שפסק דם המקור לגמרי, לכך צריך שיהיו ג' ימים הראשונים של ספירת נקיים טהורים לגמרי, עכ"ל, וכן הוא בהגמ"י, ונ"ל דהא דלא תלינן במכה בשלשה ימים הראשונים, דוקא במכה שאינו ידוע שמוציאה דם, דתלינן בה שאר כתם, וכ"מ מלשון המרדכי, דע"ז קאי, אבל במכה שידוע שמוציאה דם, נ"ל דתלינן בה אף בג' ימים הראשונים, דהא אפי' רואה ממש תלינן במכה שמוציאה דם, כ"ש כתמים דרבנן, וא"ל דשאני ברואה ממש, דהוא תחלת ראיה, ולכך תלינן במכה, ואמרינן דמעיינה סתום עדיין ולא ראתה, אבל תוך ספירתה שמעיינה פתוח כבר, לא תלינן במכה כלל, זה אינו... כנ"ל לצדד להקל, משום דלא חילקו שאר הפוסקים בין כתם שרואה בימי הספירה לשאר כתם, אם כן משמע דס"ל דאפי' תוך ג' ימים תלינן כתם בכל מקום שיש לתלות, ואפשר דסה"ת והמרדכי לא החמירו אלא לחומרא בעלמא, דהרי כתב בת"ה, טעמא דלא תלינן בג' ימים הראשונים, הואיל ואפשר ליזהר כו', ואם היה אסור מדינא, לא שייך לחלק משום שאפשר ליזהר, אלא ודאי לא החמירו אלא משום שאפשר ליזהר, אבל

במקום דאי אפשר ליזהר אין להחמיר, ולכן התיר בכתם בפחות מכגריס ועוד שתלינן בכינה, על כן נ"ל דאין להחמיר במכה שידוע שמוציאה דם, עכ"ל ד"מ.

[**ומסיק שם:** כנ"ל להלכה, **אבל למעשה יש להחמיר לכתחילה במכה עוברת בימים מועטים, דגם זה מקרי אפשר** להיזהר, **ע"כ,** ‹שיכולה להמתין אותן ימים מועטין - מחה"ש›, **ומ"מ כתב כאן להתיר, במכה שיודעת ודאי שמוציאה דם**].

וכל דבריו צל"ע, מה שכתב ונ"ל דהא דלא תלינן כו', וכ"מ לשון המרדכי כו', אדרבה פשט דברי המרדכי, דמסתימים סתים לה, משמע דבכל מכה איירי, **ועוד** דהא אפילו בנתעסקה בדם צפור לא תלינן בה, אע"פ שיש דם לפנינו, כל שכן במכה שמוציאה דם, **ולהרב** צריך לחלק דשאני דם צפור שהוא ממקום אחר, מה שאין כן מכה שבגופה שאי אפשר ליזהר, וזה אינו משמע.

ועוד מדתלו הפוסקים טעמא, שצריכה שתדע בודאי שפסק דם המקור, משמע דבג' ימים הראשונים שאינה יודעת בודאי שפסק דם מקורה, בכל ענין לא תלינן במכה, **והאי** "א"ל" שכתב הרב לחלק בין מעיינה סתום או פתוח, ודאי קושטא הוא, והכי משמע, מדכתבו הפוסקים שצריכה שתדע בודאי שפסק דם מקורה, [**דהתם אית לה חזקת טהרה תחילה, ואתה בא לטמאותה, ע"כ תלינן במכה, משא"כ כאן, שהיא כבר טמאה ואתה צריך לטהרה, ע"כ צריך לך חזקה ברורה לטהרה, להוציאה מן החזקה של טומאה הקודמת, מש"ה בעינן ג' ימים נקיים לגמרי, דאז יש חזקה לטהרה בג' ימים**].

ומ"ש כן נ"ל לצדד להקל משום דשאר הפוסקים לא חילקו כו', אין זה כדאי להקל, דהא בכמה מקומות מצינו כה"ג, אפי' היכא שמקצת פוסקים מקילין ושאר פוסקים סתמו דבריהם, ואמרינן ילמד הסתום מן המפורש, כ"ש הכא שהמפרשים מחמירים, **ועוד,** מי לנו גדול מסה"ת ומרדכי והגה"מ, וכ"ש שגם הר"ף והא"ח ות"ה מסכימים לדבריהם, וכ"פ האגודה.

ומ"ש ואפשר דלא החמירו אלא לחומרא בעלמא, דהא כתב בת"ה כו', **לא** ידענא מאי הוכחה היא זו, דת"ה לא כתב שם אלא דפחות מכגריס ועוד תלינן בכינה, הואיל ושכיח טובא וא"א ליזהר, א"כ אין לך אשה שתוכל לספור ז' נקיים, משא"כ במכה, **אבל** ודאי טעמא הוא משום שצריכה בודאי לידע שפסק דם מקורה.

שוב מצאתי בב"ח שכתב, באשה שהיא מוכת שחין, כיון שהדם יוצא תמיד מהשחין שבגופה, ונכתם בסדיניה וחלוקה, יש לתלות אף בג' ימים הראשונים, דאל"כ לא תוכל לספור שבעה נקיים לעולם, **ול"ד** לחבורה שבגופה שמוציאה דם, ואפילו הכי לא תלינן בה ג' ימים הראשונים, **דשאני** חבורה אחת שהיא מכוסה באספלנית שאינה מוציאה דם אלא לפעמים, דומיא דמכה שבאותו מקום, דכתב סה"ת דלפעמים מוציאה דם, **אבל** מוכת שחין דכל שעה יוצא ממנה דם, דמיא למאכולת דתלינן בה אף בשלשה ימים הראשונים וכו', ומכל מקום הכל לפי ענין השחין ודוק, עכ"ל, **מבואר** מדבריו דאין להקל אלא במלאה שיחני וכיבי, ודם יוצא ממנה תמיד, הא לאו הכי אפילו ידוע שמכתה מוציאה דם אין להקל, **וכ"מ** בס' אפי רברבי, שהעתיק כל הדברים שבסי' זה, רק דין זה שכתב הרב, דבמכה שמוציאה דם תולין אף בשלשה ימים הראשונים, השמיט, רק כתב סתמא שאין תולין כתם כגריס ועוד בשום דבר בשלשה ימים הראשונים.

[**אלא דבפחות מכגריס א"א בעולם להזהר בזה לא גזרו רבנן, דדבר זה אינו רק מדרבנן, כיון שאינה מרגשת ביציאת הדם, וכן נראה במכה שיש לה בגופה, כל שאפשר לה להזהר שלא תלכלך עצמה מדם, ולא עשתה כן, אין לה לתלות באותה מכה, משא"כ במכה שא"א לה להזהר, שפיר תולה בה, וגם דברי רמ"א כאן בשו"ע יש כוון לזה, ומו"ח ז"ל שכתב על ההיא דמוכת שחין, דהכל לפי השחין, היינו כפי הדרך שכתבתי**].

‹**ועי'** בתשובת ברית אברהם שכתב דגם אם נחמיר ברואה ממש, במכה הידוע שמוציאה דם תוך ג' ימים ראשונים, כל זה באם הראיה שנטמאה בעבורה היא טומאה ודאית, **אבל** בנדון דהרמ"א בסי' קפ"ז ס"ה, בחלוקה הג', שמרגשת שהדם בא מהמקור, וא"י אם היא ממכה שבמקור, דבתחלת ראיה טהורה, אך בשעת וסתה או בשעת עונה בינונית מטמאינן לה, משום הסברא דכי לעולם לא תטמא, **בכה"ג** יש להקל אח"ז תוך ג"י ראשונים, לתלות במכה גם ברואה ממש, כעין שכתב הב"ש בכלה או בבעלת הכתם מעיקרא›.

‹**ועי'** בתשו' בית אפרים, באשה שהפסיקה בטהרה, ולפי שהיתה בדרך לא פשטה חלוקה, וביום ששי לספירתה באתה לביתה ומצאה על חלוקה דם, אם יכולה

לתלות שהדם הנמצא הוא מימי נדתה, **וכתב** שאחיו הרב מדובנא צידד להחמיר, לפי דעת הש"ך דגם במכה שמ"ד אינה תולה בג' ימים הראשונים, וא"כ אם נתלה מימי נדתה, ע"כ שהיה עליה גם בג' ימים ראשונים, **והוא** ז"ל העלה להקל, דגם במכה שמ"ד מסתבר להקל, ולתלות בימי נדתה עדיף טפי ממכה שבגופה, ומכ"ש כשידוע שבאו כתמים על החלוק, **וכן** כתב בשם אא"ז פנים מאירות, באשה שהתחילה לספור שבעה נקיים, וביום שני פירסה המשרתת הסדין שהיתה שוכבת עליו בימי נדתה, וביום ז' מצאה כתם על הסדין, והעלה דזה הוי כמכה שבודאי מטפטף ומוציא דם, דתולין אף בג' ימים ראשונים).

(**ועי'** בתשו' חת"ס, אודות אשה שבימי נקיים שלה הגיע וסת עורק זהב {גילדעני אדער} וחלוקה וסדיניה מלוכלכים בדם, אי לתלות ג"י הראשונים, או דילמא כיון שבימים מועטים יעברו אלו הדמים של עורק זהב, אין הפסד שתמתין מלספור, **והאריך** בזה, ומסיק מאחר שאין וסת העורק זהב נמשך אלא איזה ימים, אין לתלות בו בג"י ראשונים, **אך** נעשה לה תקנה, שמיד אחר ב' ימים לראייתה תפסוק בטהרה, דאע"ג דאלו ג' ימים אין עולים לה לנקיים, מפני חשש פולטת, ותמתין עד אחר ה' ימים, מ"מ מועיל לה בדיקתה שלא נחזיקנה רואה, ואם אחרי ה' ימים תפתח עורק זהב שלה, תולין בו כתמים, כנ"ל למעשה).

סעיף יא - הפולטת שכבת זרע בימי ספירתה, אם הוא תוך ו' עונות - ועונה היא י"ב שעות, **לשמושה, סותרת אותו יום. לפיכך המשמשת מטתה וראתה אחר כך ופסקה, הגה: ואפילו לא ראתה רק מראה כתם** - (לפי שו"ע מהדורת פדיעדמאן), **אינה מתחלת למנות שבעה נקיים עד שיעברו עליה ו' עונות שלימות שמא תפלוט** - ולא תרגיש.

לפיכך אינה מתחלת לספור עד יום ה' לשמושה, כגון אם שמשה במוצאי שבת, אינה מתחלת לספור עד יום ה' - דעד אותו היום חיישינן לכל יום ויום שמא תפלוט, או שמא תפלוט כל השלשה ימים, **דקיי"ל אין שכבת זרע מסריח עד שיעברו עליו שש עונות שלימות מעת לעת** - כלו' ע"ב שעות, [ואחר שהוא מסריח, אע"פ שפולטת אותו, הרי היא כפולטת מיא בעלמא], **ואם שמשה במוצאי שבת ופלטה ליל ד', קודם עת שימושה במוצאי שבת, עדיין היא עומדת בתוך עונה ששית לשמושה וסותרת** - אע"פ ששלמו הו' עונות בתחלת ליל ד' אחר שימושה במ"ש, מ"מ כיון שפלטה בתחלת ליל ד' קודם שימושה במ"ש, א"כ סותרת אותו יום, והיינו כל יום ד', ומתחלת לספור מיום ה', [דאיך תמנה היום ד' ליום נקי, דהא אפשר שתפלוט באותן שתי שעות של תחילת הלילה, ועדיין הש"ז אינו מסריח, וכל יום נקי צריך שיהיה כולו נקי, הן בלילה הן ביום שבו], **הילכך יום ה' יהיה ראשון לספירתה. הגה: ותפסוק יום ד' לעת ערב, ויום ה' עולה לה למנין שבעה.**

ויש שכתבו שיש להמתין עוד יום אחד, דהיינו שלא תתחיל למנות עד יום הששי והוא יהיה יום ראשון לספירתה, דחיישינן שמא תשמש ביום ראשון בין השמשות ותסבור שהוא יום, ואפשר שהוא לילה, ואם תתחיל למנות מיום חמישי יהיה תוך שש עונות לשמושה, על כן יש להוסיף עוד יום א', דמעתה א"א לבא לידי טעות, וכן נוהגין בכל מדינות אלו, ואין לשנות.

[**וכבר** כתבתי בסי' קצ"ג בשם מהר"ל מפרא"ג, שבכלה אחר בעילת מצוה, תוכל למנות מיום חמישי לשמושה, ור"ל דלא גזרינן בה שמא תשמש באותו יום בסופו, דהיינו בין השמשות, **ונראה** טעמו, כיון דאין כאן דם נדה רק דם בתולים, לא החמירו בו משום תשמיש בין השמשות, **אבל** אם באמת נבעלה בעילת מצוה בין השמשות, נראה ודאי דחשבינן לה כאילו נבעלת בלילה שאחר אותו בין השמשות, אפי' גבי כלה, **נמצא** שאם נבעלה הכלה ליל מו"ש, תמנה מיום ה', **ואם** נבעלה בביה"ש של סוף יום ראשון, תמנה מיום ששי, כנלענ"ד].

וכ' מהרש"ל בתשובה, דלפי מנהג זה, אם ראתה אחר ערבית ביום א', ועדיין הוא יום, (דאנן מחמרינן שלא לחלק בין שמשה ללא שמשה, א"כ לא מנינן הני ימים מעת

התשמיש כי אם מן ראייתה - סד"ט), יכולה ללבוש בגדים נקיים בסוף יום ה', ומונה מיום ו', ואין ספיקא בדבר - **ומשמע** מדבריו דאע"פ שהתפללה היא גם כן ערבית - **אבל** לפי מנהג המקומות של הט"ו, שלובשים לבנים ביום ד' לראייתם, ומתחילין למנות מיום ה', צ"ע בדבר, **ואינו** דומה למ"ש מהרא"י בתשובה, שאין אשה יכולה להפסיק בטהרה אחר שהתפללו הקהל ערבית, **דשאני** הכא שבא לה הסבה מן השמים, ואין שייך לומר שה"ל להקדים או לאחר, מה שאין כן בהפסקת טהרה כו', **ומ"מ** נראה, די לנו בזה שנחמיר היכא שהתפללה כבר ערבית ועשתה אותו כבר לילה, **אבל** היכא שלא התפללה, אפילו התפללו כבר הקהל, לא נחמיר כה"ג לחושבו לילה, מאחר שבא לה הסבה מן השמים כו', עכ"ל, **ונראה** דנמשך לדברי מהרא"י דלעיל סעיף א', **אבל** למש"ל, דדעת מהרי"ל והרב בהפסקת טהרה להקל אפילו התפללה היא, וכ"ש הכא.

ויש נשים שנהגו להחמיר עוד להמתין עד ז' ימים, ואין טעם בדבר, והמחמיר יחמיר והמיקל נשכר להקדים עצמו למצוה – [ומו"ח ז"ל הביא טעם לדבר בשם הר"ש מאוסטרייך, דכיון דנדה דאורייתא טובלת אחר ז' ימי נדה, אף שלא היו נקיים, אלא שצריכה ז' נקיים שמא היא בימי זיבה, והיו נוהגים בימים קדמונים לטבול ב' פעמים, אחת אחר ז' דאורייתא, והשני' אחר ז' הנקיים, וזכר לאותו דבר נהגו ג"כ להמתין י"ד יום, ע"כ, **ויפה כתב רמ"א, שהמקדים עצמו מקדים למצוה, ואין בטעמים כאלה כדי להרחיק טבילת מצוה**].

ויש שכתבו שעכשיו אין לחלק בין שמשה עם בעלה ללא שמשה - דלא פלוג רבנן וגזרי' לא שמשה אטו שמשה, ואע"ג דשמשה גופה גזירה היא אטו בין השמשות, חששא דביה"ש פשוטה היא, וחששו בה רבנן טובא בכמה דוכתי - ת"ה.

[**הב"י לא חש לחומרא זאת, אלא אם לא שמשה אינה ממתנת כלל, אלא דרמ"א מקיים המנהג להחמיר בזה], וכ'** הב"ח, מיהו היינו דוקא כשבעלה בעיר, אבל כשאין בעלה בעיר יש להקל, דמיד שתפסוק בטהרה סמוך לביה"ש תמנה למחרתו, **ואע"ג** דבת"ה משמע מלשון השאלה שהיה שואל להחמיר אף כשאין בעלה בעיר, **מ"מ** מלשון התשובה שלא הזכיר שם להחמיר בזה, משמע קצת דבהכי יש להקל, עכ"ל, **ואין** דבריו נראין, דהלא נודע שהשאלות שבת"ה, עשה מהרא"י בעל התשובות עצמו, ולא ששאלוהו אחרים כמו בפסקיו וכתביו, **ועוד** דא"כ אמאי לא פשיט מידי אשאלה זו, **אלא** הדבר פשוט כיון דבשאלה משוה להדיא אין בעלה בעיר ללא שמשה, א"כ גם בתשובה הוא כן, **גם** בתש' מהרי"ק כ', שהנשים מחמירין אפי' אין בעליהן בעיר, [ומי יחלוק על המנהג], וכן המנהג פשוט במדינות אלו.

וגדולה מזו נוהגים, שאפי' כלה אינה סופרת ז' נקיים עד יום ה' לראייתה, אע"פ שעדיין לא בא החתן לעיר, **אע"פ** שלפי דעתי אין להחמיר בזה כלל, ולא נזכר בשום פוסק קדמון או אחרון, **מ"מ** לא יהא אלא כדברים המותרים ואחרים נהגו בו איסור כו', **ומ"מ** בשעת הדחק יש להתיר להכלה, שמיד שתפסוק בטהרה תספור ז' נקיים, **דבהכי** עדיף טפי ממה שנוהגין שנשאת כשהיא נדה, שהרמב"ם פסק שלא תנשא כלל עד שתטהר, **ואע"ג** דאנן לא מדקדקים בהכי, מ"מ ודאי היכא דאפשר בטהרה טפי עדיף, כן נ"ל.

‹**והט"ז** חולק, דאין להחמיר כלל בכלה להמתין ה' ימים קודם ספירת הז"נ - מחה"ש›, [**אלא דנראה לי קולא אחת בזה, בכלה שפירסה נדה סמוך לחופתה, ואפי' אחר חופתה קודם שנתייחדה עם חתן שלה, אין ממתנת כלל, דבזה ודאי לא שייך למגזר לא שמשה אטו שמשה, דלא באה עדיין לכלל תשמיש כלל עמו, ולמה נגזור כזה, כנ"ל**].

(**עיין** בדגמ"ר שכתב, דאף הש"ך שכתב, דשלא בשעת הדחק אפילו כלה אינה סופרת שבעה נקיים עד יום ה' לראייתה, **לא** אמר אלא כשלא היתה נדה קודם לראיה זו, כגון בתולה שראתה פעם ראשונה, או מניקה שהיתה טהורה בעת מיתת בעלה, וראתה עתה פעם ראשון אחר כ"ד חודש, **אבל** אם היתה כבר נדה לא שייך חומרא זו כלל, ע"ש).

(**ועפ"ז** הוריתי ביולדת שלא טבלה תוך מ' לזכר ופ' לנקבה, וככלות הימי טוהר ראתה, דא"צ להמתין למנות ז"נ עד אחר ה' ימים, אלא מיד שתפסוק בטהרה תוכל להתחיל למנות שבעה נקיים, דהא עד ראיה זו היתה ג"כ טמאה מלידה, ולא שייך חומרא זו כלל, **ומכ"ש** אם ראיה זו היא בתוך ימי טוהר, והיא רוצה למנות שבעה נקיים ולטבול, דבזה אפשר לומר שגם אם לא היתה טמאה מכבר מחמת לידה, שטבלה כבר, ג"כ תוכל למנות

שבעה נקיים מיד אם לא שמשה, דהא אפילו בכתם כתב הש"ך דיש להקל היכא דלא שמשה, למנות מיום המחרת, ומכ"ש בדם טוהר דקיל יותר דאינו אלא חומרת הגאונים).

(**ועי'** בתשו' ח"ס שאלה כזו, ביולדת שטובלת תוך מלאות, וחזרה וראתה באותן הימים, אם תתחיל לספור נקיים השניים האלו אחר ד' לשמושה, דלא גרע מכלה הטובלת לדם בתולים, **והשיב** להחמיר, אחרי שכתב הרמ"א בסי' קצ"ד דדינו כדם לכל דבר, משמע שאין לחלק בשום דבר בכל מנהגי נדה וחומרותיה).

(**ועי'** בתשו' נודע ביהודה, שמורה אחד הורה, באשה שטבלה ואחר טבילה קודם ששמשה ראתה דם, ובעלה היה בעיר, שתמנה שבעה נקיים תיכף, **וכתב** שראוי המורה הזה לגעור בו בנזיפה, אבל לא לענשו באיזה עונש, כי גוף דין זה הוא חומרא בלא טעם, **ואח"כ** כתב בשם תשובת פני יהושע שמקיל בזה, בראתה תיכף אחר הטבילה קודם ששמשה, והוא ז"ל חולק עליו, **וכתב** דהט"ז מחמיר ג"כ בזה, שהרי לא הקיל רק בראתה תיכף אחר חופתה, שלא באה עדיין לכלל תשמיש, **ועי'** בתשו' מעיל צדקה, שגם הוא ז"ל מקיל בראתה תיכף אחר הטבילה קודם ששמשה, וכתב הטעם, דאף בגזירת חז"ל קיי"ל במלתא דלא שכיח לא גזרו, ומכ"ש בגזירה זו, **וכתב** שהסכימו עמו החברים ונעשה מעשה, וכן דעת הס"ט).

(**עי'** בשל"ה שכ' וז"ל, מעשה בא לידי באשה אחת, שהיה יום ד' לנדתה, ולא שמשה עם בעלה בלילה שקודם ראייתה, והתרתי לה ללבוש לבנים ביום ד', ולהתחיל לספור ביום ה', כי אם היתה מתחלת לספור ביום ו', אז היה בא ליל טבילה בליל שבת שאחר י"ט, ומוטב שנניח חומרא זו כדי לקרב הטבילה לחפיפה, עכ"ל, **ועיין** בס"ט שכתב, דנראה לו דבנדון כזה, אף בשמשה יש להתיר שתפסוק ביום ד' לראייתה, ותמנה שבעה נקיים מיום ה').

וכל אשה שרואה אפילו כתם, צריכה להמתין ה' ימים עם יום שראתה בו, ותפסוק לטת ערב ותספור ז' נקיים - והיינו שרואה בתחילה, ומשום טעמא דש"ז, **אבל** אם תוך ימי ספירתה או אחר ה' ימים, נתקלקלה וחזרה וראתה דם או כתם, פוסקת באותו יום בטהרה, ומונה למחרת, וזה פשוט.

וכן נוהגין במדינות אלו ואין לשנות - נראה דבכתם יש להקל היכא דלא שמשה, למנות מיום המחרת של מציאת הכתם, דהא הך דלא שמשה גופה גזירה רחוקה היא, וגם הב"י כתב דבמקומו לא נהגו בגזרה זו, **הלכך** י"ל דגם הת"ה גופיה שכתב להחמיר, היינו ברואה, אבל לא בכתמים דרבנן דאזלינן בהו בכמה דוכתי לקולא, שהרי לא הזכיר שם כתם כלל, **ואפשר** לזה לא כתב הרב, האי "ויש שכתבו שעכשיו כו" אחר דין הכתם, אלא אחר דין רואה, (עיין בתחילת הסעיף לפי מהדורת פריעדמאן), **אבל** עט"ז כ', יש שכתבו שכל אשה אפי' רואה כתם או טפת דם כחרדל, בין שמשה בין לא שמשה, צריכה להמתין כו', וכן נוהגין. (**נוהגין** להחמיר אע"פ שאינו מן הדין, ש"ך – תורת השלמים. **מה** שמסיים הש"ך וכן נוהגין, הוא סיום לשון העט"ז – סד"ט).

(**עי'** בתשו' חת"ס, מבואר שדעתו דבדיעבד שכבר ספרה שבעה נקיים, מיד אחר מציאת הכתם מבלי המתנת ה' ימים, אפשר להקל גם בשמשה, שיעלו לה הנקיים, **אך** אם היה זה הכתם בבדיקת העד, אין להקל אפי' בדיעבד).

סעיף יב - אם טעתה במנין יום א', וטבלה ושמשה, צריכה להמתין ו' עונות שלימות, ואחר כך תמנה יום אחד נקי ותטבול - דשמא תפלוט בג' ימים שאחר התשמיש, **וא"ל** דאע"ג שתפלוט ביום הב', מ"מ סתירה דלאחר ז' לאו סתירה היא, **י"ל** דחיישינן שמא תפלוט גם ביום א' שאחר התשמיש, א"כ לא יהיו ז' נקיים, ולא הוי סתירה דלאחר ז'.

[**פשוט דה"ה נמי אם טעתה שני ימים, שתמנה אחר השש עונות עוד שני ימים, אלא דכולי האי לאו אורחה למטעי, ע"כ נקט יום אחד**].

[**מ"מ אין להקשות, הא אית' בס"י, דבעינן ז' רצופין, וכאן מפסקת בימי פליטת זרע, דפליטת שכ"ז אין סותר למפרע כדם, אלא דאותן ימים עצמן אינן נחשבים לנקיים**].

[**ואין להקשות, דשמא ראתה באותן השש עונות דם, אלא שחיפהו שכ"ז, כדאיתא סי' קצ"ג בבעילת מצוה, דהתם שאני, שדמים מצויין בה מחמת הבעילה**].

ומשמע דהכא לא נהגינן להחמיר משום גזירה דבין השמשות, וטובלת מיד אחר ד' ימים ויום א' נקי, דהיינו אחר ה' ימים, דלא שכיח שתטעה במנין, ובמלתא דלא שכיחא לא גזרו רבנן.

(**עי'** בשו"ת תשובה מאהבה, באשה אחת נדה שהתחילה לספור שבעה נקיים, ותיכף ביום א' מצאה כתם יותר

מכגריס, והתחילה לספור מחדש מיום המחרת כדין, וספרה יום יום ובדקה בכל יום ומצאה טהורה, וטבלה ושמשה, ויהי בוקר והנה האשה השכנה מגרת ביתה אמרה לה, מה זאת עשית כי טעית בחשבונך יום א׳, ולא ספרת רק ששה נקיים, והאשה ההיא אומרת דקדקתי בחשבוני ושבעה ספרתי, **ואעפ״כ** באה האשה לשאול, אף כי לפי דעתה ברור לה שלא טעתה, מ״מ היא חוששת לדברי חברתה ומסתפקת אולי טעתה, ושאלה מה דינה, אם צריכה טבילה אחרת ואם צריכה כפרה, **וצדד** להקל, אחרי שאין כאן רק ספק דרבנן, דמה״ת הכתם שמצאה ביום הא׳ טהור כיון שלא הרגישה, וא״כ מן התורה מצטרף גם יום זה לנקיים, ויש ג״כ עוד כמה צדדים להקל, **ואחרי** שכבר שמשה ויש חשש לעז פגם לולד אשר תלד, הורה לה להקל שאין צריכה לא טבילה ולא כפרה, **וצוה** עליה שתאמר בפירוש לחברתה שאינה מאמנת לה).

(**והסכים** עמו הגאון בעל נודע ביהודה ז״ל, אך כתב, דדוקא אם אומרת איני מאמינך, אבל אם היא בעצמה מסתפקת, יש לה לחוש לדברי חברתה, דהיכא דהבע״ד שותק, שתיקה כהודאה, **ואם** האשה מכחשת פשיטא שהיא נאמנת, וספרה לה כתיב, ואין ע״א נאמן באיסורים היכא שהבע״ד מכחישו - **ובזה** אפילו אם היה חשש איסור דאורייתא הדין כן).

אך סתירה שלאחר שבעה, כגון שלא טבלה כראוי ושמשה, הרי זו טובלת בכל עת –

[שהרי היא כבר ספרה ז׳ נקיים, רק שמחוסרת טבילה].

ובב״י כ׳ בשם הרא״ש, דבטבלה ליל ז׳ ושמשה ביום הז׳, ‹שא״א לה לפלוט השכ״ז עד לאחר שהאיר היום›, נמי לאו סתירה היא, וטובלת מיד לאחר ז׳, כיון שפלטה כשהאיר היום הז׳, ‹**דמקצת** היום ככולו, ואע״ג שאם ראתה דם סותרת, היינו לפי שסותרת למפרע כל הז׳ נקיים, אבל בפולטת שכ״ז שאינה סותרת, רק שאותו יום אינו עולה לה, וכיון שמקצת היום ככולו, כבר היה לה ז׳ נקיים קודם פליטה - מזה״ש›, **וכתב** אם באנו להסכים דברי הסמ״ק ‹שהם המקור לדברי המחבר› להרא״ש, י״ל דמה שכ׳ הסמ״ק סתירה דלאחר ז׳ לאו סתירה היא, היינו לאחר ליל ז׳, **וצ״ע** לדינא, דפשט דברי הסמ״ק משמע לאחר ז׳ דוקא.

[**ויש לי תמיה רבה בסעיף זה, ממה שכתוב באבה״ע, גר ואשתו שנתגיירו, מפרישין אותם צ׳ יום, להבחין** בין זרע שנזרע בקדושה, לזרע שנזרע שלא בקדושה, וה״נ היה לנו להפרישם אחר שבא עליה באיסור, כדי להבחין אם נתעברה באיסור, כשטבלה שלא כראוי, ונ״ל דהכא מיירי, באשה שבעלה מצוי לה קודם לזה, נמצא שאין שייך כאן הבחנה, דומיא דאשה שנאנסה תחת בעלה, שאינה צריכה להמתין צ׳ יום, אם נבעלה לבעלה תחלה, *ולפי״ז אם לא היה בעלה אצלה קודם למעשה זה תוך צ׳ יום, ממילא צריך להפריש אחר ביאה זו האסורה צ׳ יום, כן היה נ״ל, וצ״ע למעשה, **אבל** מה שכתבתי לעיל בסוף סי׳ קצ״ב, בעברה על הדין שצריכה ז׳ נקיים משום חימוד, שא״צ להפריש, זה אינו דומה כלל לההיא דגר שזכרנו, דשם אין כאן אלא איסור דרבנן לחוד].

לא קשה מידי, דהתם כיון שנזרע שלא בקדושה, לאו ישראל גמור הוא, דבכמה דינים חלוק הוא מישראל, אבל הכא אפי׳ נולד מן הנדה, קימ״ל דכשר - נקה״כ.

*(**ועי׳** בתשו׳ חתם סופר שכתב, דמ״ש הט״ז, אבל אם לא היה בעלה עמה צ׳ יום, דבריו תמוהים, מה שייכות צ׳ יום לכאן, אפילו לא היה בין שימוש בעלה לראיה רק זמן מועט, שייך הבחנה, **וכתב** עוד, דבכתם אין לחוש להצריך הבחנה).

סעיף יג - האשה ששמשה מטתה וראתה אחר כך ופסקה, ורוצה לספור מיום מחרת ראייתה, תקנח יפה אותו מקום במוך או בבגד להפליט כל הזרע, או תרחוץ במים חמין והם יפליטו כל הזרע.

הגה: ויש אומרים דאין אנו בקיאין בזה בזמן הזה ואין לסמוך על זה, וכבי נהוג, דהרי כבר נתבאר שאנו נוהגין להמתין אפילו לא שמשה כלל, כדי שלא לחלק בין ספירה לספירה, כ״ש בכהאי גוונא - לא ידענא מאי ענין זה לזה, דהתם לא שייך בקיאות כלל, וגזרינן לא שמשה אטו שמשה, **ואה״נ**, ‹ר״ל אמנם יש ק״ו באופן אחר ממה שכתב הרמ״א, דבאשה לא מהני רחיצה וקינוח, דלא עדיף מלא שמשה כלל, והתם גזרינן במלתא דשכיח, **אבל** מ״מ נ״מ ברחיצה וקינוח, ‹אי ילפינן הק״ו על דרך שכתב הש״ך, ולא על דרך שכתב הרמ״א, בדין שנזכר בסעיף הקודם, בשכחה יום א׳

[ט״ז] ‹רעק״א או ש״א או הוספת הסבר› (פת״ש)

שצריכה להמתין ו' עונות, דמהני רחיצה וקינוח דתמנה מיד אחר שתשלים היום ששכחה, וי"ל דלפי מה שכתב הרמ"א הק"ו, ע"ז דאין אנו בקיאין, א"כ גם בהא לא מהני הרחיצה וקינוח, **אבל** אי נימא דאנו בקיאין, רק דלא עדיף מלא שמשה, דגזרינן אטו שמשה, א"כ בשכחה יום א' דלא גזרינן לא שמשה אטו שמשה, גם הרחיצה והקינוח י"ל דמהני – מחה"ש, **ונראה** דגם הרב מודה בזה, ומיירי בסתם אשה, **ומ"מ** לענין דינא, בלאו הכי, כיון דהסמ"ק והג"מ כתבו דאין אנו בקיאין, אין להקל לכתחלה, וכ"פ הב"ח.

וכל הפורץ גדר בדברים אלו במקום שנהגו להחמיר, ישכנו נחש.

§ סימן קצז – שלא תטבול האשה ביום §

סעיף א - אין הנדה והזבה והיולדת עולות מטומאתן בלא טבילה, שאפילו אחר כמה שנים חייב כרת הבא על אחת מהן, אלא אם כן טבלו כראוי – [בלא חציצה], **במקום הראוי** – [היינו שיש שם מ' סאין].

סעיף ב - אם בעלה בעיר, מצוה לטבול בזמנה, שלא לבטל מפריה ורביה אפילו לילה אחת – [זהו אפי' למאן דסבירא ליה בטור, טבילה בזמנה לאו מצוה היא, ומ"מ משום פרי' ורבי' ודאי מצוה היא].

הגה: ומותרת לטבול בליל שבת אם לא יכלה לטבול קודם לכן, ודוקא אם בעלה בעיר, אבל בלאו הכי אסור – [בטור הביא דעת ר"ח, דסבירא ליה טבילה בזמנה מצוה, ולפי זה היה מותר לטבול בשבת, **אלא** דר"ת סבירא ליה, הלכה טבילה בזמנה לאו מצוה היא מצד הטבילה עצמה, **אלא** מצד פרי' ורבי', ומש"ה פסק רמ"א דוקא כשבעלה בעיר].

וכתוב בתשובת מהר"ם מלובלין, דמי שטבלה בליל ו', ואחר כך מצאה שלא טבלה כראוי, כגון שמצאה לכלוך תחת הצפורן, מותרת לטבול ליל שבת, כי אונסא הוא, ואין לדמותה ליולדת, ע"כ. **ומי** שטבלה בשבת, וכשבאתה לביתה מבית הטבילה, ראתה ששכחה לחתוך צפורן א', ואין שום לכלוך תחת הצפורן, נראה דאע"ג דהא דצריכה טבילה שנית בכה"ג חומרא בעלמא היא, מ"מ יש לה לחזור ולטבול, **ולא** אמרי' דהוי טבילה שאינה של מצוה, דהא מדינא כל טבילה שריא בשבת, ואע"ג דנהגו להחמיר, בכה"ג לא נהגו, **ותו** דכיון דכבר נהגו להחמיר להצריכה טבילה שנית, א"כ טבילה של מצוה היא, **ותו** דראב"ן ס"ל דמדינא הצפורן מעכב, **ותו** דהא לקמן נתבאר, דאפילו טבילה שלא בזמנה שריא, אלא דכתב בת"ה דנהגו להחמיר, משום דבש"ס קאמר דלא מחזי כמתקן גברא משום דנראה כמיקר, ובזמן הזה שנזהרין להקר מיחזי כמתקן גברא, אלמא דטהור מותר לטבול, דלא מחזי כמתקן גברא כלל, וכן פשוט בש"ס ופוסקים, דאדם טהור מותר לרחוץ כל גופו ולטבול בשבת, **א"כ** אשה זו מותרת לטבול ממ"נ, אם הצפורן מעכב, א"כ הוי טבילה בזמנה לצורך מצוה, ואם אינו מעכב, א"כ טהורה היא ולא מתקן איתתא כלל ומותרת לטבול, כן נ"ל ברור, **דלא** כיש מי שרצה להחמיר שלא תטבול עד אחר השבת, **ועפ"ז** נ"ל, דה"ה בכל שאר ספק אם טבלה כראוי או לא, מותרת לטבול בליל שבת.

ומטעם זה נ"ל דמי שטבלה ליל ו', ולמחרת מצאה ששכחה לחתוך צפורן אחד, דבתשובת מהר"מ מלובלין שם פסק דא"צ טבילה כלל, דלא החמירו בכה"ג בדין ששכחה צפורן, כיון דעברה עם בעלה לילה אחת, **ולקמן** כתבתי דאף בכה"ג צריכה טבילה אחרת, **א"כ** נשארה שאלת השואל שם במקומה, וז"ל: דמאחר שמדין הש"ס והפוסקים א"צ טבילה אחרת בשכחה צפורן, א"כ לא הוי אדחי זמנה, דעשתה כל מה שבידה לעשות, דלא נודע לה איסורא עד למחר, **או** נאמר כ"ש דאסורה לטבול, דאי נתיר לטבול הוי חומרא דאתיא לידי קולא, דהא ההיא איתתא עלתה לה טבילה מדינא, וא"כ קיימא באיסור רחיצה בשבת כשאר כל אדם, אך הבתראים החמירו עליה והצריכוה טבילה אחרת, ואם נתיר לה טבילה בשבת, הוי חומרא דאתיא לידי קולא, שנתיר איסור רחיצה בשבת, עכ"ל, **ול"נ** דאין כאן חומרא דאתיא לידי קולא, דאדרבה כשאין צריכה טבילה דהצפורן אינו מעכב, א"כ טהור' היא, וליכא כלל איסור רחיצה בשבת בטהורה, דלא מיחזי כמתקן, וא"כ אשה זו מותרת לטבול בליל שבת ממ"נ, וזה ברור, וכן הסכים הגאון אמ"ו ז"ל.

הלכות טבילה

סימן קצז – שלא תטבול האשה ביום

(**עי'** בתשו' חכם צבי, שאוסר לנשים לטבול בליל שבת בחמין, משום דאסור לרחוץ כל גופו בחמין בשבת, וכתב דהעוברת וטובלת בליל שבת בחמין, ודאי איסורא עבדא, ושרי למיקריה עבריינא כו', **ומה** שהורה חכם א', והתיר להן לטבול בע"ש מבעוד יום ביום שביעי שלהן, ודאי לאו שפיר עביד, ועבר אדרבנן כו', **והאריך** בזה ומסיק וכתב, סוף דבר הלכה למעשה אני אומר, שאין להן לטבול בחמין בליל שבת, ולא בע"ש שהוא יום שביעי שלהן, אלא תטבולנה בצונן ליל שבת, או בהפגת צנתן בלבד, עד שלא יקרא עליהן שם חמין, או תדחה הטבילה למוצאי שבת, **ואם** אי אפשר בכל האמור, יתירו להן לטבול בין השמשות, ולא תבואנה לבתיהן עד הלילה, ויותר מזה אין בידינו להתיר כלל).

(**ועי'** בס' בית לחם יהודה שהביאו, ופקפק עמ"ש או תדחה הטבילה למוצ"ש, דהא כתב הרמ"א דבמקום שנהגו להחמיר, גם במוצ"ש לא תטבול כו', **גם** בס' לבושי שרד עמד עליו בזה, **ואפשר** ליישב, דהא הרמ"א מסיים דמאחר שהיה אפשר לה לטבול קודם לכן כו', והכא מקרי לא אפשר, שאינה יכולה לסבול צנת המים, **ועי'** בתשו' דברי יוסף שהביא דבריו, והוא ז"ל בא ללמד זכות על המנהג, שנהגו בנות ישראל לטבול בחמין בליל שבת, ולבסוף הניח הדבר בצ"ע).

(**ועי'** בתשו' נוב"י, שהוא היה מזהיר להבלנין שיתנו החמין בע"ש למקוה בעוד היום גדול, כדי שלכשתחשך לא יהיו רק פושרין, ובפושרין שרי, רק בחמין אסור, **וע"ש** עוד לענין יו"ט שחל להיות בע"ש, אם מותר להסיק תחת היורה לצורך קאפ"ע, שישתה היהודי שבמרחץ, והשאר יניח לזוב לתוך המקוה לצורך טבילת נשים בליל שבת).

‹**בספר** קרבן נתנאל בפרק במה מדליקין סי' כ"ד כתב, שטבילת מי מקוה בחמין אינו בכלל גזרת מרחצאות, ויש לסמוך בעת הדחק על הקרבן נתנאל – שער הציון סי' שכ"ו ס"ק ה'.›

‹**ונהגו** הנשים לטבול בחמין בשבת, ואין למחות בידן כי יש להם על מה לסמוך, ובפרט בזה"ז שירדה חולשה לעולם וא"א להן בצונן, ויש ביטול מצות עונה, **ומ"מ** לא תשהא במים יותר מן הצורך – בדי השלחן.›

(**ועי'** בתשו' חוט השני מענין טבילת נשים בליל שבת, הס מלהזכיר מלטבול בעוד יום במקום שאין מנהג, **ובמקום** שנוהגין כן אין לעשות רק בשבת אחר אמירת ברכו, שכבר נקרא שם שבת עליו, אבל לא בחול אפילו אחר ברכו, **ועי'** בתשו' חינוך בית יהודה, שקרא תגר על המנהג, דאפילו בשבת אחר אמירת ברכו לא נכון לטבול בעוד היום גדול, ויש למחות ולבטל מנהג זה, **ואם** היא מתפחדת מחשש נפילה, יעמידו נר בעששית סגור בבית הטבילה מבע"י, **ואפילו** בבה"ש שרי להדליק ע"י גוי, דאמירה לנכרי שבות, וכל שבות מותר בבה"ש לצורך מצוה, **ולשמא** יטה לא חיישינן, דהא איכא לפחות שתי נשים שתזכיר זו לזו).

ואם היה אפשר לה לטבול קודם לכן, כגון אחר לידה, או שלא היה בעלה בעיר ובא בערב שבת, י"א שאסורה לטבול.

אחר לידה - דוקא כשטובלת אחר לידה ולא ראתה דם טמא, **אבל** אם ראתה דם טמא וזמן טבילתה בליל שבת, מותרת לטבול משום דהוי בזמנה, כ"כ מהרי"ו בפסקיו ומביאו ד"מ, **ונראה** דדם טמא הוי לאחר ל"ג לזכר וס"ו לנקבה, כדלעיל סימן קצ"ד.

(**ועי'** בדגמ"ר שחולק על זה, דאפילו בתוך ימי טוהר אם ראתה, ולא יכלה לטבול רק מחמת חומרא שהחמירו הפוסקים, מקרי זמנה, ומותרת לטבול בליל שבת, וכ"כ בספר לבושי שרד, **וכתב** עוד, דאם כבר טבלה פעם אחת בתוך ימי טוהר אחר הלידה, ואח"כ ראתה תוך ימי טוהר, והגיע זמן הטבילה בליל שבת, בהא גם הש"ך מודה דמותרת לטבול, דממ"נ, אם נחזיק דם זה לטמא הוי טבילת מצוה, ואם לאו ליכא איסור טבילה כלל).

(**ודע** דבכל הני שכתבתי לעיל סי' קצ"ו, שיכולה למנות שבעה נקיים מיד, אך היא החמירה ע"ע ולא התחילה למנות עד אחר ה' ימים, ועי"ז אירע ליל טבילתה בליל שבת, אסורה לטבול וזה פשוט).

(**עי'** בתשו' נודע ביהודה, באשה שהיה זמנה ללבוש לבנים ביום ה', ונתאחרה לבא מן השוק שסבורה שעוד היום גדול, ובין כך נתאחרה עד בה"ש, והוצרכה ללבוש לבנים ביום המחרת, ועי"ז חל טבילתה בליל שבת, נחשבת שוגגת ומותרת לטבול ליל שבת).

(**וכתב** בספר לבושי שרד, אם היה לה שום אונס שלא היתה יכולה לטבול בזמנה, כגון קצת חולי שהיה טריח לה טובא לילך לבית הטבילה, או איזה כאב באבריה והמים מזיק לה, וכה"ג, ונתרפאת בע"ש, מותרת לטבול ליל שבת).

(**וכ'** בספר חמודי דניאל, היוצא לדרך מותרת לטבול בליל שבת, אפילו פשעה ולא טבלה קודם לכן, וכן לטבול ביום חי"ת אפשר דשרי).

(**עי'** בתשו' חוט השני שכתב, דבדיעבד אם טבלה, אם בשוגג מותרת מיד, **ואם** במזיד טבלה בליל שבת, יש להחמיר לאוסרה בשבת לבעלה, ובמו"ש מותרת, **ודעת** המנ"י כחוט השני, **והס"ט** חולק וכתב, ולענ"ד נראה להקל בדיעבד אפילו באותו שבת כו', עי"ש, **ואם** הוא ביו"ט, כתב חוט השני, נראה להלכה דמותרת מיד, אבל לא למעשה, כי ראוי להחמיר לעושה מזיד משום מגדר מלתא, ע"ש, **ונ"ל** דעכ"פ מותרת בכל מיני קורבה ואהבה, **כעת** ראיתי במנ"י וס"ט, שדעתם להקל ביו"ט אף לכתחלה, אפי' במקומות שנהגו להחמיר בשבת).

וכן נהגו במקצת מקומות, אבל במקום שאין מנהג אין להחמיר.

[**בתרומת** הדשן נשאל, ביולדת שטובלת לאחר פ' של נקבה, או תוך אותו הזמן, והוא בענין שהיתה יכולה לטבול קודם זה ז' או ח' ימים מצד הנקיות, אלא שברצונה ממתנת, לפי שאין בה כח הרבה עדיין, יכולה לטבול בשבת אע"פ שאפשר לה לטבול קודם, או לא, **והשיב**, דבמרדכי כתב, דלא שרינן לטבול בשבת אלא משום טבילה בזמנה מצוה, ונדון זה לא הוה בזמנה, שהרי אפשר לה מקודם, **ואח"כ** כתב, אם לא אפשר לה מקודם כגון ע"י אונס, י"ל אפי' לר"ת דפסק טבילה בזמנה לאו מצוה, מ"מ שרי למטבל משום מצות קיום עונה, **ואפי'** שלא בשעת עונה חשוב מצוה, שהאיש משמח את אשתו בתשמיש, **וסיים** שם, נהגו הנשים ליזהר שלא לטבול בשבת, אא"כ בעלה בעיר, ולא היה אפשר קודם, דבכהאי גוונא הוה טבילת מצוה משום עונה, **ואע"ג** דבביצה אמרינן, דכל טמא טובל בשבת משום דנראה כמיקר עצמו, האידנא שאני דלא נהיג למיקר עצמו בשבת בשום מים, א"כ לא נראה כמיקר, עכ"ד, הרי שלא התיר אלא בלא היה לה לטבול קודם שבת, כגון ע"י אונס, ובעלה עמה בע"ש, ולא ממעט אלא אם אינו בעיר בשעת טבילתה, **אבל** פשוט דזה לא מהני אם לא בא עד ע"ש, והיה לה אפשרות לטבול קודם, דלא מהני לה מה שלא היה בעלה בעיר בחול, דמכל מקום היה לה לטבול בחול. **ובאגור** ומהר"י ווייל הביאו ד"מ ומו"ח ז"ל החמירו יותר, שאפי' אם נאנסה ולא יכלה לטבול קודם שבת, ובא בעלה בע"ש, לא תטבול בשבת, **והב"י** חולק עליהם, ומסיק להקל, ואפי' באפשר קודם השבת, מטעם דנראה כמיקר, ודברי תרומת הדשן לא הביא כלל].

[**וכתב בד"מ**, כיון דנהגו לטבול בשבת, ש"מ דלא קימ"ל כהמרדכי, א"כ הו"ל למישרי אפי' באפשר קודם לכן, מ"מ נראה ליישב המנהג ולומר, דכל שלא היתה יכולה לטבול קודם לכן, אפי' ע"י חומרא שנהגו הנשים בעצמן, מקרי טבילה בזמנה וטובלת בשבת, אבל במקום דאפשר, לא, ומ"מ לא נראה לי להחמיר בזו במקום דלא נהגו להחמיר, עכ"ל, וכן פסק כאן בשו"ע, דבמנהג תליא מילתא, **ודבריו** תמוהים, כיון דלהמרדכי והאגור בשם הגדולים ומהר"י ווייל ומהרי"ל אוסרים לגמרי לטבול בשבת, ובתרומת הדשן מתיר דוקא בלא היה אפשר תחילה, אבל באפשר אסור אפי' בא בעלה בע"ש, למה הקיל רמ"א בזה במקום שאינו מנהג, באם בא בעלה בע"ש אפי' אם היה אפשר, וכן אחר לידה, והוא נגד כל הני רבוותא, **גם** מו"ח ז"ל חולק על רמ"א בזה, ומחמיר בכל מקום, **אלא** שכתב דלדברי תרומת הדשן דלעיל משמע, דדוקא כשבעלה בעיר והיה אפשר קודם, אסורה בשבת, אבל כשאין בעלה בעיר ובא בע"ש, אע"ג דהיה אפשר קודם מותרת בשבת, לפי שאין הנשים טובלות בלא בעלה בעיר, **והוא** שלא בדקדוק, דודאי לא עלתה כן על דעת תרומת הדשן להתיר בזה, אלא כוונתו דבעינן שיהיה בעלה בעיר בשעת טבילתה, ואין חילוק בין אם בא בע"ש או קודם, מ"מ בעינן שיהיה בענין שלא היה אפשר תחילה לטבול, **והכי** יש לנו לפסוק כדעת תרומת הדשן, דדבריו ממוצעים בין המחמירים לגמרי להמיקל לגמרי, דהיינו דכל שאפשר לטבול קודם השבת בלא שום אונס, ולא טבלה, אסורה לטבול בשבת, אפי' אם בא הבעל בע"ש, וכל שלא אפשר מחמת איזה אונס, כעין ההיא דת"ה שזכרנו, יש להתיר לטבול בשבת בכל דוכתי].

והב"ח כתב דיש להחמיר, דחומרא זו היא מדינא כו', גם טבילה בזמנה מצוה, ע"ש, **ולא** ירדתי לסוף דעתו בכל דבריו, אלא הדבר ברור דקי"ל טבילה בזמנה לאו מצוה, וכמ"ש כל הפוסקים, ולכך אין הנשים טובלות בזמנם כשאין בעלה בעיר, וכן אלמנות ובתולות שהן נדות אין טובלות כלל בזמנן, וכן אפילו לא שמשה אינה טובלת אלא לאחר ה' וז', כדלעיל סי' שלפני זה סי"א,

אלא דאפילו הכי מותרת לטבול בשבת, וכמ"ש הת"ה והב"י וכדמוכח בש"ס ופוסקים, דאין איסור בדבר משום דנראה כמיקר, **אלא** שבת"ה כתב, דהאידנא נהגו להחמיר ביולדת וכה"ג, ודחק בטעם הדבר, וכתב וז"ל, וכיון דהמנהג הוא השתא ליזהר ולמנוע להקר בשבת, אע"ג דליכא טעמא בדבר, מ"מ ליכא למימר דנראה כמיקר, דהא נזהרין להקר, ומוכח מלתא דלטבול קא מכוין, ונראה כמתקן, ומטעם זה נראה דנהגו הנשים ליזהר שלא לטבול בשבת, אלא א"כ בעלה בעיר, ולא היה אפשר לה קודם, דבכה"ג הוי מצוה משום עונה, עכ"ל, **משמע** מדבריו דכשאין בעלה בעיר ובא בע"ש, אע"ג דהיה אפשר קודם, מ"מ כיון שלא פשעה במה שלא טבלה קודם, שרי לטבול בשבת, **וכן** הב"י פסק דמותר לטבול בשבת בכל ענין, וכן עיקר לדינא, וכדפי', **הלכך** במקום שאין מנהג אין להחמיר, וכמ"ש הרב, וכן כתב מהר"מ מלובלין.

(**עי'** בתשו' אבן השהם שכתב, שנשאל מהנשים הממונים על הטבילה, באשה שהלבישה לבנים ביום ה', וסברה לטבול בליל שאחר ה', וכאשר לא בא בעלה לביתה עד יום ו', לא טבלה בליל שאחר ה', אם מותרת לטבול בליל שבת, **וכתב** דמותרת לטבול כיון דדבר זה במנהגא תליא, ומאחר שהנשים הממונים על הטבילה שאלו הדבר הזה, א"כ אין ידוע להן המנהג ואין להחמיר, ע"ש עוד טעמים להתיר, **עוד** כתב שם ששמע מנשים צדקניות, שנוהגים כשלובשים לבנים התנו, אם יבא בעלה תטבול בליל ד' או ה', ואם לא יבא תטבול לכשיבא בליל שבת, דלכאורה אין לזה טעם וריח, והוא ז"ל כתב טעם לזה).

ובמקום שנהגו להחמיר, גם במו"ש לא תטבול, דמאחר שהיה אפשר לה לטבול קודם לכן, אין מרחיקין הטבילה מן החפיפה - כלומר במו"ש לא תוכל לחוף, כיון דלפירש"י ושאר פוסקים לקמן סי' קצ"ט, צריכה לחוף דוקא ביום, ואין לתקן שתחוף בע"ש, דאין מרחיקין החפיפה מן הטבילה היכא דאפשר.

[**ואע"פ** שפסק לקמן, דבדיעבד סגי שתחוף היטב בלילה, היינו בחל טבילתה דוקא במו"ש, משא"כ כאן שפשעה מה שהמתינה עד מו"ש].

(**עי'** בת' נוב"י שכתב, דבכלה אפשר להקל שתחוף בלילה ותטבול, דבכלה לא שייך מתוך שהיא מהומה לביתה).

צ"ע מאי ענין חומרא זו לזו, ‹הא אם לא היו נוהגין להחמיר בליל שבת, ואפ"ה לא טבלה, כ"ש שאסור לה לטבול במו"ש - מחה"ש›, **וי"ל** דה"ק, ובמקום שנהגו להחמיר שלא לטבול בשבת אלא בזמנה ממש, וכן במו"ש מטעם שאין להרחיק הטבילה מן החפיפה, וכן באלמנה, דבשבת אינה יכולה לטבול מטעם דהוי שלא בזמנה, אין להקל במו"ש, ‹דהכל נישנית בשביל הסיום›, דבאלמנה יהיה אסורה גם במו"ש. ‹ועיין בסד"ט›.

וכן אלמנה שאסורה לטבול טבילה ראשונה בליל שבת, משום דאסור לבא עליה ביאה ראשונה בשבת - [לפי שקונה אותה בביאה זו], **אסורה לטבול ג"כ במוצאי שבת.**

[**וע"כ** אין לעשות לאלמנה נשואין בשבת, כשחל טבילתה בליל שבת, **ואם** טבלה קודם שבת, צריך שיבא עליה דוקא בע"ש אחר החופה, **ויחוד** לתוך החדר אחד לא מהני, לשיבעול אותה בשבת פעם ראשון, כ"כ במרדכי בשם הר"מ, וכ"כ במהרי"ל בשם מהר"ש רבו של מהרי"ל, דבעינן בעילה גמורה דוקא, **אף** שבספר משאת בנימין כתב, **דיחוד** ג"כ קונה במקום הראוי לביאה, **מ"מ** יש להחמיר, כיון דגדולים אוסרים].

ומ"ש אלמנה כו', כתב מהר"מ מלובלין, דכלה בתולה שאירע טבילתה ליל שבת, נראה להתיר, אע"ג דנוהגים שלא לבעול בעילת מצוה עד אחר שבת, משום דשאר מיני קריבות נמי מצוה הן, **ול"ד** לאלמנה דהואיל ואסור לבא עליה ביאה ראשונה ‹מצד הדין›, מפרישים אותה מכל שאר קורבות, משא"כ בבתולה ‹דליכא איסור ביאה רק מנהגא בעלמא - מחצה"ש›, **ומ"מ** טוב להקדים טבילתה קודם שבת, וכן נוהגים.

(**עי'** בתשו' אבן השהם שכתב, דמה"ט התיר לאשה לטבול בליל שבת, שהיה בעלה אבל, ויום ז' היה בשבת, מאי אמרת הלא אסור לשמש עד אחר יציאה מבהכ"נ ביום שבת, ואסור לשמש ביום, הלא מבואר בסי' שפ"ג דאבל בכל שאר קריבות מותר, א"כ ל"ד לאלמנה, וכתשו' מהר"ם הנ"ל, **ועוד** אם לא תטבול ליל שבת, גם במו"ש אסור, ולמה נבטל מפו"ר כ"כ, עכ"ד, **ולע"ד** צ"ע, מ"ש אם לא כו' גם במו"ש אסור, דהא כתב הרמ"א דגם במו"ש לא תטבול, דמאחר שהיה אפשר לה לטבול קודם

לכן כו׳, וא״כ בנד״ז, אם נאסור לה לטבול בליל שבת, לא היה אפשר לה קודם לכן, ושרי לטבול במוצאי שבת).

ויש מקילין ומתירין לטבול במו"ש, הואיל שלא טבלה בשבת משום חשש איסור – [נ״ל דזה קאי דוקא על הא דסמיך ליה, דהיינו בכונס אלמנה, שמן הדין אסורה בשבת, ואז היה חל זמן טבילתה, והיא לא פשעה במידי, **אבל** בדין שלפני זה, דהיינו במקום שנהגו להחמיר אחר לידה, או שלא היה בעלה בעיר עד שבת, ודאי אסור גם במו״ש, כיון שהיה אפשר לה לטבול קודם שבת, למה תטבול במו״ש ותרחיק החפיפה מן הטבילה בחנם, כן נ״ל]. (**ועי׳** בתשו׳ מקום שמואל שחלק עליו, והעלה דלהיש מקילין אלו, אין חילוק בין אלמנה לשאר נשים, דכולהו מצו טבלי במוצאי שבת, **וכתב** שם שהוא מורה ובא כדעת היש מקילין).

‹**המנהג** כהיום להקל לטבול ליל שבת וגם מוצ"ש, אפי' דחתה טבילתה ברצונה בלא שום מניעה – בדי השלחן›.

סעיף ג- אסורה לטבול ביום ז׳ – [פי׳ דדין תורה הוא, שנדה שטובלת ביום ז׳ שלה אע״פ שלא היו בנקיות, טובלת דוקא בלילה, דבדידה תליא דוקא בימים, **אבל** זבה שסופרת ז׳ נקיים, בספירה אמרינן מקצת היום ככולו, כיון שספרה מקצת היום השביעי בנקיות, טובלת אפי׳ ביום, וילפינן לה מקרא ד״ואחר תטהר״, אחר מעשה תטהר, **אלא** שחכמים אסרו לטבול ביום, שמא תשמש בעוד יום, ואח״כ בו ביום תראה, ותסתור למפרע, נמצא שבא עליה באיסור, **ע״כ** כתב הטור, הנשים שלנו, אע״פ שהם ספק זבות, כלומר שהם סופרות ז׳ נקיים, וא״כ לעולם הוה לכה״פ ח׳ ימים עם יום הראיה, והיה לה היתר לטבול ביום, כיון שכבר כלו ז׳ ימים, ‹מצד חשש נדה›, אפ״ה לא תטבול ביום], ‹משום חשש זבה – מחה"ש›.

ואפילו אם ממתנת מלטבול עד יום ח׳ או ט׳, אינה יכולה לטבול ביום משום סרך בתה. (פי' דנוק הבת וקורבתה לעשות כמעשה האם, שתטבול ביום כמוה, ולא תבחין שאמה לאחר שבעה טבלה ולא בשביעי עצמו) - וה״ה יותר מט׳, שסברה שאמה טבלה ביום ז׳, ותעשה כן גם היא, **ואפי׳** אין לה בת דינא הכי, דלא פלוג, ופשוט הוא.

משמע אפילו שתטבול סמוך לחשכה, ותבא לביתה משתחשך, אסור, כדעת רשב״ם וסייעתו, שכתבו הפוסקים שנכון להחמיר כדבריו.

וכ׳ הב״ח דאפי׳ ללכת מביתה לבית הטבילה מבע״י אסור, והיינו כשהאשה רוחצת וחופפת בביתה, והולכת למקום טבילה, **אבל** כשיש מרחץ ובית הטבילה במקום א׳, והאשה הולכת מבע״י למרחץ שעה או ב׳ קודם חשכה, ובאה לביתה אחר חשכה, אע״פ שהמרחץ ובית הטבילה קרוב וסמוך לביתה, אין כאן משום סרך בתה, דהבת יודעת שהיא שוהה ברחיצה וחפיפה במרחץ ואינה טובלת אלא משחשכה.

מיהו באגור כתוב, שהמנהג באשכנז לטבול סמוך לחשכה, עכ״ל, **ואפשר** דס״ל כר״ת וסייעתו, דמותרת לטבול סמוך לחשכה, רק שתבא לביתה משתחשך, **וכמדומה** לי שכן נוהגים, מ״מ יש להחמיר, **מיהו** נראה דהיינו דוקא ביום ח׳, דאסור משום סרך בתה לחוד, ובכה״ג מיקל ר״ת סמוך לחשכה, **אבל** ביום ז׳, אין לטבול כלל סמוך לחשכה, ויש למחות ביד העושות כן.

(**ועי׳** בתשו׳ ח״ס שהאריך בזה, ובסוף כתב וז״ל, הנה הגאון ס״ט החליט קולא זו לחלוטין, דבמקום ביטול עונה, לטבול ביום ז׳, ולא תבא לביתה עד שחשיכה, והיות הגזירה רק רחוקה, ומילי דרבנן, וביטול מצוה פ״ו, הקילו הגאונים, ומי יבא אחריהם ח״ו אפילו להחמיר, **אך** עכ״פ נ״ל, שתשהה האשה בהליכה ממקוה לביתה עד הלילה, אבל אינו מועיל מה שתלך לבית חברתה באותה העיר, כי מה לי בית זה או זה, ולא ניתנו דבריהם לשיעורים כאלה, **ומ״מ** המחמיר תע״ב, והמקיל לא הפסיד, עכ״ל).

(**וע״ש** עוד על דברת הרב השואל, בישוב שצריכות הנשים ליסע מהלך ג׳ שעות לטבול, ובחזירתם בלילה איכא סכנת דרכים, ומש״ה נהגו לטבול ביום ח׳, וחוזרים לביתם משחשיכה, אמנם אם יחול יום ח׳ בשבת, ע״כ תדחה הטבילה עד יום א׳, שהיא ט׳ לספירה, ומתבטלות ב׳ עונות, **ונתן** הרב הנ״ל עצה, ללמוד אותן הנשים להפסיק בטהרה ב״פ, א׳ ביום ד׳ לראיה, והשני ביום ה׳ כו׳, **והוא** ז״ל כתב לו שעצה נכונה הוא לכתחלה, עכ״פ לצאת גם דעות המחמירים, שתפסוק בטהרה גם ביום ד׳ סמוך לבה״ש הפונה ליום ה׳ לראיה, ומ״מ לא תתחיל לספור אלא מיום ו׳ ואילך, אחר פסיקת טהרה

שנית סמוך לבה"ש הפונה ליום ו' לראיה, ואז תטבול ביום ז' שחל בעש"ק, ולא תבוא לביתה עד הלילה ליל ש"ק, **ומ"מ** קשה הדבר, **אי**ך תשהה כ"כ סמוך לשבת בדרך, כי כבר כתבתי, שאין נ"ל שום היתר במה שהיא בבית חברתה באותה העיר, והחכם עיניו בראשו, עב"ד).

ובתשו' מהר"מ מלובלין, נסתפק השואל במי שלא טבלה כראוי, בענין שלאחר ב' או ג' ימים צריכה לחזור ולטבול, **אי** יכולה לטבול ביום, **ואם** צריכה לשמור שבעה ימים נקיים אחרים משום סרך בתה, שתאמר שראתה דם וטבלה לאחר שלשה ימים, ומהר"מ לא השיב לו ע"ז דבר, **ונ"ל** דלענין שאלה קדמייתא יש להחמיר לכתחלה, ובדיעבד שרי, **ולענין** שאלה תניינא, הדבר פשוט דיכולה לטבול לאחר ב' או ג' ימים, ולא מצינו גזרה דסרך בתה אלא לענין טבילה ביום, **וראיה** ממ"ש הסמ"ק והמחבר ושאר אחרונים לעיל סימן קצ"ו סי"ב, במי שטעתה במנין, יכולה לטבול אחר ד' ימים, וכן אם לא טבלה כראוי יכולה לטבול בכל עת.

הגה: והכלות הטובלות קודם החופה, יכולות לטבול ביום, דהא לא באין אצל החתן עד הלילה - נראה דהיינו דוקא לדידן, שהכלות אינן טובלות בז', ‹שאינה סופרת שבעה נקיים עד יום ה' לראייתה›, וכמ"ש בסי' קצ"ו, ‹וליכא איסור בטבילה ביום רק משום סרך בתה, משום הכי הקילו בכלה - מחה"ש› **אבל** במקום שהכלות טובלות בז', או לדידן אם אירע לה טבילה בז', כגון שנתקלקלה בימי ספירתה, דאז טובלת מיד לאחר ז', **אינה** יכולה לטבול ביום, דהא ביום ז' לאו משום סרך בתה לחוד מיתסרי, אלא משום שמא תראה ותסתור כל מה שלמפרע, ונמצאת זבה למפרע, כדאיתא בש"ס ופוסקים, כן נראה לי.

‹**תמוה** מאד מה חילוק יש בין נתקלקלה לתחילתה, לעולם טבלה לאחר שספרה ז' נקיים מיום שפסקה - דגו"מ›.

(**עבה"ט** ומה שתמה על הש"ך, ‹וז"ל, ובאמת דבריו תמוהים וצריכים עיון, דהא החשש שמא תסתור, הוא באופן זה שחששו חכמים, שמא תשמש בעוד יום, ואח"כ תראה עוד בו ביום, ותסתור למפרע, ונמצא שבא עליה באיסור, **וזהו** דוקא באשה דעלמא, אבל בכלות לפי מה שכתב רמ"א הטעם, שאינן באין אצל החתן עד הלילה, אזיל ליה החשש הזה, ולא שייך גבה כלל, וצ"ע - בה"ט›, **עי'** בדגמ"ר שהשיג ג"כ על הש"ך בזה, וכתב דבשעת הדחק נראה להקל אף ביום ז', אבל באופן שלא יעמידו החופה עד צאת הכוכבים ממש, אבל להעמיד החופה ביום, ולסמוך על שאינם מייחדים אותם עד הלילה, לא מהני בזה, **ועי'** בתשו' אא"ז פנים מאירות, שחלק ג"כ על הש"ך, **אך** קודם אור הבוקר בודאי אסור, במקום שנהגו לטבול בז', אף אם הכלה לא הגיע זמנה לראות).

‹**היכא** דנוהגין לטבול כלה ביום ז', לא תטבול עד אחר הנץ החמה, ובדיעבד משעלה עמוד השחר מהני, **ובטור** כתב, אבל זבה דבר תורה טובלת ביום ז' אחר הנץ החמה, לשון זה קצת קשה, דהא דבר תורה אחר שעלה עמוד השחר מותרת לטבול - רעק"א›.

אבל אחר החופה דינן כשאר נשים - כלומר אם טובלת אחר החופה, אע"פ שהיא טבילה הראשונה לבעלה זה, דינה כשאר נשים.

סעיף ד - היכא דאיכא אונס, כגון שיראה לטבול בלילה מחמת צינה או פחד גנבים וכיוצא בו, או שסוגרין שערי העיר, יכולה לטבול בשמיני מבעוד יום - (כתב בספר חמודי דניאל, לכאורה נראה, דלא מהני אונס, אלא אם האונס לכל הנשים שבעיר), **אבל בשביעי לא תטבול מבעוד יום אף על גב דאיכא אונס.**

סעיף ה - אם עברה וטבלה בח' ביום בלא אונס, אפ"ה עלתה לה טבילה; וכן אם עברה וטבלה בז' ביום, עלתה לה טבילה.

והב"ח פסק להחמיר, כמהרי"ל והג"מ והגהת ש"ד בשם מהר"ם, דביום ז' לא עלתה לה טבילה, וצריכה טבילה שנית בלילה, **וטוב** להחמיר היכא דאפשר, כיון שכן גם כן דעת הראב"ד, והג"מ והר"א בשם השאילתות.

(**וכתב** בספר חמודי דניאל, אם הוא יום מעונן וכדומה, ויש ספק אם טבלה ביום או בלילה, או שטבלה בין השמשות, אינה צריכה להחמיר ולטבול שנית).

הגה: ומכל מקום לא תשמש אפילו בשמיני עד הלילה, ותסתיר טבילתה מבעלה עד הלילה (ב"י בשם האגור) - ‹משום דבטובלת בשביעי היה אפשר לבוא לידי ספיקא דאורייתא, וחומרא יתירה היא - ב"י›. ‹כן פי' בב"י דברי האגור, אבל העיקר שדוקא בשביעי - גר"א›.

סימן קצח – דיני טבילה וחציצתה

§ סימן קצח – דיני טבילה וחציצתה §

סעיף א- צריכה שתטבול כל גופה בפעם אחת – [דדרשינן רחץ וגו' ובא השמש וטהר, מה ביאת שמשו כולו כאחת, אף רחיצתו כולו כאחת], **לפיכך צריך שלא יהיה עליה שום דבר החוצץ, ואפילו כל שהוא** - ‹כלומר, שאילו לא היתה צריכה לטבול כל גופה בפעם אחת, אע"פ שהיה עליה דבר חוצץ בשעה שטבלה, לא היתה נפסלת אותה טבילה לגמרי, שאחר טבילת גופה היתה מעברת אותו דבר החוצץ מעל האבר שהוא בו, וטובלת אותו אבר, **אבל** השתא דצריכה שתטבול כל גופה בפעם אחת, צריך שלא יהא עליה שום דבר החוצץ, שאם לא כן לא עלתה לה טבילה כלל, דאין לה תקנה עד שאחר שתסיר דבר החוצץ מעליה, תחזור ותטבול כל גופה בפעם אחת – ב"י›.

אם דרך בני אדם לפעמים להקפיד עליו, חוצץ אפילו אם אינה מקפדת עליו עתה - כיון דאיכא זימנא דמקפדת, חוצץ לעולם, אף על פי דרוב פעמים אינה מקפדת - ב"ח.

‹**עי'** בשו"ת זכרון יוסף שכתב, דמ"מ בעינן דוקא שמקפדת לעתים מזומנות, כאותה שכתב הט"ז, דטבעת מהודקת באצבע חוצץ משום דמסירתו בשעת לישה, דהרי אם מיקלע לה עיסה ללוש כמה פעמים היום או מחר מסירתו, **אבל** אם אינה מקפדת רק פ"א לזמן מרובה לא, **ומ"ש** בש"ע אפילו אינה מקפדת עליו עתה כו', אין פירושו אלא שמקפדת עליו לבסוף לזמן רחוק, **אלא** פירושו שאינה מקפדת עתה בשעת טבילה, מ"מ מקפדת בימים שקודם ושלאחר הטבילה›.

‹**מש"כ** השו"ע "אם דרך בני אדם לפעמים" וכו', ר"ל רוב בני אדם, כמו שהבינו הב"י והב"ח, כמו בסוף דברי השו"ע, **ומה** שמסיים "אפי' אינה מקפדת עליו עתה", ה"ה דגם הבני אדם אין מקפידין עליו עתה, אפ"ה חייץ, **אבל** אם רוב העולם אינן מקפידין ע"ז, אלא שהיא מקפדת ע"ז, מזה לא איירי כאן בסעיף זה – סד"ט, **ודלא** כמו שלמד הט"ז דברי המחבר›.

או אפילו אינה מקפדת עליו לעולם, כיון שדרך רוב בני אדם להקפיד עליו, חוצץ - ‹כלומר, דבטלה דעתה אצל כל אדם, דאם לא כן נתת דבריך לשיעורין - ב"י›.

[נראה ביאור לשון זה, ‹והיינו הב' בבות דהשו"ע›, דרך בני אדם להקפיד ע"ז, אע"פ שאין רוב בני אדם מקפידין, רק קצתן, וזו האשה רגילה להקפיד ג"כ ע"ז בפעמים אחרים, רק שעכשיו אינה מקפדת, **או אפי'** אינה מקפדת בשום פעם, ורוב בני אדם מקפידין ע"ז, חוצץ, אבל אם מקצת בני אדם מקפידין, וזו אינה מקפדת לעולם, לא הוה חציצה].

והיכא דרוב בני אדם אין מקפידים, והיא מקפדת, כתב ב"י בשם הרמב"ם וטור, דחוצץ, וכן פסק הב"ח, וכן כתב בד"מ.

[**בב"י** נסתפק, אם שאר בני אדם אינם מקפידים, וזו מקפדת, וכתב בד"מ, דבמרדכי כתב בהדיא שחוצץ, וכ"כ מו"ח ז"ל], ‹**ולכאורה** מה דשינה הט"ז מלשון הב"י, דכתב "דרובן אינן מקפידות", והוא אמר "דשאר בני אדם אינם מקפידים", דהיינו לכאורה כולם, משום דמה דרובן אינם מקפידים, כבר למד הט"ז בדברי המחבר דחוצץ›.

‹**מבואר** מדברי הט"ז, דאם עכשיו אינה מקפדת, אלא שבפעמים אחרות היא מקפדת, ואין דרך בני אדם אפי' המקצת להקפיד על זה בשום פעם, לא חייץ – סד"ט›.

ואם הוא חופה רוב הגוף, אפילו אין דרך בני אדם להקפיד בכך, חוצץ – [דדבר תורה אינו חוצץ אלא ברובו ומקפיד עליו, וגזרו רבנן ברובו שאינו מקפיד, משום רוב המקפיד, וגזרו על המיעוט המקפיד ג"כ, משום רוב המקפיד, אבל במיעוט ואינו מקפיד, דתרתי לטיבותא, לא גזרו כלל, דהוה גזירה לגזירה].

הגה: ולכתחלה לא תטבול אפילו בדברים שאינן חוצצין – [והיינו אפי' במיעוט שאינו מקפיד], **גזרה אטו דברים החוצצין** - ‹ר"ל אפי' מעשה רשת, או שאר חוטין שאינן מהודקין, גזירה אטו מהודקין – סד"ט›.

[וזהו לכתחילה, אבל דיעבד לא גזרינן גזירה לגזירה]. ‹ואינו אלא מחומרות האחרונים וזהירות בעלמא – סד"ט›.

סעיף ב- אלו הדברים שחוצצין, חוטי צמר וחוטי פשתן ורצועות שכורכין בהם השער בראש, לא תטבול בהם עד שתרפם –

[לפי שמקפדת להסירם בשעת חפיפה או רחיצה, שיכנסו שם המים, כיון דאיכא זימנא דמקפדת, חוצץ לעולם, ע"כ א"צ כאן שיהיה כן על רובה]. ‹ועיין מה שמבואר עוד בט"ז בס"ה בענין זה›.

ואם הם בתוך קליעת שערה אינו מועיל בהם רפיון. ואם הם כרוכים בשאר מקומות בגוף, לא תטבול בהם עד שתרפם, חוץ מאם הם כרוכים בצואר, שאינם חוצצין לפי שאינה מהדקן - שלא תהא חונקת עצמה.

אבל קטלא - האל"ז באנ"ד בל"א, **שהיא רצועה חלקה ורחבה שכורכת סביב צוארה, חוצצת, מפני שחונקת עצמה בחוזק כדי שיהיה בשרה בולט ותראה בעלת בשר, ומתוך שהרצועה חלקה ורחבה אינה מזיקתה.**

‹**מזה** יש ללמוד בכל מקום, כל שאינו מהודק ביותר מחוטי הצואר, שאינה מהדקן שלא תהא חונקת עצמה, רפוי מקרי - סד"ט. **ושבה"ל** ציין לשון הש"ך ס"ק נ"ו, דרק בגד שאינו מהודק אינו חוצץ, הא מהודק חוצץ אף שאינו חונק›.

(**עי'** בתשו' פני אריה, שנשאל על אשה שנושאת ספוג באזנה לשאוב הזוהמא, ששכחה ליטול הספוג בשעת טבילה, **וכתב** שלא ידע בזה הלכה ברורה, ע"כ תטבול שנית בלא ברכה).

סעיף ג - אם החוטין האלו חלולין, עשוי מעשה רשת, אינם חוצצין - דרפו מרפי טובא ולא מהדקי שפיר, ועייל מיא תותייהו - הראב"ד, **וק"ק** דבא"ח ר"ס ש"ג כתב סתם, אם הם מעשה אריגה מותר, שא"צ להתירה בשעת טבילה, ולא מחלק בין עשויה חלולים מעשה רשת או לא, **משמע** דסבירא ליה כהחולקים על הראב"ד, ויש ליישב.

סעיף ד - חוטי שער אינם חוצצין – [פירוש שכרוכים סביב השערות ולא מהודקים בהם, ע"כ אינם חוצצין, ויתבאר בסמוך].

הגה: ואם היו מוזהבות, חוצצין, דמקפדת עליהם שלא תטנפם; וכן אם היו מטונפים תחלה, מקפדת עליהם שלא תתלכלך מהן במים, וחוצצין – [דכשהם מוזהבות מקפדת עליהם להסירם, וכשאינה מסירם הוה חציצה, וכן במטונפות מקפדת להסירם].

ואם היו מוזהבות כו' - נראה דקאי גם אסעיף שלפני זה.

(**כתב** בספר לבושי שרד, ואע"ג דמיא עיילי בהו, ומה יזיק מה שמקפדת להסירם, כבר כתב הב"י, דהטור פסק כרבותיו של רש"י, דהנהו דינים דסעיף א', דרוב או מקפיד חוצץ, מיירי אף דעיילי מיא כו', **ולפ"ז** הני דינים דסעיף ג' ד' דאין חוצץ, מיירי דוקא במיעוט, אבל כשמכסה רוב השערות, אע"ג דאינה מקפדת ומיא עיילי, אפ"ה חוצץ, **ולפי** זה קצת קשה מההיא דסעיף ה', דמבואר דבב' שערות או יותר אין חוצץ, אף במקפיד או רוב, משום דלא מיהדק, **וצ"ל** דדוקא בדבר שאינה מגופה, כהך דסעיף ג' ד', אמרינן דבמקפיד או רוב חוצץ, אף אי עיילי מיא, משא"כ שערות דעצמה, דהוה גופה, אין מקום לומר שחוצץ, אלא אי לא עיילי מיא).

(**שוב** ראיתי בס"ט האריך ג"כ בזה, כנראה שדעתו, דגם לדעת רבותיו של רש"י לא אסור היכא דעיילי מיא, אלא במקפיד, אבל באינו מקפיד אף ברובא שרי, **ולע"ד** תימה לומר כן, דודאי אין חילוק בין מיעוט המקפיד לרוב שאינו מקפיד, אחרי דס"ל לרבותיו של רש"י, דהלכתא דרובא ומקפיד חוצץ אתמר נמי במידי דלא מיהדק, ולישנא דחוצץ לאו דוקא, א"כ גם הא דגזרו רובו שאינו מקפיד משום רובו המקפיד, הוא נמי בכה"ג אף דלא מיהדק, **ואף** למה שרוצה לומר בס"ט שם, דס"ל לדעה זו דמדאורייתא ליכא חציצה אלא במידי דמיהדק, אלא שחכמים גזרו כו', ג"כ אין שום סברא לחלק בין מיעוט המקפיד לרוב שאינו מקפיד, **ומסיק** דהיכא דאיכא עוד צד להקל יש להקל אם הם רפויין, אע"ג דקפיד עלייהו).

(**אך** כ"ז הוא לדעת הב"י, אכן הדרישה ופרישה חולק, דדעת רש"י עיקר, והך דינא דמוזהבות אין הטעם משום חציצה, אלא משום דמירתתא ולא טבלה שפיר, **ולדבריו** הך דסעיף ג' ד' אין חוצץ אף ברוב, כיון דמיא עיילי, **ונ"ל** עיקר כהדרישה ופרישה ולא כהב"י, והכי נקטינן להלכה, דכל היכא דעיילי מיא, אפילו רוב ומקפיד שרי, **ומדינא** אפילו לכתחלה טובלת בהם, ולא גזרינן רפויין אטו שאין רפויין, אלא מקום שמצינו בו, כגון אחוזה חברתה, וכן בנזמי האוזן, כיון דטריחא לה להסירן, אבל בשאר דוכתי לא גזרינן, **אך** מאחר דיש מי שמחמיר בכל

הרפויין להסירם, יש לנהוג לכתחלה להחמיר בכולם ולהסירם, ‹וכנ"ל ברמ"א ס"א›, **אבל** אם כבר טבלה, ודאי דאין להחמיר כלל, ודלא כספר בה"י, **וכתב** עוד, מאחר דהוכחתי דטעמא דמוזהבות אינו רק משום דמירתתא, א"כ י"ל דהוא רק לכתחלה, וצ"ע בזה להלכה, עכ"ד›.

סעיף ה - שתי שערות או יותר שהיו קשורים כאחד קשר אחד, אינם חוצצין. הגה: ואין חילוק בין אם קשר ב' שערות עם שתי שערות, או שקשר ראש ב' שערות בפני עצמן.

ושערה אחת שנקשרה, חוצצת - אין חילוק בין שהיא קשורה עם חברתה, א' אל א', או שקשורה בפני עצמה, בכל ענין חוצצת, **והוא שתהא מקפדת עליה** - וה"ה אם דרך רוב בני אדם מקפידין, אע"פ שהיא אינה מקפדת, וכדלעיל סעיף א'.

אבל אם אינה מקפדת עליה, עלתה לה טבילה, עד שיהא רוב שערה קשור נימא נימא בפני עצמו – ‹היא דעת הגאונים, לאפוקי מדעת הרמב"ם שסובר, דחשבינן לראשו וגופו של אדם כחדא, א"כ אפי' רוב שער קשור, אם אינה מקפדת, הוי מיעוט שאינו מקפיד לגבי כל הגוף, ואינו חוצץ, **אבל** הגאונים סברי, דחושבין לראשו של אדם בפני עצמו, וגופו בפני עצמו, וא"כ רוב שער קשור הוי ליה רוב שאינו מקפיד וחוצץ – מחצה"ש›.

[מה שכתב בס"ד, חוטי שער אינם חוצצין, מיירי מדבוק שער דעלמא על שערה, וכאן בס"ה מיירי לענין שערות האשה עצמה, שאם נקשרו רובן אחת אחת אז חוצץ דוקא, ונ"מ בין הנך תרתי, דהתם כל דהוה חציצה אפי' במיעוט הוה חציצה, כמו חוטי צמר דס"ב, ולהכי לא כתב התם הטור דבעינן שיהא הרוב שערה כמ"ש כאן, ואפי' לא הוה רובא ואינה מקפדת, דמיא לא עיילי שם עד שתרפם, דאפי' במיעוט הוה חציצה, ‹לפי שמקפדת להסירם בשעת חפיפה או רחיצה, שיכנסו שם המים, כיון דאיכא זימנא דמקפדת, חוצץ לעולם – ט"ז ס"ב›, **אבל** הכא דמיירי בשערות עצמה שנקשרו, צריך דוקא רוב דבלא"ה אינה מקפדת, והב"י דכתב דהתם מיירי במקפדת או שהם הרבה, הוא שלא בדקדוק, **אבל** ודאי לענין המנין הם שוים, דכמו שלענין שער עצמה תלוי הדבר היאך נקשרו השערות, אם אחת אחת או שתים שתים, התם נמי כן הוא, אם כרכה חד שער על שערה, חוצץ, והיינו אפי' אם כרכה הרבה שערות סביב, זה שלא במקום זה, ובכל כריכה הוה חד שער, מהטעם דמהדק שפיר, אבל אם על כל כריכה לקחה שתי שערות או יותר, לא הוה חציצה].

סעיף ו - שער שכנגד הלב ושבזקן הנדבק זה בזה מחמת זיעה, חוצץ; שבראש ושבבית השחי, אינו חוצץ - לפי שאין אדם מקפיד עליו.

‹והסד"ט הביא מפי' הר"ש ומדברי הרשב"א שכתבו, דשער בית השחי חוצץ באשה, ורק באיש אינו חוצץ, **וכתב** שבה"ל דלכתחילה יש להחמיר, ובפרט שאפשר שהיום רגילים להקפיד טפי, **אבל** בדיעבד אין להחמיר›.

ושבאותו מקום, באיש אינו חוצץ; ובאשה, בנשואה חוצץ, בפנויה אינו חוצץ - איש וכן אשה פנויה אינן מקפידין, **אבל** אשה נשואה מקפדת, שלא תתגנה על בעלה.

[וכתב ב"י, דלא היה צריך הטור לכתוב דין הפנויה שאינה חוצץ, דאין נ"מ לדידן, ומו"ח ז"ל תיקן אותו, דקמ"ל אם היתה נשואה דומיא דפנויה, שאין בעלה מקפיד ע"ז, אפ"ה חוצץ, דאזלינן בתר רוב נשואות, וע"כ אמר דוקא פנויה אינו חוצץ, ולא שום נשואה].

‹לענ"ד דנ"מ לדידן לענין טבילת גרים – רעק"א›.

הגה: ואותן שיש להן כמין קליעות שערות דבוקות זו בזו, ונעשית בלילה על ידי שד, וסכנה להסירם, לא חייצי - היינו מה שקורין בל"א מארצע"פ או מארלאקי"ן, ובלשון פולין ורוסי"א קאלטינ"ש.

‹**כתב** בספר חמודי דניאל, נראה שהיא צריכה להשהות במים עד שיכנס בהם המים היטב›.

‹**דע** דמש"כ הרב בהג"ה, הוא מהמרדכי בשם ראבי"ה, ונתן ד' טעמים לדבר: **הא'**, כיון דמהדקי טובא זה בזה, הוי כבלוע, ובית הסתרים דלא מטמא, וכיון דלא מטמא לא חייצי, **ועוד** אפי' לא חשבת ליה כבית הסתרים, ולא הוי כחתיכה אחת, מ"מ לא חייצי, דמצי מיא עייל בהו, דכיון דקימ"ל בב' וג' נימין קשורין אינם חוצצים, משום דלא מהדקי ועייל בהו מיא, כ"ש שערות טובא, **והג'**, דמה"ט שאינה יכולה לגלחן, דהוי סכנה, הוי רביתא ולא חייצי, **והד'**, דמה"ט שאינה יכולה לגלחן משום סכנה, אינה מקפדת עליהם ולא חייצי, עכת"ד – מחצה"ש›.

הלכות טבילה
סימן קצח – דיני טבילה והציצתה

(עי' בתשו' אא"ז פנים מאירות, שכ' דהכא מיירי אפי' אם רוב שערות דבוקות, ולהכי הוצרך המרדכי לאהדורי אטעמא אחרינא, ולא כתב טעם מפני שאין מקפדת).

(**וכתב** עוד, באשה שחלתה ואמרו הרופאים שאין תקנה, אא"כ תעשה מארלאקי"ן, וא"א לעשות אם לא שמפוזרים בראשה סמים כתושים כמו קמח, ועי"ז השערות מסתבכים, וכשמדיחים במים הסמים הנ"ל אי אפשר לשערות להסתבך, והחולי חוזר וניעור, **דיש** לפקפק אם תוכל לטבול כן, דשני טעמים הראשונים שבמרדכי לא שייכי, אלא באותן קליעות הנעשים מן השערות עצמן, אבל לא בזה שנעשים ע"י דבר אחר, וגם הב' טעמים אחרים יש לפקפק בנדון שלפנינו, **והעלה** דאין להקל, אא"כ נשאר רוב שערותיה שלא נקלעו, דאז הוי מיעוט שאינו מקפיד, ולא חייצי אלא מדרבנן, סמכינן שפיר ארופא מומחה שאומר שיעלה לה רפואה ע"י זה, והוי רביתה, אבל לעשות לה כל הראש או רוב שערה, דיש כאן ספק דאורייתא, אין בידנו להתירה, **ועי'** בס"ט שהביאו ג"כ, וכ' שדבריו נכונים לדינא, ומסיים ועכ"פ בכל השערות או ברוב השערות שלה, ודאי דאסור לעשות כן לכתחלה ע"י תחבושת וסמים, ואם עשתה כן הוא חוצץ בטבילה).

(**ועי'** בתשו' ח"ס, שכתב אודות האשה שרוצים לדבק שערותיה בשעוה לצורך רפואה, פשיטא שחוצץ, וע"כ לא שקלי וטרי בתשו' פמ"א וס"ט, אלא ע"י סמים ותחבושת, שהם עצמם אינם חוצצים, אלא שדיבוק השערות חוצץ, ואהא שקלי וטרי אי שייך לומר דהכי רביתא, ומ"מ הסכימו לאיסור, **אבל** ע"י שעוה, שהשעוה בעצמו חוצץ, ולא שייך לומר הכי רביתא, פשיטא שחוצץ וחלילה להקל כלל, עכ"ל).

סעיף ז - לפלוף (פי' לואה העין) שחוץ לעין, חוצץ אפילו הוא לח; ולפלוף שבעין אינו חוצץ - ואין חילוק בכאן בין תוך שלשה ימים או לאחר ג' ימים, **ואם הוא יבש, חוצץ; והוא שהתחיל להוריק** – [זה דלא כדברי הטור שהקיל בעין לגמרי, ובחוץ לעין חילק בין לח ליבש].

ודעת הראב"ד והרשב"א והרמב"ם ור"ת וסמ"ג ושאר כמה גאונים, דחציצה זו, וכן חציצה דבסעיף ח' ט', אינו אלא לטהרות, אבל לא לבעלה, ומביאם ב"י, **ותימה** שלא הזכיר דעתם כאן, ועוד דמידי דרבנן הוא, דד"ת אינו חוצץ אלא רובו ומקפיד עליו, ובדרבנן הלך אחר המיקל, **מיהו** כתב רא"מ והסמ"ג והמרדכי, דאפילו מ"ד דוקא לטהרות, מכל מקום צריך ליזהר לבעלה לכתחלה בכל דבר, וכן משמע בכמה דוכתי, דלבעלה לכתחלה כטהרות דמי, **ואפשר** שגם הרא"ש שכתב, ונכון להחמיר כפרש"י, לכתחלה קאמר, **ומ"מ** נראה דהיכא דאפשר שתטבול שנית, יש להחמיר, אבל היכא דלא אפשר, ודאי כדאי הם כל הנך רבוואתה לסמוך עליהם, שפסקו דלטהרות דוקא אתמר ולא לבעלה, וגם המחבר גופיה הביא סברתם לקמן סל"ה ול"ט. ‹וכ"ז בלפלוף יבש שבתוך העין, אבל בלפלוף שחוץ לעין, אפי' בדיעבד חוצץ – חכ"א›.

סעיף ח - כחול שבעין אינו חוצץ, ושחוץ לעין חוצץ, ואם היתה פותחת ועוצמת (פי' וסוגרת) עיניה תדיר – [פי' שמנהגה כך, וכן משמע לשון הטור, שכתב נפתחות, דהיינו שלא בכוונה, וכן כתב מו"ח ז"ל], **אף שחוץ לעין אינו חוצץ.**

[**ובטור** כתב בשם הרמב"ם, שפי' היו עיניה פתוחות, נראה לי שהרמב"ם מפרש, דבשעת טבילה עשתה כך, שפתחה עיניה, דזה פשוט שאין אשה שתהא עיניה פתוחות תמיד, **נמצא** ששפיר יש לרמב"ם פי' שלישי, ממה שכתב הטור קודם לזה ב' פירושים, **ולא** כב"י שכתב, שהרמב"ם ס"ל כפי' קמא ברש"י], ‹היינו הפי' שמביא השו"ע›.

לשון בה"ג, וכי טבלה לא תישוף משחא, ולא תכחול עיניה, דאמר שמואל כוחלת אם לרפואה הרי זה חוצץ, ואם בשביל שתראה עיניה פורעת ‹פי' גלויות – מחה"ש›, אין חוצץ, **ושנו** חכמים, כחול שחוץ מן העין חוצץ, **אמר** רב יהודא כל השמנים אין חוצצים חוץ משמן המור, **ונהגו** בנות ישראל בעצמן, שאין סכות שמן בשעת טבילה כל עיקר, ע"כ.

סעיף ט - דם יבש שעל המכה, חוצץ; וריר שבתוכה – [פי' שהוסר הגליד מעליה], **אינו חוצץ. יצא הריר מתוכה, כל תוך ג' ימים לח הוא ואינו חוצץ; לאחר מכאן, יבש הוא וחוצץ** - וכן אם הקיזה דם, תוך ג' ימים אינו חוצץ, מכאן ואילך חוצץ, כל זמן שהגלד עליו, עד שיתרפא כהוגן.

(עי' בתשו' חת"ס שכ', דהדעת נותנת דבעינן מעל"ע, ולא אמרינן בזה מקצת היום ככולו, וזכר לדבר מבשר ששהה ג' ימים בלא מליחה, **וכיון** דמיעוט המקפיד אינו אלא מדרבנן, המקיל לא הפסיד, והמחמיר תע"ב).

לפיכך אשה בעלת חטטים צריכה לחוף במים עד שיתרככו – [והביא רש"ל הג"ה אחת וז"ל, וגרב לגבי טבילה צריכה להסיר, אע"פ שכואב לה הרבה, **ואשתו של מהרר"ק היתה צריכה לעמוד לפניו ערומה, שהיה רואה שלא היה גרב עליה, שלא היה מאמין לה שהיתה מסירה, שהיתה נערה והיה כואב לה, וכן עשה השר מקוצי לאשתו]**, (**והסד"ט** כתב, שהם חולקין על השו"ע, וסוברים דלא מהני ריכוך החטטים, **אך** למעשה כתב דאפשר לסמוך על השו"ע).

(**ואף** דאסור להסתכל במקומות המכוסים שבה, כדלעיל סי' קצ"ה ס"ז, כבר תירץ ע"ז בתשו' נו"ב, וע"ש בהגה"ה מבן המחבר שכתב, דהכא מיירי לאחר טבילה, וכן משמע הלשון, שלא היה גרב עליה, **ולא** חיישינן שמא נפל במים, כיון שדבוק כ"כ עד שכואב לה להסירו).

סעיף י - רטיה שעל המכה, חוצצת.

סעיף יא - חץ או קוץ התחוב בבשר, אם נראה מבחוץ, חוצץ; ואם אינו נראה, אינו חוצץ - בב"י נסתפק בפי' "אינו נראה", **ונראה** לחומרא, דהיינו כל שהוא שוה לבשר קרי "נראה", וכשהוא משוקע הוי "אינו נראה", **ומשמע** כל שהוא משוקע שאינו שוה לבשר, אע"פ שנראה העץ מונח בבשר הפנימי שתחוב בו, "אינו נראה" מיקרי, כיון שאינו נראה בשוה לבשר. (**אינו** מובן, דהא הב"י מסתפק אם "נראה" היינו שנראה משוקע, או ד"נראה" היינו שוה לבשר, וא"כ אם ניזל לחומרא, גם משוקע חוצץ – רעק"א, (**ויש** גורסין בש"ך "ונראה לקולא" – סד"ט).

ואם יש עליו קרום של בשר, בכל ענין אינו חוצץ, ע"כ לשון הטור, פירוש אפילו נראה מבחוץ תחת העור, (**והמחבר** דלא הביאו, משום דסבר כהרמב"ם והרא"ש ורבינו ירוחם דלא כתבו, ופי' בב"י משום דסברי, דהתוספתא דהוא מקורו הוי אליבא דרבנן, והם פסקו כהמשנה דהוי כרבי, **אבל** הש"ך סובר דאפי' הם לומדים המשנה כחכמים, ועיין מחה"ש, **ומה** שלא כתבו הרמב"ם והרא"ש ורבינו ירוחם דבקרם עליה בשר מותר, משום דפשוט הוא, דאם אינו נראה מבחוץ אינו חוצץ, פשיטא דכ"ש קרם עליה אינו חוצץ, **או** אפשר שהם מפרשים ואם אינו נראה דמתני', דהיינו שקרם עליה בשר.

סעיף יב - לכלוכי צואה שעל הבשר מחמת זיעה, אינם חוצצין; נגלד כגליד, חוצץ.

סעיף יג - מלמולין שעל הבשר, חוצצין - פי' כשאדם מגבל טיט או לש עיסה, ומשפשף ידיו זו בזו, נופל מהן כמו חוטין, אם נופלים על בשרה חוצצים, טור, (וכן בזמן שהם עדיין על ידיה – סד"ט).

סעיף יד - טיט היון - (זה טיט הבורות – משנה פ"ט מ"ב), **וטיט היוצרים, וטיט דרכים הנמצא שם תמיד אפילו בימות החמה, כל אלו חוצצין; ושאר כל הטיט, כשהוא לח אינו חוצץ שהרי הוא נמחה במים; וכשהוא יבש חוצץ, (מיהו אם היא מקפדת, אפילו בדבר לח חוצץ)** - קאי גם אסעיף שלאח"ז, (**וסברת** רמ"א משום דחושש לשיטת המרדכי, דסבר דגם בלח אין המים נכנסים, והא דבלח אינו חוצץ, היינו משום דבסתם אינו מקפיד, **משא"כ** המחבר הולך בשיטת הרמב"ם, דסובר דבלח אינו חוצץ משום דנמחה במים, עיין מחה"ש).

סעיף טו - הדיו החלב והדבש והדם, שרף התאנה ושרף התות ושרף החרוב ושרף השקמה (פירוש מין ממיני התאנים), יבשים, חוצצין; לחים, אינם חוצצין. ושאר כל השרפים, אפילו לחים, חוצצין.

סעיף טז - דם שנסרך בבשר - שמתחיל להתייבש ולהדבק קצת, שכשתולים בו אצבע נמשך והולך חוט ממנו, **אפילו לח, חוצץ** - ומשמע דעיקר החילוק הוא בין נסרך או לא, אבל אין חילוק בין נסרך בבשר או בד"א.

ובה"ג מצאתי, אמר רב זו שאמרו חכמים דם לח אינו חוצץ, לא אמרו אלא בשלא נתבשל, אבל נתבשל באש, בין לח בין יבש חוצץ, ע"כ, **ואף** שלא נמצא כן בש"ס שלנו, גם מדלא משני הכי במנחות לא משמע הכי, מ"מ דברי בה"ג דברי קבלה הם.

סעיף יז - צבע שצובעות הנשים על פניהן וידיהן ושער ראשן, אינו חוצץ - אע"פ שחופה רוב השער או כולו, והרי הוא כגופו של שער שאינו חוצץ, והשער הוא כגופו של אדם, **ועוד** שהמראה מן הצבע אין בו ממש, ואינו דומה לדיו שחוצץ, דהתם יש ממשות הדיו, כ"כ ר' ירוחם והרמב"ן והרשב"א.

וכן מי שהוא צבע וידיו צבועות, אינו חוצץ.

הגה: וכן מי שאומנותו להיות שוחט או קצב וידיו מלוכלכות תמיד בדם, אינו חוצץ, שרוב בני אומנות זו אינן מקפידים.

[**בב"י** סוף סי' זה כתב בשם הרוקח וז"ל, נראה אם אשה נגעה ביורה או בקדרה, ונתפחמה בבשר מעט, זה אינו קפידא, אע"פ שמעט נדבק בבשר, עכ"ל, **ומטעם** זה דנתי להתיר, באשה שטבלה ומצאה במקום אחד בגופה שחרורית, במקום שנגעה בכותלי בית המרחץ, שהיו שחורים מחמת עשן המרחץ, שאינה צריכה טבילה שנית, דדמיא להא שזכרנו, **והוא** ק"ו, דהא ידיה צריכין להיות נקיות יותר מגופה, שידיה מגולות תמיד, והיא מקפדת על נקיותם יותר מגופה, ולא דמיא לדיו שחוצץ, דהתם ממשה של דיו חוצצת, משא"כ במראה שחרורית זו, שאינו אלא לכלוך בעלמא].

סעיף יח - צואה שתחת הצפורן, שלא כנגד הבשר חוצץ; כנגד הבשר, אינו חוצץ - בב"י מתמה על הרשב"א שדבריו סותרים זא"ז, ‹ר"ל, דהא קיימא לן דברים שחוצצין בטבילה חוצץ בנטילת ידים, וכאן כתב הרשב"א, בצואה שתחת הצפורן שלא כנגד הבשר חוצצין, ובנטילת ידים כתב סתם צואה שתחת הצפורן אינו חוצץ, דמשמע אפילו שלא כנגד הבשר גם כן אינו חוצץ – מחה"ש›, **וחילק** בדוחק בין נטילה לטבילה, **ובספרי** הוכחתי דלק"מ, והוא דס"ל להרשב"א כסמ"ג וסמ"ק בשם ר"ת דצואה שאינה נדבקת אינה חוצצת כלל, והנדבקת חוצצת שלא כנגד הבשר, וסתם צואה אינה נדבקת, **אלא** דקאמר דכיון דבצואה נדבקת דומיא דבצק חוצצת, נהגו הנשים להחמיר ליטול צפרניהם בשעת טבילה, דשמא יש שם צואה הנדבקת, **אבל** ודאי לענין נטילה לא שייך האי חומרא, ליטול צפרניו בכל נטילה ונטילה, ‹ר"ל, ודאי מלתא דמדינא אין לחלק בין הכא להתם, אף על גב דקשה ליטול הצפרנים בכל נטילה ונטילה, אכן מאחר דרוב צואה אינה נדבקת ואינה חוצצת כלל, והאי חששא דשמא יש שם צואה הנדבקת היא חומרא בעלמא, אין להחמיר בנטילה ליטול הצפרנים בכל נטילה ונטילה – מה"ש›.

[**כתב** ב"י בשם סמ"ג בשם ר"ת, שזה דוקא בטיט הדומה לבצק שנדבק מאד, כגון טיט של יוצרים, אבל לא בטיט אחר וצואה, **ולא** זכר מזה השו"ע להקל כל כך, **ומ"מ** נראה לי לתרץ בזה מה שהוקשה ללבוש, למה אין נזהרין מזה בנטילת ידים, ולפי מה שכתבתי ניחא, דודאי לענין נטילת ידים שפיר סמכינן על ר"ת, דאינו חוצץ רק טיט היוצרים וכיוצא בו].

‹**עי'** במ"א סי' קס"א סק"ה שכתב וז"ל, אע"פ שטיט חוצץ אפי' כנגד הבשר, אין מקפידין ע"ז, ‹**וכמ"ש** שם הרמ"א: ומש"ה לא נהגו לנקר הטיט שתחת הצפרנים לנטילה, משום דהוי כמיעוטו שאין מקפיד, כי אין מקפידים על זה לנטילה›, **אבל** שלא כנגד הבשר, בודאי רוב בני אדם מקפידין אפילו בצואה, וחוצץ אע"פ שהוא אינו מקפיד, **אבל** הט"ז כתב, דבנט"י יש לסמוך על הר"ת, דאין חוצץ רק טיט היוצרים, שדומה לבצק שנדבק מאד, אבל לא בטיט אחר›.

ובצק שתחת הצפורן, אפילו כנגד הבשר חוצץ.

[**בטור** סיים אח"ז, "ומיהו אין דרך בני אדם להקפיד בכך, הלכך מי שאינו מקפיד אינו חוצץ", וכ' ב"י דקאי גם אבצק, ותמה ב"י, דהיאך פסק לחלק בכך ובמשנה לא חילקו, וע"כ לא הביאו כאן בשו"ע, וד"מ פי', דהטור מיירי בענין שהוא דבר מועט מאד, שאין מקפידין עליו].

ואיזהו שלא כנגד הבשר, זה שהצפורן עודף על הבשר. ולפי שאינן יכולות לכוין מה נקרא כנגד הבשר או שלא כנגדו, נהגו הנשים ליטול צפרניהם בשעת טבילה.

סעיף יט - אם יש לה נפח על מקום הצפורן, ואינה יכולה לא לחתוך ולא לחטט, אם נפוחה כל כך שאין הטיט שתחת הצפורן נראה, אינו חוצץ - כתב ב"י, שזה נלמד מחץ דלעיל סי"א, ולפ"ז א"צ שיהא נקרם עור ובשר על הטיט, אלא כל שהטיט כך בעומק שאינו נראה לבשר, אינו חוצץ, כדלעיל גבי חץ.

סעיף כ - דוקא בצק שתחת הצפורן חוצץ, אבל הצפורן עצמה אינה חוצצת. ואפילו אם היתה גדולה ועומדת ליחתך ופורחת ועוברת מכנגד הבשר, אינה חוצצת – [לפי שהוא מגוף האשה].

הגה: מיהו כל זה דוקא שאין צואה או בצק תחתיו בשעה שטבלה. ומאחר דכבר נהגו ליטול הצפרנים, אפילו אם צפורן אחת נשאר בידה וטבלה, צריכה טבילה אחרת, וכן נוהגין.

באמת חומרא זו לא נמצאת בשום פוסק, ואדרבה מהמשנה והרבה פוסקים וט"ו נראה מבואר, דכל שהצפורן נקי בודאי אינו חוצץ, **אלא** ההגהות ש"ד כתב דטוב להחמיר ותטבול שנית, משום דא"א שלא יהא בתוכו טיט, וע"כ כתב הרב דנוהגין להחמיר, [**ורש"ל** העתיק מתשו' מהר"מ בזה, דעלתה לה טבילה כל שבודקת תחת צפרניה קודם טבילה ואין שם טיט וצואה], **וכתב** מהר"מ מלובלין, דכיון שאין זה מדינא אלא מחומרא, נ"ל שלא החמירו אלא כשנמצא ששכחה צפורן א' מיד אחר הטבילה קודם שלנתה עם בעלה, **אבל** אם לא מצאה כ"א עד למחר, אין ראוי להחמיר שלא תוציא לעז על בעילתה, **ואפי'** אם לא נזקקה לבעלה אותו לילה, הדבר מכוער וא"צ טבילה אחרת, אם לא נמצא שום לכלוך תחתיו, עכ"ל.

מיהו בהראב"ן מצאתי, וז"ל, צריכה לחתוך צפרני ידיה ורגליה, דכיון דעתידה ליטלן חייצי השתא, עכ"ל, **וזהו** כעין מ"ש הרב, ומאחר דכבר נהגו ליטול הצפרנים כו' צריכה טבילה אחרת כו', משמע דטעמא לאו משום דא"א שלא נשאר טיט תחת הציפורן, אלא משום דהצפורן עצמו חוצץ, **וכ"כ** הב"ח, דנ"ל דאפילו ברי לה שלא היה שום טיט כלל, יש להחמיר שתטבול פעם שנית, שהרי איכא למ"ד אם הצפורן עומד ליקצץ חוצץ, [ולא דמי לשערות הראש, דרוב הנשים אין דרכן לקצץ, משא"כ בצפרנים דכולם קוצצים, והוה חציצה אם לא תקצץ], עכ"ל, **וא"כ** צ"ע בפסק זה שפסק מהר"מ מלובלין, **ע"כ** נראה דהיכא דאפשר לה לחזור ולטבול, אפילו לא מצאה עד למחר, יש לה לחזור ולטבול, וכמדומה לי שכן נוהגים להורות, **אבל** היכא דלא אפשר אין להחמיר, כיון שעבר הלילה.

[ודברי הב"ח תמוהים, דהא כל הפוסקים כתבו כאן דאינו אלא מנהג בעלמא ליטול הצפרנים, ואינו מן הדין, **ונ"ל** (כדברי מהר"מ מלובלין), **ואפי'** אם אין ידוע לה שלא היה שם טיט וצואה, דמשמע מהג' שערי דורא ותשו' מהר"מ, שצריכה מדינא טבילה שנית, היינו כל זמן שלא שמשה עם בעלה, אבל לא אח"כ, דהא אפי' אם היה שם צואה, מדאורייתא אינו חוצץ, דרובא ומקפיד בעינן, אלא דגזירה דרבנן היא במיעוט המקפיד, א"כ הוה כאן ספיקא דרבנן, **וכ"ש** למש"כ בשם סמ"ג ור"ת, דדוקא טיט הנדבק בעינן, אע"פ שלא פסקו בשו"ע להלכה, מ"מ כאן שכבר שמשה ואפשר שהיא נתעברה, אם באת להחמיר עליה בטבילה שנית, אתה מוציא לעז על אותו הולד, כנלענ"ד ברור].

עיין ש"ך דלא קשה מידי, (מה שהקשה ט"ז על הב"ח), גם מה שהוגד לו שגדול אחד השיב בתשובה כדבריו, אותו גדול הוא מהר"מ מלובלין, וכבר השגתי עליו בש"ך - נקה"כ.

[וכיון שנתברר דנטילת צפרנים של האשה אינו אלא מצד המנהג שהחמירו על עצמם, **נ"ל** דהא דאיתא במרדכי, דאם אירע טבילתה בחול המועד, נכון הדבר ששפחה גויה תגלחם לה, **דאמירה** לנכרי שבות היא, ובמקום מצוה לא גזרו, **ואם** אין לה גויה תנקר היטב בטיט שתחת הציפורן, עכ"ל, **היינו** דוקא בחו"ה, אבל בשבת ויו"ט אם אירע ששכחה ליטול הצפרנים, לא תאמר לגויה שתחתוך לה, דכיון שאין מצוה גמורה בנטילת צפרנים, דהא אפשר בניקור תחתם לחוד, למה נבטל בזה שבות, **דאמירה** לנכרי שבות הוא, **ותו** דהוא חומרא דאתא לקולא, **שאע"פ** שהגויה חותכת, מ"מ אותה ישראלית מסייעת לה, ע"י שמטה לה את ידיה, וכאילו היא עושה מלאכה זו, שאסורה מדאורייתא בשבת ויו"ט, וזה א"א להשמר ממנו, כשתניח לחתוך הצפרנים להגויה בלי הטיית הישראלית את ידיה אליה, **ואין** לומר דאה"נ שלא תטבול כשאירע כן בשבת ויו"ט, זה אינו, דהא גם בחו"ה התירו ע"י שתנקר בצפרנים, ולמה יגרע בשבת ויו"ט מאין לה גויה בחו"ה, **ולא** החמיר במרדכי לחתוך ע"י גויה אלא בחו"ה, דבו הקילו אפי' לחתכם היא בעצמה, והכי קימ"ל בטבילת מצוה אליבא דכו"ע, אלא

דהמרדכי שהוא תלמיד מהר"מ דהחמיר, דאסור לחתוך הצפרנים בחו"ה כי אם ע"י גוי, ע"כ הוצרך לחתכם ע"י גויה לפי סברתו, **ולפי** מה דקימ"ל להתיר, חותכין בחו"ה בלי שינוי, ובשבת ויו"ט לא תחתכם כלל, אלא תנקר אותם היטב, כנ"ל ברור, וראיתי מי ששגג בזה, וצוה לחתוך ביו"ט ע"י גויה, ולא כיון נכונה לענ"ד].

זה שהורה ‹ה"מי ששגג"› טב הורה, וכמו שאבאר, דמה שכתב דכיון דמסייע הוי כאילו עושה מלאכה שאסורה בשבת ויו"ט, דומיא דניקף, טעה בתרתי, **חדא**, דאפי' חתכם בכלי הוא עצמו, ליכא כאן איסורא דאורייתא לרוב הפוסקים, וכ"ש נטלן בידו דלכו"ע ליכא איסור דאורייתא, דבפרק המצניע אמרינן, דלכו"ע הנוטל צפרניו לחבירו ליכא אלא שבות שלא בכלי, ולרבנן אפי' לעצמו ליכא אלא שבות, וכן כתבו הפוסקים, **ואפי'** בכלי היה נראה להתיר, דהתוס' כתבו, דהך מתני' דהמצניע אתי כר' יהודה, א"כ הרמב"ן ושאר פוסקים פסקו כר' שמעון, דמלאכה שאין צריך לגופה פטור, **וגם** בלאו הכי יש פוסקים, דאפי' מלאכה גמורה מותר לומר לגוי במקום מצוה, א"כ הכא הוי תרתי למעליותא, **ועוד** דכאן לא שייך מסייע, דדוקא בהקפה, דא' המקיף וא' הניקף במשמע, וכדפי' רש"י, דשמעינן לקרא הכי, לא תקיפו, לא תניחו להקיף, אי נמי מדאפקיה בלשון רבים, משמע דאתרי אזהר רחמנא, ניקף ומקיף, עכ"ל, אלא דבאינו מסייע פטור, משום דהוי לאו שאין בו מעשה, ובמסייע חייב, **אבל** בשאר אזהרות לא שייך לומר דחייב משום מסייע, דמסייע אין בו ממש לענין שבת, ומותר אפי' לכתחילה, והוא מוסכם מכל הפוסקים, **וא"כ** כיון דמשמע מהפוסקים, דעכ"פ מצוה היא בנטילת צפרנים, ואמירה לנכרי שבות, ובמקום מצוה לא גזור, וכ"ש לדעת הראב"ן, דהצפורן מעכב מדינא, פשיטא דהוי מצוה ומותר לומר לגוי, דאפי' נוטל הוא עצמו הצפרנים ליכא כאן איסורא דאורייתא, **אלא** כיון דאפשר ליטלן שלא בכלי, למה נקיל בכדי, אבל שלא בכלי הדבר פשוט דמותר, ולית דין צריך בשש - נקה"כ.

(**עי'** בתשו' שבות יעקב שכתב, דנראה לו עיקר למעשה כמסקנת בעל נקודות הכסף, ליטול ע"י גוי בידו או בשיניו, **אף** שבתשו' ח"צ השיג עליו, היינו דוקא ליטול בכלי, אבל בכה"ג מודה, **וגם** הנה"כ עצמו למעשה לא התיר אלא ביד או בשיניו, ולרווחא דמלתא כתב דאפילו בכלי אפשר להתיר למקצת פוסקים, אבל אין לסמוך למעשה כ"א ביד או בשיניו)

(**ראיתי** בכתבי הרב הגדול מהר"ר דניאל זצ"ל, שדעתו להקל בצפרני הרגלים שאינה צריכה טבילה אחרת, ‹ודלא כהראב"ן לעיל›, הגם שאינה יודעת אם היה נקי, **וכתב** שאפשר אפילו יודעת שלא היה נקי א"צ טבילה אחרת, שברגלים אין דרכן של הנשים להקפיד).

סעיף כא- צפורן המדולדלת שפירשה מיעוטה,

חוצצת - היא עצמה משום שפירשה, אפי' לא נמצא עליה דבר חוצץ - ד"מ והעט"ז וב"ח ושאר אחרונים, **ודלא** כמסקנת ב"י, ‹עיין מגיד מישרים, דמהשמים הסכימו למסקנת הב"י›.

פירשה רובה, אינה חוצצת - ונראה דלדידן דנוהגים להצריכה טבילה שנית אם לא חתכה הצפורן, ה"ה הכא, ‹דא"א שלא יהיה בתוכה טיט›, **או** אפשר לחלק, דכיון דמן הדין אפילו נשאר צפורן אינו חוצץ, כל שידוע שלא היה שום צואה תחתיו, אלא דנהגו להחמיר, והיינו כשכל הצפורן נשאר, מה שאין כן הכא, **ודוחק**, וכ"ש לטעם דהצפורן גופיה מעכב, ‹כיון דעתידה ליטלן חוצץ השתא, כ"ש כשפירש רובן דודאי עתיד ליטלן וחייץ טפי – מחה"ש›.

[הב"י האריך בדבר זה, שהוקשה לו מ"ט יש חציצה במיעוט יותר מברוב, ומתוך כך נדחק לפרש, דמיירי שיש איזה דבר חציצה על אותו המדולדל, והמרדכי כתב וב"י מביאו, רובה אינה חוצצת, דוקא רובה, דרובה ככולה, אבל מיעוטה חוצצת, כיון דעומדת לפרוש, וכבר התחילה לפרוש, עכ"ל, ומ"מ לא נתיישב עדיין, למה לא יהא חציצה באותו מיעוט הנדבק עדיין כשנפרש רובו, ותו, מ"ש מאבר המדולדל ועומד להחתך, דהוה חציצה אפי' בנפרש רובו, ומו"ח ז"ל נתן טעם לזה, לפי שצריך אומן לחתכו, ולא ידעתי חילוק, דסוף סוף עומד להחתך הוא, והנראה לענ"ד לפרש, דודאי אין חציצה במה שנדבק עדיין, כי לא היה מגולה מעולם שם, וכמו שכתב ב"י בקושייתו, אלא על החלק הנפרש אמרינן כן, דאם רובו קיים ומיעוטו נסדק, נמצא דמקום הסדק צר הוא, ואין המים יכולין לבוא באותו הסדק, משא"כ אם נפרץ רובו, נמצא שנתרחב מקום הסדק, ויכולים מים לבוא שם, והוי ראוי לביאת מים, אבל באבר

ובשר המדולדל, אפי' נפרץ רובו אין דרך להניחו כך, שהוא תלוי ועומד, דהוה כאב לה הרבה, אלא מחזיקו תמיד אל הגוף כפי מה שיכול להחזיק, ע"כ אינו ראוי לביאת מים שם, **כנ"ל לפרש דבר זה בסיעתא דשמיא]**.

(**עי'** בתשו' חתם סופר, אודות כלות שטובלות ושערותיהן ארוכות, ועתידין לקוץ אחר בעילת מצוה, ופקפק רב אחד לחוש שיחוצו, כיון שסופן להתגלח, **והוא** ז"ל כתב דאין כאן בית מיחוש, ומנהג ישראל תורה היא, משום דהא דאמרי' בכ"מ כל העומד כו', היינו כשעומד להעשות מיד בלי הפסק דבר אחר בינידם, **והכא** אין השערות עומדות להתגלח עד אחר בעילת מצוה, והבעילה מפסקת בין הטבילה לגילוח, לא שייך עומד לקוץ כקצוץ, **ועוד** ראיה ברורה מנזיר).

סעיף כב - אבר ובשר המדולדלים, חוצצים. (הגה: אבל יבלת או יתרת ואינן מדולדלין, אינן חוצצים).

סעיף כג - השירים והנזמים והטבעות והקטלאות, אם הם רפויים, אינם חוצצים - (עי' באר היטב של הרב מהרי"ט ז"ל, שכתב בשם בית הילל, דחוצץ אפילו בדיעבד, **רק** דאם שמשה כבר אחר הטבילה בטבעת רפויה, אין צריכה טבילה אחרת, **ועי'** בתשו' מקום שמואל שחולק עליו, ופסק כהש"ע, **ובכתבי** הרב הגדול מהר"ר דניאל זצ"ל, ראיתי שמחמיר בזה מאד, דאפילו אם עברה לילה אחד אחר טבילה זו בטבעת רפויה, יש להחמיר להצריכה טבילה אחרת, **רק** אם היה רפוי הרבה יש להקל, **ועי'** בתשו' ב"ח החדשות, דשם כתב שחלילה לומר דברפוי לא עלתה לה טבילה, והאומר זה ראוי לנזיפה, ולא אמר הרמב"ם אלא באוחז באדם וכלים כו', אבל זולת זה אין גוזרין רפוי אטו שאינו רפוי מדינא, **אם** לא בנזמי האוזן, כיון דטריחא לה מילתא להסירם, וכל כה"ג במה דטריחא לה יש לגזור מטעם חומרא לכתחלה, וכן בחוטין שבצואר שתולין בהן הקמיעין כו', **גם** בס"ט דעתו דרק לכתחלה יש ליזהר, אבל בדיעבד עלתה לה טבילה).

(**עיין** בשו"ע או"ח, שכתב הרמ"א דאין אנו בקיאים מה הוא רפוי - רעק"א).

(**ואם** מסופקת אם טבלה בטבעת הרפויה, ושמשה, אינה צריכה לטבול שנית - רעק"א).

ואם הם מהודקים, חוצצים - [ואין להקשות, הא מיעוט שאינו מקפיד הוא, פי' הראב"ד, לפי שמקפדת להסירו בשעת לישה, והוה כההיא דחוטי צמר דס"ב].

(**ועיין** בספר שיורי טהרה שכתב, דמדברי ס' גן המלך מבואר, דאשה שאין דרכה ללוש בעצמה, אין הטבעת שעל ידה חוצץ, אפילו מיהדק טובא, **וכה"ג** כתב בא"ר בשם רש"ל, דטבעת באנשים אינו חוצץ, לפי שאין מקפידין אם לא בטבעת שיש בו אבן טוב, והוא ג"כ מה"ט, לפי שאין דרכם של אנשים לעשות מלאכות כאלו, **ומ"מ** אין להקל, כיון דבש"ע כאן ובא"ח כתב סתם, דטבעת מהודק חוצץ, ולא מפליג מידי, משמע שאין לחלק בזה, **ול"ד** למוכרי רבב והצובעים, שכל אותו אומנות ידועים בכך, משא"כ הכא י"ל דלא פלוג, **מיהו** אפשר בדיעבד ושימשה יש להקל בנדון זה).

(**עיין** תש' תשב"ץ שהוכיח, דדוקא נזמי אף חוצצים, אבל נזמי אוזן אין חוצצים, **ועיין** בתש' ב"ח שכתב בהיפוך, דנזמי אוזן אפי' רפויים חוצצים - רעק"א).

וכן הדין באגד שעל המכה, וקשקשים שעל השבר - היינו לוחות שעושים הרופאים ע"ג מכה.

והב"ח פסק, דבאגד וקשקשים אפילו רפויים חוצצים, דלא עיילי בה מיא שפיר.

(**עי'** בשו"ת שיבת ציון, באשה אשר לה כאב עינים ר"ל, וצוה עליה רופא מומחה שלא יבואו מים כלל על עיניה, אפילו מחוץ לעינים, פן תאבד מאור עיניה, איך תנהג האשה ההיא בחפיפה וטבילה, **ודעת** השואל להמציא לה תחבולה, לעשות לה אגד רפוי על עיניה בעת טבילה, **ואף** שכתב הב"ח בשם ש"ד, דגבי שירים ונזמים יש לגזור לכתחלה רפוי אטו אין רפוי, וכ"כ הרמ"א לעיל ס"א בהגה"ה, **דוקא** בשירים ונזמים שהם עליה תמיד כו', **והרב** המחבר נר"ו אין דעתו מסכמת להך תקנה, דאדרבה אפילו מאן דסובר בשירים ונזמים דלא גזרינן אטו אינו רפוי, היינו דשם ליכא תועלת והנאה לאשה אם טובלת במהודקין, **משא"כ** בנ"ד שעיקר פעולת האגד להגין שלא יבואו מים על העינים, יש לחוש שתהדק מפני הפחד, **אך** יש לה תקנה אחרת, שתתן ידיה על עיניה, ותדיח הידים תחלה שתהיינה טופח ע"מ להטפיח, **אך** הנחת ידים לא תהיה מהאשה עצמה, דאם תכוף את הידים למעלה נעשו קמטים, ונתכסה הבשר שבתוך הפרק במקום חיבור היד

והזרוע, וכמש"ל סל"ה, דהטבילה צריכה להיות כמו שהיא הולכת, **רק** אשה אחרת תרד עם האשה לתוך המקוה, ותעמוד לאחוריה בריחוק קצת, שלא תגע גופה בגוף האשה הטובלת, ותדיח ידיה במים ותכסה עיני האשה הזאת ברפיון קצת ותטבול, **ולענין** החפיפה העלה להקל, אשר די לה שתרחץ ותחוף כל גופה וראשה חוץ מהעינים, וסגי לה בעיון לראות במראה, או בבדיקה ע"י אשה אחרת, שלא יהיה לפלוף, וגם שלא תהיה ריסי עיניה דבוקות).

סעיף כד - צריכה לחצוץ שיניה שלא יהא בהם דבר חוצץ, שאם טבלה ונמצא שום דבר דבוק בהם, לא עלתה לה טבילה - דאע"ג דלא בעינן ביאת מים לבית הסתרים, [דדרשינן כל בשרו, מה בשרו מאבראי אף כל מאבראי], ראוי לביאת מים בעינן, [דכל הראוי לבילה אין בילה מעכבת בו].

כתב הב"ח דמלשון זה משמע שאינו חוב עליה, אלא צריכה לחוץ לטובתה, שאם טבלה ונמצא שום דבר ביניהם, לא עלתה לה טבילה, ‹**מדכתב** "שאם" בש"ן, ולא כתב "ואם" בוי"ו, אינו רק עצה טובה, **אבל** אם היא אומרת שאינה רוצה לחצוץ שיניה, ואם תמצא לאחר הטבילה שום דבר דבוק בשיניה תטבול שנית, הרשות בידה›, **וכיוצא** בזה כתב מהרא"י בת"ה גבי שחיטה, ובנה יסודו על דקדוק כזה, עכ"ל, **ולא** נהירא, דדוקא לעיל גבי שחיטה, דאמרינן השוחט בהמות רבות צריך לבדוק בין כל אחד ואחד, שאם לא נעשה כן, ובדק באחרונה ונמצא הסכין פגום, הרי הכל ספק נבילות, **ע"כ** דייק מהרא"י שם שפיר מלשון זה, דאי איתא דאיסורא מטעמא אחרינא, שמא יאכל מהן קודם בדיקה אחרונה, לא הל"ל הכי, ‹"שאם", דהא לאו מהאי טעמא צריך לבדוק בין כל אחת ואחת, דאפי' אם יאמר שאינו חושש לפסידא דיליה, אפ"ה צריך לבדוק הסכין מיד בין כל אחת ואחת, **דזה** פשוט דאי משום טעמא דיהיה הכל ספק נבילות, א"כ מאן דלא חייש לפסידא רשאי, דלא חיישינן שמא ישכח לבדוק הסכין אחר שחיטת האחרונה, דהא בכל פעם כשישחוט צריך לבדוק אחר השחיטה – מחה"ש›, ע"ש מבואר כך להדיא, **אבל** הכא אפ"ת דחוב הוא לה, היינו טעמא משום שאם טבלה ונמצא שום דבר ביניהם לא עלתה לה טבילה, והלכך חיישינן שמא יהא דבר חוצץ ביניהם, דהא אין צריכה לבדוק אחר הטבילה אם יש עליה שום דבר חוצץ, אבל בשחיטה צריך הסכין לבדוק אחר סוף השחיטה, **וכן** משמע בב"י דחוב הוא לה, וכתב דכן הדין שהרי שיניים מצויים לימצא ביניהם שיורי מאכל, **ובזה** מיושב מה שהקשה הב"ח, מנ"ל דחובה הוא, דכן בדין וק"ל, **וגם** בעט"ז כתב "ואם" בוי"ו, **ואפי'** אמרה אבדוק אחר הטבילה בין השיניים, חיישינן שמא תשכח מלבדוק, וכה"ג חיישינן בדוכתי טובי, **ול"ד** לשחיטה, דהתם בלא"ה צריך לבדוק הסכין אחר השחיטה, משא"כ הכא.

ויש נוהגות שלא לאכול בשר ביום לכתן לבית הטבילה, מפני שהוא נכנס בין השיניים יותר ממאכל אחר; ואע"פ שבודקות וחוצצות השיניים, חוששות דילמא משתייר מיניה ולאו אדעתה, ומנהג יפה הוא – [פשוט שאם לא נהגה כן, אינה צריכה לעכב הטבילה בשביל זה, **ובשבת** ויו"ט המנהג שאוכלים בשר, רק שתזהר לנקר ביותר אחרי כן].

הגה: ואין לה לאכול בין הרחיצה לטבילה; ואין לה לעסוק כל היום קודם הטבילה בבצק או בנרות של שעוה, שלא ידבק בה, וכן נהגו.

סעיף כה - אם לא הדיחה בית הסתרים ובית הקמטים שלה, ונמצא בהם דבר חוצץ, לא עלתה לה טבילה. ואם לא נמצא עליה דבר חוצץ, אף על פי שלא בדקה קודם טבילה, עלתה לה טבילה; ואינו דומה לבדיקת הגוף וחפיפת הראש - כתב העט"ז והמעדני מלך הטעם, דבבית הסתרים כיון שיש לה מקום להשאר שם ולהתדבק בבית קמטיה, אמרינן ודאי לא היה שם, דא"כ למה יפול אחר הטבילה, עכ"ל, **ולחנם** דחקו*, דלהכי ל"ד לבדיקת הגוף וחפיפת הראש, דהתם בעינן ביאת מים ותלינן לחומרא, אבל הכא לא בעינן ביאת מים אלא ראוי לביאת מים, לכך תלינן לקולא.

*‹**וביותר**, דאם נימא דבעינן הוכחה, א"כ בסכ"ו, הא עכ"פ ליכא הוכחה להקל, דהא באמת נמצא חציצה. **ואף** למה דמסיק הש"ך הכא, "לכך תליא לקולא", דמשמע דעכ"פ בעינן בדיקה לבית הסתרים, אלא דמהני בדיקה שלאחר הטבילה, ולא חיישינן דנפל בעלייתו, דתלינן לקולא, **ויקשה** ג"כ מהא דסכ"ו, דהא התם ליכא כלל בדיקת בית הסתרים, דהא באמת מצאה חציצה, אלא דיש לתלות בנתעסקה, אבל מ"מ לא היה בדיקה לבית הסתרים, וצ"ע – רעק"א›.

[ט"ז] ‹רעק"א או ש"א או הוספת הסבר› (פת"ש)

הלכות טבילה
סימן קצח – דיני טבילה וחציצתה

(**עי'** בתשו' נודע ביהודה, ע"ד האשה אשר הושם טבעת של שעוה תוך עומק הפרוזדור לצורך רפואה, אם חוצץ בטבילה, **וכתב** דזה ודאי קרוי מקפיד, שהרי הוא מתלכלך תמיד בימי נדתה, וצריכה להסירה בעת שתפסוק בטהרה לנקותה, וכן בימי לידה, ואולי מעכב גם הבדיקה תמיד בשבעה נקיים וצריכה להסירה, וא"כ הוא דבר שמקפיד וחוצץ, **אמנם** אף שאמרו בה"ס צריך להיות ראוי לביאת מים, דוקא בבית הסתרים אמרו כן, אבל במקום הנקרא בלוע א"צ אפילו ראוי לביאת מים, **ולכן** אם אשה זאת אומרת שהוא כ"כ בעומק, עד שאין השמש מגיע שם אפילו בשעת גמר ביאה, אז מקרי בלוע וא"צ להיות ראוי לביאת מים, וא"צ להסירה בשעת טבילה, **ע"ש** שהעלה כן להלכה ולא למעשה, עד שיסכימו עמו עוד שני רבנים).

(**ובתשו'** ח"ס חולק על ראשית דברי הנו"ב, מ"ש דקרוי מקפיד משום שצריכה להסירו בשעת הפסק טהרה, וכן בימי לידה, **וכתב** דההסרה שבעת לידה לא מקרי מקפיד, שאין אותה ההסרה מטעם ההקפדה, לא על הטבעות ולא על לכלוך גופה, אלא לפנות מקום לולד, **וראיה** לזה מטבעת של איש שאין בו אבן, שאין חוצץ כמ"ש מג"א, אף דמסירו בשעת הנחת תפלין ונטילת לולב, **רק** אם היתה צריכה להסירו בשעת פרישת טהרה, זה ודאי קרוי מקפיד, **וגם** מ"ש הנו"ב, אם האשה זאת אומרת שהוא כ"כ בעומק כו', **הוסיף** הוא ז"ל דאף אם מסופקים בכך, ואפשר הוי ספק חסרון ידיעה, דאשה בקיאה יכולה לברר, מ"מ כיון דהוי סכנה וחולשה רבה להוציא, הו"ל מיעוטא ואינו מקפיד כו' ויש להקל).

(**ועי'** בנודע ביהודה, שרב אחד רצה לחלק בבית הסתרים גופא, דבמקום שהמים יכולים לבוא בעצמם, כמו הפה אם הוא פתוח, וכן נקבי החוטם והאזנים, אלא שהכתוב גילה לנו שא"צ לביאת מים, אלו צריכים עכ"פ ראוי לב"מ, **אבל** אותו מקום של אשה אפילו בית החיצון, כיון שאף אם תרחיק ירכותיה לא יכנסו המים רק קצת בהתחלת המקום, ולכן כל שהוא לפנים ממקום שהתינוקת יושבת ונראית, אין צריכה אפילו ראוי לב"מ, **והוא** ז"ל דחה ראיותיו - גם מדברי הרמ"א בסעיף מ"ג בהגה"ה, מבואר דלא כוותיה).

(**וע"ש** שהעלה לענין בדיקת הנקיים, אם הוא באופן שפי הרחם מכוון נגד חלל הטבעת, וכל פה המקור מכוון ג"כ כנגד חלל הטבעת, א"כ בשעת הפסק טהרה תתן צמר גפן תוך מטלית של פשתן נקי, באופן שיהא עב קצת, עכ"פ כמו רוחב חלל הטבעת, ותכניס העד הזה עמוק דרך חלל הטבעת עד נגד פי המקור, ויהא אצלה מקודם בה"ש עד אחר צה"כ, וגם ביום א' תעשה כן, ובשאר ששת ימים תבדוק כפי האפשר לה).

(**ועי'** בתשו' זכרון יוסף, שנשאל ג"כ על השאלה הנ"ל, וכוון לדברי הנוב"י הנ"ל, דאין חוצץ בשעת טבילה, אחרי שהטבעת אינו בבית החיצון רק למעלה סמוך לחדר, הוי בלוע ואין צריך אפי' ראוי לביאת מים, **והמציא** עוד ב' היתרים, חדא, דהא לא ברירא לן דלא עיילי מיא תחת הטבעת, דאפשר שאינו מהודק כ"כ, והוי ספיקא דרבנן לקולא, כיון דלא הוי רק מיעוט המקפיד, והביא בשם שו"ת שבות יעקב שכתב כן בפירוש, דלענין מיעוט המקפיד אמרינן ספק דרבנן לקולא - **וצריך** עיון כעת, דהא באיתחזק איסורא לא אמרי' ס' דרבנן, כדלעיל ס"ס ק"י בדיני ס"ס, והכא איתחזק איסור דטומאת נדה, **וצ"ל** דס"ל כדעת הפר"ח שהבאתי שם, וכבר כתבתי שם דאין כן הלכה, וכעת אין ס' הנ"ל לפני - **ועוד**, לפי שהאשה אמרה שאינה יכולה לקחת הטבעת משם משום סכנת נפשות, זולת בבוא חבלי לידה בהכרח נוטלתו כדי שלא ימנע יציאת העובר מרחמה, א"כ מקרי אינה מקפדת, **ולענין** בדיקה העלה, שיכולה לבדוק א"ע כשאר נשים במוך, שתכניס לאמצע פרוזדור עד קרוב למקום שהשמש דש, ותניחהו שם כל בין השמשות, בשעת הפרשתה לטהרה, וכן תעשה גם באחד מימי הספירה בשחרית או ערבית, וגם תבדוק צד שמאל רחמה, ואף שצד הימין ומקום הטבעת א"י לבדוק, אין בכך כלום, רק תעשה מה שביכולתה לבדוק, בכל המקומות שתוכל להגיע שם, ובשאר ימים די לה בבדיקה קלה).

(**ועי'** בתשובת רבינו עקיבא איגר זצ"ל, שהאריך מאד בענין הנ"ל, והסכים ג"כ להקל לענין החציצה, דאינה חוצצת, וגם הגאון מליסא ז"ל הסכים להיתירא, **אולם** במה שמקיל בתשו' זכרון יוסף הנ"ל, לענין הבדיקה, חולק עליו, מאחר שרבו דעת רבותינו המחמירים, דבעינן דוקא בדיקת חורין וסדקין, ומשמע דאינה בדיקה כלל בלא חו"ס, **אולם** אחת היא שיש בזה לדון ולהקל, די"ל דהא דצריך בדיקת חו"ס, היינו כיון דע"פ הרוב אינה יכולה להכניס העד בעומק עד מקום שהשמש דש ממש, כמ"ש הב"י,

ואף במקום גמר דישת השמש אינו ממש במקור, חיישינן דזב לצדדים לחו"ס, ואינו פוגע בעד, **א"כ** יש תקנה לאחותנו לבדוק בשפופרת ומוך בתוכו - דע"י זה יכולה לדחוק המוך יותר - ולדחוק הרבה המוך עד שיכנס לפנים ממקום שהשמש דש, סמוך לפי האם ממש, דזה הוי הוכחה, דאם המקור זב היה נוטף על המוך, ולא בעי בדיקת חו"ס, **ככה** יהיה בדיקה דפסיקת טהרה ויום א' דז"נ, **וסיים** דיש להקל ע"י בדיקה הנ"ל, באופן אם יסכימו גדולי הדור, **ואף** אם יקילו ביותר שיהיה רק בדיקה דהפסק טהרה כפי הנ"ל, ולסמוך על הרמב"ן דבדיקת שבעה נקיים לא בעי חו"ס, מסכים ג"כ לזה).

סעיף כו - ואם לא בדקה קודם טבילה בין שיניה ולא בית הסתרים שלה, ואחר טבילה נמי לא בדקה עד שנתעסקה בכתמים ובתבשילין, ואחר כך בדקה ומצאה עצם בין שיניה או דבר חוצץ בין סתריה, תלינן לקולא ואמרינן דבתר טבילה עיילי בה – [זה דוקא בבית הסתרים שאין צריך לביאת מים].

ודעת הרוקח אינו כן, וז"ל, מצאתי מעשה באשה שטבלה ונמצא בשר בין שיניה, והצריכוה טבילה אחרת, מההוא עובדא דמייתי פ"ק דקדושין, מעשה בשפחתו של רבי שטבלה ונמצא לה עצם בין שיניה, והצריכה ר' טבילה אחרת, **ואפי'** לא ידעינן מתי נכנס בין שיניה, קודם טבילה או אחר טבילה, הא אמרי' טבל ועלה ונמצא עליו דבר חוצץ, אע"פ שנתעסקה באותו המין כל היום כולו, לא עלתה לה טבילה, עכ"ל, **ויש** להחמיר.

סעיף כז - נתנה שערה בפיה - ולא באו המים בשערה, **או קרצה שפתותיה, או קפצה ידה בענין שלא באו המים בהם, לא עלתה לה טבילה** - (כתב בס' חמודי דניאל, אבל אם קרצה שיניה לא הוי חציצה, ע"כ).

סעיף כח - לא תאחוז בה חברתה בידיה בשעת טבילה, אלא אם כן רפתה ידה כדי שיבואו המים במקום אחיזת ידיה, ואם הדיחה ידיה במים תחלה - ודוקא במי מקוה, אבל לא במים תלושים, כדלעיל סימן ק"כ ס"ב בהג"ה, וכ"מ במרדכי, **שרי, שמשקה טופח** - ע"מ להטפיח, **שעל ידיה חבור למי המקוה.**

במים תחילה – [פי' אפי' במים תלושים, שעכשיו שיתחברו למי מקוה יהיו גם הם כשרים, דמשקה טופח הוא חיבור, **ולא** כמו שכתב רמ"א בסי' ק"כ ס"ב, דוקא במי מקוה, וכמו שהוכחתי שם שלא דק בזה].

[**איתא** במתני' פרק ח' דמקואות, האוחז באדם ובכלים ומטבילן, טמאין, ואם הדיח ידיו במים, טהורים, רבי שמעון אומר ירפה את ידיו כדי שיבואו בהם המים, **ופי'** הרמב"ם והרמב"ן, דת"ק מחמיר טפי מר"ש, דלר"ש סגי בריפוי ידיו, ולת"ק לא סגי, משום גזירה שמא לא ירפה, ע"כ פסק דבעינן הדחת ידיו תחלה דוקא, **ומשמע** לפירושם, דכל שמדיח ידיו תחילה א"צ לריפוי ידיו כלל, אפי' אם מהדקם בכח באדם וכלי הנטבל, אין חשש, כיון שכבר נתלחלחו, *דאי לא תימא הכי, מה מועיל הדחת ידים, דגם אחר ההדחה נגזור שמא יהדקם בכח, **והרשב"א** פי', דר"ש לחומרא קאמר, דהת"ק סבירא ליה דסגי בהדחה לחוד, ור"ש ס"ל כיון שעשוי לדחוק ידיו על האדם והכלי שמטביל, ליכא חיבור אפי' במשקה טופח, **ולא** דמי לרגלי הטובל שעל הקרקע המקוה, דהתם המים מקדימים לרגלים, ועדיין איכא משקה טופח מחובר למקוה, אבל כאן סבר ר"ש, שדרך האוחז בכלים להטבילן, שדוחק ידיו עליהם כדי שלא יפלו מידו, וכן אוחז בחבירו, וימנע מהיות המשקה שעל ידיו חיבור כלל, ות"ק לא חייש לזה כלל, ואיכא משקה טופח חיבור, והלכה כת"ק דאין צריך לרפות, אבל אם מרפה פשיטא דמהני, ומסיק דאפי' לת"ק, מ"מ צריך שלא ידחוק הרבה בכח כשאוחזו לטובלו, כ"כ בת"ה הארוך ובמשמרת הבית שחיבר הרשב"א עצמו, והסכים הטור להרשב"א, וע"כ פסק כאן בשו"ע כמותם, דסגי הן ברפתה הן בהדחת ידיה תחלה, ומו"ח ז"ל תמה על שפסק ‹השו"ע› דלא כרמב"ם ורמב"ן, **ואין** כאן תימה, דכדאי הם הרשב"א והטור שנסמוך עליהם, בפרט במלתא דרבנן, דמן התורה אין חוצץ אלא רובו ומקפיד].

והב"ח פסק כהרמב"ם והרמב"ן, דאפי' ברפתה לא עלתה לה טבילה, גזרה אטו לא רפתה, **ואע"ג** דבעלמא לא גזרינן ברפוי, הכא שאני, דמתוך שהוא בהול ומתפחד פן ישמט מידיו, הוא דוחק את ידיו עליו

שלא במתכוין, ע"כ, **וכ"כ** הרא"ה, דהכא באוחז בחבירו שחבירו נשען עליו, עשוי הוא ומצוי שלא ירפה, ושפיר שייך למגזר, עכ"ל, **מיהו** בה"ג גורס, ר"ש אומר עד שירפה כו', והיינו כפי' הרשב"א דאסיפא פליג ודוק.

[והנה יש עוד מחלוקת בין רמב"ם ורמב"ן לבין הרשב"א, דלהרמב"ם ורמב"ן הוכחתי בסמוך*, דאפי' אם אוחזו בכח אין חוצץ, כל שהדיח ידיו תחילה, **והרשב"א** כתב בפירוש, דאע"פ שהלכה כת"ק, מ"מ לא ידחוק הרבה, אלא יאחזנו כדרך כל האדם, ולא חיישינן שיאחז בכח, **והמרדכי** נראה דס"ל ג"כ הכי, שהרי פסק שאין להניח כלי מלא בדלי שיש בו מים ולהטבילו בבור, דכובדו של כלי עושה חציצה, והיינו כדברי הרשב"א, דהא כובדו של כלי דומה לאדם שאוחז הכלי בכח, **ולפי"ז** מה דפסק כאן בשו"ע כהרשב"א, דמהני רפתה, ואח"כ כתב דמהני אם הדיחה ידיה תחילה אפי' בלא רפתה, **נ"ל** אע"ג דלא רפתה, מ"מ צריך שלא תאחז החברתה בה בכח, דאל"כ לא מהני הדחה תחילה, **אלא דלא חיישינן לזה**, ‹ועיין לקמן סעיף ל', מה דמבואר שם בט"ז, דליכא חשש מה דהוי דיבוק חזק, אלא אם הוא מי תלושין, אבל במי מקוה אפי' בדיבוק חזק מהני, עיין בסד"ט›.

*‹**לענ"ד** אינו מוכח, די"ל דזהו מצוי שלא ירפה מחשש שלא יפלו ממנו, אבל אינו מצוי להדקו הרבה, דבדיבוק בינוני ג"כ לא יפלו מידו, מש"ה לא גזרו שיהדק בכח – רעק"א›.

כתב הדרישה מכאן יש היתר גמור, שבשעה שהאשה טובלת וחברתה דחפה במים, שיכולה לאחזה בידה בשעת דחיפה, אם הדיחה ידיה במים תחלה, וא"צ להפריד ידיה ממנה, ולא כמו שנוהגין נשי דידן שמפרידין ידיהם ממנה בשעת דחיפה, [**וסבורים שאין שום צד היתר שיכולים לאחזה בידים**], עכ"ל, **ולפענ"ד** אין להורות קולא בדברים שנהגו איסור, דהלא במשנה ופוסקים אינו אלא דבדיעבד שרי, אבל לכתחלה מאן לימא לן, **ועוד** דבכמה וכמה דברים מחמירים לענין נדה שלא מן הדין, ואפילו דיעבד, כ"ש הכא, **ועוד** שהרי מהר"ר ישראל ברי"ן חולק ואוסר הכא, אף בהדיחה ידיה, ‹דע"כ הוצרכו הנשים לאוחזה בחוזק ובקפיצת ידים, דאי אפשר כלל לבוא מים במקום אחיזתה – מהרי"ב›, **ואף** המשאת בנימין שחולק עליו, י"ל דמודה לכתחלה, **מיהו** באשה שאינה יכולה לעמוד על רגליה, פסק בתשובת משאת בנימין, דיש לטובלה ע"י שתאחזנה שתי נשים בזרועותיה, וידיחו ידיהם תחילה במים עד שיהא טופח על מנת להטפיח, **אבל** אין לה תקנה שישכיבוה על הסדין ויטבילוה, דסדין מקבל טומאה ואסור.

[**ויפה** כתב הדרישה, שהרי משנה שלימה שנינו, האוחז באדם וכו', ופסקו כן כל הפוסקים, ולא חשו שמא תאחז הרבה בכח, וכ"ש לפירוש רמב"ם ורמב"ן שזכרנו, דאפי' אם היא אוחזת בכח לא מזיק כלום, כל שהדיחה ידיה תחלה].

סעיף כט - הטובל במקוה שאין בו אלא מ' סאה מצומצמין, אם אמר לחבירו: כבוש ידך עלי במקוה, הרי זה מגונה

- דחיישינן שמא יוציאנה קודם שיטבול זה, ונמצא טובל במקוה חסר, שהרי חסרו ממנו המים שטפחו בידו של זה - ב"י.

אבל הריב"ש כ', דהרמב"ם פי', דאפי' במקוה שיש בה יותר ממ' סאה הרי זה מגונה, ומביאו ב"י לקמן, ‹לפי שהקופץ למקוה, וכן באומר לחבירו כבוש ידך כו', אף אם מתכוון לטבול, הרי אנו סוברים שאינו מתכוון אלא להקר, ואם אח"כ נגע בתרומה וקדשים, והם יודעים שהיה טמא, ואהני ליה טבילה כזו בלי כוונה, יהיו סוברים דגם לתרומה וקדשים לא בעי כוונה בטבילה כמו בחולין, ונפק מיניה חורבא לרואים, מש"ה הרי זה מגונה, **וצ"ל** דנ"מ לדידן דאין לנו תרומה וקדשים, דיש לנו קולא, דלהאי טעמא דריב"ש, לא חיישינן שמא יוציאנו קודם שיטבול זה – מחצה"ש›.

סעיף ל' - אינה צריכה להגביה רגליה בשעת טבילתה אם אין שם טיט

- צ"ע, דמשמע בשיש שם טיט צריכה להגביה רגליה, ויכולה לטבול שם, ובסעיף ל"ג פסק, בשיש שם טיט לא תטבול כלל, **ואפשר** דה"נ קאמר, דבאין שם טיט אין צריכה להגביה רגליה, אבל בשיש שם טיט לא תטבול כלל, **ולמאי** דכתבתי לקמן בסעיף ל"ג, דיש חילוק בין טיט לטיט, אתי שפיר.

אעפ"י שדורסת על הרצפה אין כאן חציצה, מפני שהמים מקדימים לרגליה

– [פי' כשהכניסה רגליה לשם, **כבר** קדמו המים ונגעו ברגליה קודם שהגיעו לרצפה, **ואותן המים מחוברין למקוה**, כן כתב ב"י בשם הרא"ש, **משמע** מטעם זה, דדוקא במי מקוה שהם קדמו לרגליה, **אבל** אם היו רגליה לחות כבר

ממים תלושים, לא, דאל"כ היה לו לומר שכבר רגליה לחות, כמו שכתב הטור באמת לשון זה, **ולפי** מה שכתבתי בשם המרדכי לעיל ‹בסכ"ח›, בשיש כובד בכלי הנטבל תוך כלי אחר, לא מהני מה שנתלחלח תחלה במים תלושים, אתי שפיר הכא, דכיון שעומדת על הרצפה, הוה כובד, ונתבטל החיבור שע"י משקה טופח, ע"כ צריך שמי המקוה עצמם יעשו ההכשר, **ולרמב"ם** ורמב"ן דלעיל, דאפי' באוחז בכח אינו חוצץ, כל שהדיח ידיו תחילה, צ"ל דהכא שנקט הטעם מפני שהמים מקדימים, לאו דוקא מי מקוה, אלא ה"ה שאר מים, ומש"ה לא כתב הטור רק כיון שמלוחלחות, ולא נקט כיון שמי מקוה מקדימים לה, דהוא סבירא ליה בזה כרמב"ם ורמב"ן].

סעיף לא - אין טובלין בכלים. לפיכך אם היה טיט במקום שטובלת, לא תעמוד על גבי כלי עץ שמקבלין טומאה מגבן - אפי' רחב וקבוע בענין שאין לחוש שמא תפול ממנה, **ולא על גבי נסרים שראויים למדרסות, ולא על שום כלי הראוי למדרס, ותטבול, משום גזירת מרחצאות של כלים.**

[בגמר' איתא, אמר רבא אשה לא תעמוד על גבי כלי חרס ותטבול, סבר רב כהנא למימר, טעמא מאי משום גזירת מרחצאות, פי' שדרך מרחצאות שלהם לישב ע"ג אצטבאות של אדמה דדמי לכלי חרס, ואתי למימר טבילה עולה בהם, הא ע"ג סילתא שפיר דמי, כלומר ע"ג בקעת עבה, א"ל רב חנן מנהרדעא, התם טעמא משום דבעיתא שלא תפול, ולא טבלה שפיר, סילתא נמי בעיתא, **וכתב** ב"י בשם הראב"ד, דאף לפי המסקנא נשאר קיים הטעם דגזירת מרחצאות, מכח המשנה דאיתא: לא יטביל על הספסל, ושם א"א לומר הטעם משום ביעתותא, דהא בכלים מיירי התם, ע"כ כתב דההיא משנה אסרה ג"כ משום גזירת מרחצאות, והיינו כל מידי דיש עליה שם כלי, אפי' פשוטי כלי עץ, אסור לטבול על גבו, כיון דבר קיבולי טומאה ‹מדרס› הוא, רק ע"ג כלי חרס דאין שם קבלת טומאה כלל, כיון שאין מטמא רק מאוירא, וכן סילתא שהיא בקעת עץ, היה לנו להתיר, בא רבא ואמר, גם באלה לא תטבול משום ביעתותא].

[ונקט נסרים הראויין למדרס, כי טומאת מדרס אינה שייכא אלא בחישב עליה שתהיה למדרס, ולפעמים צריך אפי' למעשה, כדאיתא ברמב"ם: נסרים של בית המרחץ ששגמן, אינם מקבלין טומאה שאינן עשויין לישיבה כו', א"כ כ"ש סתם נסרים שמוכרין לבנין, ודאי לא מטמאים מדרס, **אלא** דס"ל להראב"ד, כיון שראויין לטומאת מדרס אם היו מיוחדין לכך לעשות מהם ספסל או כיוצא בו, יש לחוש להרואה שיטעה, ויאמר בכל נסרים הדין כך, אע"פ שייחדום כבר לישיבה ויש בהם טומאת מדרס, ומכח זה יטבול במרחצאות, זהו כוונת הראב"ד שכתב נסרים הראויין למדרס, וכן כתב הרשב"א וב"י מביאו].

עברה וטבלה, לא עלתה לה טבילה. אבל נותנת היא חבילי זמורות תחת רגליה, מפני הטיט.

וכן לא תעמוד על גבי כלי חרס ולא על גבי בקעת ותטבול; ואף על פי שאין כלי חרס מטמא מגבו ולא ראוי למדרס, חשש חכמים הוא שמא תפחד שלא תפול ולא תטבול כראוי. עברה וטבלה על גבי אלו, עלתה לה טבילה – [ונ"מ בין גזירת מרחצאות לביעתותא, דכל שאסור מטעם גזירת מרחץ אסור אפי' דיעבד, שהרואה יטעה לומר שיש היתר לטבול במרחץ, **משא"כ** לטעם ביעתותא, הכל יודעים שצריכה לטבול שפיר, אלא שיש לחוש לשוגג, שמא תפחד ולא תטבול שפיר, בזה לא אסרו דיעבד, כנ"ל טעם נפקותא זה].

והב"ח חלק על זה, דאין נראה להקל, כיון דלפרש"י ותוספות לא עלתה לה טבילה אפילו בכ"ח מגזרה דמרחצאות כו', **ודבריו** תמוהין לי, דרש"י ותוס' לא כתבו כן אלא בדס"ד דרב כהנא, אבל למסקנא משמע בש"ס דליכא גזירה דמרחצאות בכ"ח, **ותו** די"ל דאף גזרה דמרחצאות אינו אלא לכתחלה, וכמש"ל סימן ר"א ס"ק ל"ז לדעת הרא"ש וטור, **ואפילו** להפוסקים דסברי דאפי' בדיעבד שייכא גזרה דמרחצאות, היינו בכלי שמקבל טומאה, אבל בכלי חרס י"ל דאפילו בס"ד דש"ס לא הוי מיתסר אלא לכתחלה.

ולפי זה - אלעיל "ולא ע"ג נסרים כו'" קאי, **מקוה שיש בו שליבות (פי' מדרגות) של עץ, אם טבלה על גבי השליבות, (הגה: אפילו אם הם מחוברים לכותלי המקוה), לא עלתה לה טבילה, דפשוטי כלי עץ הם, וצריך לעשות במקומן מדרגה של אבנים, ותהיה המדרגה רחבה ד', מקום הנחת הרגל, כדי שיהא בה שיעור מקום לבל תפחד ליפול ממנה.**

בעט"ז האריך מאד, והתרעם על המקואות שבמדינות אלו, שעושין נסרים למטה ומדרגות לעמוד עליהן בשעת טבילה, ע"ש, וכבר מחו ליה מאה עוכלי בעוכלי, במעדני מלך והגהת דרישה והב"ח ובעל מגדול דוד, **וכבר** האריך בזה מהר"מ פאדוא"ה בתשו', והעלה טעם ההיתר, משום דפשוטי כלי עץ להרבה פוסקים אינו מקבל טומאה אפילו מדרבנן, **ואפילו** הרשב"א והמחבר לא מיירי, אלא כשהיה סולם זה בשליבות קודם שקבעוה במקוה, דהיה עליה שם כלי מתחלה ואח"כ קבעוה במקוה, **אבל** אם מתחלה עשו במקוה נסרים או מדרגות לעמוד עליהן בשעת טבילה, אין שם כלי עליהם אלא שם בנין נקרא עליהם, ומותר לטבול עליהן, וכן כתב הב"ח והמ"ד ע"ש שהאריכו בזה, **גם** בתשובות שארית יוסף כתב, דהרשב"א והמחבר מיירי בנסרים ושליבות העשויים למדרס, אבל כשלא נעשו רק לעמוד עליהם במים ולטבול, אינם ראויים לטמא מדרס, ולכן מותר לעמוד שם בשעת טבילה, ע"כ, **וכן** נ"ל מוכרח דעת המחבר מיניה וביה, שכתב בסעיף שאח"ז, אם אין להם לבזבזין מותרת לעמוד עליו, ומה בכך שאין להם לבזבזין, הלא הרא"ש בתשו' לא כתב, אלא כיון דאין להם לבזבזין והוי פשוטי כלי עץ דלא מקבלי טומאה, מותר, ומביאו ב"י, ואם איתא, אם כן גם בסילונות אע"ג שאין להם לבזבזין ליתסר, **אלא** ודאי כדאמרן, ולזה מותר בסילונות, לפי שלא היה עליהם שם כלי מתחלה, שהרי אינו ראוי למדרס, רק פשוטי כלי עץ לצורך המקוה, **וכן** כ' בב"ה וז"ל, ונראה דאפי' להראב"ד והרשב"א דפסלי בפשוטי כלי עץ שקבען בקרקע, התם בנסרים וכיוצא בהן שראויים למדרס, אבל סילונות אינן ראויים למדרס שרי, עכ"ל, **ולפ"ז** מה שכתב המחבר כאן, לא עלתה להן טבילה דפשוטי כלי עץ הם, ר"ל דפשוטי כלים הם קודם שנקבעו במקוה, ודוק.

[בתשו' מוהר"ר מאיר מפדווא"ה, שאל ממנו מוהר"ר דוד ויט"ל, על מה עושין כן, והשיב לו בארוכה, ועיקר בניינו, דהנסרים שלנו במקוה אינם חשובים מיוחדים למדרס, הואיל והן עשויין לעמוד עליהן לטבול, כי אדרבה בזה יוצאין מתורת כלי וחשובין כתקרת הבית, ובפרט מאחר שנקבעו במסמרות, כיון שלא היה שם כלי עליהם, **ועוד נראה**, כיון שהנסרים אלו נתונים על קורות ומים צפים עליהם, הוי כבנין, וא"כ אפי' היו כבר כלים מדאורייתא, אפ"ה בטלים עתה, **ודבריו** תמוהים מאד, דבגמר' לא אמרינן דבטל גזירת מרחצאות אלא בסילתא שהיא בקעת עץ, ולא בעץ אפי' פשוטי כלי עץ, וזו היא עיקר דיוקו של הראב"ד, שלמד מזה לכל דבר שראוי לקבלת טומאה, **ותו** דמה זכות למד בזה, שלא היה עליו שם כלי תחלה, מ"מ הרואה יטעה וכמו שכתבתי לעיל, דמש"ה כתב הראב"ד הראויה למדרס, **והיותר** תמוה, דכתב אפי' היה עליו שם כלי תחלה, נתבטל מכח שהמים צפים עליו והוי בנין, דדבר פשוט דאפי' בבנין גמור, אין בנין מבטל כלי, כדאיתא בצינור שחקקו ולבסוף קבעו, דפוסל המקוה, והוא עצמו כ"כ לעיל מיניה בההיא תשובה, ואיך שכחו בכדי דיבור].

האריך לתמוה על מהר"מ פדואה, ולא קשה מידי, דאע"ג דאפי' פשוטי כלי עץ אסור, היינו כשראוי למדרס קודם קביעתו במקוה, **ומה** שכתב דמ"מ הרואה יטעה, יש לומר דכיון דאין שם כלי עליו מתחילה, לא יטעה, **ומה** שהקשה מצינור שחקקו, י"ל דהכא כיון שהכל הוא כבנין, אין שם כלי עליו, וכן משמע להדיא בתשו' מהר"מ פדואה - נקה"כ.

[**עוד** למד זכות, דאנן סבירא לן כאותן הסוברים דפשוטי כלי עץ אין מקבלין טומאת מדרס, **זהו** טעם נכון כמו שיתבאר, אבל לא כשיטת הראב"ד, דהוא כתב בפירוש אפי' בפשוטי כלי עץ, ודייק לה מדנקט סילתא דוקא, **ובאמת** אין להתלונן על ר"מ בתשו' ההיא, כי הוא לא ראה דברי הראב"ד והרשב"א האלו, כמש"כ שם הוא בעצמו].

[**ומו"ח** ז"ל כתב, שכל דברי מהר"מ פדוא"ה הללו הם אמת, **ומהתימא** עליו, שכתב הוא שעיקר ההיתר במה שנקבעו הנסרים במסמרות, אבל אם לא נקבעו אסור, **והא** מהר"מ כתב בפי', להתיר אפי' באינם קבועים,

שכתב שהמים עושים אותן קבועים, **גם** מהר"י כ"ץ מקראקא עסק בהיתר זה, מטעם דהוי כלי העשוי לנחת, פי' שלא להשתמש בו, רק יהא מונח, ואינו מקבל טומאה, וה"נ הויין הנך נסרים, ולדידיה גם כן יש היתר אפי' אם אין קבועים במסמרות, **ועליו** יש יותר להפליא, דודאי קבלת טומאת מגע אין בכלי העשוי לנחת, אבל טומאת מדרס יש בהם, כמו שהבאתי בשם הרמב"ם בנסרים של בית המרחץ, דאי היו מיוחדים לישיבה ודאי מטמאים מדרס].

[**כלל** הדברים לא שקטה דעתי בשום היתר לנסרים שבמקוה לפי דעת הראב"ד והרשב"א דלעיל, ויפה תמה בעל הלבוש לפי כל זה, **אלא** דנ"ל מצד אחר שהיתר ברור יש לנו, דהיינו ששאר פוסקים לא ס"ל כהראב"ד בזה, אלא ס"ל דבגמר' דלעיל דאמרו משום גזירת מרחצאות לרבא, אין איסור כלל מחמת קבלת טומאה, אלא האיסור משום טעמים אחרים, מה דלא שייך בנסרים אלו, **וזה** מוכח מדברי רבינו שמשון, דהוקשה לו מתני' דמעיין שהעבירו ע"ג השוקת, פי' כלי של אבן שקבע שם, דפוסל, דלמה יגרע מכלי הנטבל בתוך כלי במקוה, אם יש בחיצון פה כשפופרת הנוד, **וניחא** ליה, דיש חילוק בין כלים תלושים דכשר לטבול בהם כשמחוברים למקוה, ובין כלים הקבועים שהמעין נגרר עליהם, דלמא אתי בהו לידי תקלה, דפעמים שקובעים אותם במקום מוצא המים, ואין שם כשפופרת הנוד, ונמצאו כל המים העוברים עליהם פסולים, **ויתכן** דהיינו נמי טעמא דמתני', דלא יטביל ע"ג ספסל, והיינו נמי טעמא דגזירת מרחצאות דלעיל, דמיירי בחרס הקבוע לעמוד שם מפני הטיט, ואסורהו מטעמא דפרישית, עד כאן דבריו בקיצור, **והרא"ש** כתב על דברי הר"ש, דלא קשה מידי, דהא דמטבילין אפי' בכלי עצמו לא דמי, דהתם הכלי הפנימי עצמו הוא נטבל תוך המקוה, כיון דפי החיצון כשפופרת, אבל כלי המחובר למעין אין להטביל בתוכו, דלמא אתי להטביל בכלי של מ' סאה בלא חבור, ע"כ, **וצריך** להבין דעת הרא"ש בחילוק זה, ונראה שדעתו, דבכלי תוך כלי שנטבל הכל במקוה, אין שייך לגזור שמא יטבול בכלי בלא חיבור, כיון שטובל אלו שני הכלים תוך מי מקוה כשרה, ולא נמשך טעות מזה, **משא"כ** במעיין שנמשך על השוקת, שהשוקת המים נמשכים דרך עליו תמיד, ולפעמים נפסק החיבור של מעיין או מקוה ממנו, ויטעה הטועה לטבול בו גם בעת ההיא, **וכתב** ב"י שהרא"ש חולק על הר"ש, דלהרא"ש אפי' בתלושים לא יטבול].

[**ומ"מ** הביא הרא"ש בתשובה, דסילון המחובר בקרקעית המקוה, פי' הר"ש דהגזירה משום דלפעמים יהיו במקום מוצא המעין וכו', וכתב דבסילון אין שייך גזירה זו, ועוד דסתם סילון העשוי למים אין בו לבזבזין, והוה פשוטי כלי עץ דלא מקבלי טומאה, ואינם פוסלים בשאיבה, **ונראה** ביאור דבריו, חדא דבסילון אין שייך גזירה שמא יעשה במקום מוצא המעין ולא יהיה בו כשפופרת הנוד, דהא כל סילון יש בו כשפופרת הנוד, **ועוד** דלא גזרינן שמא יעשנו במקום המעין, אלא בכלי גמור דטהרתו תלוי בנקב כשפופרת, משא"כ בפשוטי כלי עץ שאין מקבל טומאה, ע"כ אין חשש שיפסול אם יעשנו במקום מוצא המים, **והנה** הנך נסרים שבמקוה שלנו, ברור הוא שאינם גרועים כלל מהך סילון, וכי היכא דבסילון ליתא לגזירה של הר"ש כמו שאמרנו, ה"נ בהנך נסרים, וכן לטעם הרא"ש שאסר אפי' בתלושין, שמא יטביל בהם בלא חיבור, זה אינו שייך אלא בשוקת, שאפשר לטבול בו בלא חיבור למעיין, שאפשר שנשאר בו מים, משא"כ בנסרים וסילון, דאם אין שם חיבור למעין, אין שם מעין, כן נראה לענ"ד ברור, **וכ"ש** לפי מה שכתב ב"י במסקנתו, על מה שכתב הטור "וא"א הרא"ש לא חילק", דכוונתו להרא"ש לא אכפת לן בקבלת טומאה, אלא משום פחד לחוד, פשיטא שאין חשש בנסרים, **וכל** זה שכתבתי בהיתר הנסרים, שייך ג"כ לשליבות של עץ במקוה שיש בכל מדינותינו, דזכרון אחד עולה לכאן ולכאן, **ומצאתי** כתוב למהר"ל מפראג לשון זה, דמדרגות של עץ מותרים, דכיון דהטעם משום גזירה שמא יסמוך הספסל למקום המעין, והמדרגות אין עשויין למעברות המים, ע"כ, היינו כמו שכתבתי, **וע"כ** לפי המנהג ודאי לא קיימא לן בהך סעיף כשו"ע שפסק כהראב"ד, דתלה הכל בקבלת טומאה, וכלל בו גם פשוטי כלי עץ וכל הראוי למדרס, אלא כרבינו שמשון והרא"ש, דלדידהו היתר גמור בהנך נסרים, והויין ממש כסילון המחובר בקרקע המקוה, ומאן דפוסל בנסרים יפסול ג"כ בסילון, דהא גם הוא פשוטי כלי עץ, ובאמת שניהם כשרים בלי ספק, **ואף** אם הנסרים מונחים בלי קביעות מסמרות, הכל מותר, כפסק מהר"מ מפאדווה ומהר"י

כ"ץ, **אך לא מטעמייהו אלא כדאמרן**], **ונמצא** לפי הט"ז, דהשו"ע פסק כאן כראב"ד, ובסל"ב פסק כר"ש ורא"ש, עיין בשיעורי שבה"ל).

וההיתר שהמציא הוא, רמזתיו בקצרה בש"ך, במה דכתבתי שם "ועיין בס"ק שאחר זה יש עוד צד היתר" - נקה"כ.

ומהר"מ מלובלין כ', דודאי אין לשנות המנהג שלא להוציא לעז על הראשונים, ואעפ"כ בכל זמן שמזדמן לידי, שמתקנים איזה מקוה או בונים חדשה, אני מצוה תמיד לתקנה בדברים שאינם ראויים למדרס, כדי שתהא כשרה אליבא דכ"ע, עכ"ל.

(**ועס"ט** שכתב, דבמקום שאין אבנים מצויין, אפשר לתקן בנסרים שאין כל אחד רחב כ"כ שיהא ראוי למדרס הרגל, כ"א ע"י חיבור הרבה נסרים, ואז לא הוי ראוי למדרס קודם שחיברו למקוה כו').

(**ועי'** חת"ס, אודות שבקרקע המקוה העשוי מבנין לבינים, נתנו עליו נסרים עבים, כדי שלא יזובו המים בין הלבינים ויבלעו בו, והנסרים משולבות אשה אל אחותה ע"י ברזלים, **וצוה** המורה לעשות בהם נקבים כשפופרת הנוד, כדי לצאת דברי האמור בשו"ע ומהר"ם לובלין, **והוא** ז"ל כתב לו דאינו נכון, ואם בא לחוש לחומרת מהר"ם מלובלין, מה הועיל בעשותו נקבים, וכי מפני זה אינם ראוים למדרס, הנקבים מועילים לבטל מתורת כלי קיבול, אבל לא לבטל מתורת מדרס, **ואדרבה** מגרע גרעי השתא, שהרי מכיון שמונחים על רצפת אבנים, הרי הנקבים עשוים לקבלה, וה"ל כלי קיבול ממש - לע"ד אינו מובן לפמ"ש הוא ז"ל עצמו - **ועוד** דאיכא למיחש שהמים שנכנסים לתוך הנקבים, ונמשכים למטה בין הנסרים ולבינים, ואולי יעשו עי"ז כזוחלין, ויפסלו המקוה כולו מדינא, כמבואר בש"ע סי' ר"א ס"נ - וגם זה אינו מובן קצת, עי' בש"ע שם סנ"א, ואפשר לישב - **ועוד** אני תמה, אם בא לחוש לחומרת מהר"ם מלובלין, איך יקבע בו ברזלים, והם מקבלים טומאה, ועי"ז גם העץ מקבל טומאה, מפני שהברזל מעמיד אותם כו' - גם ע"ז קשה ממ"ש הוא ז"ל עצמו בסי' ר"ו - **לכן** נ"ל דודאי הרוצה לחוש לחומרא הנ"ל, יעשה רצפת אבנים בלא נסרים כלל וכלל, והמקיל לא הפסיד אפי' עם הברזלים, מטעם כיון שעשויים מתחלה לשם בנין, **אבל** עכ"פ יש לסתום הנקבים שצוה לעשות בהם, משום חשש זחילה, שהוא חשש דאורייתא, עכ"ד).

(**ועי'** בתשו' נודע ביהודה, במקוה שהיתה עמוקה והנשים מתפחדות לירד שם לטבול, ולקחו כסא והעמידו לתוך המקוה וקשרוהו בחבלים, כדי שיעמדו על הכסא בשעה שטובלת, **יש** לגעור בהם, ואף דע"פ סברא אחת שנשען הט"ז לענין היתר נסרים, יש למצוא היתר גם בזה, מ"מ הבו דלא לוסיף, דשם יש כמה סברות להתיר, משא"כ ספסל, דמפורש במשנה פ"ה דמקואות לאיסור, לא נסמוך על סברא חיצונה להתיר).

(**עי'** בתשו' אא"ז פנים מאירות, שנשאל אם מותר לחבר טסין של נחושת בקרקעית המקוה ובכתלים, כדי שיחזיקו מימיו, **והשיב** להתיר, לפי דהני טסין לא מקבלי טומאה קודם שנתחברו למקוה, דה"ל כגולמי כלי מתכות).

סעיף לב - סילון של עץ הקבוע בקרקעית הטבילה

- שמשם זוחלין המים לחוץ, **אם אין לו לבזבז, (פירוש מסגרת, שאז אין לו בית קבול), מותרת לעמוד עליו ולטבול** – [**וטעם היתר בזה, לפי שאין שם פחד, לפי שקבוע היא בקרקע, וג"כ אין שם כלי עליה לפסול בשאיבה, דאין לו לבזבז ואינו מקבל מים, ע"כ לא הוה רק פשוטי כלי עץ, וכמו שכתבתי בסמוך**].

הטור לא הזכיר תנאי זה, (מה שאין לו לבזבז), והיינו משום דסבירא ליה, דהרא"ש בתשובה שם התיר מתרי טעמי, **חדא** דל"ד למעיין שהעביר ע"ג ספסל, דהתם מיירי שהעביר המעיין למקוה ע"ג הספסל, ופירש ר"ש שגזרו בכלים הקבועים כו', עד והך גזרה לא שייכא הכא, **ועוד** דסתם סילונות אין להם לבזבזין כו', עכ"ל, **וס"ל** לטור דשנויא קמא עיקר, כדמשמע פשט לשונו, ושנויא בתרא לא כתבו אלא לרווחא דמילתא, ולכך אפי' יש להן לבזבזין שרי, **מיהו** היינו דוקא לשיטת ר"ש והרא"ש, אבל הראב"ד והרשב"א והר"ן, שאסרו אפילו בכלים תלושים שנתנום למקוה, א"כ לא שרי הכא מטעמא קמא, ולזה התיר המחבר מטעם שאין לו לבזבזין. (**ועיין** לעיל בש"ך בסל"א, דמביא לשון הב"ה, דמחלק אליבא דהראב"ד בין נסרים לסילון).

סעיף לג - לא תטבול במקום שיש בקרקעיתו טיט, משום חציצה

– [הטור כ' ע"ז, ולא נהירא, וטעמו משום הקושיא שהקשה הרא"ש

שהביא ב"י, דמ"ש ממתני', דהמטביל המטה במים, אע"פ שרגליה שוקעות בטיט, טהורה, מפני שהמים מקדימין, והביא ב"י בשם הר"ן תירוץ אחד, דשאני רגלי אדם, שיש יותר חשש בין אצבעותיו דנדבק שם].

אלא אם כן תתן עליו זמורות וכיוצא בהם, דבר שאינו מקבל שום טומאה - [וה"ה לדידן בנסרים, כמו שכתבתי בסמוך].

ואם טבלה, י"א שלא עלתה לה טבילה (ראב"ד ורש"י, אבל רוב הפוסקים מתירין) - ואע"ג דלעיל סי"ד פסק, דאינו חוצץ אלא טיט היון ויוצרים ודרכים, ושאר כל הטיט כשהוא לח אינו חוצץ, שהרי הוא נמחה במים, י"ל דהכא נמי מיירי במקוה שיש טיט עבה כמו טיט היון, וכ"כ ב"י לדעת רש"י, **ואפשר** ע"ז סמכו עכשיו וטובלין במקום שיש טיט, משום דסתם טיט אינו כמו טיט היון, **וגם** רוב הפוסקים מתירים לטבול בנמל, דהיינו במקום טיט, כדאיתא בטור ופוסקים, ‹דמפרשי הסוגיא כפירוש ר"ת, דלא תטבול בנמל, מפני שרוב בני אדם מצויין שם והיא בושה, וכסל"ד - מה"ש›.

(**ומ"מ** צריכה להגביה רגליה בשעת טבילה, כדמשמע בש"ך בסעיף ל' - דגמ"ר, **וכתב** דמה"ט אם יש מקוה אחרת, אין לטבול במקוה שיש רפש וטיט, אף שאינו כמו טיט היון, כיון שעכ"פ צריכה בשעת טבילה להזדקר, לקפוץ באויר בעודה תחת המים, קרוב לודאי שאין הנשים נזהרות בזה).

סעיף לד - לא תטבול במקום שיש חשש שיראוה בני אדם, מפני שמתוך כך ממהרת לטבול ואינה מדקדקת בטבילה; ומיהו בדיעבד, עלתה לה טבילה - ‹שאם היא יודעת בעצמה שטבלה כהוגן, טבילתה כשרה בדיעבד, ולא חיישינן דילמא אגב בעיתותא לא טבלה שפיר ולאו אדעתה - ב"י›.

סעיף לה - לא תטבול בקומה זקופה, מפני שיש מקומות שמסתתרים בה; ולא תשחה הרבה עד שידבקו סתריה זה בזה, אלא שוחה מעט עד שיהיו סתרי בית הערוה נראים כדרך שנראים בשעה שהיא עורכת; ויהיה תחת דדיה נראה כדרך שנראה בשעה שמניקה את בנה; ויהיה תחת בית השחי נראה כדרך שנראה כשאורגת בעומדין - [כן הוא בגמר', אבל הטור כתב כמוסקת זיתים, ותמה ב"י, למה שינה מלשון הגמר', דמוסק זיתים אמר בגמר' אצל איש, ותירץ מה שתירץ, ונ"ל דהטור נסתפק לו, כיון דאיתא אצל נגעים כאורגת ביד ימינה, אם דוקא לימין בעינן שיעור, ולשמאל לא כלום, או אורחא דמלתא נקט, ע"כ נקט שיעורא דפסיקא ליה גבי איש, וה"נ באשה].

ואינה צריכה להרחיק ירכותיה זו מזו יותר מדאי, וגם לא להרחיק זרועותיה מהגוף יותר מדאי, אלא כדרך שהם בעת הילוכה - דבכל אלו שיערו חז"ל, כשעושה כן יכולים המים לבא בכל מקומות גופה הגלויים הצריכים לביאת מים, ושאר מקומות נקראו בית הסתרים שאין צריכין לביאת מים, אלא בעינן שיהו ראויים לביאת מים.

[**בב"י** הקשה, הא כבר נתן שיעור אחר, דהיינו עורכת כו',

ונ"ל דהטור נגרר אחר לשון הגמר', שאמר ר"ל, לא תטבול אלא דרך גדילתה, פי' הילוכה, כדתנן האיש נראה כעודר ומוסק זיתים כו', והיינו דלענין נגעים אמרינן שיעור ההוא לענין ראיית כהן, ה"נ לענין טבילה, **אלא** דכיון דלאו כל אדם בקי בהנך שיעורים היאך הם, נתן שיעור שישער כל אדם בעצמו, היאך מרוחקים איבריו קצת כדרך הלוכו, ואידי ואידי חד שיעורא, וכן נמי דעת הטור, שאחר שכתב השיעור הנזכר בגמר', אמר שכיון שאין כל אדם יוכל לשער כזה, יטעה לומר שצריך להרחיב הירכים הרבה, וכן הרחקת הידים מן הגוף יהיה הרבה, כדי שיצא מידי הספק, לזה אמר שא"צ, אלא תשער כפי שרגילה בשעת הילוכה, ומו"ח ז"ל פי', שבנשים שחצניות מיירי, שמגביהין ידיהן על צדיהן, ודרך רחוקה היא, שיתן התלמוד והפוסקי' שיעורא על פי הנשים כאלה, שזה דרך בנות ציון שגינה הכתוב].

ואם שינתה, כגון ששחתה ביותר או זקפה ביותר, עלתה לה טבילה - צ"ע, דזה וכן הא דעצמה עיניה ביותר לקמן סל"ט, די"א דעלתה לה טבילה, אינו אלא למאן דגריס בש"ס ולית הלכתא ככל הני שמעתתא כו', **אבל** המחבר ע"כ לא ס"ל הכי, שהרי

פסק לעיל ס"ח גבי כחול, וסעיף ט' גבי דם שבמכה, שחוצץ, וזה אינו אלא למאן דלא גרס הכי בש"ס, דהא בהא תליא, וכדמוכח בכל הפוסקים ובב"י ע"ש, וצל"ע.

ויש מי שאומר שלא עלתה – [ק"ל למה יפסול בדיעבד, מ"ש מסעיף ל' דאמרינן מפני שהמים מקדימין, הכי נמי נימא הכא, דהא הקדימו המים לאותן קמטין, קודם שנדבקו ע"י הזקיפה או השחי' הרבה, **ויותר** קשה לפי דעת הטור, שאפי' בטיט שברגליה אינו חושש, כמו שזכרתי לעיל סל"ג, **וי"ל** דהכא יש חשש שידבקו הקמטים שהם בגוף למעלה מן המים, נמצא שבביאתה למים כבר הם מדובקים, **ולפי"ז** אם הכניסה עצמה עד צוארה במים תחילה, הוה טבילה בדיעבד בכל גוונא, **ונ"ל** שנכון לכל אשה שתעשה כן, שעכ"פ יש בזה צד מעליותא, אם תשחה הרבה ולאו אדעתה].

לא קשה מידי, דהתם פי' כמו שכתב הרא"ש וז"ל, מפני שהמים מקדמים, כלומר דכשתחבה רגליה בטיט, כבר קדמו המים ונגעו ברגליה קודם שהגיע לטיט, ואותן המים מחוברים למקוה כו'. והלכך לא הוי חציצה, דמ"מ המים שברגליה מחוברים למקוה, שהרי רגליה נוגעות בקרקעית המקוה, **אבל** הכא ע"י הקמטין, לא יהיו המים שבתוך הקמטין מחוברים למקוה כלל - נקה"כ.

סעיף לו - צריך שיהיה המקוה גבוה ממעל לטיבורה זרת, לפחות - (עי' באר הגולה שכתב, שהוא חצי אמה של ו' טפחים, **ועי'** בספר לבושי שרד שכתב, דזה אינו ברור כ"כ, כי מבואר בירושלמי דיש שני מיני זרת כו', **לכן** בעת תיקון המקוה ראוי לדקדק שיהא דוקא י"ב גודלין, שהוא חצי אמה, ואח"כ בהזדמן שמתמעטין המים, לא יפחות עכ"פ מי' גודלין, **וכתב** עוד, דראוי לכל מורה להשגיח ע"ז, כי לדעת הש"ך בסעיף ל"ה, יש בזה חשש פסול דיעבד, ע"כ ראוי שיתן לאשה העומדת על הנשים בעת טבילה, מדה של עשרה גודלין, למען תדע ליזהר בדבר, ויזהירנה שאם לא יהיה כ"כ ממעל לטבורה של הטובלת, לא תטבול, אא"כ תוכל לשכב לארץ בתוך המים כמו דף, לא שתקפל קצתה על קצתה, ויהיו המים עולין למעלה מכל גופה, **וגם** בכל דיני הטבילה, החיוב מוטל על כל מורה, להזהיר תמיד להאשה העומדת על הטבילה, ולא יסמוך במה שהזהירה פ"א, רק יהיה רגיל בכך).

סעיף לז - יש מי שאומר שאעפ"י שאין בגובה מי המקוה לעלות בהם כל גופה אלא אם כן פניה וגופה כבושים בקרקע, שפיר דמי - לשון בה"ג, ובדלא נפישי מיא למירמי בהו איתתא כולה קומתה, מיגנדרא כביניתא ושפיר דמי, וכן כתבו שאר פוסקים.

(וע"ל סימן ר"א בדיני מקוה).

סעיף לח - אינה צריכה לפתוח פיה כדי שיכנסו בה המים, ולא תקפוץ אותה יותר מדאי; ואם קפצה, לא עלתה לה טבילה, אלא תשיק שפתותיה זו לזו דיבוק בינוני.

סעיף לט - לא תעצים עיניה ביותר, ולא תפתחם ביותר, ואם עשתה כן י"א שלא עלתה לה טבילה - במעדני מלך תמה, מ"ש מקפצה פיה, דסתם וכתב דלא עלתה לה טבילה, **ולא** קשה מידי, דאפי' מאן דפליג כאן, מודה בקרצה שפתותיה, דמתני' היא, וכדאיתא בכל הפוסקי', **והחילוק** כתב הר"ן וז"ל, מ"ש מקרצה שפתותיה דתנן כאילו לא טבלה, י"ל דכי עצמה עיניה לא מעכבי קמטים כולי האי, שיהיו מעכבים מלבא בהן מים, עכ"ל, **וכ"כ** הרא"ה, ועצמה עיניה ביותר או פתחה ביותר אין לחוש לה, אלא בקריצת שפתיה לבד, עכ"ל, וכן מבואר בשאר פוסקים.

סעיף מ - צריך לעמוד על גבה יהודית גדולה יותר מי"ב שנה ויום אחד בשעה שהיא טובלת, שתראה שלא ישאר משער ראשה צף על פני המים; ואם אין לה מי שתעמוד על גבה, או שהוא בלילה, תכרוך שערה על ראשה בחוטי שער שאינם חוצצים, או בחוטי צמר או ברצועה שבראשה, ובלבד שתרפם, או בשרשרות של חוטים חלולות - עשויים מעשה רשת, כדלעיל סעיף ג', **או קושרת בגד רפוי על שערותיה.**

(**עיין** בתשו' רבינו עקיבא איגר, דאם לא עשתה תיקון זה, וטבלה בינה לבין עצמה, לא עלתה הטבילה).

סעיף מא - המפשלת בנה לאחוריה כשהיא ערומה, וטבלה, לא עלתה לה טבילה, שמא היה טיט ברגלי התינוק או בידיו, ונדבק באמו וחצץ בשעת טבילה, ואחר שעלתה נפל - והב"ח פסק דעלתה לה טבילה. ‹**וע"ל** סי' קצט סי"ג›.

איתא בש"ס, נתנה תבשיל לבנה, לא עלתה לה טבילה.

סעיף מב - נכנסו צרורות וקסמים בסדקי רגליה מלמטה, חוצצים - דאע"ג דבית הסתרים א"צ ביאת מים, ראוי לביאת מים בעינן.

סעיף מג - אספלנית מלוגמא ורטיה שעל בית הסתרים, חוצצין; אף על פי שאינם צריכים שיכנסו בהם המים, צריכים שיהיו ראוים ולא יהא בהם דבר חוצץ.

הגה: יש אומרים שהאשה צריכה להטיל מים קודם טבילה אם היא צריכה לכך. גם צריכה לבדוק עצמה בגדולים ובקטנים, שלא תהא צריכה לעצור עצמה ולא יהיו ראוים לביאת מים, גם צריכה להסיר צואת החוטם - מיהו כל זה אינו מעכב בדיעבד, וכן משמע בב"ח.

‹**לפלוף** יבש שבתוך החוטם, לא ניתנה תורה למלאכי השרת, ומה שהוא בחלל הגוף, אפי' ראוי לביאת מים לא בעיא, אלא במקום שדרכו להיות מתגלה לפעמים, כגון תוך עין ובית הסתרים וקמטים, **ונכון** ליזהר מאד על שפת החוטם בפנים, שלא יהיה בו לפלוף יבש, אבל בחלל הפנימי, פשיטא שאינו מעכב, **והמחמיר** לא הקפיד אלא בצואת החוטם, ואין צואה אלא יוצאה קצת, לאפוקי הדבוקה בגובה החוטם, או בחללו בפנים, שאינה יוצאת עדיין, ע"כ לשון תשובת מנחם עזריה – רעק"א בס"ז›.

סעיף מד - היתה בו שערה אחת או שתים חוץ למכה ראשה מודבק למכה, או שהיו שתי שערות ראשם מודבק בטיט או בצואה, או שהיו שתי שערות בריסי עיניו מלמטה ונקבן והוציאן בריסי עיניו מלמעלה – [בלבוש העתיק, "ונקבו ויצאו", וזה נכון יותר, ופי', שהשערות נקבו ויצאו דרך אותו נקב למעלה].

וכן אם היו ב' שערות ריסי עיניו של מטה מדובקות בריסי עיניו של מעלה, הרי אלו חוצצים.

סעיף מה - לא יטבול באבק של רגליו; ואם טבל, יש מי שאומר שאינו חוצץ, ויש מי שאומר שחוצץ, אלא אם כן שפשף או שטבל בחמין.

(**עי'** בתשו' פני אריה, שנשאל ע"ד האנשים אשר קווצותם תלתלים, ונפזר על ראשיהם אבק לבן, שקורין פוד"ר, אם חוצץ בתפלין, והעלה דכיון שעשוי לנוי הרי הוא כגופו של שער, ואינו חוצץ בתפלין של ראש, **וכתב** שאין ללמוד מזה שתהא אשה מותרת לטבול עם האבק זה שעל ראשה, דמיד כשיבואו השערות במים אזיל ליה הנוי, ולא עדיף תו מאבק שעל רגליה, **ואפילו** לדעת הרמב"ם דאבק של רגליה אינו חוצץ בדיעבד, מ"מ בהא גם הרמב"ם מודה, דזה גרע יותר מאבק של רגליה).

סעיף מו - נדה שטבלה בבגדיה, מותרת לבעלה - נראה דוקא באותן הבגדים שהן רפויין עליה, אבל לא באותן שהן מהודקים, **שוב** מצאתי כן בראב"ן וז"ל, דוקא אשה בבגדיה שהם רחבות, שכך היה מנהג נשים שלהן, כמו שעדיין נוהגות הנשים של ארץ כנען, אבל איש בבגדיו שהן קצרים ודבוקים לבשר, ולא מצי מיא עיילי בהו, או אשה בזמן הזה בבגדים קצרים, לא, ע"כ. (**ועמש"ל** בס"ד, לפי שיטת הסד"ט, דגם לדעת רבותיו של רש"י, לא אסור היכא דעיילי מיא אלא במקפיד, אבל באינו מקפיד אף ברובא שרי, די"ל דהכא מיירי בבגדים הגרועים ופחותים דלא קפדי עליהן).

סעיף מז - מין כנים שדבוקים בבשר ונושכים בעור במקום שיער ונדבקים בחוזק בבשר - והם בל"א פיל"ץ לי"ז - עט"ז, **צריך להסירן ע"י חמין ולגוררן בצפורן** - משמע כל שלא הסירן, אפי' דיעבד חוצצין, כיון שיכול להסירן, **ואם אינו יכול להסירן, אינו חוצץ.**

(**כתב** בספר חמודי דניאל, נראה דאותן כנים קטנים מתים הדבוקים בשער, צריך להסירן דהוי חציצה).

סעיף מח - נדה שטבלה בלא כוונה, כגון שנפלה לתוך המים או שירדה להקר, הרי זו מותרת לבעלה - (ועי' במג"א שכתב, דבזה לא שייך לברך).

הגה: ויש מחמירין ומצריכין אותה טבילה אחרת - מיהו אין לה לברך כשתחזור ותטבול - ב"ח.

(**כתב** בספר חמ"ד, אם היה בעלה חולה ר"ל, וספרה שבעה נקיים וטבלה בכדי שתוכל ליגע בו, ולא כיונה לתשמיש, נראה דאותה טבילה מהני אף לתשמיש).

ויש להחמיר לכתחלה - כלומר יש להחמיר לכתחלה שתחזור ותטבול בכוונה אם אפשר, וכ"כ הב"ח.

(**ועי'** בס' לבושי שרד שכתב, דיש להסתפק אם נכנסה להקר, ואח"כ נתכוונה, ולא הגביהה רגליה בשעת טבילה, אי מהני שלא להצריכה טבילה אחרת, **ויש** להקל).

מיהו אם אנסה חברתה ואטבלה, כוונה דחברתה כוונה מעלייתא היא לכולי עלמא, (**ובספר** חמודי דניאל כתב, לכאורה נראה דוקא חברתה, אבל איש לא מהני). ‹**ורבים** תמהו על הוראה זו, דאמאי לא תועיל כוונת איש שהטביל אותה בע"כ, **ועיין** בספר לבושי עוז שהביא, דבחמ"ד שנמצא בזמנינו כתוב דין זה על מש"כ הרמ"א, שאחר הטבילה תפגע בה חברתה ולא דבר טמא וכו', **וע"ז** כתב החמ"ד דלכאורה נראה דוקא חברתה, אבל איש לא מהני, ור"ל כדמבואר בהמשך דבריו, דבאיש איכא רוח זנונים›.

יש שכתבו שיש לאשה להיות צנועה בליל טבילתה, וכן נהגו הנשים להסתיר ליל טבילתן, שלא ילך במהומה או בפני הבריות, שלא ירגישו בהן בני אדם; ומי שאינה עושה כן, נאמר עליה: ארור שוכב עם כל בהמה.

ויש לנשים ליזהר כשיוצאות מן הטבילה שתפגע בה חברתה, שלא יפגע בה תחילה דבר טמא או גוי; ואם פגעו בה דברים אלו, אם היא יראת שמים תחזור ותטבול.

דברים אלו - כגון כלב או חמור, או *עם הארץ או גוי, או גמל או חזיר או סוס, או מצורע וכיוצא בהן, כן הוא בש"ד, **אבל** ברוקח וכל בו איתא, שאם פגע בה סוס, תעלה ותשמש, שבניה עומדין נאה בדבורן, שומעים ומבינים, לומדי' תורה ואינם משכחין, וממעטי' בשינה, ולא עוד אלא שאימתן מוטלת על הבריות כו'.

*(**ובספר** חמ"ד כתב, דהכא מיירי בע"ה גמור דהיינו שאינו קורא ק"ש, כיון שמנאוהו עם דברים טמאים).

גרסינן בפרק ערבי פסחים: האי מאן דפגע באיתתא בעידנא דסלקה מטבילת מצוה, אי איהו קדים ומשמש, אחדא ליה לדידיה רוח זנונית, אי איהי קדמה ומשמשה, אחדא לה לדידה רוח זנונית, מאי תקנתיה, לימא הכי: שופך בוז על נדיבים ויתעם בתוהו לא דרך, ע"כ, והוא בתהלים ק"ז, והכי מייתי לה ברוקח, **אבל** בעל תולדות אהרן ציין על מקרא, ד"שופך בוז על נדיבים ומזיח אפיקים רפה", באיוב י"ב, "פסחים קי"א", ובתהלים לא ציין כלום, **נראה** שלא היה גורס בש"ס אלא "שופך בוז על נדיבים וגו'", וכן משמע בילקוט, דמייתי ש"ס זה בתהלים ובאיוב, **הלכך** נמרינהו לתרווייהו.

ועיין לקמן סוף סימן ר"א אם מותר להטיל חמין למקוה, או אם מותר לרחוץ אחר הטבילה.

§ סימן קצט – שצריכה האשה לבדוק בית הסתרים, ודיני חפיפה בשבת ובחול §

סעיף א - צריכה להדיח בית השחי ובית הסתרים שלה במים.

[בטור כתוב, קמטיה וכל בית סתריה, ותמה ב"י, דהא חדא הם, ובגמר' אמר רבא קמטיה לחוד, וד"מ תירץ, דקמטיה היינו תחת אצילי ידיה ותחת שוקה, ובית הסתרים היינו לפנים, כגון נקבי החוטם ואזנים, ולפנים מהשפה, ולשון זה של הטור איתא בגמר' בנדה, "מיתיבי בית הקמטים ובית הסתרים" כו', ותימה על הב"י, שראה דברי רבא, ולא ראה מיתיבי שאחריו].

לא קשה מידי, דראה המיתיבי וכדמוכח מלשונו ע"ש, וס"ל דבית הסתרים הוא פי' דקמטים, וכן מבואר בב"י להדיא, והטור שהוא פוסק, לא הל"ל כלישנא דברייתא, אלא כלישנא דרבא - נקה"כ.

הלכות טבילה
סימן קצט – שצריכה האשה לבדוק בית הסתרים, ודיני חפיפה בשבת ובחול

הגה: ולא בשאר משקין – [דכשנשאר לחלוחיתו בתוך הקמט, ישאר שם כתם המשקה].

(**ובספר** חמודי דניאל כתב, לכאורה נראה שבשאר הגוף שאין שם קמט, מותר בשאר משקין).

ולסרוק שיער ראשה יפה במסרק, שלא תהיינה שערותיה נדבקות זו בזו.

לשון הרמב"ן שהביא הטור, דין תורה שתהא הטובלת מעיינת בעצמה סמוך לטבילה, ובודקת כל גופה שמא יש בה דבר שחוצץ בטבילה, **עזרא** ובית דינו תקנו, שתהא חופפת בכל מקום שער שבה במים חמים, וסורקת אותן או מפספסת אותן בידיה יפה יפה, עכ"ל, **מבואר** מדבריהם, דהא דתקן עזרא שתהא אשה חופפת, היינו בכ"מ שער, כגון שער בית השחי ובית הערוה, לא שער ראשה בלבד, **וכ"כ** ראב"ן, וכי חייפא, צריכה לחוף כל שער גופה, בין דראש בין דשחי בין דבית התורפה, ע"כ, **ועכשיו** נהגו לסרוק שער ראשן במסרק, ושאר שער שבה לפספס אותן בידיה יפה יפה.

וכן צריכה האשה לעיין בעצמה ובבשרה ובודקת כל גופה סמוך לטבילתה, שלא יהא עליה שום דבר מיאוס שחוצץ.

[**הטור** כתב על דברי הרמב"ן, יראה שמחמיר יותר בעיון הגוף מבעיון הראש, שזה דין תורה וזה אינו אלא תקנת עזרא כו', **באמת** דבריו תמוהים, שכתב שעיון הראש מתקנת עזרא, וזה אינו, **דודאי עיקר עיון מדאורייתא הוא בראש, כמ"ש ב"י, וצריכין דברי הטור לתיקון, ונראה שהוא בדרך זה, דעיון הראש ר"ל חפיפת הראש, שהוא לנו במקום עיון מדאורייתא, ולמד הטור מדברי הרמב"ן, שזכר אצל עיון הגוף סמוך לטבילה, ואצל חפיפת הראש לא זכר כן, אלא ודאי שגבי חפיפה לא הקפידו שיהיה ממש סמוך לטבילה, וכ"כ ב"י בשם הר"ן וז"ל, ומשום דחפיפה מדרבנן בעלמא היא מקילין בה, כדאמרינן לקמן האשה חופפת בע"ש וטובלת במ"ש כו', עכ"ל, והטור לא נתכוין לקולא זאת, כי זה אין צריך ללמוד מדברי הרמב"ן, אלא גמרא ערוכה היא, מ"מ קמ"ל כאן, דאף במקום שמרחקת החפיפה מהטבילה, עכ"פ העיון לא תרחיק כלל].**

ותחוף כל גופה, ותשטוף במים חמין בשעת חפיפת גופה ושערה - הסכמת הפוסקים, דתקנת עזרא אינו אלא בחפיפת שער, אלא שנהגו להחמיר לחוף ולהשתטף כל הגוף, להכי מקילינן בכמה דברים בחפיפה, ‹שבגופה שלא במקום שער - מחה"ש›, **אבל** מה שצריכה לעיין בכל גופה שלא יהא דבר חוצץ, מדאורייתא הוא.

[**מלשונו משמע, דבעינן תחילה עיון ובדיקה בכל גופה, ואח"כ תעשה חפיפה בכל גופה, והוא תמוה, דאמאי לא סגי בחפיפת כל הגוף לחוד, דהרי אז בודקת ג"כ, דאין לך בדיקה גדולה מזו, דאע"פ שאינה רואה במקום שחופפת, סגי בהכי, דאל"כ היאך תעשה בראשה ובמקומות שא"א לה לראות, דהא לא הצריכו בזה שתראה לחברתה, אלא דוקא בטבילה אמרו שתעמוד עליה אשה אחרת, ולא בחפיפה ועיון, אלא דבר פשוט שע"י המשמוש שפיר הוה עיון דבר תורה, ומכ"ש לפי תקנת עזרא בחפיפה ושטיפה, ונראה דסיפא הוה כאן פירושא דרישא, דמה שכתב תחילה שצריכה לעיין בעצמה כו', דהיינו דין תורה, וע"ז מסיק אח"כ שתחמיר עליה, במקום העיון תעשה חפיפה בכל הגוף, ודבר פשוט שאם היא מעיינת ובודקת עצמה בשעת החפיפה דיה בכך, ואין צריך בדיקה מיוחדת דוקא].**

(**ועי'** בתשו' נודע ביהודה שכתב, באשה שמסופקת אם עיינה בשערותיה כלל, הרי יש ספק דאורייתא, וצריכה טבילה מחדש, **ואף** אם ברור לה שעיינה, רק שמסופקת אם סרקה, דאז הוי ספק דרבנן, מ"מ צריכה טבילה אחרת, כיון דאיכא חזקת איסור, ועוד דהוי דבר שיש לו מתירין, **אלא** שיש היתר מטעם שכתב הט"ז בסי' ס"ט, "וה"נ סירכא נקט ואתא", עכ"ד, ומשמע קצת דאף במסופקת אם עיינה ג"כ מותר מטעם זה, **ומ"מ** צ"ע בכל זה אף בא"י אם סרקה, לפי שבנה"כ שם השיג עליו, דלא דמיא לק"ש, ולא אמרינן שם סירכא נקיט ואתי, וה"נ כן הוא, **מיהו** י"ל דזה דמי למ"ש בשם הגאון מהר"ש כ"ץ, באשה שמלחה ושכחה אם מלחה צד השני, שהתיר אפילו לדעת הנה"כ כו', **ועכ"פ** נ"ל באם מסופקת על העיון, לא נתיר מטעם סירכא נקט, דאפשר דהט"ז לא אמר אלא בספק דרבנן כההיא דהתם).

[ט"ז] ‹רעק"א או ש"א או הוספת הסבר› (פת"ש)

הלכות טבילה תקסא
סימן קצט – שצריכה האשה לבדוק בית הסתרים, ודיני חפיפה בשבת ובחול

סעיף ב - חפיפה שבמקום שיער לא תהיה במים קרים, לפי שמסבכין את השיער, אלא במים חמין; ומיהו אפילו בחמי חמה סגי. ולא תחוף בנתר הנקרא בערבי: טפל, ובלע"ז: גירד"א, לפי שמחתך השיער וחוזר ומסתבך - כתב העט"ז דהיינו מה שקורין בל"א קרייד"א כו', **אבל** הפרישה כתב: יש מפרשים קרייד"א כו', וטעות הוא בידם וכו', **ומיהו** משמע בנתר שאנו קורין בל"א זיי"ף, מותר לחוף שאינו מסתבך, ואדרבה מנקה הזוהמא, וכן נוהגין וחושבין זה למצוה.

ולא באהל, לפי שמסבך השער, ולא בכל דברים המסבכים השער. הגה: וכל זה לכתחלה, אבל אם חפפה בנתר וכיוצא בו, ורואה בעצמה שאין שערות שלה קשורים ומסובכין, שרי - פי' שרי פעם זה כיון דכבר עשתה, ואין צריכה לחזור ולחוף, **אבל** שתסמוך על זה לחוף שוב בנתר ואהל ומים קרים, לא, **וכן** מבואר במהרי"ק שם, דלא התיר אלא ביין ושאר משקים שלא הוזכרו בש"ס ופוסקים שמסבכים השער, דצירף גם כן הטעם דאין לך אלא מה שאמרו חז"ל, והלכך התיר לחוף שוב על ידי בדיקה שבדקה תחילה ג' פעמים, אבל בנתר ואהל ומים קרים לא, וכן משמע מדברי הרב, **וכה"ג** אמרינן לעיל סי' נ"ז, דכל מה שאמרו חכמים שהיא טרפה ואינה חיה, אפי' אנו רואים שהוא חי, טרפה, **והעט"ז** כתב, וכל זה לכתחלה אבל אם חפפה כו' שרי, לפיכך אשה זו חופפת בנתר ואהל כו', ולא דק.

ואשה שצוו אותה הרופאים שלא תחוף ראשה במים, רק ביין, יש לשאול לרופאים אם היין מסבך השערות, ואם אומרים שאינו מסבך יש לסמוך עליהם; ואם אין הרופאים בקיאין בדבר, יש לאשה לנסות לעצמה תחילה אם היין אינו מסבך השערות - שלש פעמים, מהרי"ק שם, ובעט"ז כתב ב' או ג"פ, **ואין** להקשות, נחזי אנן אי היין מסבב השער אי לא, **יש** לומר דאין טבע שערות של כל אדם שוה, וכמ"ש חכמי הרופאים וחכמי המחקר.

סעיף ג - חפיפה צריכה להיות לכתחלה סמוך לטבילתה - ‹כפי' השאלתות - גר"א›, **והמנהג הכשר שתתחיל לחוף מבעוד יום, ועוסקת בחפיפה עד שתחשך, ואז תטבול** - ‹לצאת ידי שני הפירושים, פירש"י והשאלתות - גר"א›.

‹**בפרק** תינוקת: אמר רב הונא אשה חופפת באחד בשבת וטובלת בשלישי בשבת, שכן אשה חופפת בערב שבת וטובלת במוצאי שבת, **אשה** חופפת באחד בשבת וטובלת ברביעי בשבת, שכן אשה חופפת בערב שבת וטובלת במוצאי יום טוב שחל להיות אחר השבת, **אשה** חופפת באחד בשבת וטובלת בחמישי בשבת, שכן אשה חופפת בערב שבת וטובלת במוצאי שני ימים טובים של ראש השנה שחל להיות אחר השבת, **ורב חסדא** אמר כולהו אמרינן, שכן לא אמרינן, היכא דאפשר אפשר היכא דלא אפשר לא אפשר, **ורב יימר** אמר אפילו שכן נמי אמרינן, לבר מאשה חופפת באחד בשבת וטובלת בחמישי בשבת, דלמוצאי שני ימים טובים של ראש השנה שלאחר השבת ליתא, דאפשר דחופפת בלילה וטובלת בלילה, **דרש** מרימר הלכתא כרב חסדא וכדמתרץ רב יימר, **ופירש** רש"י הלכתא כרב חסדא לחומרא, דאמר שכן לא אמרינן, דהיכא דטבלה מוצאי יום חול לא תחוף מאתמול, **ובמאי** דאמר רב חסדא כולהו אמרינן, דהיכא דטבלה במוצאי ב' ימים טובים אחר השבת חופפת בערב שבת, לית הלכתא כוותיה אלא כדמתרץ רב יימר, חייפא בליליא וטבלה בליליא›.

‹**בפרק** תינוקת: שלח רבין באגרתיה, אשה לא תחוף בערב שבת ותטבול במוצאי שבת, ותמה על עצמך, היאך אשה חופפת ביום וטובלת בלילה, הא בעינן תיכף לחפיפה טבילה וליכא, **והלכתא** אשה חופפת ביום וטובלת בלילה, והלכתא אשה לא תחוף אלא בלילה, קשיא הלכתא אהלכתא, לא קשיא הא דאפשר הא דלא אפשר›.

‹**ופירש** רש"י: ותמה על עצמך היאך אשה וכו', שהרי בקושי התירו להרחיק חפיפתה מטבילתה כל כך, אלא משום דאי חפפה בליל טבילתה אימור לא חייפא שפיר, משום דממהרת לטבילתה מתוך שמהומה לביתה, **הא** דלא אפשר, לחוף ביום, כגון מוצאי יום טוב, לא תחוף אלא בלילה, **ובשאילתות** פירש: הא דאפשר לחוף בליל טבילה שהוא חול, לא תרחיק חפיפה מטבילה כלל, ואפילו אם היום כמו כן חול, לא תחוף אלא בלילה, **הא** דלא אפשר, כגון שליל טבילה יום טוב או שבת, אז תחוף ביום שלפני הטבילה, **ואפילו** אם יום שלפני הטבילה כמו כן יום טוב או שבת, אז תחוף מערב שבת או מערב יום טוב, כדפסיק הלכתא התם מרימר - ב"י›.

סימן קצט – שצריכה האשה לבדוק בית הסתרים, ודיני חפיפה בשבת ובחול

[בטור הביא מחלוקת רש"י ושאלתות בזה, דלרש"י מוטב שתהיה החפיפה ביום שלפני טבילתה, ולא בלילה, לפי שממהרת לביתה ולא תחוף יפה, ובשאלתות פי', שמוטב שתהיה בלילה, כדי שיהיה סמוך לטבילתה, ע"כ נהגו המנהג הכשר, כמו שהעתיק כאן בשו"ע].

ול"נ מכולה סוגיא דש"ס כדעת רש"י וסייעתו, דיותר טוב שהחפיפה תהיה ביום היכא דאפשר, ‹אבל לא כפי' התוס' אליבא דרש"י, כי דברי הש"ס יתפרשו בענין אחר, ועי"כ הדינין יתחלפו, רק לענין הסברא סבירא ליה להש"ך כדעת רש"י – מחה"ש›. **והלכך** אם חל ליל טבילתה במ"ש, או אפילו במוצאי יום טוב שחל להיות אחר שבת, חופפת בע"ש וטובלת במ"ש או מוצאי יו"ט, כיון שאפשר שהחפיפה תהיה ביום בחול, **אבל** היכא דחל ליל טבילתה בליל ג' שאחר יום טוב, כגון שחלו להיות שני י"ט אחר השבת, או שחלו להיות שני י"ט של ר"ה או של גליות ביום ה' וו', וחל ליל טבילתה במ"ש, דנמצא יש שלשה ימים בין חפיפה לטבילה, ובכה"ג לא אפשר שהחפיפה תהיה רחוקה כל כך, וכדסבירא להו לרב חסדא ורב יימר, דבכה"ג חופפת בליל טבילתה, כיון דרחוק יותר מדאי, **והיינו** דאמרינן בש"ס, והלכתא אשה חופפת ביום, והלכתא אשה לא תחוף אלא בלילה, קשיא הלכתא אהלכתא, לא קשיא הא דאפשר הא דלא אפשר, ע"כ, וסמך ש"ס אשקלא וטריא דרב חסדא ודרב יימר דלעיל.

ונ"ל דגם דעת רש"י כן, שפי' וז"ל, הא דאפשר לחוף ביום חופפת ביום, הא דלא אפשר לחוף כגון מוצאי יו"ט, לא תחוף אלא בלילה, עכ"ל, ומ"ש כגון מוצאי יו"ט, ר"ל של ר"ה, וסמך אלעיל, דבכה"ג לא אפשר, הא לאו הכי אפשר לחוף בעי"ט, ובהכי ניחא שפיר, דקיימא כולה סוגיא דלעיל, **משא"כ** להתוס' והפוסקים, דצריכים לדחוק דאזלה לה סוגיא דלעיל, **ותו** קשה לדבריהם, דהא משמע התם להדיא מדברי רב הונא ורב חסדא ורב יימר ומרימר, שכך היו נוהגות בנות ישראל בזמניהם, לחוף ביום בע"ש או עיו"ט ולטבול במ"ש, שהרי מביאין ראיה ממנהגם שמותר לחוף באחד בשבת ולטבול בד' או בה' בשבת, אלא דרב חסדא ודעמיה פליגי בחול, דאין דנין אפשר משאי אפשר, והכי קא פסיק התם מרימר הלכתא, **אם** כן היאך נאמר דסוגיא דלקמן דפסיק הלכתא, פליגא אסוגיא והלכתא ומנהג דלעיל, אלא ודאי כדפרי', **זהו** נ"ל בש"ס ורש"י, אלא שהפוסקים לא פירשו כן, ולא כתבו כן בשם רש"י, ולא ידעתי מנין להם זה.

ולענין דינא נראה, דבכל ענין יש לה להשתטף בחמין ביום בע"ש וערב יו"ט, וגם לחוף אז, ולחזור ולהשתטף ולחוף בליל טבילתה אם הוא חול, וכ"כ הפוסקים, וכן בחול מנהג כשר שהחפיפה תתחיל מבע"י ועוסקת בחפיפתה עד שתחשך, וכמ"ש הפוסקי' והט"ו, **ואע"ג** דהיכא דחל ליל טבילתה שלשה ימים רחוק, כגון שבת ושני י"ט, בכה"ג מסקינן בש"ס דחופפת בליל טבילתה שהוא חול, **י"ל** דה"ק לא די לה בחפיפת ע"ש ועי"ט כיון דרחוק כ"כ, אלא צריכה לחוף ג"כ בליל טבילתה וגם בע"ש ועיו"ט, כיון דחפיפת יום עדיף, **והכי** ניחא למיעבד טפי, כיון דנשי דידן חופפות בע"ש ועיו"ט וגם בליל טבילתן, א"כ אין להקל להן לחלק בין רחוק שני ימים או שלשה ימים, שלא יבואו לידי טעות, **ואפשר** דהיינו מדאמרי' בש"ס, דריש מרימר הלכתא כרב חסדא וכדמתרץ רב יימר, וחומרי חומרי נקט, חומרא דרב חסדא בשני י"ט שאחר השבת שחופפת בע"ש, דיותר טוב לחוף ביום, וחומרא דרב יימר, שחופפת בליל טבילתה כיון דרחוק כ"כ, **והיינו** שכתוב במרדכי, פסקינן כרב חסדא דאשה חופפת בע"ש וטובלת אפילו בליל ד', כשאירעו שני י"ט אחר השבת, וכ"כ הרא"מ בספרו כרש"י, דיותר טוב לחוף ביום מבלילה, עכ"ל, **דלכאורה** קשיא, דהא פסקינן בש"ס כדמתרץ רב יימר, **אלא** ודאי ס"ל דכרב חסדא וכדמתרץ רב יימר, היינו כדפי' ולא כפירש"י שם, ולישנא וכדמתרץ רב יימר אתי שפיר לפי' זה, **אבל** לפי' רש"י הל"ל וכרב יימר, דהא פליג, **ומטעם** זה נראה שלא חילקו הפוסקים, בין שני י"ט שחלו להיות אחר השבת, שחופפת במוצאי יו"ט, ובין יו"ט א' שחל להיות אחר השבת, כדמחלקינן בש"ס בהכי, דכיון דכתבו אף בשאר יו"ט דנכון להחמיר לחוף מעיו"ט וגם במוצאי יו"ט, א"כ אין חילוק, ודוק כי כל זה ברור לדעתי, **שוב** מצאתי בתשובת מהרש"ל, שהכריע כהחולקים על רש"י בלא טענה מוכרחת, והנלפע"ד כתבתי.

עוד כתב מהרש"ל שם, על מה שנהגו מקדם להתחיל לחוף ביום, ועתה תקנו לחוף בלילה ותעסוק בחפיפה דוקא שעה אחת, שלא תהא מהומה לביתה, שרי אפי' לרש"י, מאחר דאיכא חשש איסור שלא ירגישו

הלכות טבילה תקסג
סימן קצט – שצריכה האשה לבדוק בית הסתרים, ודיני חפיפה בשבת ובחול

בטבילותיהן, (כשחופפת ביום), וגם לפעמים הצנועות באות לידי ביטול טבילת מצוה, וכ"כ הרב בתשובה.

וכן מנהג כשר שאף על פי שחפפה, תשא עמה מסרק לבית הטבילה ותסרוק שם - (סמוך לחפיפה טבילה, וחפיפה הוא במסרק – גר"א). **ובמדינות** אלו נוהגות, להשתטף ולרחוץ ולחוף ולסרוק הכל בבית המרחץ סמוך מיד לטבילה, ונכון הוא.

הגה: ובשעת הדחק שצריכה לחוף ביום - דוקא ולא בלילה, כגון שא"א שתחוף בלילה מחמת שהגוים יש להם חג באותו הלילה, שאינם מניחים להדליק אש בשום בית, או איזה אונס אחר, [כגון שתלך בדרך ולא יהיה לה חמין בלילה, או שאר אונס], **או שא"א לה לחוף ביום** - מחמת איזה אונס, **וצריכה לחוף בלילה** - דוקא, **יכולה לעשות, ובלבד שלא תמהר לביתה ותחוף כראוי.**

[בא"א בלילה, די בחפיפה ביום אפי' לשאילתות, וכן בא"א לחוף ביום, די בלילה אפי' לרש"י, דלא העמידו דבריהם אלא אם הוא על צד הריוח בלי מונע].

[ונראה דהא דאמרינן בשעת הדחק חופפת ביום, ברור הוא דבלילה צריכה עיון ובדיקה בכל גופה קודם הטבילה].

אבל כל שאפשר ביום ובלילה, תחוף ביום ובלילה, ופשוט הוא.

סעיף ד - חל טבילתה במוצאי שבת, שא"א לחוף מבעוד יום, תחפוף בליל טבילתה. הגה: ומ"מ מנהג יפה הוא שתרחץ היטב בערב שבת, ובמוצ"ש תחזור ותחפוף ותסרוק מעט - וכבר כתבתי דכך הוא עיקר הדין, שתרחוץ ותחוף היטב בע"ש, ותרחוץ ותחוף במ"ש ג"כ.

ותסרוק מעט – [נראה דאף לשאילתות סגי בהכי, דאע"פ דלדידהו עיקר החפיפה בלילה, וא"כ צריכה לחוף הרבה לכתחילה, מ"מ מודים כאן דמהני חפיפה דע"ש לצרף להך חפיפה מועטת, דסגי בהכי].

סעיף ה - נזדמנה לה טבילה בליל שבת, תחפוף ביום – [גם בזה צריכה להיות נזהרת, מלעסוק בדברים שנזכרים בסעיף שאחר זה, בימים שבין החפיפה לטבילה, דחד טעמא הוא, **אלא** דדרך הנשים שטובלות בליל שבת, שאינן זזות מבית המרחץ עד שטובלות, ע"כ לא נקט כאן אזהרה זאת]. (עיין בש"ך ס"ו).

(**עי'** בתשו' ש"ב גבעת שאול, באשה שיש לה קאלטינע"ס, ששכחה לחוף ביום, מותרת לטבול בליל שבת, כיון שא"צ לסרוק עצמה, כדלעיל סי' קצ"ח ס"ו).

סעיף ו - חל ליל טבילתה במוצאי שבת והוא יום טוב שאי אפשר לחוף, אז תחפוף בערב שבת; וכן אם חלו ב' ימים טובים ביום חמישי וששי, וחל ליל טבילתה בליל שבת, תחפוף ביום רביעי בשבת, ותקשור שערותיה כדי שלא יתבלבלו.

[בטור כתוב או אם חל יום טוב במו"ש, ותמה ב"י דכ"ש הוא מדין הראשון דב' ימים טובים ביום ה' וו', ובדרישה תירץ, דאי לאו סיפא הו"א דוקא ברישא, שחל יו"ט חמישי וששי, והטבילה בליל שבת, מותרת לטבול, כיון דביו"ט יכולה לחמם קיתון של מים להדיח קמטיה, משא"כ כשחל טבילתה במו"ש, דבשבת אסור להדיחם, ובמו"ש היא הומה לביתה, קמ"ל דאפ"ה מותר, ובזה נתיישב, דברישא כתב הטור חופפת ברביעי, ולא הזכיר רחיצה, משום דאפשר לרחוץ ביו"ט, משא"כ בסיפא, משום הכי כתב שם רוחצת וחופפת בע"ש, עכ"ל, **לפי** דבריו, הטובלת בליל שבת, ויו"ט ביום ששי, צריכה לרחוץ קמטיה וסתריה ביום טוב קודם לשבת, ודבריו נכונים].

הגה: גם תזהר - קאי אכל מקום שהחפיפה מרוחקת מהטבילה יום או יומים, (והט"ז לעיל ס"ה ס"ל דהדין כן אפי' מיום ללילה), **בימים שבין החפיפה לטבילה מכל טינופת, ושלא ידבק בה שום דבר; גם מנגיעת תבשילין, או מנתינתן לבניה הקטנים, תיזהר אם אפשר לה ליזהר, אם הם דברים הנדבקים, ואם אי אפשר לה ליזהר, כגון שאין לה**

סימן קצט – שצריכה האשה לבדוק בית הסתרים, ודיני חפיפה בשבת ובחול

מי שיעשה במקומה, אין צריכה ליגע בכן בשעת טבילה, אין לחוש, ומ"מ תרחוץ ידיה כל פעס היטב שלא תבא לידי חציצה – [זה מדברי הטור, וכוונתו דאע"ג דעכ"פ צריכה עיון ובדיקה קודם הטבילה בגופה ובראשה, כדמסיק כאן בשו"ע, **אלא** דמ"מ תהיה נזהרת מדברי חציצה בימים שבינתיים, כיון שלא תעשה בשעת הטבילה חפיפה, אלא היא סומכת על החפיפה של יום רביעי, ובזה נתקן כל מה שהוקשה לב"י על הטור בזה], ‹**דכתב** עליו: נראה דס"ל שא"צ אפי' עיון בשעת טבילה, כי העיון הוא רק בשעת חפיפה בע"ש או בעיו"ט, דאל"כ לאיזה צורך כתב הזהירות – מחה"ש›.

ובשעת טבילה תעיין ותבדוק היטב כל גופה ושערות ראשה, שלא יהא דבר חוצץ - המחבר אזיל לשיטתו בב"י, ‹במה שהשמיט מה שכתוב בהג"ה, "וגם תזהר בימים כו" – מה"ש›, **אבל** ל"נ דגם הטור מודה דתעיין ותבדוק גם בשעת טבילה, אלא דס"ל דכיון דהחפיפה מרוחקת מהטבילה, תעיין ותבדוק גם בשעת חפיפה, דאין להפרידם זה מזה, **ואפ"ה** ס"ל להטור, דיש ליזהר בימים שבין החפיפה ועיון הראשון לטבילה, שלא ידבק בה שום דבר, גם מנתינת תבשיל, דשמא לא תעיין עוד בשעת טבילה, שתסמוך על עיון הראשון, **וא"כ** לכו"ע צריכה לעיין ולבדוק בשעת חפיפה ובשעת טבילה, וליזהר בין החפיפה לטבילה מליגע בדברים החוצצים הראוים לידבק אם אפשר, והכי נהוג.

[וכתב הטור, ואם טבלה ולא עיינה בעצמה קודם לכן, אם נזהרה להתעסק בדבר החוצץ, עלתה לה טבילה, ואם לאו לא עלתה לה טבילה, עכ"ל, **וטעמו**, כיון דכבר חפפה ובדקה כל גופה וראשה ביום רביעי, ונזהרת אח"כ בימים שבינתיים, הוה טבילה שפיר, **ומו"ח** ז"ל כתב, דהאי אם לא עיינה שכתב הטור, אין פירושו עיון הגוף, דזה ודאי לא הוה טבילה, אלא קאי אעיון יתירה, דהיינו בין אצבעותיה כו', **ודבריו** תמוהים, דהא הלכה פסוקה היא דבדיעבד מהני עיון הקדום, כמ"ש הטור בשם הרשב"א, ופסקו כאן בשו"ע ס"ח].

ותדיח בית הסתרים במים חמים - ‹סמוך להטבילה, דהעיון הוא לעולם בסמוך לטבילה, ובמקומות אלו אינה יכולה לבדוק היטב, ולכן צריכה להדחה – בדי בשלחן›, **שהוחמו אפילו ביום טוב** - אבל לא כל הגוף, טור וב"י, **וה"ה** בשבת מותרת לרחוץ בחמין שהוחמו מע"ש, פניה ידיה ורגליה או שאר אברים, כל שאינה רוחצת כל גופה, **ובתשו'** משאת בנימין כ', דאפשר דבחמין שהוחמו ביו"ט, אסור לרחוץ שאר אברים חוץ מפניו ידיו ורגליו.

ומסיק לענין רחיצה לליבון, דבין בשבת בין ביו"ט ובין בט' באב ובין ביוה"כ, תלבוש ותציע כדרכה כשאר ימות השנה, **והרחיצה** צריכה לשנות קצת, שלא תרחוץ רק באותו מקום ובין ירכותיה, בין בחמין בין בצונן, **ובשבת** ויו"ט בצונן אפי' כל גופה, ובחמין דוקא באותו מקום ובין ירכותיה, ודוקא בחמין שהוחמו מע"ש ומעיו"ט, **גם** תזהר מאיסור סחיטה, שלא תרחוץ בבגד רק בידיה, **וכל** זה מדינא, אבל כמדומה לי שלא נהגו הנשים לרחוץ ולא ללבוש לבנים בשבת ויו"ט, ואפשר משום שאין כל אשה יודעת לחלק בין חמין שהוחמו מע"ש ויו"ט, או הוחמו בשבת ויו"ט, גם אינה יודעת ליזהר מדין איסור סחיטה, והיכא דנהוג נהוג, והיכא דלא נהוג יש להתיר להן כמו שכתבתי, עכ"ל, **וטעם** זה קלוש הוא, ול"נ טעם מנהגן שאין לובשין לבנים בשבת, משום שאז היו צריכין לטבול במוצאי שבת, והיו מרחיקין הטבילה מן החפיפה, והא ראיה, שביו"ט לובשים לבנים, ובשבת הוא שנהגו שלא ללבוש.

וכן תחצוץ שיניה בטוב בשעת הטבילה, שלא ישאר פירורין ולא בשר ולא עצם.

הגה: וע"ל סימן קנ"ז אס לא חל טבילתה במוצ"ש, אס תוכל לטבול במוצ"ש.

סעיף ז - במקום שיראות לטבול בלילה, אין להתיר לחוף מע"ש ולטבול ביום שבת, דתרי קולי בהדדי לא מקילינן: קולא דסרך בתה, וקולא דהרחקת חפיפה מטבילה.

סעיף ח - בימי חול, הגה: וכל שכן בי"ט, אם חפפה ועיינה עצמה היום, וטבלה בליל יום אחר, עלתה לה טבילה בדיעבד, אע"פ שלא היו חפיפה ובדיקה סמוך לטבילה. אבל אם לא חפפה כלל, לא עלתה לה טבילה - ‹היינו שלא חפפה במקום שער, אבל כשלא חפפה שאר גופה, דאינו רק משום מנהג, עלתה לה טבילה בדיעבד, ב"ח הובא

תקסה הלכות טבילה
סימן קצט – שצריכה האשה לבדוק בית הסתרים, ודיני חפיפה בשבת ובחול

בש"ך סי"א – בדי השלחן, **אע"פ שעיינה בעצמה בגופה, ואפילו חפפה מיד אחר הטבילה, וסרקה במסרק ולא מצאה שום נימא קשורה, לא עלתה לה טבילה** - שאני אומר שמא בשעת טבילה היה קשור, ועכשיו ניתר או נישר עם המסרקת.

ואין צ"ל אם חפפה במקום שער, ולא עיינה בשאר גופה, שלא עלתה לה טבילה, שעיון הגוף הוא דבר תורה.

סעיף ט - בד"א, בשאר כל הגוף, אבל בבית הסתרים כיון שאין צריכים לביאת מים, אם לא עיינה אותם קודם לכן, ואחר כך עיינה אותם ולא מצאה בהם שום דבר, עלתה לה טבילה – [קשה הא מ"מ בעינן ראוי לביאת מים, וכ"ש בסעיף י"ב, דהקילו בבית הסתרים אפי' בנמצא דבר חוצץ, מ"ט, **ונראה** דכיון שהוא נסתר, אין דרך לבוא שם דבר החוצץ, מש"ה אין בזה חשש, אם לא במידי דמוכח, כגון בההיא דסי"ב]. ‹עי' סי' קצח סכ"ה, מ"ש הש"ך טעם לזה›.

סעיף י - חפפה ועיינה וטבלה, ובעלייתה נמצא עליה דבר חוצץ, אם בתוך עונה שחפפה טבלה, אינה צריכה טבילה אחרת; ואם לאו, צריכה טבילה אחרת, הגה: אף על פי שהיתה החפיפה סמוך לטבילה, כגון שחפפה ביום סמוך לערב וטבלה בתחילת הלילה, הואיל והיה בשתי עונות.

ואם לאו כו' - פי' אפילו עיינה סמוך לטבילה, כיון שלא חפפה סמוך לטבילה, צריכה טבילה אחרת, **וכן** משמע מדברי הר"ן שכתב, וכי תימא אי בעי עיוני סמוך לטבילה, אפי' לא חפפה סמוך לטבילה, אמאי צריכה לחוף ולטבול, והרי עיינה בכל גופה סמוך לטבילה, **י"ל** שמא לא עיינה יפה יפה, אבל בחפיפה ליכא למיחש להכי, עכ"ל.

ויש פוסקים אין מחלקין בין תוך עונה, אלא בין סמוך לטבילה או לא, שאם החפיפה סמוך לטבילה, אין צריכה לחזור ולחוף ולטבול, ואם לאו צריכה לחזור ולחוף ולטבול, וכן דעת הראב"ד בהשגות, ומחלוקתם תלוי בגירסא, **ויש** להחמיר כשתי הדעות.

ולהרמב"ם, בין כך ובין כך צריכה טבילה אחרת, אלא שזו אינה צריכה לחזור לחוף, וזו צריכה (וכן דעת רבינו ירוחם) - (עי' בתשו' שב יעקב, שיש להחמיר כהרמב"ם, **ועיין** ש"ך), ‹לכאורה ר"ל, דמש"ך משמע, דאי הוי סמוך ובאותה עונה, דא"צ לחזור ולטבול, ודלא כהרמב"ם›. ‹**והיכא** דאפשר לה לטבול בקל, ודאי דיש לחוש לדעת הרמב"ם – סד"ט וחכ"א›.

סעיף יא - במה דברים אמורים, בשלא נתעסקה באותו המין אחר טבילה, אבל אם נתעסקה בו בין טבילה לבדיקה, אינה צריכה טבילה אחרת, שאני תולה אותו במין שנתעסקה בו - ‹טור מדברי הרשב"א בתורת הבית – באר הגולה›.

‹**דתניא** בפ"ק דחולין, טבל ועלה ונמצא עליו דבר חוצץ, אע"פ שנתעסק באותו המין כל היום כולו, כלומר אחר טבילה, לא עלתה לו טבילה, עד שיאמר ברי לי שלא היה עלי קודם לכן, **והקשו** התוספות מברייתא זו, אהא דאמר רבא אם סמוך לחפיפה טבלה, אינה צריכה לחוף ולטבול, **ותירצו** דההיא דחולין בשלא טבל סמוך לחפיפה, ואע"פ שתירצו תירוצים אחרים, הרשב"א תפס תירוץ זה עיקר, **ולפיכך** כתב על אותה ברייתא, ומיירי כגון שחפף קודם טבילה, דאי לא חפף, אפי' לא נמצא עליו דבר חוצץ לא עלתה לו טבילה, **ומיירי** נמי בשלא חפף סמוך לטבילה, דאי בשחפף סמוך לטבילה, אפי' נמצא עליו דבר חוצץ אינו חוזר וטובל – ב"י›.

והב"ח פסק כהיש גדולים שהביא הרשב"א וכהרמב"ם, דאפי' נתעסקה באותו המין אין תולין להקל, עד שתאמר ברי לי שלא היה עלי בשעת טבילה, **ואני** מוסיף שכן דעת הרשב"א בחדושיו פ"ק דחולין, ומביאו ב"י, **וכן** לכולהו שינויי בתוס' ובמרדכי ואגודה שם, משמע שאין חילוק בין נתעסקה באותו המין או לא, **דלא** כמ"ש בדרישה, דהטור מחלק בהכי דס"ל כשאר תירוצים שכתבו התוספות כו', דאף לשאר תירוצים אין חילוק, עי"ש ודוק, **ולחד** שינויא שכתבו שם, דהך דחולין מיירי שלא טבלה סמוך לחפיפה, מבואר להדיא שאפילו נתעסקה באותו המין טמאה, עד שתאמר ברי לי שלא היה עלי קודם לכן, **ואם** כן ליכא מאן דמיקל בהא אלא הטור לדעת הרשב"א, והרשב"א גופיה חושש להחמיר,

תקסו הלכות טבילה
סימן קצט – שצריכה האשה לבדוק בית הסתרים, ודיני חפיפה בשבת ובחול

ועוד דבדרישה כ', דגם הטור שכתב שאני תולה אותו במין שנתעסקה בו, ר"ל שאין צריכה טבילה עכ"פ אלא יכולין לתלות, והיינו דוקא כשאומרת ברי לי, ‹משא"כ אם לא נתעסקה, לא מצית אמרה ברי לי – מחה"ש›, עכ"ל, **ולפי** זה גם דברי המחבר אפשר להתפרש כן, וכן עיקר לדינא.

אבל אם לא חפפה קודם טבילה, אין תולין בו, אף על פי שנתעסקה בו אחר טבילה - כדי נסבה, דכבר נתבאר בסעיף ח', דאם לא חפפה לא עלתה לה טבילה, אפילו לא נמצא עליה דבר חוצץ, אלא איידי דרישא נקיט לה - פרישה, **והב"ח** כתב, דמיירי שחפפה ראשה אבל לא כל גופה, דבגופה ליכא אלא מנהג בעלמא כדלעיל בס"א, ואם טבלה בדיעבד עלתה לה טבילה, **אבל** נמצא עליה דבר חוצץ, אפילו דיעבד לא עלתה לה טבילה, אע"פ שנתעסקה באותו המין.

[כן כתב הטור, ורבים מקשים, דהא אפי' לא נמצא כלל דבר חוצץ, לא עלתה לה טבילה כשלא חפפה תחילה, כמ"ש ס"ח, ונ"ל לתרץ, דג' חלוקות יש בזה, **דאם** תוך העונה שחפפה טבלה, אינה צריך טבילה אחרת, **ואם** יש עונה צריכה טבילה אחרת, אא"כ נתעסקה אח"כ, והיינו שעכ"פ אין בין חפיפה לטבילה אלא עונה אחת, **אבל** אם יש ביניהם הרבה, כגון שחפפה בע"ש וטבלה מו"ש, דחפיפה זו לא מקרי קודם טבילה כלל, אלא רחוק ממנה, אז לא מהני נתעסקה אח"כ, וע"כ כ' בזה: לא חפפה קודם טבילה, ר"ל אלא רחוק ממנה הרבה, כנ"ל].

סעיף יב - בד"א, בשאר כל הגוף, אבל בית הסתרים, אם לא עיינה אותם קודם טבילה - וכ"ש אם לא חפפה, ‹ר"ל אם עיינה ולא חפפה - מחה"ש›, **ואחר טבילה גם כן לא עיינה עד שנתעסקה בדבר החוצץ, ואחר כך נמצא בהם מאותו המין, תולין להקל** - ע"ל סימן קצ"ח סעיף כ"ו, כתבתי דהרוקח חולק.

סעיף יג - חפפה קודם טבילה, ובין חפיפה לטבילה נתעסקה בדברים החוצצין, או שנתנה לבנה תבשיל הראוי לידבק בה, לא עלתה לה טבילה, אפילו אם בדקה מיד אחר טבילה ולא מצאה עליה שום דבר חוצץ, שאני אומר בעלייתה מהמים נפל ממנה, וצריכה טבילה אחרת - והיכא דהיה ביד בנה תבשיל, א"נ היה מלוכלך בטיט, ולקחה בנה על ידיה ערומה, ואחר כך טבלה ולא עיינה נפשה, לא עלתה לה טבילה, דדמי לנתנה תבשיל לבנה - ב"ח. ‹אבל בסתמא, דלא ידעינן שהיה ביד בנה תבשיל או שהיה מלוכלך בטיט, ולקחתו על ידה ערומה בין חפיפה לטבילה, עלתה לה טבילה להב"ח. דלא כהמחבר סי' קצ"ח סעיף מ"א, וכמש"כ בש"ך שם – מחה"ש›.

הגה: מיהו אם בדקה עצמה קודם טבילה, וראתה שלא נדבק בה דבר, א"צ טבילה אחרת.

אבל מותרת ללבוש בגדיה בין חפיפה לטבילה - דלא דמי לנתנה תבשיל, שאין רגילות להיות על הבגדים דבר לח לידבק בגוף האשה.

ולא תקח תנוק אצלה, ועיין לעיל סימן קצ"ח.

§ סימן ר – אימתי תעשה ברכת הטבילה §

סעיף א - כשפושטת מלבושיה - ‹דבעינן תיכף לטבילה – גר"א›, **כשעומדת בחלוקה, תברך: אשר קדשנו במצותיו וצונו על הטבילה, ותפשוט חלוקה ותטבול; ואם לא ברכה אז, תברך לאחר שתכנס עד צוארה במים; ואם הם צלולים, עוכרתן ברגליה ומברכת** – [צ"ע דבאו"ח סי' ע"ד פסק בשו"ע, שהנשים יכולות להתפלל כשהן לבושות החלוק, אע"פ שאינן מפסיקות למטה מהלב, והם דברי א"ח שמביא ב"י שם, ולמה הצריך כאן עכירת המים, ובסמוך יתבאר דאפי' מים צלולים הוה כלבישת החלוק].

הגה: ויש אומרים שלא תברך עד אחר הטבילה – [טעמייהו, דכיון דבטבילת גר אין שייך שיברך קודם הטבילה, דעדיין גוי הוא, לא חילקו חכמים בין הטבילות], **וכן נוהגין שלאחר הטבילה בעודה עומדת תוך המים, מכסית עצמה בבגדה או בחלוקה, ומברכת.**

סימן ר – אימתי תעשה ברכת הטבילה

‹עי' בתשובת הר הכרמל שכתב, דאף במקום שאין נוהגין כן, אלא מברכות קודם הטבילה, היינו דוקא בחול, **אבל** בשבת כשטובלת יש לאשה לנהוג כן לברך אחר הטבילה, או קודם טבילה בלחש בין שפתיה, ע"ש טעמו). ‹דאל"כ מיחזי כמתקן בשבת›.

‹**ושל"ה** כתב וז"ל, בברכת הטבילה יש מחלוקת אם האשה תברך קודם הטבילה או לאחר שתעלה מהטבילה, וראיתי לחסיד מאנשי מעשה שהנהיג את אשתו כך: לאחר שתטבול כל גופה פעם אחת, תעשה הברכה, ולאחר שתברך תטבול פעם שנית, ובזה תעשה קדושה יתירה, ותהיה יוצאת גם כן לשני הדעות – הובא בקיצור בבאה"ט. **והרבה** נוהגים לטבול עוד פעם ע"פ ספר חסידים – פרי טהרה›.

ועכשיו נהגו שלא לכסות עצמה כלל ולברך, וקרא עליהם תגר הדרישה, דאפי' חיבוק זרועותיה לא מהני, אלא להפסיק שלא יהא לבן רואה את הערוה, **אבל** באשה לא שייך לבן רואה את הערוה, כמ"ש הא"ח, וז"ל ‹הא"ח›, נראה שהנשים יכולות לברך ולהתפלל כשהן לבושות בחלוקן, אע"פ שאינן מפסיקות למטה מן החזה, לפי שערותן למטה מאד ואין לבן רואה ערוה, **ולא** בעי טוחות בקרקע אלא כשהן ערומות כדי שתתכסה ערותן, עכ"ל, ומביאו ב"י בא"ח סי' ע"ד, ופסקו בש"ע שם סעיף ד', **ואם** כן צריך שיהיו המים עכורים, דמים צלולים כמי שאינם דמי, עכ"ד ‹הדרישה›. [**משמע דבנשים האיסור משום שעומדת ערום בלא כיסוי ערוה, ולאו אורח ארעא לעשות כן מפני כבוד השכינה, זהו תכלית דבריו, והוא תמוה, מה לו לבקש טעמים מפני כבוד השכינה, והלא איסור דאורייתא מפורש הוא, משום לא יראה בך ערות דבר**]. ‹**לדעתי** גם הדרישה לא טעה ח"ו בדבר זה, אלא לדעת הא"ח באשה הוא אומר כן, דכיון שכתב דבאשה לא שייך לבה רואה את הערוה, מפני שהערוה למטה מאד, א"כ מצד הסברא מה"ט גם עיניה רואות את הערוה לא שייך בה, ואף כשמברכת ליכא בה משום לא יראה בך ערות דבר, ובע"כ צ"ל הטעם משום כבוד השכינה – לחם ושמלה›.

וגם הב"ח בקונטרס אחרון השיג על הא"ח, מהש"ס דפ' מי שמתו גבי עגבות, ‹ואם כן במים צלולין יש כאן איסור נוסף לבד איסור גילוי ערוה, דהיינו לבו רואה את הערוה – מחה"ש›, [**סבירא** ליה, **דבעומדת אין שום איסור משום גלוי ערוה לדעת הא"ח הנ"ל, ואין צריך לפניה טוחות בקרקע אלא לכסות עגבותיה, וע"כ הוקשה לו, למאי דס"ד בגמר' שם פרק מי שמתו, דבעגבות אין בהם משום ערוה, למה צריכה להיות יושבת, הלא בעומדת ג"כ אין איסור כיון שאין לבה רואה ערותה**], **והעלה** דבאשה שייך נמי טעמא דלבן רואה ערוה, וה"ט דהפוסקים דכתבו הכא, דצריך שיהיו המים עכורים, וחבוק זרועותיה לא הוי הפסק כלל, ואם כן צריך שיהיו המים עכורים, או שתלבש חלוקה ולשים ידה על החלוק למטה מלבה, דאז הוי הפסק, ושארי ליה מאריה להדרישה שנסמך להקל על מ"ש הא"ח, דמשמעות הש"ס וכל הפוסקים דלא כוותיה, עכ"ד, [**ולא דק בזה דודאי איסור גילוי ערוה יש בה אף בעומדת, אלא קמ"ל בעל א"ח, דכל שנתכסה הערוה ועגבות ע"י לבוש, אע"פ שאין הפסק בין לב לערוה, אפ"ה שרי כמו ביושבת ופניה טוחות בקרקע, כיון שערותה למטה מאד, אין כאן איסור משום לבה רואה את הערוה**].

ואענה אני חלקי, דודאי נשי דידן נשים חכמניות הן וצדקניות הן, דמה שדחה הב"ח דברי הא"ח מהש"ס דפ' מי שמתו, וכ' על הדרישה שארי ליה מאריה כו', התפלל על אחרים והוא צריך לאותו דבר, **כי** איך יעלה על הדעת, דהך דהאשה יושבת וקוצה לה חלתה ערומה - אבל עומדת לא, וכן האיש לא משום דאף ביושב אין ערותו מכוסה - טעמא משום לבה רואה את הערוה, וליכא טעמא אחרינא במלתא, **א"כ** בסוף מי שמתו הביאו בתוס' והפוסקים מחלוקת, אי קי"ל לבו רואה את הערוה אסור או מותר, וכתבו דרש"י וקצת פוסקים פסקו דמותר, כת"ק די"א בברייתא, **והא** תנן בפ"ב דחלה דאסור לברך ערום, והיינו משום לבו רואה את הערוה, וכן בפ"ק דתרומות, דתנן הערום לא יתרום, ומפרש טעמא בירושלמי, מפני שאינו יכול לברך ערום, **ואי** ס"ד דטעמא משום לבו רואה את הערוה, כמו שעלה על דעת הב"ח, היכן יתכן לפסוק לבו רואה את הערוה מותר, והלא תרתי סתמי דמתני' דאסור, אע"ג דבברייתא ס"ל לת"ק דמותר, ה"ל סתם מתני' ומחלוקת דברייתא, דהלכה כסתם מתני', וכ"ש הכא דאיכא תרי סתמא, **אלא** ודאי הך דחלה ותרומה טעמא לאו משום לבו רואה את הערוה, אלא דאפי' לבו מכוסה אסור משום גילוי ערוה, כדאמרי' בס"פ מי שמתו, ולא יראה בך ערות דבר אמר רחמנא. ‹**מבואר** מהש"ך דהבין דעת הב"ח דליכא כלל איסור גילוי ערוה ואף באיש, דהני משניות איירי באיש, **וזה** צריך ביאור, דהא כיון דבעגבות מודה הב"ח דאיכא איסור, ע"כ דטעמיה רק בערוה דאשה משום טעמא דהא"ח,

מפני שהערוה למטה מאד - פתחי טהרה, **וז"ל** לחם ושמלה, דלדעת הב"ח אליבא דהא"ח, כמו דלא שייך באשה לבה רואה את הערוה, כמו כן לא שייך נמי עינים רואות את הערוה, דמאי שנא עיניה מלבה, ולכן יפה הקשה עליו מסוגיא דפרק מי שמתו, **אבל** באיש - ולדעת הב"ח לפי האמת גם באשה - ודאי דתרווייהו איכא, גלוי ערוה ולבו רואה את הערוה, וסרה מאתו תלונות הש"ך, עכ"ל›.

ונ"ל דבמים צלולים ליכא משום גילוי ערוה, והכי מוכח בש"ס ס"פ מי שמתו, דפריך אהא דתנן בירד לטבול יתכסה במים ויקרא, והרי לבו רואה את הערוה, אמר רבי אליעזר במים עכורים שנו, דדמיא כארעא סמיכתא, ע"כ, **והשתא** אי ס"ד דמים צלולים לא חשיבי כיסוי ערוה, למה ליה לאהדורי אפירכא אחריני, ולאקשויי והרי לבו רואה את הערוה, דלאו קושיא מעלייתא היא, דאיכא לשנויי קסבר לבו רואה את הערוה מותר, וכתנא דברייתא, תקשי ליה בפשיטות מיניה וביה, דקתני יתכסה במים ויקרא, ומאי מהני כיסוי, **אלא** פשיטא ליה דכסוי מהני אפי' במים צלולים, דמכל מקום ליכא משום ולא יראה בך ערות דבר, כיון שעיניו חוץ למים, אבל משום לבו רואה את הערוה פריך שפיר, כיון דלבו ברשות א' עם הערוה, **ונ"ל** ראיה לדברי ממ"ש הרשב"א בחידושיו וז"ל, והלא לבו רואה את הערוה, כלומר שהוא עם הערוה בתוך המים, אבל לעיניו רואות את הערוה ליכא למיחש, דכיון שעיניו חוץ למים ומסתכל בחוץ אינו רואה את הערוה, ואוקימנא בעכורים, הראב"ד ז"ל, עכ"ל, [**אע"ג דכשמכוין לראות במים נגד ערותו יכול לראותה, מ"מ כיון דבלא מתכוין על אותו מקום לראות דרך המים, אין בזה משום גלוי ערוה, והוה כמו מהפך פנים, דומה לזה ממש מצינו בתוס' דנדרים, דהדגים שבמים רואין החמה, אלא שהחמה לא מקרי רואה אותם, כיון שהם מכוסים במים, וכן הוא כאן, דאפי' ללב רואה אין חשש אא"כ הוא עם הערוה תוך המים, וכמשמעות המשנה יתכסה במים, אבל אם הלב חוץ למים אין בו חשש**], **והכי** מוכח נמי התם בש"ס, דגרסינן ת"ר מים צלולים ישב בהן עד צוארו וקורא, וי"א עוכרן ברגליו, ות"ק והרי לבו רואה את הערוה, קסבר לבו רואה את הערוה מותר, ע"כ, **הרי** דלת"ק אע"ג דלבו רואה את הערוה מותר, ישב בהן עד צוארו ויקרא משום ולא יראה בך ערות דבר, ואפ"ה מהני צלולים, וניחא השתא דתנא ברא לא פליג אתרתי סתמא דתרומה וחלה, **ואע"ג** דבערוה בעששית אמרינן התם בס"פ מי שמתו, שאסור לקרות ק"ש כנגדה, הא מפרש התם טעמא, ולא יראה בך ערות דבר אמר רחמנא והא קמתחזיא, **והשתא** בע"כ מ"ש הראב"ד כאן דעוכרתן ברגליה, לאו טעמא הוא משום גלוי ערותה וכמ"ש הדרישה, דהא כיון שעיניה חוץ למים אף במים צלולים שרי, וכמ"ש הראב"ד גופיה, **אלא** טעמא כמ"ש העט"ז והב"י והב"ח, משום לבה רואה את הערוה, והיינו דכתב הראב"ד סתמא דתעכור המים, דאי ס"ל טעמא אחרינא הו"ל לפרושי, אלא ס"ל הך טעמא דס"פ מי שמתו, דעוכרן משום לבו רואה את הערוה. [**ולכאורה היה יותר טוב שלא יכנוס לבה במים, כדי שלא יהיו לבה וערותה בתוך המים, אלא דיותר יש צניעות שתהא כולה מכוסה עד צוארה במים**].

ומעתה נסתלקה תלונת הדרישה שהתרעם על המחבר והרב, שקצרו כאן ובאו"ח דבריהם, ונתנו טעות ומכשול למעיינים בקיצור דבריהם, אם כוונו למה שכתבתי, עכ"ל, ‹דמיירי ברוחץ בכלי, וע"כ אין בו משום גלוי ערוה, והוי להו לפרש - מחה"ש›, [**ואינו נכון כלל, דאף ביושב בכלי בגלוי ערוה, ודאי איסור גמור הוא, כל שאין שם מים, דהא הוא עצמו רואה ערותו**], **דודאי** אם כוונו למ"ש, הם קצרו דבריהם, אבל למ"ש כל הדברים פשוטים וברורים, וסלקא לן השתא דהראב"ד דהכא דכתב דצריך שתעכור המים, חולק אהא"ח, והיינו דכתב המחבר באו"ח דברי הא"ח בשם יש מי שאומר.

[**ונראה ברור, דגם הרא"ש ס"ל כמו הא"ח, שהרי כתב הטור סי' זה משמו וז"ל, וכן כתב א"א הרא"ש ז"ל, כשפושטת מלבושיה כשעומדת בחלוקה, תברך, ותפשוט חלוקה ותטבול, עכ"ל, הרי שלא חש אלא לגלוי ערוה לחוד, אבל כשלובשת חלוק די בכך, אע"פ שאין הפסק בין לבה לערוה, שכן דרך ההולכים בחלוק, שהרי לא הצריך שיהיה אזור להפסיק, אלא ברור דס"ל כא"ח דלעיל, שאין באשה משום לבה רואה ערוה**], ‹לפענ"ד אינו מוכרח, ויותר נראה דכוונתו שתפסוק בידה למטה מלבה, או דמיירי בשיש לה אזור על חלוקה, וסמך עצמו על הידוע דאסור לברך כשלבה רואה את הערוה, **וכן** נראה שהבינו הטור והמחבר, דאל"כ איך יסתור את עצמו תוך כדי דיבור, שכתב כשעומדת בחלוקה תברך וכו', ומיד אח"כ כתב, ואם הם צלולים עוכרתן ברגליה - לחם ושמלה›, [**ובזה מיושב לשון הטור שהאריך בדברי הרא"ש, ולא כתב בקצור: וכן כתב**

א"א הרא"ש ז"ל, כדרכו, אלא דבר ברור כיון דלעיל מיניה כתב דברי הראב"ד, דס"ל שתברך קודם טבילה, ואם לא ברכה קודם טבילה צריכה לעכר המים, והיינו ע"כ משום לבה רואה ערותה, דלא ס"ל כא"ח דלעיל, **וכתב** הטור שכן כתב הרא"ש, לענין שתברך קודם טבילה ס"ל כהראב"ד, דלא כר"י ובה"ג שכתבו שתברך אחר הטבילה, **אבל** במה שכתב הראב"ד שצריכה לעכר המים, בזה לא סבירא ליה להרא"ש כן, אלא די בכך שבעוד חלוקה עליה תברך, ולא חיישינן ללבה רואה ערותה, **וא"כ** כיון שהא"ח והרא"ש ס"ל כן, דבאשה אין שייך לבה רואה ערותה, וכבר פסק כן בשו"ע באו"ח סי' ע"ד, מי ימחה ביד שום אשה שתסמוך ע"ז, וכל שהיא במים אפי' הם צלולים, ממילא נתכסה ערותה ועגבותיה כאילו היה עליה לבוש מלפניה ומאחריה, ואין בה משום גלוי ערוה כמו שהוכחנו לעיל, לא איכפת לן בלבה רואה ערותה, **אבל** מ"מ על צד היותר טוב תעשה בחיבוק ידים, להפסיק בין לבה לערותה והיא בתוך המים, יצאה ידי חובתה לדברי הכל], ‹**לשון** חבוק זרועותיו לאו דוקא, דלא בעינן חבוק ב' הזרועות, אלא בזרוע אחת שמחבק על גופו תחת לבו סגי להיות הפסק בין לבו לערוה – מחה"ש›.

[**ואע"ג** שרמ"א כתב כאן, שנוהגים לכסות בבגדה או בחלוקה, אפשר שבימיו נהגו כן, אבל עכשיו לא נהגו כן, כמו שהעיד בעל הדרישה, אלא שכתב שלא יפה הם עושים, **וגם** אנו שמענו שהנשים אינן נזהרין אפי' בחיבוק ידים בהפסק בין לב לערוה, ונראה שגם זה אליבא דהלכתא, אלא שלכתחילה יש לעשות חבוק ידים כמו שאמרנו, דאין פקפוק ע"ז, כן נראה לענ"ד], **וא"כ** הני נשי דידן אם אינן נביאות הן, בנות נביאות הן, דס"ל כהא"ח, והלכך מברכות במים צלולים שעיניהם חוץ למים, ומנהגן תורה היא.

(**עט"ז** באו"ח ובמג"א, ומדיוק דבריהם משמע, דמקואות שלנו דמחממים אותם ונפישי זוהמא, דינו כמרחץ ממש, **ובס'** פמ"ג ומחצית השקל מסופקים בהאי מלתא, **ועי'** בתשו' חתם סופר שכתב, דמאי דאיבעיא להו פשיטא ליה להגאון יעב"ץ בספרו מור וקציעה, שכתב וז"ל, וכ"ש בבית הטבילה דידן שרוחצים ג"כ בחמין, פשיטא דאסור לגמרי לברך בשם, **אלא** יש לנהוג לברך קודם שתכנס, ולא תפסיק בדבור, ואף אם לא מחשב תכיפה, מ"מ הפסק נמי אינה נחשבת, וכך אני נוהג עם ברכת ציצית, כשאני לובש שם בגדי אחר טבילה, עכ"ל, **והוא** ז"ל פלפל בזה, והביא ג"כ ראיה לאיסור).

‹**מ"מ** המנהג להקל בכך ולברך כשעומדת במקוה, אף כשהמים חמים, **אמנם** אם בור הטבילה עומד בחדר בית המרחץ עצמו, צ"ע אם מותרת לברך שם בתוך המקוה – בדי השלחן›.

(**וע"ש** עוד שנשאל, במי שיש לו בתוך חדרו חפירה מקוה מים חמין לטהרת נשים שבביתו, ומכוסה בכיסוי נסרים, אי מותר ללמוד באותו החדר, **והשיב** מאחר שהחדר שהחפירה בתוכו הוא נקי וטהור, רק לפעמים פעם או פעמים בחודש חופפת אשה בתוכו במים חמין, ונהי שהחפירה נפישא זוהמא, מ"מ החדר שהוא רשות לעצמו נקי וטהור, ולית ביה הבל ולא זוהמא, והחפירה מכוסה בנסרים, אין שום סברא לאסור שם ללמוד, **אך** מהיות טוב יעמיד מחיצה המטולטלת לחוץ בין הלומד ובין מקום המקוה המכוסה בנסרים, **ועובדא** ידענא, שהחסיד מהור"ר זלמן זצ"ל בפ"פ דמיין, היה לו מקוה חמין בתוך חדרו והיה מכוסה, ולמד שם ולא רפרף אדם מעולם).

תם ונשלם הלכות נדה וטבילה

This publication was made possible by Chazarah MP3.

Chazara MP3 is a series of recorded shiurim covering all of Shas, Mishna Berurah, sections of Yoreh Deah, and all the Mishnayos in Shisha Sidrei Mishna. The purpose is to enable someone to review material that they're familiar with, (ie; daf yomi) quickly and smoothly. Some have even been using it to learn new Gemara. Additionally, it helps people use their time productively when traveling etc.

The Gemara is read and translated in a clear and simple fashion, geared toward someone with a yeshiva backround. Almost all the Rashi's are spoken out as the Gemara is being explained. The approximate timing is 15 - 18 minutes a blatt.

For more information please call 718-646-1243. or email info@chazarahmp3.com or visit www.chazarahmp3.com